Buth/Hermanns
Restrukturierung, Sanierung, Insolvenz

Restrukturierung, Sanierung, Insolvenz

Handbuch

von

Christian Nicolas Bächstädt, Dr. Nikolas Beutin, Kai Brandes, Jun. Prof. Dr. Heiko Breitsohl,
Andrea K. Buth, Dr. Marc d'Avoine, Max Falckenberg, Dr. Andreas Fröhlich,
Arndt Geiwitz, Dr. Sven Gless, Holger Groß, Dr. Christoph Herbst,
Dr. Sascha Haghani, Michael Hermanns, Dr. Edgar J. Kaufmann,
Dr. Ralf Kemper, Dr. Thomas C. Knecht, Helmut König, Karl-Josef Kraus,
Ralf Kurney, Dr. Martin Kütz, Prof. Dr. Klaus Pannen, Tillmann Peeters,
Dr. Susanne Riedemann, Peter Schmelzer, Dr. Jens Schmidt, Christopher Seagon,
Prof. h.c. Dr. Robert Simon, Dr. Igor Stelzel, Prof. Dr. Stefan Thiele,
Dr. Patrick Wilden, Manfred Zander, Patrick Ziechmann

herausgegeben von

Andrea K. Buth und **Michael Hermanns**

4., vollständig neu bearbeitete Auflage

Zitiervorschlag:

Geiwitz in *Buth/Hermanns*, RSI, § 29 Rn. 12

www.beck.de

ISBN 978 3 406 64893 9

© 2014 Verlag C.H.Beck oHG
Wilhelmstraße 9, 80801 München
Druck und Bindung: freiburger graphische betriebe GmbH & Co. KG
Bebelstraße 11, 79108 Freiburg

Satz: ottomedien, Heimstättenweg 52, 64295 Darmstadt

Gedruckt auf säurefreiem, alterungsbeständigem Papier
(hergestellt aus chlorfrei gebleichtem Zellstoff)

in memoriam

Dr. Herbert Buth

Josef Hermanns

Bearbeiterverzeichnis

Es haben bearbeitet:

§ 1	Max Falckenberg
§ 2	Dr. Patrick Wilden
§ 3	Dr. Ralf Kemper
§ 4	Karl-Josef Kraus
§ 5	Michael Hermanns/Dr. Thomas C. Knecht
§ 6	Michael Hermanns
§ 7	Michael Hermanns
§ 8	Patrick Ziechmann
§ 9	Dr. Nikolas Beutin/Patrick Ziechmann
§ 10	Michael Hermanns
§ 11	Michael Hermanns
§ 12	Holger Groß
§ 13	Jun. Prof. Dr. Heiko Breitsohl
§ 14	Prof. Dr. Stefan Thiele
§ 15	Prof. Dr. Martin Kütz
§ 16	Andrea K. Buth/Michael Hermanns
§ 17	Michael Hermanns
§ 18	Dr. Thomas C. Knecht/Dr. Sascha Haghani
§ 19	Dr. Thomas C. Knecht
§ 20	Dr. Edgar J. Kaufmann
§ 21	Kai Brandes
§ 22	Dr. Andreas Fröhlich/Christian Nicolas Bächstädt
§ 23	Ralf Kurnay/Dr. Igor Stenzel
§ 24	Christopher Seagon
§ 25	Michael Hermanns
§ 26	Christopher Seagon
§ 27	Michael Hermanns
§ 28	Dr. Christoph Herbst
§ 29	Arndt Geiwitz
§ 30	Manfred Zander
§ 31	Prof. Dr. Klaus Pannen/Dr. Susanne Riedemann
§ 32	Dr. Marc d'Avoine
§ 33	Dr. Jens Schmidt
§ 34	Andrea K. Buth/Michael Hermanns
§ 35	Andrea K. Buth/Michael Hermanns
§ 36	Helmut König
§ 37	Michael Hermanns
§ 38	Tillmann Peeters
§ 39	Tillmann Peeters
§ 40	Michael Hermanns
§ 41	Dr. Sven-Erik Gless/Peter Schmelzer
§ 42	Prof. h.c. Dr. Robert Simon

Vorwort

Die Veröffentlichung der ersten Auflage dieses Handbuchs im Sommer 1998 liegt nun fast sechzehn Jahre zurück. Seitdem hat sich das deutsche Insolvenzrecht stetig gewandelt. Die bedeutendsten Änderungen haben sich dabei sicherlich nach dem Inkrafttreten der Insolvenzordnung zum 1. Januar 1999 in der ab dem 1. März 2012 greifenden umfassenden Reform durch das Gesetz zur Erleichterung der Sanierung von Unternehmen (ESUG) vollzogen. Insgesamt knüpft das ESUG an die bereits im Zuge der Einführung der Insolvenzordnung bestehende Zielsetzung einer frühzeitigen Antragstellung an. Das dies notwendig gewesen ist, beweist der Umstand, dass die damalige Einführung des neuen Antragsgrundes der drohenden Zahlungsunfähigkeit nicht zur frühzeitigeren Antragstellung bei Unternehmensinsolvenzen geführt hat. So blieb die Schwäche des deutschen Insolvenzrechts, insolvenzbedrohte Unternehmen nicht zu einer rechtzeitigen Sanierung im Rahmen eines Insolvenzverfahren motivieren zu können, bestehen. Denn aufgrund mangelnder Vorhersehbarkeit und Berechenbarkeit des Ablaufs sowie der häufig nicht kalkulierbaren Dauer von Insolvenzverfahren sahen viele überlebensfähige Unternehmen von einer frühzeitigen Antragstellung ab.

Der zentrale Zweck des ESUG soll rechtzeitigere Insolvenzantragstellung fördern. So sollen die Erfolgsaussichten von Unternehmenssanierungen insbesondere durch die Ausweitung des Gläubigereinflusses (§§ 21, 22a InsO), den Ausbau des Insolvenzplanverfahrens (§§ 217, 225a InsO) und die Stärkung der Eigenverwaltung (§ 270a InsO) verbessert werden. Zusätzlich zu diesen Modifikationen bereits bestehender Normen ist mit der Schaffung des sog. Schutzschirmverfahrens (§§ 270b ff. InsO) ein weiterer Anreiz zur frühzeitigen Stellung eines Eröffnungsantrags in die Insolvenzordnung aufgenommen worden. Dem Schuldner wird dabei die Möglichkeit zugesprochen, unter Nachweis bestimmter Voraussetzungen einen Sanierungsplan in Eigenverwaltung innerhalb einer Schutzfrist von maximal drei Monaten zu erarbeiten. Die Umsetzung soll dann im Zuge eines anschließenden Insolvenzplans erfolgen.

Gut zwei Jahre nach Inkrafttreten scheint die Bilanz der Insolvenzrechtsreform positiv zu überzeugen, wie etwa ein Blick auf die Entwicklung der Eigenverwaltungsverfahren zeigt: Während zwischen 2002 und 2010 der Anteil der angeordneten Eigenverwaltungen nur bei ca. 1% (entspricht zwischen 147 und 235 Verfahren pro Jahr) der insgesamt eröffneten Regelverfahren lag, liefen bereits 18 Monate nach Einführung der ESUG-Vorschriften über 500 Eigenverwaltungsverfahren. Vor allem unter den großen Gesellschaften steigt die Popularität der Eigenverwaltung: Ihr Anteil liegt bei Unternehmen mit mehr als 100 Mitarbeitern und über 20 Mio. EUR Umsatz seit nunmehr bei knapp einem Drittel.

Dennoch ist es noch ein weiter Weg, bis alle Neuerungen rechtseindeutig und für die Praxis zufriedenstellend angewandt werden können. Denn vor allem die in vielen Bereichen fehlende Spezifizierung und Klarstellung des Gesetzgebers lässt viel Raum für Interpretationen und Auslegungen. Die daraus erwachsene, kritisch-kontroverse Diskussion in Literatur und Rechtsprechung ist zwar bereits in vollem Gange. Allerdings wird bis zur einer einheitlichen sowie rechtlich-bindenden Konkretisierung wohl noch einige Zeit verstreichen; die weitere Entwicklung kann daher mit Spannung erwartet werden.

Vorwort

Die durch das ESUG erfolgten Reformelemente sind in dieser vierten Auflage umfassend dargestellt und erläutert. Dabei werden stets auch der jeweils aktuelle Rechtsstand sowie Problembereiche und Ausblicke diskutiert. Die Berufsstände reagieren ebenfalls auf die gesetzlichen Neuerungen. So hat der Fachausschuss Sanierung und Insolvenz des Instituts der Wirtschafsprüfer (IdW) zu dem Thema Bescheinigung (IdW ES 9) Stellung genommen und wird dies auch zu den Insolvenzantragsgründen (IdW ES 11) noch tun. Bereits vorher hat der Fachausschuss umfassend Richtlinien für die Beurteilung von Sanierungskonzepten (IdW S6) herausgegeben und damit einen neuen Branchenstandard gesetzt. Auf diese betriebswirtschaftlichen Fragestellungen wird in diesem Handbuch eingegangen, wobei auf weiterführende aktualisierte Themen im Umfeld der Sanierungsmaßnahmen zurückgegriffen werden kann. Das Thema Merger & Acquisition in der Krise hat sich sowohl außerhalb als auch unter dem Schutze des Insolvenzgesetzes weiter professionalisiert, so dass auch an dieser Stelle weiterführende betriebswirtschaftliche und rechtliche Erläuterungen sinnvoll sind. Steuerliche Fragen bei derartigen Transaktionen und auch bei Sanierungen allgemein sind nach wie vor in Deutschland mangels einheitlicher Gesetzgebung problematisch und werden erstmalig in einem Kapitel grundlegend dargestellt. Das Handbuch ist somit im einzelnen wie folgt aufgebaut:

Der erste Teil widmet sich den Ansatzpunkten der Unternehmensrestrukturierung. Dabei werden ausgehend von aktuellen empirischen Ergebnissen (§ 1) praxisorientierte Verfahren zur Krisenfrüherkennung (§ 2) sowie die Rolle der finanzierenden Bank in Restrukturierung und Sanierung (§ 3) vorgestellt. Teil zwei behandelt zunächst das im Zuge von Restrukturierungs-/Sanierungsprozessen fundamentale Sanierungskonzept sowie dessen Umsetzung (§ 4). Anschließend werden unter Einbezug aktueller berufsständischer Verlautbarungen die Quantifizierung des Leitbilds des sanierten Unternehmens (§ 5) und die Beurteilung von Sanierungskonzepten nach IDW S 6 (§ 6) beschrieben. An das strukturelle Konzept der Vorauflagen anknüpfend hat der dritte, stark aktualisierte Teil die Sanierung der leistungswirtschaftlichen Unternehmensbereiche zum Inhalt (§§ 7 bis 15), während in Teil vier die finanzwirtschaftliche Sanierung (§§ 16 bis 18) erläutert wird. Der fünfte Teil befasst sich mit den Sonderthemen Distressed Investments (§ 19), Interim Management (§ 20), Private Equity (§ 21) sowie – neu gefassten – betriebswirtschaftlichen und rechtlichen Aspekten von Mergers & Acquisitions (§§ 22 und 23). Umfassende Neuerungen im Insolvenzrecht, die in den Grundlagen der Insolvenzordnung (§ 24) ausführlich dargestellt werden, haben dazu geführt, dass die im sechsten Teil enthaltenen Möglichkeiten der Sanierung nach der Insolvenzordnung eine deutliche Ausweitung erfahren haben. Der dezidierten und kritischen Aufbereitung der Insolvenzantragsgründe (§ 25) kommt dabei insbesondere vor dem Hintergrund des Schutzschirmverfahrens (§ 26) und der im Zuge dessen auszustellenden Bescheinigung (§ 27) sowie weitgreifender Änderungen im Bereich der Eigenverwaltung (§ 28) eine besondere Bedeutung zu. Während die in Teil sieben aufgeführte insolvenzbezogene Rechnungslegung (§ 34) von gesetzlichen Neuerungen weitestgehend verschont wurde, ist aufgrund der zunehmend Komplexität steuerrechtlicher Regelungen im Sanierungsbereich eine thematische Separierung von Sanierungssteuerrecht (§ 35) einerseits und Insolvenzsteuerrecht (§ 36) andererseits erforderlich gewesen. Auch die 4. Auflage schließt mit den in den achten Teil integrierten Praxisfällen (§§ 37 bis 42) in der nun schon gewohnten Form. Hier finden sich ebenfalls die zentralen Novationen der ESUG-Reformen, wie etwa das Schutzschirmverfahren (§ 37 und 38), in Form aufbereiteter Kurzfälle wieder.

Unsere Danksagung zur vierten Auflage möchten wir in erster Linie an den Verlag C.H.Beck, in Person unserer Lektorinnen Frau Astrid Stanke und Frau Christina Wolfer,

Vorwort

richten. Durch die straffe Koordination und ihre uneingeschränkte Unterstützung haben sie wesentlich zum Gelingen dieses Buches beigetragen. Darüber hinaus danken wir dem RSI-Team unserer Kanzlei. So hat Herr Diplom-Kaufmann Philipp Elsenpeter neben der umfangreichen Gesamtkoordination insbesondere bei den betriebswirtschaftlichen Themen wesentliche Impulse gegeben, wie das Frau Steuerberaterin Gesine Holtz LL.M. und Frau Steuerberaterin Simone Schuller bei den steuerlichen Themen getan haben. Erinnern dürfen wir an dieser Stelle an die zahlreiche Unterstützung aus der Familie zu den Vorauflagen, die wir bei dieser schmerzlich vermissen und denen wir diese Auflage widmen.

Abschließend ist es uns wie immer ein Anliegen, unsere Leserschaft zu jedweder Form von Anregung und konstruktiver Kritik zu ermuntern. Gerade Ihre Hinweise führen wie in den Vorauflagen zu kontinuierlichen Verbesserungen. Bitte wenden Sie sich dazu direkt an die Autoren oder die Herausgeber.

Wuppertal, im März 2014

Andrea K. Buth/Michael Hermanns

Inhaltsübersicht

	Seite
Bearbeiterverzeichnis	VII
Inhaltsverzeichnis	XV
Abkürzungsverzeichnis	XLIII
Abbildungsverzeichnis	XLV
Literaturverzeichnis	LI
Autorenverzeichnis	LXXIX

1. Teil. Ansatzpunkte der Unternehmensrestrukturierung

§ 1	Uternehmensrestrukturierung in Deutschland – Empirische Ergebnisse	1
§ 2	Praxisorientierte Verfahren zur Früherkennung von Unternehmenskrisen und Insolvenzgefahren	12
§ 3	Restrukturierungs-/Sanierungsmöglichkeiten aus der Sicht der finanzierenden Bank	45

2. Teil. Erstellung und Beurteilung von Restrukturierungs-/Sanierungskonzepten

§ 4	Sanierungskonzept und Umsetzungsmanagement einer nachhaltigen Unternehmenssanierung	67
§ 5	Quantifizierung des Leitbildes des sanierten Unternehmens	92
§ 6	Beurteilung von Sanierungskonzepten nach dem IDW S 6	119

3. Teil. Sanierung der leistungswirtschaftlichen Bereiche

§ 7	Restrukturierung/Sanierung im leistungswirtschaftlichen Bereich	153
§ 8	Beiträge zur Restrukturierung/Sanierung – Forschung & Entwicklung	157
§ 9	Restrukturierung und Sanierung im Vertriebsbereich Restrukturierung/Sanierung in leistungswirtschaftlichen Bereichen	173
§ 10	Beiträge zur Restrukturierung/Sanierung – Logistik & Produktion	196
§ 11	Beiträge zur Restrukturierung/Sanierung – Einkauf	205
§ 12	Beiträge zur Restrukturierung/Sanierung – Personal	215
§ 13	Beiträge zur Restrukturierung/Sanierung – Führung	236
§ 14	Beiträge zur Restrukturierung/Sanierung – Finanzen und Controlling	244
§ 15	Beiträge zur Restrukturierung/Sanierung – EDV	258

4. Teil. Sanierung der finanzwirtschaftlichen Bereiche

§ 16	Finanzwirtschaftliche Aspekte bei Fortführung von Krisenunternehmen	281
§ 17	Gesellschaftsrechtliche Aspekte bei Fortführung von Krisenunternehmen	303
§ 18	Bilanzielle Restrukturierung und Financial Covenants	345

Inhaltsübersicht

5. Teil. Sonderthemen

§ 19 Distressed Investments 379
§ 20 Interim: Management in der Krise und die Rolle des Chief Restructuring Officers (CRO) 430
§ 21 Private Equity in der Restrukturierung 443
§ 22 Mergers & Acquisitions bei Krisenunternehmen (Distressed M&A) 453
§ 23 M&A in der Krise – Rechtliche Aspekte 488

6. Teil. Möglichkeiten der Sanierung nach der Insolvenzordnung

§ 24 Grundlagen der Insolvenzordnung 513
§ 25 Insolvenzantragsgründe 565
§ 26 Das Schutzschirmverfahren 580
§ 27 Die Bescheinigung zum Schutzschirmverfahren 596
§ 28 Die Eigenverwaltung 608
§ 29 Insolvenzplanverfahren 648
§ 30 Arbeitsrechtliche Aspekte der Insolvenz 667
§ 31 Internationales Insolvenzrecht 678
§ 32 Anfechtung und Eigenkapitalersatz – Von der Insolvenzantragspflicht über das Zahlungsverbot zur Haftung – 692
§ 33 Sicherungsrechte in der Insolvenz 726

7. Teil. Rechnungslegung und Steuern

§ 34 Rechnungslegung in der Insolvenz 781
§ 35 Sanierungssteuerrecht 790
§ 36 Steuern in der Insolvenz 820
§ 37 Die Bescheinigung nach § 270b InsO am Beispiel der MOZART Intelligent Solutions GmbH 846
§ 38 Kurzfall Schutzschirm 863
§ 39 Insolvenzplanverfahren Metall AG 889
§ 40 Kurzfall Insolvenzplan 916

8. Teil. Praxisfälle für Sanierungskonzepte

§ 41 Sanierung der DEXTA-Gruppe in der Insolvenz: Ein Praxisbeispiel 935
§ 42 Restrukturierung durch Produktionsverlagerungen – Das Beispiel der SCX MEDIA GROUP 964

Stichwortverzeichnis 979

Inhaltsverzeichnis

	Seite
Bearbeiterverzeichnis	VII
Inhaltsübersicht	XIII
Abkürzungsverzeichnis	XLIII
Abbildungsverzeichnis	XLV
Literaturverzeichnis	LI
Autorenverzeichnis	LXXIX

1. Teil. Ansatzpunkte der Unternehmensrestrukturierung

§ 1 Uternehmensrestrukturierung in Deutschland – Empirische Ergebnisse

I. Einleitung	1
II. Ergebnisse der Studie	2
1. Konjunkturentwicklung und Wettbewerbsfähigkeit Europas	2
a) Konjunkturentwicklung in Europa im Allgemeinen und in Deutschland im Speziellen	2
b) Wettbewerbsfähigkeit: aktuelle Situation und Verbesserungshebel	4
2. Restrukturierungsmaßnahmen als Hebel für Wettbewerbsfähigkeit	5
a) Schwerpunkte von Restrukturierungsmaßnahmen für die nächsten Jahre	5
b) Erfolgsfaktoren der Restrukturierung	6
3. Erwartungen an die Finanzierung	7
a) Einschätzung der Finanzierungslage	7
b) Arten und Risiken künftiger Finanzierungen	8
III. Ergebnisse im historischen Vergleich	8
IV. Methodik der Studie	9

§ 2 Praxisorientierte Verfahren zur Früherkennung von Unternehmenskrisen und Insolvenzgefahren

I. Ausgangssituation	12
II. Zur Informationsasymmetrie zwischen Gläubigern und Schuldnern	14
III. Ausgewählte Methoden der Krisenfrüherkennung	16
1. Klassische Kennzahlenanalyse	16
2. Moderne Krisenindikator-Modelle	18
a) Diskriminanzanalytische Verfahren	18
b) Künstliche Neuronale Netze-Verfahren	21
c) *Moody's* KMV Risk Calc	24
3. Strategische Frühwarnsysteme	25
IV. Zur Erkennung von Unternehmenskrisen und Insolvenzgefahren in der Bankpraxis	28
1. Krisenfrüherkennung im Rahmen der Kreditwürdigkeitsprüfung	28
2. Krisenfrüherkennung aus der Jahresabschlussanalyse	29
3. Krisenfrüherkennung aus der bankmäßigen Geschäftsbeziehung	33
4. Krisenfrüherkennung aus strategischen Erfolgsfaktoren	34

Inhaltsverzeichnis

    a) Unternehmensstrategie 34
    b) Wirtschaftliches Umfeld 35
    c) Managementqualifikation 35
V. „Basel II und III" und die Kreditkosten 37
  1. Zur Bedeutung des Ratings 37
  2. Ratingorientierte Portfoliosteuerung 38
  3. Covenants im Kreditvertrag 39
  4. Zur Entwicklung der Kreditkosten 40
VI. Corporate Governance: Ordnungsrahmen zur Vermeidung von Unternehmenskrisen 41
VII. Schlussbetrachtung und Ausblick 42

§ 3 Restrukturierungs-/Sanierungsmöglichkeiten aus der Sicht der finanzierenden Bank

I. Einleitung 45
II. Handlungsalternativen und Optionen der Bank 46
  1. Grundlegende Handlungsstrategien sowie Haftung und Sittenwidrigkeit 46
  2. Passive Sanierungsbeiträge der Bank – Stillhalten 48
    a) Einleitung 48
    b) Passives Stillhalten und Rechtsfolgen 48
    c) Missbrauch 49
  3. Aktive Sanierungsbeiträge der Bank 49
    a) Aktives Stillhalten 49
    b) Der Überbrückungskredit 50
    c) Der Sanierungskredit 51
      aa) Einleitung 51
      bb) Neuer Kredit ohne Altverbindlichkeiten (uneigennütziger Kredit) 52
      cc) Neuer Kredit und Altverbindlichkeiten (eigennütziger Kredit) 53
    e) Die Besicherung 54
    d) Sonstige Sanierungsbeiträge 54
  4. Die Beendigung der Geschäftsbeziehung: Kontrollierter Ausstieg und Kündigung .. 55
    a) Einleitung 55
    b) Fristablauf 56
    c) Kündigung unbefristeter Altkredite 56
    d) Kündigung von Sanierungskrediten 57
III. Das Sanierungsgutachten als Voraussetzung für die Beteiligung der Bank .. 58
  1. Gutachten als Voraussetzung für Sanierungsmaßnahmen der Bank 58
  2. Problembereiche im Rahmen des Erstellungsprozesses von Sanierungsgutachten ... 58
IV. Besonderheiten bei Sanierungen innerhalb des Insolvenzverfahrens 59
  1. Auswirkungen des ESUG auf das Bankgeschäft 59
  2. Der vorläufige Gläubigerausschuss und die Wahl des Verwalters 60
  3. Insolvenzplanverfahren 61
  4. Debt-Equity-Swap 61
  5. Eigenverwaltung 62
  6. Schutzschirmverfahren 63
V. Zusammenfassung 63

Inhaltsverzeichnis

2. Teil. Erstellung und Beurteilung von Restrukturierungs-/Sanierungskonzepten

§ 4 Sanierungskonzept und Umsetzungsmanagement einer nachhaltigen Unternehmenssanierung

I. Einleitung 67
II. Unternehmenskrisen als Ausgangspunkt der Sanierung 68
   1. Krisenursachen 68
   2. Krisenprozess 70
III. Restrukturierungs-/Sanierungskonzept 72
   1. Inhalte eines Restrukturierungs-/Sanierungskonzeptes 72
   2. Prozess zur Erstellung eines Restrukturierungs-/Sanierungskonzeptes .. 73
      a) Der RBSC-Ansatz 73
      b) Transparenz 74
      c) Strategische Neuausrichtung 76
      d) Operative Restrukturierung 77
      e) Finanzielle Restrukturierung 79
      f) Integrierte Businessplanung 81
      g) Kommunikation mit den Stakeholdern 83
IV. Umsetzungsmanagement 85
   1. Aufsetzen der Projektorganisation 85
   2. Maßnahmenmanagement 88
V. Erfolgsfaktoren für eine nachhaltige Sanierung 88
   1. Erfolgreicher Prozess der Erstellung und Umsetzung eines Restrukturierungskonzeptes 88
   2. Erfolgreiche Inhalte von Restrukturierungskonzeptes 89

§ 5 Quantifizierung des Leitbildes des sanierten Unternehmens

I. Einleitung 92
II. Ableitung eines Leitbildes des sanierten Unternehmens 93
   1. Überblick 93
   2. Quantitative Erfassung der Krisenursachen sowie qualitative Analyse .. 94
   3. Entwicklung eines qualitativen Leitbildes 95
      a) Strategie 96
      b) Operative Leistungserstellung 97
      c) Finanzierung 97
      d) Markt- und Wettbewerbsumfeld 97
      e) Ressourcenausstattung 98
   4. Quantifizierung des qualitativen Leitbildes 99
      a) Notwendigkeit der Quantifizierung 99
      b) Strategische Ebene 100
      c) Operative Ebene 101
      d) Finanzierung im Leitbild 102
      e) Markt- und Wettbewerbsposition und Ressourcenausstattung 106
      f) Berücksichtigung der Zeitkomponente 107
   5. Exkurs: Quantifizierungsprozess im Zuge einer Desinvestitions-/Schrumpfungsstrategie 108
III. Vorgehen bei der Erstellung des quantifizierten Leitbildes 111
   1. Methodik und Praxisansätze (theoriebasierte Ansätze, Zeitreihenanalyse, Benchmarking) 111
   2. Inhalte und Quellen zur Deckung des Informationsbedarfs 113

Inhaltsverzeichnis

IV. Die Rolle des quantifizierten Leitbildes für die Business Planung sowie das Maßnahmenmanagement und -controlling 115
    1. Verankerung des Leitbildes in der Business Planung 115
    2. Das Leitbild als Instrument im Rahmen von Maßnahmenmanagement und -controlling 116
V. Fazit: Erfolgsfaktoren für die Erstellung eines geeigneten Leitbildes 117

§ 6 Beurteilung von Sanierungskonzepten nach dem IDW S 6

I. Einleitung 120
II. Darstellung des IDW S 6 121
    1. Kernanforderungen an Sanierungskonzepte 121
    2. Auftragsinhalte und Verantwortlichkeiten 123
    3. Analytische Unternehmensdarstellung 124
        a) Informationsqualität und -umfang 124
        b) Analyse der Unternehmenslage 125
    4. Feststellungen zum Krisenstadium 126
    5. Aussagen zur Unternehmensfortführung 128
    6. Ausrichtung am Leitbild des sanierten Unternehmens 129
        a) Bedeutung des Leitbildes 129
        b) Auswirkung auf Unternehmensstruktur und Wettbewerbsposition ... 129
    7. Stadiengerechte Bewältigung der Unternehmenskrise 130
    8. Integrierte Sanierungsplanung 133
    9. Dokumentation, Berichterstattung und zusammenfassende Schlussbemerkung 134
III. Würdigung des IDW S 6 136
    1. Einleitung 136
    2. Umfang von Sanierungskonzepten 137
    3. Struktureller Ansatz (des Zwei-Stufen-Modells) 138
IV. Abgrenzung zu anderen Arten von Sanierungskonzepten 145
    1. Einleitung 145
    2. Insolvenzplan 145
    3. Bescheinigung nach § 270b InsO 146
    4. Überblick über die Arten von Sanierungskonzepten 147
V. Anlässe für eine Erstellung bzw. Beurteilung von Sanierungskonzepten 147
    1. Grundsätze einer ordnungsmäßigen Geschäftsführung 147
    2. Rechtspflichten der Organe 148
    3. Jahresabschlussprüfung 148
    4. Bankspezifische Anlässe 149
    5. Milderung steuerlicher und handelsrechtlicher Folgen von Restrukturierungsmaßnahmen 149
    6. Anlässe nach der Insolvenzordnung 150
VI. Haftung des Gutachters 151
    1. Allgemeines 151
    2. Haftung des Gutachters gegenüber dem Auftraggeber 151
    3. Haftung des Gutachters gegenüber vertragsfremden Dritten 151
    4. Umfang der Haftung 152
    5. Beschränkung der Haftung 152

Inhaltsverzeichnis

3. Teil. Sanierung der leistungswirtschaftlichen Bereiche

§ 7 Restrukturierung/Sanierung im leistungswirtschaftlichen Bereich

§ 8 Beiträge zur Restrukturierung/Sanierung – Forschung & Entwicklung

- I. Einführung 157
  - 1. F&E in Deutschland 157
  - 2. Kernprobleme in F&E 159
    - a) F&E-Strategie 159
    - b) Technologieplattform 161
    - c) Kooperation 161
    - d) Ideenmanagement 161
    - e) Projektmanagement 162
    - f) Innovationsklima 162
  - 3. Zielsetzung und Stoßrichtung der Restrukturierungs-/Sanierungsbeiträge in F&E . 165
- II. Analyseinstrumente der Restrukturierung/Sanierung in F&E 165
  - 1. Status-quo-Erfassung wesentlicher Kennzahlen 165
  - 2. Kurz-Audit F&E-Projektportfolio 166
  - 3. Kurz-Audit Innovationsprozess 168
- III. Maßnahmen der Restrukturierung/Sanierung in F&E 169
  - 1. Überblick über die Kernmaßnahmen 169
  - 2. Konzentration auf heiße Projekte 169
  - 3. Optimierung von Kosten und Projektlaufzeit 170
  - 4. Neuplanung des F&E-Budgets 170
  - 5. Nominierung der neuen Mannschaft 170
  - 6. Detaillierung, Implementierung und Controlling 171
- IV. Zwischenfazit 171

§ 9 Restrukturierung und Sanierung im Vertriebsbereich
Restrukturierung/Sanierung in leistungswirtschaftlichen Bereichen

- I. Einführung: Die Bedeutung des Vertriebs im Unternehmen 173
- II. Problemursachen im Vertriebsbereich und Zielsetzung der Restrukturierung/Sanierung 175
  - 1. Typische Kernprobleme im Vertrieb 175
    - a) Marketing-Strategie 175
    - b) Vertriebssystem 177
  - 2. Stoßrichtung und Zielsetzung der Restrukturierung/Sanierung im Vertrieb 178
- III. Das Vertriebs-Audit als Ausgangspunkt der Optimierung 178
  - 1. Überblick 178
  - 2. Analyse der Vertriebsstrategie 179
  - 3. Analyse der Vertriebsgeschäftstätigkeiten 181
  - 4. Analyse der Vertriebsprozesse 181
  - 5. Analyse der Vertriebsorganisation 184
  - 6. Analyse der Vertriebsfähigkeiten der Mitarbeiter 186
  - 7. Analyse der Vertriebserfolgsmessung 187
  - 8. Analyse der Vertriebs(-IT-)systeme 189
- IV. Maßnahmen zur Umsatzoffensive 191
- V. Besonderheit Kommunikation bei der Sanierung 193
- VI. Fazit Restrukturierung/Sanierung im Vertrieb 194

Inhaltsverzeichnis

§ 10 Beiträge zur Restrukturierung/Sanierung – Logistik & Produktion

I. Einleitung ... 196
II. Typische Problemfelder im Bereich der Produktion und Logistik ... 198
III. Maßnahmen ... 200
   1. Analyse der Kernprobleme ... 200
   2. Maßnahmen im Bereich Produktion und Logistik ... 202
IV. Zwischenfazit ... 204

§ 11 Beiträge zur Restrukturierung/Sanierung – Einkauf

I. Einleitung ... 205
II. Restrukturierungs-/Sanierungsmaßnahmen im Einkauf ... 207
   1. Mittel des Einkaufs in der strategischen Krise ... 207
   2. Mittel des Einkaufs in der Ertragskrise ... 210
   3. Mittel des Einkaufs in der Liquiditätskrise ... 212
III. Lieferantenkommunikation ... 213
IV. Zwischenfazit/Zusammenfassung ... 213

§ 12 Beiträge zur Restrukturierung/Sanierung – Personal

I. Einführung – Funktion von Personal ... 215
   1. Grundlagen im Bereich der Personalwirtschaft ... 215
      a) Einbindung des Personalbereiches in die Gesamtorganisation des Unternehmens ... 215
      b) Gestaltung des personalwirtschaftlichen Dienstleistungsangebotes ... 217
      c) Durchführung von Personalarbeit auf Grundlage rechtlicher Bestimmungen ... 217
   2. Stoßrichtung der Restrukturierung/Sanierung im Personalbereich ... 218
II. Nutzung von Informationssystemen für Analysen im Personalbereich ... 218
   1. Personaldatenmanagement ... 218
   2. Personalinformationssysteme ... 220
   3. Personalbeurteilung ... 221
   4. Datensicherheit und Datenschutz ... 222
III. Maßnahmen im Bereich Personal in der Restrukturierung/Sanierung ... 222
   1. Maßnahmen der personellen Leistungsbereitstellung ... 222
      a) Personalbedarfsplanung ... 222
      b) Personalbeschaffung ... 223
      c) Personaleinsatzplanung ... 224
      d) Personalentwicklung (PE) ... 224
         aa) Aufdeckung von Entwicklungspotenzialen ... 224
         bb) PE on-the-job ... 225
         cc) PE off-the-job ... 225
      e) Personalfreisetzung ... 226
   2. Maßnahmen zu Leistungserhalt und Leistungsförderung ... 227
      a) Motivation im Arbeitsprozess ... 227
      b) Personalführung ... 228
      c) Materielle Anreizsysteme ... 229
      d) Betriebliche Sozialarbeit ... 230
   3. Personalcontrolling gestalten und umsetzen ... 231
   4. Besonderheiten vor dem Hintergrund insolvenzrechtlicher Rahmenbedingungen ... 232
      a) Sofortmaßnahmen ... 232
         aa) Massenentlassungen und Sozialplan ... 232
         bb) Beschäftigungsgesellschaft ... 234
         cc) Kurzarbeit ... 234

Inhaltsverzeichnis

b) Typische Fehler	234
c) ESUG Schutzschirmverfahren	235
IV. Zwischenfazit	235

§ 13 Beiträge zur Restrukturierung/Sanierung – Führung

I. Einführung – Funktion von Führung im Unternehmen	236
II. Herausforderungen für Führung bei Restrukturierung/Sanierung	237
1. Veränderte Einstellungen und Wahrnehmungen der Beschäftigten	237
2. Verändertes Verhalten der Beschäftigten	238
a) Entzug der verfügbaren Arbeitskraft	238
b) Verringerung der Arbeitsleistung	238
III. Ansatzpunkte für Führung	238
1. Interpretation der Restrukturierung/Sanierung	238
a) Gerechtigkeit der strategischen Entscheidungen	238
b) Psychologischer Vertrag	239
c) Vertrauen in die Unternehmensleitung	239
d) Informelle politische Prozesse	240
2. Arbeitsbedingungen	240
IV. Führungspolitische Maßnahmen	241
1. Kommunikation im Zuge des Restrukturierungsprozesses	241
a) Zeitliche Abfolge	241
b) Wege der Kommunikation	241
c) Kommunikationsstil	242
2. Partizipation der Beschäftigten	242
3. Gestaltung von Arbeitsbedingungen	242
V. Zusammenfassung	243

§ 14 Beiträge zur Restrukturierung/Sanierung – Finanzen und Controlling

I. Einleitung	244
II. Finanzmanagement in der Restrukturierung/Sanierung	245
1. Überblick	245
2. Cash Conversion Cycle	246
3. Analyse der Prozesse und Maßnahmen zur Restrukturierung/Sanierung	247
a) Debitorenmanagement	247
aa) Analyse der Prozesse	247
bb) Maßnahmen	249
b) Vorratsmanagement	249
aa) Analyse der Prozesse	249
bb) Maßnahmen	251
c) Kreditorenmanagement	251
aa) Analyse der Prozesse	251
bb) Maßnahmen	252
III. Controlling in der Restrukturierung/Sanierung	252
1. Überblick	252
2. Originäre Aufgaben des Controllings	253
a) Planung	253
b) Berichtswesen	254
c) Steuerung/Leistungsmessung	255
3. Derivative Aufgaben des Controllings	256
a) Implementierung eines Restrukturierungs-/Sanierungscontrollings	256
b) Reorganisation des Controllings	256
IV. Zwischenfazit	257

Inhaltsverzeichnis

§ 15 Beiträge zur Restrukturierung/Sanierung – EDV

I. Einführung – Krisenursachen in der IT 258
1. Kernprobleme und Gründe einer Schieflage in der IT 258
   - a) Unzufriedene Kunden und Benutzer 258
   - b) Schwaches IT-Management und unzureichende IT-Governance 259
   - c) Ungeeignete IT-Infrastruktur 260
   - d) Ungeeignete Anwendungssysteme 261
   - e) Unprofessionelle Projektarbeit 261
2. Stoßrichtung Restrukturierung 262
   - a) Geschäftsorientierung der IT 262
   - b) Konsequentes IT-Controlling 263
   - c) Optimierte IT-Fertigungstiefe 264
   - d) IT-Governance 265
   - e) Restrukturierung und Neuaufbau einer IT 265
3. Stoßrichtung Sanierung 266
   - a) Umstrukturierung der Leistungen 266
   - b) Revision des Projektplans 267
   - c) Bildung von Task Forces 267

II. Analyse der Kernprobleme in der IT 267
1. IT-Controlling 267
2. Synchronisierung von IT und Geschäft 268
3. IT-Benchmarking 268
4. IT-Review 269

III. Maßnahmen zur Restrukturierung/Sanierung in der IT 272
1. Verbesserung der Schnittstellen zum betrieblichen Umfeld 272
2. Servicemanagement 273
3. Projektmanagement 274
4. Optimierung der Fertigungstiefe 275
5. Anpassung der IT-Organisation an die Unternehmensstrukturen 276
6. IT-Controlling 277
7. Besonderheiten im Sanierungsfall 278
   - a) Sanierungsbedingter Leistungsabbau 278
   - b) Sanierungsbedingte Leistungserweiterung 279
   - c) Besonderheiten in Insolvenzfall 280

IV. Zwischenfazit 280

4. Teil. Sanierung der finanzwirtschaftlichen Bereiche

§ 16 Finanzwirtschaftliche Aspekte bei Fortführung von Krisenunternehmen

I. Einleitung 282
II. Eigenkapitalmaßnahmen in der Sanierung 282
1. Einzelfirmen und Personengesellschaften 282
2. Kapitalgesellschaften 283
   - a) Sanierung durch Kapitalveränderungen 283
   - b) Sanierung durch Nebenleistungen 286
3. Innengesellschaften 287
   - a) Stille Gesellschaft 287
     - aa) Allgemeine Regelungen 287
     - bb) Typische stille Gesellschaft 288
     - cc) Atypische stille Gesellschaft 288
     - dd) GmbH & Still 288
     - ee) Steuerrechtliche Konsequenzen 288

Inhaltsverzeichnis

	ff) Würdigung im Sanierungsfall	290
	b) Unterbeteiligung	290
III.	Gesellschafterleistungen über die Einlage hinaus	291
	1. Allgemeines	291
	2. Forderungsverzicht, Rangrücktritt u.ä. Leistungen	291
	a) Forderungsverzicht	291
	b) Rangrücktritt	292
	c) Weitere ähnliche Sanierungsmaßnahmen	293
	3. Eigenkapitalersatz	293
	a) Eigenkapitalersetzende Darlehen	293
	b) Nutzungsüberlassungen	294
IV.	Fremdkapitalmaßnahmen	294
	1. Außergerichtlicher Vergleich und Insolvenzplan als Verfahren	294
	2. Einzelne Maßnahmen innerhalb der Verfahren	295
	a) Stundung	295
	b) Verzicht auf Zinszahlung und Forderungsverzicht	295
	c) Debt-Equity-Swap	296
	d) Sonstige Maßnahmen	297
V.	Auf das Aktivvermögen bezogene finanzielle Sanierungsmaßnahmen	297
	1. Bedeutung des Aktivvermögens in der Krise	297
	2. Anlagevermögen	298
	3. Umlaufvermögen	299
VI.	Staatliche Förderungsmöglichkeiten	299
	1. Einleitung	299
	2. Beratungen	300
	3. Investitionshilfen und Beteiligungen	301
	4. Darlehen	301
	5. Bürgschaften	302

§ 17 Gesellschaftsrechtliche Aspekte bei Fortführung von Krisenunternehmen

I.	Einführung	303
II.	Fortführungsgesellschaften	304
	1. Allgemeines	304
	2. Sanierungsgesellschaften	305
	3. Betriebsübernahmegesellschaften	308
	4. Auffanggesellschaften	310
III.	Gestaltungsmöglichkeiten für Sanierungsgesellschaften nach Umwandlungsrecht	311
	1. Allgemeines	311
	2. Verschmelzung	313
	a) Grundzüge	313
	b) Problematik der Sanierungsfusion	316
	3. Die Spaltung	317
	a) Grundzüge	317
	b) Haftungssystematik	321
	c) Problematik der Sanierungsspaltung	322
	4. Formwechsel	323
	a) Grundzüge und Haftungssystematik	323
	b) Problematik der Sanierungsumwandlung	324
	5. Sanierungsumwandlungen im Insolvenzverfahren	325
IV.	Steuerliche Überlegungen zur Fortführung von Krisenunternehmen	326
	1. Allgemeines	326
	2. Sanierende Umwandlungen	327

XXIII

Inhaltsverzeichnis

  a) Sanierungsumwandlungen von Kapitalgesellschaften 327
    aa) Sanierungsfusion 327
    bb) Sanierende Spaltung bei Kapitalgesellschaften 331
  b) Sanierende Umwandlungen von Personen- auf Kapitalgesellschaften. 337
    aa) Grundzüge 337
    bb) Verlustübernahme und weitere Folgen für die übernehmende Kapitalgesellschaft 338
    cc) Anschaffungskosten, steuerlicher Übertragungsstichtag und Rückwirkung .. 339
    dd) Sonstige Steuern 340
  c) Wege aus der Kapitalgesellschaft im Sanierungsfall 341
    aa) Einleitung 341
    bb) Wertansätze beim Vermögensübergang 341
    cc) Übernahmeergebnis 343
    dd) Steuerliche Rückwirkung 344

§ 18 Bilanzielle Restrukturierung und Financial Covenants

 I. Problemstellung und Zielsetzung 345
 II. Rechtliche Rahmenbindungen der bilanziellen Restrukturierung 348
  1. Bilanzielle Anzeigepflichten 348
  2. Unterkapitalisierung und Kapitalerhaltung 349
  3. Überschuldung gemäß § 19 InsO 350
 III. Kapitalstrukturpolitik in der Krise 352
 IV. Instrumente der bilanziellen Restrukturierung 354
  1. Überblick 354
  2. Kapitalherabsetzung und -erhöhung 354
    a) Zielsetzung und Funktionsweise 354
    b) Rechtliche Anforderungen und Risiken 356
    c) Eignung zur bilanziellen Restrukturierung 359
  3. Debt-Equity-Swap 359
    a) Zielsetzung und Funktionsweise 359
    b) Rechtliche Anforderungen und Risiken 361
    c) Eignung zur bilanziellen Restrukturierung 362
  4. Stille Gesellschaft 363
    a) Zielsetzung und Funktionsweise 363
    b) Rechtliche Anforderungen und Risiken 363
    c) Eignung zur bilanziellen Restrukturierung 364
  5. Anleihen 365
    a) Zielsetzung und Funktionsweise 365
    b) Rechtliche Anforderungen und Risiken 367
    c) Eignung zur bilanziellen Restrukturierung 369
 V. Financial Covenants als Gläubigerschutzinstrument 369
  1. Begriffliche Abgrenzung und Ausprägungsformen 369
  2. Sanktionsmechanismen und Gegenmaßnahmen bei Covenant-Brüchen 372
  3. Zielsetzung der Covenants: Frühwarnsystem und Präventive Risikobeschränkung . 373
  4. Einflussnahme auf die Geschäftsführung 374
  5. Exkurs: Ergebnisse der Financial-Covenant-Studie von Roland Berger Strategy Consultants 374
    a) Teilnehmer und Schwerpunkte der Studie 374
    b) Kernergebnisse der Studie 375
 VI. Fazit 377

5. Teil. Sonderthemen

§ 19 Distressed Investments

- I. „Distressed" als Asset-Klasse und Investitionsform 380
  - 1. Grundlagen 380
  - 2. Konzeptionelle Fundierung 382
  - 3. Begriffliche Abgrenzung 384
  - 4. Historische Entwicklung 387
- II. Risikoklassifizierung als Grundlage der Investorenentscheidung 389
  - 1. Perspektiven auf die Risikoklasse Distressed Assets 389
  - 2. Bestimmung des Investitionsverlustrisikos 390
    - a) Ansatz von Rating-Agenturen 390
    - b) Expected Loss 390
    - c) Scoring-Modelle 391
  - 3. Investitionsbewertung von Distressed Assets 392
    - a) Multiple-Verfahren 392
    - b) Discounted-Cashflow (DCF)-Verfahren – Bedetung des Financial Distress 392
    - c) Anpassung des Standard-DCF-Ansatzes an Distressed Assets 393
    - d) Investitionsbewertung bei Unternehmensliquidation 395
    - e) Probleme der Bewertungsverfahren 396
- III. Formen des Distressed Investings 396
  - 1. Distressed Debt 396
    - a) Charakteristika und Abgrenzung 396
    - b) Beweggründe für Banken, Distressed Debt zu veräußern 397
    - c) Beweggründe für Investoren, Distressed Debt zu erwerben ... 400
  - 2. Rangklassen von Fremdkapital 402
    - a) Senior und Junior Debt 402
    - b) Second Lien 402
    - c) High Yield 402
    - d) Mezzanine 402
  - 3. Distressed Equity 403
    - a) Charakteristika und Abgrenzung 403
    - b) Differenzierung zu Private Equity 404
  - 4. Hybride Finanzierungsformen – Distressed Mezzanine 405
    - a) Allgemein 405
    - b) Ausgewählte Formen: Stille Gesellschaft, Nachrangdarlehen und Genussrecht .. 406
    - c) Besonderheiten zum Zeitpunkt des Distress 409
  - 5. Workout-Strategien der finanzierenden Kreditinstitute 411
- IV. Erwerbs- und Investitionsprozess von Distressed Assets 412
  - 1. Investitionsprozess im Überblick 412
    - a) Bestimmung der Investitionsstrategie 412
    - b) Kapitalsuche 414
    - c) Investitionssuche und -auswahl 414
    - d) Due Diligence 415
    - e) Strukturierung und Realisierung der Investition 416
    - f) Controlling, Sanierung und Exit 416
  - 2. Aktives vs. passives Management 417
  - 3. Single-Name-Transaktionen vs. Portfoliokäufe 418
  - 4. Korrelation mit anderen Anlagemöglichkeiten 419
  - 5. Exit-Strategien 420
- V. Derivative Finanzierungstitel und deren Platzierungsmärkte von Distressed Assets 421
  - 1. Allgemein 421
  - 2. Grundzüge der Verbriefung 421
  - 3. Collateralized Debt Obligation 423

Inhaltsverzeichnis

4. Collateralized Loan Obligation 423
   a) Typisierung von Collateralized Loan Obligations 423
   b) Analyse eines Kreditportfolios 424
   c) Modifizierung der Standardanalyse im Rahmen von Distressed CLO 425
   d) Strukturelle Besonderheiten 426
   e) Sicherung der Liquidität 426
   f) Rolle des Bankgeheimnisses 427

§ 20 Interim: Management in der Krise und die Rolle des Chief Restructuring Officers (CRO)

I. Die Rolle des Managements bei der Krisenerkennung und -bewältigung . . . 430
   1. Die Verantwortung des Managements 430
   2. Der Einsatz von Beratern zur Unterstützung des Managements 431
   3. Die Verstärkung des Managements durch Krisenmanager 432

II. Festlegung der durchzuführenden Sanierungsmassnahmen 433
   1. Erarbeitung des Sanierungsplans durch den Krisenmanager 433
   2. Die Umsetzung vorgegebener Sanierungskonzepte durch einen Interim-Manager . 434
   3. Entscheidungsregeln für die Auswahl des passenden Dienstleisters 434

III. Auswahl und Einsatz von Interim Managern 436
   1. Bedarfsfälle und Dienstleistungsangebot 436
   2. Rollenverteilung: Klient, Interim-Manager, Interim-Management Unternehmen . . 438

IV. Ablauf eines Interim-Projekts 438
   1. Projektphasen 438
      a) Untersuchung der Aufgabenstellung und Erstellen eines Anforderungsprofils . . . 438
      b) Abstimmung des Anforderungsprofils mit dem Auftraggeber 438
      c) Suche nach geeigneten Interim-Managern 438
      d) Durchführung von Auswahlgesprächen und Auswahlkriterien 439
      e) Einholung ausführlicher Referenzen 439
      f) Abstimmen von Auswahlgesprächen mit dem Auftraggeber 439
      g) Erarbeitung eines Vertrages über Management- und Beratungsleistungen 440
   2. Organisatorische und operative Einbindung des Interim-Managers im Unternehmen 440
   3. Betreuung und Kontrolle der Sanierungsmaßnahmen 441
      a) Betreuung in der Einarbeitungsphase 441
      b) Betreuung und Überwachung des Managers während der Umsetzung 441
   4. Projektabschluss und Überleitung der Sanierungsverantwortung an das permanente Management 442

§ 21 Private Equity in der Restrukturierung

I. Einführung 443

II. Entscheidungsgrundlage 445

III. Sourcing 446

IV. Due Dilligence 447

V. Restrukturierungskonzept und Kaufpreisangebot 449

VI. Umsetzungsphase 450

VII. Exitvorbereitung und -sicherung 450

VIII. Zusammenfassung 452

§ 22 Mergers & Acquisitions bei Krisenunternehmen (Distressed M&A)

- I. Einführung 454
- II. Distressed Mergers & Acquisitions (M&A) 454
  - 1. Definition Mergers & Acquisitions 454
  - 2. Definition Distressed M&A 455
  - 3. Abgrenzung 455
- III. Transaktionsstrukturen 456
  - 1. Allgemein 456
  - 2. Share Deal 456
  - 3. Asset Deal 457
  - 4. Exkurs: Debt-Equity-Swap 457
- IV. Unternehmenskrisen 458
- V. Exkurs: Grundzüge des transaktionsrelevanten Insolvenzrechtes ... 459
  - 1. Verfahrensarten 459
  - 2. Insolvenz in Eigenverwaltung 461
  - 3. Gläubigerausschuss 462
  - 4. Zeitpunkt der Transaktion im Krisenverlauf 463
  - 5. Aus- und Absonderungsrechte im Insolvenzverfahren 464
- VI. Beteiligte Parteien 465
  - 1. Potenzielle Käufer 465
  - 2. Potenzielle Verkäufer 466
- VII. Transaktionsprozess 467
  - 1. Verkäuferperspektive (Sell Side) 467
    - a) Transaktionsmotive des Verkäufers 467
    - b) Ablauf des Verkaufsprozesses 468
  - 2. Käuferperspektive (Buy Side) 470
    - a) Transaktionsmotive des Käufers 470
    - b) Ablauf Transaktionsprozess 470
- VIII. Bewertung von Krisenunternehmen 472
  - 1. Besonderheiten der Bewertung von Unternehmen in der Krise .. 472
  - 2. Methoden der Unternehmensbewertung 473
    - a) Überblick 473
    - b) Substanzorientierte Verfahren 474
    - c) Ergebnisorientierte Verfahren 475
    - d) Kombinierte Verfahren 476
    - e) Marktwertorientierte Verfahren 477
    - f) Würdigung der Bewertungsmethoden 477
- IX. Besonderheiten im Rahmen der Vertragsverhandlungen 478
  - 1. Gestaltung des Kaufvertrags 478
  - 2. Übernahmekonditionen 479
- X. Steuerliche Rahmenbedingungen bei Distressed M&A 481
- XI. Kritische Erfolgsfaktoren von Distressed M&A-Transaktionen 481
  - 1. Geschwindigkeit vs. Diskretion 481
  - 2. Frühzeitiges Erkennen von Dealbreakern 483
    - a) Anpassung der Personalkapazitäten 483
    - b) Wertvorstellungen und Kaufpreisverhandlungen 484
    - c) Garantien, Gewährleistungen und Freistellungen 485
    - d) Pensionszusagen 485
  - 3. Transaktionssicherheit vs. Kaufpreishöhe 486
  - 4. Sanierungs- bzw. Insolvenz-Know-how 486
  - 5. Strategisches Verständnis 487
  - 6. Minimierung operativer Störfaktoren 487
- XII. Zusammenfassung 487

Inhaltsverzeichnis

§ 23 M&A in der Krise – Rechtliche Aspekte

I. Überblick 488
II. Rechtliche Aspekte bei der Wahl der Transaktionsstruktur in der Krise 490
    1. Anteilserwerb 490
    2. Erwerb des Betriebsvermögens 490
    3. Kapital- und Umwandlungsmaßnahmen 490
III. Anteilserwerb in der Krise 491
    1. Vorteile des Anteilserwerbs 491
       a) Vertragsgestaltung 491
       b) Grundsätzlich keine Zustimmungserfordernisse 491
    2. Haftungsrisiken des Erwerbers beim Anteilserwerb 492
       a) Haftung für rückständige Einlagen 492
       b) Haftung für Verbindlichkeiten der Zielgesellschaft 493
          aa) Unterbliebene Offenlegung der wirtschaftlichen Neugründung 493
          bb) Existenzvernichtender Eingriff 495
IV. Asseterwerb in der Krise 496
    1. Allgemeine Haftungsrisiken beim Asseterwerb 496
       a) Firmen- und Geschäftsübernahme, § 25 Abs. 1 HGB 497
       b) Haftung für Betriebssteuern, § 75 AO 498
       c) Betriebsübergang, § 613a BGB 498
    2. Besondere Haftungsrisiken beim Asseterwerb in der Krise 499
       a) Eintritt der Insolvenzreife durch Erfüllung des Asseterwerbs 499
       b) Wahlrecht des Insolvenzverwalters, § 103 Abs. 2 InsO 500
       c) Insolvenzanfechtung, §§ 129 ff. InsO 501
          aa) Zeitlicher Anwendungsbereich 501
          bb) Voraussetzungen der Insolvenzanfechtung 501
          cc) Rechtsfolgen der Insolvenzanfechtung 502
    3. Der Asseterwerb nach Eröffnung des Insolvenzverfahrens:
       Die übertragende Sanierung 502
       a) Vorteile 502
          aa) Haftungsprivilegien betreffend allgemeiner Risiken 502
          bb) Keine Übernahme von Verbindlichkeiten 503
          cc) Keine Anfechtungsrisiken, keine Gefahr der Wahl der Nichterfüllung 503
          dd) Zustimmungserfordernis der Gesellschafterversammlung entfällt 504
       b) Nachteile 504
          aa) Bestimmtheitsgrundsatz (Bestimmtheit und Bestimmbarkeit) 504
          bb) Zustimmungserfordernis des Gläubigerausschusses, §§ 69, 160 InsO 505
V. Auswirkungen des ESUG auf die M&A-Praxis 506
    1. Eigenverwaltung und Schutzschirmverfahren, § 270b InsO 506
    2. Insolvenzplanverfahren 507
       a) Allgemeines 507
       b) Änderungen durch das ESUG 507
       c) Debt-Equity-Swap 508
          aa) Begriff und Wirkung 508
          bb) Rechtstechnische Ausgestaltung 509
          cc) Forderungseinbringung zum Nennwert oder zum Verkehrswert? 509
          dd) Bezugsrecht der Alt-Gesellschafter 510
       d) Anteilserwerb in der Insolvenz 510
       e) Obstruktionsverbot 511
       f) Fazit 511

Inhaltsverzeichnis

6. Teil. Möglichkeiten der Sanierung nach der Insolvenzordnung

§ 24 Grundlagen der Insolvenzordnung

I. Einleitung 514
II. Rechtsentwicklung 516
   1. Die Insolvenzrechtsreform 2001 516
   2. Spätere Reformen 519
   3. Dreistufiges Insolvenzrechtsreformvorhaben 519
      a) Erste Stufe der Insolvenzrechtsreform: ESUG 519
      b) Zweite Stufe der Insolvenzrechtsreform: Reform des Verbraucher-
         insolvenzrechts 520
      c) Dritte Stufe der Insolvenzrechtsreform: Konzerninsolvenzrecht ... 520
III. Überblick über das gerichtliche Insolvenzverfahren 521
   1. Allgemeines zum Verfahrensablauf 521
   2. Eröffnung des Insolvenzverfahrens 523
      a) Eröffnungsantrag 523
      b) Vorläufiges Insolvenzverfahren 523
      c) Abweisung mangels Masse 525
      d) Eröffnungsgründe 525
      e) Eröffnungsbeschluss 527
   3. Verfahrensbeteiligte und Organe im Insolvenzverfahren 528
      a) Schuldner 528
      b) Insolvenzgericht 528
      c) Insolvenzverwalter 529
      d) Gläubiger 533
      e) Gläubigerausschuss/Gläubigerversammlung 536
   4. Verfahrensablauf 538
      a) Verwaltung und Verwertung der Insolvenzmasse 538
      b) Forderungsfeststellung und Forderungsbefriedigung 539
      c) Wahlrecht des Insolvenzverwalters 540
      d) Insolvenzanfechtung 540
   5. Übertragende Sanierung 544
   6. Die Eigenverwaltung 545
   7. Gesetzliche Restschuldbefreiung 547
IV. Der Insolvenzplan als „zentrales Sanierungsinstrument" 551
   1. Einführung 551
   2. Gliederung eines Insolvenzplans 553
      a) Darstellender Teil (§ 220 InsO) 553
      b) Gestaltender Teil (§ 221 InsO) 554
      c) Anlagen (§§ 229, 230 InsO) 555
   3. Insolvenzplanverfahren (§§ 217 ff. InsO) 556
   4. Wirkungen und Überwachung des Insolvenzplans 559
V. Europäisches Insolvenzrecht 560
   1. EuInsVO 560
   2. Drittstaatenfälle 561
   3. Insolvenz einer Scheinauslandsgesellschaft 561
VI. Krisenbewältigung außerhalb des Insolvenzverfahrens 561
VII. Zusammenfassung und Ausblick 562

§ 25 Insolvenzantragsgründe

I. Abgrenzungen 565
II. Zahlungsunfähigkeit 567
   1. Beurteilung eingetretener Zahlungsunfähigkeit 567

Inhaltsverzeichnis

2. Finanzstatus	570
3. Finanzplan	571
4. Weitere betriebswirtschaftliche Interpretationen	572
5. Besonderheiten im Konzern	574
III. Drohende Zahlungsunfähigkeit	574
IV. Überschuldung	575
1. Überschuldungsbegriff und Überschuldungsprüfung	575
2. Fortbestehensprognose	576
a) Unternehmenskonzept und Finanzplanung	576
b) Ableitung der Fortbestehensprognose	577
3. Überschuldungsstatus	578
a) Grundsatz	578
b) Ansatz und Bewertung bei positiver Fortbestehensprognose	578
4. Beurteilung der Existenz einer Überschuldung	579

§ 26 Das Schutzschirmverfahren

I. Einleitung	580
II. Voraussetzungen für die Anordnung des Schutzschirmverfahrens	582
1. Anträge des Schuldners	582
2. Eröffnungsgrund	582
3. Keine offensichtliche Aussichtslosigkeit der Sanierung	583
4. Sanierungsbescheinigung	583
5. Voraussetzungen der Eigenverwaltung	584
III. Anordnungsbeschluss und Rechtsfolgen	586
1. Beschluss über die Vorlage eines Insolvenzplans	586
2. Der vorläufige Sachwalter	586
a) Die Bestellung	586
b) Die Funktion	588
3. Anordnung vorläufiger Manahmen	588
4. Kompetenz zur Begründung von Masseverbindlichkeiten	589
a) Gesetzliche Grundlagen	589
b) Die Stellung des vorläufigen Sachwalters	589
c) Haftung	590
d) Fazit	591
IV. Beendigung des Schutzschirmverfahrens und ihre Folgen	591
1. Fortführung des Eröffnungsverfahrens nach Aufhebung des Schutzschirms	591
2. Beendigung durch Fristablauf	592
3. Beendigung durch Aufhebung nach Abs. 4	592
a) Allgemein	592
b) Nicht: Zahlungsunfähigkeit nach Anordnung des Schutzschirmverfahrens	593
c) Aussichtslosigkeit der angestrebten Sanierung nach Nr. 1	593
d) Antrag des vorläufigen Gläubigerausschusses	594
e) Antrag eines absonderungsberechtigten Gläubigers oder Insolvenzgläubigers	595
f) Rechtsmittel	595

§ 27 Die Bescheinigung zum Schutzschirmverfahren

I. Einleitung	596
II. Inhalt und Normzweck	597
III. Bestandteile des IDW ES 9	598
1. Person des Ausstellers	598
a) Rechtsgrundlagen	598
b) IDW ES 9 und Kritik	599
2. Vorliegen von Insolvenzgründen	600

Inhaltsverzeichnis

    a) Rechtsgrundlagen 600
    b) IDW ES 9 und Kritik 601
  3. Offensichtliche Aussichtslosigkeit 602
    a) Rechtsgrundlage 602
    b) IDW ES 9 und Kritik 602
IV. Rechtsmissbrauch und Haftung 606
  1. Gefälligkeitsbescheinigungen 606
  2. Haftung in besonderen Fällen 607

§ 28 Die Eigenverwaltung

I. Einleitung 609
  1. Die wichtigsten Elemente der Eigenverwaltung auf einen Blick 609
  2. Gemeinsamkeiten und Unterschiede 609
II. Vorteile und Eignungsvoraussetzungen 611
  1. Vorteile 611
    a) Signale am Markt 611
    b) Zeitersparnis 612
    c) Verfahrenskosten 612
    d) Weiterführung ohne Genehmigungshindernisse 613
    e) Aufrechterhaltung Leitungsstrukturen 613
  2. Eignungsvoraussetzungen 613
III. Gesetzliche Voraussetzungen 615
  1. Formale Anforderungen 615
    a) Zuständigkeit des Gerichts 615
    b) Antrag des Schuldner 615
      aa) Anforderungen an den Antrag 615
      bb) Antragsberechtigung 616
  2. Materielle Anforderungen 617
  3. Aufhebung der Eigenverwaltung 619
    a) Formelle Voraussetzungen 619
    b) Materielle Voraussetzungen 619
      aa) Gläubigerversammlung 619
      bb) Bestimmte Gläubiger 620
      cc) Schuldner 622
IV. Das Eröffnungsverfahren 623
  1. Allgemein 623
  2. Gesetzliche Voraussetzungen 623
V. Beteiligte im Eigenverwaltungsverfahren 624
  1. Sachwalter 624
    a) Eignung und Unabhängigkeit des Sachwalters 624
    b) Aufgaben und Befugnisse im Eröffnungsverfahren 627
    c) Aufgaben und Befugnisse im eröffneten Verfahren 627
      aa) Rechte und Pflichten des Sachwalters 627
      bb) Aufsichts-, Überwachungs- und Prüfpflichten 628
    d) Mitwirkungspflichten/-rechte des Sachwalters 628
      aa) Allgemein 628
      bb) Einvernehmen und Zustimmungspflichten nach § 279 InsO 630
      cc) Einvernehmen bei der Verwertung von Sicherungsgut (§ 282 InsO) .. 631
      dd) Beratung und Überwachung beim Insolvenzplan 631
      ee) Zustimmung bei der Abberufung und Neubestellung von Mitgliedern der Geschäftsleitung 631
  2. Aufgaben und Befugnisse des Gläubigerausschusses 631
    a) Eröffnungsverfahren 631
      aa) Voraussetzungen für die Einsetzung eines Gläubigerausschusses 631

Inhaltsverzeichnis

        bb) Einfluss auf die Auswahl des vorläufigen Sachwalters 632
    b) Eröffnetes Verfahren 633
        aa) Voraussetzungen für die Einsetzung eines Gläubigerausschusses 633
        bb) Reduzierte Möglichkeit der Einflussnahme im eröffneten Insolvenzerfahren 633
        cc) Zustimmungsvorbehalt des Gläubigerausschusses § 276 InsO 634
  3. Aufgaben und Befugnisse der Gläubigerversammlung 634
  4. Aufgaben und Befugnisse des Schuldners 635
    a) Eröffnungsverfahren 635
        aa) Bestmögliche Gläubigerbefriedigung 635
        bb) Begründung von Masseverbindlichkeiten 636
        cc) Sonstige Betriebsfortführung in der (vorläufigen) Eigenverwaltung 638
    b) Eröffnetes Verfahren 639
        aa) Allgemein 639
        bb) Anordnung der Zustimmungsbedürftigkeit, § 277 InsO 639
  5. Organe des Schuldners 640
    a) Eröffnungsverfahren 640
    b) Eröffnetes Verfahren 640
VI. Weitere derzeit aktuelle Fragen zur Eigenverwaltung 642
  1. Vergütung des Sachwalters 642
  2. Haftung in der Eigenverwaltung 643
  3. Steuerschulden im Eröffnungsverfahren 645
  4. Steuerzahlungspflicht von gesetzlichen Vertreten 646

§ 29 Insolvenzplanverfahren

I. Einführung 648
II. Aufbau und Zielsetzung des Insolvenzplans 649
III. Darstellender Teil 650
  1. Wesentliche Unternehmensdaten 650
  2. Ursachen der Insolvenz 651
  3. Wirtschaftliche Verhältnisse und Verfahrensablauf 652
    a) Entwicklung der Vermögens- und Ertragslage 652
    b) Festlegung der Gläubigergruppen 652
    c) Arbeitnehmer 654
  4. Leitbild des sanierten Unternehmens 654
  5. Notwendige Maßnahmen für die Realisierung des Insolvenzplans 655
    a) Allgemein. 655
    b) Leistungswirtschaftliche Maßnahmen 655
    c) Finanzwirtschaftliche Maßnahmen 658
  6. Vermögensübersicht, Ergebnis- und Finanzplan (§ 229 InsO) 660
  7. Angemessenheit des Insolvenzplans 661
IV. Gestaltender Teil 661
  1. Gestaltung der Insolvenzquote 661
  2. Planbedingungen 663
  3. Steuerrechtliche Implikationen 664
    a) Allgemein 664
    b) Forderungsverzicht 664
    c) Kapitalerhöhung 664
  4. Sonstige Regelungen 665
V. Geheimhaltungserfordernisse und Auswirkung auf den Insolvenzplan 666

§ 30 Arbeitsrechtliche Aspekte der Insolvenz

I. Allgemeines 667
II. Arbeitnehmeransprüche in der Insolvenz 667
III. Kündigungsschutz in der Insolvenz 671

Inhaltsverzeichnis

IV. Betriebsänderungen in der Insolvenz 673
V. Betriebsübergang in der Insolvenz 674

§ 31 Internationales Insolvenzrecht

I. Einleitung 678
II. Rechtsquellen des internationalen Insolvenzrechts 679
    1. Europäische Insolvenzverordnung 679
    2. §§ 335 ff. InsO 679
    3. UNCITRAL-Modellbestimmungen 680
    4. Bilaterale Abkommen 680
III. EuInsVO 681
    1. Überblick über die EuInsVO 681
       a) Allgemeines 681
       b) Grundprinzipien der EuInsVO 681
          aa) Grundsatz des gegenseitigen Vertrauens 681
          bb) Modifizierte Universalität 681
          cc) Automatische Anerkennung 682
    2. Anwendungsbereiche 682
       a) Zeitlicher Anwendungsbereich 682
       b) Territorialer Anwendungsbereich 682
       c) Sachlicher Anwendungsbereich 682
    3. Internationale Zuständigkeit 683
       a) Hauptinsolvenzverfahren 683
       b) Territorialinsolvenzverfahren 684
          aa) Sekundärinsolvenzverfahren 684
          bb) Partikularinsolvenzverfahren 685
          cc) Begriff der Niederlassung 685
       c) Zuständigkeit für Annexverfahren 685
       d) Verlegung des COMI 686
    4. Anwendbares Recht 686
       a) Grundsatz der *lex fori concursus* 686
       b) Beispielkatalog des Art. 4 Abs. 2 EuInsVO 687
       c) Ausnahmekatalog der Art. 5–15 EuInsVO 687
    5. Anerkennung und Vollstreckung ausländischer Insolvenzverfahren 687
       a) Grundsatz der automatischen Anerkennung 687
       b) Prioritätsprinzip 688
       c) Ausnahmen 688
          aa) Ordre public-Vorbehalt, Art. 26 EuInsVO 688
          bb) Art. 25 Abs. 3 EuInsVO 688
    6. Befugnisse des Insolvenzverwalters in anderen Mitgliedstaaten 689
    7. Kooperations- und Informationsvorschriften 689
IV. Deutsches internationales Insolvenzrecht, §§ 335 ff. InsO 690
    1. Anerkennung von ausländischen Insolvenzverfahren 690
    2. Anwendbares Recht 690
    3. Territorialinsolvenzverfahren 691
       a) Partikularinsolvenzverfahren 691
       b) Sekundärinsolvenzverfahren 691

§ 32 Anfechtung und Eigenkapitalersatz
– Von der Insolvenzantragspflicht über das Zahlungsverbot zur Haftung –

I. Einleitung/Krise des Unternehmens und Organhaftung 693
II. Geschäftsleiterhaftung 694
    1. Insolvenzantragspflicht und -verschleppungshaftung gemäß § 823 Abs. 2 BGB
       i.V.m. § 15a InsO 694

Inhaltsverzeichnis

      a) Feststellung der Insolvenzreife 696
         aa) Zahlungsunfähigkeit, § 17 Abs. 2 Satz 1 InsO 696
         bb) Überschuldung, § 19 InsO 697
      b) Rechtsfolgen der Insolvenzantragspflicht, § 15a Abs. 1 S. 1 InsO 701
      c) Haftung gegenüber Alt- und Neugläubigern 701
  2. Zahlungsverbot nach Eintritt von Zahlungsunfähigkeit und Überschuldung,
     § 64 S. 1 GmbHG u.a. 703
      a) Der Begriff der Zahlung 704
         aa) Allgemein 704
         bb) Einzelfragen zur „Zahlung" 704
      b) Ausnahmen vom Zahlungsverbot 706
  3. Zahlungsverbot und Haftung bei Verursachung der Zahlungsunfähigkeit,
     § 64 S. 3 GmbHG u. §§ 92, 93 AktG 707
III. Haftung aus Kapitalerhaltung 708
  1. GmbH-Recht und Änderungen durch das MoMiG ab 1.11.2008 709
  2. Kapitalerhaltungsvorschriften nach dem MoMiG 710
  3. § 135 InsO: Gesellschafter Darlehen und Anfechtbarkeit der Rückführung 712
  4. Die Abtretung des Gesellschafterdarlehens in der Insolvenz – Rang des Darlehens . 714
      a) Rangänderung durch Abtretung? 714
      b) Bestimmung des Anfechtungsgegners 716
      c) Zwischenfazit 717
  5. Rechtsfolgen der Anfechtung, § 143 InsO 717
IV. Sonstige Ersatzverpflichtungen 718
  1. Allg.: Schadenersatzansprüche wegen „sittenwidriger Schädigung", § 826 BGB ... 718
  2. Verbot eines existenzvernichtenden Eingriffs als Fall des § 826 BGB 719
  3. Schadenersatz aus unerlaubter Handlung, § 823 Abs. 2 i.V.m.§§ 266 Abs. 1,
     283 Abs. 1 Nr. 1 StGB 722
  4. Schadenersatzansprüche wegen Nichtabführung von Arbeitnehmerbeiträgen zur
     Sozialversicherung, § 266a StGB i.V.m. § 823 Abs. 2 BGB 723

§ 33 Sicherungsrechte in der Insolvenz

I. Einführung 727
  1. Wirksamkeit und Insolvenzfestigkeit des Sicherungsrechts 727
  2. Insolvenzrechtliche Einordnung der Sicherungsrechte 727
  3. Die Bedeutung der Sicherungsrechte für eine Sanierung mittels Insolvenz-
     verfahren 727
  4. Die Sicherungsrechte und die Insolvenzrechtsreform 728
  5. Rechtsentwicklung seit Inkrafttreten der InsO 729
II. Aussonderung 730
  1. Allgemeines 730
     2. Rechtsstellung aussonderungsberechtigter Gläubiger 730
      a) Aussonderungsgegenstand 731
      b) Dingliche Aussonderungsrechte 731
         aa) (Allein-)Eigentum 731
         bb) Einfacher Eigentumsvorbehalt 731
         cc) Sonstige dingliche Rechte 733
         dd) Treuhandverhältnisse 734
         ee) Leasing 735
         ff) Factoring 736
      c) Persönliche Aussonderungsrechte 737
      d) Realisierung der Aussonderungsrechte 737
         aa) Im vorläufigen Insolvenzverfahren 738
         bb) Im eröffneten Insolvenzverfahren 740
      e) Ersatzaussonderung 742

Inhaltsverzeichnis

III. Absonderungsfragen	742
1. Allgemeines	742
2. Absonderungsrechte (§§ 49 ff. InsO)	743
a) Immobiliarsicherheiten	743
b) Mobiliarpfandrechte	744
aa) Rechtsgeschäftliche Pfandrechte	744
bb) Gesetzliche Pfandrechte	744
c) Besitzlose Mobiliarsicherheiten	745
aa) Sicherungsübereignung	745
bb) Sicherungszession	746
cc) Verlängerter und erweiterter Eigentumsvorbehalt	746
dd) Pfändungspfandrecht, Zwangssicherungshypothek und Vorpfändung	747
ee) Zurückbehaltungsrechte	747
3. Realisierung der Absonderungsrechte vor und während der Krise	748
a) Vor und während der Krise	748
b) Im vorläufigen Insolvenzverfahren	749
aa) Immobiliarsicherheiten	749
bb) Mobiliarsicherheiten	749
cc) Besonderheiten bei Anordnung eines allgemeinen Verfügungsbefugnis	750
c) Im eröffneten Insolvenzverfahren	751
aa) Stellung des Absonderungsberechtigten (§ 52 InsO)	751
bb) Verwertung der mit Absonderungsrechten belasteten Gegenstände	751
cc) Kosten der Absonderung und Erlösverteilung	760
d) Die Ersatzabsonderung	769
e) Die Ausfallhaftung	770
aa) Allgemeines – Verhältnis von schuldrechtlicher und dinglicher Haftung	770
bb) Nachweis des Ausfalls	771
IV. Sicherheitenpool	772
1. Allgemeines und wirtschaftlicher Hintergrund der Poolbildung	772
2. Sicherheitenpool der Banken	773
3. Lieferantenpool	773
4. (Insolvenz-) Rechtlicher Hintergrund der Poolbildung	774
5. Rechtliche Ausgestaltung	775
V. Personalsicherheiten	775
1. Allgemeines	775
2. Realisierung im Insolvenzverfahren	776
a) Bürgschaft	776
b) Schuldbeitritt	777
c) Garantien	778
d) Patronatserklärung	778
aa) Harte und weiche Patronatserklärung	778
bb) Konzerninterne und konzernexterne Patronatserklärung	779
cc) Untergang der Ausstattungsverpflichtung mit Insolvenz der begünstigten Tochtergesellschaft – Urteil des OLG Celle vom 28.6.2000	779

7. Teil. Rechnungslegung und Steuern

§ 34 Rechnungslegung in der Insolvenz

I. Einleitung	781
II. Handelsrechtliche Rechnungslegung in der Insolvenz	783
III. Rechnungslegung nach der InsO	785
IV. Der Insolvenzplan als Bestandteil der insolvenzrechtlichen Rechnungslegung	789

Inhaltsverzeichnis

§ 35 Sanierungssteuerrecht

I. Grundlagen des Sanierungssteuerrechts 790
   1. Ausgangssituation 790
   2. Allgemeine Steuernormen mit Relevanz für Sanierungen 791
      a) Allgemeines 791
      b) Gesellschafterfinanzierung 791
      c) Verlustvorträge 792
         aa) Allgemeines 792
         bb) Mindestbesteuerung 792
         cc) Gewerbesteuerliche Verlustvorträge (§ 10a GewStG) 794
         dd) Verlustabzug bei Körperschaften (§ 8c KStG) 795
         ee) Personengesellschaften – Verluste bei beschränkter Haftung (§ 15a EStG) ... 800
      d) Zinsschranke (§ 4h EStG, § 8a KStG) 802
   3. Sanierungserlass 803

II. Steuerliche Behandlung von Restrukturierungsmaßnahmen 809
   1. Rangrücktritt 809
   2. Forderungsverzicht ohne Besserungsabrede 810
   3. Forderungsverzicht mit Besserungsabrede 813
   4. Schuldbeitritt 814
   5. Befreiende Schuldübernahme 814
   6. Debt-Equity-Swap 815
   7. Hybride Finanzierungen 816
      a) Typische Stille Beteiligung 816
      b) Atypische stille Beteiligung 817
      c) Debt-Mezzanine-Swap 817
      d) Debt-Asset-Swap 818
      e) Debt-Asset-Swap 818

§ 36 Steuern in der Insolvenz

I. Verhältnis von Insolvenz- und Steuerrecht 821
II. Rechtliche Stellung des Schuldners 821
   1. Insolvenzfähigkeit/Schuldnereigenschaft 821
   2. Zivilrechtliche Stellung des Schuldners 822
   3. Steuerrechtliche Stellung des Schuldners im materiellen Steuerrecht ... 822
      a) Im eröffneten Insolvenzverfahren 822
         aa) materielles Steuerrecht 822
         bb) formelles Steuerrecht 823
      b) Im Eröffnungsverfahren 824
      c) Im Verfahren mit Eigenverwaltung 824
III. Rechtliche Stellung des Insolvenzverwalters 825
   1. Zivilrechtliche Stellung des Insolvenzverwalters 825
   2. Steuerrechtliche Stellung des Insolvenzverwalters 825
      a) materielles Steuerrecht 825
      b) formelles Steuerrecht 826
IV. Rechtliche Stellung des vorläufigen Insolvenzverwalters 828
   1. Zivilrechtliche Stellung des vorläufigen Insolvenzverwalters 828
   2. Steuerrechtliche Stellung des vorläufigen Insolvenzverwalters 829
      a) materielles Steuerrecht 829
      b) formelles Steuerrecht 829
V. Rechtliche Stellung des Sachwalters bei Eigenverwaltung 830
VI. Behandlung der Steuerforderungen in der Insolvenz 830
   1. Insolvenz- und Masseforderungen 830
   2. Aufrechnung 831
   3. Anfechtung 832

Inhaltsverzeichnis

VII. Besonderheiten einzelner Steuerarten in der Insolvenz	832
1. Einkommensteuer	832
a) Veranlagung in der Insolvenz	832
b) Aufteilung in die insolvenzrechtlichen Forderungskategorien	833
c) Behandlung stiller Reserven	834
d) Behandlung von Verlusten	835
e) Behandlung von Vorauszahlungen und anrechenbaren Steuerabzugsbeträgen	836
f) Besonderheiten bei Personengesellschaften	836
2. Lohnsteuer	836
a) Fallgruppen in der Insolvenz des Arbeitgebers	836
b) Aufteilung in die insolvenzrechtlichen Forderungskategorien	837
c) Lohnsteuer im Insolvenzeröffnungsverfahren	837
3. Körperschaftsteuer	838
4. Gewerbesteuer	838
a) Erlöschen der Steuerpflicht	838
b) Aufteilung in die insolvenzrechtlichen Forderungskategorien	838
c) Messbetrags-Berechnung	839
5. Umsatzsteuer	839
a) Bedeutung der Umsatzsteuer in der Insolvenz	839
b) Aufteilung in die insolvenzrechtlichen Forderungskategorien	839
c) Berichtigung der Bemessungsgrundlage nach § 17 II UStG	839
d) Berichtigung des Vorsteuerabzugs nach § 15a UStG	841
e) Verwertung von Sicherungsgut	841
f) Freigabe von Sicherungsgut an den Schuldner	842
VIII. Steuerforderungen im Insolvenzplanverfahren	843
IX. Steuerforderungen nach Aufhebung des Insolvenzverfahrens	844

§ 37 Die Bescheinigung nach § 270b InsO am Beispiel der MOZART Intelligent Solutions GmbH

I. Einleitung	846
II. Die MOZART Intelligent Solutions GmbH	847
1. Unternehmensprofil	847
2. Entwicklung	847
3. Geschäftsmodell	847
III. Markt und Wettbewerb	849
IV. Wirtschaftliche Entwicklung	850
1. Ertragslage	850
2. Vermögenslage	851
3. Finanzlage	852
V. Krisenstadien und -ursachen	853
VI. Beantragung des Schutzschirmverfahrens	853
1. Prüfung und Bescheinigung des Vorliegens der Antragsgründe	853
a) Person des Ausstellers	853
b) Vorliegen von Insolvenzgründen	854
c) Offensichtliche Aussichtslosigkeit	856
2. Würdigung der Arbeitsergebnisse und Bescheinigung der Eröffnungsvoraussetzungen nach § 270b InsO	862
3. Antragstellung	862

§ 38 Kurzfall Schutzschirm

I. Sanierung im Schutzschirmverfahren	863
1. Hintergrund des Unternehmens	864
2. Dienstleistungsspektrum der IT-GmbH	864

XXXVII

Inhaltsverzeichnis

    3. Stärken und Schwächen der IT-GmbH 865
    4. Unmittelbare Krisenursache: Umsatzrückgang bei hohen Fixkosten 866
II. Entscheidung für Schutzschirmverfahren 868
    1. Zeitplan 869
    2. Vorarbeiten zum Insolvenzantrag 869
    3. Insolvenzantrag 870
    4. Gläubigerausschuss 870
    5. Konzernstruktur 871
    6. Insolvenzgeld 872
III. Sanierungskonzept 872
    1. Vertriebsstrategie 873
    2. Kostenreduktion 875
    3. Personalkostenreduktion und Personalabbaukosten 876
    4. Kostenreduktion 879
    5. Zielstruktur 880
IV. Insolvenzplan 880
    1. Haftungsvergleich Geschäftsführung 882
V. Verfahrenseröffnung 883
    1. Verhandlung Personalabbau 883
    2. Outplacement 883
    3. Personalabbau Durchführung 885
    4. Abstimmungstermin 885
    5. Investorenprozess 885
    6. Sanierungsgewinn und Steuerbefreiung 885
    7. Bestätigung des Insolvenzplanes und Verfahrensaufhebung 886
VI. Zusammenfassung 886
VII. Schlussbemerkung 886

§ 39 Insolvenzplanverfahren Metall AG

I. Vorbemerkung 889
    1. Vorlauf zum Insolvenzantrag 890
    2. Plan B 891
    3. Bankenpool 891
    4. Insolvenzantrag 891
    5. Verfahrensablauf 892
    6. Vorläufiges Insolvenzverfahren 892
II. Insolvenzplan der Metall AG 894
    1. Vorbemerkungen 894
    2. Darstellender Teil 894
        a) Ziele des Insolvenzplanes 894
        b) Grundlagen des Insolvenzplanes 894
            aa) Rechtliche Verhältnisse/Historische Entwicklung 894
            bb) Grundkapital und Aktien 895
            cc) Beteiligungen der Schuldnerin 895
            dd) Steuer 895
            ee) Grundbesitz 896
            ff) Wichtige Dauerschuldverhältnisse 896
        c) Wirtschaftlichen Verhältnisse 897
            aa) Vergangene wirtschaftliche Entwicklung 897
            bb) Krisenursachen 899
            cc) Unternehmensstrategie 899
            dd) Markt und Wettbewerb 900
            ee) Produktion 900
            ff) Finanzierung 900

d) Leitbild des Insolvenzplanes	900
aa) Rechtshandlungen des vorläufigen Insolvenzverwalter	900
bb) Maßnahmen zur Sanierung der Schuldnerin	901
cc) Unternehmensstrategie	901
dd) Vertrieb	901
ee) Produktion	901
ff) Einkauf	901
gg) Organisation und Personal	902
hh) Integrierte Sanierungsplanung	902
e) Risiken	903
f) Wirkungen des Insolvenzplans	903
aa) Gruppenbildung und Eingriff in die Rechte der Gläubiger	903
bb) Grundsätze der Bildung von Gläubigergruppen	903
cc) Beteiligte Gläubiger	904
dd) Gläubigergruppen und Abgrenzungsmerkmale	904
g) Vergleich der Verwertungsalternativen: Abwicklung und Insolvenzplan	905
h) Alternativszenarien	906
aa) Vermögensverwertung durch Abwicklung	906
bb) Vermögensverwertung	906
cc) Zusammenfassung	908
dd) Verkauf des Unternehmens bzw. von Unternehmensteilen	908
i) Vergleichende Gegenüberstellung der Verwertungsalternativen	908
aa) Obstruktionsverbot	908
bb) Vergleichsrechnung	909
cc) Liquidation	909
dd) Ergebnis	909
3. Gestaltender Teil	910
a) Gruppenbildung	910
b) Veränderung der Rechtsstellung der Gläubiger	911
c) Wirksamkeit/Inkrafttreten des Planes	911
d) Streitige Forderungen	911
e) Erfüllung des Plans	912
f) Erklärung der Schuldnerin	912
4. Weiterer Verfahrensgang	912
a) Abstimmung über den Insolvenzplan	912
b) Verbindliche Auskunft	913
c) Aufhebung Insolvenzverfahren	913
d) Bilanzielle Effekte	915
e) Zusammenfassung Effekte	915

§ 40 Kurzfall Insolvenzplan

I. Darstellender Teil	916
1. Unternehmensdaten	916
a) Unternehmensbeschreibung	916
b) Krisenursachen und Krisensymptome	917
c) Darstellung Gewinn- und Verlustrechnung, Bilanz, Cashflow, Personal 2007 bis 2010	919
2. Lagebeurteilung des Unternehmens/Vision	922
3. Bereits getroffene Sanierungsmaßnahmen	924
a) Stilllegung und Abwicklung des Geschäftsbereichs Universal-Drehmaschinen	924
b) Entlassung des bisherigen Geschäftsführers	924
c) Entlassung von Arbeitnehmern	924
d) Forderungsverzichte	924
4. Noch zu ergreifende Sofortmaßnahmen	924
a) Veräußerung nicht betriebsnotwendiger Gebäude und Grundstücke	924
b) Zahlung von Insolvenzgeld	925

Inhaltsverzeichnis

   c) Erlass und Stundung von Steuerschulden 925
   d) Gewinnung von neuen Gesellschaftern 925
   e) Forderungsverzicht der Lieferanten 925
   f) Weitere Finanzierungsmaßnahmen 925
  5. Leistungswirtschaftliches Sanierungskonzept 925
  6. Planungsrechnungen 927
  7. Vergleichsrechnungen 930
   a) Befriedigung der Gläubiger ohne Insolvenzplan 930
   b) Befriedigung der Gläubiger mit Insolvenzplan 932
 II. **Gestaltender Teil (Bildung von Gruppen gemäß § 222 InsO)** 933
 III. **Behandlung der während des Planverfahrens aufgenommenen Kredite** 934
 IV. **Eigenverwaltung und Überwachung der Planerfüllung** 934

8. Teil. Praxisfälle für Sanierungskonzepte

§ 41 Sanierung der DEXTA-Gruppe in der Insolvenz: Ein Praxisbeispiel

 I. **Einführung und Überblick über das Verfahren und die Sanierung** 935
 II. **Ausgangssituation des Unternehmens** 937
  1. Kernkompetenz und Basisdaten der DEXTA-Gruppe 937
  2. Ertragswirtschaftliche und finanzwirtschaftliche Ausgangssituation 939
  3. Strukturelle und strategische Ausgangssituation 941
 III. **Inhalte des Sanierungskonzeptes** 941
  1. Ertragswirtschaftliche Ansätze 943
  2. Strategisch strukturelle Ansätze 946
  3. Finanzwirtschaftliche Ansätze 946
 IV. **Operative Fortführung und Umsetzung von Sanierungsmaßnahmen** 947
  1. Erste Stabilisierung und Implementierung von Funktionen 947
  2. Sicherung Lieferanten- und Kundenbeziehungen 948
  3. Liquiditätsplanung und -management 950
  4. Unternehmenssteuerung und Aufbau Controlling 953
  5. Effizienzsteigerung und Qualitätssicherung in der Produktion 955
 V. **Entwicklung von Leistungskennziffern in der Sanierung** 957
  1. Veräußerungsprozess 958
  2. Auswirkungen von Sanierung und Verkauf auf Befriedigungsquoten 961
  3. Fazit 962

§ 42 Restrukturierung durch Produktionsverlagerungen – Das Beispiel der SCX MEDIA GROUP

 I. **Warnende Beispiele** 964
  1. Schlampiges Projektmanagement und die Probleme vor Ort
   unterschätzt 965
  2. Zu viel auf einmal gewollt 965
  3. Erst reagiert als die finanzielle Substanz schon aufgezehrt war 966
  4. Erfolgreicher Aufbau und beim Management der neuen Struktur gescheitert 967
 II. **Die Erfolgsstory der SCX Media Group** 967
  1. Nichts bleibt langfristig so wie es einmal war 968
  2. Fundierte Vorarbeiten und verbindliche Verabschiedung des Konzeptes 968
   a) Ringen um das verbindliche Commitment der Gesellschafter 968
   b) Start mit einer fundierten Kunden- und Wettbewerbsanalyse 969
   c) Mittelstandsadäquate Konzepterarbeitung 969
  3. Die operative Umsetzung fordert die Präsenz des Top Management 973

Inhaltsverzeichnis

    a) Professionelles Projektmanagement ist unabdingbar 973
    b) Der internen Machtprobe nicht aus dem Weg gehen 974
    c) Stehvermögen beweisen und die Kunden professionell managen 974
    d) Die neue Struktur stabilisieren und die eigene Macht sichern 976
    e) Früh an den nächsten strategischen Schritt denken 977

III. Die Lessons Learned 977

Stichwortverzeichnis 979

Abkürzungsverzeichnis

a.A.	anderer Ansicht
Abs.	Absatz
Abschn.	Abschnitt
a.F.	alte Fassung
AFG	Arbeitsförderungsgesetz
AktG	Aktiengesetz
Anm.	Anmerkung
AO	Abgabenordnung
Az.	Aktenzeichen
BAG	Bundesarbeitsgericht
BB	Betriebs-Berater
BetrVG	Betriebsverfassungsgesetz
BFH	Bundesfinanzhof
BFH/NV	Sammlung amtlich nicht veröffentlichter Entscheidungen des Bundesfinanzhofs
BFHE	Entscheidungssammlung des BFH
BFuP	Betriebswirtschaftliche Forschung und Praxis
BGB	Bürgerliches Gesetzbuch
BGH	Bundesgerichtshof
BGHZ	Entscheidungssammlung des Bundesgerichtshofs in Zivilsachen
BMF	Bundesministerium der Finanzen
BStBl.	Bundessteuerblatt
BT-Drucks.	Bundestagdrucksache
bzw.	beziehungsweise
DAI	Deutsches Anwaltsinstitut e.V., Bochum
DB	Der Betrieb
DCF	Discounted Cash Flow
d.h.	das heißt
DStR	Deutsches Steuerrecht
DtA	Deutsche Ausgleichsbank, Bonn
DZWir	Deutsche Zeitschrift für Wirtschaftsrecht
EStG	Einkommensteuergesetz
etc.	et cetera
ESUG	Gesetz zur weiteren Erleichterung der Sanierung von Unternehmen
EuGH	Gerichtshof der Europäischen Union
EWIVG	Gesetz zur Ausführung der EWG-Verordnung über die Europäische wirtschaftliche Interessenvereinigung
f.	folgend
ff.	fort folgende
FG	Finanzgericht
FGO	Finanzgerichtsordnung
gem	gemäß
GenG	Genossenschaftsgesetz
GesO	Gesamtvollstreckungsordnung
GewStDV	Gewerbesteuer-Durchführungsverordnung
GewStG	Gewerbesteuergesetz
GewStR	Gewerbesteuer-Richtlinien
GmbH	Gesellschaft mit beschränkter Haftung
GmbHG	Gesetz betreffend die Gesellschaften mit beschränkter Haftung
GmbHR	GmbH-Rundschau
h.M.	herrschende Meinung
HGB	Handelsgesetzbuch
i.d.R.	in der Regel
IDW	Institut der Wirtschaftsprüfer
IPO	Initial Public Offering/Börsengang
i.S.d.	im Sinne des
i.S.v.	im Sinne von
i.V.m.	in Verbindung mit
InsO	Insolvenzordnung
InsO/EG	Einführungsgesetz zur Insolvenzordnung
KfW	Kreditanstalt für Wiederaufbau
KG	Kommanditgesellschaft
KÖSDI	Kölner Steuerdialog
KO	Konkursordnung
KSchG	Kündigungsschutzgesetz
KStG	Körperschaftsteuergesetz
KStR	Körperschaftsteuer-Richtlinien
KTS	Zeitschrift für Insolvenzrecht
LBO	Leveraged-buy-out
LG	Landgericht
LOI	Letter of Intent (Kaufabsichtserklärung)
LStR	Lohnsteuer-Richtlinien

Abkürzungsverzeichnis

M&A . . . . . Mergers and Acquisitions
MBO . . . . . Management-buy-out
MBI . . . . . . Management-buy-in
m.w.N. . . . mit weiteren Nachweisen

n.F. . . . . . . neue Fassung
Nr. . . . . . . Nummer
NWB . . . . Neue Wirtschafts-Briefe

OFD . . . . . Oberfinanzdirektion
OLG . . . . . Oberlandesgericht

PartGG . . . Partnerschaftsgesetz

RFH . . . . . Reichsfinanzhof
RFHE . . . . Entscheidungssammlung des RFH
Rn. . . . . . . Randnummer
Rz. . . . . . . Randziffer

S. . . . . Seite
SGB . . . . . . Sozialgesetzbuch
Sp . . . . Spalte

UmwG . . . Umwandlungsgesetz
UmwStG . . Umwandlungssteuergesetz
UStDV . . . . Umsatzsteuer-Durchführungs-verordnung
UStG . . . . . Umsatzsteuergesetz
UStR . . . . . Umsatzsteuer-Richtlinien
u.U. . . . . . unter Umständen

v. . . . . vom
VerglO . . . . Vergleichsordnung
vgl. . . . . . . vergleiche

WM . . . . . Wertpapier-Mitteilungen
WPg . . . . . Die Wirtschaftsprüfung
WPK . . . . . Wirtschaftsprüferkammer

z.B. . . . . . . zum Beispiel
ZfbF . . . . . Zeitung für betriebswirtschaftliche Forschung
ZfO . . . . . . Zeitschrift für Organisation
ZInsO . . . . Zeitschrift für das gesamte Insolvenzrecht
ZIP . . . . . . Zeitschrift für Wirtschaftsrecht und Insolvenzpraxis
Zs. . . . . . . Zeitschrift

Abbildungsverzeichnis

§ 1
Abb.1: Welche Gefahren bzw. Behinderungen sehen Sie für das zukünftige Wachstum Ihres Unternehmens? [% der Nennungen] (große oder sehr große Gefahr/Behinderung für Wachstum)
Abb. 2: Allgemeine Einschätzungen zu Europa [%] (ja bzw. starke/sehr starke Zustimmung)
Abb. 3: Bereiche mit erwarteter Verschlechterung bei Wirtschaftsabschwung [Ø der Nennungen]
Abb. 4: In welchen Bereichen liegen die Schwerpunkte der für 2013 zu ergreifenden Maßnahmen? [% der Nennungen]
Abb. 5: Bedeutung allgemeiner und interner Finanzierungsformen [% der Nennungen] (mehrere Antworten möglich)
Abb. 6: Erwartete Risiken der zukünftigen Finanzierung [% der Nennungen] (mehrere Antworten möglich)
Abb. 7: Studienteilnehmer nach Branche in Deutschland [Anteil in %]
Abb. 8: Größe der einbezogenen Unternehmen in Deutschland [%]

§ 2
Keine

§ 3
Abb. 1: Optionen der Bank in Krise des Firmenkunden

§ 4
Abb. 1: Systematisierung typischer Krisenursachen
Abb. 2: Krisenprozess
Abb. 3: Roland Berger Restrukturierungsdreieck
Abb. 4: Phasen und Inhalte der Restrukturierung
Abb. 5: Beispiel Ableitung Handlungsbedarf [Mio. EUR]
Abb. 6: Typische Alternativen zur strategischen Neuausrichtung
Abb. 7: Typische Maßnahmen zur operativen Restrukturierung
Abb.8: Typische Maßnahmen zur finanziellen Restrukturierung
Abb. 9: Überblick Stakeholder in Krisenunternehmen
Abb. 10: Beispiel Projektorganisation
Abb. 11: Umsatzentwicklung erfolgreiche vs. nicht erfolgreiche Krisenunternehmen [t-1=100]

§ 5
Abb. 1: Prozessablauf im Zuge der Entwicklung eines Leitbilds des sanierten Unternehmens
Abb. 2: Operationalisierungsbaum im Zuge der Quantifizierung des Leitbilds des sanierten Unternehmens
Abb. 3: Exemplarische Darstellung eines EBIT walk
Abb. 4: Operationalisierungsbaum im Zuge einer Desinvestitionsstrategie
Abb. 5: Exemplarische Darstellung eines EBIT walk im Zuge einer Desinvestitionsstrategie

§ 6
Abb. 1: Konzeptstruktur IDW S 6
Abb. 2: Stadiengerechte Krisenbewältigung
Abb. 3: Maßnahmenpakete zur mittel- und längerfristigen Strategieplanung
Abb. 4: Wichtige Kennzahlen nach IDW S 6
Abb.5: Quantitative Bewertung IDW FAR 1/91 und IDW S 6

Abbildungsverzeichnis

Abb. 6: RBSC – Sanierungsansatz
Abb. 7: Exemplarische Bottom-up-Definitionen der Sanierungsmaßnahmen
Abb. 8: Quantitative Bewertung der untersuchten Standards
Abb. 9: Arten von Sanierungskonzepten

§ 7
Abb. 1: Strategie und Wertschöpfungskette
Abb. 2: Typische Problemfelder der leistungswirtschaftlichen Bereiche

§ 8
Abb. 1: Deutschlandweite Patentanmeldung nach Industrien
Abb. 2: Auftragsbuch mit aktuellen Produkten verschiedener Automobilzulieferer
Abb. 3: Faktoren der Innovationsfähigkeit
Abb. 4: Datenbanken zum Controlling von F&E Projekten
Abb. 5: Der Innovationsprozess
Abb. 6: Dimensionen für ein Kurz-Audit F&E-Projektportfolio
Abb. 7: F&E-Projektportfolio
Abb. 8: F&E-Regelkreis

§ 9
Abb. 1: PwC Vertriebsmanagement-Ansatz
Abb. 2: Auszug aus der PwC-Vertriebs-Checkliste
Abb. 3: Screenshot des PwC-Sales Cockpits

§ 10
Abb. 1: Anforderungen an den Wertschöpfungsprozess
Abb. 2: Die Logistikbereiche entlang der Wertschöpfungskette

§ 11
Abb. 1: Operative Einkaufsziele
Abb. 2: Effekte der Fixkostenvariabilisierung

§ 12
Keine

§ 13
Keine

§ 14
Keine

§ 15
Abb. 1: Themenbereiche eines IT-Reviews
Abb. 2: IT-Prozesse nach COBIT 5
Abb. 3: Wesentliche Steuerungsobjekte in der IT
Abb. 4: Veränderung des IT-Leistungsumfangs im Rahmen einer Sanierung

§ 16
Keine

§ 17
Abb. 1: Fortführungsgesellschaften
Abb. 2: Verschmelzung zur Aufnahme
Abb. 3: Verschmelzung zur Neugründung
Abb. 4: Beispiel zur Aufspaltung
Abb. 5: Beispiel zur Abspaltung von Teilbetrieben
Abb. 6: Beispiel zur Ausgliederung

Abbildungsverzeichnis

§ 18
Abb. 1: Einfluss von Verschuldungsgrad, Steuereffekte und Insolvenzkosten auf die Kapitalstruktur (Quelle: in Anlehnung an Modigliani/Miller)
Abb. 2: Kapitalherabsetzung als Facette des Kapitalschnitts
Abb. 3: Kapitalerhöhung als Facette des Kapitalschnitts
Abb. 4: Bilanzielle Restrukturierung durch den Debt-Equity-Swap (schematisch)
Abb. 5: Beispiel von praxisrelevanten Financial Covenants (Quelle: Blatz/Haghani/Schönfeld, 8)
Abb. 6: Mögliche Folgen bei Nichteinhaltung von Financial Covenants (Quelle: Blatz/Haghani/Schönfeld, 16)
Abb. 7: Abdeckung der deutschen Bankenlandschaft durch die Financial-Covenant-Studie
Abb. 8: Relevanz ausgewählter Financial Covenants in der Kreditvergabepraxis
Abb. 9: Anwendungshäufigkeit von Financial Covenants bei unterschiedlichen Fremdkapitaltransaktionen
Abb. 10: Konsequenzen von Covenant-Verletzungen und anschließender Involvierungsgrad externer Berater

§ 19
Abb. 1: Klassifizierung von Distressed Investments
Abb. 2: Klassifizierung von Distressed Investoren
Abb. 3: Handlungsoptionen einer Bank
Abb. 4: Handlungsoptionen eines Distressed-Investors
Abb. 5: Einordnung der hybriden Finanzierungsformen
Abb. 6: Strategische Handlungsoptionen für das Kredit-Workout deutscher Banken
Abb. 7: Wertschöpfungsstufen einer Distressed-Asset-Investition

§ 20
Abb. 1: Einsatzfelder von Interim-Managern
Abb. 2: Anwendungsfälle für Interim-Management
Abb. 3: Rollenverteilung und rechtliche Gestaltung im Interim-Management
Abb. 4: Auswahlkriterien für Interim-Manager
Abb. 5: Schematische Darstellung des Projektablaufs

§ 21
Abb. 1: Deal flow Lieferanten. Quelle: CMP Capital Management Partners GmbH
Abb. 2: Due Dilligence Prozess. Quelle: CMP Capital Management Partners GmbH
Abb. 3: Restrukturierungs- und Exitprozess. Quelle: CMP Capital Management Partners GmbH

§ 22
Abb. 1: Erstellung eines Sanierungskonzepts
Abb. 2: Vor- und Nachteile aus Sicht von Investoren
Abb. 3: Unternehmensverkauf in der Krise
Abb. 4: Unternehmensbewertung
Abb. 5: Transaktionsarten

§ 23
Keine

§ 24
Keine

§ 25
Abb. 1: Tatbestandsmerkmale und Zusammenwirken von Zahlungsfähigkeit (Z), Zahlungsunfähigkeit (ZU) sowie drohender Zahlungsunfähigkeit (DZU)

§ 26
Keine

Abbildungsverzeichnis

§ 27
Keine

§ 28
Keine

§ 29
Keine

§ 30
Keine

§ 31
Keine

§ 32
Keine

§ 33
Keine

§ 34
Abb. 1: Rechnungslegung in der Insolvenz

§ 35
Keine

§ 36
Keine

§ 37
Abb. 1: Organisationsstruktur
Abb. 2: Wertschöpfungsprozess im Handel
Abb. 3: Produktangebote der MIS
Abb. 4: Wachstum/Marktanteil-Portfolio des deutschen ICT-Markts
Abb. 5: Gewinn- und Verlustrechnung
Abb. 6: Prozentualer Umsatz mit der ehemaligen Dachgesellschaft (DG) und anderen Kunden
Abb. 7: Bilanz
Abb. 8: Cashflow-Entwicklung
Abb. 9: Verprobung der Krisenstadien bei der MIS
Abb. 10: Nachweis des Gutachters über insolvenzrechtliche Erfahrung
Abb. 11: Finanzstatus der MIS, Angaben in TEUR
Abb. 12: Zahlungsfähigkeitsprognose für die MIS für 2012, Angaben in TEUR
Abb. 13: Leistungswirtschaftliche Sanierungsmaßnahmen
Abb. 14: Finanzwirtschaftliche Sanierungsmaßnahmen
Abb. 15: Gewinn- und Verlustrechnung bis September 2012
Abb. 16: Gewinn- und Verlustrechnung bis 2014/2015
Abb. 17: Bilanzielle Entwicklung bis 30.09.2014 (in TEUR)
Abb. 18: Entwicklung des Cashflow (in TEUR)

§ 38
Abb. 1: Geschäftsfelder der IT-GmbH
Abb. 2: SWOT der IT-GmbH
Abb. 3: Umsatzentwicklung mit Hauptkunde
Abb. 4: Kostenstruktur
Abb. 5: Krisenursachen
Abb. 6: Liquiditätsplanung vor Insolvenz

Abb. 7: Planung der Projektdurchführung
Abb. 8: Gesellschaftsrechtliche Struktur
Abb. 9: Vertriebsstrategie
Abb. 10: Maßnahmenkonzept Vertrieb
Abb. 11: Langfristige Zielstruktur
Abb. 12: Kurzfristige Umsatzziele
Abb. 13: Sonstige Kosten der Servicegesllschaft
Abb. 14: Wirkung der Gründung der Holding
Abb. 15: Kostenvolumen Personalabbau ohne Schutzschirm
Abb. 16: Personalabbau
Abb. 17: Personalkennzahlen Servicegesellschaft
Abb. 18: Auslastungsentwicklung
Abb. 19: Kostenanpassungen
Abb. 20: Übersicht Insolvenzforderungen Services
Abb. 21: Übersicht Insolvenzforderungen Holding
Abb. 22: Darstellung von Forderungen und Verzichten
Abb. 23: Übersicht Outplacement
Abb. 24: Outplacement: Unterstützung für Mitarbeiter
Abb. 25: Ergebnisplanung mit Insolvenzeffekten
Abb. 26: Bilanzplanung mit Ergebniseffekten

§ 39
Abb. 1: Sanierungsplanung vor Insolvenz
Abb. 2: Zeitplan Insolvenzplanverfahren
Abb. 3: Personalaufwand absolut und Quote
Abb. 4: Materialaufwand absolut und Quote
Abb. 5: Sonstiger betrieblicher Aufwand (SbA) absolut und Quote
Abb. 6: Sanierungsplanung im Insolvenzverfahren
Abb. 7: Insolvenzforderungen und Quote
Abb. 8: Gewinn- und Verlustrechnung 2010–2013
Abb. 9: Bilanzentwicklung 2010–2013

§ 40
Abb. 1: Deckungsbeitrag 2007, nach Geschäftsbereichen
Abb. 2: Gewinn- und Verlustrechnung 2007–2010
Abb. 3: Bilanzentwicklung 2007–2010
Abb. 4: Cashflow 2007–2010
Abb. 5: Personalentwicklung 2007–2010
Abb. 6: Flexibilität und Durchsatz unterschiedlicher Drehmaschinen
Abb. 7: Produktbereiche der Anbieter von Mehrspindeln
Abb. 8: Gewinn- und Verlustrechnung 2010–2013
Abb. 9: Bilanzentwicklung 2010–2013
Abb. 10: Cashflow 2010–2013
Abb. 11: Personalentwicklung 2010–2013
Abb. 12: Vermögensübersicht zum 1. 1. 2011
Abb. 13: Vergleichsrechnung Beluga ohne Planverfahren
Abb. 14: Vergleichsrechnung Beluga mit Planverfahren
Abb. 15: Befriedigung der Forderungen nicht nachrangiger Insolvenzgläubiger

§ 41
Abb. 1: Exemplarische Themen der Insolvenzverwaltung, insb. im Eröffnungsverfahren
Abb. 2: Milestones der Sanierung der DEXTA-Gruppe in der Insolvenz
Abb. 3: Charakterisierung Geschäftsbereiche der DEXTA-Gruppe
Abb. 4: Ist-Situation DEXTA-Gruppe Sanierung in der Insolvenz
Abb. 5: Portfolio DEXTA-Gruppe kum. September 2010 vs. September 2011 [Mio. EUR]
Abb. 6: Ergebnislücke 2011/2012 – Ergebnislücke DEXTA-Gruppe [Mio. EUR]
Abb. 7: Handlungsfelder der DEXTA-Gruppe

Abbildungsverzeichnis

Abb. 8: Kundenportfolio „Umsatz/ DB II" DEXTA-Gruppe 01-09/2011 [Mio. EUR]
Abb. 9: Personalstruktur und -abbau DEXTA-Gruppe
Abb. 10: Entwicklung EBT durch Restrukturierung [Mio. EUR]
Abb. 11: Verlauf Anderkonto auf Basis von Kalenderwochen [TEUR]
Abb. 12: Entwicklung Monatsergebnisse DEXTA-Gruppe; inkl. Gesamtleistung und Kostenquoten
Abb. 13: Vorbereitung/ Durchführung M&A-Prozess
Abb. 14: Insolvenzforderungen vs. Liquidationserlös [Mio. EUR]

§ 42
Keine

Literaturverzeichnis

Achleitner, Handbuch Investment Banking, 3. Auflage, Wiesbaden 2002
Adler/Düring/Schmaltz, Rechnungslegung und Prüfung der Unternehmen – Kommentar, 6. Auflage, Stuttgart 1998
AG Göttingen 18.10.2000, Az. 74 IN 131/00, ZIP 2001, S. 580
Ahrens/Gehrlein/Ringstmeier (Hrsg.), Fachanwaltskommentar Insolvenzrecht, 1. Aufl., Köln 2012
Aichholzer/Petzel, The Challenges of German Turnaround Investing, Harvard Business School Publishing, Cambridge 2003
Akerlof, The Market for "Lemons", Journal of Economics 1970
Albers, Die Begriffe der Niederlassung und der Hauptniederlassung im Internationalen Privat- und Zivilverfahrensrecht (2010)
Albrecht/Füger/Danneberg, Distressed Equity – Maßnahmen zur Sanierung des Eigenkapitals, in: Hommel, U./Knecht, T./Wohlenberg, H. (Hrsg.): Handbuch Unternehmensrestrukturierung, Wiesbaden 2006, S. 779–805
Aldenhoff/Kalisch, Distressed Debt und Vulture Investing: Maßnahmen zur Sanierung des Fremdkapitals, in: Hommel, Ulrich/Knecht, T./Wohlenberg, H. (Hrsg.): Handbuch Unternehmensrestrukturierung, Wiesbaden 2006, S. 875–905
Altman, Distressed Securities: Analyzing and evaluating market potential, Beard Books, 1st edition, New York 1999
Altman, Financial Ratios, Discriminant Analysis and the Prediction of Corporate Bankruptcy" in: Journal of Finance, Vol. 23, No. 4, New York 1968, S. 589–609
Altman/Kishore, V, The Default Experience of U.S. Bonds, Salomon Center, Working Paper, New York 1998
Altmeppen, Zur Verwendung eines „alten" GmbH-Mantels, DB 2003, 2050–2054
Anders, Ausgewählte Rechtsfragen zum Handel mit „Non-Performing-Loans", in: Hochschule für Bankwirtschaft (HfB) (Hrsg.): Aktuelle Fragen des Bank- und Kapitalmarktrechts I: Non-Performing-Loans/Faule Kredite – Handel, Work-Out, Outsourcing und Securitisation, Nr. 54, Frankfurt 2004, S. 7–20
Andersch/Philipp, Anforderungen an die Erstellung von Sanierungskonzepten. Erste praktische Erfahrungen mit dem neuen Standard IDW S 6, CF 2010, S. 205
Andrare/Kaplan, How Costly is Financial (not Economic) Distress? Evidence from Highly Leveraged Transactions that Become Distressed, in: Journal of Finance 53, Boston 1998, S. 1443–1493
Ansoff, Managing Surprise and Discontinuity – Strategic Response to Weak Signals, ZfbF 1976, S. 129–152
Ansoff, Strategic Issue Management, in: Strategic Management Journal 1980, S. 131–148
Ansoff/Kirsch/Roventa, Unschärfenpositionierung in der strategischen Portfolio-Analyse, ZfB 1981, S. 963–988
Anwendungserlass zur Abgabenordnung (AEAO) 2.1.2008, Az. BMF IV A 4 – S 0062/07/0001, BStBl. I 2008, 26, Stand 31.1.2013
Arnolds et al., Materialwirtschaft und Einkauf, 12. Auflage, Wiesbaden 2013
Baetge, Die Früherkennung von Unternehmenskrisen anhand von Abschlusskennzahlen, Der Betrieb 2002, S. 2281–2291
Baetge, Empirische Methoden zur Früherkennung von Unternehmenskrisen, in: Nordrhein-Westfälische Akademie der Wissenschaften (Hrsg.), Vorträge N 432, Opladen/Wiesbaden 1998, S. 7–29
Baetge, Möglichkeiten der Früherkennung negativer Unternehmensentwicklungen mit Hilfe statistischer Jahresabschlussanalysen, ZfbF 1989, S. 792–811
Baetge, Rating von Unternehmen anhand von Bilanzen, in: Die Wirtschaftsprüfung 1994, S. 1–10
Baetge/Baetge/Kruse, Bilanz-, Rating- und Kreditwürdigkeitsprüfung, in: *Schierenbeck, Rolfes, Schüller* (Hrsg.), Handbuch Bankcontrolling, Wiesbaden 2001, S. 981–993

Literaturverzeichnis

Baetge/Beuter/Feidicker, Kreditwürdigkeitsprüfung mit Diskriminanzanalyse, Die Wirtschaftsprüfung 1992, S. 749–761

Baetge/Jerschensky, Beurteilung der wirtschaftlichen Lage von Unternehmen mit Hilfe von modernen Verfahren der Jahresabschlussanalyse, Der Betrieb 1996, S. 1581–1591

Baetge/Kirsch/Thiele, Bilanzanalyse, 2. Auflage, Düsseldorf 2004

Baetge/Matena, Die moderne Bilanzanalyse, FAZ vom 19.11.2001, S. 25

Baetge/Melcher/Schmidt, Möglichkeiten und Grenzen von Bilanzratings nach dem Bilanzrechtsmodernisierungsgesetz, Credit Analyst, hrsg. v. *Everling* u.a., 2. Aufl., München 2012, S. 169–191

Baetge/Schmedt/Hüls/Krause/Uthoff, Bonitätsbeurteilung von Jahresabschlüssen nach neuem Recht (HGB 1985) mit Künstlichen Neuronalen Netzen auf der Basis von Clusteranalysen, Der Betrieb 1994, S. 337–343

Baetge/Schmidt/Hater, Determinanten einer Unternehmenskrise, in: *Thierhoff et al. (Hrsg.)*, Unternehmenssanierung, Heidelberg/München/Landsberg/Frechen/Hamburg 2012

Baetge/Stellbrink, Früherkennung von Unternehmenskrisen mit Hilfe der Bilanzanalyse, Controlling 2005, S. 213–222

Baetge/Ströher, Empirische Insolvenzforschung zur Beurteilung der Bestandsfestigkeit von Unternehmen, Management von Ad-hoc-Krisen, hrsg. von *Burmann* u.a., Wiesbaden 2005, S. 153–167

Baetge/von Keitz/Wünsche, Bilanzbonitäts-Rating von Unternehmen, in: *Büschgen/Everling* (Hrsg.), Handbuch Rating 2007, S. 475–496

BAG 17.1.1980, Az. 3 AZR 160/79, NJW 1980, 1124

BAG 20.6.2002, Az. 8 AZR 459/01, NZA 2003, 318

BAG 18.11.2003, Az. 9 AZR 347/03, NZA 2004, 654

BAG 20.9.2006, Az. 6 AZR 215/06, NZA 2007, 335

BAG 21.9.2006, Az. 2 AZR 573/05, NJW 2007, S. 458

BAG 23. 7.2009, Az. 8 AZR 357/08, NZA 2010, 393

BAG 18.8.2011, Az. 8 AZR 313/10, NZA 2012, 152

BAG 25.10.2012, Az. 8 AZR 575/11, NZA 2013, 203

Bähr/Riedemann, Anmerkungen zu AG Mönchengladbach, Beschluss vom 27.4.2004 (EMBIC I). ZIP 2004, 1066–1068

Balz, Das neue Europäische Insolvenzübereinkommen, ZIP 1996, 948–955

Balz/Landfermann, Die neuen Insolvenzgesetze, Düsseldorf 1995

Banik/Ogg/Pedergnana, Hybride und mezzanine Finanzierungsinstrumente: Möglichkeiten und Grenzen, Bern 2008

Barclays, The Barclays Capital Guide to Cash Flow Collateralized Debt Obligations, London 2002

Barker/Mone, The Mechanistic Structure Shift and Strategic Reorientation in Declining Firms Attempting Turnarounds, in: Human Relations 1998, Jahrgang. 51, Heft 10, S. 1227–1258

Bärwaldt, § 11 UmwStG, in: *Haritz/Menner (Hrsg),* Umwandlungssteuergesetz, 3. Aufl., München 2010

Batereau, Die Haftung der Bank bei fehlgeschlagener Sanierung, WM 1991, S. 1517

Batereau, Probleme des Sanierungskredits – Skript Münsteraner Bankrechtstag 2006

Bauer/v. Steinau-Steinbrück, Betriebsübergang: Haftungsrisiken und Handlungsvorschläge, NZA 2003, Sonderbeilage zu Heft 16

Baumbach/Hueck, GmbHG, 18. Auflage, München, 2006

Baumbach/Fastrich/Lorenz/Hueck, GmbHG, 18. Aufl., München 2006

Baumbach/Hueck, GmbHG, 20. Auflage 2013

Baumbach/Hueck, GmbHG, München 2010

BayObLG, 15.1.2003, Az. 3Z BR 225/02, NJW-RR 2003, 757

Bea/Haas, Möglichkeiten und Grenzen der Früherkennung von Unternehmenskrisen, WiSt 1994, S. 486–491

Beaver, Financial Ratios as Predictors of Failure, in: Empirical Research in Accounting: Selected Studies, Supplement to Journal of Accounting Research 1966, S. 71–111

Beck, Sanierung und Krisenstadium, WPg 2009, S. 264

Beck/Depré, Praxis der Insolvenz – Ein Handbuch für die Beteiligten und ihre Berater, 2. Auflage, München 2010

Beck/Stannek, Anforderungen an Sanierungskonzepte, in: *Thierhoff et al. (Hrsg.)*, Unternehmenssanierung, Heidelberg/München/Landsberg/Frechen/Hamburg 2012

Literaturverzeichnis

Becker/Kraemer/Bieckmann, Das Schutzschirmverfahren nach § 270b InsO: Besonders geeignet für die Sanierung mittelständischer Unternehmen?, KSI 2012, 245–251
Becker, Insolvenzrecht, 1. Auflage (Köln, 2005)
Becker, Prozesse in Produktion und Supply Chain optimieren, 2. Auflage, Berlin/Heidelberg 2008
Becker/Martin/Müller/Wobbe, Die Weiterentwicklung des IDW S 6 als Maßstab für Sanierungskonzepte. Eine kritische Würdigung des neuen Standardentwurfs, DStR 2012, S. 981
Beisel/Klumpp, Der Unternehmenskauf: Gesamtdarstellung der zivil- und steuerrechtlichen Vorgänge, München 2006
BeitrRiLiUmsG, BGBl. I 2011, S. 2592
Bergmann, GmbHR-Kommentar zu BFH – Urteil v. 23.1.2013 – IR 35/12, S. 492
Berner/Klöhn, Insolvenzantragspflicht, Qualifikation und Niederlassungsfreiheit, ZIP 2007, 106–114
Beschluss der Kommission vom 26. Januar 2011 über die staatliche Beihilfe Deutschlands C 7/10 (ex CP 250/09 und NN 5/10) „KStG, Sanierungsklausel", ABl 2011 Nr. L 235, S. 26
Beutin (2002), Vertriebsmanagement in Deutschland, in: Hoffmann, Ch./Business Village Verlag/ Absatzwirtschaft (Hrsg.), Marketingreport 2002/2003, S. 219–223
Beutin (2009a), Planen in der Krise – Szenarien als unternehmerische Überlebenshilfe, in: Baustoff Jahrbuch 2009/10, S. 94–97
Beutin (2009b), „Steuern auf Sicht" als Planungslösung für die Krise?, in: baustoffmarkt, Nr. 07/2010, S. 28
Beutin/Grozdanovic (2005), Professionelles Händlermanagement – Ausgestaltung und Erfolgsfaktoren im Business-to-Business Bereich, Arbeitspapier M95, Institut für Marktorientierte Unternehmensführung, Universität Mannheim
Beutin/Kühlborn/Daniel (2003), Marketing und Vertrieb im deutschen Maschinenbau – Bestandsaufnahme und Erfolgsfaktoren, Arbeitspapier Nr. M 78, Institut für Marktorientierte Unternehmensführung, Universität Mannheim
Beutin/Kühlborn/Schenkel (2005), Benchmarking zur Identifikation von Kostensenkungspotenzialen in Marketing, Vertrieb und Service, in: ZfCM (Zeitschrift für Controlling & Management), Sonderheft 1, S. 16–21
Beutin/Kühlborn/Schuppar (2005), Lernen von den Pricing Champions: Wie Unternehmen mit systematischem Preismanagement ihre Erträge steigern, in CHEManager, 19/2005, S. 6
Beutin/Meyer (2009), Händler- und Vertriebspartnermanagement in der Industrie, in: Albers, S./ Hassmann, V./Somm, F./Tomczak, T. (Hrsg.), Loseblattwerk Verkauf, Wiesbaden, S. 1–23
Beutin/Schuppar (2003), Pricing – Wie Sie mit geschickter Preispolitik Ihre Rendite steigern, in: Markt und Mittelstand, April, S. 68–73
BFH 10.10.1951, Az. IV 144/51, BStBl. III 1951, S. 212
BFH 19.12.1957, Az. IV 666/55 U, BStBl. III 1958, S. 210
BFH 29.10.1963, Az. VI 266/61 U, BStBl. III 1963, S. 597
BFH 16.5.1975, Az. VI R 101/71, BStBl. II 1975, S. 621
BFH 29.3.1984, Az. IV R 271/83, BStBl. II 1984, S. 602
BFH 19.12.1984, Az. I R 165/80 BStBl. II 1985, S. 403
BFH 9.4.1987, Az. V R 23/80, BStBl. II 1987, S. 527
BFH 29.6.1987, Az. X R 23/82, BStBl. II 1987, S. 744
BFH 16.7.1987, Az. V R 80/82, BStBl. 1987 II, S. 691
BFH 20.2.1986, Az. IV R 172/84, BFH/NV 1987, S. 493
BFH 20.2.1986, Az. V R 16/81, BStBl. II 1986, S. 579
BFH 24.9.1987, Az. V R 196/83, BStBl. 1987 II, S. 873
BFH 26.4.1988, Az. VII R 97/87, BStBl. II 1988, S. 865
BFH 14.12.1989, Az. IV R 117/88, BStBl. II 1990, S. 436
BFH 24.4.1990, Az. VIII R 424/83, BFH/NV 1991, S 804
BFH 14.9.1993, Az. VIII R 84/90, BStBl. II 1994, S. 764
BFH, 11.5.1993, Az. VII R 86/92, DStR 1993, S. 1256
BFH 11.11.1993, Az. XI R 73/92, ZIP 1994, S. 1286
BFH 23.8.1994, Az. VII R 143/92, BStBl. II 1995, S. 194
BFH 9.11.1994, Az. I R 5/94, BStBl. II 1995, S. 255
BFH 8.8.1995, Az. VII R 25/94, BFH/NV 1996, S. 13
BFH 16.2.1996, Az. I R 183/94, BStBl II 1996, S. 342
BFH 13.2.1997, Az. IV R 15/96, BStBl. II 1997, S. 535

LIII

Literaturverzeichnis

BFH 6.3.1997, Az. XI R 2/96, BStBl. II 1997, S. 460
BFH 9.6.1997, Az. GrS 1/94, BStBl. II 1998, S. 307
BFH 2.7.1997, Az. I R 11/97, BStBl. II 1998, S. 428
BFH 15.6.1999, Az. VII R 3/97, BStBl. II 2000, S. 46
BFH 20.7.2000, Az. VII B 12/00, BFH/NV 2001, S. 144
BFH 12.12.2001, Az. XI R 56/00, BStBl. 2002 II, S. 202
BFH 9.7.2003, Az. V R 57/02, BStBl. II 2003, S. 901
BFH 4.5.2004, Az. VII R 45/03, BStBl. II 2004, S. 815
BFH 24.8.2004, Az. VIII R 14/02, BStBl. II 2005, S. 246
BFH 30.12.2004, Az. VII B 145/04, BFH/NV 2005, S. 665
BFH 7.4.2005, Az. V R 5/04, BStBl. 2005 II, S. 848
BFH 3.8.2005, Az. I R 62/04, BStBl. II 2006, S. 391
BFH 31.5.2005, Az. VII R 71/04, StE 2005, S. 2148
BFH 30.4.2007, Az. VII B 252/06, DStRE 2007, S. 1194
BFH 16.5.2007, Az. I R 14/06, DStR 2007, S. 1438
BFH 4.7.2007, Az. X R 49/06, BStBl. II 2007, S. 772
BFH 22.10.2009, Az. VR 14/08 BStBl. II 2011, 988
BFH 7.4.2010, Az. I R 96/08, BStBl. II 2011, S. 467
BFH 26.8.2010, Az. I B 49/10, DStR 2010, S. 2179
BFH 9.12.2010, Az. VR 22/10 BStBl. II 2011, 996
BFH 15.12.2010, Az. VIII R 50/09, DStR 2011, S. 563
BFH 26.1.2011, Az. VIII R 3/10, BStBl. II 2011, S. 498
BFH 28.7.2011, Az. V R 28/09, ZInsO 2011, 1904
BFH 28.10.2011, Az. I R 31/11, BFH/NV 2012, S. 605
BFH 24.11.2011, Az. V R 13/11, BStBl. II 2012, S. 298
BFH 30.11.2011, Az. I R 14/11, DStR 2012, S. 458
BFH 8.3.2012, Az. V R 24/11, BStBl. II 2012, 466
BFH 25.7.2012, Az. VII R 44/10, BStBl. II 2013, S. 33
BFH 22.8.2012, Az. I R 9/11, DB 2012, S. 2785
BFH 23.1.2013, Az. I R 35/12, GmbHR 2013, S. 489
BGH 25.10.1952, Az. I ZR 48/52, BGHZ 7, 365
BGH 9.7.1953, Az. IV ZR 242/52, NJW 1953, S. 1665
BGH 9.12.1969, Az. VI ZR 50/68, NJW 1970, S. 657
BGH 13.3.1978, Az. II ZR 142/76, NJW 1978, 1316 (Kali & Salz)
BGH 29.5.1979, Az. VI ZR 104/78, BGHZ 74, S. 316
BGH 29.3.1982, Az. II ZR 166/81, NJW 1982, 1647
BGH 14.7.1983, Az. III ZR 176/82, WM 1983, S. 1038
BGH 11.4.1988, Az. II ZR 313/87, NJW 1988, 1912
BGH 17.9.1991, Az. XI ZR 256/90, NJW 1992, 112
BGH 4.11.1991, Az. II ZR 85/91, NJW 1992, S. 911
BGH 22.6.1992, Az. II ZR 178/90, WM 1992, S. 1812
BGH 12.11.1992, Az. IX ZR 236/91, ZIP 1993, S. 276
BGH 19.9.1994, Az. II ZR 161/93, NJW-RR 1994, 1537
BGH 11.5.1995, Az. IX ZR 170/94, NJW 1995, 2348
BGH 6.4.1996, Az. III ZR 256/04, DB 2006, S. 1105
BGH 3.12.1997, Az. IX ZR 47/97, ZIP 1998, S. 248
BGH 3 StR 101/00, 10. Mai 2000
BGH 17.5.2001, Az. IX ZR 188/98, ZIP 2001, S. 1155
BGH 18.7.2002, Az. IX ZR 195/01, NJW 2002, S. 3326
BGH 2.12.2002, Az. II ZR 101/02, NJW 2003, 825
BGH 7.7.2003, Az. II ZB 4/02, NZG 2003, 972
BGH 6.7.2004, Az. XI ZR 254/02, ZIP 2004, S. 1589
BGH 14.9.2004, Az. XI ZR 184/03, WM 2004, S. 2200
BGH 8.11.2004, Az. II ZR 362/02, NZG 2005, 180
BGH 13.12.2004, Az. II ZR 206/02, NZG 2005, 177
BGH 18.4.2005, Az. II ZR 151/03, NZG 2005, 551
BGH 24.5.2005, Az. IX ZR 123/04, DB 2005, S. 1787

Literaturverzeichnis

BGH v. 28.6.2005 – XI ZR 363/04, ZIP 2005, 1410, 1411
BGH 24.10.2005, Az. II ZR 129/04, NJW-RR 2006, 254
BGH 21.11.2005, Az. II ZR 277/03, ZIP 2006,S. 279
BGH 28.11.2005, Az. II ZR 355/03, NJW 2006, 1001
BGH 27.7.2006, Az. IX ZB 204/04, NJW 2006, S. 3553
BGH 16.7.2007, Az. II ZR 3/04, NZG 2007, 667 (TRIHOTEL)
BGH 19.7.2007, Az. IX ZB 36/07, ZIP 2007, S. 1666
BGH 26.11.2007, Az. II ZR 14/06, NZG 2008, 147
BGH 9.2.2009, Az. II ZR 292/07, NJW 2009, 2127 (Sanitary)
BGH 18.11.2010, Az. IX ZR 240/07, ZInsO 2011, 47
BGH 12.7.2011, Az. II ZR 71/11, NZG 2011, 1066
BGH 6.3.2012, Az. II ZR 56/10, NZG 2012, 539
Bibeault, Corporate Turnaround, New York 1982
Binz/Sorg, Die GmbH & Co. KG im Gesellschafts- und Steuerrecht, 11. Auflage, München 2010
Birk, Umsatzsteuer im Insolvenzverfahren, ZInsO 2007, 743 ff.
Bitter/Rauhut, Unternehmenskauf in Krise und Insolvenz, Mannheim 2010
Bitz, § 15a EStG, in: *Littmann/Bitz/Pust (Hrsg.),* Das Einkommensteuerrecht, Stuttgart 2013
Blaschczok, Die schweizerisch-deutschen Staatsverträge auf dem Gebiet des Insolvenzrechts, ZIP 1983, 141–144
Blatz/Knecht Sanierungsstrategien im Workoutmanagement – Implikationen veränderter Rahmenbedingungen, in: Kreditwesen, Heft 13, 2007, S. 36–38
Blatz/Haghani, Innovative Konzepte zur Krisenbewältigung – eine aktuelle Bestandsaufnahme, in: *Blatz/Haghani/Kraus (Hrsg.),* Gestärkt aus der Krise: Unternehmensfinanzierung in und nach der Restrukturierung, Berlin/Heidelberg (2006), S. 3–22
Blatz/Haghani/Schönfeld, Financial Covenants zielgerichtet managen, Studie Berlin 2006
Blumers/Beinert/Witt, Unternehmenskaufmodelle nach der Steuerreform, DStR 2001, S. 233
BMF-Schreiben vom 25.3.1998, Az. IV B 7 – S 1978 – 21/98/IV B 2 – S 1909 – 33/98, BStBl. I 1998, S. 268
BMF-Schreiben vom 27.3.2003, Az. IV A 6-S 2140-08/03, BStBl. I 2003, S. 240
BMF-Schreiben vom 2.12.2003, Az. IV A 2 – S 2743 – 5/03, BStBl. I 2003, S. 648
BMF-Schreiben 6.12.2005, Az. IV A 5 – S 7316 – 25/05, § 15a UStG – Berichtigung des Vorsteuerabzugs, DStR 2005, Heft 51–52, S. 2175
BMF-Schreiben vom 8.9.2006, Az. IV B 2 – S 2133 – 10/06, BStBl. I 2006, S. 497
BMF-Scheiben 4.7.2008, Az. IV C 7-S 2745 a/08/10001, BStBl. I 2008, S. 736
BMF-Schreiben vom 22.12.2009, Az. IV C 6-S 2140/07/10001-01, BStBl. I 2010, S. 18
BMF-Schreiben vom 21.10.2010, IV C 6 – S 2244/08/10001, BStBl I 2010, S. 832
BMF-Schreiben vom 8.11.2010, IV C 6 – S 2128/07/10001, BStBl. I 2010, S. 1292
BMF-Schreiben 9.12.2011, Az. IV D 2 – S 7330/09/10001 :001, Berichtigung der Bemessungsgrundlage wegen Uneinbringlichkeit im Insolvenzverfahren, BStBl. I 2011, 1273
BMF-Schreiben vom 11.11.2011, Az. IV C 2 – S 1978-b/08/10001, BStBl. I 2011, S. 1314
BMF-Schreiben 12.4.2013, Az. IV D 2 – S 7330/09/10001 :001, Vereinnahmung des Entgelts in der vorläufigen Insolvenzverwaltung, BStBl. I 2013, 518
Bock, Vorteilhaftigkeit hybrider Finanzierungsinstrumente gegenüber klassischen Finanzierungsformen unter Unsicherheit, Wiesbaden 2010
Böckenförde, Unternehmenssanierung, 2. Auflage, Stuttgart 1996
Bohnhardt, § 4 UmwStG, in: *Haritz/Menner (Hrsg),* Umwandlungssteuergesetz, 3. Aufl., München 2010
Boochs/Dauernheim, Steuerrecht in der Insolvenz, 3. Auflage, Neuwied 2007
Boot/Graw, Strukturierte M&A-Prozesse als Instrument des Turnaround: Fallbeispiele des Special-Situations-M&A, Berlin 2008
Bork, Einführung in das Insolvenzrecht, 4. Auflage, Tübingen 2005
Bork, Pflichten der Geschäftsführung in Krise und Sanierung, ZIP 2011, 101–109
Bork, Reinhard; Die Renaissance des § 133 InsO, ZIP 2004, 1684–1693
Born, Unternehmensanalyse und Unternehmensbewertung, Ulm 2006
Bornheimer in Münchener Anwaltshandbuch Sanierung und Insolvenz (München, 2006)
Bornheimer, Kreditgeschäfte und Kreditsicherungen, in: *Nerlich/Kreplin (Hrsg.):* Münchner Anwaltshandbuch Insolvenz und Sanierung, 2. Auflage, München 2012
Bosch/Groß, Das Emissionsgeschäft, 2004

Literaturverzeichnis

Bräkling/Oidtmann, Power in Procurement. Erfolgreich einkaufen, Wettbewerbsvorteile sichern, Gewinne steigern, Wiesbaden 2012
Braun, (Hrsg.) Insolvenzordnung Kommentar, 5. Auflage, München 2012
Braun, (Hrsg.) Insolvenzordnung Kommentar, 3. Aufl., München 2007
Braun, Hans-Dieter/Wierzioch, Erwin; Neue Entwicklungen beim Insolvenzgeld, ZIP 2003, 2001–2009
Braun/Frank, § 225a, in: *Braun/Frank (Hrsg.),* Insolvenzordnung Kommentar, 5. Aufl., München 2012
Braun/Riggert/Herzig (Hrsg.), Schwerpunkte des Insolvenzverfahrens, 5. Auflage, Stuttgart 2012
Braun/Uhlenbruck, Muster eines Insolvenzplans, Düsseldorf 1998
Braun/Uhlenbruck, Unternehmensinsolvenz, IDW-Verlag, Düsseldorf 1997
Bretzke/Barkawi, Nachhaltige Logistik. Antworten auf eine globale Herausforderung, 2. Auflage, Berlin/Heidelberg 2012
Breutigam/Blersch/Goetsch/Haas (Hrsg.), Berliner Kommentar zum Insolvenzrecht
Brinkhaus, § 3 UmwStG, in: *Haritz/Menner (Hrsg),* Umwandlungssteuergesetz, 3. Aufl., München 2010
Brinkmann: Haftungsrisiken im Schutzschirmverfahren und in der Eigenverwaltung, DB 2012, S. 1313
Brühl/Lerche, Financial Restructuring, in: *Brühl/Göpfert (Hrsg.),* Unternehmensrestrukturierung. Strategien und Konzepte, Stuttgart 2004
Bruski, Step-Up-Modelle beim Unternehmenskauf, FR 2002, S. 181
Buchalik et al., Die Unternehmensinsolvenz in der Beratungspraxis, SteuerConsultant 6/2012, S. 17
Buchalik, Ein Jahr ESUG. Ein Erfahrungsbericht, in: *DIAI (Hrsg.),* Newsletter 2013. Sonderausgabe zur neuen Insolvenzordnung, S. 1
Buchalik, Robert, Das Schutzschirmverfahren nach § 270b InsO (incl. Musteranträge): Ein überzeugender Schriff des Gesetzgebers, der Sanierung durch Insolvenz nachhaltig zum Durchbruch zu verhelfen, ZInsO 2012, 349–363
Buchalik, Robert, Faktoren einer erfolgreichen Eigenverwaltung, NZI 2000, S. 294–301. Zitiert: Buchalik, NZI 2000, S. 294 (Fundstelle)
Buchalik, Robert/Kraus, Alfred, Zur Begründung von Masseverbindlichkeiten durch den eigenverwaltenden Schuldner im Verfahren nach § 270a InsO – Zugleich Anmerkung zu BGH, Beschl. v. 7.2.2013 – IX ZB 43/12, ZInsO 2013, 460, ZInsO 2013, S. 815–819. Zitiert: Buchalik/Kraus, ZInsO 2013, S. 815 (Fundstelle)
Buchalik/Kraus, Die Bescheinigung nach § 270b Abs. 1 Satz 3 InsO als Eintrittsvoraussetzung in das neue Schutzschirmverfahren, KSI 2012, S. 60
Buchmann, Patrick, Return of the King: Working Capital Management zur Vermeidung von Liquiditätsengpässen in der Krise, in: Zeitschrift für Controlling und Management 2009, S. 350–355
Budde/Förschle/Winkeljohann, Sonderbilanzen – Von der Gründungsbilanz bis zur Liquidationsbilanz, 4. Auflage, München 2008
Bulow/Shoven, The bankruptcy decision, in: The Bell Journal of Economics 1978, Jahrgang 9, S. 437–456
Bundesgesetzblatt 2011, Teil 1 Nr. 64
Bundesrat Drucksache, 1/92
Bundestag Drucksache, 12/6699
Bundestag Drucksache, 17/5712
Bundestag Drucksache, 17/7511
Bundestag Drucksache, 8/3648
Bundestag-Drucksache, 16/2710
Bundestagsbeschluss, Überschuldungsbegriff entfristet, WPg 2012, S. 1229
Bundesverband deutscher Kapitalbeteiligungsgesellschaften (BVK e.V.) Statistik 2012
Burger, Anton/Schellberg, Bernhard; Die Auslösetatbestände im neuen Insolvenzrecht, BB 1995, 261–266
BürgerentlastungsG Krankenversicherung, BGBl. I 2009, S. 1959
Büsch, Praxishandbuch Strategischer Einkauf. Methoden, Verfahren, Arbeitsblätter für professionelles Beschaffungsmanagement, 3. Auflage, Wiesbaden 2013
Büschgen/Everling, (Hrsg.), Handbuch Rating, 2. Auflage, Wiesbaden 2007
Buschmann, Erfolgreiches Turnaround-Management – Empirische Untersuchung mit Schwerpunkt auf dem Einfluss der Stakeholder, Wiesbaden 2006

Literaturverzeichnis

Buth/Hermanns, Anforderungen an die Erstellung von Sanierungskonzepten nach dem neuen IDW S 6, DStR 2010, S. 288

Buth/Hermanns, Finanzwirtschaftliche Aspekte bei der Fortführung von Krisenunternehmen, in *Buth/Hermanns (Hrsg),* Restrukturierung, Sanierung, Insolvenz, 3. Auflage, München 2009

Buth/Hermanns, Grundsätze und formelle Aspekte zur Beurteilung von Sanierungskonzepten, in: *Buth/Hermanns (Hrsg.),* Restrukturierung/Sanierung/Insolvenz, 3. Auflage, München 2009

Cahn, A., Bankgeheimnis und Forderungsverwertung, Institute for Law and Finance, Working Paper Series Nr. 32, 2004

Cahn/Simon/Theiselmann, Debt Equity Swap zum Nennwert, DB 2010, 1629–1632

Cahn/Simon/Theisemann, Nennwertanrechnung beim Debt Equity Swap!, DB 2012, 501–504

Carstens, Die internationale Zuständigkeit im europäischen Insolvenzrecht (2005)

Cascio, Strategies for responsible restructuring, in Academy of Management Exccutive, 2005, Band 19, Heft 4, S. 39–50

Cascio/Wynn, Managing a downsizing process, in Human Resource Management, 2004, Band 43, Heft 4, S. 425–436

Chang/Rosen/Levy, The relationship between perceptions of organizational politics and employee attitudes, strain, and behavior: a meta-analytic examination, in Academy of Management Journal, 2009, Band 52, S. 779–801

Chowdhury/Lang, Turnaround in Small Firms – An Assessment of Efficiency Strategies, in: Journal of Business Research 1996, Jahrgang 36, Heft 2, S. 169–178

Claussen, Bank- und Börsenrecht, 4. Auflage, 2008

Commission, European, Proposal for a Regulation of the European Parliament and the Council amending Council Regulation (EC) No 1346/2000 on insolvency proceedings, Strasbourg 2012

Copeland/Koller/Murrin, Unternehmenswert, Frankfurt/New York 1993

Copeland/Weston/Shastri, Financial Theory and Corporate Policy, 4. Auflage, Reading 2005

Cranshaw, Anmerkung zu AG Göttingen 74 IN 160/12, jurisPR-InsR 3/2013

Cranshaw/Paulus/Michel, Bankenkommentar zum Insolvenzrecht, Band 2, 2. Auflage, Heidelberg 2012

Crezelius, Steuerrechtliche Folgen der Sanierung, in: *Schmidt/Uhlenbruck,* Die GmbH in Krise, Sanierung und Insolvenz, 4. Auflage, Köln 2009

Crone, Andreas, Liquiditätsbeschaffung im Rahmen der Innenfinanzierung, in: *Crone, Andreas/Werner, Henning (*Hrsg.*),* Modernes Sanierungsmanagement. Insolvenzverfahren, Haftungsrisiken, Arbeitsrecht, Sanierungskonzept und steuerliche Aspekte, 3. Aufl., München 2012, S. 170–182

Crone/Werner, Handbuch modernes Sanierungsmanagement, München 2007

Datta/Guthrie/Basuil/Pandey, Causes and effects of employee downsizing: A review and synthesis, in Journal of Management, 2010, Band 36, Heft 1, 281–348

David, Externes Sanierungsmanagement aus Sicht der Bank, Lohmar 2001

de Weerth, Die Bemessungsgrundlage für Kostenpauschalen nach § 171 InsO – Entgelt oder Preis?, ZInsO 2007, 70 ff.

DeAngelo/DeAngelo/Skinner, Accounting Choice in Troubled Companies, in: Journal of Accounting & Economics 1994, Jahrgang 17, S. 113–143

Delhaes, § 67 InsO, in: *Nerlich/Römermann (Hrsg.).* Kommentar InsO, 24. Auflage, München 2012

Deloitte & Touche: Conventional versus Synthetic Securitisation – Trends in the German ABS Market, Düsseldorf 2001

Desch, Schutzschirmverfahren nach dem RegE-ESUG in der Praxis, BB 2011, S. 841

Deutsche Bank: The Market for CLOs in Germany: Structure and prospects for the securitisation of German corporate debt, 1999

Dickmann, Die Struktur von schlankem Materialfluss mit Lean Production, Kanban und Innovationen, in: *Dickmann (Hrsg.),* Schlanker Materialfluss mit Lean Production, Kanban und Innovationen, 2. Auflage, Berlin/Heidelberg 2009

Dickopf, C./Hommel, U./Knecht, „Workout-Management der kreditgewährenden Banken in Deutschland", in: Zeitschrift für das gesamte Kreditwesen Nr. 13, 2007, S. 656–660

Dieterlen/Schaden, Sofort abzugsfähiger Verlust oder step up durch down-stream merger auch nach In-Kraft-Treten des Steuersenkungsgesetzes in Erwerberfällen?, BB 2000, S. 2552

Diffring, Umwandlung von Forderungen zur Sanierung von Kapitalgesellschaften – Gestaltung und Privilegierung im Steuer- und Wirtschaftsrecht, Berlin 2012

Literaturverzeichnis

Dörr, Wachstumsbeschleunigung durch den neuen § 8c KStG, NWB 2010, S. 184

Dötsch, § 8c KStG, in: *Dötsch/Pung/Möhlenbrock (Hrsg.),* Die Körperschaftsteuer, Stuttgart 2013

Dötsch/Pung, § 15 UmwStG, in: *Dötsch/Pung/Möhlenbrock (Hrsg.),* Die Körperschaftsteuer, Stuttgart 2013

Drouven/Nobiling, Reverse Debt-Equity-Swaps. Auch steuerlich eine Alternative?, DB 2009, 1895

Drukarczyk, § 19 InsO, in: Müchener Kommentar zur Insolvenzordnung, 2. Auflage, München 2007

Drukarczyk, Unternehmensbewertung, 5. Auflage, München 2007

Drukarczyk/Schüler, Die Eröffnungsgründe der InsO: Zahlungsunfähigkeit, drohende Zahlungsunfähigkeit und Überschuldung, in: *Kölner Schriften zur Insolvenzordnung,* 2. Auflage, Herne/Berlin 1997, S. 95ff

Drukarczyk/Schüler, Unternehmensbewertung, 6. Aufl., München 2009

Drygala/Kremer, Alles neu macht der Mai – Zur Neuregelung der Kapitalerhaltungsvorschriften im Regierungsentwurf zum MoMiG, ZIP 2007, 1289

Düll/Fuhrmann/Eberhard, Aktuelles Beratungs-Know-how mittelständische Kapitalgesellschaften, DStR 2002, S. 1030

Duursma-Kepplinger/Duursma/Chalupsky, Europäische Insolvenzordnung, Kommentar (2002)

Ebbing, Gläubigerbanken in der Unternehmenskrise, KTS 1996, 327–358

Ebbinghaus/Hinz, Sanierungshindernis Gewerbesteuer? Zuständigkeitskonflikte beim Erlassantrag der Gewerbesteuer, ZInsO 2013, S. 911

Ebke/Scheel, Die Haftung des Wirtschaftsprüfers für fahrlässig verursachte Vermögensschäden Dritter, WM 1991, S. 389

Egerlandt, Aussonderungsrecht eines Unternehmers hinsichtlich der persönlichen Kundendaten von Abonnenten seines Newsletters in der Insolvenz des Versand- Dienstleisters, EWiR 2013, S. 53 f.

Ehlers, Basel II/Rating: Die Hausaufgaben für Mittelstandsunternehmer und ihre Berater, 2. Auflage, Herne 2005

Ehlers, Teilnahme und Nutzen einer Mitgliedschaft im Gläubigerausschuss, BB 2013, S. 259–264

Ehricke, Die neue Europäische Insolvenzverordnung und grenzüberschreitende Konzerninsolvenzen, EWS 2002, 101–107

Ehricke, Insolvenzrechtliche Anfechtung gegen Insider, KTS 1996, 209–229

Ehricke, Zur Einflussnahme des Insolvenzverwalters auf die Verwertungshandlungen des Sekundärinsolvenzverwalters nach den EuInsVO, ZInsO 2004, 633–636

Eickmann/Flessner/Irschlinger/Kirchhof/Kreft/Landfermann/Marotzke (Hrsg.), Heidelberger Kommentar zur Insolvenzordnung, 4. Auflage (2006)

Eidenmüller, Europäische Verordnung über Insolvenzverfahren und zukünftiges deutsches internationales Insolvenzrecht, IPRax 2001, 2–15

Eidenmüller, Unternehmenssanierung nach der Insolvenzrechtsreform 2011, München 2012

Eidenmüller, Unternehmenssanierung zwischen Markt und Gesetz, Köln 1999

Eilenberger, § 17 InsO, in: Müchener Kommentar zur Insolvenzordnung, 2. Auflage, München 2007

Eilers/Bühring, Sanierungssteuerrecht, Köln 2012

Eisolt, Erstellung von Sanierungskonzepten nach dem neuen IDW S 6, BB 2010, S. 427

Eisolt, Kaufpreisanpassungsklausel bei Anteilsverkäufen aufgrund aktuell strittiger Verlustvortragsregelung in § 8c Abs. 1 KStG, NWB 2013, S. 1919 ff.

Eitelwein/Wohlthat, Steuerung des Working Capital im Supply Chain Management über die Cash-to-Cash Cycle Time, in; Zeitschrift für Controlling und Management 2005, S. 416–425

Ek/von Hoyenberg, Unternehmenskauf und -verkauf: Grundlagen, Gestaltung, Haftung, Steuer- und Arbeitsrecht, Übernahmen, München 2009

Ellrott/Rhiel, § 249 HGB, in: *Elrott et al. (Hrsg.):* Beck'scher Bilanzkommentar, 8. Auflage, München 2012

Engelberth, Der Verlustabzug bei Körperschaften. Ein Wegweiser durch das Minenfeld des § 8c KStG, NWB 2012, S. 1685 ff.

Erle/Sauter, Körperschaftsteuergesetz, Die Besteuerung der Kapitalgesellschaft und ihrer Anteilseigner, Kommentar, 3. Aufl. 2010

Erlei/Leschke/Sauerland, Neue Institutionenökonomik, 2. Aufl., Stuttgart 2007

EuG 18.12.2012, Az. Rs. T-205/11, ISR 2013, 63

EuGH 15.1.2002, Az. C-43/00, EuGHE I S. 379, BB 2002, 321

EuGH, 17.7.1997, Az. C-28/95, Slg. 1997, I-4161

Literaturverzeichnis

Everling (Hrsg.), Rating – Chance für den Mittelstand nach Basel II, Wiesbaden 2001
Exler, Management für den Verkauf und die Bewertung von mittelständischen Unternehmen, Berlin 2006
Fastrich, § 26 GmbHG, in: *Baumbach/Hueck (Hrsg.)*: GmbH-Gesetz Kommentar, 20. Auflage, München 2013
Fastrich, § 29 GmbHG, in: *Baumbach/Hueck (Hrsg.)*: GmbH-Gesetz Kommentar, 20. Auflage, München 2013
Fastrich, § 30 GmbHG, in: *Baumbach/Hueck (Hrsg.)*: GmbH-Gesetz Kommentar, 20. Auflage, München 2013
Fastrich, § 9 GmbHG, in: *Baumbach/Hueck (Hrsg.)*: GmbH-Gesetz Kommentar, 20. Auflage, München 2013
Fechner, Praxis der Unternehmenssanierung. Analyse, Konzept und Durchführung, Neuwied/Kriftel/Berlin 1998
Felden/Mendorf, Working Capital Management im Anlagenbau. Handlungsfelder und Optimierungsansätze für KMU in der Praxis, in: Krisen-, Sanierungs- und Insolvenzberatung 2012, S. 27–32
Fey/Neyer, Entschärfung der Mantelkaufregelung für Sanierungsfälle, DB 2009, S. 1368
FG Düsseldorf 19.8.2011, Az. 11 K 4201/10E, EFG 2012, 544–547
FG Düsseldorf 30.11.2000, Az. 2 K 4312/99 H, ZInsO 2001, S. 426
FG Hamburg 4.4.2011, Az. 2 K 33/10, ZIP 2011, S. 1713
FG Köln 20.11.1990, Az. 12 K 3108/88, UR 1992, S. 309
FG Münster 1.8.2011, Az. 9 V 357/11 K, G, DStR 2011, S. 1507
FG Niedersachsen 19.1.2012 Az. 14 K 47/10 Revision eingelegt *BFH,* Az. III R 16/12
FG Rheinland-Pfalz 21.6.2007, Az. 4 K 2063/05, EFG 2007, S. 1523
FG Saarbrücken 23.11.2011*, Az. 2 K 1683/09,* ZIP 2012, 1191
FG Sachsen 16.3.2011, Az. 2 K 1869/10, DStRE 2011, S. 1320
FG Sachsen, 9.9.2008, Az. 3 K 1996/06, EFG 2009, S. 65
FG Schleswig-Holstein 4.3.2004, Az. 2 V 362/03, EFG 2004, S. 1023
Finsterer, Unternehmenssanierung durch Kreditinstitute – Eine Untersuchung unter Beachtung der Insolvenzordnung, Wiesbaden 1999
Fischer, Grenzen der Verlustbeschränkung nach § 10d Abs. 2 EStG bei Kapitalgesellschaften, FR 2010, S. 281
Fischer, Krisenbewältigung durch Insolvenzrecht, ZGR 2006, S. 403
Fleischer/Goette (Hrsg.), Münchener Kommentar zum GmbH-Gesetz, 1. Auflage, München 2010
Foerste, Gläubigerautonomie und Sanierung im Lichte des ESUG, ZZP 2012, 265–284
Förschle/Hoffmann, § 272 HGB, in: *Elrott et al. (Hrsg.):* Beck'scher Bilanzkommentar, 8. Auflage, München 2012
Frankfurter Kommentar zur Insolvenzordnung, 7. Auflage 2013
Frege/Keller/Riedel, Handbuch der Rechtspraxis – Band 3 – Insolvenzrecht, 7. Auflage, München 2008
Freitag/Riemenschneider, Die Unternehmergesellschaft – „GmbH light" als Konkurrenz für die Limited?, ZIP 2007, 1485
Frind, Anmerkungen zur Musterbescheinigung des IDW nach § 270b Abs. 1 S. 3 InsO, ZInsO 2012, S. 540
Frind, Aktuelle Anwendungsprobleme beim „ESUG" – Teil 1 – Zu den Kompetenzen des Insolvenzgerichtes/Zur Unabhängigkeitsprüfung, ZInsO 2013, S. 59–64
Frind, Probleme bei Bildung und Kompetenz des vorläufigen Gläubigerausschusses, BB 2013, S. 265–270
Fritsch, § 227 AO, in: *Pahlke/Koenig (Hrsg.),* Abgabenordnung, München 2004
Fröhlich/Bächstädt, 8 Monate ESUG – Beobachtungen eines betriebswirtschaftlichen M&A-Beraters, ZInsO 44/2012, Köln 2012
Fröhlich/Bächstädt, Erfolgsaussichten eines Insolvenzplans in Eigenverwaltung*,* ZinsO 23/2011, Köln 2011
Fröhlich/Bächstädt, Mit Plan zum nachhaltigen Turnaround, FINANCE Jahrbuch, München 2011
Fröhlich/Bächstädt, Unternehmensverkauf zur Ausfallvermeidung, Forderungspraktiker, 04/2011
Fröhlich/Ringelspacher/Röver, Schutzschirmverfahren: Problematische Bescheinigung, Forderungspraktiker, 06/2012

Literaturverzeichnis

Fröhlich/Sittel, Insolvenz als ein Sanierungsinstrument, *in von Leoprechting (Hrsg.),* Unternehmenssanierung, Herne 2010

Fröhlich/Wierz, Insolvenz-Transaktionen: Wachsende Bedeutung asiatischer Investoren, ZinsO 09/2012, Köln 2012

Fromm, Der Debt-Equity-Swap als Sanierungsbeitrag im Zeitpunkt der Überschuldung, ZInsO 2012, S. 1253

Frystatzki, Die insolvenzrechtliche Fortführungsprognose – Zahlungsfähigkeits- oder Ertragsfähigkeitsprognose?, NZI 2011, 173

Fuller The distressed debt market – a major force that's here to stay, in: Recovery, Spring 2006

Gabath, Risiko- und Krisenmanagement im Einkauf. Methoden zur aktiven Kostensenkung, Wiesbaden 2010

Ganter, Sicherungsmaßnahmen gegenüber Aus- und Absonderungsberechtigten im Insolvenzeröffnungsverfahren – Ein Beitrag zum Verständnis des neuen § 21 II 1 Nr. 5 InsO, NZI 2007, 549

Gaul/Otto, Aktuelle Aspekte einer Zusammenarbeit mit Beschäftigungsgesellschaften, NZA 2004, 1301–1308

Geißler, Die Ermächtigung des Schuldners im Schutzschirmverfahren nach § 270b Abs. 3 InsO – Systematik und Auswirkungen auf die Insolvenzgeldsicherung, ZinsO 2013, 531–538

Geschka/Hammer, Die Szenario-Technik in der strategischen Unternehmensplanung, *Hahn/Taylor* (Hrsg.), Strategische Unternehmensplanung, Heidelberg 1992, S. 311–336

Gesetz zur Modernisierung des GmbH-Rechts und zur Vermeidung von Missbräuchen vom 23.10.2008, BGBl. I 2008, S. 2026

Gesetzesreform zur weiteren Erleichterung von Unternehmenssanierungen (ESUG) vom 7. November 2011, BGBl. 2011, Teil 1, Nr. 64, S. 2582

Geurts, Umsatzsteuerliche Aspekte bei Insolvenzverfahren nach dem 1.1.1999, DB 1999, S. 818

Gilson/Kose/Lang, Troubled Debt Restructurings: An Empirical Study of Private Reorganization of Firms", in: Journal of Financial Economics 27, 1990, S. 315–353

Gischer, Kreditmärkte, Investitionsentscheidung und Grenzen der Geldpolitik, Baden-Baden 1988

Gless, Unternehmenssanierung: Grundlagen – Strategien – Maßnahmen, Wiesbaden 1996

Goette, Anmerkung zu BGH DStR 2007, 1174, DStR 2007, 1176

Goette, Aus der neueren Rechtsprechung des BGH zum GmbH-Recht, ZIP 2005, 1481

Goette, Im Gespräch, Die GmbH-Reform, DB Beilage zu 07/2007, S. 236

Goette, Gesellschaftsrecht und Insolvenzrecht – Aktuelle Rechtsprechung des II-Zivilsenats, KTS 2006, 217–237

Goette, Zur systematischen Einordnung des § 64 Abs. 2 GmbHG, ZInsO 2005, 1–5

Goette/Habersack (Hrsg.), Münchener Kommentar zum AktG, 3. Auflage, München 2011

Gogger, Insolvenzrecht, 2. Auflage (München, 2006)

Goodman/Fabozzi, Managing a Portfolio of Collateralised Debt Obligations, in: The Journal of Investing, Winter 2003, S. 22–30

Görg/Stockhausen, Eigenverwaltung für Großinsolvenzen? Festschrift für Friedrich Wilhelm Metzler (hrsg. v. van Betteray, Wolfgang/Delhaes, Wolfgang), Köln 2003, S. 105–118

Gottwald, (Hrsg.) Insolvenzrechts-Handbuch, 4. Auflage, München 2010

Graeber, Passt die Insolvenzrechtliche Vergütungsverordnung (noch) zur Insolvenzordnung? NZI 2013, S. 574–579

Graf-Schlicker, Kommentar zur Insolvenzordnung, 3. Aufl., 2012

Gragert, Die steuerliche Behandlung von Sanierungsgewinnen, NWB 2013, S. 2141

Gras, Bilanzrechtliche Fragestellungen, in: *Nerlich/Kreplin (Hrsg.):* Münchner Anwaltshandbuch Insolvenz und Sanierung, 2. Auflage, München 2012

Graw, Der Teilbetriebsbegriff im UmwSt-Recht nachdem UmwStE 2011, DB 2013, S. 1011

Grinyer/Mayes/McKiernan, The Sharpbenders: Achieving a Sustained Improvement in Performance, in: Long Range Planning 1990, Jahrgang 23, Heft. 1, S. 116–125

Grob, Investitionsrechnung auf der Grundlage vollständiger Finanzpläne. Vorteilhaftigkeitsanalyse für ein einzelnes Investitionsobjekt, WISU 1984, S. 16

Groß, Die Prüfung der Sanierungsfähigkeit im Rahmen der Insolvenzordnung, WPK-Sonderheft 12/1997, S. 61

Groß, Sanierung durch Fortführungsgesellschaften, Köln 1998

Groß, Wesentliche Gesichtspunkte der Erarbeitung von IDW ES 6 – Zu den Hintergründen und

Literaturverzeichnis

Neuerungen des IDW Standards: Anforderungen an die Erstellung von Sanierungskonzepten, WPg 2009, S. 231

Groß/Amen, Fortbestehensprognose – Rechtliche Grundlagen und Erstellung aus betriebswirtschaftlichen Perspektiven, in: *Hommel/Knecht/Wohlenberg (Hrsg.),* Handbuch Unternehmensrestrukturierung: Grundlagen, Konzepte, Maßnahmen, Wiesbaden 2006, S. 335–364

Großkommentar, zum Aktiengesetz, 4. Auflage (Berlin, 2006)

Gruber, Die neue Korrumpierungsgefahr bei der Insolvenzverwalterbestellung, NJW 2013, 584–586

Grünert, Mergers & Acquisitions in Unternehmenskrisen. Krisenbewältigung durch Synergierealisation, Wiesbaden 2007

Grunow/Figgener, Handbuch Moderne Unternehmensfinanzierung: Strategien zur Kapitalbeschaffung und Bilanzoptimierung, Berlin/Heidelberg/New York 2006

Gundlach, Die Anordnung von Zustimmungsvorbehalten von Amts wegen bei der Eigenverwaltung, ZInsO 2010, S. 2181–2182

Gundlach/Frenzel/Schmidt, Blick ins Insolvenzrecht, DStR 2003, 1127

Günther/Tempelmeier, Produktion und Logistik, 9. Auflage, Heidelberg 2012

Güroff, § 10a GewSt, in: *Glanegger/Güroff (Hrsg.),* Gewerbesteuergesetz Kommentar, 7. Auflage, München 2009

Gutmann/Laubereau, Schuldner und Bescheiniger im Schutzschirmverfahren, ZInsO 2012, S. 1861

Haarmeyer/Wutzke/Förster, Handbuch der vorläufigen Insolvenzverwaltung, 1. Auflage, München 2011

Haas, Aktuelle Rechtsprechung zur Insolvenzantragspflicht des GmbH-Geschäftsführers nach § 64 Abs. 1 GmbHG, DStR 2003, 423, 425

Haas, Das neue Kapitalersatzrecht nach dem RegE-MoMiG, ZIP 2007, 617

Haas, Der Erstattungsanspruch nach § 64 Abs. 2 GmbHG, NZG 2004, 737

Haas, Die Einbeziehung der Anteilsrechte in das Insolvenzverfahren, NZG 2012, 961–968

Haas, Kapitalerhaltung, Insolvenzanfechtung, Schadensersatz und Existenzvernichtung, ZIP 2006, 1373

Haas/Oechsler, Missbrauch, Cash Pool und gutgläubiger Erwerb nach dem MoMiG, NZG 2006, 806

Habersack in Großkommentar AktG, 4. Auflage (2006)

Hachenburg/Ulmer, Gesetz betreffend die Gesellschaften mit beschränkter Haftung, Großkommentar zum GmbHG, Band III, 8. Auflage (Berlin, 1997)

Hagebusch/Oberle, Gläubigerbefriedigung durch Unternehmenssanierung: die übertragende Sanierung, NZI 2006, 618–622

Haghani, Strategische Krisen von Unternehmen und praxisorientierte Möglichkeiten ihrer Früherkennung, in: *Bickhoff u.a. (Hrsg.),* Die Unternehmenskrise als Chance: Innovative Ansätze zur Sanierung und Restrukturierung, Berlin/Heidelberg 2004, S. 41–65

Haghani/Holzamer/Voll, Financial Covenants, Studie Berlin 2008

Hambrick/Schecter, Turnaround Strategies in Mature Industrial-Product Business Units, in: Academy of Management Journal 1983, Jahrgang 26, S. 231–248

Hamburger Kommentar zum Insolvenzrecht, 1. Auflage (Münster, 2006)

Hamburger Kommentar zum Insolvenzrecht, 4. Auflage 2012

Harenberg/Wlecke, Businessplan und Maßnahmenmanagement, in: *Buth/Hermanns (Hrsg.),* Restrukturierung/Sanierung/Insolvenz, 2. Auflage, München 2004

Hartwig-Jacob, Die Vertragsbeziehungen und die Rechte der Anleger bei internationalen Anleiheemissionen, 2002

Harz/Baumgartner/Conrad, Kriterien der Zahlungsunfähigkeit und der Überschuldung, ZInsO 2005, 1304–1311

Häsemeyer, Insolvenzrecht, 4. Auflage, Köln/München 2007

Hass/Schreiber/Tschauner, Sanierungsinstrument „Debt for Equity Swap", in: *Hommel/Knecht/Wohlenberg (Hrsg.),* Handbuch Unternehmensrestrukturierung: Grundlagen, Konzepte, Maßnahmen, Wiesbaden 2006, S. 841–874

Haubold, Europäisches Zivilverfahrensrecht und Ansprüche im Zusammenhang mit Insolvenzverfahren, IPRax 2002, 157–163

Hauschildt, Erfolgs-, Finanz- und Bilanzanalyse, 3. Auflage, Köln 1996

Hauschildt/Leker (Hrsg.), Krisendiagnose durch Bilanzanalyse, 2. Auflage, Köln 2000

Hauschildt/Leker (Hrsg.), Krisendiagnose durch Bilanzanalyse, Köln 2000

Literaturverzeichnis

Hax/Hartmann-Wendels/von Hinten, Moderne Entwicklung der Finanzierungstheorie, *Christians* (Hrsg.), Finanzierungshandbuch, Wiesbaden 1988, S. 689–713

Hefermehl/Spindler in Münchener Kommentar – AktG, 2. Auflage (München, 2000)

Heidelberger Kommentar zur Insolvenzordnung, 4. Auflage (Heidelberg, 2006)

Heidenhain, Anwendung der Gründungsvorschriften des GmbH-Gesetzes auf die wirtschaftliche Neugründung einer Gesellschaft, NZG 2003, 1051–1054

Heidorn/König, Investitionen in Collaterized Debt Obligations, Hochschule für Bankwirtschaft (HfB), Arbeitspapier Nr. 44, Mai 2003

Heinevetter, Sparkassengesetz NRW – Kommentar, Rechtsstand Dezember 1990, Köln 1978

Heinicke, § 10d EStG, in: *Schmidt (Hrsg.)*: Einkommensteuergesetz Kommentar, 32. Auflage, München 2013

Henn, Handbuch des Aktienrechts, 8. Auflage, Heidelberg 2009

Heno, Kreditwürdigkeitsprüfung mit Hilfe von Verfahren der Mustererkennung, Bern/Stuttgart 1983

Henssler/Strohn, Gesellschaftsrecht, Band 62, (München 2011)

Herget/Kreuzberg, Umsatzsteuerliche Fallstricke bei der Verwertung von Kreditsicherheiten, NZI 2013, 118

Hermanns, Die Bescheinigung nach § 270b Abs. 1 S. 3 InsO, ZInsO 2012, S. 2265

Hermanns, Unternehmenssanierung, in: *Haarmeyer (Hrsg.),* Sanierung und Insolvenzmanagement I. Grundlagen und Methoden, Remagen 2009

Herzig/Liekenbrock, Überlegungen zur Beseitigung von steuerlichen Sanierungshindernissen – Ein Beitrag zur steuerlichen Flankierung der geplanten Insolvenzrechtsreform, Ubg 2011, S. 313

Hess/Oberhammer/Pfeiffer/Piekenbrock/Seagon, External Evaluation of Regulation No. 1346/2000/EC on Insolvency Proceedings, JUST/20/JCIV/PR/0049/A4, Heidelberg, Wien 2012

Hess, Insolvenzrecht, Band II, 2. Auflage, München 2013

Hess/Weis, Die Stellung des Gläubigerausschusses in der Insolvenzordnung, InVo 1997, 1–4

Hess/Weis/Wienberg, Insolvenzarbeitsrecht, Heidelberg 1997

Hess/Fechner/Freund/Körner, Sanierungshandbuch, 3. Auflage, Neuwied/Kriftel/Berlin 1998

Hinterhuber, Strategische Unternehmensführung, Berlin/New York 1983

Hirte et al., Das Gesetz zur weiteren Erleichterung der Sanierung von Unternehmen, DB 2011, S. 632

Hirte in Uhlenbruck, Kommentar zur Insolvenzordnung, 12. Auflage (München, 2003)

Hirte, Die vereinfachte Kapitalherabsetzung bei der GmbH, in: Arbeitskreis für Insolvenz- und Schiedsgerichtswesen e.V. Köln (Hrsg.): Kölner Schrift zur Insolvenzordnung, 3. Auflage, Münster 2009

Hirte, Anmerkungen zum von § 270b RefE-InsO ESUG vorgeschlagenen „Schutzschirm", ZInsO 2011, 401–405

Hochberg/Post, Tournarounds and Approaches to Managing Distressed Businesses, New York 1991

Hoffmann, Financial Covenants bei Akquisitionskrediten – Eine Bestandsaufnahme, in: Zeitschrift für Bankrecht und Bankwirtschaft 2007, Jahrgang 31, S. 413–416

Hoffmann, Forderungsverzicht des Gesellschafters einer Kapitalgesellschaft gegen Besserungsschein bei Gesellschafterwechsel, DStR 2004, S. 293

Hofmann et al., Erfolgsmessung und Anreizsysteme im Einkauf. Den Mehrwert der Beschaffung professionell erheben, bewerten und darstellen, Heidelberg 2012

Hofmann, Zum Wandel des Working Capital Managements in Supply Chains: ein Blick zurück und zukünftige Handlungsoptionen, in: *Delfmann, Werner/Wimmer, Thomas* (Hrsg.), Strukturwandel in der Logistik – Wissenschaft und Praxis im Dialog, Hamburg 2010, S. 249–273

Hofmann/Maucher/Piesker/Richter, Wege aus der Working Capital-Falle. Steigerung der Innenfinanzierungskraft durch modernes Supply Management, Berlin 2011

Hofmann, Anmerkung zum Beschluss des AG Köln vom 26.3.2012, Az. 73 IN 125/12 – Zum Adressaten der Einzelermächtigung bei der vorläufigen Eigenverwaltung, EWiR 2012, S. 359–360

Holzamer, Die ökonomische Funktion des Nennkapitalsystems, Hamburg 2007

Holzer, Die Insolvenzanfechtung, WiB 1997, 729–783

Holzer, Krisenerkennung bei insolvenzgefährdeten Unternehmen aus Sicht der gerichtlichen Praxis, NZI 2005, 308–316

Hölzle, Eigenverwaltung im Insolvenzverfahren nach ESUG – Herausforderungen für die Praxis, ZIP 2012, 158–164

Literaturverzeichnis

Hölzle, Praxisleitfaden ESUG, Köln 2012

Homburg/Beutin, N. (2006), Kundenstrukturmanagement als Controllingherausforderung, in: *Reinecke/Tomczak/Geis (Hrsg.)*, Handbuch Marketingcontrolling, 2. Aufl., St. Gallen, 2006, S. 225–252

Hommel/Knecht/Wohlenberg, Handbuch der Unternehmensrestrukturierung, Wiesbaden 2006

Hommel/Knecht/Wohlenberg, Sanierung der betrieblichen Unternehmenskrise, in: *Hommel/Knecht/Wohlenberg (Hrsg.)*, Handbuch Unternehmensrestrukturierung: Grundlagen, Konzepte, Maßnahmen, Wiesbaden 2006, S. 27–60

Hommelhoff/Hopt/v. Werder (Hrsg.), Handbuch Corporate Governance, 2. Aufl., Köln-Stuttgart 2009

Horstkotte, Effektiver Rechtsschutz im Verfahren über die Einsetzung eines vorläufigen Gläubigerausschusses, ZInsO 2012, 1930–1933

Hörtnagl, § 123 UmwG, in: *Schmitt/Hörtnagl/Stratz (Hrsg.)*, Umwandlungsgesetz, Umwandlungssteuergesetz, 6. Auflage, München 2013

Hörtnagl, § 125 UmwG, in: *Schmitt/Hörtnagl/Stratz (Hrsg.)*, Umwandlungsgesetz, Umwandlungssteuergesetz, 6. Auflage, München 2013

Hörtnagl, § 126 UmwG, in: *Schmitt/Hörtnagl/Stratz (Hrsg.)*, Umwandlungsgesetz, Umwandlungssteuergesetz, 6. Auflage, München 2013

Hörtnagl, § 133 UmwG, in: *Schmitt/Hörtnagl/Stratz (Hrsg.)*, Umwandlungsgesetz, Umwandlungssteuergesetz, 6. Auflage, München 2013

Hörtnagl, § 15 UmwStG, in: *Schmitt/Hörtnagl/Stratz (Hrsg.)*, Umwandlungsgesetz, Umwandlungssteuergesetz, 6. Auflage, München 2013

Hörtnagl, § 17 UmwG, in: *Schmitt/Hörtnagl/Stratz (Hrsg.)*, Umwandlungsgesetz, Umwandlungssteuergesetz, 6. Auflage, München 2013

Hotchkiss/Mooradian, Vulture Investors and the market for corporate controll of distressed firms, in: Journal of Financial Economics 1997, Jahrgang 43, S. 401

Huber, Internationales Insolvenzrecht in Europa ZZP 114 (2001), 133–166

Huber, Praxishandbuch Strategische Planung: Die neun Elemente des Erfolgs, Berlin 2008.

Hueck/Fastrich, in: Baumbach/Hueck, GmbHG, 19. Auflage, München 2010

Hüffer, Aktiengesetz, 9. Auflage, München 2010

Hüffer, Gesellschaftsrecht, 7. Auflage (München, 2007)

Hull, Options, Futures & Other Derivatives, Pearson Education, 5. Auflage, New Jersey 2003

IDW (Hrsg.), IDW Prüfungsstandard: Beurteilung eingetretener oder drohender Zahlungsunfähigkeit bei Unternehmen (IDW PS 800), in: WPg Supplement 2/2009, S. 42 ff.

IDW (Hrsg.), Anforderungen an Sanierungskonzepte (FAR) 1/1991, FN-IDW 1991, S. 319

IDW (Hrsg.), Die Beurteilung der Fortführung der Unternehmenstätigkeit im Rahmen der Abschlussprüfung (IDW PS 270), WPg. 2003, S. 775

IDW (Hrsg.), Empfehlungen zur Überschuldungsprüfung bei Unternehmen, in: Fachausschuss Recht (FAR) 1/1996, S. 17

IDW (Hrsg.), Grundsätze zur Durchführung von Unternehmensbewertungen, WPg Supplement 3/2008, S. 68

IDW (Hrsg.), IDW Entwurfsstandard: Bescheinigung nach § 270b InsO (IDW ES 9), in: WPg Supplement 2/2012, S. 68 ff.

IDW (Hrsg.), IDW Praxishandbuch zur Qualitätssicherung 2011/2012, 6. Auflage, Düsseldorf 2012

IDW (Hrsg.), IDW Prüfungsstandard: Grundsätze für die ordnungsmäßige Erteilung von Bestätigungsvermerken bei Abschlussprüfungen (IDW PS 400), in: WPg Supplement 4/2010, S. 25 ff., FN-IDW 12/2010, S. 537 ff.

IDW (Hrsg.), IDW Standard: Anforderungen an die Erstellung von Sanierungskonzepten (IDW S 6), in: WPg Supplement 4/2012, S. 130 ff.

IDW (Hrsg.), IDW Standard: Anforderungen an die Erstellung von Sanierungskonzepten (IDW S 6), WPg Supplement 4/2011, S. 56

IDW (Hrsg.), IDW Standard: Anforderungen an Insolvenzpläne (IDW S 2), FN-IDW 2000, S. 81

IDW (Hrsg.), Zur Behandlung von Genußrechten im Jahresabschluß von Kapitalgesellschaften HFA 1/1994, in: WPg 1994, S. 419

Jahressteuergesetz 2010 vom 8.12.2010, BGBl 2010 I, S. 1768

Jensen/Meckling, Theory of the firm: Managerial Behavior, Agency Costs, and Ownership Structure, in: Journal of Financial Economics 1976, Jahrgang 3, Heft 4, S. 305–360

Literaturverzeichnis

Jobsky, Mergers & Acquisitions bei Restrukturierung/Sanierung in *Buth/Hermanns (Hrsg),* Restrukturierung, Sanierung, Insolvenz, 3. Auflage, München 2009
Johnson/Scholes/Whittington, Strategisches Management – Eine Einführung, 9. Auflage, München 2011
Jung, Praxis des Unternehmenskaufs, Stuttgart 1983
Kahlert, Der V. Senat des BFH als Schöpfer von Fiskusvorrechten im Umsatzsteuerrecht – Zugleich Besprechung des Urteils des V. Senats des BFH vom 9.12.2010, V R 22/10, DStR 2011, 720, DStR 2011, 921 ff.
Kahlert, Steuerzahlungspflicht im Eröffnungsverfahren der Eigenverwaltung? ZIP 2012, S. 2089–2092
Kahlert/Gehrke, ESUG macht es möglich: Ausgliederung statt Asset Deal im Insolvenzplanverfahren, DStR 2013, 975 ff.
Kahlert/Rühland, Sanierungs- und Insolvenzsteuerrecht, 2. Auflage, Köln 2009
Kall, Controlling im Turnaround-Prozeß. Theoretischer Bezugsrahmen, empirische Fundierung und handlungsorientierte Ausgestaltung einer Controlling-Konzeption für den Turnaround-Prozeß, Frankfurt am Main, Berlin, Bern, New York, Paris, Wien 1999
Kall, Controlling im Turnaround-Prozeß, Frankfurt 1999
Kallmeyer u.a., GmbH-Handbuch, 144. Lieferung 04.2013
Kamp, Steuercontrolling im internationalen Konzern. Aufbau eines Steuerinformationssystems, Lohmar 2011
Kampshoff, Besonderheiten beim Kauf aus der Insolvenz, Vortrag Private Equity Forum NRW e.V, Düsseldorf 2010
Kania, Arbeitsrecht in Konkurs und Insolvenz, DStR 1996, 832–836
Kanzler/Mader, Sanierung um jeden Preis? – Schutz der Neugläubiger nach Durchführung eines insolvenzrechtlichen Debt-Equity-Swaps –, GmbHR 2012, 992–998
Kaufmann/Memminger, Interim Manager helfen in der Not, in: Kreditpraxis 3/1997
Kaufmann/Memminger, Unterstützung in Krisenzeiten, in: FAZ 8.10.1997
Kaufmann, Marketing für Produktivleistungen, Frankfurt/Zürich 1972
Keller, Bedarf die Bestellung eines vorläufigen Sachwalters im Schutzschirmverfahren nach § 270b InsO der öffentlichen Bekanntmachung?, ZIP 2012, 1895–1901
Kemper, Der Kontokorrentkredit in der Krise des Unternehmens, Baden-Baden 2011
Kemper, Die Verordnung EG 1346/2000 über Insolvenzverfahren, ZIP 2001, 1609–1621
Kerz, Sanierungsbescheinigungen als neues Tätigkeitsfeld, DStR 2012, S. 204
Kettelborn, Die große dreistufige Insolvenzrechtsreform und deren steuerliche Auswirkungen, BB 2012, 1579–1584
KG, 7.12.2009, Az. 23 U 24/09, NZG 2010, 387
Kilger, Der Konkurs des Konkurses, KTS 1975, 142–166
Kindler in Münchener Kommentar/BGB, 4. Auflage (München, 2006)
Kindler/Nachmann (Hrsg.), Handbuch Insolvenzrecht in Europa, 1. Ergänzungslieferung, München 2010
Kirchhof, § 19 InsO, in: *Eickmann et al. (Hrsg.),* Heidelberger Kommentar zu Insolvenzordnung, 3. Auflage, Heidelberg 2003
Kirchhof/Lwowski/Stürner, Münchener Kommentar zur Insolvenzordnung, Band I, 3. Auflage, München 2013
Kirchhof/Stürner (Hrsg.), Münchener Kommentar zur InsO, 2. Auflage, München 2008
Kirchhoff in Münchener Kommentar/Inso, Band. II, 1. Auflage (München, 2002)
Klein (Hrsg.), Abgabenordnung, 11. Auflage München 2012
Klein/Müller/Lieber, Änderung der Unternehmensform, 9. Aufl., Herne 2012
Klepzig, Working-Capital und Cash Flow. Finanzströme durch Prozessmanagement optimieren, 2. Aufl., Wiesbaden 2010
Kletti/Schumacher, Die perfekte Produktion. Manufactoring Excellence durch Short Interval Technology (SIT), Berlin/Heidelberg 2011
Klöhn, Gesellschaftsrecht in der Eigenverwaltung: Die Grenzen des Einflusses auf die Geschäftsführung gemäß § 267a Satz 1 InsO, NZG 2013, S. 81–87
Kluth, Eigenverwaltung in der Insolvenz oder ein Fall mit Sturz, ZInsO 2002, S. 1001–1005
Knecht, Steuerung der Zahlungsfähigkeit und Unternehmensliquidität – Ökonomische und rechtliche Implikationen in der Unternehmenssanierung, in: Hommel/Knecht/Wohlenberg (Hrsg.): Handbuch Unternehmensrestrukturierung, Wiesbaden 2006, S. 739–778

Literaturverzeichnis

Knecht/Dickopf, Kreditrisikomanagement und Workout 2007 – Status Quo, Institut für Restrukturierungsforschung und Beteiligungsmanagement (InReBe), European Business School (EBS), Oestrich-Winkel 2007b

Knecht/Dickopf, Bewertung von Unternehmen im „Financial Distress", In: Gleissner, W./Schaller, A.: Beurteilungs- und Bewertungsverfahren von Beteiligungsgesellschaften – Theoretische Grundlagen und State of the Art in der Praxis, Weinheim 2007

Knecht/Quitzau, Steuerung der finanziellen Krise im Spannungsfeld zwischen Banken und Investoren, in: Picot, G.: Handbuch für Familien- und Mittelstandsunternehmen, Verlag Schäffer-Poeschel, Stuttgart 2007

Knecht/Heinz, Finanzierung in der Krise, in: *Euroforum (Hrsg.),* Schriftlicher Management-Lehrgang „Neue Instrumente der Unternehmensfinanzierung", Lektion 10, 5. Auflage, Düsseldorf 2012, S. 1–104

Knecht/Schoon, Distressed Assets – Risiko- und Ertragsstruktur einer Investitionsklasse, in: *Euroforum (Hrsg.),* Schriftlicher Management-Lehrgang „Distressed Investments – Bewertung, Erwerb und Restrukturierung angeschlagener Assets", Lektion 1, 1. Auflage, Düsseldorf 2007, S. 1–113

Knief, Die Bedeutung betriebswirtschaftlicher Analysen nach der Insolvenzrechtsreform, DB 2012, 2353–2359

Knobbe-Keuk, Bilanz- und Unternehmensteuerrecht, 9. Auflage, Köln 1993

Knof, Modernisierung des GmbH-Rechts an der Schnittstelle zum Insolvenzrecht – Zukunft des Eigenkapitalersatzrechts, ZInsO 2007, 125

Knoll, Anlage 11, in: *Widmann/Mayer (Hrsg.),* Umwandlungsrecht, Umwandlungsgesetz, Umwandlungssteuergesetz Kommentar, Bonn, 2011 (Stand: 126. Erg.)

Knops, Sanierungskredit und Überbrückungsdarlehen, in: *Derleder/Knops/Bamberger (Hrsg.),* Handbuch zum deutschen und europäischen Bankrecht, Heidelberg 2009

Koch, Finanzielle und bilanzielle Restrukturierung, in: *Thierhoff et al. (Hrsg.),* Unternehmenssanierung, Heidelberg/München/Landsberg/Frechen/Hamburg 2012

Koch, Logistik. Eine Einführung in Ökonomie und Nachhaltigkeit, Berlin/Heidelberg 2012

Koch/Wegmann, (2001), Praktiker-Handbuch Due Dilligence, Stuttgart 2001

Köchling, Fremdverwaltung im Kostüm der Eigenverwaltung? ZInsO 2003 S. 53–58

Kohler, Collateralized Loan Obligations: A Powerful New Portfolio Management Tool for Banks, 1998

Kölner Schrift; Arbeitskreis für Insolvenz- und Schiedsgerichtswesen e.V. (Hg.): Kölner Schrift zur Insolvenzordnung, Köln 1997

Körner, Die Eigenverwaltung in der Insolvenz als bestes Abwicklungsverfahren, NZI 2007, S. 270–276

Körner, Unternehmens – Turnaround durch Eigenverwaltung in der Insolvenz – Insolvenz – Eine Chance zum Neuanfang? Göttingen 2006

Kozikowski/Schubert, § 266 HGB, in: Beck'scher Bilanzkommentar, 7. Auflage, München 2010

KPMG (Hrsg.), Kreditinstitute und Unternehmenskrisen, Berlin/Leipzig 2002

Kraft, Private Equity-Investitionen für Turnaround-Investitionen – Erfolgsfaktoren in der Managementpraxis, Campus Verlag, 2001

Kraus et al., Viel zu kurz gesprungen. Anmerkung zum Entwurf des IDW Standards „Bescheinigung nach § 270b InsO (IDW ES 9)", ZInsO 2012, S. 587

Kraus/Blatz/Evertz et al. (2004), Kompendium der Restrukturierung, Privatdruck von Roland Berger Strategy Consultants GmbH, München 2004

Kraus/Buschmann, Sanierungskonzept und Umsetzungsmanagement einer nachhaltigen Unternehmenssanierung, in: *Buth/Hermanns (Hrsg.),* Restrukturierung/Sanierung/Insolvenz, 3. Auflage, München 2009

Kraus/Gless, Unternehmensrestrukturierung/-sanierung und strategische Neuausrichtung, in: *Buth/Hermanns (Hrsg.),* Restrukturierung/Sanierung/Insolvenz, 2. Auflage, München 2004

Kraus/Gless, Unternehmensrestrukturierung/-sanierung und strategische Neuausrichtung, in, *Buth/Hermanns (Hrsg.),* Restrukturierung, Sanierung, Insolvenz, 1. Auflage 1998

Kraus/Haghani, Krisenverlauf und Krisenbewältigung – der aktuelle Stand, in: *Bickhoff u.a. (Hrsg.),* Die Unternehmenskrise als Chance: Innovative Ansätze zur Sanierung und Restrukturierung, Berlin/Heidelberg 2004, S. 13–37

Kreft (Heidelberger Kommentar) Kommentar zur Insolvenzordnung, 6. Auflage, Heidelberg 2011

Kreft in Heidelberger Kommentar zur Insolvenzordnung, 4. Auflage (Heidelberg, 2006)

Literaturverzeichnis

Kreikebaum, Strategische Unternehmensplanung, 6. Auflage, Stuttgart/Berlin/Köln 1997
Kreilkamp, Strategisches Management und Marketing, Berlin/New York 1987
Krolop, Vom Eigenkapitalersatz zu einem insolvenzrechtlichen Haftkapitalerhaltungsrecht?, ZIP 2007, 1738
Kropff/Semler, Münchener Kommentar zum Aktiengesetz, Band 7: §§ 222–277, 2. Auflage, München 2001
Krüger, Insolvenzsteuerrecht Update 2012, ZInsO, 2012, S. 150
Krüger, Insolvenzsteuerrecht Update 2013, ZinsO, 2013, S. 580
Krüger/Pape, Patronatserklärungen und Beseitigung von Zahlungsunfähigkeit, NZI 2011, 617 ff.
Krumbholz, Finanzielle und bilanzielle Restrukturierung, in: *Thierhoff et al. (Hrsg.)*, Unternehmenssanierung, Heidelberg/München/Landsberg/Frechen/Hamburg 2012
Krystek, Unternehmenskrisen – Beschreibung, Vermeidung und Bewältigung überlebenskritischer Prozesse in Unternehmungen, Wiesbaden 1987
Krystek/Klein, Erstellung von Sanierungskonzepten (Teil 1): Kritische Würdigung bestehender Standards, speziell IDW S 6, DB 2010, S. 1769
Krystek/Moldenhauer, Handbuch Krisen- und Restrukturierungsmanagement, Stuttgart 2007
Krystek/Moldenhauer, Krisenbewältigung in Wachstumsunternehmen. Lehren aus der New Economy, in: *Brühl/Göpfert (Hrsg.)*, Unternehmensrestrukturierung. Strategien und Konzepte, Stuttgart 2004
Kübler (Hrsg.), Handbuch Restrukturierung in der Insolvenz: Eigenverwaltung und Insolvenzplan (HRI), 2012,
Kübler/Prütting/Bork, InsO – Kommentar zur Insolvenzordnung, Band III, 53. Ergänzungslieferung, Köln 2013
Kübler/Prütting/Bork, Kommentar zur Insolvenzordnung, Loseblattsammlung, Kommentar, Stand Mai 2013
Kudla, Finanzierung in der Sanierung – Innovative Lösungen für Krisenunternehmen, Wiesbaden 2005
Kühne, Begriff der Überschuldung, in: *Nickert/Lamberti (Hrsg.)*, Überschuldungs- und Zahlungsunfähigkeitsprüfung im Insolvenzrecht, 2. Auflage, Offenburg/Hamburg 2007
Kulosa, § 6 EStG, in: *Schmidt (Hrsg.)*: Einkommensteuergesetz Kommentar, 32. Auflage, München 2013
Kunz/Mundt, Rechnungslegung in der Insolvenz (Teil I), DStR 1997, S. 620
Kuss, Rechtliche Aspekte der Sanierung für die Unternehmensleitung und den Sanierungsberater, WPg 2009, S. 326
Kußmaul, Betriebswirtschaftliche Steuerlehre, 6. Auflage, München 2010
Küting/Bender, Das Ergebnis je Aktie nach DVFA/SG, Betriebs-Berater 1992, Beilage 16, S. 1–16
Küting/Weber, Die Bilanzanalyse, 10. Aufl., Stuttgart 2012
Kutt/Pitzal, Umwandlungen: Neue Entwicklungen bei der Zurückbehaltung wesentlicher Betriebsgrundlagen, DStR 2009, S. 1243
Kütz, IT-Controlling für die Praxis, Heidelberg 2013 (2. Auflage)
Kütz, IT-Steuerung mit Kennzahlensystemen, Heidelberg 2006
Kütz, Kennzahlen in der IT, Heidelberg 2011 (4. Auflage)
Lachmann, Allgemeine Vorgaben für erfolgreiche Sanierungskonzepte, in: *Nerlich/Kreplin (Hrsg.)*: Münchner Anwaltshandbuch Insolvenz und Sanierung, 2. Auflage, München 2012
Lafrenz, Shareholder Value-orientierte Sanierung – Ansatzpunkte und Wertsteigerungspotenzial beim Management von Krisenunternehmen, Wiesbaden 2004
Lakies, Zu den seit 1.10.1996 geltenden arbeitsrechtlichen Vorschriften der Insolvenzordnung, RdA 1997, 145–155
Lambrecht, Krisenbewältigung, in: *Rattunde (Hrsg.)*: Fachberater für Sanierung und Insolvenzverwalter, 2. Auflage, Berlin 2012
Landfermann, Das neue Unternehmenssanierungsgesetz (ESUG) – Überblick und Schwerpunkte – Teil I – WM 2012, S. 821–831
Landfermann, Der Ablauf eines künftigen Insolvenzverfahrens, BB 1995, 1649–1657
Lange, Unternehmenswert und Behavioral Finance in der Insolvenz, Wiesbaden 2005
Lehr, Die neue EU-Verordnung über Insolvenzverfahren und deren Auswirkungen für die Unternehmenspraxis, KTS 2000, 577–585
Leible/Staudinger, Die europäische Verordnung über Insolvenzverfahren, KTS 2000, 533–575
Leipold, Die Rechtsnatur des Insolvenzplans, KTS 2006, 109–126

Literaturverzeichnis

Leithaus/Schaefer, Rangrücktrittsvereinbarungen zur Vermeidung der Überschuldung anno 2010 – Unter welchen Voraussetzungen lässt sich eine Rangrücktrittsvereinbarung aufheben?, NZI 2010, 844

Lenenbach, Kapitalmarkt- und Börsenrecht, 2007

Leschke/Rost, Rechtssicherheit durch Sanierungskonzepte. Neufassung des IDW S 6, DB 16/2013, S. 1

Letzgus, Krisenentschärfung durch Wachstumsbeschleunigung – Sanierungslücke Forderungsverzicht?, BB 2010, S. 92

Ley/Crone, Case Study: Strategische Neuausrichtung und operative Sanierung eines mittelständischen Unternehmens, in: *Brühl/Göpfert (Hrsg.),* Unternehmensrestrukturierung. Strategien und Konzepte, Stuttgart 2004

LG Hagen 11.5.2007, Az. 24 T 2/07, ZIP 2007, S. 1766

LG Heidelberg 16.3.1988, Az. O 6/88 KFH II; AG 1989, S. 447

Lichtkoppler/Reisch/Winkler, Unternehmenssanierung, in: *Lichtkoppler/Reisch* (Hrsg.), Handbuch Unternehmenssanierung, Wien 2010, S. 1–152

Liebig, Reaktivierungsmanagement notleidender Unternehmen. Sanierungsmöglichkeiten im Rahmen der Insolvenzordnung, Wiesbaden 2010

Liebisch, Vierteljahresschrift für Steuer- und Finanzrecht 1929, S. 212

Liersch, Deutsches internationales Insolvenzrecht, NZI 2003, 302–311

Liersch, Sicherungsrechte im internationalen Insolvenzrecht (2001)

Limmer, Unternehmensumstrukturierungen vor und in der Insolvenz unter Einsatz des Umwandlungsrechts, in: *Arbeitskreis für Insolvenz- und Schiedsgerichtswesen e.V. Köln (Hrsg.):* Kölner Schrift zur Insolvenzordnung, 3. Auflage, 2009

Linden von der, Eigenkapitalersatzrecht in der gesetzestypischen KG, DZWiR 2007, 5

Little, Management der F&E-Strategie, Wiesbaden 1993

Lohkemper, Die Bedeutung des neuen Insolvenzrechts für das Arbeitsrecht, KTS 1996, 1–43

Losbichler/Rothböck, Der Cash-to-cash Cycle als Werttreiber im SCM – Ergebnisse einer europäischen Studie, in: Zeitschrift für Controlling und Management 2008, S. 47–57

Löwisch, Eigenkapitalersatzrecht (München, 2007)

Lüer, Deutsches Internationales Insolvenzrecht nach der neuen Insolvenzordnung, in: Kölner Schrift zur Insolvenzordnung, 2. Auflage (2000), 297 ff.

Lühn, Genussrechte: Grundlagen, Einsatzmöglichkeiten, Bilanzierung und Besteuerung, Wiesbaden 2013

Lüke, Das europäische internationale Insolvenzrecht, ZZP 111 (1998), 275–314

Lüscher/Marty, Theorie und Praxis des Bankkredits II – Kreditrisikomanagement und Firmenkundenkredite, Zürich 2011

Lutter/Bayer, § 56 GmbHG, in: *Lutter/Hommelhoff,* GmbH-Gesetz, 18. Auflage, Köln 2012

Lutter/Hommelhoff, GmbH-Gesetz Kommentar, 16. Auflage, Köln 2004

Lutter/Hommelhoff, GmbH-Gesetz, Kommentar, 18. Auflage, Köln 2012

Luttermann/Vahlenkamp, Wahrscheinlichkeitsurteile im Insolvenzrecht und internationale Bewertungsstandards, in: ZIP 2003, Heft 36, S. 1629–1637

Malitz, The Modern Role of Bond Covenants, Oxford 2000

Mandl/Rabel, Methoden der Unternehmensbewertung, Berlin 2005

Mankowski, Anmerkung zu AG Düsseldorf, Beschl. v. 6.6.2003, EWiR 2003, 767

Mankowski, Grenzüberschreitender Umzug und das center of main interests im europäischen Internationalen Insolvenzrecht, NZI 2005, 368–373

Markowitz, Portfolio Selection, in: Journal of Finance, S. 77–91, 1952

Maser/Sommer, Die Neuregelung der „Sanierenden Kapitalherabsetzung" bei der GmbH, GmbHR 1996, S. 22

Maus, Interne Sanierung. Leistungswirtschaftliche Maßnahmen, in: *Schmidt/Uhlenbruck (Hrsg.),* Die GmbH in der Krise, Sanierung und Insolvenz, 4. Auflage, Köln 2009

Menner, § 20 UmwStG, in: *Haritz/Menner (Hrsg),* Umwandlungssteuergesetz, 3. Aufl., München 2010

Mertens/Plattfaut, Ansätze zur DV-Unterstützung der Strategischen Unternehmensplanung, DBW 1985, S. 19–29

Meyding/Grau, Earn-out-Klauseln und Absicherung von Garantieansprüchen – „tickende Zeitbomben" bei Distressed M&A? NZG 2011, 41 ff.

Literaturverzeichnis

Michalski (Hrsg.), GmbH-Gesetz, 2. Auflage, München 2010

Mishra/Spreitzer, Explaining how survivors respond to downsizing: The roles of trust, empowerment, justice, and work redesign, in Academy of Management Review, 1998, Band 23, Heft 3, S. 567–588

Mitter, Distressed Investing und Unternehmenssanierung, Wien 2006

Modigliani/Miller, Corporate Income Taxes and the Cost of Capital: A Correction, in: The American Economic Review 1963, Jahrgang 53, S. 433–443

Modigliani/Miller, The Cost of Capital, Corporation Finance and the Theory of Investment, in: The American Economic Review 1958, Jahrgang 48, S. 261–297

Mohrbutter/Ringstmeier, Handbuch der Insolvenzverwaltung, 8. Auflage, Köln – Berlin – München 2007

Moody's Investors Service (Hrsg.): Moody's Approach to Rating Distressed-Assets CDOs, 2001

Moss/Fletcher/Isaacs, The EC Regulation on Insolvency Proceedings (2002)

Moxter, Grundsätze ordnungsmäßiger Unternehmensbewertung, Wiesbaden 1983

Moyer, Distressed Debt Analysis, J. Ross Publishing, 1. Auflage, Boca Raton (USA) 2004

Müller-Eising/Bode, Zivilrechtliche Probleme bei der Emission ewiger Anleihen, BKR 2006

Müller-Feldhammer, Die übertragende Sanierung – ein ungelöstes Problem der Insolvenzrechtsreform, ZIP 2003, 2186–2193

Müller-Merbach, Frühwarnsysteme zur betrieblichen Krisenerkennung und Modelle zur Beurteilung von Krisenabwehrmaßnahmen, *Plötzeneder* (Hrsg.), Computergestützte Unternehmensplanung, Stuttgart 1977, S. 419–438

Müller, Krisenmanagement in der Unternehmung, Frankfurt am Main 1982

Müller, Mezzanine Finance – Unter besonderer Berücksichtigung von Private Mezzanine in der Schweiz und Europa, Dissertation, St. Gallen 2002

Müller, Strategische Frühaufklärung – Stand der Forschung und Typologie der Ansätze, Marketing ZFP 1986, S. 248–255

Müller/Haas, Bilanzierungsprobleme bei der Erstellung eines Überschuldungsstatus nach § 19 Abs. 2 InsO, in: Kölner Schriften zur Insolvenzordnung, 2. Auflage, Herne/Berlin 2000, S. 1799–1825

Müller/Liebscher, Haftungsrisiken in der Krise, in: *Thierhoff et al. (Hrsg.),* Unternehmenssanierung, Heidelberg/München/Landsberg/Frechen/Hamburg 2012

Münchener Anwaltshandbuch Sanierung und Insolvenz (München, 2006)

Münchener Anwaltshandbuch Sanierung und Insolvenz, 2. Auflage, München 2012

Münchener Kommentar InsO, Kling/Schüppen/Ruh, Insolvenzsteuerrecht, 2. Auflage, München 2008

Münchener Kommentar InsO, Ott/Vuia, 3. Auflage, München 2013

Münchener Kommentar zum Bürgerlichen Recht, Band 6, 6. Auflage, München 2013

Münchener Kommentar zum Bürgerlichen Recht,, Band 5, 5. Auflage, München 2009

Münchener Kommentar zum GmbHG, Band 3, 1. Auflage (München 2011)

Münchener Kommentar zur Insolvenzordnung, Band 1, 3. Auflage, München 2013

*Münchener Kommentar/*BGB, 4. Auflage (München, 2006)

Naraschewski, Die vereinfachte Kapitalherabsetzung bei der Spaltung einer GmbH, GmbHR 1995, S. 697

Naumann, Der Beruf des Wirtschaftsprüfers, in: *IDW (Hrsg.),* WP Handbuch 2008. Wirtschaftsprüfung, Rechnungslegung, Beratung. Band I, 14. Auflage, Düsseldorf 2012

Nerlich/Rohde, Gesellschaftsrechtliche Fragestellungen – Erläutert am Beispiel der GmbH, in: *Nerlich/Kreplin (Hrsg.),* Münchner Anwaltshandbuch Insolvenz und Sanierung, 2. Auflage, München 2012

Nerlich/Römermann, Insolvenzordnung, München, Stand August 2012

Neuhof, Sanierungsrisiken der Banken, NJW 1998, S. 3225

Neyer, Die Neuregelung des Mantelkaufs durch § 8c KStG, BB 2007, S. 1415

Nickert, Fortbestehensprognose, in: *Nickert/Lamberti (Hrsg.),* Überschuldungs- und Zahlungsunfähigkeitsprüfung im Insolvenzrecht, 2. Auflage, Offenburg/Hamburg 2007

Niehaus, Früherkennung von Unternehmenskrisen, Düsseldorf 1987

Niemeyer/Stock, Notleidende Gesellschafterdarlehen im Lichte der Abgeltungsteuer, DStR 2011, S. 445

Nimwegen/Sanne, Ganzheitliches Sanierungscontrolling als Voraussetzung für nachhaltige Unternehmenssanierung, in: Der Betrieb 2012, S. 1821–1824

Literaturverzeichnis

Noack, Der Regierungsentwurf des MoMiG – Die Reform des GmbH-Rechts geht in die Endrunde, DB 2007, 1395

Nöll, Masseschuldbegründung durch den Schuldner im vorläufigen Eigenverwaltungsverfahren nach § 270a InsO – Schutzschirm zum Nulltarif?, ZInsO 2013, 745–754

Obermüller, Auswirkungen der Insolvenzrechtsreform auf Kreditgeschäfte und Kreditsicherheiten, WM 1994, 1869–1875

Obermüller, Der Gläubigerausschuss nach dem „ESUG", ZInsO 2012, S. 18–25

Obermüller, Insolvenzrecht in der Bankpraxis, Köln 2011

Obermüller, Kreditkündigung durch Banken angesichts einer Insolvenz, ZInsO 2002, S. 597

Obermüller, Obergerichtliche Rechtsprechung des Jahres 2012 zur Position von Banken an einer Insolvenz ihres Kunden, ZInsO 2013, 845 ff.

Oechsler in Staudinger, Kommentar zum BGB (Berlin, 2003)

OFD Hannover 11.2.2009, Az. S2140 – 8 – StO 241, DStR 2009, S. 532

OLG Düsseldorf, 24.5.2004, Az. I-24 U 34/04, NZG 2005, 176

OLG Köln, 3.12.2010, Az. III-1 Ws 146/10 – 128, DStR 2011, 1195

OLG Köln, 28.3.2001, Az. 2 W 32/01, NZI 2001, 308

OLG München 10.8.2005, Az. 31 WX 61/05, DB 2005, S. 2013

OLG München, 11.3.2010, Az. 23 U 2814/09, GWR 2010, 164

Onusseit/Kunz, Steuern in der Insolvenz, 2. Auflage, Köln 1997

Oppenländer/Trölitzsch, GmbH-Geschäftsführung, 2. Auflage, München 2011

Oppermann/Smid, Ermächtigung des Schuldners zur Aufnahme eines Massekredits zur Vorfinanzierung des Insolvenzgeldes im Verfahren nach § 270a InsO, ZInsO 2012, S. 862–869

Oser, Einsatz der Diskriminanzanalyse bei Kreditwürdigkeitsprüfungen, DB 1996, S. 367–375

Pahlke, Anlage 12, in: *Widmann/Mayer (Hrsg.),* Umwandlungsrecht, Umwandlungsgesetz, Umwandlungssteuergesetz Kommentar, Bonn, 2011 (Stand: 126. Erg.)

Pahlke/Koenig, AO Kommentar, 2. Auflage, München 2009

Palandt, Bürgerliches Gesetzbuch, 72. Auflage, München 2013

Palandt, Bürgerliches Gesetzbuch, 67. Aufl., München 2008

Pannen (Hrsg.), Europäische Insolvenzverordnung – Kommentar (2007)

Pannen, Das europäische internationale Insolvenzrecht für Kreditinstitute, in Festschrift Lüer (2008)

Pannen, Das europäische internationale Insolvenzrecht für Versicherungsunternehmen, in Festschrift Runkel (2009)

Pannen/Kühnle/Riedemann, Die Stellung des deutschen Insolvenzverwalters in einem insolvenzverfahren mit europäischem Auslandsbezug, NZI 2003, 72–78

Pannen/Riedemann, Der Begriff des „centre of main interests" i.S.d. Art. 3 I 1 EuInsVO im Spiegel aktueller Fälle der Rechtsprechung, NZI 2004, 646–651

Pannen/Riedemann, Die deutschen Ausführungsbestimmungen zur EuInsVO – Ein Überblick zu den Regelungen des Art. 102 EGInsO n.F., NZI 2004, 301–305

Pape, § 18 InsO, in: *Kübler/Prütting/Bork* (Hrsg.), Kommentar zur Insolvenzordnung, Köln 2013

Pape, § 270b InsO, in: *Kübler/Prütting/Bork* (Hrsg.), Kommentar zur Insolvenzordnung, Köln 2013

Pape, Das janusköpfige Insolvenzeröffnungsverfahren bei der Eigenverwaltung, ZInsO 2013, S. 2077

Pape, Eigenverwaltungsverfahren im Spiegel der Rechtsprechung nach Inkrafttreten des ESUG, ZInsO 2013, S. 2129

Pape, Erhalt der Insolvenzgeldvorfinanzierungsmöglichkeit im Insolvenzeröffnungsverfahren, ZInsO 2002, 1171–1173

Pape, Gesetz zur Erleichterung der Sanierung von Unternehmen im Insolvenzverfahren, NWB 2012, S. 2079

Pape, Gesetz zur weiteren Erleichterung der Sanierung von Unternehmen – Bemerkungen zum Regierungsentwurf v. 4.5.2011 (BT-Drucks. 17/5712), ZInsO 2011, S. 1033–1041

Pape, Grundlagen der Finanzierung und Investition: Mit Fallbeispielen und Übungen, 2. Auflage, München 2011

Paris, How To Draft For Corporate Finance, New York 2000

Patt, § 20 UmwStG, in: *Dötsch/Pung/Möhlenbrock (Hrsg.),* Die Körperschaftsteuer, Stuttgart 2013

Paulus, Die Europäische Insolvenzverordnung und der deutsche Insolvenzverwalter, NZI 2001, 505–516

Paulus, Europäische Insolvenzverordnung, Kommentar (2010)

Paulus in Kübler/Prütting, InsO, Losebl., Band II, (Köln, Stand Juli 2007)

Literaturverzeichnis

Pelka/Niemann, Praxis der Rechnungslegung, 5. Auflage, Köln 2002
Perridon/Steiner/Rathgeber, Finanzwirtschaft der Unternehmung, 16. Auflage, München 2012
perspektiv-Research: Regelmäßig veröffentlichte Statistiken über Distressed M&A-Transaktionen sowie Antragsverfahren und eröffnete Verfahren (www.perspektiv.de)
Peters-Lange, Konsequenzen der EuGH-Rechtsprechung für den Insolvenzgeldanspruch nach §§ 183 ff. SGB III, ZIP 2003, 1877–1879
Pfitzer, Sanierungsprüfung, in: IDW (Hrsg.), WP Handbuch 2014. Wirtschaftsprüfung, Rechnungslegung, Beratung. Band II,14. Auflage, Düsseldorf 2014
Picot/Aleth, Unternehmenskrise und Insolvenz – Vorbeugung, Turnaround, Sanierung, München 1999
Piekenbrock, Das ESUG – fit für Europa?, NZI 2012, 905–912
Piepenburg, Faktisches Konzerninsolvenzrecht am Beispiel Babcock Borsig, NZI 2004, S. 231–238
Plagens/Wilkes, Betriebswirtschaftliche Aspekte und offene Fragen im Zusammenhang mit der Definition des Begriffs „Zahlungsunfähigkeit" aufgrund der jüngeren BFH-Entscheidungen, ZInsO 2010, S. 2107
Plathner/Sajogo, Aktuelle Rechtsprechung zur Insolvenzverschleppung, ZInsO 2012, 2236
Pleister, Restrukturierung nach dem ESUG: Die wichtigsten Praxisfälle, GWR 2013, S. 220–222
Pleister/Tholen, Zur Befugnis des Schuldners oder des vorläufigen Sachwalters zur Begründung von Masseverbindlichkeiten im vorläufigen Eigenverwaltungsverfahren, ZIP 2013, S. 526
Pohl, Kann IDW S 6 Marktstandard werden?, ZInsO 2011, S. 207
Porter, Wettbewerbsvorteile (Competitive Advantage) – Spitzenleistung erkennen und behaupten, Frankfurt et al. 1999
Portisch, Sanierung und Insolvenz aus Bankensicht, München 2010
Pott, Renaissance des modifiziert zweistufigen Überschuldungsbegriffs, NZI 2012, 4–9
Priebe, § 225a, in: *Pape/Uhländer (Hrsg.)*: NWB Kommentar zum Insolvenzrecht, Herne 2013
Priebe, Übertragende Sanierung und Insolvenzplanverfahren, ZInsO 2011, 467–476
Priester/Mayer, Münchener Handbuch des Gesellschaftsrechts, 2. Aufl., München 2003
Prinz, Die Besteuerung der Schuldbefreiung – Schuldübernahme, Schuldbeitritt und Erfüllungsübernahme im steuerlichen Vergleich, FR 2011, S: 551
Private Placement Enhancement Project, Financial Covenants Reference Manual, New York u.a. 1996
Prölss/Martin, Versicherungsvertragsgesetz, 28. Auflage, München 2010
Prütting, Der neue IDW-Standard zur Erstellung von Sanierungskonzepten (IDW S 6) in der rechtlichen Beurteilung, ZIP 2013, S. 203
Püschel, Anwendung des IDW S 6 auf Sanierungskonzepte für kleine und mittelgroße Unternehmen, KSI 2013, S. 53
Rabe, Anmerkung zu BGH, Beschluss vom 8.11.2012, GWR 2013, 63
Radeisen, Auswirkungen der Insolvenz auf die Umsatzsteuer, StW 2005, S. 658
Rapp, Private-Equity nach Inkrafttreten der Unternehmensteuerreform 2008, Hamburg 2009
Rattunde, Sanierung durch Insolvenz, ZIP 2003, 2103–2110
Reger, Kapitalherabsetzung und -erhöhung – Maßnahmen zur Sanierung des Eigenkapitals, in: *Hommel/Knecht/Wohlenberg (Hrsg.)*, Handbuch Unternehmensrestrukturierung: Grundlagen, Konzepte, Maßnahmen, Wiesbaden 2006, S. 807–840
Reger/Stenzel, Der Kapitalschnitt auf Null als Mittel zur Sanierung von Unternehmen – Gesellschaftsrechtliche, börsenzulassungsrechtliche und kapitalmarktrechtliche Konsequenzen, NZG 2009, 1210 ff.
Reinhardt, Unternehmenskrise, in: *Rattunde (Hrsg.)*: Fachberater für Sanierung und Insolvenzverwalter, 2. Auflage, Berlin 2012
Rendel/Körner, Anmerkung zum Beschluss des AG Potsdam vom 13.12.2012, Az. 35 IN 748/12 – Zur Ablehnung des Antrags auf Anordnung der Eigenverwaltung, EWiR 2013, 157–158
Renner, Insolvenzverschleppungshaftung in internationalen Fällen (Hamburg, 2007)
Reul/Heckschen/Wienberg, Insolvenzrecht in der Gestaltungspraxis, München 2013
Reuter, Profundes Kredit-Rating für Firmenkunden, Betriebswirtschaftliche Blätter 1994, S. 343–346
RFH 5.9.1939, Az. I 264/39, RFHE 47, S. 242
RFH 25.10.1926, Az. Gr. S. 1/26, RFHE 19, S. 355
RFH 30.6.1927, Az. VI A 297/27, RStBl. 1927,S. 197
RG 9.4.1932, Az. IX 74/31, RGZ 136, S. 247
RG, 12.2.1934, Az. 3 D 1428/33, RGSt 30, 261

Literaturverzeichnis

Richter, Möglichkeiten und Grenzen des Distressed Debt Investing in Deutschland – Am Beispiel Unternehmensverbindlichkeiten, Diss., Wiesbaden 2006
Richter/Pluta, Bescheinigung zum Schutzschirmverfahren gem. § 270b InsO nach IDW ES 9 im Praxistest, BB 2012, S. 1591
Riebell, Die Praxis der Bilanzauswertung, 8. Auflage, Stuttgart 2006
Riedemann, Anmerkung zum Urteil des OLG Stuttgart vom 28.9.2012, Az. 5 U 17/12, EWiR 2013, 109–110
Riewe, Aktuelles Internationales und ausländisches Insolvenzrecht August/September 2010, NZI 2010, 806–807
Riggert, § 270b InsO, in: *Nerlich/Römermann (Hrsg.).* Kommentar InsO, 24. Auflage, München 2012
Rogall, Die Abspaltung aus Kapitalgesellschaften und die Zuordnung neutralen Vermögens, DB 2006, S. 66
Rogge in Hamburger Kommentar zum Insolvenzrecht, 1. Auflage (Münster, 2006)
Röhrig, Insolvenzrechtliche Aspekte im Gesellschaftsrecht, ZIP 2005, 505
Rohwedder/Schmidt-Leithoff, Gesetz betreffend die Gesellschaften mit beschränkter Haftung (Kommentar), 4. Aufl., München 2002
Römermann, Ein Jahr ESUG. Eine Bestandsaufnahme aus dem Blickwinkel der GmbH-Beratung, GmbH-Rundschau 2013, 337 ff.
Römermann, Die „Unabhängigkeit" des Insolvenzverwalters: Endlich Schluss mit der uferlosen Auslegung!, ZInsO 2013, 218–225
Römermann, Neues Insolvenz- und Sanierungsrecht durch das ESUG, NJW 2012, 645–652
Römermann/Praß, Das neue Sanierungsrecht für Unternehmen, Regensburg 2012
Römermann/Praß, Das neue Sanierungsrecht für Unternehmen: Handbuch für Berater, Unternehmer und Gläubiger, Regensburg 2012
Römermann/Praß, ESUG: Folgen für die Bankpraxis, Heidelberg 2012
Römermann/Praß, Rechtsschutz bei Ablehnung eines vorläufigen Gläubigerausschusses, ZInsO 2012, 1923–1929
Rösler/Mackenthun/Pohl, Handbuch Kreditgeschäft, 6. Auflage, Wiesbaden 2002
Ross/Westerfield/Jaffe, Corporate Finance, McGraw Hill, 7. Auflage, Boston 2004
Roth/Altmeppen, GmbH-Gesetz, 7. Auflage, München 2012
Rother/Shook, Learning to see. Value-stream mapping to create value and eliminate muda, 3. Auflage, Cambridge (MA) 2003
Rowedder/Schmidt-Leithoff, GmbHG – Kommentar, 4. Auflage, München 2002
Rummel, Der Interessenausgleich im Konkurs, DB 1997, 774–776
Rundschreiben der Bundesanstalt für Finanzdienstleistungsaufsicht (BaFin) zu Mindestanforderungen an das Risikomanagement der Kreditinstitute (MaRisk) 15/2009
Runkel, Anwalts-Handbuch Insolvenzrecht, Köln 2005
Runkel (Hrsg.), Anwaltshandbuch – Insolvenzrecht (2005)
Rust/Henning, Kauf und Verkauf von Unternehmen und Unternehmensteilen in der Krise, *in von Leoprechting (Hrsg.),* Unternehmenssanierung, Herne 2010
Säcker/Rixecker (Hrsg.), Münchener Kommentar zum BGB, 6. Auflage, München 2012
Sahdev, Revisiting the survivor syndrome: The role of leadership in implementing downsizing, in European Journal of Work and Organizational Psychology, 2004, Band 13, Heft 2, S. 165–196
Sandfort, Sanierungscontrolling: Bewältigung von Unternehmenskrisen mit Hilfe eines Sanierungscontrollings, Berlin 1997
Sasse/Hauser/Stein, Bedeutsame Controllingaufgaben bei der Erstellung und Umsetzung von Sanierungskonzepten in der Unternehmenskrise, in: Zeitschrift für erfolgsorientierte Unternehmenssteuerung 2010, S. 160–166
Schädlich/Stapper, Ersatzanspruch des Aussonderungsberechtigten bei Anordnung der Nichtherausgabe durch Insolvenzgericht, NZI 2012, 369
Scheibner, Stellung der Gesellschaftsorgane einer juristischen Person in der Eigenverwaltung nach InsO – Besprechung des Beschlusses des AGMontabaur vom 19.6.2012 – HRB 20744, DZWIR 2013, S. 279–280
Schelo, Der neue § 270b InsO – Wie stabil ist das Schutzschirmverfahren in der Praxis? Oder: Schutzschirmverfahren versus vorläufige Eigenverwaltung, ZIP 2012, 712–715
Schende/Patton/Riggs, Corporate Turnaround Strategies: A Study of Profit Decline and Recovery, in: Journal of General Management 1976, Jahrgang 3, Heft 3, S. 3–11

Literaturverzeichnis

Scherer/Heni, Liquidations-Rechnungslegung, 3. Auflage, Düsseldorf 2009
Schießl, § 15 UmwStG, in: *Widmann/Mayer (Hrsg.),* Umwandlungsrecht, Umwandlungsgesetz, Umwandlungssteuergesetz Kommentar, Bonn, 2011 (Stand: 126. Erg.)
Schlitt, Die GmbH & Co. KG in der Insolvenz nach neuem Recht (2. Teil), NZG 1998, S. 755
Schluck-Amend/Meyding (Hrsg.), Der Unternehmenskauf in Krise und Insolvenz, München 2012
Schmid, Ertragsteuern, in: *Rattunde (Hrsg.):* Fachberater für Sanierung und Insolvenzverwaltung, 2. Auflage, Berlin 2012
Schmidt, Außergerichtliche Unternehmenssanierung, in: *Schmidt/Uhlenbruck,* Die GmbH in Krise, Sanierung und Insolvenz, 4. Auflage, Köln 2009
Schmidt, Außergerichtliche Unternehmenssanierung. Kreditfinanzierung durch Gesellschafter, in: *Schmidt/Uhlenbruck,* Die GmbH in Krise, Sanierung und Insolvenz, 4. Auflage, Köln 2009
Schmidt/Hölzle, Der Verzicht auf die Unabhängigkeit des Insolvenzverwalters – Kein Schutz der Gläubiger vor sich selbst – ein Leitbild zur Anwendung des §§ 56, 56a InsO, ZIP 2012, S. 2238
Schmidt, Die Gesellschaft im eröffneten Insolvenzverfahren, in: *Schmidt/Uhlenbruck,* Die GmbH in Krise, Sanierung und Insolvenz, 4. Auflage, Köln 2009
Schmidt, Die sanierende Kapitalerhöhung im Recht der Aktiengesellschaft, GmbH und Personengesellschaf, ZGR 1982, S. 519
Schmidt, Eigenkapitalersatz, oder: Gesetzesrecht versus Rechtsprechungsrecht, ZIP 2006, 1925
Schmidt, Einkommensteuergesetz, Kommentar, 32. Auflage, München 2013
Schmidt/Poertzgen, Geschäftsführerhaftung (§ 64 S. 1 GmbHG) in Zeiten des ESUG, NZI 2013, S. 369–377
Schmidt, Gesellschaftsrecht, 4. Auflage, Köln 2002
Schmidt, Gläubigerschutz bei Umstrukturierungen, in: ZGR 1993, S. 366
Schmidt (Hrsg.), Hamburger Kommentar zum Insolvenzrecht, InsO, EuInsVO, EGInsO (Auszug), InsVV, VbrInsVV, InsOBekV, Insolvenzstrafrecht, 4., überarb. und erw. Aufl., Köln 2012
Schmidt, Handelsrecht, 5. Auflage, Köln-Berlin-Bonn-München 1999
Schmidt, in Scholz, Kommentar zum GmbHG, 9. Auflage (Köln, 2002)
Schmidt, Keine Haftung bei Insolvenzverschleppung für ausgefallene Beiträge zur Sozialversicherung, ZIP 2003, 1715
Schmidt, Kommentar zur Insolvenzordnung, 18. Aufl. 2013
Schmidt, Organverantwortlichkeit und Sanierung im Insolvenzrecht der Unternehmen, ZIP 1980, 328–337
Schmidt/Uhlenbruck/Wellensiek, Die GmbH in Krise, Sanierung und Insolvenz, 3. Aufl., Köln 2003
Schmidt, Überschuldung, in: *Schmidt/Uhlenbruck (Hrsg.),* Die GmbH in Krise, Sanierung und Insolvenz, 4. Auflage, Köln 2009
Schmidt, Unternehmenskontinuität und Erwerberhaftung nach § 25 Abs. 1 HGB, ZGR 1992, 621–631
Schmidt, Vorratsgründung, Mantelkauf und Mantelverwendung, NJW 2004, 1345–1353
Schmidt, Zurechnungsprobleme um das Zwerganteilsprivileg des § 32a Abs. 3 S. 2 GmbHG, GmbHR 1999, S. 1269
Schmidt/Franz (Hrsg.), Münchener Kommentar zum HGB, 3. Auflage, München 2010
Schmidt/Freund, Strategien zur Sicherung der Existenz kleiner und mittlerer Unternehmen, Schriften zur Mittelstandsforschung Nr. 20, Stuttgart 1989
Schmidt/Hageböke, Schuldübernahme als Sanierungsinstrument zur Nutzung von steuerlichen Verlustvorträgen im Konzern – Gestaltungsmöglichkeiten nach dem BFH-Beschluss vom 20.12. 2001 I B 74/01, DStR 2002, S. 2150
Schmidt/Hülsmann, Verschmelzungsgewinn in der Handelsbilanz und Prinzip der Gesamtrechtsnachfolge, in: BB 2000, S. 1563
Schmidt/Uhlenbruck (Hrsg.), Die GmbH in Krise, Sanierung und Insolvenz, 4. Aufl., Köln 2009
Schmidt/Uhlenbruck (Hrsg.), Die GmbH in Krise, Sanierung und Insolvenz, 3. Auflage, Köln 2003
Schmied, COBIT 5 und ITIL v3 Edition 2011 im gemeinsamen Einsatz in Unternehmen, in: Markus Lindinger, Oliver Bartsch (Hrsg.); IT-Servicemanagement – Praxishandbuch für Compliance und Wirtschaftlichkeit in der IT, Köln 2013 (10. Aktualisierung Februar 2013), Kapitel 01250
Schmitt, § 11 UmwStG, in: *Schmitt/Hörtnagl/Stratz (Hrsg.),* Umwandlungsgesetz, Umwandlungssteuergesetz, 6. Auflage, München 2013
Schmitt, § 12 UmwStG, in: *Schmitt/Hörtnagl/Stratz (Hrsg.),* Umwandlungsgesetz, Umwandlungssteuergesetz, 6. Auflage, München 2013

Literaturverzeichnis

Schmitt, § 20 UmwStG, in: *Schmitt/Hörtnagl/Stratz (Hrsg.)*, Umwandlungsgesetz, Umwandlungssteuergesetz, 6. Auflage, München 2013

Schmitt, § 25 UmwStG, in: *Schmitt/Hörtnagl/Stratz (Hrsg.)*, Umwandlungsgesetz, Umwandlungssteuergesetz, 6. Auflage, München 2013

Schmitt, § 3 UmwStG, in: *Schmitt/Hörtnagl/Stratz (Hrsg.)*, Umwandlungsgesetz, Umwandlungssteuergesetz, 6. Auflage, München 2013

Schmittmann, Umsatzsteuer aus Einzug von Altforderungen nach Insolvenzeröffnung, ZIP 2011, 1125

Schneider, Eine Warnung vor Frühwarnsystemen, DB 1985, S. 1489–1494

Schneider/Höpfner, Die Sanierung von Konzernen durch Eigenverwaltung und Insolvenzplan, BB 2012, S. 87–92

Schneider/Krammer, § 10d EStG, in: *Littmann/Bitz/Pust (Hrsg.)*, Das Einkommensteuerrecht, Stuttgart 2013

Schneider/Schulz, Entwicklung operativer Sanierungsmaßnahmen, in: *Thierhoff et al. (Hrsg.)*, Unternehmenssanierung, Heidelberg/München/Landsberg/Frechen/Hamburg 2012

Scholderer, Management von Service-Level-Agreements, Heidelberg 2011

Scholz/Crezelius, GmbH-Gesetz (Kommentar), Bd. 1, 10. Aufl., Köln 2006

Scholz, Kommentar zum GmbHG, 9. Auflage (Köln, 2002)

Scholz, Strategische Stimmigkeit im Sanierungskonzept, WPg 2009, S. 305

Schönfelder, Sanierungskredite und Verschleppungshaftung – Sinn und Unsinn von Sanierungsgutachten, WM 2013, S. 112.

Schöning/Rutsch/Schmitt, Working Capital Management in Industrieunternehmen – Eine geeignete Finanzierungsalternative auch für KMU?, in: Corporate Finance biz 2012, S. 242–252

Schoor, Die GmbH & Still im Steuerrecht, 2. Auflage 2001

Schuh/Hering/Brunner, Einführung in das Logistikmanagement, in: *Schuh/Stich (Hrsg.)*, Logistikmanagement. Handbuch Produktion und Management 6, 2. Auflage, Berlin/Heidelberg 2013

Schulz/Bert/Lessing, Insolvenz, 2. Auflage, Freiburg 2013

Schulze-Osterloh in Baumbach-Hueck, Kommentar zum GmbHG, 18. Auflage (München, 2006)

Schulze-Osterloh, § 64 GmbHG, GmbH-Geschäftsführer, Ersatzpflicht, Zahlung nach Konkursreife, EWiR 1996, S. 459

Schumacher/Neumann, Ausgewählte Zweifelsfragen zur Auf- und Abspaltung von Kapitalgesellschaften und Einbringung von Unternehmensteilen in Kapitalgesellschaften, DStR 2008, S. 325

Schuppisser, Stakeholder Management. Beziehungen zwischen Unternehmungen und nicht-marktlichen Stakeholder-Organisationen. Entwicklung und Einflussfaktoren, Bern/Stuttgart/Wien 2002

Schütte, Working Capital Management als eine Möglichkeit der Liquiditätsoptimierung für den Mittelstand, in: Der Steuerberater 2012, S. 349–359

Schwaiger, Finanzierung durch Gesellschafter, in: Müller/Winkeljohann (Hrsg.): Beck'sches Handbuch der GmbH, 4. Auflage, München 2009

Schwedhelm, Die Unternehmensumwandlung, 17. Aufl., Köln 2012

Seagon, Grundlagen der Insolvenzordnung, in *Buth/Hermanns (Hrsg)*, Restrukturierung, Sanierung, Insolvenz, 3. Auflage, München 2009

Seibert, Änderungen des Regierungs- gegenüber dem Referentenentwurf, DB 2007, 234

Seibert, GmbH-Reform: Der Referentenentwurf eines Gesetzes zur Modernisierung des GmbH-Rechts und zur Bekämpfung von Missbräuchen – MoMiG, ZIP 2006, 1157

Siemon, § 56 InsO ist keine Ermessensvorschrift – Zur Auslegung des Merkmals der Unabhängigkeit des Insolvenzverwalters auf dieser Basis, ZInsO 2012, S. 364–367

Siemon, Das ESUG und § 270b InsO in der Anwendung, ZInsO 2012, S. 1045

Siemon/Klein, Haftung des (Sanierungs-)Geschäftsführers gem. § 64 GmbHG im Schutzschirmverfahrens nach § 270b InsO – Betriebsfortführung im Schutzschirm im Lichte des § 64 GmbHG, ZInsO 2012, S. 2009–2019

Sigge, Besteuerung Hybrider Finanzierungsinstrumente Im Internationalen Kontext, Wiesbaden 2012

Simon/Merkelbach, Gesellschaftsrechtliche Strukturmaßnahmen im Insolvenzplanverfahren nach dem ESUG, NZG 2012, 121–129

Sinz/Hiebert, § 21 Abs. 2 Nr. 5 InsO – Nutzung ohne Gegenleistung zulässig?, ZInsO 2011, 798

Slatter, Corporate Recovery – Successful Turnaround Strategies and Their Implementation, Harmondsworth 1984

Literaturverzeichnis

Slatter/Lovett, Corporate Turnaround: Managing Companies in Distress, London et al. 1999
Smid, Deutsches und Europäisches internationales Insolvenzrecht, Kommentar (2004)
Sölch/Ringleb, Umsatzsteuergesetz Kommentar, 68. Ergänzungslieferung, München September 2012
Spielberger, Der Kauf von Krisenunternehmen unter bewertungs- und übernahmetechnischen Gesichtspunkten mit Bezug auf deutsches und österreichisches Recht, Hallstadt 1996
Spliedt, § 1, in: *Runkel (Hrsg.):* Anwaltshandbuch Insolvenzrecht, Köln 2005
Spliedt, Debt-Equity-Swap und weitere Strukturänderungen nach dem ESUG, GmbHR 2012, 462 ff.
Standard & Poor's: Distressed Debt CDOs: Spinning Straw Into Gold, 2001
Standard & Poor's: Global CBO/CLO Criteria, New York 1999
Staudinger, Kommentar zum BGB (Berlin, 2003)
Staw/Sandelands/Dutton, Threat Rigidity Effects in Organizational Behaviour: A Multilevel Analysis, in: Administrative Science Quarterly 1981, Jahrgang 26, S. 501–524
Steffan, Sicherung des Unternehmensbestands als erste Stufe der Sanierung, in: Die Wirtschaftsprüfung 2009, S. 273–282
Steffan/Anders, Sanierungscontrolling als Erfolgsfaktor für die Umsetzung des Sanierungskonzepts, in: Betriebswirtschaftliche Forschung und Praxis 2010, S. 291–307
Steiner/Wittkemper, Neuronale Netze – Ein Hilfsmittel für betriebswirtschaftliche Probleme, DBW 1993, S. 447–463
Stender-Monhemius/Monhemius, Marketing und Recht kompakt, Norderstedt 2013
Stollenberg, Wertschöpfungsmanagement im Einkauf. Analysen, Strategien, Methoden, Kennzahlen, Wiesbaden 2012
Stratz, § 3 UmwG, in: *Schmitt/Hörtnagl/Stratz (Hrsg.),* Umwandlungsgesetz, Umwandlungssteuergesetz, 6. Auflage, München 2013
Stratz, § 55 UmwG, in: *Schmitt/Hörtnagl/Stratz (Hrsg.),* Umwandlungsgesetz, Umwandlungssteuergesetz, 6. Auflage, München 2013
Ströhmann/Längsfeld, Die Geschäftsführungsbefugnis in der GmbH im Rahmen der Eigenverwaltung – Welche Neuerungen brachte § 276a InsO? NZI 2013, 271–278
Strohn, Organhaftung im Vorfeld der Insolvenz, NZG 2011, 1161
Sure, Moderne Controlling-Instrumente. Bewährte Konzepte für das operative und strategische Controlling, München 2009
Sure, Steuerung des Working Capital, in: Zeitschrift für erfolgsorientierte Unternehmenssteuerung 2012, S. 166–168
Taupitz, Das (zukünftige) europäische Internationale Insolvenzrecht – insbesondere aus internationalprivatrechtlicher Sicht, ZZP 111 (1998), 315–350
Theewen, Haftungsrisiken der Kreditinstitute in der Krise ihrer Schuldner, BKR 2003, S. 141
Theewen, Problemkredite und die „Mindestanforderungen an das Kreditgeschäft der Kreditinstitute" – Work-Out, Outsourcing oder Bad Bank?, in: WM 3/2004, S. 105–114
Thierhoff, Operative und strategische Sanierung, in: *Thierhoff et al. (Hrsg.),* Unternehmenssanierung, Heidelberg/München/Landsberg/Frechen/Hamburg 2012
Thießen, Covenants: Durchsetzungsprobleme und die Folgen, in: *Sadowski, u.a. (Hrsg.),* Regulierung und Unternehmenspolitik, Wiesbaden 1996, S. 143–159
Thole, Christoph, Sanierung mittels Scheme of Arrangement im Blickwinkel des Internationalen Privat- und Verfahrensrecht, ZGR 2013, 109–163
Thole, Christoph; Die internationale Zuständigkeit für insolvenzrechtliche Anfechtungsklagen, ZIP 2006, 1383–1387
Thole/Brünckmans, Die Haftung des Eigenverwalters und seiner Organe, ZIP 2013, S. 1097–1107
Thomas, Die Unternehmensfinanzierung durch Anleihen zwischen Gesellschaftsrecht und Bürgerlichem Recht, ZHR, 2007
Thomas, Erkenntnisse aus dem Jahresabschluß für die Bonität von Wirtschaftsunternehmen, *Baetge* (Hrsg.), Der Jahresabschluss im Widerstreit der Interessen, Düsseldorf 1983, S. 69–84
Tipke/Kruse, Kommentar zur AO 1977 und FGO, 13. Auflage (Köln, 1988)
Tömp, Der GAVI-Gesetzentwurf – Sind die geplanten Maßnahmen machbar und effektiv?, ZInsO 2007, 234–243
Trevor/Nyberg, Keeping your headcount when all about you are losing theirs: Downsizing, voluntary turnover rates, and the moderation role of HR practices, in Academy of Management Journal, 2008, Band 51, Heft 2, S. 259–276
Triebel/Otte, Reform des GmbH-Rechts: MoMiG, ZIP 2006, 1321

Literaturverzeichnis

Tschauner/Zirngibl, Distressed M&A, Hogan Lovells Vortragsreihe M&A Contract Drafting, München 2013

Tyler/De Cremer, Process-based leadership: Fair procedures and reactions to organizational change, in The Leadership Quarterly, 2005, Band 16, S. 529–545

Uhlenbruck, Die Feststellung der Insolvenzgründe, in: *Schmidt/Uhlenbruck (Hrsg.),* Die GmbH in Krise, Sanierung und Insolvenz, 4. Auflage, Köln 2009

Uhlenbruck, Die neue Insolvenzordnung. Auswirkungen auf das Recht der GmbH und der GmbH & Co. KG (Teil 1), GmbHR 1995, S. 81

Uhlenbruck, Externe Sanierung. Sanierungsbeiträge der Gesellschaftsgläubiger, in: *Schmidt/Uhlenbruck,* Die GmbH in Krise, Sanierung und Insolvenz, 4. Auflage, Köln 2009

Uhlenbruck, Insolvenzordnung Kommentar, 13. Auflage, München 2010

Uhlenbruck, Risiken und Nachteile einer außergerichtlichen Sanierung, in: *Schmidt/Uhlenbruck,* Die GmbH in Krise, Sanierung und Insolvenz, 4. Auflage, Köln 2009

Uhlenbruck, Insolvenzordnung (Kommentar), 12. Aufl., München 2003

Uhlenbruck, Probleme des Eröffnungsverfahrens nach dem Insolvenzrechts-Reformgesetz 1994, KTS 1994, 169–183

Uhlenbruck/Brandburg/Grub/Schaaf/Wellensiek, Die Insolvenzrechtsreform, BB 1992, 1734–1738

Umsatzsteuer-Anwendungserlass (UStAE) 1.10.2010, Az. BMF IV D 3 – S 7015/10/10002; DOK 2010/0815152, BStBl. I 2010, 846, Stand 22.1.2013

Undritz, Ermächtigung und Kompetenz zur Begründung von Masseverbindlichkeiten beim Antrag des Schuldners auf Eigenverwaltung, BB 2012, S. 1551–1556

URefG, BGBl. I 2007, S. 1912

Vallender, Aufgaben und Befugnisse des deutschen Insolvenzrichters in Verfahren nach der EuInsVO, KTS 2005, 283–329

Vallender, Das neue Schutzschirmverfahren nach dem ESUG, GmbHR 2012, 450–455

Vallender, Kredit und Insolvenz, in: *Derleder/Knops/Bamberger (Hrsg.),* Handbuch zum deutschen und europäischen Bankrecht, Heidelberg 2009

Vallender/Zipperer, Der vorbefasste Insolvenzverwalter – ein Zukunftsmodell? – Erwiderung auf Schmidt/Hölzle, Der Verzicht auf die Unabhängigkeit des Insolvenzverwalters (ZIP 2012, 2238), ZIP 2013, S. 149

Virgós/Garcimartín, The European Insolvency Regulation: Law and Practice (2004)

Virgós/Schmit, Erläuternder Bericht zu dem EU-Übereinkommen über Insolvenzverfahren, in: *Stoll* Vorschläge und Gutachten (1997), S 32

von Tippelskirch, Hybride Finanzierungsinstrumente in der Unternehmenssanierung – Einsatzbereiche und Bedeutung von Mezzanine, in: *Hommel/Knecht/Wohlenberg (Hrsg.),* Handbuch Unternehmensrestrukturierung: Grundlagen, Konzepte, Maßnahmen, Wiesbaden 2006, S. 961–980

Vuia, Die Verantwortlichkeit von Banken in der Krise von Unternehmen, Berlin 2009

Wacker, § 15 EStG, in: *Schmidt (Hrsg.)*: Einkommensteuergesetz Kommentar, 32. Auflage, München 2013

Waclawik, Fernwirkungen des MoMiG auf den Umfang nachträglicher Anschaffungskosten, ZIP 2007, 1838

Wäger, Umsatzsteuer bei der Verwertung von Kreditsicherheiten und Krediten, WM 2012, 773

Wagner, Weiterentwicklung der Grundsätze zur Durchführung von Unternehmensbewertungen (IDW S 1), in: Die Wirtschaftsprüfung 2004, S. 889

Wallner/Neuenhahn, Der Sanierungskredit – Ein Überblick, NZI 2006, S. 553

Warrikoff, Die Stellung der Arbeitnehmer nach der neuen Insolvenzordnung, BB 1994, 2338–2346

Weber-Grellet, § 17 EStG, in: *Schmidt (Hrsg.)*: Einkommensteuergesetz Kommentar, 32. Auflage, München 2013

Weber/Brügel, Die Haftung des Managements in der Unternehmenskrise: Insolvenz, Kapitalerhaltung und existenzvernichtender Eingriff, DB 2004, 1923

Weibler, Personalführung, Verlag Franz Vahlen München, 2012

Weigert, Distressed M&A im Mittelstand: Grundlagen, Marktstruktur und Durchführung, Saarbrücken 2009

Weigl, Unternehmenskauf – Unternehmensverkauf, Schwabmünchen/Königsbrunn, 2011

Weiland, Insolvenzrechtsreform. Licht und Schatten, DB 2011, S. 1760

Weissinger, Anmerkung zum Beschluss des BGH vom 7.2.2013, IX ZB 43/12, ZIP 2013, 525 – Keine Anfechtung mit der sofortigen Beschwerde bei der Entscheidung des Gerichts den

Literaturverzeichnis

Schuldner im Eröffnungsverfahren nicht zur Begründung von Masseverbindlichkeiten zu ermächtigen, NZI 2013, S. 343–344

Wellensiek, Probleme bei der Betriebsveräußerung aus der Insolvenz, NZI 2005, 603–606

Wellensiek, Übertragende Sanierung, NZI 2002, 233–239

Weller, Die Neuausrichtung der Existenzvernichtungshaftung durch den BGH und Ihre Implikationen für die Praxis, ZIP 2007, 1681

Wellisch/Bleckmann, Schuldbeitritt und unmittelbare Pensionsverpflichtungen. Anmerkungen zum BMF-Schreiben vom 16.12.2005, DB 2006, S. 120

Wentzler, Integrierte Sanierungsplanung, WPg 2009, S. 291

Wenzel, Bankenhaftung bei fehlgeschlagenem Sanierungskredit, NZI 1999, S. 294

Werner, Supply Chain Management – Grundlagen, Strategien, Instrumente und Controlling, 4. Auflage, Wiesbaden 2010

Wessels, Current Topics of International Insolvency Law (2004)

Wessels, International Insolvency Law (2006)

Wessels, Unternehmenskauf im Vorfeld der Verkäuferinsolvenz, ZIP 2004, 1237–1247

Widmann, § 20 UmwStG, in: *Widmann/Mayer (Hrsg.)*, Umwandlungsrecht, Umwandlungsgesetz, Umwandlungssteuergesetz Kommentar, Bonn, 2011 (Stand: 126. Erg.)

Wieneke/Hoffmann, Der Erhalt der Börsennotierung beim echten und unechten Debt Equity Swap in der Insolvenz der börsennotierten AG, ZIP 2013, 697 ff.

Wilhelm, „Unternehmergesellschaft (haftungsbeschränkt)" – Der neue § 5a GmbHG in dem RegE zum MoMiG, DB 2007, 1510

Wilhelm, Verbot der Zahlung, aber Strafdrohung bei Nichtzahlung gegen den Geschäftsführer einer insolvenzreifen GmbH?, ZIP 2007, 1781

Wilhelm, Wie gut sind Blue chips?, ManagerMagazin 9/1997, S. 102–106

Willeke, Klarere Anforderungen an Sanierungskonzepte. Zur Neufassung des IDW S 6, StuB 2013, S. 144

Willemsen/Rechel, Das ESUG – wesentliche Änderungen gegenüber dem Regierungsentwurf noch auf der Zielgeraden, BB 2012, S. 203–206

Willemsen/Rechel, Kommentar zum ESUG – Die Änderungen der InsO, 2012

Wimmer, Der Gesetzesentwurf zur weiteren Erleichterung der Sanierung von Unternehmen, jurisPR-InsR 05/2011,

Wimmer, Der Verordnung (EG) Nr. 1346/2000 über Insolvenzverfahren, ZInsO 2001, 97–103

Wimmer, Die Besonderheiten von Sekundärinsolvenzverfahren unter besonderer Berücksichtigung des Europäischen Insolvenzübereinkommens, ZIP 1998, 982–989

Wimmer, Die Reform der EuInsVO, jurisPR-InsR 13/2012

Wimmer, Die Richtlinien 2001/17 EG und 2001/24 EG über die Sanierung und Liquidation von Versicherungsunternehmen und Kreditinstituten, ZInsO 2002, 897–905

Wimmer, Die UNCITRAL-Modellbestimmungen über grenzüberschreitende Insolvenzverfahren, ZIP 1997, 2220–2224

Wimmer (Hrsg.), Frankfurter Kommentar zur Insolvenzordnung mit EuInsVO, InsVV und weiteren Nebengesetzen, 7., neu bearb. Aufl., Köln 2013

Wimmer/Ahrens, Frankfurter Kommentar zur Insolvenzordnung, 7. Auflage, Köln 2013

Winnefeld, Bilanzhandbuch, Handels- und Steuerbilanz, Rechtsspezifisches Bilanzrecht, Bilanzielle Sonderfragen, Sonderbilanzen, IAS/US-GAAP, 2. Auflage, München 2000

Wisniewski, § 12 UmwStG, in: *Haritz/Menner (Hrsg)*, Umwandlungssteuergesetz, 3. Aufl., München 2010

Wittig, Externe Sanierung. Die Rolle der Banken, in: *Schmidt/Uhlenbruck*, Die GmbH in Krise, Sanierung und Insolvenz, 4. Auflage, Köln 2009

Wittig, Früherkennung der Krise durch Kreditinstitute in: *Schmidt/Uhlenbruck (Hrsg.)*, Die GmbH in Krise, Sanierung und Insolvenz, 3. Auflage, Köln 2003

Wittig, Haftungsrisiken für Kreditinstitute, in: *Schmidt/Uhlenbruck*, Die GmbH in Krise, Sanierung und Insolvenz, 4. Auflage, Köln 2009

Wroblewski, Das „ESUG" aus Arbeitnehmersicht, AuR 2012, S. 188

Ziegenhagen/Thewes, Die neue Sanierungsklausel in § 8c Abs. 1a KStG, BB 2009, S. 2116

Ziemons/Jaeger (Hrsg.), Beck'scher Online-Kommentar GmbH-Gesetz, Stand: 1.12.2012, Edition: 13

ZIP-Dokumentation, IDW ES 6 n. F.: Anforderungen an die Erstellung von Sanierungskonzepten.

Literaturverzeichnis

Stellungnahme von Bankvertretern der Commerzbank, Bayern LB, Deutschen Bank, Landesbank Hessen Thüringen, KfW, LBBW, UniCredit Bank, ZIP 2012, S. 946

Zipperer/Vallender, Die Anforderungen an die Bescheinigung für das Schutzschirmverfahren, NZI 2012, S. 729

Zirngibl, Due Diligence-Findings, Hogan Lovells Vortragsreihe M&A Contract Drafting, München 2012

Zöllner, § 58a GmbHG, in: *Baumbach/Hueck (Hrsg.)*: GmbH-Gesetz Kommentar, 20. Auflage, München 2013

Zöllner/Fastrich, § 55 GmbHG, in: *Baumbach/Hueck (Hrsg.)*: GmbH-Gesetz Kommentar, 20. Auflage, München 2013

Zutt, § 230 HGB, in: *Staub (Hrsg.)*, Handelsgesetzbuch: Großkommentar, 4. Auflage, München 2004

Zwanziger, Insolvenzordnung und materielle Voraussetzungen betriebsbedingter Kündigungen, BB 1997, 626–629

Autorenverzeichnis

Dr. Marc d'Avoine ist seit 1993 als Rechtsanwalt in den Bereichen Gesellschaftsrecht und Sanierung sowie Insolvenz tätig. Er ist Fachanwalt für Steuerrecht sowie Fachanwalt für Handels- und Gesellschaftsrecht. Seit 1997 ist RA d'Avoine Seniorpartner einer mittelständischen Kanzlei mit Büros u.a. in Köln, Düsseldorf und Wuppertal. Er ist als Unternehmens-Insolvenzverwalter aktiv und greift auf langjährige Erfahrungen in den Themen der Sanierung und Insolvenz zurück.

Andrea K. Buth, Wirtschaftsprüferin und Steuerberaterin, ist in den Jahren 1988 bis 1996 u.a. für die Wirtschaftsprüfungsgesellschaften Arthur Andersen und PWC tätig gewesen und seither in eigener Sozietät in Wuppertal tätig. Frau Buth begleitet mittelständische Unternehmen und deren Eigentümer, insbesondere im Rahmen von betriebswirtschaftlichen Fragestellungen, Jahresabschlussprüfungen sowie der steuerliche Deklaration und Gestaltungsberatung.

Dr. Nikolas Beutin ist Partner „Pricing, Sales & Marketing" bei PwC. Zuvor war er „Executive Partner Management Consulting" bei EY J&M sowie CEO/Eigentümer von Homburg & Partner (Hidden Champion Vertrieb & Marketing). Er leitete Projekte in >32 Ländern, lehrt Marketing & Vertrieb an diversen Universitäten und hat über 140 internationale Veröffentlichungen. Nach Schulzeit in USA, Belgien und Deutschland studierte er an den Universitäten Bonn, WHU Koblenz, Colorado State, Mannheim sowie an der Harvard Business School.

Christian Nicolas Bächstädt, CFA, nach der Ausbildung zum Bankkaufmann und dem Studium der Wirtschaftswissenschaften an der Universität St. Gallen u.a Mitarbeiter für die Wirtschaftsprüfungsgesellschaften Arthur Andersen und Ernst & Young. Von 2005–2009 Berater bei der Droege International Group mit den Schwerpunkten Restrukturierung, Banken und Mergers & Acquisitions. Seit 2009 Geschäftsbereichsleiter und seit 2012 Partner der perspektiv GmbH.

Dr. Andreas Fröhlich, nach dem Studium des Wirtschaftsingenieurwesens an der Technischen Universität Karlsruhe, Promotion und MBA. Von 1990 bis 2000 Berater bei international tätigen Management-Beratungsgesellschaften mit dem Schwerpunkt Restrukturierung und Corporate Finance. Gründung der perspektiv GmbH im Jahre 2000 mit dem Fokus auf Distressed M&A. 2013 Senior-Partner der perspektiv GmbH, nach Anzahl der Transaktionen marktführende M&A-Gesellschaft auf dem deutschen Markt für Distressed Transaktionen.

Kai Brandes war nach Banklehre und BWL-Studium an der Universität Trier und Madrid für verschiedene mittelständische Beteiligungsgesellschaften im Umfeld der Deutschen Bank tätig, wechselte 2003 zur CMP Capital Management Partners GmbH und ist dort seit 2005 geschäftsführender Gesellschafter. Herr Brandes ist seit 1996 im Beteiligungsgeschäft tätig und kennt seit 2003 die Sanierungs- und Insolvenzpraxis aus der täglichen Praxis.

Dr. Heiko Breitsohl ist Juniorprofessor für Personalmanagement und Organisation an der Schumpeter School of Business and Economics der Bergischen Universität Wuppertal. Er promovierte über die Wirkung von unternehmerischen Krisenreaktionen auf Stakeholdergruppen. Seine Forschungsschwerpunkte liegen in der Beurteilung von Unternehmen durch Stakeholder, der Selbstbindung von Beschäftigten an ihren Arbeitgeber sowie in der Gestaltung und Evaluation von betrieblichen Freiwilligenprogrammen.

Max Falckenberg ist Senior Partner bei Roland Berger Strategy Consultants GmbH. Nach Abschluss seines Studiums hat Herr Falckenberg ca. 5 Jahre bei der KPMG mit Schwerpunkt in der Restrukturierung sowie im M&A in Büros in Deutschland und in London gearbeitet. Im Jahr 1999 hat er das Examen zum Wirtschaftsprüfer in den USA abgelegt (Certified Public Accoun-

Autorenverzeichnis

tant). Seit dem Jahr 2000 ist Herr Falckenberg bei Roland Berger Strategy Consultants im Bereich Restrukturierung und Corporate Finance tätig. Sein Studium der Betriebswirtschaftslehre hat er an den Universitäten in Passau, der Humboldt-Universität zu Berlin sowie an der University of Berkeley, California (USA) absolviert und 1995 sein Examen zum Diplom-Kaufmann abgelegt. Herr Falckenberg verfügt über mehr als 18 Jahre Berufserfahrung in der Restrukturierung von Unternehmen. Herr Falckenberg stammt aus einer Unternehmerfamilie, die über Generationen in unterschiedlichen Branchen erfolgreich tätig war. Herr Falckenberg ist einer der Senior Restrukturierungsberater in Deutschland. Er hat während seiner Berufszeit mehrere Duzend vorwiegend große mittelständische Unternehmen in verschiedenen Industrien mit Schwerpunkt Restrukturierung/Turnaround, Refinanzierung sowie M&A erfolgreich beraten. Er ist in der Restrukturierungsindustrie national und international als angesehener Experte sowie regelmäßiger Referent bekannt und hält regelmäßig Vorträge an Universitäten. Sein Schwerpunkt der letzten Jahre lag insbesondere in den Branchen Automobilzulieferer, Consumer electronic und Schifffahrt. Es ist ihm gelungen wesentliche nationale und internationale Restrukturierungsprojekte zu gewinnen und sehr erfolgreich abzuwickeln.

Arndt Geiwitz, Wirtschaftsprüfer und Steuerberater, arbeitete nach seinem betriebswirtschaftlichen Studium in der Geschäftsführung des elterlichen Schuheinzelhandelsunternehmens bevor er 1995 in die Kanzlei Schneider eintrat. Nach der Ausbildung zum Steuerberater und Wirtschaftsprüfer legte er ab 1999 seinen beruflichen Schwerpunkt auf Restrukturierung und Insolvenzverwaltung sowie Begleitung von M&A Prozessen. Seit 2000 ist er selbst bestellter Insolvenzverwalter, Sachwalter und Treuhänder. Im Rahmen von Treuhandschaften übernimmt Arndt Geiwitz aktive Gesellschafterpositionen im Rahmen von Unternehmenssanierungen oder auch Ausgliederungen von Konzernen zum Zwecke der Restrukturierung. 2004 wurde Geiwitz Partner in der Kanzlei die unter dem Namen Schneider, Geiwitz & Partner firmiert. Stammsitz ist Neu-Ulm mit 14 Niederlassungen und 230 Mitarbeitern.

Dr. Sven-Erik Gless ist Mitgründer und geschäftsführender Gesellschafter der FMC Consultants GmbH. Von 1995–1999 war er bei Roland Berger Strategy Consultants (CC Restructuring) tätig. Zuvor Promotion über das Thema „Unternehmenssanierung" (1995) sowie diverse Tätigkeiten für die Treuhandanstalt. Seine langjährige praktische Erfahrung basiert auf Restrukturierungs- sowie Strategieprojekten bei Mittel- und Großunternehmen in zahlreichen Branchen. Darüber hinaus leitete er insbesondere größere Reorganisationen bei Banken, öffentlichen Institutionen und Industrieunternehmen. Die von Sven Gless verantworteten Restrukturierungsprojekte fanden sowohl im Umfeld der außergerichtlichen Sanierung als auch im Rahmen von Insolvenzverfahren statt, wobei die Aufgaben von der Erstellung und operativen Umsetzung von Konzepten bis zur Übernahme von interimistischen Funktionen reichten. Neben seinen Beratungseinsätzen ist Sven Gless als Beirat und Aufsichtsrat tätig. Darüber hinaus ist er in diversen Branchenverbänden sowie Förderkreisen aktiv.

Holger Groß, Diplom-Kaufmann, verfügt über 20 Jahre Beratungs- und Interim Management-Erfahrung. Die Tätigkeitsschwerpunkte von Herrn Groß sind Restrukturierungen, Sanierungen, das Erstellen von Fortführungsprognosen und das Fusionsmanagement. Als Interim Manager arbeitet er auf Geschäftsführungs- und Vorstandsebene.

Dr. Sascha Haghani verantwortet gemeinsam mit Burkhard Schwenker und Stefan Schaible das Deutschlandgeschäft von Roland Berger. Er ist Senior-Partner und leitet derzeit das Competence Center Restructuring & Corporate Finance. Dr. Sascha Haghani verfügt selbst über 18 Jahre Beratungserfahrung in Strategie, Restrukturierung und Corporate Finance. Er hat in Deutschland Volkswirtschaftslehre und in der Schweiz Betriebswirtschaftslehre studiert sowie in Volkswirtschaftslehre promoviert. Haghani startete seine berufliche Laufbahn in der Automobilzulieferindustrie. Bevor er in die Beratung wechselte, war er u.a. im Wertpapierhandel einer führenden deutschen Bank in New York tätig. Er kam 1995 zu Roland Berger, wurde im Jahre 2000 zum Partner berufen. Er hat mehrere Bücher zum Thema Restrukturierung und Corporate Finance verfasst.

Dr. Christoph Herbst ist Rechtsanwalt und Gründungspartner der auf Insolvenzverwaltung und insolvenzrechtliche Beratung spezialisierten Sozietät anchor Rechtsanwälte, Standort München. Dr.

Autorenverzeichnis

Herbst ist Fachanwalt für Insolvenzrecht und berät im Schwerpunkt in insolvenzrechtlichen Fragestellungen, insbesondere in Restrukturierungs- und Krisensituationen, bei Treuhand-Modellen und vertritt Gläubiger in Insolvenzverfahren.

Michael Hermanns, Wirtschaftsprüfer und Steuerberater, arbeitete fast zehn Jahre für die beiden Wirtschaftsprüfungsgesellschaften PWC und KPMG und ist seit 1996 in eigener Sozietät in Wuppertal tätig. Sein Tätigkeitsspektrum umfasst insbesondere die Mittelstandsberatung sowie die gutachterlichen Arbeit im Rahmen von Unternehmensbewertungen und due diligence-Prüfungen. Daneben zählt die betriebswirtschaftliche Restrukturierungs- und Sanierungsberatung zu den Kernkompetenzen von Herrn Hermanns. Im Bereich der Unternehmenssanierung betreute er bis heute zahlreiche Projekte (Erstellung und Prüfung von Sanierungskonzepten).

Prof. Dr. Martin Kütz ist seit 2009 Professor für Wirtschaftsinformatik an der Hochschule Anhalt und kann auf inzwischen mehr als 30 Jahre Erfahrung im IT-Management und in der IT-Beratung zurückblicken. Neben seiner Tätigkeit in Forschung und Lehre berät er nach wie vor ausgewählte Kunden zu Themen des IT-Managements. Sein besonderes Interesse gilt dem IT-Controlling und der Steuerung mit Kennzahlensystemen.

Dr. Edgar J. Kaufmann ist geschäftsführender Gesellschafter der ISPECON GmbH, einer auf die produzierende Industrie spezialisierten Personalberatung in München. Davor war er unter anderem als Personalberater im Interim Management tätig und vermittelte mehr als 60 Sanierungsmanager für Restrukturierungsaufgaben und Change Management.

Dr. Ralf Kemper, Syndikus bei der Sparkasse Westmünsterland und Abteilungsleiter Consulting Banking Recht. In dieser Funktion berät er die Sparkasse in allen kreditrechtlichen Fragestellungen, insbesondere im Sanierungs- und Insolvenzrecht. Davor war er aufgrund seines Fachhochschulstudiums bei diversen Gerichten als Diplom-Rechtspfleger im Zivil- Vollstreckungs- und Insolvenzrecht tätig. Nach dem weiteren Studium der Rechtswissenschaften an der WWU Münster ist er 1991 aus dem Staatsdienst ausgeschieden. Im Jahr 2010 erfolgte die Promotion zum Dr. jur. mit dem Dissertationsthema „Der Kontokorrentkredit in der Krise des Unternehmens". Dr. Kemper ist langjähriger Dozent an der Sparkassenakademie Münster.

Helmut König, Wirtschaftsprüfer und Steuerberater, war seit 1999 Partner bei großen mittelständischen und internationalen Wirtschaftsprüfungsgesellschaften. Seit dem Jahr 2010 ist er als Partner bei der Beiten Burkhardt Rechtsanwaltsgesellschaft mbH und bei der BBWP GmbH Wirtschaftsprüfungsgesellschaft mit den Schwerpunkten der steuerorientierten Begleitung und Optimierung von M&A – Transaktionen sowie Restrukturierungen tätig. Helmut König ist seit 1995 Mitglied des Arbeitskreises Umsatzsteuer beim Institut der Wirtschaftsprüfer.

Dr. Thomas C. Knecht ist Senior-Partner im Competence Center Restructuring & Corporate Finance der Roland Berger Strategy Consultants, München. Seine Tätigkeitsschwerpunkte liegen in den Bereichen Unternehmensrestrukturierung/-sanierung, Corporate Finance und Beteiligungsmanagement. In zahlreichen Mandaten hat er Kapitalgesellschaften und Finanzinvestoren in der Konzeption und Umsetzung von Wertsteigerungs- und Sanierungsfragen beraten, sowie diese in nationalen und internationalen (M&A-)Transaktionen begleitet. Dabei hat er Beratungsmandate im außergerichtlichen sowie im gerichtlichen Bereich (Insolvenz) geführt. Er studierte Wirtschafts- und Rechtswissenschaften an der LMU München, der EBS sowie an der Wharton School (Philadelphia). Herr Dr. Knecht ist Autor zahlreicher Publikationen in seinen Tätigkeitsschwerpunkten.

Karl-J. Kraus ist seit 2005 Geschäftsführender Gesellschafter der KJK Management und Beteiligungen GmbH sowie der Karl-J. Kraus & Partner und hat weitere Aufsichtsratmandate inne. Seine Beraterkarriere startet er 1981 im Hause Roland Berger Strategy Consultants. Er wurde 1986 zum Partner berufen, zunächst am Standort München. 1990 wechselte Karl-J. Kraus nach Berlin und baute das dortige Büro auf sowie das Competence Center Restrukturierung, das zahlreiche namhafte Unternehmen und Konzerne bei Restrukturierung und Sanierung begleitet hat. Karl-J. Kraus war von 1990 bis 2000 zudem im Auftrag des Bundesministeriums für Finanzen (BMF) als Mitglied des Leitungsausschusses der Treuhandanstalt tätig, der späteren Bundesanstalt für vereinigungsbe-

Autorenverzeichnis

dingte Sonderaufgaben (BvS). Karl-J. Kraus wurde 1992 ins Management Committee von Roland Berger Strategy Consultants berufen und war der Vorsitzende des Deutschen Management Committees von 1998 bis 2003. Danach war er bis 2010 stellvertretender Aufsichtsratsvorsitzender der Roland Berger Strategy Consultants. Karl-J. Kraus studierte Betriebswirtschaftslehre und ist Dipl.-Betriebswirt.

Ralf Kurney ist Partner der Sozietät CMS Hasche Sigle in Berlin. Er vertritt in- und ausländische Unternehmen und Private Equity Investoren insbesondere bei Unternehmensakquisition. Im Rahmen der Beratungstätigkeit hat Herr Kurney vielfältige Erfahrung mit Verkäufern und Zielgesellschaften in der Krise gesammelt.

Prof. Dr. Klaus Pannen, Rechtsanwalt und Fachanwalt für Insolvenzrecht, ist seit über 30 Jahren als Rechtsanwalt und Insolvenzverwalter bundesweit tätig und führt seit 2008 die Kanzlei Prof. Dr. Pannen Rechtsanwälte. Er hat an vielen Sanierungen im In- und Ausland mitgewirkt. Besonderes Augenmerk seiner Verwaltertätigkeit liegt auf der Fortführung und Restrukturierung der von ihm betreuten Unternehmen.

Tillmann Peeters ist Rechtsanwalt bei Rödl und Partner und leitet den Bereich Sanierung in Köln. Zu seinen Erfahrungen gehört die außergerichtliche Sanierung von Unternehmen ebenso wie die Vorbereitung und Durchführung von Insolvenzplanverfahren in Eigenverwaltung. Die Tätigkeit reicht dabei von der Erstellung von Sanierungskonzepten, Erstellung und Umsetzung von Insolvenzplan- und Schutzschirmverfahren bis zur interimistischen Übernahme von Geschäftsführungsaufgaben in Krise und Eigenverwaltung.

Dr. Susanne Riedemann, Rechtsanwältin, Fachanwältin für Insolvenzrecht und Partnerin der Kanzlei Prof. Dr. Pannen Rechtsanwälte, ist seit 2003 im Bereich der Insolvenzverwaltung tätig und hat während dieser Zeit eine Vielzahl von Unternehmensinsolvenzen der unterschiedlichsten Branchen und Größenordnungen bearbeitet. Seit 2006 wird sie bundesweit als Insolvenzverwalterin bestellt.

Peter Schmelzer ist seit 2010 persönlich haftender geschäftsführender Gesellschafter der Heitkamp & Thumann Group. Zwischen 2005 und 2010 war er Managing Partner der bei FMC Consultants GmbH. Von 2000 bis 2005 war er in leitenden Positionen bei der britisch-niederländischen Corus Gruppe (Corus Special Strip, Düsseldorf) tätig, davor in diversen international geprägten Verarbeitungsbetrieben. Neben den industriellen Erfahrungen auf globaler Ebene sammelte er umfangreiche Erfahrungen im Bereich der Restrukturierung von Unternehmen, hierbei insbesondere in der Automobilindustrie.

Dr. Jens M. Schmidt ist Rechtsanwalt und Partner bei Runkel Schneider Weber und dort vornehmlich in der Insolvenzverwaltung sowie der insolvenz- und gesellschaftsrechtlichen Beratung tätig. Er ist Fachanwalt für Insolvenzrecht sowie Handels- und Gesellschaftsrecht. Zu seinen Schwerpunkten gehören neben der Insolvenzverwaltung sowie der Begleitung von Unternehmenstransaktionen in der Krise insbesondere die Beratung gesicherter Gläubiger. Seiner Tätigkeit bei Runkel Schneider Weber gingen Tätigkeiten in der Insolvency & Restructuring Group der internationalen Sozietät Linklaters und am Institut für Zivilprozessrecht der Universität Bonn voraus. Seit dieser Zeit publiziert und referiert Dr. Jens M. Schmidt regelmäßig zu insolvenz- und gesellschaftsrechtlichen Fragestellungen.

Christopher Seagon ist Fachanwalt für Insolvenzrecht und seit 1996 Partner bei Wellensiek Rechtsanwälte in Heidelberg. Er ist geschäftsführender Gesellschafter der „Verbraucherinsolvenzbüro Rhein-Neckar-Main GbR", geschäftsführender Gesellschafter der Heidelberger Gemeinnützigen Gesellschaft für Unternehmensrestrukturierung mbH und Lehrbeauftragter der Universität Heidelberg sowie Witten/Herdecke. Vor seinem Studium der Rechtswissenschaften absolvierte Herr Seagon eine Ausbildung zum Bankkaufmann und übte danach verschiedene Tätigkeiten bei Geschäfts- bzw. Investmentbanken aus. Neben seiner langjährigen Tätigkeit als Gutachter, Sonderinsolvenzverwalter und Konkurs-/Insolvenzverwalter in über 600 Verfahren ist Herr Seagon (Mit-)Herausgeber verschiedener insolvenz- und sanierungsrechtlicher Beiträge.

Autorenverzeichnis

Prof. h.c. Dr. Robert Simon ist Partner der FMC-Consultants GmbH, vorher war er mehrere Jahre Partner bei Roland Berger im Bereich Restructuring & Corporate Finance. Er ist vor allem als interimistischer Geschäftsführer (CRO, CEO) und Beirat in insolvenznahen Restrukturierungsfällen im Einsatz – auch in Insolvenzplanverfahren – sowie zusätzlich Honorarprofessor für die Fachbereiche Krisenmanagement, Unternehmensführung, Innovations- und Projektmanagement.

Dr. Igor Stenzel ist als Rechtsanwalt im Berliner Büro bei CMS Hasche Sigle im Fachbereich Gesellschaftsrecht tätig. Er ist dort mit allen Fragen im Zusammenhang mit der umfassenden gesellschaftsrechtlichen Beratung von Investoren befasst, ebenso wie mit insolvenz-rechtlichen Fragestellungen, insbesondere auch bei Transaktionen in der Krise und bei der Restrukturierung von Gesellschaften. Diverse Vorträge zu verschiedenen insolvenzrechtlichen Themen.

Prof. Dr. Stefan Thiele ist Inhaber des Lehrstuhls für Wirtschaftsprüfung und Rechnungslegung an der Schumpeter School of Business and Economics der Bergischen Universität Wuppertal. Seine Forschungsschwerpunkte liegen im Bereich der ökonomischen Analyse von Rechnungslegungsregeln und des Kapitalmarkt- und Gesellschaftsrechts sowie ökonomischen und rechtlichen Aspekten der Unternehmensbewertung. Darüber hinaus ist er als Projektpartner von Wirtschaftsprüfungsgesellschaften und als Gutachter zu Rechnungslegungsfragen und Unternehmensbewertungen tätig.

Dr. Patrick Wilden ist seit Jahren im Kredit- und Kapitalmarktgeschäft mit mittelständischen und multinationalen Gesellschaften tätig. Zunächst hat er verschiedene Fach- und Führungsstationen im Firmenkundenbereich der Deutschen Bank AG durchlaufen. Im Anschluss daran trat er in den Bayerische Landesbank-Konzern ein. Nunmehr ist er Mitglied des Vorstands der DKB Deutsche Kreditbank AG in Berlin. Bei der DKB ist er primär für das Risikomanagement zuständig.

Manfred Zander, seit 1993 Rechtsanwalt und seit 1998 Fachanwalt für Arbeitsrecht in Wuppertal, Partner in der überörtlichen Sozietät Runkel Schneider Weber. Mitglied der Arbeitsgemeinschaft Arbeitsrecht im Deutschen Anwaltsverein. Sein Tätigkeitsschwerpunkt liegt in der Begleitung bzw. Umsetzung von Sanierungs- und Restrukturierungskonzepten. Als langjährig Verantwortlicher für den Bereich Arbeitsrecht in sämtlichen Unternehmensinsolvenzen der Sozietät, verfügt der Autor über eine ausgesprochene Fachexpertise im Insolvenzarbeitsrecht.

Patrick Ziechmann verfügt über knapp 20 Jahre Restrukturierungserfahrung. Er ist spezialisiert auf komplexe Sanierungen und Restrukturierungen in diversen Branchen. Seine Schwerpunkte sind Sanierungskonzepte und -gutachten, finanzielle Restrukturierung sowie operative Restrukturierung. Seit 2007 ist er Partner bei PricewaterhouseCoopers im Geschäftsbereich Business Recovery Services. Davor war er drei Jahre als Chief Financial Officer bei einem deutschen private-equity-owned Mittelständler und davor über sechs Jahre bei Arthur D. Little International im Bereich Corporate Finance tätig. Er ist Wirtschaftswissenschaftler (Dipl. Oec.) und Bankkaufmann.

1. Teil
Ansatzpunkte der Unternehmensrestrukturierung

§ 1 Uternehmensrestrukturierung in Deutschland – Empirische Ergebnisse

Übersicht

	Rn.
I. Einleitung	1–5
II. Ergebnisse der Studie	6–42
1. Konjunkturentwicklung und Wettbewerbsfähigkeit Europas	6–17
a) Konjunkturentwicklung in Europa im Allgemeinen und in Deutschland im Speziellen	6–12
b) Wettbewerbsfähigkeit: aktuelle Situation und Verbesserungshebel	13–17
2. Restrukturierungsmaßnahmen als Hebel für Wettbewerbsfähigkeit	18–29
a) Schwerpunkte von Restrukturierungsmaßnahmen für die nächsten Jahre	18–21
b) Erfolgsfaktoren der Restrukturierung	22, 23
3. Erwartungen an die Finanzierung	24–29
a) Einschätzung der Finanzierungslage	24–27
b) Arten und Risiken künftiger Finanzierungen	28, 29
III. Ergebnisse im historischen Vergleich	30–36
IV. Methodik der Studie	37–42

I. Einleitung

Zu aktuellen Themen rund um die Restrukturierung befragt Roland Berger Strategy Consultants seit 2001 regelmäßig führende Unternehmen weltweit. Im Jahr 2013 wurden allein in Deutschland über 1100 Spitzenmanager aus verschiedenen Branchen mittels eines mehrseitigen Fragebogens befragt. Es wurde eine Rücklaufquote von ca. 14 % erreicht. **1**

Diese empirische Untersuchung ist die einzige ihrer Art, da sich bisher weder in Deutschland noch international Theoretiker oder Praktiker mit dem Thema Restrukturierung regelmäßig auf empirisch-statistischer Basis auseinandersetzen. Sowohl durch den Untersuchungszeitraum von 2001 bis heute als auch durch die Befragung von Unternehmen auf der ganzen Welt sind wir zusammen mit unserer langjährigen Expertise im Restrukturierungsumfeld in der Lage, aktuelle Trends und längerfristige Entwicklungen herauszuarbeiten und internationale Besonderheiten zu berücksichtigen. **2**

Fokus der Restrukturierungsstudie 2013 war es zu erfahren, wie Führungskräfte die Entwicklung der langfristigen Wettbewerbsfähigkeit ihres Unternehmens einschätzen und diese vor dem Hintergrund der volkswirtschaftlichen Wettbewerbsfähigkeit Europas verbessern wollen. Eine Mehrheit der Unternehmen schätzt Wachstum und Wettbewerbsfähigkeit Deutschlands im Vergleich zum übrigen Europa deutlich besser ein. Für die Förderung der europäischen Wettbewerbsfähigkeit ist die Reduzierung der Staats- **3** schulden notwendig, um Investitionen Infrastruktur und Innovationskraft/Bildung als Hebel der Wettbewerbsfähigkeit zu ermöglichen.

4   Wenngleich zukünftiges Wachstum von den befragten Unternehmen überwiegend in Asien erwartet wird, hängt Deutschland stark an der europäischen Binnennachfrage. Eine schwächer werdende innereuropäische Binnennachfrage hätte für die Mehrheit der Befragten weitreichende ökonomische Konsequenzen. Daher wird Restrukturierung weiterhin als Daueraufgabe verstanden, welche in den kommenden Jahren weiter intensiv betrieben werden soll. Der Schwerpunkt der Restrukturierung liegt in 2013 vor allen Dingen auf Wachstums- und Vertriebsinitiativen sowie auf Maßnahmen zur Kostensenkung und Effizienzsteigerung. Aufgrund des nach Ansicht der Befragten von hoher Volatilität geprägten wirtschaftlichen Umfelds, schätzt eine Mehrheit der Befragten die Planung in Szenarien als elementar ein.

5   Die Liquiditätssituation der Unternehmen wird für die kommenden Jahre überwiegend deutlich positiv eingeschätzt. Damit ist die Liquiditätskrise, wie sie noch bei vergangenen Restrukturierungsstudien festgestellt wurde, eindeutig und auf breiter Front bewältigt. Die zukünftige Finanzierung der Unternehmen soll nach Ansicht von rund 90 % der befragten Unternehmen vor allen Dingen aus internen Mitteln erfolgen, eine kapitalmarktbasierte Finanzierung ist für die große Mehrheit der Befragten mithin nicht angestrebt. Sofern denn auf externe Finanzierung zurückgegriffen wird, soll dies in der Regel eine Finanzierung durch Banken umfassen, die in 2013 gegenüber 2012 wieder an Relevanz gewinnen.

II. Ergebnisse der Studie

1. Konjunkturentwicklung und Wettbewerbsfähigkeit Europas

6   a) Konjunkturentwicklung in Europa im Allgemeinen und in Deutschland im Speziellen. Im Folgenden werden die wesentlichen Ergebnisse der Restrukturierungsstudie 2013 zusammenfassend dargestellt. Wo möglich und sinnvoll, vergleichen wir Deutschland mit anderen Regionen weltweit.

7   Zunächst wenden wir uns der allgemeinen Konjunkturentwicklung in Europa im Allgemeinen und Deutschland im Speziellen zu und werden anschließend die aktuelle Wettbewerbsfähigkeit und Verbesserungshebel beleuchten. In einem zweiten Schritt werden wir Restrukturierungsmaßnahmen als Hebel für Wettbewerbsfähigkeit diskutieren. Der Fokus betrifft die Schwerpunkte und Erfolgsfaktoren von Restrukturierungsmaßnahmen für die nächsten Jahre. In einem dritten Schritt werden wir die Erwartungen der Unternehmen an die Finanzierung beleuchten.

8   Um einen generellen Eindruck über die Konjunkturentwicklung Europas und Deutschlands zu erhalten, wurden Vorstände und Geschäftsführer deutscher Unternehmen zu ihren wirtschaftlichen Erwartungen für die nächsten Jahre befragt. Insgesamt blicken die Befragten positiv auf die gesamtwirtschaftliche und individuelle Unternehmensentwicklung für die nächsten Jahre. Nicht nur wird bis 2015 für Deutschland mit Wirtschaftswachstum gerechnet, sondern auch für Europa in 2015. Die Wettbewerbsfähigkeit Deutschlands wird positiv eingeschätzt, was für Deutschland vor allen Dingen auf die Infrastruktur und Innovationskraft zurückzuführen ist. Des Weiteren profitieren nach Ansicht der Befragten deutsche Unternehmen von der europäischen Währungsunion. Ein Zerfall der Eurozone wird außerdem von 79 % der befragten Unternehmen in den kommenden Jahren nicht befürchtet, im Vorjahr haben hier nur 61 % mit einem klaren „Nein" geantwortet.

§ 1 Unternehmensrestrukturierung in Deutschland   § 1

Die Konjunkturentwicklung Deutschlands ist von einem starken Wachstum nach der 9
Krise in 2009 mit abschwächender Tendenz nach dem Aufschwung ab 2011 gekennzeichnet. Für 2013 wird für die deutsche Volkswirtschaft ein positives und gegenüber 2012 ein abgeschwächtes Wachstum von 0,7 % erwartet. Diese Entwicklung wird durch den ifo-Geschäftsklimaindex bestätigt, welcher sich seit Anfang 2011 verschlechtert hat.

Das positive Konjunkturbild für die deutsche Wirtschaft spiegelt sich auch in der Er- 10
wartungshaltung der Befragten wider: über den Zeitverlauf 2013–2015 erwartet die Mehrheit der Befragten Wirtschaftswachstum in Deutschland. Die positive Grundstimmung zeigt sich auch in der erwarteten Umsatzentwicklung: für die nächsten Jahre erwartet die Mehrheit der Befragten ein Umsatzwachstum von mehr als 5 %. Zusätzlich wird für 2014 gegenüber 2013 mit einer Verbesserung der Umsatzentwicklung gerechnet. Die größte Gefahr für künftiges Wachstum sehen die Befragten im Mangel an qualifizierten Mitarbeitern und in zu geringer europäischer Binnennachfrage. Unzureichende Finanzierungsquellen stellen indes kein dominierendes Thema mehr dar.

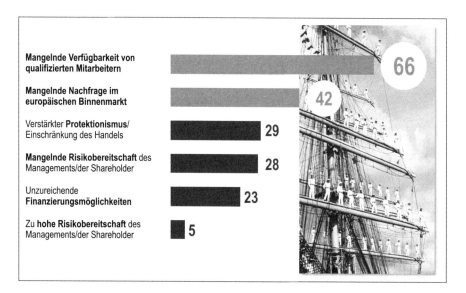

Bei der Analyse der Konjunktureinschätzung der Befragten zu Europa ergibt sich al- 11
lerdings ein konträres Bild: für die nächsten beiden Jahre erwartet die große Mehrheit der befragten Unternehmen für Europa eine Stagnation oder sogar eine Rezession. Für 2015 wird jedoch in Deutschland wie auch in Europa Wirtschaftswachstum erwartet: 80 % der Befragten erwarten in Deutschland und 66 % der Befragten erwarten in Europa Wachstum. Bei der Analyse der weltweiten Wachstums- und Investitionsschwerpunkte wird deutlich, dass weltweit für die nächsten Jahre lediglich für Lateinamerika und dem mittleren Osten keine nennenswerten Wachstumserwartungen bestehen. Dieses Bild spiegelt sich auch in der Investitionsbereitschaft wider, welche Investitionsabsichten in Westeuropa, Mittel- und Osteuropa und Asien, aber nicht in Amerika und dem mittleren Osten vorsehen.

Die gegenwärtige wirtschaftliche Situation wird im Wesentlichen von der Staatsschul- 12
denkrise in Europa geprägt. Eine Mehrheit der Befragten befürchtet allerdings keinen Zerfall der europäischen Währungsunion. Da die deutschen Unternehmen nach Meinung der Befragten sehr stark von der europäischen Währungsunion profitieren, ist eine

§ 1 1. Teil. Ansatzpunkte der Unternehmensrestrukturierung

Lösung der Staatsschuldenkrise in Europa mithin ein zentrales Anliegen. Außerdem möchte die Mehrheit der Befragten ein gemeinsames Europa und betrachtet Europa nicht als Summe aller Nationalstaaten, sondern als Einheit. Die aktuelle Europapolitik der deutschen Regierung ist allerdings nur für 52 % der Befragten geeignet, Vertrauen in den europäischen Wirtschaftsraum zu steigern. Eine bessere Europapolitik bedeutet für 77 % der Befragten vor allen Dingen eine stärkere politische Integration.

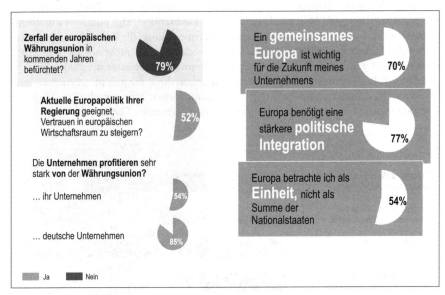

13 b) **Wettbewerbsfähigkeit: aktuelle Situation und Verbesserungshebel.** Die zukünftige Wettbewerbsfähigkeit Deutschlands wird für die kommenden drei Jahre insgesamt positiv eingeschätzt. Vor allen Dingen gegenüber Europa und auch Lateinamerika wird sich nach Einschätzung der Befragten die Wettbewerbsfähigkeit Deutschlands verbessern. Ein anderes Bild stellt sich für Deutschland gegenüber Asien und Nord-/Mittelamerika dar: gegenüber Asien wird von einer Verschlechterung und gegenüber Nord-/Mittelamerika wird von keiner Veränderung der Wettbewerbsfähigkeit ausgegangen. Eine schlechtere Einschätzung ergibt sich beim Vergleich der erwarteten Entwicklung der Wettbewerbsfähigkeit Europas mit den genannten Regionen: für Asien und Lateinamerika wird von einer Verschlechterung und für Nord-/Mittelamerika wird von keiner Veränderung der Wettbewerbsfähigkeit ausgegangen.

14 Für das Verständnis der unterschiedlichen Ergebnisse zur Wettbewerbsfähigkeit zwischen Europa und Deutschland ist es notwendig, die Treiber der Wettbewerbsfähigkeit zu analysieren. Für Deutschland bestätigen sich die traditionell wichtigen Themen Infrastruktur, Innovation und Bildung als Basis für Wettbewerbsfähigkeit. Für Europa ist im Wesentlichen die Größe des Binnenmarktes der entscheidende Wettbewerbsvorteil. Entgegen unserer Erwartungen haben Energiekosten für Europa und Deutschland nur eine untergeordnete Wichtigkeit für die Wettbewerbsfähigkeit.

15 Neben den Treibern der Wettbewerbsfähigkeit wurden Vorstände und Geschäftsführer deutscher Unternehmen zu Steigerungsmöglichkeiten der Wettbewerbsfähigkeit befragt. Zur Förderung der Wettbewerbsfähigkeit Europas ist primär eine Reduzierung der Staatsschulden notwendig. Eine Reduzierung der Staatsschulden schafft fiskalische Handlungsspielräume, um den zweitwichtigsten Hebel zur Steigerung der Wettbewerbsfähig-

keit zu ermöglichen: Investitionen in Infrastruktur (insb. Energie, Verkehr, IT und Telekommunikation). Eine Flexibilisierung des Arbeitsmarktes ist für die Befragten ein weiterer Grundpfeiler zur Förderung der Wettbewerbfähigkeit Europas. Ein Vergleich der Einschätzung der Befragten zu Verbesserungshebeln der Wettbewerbfähigkeit mit den zentralen Forderungen der Politik, ergibt teilweise ein widersprüchliches Bild. Gerade die gemeinsame europäische Lohnpolitik als zentrales Thema der Politik findet bei den befragten Unternehmen eine untergeordnete Beachtung.

Neben der Wettbewerbsfähigkeit von Volkswirtschaften wurden die Vorstände und Geschäftsführer deutscher Unternehmen noch zu eigenen Wettbewerbsvorteilen befragt. Entscheidende individuelle Wettbewerbsvorteile sind vor allen Dingen der internationale Kunden- und Marktzugang und ein überlegenes Produktportfolio. Als weitere wichtige Wettbewerbsvorteile wurden von den Befragten die überdurchschnittliche Eigenkapitalquote, die starke Innovationskraft und die hohe Liquiditätssituation genannt. Mit den genannten Wettbewerbsvorteilen sehen sich Unternehmen damit in der Lage, einer potentiellen wirtschaftlichen Abkühlung zu begegnen.

Eine mögliche Eintrübung der Wirtschaftsentwicklung kann erhebliche Folgen für die Wettbewerbsfähigkeit bedeuten. Nach Einschätzung der befragten Unternehmen wird der entscheidende Wettbewerbsvorteil bei einem Rückgang der Wirtschaftsleistung besonders betroffen: der große gemeinsame europäische Markt. Rückläufige innereuropäische Exporte bedingt u.a. durch einen Nachfragerückgang privater Haushalte, welcher durch zunehmende Arbeitslosigkeit getrieben ist. Dies stellt nach Ansicht der Befragten die größte Gefahr eines möglichen Wirtschaftsabschwungs dar.

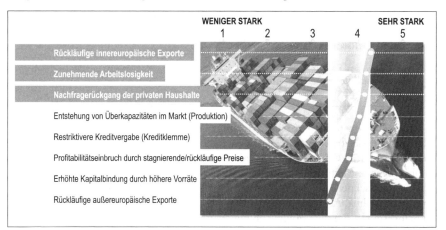

2. Restrukturierungsmaßnahmen als Hebel für Wettbewerbsfähigkeit

a) Schwerpunkte von Restrukturierungsmaßnahmen für die nächsten Jahre.
Restrukturierung wird von den befragten Unternehmen zur Steigerung der Wettbewerbsfähigkeit weiterhin als Daueraufgabe verstanden, die in den kommenden Jahren intensiv betrieben werden soll. Der Schwerpunkt der Restrukturierung liegt in 2013 klar auf Wachstums- und Vertriebsinitiativen. Als entscheidender Erfolgsfaktor gilt weiterhin der Einsatz des Management. Im Folgenden werden wir die Studienergebnisse in Bezug auf Restrukturierungsmaßnahmen diskutieren.

Die Befragten der Studie erwarten für 2013 und 2014 ein überwiegend volatiles wirtschaftliches Umfeld. Kurzfristig besteht allerdings für 2013 eine größere Unsicherheit als

2014. Um diesem Umstand Rechnung zu tragen, möchten sich 79 % der Befragten auf diese Situation vorbereiten und Szenarien planen.

20 Das herausfordernde wirtschaftliche Umfeld erfordert nach Ansicht von 86 % der Befragten, dass Restrukturierung als dauerhafte Aufgabe wahrgenommen wird. Des Weiteren planen die Befragten, Restrukturierungsmaßnahmen in den kommenden Jahren mit hoher Intensität zu betreiben: allein 22 % der Befragten möchte Restrukturierungsmaßnahmen mit hoher Intensität und nur 2 % mit niedriger Intensität betreiben.

21 Der Schwerpunkt der zu ergreifenden Restrukturierungsmaßnahmen liegt in 2013 für 80 % der Befragten auf Wachstums-/Vertriebsinitiativen und für 76 % der Befragten auf Kostensenkungs- bzw. Effizienzsteigerungsprogrammen. Kostenflexibilisierungsprogramme und Neudefinitionen bzw. Adjustierungen der Geschäftsmodelle sind für mehr als 50 % der Befragten ein weiterer Fokus von Restrukturierungsmaßnahmen.

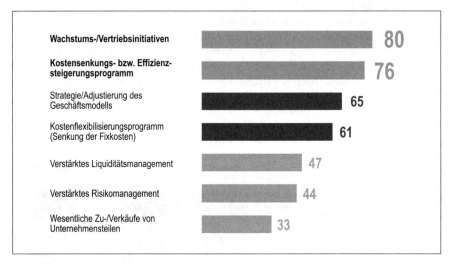

22 **b) Erfolgsfaktoren der Restrukturierung.** Damit Restrukturierungsmaßnahmen erfolgreich umgesetzt werden können, ist nach Ansicht von 92 % der befragten Unternehmen Management Commitment erforderlich. Von entscheidender Bedeutung für den Erfolg einer Restrukturierung sind außerdem die Kommunikation der Ziele bzw. Fortschritte, eine schnelle Implementierung, ein ganzheitliches Konzept und ein intensives Projektcontrolling. Auch die Rolle eines Chief Restructuring Officers (CRO), der sich im Schwerpunkt um die erfolgreiche Umsetzung der Restrukturierung kümmert, wird vermehrt als wichtig angesehen.

23 Fast 80 % der befragten Unternehmen halten den Einsatz eines CRO für nicht notwendig und rund 10 % der Befragten sind unentschieden bzgl. des Einsatzes eines CRO – im Umkehrschluss bedeutet es aber, dass inzwischen fast 10 % der Unternehmen diese Position im Management als sinnvoll und richtig ansehen. Die Verstärkung des Management durch einen CRO ist vor allem in Ausnahmesituationen nötig, seltenere bei einer kontinuierlichen Kostenoptimierung. Je höher allerdings der Handlungsdruck, desto wichtiger wird der Einsatz eines CRO gesehen – kommt es zur Insolvenz ist die Bestellung eines CRO eine Hauptanforderung für die Eigenverwaltung. Der CRO soll dann Kommunikation und Schnelligkeit der Implementierung unterstützen und damit die Umsetzung eines ganzheitlichen Konzeptes sichern.

3. Erwartungen an die Finanzierung

a) Einschätzung der Finanzierungslage. Beim Thema Finanzierung wurden die Unternehmen sowohl zur Einschätzung der aktuellen Situation als auch hinsichtlich der Einschätzung zukünftiger Tendenzen befragt. Hinsichtlich der aktuellen Situation wurde die Einschätzung zur aktuellen Liquiditätslage und zur Bedeutung allgemeiner Finanzierungsformen ermittelt. Ferner wurden Beurteilungen hinsichtlich Veränderungen in der zukünftigen Finanzierung und damit verbundenen Risiken abgefragt.

Die Liquiditätssituation der Unternehmen wird für die kommenden Jahre mehrheitlich positiv beurteilt. Jedoch bewerten rund 10 % der Unternehmen ihre Liquiditätslage in 2013 als kritisch. Die zukünftige Finanzierung des Unternehmens soll bei fast 90 % der Befragten bevorzugt aus internen Mitteln erfolgen; bei der Finanzierung durch die Kapitalmärkte herrscht Zurückhaltung. Sofern auf externe Finanzierung zurückgegriffen wird, umfasst dies in der Regel Finanzierung durch Banken. Kapitalmarktbasierte Fremdfinanzierung ist dagegen bei den Unternehmen von untergeordneter Bedeutung. Mittelstandsanleihen und Mezzanine-Kapital sind aktuell nahezu bedeutungslos.

Während die eigene Liquiditätslage 2012 noch von 13 % der Unternehmen kritisch oder sehr kritisch eingeschätzt wurde, bewerten in der diesjährigen Studie noch 9 % der Befragten ihre Situation dementsprechend. Für 2014 verbessert sich der Wert auf 6 %. Die zukünftige Erwartung an die Liquiditätslage ist also überwiegend positiv. Für 2013 bewerten noch 62 % der Unternehmen ihre Liquiditätslage als positiv oder sehr positiv, für 2014 steigt dieser Wert auf 69 % an. Grundsätzlich schätzen weit mehr als 60 % der Befragten in allen Jahren ihre Liquidität positiv oder sehr positiv ein.

Der internen Finanzierungskraft wird von nahezu allen Unternehmen (89 %) die höchste Bedeutung beigemessen. Innerhalb der internen Finanzierungsformen nehmen die direkten Working-Capital-Maßnahmen (d.h. ohne Factoring) den höchsten Stellenwert ein. Mezzanine wird nach dem Wegfall der deutschen Standardprogramme als Finanzierungsquelle von den Befragten weiterhin nahezu ausgeschlossen (2 %).

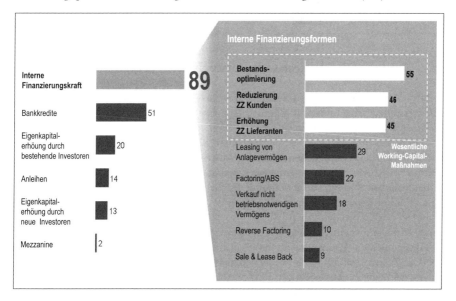

28 b) Arten und Risiken künftiger Finanzierungen. Sofern Veränderungen der Unternehmensfinanzierung geplant sind, beziehen sich diese überwiegend auf Finanzierung durch Banken (69 %). Vor allem werden dabei Verlängerungen und Ausweitungen bestehender Linien beabsichtigt, in etwas geringerem Umfang auch die Beantragung neuer Kreditlinien. Weitere Finanzierungsmaßnahmen sind von geringerer Bedeutung. Mezzanine Kapital ist nahezu bedeutungslos.

29 Als größtes Risiko sehen die Unternehmen einen erhöhten Bedarf an Wachstumsfinanzierung (28 %). Gefolgt von einem verschlechterten Unternehmensumfeld (26 %). Diese Kombination aus Finanzierungsinvestitionen gepaart mit Umsatzrisiken stellt ein Risiko dar, wenn bei der Aufnahme von Schulden an die Finanzierungsgrenzen (bspw. EBITDA-Verschuldungsgrad) gegangen wird, ohne auf fallende Gewinne durch konjunkturelle Eintrübung vorbereitet zu sein und auch für diesen Fall keine Covenant-Verletzungen zu riskieren.

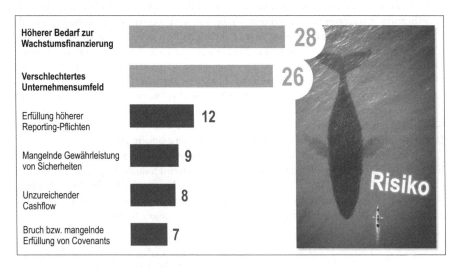

III. Ergebnisse im historischen Vergleich

30 Nachdem die Ergebnisse der Studie im Einzelnen dargestellt wurden, soll nun in einem zweiten Schritt kurz auf zentrale Ergebnisse und ihre Veränderungen im Vergleich zu unseren älteren Studien eingegangen werden.

31 Wie bereits in 2012 sehen die Unternehmen rückläufige innereuropäische Exporte als größte Gefahr eines möglichen Wirtschaftsabschwungs. Wurde in 2012 noch eine restriktivere Kreditvergabe als wesentliches Risiko gesehen, dominieren aktuell zunehmende Arbeitslosigkeit und ein damit verbundener Nachfragerückgang der privaten Haushalte. Eine erhöhte Kapitalbindung durch höhere Vorräte sowie rückläufige außereuropäische Exporte werden von den Unternehmen wie bereits im Vorjahr als weniger große Gefahr eines wirtschaftlichen Abschwungs gesehen.

32 Hinsichtlich der Restrukturierungsmaßnahmen liegt der Schwerpunkt der Unternehmen in diesem Jahr auf Wachstums-/Vertriebsinitiativen. 80 % der befragten Unternehmen gaben den Punkt als Schwerpunkt an (66 % in 2012). Während in 2011 noch Kostensenkungs- bzw. Effizienzsteigerungsprogramm im Fokus der Unternehmen standen (87 %), liegt dieser Punkt aktuell mit 76 % auf Platz zwei. Als weniger relevant stufen die

§ 1 Uternehmensrestrukturierung in Deutschland §1

Unternehmen Zu-/Verkäufe von Unternehmensteilen (33 %) bzw. das Schlusslicht der Vorjahre – ein verstärktes Risikomanagement (44 % in 2013, 38 % in 2012 und 42 % in 2011) ein.

Hinsichtlich der Erfolgsfaktoren für die Restrukturierung wird das Management Commitment wie bereits in den Vorjahren an erster Stelle gesehen. Nachdem in 2010–2012 noch 51–74 % der Unternehmen hierin den Top Erfolgsfaktor sahen, sind es aktuell 92 % der Unternehmen. Deutlich an Relevanz gewonnen haben außerdem die Faktoren Kommunikation (82 % der Nennungen im Vergleich zu 20–37 % in 2010–2012), eine schnelle Implementierung (80 % im Vergleich zu 28–36 % in 2012–2012) und ein ganzheitliches Konzept (78 % im Vergleich zu 34–47 % in 2010–2012). Ferner ist der Einsatz eines CRO in 2013 im Vergleich zu 2012 von größerer Bedeutung für die befragten Unternehmen (9 % in 2013 gegenüber 6 % in 2012). 33

Eine Verschlechterung ist bei der Einschätzung der Liquiditätslage zu beobachten. Während bei unserer letzten Restrukturierungsstudie im Jahr 2012 gerade noch 4 % ihre Liquiditätslage als kritisch oder sehr kritisch betrachteten, so ist hier in der 2013er Studie ein Anstieg auf immerhin 13 % zu beobachten. Damit ist dies der schlechteste Wert in den vergangenen Jahren, denn auch 2011 und 2010 war diese Einschätzung mit 8 % bzw. 11 % weniger kritisch. Bei den Finanzierungsformen steht wie in den Vorjahren die interne Finanzierungskraft mit deutlichem Abstand an erster Stelle. 89 % der Unternehmen messen diesem Punkt eine hohe Bedeutung zu (91 % bzw. 94 % in den Vorjahren). Ähnlich zu den Vorjahren soll dabei die Finanzierung im Wesentlichen aus Working Capital-Maßnahmen generiert werden. Spitzenreiter ist auch in 2013 die Bestandsoptimierung mit 55 % im Vergleich zu 72 % in 2012 und 76 % in 2012, gefolgt von einer Optimierung der Zahlungsziele von Kunden und Lieferanten (46 % bzw. 45 % im Vergleich zu 61 % in 2012 und 79 % in 2011). 34

Nachdem Bankkredite als Finanzierungsform in 2012 leicht an Bedeutung verloren hatten (43 % der Nennungen nach 54 % in 2011), sind diese auch in diesem Jahr wieder an 2. Stelle (51 %). Weiter abgefallen sind Mezzanine Finanzierungsformen mit aktuell nur noch 2 % der Nennungen (6 % in den Vorjahren). 35

Auch bei der Frage zu den geplanten Änderungen in der zukünftigen Finanzierung steht weiterhin die Bankenfinanzierung im besonderen Fokus. 69 % Unternehmen sehen geplanten Änderungen im Bereich der Kreditfinanzierung der Banken (89 % hatten die Punkte in 2012 als relevant/sehr relevant eingestuft). Gefolgt wird der Punkt von der Aufnahme eines Gesellschafterdarlehens (14 % vs. 13 % im Vorjahr). Die Option einer Mittelstandsanleihe bleibt weiterhin relativ unbedeutend (3 % vs. 2 % in 2012). 36

IV. Methodik der Studie

Roland Berger Strategy Consultants führt regelmäßig Befragungen zu Fragestellungen rund um das Thema Restrukturierung durch. Neben den hier dargestellten Ergebnissen der deutschen Studie werden im Sommer ebenfalls die Ergebnisse unserer internationalen Studie veröffentlicht. 37

In der diesjährigen Studie wurden Vorstände und Geschäftsführer von rund 1100 Unternehmen befragt. Durch die Vielzahl und Ausgewogenheit der vertretenen 14 Branchen ist die allgemeine Aussagekraft der Ergebnisse gewährleistet. 38

§ 1   1. Teil. Ansatzpunkte der Unternehmensrestrukturierung

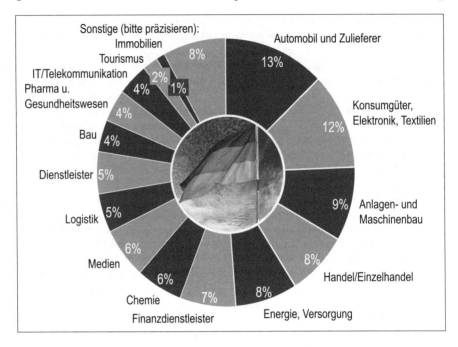

39   Bezüglich der Unternehmensgröße decken die beantworteten Fragebögen ebenfalls ein breites Spektrum ab, gleiches gilt für die Mitarbeiterzahlen.

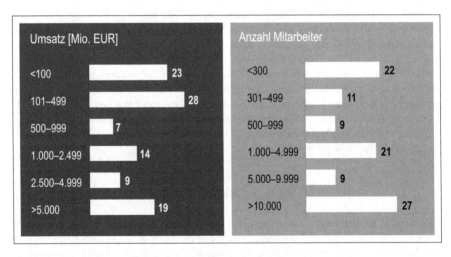

40   Ziel der Studie war es zu erfahren, wie Führungskräfte die Entwicklung der langfristigen Wettbewerbsfähigkeit ihres Unternehmens einschätzen und diese vor dem Hintergrund der volkswirtschaftlichen Wettbewerbsfähigkeit Europas verbessern wollen. In der Auswertung der Antworten haben wir uns weitgehend auf grundlegende und gut nachvollziehbare Analysen konzentriert. In der Regel kommen Häufigkeitsverteilungen der Antwortkategorie „sehr wichtig bis wichtig" bzw. „sehr kritisch bis kritisch" zur Anwendung.

Für den Fragebogen wurden in der Regel geschlossene Fragestellungen gewählt, die **41** mit der Möglichkeit zur individuellen Beantwortung kombiniert wurden. Mehrere Antworten auf eine Frage waren – in Abhängigkeit von der Fragestellung – zulässig. Zusätzlich hatten die Teilnehmer die Möglichkeit bei mehreren offenen Fragen ihre Ansichten uneingeschränkt darzulegen.

Wir danken allen Teilnehmern, die an der diesjährigen und an den vorangegangenen **42** Studien teilgenommen haben. Sie ermöglichen es uns, wichtige Erkenntnisse in einem Themenfeld zu generieren, das ansonsten aus Sicht der empirischen Forschung weitgehend unbeleuchtet bliebe.

§ 2 Praxisorientierte Verfahren zur Früherkennung von Unternehmenskrisen und Insolvenzgefahren

Übersicht

	Rn.
I. Ausgangssituation	1–5
II. Zur Informationsasymmetrie zwischen Gläubigern und Schuldnern	6–13
III. Ausgewählte Methoden der Krisenfrüherkennung	14–56
1. Klassische Kennzahlenanalyse	14–19
2. Moderne Krisenindikator-Modelle	20–44
a) Diskriminanzanalytische Verfahren	20–28
b) Künstliche Neuronale Netze-Verfahren	29–42
c) *Moody's* KMV Risk Calc	43, 44
3. Strategische Frühwarnsysteme	45–56
IV. Zur Erkennung von Unternehmenskrisen und Insolvenzgefahren in der Bankpraxis	57–87
1. Krisenfrüherkennung im Rahmen der Kreditwürdigkeitsprüfung	57–61
2. Krisenfrüherkennung aus der Jahresabschlussanalyse	62–74
3. Krisenfrüherkennung aus der bankmäßigen Geschäftsbeziehung	75, 76
4. Krisenfrüherkennung aus strategischen Erfolgsfaktoren	77–85
a) Unternehmensstrategie	77–80
b) Wirtschaftliches Umfeld	81, 82
c) Managementqualifikation	83–85
V. „Basel II und III" und die Kreditkosten	86–99
1. Zur Bedeutung des Ratings	86–88
2. Ratingorientierte Portfoliosteuerung	89–92
3. Covenants im Kreditvertrag	93, 94
4. Zur Entwicklung der Kreditkosten	95–99
VI. Corporate Governance: Ordnungsrahmen zur Vermeidung von Unternehmenskrisen	100–102
VII. Schlussbetrachtung und Ausblick	103–111

I. Ausgangssituation

1 Ziel dieses Beitrags ist zu verhindern, was er prognostiziert![1] Im Falle einer stets erfolgreichen Früherkennung von Insolvenzgefahren könnte der geneigte Leser die weiteren Beiträge dieses Buches vernachlässigen, aber die Realität sieht anders aus.

Die Problematik der Früherkennung von Insolvenzgefahren oder Unternehmenskrisen erfreut sich nahezu immer währender Aktualität in Schrifttum und Praxis. Besonders auffällig zeigt sich dies in Zyklen mit immer neuen Insolvenzrekorden in der Bundesrepublik.[2] Unternehmensinsolvenzen folgen nun einmal mit hoher Korrelation dem Kon-

---

[1] Die nachfolgenden Ausführungen stellen ausschließlich die persönliche Sichtweise des Verfassers dar.

[2] Empfehlenswert ist ein Blick in die aktuellen Insolvenzstatistiken der Deutschen Bundesbank, des Statistischen Bundesamtes oder des Verbandes der Vereine Creditreform. Gemäß einer aktuellen Analyse der Creditreform Wirtschaftsforschung sind die Unternehmensinsolvenzen in Deutschland aufgrund der guten Konjunktur zwar leicht rückläufig, vgl. Creditreform Wirtschaftsforschung

§ 2 Praxisorientierte Verfahren zur Früherkennung von Unternehmenskrisen § 2

junkturzyklus. Aufgrund des zeitlichen Vorlaufs von Unternehmenskrisen könnte man cum grano salis meinen, es sei zu spät, sich in Zeiten hoher Insolvenzquoten mit der Neu- und Weiterentwicklung von Instrumenten zur Krisenfrüherkennung zu beschäftigen. Doch sind solche Negativtrends immer wieder auch Auslöser von umfangreichen Forschungsaktivitäten. Selbst in den letzten Jahren mit rückläufigen Unternehmensinsolvenzen in Deutschland ist die Wirtschaftswissenschaft sehr produktiv. In diesem Beitrag wird dargestellt, dass die betriebswirtschaftliche Insolvenzforschung kontinuierliche Fortschritte bei der Entwicklung von Frühwarnsystemen erzielt hat. Es zeigen sich jedoch Unterschiede der Systeme im Hinblick auf ihre Relevanz für Theorie und unternehmerische Praxis.

Nach allgemeinem Verständnis versteht man unter „Krise" eine kritische Entwicklung 2 oder Zuspitzung einer Handlungsphase. Im Folgenden wird der Begriff der **„Unternehmenskrise"** im engeren Sinne definiert als **drohende Handlungsunfähigkeit** im finanziellen Bereich verbunden mit **Insolvenzgefahren**. In der Betriebswirtschaftslehre wird er auch anhand konstituierender Merkmale umschrieben:[3]
- Unternehmenskrisen gefährden die operativen und strategischen Unternehmensziele, aber auch fundamentale Interessen Dritter (Anteilseigner, Gläubiger, Mitarbeiter, Staat usw.);
- Unternehmenskrisen haben durchweg zeitraumbezogenen Charakter und sind zunächst meist latenter Natur, bevor eine Krise akut wird und – im ungünstigen Fall – zur Insolvenz des Unternehmens führt;
- Grundsätzlich ist das Ergebnis eines Krisenprozesses offen, d.h. eine Unternehmenskrise impliziert immer auch die Möglichkeit einer erfolgreichen Bewältigung.

Wesentliche Elemente des Krisenprozesses sind somit sein **existenzbedrohender Cha-** 3 **rakter** und seine **Zukunftsbezogenheit**. Um eine Krise zu lösen oder um das negative Endresultat einer Unternehmenskrise – die Insolvenz – zu vermeiden, bedarf es eines Krisenmanagements, das die Früherkennung von (latenten) Krisen und Maßnahmen der Krisenvermeidung beinhaltet.[4]

Die Früherkennung von Unternehmenskrisen ist ein wichtiger Bestandteil des Kri- 4 senmanagements und von grundlegender Voraussetzung für die Vermeidung akuter Krisen und Insolvenzgefahren. Es gilt der kausale Zusammenhang, dass Unternehmenskrisen aufgrund ihres zeitlichen Vorlaufs umso effizienter und schneller beseitigt werden können, je frühzeitiger sie erkannt werden. Krisenfrüherkennung setzt an den **Krisenursachen** an. Im Rahmen der betriebswirtschaftlichen Krisenursachenforschung wurde herausgearbeitet,[5] dass Krisen
- oft aus zahlreichen quantitativen und qualitativen Ursachen resultieren,
- sowohl unternehmensintern (endogen) als auch extern (exogen) veranlasst sein können.

Häufige **endogene Krisenursachen** sind beispielsweise Managementfehler, mangelhafte Strategiekonzepte, schlechte Produkte oder Produktionsverhältnisse, fehlende Markt- und Wettbewerberbeobachtung, unzureichende Eigenmittelausstattung etc. **Exogene Krisenursachen** resultieren etwa aus Konjunkturschwankungen, technischem Fortschritt, Rohstoffverknappungen, geändertem Wettbewerberverhalten, allgemeinem

---

(Hrsg.), Insolvenzen in Deutschland, Jahr 2012, S. 1 ff.; www.creditreform.de. Aber neue Rekordquoten werden kommen.
[3] Vgl. grundlegend *Krystek*, S. 6 ff., im Überblick beispielsweise *Bea/Haas*, S. 486 ff. oder *Baetge/ Schmidt/Hater*, S. 20 ff.
[4] Vgl. ausführlich *Hauschildt* in Hauschildt/Leker, S. 1 ff.
[5] Vgl. *Krystek*, S. 67 f.; *Bea/Haas*, S. 487; *Hauschildt* in Hauschildt/Leker, S. 7 ff.

Wertewandel usw. Sie können naturgemäß von der einzelnen Unternehmung nur begrenzt beeinflusst werden.

5   Dieser Beitrag befasst sich mit den Möglichkeiten und Grenzen der Früherkennung von Unternehmenskrisen und Insolvenzgefahren. Schwerpunkt dieser Arbeit sind ausgewählte **praxisorientierte Methoden**, die insbesondere von externen Analytikern z.B. bei Kreditinstituten, Kreditversicherungsgesellschaften, Ratingagenturen sowie von Wirtschaftsprüfungsgesellschaften angewendet werden, die aber auch in einer Unternehmung im Rahmen der strategischen Planung zum Einsatz kommen. Daneben gibt es Verfahren, die derzeit primär von theoretischem Forschungsinteresse sind. Auf diese muss aus Platzgründen an geeigneter Stelle unter Angabe weiterführender Literatur verwiesen werden.

II. Zur Informationsasymmetrie zwischen Gläubigern und Schuldnern

6   Grundsätzlich gibt es zwei wesentliche Gruppen, die an einer Krisenfrüherkennung interessiert sind: Gesellschafter, Management und Mitarbeiter des Unternehmens einerseits und außen stehende Dritte: die Gläubiger (im Wesentlichen Banken, Lieferanten, der Staat und gegebenenfalls auch Kreditversicherer) andererseits. Eine gesonderte Stellung nehmen dabei Steuerberater und Wirtschaftsprüfer ein. Alle Gruppen haben unterschiedlichen Zugang zu Unternehmensinformationen, wobei verallgemeinert und rechtsformübergreifend von folgendem Zusammenhang ausgegangen werden kann: Am besten über das gesamte Unternehmensumfeld (Strategie, Finanzen, Branche, Wettbewerb, Forschung und Entwicklung, Produktion etc.) und auch über Chancen und Risiken ist üblicherweise das Management informiert. Es folgen im Allgemeinen Aufsichtsrat und die Gesellschafter. Tiefergehenden Einblick können auch Steuerberater und Wirtschaftsprüfer haben. Informationsgehalt und Einblick in Interna nehmen tendenziell ab, je geringer die Bindung oder die „Liefer"-Beziehung zum Unternehmen ist. Umfang und Wertigkeit von Unternehmensinformationen sind somit **ungleich** verteilt. Hiermit ist das Problem der so genannten „**Informationsasymmetrie**" umschrieben.

7   In der Finanzierungstheorie wird das **Gläubiger-Schuldner-Verhältnis** („Principal/Agent"-Beziehung) ausführlich im Rahmen der so genannten **Agency-Theorie** beschrieben und analysiert.[6] Die wesentlichen Kennzeichen dieses Beziehungsverhältnisses sind: **Informationsasymmetrie, Interessendivergenzen und Unsicherheit**. Vor und während der Geschäftsbeziehung hat der Schuldner (= Agent) annahmegemäß Informationsvorsprünge gegenüber dem Gläubiger (= Principal) bzgl. seiner eigenen zukünftigen Chancen und Risiken. Hinzu kommt die Möglichkeit von eigennützigem Handeln des Schuldners zum Nachteil des Gläubigers (**„moral hazard"**) nach Eingehen einer Vertragsbeziehung; die Interessen des Agents können von denen des Principals abweichen. Schließlich ist der zukünftige Erfolg der Handlungen des Schuldners mit Unsicherheit belastet. Vor diesem Hintergrund wurden verschiedene Erklärungsansätze und Hypothesen für das Verhalten von Gläubigern entwickelt, die sich gegen Risiken aus derartigen Agency-Problemen schützen bzw. absichern (z.B. durch Kreditwürdigkeitsprüfungen oder vertragliche Vereinbarungen), was wiederum zu (Agency-)Kosten führt. Diese können sich als Risikoprämie in erhöhten Renditeforderungen (z.B. im Zinssatz)

---

[6] Vertiefend hierzu vgl. z.B. *Hax/Hartmann-Wendels/von Hinten*, S. 689 ff. oder *Erlei/Leschke/Sauerland*, S. 69 ff. Vgl. zu den Kreditvergabehypothesen ausführlich bspw. *Gischer*, S. 65 ff.

niederschlagen (sog. „Risikoabgeltungshypothese"). In Form einer weiteren bedeutsamen Hypothese wurde herausgearbeitet, dass sich Kapital- oder Kreditgeber bei jeder einzelnen Geschäftsbeziehung das Risiko abgelten lassen, sich jedoch betragliche Grenzen setzen, bis zu denen sie Risiken eingehen und sich finanziell engagieren (sog. „Risikonormierungs-" oder „Kreditrationierungshypothese"). Die Risikobereitschaft des Gläubigers gilt als weitgehend unabhängig vom angebotenen Zins. Diese Hypothese wird in der Literatur in umfangreichen Untersuchungen etwa zum Kreditvergabeverhalten der Banken nach überwiegender Meinung als die realitätsnähere angesehen; eine solche Verhaltensweise ist auch in der Praxis oft zu beobachten.

Analog zu diesen theoretischen Erklärungsansätzen zeigt sich in der Realität, dass jede 8 Liefer- und Leistungsbeziehung mit einem Unternehmen mit Informationsasymmetrie und Interessengegensätzen belastet ist. Beide Aspekte sind aus Sicht der Gläubiger mitursächlich für ihre unternehmerischen Risiken, wenn sie von drohenden Krisen bei Unternehmen, mit denen sie eine Geschäftsbeziehung unterhalten, nicht oder nicht rechtzeitig Kenntnis erlangen. Dabei haben insbesondere externe Kapitalgeber ein erhebliches Interesse an der Krisenfrüherkennung, weil eine Unternehmenskrise ihren Kapitaleinsatz gefährdet.

Im Allgemeinen ist innerhalb einer solchen Liefer-/Leistungsbeziehung der Schuldner 9 (z.B. als Kreditnehmer oder Abnehmer) besser informiert über die eigene Situation als der externe Gläubiger (z.B. Kreditgeber oder Lieferant), weil dieser naturgemäß einen schlechteren Zugang zu internen Informationen des Schuldners hat. Das Management des Kreditnehmers z.B. kann den Informationsgehalt gezielt steuern. Die Informationen können wahr, halbwahr, unwahr, vollständig, unvollständig usw. sein, mithin gut oder schlecht. Jedenfalls ist der Schuldner bestrebt, seine Informationspolitik so auszurichten, dass sie ihm in jedem Einzelfall den größten Nutzen bringt; er stellt sich gern in positivem Lichte dar. Diesen Umstand einkalkulierend, wird der Gläubiger die erhaltenen Informationen durchweg kritisch überprüfen, denn er ist in jeder Gläubiger-Schuldner-Beziehung zunächst der Benachteiligte; die Informationsasymmetrie geht zu seinen Lasten.

Insofern werden die in der Praxis existenten vielfältigen **Absicherungsmöglichkei-** 10 **ten** durch vertragliche Vereinbarungen (z.B. Eigentumsvorbehalte, Kreditsicherheiten) als Ausgleich für Agency-Probleme der Gläubiger interpretiert. Eine Sicherheit wird auch als Informationsersatz ausgelegt, d.h. je besser oder werthaltiger die Besicherung eines Gläubigers ist, umso geringer kann er seinen Informationsbedarf über den Schuldner gestalten. So ist beispielsweise das Informationsbedürfnis einer Bank über einen Kreditnehmer, der als Sicherheit für einen Kredit ein gleichhohes verpfändetes Sicht- oder Termingeldguthaben bei ihr unterhält, äußerst gering, soweit man davon absieht, dass für eine fundierte Beratung durch die Bank gewisse Informationen unerlässlich sind.

Unabhängig hiervon dienen Sicherheiten in erster Linie der Reduzierung der Ausfall- 11 risiken von Gläubigern. Dies gilt für Lieferanten ebenso wie für Kreditinstitute. Die Absicherungsmöglichkeit stellt indessen für den Gläubiger vielfach keinen vollwertigen Ausgleich für die gelieferte Leistung dar. Zumeist liegt zwischen Erfüllung und Bezahlung ein Zeitraum, in dem Unternehmenskrisen beim Schuldner eintreten und auf die Gläubiger durchschlagen können. Je weiter der Rückzahlungszeitpunkt in der Zukunft liegt, desto größer sind die Risiken der Beteiligten. Um hier rechtzeitig reagieren zu können, ist die Krisenfrüherkennung für Gläubiger und Schuldner von fundamentaler Bedeutung.

In der Praxis haben insbesondere die Banken als Fremdkapitalgeber ein erhebliches 12 Interesse an einer **systematischen Krisenfrüherkennung**, liegen doch zwischen Kreditauszahlung und -rückführung oftmals mehrere Jahre. Es ist das Wesen eines Kredites, dass der Darlehensgeber zunächst in Vorleistung tritt, während der Schuldner in der Regel erst in der Zukunft (Zins und Tilgung) leisten muss. Hinzu kommt, dass vielfach gänzlich unbesicherte Kredite ausgereicht werden. Große Unternehmenszusammenbrüche, die immer wieder zu erheblichen Ausfällen auch für die beteiligten Kreditinstitute geführt haben, tragen wesentlich dazu bei, dass im Bankwesen zum Teil komplexe Verfahren zur Früherkennung von Unternehmenskrisen entwickelt worden sind. Dabei sollten die Interessen von Gläubigern und Schuldnern gleichgerichtet sein: auf eine gemeinsame und erfolgreiche Krisenbewältigung.

13 Im Folgenden werden zunächst die gebräuchlichen Methoden der systematischen Früherkennung von Unternehmenskrisen und Insolvenzgefahren im Überblick dargestellt und kritisch gewürdigt. Sodann wird exemplarisch beleuchtet, wie Kreditinstitute heutzutage Krisenfrüherkennung betreiben. Der potenzielle Schuldner erhält damit Anregungen und auch Antworten auf die Frage, worauf **Banken vor der Kreditvergabe** und **während der Kreditlaufzeit** achten.

III. Ausgewählte Methoden der Krisenfrüherkennung

1. Klassische Kennzahlenanalyse

14 Ein für externe Kapitalgeber vergleichsweise gut zugängliches Informationsmedium über die wirtschaftliche Entwicklung eines Unternehmens ist der Jahresabschluss, bestehend im Allgemeinen aus Bilanz, GuV und Anhang (ggf. ergänzt durch den Lagebericht). Daher ist die Bewertung des Jahresabschlusses durch dessen eingehende Analyse in der Praxis immer noch ein weit verbreitetes Verfahren zur Überprüfung der wirtschaftlichen Lage eines Unternehmens und zur Krisenfrüherkennung. Grundprinzip ist die Bildung bestimmter Kennzahlen oder „ratios" aus den Zahlen der Bilanz und GuV, so dass eine Vielzahl von Einzelinformationen in wenige Kennziffern oder Kennzahlensysteme komprimiert wird, die ihrerseits ein Gesamturteil darüber ermöglichen sollen, wie die Vermögens-, Finanz- und Ertragslage eines Unternehmens in der Vergangenheit beschaffen war und wie sich diese Elemente voraussichtlich bzw. erfahrungsgemäß in der näheren Zukunft entwickeln werden.

15 Neben der Berechnung und Interpretation von einzelnen Kennziffern wie beispielsweise zu Bilanzstruktur, Aufwands-, Ertrags- oder Vermögensstruktur (EBIT, EBITDA, Return-on-Equity usw.) ist in der Praxis verbreitet die Ableitung von („Super"-)Kennzahlen aus teilweise komplexen **Kennzahlensystemen.** Gebräuchliches Beispiel in der HGB-Welt ist die so genannte **DVFA/SG-Methode,** mittels derer die Deutsche Vereinigung für Finanzanalyse und Anlageberatung in Zusammenarbeit mit der *Schmalenbach-Gesellschaft* Unternehmen und Aktienkurse analysiert.[7] Im Mittelpunkt dieses Konzepts steht ein von Sondereinflüssen bereinigtes Jahresergebnis (oder Cashflow-Größe), das durch die Zahl der Aktien dividiert wird und das Ergebnis je Aktie ergibt. Hohen Bekanntheitsgrad hat auch das **Du Pont-Kennzahlensystem.**[8] Dieses System berechnet die Rentabilität des eingesetzten Kapitals (ROI) als Ausgangskennziffer, aus der sich weitere Kennzahlen (Umsatzrendite, Kapitalumschlagshäufigkeit usw.) ableiten lassen. Jedoch basieren diese Berechnungsmethoden auf der HGB-Rechnungslegung. Seit der Umstel-

---

[7] Vgl. ausführlich hierzu *Küting/Bender*, S. 1 ff., oder *Küting/Weber*, S. 293 ff.
[8] Vgl. *Küting/Weber*, S. 58 ff. oder *Baetge/Kirsch/Thiele*, S. 501 ff.

lung auf die International Financial Reporting Standards (IFRS) durch (börsennotierte) Aktiengesellschaften haben diese Verfahren an praktischer Bedeutung etwas verloren.

In der Unternehmenssteuerung und -Analyse durchaus verbreitet anzutreffen sind etwa die **Discounted-Cashflow-Methode (DCF)** oder die **Economic Value Added-Kennziffer (EVA)**[9]. Mittels der DCF-Methode lässt sich aus verschiedenen, GuV-orientierten Cashflow-Größen ein abdiskontierter Unternehmenswert ermitteln. Letztlich ist der DCF ein Spiegel der Finanzkraft eines Unternehmens. Beim EVA-Konzept werden, für eine definierte Periode, die durch das eingesetzte Kapital erzielten Gewinne den mit dem Kapitaleinsatz verbundenen Kosten gegenübergestellt. Ist der EVA positiv, werden die Renditeerwartungen der Eigen- und Fremdkapitalgeber übererfüllt (und umgekehrt).

Auch wenn die klassische Analyse des Jahresabschlusses von großer Praxisnähe gekennzeichnet ist und dem erfahrenen externen Analysten eine tiefergehende Prüfung der wirtschaftlichen Verhältnisse eines Unternehmens ermöglicht, so sind im Hinblick auf eine zuverlässige Krisenfrüherkennung einige **grundsätzliche Mängel** einschränkend zu berücksichtigen:
- Es bleiben die **konzeptionellen Schwächen** wie Vergangenheitsbezug („doppelt veraltete Zahlen") und Stichtagsbezogenheit der Jahresabschlusszahlen bestehen.
- **Ansatz- und Bewertungswahlrechte** können die Aussagekraft des Jahresabschlusses beeinträchtigen. Stille Reserven werden nicht eliminiert.
- Es gibt **keine objektiven Kennzahlen**, die im Sinne einer „Grenzziehung" ein solventes von einem insolvenzgefährdeten Unternehmen trennen. Da auch die Gewichtung der Kennzahlen im Ermessen des Analysten steht, ist die klassische Bilanzanalyse somit stark subjektiv geprägt.
- Zudem können **widersprüchliche Urteile** entstehen, weil einige Kennziffern eine positive, andere eine negative Entwicklung eines Unternehmens aufzeigen können (z.B. steigende Eigenkapitalquote bei sinkender Umsatzrentabilität).
- Schließlich lässt die traditionelle Kennzahlenanalyse **keine** Aussagen zu über **qualitative Fakten** wie Managementqualität, Marktstellung, Wettbewerbsstruktur, Produkt-Know-how usw.

Die klassische Kennzahlenanalyse ermöglicht somit lediglich einen **vergangenheitsorientierten Überblick** und das Erkennen **bilanzbezogener Schwachstellen**. Zwar kann sie im Einzelfall durchaus eine bereits eingetretene, akute Krise oder gar eine drohende Insolvenz (z.B. wegen Überschuldung) in geeigneter Weise abbilden. Die vielschichtigen Ursachen und Symptome einer latenten, sich anbahnenden Unternehmenskrise lassen sich indessen kaum offen legen.

Ausgehend von den erkannten Schwächen einer **einzelfallbezogenen** Kennzahlenanalyse wurden von der wirtschaftswissenschaftlichen Forschung in Zusammenarbeit mit der unternehmerischen Praxis verschiedene mathematisch-statistische Indikator-Modelle entwickelt. Die wichtigsten werden im Folgenden dargestellt und kritisch gewürdigt. Besonderes Augenmerk ist auf die in der Praxis bedeutsamen Verfahren der **Multivariaten Diskriminanzanalyse** und der **Künstlichen Neuronalen Netz-Analyse** zu richten.

---

[9] Vertiefend *Drukarczyk/Schüler*, S. 125 ff., 437 ff., und *Baetge/Kirsch/Thiele*, S. 461 ff.

2. Moderne Krisenindikator-Modelle

20 **a) Diskriminanzanalytische Verfahren.** Grundprinzip der empirischen Jahresabschlussanalyse ist die **computergestützte Verdichtung** einer Fülle von quantitativen Jahresabschlussdaten zu einem **trennscharfen Kennzahlenprofil** oder zu einem **Indikator** für die Krisenprognose. Dabei wird unterstellt, dass sich insolvenzgefährdete („kranke") Unternehmen bereits schon einige Jahre vor ihrem Scheitern in ihrem Jahresabschlussbild von Unternehmen mit normaler („gesunder") Geschäftsentwicklung **statistisch signifikant** unterscheiden. Ziel ist die Ermittlung einer Kennzahl oder Kennzahlenkombination, die eine drohende Insolvenz möglichst frühzeitig und mit hoher Treffsicherheit anzeigt. Durch den Rückgriff auf eine Vielzahl von Jahresabschlüssen soll die Bewertung eines Unternehmens **objektiv, widerspruchsfrei und bilanzpolitisch-neutralisierend** sein.

21 Um diesem Anspruch gerecht zu werden, hat die Insolvenzforschung vor einigen Jahrzehnten die ersten effizienten Computermodelle entwickelt, mit deren Hilfe dem „Prinzip der großen Zahl" folgend Jahresabschlüsse von gesunden und gefährdeten Unternehmen systematisch ausgewertet wurden.

Die statistische Jahresabschlussanalyse geht methodisch im Wesentlichen zurück auf *Beaver* und *Altmann*.[10] Beide Forscher stellten diverse Jahresabschluss-Kennzahlen einer Gruppe von gescheiterten Unternehmen denen einer Gruppe solventer Gesellschaften (= Kontrollgruppe) gegenüber. Nach *Beaver* ist die Kennzahl „Cashflow zu Gesamtkapital" am besten geeignet, gute von schlechten Unternehmen zu trennen, sodann folgt die Relation „Jahresüberschuss zu Gesamtkapital" und an dritter Stelle der Verschuldungsgrad. Bei der statistischen Auswertung der Bilanzen wandte er bereits die so genannte **Univariate Diskriminanzanalyse** an. Die Klassifikation in „gescheitert" oder „gesund" erfolgte anhand einiger Kennziffern, für die jeweils **ein Grenzwert** festgelegt wurde, bei dem die Anzahl von Fehlklassifikationen möglichst gering war („dichotomischer Klassifikationstest"). Auch wenn im Einzelfall eine recht hohe Klassifikationsgüte (bis zu 90%) erreicht wurde, konnte *Beaver* zunächst die sich aus der Klassifikation anhand eines Kennzahlenvergleichs ergebenden Widersprüche – z.B. wenn ein Unternehmen nach der Eigenkapital-Rentabilität als gescheitert, nach dem Verschuldungsgrad als gesund klassifiziert wird – nicht beheben.

22 Diesen methodischen Mangel versuchte *Altmann* durch die Anwendung der **Multivariaten Linearen Diskriminanzanalyse** aufzulösen. Nach diesem Verfahren werden verschiedene, als besonders geeignet empfundene Kennzahlen (bei *Altmann* anfangs z.B. working-capital zu Gesamtkapital, Summe einbehaltener Rücklagen zu Gesamtkapital, Gesamtkapitalrendite etc.) entsprechend ihrer Bedeutung gewichtet und zu einer Gesamtkennzahl, dem **Krisenindikator**, linear addiert. Daneben ist ein **kritischer Trennwert** („cut-off-point") zu definieren, bei dessen Unter- oder Überschreiten das untersuchte Unternehmen anhand des ermittelten Krisenindikators als solvent oder krisengefährdet eingestuft wird. Die Multivariate Diskriminanzanalyse ist statistisch-mathematisch komplexer als die univariate Ausprägung und erhebt deutlich höhere Ansprüche an das empirische Datenmaterial.[11]

---

[10] Vgl. *Beaver*, S. 71–111 und *Altman*, S. 589 ff.; einen guten Überblick mit vertiefenden Hinweisen geben bspw. *Hauschildt* in Hauschildt/Leker, S. 119 ff., oder *Küting/Weber*, S. 351 ff., 357 ff.

[11] Vgl. *Oser*, S. 367 ff.; *Baetge* (Jahresabschlussanalysen), S. 792 ff.; *Baetge/Beuter/Feidicker*, S. 749 ff.; *Baetge/Melcher/Schmidt*, S. 173 f.

§ 2 Praxisorientierte Verfahren zur Früherkennung von Unternehmenskrisen   **§ 2**

Die Multivariate Diskriminanzanalyse hat mit ihren vielfältigen Ausprägungen[12] in der Praxis durchaus große Bedeutung erlangt und führt teilweise zu beachtlichen Ergebnissen. Gleichzeitig trägt dieses Verfahren zu einer Objektivierung der Jahresabschlussanalyse bei.[13]   23

Zum **praktischen Einsatz** kommt die Multivariate Diskriminanzanalyse z.B. bei Kreditversicherern[14] oder im Bankensektor. So wendet die Sparkassen-Finanzgruppe seit Jahren das Verfahren der statistischen Bilanzanalyse (STATBIL) an.[15] Ergebnis der STATBIL-Auswertung ist die Kategorisierung des analysierten Jahresabschlusses in ein Notensystem, das von 1 (= typisch gutes Unternehmen) bis 5 (= typisch gefährdetes Unternehmen) reicht. Auch die Deutsche Bundesbank zieht bei der Beurteilung der Rediskontfähigkeit von Wechseln eine Diskriminanzfunktion heran, die im Wesentlichen die Kennzahlen Eigenkapitalquote, Kapitalrückflussquote und Umsatzrentabilität beinhaltet.[16] Daneben gibt es umfassende empirische Untersuchungen, die mit Beteiligung des Deutschen Sparkassen- und Giroverbandes, der Bayerischen Hypo- und Vereinsbank AG, der Baden-Württembergischen Bank AG oder der Allgemeinen Kreditversicherung AG durchgeführt wurden.[17] Die Klassifikationsgüte lag z.B. mit 82,4 % (HypoVereinsbank-Studie) bzw. 81,2 % (Allgemeine Kreditversicherung AG-Studie) im dritten Jahr vor der Insolvenz recht hoch, d.h., es wurden mit Hilfe der Multivariaten Diskriminanzanalyse aus einer repräsentativen Stichprobe drei Jahre vor der Insolvenz 82,4 % bzw. 81,2 % der ex post tatsächlich insolventen Unternehmen richtig als „krank" eingestuft.[18]

Vor diesem Hintergrund kommt der Frage Bedeutung zu, welche Kennzahlen sich **in**   24
der Praxis am besten für die Aufnahme in eine Diskriminanzfunktion eignen. Eine eindeutige, empirisch abgesicherte Antwort ist umstritten, doch zeichnet sich zumindest ein klarer **Trend** ab:[19] ein Renditemaß (z.B. Jahresüberschuss zum Umsatz), eine Kapitalstrukturquote (Eigenkapital zu Fremdkapital) und eine Liquiditätskennziffer (beispielsweise Umschlagsdauer des Umlaufvermögens).

Indessen ist auf grundsätzliche methodische Mängel der Diskriminanzanalyse hinzuweisen.[20]   25

- Die Diskriminanzanalyse basiert auf **historischen Bilanzdaten** und unterliegt daher den konzeptionellen Mängeln des Jahresabschlusses als Instrument zur Krisenfrüherkennung.[21]

---

[12] Die wichtigsten Verfahren der Multivariaten Diskriminanzanalyse werden unterschieden in verteilungsfreie Diskriminanzanalyse (z.B. Kendall-Verfahren, Linhard-Verfahren) und verteilungsabhängige Verfahren (z.B. quadratische und lineare Diskriminanzanalyse) Ausführlich hierzu vgl. bspw. *Niehaus*, S. 85 ff.
[13] Vgl. *Baetge/Beuter/Feidicker*, S. 751; *Niehaus*, S. 160 ff.
[14] Vgl. *Baetge* (Jahresabschlussanalysen), S. 798 ff.; *Baetge/Beuter/Feidicker*, S. 749 ff.; *Oser*, S. 370 ff.
[15] Vgl. *Riebell*, S. 294 ff.
[16] Vgl. *Thomas*, S. 69 ff.
[17] Vgl. *Niehaus*, S. 55 ff.; *Baetge/Beuter/Feidicker*, S. 749 ff. oder *Oser*, S. 367 ff., jeweils mit weiteren Nachweisen. Die Zitate beziehen sich auf Studien der Bayerischen Vereinsbank AG, einem Vorgängerinstitut der heutigen Bayerischen Hypo- und Vereinsbank AG.
[18] Vgl. hierzu ausführlich *Baetge* (Jahresabschlussanalysen), S. 804 f. oder *Baetge/Beuter/Feidicker*, S. 759 f.
[19] So *Hauschildt* in Hauschildt/Leker, S. 134 und *Gemünden* in Hauschildt/Leker, S. 144 f. oder *Oser*, S. 371. Vgl. auch *Baetge* (Jahresabschlussanalysen), S. 798 ff., der im Rahmen einer empirischen Diskriminanzanalyse mit einer erweiterten Eigenkapitalkennziffer, einer ertragswirtschaftlichen Cashflow-ratio und zwei Verschuldungskennzahlen zur Abbildung der Vermögens-, Finanz- und Ertragslage arbeitet.
[20] Vgl. *Schneider*, S. 1489 ff.; *Oser*, S. 373.
[21] Verwiesen sei auf die weiter oben unter Rn. 17 dargestellten Schwächen der Jahresabschlussanalyse.

- Bemängelt wird eine **fehlende theoretische Fundierung** der Multivariaten Diskriminanzanalyse in dem Sinne, dass es eindeutige Ursache-Wirkungs-Hypothesen für eine Insolvenz und empirisch fundierte Hypothesen für Insolvenzwahrscheinlichkeiten nicht gibt. Eine Insolvenzprognose im Sinne einer Vorhersage des Eintretens oder Nichteintretens eines Ereignisses (also der Insolvenz) in der Zukunft ist mithin nicht möglich.
- Auch wird kritisiert, dass die Ermittlung eines einzigen Krisenindikators aus dem Jahresabschluss zu **Informationsverlusten** infolge einer zu starken Verdichtung der Daten führt. Für eine hinreichend sichere Anzeige einer Unternehmenskrise wird die Diskriminanzanalyse von Kritikern als wenig geeignet erachtet.
- Schließlich wird gezeigt, dass die **Klassifikationsgüte** der Multivariaten Diskriminanzanalyse deutlich **abnimmt**, wenn ein möglichst **frühzeitiger Prognosezeitraum** angestrebt wird.[22]

Aufgrund der methodischen Schwächen besteht im Ergebnis die Gefahr, dass ein tatsächlich gesundes Unternehmen fehlerhaft als krank oder insolvenzgefährdet klassifiziert wird[23] und dass dies zu übereilten Fehlreaktionen externer Bilanzadressaten -etwa von Gläubigern- führen könnte. Es entsteht mithin das Problem der **Self-Fulfilling-Prophecy**.

26 Demgegenüber setzt die Praxis bei der Bilanzanalyse andere Schwerpunkte und erhebt nicht immer den -methodisch berechtigten- hohen Anspruch an die Multivariate Diskriminanzanalyse. Hierfür spricht nicht nur der inzwischen weit verbreitete Einsatz dieser Methodik im Bankwesen – etwa bei der EDV- gestützten Auswertung einer Fülle von Jahresabschlüssen mittelständischer Firmenkunden in den Bankfilialen vor Ort mittels dieses Verfahrens. Auch haben die vorstehend zitierten empirischen Untersuchungen der Deutschen Bundesbank, der HypoVereinsbank oder der Allgemeinen Kreditversicherung gezeigt[24], dass Krisenindikatoren auf der Basis der Multivariaten Diskriminanzanalyse zu recht guten Trennergebnissen führen können. Dabei ist deutlich geworden, dass die Diskriminanzanalyse **kein Prognose-,** sondern ein **Klassifikationsverfahren** ist. Die auf Basis des ermittelten Diskriminanzwertes erfolgte Klassifikation eines Unternehmens in „solvent" oder „insolvenzgefährdet" stellt eine **Momentaufnahme** dar, die ein Urteil darüber zulässt, wie sich die Unternehmung aufgrund von empirischen Erfahrungen ohne weitere Maßnahmen voraussichtlich entwickeln wird. Die Bilanzanalyse mit Hilfe diskriminanzanalytischer Verfahren ist somit nur ein Element von mehreren bei der Bildung eines abschließenden Kredit- oder Bonitätsurteils.

27 Vielfach ist das Klassifikationsergebnis **Auslöser** eines Bündels von **Maßnahmen**, um den herausgefundenen Status quo (möglichst schnell) zu ändern. Auch hierin ist der **praktische Wert** der Multivariaten Diskriminanzanalyse zu sehen, bietet ihre Anwendung doch insbesondere Kreditinstituten und gegebenenfalls auch Wirtschaftsprüfern Ansätze **im Vorfeld einer Krise**, ihre Firmenkunden bzw. Mandanten gezielt zu beraten und zu unterstützen. Dabei ist zu berücksichtigen, dass die statistische Jahresabschlussanalyse **keine Informationen über alternative Unternehmensstrategien oder über das Unternehmensumfeld** aufnehmen kann. Ebenso wenig können Krisenursachen aufgezeigt werden. Aber in der praktischen Anwendung erweist sich die Multivariate Diskriminanzanalyse empirisch als durchaus robustes, wenn auch grobes Instrument zur Früherkennung von Unternehmenskrisen auf der Basis von Jahresabschlussdaten.

---

[22] Vgl. *Gemünden* in Hauschildt/Leker, S. 155 ff.
[23] Dies ist der sog. Beta-Fehler. Werden insolvenzgefährdete Firmen irrtümlich als solvent klassifiziert, spricht man von einem Alpha-Fehler, dieser ist gravierender.
[24] Siehe Rn. 23.

§ 2 Praxisorientierte Verfahren zur Früherkennung von Unternehmenskrisen §2

28 Die betriebswirtschaftliche Forschung beschäftigt sich seit Jahren sehr intensiv mit einer Verfeinerung der computergestützten, mathematisch-statistischen Jahresabschlussanalyse mit dem Ziel, objektivierte Frühwarnsysteme zu entwickeln. Erwähnenswert sind beispielsweise die **Verfahren der Mustererkennung** (z.B. Clusteranalyse, Nearest-Neighbour-Regel) oder der **Logistischen Regressionsanalyse**, die ähnlich wie die Multivariate Diskriminanzanalyse mit Hilfe von mathematisch-statistischen Algorithmen eine Klassifikation von Unternehmen zum Ziel haben,[25] aber bis heute **nicht** annähernd die **praktische Relevanz** der diskriminanzanalytischen Verfahren erreicht haben. Dies muss auch konstatiert werden für die unterschiedlichen Varianten der Scoring-Modell-Analyse, bei der alternative Jahresabschlusskennzahlen gewichtet und über ein Punktesystem bewertet werden.[26] Der empirische Nachweis der Leistungsfähigkeit derartiger Insolvenzprognosemodelle steht noch aus.

In den letzten Jahren richtet sich das theoretische und praktische Interesse der Insolvenzforschung verstärkt auf ein **neuartiges** Verfahren der **Unternehmensklassifikation: die Künstliche Neuronale Netz-Analyse.**

29 **b) Künstliche Neuronale Netze-Verfahren.** Die Modellansätze der Neuronalen Netz-Analyse versuchen, die Informationsaufnahme und -speicherung des menschlichen Gehirns nachzubilden.[27] Als **Verfahren der künstlichen Intelligenz** arbeiten diese Modelle ausschließlich computergestützt und basieren auf einer komplexen mathematischen Architektur. Grundprinzip ist die Lernfähigkeit des Systems, die auf einem mathematischen Algorithmus aufbaut. Hierfür wurden Software-Programme entwickelt, die mit vielen tausend Eingabedatensätzen so trainiert wurden, dass sie diese in einen Zusammenhang mit vorgegebenen Ergebniswerten bringen. Ziel ist der Aufbau eines neuronalen Netzes, das eine spezifische Verbindungsstruktur zwischen diesen Datensätzen ableitet.

30 Konkret auf die Insolvenzprognose angewendet bedeutet dies: Aus einer Vielzahl von Bilanzkennzahlen (Eingabedaten) sollen durch ein **lernendes** Neuronales Netz-Verfahren diejenigen Kennzahlen ausgewählt und gewichtet werden, die die untersuchten Unternehmen mit hoher Zuverlässigkeit in „solvent" oder „insolvenzgefährdet" (= Ausgabedaten) klassifizieren. Ein Neuronales Netz ist umso leistungsfähiger, je geringer die Fehlklassifikationen sind.

31 In der Praxis ist die Künstliche Neuronale Netz-Analyse in groß angelegten Studien bislang beispielsweise bei der Daiichi Kangyo Bank (zur Prognose im Handel mit Staatsanleihen), bei Daiwa Securities (zur Prognose von Aktienkursen), bei Nippon Hell (in der Qualitätskontrolle) oder bei American Express zum Einsatz gekommen.[28] Die Klassifikationsgüte dieser Verfahrensanwendungen konnte aber nicht die Überlegenheit der Neuronalen Netz-Analyse etwa gegenüber den diskriminanzanalytischen Verfahren belegen.

32 Demgegenüber haben *Baetge und Mitarbeiter* einen diskussionswürdigen Ansatz entwickelt: das so genannte **Backpropagation-Netz (BP-14)** mit 14 Kennzahlen.[29] Dieses

---

[25] Vgl. ausführlich hierzu bspw. *Heno*, S. 121 ff., *Baetge/Kirsch/Thiele*, S. 548 ff. und *Baetge/Melcher/Schmidt*, S. 176.
[26] Ausführlich hierzu bspw. *Baetge/Kirsch/Thiele*, S. 524 ff.
[27] Vgl. für viele bspw. *Steiner/Wittkemper*, S. 447 ff., jeweils mit weitergehenden Literaturhinweisen und *Baetge/Kirsch/Thiele*, S. 552 ff.
[28] Vgl. *Steiner/Wittkemper*, S. 447; *Baetge/Schmedt/Hüls/Krause/Uthoff*, S. 337.
[29] Vgl. *Baetge/Schmedt/Hüls/Krause/Uthoff*, S. 337; vgl. *Baetge* (Rating), S. 1 ff. oder *Baetge/Jerschensky*, S. 1581 ff., jeweils mit vertiefenden Hinweisen. Einen guten Überblick über den aktuellen Stand geben *Baetge/v.Keitz/Wünsche*, S. 475 ff. oder *Baetge/Schmidt/Hater*, S. 64 ff.

Analysetool wird mittlerweile auch über die DATEV oder die Ratingagentur Moody's gegen Gebühr angeboten und ist damit grundsätzlich für jeden Interessenten zugänglich. Der im Wege dieses Neuronalen Netz-Verfahrens ermittelte **Klassifikator** (oder auch N-Wert genannt) soll die **Krisenfestigkeit** eines Unternehmens angeben. Diese ist umso höher, je größer der N-Wert ist. Ein negativer N-Wert zeigt dementsprechend den Grad der Bestandsgefährdung an. Der Ermittlung der Kennzahlen des BP-14 Netzes liegen umfangreiche empirische Jahresabschlussanalysen zugrunde: Zur Analysestichprobe wurden jeweils 393 nach handelsrechtlichen Vorschriften aufgestellte Jahresabschlüsse solventer sowie später insolvent gewordener Unternehmen herangezogen. Anhand dieser Gruppen wurde das neuronale Netz trainiert und anschließend durch Test- und Validierungsstichproben, basierend auf ca. 11 000 Jahresabschlüssen, überprüft. In das neuronale Netz sind schließlich 259 Verhältniskennziffern eingeflossen, die für den BP-14 zu einem **System** mit insgesamt 14 verschiedenen Bilanz- und GuV-Kennzahlen zusammengefasst wurden.

33 Bei Auswahl und Definition der Kennziffern im Rahmen dieses Neuronalen Netz-Verfahrens soll **bilanzpolitischen Verzerrungen**, etwa bei der Rückstellungsbildung, der Abschreibungspolitik oder der Forderungsbewertung etc., möglichst Rechnung getragen werden.

Da die vorgenannten Kennziffern **nicht gleichgewichtig** in den N-Wert einfließen, wurde anhand einer Sensitivitätsanalyse der Einfluss einer Kennzahl auf den Klassifikator ermittelt. Demnach ist die wichtigste Kennziffer im BP-14 nach *Baetge/Jerschensky* der kurzfristige Verschuldungsgrad, gefolgt von der Cashflow-Gesamtkapitalrentabilität und einer Kapitalstruktur-Kennziffer als bereinigtes Eigenkapital in Prozent der bereinigten Bilanzsumme. Die Personalaufwandsquote hat demgegenüber den geringsten Einfluss auf den Ausgabewert des BP-14. Dieses Ergebnis ist aber nicht überraschend und deckt sich durchaus mit praktischen Erfahrungen aus der klassischen Bilanzanalyse.

34 Für eine weitere Interpretation (z.B. Unternehmensvergleich, Zeitvergleich, Branchenvergleich) des N-Klassifikators werden die Unternehmen – je nach Höhe des N-Wertes – in eine von insgesamt 10 Bonitäts-Kategorien, so genannte Güte- und Risikoklassen, eingestuft, die deren „innere Widerstandskraft" wiedergeben sollen. Die Bonitätsskala reicht von der Güteklasse AA (ausgezeichnete Bonität) über die Güteklasse C (kaum ausreichende Bonität) bis zur Risikoklasse IV (sehr hohe Bestandsgefährdung).

35 Auf den ersten Blick präsentiert sich das BP-14-Verfahren als geeignetes, praxisorientiertes Instrument der Krisenfrüherkennung, das gestützt auf einer als repräsentativ angesehenen Datenbasis ansprechende Ergebnisse liefern soll. *Baetge/Jerschensky* sprechen in diesem Zusammenhang von einer 91,25 %igen Zuverlässigkeit, mit der insolvenzgefährdete Unternehmen bis zu drei Jahre vor der Insolvenz korrekt als krank klassifiziert wurden.[30] Untermauert wird diese Sichtweise am Beispiel verschiedener Schieflagen und Insolvenzfälle (z.B. Metallgesellschaft, KHD, Pittler Maschinenfabrik, Gildemeister oder Philipp Holzmann), wobei gezeigt wird, dass ein Scheitern dieser Gesellschaften bereits Jahre vorher durch die Neuronale Netz-Analyse erkennbar war.[31]

Des Weiteren wird argumentiert und beispielhaft belegt, dass das BP-14-Netz aufgrund der Definition und Gewichtung seiner Kennzahlen **resistent gegen bilanz-**

---

[30] Vgl. *Baetge/Jerschensky*, S. 1581. Demgegenüber werden lediglich 66,5 % der gesunden Unternehmen korrekt als solvent beurteilt, was im Wesentlichen auf „Stille-Reserven-Politik" zurückgeführt wird, die gesunden Unternehmen zur Verfügung steht.
[31] Vgl. *Baetge/Jerschensky,* S. 1584 ff.; *Baetge/Stellbrink,* S. 213 ff.; oder *Baetge/Schmidt/Hater,* S. 67.

politische Maßnahmen und unterschiedliche Bilanzierungssysteme nach US-GAAP und IFRS ist.[32]

Ferner wird hervorgehoben, dass die Künstliche Neuronale Netz-Analyse **widerspruchsfrei und objektiv** ist.[33] Zudem wird ihr besondere Tauglichkeit für die praktische Anwendung in Kreditinstituten oder durch Wirtschaftsprüfer testiert, was bisweilen gar in dem Vorschlag mündet, die Neuronale Netz-Analyse als Frühwarnsystem im Sinne des KonTraG bzw. des § 91 Abs. 2 AktG anzuerkennen.[34]

Indes sollte die Leistungsfähigkeit der Künstlichen Neuronalen Netz-Analyse **nicht überschätzt** werden, auch wenn ihre Befürworter immer wieder vielversprechende Untersuchungen – vereinzelt auch mit Vermarktungsabsichten – abliefern. Die **Kritik** hat an verschiedenen Punkten anzusetzen, wobei die grundsätzlichen Mängel einer mathematisch-statistischen Analyse historischer Daten auch diese Verfahren betreffen.[35]

Ähnlich wie die Multivariate Diskriminanzanalyse ermöglicht auch das BP-14 im Rahmen einer Neuronalen Netz-Analyse **keine Insolvenzprognose**, sondern (einschränkend) **eine Klassifikation** und eine (vage) Aussage zu einer Insolvenzwahrscheinlichkeit. Allerdings ist festzuhalten, dass das BP-14 nicht den Anspruch erhebt, ein Prognoseverfahren zu sein. Vielmehr wird das Urteil des BP-14-Netzes als „Vor-Urteil" ausgelegt, das im Rahmen einer Unternehmensanalyse durch weitere Analyseverfahren zu ergänzen ist.[36] Indessen steht diese durchaus realistische Aussage im **Widerspruch** zu Bestrebungen des gleichen Autorenkreises, den im Rahmen einer Neuronalen Netz-Analyse ermittelten Indikator als Auslöser der in § 321 HGB geregelten Berichtspflichten des Wirtschaftsprüfers heranziehen zu wollen.[37] Die **Konsequenzen** im Falle einer fehlerhaften Einschätzung der wirtschaftlichen Situation oder gar einer unzutreffenden Anwendung der Berichtspflicht gem. § 321 Abs. 2 HGB für den Wirtschaftsprüfer (Regressforderungen) und für die Unternehmung (Self-fulfilling-Prophecies) sind viel zu gravierend, als dass sich das Urteil **einzig** auf einen Klassifikator stützen darf, der vergleichbar den diskriminanzanalytischen Verfahren überdies wichtige **qualitative Informationen** zum Unternehmensumfeld gar nicht verarbeiten kann.

Ergänzend ist in diesem Zusammenhang die Problematik des so genannten „**Blackbox-Charakters**"[38] der Künstlichen Neuronalen Netz-Analyse zu sehen. Zwar kennt der Analytiker die Eingabedaten und die Ergebnisse einer Untersuchung, nicht aber die Entscheidungsregeln des jeweiligen Netzes. Die Anwendung eines Neuronalen Netz-Verfahrens ist somit mehr eine Sache des Vertrauens denn der Kontrolle.

Schließlich stellt sich auch das **Problem der Datenhomogenität**. Die von *Baetge et al.* vorgeschlagene Einordnung eines analysierten Unternehmens in Güte- und Risikoklassen ist allenfalls nur für einen branchentypischen Unternehmensvergleich sinnvoll. D.h., die im Rahmen einer Neuronalen Netz-Analyse verwendeten Kennziffern müssen bei ihrer Definition und Gewichtung branchenspezifische Besonderheiten und auch unterschiedliche Unternehmensgrößenklassen oder Rechtsformen berücksichtigen. Inwieweit dies gegeben ist, entzieht sich der Beurteilung des Außenstehenden (Blackbox-Problematik).

---

[32] Vgl. *Baetge/Jerschensky*, S. 1582 ff., *Wilhelm*, S. 102 ff. oder *Baetge* (Empirische Methoden), S. 17 ff.
[33] Vgl. *Baetge* (Rating), S. 2; *Baetge/Jerschensky*, S. 1584.
[34] Vgl. *Baetge* (Rating), S. 5, *Baetge/Jerschensky*, S. 1587.
[35] Vgl. insoweit Rn. 25, kritisch auch *Küting/Weber*, S. 390 ff.
[36] Vgl. *Baetge/Jerschensky*, S. 1584.
[37] Vgl. ebenda, S. 1587 oder *Baetge* (Rating), S. 5.
[38] Vgl. *Baetge/Schmedt/Hüls/Krause/Uthoff*, S. 343.

40 Die **praktische Anwendbarkeit** der Neuronalen Netz-Analyse wird somit durch diverse **Probleme** tangiert. Auch die vermutete Eignung dieses Verfahrens als rationelles Instrument für die **Kreditwürdigkeitsprüfung** bei Banken[39] muss **skeptisch** gesehen werden. Dies gilt insbesondere für die Annahme, die Künstliche Neuronale Netz-Analyse sei in der Lage, mit recht hoher Zuverlässigkeit Kreditanträge von kranken oder bestandsgefährdeten Unternehmen auf Basis der Jahresabschlussdaten herauszufiltern.[40] Dies ist **praxisfern**, weil über Kreditanträge im Firmenkundengeschäft nicht ausschließlich auf Basis der Bilanzdaten entschieden wird. Banken prüfen die Kreditwürdigkeit des (potenziellen) Schuldners bzw. die Vertretbarkeit des Kredites im weiten Sinne. Dies erfordert im Allgemeinen über die reine Bilanzbetrachtung hinausgehende Informationen. Zudem kann davon ausgegangen werden, dass der erfahrene Bilanzanalyst die Trennung von guten und schlechten Kreditanträgen bei reiner Bilanzbetrachtung mit ähnlich hoher Zuverlässigkeit durchführt. Sehr viel schwieriger als die Bilanzanalyse – aber ebenso wichtig – ist im Rahmen der Kreditwürdigkeitsprüfung die Einschätzung der zahlreichen **qualitativen Faktoren**, der Erfolgspotenziale und der zukünftigen (Markt- und Unternehmens-) Entwicklung. Dies kann die Künstliche Neuronale Netz-Analyse naturgemäß nicht leisten.

41 Ihren **praktischen Zweck** könnte die Neuronale Netz-Analyse aber ohne Frage erfüllen, wenn sich der Unternehmer als Folge einer Bilanzauswertung veranlasst sieht, unter Einbeziehung seiner Hausbanken und gegebenenfalls anderer Berater ein **frühzeitiges Krisenmanagement** zur Abwendung der drohenden Gefahren einzuleiten. Doch vermag der geschulte Unternehmer diese Erkenntnisse erst recht im Zusammenwirken mit eigenen Fachabteilungen, mit Bankpartnern, Steuerberatern oder Wirtschaftsprüfern auch im Wege der klassischen Bilanzanalyse zu ziehen.

42 Aufgrund des sehr hohen und komplexen Datenbedarfs hat sich die künstliche Neuronale Netz-Analyse in der breiten Anwendung – etwa im Bankwesen oder bei der Wirtschaftsprüfung – bislang nicht durchsetzen können. In jüngster Zeit vorgenommene Weiterentwicklungen der Neuronalen Netz-Analyse durch eine Kombination mit computergestützten Expertensystemen (sog. „Neuro-Fuzzy-Systeme"[41]) sind allenfalls von theoretischem Interesse, aber in der Praxis derzeit nicht relevant. Der Analyst kann aus den berechneten Klassifikationen zwar gewisse Informationen über **Krisensymptome** entnehmen (mehr oder weniger gesund, mehr oder weniger krank) und eine Bonitätseinstufung vornehmen, allerdings mehr auch nicht.

Im Ergebnis zeigt sich somit, dass die Neuronale Netz-Analyse und ihre Weiterentwicklungen **nur bedingt praxistauglich** sind. Keinesfalls sollten diese mathematischen Verfahren – etwa im Rahmen der Kreditwürdigkeitsprüfung oder der handelsrechtlichen Jahresabschlussprüfung – als alleinige Entscheidungsgrundlage herangezogen werden. Zu viele qualitative und zukunftsbezogene Aspekte bleiben unberücksichtigt.

43 **c)** *Moody's* **KMV Risk Calc.**[42] Auf der Basis von umfangreich erhobenen Datenbeständen wurde im Jahre 2001 von *Baetge & Partner* in Zusammenarbeit mit der Beratungsgesellschaft *Oliver Wyman & Comp.* das sogenannte **„Risk Calc Germany"-Modell** für die international tätige Ratingagentur *Moody's* weiterentwickelt. Hierfür wurden anfangs mehr als 100 000 HGB-Jahresabschlüsse von mittelständischen Unternehmen verarbeitet.

---

[39] Vgl. ebenda, S. 337 oder *Baetge/Baetge/Kruse*, S. 988 ff.
[40] Vgl. ebenda.
[41] Vgl. vertiefend *Baetge/Ströher*, S 163 f.
[42] Vgl. zu diesem Abschnitt ausführlich *Baetge/Schmidt/Hater*, S. 70 ff., *Baetge/Melcher/Schmidt* S. 177 ff. oder *Küting/Weber*, S. 400 ff. sowie www.moodysanalytics.com→ Risk Calc Plus™.

Aus der hieraus generierten Datenvielfalt wurden letztlich im Wege einer Regressionsanalyse neun wesentliche Kennzahlen aus einem Jahresabschluss errechnet wie z.B. Verschuldungsquoten, Eigenkapitalquote, Umsatzrentabilität usw. Diese Kennziffern gelten als statistisch am besten geeignet, um solvente von insolvenzgefährdeten Unternehmen zu trennen. Das Risk Calc-Tool rechnet die jeweils ermittelten Kennzahlenwerte in eine ein- oder mehrjährige **Ausfallwahrscheinlichkeit (PD)** um, aus der wiederum eine **abschließende Ratingnote** abgeleitet wird (angelehnt an die international etablierte Ratingskala von *Moody's*: Bestnote Aaa bis C Ausfall). Aufgrund des Vertriebs dieses Tools durch einen weltweit agierenden Rating-Konzern erfreut sich *Moody's* Risk Calc national wie international einem vergleichsweise breiten Einsatzspektrum.

Durch regelmäßige Validierung des Risk Calc-Modells auf Basis stetig steigender Datenmengen soll das Tool bilanzpolitische Maßnahmen konterkarieren und sich abzeichnende Unternehmenskrisen offen legen. Indessen ist hierzu kritisch anzumerken[43], dass auch *Moody's* Risk Calc den sich ständig ändernden Rechnungslegungsvorschriften (BilMoG, IFRS etc.) hinterher läuft. Folglich ist die empirisch erforderliche Anzahl an Jahresabschlüssen nach BilMoG oder IFRS derzeit noch nicht gegeben. Ebenso wenig können sich regelmäßig neu ergebende bilanzpolitische Spielräume stringent und ohne Zeitverzug erfasst werden. 44

3. Strategische Frühwarnsysteme

Ausgehend von den Nachteilen der mathematisch-statistischen Krisenindikatoren auf Basis vergangenheitsbezogener Jahresabschlussdaten werden in diesem Abschnitt einige wichtige **strategische, zukunftsorientierte Verfahren** der Krisenfrüherkennung dargestellt, was aus Platzgründen nur überblicksartig erfolgen kann. Dabei zeigt sich, dass die systematische Beobachtung der Zukunft unter Frühwarnaspekten von **fundamentaler Bedeutung** für die Unternehmen ist. 45

Basierend auf der Annahme, dass die **vergangenheitsorientierten** Klassifikations- und Prognoseverfahren in Zeiten eines dynamischen, turbulenten und daher nur schwer berechenbaren wirtschaftlichen Umfeldes nur bedingtes Früherkennungspotenzial haben,[44] wurden in der betriebswirtschaftlichen Forschung zur strategischen Unternehmensführung **zukunftsbezogene Frühwarnsysteme** konzipiert. Diese Ansätze beziehen ausdrücklich alternative, strategisch relevante Umweltveränderungen in die Analyse ein, die in der Zukunft für ein Unternehmen von wesentlicher Bedeutung sein können, die es insbesondere durch das Auftreten von **strukturellen Änderungen („Diskontinuitäten")** strategisch überraschen können.[45] 46

Von grundlegender theoretischer Bedeutung in diesem Zusammenhang ist das von *Ansoff* entwickelte Konzept der strategischen Reaktion auf **„schwache Signale"**.[46] *Ansoff* unterstellt, dass sich jede Umweltveränderung in Form von (schwachen) Signalen ankündigt. Dem Management kommt dabei die schwierige Aufgabe zu, diese Signale möglichst frühzeitig zu erkennen und richtig zu interpretieren, wobei die (positive oder negative) Wirkungsweise dieser Signale im Zeitpunkt des Erkennens zumindest noch offen ist. Wesentlich ist nach *Ansoff*, dass die Unternehmensleitung nicht wartet, bis eine Umweltveränderung präzise erkannt werden kann, sondern es sind bereits erheblich 47

---

[43] So auch *Baetge/Schmidt/Hater*, S. 74.
[44] So argumentieren bspw. *Bea/Haas*, S. 488.
[45] Vgl. bspw. *Kreilkamp*, S. 269.
[46] Vgl. *Ansoff* (Discontinuity), S. 129 ff.

frühzeitiger konkrete Strategien und Handlungsalternativen festzulegen.[47] Das Postulat des *Ansoff*schen Konzeptes ist es, alle Unternehmensaktivitäten im Zeitablauf beginnend mit dem Erahnen oder Erkennen eines Risikos oder einer Chance, über das Stadium der konkreten Bedrohung oder Chance bis zur konkreten Handlung auf die in der Zukunft wahrgenommene Entwicklung auszurichten.

48 Die bedeutsame Erkenntnis, die *Ansoff* mit seinem Konzept lieferte, ist die Notwendigkeit der Implementation eines **„strategischen Radars"**[48] in der Unternehmung, das schwache Signale aufspürt und überwacht. Ein spezifisches Instrumentarium für die Krisenfrüherkennung bietet *Ansoff* indessen nicht, allenfalls entwickelte er eine Liste von möglichen Trends, von denen schwache Signale ausgehen (z.B. Trends im Welthandel, Inflations- und Währungstrends, technologische Trends, gesellschaftliche Strömungen usw.).[49]

So wichtig **„Trend-Späher"** in einem Unternehmen auch sind, ihre Institutionalisierung in der unternehmerischen Praxis insbesondere in mittelständischen Unternehmen ist aufwendig und schwierig. Das Erkennen schwacher Signale ist letztlich eine Aufgabe aller Mitarbeiter im Unternehmen, die vom Management hierfür sensibilisiert werden müssen. Die Unternehmensleitung ihrerseits muss Hinweise der Mitarbeiter aufnehmen, über die erforderlichen Maßnahmen entscheiden und die Umsetzung konsequent verfolgen.

49 Ebenfalls mit der Abbildung möglicher zukünftiger Entwicklungen befasst sich die **Szenario-Analyse**.[50] Vereinfacht dargestellt, werden zunächst sog. Extremszenarien (also extreme Zukunftssituationen) von der Unternehmensleitung und Mitarbeitern definiert, zwischen denen die zu erwartende Entwicklung liegen wird. Sodann werden die realistischen Trends formuliert und im Hinblick auf ihre Eintrittswahrscheinlichkeiten bewertet. Schließlich folgt die Interpretation der Szenarien mit der Festlegung konkreter Strategien und Maßnahmen. In die Szenarien fließen im Unterschied zur Prognose nicht nur quantitative, sondern auch qualitative Informationen ein. Es können Störereignisse und Überraschungen berücksichtigt werden, die, wenn sie eintreten, eigentlich keine mehr sein sollten.

50 Die Szenario-Analyse lässt sich durch spezielle Techniken standardisieren wie etwa die **Cross-Impact-Analyse** oder die **Vulnerability-Analyse**. Beide Methoden berücksichtigen Expertenbefragungen und -urteile zu den angenommenen Szenarien, die dann in Bewertungsmatrizen eingebracht werden.[51]

51 Werden diese Instrumentarien **systematisch und kontinuierlich** angewendet, können sie als Prognoseinstrumente durchaus Krisen frühzeitig erkennen und vermeiden helfen. Dies allein schon deshalb, weil sich das Management systematisch mit verschiedenen Zukunftsbildern beschäftigt und damit auch seltener von negativen Überraschungen getroffen wird. So gesehen ist die Szenario-Analyse theoretisch durchaus in der Lage, eine „strategische Antwort auf schwache Signale" zu geben. Ihre eigentlichen Probleme liegen aber in der praktischen Anwendbarkeit, stellt doch die Szenario-Technik sehr hohe Anforderungen an die sie durchführenden Mitarbeiter.[52] Nicht zuletzt ist auch die Mitwirkung der Unternehmensleitung und gegebenenfalls von externen Experten erfor-

---

[47] Vgl. ebenda, S. 133.
[48] *Kreilkamp*, S. 270.
[49] Vgl. *Ansoff* (Management), S. 131 ff., hier S. 137 f.
[50] Einen ausführlichen Überblick mit vertiefenden Literaturhinweisen geben bspw. *Geschka/Hammer*, S. 311 ff., *Kreikebaum*, S. 128 f. oder *Krystek/Moldenhauer*, S. 82 ff.
[51] Vgl. *Geschka/Hammer*, S. 311 ff.
[52] Vgl. auch *Bea/Haas*, S. 490.

derlich. Entsprechende Kapazitäten wird im Regelfall allenfalls ein Großunternehmen bereithalten wollen (und können).

Auch die bekannte, ursprünglich von der Boston-Consulting-Group im Rahmen der **Portfolio-Analyse** entwickelte **Marktwachstums-Marktanteils-Matrix** wurde inhaltlich zu einem Instrument der strategischen (Krisen-)Früherkennung ausgebaut.[53] Hierbei werden alternative Zukunftsbilder etwa aus einer Befragung unterschiedlicher Stabsabteilungen oder Expertengruppen innerhalb einer Portfolio-Matrix nicht in der sonst üblichen exakten Punktpositionierung, sondern als so genannte „**Unschärfebereiche**" -also noch mit Unsicherheit behaftet- abgebildet. Deutliche Abweichungen der jeweiligen Gruppenergebnisse können anhand ihrer Lage innerhalb der Portfolio-Matrix deutlich gemacht werden. Der Unternehmensleitung bieten sich dann Ansätze, insbesondere die negativ abweichenden Gruppenergebnisse näher zu analysieren, da diese möglicherweise Krisensignale beinhalten.

Letztlich aber lassen sich mittels der modifizierten Portfolio-Analyse zwar schwache Signale erkennen bzw. verstärken.[54] Für eine systematische Krisenfrüherkennung müssen aber weitere Untersuchungen vorgenommen werden, was erheblichen **finanziellen Aufwand** erfordert und die Praktikabilität dieses Instruments einschränkt, so dass es allenfalls für **Großunternehmen** mit entsprechenden Stabsabteilungen in Betracht kommt.

Zusammenfassend zeigt sich somit, dass die wirtschaftliche Praxistauglichkeit strategischer Frühwarnsysteme eher begrenzt ist. Ein breit gestreuter Einsatz ist auch bei mittelständischen Unternehmen zumindest kurzfristig wenig realistisch. Dies hat schließlich mit dazu beigetragen, dass zur Erhebung von Zukunftsdaten Informationsdienste entstanden sind und zunehmend spezialisierte Beratungsfirmen eingeschaltet werden. Erwähnt sei an dieser Stelle etwa das Institut für Zukunftsstudien- und Technologiebewertung, das mittels eigener Software-Programme Prognosesysteme entwickelt hat.[55] Im Übrigen bieten namhafte und spezialisierte Unternehmensberatungsgesellschaften zur strategischen Krisenfrüherkennung zukunftsbezogene Systemlösungen an.

Der Rückgriff auf **externe Unterstützung** kann eine wichtige Basis für den Aufbau eines eigenen Frühwarnsystems bilden oder kann sich auf die Erstellung einmaliger Zukunftsstudien beschränken. Der hierfür erforderliche finanzielle und kapazitätsmäßige Aufwand erscheint überschaubar, so dass sich auf diese Weise auch mittelständischen Unternehmen Wege in Richtung einer strategischen Krisenfrüherkennung eröffnen. Allerdings muss einschränkend festgestellt werden, dass ein effizientes Frühwarnsystem im Lichte der heutigen hochkomplexen Markt- und Umweltstrukturen in hohem Maße regelmäßig zu wiederholende Untersuchungen und einzelfallbezogene Analysen voraussetzt. Dies vermögen Informationsdienste nur bedingt zu leisten. Angebracht sind eher anspruchsvolle, aber auch aufwendige Systemlösungen spezialisierter Beratungsunternehmen.

Das Dilemma der strategischen Krisenfrüherkennung lässt sich durch ein Zitat *Müller-Merbachs* treffend charakterisieren: „Um ein **perfektes Frühwarnsystem** zu haben, müsste man praktisch ‚alles' eines Unternehmens laufend messen und auf verdächtige Entwicklungen untersuchen. Das ist natürlich wirtschaftlich nicht vertretbar."[56] Diese Aussage aus dem Jahr 1977 ist auch heute noch gültig. Von daher bietet sich hier den

---

[53] Vgl. etwa die Arbeit von *Ansoff/Kirsch/Roventa*, S. 963 ff.
[54] Vgl. *Kreilkamp*, S. 298 f.
[55] Weitere Hinweise finden sich bei *Kreilkamp*, S. 299 ff. Vgl. auch *Müller*, S. 248 ff. oder *Mertens/Plattfaut*, S. 19 ff., *Kreikebaum*, S. 98 ff. oder *Krystek/Moldenhauer*, S. 123 ff., siehe auch www.izt.de.
[56] *Müller-Merbach*, S. 428. Hervorhebungen auch im Original.

Wirtschaftswissenschaften ein breites Forschungsspektrum zur Konzeption operationaler und kostengünstiger Systemlösungen.

Vor dem Hintergrund der vorstehend dargestellten Stärken und Schwächen der vergangenheits- und zukunftsorientierten Krisenfrüherkennung soll im Folgenden beleuchtet werden, welche **praktischen Möglichkeiten** zur Erkennung von Krisen und Insolvenzgefahren die **Banken** als eine der wichtigsten Gruppen von Unternehmensgläubigern unter anderem haben.

IV. Zur Erkennung von Unternehmenskrisen und Insolvenzgefahren in der Bankpraxis

1. Krisenfrüherkennung im Rahmen der Kreditwürdigkeitsprüfung

57 Die Kreditwürdigkeitsprüfung ist kein einmaliger Akt, der vor Einräumung eines Kredites durchgeführt wird und danach ruht. Es findet vielmehr ein **kontinuierlicher Prüfungsprozess** statt, der sich über die gesamte Laufzeit einer kreditbasierten Geschäftsverbindung erstreckt. Hierzu sind die Kreditinstitute gemäß § 18 Kreditwesengesetz (KWG) verpflichtet. Zur Kreditwürdigkeitsprüfung werden regelmäßig Kundeninformationen eingeholt und geprüft z.B. jährlich der Jahresabschluss und unterjährig durch Statuszahlen, ferner Planzahlen, Strategiekonzepte sowie Informationen zu Branchenumfeld, Zukunftsaussichten, Struktur des Wettbewerbs etc.

58 Die Stellung einer Bank innerhalb dieses revolvierenden Informations-Austauschprozesses ist nicht immer einfach. Dies ist begründet in der eingangs beschriebenen Informationsasymmetrie und den unterschiedlichen Interessen zwischen Gläubigern und Schuldnern.[57] Auch wenn das Verhältnis zwischen Kreditgeber und -nehmer durchweg von einem hohen Maß an gegenseitigem Vertrauen geprägt sein sollte, so ist das Informationsbedürfnis einer Bank in vielen Fällen höher als die Informationsbereitschaft des Kreditnehmers. Erfahrungsgemäß ist dieser Umstand in Zeiten einer Krise des Schuldners noch ausgeprägter: Leider ist es immer wieder zu beobachten, dass ein Kreditnehmer eine bereits erkannte Krise (z.B. bilanzpolitisch) verschleiert, zum Teil aus Sorge vor voreiligen Reaktionen der Gläubiger. Durch dieses Verhalten läuft der Schuldner Gefahr, ein frühzeitiges, aktives und unterstützendes Krisenmanagement durch seine Bank zu unterbinden. Die Bank (bzw. der jeweilige Gläubiger) ihrerseits hat ein erhebliches Interesse, ihr Kreditrisiko so gering wie möglich zu halten, was in Krisenzeiten des Schuldners zu einem Interessenskonflikt führen kann.

59 Naturgemäß steht im **Kreditgeschäft der Banken** die **Krisenfrüherkennung mit im Vordergrund der kontinuierlichen Kreditwürdigkeitsprüfung**,[58] denn eine akute Unternehmenskrise gefährdet nicht nur die Rückzahlbarkeit des dann Not leidenden Kredites, sondern möglicherweise auch den Fortbestand der Unternehmung. Primäres Ziel ist es, eine Krise möglichst noch im latenten Zustand zu erkennen, um rechtzeitig gemeinsam mit dem Unternehmer nach Auswegen aus der Krise zu suchen. Das **kooperative Krisenmanagement** ist von grundlegender Bedeutung und verlangt ein hohes Maß an Vertrauen auf beiden Seiten. Die Funktion der Bank erstreckt sich jedoch auch in der Krise auf die Beratung, die Finanzierung sowie gegebenenfalls auf die Vermittlung externen Know-hows. Sie rückt nicht in Gesellschafternähe. Vielfach wird

---

[57] Vgl. oben Rn. 6 ff.
[58] So auch *Rösler/Mackenthun/Pohl*, S. 665.

fälschlicherweise angenommen, dass Kreditinstitute in der Krise eines Unternehmens dessen Geschäftspolitik beeinflussen oder gar bestimmen wollen. Dies aber kann eine Bank in die Gefahr der **faktischen Geschäftsführung** mit allen rechtlichen Konsequenzen bringen.[59] Die Einflussnahme einer Bank auf die Geschäftspolitik einer krisenbehafteten Schuldnerunternehmung ist aus diesem Grund erheblich geringer als oftmals behauptet.

Ist eine gemeinsame Krisenbewältigung nicht möglich oder aussichtsreich, bleibt den Kreditinstituten bei sich verschlechternden wirtschaftlichen Verhältnissen des Kreditnehmers schließlich nur noch zur Verminderung ihres Kreditrisikos nach Maßgabe ihrer Allgemeinen Geschäftsbedingungen (AGB) Sicherheitenverstärkung zu fordern oder – als ultima ratio – die Kreditkündigung auszusprechen. Um seinen Beitrag zur Vermeidung dieser, manchmal unumgänglichen Notwendigkeit zu erbringen, sollte der Banker Kundeninformationen und -daten stets aufmerksam prüfen, gegebenenfalls kritisch hinterfragen und dann dem Kunden ein konstruktives, offenes Feedback geben. Der Kreditnehmer andererseits sollte bereit sein, kritische Hinweise seiner Bank in sein unternehmerisches Kalkül einzubeziehen, mithin das Know-how und die Erfahrung seiner Bank auch als Bestandteil des eigenen Frühwarn-Instrumentariums nutzen. **60**

Die Krisenfrüherkennung im Rahmen der Kreditwürdigkeitsprüfung hat aus Sicht der Bank einen **janusköpfigen Charakter**: Wird aus den vorliegenden Informationen auf eine Krise des Schuldners geschlossen und leitet die Bank daraufhin Maßnahmen zur eigenen Risikoverminderung ein, kann dies – auch im Sinne einer Self-fulfilling-Prophecy – gravierende Konsequenzen auf Seiten des Kreditnehmers hervorrufen. Auch kann ein zu früh eingeleiteter Rückzug aus einem Kreditengagement zu Opportunitätskosten im Sinne entgangener Gewinne führen, wenn sich das Unternehmen später tatsächlich als überlebensfähig erweist. Wird demgegenüber eine Unternehmenskrise nicht (rechtzeitig) erkannt, ist das Kreditinstitut gegebenenfalls gezwungen, eine Wertberichtigung zu bilden, und erleidet – im ungünstigsten Fall – einen Forderungsausfall. Dies verdeutlicht die „**Gratwanderung**", die im praktischen Kreditgeschäft regelmäßig zu vollziehen ist, weshalb Banken intensiv an einer stetigen Verbesserung ihres Kreditrisikomanagements arbeiten. **61**

Wie im Folgenden gezeigt wird, lässt sich die Krisenfrüherkennung im Rahmen der Kreditwürdigkeitsprüfung nicht völlig standardisieren oder mathematisieren, auch wenn der Prüfungsprozess heutzutage teilweise computergestützt abläuft. Der (erfahrene) Banker muss vielmehr aus den ihm vorliegenden Informationen die Gefahr einer latenten oder akuten Krise ermitteln. Welche Instrumente und Indizien sind dabei von Bedeutung?

2. Krisenfrüherkennung aus der Jahresabschlussanalyse

Ein zentrales Instrument zur Früherkennung von Kreditrisiken ist nach wie vor die **Bilanzanalyse.** Kreditinstitute sind gemäß der einschlägigen Regelungen des § 18 KWG verpflichtet, sich von Kreditnehmern, denen sie unbesicherte Kreditteile von insgesamt mehr als 750.000 Euro gewähren, die wirtschaftlichen Verhältnisse offen legen zu lassen – dies insbesondere bei erstmaliger Ausreichung, zumeist aber auch während der Kreditlaufzeit. Die Offenlegung erfolgt in der Praxis regelmäßig auch für Kredite unterhalb der vorgenannten Betragsgrenze, wobei in Abhängigkeit von der Höhe und der Besicherung eines Kredits Erleichterungen – etwa im Hinblick auf den Umfang der einzureichenden **62**

---

[59] Vgl. hierzu *Wittig* in *Schmidt/Uhlenbruck*, S. 1018 mit weiteren Literaturangaben.

Unterlagen – möglich sind. Bei Kreditgewährungen an Unternehmen erfolgt die Offenlegung durch Vorlage zeitnaher Jahresabschlüsse sowie erforderlichenfalls durch weitere Unterlagen. Das Kreditinstitut ist verpflichtet, die vorgelegten Zahlen auszuwerten und zu analysieren.

63 Die klassische Kennzahlenanalyse ist auch heute noch integraler Bestandteil der regelmäßig durchgeführten Bonitätsanalysen. Der **Prozess der Jahresabschlussanalyse** ist meist standardisiert:

(1) Detaillierte Analyse des Jahresabschlussberichtes, insbesondere Testat, Erläuterungen, Anhang und Lagebericht;

(2) Übertragung/Eingabe der Bilanz- und GuV-Zahlen aus dem Prüfungsbericht in ein EDV-gestütztes, für die jeweilige Gesamtbank einheitliches Gliederungsschema;

(3) Analyse und Interpretation der Bilanzgliederung und Bildung eines Gesamturteils zum Jahresabschluss.

64 Aufbau des allgemeinen **Bilanzgliederungsschemas** und die zu errechnenden Kennzahlen haben sich im Laufe von vielen Jahren in der Bankpraxis herausgebildet. Von institutsindividuellen Unterschieden[60] abgesehen, ist folgendes Grundmuster weit verbreitet: Aktiv- und Passivseite werden – analog der „goldenen Bilanzregel" – nach Fristigkeiten strukturiert und gegenübergestellt. Zusätzlich erfolgt jeweils der Ausweis der wichtigsten relativen Kennziffern (in % der Bilanzsumme) sowie der Positionen „unter dem Bilanzstrich". Die GuV ist im Allgemeinen unterteilt in die Blöcke Betriebsbereich, Finanzbereich und Neutraler Bereich. Die einzelnen Bereichsergebnisse werden durch Saldierung der Aufwands- und Ertragspositionen als Betriebsergebnis, (Brutto-) Cashflow und Ergebnis vor/nach Steuern ausgewiesen und jeweils zum Umsatz bzw. Betriebsleistung (nach Bestandsveränderungen) ins Verhältnis gesetzt. Des Weiteren werden Kennziffern wie Aufwand/Ertrag pro Beschäftigtem, Zielinanspruchnahmen, statischer und dynamischer Verschuldungsgrad, Eigenkapitalrentabilität, Fremdkapitalverzinsung usw. ermittelt.

65 Die auf diese Weise gewonnenen Kennzahlen lassen sich nunmehr – und dieses Procedere ist in der Praxis gängig – durch **Zeitvergleich** aus der Gegenüberstellung der Zahlen des Unternehmens der letzten drei (oder mehrerer) Stichtage, durch **Betriebsvergleich** mit anderen Unternehmen und durch **Branchenvergleich** mit aggregierten Zahlen von Unternehmen einer Branche analysieren und interpretieren. Dass bei einem branchenbezogenen Unternehmensvergleich die Gefahr besteht, im *Schmalenbach*schen Sinne „Schlendrian mit Schlendrian" zu vergleichen, ist dabei zu berücksichtigen. In diesem Zusammenhang ist der so genannte **„Peer-Group"-Vergleich** im Rahmen der Kreditwürdigkeitsprüfung (zumindest bei großen Kapitalgesellschaften) von Bedeutung. Dabei werden einige wichtige Kennzahlen (etwa Umsatzrentabilität, Verschuldungsgrad, Return-on-Equity usw.) eines Kreditnehmers mit denen der engsten Wettbewerber verglichen. Ziel dieses externen Benchmarkings ist es, durch den Vergleich mit anderen Unternehmen Stärken und Schwachstellen zu erkennen und aufzuzeigen.

66 Die in ein EDV-System eingegebenen Bilanzdaten lassen sich mit Hilfe **spezieller Softwareprogramme** für die Kennzahlenanalyse aufbereiten. So gibt es bei vielen Kreditinstituten bspw. **automatische Bilanzanalyseprogramme**, die dem Betreuer oder Analysten auf PC-Basis für die Einzelanalyse einer Kundenbilanz zur Verfügung stehen. Die der Analyse zugrunde liegende Software beinhaltet diverse Kennzahlenkombinationen zur Vermögens-, Finanz- und Ertragslage sowie zur Liquidität, die aus einer Vielzahl

---

[60] Vgl. z.B. zur Vorgehensweise in der Sparkassenorganisation *Reuter*, S. 343 ff. oder *Riebell*, S. 714 ff.

§ 2 Praxisorientierte Verfahren zur Früherkennung von Unternehmenskrisen   § 2

von Jahresabschlüssen – z.B. im Wege eines diskriminanzanalytischen Verfahrens – berechnet worden sind. Gängige Kennzahlen, die auch krisenhafte Entwicklungen anzeigen können, sind hierbei etwa der Anlagendeckungsgrad, Brutto-Cashflow zu Betriebsleistung, Eigenkapitalrentabilität, Verschuldungsgrad, kurzfristige Bankverbindlichkeiten zu Betriebsleistung oder zum Fremdkapital usw. Teilweise sind diese Analyse-Verfahren auch in der Lage, die auszuwertenden Jahresabschlüsse in Abhängigkeit von Umsatzgrößenklassen und verschiedenen Branchengruppen zu analysieren.

Diverse Weiterentwicklungen bei den Analyse-Programmen ermöglichen heutzutage den Kreditinstituten vielversprechende **Cashflow- und Peer-Group-Analysen** unter Berücksichtigung **prognostischer Elemente**.[61] Derartige computergestützte Systeme erweitern die bisherige statische, weil auf Bestandszahlen basierende Bilanzanalyse um **zahlungsstromorientierte** Daten. Darüber hinaus bieten diese Programme die Möglichkeit, auf der Basis bereits gespeicherter Bilanzdaten anhand **prognostizierter Cashflows** und darauf aufbauenden Kennziffern die zukünftige Zahlungsfähigkeit des analysierten Unternehmens abzubilden, insbesondere seine Fähigkeit, das Fremdkapital zu bedienen (**„Kapitaldienstfähigkeit"**). Dies wird möglich durch eine geeignete Definition und Strukturierung von Cashflow-Ziffern in einer Weise, dass die verschiedenen betrieblichen Funktionen: Produktion, Investition (Mittelverwendung) und Finanzierung (Mittelherkunft) deutlich gegeneinander abgegrenzt sind. Ausgangskennziffer ist ein ergebnisnaher Cashflow aus Gewinn vor Steuern, Zinsen und Abschreibungen, auf dem weitere Kennzahlen aufbauen, so dass verschiedene **Cashflow-„Schichten"** oder -**„Stufen"** entstehen. Das finanzwirtschaftliche Risiko des Unternehmens in diesem Zusammenhang ergibt sich aus Höhe und Nachhaltigkeit der aus dem operativen Geschäft erzielten Cashflows. Die **Projektion in die Zukunft** kann anhand einer manuellen Einzelplanung erfolgen und/oder durch Fortschreibung historischer Daten (Trendextrapolation, Durchschnittswertbildung, lineare Regression etc.). Mittels einer Schnittstelle zum gespeicherten Bilanzdatenbestand können derartige Cashflow-Analyseprogramme die vorhandenen Daten verarbeiten, ohne dass eine erneute Eingabe durch den Nutzer erforderlich ist. Dieser gibt zunächst lediglich vor, welche historische Datenbasis im Rahmen der Einzelanalyse in die Zukunft projiziert werden soll (mindestens drei Jahresbilanzen), die weitere Berechnung übernimmt das System. 67

Trotz dieser vielfach bewährten Auswertungsverfahren lassen sich die generellen konzeptionellen Schwächen der Analyse historischer Daten wie oben dargestellt nicht beheben. Aber mit der zukunftsorientierten Cashflow-Analyse und dem Vergleich mit Wettbewerbern aus der Branche sind immerhin **Tendenzaussagen** über zukünftige Entwicklungen und auch die Berechnung von **Alternativ- und Stressszenarien** möglich. 68

Die Jahresabschlussanalyse ist als Instrument zur Krisenfrüherkennung aus dem Kreditrisikomanagement nicht wegzudenken. Die modernen, rechnergestützten Analysetools helfen, die klassische Jahresabschlussanalyse zu verbessern und zu verfeinern, und mittels der Cashflow-Analyse lassen sich Zukunftsaspekte berücksichtigen. Dem Banker werden somit wichtige Entscheidungshilfen geliefert, denn Stärken und Schwächen im Jahresabschluss können systematisch deutlich gemacht werden. Um es an dieser Stelle nochmals hervorzuheben – blind vertrauen sollte man diesen Verfahren nicht. Auch komplexe Konzern- oder Holdingbilanzen und Abschlüsse von Leasingunternehmen, Bauträgerge- 69

---

[61] Vgl. zu den konzeptionellen Grundlagen etwa *Copeland/Koller/Murrin*, S. 29 ff., 117 ff. Auf dieser Basis werden sog. „Bilanzanalyse- und Reportingsysteme" (BARS) entwickelt, die von diversen Geschäftsbanken oder im Landesbankensektor („Global Format") eingesetzt werden. Es lassen sich im Übrigen Bilanzen aus allen gebräuchlichen Bilanzierungsstandards (HGB, IFRS, US-GAAP) auswerten.

sellschaften, Banken, Versicherungen oder karitativen und kommunalen Institutionen lassen sich kaum aussagekräftig statistisch auswerten.

70 Von Bedeutung im Rahmen der kreditbasierten Zusammenarbeit zwischen Bank und Firmenkunden ist darüber hinaus die Vorlage von **unterjährigen Statuszahlen**. Sie ermöglichen meist eine zeitnähere Verfolgung der wirtschaftlichen Entwicklung des Unternehmens, insbesondere wenn Bestandsveränderungen berücksichtigt werden können. Durch einen Vergleich mit den anteiligen Vorjahreswerten und/oder vorliegenden Planzahlen (im Soll-/Ist-Vergleich) sind im Falle einer negativen Abweichung möglicherweise Krisenanzeichen erkennbar, die mit dem Unternehmen zu besprechen sind.

71 Im Hinblick auf die Krisenfrüherkennung gibt es des Weiteren verschiedene **Indizien**,[62] die in engem Zusammenhang mit dem Jahresabschluss stehen und dem Praktiker zusätzliche Hinweise auf eine drohende Krise geben können, auch wenn sie im Vergleich zu den Jahresabschluss-Daten eher subsidiären Charakter haben. Erwähnenswert sind z.B.:

- eingeschränktes oder gänzlich fehlendes Testat des Wirtschaftsprüfers oder Steuerberaters;
- anhaltend späte bzw. wiederholt verzögerte Vorlage von Zwischen- oder Jahresabschlusszahlen;
- negative Abweichungen von vorläufigen und endgültigen Zahlen;
- Verschiebungen von Bilanzstichtagen etwa bei Konzerngesellschaften, wenn hierdurch unterschiedliche Stichtage bei Mutter- und Tochtergesellschaften entstehen (Problem der Vergleichbarkeit oder Gefahr liquiditätsmäßiger Verschiebungen);
- Herausgabe von Geschäftsberichten oder Bilanzkurzfassungen, verbunden mit der Weigerung, die vollständigen Prüfungsberichte aus der Hand zu geben;
- die Weigerung, Originalbilanzen zu unterschreiben oder vorzulegen.

72 In Verbindung mit diesen beispielhaften Warnsignalen können auch aufgedeckte, **bilanzpolitisch motivierte Sachverhaltsgestaltungen** durch den externen Analysten als mögliche Krisenanzeichen interpretiert werden. Erwähnt seien in diesem Zusammenhang:

- Aktivierung von signifikanten immateriellen Vermögenswerten oder von hohen anteiligen Fertigungsgemeinkosten, von hohen Aufwendungen für die Erweiterung des Geschäftsbetriebs oder von hohen Forschungs- und Entwicklungsaufwendungen zur Verminderung eines Verlustausweises;
- Window-dressing durch Aufnahme von Krediten kurz vor Bilanzstichtag zur Liquiditätsverbesserung;
- Sale-and-lease-back-Verfahren zur Verbesserung der Kapitalstruktur oder zur Aufdeckung stiller Reserven;
- erhöhte außerordentliche Erträge infolge einer Auflösung von Rückstellungen/Rücklagen/Wertberichtigungen;
- ermäßigte Abschreibungen infolge einer Abänderung der Abschreibungsmethoden, damit verbunden oftmals deutlich geringere Investitionsquoten.

73 Erfahrungsgemäß wird die Substanz für die vorstehend exemplarisch angeführten bilanzpolitischen Maßnahmen oft aus in den Vorjahren gebildeten stillen und auch offenen Reserven gezogen, um sie dann zu einem geeigneten Zeitpunkt wieder aufzulösen. Insofern können derartige Maßnahmen auf eine (latente) Krise hindeuten, sie können aber auch auf eine Politik der Bilanzkontinuität (z.B. zur Gewinn- oder Dividendenstabilität)

---

[62] Eine ähnliche Auflistung findet sich bei *Rösler/Mackenthun/Pohl*, S. 997 ff. oder *Wittig* in *Schmidt/Uhlenbruck*, S. 60 ff.

§ 2 Praxisorientierte Verfahren zur Früherkennung von Unternehmenskrisen **§ 2**

zurückzuführen sein oder publizitätspolitische Gründe haben. Ein akut gefährdetes Unternehmen hat diese Substanz (und gegebenenfalls auch die Zeit) im Allgemeinen nicht mehr. Im Hinblick auf die zunehmende Bedeutung der internationalen Rechnungslegungsvorschriften nach IFRS oder US-GAAP wird das Erkennen bilanzpolitischer Maßnahmen zusätzlich erschwert. Nicht nur in den Übergangsphasen von einem in ein anderes Rechnungslegungssystem sind dem „creative accounting" Tür und Tor geöffnet. Vielmehr sind auch in der IFRS-Welt grundsätzlich Bewertungswahlrechte und Ermessungsspielräume möglich – etwa bei der Good-will-Bilanzierung oder bei der Bewertung von Finanzinstrumenten oder von Entwicklungskosten. Diese sind entweder explizit genannt (im Gesetz oder in einem Standard) oder vollziehen sich unbemerkt bzw. sogar verdeckt – sie können ein klares, objektives Bild der wirtschaftlichen Lage verschleiern.

Zusammenfassend ist festzuhalten, dass neben dem eigentlichen Ergebnis aus der Jahresabschlussanalyse wichtige Krisenanzeichen im „Umfeld" der Bilanz existieren können, wobei ein Indiz isoliert betrachtet nicht zwingend auf eine Bestandsgefährdung hindeutet und es durchaus plausible Begründungen für einzelne Maßnahmen geben mag. Mehren sich aber die Anzeichen, ist aus Sicht einer kreditgebenden Bank kritische Vorsicht angebracht; es entsteht möglicherweise akuter Handlungsbedarf. **74**

3. Krisenfrüherkennung aus der bankmäßigen Geschäftsbeziehung

Die Geschäftsbeziehung eines Kreditinstituts zu einem Unternehmen ist äußerst vielschichtig. Dreh- und Angelpunkt sind zum einen das Konto, zum anderen der Kundenbetreuer als Hauptansprechpartner. Bei ihm laufen nicht nur Informationen aus dem Bilanzbereich zusammen. Vielmehr kann er wichtige krisenbezogene Erkenntnisse auch aus **Kontoführung** und **Zahlungsverkehrsabwicklung**, aus der **Kreditbeziehung** sowie aus dem **betrieblichen Umfeld** ziehen. Krisenanzeichen können sein: **75**
- häufige (und im Vorfeld nicht mit der Bank abgestimmte) Überziehungen;
- angespannte („steife") Kontoführung stets am Kreditlimit, gegebenenfalls verbunden mit rückläufigen Kontoumsätzen;
- Nichteinhaltung von Rückführungszusagen (z.B. bei Kontoüberziehungen oder Saisonkrediten);
- im Zusammenhang mit der Zahlungsverkehrsabwicklung: Umstellung von Scheck- auf Wechselzahlung, Ausstellung vordatierter Schecks, Scheck- und Wechselproteste, Lastschriftrückgaben mangels Deckung, Scheckreiterei;
- Kontopfändungen oder Mahnbescheide;
- im Hinblick auf die Kreditbeziehung: deutlich oder gegebenenfalls sprunghaft gestiegene Gesamtverschuldung gemäß der § 14 Abs. 2 KWG-Rückmeldung;[63]
- bei der Stellung bzw. Verwaltung von Sicherheiten auftretende Unregelmäßigkeiten oder Unplausibilitäten (z.B. bei Bestandsmeldungen im Falle von Waren-/Raumsicherungsübereignungen oder Forderungszessionen);
- bei regelmäßig durchzuführenden Betriebsbesichtigungen auffallende Mängel (z.B. veralteter, ungepflegter Maschinenpark, nicht ausgelastete Kapazitäten, schlechte Organisation der Betriebsabläufe).

---

[63] Nach § 14 KWG sind die Kreditinstitute verpflichtet, quartalsweise diejenigen Kreditnehmer der Deutschen Bundesbank anzuzeigen, deren Gesamtverschuldung zu irgendeinem Zeitpunkt bei der betreffenden Bank 1,5 Mio. Euro oder mehr betrug. Aus der hieraus erfolgenden Rückmeldung der Bundesbank an die Kreditinstitute lässt sich die Gesamtverschuldung des Kreditnehmers, die Anzahl der Kreditgeber sowie die betragsmäßige Aufgliederung in Kredite, Avale, Finanzswaps, Leasing usw. ablesen.

76 Auch bei den aus der bankmäßigen Geschäftsverbindung erkennbaren Sachverhalten lehrt die Erfahrung, dass ein Auftreten solcher oder gleichartiger Anzeichen eine Krise ankündigen kann. Aus der Sicht des Bankers sind diese Krisensignale von nicht zu unterschätzender Bedeutung, ihr Erkennen erfordert aber zugleich auch ein **verantwortungsbewusstes Handeln** und ein diskretes Verifizieren eines aufkommenden Verdachts. Das Problem der Informationsasymmetrie zwischen Bank und Kunde kann sich besonders nachhaltig auf das Verhalten der Bank auswirken, wenn der Kreditnehmer versucht, durch entsprechende Informationspolitik seine Lage zu verharmlosen oder wenn er gar mit Täuschungsabsicht vorgeht.

4. Krisenfrüherkennung aus strategischen Erfolgsfaktoren

77 a) **Unternehmensstrategie.** Jahresabschlussdaten, Bilanzpolitik, Kontoführung, Entwicklung der Gesamtverschuldung usw. sind gewissermaßen „**hard facts**", also im Analysezeitpunkt bereits eingetretene Tatbestände, die auf eine drohende Krise hinweisen können. Demgegenüber sind strategische Erfolgsfaktoren eines Unternehmens im Hinblick auf Unternehmensstrategie, wirtschaftliches Umfeld oder Managementqualifikation „**soft facts**" in dem Sinne, dass sie entweder zukunftsbezogen oder kaum quantifizierbar sind. Dementsprechend ist die Krisenfrüherkennung anhand dieser qualitativen Faktoren aus Sicht einer Bank sehr viel schwieriger. Gleichwohl gibt es zahlreiche **erfahrungsgestützte Krisenindizien**, wobei wiederum die Regel gilt, dass ein Negativmerkmal für sich betrachtet nicht unbedingt eine krisenhafte Entwicklung bedeuten muss. Aber ein vermehrtes Auftreten der genannten Anhaltspunkte wird zu großer Vorsicht Anlass geben. Drei wichtige Aspekte seien hierzu näher betrachtet:

78 Die mittel- und langfristigen **Unternehmensziele** und die wesentlichen **Elemente des Geschäftsmodells** sind im Rahmen der Unternehmensstrategie vorzugeben, in die auch die weiter oben erläuterten strategischen Frühwarnsysteme zur Erkennung schwacher Signale einzubeziehen sind. Bestandteile des Strategiekonzeptes können sehr konkrete Maßnahmenpläne sein, wie die Ziele zu erreichen sind. Dies beinhaltet beispielsweise Aussagen zur Produktstrategie (Weiterentwicklungen und neue Produkte), zur Marktstrategie (Marktbearbeitung und neue Märkte), zur Corporate Governance usw. Hieraus lassen sich die wesentlichen Planzahlen der kommenden drei bis fünf Jahre ableiten. Ohne ein solches Strategiekonzept erscheint das unternehmerische Handeln eher dem Zufall überlassen (nach dem trial-and-error-Prinzip). Die Gefahr, bei der heutzutage sehr stark ausgeprägten Änderungsdynamik auf alternative Markt- und Umweltentwicklungen nicht richtig vorbereitet zu sein, ist sehr groß. Erfahrungsgemäß resultieren viele Unternehmenskrisen aus einer mangelhaften oder gänzlich fehlenden Unternehmensplanung.[64]

79 Nicht zu unterschätzen ist auch der Wert einer geeigneten Unternehmensstrategie als **Führungs- und Motivationsinstrument**. Hierbei können aus dem übergeordneten Strategiekonzept adäquate Zielvorgaben abgeleitet und im Sinne eines „Führen durch Zielvereinbarungen" auf die verschiedenen Unternehmensteilbereiche heruntergebrochen werden. Insofern ist die konkrete Ausgestaltung der Unternehmensstrategie sehr wichtig und eng mit der weiter unten dargelegten Managementqualifikation verknüpft.

80 Dementsprechend können Unternehmen permanent krisengefährdet sein, wenn beispielsweise
- kein zukunftsgerichtetes und realistisches Strategiekonzept vorhanden ist,
- keine strategischen Frühwarnsysteme implementiert sind,

---

[64] Diese Ansicht bestätigen z.B. *Wellensiek/Schluck-Amend* in Schmidt/Uhlenbruck, S. 39 f.

- keine operative und strategische Planung vorgenommen wird,
- keine mittel- und langfristigen Ziele und Perspektiven festgelegt und im Unternehmen kommuniziert werden,
- vorhandene Strategien nicht oder nur zögerlich umgesetzt werden.

b) Wirtschaftliches Umfeld. Die Stellung eines Unternehmens im Markt ist anhand verschiedener Merkmale zu beurteilen. Von besonderer Bedeutung aus der Sicht einer Bank ist in diesem Zusammenhang auch die eingehende Analyse diverser Fragestellungen zum Marketing-Mix eines Unternehmens, also zur Produktpolitik, zum Vertriebskonzept, zum Wettbewerb, zum Branchenumfeld und zu spezifischen Risikoschwerpunkten. Informationen zu diesen, für den externen Betrachter schwierig zu beurteilenden Kriterien müssen dabei teilweise direkt vom Unternehmen eingeholt werden. Daneben bieten sich weitere Informationsquellen an wie z.B. Datenbankrecherchen, Branchen- und Expertenstudien, Publikationen von Wirtschaftsforschungsinstituten, Verbandsmitteilungen oder Presseveröffentlichungen. Krisenwarnfunktion haben unter anderem:

- unzureichende Produktqualität und schlechtes Produktimage, hohe Lagerbestände (Ladenhüter?);
- hohe Substitutionskonkurrenz;
- ungünstige Altersstruktur der Produkte (Produktlebenszyklus), veraltete Produktionsanlagen oder unrationelle Produktionsabläufe;
- Probleme im Vertrieb durch Nichteinhalten von Lieferfristen, unzureichendes Vertriebscontrolling, überdimensionierter Vertriebsapparat;
- kein klares Vertriebskonzept vorhanden, ungenügende Präsenz auf den wichtigen Märkten;
- starke Abhängigkeiten auf der Absatz- oder Beschaffungsseite von einzelnen Unternehmen;
- schwache Marktposition (Marktanteile) in den Absatzmärkten, unzureichende Kenntnis der Wettbewerber;
- negative Branchenperspektiven usw.

Wichtig ist auch festzustellen, ob es darüber hinaus spezifische, **risikoerhöhende Strukturen** gibt, die im Falle eines Eintretens möglicherweise die Existenz des Unternehmens gefährden. Dies sind beispielsweise besondere Produkthaftungs- oder Umweltrisiken (etwa bei der Arbeit mit gefährlichen Stoffen), aber auch erforderliche, erhebliche Investitionsmaßnahmen, um dem technischen Fortschritt folgen zu können, oder um die Umwelt vor betrieblichen Emissionen zu schützen usw. Nicht zuletzt auch vor diesem Hintergrund ist eine regelmäßige Überprüfung des gesamten Versicherungsschutzes eines Unternehmens notwendig, was sich eine kreditgebende Bank auch nachweisen lassen sollte.

c) Managementqualifikation. Die zutreffende Beurteilung der Fähigkeiten des Managements zumindest der ersten und zweiten Führungsebene ist zu den wichtigsten und zugleich schwierigsten Aufgaben des Bankers zu zählen. Immer wieder zeigt sich (spätestens) in der Krise eines Unternehmens, dass diese auch auf wesentliche Fehler des Managements zurückzuführen ist.[65] Zumeist wurde eine sich anbahnende Krise nicht oder

---

[65] Eine Untersuchung der *KPMG* untermauert diese Erfahrung, der zufolge Schwachstellen im Management eine der häufigsten Ursachen für Unternehmenskrisen sind. Vgl. *KPMG* (Hrsg.), Kreditinstitute und Unternehmensrestrukturierung, Berlin 1999, S. 5 ff., 9. Ähnliche Ergebnisse auch bei *KPMG* (Hrsg.), Kreditinstitute und Unternehmenskrisen, Berlin/Leipzig 2002, S. 22 ff.

zu spät erkannt oder es wurden die richtigen Maßnahmen nicht rechtzeitig mit der nötigen Konsequenz zur Abwendung der Krise ergriffen.

84 Die richtige Einschätzung der Managementqualifikation erfordert viel Menschenkenntnis und Einfühlungsvermögen. Aus der Sicht einer Bank ist dies aber ein ganz entscheidender Faktor, um das Risiko aus einem Kreditengagement beherrschbar zu machen. Dabei ist zu bedenken, dass der Kundenbetreuer, der die Managementqualität zu beurteilen hat, letztlich auch nur Außenstehender ist, weshalb ein abgerundetes Bild der handelnden Personen oft erst nach mehreren Jahren gemeinsamer Zusammenarbeit entsteht. Im Zusammenhang mit diesen schwierig beurteilbaren Aspekten gibt es dennoch verschiedene **persönliche und fachliche Merkmale** oder Fragestellungen, mit denen die Qualifikation des Managements überprüft werden kann:

- ist das Management erfahren und krisenerprobt;
- wie sind die Branchen-, Markt- oder Fachkenntnisse zu beurteilen;
- ist die Unternehmensleitung gegebenenfalls zu einseitig besetzt (z.B. nur Techniker unter Vernachlässigung der kaufmännischen Seite);
- ist ein effizientes Rechnungswesen oder Controlling vorhanden, so dass dem Management verlässliche, zeitnahe Zahlen zur Unternehmensentwicklung vorgelegt werden können;
- die Frage der Kontinuität in der Geschäftsleitung;
- gibt es Streitigkeiten im Management oder im Gesellschafterkreis, auch: Qualität des Betriebsklimas;
- zeigt die Geschäftsleitung gute Durchsetzungsfähigkeit gegenüber den Gesellschaftern, z.B. bei der Problematik von regelmäßig hohen Entnahmen durch die Gesellschafter; verbunden hiermit auch die Fragestellung nach der Identifikation der Gesellschafter mit ihrem Unternehmen;
- gibt es Auffälligkeiten im privaten Umfeld des Managements, z.B. ungewöhnlich aufwendiger Lebensstil, Verflechtungen mit politischen Gremien usw.;
- wie ist der Führungsstil;
- ist die Altersstruktur des Managements ausgewogen; in Verbindung hiermit: gibt es gegebenenfalls eine Nachfolgeregelung, sind „verkrustete" Strukturen vorhanden usw.

85 Nicht zu unterschätzen ist schließlich auch die **Art der Zusammenarbeit** zwischen Kunde und Bank. Negative Anzeichen sind z.B. mangelhaftes Informationsverhalten und die Verletzung von Zusagen. Dies äußert sich etwa darin, dass Informationen unvollständig, widersprüchlich oder gar nicht gegeben werden, dass sie sich im Nachhinein als (teilweise) unwahr herausstellen oder dass Kreditabsprachen (auch Rückführungszusagen) nicht eingehalten werden.

Die Managementqualifikation ist somit eine wesentliche Determinante des unternehmerischen Erfolgs, denn die Unternehmensleitung prägt in hohem Maße auch die Unternehmensstrategie bzw. deren Umsetzung sowie die Position des Unternehmens in seinem wirtschaftlichen Umfeld. Insofern schließt sich an dieser Stelle der Kreis zur Jahresabschlussanalyse, lässt sich hieran doch zumindest der bilanzielle und finanzielle (Miss-)Erfolg des Managements in der Vergangenheit ablesen, soweit er der amtierenden Geschäftsleitung zugeschrieben werden kann.

V. „Basel II und III" und die Kreditkosten

1. Zur Bedeutung des Ratings

In den vergangenen Jahren wurden die Vorgaben des **Baseler Ausschusses für Bankenaufsicht („Basel II")** durch eine Vielzahl gesetzlicher Maßnahmen und Richtlinien in nationale Standards umgesetzt. Sie sind damit verbindlich für alle Kreditinstitute. „Basel II" gab seinerzeit neue Eigenkapitalvorschriften vor und einen stringenten bankaufsichtlichen Überprüfungsprozess. Als Konsequenz aus der Finanzkrise befindet sich aktuell das sog. „CRD IV-Paket" in der nationalen Umsetzung. Das Regelungspaket gibt den Kreditinstituten in Folge von Finanzkrise und Lehman-Brothers-Insolvenz verschärfte Standards zur Stärkung von Kapital und Liquidität vor **(„Basel III")**. Damit zeichnet sich eine weitere Steigerung von Kapitalkosten sowie höhere Kosten für die Vorhaltung von Liquiditätspuffern in der Bankenbranche ab.[66]

86

Die im voran stehenden Kapitel erörterten „soft facts" fließen neben den „hard facts" aus dem analysierten Zahlenwerk in das abschließende Krediturteil ein. Der Prozess der Bonitätsprüfung erfolgt im Bankwesen kontinuierlich, im Regelfall mindestens einmal jährlich, anlassbezogen auch häufiger, insbesondere bei sich abzeichnenden Bonitätsverschlechterungen. Die Erkenntnisse dieses Prüfungsprozesses werden vom Kreditanalyst in einem Rating sowie in einem schriftlichen Kreditbericht festgehalten.

87

Im Rahmen der Bonitätsprüfung sind die meisten Kreditinstitute wegen der Basel II-Vorgaben dem Beispiel der Ratingagenturen gefolgt und fassen die Resultate ihrer Analysen der quantitativen und qualitativen Unternehmensfakten ihrer Kunden mit eigenen Ratingtools zu einem Rating-Urteil zusammen **(„internes Rating")**. Die computergestützt ermittelten Bilanz- und GuV-Kennziffern sowie Cashflow-Informationen lassen sich dabei zu einem **Bilanzbonitätsfaktor** (= Finanzrating) verdichten. Des Weiteren wird ein **qualitativer Bonitätsindikator** (Branchensituation, Strategiekonzept, Managementqualität, Rechnungswesen, Planung etc.) ermittelt (qualitatives Rating). Beide Faktoren werden schließlich zu einem Gesamturteil verknüpft, das üblicherweise als Buchstabensymbol oder als Ziffer auf einer 18- oder 24-stufigen Ratingskala abgebildet wird. Beispielhaft erwähnt sei die von der Ratingagentur *Standard & Poor's* abgeleitete Skalierung, die von einem AAA-Wert für Unternehmen mit exzellenter Bonität und äußerst geringer Ausfallwahrscheinlichkeit mit zahlreichen Abstufungen bis zu einer C-Bewertung für Firmen mit hohem Insolvenzrisiko (bzw. D für insolvente Firmen) reicht (**„externes Rating"**). Die Ratingnote wird damit zum Bestandteil der Bonitätsprüfung. Im Ergebnis unterliegt jeder Ratingstufe eine statistische Wahrscheinlichkeit, mit der ein Kreditnehmer innerhalb eines Jahres ausfällt.

Die Basel-II-konformen Tools ermitteln reine **Bonitätsratings**, deren Struktur und Rechenkerne **institutsindividuell nicht beeinflußbar** sind und in die etwa unterliegende Kreditsicherheiten oder die Kreditstruktur (Laufzeit, Tilgungsmodalitäten etc.) nicht einfließen. Aus historischen Datenreihen über Unternehmensinsolvenzen lässt sich jedem Skalenwert eine empirisch hergeleitete Ausfallwahrscheinlichkeit (PD) zuordnen.

Das Bonitätsrating ist mittlerweile zu einem wichtigen Instrument und Element im Bankwesen herangereift. Dabei legen die Bankenaufsichtsbehörden (BaFin und Deutsche Bundesbank) strenge Maßstäbe an objektivierte Verfahren und normierte, bankinterne

88

---

[66] So auch *Küting/Weber*, S. 573 ff., Basel III soll Anfang 2014 in Kraft treten.

Ratingprozesse, damit nicht jedes Kreditinstitut eigene Regeln aufstellt, und um Ermessensspielräume klein zu halten. Im Ergebnis müsste idealerweise ein und derselbe Schuldner bei unterschiedlichen Banken in etwa identische Ratingnoten erhalten.

Dementsprechend wurden die **Risikoklassifizierungsverfahren** im Rahmen der „Mindestanforderungen an das Risikomanagement" (MaRisk) aufsichtsrechtlich kodifiziert. Im Ergebnis bedeutet dies, dass heutzutage für jeden Bankkunden, der einen Kredit in Anspruch nimmt, ein Rating zu erstellen ist. Die bankstrategischen Konsequenzen dieser Entwicklung – und damit auch die Folgen für Kreditnehmer – sind erheblich. Drei Aspekte hierzu seien im Folgenden beleuchtet, die belegen, dass sich abzeichnende Branchen- und Unternehmenskrisen infolge eines antizipativen Verhaltens von Kreditinstituten und Ratingagenturen sogar verstärken bzw. beschleunigen können – mit teilweise nachhaltigen Folgen für die Kreditnehmer.

2. Ratingorientierte Portfoliosteuerung

89   Verbreitet große, international tätige Institute sind dazu übergegangen, **Schuldnergruppen** (also z.B. Länder, multinationale Konzerne, mittelständische Firmen oder Privatpersonen), aber auch **Branchen** gesamtbankweit nach **Ratingkategorien** und komplexen **Ausfallwahrscheinlichkeits-Modellen** zu steuern. Hierzu stützen sich die Häuser auf eigene Analysen und auch auf Länder- und Branchenratings, die von Ratingagenturen regelmäßig veröffentlicht werden. Die Steuerungsimpulse in Richtung: Ausbau, Halten oder Abbau eines Teilportfolios erfolgen in Abhängigkeit von der aktuell formulierten Gesamtbankstrategie, dem „Risikoappetit" und den unterliegenden Rendite-/Risikokalkulationen.

90   Im Rahmen des Risikomanagements werden im Hinblick auf das gesamtbankweite, maximale Kreditexposure **bonitäts- bzw. ratingabhängige Globallimite** für die jeweiligen Teilportfolien der Bank, also z.B. für Länder oder Kreditnehmergruppen, festgelegt. Anhand der unterliegenden Ausfallwahrscheinlichkeiten, Verlustquoten und weiterer Risikofaktoren bestimmt ein Kreditinstitut mittels mathematischer Verfahren die **„ökonomischen Risikodeckungsmassen"**, die von der Eigenkapitalausstattung der Bank abhängen und ein wesentlicher Bestimmungsfaktor der Struktur des Gesamtbankportfolios sind. Aus der ermittelten **Risikotragfähigkeit** können unter Umständen weit reichende geschäftspolitische Entscheidungen resultieren, wenn sich Banken aus vermeintlich risikoreichen oder ertragsschwachen Geschäftsfeldern zurückziehen (Stichwort: der viel diskutierte Rückzug von Großbanken aus dem Kreditgeschäft mit dem Mittelstand oder aus dem Privatkundengeschäft) oder ihre Geschäftsschwerpunkte z.B. in sog. Risikoaktiva schonende Segmente (etwa das Kommunalgeschäft) verlagern. Auch der portfoliobedingte Ausstieg von Banken aus bestimmten Branchen kann unter Umständen bewirken, dass selbst gute Unternehmen einer als zu risikoreich eingeschätzten Branche kaum noch Zugang zu neuen Krediten haben. Dies ist ein ausgeprägt **zyklisches Phänomen**.

91   Selbst im mittelständischen oder gewerblichen Kreditgeschäft sind mittlerweile die Entscheidungsprozesse von Banken stark durch das Rating geprägt. So ist bspw. die Kreditkompetenz der Mitarbeiter verbreitet auch an die Ratingnote des Schuldners gekoppelt. D. h. die betragliche Genehmigungskompetenz der betreuenden Kundeneinheit oder der Bankfiliale vor Ort ist umso geringer, je schlechter die Bonität des Kunden ist. Auch die Betreuungszuständigkeit oder gar die gänzliche Verlagerung der Betreuung eines krisenbehafteten Engagements in Spezialabteilungen der Zentralen („work out") orientiert sich unter anderem an der Ratingeinstufung.

Ein weiterer Trend in der Portfoliosteuerung tangiert Kreditnehmer: Zu nicht unerheblicher Bedeutung im Bankwesen hat sich der **Kauf bzw. Verkauf von Teilportfolien** entwickelt. Zum einen kommen hierfür leistungsgestörte oder gekündigte Kredite (sog. „Non-Performing-Loans" NPL) in Betracht, die zur Abwicklung an spezialisierte Investoren veräußert werden. Das Kreditinstitut entlastet hiermit Eigenmittel und Personalressourcen, die sodann für das Neugeschäft eingesetzt werden können. Zum Zweiten werden auch intakte Kredite (sog. „Performing-Loans") an Investoren oder Drittbanken weiterverkauft, wenn sich ein Institut aus strategischen Gründen aus Branchen, Märkten oder Geschäftsfeldern zurückzieht. Drittens schließlich können Kreditforderungen zur Risikostreuung durch Verbriefung auf Zweckgesellschaften transferiert werden („Asset Backed Securities-Transaktionen")[67] oder im Rahmen der eigenen Refinanzierung der Zentralbank oder anderen Banken übertragen oder verpfändet werden. 92

Für die jeweils betroffenen Kreditnehmer sind die Konsequenzen im Normalfall überschaubar, insbesondere wenn reine Tilgungskredite übertragen werden. Im Übrigen müssen Darlehensnehmer im Kreditvertrag einem Forderungsverkauf durch die Bank grundsätzlich zustimmen bzw. gegebenenfalls im Verkaufszeitpunkt um Zustimmung gebeten werden, soweit das Kreditverhältnis ungekündigt ist.

3. Covenants im Kreditvertrag

Durchaus weit verbreitet im Kredit- und Kapitalmarktgeschäft mit großen Adressen ist es, bestimmte Nebenabreden -sog. **Covenants-** vertraglich zu vereinbaren.[68] Diese Klauseln haben Steuerungs- und Kontrollcharakter. Sie legen zumeist bestimmte Anforderungen an die wirtschaftliche und/oder finanzielle Entwicklung des Kreditnehmers fest, die während der Kreditlaufzeit nicht über- oder unterschritten werden dürfen (sog. „Auslöseschwellen" oder „trigger"). Gängig sind bspw. Eigenmittel-, Verschuldungs- oder Renditekennziffern. Die Nichteinhaltung von Covenants kann zusätzliche Risikoprämien, Sicherheitenverstärkungen oder gar Kreditkündigungen zur Folge haben. Covenants haben somit auch eine **Krisenfrühwarnfunktion,** wobei sich Kreditgeber und -nehmer bei einer einmaligen Verletzung darüber verständigen können, dass dies ggf. ohne die vertraglich vorgesehenen Folgen bleibt. 93

Insbesondere die sog. „Material-Adverse-Change"-Klauseln sehen die Möglichkeit einer Kreditkündigung vor, wenn sich die wirtschaftlichen Verhältnisse des Kreditnehmers wesentlich verschlechtern. Dies kann z.B. an die Beurteilung durch eine externe Ratingagentur geknüpft werden, wenn diese die Schuldnerqualität von guter Bonität („Investment Grade") auf eine risikoreiche Stufe („Sub-Investment Grade") herabsetzt. Am Beispiel der damaligen Insolvenz des amerikanischen Energiehandelskonzerns Enron zeigte sich im worst case-Fall die erhebliche Problematik bzw. Eigendynamik solcher Vertragsklauseln oder „rating triggers": Die massive Herabstufung der Bonität Enrons innerhalb weniger Tage infolge sichtbar gewordener Bilanzmanipulationen hat dazu geführt, dass das Unternehmen aufgrund von vertraglich vereinbarten, ratingabhängigen Klauseln Zusatzsicherheiten bzw. Kreditrückführungen in einem Maße bringen musste, die die Substanz um ein Vielfaches überstiegen haben. Die Verträge konnten nicht eingehalten werden, Kredite und Anleihen waren teilweise oder komplett zur Rückzahlung 94

---

[67] Bekanntlich haben nicht zuletzt auch Sonderformen dieser ABS-Transaktionen einige Banken im In- und Ausland im Zuge der Finanzkrise in Schwierigkeiten gebracht.

[68] Vgl. im Überblick *Rösler/Mackenthun/Pohl*, S. 196 ff. oder *Wittig* in Schmidt/Uhlenbruck, S. 65 ff.

fällig, so dass die Folgen nicht mehr beherrschbar waren. Dieses Beispiel belegt die hohe Verantwortung, die auch den Ratingagenturen mittlerweile zukommt. Reagieren diese hingegen zu langsam auf Bonitätsverschlechterungen, sehen sich die Agenturen heftiger Kritik von Anlegern und Gläubigern ausgesetzt.

4. Zur Entwicklung der Kreditkosten

95 Mit Blick auf die verschärften Vorgaben des Baseler Ausschusses für Bankenaufsicht haben sich die Spielregeln im Kreditgeschäft verändert:[69] Infolge der Baseler Vorgaben wurden u.a. die Grundlagen für die Berechnung der Eigenkapitalunterlegung von Bankkrediten geändert. Früher mussten Banken z.B. Kreditforderungen an Firmenkunden mit 8 % Eigenkapital unterlegen, unabhängig davon, ob es sich um eine erstklassige Industrieadresse mit Triple A-Rating oder um einen insolvenzgefährdeten Kreditnehmer der Risikoklasse C handelt. Der Eigenmittelakkord nach Basel II schrieb den Kreditinstituten vor, Kredite an Schuldner mit schwacher, spekulativer Bonität mit höheren Eigenkapitalanteilen zu unterlegen; ferner musste für operationelle Risiken zusätzliches Eigenkapital separiert werden. Dies machte sich nicht zuletzt auch in der Kreditkostenkalkulation der Banken bemerkbar, denn unter dem Gesichtspunkt des Shareholder-Value-Ansatzes zieht ein wachsender Eigenkapitalverzehr erhöhte Renditeforderungen nach sich. Infolge der nochmals verschärften Kapital- und Liquiditätsanforderungen aus Basel III sind Befürchtungen verbreitet, dass diese Vorgaben zu höheren Zinsmargen, insbesondere für mittelständische Firmen und Gewerbekunden führen werden.

96 Diese Sichtweise ist in der Tat nicht unbegründet. Zunächst einmal kommt ein klassischer ökonomischer Grundsatz zum Tragen, wonach **risikoreiche Investments** auch entsprechend **höhere Renditeforderungen** implizieren.[70] Im praktischen Bankgeschäft orientiert sich die geforderte Zinsmarge immer stärker am (externen, also von Ratingagenturen durchgeführten, oder am bankinternen) Rating, mithin an der Kreditnehmerbonität. Grundsätzlich wird diese Entwicklung aus Bankensicht durchweg begrüßt und damit gerechtfertigt, dass **schlechte Bonitäten** eine höhere Ausfallwahrscheinlichkeit haben und aufgrund einer deutlich aufwendigeren Überwachung und Ressourcenbindung **höhere bankbetriebliche Kosten** verursachen. Vor diesem Hintergrund lassen sich die Folgen von Basel II und Basel III für die Unternehmen auf einen einfachen Nenner bringen: **Adressen mit guter (und sehr guter) Bonität erhalten auch künftig Kredit zu bisherigen Konditionen, schlechtere Schuldner müssen (deutlich) höhere Margen zahlen.** Bei krisenbehafteten Unternehmen kann diese Entwicklung freilich das Unheil noch verschärfen, weshalb die jeweiligen Kreditgeber die Margengestaltung in akuten Krisensituationen in beiderseitigem Interesse mit Augenmaß gestalten sollten.

97 Andererseits sind mit den Ratingprozessen und Basel-Vorgaben auch **vielfältige Chancen** verbunden, motivieren sie doch die Unternehmen, sich noch intensiver Problemstellungen der betrieblichen Effizienz und der eigenen Bilanz- bzw. Finanzierungsstruktur zu widmen. In der Folge könnte sich perspektivisch der Trend verstärken, dass sich insbesondere auch mittelständische Unternehmen dem Kapitalmarkt zuwenden und diesen beispielsweise durch Börsengänge oder Anleiheemissionen (sog. „Corporate

---

[69] Ausführlich hierzu etwa *Küting/Weber*, S. 543 ff.
[70] In der Versicherungswirtschaft ist der Grundsatz des Risikoaufschlags im Übrigen seit langem anerkannte Praxis: Je größer die Schadenswahrscheinlichkeit, umso höher die Versicherungsprämien.

Bonds") in Anspruch nehmen. Voraussetzung für derartige Schritte ist allerdings ein möglichst gutes Rating einer externen, renommierten Agentur.[71]

Die Vorgaben des Baseler Ausschusses sind und werden auch künftig sehr herausfordernd für die Kreditinstitute sein. Mittelständischen Unternehmen, aber auch kleineren Gewerbekunden bleibt zu empfehlen, sich intensiv auf Ratingprozesse und -gespräche mit ihren Banken vorzubereiten.[72] Dies ist insbesondere vor dem Hintergrund zu sehen, dass den Banken gemäß Basel II neben der Möglichkeit des externen Ratings auch der Einsatz von internen, normierten Ratingverfahren zugestanden wird. Diese Vorgehensweise ist insofern zu begrüßen, als mittelständische Unternehmen infolge einer Zulässigkeit von bankinternen Ratings nicht gezwungen sein werden, sich extern – und damit spürbar teurer – beurteilen zu lassen, um Zugang zu neuen Krediten zu erhalten.

98

Um die Chance nicht zu verpassen, ihre Bonität positiv zu beeinflussen, sollten die Unternehmen die aufgezeigten Entwicklungstrends ernst nehmen. Wichtige Hilfestellungen werden hierbei nicht zuletzt die Kreditinstitute leisten, die im Rahmen ihrer Hausbank- und Beratungsfunktion gehalten sind, das jeweilige interne Rating mit ihrem Firmenkunden zu besprechen und mit ihm in eine detaillierte Stärken-/Schwächenanalyse einzutreten.[73]

99

VI. Corporate Governance: Ordnungsrahmen zur Vermeidung von Unternehmenskrisen

Der Begriff Corporate Governance ist nicht einheitlich definiert. Zumeist wird Corporate Governance als rechtlicher und faktischer Ordnungsrahmen für die Leitung und Überwachung eines Unternehmens definiert.[74] Vielfach wird Corporate Governance schlicht mit „**Standards guter Unternehmensführung**" umschrieben. § 91 Abs. 2 AktG z.B. regelt, dass der Vorstand geeignete Maßnahmen ergreifen muss, um frühzeitig Entwicklungen erkennen zu können, die den Fortbestand der Gesellschaft gefährden. Zwischen diesem Passus des Aktiengesetzes und Corporate Governance besteht insofern ein enger Zusammenhang[75], als der Kodex Verhaltensregeln für die Unternehmensleitung aufstellt, die über gesetzliche Vorgaben hinausgehen. Entwickelt haben sich die Grundsätze über Jahre aus dem Umstand heraus, dass insbesondere in großen Kapitalmarkt orientierten Unternehmen divergierende Interessenlagen zwischen Vorstand, Aufsichtsrat, Mitarbeitern und Eigentümern (Aktionären) bestehen können.

100

---

[71] Die bekanntesten Agenturen in einer derzeit noch stark oligopolistisch geprägten Branche sind *Standard & Poor's Inc., Moody's Investors Service Inc.* und *Fitch IBCA Inc.* Daneben gibt es inzwischen auch in Deutschland einige kleinere Agenturen, die sich vornehmlich auf den Mittelstand spezialisiert haben. Nähere Informationen hierzu finden sich etwa bei *Everling* (Hrsg.), Rating – Chancen für den Mittelstand nach Basel II, Wiesbaden 2001 oder *Büschgen/Everling* (Hrsg.), Handbuch Rating, 2. Aufl., Wiesbaden 2007, S. 117 ff.

[72] Verwiesen sei in diesem Zusammenhang auf das praxisnahe Werk von *Ehlers*, Basel II/Rating: Die Hausaufgaben für Mittelstandsunternehmer und ihre Berater, 2. Aufl. Herne/Berlin 2004.

[73] Vgl. *Wittig* in Schmidt/Uhlenbruck, S. 80 f. Dieser Service kann auch gezielt zum erstmaligen Erhalt bzw. zum Verbessern eines bestehenden externen Ratings geleistet werden. Man bezeichnet diese Dienstleistung auch als „Rating Advisory". Optimierungspotenzial zeigen auf bspw. *Küting/Weber*, S. 575 ff.

[74] Vgl. zu den nachfolgenden Ausführungen bspw. *v. Werder* in Hommelhoff/Hopt/v. Werder, S. 3 ff. mit weiteren Literaturhinweisen; siehe auch www.corporate-governance-code.de.

[75] Vgl. *Hommelhoff/Schwab* in Hommelhoff/Hopt/v. Werder, S. 72.

101 Der durch den Deutschen Corporate Governance-Kodex seit 2001 vorgegebene Ordnungsrahmen soll **Interessenunterschiede oder -konflikte abbauen** („opportunistisches Verhalten"), vornehmlich bei börsenorientierten Aktiengesellschaften, zunehmend aber auch bei mittelgroßen Gesellschaften anderer Rechtsformen bis hin zu Familienunternehmen. Zentrale Elemente guter Corporate Governance sind u.a. verantwortungsvolle Unternehmensleitung, funktionsfähige, unabhängige Überwachung, Transparenz und Nachhaltigkeit für Anleger, Kunden und angemessener Umgang mit Risiken (interne Kontrollsysteme, Compliance und Risikomanagement).

102 Die Fragestellung, ob etablierte Corporate Governance-Strukturen ein Unternehmen krisenresistenter machen können, nimmt in Forschung und Empirie breiten Raum ein. Empirisch überzeugende Nachweise eines positiven Zusammenhangs zwischen Corporate Governance und nachhaltigem Unternehmenserfolg liegen bislang nicht vor, teilweise kommen Studien gar zu unterschiedlichen Ergebnissen[76]. Dies liegt an der Komplexität und den unterschiedlichen Wirkungsebenen von Governancesystemen[77].

Die praktische Erfahrung indessen lehrt, dass in der gesamten Unternehmenshierarchie fest implementierte und **gelebte Corporate Governance** Kennzeichen eines **gut geführten Unternehmens** sind. Und in der Bankpraxis zeigt sich immer wieder: **Gut geführte Unternehmen sind konjunktur- und krisenresistent.** Insbesondere das Corporate Governance-Element einer unabhängigen, fachkundigen Kontrolle der Unternehmensleitung diszipliniert ungemein und baut unausgewogenen Machtstrukturen, Egoismen und Interessenkonflikten vor.

Aus Kreditgebersicht kann daher -zumindest an mittlere und große Unternehmendie klare Empfehlung ausgesprochen werden, bereits bestehende Überwachungsorgane wie Aufsichtsrat, Verwaltungs- oder Beirat oder Gesellschafterausschüsse entsprechend dem Corporate Governance-Kodex auszurichten. Dies schafft ausgewogene Machtbalancen, Transparenz und eine an nachhaltigen Zielen und Prinzipien ausgerichtete Unternehmenskultur. Gleichermaßen können stringent implementierte Governance-Strukturen in Richtung aller „Stakeholder" des Unternehmens (Mitarbeiter, Lieferanten, Kunden, Öffentlichkeit etc.) zu einem nachhaltigen Unternehmenserfolg beitragen. Negative Beispiele, wie etwa die Affären bei Siemens, MAN oder Ergo Versicherungen, mit seinerzeit unzureichenden Corporate Governance-Strukturen, können der Reputation der betroffenen Unternehmen schaden.

VII. Schlussbetrachtung und Ausblick

103 Die Rolle eines Kreditinstituts in der Gläubiger-Schuldner-Beziehung ist – wie sich gezeigt hat – aufgrund der fast immer zu Lasten der Bank bestehenden Informationsasymmetrie und Interessendivergenzen äußerst komplex und vielschichtig. Der Informationsbedarf resultiert nicht nur aus dem Eigeninteresse der Banken, sondern auch aus § 18 KWG (zum Schutz der Gläubiger und Einleger). Dass der Wunsch einer Bank nach Informationen vielfach größer ist als der Wille des Kreditnehmers, Informationen zu liefern, liegt in der Natur einer Geschäftsbeziehung, die auch ein hohes Maß an gegenseitigem Vertrauen einfordert. Dabei wird das Vertrauen, das eine Bank in die Geschäftsverbindung einbringt, wesentlich durch die Qualität der ihr vorliegenden Informationen beeinflusst.

---

[76] Vgl. *v. Werder* in *Hommelhoff/Hopt/v. Werder*, S. 24 f. mit weiteren Nachweisen.
[77] Vgl. ebenda.

§ 2 Praxisorientierte Verfahren zur Früherkennung von Unternehmenskrisen   § 2

Die wichtigste **vergangenheitsbezogene** informatorische Basis einer bankmäßigen   104
Geschäftsbeziehung stellt auch heute noch der Jahresabschluss des Firmenkunden dar. Damit steht seine detaillierte Analyse mit im Vordergrund der Krisenfrüherkennung durch externe Bilanzadressaten. Die gebräuchlichen Verfahren der Jahresabschlussanalyse auf mathematisch-statistischer Basis sind – wie in diesem Beitrag gezeigt wurde – trotz diverser konzeptioneller Schwächen durchaus geeignet, auf akute, aber auch auf latente Unternehmenskrisen und Insolvenzgefahren hinzuweisen. Außerhalb der Bilanz liegende Risiken und Krisenursachen vermögen sie aber nicht sichtbar zu machen, weshalb es ergänzender Analysen bedarf.

Die Leistungsfähigkeit moderner, quasi „hochgezüchteter" Analyseverfahren auf Basis   105
Künstlicher Neuronaler Netze ist beachtlich, sollte aber nicht überbewertet werden. Der Nachweis, dass diese sehr aufwendigen Methoden Unternehmenskrisen frühzeitiger, treffsicherer und zugleich wirtschaftlicher als herkömmliche Verfahren anzeigen, konnte bislang noch nicht erbracht werden. Gleichwohl eröffnen sich auf diesem Gebiet für die theoretische und praktische Insolvenzforschung aussichtsreiche Entwicklungsperspektiven. In der **Bankpraxis weit verbreitet** sind immer noch die **diskriminanzanalytischen Verfahren.**

Methodisch fraglos vielversprechend erscheinen neueste mathematisch-statistische Bilanzratingverfahren, die erst infolge der mit den Neuronalen Netz-Analysen generierten empirischen Grundlagen entwickelt werden konnten. Von bemerkenswerter Bedeutung ist in diesem Zusammenhang das Ratingtool *Moody's* KMV Risk Calc Germany zur Berechnung von Ausfallwahrscheinlichkeiten. Doch müssen auch diese statistisch sehr anspruchsvollen Verfahren mit dem Manko leben, dass sie ausschließlich quantitative Jahresabschlussdaten erfassen. Qualitative Fakten mit ihrer eminenten Bedeutung im Kreditentscheidungsprozess und bei der Krisenfrüherkennung bleiben dagegen unberücksichtigt. **Ein ganzheitlicher Ansatz ist nicht gegeben.** Selbst die Protagonisten der mathematisch-statistischen Bilanzanalyseverfahren appellieren letztlich an das „Fingerspitzengefühl" der Kreditanalysten.[78]

Vor diesem Hintergrund kommt der **dynamischen, zukunftsorientierten Krisen-**   106
früherkennung erhebliche Bedeutung zu. Dies gilt auch für kleinere, mittelständische Unternehmen. Für den langfristigen Bestand eines Unternehmens ist es heutzutage unerlässlich, geeignete Frühwarnsysteme zum Erkennen **schwacher Signale** zu installieren und deren Hinweise auch zu beachten. Verschiedene Ansätze wurden hier vorgestellt. Auch wenn deren wirtschaftliche Anwendbarkeit für mittelständische Unternehmen noch verbesserungswürdig ist, so ist ihr wesentlicher Vorteil darin zu sehen, dass eine veränderte Denkhaltung im Unternehmen gefördert wird. „Agieren" muss die Devise heißen und nicht Abwarten im Sinne eines „kommt Zeit, kommt Rat …".

Diese Erkenntnisse finden ihren Niederschlag auch im heutigen **modernen Kredit-**   107
risikomanagement des Bankwesens, das sich von der statischen, bilanzgeprägten Sichtweise deutlich in Richtung einer **dynamischen, ganzheitlichen** Kreditwürdigkeitsprüfung entwickelt hat: In den **Fokus der quantitativen Betrachtung** tritt die Analyse der **künftigen Cashflow-Ströme**. Die zukunftsgerichtete Analyse von Cashflow und Planzahlen sowie von qualitativen Aspekten bzgl. Managementqualifikation, Unternehmensstrategie, dem wirtschaftlichen Umfeld usw. steht heute vielfach zumindest gleichwertig neben der Bilanzanalyse. Durch die Weiterentwicklung von rechnergestützten Bilanzauswertungsprogrammen und Cashflow-Analyseverfahren kann die Bonitätsprü-

---

[78] Vgl. *Baetge/Melcher/Schmidt*, S. 187 f.

fung wichtige Planungselemente berücksichtigen und zukünftige Entwicklungen und Szenarien abbilden.

108 In diesem Beitrag wurde dargelegt, dass Banken anhand einer Vielzahl von **Indizien** (harte und weiche Faktoren) die Ursachen krisenhafter Entwicklungen eines Kreditnehmers systematisch zu erkennen suchen. Ganz wesentlicher Aspekt ist und bleibt die Beurteilung der persönlichen und fachlichen Qualifikation des Managements, die immer wieder auch unabhängig vom bisherigen Erfolg des Unternehmens auf dem Prüfstand stehen muss. Der Banker sollte als „**kritischer Freund**" seines Kunden handeln, der auch unbequeme Fragen stellt und auf Fehlentwicklungen hinweist.

109 Im Hinblick auf die Einführung neuer Baseler Eigenkapitalvorschriften für die Banken prägen Ratingprozesse die Kundenbeziehung wesentlich. **Bankinterne Ratingverfahren** haben sich zu wichtigen Instrumenten der **Krisenfrüherkennung** entwickelt. Die Bonität des Kreditnehmers – ausgedrückt durch ein Rating – bestimmt das Pricing, also die Höhe des Margenaufschlags. Mögliche negative Auswirkungen auf die Kreditkosten sind aus Kundensicht bei unterdurchschnittlichen und schwachen Bonitäten zu beobachten. Viele Firmen haben gleichwohl unverändert guten Zugang zum Kredit, herrscht doch im deutschen Bankwesen nach wie vor ein ausgeprägter Wettbewerb. Aus Bankensicht ist dies indessen nicht unproblematisch, denn für die Stabilität des deutschen Bankensystems sind risikoadäquate Margen elementar.

Hervorgehoben seien nicht zuletzt die Chancen von Basel II und III: Es entsteht ein zusätzliches **Anreizsystem** für die Unternehmen, ihre Bonität – und damit auch die Kreditkosten – positiv zu beeinflussen. Die Banken sind gefordert, ihre Kreditnehmer hierbei zu unterstützen, wofür sie aber auch eine hinreichende Transparenz der wirtschaftlichen Verhältnisse des Firmenkunden benötigen.

110 Als ein wichtiger Themenkomplex hat sich in den letzten Jahren das Etablieren von Corporate Governance-Strukturen in mittleren und großen Gesellschaften herauskristallisiert. Werden diese Prinzipien und Werte fest im Unternehmen verankert und gelebt, trägt Corporate Governance zur Krisenfestigkeit bei. Dies gilt im Übrigen nicht nur für die Firmenkunden, sondern auch für die Kreditinstitute selber. Nicht zuletzt zeigen die Lehren aus der Finanzkrise, dass auch Banken krisenanfällig sein können und dass sich in einzelnen Häusern über Jahre fehlerhafte Anreizstrukturen entwickelt haben.

111 Schließlich kann festgehalten werden, dass es heutzutage viele durchaus wirksame Methoden und Indizien zur Früherkennung von Unternehmenskrisen und Insolvenzgefahren gibt. Diese Instrumente können aber nur so gut sein, wie die Qualität der zur Verfügung stehenden Unternehmensinformationen beschaffen ist. Allerdings haben bisher auch sehr ausgeklügelte betriebswirtschaftliche Frühwarn- und Prognosesysteme nicht verhindern können, dass regelmäßig mehr als 30 000 Unternehmensinsolvenzen jährlich zu verzeichnen sind, die aber ohne stetig verbesserte Krisenfrüherkennung vermutlich zahlreicher eingetreten wären. Dies lässt den Schluss zu, dass strategisches, vorausschauendes Denken und Handeln bei vielen kleineren, mittelständischen Unternehmen, aber auch bei mancher Großadresse noch zu schwach ausgeprägt ist, zumal sich die Märkte immer schneller wandeln.

Es bleibt somit bei der Erfahrung, die von *Hermann-Josef Abs* überliefert ist: „Es war schon immer schwierig mit Prognosen, erst recht, wenn sie die Zukunft betreffen."

§ 3 Restrukturierungs-/Sanierungsmöglichkeiten aus der Sicht der finanzierenden Bank

Übersicht

	Rn.
I. Einleitung	1
II. Handlungsalternativen und Optionen der Bank	1
1. Grundlegende Handlungsstrategien sowie Haftung und Sittenwidrigkeit	1
2. Passive Sanierungsbeiträge der Bank – Stillhalten	3
a) Einleitung	3
b) Passives Stillhalten und Rechtsfolgen	3
c) Missbrauch	4
3. Aktive Sanierungsbeiträge der Bank	5
a) Aktives Stillhalten	5
b) Der Überbrückungskredit	5
c) Der Sanierungskredit	6
aa) Einleitung	6
bb) Neuer Kredit ohne Altverbindlichkeiten (uneigennütziger Kredit)	8
cc) Neuer Kredit und Altverbindlichkeiten (eigennütziger Kredit)	8
e) Die Besicherung	9
d) Sonstige Sanierungsbeiträge	10
4. Die Beendigung der Geschäftsbeziehung: Kontrollierter Ausstieg und Kündigung	10
a) Einleitung	10
b) Fristablauf	11
c) Kündigung unbefristeter Altkredite	11
d) Kündigung von Sanierungskrediten	12
III. Das Sanierungsgutachten als Voraussetzung für die Beteiligung der Bank	13
1. Gutachten als Voraussetzung für Sanierungsmaßnahmen der Bank	13
2. Problembereiche im Rahmen des Erstellungsprozesses von Sanierungsgutachten	13
IV. Besonderheiten bei Sanierungen innerhalb des Insolvenzverfahrens	14
1. Auswirkungen des ESUG auf das Bankgeschäft	14
2. Der vorläufige Gläubigerausschuss und die Wahl des Verwalters	15
3. Insolvenzplanverfahren	16
4. Debt-Equity-Swap	16
5. Eigenverwaltung	17
6. Schutzschirmverfahren	18
V. Zusammenfassung	18

I. Einleitung

Geraten Unternehmen in eine Krise, werden in der Regel eine Vielzahl von Interessen unterschiedlicher Stakeholder tangiert. Die aus der wirtschaftlichen Schieflage resultierenden Konsequenzen können für diese vielfältig sein: Erwerbsbezogene Existenzgefähr- **1** dung der Gehalts- und Lohnempfänger und Ausfallrisiken von Forderungspositionen der Gläubiger sind dabei ebenso denkbar wie, je nach Ausmaß der Krise und Größe des Schuldners, sogar die wirtschaftliche Schwächung ganzer Regionen.[1]

2 In einer solchen Situation nehmen Banken, die regelmäßig zu den Hauptgläubigern gehören, eine besondere Rolle ein.[2] Die Entscheidung der Kreditinstitute, eine Sanierung mit neuen Krediten oder anderen finanzwirtschaftlichen Maßnahmen zu unterstützen, auf Basis der bestehenden Kredite still zu halten oder aber das bestehende Kreditengagement zu kündigen und damit die Abwicklung einzuleiten, ist zumeist ausschlaggebender Faktor für oder gegen die weitere Existenz des Firmenkunden. Gelingt es nämlich dem Unternehmen nicht, die Bank von der Sanierungsmöglichkeit zu überzeugen und eine Kündigung der Geschäftsverbindung und damit Fälligstellung der Kredite abzuwenden, dürfte eine Insolvenz zumindest wegen Zahlungsunfähigkeit nicht zu vermeiden sein.[3]

3 Da die Kreditvergabe durch Banken in einer akuten Krisensituation mit erhöhten Risiken verbunden ist, neigen Banken tendenziell eher zu einer abwartenden Haltung, als dass sie gestaltend mit eigenen Sanierungsmaßnahmen in die Sanierungsbemühungen eingreifen. Welche Strategie die Bank schließlich verfolgen wird kann von vielen Faktoren abhängen. Entscheidend wird sein, ob das Unternehmen das Vertrauen der Bank in die Geschäftsführung erhalten kann und das vorgelegte Konzept zur Überwindung der Krise überzeugt.[4] Unabhängig von der verfolgten Strategie sieht sich das Kreditinstitut bei einem Scheitern der Sanierung verschiedenen Haftungsrisiken ausgesetzt. Diese können sich von dem Vorwurf der Herbeiführung des Zusammenbruchs eines grundsätzlich überlebensfähigen Unternehmens bis hin zur Unterstellung, den Kreditnehmer trotz Insolvenzreife künstlich am Leben erhalten zu haben, erstrecken.[5]

4 Die wichtigsten Handlungsalternativen von Banken in der Krise von Unternehmen und die damit zusammenhängenden Haftungsproblematiken sollen in den folgenden Abschnitten dargestellt und gewürdigt werden.

II. Handlungsalternativen und Optionen der Bank

1. Grundlegende Handlungsstrategien sowie Haftung und Sittenwidrigkeit

5 Die Entscheidung der involvierten Bank, entweder die Sanierungsbemühungen des Unternehmens mit finanzwirtschaftlichen Maßnahmen zu unterstützen, still zu halten oder die Beendigung der Geschäftsbeziehungen mit der sich anschließenden Abwicklung des Kreditengagements anzustreben, hängt – neben markt- und geschäftspolitischen Erwägungen – im Wesentlichen von der Höhe des jeweiligen Ausfallrisikos ab. Im Grundsatz geht es dabei um Schadensbegrenzung; das Hauptaugenmerk ist somit auf die Rettung der bestehenden Altkredite gerichtet.[6] Folgende zentrale Handlungsstrategien stehen der Bank in der Krise des finanzierten Unternehmens grundsätzlich zur Verfügung:

---

[1] Vgl. *Vuia*, Verantwortlichkeit von Banken, S. 31.
[2] Vgl. *Portisch,* Sanierung und Insolvenz aus Bankensicht, S. 1; *Finsterer*, Unternehmenssanierung, S. 1.
[3] Vgl. *Kemper*, Der Kontokorrentkredit in der Krise des Unternehmens, S. 71.
[4] Vgl. ebenda, S. 72.
[5] Vgl. *Vuia*, Verantwortlichkeit von Banken, S. 31 f.
[6] Vgl. *Kemper*, Der Kontokorrentkredit in der Krise des Unternehmens, S. 74.

§ 3 Restrukturierungs-/Sanierungsmöglichkeiten　　　　　　　　　　§ 3

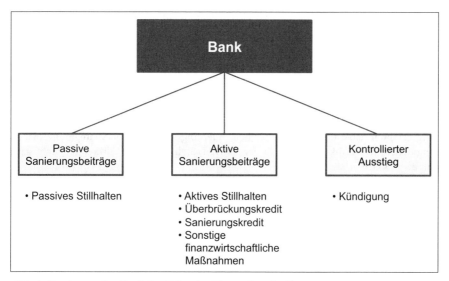

Abb. 1: Optionen der Bank in Krise des Firmenkunden[7]

Allerdings sollte die Bank angesichts der drohenden Insolvenz ihres Kreditnehmers nicht ausschließlich das wirtschaftliche Ergebnis als Zielgröße in den Fokus rücken. Denn jede der o.g. Verhaltensweisen ist mit erheblichen Haftungs- und Verlustgefahren verbunden. Aus diesem Grund sind insbesondere auch die rechtlichen Risiken der Handlungsalternativen bei der Wahl der Vorgehensweise durch das finanzierende Kreditinstitut zu berücksichtigen.[8]

Kreditinstitute können ob ihres Verhaltens im Rahmen von Krisensituationen ihrer Firmenkunden regelmäßig zur Haftung herangezogen werden, wenn sie die **Grenze zur Sittenwidrigkeit** überschreiten.[9] Dazu hat bereits das Reichsgericht in seiner Entscheidung vom 9.4.1932 fünf Tatbestände identifiziert, deren Vorliegen als sittenwidrig erachtet wurde.[10]

Allerdings hat der BGH diese Tatbestände nicht übernommen, vielmehr ist ihnen lediglich der Bedeutungsstatus von Anhaltspunkten zugewiesen worden. Aus diesem Grund ist eine klare Abgrenzung zwischen demjenigen Verhalten, das im Rechtsverkehr als sittenwidrig eingestuft wird und denjenigen Handlungen, die als sittlich korrekt angenommen werden können, nicht gegeben. In der Folge haben sich die diesbezüglichen Grenzen einzelfallbezogen aus der weiteren Rechtsprechung entwickelt. Dabei kann in der Krise des Firmenkunden grundsätzlich zwischen zwei verschiedenen Hauptsystematiken unterschieden werden, nämlich der Behandlung von **Altkrediten** einerseits sowie der Vergabe von **Neukrediten** andererseits. Anknüpfungsnormen für Verlust- und Haftungsgefahren für die Bank sind § 138 BGB, wonach Kreditverträge und Verträge über Sicherheitenbestellungen nichtig sein können, wenn sie gegen die guten Sitten verstoßen und § 826 BGB, wonach Ansprüche dritter Gläubiger gegen die Bank entstehen können,

6

7

8

---

[7] In Anlehnung an ebenda, S. 103.
[8] Vgl. ebenda, S. 73 f.; *Obermüller*, Insolvenzrecht, Rn. 5.11.
[9] Vgl. *Müller/Liebscher*, Unternehmenssanierung, S. 331.
[10] Vgl. RG RGZ 136, S. 247 ff. Die fünf Tatbestände sind die Konkursverschleppung, die Aussaugung, die stille Geschäftsinhaberschaft, der Kreditbetrug sowie die Gläubigergefährdung.

wenn durch deren Verhalten eine vorsätzliche sittenwidrige Schädigung der Gläubiger hervorgerufen wird.[11]

2. Passive Sanierungsbeiträge der Bank – Stillhalten

9 **a) Einleitung.** Vor dem Hintergrund der im vorangegangen Abschnitt dargestellten Verlust- und Haftungsrisiken mag bei Problemkrediten das Stillhalten auf Basis der bestehenden Verträge zunächst als die günstigste Handlungsalternative erscheinen, da die Haftungsgefahren dabei überschaubar bleiben. Allerdings ist bei dieser Strategie die Handlungsmacht der Bank hinsichtlich der aktiven Sicherung der Altkredite auch stark eingeschränkt.[12]

10 Ein Abwarten kann jedoch immer dann sinnvoll sein, wenn sich das Kreditinstitut in einer komfortablen Sicherheitssituation befindet oder mangels belastbarer Beurteilungsgrundlagen eine Entscheidung über das weitere Vorgehen, etwa die Begleitung eines Sanierungsversuchs des Unternehmens oder aber die Abwicklung des Engagements, noch nicht abschließend getroffen werden kann.[13]

11 Zu berücksichtigen ist jedoch, dass sich auch durch das bloße Stillhalten die Ausfallrisiken bezüglich der bereits gewährten Kredite vergrößern können. Krisenbedrohte Unternehmen werden bei Ausbleiben weiterer Kredite der Banken i.d.R. versuchen, freie Finanzmittel entweder durch Lieferantenkredite oder etwa durch die Reduktion des Umlaufvermögens oder Desinvestments zu generieren, um ihre Liquiditätssituation zu verbessern. Dies hat dann zur Folge, dass sich die Werthaltigkeit vereinbarter fiduziarischer Sicherheiten erheblich reduziert.[14]

12 **b) Passives Stillhalten und Rechtsfolgen.** In der Bankpraxis werden verschiedene Formen des Stillhaltens ausgeübt, die sich laut Literaturmeinung insbesondere hinsichtlich ihrer Zulässigkeit vor dem Hintergrund sittenwidrigen Verhaltens und den damit einhergehenden Rechtsfolgen unterscheiden.[15] Als passives Stillhalten wird in diesem Beitrag dasjenige Verhalten eines Kreditinstituts bezeichnet, aus dem **keine besonderen Haftungsrisiken** für die Bank resultieren. Dies ist in der Regel dann gegeben, wenn sich der Finanzierer absolut passiv verhält und das Unternehmen auf Basis der bestehenden Verträge weiter agieren kann.[16] Dazu zählt insbesondere die Aufrechterhaltung einer bereits bestehenden und noch nicht (vollumfänglich) ausgeschöpften unbefristeten oder „b.a.w." gewährten Kreditlinie, der mögliche Abruf noch nicht vollständig ausgezahlter Darlehensbeträge oder die Ausnutzung eines Avalrahmens. Die weitere Inanspruchnahme von noch freien Kreditlinien muss die Bank dem Schuldner auch bei Kenntnis seiner wirtschaftlichen Lage nicht versagen, da sie vertraglich zur Auszahlung des Kredits verpflichtet ist.[17] Auch das Unterlassen der Einleitung von Betreibungsmaßnahmen, z.B. bei einem fällig gewordenen Kredit oder fälligen Zins- bzw. Tilgungsleistungen, ist unter das passive Stillhalten zu subsumieren.[18]

---

[11] Vgl. *Obermüller*, Insolvenzrecht, 5.11 ff.
[12] Vgl. *Wittig*, Die GmbH in Krise, Sanierung und Insolvenz, Rn. 11.71.
[13] Vgl. *David*, Externes Krisenmanagement, S. 107.
[14] Vgl. *Portisch*, Sanierung und Insolvenz aus Bankensicht, S. 119.
[15] Vgl. *Obermüller*, Insolvenzrecht, Rn. 5.201.
[16] Vgl. *Wittig*, Die GmbH in Krise, Sanierung und Insolvenz, Rn. 11.78.
[17] Vgl. *Obermüller*, Insolvenzrecht, Rn. 5.202 f.
[18] Vgl. *David*, Externes Krisenmanagement, S. 107.

§ 3 Restrukturierungs-/Sanierungsmöglichkeiten § 3

Darüber hinaus besteht für die Bank insbesondere keine Verpflichtung zur Kündigung 13
eines Problemkredits. Sie muss selbst dann nicht tätig werden, wenn sie die akute Existenzbedrohung des Unternehmens bzw. dessen Insolvenzreife erkennt und ersichtlich ist, dass für andere Gläubiger ein Forderungsausfall droht, wenn sie nicht umgehend die Kreditunwürdigkeit des Schuldners aufdeckt. Denn grundsätzlich kann das Kreditinstitut darauf vertrauen, dass die Vertragspartner des Unternehmens selbst über dessen Bonität Erkundigungen einziehen und es bei einer bestehenden Insolvenzreife im Ermessen dieser Gläubiger liegt, dem Unternehmen weiter ohne Sicherheiten auf Kredit zu liefern.[19]

c) Missbrauch. Haftungsrisiken können sich jedoch auch im Rahmen des passiven 14
Stillhaltens ergeben, nämlich dann, wenn sich die Bank eigene Vorteile zum Nachteil der übrigen Gläubiger verschafft.

Dies kann in der Regel angenommen werden, wenn das Kreditinstitut zwar auf der 15
Basis der bestehenden Verträge still hält, aber vor dem Hintergrund der wirtschaftlichen Notlage und Abhängigkeit von der Bank **Druck auf die Geschäftsführung** des Unternehmens ausübt, diese faktisch entmachtet bzw. zumindest erheblich beeinflusst, um z.B. den Zahlungsverkehr zu steuern. In diesem Fall handelt die Bank sittenwidrig und haftet in der Folge für die daraus resultierende Schädigung der Gläubiger nach § 826 BGB.[20] Sittenwidriges Verhalten kann weiterhin auch dann vorliegen, wenn das Kreditinstitut - etwa mit der Kündigung von Kreditlinien drohend - eine vom Kreditnehmer geduldete Überwachung der Geschäftsführung durch einen Vertrauensmann der Bank erreicht und die Verfügung über Vermögensteile des Unternehmens nur nach im Vorfeld erfolgter Genehmigung durch die Bank möglich ist.[21]

Eine Haftung kommt ebenfalls in Betracht, wenn die Bank den Schuldner dazu anstif- 16
tet, die Stellung eines **Insolvenzantrags zu unterlassen** bzw. selbst **Beihilfe** dazu leistet.[22] Sofern sich für die übrigen Gläubiger aufgrund des verspäteten Insolvenzantrags geringere Insolvenzquoten ergeben als dies bei fristgerechter Antragstellung der Fall gewesen wäre, hat die Bank mit Schadensersatzforderungen der geschädigten Gläubiger zu rechnen.[23]

Darüber hinaus kann sittenwidriges Verhalten der Bank vorliegen, wenn diese für ei- 17
nen nicht oder nicht ausreichend gesicherten Kredit als Gegenleistung für das Stillhalten von dem sich in der Krise befindlichen Kunden **übermäßige Sicherheiten** hereinnimmt und sich dieses Verhalten nachteilig auf die Befriedigung der anderen Gläubiger auswirkt.[24]

3. Aktive Sanierungsbeiträge der Bank

a) Aktives Stillhalten. In Abgrenzung zu dem vorangehend geschilderten passiven 18
Stillhalten impliziert das aktive Stillhalten in gewisser Weise ein Tätigwerden der Bank und fällt somit unter die aktiven Sanierungsbeiträge.

Das aktive Stillhalten geht über die im Rahmen des passiven Stillhaltens typische reine 19
Untätigkeit hinaus. Anstatt sich auf Basis der bestehenden Verträge völlig passiv zu verhalten wird die Bank selbst aktiv, indem sie im Rahmen einer **Stundungsvereinbarung**

---

[19] Vgl. *Müller/Liebscher*, Unternehmenssanierung, S. 331.
[20] Vgl. ebenda, S. 331 f.
[21] Vgl. *Obermüller*, Insolvenzrecht, Rn. 5.215.
[22] Vgl. *Vuia*, Verantwortlichkeit von Banken, S. 249.
[23] Vgl. *Kemper*, Der Kontokorrentkredit in der Krise des Unternehmens, S. 85.
[24] Vgl. *Obermüller*, Insolvenzrecht, Rn. 6.40.

bzw. eines **Moratoriums** mit dem Schuldner zunächst explizit auf ihr vertraglich festgelegtes Kündigungsrecht verzichtet.[25]

20 Damit wird jedoch der Bereich des reinen Stillhaltens verlassen, da durch derartige Maßnahmen das Kreditverhältnis maßgeblich modifiziert wird. Dem Unternehmen werden durch die Bank Rechte eingeräumt, die vor Eintritt der Krise in dieser Form nicht vertraglich festgeschrieben waren und auf die das Unternehmen folglich keinen Anspruch hat. Für die anderen Gläubiger des Unternehmens können finanzwirtschaftliche Maßnahmen dieser Art unter Umständen eine deutliche Verschlechterung ihrer Befriedigungsaussichten bedeuten, wenn nämlich durch das Moratorium bzw. das explizite Stillhalteabkommen eine ohnehin unausweichliche Insolvenz künstlich hinausgezögert und damit das Schuldnervermögen ausgehöhlt wird. Daher sind bankenseitig grundsätzlich dieselben besonderen Sorgfalts- und Verhaltensweisen zu beachten, die auch für Sanierungs- und Überbrückungskredite einzuhalten sind, um der Schädigung Dritter vorzubeugen.[26]

21 **b) Der Überbrückungskredit.** Befindet sich das Unternehmen in der Liquiditätskrise, drohen zumeist zeitnah der Zusammenbruch und ein damit meist einhergehendes Insolvenzverfahren, wenn nicht kurzfristig Maßnahmen zur Stabilisierung der Finanzlage ergriffen werden. Soll aus einer solchen Ausgangslage heraus noch ein Sanierungsversuch unternommen werden, ist ein zügiges und zielgerichtetes Vorgehen seitens der Entscheidungsträger des Unternehmens erforderlich. Insbesondere bei juristischen Personen verbleibt der Geschäftsführung durch die gesetzlichen Insolvenzantragspflichten nur ein enges Zeitfenster, in dem es gelingen muss, Gläubigern und Bank die Zustimmung zur Sanierung abzuringen und einen Sanierungsplan vorzubereiten.[27]

22 Bestehen bei der Bank Überlegungen, eine Sanierung aktiv zu begleiten, da sie das Unternehmen für sanierungswürdig hält,[28] darf sie finanzwirtschaftliche Sanierungsmaßnahmen nur gewähren, wenn das Unternehmen auch **sanierungsfähig** ist. Dazu wird sie i.d.R. die Erstellung eines qualifizierten Sanierungsgutachtens durch einen branchenkundigen Wirtschaftsfachmann einfordern. Da jedoch bis zur Vorlage eines solchen Gutachtens je nach Größe des Unternehmens und Umfang des Auftrages auch schnell mehrere Wochen und Monate vergehen können, führt eine sich in diesem Zeitraum zuspitzende Liquiditätskrise in vielen Fällen zur Insolvenzantragspflicht, was die zuvor angestrebte außergerichtliche Sanierung unmöglich machen würde.[29] Zur Vermeidung einer solchen Entwicklung kann die Bank eine **Überbrückungsfinanzierung** bewilligen, um die Zahlungsfähigkeit des Unternehmens für den Zeitraum der Gutachtenerstellung zu gewährleisten.[30]

23 Aus der Gewährung eines Überbrückungskredits ergeben sich keine Schadensersatzansprüche Dritter gegen das Kreditinstitut, wenn dieser **zweckgebunden** bewilligt wird. Das heißt, dass die Bereitstellung liquider Mittel lediglich zur kurzfristigen Sicherung der Überlebensfähigkeit des Unternehmens dient, damit eine Sanierungsprüfung durch ei-

---

[25] Vgl. *Obermüller*, Insolvenzrecht, Rn. 5.206; *Portisch*, Sanierung und Insolvenz aus Bankensicht, S. 119.
[26] Vgl. *Kemper*, Der Kontokorrentkredit in der Krise des Unternehmens, S. 84. Zu den besonderen Sorgfalts- und Verhaltenspflichten vgl. weiter Rn. 26 ff. in diesem Beitrag.
[27] Vgl. *Kemper*, Der Kontokorrentkredit in der Krise des Unternehmens, S. 263.
[28] Bei der Sanierungswürdigkeit geht es um die Frage, ob ein Sanierungsengagement auch nach der persönlichen Interessenlage gerechtfertigt ist, vgl. *Theewen* BKR 2003, 145.
[29] Vgl. *Kemper*, Der Kontokorrentkredit in der Krise des Unternehmens, S. 263.
[30] Vgl. *Portisch*, Sanierung und Insolvenz aus Bankensicht, S. 120.

nen unabhängigen Experten erfolgen kann.[31] Eine explizite Herausstellung der Zweckgebundenheit bereits im Kreditvertrag ist daher anzuraten.[32] Darüber hinaus ist sicherzustellen, dass durch die Überbrückungsfinanzierung auch tatsächlich nur die **notwendige Liquidität** bis zur voraussichtlichen Fertigstellung des Gutachtens zur Verfügung gestellt wird. Dies kann auf Basis eines Liquiditätsplanes geschehen, der die Entwicklung des Finanzmittelbestands des Unternehmens für den Zeitraum der Erstellung des Sanierungsgutachtens darstellt.[33]

Um den Überbrückungskredit eindeutig von einem Sanierungskredit abzugrenzen, ist ersterer zeitlich zu **befristen**. Dabei muss die Befristung der Kreditgewährung zum einen den Zeitraum der Anfertigung des Gutachtens umfassen und zum anderen einen darüber hinausgehenden zeitlichen Puffer berücksichtigen, um der Bank eine Schlüssigkeitsprüfung des Sanierungsgutachtens zu ermöglichen. Kann das Gutachten aufgrund unvorhersehbarer Umstände nicht in dem dafür angedachten Zeitrahmen fertig gestellt werden, ist eine Verlängerung des Überbrückungskredits möglich.[34]

Sind die vorgenannten Voraussetzungen erfüllt, ist der Überbrückungskredit zulässig und verstößt nicht gegen die guten Sitten. Dagegen ist eine Sittenwidrigkeit immer dann anzunehmen, wenn durch die Gewährung einer Überbrückungsfinanzierung die Insolvenzantragstellung des Schuldners hinausgezögert werden soll und das Kreditinstitut den Zeitaufschub zur Verbesserung der eigenen Gläubigerposition zu nutzen versucht.[35]

c) Der Sanierungskredit

aa) Einleitung. Wird seitens der Bank ein Darlehen mit der Maßgabe eingeräumt, die Sanierung des Unternehmens zu ermöglichen, ist diese Finanzierungsmaßnahme als **Sanierungskredit** zu klassifizieren. In Abgrenzung zum Überbrückungskredit stellt der Sanierungskredit eine Liquiditätsbewilligung für die Zeit zwischen Feststellung der Sanierungsfähigkeit und Wiederherstellung der wirtschaftlichen Leistungsfähigkeit des Schuldners dar und weist daher oftmals eine Laufzeit von mehreren Jahren auf.[36] Die Einstufung eines Neukredits als Sanierungskredit setzt zudem voraus, dass sich das Unternehmen in einer Krise befindet und die Bank in Kenntnis der Umstände den Kredit einräumt.[37] Spätestens bei Vorliegen der Insolvenzantragsgründe Zahlungsunfähigkeit bzw. Überschuldung liegt objektiv eine Krise vor. Nach ganz herrschender Meinung[38] dürfte eine objektive Unternehmenskrise jedoch bereits viel früher anzunehmen sein, nämlich schon dann, wenn die **Sanierungsbedürftigkeit** des Schuldners gegeben ist. Als sanierungsbedürftig gilt ein Unternehmen lt. Rechtsprechung, wenn ein fortlaufendes Abschmelzen der zur Deckung seiner Verbindlichkeiten notwendigen Vermögenssubstanz ohne externe Stützungsmaßnahmen nicht verhindert werden kann, es also absehbar ist, dass bei unveränderter Geschäftsentwicklung früher oder später eine insol-

---

[31] Vgl. *Kemper*, Der Kontokorrentkredit in der Krise des Unternehmens, S. 264.
[32] Vgl. ebenda, S. 267.
[33] Vgl. ebenda, S. 266.
[34] Vgl. ebenda, S. 267.
[35] Vgl. ebenda, S. 265.
[36] Vgl. *Müller/Liebscher*, Unternehmenssanierung, S. 334; *Portisch*, Sanierung und Insolvenz aus Bankensicht, S. 120.
[37] Für ein Krisenbewusstsein der Bank genügt es, wenn diese aufgrund der ihr bekannten Fakten die Krise hätte erkennen können, vgl. *Kemper*, Der Kontokorrentkredit in der Krise des Unternehmens, S. 65 f.
[38] Vgl. *Obermüller*, Insolvenzrecht, Rn. 5.28; *Batereau* WM 1992, 1518; *Neuhof* NJW 1998, 3229; kritisch dazu *Wallner/Neuenhah*, NZI 2006, 554.

venzrechtliche Überschuldung bzw. Zahlungsunfähigkeit eintreten wird.[39] Im Ergebnis liegt somit eine Krise bereits dann vor, wenn die Zahlungsunfähigkeit und/oder Überschuldung droht.[40]

27 Neben der grundsätzlichen Risiko-Chancen-Situation eines Sanierungskredits, bei dessen Vergabe die Bank zwischen der Gefahr des wirtschaftlichen Ausfalls ihrer Forderung und der Möglichkeit der Herbeiführung der vollständigen Gesundung des Krisenunternehmens abzuwägen hat, sind mit der Klassifizierung eines Darlehens als Sanierungskredit weitere **besondere Rechte** und Pflichten verbunden.[41] Einerseits ergibt sich daraus für die Bank der **Vorteil, dass das Engagement im Falle einer Insolvenz des Schuldners im Hinblick auf die Besicherung des Sanierungsdarlehens grundsätzlich privilegiert ist**, andererseits treffen sie besondere Prüfungspflichten[42] und sie setzt sich ggf. weitreichenden Haftungsrisiken aus.[43]

28 Um dem von einem Insolvenzverfahren bedrohten Kunden einen Sanierungskredit gewähren zu können, muss sich die Bank im Rahmen einer intensiven Sanierungsprüfung zunächst von dessen **Sanierungsfähigkeit** überzeugen. Kann diese durch ein entsprechendes Gutachten belegt werden, bestehen gegen die Bewilligung eines neuen Kreditrahmens grundsätzlich keine rechtlichen Bedenken.[44] Allerdings kann der Sanierungskredit gegen die guten Sitten verstoßen und damit umfangreiche Schadensersatzansprüche gegen das Kreditinstitut auslösen, wenn dieses seine Sorgfaltspflicht verletzt oder seine Beweggründe zur Kreditvergabe auf eine sittenwidrige Insolvenzverschleppung durch Neukredite schließen lassen.[45] Letzteres liegt vor, wenn das Kreditinstitut „den Zusammenbruch des Kunden durch eine für eine erfolgreiche Sanierung ersichtlich unzureichende weitere Kapitalzufuhr nur hinausschieben wollte, um sich während des verlängerten wirtschaftlichen Todeskampfes des Schuldners gegenüber dessen übrigen Gläubigern Sondervorteile zu verschaffen, insbesondere sich wegen alter Kredite zu befriedigen, und ob sie in Kauf genommen hat, dass dadurch Dritte über die Kreditwürdigkeit des Schuldners getäuscht werden."[46]

29 Um den Tatbestand der sittenwidrigen Insolvenzverschleppung von der zulässigen Neukreditvergabe an einen insolvenzbedrohten Kreditnehmer abzugrenzen, wird im Kern darauf rekurriert, ob bei der Finanzierungsbewilligung **eigennütziges** oder aber **uneigennütziges** Handeln der Bank vorgelegen hat.[47]

30 **bb) Neuer Kredit ohne Altverbindlichkeiten (uneigennütziger Kredit).** Gewährt die Bank dem Unternehmen einen Neukredit, ohne für diesen Sicherheiten aus dem Vermögen des Kreditnehmers einzufordern und bestehen darüber hinaus keine weiteren Kreditverhältnisse mit demselben Schuldner, die im Rahmen der bisher bestehenden

---

[39] Vgl. *Obermüller*, Insolvenzrecht, Rn. 5.28.

[40] Im Gegensatz zur drohenden Zahlungsunfähigkeit ist die drohende Überschuldung im Gesetz nicht geregelt. Sie ist gem. § 19 Abs. 2 InsO anzunehmen, wenn trotz positiver Bilanz eine negative Fortbestehensprognose besteht (Gefahr der Aufzehrung des Eigenkapitals).

[41] Vgl. *David*, Externes Krisenmanagement, S. 123; *Knops*, Sanierungskredit und Überbrückungsdarlehen, S. 610.

[42] Soweit sie Kenntnis von der Sanierungsbedürftigkeit des Schuldners hat.

[43] Vgl. *Knops*, Sanierungskredit und Überbrückungsdarlehen, S. 610; *Obermüller*, Insolvenzrecht, Rn. 5.31.

[44] Vgl. *Vallender*, Kredit und Insolvenz, S. 1085 sowie Rn. 22 dieses Beitrags.

[45] Vgl. *Kemper*, Der Kontokorrentkredit in der Krise des Unternehmens, S. 129; *Obermüller*, Insolvenzrecht, Rn. 5.32; *Finsterer*, Unternehmenssanierung, S. 195.

[46] RG RGZ 136, 253; s. auch BGH WM 1992, 1823.

[47] Vgl. *Obermüller*, Insolvenzrecht, Rn. 5.32 f.

§ 3 Restrukturierungs-/Sanierungsmöglichkeiten

Geschäftsbeziehung eingeräumt worden sind, ist das Verhalten der Bank als **uneigennützig** anzusehen.[48] Dann nämlich ist es ausgeschlossen, dass dem Kreditinstitut über die reinen Zins- und Tilgungsleistungen des Neukredits hinaus weitere Vorteile entstehen.[49] In diesem Fall handelt das Kreditinstitut ausschließlich zu Gunsten des Kreditnehmers, eine der Bank vorwerfbar mitverursachte Insolvenzverschleppung scheidet aus. Insofern ist die Bank im Rahmen ihres Engagements auch von den Sorgfaltspflichten im Hinblick auf die Feststellung der Sanierungsfähigkeit befreit. Allerdings darf unterstellt werden, dass eine uneigennützige Kreditvergabe in praxi i.d.R. nicht vorkommen wird. Zumindest erschiene es wenig rational, wenn eine Bank das mit der Gewährung eines Sanierungsdarlehens verbundene hohe Ausfallrisiko einginge, ohne dass damit für sie über dieses Engagement hinausgehende Vorteile verbunden wären.[50]

cc) Neuer Kredit und Altverbindlichkeiten (eigennütziger Kredit). Der für die Praxis weitaus relevantere Fall stellt die Neukreditvergabe an ein notleidendes Unternehmen dar, wenn neben diesem neuen Engagement noch Forderungen aus früheren Krediten gegen diesen Schuldner bestehen.[51] In einer solchen Konstellation ist die Darlehensbewilligung durch die Bank als **eigennützig** anzusehen, dient sie doch primär der Rettung ihrer Altforderungen.[52] Ein eigennütziger Beweggrund der Bank führt aber nicht zwangsläufig zur Sittenwidrigkeit der Kreditvergabe. Die Bereitstellung eines neuen Kredites mit dem Ziel der Rettung der eigenen Altkredite ist absolut legitim; er macht die Kreditausweitung bankenaufsichtsrechtlich und zur Wahrung der berechtigten Interessen der übrigen Kunden der Bank überhaupt erst vertretbar und vermag daher - für sich allein - den Vorwurf der Insolvenzverschleppung nicht zu begründen.[53] Die Gefahr sittenwidriger Haftung besteht erst dann, wenn die Kapitalgewährung dazu geeignet ist, die Insolvenzantragstellung hinauszuzögern und die Bank nicht mehr mit einem Turnaround des Schuldners rechnet, sondern versucht, ihre Position auf Kosten der anderen Gläubiger in rücksichtsloser und eigensüchtiger Weise zu verbessern.[54] Nur der anstößige Eigennutz kann daher sittenwidrig sein.

Die Frage, ob die Bank, die eine ständige Geschäftsbeziehung zum Schuldnerunternehmen unterhält, insbesondere in Krisenzeiten sogar zur **Gewährung von Krediten verpflichtet** ist, dürfte mittlerweile als abschließend beantwortet angesehen werden. Es ist den Kreditinstituten grundsätzlich freigestellt, ein notleidendes Unternehmen auch fallen zu lassen.[55] Der Meinung, dass vor allem im Hinblick auf die rechtspolitische Favorisierung einer erfolgsversprechenden Sanierung und unter Berücksichtigung des Vorverhaltens des Kreditgebers die Bereitstellung des notwendigen, kurzfristigen Liquiditätsbedarfs durch die Hausbank zu erfolgen hat,[56] wird mehrheitlich im Schrifttum eine Absage erteilt; vielmehr wird davon ausgegangen, dass bei Sanierungskrediten aufgrund der Privatautonomie keine Gewährungspflicht bestehe.[57]

---

[48] Vgl. ebenda, Rn. 5.34.
[49] Vgl. *Müller/Liebscher*, Unternehmenssanierung, S. 337.
[50] Vgl. *Kemper*, Der Kontokorrentkredit in der Krise des Unternehmens, S. 129 f. Ein Engagement der Bank ist aber denkbar, wenn der Sanierungskredit ausnahmsweise besichert werden kann und risikoadäquat verzinst wird.
[51] Vgl. *Obermüller*, Insolvenzrecht, Rn. 5.38.
[52] Vgl. *Müller/Liebscher*, Unternehmenssanierung, S. 337.
[53] Vgl. *Wenzel* NZI 1999, 295; *Batereau*, Probleme des Sanierungskredites, S. 16.
[54] Vgl. BGH NJW 1970, S. 657.
[55] Vgl. *Knops*, Sanierungskredit und Überbrückungsdarlehen, S. 614.
[56] So etwa *Canaris* ZHR 1979, S. 133 ff.
[57] Vgl. dazu ausführlich *Obermüller*, Insolvenzrecht, Rn. 5.98 ff.

33 e) Die Besicherung. Wie bei jeder anderen Darlehensneugewährung auch, muss die Bank bei der Vergabe von Krediten in der Sanierung ihre Forderung gegen das Risiko einer zukünftigen Zahlungsunfähigkeit oder -unwilligkeit schützen. Da die Ausfallgefahr in der Krise des Schuldnerunternehmens i.d.R. besonders hoch sein wird, liegt es im Interesse der Bank, jede verfügbare Sicherheit hereinzunehmen.[58] Dabei ist die Hereinnahme von Drittsicherheiten absolut unproblematisch, da diese Sicherheiten die den Insolvenzgläubigern zur Verfügung stehende Haftungsmasse des Schuldnerunternehmens nicht berühren.[59]

34 Damit im Zuge eines Insolvenzverfahrens als Konsequenz eines eventuell gescheiterten Sanierungsversuchs die Bestellung von Sicherheiten durch das Unternehmen nicht durch eine **Insolvenzanfechtung** angegriffen wird, muss darauf geachtet werden, dass ausschließlich Neukredite mit nach objektiven Maßstäben gleichwertigen Sicherheiten hinterlegt werden.[60] Denn dann handelt es sich um ein Bargeschäft i.S.d. § 142 InsO mit der Folge, dass die Sicherheitenbestellung von der Insolvenzanfechtung ausgenommen ist.[61] Auch der Wunsch der Bank, als Gegenleistung für den Sanierungskredit bei ausreichenden Sicherheiten die Altkredite angemessen nach zu besichern, ist dann nicht anstößig, wenn die Bank die Sanierung des Unternehmens beabsichtigt und dessen Sanierungsfähigkeit bestätigt wurde. Bei einer übermäßigen Besicherung gerade der Altkredite sieht sich die Bank dagegen regelmäßig dem Verdacht ausgesetzt, durch den Sanierungskredit eine Absicherung nicht nur für Neukredite sondern gerade für bereits im Vorfeld der Krise gewährte Altkredite angestrebt zu haben; die Sicherheitenbestellung der Altkredite könnte dann anfechtbar sein. Es sollte daher stets auf eine gestuft formulierte Zweckerklärung (1. Sanierungskredit und 2. nachrangig Altkredite) geachtet werden.[62]

35 Auch in dem Fall, dass die Bank die Sanierungsfähigkeit des Unternehmens nicht geprüft bzw. hat feststellen lassen (Sanierung „ins Blaue hinein"), sollte sie von einer Absicherung der Altkredite absehen.[63] Scheitert die Sanierung, könnte ihr sonst vorgehalten werden, dass der eigentliche Beweggrund der Neukreditgewährung nicht die Sanierung des Unternehmens, sondern die zusätzliche Absicherung von Altkrediten war. Eine unterlassene Prüfung bzw. das Vorliegen einer Scheinsanierung führt in der Regel zur Nichtigkeit von Kredit- sowie Sicherungsverträgen gem. § 138 BGB.[64]

36 d) Sonstige Sanierungsbeiträge. Neben den in den vorangegangenen Abschnitten dargestellten Maßnahmen zur Sicherstellung der Liquidität (Sanierungs- und Überbrückungskredit) stehen der Bank in der wirtschaftlichen Schieflage eines Kreditnehmers weitere Sanierungsbeiträge zur Verfügung, die nicht auf die Zuführung frischen Geldes gerichtet sind, sondern das bestehende Kreditverhältnis lediglich umgestalten. Dazu zählen neben der bereits angesprochenen Stillhaltevereinbarung beispielsweise die Einräumung eines Sanierungszinssatzes, der Rangrücktritt mit Forderungen, die Umschuldung, die Freigabe von Sicherheiten, die Umwandlung von Forderungen in Genussrechtskapital oder in Beteiligungen (DES)[65] sowie der außergerichtliche Vergleich oder gar der Verzicht auf Kapitalrückzahlung.[66] Im Fokus der Rechtsprechung und der Literatur steht

---

[58] Vgl. *Kemper*, Der Kontokorrentkredit in der Krise des Unternehmens, S. 200.
[59] Vgl. *Theewen* BKR 2003, 141, 146.
[60] Vgl. *Vallender*, Kredit und Insolvenz, S. 1088.
[61] Vgl. *Obermüller*, Insolvenzrecht, Rn. 5.70.
[62] Vgl. *Kemper*, Der Kontokorrentkredit in der Krise des Unternehmens, S. 204.
[63] Vgl. ebenda, S. 205
[64] Vgl. *Obermüller*, Insolvenzrecht, Rn. 5.72.
[65] Vgl. zum DES ausführlich Kapitel § 16 dieses Handbuchs.
[66] Vgl. dazu etwa *Finsterer*, Unternehmenssanierung, S. 186 ff.

§ 3 Restrukturierungs-/Sanierungsmöglichkeiten §3

im Zusammenhang mit dem Komplex der aktiven Sanierung durch Banken ausschließlich der Sanierungskredit. Auch wenn durch die sonstigen Sanierungsbeiträge keine neue Liquidität geschaffen wird, können sie den „Todeskampf des Unternehmens", wie das Reichsgericht eindringlich formuliert hat, verlängern. Sie sind deshalb grundsätzlich ebenfalls nur zulässig, wenn die Sanierungsfähigkeit des Unternehmens attestiert wurde. Allerdings dürfte bei einem Handeln der Bank „ins Blaue hinein" (d. h. ohne Kenntnis über die Sanierungsfähigkeit des Unternehmens) für den Fall des Scheiterns der Sanierung eine Sittenwidrigkeitsvermutung mangels Eigensucht ausscheiden, wenn die sonstige Sanierungshilfe der Bank im Vergleich und in Relation zu den Sanierungsbeiträgen anderer Beteiligter eine untergeordnete Rolle spielt und das Unternehmen aufgrund des gesamten Sanierungspaketes die Sanierung auch ohne den Beitrag des Kreditinstituts angegangen wäre (Erheblichkeitsschranke).[67]

Darüber hinaus hat das Kreditinstitut auch noch die Möglichkeit, über **nicht-finanz-** 37
wirtschaftliche Maßnahmen zur Unterstützung des Krisenmanagements beizutragen. Dazu zählen in erster Linie Koordinierungs-, Vermittlungs-, und Beratungsleistungen. Dabei kann die Bank auf ihre zumeist sehr speziellen und umfassenden Branchenkenntnisse sowie ihr Sanierungswissen zurückgreifen. Weiterhin stehen eine Vielzahl von Experten im Netzwerk des Kreditinstituts zur Verfügung, die bei Bedarf beratend in den Sanierungsprozess eingreifen können. Im Unterschied zu den bereits dargestellten finanzwirtschaftlichen Handlungsoptionen der Bank bieten die rein dienstleistenden Möglichkeiten zur Unterstützung des Krisenmanagements den entscheidenden Vorteil, bei gleichwohl nicht unerheblichen Einflussmöglichkeiten insbesondere keine weiteren Verlustrisiken eingehen zu müssen.[68]

4. Die Beendigung der Geschäftsbeziehung: Kontrollierter Ausstieg und Kündigung

a) Einleitung. Die Konsolidierung des Kreditengagements in Form des passiven Still- 38
haltens und die aktive Unternehmenssanierung setzen voraus, dass das Kreditinstitut die Geschäftsbeziehung zunächst fortsetzen will. Die dritte Handlungsalternative der Bank in der Krise eines Kreditnehmers besteht in dem Ausstieg aus dem Engagement. Aufgrund der z.T. erheblichen Ausfall- und Haftungsrisiken, die mit den passiven und aktiven Sanierungsbeiträgen verbunden sind, und aufgrund der Tatsache, dass das Stillhalten die wirtschaftliche Situation des Unternehmens in der Regel nicht verbessert mit der Folge, dass weitere Vermögenswerte des Unternehmens vernichtet werden können, wird die Bank die Strategie des Ausstiegs immer ernsthaft in Erwägung ziehen. Dies gilt vor allem dann, wenn die Bank ihre Forderungen in ausreichender Form besichert hat und die Besicherung zudem als werthaltig erachtet wird. Im frühen Stadium der Krise kann der Ausstieg in verschiedenen Varianten erfolgen. Ist etwa ein Kreditnehmer über mehrere Institute finanziert, kann diejenige Bank, welche die Schieflage des Kunden als erste bemerkt, versuchen, diesen durch maßvollen Druck dazu zu bewegen, die bestehenden Verbindlichkeiten durch das Ausschöpfen von freien Kreditlinien bei anderen Kreditinstituten zu befriedigen. Ebenfalls ist es denkbar, dass ein anderer Finanzier die Forderungen der ausstiegswilligen Bank ablöst, um auf diese Weise den Zusammenbruch des Unternehmens und damit einhergehende eigene Verluste zunächst zu vermeiden. In vielen Fällen wird aber auch eine sofortige Abwicklung des Engagements eine erwägens-

---

[67] Vgl. *Kemper*, Der Kontokorrentkredit in der Krise des Unternehmens, S. 158 ff.
[68] Vgl. dazu etwa *David*, Externes Krisenmanagement, S. 125 f.

werte Handlungsoption sein. Insbesondere wenn kein Vertrauen mehr in die Geschäftsführung bzw. deren Berater besteht und in einem fortgeschrittenen Krisenstadium ein Verzehr der Sicherheiten droht, muss die Bank zur Schadensminimierung handeln. Falls nicht ohnehin befristete Kredite auslaufen ist allerdings zwingende Voraussetzung, dass der Ausstieg durch eine zulässige und wirksame Kündigung möglich ist und die zur Verfügung stehenden Sicherheiten haltbar und durchsetzbar sind.[69] Da nämlich die Darlehenskündigung in einer Krisensituation des Kreditnehmers häufig dessen Zusammenbruch zur Folge hat, sind die Kündigungsmöglichkeiten eingeschränkt.[70] Vor allem darf die Bank ihr Kündigungsrecht nicht willkürlich und nach Belieben ausüben.[71]

39 **b) Fristablauf.** Bei Krediten mit vertraglich fixierter Laufzeit hat der Kreditnehmer die Rückzahlung zu einem vereinbarten Termin zu leisten ohne dass eine gesonderte Kündigung durch die Bank erforderlich ist. Dies gilt auch, wenn sich das Schuldnerunternehmen zum Zeitpunkt der Fälligkeit der Forderung in einer wirtschaftlichen Schieflage befindet. Da das Unternehmen die Festsetzung des Rückzahlungstermins ohne Einschränkung akzeptiert hat, kann es sich auch nicht auf ein Rückzahlungsverlangen zur Unzeit berufen. Wurde allerdings in der Vergangenheit die Fortgewährung auslaufender Kredite von der Bank regelmäßig geduldet, hat diese den Schuldner auf das Auslaufen der bisherigen Praxis rechtzeitig hinzuweisen.[72]

40 **c) Kündigung unbefristeter Altkredite.** Grundsätzlich steht dem Kreditinstitut für Kredite des Unternehmens (Kontokorrentkredite, Darlehen und Avalrahmen) ohne feste Laufzeit bzw. Zinsbindungsfrist ein **ordentliches Kündigungsrecht** zu, das sich aus den AGB der Banken und Sparkassen ergibt und die Bank zur einseitigen Auflösung des Vertragsverhältnisses berechtigt.[73] Allerdings darf eine Kündigung in der Regel nicht fristlos erfolgen, vielmehr muss dem Kreditnehmer eine angemessene Zeitspanne eingeräumt werden, damit dieser die Fremdkapitalbeschaffung auf andere Geldgeber verlagern kann. Grundsätzlich gilt hierfür in Anlehnung an das gesetzliche Leitbild des § 488 Abs. 3 Satz 2 BGB eine Drei-Monats-Frist, die jedoch einzelfallbezogen variieren kann.[74] Unter bestimmten Voraussetzungen kann das Kündigungsrecht der Bank vorübergehend ausgesetzt sein, wenn die Forderungen des Kreditinstituts durch vollwertige Sicherheiten gedeckt sind und die Kündigung für den Kunden unverhältnismäßige Nachteile bringen würde.[75] In jedem Einzelfall sind die Schuldnerinteressen zu berücksichtigen; eine willkürliche Ausübung des ordentlichen Kündigungsrecht ist nicht zulässig.[76] Einen allgemeinen Grundsatz, dass eine Bank notleidende Kreditengagements dann nicht kündigen darf, wenn dadurch der Zusammenbruch des Unternehmens herbeigeführt werden könnte, gibt es aber nicht und kann es nicht geben.[77]

41 Neben dem ordentlichen Kündigungsrecht kann die Bank ihr Engagement bei Vorliegen eines wichtigen Grundes außerordentlich kündigen. In der Krise führt **die außerordentliche Kündigung** eines unbefristeten Kredits häufig zum endgültigen Zusammenbruch des Schuldners, insbesondere dann, wenn dieser nur über eine Hausbank finanziert

---

[69] Vgl. *Kemper*, Der Kontokorrentkredit in der Krise des Unternehmens, S. 100.
[70] Vgl. *Vuia*, Verantwortlichkeit von Banken, S. 350.
[71] BGH WM 1983, 1038.
[72] Vgl. *Obermüller*, Insolvenzrecht, Rn. 5.121 f.
[73] Vgl. ebenda, Rn. 5.123 f.; *Vuia*, Verantwortlichkeit von Banken, S. 350 f.
[74] Vgl. *Obermüller*, Insolvenzrecht, Rn. 5.126 ff.
[75] Vgl. *Kemper*, Der Kontokorrentkredit in der Krise des Unternehmens, S. 231.
[76] Vgl. *Obermüller*, Insolvenzrecht, Rn. 5.130.
[77] Vgl. *Obermüller* ZInsO 2002, 98.

ist.[78] Denn der Neuaufbau einer Geschäftsbeziehung zu einem anderen Kreditinstitut mit dem Ziel der Umschuldung dürfte aufgrund der negativen Unternehmensentwicklung nahezu ausgeschlossen sein. Daher ist die Ausübung des außerordentlichen Kündigungsrechts an den Eintritt von Tatsachen geknüpft, die der Bank eine Fortführung der Geschäftsbeziehung bzw. einzelner Geschäftszweige unzumutbar machen. Die Unzumutbarkeit der Fortsetzung der Geschäftsbeziehung kann insbesondere
- bei unrichtigen Angaben des Kunden über seine Vermögensverhältnisse und bei Verletzung wesentlicher Vertragspflichten,
- bei Eintritt bzw. drohendem Eintritt einer wesentlichen Verschlechterung der Vermögensverhältnisse,
- bei Nichtnachkommen der Verpflichtung zur Bestellung bzw. Verstärkung von Sicherheiten innerhalb einer angemessenen Frist, nachdem der Kunde durch das Kreditinstitut dazu aufgefordert wurde,

angenommen werden. Darüber hinaus gelten auch für das außerordentliche Kündigungsrecht die allgemeinen Kündigungsbeschränkungen.[79]

d) Kündigung von Sanierungskrediten. Wurde durch die Bank ein Sanierungskredit **42** gewährt, so sind hinsichtlich einer Kündigung besondere Schranken zu beachten.[80] Der Grund liegt in der zwischen den Vertragsparteien getroffenen Sanierungsvereinbarung. Damit ist eine **ordentliche Kündigung** durch das Kreditinstitut auch ohne ausdrückliche Nennung im Vertrag ausgeschlossen,[81] solange die Sanierung des Kreditnehmers planmäßig verläuft und keine weitere wesentliche Verschlechterung der wirtschaftlichen Verhältnisse des Unternehmens eintritt.[82] Allerdings kann die Bank die Gewährung des Krediter auf eine bestimmte Sanierungszeit begrenzen bzw. an die Erreichung bestimmter Sanierungsziele knüpfen, so dass insoweit eine vertragliche Regelung des Kündigungsrechts für den Fall des Eintritts bestimmter Prämissen möglich ist.

Darüber hinaus ist eine vorzeitige Beendigung eines Sanierungskreditvertrages nur im **43** Rahmen der **außerordentlichen Kündigung** möglich. Bestehen die Sanierungschancen nicht mehr, ist die Bank an einer fristlosen Kündigung ihres Sanierungskredits nicht gehindert. Der Bundesgerichtshof[83] hat festgestellt: „Ein die fristlose Kündigung eines Sanierungsdarlehens rechtfertigender wichtiger Grund kann vorliegen, wenn in den Vermögensverhältnissen des Darlehensnehmers seit dem Zeitpunkt, in dem das Kreditinstitut seine Mitwirkung an der Sanierung zugesagt hat, eine wesentliche Verschlechterung eingetreten ist, die die Sanierung als nicht mehr aussichtsreich erscheinen lässt." Dies kann angenommen werden, wenn deutlich von der in der Sanierungsvereinbarung festgehaltenen Plan-Entwicklung abgewichen wird bzw. vertraglich fixierte Maßnahmen nicht umgesetzt werden, so dass ein Scheitern der Sanierung erkennbar ist.[84]

---

[78] Vgl. *Kemper*, Der Kontokorrentkredit in der Krise des Unternehmens, S. 232.
[79] Vgl. *Obermüller*, Insolvenzrecht, Rn. 5.140 f. und Rn. 38 in diesem Beitrag.
[80] Vgl. *Müller/Liebscher*, Unternehmenssanierung, S. 336.
[81] Vgl. auch BGH ZIP 2004, 1589.
[82] Vgl. *Vuia*, Verantwortlichkeit von Banken, S. 371.
[83] Vgl. BGH WM 2004, 2202.
[84] Vgl. *Knops*, Sanierungskredit und Überbrückungsdarlehen, S. 615; *Müller/Liebscher*, Unternehmenssanierung, S. 336.

III. Das Sanierungsgutachten als Voraussetzung für die Beteiligung der Bank

1. Gutachten als Voraussetzung für Sanierungsmaßnahmen der Bank

44 Wie bereits in vorangegangenen Abschnitten geschildert, ist das Sanierungsgutachten von grundlegender Bedeutung für die Entscheidung der Bank, sich aktiv an Sanierungsbestrebungen zu beteiligen, weil sie sich nur auf Basis der Prüfungsergebnisse vom Vorwurf vorsätzlich sittenwidrigen Verhaltens entlasten kann.[85] Um Objektivität und Validität des Sanierungsgutachtens zu gewährleisten, wird die Bank die Sanierungsfähigkeit grundsätzlich durch einen externen branchenkundigen Fachmann überprüfen lassen. Bei weniger komplexen Unternehmen ist in Einzelfällen und unter Einhaltung enger Kriterien jedoch auch eine Eigenprüfung der Bank als zulässig anzusehen.[86] Maßgeblich für die Erstellung eines Sanierungsgutachtens ist der Standard IDW S 6 des Instituts der Wirtschaftsprüfer, an dem sich auch die Kreditbranche orientiert.[87] Daher sind insbesondere die darin festgelegten Mindestbestandteile sowie die dargestellte Vorgehensweise zu beachten.[88]

2. Problembereiche im Rahmen des Erstellungsprozesses von Sanierungsgutachten

45 Die Einforderung eines Sanierungsgutachtens ist also für Kreditinstitute unabdingbar, wenn in der Krise die Gewährung neuer Kredite beabsichtigt ist.[89] Ein großes Problem stellt im Erstellungsprozess des Gutachtens jedoch das der Planung innewohnende Prognoseelement dar. Da in einem Sanierungsgutachten Chancen und Risiken einer möglichen Sanierung sowie deren Effekte auf die wirtschaftliche Entwicklung des Schuldnerunternehmens prospektiv evaluiert werden sollen, sieht sich der Ersteller umfangreichen Ermessensspielräumen, insbesondere hinsichtlich Planungszeitraum und Planungsprämissen, ausgesetzt.

46 Grundsätzlich gilt dabei der Zusammenhang, dass der Wert der Aussagekraft einer Planung abnimmt, je länger deren zugrunde liegender Planungszeitraum gewählt ist. Weil jedoch vor allem bei größeren Gesellschaften der Zeitpunkt des wirtschaftlich Turnaround, in dem der negative wirtschaftliche Unternehmenstrend in einen Positiven umgekehrt wird, i.d.R. erst nach mehreren Jahren erreicht werden kann, ist ein entsprechendes Sanierungskonzept ebenfalls auf eine mehrjährige Planungsperiode aufzubauen. Die Güte der Ergebnisse solcher Gutachten können somit selbst bei gewissenhafter Erstellung nur eingeschränkt als verlässlich angesehen werden.[90]

---

[85] Vgl dazu Rn. 22 dieses Beitrags.
[86] Vgl. *Kemper*, Der Kontokorrentkredit in der Krise des Unternehmens, S. 181 ff.
[87] Ein weiteres in der Praxis gebräuchliches Konzept sind die „Mindestanforderungen an Sanierungsgutachten – MaS" des Instituts für die Standardisierung von Unternehmenssanierungen (ISU).
[88] Vgl. *Kemper*, Der Kontokorrentkredit in der Krise des Unternehmens, S. 195 f. Eine ausführliche Erläuterung der Inhalte des IDW S 6 findet sich in § 6 dieses Handbuchs. Aus diesem Grund wird an dieser Stelle auf eine vertiefende inhaltliche Darstellung verzichtet.
[89] Vgl. *Schönfelder* WM 2013, 116.
[90] Vgl. ebenda.

§ 3 Restrukturierungs-/Sanierungsmöglichkeiten   § 3

Als ebenfalls problematisch erweist sich in diesem Zusammenhang die Festlegung der Planungsprämissen. So müssen für die Zukunft Annahmen bezüglich volkswirtschaftlicher (z.B. Preis-, Mengen- und Marktentwicklung) sowie betriebswirtschaftlicher (Kostenstruktur, Wirkungsweise der Sanierungsmaßnahmen etc.) Items getroffen werden. Die damit einhergehende Ungewissheit wirkt sich negativ auf den Aussagegehalt des Gutachtens aus.[91] 47

Es ist daher im Ergebnis fraglich, ob der durch das Sanierungsgutachten geschaffene Mehrwert die mit der Ausarbeitung verbundenen z.T. erheblichen Kostenbeträge rechtfertigt.[92] Mangels belastbarer Alternativen wird jedoch trotz aller damit einhergehenden Unwägbarkeiten auch in Zukunft auf Sanierungsgutachten nicht verzichtet werden können. Deren Anfälligkeit für Prognosefehler sollte Adressaten wie Erstellern jedoch stets präsent sein. 48

IV. Besonderheiten bei Sanierungen innerhalb des Insolvenzverfahrens

1. Auswirkungen des ESUG auf das Bankgeschäft

Mit dem Inkrafttreten des Gesetzes zur weiteren Erleichterung der Sanierung von Unternehmen, kurz ESUG, am 1.3.2012, ergeben sich auch für die Banken neue Möglichkeiten, Einfluss auf eine Sanierung innerhalb eines Insolvenzverfahrens zu nehmen. Der in vielen Insolvenzverfahren gängigen Praxis, die werthaltigen Vermögensteile des Unternehmens durch eine „übertragende Sanierung" an einen neuen Rechtsträger zu veräußern, wird nunmehr eine bereits vielfach angewandte Alternative an die Seite gestellt: die Sanierung des Schuldners innerhalb eines Insolvenzverfahrens durch die verbesserten Instrumente der Eigenverwaltung und des Planverfahrens. Diese bereits bekannten Insolvenzwerkzeuge hat der Gesetzgeber noch um ein sog. Schutzschirmverfahren erweitert. Dabei wird es dem insolventen Unternehmen ermöglicht, bei drohender Zahlungsunfähigkeit oder Überschuldung innerhalb von drei Monaten einen Insolvenzplan ohne Beeinträchtigung durch drohende Vollstreckungsmaßnahmen vorzubereiten und zur Abstimmung zu stellen. Entgegen vieler kritischer Stimmen hat das ESUG weitreichenden Einfluss auf die Praxis der Sanierung von Unternehmen unter Einsatz von Instrumentarien der Insolvenzordnung genommen. Nach wie vor machen diese Instrumente aber nur dann Sinn, wenn das Verfahren frühzeitig vorbereitet wird und auf Seiten der Banken das erforderliche Vertrauen besteht, dass die Unternehmensführung in der Lage ist, den Turnaround zu schaffen. Aus den neu geschaffenen Anreizen für die Schuldnerunternehmen, die Scheu vor dem Insolvenzverfahren zu verlieren, ergeben sich für Banken Chancen, aber zugleich auch Risiken. Bereits heute zeichnet sich nämlich ab, dass sich viele Unternehmen und Berater ohne erfolgversprechendes Konzept unter den Schutzschirm retten wollen und in der Übergangszeit bis zur endgültigen Regelinsolvenzeröffnung weiteres Vermögen der Banken und freies Vermögen „versilbert" wird. Die Banken müssen daher das Verhalten ihrer notleidenden Kunden sehr genau im Auge behalten. 49

---

[91] Vgl. ebenda.
[92] Vgl. ebenda.

2. Der vorläufige Gläubigerausschuss und die Wahl des Verwalters

50   Mit dem ESUG ist der Gesetzgeber einer bereits seit langem bestehenden Forderung nach mehr Gläubigerbeteiligung bereits im Insolvenzeröffnungsverfahren durch einen gesetzlich geregelten vorläufigen Gläubigerausschuss, der unter bestimmten Voraussetzungen sogar verpflichtend ist,[93] nachgekommen. Kreditinstitute können sich als wesentliche institutionelle Gläubiger nunmehr frühzeitiger in das Verfahren einschalten und Einfluss auf entscheidenden Weichenstellungen nehmen.[94] Neben dem Schuldnerunternehmen und dem vorläufigen Insolvenzverwalter kann vor allem auch die Bank als Gläubigerin einen Antrag auf Einsetzung eines vorläufigen Gläubigerausschusses stellen. Will sie als Mitglied des Gläubigerausschusses von ihrem Recht Gebrauch machen, bei der Auswahl des vorläufigen Insolvenzverwalters gem. § 56a InsO mitzuwirken, um einen für ein Sanierungsverfahren geeigneten Verwalter zu benennen, muss sie allerdings zügig handeln. Denn die Gerichte bestellen aus Angst vor einer Masseschmälerung umgehend einen vorläufigen Verwalter, wenn sich der vorläufiger Gläubigerausschuss nicht unmittelbar nach Insolvenzantragstellung konstituiert und einen geeigneten Verwalter vorschlägt. Will die Bank daher in einem vom Schuldnerunternehmen und dessen Berater gut vorbereiteten Verfahren Einfluss auf den Gläubigerausschuss nehmen und den Verwalter benennen, sollte sie selbst den Ausschuss zusammenstellen, Bereitschaftserklärungen einholen und zusammen mit dem Schuldnerunternehmen und dessen Berater den Kontakt mit dem Insolvenzgericht suchen, um die weiteren Abstimmungen vorzunehmen. Üblicherweise folgen die Gerichte den Vorschlägen als Ausfluss der vom Gesetzgeber gewollten Gläubigerautonomie. Es kann aber auch vorkommen, dass ein Gericht einen solchen „mitgebrachten vorläufigen Gläubigerausschuss" ablehnt und selbst den vorläufigen Verwalter benennt.

51   Neben der Möglichkeit der Verwalterauswahl und den üblichen Rechten und Pflichten bei der Unterstützung und Überwachung des vorläufigen Insolvenzverwalters hat der Gesetzgeber dem vorläufigen Gläubigerausschuss bei der reformierten Eigenverwaltung und dem neu geschaffenen Schutzschirmverfahren weitere Kompetenzen zugesprochen. Vor allem bei einem missbräuchlichen Schutzschirmverfahren kann der vorläufige Gläubigerausschuss die Aufhebung des Instituts beim Insolvenzgericht beantragen.

52   Ein Engagement der Bank in einem vorläufigen Gläubigerausschuss im Eröffnungsverfahren wird sich jedoch auf wenige geschäftspolitisch bedeutsame Verfahren beschränken. Die Teilnahme in einem solchen Ausschuss ist nicht nur mit erheblichem Zeitaufwand verbunden, sondern birgt zudem nicht zu unterschätzende Haftungsgefahren für das Mitglied. Um die Mitarbeiter für eine Teilnahme zu motivieren, sollte die Bank daher als Institut selbst in den Ausschuss gehen und den oder die Mitarbeiter lediglich als Ansprechpartner benennen. Ohnehin ist dies die gesetzliche Vorgabe für den vorläufigen Gläubigerausschuss im Eröffnungsverfahren gem. §§ 22a, 21 Abs. 2 Nr. 1a und 67 Abs. 2 InsO, der die Bank entweder in der Rolle als Absonderungsberechtigte oder als Gläubigerin vorsieht. In einem geplanten Sanierungsverfahren sollte das Kreditinstitut mindestens zwei Ansprechpartner benennen. Zum einen, damit stets jemand „abrufbereit" als Experte zur Verfügung steht[95] und zum anderen, um sowohl einen erfahrenen Sanierer als auch einen mit den Formalien eines Insolvenzverfahrens vertrauten Abwicklungsspezialisten stellen zu können.

---

[93] Gemäß § 22a Abs. 1 InsO **hat** das Gericht einen vorläufigen Gläubigerausschuss einzusetzen, wenn zumindest zwei der drei genannten Schwellenwerte erreicht sind.
[94] Vgl. Römermann/Praß, ESUG, S. 4.
[95] Vgl. ebenda, S. 11.

3. Insolvenzplanverfahren

Auch das Insolvenzplanverfahren wurde durch das ESUG überarbeitet, insbesondere schlanker und weniger obstruktionsanfällig gestaltet. Es bietet als besonderes von dem Regelinsolvenzverfahren abweichendes Verfahren die notwendigen Instrumente für eine Sanierung im Insolvenzverfahren. Ziel ist, sämtliche Schulden eines Unternehmens zu regeln und allen Gläubigern zwecks Akzeptanz der mit dem Plan häufig verbunden Einschnitte für die Gläubiger ein tragfähiges Konzept für die Zukunft zu präsentieren, das die Rückführung der verbleibenden Forderungen sichert. Entweder wird der bereits zwischen Schuldnerunternehmen, Insolvenzgläubigern und absonderungsberechtigten Gläubigern ausgearbeitete sog. „Pre-Packaged Plan" schon mit dem Insolvenzantrag eingereicht oder er wird im sog. Schutzschirmverfahren nach Antragstellung erarbeitet. Die Einschnitte und von den Banken abverlangten Verzichte sind dabei in der Regel moderat. Zwar ist ein Eingriff in die Forderungen und Sicherungsrechte der Bank möglich, sie darf aber nicht schlechter gestellt werden als sie stünde, wenn eine Abwicklung im Regelinsolvenzverfahren erfolgt wäre. Da das Unternehmen regelmäßig neue Kredite von der Bank benötigt, bleiben die Forderungen der Banken nicht selten unangetastet. Will die Bank das Sanierungsverfahren unterstützen, kann sie die üblichen Sanierungsbeiträge anbieten. Solche Beiträge sind etwa die Einräumung eines Sanierungszinssatzes, die Stundung von Forderungen, die (teilweise) Freigabe von Sicherheiten und der (teilweise) Forderungsverzicht.

53

4. Debt-Equity-Swap

Mit der Einführung des ESUG sind auch die Voraussetzungen für die Umwandlung von Fremd- in Eigenkapital (Debt-Equity-Swap) in einem Insolvenzplan verbessert worden. Ein Debt-Equity-Swap wird vom Gesetzgeber als wichtiges Sanierungsinstrument angesehen, das dazu geeignet ist, die Bilanz des Schuldnerunternehmens zu bereinigen.[96] Allerdings ist es für die finanzierende Bank eher unattraktiv, ihre ungesicherten Forderungen in eine Beteiligung umzuwandeln, da damit diverse rechtliche Probleme (z.B. Differenzhaftung, Gefahr des Nachrangs mit verbliebenen Krediten und Sicherheitenverlust bei erneuter Insolvenz (§ 39 Abs. 1 Nr. 5) etc.) verbunden sein können und i.d.R. wenig Interesse an der Übernahme der mitgliedschaftlichen Pflichten besteht.[97] Die Doppelfunktion als Bank und Gesellschafterin kann nämlich zu einem Interessenkonflikt führen und bei einer erneuten Krise den Druck implizieren, weitere Kreditmittel zur Verfügung stellen zu müssen. Im Falle einer erneuten Insolvenz kann darüber hinaus eine schlechte Presse zu einem Reputationsschaden, vor allem bei den örtlich ansässigen Kreditinstituten, führen. Ein weiterer Nachteil besteht darin, dass die Beteiligung mit erheblichen Eigenmitteln hinterlegt werden muss.[98] Der Gesetzgeber hat daher zu Recht in § 225a Abs. 2 S. 2 InsO geregelt, dass ein Gläubiger nicht dazu gezwungen werden kann, einen Debt-Equity-Swap durchzuführen oder sich in anderer Form an der Gesellschaft zu beteiligen.

54

Für Sparkassen ergeben sich zudem weitere Hürden aus dem Sparkassenrecht der einzelnen Bundesländer. So bedarf die Beteiligung an Unternehmen durch eine Sparkasse

55

---

[96] Vgl. BT-Drucks. 17/5712, S. 18.
[97] Vgl. *Römermann/Praß*, S. 63.
[98] Vgl. *Lüscher/Marty*, S. 7.15.

regelmäßig der Zustimmung des Verwaltungsrats.[99] Andere Länder gehen noch weiter. In § 3 Abs. 4d SpkG NW (Sparkassengesetz Nordrhein-Westfalen), früher § 21 Abs. 2 S. 3 SpkVO NW (Sparkassenverordnung Nordrhein-Westfalen), heißt es: „Beteiligungen der Sparkasse zur Vermeidung oder zum Ausgleich sparkasseneigener Verluste sind nicht zulässig. Dies gilt nicht für die vorübergehende Übernahme von als Kreditsicherheiten verpfändeten Geschäftsanteilen."

Somit ist der Debt-Equity-Swap grundsätzlich **kein geeignetes Sanierungsinstrument** für Sparkassen und wohl nur in Ausnahmefällen zulässig. Dadurch soll vermieden werden, dass Beteiligungen dazu verwendet werden, eine Bilanzbereinigung oder Verlustverlagerung vorzunehmen.[100]

5. Eigenverwaltung

56 Das Eigenverwaltungsverfahren setzt den Anreiz für eine frühzeitigere Stellung von Insolvenzanträgen zur Sanierung des Unternehmens, da die Geschäftsführung „Herr des Verfahrens" bleibt und nicht wie im Regelinsolvenzverfahren ihre Verfügungsbefugnis verliert. Damit sind Unternehmen in der Krise völlig neue, planbare Möglichkeiten eröffnet worden, erfolgreich eine Sanierung unter Beibehaltung der Unternehmensleitung unter dem Schutz der Insolvenzordnung durchzuführen. Weil viele Unternehmenskrisen und Insolvenzen aber auf Managementfehler zurückzuführen sind, werden die Gläubiger missbräuchlichen Verfahren entschieden entgegenwirken, insbesondere wenn ihre Interessen systematisch ignoriert werden. Die Bank, die nicht selten von einem Insolvenzantrag verbunden mit dem Antrag auf Anordnung der Eigenverwaltung überrascht wird, wird wie auch im außergerichtlichen Verfahren die Sanierungswürdigkeit des Unternehmens prüfen und auf dieser Basis entscheiden, ob sie die Kreditlinien aufrecht erhält. Erkennt sie, dass die Eigenverwaltung nachteilige Folgen für sie haben könnte, z.B. weil werthaltiges Umlaufvermögen zur Liquiditätssicherung verkauft und der Forderungseinzug auf Konten bei anderen Instituten umgeleitet wird, kann sie die Kredite fristlos kündigen und die Einziehungs- und Verfügungsermächtigung des als Sicherheit übertragenen Umlaufvermögens widerrufen. Gleichzeitig sollte sie sich frühzeitig an das Insolvenzgericht wenden, um die konkreten Nachteile durch Tatsachen zu belegen. Auf diese Weise kann die Bank erreichen, dass das Gericht gem. § 272 InsO die Eigenverwaltung aufhebt und durch Einsetzung eines Insolvenzverwalters das Vermögen gesichert wird.

57 Ein frühzeitig eingeleitetes Eigenverwaltungsverfahren bietet die Chance auf eine erfolgreiche Sanierung, wenn ein sanierungsfähiges Geschäftsmodell vorliegt, der Insolvenzplan bereits vorinsolvenzlich vorbereitet und mit den wesentlichen Gläubigern vorbesprochen und abgestimmt ist und frische Finanzierungsmittel eingeplant wurden. Das setzt wiederum voraus, dass die Hausbank von der Sanierungsfähigkeit überzeugt ist und ihrerseits die Bereitschaft besteht, das Sanierungsverfahren zu unterstützen. Diese Annahmen galten zwar auch schon immer für das außergerichtliche Sanierungsverfahren.

---

[99] Z.B. gemäß § 8 Abs. 3 Nr. 6 des Gesetzes über die öffentlich-rechtlichen Kreditinstitute im Freistaat Sachsen und die Sachsenfinanzgruppe vom 13.12.2002.

[100] Vgl. *Heinevetter*, Kommentierung zu § 21 Abs. 2 S. 3 SpkVO NW. Allerdings könnte § 3 Abs. 4d SpkG NW insbesondere im Hinblick auf die jüngste Insolvenzrechtsreform dahingehend auszulegen sein, dass Beteiligungen im Rahmen eines Planverfahrens im Wege der Forderungsumwandlung zulässig sind. Für eine solche Auffassung spricht vor allem die Tatsache, dass der Bundesgesetzgeber im Rahmen der ESUG-Reform den Debt-Equity-Swap ausdrücklich als erwünschtes Sanierungsinstrument betrachtet.

§ 3 Restrukturierungs-/Sanierungsmöglichkeiten §3

Durch das Eigenverwaltungsverfahren können nun aber sogenannte „Akkordstörer" gestoppt und deren Rechte durch einen Insolvenzplan beschnitten werden.

Ein vom insolventen Schuldner und dessen Berater gut vorbereiteter und mit der Bank abgestimmter Antrag sollte gleichzeitig die Einsetzung eines vorläufigen Gläubigerausschusses mit der Bank als Mitglied vorsehen. Denn wesentlich für den Erfolg des Verfahrens ist der Umstand, dass die Gläubiger grundsätzlich auch den nach § 270a Abs. 1 InsO einzusetzenden vorläufigen Sachwalter über den vorläufigen Gläubigerausschuss auswählen können (§ 270a Abs. 1 S. 2 i.V.m. § 274 Abs. 1, 56a InsO).[101] Wenn der Ausschuss die Eigenverwaltung unterstützt und der gesamte Antrag darüber hinaus auch mit dem Gericht vorabgestimmt wird, besteht für alle Beteiligten ein hohes Maß an Planungssicherheit. 58

6. Schutzschirmverfahren

Neu im Insolvenzrecht ist das sogenannte Schutzschirmverfahren (§ 270b InsO), das vom noch zahlungsfähigen Unternehmen bei Vorliegen drohender Zahlungsunfähigkeit oder Überschuldung beantragt werden kann, wenn die Sanierung nicht offensichtlich aussichtslos ist.[102] § 270b InsO regelt allerdings kein eigenständiges Verfahren, sondern modifiziert das Eröffnungsverfahren an entscheidenden Stellen zugunsten des antragstellenden Schuldners, der sich auf ein Eigenverwaltungs- und Insolvenzplanverfahren vorbereitet.[103] Insbesondere durch die Möglichkeit des Gerichtes, gem. § 270b Abs. 2 Satz 3 InsO i. V. m. § 21 Abs. 2 Nr. 3 InsO Maßnahmen der Zwangsvollstreckung gegen den Schuldner zu untersagen oder einstweilen einzustellen, kann sich das Unternehmen für einen Zeitraum von drei Monaten dem unmittelbaren Zugriff der Gläubiger, insbesondere der Akkordstörer, entziehen, um nach dem Willen des Gesetzgebers ein Sanierungskonzept erarbeiten zu können. Wie beim Eigenverwaltungsverfahren auch werden die Banken die Sanierungsbemühungen aber nur unterstützen, wenn das Verfahren gut vorbereitet und der Sanierungsplan abgestimmt ist.[104] Andernfalls riskiert das Unternehmen, dass die Bank zur Missbrauchsabwehr die Kredite sofort fällig stellt und das Sicherungsgut an sich zieht. Die damit verbundene Zahlungsunfähigkeit führt zur Aufhebung des Verfahrens gem. § 270b Abs. 4 lit. 1 InsO, da die angestrebte Sanierung aussichtslos geworden ist. 59

V. Zusammenfassung

Gerät ein Unternehmen in eine Krise und entschließt sich die Geschäftsführung dazu, außerhalb eines Insolvenzverfahrens eine Sanierung zu versuchen, kommt dem finanzierenden Kreditinstitut eine Schlüsselrolle zu. In einer solchen Phase stehen der Bank verschiedene Handlungsoptionen zur Verfügung. So kann sie zum einen auf Basis der bestehenden Verträge im Rahmen des passiven Stillhaltens ihre Kredite stehen und das Unternehmen in Höhe der offenen Linien weiter darüber verfügen lassen. Die Bank geht 60

---

[101] Vgl. Römermann/Praß, ESUG, S. 29.
[102] Vgl. ausführlich zum Schutzschirmverfahren auch § 26 dieses Handbuchs.
[103] Vgl. Römermann/Praß, ESUG, S. 30.
[104] Vgl. Pape ZInsO 2013, 2083, der zu Recht darauf hinweist, dass es lebensfremd ist, wenn das Unternehmen die Vorstellung von dem Insolvenzplan erst nach der Antragstellung entwickelt, zumal eine Bescheinigung vorgelegt werden muss, nach der die angestrebte Sanierung nicht offensichtlich aussichtslos ist.

dann zwar keine zusätzlichen Kreditrisiken ein, kann aber auch auf das Sanierungsverfahren keinen Einfluss nehmen. Alternativ zu diesem rein abwartenden Verhalten kann sie andererseits darüber hinausgehende aktive Sanierungsbeiträge leisten, etwa durch die Gewährung von Überbrückungs- bzw. Sanierungsdarlehen oder sonstige finanzwirtschaftliche Maßnahmen. Der Grad der Krise und die Risikobereitschaft der Bank werden dabei den Umfang und die Intensität der Maßnahmen bestimmen. Für welche Strategie sich die Bank auch entscheidet, sie hat im Vorfeld stets eine gründliche Abwägung nicht nur hinsichtlich der wirtschaftlichen Vor- und Nachteile ihrer Handlungen, sondern insbesondere auch in Bezug auf die damit verbundenen Haftungsrisiken zu treffen. Da nämlich alle Sanierungsmaßnahmen als neue finanzwirtschaftliche Impulse grundsätzlich dazu geeignet sind, das Unternehmen „vorerst am Leben zu erhalten", können weitere Vertragspartner geschädigt werden, wenn das Unternehmen später doch zusammenbricht. Die Bank sieht sich dann schnell dem Vorwurf ausgesetzt, sie habe die Insolvenz bewusst hinausgezögert und andere Gläubiger gefährdet, um sich durch die Rückführung der Altkredite oder Hereinnahme weiterer Sicherheiten zu Lasten Dritter besser zu stellen. Hat die Bank tatsächlich eigensüchtig gehandelt und einen Schaden Dritter um eigener Vorteile willen angesichts einer sicheren Insolvenz bewusst in Kauf genommen, handelt sie sittenwidrig im Sinne der §§ 138 und 826 BGB. Sie muss dann die in der Krise gestellten Sicherheiten herausgeben und Dritten entstandene Schäden ersetzen.[105] Die redliche Bank wird daher schon aus Eigeninteresse darauf bestehen, dass ein fundiertes Sanierungsgutachten die Sanierungsfähigkeit des Unternehmens attestiert.

61 Entscheidet sich die Bank zum Ausstieg, etwa weil sie das Unternehmen nicht für sanierungsfähig oder -würdig ansieht, muss sie die Kredite entweder mit ausreichender Frist für eine Umschuldungsmöglichkeit des Unternehmens bei einem anderen Kreditinstitut ordentlich oder bei vertragswidrigem Verhalten außerordentlich kündigen. Im Falle einer wirksamen Kündigung ist sie dann berechtigt, die Sicherheiten umgehend zu verwerten. Allerdings führt die Kündigung in den meisten Fällen aufgrund einer eintretenden Zahlungsunfähigkeit des Kreditnehmers zum Insolvenzantrag. Die Bank muss dann damit rechnen, dass Kreditrückführungen und Sicherheitenbestellungen vor Insolvenzantragstellung hinsichtlich ihrer Anfechtbarkeit durch den Insolvenzverwalter überprüft werden. Eine Sanierung im Rahmen eines Insolvenzverfahrens erfordert eine frühe Abstimmung mit den entscheidenden Gläubigern und dem Insolvenzgericht, um den Ablauf des Verfahrens planungssicher zu gestalten. Mit dem ESUG hat der Gesetzgeber den Schuldnern weitreichende Möglichkeiten für eine „Sanierung in der Insolvenz" und den Gläubigern umfangreiche Einflussmöglichkeiten eingeräumt. Besteht durch eine frühe Antragstellung die Chance auf eine aussichtsreiche Sanierung und gehen Schuldner und Gläubiger verantwortungsvoll mit den Instrumenten der Eigenverwaltung und dem Planverfahren um, können in einem überschaubaren Zeitraum die Grundlagen für eine erfolgreiche Restrukturierung gelegt werden. Dabei können sogenannte Akkordstörer während der Planerstellung durch ein Schutzschirmverfahren daran gehindert werden, durch Zwangsvollstreckungsmaßnahmen den Zusammenbruch des Unternehmens zu beschleunigen. Allerdings müssen insbesondere die Banken die Aktivitäten der Geschäftsführung aufmerksam verfolgen. Sowohl die Eigenverwaltung als auch das Schutzschirmverfahren können von unredlichen Schuldnern missbraucht werden. Für die Banken erhöht sich dann das Ausfallrisiko, wenn der Schuldner das Unternehmen fortführt, dabei die Sicherheiten aushöhlt und in einem sich anschließenden Regelinsolvenzverfahren neu entstandene Sicherheiten angefochten werden. In solchen Fällen muss

---

[105] Vgl. *Kemper*, Der Kontokorrentkredit in der Krise des Unternehmens, S. 261.

die Bank ihr Kündigungsrecht nutzen, um das Insolvenzgericht zu einer Aufhebung der Eigenverwaltung zu überzeugen. Unabhängig von der Tatsache, ob sich die Geschäftsführung eines sich in einer Krise befindlichen Unternehmens für ein außergerichtliche oder eine Sanierung im Rahmen eines Insolvenzverfahrens entscheidet, wird der Erfolg neben der generellen Sanierungsfähigkeit des Unternehmens maßgeblich davon abhängen, dass mit den maßgeblichen Gläubigern der frühe Kontakt gesucht wird, die zu treffenden Sanierungsmaßnahmen transparent gemacht werden und für die Sanierungsphase die notwendige Liquidität sichergestellt wird.

2. Teil
Erstellung und Beurteilung von Restrukturierungs-/Sanierungskonzepten

§ 4 Sanierungskonzept und Umsetzungsmanagement einer nachhaltigen Unternehmenssanierung

Übersicht

	Rn.
I. Einleitung	1–3
II. Unternehmenskrisen als Ausgangspunkt der Sanierung	4–10
1. Krisenursachen	4–7
2. Krisenprozess	8–10
III. Restrukturierungs-/Sanierungskonzept	11–39
1. Inhalte eines Restrukturierungs-/Sanierungskonzeptes	11–13
2. Prozess zur Erstellung eines Restrukturierungs-/Sanierungskonzeptes	14–39
a) Der RBSC-Ansatz	14
b) Transparenz	15–19
c) Strategische Neuausrichtung	20–24
d) Operative Restrukturierung	25–27
e) Finanzielle Restrukturierung	28–32
f) Integrierte Businessplanung	33–36
g) Kommunikation mit den Stakeholdern	37–39
IV. Umsetzungsmanagement	40–50
1. Aufsetzen der Projektorganisation	40–47
2. Maßnahmenmanagement	48–50
V. Erfolgsfaktoren für eine nachhaltige Sanierung	51–56
1. Erfolgreicher Prozess der Erstellung und Umsetzung eines Restrukturierungskonzeptes	51, 52
2. Erfolgreiche Inhalte von Restrukturierungskonzeptes	53–56

I. Einleitung

Unternehmenskrisen stellen ein mittlerweile alltägliches Problem dar. Bereits vor etwa 10 Jahren beschrieben KRAUS/GLESS in der ersten Auflage dieses Buches, dass Unternehmen keiner Branche und Unternehmensgröße mehr vor existenzbedrohenden Krisen gefeit sind.[1] Dies gilt heute umso mehr, da Globalisierung und technologischer Fortschritt tendenziell an Tempo gewinnen und damit die Unternehmen vor immense Aufgaben der Veränderung stellen. Allein der Aufstieg Chinas mit neuem starken Wettbewerb wird sicher auch in Zukunft zu zahlreichen Krisenfällen insbesondere in Europa und USA führen. Legt man die empirischen Studien der letzten Jahrzehnte zugrunde, so

1

---

[1] Vgl. *Kraus/Gless*, 97.

geraten ca. 25 % aller Unternehmen innerhalb von 10 Jahren in eine existenzgefährdende Krise.[2]

2   Die Bewältigung von Unternehmenskrisen gilt als „Königsdisziplin" unter den Managementaufgaben. Der Anpassungsbedarf der Krisenunternehmen ist i.d.R. sehr hoch, das Vertrauen der Kapitalgeber und Mitarbeiter in das Unternehmen ist deutlich gestört und der Handlungsspielraum ist nur noch gering. Die verfügbare Zeit zur Erstellung und Umsetzung eines überzeugenden Konzeptes ist dagegen extrem knapp. Dazu passt, dass lediglich ca. 60 % der Krisenunternehmen nachhaltig wieder positive Ergebnisse erzielen können und nur ca. ein Viertel im Anschluss an eine Krise überdurchschnittliche Renditen erwirtschaften.[3] Gleichzeitig steht ein Turnaround bei entsprechendem Gelingen jedoch für einen enormen Wertzuwachs für alle Stakeholder.

3   Zur Lösung einer Unternehmenskrise kann es keine Patentrezepte geben. Es gibt allerdings Grundregeln, Strukturen und Erfolgsfaktoren für die Erstellung eines Restrukturierungs- bzw. Sanierungskonzeptes und eines erfolgreichen Umsetzungsmanagements, auf die zurückgegriffen werden kann. Wichtig für den Erfolg ist erstens ein ganzheitliches Restrukturierungskonzept, das das kurzfristige Überleben des Krisenunternehmens sichert sowie die Wettbewerbsfähigkeit des Unternehmens wieder herstellen kann. Es umfasst dazu die strategische Neuausrichtung sowie die operative und finanzielle Restrukturierung. Zweitens bedarf es eines Umsetzungsmanagements, welches die erarbeiten Inhalte auf Einzelschritte, Verantwortlichkeiten, Termine und Effekte detailliert und über eine schlagkräftige Projektorganisation sowie ein professionelles Maßnahmenmanagement maximale Umsetzungskraft entfaltet und geplante Verbesserungen zügig umsetzt. Besonderen Wert wird in diesem Beitrag auf das Thema der Nachhaltigkeit einer Sanierung gelegt. „Nachhaltige" Unternehmenssanierung heißt, dass Konzept und Umsetzung nicht nur den kurzfristigen Fortbestand des Krisenunternehmens sichern, sondern gleichzeitig die Antwort auf die Wiederherstellung des nachhaltigen Erfolgspotentials geben müssen. Die Beherrschung beider Bestandteile ist die Kunst der nachhaltigen Restrukturierung.

II. Unternehmenskrisen als Ausgangspunkt der Sanierung

1. Krisenursachen

4   Ausgangspunkt für die erfolgreiche Bewältigung von Unternehmenskrisen ist die Analyse der **Krisenursachen**. *Müller* schrieb bereits 1982: *„Ohne fundierte Ursachenanalyse bleibt ein Sanierungskonzept reine Glücksache".*[4] Dabei sind Krisenursachen **abzugrenzen von Krisensymptomen**, die die Krise signalisieren, jedoch nicht verursacht haben.[5] Eine zu geringe Eigenkapitalquote, die Kündigung einer Kreditlinie oder Zahlungsengpässe sind nur selten Krisenursachen. Sie sind mehr oder weniger zwangsläufige Symptome einer Krise.

5   Häufigste genannte Krisenursachen in Praxis und Krisenliteratur sind **Managementfehler**. Man kann grundsätzlich davon ausgehen, dass ca. 80 % aller Krisen durch Managementfehler verursacht sind. *Schendel/Patton/Riggs* konkretisieren: *„an interaction of poor management decisions coupled with or in response to unfavorable environmental events lies be-*

---

[2] Vgl. *Bibeault; Hambrick/Schecter; Slatter; Chowdhury/Lang.*
[3] Vgl. *Buschmann,* 163.
[4] Vgl. *Müller,* 346.
[5] Vgl. *Böckenförde,* 22/27.

§ 4 Sanierungskonzept einer nachhaltigen Unternehmenssanierung §4

hind most of the cases".[6] **Externe Krisenursachen**, wie die Veränderung des Markt- und Wettbewerbsumfeldes, werden zu spät erkannt und Gegenmaßnahmen nicht oder nicht in ausreichendem Maße eingeleitet. Als häufigste externe Krisenursachen identifizieren empirische Studien Nachfragerückgänge und Veränderungen im Wettbewerb. Die häufigsten **internen Krisenursachen** sind Führungsfehler in Form einer zu schnellen Expansion und in Form von Ineffizienzen im Vergleich zum Wettbewerb (insbesondere unzureichendes Controlling, ineffiziente Kostenstrukturen und nicht wettbewerbsfähige Produktqualität).[7]

Es existieren zahlreiche Versuche, Krisenursachen umfassend abzubilden. Aufgrund der hohen Komplexität vor allem durch die Vielzahl krisenverursachender Faktoren sowie mehrstufigen Ursachen-Wirkungs-Konstellationen[8] kann der Anspruch auf Vollständigkeit kaum erfüllt werden. Eine mögliche Systematisierung typischer Krisenursachen unter Berücksichtigung von empirischen Studien wird hier dargestellt. Es lassen sich folgende typische Krisenursachen bzw. „Misserfolgsmuster" unterscheiden (vgl. Abb. 1).

- **Unzureichende Reaktion auf Nachfragerückgänge:** Die unzureichende Reaktion auf Nachfragerückgänge in Form von Konjunktur- und Branchenkrisen sowie auf Veränderungen der Kundennachfrage stellen mit die häufigste Krisenursache dar. Typischerweise führt der Nachfragerückgang zu Preissenkungen und „Rabattschlachten", die dann bei nicht schnell genug angepassten Fixkostenstrukturen und keinen kompensierenden neuen attraktiven Produkten zu Verlusten führen.
- **Unzureichende Reaktion auf Veränderungen des Wettbewerbs:** Nahezu die Hälfte der Krisenfälle ist ursächlich bedingt durch eine unzureichende Reaktion auf Veränderungen im Wettbewerbsumfeld, wie z.B. neuer Wettbewerb aus Billiglohnländern, neue Technologien oder neue Geschäftsmodelle, Konzepte und Produkte. Typische Beispiele sind die Abwanderung von Textil- und Elektronikindustrie nach Asien oder der Erfolg von Discountern, sogenannten „Category Killern" (z.B. IKEA, H&M) und Internet Playern im Einzelhandel auf Kosten von Facheinzelhandel und Kaufhäusern.

		MARKT-INDIZIERT	WETTBEWERBS-INDIZIERT	
• Konjunkturkrisen • Branchenkrisen • Veränderungen der Kundennachfrage	EXTERN	Nachfragerückgang	Veränderungen Wettbewerb	• Neuer Wettbewerb aus Billiglohnländern, z.B. Asien, Osteuropa • Neue Technologien • Neue Geschäftsmodelle • Neue Konzepte/ neue Produkte
• Fehl-Akquisitionen • Unzureichende Integration • Strukturen halten nicht Schritt mit Wachstum	INTERN	Überexpansion	Ineffizienzen	• Keine wettbewerbsfähigen Strukturen (v.a. Kostenstrukturen) • Unzureichende Controlling-/ Führungssysteme • Nicht wettbewerbsfähige Konfiguration der Wertschöpfungskette

Abb. 1: Systematisierung typischer Krisenursachen

---

[6] Vgl. *Schendel/Patton/Riggs*, 7.
[7] Vgl. *Schendel/Patton/Riggs*, 9; *Slatter*, 53; *Grinyer/Mayes/McKiernan*, 119.
[8] Vgl. *Krystek*, 67 f.

- **Überexpansion:** Fehl-Akquisitionen, unzureichende Integration, fehlende Anpassung von Strukturen und nicht verkraftbare Verschuldung lassen Expansionen in Krisen enden. Oft wird ein gesundes Kerngeschäft durch Verluste in akquirierten oder organisch diversifizierten Geschäftsfeldern und dem damit verbunden Ressourcenverzehr ebenfalls negativ.
- **Ineffizienzen:** Unzureichende Controllingsysteme – oft in Zusammenhang mit geänderten Systemen oder Unternehmensstrukturen – führen zu einem „Blindflug" der Unternehmen. Verlustquellen werden nicht entdeckt und behoben und es besteht kein ausreichendes Management von Kosten- und Wertschöpfungsstrukturen.

7 Nachfragerückgänge in Form von **Branchenkrisen** sowie **Veränderungen im Wettbewerbsumfeld** erwiesen sich empirisch als die **problematischsten Krisenursachen** mit den geringsten Erfolgsaussichten auf einen Turnaround.[9] Interne Krisenursachen sind dagegen – relativ betrachtet – einfacher zu lösen. Es gibt darüber hinaus noch eine Vielzahl weiterer möglicher Krisenursachen. Es ist hierbei essenziell, die **Geschichte des jeweiligen Krisenunternehmens** zu verstehen. Wo kommt das Unternehmen her? Wie hat sich das Umfeld in den letzten Jahren verändert? Wie hat man bisher auf die Krisensignale reagiert? Ein tiefes Verständnis und die Lösung der Krisenursachen ist Voraussetzung für eine nachhaltige Sanierung.

2. Krisenprozess

8 In Abhängigkeit des Grades der Bedrohung lassen sich klassisch drei **Phasen einer Unternehmenskrise** unterscheiden: Strategiekrise, Ergebniskrise und Liquiditätskrise (vgl. Abb. 2). Typischerweise werden die Phasen in der genannten Reihenfolge durchlaufen. Mit fortschreitender Krise nehmen die **Handlungsmöglichkeiten** der Unternehmen ab. Gleichzeitig nehmen **destruktive Wirkungen der Krise** und der Handlungsdruck

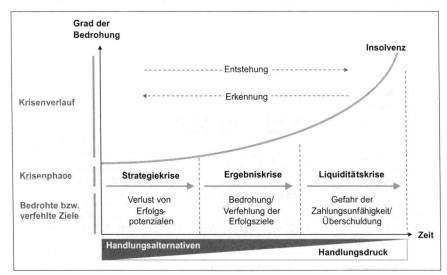

Abb. 2: Krisenprozess[10]

---

[9] Vgl. *Buschmann*, 171/200.
[10] In Anlehnung an *Müller*, 27.

deutlich zu. Leider werden Krisen oft zu spät wahrgenommen und echte **Gegenmaßnahmen zu spät eingeleitet**.[11] Nach einer Untersuchung von Roland Berger Strategy Consultants werden wesentliche Gegenmaßnahmen nur bei einem Drittel der Krisenunternehmen bereits innerhalb der strategischen Krise und zu 50 % erst in der Ergebniskrise eingeleitet. Ca. 20 % der Unternehmen reagieren erst beim Auftreten von Liquiditätsproblemen mit ernsthaften Restrukturierungsaktivitäten.

Hintergrund dafür sind nicht zuletzt **typische Verhaltensweisen** in einer Krise. Die bis dahin günstige Unternehmensentwicklung gibt den Beteiligten zunächst eine gewisse Selbstsicherheit, dass strategische Hürden ohne Probleme überstanden werden können. Im weiteren Verlauf der Krise spielt dann eine nicht unbedeutende Rolle, dass das Management – auch zum Schutz des Unternehmens – keinen Eindruck einer Unternehmenskrise vor Kunden, Kreditgebern oder Mitarbeitern entstehen lassen möchte. Um diesen Eindruck nicht zu erwecken, werden außerordentliche Faktoren zur Erklärung von negativen Planabweichungen herangezogen sowie **bilanzpolitische Spielräume** (u.a. Hebung stiller Reserven und Sale-and-Lease-back Transaktionen) ausgenutzt.[12] Beträchtliche Energie des Managements wird darauf verwendet, Stakeholdern zu erklären, dass keine Krise besteht. Maßnahmen können so nicht in größerem Umfang eingeleitet werden, da derartige Nachrichten sich in den jeweiligen Branchen schließlich schnell verbreiten. Es wird festgehalten am „**Prinzip Hoffnung**". Wenn die Krise dann nach einiger Zeit doch publik wird, ist das Vertrauen in Management und Unternehmen zerstört und der Handlungsspielraum bereits wesentlich eingeschränkt. 9

Die Krisenphasen spiegeln die verfehlten Unternehmensziele wider. In der **Strategischen Krise** wird die Wettbewerbsfähigkeit des Unternehmens geschwächt und das ursprüngliche Erfolgspotenzial angegriffen. In dieser Phase werden Markt- und Wettbewerbstrends, die das eigene Unternehmen gefährden könnten in der Regel übersehen, für nicht kritisch erachtet oder verleugnet.[13] In der **Ergebniskrise** werden dann Gewinn- und Rentabilitätsziele verfehlt und es kommt zu ressourcenzehrenden Verlusten. Wird nicht entsprechend gegengesteuert, führt dann die **Liquiditätskrise** zur akuten **Existenzgefährdung durch Zahlungsunfähigkeit**. An diesem Punkt setzen dann zudem verstärkt weitere **negative Krisenwirkungen** ein. Es kommt zu Kreditkündigungen seitens der Banken, Kreditversicherer kürzen Linien, Lieferanten verlangen z.T. Vorkasse, wichtige Mitarbeiter verlassen das Unternehmen und Kunden werden vorsichtiger mit dem Kauf der Produkte. An diesem Punkt sind die Unternehmen dann meist nicht mehr in der Lage, die Unternehmenskrise aus eigener Kraft zu bewältigen.[14] Es sind meist Beiträge von Stakeholdern wie Banken, Gesellschaftern, Lieferanten und Mitarbeitern notwendig. Ein Sanierungskonzept dient als Grundlage, um die Stakeholder wieder „ins Boot zu holen" und Antworten auf die strategische Krise sowie die Ertrags- und Liquiditätskrise zu geben. 10

---

[11] Vgl. *Gless*, 16; *Böckenförde*, 61 ff.
[12] Vgl. *DeAngelo/DeAngelo/Skinner* weisen in ihrer Studie nach, dass innerhalb von Unternehmenskrisen systematisch bilanzpolitische Maßnahmen zur Beeinflussung von Unternehmenszahlen genutzt werden.
[13] Vgl. *Slatter/Lovett*, 61 ff.
[14] Vgl. *Kraus/Gless*, 101.

III. Restrukturierungs-/Sanierungskonzept

1. Inhalte eines Restrukturierungs-/Sanierungskonzeptes

11 Das Restrukturierungs- bzw. Sanierungskonzept bildet die **Entscheidungsgrundlage**, ob und mit welchen Mitteln die Unternehmenskrise überwunden werden kann. Nach entsprechender Zustimmung durch die Beteiligten (insbes. der Kapitalgeber) dient das Konzept anschließend als **Masterplan für die Umsetzung**. Die Ziele des Sanierungskonzepts sind die Wiederherstellung der Zahlungsfähigkeit und des Eigenkapitals, die Wiederherstellung der Profitabilität sowie die Wiedererlangung der Erfolgspotenziale. Zu Beginn der Sanierung steht eindeutig die **Sicherung des kurzfristigen Überlebens** des Krisenunternehmens im Vordergrund. Anschließend geht es um die nachhaltige Lösung der Krise und die Frage der **Wiederherstellung der Wettbewerbsfähigkeit**. Im Folgenden werden, nach einem kurzen Überblick über Konzeptinhalte und Vorgehen, die wesentlichen Elemente zur Erstellung und Umsetzung eines Restrukturierungs- bzw. Sanierungskonzepts vertiefend beschrieben.

12 Ein ganzheitliches und in sich schlüssiges Restrukturierungs- bzw. Sanierungskonzept umfasst inhaltlich drei Bereiche (Vgl. Abb. 3):

- **Strategische Neuausrichtung:** Neupositionierung des Krisenunternehmens im Markt und Neuausrichtung der strategischen und strukturellen Hebel zur Wiederherstellung der Wettbewerbsfähigkeit. Typische Maßnahmen sind die Neuausrichtung von Geschäfts- und Produktportfolios, Neupositionierung im Markt und die Anpassung von Regional- und Wertschöpfungsstrukturen.
- **Operative Restrukturierung:** Nutzung aller Potenziale des Unternehmens in Umsatz und Kostenstrukturen zur signifikanten Ergebnisverbesserung. Typische Maßnahmen sind Rohertragsmaßnahmen, die Senkung von Personal- und Materialkosten sowie die Anpassung von Standortstrukturen.
- **Finanzielle Restrukturierung:** Alle Maßnahmen der Innen- und Außenfinanzierung zur Sicherung von Liquidität und Eigenkapital. Die Maßnahmen beinhalten zum einen die Generierung von zusätzlicher Liquidität durch Senkung des Working Capitals (Forderungen, Vorräte, Verbindlichkeiten ggü. Lieferanten), Desinvestitionen sowie

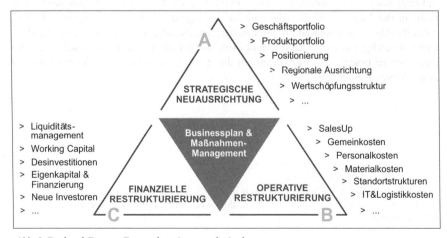

Abb. 3: Roland Berger Restrukturierungsdreieck

zum anderen Maßnahmen der Außenfinanzierung, wie z.B. zusätzliche Kredite oder neues Eigenkapital.

In einer Liquiditätskrise muss das **„Dringliche vor dem Wesentlichen"** getan werden. Daher liegt der Fokus zunächst auf der Wiederherstellung der Zahlungsfähigkeit sowie des Eigenkapitals und damit auf der finanziellen Restrukturierung. Bei der Verabschiedung des Grobkonzeptes zur Restrukturierung müssen jedoch die Fragestellungen der operativen Restrukturierung sowie der strategische Neuausrichtung ebenfalls bereits beantwortet sein, so dass die Themen von Beginn an parallel bearbeitet werden müssen. Die erarbeitete strategische Neuausrichtung sowie sämtliche operative und finanziellen Maßnahmen fließen schließlich in eine integrierte **Businessplanung** ein. Die Businessplanung gibt Aufschluss über die Wirkung sämtlicher finanziellen Effekte der Restrukturierung und dient darüber hinaus als ein wesentliches Instrument zum finanziellen Umsetzungscontrolling. Alle erarbeiteten Maßnahmen werden in einem **Maßnahmenmanagement** zusammengefasst. Hier wird das Konzept in einzelne Maßnahmen, Verantwortlichkeiten, Meilensteine und Effekte detailliert sowie die Umsetzung vorangetrieben und überwacht.

2. Prozess zur Erstellung eines Restrukturierungs-/Sanierungskonzeptes

a) Der RBSC-Ansatz. Aufgrund von Zeitdruck und Komplexität der Aufgabenstellung empfiehlt sich ein **strukturierter Prozess** zur Erstellung und Umsetzung eines Restrukturierungskonzeptes. Der **Ansatz** von ROLAND BERGER STRATEGY CONSULTANTS hat sich in der Praxis **vielfach bewährt** und gibt eine Richtschnur für ein professionelles Vorgehen. Das Konzept als solches kann allerdings nur im hohen Maße individuell sein – ein Standardkonzept könnte kaum die tatsächlichen Krisenursachen adressieren und lösen. Abb. 4 gibt einen Überblick über das typische Vorgehen.

- **Transparenz:** Eine erste umfassende Transparenz muss nach ca. zwei Wochen vorhanden sein, um zum einen die Basis für die Erarbeitung der Restrukturierungsmaßnahmen zu legen und zum anderen bereits indikativ aussagefähig gegenüber Kapitalgebern zu sein. Wichtiger Bestandteil sind Aussagen zur Zahlungsfähigkeit und potenziellen Überschuldung.
- **Grobkonzept:** Die besonderen Rahmenbedingungen der Unternehmenskrise in Form von Existenzbedrohung, knappen finanziellen Ressourcen und hohem Zeitdruck erfordern die Unterteilung in ein Grobkonzept und der Erstellung eines Detailkonzepts. Das Grobkonzept dient als Grundlage für die Aussage zur Sanierungsfähigkeit und -würdigkeit sowie für Entscheidungen über weitere Finanzierung und Beiträge von Stakeholdern. Es dient weiterhin als Masterplan für die Umsetzung und muss nach ca. sechs Wochen fertig sein.
- **Detailkonzept:** Das Detailkonzept stellt eine Weiterentwicklung des Grobkonzeptes dar. Innerhalb des Detailkonzeptes werden die definierten Maßnahmen weiter detaillier, ergänzt und mit Einzelschritten, Verantwortlichkeiten und Terminen hinterlegt.
- **Umsetzung:** Die Umsetzung startet parallel zur Erstellung des Konzeptes mit Sofortmaßnahmen, damit schnell der Cash-Drain gestoppt („*Stop the bleeding*") und bereits Quick-wins erzielt werden können. Die Projekt-/Umsetzungsorganisation wird aufgesetzt sowie ein Maßnahmenmanagement installiert, um die Umsetzung möglichst zügig voranzutreiben.

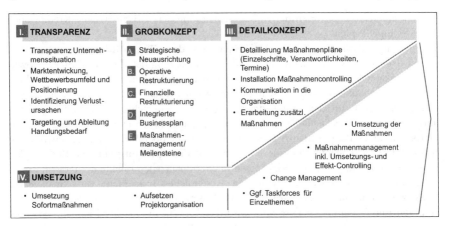

Abb. 4: Phasen und Inhalte der Restrukturierung

15 **b) Transparenz.** Der erste Schritt zur erfolgreichen Restrukturierung besteht in der Schaffung von **Transparenz**. Ziel ist es, in möglichst kurzer Zeit ein **klares Bild** über die **Ausgangslage des Krisenunternehmens** zu bekommen. Dazu ist sowohl das notwendige als auch hinreichende Maß an Genauigkeit zu finden, um trotz des Zeitdrucks klar aussagefähig zu sein. Die unverzüglich notwendige Transparenz der Unternehmenssituation erklärt sich allein durch folgende Punkte:

- **Gesellschafter, Banken** und **Warenkreditversicherer** sowie die **Belegschaft** wollen unverzüglich über die aktuelle Unternehmenssituation **informiert** werden. Es drohen ansonsten die Kündigung von Kreditlinien, Lieferstopps sowie die Umstellung von Lieferanten auf Vorkasse. Bei bereits fortgeschrittener Krise kann dies zu sofortigen Insolvenztatbeständen führen.
- In einer Liquiditätskrise sind oft bereits dringende **finanzwirtschaftliche Maßnahmen erforderlich**. Zur Abwendung einer Insolvenz müssen z.T. zusätzliche Kredite durch Banken und Gesellschafter oder Rangrücktritte der Fremdkapitalgeber erfolgen. Für die notwendigen Entscheidungen ist eine ausreichende Transparenz dringend erforderlich.
- Für die **Erstellung des Konzeptes** muss eine sehr gute Transparenz in den relevanten Themen vorhanden sein. Die Krisenursachen sowie die Schwere der Krise müssen bekannt sein, um einen Aufsatzpunkt für das Konzept zu bekommen.

16 Innerhalb kürzester Zeit müssen dazu folgende Fragen geklärt werden: Wie hoch ist der **Cash Drain**, wie lange reicht das Geld noch bzw. wieviel Geld wird zusätzlich benötigt? Wie hoch ist die sogenannte „Bugwelle" (d.h. Höhe der überfälligen Zahlungen), wie hoch sind die freien Linien gegenüber Banken. Daraus folgt: Besteht eine drohende bzw. bereits existierende **Zahlungsunfähigkeit**? Wie hoch sind die tatsächlichen **Verluste** bereinigt um außerordentliche Faktoren und wo kommen diese her (Produkte, Projekte, Regionen, Produktionsstandorte, Tochterunternehmen etc.)? Wie hoch ist das **Eigenkapital** unter Berücksichtigung von Wertberichtigungsbedarf? Besteht eine **Überschuldung**? Für die langfristigeren Fragestellungen müssen folgende weitere Themen transparent sein: Wie entwickeln sich Markt und Wettbewerb weiter? Wie sind Image und Positionierung des Unternehmens im Markt? Wo liegen die tieferliegenden **Ursachen** für die Krise? Wie hoch ist der **Handlungsbedarf**, um die Krise meistern zu können? Und: Wo liegen die voraussichtlich größten Potenziale für Ergebnis- und Liquiditätsverbesserungen?

§ 4 Sanierungskonzept einer nachhaltigen Unternehmenssanierung § 4

Die typischen **Informationsgrundlagen**, die benötigt werden, sind: Liquiditätsplanung, Bankenspiegel, GuV/Bilanz/CF der Unternehmen bzw. der Geschäftsfelder (Geschäftsberichte und Internes Reporting), Produktportfolio, Konzernstruktur, Organisationsstruktur, Standorte, Mitarbeiterstruktur, Wertschöpfungsstruktur, Produktivitätskennzahlen, Daten zum Markt und Wettbewerb etc. sowie die Einschätzungen von Management und Mitarbeitern im Unternehmen, Kunden und Marktexperten. In der Praxis ist die Schaffung von Transparenz in Krisenunternehmen in den meisten Fällen keine einfache Aufgabe. Eine Krise geht oft mit unzureichenden Finanz- und Controllingsystemen, komplexen Unternehmensstrukturen, Bilanzpolitik sowie insgesamt eingeschränkter Transparenz und fehlendem Vertrauen in Unternehmensdaten einher. 17

Wichtiger Bestandteil der Herstellung von Transparenz ist die **Ableitung des Handlungsbedarfs**. Auf Basis des um außerordentliche Effekte **bereinigten operativen Ergebnisses** und der **Zielrendite** wird ein Ergebnisverbesserungsbedarf abgeleitet. Die Zielrendite leitet sich aus einem Benchmarking zum Wettbewerb und einer angestrebten Kapitalrendite ab. So ergibt sich im Beispiel in Abb. 5 auf Basis eines Verlustes von –22 Mio. EUR und einem Zielergebnis von 42 Mio. EUR zunächst ein statischer Ergebnisverbesserungsbedarf von 64 Mio. EUR. Wichtig ist jedoch darüber hinaus die Antizipation zukünftiger Entwicklungen, wie z.B. Personalkostensteigerungen, Anstieg von Rohstoffpreisen oder zu antizipierende Preis- oder Nachfragerückgänge im Markt. Dabei wird abgeleitet, was passieren würde, wenn ab heute keine gegensteuernden Maßnahmen mehr ergriffen würden. Damit gelangt man zum dynamischen Ergebnisverbesserungsbedarf – im Beispiel 80 Mio. EUR. Dieser Betrag stellt den Ausgangspunkt für die Entwicklung der Maßnahmen zur strategischen Neuausrichtung und Restrukturierung dar. Im Anschluss wird ein **Top-down Benchmarking** der wesentlichen Kostenpositionen und der Rohertragsmargen durchgeführt, um Anhaltspunkte für die größten Potenziale für Maßnahmen zu finden. 18

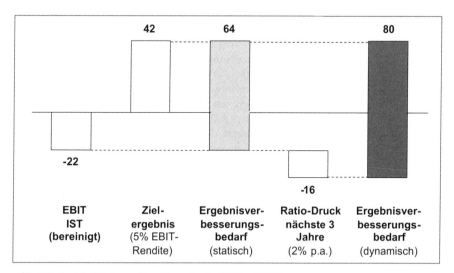

Abb. 5: Beispiel Ableitung Handlungsbedarf [Mio. EUR]

Es hat sich in der Praxis gezeigt, dass ohne ambitionierte **quantifizierte Zielvorgaben** tendenziell nur inkrementelle Verbesserungen hervorgebracht werden. Jeder Bereich er- 19 klärt, dass bereits in der Vergangenheit eingespart wurde und das, wenn überhaupt, nur noch kleinere Effizienzen gehoben werden können. Die Restrukturierung muss jedoch grundsätzliche Prozesse und Strukturen in Frage stellen um zu signifikanten Einsparungen zu kommen. Der **Top-down Ansatz** mit dem entsprechenden Herunterbrechen der Ziele stellt sicher, dass die notwendigen Ergebnisverbesserungen der Maßstab sind und die Potenziale im Unternehmen voll ausgeschöpft werden. Je höher der Handlungsbedarf, desto grundsätzlicher und umfangreicher müssen die Maßnahmen sein.

20 **c) Strategische Neuausrichtung.** Während die finanzielle und operative Restrukturierung zu Beginn des Turnaround-Prozesses zur kurzfristigen Sicherung des Überlebens im Fokus stehen, dient die strategische Neuausrichtung der **Wiederherstellung der nachhaltigen Wettbewerbsfähigkeit**. Ausgangspunkt für die strategische Neuausrichtung ist eine Analyse des Markt-/Wettbewerbsumfeldes, der Positionierung des Krisenunternehmens sowie, darauf aufbauend, der Analyse der **strategischen Krisenursachen**. Typische Ursachen liegen in der Diversifizierung in nicht beherrschte Geschäftsfelder, einem Produktangebot in der Reifephase und mit einem Imageproblem, verschlafene Technologietrends sowie nicht angepasste Wertschöpfungsstrukturen an die Branchenentwicklung. Die **Neuausrichtung** muss die Ursachen aufgreifen und nachhaltig lösen. Liegt die Krisenursache z.B. in einer Verzettelung in nicht beherrschte Produkt- oder Geschäftsfelder, so bietet sich ein Konzept an, welches das Unternehmen auf seine originären Stärken konzentriert und dann den gesunden Kern weiterentwickelt.

21 Es können grundsätzlich zwei **Strategieebenen** unterschieden werden: Unternehmens- und Geschäftsfeldstrategie. Übergeordnet ist die globale Recovery Strategy festzulegen. Es empfiehlt sich grundsätzlich zunächst eine Konsolidierung des Geschäftes mit einer anschließenden Wachstumsorientierung.[15] Der erste Schritt der strategischen Restrukturierung ist die **Bereinigung und Neuausrichtung des Geschäftsportfolios** als wichtiger Bestandteil der Unternehmensstrategie. Ausgerichtet an der Fokussierung auf Kernkompetenzen werden strategisch nicht relevante Geschäftsfelder veräußert und verlustreiche Gesellschaften veräußert oder liquidiert. Dies dient zum einen der Liquiditätsverbesserung zur Finanzierung der Restrukturierung sowie zum anderen der Vermeidung zukünftiger Verluste und der Reduzierung der Restrukturierungskomplexität. Gesellschaften, die sich als nicht verkäuflich erweisen, werden erst restrukturiert und anschließend mit bereits verbesserten Ergebnissen desinvestiert. Neben Desinvestitionen und Liquidationen/Schließungen ergeben sich weitere Möglichkeiten des Portfoliomanagements durch – eher seltene – selektive Akquisitionen sowie durch strategische Kooperationen. Gerade Kooperationen können durch den begrenzten Kapitaleinsatz eine Möglichkeit bieten, sich aus strategisch schwierigen Situationen zu befreien.

22 Für die verbleibenden Geschäftsfelder werden eigene **Markt-Wettbewerbsstrategien** definiert und umgesetzt. Oft ist festzustellen, dass das Image der Geschäftsfelder im Markt bereits geschädigt wurde und somit eine Neupositionierung erforderlich ist. Typische Themenstellungen sind Positionierungsfragen, z.B. eine „spitzere" Zielgruppenpositionierung, Produktinnovationen, Steigerung der Qualität und Neudefinition der Servicepolitik. Die strategische Neuausrichtung schließt die Bereinigung und Neuausrichtung der Unternehmensstrukturen, wie z.B. regionale Ausrichtung und Wertschöpfungsstrukturen, mit ein. Die typischen Alternativen einer strategischen Neuausrichtung werden in Abb. 6 dargestellt.

---

[15] Vgl. Kapitel 5 des Beitrags.

§ 4 Sanierungskonzept einer nachhaltigen Unternehmenssanierung   § 4

Globale Recovery Strategie	Grundhaltung	Konsolidierung			Wachstum	
Unternehmens-strategie	Stoßrichtung	Rückzug	Marktdurch-dringung	Neue Märkte	Neue Produkte	Diversifi-kation
	Umsetzungsform	Schließung	Des-investition	Interne Entwicklung	Kooperation	Akquisition
Geschftsfeld-strategie	Positionierung	Beibehaltung			Neu-/Umpositionierung	
	Stimulierung	Preis/Mengen Strategie			Präferenzstrategie	
	Marktumfang	Nischenanbieter			Gesamtmarkt	

Abb. 6: Typische Alternativen zur strategischen Neuausrichtung

Einher mit der strategischen Neuausrichtung geht die Aufgabe, den „**richtigen** 23 Schnitt" im Unternehmen durchzuführen und eine realistische Umsatzplanung zu erstellen. Verlustbringer müssen bereinigt, die Komplexität drastisch verringert sowie Effizienz und Transparenz deutlich erhöht werden. Es ist häufig in Unternehmen zu beobachten, dass die Umsätze nur unzureichend konsolidiert werden. Wichtig sind eindeutige strategische ja/nein Entscheidungen. Strategische Aussagen in die Richtung „wir müssen in allen Geschäftsfeldern nur etwas mehr leisten", bringen den Unternehmen wenig. Voraussichtlich wird es dann wie bisher weitergehen. Es gilt vielmehr verlustträchtige Produkte komplett einzustellen, Standorte zu schließen, sich klar auf eine Zielgruppe zu positionieren. Von dort aus gilt es den gesunden Kern weiterzuentwickeln. Es wird grundsätzlich eher unterschätzt, wie umfassend Maßnahmen und Veränderungen sein müssen, um ein Unternehmen tatsächlich nachhaltig zu restrukturieren.

Eine aktive, nach vorn gerichtete Unternehmensgestaltung in der Krise wird erst 24 durch eine klare strategische Zielsetzung möglich. Es gilt grundsätzlich: „**No Strategy – no turnaround**". Auch wenn der Fokus zu Beginn einer Restrukturierung berechtigt auf kurzfristigen Maßnahmen zur Liquiditätsgenerierung und Kostensenkung liegen, so ist auch klar, dass die Probleme des Krisenunternehmens dadurch langfristig nur selten gelöst werden. Es wird das Überleben gesichert und wichtige Zeit für die Neuausrichtung gewonnen. Hat das Unternehmen einen Trend verschlafen und ist dadurch deutlich ins Hintertreffen geraten, so muss die Strategie meist in großen Teilen überarbeitet werden. Hier gilt es ein neues Konzept zu finden und neue finanzielle Mittel von Investoren für entsprechende Investitionen zu erhalten. Das Dilemma für viele Krisenunternehmen besteht darin, dass für Investitionen nur sehr begrenzt Gelder zur Verfügung stehen und Kreditgeber durch verlorenes Vertrauen und Risikoerwägungen vorziehen, Gelder aus dem Unternehmen zur Kredittilgung einzusetzen.

d) Operative Restrukturierung. Die operative Restrukturierung dient primär der 25 unmittelbaren **Überlebensfähigkeit** und dem **Stopp des Abwärtstrends** (abnehmende Marktanteile, steigende Verluste etc.). Grundlage für die Erarbeitung von Maßnahmen ist der ermittelte **Ergebnisverbesserungsbedarf**. Die operativen Maßnahmen zur Restrukturierung lassen sich in Maßnahmen zur kurzfristigen Umsatzsteigerung und zu Kostensenkung strukturieren. Der Schwerpunkt der Ergebnisverbesserung liegt zunächst auf Maßnahmen der Kostensenkung. Abb. 7 gibt einen Überblick über typische Maßnahmen der operativen Restrukturierung.

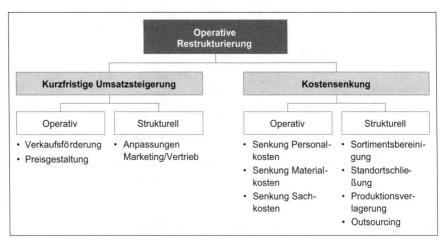

Abb. 7: Typische Maßnahmen zur operativen Restrukturierung

26 Die Maßnahmen zur **kurzfristigen Umsatzsteigerung** umfassen Verkaufssonderaktionen, Nutzung von Preisspielräumen bei Produkten außerhalb des Kundenfokus sowie z.B. Incentive-Programme im Vertrieb. Obwohl die Maßnahmen zur kurzfristigen Umsatzsteigerung vorteilhaft und notwendig sind, erweisen sie sich in der Praxis jedoch oft als nur bedingt wirksam. Meist wurde der Umsatzdruck bereits zuvor soweit erhöht, dass unrealistische Umsatzziele schließlich Preisnachlässe und Verkäufe wenig profitabler Produkte zur Folge hatten. Hier muss vor allem der richtige „Schnitt" im Umsatz gemacht werden und der Druck zunächst eher zu Gunsten der Profitabilität herausgenommen und die Strukturen angepasst werden. Eine kurzfristige Sanierung ausschließlich über den Umsatz ist grundsätzlich kaum möglich.

27 Die Maßnahmen zur **Kostensenkung** umfassen zum einen die Senkung von Personal,- Material-, und Sachkosten zur Effizienzsteigerung in bestehenden Strukturen. Zum anderen umfassen die Maßnahmen strukturelle Kostensenkungen, wie z.B. Sortimentsbereinigungen, Standortschließungen, Produktionsverlagerungen und das Outsourcing von Teilen der Wertschöpfung. Die **Personalkosten** werden von 93 %, d.h. nahezu allen Krisenunternehmen kurzfristig gesenkt.[16] Erreicht wird dies über eine Straffung der Organisation, der Steigerung der Effizienz über die gesamte Wertschöpfungskette sowie dem Abbau von Überkapazitäten. Darüber hinaus geht es um die Kürzung von freiwilligen Leistungen sowie Verhandlungen mit Mitarbeitervertretern um Gehaltsverzichte und Mehrarbeit. Die **Materialkosten** werden kurzfristig über Nachverhandlungen und Bündelung von Einkaufsvolumina sowie langfristiger über Standardisierung, global Sourcing und Konsolidierung der Lieferanten gesenkt. Ansätze zur Verringerung der **Sachkosten** liegen in Nachverhandlungen, Kürzungen sowie verbessertem Kostenmanagement u.a. bei Versicherungen, Reisekosten und Büromaterial. Zur Verringerung des **Komplexitätsgrades** und zur Umsetzung signifikanter Kosteneinsparungen werden häufig Sortimente bereinigt sowie Produktions- und Standortstrukturen angepasst.

28 Die operative Restrukturierung/Sanierung dient der Sicherung der unmittelbaren Überlebensfähigkeit und **beendet die Down-Phase** der Krisenunternehmen. Jedoch kann sie

---

[16] Vgl. *Buschmann*, 188.

erst in Verbindung mit einer strategischen Neuausrichtung die langfristige Wettbewerbsposition sichern. Alleinige Kostensenkungen führen ansonsten zu einer Ziellosigkeit und Demotivation unter Mitarbeitern und Management. Eine aktive, nach vorn gerichtete Unternehmensgestaltung wird erst durch eine klare strategische Zielsetzung möglich.

e) Finanzielle Restrukturierung. Die finanzielle Restrukturierung steht zu Beginn einer Restrukturierung im Fokus und dient der Lösung der Liquiditätskrise mit der Wiederherstellung der Zahlungsfähigkeit („Stop the bleeding") und des Eigenkapitals. Dazu sind die Prüfung der **Zahlungsfähigkeit** über eine Liquiditätsplanung und die Prüfung der **Überschuldung**[17] zwingende Voraussetzung. Oft sind bereits vor der Fertigstellung des Grobkonzeptes zur Restrukturierung erste finanzwirtschaftliche Maßnahmen, wie Stand-Still Abkommen mit Banken oder Überbrückungskredite von Gesellschaftern und Banken erforderlich. Es wird dadurch der Raum für die Erstellung eines Konzeptes gegeben und eine Insolvenz kurzfristig abgewendet. Das Grobkonzept dient anschließend als Entscheidungsgrundlage für die Finanzierung durch Banken und Gesellschafter/neue Investoren sowie für Unterstützungsbeiträge von Stakeholdern. Es muss dazu sichergestellt sein, dass die neue Finanzierung den zu erwartenden Aufwand/Cashout für die Umsetzung des Restrukturierungskonzeptes (u.a. für Schließungen, Abfindungen, neuen Investitionen etc.). sowie die mit der Krise einhergehenden Wertberichtigungen in Anlage- und Umlaufvermögen trägt. 29

Es stehen eine Reihe von **finanzwirtschaftlichen Maßnahmen** zur Wiederherstellung von Zahlungsfähigkeit und Eigenkapitals zur Verfügung. Abb. 8 gibt einen Überblick über die typischen Maßnahmen der finanziellen Restrukturierung. Grundsätzlich kann in Maßnahmen zur Innen- und Außenfinanzierung sowie in liquiditätsfördernde und bilanzbereinigende Maßnahmen unterschieden werden. Die wesentlichen Maßnahmen zur Innenfinanzierung umfassen die Reduzierung von Working Capital und Anlagevermögen. Die Außenfinanzierung besteht im Wesentlichen aus Maßnahmen der Neustrukturierung und Erhöhung von Krediten und Eigenkapital. 30

Bevor Gläubiger finanzielle Beiträge geben, sollten alle Möglichkeiten der **Innenfinanzierung** ausgeschöpft werden. Dazu können im operativen Geschäft zunächst die Liquiditätspotenziale im Working Capital gehoben werden. So können Vorräte abgebaut und ausstehende Forderungen über ein intensiveres Forderungsmanagement eingetrieben werden. Zur Liquiditätssicherung sind die Unternehmen darüber hinaus oft gezwungen, nicht betriebsnotwendige Vermögensgegenstände und auch zum Teil profitable Beteiligungen zu verkaufen. Eine Reduzierung der Investitionen ist zwar langfristig nicht empfehlenswert, dient jedoch der kurzfristigen Verbesserung der Liquiditätssituation und ist damit kurzfristig meist unumgänglich. 31

Eine kurzfristige Überbrückung sowie vor allem die nachhaltige Finanzierung werden über die Möglichkeiten der **Außenfinanzierung** abgedeckt. Typische kurzfristige Maßnahmen sind zunächst Rangrücktritte von Kreditgebern zur Vermeidung einer Überschuldung sowie Überbrückungskredite von Banken und Gesellschaftern. Diese dienen jedoch grundsätzlich nur kurzfristig zur Abwendung einer Insolvenzsituation. Eine nachhaltige Sicherung des Eigenkapitals ist allerdings in schwerwiegenden Krisen oft nur durch Forderungsverzichte oder Debt-Equity Swaps seitens der Banken sowie durch zusätzliches frisches Eigenkapital (oft in Verbindung mit einem Kapitalschnitt) möglich. 32

---

[17] Bei der Prüfung der Überschuldung sind nicht die handelsrechtlichen Wertansätze der Bilanz ausschlaggebend sondern die nach § 19 InsO realen Werte für Vermögensgegenstände (Stille Reserven und Rangrücktritte wirken hier eigenkapitalverbessernd).

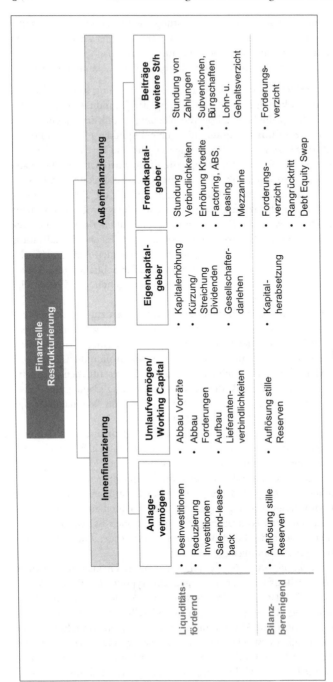

Abb. 8: Typische Maßnahmen zur finanziellen Restrukturierung[18]

---

[18] Vgl. *Buschmann*, 59 ff.

§ 4 Sanierungskonzept einer nachhaltigen Unternehmenssanierung § 4

Zunehmend zu beobachten sind der Einsatz von Mezzanine-Instrumenten[19] in der Finanzierung, der Weiterverkauf von Krediten durch Banken (dies hat jedoch keine eigenkapital- oder liquiditätsverbessernde Wirkung beim Krisenunternehmen) sowie der Einstieg von neuen Investoren in die Krisenunternehmen.

In der Liquiditätskrise gilt grundsätzlich das Motto „**Cash is King**". Es gilt sämtliche 33 Liquiditätsreserven möglichst kurzfristig zu heben, um die Zahlungsunfähigkeit zu vermeiden. Für die Aufstellung der Finanzierung sind unbedingt alle Stakeholder „**an einen Tisch**" zu bringen, um eine Einigung über die Finanzierung und zu leistende Sanierungsbeiträge zu bekommen.

f) Integrierte Businessplanung. Sämtliche Effekte des erarbeiteten Sanierungskonzeptes fließen in eine **integrierte Businessplanung** ein. Die Businessplanung übersetzt die wesentlichen Entwicklungen und Maßnahmen in GuV, Bilanz und Cash-flow und ist damit in einer Restrukturierung ein zentrales Steuerungs- und Kommunikationsinstrument. Sie dient zum einen als wesentliche Grundlage für Aussagen zur **Sanierungsfähigkeit und -würdigkeit** sowie für **Finanzierungs- bzw. Unterstützungsentscheidungen** von Fremdkapitalgebern, Investoren, Mitarbeitern und weiteren Stakeholdern. Zum anderen dient die Businessplanung als wichtiges Instrument zum **Nachhalten des Fortschritts der Restrukturierung** zusammen mit dem Maßnahmencontrolling. Die Effekte und Umsetzung der Maßnahmen können in ihren Auswirkungen auf GuV, Bilanz und Cash-flow so direkt nachvollzogen werden.

Die Businessplanung muss in der Lage sein, u.a. folgende **Fragen** zu beantworten:
- Welchen Einfluss haben die **Rahmenbedingungen** auf die weitere Entwicklung des Unternehmens (Preisentwicklungen auf Absatz- und Beschaffungsmärkten, Nachfrageentwicklung, Tariflohnsteigerungen, etc.)?
- Welche **Effekte** hat das **Sanierungskonzept** auf die zukünftige Entwicklung des Unternehmens? Welche Effekte haben bestimmte Maßnahmen, wie z.B. der Verkauf eines Tochterunternehmens. Kann ein Turnaround erreicht werden?
- Was **kostet** das **Sanierungskonzept**? Wieviel **Liquidität** wird für die Sanierung benötigt? Wieviel **Eigenkapital** muss neu zur Verfügung gestellt werden?
- Welche Implikationen hat die **Fortführung** und Sanierung des Krisenunternehmens für die beteiligten **Stakeholder**, d.h. insbesondere für Banken, Gesellschafter und Belegschaft?

Die wesentlichen **Elemente** der Businessplanung sind GuV, Bilanz, Cash-flow inkl. Desinvestitionen/Investitionen und Tilgungen, Personalplanung sowie wesentliche Kennzahlen zur Geschäftssteuerung und Plausibilisierung. Wichtig für die Kapitalgeber ist eine **integrierte Cash-flow Planung**. Sie gibt Aufschluss darüber, wie viel Geld für die Restrukturierung wann benötigt wird und mit welchen Cash-Rückflüssen zu rechnen ist. Dies ist eine der zentralen Informationen, die **Banken und Investoren** für Ihre Entscheidungen benötigen. Geplant wird meist das aktuelle sowie das nachfolgende Jahr auf Monatsbasis und anschließend auf Jahresbasis. Zur Erstellung einer Businessplanung in einer Krisensituation werden grundsätzlich folgende **Schritte** durchlaufen:

1. **Festlegung Struktur der Businessplanung:** Einbeziehung der wichtigsten Planungseinheiten mit separater Berücksichtigung aller Einheiten, die potenziell desinvestiert werden.

---

[19] Mezzanine-Instrumente sind Mischformen der Finanzierung zwischen Fremd- und Eigenkapital. Typischerweise wird das Mezzanine-Kapital durch Nachrangigkeit dem Eigenkapital zugeordnet und im Gegenzug mit einem höheren Zins gegenüber regulären Krediten ausgestattet.

2. **Zusammentragen der finanziellen Daten und Werttreiber:** Aufsetzen der Planung auf Basis externer Rechnungslegung und internen Controlling-Daten. Ableitung und Aufbereitung der relevanten Werttreiber des Geschäftes.
3. **Bereinigung der Daten um außerordentliche Einflüsse:** Bereinigung der Daten um nicht operative Transaktionen und Wertberichtigungen, damit die nachhaltigen operativen Daten transparent werden. Es werden oft zusätzliche Wertberichtigungen notwendig (z.b. in Vorräten oder im Good-will von Tochterunternehmen), die ebenfalls zu berücksichtigen sind.
4. **Festlegung der Prämissen und Extrapolation der Daten (Basisplanung):** Die Werttreiber und weiteren relevanten Planungsdaten werden mittels realistischer und plausibilisierter Prämissen extrapoliert. Effekte von Maßnahmen werden in die Basisplanung noch nicht einbezogen, um die Transparenz für das Maßnahmencontrolling zu gewährleisten.
5. **Integration von Maßnahmen und Effekten:** Die Basisplanung wird nun um die im Restrukturierungskonzept erarbeiten Maßnahmen ergänzt. Alle Maßnahmen fließen entsprechend detailliert auf die Jahre und GuV-Positionen in die Businessplanung ein. Gegenläufige Effekte (z.B. Outsourcing-Kosten) sowie Restrukturierungsaufwendungen (z.B. Abfindungen, Investitionen, Schließungskosten) sind zu berücksichtigen.
6. **Plausibilisierung & Szenarien:** Steht die Gesamtplanung inklusive der eingearbeiteten Maßnahmen, sind die Eckwerte der Planung nochmals zu plausibilisieren und potenzielle Unstimmigkeiten zu klären (z.B. unrealistische Umsatzanstiege, Brüche in Produktivitätskennzahlen). Szenarien werden berechnet, um ein besseres Gefühl für die Schwankungsbreite der Planung zu erhalten.

36 Die Erstellung einer Businessplanung für ein Sanierungskonzept ist eine sehr zeitkritische und komplexe Aufgabe. Es müssen erste Aussagen bereits nach zwei Wochen vorliegen. Besondere **Herausforderungen** sind – neben **Zeitdruck** und hoher **Komplexität** – **inkonsistente Daten** aus den einzelnen Geschäfts- und Funktionsbereichen, unterschiedliche Auffassungen über die zukünftige Entwicklung, unzureichende Verfügbarkeit von Ressourcen sowie die zeitnahe Verfügbarkeit der relevanten Daten. Um diese Herausforderungen meistern zu können und zeitnah eine integrierte Businessplanung aufzustellen, gelten daher eine Reihe von Do's and Don'ts bzw. **Erfolgsfaktoren,** die es zu beachten gilt.

37 Zunächst ist festzuhalten, dass ohne echtes **Verständnis des Geschäftsmodells** und der **Werttreiber** keine Businessplanung erstellt werden kann. Die geschäftsimmanenten Faktoren mit dem größten Einfluss auf Ergebnis und Liquidität müssen identifiziert und modelliert werden. Grundsätzlich gilt auch hier die 80/20 Regel mit der Sicherstellung einer hohen **Flexibilität** des Modells. Eine Frage, z.B. was passiert, wenn die Preise um 1 % sinken, muss über das Modell anschließend beantwortet werden können. Weiterhin muss eine verlässliche und konsistente **Datengrundlage** geschaffen werden. Zum Einsatz kommen dazu integrierte Tools zur Businessplanung, die allerdings jeweils spezifisch modelliert und ergänzt werden müssen. Ein weiterer wichtiger Punkt ist das **Commitment der Geschäftsführung** und die **Verfügbarkeit von Ressourcen** zur Erstellung der Planung. So wird ein eigenes Team für die Businessplanung aufgesetzt und Ergebnisse werden in entsprechenden Meetings mit Vorstand/Geschäftsführung und den Führungsebenen diskutiert und verabschiedet. Um die engen Termine zu halten muss weiterhin ein Zeitplan mit harten **Deadlines** sowie klaren Verantwortlichkeiten aufgestellt werden. Und schließlich muss der **Link zum Maßnahmenmanagement** hergestellt sein, so dass die Businessplanung als Tool für das Umsetzungscontrolling dienen kann. Die hohe

Transparenz und Nachvollziehbarkeit eröffnen die Möglichkeit, bei Planverfehlungen entsprechend schnell gegensteuern zu können.

g) Kommunikation mit den Stakeholdern. Die **Beziehungen** zwischen **Management und Stakeholdern**, insbesondere zu Kapitalgebern, ist meist mit Initiierung des Krisenmanagements bereits **nachhaltig gestört** und z.T. unwiderruflich zerstört. Die Initiative für die Einleitung einer Sanierung geht folglich oft von Banken, Gesellschaftern/Investoren und Kontrollorganen aus. Diese wurden lange im Unklaren gelassen und vom Management über die tatsächliche Unternehmenssituation getäuscht. Neben einem meist unvermeidbaren Austausch von Teilen des Managements, ist das zentrale Element zum **Aufbau von Vertrauen** eine aktive, offene **Kommunikation**.

Die Kommunikation wird – empirisch betrachtet – von der Unternehmensführung in der Krise tendenziell eher eingeschränkt und der **Informationsfluss** reduziert.[20] Eine verzögerte und unzureichende Information führt jedoch nur zu weiterer Verunsicherung und Vertrauensverlust. Aufgabe des Krisenmanagements ist es jedoch gerade, **Vertrauen wiederherzustellen**. Ohne entsprechende offene Information kann dies kaum gelingen. Mit der Initiierung der Restrukturierung muss sich somit die Kommunikation grundlegend ändern. Es muss aktiv und **offen** kommuniziert werden. Alle, auch unangenehme **Wahrheiten**, müssen „auf den Tisch". Das heißt im Übrigen nicht, dass eine Kommunikation einen negativen Klang haben muss. Die Idee des Konzeptes muss positiv verkauft werden sowie erste Erfolge zur Motivation weitergetragen werden. Nur so können auch die Stakeholder wirklich eingebunden werden und „**Betroffene zu Beteiligten**" gemacht werden. Das Management muss Banken einbinden, neue Investoren suchen, Mitarbeiter motivieren sowie Lieferanten und Kunden vom Erfolg der weiteren Zusammenarbeit überzeugen. Abb. 9 gibt einen Überblick über die zahlreichen und vielschichtigen Stakeholder in einem Krisenunternehmen.

Gegenüber den **Mitarbeitern** muss vor allem Transparenz über die Ist-Situation sowie die zukünftige Strategie und Struktur geschaffen werden. Dies reduziert die Unsicherheit der Mitarbeiter und schränkt Gerüchte im Unternehmen ein. Typische Kommunikationsmittel sind Mitarbeiterbriefe und -zeitschrift, Betriebsversammlungen und Information durch Führungskräfte sowie Gespräche mit dem Betriebsrat. Das Informationsbedürfnis der **Banken und Gesellschafter** nimmt in der Krise deutlich zu.[21] Die Unsicherheiten und Risikopositionen verlangen eine umfangreiche Kommunikation über die Lage des Unternehmens und das Sanierungskonzept. Informiert wird über Bankengespräche und -meetings, ein auf die Bedürfnisse der Banken ausgerichtetes Reporting und mit den Gesellschaftern über Gespräche und außerordentliche Aufsichtsratssitzungen/Hauptversammlungen. Es ist dringend auf eine faktenbasierte, objektive und glaubwürdige Kommunikation zu achten. Die Stakeholder sind frühzeitig einzubinden und Überraschungen bzw. Glaubwürdigkeitsbrüche sind in jedem Fall zu vermeiden. Es empfiehlt sich der Einsatz von externen Beratern als neutrale Instanz, um Glaubwürdigkeit und Vertrauen wieder herzustellen.

---

[20] Vgl. *Staw/Sandelands/Dutton*, 501 ff.; *Barker/Mone*.
[21] Vgl. *Kall*, 52.

§ 4 2. Teil. Erstellung und Beurteilung von Restrukturierungskonzepten

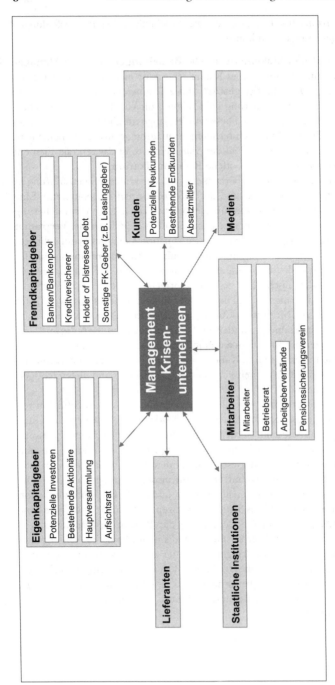

Abb. 9: Überblick Stakeholder in Krisenunternehmen

IV. Umsetzungsmanagement

1. Aufsetzen der Projektorganisation

Nach der **Genehmigung des Konzeptes** durch Gesellschafter und Fremdkapitalgeber startet die Umsetzungsphase. In dieser Phase wird die Umsetzungsorganisation festgelegt sowie ein Maßnahmenmanagement aufgesetzt. Bereits mit der Erstellung des Konzeptes werden erste Sofortmaßnahmen eingeleitet und die Umsetzung durch das Aufsetzen der Projektorganisation vorbereitet. 41

Aufgrund des Zeitdrucks müssen **Sofortmaßnahmen** bereits parallel zur Erstellung des Sanierungskonzeptes umgesetzt werden. Sie dienen der Stabilisierung und kurzfristigen Verbesserung der Liquiditäts- und Ergebnissituation bzw. plakativer dem: „**Stopp the bleeding**".[22] Typische Sofortmaßnahmen sind Einstellungsstopp, Investitionsstopp, Ausgabenstopp für nicht betriebsnotwendige Ausgaben, Herabsetzung der Schwellenwerte für Ausgabengenehmigung durch GF/Vorstand und Eintreiben von Forderungen. Es muss Zeit geschaffen werden, um das Sanierungskonzept aufzustellen zu können, ohne dass die Zahlungsunfähigkeit bereits eintritt. Darüber hinaus erhöhen **Quick-wins** die Motivation der Mitarbeiter zur weiteren Umsetzung des Konzeptes und geben Stakeholdern das nötige Vertrauen in den Erfolg des erarbeiteten Konzeptes. 42

Es ist selbstverständlich, dass eine Restrukturierung nur durch sehr konsequentes Umsetzen der geplanten Maßnahmen zum Erfolg führen kann. Gerade der Zeitdruck und die engen finanziellen Rahmenbedingungen machen eine **schnelle und konsequente Umsetzung** unabdingbar. Dies gilt gerade vor dem Hintergrund der z.T. schmerzlichen Maßnahmen, die gerne verschoben werden und schnell „vom Tisch" müssen. Grundsätzlich muss innerhalb des ersten halben Jahres der Großteil der Maßnahmen umgesetzt sein. Vorsichtiges Agieren mit Rücksichtnahme auf sämtliche Interessenlagen hilft in der Krise ebenso wenig weiter wie übertriebener Aktionismus, nur um den Anschein eines schnellen Handels zu erwecken. Es ist weiterhin unbestritten, dass ohne klare **Zuweisung von Verantwortlichkeiten** die Umsetzung nicht gelingen kann. Dies führt zu hoher Arbeitsbelastung der involvierten Mitarbeiter, die die Arbeit neben dem Tagesgeschäft erledigen müssen. Für den Umsetzungserfolg ist dies jedoch unabdingbar. Unterstützt werden die Mitarbeiter hierbei meist von **externen Beratern**. Sie sind verantwortlich für die Expertise und Methodik, zur Vertrauensbildung gegenüber Stakeholdern, als neutrale Instanz für interne Konflikte und zur professionellen und schnellen Erstellung und Umsetzung des Restrukturierungskonzeptes. 43

Parallel zum Umsetzungsprozess muss eine Änderung im Denken der Mitarbeiter herbeigeführt, d.h. **Change Management** betrieben werden. Die Einstellungen und das Handeln der Mitarbeiter müssen sich grundsätzlich ändern – ein „business as usual" darf es nicht geben. Insbesondere müssen schnellere **Entscheidungen** getroffen werden, eine unbedingte **Umsetzungsorientierung** muss in das Handeln der Mitarbeiter einfließen, ein erhöhtes **Kostenbewusstsein** entstehen und ein grundsätzlich höherer Arbeitseinsatz geleistet werden. Weiterhin muss die Notwendigkeit für **Verzichte** – dies gilt für Mitarbeiter und Management – verstanden und akzeptiert werden. Zum Teil erfordert die Situation einen Gehaltsverzicht der Leitenden sowie den Verzicht von z.B. Urlaubs- und Weihnachtsgeld der Mitarbeiter oder unbezahlte Mehrarbeit. Grundsätzlich sind dazu dringend alle Beteiligten einzubinden und eine besagte offene Kommunikation zu 44

---

[22] Vgl. *Bibeault*, 99; *Böckenförde*, 65 ff.; *Kraus/Gless*, 108.

§ 4 2. Teil. Erstellung und Beurteilung von Restrukturierungskonzepten

nutzen. Es gilt eine entstehende **Dynamik** der Restrukturierung positiv für schnelle Veränderungen zu nutzen. Trotz aller negativer Implikationen hat die Krise den nicht zu unterschätzenden Vorteil, dass in einer solchen Situation leichter umfassende Maßnahmen ergriffen werden können. **Widerstände** können mit dem Verweis auf die Dringlichkeit des Handelns **aufgebrochen** und **Entscheidungsprozesse** stark **verkürzt** werden. Diese Chance gilt es in der Restrukturierung zu nutzen.

45 Die **Projektorganisation** wird neben der Linienorganisation aufgesetzt und wird durch den Lenkungsausschuss bzw. das Steering Committee geführt. Sie hat die **Aufgabe** der Hinterlegung der Targets mit Maßnahmen und die anschließende Detaillierung der Maßnahmen in Einzelschritte, Verantwortlichkeiten, Termine und Effekte. Die Projektorganisation wird quer zur Linienorganisation durch den Lenkungsausschuss geführt. Abb. 10 zeigt eine typische Projektorganisation in einer Restrukturierung. Der Umfang der Projektorganisation und die Anzahl der Teams richten sich nach Anzahl der Themen und Größe/Komplexität der Krisenunternehmen.

46 Es muss dafür gesorgt werden, dass wichtige Mitarbeiter des Unternehmens in den Konzepterstellungs- und Umsetzungsprozess integriert werden und, wie angesprochen, „**Betroffene zu Beteiligten**" gemacht werden. Die starke Einbindung der Mitarbeiter stellt sicher, dass das komplette Know-how im Unternehmen genutzt wird und dass eine hohe Identifikation mit der Restrukturierung stattfindet. **Leistungsträger** des Unternehmens sind dringend einzubinden. Dies geschieht nicht nur, um entsprechenden Input für das Konzept zu gewährleisten, sondern auch um sie an das Unternehmen zu binden. Die Auswahl der Projektmitglieder erfolgt durch den Lenkungsausschuss und bindet wichtige Know-how Träger quer zur Linienorganisation in die Projekte ein.

47 Die wesentlichen Aufgaben des **Lenkungsausschusses** sind die Vorgabe der Ziele/Targets, die Gestaltung der Projektorganisation, die Entscheidungen und Freigaben von Maßnahmen, Überwachung und Steuerung der Maßnahmendurchsetzung sowie die Information der Gremien. Nicht zuletzt dient der Lenkungsausschuss auch dazu, entsprechenden Handlungsdruck auf die Teams und damit den Restrukturierungsprozess auszuüben. Der Lenkungsausschuss tagt meist in zweiwöchentlichem Rhythmus. Ein straffer Zyklus ermöglicht frühzeitige Gegensteuerung bei Verzögerungen oder Mängeln in der Umsetzung.

48 Die **Projektleitung** ist verantwortlich für die operative Steuerung des Sanierungsprojektes. Sie leitet die Projektteams, gibt das konzeptionelle Vorgehen bzw. die Methodiken vor und führt strukturiert die Ergebnisse der Projektteams zusammen und reportet in erster Linie an den Lenkungsausschuss. Unterstützt wird die Projektleitung durch ein Team, das sich um **Businessplanung** und **Projektcontrolling** kümmert. Unter anderem werden die erarbeiteten Maßnahmen und daraus resultierende finanzielle Auswirkungen hier strukturiert zusammengefasst und überwacht. Die Projektleitung hat damit jederzeit Zugriff auf den Status der einzelnen Projekte. Die Gesamtprojektleitung sowie die jeweiligen Teilprojektleiter stellen dem Lenkungsausschuss den Fortschritt vor und holen Entscheidungen des Lenkungsausschusses für die weitere Arbeit ein.

49 Den **Projektteams** obliegt die Verantwortung für die Definition und Umsetzung der Maßnahmen. Auf Basis der Zielvorgaben durch das Top-down Targeting werden Analysen durchgeführt, Informationen im Unternehmen zusammengetragen, Konzepte erstellt und Empfehlungen ausgearbeitet. Maßnahmenpläne werden nach Organisationseinheiten erstellt und in Abstimmung mit den jeweiligen Linienverantwortlichen umgesetzt. Die Teams werden durch externe Berater unterstützt, die auch die Kommunikation zwischen den Projektgruppen sicherstellen.

§ 4 Sanierungskonzept einer nachhaltigen Unternehmenssanierung §4

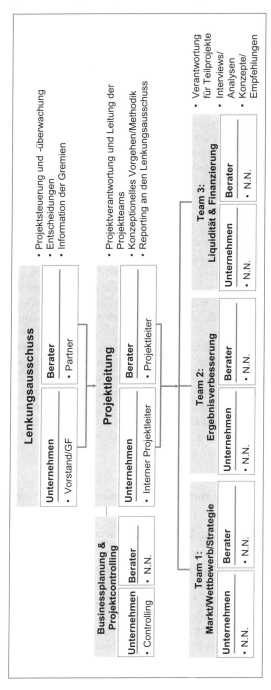

Abb. 10: Beispiel Projektorganisation

2. Maßnahmenmanagement

50 Das Maßnahmenmanagement ist von zentraler Bedeutung für die Unterstützung der Umsetzung eines Restrukturierungs- bzw. Sanierungskonzeptes. Es dient zum einen der **strukturierten Erfassung und Detaillierung der Maßnahmen** sowie zum anderen der **Kontrolle der Zielerreichung der Maßnahmenumsetzung**. Es ist die Basis für die Berichterstattung über den Status der Restrukturierung gegenüber Lenkungsausschuss und relevanten Stakeholdern. Die Restrukturierung kann so vorangetrieben und Gegenmaßnahmen eingeleitet werden, falls Ziele mit den bestehenden Maßnahmen nicht mehr erreicht werden.[23] Aufgrund der Vielzahl der Maßnahmen und daraus resultierenden Einzelschritten (mehrere tausend Einzelschritte sind nicht ungewöhnlich) sowie der Komplexität des Prozesses kommt dem Maßnahmencontrolling eine wichtige Rolle zu.

51 Das typische **Vorgehen** erfolgt in folgenden Schritten: Zunächst werden, basierend auf den Zielen des Restrukturierungskonzeptes, Maßnahmenpakete und Maßnahmen erarbeitet. Diese werden ausgearbeitet, mit ihren Ergebnis- und Liquiditätswirkungen quantifiziert und dem Lenkungsausschuss zur Verabschiedung vorgestellt. Nach entsprechender Verabschiedung durch den Lenkungsausschuss werden die Maßnahmen weiter in Einzelschritte, Verantwortlichkeiten, Termine und Effekte detailliert. Für das Umsetzungscontrolling werden die Maßnahmen und Effekte in „Target" (Zielwert durch Top Down Benchmarking), „Hinterlegt" (Maßnahmen erarbeitet und plausibilisiert) und „Umgesetzt" klassifiziert.

52 Aufgrund des Umfangs von Maßnahmen und Einzelschritten sowie der hohen Komplexität und Interaktivität werden EDV-gestützte **Tools zum Maßnahmenmanagement** eingesetzt.[24] So können die Teams auch bei internationalen Projekten und über mehrere Standorte hinweg zeitgleich, online und strukturiert auf die Maßnahmen zugreifen. Zur Steuerung der Projekte werden eine „Ampellogik" zur Überwachung von Deadlines sowie aussagekräftige Reporting-Möglichkeiten genutzt. Durch die standardisierte Struktur sowie durchdachtes Reporting wird die erforderliche Transparenz zur Steuerung derartiger Projekte geschaffen.

V. Erfolgsfaktoren für eine nachhaltige Sanierung

1. Erfolgreicher Prozess der Erstellung und Umsetzung eines Restrukturierungskonzeptes

53 Es kann unterschieden werden in (1) die Erfolgsfaktoren für den Prozess zur Erstellung und Umsetzung eines Restrukturierungskonzeptes und (2) erfolgreiche Inhalte von Restrukturierungskonzepten, die nachweislich den Turnround-Erfolg am stärksten beeinflussen.

54 **Erfolgsfaktoren** zur Erstellung und Umsetzung von Konzepten sind in der Praxisliteratur zahlreich zu finden. Die einzelnen Faktoren ähneln sich und beinhalten insbesondere die Schaffung von Transparenz, die Fähigkeit zur schnellen Erstellung eines ganzheitlichen Konzeptes, den Austausch des Managements, das Aufsetzen einer effektiven

---

[23] Vgl. *Müller*, 408; *Kall*, 285 f.
[24] Z.B. RBPoint, ein von ROLAND BERGER STRATEGY CONSULTANTS entwickeltes Tool zur Unterstützung des Maßnahmenmanagements von Restrukturierungsprojekten.

Projektorganisation sowie motivierende und vertrauensfördernde Kommunikation zur Einbindung der unterschiedlichen Interessengruppen. Die wesentlichen Faktoren wurden im vorliegenden Beitrag bereits innerhalb der einzelnen Kapitel angesprochen und sollen hier nicht wiederholt dargestellt werden. Es soll hier von diesen Faktoren etwas abstrahiert werden. Fügt man die in der Praxis genannten Erfolgsfaktoren zusammen, so kann man eine Art **„Wertesystem" für das erfolgreiche Management einer Unternehmenskrise** ausmachen.

- **„Stelle alles kritisch in Frage"**: Eine Restrukturierung muss alles kritisch in Frage stellen, um die tieferliegenden Gründe der Krise aufzudecken und große Veränderungen im Unternehmen zu erzielen.
- **„Denke fakten- und zahlenbasiert"**: Ein „gutes Bauchgefühl" kann helfen, die richtigen Themen für die Restrukturierung zu identifizieren. Die Nähe zu einer potenziellen Insolvenz und die Basis für Kredit- bzw. Investitionsentscheidungen zwingen in jedem Fall zu einem streng fakten- und zahlenbasiertes Vorgehen.
- **„80/20-Regel"**: Der hohe Zeitdruck und die Komplexität erfordern, dass sich die Restrukturierung auf die dringlichsten und wichtigsten Themen konzentrieren muss.
- **„Handle pragmatisch und umsetzungsorientiert"**: Immer tiefere Analysen und Diskussionen bringen nur bis zu einem bestimmten Punkt einen Mehrwert. Es geht um schnelle Entscheidungen und um maximale Umsetzungskraft. Die Maxime heißt „Machen!".
- **„Mache Betroffene zu Beteiligten"**: Es geht um die Einbindung aller relevanten Interessengruppen, um die Unterstützung der Stakeholder für die Restrukturierung zu erlangen.

2. Erfolgreiche Inhalte von Restrukturierungskonzeptes

Zur Beantwortung der Frage nach Erfolgsfaktoren wurden die **größten Krisenfälle in Deutschland** der letzten zwei Jahrzehnte (102 Krisenunternehmen) ausgewertet.[25] Auf der Basis von Jahresabschlüssen und der Auswertung von ca. 4000 Presseartikeln wurde der Einfluss von Rahmenbedingungen, Turnaround-Maßnahmen und Prozessvariablen auf den Turnaround-Erfolg eingehend analysiert. Im Ergebnis konnten folgende wesentliche Erfolgsfaktoren identifiziert werden.

- **Kurzfristig intensiv konsolidieren!**

Mit der Intensität der Konsolidierung nahm die Turnaround-Wahrscheinlichkeit zu. Dies lässt sich an folgenden Indikatoren ableiten: (1) Unternehmen mit kurzer Krisendauer wiesen signifikant höhere Erfolgschancen auf. (2) Überdurchschnittliche Kostensenkungen zeigten positive Korrelationen mit dem Turnaround-Erfolg. (3) Erfolgreiche Krisenunternehmen führten eine intensivere Konsolidierung im Umsatz durch. (4) Die erfolgreichsten Unternehmen Puma und Porsche konsolidierten im Krisenhöhepunkt ihren Umsatz um 20% bzw. 30%.

Daraus folgt:
- Es ist ein Trugschluss anzunehmen, dass eine Krise ohne Konsolidierung überwunden werden kann.
- Alle Konsolidierungsmaßnahmen müssen möglichst umfassend sein. Verlustbringer müssen umfassend eliminiert werden, Sortimente sind zu bereinigen sowie Überkapazitäten abzubauen, auch wenn dies mit Umsatzrückgängen verbunden ist.
- Die Maßnahmen müssen in einem möglichst kurzen Zeitraum umgesetzt werden.

---

[25] Vgl. *Buschmann*, 151 ff.

57 • **Nachhaltig wachsen oder sterben!**
Nachhaltig gilt für Krisenunternehmen: „wachsen oder sterben". Unternehmen, die ab dem 2. Jahr nach dem Krisenhöhepunkt im Umsatz nicht wieder wachsen, besitzen begrenzte Chancen auf einen Turnaround-Erfolg. Dies belegt sich wie folgt: Eine langfristige ausschließliche Konsolidierung war nur in 38 % der untersuchten Unternehmen erfolgreich. Waren die Krisenunternehmen dagegen in der Lage nachhaltig zu wachsen, so erhöhte sich die Chance auf 86 % und wurde somit mehr als verdoppelt (stärkste positive Korrelation unter den untersuchten Variablen). Während die ROI-Entwicklung der erfolgreichen und nicht erfolgreichen Unternehmen innerhalb der ersten 2 Jahre nach dem Krisenhöhepunkt noch im Wesentlichen gleich verläuft, so zeigt sich erst danach ein deutlicher Performance-Unterschied.

Daraus folgt:
– Langfristig müssen Krisenunternehmen wieder wachsen. Konsolidierung allein reicht nicht. Eine erfolgreiche Bewältigung der ersten Phase des Turnaround-Prozesses (Konsolidierung) ist noch keine hinreichende Bedingung für den langfristigen Turnaround-Erfolg. Es müssen also zwei „Schlachten geschlagen und gewonnen werden".
– Vorbereitungen für Wachstum sind rechtzeitig zu treffen. Das Wachstum muss sich unmittelbar an die Konsolidierung anschließen. Ab dem zweiten Jahr nach dem Höhepunkt der Krise muss sich das Unternehmen wieder auf einem Wachstumspfad befinden.

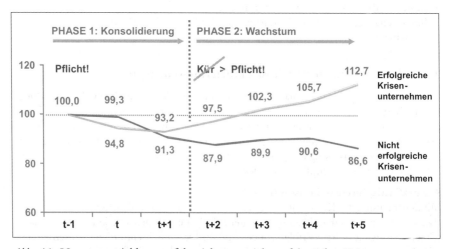

Abb. 11: Umsatzentwicklung erfolgreiche vs. nicht erfolgreiche Krisenunternehmen [t – 1 = 100]

58 • **Für frisches Eigenkapital werben!**
Kapitalerhöhungen wirkten sich mit einer Erfolgswahrscheinlichkeit von 74 % signifikant erfolgsfördernd aus. Über die Kapitalerhöhung ist es möglich, die Investitionen nach dem Krisenhöhepunkt wieder so deutlich zu erhöhen, wie es bei den erfolgreichen Krisenunternehmen zu erkennen ist.

Daraus folgt:
– Das Management von Krisenunternehmen sollte für frisches Eigenkapital werben und eine Kapitalerhöhung anstreben.

– Die Verhandlungen mit den Altgläubigern müssen so geführt werden, dass sie die Einwerbung von frischem Eigenkapital nicht von vornherein verhindern. Eine solche Gefahr besteht insbesondere, wenn zukünftige Gewinne vorrangig für die Bedienung von Altverbindlichkeiten zur Verfügung stehen müssen. Diese Wirkung kann insbesondere von Besserungsscheinen ausgehen, die somit vermieden werden müssen.

§ 5 Quantifizierung des Leitbildes des sanierten Unternehmens

Übersicht

	Rn.
I. Einleitung	2
II. Ableitung eines Leitbildes des sanierten Unternehmens	2
1. Überblick	2
2. Quantitative Erfassung der Krisenursachen sowie qualitative Analyse	3
3. Entwicklung eines qualitativen Leitbildes	4
a) Strategie	6
b) Operative Leistungserstellung	7
c) Finanzierung	7
d) Markt- und Wettbewerbsumfeld	7
e) Ressourcenausstattung	8
4. Quantifizierung des qualitativen Leitbildes	9
a) Notwendigkeit der Quantifizierung	9
b) Strategische Ebene	10
c) Operative Ebene	11
d) Finanzierung im Leitbild	13
e) Markt- und Wettbewerbsposition und Ressourcenausstattung	17
f) Berücksichtigung der Zeitkomponente	18
5. Exkurs: Quantifizierungsprozess im Zuge einer Desinvestitions-/Schrumpfungsstrategie	19
III. Vorgehen bei der Erstellung des quantifizierten Leitbildes	22
1. Methodik und Praxisansätze (theoriebasierte Ansätze, Zeitreihenanalyse, Benchmarking)	22
2. Inhalte und Quellen zur Deckung des Informationsbedarfs	23
IV. Die Rolle des quantifizierten Leitbildes für die Business Planung sowie das Maßnahmenmanagement und -controlling	26
1. Verankerung des Leitbildes in der Business Planung	26
2. Das Leitbild als Instrument im Rahmen von Maßnahmenmanagement und -controlling	26
V. Fazit: Erfolgsfaktoren für die Erstellung eines geeigneten Leitbildes	27

I. Einleitung

1 Befindet sich ein Unternehmen in einer Krise, sind dieser i.d.R. mehr oder weniger schwerwiegende strategische Fehlentscheidungen vorausgegangen bzw. es wurde versäumt, notwendige strategische Anpassungen anzustoßen. Der damit einhergehende Verlust der Wettbewerbsfähigkeit impliziert dann Ergebniseinbrüche, die unter Umständen in eine Liquiditätskrise bis hin zur Insolvenz münden können.[1] Um die Krise abzuwenden und eine erfolgversprechende Sanierung zu gewährleisten, ist es daher nötig, zunächst einen Zielkomplex zu schaffen, der das Unternehmen nach gelungener Gesundung darstellen soll. Ausgehend von den jeweiligen identifizierten Krisenursachen und -stadien ist dabei insbesondere auch die Erreichbarkeit dieses Zielzustandes durch geeignete Sanierungsmaßnahmen sicherzustellen.[2]

---

[1] Vgl. hierzu ausführlich § 4 in diesem Handbuch.
[2] Vgl. *Beck/Stannek*, Unternehmenssanierung, S. 452.

§ 5 Quantifizierung des Leitbildes des sanierten Unternehmens

Auch im IDW S 6, an dem sich die Restrukturierungs- und Sanierungsbranche maßgeblich orientiert, stellt das Leitbild des sanierten Unternehmens einen Kernbereich im Rahmen der Erarbeitung eines Sanierungskonzeptes dar.[3] Neben der erläuternden Beschreibung des nachhaltig überlebensfähigen Unternehmens nach abgeschlossener Sanierung fordert der IDW S 6 ebenfalls eine **Quantifizierung des Leitbildes**. So wird für die sanierte Gesellschaft mindestens eine dem branchenüblichen Durchschnitt entsprechende Umsatzrendite und Eigenkapitalquote gefordert; ebenso sind die auf dieser Basis zu ergreifenden Maßnahmen in Mengenbegriffen zu beschreiben.[4]

Im Folgenden soll daher ein möglicher Weg beschrieben werden, der aufzeigt, wie die Umsetzung eines qualitativen Leibildes in zahlenmäßig messbare Größen und Kennziffern in der Praxis erfolgen kann. Dabei werden in Anlehnung an die im Zuge der Ausarbeitung eines Sanierungskonzeptes übliche Arbeitsabfolge zunächst die der Krise zugrunde liegenden Ursachen quantitativ erfasst und bewertet. Auf dieser Basis soll dann das qualitative Leitbild des sanierten Unternehmens abgeleitet werden, welches im Anschluss sowohl auf strategischer als auch auf operativer Ebene mit konkreten Zielkennziffern zu belegen ist. Dieser Entwicklungsprozess wird durch eine für Unternehmenssanierungen typische strategische Neuausrichtung exemplarisch veranschaulicht. Anschließend wird die Vorgehensweise bei der Erstellung des quantifizierten Leitbildes mit dem Fokus auf die Methodik und die Quellen zur Informationsbeschaffung erörtert. Darauf folgt eine Darstellung, wie das quantifizierte Leitbild in der Business Planung zu verankern ist. Den Abschluss dieses Beitrags bildet eine Zusammenfassung der wesentlichen Erfolgsfaktoren für die Erstellung eines geeigneten Leitbildes.

II. Ableitung eines Leitbildes des sanierten Unternehmens

1. Überblick

Die nachfolgende Darstellung veranschaulicht die zur Entwicklung des Leitbildes des sanierten Unternehmens erforderlichen Arbeitsschritte:

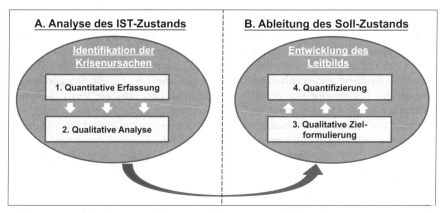

Abb. 1: Prozessablauf im Zuge der Entwicklung eines Leitbildes des sanierten Unternehmens[5]

---

[3] Vgl. hierzu ausführlich § 6 in diesem Handbuch.
[4] Vgl. IDW S 6, Rn. 2 und 90.
[5] Eigene Darstellung.

Zunächst sind im Rahmen der Analyse des IST-Zustands die Krisenindikatoren quantitativ zu erfassen. Darauf aufbauend sind im Rahmen einer qualitativen Analyse die jeweiligen Krisenursachen herauszufiltern, die für die negative Entwicklung verantwortlich sind. Durch diese Aufarbeitung können die krisenbedingenden Ereignisse sowie deren zahlenmäßige Ausprägung eindeutig festgestellt werden und in der Folge als Ausgangsbasis für die Ableitung des Soll-Zustands des Unternehmens nach abgeschlossener Sanierung fungieren. Dabei ist das Leitbild als qualitative Zielformulierung auszugeben, welche anschließend mit konkret messbaren Zielkenngrößen belegt werden muss.

2. Quantitative Erfassung der Krisenursachen sowie qualitative Analyse

5 Ausgangspunkt jedweder Sanierungsversuche ist die genaue Kenntnis und **Analyse der Krisenursachen**, die das Unternehmen in die wirtschaftliche Schieflage gebracht haben. I.d.R. wird die Krisensituation durch ein Zusammenwirken mehrerer Faktoren verursacht, was eine breite und vielschichtige Analyse zur Identifikation der Krisentreiber notwendig macht.[6]

6 Bei handfesten Krisen, die eine Sanierung der Gesellschaft erforderlich machen, sind die Unternehmenszahlen stets ein eindeutiger Indikator für die aktuelle Problemlage. Dabei manifestiert sich die Schieflage in einer Vielzahl von betriebswirtschaftlichen Einzelindikatoren, wie etwa rückläufige Auftragseingänge, sinkende Umsatzerlöse, sinkende Produktivität, Verschlechterung der Eigenkapitalquote, hohe Kapitalbindung etc.,[7] anhand derer auch der Krisenverlauf entsprechend nachvollzogen werden kann. Die historischen IST-Daten des Unternehmens sind dabei mehrschichtig, d.h. auf Ebene der Ertrags-, Vermögens- und Finanzlage, auszuwerten, damit ein ganzheitlicher Betrachtungswinkel gewährleistet ist. Soweit das entsprechende Zahlenmaterial uneingeschränkt verfügbar ist, kann eine Analyse i.d.R. ohne größere Schwierigkeiten durchgeführt werden.

7 Als wesentlich komplexer erweist sich dagegen die Ableitung der qualitativen Faktoren, die für den wirtschaftlich prekären IST-Zustand als ursächlich angenommen werden können. Dabei geht es im Kern darum, diejenigen Ereignisse zu erkennen und herauszufiltern, auf die die Verschlechterung der Geschäftszahlen der Gesellschaft im Wesentlichen zurückzuführen ist. Für die endogenen, d.h. durch das Unternehmen bzw. dessen Ausrichtung selbst induzierten Krisenursachen, hat etwa *Hauschildt*[8] im Rahmen einer Clusteranalyse empirischer Untersuchungsergebnisse einen umfassenden und strukturierten Orientierungsrahmen geschaffen. Auf dieser Basis muss dann ermittelt werden, ob dem Branchentrend entgegenlaufende Umsatzeinbrüche z.B. auf ein unangemessenes Pricing, eine Fehleinschätzung der Kundenbedürfnisse oder etwa die Vernachlässigung bestimmter Trends zurückzuführen ist. Dieses Vorgehen sollte im Ergebnis zu einer umfassenden und konkreten Identifikation aller sich aus der quantitativen Unternehmensentwicklung ergebenden qualitativen Krisenursachen führen.

8 Die in den vorangegangen Abschnitten dargestellten Analyseschritte sind in dieser Form auch durch das IDW vorgesehen. So nennt der IDW S 6 als Kernbestandteile die **Darstellung der wirtschaftlichen Ausgangslage** und die sich daran anschließende **Analyse von Krisenstadien und -ursachen**,[9] auf deren Ergebnisse die nachfolgend beschriebene Ableitung eines Leitbildes des sanierten Unternehmens fußt.

---

[6] Vgl. *Baetge/Schmidt/Hater*, Unternehmenssanierung, S. 28; *Reinhardt*, Unternehmenskrise, S. 30.
[7] Vgl. zu wichtigen Kennzahlen im Rahmen der Krisen-Due Diligence etwa *Lachmann*, Münchner Anwaltshandbuch Insolvenz und Sanierung , § 8, Rn. 9 ff.
[8] Vgl. dazu *Hauschildt/Leker*, Krisendiagnose, S. 9.
[9] Vgl. IDW S 6, Rn. 8 sowie 33 ff.

3. Entwicklung eines qualitativen Leitbildes

Das Leitbild des sanierten Unternehmens soll ausgehend vom *Status quo* eine für Eigen- wie Fremdkapitalgeber wieder attraktiv gewordene Gesellschaft in der Zukunft abbilden.[10] Es sind Aussagen über die **langfristigen Zielvorstellung und Grundstrategien** sowie die **angestrebte Wettbewerbsposition** des Unternehmens zu treffen.[11] Zentrale Funktion des Leitbildes ist es, im Rahmen der Wiedererlangung der Wettbewerbsfähigkeit zur Identifikation geeigneter Sanierungsmaßnahmen beizutragen sowie Impulse für die Ausrichtung der einzelnen Unternehmenseinheiten zu setzen.[12] Daher stellt ein umsetzbares und zukunftsfähiges Geschäftsmodell gewissermaßen den Kern des Leitbildes dar und ist insbesondere durch die Identifikation der wesentlichen Geschäftsfelder des Unternehmens sowie die vorhandenen Ressourcen und Fähigkeiten zu umreißen.[13]

Die Entwicklung des qualitativen Leitbildes ist nach IDW S 6 unter der Berücksichtigung von zwei Betrachtungswinkeln abzuleiten, nämlich einer **internen** sowie einer **externen Dimension**. Die interne Dimension umfasst dabei alle für die zukünftige Unternehmensentwicklung relevanten unternehmensspezifischen Strukturen und Potenziale, welche für alle wesentlichen Unternehmensbereiche bzw. -abteilungen zu konkretisieren und festzuhalten sind.[14] Im Rahmen der externen Dimension ist die Wettbewerbsstrategie, die zu einer Realisierung von Wettbewerbsvorteilen und somit zur nachhaltigen Generierung einer marktüblichen Rentabilität führen soll, vor dem Hintergrund des Marktumfelds des Unternehmens zu bestimmen. Dazu ist es erforderlich, Differenzierungsmerkmale herauszustellen, die den Aufbau dauerhafter Alleinstellungsmerkmalen ermöglichen und eine eindeutige strategische Positionierung vorzunehmen.[15]

Im Zuge der Erstellung des Sanierungskonzeptes ist das Zielbild des sanierten Unternehmens weiterhin der Maßstab, an dem sich die Sanierungsmaßnahmen messen lassen müssen. Das heißt, jede Sanierungsmaßnahme muss daraufhin geprüft werden, ob sie geeignet ist, zum Erreichen des Zielbildes beizutragen (Ausnahme bilden „lebensrettende" Sofortmaßnahmen, wie z.B. kurzfristige Veräußerungen von Unternehmensteilen oder Sales-Up-Maßnahmen, die eine drohende Insolvenz verhindern) und wie groß der Beitrag der jeweiligen Maßnahme zum Erreichen des Zielbildes ist. Nur so kann sichergestellt werden, dass das Sanierungskonzept geeignet und ausreichend ist, das Zielbild zu erreichen.

Das Sanierungskonzept umfasst Maßnahmen aus drei Bereichen:[16]
- Strategische Neuausrichtung des Unternehmens zur langfristigen Sicherung oder Wiederherstellung der Erfolgsfaktoren
- Operative Sanierung zur Optimierung der Wertschöpfung und Verbesserung der Wettbewerbsfähigkeit des Unternehmens
- Finanzwirtschaftliche Sanierung zur Sicherung der Existenz des Unternehmens durch Vermeidung von Zahlungsunfähigkeit und Überschuldung und Schaffung einer wettbewerbsfähigen Kapitalstruktur

All diese Maßnahmen sind darauf auszurichten, das Unternehmen in Richtung des Zielbildes zu entwickeln. Auch wenn im Rahmen von Sofortmaßnahmen das Primat der

---
[10] Vgl. IDW S 6, Rn. 90.
[11] Vgl. IDW S 6, Rn. 92.
[12] Vgl. IDW S 6, Rn. 91.
[13] Vgl. IDW S 6, Rn. 92.
[14] Vgl. IDW S 6, Rn. 95.
[15] Vgl. IDW S 6, Rn. 97 ff.
[16] Vgl. *Kraus/Haghani*, S. 22 f.

strategischen Planung zum Teil aufgehoben wird und bereits Maßnahmen umgesetzt werden, die nur dem kurzfristigen Aufrechterhalten der Zahlungsfähigkeit dienen, so bietet das Zielbild dennoch die Grundlage für die mittel- und langfristigen Maßnahmen im Rahmen der Sanierung.

13 Bei den Maßnahmen zur strategischen Neuausrichtung ist zwischen Maßnahmen auf Unternehmens- und Geschäftsfeldebene zu trennen. Während im Rahmen der Unternehmensstrategie die Produkt-/Marktbereiche, in denen das Unternehmen tätig sein soll, definiert werden, ist bei der Geschäftsfeldstrategie zu bestimmen, wie sich das Unternehmen im Wettbewerb aufstellt, also welche Formen des nachhaltigen Wettbewerbsvorteils es aufbauen möchte und auf welchen regionalen Märkten es auftritt. Auch wenn diese Maßnahmen die Wertschöpfung im Unternehmen nur mittelbar beeinflussen, so bilden sie doch die Grundlage für die operativen Sanierungsmaßnahmen: Die Umsatz- und Kostenstruktur des Unternehmens wird nämlich wesentlich durch die strategische Ausrichtung geprägt. So wird bspw. eine Nischenstrategie zu einem anderen Umsatzvolumen führen als eine Strategie der Gesamtmarktabdeckung; der Aufbau neuer Geschäftsfelder wird andere Kosten- und Liquiditätsbedarfe mit sich bringen als eine Aufgabe von Randaktivitäten.

14 Innerhalb der operativen Sanierungsmaßnahmen erfolgt eine Optimierung in der Wertschöpfung des Unternehmens. Dabei werden zunächst die Prozesse und Strukturen der primären Funktionsbereiche des Unternehmens mit dem Ziel der Steigerung der betrieblichen Effizienz und Effektivität optimiert. Dabei wird auch über die Fertigungsstruktur, insb. in geographischer Hinsicht (Footprint), die optimale Wertschöpfungstiefe bestimmt. Darüber hinaus werden die unterstützenden Prozesse optimiert, die keinen unmittelbaren Kundennutzen erzeugen, aber durch Koordination und Steuerung von zentralen Aufgabenbereichen mittelbar zur Wertschöpfung des Unternehmens beitragen. In den Termini der GuV ausgedrückt bedeuten diese auf die Optimierung der Wertschöpfung zielenden Maßnahmen eine Verbesserung des ordentlichen Betriebsergebnisses. Grundsätzlich kann die Optimierung damit auf eine Kostensenkung oder Erlössteigerung, aber auch auf weitere Ziele wie Verbesserung der Qualität oder Beschleunigung von Prozessen ausgerichtet sein.

15 Auch die finanzwirtschaftliche Sanierung dient neben der Heilung bzw. Vermeidung der Insolvenztatbestände (Finanzierungsstruktur) dazu, die Finanzierung auf die Anforderungen des Zielbildes durch ein ausreichendes Finanzierungsvolumen auszurichten. Im Rahmen der finanzwirtschaftlichen Sanierung ist auch das Working Capital des Unternehmens unter Berücksichtigung der zukünftigen strategischen und operativen Anforderungen des Unternehmens zu optimieren. Darüber hinaus soll aber die Entscheidung über die Finanzierungsquellen die Unabhängigkeit des Unternehmens sichern (Entscheidung über Beteiligung von strategischen Investoren bzw. auch Private Equity-Unternehmen).

16 Um eine möglichst genaue Planung der notwendigen Sanierungsmaßnahmen zu ermöglichen, ist es erforderlich, auch das Zielbild ausreichend zu spezifizieren. Legt man die Ebenen des Sanierungskonzeptes zugrunde, so muss das Leitbild zunächst die drei Ebenen Strategie, operative Leistungserstellung und Finanzierung beinhalten.

17 Daraus ergeben sich folgende Anforderungen an die Entwicklung eines qualitativen Leitbildes:

a) Strategie. Das strategische Leitbild muss eine umfassende Definition der Unternehmensstrategie beinhalten. Darin ist zu definieren, in welchen Geschäftsfeldern das Unternehmen zukünftig aktiv sein möchte. Das Leitbild muss ferner aufzeigen, worin bei dem aus diesen Festlegungen resultierenden Portfolio die Wertschöpfung des Unternehmens liegt. Diese kann bspw. darin liegen, dass alle Geschäftsfelder untereinander Synergien aufweisen bzw. auf gemeinsame Ressourcen zurückgreifen.

Darüber hinaus muss auf der Ebene der Geschäftsfeldstrategie definiert werden, wie sich die einzelnen Geschäftsfelder im Wettbewerb in ihren jeweiligen Märkten positionieren, wie dort ein Wettbewerbsvorteil geschaffen werden soll und welche regionalen Märkte bedient werden. Dabei ist in der Formulierung des Zielbildes auch zu berücksichtigen, dass vor dem Hintergrund der Sanierungssituation von limitierten Ressourcen (personell, finanziell etc.) auszugehen ist, die möglicherweise den Handlungsspielraum einengen. Hieraus resultierende Interdependenzen zwischen den Komponenten des strategischen Zielbildes sind in der Formulierung desselben in einem iterativen Prozess zu berücksichtigen.

b) Operative Leistungserstellung. Das operative Leitbild des sanierten Unternehmens muss die zukünftige Form der Leistungserstellung des Unternehmens beschreiben. Dabei ist sowohl das ‚Wie' (Auf welche Art erfolgt die eigene Wertschöpfung des Unternehmens?) als auch das ‚Was' der Leistungserstellung (also die eigene Wertschöpfungstiefe) zu beschreiben. Im Rahmen der Beschreibung der eigenen Leistungen sind alle Bereiche der Wertschöpfungskette[17] hinsichtlich ihrer benötigten Kapazitäten (Anlagen und Personal) und Struktur sowie ggf. Standorte zu definieren. In diesem Zusammenhang werden nicht nur die primären Aktivitäten des Unternehmens (Produktion, Logistik, Vertrieb und Service) genau beschrieben, die Aufschluss über die Effektivität und Effizienz der Wertschöpfung geben. Sondern es werden auch die unterstützenden Aktivitäten, häufig auch als Overhead bezeichnet, definiert.

c) Finanzierung. Das finanzielle Leitbild zeigt die Zielstruktur der Unternehmensfinanzierung, also die unter den gegebenen Umständen optimale Finanzierungsstruktur und -umfang. Dabei ist zu berücksichtigen, dass ausreichend Mittel zur Verfügung stehen, um das strategische Zielbild zu erreichen und das Unternehmen für die Zukunft krisensicher zu machen. Neben der absoluten Höhe der Finanzierung ist im Rahmen des finanziellen Leitbildes auch die Zielstruktur des Kapitals, also die Mischung der unterschiedlichen Finanzierungsformen (Eigenkapital, Fremdkapital und Mezzanine) zu erstellen, da diese die zukünftigen finanziellen Belastungen des Unternehmens definiert und darüber hinaus einen wesentlichen Einfluss auf die Krisensicherheit des Unternehmens hat.

18 Die Möglichkeiten eines Unternehmens, sich neu aufzustellen, sind nicht unbegrenzt. Deshalb sollten auch die Umwelt- und Rahmenbedingen mit berücksichtigt werden, die den möglichen Handlungsraum sowohl für die Sanierung als auch die angestrebte Zielposition definieren:[18]

d) Markt- und Wettbewerbsumfeld. Das Leitbild des sanierten Unternehmens muss Aussagen zum Markt- und Wettbewerbsumfeld des Unternehmens berücksichtigen. Dabei ist nicht nur das sanierte Unternehmen selbst bzw. dessen Strategie zu berücksichtigen, sondern auch dessen Positionierung gegenüber Kunden, Lieferanten und Wettbewerbern. Ein zusätzlicher, wichtiger Faktor ist die Marktdynamik, die gerade in Märkten mit schnellen Entwicklungs- und Produktzyklen (z.B. Unterhaltungselektronik, Tele-

---

[17] Vgl. *Porter*, S. 63 ff.
[18] Vgl. *Lafrenz*, S. 191 f. Den theoretischen Rahmen für diese Faktoren liefert das Structure/Conduct/Performance-Paradigma bzw. der Resource Based View.

kommunikation) eine wesentliche Rolle spielt und Chancen eröffnen aber auch vereiteln kann.

Bei der Erstellung des Leitbildes kommt es daher insb. darauf an, die Prämissen, die für das Markt- und Wettbewerbsumfeld zugrunde gelegt wurden, genau zu spezifizieren, um bei Änderungen des Umfeldes die notwendigen Anpassungen an das Konzept vornehmen zu können. In diesem Zusammenhang kann bei dynamischen Märkten eine Szenarioanalyse bzw. bei monopolistischen oder oligopolistischen Strukturen ein Wargaming, also die Analyse möglicher Wettbewerbsreaktionen, zusätzlichen Mehrwert liefern.

e) Ressourcenausstattung. Im Leitbild sind auch die Ressourcen des Unternehmens zu berücksichtigen, wobei in diesem Zusammenhang nicht ausschließlich die finanziellen Ressourcen gemeint sind. Vielmehr sind auch Humanressourcen, also die aktuellen und zukünftigen Mitarbeiter, und das Sachvermögen zu betrachten. Neben der in der Sanierung naturgemäß eingeschränkten Verfügbarkeit der finanziellen Ressourcen sind insb. die Mitarbeiter in den Fokus zu stellen, die einen wesentlichen Beitrag zur Sanierung des Unternehmens leisten müssen und daher willens und in der Lage sein müssen, diesen Prozess zu begleiten. Häufig ist im Rahmen von Unternehmenskrisen zu beobachten, dass gerade die besten und wertvollsten Mitarbeiter das Unternehmen verlassen. Bei der Erstellung des Leitbildes ist im Rahmen der Strategie-Formulierung insb. die Knappheit der finanziellen Ressourcen zu berücksichtigen, die ein Wachstum des Unternehmens bzw. einen notwendigen Aufbau des Working Capitals limitieren können.

Das Leitbild des sanierten Unternehmen sollte daher auch Aussagen zu den vorhandenen und benötigten Ressourcen sowie Einschätzungen enthalten, wie eine weitere Erosion der Ressourcen verhindert bzw. neue Ressourcen aufgebaut werden können. Nur ein Unternehmen, das über die notwendigen Ressourcen verfügt, wird in der Lage sein, die gewählte Strategie auch tatsächlich umsetzen zu können.

Abb. 2: Elemente des Sanierungsleitbildes

19 Die Abbildung 2 fasst Elemente des Sanierungsleitbildes nochmals anschaulich zusammen. Dabei enthält diese Darstellung nur die wesentlichen Komponenten, die im Einzelfall noch weiter zu ergänzen sind. Neben der Bedeutung im Rahmen der Erstellung und Prüfung des Sanierungskonzeptes kommt dem Zielbild auch in der Phase der Umsetzung eine wichtige Bedeutung zu; insb. ist es ein wesentliches Instrument im Rahmen des fortlaufenden Controllings in der Phase der Implementierung des Sanierungskonzeptes.[19]

4. Quantifizierung des qualitativen Leitbildes

a) Notwendigkeit der Quantifizierung. Das Leitbild des sanierten Unternehmens 20
spielt als Beschreibung des Unternehmens nach Abschluss der Sanierungsarbeiten und als Gegenstand der Ausrichtung der Sanierungsmaßnahmen eine wesentliche Rolle im Rahmen des Sanierungsprozesses. Zum Zeitpunkt der Prüfung des Konzeptes, bei dem sich die beteiligten Stakeholder die Frage stellen müssen, ob eine Sanierung des Unternehmens aus ihrer individuellen wirtschaftlichen Perspektive vorteilhaft ist, werden sie das Leitbild für einen Vergleich zwischen der sofortigen Zerschlagung bzw. der Fortführung durch eine Sanierung heranziehen. Vor diesem Hintergrund ist es extrem wichtig, dass das Leitbild für alle Stakeholder transparent ist, sodass sie sich ein Urteil über die Wahrscheinlichkeit des Erreichens des Zielbildes bilden können, aber auch die Auswirkungen und Konsequenzen genau umreißen können. Die Transparenz des Zielbildes ist daher ein wesentlicher Faktor für eine Akzeptanz des Sanierungskonzeptes.

Ein qualitatives Leitbild in Form einer deskriptiven Darstellung eines in der Zukunft 21
liegenden Soll-Zustands des Unternehmens ist für die Herstellung der erforderlichen Transparenz jedoch nicht ausreichend. Da sich das Sanierungskonzept und somit auch die Sanierung am Leitbild des sanierten Unternehmens auszurichten hat, ist es erforderlich, die verbal zum Ausdruck gebrachte Zielprojektion auch mengenmäßig konkret messbar zu machen. Nur wenn das Leitbild auch zahlenmäßig abgebildet wird, sind eine Überprüfung und Evaluierung des Sanierungsprozesses überhaupt möglich: Der fortlaufende Abgleich der Effekte bereits umgesetzter Sanierungsmaßnahmen mit der im Leitbild präzisierten, übergeordneten Zielvorstellung ist unabdingbar, um die Sanierung zu überwachen, den Zielerreichungsgrad zu überprüfen sowie auf etwaige Planabweichungen zügig und angemessen reagieren zu können.

Eine Quantifizierung des Leitbildes wird daher auch im IDW S 6 explizit gefordert. Im 22
Gegensatz zu der Ableitung des qualitativen Leitbildes finden sich in Bezug auf die zahlen- bzw. mengenmäßige Umsetzung allerdings nur wenige greifbare Anhaltspunkte. So wird zwar auf eine nachhaltige, dem branchenüblichen Durchschnitt entsprechende Rendite sowie eine angemessene Eigenkapitalausstattung[20] und auf verschiedene Kennzahlen verwiesen,[21] mit denen sich das Leitbild konkretisieren ließe. Eine weitere Spezifizierung, etwa in Form von branchenüblichen Richtwerten oder verbindlich zu berücksichtigender Kennzahlen, bleibt aus, sodass sich hier für den Autor des Sanierungskonzeptes ein erheblicher Entscheidungsspielraum ergibt.

Da im Rahmen einer Sanierung häufig von vielen Beteiligten Opfer zu erbringen 23
sind, bspw. Verzicht der Gläubiger auf Teile ihrer Forderungen, verbesserte Konditionen seitens der Lieferanten oder der Verzicht der Mitarbeiter auf Teile ihres Einkommen, ist es extrem wichtig, dass die jeweiligen Stakeholder nachvollziehen können, weshalb ihr Beitrag in der entsprechenden Höhe angemessen und erforderlich ist. Das Zielbild zeigt, wie das Unternehmen nach der Sanierung aussehen soll, welche Kostenstrukturen es hat und unter welchen Bedingungen es am Markt aktiv wird. Damit bildet es auch die Grundlage für die Ableitung dieser Sanierungsbeiträge, die häufig aus der Differenz zwi-

---

[19] Vgl. *Kall*, S. 46.
[20] Vgl. IDW S 6, Rn. 90.
[21] Vgl. IDW S 6, Rn. 96.

schen aktueller Situation und Zielbild des Unternehmens definiert werden. Nur wenn das Zielbild entsprechend akzeptiert wird, werden die Stakeholder bereit sein, ihren Beitrag zu leisten. Eine fundierte Ableitung des Zielbildes ist damit neben der ausreichenden Detaillierung und Quantifizierung eine wesentliche Voraussetzung, damit das Zielbild die ihm obliegenden Aufgaben erfüllen kann.

24   Auch die Bewertung von Sanierungsunternehmen durch den Kapitalmarkt wird durch das Zielbild beeinflusst. Da deutliche Aktienkurs-Steigerungen schon vor dem eigentlichen Abschluss der Sanierungsarbeiten erzielbar sind, kommt es auch hier darauf an, die zukünftige Perspektive des Unternehmens in Form des Leitbildes entsprechend zu „vermarkten", was nur bei entsprechender Fundierung erfolgversprechend sein wird.[22]

25   „What gets measured, gets done", so beschreibt ein weit verbreiteter Leitsatz aus dem Controlling die Funktion einer stetigen Umsetzungs- und Zielerreichungskontrolle. Zwar kann das Erreichen qualitativer Ziele auch im Rahmen einer Meilenstein-Kontrolle gemessen werden, aber nur genau ausformulierte und quantifizierte Ziel können kontinuierlich gemessen und damit auch kontrolliert werden. Aufgrund der hohen Bedeutung eines Umsetzungs-Controllings sollen im Rahmen der Sanierung alle Voraussetzungen geschaffen werden, die ein effizientes und stringentes Controlling erfordern. Dazu gehört eine möglichst weitreichende Quantifizierung des Leitbildes als Basis für das Controlling.

26   Da das Restrukturierungskonzept letztendlich – wie jeder andere Plan auch – eine gedankliche Vorwegnahme der Zukunft ist, unterliegt es ebenfalls der Ungewissheit bzw. sicherlich ex post auch Irrtümern in den zugrunde gelegten Prämissen und Prognosen. So entfalten ggf. Maßnahmen des Restrukturierungskonzeptes nicht die erwarteten Wirkungen oder die Nachfrage entwickelt sich anders als erwartet. Um in dieser Situation nicht gleich das gesamte Restrukturierungskonzept in Frage stellen zu müssen, ist ein Gegensteuern bzw. eine Kompensation verlorener Effekte erforderlich. Durch eine regelmäßige Prognose der aufgrund der Restrukturierungsmaßnahmen zu erwartenden Ergebnisse und eines Vergleichs mit dem Zielbild ergibt sich die potenzielle Ziel-Lücke, die durch zusätzliche oder intensivierte Maßnahmen geschlossen werden muss. Je früher das Gegensteuern erfolgt, desto höher ist die Wahrscheinlichkeit, dass diese Kurskorrektur erfolgreich sein wird. Der Erfolg der Restrukturierung hängt somit von dem rechtzeitigen Erkennen von Abweichungen auf dem Weg zum Zielbild ab. Auch für diesen Soll/Ist-Vergleich ist eine genaue Detaillierung und Quantifizierung des Leitbildes notwendige Voraussetzung.

27   **b) Strategische Ebene.** Im Zuge der Leitbild-Quantifizierung ergibt sich zunächst auf der Makroebene die Schwierigkeit, eine übergeordnete Zielgröße zu identifizieren und mengenmäßig zu konkretisieren. Als Zielgröße wird in der Praxis i.d.R., wie auch vom IDW S 6 postuliert, eine Renditekennziffer (z.B. Jahresüberschuss oder EBIT im Verhältnis zur Gesamtleistung) verwendet. Weitaus komplexer als die Auswahl stellt sich die anschließend durchzuführende Quantifizierung der Zielkennziffer dar. Um das Kriterium des *nachhaltigen, branchenüblichen Durchschnitts* zu erfüllen, sind tiefgehende Branchen- und Marktanalysen durchzuführen sowie betriebswirtschaftliches Datenmaterial der wesentlichen Wettbewerber auszuwerten. Dabei ist es von Vorteil, wenn auf spezielle Fachkenntnisse und Expertise erfahrener Branchenkenner zurückgegriffen werden kann. In der Praxis werden die Renditekennziffern regelmäßig aus der Vergangenheitsperformance des Unternehmens sowie verschiedenen Benchmarking-Varianten abgeleitet. Ist eine

---

[22] Vgl. *Lafrenz*, S. 260 ff.

§ 5 Quantifizierung des Leitbildes des sanierten Unternehmens   § 5

Zielgröße zahlenmäßig erfasst, muss diese noch zukunftsbezogen validiert werden. Denn das Leitbild des sanierten Unternehmens manifestiert sich in einem prospektiven Soll-Zustand. Aus diesem Grund ist auch zu überprüfen, wie sich der nachhaltige und branchenübliche Durchschnitt in der Zukunft entwickeln wird. Dazu können ausgehend von den erwarteten volkswirtschaftlichen Rahmenbedingungen anhand von Branchenprognosen das zukünftige Marktumfeld bzw. die voraussichtlichen Trends analysiert werden. Die Ergebnisse der Untersuchung sind dann bei der zahlenmäßigen Festlegung der Zielkennziffer zu berücksichtigen.

c) Operative Ebene. Steht die Zielrenditekennziffer, ist diese *top-down* auf die operative 28 Ebene kleinzuarbeiten. Denn nur auf diese Weise lässt sich der zu beschreibende Weg vom Ist- zum Soll-Zustand fassbar machen und auf die einzelnen Funktionsbereich untergliedern. Dabei verlaufen hier die Grenzen zwischen Leitbildquantifizierung und Business Planung fließend, da zwischen Zielkennziffer und operativer Ausgestaltung in der Business Planung ein Zirkelschluss besteht: Damit überprüft werden kann, ob der auf Basis der Zielrenditekennziffer abgeleitete Soll-Zustand durch die in der Business Planung aufgegriffenen operativen Maßnahmen zu erreichen ist, muss ein steter (Plausibilitäts-) Abgleich zwischen Business Planung und Zielrenditekennziffer erfolgen.

Im Rahmen dieser Operationalisierung sind entsprechend der im Vorfeld identifizier- 29 ten Strategie sowohl **ertrags- als auch kostenseitig** Maßnahmenbündel abzuleiten, durch die das Erreichen der Zielgröße realisiert werden kann. Anschließend müssen die Maßnahmenpakete in einzelne, konkret umsetzbare Sanierungsmaßnahmen überführt werden. Dabei sind auftretende Interdependenzen sowie eventuelle Wechselwirkungen zwischen den Maßnahmen zu berücksichtigen. Dieser Operationalisierungsprozess ist in dem nachfolgenden Schaubild dargestellt:

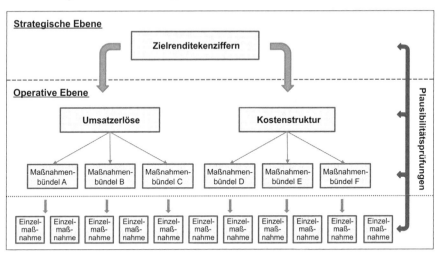

Abb. 3: Operationalisierungsbaum im Zuge der Quantifizierung des Leitbildes des sanierten Unternehmens[23]

Im Zuge der Ausdifferenzierung der Zielrenditekennziffer im Rahmen der Business Pla- 30 nung kann auch auf der operativen Ebene mit weiteren Kennzahlen und Indikatoren

---

[23] Eigene Darstellung.

gearbeitet werden. Wie bereits erwähnt ist es dabei von großer Bedeutung, eine ständige Plausibilitätsprüfung zwischen Maßnahmenpaketen bzw. Einzelmaßnahmen auf operativer Ebene und der in der strategischen Dimension formulierten Zielgröße durchzuführen. Denn falls sich im Rahmen der Operationalisierung herausstellen sollte, dass die anfangs festgelegte Zielkennziffer mit dem tatsächlich vorhandenen Maßnahmenpotenzial nicht erreicht werden kann, ist diese dementsprechend anzupassen. Ein Leitbild, das nicht sauber und stringent quantitativ erfasst worden ist, kann seine maßgebende Orientierungsfunktion bei der Erstellung des Sanierungskonzeptes nicht erfüllen.

31 Ein in der Praxis aufgrund seiner Übersichtlichkeit häufig verwendetes Instrument zur zahlenmäßigen Überführung des *Status quo* über die Effekte der Sanierungsmaßnahmen bis hin zum Leitbild ist der sog. EBIT walk (auch EBIT bridge). Dabei handelt es sich i.d.R. um ein Wasserfalldiagramm, das die Veränderung des EBIT durch geplante Sanierungsmaßnahmen von der Krisensituation ausgehend aufzeichnet und abschließend in einem nachhaltigen Ziel-EBIT mündet. Die nachfolgende Abbildung stellt einen solchen EBIT walk exemplarisch dar:

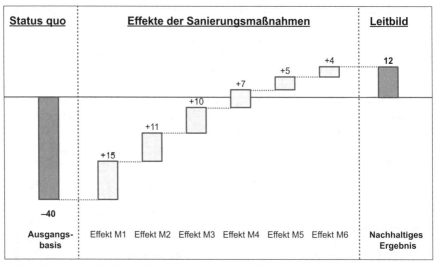

Abb. 4: Exemplarische Darstellung eines EBIT walk[24]

Der EBIT walk verbindet somit die Ausgangsbasis über die Effekte der Sanierungsmaßnahmen mit dem angestrebten nachhaltigen Ergebnis auf einer aggregierten Ergebnisebene und eignet sich für eine zusammenfassende Darstellung der Leitbildquantifizierung.

d) Finanzierung im Leitbild
aa) Allgemein. Nachdem für ein Unternehmen im Rahmen eines Sanierungskonzeptes die Zielkostenstrukturen und damit auch die Zielrendite bezogen auf das Ergebnis vor Steuern und Zinsen (EBIT) bestimmt sind, gilt es, die Finanzierungsvolumina und Finanzierungsstruktur abzuleiten. Diese bietet oftmals verschiedene Optimierungsansätze, die vom Unternehmen in der Vergangenheit unzureichend genutzt wurden. Fokussiert wird hierbei auf die Working Capital-Finanzierung, die Finanzierungsstruktur und die Kosten der Finanzierung.

---

[24] Eigene Darstellung.

bb) Working Capital. In Abhängigkeit von der Branche und den individuellen Einflussparametern des jeweiligen Unternehmens ergeben sich verschiedene Anforderungen an das Working Capital. Diese resultieren primär aus dem angestrebten Umsatzniveau des Unternehmens. So kann bei einer Konsolidierung des Umsatzes das Working Capital ceteris paribus i.d.R. eher reduziert werden, während ein Umsatzwachstum häufig auch ein erhöhtes Working Capital erfordert. Die wesentlichen Einflussgrößen für die benötigte Höhe des Working Capitals liegen hierbei in den Vorlieferzeiten, also dem Zeitraum von der Bezahlung der Produktionsmittel bis zu dem Zeitpunkt, an dem das Unternehmen über diese verfügen kann. Das Unternehmen muss diese Kosten vorfinanzieren bis ein entsprechender positiver Cashflow aus dem Verkauf des Zwischen- oder Endprodukts generiert wird. Je länger die Vorlieferzeiten sind, desto höher ist – ohne Berücksichtigung möglicher Anzahlungs- oder Abschlagzahlungen – der Working Capital-Bedarf des jeweiligen Unternehmens. Folglich ist es aus Sicht des Working Capital günstig, wenn es dem Krisenunternehmen gelingt, die eigenen, mit Lieferanten vereinbarten Zahlungsziele zu verlängern, da hierdurch die Working Capital-Anforderungen sinken. Hiermit verbunden ist die Lagerdauer der Produktionsmittel bzw. der fertig gestellten Produkte. Den Kosten, die in diesem Zeitraum anfallen, stehen keine Zahlungseingänge gegenüber. Folglich muss das Unternehmen eine temporäre Finanzierung vornehmen. Hierbei korreliert die Höhe der Finanzierung mit der Lagerdauer. Folglich steigen die Working Capital-Anforderungen mit einer steigenden Lagerdauer. Abschließend ist zu betrachten, dass mit dem Verkauf des fertig gestellten Produkts das Unternehmen nicht unmittelbar einen positiven Zahlungsstrom generiert. Typischerweise werden in Kaufverträgen Zahlungsziele vereinbart, sodass die Kunden die Produkte nicht sofort sondern mit einer (vereinbarten) zeitlichen Verzögerung bezahlen. Auch hier gilt, dass die Working Capital-Anforderungen umso höher sind, je länger die vom Unternehmen eingeräumten Zahlungsziele sind.

In der konkreten Situation einer Unternehmenskrise ist die Ist-Situation hinsichtlich der Working Capital-Anforderungen zu erfassen. Auf dieser Basis ist einerseits ein historischer Abgleich mit früheren Werten aus dem Unternehmen selbst vorzunehmen, der anhand der Entwicklung externer Parameter plausibilisiert wird. Dies stellt also im Wesentlichen eine interne Analyse der Entwicklung der Working Capital-Anforderungen dar. Andererseits ist ein externer Vergleich mit vergleichbaren Unternehmen – Wettbewerber der gleichen Industrie bzw. Branche – vorzunehmen, um die eigene Positionierung zu überprüfen. Dieses Verfahren stellt letztlich einen Benchmarking-Ansatz dar. Auf dieser Basis erhält das Unternehmen zum einen Informationen, wie sich das Working Capital in den letzten Jahren verändert hat und wie der eigene Bedarf im Vergleich zu Wettbewerber zu bewerten ist. Mit diesem Wissen ist im Rahmen der Business Planung die Projektion der zukünftigen Working Capital-Anforderungen vorzunehmen. Hierbei sind mögliche Veränderungen einzubeziehen, die sich aus dem Sanierungskonzept ergeben. Sieht dieses bspw. die Nachverhandlung von Zahlungszielen in bestehenden und neuen Verträgen mit Lieferanten wie auch Kunden vor, verändert sich hiermit auch unmittelbar der Bedarf an Working Capital. Anhand dieser Prognose wird deutlich, welchen Working Capital-Bedarf das Unternehmen in Zukunft aufweisen dürfte (Planerfüllung vorausgesetzt). Das Ergebnis dieser Projektion ist in einem weiteren Schritt zu plausibilisieren und insbesondere an den Anforderungen der relevanten Wettbewerber zu spiegeln.

cc) Finanzierungsstruktur. Neben dem Working Capital spielt die *Finanzierungsstruktur* im Rahmen der Planung einer Bilanzstruktur eine wesentliche Rolle. Modigliani-Miller stellten in den 1950er Jahren fest, dass die Kapitalstruktur in einer Welt ohne

Steuern keinen Einfluss auf den Marktwert des Unternehmens hat. In einer Welt mit Steuern gilt diese Feststellung jedoch nicht – der Marktwert des Unternehmens ändert sich in Abhängigkeit der Finanzierungsstruktur. Eine der wesentlichen Begründungen hierfür ist der sogenannte „tax shield"-Effekt. Nimmt ein Unternehmen Fremdkapital auf, sind dafür Zinszahlungen zu leisten, die für das Unternehmen einen Aufwand darstellen, der sich senkend auf die zu zahlenden Steuern auswirkt. Folglich ist festzuhalten, dass die Aufnahme von Fremdkapital aus Sicht des Unternehmens bis zu einem bestimmten Punkt sinnvoll ist. Dieser Punkt ist erreicht, sobald die Distress-Kosten spürbar ansteigen und den positiven Effekt des „tax shields" egalisieren. Die steigenden Distress-Kosten erklären sich bspw. dadurch, dass ein Unternehmen mit steigendem Verschuldungsgrad eine steigende Wahrscheinlichkeit der Insolvenz aufweist, da temporäre wirtschaftliche Verschlechterungen schlechter abgefedert werden können. Insb. im Sanierungskontext spielen naturgemäß die potenziellen Distress-Kosten eine gesteigerte Rolle, da hier in den meisten Fällen ein konkretes Insolvenzrisiko besteht.

35 Somit ist gerade für Sanierungsunternehmen die Fremdkapitalaufnahme nur bis zu einem bestimmten Punkte sinnvoll bzw. möglich. Ein wesentlicher Punkt hierbei ist die steigende Zinslast, die das Unternehmen aus dem generierten Cashflow bedienen muss. Kommt es nach oder im Zuge der Sanierung zu einer Verschlechterung der wirtschaftlichen Situation, wird es für das Unternehmen zunehmend schwieriger, die vereinbarten Zinszahlungen bzw. Tilgungen vorzunehmen. Entsprechend ist der Fremdkapitalanteil so zu wählen, dass ein ausreichend hohes Komfort-Level für das Unternehmen verbleibt, sodass auch bei mäßigen Verschlechterungen der wirtschaftlichen Bedingungen die Zinslast von Unternehmen getragen werden kann. In der Praxis haben sich zur Bestimmung des maximalen Fremdkapitalanteils einige Kennzahlen stark verbreitet, die auch häufig in Kreditverträgen als Covenants fest geschrieben werden. So wird bspw. auf Grundlage des Ergebnisses vor Steuern, Zinsen und Abschreibungen (EBITDA) bezogen auf die Netto-Finanzverbindlichkeiten bestimmt, wie hoch der Fremdkapitalanteil maximal sein sollte. Während bis vor kurzem – gerade bei Leveraged Buy-Out-Transaktionen – vergleichsweise hohe Multiples des circa 6,5-fachen EBITDA erzielt wurden, hat sich diese Entwicklung in der jüngeren Vergangenheit abgekühlt. Ein Richtwert liegt aktuell beim 3,5-fachen EBITDA. Im finanziellen Zielbild sollte also das Fremdkapital in der Praxis nicht mehr als die zum jeweiligen Zeitpunkt der Sanierung von Finanzierern als gängig angesehenen Faktoren überschreiten. Alternativ werden auch Kennzahlen bezogen auf die Zins- und Tilgungszahlungen heran gezogen. Die Bandbreite möglicher Kennzahlen ist dabei nahezu unbegrenzt, sodass hier nur Beispiele aufgeführt werden können.

36 In die Überlegungen in Bezug auf eine angemessene Finanzierungsstruktur sind auch die Auswirkungen einer Fremdkapitalerhöhung auf das Rating des Unternehmens zu betrachten. Dieses Thema ist im Rahmen von Basel II deutlich mehr in den Fokus der Aufmerksamkeit gerückt, da die Fremdkapitalkosten des Unternehmens von dessen Rating abhängen. Allgemein ist festzustellen, dass Unternehmen mit einem guten Rating günstigere Kreditkonditionen erhalten als Unternehmen mit einem schlechten Rating. Dies liegt daran, dass Kreditinstitute ausgereichte Kredite risikoadjustiert mit Eigenkapital unterlegen müssen. Entsprechend ist für Banken die Vergabe von Darlehen an Unternehmen mit einem schlechten Rating teurer, als an Unternehmen mit einem guten Rating. Diese zusätzlichen Kosten werden typischerweise in Form schlechterer Kreditkonditionen an den Kunden – das fremdkapitalsuchende Unternehmen – weitergereicht. Somit ist bei der Wahl der Finanzierungsstruktur des Unternehmens darauf zu achten, dass hierdurch keine ungewollte Ratingverschlechterung in Verbindung mit steigenden Finanzierungskosten einhergeht. Eine Ratingverschlechterung ergibt sich dann, wenn das Unternehmen im Rahmen der neuen Finanzierungsstruktur die spezifischen Anforderungen der aktuellen Ratingklasse nicht mehr erfüllt. Subziel des Sanierungskonzeptes sollte es darüber hinaus sein, die wesentlichen im Rahmen des Rankings relevanten Charakteristika zu verbessern, um hierdurch das Rating positiv zu beeinflussen und die Fremdkapitalkosten zu optimieren.

Alternativ kann auch geprüft werden, welche weiteren Optionen zur Verfügung stehen, um „fresh money" oder neues Eigenkapital zu erhalten. In der Regel sind die bestehenden Anteilseigner und Gläubiger des Unternehmens auch im Rahmen der Sanierung die wesentlichen Finanzierungsquellen des Unternehmens. In den letzten Jahren hat jedoch die Bedeutung spezialisierter Finanzinvestoren zugenommen, die gezielt in Krisenunternehmen investieren – sog. Vulture Investors bzw. Distress Investors. Diese nutzen die Möglichkeit in eine solche Assetklasse (Distressed Assets) zu investieren, um eine zusätzliche Diversifizierung in Verbindung mit einer aus ihrer Sicht angemessenen Rendite für die erhöhte Risikoposition zu erreichen.[25] Zu beachten ist allerdings, dass nicht wenige dieser Investoren keine rein passive Strategie verfolgen, sondern nicht selten aktive Strategien betreiben, bei der sie gezielt Einfluss auf das Unternehmen und dessen operative Tätigkeit nehmen.[26] Aufgrund dieser potentiellen Einflussnahme ist dieser Schritt folglich vom Unternehmen gründlich abzuwägen. 37

Im Rahmen der Planung der zukünftigen Bilanzstruktur sind folglich die oben genannten Punkte zu beachten. Zusätzlich sind diese an den Marktbedingungen und insbesondere den Finanzierungsstrukturen der relevanten Wettbewerber zu spiegeln. Auf dieser Basis wird die zukünftige Bilanzstruktur definiert und festgelegt, welche Schritte zur Erreichung notwendig sind. Die Veränderungen sind in den Business Planung zu integrieren, um die Auswirkung bspw. einer Fremdkapitalerhöhung und folglich einer steigenden Zinsbelastung abbilden zu können. Diese präzise quantitative Definition eines Zielbildes und des Wegs dorthin sind notwendig, um den Erfolg dieser Veränderungen sicherzustellen. 38

dd) Finanzierungskosten. Eine der wesentlichen betriebswirtschaftlichen Kennzahlen ist die Kapitalrendite. Diese sollte dabei über den Kapitalkosten liegen, um so einen Wert für die Eigentümer des Unternehmens zu schaffen. Folglich muss zum einen die Rendite der jeweiligen Geschäftsfelder, die das Unternehmen bearbeitet, sowie des Unternehmens in Summe bekannt sein, zum anderen muss das Unternehmen die eigenen Kapitalkosten kennen. 39

Die Kapitalkosten eines Unternehmens werden als gewichtete Kosten des Eigen- und Fremdkapitals definiert (sog. Weigthed Average Cost of Capital; WACC). Die erwartete Rendite des Fremdkapitals wird auf Basis der vereinbarten Zahlungen der zinstragenden Verbindlichkeiten bestimmt. Unter Berücksichtigung von Laufzeit, Bonität und Währung können aus vergleichbaren Effektivzinsen börsennotierter Anlagen die Renditeerwartungen der Fremdkapitalgeber ebenfalls abgeleitet werden, wobei in der Praxis regelmäßig auf das erstgenannte Verfahren zurückgegriffen wird. Für die Ermittlung der Eigenkapitalkosten werden nachfolgend zwei theoriebasierte Ansätze vorgestellt: das Capital Asset Pricing Model (CAPM) und der darauf basierende Ansatz zur Bestimmung der Kapitalkosten entsprechend der Wirtschaftsprüfer-Methode/IDW, das sog. Tax CAPM. 40

Das *CAPM* wurde bereits in den sechziger Jahren entwickelt und ist nach wie vor das beherrschende theoretische Konzept zur Ermittlung der Kapitalkosten von Unterneh- 41

---

[25] Vgl. *Kudla*, S. 166 f.
[26] Vgl. *Hotchkiss/Mooradian*, S. 413.

men bzw. Geschäftsfeldern. Die erwartete Rendite hängt ab von einem risikolosen Zinssatz und einem Risikozuschlag, bestehend aus Marktrisikoprämie und Beta-Faktor. Letzterer erfasst dabei das systematische, durch Diversifikation nicht zu beseitigende Risiko und ist definiert als die Varianz der Rendite des betrachteten Objektes im Vergleich zur Varianz der Rendite des Gesamtmarktes.

42 Folglich liefert das CAPM die theoretische Fundierung für eine mögliche Herangehensweise bei der Bestimmung der Kapitalkosten eines Unternehmens. Hierbei ist das Unternehmen als Investitionsobjekt anzusehen und zu fragen, welcher Marktpreis für das Risikoprofil des Sanierungsunternehmens adäquat ist. Die hier ermittelte erwartete Rendite bildet somit einen Richtwert für die Rendite, die das Krisenunternehmen erbringen sollte. Nur Tätigkeiten mit einer Rendite, die größer ist als die jeweils risikoadjustierten Kapitalkosten, sollten verfolgt werden.

43 Das CAPM ist bis heute eines der wichtigsten Modelle im Bereich Corporate Finance und besticht durch seine Einfachheit. Diese beruht unter anderem auf bestimmten Annahmen, die gleichzeitig das Modell bzw. die hieraus gewonnen Aussagen einschränken. Zudem geht das CAPM davon aus, dass eine adäquate Alternativinvestition in Anleihen am Kapitalmarkt besteht. Im Rahmen der Bestimmung der Kapitalkosten eines Unternehmens ist diese Annahme allerdings kritisch zu hinterfragen, da eine adäquate Alternativinvestition eher in der Investition in Unternehmensanteile zu sehen ist. Die Rendite aus der Anlage in Unternehmensanteile besteht normalerweise aus grundsätzlich steuerfreien Kursrenditen und steuerpflichtigen Dividendenrenditen. Folglich müsste die unterschiedliche steuerliche Behandlung von Kurs- und Dividendenrenditen im Rahmen der Bestimmung des Kapitalisierungszinssatzes inkludiert werden. Die existierenden Steuersysteme sind in der Tat aufgrund der differenzierten steuerlichen Behandlung von Zinsen, Dividenden und Kursgewinnen auf der Ebene von privaten, inländischen Anteilseignern oftmals nicht investitionsneutral. Hierauf begründet sich die Forderung des IDW, dass persönliche Ertragssteuern bei Unternehmensbewertungen grundsätzlich zu berücksichtigen sind. Diese Differenzierung nimmt das CAPM jedoch nicht vor. Daher hat sich in der Praxis eine Modifikation des CAPM herausgebildet, die diese unterschiedliche Besteuerung betrachtet. Von besonderer Relevanz ist diese Modifikation im bewertungsspezifischen Tätigkeitsfeld der Wirtschaftsprüfer. Eine mögliche Lösung offeriert das Tax-CAPM[27] nach Brennan – hierbei handelt es sich um eine Modifizierung des ursprünglichen CAPM, sodass unterschiedliche Steuern/Steuersätze Berücksichtigung finden.[28] In der Lehre bildet das CAPM weiterhin das präferierte Modell.

44 Um das Dilemma der im CAPM nicht betrachteten (unterschiedlichen) Steuern zu lösen, verwendet die Praxis das *Tax-CAPM* (Wirtschaftsprüfer-Methode/IDW) und unterstellt einen einheitlichen Grenzsteuersatz von 35% für das deutsche Steuersystem. Diese Herangehensweise ist vor dem Hintergrund, dass es keine perfekte Lösung für das beschriebene Dilemma gibt, als Annäherung zu sehen. Die beiden skizzierten Herangehensweise zeigen, wie sich die Kapitalkosten eines Unternehmens mittels theoriebasierter Ansätze bestimmen lassen. Damit sind jedoch auch gewisse Nachteile verbunden. Die Praxis hat deshalb weitere Herangehensweisen zur Bestimmung von Renditekennzahlen entwickelt.

e) Markt- und Wettbewerbsposition und Ressourcenausstattung. Wie einleitend erwähnt, erfordert die Erstellung des Sanierungskonzeptes und somit auch des quantifi-

---

[27] Vgl. *Wagner*, S. 893 ff.; IDW S1 n.F.
[28] Vgl. auch die Aussage: „Die undifferenzierte Kürzung von Basiszins und Risikozuschlag um den Einkommensteuersatz dürfte nicht generell richtig sein." (Drukarczyk, S. 305.)

zierte Leitbildes, dass sich das Unternehmen nicht nur nach innen orientiert, sondern stets auch das wettbewerbliche Umfeld in die Analysen einbezieht.

Dies bedeutet, dass bspw. bei der Festlegung der Marktanteile diese im Verhältnis zu den Marktanteilen der Wettbewerber (insb. der Vergleichsunternehmen) zu betrachten sind. Nur wenn die Planungen zu einem realistischen Ergebnis innerhalb dieses Vergleichs führen, sind diese als valide anzusehen. An dieser Stelle ist zudem die Marktdynamik zu prüfen. Relevant ist hier insbesondere, in welchem Lebenszyklus sich die betrachteten Märkte befinden. Diese Prüfung ist entscheidend, da bspw. ein Marktanteilsgewinn in einem jungen Markt vergleichsweise leichter möglich ist als in einem gesättigten Markt. In einem gesättigten bzw. älteren Markt besteht sodann die Möglichkeit, über einen Wechsel des Geschäftsmodells bzw. über gänzlich neue Produkte nachzudenken. 45

Bei jeder Neuausrichtung des Unternehmens im Rahmen einer Sanierung ist mit Blick auf den Markt und die Wettbewerber darauf zu achten, dass bestehende Wettbewerbsvorteile – wie bspw. USPs[29] – nicht verloren gehen (sofern diese mit den Änderungen im Rahmen des Sanierungskonzeptes vereinbar sind) oder ggf. neue Wettbewerbsvorteile geschaffen werden. Als Beispiel kann hier das Kundenvertrauen dienen. Auch wenn sich das Unternehmen in einer Krise befindet, ist nach Möglichkeit darauf zu achten, dass die Kunden nicht das Vertrauen in das Unternehmen verlieren. Andernfalls sinkt der Umsatz des Unternehmens – was die Krise verschlimmert. Für das Krisenunternehmen stellt es einen immensen Vorteil dar, wenn die Kunden ihm weiterhin vertrauen. Dies macht zudem die Einführung neuer Produkte oder Produktvarianten einfacher und erhöht die Wahrscheinlichkeit, dass eingeplante Umsätze tatsächlich realisiert werden. 46

Mit Blick auf die Ressourcen gebührt den Mitarbeitern des Unternehmens besondere Aufmerksamkeit. Es ist von größter Wichtigkeit, diese in den Sanierungsprozess (soweit möglich) einzubeziehen. Dies ist notwendig, damit die Mitarbeiter (insb. die Schlüsselmitarbeiter und Know-how-Träger) an den Erfolg der Sanierung glauben, diese unterstützen und dem Unternehmen erhalten bleiben. Das Humankapital stellt in Abhängigkeit der Branche eine der wichtigsten Quellen für den Unternehmenserfolg dar. Dies unterstreicht, dass das Leitbild auch auf diesen Aspekt eingehen muss. 47

f) Berücksichtigung der Zeitkomponente. Die vorhergehenden Abschnitte sind auf vier zentrale Aspekte bei der Erstellung eines quantifizierten Leitbildes eingegangen. Da sich ein Krisenunternehmen aber im Rahmen der Sanierungsbemühungen erst in Richtung dieses Leitbildes entwickelt, ist die besondere Bedeutung der Zeitkomponente zu berücksichtigen. 48

Grundsätzlich lässt sich eine Unternehmenskrise in drei Abschnitte einteilen: die Strategiekrise, die Erfolgskrise und die Liquiditätskrise. Die drei Phasen können, müssen aber keine zeitliche Abfolge darstellen.[30] 49

Kennzeichnend ist, dass die Handlungsoptionen des Unternehmens abnehmen und der Handlungsdruck zunimmt. Eine Sanierung eines Unternehmens findet typischerweise nicht bereits in einer Strategiekrise, sondern erst zu einem späteren Krisenzeitpunkt statt. Folglich ist davon auszugehen, dass sich die hier betrachteten Unternehmen in einer Erfolgs- oder Liquiditätskrise befinden. Die negative Entwicklung schlägt sich also bereits im operativen Ergebnis des Krisenunternehmens nieder oder das Unternehmen hat bereits ernsthafte Liquiditätsprobleme. Eine Kulmination der Liquiditätskrise ist die Erfüllung der Insolvenzkriterien. Sind diese Tatbestände erfüllt, ist eine Sanierung des 50

---

[29] Unique Selling Propositions.
[30] Vgl. *Hommel/Knecht/Wohlenberg*, S. 34.

Unternehmens zwar noch möglich, aber vergleichsweise schwerer und oft nur mit massiven Änderungen möglich. Je weiter die Krise fortgeschritten ist, desto geringer ist demnach der zeitliche Handlungsspielraum, der dem Unternehmen zur Verfügung steht, um ein Sanierungskonzept (ein quantifiziertes Leitbild) zu entwickeln und die skizzierten Änderungen zu implementieren.

51 Basierend auf der Analyse der finanziellen Situation des Unternehmens ist zudem festzustellen, welche Volummina von Anlaufverlusten vom Unternehmen getragen werden können. Typischerweise sind mit einer Sanierung des Unternehmens anfänglich Aufwendungen für die Erstellung und Implementierung des entwickelten Konzeptes verbunden, aber auch bis zum Erreichen des sanierten Zustandes können über eine begrenzte Zeit weiterhin operative Verluste bzw. Liquiditätsabfluss entstehen. Hierbei spielt bspw. die Höhe des noch vorhandenen Eigenkapitals eine wesentliche Rolle. Wurden in der Vergangenheit Verluste erwirtschaftet, haben diese zu einer Reduzierung des Eigenkapitals geführt. Fraglich ist, wie hoch die geplanten Anlaufverluste noch sein dürfen, bevor das Eigenkapital aufgebraucht ist. Je mehr Eigenkapital zum Zeitpunkt der Erstellung des Sanierungskonzeptes (noch) vorhanden ist, desto eher können Anlaufverluste verkraftet werden. Entsprechend verfügt das Unternehmen über mehr Handlungsoptionen, wenn noch mehr Eigenkapital vorliegt.

52 Neben dieser Betrachtung des verbleibenden zeitlichen Spielraums, die ausschließlich auf die finanzielle Situation des Unternehmens fokussierte, ist anzumerken, dass bei all diesen Überlegungen auch beachtet werden muss, dass eine weitere wichtige zeitliche Restriktion der Wettbewerb selbst ist. Es ist demnach zu prüfen, wie lange das Unternehmen für die Umsetzung der Änderungen aus dem Sanierungskonzept benötigt und wie sich in diesem Zeitraum die Branche selbst verändert. Es ist sicherzustellen, dass das Unternehmen die Veränderungen schnell genug vornimmt, um die eigene Wettbewerbsfähigkeit zu erhalten. Sind die Veränderungen mit Blick auf den Wettbewerb innerhalb der entsprechenden Industrie nicht schnell genug umzusetzen, macht es regelmäßig wenig Sinn, diese Veränderung anzustoßen. Limitierend wirkt zudem die Restriktion, dass eine Beschädigung des Marktauftritts nach Möglichkeit zu vermeiden ist, da sich hieraus negative Implikationen für den weiteren Geschäftsverlauf (z.B. niedrigere Umsätze, höher Kosten aufgrund eines geringeren Mengeneffekts) ergeben können. Eine Beschädigung des Marktauftritts ergäbe sich bspw. dann, wenn das quantifizierte Leitbild dazu führen würde, dass sich die Kunden nicht mehr mit dem Unternehmen identifizieren können.

5. Exkurs: Quantifizierungsprozess im Zuge einer Desinvestitions-/ Schrumpfungsstrategie

53 In diesem Abschnitt soll der bisher dargestellte Leitbild-Quantifizierungsprozess am Beispiel einer Desinvestitions- bzw. Schrumpfungsstrategie exemplarisch durchgeführt werden.

54 Eine Desinvestitionsstrategie zeichnet sich primär dadurch aus, dass bestimmte Geschäftsfelder verlassen werden.[31] Investitionen in Produkte oder Produktgruppen werden gestoppt mit dem Ziel, diese vom Markt zu nehmen. Die auf diese Weise frei werdenden Ressourcen sind dann anderweitig verwendbar.[32] Eine solche Strategie findet bei Sanierungsprojekten regelmäßig Anwendung, da viele Krisenunternehmen eine durch das Management nicht mehr beherrschbare Komplexität aufweisen. Diese wird durch ver-

---

[31] Vgl. *Huber*, Praxishandbuch, S. 32.
[32] Vgl. *Stender-Monhemius/Monhemius*, Marketing, S. 69.

schiedene Teilbereiche getrieben. So führt z.B. das Wachstum eines Unternehmens in neue Geschäftsbereiche zu einem bedeutenden Komplexitätszuwachs auf strategischer Ebene. Die im Rahmen der Erschließung neuer Zielmärkte erforderliche Ausweitung des Leistungsprogramms der Gesellschaft impliziert jedoch ebenfalls eine Steigerung der strukturellen Komplexität, weiterhin wird dadurch auch die organisationale und prozessuale Komplexität erhöht.[33] In der Folge befindet sich ein Unternehmen häufig deshalb in einer Krise, weil es über Geschäftsfelder bzw. Produkte verfügt, die z.T. stark verlustbehaftet sind, also einen negativen Rohertrag generieren. Wenn diesen Verlustbringern dann nur einige wenige rentable Produktgruppen gegenüberstehen, werden deren Gewinne durch das negative Ergebnis der Verlustsegmente überkompensiert, sodass in der Summe auf Ebene des Gesamtunternehmens Verluste erzielt werden. Daher muss in Krisensituationen ein Fokus darauf liegen, im Rahmen einer strategischen Bereinigung des Geschäftsfelds- und Produktportfolios die verlusttreibenden Produktgruppen bzw. Geschäftsfelder zu identifizieren, um diese anschließend ggf. vom Markt zu nehmen bzw. zu schließen.[34]

55 Um den Bereinigungsbedarf hinsichtlich der Geschäftseinheiten und Produktbereiche der Unternehmung zu ermitteln, steht eine Vielzahl strategischer Analyseverfahren zur Verfügung. Die in der Praxis am häufigsten verwendete Methode ist sicherlich die Boston Consulting Group-Matrix (BCG-Matrix), welche die Geschäftseinheiten in einem zweidimensionalen Diagramm anhand der Variablen „Marktwachstum" und „Marktanteil" in vier Segmente clustert. Je nachdem, in welchem Quadranten sich eine Geschäftseinheit befindet, ergeben sich daraus verschiedene strategische Implikationen. Mittels eines solchen Verfahrens kann der Desinvestitionsbedarf der Gesellschaft ermittelt werden und die Basis für eine Portfoliobereinigung gelegt werden.[35]

56 Eine Desinvestitionsstrategie führt durch die Bereinigung des Produktportfolios kurz- und mittelfristig zu einem Absinken der Umsatzerlöse. Allerdings liegt dieser Strategie die Annahme zugrunde, dass die durch den Produktwegfall zu realisierenden Kosteneinsparungen in den verschiedenen Unternehmensbereichen die Umsatzerlöseinbußen überkompensieren, sodass in der Summe ein besseres Ergebnis erreicht werden kann. Ein Gelingen dieser Strategie setzt daher eine konsequente Anpassung der Kostenstrukturen voraus. Dabei muss insbesondere auch berücksichtigt werden, dass bestimmte Kostenarten der Umsatzentwicklung zeitmäßig nachlaufen und i.d.R. erst zeitverzögert reduziert werden konnten (Kostenremanenz).

57 Ist die Desinvestitionsstrategie qualitativ als Leitbild eines nachhaltig sanierten Unternehmens fixiert, muss der erwartete Soll-Zustand quantitativ bemessen werden. Da die Zielrenditekennziffer des Leitbildes in jedem Fall über dem Wert des Status quo zu liegen hat, müssen die mit der Schrumpfungsstrategie verbundenen Umsatzrückgänge also durch im Vergleich dazu überproportional wertmäßig sinkende Kostenstrukturen überkompensiert werden. Die Zielrenditekennziffer soll in diesem Bespiel 2,5 % auf Basis des Verhältnisses von EBIT zur Gesamtleistung betragen. Die Ableitung des quantitativen Leitbildes des sanierten Unternehmens für das Szenario einer Schrumpfungsstrategie ist exemplarisch im folgenden Schaubild dargestellt:

---

[33] Vgl. *Schneider/Schulz*, Unternehmenssanierung, S. 156 ff.
[34] Vgl. *Schneider/Schulz*, Unternehmenssanierung, S. 163 f.
[35] Vgl. dazu *Johnson/Scholes/Whittington*, Strategisches Management, S. 347 ff.

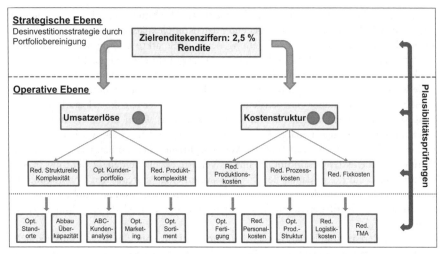

Abb. 5: Operationalisierungsbaum im Zuge einer Desinvestitionsstrategie[36]

58 Damit die Zielrenditekennziffer erreicht werden kann, müssen die Kostenstrukturen in Relation zu den Umsatzerlösen überproportional absinken (hier durch die eingekreisten Subtraktionszeichen dargestellt). Umsatzseitig zieht die durch Portfoliobereinigungen induzierte Desinvestitionsstrategie auf Maßnahmenbündelebene in diesem Beispiel eine Reduktion der strukturellen Komplexität, eine Optimierung des Kundenportfolios sowie eine Reduktion der Produktkomplexität nach sich. Diese Maßnahmenpakete untergliedern sich weiter in die Einzelmaßnahmen Standortoptimierung, Abbau von Überkapazität, Abnehmerstrukturierung, Neuausrichtung des Marketings sowie Bereinigung des Sortiments. Die Anpassung der Kostenstruktur soll damit einhergehend durch Maßnahmen erfolgen, die auf die Reduktion der Produktions- und Prozesskosten sowie eine Fixkostensenkung abzielen. Die dazu konkret hinterlegten Einzelmaßnahmen bestehen aus der Optimierung der Fertigung, der Reduktion von Personalkosten, der Bereinigung und Optimierung der Produktionsstruktur, der Reduktion der Logistikkosten sowie einer Reduktion von produktionsspezifischen Anlagen. Dabei sind die einzelnen Maßnahmen hinsichtlich ihres ausschöpfbaren Potenzials einer genauen Bewertung zu unterziehen und während des Planungsprozesses iterativ mit der festgelegten Zielkennziffer zu verplausibilisieren.

59 Im Ergebnis sollen die daraus resultierenden Effekte dazu führen, dass von der aktuellen Krisensituation ausgehend eine nachhaltige, überlebenssichernde Zielrendite erwirtschaftet wird. Der ergebnismäßige Weg vom *Status quo* zum Soll-Zustand kann zusammenfassend im Rahmen eines EBIT walk dargestellt werden:

---

[36] Eigene Darstellung.

§ 5 Quantifizierung des Leitbildes des sanierten Unternehmens § 5

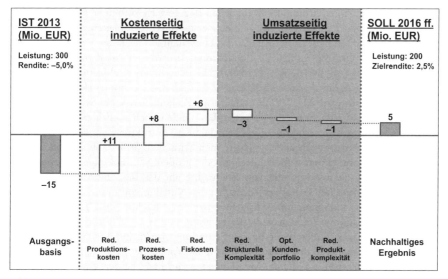

Abb. 6: Exemplarische Darstellung eines EBIT walk im Zuge einer Desinvestitionsstrategie[37]

Im Ergebnis reichen die identifizierten Maßnahmen dazu aus, bei einer Reduktion der Gesamtleistung um 100 Mio. EUR das EBIT von –15 Mio. EUR in 2013 auf 5 Mio. EUR ab 2016 zu steigern und somit eine Zielrendite von 2,5 % zu erreichen. Dabei können die Effekte hinsichtlich ihrer maßgeblichen Stoßrichtung separiert werden: Während die umsatzseitig induzierten Effekte das Ergebnis mit insgesamt 5 Mio. EUR negativ beeinflussen, fließen die kostenindizierten Effekte mit einer Summe von insgesamt 25 Mio. EUR dagegen. Durch diese Überkompensation kann im Rahmen der gewählten Desinvestitionsstrategie eine nachhaltige Zielrendite von 2,5 % ab 2016 realisiert werden. 60

III. Vorgehen bei der Erstellung des quantifizierten Leitbildes

1. Methodik und Praxisansätze (theoriebasierte Ansätze, Zeitreihenanalyse, Benchmarking)

In Abschnitt II.4.d) wurde gezeigt, dass sich einige Elemente des Leitbildes auf Basis theoretischer Konzepte quantifizieren lassen; dies betrifft insb. die Ermittlung der Kapitalkosten und somit letztlich auch Renditekennzahlen. Für andere Aspekte, wie z.B. Kostenstrukturen, existieren keine derart ausgefeilten theoretischen Konzepte, sodass hier in der Praxis auf andere Methoden zurückgegriffen wird, etwa Zeitreihenanalysen (Analyse der Vergangenheitsperformance) oder Benchmarking. 61

Bei der *Vergangenheitsperformance* wird auf der Basis von historischen Daten ermittelt, welche Kostenstrukturen, Kapitalrenditen bzw. Bilanzstrukturen das Unternehmen früher aufwies. Die hieraus gewonnenen Erkenntnisse werden in den Kontext der aktuellen Situation des Unternehmens (interne Betrachtung) und des Marktes (externe Betrach- 62

---

[37] Eigene Darstellung.

tung) gesetzt. Nach Ermittlung der historischen Bezugswerte sind diese folglich mit den aktuellen zu vergleichen. Hieraus lässt sich eine erste Indikation ableiten, welche Kostenstruktur, Zielrenditen bzw. Bilanzstruktur das Unternehmen nach der Sanierung wieder erreichen sollte. Um diese singuläre Betrachtung zu erweitern, ist darüber hinaus das Unternehmen zu analysieren, ob sich strukturelle oder andere nachhaltige Veränderungen ergeben haben, die als Anzeichen zu deuten sind, dass die historische Performance nicht länger als adäquate Messlatte für zukünftige Ziele dienen kann. So ist es durchaus möglich, dass zukünftig höhere oder unter Umständen auch niedrigere Renditen als Zielwerte zu vereinbaren sind oder die ehemalige Kostenstruktur nicht länger angemessen ist. Darüber hinaus ist in diesem Schritt auch kritisch zu prüfen, ob die historischen Renditen einen konstanten Verlauf aufzeigen oder größere Schwankungen auftraten. Lag Letzteres vor, ist die Bestimmung von Zielrendite auf der Basis historischer Rendite deutlich problematischer. Grundsätzlich ist bei der Nutzung von historischen Renditen zu beachten, dass ein kompletter Unternehmenszyklus betrachtet wird. Trotz dieser Einschränkungen zeigt die Praxis, dass die Betrachtung und Analyse historischer Renditen oftmals eine adäquate Hilfestellung bei der Ermittlung von Zielrenditen darstellt.

63 Daneben findet sich in der Praxis regelmäßig der Ansatz des *Benchmarkings*. Innerhalb dieser Herangehensweise sind zwei Möglichkeiten zu unterscheiden: das inter- und das intra-industrie Benchmarking. Welches letztlich angemessen ist, hängt von der individuellen Unternehmenssituation ab und ist entsprechend zu berücksichtigen.

64 Beim intra-industrie Benchmarking werden Unternehmen der gleichen Industrie bzw. Branche herangezogen, um Vergleichszahlen zu ermitteln. Bei der Bestimmung solcher Vergleichsunternehmen („Comparables") ist es besonders wichtig, dass die ausgewählten Unternehmen letztlich auch tatsächlich vergleichbar sind. Dies ist eine der wesentlichen Problematiken, die sich in der Praxis ergibt. Regelmäßig ist es sehr schwer, passende Vergleichsunternehmen zu finden. Insbesondere wenn das Krisenunternehmen kein „pure player" sondern bspw. ein Mischkonzern ist, finden sich Vergleichsunternehmen nur sehr bedingt. In einer solchen Situation behilft man sich normalerweise damit, dass man ein Portfolio mit Vergleichsunternehmen zusammenstellt und dieses so gewichtet, dass der Mix weitestgehend dem betrachteten Krisenunternehmen entspricht. An dieser Stelle wird davon ausgegangen, dass passende Vergleichsunternehmen identifiziert wurden. In einem nächsten Schritt sind dann die Kostenstrukturen, die Renditen bzw. die Bilanzstrukturen dieser Unternehmen zu ermitteln. Liegen diese Angaben vor, gibt es verschiedene Möglichkeiten, diese in Zielwerte für das Krisenunternehmen zu überführen. Eine Option besteht darin, sich an dem „besten" Unternehmen der Industrie bzw. der Branche innerhalb der Vergleichsgruppe zu orientieren. Dieser Ansatz ist als „best in class" bekannt. In der Praxis ist es essentiell, dass geprüft wird, ob sich hieraus realistische Zielwerte ergeben. Je nach Schwere der Krise wie auch der Spezifika der Industrie oder Branche kann sich ergeben, dass die Festsetzung bestimmter Zielrenditen nicht sinnvoll ist, da deren Erreichung nicht möglich oder vergleichsweise unwahrscheinlich erscheint. Des Weiteren kann auch ein Durchschnittswert der Renditen (bzw. Kostenstrukturen oder Bilanzstrukturen) der Vergleichsunternehmen gewählt werden, um die eigene Zielrendite zu definieren. Dies ist dann – wie aufgezeigt – sinnvoll, wenn die Erreichung der gleichen Rendite wie die des „besten" Unternehmens aus der Vergleichsgruppe nicht realistisch erscheint. Hierbei ist allerdings zu beachten, dass es grundsätzlich fraglich ist, ob sich ein Unternehmen am Durchschnitt der Vergleichsunternehmen messen sollte. Bereits *Schumpeter* stellte fest, dass Wettbewerb als „schöpferische Zerstörung" zu sehen ist: Ein Unternehmen entwickelt eine Innovation und erreicht damit einen temporären Wettbewerbsvorsprung, der ihm so lange die Abschöpfung erheblicher Gewinne ermöglicht (monopolähnliche Situation), bis die Konkurrenzunternehmen diesen Wettbewerbsvorsprung wieder egalisieren. Diese Überlegung steht konträr zu dem Argument, sich am Durchschnitt zu orientieren. Aus der Sicht des Krisenunternehmens kann aber auch der Durchschnitt eine sinnvolle temporäre Zielrendite sein; langfristig ist jedoch eine überdurchschnittliche Rendite anzustreben, da diese Voraussetzung für einen langfristige Erhalt der Wettbewerbsfähigkeit ist (Eigenfinanzierungsfähigkeit des Unternehmens).

Neben dem intra-industrie Benchmarking kann auch ein inter-industrie Benchmarking gewählt werden. Bei dieser Herangehensweise werden nicht nur Unternehmen der gleichen Industrie bzw. Branche in die Vergleichsgruppe aufgenommen, sondern auch Unternehmen aus anderen Industrien respektive Branchen. Dies ist besonders dann sinnvoll, wenn das betrachtete Krisenunternehmen nicht zum Kreis der sogenannten „pure player" zählt, sondern verschiedene Betätigungsfelder unter einem Dach vereint. In diesem Fall wird die Vergleichsgruppe aus Unternehmen verschiedener Branchen zusammengestellt. Es besteht dann die Möglichkeit, für das Krisenunternehmen Zielwerte auf Basis eines entsprechend gewichteten Durchschnitts oder Einzelwerte auf Basis einer Teilung entsprechend der einzelnen Unternehmensbereiche zu bestimmen. In der Praxis macht es regelmäßig Sinn, wenn Zielwerte für die einzelnen Unternehmensbereiche festgelegt werden. Dieser Ansatz ist besonders in Fällen zu präferieren, wenn sich die Unternehmensbereiche deutlich voneinander unterscheiden. **65**

2. Inhalte und Quellen zur Deckung des Informationsbedarfs

Zur Erstellung eines quantifizierten Leitbildes, das die Situation des Unternehmens nach Überwindung der Krise zeigt, werden verschiedene Informationen benötigt. Neben den Informationen aus dem internen Rechnungswesen des Unternehmens zur Ableitung der Zielkostenstruktur, der Renditekennzahlen und der Zielbilanzstruktur sind auch externe Quellen heranzuziehen. **66**

In den Abschnitten, die sich mit der Ausgestaltung eines quantifizierten Leitbildes beschäftigten, wurde wiederholt auf den Nutzen von Benchmarks hingewiesen, da diese erlauben, das Unternehmen im Vergleich zu den Wettbewerbern zu positionieren und zu analysieren. Diese Informationen liegen nicht zwangsläufig immer vor. Handelt es sich bei den Vergleichsunternehmen um börsennotierte Unternehmen, ist aufgrund der Publizitätspflichten prinzipiell von einer guten Datenlage auszugehen, da diese Unternehmen diverse Publizitätspflichten erfüllen müssen aus denen ein Großteil der benötigten Informationen extrahiert werden kann. Zudem werden diese Unternehmen von Analysten untersucht, die ihre Erkenntnisse über die historische, die aktuelle und die erwartete Entwicklung publizieren. Handelt es sich dahingegen um nicht-börsennotierte Unternehmen liegen die benötigten Information wie bspw. ihre Renditekennzahlen oder die Kostenstruktur nicht oder nur unzureichend vor. An dieser Stelle besteht prinzipiell die Möglichkeit, Industrieexperten einzubeziehen. Daneben können auch Branchenverbände oder Research-Institute über benötigte Informationen verfügen. Folglich sind diese Informationsquellen ebenfalls zu prüfen. Letztlich können auch Sanierungsexperten, die ähnliche Fälle bereits bearbeitet haben und über Erfahrung in der jeweiligen Industrie verfügen, einbezogen werden. **67**

Ein quantifiziertes Leitbild muss darüber hinaus auch in den Kontext des Marktumfelds gesetzt werden. Dieser Schritt ist notwendig, um die Markt- und Wettbewerbsannahmen zu validieren, die innerhalb des Sanierungsplans vorgenommen werden müssen. So wäre es bspw. fatal, wenn der Business Plan ohne die Existenz entsprechender Maß- **68** nahmen annimmt, dass der Zielmarkt des Unternehmens wächst, dieser aber tatsächlich stagniert oder sogar schrumpft. Aus diesem Grund ist es notwendig im Rahmen eines quantifizierbaren Sanierungsplans auch eine Analyse des Marktes und der Wettbewerbsposition vorzunehmen. Diese teilt sich typischerweise in drei Bereiche: die Analyse des Gesamtmarktes, die Prognose der erwarteten Marktentwicklung und die Positionierung des Krisenunternehmens im Wettbewerbsvergleich.

69 Im Rahmen der *Analyse des Gesamtmarktes* wird zunächst die Bestimmung des Marktvolumens vorgenommen. Dies ist notwendig, um das Maximalvolumen des Marktes in der Planung berücksichtigen zu können und den eigenen Marktanteil zu berechnen. Zudem ist eine Marktsegmentierung vorzunehmen. Idealerweise ist hierbei eine Abgrenzung nach Regionen und Produktgruppen vorzunehmen. Dies erlaubt einen Überblick über die geografische Aufteilung des Marktes und die Bedeutung einzelner Produkte am Marktvolumen. Aus diesen Analysen lässt sich anschließend der für das Krisenunternehmen relevante Markt abgrenzen. Im Anschluss hieran wird eine Betrachtung der Wettbewerber und ihrer Marktanteile vorgenommen. Dieser Schritt ist essentiell, weil er dem Krisenunternehmen einen Überblick über die aktuellen Wettbewerber erlaubt. Zudem bildet diese Analyse den Grundstein für die Bestimmung der Benchmark-Unternehmen. So können die hier gewonnen Erkenntnisse genutzt werden, um die Zielrendite, die Zielkostenstruktur und die Zielbilanzstruktur zu ermitteln bzw. an den Wettbewerbern zu spiegeln und zu plausibilisieren. Die Darstellung des Gesamtmarktes schließt mit einer Ermittlung der Erfolgsfaktoren im Markt. Dies kann bspw. mit Hilfe von Industrieexperten geleistet werden, die die relevante Branche sehr genau kennen.

70 Ausgehend vom aktuellen Marktvolumen, welches bei der Darstellung des Gesamtmarktes ermittelt wurde, wird im Rahmen der *erwarteten Marktentwicklung* auf Grundlage der wesentlichen Trends im relevanten Markt die Entwicklung des Marktes prognostiziert. Wesentliche Trends bilden hierbei bspw. technologische Entwicklungen oder mögliche Konsolidierungserscheinungen aufgrund sich verändernder Marktbedingungen. Diese Prognose spielt bei der Erstellung des Business Plans eine wichtige Rolle, da hiermit angenommene Wachstumsraten verifiziert werden können. Innerhalb dieser Betrachtung ist zudem eine Prognose der Entwicklung der Marktanteile der auf dem Markt agierenden Unternehmen vorzunehmen. Diese spiegelt die Wettbewerbsverhältnisse wider und zeigt, wie sich die verschiedenen Wettbewerber voraussichtlich entwickeln werden.

71 In einem letzten Schritt der externen Analyse ist die *Positionierung des Krisenunternehmens* im Wettbewerbsvergleich vorzunehmen. Typischerweise werden hier der relative Marktanteil und das Marktwachstum verglichen und geprüft, wo das Unternehmen positioniert ist. Idealtypischerweise ist ein hoher relativer Marktanteil in Verbindung mit einem hohen Marktwachstum anzustreben. Das Unternehmen selbst kann jedoch nur den ersten Faktor beeinflussen, der andere ist – zumindest in der kurzen Sicht – exogen vorgegeben. Darüber hinaus ist zu analysieren, zu welchem Grad das Krisenunternehmen die Erfolgsfaktoren erfüllt, die im ersten Schritt der externen Analyse ermittelt wurden. Hierbei ist ein hoher „Fit" anzustreben. Gegebenenfalls ergibt sich hieraus ein Anpassungsbedarf mit Blick auf das quantifizierte Leitbild. Dabei ist es wichtig, auch hier konkret messbare Ziele zu definieren, die das Unternehmen in einer bestimmten Zeit bzw. über bestimmte Schritte erreichen muss. Nur wenn das Unternehmen einen hohen Erfüllungsgrad in Bezug auf die wesentlichen Erfolgsfaktoren der Industrie oder Branche aufweist, ist mit einem nachhaltigen Markterfolg nach der Sanierung zu rechnen. In einem letzten Schritt der externen Analyse ist ein Vergleich der Wertschöpfung vorzuneh-

§ 5 Quantifizierung des Leitbildes des sanierten Unternehmens § 5

men. Hierbei ist einerseits auf die Positionierung der Wettbewerber zu achten, andererseits ist zu prüfen, welches Vorwärts- bzw. Rückwärtsintegrationspotential Lieferanten bzw. Kunden aufweisen. Eine derartige Marktverkleinerung ist unbedingt zu berücksichtigen, um die Korrektheit des Business Plans sicherzustellen. Käme es zu einer vom Krisenunternehmen unzureichend antizipierten Marktverkleinerung, könnte dies den Business Plan und folglich das Überleben des Unternehmens gefährden.

Auch die zu erwartende Rendite bzw. die Kapitalkosten sind von externen Faktoren, in diesem Fall dem Kapitalmarkt, abhängig. Im Rahmen des CAPM werden die risikofreie Rendite, die Marktrendite und das Beta des Unternehmens benötigt. Für die risikofreie Rendite wird meist eine langfristige Staatsanleihe (z.B. von Deutschland, jedoch nicht von risikobehafteten Volkswirtschaften) gewählt. Bei dieser geht man davon aus, dass der Zins garantiert und nicht mit einem Ausfall zu rechnen ist. Die Bestimmung einer adäquaten Marktrendite ist diffiziler. Man kann eine derartige Rendite nicht unmittelbar recherchieren. In der Praxis behilft man sich damit, dass man sich bspw. einen Marktindex sucht, der den Markt des Krisenunternehmens möglichst gut repräsentiert. Für ein deutsches Technologieunternehmen könnte hier z.B. der TecDAX zur Berechnung der Marktrendite herangezogen werden. Letztlich ist das unternehmensspezifische Beta zu bestimmen. Hier kann entweder auf Berechnungen von Firmen, die sich auf die Ermittlung von Betas spezialisiert haben, zurückgegriffen werden, man kann ein Beta mithilfe einer Regressionsanalyse selbst bestimmen oder man sucht sich ein Vergleichsunternehmen, dessen Beta man mit entsprechenden Adjustierungen auf das Krisenunternehmen überträgt, dass ggf. eine unterschiedliche Finanzierungsstruktur aufweist. Die gleiche Problematik ist auch für das Tax-CAPM zu lösen. Hier sind zudem Annahmen hinsichtlich der anzuwenden Steuersätze zu treffen. 72

IV. Die Rolle des quantifizierten Leitbildes für die Business Planung sowie das Maßnahmenmanagement und -controlling

1. Verankerung des Leitbildes in der Business Planung

Die Business Planung als quantitative Hinterlegung der Elemente des Sanierungskonzeptes – und im sog. „eingeschwungenen Zustand" auch des Leitbildes des sanierten Unternehmens – ist das Herzstück eines Sanierungskonzeptes. Letztendlich muss durch den Business Plan nachgewiesen werden, dass das Unternehmen sanierungsfähig und sanierungswürdig ist. Darüber hinaus ergeben sich wesentliche Eckwerte für die Sanierung, wie die benötige Zuführung neuer Liquidität bzw. die benötigte Stärkung des Eigenkapitals zur Abwendung der Insolvenztatbestände erst aus der Business Planung. Somit stellen die Anforderungen der Business Planung auch die zwingend notwendigen, obgleich noch nicht hinreichenden, Anforderungen an die Detaillierung des Zielbildes dar. 73

Das Zielbild des sanierten Unternehmens gibt damit mehr als nur das reine strategische Ziel des Unternehmens wieder: Um eine umfassende Business Planung zu ermöglichen, muss das Zielbild sowohl operative Aspekte, die die GuV des Unternehmens bestimmen, beschreiben als auch finanzielle Aspekte, die die Bilanz des Unternehmens betreffen. Auch der Zeithorizont, in dem das Zielbild verwirklicht werden soll, muss definiert sein. Es muss also der Zeitpunkt festgelegt werden, zu dem alle Sanierungsmaßnahmen ihre volle Wirkung erreicht haben sollen. 74

Wie bereits erwähnt kommt es dabei i.d.R. auch zu einem iterativen Prozess zwischen Erstellung des Zielbildes des Unternehmens und Business Planung. Dies wird insbeson- 75 dere dann der Fall sein, wenn das zunächst erstellte Zielbild sich als nicht geeignet erweist, wesentliche Anforderungen an die wirtschaftlichen Kennzahlen, wie Kapitalrendite oder auch Bilanzstruktur, zu erfüllen.

76 Da die Business Planung mit ihren Elementen auch der externen Rechnungslegung des Unternehmens entspricht, bildet sie gleichzeitig einen wichtigen Bestandteil für ein Umsetzungscontrolling des Sanierungskonzeptes, auf das insb. unternehmensexterne Stakeholder zurückgreifen werden. In der späteren Umsetzungsphase des Sanierungskonzeptes stellt die Business Planung ein wesentliches Controlling-Instrument für Unternehmensexterne dar. Durch diese Tatsache kommt ihr eine besondere Bedeutung zu.

2. Das Leitbild als Instrument im Rahmen von Maßnahmenmanagement und -controlling

77 Die Umsetzung des Sanierungskonzeptes setzt in der Regel eine breite Einbindung der Mitarbeiter des betroffenen Unternehmens voraus, die zum Teil noch deutlich weiter geht, als die Einbindung der unmittelbar mit der Sanierung beauftragten Mitglieder der Projektorganisation. Somit ist neben der umfangreichen Kontrolle auch eine Koordination einer Vielzahl von Beteiligten erforderlich. In der Praxis wird die Umsetzung daher durch ein spezielles Projekt- oder Sanierungs-Controlling und Maßnahmenmanagement unterstützt, welches die Umsetzung des Sanierungskonzeptes und damit das Erreichen des Zielbildes zum Gegenstand hat.

78 Die wesentlichen Aufgaben dieser Controlling-Organisation, die i.d.R. an die Leitung der Projektorganisation berichten, sind:[38]
- Finanz- und ertragswirtschaftliche Kontrolle, also die Überwachung der Einhaltung des Business Plans
- Prämissenüberwachung als Kontrolle der Annahmen der Zielbildes und der Business Planung
- Effektcontrolling und somit die ständige Prüfung der Eignung der gewählten Sanierungsmaßnahmen, das Zielbild zu erreichen
- Überwachung der Marktwirkung und damit ein Controlling wesentlicher externer Umfeldfaktoren für das Unternehmen, nämlich die Entwicklung von Nachfrage und Wettbewerb, wie sie im Zielbild vorgesehen sind
- Ressourcen-Controlling, sodass sichergestellt ist, dass die notwendigen Mittel und Ressourcen zum Erreichen des Zielbildes vorhanden sind. Hier ist anzumerken, dass sich der Begriff Ressourcen an dieser Stelle explizit nicht nur auf die finanziellen Mittel und Reserven des Unternehmens erstreckt, sondern auch auf die Fähigkeit und Motivation der Mitarbeiter sowie auf die Verfügbarkeit wichtiger Rohstoffe und Vorprodukte

Das Leitbild muss ein entsprechendes Controlling ermöglichen, indem es die Basis für Soll/Ist-Analysen bildet bzw. bei veränderten Prämissen eine Aktualisierung des Zielbildes ermöglicht.

79 Eine zeitnahe Transparenz und umfassende Kenntnis über diese Informationsfelder ist eine wesentliche Voraussetzung für den Erfolg der Sanierung, da sie bspw. notwendig ist, um den Druck auf die Umsetzung zu erhöhen, Maßnahmen neu zu dimensionieren bzw. anzupassen und die Definition von Zusatz- und Gegenmaßnahmen einzuleiten, falls wesentliche Ziele der Sanierung nicht erreicht werden. Der Fokus des Sanierungs-Controllings geht dabei jedoch über die reine Betrachtung der Abweichung vom Zielbild hinaus

---

[38] Vgl. *Kall*, S. 285 f.

und beleuchtet auch den Weg der Implementierung. Zeitliche Verzögerungen der Maßnahmenumsetzung bzw. beim Eintreten der Effekte können dazu führen, dass selbst wenn langfristig die angestrebte Wirkung eintritt, in der Zwischenzeit wesentliche, insb. finanzielle, Ressourcen des Unternehmens aufgezehrt werden und zum Erreichen des Zielbildes nicht mehr zur Verfügung stehen. Das Zielbild ist rein statisch, während das Sanierungs-Controlling eine dynamische Perspektive einnimmt.

V. Fazit: Erfolgsfaktoren für die Erstellung eines geeigneten Leitbildes

Wie in den Ausführungen dieses Beitrags ersichtlich geworden ist, kommt dem Leitbild des sanierten Unternehmens sowohl im Rahmen der Erstellung des Sanierungskonzeptes als auch während der nachfolgenden Umsetzung eine zentrale Rolle zu. In der Sanierung kann der Leitsatz „Der Weg ist das Ziel" nicht gelten – nur das Erreichen des Zielbildes gewährleistet die erfolgreiche Sanierung eines Unternehmens. Fehlen Aspekte des Zielbildes, so besteht ein latentes Risiko, dass das Unternehmen auch in der näheren Zukunft erneut in eine Krise rutscht. Die sog. „Dauerkrisenunternehmen" zeugen von einer nur halbherzig durchgeführten Sanierung, die nie zu einem wirklich gesunden Unternehmen geführt hat. Eine Sanierung ist somit erst dann beendet, wenn das Ziel erreicht ist. Bei dieser hohen Bedeutung des Leitbildes für die erfolgreiche Sanierung ist abschließend zu betrachten, welche Erfolgsfaktoren im Rahmen der Sanierungsarbeiten ein geeignetes Leitbild für das Unternehmen hervorbringen. 80

Problematisch ist bei dem grundsätzlich statischen Charakter des Leitbildes, dass viele Unternehmen nicht in stabilen Märkten tätig, sondern mit einem dynamischen Wettbewerbsumfeld konfrontiert sind. Vor diesem Hintergrund kann natürlich ein sklavisches Festhalten an dem zu Beginn der Sanierung aufgestellten Leitbild nicht erfolgversprechend sein. Vielmehr gilt auch in Bezug auf das Leitbild, was für alle langfristigen Planungen gilt: Sobald sich wesentliche Parameter ändern, ist das Zielbild erneut zu überprüfen und ggf. zu revidieren. 81

Die genaue Beschreibung des Zielbildes des sanierten Unternehmens, die detaillierte Beschreibung der dem Zielbild zugrunde liegenden Prämissen sowie die weitreichende Quantifizierung sorgen aber dafür, dass eine Anpassung des Zielbildes nicht der Beliebigkeit unterliegt. Sobald sich also bestimmte Parameter der Umwelt oder innerhalb des Unternehmens ändern, können die Auswirkungen auf das Zielbild analysiert und dessen Anpassung vorgenommen werden. Die wesentlichen Erfolgsfaktoren sind demnach Detaillierung und Anpassungsfähigkeit. 82

Wie bereits erwähnt, werden im Rahmen der Sanierung Beiträge von vielen Stakeholdern (Eigentümern, Finanzierern, Mitarbeitern etc.) verlangt. Das Zielbild des sanierten Unternehmens ist somit auch ein wichtiges Werkzeug der Kommunikation mit den Stakeholdern. Das Zielbild schafft Transparenz und dient dazu, die involvierten Parteien von der Vorteilhaftigkeit der Sanierung des Unternehmens zu überzeugen. 83

Insb. für die Mitarbeiter eines Unternehmens erfordert die Sanierung das Aufgeben von etablierten Strukturen und Prozessen. Auch wenn das Sanierungskonzept bereits die wesentlichen Maßnahmen im Rahmen der Sanierung beschreibt, so verbleiben im operativen Tagesgeschäft noch viele Handlungs- und Entscheidungsspielräume, die durch die Mitarbeiter zu füllen sind. Das Leitbild des Unternehmens dient auch dazu, hierfür die notwendige Orientierung zu geben und auf diese Weise die Akzeptanz für das Sanierungskonzept zu erhöhen. 84

85 Auch wenn in der Sanierungspraxis in der Phase der Konzepterstellung häufig ein wesentlicher Schwerpunkt auf der Ausformulierung der Sanierungsmaßnahmen gelegt wird, so sollten der Formulierung des Zielbildes ebenfalls die notwendige Aufmerksamkeit und Sorgfalt gewidmet werden. Denn auch in der Sanierung eines Unternehmens gilt: „Nur wer das Ziel kennt, kennt auch den Weg."

§ 6 Beurteilung von Sanierungskonzepten nach dem IDW S 6

Übersicht

	Rn.
I. Einleitung	1–3
II. Darstellung des IDW S 6	4–37
1. Kernanforderungen an Sanierungskonzepte	4–8
2. Auftragsinhalte und Verantwortlichkeiten	9
3. Analytische Unternehmensdarstellung	10–14
a) Informationsqualität und -umfang	10–12
b) Analyse der Unternehmenslage	13, 14
4. Feststellungen zum Krisenstadium	15–18
5. Aussagen zur Unternehmensfortführung	19–22
6. Ausrichtung am Leitbild des sanierten Unternehmens	23–25
a) Bedeutung des Leitbildes	23
b) Auswirkung auf Unternehmensstruktur und Wettbewerbsposition	24, 25
7. Stadiengerechte Bewältigung der Unternehmenskrise	26–29
8. Integrierte Sanierungsplanung	30, 31
9. Dokumentation, Berichterstattung und zusammenfassende Schlussbemerkung	32–35
III. Würdigung des IDW S 6	36–54
1. Einleitung	36, 37
2. Umfang von Sanierungskonzepten	38, 39
3. Struktureller Ansatz (des Zwei-Stufen-Modells)	40–54
IV. Abgrenzung zu anderen Arten von Sanierungskonzepten	55–60
1. Einleitung	55
2. Insolvenzplan	56
3. Bescheinigung nach § 270b InsO	57–59
4. Überblick über die Arten von Sanierungskonzepten	60
V. Anlässe für eine Erstellung bzw. Beurteilung von Sanierungskonzepten	61–69
1. Grundsätze einer ordnungsmäßigen Geschäftsführung	61
2. Rechtspflichten der Organe	62
3. Jahresabschlussprüfung	63
4. Bankspezifische Anlässe	64
5. Milderung steuerlicher und handelsrechtlicher Folgen von Restrukturierungsmaßnahmen	65, 66
6. Anlässe nach der Insolvenzordnung	67–69
VI. Haftung des Gutachters	70–79
1. Allgemeines	70
2. Haftung des Gutachters gegenüber dem Auftraggeber	71
3. Haftung des Gutachters gegenüber vertragsfremden Dritten	72–77
4. Umfang der Haftung	78
5. Beschränkung der Haftung	79

§ 6 2. Teil. Erstellung und Beurteilung von Restrukturierungskonzepten

I. Einleitung

1 Das Institut der Wirtschaftsprüfer e.V. hat mit dem *IDW Standard S 6 „Anforderungen an die Erstellung von Sanierungskonzepten"* (IDW S 6) bereits in 2009 erstmalig detailliert Anforderungen an die Erstellung von Sanierungskonzepten beschrieben[1] und hierdurch einen vielbeachteten Branchenstandard, nämlich die *IDW Stellungnahme FAR 1/1991 „Anforderungen an Sanierungskonzepte (FAR 1/1991)",*[2] abgelöst. Das Erfordernis hat sich seinerzeit aufgedrängt, weil in der Praxis früher Sanierungskonzepte hinter den Anforderungen des FAR 1/1991, das ein Vollkonzept verlangte, zurückgeblieben sind.[3] Auftraggeber haben sich bei der Erstellung von Sanierungskonzepten eher von Liquiditätsschwierigkeiten leiten lassen und Aspekte einer strategischen Neuausrichtung dabei außen vor gelassen.[4] Der IDW S 6 ermöglicht nunmehr bspw. eine stufenweise Bearbeitung von Sanierungskonzepten. Die Veröffentlichung in 2009 ist auf großes Interesse bei allen betroffenen Berufsgruppen gestoßen, hat allerdings auch Fragen aufgeworfen, was bei der komplexen Materie nicht verwundert. Den sachlich berechtigten Ergänzungswünschen, insbesondere der Bankenvertreter,[5] folgend, aber auch die Einführung von ESUG berücksichtigend,[6] hat der Fachausschuss Sanierung und Insolvenz im IDW (FAS) den IDW S 6 weiterentwickelt und Ende 2012 veröffentlicht.[7]

2 Die Aufgabenstellungen, die mit dem IDW S 6 zu bewältigen sind, umfassen unternehmerisch-betriebswirtschaftliche und rechtliche Fragestellungen. IDW Standards richten sich eigentlich an den Berufsstand der Wirtschaftsprüfer. Im Falle des IDW S 6 ist die gesamte Restrukturierungs-Branche im Fokus. So sind neben der Bankenwelt auch die Belange der eher rechtlich ausgebildeten Insolvenzverwalter, einschließlich der BGH-Rechtsprechung, zu berücksichtigen, was immer anspruchsvoll ist, wenn Betriebswirtschaft auf Jurisprudenz trifft.[8] In Unternehmenskrisen sind Banken wichtige Ansprechpartner aus dem Kreis der Stakeholder. Die finanzierenden Kreditinstitute fordern aufgrund regulatorischer Anforderungen der Bundesanstalt für Finanzdienstleistungsaufsicht (BaFin) und den Mindestanforderungen an das Risikomanagement (MaRisk) vollumfänglich integrierte Sanierungskonzepte, die insbesondere bei einem weiteren Engagement in der Krise des Bankkunden Anfechtungsansprüche im Falle einer gescheiterten Sanierung vermeidet.[9]

3 Neben den fachlichen interdisziplinären Ansprüchen sind Regeln zur Orientierung bei der Erstellung von Sanierungskonzepten aufzustellen, die nicht nur von Konzernunternehmen, sondern auch von kleineren und mittleren Unternehmen (sog. KMU) erfüllt werden können. Dieses Problem ist gerade Wirtschaftsprüfern als Abschlussprüfer nicht ganz unbekannt. Denn die vom IDW formulierten Anforderungen an die Abschlussprüfung sind ebenfalls komplex und nicht trivial und auch im Rahmen von Prüfungen kleinerer und mittlerer Unternehmen zu beachten.[10] Zivilrechtliche Ansprüche nach

---

[1] Vgl. IDW S 6 a.F., Rn. 1.
[2] Vgl. IDW FAR 1/1991, S. 319.
[3] Vgl. *Buth/Hermanns*, DStR 2010, 288.
[4] Vgl. *Groß*, WPg 2009, 231.
[5] Vgl. ZIP-Dokumentation, ZIP 2012, 946.
[6] Vgl. *Becker/Martin/Müller/Wobbe*, DStR 2012, 981.
[7] Vgl. IDW S 6, S. 719 ff.
[8] Vgl. hierzu insbesondere *Prütting*, ZIP 2013, 204 f.
[9] Vgl. *Leschke/Rost*, DB 16/2013, 1.
[10] Vgl. u.a. IDW Praxishandbuch zur Qualitätssicherung, mit über 1000 Seiten.

§§ 43 und 64 GmbHG gegenüber der Geschäftsführung werden abschließend erwähnt ebenfalls durch ein fachgerechtes Sanierungsgutachten vermieden. Auch die Geschäftsleitung eines Unternehmens in einer existenzbedrohlichen Situation sollte Interesse an einer qualifizierten externen Meinung haben. All den benannten Aufgabenstellungen hat ein so gewichtiger Standard gerecht zu werden.

II. Darstellung des IDW S 6

1. Kernanforderungen an Sanierungskonzepte

Die wesentlichen *Module bzw. Kernanforderungen eines Sanierungskonzeptes* dieses IDW Standards S 6 sind der Konzeptstruktur des FAR 1/1991[11] entlehnt.[12]

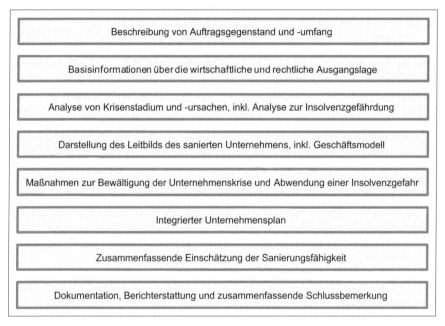

Abb. 1: Konzeptstruktur IDW S 6

Die Sanierungsfähigkeit eines Krisenunternehmens kann nur dann beurteilt werden, wenn das Sanierungskonzept sämtliche Module enthält und die hiermit verbundenen Fragestellungen fachgerecht beantwortet worden sind und somit ein sog. Vollkonzept vorliegt.[13] Falls nicht sämtliche Module bearbeitet werden (können), ist darauf hinzuweisen.[14] Dabei sind die Querbeziehungen aller Module des Sanierungskonzeptes einschließlich Leitbild, Planung und der zugrunde liegenden Planannahmen auf ihre Stimmigkeit hin zu analysieren, um auch dem Gebot der Nachhaltigkeit gerecht zu werden.[15]

---
[11] Vgl. *Groß*, WPg 2009, 232.
[12] Vgl. IDW S 6, Rn. 8.
[13] Vgl. ebenda, Rn. 9.
[14] Vgl. *Becker/Martin/Müller/Wobbe* DStR 2012, 982.
[15] Vgl. IDW S 6, Rn. 10.

Nach der BGH-Rechtsprechung müssen die Maßnahmen zusammen objektiv geeignet sein, die Gesellschaft in überschaubarer Zeit durchgreifend zu sanieren.[16] Sanierungsfähigkeit setzt nicht nur die Annahme der Unternehmensfortführung i.S.d. § 252 Abs. 1 Nr. 2 HGB, sondern auch geeignete Maßnahmen voraus, die das Unternehmen zur Wettbewerbsfähigkeit und zur Renditefähigkeit zurückführen.[17] Besteht akute Insolvenzgefahr, sind in einer ersten Stufe Maßnahmen im Sanierungskonzept aufzuführen, die eine Fortführungsfähigkeit i.S. einer positiven Fortführungsprognose vorsehen und eine Bestandsgefährdung durch Zahlungsunfähigkeit mindestens für das laufende und das folgende Jahr abwenden oder beheben.[18] Die Fortführungsprognose umfasst zur Zeit nur eine liquiditätsorientierte Fortbestehensprognose, weil eine Reinvermögensvorschau und eine die Schulden deckende Vermögensmasse für den Prognosezeitraum nach aktueller Gesetzeslage bei positiver Prognose nicht mehr sicherzustellen ist. Vgl. zur Feststellung von Insolvenzgründen nach der aktuellen Gesetzeslage weiter unten und § 25. Erst hiernach ist in einer zweiten Stufe darzulegen, wie das zu sanierende Unternehmen die nachhaltige Fortführungsfähigkeit, nämlich eine nachhaltige und branchenübliche Rendite bei einer angemessenen Eigenkapitalausstattung, und damit die Wettbewerbsfähigkeit und Renditefähigkeit erreichen kann.[19] Ein überzeugendes Sanierungskonzepts wird von der Kompetenz und Vertrauenswürdigkeit der handelnden Personen bestimmt. Nachhaltigkeit ist als Grundlage für einen dauerhaften Sanierungserfolg nur möglich, wenn die Vertrauensgrundlage zu Kunden, Kapitalgebern u.a. Stakeholdern stabilisiert werden können und der Markt die Produkte und Leistungen des Unternehmens in hinreichendem Maße wertschätzt.[20]

6 Erfolgsaussichten einer Sanierung werden in einem Prognoseurteil eingeschätzt und beinhalten somit Wahrscheinlichkeitsaussagen. Hier werden auch Probleme bei der Umsetzung von Sanierungsmaßnahmen und Unwägbarkeiten des Marktgeschehens erfasst, die nachträglich durch bessere Erkenntnisse hinfällig werden können. Für den Gutachter haben die dem Sanierungsgutachten zu Grunde liegenden Annahmen überwiegend wahrscheinlich zu sein.[21] Dem Sanierungskonzept dürfen nur objektive oder zumindest objektivierbare Kriterien zugrunde gelegt werden, womit Fragen zur Sanierungswürdigkeit, die subjektive Wertungselemente aus Sicht der einzelnen Stakeholder beinhalten, nicht beantwortet werden.[22]

7 Ein Sanierungsgutachten nach IDW S 6 hat darzulegen, ob die gesetzlichen Vertreter willens und in der Lage sind, die zur Sanierung erforderlichen und im Sanierungskonzept beschriebenen Maßnahmen umzusetzen und ob, wie der BGH das fordert, ein in sich schlüssiges Konzept jedenfalls in den Anfängen schon in die Tat umgesetzt ist.[23] Sicherlich sind erste umgesetzte Maßnahmen ein Hinweis für die Sanierungsbemühungen eines Unternehmens bzw. der Organe. Sofortmaßnahmen werden bei der Erarbeitung eines ersten Konzeptes (Grobkonzeptes) in akuten Krisenfällen meist auf den Weg gebracht sein. Lediglich in begründen Ausnahmefällen kann hiervon abgewichen werden.[24]

---

[16] Vgl. BGH ZIP 2005, 281.
[17] Vgl. *Buth/Hermanns* DStR 2010, 288.
[18] Vgl. ebenda.
[19] Vgl. IDW S 6, Rn. 14.
[20] Vgl. IDW S 6, Rn. 16.
[21] Vgl. IDW S 6, Rn. 17.
[22] Vgl. *Buth/Hermanns* DStR 2010, 288.
[23] Vgl. BGH ZIP 1993, 276.
[24] Vgl. ZIP-Dokumentation ZIP 2012, 948.

§ 6 Beurteilung von Sanierungskonzepten nach dem IDW S 6 §6

Mit den Kernanforderungen ist zu beachten, dass in einem Sanierungskonzept nach 8
IDW S 6 neben dem innewohnenden 2-Stufen-Konzept die Krisenstadien angemessen
zu berücksichtigen sind.[25] Die realisierten Krisenstadien bestimmen die Inhalte und ggf.
den Detaillierungsgrad eines Sanierungskonzepts. Ein vollständiges Sanierungskonzept
liegt nur dann vor, wenn die Probleme aller bereits durchlaufenen Krisenstadien aufgearbeitet werden. Vgl. zu dem Umfang von Sanierungskonzepten weiter unten.

2. Auftragsinhalte und Verantwortlichkeiten

Eben bereits die durchlaufenen Krisenstadien definieren Aufgabenstellungen und Erwar- 9
tungen, denen sich der Gutachter stellen muss. In den meisten Fällen wird ein Sanierungskonzept als Grundlage gesehen, um über einen Sanierungskredit zu entscheiden.[26]
Daher ist ein Konzeptersteller im Rahmen des IDW S 6 häufig mit einer Haftungsausweitung konfrontiert, und es entsteht dann eine über das eigentliche Auftragsverhältnis
hinausgehende Dritthaftung.[27] Mit der Auftragsannahme sind die Aufgaben der Konzeptersteller, der Zweck des Arbeitsergebnisses, die Adressaten der Berichterstattung und
gegenüber denen der Gutachter haftet, festzulegen.[28] Der Gutachter kann sich der Haftung insbesondere dann kaum entziehen, wenn er an Verhandlungen mit Banken und
anderen Stakeholdern teilnehmen soll. Der uneingeschränkte Zugang zu (vollständigen)
Informationen ist zu sichern und die Art der Berichterstattung festzulegen. Denn um
zum gewünschten Prüfungsergebnis zu kommen, sind nach der BGH-Rechtsprechung
dem unvoreingenommenen und branchenkundigen Fachmann die üblichen Buchhaltungsunterlagen und sonstige relevante Informationen vorzulegen.[29] Der Gutachter hat
sich dies im Wege einer Vollständigkeitserklärung bestätigen zu lassen.[30] Wenn eine übliche Schlussbemerkung zu verfassen ist, darf diese nur mit dem vollständigen Erstellungsbericht verwendet werden.[31] Im Rahmen der Auftragsannahme wird der Gutachter die
Unternehmenslage sondieren, um den Auftragsgegenstand beurteilen zu können. Werden nur Teile eines Sanierungskonzeptes auftragsgemäß erarbeitet und kein Vollkonzept,
ist auf die nicht behandelten Problembereiche (z.B. fehlendes Strategiekonzept) ausdrücklich hinzuweisen.[32] Sind Wirtschaftsprüfer mit der Erstellung eines Gutachtens
nach IDW S 6 beauftragt, haben sie den berufsrechtlichen Grundsatz der Unabhängigkeit
zu beachten. Das sog. Selbstprüfungsverbot erlaubt es dem Abschlussprüfer nicht, ein
Sanierungskonzept oder Teile eines solchen Konzepts – insb. der Planung – zu erstellen
und gleichzeitig den Jahresabschluss des Krisenunternehmens zu prüfen, da der Abschlussprüfer die Voraussetzung der Unternehmensfortführung (§ 252 Abs. 1 Nr. 2 HGB)
zu beurteilen hat und dabei nicht eine von ihm selbst erstellte Unterlage zum Gegenstand der Prüfung machen darf. Die Beurteilung eines Sanierungskonzepts führt dagegen
grundsätzlich nicht zu einem Ausschluss als Abschlussprüfer.[33]

---

[25] Vgl. IDW S 6, Rn. 20 ff.
[26] Vgl. *Leschke/Rost* DB 16/2013, 1.
[27] Vgl. *Kuss* WPg 2009, 335 f. mit detaillierten Erläuterungen zu möglichen Auftragsverhältnissen.
[28] Vgl. *Buth/Hermanns* DStR 2010, 289.
[29] Vgl. BGH ZIP 1998, 251.
[30] Vgl. IDW S 6, Rn. 29.
[31] Vgl. *Buth/Hermanns* DStR 2010, 289.
[32] Vgl. ebenda.
[33] Vgl. IDW S 6, Rn. 31.

3. Analytische Unternehmensdarstellung

10 a) Informationsqualität und -umfang. Da die Konsequenzen aus einem Sanierungsgutachten für alle Beteiligten gravierend sind, ist in der Unternehmenskrise der *Anspruch an die Qualität der Informationen* entsprechend hochzuhalten. In der Praxis trifft der Gutachter nicht selten und gerade in mittelständischen und kleinen Unternehmensstrukturen auf ein unzulängliches Rechnungswesen. Informationen sind daher auf Vollständigkeit, Glaubhaftigkeit und Richtigkeit zu beurteilen.

11 Der Konzeptersteller hat Kenntnisse über die Geschäftstätigkeit und das wirtschaftliche und rechtliche Umfeld des Unternehmens zu erlangen, die Bedeutung von Geschäftsvorfällen und -maßnahmen in ihren Auswirkungen auf Ertrag, Liquidität und Vermögen zu erfassen und die Möglichkeit falscher Annahmen und Schlussfolgerungen im Sanierungskonzept wegen fehlerhafter Informationen auszuschließen.[34] Vergangenheitsbezogene Informationen des Unternehmens bilden dabei eine wesentliche Grundlage für die Ableitung der Annahmen und der darauf aufsetzenden Plandaten. Die sich aus dem Finanz- und Rechnungswesen ergebenden Daten sind zu plausibilisieren bzw. auf ihren Wahrheitsgehalt zu überprüfen, um sie als Planzahlen zu verwenden.[35] Stellt ein Gutachter im Rahmen seiner Arbeit fest, dass die für das Sanierungskonzept wesentlichen Informationen nicht schlüssig nachvollzogen werden können, muss er weitergehende Untersuchungshandlungen durchführen.[36] Problematisch ist stets die Einschätzung von Plandaten. Verwendet das Unternehmen Plansysteme, ist das positiv zu bewerten, ggf. ist ein solches zu implementieren, um den späteren Sanierungserfolg zu sichern und darzustellen.[37] Die sachlich und rechnerisch richtig aus den Ausgangsdaten bzw. Annahmen entwickelten Schlussfolgerungen sind zu prüfen. Bei künftigen Vorhaben von wesentlicher Bedeutung (z.B. Veräußerung von Vermögenswerten) sowie bei Beiträgen Dritter (z.B. Kapitalerhöhungen, Aufnahme oder Umschuldung von Krediten, Forderungserlasse und -stundungen, Beiträge der Belegschaft) ist der Grad der Konkretisierung bzw. der erreichte Stand der Umsetzung festzuhalten, weil auch der BGH nicht nur ein in sich schlüssiges, sondern ein sich in Teilen bereits in der Umsetzung befindendes Sanierungskonzept fordert.[38] Diese Forderung ist sicherlich sinnvoll, jedoch wird es auch Situationen geben, in denen sich das Sanierungskonzept noch nicht in der Umsetzungsphase befindet. Beispielsweise, wenn gerade das Konzept Grundlage für einen Sanierungskredit ist und finanzielle Möglichkeiten zur Umsetzung von Sanierungsmaßnahmen eingeschränkt sind. In dieser Situation sollte im Bericht und in der Schlussbemerkung ein Hinweis aufgenommen und die Abweichung von der Regel begründet werden.

12 Die relevanten Basisinformationen zum Unternehmen sind zu dokumentieren, und deren Informationsquellen zu nennen. Hierzu gehören üblicherweise rechtliche und organisatorische, finanzwirtschaftliche, leistungswirtschaftliche und personalwirtschaftliche Verhältnisse.[39]

---

[34] Vgl. ebenda, Rn. 37.
[35] Vgl. BGH ZIP 1998, 248 ff. Hier wird gefordert, dass der Sachverständige sich darüber klar sein muss, ob das zur Verfügung gestellte Material als von ihm geprüft und glaubwürdig in das Gutachten eingebracht werden kann oder nicht.
[36] Vgl. IDW S 6, Rn. 41.
[37] Vgl. ebenda, Rn. 43 f.
[38] Vgl. BGH ZIP 1993, 279.
[39] Vgl. IDW S 6, Rn. 46; *Becker/Martin/Müller/Wobbe* DStR 2012, 982.

b) **Analyse der Unternehmenslage.** Basisinformationen zur Unternehmenslage zeigen Sachverhalte und Zusammenhänge auf, die sich aus einzelnen Informationen nicht direkt ergeben müssen. Betrachtet man externe Faktoren, so lassen sich Chancen und Risiken des Unternehmens im Markt darstellen, während eine Analyse unternehmensinterner Faktoren Stärken und Schwächen herausheben kann. Es gibt verschiedene Methoden, die quantitativ ausgerichtet sind, als auch Verfahren zur Ermittlung mit qualitativen Merkmalen.[40] Die Basisinformationen sollten Angaben zur gesamtwirtschaftlichen Lage sowie das rechtlich-politische, gesellschaftliche und wissenschaftlich-technische Umfeld und deren Trends enthalten. Informationen hierzu sind aus den Medien (Internet, etc.), von Unternehmensverbänden und anderen Institutionen zu erhalten. Um einen strategischen Restrukturierungsplan zu entwickeln, sollten die Erfolgsfaktoren und die Entwicklungstendenzen der Branche bekannt sein.[41] Die gegenwärtige und zukünftige Profitabilität der Branche im Vergleich zum Restrukturierungsfall im Zusammenhang mit der Wettbewerbssituation weist auf mögliche Aufgabenstellungen hin und hat auch Bedeutung für ein möglichst zu quantifizierendes Leitbild des sanierten Unternehmens. Vgl. hierzu § 5. Derartige Informationen werden erarbeitet, in dem Anzahl und Stärke der Wettbewerber, aktueller und potenzieller Kunden und Lieferanten, Substitutionsprodukten, neuer Technologien, Geschäftsmodelle etc. betrachtet werden.[42] Der BGH erwartet, dass eine solche Sanierungsprüfung die wirtschaftliche Lage des Schuldners im Rahmen seiner Wirtschaftsbranche zu analysieren hat.[43]

Im Rahmen der unternehmensinternen Analyse sind als Ausgangspunkt die Ergebnis-, Finanz- und Vermögenslage des Unternehmens zu erfassen, wobei Umsätze, Kosten und Deckungsbeiträge der Produktgruppen und Geschäftsbereiche im Fokus stehen. Deren weitere Entwicklung ist zunächst ohne Umsetzung von Sanierungsmaßnahmen abzuschätzen. Break-even-Analysen definieren notwendige Absatzveränderungen und Kostensenkungen für ein zumindest ausgeglichenes Ergebnis. Im weiteren Verlauf sind die bei der externen Analyse ermittelten Chancen und Risiken ebenso zu berücksichtigen wie alle weiteren Einflüsse, die für die Ergebnis-, Finanz- und Vermögensentwicklung bedeutend sind.[44] Hierzu gehören auch gesellschaftsrechtliche und sonstige zivilrechtliche Verhältnisse Art (z.B. Eigentumsverhältnisse, wesentliche Verträge), steuerrechtlicher Rahmendaten, insbesondere Steuerrisiken oder Verlustvorträge sowie arbeitsrechtliche Grundlagen wie bereits vereinbarte Sanierungstarifverträge oder bereits abgeschlossene Sozialpläne und Vereinbarungen über einen Interessenausgleich.[45] Auf Basis dieser Analysen wird ein Verständnis für das bestehende Geschäftsmodell mit seinen Stärken und Schwächen entwickelt und somit auch für die in der gesamten Wertschöpfung bestehenden Potenziale, die ggf. zur Gesundung des Unternehmens genutzt werden können. So ist es hierdurch möglich, aus der Beurteilung der bisherigen strategischen Ausrichtung und der möglichen Effizienzsteigerungen und Kostensenkungen in einzelnen Funktions-

---

[40] Vgl. IDW S 6, Rn. 50. In Wissenschaft und Praxis sind eine Vielzahl von Methoden und Techniken zur Analyse des Unternehmens in seiner Gesamtheit und zu einzelnen Unternehmensbereichen entwickelt worden. Hierzu gehören Portfolio-Methoden, Szenario-Analysen, Stärken-Schwächen-Analysen, Kompetenzanalysen, Wertanalysen oder Konkurrentenanalysen. Welche der Methoden verwendet werden, ist im Sanierungskonzept zu erwähnen. Vgl. auch *Eisolt* BB 2010, 429 m.w.N.
[41] Vgl. IDW S 6, Rn. 53.
[42] Vgl. ebenda, Rn. 54.
[43] Vgl. BGH ZIP 1998, 251.
[44] Vgl. IDW S 6, Rn. 56.
[45] Vgl. ebenda, Rn. 57.

bereichen der Wertschöpfungskette auch Ansatzpunkte für erforderliche Veränderungen in der Organisation der Führungs-, Informations- und Entscheidungsprozesse abzuleiten.[46] Auf Grundlage der Ergebnisse der Analyse wird ein notwendiger Handlungsrahmen, darauf aufbauend das Leitbild des zu sanierenden Unternehmens und die hierfür erforderlichen Sanierungsmaßnahmen festgelegt.[47] Bei sämtlichen Aufgabenstellungen sind die Führungskräfte in die Analyse einzubeziehen, um sicher und auf schnellstem Weg die notwendige Information zu erhalten und mit der vorhandenen fachlichen Kompetenz nicht nur die Entwicklung und die Akzeptanz, sondern die Durchsetzung geeigneter Sanierungsmaßnahmen zu garantieren.[48]

4. Feststellungen zum Krisenstadium

15 Mit der Feststellung und der Benennung des eingetretenen Krisenstadiums unter Berücksichtigung der Krisenentwicklung und der verlaufsrelevanten Krisenursachen ist im IDW S 6 ein neuer Schwerpunkt aufgenommen worden. Darstellend betrachtet durchlaufen Unternehmen regelmäßig verschiedene Krisenstadien, nämlich
- Stakeholderkrise
- Strategiekrise
- Produkt- und Absatzkrise
- Erfolgskrise
- Liquiditätskrise
- Insolvenzreife

16 Der IDW S 6 schreibt vor, dass zu jedem im Unternehmen manifestierten Krisenstadium Stellung zu nehmen ist. Diese Krisenstadien entwickeln sich nicht zwingend in dieser Verlaufsfolge und treten parallel, singulär oder überlappend auf.[49] Die im IDW S 6 aufgeführte Reihenfolge soll nicht bedeuten, dass die Stakeholderkrise der Strategiekrise immer vorgelagert ist.[50] Gerade die Stakeholderkrise wird auch am Ende eines Krisenprozesses stehen, wenn bereits die Ergebnisse negativ sind und durch die angespannte Liquidität Banken und Lieferanten beansprucht werden und das Vertrauen zum Unternehmen gestört ist. Zu bedenken ist, dass in der Regel Krisen (-stadien) durch Schwächen im Bereich Personal, ebenfalls Stakeholder, verursacht werden; eine gesicherte Erkenntnis. Derartige Führungsdefizite deformieren Unternehmenskulturen, so dass bei fortschreitender Schwächung des Mitarbeiterpotenzials Spielräume für eine erfolgreiche Sanierung enger werden.[51] Eine so geartete Stakholderkrise verursacht meist zunächst eine Strategiekrise, weil eben diese Führungskräfte den Wettbewerb nicht beobachten oder die Bedürfnisse der Kunden außer Acht lassen und somit die Grundlage für strategische Fehlentscheidungen legen.[52] Desweiteren will man feststellen, dass der IDW S 6 sich von der bisherigen klassischen Aufteilung der Krisenentstehung abkehrt, nämlich das nach der Strategiekrise die Erfolgs-/Ergebniskrise und danach die Liquiditätskrise folgt.[53] Letztlich werden diese drei Ebenen nicht grundsätzlich erweitert, sondern lediglich ergänzt. Es ist ohne Zweifel sinnvoll, das Verhältnis zu den Stakeholdern zu beschreiben

---

[46] Vgl. ebenda, Rn. 60.
[47] Vgl. *Buth/Hermanns* DStR 2010, 289.
[48] Vgl. IDW S 6, Rn. 61.
[49] Vgl. IDW S 6, Rn. 62.
[50] Vgl. ebenda und zur Kritik *Krystek/Klein*, DB 2010, 1773.
[51] Vgl. IDW S 6, Rn. 63 f.
[52] Vgl. *Kraus/Buschmann*, HB Restrukturierung/Sanierung/Insolvenz, Rn. 10.
[53] Vgl. *Krystek/Moldenhauer*, S. 39.

§ 6 Beurteilung von Sanierungskonzepten nach dem IDW S 6

und die Probleme zu lösen. Weiterhin ist die Insolvenz immer eine Folge der nicht behobenen Liquiditätskrise und auch aus rechtlichen Gründen zu thematisieren. Produkt- und Absatzkrise finden sicherlich thematisch einen Niederschlag in der Bearbeitung des Themas Erfolgskrise, was insgesamt für eine Detaillierung bereits bekannter Strukturen spricht.

Zu den Krisenstadien im Einzelnen und zusammenfassend: Wie oben bereits erläutert wird, ist der Begriff *Stakeholder* weit auszulegen.[54] Gerade Konflikte zwischen den einzelnen Gruppen von Stakeholdern verhindern, dass Sanierungsbemühungen rechtzeitig getroffen werden. Gerne werden Hinweise auf strategische und/oder operative Krisen ignoriert, Controllingaktivitäten unterbunden oder deren Ergebnisse nicht sachgerecht verarbeitet. Schlechte Jahresergebnisse können vielleicht durch Bilanzpolitik oder besser window dressing aufgewertet werden.[55] So wollte, retrospektiv betrachtet, die Unternehmensleitung meist die Warnungen vor einer *Strategiekrise* aus der Führungsebene in Form eines unzureichenden Produktprogramms oder Maschinenkapazitäten nicht wahrnehmen, nachhaltige Fehleinschätzungen der Wettbewerbssituation oder der Marktentwicklung nicht zugeben. Allgemein ist die Beurteilung des Managements eine hochsensible Angelegenheit.[56] Die Erkennungs- und Umsetzungsfähigkeit von Sanierungsmaßnahmen durch das Management ist Garant für eine erfolgreiche Sanierung und kann im Rahmen des Sanierungskonzeptes nicht ausgeblendet werden, auch wenn man das manchmal gerne möchte. Wenn nun aus der Strategiekrise eine *Produkt- und Absatzkrise* entsteht, weil Hauptumsatz- und -erfolgsträger nicht mehr im ausreichenden Umfang nachgefragt werden, steigen Vorratsbestände und die Kapitalbindung nimmt zu.[57] Ohne wirksames Gegensteuern in der Stakeholder-, Strategie- bzw. der Produkt- und Absatzkrise folgt zwangsläufig die *Erfolgskrise*, in der Rentabilitäts- und Gewinnziele verfehlt werden.[58] Wenn die Ergebniskrise anhält, führt dies zu Ressourcen verzehrenden Verlusten und zur *Liquiditätskrise*.[59] Wenn die Unternehmenssituation sich verschlechtert, ist die Existenz durch Zahlungsunfähigkeit bedroht. Wird Insolvenzreife festgestellt, können nur geeignete und schnell realisierbare Maßnahmen die Voraussetzungen für eine positive Fortbestehensprognose schaffen.[60] Zu diesen geeignete Maßnahmen gehört auch das sog. Schutzschirmverfahren, vgl. im Einzelnen § 26, das nach drei Monaten in ein Planverfahren münden soll. Fällt die Fortbestehensprognose dagegen negativ aus und droht die Zahlungsunfähigkeit, wird dies mit der dann notwendigen Liquidationsbewertung meist eine Überschuldung nach sich ziehen. Der Gutachter hat dann unverzüglich darauf hinzuweisen, damit die Geschäftsführung die gebotenen rechtlichen Konsequenzen ziehen kann. Wird eine außergerichtliche Sanierung versucht, obwohl eine Insolvenzantragspflicht vorliegt, sollte ein Gutachter bzw. hat der Wirtschaftsprüfer seine Tätigkeit vorzeitig zu beenden.[61]

Sämtliche Krisenstadien einschließlich *Insolvenzreife* sind nach analytischer Prüfung zu beurteilen, weil sie die Ursachen der Unternehmenskrise feststellen.[62] Dabei kann eine systematische Ursachenanalyse durchgeführt werden, in dem lediglich die vermuteten

---

54 Vgl. allgemein zum Begriff *Schuppisser*, S. 3 ff.
55 Vgl. *Eisolt* BB 2010, 429.
56 Vgl. *Krystek/Klein* DB 2010, 1773.
57 Vgl. IDW S 6, Rn. 73.
58 Vgl. *Kraus/Buschmann*, HB Restrukturierung/Sanierung/Insolvenz, Rn. 10.
59 Vgl. *Buth/Hermanns* DStR 2010, 290.
60 Vgl. IDW S 6, Rn. 79.
61 Vgl. § 49 WPO.
62 Vgl. ausführlich *Beck* WPg 2009, 264 ff.

§ 6 2. Teil. Erstellung und Beurteilung von Restrukturierungskonzepten

kritischen Bereiche betrachtet werden. Allgemeine Angaben über Krisenursachen – z.B. Managementfehler – sind unzureichend und schaffen Haftungsgefahren für den Gutachter.[63] Unternehmenskrisen weisen i.d.R. mehrstufige Ursache-Wirkungs-Ketten auf und lassen sich in externe (z.B. Konjunktureinflüsse, steigende Wettbewerbsintensität, Marktveränderungen) und interne Krisenursachen (z.B. Qualitätsprobleme, operative Defizite im Leistungserstellungsprozess, Managementprobleme) unterscheiden.[64]

5. Aussagen zur Unternehmensfortführung

19 Aussagen zur Unternehmensfortführung betreffen im Einzelnen Fragen zur:
- Zahlungsunfähigkeit nach § 17 InsO
- Überschuldung nach § 19 InsO und
- Annahme der Fortführung der Unternehmenstätigkeit nach § 252 Abs. 1 Nr. 2 HGB

Nicht erst mit Klarstellung im IDW S 6, sondern auch früher ist es für einen Gutachter mit dieser Aufgabenstellung verpflichtend gewesen, möglicherweise bestehende Insolvenzantragspflichten festzustellen und kundzutun.

20 Liegt eine Liquiditätskrise vor, hat die Geschäftsleitung die *Zahlungsfähigkeit* des Unternehmens zu untersuchen. In dynamischer Betrachtungsweise ist herauszufinden, ob ein Liquiditätsengpass nur eine sog. Zahlungsstockung darstellt und ob die Gesellschaft nach ihrer Planung in der Lage ist, in einem kurzfristigen Zeitraum diese Zahlungsstockung zu beseitigen.[65] Die Erstellung eines *Überschuldungsstatus* ist nur im Falle einer negativen Fortbestehensprognose erforderlich. Mit Beschluss des Bundestages vom 8. November 2012 ist ein Unternehmen auch über den 1. Januar 2014 hinaus nicht überschuldet, wenn eine Fortführung des Unternehmens wahrscheinlich ist und somit eine positive Fortbestehensprognose besteht.[66] Diese Rechtssicherheit schaffende Regelung ist nun von Dauer und bedeutet eine sog. Entfristung des Überschuldungsbegriffes.[67] An dieser Stelle sei darauf hingewiesen, dass die Feststellung von Insolvenzgründen nicht trivial ist. Vgl. zur Vorgehensweise § 25. Auch das IDW wird hierzu einen Standard vorlegen und als Entwurf ES 11 „Anforderungen an die Beurteilung von Insolvenzgründen" veröffentlichen.[68]

21 Die insolvenzrechtlich geprägte Fortbestehensprognose stellt einen ausschließlich liquiditätsorientierten Ansatz dar, der für die Beurteilung der Fortführungsfähigkeit nicht ausreichend ist.[69] Die handelsrechtlich orientierte *Fortführungsprognose* geht im Hinblick auf die tatsächlichen Gegebenheiten i.S. *von § 252 Abs. 1 Nr. 2 HGB* über die lediglich liquiditätsorientierte, insolvenzrechtliche Fortbestehensprognose hinaus.[70] Eine positive Fortführungsprognose ist somit nur gegeben, wenn weder die Insolvenzgründe der Zahlungsunfähigkeit vorliegen, noch andere rechtliche oder tatsächliche Gegebenheiten der Annahme der Unternehmensfortführung im Prognosezeitraum entgegenstehen.[71] Das setzt voraus, dass geeigneten Sanierungsmaßnahmen eingeleitet oder in der Planung hinreichend konkretisiert sind, mithin das Unternehmen *sanierungsfähig* ist.

---

[63] Vgl. IDW S 6, Rn. 82.
[64] Vgl. ebenda, Rn. 83 und § 4 Rn. 4 dieses Handbuchs.
[65] Vgl. IDW S 6, Rn. 84 und detailliert IDW PS 800, Rn. 7 ff.
[66] Vgl. Abdruck des Bundestagsbeschlusses WPg 2012, 1229.
[67] Gesetzliche Regelung ist am 12. Dezember 2012 in Kraft getreten und findet sich in BGBl. I 2012, 2418.
[68] Zum Zeitpunkt des Buchdruckes ist der ES 11 noch nicht publiziert gewesen.
[69] Vgl. *Buth/Hermanns* DStR 2010, 290.
[70] Vgl. IDW S 6, Rn. 86.
[71] Vgl. ebenda, Rn. 87.

§ 6 Beurteilung von Sanierungskonzepten nach dem IDW S 6 §6

Gerade die Ausrichtung der Erstellung des Sanierungskonzeptes auf die Sanierungsfähigkeit und die im Grundansatz dem S 6 innewohnende Flexibilität führt zu einem mindestens zweistufigen Kriteriensystem.[72] Fortführungsfähig ist ein Krisenunternehmen auf der ersten Stufe nur dann, wenn das erstellte Sanierungskonzept Maßnahmen vorsieht, mit denen sich die Gefahr des Eintritts von Zahlungsunfähigkeit und Überschuldung, mindestens für das laufende und folgende Jahr abwenden oder beheben lässt, so dass das Krisenunternehmen auch in der Lage ist, seine Jahresabschlüsse unter der Annahme von Going-Concern aufzustellen. Nachhaltige Sanierungsfähigkeit ist erst dann gegeben, wenn die Geschäftsleiter des Krisenunternehmens über den Willen, die Fähigkeiten und die Möglichkeiten verfügen, das Krisenunternehmen so weiterzuentwickeln, dass es voraussichtlich wettbewerbs- und renditefähig wird.[73] 22

6. Ausrichtung am Leitbild des sanierten Unternehmens

a) Bedeutung des Leitbildes. Im Gegensatz zum Fortführungskonzept enthält ein Sanierungskonzept ein Leitbild des Unternehmens nach Abschluss der Sanierungsmaßnahmen.[74] Das Leitbild des sanierten Unternehmens ist bereits in FAR 1/1991 Bestandteil eines umfassenden Sanierungskonzeptes als Vollkonzept gewesen, allerdings fordert der IDW S 6 in wirtschaftlicher Hinsicht eine mindestens nachhaltige, durchschnittliche sowie branchenübliche Umsatzrendite und eine angemessene Eigenkapitalausstattung,[75] während im FAR 1/1991 eine „schwarze Null" eher das Ziel gewesen ist. Damit sind geeignete Sanierungsmaßnahmen festzulegen, die einen nachhaltig erfolgreichen Wettbewerb mit den Leistungen (Produkten oder Dienstleistungen) des sanierten Unternehmens gegenüber den Wettbewerbern ermöglichen.[76] Das Leitbild umfasst ein realisierbares Geschäftsmodell, das gemeinsame Wertvorstellungen, Grundregeln und Verhaltensweisen (Unternehmenskultur) beinhaltet und folgende in sich stimmige Bestandteile insbesondere enthält:[77] 23
- wesentliche Geschäftsfelder des Unternehmens (Produkt-/Marktkombinationen)
- angestrebte Wettbewerbsposition bzw. Wettbewerbsvorteile für den Kunden
- hierfür erforderliche besondere Ressource und Fähigkeiten, die es zu entwickeln und zu nutzen gilt
- langfristige Zielvorstellungen und Grundstrategien des Unternehmens
- die zu beachtenden gemeinsamen Wertvorstellungen, Grundregeln und Verhaltensweisen, die in ihrer Gesamtheit den Kern der Unternehmenskultur bilden und das interne Miteinander sowie das Auftreten nach außen maßgeblich prägen.[78]

b) Auswirkung auf Unternehmensstruktur und Wettbewerbsposition. Das Leitbild durchdringt umfassend die Unternehmensstrukturen und damit die Wertschöpfungsprozesse und die leistungswirtschaftlichen Bereiche des Krisenunternehmens.[79] Die vom IDW S 6 geforderte nachhaltige Renditefähigkeit kann nur dann erreicht werden, wenn die dann zu erzielenden Wettbewerbsvorteile kompatibel zu dem im Leitbild 24

---
[72] Vgl. *Groß* WPg 2009, 231 ff.
[73] Vgl. *Buth/Hermanns* DStR 2010, 290.
[74] Vgl. *Becker/Martin/Müller/Wobbe* DStR 2012, 982 und 984.
[75] Vgl. *Eisolt* BB 2010, 430; *Willeke* StuB 2013, 145.
[76] Vgl. IDW S 6, Rn. 91.
[77] Vgl. *Becker/Martin/Müller/Wobbe* DStR 2012, 982.
[78] Vgl. IDW S 6, Rn. 92.
[79] Vgl. im Überblick § 7 und im Einzelnen §§ 8 ff. dieses Handbuchs.

niedergelegten Sanierungsstrategien festgelegt worden sind. Folgende Strukturen und Potenziale können eine Rolle spielen: Kosten-/Preiswettbewerb, Qualitäts-/Leistungswettbewerb, Wettbewerb um Zeitvorteile („Responsewettbewerb"), Innovations-/Technologiewettbewerb, Wettbewerb um die beste Wertschöpfungsarchitektur (sog. Layer Competition), etc, wobei Kennzahlen zu Marktanteil, Innovationsleistung, Produktivität usw. bei der Konkretisierung und damit auch zur ggf. möglichen Quantifizierung der Bestandteile des Leitbildes hilfreich sind.[80] Vgl. zu dem Thema auch § 5.

25 Um durch Einsatz einer geeigneten Wettbewerbstrategie zu einem nachhaltigen Markterfolg zu gelangen, sind die verschiedenen Ressourcen und Fähigkeiten des Unternehmens unter dem Kriterium der Stimmigkeit so auszuwählen und zum Einsatz zu bringen, dass daraus Wettbewerbsvorteile entstehen können. Das können Alleinstellungsmerkmale gegenüber dem Wettbewerb sein oder andere Besonderheiten, die vom Kunden wahrgenommen bzw. honoriert werden.[81]

7. Stadiengerechte Bewältigung der Unternehmenskrise

26 Inhalte und Maßnahmen eines Sanierungskonzeptes sollen eine stadiengerechte Krisenbewältigung ermöglichen. Je nach Dringlichkeit stehen zeitlich strukturiert bspw. im Vordergrund, dass[82]

Kurzfristig	Insolvenzgründe (Zahlungsunfähigkeit) beseitigt und z.B. die Zahlungsfähigkeit des Unternehmens durch Liquiditätssicherungsmaßnahmen (Sofortmaßnahmen) gesichert wird
Mittelfristig	Die Gewinnzone durch ein effizientes Kostensenkungs- und Effizienzsteigerungsprogramm erreicht wird
Langfristig	Das Unternehmen, ggf. unter Einbezug der maßgeblichen Stakeholder, strategisch (neu) ausgerichtet wird, und, zur Stärkung der Wettbewerbsfähigkeit, Erfolgspotenziale und dadurch nachhaltige Wachstumspotenziale erschlossen werden

Abb. 2: Stadiengerechte Krisenbewältigung

27 Alle drei Bereiche mögen zeitlich nicht immer voneinander abgrenzbar sein und weisen inhaltlich Interdependenzen auf. Wichtig für den Sanierungserfolg ist, dass die zeitlichen und finanziellen Vorgaben des Maßnahmenprogramms eingehalten werden. Im Sanierungskonzept sind für die einzelnen Maßnahmen die zeitlichen und finanziellen Auswirkungen darzustellen und zu dokumentieren, wer die Umsetzungsverantwortlichen sind.[83] Je schwieriger die Unternehmenssituation ist, umso eher sind Sanierungsstrategien im Rahmen eines möglichen Insolvenzverfahrens zu untersuchen. Der Dringlichkeit folgend werden Krisenstadien in umgekehrter Reihenfolge in Angriff genommen werden, so dass eine *bestehende Insolvenz* eines Unternehmens unter dem Schutze des Gesetzes mit einem Insolvenzplanverfahren, bzw. einer übertragende Sanierung überwunden wird.[84] Obwohl die *Vermeidung der Insolvenz* aus betriebswirtschaftlicher Sicht ein anstrebenswertes Ziel ist, bleibt für das Unternehmen eine Zeit von drei Wochen, um einen festgestellten Insolvenzgrund zu beseitigen. Wird dieser Betrachtungszeitraum aus-

---

[80] Vgl. IDW S 6, Rn. 99 f.
[81] Vgl. *Buth/Hermanns* DStR 2010, 290.
[82] Vgl. IDW S 6, Rn. 100.
[83] Vgl. IDW S 6, Rn. 102.
[84] Vgl. im Überblick den Beitrag von *Seagon* in § 24 Rn. 88 und 73 dieses Handbuchs.

§ 6 Beurteilung von Sanierungskonzepten nach dem IDW S 6   § 6

geweitet, hat das Unternehmen im Prognosezeitraum alle fälligen Verbindlichkeiten fristgerecht zu begleichen. In dieser kritischen Phase hängt die Fortführungsfähigkeit eines Unternehmens davon ab, ob die zugesagten sowie ernsthaft in Aussicht gestellten Absicherungen und Beiträge durch die Gesellschafter, Banken, etc. real vorhanden sind und keine abstrakten Handlungsalternativen darstellen.[85]

Die *Liquiditätskrise* kann überwunden werden, wenn verlässlich liquide Mittel durch 28
Optimierung der Lagerhaltung, Reduzierung der Forderungslaufzeiten, Factoring von Forderungen, Outsourcing von Randfunktionen/Randgeschäften sowie sale and lease back von Anlagegütern in einem kalkulierbaren Zeitraum generiert werden. Die *Erfolgskrise* ist mit einem umfassenden Sanierungskonzepts zu meistern, um mindestens eine nachhaltige, branchenübliche Rendite zu erreichen, in dem die Bestandteile des Erfolges optimiert werden: geringere Kosten, höhere Erlöse. Der IDW S 6 zählt ein Bündel von Maßnahmen auf.[86] Vgl. aber im Einzelnen die Kapitel §§ 8 ff., welche die leistungswirtschaftlichen Sanierungsoptionen beschreiben. Fragen der Marktfähigkeit von Produkten und Leistungen sind bei *Produkt- und Absatzkrise* zu beantworten. Die vorzunehmenden Maßnahmen zur Verbesserung der Produkte und der Leistungen hängen davon ab, ob die Schwächen im Marketing und Vertrieb liegen oder auf der Ebene der Leistungserbringung (z.B. Sortimentsschwächen, mangelnde Qualität der Produkte, unzureichende Liefertreue, falsche Preispolitik) zu suchen sind. Kann die Produkt- und Absatzkrise nicht durch kurzfristige Überbrückungsmaßnahmen beseitigt werden, sind die Kapazitäten im Leistungsbereich strukturell anzupassen.[87] Nicht selten bedeutet Sanierung durch den Abbau von Verlustprodukten oder -bereichen einen tiefen Einschnitt in die leistungswirtschaftlichen Bereiche und eine damit verbundene Leistungsreduktion.[88] Nachhaltige Sicherheit besteht für das Krisenunternehmen nur, wenn die *Strategiekrise* gemeistert werden kann. Das Leitbild des rendite- und wettbewerbsfähigen Unternehmens dient als Grundlage der strategischen Neuausrichtung.[89] Mit geeigneten Produkt-Marktstrategien (Strategien über das Produkt-Markt-Konzept) und Ressourcen-Strategien (Strategien zur Nutzung und Ausgestaltung der vorhandenen bzw. zu beschaffenden Ressourcen) soll die Wettbewerbsfähigkeit des Unternehmens abgesichert und verbessert werden. Der IDW S 6 beschreibt Maßnahmenpakete, die mittel- und längerfristig wirkende Optionen der Strategieplanung aufzeigen (s. Abb. 3 folgende Seite).[90]

Strategische Neuorientierung im Sinne es IDW S 6 bedeutet, das Unternehmen an 29
seinen Potenzialen unter Effektivitäts-, Nachhaltigkeits- und Stimmigkeitsaspekten auszurichten. Insbesondere die strategische Stimmigkeit (innerhalb eines strategischen Segments, zwischen strategischen Segmenten und zwischen ihnen und der Umwelt)[91] ist für die Erstellung eines Sanierungskonzeptes wichtig.[92] Gelingt es der Unternehmensleitung aufgrund eines Sanierungskonzeptes, mit allen Interessengruppen wieder einen Konsens zur vertrauensvollen Zusammenarbeit zu finden, dann ist auch die *Stakeholderkrise* überwunden.[93]

---

[85] Vgl. IDW S 6, Rn. 109.
[86] Vgl. ebenda, Rn. 113 ff.
[87] Vgl. IDW S 6, Rn. 116 ff.
[88] Vgl. *Buth/Hermanns* DStR 2010, 291.
[89] Vgl. *Groß* WPg 2009, 239.
[90] Vgl. IDW S 6, Rn. 126.
[91] Vgl. *Groß* WPg 2009, 240.
[92] Vgl. *Scholz* WPg 2009, 305 ff.
[93] Vgl. *Buth/Hermanns* DStR 2010, 292.

Stärkung des Kerngeschäfts, z.B. durch:	Ausweitung des Kerngeschäfts durch Angebot:	Transfer angestammter Produkte, Marken, Ressourcen, Fähigkeiten und Kompetenzen in neuen Anwendungsfeldern auf:	Entwicklung neuer Erfolgspotenziale:	Reduzierung des Risikos, z.B. durch:
• gezielte Profilierung der Marke oder des Produkts • Definition des Marktsegment oder eine Nischenbelegung • Profilierung durch Identifikation und Ausbau der Stärken und Eliminierung von Schwachstellen	• Komplementärer Produkte und Dienstleistungen • integrierter Lösungen über die bisherigen Leistungen hinaus	• neue Kunden • neue Regionen • neue Geschäftsfelder	• Produkt- und Prozessinnovationen • Aufbau von Kernkompetenzen • Öffnung für Partnerschaften • Einführung von Netzwerkstrukturen und strategischer Allianzen	• Ausstieg aus besonders risikoreichen Geschäftsfeldern • Begrenzung oder Reduzierung operativer Risiken • Transfer von Risiken auf Dritte (Versicherungen, Kapitalmarkt) • Stärkung des Risikopuffers (z. B. durch höhere EK-Ausstattung oder Ausweitung des verfügbaren Liquiditätsrahmens)

Abb. 3: Maßnahmenpakete zur mittel- und längerfristigen Strategieplanung

8. Integrierte Sanierungsplanung

Ein Sanierungskonzept im Sinne des IDW S 6, wie auch vorher gem. FAR 1/91, hat eine 30
Planverprobungsrechnung zu enthalten, die zahlenmäßig den Sanierungsablauf darstellt
und die Finanzierbarkeit der beabsichtigten Sanierungsmaßnahmen nachweist. Dabei
sind zunächst die *Problem- und Verlustbereiche* zu betrachten, indem die kritischen Bereiche, z.B. gegliedert nach Geschäftsfeldern, Produktbereichen usw., aufgezeigt und die sich
hieraus ergebenden Erfordernisse der Restrukturierung abgebildet werden.[94] Von besonderer Bedeutung ist die *Darstellung der Maßnahmeneffekte*. Nach IDW S 6 wird bei einem Vollkonzept davon ausgegangen, dass zumindest für das laufende und das folgende
Planjahr die Maßnahmeneffekte monatlich beschrieben und quantifiziert werden, während für die Folgejahre viertel- bzw. halbjährliche Planangaben ausreichen.[95] Die Angabe von Realisierungsgraden bei bereits begonnenen Sanierungsmaßnahmen ist ebenso
wichtig, wie Benennung der Umsetzungsverantwortlichen.[96] Ein weiterer Fokus liegt auf
Rahmenbedingungen die von der Mitwirkung Dritter abhängig ist und deren rechtliche
Bindung noch nicht vorliegt. Dies betrifft Sanierungsmaßnahmen wie z.B. Forderungsabtretungen, Sanierungsbeiträge der Mitarbeiter usw.[97] Die Sanierungsmaßnahmen sind
nicht nur auf der Ebene der Einzelmaßnahme, sondern auch auf der Ebene der
Maßnahmenpakete/-bündel und deren Auswirkung auf andere Maßnahmenpakete abzubilden. Unternehmerische Krisen sind auf ein Zusammenkommen und das Zusammenspiel von unterschiedlichen Faktoren zurückzuführen, was die Grundlage für notwendige Verbesserungspotenziale und damit erfolgreich umsetzbarer Sanierungsmaßnahmen bildet.[98] Der im Sanierungskonzept enthaltene Sanierungsplan ist eine *integrierte
Ergebnis-, Finanz- und Vermögensplanung* auf Basis bspw. von betrieblichen Teilplänen (Absatzplanung, Investitionsplanung, Personalplanung usw.) aus denen eine Plan-Gewinn-
und Verlustrechnung abgeleitet werden kann. Mit den hier zu gehörenden (Des-/) Investitionen, Debitoren- und Kreditorenentwicklungen, Sanierungskrediten usw. werden
Plan-Bilanzen entwickelt, damit auch die Finanzströme im Rahmen der Sanierung dargestellt werden können. Da es sich um einen Sanierungsplan handelt, wird immer mit
Prämissen zu arbeiten sein. Werden bei Sanierungsmaßnahmen Prämissen unterstellt, deren Eintreten für den Erfolg des Sanierungskonzeptes entscheidend ist, sind diese sog.
kritischen Prämissen gesondert hervorzuheben.[99] Allerdings ist, wie bei der Schlussbemerkung klargestellt wird, eine eindeutige Aussage zur Sanierungsfähigkeit des Unternehmens durch den Gutachter abzugeben. Dieses Ergebnis ist abzubilden und kann nicht
durch eine Sammlung von kritischen Prämissen konterkariert werden. Es muss mehr
Gründe für als gegen eine Sanierung geben, was einer von der BGH-Rechtsprechung
abgedeckte Forderung nach einer überwiegenden Wahrscheinlichkeit entspricht.[100] Falls
eine der Sanierungsmaßnahmen von der Bestätigung der Sanierungsfähigkeit durch einen Gutachter abhängt, kann das Sanierungsgutachten angekündigt und in Aussicht gestellt werden, dass eine positive Aussage zur Sanierungsfähigkeit in die Schlussbemerkung
aufgenommen wird, sobald diese Bedingung erfüllt ist.[101]

---

[94] Vgl. *Wentzler* WPg 2009, 294.
[95] Vgl. IDW S 6, Rn. 135.
[96] Vgl. ebenda, Rn. 136.
[97] Vgl. ebenda, Rn. 137.
[98] Vgl. ebenda, Rn. 139.
[99] Vgl. *Wentzler* WPg 2009, 295
[100] Vgl. *Willeke* StuB 2013, 145.
[101] Vgl. ebenda.

§ 6 2. Teil. Erstellung und Beurteilung von Restrukturierungskonzepten

31 Planungsunsicherheiten begegnet man zweckmäßigerweise durch Alternativrechnungen. Der wahrscheinliche Fall als sog. „real case" sollte letztlich das Ergebnis der o.g. überwiegenden Wahrscheinlichkeit darstellen. Quantitativen Risikoeinschätzungen, etwa über den Einsatz der „Monte-Carlo-Simulation", ermöglichen die Einhaltung von Liquidität, die Aufrechterhaltung einer vorgegebenen Eigenmittelquote oder weiterer sog. „Covenants" (z.B. die Einhaltung von Kennzahlen, Auflagen und Bedingungen während der Kreditlaufzeit) abzuschätzen.[102] Simulationen führen zu Szenario – (best case – real case – worst case) Rechnungen, welche Planungsunsicherheiten abbilden können.[103] *Kennzahlen* runden einen Sanierungsplan ab, verdeutlichen den geplanten Sanierungsverlauf, stellen Kontrollgrößen für den Grad der Zielerreichung des Sanierungskonzeptes (Sanierungscontrolling)[104] dar und liefern zugleich Eckpunkte für die Beurteilung des Sanierungskonzeptes durch Dritte.[105] Wichtige Kennzahlen werden im IDW S 6 wie folgt aufgeführt:

Liquiditätskennzahlen, insb.:	Ertragskennzahlen, insb.:	Vermögenskennzahlen, insb.:
a. Liquiditätsgrade I bis III	a. Gesamtkapitalrentabilität	a. Eigenmittelquote
b. Cashflow in % vom Umsatz	b. Eigenkapitalrentabilität	b. Verschuldungsgrad
c. Schuldentilgungsdauer in Jahren	c. Umsatzrentabilität	c. Anlagendeckung
d. Kapitaldienstdeckungsfähigkeit – Debt Service Coverage	d. Material-/Fremdleistungsquote	d. Working Capital
	e. Personalaufwandsquote	e. Laufzeiten der Debitoren und Kreditoren in Tagen
	f. EBITDA in % vom Umsatz	f. Vorratsreichweite in Tagen

Abb. 4: Wichtige Kennzahlen nach IDW S 6

9. Dokumentation, Berichterstattung und zusammenfassende Schlussbemerkung

32 Ausgangspunkt der Dokumentation im Rahmen bspw. einer Überprüfung durch sachkundigen Dritte ist die obligatorische Berichterstattung. Die Arbeitspapiere müssen es darüber hinaus ermöglichen, nachzuvollziehen, auf welche Dokumente, Fakten und Annahmen sich der Gutachter im Rahmen seiner Urteilsfindung gestützt hat. Vollständigkeitserklärungen mit Angaben über Verantwortliche, ausgewertete Informationen usw. sollen die Dokumentation absichern, entbinden aber nicht von der eigenen Urteilsfindung. In diesen Erklärungen haben die gesetzlichen Vertreter Ihre Einschätzung zur Umsetzbarkeit und insbesondere zum Willen zur Umsetzung des Konzepts darzulegen.[106]

33 Über die Durchführung des Auftrags zur Erstellung eines Sanierungskonzeptes ist schriftlich zu berichten, wobei der Bericht mit einer zusammenfassenden Schlussbemerkung abschließen sollte. Die Berichterstattung soll den Empfänger in die Lage versetzen, die Ausgangssituation, die wesentlichen Annahmen und Maßnahmen, die Grundsatzüberlegungen und Schlussfolgerungen mit vertretbarem Aufwand aus seiner Sicht würdigen und eine eigene Meinung bilden zu können.[107] Eine Zusammenfassung der wesentlichen Ergebnisse darf nur zusammen mit dem Bericht, aus dem die maßgeblichen Einzelschritte und -ergebnisse ersichtlich sind, an Dritte weitergegeben werden, um

---

[102] Vgl. IDW S 6, Rn. 140.
[103] Vgl. *Buth/Hermanns* DStR 2010, 292.
[104] Vgl. grundlegend *Sandfort*, S. 1 ff.
[105] Vgl. IDW S 6, Rn. 146.
[106] Vgl. ebenda, Rn. 150.
[107] Vgl. ebenda, Rn. 156.

§ 6 Beurteilung von Sanierungskonzepten nach dem IDW S 6

Missverständnisse über Art und Umfang der Tätigkeit und die Tragweite der Erklärung zu vermeiden.

In der Schlussbemerkung wird beurteilt, ob das Unternehmen voraussichtlich sanierungsfähig ist und unter welchen kritischen Faktoren und Annahmen der Sanierungserfolg erreicht werden kann.[108]

34

Als Muster einer zusammenfassenden Schlussbemerkung für ein umfassendes Sanierungskonzept (Vollkonzept) sieht der IDW S 6 Folgendes vor:[109]

35

Ich war/Wir waren beauftragt, das in voranstehendem Bericht dargestellte Sanierungskonzept für die XY-Gesellschaft zu erstellen. Das Sanierungskonzept wurde auf Grundlage des zwischen der Gesellschaft und mir/uns geschlossenen Auftrags, dem die berufsüblichen Allgemeinen Auftragsbedingungen für Wirtschaftsprüfer und Wirtschaftsprüfungsgesellschaften vom 1.1.2002 zugrunde liegen, erstellt.

Ich habe meiner/Wir haben unserer Erstellungstätigkeit den IDW Standard: Anforderungen an die Erstellung von Sanierungskonzepten (IDW S 6) zugrunde gelegt. Dieser IDW Standard legt die Grundsätze dar, nach denen Wirtschaftsprüfer Sanierungskonzepte erarbeiten.

Im Rahmen meiner/unserer Erstellungstätigkeit habe ich/haben wir auf Basis meiner/unserer Analysen der Ist-Lage und der Krisenursachen in Abstimmung mit den gesetzlichen Vertretern der Gesellschaft vor dem Hintergrund des Leitbilds des sanierten Unternehmens geeignete Sanierungsmaßnahmen erarbeitet und die Auswirkungen der ergriffenen und geplanten Maßnahmen in die integrierte Ertrags-, Liquiditäts- und Vermögensplanung überführt. Die gesetzlichen Vertreter haben sich das Sanierungskonzept und das dem Konzept zu Grunde liegende Leitbild zu Eigen gemacht. Bei ihnen liegt die Verantwortung für die Umsetzung, kontinuierliche Überwachung und Fortschreibung des Sanierungskonzepts.

Aufgabe der gesetzlichen Vertreter der Gesellschaft war es, mir/uns die für die Auftragsdurchführung erforderlichen Informationen vollständig und richtig zur Verfügung zu stellen. Auf die beigefügte Vollständigkeitsklärung wird verwiesen. Ergänzend haben mir/uns die gesetzlichen Vertreter erklärt, dass sie beabsichtigen und in der Lage sind, die zur Sanierung erforderlichen und im Sanierungskonzept beschriebenen Maßnahmen umzusetzen. Auftragsgemäß war es nicht meine/unsere Aufgabe, die dem Sanierungskonzept zugrunde liegenden Daten nach Art und Umfang einer Jahresabschlussprüfung zu prüfen. Ich habe/Wir haben hinsichtlich der in das Sanierungskonzept eingeflossenen wesentlichen Daten Plausibilitätsbeurteilungen durchgeführt.

Die dem Konzept beigefügte integrierte Planung weist ein positives Reinvermögen und künftige Liquiditätsüberschüsse aus.

Das Sanierungskonzept beschreibt die für eine positive Fortbestehens- und Fortführungsprognose und darüber hinaus die für die Wiedererlangung der Wettbewerbs- und Renditefähigkeit der ... [Mandant] erforderlichen Maßnahmen.

Im Rahmen meiner/unserer Tätigkeit bin ich/sind wir zu der abschließenden Einschätzung gelangt, dass aufgrund der im vorliegenden Sanierungskonzept beschriebenen Sachverhalte, Erkenntnisse und Maßnahmen sowie der mit überwiegender Eintrittswahrscheinlichkeit aller im Sanierungskonzept enthaltenen Annahmen und Maßnahmen bei einer Gesamtwürdigung

- *zutreffend von einer positiven Fortbestehens- und Fortführungsprognose ausgegangen werden kann,*
- *das Unternehmen bei objektiver Betrachtung sanierungsfähig ist und die für seine Sanierung geplanten und in Teilen bereits umgesetzten Maßnahmen zusammen objektiv geeignet sind, das Unternehmen in überschaubarer Zeit durchgreifend zu sanieren, und*
- *die Sanierung auch infolge ihrer bereits in den Anfängen erfolgten Umsetzung ernsthafte und begründete Aussichten auf Erfolg hat.*

---

[108] Vgl. ebenda, Rn. 158.
[109] Vgl. ebenda, Rn. 158.

III. Würdigung des IDW S 6

1. Einleitung

36 Ein vollständiges Sanierungskonzept kann nach Abschnitt II. 1. nur dann vorliegen, wenn sämtliche, dort benannten Anforderungen in einem Vollkonzept gerechtfertigt sind. Eine sachgerechte Aussage über die Sanierungsfähigkeit eines Unternehmens kann nur bei einem derartig umfassenden Sanierungskonzept getroffen werden.[110] Damit ermöglicht der IDW S 6 auf der anderen Seite die Erstellung von Teilkonzepten, was gerade in der Krise ein entscheidender Vorteil sein kann.[111] Häufig benötigt ein Unternehmen in der akuten Krise ein Notprogramm zur Vermeidung der Zahlungsunfähigkeit oder eine positive Fortführungsprognose. Kann das Unternehmen so stabilisiert werden, besteht später die Möglichkeit, ein Vollkonzept nach IDW S 6 zu erarbeiten.[112] Das ist entscheidender praxisnaher Vorteil gegenüber dem FAR 1/1991. Der IDW S 6 schafft somit die Möglichkeit, flexibel je nach Feststellung von Krisenstadien zu reagieren und ggf. stufenweise die Unternehmenskrise zu bewältigen.[113] Der IDW S 6 mit seinem Zwei-Stufen-Konzept will in Stufe 1 zunächst die Annahme der Unternehmensfortführung i.S.d. § 252 Abs. 1 Nr. 2 HGB bejaht wissen, auf das keine rechtlichen oder tatsächlichen Gegebenheiten der Fortführung der Unternehmenstätigkeit entgegenstehen. Erst danach ist durch geeignete Maßnahmen – in einem ggf. entsprechend verlängerten Prognosezeitraum – in der Stufe 2 zu bestätigen, dass auch nachhaltig sowohl die Wettbewerbsfähigkeit als auch die Renditefähigkeit (nachhaltige Fortführungsfähigkeit) wiedererlangt werden kann.[114]

37 Der IDW S 6 ist umfassend und durchaus auch kritisch in der Literatur diskutiert worden.[115] Dabei sind neben der Berücksichtigung der BGH-Rechtsprechung insbesondere die Mittelstandstauglichkeit[116] und der strukturelle Ansatz[117] Gegenstand der Kontroverse. Gerade *Prütting* weist jedoch nach, das die insbesondere von Bankenvertretern genannten Forderungen in Bezug auf die im Grunde schmal ausfallende Rechtsprechung nunmehr erfüllt werden.[118] So ist zunächst zu fragen, inwieweit der rund vierzig Seiten umfassende, auf betriebswirtschaftlich hohem Niveau Inhalte vorgebende Standard des Instituts der Wirtschaftsprüfer geneigt ist, kleineren und mittleren Unternehmen aufzuzeigen, wie ein Unternehmen saniert werden kann. Obwohl der IDW S 6 als Vorgabe für Wirtschaftsprüfer die Anforderungen an die Erstellung von Sanierungskonzepten für Berufsträger postuliert, strahlt dieser als Marktstandard nicht nur auf andere Berufsgruppen aus, sondern legt die Inhalte auch für den Unternehmer fest. Mag der Standard viel weiter und detaillierter gehen als die Rechtsprechung das aufzeigt, die eher das notwendige Minimum aufzeigt, bleiben Recht und Standard stets der Rahmen zur Lösung individueller Fälle.[119]

---

[110] Vgl. ebenda, Rn. 2 und 22.
[111] Vgl. *Groß* WPg 2005, 233; IDW S 6, Rn. 4.
[112] Vgl. *Buth/Hermanns* DStR 2010, 289.
[113] Vgl. *Groß* WPg 2009, 234.
[114] Vgl. IDW S 6, Rn. 11.
[115] Vgl. *Prütting* ZIP 2013, 203; ZIP-Dokumentation ZIP 2012, 946; *Pohl* ZInsO 2011, 207; *Krystek/Klein* DB 2010, 1769; *Andersch/Philipp* CF 2010, 205 u.v.a.
[116] Vgl. Püschel KSI 2013, 51.
[117] Vgl. Krystek/Klein DB 2010, 1769.
[118] Vgl. ZIP-Dokumentation IDW S 6 n.F., ZIP 2012, 946.
[119] Vgl. *Prütting* ZIP 2013, 209.

2. Umfang von Sanierungskonzepten

Der *Umfang* des Sanierungskonzeptes sollte mit der jeweiligen Größe des Unternehmens korrelieren, um insbesondere die Konzepterstellungskosten in der Krise angemessen zu gestalten.[120] Die hohen Anforderungen des Standards können nach Praxiserfahrungen bei kleinen und mittelständischen Krisenunternehmen gerade zu unangemessenen Kostennoten führen.[121] Dennoch sollte von der grundsätzlichen inhaltlichen und weiter oben abgebildeten Struktur nicht abgewichen werden, um möglichen Haftungsgefahren zu begegnen. Allein quantitative und mögliche qualitative Reduktionen sind vorzunehmen, insbesondere wenn die Unternehmensstrukturen weniger komplex sind.[122] Entgegen mancher Meinungen können bei kleinen Unternehmen aufgrund angepassten Analyseumfangs kostenverträglich Sanierungskonzepte erstellt werden.[123] Bleibt die Grundstruktur des IDW S 6 erhalten, indem die Kernanforderungen sachgerecht abgearbeitet werden,[124] kann ein Gutachter davon ausgehen, dass sein Urteil gerichtlich belastbar ist. Wichtiger ist, die häufig bei kleinen und mittelständischen Krisenunternehmen vorliegenden Problemfelder zu berücksichtigen. Hierzu können insbesondere Abhängigkeiten von wenigen Kunden bzw. Lieferanten, fehlende Transparenz in der Kostenrechnung bzw. Rechnungswesen oder geringe Eigenkapitalquoten gehören.[125] Häufig wird es an der Einsichtsfähigkeit der eigentümergeführten Unternehmen fehlen und auch die Banken werden erst eingebunden, wenn es nicht mehr zu vermeiden ist.[126] Aber beide letztgenannten Phänomene sind eben nicht mittelstandstypisch, sondern eher menschlich und unabhängig von der Unternehmensgröße. Das Zeitfenster einer Sanierung ist bei den meisten Sanierungen eben wegen dieses Verhaltens eng.

Die Erarbeitung eines Leitbildes eines sanierten kleinen oder mittelständischen Krisenunternehmens ist ebenfalls notwendig. Da hierzu nicht nur ein realisierbares, zukunftsfähiges Geschäftsmodell und seine wesentlichen Eckdaten gehören, sondern auch die Strukturen und Potenziale des Unternehmens unter Effektivitäts- und Stimmigkeitsaspekten festzulegen sind, ist das Leitbild bei jedem Sanierungsfall unabhängig von der Unternehmensgröße obligatorisch. Bei kleinen oder mittelständischen Krisenunternehmen ist das eben keine Angelegenheit von mehreren hundert Seiten Gutachten,[127] weil es bspw. nur ein Geschäftsfeld und eine überschaubare Anzahl von Produktgruppen und Produkten gibt. Ein Sanierungskredit wird nur dann gewährt werden dürfen, wenn die Sanierungsfähigkeit bestätigt wird. Ohne eine Aussage zu dem Geschäftsmodell und der dazu passenden Unternehmensstruktur kann diese Entscheidung in den meisten Fällen nicht getroffen werden. Hier hilft auch nicht der Hinweis, dass Mittelständler nicht über ein Leitbild verfügen und auch wegen der Krisensituation und allgemein keine Zeit haben, sich mit den dazu gehörenden Fragestellungen zu beschäftigen. Sicherlich besteht dann die Gefahr, dass der Berater bzw. Gutachter ein Leitbild nicht abgestimmt festlegt.[128] Wenn der mittelständische Unternehmer nicht weiß (besser: einsieht), welche strategische Stoßrichtung das Unternehmen einzuschlagen hat, ist dies eine brenzlige

---
120 Vgl. *Püschel* KSI 2013, 53.
121 Vgl. *Tobias/Schampel* KSI 2011, 247.
122 Vgl. *Püschel* KSI 2013, 53.
123 Vgl. *Andersch/Philipp* CF 2010, 208.
124 Vgl. IDW S 6, Rn. 11.
125 Vgl. *Püschel* KSI 2013, 54.
126 Vgl. ebenda, 54.
127 Vgl. zu dieser hier nicht vertretenen Auffassung in *Püschel* KSI 2013, 54.
128 Vgl. *Püschel* KSI 2013, 55.

Situation für den Gutachter. Wenn dazu das Managementteam und die Geschäftsführung nicht von der aus dem Leitbild abgeleiteten Sanierung überzeugt sind, kann nicht bescheinigt werden, dass sie beabsichtigen und in der Lage sind, die zur Sanierung erforderlichen und im Sanierungskonzept beschriebenen Maßnahmen umzusetzen. In dieser Situation ist mindestens in der Geschäftsleitung eine sanierungserfahrene Führungskraft (CRO= Chief Restructuring Officer) mit allen notwendigen Kompetenzen einzusetzen, um die Umsetzung der Sanierung abzusichern. Das Management ist der Schlüssel zum Erfolg einer jeden Sanierung, so dass die Beurteilung dessen bei der Erstellung eines Sanierungskonzeptes unumgänglich ist.[129]

3. Struktureller Ansatz (des Zwei-Stufen-Modells)

40   Der strukturelle Ansatz des IDW S 6 wird in der Literatur unterschiedlich in Bezug auf die Vorgehensweise und kritisch in Teilen, u.a. auf die stadiengerechte Sanierung bezogen, diskutiert. Dass die vorgegebenen Stadien nicht zwingend in der Reihenfolge (von der Stakeholderkrise bis zur Insolvenz) entstehen müssen, ist vorangehend erläutert worden. Im folgenden werden daher die einzelnen Stufen näher betrachtet.

41   *Prütting* sieht den Standard als Drei-Stufen-Modell:[130] In der ersten Stufe wird die Fortführungsfähigkeit sichergestellt oder herbeigeführt. Danach wird der Weg der Verstetigung der Sanierung eingeschlagen und zur nachhaltigen Wettbewerbsfähigkeit erarbeitet, um in der dritten Stufe das Leitbild des gesunden Unternehmens anzustreben. Der Autor erkennt die frühere dreigeteilte Lösung einer Sanierungsaufgabe. Zuerst ist die Finanzkrise zu lösen, dann wird die Ertragskrise zu überwinden sein. Allein aus zeitlicher Sicht werden strategische Ziele und damit die zum Leitbild gehörenden Bestandteile deutlich später erreicht. In der Konsequenz besteht in Bezug zu den Inhalten der Aufgabenstellung im Rahmen der Erstellung eines Sanierungskonzeptes kein Unterschied. Die zweite Stufe des sog. Vollkonzeptes wird lediglich geteilt und das Vorgehen insgesamt als überzeugend eingestuft.[131]

42   *Krystek/Klein* setzen sich detailliert mit den betriebswirtschaftlichen Grundlagen des IDW S 6 auseinander.[132] Neben bereits bis an dieser Stelle besprochenen Punkten wird der gegenüber dem IDW FAR 1/91 nun in dem Umfang deutlich reduzierte Fokus auf die Analyse (Ausgangssituation) des Krisenunternehmens zu Gunsten des Sanierungskonzeptes im eigentlichen Sinne als vorteilhaft eingeschätzt, wobei Markt und Wettbewerb immer noch einen unter 10 % liegenden und damit nach Auffassung Krystek/Klein zu geringen Anteil einnimmt.[133]

43   Strukturell sehen Krystek/Klein gegenüber dem FAR 1/91 den Mangel durch fehlende, insbesondere z.B. auf Krisenstadien bezogene Checklisten. Desweiteren wird die stadiengerechte Krisenbewältigung kritisiert, weil über insolvenzvermeidende hinausgehende und parallel zur Erstellung des Sanierungskonzeptes zu erarbeitende, praxisübliche Sofortmaßnahmen, die kurzfristig das Krisenunternehmen stabilisieren, im Standard nicht berücksichtigt werden.[134] Der Zwei-Stufen-Ansatz des IDW S 6 soll nicht berücksichtigen, dass zur nachhaltigen Krisenüberwindung in Literatur und Praxis ganzheitliche

---

[129] Vgl. a.A. *Krystek/Klein* DB 2010, 1773.
[130] Vgl. *Prütting* ZIP 2013, 208.
[131] Vgl. ebenda.
[132] Vgl. *Krystek/Klein* DB 2010, 1769 ff., insbes. 1773 ff.
[133] Vgl. *Krystek/Klein* DB 2010, 1773, Abb. 2, die anhand der Seitenzahlen eine m.E. interessante Gewichtung vornehmen.
[134] Vgl. ebenda, 1773.

§ 6 Beurteilung von Sanierungskonzepten nach dem IDW S 6 §6

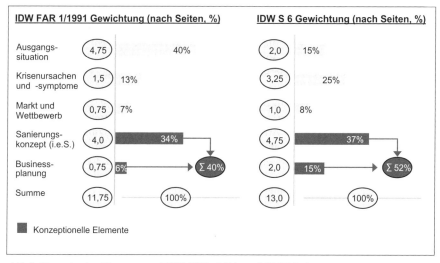

Abb. 5: Quantitative Bewertung IDW FAR 1/91 und IDW S 6

Sanierungskonzepte gefordert werden, die strategische Grundsatzfragen lösen und operative Aufgabenstellungen in einem integrierten Ansatz – sog. Grobkonzepte nach RBSC, im folgenden RBSC-Grobkonzept genannt – umfassen.[135] Im übrigen würde der Standard bei den zahlreichen Anforderungen offen lassen, welche von diesen zur ersten und welche zur zweiten Stufe zuzuordnen sind. Als dritten der hier betrachteten strukturellen Kritikpunkte ist die fehlende Auseinandersetzung mit der Frage der Sanierungswürdigkeit zu erwähnen.[136] Problematisiert werden beim IDW S 6 die strukturellen Themen:
- keine stufenorientierte Zuordnung von Anforderungen
- fehlende Aussage zur Sanierungswürdigkeit
- kein ganzheitliches, praxisübliches Sanierungskonzept (sog. RBSC-Grobkonzept)

Die *Zuordnung von Anforderungen* zu den einzelnen, bei einem Vollkonzept vorliegenden 44
beiden Stufen kann nur anhand des einzelnen Krisenfalles erfolgen. Zu erinnern ist an die Aufgabenstellung der ersten Stufe, die im Ergebnis eine positive Fortführungsprognose benötigt, um im Folgenden ein gutachterliches Ergebnis bei der Frage der Sanierungsfähigkeit zu erhalten. Es ist festzustellen, ob Insolvenzgründe wie Zahlungsunfähigkeit oder Überschuldung vorliegen oder andere rechtliche oder tatsächliche Gegebenheiten der Annahme der Unternehmensfortführung im Prognosezeitraum des laufenden und nächsten Planjahres entgegenstehen.[137] Es geht hier also nicht um konzeptionelle Fragestellungen, sondern um die Würdigung von Tatsachen. Der Gutachter ist also dazu aufgefordert, sich zunächst diesen Problembereich zu widmen und zu einer ersten Aussage zu kommen. Diese hat die zu diesem Zeitpunkt vorliegenden Informationen (Finanzstatus und mittelfristiger Finanzplan) zu berücksichtigen, vgl. hierzu die vorhergehenden Ausführungen und § 25 dieses Handbuchs. Es ist zu beurteilen, ob Zahlungsfähigkeit gegeben ist und eine positive Fortführungsprognose vorliegt. Hierbei können die bereits eingeleiteten, geplanten und realistischen Sofort- und Sanierungsmaßnahmen

---

[135] Vgl. ebenda, 1774 mit Verweis (Fn. 47) u.a. auf *Buth/Hermanns*, HB Restrukturierung/Sanierung/Insolvenz, S. 196.
[136] Vgl. *Krystek/Klein* DB 2010, 1774.
[137] Vgl. IDW S 6, Rn. 87.

berücksichtigt werden. Ist die Aussage zum Finanzstatus negativ und kann die Liquiditätslücke von 10 % binnen 3 bis 6 Monate nicht für die Gläubiger in zumutbarer Weise geschlossen werden, dann wird die Arbeit an dem Sanierungskonzept nicht aufzunehmen oder einzustellen sein. Es sind Situationen denkbar, in denen diese Feststellung nicht eindeutig getroffen werden können und erst durch den Einsatz eines Sanierungsexperten Klarheit hierüber erlangt und eine positive Fortführung erarbeitet werden kann. Dann wird es Situationen geben, in denen Zahlungsfähigkeit gegeben ist, aber bei der positiven Fortführungsprognose keine eindeutige Aussage getroffen werden kann. Werden nun bei Aufnahme der Arbeit des Gutachters bzw. Sanierungsberaters erste (Sofort-) Maßnahmen definiert, können diese gleichwohl konzeptionell dem Sanierungskonzept (zweite Stufe) zuzuordnen sein, aber auch die Aussage der Fortführungsprognose (erste Stufe) sichern. Dementsprechend dürfen und sollen die Anforderungen nicht starr einer Stufe zugeordnet werden, weil entscheidend nicht deren Einordnung, sondern das Ergebnis in den beiden Stufen ist. Der Gutachter wird sich vielleicht im Laufe seiner Tätigkeit die Frage nach der Zahlungsfähigkeit und der positiven Fortführungsprognose mehrfach stellen, während an der zweiten Stufe, dem Sanierungskonzept, weiter gearbeitet wird.

45 Dass die Frage der Sanierungsfähigkeit objektiver Natur ist und die nach der *Sanierungswürdigkeit* subjektiver, benötigt keiner besonderen Erwähnung. Eine der wichtigsten Aufgaben der Erstellung von Sanierungskonzepten ist die Schaffung von Rechtssicherheit, nämlich einen Sanierungskredit anfechtungsfest geben zu dürfen oder keinen Insolvenzantrag als Organ der Krisengesellschaft stellen zu müssen.[138] Auch bei Vorlage eines qualifizierten Gutachtens wird diejenige Bank, die sich in einer besseren Sicherheitenposition befindet, ein geringeres Interesse an einer Sanierung haben als ein nicht gesichertes Kreditinstitut. Um die Sanierungswürdigkeit eines Unternehmens zu beurteilen, sind entscheidungsrelevante Informationen jedes einzelnen betroffenen Gläubigers (hier: Banken) zu verarbeiten. Ein unmögliches Unterfangen in fast jeder Sanierung.

46 Die gewichtigste durch Krystek/Klein formulierte Kritik an dem IDW S 6 zielt darauf ab, dass nach der Sicherung der Fortführungsfähigkeit mit „… Teilkonzepten zur Erreichung von Wettbewerbs- und Renditefähigkeit …" nicht die Basis für eine Entscheidung der Stakeholder vorliegt, nämlich ein „*ganzheitliche(s) Sanierungskonzept* mit strategischer, operativer und finanzwirtschaftlicher Restrukturierung …".[139] Diese Einschätzung wird nur dann verständlich, wenn man den weiteren Inhalt des Beitrags kennt. In dem Beitrag wird auch der sog. RBSC-Sanierungsansatz intensiv dargestellt, die Historie zu der Entwicklung beschrieben und auch der Vergleich mit dem IDW S 6 gesucht.[140] Insbesondere auf die Herkunft des Sanierungsansatzes wird zu Recht verwiesen, nämlich die Arbeiten für die Treuhandanstalt (THA) in Berlin im Rahmen der Sanierung der tausenden Beteiligungen der THA,[141] aber auch der tausenden Sanierungsprüfungen durch den Leitungsausschuss und deren Beratergruppe in der THA.[142] Es soll nicht unerwähnt bleiben, dass nicht nur auf Basis dieser Erfahrungen auch der FAR 1/91 entwickelt worden, sondern dieser Ansatz bereits in der ersten Auflage dieses Handbuches 1998 in § 4 durch *Kraus/Gless* aufgezeigt worden ist. Der RBSC-Sanierungsansatz umfasst – damals, wie heute – ein Drei-Stufen-Konzept, welches nach der Unternehmensanalyse (I. Transpa-

---

[138] Vgl. ZIP-Dokumentation ZIP 2012, 947.
[139] *Krystek/Klein* DB 2010, 1774, Hervorhebungen durch den Verfasser.
[140] Vgl. *Krystek/Klein* DB 2010, 1769 ff. und 1837 ff.; RBSC steht für Roland Berger Strategy Consultants.
[141] Vgl. *Krystek/Klein* DB 2010, 1775.
[142] Vgl. *Buth/Hermanns*, HB Restrukturierung/Sanierung/Insolvenz, § 7, Rn. 15 und dort Fn. 29.

§ 6 Beurteilung von Sanierungskonzepten nach dem IDW S 6

renz) in der zweiten Stufe ein RBSC-Grobkonzept (II.) und zeitlich danach ein Detailkonzept (III.) vorsieht. Die Umsetzung der Sanierung (IV.) beginnt in der Regel mit Aufnahme der Arbeiten beim Krisenunternehmen und stellt keine eigene „Stufe" dar. Vgl. zu diesem Sanierungsansatz die nachfolgende Abbildung:[143]

Abb. 6: RBSC – Sanierungsansatz

IDW S 6 und der RBSC-Sanierungsansatz sehen beide in hinreichendem Maße die Genese der Krise vor. Das RBSC-Grobkonzept beim RBSC-Sanierungsansatz entsteht deshalb, weil in der Unternehmenskrise die Existenz des Unternehmens bedroht ist, knappe finanzielle Ressourcen vorliegen, hoher Zeitdruck herrscht und somit eine Unterteilung in ein RBSC-Grobkonzept und ein darauf aufbauendes Detailkonzept notwendig wird. Es dient als Grundlage für die Aussage zur Sanierungsfähigkeit, für Entscheidungen über weitere Finanzierung und Beiträge von Stakeholdern und als Masterplan für die Umsetzung der Sanierung.[144] Das RBSC-Grobkonzept sollte je nach Einzelfall nach zwei bis spätestens sechs (kleine/mittlere Unternehmen) Wochen bzw. wenigen Monaten (größere Unternehmen) fertig sein.[145] Das Detailkonzept entwickelt das RBSC-Grobkonzept weiter, was sich auf sechs bis 24 Monate je nach Unternehmensgröße erstrecken kann.[146] Innerhalb des Detailkonzeptes werden die definierten Maßnahmen weiter detailliert, ergänzt und mit Einzelschritten, Verantwortlichkeiten und Terminen hinterlegt.[147] Die Umsetzung beginnt im Grunde mit der Erstellung des Konzeptes, indem mit Sofortmaßnahmen das finanzwirtschaftliche Ausbluten des Krisenunternehmens gestoppt werden soll. Später wird eine Projekt-/Umsetzungsorganisation sowie ein Maßnahmenmanagement installiert, um die Umsetzung möglichst zügig voranzutreiben und zu überwachen.[148]

---

[143] Vgl. *Kraus/Buschmann*, HB Restrukturierung/Sanierung/Insolvenz, Rn. 14 und dort Abb. 4.
[144] Vgl. ebenda, Rn. 14.
[145] Vgl. *Kraus/Gless*, HB Restrukturierung/Sanierung/Insolvenz, Rn. 34; *Krystek/Klein* DB 2010, 1843, die einen maßnahmenorientierten Aktionsplan in wenigen Monaten aufgestellt sehen; Klammerzusätze sind Anmerkungen des Verfassers.
[146] Vgl. *Kraus/Gless*, HB Restrukturierung/Sanierung/Insolvenz, Rn. 30.
[147] Vgl. *Kraus/Buschmann*, HB Restrukturierung/Sanierung/Insolvenz, Rn. 14.
[148] Vgl. ebenda.

48 Nun setzt der IDW S 6 entsprechend der BGH-Rechtsprechung voraus, dass erste Sanierungsmaßnahmen bereits umgesetzt sind.[149] Es sollen die je nach Dringlichkeit erforderlichen Maßnahmen zuerst umgesetzt werden, was in der Nähe der Insolvenz Sofortmaßnahmen erforderlich macht.[150] Ebenfalls legt der Standard fest, dass im Sanierungskonzept für die einzelnen Maßnahmen die für deren Umsetzung Verantwortlichen genannt werden.[151] Letztlich ist die parallele Stufe IV. des RBSC-Ansatzes inhaltlich durch den IDW S 6 abgedeckt. Verbleibt die Betrachtung der II. und III. Stufe des RBSC-Sanierungsansatzes mit dem IDW S 6.

49 Die unter II. RBSC-Grobkonzept formulierten Bestandteile von A. bis E. werden mit dem Leitbild, der stadiengerechte Krisenbewältigung, der integrierte Sanierungsplanung unter Einschluss des Maßnahmenmanagements unter Punkt 4 bis 6 des Standards vollumfänglich abgehandelt. Der Gutachter hat dabei Maßnahmenbündel in seiner Gesamtheit und nicht die isolierten einzelnen Maßnahmen zu betrachten und damit alle Querbeziehungen innerhalb eines Maßnahmenbündels zu berücksichtigen.[152] Diese Stimmigkeit ist nicht nur eine notwendige Bedingung für den Erfolg der Sanierung, sondern auch ein Nachweis für den ganzheitlichen Sanierungsansatz. Das Vollkonzept des IDW S 6 in der zweiten Stufe umfasst das RBSC-Grobkonzept in der zweiten Stufe des RBSC-Sanierungsansatzes.

50 Die unter III. Detailkonzept aufgeführten Arbeitsschritte vertiefen in der späteren Sanierungsarbeit das Sanierungskonzept. Es werden die Sanierungsmaßnahmen detailliert, in dem die Einzelschritte, die Verantwortlichen und die Zeiteffekte präzise bestimmt werden, vgl. obige Abb. Das RBSC-Grobkonzept dient unter Einschluss der Sanierungsmaßnahmen, im RBSC-Sanierungsansatz als Meilensteine bezeichnet, bereits zur Entscheidung über die Frage der Sanierungsfähigkeit des Krisenunternehmens. Im Sanierungsansatz nach IDW S 6 werden bereits im Leitbild die Vorgaben für Sanierungsmaßnahmen gegeben, was die Koordination der Verantwortlichen erleichtert.[153] Damit sich der Sanierungserfolg einstellt, sind zeitliche und finanzielle Vorgaben für die einzelnen Maßnahmen sowie die Verantwortlichen festzulegen. Während RBSC bei Sanierungsmaßnahmen u.a. Meilensteine aufführt, werden im IDW S 6 Maßnahmenbündel jeweils zu einzelnen Maßnahmen abgegrenzt aufgeführt.[154] Gerade auf dieser Ebene, der Frage der Detailliertheit eines Sanierungskonzeptes und der Sanierungsmaßnahmen im Einzelnen, liegen m.E. Abgrenzungsschwierigkeiten zwischen IDW S 6 und dem RBSC-Ansatz, weil letztlich nicht klar formuliert ist, ob die einzelnen Maßnahmen nach IDW S 6 bereits in Bezug auf die Konkretisierung (zeitlich, inhaltlich, personell usw.) der III. Stufe des RBSC-Sanierungsansatzes zuzuordnen sind. In diesem Falle wäre tatsächlich ein struktureller Unterschied in den Sanierungsansätzen gegeben.

51 Der IDW S 6 enthält eine große Anzahl von Hinweisen, auf welcher Ebene welche Maßnahmen zu erarbeiten sind, einige Beispiele: Im strategischen Bereich werden Maßnahmenpakete erwähnt um bspw. das Risiko im Kerngeschäft zu vermindern (Ausstieg aus Geschäftsfeldern) oder das Geschäftsmodell zu stärken (Profilierung von Marken).[155] Im operativen Bereich werden Maßnahmen zur Verbesserung der Wertschöpfungsprozesse und des Liefer- und Leistungsprogramms, eine stärkere Fokussierung auf die Kun-

---

[149] Vgl. IDW S 6, Rn. 19.
[150] Vgl. ebenda, Rn. 12.
[151] Vgl. ebenda, Rn. 137.
[152] Vgl. ebenda, Rn. 139.
[153] Vgl. ebenda, Rn. 91.
[154] Vgl. ebenda, Rn. 139.
[155] Vgl. ebenda, Rn. 126.

denbedürfnisse zur Erlösverbesserung und zur Kostenverbesserung die Senkung der Bezugspreise, Verbesserung der Ressourceneffizienz bzw. Optimierung der Verbrauchsmengen, Verminderung der Ausschussquote, Senkung der Lagerkosten und der Kapitalbindungskosten, Reduktion und Bereinigung der Artikelvielfalt, Veränderungen der Vergütungsstruktur im Personalbereich, Personalabbau, usw. benannt.[156] Desweiteren werden als bestandswahrende Maßnahmen im Bereich Personal beispielhaft die Einführung von Kurzarbeit, Rücknahme von Leiharbeit, Abbau von Zeitguthaben und Verkürzung der Wochenarbeitszeit, während im Bereich der Leistungserbringung Produktverbesserungen bzw. die Einführung von Neuprodukten und die Beseitigung von Qualitäts- und Belieferungsmängeln aufgeführt werden.[157] Dies beschreibt einschlägig, welchen Rahmen der IDW Standard den Sanierungsmaßnahmen geben soll. Eben diese Bereiche finden sich als typische strategische und operative Sanierungsmaßnahmen im RBSC-Sanierungsansatz und damit im RBSC-Grobkonzept wieder.[158] Das beide Ansätze das Maßnahmenmanagement als Schlüssel zum Erfolg sehen, ist unstreitig. Gerade ein tieferer Einblick in die praktische Arbeit beim Umsetzungs- und Sanierungsmanagement zeigt auf, wo sehr wahrscheinlich die Abgrenzung der Stufe II zu III beim RBSC-Sanierungsansatz und die Kompatibilität zum IDW S 6 hergestellt wird. Vgl. hierzu folgendes Beispiel:[159]

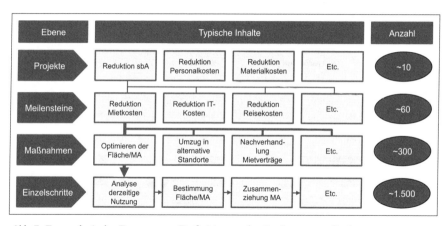

Abb. 7: Exemplarische Bottom-up-Definitionen der Sanierungsmaßnahmen

RBSC beschreibt hier die Sanierungsprojekte auf Ebene der Erfolge im operativen Bereich, hier beispielhaft die „Reduktion des sonstigen betrieblichen Aufwandes" und teilt dieses Projekt in verschiedene (bis bspw. zu 6) Meilensteine auf, wie etwa die „Reduktion der Mietkosten". Dieser Meilenstein enthält dann einzelne Sanierungsmaßnahmen, wie die Optimierung der Fläche pro Mitarbeiter. Dieses Beispiel betrifft insgesamt ein Kostensenkungsvolumen von 100 Mio. € und damit eine Sanierung eines sehr großen Unternehmens. Es zeigt aber auf, dass eine Entscheidungsgrundlage sicher die Meilensteine und auch die einzelnen Maßnahmen umfassen sollte. Der top down zu erarbei-

---

[156] Vgl. ebenda, Rn. 114.
[157] Vgl. ebenda, Rn. 118.
[158] Vgl. *Kraus/Buschman,* HB Restrukturierung/Sanierung/Insolvenz, Rn. 23 (strategische Sanierungsmaßnahmen) und 26 (operative Sanierungsmaßnahmen).
[159] Vgl. *Harenberg/Wlecke,* HB Restrukturierung/Sanierung/Insolvenz, Rn. 168.

tende Sanierungsansatz entspricht sowohl der Stufe II im RBSC- als auch im IDW S 6- Sanierungsansatz. Die Einzelschritte sind jedoch dem Detailkonzept in Stufe III. des RBSC-Ansatzes zuzuordnen und werden bottom up festgelegt. Das Sanierungskonzept benötigt als Entscheidung für die Sanierungsfähigkeit nicht die Stufe III, weil diese letztlich die praktische und nicht die gutachterliche Arbeit am Sanierungsfall bildet. Die Entscheidung kann auch nicht mehrere Monate im Einzelfall warten, bis alles detailliert geregelt und geplant ist. Gerade die Frage der Detailliertheit ist von Fall zu Fall und nach Aufgabenstellung zu entscheiden, was im nächsten Unterpunkt (IV.) mit einer weiteren Aufgabenstellung zu besprechen ist. Somit entspricht das Sanierungskonzept (als Vollkonzept) nach IDW S 6 letztlich dem RBSC-Grobkonzept. Der Name Grobkonzept ist im RBSC-Sanierungsansatz missverständlich und nur vor dem Detailkonzept, eher als Umsetzungskonzept zu bezeichnendes Sanierungskonzept, innerhalb der aktiven Sanierungsarbeit zu verstehen. Insbesondere wenn man diese Konzepte und deren Qualität kennt und auch geprüft hat, ist der Name des Sanierungskonzeptes sogar falsch.[160]

53 Dass beide Ansätze (IDW S 6 und RBSC) im Ergebnis letztlich auch inhaltlich strukturell nicht weit voneinander entfernt sind, verblüfft nicht. Denn eine weitere Analyse des hervorragend in die Sanierungspraxis einführenden Leitfadens der THA zur Ausgestaltung von Sanierungskonzepten[161] mit den beiden Standards weist nach, das der Schwerpunkt im eigentlichen Sanierungskonzept/-plan mit 53 bis 57 % gelegt wird.

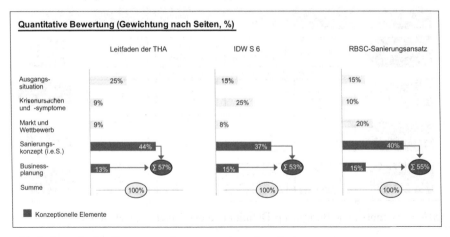

Abb. 8: Quantitative Bewertung der untersuchten Standards

---

[160] Der Verfasser hatte im Rahmen eines Gerichtsprozesses ein Grobkonzept von RBSC zu analysieren; es umfasste über 200 Seiten und enthielt u.a. über hundert Sanierungsmaßnahmen.
[161] Abgedruckt in den Wirtschaftsprüferkammer-Mitteilungen Sonderheft September 1990. Die über 8000 Unternehmen der Treuhandanstalt wurden mit Hilfe des genannten Leitfadens Unternehmenskonzepte entwickelt. Auf Basis dieser Konzepte haben die entsprechenden Stellen der Treuhandanstalt über die Sanierungsfähigkeit der Unternehmen befunden, um die sanierungsfähigen Beteiligungen zu privatisieren bzw. deren Sanierung zu unterstützen und die nicht sanierungsfähigen Beteiligungen zu liquidieren. Wenn das Gesamtobligo der Zuwendungen durch die Treuhandanstalt mehr als 10 Mio. DM betragen hat, wurde ein neutrales, unabhängiges und nicht weisungsgebundenes Gremium (Leitungsausschuss) beauftragt, die Sanierungsfähigkeit des Unternehmens anhand des vorgelegten Unternehmenskonzeptes zu beurteilen. Der vom Bundesfinanzministerium eingesetzte und finanzierte Leitungsausschuss hat in der Hochphase knapp 100 Industrieexperten, Wirtschaftsprüfer und Unternehmensberater beschäftigt.

§ 6 Beurteilung von Sanierungskonzepten nach dem IDW S 6 § 6

Beide Standards scheinen sich insbesondere in der unterschiedlichen Gewichtung der 54
Analyse der Krisenursachen und Markt/Wettbewerb zu unterscheiden, was nicht beunruhigend ist. Denn ein Sanierungskonzept hat sämtliche relevante Stakeholder zu überzeugen und damit alle wichtigen Fragen zur Wiedererlangung der Renditefähigkeit zu beantworten. Jeder Sanierungsstandard kann immer nur einen Rahmen für Sanierungsaufgaben darstellen.

IV. Abgrenzung zu anderen Arten von Sanierungskonzepten

1. Einleitung

Es gibt bedingt durch die Einführung der Insolvenzordnung und durch ESUG zwei wei- 55
tere Grundlagen, um Sanierungskonzepten vergleichbare Unernehmensplanungen zu erstellen, nämlich den Insolvenzplan im Rahmen des Planverfahrens nach §§ 217 ff. InsO und die Bescheinigung nach § 270b InsO im Rahmen des Schutzschirmverfahrens. Vgl. hierzu die ausführlichen Erläuterungen zum Planverfahren in § 29 und zur Bescheinigung im Schutzschirmverfahren in § 27. Im Folgenden werden grundsätzliche und wichtige Abgrenzungsfragen behandelt.

2. Insolvenzplan

Die im IDW S 6 beschriebenen Anforderungen an die Erstellung von Sanierungskon- 56
zepten gelten auch für Sanierungen im Rahmen eines Insolvenzverfahrens (Insolvenzplanverfahren oder übertragende Sanierungen), weil bspw. bei *Insolvenzplänen* – zumindest bei primär leistungswirtschaftlich orientierten Plänen – sich die jeweils zugrunde liegenden Aufgabenstellungen betriebswirtschaftlich prinzipiell nicht unterscheiden.[162] Die Genehmigung bzw. Ablehnung des Insolvenzplans durch die Gläubiger ist betriebswirtschaftlich eine Investitions- bzw. Desinvestitionsentscheidung, bei der im Rahmen des Insolvenzplanverfahrens geänderte rechtliche Rahmenbedingungen einzuhalten sind.[163] Ausgehend von der Beschreibung des Unternehmens werden bei einem Insolvenzplan im Rahmen der Unternehmensanalyse die Punkte Insolvenzursachenanalyse und Lagebeurteilung (Analyse der globalen Umwelt, Analyse der Aufgabenumwelt und Analyse der unternehmensinternen Faktoren als Basis für ein Stärken-/Schwächenprofil respektive Chancen/Risiken-Profil) ausführlich dargestellt und die Sanierungsfähigkeit geprüft.[164] Wesentlicher Bestandteil ist analog IDW S 6 eine Darstellung des Leitbildes des durch den Insolvenzplan umzugestaltenden Unternehmens; dabei sind vor allem die Vorgehensweisen und Potenziale zu beschreiben, die dem Unternehmen Wettbewerbsfähigkeit verleihen und ihm damit die Möglichkeit eröffnen, nachhaltige Einnahmeüberschüsse zu erwirtschaften und das finanzielle Gleichgewicht zu sichern.[165] Als sachlogische Brücke zwischen Istzustand und Sollzustand des Unternehmens sind die für die Realisierung des Insolvenzplans nötigen Maßnahmen darzustellen, wobei nach folgenden Punkten differenziert werden soll: vor und nach Insolvenzantragstellung bereits ergriffene Maßnahmen, mit dem Insolvenzplan beabsichtigte Maßnahmen, sonstige Maß-

---

[162] Vgl. IDW S 2, Rn. 21 und 81 ff.
[163] Vgl. ebenda, Rn. 21.
[164] Vgl. ebenda, Rn. 27.
[165] Vgl. ebenda, Rn. 28.

nahmen/Überwachung der Planerfüllung (§§ 260 ff. InsO, Verweis auf gestaltenden Teil) sowie Hinweise zum Obstruktionsverbot (§ 245 InsO) und zum Minderheitenschutz (§ 251 InsO).[166] Mit der knappen Darstellung und dem Verweis im IDW S 6 direkt (Rn. 4) ergibt sich, dass die Inhalte von Insolvenzplan und Sanierungskonzept gleich sein sollen.

3. Bescheinigung nach § 270b InsO

57 Der Schuldner hat mit dem Antrag nach § 270b InsO zum Schutzschirmverfahren eine mit Gründen versehene *Bescheinigung* eines in Insolvenzsachen erfahrenen Gutachters vorzulegen, aus der sich ergibt, dass drohende Zahlungsunfähigkeit oder Überschuldung, aber keine Zahlungsunfähigkeit vorliegt und die angestrebte Sanierung nicht offensichtlich aussichtslos ist. Die Fundierungstiefe einer Bescheinigung wird kontrovers diskutiert. Gefordert werden einerseits bloße Plausibilitätskontrollen,[167] während andererseits verkürzte und begründete Sanierungsgutachten oder gar umfangreiche integrierte Sanierungsplanungen über mehrere Jahre verlangt werden.[168] Das IDW hat zur Bescheinigung einen Standard entwickelt und im Entwurf vorgestellt (IDW ES 9). Vgl. im Einzelnen § 27. Insbesondere vor dem Hintergrund der in diesem Abschnitt diskutierten Fragen zu Struktur und Inhalt ist es unerlässlich, einen in sich stimmigen Rahmen für die unterschiedlichen Aufgabenstellungen eines Gutachters zu bestimmen.

58 Die Erstellung eines Sanierungskonzeptes im Rahmen einer Bescheinigung an den Kernbestandteilen des IDW Standard „Anforderung an die Erstellung von Sanierungskonzepten (IDW S 6)" auszurichten erscheint zielführend.[169] Der IDW ES 9 stellt aber eindeutig fest, dass die Anforderungen an die durchzuführenden Tätigkeiten des Gutachters deutlich hinter die Maßstäbe einer Gutachtenerstellung nach IDW S 6 zurückzutreten hat.[170] Eine angestrebte nicht aussichtslose Sanierung kann nur dann nachgewiesen werden, wenn eine grobe Richtung der Sanierung mit allen notwendigen Komponenten vorhanden ist und bewertet werden kann. Diese umfasst neben den Aussagen zu Insolvenzgründen insbesondere strategische, operative (leistungswirtschaftliche) und finanzwirtschaftliche Fragestellungen. Die voneinander abhängigen Aufgabenstellungen können nur dann im Sinne des Gesetzgebers beantwortet werden, wenn es eine Vorstellung über Sanierungsmaßnahmen gibt, die sich aus einem skizzierten Leitbild strategisch herleiten und in den leistungs- und finanzwirtschaftlichen Ebenen abgebildet werden können. Letzteres erfordert stets einen integrierten Finanzplan zur Abbildung der Effekte in der Bilanz und der Gewinn- und Verlustrechnung. Wenn das Krisenunternehmen durch eine Schrumpfungs- oder Wachstumsstrategie gerettet werden und zu diesem Zwecke ein Schutzschirmverfahren eingeleitet werden soll, kann dem guten Gewissens nur stattgegeben werden, wenn die Fortführung des Unternehmens damit gesichert werden kann und der Sanierungsweg finanzwirtschaftlich abgesichert ist. Da nach dem positiv beschiedenen Antrag binnen drei Monaten ein Insolvenzplan vorzulegen ist, der den Anforderungen des IDW S 6 Stand zu halten hat, ist es aus inhaltlicher und arbeitsökonomischer Sicht zielführend, die der Bescheinigung zu Grunde liegende Stellungnahme zu den Sanierungsaussichten des Krisenunternehmens als Grundlage weiter auszubauen. Bei der bestehenden Anforderung kann einzig und allein die „Fundierungstiefe" Ausschlag über

---

[166] Vgl. ebenda.
[167] Vgl. dazu *Desch* BB 2011, 841.
[168] Vgl. etwa *Kraus/Lenger/Radner* ZInsO 2012, 589; *Zipperer/Vallender* NZI 2012, 733.
[169] Vgl. *Kerz* DStR 2012, 207 f.; *Buchalik/Kraus/Lenger/Vogel* SteuerConsultant 6/2012, 19.
[170] Vgl. IDW ES 9, Rn. 14.

die Inhalte der Bescheinigung geben, womit im Grunde eine ähnliche Fragestellung wie oben bei der Abgrenzung zwischen IDW S 6 und dem RBSC-Sanierungsansatz zu beantworten ist.

Wenn nun eben die Ansprüche bei der Bescheinigung hinter dem IDW S 6 (Vollkonzept) zurückbleiben können, wird dies sich nicht strukturell, sondern inhaltlich auswirken. Damit ist nicht ein Teilkonzept zielführend, weil wesentliche Fragen unbeantwortet bleiben können, sondern ein hinter einem Vollkonzept inhaltlich zurückstehendes Sanierungskonzept, welches das eigentliche Grobkonzept darstellt. Die qualitativen Unterschiede ergeben sich durch Zeithorizonte und Detailliertheitsgrad. Eine der wichtigen qualitativen Aussagen bei der Frage der Aussicht auf die nicht aussichtslose Sanierung ist das grobe Leitbild und die dazu gehörenden groben leistungswirtschaftlichen bzw. operativen und finanzwirtschaftlichen Sanierungsmaßnahmen. Wenn man bspw. Bezug nimmt auf die Sanierungsmaßnahmen, die in Abb. 3 aufgeführt sind, dann wird man über Benchmarks die Sanierungspotenziale und damit die Projekte definieren und über die hieraus abgeleiteten Meilensteine als Maßnahmenbündel überschlägig quantifizieren können. Eine Erarbeitung von einzelnen Sanierungsmaßnahmen wird in der auf Abb. 3 dargestellten Form nicht verlangt werden und zu diesem Zeitpunkt vielleicht auch nicht möglich sein können. Dementsprechend reduziert sich der Zeitaufwand und der Inhalt eines derartigen Sanierungskonzeptes (Grobkonzept i.e.S.).

4. Überblick über die Arten von Sanierungskonzepten

Insgesamt ergibt sich folgende Einteilung, die sich in den Bestandteilen sehr wohl überlappen können:

Art	Anwendung	Umfang
Grobkonzept	Bescheinigung nach § 270b InsO	Reduzierter Umfang auf Ebene Meilensteine/Maßnahmenbündel
Sanierungskonzept	Sanierungsgutachten nach IDW S 6, Insolvenzplan	Vollkonzept (IDW S 6), RBSC-Sanierungsansatz Stufe I bis III jeweils auf Ebene der Sanierungsmaßnahmen
Umsetzungskonzept	Sanierungsarbeit vor Ort inkl. Fortlaufende Berichterstattung, Maßnahmenmanagement	RBSC-Sanierungsansatz Stufe IV u.a. jeweils auf Ebene der Einzelschritte

Abb. 9: Arten von Sanierungskonzepten

V. Anlässe für eine Erstellung bzw. Beurteilung von Sanierungskonzepten

1. Grundsätze einer ordnungsmäßigen Geschäftsführung

Aus *betriebswirtschaftlicher* Sicht ist es sinnvoll, nicht nur die gegenwärtige Position, sondern auch die zukünftige Entwicklung des Unternehmens im Auge zu haben. Die Praxis zeigt, dass insbesondere der Mittelstand in Deutschland nicht immer über geeignete Planungs- und Steuerungsverfahren verfügt. Gerade den krisengefährdeten Unternehmen

§ 6 2. Teil. Erstellung und Beurteilung von Restrukturierungskonzepten

fehlt eine angemessene planerische und strategische Ausrichtung.[171] Zu den Grundsätzen einer ordnungsmäßigen Geschäftsführung gehört, dass bei Vorliegen entsprechender Informationen über eine drohende oder bestehende Unternehmenskrise die Frage der Sanierungsfähigkeit des Unternehmens gestellt und eine Sanierungsprüfung durchgeführt bzw. in Auftrag gegeben wird. Ein in eigener Regie oder mit Unterstützung von Sanierungsberatern erarbeitetes Sanierungskonzept kann im Vorfeld oder zur Vermeidung der Krise Gegenstand einer Beurteilung sein, um ggf. darauf aufbauend mit weiteren Entscheidungsträgern (Aufsichtsgremien, Kreditgeber usw.) das weitere Vorgehen abzustimmen. In der Regel geben die Banken, Kreditversicherer u.a. den Impuls hierzu. Neben den vielleicht noch als freiwillig durchgeführten Beurteilungen gibt es weitere Anlässe aus *rechtlicher* Sicht. Vgl. hierzu nachfolgend.

2. Rechtspflichten der Organe

62 Bei einer (drohenden) Unternehmenskrise bestehen für die Organe (Vorstand, Geschäftsführung) der Kapitalgesellschaften und Unternehmen in vergleichbarer Rechtsform besondere Pflichten.[172] Ergibt sich ein Verlust in Höhe der Hälfte des Grund-/Stammkapitals einer Gesellschaft (Unterbilanz), haben die Organe nach §§ 92 Abs. 1 AktG bzw. 49 Abs. 3 GmbHG eine Haupt- bzw. Gesellschafterversammlung ohne schuldhaftes Verzögern einzuberufen. Die Geschäftsführung hat in dieser Situation als Treuhänder fremden Vermögens gegenüber den Gesellschaftern bzw. Aktionären die Pflicht, darüber zu informieren, wie die Krise entstanden ist und mit welchen Mitteln sie überwunden werden kann.[173] Das Organ trifft eine sogenannte Sanierungspflicht, der mit einem Sanierungskonzept begegnet werden kann.[174] Tritt Zahlungsunfähigkeit oder Überschuldung ein, hat die Geschäftsleitung die Eröffnung des Insolvenzverfahrens zu beantragen (§§ 92 Abs. 2 AktG, 64 Abs. 1 GmbHG). In diesen Fällen müssen Vorstand und Geschäftsführung sorgfältig prüfen, ob nicht durch geeignete Sanierungsmaßnahmen die Unterbilanz beseitigt oder die (drohende) Insolvenz vermieden werden kann. Während bei der Unterbilanz kurzfristig finanzielle Sanierungsmaßnahmen geeignet erscheinen, sollte die Geschäftsleitung zur Vermeidung eigener Risiken hier, wie auch bei drohender Insolvenz, den Erfolg der Sanierungsaktion durch ein qualifiziertes Sanierungskonzept dokumentieren. Vgl. im übrigen weitergehend zu den Insolvenzantragsgründe § 25.

3. Jahresabschlussprüfung

63 Wird ein Unternehmen freiwillig oder gesetzlich vorgeschrieben nach den Bestimmungen der §§ 264 und 316 ff. HGB geprüft, ist die Geschäftsleitung nach §§ 289 HGB verpflichtet, einen Lagebericht zu verfassen, der insbesondere auf die Risiken der geschäftlichen Entwicklung einzugehen hat. Der problem- besser: risikoorientierte – Prüfungsansatz gem. §§ 317 HGB verlangt ein dezidiertes Urteil zur kritischen Lage des Unternehmens. Letztlich geht es um die Frage, ob das Unternehmen weiter unter der Bedingung Going Concern bilanzieren kann.[175] Der Wirtschaftsprüfer hat vorweg in

---

[171] Vgl. *Schmidt/Freund*, S. 104 ff.
[172] Vgl. für Genossenschaften, KGaA, kapitalistischen Personengesellschaften die §§ 99, 331 GenG, 283 AktG, 130a, 177a HGB.
[173] Vgl. *Andersch/Philipp* CF 2010, 206.
[174] Vgl. *Kuss* WPg 2009, 327 f.
[175] Vgl. § 252 Abs. 1 Nr. 2 HGB und IDW PS 270.

seinem Prüfungsbericht auf die künftige Entwicklung einzugehen und den Fortbestand zu beurteilen (§ 321 Abs. 1 HGB). Im Bestätigungsvermerk berichtet der Wirtschaftsprüfer verständlich und problemorientiert dem allgemeinen Adressaten- und Interessentenkreis des Jahresabschlusses über Unternehmerrisiken und Bestandsgefährdungen (§§ 322 Abs. 2 HGB). Ohne ein von der Unternehmensleitung aufgestelltes Sanierungskonzept können Wirtschaftsprüfer der Aufgabenstellung nur schwer gerecht werden. Die hier definierte Sanierungsprüfung rückt somit indirekt in das öffentliche Interesse, mit möglicherweise erheblichen Haftungsfolgen für den Berufsstand der Wirtschaftsprüfer.[176] Zumindest ist in Krisenfällen die Fortführungsprognose nach § 252 Abs. 1 Nr. 2 HGB auf Grundlage einer integrierten Planung positiv zu bestätigen, um zu einer vollumfänglichen Aussage der Unternehmensfortführung (going concern) zu kommen.

4. Bankspezifische Anlässe

Nach § 18 Kreditwesengesetz (KWG) haben Banken bei der Vergabe von Krediten von über 750.000 € die wirtschaftlichen Verhältnisse der Schuldner einzusehen, um Risiken rechtzeitig zu erkennen. Die zur Vermeidung von Insolvenzen im Kreditgewerbe vorgesehene Regelung verpflichtet die Banken, entsprechende Unterlagen auf Plausibilität und innere Widersprüche zu analysieren und zukunftsgerichtet auszuwerten und ggf. Expertenaussagen einzuholen, wenn die die Unterlagen zur Urteilsfindung nicht ausreichen. Die Kreditinstitute haben nach weiteren einheitlichen Regeln (MaRisk) notleidende Engagements besonders zu betreuen. Hierfür werden besondere Abteilungen („Intensivbetreuung", „Sanierungsabteilung") mit entsprechendem know how gebildet.[177] Banken können hiernach einem Unternehmen in der Krise nur dann weitere Kredite – sog. Sanierungs- oder Problemkredite – gewähren, wenn ein vorgelegtes Sanierungsgutachten positiv von der Bank beurteilt wird. Scheitert die Sanierung, besteht für die Banken bei einer Benachteiligung der übrigen Gläubiger das Risiko, nach der Rechtsprechung zu den §§ 138 (Sittenwidrigkeit) oder 826 (Schadensersatz bei vorsätzlichem Handeln) BGB in Anspruch genommen zu werden, wenn sie die Sanierungskredite aus eigennützigen Motiven gewährt haben. Kredite dürfen nicht aus dem Vermögen besichert und keine weiteren, durch die Sanierung zu rettende Bankenforderung zum Zeitpunkt der Kreditvergabe noch offen sein. Von externen Sachverständigen gewürdigte Sanierungskonzepte können die Sanierungsfähigkeit des Unternehmens zum Zeitpunkt der Kreditvergabe nachweisen.[178]

5. Milderung steuerlicher und handelsrechtlicher Folgen von Restrukturierungsmaßnahmen

Wesentliche finanzwirtschaftliche Sanierungsmaßnahmen bestehen in Forderungsverzichten und sog. Debt-Equity-Swaps (DES), bei denen Forderungen(Fremdkapital) in Gesellschaftskapital (Eigenkapital) umgewandelt werden, von Gesellschaftern und Gläubigern eines Krisenunternehmens. Durch den Verzicht von Gesellschaftern und Gläubigern auf Forderungen oder beim DES wird die Bilanz des Unternehmens entlasten und seine Überschuldungssituation verbessert, aber es entsteht im Zweifel ein steuerpflichti-

---
[176] Vgl. hierzu auch, *Pfitzer*, WP-Handbuch II, Abschnitt F, Rn. 34.
[177] Vgl. Rundschreiben der Bundesanstalt für Finanzdienstleistungsaufsicht (BaFin) zu Mindestanforderungen an das Risikomanagement der Kreditinstitute (MaRisk) 15/2009, BTO 1.2.5.
[178] Vgl. BGH NJW 1953, 1665.

§ 6 2. Teil. Erstellung und Beurteilung von Restrukturierungskonzepten

ger Ertrag.[179] Mit Schreiben des BMF vom 27.3.2003 „Sanierungserlass" hat die Finanzverwaltung zur Möglichkeit der Sanierung aus Billigkeitsgründen in derartigen Krisensituationen von Unternehmen sodann eingehend Stellung genommen.[180] Zahlreiche Bedingungen haben gem. BMF-Schreiben vorzuliegen, um steuerliche Begünstigungen in der Unternehmenskrise bei Umsetzung der finanzwirtschaftlichen Sanierungsmaßnahmen zu erlangen. Ein Sanierungskonzept enthält sämtliche hierfür notwendige Informationen für die Finanzbehörde. Vgl. zum Sanierungserlass § 35.

66 Nach § 39 Abs. 4 Satz 2 InsO sind die von Neugesellschaftern im Rahmen der Sanierung durchgeführte DES privilegiert. Erwirbt ein Gläubiger bei drohender oder eingetretener Zahlungsunfähigkeit der Gesellschaft oder bei Überschuldung Anteile zum Zweck ihrer Sanierung, führt dies bis zur nachhaltigen Sanierung nicht zur Anwendung von § 39 Abs. 1 Nr. 5 InsO auf seine Forderungen aus bestehenden oder neu gewährten Darlehen oder auf Forderungen aus Rechtshandlungen, die einem solchen Darlehen wirtschaftlich entsprechen.[181] Auch hier ist neben dem Sanierungswillen die objektive Sanierungseignung nachzuweisen, was ein Sanierungskonzept leisten kann.[182]

6. Anlässe nach der Insolvenzordnung

67 Das Gericht kann im Rahmen des Insolvenz-Eröffnungsverfahrens den vorläufigen Insolvenzverwalter beauftragen, das Vorliegen eines Eröffnungsgrundes und die Fortführungsaussichten des Unternehmens zu überprüfen.[183] Die Prüfung ist zügig durchzuführen, soll möglichst rechtzeitig die Handlungsalternativen aufzeigen und ist bei komplizierten Verhältnissen bis spätestens zum Berichtstermin abzuschließen. Hat der vorläufige Insolvenzverwalter keinen entsprechenden Auftrag erhalten, ist er im eröffneten Verfahren verpflichtet, bis zum Berichtstermin darzulegen, ob das Unternehmen als Ganzes oder in Teilen erhalten werden kann und welche Chancen für einen Insolvenzplan bestehen.[184] Qualifizierte Aussagen können bei mittleren und größeren Unternehmen in der Krise nur mit angemessenen Sanierungskonzepten getroffen werden, die in der Regel von Spezialisten erstellt werden.

68 Auch der mögliche Wegfall des Eröffnungsgrundes[185] begründet eventuell Sanierungsprüfungen. Auf Schuldnerantrag ist das Verfahren aber einzustellen, wenn die einschlägigen Insolvenzgründe nicht mehr bestehen. Zuletzt sei noch das Insolvenzplanverfahren erwähnt, dem zu prüfende Sanierungskonzepte zugrunde liegen. Dass es zahlreiche Meinungsverschiedenheiten aufgrund unterschiedlicher Interessenlagen geben kann, wird im Allgemeinen befürchtet. Klarheit kann in diesen Fällen ein vom Gericht in Auftrag gegebenes Expertengutachten zur Sanierungsfähigkeit bringen.

69 Zu der Bescheinigung im Schutzschirmverfahren siehe oben Rn. 57 und § 26, 27.

---

[179] Vgl. *Nerlich/Rohde*, Münchner Anwaltshandbuch Insolvenz und Sanierung, § 4, Rn. 252.
[180] Vgl. BMF-Schreiben vom 27.3.2003 – IV A 6-S 2140-08/03, BStBl. I 2003, S. 240 ff.
[181] Vgl. § 39 Abs. 4 S. 2 InsO.
[182] Vgl. *Andersch/Philipp* CF 2010, S. 206.
[183] § 22 Abs. 1 Nr. 3 InsO.
[184] § 156 Abs. 1 InsO.
[185] § 212 InsO.

VI. Haftung des Gutachters

1. Allgemeines

Die Tätigkeit des Gutachters unterliegt dem Risiko einer Schadensersatzhaftung.[186] Insbesondere bei der Sanierungsberatung ist der Grat zwischen Sanierungserfolg und Haftung sehr schmal. Die Haftung kann aus vertraglichen und/oder deliktischen Ansprüchen auf Ersatz des entstandenen Vermögensschadens entstehen und von dem Auftraggeber sowie von geschädigten Dritten geltend gemacht werden. Bei der Haftung des Gutachters ist zwischen der Haftung gegenüber dem Auftraggeber und der Haftung gegenüber vertragsfremden Dritten, etwa Gesellschaftern der zu begutachtenden Gesellschaft, Gläubigern oder Arbeitnehmern streng zu unterscheiden. Eine Inanspruchnahme des Gutachters durch den Auftraggeber oder die zu begutachtende Gesellschaft ist in der Praxis vergleichsweise selten. Von großer praktischer Bedeutung sind dagegen Fälle, in denen vertragsfremde Personen beabsichtigen, den Gutachter auf Ersatz für erlittene Schäden zu beanspruchen.

2. Haftung des Gutachters gegenüber dem Auftraggeber

Der Gutachter ist verpflichtet, bei seiner Tätigkeit die erforderliche Sorgfalt anzuwenden. Lässt er die für seine Tätigkeit erforderliche Sorgfalt außer Acht, haftet er dem Auftraggeber gegenüber für vorsätzliche und fahrlässige Fehlleistungen.[187]

3. Haftung des Gutachters gegenüber vertragsfremden Dritten

Der Vertrag zwischen Gutachter und Auftraggeber kann eine Schutzwirkung auch gegenüber vertragsfremden Dritten entfalten, so dass dem Dritten im Schadensfall ein eigener vertraglicher Schadensersatzanspruch zusteht.

Ein Schadensersatzanspruch aus einem Vertrag mit Schutzwirkung für Dritte kommt in Betracht, wenn der Dritte bestimmungsgemäß mit der Leistung in Berührung kommt, der Auftraggeber ein besonderes Interesse an der Einbeziehung des Dritten in den Schutz des Vertrages hat und dies für den Gutachter bei Vertragsschluss erkennbar war.[188]

Ursprünglich wurde ein für den Vertrag **mit Schutzwirkung zugunsten Dritter** ausreichendes Interesse am Schutz bestimmter Dritter nur bei Bestehen einer personenrechtlichen Fürsorgepflicht angenommen. Inzwischen gilt diese Betrachtungsweise als zu eng und ist aufgegeben worden. Ein besonderes Interesse am Schutz Dritter kann aber auch in Fällen bestehen, in denen eine solche Pflicht nicht gegeben ist. Ein besonderes Interesse am Schutz Dritter ist anzunehmen, wenn die vertraglich geschuldete Leistung gerade auch auf bestimmte Dritte bezogen ist und die zu schützende Personengruppe objektiv abgegrenzt werden kann. Ein solcher Fall liegt zum Beispiel vor, wenn der Gutachter ein Gutachten über die Sanierungsfähigkeit eines Unternehmens erstellt und dieses Gutachten als Entscheidungsgrundlage für einen potenziellen Kreditgeber dient. Unter die Schutzpflicht fallen nicht alle Personen, die mit dem Gutachten in Berührung kommen. Dies würde zu einer uferlosen Haftung führen und die vertragliche Haftung

---
[186] Ausführlich dazu *Naumann*, WP-Handbuch I, Abschnitt A, Rn. 629 ff.
[187] § 276 BGB. Dies gilt nach §§ 278 BGB auch für das Verschulden seiner Erfüllungsgehilfen.
[188] Vgl. *Naumann*, WP-Handbuch I, Abschnitt A, Rn. 663.

gegenüber der deliktischen Haftung zu stark ausweiten. Erforderlich ist vielmehr, dass der Gutachter mit der erfolgten Verwendung der Gutachten rechnen kann. Eine unbekannte Vielzahl von zu schützenden Personen bzw. Gläubigern wird in Sanierungsfällen nicht abgeleitet werden können.[189] Insoweit genügt es, dass erkennbar ist, für wen das Gutachten bestimmt ist, etwa für einen potenziellen Kreditgeber oder Käufer, ohne dass Zahl und Namen der zu schützenden Personen bekannt sein müssen.[190]

75 Neben einer Haftung nach vertraglichen Grundsätzen kommt eine **Dritthaftung aus unerlaubter Handlung** (§§ 826 BGB) in Betracht.[191] Dies setzt voraus, dass der Gutachter vorsätzlich oder fahrlässig einen Schaden verursacht. Vorsatz dürfte indes selten vorliegen oder kaum nachzuweisen sein. Für die testierenden Berufe, wie die Wirtschaftsprüfer, besteht in solchen Fällen kein Versicherungsschutz durch die Berufshaftpflichtversicherung.[192]

76 Die Beurteilung der Schadensersatzhaftung für fahrlässige Falschbegutachtungen des Sachverständigen ist dagegen schwieriger. In solchen Fällen ziehen die Gerichte verschiedene gesetzliche oder vertragsähnliche Haftungsinstitute heran. Nachzuweisen ist dabei die Kausalität des entstandenen Schadens durch das Gutachten. Sofern das Gutachten z.B. durch falsche Auskünfte des Auftraggebers unzutreffend ist, bleibt die Haftung bestehen.

77 Die Rechtsprechung hat in den meisten Fällen der Haftung gegenüber Dritten zu einer Schadensersatzpflicht geführt.

4. Umfang der Haftung

78 Die Haftung des Gutachters umfasst den Schaden aus eigener schuldhafter Verletzung der vertraglichen Verpflichtung (§ 276 BGB) sowie den Schaden aufgrund des Verschuldens seiner Erfüllungsgehilfen (§ 278 BGB). Der Umfang des ersatzfähigen Schadens hängt dabei vom Einzelfall ab.

5. Beschränkung der Haftung

79 Eine Haftungsbeschränkung gegenüber dem Auftraggeber und vertragsfremden Dritten kann nur erreicht werden, wenn dies im Gutachtervertrag ausdrücklich vereinbart wird. Wirtschaftsprüfer haben weiterhin die Möglichkeit, durch Vereinbarung des Gutachtervertrages auf Grundlage der „Allgemeinen Auftragsbedingungen für Wirtschaftsprüfer und Wirtschaftsprüfungsgesellschaften" die Weitergabe des Gutachtens an Dritte von ihrer Zustimmung abhängig zu machen. Eine derartige Haftungsbeschränkung hielt bisher der richterlichen Überprüfung nicht stand.[193]

---

[189] Vgl. analog BGH DB 2006, 1107.
[190] Vgl. *Naumann*, WP-Handbuch I, Abschnitt A, Rn. 663.
[191] Vgl. ebenda, Rn. 684.
[192] Vgl. *Ebke/Scheel* WM 1991, 390.
[193] Vgl. *Ebke/Scheel* WM 1991, 396.

3. Teil
Sanierung der leistungswirtschaftlichen Bereiche

§ 7 Restrukturierung/Sanierung im leistungswirtschaftlichen Bereich

Kernbereich einer Restrukturierung bzw. Sanierung bildet der leistungswirtschaftliche Bereich. Grundvoraussetzung für das nachhaltige Bestehen eines Unternehmens am Markt ist neben der Festlegung einer **Unternehmensstrategie** insbesondere die Gesundung seiner **operativen Strukturen**. Dabei ist die Wertschöpfungskette auch im Rahmen der Sanierung eng mit der strategischen Ausrichtung verknüpft. Denn bereits während der Entwicklung des Sanierungskonzeptes auf Basis unternehmensexterner Bestimmungsfaktoren müssen häufig bereits auch erste operative Maßnahmen in Erwägung gezogen werden.[1] Diese Maßnahmen haben sich jedoch immer nachdrücklich nach dem Sanierungskonzept des Gesamtunternehmens zu richten.[2] Das Zusammenwirken von unternehmensexternen Determinanten und unternehmensinterner Ausrichtung wird durch die nachfolgende Abbildung veranschaulicht:

1

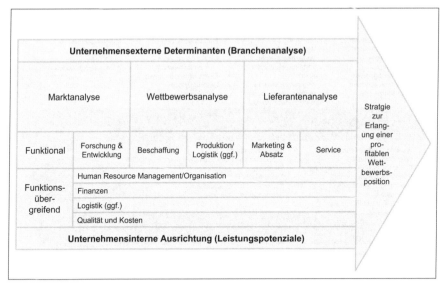

Abb. 1: Strategie und Wertschöpfungskette[3]

---

[1] Vgl. *Hermanns*, Sanierung und Insolvenzmanagement I, S. 177.
[2] Vgl. *Maus*, Die GmbH in Krise, Sanierung und Insolvenz, S. 149.
[3] Aus *Hermanns*, Sanierung und Insolvenzmanagement I, S. 177

§ 7 3. Teil. Sanierung der leistungswirtschaftlichen Bereiche

2   Im Gegensatz zur eher langfristigen Zielsetzung im strategischen Bereich liegt der Fokus des **leistungswirtschaftlichen Restrukturierungsprozesses** auf kurz- bis mittelfristigen Maßnahmen, die zur Verbesserung von Liquidität und Ergebnis geeignet sind.[4] Daher müssen die einzuleitenden, operativen Sanierungsschritte eine rasche wirtschaftliche Wirkung entfalten.[5]

3   Zu Beginn der Sanierung in diesem Bereich steht daher zunächst die **interne Unternehmensanalyse**, deren Ziel die Generierung eines umfassenden Bildes über die leistungswirtschaftliche Situation des Unternehmens und die damit verbundene Identifizierung von Schwachstellen und Defiziten ist.[6] Zugleich wird so ein klares Verständnis über den gesunden Kern der Gesellschaft geschaffen.[7] Daraus lässt sich der insgesamt erforderliche Verbesserungsbedarf ableiten, der dann in einem nächsten Schritt auf die einzelnen Elemente der Wertschöpfungskette, nämlich

- Forschung und Entwicklung (F&E),
- Vertrieb,
- Logistik & Produktion,
- Einkauf,
- Personal und Führung,
- Finanzen & Controlling und
- EDV

aufzugliedern ist.[8] Die nachfolgende Darstellung veranschaulicht die typischen Problemfelder der leistungswirtschaftlichen Bereiche:

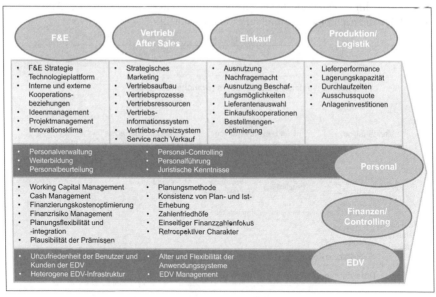

Abb. 2: Typische Problemfelder der leistungswirtschaftlichen Bereiche[9]

---

[4] Vgl. *Hermanns*, Sanierung und Insolvenzmanagement I, S. 178.
[5] Vgl. *Schneider/Schulz*, Unternehmenssanierung, S. 136.
[6] Vgl. *Thierhoff*, Unternehmenssanierung, S. 129; *Ley/Crone*, Unternehmensrestrukturierung, S. 99.
[7] Vgl. *Schneider/Schulz*, Unternehmenssanierung, S. 137.
[8] Vgl. *Hermanns*, Sanierung und Insolvenzmanagement I, S. 178.
[9] Aus ebenda, S. 179.

§ 7 Restrukturierung/Sanierung im leistungswirtschaftlichen Bereich § 7

Die auf diese Weise erarbeiteten Ziele müssen dann im Rahmen operativer und struktu- 4
reller Maßnahmen realisiert werden. Dazu gehören insbesondere:[10]
- Liquiditätsverbesserungen:
  Reduzierung von Investitionen, Working Capital Management, Desinvestments
- Kostensenkungen:
  Optimierung der Kostenstrukturen in den Kernprozessen
- Erlössteigerungen:
  Anpassung des Produktportfolios sowie der Preispolitik

Durch kurzfristig umsetzbare **Sofortmaßnahmen** soll die Liquiditätslage des Unter- 5
nehmens verbessert werden. Dazu gehört, dass neben notwendigen Reparaturen bzw. Ersatz im Bereich des Anlagevermögens weitestgehend auf Investitionen kurzfristig verzichtet wird. In vielen Fällen kann die Liquidität außerdem durch ein effektiveres Working Capital Management gesteigert werden. Die Reduzierung des Umlaufvermögens, insbesondere der Abbau von Forderungsbeständen und Vorräten, steht dabei meist im Vordergrund.[11]

Einen wichtigen **Sanierungsbeitrag** leisten darüber hinaus **Kostensenkungen**. Der 6
Identifizierung von Optimierungspotenzialen im Bereich der Kostenstrukturen kommt damit eine tragende Rolle zu. Allerdings sind dabei entwickelte Vorschläge immer auch im Hinblick auf ihre anderweitigen Aus- bzw. Wechselwirkungen sorgfältig zu analysieren.[12]

Die **Bereinigung des Produktportfolios** ist in vielen Unternehmen ein geeignetes 7
Instrument, um Erlössteigerungen zu erzielen. Diese Anpassung muss dabei stets auf die strategische (Neu-) Ausrichtung der Gesellschaft und auf die jeweilige Phase der Produkte im Lebenszyklus abgestimmt sein. Generell sollte sich möglichst eine Vielzahl der Produkte in der Gewinnzone befinden.[13] Zur Erreichung von Verbesserungen auf der Erlösseite kommen ebenfalls Preiserhöhungen in Frage. Hierbei ist jedoch marktseitig die Preissensibilität genauestens zu sondieren, damit durch eine Preissteigerung keine Kundenbeziehungen gefährdet bzw. verloren werden.[14]

Diese einzelnen Schritte sind zwar grundlegend und erforderlich, bewirken jedoch für 8
sich allein genommen keine erfolgreiche und nachhaltige Sanierung. Vielmehr kommt es darauf an, die Maßnahmen zur Liquiditäts- und Ergebnisverbesserung in Kombination mit der **strategischen Gesamtausrichtung** des Unternehmens und im Hinblick auf die zukünftige Wettbewerbsentwicklung so aufeinander anzupassen, dass langfristige Wettbewerbsvorteile erlangt werden können.[15]

Als grundlegendes Problemfeld bei der Sanierung der Wertschöpfungsstufen erweist 9
sich häufig das **interne Berichtssystem** des Krisenunternehmens. Vielfach sind vor allem Mechanismen zur Kostenverrechnung unvollständig oder werden unzutreffend erfasst, häufig sind bestimmte Daten überhaupt nicht generierbar. Daher empfiehlt es sich, die internen Informationen im Rahmen einer umfassenden Analyse kritisch zu hinterfragen.[16]

---

[10] Vgl. *Ley/Crone*, Unternehmensrestrukturierung, S. 103; *Hermanns*, Sanierung und Insolvenzmanagement I, S. 178.
[11] Vgl. *Hermanns*, Sanierung und Insolvenzmanagement I, S. 178.
[12] Vgl. *Thierhoff*, Unternehmenssanierung, S. 131.
[13] Vgl. *Hermanns*, Sanierung und Insolvenzmanagement I, S. 182.
[14] Vgl. *Thierhoff*, Unternehmenssanierung, S. 131.
[15] Vgl. *Ley/Crone*, Unternehmensrestrukturierung, S. 103.
[16] Vgl. *Thierhoff*, Unternehmenssanierung, S. 130.

§ 7   3. Teil. Sanierung der leistungswirtschaftlichen Bereiche

10   In den nachfolgenden Beiträgen wird die leistungswirtschaftliche Optimierung der jeweiligen Wertschöpfungsstufen detailliert dargestellt. Dabei wird, ausgehend von spezifischen Analyseinstrumenten, insbesondere auf konkrete Sanierungsmaßnahmen in den einzelnen Bereichen eingegangen.

§ 8 Beiträge zur Restrukturierung/Sanierung – Forschung & Entwicklung[1]

Übersicht

	Rn.
I. Einführung	1–27
1. F&E in Deutschland	1–8
2. Kernprobleme in F&E	9–25
a) F&E-Strategie	9–13
b) Technologieplattform	14
c) Kooperation	15, 16
d) Ideenmanagement	17, 18
e) Projektmanagement	19–23
f) Innovationsklima	24, 25
3. Zielsetzung und Stoßrichtung der Restrukturierungs-/Sanierungsbeiträge in F&E	26, 27
II. Analyseinstrumente der Restrukturierung/Sanierung in F&E	28–42
1. Status-quo-Erfassung wesentlicher Kennzahlen	28–32
2. Kurz-Audit F&E-Projektportfolio	33–40
3. Kurz-Audit Innovationsprozess	41, 42
III. Maßnahmen der Restrukturierung/Sanierung in F&E	43–50
1. Überblick über die Kernmaßnahmen	43, 44
2. Konzentration auf heiße Projekte	45, 46
3. Optimierung von Kosten und Projektlaufzeit	47
4. Neuplanung des F&E-Budgets	48
5. Nominierung der neuen Mannschaft	49
6. Detaillierung, Implementierung und Controlling	50
IV. Zwischenfazit	51, 52

I. Einführung

1. F&E in Deutschland

„Ich glaube an das Pferd. Das Automobil ist nur eine vorübergehende Erscheinung."[2] Wäre Kaiser Wilhelm II am Anfang des 20. Jahrhunderts CEO eines Technologieunternehmens gewesen, das Unternehmen wäre wohl ein Restrukturierungsfall geworden. **1**

Heute wissen die CEOs führender und global agierender Unternehmen um die zentrale Bedeutung der F&E für die **Zukunftssicherung** von Unternehmen. Beispielhaft seien hier aus zwei sehr forschungsintensiven Branchen der Daimler Konzern: „Forschung, Innovation und Design sind die lebendige Basis unseres Erfolgs"[3] und der BASF Konzern: „Innovationen sind der Kern unserer Wettbewerbsfähigkeit"[4] zitiert. **2**

---

[1] Basis dieses Artikels ist der Ursprungsartikel von *Jobsky/Ziechmann* aus Buth/Hermanns „Restrukturierung Sanierung Insolvenz" (1998).
[2] *Kaiser Wilhelm II* (1859–1941) nach einer internen Zitat-Sammlung von PricewaterhouseCoopers AG WPG.
[3] Daimler Konzern Jahresbericht 2012.
[4] BASF Konzern Jahresbericht 2012.

3 Die nachhaltige Bedeutung der F&E für die Zukunftssicherung lässt sich auch in den **Patentstatistiken** von Deutschland ablesen.

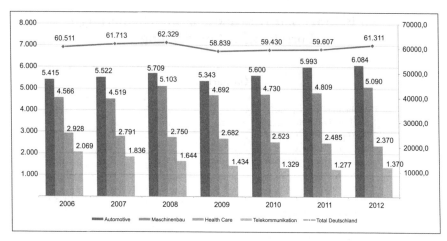

Abb. 1: Deutschlandweite Patentanmeldung nach Industrien[5]

Trotz der schweren Wirtschaftskrise 2009/10 sind die Patentanmeldung in 2009 um nur 5,6 % gesunken, obwohl die Umsatzeinbrüche teilweise bis zu 25 % im Bereich Automotive und teilweise bis zu 50 % im Bereich Maschinenbau betragen haben. Gerade im Bereich Automotive, die mit ca. 10 % aller Patenanmeldungen in Deutschland mit Abstand aktivste Branche, hat die Forschungsarbeit eine weiter stark steigende Bedeutung. Die Anzahl der Patentanmeldungen lag in 2012 bereits fast 14 % über den Werten vor der Wirtschaftskrise.

4 Der **Innovationsdruck** wird auch deutlich, wenn man betrachtet, wie hoch die Ausgaben für Forschung & Entwicklung in den Unternehmen sind. Der Anteil der F&E-Kosten vom Umsatz im Bereich Automotive liegt bei durchschnittlich ca. 5–7 % p.a., je nach Segment und Stellung in der Wertschöpfungskette. In der Chemie- und Pharmabranche liegt der Wert sogar bei ca. 15 %–20 %. Bei Dienstleistungsunternehmen beträgt die **F&E-Aufwandsquote** hingegen nur unter 3 % vom Umsatz.

5 Der technologische Fortschritt und die Veränderung der Kundenbedürfnisse erfordern in wettbewerblich strukturierten Märkten kontinuierliche Technologie- und Produktneuentwicklungen. Dies sei am Beispiel von Automotive Zulieferern verdeutlicht. Der Anteil der bestehenden Produkte am Planumsatz (sogenanntes „**Booked Business**") ist im Durchschnitt bereits nach ca. drei Jahren bei nur noch ca. 86 %. Bei Unternehmen mit schlechter **Produkt-Pipeline** beträgt die Umsatzlücke bereits im zweiten Planjahr bereits 20 %, wie in Abbildung 2 dargestellt. Bei Betrachtung von Zulieferern, welche Produkte liefern, die einem sogenannten „Facelift" unterliegen, sinkt die durchschnittliche Laufzeit auf ca. 3 Jahre, was bedeutet, dass fast ein Drittel des Jahresumsatzes jährlich neu gewonnen werden muss.

6 Forschung & Entwicklung ist demnach einerseits eine der wesentlichen Funktionen, um die langfristige **Wettbewerbsfähigkeit** zu erhalten oder sogar zu stärken. Andererseits ist es ein erheblicher Kostenblock, der bei den hohen Fehlquoten von F&E-Projekten auch schnell zum Krisengrund und „**Cash-Fresser**" an sich werden kann. Erfahrun-

---

[5] Deutsches Patent- und Markenamt Jahresberichte 2006–2012.

§ 8 Beiträge zur Restrukturierung/Sanierung – Forschung & Entwicklung   § 8

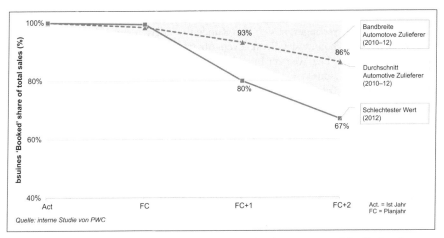

Abb. 2: Auftragsbuch mit aktuellen Produkten verschiedener Automobilzulieferer[6]

gen zeigen, dass ca. 25 % der F&E-Kosten unproduktive Kosten sind und ca. 50 % aller kommerziellen F&E-Projekte Zeitverzögerungen und Budgetüberschreitungen von durchschnittlich ca. 30 % haben. Daher ist das kontinuierliche Ausbalancieren der Chancen und Risiken der Innovationen im Zusammenspiel zwischen Vertrieb, Produktion, dem Finanzbereich und der F&E-Abteilung existenzbedeutend für Unternehmen.

Gerade in der **Automobilbranche** ist dieser Spagat besonders extrem. Die Summe der Herausforderungen zwischen Globalisierung des Marktes, Überkapazitäten in Europa, Kostendruck und Innovationsdruck (sinkende CO_2-Flottenziele, Elektromobilität, überproportional steigender Elektronikanteil, etc.) ist immens.

Aus den genannten Gründen ist die Neuausrichtung der F&E-Aktivitäten für die **nachhaltige Restrukturierung/Sanierung** von Unternehmen über die kurzfristige Überwindung der Liquiditäts- oder Ertragskrise hinaus ein wesentlicher Erfolgsfaktor. Daher ist es zwingend erforderlich, den F&E-Bereich von Beginn an in die Erarbeitung des Restrukturierungs-/Sanierungskonzeptes mit einzubeziehen.

2. Kernprobleme in F&E

a) **F&E-Strategie.** In vielen Restrukturierungs-/Sanierungsfällen zeigt sich nach der Ist-Analyse, dass zu geringe **Innovationskraft** und eine fehlende **F&E-Strategie** nicht unerheblich zur Unternehmenskrise beigetragen haben.

Ein typischer **Krisenverlauf** lässt sich wie folgt skizzieren: wichtige Grundlagen- oder Schlüsseltechnologien wurden versäumt, die Produktbasis veraltete langsam, und die Wettbewerber konnten nach und nach Marktanteile gewinnen. Das Krisenunternehmen konnte seine schlechtere Produktbasis letztlich nur noch über Preissenkungen am Markt positionieren. Selbst angestammte Kunden wechselten sukzessive zum Wettbewerber. Mit dem Preisverfall verschlechterte sich auch die Ertragssituation, infolgedessen wurden vielfach Budgetkürzungen in den nicht unmittelbar „produktiven" Bereichen, wie der F&E oder dem Marketing, vorgenommen. Dem Unternehmen wurde so die Basis für einen Turn-Around weiter entzogen. Die guten Mitarbeiter erkannten diese Situation recht schnell und verließen nach und nach das Unternehmen. Infolgedessen ließ die

---

[6] Interne Studie von PricewaterhouseCoopers AG WPG (2012).

§ 8   3. Teil. Sanierung der leistungswirtschaftlichen Bereiche

Qualität der Produkte weiter nach, Reklamationen und Garantiefälle nahmen zu, die Auslieferungszeiten verlängerten sich und Kunden wanderten zunehmend zur Konkurrenz ab. Schließlich konnte der Break-Even-Absatz nicht mehr erzielt werden und die Verluste häuften sich. Der Weg zur Liquiditätskrise war vorgezeichnet.

11   Zentraler Ausgangspunkt für die hier beispielhaft beschriebene Entwicklung ist vielfach die mangelnde **Innovationskraft** und ein unstrukturiertes, unabgestimmtes Arbeiten der F&E-Abteilung, in welchen Nuancen auch immer.

12   Die Gründe für mangelnde Innovationskraft und schlechtes F&E-Management vieler Krisenunternehmen lassen sich grundsätzlich an den sechs **Faktoren der Innovationsfähigkeit** festmachen:

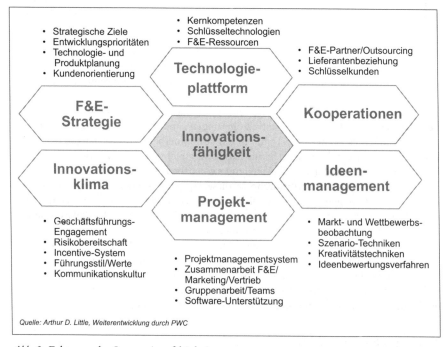

Abb. 3: Faktoren der Innovationsfähigkeit

13   In vielen Krisenunternehmen ist ein **F&E-Projektportfolio** vorzufinden, das – wenn überhaupt – nur in Teilen mit der übergeordneten Unternehmensstrategie abgestimmt ist. Besonders in Großunternehmen herrscht in der Geschäftsführung oftmals Überraschung über die laufenden Entwicklungsaktivitäten vor, wenn diese einmal alle systematisch zusammengestellt werden. Projekte mögen früher zwar einmal zur Unternehmensstrategie gepasst haben und auch bewilligt worden sein, inzwischen passen sie jedoch nicht mehr zur Unternehmenssituation. Teilweise werden Themen sogar unbeabsichtigt doppelt bearbeitet. Die Prioritäten der Entwicklungsprojekte sind häufig auch nicht klar definiert bzw. nicht mit den übergeordneten Unternehmensnotwendigkeiten, wie z.B. Ablösung einer alten Produktgeneration oder Abwehr eines neuen Wettbewerberproduktes, abgestimmt.

b) Technologieplattform. Unter der **Technologieplattform** werden die Basis-Skills, wie z.B. der Zugang zu Patenten oder die Mitarbeiterqualifikation, verstanden. Häufig ist hier zu erkennen, dass der Zugang zu Schlüsseltechnologien aufgrund patentrechtlich geschützter Entwicklungen oder eines zu hohen Finanzbedarfs verschlossen ist. Hier spielt gerade bei Krisenunternehmen die in der Regel über einen längeren Zeitraum angespannte Ertrags- und Liquiditätssituation eine wesentliche Rolle. Im F&E-Bereich wird dann schnell bei den erforderlichen Investitionen oder bei Neueinstellungen gespart. Kooperationen und Lizensierungen oder auch Outsourcing können hier einen Ausweg darstellen. 14

c) Kooperation. Immer bedeutender ist das **Outsourcing** beziehungsweise **Out-Tasking** von F&E Prozessen. Dies ist einerseits mit einer Vielzahl von Risiken verbunden. Beispielsweise kann das Outsourcing größerer F&E Projekte einen langfristigen Kompetenzverlust im eigenen Unternehmen bedeuten. Andererseits ist es aufgrund der hohen Spezialisierung, der Interdisziplinarität/Konvergenz von F&E-Projekten sowie den immer kürzer werdenden Innovationszyklen gar nicht mehr vermeidbar, sich auch externem Entwicklungs- und Konstruktions-Knowhow zu bedienen. So entwickelt sich die Forschung und Entwicklung des eigenen, insbesondere mittelständischen Unternehmens immer weiter in Richtung Projektmanagement mit verbundenen rechtlichen Patent-, Lizenz- und Exklusivitätsfragen. Beispiele für ein relativ stark ausgeprägtes Outsourcing von Entwicklungsaufgaben sind die Automobil- und die Flugzeugindustrie. Hier gibt es eine relativ große Anzahl spezialisierter Entwicklungs- und Ingenieurbüros, die in Zusammenarbeit mit OEMs und Zulieferern Entwicklungsprojekte erfolgreich bearbeiten. Die immer stärkere Ausweitung der Produktpalette mit zunehmender Anzahl an Nischenfahrzeugen zwingt hier die Hersteller aus Kosten- und Kapazitätsgründen zu verstärktem Outsourcing und zur Nutzung externer F&E-Kapazitäten. Im Gegensatz dazu ist dieses Vorgehen im deutlich mittelständischer geprägten Maschinenbau immer noch relativ selten vorzufinden. 15

Das auch F&E-bezogene Management von Beziehungen mit **Schlüssellieferanten** und **Schlüsselkunden** ist eine weitere zentrale Aufgabe zur Zukunftssicherung. Besonders an den Schnittstellen der Wertschöpfungskette bestehen immer wieder erhebliche Optimierungspotentiale, sei es z.B. in der Lieferkette, im Einbau von Baugruppen oder in der Teilevielfalt. In der Automobilbranche sind integrierte F&E-Prozesse vom OEM bis zum TIER3 Zulieferer bereits sehr weit verbreitet. 16

d) Ideenmanagement. In guten Unternehmensphasen, in denen der Auftragseingang boomt, besteht die Gefahr, dass der Blick für die sich langsam verändernden Realitäten verloren geht und es versäumt wird, eine **Markt- und Wettbewerbsbeobachtung** systematisch zu betreiben. Das Risiko, wichtige Veränderungen in den Kundenanforderungen oder neue Technologiesprünge zu versäumen und sich somit in eine strategische Krise zu bewegen, besteht in solchen Situationen häufig. Ein Beispiel hierfür ist Nokia im Handybereich. Der jahrelange Marktführer hat mit Einführung des Smart-Phones insbesondere von Apple erheblich Marktanteile verloren, bis hin zur existenzbedrohenden Krise. 17

Moderne **Kreativitätstechniken** zur Entwicklung neuer Produktideen, wie z.B. Szenariotechniken, Scouting oder Analogiebetrachtungen sind besonders in kleinen und mittelständischen Unternehmen kaum vorzufinden. Häufig werden Ideen auch einfach in Entwicklungsprojekte überführt, ohne vorher die Marktchancen dieser Ideen zu analysieren. Auch hier können erhebliche F&E-Ressourcen ohne kommerziell verwendbare Resultate ungenutzt verschwendet werden. 18

§ 8 3. Teil. Sanierung der leistungswirtschaftlichen Bereiche

19   e) **Projektmanagement.** Obwohl ein Projekt definiert und auch ein Verantwortlicher für die Entwicklungsaufgabe benannt wurde, fehlt es vielfach an einem klar umrissenen **Pflichtenheft**. Viele Entwickler meinen „Entwicklung braucht Freiraum" und sehen eine fest beschriebene Entwicklungsaufgabe einschließlich Meilensteinen als hinderlich für den Innovationsprozess an. Bestehen jedoch keine klaren Vereinbarungen bezüglich des Entwicklungsergebnisses, so kann auch der Entwicklungsprozess nicht bewertet werden. Entwicklung wird so zur Beliebigkeit.

20   Auch wird für die meisten Entwicklungsprojekte jeweils ein Gesamtbudget bewilligt. Die Unsicherheit über die Realisierbarkeit des einzelnen Entwicklungsprojektes reduziert sich aber von einem **Meilenstein** zum nächsten. Daher sollte das gesamte Entwicklungsbudget immer auf Meilensteinebene unterteilt werden, damit nach jeder Teilaufgabe untersucht werden kann, ob das Projekt noch weiter verfolgt werden soll oder nicht. Somit lässt sich das Risiko, hohe Entwicklungsressourcen in erfolglose Projekte zu investieren, deutlich reduzieren.

21   Daneben ist die Zusammenstellung eines interdisziplinären **F&E-Teams** entweder auf Projektebene oder mindestens auf Geschäftsleitungsebene z.B. als regelmäßig (z.B. quartalsweise) tagender **F&E-Beirat** wichtig. Durch den permanenten Austausch mit anderen Funktionen des Unternehmens (Marketing, Vertrieb, Einkauf, Finanzen) soll sichergestellt werden, dass die Entwicklungsarbeit nicht an marktlichen oder finanziellen Realitäten vorbei verläuft.

22   Für jedes F&E-Projekt sollte am Anfang eine **Scorecard** erstellt werden, die die wesentlichen Fakten des Projektes klar definiert. Hierzu gehören die klare Definition der Zielsetzung bzw. des strategischen Nutzens (das Pflichtenheft), die Beschreibung des angestrebten kommerziellen Erfolgs, das Budget inkl. der Projektkalkulation, die Definition von Projekt-Verantwortlichen, die Meilensteine sowie die geplante Wirkung auf GuV, Bilanz und Cashfolw.

23   Während der Einsatz von **CAD-Systemen** in F&E und Konstruktion inzwischen als Standard auch im Mittelstand bezeichnet werden kann, wird das Projektmanagement häufig noch nicht durch entsprechende softwaremäßige, global-vernetzte **F&E-Projekt-Management Datenbanken** (siehe Abb. 4) unterstützt. Dieses ist aber gerade zur Identifikation von Fehlentwicklungen entscheidend.

24   f) **Innovationsklima.** Das **Innovationsklima** wird durch eine Vielzahl von Faktoren bestimmt. Beispielsweise können mangelhafte Kundenorientierung im Unternehmen, eine schlechte interne Kommunikationskultur oder die mangelhafte Bereitschaft der Geschäftsleitung, Risiken einzugehen und diese zu managen, das Innovationsklima eines Unternehmens negativ beeinflussen. Ein wesentlicher Faktor für ein mangelhaftes Innovationsklima ist auch ein fehlendes F&E-**Anreizsystem**. Der erfolgsabhängige Gehaltsanteil des Entwicklungschefs wird zum Beispiel vielfach am Umsatz und/oder Ergebnis des Gesamtunternehmens gemessen. Beide Größen müssten sich aber an dem Anteil des Umsatzes/Ergebnisses der neuen Produkte orientieren. Viele Unternehmen haben noch nicht einmal ein prämiertes betriebliches Vorschlagswesen. Ein von PWC im Rahmen der Sanierung betreutes Unternehmen hat dies in der Projektarbeit erkannt und hat aus dem Maßnahmenplan des Sanierungsgutachtens ein prämiertes kontinuierliches Vorschlagswesen entwickelt. Hierdurch konnten die im Sanierungsplan abgeschätzten Kosteneinsparungseffekte innerhalb von zwei Jahren mehr als verdoppelt werden.

25   Abbildung 5 zeigt einen idealtypischen **Innovationsprozess** eines Unternehmens. Das F&E-Management sollte so oder ähnlich organisiert sein, um der existenzsichernden Funktion nachzukommen.

§ 8 Beiträge zur Restrukturierung/Sanierung – Forschung & Entwicklung

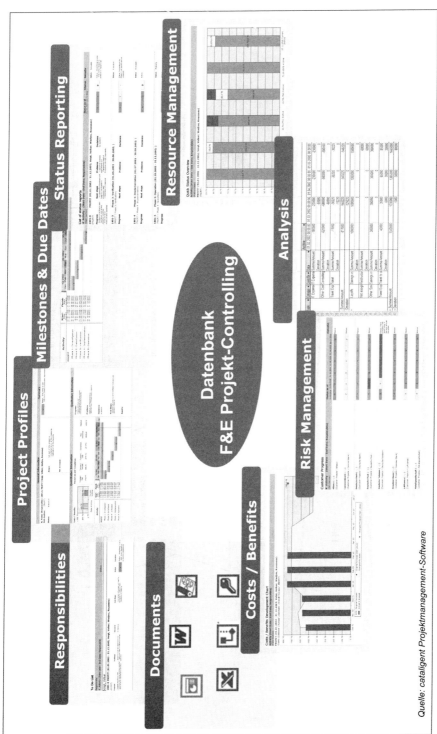

Quelle: cataligent Projektmanagement-Software

Abb. 4: Datenbanken zum Controlling von F&E Projekten

§ 8　3. Teil. Sanierung der leistungswirtschaftlichen Bereiche

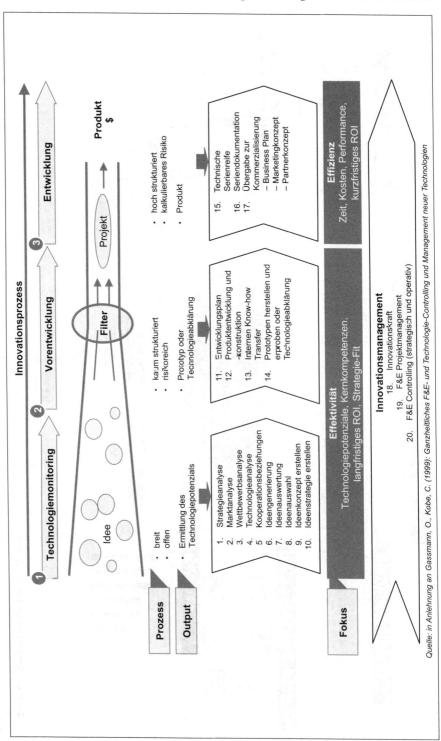

Abb. 5: Der Innovationsprozess

3. Zielsetzung und Stoßrichtung der Restrukturierungs-/Sanierungsbeiträge in F&E

Die grundsätzlichen Ziele der Beiträge der F&E in der Restrukturierung/Sanierung 26
eines Unternehmens sind wie folgt zu beschreiben:
- Liquiditätswirksame Einsparung von F&E-Kosten durch Überprüfung des F&E-Projektportfolios
- Aufstellung eines der Unternehmenssituation und der erwarteten Turn-Around-Entwicklung angemessenen F&E-Budgets
- Steigerung der Rentabilität des Technologie- und Produktentwicklungsprozesses durch Setzung der richtigen Prioritäten in Übereinstimmung mit dem Sanierungskonzept
- Entwicklung neuer, attraktiver Technologien und Produkte zur Erzielung der nachhaltigen Wettbewerbsfähigkeit des Unternehmens

Das **Krisenstadium** (Strategische Krise, Erfolgskrise, Liquiditätskrise) des Unterneh- 27
mens bestimmt die Stoßrichtung der erforderlichen Restrukturierungs-/Sanierungsbeiträge der F&E-Abteilung: In der Strategischen Krise und zu Beginn der Erfolgskrise ist in der Regel noch hinreichend Zeit und Handlungsspielraum zur Erarbeitung einer detaillierten F&E-Strategie und zur Verbesserung aller sechs Faktoren der Innovationsfähigkeit vorhanden (siehe Abb. 3). Bei fortgeschrittener Erfolgskrise oder in der Liquiditätskrise des Unternehmens nehmen der Handlungsspielraum und damit die verbleibende Zeit für Optimierungen rasch ab. In der Phase der Unternehmenssanierung müssen auch im F&E-Bereich Sofortmaßnahmen ergriffen werden, um liquiditätswirksame Einsparungspotentiale kurzfristig zu realisieren.

II. Analyseinstrumente der Restrukturierung/Sanierung in F&E

1. Status-quo-Erfassung wesentlicher Kennzahlen

Die Analyseinstrumente im Bereich F&E orientieren sich grundsätzlich an den genann- 28
ten sechs Dimensionen der Innovationsfähigkeit (siehe Abb. 3) und dem Innovationsprozess (siehe. Abb. 5). Eine komplette Beschreibung aller Analysen eines umfassenden **Innovations-Audit** kann im Rahmen dieses Beitrages nicht geleistet werden. Vielmehr ist es sinnvoll, dem Faktor ‚Zeit' und den sich hieraus ergebenden Konsequenzen im Fall einer Sanierung in der Liquiditätskrise Rechnung zu tragen. In dieser Situation bleibt in der Regel kaum Zeit, aufwendige strategische F&E-Portfoliobetrachtungen in mehreren Dimensionen durchzuführen. Gleiches gilt für die Realisierung der vielen erforderlichen Workshops, um den Innovationsprozess in einem Unternehmen zu verstehen und zu optimieren. Ziel dieses Kapitels ist es, erprobte Analyseinstrumente für den F&E-Bereich im Rahmen eines Sanierungsprozesses, d.h. unter **Zeitdruck** und unter **Ressourcenknappheit**, darzustellen.

Zur Beherrschung dieser Situation sollten für den F&E-Bereich in einer ersten Phase 29
die nachfolgend aufgeführten drei teilweise parallel durchzuführenden **Analysen** erarbeitet werden:
- Status-quo-Erfassung wesentlicher Kennzahlen
- Kurz-Audit F&E-Projektportfolio
- Kurz-Audit Innovationsprozess.

Es ist hier wichtig, unter Zeitdruck rasch ein Gefühl für Aufwand und Ergebnis zu entwickeln und sich auf das Machbare zu konzentrieren. Es gilt die viel zitierte 80:20-Regel.

30 Für die Analyse der Ist-Situation kommt man um die Erarbeitung von **F&E-Kennzahlen** nicht herum. Die Problematik der Aufbereitung der hierfür erforderlichen Basisdaten ist schon bei gesunden Unternehmen groß. Durch die in Krisenunternehmen vielfach vorherrschende **Intransparenz** wird die Analyse zusätzlich erschwert. Sowohl der Analyseprozess selbst als auch hochaggregierte, mit Unsicherheit belastete Daten lassen aber in der Regel schon erste wesentliche Erkenntnisse für die zukünftige Wettbewerbsfähigkeit und für den Handlungsbedarf im Krisenunternehmen erkennen. Die Praxiserfahrung zeigt, dass die Ermittlung und Abschätzung der vier folgenden Kennzahlen grundsätzlich möglich ist.

- Innovationsquote – Umsatz (Umsatz mit Produkten nicht älter als drei Jahre)
- Innovationsquote – Ergebnis (Ergebnis mit Produkten nicht älter als drei Jahre)
- F&E-Aufwandsquote (F&E-Kosten in % vom Umsatz)
- F&E-Investitionen (F&E-Investitionen in % vom Umsatz)

Zusätzlich können noch weitere Kennzahlen bestimmt werden, die die Input- und Output-Entwicklung eines Unternehmens noch besser abbilden. Der F&E Aufwand im Vergleich zu Output Mengen wie beispielsweise je Innovation oder je Patent, vergleicht direkt den Input mit dem Output einer Innovation. Aber auch allgemein bekannte Kennzahlen wie der ROI (Return on Investment) können direkt auf F&E Projekte angewandt werden und einen guten Überblick über die Performance der F&E Aktivitäten geben.

31 Um die Aussagekraft zu erhöhen, sollte die Analyse nach Möglichkeit die letzten drei bis fünf Jahre (je nach Branche) umfassen. Gerade im **Zeitvergleich** ist bei Krisenunternehmen die Verschlechterung der Key Performance Indicators (KPI; Kennzahlen) ein gutes Maß für die Gravität der Probleme.

32 Die Erarbeitung von **Benchmarks gegenüber Wettbewerbern** oder gegenüber dem Branchendurchschnitt sollte mit vertretbarem Aufwand auch versucht werden. In dieser ersten Phase reicht es jedoch vielfach, gemeinsam mit den Mitarbeitern der F&E-Abteilungen die Situation im Vergleich zum Wettbewerb zunächst qualitativ zu beschreiben.

2. Kurz-Audit F&E-Projektportfolio

33 Die sorgfältige Erarbeitung eines aussagefähigen **F&E-Projektportfolios** ist ein iterativer und somit zeitintensiver Prozess. Strategische F&E-Portfoliobetrachtungen sollten grundsätzlich vier Dimensionen berücksichtigen:

- Die **Technologieposition**, die Stärken und Schwächen des Unternehmens bezüglich seiner F&E-Ressourcen und seiner Know-how-Position im Verhältnis zum Wettbewerb ausdrückt.
- Die **Lebenszyklusphasen** der Technologien, die zum Ausdruck bringen, wie hoch das verbleibende Differenzierungspotential der Technologien ist bzw. wieviel noch nicht erschlossenes Anwendungspotential mit diesen Technologien erobert werden kann.
- Die **strategische Rolle von Technologien**, d.h. die strategische Wirkung, die durch die Investition in die Weiterentwicklung dieser Technologien im Markt und Wettbewerb erzielt werden kann.
- Die **Attraktivität von F&E-Projekten**, d.h. beispielsweise die Übereinstimmung des F&E-Projektes und seiner angestrebten Ergebnisse mit der Geschäfts- oder Unternehmensstrategie.

§ 8 Beiträge zur Restrukturierung/Sanierung – Forschung & Entwicklung   § 8

Ergänzend hierzu sind für eine mittelfristige F&E-Strategie detaillierte Analysen zum **F&E-Gesamtbudget**, zu den jährlichen Projektbudgets, den verbleibenden Projektlaufzeiten sowie zur Einordnung in Basis-, Schlüssel- oder Schrittmachertechnologien erforderlich.[7]   34

Aufgrund des hohen Zeitdrucks zur Erarbeitung eines Sanierungskonzeptes sind solche, in der Regel über 6-9 Monate laufende Analyseprozesse bei akuter Liquiditätskrise nicht möglich. Es muss somit ein Audit vorgeschaltet werden, das in kurzer Zeit belastbare Ergebnisse liefert und dann in einer zweiten Phase unter weniger Zeitdruck detailliert werden kann. Hier bietet sich ein **Kurz-Audit** zum bestehenden F&E-Portfolio an, das die beiden Aspekte Attraktivität und Risiko berücksichtigt. Hiebei werden die aktuellen F&E-Projekte erfasst und bewertet. Die in Abb. 6 beispielhaft aufgeführten Bewertungsaspekte können unternehmensspezifisch ergänzt werden. Die Bewertung findet individuell für jedes F&E-Projekt im Rahmen einer Skala von 1 bis 5 statt (1 = sehr schwach bis 5 = sehr hoch). Gegebenenfalls kann noch eine Gewichtung der Bewertungsaspekte vorgenommen werden.   35

	Ertragspotentiale	**Strategische Bedeutung**
Attraktivität	• Marktwachstum • Umsatzpotential für das Unternehmen • Renditeerwartung (Deckungsbeitrag)	• Fit zur Geschäftsstrategie • Potential für Markt- oder Technologieführerschaft • Synergien zu bestehenden Geschäften • Patentfähigkeit • Technologieplattform für weitere Expansion
	Technisches Risiko	**Wirtschaftliches Risiko**
Risiko	• Wahrscheinlichkeit des Scheiterns des Gesamtprojektes • Bedrohung durch Patent-/Lizenzsituation • Wahrscheinlichkeit von zeitlichen Verzögerungen • Know-how-Defizite	• Unsicherheit der abgeschätzten Renditeerwartung • Wettbewerbsintensität auf diesem F&E-Gebiet • Finanzaufwand bis zum Projektabschluss • Zeitbedarf bis zu Projektabschluss • Investitionsbedarf für Produktion und Markteinführung

Quelle: Arthur D. Little

Abb. 6: Dimensionen für ein Kurz-Audit F&E-Projektportfolio

Die Bewertung ist pragmatisch zu realisieren und beruht auf dem gemeinsamen Urteil aller beteiligten Funktionsbereiche. Die Erfahrung zeigt, dass dieser Beurteilungsprozess und die damit verbundenen Diskussionen zwischen den beteiligten Bereichen zu wichtigen Erkenntnissen führen, die einerseits aufdecken, dass im Unternehmen mehr Information vorhanden ist, als die Beteiligten zunächst denken, und die andererseits zu einem erstaunlich zuverlässigen Gesamturteil führen. Ergänzend zu den in Abb. 6 genannten Bewertungen sollten noch die Projektbudgets sowie die verbleibenden Projektlaufzeiten erfasst werden. Auf dieser Basis kann das in Abb. 7 dargestellte **F&E-Portfolio** erstellt werden.   36

---

[7] Eine detaillierte Beschreibung solcher Analyseprozesse und der Erarbeitung einer zukunftsorientierten F&E-Strategie findet sich beispielsweise in *Arthur D. Little* (F&E).

§ 8 3. Teil. Sanierung der leistungswirtschaftlichen Bereiche

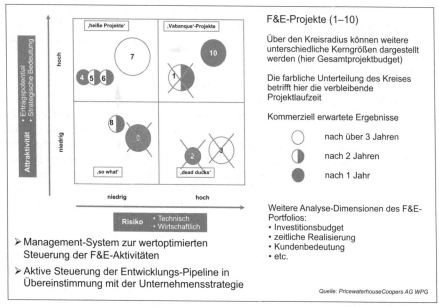

Abb. 7: F&E-Projektportfolio

37   In diesem Fall wurde über den Kreisradius das erforderliche **Gesamtprojektbudget** dargestellt. Der in Sanierungsfällen auch sehr wichtigen **Projektlaufzeit** wurde mit einer Unterteilung „erwartete verwertbare kommerzielle Ergebnisse nach über drei Jahren", „nach zwei Jahren" und nach „einem Jahr" Rechnung getragen.

38   Es zeigt sich, dass in dem Beispielunternehmen vier Projekte eine hohe Attraktivität bei niedrigem Risiko aufweisen. Davon sind drei Projekte (No.4, 5, 6) mit einem relativ geringen Gesamtprojektbudget verbunden. Das mit einem hohen Investitionsvolumen verbundene Projekt No.7 muss individuell im Rahmen des **Liquiditätsmanagements** des Unternehmens diskutiert werden. Dies insbesondere auch vor dem Hintergrund, dass kommerziell verwertbare Ergebnisse erst nach über 3 Jahren erwartet werden.

39   Des Weiteren ist in Abb. 7 zu erkennen, dass vier Projekte (No.2, 3, 8 und 9) eine niedrige Attraktivität bei teilweise hohem Risiko aufweisen. In diesem Fall ist zu prüfen, ob der Ressourceneinsatz mit der Unternehmenssituation noch im Einklang steht. Die Praxiserfahrung zeigt, dass insbesondere die sogenannten „**dead ducks**" in Sanierungsfällen kurzfristig beendet werden sollten.

40   Nicht ganz einfach gestaltet sich in der Regel die Diskussion der sogenannten „**Vabanque'-Projekte** bzw. **,So what'-Projekte**. Es empfiehlt sich hier, individuell zu prüfen, ob nicht durch eine andere Projektausrichtung in dem einen Fall die Attraktivität gesteigert bzw. das Risiko vermindert werden kann. ‚Vabanque'-Projekte mit beispielsweise hohem Ressourceneinsatz sollten nach Möglichkeit zunächst zurückgestellt werden.

3. Kurz-Audit Innovationsprozess

41   Bereits während der Erarbeitung des Sanierungskonzeptes ist es notwendig, ein Gefühl zu bekommen, ob ein strukturierter **Innovationsprozess** (siehe Abb. 5) im Unterneh-

men vorhanden ist oder ob nur zufällig auf „Ideen" reagiert wird. Gerade bei stark wachsenden, innovativen Branchen, wie z.B. der Automobilindustrie oder der Elektronikindustrie, spielt diese Erkenntnis bezüglich des Zeitbedarfs zur Realisierung eines Turn-Around im Krisenunternehmen eine wesentliche Rolle.

Ein **Kurz-Audit Innovationsprozess** soll ohne großen zeitlichen Aufwand im Rahmen von Interviews und ein bis zwei Workshops vier Fragen qualitativ beantworten:
- Sind die Spielregeln des Innovationsprozesses klar und verbindlich festgelegt?
- Gibt es klare Verantwortlichkeiten ad personam?
- Welche Verbesserungspotentiale werden gesehen?
- Welche kommerziellen Erfolge sollen in den nächsten 2 bis 3 Jahren auf diesem Prozess basieren?

Mit diesem Kurz-Audit kann im Sanierungsfall mit etwas Erfahrung relativ schnell ein guter Überblick über den Ist-Zustand der F&E gewonnen werden. Hieraus lassen sich adäquate Maßnahmen ableiten, die im nachfolgenden Kapitel III beschrieben sind.

III. Maßnahmen der Restrukturierung/Sanierung in F&E

1. Überblick über die Kernmaßnahmen

Alle Maßnahmen orientieren sich in der Sanierung grundsätzlich an der kurzfristigen **Liquiditätssteigerung**. Im Bereich F&E kommt jedoch eine starke Orientierung an der zukünftigen Umsatzbasis hinzu. Gerade im Automotive-Bereich hilft es dem Unternehmen bereits mittelfristig nicht weiter, wenn aufgrund von Liquiditätsschonung und Kostensenkung die Produkt-Pipeline für die nächsten drei Jahre gefährdet wird. Wenn ein Automotive-Zulieferer nicht regelmäßig „**New Business**" erhält, also Ausschreibungen für neue Plattformen gewinnt, wird sich die Umsatzbasis sehr schnell deutlich rückläufig entwickeln, wie in Abb. 2 dargestellt. Im Zulieferer-Segment der Gummi-Abdichtungen konnte das in den Jahren 2010–2012 eindrucksvoll an einem Unternehmen beobachtet werden. Die Insolvenz war eine Folge u.a. des deutlich rückläufigen New Business Anteils.

Grundsätzlich bieten sich die folgenden **Kern-Maßnahmen** an:
- Konzentration auf heiße Projekte
- Optimierung von Kosten und Projektlaufzeit
- Neuplanung des F&E-Budgets
- Nominierung der neuen Mannschaft
- Detaillierung, Implementierung und Controlling.

2. Konzentration auf heiße Projekte

Dieser radikalen Vorgehensweise liegt der Ansatz zugrunde, dass die Unternehmenssituation einschneidende Maßnahmen zur Liquiditätssicherung erfordert. In diesem Fall werden alle sogenannten „dead ducks" kurzfristig eingestellt. Es wird lediglich überprüft, ob hierdurch möglicherweise Verträge berührt sind, die signifikante Pönalen erwarten lassen. Gegebenenfalls sind die Opportunitätskosten zu ermitteln und danach zu entscheiden. Alle „so what"-Projekte, deren Attraktivität nicht plausibel gesteigert, und alle „Vabanque"-Projekte, deren Risiken nicht nachvollziehbar reduziert werden können, werden ebenfalls zurückgestellt oder gestrichen. Mit dieser Vorgehensweise wird praktisch ein neues F&E-Portfolio erstellt. Abb. 7 zeigt exemplarisch die generische Vorgehensweise zur Reduzierung des F&E-Portfolios unter Zeitdruck.

46 Es bleibt anzumerken, dass man bei dieser radikalen Vorgehensweise auch immer Projekte identifizieren wird, bei denen eine große Entscheidungsunsicherheit hinsichtlich ‚Beenden' oder ‚Eigentlich doch vielversprechend' besteht. Hier empfiehlt es sich, ohne den harten Sanierungskurs zu verlassen, eine sogenannte **Warteliste** zu eröffnen. Die aufgenommenen Projekte können später unter nicht so hohem Zeitdruck oder sich ändernden Rahmenbedingungen (z.B. Verkauf des Krisenunternehmens an einen strategischen Investor) nochmals detailliert betrachtet und ggf. reaktiviert werden.

3. Optimierung von Kosten und Projektlaufzeit

47 In der Sanierungsphase gilt es, nochmals alle ‚heißen Projekte' nach Verbesserungs- und Optimierungspotentialen zu durchforsten. Dies betrifft insbesondere die Projektlaufzeit und die erwarteten Kosten. Hinsichtlich der Projektlaufzeit ist vielfach zu erkennen, dass sich bei Konzentration der Ressourcen, insbesondere auch die der Mitarbeiter, beachtliche Reduzierungen ergeben. Dies begründet sich in der Regel darin, dass durch die bisherige Verzettelung wesentliche F&E-Aktivitäten gestreckt wurden. Auch besteht manchmal die Möglichkeit, eine **strategische Allianz** auf diesem Gebiet einzugehen und so den Zeitbedarf zu reduzieren. Anhaltswerte aus der Praxis zeigen, dass durchschnittlich über zwei Drittel des F&E-Budgets bei Krisenunternehmen für Projekte vorgesehen sind, die erst nach 1–3 Jahren kommerziell verwertbare Ergebnisse liefern werden. Über ein Drittel des F&E-Budgets wird für Projekte eingesetzt, deren Ergebnisse erst nach 4–5 Jahren vorliegen werden. Im Sanierungsfall ist die Verkürzung der Projektlaufzeit generell ein wesentlicher Stellhebel zur Zukunftssicherung des Unternehmens.

4. Neuplanung des F&E-Budgets

48 In der Sanierungsphase müssen die zuvorgehend erarbeiteten Ergebnisse mit dem betriebswirtschaftlichen Bereich und den Sanierungsverantwortlichen diskutiert werden. In iterativen Schritten werden hier Kosten und erwartete Erträge diskutiert und mit einer integrierten Geschäftsplanung hinsichtlich der Auswirkungen auf GuV, Bilanz, Cashflow in Szenarien dargestellt. Bei den F&E-Budgets sind vielfach auch nochmals Reduzierungen möglich, da F&E-Abteilungen in der Regel gewohnt waren, die Budgets eher unter mittelfristigen Ertragsgesichtspunkten als unter kurzfristiger Liquiditätsoptimierung zu planen.

5. Nominierung der neuen Mannschaft

49 Die Identifizierung der eigentlichen Know-how-Träger ist zwingend erforderlich. Diese Mitarbeiter müssen benannt und weiter an das Unternehmen gebunden werden. Aber auch die Benennung derjenigen, die nicht mehr mit zur Sanierungsmannschaft gehören, ist ein wichtiger Schritt. Teilweise können dadurch auch Blockaden beseitigt und neue Wege gegangen werden. Die rechtzeitige, offene und klare Kommunikation ist hierbei zentral, um Sicherheit und Motivation bei der neuen Mannschaft zu erzeugen. Wichtig ist auch, dass die neue Mannschaft bei der Erarbeitung des neuen Projekt-Portfolios bereits intensiv mit eingebunden ist. In einem Sanierungsprojekt konnte durch die Beseitigung einer hemmenden mittleren Führungsschicht die Motivation des ganzen F&E-Bereichs erheblich gesteigert werden. Sinnlose Abstimmungs- und Delegationsmeetings, komplizierte Rechtfertigungsprozesse und hohe Repräsentationskosten konnten dadurch genauso eingespart werden wie erhebliche Gehaltskosten, die denen zwei junger Entwickler entsprachen.

6. Detaillierung, Implementierung und Controlling

Die erforderlichen Maßnahmen werden eingeleitet, nachdem sich die Entscheidungsträger für ein Sanierungskonzept ausgesprochen haben. Für die F&E-Abteilung steht zunächst im Vordergrund, sich auf das reduzierte neue F&E-Projektportfolio zu konzentrieren. Die neue Mannschaft muss sich vielfach auch erst einspielen. Es ist wichtig, dass in diesem Stadium die F&E Abteilung die Zusammenarbeit mit den anderen Funktionsbereichen, insbesondere mit dem Vertrieb und der Produktion, intensiviert. Nur so ist zu verhindern, dass sich die typischen Fehler der Vergangenheit wiederholen. Dafür bieten sich in Abhängigkeit von der Unternehmensgröße verschiedene Maßnahmen an. Dies kann z.B. monatliche Entwicklungsplanungs-Meetings, ein Projekt-Management mit interdisziplinär besetzten Entwicklungs-Teams oder regelmäßige schriftliche Kurz-Reportings umfassen. Im Rahmen der Optimierung ist es dann auch wichtig, den Innovationsprozesse durch einen F&E-Regelkreis in ein regelmäßiges Controlling zu überführen. In Abb. 8 ist hierzu ein schematisches Beispiel gegeben. Der F&E-Regelkreis verbindet die in diesem Artikel angesprochenen Instrumente zu einem Gesamtprozess zur nachhaltigen Steuerung und Optimierung der F&E-Leistung.

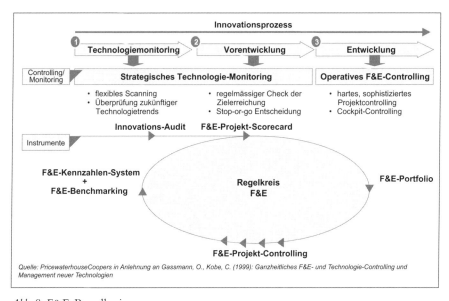

Abb. 8: F&E-Regelkreis

IV. Zwischenfazit

Der F&E-Bereich hat bei vielen Unternehmen eine zentrale Bedeutung für deren Zukunftssicherung. Die Neuausrichtung der F&E-Aktivitäten ist somit für die nachhaltige Restrukturierung/Sanierung eines Krisenunternehmens ein wesentlicher Erfolgsfaktor. Die pauschale Kürzung der F&E-Ausgaben oder eine unreflektierte Beendigung von

§ 8 3. Teil. Sanierung der leistungswirtschaftlichen Bereiche

F&E-Vorhaben ist auch in der Sanierung nicht zielführend. Als wesentliche Sanierungsmaßnahme ist die Neuausrichtung des F&E-Projektportfolios zu nennen. Da dies im Sanierungsfall unter hohem Zeitdruck geschehen muss, wird eine Methodik vorgestellt, mit der laufende F&E-Vorhaben hinsichtlich Attraktivität und Risiko bewertet und im Kontext mit der Sanierungsstrategie diskutiert werden können. Eine Konzentration auf die sogenannten „heißen Projekte" unter Verkürzung der Projektlaufzeit und Reduzierung der F&E-Budgets liefert so einen wesentlichen Beitrag zur Liquiditätssicherung und zukünftigen Ausrichtung des Krisenunternehmens. Anschließend an die Analyse- und Konzeptionsphase der Sanierung ist im F&E-Bereich ein am Innovationsprozess orientierter F&E-Regelkreis einzuführen, der die nachhaltige Optimierung der F&E-Aktivitäten dauerhaft sicherstellt. Letztlich wird sich über diese und weitere begleitende Maßnahmen auch die Innovationskultur verbessern.

52 Der Autor schließt sich Claus Weyrich, Vorstand der Siemens AG, an: „Innovationen entstehen oft durch Zufall, aber man darf sie nicht dem Zufall überlassen."

§ 9 Restrukturierung und Sanierung im Vertriebsbereich[1]
Restrukturierung/Sanierung in leistungswirtschaftlichen Bereichen

Übersicht

	Rn.
I. Einführung: Die Bedeutung des Vertriebs im Unternehmen	1–9
II. Problemursachen im Vertriebsbereich und Zielsetzung der Restrukturierung/Sanierung	10–21
1. Typische Kernprobleme im Vertrieb	10–16
a) Marketing-Strategie	10–15
b) Vertriebssystem	16
2. Stoßrichtung und Zielsetzung der Restrukturierung/Sanierung im Vertrieb	17–21
III. Das Vertriebs-Audit als Ausgangspunkt der Optimierung	22–81
1. Überblick	22–27
2. Analyse der Vertriebsstrategie	28–37
3. Analyse der Vertriebsgeschäftstätigkeiten	38–41
4. Analyse der Vertriebsprozesse	42–51
5. Analyse der Vertriebsorganisation	52–59
6. Analyse der Vertriebsfähigkeiten der Mitarbeiter	60–65
7. Analyse der Vertriebserfolgsmessung	66–76
8. Analyse der Vertriebs(-IT-)systeme	77–81
IV. Maßnahmen zur Umsatzoffensive	82
V. Besonderheit Kommunikation bei der Sanierung	83–89
VI. Fazit Restrukturierung/Sanierung im Vertrieb	90–94

I. Einführung: Die Bedeutung des Vertriebs im Unternehmen

Viele Insolvenzen der letzten Jahre gehen vor allem auf einbrechende Umsätze zurück. **1** Prominente Beispiele der letzten Zeit für einbrechende Umsätze in einem stabilen oder sogar wachsenden Markt sind die Baumarktkette Praktiker, die Warenhauskette Karstadt, das Versandhandelsunternehmen Neckermann oder die Drogeriemarktkette Schlecker. Zunehmend häufiger beobachtet man auch, dass ein Unternehmen zwar vom Auftragseingang her „gesund" aussieht, allerdings die Realisierung des Umsatzes nicht erfolgt und die internen Prozesse, Systeme und Strukturen keine marktadäquate Vertriebsleistung ermöglichen. Zunehmend sind allerdings auch Fälle dabei, bei den das gesamte Vertriebsgeschäftsmodell aufgrund exogener oder technologischer Marktgegebenheiten nicht mehr tragfähig ist, wie bspw. bei dapd-Gruppe, Frankfurter Rundschau, Financial Times Deutschland, Autowelt König oder Flexstrom.

Die Ursachen für diese Fälle mit massiven Umsatzeinbrüchen lassen sich in drei Kate- **2** gorien unterteilen:

---

[1] Basis dieses Artikels ist der Ursprungsartikel von *Ziechmann* aus Buth/Hermanns „Restrukturierung Sanierung Insolvenz" (1998).

§ 9   3. Teil. Sanierung der leistungswirtschaftlichen Bereiche

- Falsche **Marketing-Strategie** in einem vorhandenen, stabilen oder wachsenden Markt
- Fehler im operativen **Vertriebssystem**
- Fehlende Anpassung des **Geschäftsmodells** auf technologischen Wandel oder andere exogene Faktoren.

3   Entsprechend sind die Ansatzpunkte zur Restrukturierung/Sanierung, die Optimierung einzelner Marketing-Mix-Elemente wie bspw. Preismanagement oder Produktmanagement, die Verbesserung des operativen Vertriebs (Struktur, Prozesse, Ressourcen, Informationssystem und Anreizsystem) oder die Anpassung der Unternehmensstrategie (Einführung einer neuen Geschäftsfeldstrategie oder Geschäftsmodelle).

4   Für das Thema **Umsatz** zeichnet in einem Unternehmen ganz maßgeblich der Vertrieb verantwortlich. Die Optimierung der Marketing-Strategie und des Vertriebssystem ist bei vielen Sanierungen und Restrukturierungen zentral und liegt hauptsächlich in der Verantwortung des Vertriebs. Auf diese beiden Optimierungsansätze wollen wir uns hier konzentrieren. Denn letztlich kann ohne eine signifikante Steigerung der Vertriebsleistung bzw. Sicherung von Auftragseingängen und Umsätzen in einer Unternehmenskrise niemals eine **nachhaltige Restrukturierung/Sanierung** erreicht werden. Die strategische Neuausrichtung im Sinne einer Änderung des gesamten Geschäftsmodells würde den Rahmen dieses Aufsatzes sprengen.

5   In den meisten Fällen einer Restrukturierung/Sanierung wird u.E. ein kombinierter und **integrierter Ansatz** mit systematisch ausgewählten Einzelmaßnahmen gewählt. Dabei orientieren sich die Beiträge des Vertriebs mit zunehmender Insolvenzgefährdung mehr und mehr an ihrer unmittelbaren Liquiditätswirkung. Unter einem integrierten Ansatz verstehen wir die ganzheitliche Betrachtung des Vertriebs.

6   Auf Basis unserer langjährigen Tätigkeit bei der Sanierung von Unternehmen sowie der Analyse und Optimierung von Vertriebskonzepten im Rahmen von hunderten von Projekten haben wir hierzu den **PwC Vertriebsmanagement-Ansatz** entwickelt (vgl. Abbildung 1). Dieser basiert auf dem etablierten Transform-Konzept und besteht aus insgesamt sieben Bereichen:[2]

- Vertriebsstrategie,
- Vertriebsgeschäftstätigkeiten,
- Vertriebsprozesse,
- Vertriebsorganisation,
- Vertriebsfähigkeiten der Mitarbeiter,
- Vertriebserfolgsmessung und
- Vertriebs(-IT-)systeme.

7   Diese sieben Bereiche sind wiederum mit 60 **Optimierungs-Hebeln** („Levern") hinterlegt und lassen sich sowohl durch Kennzahlen als auch durch qualitative Analysen überprüfen. Einen Ausschnitt hieraus werden wir weiter unten darstellen.

8   Zudem wird bei Veränderungen im Vertrieb meistens unterschätzt, dass hier i.d.R. unmittelbar Menschen, mit ihren Einstellungen und Verhaltensweisen betroffen sind. Nachhaltige mittelfristige Veränderungen im Vertrieb sollten daher immer im Rahmen eines kontinuierlichen **Change Managements** und mit einem **Programmmanagement** aufgesetzt werden. Nur so kann letztlich garantiert werden, dass es nicht bei einem kurzfristigen Strohfeuer bleibt.

---

[2] Vgl. ähnlich *Beutin* (2002), S. 221, *Homburg/Schäfer/Schneider* (2013), S. 9–14 und *Beutin/Kühlborn/Daniel* (2003), S. 14.

§ 9 Restrukturierung und Sanierung im Vertriebsbereich §9

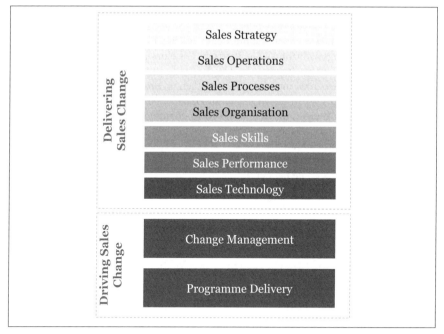

Abb. 1: PwC Vertriebsmanagement-Ansatz

Zur Aktivierung der Leistungsreserven und der Sanierung im Vertrieb hat es sich in akuten Krisensituationen bewährt, ein dreistufiges Vorgehen zu wählen:

- Zunächst deckt ein **„Vertriebs-Audit"** oder **„Vertriebs-Healthcheck"** die wesentlichen Schwachstellen im Vertrieb auf und bietet meist 5–10 konkrete Sofort-Ansatzpunkte zur Steigerung der Vertriebsleistung. Alleine diese können erfahrungsgemäß schon zu 2–10 % Umsatzsteigerung bzw. 5–10 % Vertriebs- und Marketingkostensenkung beitragen. Diese können meist innerhalb von 1–3 Monaten realisiert werden.
- Anschließend ist eine **„Umsatzoffensive"** mit entsprechenden Neukundengewinnungs- und Altkundenprogrammen sowie Sonderaktionen anzuraten. Diese führt innerhalb von 3–6 Monaten zur kurzfristigen Realisierung zusätzlicher Umsatzpotentiale.
- Drittens empfiehlt sich die Einführung einer „marktorientierten, strategiekonformen Vertriebsstruktur". Diese ermöglicht die mittelfristige Absicherung und Stabilisierung des Unternehmens. Eine personelle (Um-) Besetzung sorgt dabei i.d.R. für neue Kontakte, Ideen, Instrumente und Methoden – zusammen „neuen Schwung"- im Vertrieb.

II. Problemursachen im Vertriebsbereich und Zielsetzung der Restrukturierung/Sanierung

1. Typische Kernprobleme im Vertrieb

a) **Marketing-Strategie.** Die Problembereiche einer zu geringen oder rückläufigen Vertriebsleistung lassen sich – neben einer exogen begründeten allgemeinen Marktschwäche – in zwei Bereiche einteilen: die **Marketing-Strategie** des Unternehmens und das **Vertriebssystem**.

11 Eine rückläufige Vertriebsleistung (gemessen an z.B. der Anfrage- und Angebotssituation, Auftragseingang, Umsatz und/oder Ergebnis sowie Marktanteilen) ist häufig Ausdruck einer strategisch begründeten Unternehmenskrise. Entsprechend sollten Restrukturierungs-/Sanierungsmaßnahmen im Vertrieb Teil eines grundsätzlich überarbeiteten Marktansatzes eines Unternehmens sein. Das heißt, dass es nicht nur um den Vertrieb geht, sondern vor allem auch interdisziplinär Marketing, Produktmanagement, Entwicklung, Logistik und der Finanzbereich „Hand in Hand" arbeiten müssen.

12 Typische **Kernprobleme in der Marketing-Strategie** von Krisenunternehmen sind z.B.:
- Falsche oder verzettelte Marktstrategie,
- Keine klare Kundenfokussierung,
- Keine Wettbewerbsvorteile bei den Produkten,
- Mangelhaftes Produktangebot
- Fehlende Produkt-Features (inkl. Absatzfinanzierung)
- Zu wenig Innovationen,
- Schlechter After-Sales-Service
- Falsche Preisstrategie
- Höhere Vertriebs- und Marketingkosten als der Wettbewerb,
- Marken- und Imageprobleme,
- Mangelnde Internationalität,
- Schwächen in der Distribution oder in der regionalen Marktbearbeitung und/oder
- Fehlende Digitalisierung/Automatisierung.

13 Der Vertrieb muss durch seine Nähe zum Kunden als **Frühwarnsystem** zur Unternehmensentwicklung und **Zukunftssicherung** des Unternehmens dienen. Zu den zentralen Aufgaben des Vertriebs gehört daher neben der Absatz- und Umsatztätigkeit auch die Rückkopplung der Marktentwicklungen ins Unternehmen und die entsprechende Anpassung der Marketing-Strategie oder sogar des Geschäftsmodells. Ein typisches Kernproblem in Krisenunternehmen ist es, dass diese strategisch bedeutsame Frühwarnfunktion des Vertriebs nicht oder nur unzureichend ausgeübt wird bzw. wurde.

14 Der Vertrieb ist häufig zu optimistisch und unkritisch in der Beurteilung der eigenen Marktposition und der eigenen Produkte. Unbequeme Wahrheiten über die Marktstellung des eigenen Produktes oder Unternehmens werden oft nicht realisiert. Wichtige **Marktsignale** werden übersehen. Mit diesem Fehlverhalten des Vertriebs verliert das Unternehmen wertvolle Zeit, sich noch in der strategischen Krise mit einer neuen Marktstrategie, mit neuen Produkten oder veränderten Preisen strategisch neu auszurichten.[3]

15 Durch falsche, insbesondere zu optimistische **Umsatzplanungen** des Vertriebs kann ein Unternehmen zudem leicht in eine Kostenfalle laufen. Die Fixkosten eines Unternehmens werden dadurch auf eine zu hohe Betriebsleistung hin ausgerichtet und es kann bei Ausbleiben von Umsatz schnell zu entsprechend negativen Ergebnissen im Gesamtunternehmen kommen. Aus der strategischen Krise wird so eine Ertragskrise, die sofort auf Kosten der Substanz des Unternehmens geht. Der Handlungsspielraum des Managements wird in diesem Fall immer geringer, so dass meist zunehmend hektische Sofortmaßnahmen ergriffen werden und eine systematische Restrukturierung der Marktbearbeitung und der internen Prozesse ausbleibt.

---

[3] Vgl. Beutin (2009a), S. 95 sowie Beutin (2009b), S. 28.

b) Vertriebssystem. Innerhalb der operativen Absatz- und Umsatztätigkeit des Ver- 16
triebs von Krisenunternehmen bestehen die folgenden typischen **Kernprobleme**:
- Kernprobleme bei der **Vertriebsstrategie** sind u.a.:
  – Fehlende Vertriebs-Vision und -Mission,
  – Unklare oder ungünstige interne Marktsegmentierung (produkt- statt kundenorientiert),
  – Keine ausgearbeiteten **Wettbewerbsvorteile** oder
  – Ausgeufertes oder unstrukturiertes Produktportfolio.
- Kernprobleme in Vertriebsgeschäftstätigkeiten sind u.a.:
  – Falsche oder unkoordinierte Vertriebskanäle,
  – Fehlendes oder unprofessionelles Key Account Management,
  – Veraltete, historische Preis- & Konditionensysteme oder
  – Fehlendes oder mangelndes After-Sales-Management.
- Kernprobleme in den **Vertriebsprozessen** sind u.a.:
  – Mangelhafte Lead-Generierung (Vertrieb geht immer wieder zu den gleichen, alten Kunden),
  – Schlecht vorbereitete Kundenbesuche,
  – Zu langsame Angebotserstellung,
  – Unprofessionelle und schlecht vorbereitete Verhandlungen oder
  – Schlechte Forecast-Accuracy.
- Kernprobleme in der **Vertriebsorganisation** sind u.a.:
  – Unklare Zuständigkeiten in der Marktbearbeitung (Doppelzuständigkeiten, Organisationslücken, personelle Fehlbesetzungen),
  – Unklare Aufgabenabgrenzung von Außendienst und Innendienst (zu wenig Zeit des Außendienstes für den Kunden aufgrund zu hoher interner, nicht direkt verkaufsrelevanter Tätigkeiten),
  – Keine regelmäßige Vertriebsdimensionierung,
  – Mangelhafte Incentivierungs-System für den Vertrieb oder
  – Fehlendes Vertriebs-Compliance-System.
- Kernprobleme bei den **Vertriebsfähigkeiten der Mitarbeiter** sind u.a.:
  – Fehlende, unbrauchbare oder veraltete Vertriebshandbücher,
  – Unzureichende Argumentations- und Verhandlungstrainings,
  – Schlechte Führung und fehlendes Coaching der Vertriebsmitarbeiter oder
  – fehlende Plattformen zum Wissensaustausch (z.B. Vertriebstagungen, KVP im Vertrieb).
- Kernprobleme bei der **Vertriebserfolgsmessung** sind u.a.:[4]
  – Fehlende Kunden-KPIs (z.B. zwar Produkterfolgsrechnung, aber keine Kundenerfolgsrechnung),
  – Keine Preisdurchsetzungsmessung,
  – Keine systematische qualitative Verkaufserfolgsprozessanalyse (z.B. durch Mystery Shopping) oder
  – Vergleich mit fragwürdigen Marktzahlen (z.B. verzerrte Zahlen von Verbänden).
- Kernprobleme bei den **Vertriebs(-IT-)systemen** sind u.a.:
  – Lokale, nicht integrierte Kundendaten und Adresslisten (kein CRM-System),
  – Fehlende vollständige Vernetzung zwischen CRM- und ERP-System,

---

[4] Vgl. auch *Homburg/Beutin* (2006), S. 227.

§ 9   3. Teil. Sanierung der leistungswirtschaftlichen Bereiche

- Mangelnde Ausnutzung und Anwendung des CRM (reine Verwaltung von Daten; keine Verwendung zur Planung, Steuerung und Kontrolle des Vertriebsprozesses) oder
- Mangelhafte Aufbereitung der Daten (Zahlenfriedhöfe, Verwendung von Kennzahlen und Grafiken, Standardisierung der Auswertung).

2. Stoßrichtung und Zielsetzung der Restrukturierung/Sanierung im Vertrieb

17   Generell ist das Ziel einer Restrukturierung/Sanierung des Vertriebs eines Unternehmens, die relative **Vertriebsleistung** in allen Bereichen zu erhöhen. Dieses kann einerseits bedeuten, mit weniger Vertriebsressourcen (Kostensenkungen im Vertrieb) mindestens die gleiche Vertriebsleistung – z.B. gemessen in Kundenbesuchen, Angeboten, Aufträgen, Auftragseingängen, Umsätzen, Deckungsbeiträgen und (speziell bei einer drohenden Insolvenz) Zahlungseingängen – zu erzielen, oder die Vertriebsleistung mit bestehenden Mitteln signifikant zu erhöhen. Je nach Krisensituation unterscheidet sich die Stoßrichtung.

18   In der Restrukturierung der Vertriebsfunktion **außerhalb der Insolvenz** steht die Verbesserung des gesamten Vertriebs (Strategie, Organisation, Prozesse, etc.) und deren kundenorientierte Ausrichtung auf eine strategiekonforme Marktbearbeitung im Vordergrund.

19   Beiträge zur Sanierung eines Unternehmens **in der (drohenden) Insolvenz** sind häufig vorrangig liquiditätswirksam orientiert. Hierzu gehört auch das Eintreiben von fälligen Forderungen oder die Platzierung von Sonderaktionen am Markt, vor allem bei bestehenden Kunden (z.B. Preisgestaltung, Abverkauf von Slow-Mover-Warenbeständen, Sonderrabatte, Vorziehen von Bestellungen aus Rahmenverträgen, Leistung von Anzahlungen, etc.). Auch über sofort liquiditätswirksame Kosteneinsparungen im Vertriebsbereich können Beiträge geleistet werden.

20   Meistens liegt die Brisanz der Beiträge des Vertriebs in Sanierungsvorhaben gerade darin, dass beide Aspekte kombiniert erfüllt werden müssen: Trotz reduzierter Vertriebsressourcen (Personal, Werbebudget, Reisebudget, etc.) muss eine nachhaltige Steigerung der Vertriebsleistung realisiert werden.

21   Eine besondere Rolle kommt in der existenzgefährdenden Unternehmenskrise der **Kommunikation** des Unternehmens mit den Kunden zu. Dabei muss insbesondere der Vertrieb – zusammen mit der Geschäftsführung – vertrauensbildende Maßnahmen ergreifen und den Auftragseingang aufrecht erhalten.

III. Das Vertriebs-Audit als Ausgangspunkt der Optimierung

1. Überblick

22   Ein detailliertes **Vertriebs-Audit** sollte stets Ausgangspunkt für die Formulierung der anzustrebenden Beiträge des Vertriebs zur Restrukturierung/Sanierung des Krisenunternehmens sein.

23   Das Vertriebs-Audit sollte dabei in den oben genannten sieben Bereichen (bzw. Dimensionen) durchgeführt werden. Die zu sammelnden Informationen lassen sich gemäß der klassischen „3C-Analysen" in **drei Bereiche** einteilen:

- Customer (interne und externe Informationen zu Kunden und Märkte),

- Company (interne Informationen) und
- Competitor (externe Informationen Wettbewerber).

Dabei lässt sich sagen, dass Krisenunternehmen insbesondere im Mittelstand oft im **„Competitor"-Bereich wenig Informationen** haben und auch in Bezug auf Marktanalysen dünn aufgestellt sind. 24

Gerade bei Restrukturierungen/Sanierungen kommt es auf **Geschwindigkeit** an. Daher ist der PwC-Vertriebsansatz stark vorstrukturiert. So gibt es neben **Fragebögen** und **Checklisten** ein detailliertes **Vertriebs-KPI-System**. 25

Zur Analyse der Daten steht zudem ein in Qlikview programmiertes PwC **Sales Cockpit** zur Verfügung. So können nach einem sauberen Extrakt der Finanzzahlen auf Basis von „Order Lines" aus dem SAP des Unternehmens sämtliche Analysen automatisch vom Cockpit durchgeführt und innerhalb von Sekunden modifiziert und angepasst werden. 26

Ein Vertriebs-Audit sollte maximal 2 Wochen dauern. Da – wie bereits erwähnt – die eigentliche Analyse sehr schnell geht, entsteht **Zeitverzögerung** meist nur durch die ungenügende oder zu langsame Bereitstellung der Finanzdaten. Eine besondere Herausforderung ist dabei, dass – um in der SAP-Terminologie zu bleiben – idealerweise Daten aus dem ERP, dem MM, dem FiCo, dem SD und dem CRM kombiniert werden sollten. 27

2. Analyse der Vertriebsstrategie

Eine Analyse der entsprechenden **Vertriebsstrategie** kann meist auch sehr schnell erfolgen. Hierzu reichen i.d.R. die Analyse der Dokumente und Unterlagen sowie Gespräche mit Vertriebsleitung, Regionalleitern und Verkäufern. Erfahrungsgemäß zeigt sich relativ schnell, ob die strategischen Vertriebselemente dokumentiert, kommuniziert, verstanden und gelebt werden. Mit entsprechender Branchenerfahrung kann auch schnell beurteilt werden, ob die bisherige Vertriebsstrategie am Markt erfolgreich sein kann. 28

Bei Unternehmen kurz vor oder in der Restrukturierung/Sanierung finden wir immer wieder, dass zwar grundsätzlich eine gewisse Strategie vorhanden ist, diese aber im Tagesgeschäft nicht verfolgt wird. Zudem gilt selbstverständlich auch hier, dass i.d.R. der „Fisch am Kopf anfängt zu stinken". So ist das dokumentieren, kommunizieren, verstehen und leben einer Vertriebsstrategie vor allem eine **Führungsaufgabe** des Managements. Da in vielen Unternehmen heute leider immer noch die besten Verkäufer zu Vertriebsleitern gemacht werden, mangelt es leider sehr oft an **Vertriebs-Führungsqualität**. 29

Basis einer professionellen Vertriebsstrategie sollte immer eine **externe Marktanalyse** sein. Diese beginnt normalerweise mit einer **Marktsegmentierung**. Die Marktsegmentierung sollte aus Sicht von Produkten, Regionen, Kundengruppen, Anwendungen, Kanälen, Bedürfnissen oder Kombinationen dieser durchgeführt werden. Oberstes Kriterium für die Bildung von Marktsegmenten sollte die Analyse der Kundenbedürfnisse sein. Völlig unterschiedliche Kundenbedürfnisse passen i.d.R. nicht in ein gemeinsames Segment, da die Kaufentscheidung der Kunden grundlegend verschieden ist. Die Definition verschiedener Marktsegmente ist notwendig, da hierdurch innerhalb eines Unternehmens für die unterschiedlichen Marktsegmente unterschiedliche Strategien und Maßnahmen definiert werden können. 30

Anschließend sollte eine **Markt- und Wettbewerbsanalyse** auf Grundlage der Marktsegmentierung erstellt werden. Die Markt- und Wettbewerbsanalyse sollte einerseits die Vergangenheitsentwicklung des Marktes darstellen, andererseits Zukunftsentwicklungen und Marktpotentiale aufzeigen. Die Vergangenheitsbetrachtung ist wichtig, 31

§ 9 3. Teil. Sanierung der leistungswirtschaftlichen Bereiche

um verstehen zu können, ob es sich bei dem Umsatzrückgang um eine allgemeine Marktentwicklung handelt oder ob sich der Umsatzrückgang in einem insgesamt stabilen oder sogar wachsenden Markt ergeben hat. Hierbei sollte man nicht nur die eigene Industrie (z.B. Industriesauger) analysieren. Die tieferliegenden **Markttrends** liegen häufig vielmehr in den Kundenindustrien (z.B. Bauindustrie, Handwerk, etc.).

32 Als Informationsgrundlage dienen vor allem **Statistiken und Branchenanalysen** von statistischen Ämtern, Verbänden oder Wirtschaftsforschungsinstituten. Zusätzlich können meist sehr zügig Experten-Interviews mit Branchenvertretern, Kunden, Lieferanten und Wettbewerbern geführt werden. Erfahrungsgemäß existieren nahezu in jeder Industrie verschiedenen Branchenanalysen und Reports, so dass letztlich eine derartige Analyse innerhalb von ein bis zwei Wochen valide – zumindest im 80:20-Ansatz – durchgeführt werden kann.

33 Ein wichtiger Aspekt bei der Analyse der vergangenheitsbezogenen Marktentwicklung ist auch die **ausführliche Wettbewerberanalyse**. Wie haben sich Absatz, Umsatz, Preise, Produktivität, Kosten und Rentabilität der wichtigsten Wettbewerber im Analysezeitraum entwickelt? Welche strategischen Anpassungsmaßnahmen der Wettbewerber sind bekannt geworden? Hierzu gehört auch die Analyse der Entwicklung der Marktanteile. I.d.R. zeichnen sich Krisenunternehmen durch einen z.T. deutlichen Verlust von Marktanteilen sowie Preisverfall aus. Beides war z.B. bei Praktiker zu beobachten. Diese sind häufig insbesondere durch einen im Vergleich schlechteren Vertrieb gesunken. Auch die mangelnde Erfüllung von sogenannten kaufentscheidenden Faktoren ist ein häufiger Grund für Marktanteilsverluste.

34 Das **Benchmarking** mit dem stärksten Wettbewerber kann eine gute Orientierungsmöglichkeit für die Einschätzung der eigenen Vertriebsleistung sein. Hierfür können z.B. die Vertriebsleistung (Umsatz, Absatz oder Auftragseingang) pro Vertriebsmitarbeiter (einheitlich mit oder ohne Innendienst) verglichen werden. Häufig können Benchmarks auch wertvolle Hinweise für die Restrukturierung der Vertriebs-Aufbauorganisation und zur Bewertung der eigenen Vertriebsressourcen geben. In welchen Marktregionen haben sich die Wettbewerber mit welchen Vertriebsorganen positioniert? Wie viele Außendienstmitarbeiter hat der Wettbewerb für welche Regionen, Anwendungen oder Produkte? Nach welchen Organisationsmerkmalen sind die Außendienstmitarbeiter des Wettbewerbers organisiert?

35 Aufsetzend auf den Ergebnissen der Analyse der Vergangenheitsentwicklung, sollte sich die Marktanalyse allerdings noch mehr auf zukünftige **Marktpotentiale** konzentrieren. Ökonomische Marktdynamikindikatoren (z.B. Marktwachstum, Anzahl und Verhalten der Wettbewerber, Stabilität der Marktanteile, Preisindex) technische Trends (z.B. Veränderung des Produktspektrums, Phase der Technologie) sowie das Kundenverhalten (z.B. Bedeutung des Preises, Zahlungsbereitschaft, aktuelle Käufertypen, Kundentreue) sind zu analysieren.

36 Zu konkreten **Restrukturierungs-/Sanierungsmaßnahmen** im Vertrieb, die aus der Verbindung der internen Analyse der Vertriebsstrategie und der externen Analyse von Markt und Wettbewerb abgeleitet werden können zählen z.B.
- Umlenkung der Vertriebsaktivitäten auf andere Produkte,
- Umlenkung der Vertriebsaktivitäten auf Serviceleistungen,
- Umlenkung der Vertriebsaktivitäten in andere Marktsegmente,
- Umlenkung der Vertriebsaktivitäten in andere Kundensegmente,
- Umlenkung der Vertriebsaktivitäten in andere Vertriebskanäle,
- Anschauliche Herausarbeitung der Wettbewerbsvorteile oder
- Operative Überarbeitung des Pricing-Ansatzes.

§ 9 Restrukturierung und Sanierung im Vertriebsbereich § 9

Aufgrund der durchgeführten Vertriebsprojekte existiert bei PwC eine Vielzahl von **Best Practices** sowie **Templates** und **Tools**. Dadurch lassen sich erfahrungsgemäß sehr schnell die Informationen verarbeiten und visualisieren. Zudem können auch so sehr schnell Unterlagen erstellt werden die schon ab Woche 2 oder 3 an die Vertriebsmitarbeiter kommuniziert und Maßnahmen umgesetzt werden können. 37

3. Analyse der Vertriebsgeschäftstätigkeiten

Außerdem gilt es, sehr schnell und pragmatisch das bestehende **Vertriebs-Geschäftsmodell** zu analysieren. Hierunter verstehen wir die Frage, wie der Markt und die Kunden grundsätzlich bearbeitet werden. Erfahrungsgemäß kann eine derartige Analyse durch Dokumentenanalyse oder Expertengespräche erfolgen, was letztlich heißt, dass sie sehr schnell erfolgen kann. Ausgewählte Aspekte sind bspw. die Analyse des **CRM-Ansatzes**, falls existierend des **Key Account Managements** oder des **Kundenbindungsansatzes**. 38

Dabei sind das **Key Account Management**, das Produkt-Management und das Regionen-Management wichtige Organisationsformen. Insbesondere Mischformen haben sich in einer Vielzahl von Branchen (z.B. Baustoff, Konsumgüter, Maschinen- und Anlagenbau) durchgesetzt: für die Top 10 Kunden bestehen Key Accounts, die restlichen Kunden werden regional betreut und parallel gibt es Produkt Manager, die für die Optimierung der Produkte verantwortlich sind. 39

Nach mehr als 20 Jahren **eCommerce** spielt natürlich auch der Vertrieb über das **Internet** eine ganz entscheidende Rolle. Je nach Branche und Geschäftsmodell ist das Internet teilweise der zentrale Vertriebsprozess (inzwischen ganz häufig im Bereich Konsumgüter), teilweise auch nur Vertriebsunterstützung. Eines ist aber eindeutig: ein Unternehmen ohne entsprechenden **eVertrieb** ist heute fast undenkbar, auch wenn es sich um ein reines Werbe- oder Verkaufsförderungsinstrument handelt. Insofern sollte die Analyse des Vertriebs unbedingt auch den **Internet-Auftritt** bzw. die **Online Strategie** umfassen. Dieser sollte mit dem von Wettbewerbern verglichen werden, um hier entsprechende Ansatzpunkte zur Optimierung zu identifizieren. Die Analyse von Internet-Auftritten von Unternehmen aus verwandten Branchen kann zu zusätzlichen Ideen führen. Ist das Geschäftsmodell des Krisenunternehmens sehr stark auf das Internet ausgerichtet, sollte ein umfassendes eCommerce Audit erstellt werden. 40

Besondere Bedeutung kommt außerdem der Analyse des **Preis- und Konditionensystems** zu. Hierunter verstehen wir die Analyse von Preissystem, Rabatten, Boni, Zahlungsbedingungen etc. Jeder hier optimierte Euro ist eins zu eins auch Umsatz und Marge bzw. Cash. Neben der Neuverhandlung der Konditionen basierend auf detaillierten historischen Analysen auf Kunden- oder Produktebene sowie einem entsprechenden Preis-Benchmarking können hier insbesondere bei einer (drohenden) Insolvenz cashwirksame Sanierungsbeiträge von Kunden erreicht werden, insbesondere da wo Abhängigkeiten bestehen. Preiserhöhungen vor oder in der Insolvenz gehören im Automotive Bereich zum kleinen 1x1 der Sanierungsberatung bzw. der Insolvenzverwalter. 41

4. Analyse der Vertriebsprozesse

Die Analyse der verschiedenen Vertriebsprozesse kann je nach Zeitdruck und Ressourceneinsatz mit unterschiedlichem Detaillierungsgrad erfolgen. Die Analysen können von einer vollständigen ASA (**Aufgaben-Struktur-Analyse**) mit Arbeitszeiterfassung, Bewertung der anfallenden Kosten und Festhalten der einzelnen Arbeitsergebnisse bis hin zum relativ einfachen Einsatz von Flussdiagrammen reichen. 42

§ 9 3. Teil. Sanierung der leistungswirtschaftlichen Bereiche

43 Es hat sich in einer Vielzahl von Restrukturierungsprojekten als erfolgreich erwiesen, gemeinsam mit den am Vertriebsprozess beteiligten Abteilungen in einem Vertriebsprozess-Workshop für die einzelnen Teilprozesse ein Flussdiagramm zu erstellen. Während der Aufnahme des Ist-Prozesses werden die wesentlichen Probleme i.d.R. bereits angesprochen. Sie sollten aufgenommen und einzeln erörtert werden.

44 Insbesondere ist es **Ziel der Restrukturierung**, die Abläufe im Vertriebsprozess zu optimieren:
- die Anzahl der Einzelprozesse zu reduzieren,
- die Anzahl der involvierten Stellen zu senken,
- Doppelarbeiten aufzuzeigen und zu vermeiden,
- das ‚Hin-und-Her' zwischen zwei Abteilungen oder Mitarbeitern weitgehend zu beseitigen,
- die Durchlaufzeit der Prozesse zu verkürzen und
- bestimmte Abteilungen von einzelnen Arbeiten zu entlasten (insbesondere den Außendienst).

45 Die Analyse des Vertriebsprozesses sollte dabei **bei der Markt-Opportunity** starten. Somit entspricht sie nicht einer klassischen „Order-to-Cash"-Analyse, wie sie IT-Unternehmen und Beratungen häufig machen. Wie auch bereits oben in Abbildung 2 dargestellt, sprechen wir hingegen von
- Lead Generation,
- Lead-to-Order und
- Order-to-Cash.

46 Zudem beinhaltet der Vertriebsprozess auch die Themen **Vertriebsplanung** und **Vertriebscontrolling**.

47 Die **internen Vertriebsprozesse**, insbesondere an den Schnittstellen zu anderen Unternehmensbereichen (Außendienst-Innendienst, Vertrieb-Projektierung, Vertrieb-Konstruktion, Vertrieb-Fertigung, Vertrieb-Montage, Vertrieb Buchhaltung, Vertrieb-Finanzen, Vertrieb-Service), sind häufig Quelle hoher Reibungsverluste bezüglich Zeit, Qualität, Motivation und letztlich Kosten. Eine oft unsachgemäße Zuordnung von Aufgaben führt dazu, dass Bereiche und Abteilungen mit Aufgaben beschäftigt sind, die nicht ihrer eigentlichen Hauptaufgabe entsprechen. Die Restrukturierung der Vertriebsprozesse ist daher fast immer ein zentraler Ansatzpunkt zur Steigerung der (relativen) Vertriebsleistung.

48 Wie oben bereits beschrieben, sind die **Marktbeobachtung** und ein **Frühwarnsystem** wichtige Elemente zur Entwicklung und Sicherung eines Unternehmens. Folgende Beiträge sollte insbesondere der Vertrieb aus strategischer Sicht leisten:
- Aktualisieren und Auswerten der Marktdokumentation und insbesondere der Preisinformationen (Markt-, Kunden- und Wettbewerbsinformationen),
- Dokumentieren und Weiterleiten von technischen und prozessualen Trends,
- Einbinden der Händler und Distributoren in den Marktanalyseprozess über regelmäßige (standardisierte) Marktberichte (besonders wichtig, wenn die eigenen internen Ressourcen in der Vertriebsabteilung für eine gezielte Marktforschung nicht ausreichen) oder
- Erweiterung der standardisierten Außendienstberichte um strategische Komponenten der Frühwarnung (neue Produkte oder Services des Wettbewerbs, veränderte Kundenanforderungen, veränderte Beschaffungsprozesse, Preis- und Marketingaktionen des Wettbewerbs, etc.).

49 Im **Akquisitionsprozess (Lead-to-order)** können die folgenden Maßnahmen sinnvoll sein:

§ 9 Restrukturierung und Sanierung im Vertriebsbereich   § 9

- Sonderverkäufe hoher Vorratsbestände zur Verflüssigung von Vermögenswerten (No- und Slow-Movings),
- Durchführen von speziellen Vertriebsprogrammen (Alt-Kunden-Rückgewinnungsprogramme, Neukundengewinnungsprogramme, produktspezifische Einzelprogramme) und Kombination dieser Programme mit besonderen Anreizsystemen,
- Zielvereinbarungen mit den Vertriebsmitarbeitern im Rahmen spezieller Vertriebsprogramme und Sonderprämien,
- Straffe Kontrolle der Zielerreichung der Vertriebsmitarbeiter im Rahmen der speziellen Vertriebsprogramme,
- Durchführen gezielter Aktionen zur Verkaufsförderung (gebiets-, kunden-, produkt-, kanalbezogen),
- Einführen eines liquiditätsorientierten Anreizsystems zur Umsatz- und Liquiditätssteigerung (z.B. 1 % Umsatzprovision bei Auftragseingang und 2 % Umsatzprovision bei Zahlungseingang innerhalb von 10 Tagen),
- Konzentration der Vertriebsarbeiten auf die A-Kunden und die Projekte mit hoher strategischer Bedeutung und hoher Realisationswahrscheinlichkeit,
- Verkaufs- und Verhandlungstrainings für Außen- und Innendienst oder
- Verbessern der Marktkommunikation durch entsprechende Produktinformationen und Werbemittel.

Kernprobleme im **Anfrage- und Angebotsmanagement** sind insbesondere die Qualität der Aufnahme der Kundenwünsche, die Anzahl der abgegebenen Angebote sowie die Angebotserstellung selbst. Die folgenden Einzelmaßnahmen stellen Ansatzpunkte zur Restrukturierung/Sanierung dar: 50

- Schulung des Innendienstes zum „Auftreten am Telefon",
- Einführen von Checklisten zur besseren Aufnahme von Kundenanfragen,
- Einführen einer konsequenten und realisationsorientierten Anfrageselektion zur Reduzierung der Erstellung von Angeboten (z.B. durch Checklisten, Profilvergleiche oder Scoring Modelle),
- Aktives Nachtelefonieren durch den Innendienst nach bestimmten Fristen,
- Aktives Telefonieren des Innendienstes bei C-Kunden, die der Außendienst selten bis gar nicht besucht,
- Einführen standardisierter Angebotstexte und -bausteine für unterschiedliche Angebotstypen (Kontaktangebot, Richtangebot, Festangebot),
- Aufbau oder Modernisierung von computerunterstützten Kalkulationsinstrumentarien für die Angebotserstellung (vor allem SAP- oder sonstige Konfiguratoren),
- Deutliche Reduzierung von Varianten (z.B. Streichen aller Varianten, die 3 Jahre nicht mehr verkauft wurden) oder
- Standardisierung und möglichst modularer Aufbau von Produkt und Angebot.

Letztlich könnten zudem folgende Einzelmaßnahmen im Prozess der **Vertriebsplanung- und -kontrolle** sinnvoll sein:[5] 51

- Durchführen einer potentialorientierten Umsatz- bzw. Absatzplanung pro Kunde, Produkt, Region und Vertriebskanal,
- Kontrolle und Nachsteuerung der Umsatz- bzw. Absatzplanung in rollierenden Vorschaurechnungen oder
- Führen der Vertriebsorgane, Händler und Distributoren durch Zielvereinbarungen, Verkaufsprogramme und -aktionen sowie durch Zielkontrolle und Nachsteuerung.

---

[5] Vgl. *Beutin* (2009a, b).

5. Analyse der Vertriebsorganisation

52 Die Bedeutung des **Vertriebs-Innendienst** wird häufig unterschätzt. Besonders in Krisenunternehmen, die Personalressourcen einsparen müssen, wird an diesen scheinbar rein administrativen Stellen schnell gespart. Die zentrale Aufgabe des Vertriebs-Innendienst liegt in der Auftragsabwicklung und in der Entlastung und Unterstützung des Außendienstes, damit dieser möglichst viel Zeit für die Akquisition beim Kunden hat.

53 Kann der **Außendienst** nicht auf einen verlässlichen und kompetenten **Innendienst** zurückgreifen, kommt es regelmäßig dazu, dass der Außendienst bis zu 50% seiner Zeit mit internen Aufgaben beschäftigt ist. Das Hauptproblem liegt dabei darin, dass ein Innendienst-Mitarbeiter i.d.R. nur etwa 50–60% des Gehaltes eines Außendienst-Mitarbeiters erhält. Eine Übertragung von Aufgaben von „außen nach innen" senkt also sofort die relativen Vertriebskosten. Die Restrukturierung der Aufgabenverteilung zwischen Außen- und Innendienst bzw. die Etablierung eines funktionierenden Innendienstes kann daher einen wesentlichen Beitrag zur Steigerung der Vertriebsleistung leisten. Einzelne Vertriebsinnendienst-Tätigkeiten sind u.a.:

- Identifikation möglicher neuer Kunden,
- Terminvereinbarungen mit bestehenden und neuen Kunden,
- Vorbereiten der Reiseplanung,
- Korrespondenz der Vertriebs-Außendienstmitarbeiter,
- Aufbau und Pflege der Vertriebsinformationsinstrumente (Kundendatei, Angebotsdatei etc.),
- Prospektversand vor und nach Terminen,
- Vorbereiten, Durchführen und Koordination von Verkaufsförderungsaktionen insbesondere bei C- und D-Kunden,
- Nachfassaktionen bei Neukundenbesuchen sowie bei speziellen Verkaufs- oder Messeaktionen,
- Bearbeiten von Kleinkunden und Standardanfragen,
- Angebotserstellung (insbesondere bei Standardprodukten),
- Nachfassen bei Angeboten,
- Auswerten verlorener Aufträge und Nachfragen beim Kunden,
- Betreuung von Händlern und Distributoren,
- Durchführen von Markt-, Kunden- und Wettbewerberanalysen,
- Beschwerdemanagement,
- Nachfassen bei ausstehenden Forderungen/Mahnwesen sowie
- Vertriebs-Controlling (in Zusammenarbeit mit dem Controlling).

54 Unternehmen in der Krise verfügen häufig über ein unzureichendes **Vertriebsnetz**. Neben den internen Schwächen in der Vertriebs-Aufbauorganisation fehlt es häufig an zusätzlichen eigenen Vertriebsorganen wie **Verkaufsniederlassungen**, **Verkaufsbüros** oder **Außendienstmitarbeitern**. Auch die Anzahl und Qualität der **Händler** und **Distributoren** ist in vielen Krisenfällen ungenügend. Die Analyse der Vertriebswege anhand des Geschäftstypus (bspw. nach Neugeschäft und Ersatzteilen, direkter vs. indirekter Vertrieb, Projekt- vs. Preislistengeschäft) ergibt i.d.R. Ansatzpunkte für konkrete Maßnahmen im indirekten Vertrieb:[6]

- Vereinbarung von Vertriebszielen mit den Händlern und Distributoren,

---

[6] Vgl. *Beutin/Meyer* (2009), S. 16–17 sowie *Beutin/Grozdanovic* (2005), S. 24.

§ 9 Restrukturierung und Sanierung im Vertriebsbereich

- Nachverhandlung von Verträgen (Änderung der Provisionsvereinbarung, Änderung der gegenseitigen Rechte und Pflichten wie z.B. Marktberichte, Durchführung von Verkaufsaktionen und Werbung, Beteiligung des Herstellers an Werbung etc.),
- Kündigung von Verträgen mit verkaufsschwachen Händlern und Distributoren,
- Neuakquisition von zusätzlichen Händlern und Distributoren in unterbesetzten Markt- oder Kundensegmenten (Fokussierung auf Neugeschäft-Kompetenz) oder
- Schulung der Händlern und Distributoren in bestimmten Produkten oder in der Marktbearbeitung (Neukundengewinnung, Verhandlungsführung, Angebotserstellung und Angebotskalkulation).

55 Vielen, insbesondere kleinen und mittelständischen Unternehmen fehlt in sich globalisierenden Branchen ein **internationales Vertriebsnetz**, so dass die sich international bietenden Marktchancen nicht für das Unternehmen nutzbar gemacht werden können. Andererseits wird die Marktposition auf den Heimatmärkten durch international ausgerichtete ausländische Konkurrenz zunehmend angegriffen. Schritte in der **Internationalisierungsstrategie** können u.a. sein:

- Suche und Akquisition von Händlern und Distributoren,
- Vergabe von Produktions- und oder Handels-Lizenzen,
- Eingehen von Vertriebskooperationen mit Unternehmen,
- Aufbau von Vertriebs-Joint-Ventures mit Unternehmen,
- Aufbau von eigenen kleinen Vertriebsbüros mit einer Minimalbesetzung (u.U. in Bürogemeinschaft mit einem lokalen Händler),
- Verstärkung der Vertriebsbüros mit einheimischem Personal oder
- Aufbau einer eigenen Service-Gesellschaft mit Lagerbeständen von Ersatzteilen.

56 In den letzten zehn Jahren haben viele Unternehmen den Gesellschafter gewechselt. Dabei haben Private-Equity- und Fondgesellschaften eine besonders hohe Zahl an Unternehmensakquisitionen getätigt. Das war für viele mittelständische Unternehmen die Chance, nicht alleine den Schritt in schwierige (speziell asiatische) Wachstumsmärkte zu machen. Über Modelle wie Bürogemeinschaften oder Vertriebs-Allianzen haben die Unternehmen erleichterten Zugang zu den globalisierten Märkten gewonnen. Egal wie, der zumindest vertriebsseitige Zugang zu den BRIC-Wachstumsmärkten ist ein wesentlicher Erfolgsfaktor für fast alle Unternehmen.

57 In den Bereich der Vertriebsorganisation fällt nach unserem Verständnis auch die Analyse der **Vertriebsanreizsysteme**. Häufig zeigt es sich, dass die Anreizsysteme falsch konzipiert sind, so bekommen bspw. Außendienstler, die nach Umsatz vergütet werden („Provision"), vielleicht 80 % ihres Bonus, obwohl das Unternehmen 20 % Umsatzverlust hat und insolvent ist. Grundsätzlich ist bei Unternehmen in der Krise daher zu überprüfen, welche Boni wann und wofür ausgezahlt werden. Daher stehen zwei Themen im Vordergrund:

- Die Basis für die Ermittlung des erfolgsabhängigen Kompensationsteils (z.B. Umsatz, Deckungsbeitrag oder Zahlungseingang) sowie
- Die korrekte Zuordnung des Vertriebserfolges (z.B. nach Produktverantwortung, nach Regionenverantwortung, nach Key Account Verantwortung oder in Kombination).

58 Ein Problem bei Krisenunternehmen ist häufig auch schlicht die ungenügende Vertriebskapazität. Möglichkeiten die Kapazitäten im Vertrieb mit einem überschaubaren finanziellen Aufwand zu erhöhen sollten auf einer Vertriebsdimensionierung basieren. Konkrete Maßnahmen könnten u.a. sein:

- Restrukturierung der Vertriebsprozesse zur Effizienzsteigerung mit dem Ziel, mehr Zeit für die bestehenden Mitarbeiter für den Kundenkontakt zu schaffen (siehe 2.3),

- Übernahme von Vertriebs-Innendienst-Aufgaben durch Mitarbeiter in der Verwaltung,
- Eingehen von Vertriebskooperationen mit verwandten oder befreundeten Unternehmen,
- Übernahme von ehemaligen Service- oder Montage-Mitarbeitern in die Vertriebsabteilung,
- Verstärkter Einsatz von Produktmanagern, Konstrukteuren und Entwicklern im Vertrieb,
- Übernahme von Vertriebs-Innendienstmitarbeitern in den Außendienst oder
- Übernahme von Praktikanten oder Auszubildenden in den Vertriebs-Innendienst.

59 Allerdings zeigt die Erfahrung, dass ein wirklich nachhaltiger und deutlicher Effekt häufig nur durch **neue Vertriebsmitarbeiter** realisiert wird. Hier ist insbesondere die Vertriebsleitung zu hinterfragen. Die bestehenden Vertriebsleiter sind häufig zu festgefahren in ihren Ansätzen, Methoden und Kontakten. Wenn man diese z.T. wichtigen Mitarbeiter nicht verlieren will, kann man ihnen Sonderaufgaben (z.B. im Bereich Key Account Management) geben. Ergänzt um einen neuen Vertriebsleiter mit neuen Methoden und einem eigenen Kundennetzwerk kann das schnell zu positiven Effekten führen. Auf der zweiten Ebene rechnen sich je nach Branche auch reine zusätzliche Verkäufer relativ schnell. Voraussetzung ist hierbei in erster Linie ein gutes, wettbewerbsfähiges Produkt sowie ein motivierendes Anreizsystem (siehe oben). Erfahrungsgemäß müssen diese nicht zwangsläufig aus der Branche kommen, häufig kommen dadurch sogar neue Impulse.

6. Analyse der Vertriebsfähigkeiten der Mitarbeiter

60 Die Analyse der **Vertriebsfähigkeiten** der Mitarbeiter ist in unmittelbarem Zusammenhang mit den Analysen zum Vertriebsaufbau und zu den Vertriebsprozessen zu sehen. Meistens ergibt sich bereits aus der Analyse dieser beiden Teilaspekte, wo Mängel in der Anzahl und der Qualität der Vertriebsmitarbeiter bestehen. Ist ein Vertrieb bspw. nach Kundensegmenten oder Regionen aufgestellt, so sollte ein Außendienstler alle Produkte des Unternehmens exzellent kennen und verkaufen können. Ein Key Account Manager hingegen sollte eher ein Kundenbetreuer, der ein Buying Center beim Kunden ansteuern kann, als ein Produktspezialist sein.

61 Ein wichtiger zweiter Baustein ist der **Benchmark** der Fähigkeiten der eigenen Vertriebsmitarbeiter mit denen des stärksten Wettbewerbers. Finanzielle Kennzahlen wie Auftragseingang, Umsatz und Rohertrag pro Vertriebsmitarbeiter geben im Wettbewerbervergleich Aufschluss. Auf der anderen Seite geben häufig prozessuale Kennzahlen wie bspw. Kundenbesuche pro Tag, Dauer der Angebotserstellung, Hit Rate, Änderungsrate bei Angeboten, Zahlungsmoral der Kunden etc. wichtigere und direkte Hinweise für gesamtheitliche, aber auch individuelle Verbesserungsfelder. So kann hier mit direkten Schulungsmaßnahmen oder auch Versetzung, Austausch oder Ersatz von Personen reagiert werden.

62 Eine interessante Betrachtung ist nach unseren Erfahrungen auch die Analyse der **Marketingkosten** (z.B. in Relation zum Umsatz bzw. Auftragseingang und zum Rohertrag). Auch hier empfiehlt sich ein Wettbewerber- oder Branchenvergleich. Ergebnis dieser Analysen kann z.B. die interne Umschichtung von Marketing-Mitarbeiterkapazitäten in den Vertriebsaußen- und/oder den Vertriebsinnendienst sein.

63 Nach unseren Erfahrungen ist aber eigentlich fast immer eine Neubesetzung der Vertriebsleitung oder die Ergänzung von schlagkräftigen Verkäufern erforderlich, um in der täglichen Arbeit wirklich einen „neuen Wind" ins Unternehmen zu bekommen. Über

Headhunting können erfolgreiche Kandidaten, die meistens in der jeweiligen Branche bekannt sind, abgeworben werden. Diese neuen Manager kommen dann mit neuen Ideen, direkten Wettbewerber-Benchmarks und vor allem neuen Kundenkontakten ins Unternehmen und können so relativ schnell die Vertriebsleistung steigern. Selbstverständlich sollte es sich hierbei um Kandidaten handeln, die zum Unternehmen passen und etwas vom Produkt verstehen. Gerade in der Sanierung macht es meistens keinen Sinn, zwar erfolgreiche aber branchenfremde Verkäufer langwierig einzuarbeiten. Der Kandidat muss vom ersten Tag an laufen können, sonst sind der Aufwand und der Zeitverlust zu groß.

Hierbei soll auch nicht unerwähnt bleiben, dass auch im Zeitalter von **eCommerce** und **eBusiness** sowohl im B2C aber besonders im B2B-Bereich der persönlichen Qualifikation des Vertriebs weiterhin eine erhebliche Bedeutung zukommt.[7] Letztlich geht es auch online um die Qualität des Managements der Kundenkontakte und einem elektronischen Verkaufstalent. Dieses gilt insbesondere auch für die Vertriebsleitung. Letztlich zeigt sich, dass eine nachhaltige Sanierung/Restrukturierung fast immer über einen „neuen Wind" im Vertrieb zu realisieren ist.

Konkrete Maßnahmen die **Vertriebsfähigkeit** mit einem überschaubaren finanziellen Aufwand zu erhöhen könnten u.a. sein:
- Durchführung einer aktions- und verkaufsorientierten Verkäufertagung,
- Durchführung von Verhandlungstrainings z.B. durch den eigenen Einkauf,
- Verstärktes Coaching der Verkäufer und Regionalleiter durch die Vertriebsleitung,
- Besseres Value-Selling durch bessere Unterlagen und Einbezug von Servicetechnikern und Produktmanagern beim Kunden oder
- Entwicklung einer Argumentation-Guideline.

7. Analyse der Vertriebserfolgsmessung

Im Rahmen der **Vertriebserfolgsmessung** ist zwischen quantitativen, finanziellen KPIs und qualitativen KPIs zu unterscheiden. Zu analysieren sind diese jeweils für die folgenden Bereiche:
- Produkte,
- Kunden (besonders entscheidend),
- Bestellungen,
- Service und
- Markt.

Im Folgenden wollen wir einen möglichen **Analyseprozess zur Vertriebserfolgsmessung** vorstellen: Zunächst einmal macht es Sinn, mit einer **historischen Umsatzanalyse** zu beginnen. Durch Transparenz über die Entwicklung der Vergangenheit ergibt sich eine Vielzahl von Erkenntnissen zur Krisenentstehung und zu Möglichkeiten ihrer Bewältigung. Außerdem wird über die Analyse der Vergangenheit bei den betroffenen Mitarbeitern häufig erst ein angemessenes Problem- und Krisenbewusstsein erzeugt. Insbesondere können die folgenden wichtigen Fragen im Zusammenhang mit der Restrukturierung/Sanierung beantworten werden:
- Welches waren in der Vergangenheit (über den Analysezeitraum) Hauptumsatzträger, welches Nebenumsatzträger?
- Aus welchen Marksegmenten, Produkten, Kunden, Anwendungen, Regionen und/oder Vertriebswegen resultiert die Krise?

---

[7] Vgl. *Homburg/Schäfer/Schneider* (2013), S. 124 ff.

- Welche Marktsegmente, Produkte, Kunden, Anwendungen, Regionen und/oder Vertriebswege haben sich gegen den Trend positiv entwickelt?

68 Zweitens sollte eine **Anfragen-, Angebots-, Auftragseingangs- und Zahlungsmoralanalyse** durchgeführt werden. Die Anfrage-, Angebots-, Auftragseingangs- und Zahlungsmoralstatistik sollte, analog zur Umsatzstatistik nach Kundensegmenten, Produktgruppen, Anwendungen, Regionen und Vertriebskanälen gegliedert sein. Die Analyse dieser Daten gibt wichtige Hinweise auf die Unternehmenslage, heutige Kosteneinsparpotenziale und zukünftige Umsatzpotentiale. Der Vergleich der Anzahl und der Höhe von Anfragen, Angebote, Auftragseingang und Zahlungsmoral zu einem bestimmten Stichtag über mehrere Perioden hinweg kann einen Eindruck davon vermitteln, ob die derzeitige Anfrage und Angebotssituation zukünftig einen weiteren Umsatzrückgang oder aber eine Umsatzerholung erwarten lässt und wo ggfs. gegengesteuert werden muss.

69 Über die Bewertung der aktuellen Anfragen, Angebote Auftragseingänge und ausstehenden Zahlungen mit Realisationswahrscheinlichkeiten können drittens **Umsatzprognosen** gebildet werden. Dabei empfiehlt es sich die Realisationswahrscheinlichkeiten in mehrere Stufen oder aber in %-Werten zu unterteilen. Dadurch erhält man einen Umsatzprognosekorridor, in dem sich der Umsatz für den Prognosezeitraum in etwa bewegen wird. Über die Kombination der Werte der aktuellen Situation im Vergleich zu vergangenen Jahren lassen sich in der Regel recht zuverlässige Hochrechnungen entwickeln.

70 Aus diesen Analysen können z.B. **Verkaufsaktionen** für bestimmte, stark nachgefragte Produkte zusätzlich bei anderen Kunden oder in anderen Regionen verstärkt werden. Ergibt die Analyse der Anfragen, Angebote und Auftragseingänge Schwächen bestimmter Vertriebskanäle, können hier z.B. **Schulungsmaßnahmen** ergriffen oder aber besondere **Anreizprogramme** gestartet werden. Die Gegenüberstellung der abgegebenen Angebote mit dem erzielten Auftragseingang sowie die Überprüfung von Angebotsaufwand mit dem zu erwartendem Auftragsergebnis (Deckungsbeitrag pro Auftrag) gibt außerdem Aufschluss darüber, ob die **Vertriebskapazitäten** effizient genutzt werden.

71 Viertens ist eine **Vertriebs-Deckungsbeitragsrechnung** zu empfehlen. Der auf den Umsatz bezogene Anteil der Vertriebskosten hat branchenspezifisch eine unterschiedlich große Bedeutung. Besonders bei Konsumgütern (insbesondere Markenartikel, aber auch Pharmazeutika oder Kosmetika) kann er zu einer der bedeutsamsten Kostengrößen zählen und leicht 40–50 % betragen. In der deutschen Industrie beträgt der (SG&A) i.d.R. zwischen 8 und 15 % des Umsatzes.[8] Die Erfassung und Auswertung der Vertriebskosten kann daher ein wichtiges Instrument darstellen, um die Effizienz der Vertriebsleistung besser bewerten und schließlich steigern zu können.

72 Für eine unternehmensweite, vertriebskanal-, segment-, gebiets- oder produktspezifische **Vertriebskostenrechnung** sind insbesondere folgende Kostenarten zu berücksichtigen:[9]

- Personalkosten (Außendienst und Innendienst),
- Infrastruktur- und Reisekosten des Vertriebs (Außendienst und Innendienst),
- Servicekosten (Personal und Infrastruktur),
- Kosten des Umsatzes (Verkaufsprovisionen, Verkaufslizenzen),
- Logistikkosten (Transport, Fracht, Verpackung),
- Marketingkosten (Messen, Anzeigen, Werbung, Broschüren, Internet, etc.)

---

[8] Vgl. *Beutin/Kühlborn/Schenkel* (2005), S. 19.
[9] *Ebenda*, S. 17–18.

- Weiterbildungskosten (Schulungen, Trainings, etc.)
- Marktforschungskosten (Fachzeitschriften, Fachbücher, Branchenanalysen, etc.).

Die genaue Analyse dieser Vertriebskosten in einer Kosten-Ergebnisrechnung im Zeitvergleich kann in der Sanierung zu z.T. erheblichen Einsparmöglichkeiten führen. Das in der Sanierung zusammenzustreichende **Vertriebsbudget** sollte nur noch die Vertriebskosten mit der höchsten Umsatzwirkung enthalten. Von den Reisekosten (keine Business Class Flüge und vier Sterne Hotels) bis hin zu regelmäßig geschalteten Anzeigen bestehen eine Fülle von sofort ergebnis- und liquiditätswirksamen **Einsparungsmöglichkeiten**. Häufig sind auch im Rahmen von ganzheitlichen Restrukturierungskonzepten Standortschließungen geplant, von denen auch Teile des Vertriebs betroffen sein können. Teilweise bieten sich Home-Office Lösungen für betroffene Vertriebsmitarbeiter an, teilweise kommt es aber auch im Rahmen dieser Standortschließungen zu Verlagerung und Zusammenlegung von Vertriebsfunktionen mit entsprechenden Effizienzsteigerungen.

Das „Cost Cutting" im Vertrieb ist jedoch mit einer besonderen Ausgewogenheit zu betreiben. Einerseits sind viele Vertriebskosten, insbesondere die Kosten der **Verkaufsförderung**, direkt ergebnis- und liquiditätswirksam und haben daher eine hohe Einsparungswirkung, andererseits darf ihre Wirkung auf den Auftragseingang bzw. Umsatz gerade bei Konsumgütern und konsumähnlichen Industriegütern (Vorprodukte) nicht unterschätzt werden. Bestimmte Vertriebskosten, wie z.B. die Verkaufsprovisionen, sollten in der Krise hingegen eigentlich sogar noch steigen, um die Verkaufsleistung insbesondere der Händler und Distributoren kurzfristig zu steigern (z.B. im Maschinen- und Anlagenbau oder im Baubereich aber auch in der Immobilienbranche).

Letztlich müssen allerdings unbedingt auch die Margen und Deckungsbeiträge im Rahmen einer Vertriebsergebnisrechnung analysiert werden. Die Vertriebsergebnisrechnung ist ein wichtiges Instrument zur Steuerung und Kontrolle des Vertriebs. Mentalitätsbedingt ist der Vertrieb häufig bereit, auf Kosten des Ergebnisses Umsatz zu „erkaufen". Eine regelmäßige und detaillierte Vertriebsergebnisrechnung kann helfen, die Leistung des Vertriebes nicht nur rein am Auftragseingang oder Umsatz, sondern auch am Ergebnis (Deckungsbeitrag) zu orientieren. Insbesondere in existenzgefährdeten Krisenunternehmen sollten die Vertriebsressourcen auf Deckungsbeiträge bzw. auf Liquiditätswirkung konzentriert sein.

Die Analyse des **Vertriebserfolgs** kann zu einer Vielzahl von Maßnahmen im Rahmen einer Restrukturierung/Sanierung führen, wie bspw.:
- Kostensenkung,
- Produktelimination,
- Preiserhöhungen,
- (zeitlich begrenzte) Preissenkungen,
- Schließen/Neubesetzen einzelner Verkaufsgebiete
- Personalanpassungen,
- u.v.m.

8. Analyse der Vertriebs(-IT-)systeme

Die Analyse der **Vertriebsinformationssysteme** (VIS) sollte mit einer Erfassung der bestehenden Module des VIS beginnen. Heute trifft man dabei typischerweise auf folgende Systeme:
- CRM-System,
- BI-Tools,
- Tablet-Apps für Vertrieb,

§ 9 3. Teil. Sanierung der leistungswirtschaftlichen Bereiche

- eShops,
- SAP SD oder ähnliche Module
- Konfiguratoren und
- Installed Base-Datenbanken.

78 Doch **welche Vertriebsinformationen** werden **in welchem System** systematisch gesammelt, erfasst und ausgewertet? Es schließt sich die Frage an, welche Module davon elektronisch erfasst und welche davon integriert und vollständig verknüpft sind. Auf der nächsten Ebene muss geklärt werden, welche Auswertungen mit dem bestehenden System möglich sind bzw. welche gerade nicht möglich sind und wie diese dargestellt werden. Mittels dieser Analyse, die i.d.R. durch einen erfahrenen EDV-Experten unterstützt wird, kann nun eine Soll-Ist-Abweichung ermittelt werden. Ergebnis kann schließlich ein ausführliches Pflichtenheft sein, das zur Erstellung eines individuell angepassten VIS eingesetzt werden kann. Ziel sollte es sein, dass die Vertriebsinformationssysteme alle Vertriebsprozesse – von der Marktanalyse über die Auftragserteilung und Zahlung, bis hin zur Kundennachbetreuung – abbilden und in ihrer Ausführung unterstützen.

79 Wie bereits angesprochen ist die Analyse der Vertriebsleistung ein zentraler Ansatzpunkt zur Identifikation von Schwachstellen und entsprechenden Verbesserungsmaßnahmen. In den vielen Krisenunternehmen ist das Vertriebs-Informationssystem jedoch in einem rudimentären Zustand. Wichtige Statistiken und auftragsbezogene Vergangenheitsdaten sind nicht oder nur sehr schwer verfügbar. Dennoch ist letztlich festzuhalten, dass die Vertriebsinformationssysteme nur eine **Unterstützungsfunktion** haben. Am Ende sind für die Leistung des Vertriebs nicht die (CRM-)Systeme entscheidend sondern das Vertriebspersonal.

80 Der Aufbau eines vollständig vernetzten und integrierten Vertriebs-Informationssystems ist daher stärker von zukunftssichernder Bedeutung für das Unternehmen. Das Vertriebs-Informationssystem sollte dabei immer die im vorangegangenen Abschnitt diskutierten Bestandteile enthalten:
- Lead Management,
- Funnel Management,
- Aktivitätenplanung,
- Kampagnenmanagement,
- Marketing- und Vertriebsplanung (Absatz, Umsatz, Ergebnis),
- Anfrage-, Angebots-, Auftrags- und Zahlungsmoralmanagement,
- Umsatz-, Mengen-, Preis-, Deckungsbeitrags- und Vertriebskostenanalyse,
- Marktinformationsdatenbank (Kundendatenbank, Wettbewerberdatenbank, Händlerdatenbank, Produktdatenbank) oder
- Angebots-, Auftrags- und Zahlungsverwaltung.

81 In der Sanierung kostet einen Einführung oder Überarbeitung der oder des Vertriebsinformationssystems allerdings oft zu viel Zeit und zu viel Geld. Erfahrungsgemäß dauert bspw. die Einführung eines neuen CRM-Systems 12–18 Monate, bis es effizienzsteigernd läuft. Erst wenn die Liquiditätskrise überwunden ist, kann diese Maßnahme daher in der Restrukturierung sinnvoll implementiert werden. In dieser Phase ist sie jedoch dann ein nachhaltiger Schritt zur optimierten und zukunftsorientierten Unternehmenssteuerung.

IV. Maßnahmen zur Umsatzoffensive

Ansatzpunkte einer Umsatzoffensive können insbesondere durch die externe Markt- und Wettbewerbsanalyse sowie durch die interne Analyse der historischen Umsätze, Mengen, Preise, Deckungsbeiträge und Vertriebskosten sowie die Analyse der Anfragen, Angebote, Aufträge und Zahlungsverhalten der letzten Perioden identifiziert werden. Dabei gibt es besonders viele Maßnahmen, die im Bereich des Preismanagements liegen.[10] Nachfolgend zählen wir die wichtigsten Maßnahmen im Rahmen einer Umsatzoffensive auf:

- **Neukundengewinnungs- und Altkundenprogramme:** Instrumente für eine systematische Umsatzoffensive sind z.B. durchgeplante Neukundengewinnungs- und Altkundenprogramme. Dabei sollte eine nach Prioritäten abgestufte Liste verschiedener Zielkunden (Targets) mit Ansprachestrategie, Verkaufsziel und Umsatzziel erstellt werden. Häufig zeigt sich bei Unternehmen in der Krise, dass diese viele potentielle Kunden gar nicht (mehr) kennen. Die einzelnen anzusprechenden Targets sollten von konkret benannten Vertriebsmitarbeitern in einer definierten Zeit angesprochen werden. Die Ergebnisse der Target-Ansprache werden dann intern besprochen und die Maßnahmen entsprechend nachgesteuert. Ergänzend können diese Programme durch Sonderaktionen in der Marktkommunikation unterstützt werden.
- **Rabattpolitik:** Häufig besteht in Krisenunternehmen ein historisch ausgefranstes Rabattsystem. Die mentalitäts- und oft anreizsystembedingte Umsatzorientierung des Vertriebes führt in vielen Fällen dazu, dass der Vertrieb zu großzügig Rabatte gewährt, um den Umsatz zu steigern. Ansatzpunkte für eine Restrukturierung des Rabattsystems liegen z.B. in der Einschränkung der Rabattspielräume für die Vertriebsmitarbeiter, in der Reduzierung der vereinbarten Rabattsätze für bestimmte Kunden und in der Verlagerung der Rabattzahlung z.B. in Boni, die erst am Ende des Jahres gezahlt werden. Umgekehrt sind in der Sanierung Sonderrabatte teilweise geeignete Instrumente, um kurzfristig für liquiditätswirksamen Zusatzumsatz zu sorgen. Die Schwierigkeit liegt nach Abschluss der Sanierung darin, diese Rabatte wieder zurückzunehmen. Insofern müssen diese Rabattaktionen unbedingt als einmalig und zeitlich befristet kommuniziert werden.
- **Zahlungskonditionen:** Über die – zeitlich befristete – Gestaltung von Zahlungskonditionen können teilweise kurzfristige Sonderumsätze realisiert werden. Hierzu gehören Sonder-Zahlungsziele oder -Skonti. In der Sanierung ist es zur Verbesserung der Liquidität wichtig, den Zahlungseingang z.B. über die Vereinbarung von Anzahlungen, Gewährung von Skonti und zahlungseingangsorientierten Anreizsystemen für Außendienst und Händler zu beschleunigen. Auf der anderen Seite zeigen unsere Analysen immer wieder, dass gerade bei Unternehmen in der Krise die Außenstände nicht sauber gemanagt werden. So ziehen Kunden oft unerlaubterweise Skonto oder zahlen trotz bestehender Zahlungsbedingungen und AGBs viel zu spät. Hier kann durch ein besseres Management und eine direkte Ansprache der Kunden oft innerhalb weniger Wochen eine erhebliche Liquidität erzeugt werden.
- **Kundengutschriften:** Zu Kundengutschriften gehören z.B. Reklamationen, Falschlieferungen, Falschberechnungen, Differenzen bei Umbuchungen und Stornierungen. Der im Zusammenhang mit diesen Gutschriften stehende Zahlungsausgang wird wegen seiner Liquiditätswirkung in der (existenzgefährdenden) Krise zur Sache des Chef-Controllers. Auf keinen Fall darf ihre Freigabe in der Kompetenz der Vertriebs-

---

[10] Vgl. *Beutin/Kühlborn/Schuppar* (2005), S. 6 sowie *Beutin/Schuppar* (2003), S. 69.

mitarbeiter liegen. Die Erfahrung zeigt, dass häufig aufgrund falsch verstandener Kundenorientierung hier „über-kulant" agiert wird. So werden oft Gutschriften durchgeführt, die den Kunden laut AGB gar nicht zustehen. Ein weiterer Punkt ist die Auszahlung dieser Gutschriften – hier ist eine etwas spätere Auszahlung natürlich sofort liquiditätswirksam.

- **Preiserhöhung:** Preiserhöhungen sind in der (existenzbedrohenden) Unternehmenskrise insbesondere deshalb von so großer Bedeutung, da sie bei gleicher Menge eins zu eins sofort Umsatz, Ergebnis und Liquidität erhöhen. Viele Kunden, insbesondere die, die selber von der Belieferung des Krisenunternehmens abhängig sind, haben meist Verständnis für (z.T. zeitlich befristete) Preiserhöhungen. Einer Preiserhöhung sollte aber die genaue Analyse der zu erwartenden Effekte vorausgehen. Dabei ist zu analysieren, um wie viel Prozent der Absatz bei einer bestimmten Preiserhöhung zurückgehen wird. Anhand einer vergleichenden Deckungsbeitragsrechnung müssen die beiden Szenarien gegenübergestellt und der Nettoeffekt dieser Preiserhöhung auf den Gesamtbeitrag ermittelt werden.

- **Preissenkung:** Preissenkungen führen i.d.R. nur in speziellen Industrien – vor allem Konsumgüterindustrie oder Handel – und meistens nur zeitlich befristet zu Umsatzsteigerungen. In der Investitionsgüterindustrie kann man diese Maßnahme als zeitliche befristete Verkaufsförderung nahezu ausschließen. Die negative Imagewirkung, die praktische Unmöglichkeit, den Preis nach einer bestimmten Zeit wieder anzuheben, und die langfristige Entscheidungsfindung bei den Käufern machen diese Einzelmaßnahme in diesem Industriezweig praktisch unmöglich. Besonders kritisch ist ihre negative Ergebnis- und Cash-Wirkung. Daher muss einer solchen Maßnahme eine detaillierte Prüfung der zu erwartenden Effekte vorausgehen. Sinnvoll sind Preissenkungen nur dann, wenn aufgrund der gesenkten Preise eine Absatzmenge erzielt werden kann, die zu einem höheren Ergebnis führt. Außerdem kann die Liquiditätswirkung vorgezogener Kundenkäufe ein angestrebtes Ziel von Preissenkungen sein. Speziell für die Situation eines Unternehmens in der (drohenden) Insolvenz kann es aufgrund der Liquiditätswirkung oder zur Aufrechterhaltung der Produktion sogar sinnvoll sein, an der liquiditätswirksamen Preisuntergrenze (cash in = cash out) anzubieten. Hierbei werden von dem Listenpreis der Gewinn und die fixen, ausgabeunwirksamen Kosten abgezogen.

- **Ausweitung des Produktprogramms:** Während der Restrukturierung kann durch die Aufnahme zugekaufter Produkte (vor allem Handelsware und/oder Consumables) in das Angebotsprogramm oft kurzfristig eine Steigerung des Handelsumsatzes erzielt werden. Dieser kann durch die i.d.R. deutlich positive Handelsmarge die Rentabilität des Unternehmens kurzfristig deutlich verbessern helfen. Voraussetzung für die Aufnahme von Handelsware in das Produktprogramm sollte die Ergänzung des Produktprogramms und die imagemäßige Verträglichkeit der Produkte sein. Ansonsten kann es zu einer Kanibalisierung eigener Produkte kommen. Finanzwirtschaftlich bedeutet diese Aufnahme von Handelsware allerdings eine deutliche Belastung des Working Capital, außer wenn ein reiner Kommissions-Vertrieb erfolgt.

- **Bereinigung des Produktsortiments:** Die Restrukturierung/Sanierung stellt für das Krisenunternehmen eine gute Möglichkeit dar, eine meistens überfällige Bereinigung des Produktsortiments durchzuführen. Häufig wird in der Restrukturierungsphase noch versucht, durch konstruktive Änderungen, oder Maßnahmen in Einkauf und/oder Fertigung Produkte mit schlechtem oder sogar negativem Deckungsbeitrag in die Gewinnzone zu bringen. Diesen ressourcenbindenden und in vielen Fällen äußerst aussichtsarmen Bemühungen sollte in der Sanierung ein Ende bereitet und das entsprechende Produkt endlich aus dem Sortiment eliminiert werden. So haben wir bei einem Maschinenbauunternehmen bspw. festgestellt, dass 70 % der ca. 100 000 Artikel seit über drei Jahren nicht mehr gekauft wurden. In der Krise galt dann natürlich das Argument, „die brauchen aber spezielle Kunden" dann nicht mehr und das Produktprogramm konnte endlich bereinigt werden. Alle nicht mehr bestellten Artikel (SKUs) wanderten dann mit anderen Prozessen und Preisen zu den „Spezialprodukten bzw. Spezialgrößen auf Anfrage". Abweichend zu der Bereinigung des Produktsortiments von Produkten mit negativen Deckungsbeiträgen kann es in der Insolvenz zur Erhaltung bzw. Mehrung der Masse u.U. sinnvoll sein, unrentable unfertige Produkte unverändert weiter zu produzieren. Dieses ist z.B. dann der Fall, wenn die Ausproduktion begonnener Arbeiten und die Verwendung spezieller Vorprodukte einen geringeren Wertverlust verursachen, als die begonnenen Arbeiten abzubrechen und bereits erhaltene, kundenspezifische Halbfertigwaren zu entsorgen.

V. Besonderheit Kommunikation bei der Sanierung

Die Sanierung eines Unternehmens in der (drohenden) Insolvenz belastet normalerweise die bestehenden **Kundenbeziehungen**. In dieser Phase ist es daher eine zentrale Aufgabe von Vertrieb, Marketing und Geschäftsführung, das Vertrauen der Kunden zu sichern bzw. zurückzugewinnen. Stellen die Kunden ihre Bestellungen ein, stornieren sie Aufträge, verzögern sie Zahlungen oder stellen bereits anvisierte Aufträge zurück, verschärft sich eine Krisensituation zusätzlich.

Daher kommt der **Kommunikation** in der existenzgefährdenden Krise eine besondere Bedeutung zu. Es hat sich bewährt, den wichtigsten A- oder Star-Kunden das ausgearbeitete Sanierungskonzept als Geschäftsführung bzw. Vertriebsleitung persönlich vorzustellen und zu erläutern. Diese Kunden müssen von der Tragfähigkeit dieses Konzeptes überzeugt werden und an die Realisierbarkeit der Sanierung glauben. Im Laufe der Sanierung sollten diese Kunden regelmäßig von Sanierungserfolgen unterrichtet werden, so dass sie in ihrem Glauben an das Sanierungskonzept bestätigt werden und spüren, dass das Krisenunternehmen alles tut, um langfristig den Turnaround zu schaffen. Ein hervorragendes Beispiel hierfür ist die Sanierung von ABB, bei der monatlich die wichtigsten Kunden informiert wurden.

Zu beachten ist außerdem, dass es in vielen Großunternehmen interne **Arbeitsanweisungen** an den Einkauf gibt, keine Einkäufe bei insolvenzgefährdeten oder insolventen Unternehmen zu tätigen. Diese Kunden gilt es in gezielten Einzelgesprächen mit der Geschäftsführung umzustimmen. Dies sollte dann auch die B-Kunden inkludieren. Für die C- und D-Kunden empfiehlt es sich zudem, zumindest eine schriftliche Kommunikation proaktiv von der Geschäftsführungsseite aus anzustoßen.

Allerdings halten Großkunden in Krisensituation ihrer Lieferanten oft die bestehenden Rahmenverträge nur noch unter verschärften Auflagen aufrecht: Qualitätsanforderungen und Anforderungen an die Lieferzeit werden peinlich genau überprüft. Zentrale Aufgabe der Geschäftsleitung ist es in dieser Situation, die Einhaltung dieser Anforderungen sicherzustellen.

Alle Kunden eines Krisenunternehmens sind daraufhin zu untersuchen, wer bereit sein könnte, **Sanierungsbeiträge** zu leisten. Für solche Beiträge kommen insbesondere Kunden in Frage, für die:
- das gelieferte Produkt ein Engpassprodukt darstellt (bspw. Reifen, Achsen o.ä. bei Traktoren, Radladern oder Baggern),

- die Produkte essentieller Bestandteil des eigenen Produktes sind (vor allem bei Komponenten),
- die Produkte für den Service bei deren Kunden benötigt werden (bspw. Industrieservice-Firmen),
- keine alternativen Lieferanten haben (z.B. oft in der Chemie anzutreffen),
- zwar alternative Lieferanten haben, diese aber in den nächsten Monaten nicht liefern können (z.B. wegen Kapazität oder Dauer einer Umstellung) oder
- die gezahlten Preise unter den eigentlichen Marktpreisen liegen (z.B. aufgrund von Rahmenverträgen mit extrem niedrigen Preisen).

88 Daher sind diese Kunden stark daran interessiert, dass Lieferung, Kundendienst und Service erhalten bleiben. Ihre Sanierungsbeiträge könnten z.B. folgende Einzelmaßnahmen beinhalten:
- Akzeptanz zeitlich befristeter Preiserhöhungen (mit oder auch ohne Ausgleichspreise/-zahlungen/Boni nach der Sanierung),
- Vereinbaren einer zeitlich befristeten, erhöhten Abnahmemenge,
- Mitwirkung zur Verringerung der Kosten (bspw. besser Abnahmeplanung oder schnellere Abnahme),
- Bessere, aber ggf. zeitlich befristete Zahlungsbedingungen (Zahlungsziele),
- Vorziehen von Investitionsvorhaben (vor allem bei Projekten oder Anlagenbauern),
- Verzicht auf Rabatte oder Skonti,
- Verpflichtung zur erhöhten Abnahme von Services und Ersatzteilen,
- Kreditausfall-Bürgschaften der Kunden als Sicherheit für Kreditinstitute im Rahmen des Finanzierungspaketes (formal juristisch erst nach Realisierung des Finanzierungskonzeptes) sowie
- Kundenkredite bei ganz besonderer Abhängigkeit vom Krisenunternehmen (oft z.B. in der Automobilindustrie bei 1st und 2nd Tier Unternehmen).

89 Als einen zweiten Punkt ist an dieser Stelle die **Kommunikation mit den Mitarbeitern** zu erwähnen. So kann eine hervorragende interne Krisenkommunikation auch die interne Produktivität der Vertriebsmitarbeiter steigern bspw. durch empowern bisher nicht gehörter Vertriebler, Angehen von bisher nicht verfolgten Segmenten, Verringerung von Krankheitstagen, Verschieben von oder Verzicht auf Urlaub, freiwilliger ggf. temporärer Verzicht auf Boni etc. Auch hier kann ABB als vorbildliches Beispiel genannt werden mit wöchentlichen internen Newslettern und Videonachrichten des CEO.

VI. Fazit Restrukturierung/Sanierung im Vertrieb

90 Auch heute noch wird die Sanierung/Restrukturierung des Vertriebs bei Unternehmen in Krisensituation entweder stiefmütterlich behandelt oder es werden nur hektische Einzelmaßnahmen vorgenommen. Zu empfehlen ist jedoch immer ein ganzheitliches Angehen.

91 Generell gibt es für den Vertrieb zwei grundsätzliche Ansatzpunkte, in der Restrukturierung/Sanierung des Unternehmens Beiträge zu leisten:
- die Steigerung der Vertriebsleistung als Absatz-, Umsatz- und Ergebnissteigerung bzw. Schaffung von Liquidität und
- die Reduzierung der Vertriebskosten zur Steigerung der Vertriebseffizienz.

92 Ansatzpunkte für die Leistungssteigerung und/oder Kostensenkung im Vertriebsbereich lassen sich über ein **Vertriebs-Audit** – das im Rahmen des PwC-Ansatzes maximal 2 Wochen dauert – identifizieren. Diese bietet immer 5–10 konkrete Sofort-Ansatzpunkte

§ 9 Restrukturierung und Sanierung im Vertriebsbereich

zur Steigerung der Vertriebsleistung, die meist sofort innerhalb von 1–3 Monaten realisiert werden können.

Um ein Krisenunternehmen kurzfristig zu stabilisieren, sollte immer eine **Umsatzoffensive** zur Steigerung der Vertriebsleistung durchgeführt werden. Hierzu gibt es einen „großen Blumenstrauß" an Einzelmaßnahmen. Wichtig ist es jedoch, diese zu synchronisieren und aufeinander abzustimmen, damit nicht unterschiedliche Nachrichten im Markt ankommen oder widersprüchliche Aktionen erfolgen. Der neunteilige PwC-Vertriebsoptimierungs-Ansatz kann hierzu hervorragend als Orientierungshilfe dienen. 93

Die Sanierung eines Unternehmens in der (drohenden) Insolvenz stellt besondere Anforderungen an Geschäftsführung und Vertriebsleitung. Daher spielt die **Kommunikation** mit Kunden, Markt und Mitarbeitern eine zentrale Rolle. Durch vertrauensbildende Maßnahmen ganz „von oben" muss insbesondere sichergestellt werden, dass wichtige Großkunden ihre Bestellungen aufrechterhalten und der Betrieb fortgeführt werden kann. 94

§ 10 Beiträge zur Restrukturierung/Sanierung – Logistik & Produktion

Übersicht

	Rn.
I. Einleitung	1–5
II. Typische Problemfelder im Bereich der Produktion und Logistik	6–12
III. Maßnahmen	13–21
1. Analyse der Kernprobleme	13, 14
2. Maßnahmen im Bereich Produktion und Logistik	15–21
IV. Zwischenfazit	22

I. Einleitung

1 Die **Produktion** eines Unternehmens, grundsätzlich verstanden als die Erzeugung bzw. Herstellung von Produkten aus materiellen und nichtmateriellen Produktionsfaktoren nach festgelegten technischen Verfahrensweisen, ist eng mit der **Logistik** im Sinne einer ganzheitlichen, funktionsbereichsübergreifenden Optimierung des Material- und Erzeugnisflusses unter Einbezug der damit verbundenen Informationsströme verbunden. Als Wertschöpfungsprozess ist die Produktion darauf ausgerichtet, Inputobjekte in **wertgesteigerte** Outputgüter zu transformieren. Um dieses Ziel zu erreichen, sind im Allgemeinen vier wesentliche Anforderungsbereiche zu erfüllen:[1]

2 Die Wertschöpfungskette setzt sich aus einer Fülle von Einzelschritten in der Beschaffung, Produktion, Montage sowie der Distribution bspw. zusammen, deren Umsetzung ein bestimmtes Maß an **Zeit** beansprucht. Je weniger Zeit für die Ausführung der einzelnen Teilbereiche des Wertschöpfungsprozesses benötigt wird, desto mehr Wertschöpfung kann mit den existierenden Produktionsfaktoren erreicht werden. Insofern liegt der Fokus in der zeitlichen Dimension auf einer Beschleunigung des Wertschöpfungsprozesses. Darüber hinaus ist die über den Produktionsprozess erzielte Output-**Qualität** von Bedeutung. Die aus der Einhaltung bzw. der Aufrechterhaltung bestimmter Qualitätsmaßstäbe resultierende Kundenzufriedenheit stellt einen entscheidenden Wettbewerbsfaktor dar. Daher ist im Rahmen eines Qualitätsmanagements die qualitative Optimierung der Produkte sowie des Produktionsprozesses anzustreben. Wertmäßig betrachtet ist dessen Ergebnis unter dem Aspekt der **Wirtschaftlichkeit** zu bewerten. Sowohl auf Grundlage des Maximum- als auch des Minimumprinzips ist eine dynamische und prozessorientierte Betrachtungsweise, die an eine fortlaufende technische sowie soziale Weiterentwicklung und Verbesserung der Betriebsabläufe angepasst ist, notwendig. Dies setzt nicht zuletzt ein gewisses Mindestmaß an **Flexibilität**, verstanden als die Fähigkeit eines Systems, sich an veränderte Umweltbedingungen zu adaptieren, auf strategischer (langfristig) und operativer (kurzfristig) Ebene voraus.[2] Die nachfolgende Darstellung zeigt das Spannungsfeld der für den Wertschöpfungsprozess maßgeblichen Faktoren auf:

---

[1] Vgl. *Günther/Tempelmeier*, S. 2 f.
[2] Vgl. ebenda, S. 3 ff.

§ 10 Beiträge zur Restrukturierung/Sanierung – Logistik & Produktion   § 10

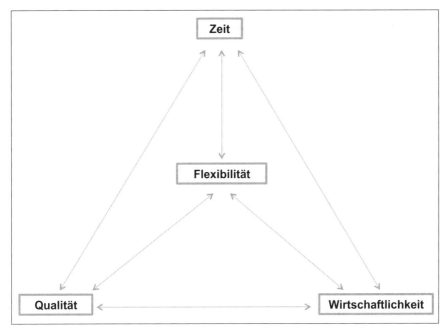

Abb. 1: Anforderungen an den Wertschöpfungsprozess[3]

Der Logistik kommt in diesem Anforderungsbereich die Aufgabe zu, für eine Planung, Überwachung und Steuerung der Produktion sowie der innerbetrieblichen Prozesse (insbesondere bezüglich Transport, Umschlag und Lagerung) zu sorgen. Dies impliziert die ständige und ausreichende, bedarfsgerechte Materialversorgung der jeweiligen Produktionsstufen sowie die bestmögliche Implementierung der Transportwege und -mittel zwischen den einzelnen Fertigungsstufen und den Lagern.[4] Insofern kommt einem abgestimmtem und reibungslosem Zusammenspiel des **Produktionsprozesses** und der **Produktionslogistik** für den Wertsteigerungsprozess des Unternehmens eine erhebliche Bedeutung zu.

Darüber hinaus gehören auch die Absatzlogistik bzw. **Distributionslogistik**, d.h. alle für die Bereitstellung von Endprodukten beim Kunden notwendigen Aktivitäten sowie die **Beschaffungslogistik**, d.h. alle für die Sicherstellung der Produktionsbereitschaft erforderlichen Faktorenbereitstellungsaktivitäten (z.B. Materialien, Dienstleistungen, Informationen etc.) zu den Kernbereichen eines umfassenden Logistiksystems.[5] Einen Überblick über die einzelnen Komponenten des ganzheitlichen Logistikmanagements liefert die nachfolgende Übersicht:

3

4

---

[3] Eigene Darstellung.
[4] Vgl. *Schuh/Hering/Brunner*, Logistikmanagement, S. 14.
[5] Vgl. ebenda, S. 13. Dieser Beitrag befasst sich in erster Linie mit der für die produktbezogene Wertsteigerung relevanten Produktions- und Beschaffungslogistik. Die übrigen Logistiksegmente spielen eine untergeordnete Rolle.

§ 10 3. Teil. Sanierung der leistungswirtschaftlichen Bereiche

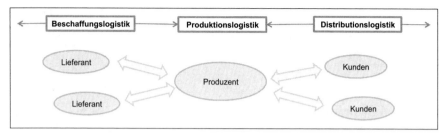

Abb. 2: Die Logistikbereiche entlang der Wertschöpfungskette[6]

5   In den nachfolgenden Abschnitten sollen die typischen Problemfelder in der Produktion sowie den produktionsbezogenen Logistikbereichen aufgezeigt und deren mögliche Ursachen analysiert werden. Anschließend werden sowohl strategische als auch operative Maßnahmen aufgezeigt, die zur Behebung bzw. Vorbeugung von Schwachstellen im Rahmen einer Restrukturierung bzw. Sanierung geeignet sind. Dabei wird nicht zuletzt auch auf liquiditätssichernde bzw. -generierende Handlungsmöglichkeiten eingegangen, die im Zuge einer sich zuspitzenden Unternehmenskrise für den Fortbestand der Gesellschaft existenziell sein können. Inwieweit dieser Bereich den Krisenstadien nach IDW zugeordnet werden kann, ist im Einzelfall zu entscheiden. Probleme in Produktion und Logistik sind in der Regel Ergebniskrisen, können aber auch strategische Elemente aufweisen.

II. Typische Problemfelder im Bereich der Produktion und Logistik

6   Problemfelder in der **Produktion** ergeben sich oft aus der organisatorischen Komplexität dieses Segments. Aufgrund der Tatsache, dass die meisten Unternehmensbereiche in der Produktion in irgendeiner Form zusammenlaufen, bedarf es eines hohen Maßes an Koordination und Abstimmung. So müssen insbesondere die verschiedenen Anforderungs- und Zielbedingungen, wie etwa eine hohe Qualität, eine große Liefertreue, ein geringer Ausschuss, geringe Durchlaufzeiten und Kosten sowie eine passgenaue Abstimmung von Auftragseingängen mit den zu beschaffenden Rohmaterialien bzw. zugekauften Komponenten in Einklang gebracht werden. Die sich aus den damit zusammenhängenden Wechselwirkungen in den Teilsegmenten der Organisation, der Produktionsplanung und -steuerung sowie der Materialwirtschaft ergebenden Ineffizienzen führen häufig zu Schwierigkeiten im Produktionsprozess.[7]

7   Im Bereich der **Organisation** erfolgt oft eine zu starke Konzentration auf Einzelprozesse durch die jeweiligen Bereichsverantwortlichen, die aus funktionsorientierten Zielvorgaben resultiert. Es wird versucht, in jedem Segment einzelne, spezifische Verbesserungen zu erreichen (z.B. kostensenkende Nutzung von Skaleneffekten im Einkauf, aktives Bestandsmanagement in der Lagerhaltung, Losgrößenoptimierung in der Produktion). Zwar ist durch ein solches Vorgehen die Minimierung von Kosten bezogen auf die Einzelprozesse realisierbar. Das Optimum des Gesamtprozesses wird dadurch jedoch nur in seltenen Fällen erreicht. Insbesondere aufgrund z.T. bestehender Zielkonflikte implizieren Verbesserungen in einem Bereich meist negative Effekte in anderen Segmenten.[8]

---

[6] Eigene Darstellung in Anlehnung an *Schuh/Hering/Brunner*, Logistikmanagement, S. 12.
[7] Vgl. *Schneider/Schulz*, Unternehmenssanierung, S. 144.
[8] Vgl. *Kletti/Schumacher*, S. 37.

Durch eine zunehmenden Verschlankung der Produktion im Sinne der Lean-Methoden kann die Effizienz des gesamten Fertigungsprozesses gesteigert werden. Die damit verbundenen hohen Anforderungen an reibungslose und effektive Kommunikationsabläufe sowie eine große Transparenz stellen hingegen für viele Unternehmen eine Herausforderung dar, die zumeist nicht in ausreichendem Maße überwunden werden kann. Vor allem aufgrund der Tatsache, dass in der Praxis entgegen dem Idealbild einer IT-gesteuerten Produktion sehr häufig eine Vielzahl von Daten unter hohem Aufwand noch manuell zusammengetragen werden, sind diese zumeist unvollständig bzw. qualitativ unzureichend und somit für brauchbare Auswertungen nicht oder nur bedingt hilfreich. Dies kann dazu führen, dass wichtige Kenngrößen z.B. über Stillstandszeiten, Rüstzeiten oder Taktzeitverluste nicht vorliegen bzw. ermittelt werden können. Hinzu kommt eine z.T. mangelhafte Pflege der im Enterprise Resource Planning (ERP)-System hinterlegten Stammdaten, so dass auch dieser Informationsfluss oft eine Problemursache für Planungsfehler darstellt.[9]

Prozessbedingte Schwierigkeiten resultieren in der Regel aus einer ineffizienten **Produktionsplanung und -steuerung.** Diese können sich etwa in einer mangelhaften Qualität der Produkte äußern, d.h., dass im Rahmen des Produktionsprozesses Teile entstehen, die entweder gar nicht oder nur nach vorheriger Nachbearbeitung an die Kunden ausgeliefert werden können (niedriger first-pass-yield). Dadurch entstehen einerseits höhere direkte (zusätzliches Material, Maschinen etc.) als auch indirekte (z.B. für Materialein- und auslagerung, Erstellung von Fehlerberichten etc.) Kosten. Zum anderen planen die Betriebe die Fehlproduktionen auf Basis von Erfahrungswerten bereits in das Produktionsprogramm mit ein. Somit wird der Prozess schon schlechter geplant, als er tatsächlich durchgeführt werden könnte. Dieses Vorgehen kann über die gesamte Prozesskette betrachtet eine enorme Auswirkung auf Ergebnis und Liquidität des Unternehmens haben. Daneben ist häufig eine mangelnde Effizienz in der Produktion anzutreffen. Dies betrifft zum einen die Rüstprozesse, deren Ablauf oftmals unkoordiniert, unorganisiert und unstrukturiert ist. Zum anderen lassen sich Ineffizienzen im Rahmen der Bearbeitungs- und Unterstützungsprozesse beobachten. Diese betreffen insbesondere unzureichend standardisierte Arbeitsplätze und häufig nur rudimentäre Arbeitssystemplanungen sowie einen zu langsamen Informationsfluss zwischen Produktions- und unterstützenden Prozessen (z.B. Materialbereitstellung, Fertigungssteuerung etc.). Ferner stellen lange Durchlaufzeiten der Aufträge und zwar sowohl in der Produktion als auch im administrativen Bereich einen weiteren Kostenfaktor dar. Dadurch wird die Termintreue des Unternehmens, d.h. die rechtzeitige Auslieferung der Aufträge, gefährdet, was sich negativ auf die Kundenzufriedenheit und die damit verbundenen Konsequenzen (evtl. Kundenverlust, Auftragseinbruch etc.) auswirken kann.[10]

Ein weiterer Problembereich der Produktion betrifft die **Materialwirtschaft**. Häufig führen überhöhte Bestände zu einer unnötigen Kapitalbindung. Ursächlich dafür können zu hohe Sicherheitsbestände sein, also das bewusste Vorhalten eines Zusatzbestandes, der die Materialversorgung über die üblich Wiederbeschaffungszeit hinaus sichern soll. Aber auch Mängel im ERP-System können dafür verantwortlich sein. So führt bspw. eine pauschal für alle Artikel übernommene Wiederbeschaffungszeit dazu, dass artikelspezifische Bestellparameter ignoriert werden. Nicht zuletzt ist darüber hinaus unzureichende Flexibilität ein Grund für überhöhte Bestände, die sich etwa in einem zu geringem zeit-

---

[9] Vgl. *Dickmann*, Schlanker Materialfluss mit Lean Production, S. 3; *Kletti/ Schumacher*, S. 38.
[10] Vgl. *Kletti/ Schumacher*, S. 41 ff.

§ 10 3. Teil. Sanierung der leistungswirtschaftlichen Bereiche

lichen Reaktionsvermögen auf etwaige Bedarfsänderungen oder Umplanungen im Produktionsprozess äußern kann.[11]

11 Charakteristische Probleme bzw. Ineffizienzen in der **Logistik** lassen sich gemäß den produktionsbezogenen logistischen Kernaufgaben unterteilen. Als wesentlicher Funktionsbereich der Logistik hat der **Transport** als reiner Beförderungsvorgang die Aufgabe, Güter, Produkte und/oder Materialien von einem Ausgangs- zu einem Zielort zu bringen. Transportprozesse treten entlang der gesamten Lieferkette auf, so dass zwischen außerbetrieblichen (d.h. zwischen der Supply Chain angehörenden Unternehmen bzw. verschiedenen Betriebsstätten/Standorten des Unternehmens) und innerbetrieblichen (d.h. innerhalt eines Werkes) Transportvorgängen unterschieden wird.[12] Im Rahmen der **Disposition** kommt der Logistik die Aufgabe zu, die Aufträge mengenmäßig zu terminieren und den verfügbaren Produktionsressourcen zuzuordnen. Es muss gewährleistet werden, dass durch eine bedarfs- und zeitgerechte Steuerung des Materialflusses alle Aufträge zum gewünschten Liefertermin und zu minimalen Kosten ausgeliefert werden können. Dazu gehört auch das **Kommissionieren**, d.h. die ankommenden Ladeeinheiten aufzulösen und in Abhängigkeit der jeweiligen Auslieferbedürfnisse, die durch Bestellmengenmodifikationen sowie Änderungen der Produktzusammensetzung entstehen, neu zusammenzustellen. Dabei stellt auch der **Verpackungsprozess** ein wichtiges logistisches Funktionsfeld dar. Dieses umfasst das Herstellen einer Packung aus dem auszuliefernden Produkt mithilfe von Verpackungsmaterialien. Neben einem optimalen Schutz des Packgutes, liegen die Ziele bei der Ausgestaltung von Verpackungen vor allem in einer guten Handhabung (z.B. beim Umschlag der Produkte) sowie einer effizienten Raumausnutzung bei Transport bzw. Lagerung.[13]

12 Die zuvor beschriebenen Kernaufgaben der produktionsunterstützenden Logistik sind aufgrund ihrer funktionsübergreifenden Aufgabenfelder eng mit den Produktionsprozessen verzahnt.[14] Daher sind die in diesem Bereich entstehen Schwierigkeiten z.T. auf die oben bereits erwähnten Problemursachen der Produktion zurückzuführen. Insbesondere eine unzureichende Koordination bzw. Abstimmung und ein unvollständiger Informationsfluss sind dabei die Haupttreiber bestehender Ineffizienzen.

III. Maßnahmen

1. Analyse der Kernprobleme

13 Bevor dazu übergegangen wird, konkrete Maßnahmen in der Produktion und der Logistik zu ergreifen, bedarf es einer genauen Analyse der bereichsbezogenen Problemursachen. Ansonsten besteht die Gefahr, dass die entwickelten Maßnahmen nur eine geringe Effektivität bzw. einen geringen Wirkungsgrad entfalten. Dazu ist zunächst eine hohe Transparenz über die Fertigungsstrukturen und -prozesse, die wiederum durch eine hohe Qualität der ERP-Stammdaten sowie einen zeitnahen Informationsfluss erreicht werden kann, nötig. In der Praxis ist häufig festzustellen, dass Umstellungs- und Adaptationsprozesse im Produktionsbereich, die aufgrund von über einen längeren Zeitraum entstandenen Veränderungen oder organischen Wachstums des Unternehmens erforderlich wur-

---

[11] Vgl. ebenda, S. 49 ff.
[12] Vgl. *Schuh/Hering/Brunner*, Logistikmanagement, S. 9; *Koch*, S. 66.
[13] Vgl. *Schuh/Hering/Brunner*, Logistikmanagement, S. 9 f.
[14] Vgl. *Günther/Tempelmeier*, S. 9.

§ 10 Beiträge zur Restrukturierung/Sanierung – Logistik & Produktion §10

den, nicht bzw. nicht konsequent genug durchgeführt worden sind. In der Folge entstehen dann clusterhafte Strukturen und Prozesse in den Bereichen Logistik und Produktion, die aus dem Zusammenlaufen einer Vielzahl von isolierten Einzellösungen resultieren. Damit darin enthaltene Schwachstellen und Problemfelder in einem Gesamtzusammenhang bewertet werden können, empfiehlt sich die Durchführung einer **Wertstromanalyse**.[15] Dieses Instrument ist auf die Analyse des Gesamtprozesses ausgerichtet und dient dazu, einen Überblick über die aktuellen Produktionsabläufe zu erhalten, um Problemfelder und Verbesserungspotenziale als Basis für eine spätere Maßnahmenentwicklung zu identifizieren. Dabei wird der komplette Auftragsdurchlauf eines jeden Produktes vom Auftragseingang über den Materialfluss des Rohmaterials und den einzelnen Fertigungsschritten bis hin zum Versand an den Abnehmer sowie die damit zusammenhängenden Informationsflüsse erfasst. Anschließend wird der Prozess in einem für alle Beteiligten verständlichen Wertstromdiagramm erfasst.[16] Etwa mithilfe des nachfolgend aufgelisteten Fragenkataloges kann innerhalb weniger Tage der status quo im Produktionsbereich aufgenommen werden:[17]

- Informationsfluss
  - Wie kommt der Kundenauftrag ins Unternehmen und in das zentrale ERP-System?
  - Wie erfolgt die Grobplanung der Produktion?
  - Wie erfolgt die Feinplanung der Produktion?
  - Wie wird aus dem Kundenbedarf ein Fertigungsauftrag erzeugt?
  - Wie gelangt der Fertigungsauftrag in die Fertigung?
  - Welche Prozessschritte werden über Fertigungsaufträge gesteuert, welche sind selbstregelnd (KANBAN, FIFO)?
  - Wie werden unterstützende Prozesse (Werkzeugbau, Personaleinsatzplanung, Qualitätssicherung, Instandhaltung, etc.) mit der Planung synchronisiert?
  - Welche Daten werden in der Produktion erfasst (Gutmengen, Ausschuss/Nacharbeit, Bearbeitungszeiten, Stillstandszeiten, Stillstandsgründe, etc.)?
  - Wo und wie werden diese Daten in der Produktion erfasst?
  - Welche Tools und Dokumente werden dabei jeweils verwendet (Exceltabellen, Fertigungsaufträge, Lohnscheine, Rückmeldescheine, Materialentnahmescheine, Wartungskalender, Maschinenbuch, etc.)?
- Herstellprozess/Materialfluss
  - In welchen Prozessschritten wird das betrachtete Produkt hergestellt?
  - Wie sind die wichtigsten Kennwerte der einzelnen Produktionsprozesse (Zykluszeit, Rüstzeit, Prozesszeit, Verfügbarkeit, Leistung, Qualität)?
  - Wie hoch sind die Bestände im Rohmateriallager, die Umlaufbestände und die Fertigwarenbestände?
  - Wie ist die räumliche Anordnung (Entfernung) der einzelnen Prozessschritte untereinander?
  - Wie ist die Durchlaufzeit eines kompletten Artikels?
  - Wie hoch ist der Prozesswirkungsgrad des Gesamtprozesses?

Die Auswertung des Wertstromdiagramms erfolgt dann auf Basis von Kennzahlen (z.B. **14** Reichweiten, Prozesswirkungsgrad, OEE-Index etc.). Diese Vorgehensweise ermöglicht

---

[15] Vgl. *Schneider/Schulz*, Unternehmenssanierung, S. 145; *Kletti/Schumacher*, S. 129. Grundlegend zum Instrument der Wertstromanalyse vgl. *Rother/Shook*, S. 1 ff.
[16] Vgl. *Kletti/Schumacher*, S. 63 f.; *Becker*, S. 140 ff.
[17] *Kletti/Schumacher*, S. 64.

eine schnelle Aufdeckung der bereichsspezifischen Schwachstellen. Allerdings sollte neben diesen „harten" Zahlen als Maßnahmenableitungsgrundlage auch auf weitere Informationsquellen, wie z.b. Mitarbeitergespräche, zurückgegriffen werden, da diese u.U. zusätzliche Auskünfte hinsichtlich der Problembereiche liefern können.[18]

2. Maßnahmen im Bereich Produktion und Logistik

15 Aufgrund der Komplexität und der bestehenden Wechselwirkungen in der Produktion, müssen vorgesehene Maßnahmen immer vor dem Hintergrund der Optimierung des Gesamtprozesses gesteuert und austariert werden. Die Multikausalität des Bereichs erfordert eine ganzheitliche Planung, da es sonst dazu kommen kann, dass die zur Verbesserung von spezifischen, isoliert betrachteten Prozessen angesetzten Einzelmaßnahmen den Gesamtprozess nur geringfügig positiv bzw. überhaupt nicht oder sogar negativ beeinflussen. Daher müssen stets die Gesamtauswirkungen der entwickelten Maßnahmen analysiert und überprüft werden.[19] Nachfolgend soll ein kurzer Überblick über wesentliche, exemplarische Maßnahmen im Bereich der Produktion gegeben werden.

16 Erhebliches Verbesserungspotenzial stellt häufig die Verkürzung der **Durchlaufzeiten** dar. Allerdings handelt es sich dabei um ein sehr vielschichtiges Feld, sodass für die Zielerreichung viele aufeinander abgestimmte Maßnahmen an verschiedenen Stellen des Durchlaufprozesses erforderlich sind. Dazu gehört etwa die **Reduzierung der Rüstzeit**. Diese kann erreicht werden, indem die einzelnen Schritte und Tätigkeiten der Rüstvorgänge (Rüstvorbereitung, Rüsten, Rüstnachbereitung) in eine optimale Reihenfolge gebracht werden. Darüber hinaus sollten die damit einhergehenden, nicht wertschöpfenden Tätigkeiten (z.B. Suchen von Werkzeug bzw. Hilfsmitteln etc.) nach Möglichkeit vermieden werden. Daher ist es sinnvoll, in diesem Zusammenhang ebenfalls entsprechende Maßnahmen bezüglich der Arbeitsplatzorganisation einzuleiten. Um unnötige Anlagenausfälle zu vermeiden, können präventive und autonome **Instandhaltungsprogramme** aufgelegt werden. Die präventive Instandhaltung zielt auf den rechtzeitigen Austausch von wichtigen Verschleißteilen ab, indem festgelegte Wartungs- und Instandhaltungszyklen implementiert werden. Bei der autonomen Instandhaltung werden einfache Instandhaltungsaufgaben auf die Produktionsmitarbeiter übertragen, was zu einer Entlastung des teuren Instandhaltungspersonals führt. Darüber hinaus gilt es, **Leerlauf bzw. Stillstände** zu minimieren. Auch hier ist zumeist eine Reorganisation der Arbeitsplätze sinnvoll. Insbesondere sollte im Rahmen von Schulungen die Kompetenz der Mitarbeiter zur Beseitigung von Kurzstillständen sowie die Koordination mit Instandhaltungsmaßnahmen verbessert werden. Ebenso ist eine Reduzierung von **Taktzeitverlusten** anzustreben. Diese können im Handarbeitsbereich aus suboptimal strukturierten Arbeitsplätzen oder (in der automatischen Fertigung) aus technischen Gründen resultieren. Durch eine Überarbeitung der Anlagensteuerung sowie einer Standardisierung der Abläufe und Arbeitsprozesse können Taktzeitverluste vermieden werden.[20]

17 Daneben spielt die **Produktqualität** im Rahmen der Restrukturierung/Sanierung eine wichtige Rolle. Alle entwickelten Maßnahmen müssen daraufhin überprüft werden, ob und inwiefern sie die Qualität der produzierten Güter beeinflussen. Grundsätzlich sind diejenigen Maßnahmen, die sich negativ auf die Qualität des Ouput auswirken,

---

[18] Vgl. *Kletti/Schumacher*, S. 71 ff. Reichweiten = Bestand × Kundentakt; Prozesswirkungsgrad (PWG) = wertschöpfende Zeit/Durchlaufzeit; OEE-Index = Verfügbarkeitsgrad × Leistungsgrad × Qualitätsgrad.
[19] Vgl. *Kletti/Schumacher*, S. 129 f.
[20] Vgl. ebenda, S. 140 ff.

nicht umzusetzen, da diese als kaufentscheidender Faktor u.U. zu einem Rückgang der Kundenzufriedenheit und dem Verlust von Umsatzerlösen führen kann. Aus diesem Grund bedarf es eines geeigneten Qualitätsmanagements, das die Qualität des Produktionsprozesses auf allen Stufen des Wertschöpfungsprozesses sichert. Eine solche Qualitätskontrolle kann z.B. in Form von statistischen Kontrollverfahren (etwa Stichproben, Totalkontrolle etc.) durchgeführt werden, bei denen der qualitative Ist-Zustand der Produkte mit dem Soll-Zustand (i.d.R. vorgegeben durch technische Normen) abgeglichen wird.[21]

Während die bisher vorgestellten Optimierungsschritte eher einen mittel- bis langfristigen Charakter haben und i.d.R. eine nicht unerhebliche Umsetzungszeit erfordern, gilt es bei akutem Liquiditätsbedarf des Unternehmens sehr kurzfristig wirkende Maßnahmen zu ergreifen. Hierzu zählt etwa ein systematisches **Bestandsmanagement**, das durch den Abbau von Überbeständen und der Verfolgung eines bestandsarmen Belieferungskonzept einen entscheidenden Beitrag zur Senkung der Kapitalbindung und des Kapitalbedarfs des Unternehmens leisten kann. Der konkrete Nutzen einer optimalen Steuerung der Bestände besteht in einer Reduzierung der Kapitalbindungskosten, einer verbesserten Kapital- und Vermögensstruktur, einer Reduzierung der Inanspruchnahme von Kreditlinien und einem geringeren Wertberichtigungs- und Verschrottungsaufwands. Voraussetzung für den Aufbau eines bestandsarmen Belieferungskonzept ist eine einwandfrei funktionierende und exakte Bedarfsplanung. Sind die einzelnen Prozesse in der Lieferkette nicht bzw. unzureichend aufeinander abgestimmt, besteht bei einem bestandsminimalen Beschaffungskonzept die große Gefahr der Unterbelieferung. Als typischer Aufgabenbereich der Logistik ist daher im Rahmen der Verbesserung und Optimierung der Dispositionsverfahren für eine exakte zeit- und mengenmäßige Bedarfsermittlung und Zuteilung von Produktionsmaterialien auf die verfügbaren Produktionsressourcen zu sorgen.[22] 18

Unabdingbare kurzfristige Maßnahme ist in der Liquiditätskrise ein sofortiger **Investitionsstopp**. Dieser betrifft alle Investitionsauszahlungen, bei denen eine zeitnahe zahlungswirksame Vereinnahmung des positiven Kapitalwerts nicht zu erwarten ist (d.h. alle Investitionen, die keine kurzfristige Amortisation bzw. festgelegte Mindestrendite erzielen). Alle weiteren Investitionsprojekte sind zudem einer zentralen Stelle zur Überprüfung und Genehmigung vorzulegen. Durch dieses Vorgehen soll im Rahmen der Liquiditätssicherung der unnötige Abfluss von Zahlungsmitteln vermieden werden.[23] 19

Ein weiteres Instrument im Bereich der Produktion und Logistik zur Erhaltung der Zahlungsfähigkeit stellt die **Veräußerung von nicht betriebsnotwendigen Vermögensgegenständen** dar. Durch den Abverkauf von für die Fertigung und die Aufrechterhaltung der Logistikprozesse nicht erforderlichen Materialien, Maschinen, Fahrzeuge, Anlagen etc. können liquiditätssichernde Einzahlungen generiert werden. Allerdings ist zu beachten, dass nur diejenigen Vermögensgegenstände, die nicht in die betrieblichen Leistungserstellungsprozess eingebunden sind, für Desinvestments zur Verfügung stehen. Die betriebsnotwendige Vermögensgegenstände können im Rahmen von **Sale and Lease Back (SLB)** Verfahren einen Beitrag zur Aufrechterhaltung der Zahlungsfähigkeit leisten. Bei dieser Sonderform des Leasing werden die Gegenstände zunächst an eine Leasinggesellschaft verkauft und anschließend direkt wieder zurückgeleast, sodass die Verfügbarkeit zur betrieblichen Nutzung weiterhin gegeben ist. Durch das SLB-Geschäft wird zum einen kurzfristig Liquidität frei (durch den Verkauf des Leasingobjekts), da 20

---

[21] Vgl. etwa *Günther/Tempelmeier*, S. 134 ff.
[22] Vgl. *Gabath*, S. 157 ff.; *Schuh/Hering/Brunner*, Logistikmanagement, S. 9.
[23] Vgl. *Gabath*, S. 146.

Verwendbarkeit und Bezahlung des Leasinggegenstands nun zeitlich auseinanderfallen. Zum anderen ergibt sich ein weiterer positiver Effekt durch den Umstand, dass die zu zahlenden Leasingraten vollumfänglich als Betriebsausgabe abgesetzt werden können und somit die ertragsteuerliche Bemessungsgrundlage des Unternehmens mindern.[24]

21 Daneben kann es u.U. erforderlich sein, bestimmte logistische Prozesse neu aufzulegen. Eine Notwendigkeit ergibt sich in vielen Fällen allein schon daraus, dass im Rahmen der Sanierung Produktionsprozesse umgestellt bzw. verändert worden sind und in der Folge auch die damit zusammenhängenden logistischen Abläufe angepasst werden müssen.[25] Eine zumindest teilweise **Verlagerung** von bestimmten Funktionen hin zu Betriebseinheiten, die in Niedriglohnländern ansässig sind, stellt einen weiteren wichtigen Aspekt zur Kostensenkung im Logistikbereich dar. So macht es insbesondere bei wesentlichen regionalen Kostenunterschieden Sinn, Teilsegmente der Wertschöpfungskette, beispielsweise kostenintensive Handverpackungsvorgänge, in Regionen bzw. Länder mit niedrigem Lohnkostenniveau zu verlagern.[26]

IV. Zwischenfazit

22 Aufgrund seiner Komplexität und den sich aus dem Zusammenlaufen verschiedener Funktionen ergebenden Wechselwirkungen stellt der Produktions- und Logistikbereich ein anspruchsvolles Restrukturierungs- bzw. Sanierungsfeld dar. Damit geeignete, effizienzverbessernde und kostensenkende Maßnahmen ergriffen werden können, ist eine umfassende Analyse der produktions- und logistikbezogenen Prozesse nötig. Dazu kann auf das Verfahren der Wertstromanalyse zurückgegriffen werden. Durch dieses Vorgehen lässt sich der status quo mit Hilfe eines Fragenkatalogs innerhalb kurzer Zeit ermitteln. Eine anschließende Analyse der Ergebnisse ermöglichen eine Identifizierung der jeweiligen Schwachstellen. Auf dieser Basis können dann geeignete Maßnahmen zur Beseitigung der Problembereiche und Verbesserung des Produktionssegments entwickelt und umgesetzt werden. Dabei sind die Wechselwirkungen der einzelnen Maßnahmen stets gegeneinander abzuwägen und unter Einhaltung der Optimierung des Gesamtprozesses zu implementieren. Verbesserungen können häufig durch eine Verkürzung der Durchlaufzeiten erreicht werden. Dazu sind eine Reduzierung der Rüstzeit, die Implementierung wirksamer Instandhaltungsprogramme, die Vermeidung von Leerlauf- und Stillstandszeiten sowie eine Verringerung von Taktzeitverlusten notwendig, allerdings ohne dass dadurch die Produktqualität negativ beeinflusst wird. Daneben treten zur Abwendung einer akuten Liquiditätskrise Maßnahmen, wie etwa der Abbau hoher Bestände, Investitionsstopps, Verflüssigung von nicht betriebsnotwendigen Aktiva oder Sale and Lease Back Verfahren in den Vordergrund. Auch ein Redesign der damit zusammenhängenden logistischen Prozesse bzw. die Verlagerung von kostenintensiven Wertschöpfungsteilen in Niedriglohnländer können zur Sicherung der Liquidität im Krisenfall beitragen.

---

[24] Vgl. ebenda, S. 162.
[25] Vgl. exemplarisch zum Redesign logistischer Prozesse *Bretzke/ Barkawi*, S. 250 ff.; zum Prozess-Reengeneering *Becker*, S. 22 ff.
[26] Vgl. *Günther/ Tempelmeier*, S. 146.

§ 11 Beiträge zur Restrukturierung/Sanierung – Einkauf

Übersicht

	Rn.
I. Einleitung	1–4
II. Restrukturierungs-/Sanierungsmaßnahmen im Einkauf	5–24
1. Mittel des Einkaufs in der strategischen Krise	5–13
2. Mittel des Einkaufs in der Ertragskrise	14–19
3. Mittel des Einkaufs in der Liquiditätskrise	20–24
III. Lieferantenkommunikation	25
IV. Zwischenfazit/Zusammenfassung	26

I. Einleitung

Dem Einkauf kommt in Zeiten weiter fortschreitender marktwirtschaftlicher Internationalisierung und Globalisierung eine immer größere Bedeutung für das Unternehmensergebnis zu. Während mit zunehmender Sättigung der Abnehmermärkte das finanzielle Verbesserungspotenzial im Absatzbereich abnimmt, rückt die optimale Ausnutzung des einkäuferischen Hebels in den Fokus. Insbesondere durch den im Rahmen der Globalisierung gestiegenen Anteil fremdbezogener Wertschöpfung hat die unternehmerische Relevanz des Beschaffungsbereichs deutlich zugenommen.[1] So liegt etwa im produzierenden Gewerbe der Anteil der zugekauften Vorleistungen am Bruttoproduktionswert bei ca. 70%[2] bzw. je nach Branche bei 30%–70%[3] des Umsatzes. Aktuelle Trends zu Verringerung der Wertschöpfungstiefe, wie etwa das Outsourcing, dürften dazu führen, dass die o.g. Verhältniszahlen noch weiter steigen werden.[4] 1

Darüber hinaus wirkt sich eine Verbesserung im Materialkostensegment direkt auf das Betriebsergebnis aus. So würde beispielsweise ein Unternehmen bei einem Umsatz von 5 Mio. Euro, einer Umsatzrendite von 5% sowie einem Anteil der Aufwendungen für bezogene Wertschöpfung i.H.v. 50% durch eine 3%-ige Reduzierung der Kosten im Materialbereich eine Ergebnisverbesserung von 75 TEUR erzielen. Um dasselbe Resultat über eine Absatzerhöhung zu erreichen, müsste der Umsatz dagegen um ganze 30% gesteigert werden. Der Gewinnbeitrag des Einkaufs kann daher auch als vergleichbare bzw. adäquate Umsatzsteigerung abgebildet werden:[5] 2

$$GB = \frac{Mk \times \Delta Mk}{R}$$

GB: Gewinnbeitrag der Materialwirtschaft, ausgewiesen als adäquate Umsatzsteigerung
Mk: Materialkosten in Prozent vom Umsatz
ΔMk: Materialkostensenkung in Prozent der Materialkosten
R: Umsatzrendite in Prozent

---

[1] Vgl. *Stollenwerk*, S. 17.
[2] Vgl. *Bräkling/Oidtmann*, S. 7.
[3] Vgl. *Schneider/Schulz*, Unternehmenssanierung, S. 140.
[4] Vgl. ebenda.
[5] Vgl. *Arnolds et al.*, S. 13; *Bräkling/Oidtmann*, S. 7 f.

3 Da der Faktor Zeit im Rahmen von Unternehmenssanierungen i.d.R. ein knappes Gut ist, liegt auch im Einkauf der Fokus zunächst auf kurzfristigen, liquiditätsgenerierenden Sofortmaßnahmen im Kostenbereich.[6] Allerdings darf dabei nicht außer Acht gelassen werden, dass Materialkostensenkungen nur in dem Maße möglich sind, als sie die operative Zielerreichung der Beschaffung nicht beeinträchtigen. Das im Einkauf eines Unternehmens allokierte operative Ziel liegt in der steten Sicherstellung der Versorgung und kann grundsätzlich in drei Komponenten untergliedert werden. Neben dem klassischen Bereich der **Kostenreduzierung** im Sinne einer Beschaffung zu wettbewerbsfähigen Preisen ist die Sicherstellung der **Qualität** für die Wahrnehmung des Produktnutzens von besonderer Bedeutung. Darüber hinaus spielt dabei auch der Faktor **Zeit,** etwa im Rahmen der Einhaltung von Lieferterminen oder zum Nutzenerhalt angebotener Leistungen und Produkte, eine wichtige Rolle. In der Praxis ist für alle drei Dimensionen des operativen Beschaffungsziels gleichzeitig ein Optimum anzustreben. Dabei ist jedoch zu beachten, dass alle Teilziele in einem Interdependenzverhältnis zueinander stehen. So kann beispielsweise die einseitige Fokussierung auf einen kostenminimalen Fremdbezug von bestimmten Produkten dazu führen, dass die eingekaufte Ware den notwendigen Qualitätsanforderungen nicht mehr genügt und/oder Liefertermine nicht mehr eingehalten werden können. Aus diesem Grund ist es bedeutsam, bei der Entwicklung von Verbesserungsmaßnahmen in diesem Bereich mögliche Wechselwirkungen zu berücksichtigen. Die nachfolgende Abbildung stellt die operativen Komponenten des Einkaufsziels sowie deren wechselseitiges Abhängigkeitsverhältnis dar:[7]

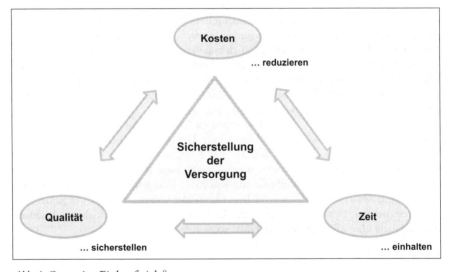

Abb. 1: Operative Einkaufsziele[8]

4 In den nachfolgenden Abschnitten sollen unter Einhaltung der o.g. Sicherstellung der Versorgung die Einsatzmöglichkeiten ausgewählter Instrumente des Einkaufs in der Sanierung/Restrukturierung dargestellt werden. Die vorgestellten Maßnahmen orientieren sich dabei an dem jeweiligen Krisenstadium des Schuldnerunternehmens. Das IDW un-

---

[6] Vgl. *Liebig*, S. 77.
[7] Vgl. *Stollenwerk*, S. 39 f.; *Bräkling/Oidtmann*, S. 8 ff.
[8] *Stollenwerk*, S. 39.

terscheidet zwar insgesamt sechs aufeinander aufbauende Krisenstadien (Stakeholderkrise, Strategiekrise, Produkt- und Absatzkrise, Erfolgskrise, Liquiditätskrise, Insolvenz).[9] In diesem Bereich werden die Elemente strategische Krise, Erfolgs-/Ertragskrise sowie Liquiditätskrise behandelt.

II. Restrukturierungs-/Sanierungsmaßnahmen im Einkauf

1. Mittel des Einkaufs in der strategischen Krise

Die strategische Krise ist dadurch gekennzeichnet, dass die im Unternehmen vorhandenen Erfolgspotenziale hinter den tatsächlich Benötigten zurück bleiben. Dies würde mittelfristig zu einem Verlust von Wettbewerbsvorteilen und zum mittelbaren Ausscheiden aus dem Konkurrenzkampf führen.[10] Aufgrund der Tatsache, dass in der strategischen Krise zumeist noch operative Überschüsse erwirtschaftet werden, besteht zunächst nur ein geringer Handlungsdruck für das Management. Daher eignet sich dieses Krisenstadium insbesondere zur Umsetzung struktureller Überarbeitungen im Bereich der Beschaffungsstrategie sowie der Lieferantenbeziehungen. Dabei ist stets darauf zu achten, dass die geplanten Maßnahmen kompatibel zum ganzheitlichen Gesamtrestrukturierungskonzept sind.[11]

Ziel der strategischen Restrukturierung ist es, dem Einkauf eine einheitliche Ausrichtung vorzugeben. Diese stellt den grundsätzlichen Handlungsrahmen für alle weiteren bereichsspezifischen Maßnahmen dar. Aufgrund der z.T. sehr großen Heterogenität des Bedarfs einer Unternehmung ist es notwendig, die Beschaffungsobjekte anhand von Eigenschaftsähnlichkeiten systematisch zu ordnen und zu **Materialgruppen** zusammenzufassen.[12] Dazu existieren in der Praxis eine Vielzahl von Analysemethoden:[13]

- ABC-Analyse (Klassifzierung nach wertmäßiger Wichtigkeit),
- XYZ-Analyse (Klassifizierung nach Verbrauchs- bzw. Bestellrhythmus),
- Beschaffungsgüterportfolio (Klassifizierung anhand einer Vier-Felder-Matrix nach wertmäßiger Wichtigkeit und materialgruppenbezogenem Versorgungsrisiko),
- Beschaffungsquellenportfolio (Klassifizierung anhand einer Vier-Felder-Matrix nach lieferantenspezifischem Versorgungsrisiko und Lieferantenentwicklungspotenzial),
- Marktmachtportfolio (Klassifizierung anhand einer Vier-Felder-Matrix nach Nachfragemacht des Abnehmers und Angebotsmacht des Anbieters),
- etc.

Basierend auf den Ergebnissen und der Auswertung der durchgeführten Analyseverfahren sind dann zunächst Materialgruppen bilden. Anschließend ist für jede Materialgruppe eine spezifische Beschaffungsstrategie abzuleiten. So sollten beispielsweise Standardmaterialien, die durch ein geringes materialgruppenbezogenes Versorgungsrisiko sowie eine geringe wertmäßige Wichtigkeit charakterisiert sind, auch bei Standardlieferanten, die ein geringes lieferantenspezifisches Versorgungsrisiko sowie ein geringes Entwicklungspotenzial aufweisen, bestellt werden.[14]

---

[9] Vgl. IDW S 6, Rn. 58.
[10] Vgl. *Grünert*, S. 11
[11] Vgl. *Gabath*, S. 77.
[12] Vgl. ebenda, S. 78; *Bräkling/Oidtmann*, S. 54.
[13] Vgl. dazu etwa *Arnolds et. al.*, S. 20 ff.; *Bräkling/Oidtmann*, S. 53 ff.; *Büsch*, S. 154 ff.; *Gabath*, S. 78 ff.
[14] Vgl. *Gabath*, S. 81.

8 Daneben ist die **Integration von Lieferanten** im Stadium der strategischen Krise als grundlegendes Element für zukünftige Kosteneinsparungen anzusehen. Bei diesen strategischen Partnerschaften zwischen Zulieferer und Abnehmer geht es im Kern um die Aufteilung von Entwicklungskosten sowie die gegenseitige Nutzung von Know-How. Dabei verfolgt die Zusammenarbeit neben dem Ziel der Reduktion der Produktkomplexität sowie der Entwicklungskosten im Rahmen eines arbeitsteiligen Abstimmung insbesondere auch die Verminderung der Entwicklungszeit. Auf diese Weise ist es möglich, Wettbewerbsvorteile zu generieren, die etwa zu vorgezogenen Markteinführungen oder dem Gewinn von Marktanteilen führen können.[15]

9 Ist eine langfristige Zusammenarbeit angestrebt, sollten darüber hinaus im Rahmen der **Lieferantenoptimierung** alle erforderlichen Maßnahmen ergriffen werden, damit die Lieferantenleistungen den vom Abnehmer gewünschten Sollzustand erreichen und Kostensenkungen realisiert werden können. Die dazu in der Praxis am häufigsten eingesetzten Instrumente sind die Gemeinkostenwertanalyse und das Lean-Production-Verfahren. Ziel der Gemeinkostenwertanalyse ist die Identifikation von Gemeinkosteneinsparpotenzialen in den indirekten Unternehmensabteilungen, wie etwa der Verwaltungsabteilung. Im Rahmen eines aus mehreren Phasen bestehenden Prozesses werden dabei der Untersuchungsbereich sowie der Untersuchungsumfang definiert, Einsparvorschläge ausgearbeitet und diese nach vorhergehenden Prüfungen ggf. umgesetzt. Dagegen werden im Rahmen des Lean-Production-Verfahrens Kostensenkungspotenziale über den gesamten Produktionsprozess gehoben. Insbesondere durch die Vermeidung von Verschwendung sowie eine exakte, bedarfsgerechte Produktion soll so die Produktivität der Fertigung gesteigert werden.[16]

10 Ein weiteres Instrument in der strategischen Krise im Einkauf stellt die sog. **Variabilisierung von Fixkosten** dar. Das zentrales Ziel dabei besteht darin, das Unternehmen unter Ausschöpfung aller zur Verfügung stehender Maßnahmen zur Kostenflexibilisierung auf einen bevorstehenden Abschwung vorzubereiten. Dabei soll eine Kostenstruktur geschaffen werden, die sich nach der tatsächlichen Auslastung richtet und eventuell auftretende Bedarfsspitzen über ausgelagerte Lieferanten bedienen kann. Durch die Senkung der Fixkosten ist es dann möglich, auch bei geringem Absatz höhere Gewinne zu erzielen bzw. Verluste zu minimieren.[17] Die Abbildung auf der folgenden Seite verdeutlicht den Einfluss der Variabilisierung von Fixkosten auf die Kostenstruktur:

11 Zentrale Maßnahme im Rahmen der Variabilisierung der Fixkosten stellt das Outsourcing zuvor selbst erzeugter Produkte dar. So kann es sinnvoll sein, schwach ausgelastete Bereiche der Wertschöpfungskette oder besonders lohnintensive Produktionsprozesse komplett oder teilweise auszulagern bzw. bestimmte Fertigwaren fremd zu beziehen. Allerdings müssen Outsourcing-Maßnahmen immer auch hinsichtlich ihres Risikos für die eigene Unternehmensstrategie bewertet werden. Die Verlagerung der Wertschöpfung auf externe Partner steigert die Abhängigkeit von den Zulieferern und birgt nicht zuletzt die Gefahr des Abflusses strategisch bedeutsamen Know-Hows.[18]

---

[15] Vgl. ebenda, S. 90; *Stollenwerk,* S. 188 ff.
[16] Vgl. *Gabath,* S. 92 f.
[17] Vgl. ebenda, S. 95 f.
[18] Vgl. ebenda, S. 95 ff. Zu Make-or Buy vgl. ebenfalls *Arnolds et al.,* S. 247 ff.

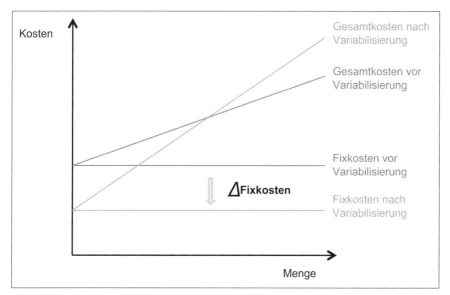

Abb. 2: Effekte der Fixkostenvariabilisierung[19]

Auch die Optimierung der **Aufbauorganisation** im Einkaufsbereich bietet ein nicht unerhebliches Kosteneinsparpotenzial. Dazu zählen im Einkauf neben den klassischen Maßnahmen wie der Verschlankung des administrativen Apparates sowie der Verflachung von Hierarchieebenen insbesondere auch die Kommunikation und strikte Einhaltung bestehender Rahmenverträge. Dadurch soll vor allem die Beschaffung zu Konditionen außerhalb der vereinbarten Bedingungen, das sog. Maverick Buying,[20] unterbunden werden. Darüber hinaus empfiehlt sich eine Einkaufsstruktur nach dem Lead-Buyer-Konzept. Im Sinne einer zentralen Beschaffungsorganisation werden für jede Materialgruppe Haupteinkäufer bestimmt, die für strategische Aufgaben (z.B. Lieferantenmanagement, Portfoliomanagement) sowie die Koordination der internen Betriebsfunktionen mit den externen Zulieferbetrieben zuständig sind. Diesen sog. Lead Buyers sind zur Wahrnehmung des operativen Tagesgeschäftes mehrere Local Buyers unterstellt. Um erwünschte Einsparungen auch im Bereich der einzelnen Beschaffungsprozesse zu erreichen, empfiehlt sich zusätzlich die Implementierung eines Anreizsystems, das auf die strategischen Ziele des Unternehmens abgestimmt ist.[21]

Schließlich ermöglichen eine Vielzahl produktbezogener **technischer Stellhebel,** Kostenreduktionen zu realisieren. Zentrale Maßnahmen werden dabei unter dem Begriff der Wertanalyse zusammengefasst. Dabei handelt es sich um alle Tätigkeiten und Rationalisierungsverfahren, welche die Produkte sowie den Produktionsprozess des Unternehmens verbessern, ohne deren Qualität zu beeinträchtigen.[22] Ein weiterer wichtiger technischer Stellhebel im Einkauf findet sich in der Standardisierung. Durch die Reduktion von Produktvarianten kann vor allem der Bestellaufwand verringert und das Working Capital verbessert werden. Dabei ist jedoch zu beachten, dass die Verringerung der Vari-

---

[19] In Anlehnung an *Gabath*, S. 95.
[20] Vgl. dazu etwa *Werner*, S. 34.
[21] Vgl. *Gabath*, S. 99 ff. Zu Anreizsystemen vgl. *Hofman et al.*, S. 21 ff.
[22] Vgl. *Gabath*, S. 103; *Arnolds et al.*, S. 119 ff.

antenvielfalt mit einer sinkenden Kundenbefriedigung einhergeht. Um keine Absatzeinbußen zu erleiden muss daher ein optimales Verhältnis zwischen Standardisierungsgrad und Befriedigung der Kundenbedürfnisse erreicht werden.[23]

2. Mittel des Einkaufs in der Erfolgs-/Ertragskrise

14 Reicht das ganzheitliche Restrukturierungskonzept der Gesellschaft bzw. das darin avisierte Maßnahmenpotenzial nicht aus, um die strategische Krise zu überwinden, gerät das Unternehmen i.d.R. in die sog. Ertragskrise. Diese ist gekennzeichnet durch beschaffungsseitig steigende sowie absatzseitig sinkende Preise und einer daraus resultierenden rückläufigen Gewinnmarge bis hin zur Erwirtschaftung von operativen Verlusten. Dazu kommt das weitere Einbüßen von Wettbewerbsvorteilen und der Verlust von Marktanteilen.[24] Die Erfolgsziele des Unternehmens sind in dieser Krisenphase stark gefährdet. Die zur Bewältigung der Krise zur Verfügung stehende Zeitspanne sinkt, gleichzeitig nimmt der Handlungsdruck auf die Geschäftsleitung zu.[25] Im Bereich des Einkaufs ist es in diesem Stadium entscheidend, zur Verbesserung bzw. Stabilisierung der Margensituation des Unternehmens mittelfristige Maßnahmen zur Erzielung einer beschaffungsseitigen Kostenreduktion einzuleiten und durchzuführen.[26]

15 Ein wesentliches Element dabei stellen **Preisverhandlungen mit Lieferanten** dar. Zwar sollten diese ohnehin während des normalen Geschäftsbetriebs eine kontinuierliche Rolle spielen, in der Ertragskrise kommt diesem Instrument jedoch aufgrund der Möglichkeit der schnellen Kostenreduzierung eine besondere Bedeutung zu.[27] Damit Preisverhandlungen aus Einkäufersicht zu den gewünschten Erfolgen führen, bedarf es einer intensiven Vorbereitung auf organisatorischer, sachlicher und taktischer Ebene. Dazu gehört insbesondere die Zusammenstellung fundierter Argumente zur Unterstützung der eigenen Position, die Wahl des Verhandlungszeitpunktes/-ortes, Entscheidungen über die Größe und Zusammensetzung des Verhandlungsteams sowie die Festlegung einer konkreten Argumentationsstrategie.[28] Geschickte und professionelle Verhandlungsführung vorausgesetzt bietet dieser Bereich ein mitunter beträchtliches Einsparpotenzial.

16 Darüber hinaus sind bereits während der Ertragskrise **Verhandlungen mit den Kreditversicherern** der Lieferanten aufzunehmen. Kommen die Versicherer nämlich als Ergebnis ihrer Risikoprüfung aufgrund der angespannten Ertragslage des Unternehmens zu dem Schluss, dass sich dessen Bonität verschlechtert hat, kann dies zu einer Absenkung der Kreditlimits gegenüber den Lieferanten führen. Als Folge der Reduzierung ihrer Kreditlimits gehen die Zulieferer dann im Rahmen des eigenen Risikomanagements i.d.R. dazu über, zügigere Zahlungen oder sogar Vorkasse für zukünftige Lieferungen an den Abnehmer einzufordern. Dieser Wechsel der Zahlungsmodalitäten stellt eine akute Bedrohung für die Liquiditätssituation des Unternehmens dar.[29] Daher kann es schon bei ersten Anzeichen einer sich abzeichnenden Linienkürzung seitens der Geschäftsleitung erforderlich sein, im Kontext direkter Verhandlungen die jeweiligen Kreditversicher von

---

[23] Vgl. *Gabath*, S. 103 ff.; *Bräkling/Oidtmann*, S. 158 ff.
[24] Vgl. *Gabath*, S. 109; *Fraenkler*, S. 39 sowie § 4 dieses Handbuchs.
[25] Vgl. *Baetge/Schmidt/Hater*, Unternehmenssanierung, S. 25; *Krystek/Moldenhauer*, Unternehmensrestrukturierung, S. 112 ff.
[26] Vgl. *Gabath*, S. 109.
[27] Vgl. ebenda.
[28] Vgl. *Arnolds et al.*, S. 178 ff.
[29] Vgl. *Thierhoff*, Unternehmenssanierung, S. 118; *Brühl/Lerche*, Unternehmensrestrukturierung, S. 194.

der Verbesserung der aktuellen Liquiditätslage sowie der Fortbestehensfähigkeit des Unternehmens zu überzeugen, um einer zusätzlichen Liquiditätsbelastung vorzubeugen.[30]

Auch ein forcierter **globaler Einkauf** kann als wichtiger, kostensenkender Faktor im Krisenmanagement des Beschaffungsbereichs eingesetzt werden. Durch die Ausweitung des Bezugs von Vorleistungen und -produkten aus Niedriglohnländern können die Abhängigkeit von nationalen Lieferanten verringert und zudem Einsparungen realisiert werden. Im Rahmen einer Bedarfsanalyse ist zunächst zu prüfen, welche Materialien und Produkte überhaupt für einen internationalen Fremdbezug geeignet sind. Daran schließt eine umfassende Marktanalyse mit dem Zweck an, Kostenvorteile auf den jeweiligen Zielmärkten zu identifizieren und zu beziffern.[31] Dabei sind jedoch stets die mit der internationalen Beschaffung verbundenen Risiken bezüglich der Versorgungssicherheit zu beachten und zu bewerten. Diese resultieren insbesondere aus unklaren politischen bzw. rechtlichen Strukturen im Zielland, komplexen Lieferketten und langen Transportwegen, Produktionsstandards, technologischem Know-How und Sourcingkosten (z.B. Zölle, Versicherungsprämien, Kosten für Qualitätsprüfung usw.). Eine Verlagerung der Beschaffung in Niedriglohngebiete sollte darüber hinaus nur dann erfolgen, wenn dadurch keine nennenswerte Qualitätsbeeinträchtigung des Endprodukts einhergeht, da ansonsten mit negativen absatzseitigen Auswirkungen zu rechnen ist.[32]

Eine weitere Maßnahme des Einkaufs zur Überwindung der Ertragskrise besteht in der Bildung von **Einkaufskooperationen**. Darunter wird die unternehmensübergreifende Bündelung von Beschaffungsvolumina sowohl in der vertikalen (d.h., Kooperationspartner sind Kunden bzw. Lieferanten entlang der eigenen Lieferkette) als auch in der horizontalen Dimension (d.h., Kooperationspartner sind Unternehmen auf der gleichen Wertschöpfungsebene) verstanden. Solche Kooperationen können unterschiedlich stark ausgeprägt sein. Während Einkaufsabsprachen lediglich z.B. eine Aufteilung des Lieferantenmarktes, einen gegenseitigen Austausch von Marktinformationen oder Abmachungen und Vereinbarungen über Nebenleistungen beinhalten, impliziert die Gründung von gemeinsamen Beschaffungsinstitutionen eine sehr enge Zusammenarbeit und kann u.a. etwa mit Abnahmeverpflichtungen der Partnerunternehmen einhergehen. Durch die Ausweitung der Bestellmengen im Rahmen von Einkaufskooperationen kann die eigene Verhandlungsposition verbessert[33] und somit z.T. erhebliche Kostensenkungen erreicht werden. Daneben ermöglicht eine enge Beschaffungspartnerschaft den Zugriff auf das gesamte Einkaufs-Know-How der kooperierenden Einkäufer, etwa bei Produktstandardisierungen oder der Entwicklung gemeinsamer Logistikkonzepte.[34]

Wie in allen anderen Unternehmensbereichen auch gehört auch im Einkauf die Reduktion des Personalaufwands zu den zentralen Krisenbewältigungsmaßnahmen. Da es sich dabei jedoch nicht um ein beschaffungsspezifisches sondern ein personalwirtschaftliches Instrument handelt und darüber hinaus zu diesem Themenbereich in diesem Buch ein eigenes Kapitel existiert, wird auf den damit zusammenhängenden Maßnahmenkomplex an dieser Stelle nicht weiter eingegangen.

---

[30] Vgl. *Gabath*, S. 113.
[31] Vgl. *Büsch*, S. 162 f.
[32] Vgl. *Gabath*, S. 116 ff.; *Schneider/ Schulz*, Unternehmenssanierung, S. 142.
[33] Dies gilt nur, wenn die Produktion größerer Volumina für den Lieferanten Möglichkeiten zur Nutzung von Kostendegressionseffekten darstellt.
[34] Vgl. *Gabath*, S. 123 ff.

3. Mittel des Einkaufs in der Liquiditätskrise

20 Die Liquiditätskrise wird durch die unmittelbare Gefahr der Zahlungsunfähigkeit des Unternehmens charakterisiert. Durch andauernde Verluste nimmt die Innenfinanzierungskraft ab, was zu einer Zuspitzung der Liquiditätslage führt. Die Handlungsmöglichkeiten der Unternehmensleitung zur Abwendung der Krise sind aufgrund des sinkenden finanziellen Spielraums und der zeitlichen Restriktionen stark eingeschränkt. In dieser Phase zielen die Maßnahmen des Krisenmanagements mehrheitlich auf die kurzfristige Generierung von freien Zahlungsmitteln ab. Eine wichtige Rolle spielt dabei im Einkauf die Unterstützung der Gesellschaft durch die Lieferanten.[35]

21 So kann versucht werden, etwa durch einen **außergerichtlichen Vergleich** mit den Gläubigern noch vor Eintritt der Insolvenz eine Einigung über den Verzicht auf ihre Ansprüche zu erzielen. Auf diese Weise wäre es möglich, das Unternehmen im Rahmen einer außergerichtlichen Sanierung außerhalb des Planinsolvenzverfahrens wieder wettbewerbsfähig zu machen und in die Gewinnzone zurückzuführen.[36]

22 Darüber hinaus können weitere **Sanierungsbeiträge** von den Lieferanten eingefordert werden. Diese betreffen insbesondere die Stundung von Forderungen, den Forderungsverzicht gegen Besserungsschein sowie den Rangrücktritt. Ob und falls ja, in welcher Höhe sich die jeweiligen Zulieferer überhaupt auf Sanierungsbeiträge einlassen, hängt in starkem Maße von deren Ertrags- und Liquiditätslage sowie von der strategischen Bedeutung des Abnehmers ab. Lieferanten, bei denen nur sehr geringe Mengen abgenommen werden, sind naturgemäß nur in gewissen Grenzen dazu bereit, sanierungsbedingte Verzichte zu akzeptieren, wohingegen bei großen Liefervolumina die Fortführung des Einkäuferunternehmens und damit die Kontinuität der Geschäftsbeziehungen auch für den Lieferanten von gesteigerter Bedeutung ist. Aus diesen Gründen ist es wichtig, vor einer Verhandlung von Sanierungsbeiträgen der Zulieferer deren Beistandswillen und Beistandsfähigkeit genau zu quantifizieren, um nicht mit unrealistischen Forderungen und Erwartungen in die Auseinandersetzung zu gehen.[37]

23 Die Liquiditätssituation kann ferner durch eine stärkere Nutzung bzw. einer Ausweitung von **Lieferantenkrediten** im Beschaffungsbereich verbessert werden. Dabei stellen zunächst Verlängerungen von bestehenden Lieferantenzahlungszielen eine Möglichkeit dar, weiterhin Vorleistungen bzw. Vorprodukte zu beziehen, ohne die eigene Liquidität zu belasten.[38] Ob und in welchem Maße die einzelnen Zulieferer bereit sind, zeitlich verlängerte Zahlungskonditionen zu akzeptieren, hängt insbesondere von der Marktmacht des Abnehmers sowie der strategischen Bedeutung des Lieferanten ab. Auch hier empfiehlt sich zur Identifikation und Klassifizierung der Liquiditätspotenziale als auch der strategischen Lieferantenposition die Anwendung der ABC-Analyse.[39] Die Vorteile des Lieferantenkredits gegenüber herkömmlichen Kontokorrentkrediten sind vor allem darin zu sehen, dass keine banküblichen Sicherheiten verlangt werden und der Zinssatz durch die Entscheidung des Abnehmers über den Tilgungszeitpunkt beeinflusst werden kann. Allerdings fallen bei Zielausschöpfung i.d.R. höhere Kreditkosten an und

---

[35] Vgl. ebenda, S. 137; *Baetge/Schmidt/Hater*, Unternehmenssanierung, S. 25.
[36] Vgl. *Gabath*, S. 137 und § 29 dieses Handbuchs zum Planverfahren und § 4 zur außergerichtlichen Sanierung.
[37] Vgl. ebenda, S. 139 ff.
[38] Vgl. *Stollenwerk*, S. 51; *Gabath*, S. 146 f.; *Hofmann et al.*, S. 57.
[39] Vgl. *Gabath*, S. 147, *Stollenwerk*, S. 168 f.

die Inanspruchnahme des Lieferantenkredits ist nur für eine begrenzte Laufzeit möglich.[40]

Ein direkter Beitrag zur Stabilisierung der Liquiditätslage des Unternehmens kann daneben durch die Einrichtung von **Konsignationslagern** für bestimmte Produkte bzw. Produktgruppen erzielt werden.[41] Durch den Eigentumsverbleib der Beschaffungsobjekte beim Lieferanten bis zum Zeitpunkt der Entnahme durch den Abnehmer können dessen Kapitalbindung sowie Logistikkosten gesenkt werden. Damit die Versorgungssicherheit weiterhin in ausreichendem Maße gewährleistet wird, sind eine enge Koordination sowie reibungslose Prozessabläufe zwischen Lieferant und Einkäufer erforderlich. Dies setzt auch die Bereitschaft zu einer stärkeren gegenseitigen Bindung beider Vertragspartner voraus.[42]

III. Lieferantenkommunikation

Neben den zuvor erläuterten Maßnahmen kommt der Lieferantenkommunikation im Rahmen von Unternehmenskrisen eine entscheidende Bedeutung zu. Ein professionelles Vorgehen erleichtert dabei das Ziel, alle Sanierungsmaßnahmen in diesem Bereich umsetzen zu können. Insbesondere der Zeitpunkt, der Umfang sowie die Art und Weise der Weitergabe von Informationen spielt dabei eine wichtige Rolle. Im Fokus der Krisenkommunikation steht eine schnelle, ehrliche, umfassende und möglichste positive darstellende Übermittlung der jeweiligen Unternehmenssituation, um das Vertrauen der Lieferanten aufrecht zu erhalten und die Zulieferer zur aktiven Teilnahme an der Sanierung bewegen zu können. Darüber hinaus soll auf diese Weise anderweitigen negativen Effekten, wie etwa Lieferungen nur gegen Vorkasse, Verkürzungen von Zahlungszielen oder Lieferstopps, vorgebeugt werden. Entscheidend für jegliche weitere, konstruktive Zusammenarbeit mit den Lieferanten ist der direkte Informationserhalt vom Einkäuferunternehmen. D. h., dass die Kommunikation der Krisensituation an die Zulieferer zu erfolgen hat, bevor diese Informationen über andere Kanäle an die Lieferanten gelangen. Ansonsten riskiert der Abnehmer mitunter erhebliche Vertrauenseinbußen seitens seiner Zulieferer, welche die Umsetzung kooperativ angestrebten Sanierungsvorhaben gefährden könnten.[43]

IV. Zwischenfazit/Zusammenfassung

Der Einkaufsbereich stellt insbesondere aufgrund seines großen Hebels eine wichtige Rolle im Rahmen von Unternehmensrestrukturierungen bzw. -sanierungen dar. Durch das Erkennen von Optimierungspotenzialen sowie deren Ausschöpfung durch die Umsetzung entsprechender Maßnahmen kann das Beschaffungssegment einen bedeutenden Beitrag zu einer erfolgreichen Restrukturierung bzw. Sanierung leisten. Im Rahmen ei-

---

[40] Vgl. *Gabath*, S. 148. I.d.R. ist der Lieferantenkredit bei Tilgung innerhalb der Skontofrist kostenfrei. Bei Zielausschöpfung hingegen ergeben sich Kreditkosten in Höhe der entgangenen Skonti. Überschreitet der Abnehmer das Zahlungsziel, können darüber hinaus vom Lieferanten berechnete Verzugszinsen hinzu kommen. Vgl. zu den Fristen des Lieferantenkredits auch *Stollenwerk*, S. 168.
[41] Vgl. *Arnolds et al.*, S. 193 f.; *Stollenwerk*, S. 264 f.; *Schneider/Schulz*, Unternehmenssanierung, S. 143.
[42] Vgl. *Gabath*, S. 161 f.
[43] Vgl. *Gabath*, S. 175 ff.

ner **strategischen Krise** sind insbesondere Materialgruppenstrategien, die Lieferantenintegration, die Lieferantenoptimierung, die Variabilisierung von Fixkosten, die Aufbauorganisation sowie technische Stellhebel als geeignete Instrumente zur Bewältigung der Krisensituation zu nennen. In der **Ertragskrise** rücken Maßnahmen im Verhandlungsbereich mit Lieferanten und Kreditversicherern, die Intensivierung des globalen Einkaufs und der Aufbau von Einkaufskooperationen in den Fokus. Schließlich sind zur Abwendung der Zahlungsunfähigkeit in der **Liquiditätskrise** zahlungsmittelgenerierende bzw. zahlungsmittelsichernde Aktivitäten einzuleiten. Dazu gehören im Einkauf vor allem das Anstreben eines außergerichtlichen Vergleichs mit den Gläubigern, die Durchsetzung von lieferantenseitigen Sanierungsbeiträgen, die Ausweitung von Lieferantenkrediten und die Einrichtung von Konsignationslagern. Eine professionelle Lieferantenkommunikation bildet den Grundstein für eine erfolgreiche Umsetzung der Restrukturierungs- bzw. Sanierungsziele im Beschaffungsbereich. Allerdings ist zu beachten, dass alle Maßnahmen nur insoweit ausgereizt werden dürfen, als sie die Sicherstellung der Versorgung des Unternehmens in qualitativer und quantitativer Hinsicht nicht gefährden.

§ 12 Beiträge zur Restrukturierung/Sanierung – Personal

Übersicht

	Rn.
I. Einführung – Funktion von Personal	1–10
1. Grundlagen im Bereich der Personalwirtschaft	1–8
a) Einbindung des Personalbereiches in die Gesamtorganisation des Unternehmens	1–5
b) Gestaltung des personalwirtschaftlichen Dienstleistungsangebotes	6, 7
c) Durchführung von Personalarbeit auf Grundlage rechtlicher Bestimmungen	8
2. Stoßrichtung der Restrukturierung/Sanierung im Personalbereich	9, 10
II. Nutzung von Informationssystemen für Analysen im Personalbereich	11–19
1. Personaldatenmanagement	11–14
2. Personalinformationssysteme	15, 16
3. Personalbeurteilung	17, 18
4. Datensicherheit und Datenschutz	19
III. Maßnahmen im Bereich Personal in der Restrukturierung/Sanierung	20–50
1. Maßnahmen der personellen Leistungsbereitstellung	20–34
a) Personalbedarfsplanung	20–23
b) Personalbeschaffung	24, 25
c) Personaleinsatzplanung	26
d) Personalentwicklung (PE)	27–30
e) Personalfreisetzung	31–34
2. Maßnahmen zu Leistungserhalt und Leistungsförderung	35–41
a) Motivation im Arbeitsprozess	35
b) Personalführung	36–39
c) Materielle Anreizsysteme	40
d) Betriebliche Sozialarbeit	41
3. Personalcontrolling gestalten und umsetzen	42–44
4. Besonderheiten vor dem Hintergrund insolvenzrechtlicher Rahmenbedingungen	45–50
a) Sofortmaßnahmen	45–48
b) Typische Fehler	49
c) ESUG Schutzschirmverfahren	50
IV. Zwischenfazit	51

I. Einführung – Funktion von Personal

1. Grundlagen im Bereich der Personalwirtschaft

a) Einbindung des Personalbereiches in die Gesamtorganisation des Unternehmens. Das Verhalten von Organisationen ist geprägt von dem Verhalten einzelner Gruppen, das Verhalten von Gruppen wird bestimmt durch Individuen. 1

Dieses Humankapital ist Basis des wirtschaftlichen Erfolges: denn der Umgang mit dem Faktor Mensch kann Unternehmen prosperieren lassen oder in den Ruin führen. Der richtige Einsatz von zielgerichteten Managementinstrumentarien hinsichtlich Organisation und Führung ist heute ein wesentlicher Eckpfeiler für den Veränderungswillen von Unternehmen. Als Teil moderner Managementpraxis stellt das Personalmanagement daher ein unverzichtbares Element einer erfolgreichen Unternehmensführung dar.

Die steigende Anzahl neu aufkommender Personal- und Führungsmodelle sind vielfach jedoch nur Modeerscheinungen, die häufig genau so schnell verworfen werden, wie sie eingeführt werden. „Raum für Unternehmertum" sowie Empowerment sind gleichwohl Modelle, die in verschiedenen Ausprägungen ihren Weg zwischenzeitlich auch in deutsche Unternehmen finden. Hierbei sind die zentralen Aspekte die Selbstverantwortung, Selbstorganisation sowie das Kostenbewusstsein der Mitarbeiter und der Anspruch, bei diesen unternehmerisches Denken zu unterstützen. Nicht wenige Unternehmensverantwortliche sehen daher das Personalwesen heute als zentralen Erfolgsfaktor der operativen und der strategischen Unternehmensführung an.

An die unternehmerische Personalarbeit sind insbesondere in Krisenzeiten hohe Ansprüche zu stellen. So erschließt das Wissen über die Nutzung personalwirtschaftlicher Instrumentarien überlebenswichtige Problemlösungs- und Leistungspotenziale. Diese zu nutzen, sichert dem Unternehmen einen schnellen Start in den Wiederaufschwung. Der Bereich Personal bildet somit einen wirkungsvollen Schlüssel zur Krisenüberwindung und Krisenverhinderung.

2 Insbesondere in mittelständisch geprägten Strukturen wird dem Thema Personal eine eher untergeordnete Rolle zugewiesen. Die in der Regel auf den geschäftsführenden Gesellschafter zugeschnittene Führungsstruktur lässt wenig Freiraum für Entfaltung und den Einsatz innovativer Betreuungselemente. Vielfach ist die Personalabteilung zu einer reinen Lohnbuchhaltung verkümmert. In einer falsch verstandenen Fürsorgepflicht werden Personal- und Führungsaufgaben zur Chefsache erklärt und somit überwiegend ineffizient eingesetzt. Kein anderer Bereich im Unternehmen jedoch verknüpft das Zielsystem Wirtschaft und Soziales so eng miteinander wie das Personalwesen. Bei der Ausgestaltung sind daher auf grundlegende Dinge wie die Organisation, das Dienstleistungsangebot und rechtliche Themen bereits ein hohes Augenmerk zu legen.

3 Eine grundlegende Herausforderung der Personalorganisation stellt die Positionierung des Personalwesens in die betrieblichen Hierarchieebenen dar. Für welche Organisationsform man sich entscheidet hängt in der Regel von der Größe des Unternehmens und dessen Struktur ab. Eine möglichst hohe hierarchische Einbindung einerseits sowie eine zentrale als auch dezentrale Funktionseinheit andererseits sind wesentliche Erscheinungsmerkmale.

4 Das **Geschäftsführermodell** findet sich überwiegend in kleinen bis mittleren Unternehmungen. Dort behält sich oftmals der Geschäftsführer vor, wichtige Entscheidungen im Personalbereich zu treffen. In vielen Fällen existiert hier keine Personalabteilung, falls diese trotzdem installiert ist, werden bedeutende Entscheidungen an ihr vorbei vom Geschäftsführer getroffen. Bei Identität von Geschäftsführung und Eigentümer werden Entscheidungen im Interessenskonflikt zwischen Geschäftsinteresse und Mitarbeiterbedürfnis häufig für das Geschäft entschieden. Um eine Überlastung dieses Geschäftsführers in personalwirtschaftlichen Fragestellungen zu vermeiden, empfiehlt sich die Einrichtung einer Personalreferentenstelle, die direkt an die Geschäftsführung angebunden ist.

5 Das **Personalleitermodell** ist durch eigenverantwortliches Handeln des Personalleiters bestimmt, der als gleichwertiger Gesprächspartner über sämtliche Managementebenen hinweg installiert ist. Während dieses und das zuvor erläuterte Modell deutlich zentrale Züge aufweisen, spiegeln sich im **Führungskräftemodell** eher dezentrale personalwirtschaftliche Aufgaben wider. Dabei erfolgt die Personalarbeit durch den direkten

Vorgesetzten in den jeweiligen Fachabteilungen. Dies führt zu einer starken Einbindung sämtlicher Managementebenen in Personalangelegenheiten und fördert zudem das Verantwortungsbewusstsein der Führungskräfte gegenüber deren Mitarbeiter. Die Personalabteilung übernimmt dann eher die Rolle eines Beratungsdienstleisters gegenüber den Führungskräften. Personalabteilungen, die ein umfassendes Angebot an Personalmanagementleistungen anbieten zeigen einen Personalquotienten (Anzahl Mitarbeiter in der Personalabteilung/Anzahl Mitarbeiter gesamtes Unternehmen) zwischen 0,5 % und 1,5 %, d.h. auf 1000 Beschäftigte kommen 5–15 Mitarbeiter im Personalbereich.

Personalaufgaben können zum Teil betriebsextern wahrgenommen und im Rahmen eines Outsourcings an fremde Dritte vergeben werden. Hierbei handelt es sich um eine klassische Make-or-buy-Entscheidung, die unter Berücksichtigung von Kosten, Qualität, Quantität und möglichen Folgen/Konsequenzen zu treffen wäre.

b) Gestaltung des personalwirtschaftlichen Dienstleistungsangebotes. Der Personalbereich hat sich in den letzten Jahren vielfach neu ausgerichtet. War die Rolle in der Vergangenheit eher funktionsorientiert, steht heute die Kundenorientierung im Mittelpunkt. Dabei herrscht das Selbstverständnis vor, ein interner Personaldienstleiter zu sein. Dieser zeichnet sich durch Kundennähe aus, stellt nachgefragte und zukunftsorientierte Leistungsangebote zur Verfügung, besticht durch eine hohe Servicequalität, orientiert sich an Wirtschaftlichkeitskriterien und besitzt einen professionellen Umgang mit allen Beschäftigten. Im Vergleich zu dem Image, welches Personalabteilungen mit Funktionalorganisation besitzen (formalistisch, Kostentreiber, bürokratisch, überflüssig), zeigt dieses Rollenverständnis den Einzug von Qualitätsmanagement in den Personalbereich. 6

Die Kundenorientierung erfordert es, die Zielgruppen und deren Bedürfnisse genau zu kennen. Eine Kundensegmentierung zeigt folgendes Ergebnis 7
- Geschäftsführung
- Führungskräfte
- Mitarbeiter (ohne Führungsverantwortung)
- Bewerber
- Andere (u.a. Betriebsrat, Arbeitgeberverbände, Sozialversicherungsträger)

Daran anschließend ist die Kundenmeinung zu analysieren. Die Erhebung des Ist-Zustandes des Personalbereiches (Fremd- und Eigenwahrnehmung) soll die Qualität der angebotenen Dienstleistungen auf den Prüfstand stellen. Folgende quantitative und qualitative Methoden können zur Anwendung kommen:
- Ermittlung von Kennzahlen/Eckzahlen
- Durchführung von strukturierten Interviews und Gesprächen
- Workshops mit Kundengruppen
- Schriftliche Befragungen

Nach der Ist-Analyse lassen sich die Anforderungen an den Soll-Zustand für die personalwirtschaftlichen Dienstleistungen ableiten. Der Dienstleistungsprozess wird dann in einem Phasenschema von der Planung, Umsetzung bis hin zur Überwachung gesteuert. Möglicherweise entstehen hierbei neue Dienstleistungsangebote. Ein entsprechendes internes Marketing für den Personalbereich stellt sicher, dass die Kunden zeitnah über die Veränderungen informiert werden.

c) Durchführung von Personalarbeit auf Grundlage rechtlicher Bestimmungen. 8
Das Arbeitsrecht bildet den gesetzlichen Rahmen für die Personalwirtschaft. Es existieren zahlreiche Einzelgesetze, Verordnungen, Betriebsvereinbarungen und Tarifverträge. Diese regeln die Beziehungen zwischen Arbeitgeber und Arbeitnehmer. Grundsätzlich lassen sich zwei Teilbereiche bilden, das individuelle und das kollektive Arbeitsrecht.

§ 12 3. Teil. Sanierung der leistungswirtschaftlichen Bereiche

Die arbeitsrechtlichen Fallen bei der Unternehmensrestrukturierung sind höchst problematisch und bergen ungeahnte Risiken. Das Zusammentreffen von arbeitsvertragsrechtlichen und betriebsverfassungsrechtlichen Aspekten macht das Handeln während einer Restrukturierung/Sanierung kompliziert. Die Kenntnisse einschlägiger Gesetzestexte wie z.B. § 1 KSchG oder § 113 InsO, § 125 InsO sowie § 613a BGB sind vorteilhaft, wenn nicht sogar notwendig. Die Fülle höchstrichterlicher Rechtsprechung und neuer Gesetze bereitet große Probleme und macht diesen Bereich des Personalwesens schwer überschaubar. Eine tiefer gehende Erläuterung arbeitsrechtlicher Fallstricke sprengt den Rahmen dieser Ausarbeitung. Daher ist es ratsam, bei der Entwicklung und Umsetzung personalwirtschaftlicher Maßnahmen die aktuellen rechtlichen Rahmenbedingungen zu kennen und vorsorglich entsprechende Experten aus dem Arbeitsrecht hinzuzuziehen.

2. Stoßrichtung der Restrukturierung/Sanierung im Personalbereich

9   Handlungsfelder für die Restrukturierung/Sanierung des personalwirtschaftlichen Leistungsbereiches lassen sich einerseits bei der personellen Leistungsbereitstellung finden. Hier gilt es, die Personalbedarfsplanung genau abzuleiten, die Personalbeschaffung optimal zu gestalten, die Personaleinsatzplanung zu koordinieren, die Personalentwicklung voranzutreiben oder Personalfreisetzungsmaßnahmen zu steuern. Andererseits ergeben sich Restrukturierungsfelder auch bei den Themen Leistungserhalt und Leistungsförderung. Hier geht es um die Motivation im Arbeitsprozess, die Ausgestaltung der Personalführung, das Angebot an betrieblichen Anreizsystemen oder die Durchführung betrieblicher Sozialarbeit.

10 Flankiert wird die Personalarbeit durch die Einführung moderner, zum Teil webbasierter Personalsysteme. Der Begriff der Electronic Human Resources (eHR), der elektronischen Personalarbeit, ist zwischenzeitlich in vielen Unternehmen eingeführt. Durch die umfassende Nutzung einer intelligenten Informations- und Datenbanktechnologie können die Geschäftsprozesse im Personalbereich kostenoptimiert durchgeführt werden. Datenschutz und Datensicherheit sind gleichwertige elementare Bereiche, die zur Funktionsfähigkeit von Informationssystemen im Personalbereich berücksichtigt werden müssen.

II. Nutzung von Informationssystemen für Analysen im Personalbereich

1. Personaldatenmanagement

11 Eine effektive Personalverwaltung verfügt über einen aussagekräftigen Datenbestand, der ständig aktualisiert und strukturiert aufbereitet werden muss. Das Personaldatenmanagement stellt dabei folgende Gesichtspunkte in den Mittelpunkt seiner Zielsetzungen:
- Optimierung der Arbeitsbedingungen in der Personalverwaltung
- Ökonomisierung durch Senkung von direkten Personalkosten und Verwaltungsaufwand
- Transparenz und strukturierte Abläufe
- Qualifizierte Hilfe zur Erfüllung personalwirtschaftlicher Aufgaben
- Entscheidungshilfe bei gesamtunternehmerischen Aufgabenstellungen
- Permanente Weiterentwicklung des Datenverarbeitungssystems

Die Organisation von Personaldaten ist insbesondere in Unternehmen mit einer großen Belegschaft eine zentrale Aufgabe des Personalwesens. Als sehr hilfreiche Instrumente zur Erfassung des Datenvolumens gelten die Personalakte, die Personalkartei und das Personalhandbuch.

In der **Personalakte** befinden sich – aufgegliedert in verschiedene Sachgebiete wie Angaben über die persönlichen Daten, vertragliche Vereinbarungen, Tätigkeit, Bezüge, Abwesenheit, allgemeiner Schriftverkehr – sämtliche Unterlagen, die für den Mitarbeiter und dessen Arbeitsverhältnis von Bedeutung sind. Vor dem Hintergrund rechtlicher Aspekte (§ 83 Abs. 1 und 2 BetrVG, Recht auf Einsichtnahme/Erklärungen zum Inhalt) sollten die folgenden Punkte bei der Führung von Personalakten Berücksichtigung finden: 12

- Für jeden Arbeitnehmer eine Personalakte anlegen
- Die Verwaltung der Personalakte erfolgt zentral in der Personalabteilung
- Vollständigkeit
- Keine „Schattenakten", sondern nur eine Personalakte

In der **Personalkartei**, die heute zumeist als elektronische Datei geführt und daher auch Personaldatei genannt wird, sind alle wesentlichen Informationen in einer aggregierten Form zusammengefasst. Auch hier empfiehlt es sich, einer Struktur zu folgen. Typische Bestandteile bilden die Personalstammdatei, die Arbeitsplatzstammdatei und die Führungsdatei. Für die Sammlung der Daten insgesamt gilt, die Belegfelder präzise und eindeutig zu definieren. Dies hat den Vorteil, Vergleiche zwischen einzelnen Abteilungen herstellen zu können. Bei der Archivierung der Daten ist darauf zu achten, aktuelle und ältere Datenbestände getrennt aufzubewahren. Ein Übermaß an Datensammlungen kann zu einem Datenfriedhof führen, der darüber hinaus auch noch Betriebs- und Personalkosten verursacht. Daher ist vor der Datenerhebung stets der Informationsbedarf mit den Datenempfängern abzuklären. 13

Die gesammelten Daten liefern in Form von unterschiedlichsten Personalstatistiken sehr hilfreiche Ergebnisse zur Analyse und Kontrolle. Diese können vergangenheitsorientiert oder auch auf Grund von Prognosen in die Zukunft gerichtet sein. Die statistischen Auswertungen werden mittels Kennzahlen, Eckzahlen, Tabellen oder graphischen Abbildungen präsentiert. Das Tabellen- und Kalkulationsprogramm Excel bietet hierfür professionelle Werkzeuge an.

Um das Personaldatenmanagement weiter zu optimieren, ist der Aufbau eines **Personalhandbuches** anzuraten. Dieses Handbuch erfüllt zwei wesentliche Zielsetzungen. Es ist einerseits ein umfassendes Nachschlagewerk, welches firmeninterne Regelungen und Richtlinien erhält, die von den personalverantwortlichen Führungskräften festgelegt worden sind. Andererseits werden hier alle Entscheidungen außerordentlicher Natur dokumentiert, um Handlungsmaximen für das zukünftige Betriebsgeschehen abzuleiten. Hierdurch wird die Verlässlichkeit von Entscheidungen gestärkt und gleichzeitig wird eine Basis für zu klärende personalpolitische Präzedenzfälle geschaffen. Eine Grobgliederung des Personalhandbuches könnte folgende Aspekte berücksichtigen: 14

- Grundsätzliche Anstellungsbedingungen
- Rahmenbedingungen bei Personaleinstellung und Personaleinsatz
- Personelle Führung
- Entgeltpolitik
- Aus- und Weiterbildung
- Soziales und Dienstleistungen
- Beendigung von Arbeitsverhältnissen

2. Personalinformationssysteme

15   Rationalisierung und Kostendruck haben den Einsatz von Personalinformationssystemen (PIS) massiv begünstigt. Gleichzeitig bietet die Nutzung von Personalinformationssystemen einen äußerst schnellen Zugriff auf relevante Personaldaten und somit einen qualifizierten Informationsfluss zu den relevanten Empfängern. Die EDV-gestützte Verarbeitung und Auswertung von Personaldaten erfolgt mittels Großrechner und Personal Computer. Durch die Verbindung der einzelnen Rechnersysteme entstehen komplexe Netzwerke. Auf den Rechnern werden die enormen Mengen an Personaldaten und Informationen in ein Datenbanksystem zusammengefasst.

Die Anforderungen an ein Personalinformationssystem richten sich nach dem personalwirtschaftlichen Aufgabensystem. Für eine betriebliche Personalplanung lassen sich Gestaltungsmerkmale für das Personalinformationssystem bestimmen.

Die Ermittlung des erforderlichen Personalbedarfs nach Qualität, Quantität und Einsatzzeitpunkt erfordert beispielsweise einen komplexen Informationsprozess. Hierzu werden die internen aber auch externen Daten (von Markt und Wettbewerb) verarbeitet. Dies setzt einen Zugriff auf externe Datenbanken voraus. Sind mehrere Unternehmensbereiche vorhanden, müssen die Teilinformationssysteme in ein Gesamtsystem überführt werden.

Bei der Personalbeschaffung sind die Systeme auf interne und externe Stellenbesetzungen auszurichten. In der Personaldatenbank sind Merkmale wie Beurteilungen, Qualifikationen und potenzielle Karrierewege der eigenen Mitarbeiter gespeichert. Soll eine externe Personalbeschaffung vorgenommen werden, geht es um Stellenanzeigen, Kontaktmanagement und Online-Bewerbungsverfahren.

Die Personaleinsatzplanung berücksichtigt den Abgleich von Arbeitsplatzanforderung und Fähigkeitsprofil der Mitarbeiter. Hierzu müssen Personal- und Arbeitsplatzdatenbank eine gleiche Struktur aufweisen. Das Personalinformationssystem kann dann Empfehlungen für die Besetzung von Arbeitsplätzen abgeben.

Bei der Personalkostenplanung sollte ein Zugriff auf die Lohn- und Gehaltsabrechnungen eingerichtet sein. Weiterhin müssen Szenariorechnungen durchgeführt werden können. Da hier allgemeine Konjunkturdaten berücksichtigt werden, sind ebenfalls externe Informationen (z.B. Arbeitsmarktdaten) mit einzubeziehen. Die Personalkostenplanung eignet sich besonders, die Ergebnisse mit Hilfe von Graphiken und Diagrammen darzustellen.

16   Personalinformationssysteme übernehmen administrative und dispositive Aufgaben in Unternehmen. Das Administrationssystem wird durch die Lohn- und Gehaltsabrechnung und die Stammdatenverwaltung bestimmt. Gesetzliche Verordnungen wie Datenerfassungsverordnung (DEVO) und Datenübermittlungsverordnung (DÜVO) haben bereits erheblichen Einfluss zwecks Informationsaustausch zwischen Betrieben und Sozialversicherungsträgern. Dispositive Aufgaben tragen zur Verbesserung der Informationsbasis für Entscheidungs- und Planungsprozesse im Personalbereich bei.

Der Aufbau und die Einführung eines Personalinformationssystems sind an wesentliche Voraussetzungen geknüpft. In einem ersten Schritt ist zu prüfen, inwieweit eine Kosten-Nutzen-Relation gegeben ist. Die Kosten werden entlang von Planungs-, Realisations- und Betriebsphase ermittelt. Sie setzen sich aus Personal- und Sachkosten zusammen. Die Nutzendimension bezieht sich auf die Bereiche Personalverwaltung, -planung und -kontrolle. Die Entscheidung richtet sich danach, welches Personalinformationssystem die geringsten Kosten je Nutzeneinheit verursacht oder je Kostengröße den höchsten Nutzenwert erbringt. Externe Unterstützung bei der Entscheidungsfindung kann helfen und die Nutzenargumente einer objektiveren Bewertung zuführen.

3. Personalbeurteilung

Die Personalbeurteilung ist ein weiteres wesentliches Informationssystem für Analysen im Personalbereich. Grundsätzlich lassen sich zwei Beurteilungsverfahren unterscheiden. Zum einen existiert das Instrument der **Leistungsbeurteilung**. Hier werden mit den Mitarbeitern Zielvorgaben vereinbart und im Anschluss die Zielerreichung gemessen. Diese Art der Beurteilung ist vergangenheitsorientiert und wird überwiegend für die Verfolgung führungspolitischer Ziele eingesetzt. Der Vorgesetzte besitzt mit der Leistungsbeurteilung ein zielorientiertes Steuerungssystem, welches von regelmäßig stattfindenden Review-Gesprächen begleitet wird. Zum anderen wird die **Potenzialbeurteilung** eingesetzt. Diese besitzt eine stärkere Zukunftsorientierung und dient dazu, für Mitarbeiter ein spezielles Förderungs- und Weiterbildungsprogramm zu entwickeln.

Beide Verfahren – Leistungs- und Potenzialbeurteilung – haben die Aufgabe, die Persönlichkeit des zu Beurteilenden zu erfassen. Diese lässt sich in die Dimensionen Leistung und Wirkung aufteilen. Aus Sicht des Unternehmens lassen sich somit wichtige Ziele in Bezug auf die optimale Gestaltung von Personaldienstleistungen erreichen. Diese sind unter anderem die Objektivierung von Personalarbeit, ein einheitliches Führungsverhalten, die Verbesserung der Führungsqualität, Leistungssteigerung und Potenzialnutzung. Aus Sicht der zu beurteilenden Mitarbeiter dient die Personalbeurteilung der jeweiligen Laufbahnplanung und bietet – bei ordnungsgemäßer Dokumentation – gegebenenfalls Schutz vor willkürlichen disziplinarischen Maßnahmen.

Das Funktionsgerüst der Personalbeurteilung ist vielfältig und umspannend. Neben der individuellen Lohn- und Gehaltsfindung zeigt sich besonders die Verwendung als Planungshilfe für den Personaleinsatz als sehr hilfreich. Es lässt sich die Mitarbeiterqualifikationen gezielt fördern und die Vorgesetzten können die Beurteilungsbögen als Führungsinstrumentarium verwenden. Insgesamt wird dadurch auch die Motivation der Mitarbeiter entscheidend verbessert. Aus Sicht der Personalabteilungen wird die Funktion übernommen, personalpolitische Maßnahmen gestalten und kontrollieren zu können.

Für einen erfolgreichen Einsatz der Personalbeurteilung sind die Beurteilungskriterien und deren Gewichtung genau zu ermitteln. Gegebenenfalls sind Beurteilungsmaßstäbe und Verteilungsvorgaben durch das oberste Management zu berücksichtigen. Hinsichtlich der einzusetzenden Methoden bei der Personalbeurteilung lassen sich folgende Herangehensweisen aufzeigen.

- Beurteilungen durch den direkten Vorgesetzten
- Selbstbeurteilungen
- Beurteilungen durch gleichgestellte Kollegen
- Beurteilungen des Vorgesetzten durch seine eigenen Mitarbeiter
- 360 Grad Beurteilung, d.h. mehrdimensionaler Blickwinkel
- Beurteilungen im Rahmen von Assessment Center, mit Unterstützung durch fremde Dritte

Eine regelmäßige Personalbeurteilung ist Grundlage für ein aktives Personalmanagement. Sie dient der Entwicklung eines Fähigkeiten- und Kompetenzprofils des Mitarbeiters, anhand dessen der Mitarbeiter effizient eingesetzt werden kann. Dieses Fähigkeitsprofil sollte turnusmäßig aktualisiert werden, um neu erworbene Fähigkeiten der Mitarbeiter für das Unternehmen nutzbar zu machen.

4. Datensicherheit und Datenschutz

19 Die Verarbeitung von Daten steht grundsätzlich unter Erlaubnisvorbehalt. Die rechtliche Grundlage bildet die Europäische Datenschutzrichtlinie, deren Umsetzung in Deutschland im Bundesdatenschutzgesetz geregelt ist. Der Arbeitnehmerdatenschutz wird auf Grundlage des Arbeitsvertragsrechts wahrgenommen. Hier wird festgelegt und die Erlaubnis erteilt, notwendige individuelle personalrelevante Informationen seitens des Unternehmens verarbeiten zu dürfen. Neben der arbeitsvertraglichen Grundlage können auch Kollektivregelungen (bspw. über Betriebsvereinbarungen), separate Einwilligungen des Mitarbeiters und staatliche Regularien (bspw. nach Steuer,- Sozial- und Rentenversicherungsrecht) die Basis für die Verarbeitung von Personaldaten darstellen.

Die Personalabteilung als wesentliche Erfassungsstelle der Daten, hat bei der Erhebung und Speicherung dem Grundsatz der Notwendigkeit zu folgen (*need to know*). Wichtig im Rahmen der Kommunikation ist, dass die Mitarbeiter über den Umgang mit ihren Daten informiert werden müssen. Damit eine Überwachung der Regeln stattfinden kann, ist für Unternehmen ein Beauftragter für Datenschutz gesetzlich vorgeschrieben. Dieser ist ein internes fachlich weisungsunabhängiges Organ und wird von der Geschäftsführung bestellt. Der Arbeitgeber hat alle technischen und organisatorischen Regelungen im Betrieb vorzunehmen, um Arbeitnehmerdaten vor einem unbefugten Zugriff zu schützen. Hierzu zählen Hard- und softwareabhängige Datensicherungsmaßnahmen ebenso wie die Definition von Rollen und Rechten, mit denen im Personalbereich Daten bearbeitet werden dürfen.

Die Digitalisierung der Personalarbeit wird auch in Zukunft weiter voranschreiten. Auch das Internet und der sich weiter ausbreitende Social Media-Bereich nehmen immer mehr Einfluss im Umfeld des Personalbereiches. Dabei gilt es, die Chancen der elektronischen Revolution zu nutzen und die Risiken durch klare Regeln zu begrenzen.

III. Maßnahmen im Bereich Personal in der Restrukturierung/Sanierung

1. Maßnahmen der personellen Leistungsbereitstellung

20 a) **Personalbedarfsplanung.** Die zentrale Fragestellung bei der Personalbedarfsplanung lautet: Welche und wie viele Arbeitskräfte werden zu einem künftigen Zeitpunkt wo benötigt und welche und wie viele sind beschäftigt? Die Bedarfsplanung stellt eine der wichtigsten Aufgaben des Personalmanagements im Unternehmen dar und gilt daher als wesentliches Kernstück eines Personalplanungssystems. Gleichzeitig ist sie Bindeglied zu anderen Bereichen der Unternehmensplanung. Ohne die Kenntnis des Personalbedarfs ist weder eine Beschaffungs- noch eine Einsatz- oder Entwicklungsplanung möglich.

Zur Ermittlung des Personalbedarfs lassen sich grundsätzlich drei Planungsschritte ableiten:
- Ermittlung des Bruttopersonalbedarfs
- Ermittlung des künftigen Personalbestandes
- Ermittlung des Nettopersonalbedarfs als Differenz zwischen Bruttobedarf und künftigem Personalbestand

21 Um den **Bruttopersonalbedarf** darzustellen, sind entsprechende Bezugsgrößen (bspw. unternehmensindividuelle Kennzahlen wie der Umsatz) festzulegen. Danach können

verschiedene Methoden zur Personalbedarfsplanung zum Einsatz kommen. Diese reichen von Schätzungen, statistischen Verfahren, organisatorischen Verfahren (z.B. mit Hilfe von Stellenplänen), monetären Verfahren (z.B. durch Ableitung aus Budgetvorgaben) bis hin zu Personalbemessungsmethoden (z.B. in Abhängigkeit von Zeitmessungen). Fehlzeiten wie Urlaub, Krankheit, natürliche Fluktuation aber auch saisonbedingte Arbeitsspitzen machen es notwendig, einen Reservebedarf einzukalkulieren. Dies kann durch einen Zuschlag berücksichtigt werden, der allerdings ebenfalls genau quantifiziert werden sollte. Die Zuschlagsquoten werden für betriebliche Teilbereiche separat ermittelt. Auf Grund immer präziser werdender Bemessungsgrundlagen – und somit knappen Kalkulationen – erscheint die Berücksichtigung eines Reservebedarfes zunehmend wichtiger.

Die Ermittlung des zukünftigen Personalbestandes setzt auf dem gegenwärtigen Personalbestand auf. Dieser sollte aus dem aktuellen Stellenbesetzungsplan entnommen werden können. Hierauf wird eine Abgangs-Zugangs-Rechnung aufgebaut, die Pensionierungen, Versetzungen, Kündigungen etc. und feststehende Zugänge berücksichtigt. Ein probates Hilfsmittel zur Ableitung des künftigen Personalbestandes ist die Nutzung von Personal-, Alters- und Fluktuationsstatistiken. **22**

Abschließend wird der **Nettopersonalbedarf** ermittelt. Er ergibt sich aus der Gegenüberstellung von Bruttopersonalbedarf und Personalbestand zum jeweiligen Bedarfszeitpunkt bzw. Bedarfszeitraum. Der Nettopersonalbedarf löst in aller Regel notwendige Personalanpassungsmaßnahmen aus, entweder auf Grund eines Personalüberhangs oder eines Personalfehlbedarfs. Das Betriebsverfassungsgesetzt (§ 90 Abs. 1 BetrVG) sieht ein allgemeines Mitwirkungsrecht des Betriebsrats bei der Personalplanung vor. Dieser ist umfassend und rechtzeitig über den derzeitigen und zukünftigen Personalbedarf in Kenntnis zu setzen, um sein Beratungsrecht ausüben zu können. **23**

b) Personalbeschaffung. Die Personalbeschaffung kann grundsätzlich intern wie extern vorgenommen werden. Zur internen Personalbeschaffung zählt die interne Stellenausschreibung. Sie erfolgt durch Aushang bspw. am schwarzen Brett oder zunehmend auch über das unternehmenseigene Intranet. Ist ein Betriebsrat vorhanden, kann dieser verlangen, die Stelle vor ihrer Besetzung im Betrieb auszuschreiben (§ 93 BetrVG). Der Umgang mit internen Bewerbungen, die abgelehnt werden, ist sehr sensibel. Es ist anzuraten, die Beweggründe dafür in einem persönlichen Gespräch zu erläutern, um einen eventuellen Motivationsverlust zu vermeiden. Interne Rekrutierungsvorschläge von eigenen Mitarbeitern (bspw. für unternehmensexterne Bekannte) werden meist nicht systematisch genutzt. Gleichwohl bieten diese nicht unerhebliche Vorteile. So könnten aufwendige Kosten für Suchmaßnahmen gespart werden, außerdem kennen eigene Mitarbeiter das Anforderungsprofil deutlich besser und können somit gut einschätzen, wer für die Stelle in Frage kommen könnte. Die Zahlung einer „Vermittlungsprovision" an die eigenen Mitarbeiter könnte diesen Weg der Personalbeschaffung attraktiv gestalten. Die interne Personalbeschaffung ist auch ein Instrument im Interesse einer Nachfolge- und Laufbahnplanung. Dies geschieht dann in Kombination geeigneter Personalentwicklungsmaßnahmen, um die Mitarbeiter auf die zukünftige Position vorzubereiten. **24**

Die externe Personalbeschaffung beginnt in der Regel mit einer externen Stellenausschreibung. Als Publikationsmedien kommen regionale und überregionale Tageszeitungen, Wochenzeitungen oder Fachmagazine und natürlich auch internetbasierte Stellenbörsen in Frage. Die Auswahl des geeigneten Mediums hängt zumeist von den Qualifikationsanforderungen der Stelle ab. Eine Anzeige kann offen oder verdeckt geschaltet werden. Bei verdeckter Schaltung sollte eine seriöse Personalberatung zwischengeschaltet **25** sein. Von anonymen Chiffreanzeigen ist Abstand zu nehmen. Bei der Formulierung der Anzeige ist stets auf die Gleichbehandlungsgrundsätze des AGG zu achten. Bei Verstoß können nicht unerhebliche Schadensersatzansprüche von den Bewerbern geltend gemacht werden.

26 c) **Personaleinsatzplanung.** Die Personaleinsatzplanung hat die zentrale Aufgabe, die Mitarbeiter im Betrieb für konkrete Aufgaben und Positionen einzusetzen. Dies richtet sich nach qualitativen, quantitativen, temporären und lokalen Kriterien. Krankheitsbedingte Fehlzeiten, Urlaub oder sonstige Schwankungen des Arbeitsanfalles erfordern es, kurzfristig zu reagieren. Wesentliche Bedeutung hat die Personaleinsatzplanung also beispielsweise auch bei Restrukturierungsprojekten, wenn es gilt, die erforderlichen internen Projektteams anforderungs- und eignungsgerecht zu besetzen. Jegliche Änderung des Arbeitsablaufes, der technischen oder betrieblichen Organisation zieht meistens eine Stellenneubesetzung nach sich. Hierzu hat die Personalabteilung ressourcengerechte Vorschläge zu unterbereiten. Dabei wird erwartet, dass dies zu einer Minimierung der Arbeitskosten führt und gleichzeitig die Mengenleistung pro Arbeitsplatz optimiert wird.

Die Personaleinsatzplanung kann mit geringem Aufwand eingesetzt werden, wenn aussagekräftige Organisations-, Stellen,- Stellenbewertungs- und Stellenbesetzungspläne vorhanden sind. Der Organisationsplan zeigt das wesentliche der Organisationsstruktur auf. Im Stellenplan sind sämtliche Personalstellen aufgelistet, inklusive arbeitsteiliger Verknüpfungen sowie hierarchischer Über- und Unterstellungen. Der Stellenbewertungsplan informiert über die Dotierung der Stelle und listet die Namen der jeweiligen Stelleninhaber auf. Über die Zuordnung der einzelnen Mitarbeiter ist es möglich, den Stellenbesetzungsplan abzuleiten. Dadurch wird der zukünftige Personalbestand sowie Personalbedarf sichtbar.

27 d) **Personalentwicklung (PE)**
aa) **Aufdeckung von Entwicklungspotenzialen.** Personalentwicklungsmaßnahmen fallen in Krisenzeiten meistens dem Rotstift zum Opfer. PE-Maßnahmen in Krisenzeiten haben aber die folgenden Vorteile
- Wiederherstellung/Erhaltung der Überlebensfähigkeit des Unternehmens
- Verbesserung der Wettbewerbsfähigkeit
- Anpassung der Qualifikation des Personals an andere Marktbedingungen, technologische Neuerungen und Krisenbedingungen
- Erhöhung der innerbetrieblichen Mobilität und flexiblere Einsetzbarkeit
- Förderung der Krisensensibilität, des -bewusstseins und der -resistenz
- Sicherung der Versorgung mit qualifizierten Führungskräften
- Motivation der Mitarbeiter.

Personalentwicklungsmaßnahmen versuchen also, durch zielgerichtete Qualifikationsverbesserungen der Mitarbeiter aller Hierarchiestufen das individuelle Leistungspotenzial der Unternehmensmitglieder und somit die Gesamtleistung des Gesamtunternehmens zu steigern.

28 Zur Ermittlung des Entwicklungspotenzials kann die **Profilvergleichsmethode** eingesetzt werden. Die (zukünftigen) Stellenanforderungen werden der Qualifikation des Mitarbeiters gegenübergestellt und so ungenutzte Qualifikationsreserven und Defizite erkannt.

Zur Systematisierung der Zuordnung von Mitarbeitern und Entwicklungsmaßnahmen dient das **Humanressourcen-Portfolio** (nach *Odiorne*). In diesem Portfolio werden das aktuelle Leistungsverhalten der Mitarbeiter und ihr individuelles, zukunftsorientiertes Entwicklungspotenzial abgebildet. Aufbauend auf der Profilvergleichsmethode und dem Humanressourcen-Portfolio, lassen sich Ansätze für die Personalentwicklung ableiten.[1]

bb) PE on-the-job. Bei der Personalentwicklung on-the-job handelt es sich um eine Weiterbildung, die am Arbeitsplatz durchgeführt wird. 29

Für Krisenunternehmen sind die folgenden Instrumente interessant:

Job Rotation
Die Mitarbeiter übernehmen vorübergehend eine bestehende Aufgabe einer anderen Stelle der gleichen Hierarchieebene. Vorteilhaft sind dabei die Zunahme der Kooperationsbereitschaft, die Verbesserung der Anpassungsfähigkeit und die Konfrontation mit neuen Problemstellungen.
Außerdem ist die Maßnahme relativ kostengünstig und schnell vollziehbar.

Job Enlargement
Der Tätigkeitsspielraum einer Stelle wird erweitert, indem strukturell ähnliche, qualitativ etwa gleichartige Aufgabenelemente verschiedener Stellen in einer Stelle zusammengefasst werden. Dadurch steigt das subjektive Verantwortungsbewusstsein der betroffenen unteren Führungskraft. Hervorzuheben ist hier der Kosten sparende Effekt.

Job Enrichment
Die eigentliche Arbeitsstelle wird durch das Hinzufügen von neuen, qualitativ höherwertigen Planungs-, Entscheidungs- und Kontrollaufgaben bereichert. Dadurch werden Führungs- und Sozialkompetenzen entwickelt und Nachwuchs herangezogen. Dieses Instrument baut Vertrauen auf und hebt durch Partizipation die Akzeptanzbereitschaft.

Teilautonome Arbeitsgruppen
Zusammenhängende Aufgaben werden innerhalb einer Arbeitsgruppe in eigener Verantwortung geplant, ausgeführt und kontrolliert. Sozialkompetenzen und Persönlichkeitsmerkmale werden dadurch innerhalb des Teams entwickelt. Die Durchsetzung von Maßnahmen wird stark begünstigt, besonders wenn diese von den Gruppen erarbeitet wurden. Allerdings setzt der Einsatz der Gruppen eine Schulung und eine stark mitarbeiterorientierte Unternehmenskultur voraus. Sie sind daher eher für strategische Krisen geeignet.

Projektgruppen/Task-Forces
Den freigestellten Mitarbeitern wird die Gelegenheit geboten, sich in umfangreichen, komplexen, zeitlich begrenzten und meistens neuartigen Aufgabenstellungen zu behaupten. Dieses Instrument ist sehr krisenadäquat, da die Gruppen konkrete Maßnahmenpläne zur Lösung der Krise erarbeiten können. Es hat eine extrem motivierende Wirkung und hebt die Bereitschaft, radikale Änderungen zu akzeptieren und durchzusetzen.

Andere Instrumente, wie Traineeprogramme, Einsatz von Assistenten, sind entweder aus zeitlichen oder finanziellen Gründen nicht für den Einsatz in einem Krisenunternehmen geeignet.

cc) PE off-the-job. Bei der vom Arbeitsplatz losgelösten Entwicklungsform geht es primär um die Qualifikation theoretischer Art. 30

In einem **Fachvortrag** können z.B. Grundlagen des Krisenmanagements vermittelt werden. **Fallstudien** simulieren konkrete Entscheidungssituationen und können exemplarisch Lösungen für Krisensituationen aufzeigen. **Rollenspiele** sind Simulationsme-

---

[1] Weitere Erläuterungen zu der Aufdeckung von Entwicklungspotenzialen: vgl. *Bühner*, Seite 117–139.

thoden für Verhandlungsführung und Verhalten in Konfliktsituationen. **Erfahrungsaustauschgruppen** sollen den Teilnehmern die Gelegenheit geben, bestimmte Probleme, Erfahrungen und Meinungen auszutauschen.

Zusammenfassend kann gesagt werden, dass PE off-the-job-Instrumente nur unterstützend zu den PE on-the-job-Instrumenten eingesetzt werden sollten, da diese praxisgebundener, realitätsnäher und problemorientierter sind. Teilweise sind die PE off-the-job-Instrumente sehr kosten- und zeitintensiv. Sie sind eher für die Krisenvermeidung als für die -bewältigung einzusetzen.

31   e) **Personalfreisetzung.** Für die Personalabteilung gibt es verschiedene Methoden, Personal abzubauen. Diese unterscheiden sich im Wesentlichen durch ihren Härtegrad.

Als erstes empfiehlt sich die Verhängung eines **Einstellungsstopps.** Dadurch wird die natürliche Fluktuation (Kündigung, Tod, Pensionierung) ausgenutzt, freiwerdende Stellen werden nicht mehr besetzt. Allerdings darf dieser Zustand nicht zu lange gehalten werden, da die Alters- und Qualifikationsstruktur der Belegschaft hierdurch negativ beeinflusst werden kann.

Das Angebot von **Aufhebungsverträgen**, die Arbeitsverhältnisse formlos in beiderseitigem Einvernehmen zu kündigen, hat den Vorteil, dass es weder an Kündigungsvorschriften noch an rechtliche Schutzvorschriften gebunden ist. Sie können daher schnell einen Kosten sparenden Effekt erzielen. Allerdings sind Aufhebungsverträge meistens mit der Zahlung von Abfindungen verbunden, so dass dieser Effekt kurzfristig überlagert werden kann.

Eine sinnvolle Kombination zu Aufhebungsverträgen kann eine **Outplacement- Beratung** sein. Ziel ist es, den Mitarbeitern in noch ungekündigter Position bei der Stellensuche zu helfen und Bewerbertrainings durchzuführen. Allerdings muss auch hier der Kostenaspekt beachtet werden, da eine Outplacement-Beratung meistens durch externe Berater durchgeführt wird.

32   Der vorgezogene oder gleitende Übergang in den Frühruhestand ist ein Instrument, das nicht nur die Personalzahl verringert, sondern auch die Altersstruktur verbessert. Besonders interessant ist dabei die **Altersteilzeit**, die dem Arbeitgeber Zuschüsse gewährt, wenn die Arbeitszeit eines mindestens 55 Jahre alten Arbeitnehmers auf die Hälfte reduziert wird. Auf der anderen Seite müssen je nach Altersteilzeitmodell hohe Rückstellungen gebildet werden, die den Unternehmenserfolg, jedoch nicht die Liquidität beeinträchtigen. Für das Unternehmen bleibt außerdem der Vorteil, dass ein abrupter Knowhow-Verlust vermieden wird.

33   Alle oben genannten Maßnahmen lassen dem Arbeitnehmer noch einen gewissen Handlungsspielraum. Im Falle der **Kündigung** ist dies nicht mehr gegeben.

Kündigungen erlauben im Idealfall zwar eine schnelle Realisierung des Personalabbaus und damit einer Kostensenkung, können aber bei unsachgemäßer Vorgehensweise zu kurzfristig hohen Kosten in Form von Abfindungen und Prozesskosten führen und so nachhaltig den Betriebsfrieden sowie das öffentliche Ansehen zerstören. Um diese Effekte zu verhindern, sollte eine Kündigung die folgenden Phasen durchlaufen:

In **Phase 1** muss eine Struktur der betroffenen Belegschaft hinsichtlich der Personaldaten erstellt werden. Diese Auswahlkriterien müssen von der gesamten Führungsmannschaft gleichermaßen zugrunde gelegt und kommuniziert werden. Strukturmerkmale können z.B. Lebensalter, Dienstalter, Familienstand, Leistung und eingeschätztes Entwicklungspotenzial sein.

In **Phase 2** werden die möglicherweise betroffenen Arbeitnehmer unter Hervorhebung sozialer Faktoren aufgelistet.

Bevor eine Kündigung ausgesprochen werden kann, muss in **Phase 3** geprüft werden, ob nicht eine anderweitige innerbetriebliche Unterbringung der ausgewählten Arbeitskräfte möglich ist.

In **Phase 4** muss eine Akzeptanz- und Kommunikationsstrategie entwickelt werden. Wesentliche Punkte sind wer, wann, von wem informiert wird. Grundsätzlich sollte der Fachvorgesetzte das Trennungsgespräch führen, nachdem er sich mit der Personalabteilung über Vorgehensweise, Argumentation und „Trennungspaket" abgestimmt hat.

In **Phase 5** sollte die Unternehmensleitung die ökonomische und organisatorische Planung konzipieren und Trennungskonditionen festlegen. Sie hängen im Wesentlichen von der maximal vertretbaren Kostenbelastung durch die Personalmaßnahmen ab. Es sollte eine verbindliche Aussage über Trennungskonditionen (Endtermin, vorzeitige Freistellung, Höhe der Abfindungssumme, Unterstützung bei der beruflichen Neuorientierung) getroffen werden. In **Phase 6** sollte man sich (emotional) auf mögliche Reaktionen vorbereiten, damit im Gespräch auf eventuell auftretende Situationen adäquat reagiert werden kann.

In **Phase 7** sollte ein detaillierter Zeitplan für die Durchführung der Personalanpassungsmaßnahmen aufgestellt werden. Dieser ist oft wesentlicher Bestandteil des Sanierungskonzeptes. Wichtig sind dabei die Berücksichtigung der Einhaltung der für die Arbeitnehmer geltenden Kündigungsfristen und eine steuerliche Zuordnung der durch die möglichen Maßnahmen verursachten Aufwendungen zu einem geeigneten Veranlagungszeitraum.

Bei der Durchsetzung der Kündigung sind die folgenden rechtlichen Aspekte zu beachten:

- Eine enge Zusammenarbeit zwischen Personalabteilung und Betriebsrat ist zwingend erforderlich. Die Personalabteilung muss für jede Personalabbaumaßnahme eine Begründung vorlegen und belegen, dass die Kündigung die letzte aller Möglichkeiten ist und, gemäß den Vorschriften der Sozialauswahl, die Richtigen ausgewählt wurden (siehe § 80 Abs. 2 BetrVG Generalklausel, § 92 BetrVG, § 102 Anhörungspflicht)
- In Einverständnis mit dem Betriebsrat sollte ein schriftlicher Interessenausgleich erarbeitet werden. Gelingt dies nicht, kann das die geplanten Entlassungen um Monate hinauszögern und hohe Kosten verursachen. Weiterhin sollte eine mögliche Einteilung der Arbeitnehmer in Sozialvergleichsgruppen mit dem Betriebsrat abgestimmt werden, um eine Überalterung des Unternehmens zu vermeiden

Wegen der verschiedenen rechtlichen Aspekte bei der Kündigung ist die Hinzuziehung eines Rechtsanwaltes mit Spezialgebiet Arbeitsrecht zu empfehlen.

2. Maßnahmen zu Leistungserhalt und Leistungsförderung

a) Motivation im Arbeitsprozess. Die Bestimmungsfaktoren der Arbeitsleistung setzen sich aus Leistungsvermögen, Arbeitsbedingungen und Leistungsbereitschaft zusammen. Trotz prinzipieller Leistungsfähigkeit kann die Leistungsbereitschaft mangelhaft sein, da die entsprechenden Rahmenbedingungen nicht passen. Ein entscheidender Faktor für die Leistungserbringung im Unternehmen ist die Motivation des einzelnen Mitarbeiters. Hierzu existiert eine Vielzahl von Motivationstheorien, die ihren Ursprung mit Beginn der Industrialisierung haben. Was genau zu einer inneren Motivation eines Mitarbeiters führt, kann unterschiedliche Gründe haben (Physische, psychische und soziale Motive; primäre und sekundäre Motive; intrinsische und extrinsische Motive). Für den Arbeitsprozess selbst ist die Einteilung in intrinsische und extrinsische Motive von zentraler Bedeutung. Die intrinsischen Motive beziehen sich auf die Befriedigung aus der

Arbeit selbst. Je mehr einem Mitarbeiter seine Arbeit Spaß macht, desto motivierter und produktiver ist er. Je komplexer eine Herausforderung ist, desto höher zeigt sich die intrinsische Motivation. Die extrinsischen Motive werden nicht durch die Tätigkeit alleine, sondern durch Umfeldfaktoren wie Geld, Sicherheitsdenken oder Prestige befriedigt. Die berufliche Tätigkeit ist somit Mittel zur Verfolgung dieser genannten Ziele.

Bei jeglicher Befriedigung von Motiven ist auf Ausgeglichenheit zu achten. Im Idealfall bewegt sich der Motivmix wie in einer kommunizierenden Röhre. Größere Ungleichgewichte werden auf Dauer eher demotivierend wirken. So kann eine überdurchschnittliche Bezahlung nur beschränkt starke Defizite bei dem Spaß an der Arbeit oder bei der Herausforderung der Tätigkeit ausgleichen.

36 **b) Personalführung.** Ein zentrales Problem eines Krisenunternehmens ist die Abwanderung von Führungskräften. Die bisherigen Mitarbeiter werden als Problemlöser dringend benötigt und bestimmen maßgeblich mit ihrer Bereitschaft und Qualifikation die Weiterexistenz des Unternehmens. Personalführungsmaßnahmen sollen diese „Desintegration" oder „brain-drain" aufhalten. Sie beinhalten sämtliche Maßnahmen, die die Mitarbeiter zum Verbleib in dem Unternehmen und zur positiven Leistungserbringung motivieren sollen.

37 **Kommunikation** ist ein zentrales Instrument beim Krisenmanagement. Erfolgreiches Personalmanagement in der Krise konzentriert sich auf vertrauensbildende Maßnahmen gegenüber den Führungskräften, den Mitarbeitern und dem Betriebsrat. Zunächst sollten die Führungskräfte offen informiert werden. In einem zweiten Schritt ist der Wirtschaftsausschuss, gefolgt vom Betriebsrat zu unterrichten, danach die Belegschaft.

Zur Motivationserhaltung sind die Glaubwürdigkeit und das Vertrauen in die Führung sehr wichtig. Zur Aufrechterhaltung von Vertrauen und Glaubwürdigkeit ist es unabdingbar, Gerüchten zuvorzukommen.

Kommunikation im Veränderungsprozess muss im offenen und persönlichen Dialog stattfinden. Wichtige Aussagen sollten mehrmals wiederholt und über verschiedene Kommunikationskanäle geleitet werden (z.B. Betriebsversammlung, Anschlag am schwarzen Brett, Erklärung in der Mitarbeiterzeitung usw.).

Personalabbau ist überwiegend eine Kommunikationsaufgabe. Die Führung sollte Fehleinschätzungen einräumen. Beschönigungen oder unangemessene Bezeichnungen sind fehl am Platz. Es sollten keine Versprechen für die Zukunft abgegeben werden, die nicht unbedingt eingehalten werden können.

Als kritischer Erfolgsfaktor der Personalfreisetzungsmaßnahmen gilt die Kommunikation mit dem Betriebsrat, da alle Kündigungen nach § 102 BetrVG mitwirkungspflichtig (einwöchige Anhörungsfrist vor Kündigung) sind (Entlassungen aus betriebsbedingten Gründen, Entlassungen wegen Betriebsänderungen). Eine Einbeziehung der Mitarbeiter fördert die Erarbeitung einer Sanierungskonzeption sowie die anschließende konsequente Umsetzung von Konsolidierungsmaßnahmen. Die Mitarbeiter werden motiviert und sind eher kompromissbereit, zugunsten eines Sanierungskonzeptes auf Sonderleistungen zu verzichten.[2]

38 Neben der Kommunikation ist die Wahl des **Führungsstils** in der Krise ein weiteres immaterielles Anreizsystem, da er einen unmittelbaren Einfluss auf das Teilnahme-, Leistungs- und Krisenverhalten der Unternehmensmitglieder hat. In der Literatur findet sich

---

[2] Einen sehr guten Beitrag zum Thema ‚Bedeutung und Anforderungen an Kommunikation aus Sicht eines Managers auf Zeit' finden Sie bei Detlev Groß in INTERIM MANAGEMENT *Groß/Bohnert*, Verlag Franz Vahlen München, 2007.

§ 12 Beiträge zur Restrukturierung/Sanierung – Personal

eine Vielzahl von Führungsmodellen. Reduziert auf die Grundtendenzen ist grundsätzlich zwischen einem autoritären und einem kooperativen Führungsstil zu unterscheiden.
Die Wahl des Führungsstils hängt von den folgenden Parametern ab:
- **Merkmale der spezifischen Unternehmenskrise (Aufgabe und Situation)**
  In Liquiditätskrisen ist eher ein autoritärer Führungsstil angeraten, da eine dringende Problemlösung zur Existenzsicherung gefordert ist. Im Gegensatz dazu ist bei einer latent-strategischen Krise eher ein kooperativer Führungsstil angebracht.
- **Konkrete Phase des Krisenmanagementprozesses**
  Die Phase der Problemdiagnose und Erarbeitung von Maßnahmenplänen erfordert eher eine kooperative Führung, während die Durchsetzungsphase eher von einem autoritären Führungsstil begleitet werden sollte. Damit eng verbunden ist auch die Frage, welche Ziele in dieser Phase erreicht werden sollen.
- **Krisenrelevante Bedürfnisse der Mitarbeiter**
  Hält man sich die Bedürfnisse der Mitarbeiter in Krisensituationen vor Augen, so ist sicherlich ein kooperativer Führungsstil zur Steigerung der Teilnahme- und Leistungsmotivation eher geeignet.
- **Weitere Aktionsparameter (z.B. Krisenprogramm, mitarbeiterorientierte Unternehmenskultur) und Gestaltungsbedingungen (z.B. bisheriger Führungsstil, flache Unternehmensstruktur, Wertesysteme)**

Heimliche Spielregeln verhindern oft die Durchsetzung von Maßnahmen und Problemlösungen. Eine Aufgabe der Personalführung sollte es sein, diese heimlichen Regeln aufzudecken, auszuwerten und, wenn diese im Gegensatz zu den Unternehmenszielen stehen, sie zu ändern.
Es gibt drei Gruppen heimlicher Spielregeln:
- **Motivierende Kräfte**
  Wofür stehen die Menschen am Morgen auf? Was ist für sie eine Belohnung? Was fürchten sie als Bestrafung?
  Diese Bedingungen leiten sich aus der Politik und dem Verhalten der Führungsebene ab und betreffen Dinge wie Gehalt, Arbeitsinhalte, Karrierewege, Einstellungskriterien und Kündigung.
- **Machtausübende Kräfte**
  Wer kann Belohnung und Bestrafung aussprechen?
  Diese Kräfte beziehen sich auf Aufgabenbeschreibungen, Organisationspläne, Rechte und Pflichten.
- **Handlungsauslösende Kräfte**
  Welche Bedingungen müssen – nach Auffassung der Mitarbeiter – erfüllt sein, um befördert bzw. bestraft zu werden?
  Diese Kräfte resultieren aus Leistungsmaßstäben, Zielvorgaben, Beurteilungen und Strategien.

Das Personalwesen kann diese Regeln durch Interviews durchleuchten und herausarbeiten. Als Folge der heimlichen Spielregeln müssen die oben genannten Faktoren neu überdacht werden.[3]

c) Materielle Anreizsysteme. Krisenorientierte Anreizsysteme haben den Zweck, dem desintegrativen Effekt der Krise entgegenzuwirken und bei den Mitarbeitern eine leistungsorientierte Bereitschaft zur Überwindung der Krisensituation zu mobilisieren. Die Anwendung der folgenden materiellen Anreizsysteme ist zu erwägen:

---

[3] Ein Standardwerk über die heimlichen Spielregeln inklusive Verfahren der Aufdeckung ist *Peter Scott-Morgan,* Die heimlichen Spielregeln, Campus Verlag, 1995.

Erfolgsbeteiligung

Bei dieser Form werden zusätzlich zum Lohn variable materielle Leistungen an das Unternehmensmitglied ausgeschüttet. Im Rahmen des Krisenmanagements steht die Orientierung am Krisenbewältigungserfolg im Vordergrund. Kriterien könnten z.b. die Rückgewinnung von Marktanteilen, Erfüllung der Vorgaben zur Kostensenkung oder der Liquiditätssteigerung sein. Es kann sogar die Senkung des ursprünglichen Grundgehaltes zugunsten der leistungswirtschaftlichen Komponente erwogen werden. Vorteil dieser Beteiligung ist die Ausrichtung der Akteure auf die Beseitigung der Krise. Außerdem liegt eine höhere Unternehmensidentifikation vor. Dies führt zur Verminderung von Interessenkonflikten und damit zu einer höheren Akzeptanz- und Durchsetzungsbereitschaft. Die Erfolgsbeteiligung ist für Führungskräfte geeignet.

Kapitalbeteiligung

Durch Kapitalbeteiligung werden Mitarbeiter an dem Unternehmen z.B. durch Aktien beteiligt. Diese Form zielt auf die Personalerhaltung ab. Außerdem weist sie den Vorteil auf, dass die Kapitalstruktur verbessert, zusätzliche Liquidität geschaffen und eventuell sogar Steuerersparnisse realisiert werden können. Die individuell-soziale Effizienz wird in Form eines verbesserten Kooperationsverhaltens und der Identifikation mit dem Unternehmen geschaffen.

Ergebnisorientierte Gehaltsflexibilisierung

Dieses Konzept sieht vor, die Jahresgehälter in einen fixen und einen variablen Bestandteil aufzuspalten, dessen Höhe mit dem Mitarbeiter festgelegt wird. Als Messgröße für den variablen Bestandteil wird der Unternehmenserfolg (Zielgewinn, Kennzahlen usw.), der Prozesserfolg (Kundenzufriedenheit, Durchlaufzeiten, Fehlerrate) und der individuelle Erfolg (Fachkönnen, Initiative) verwendet.

Diese Form hat die folgenden Vorteile: Anpassung der Gehaltskosten an die Erfolgssituation des Unternehmens, Verbesserung der Güte der Geschäftsprozesse, Förderung des unternehmerischen Denkens, Beteiligung der Mitarbeiter und Erhöhung der Wettbewerbsfähigkeit durch Senkung der Personalkosten.

Alle drei Formen haben motivierende Wirkung und entschärfen im geringen Maße das Liquiditätsproblem. Allerdings haben alle Formen den Nachteil, dass sie vom Unternehmenserfolg abhängig sind. Ist die Krise sehr gravierend, so wird es schwierig sein, Mitarbeiter von einer erfolgsabhängigen Gehaltsform zu überzeugen.

41 **d) Betriebliche Sozialarbeit.** Verschiedenste Einflüsse lassen darauf schließen, dass die betriebliche Sozialarbeit zukünftig wieder stark an Bedeutung gewinnen wird. Mobilität, Alterssicherungssysteme oder die stark ansteigende Anzahl erwerbstätiger Frauen sind Gründe dafür, dass Betriebe ihre Attraktivität mittels betrieblicher Sozialpolitik zu steigern versuchen. Durch eine differenzierte Ausgestaltung des Sozialleistungsangebotes soll die Bindung von Mitarbeitern in den Vordergrund gestellt werden. Diese Art der Wertschätzung gegenüber den Mitarbeitern unterstützt ein gutes und freundliches Betriebsklima und lässt eine hohe Identifikation mit dem Unternehmen erwarten. Neben den gesetzlich und tarifvertraglich festgelegten Sozialleistungen nehmen die freiwilligen Sozialleistungen einen hohen Stellenwert ein, denn sie bieten – soweit Mitbestimmungsrechte nicht berührt werden – einen unglaublich hohen Gestaltungsspielraum für den Arbeitgeber. Damit lassen sich Differenzierungen und Wettbewerbsvorteile erzielen.

Das Feld betrieblicher Sozialarbeit ist weitreichend. Das Angebot sollte kein starres Gerüst sein, sondern dem Mitarbeiter Wahlmöglichkeiten eröffnen. Das hieraus entwickelte Cafeteria-System ist ein Konzept, welches

- verschiedene Sozialleistungen zur Auswahl stellt,
- Budgets pro Mitarbeiter berücksichtigt, das die Kosten für Sozialleistungen aufzeigt und
- individuell im Zeitablauf angepasst werden kann.

Im Rahmen der Personalpflege werden präventive Maßnahmen eingesetzt. Direkte vorbeugende Maßnahmen, die auf die Gesunderhaltung und Arbeitszufriedenheit abzielen, können beispielsweise Programme zu Stressbewältigung, Ernährungsberatung oder Herz-Kreislauf-Vorsorge sein. Die betriebliche Alterssicherung, die Arbeitssicherheit oder der Betriebskindergarten zählen zu den indirekten Vorbeugemaßnahmen.

Über betriebliche Sozialleistungen sollte offensiv informiert werden. Intern bieten sich Möglichkeiten über das firmeneigene Intranet, durch spezielle Informationsflyer (die der Lohn- und Gehaltsabrechnung beigefügt sein können), über die Mitarbeiterzeitung oder durch Beratungsgespräche an festgelegten Beratungszeiten an. Bei der externen Kommunikation geschieht dies über Stellenanzeigen, den Internetauftritt geschickte PR-Arbeit, z.B. bei der Eröffnung des Betriebskindergartens.

3. Personalcontrolling gestalten und umsetzen

Personalcontrolling beinhaltet die zielgerichtete Steuerung personalwirtschaftlicher Schritte und stellt eine Basis zur Sicherung der Wettbewerbsposition dar. Einen wesentlichen Beitrag zu dieser Thematik stellt die Balanced Scorecard dar. Diese ist ein integriertes Kennzahlensystem zur Unternehmenssteuerung, die alle Leistungsbereiche des Unternehmens verknüpft. So kann man anhand der Balanced Scorecard personalwirtschaftliche Maßnahmen planen und steuern. Personalcontrolling nimmt eine Informations- und Ermittlungsfunktion wahr. Informationen über ökonomische Potenziale und die Wirkungen von personalwirtschaftlichen Maßnahmen werden gesammelt, aufbereitet und der Unternehmensführung als Entscheidungsgrundlage zur Verfügung gestellt. Das Personalcontrolling ist somit ein Baustein eines effizienten Managementinformationssystems.

Anhand der ermittelten Daten und unter Berücksichtigung der wirtschaftlichen und strategischen Ziele der Unternehmensleitung findet eine personalwirtschaftliche Planung statt (Planungsfunktion). Elemente sind zum Beispiel die Personalbedarfsplanung, die Kapazitätsplanung und die Personalentwicklung.

Gleichzeitig gestaltet sich das Personalcontrolling als Kontrollinstrument, um Fehlentwicklungen (z.B. Personalüberhänge, falsche Qualifikation) vorzubeugen. Nach der Durchführung einer Analyse der Ist-Situation werden die Ist-Werte mit den Soll-Werten verglichen. Liegt eine Abweichung vor, kommt die Steuerungsfunktion zum Tragen. Personalpolitische Maßnahmen werden eingeleitet, um der Fehlentwicklung entgegenzuwirken.

Um die Effizienz eines Personalcontrollings zu beurteilen, müssen die folgenden Fragen gestellt werden:
- Ist das Personalcontrolling mit anderen Controllingbereichen vernetzt, d.h., stützt es sich z.B. auf Produktionsdaten, Konjunkturdaten, Informationen über Produktinnovationen?
- Wird eine standardisierte oder unternehmensspezifische Version verwendet?
- Enthält das Personalcontrolling Personalkostenabweichungsanalysen, Entwicklung von Leistungs- und Fluktuationswerten?
- Werden die folgenden Teilbereiche berücksichtigt?
    - **Betriebswirtschaftliches Personalcontrolling**
    Hierunter werden der Personalaufwand und die Umsetzung der Personalbestandsplanung sowohl in ökonomischer als auch in qualitativer Hinsicht verstanden. Eine

reine Überwachung der Personalkosten je Periode stellt die rudimentärste Art eines Personalcontrollings dar.
- **Entgeltcontrolling**
Hier werden die Entgeltstrukturen und die Umsetzung der Entgeltplanung untersucht. Es werden betriebsinterne wie auch betriebsübergreifende Vergleiche angestellt.
- **Beschäftigungsstrukturcontrolling**
Dieses setzt sich mit der Qualifikations- und Altersstruktur und der Führungsstruktur auseinander.
- **Personalentwicklungscontrolling**
Hier beschäftigt man sich mit der Umsetzung der Bildungsplanung und einer Darstellung der Kosten und der Strukturen im Personalentwicklungsbereich.
• Beherrschen die betreffenden Personalmitarbeiter die folgenden Methoden?
- **Klassische Methoden**
Klassische Methoden orientieren sich an der Struktur und Methode der Rechnungslegung des Unternehmens und beinhalten personalbezogene Ergebnisgrößen. Als Instrumente stehen die Humanvermögensrechnung und Sozialbilanzen zur Verfügung.
- **Kostenorientierte Methoden**
Kostenorientierte Methoden versuchen, die Kosten bestimmter personalwirtschaftlicher Maßnahmen zu erfassen und zu analysieren. Grundlage sind Daten des internen Rechnungswesens. Ziel ist, Informationen zu gewinnen, um operative Personalmaßnahmen nach betriebswirtschaftlichen Kriterien zu steuern. Wichtige Instrumente sind die Kostenstrukturanalyse, das Budgeting, die Wertvergleichsanalyse, die Prozesskostenrechnung und das Target Costing.
- **Leistungsorientierte Methoden**
Als wichtige Instrumente sind hier die Auditierung und die Kennzahlenanalyse zu nennen.

4. Besonderheiten vor dem Hintergrund insolvenzrechtlicher Rahmenbedingungen

45 a) Sofortmaßnahmen
aa) Massenentlassungen und Sozialplan. In dem härtesten Fall der Krise, der Insolvenz, muss die Personalabteilung Sofortmaßnahmen zur Sicherung der Liquidität ergreifen.

In diesem Fall greift die Insolvenzordnung, deren Herzstück der Insolvenzplan (6. Teil der InsO; §§ 217 ff.) ist. Diese Regelung hat das Ziel, das betroffene Unternehmen zu sanieren anstatt wie bisher zu zerschlagen.

Im ersten Teil des Insolvenzplans, dem darstellenden Teil, wird beschrieben, welche Maßnahmen nach der Eröffnung des Insolvenzverfahrens ergriffen worden sind oder noch ergriffen werden, um die Grundlagen für die geplante Gestaltung der Rechte der Beteiligten zu schaffen (§§ 219, 220 I InsO). Für die Personalabteilung ist in diesem Zusammenhang die Darstellung der Sanierungsmaßnahmen, zu denen auch personalwirtschaftliche Anpassungen zählen, von besonderer Bedeutung.

Ist der Abbau von Beschäftigten erforderlich, um das Überleben des Unternehmens zu sichern, gelten nach der InsO besondere Regelungen. Danach sind Entlassungen auch ohne Sozialplan und Kündigungsfristen binnen drei Monaten möglich. Gesetzliche, individualvertragliche und tarifvertragliche Vereinbarungen können außer Kraft gesetzt werden. Der eingeschränkte Kündigungsschutz der Arbeitnehmer leitet sich daraus ab, dass die Betriebsbedingtheit der ausgesprochenen Kündigung gesetzlich vermutet wird. Außerdem gilt zugunsten des sanierenden Unternehmens, dass eine Weiterbeschäftigung des Arbeitnehmers zu unveränderten Arbeitsbedingungen nicht mehr möglich ist. Dies erleichtert den Abschluss von Interessenausgleichen und Sozialplänen. Kann keine Einigung mit einem bestehenden Betriebsrat erzielt werden, kann der Insolvenzverwalter ein gerichtliches Beschlussverfahren einleiten. Das zuständige Arbeitsgericht erklärt dann die Arbeitsverhältnisse für beendet.

Vor einer Insolvenzantragstellung lassen sich folgende personalbezogenen Maßnahmen ergreifen:

Massenentlassungen sind ein Mittel, die Personalkosten sehr schnell zu entlasten. Allerdings fallen sie unter besondere gesetzliche Regelungen: **46**

§ 111 BetrVG: Bei geplanten Betriebsänderungen ist der Betriebsrat rechtzeitig und umfassend zu unterrichten und die geplante Maßnahme mit ihm zu beraten. Eine erhebliche Reduzierung des Personalbestandes – Massenentlassung – stellt gemäß der Rechtsprechung des Bundesarbeitsgerichts eine Betriebsänderung (gem. § 111 Satz 2 Nr. 1 BetrVG) dar, wobei als Richtlinie die Zahlen- und Prozentangaben des § 17 Abs. 1 KSchG zugrunde zu legen sind. Ob eine Massenentlassung vorliegt, hängt von der Betriebsgröße und der Anzahl der Entlassungstermine in einem 30-Tages-Zeitraum ab (Beginn: ab Entlassung von 6 Arbeitnehmern). Bei Massenentlassung muss eine Anzeige an das Arbeitsamt erfolgen (Name, Personaldaten, … zum 30.9. gehen A, B, …).

Die Kenntnis der Kündigungsfristen ist daher unerlässlich. Zwei Wochen vor Absendung der Massenentlassungsanzeige muss der Betriebsrat mit einbezogen werden. Darüber hinaus ist eine Anzeige an den Präsidenten des Landesarbeitsamtes (nach Information des Wirtschaftsausschusses und des Betriebsrats) zu richten.

Falls es sich um betriebsbedingte Kündigungen handelt, kann die Belegschaft einen Sozialplan fordern, der die soziale Härte einer Kündigung abfedert.

Bei der Erstellung eines Sozialplans ist auf folgende Inhalte zu achten:

Laufdauer, Geltungsbereich, Auswahlkriterien zu kündigender Arbeitnehmer, Regelungen über Versetzungen und Umgruppierungen, Wohnungswechsel, Fahrtkostenerstattung, Arbeitsplatzsuche, Nichteinhaltung der Kündigungsfrist, Urlaubsgeld, Abfindung.

Für das Unternehmen bedeutet ein Sozialplan fast immer die Zahlung von Abfindungen sowie von Auslaufgehältern in Höhe der Kündigungsfrist. Diese bewirken, dass die Personalkosten erst mit einer zeitlichen Verzögerung von ca. sechs Monaten entlastet werden.

Ein weiteres Problem bei Massenentlassungen ist die aufkommende Demotivation der betroffenen Arbeitnehmer. Sollte es dadurch zu Verzögerungen im Produktionsprozess kommen und hohe Konventionalstrafen fällig werden, so muss über eine Leistungsprämie nachgedacht werden. Vor allem im Großmaschinen- und Anlagenbau ist dies üblich.

Betriebsbedingte Entlassungen sind aufgrund der Rechtsprechung zur Sozialauswahl mit großen Nachteilen für das Unternehmen verbunden. Durch die Sozialauswahl werden sehr oft die Leistungsträger entlassen (jünger, noch keine Familie). Dadurch wird das Unternehmen stark geschwächt.

Neben der Sanierung des Unternehmensträgers selbst kommt die „übertragende Sanierung" in Betracht, die auf Grundlage des Insolvenzplans erfolgen kann. Die übertragende Sanierung ist prinzipiell der Veräußerung des Betriebes oder einzelner Assets an eine Übernahmegesellschaft (§ 260 III InsO) gleichzusetzen. Der Insolvenzverwalter hat zunächst die Aufgabe, unmittelbar mit der Sanierung zu beginnen und notwendige Entlassungen vorzunehmen. Den Zeitraum von drei Monaten, in dem Insolvenz-Ausfallgeld

(§§ 141a, 141b AFG n.F.) gezahlt wird, muss er dabei ausnutzen. Eines der größten Hindernisse bei der übertragenden Sanierung ist die weiterhin unveränderte Geltung des § 613a BGB.

47 **bb) Beschäftigungsgesellschaft.** Um die Härte einer Kündigung abzufedern, bleibt dem Unternehmen die Möglichkeit, eine Beschäftigungsgesellschaft zu gründen. Die entlassenen Arbeitnehmer gehen direkt in die neugegründete Gesellschaft und absolvieren eine Umschulung oder Weiterbildung. Finanziert wird dies einerseits durch das Unternehmen, das Stammkapital und weitere im Interessenausgleich vereinbarte Beiträge einzahlt, andererseits bekommen die Arbeitnehmer Kurzarbeitergeld vom Arbeitsamt.

Die Gründung von Beschäftigungsgesellschaften bringt für das Unternehmen finanzielle Ausgaben mit sich. Allerdings darf nicht vergessen werden, dass durch das Angebot einer solchen Gesellschaft die Bereitschaft, eine Klage einzureichen, sinkt. Insofern können lange Rechtsstreitigkeiten und dementsprechende weitere Lohnzahlungen vermieden werden. Außerdem gibt es finanzielle Förderungsmöglichkeiten von Seiten des jeweiligen Bundeslandes.

48 **cc) Kurzarbeit.** Kurzarbeit ist eine Form der internen Personalanpassung. Darunter werden die vorübergehende Herabsetzung der betriebsüblichen regelmäßigen Arbeitszeit für den gesamten Betrieb, einzelne Betriebsabteilungen bzw. bestimmte Arbeitnehmergruppen verstanden. Dieses Mittel wird bei vorübergehenden Auftrags- und Produktionsrückgängen angewendet.

Für das Unternehmen bedeutet dies eine Entlastung der Personalkosten, da die in Kurzarbeit befindlichen Mitarbeiter Kurzarbeitergeld direkt vom Arbeitsamt beziehen. Kurzarbeit muss daher auch bei der Bundesanstalt für Arbeit angemeldet werden.

49 **b) Typische Fehler.** In der akuten Phase der Sanierung wird oft die Auswahl der zu entlassenden Personen unbeachtet der strategischen Neuorientierung des Unternehmens getroffen. Es kommt zu einer Überbewertung des Kostensenkungszieles, was Folgeprobleme für die Phase der langfristigen Restrukturierung nach sich zieht. Leistungsträger werden entlassen. Know-how geht verloren. Das Unternehmen kann durch starken Personalabbau einen Imageverlust erleiden, der sich negativ auf spätere Einstellungen auswirken kann.

Eine möglichst antizipative, strategisch orientierte Freisetzungsmethodik ist anzuwenden. Bei zu starkem Personalabbau nach den konventionellen Sozialauswahlkriterien bleibt meist eine überalterte Personalmannschaft mit geringer Flexibilität übrig. Für Fördermaßnahmen sind keine finanziellen Mittel vorhanden. Es kommt zu Unruhe und Klimaverschlechterungen, die die Turnaroundfähigkeiten des Unternehmens beeinträchtigen.

In der Krise wird die Kommunikation oft vernachlässigt. Es wird zu spät oder nicht ausreichend kommuniziert. Dadurch wird der Entstehung von Gerüchten Vorschub geleistet. Die Mitarbeiter werden verunsichert und demotiviert. Leistungsträger verlassen frühzeitig das „sinkende Schiff". Am Markt können Kunden und Lieferanten verunsichert werden. Die Krise verschärft sich durch mangelnde Kommunikation.

Unzureichende Kommunikation mit dem Betriebsrat führt zu erheblichen ‚Störgefühlen', was bis zur Kooperationsverweigerung führen kann. Dadurch wird die Realisierung von Personalmaßnahmen erheblich eingeschränkt und verzögert.

Besonders gravierende Fehler treten durch Nichtbeachtung der rechtlichen Vorschriften auf. Bei der betriebsbedingten Kündigung sind die Darlegung und der Beweis der materiellen Kündigungsgründe im arbeitsrechtlichen Verfahren sowie die ordnungsgemäße Durchführung der obligatorischen Sozialauswahl problematisch. Das Anhörungsverfahren ist förmlich und daher sehr fehleranfällig. Durch rechtlich nicht einwandfrei durchgeführte Personalanpassungsmaßnahmen kann es zu langwierigen Verzögerungen kommen (z.B. Arbeitsgericht wird eingeschaltet, Kündigung wird erst nach mehreren Monaten wirksam), was die Sanierung finanziell erheblich belasten und sogar zum Scheitern des Sanierungskonzeptes führen kann.

c) ESUG Schutzschirmverfahren. Seit dem 1. März 2012 bietet der Gesetzgeber 50 zwei neue Wege der Unternehmenssanierung an. In den Paragraphen § 270a und § 270b der InsO sind die sogenannten Schutzschirmverfahren benannt. Eine entsprechende Sanierungsfähigkeit vorausgesetzt, erhält das Krisenunternehmen einen mindestens dreimonatigen Schutz vor Vollstreckung. Diese Zeit ist zu nutzen, um einen Sanierungsplan auszuarbeiten und Einvernehmen mit seinen Gläubigern zu erzielen. Kennzeichnend für das Schutzschirmverfahren ist, dass das Unternehmen den Sanierungsprozess in Eigenverwaltung vornimmt und sämtliche Entscheidungsgewalt behält. In Bezug auf personalrelevante Themen gelten die gleichen Regelungen wie bei einem Regelinsolvenzantrag. Der eingesetzte Sachwalter übernimmt die Organisation des Insolvenzgeldes für die Mitarbeiter, das bereits mit Schutzschirmantrag für drei Monate die Lohn- und Gehaltsfortzahlung durch die Bundesagentur für Arbeit sichert (Voraussetzung: keine rückständigen Löhne). Hieraus lässt sich ein erheblicher Liquiditätseffekt erzielen. Gleichzeitig besteht auch im Schutzschirmverfahren die Möglichkeit, den Personalabbau kostenneutral und ohne Sozialplan und Kündigungsfristen binnen drei Monaten durchzusetzen.

IV. Zwischenfazit

Der Bereich Personal spielt in einem Unternehmen eine besondere Rolle und kann er- 51 hebliche Beiträge zur Überwindung einer Unternehmenskrise leisten. Oft werden die Möglichkeiten hieraus jedoch nicht erkannt, Instrumente der modernen Personalführung schlicht weg ignoriert. Dies betrifft insbesondere mittelständische Unternehmen, bei denen heute vielfach noch eine patriarchalische Führungskultur vorherrscht und der Bereich Personal als Lohnbuchhaltung verstanden wird.

Restrukturierungsfelder des personalwirtschaftlichen Leistungsbereiches lassen sich bei der personellen Leistungsbereitstellung sowie bei den Themen Leistungserhalt und Leistungsförderung finden. Durch die umfassende Nutzung einer intelligenten Informations- und Datenbanktechnologie können die Geschäftsprozesse im Personalbereich kostenoptimiert durchgeführt werden.

In dem akuten Krisenfall ist die Aufgabe der Personalabteilung extrem operativ orientiert: Sie hat u.a. für den Ablauf von Massenentlassungen, Verhandlungen über Sozialpläne zu sorgen.

Um tief greifende Veränderungsprozesse in Unternehmen erfolgreich zu gestalten bedarf es in der Regel einer Unterstützung von außen. Eine beratende Rolle reicht hierzu jedoch nicht aus. Ein erfahrenes Interim Management – also Manager auf Zeit – ist eine umsetzungsorientierte Lösung, die hilft, den Unternehmenswandel in krisenbehafteten Funktionsbereichen schnell und konsequent voranzutreiben.

§ 13 Beiträge zur Restrukturierung/Sanierung – Führung

Übersicht

	Rn.
I. Einführung – Funktion von Führung im Unternehmen	1
II. Herausforderungen für Führung bei Restrukturierung/Sanierung	2–7
1. Veränderte Einstellungen und Wahrnehmungen der Beschäftigten	2, 3
2. Verändertes Verhalten der Beschäftigten	4–7
a) Entzug der verfügbaren Arbeitskraft	4, 5
b) Verringerung der Arbeitsleistung	6, 7
III. Ansatzpunkte für Führung	8–12
1. Interpretation der Restrukturierung/Sanierung	8–11
a) Gerechtigkeit der strategischen Entscheidungen	8
b) Psychologischer Vertrag	9
c) Vertrauen in die Unternehmensleitung	10
d) Informelle politische Prozesse	11
2. Arbeitsbedingungen	12
IV. Führungspolitische Maßnahmen	13–20
1. Kommunikation im Zuge des Restrukturierungsprozesses	13–16
a) Zeitliche Abfolge	13, 14
b) Wege der Kommunikation	15
c) Kommunikationsstil	16
2. Partizipation der Beschäftigten	17
3. Gestaltung von Arbeitsbedingungen	18–20
V. Zusammenfassung	21

I. Einführung – Funktion von Führung im Unternehmen

1 Führung ist – neben der Gestaltung von organisatorischen Strukturen und Regeln – das zentrale Instrument der Verhaltensbeeinflussung in Unternehmen. Generell soll Führung reagierend und vorausschauend das Verhalten von Beschäftigten so beeinflussen, dass erwünschte Ziele des Unternehmens erreicht und unerwünschte Zustände vermieden werden. Im Unterschied zur Organisationsgestaltung richtet sich Führung auf konkrete individuelle Personen oder Gruppen bzw. deren Verhalten, und wird durch ebenfalls konkrete Personen, die Führungskräfte, umgesetzt.

Zu den wichtigsten Aufgaben der Führung zählt zunächst die Interpretation und Erläuterung von Regeln, Erwartungen und Ereignissen im Unternehmen gegenüber den Beschäftigten. Dies reicht von alltäglichen Arbeitsinhalten bis zu außergewöhnlichen Umständen wie einer Restrukturierung oder Sanierung. Außerdem muss Führung die Motivation, also den Antrieb zur individuellen Anstrengung bei der Aufgabenerfüllung gewährleisten. Hierzu gehört nicht nur das Verdeutlichen von Zielen, sondern auch das Erkennen und Entwickeln von Fähigkeiten der Beschäftigten, die Beachtung von individuellen Bedürfnissen sowie der Einsatz von Belohnung und Anerkennung. Eine grundlegende Voraussetzung für das Gelingen von Führung ist der Aufbau und Erhalt von Vertrauen in die Führungskräfte.

Die Notwendigkeit von Führung ergibt sich aus der Unvorhersehbarkeit der Entwicklung des Unternehmens und seines Umfelds. Hinzu kommt, dass Personen sich nicht nur in ihrer Leistungsfähigkeit und tatsächlichen Leistung, sondern auch in ihrer Persönlichkeit, ihren Erwartungen und Verhaltensweisen stark voneinander unterscheiden können. Außerdem arbeiten diese Personen in Unternehmen gemeinsam an der Erfüllung von Aufgaben, so dass in schwankendem Ausmaß deren kurzfristige Koordination erforderlich ist. Ohne effektive Führung kann deshalb kein Unternehmen langfristig erfolgreich sein. Effektive Führung selbst erfordert wiederum ein Verständnis davon, wie Beschäftigte ihre Tätigkeit und eventuelle Veränderungen wahrnehmen und sich aufgrund dessen und ihrer Persönlichkeit verhalten.[1]

II. Herausforderungen für Führung bei Restrukturierung/Sanierung

1. Veränderte Einstellungen und Wahrnehmungen der Beschäftigten

Strategische Maßnahmen wie Restrukturierungen und Sanierungen stellen nicht nur für die Unternehmensleitung eine große Herausforderung dar. Sie üben auch starken Einfluss auf Einstellungen und Verhalten von individuellen Beschäftigten und Teams im Unternehmen aus. Grundsätzlich besteht das Risiko der erheblichen Verschlechterung des Verhältnisses zwischen Beschäftigten und Arbeitgeber, aber auch unter den Beschäftigten. Generell ist davon auszugehen, dass sich Restrukturierung und Sanierung nicht nur auf eventuell zu entlassende Beschäftigte auswirken, sondern auch auf jene, die im Unternehmen gehalten werden sollen. Diese Beschäftigten sind für das Gelingen der Veränderung besonders wertvoll, weshalb negative Effekte, wie die folgenden, vermieden werden sollten.[2]

Restrukturierungen und Sanierungen, insbesondere wenn sie mit Entlassungen verbunden sind, wirken sich negativ auf die Verbundenheit der Beschäftigten zum Unternehmen aus.[3] Dies ist nicht nur an sich problematisch, sondern auch wichtig, weil die Verbundenheit eine wichtige Voraussetzung für den Verbleib im Unternehmen sowie gute Arbeitsleistung und Engagement ist.

Zudem sind strategische Veränderungsmaßnahmen aus Sicht der Beschäftigten häufig mit Verschlechterungen der Arbeitsbedingungen verbunden, wie etwa weniger Entscheidungsspielraum, Herausforderung, Unterstützung innerhalb eines Teams, oder Verfügbarkeit von notwendigen Ressourcen. Dies kann sich ebenfalls auf das Verhalten der Betroffenen auswirken.

Daneben treten Veränderungen des Arbeitsklimas und -umfelds auf. So fühlen sich Beschäftigte tendenziell weniger stark durch ihre Führungskräfte unterstützt. Außerdem entstehen im Nachgang von Restrukturierungen verstärkt Konflikte am Arbeitsplatz, nicht zuletzt wegen einer subjektiv stark gestiegenen Unsicherheit des individuellen Arbeitsplatzes. Insgesamt prägen diese Ereignisse also stark die Wahrnehmung der Beschäftigten und verändern so deren Verhalten.

---

[1] Für ausführliche Informationen zum Thema Führung in Organisationen siehe *Jürgen Weibler*, Personalführung, Verlag Franz Vahlen München, 2012.
[2] *Datta/Guthrie/Basuil/Pandey* Causes and effects of employee downsizing: A review and synthesis, in Journal of Management, 2010, Band 36, Heft 1, 281–348.
[3] *Datta et al.*, S. 309.

2. Verändertes Verhalten der Beschäftigten

4 a) Entzug der verfügbaren Arbeitskraft. Das größte führungsbezogene Risiko bei Restrukturierungen und Sanierung ist vermutlich jenes der erhöhten Fluktuation unter den zunächst im Unternehmen verbliebenen Beschäftigten. Hierdurch gehen zum einen häufig gerade die Fähigkeiten von Beschäftigten verloren, die für die Neuausrichtung des Unternehmens besonders wertvoll wären, da vorwiegend hochqualifizierte und mobile Personen den Weg der Kündigung wählen. Zum anderen wirkt sich dies im Zusammenspiel mit den Kosten der Wiederbesetzung von freiwerdenden Stellen negativ auf die Unternehmensleistung aus. Geeignete Maßnahmen können die Fluktuation jedoch verringern.

5 Hinzu kommt, dass Beschäftigte, die dennoch im Unternehmen bleiben, tendenziell höheren Absentismus zeigen, also motivationsbedingt der Arbeit fernbleiben.[4] Neben der Negativselektion durch Fluktuation sorgt der Absentismus für einen weiteren Rückgang der Unternehmensleistung und konterkariert somit die Ziele der Veränderungsmaßnahme.

6 b) Verringerung der Arbeitsleistung. Selbst wenn die Arbeitskraft nicht durch Fluktuation oder Absentismus entzogen wird, ist bei vielen verbleibenden Beschäftigten mit einem Rückgang der Arbeitsleistung zu rechnen. Dies betrifft nicht nur individuelle Arbeitsleistung im Allgemeinen, sondern auch Prozesse der Qualitätsverbesserung, die Effizienz von Fertigungsanlagen sowie die Arbeitsproduktivität auf Gesamtbetriebsebene.

7 Als eine Sonderform der Arbeitsleistung tritt im Speziellen eine Verringerung der Kreativität der verbliebenden Beschäftigten auf. Dies wird auf die als eingeschränkt wahrgenommenen Arbeitsbedingungen zurückgeführt. Bezogen auf das Ziel einer innovativen Neuausrichtung des Unternehmens ist dies problematisch, da weniger auf die Beschäftigten als Quelle von Ideen für die Weiterentwicklung des Unternehmens oder Möglichkeiten zur Effizienzsteigerung zurückgegriffen werden kann.[5]

Im Hinblick auf Führung ist es somit von entscheidender Wichtigkeit die Kernprobleme, die im Rahmen von Restrukturierung und Sanierung auftreten können, zu beachten und geeignete Maßnahmen im Vorfeld und im Zuge der Veränderungen selbst zu ergreifen.

III. Ansatzpunkte für Führung

1. Interpretation der Restrukturierung/Sanierung

8 a) Gerechtigkeit der strategischen Entscheidungen. Aus der Perspektive der Unternehmensleitung werden Entscheidungen über strategische Veränderungen vor allem im Hinblick auf Effizienzsteigerungen getroffen, um knappe finanzielle Ressourcen optimal einzusetzen und das Unternehmen so für die Zukunft neu aufzustellen. Aus der Sicht der Beschäftigten stellt sich hier aber vornehmlich die Frage nach dem Erhalt des eigenen Arbeitsplatzes. Deshalb verfolgen sie sehr aufmerksam, wer von schwerwiegenden Veränderungen, beispielsweise Versetzungen oder Kündigungen, betroffen ist und wer nicht. Gerechtigkeit ist hier dann gegeben, wenn der Verlust bzw. Erhalt des Arbeitsplatzes in einem angemessenen Verhältnis zu etwa der vorhergehenden Arbeitsleistung,

---

[4] *Datta et al.,* S. 321.
[5] *Datta et al.,* S. 321 f.

der Qualifikation oder der Abhängigkeit vom Arbeitseinkommen steht. Hinzu kommt das Ausmaß, in dem etwa die auftretenden Belastungen über verschiedene Hierarchieebenen verteilt werden. Umgekehrt entsteht erhebliches Konfliktpotenzial, wenn individuelle Gerechtigkeitsabwägungen im Widerspruch zu tatsächlichen Maßnahmen stehen und beispielsweise Entlassungen als unnötig oder stark ungleich verteilt wahrgenommen werden.[6]

Daneben spielt eine entscheidende Rolle, ob die Beschäftigten der Überzeugung sind, dass Entscheidungen über Entlassungen in einem fairen Prozess zustande gekommen sind. Falls der Eindruck vorherrscht, dass keine sinnvollen Kriterien angewandt wurden, bestimmte Personengruppen systematisch anders behandelt wurden oder die Betroffenen bzw. ihre Interessenvertretung nicht hinreichend einbezogen wurden, wirkt sich dies negativ auf die individuelle Bewertung des Veränderungsprozesses aus.[7] Dies gilt auch und insbesondere für Beschäftigte, die sich stark mit dem Unternehmen identifiziert haben.[8]

Außerdem ist wichtig, wie Information bezüglich der Veränderungsmaßnahmen gegenüber den Beschäftigten kommuniziert werden. Beispielsweise beeinflussen Angaben über Auswahlkriterien oder Gründe für Leistungsbewertungen die wahrgenommene Gerechtigkeit der getroffenen Entscheidungen.[9]

b) Psychologischer Vertrag. Prinzipiell kann das Verhältnis zwischen Beschäftigten und Arbeitgeber als eine Reihe von gegenseitigen Verpflichtungen angesehen werden. Dies bezieht sich aber nicht nur auf den formalen Arbeitsvertrag, sondern auch auf implizite Erwartungen, insbesondere seitens der Beschäftigten. Im Rahmen von Restrukturierungen bzw. Sanierungen bedeutet dies vor allem, dass die Beschäftigten wahrnehmen, dass sie zuvor durch ihre Arbeitsleistung und andere Verhaltensweisen, zum Beispiel Hilfsbereitschaft gegenüber Kollegen, einen Beitrag zum Erfolg des Unternehmens geleistet haben. Im Gegenzug erwarten sie, dass der Arbeitgeber ihnen ein stabiles, sicheres und förderliches Arbeitsumfeld bereitstellt. Die Erfüllung dieser Erwartung bildet wiederum die Grundlage für zukünftiges produktives Verhalten der Beschäftigten. 9

Strategische Veränderungen werden häufig als Verletzung dieses psychologischen Vertrags wahrgenommen.[10] Insofern gefährden sie bei führungspolitisch unsachgemäßer Durchführung das Verhältnis zwischen Beschäftigten und Arbeitgeber und können die oben beschriebenen problematischen Veränderungen der Einstellungen und Verhaltensweisen zur Folge haben. Andererseits kann eine aktive Gestaltung des psychologischen Vertrages zur erfolgreichen Restrukturierung bzw. Sanierung beitragen.[11]

c) Vertrauen in die Unternehmensleitung. Aufgrund der mit Restrukturierungen und Sanierungen verbundenen Belastungen für die verbleibenden Beschäftigten spielt deren Vertrauen in die Unternehmensleitung eine wichtige Rolle. Insbesondere wertvolle Beschäftigte, die auch über alternative Stellenangebote verfügen, dokumentieren ihr 10

---

[6] *Datta et al.*, S. 308.
[7] *Trevor/Nyberg* Keeping your headcount when all about you are losing theirs: Downsizing, voluntary turnover rates, and the moderation role of HR practices, in Academy of Management Journal, 2008, Band 51, Heft 2, S. 259–276.
[8] *Tyler/De Cremer* Process-based leadership: Fair procedures and reactions to organizational change, in The Leadership Quarterly, 2005, Band 16, S. 529–545.
[9] *Sahdev* Revisiting the survivor syndrome: The role of leadership in implementing downsizing, in European Journal of Work and Organizational Psychology, 2004, Band 13, Heft 2, S. 165–196.
[10] *Cascio/Wynn* Managing a downsizing process, in Human Resource Management, 2004, Band 43, Heft 4, S. 425–436.
[11] *Datta et al.*, S. 308.

Vertrauen indem sie das Unternehmen nicht verlassen.[12] Neben dieser Erwartung des Arbeitsplatzerhalts bezieht sich das Vertrauen auf den Erfolg der strategischen Veränderungsmaßnahme und damit auf die Überlebenschancen des Unternehmens.

Grundlagen der Vertrauenswürdigkeit der Unternehmensleitung sind die Beachtung der Belange der Beschäftigten, Kompetenz, und verlässliche sowie offene und ehrliche Kommunikation bezüglich des Veränderungsprozesses.[13] Die Beachtung der Belange der Beschäftigten impliziert dass die Unternehmensleitung nicht ausschließlich nach eigenen Interessen handelt. Die Einschätzung großer Kompetenz erhöht die Erfolgsaussichten der Entscheidung zur Restrukturierung. Verlässliche Kommunikation suggeriert, dass abgegebene Versprechen durch die Unternehmensleitung eingehalten werden. Offenheit und Ehrlichkeit tragen zur Unsicherheitsreduzierung bei.[14]

Diese Aspekte können eine weniger negative Bewertung der Situation bewirken, was wiederum die Wahrscheinlichkeit der konstruktiven Mitarbeit am Veränderungsprozess erhöht. Mithin stellen sie Ansatzpunkte für Maßnahmen der Führung dar.

11 d) Informelle politische Prozesse. Neben der Führung durch die Unternehmensleitung und andere Führungskräfte sowie der Befolgung von organisatorischen Regeln werden in Unternehmen individuelle Interesse auch mithilfe informeller Politik durchgesetzt. Diese Form der Machtausübung geschieht in der Regel verdeckt und zulasten anderer, beispielsweise durch Bevorzugung oder Benachteiligung oder durch Vorenthalten von Informationen. Für diese Anderen – aber auch für zunächst Unbeteiligte – ist die Existenz solcher informeller politischer Prozesse insofern belastend, als sie die Unsicherheit des Arbeitsumfelds erhöht und als Bedrohung wahrgenommen wird. Darüber hinaus verringert sie die individuelle Verbundenheit mit dem Unternehmen sowie die Arbeitszufriedenheit, und erhöht die Fluktuationsabsicht.[15]

Da Restrukturierungen und Sanierungen ohnehin von starken Veränderungen und damit großer Unsicherheit geprägt sind, ist die Wahrnehmung informeller politischer Prozesse besonders relevant. Sie kann zu weiterer Verunsicherung führen, wenn Beschäftigte den Eindruck haben, dass auftretende Ungerechtigkeiten auf verdeckte Handlungen einzelner mächtiger Akteure zurückzuführen sind.

2. Arbeitsbedingungen

12 Restrukturierungen und Sanierungen sind häufig mit der Neuverteilung von Arbeitsaufgaben und Zuständigkeiten verbunden.[16] In diesem Zusammenhang kann eine Überforderung der Beschäftigten auftreten. Zum einen basiert dies auf der Zuweisung von Aufgaben, für welche die Betroffenen nicht über die notwendigen Fähigkeiten und Fertigkeiten verfügen, insbesondere wenn zuvor keine umfassende Bestandsaufnahme der vorhandenen Kompetenzen im Unternehmen durchgeführt wurde. Zum anderen müssen die verbleibenden Beschäftigten oft die Aufgaben ihrer entlassenen Kollegen übernehmen. Dies führt zu einer Überlastung aufgrund der anfallenden Arbeitsmenge.

---

[12] *Datta et al.,* S. 309.

[13] *Mishra/Spreitzer* Explaining how survivors respond to downsizing: The roles of trust, empowerment, justice, and work redesign, in Academy of Management Review, 1998, Band 23, Heft 3, S. 567–588.

[14] *Datta et al.,* S. 309.

[15] *Chang/Rosen/Levy* The relationship between perceptions of organizational politics and employee attitudes, strain, and behavior: a meta-analytic examination, in Academy of Management Journal, 2009, Band 52, Heft, S. 779–801.

[16] *Datta et al.,* S. 321.

Daneben werden im Zuge von Restrukturierungen häufig Entscheidungsbefugnisse zentralisiert bzw. auf höhere Hierarchiestufen verlagert. Hierdurch verringert sich der Entscheidungsspielraum der Beschäftigten, was die individuelle Arbeit subjektiv entwertet und als Kontrollverlust wahrgenommen wird. In der Folge zeigen diese Beschäftigten weniger Initiative und beteiligen sich weniger aktiv am Veränderungsprozess.

IV. Führungspolitische Maßnahmen

1. Kommunikation im Zuge des Restrukturierungsprozesses

a) Zeitliche Abfolge. Im Zuge von Restrukturierungen bietet sich eine Reihe von Maßnahmen der führungspolitischen Begleitung. Diese zielen darauf ab, die wahrgenommene Gerechtigkeit des Prozesses, die Einhaltung des psychologischen Vertrags und das Vertrauen der Beschäftigten in die Unternehmensleitung zu stärken sowie den Eindruck der Dominanz informeller politischer Prozesse zu mindern. 13

Da Restrukturierungs- und Sanierungsmaßnahmen mit starken Veränderungen innerhalb kurzer Zeiträume verbunden sind, ist der zeitliche Aufbau von Kommunikation von großer Bedeutung.[17] Hier lassen sich viele Probleme vermeiden, die durch sehr zurückhaltende und vage bzw. mehrdeutige Kommunikation entstehen, wie etwa die oben beschriebenen. Sinnvoller ist es, sehr frühzeitig Informationen mit den Beschäftigten zu teilen. Dies stärkt zum Einen das Vertrauen in die Unternehmensleitung, da die Beschäftigten sich in die anstehenden Veränderungen einbezogen und somit wertgeschätzt fühlen. Zum anderen vermeidet frühzeitige Kommunikation das Auftreten von plötzlichen Veränderungen die als Belastung empfunden werden.[18] 14

Ebenso bedeutend ist es, Informationen regelmäßig und häufig weiterzugeben, sobald sie vorliegen und für Beschäftigten relevant sind. Diese Offenheit stärkt nicht nur Vertrauen, sondern vermeidet die Wahrnehmung verdeckter informeller Politik, welche wiederum als ungerecht empfunden wird.[19]

b) Wege der Kommunikation. Ähnlich wie bei zeitlichen Aspekten sollte auf die Wahl der Kommunikationswege bzw. die kommunizierenden Personen geachtet werden. So sollten prinzipiell die für die Beschäftigten wichtigen Kontaktpersonen sicht- und ansprechbar sein. Dies sind vor allem die unmittelbaren Vorgesetzten sowie andere relevante Führungskräfte, inklusive der Unternehmensleitung.[20] Diese generelle Ansprechbarkeit, im Gegensatz zum Zurückziehen vom Kontakt mit den Beschäftigten, fördert Vertrauen lässt den Veränderungsprozess transparenter erscheinen.[21] Zudem ermöglicht sie, dass auch möglicherweise wichtige Informationen, wie etwa Vorschläge für die Umsetzung der Restrukturierung zu den Verantwortlichen gelangen. 15

Daneben sollte auch die regelmäßige Kommunikation über Details der Veränderung über die jeweilgen Führungskräfte der Beschäftigten und nicht über andere Wege, beispielsweise eine Stabsabteilung oder gar externe Berater erfolgen. Auch hier kann so ein

---

[17] *Cascio* Strategies for responsible restructuring, in Academy of Management Executive, 2005, Band 19, Heft 4, S. 39–50.
[18] *Sahdev*, S. 190.
[19] *Cascio*, S. 48.
[20] *Cascio/Wynn*, S. 429.
[21] *Cascio*, S. 48.

vertrauensvoller Umgang kultiviert und damit eine Grundlage für zukünftige Zusammenarbeit zwischen diesen Personen geschaffen werden.

16 **c) Kommunikationsstil.** Ehrlichkeit und Integrität sind weitere wichtige Aspekte der Kommunikation. Ein ehrlicher Kommunikationsstil, also die wahrheitsgemäße Weitergabe von realistischen Informationen ermöglicht den Beschäftigten einen angemessenen Umgang mit der Situation und vermindert das Risiko des Bruchs des psychologischen Vertrags.

Integrität steht hier für die Konsistenz der weitergegebenen Informationen im Zeitablauf. Die ohnehin starke Unsicherheit aus Sicht der Beschäftigten sollte nicht durch Überraschungen, Übertreibungen oder leeren Versprechungen weiter erhöht werden. Grundsatz ist vielmehr die Schaffung einer glaubwürdigen positiven Perspektive für verbleibende und potentielle zukünftige Beschäftigte. Deshalb sollten starke Widersprüche und Veränderungen in der Kommunikation vermieden werden.[22]

2. Partizipation der Beschäftigten

17 Über die Bereitstellung von Informationen hinaus kann die weitergehende Einbeziehung der Beschäftigten in den Veränderungsprozess sinnvoll sein, um ihre Fachkenntnisse einfließen zu lassen. Voraussetzungen sind hierbei nicht nur Zeit und die jeweilige individuelle Kompetenz, sondern vor allem der Eindruck, dass Partizipation nicht vergeblich ist, also eine echte Teilhabe am Veränderungsprozess besteht. Die Beschäftigten sollen die Möglichkeit und den Anreiz haben, Vorschläge für eine effektive und effiziente Umsetzung der Restrukturierung einzubringen.[23] Dies stärkt vor allem die wahrgenommene Gerechtigkeit der anstehenden Veränderungen.

Neben der Einbindung von individuellen Beschäftigten, etwa durch die Erfragung und Erfassung von einzelnen Vorschlägen, kann die Partizipation auch in größerem Rahmen und strukturiert erfolgen. Ein Beispiel hierfür sind Fokusgruppen, bei denen abgegrenzte Themengebiete in einer moderierten Diskussion von fachlich geeigneten Personen erörtert werden. Hier lassen sich sowohl neue Ideen generieren als auch vorhandene Pläne auf ihre Umsetzbarkeit testen.[24]

3. Gestaltung von Arbeitsbedingungen

18 Viele Maßnahmen im Kontext von Restrukturierung und Sanierung haben eine Veränderung von Arbeitsbedingungen zur Folge. Beispielsweise müssen die verbleibenden Beschäftigten Aufgaben ihrer entlassenen Kollegen übernehmen oder die Zuständigkeiten innerhalb eines Unternehmensbereichs werden umfassend neu strukturiert. Wie bei der Gestaltung von Arbeitsaufgaben im Allgemeinen gilt hier ganz besonders, dass Arbeitsaufgaben nicht über- oder unterfordern, überlasten, oder zu Monotonie führen sollten.[25] Dies kann etwa geschehen, weil einer Person zwei sehr ähnliche Aufgaben oder insgesamt zu viele Aufgaben oder mehrere sehr komplexe Aufgaben zugewiesen werden. Ein eingeschränkter Entscheidungsspielraum bezüglich der eigenen Arbeit wirkt ebenfalls demotivierend.

---

[22] *Cascio/Wynn*, S. 434.
[23] *Cascio*, S. 44.
[24] *Cascio/Wynn*, S. 430.
[25] *Mishra/Spreitzer*, S. 579 ff.

Umgekehrt kann eine Restrukturierung als Chance für eine Weiterentwicklung der Beschäftigten gesehen werden. So können Arbeitsaufgaben sinnvoll neu zusammengestellt werden, so dass sie mehrere Fähigkeiten der Beschäftigten fordern ohne zu überlasten. Gleichzeitig bietet sich die Gelegenheit zur Erweiterung des Entscheidungsspielraums im Sinne einer Übernahme zusätzlicher Verantwortung. Dies macht nicht nur die Aufgabe als solche motivierender, sondern spricht gleichzeitig für das in die Person gesetzte Vertrauen, was wiederum die Bindung an das Unternehmen erhöht.

Neben der Arbeitsinhalte selbst sollte gegebenenfalls auch die Entlohnung der Beschäftigten den veränderten Rahmenbedingungen angepasst werden. Besonders bei einer Ausweitung der Aufgabenbreite oder bei der Übernahme zusätzlicher Verantwortung kann die wahrgenommene Gerechtigkeit der Entlohnung beeinträchtigt werden. Zusätzliche Aufgaben sollten deshalb in der Regel mit höherer Entlohnung verbunden sein.[26]

V. Zwischenfazit

Aus führungspolitischer Perspektive gilt bei Restrukturierungen und Sanierungen der Grundsatz, dass nicht nur die eventuell zu entlassenden Beschäftigten, sondern auch die im Unternehmen Verbleibenden großen Veränderungen ausgesetzt sind. Da die Verbleibenden die personelle Grundlage für den Erfolg der Veränderungsmaßnahmen bilden, ist die richtige Führung von großer Bedeutung. Schließlich bietet die Führung aus Sicht der Beschäftigten eine Vorschau auf ihre Zukunft im Unternehmen.

Sinnvolle Ansatzpunkte sind hier die wahrgenommene Gerechtigkeit der Veränderungen, der psychologische Vertrag der Beschäftigten mit dem Unternehmen, das Vertrauen in die Unternehmensleitung sowie der Eindruck informeller politischer Prozesse. Diese Faktoren prägen wichtige Einstellungen und Verhaltensweisen wie etwa Verbundenheit mit dem Unternehmen, Absentismus oder Arbeitsleistung.

Deshalb sollten Unternehmen im Restrukturierungprozess auf frühzeitige und regelmäßige Kommunikation achten, die durch unmittelbare Vorgesetzte der Beschäftigten sowie durch exponierte Führungskräfte erfolgt und durch große Ehrlichkeit und Konsistenz geprägt ist. Zudem sollten die Beschäftigten so weit wie möglich in die Gestaltungen der Veränderungen im Unternehmen einbezogen werden. Ergeben sich geänderte Arbeitsaufgaben, so sollten diese motivierend strukturiert und gerecht entlohnt werden. So kann eine effektive Mitwirkung der Beschäftigten und damit eine erfolgreiche Umsetzung der Restrukturierung oder Sanierung gefördert werden.[27]

---

[26] *Sahdev*, S. 193.
[27] Weitere Übersichten finden sich bei *Cascio* sowie bei *Cascio/Wynn*.

§ 14 Beiträge zur Restrukturierung/Sanierung – Finanzen und Controlling

Übersicht

	Rn.
I. Einleitung	1–3
II. Finanzmanagement in der Restrukturierung/Sanierung	4–30
1. Überblick	4–7
2. Cash Conversion Cycle	8–11
3. Analyse der Prozesse und Maßnahmen zur Restrukturierung/Sanierung	12–30
a) Debitorenmanagement	12–19
b) Vorratsmanagement	20–25
c) Kreditorenmanagement	26–30
III. Controlling in der Restrukturierung/Sanierung	31–48
1. Überblick	31–33
2. Originäre Aufgaben des Controllings	34–43
a) Planung	34–36
b) Berichtswesen	37–40
c) Steuerung/Leistungsmessung	41–43
3. Derivative Aufgaben des Controllings	44–48
a) Implementierung eines Restrukturierungs-/Sanierungscontrollings	44–46
b) Reorganisation des Controllings	47, 48
IV. Zwischenfazit	49–51

I. Einleitung

1 Der vorliegende Beitrag analysiert die Rolle der Bereiche Finanzen und Controlling innerhalb eines Unternehmens, das sich in einer Restrukturierungs-/Sanierungssituation befindet. Typischerweise spiegelt sich eine abzeichnende Unternehmenskrise bereits frühzeitig in den entsprechenden Finanzkennzahlen wider. Häufig werden bei der Erkennung erster Krisensymptome allerdings zunächst keine Gegenmaßnahmen ergriffen, da die sich abzeichnende Krisensituation als temporäre Entwicklung eingestuft wird. Hierdurch kann es zu bedrohlichen Liquiditätskrisen kommen, die oftmals eine Insolvenz nach sich ziehen.

2 In der Mehrzahl der Fälle ist eine Krise im leistungswirtschaftlichen Bereich, z.B. bei Problemen im Absatz der hergestellten Produkte oder Dienstleistungen des Unternehmens angesiedelt. Die Ursache kann aber auch im Bereich Finanzen und Controlling zu finden sein, wenn beispielsweise keine aufeinander abgestimmten Finanz- und Liquiditätspläne vorhanden sind oder von der Unternehmensführung kein effektives Working Capital Management implementiert wurde. In solchen Fällen kann das Management meist nicht rechtzeitig mit aktuellen und belastbaren Daten versorgt werden, um die sich abzeichnende Krisensituation durch Gegenmaßnahmen zu verhindern.

3 Unabhängig von den krisenauslösenden Faktoren ist i.d.R. ein Restrukturierungs-/Sanierungskonzept zu entwickeln, in welchem sämtliche Maßnahmen zusammengefasst

§ 14 Beiträge zur Restrukturierung/Sanierung – Finanzen und Controlling

werden, die zur Bewältigung der Krisensituation umgesetzt werden müssen. Im Folgenden wird auf mögliche Maßnahmen im Bereich Finanzen und Controlling in einer solchen Krisensituation eingegangen und gezeigt, wie diese als Teilbereich in das Restrukturierungs-/Sanierungskonzept eingebunden werden können, damit eine effektive Umsetzung des Konzeptes zu gewährleisten ist.

II. Finanzmanagement in der Restrukturierung/Sanierung

1. Überblick

Bei einer Restrukturierung/Sanierung wird Liquidität für viele Unternehmen zu einer knappen Ressource. Absatzschwierigkeiten und eine sich verschlechternde Zahlungsmoral der Kunden führen häufig dazu, dass liquide Mittel zur Aufrechterhaltung der betrieblichen Tätigkeit fehlen. Nicht zuletzt wird es für solche Unternehmen zunehmend schwieriger, die Finanzierungslücke durch Fremdkapital zu schließen.[1] Das Working Capital Management ist eine Form der Innenfinanzierung. Bei einer Restrukturierung/Sanierung dient es dem Zweck, das zur Leistungserstellung gebundene Kapital zu reduzieren und dadurch liquide Mittel zur Sicherung der Zahlungsfähigkeit des Unternehmens freizusetzen.[2] Das Working Capital Management umfasst sämtliche Planungs-, Steuerungs- und Kontrollaktivitäten, die darauf abzielen, das *Working Capital* zu reduzieren. Dabei nimmt die Finanzabteilung regelmäßig eine tragende Rolle ein.

Als *Working Capital* wird die Differenz zwischen dem kurzfristigen Vermögen und den kurzfristigen Verbindlichkeiten des Unternehmens bezeichnet:[3]

	Kurzfristiges Vermögen
–	Kurzfristige Verbindlichkeiten
=	*Working Capital*

Das *Working Capital* ist eine zeitpunktbezogene Kennzahl und wird in Geldeinheiten angegeben. Die einzelnen Komponenten des kurzfristigen Vermögens und der kurzfristigen Verbindlichkeiten werden in der Literatur uneinheitlich abgegrenzt. Auf der obersten Ebene wird zunächst grob zwischen dem *Gross Working Capital* und dem *Working Capital* unterschieden. Das *Gross Working Capital* umfasst das gesamte Umlaufvermögen, das für das operative Geschäft zur Verfügung steht. Das *Working Capital* ist dagegen bilanzorientiert und ergibt sich als Differenz zwischen dem Umlaufvermögen und den kurzfristigen Verbindlichkeiten. Das *Working Capital* repräsentiert den Teil des Umlaufvermögens, der durch langfristiges Kapital finanziert werden muss. Im Umkehrschluss verkörpert es folglich denjenigen Teil des langfristigen Kapitals, der im Umlaufvermögen gebunden ist.[4] In einer gut operationalisierbaren Variante kann das *Working Capital* wie folgt bestimmt werden:[5]

---

[1] Vgl. *Buchmann* (2009), S. 350.
[2] Vgl. *Schöning/Rutsch/Schmitt* (2012), S. 243.
[3] Vgl. *Baetge/Kirsch/Thiele* (2004), S. 270.
[4] Vgl. *Sure* (2012), S. 166.
[5] Vgl. *Schütte* (2012), S. 351.

§ 14   3. Teil. Sanierung der leistungswirtschaftlichen Bereiche

>   Vorräte
> +   Forderungen aus Lieferungen und Leistungen
> +   Geleistete Anzahlungen
> +   Sonstige Forderungen/sonstige Vermögensgegenstände
> −   Verbindlichkeiten aus Lieferungen und Leistungen
> −   Erhaltene Anzahlungen
> −   Sonstige kurzfristige Verbindlichkeiten
> =   *Working Capital*

6   Wie das Berechnungsschema zeigt, kann das *Working Capital* bspw. durch eine Verlängerung der Zahlungsziele der Verbindlichkeiten aus Lieferungen und Leistungen oder durch den Abbau von Vorräten reduziert werden. Voraussetzung für eine Reduktion des *Working Capital* ist, dass in einem ersten Schritt die relevanten Prozesse identifiziert und anschließend geeignete Maßnahmen eingeleitet werden. In der Praxis handelt es sich bei diesen beiden Schritten um kurz- bis langfristig formbare Aufgabenfelder, die das Management der Debitoren, der Vorräte und der Kreditoren umfassen.[6]

7   Im Zuge des *Working Capital* Managements lassen sich aus der Kennzahl *Working Capital* in Verbindung mit weiteren Kennzahlen (vor allem der *Days Working Capital* als Spitzenkennzahl) und Prozessanalysen Potentiale zur Optimierung der Lagerhaltung oder des Debitorenmanagements sowie Defizite im Kreditorenmanagement aufdecken. Auf die einzelnen Aufgabenfelder wird detailliert in Abschnitt 3 eingegangen.

2. Cash Conversion Cycle

8   Das *Working Capital* Management basiert auf dem Konzept des Cash Conversion Cycle. Der Cash Conversion Cycle beschreibt bei Produktionsunternehmen die Kapitalbindungsdauer zwischen dem Einkauf der für den Wertschöpfungsprozess benötigten Ressourcen und der Bezahlung des damit erbrachten Outputs durch die Kunden. Bei Dienstleistungsunternehmen umfasst der Cash Conversion Cycle entsprechend die Kapitalbindungsdauer zwischen der Erbringung einer Dienstleistung und der Bezahlung der erbrachten Leistung durch die Kunden.[7]

9   Die Kapitalbindungsdauer kann mittels der Spitzenkennzahl *Days Working Capital (DWC)* gemessen werden. Die Kennzahl *DWC* orientiert sich am Geschäftszyklus des Unternehmens und kann in weitere Kennzahlen disaggregiert werden, welche die Bereiche des Debitoren-, Vorrats- und des Kreditorenmanagements abdecken. Hierbei sind

- die Forderungsreichweite (*Days Sales Outstanding, DSO*),
- die Lagerbestandsreichweite (*Days Inventory Outstanding, DIO*) und
- die Kreditorenlaufzeit (*Days Payables Outstanding, DPO*)

zu unterscheiden. Diese drei Kennzahlen stehen mit den *DWC* in der folgenden funktionalen Beziehung:[8]

$$DWC = DSO + DIO - DPO$$

10 Die folgende Übersicht[9] verdeutlicht den Zusammenhang zwischen den Kennzahlen *DSO*, *DIO* und *DPO* am Beispiel des Wertschöpfungsprozesses bei einem Produktionsunternehmen.

---

[6] Vgl. *Klepzig* (2010), S. 19.
[7] Vgl. *Schöning/Rutsch/Schmitt* (2012), S. 244; *Küting/Weber* (2012), S. 136.
[8] Vgl. *Schütte* (2012), S. 352.
[9] In Anlehnung an *Schöning/Rutsch/Schmitt* (2012), S. 248.

§ 14 Beiträge zur Restrukturierung/Sanierung – Finanzen und Controlling § 14

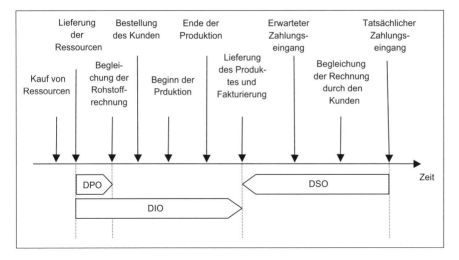

Das Ziel des *Working Capital* Management besteht darin, die *DWC* zu reduzieren. Dies lässt sich erreichen, indem in den drei o.g. Aufgabenfeldern sowohl die Höhe als auch die Dauer der Kapitalbindung vermindert werden.[10] Durch die Nutzung der eigenen Innenfinanzierungskraft wird das Unternehmen unabhängiger von externen Finanzierungsquellen und gewinnt an finanziellen Handlungsspielräumen.

3. Analyse der Prozesse und Maßnahmen zur Restrukturierung/Sanierung

a) Debitorenmanagement

aa) Analyse der Prozesse. Das erste Aufgabenfeld des *Working Capital* Managements ist das Debitorenmanagement. Das Debitorenmanagement ist für die Sicherung der Liquidität von großer Bedeutung, da in diesem Bereich zumeist weit reichende Handlungsspielräume zur Freisetzung von Liquidität bestehen.[11] Grund hierfür ist vor allem, dass bei deutschen Unternehmen Lieferantenkredite die am weitesten verbreitete Form der Finanzierung von Geschäften darstellen.[12] Bilanziell betrachtet geht es hier um die Steuerung des Aktivpostens „Forderungen aus Lieferungen und Leistungen".

Anhaltspunkte für ein möglicherweise bestehendes Optimierungspotenzial im Bereich des Debitorenmanagements können mittels der Kennzahl *Forderungsreichweite* (DSO) gewonnen werden. Die *Forderungsreichweite* wird wie folgt bestimmt:

$$DSO = \frac{\text{Forderungen aus Lieferungen und Leistungen}}{\text{Umsatzerlöse der Periode}} \times 365 \text{ Tage}$$

Die Kennzahl *DSO* drückt die Zeitspanne in Tagen zwischen der Fakturierung bis zum Eingang der entsprechenden Zahlung aus.[13] Werden die *DSO* auf Basis von Monatsumsätzen berechnet, kann dies bei einem stark ausgeprägten Saisongeschäft zu erheblichen

---

[10] Vgl. *Felden/Mendorf* (2012), S. 28.
[11] Vgl. *Lichtkoppler/Reisch/Winkler* (2010), S. 85.
[12] Vgl. *Crone* (2012), S. 175.
[13] Vgl. *Schütte* (2012), S. 353.

Schwankungen des Kennzahlenwertes führen.[14] Generell gilt aber: Je geringer die Ausprägung der Kennzahl *DSO* ist, desto effizienter ist das zu Grunde liegende Debitorenmanagement und desto schneller schlagen sich die Forderungen aus Lieferungen und Leistungen in der Liquidität des Unternehmens nieder. Eine lange Forderungsreichweite bedeutet hingegen eine lange Kapitalbindungsdauer und damit eine schlechte Liquiditätslage sowie eine geringe Rentabilität des Unternehmens. Mögliche Ursachen hierfür können bspw. sein:

- Mangelhaftes oder nicht vorhandenes Mahnwesen
- Schlechtere Zahlungsmoral oder geringere Bonität der Kunden
- Gewährung von langen Zahlungszielen zur Förderung des Absatzes

In der folgenden Tabelle sind exemplarisch die Ausprägungen der Kennzahl *DSO* aus dem Jahr 2005 für ausgewählte Branchen dargestellt:[15]

Branche	*DSO*
Automobilindustrie	68
Chemie	72
Handel (Lebensmittel und Medikamente)	11
Industriedienstleistungen	62
Maschinen- und Anlagenbau	86

15 Um Schwachstellen beim Debitorenmanagement aufzudecken, bietet es sich an, den Entstehungsprozess der Forderungen in einzelne Teilschritte zu zerlegen und dabei mögliche Risiken zu beleuchten. Wesentliche Teilschritte sind in diesem Zusammenhang die Bonitätsprüfung der Debitoren, die Fakturierung und das Mahnwesen.

16 Bei der Gewährung von Lieferantenkrediten räumt der Lieferant seinen Kunden üblicherweise ein bestimmtes Zahlungsziel ein. Besonders bei einer Restrukturierung/Sanierung kann dies für den Lieferanten zu einem Problem werden, da er i.d.R. in Vorleistung treten muss und in der Folge eine Finanzierungslücke entstehen kann. Dadurch kann wiederum ein Liquiditätsengpass entstehen, der durch Zahlungsverzögerungen und Zahlungsausfälle, die aus einer sich verschlechternden Bonität der Kunden resultieren, weiter verschärft werden kann. Bei einer Restrukturierung/Sanierung werden ausstehende Kundenzahlungen zu einer kritischen Liquiditätsquelle.[16] Ein weiteres Bonitätsrisiko kann darin bestehen, dass sich das Unternehmen bei einer Restrukturierung/Sanierung dazu verleiten lässt, sämtlichen Kunden unabhängig von ihrer vergangenen Zahlungsmoral die gleichen Liefer- und Zahlungskonditionen zu gewähren, um den Absatz zu fördern.[17]

17 Bei der Fakturierung besteht in erster Linie das Risiko, dass Rechnungen zu spät oder auf der Grundlage fehlerhafter Buchungen erstellt werden. Solche Fehler können vor allem dann auftreten, wenn die Fakturierung beim betreffenden Unternehmen papierba-

---

[14] Vgl. *Schöning/Rutsch/Schmitt* (2012), S. 246. In diesem Fall lässt sich die *DSO* mittels der Ausschöpfungsmethode berechnen. Damit wird berechnet, wie viele Tage ab dem Berichtszeitpunkt zurückgegangen werden muss, um den Forderungsbestand abzudecken. Vgl. *Klepzig* (2010), S. 68–69.
[15] Vgl. *Hofmann* (2010), S. 257. *Hofmann* verwendet in seiner Studie eine aus 7205 Datensätzen bestehende Stichprobe internationaler Unternehmen für den Zeitraum zwischen 1996 und 2005.
[16] Vgl. *Buchmann* (2009), S. 353.
[17] Vgl. *Crone* (2012), S. 175–176.

siert erfolgt.[18] Darüber hinaus muss sichergestellt werden, dass dem Rechnungswesen sämtliche Informationen zur Verfügung gestellt werden, die sich auf die Auftragsabwicklung und die Zahlungsmodalitäten beziehen. Zur Optimierung des Zahlungsverkehrs sollte darauf geachtet werden, dass die einzelnen Zahlungsvorgänge möglichst automatisch, z.B. durch die Einrichtung von automatischen Abbuchungsaufträgen bei den Kunden, ausgelöst werden.

Unternehmen, die sich in einer Restrukturierung/Sanierung befinden, verfügen häufig über kein oder nur über ein in Grundzügen vorhandenes und personell zu dünn ausgestattetes Mahnwesen. Das wesentliche Risiko besteht darin, dass Außenstände nicht überwacht und überfällige Forderungen zu spät angemahnt werden.[19] Bei papierbasierter Fakturierung besteht zudem das Risiko, dass auch das Mahnwesen im Falle von Reklamationen durch die Kunden nur ineffizient und zeitverzögert funktioniert.

bb) Maßnahmen zur Restrukturierung/Sanierung

- Kurzfristige Maßnahmen:
  - Factoring. Hierbei sind allerdings die anfallenden Gebühren zu berücksichtigen.
  - Verkürzung der Zahlungsziele
  - Fakturierung bereits dann, wenn die produzierten Güter an den Kunden ausgeliefert werden sollen bzw. die Dienstleistungen erbracht worden sind
  - Einrichtung und Überwachung von Kreditlimits
  - Generierung von Altersstrukturlisten, um überfällige Forderungen zu identifizieren
  - Persönlicher Kontakt mit Kunden, um den Zahlungseingang bei Verzug zu beschleunigen
- Langfristige Maßnahmen:
  - ABC-Analyse der Kreditoren, um die Geschäftsbeziehung zu den „wertvollsten" Kunden zu sichern und sich von den „schlechtesten" Kunden sukzessive zu trennen. Dabei darf die strategische Bedeutung der Kunden allerdings nicht vernachlässigt werden. Diese ist dahingehend zu beurteilen, ob die jeweiligen Kundenbeziehungen für die Fortführung des Geschäftsbetriebes dringend erforderlich sind oder mittel- bis langfristig beendet werden können.
  - Abschluss einer Warenkreditversicherung
  - Regelmäßiges Einholen von Bonitätsauskünften
  - Einführung von einheitlichen Richtlinien für das Debitorenmanagement
  - Implementierung eines rechnergestützten Fakturierungs- und Mahnwesens. Dadurch können Reklamationen vermieden und der Zahlungseingang beschleunigt werden. Verschicken von Zahlungserinnerungen wenige Tage, bevor die Forderungen fällig werden
  - Einrichtung von Abbuchungsaufträgen bei Kunden und ggf. Erhöhung des Anteils an Barverkäufen

b) Vorratsmanagement

aa) Analyse der Prozesse. Das Vorratsmanagement umfasst den gesamten Prozess von der Prognose des Materialverbrauches, dem Eingang der (Vor-)Produkte über die Lagerung bis hin zur Auslieferung an den Kunden.[20] Das Ziel des Vorratsmanagements besteht darin, eine ausreichende Menge an Vorräten im Lager vorzuhalten, um einerseits einen reibungslosen Produktionsprozess zu gewährleisten, und andererseits unnötig hohe

---

[18] Vgl. *Crone* (2012), S. 176.
[19] Vgl. *Lichtkoppler/Reisch/Winkler* (2010), S. 85.
[20] Vgl. *Eitelwein/Wohlthat* (2005), S. 420.

§ 14　　　　　3. Teil. Sanierung der leistungswirtschaftlichen Bereiche

Lagerbestände zu vermeiden.[21] Eine Reduktion des Vorratsbestandes kann sich wesentlich auf die Liquiditätslage eines Unternehmens, das sich in einer Restrukturierung/Sanierung befindet, auswirken. Grund hierfür ist, dass bei solchen Unternehmen häufig eine nicht an die Betriebsleistung angepasste Lagerhaltung zu beobachten ist. Zudem ist in den Vorräten oft das meiste Kapital gebunden.[22]

21　Der Liquiditätseffekt, der sich beim betreffenden Unternehmen einstellen kann, lässt sich anhand der Kennzahl *Lagerbestandsreichweite (DIO)* quantifizieren. Zur Berechnung der *DIO* wird der Bestandswert der Vorräte am Ende einer Periode ins Verhältnis zu den Umsatzerlösen[23] dieser Periode gesetzt:

$$DIO = \frac{\text{Bestandsert der Vorräte am Ende der Periode}}{\text{Umsatzerlöse der Periode}} \times 365 \text{ Tage}$$

22　Die *DIO* beschreibt die Zeitspanne zwischen dem Lagereingang der Vorräte und der Realisation des damit erzielten Umsatzes. Eine geringe Ausprägung dieser Kennzahl ist vor allem im Falle einer Restrukturierung/Sanierung einer hohen Ausprägung vorzuziehen. Die Interpretation dieser Kennzahl hängt stark von der Branche ab, in der das Unternehmen tätig ist. Ein hoher Vorratsbestand führt generell zu hohen Lagerkosten und verschlechtert die Liquidität und Rentabilität des Unternehmens. Eine steigende Lagerbestandsreichweite kann bspw. auf die folgenden Ursachen zurückgeführt werden:
- Überalterung des Lagerbestandes
- Ineffiziente Bewirtschaftung des Lagers
- Aufbau von Überkapazitäten

In der folgenden Tabelle sind exemplarisch die Ausprägungen der Kennzahl *DIO* aus dem Jahr 2005 für ausgewählte Branchen dargestellt:[24]

Branche	DIO
Automobilindustrie	50
Chemie	67
Handel (Lebensmittel und Medikamente)	31
Industriedienstleistungen	6
Maschinen- und Anlagenbau	78

23　Wie bei der Diskussion der Analyse der Prozesse im Bereich des Debitorenmanagements, bietet es sich auch hier an, die wesentlichen Teilschritte des Vorratsmanagements auf mögliche Risiken hin zu untersuchen und anschließend geeignete Maßnahmen zu erörtern.

24　Bei der Bedarfsmengenplanung können bereits Ineffizienzen auftreten, wenn die prognostizierten Bedarfsmengen auf der Grundlage einer zu groben Stückplanung ermittelt werden. Es muss zudem darauf geachtet werden, dass die Bedarfsplanung anhand von

---

[21] Vgl. *Sure* (2009), S. 41–42.
[22] Vgl. *Crone* (2012), S. 178.
[23] Konzeptionell wäre es vorzuziehen, wenn die *DIO* auf Basis der Umsatzkosten der Periode bestimmt würden, da der Wert der Vorräte nicht in einem unmittelbaren Zusammenhang zu den Umsatzerlösen, sondern zu den Umsatzkosten steht. Aus Gründen der Vereinfachung werden in der Praxis allerdings die Umsatzerlöse im Nenner des Bruches verwendet. Vgl. *Losbichler/Rothböck* (2008), S. 48.
[24] Vgl. *Hofmann* (2010), S. 256.

aktuellen und künftig erwarteten Absatzmengen erfolgt. Vergangenheitsdaten, die sich nicht in die Zukunft fortschreiben lassen, sind dabei auszublenden.[25] Ein weiteres Risiko besteht darin, dass die in den Prozess der Bedarfsplanung involvierten Abteilungen nur eingeschränkt miteinander vernetzt sind und es aufgrund von Kommunikationsproblemen zu Über- oder Unterbeständen kommt.

bb) Maßnahmen zur Restrukturierung/Sanierung. Bei der Entwicklung von Maßnahmen zur Restrukturierung/Sanierung im Bereich des Vorratsmanagements können wiederum kurzfristige und langfristige Maßnahmen unterschieden werden.
- Kurzfristige Maßnahmen:
  - Abbau von Überkapazitäten durch Veräußerung zu besonders günstigen Konditionen
  - Überprüfung und Anpassung der Sicherheitsbestände
  - Verkürzung des Bestellturnus
- Langfristige Maßnahmen:
  - Verbesserung der Qualität der Bedarfsplanung durch eine detailliertere Produktions- und Absatzplanung
  - Analyse der Ursachen des Materialschwundes und Einleiten entsprechender Gegenmaßnahmen
  - Einrichtung von Konsignationslagern
  - ABC-Analyse des Vorratsbestandes. Bei Vorräten mit einem hohen Wertanteil ggf. Umstellung auf Just-in-Time-Lieferungen

c) Kreditorenmanagement

aa) Analyse der Prozesse. Das dritte Aufgabenfeld des Working Capital Managements ist das Kreditorenmanagement. Aus bilanzieller Sicht geht es um die Steuerung des Passivpostens „Verbindlichkeiten aus Lieferungen und Leistungen". Bei Unternehmen, die sich in einer Restrukturierung/Sanierung befinden, sind die Möglichkeiten zur Optimierung des Kreditorenmanagements eher eingeschränkt. Das Augenmerk richtet sich hierbei vor allem auf die Ausgestaltung der Verträge mit den Lieferanten.[26]

Zur Ermittlung eines möglichen Optimierungsbedarfes kann beim Kreditorenmanagement auf die Kennzahl *Kreditorenlaufzeit* (DPO) zurückgegriffen werden. Hierbei wird der Bestand an Verbindlichkeiten aus Lieferungen und Leistungen ins Verhältnis zu den Umsatzerlösen[27] der Periode gesetzt. Diese Kennzahl misst die Zeitspanne in Tagen zwischen der Begleichung einer Verbindlichkeit durch das Unternehmen und dem Datum des Rechnungseinganges:[28]

$$DPO = \frac{\textit{Verbindlichkeiten aus Lieferungen und Leistungen}}{\textit{Umsatzerlöse der Periode}} \times 365\, \textit{Tage}$$

Im Gegensatz zu den beiden Kennzahlen DSO und DIH ist eine höhere Ausprägung der Kennzahl DPO wünschenswert, da ein Liquiditätsabfluss hierdurch in die Zukunft verschoben werden kann. Eine niedrige Ausprägung der Kennzahl deutet hingegen auf ein nicht vorhandenes oder mangelhaft ausgestaltetes Kreditorenmanagement hin. In der fol-

---

[25] Vgl. *Crone* (2012), S. 178.
[26] Vgl. *Schöning/Rutsch/Schmitt* (2012), S. 246.
[27] Wie bei den DIO wäre es auch bei den DPO vorzuziehen, wenn auf die Umsatzkosten an Stelle der Umsatzerlöse der Periode zurückgegriffen würde. Vgl. *Losbichler/Rothböck* (2008), S. 48.
[28] Analog zum Vorgehen bei der Kennzahl DSO lässt sich die Kennzahl DPO bei schwankendem Saisongeschäft mittels der Ausschöpfungsmethode berechnen. Vgl. *Klepzig* (2010), S. 68–69.

genden Tabelle sind exemplarisch die Ausprägungen der Kennzahl *DPO* aus dem Jahr 2005 für ausgewählte Branchen dargestellt:[29]

Branche	DPO
Automobilindustrie	60
Chemie	56
Handel (Lebensmittel und Medikamente)	36
Industriedienstleistungen	33
Maschinen- und Anlagenbau	61

29 Bei einer Restrukturierung/Sanierung können aufgrund der angespannten Liquiditätslage i.d.R. keine Skonti in Anspruch genommen werden. Es besteht zudem das Risiko, dass Lieferanten aus Vorsicht künftig nur noch gegen Vorkasse liefern.[30] In der Praxis ist es daher von großer Bedeutung, dass die wirtschaftliche Lage des Unternehmens offen an die Lieferanten kommuniziert wird. Dies schafft Vertrauen und gibt den Lieferanten oftmals einen Anreiz, sich an der Restrukturierung/Sanierung zu beteiligen.

30 **bb) Maßnahmen zur Restrukturierung/Sanierung.** Bei der Entwicklung von Maßnahmen zur Restrukturierung/Sanierung im Bereich des Kreditorenmanagements können wiederum kurzfristige und langfristige Maßnahmen unterschieden werden.
- Kurzfristige Maßnahmen:
  - Neuverhandlung von Zahlungszielen und Zahlungskonditionen
  - Hinauszögern von Zahlungen. Dabei darf allerdings nicht übersehen werden, dass bewusst hinausgezögerte Zahlungen an Lieferanten bei späteren Preisverhandlungen dazu führen können, dass dem Unternehmen schlechtere Konditionen eingeräumt werden
  - Zusammenfassen mehrerer kleinerer Bestellungen, um günstigere Zahlungskonditionen zu erhalten
- Langfristige Maßnahmen:
  - ABC-Analyse der Kreditoren, um die Geschäftsbeziehung zu den „wertvollsten" Lieferanten zu sichern und sich von den „schlechtesten" Lieferanten sukzessive zu trennen. Dabei darf die strategische Bedeutung der Lieferanten allerdings nicht vernachlässigt werden. Diese ist dahingehend zu beurteilen, ob die jeweiligen Lieferantenbeziehungen für die Fortführung des Geschäftsbetriebes dringend erforderlich sind oder mittel- bis langfristig beendet werden können.
  - Vereinheitlichung der Einkaufskonditionen

III. Controlling bei der Restrukturierung/Sanierung

1. Überblick

31 Das Controlling nimmt in einer Restrukturierungs-/Sanierungssituation eine besondere Stellung ein. Nach der Erstellung eines Restrukturierungs-/Sanierungskonzeptes ist es Aufgabe des Controllings, dessen Umsetzungsstatus zu kontrollieren, zu überwachen und

---

[29] Vgl. *Hofmann* (2010), S. 258.
[30] Vgl. *Crone* (2012), S. 180.

den an der Restrukturierung/Sanierung beteiligten Parteien zu kommunizieren. Ist bislang in dem betroffenen Unternehmen kein systematisches Controlling vorhanden, ist ein auf die Krisensituation angepasstes Restrukturierungs-/Sanierungscontrolling einzurichten.[31] In diesem Fall ist es zu empfehlen, auf Restrukturierungs-/Sanierungsexperten zurückzugreifen, die den Implementierungsprozess durch ihr spezifisches Fachwissen beratend begleiten.

Je nach Stadium der Unternehmenskrise verändern sich auch die Aufgaben des Controllings.[32] Während in einer akuten Liquiditätskrise der Schwerpunkt in der Kontrolle der Sofortmaßnahmen zur Liquiditätssicherung liegen, ist es bei Vorliegen eines Restrukturierungs-/Sanierungskonzeptes in späteren Phasen der Krise vorrangige Aufgabe, den Restrukturierungs-/Sanierungsprozess überwachend zu begleiten und die Restrukturierungs-/Sanierungsstakeholder über den Erfolg der eingeleiteten Maßnahmen zu informieren.[33]

Im Einzelnen lassen sich für das Restrukturierungs-/Sanierungscontrolling originäre und derivative Aufgaben unterscheiden. Als originäre Aufgaben werden dabei diejenigen Aufgaben betrachtet, die das Controlling auch in „Nicht-Krisensituationen" übernimmt, wohingegen derivative Aufgaben alle durch die Krise bedingten zusätzlichen Aufgabenbereiche umfassen.[34] Im Folgenden wird auf die jeweiligen Aufgaben des Controllings in einer Restrukturierungs-/Sanierungssituation detailliert eingegangen.

Aufgaben des Restrukturierungs-/Sanierungscontrolling	
Originäre Aufgaben	Derivative Aufgaben
• Planung • Berichtswesen • Steuerung/Leistungsmessung	• Implementierung eines Restrukturierungs-/Sanierungscontrollings • Reorganisation des Controllings

2. Originäre Aufgaben des Controllings

a) Planung. Die Planung stellt eine der zentralen Aufgaben des Controllings in einer Restrukturierungs-/Sanierungssituation dar. Vorrangiges Ziel ist hierbei zunächst, aufbauend auf einer belastbaren Datenbasis und unter Beachtung der im Restrukturierungs-/Sanierungskonzept festgehaltenen Planungsprämissen, die Erstellung einer integrierten Ergebnis-, Finanz- und Vermögensplanung. Im weiteren Verlauf der Restrukturierung/Sanierung ist es Aufgabe des Controllings, die Umsetzung des Konzeptes laufend zu kontrollieren und zu überwachen. Da das Unternehmen bei einer Restrukturierung/Sanierung mit sich ständig ändernden Rahmenbedingungen konfrontiert ist, muss regelmäßig überprüft werden, ob die dem Konzept zugrunde liegenden Prämissen noch Gültigkeit haben.[35]

Bei der Erstellung einer integrierten Ergebnis-, Finanz- und Vermögensplanung sind zahlreiche Entscheidungen zu treffen. So muss beispielsweise entschieden werden, welche Planungsphilosophie zugrunde gelegt werden soll (Top-Down- oder Bottom-Up-Planung), welcher Planungshorizont gewählt wird (meist wird hierbei von 2–5 Jahren ausgegangen), welche Prognosemethoden angewendet werden und wie die Pläne bei den

---

[31] Vgl. *Steffan* (2009), S. 279.
[32] Vgl. *Nimwegen/Sanne* (2012), S. 1822.
[33] Vgl. ebenda, S. 1821.
[34] Vgl. *Steffan/Anders* (2010), S. 298.
[35] Vgl. ebenda, S. 299.

entsprechenden Adressaten verwendet werden. Nach Beantwortung dieser konzeptionellen Fragestellungen können Plan-Ergebnisrechnungen, Finanzpläne und Plan-Bilanzen erstellt werden.[36] Trotz der in einer Restrukturierung/Sanierung meist knapp bemessenen Zeit, muss darauf geachtet werden, dass alle wesentlichen Daten einbezogen werden und dass die einzelnen Pläne aufeinander abgestimmt sind. Nur auf diese Weise kann gewährleistet werden, dass im weiteren Verlauf der Restrukturierung/Sanierung keine nachteiligen Entscheidungen getroffen werden.

36 Im Verlauf der Restrukturierung/Sanierung besteht die Aufgabe des Controllings in der permanenten Kontrolle und Überwachung des Umsetzungsstatus der Maßnahmen des Konzeptes. Meist wird hierzu ein Soll-Ist-Vergleich herangezogen, um den Status der verschiedenen Maßnahmen zu erheben.[37] Sind einzelne Maßnahmen des Konzeptes abgeschlossen ist zudem zu ermitteln, ob diese den gewünschten (finanziellen) Effekt bewirkt haben.[38] Falls dies nicht der Fall sein sollte, muss eine Analyse erfolgen, welche Faktoren zu der Abweichung von den Planvorgaben führten und welchen Effekt dies für die weitere Restrukturierung/Sanierung hat.[39] Weiterhin ist für jede Maßnahme zu prüfen, wann sie umgesetzt wurde, da auch der Zeitpunkt der Umsetzung einen entscheidenden Einfluss auf das Gelingen der Restrukturierung/Sanierung haben kann.[40]

37 **b) Berichtswesen.** Neben der Planung steht das Berichtswesen des Unternehmens während einer Restrukturierung/Sanierung besonders im Mittelpunkt. Es hat die Aufgabe, sämtliche Umsetzungsmaßnahmen zu dokumentieren und an alle an der Restrukturierung/Sanierung beteiligten Parteien (Restrukturierungs-/Sanierungsstakeholder) zu kommunizieren. Im Berichtswesen werden somit alle Fort- und Rückschritte des Restrukturierungs-/Sanierungsprozess zusammengefasst und für die Informationsweitergabe an die Restrukturierungs-/Sanierungsstakeholder aufbereitet.

38 Vor allem bei Unternehmen in Krisensituationen ist meist das Vertrauen der Restrukturierungs-/Sanierungsstakeholder in das Management geschwächt. Dies kann sich auf Kunden und Lieferanten, in erster Linie aber auf die geldgebenden und damit die Restrukturierung/Sanierung finanzierenden Parteien beziehen. Meist handelt es sich hierbei um Kreditinstitute. Aber auch andere externe Gläubiger wie Lieferanten oder Factoringunternehmen können in den Prozess eingebunden sein. Um das geschädigte Vertrauen wieder aufzubauen und eine nachhaltige Zusammenarbeit auch über die Krisensituation hinaus sicherzustellen, ist auf das Informationsbedürfnis dieser Parteien umfassend einzugehen.

39 Unternehmensintern werden das Management und alle weiteren die Restrukturierung/Sanierung verantwortenden Personen (z.B. der speziell zur Restrukturierung/Sanierung eingesetzte Chief Restructuring Officer oder externe Berater wie Rechtsanwälte, Wirtschaftsprüfer oder andere Restrukturierungs-/Sanierungsexperten) durch das Controlling über den Fortschritt des Projektes informiert.[41] Ziel ist hierbei, entscheidungsnützliche Informationen für die Unternehmenssteuerung bereitzustellen. Gerade

---

[36] Vgl. *Steffan/Anders* (2010), S. 299.
[37] Typische Abweichungen sind hierbei Terminverzug, Budgetüberschreitungen oder Ergebnisabweichungen.
[38] Vgl. *Wentzler* (2009), S. 295.
[39] Vgl. *Sasse/Hauser/Stein* (2010), S. 164.
[40] Eine Verzögerung eines geplanten Stellenabbaus und der daraus resultierenden finanziellen Belastung in folgenden Monaten kann das Scheitern der Restrukturierung/Sanierung zur Folge haben.
[41] Vgl. *Sasse/Hauser/Stein* (2010), S. 164. Neben dem Management gelten auch der Aufsichtsrat und weitere Gesellschafter als interne Empfänger der Berichte.

in Krisensituationen ist darauf zu achten, dass die Berichtswege möglichst direkt erfolgen, um unnötige Verzögerungen auszuschließen.[42]

Neben der situationsspezifischen Auswahl der Berichtsempfänger ist auch zu entscheiden, in welchen Intervallen die Adressaten unterrichtet werden. Während bei gesunden Unternehmen oftmals monatlich die entsprechenden Daten und Berichte zur Verfügung gestellt werden, sollte dieser Zeitraum während einer Restrukturierung/Sanierung verkürzt werden, so dass beispielsweise wöchentlich über alle wesentlichen Maßnahmen und Fortschritte berichtet wird.[43] Hierbei ist zudem darauf zu achten, dass zwischen der Datengenerierung und der Verfügbarkeit des Berichts kein zu langer Zeitraum liegt, damit sichergestellt ist, dass jederzeit aktuelle Daten kommuniziert werden. Weiterhin muss darauf geachtet werden, dass alle wesentlichen Informationen wie Kennzahlen, Erfolgsgrößen und weitere Einflussgrößen in dem Bericht enthalten und prägnant formuliert sind, damit sich der Empfänger ressourcenschonend mit dem Bericht auseinandersetzen kann.[44] Hierzu kann es vorteilhaft sein, Soll-Ist-Vergleiche, Zeitreihenvergleiche oder Veränderungsraten wichtiger Kennzahlen und Erfolgsgrößen in den Bericht einzubinden und wesentliche Entwicklungen auch graphisch darzustellen. 40

c) Steuerung/Leistungsmessung. Im Bereich der Steuerung/Leistungsmessung hat das Controlling die fortlaufende Umsetzung der im Restrukturierungs-/Sanierungskonzept festgehaltenen Maßnahmen zu überprüfen.[45] Dies geschieht meist anhand eines Vergleichs der Plan-Vorgaben mit den realisierten Ist-Zahlen.[46] Ist erkennbar, dass sich Abweichungen zwischen den genannten Größen ergeben, sind die Ursachen zu identifizieren und, sofern möglich, zu beseitigen.[47] 41

In der Praxis hat sich neben dem Vergleich von Soll- und Ist-Zahlen die Einführung eines Restrukturierungs-/Sanierungskennzahlensystems etabliert. Der Vorteil eines solchen Systems ist die schnelle und übersichtliche Darstellung wesentlicher Sachverhalte des Restrukturierungs-/Sanierungsprozesses.[48] Als zentrale Kennzahl eignet sich vor allem der Cashflow aus der laufenden Geschäftstätigkeit, da dieser die Liquiditätssituation des Unternehmens zutreffend widerspiegelt.[49] Da in der Literatur unterschiedliche Definitionen des Cashflow zu finden sind, ist auf eine einheitliche Berechnungsweise in allen Teilplänen zu achten. 42

Anhand der permanenten Kontrolle und Überwachung des Leistungsfortschrittes im Restrukturierungs-/Sanierungsprozess ist es jederzeit möglich, den Umsetzungsstand der geplanten Maßnahmen festzustellen.[50] Neben der zentralen Zielsetzung der Restrukturierung/Sanierung, der nachhaltigen Wiederherstellung der Wettbewerbsfähigkeit des Unternehmens, kann auf diese Weise auch die leistungsabhängige Vergütung der an der Restrukturierung/Sanierung beteiligten Mitarbeiter erfolgen. Ein typisches Merkmal einer sich abzeichnenden Unternehmenskrise ist, dass viele Leistungsträger das Unternehmen verlassen. Um wichtiges Personal an das Unternehmen zu binden, wird daher häufig 43

---

[42] Vgl. *Steffan* (2009), S. 279.
[43] Vgl. *Sasse/Hauser/Stein* (2010), S. 165.
[44] An dieser Stelle ist auf eine differenzierte Darstellung der Sachverhalte in Bezug auf die unterschiedlichen Adressatenkreise zu achten. So ist es beispielsweise denkbar, dass keine vertraulichen Informationen an Parteien außerhalb des Unternehmens gelangen dürfen.
[45] Vgl. *Lichtkoppler/Reisch/Winkler* (2010), S. 149.
[46] Vgl. *Nimwegen/Sanne* (2012), S. 1821.
[47] Vgl. *Lichtkoppler/Reisch/Winkler* (2010), S. 149.
[48] Vgl. *Steffan/Anders* (2010), S. 301.
[49] Vgl. *Sandfort* (1997), S. 209–216.
[50] Vgl. *Nimwegen/Sanne* (2012), S. 1821.

eine vom Unternehmenserfolg abhängige Vergütung vereinbart. Die zur Berechnung dieser Vergütung notwendigen Daten können durch die permanente Leistungsüberwachung auch während einer Restrukturierung/Sanierung zeitnah zur Verfügung gestellt werden.

3. Derivative Aufgaben des Controllings

44 **a) Implementierung eines Restrukturierungs-/Sanierungscontrollings.** Neben den bislang beschriebenen originären Aufgaben des Controllings ergeben sich durch die Sanierungssituation auch weitere, sog. derivative Aufgaben für den Bereich Controlling. Zielsetzung dieser weiteren Aufgaben ist, die organisatorischen Voraussetzungen für eine effiziente Durchführung sämtlicher Controlling-Aufgaben zu schaffen. Dies betrifft zum einen die Implementierung eines Restrukturierungs-/Sanierungscontrollings und zum anderen die Reorganisation des Controllings.[51]

45 Um die Umsetzung des Restrukturierungs-/Sanierungskonzeptes sicherzustellen und das Management zeitnah mit belastbarem Datenmaterial versorgen zu können, müssen die Unternehmensprozesse und -abläufe an die neue Unternehmenssituation angepasst werden. In Anbetracht der meist nur knappen Zeit- und Personalressourcen sollte eine integrierte Datenerhebung und Berichterstattung erfolgen. Auf diese Weise ist gewährleistet, dass die Entscheidungen des Managements sowie die an die Restrukturierungs-/Sanierungsstakeholder weitergegebenen Informationen auf demselben Datenmaterial fußen. Dies hat den Vorteil, dass Anpassungen oder Überleitungsrechnungen entfallen und somit wertvolle Ressourcen eingespart werden können.

46 Weiterhin ist sicherzustellen, dass in der Krisensituation sämtliche Aktivitäten des Controllings auf die Umsetzung des Restrukturierungs-/Sanierungskonzeptes fokussiert werden.[52] Hierzu kann es angebracht sein, die krisenauslösenden Faktoren wie die Liquidität des Unternehmens einer gesonderten Beobachtung zu unterstellen, während andere Bereiche, die in keinem engen Verhältnis zu insolvenzauslösenden Parametern stehen, in längeren Zyklen überwacht werden. Aufgaben, die nicht der unmittelbaren Bestandssicherung des Unternehmens gelten, sind zunächst zurückzustellen.

47 **b) Reorganisation des Controllings.** Im Zuge der Erstellung des Sanierungskonzeptes ist auch zu prüfen, ob im Controlling Einsparpotentiale identifiziert werden können. Diese können sich in Abhängigkeit des bisher im Unternehmen etablierten Controllings durch eine Verbesserung der Arbeitsabläufe und -prozesse sowie durch einen Personalabbau ergeben.[53] Ebenso sind Maßnahmen denkbar, die aufbau- und ablauforganisatorische Ausrichtung des Controllings zu optimieren. Neben der Straffung sämtlicher Arbeitsabläufe und -prozesse lässt sich beispielsweise durch die Auswahl möglichst einfach anzuwendender Controllinginstrumente weiteres Einsparpotential heben.

48 Aufgrund der akuten Restrukturierungs-/Sanierungssituation ist indes darauf zu achten, dass die Überwachung der Bestandssicherung des Unternehmens durch das Controlling jederzeit gewährleistet ist. Die oben beschriebenen originären Aufgaben des Controllings, vor allem die Sicherung der notwendigen Liquidität und die Berichterstattung über den Fortschritt der eingeleiteten Maßnahmen an das Management sowie an externe Restrukturierungs-/Sanierungsstakeholder, müssen permanent sicher gestellt werden. Kann dies nicht durch die im Unternehmen vorhandenen Ressourcen geschehen, sind

---

[51] Vgl. *Steffan/Anders* (2010), S. 302.
[52] Vgl. *Steffan* (2009), S. 279.
[53] Vgl. *Sasse/Hauser/Stein* (2010), S. 165.

externe Restrukturierungs-/Sanierungsexperten heranzuziehen, die den Restrukturierungs-/Sanierungsprozess beratend begleiten.[54]

IV. Zwischenfazit

Wie der vorliegende Beitrag gezeigt hat, kommt dem Bereich Finanzen und Controlling in Restrukturierungs-/Sanierungssituationen eine besondere Rolle zu. Neben der Mitwirkung bei der Umsetzung zu Sofortmaßnahmen zur Abwendung einer akuten Liquiditätskrise ist dieser Bereich sowohl bei der Planung als auch bei der Kontrolle des Restrukturierungs-/Sanierungskonzeptes beteiligt. Die frühzeitige Implementierung und konsequente Einbindung eines Restrukturierungs-/Sanierungscontrollings kann somit einen entscheidender Erfolgsfaktor für das Überwinden der Krisensituation darstellen. 49

Die Finanzabteilung nimmt bei einer Restrukturierung/Sanierung häufig eine bedeutende Rolle ein. Ein wesentliches Instrument zur Sicherstellung der Zahlungsfähigkeit eines Unternehmens ist das *Working Capital* Management. Das Ziel hierbei ist es, die in den Forderungen, den Vorräten und den Verbindlichkeiten gebundene Liquidität freizusetzen. Dies setzt voraus, dass sich die Verantwortlichen aktiv mit den zu Grunde liegenden Aufgabenfeldern befassen. Zur Strukturierung der durchzuführenden Arbeitsschritte bietet es sich an, zunächst die einzelnen Prozesse auf mögliche Risiken hin zu untersuchen und anschließend adäquate Maßnahmen zur Restrukturierung/Sanierung zu entwickeln. Das Debitoren- und das Vorratsmanagement sind von zentraler Bedeutung, da in diesen Bereichen i.d.R. die meiste Liquidität gebunden ist und – im Unterschied zum Kreditorenmanagement – auch im Falle einer Restrukturierung/Sanierung erhebliche Optimierungspotenziale bestehen. 50

Dem Restrukturierungs-/Sanierungscontrolling kommt dabei in erster Linie die Aufgabe zu, eine integrierte Ergebnis-, Finanz- und Vermögensplanung zu erstellen und deren Umsetzung im weiteren Verlauf der Krise zu überwachen. Daneben muss das Berichtswesen an die geänderten Rahmenbedingungen angepasst und eine kontinuierliche Kommunikation mit den an der Restrukturierung/Sanierung beteiligten Parteien sichergestellt werden. Weiterhin muss der Bereich der Steuerung/Leistungsmessung, z.B. durch Einführung eines Kennzahlensystems den Leistungsfortschritt des Restrukturierungs-/Sanierungsprozesses dokumentieren. Neben diesen originären Aufgaben kommen dem Controlling auch durch die Krisensituation bedingte derivative Aufgaben zu. Diese bestehen im Wesentlichen aus der Implementierung eines Restrukturierungs-/Sanierungscontrollings sowie der Reorganisation des Controllings, z.B. durch eine aufbau- oder ablauforganisatorische Neuausrichtung. 51

---

[54] Vgl. *Steffan/Anders* (2010), S. 303.

§ 15 Beiträge zur Restrukturierung/Sanierung – EDV

Übersicht

	Rn.
I. Einführung – Krisenursachen in der IT	1–46
1. Kernprobleme und Gründe einer Schieflage in der IT	1–19
a) Unzufriedene Kunden und Benutzer	1–5
b) Schwaches IT-Management und unzureichende IT-Governance	6–9
c) Ungeeignete IT-Infrastruktur	10–12
d) Ungeeignete Anwendungssysteme	13–16
e) Unprofessionelle Projektarbeit	17–19
2. Stoßrichtung Restrukturierung	20–40
a) Geschäftsorientierung der IT	20–25
b) Konsequentes IT-Controlling	26–29
c) Optimierte IT-Fertigungstiefe	30–33
d) IT-Governance	34, 35
e) Restrukturierung und Neuaufbau einer IT	36–40
3. Stoßrichtung Sanierung	41–46
a) Umstrukturierung der Leistungen	41–44
b) Revision des Projektplans	45
c) Bildung von Task Forces	46
II. Analyse der Kernprobleme in der IT	47–58
1. IT-Controlling	47–50
2. Synchronisierung von IT und Geschäft	51–53
3. IT-Benchmarking	54, 55
4. IT-Review	56–58
III. Maßnahmen zur Restrukturierung/Sanierung in der IT	59–100
1. Verbesserung der Schnittstellen zum betrieblichen Umfeld	59–65
2. Servicemanagement	66–68
3. Projektmanagement	69–76
4. Optimierung der Fertigungstiefe	77–80
5. Anpassung der IT-Organisation an die Unternehmensstrukturen	81–84
6. IT-Controlling	85–90
7. Besonderheiten im Sanierungsfall	91–100
a) Sanierungsbedingter Leistungsabbau	91–96
b) Sanierungsbedingte Leistungserweiterung	97–99
c) Besonderheiten in Insolvenzfall	100
IV. Zwischenfazit	101, 102

I. Einführung – Krisenursachen in der IT

1. Kernprobleme und Gründe einer Schieflage in der IT

1 **a) Unzufriedene Kunden und Benutzer. Informationstechnologie** (IT), der Überbegriff für informations- und kommunikationstechnische Komponenten und Systeme und deren Nutzung im betrieblichen Umfeld (ältere Bezeichnung: Elektronische Datenverarbeitung (EDV)), ist wesentlicher Träger betrieblicher Prozesse und **unentbehrliches Werkzeug für die erfolgreiche Geschäftsabwicklung.** Von operativen

§ 15 Beiträge zur Restrukturierung/Sanierung – EDV § 15

Abläufen, die mit IT rationalisiert und automatisiert werden, bis hin zu dispositiven Tätigkeiten, in denen die Generierung und Aufbereitung von Informationen durch die IT unterstützt werden, ist der betriebliche Alltag ohne IT nicht mehr vorstellbar. Darüber hinaus ist IT wesentliches Instrument für die Kommunikation und Kooperation zwischen Unternehmen, Kunden und anderen Organisationen (z.B. Behörden). Die Globalisierung der Wirtschaft im heutigen Umfang wäre ohne IT nicht möglich.

In Krisensituationen muss daher auch und insbesondere der IT eine hohe Aufmerksamkeit gelten. Restrukturierungs- und Sanierungsmaßnahmen beziehen die IT aktiv ein und fordern ihre Leistungsfähigkeit und Flexibilität. Oftmals sind auch die für **IT-Dienste** verantwortlichen Organisationseinheiten selber in einer Krise und bedürfen der Restrukturierung und ggf. internen „Sanierung". 2

Geraten Unternehmen in eine Krise, so ist davon auch die IT betroffen. Umgekehrt strahlen Krisen in der IT auf das betriebliche Umfeld aus. Schieflagen in der IT lassen sich i.d.R. auf fünf Kernprobleme zurückführen. Zunächst sind hier die Schnittstellen zwischen der IT und ihren „Kunden", den Fachbereichen des Unternehmens, und das IT-Management selber zu nennen. Weitere Kernproblembereiche sind die IT-Infrastruktur, die IT-Anwendungssysteme und die Projektarbeit. Zwischen diesen fünf Bereichen gibt es vielfache Wechselwirkungen. 3

Aus Sicht der (internen) **Kunden** (Fachbereichsleitungen) und der **Benutzer** (Mitarbeiter der Fachbereiche) entsprechen die IT-Leistungen oftmals nicht den Erwartungen. Fehlende und falsche Funktionalitäten, Medienbrüche, Mehrfacherfassung von Daten, fehlerhafte Programme und unzureichende Verfügbarkeit der IT-Systeme sowie geringe Benutzerfreundlichkeit, schlechte Antwortzeiten und mangelhafte Termintreue beeinträchtigen die Arbeit der Benutzer. Informationsgewinnung per IT ist aufwändig und wenig benutzerfreundlich, oftmals auch nicht in der erforderlichen Flexibilität und Schnelligkeit möglich. Die Kommunikation zwischen Fachbereichen und IT ist mühsam und schwierig. Die IT-Mitarbeiter verstehen die Fragestellungen der Fachbereiche nicht richtig oder interpretieren sie falsch. Die für IT-Dienste verantwortliche Organisationseinheit erscheint fachlich wenig kompetent, zugleich aber bürokratisch und formalistisch. Die Umsetzung von Service- und Entwicklungsaufträgen dauert zu lange, Termine und Kosten werden nicht eingehalten. **Kunden- und Benutzerzufriedenheit** liegen auf niedrigem Niveau. 4

Vor diesem Hintergrund wird der zentrale IT-Dienst grundsätzlich in Frage gestellt. Das Fachbereichsmanagement versucht, in eigener Verantwortung bereichsspezifische IT-Dienste zu realisieren, oder fordert die Übertragung der IT an externe IT-Dienstleister **(Outsourcing)**. Projekte werden direkt an externe IT-Unternehmen vergeben. Der IT laufen die „Kunden" davon. 5

b) Schwaches IT-Management und unzureichende IT-Governance. In der Führung der IT gibt es oftmals erhebliche Defizite, sowohl bei der Leitung der IT-Dienste als auch im übergeordneten Management. Die **IT-Leitung** ist zu sehr technologie- und zu wenig geschäftsorientiert. Sie ist gefangen in der täglichen Hektik, versucht, auftretende Probleme zu lösen, so gut es geht, und reagiert nur noch passiv auf zunehmende Anforderungen aus dem Unternehmen. Sie ist im strategischen Sinne nicht (mehr) handlungsfähig. Die **Unternehmensleitung** hingegen betrachtet die IT als notwendiges Übel und unliebsamen Kostenblock, jedoch nicht als „Nervensystem" des Unternehmens und zentrales Gestaltungselement für Organisation und Prozesse. 6

Die **Kommunikation** zwischen Unternehmensleitung und IT-Leitung ist unzureichend. IT-Strategien und IT-Langzeitplanungen – wenn sie denn dokumentiert sind – 7

Kütz

§ 15 3. Teil. Sanierung der leistungswirtschaftlichen Bereiche

wurden nicht mit Geschäftszielen und -strategien abgestimmt (fehlendes „**business alignment**" der IT). **Standards und Richtlinien** werden zwar von der IT erarbeitet, aber ihre Umsetzung scheitert an mangelnder Unterstützung und fehlendem Rückhalt durch die Unternehmensleitung.

8   Das Verhältnis zwischen IT-Leitung und Unternehmensleitung ist von gegenseitiger Sprachlosigkeit und Enttäuschung geprägt. Die IT-Leitung fühlt sich von ausufernden Fachbereichsanforderungen überfordert und mit den widersprüchlichen Fachbereichsegoismen allein gelassen. In unternehmerische Entscheidungsprozesse wird sie nicht oder zu spät einbezogen. Sie soll kundenorientierter Dienstleister und regelnde Ordnungsinstanz (**IT-Governance**) zugleich sein. Diesen Rollenkonflikt kann sie ohne Unterstützung der Unternehmensleitung nicht auflösen.

9   In vielen Organisationen ist die IT ein mehr oder weniger amorpher Kostenblock. Es fehlt die erforderliche **Kostentransparenz**, insbesondere unter dem Aspekt, warum und wofür die IT-Kosten entstehen. Das **IT-Controlling** ist unzureichend. Es werden technische Verbräuche gemessen, aber nicht in betriebswirtschaftliche Größen transformiert oder erbrachten Leistungen zugeordnet. Monatliche Kostenberichte liefern nur Daten zu Budgets, eine Zuordnung zu IT-Services oder IT-Projekten (i.S. der Kostenträgerrechnung) erfolgt nicht. Die Leistung der IT wird nicht gemessen. **Produktivität** oder **Wirtschaftlichkeit** der IT können nicht belegt werden. Dezentral in den Fachbereichen entstehende IT-Kosten werden nicht erfasst.

10   c) **Ungeeignete IT-Infrastruktur.** Die **IT-Infrastruktur** umfasst zentrale und dezentrale Server (Rechnersysteme, die den Clients, d.h. Arbeitsplatzrechnern, bestimmte Dienste, z.B. Anwendungen oder Datenbanken, zur Verfügung stellen), Netzwerke und Arbeitsplatzgeräte wie PCs und Drucker. Hinzu kommt eine wachsende Vielfalt an mobilen Geräten, mit deren Hilfe die Benutzer die angebotenen IT-Services von beliebigen Orten aus und zu beliebigen Zeiten nutzen können (und müssen). Infolge des oftmals anwendungs- und projektspezifischen Ausbaus, fehlender Standards und Richtlinien sowie durch Übernahme anderer Unternehmen entsteht ein **heterogener Geräte- und Komponentenbestand**. Diese Heterogenität führt zu zahlreichen (technischen) Problemen und erhöhtem Wartungs- und Betreuungsaufwand. Oftmals hat der Gerätebestand aufgrund von Investitionsrückstaus eine ungünstige Altersstruktur. Das Bestandsmanagement (**Asset Management**) ist nur rudimentär ausgeprägt oder fehlt völlig. Diese Beobachtungen gelten nicht nur für Hardware, sondern ebenso für Software. Heterogenität und Überalterung führen in der IT-Infrastruktur zu hohen Betriebskosten.

11   Im Rahmen des **Betriebes** muss die IT die Verfügbarkeit der IT-Systeme sicherstellen. Das umfasst alle Maßnahmen gegen Einbruch, Feuerschäden, kriminelle Handlungen, usw. und ein dazu korrespondierendes **Risikomanagement**; einerseits als Vorsorge, um schädigende Handlungen oder Ereignisse zu vermeiden, andererseits, um nach einem Systemausfall Ersatzsysteme bereitzustellen und die ausgefallenen Systeme möglichst schnell wieder verfügbar zu machen (**Continuity Management**). In vielen Organisationen gibt es hier erhebliche Defizite. Oft fehlen sogar **Alarmierungspläne** für erste Maßnahmen nach einem Stör- oder Katastrophenfall.

12   Nicht zuletzt durch die Öffnung der IT-Systeme für Unternehmenskunden, Lieferanten und andere externe Stellen (z.B. durch Internet, EDI) muss die Sicherheit der Systeme und der in ihnen gespeicherten Daten gewährleistet werden. Das bedeutet insbesondere den Schutz vor unbefugtem Zugriff und Manipulation. Es gilt das zur Verfügbarkeit Gesagte analog. Eine aktive Sicherheitspolitik und systematische Sicherheitsmaßnahmen sind erforderlich (**Information Security Management**).

d) Ungeeignete Anwendungssysteme. IT-Anwendungssysteme sollen die Fachbereiche in ihren Geschäftsprozessen unterstützen. Hier gibt es erhebliche Defizite, weil Funktionalitäten fehlen oder mehrfach vorhanden sind. Daten für Geschäftsobjekte (z.B. Kunden, Produkte) werden unabhängig voneinander in mehreren Anwendungen, in unterschiedlichen Datenstrukturen und von verschiedenen Stellen des Unternehmens gepflegt. Werden **integrierte Standardsoftwaresysteme** (z.B. ERP-Systeme; ERP = Enterprise Resource Planning) eingesetzt, so sind diese oftmals nicht optimal an Organisation und Prozesse angepasst oder die durchgeführten Anpassungen entfernen sich zu weit vom Standard des Herstellers und beeinträchtigen so die **Releasefähigkeit des Systems** (also die Fähigkeit, allgemeine Weiterentwicklungen des Produktes ohne Probleme in das bestehende System integrieren und nutzen zu können) bis hin zu dem Punkt, dass der Hersteller des Softwaresystems für veraltete Releasestände keine Wartungsverpflichtung mehr übernimmt.

Insbesondere selbstentwickelte Anwendungssysteme weisen **unzureichende Zugriffskonzepte** auf und sind schlecht dokumentiert. **Ordnungs- und Systemprüfungen** z.B. durch die interne Revision sind kaum möglich. **Datenschutz und Datensicherheit** sind nicht gewährleistet. **Interne Kontrollsysteme** sind nicht vorhanden oder werden nicht genutzt. Die **Grundsätze ordnungsmäßiger Datenverarbeitung** (GoDV) werden nicht befolgt.

Immer mehr IT-Anwendungen sind nicht auf das eigene Unternehmen beschränkt. Einerseits werden Personen, die nicht Mitglied der eigenen Organisation sind, zu Benutzern der IT-Anwendungen, andererseits arbeiten die IT-Anwendungen des eigenen Unternehmens mit den IT-Anwendungen anderer Unternehmen oder Organisationen zusammen und bilden einen **Systemverbund**, der von außen wie ein einheitliches, durchgängiges Anwendungssystem erscheint. Beispiele für die erstgenannte Situation sind der elektronische (Einzel-) Handel mit den „Online-Shops" (**E-Commerce**) oder das **Electronic Banking**. Beispiele für die zweitgenannte Situation findet man im **Supply Chain Management** oder in **elektronischen Marktplätzen**. Damit steigen die Anforderungen an Leistung und Sicherheit der IT-Anwendungen erheblich. Das gilt analog für die IT-Governance und ihre Regulierungsaufgaben, denn sie muss nun auch **anonyme Benutzer** der IT-Anwendungen und externe Geschäftspartner berücksichtigen. Das Verhalten der anonymen Benutzer kann man nur indirekt und in Grenzen beeinflussen und mit den Geschäftspartnern muss man verhandeln und sich abstimmen.

Für die Anwendungslandschaft insgesamt fehlt in vielen Fällen eine übergeordnete Steuerung. Eine **mit dem Geschäft und der Unternehmensleitung abgestimmte Anwendungsarchitektur** gibt es nicht. Ein langfristiger Entwicklungs- und Beschaffungsplan für Anwendungen existiert nicht oder wird nicht kontinuierlich fortgeschrieben, z.B. zur Dokumentation von vorhersehbaren Reinvestitionen und Modernisierungen. Erweiterungen und Änderungen an den Anwendungssystemen (**Change Management**) werden nicht übergreifend koordiniert und gesteuert. Dokumentationen sind nicht vorhanden oder nicht aktuell. Geänderte Anwendungen werden vor der Inbetriebnahme nicht oder nur unzureichend getestet. **Releasemanagement und Versionsführung** unterbleiben meist. Qualität und Stabilität der Anwendungen sind unzureichend.

e) Unprofessionelle Projektarbeit. Wesentliche Teile der IT-Arbeit vollziehen sich in Projektform. In Projekten werden neue Anwendungen bzw. IT-Systeme realisiert und eingeführt, bestehende Anwendungen bzw. Systeme geändert oder modernisiert. Herausragende Merkmale vieler Projekte sind jedoch **Termin- und Budgetüberschrei-**

tungen, dazu korrespondierende **Defizite in der Projektleistung und Qualität der Ergebnisse.**

18   Die Ursachen nicht erfolgreicher Projekte liegen in unzureichender Planung und Vorbereitung, nicht zuletzt lückenhafter, unvollständiger Spezifikation der erwarteten **Projektleistung**. In der Durchführung fehlt ein konsequentes **Projektcontrolling**, das Abweichungen sowohl auf der Leistungsseite (z.B. Termineinhaltung, Änderungsanforderungen) als auch auf der Ressourcenseite (z.B. Aufwand, Budgets) systematisch verfolgt. Vielfach ergeben sich Abweichungen von der Planung aus der Kollision von Projekten über gemeinsam genutzte Ressourcen (z.B. Experten, Testsysteme, Büroflächen). **Fachbereiche** werden nicht in die Projekte eingebunden und als Auftraggeber und „Bauherren" in die Pflicht genommen, sowohl in der Projektvorbereitung als auch in der Projektdurchführung. Die **organisatorische Einführung** neuer oder geänderter Systeme (Integration in die Geschäftsprozesse) und die **Schulung der betroffenen Benutzer** werden unterschätzt. Die **Erfahrungen aus Projekten** („lessons learned") werden nicht konsequent ausgewertet und genutzt.

19   Obgleich in einem Planungszeitraum (Geschäftsjahr) in der Regel mehrere IT-Projekte durchgeführt werden sollen, findet sich in vielen Unternehmen immer noch kein konsequentes und durchgängiges **Portfoliomanagement** für IT-Projekte. Die Entscheidungen darüber, welche Projekte durchgeführt werden sollen, erfolgen nicht nach einer einheitlichen Methodik, die konkurrierende Nutzung von Ressourcen durch unterschiedliche Projekte wird planerisch nicht erfasst und führt in der Durchführung zu gegenseitiger Behinderung der laufenden Projekte. Auswirkungen zusätzlicher Projekte oder Änderungen in bereits laufenden Projekten (z.B. durch veränderte oder erweiterte Anforderungen) auf bereits geplante oder bereits laufende Projekte werden nicht erkannt oder ignoriert.

2. Stoßrichtung Restrukturierung

20   **a) Geschäftsorientierung der IT.** Für eine kritische Bestandsaufnahme und Neuausrichtung in der IT besteht in vielen Unternehmen ein akuter Bedarf, um eine von der IT ausgehende Krise des Unternehmens zu verhindern oder gar zu beseitigen. Ebenso wirkt sich eine Restrukturierung in anderen Unternehmensbereichen immer auch auf die IT des Unternehmens aus. Ein **Reengineering von Geschäftsprozessen** führt notwendigerweise zu einem Reengineering der IT-Unterstützung. Mit der weiter zunehmenden Durchdringung von Geschäftsprozessen und Organisationen mit IT nehmen auch die wechselseitigen Abhängigkeiten und dadurch ausgelöste Restrukturierungsbedarfe weiter zu.

21   Eine Restrukturierung der IT sollte sich auf bestimmte Themen und Fragestellungen fokussieren. Dabei handelt es sich um die Orientierung der IT am Kerngeschäft des jeweiligen Unternehmens, ein professionelles IT-Controlling, die Optimierung der IT-Fertigungstiefe, eine wirksame IT-Governance und schließlich die Neuausrichtung der für IT-Dienste verantwortlichen Organisationseinheiten.

22   **Geschäftsstrategie und IT-Strategie** eines Unternehmens müssen synchronisiert werden. Die IT muss an den Zielen des Unternehmens ausgerichtet werden. Die erheblichen Aufwände und Kosten für Informations- und Kommunikationstechnik müssen richtig priorisiert und die verfügbaren Ressourcen in die Bereiche mit dem größtmöglichen Nutzen für das Unternehmen geleitet werden. Die IT muss wissen, worauf sie ihre Kräfte konzentrieren sollte und auf welchen Feldern sie ihre Bemühungen einschränken oder sogar einstellen muss. Gegenüber den betroffenen Fachbereichen (ihren internen

Kunden) kann sie das nur vertreten, wenn sie in den übergreifenden Rahmen eingebunden ist und die **Erwartungen des Unternehmens** an die Leistungen der IT deutlich formuliert werden, wenn die IT entsprechende **Zielvorgaben** von der Unternehmensleitung erhält und dann von ihr bei der Umsetzung aktiv unterstützt wird.

Die **Organisationsstruktur der IT** muss an der Geschäftsstruktur des Unternehmens ausgerichtet werden. Während sich die **IT-Infrastruktur** eher an geografischen Merkmalen (z.B. Anzahl, Größe und Lage von Standorten bzw. Servicepunkten) orientiert, muss sich die **Anwendungsarchitektur** an den Geschäftsprozessen und Organisationsstrukturen des Unternehmens ausrichten. Homogene geschäftliche Strukturen (z.B. nach Produkten oder Kunden) erlauben einheitliche, übergreifende Anwendungssysteme. Heterogene Strukturen (z.B. unterschiedliche Produktgruppen oder Märkte) führen zu entsprechend komplexen Anwendungsstrukturen, die je nach Managementphilosophie hochgradig vernetzt sein müssen (z.B. in einer Management-Holding) oder praktisch autonom und unabhängig voneinander sind (z.B. in einem Mischkonzern). Die IT muss von der Unternehmensleitung aktiv als Werkzeug zur Organisationsgestaltung genutzt werden.

23

Innerhalb von Unternehmen wird die IT zeitgemäß als **interner Dienstleister** aufgestellt (vgl. ISO/IEC 20000). Sie liefert diejenigen IT-Dienste, die das Geschäft benötigt. Diese Leistungen müssen klar definiert und kommuniziert werden (z.B. in Form eines sog. **Servicekatalogs**). Es muss präzise Vereinbarungen über die Leistungserbringung geben (sog. **Service Level Agreements** (SLA)), die die Pflichten des IT-Dienstleisters, aber auch die Mitwirkungspflichten des IT-Kunden beschreiben. Dabei steht die IT – natürlich – im Wettbewerb zu externen IT-Dienstleistern und sie muss sich ihm aktiv stellen. Ihre **Wettbewerbsvorteile** sind eine genaue Kenntnis des Geschäftes, Nähe zu ihren Kunden und fokussierte, spezifische Leistungen. Die Kosten der Leistung müssen im Vergleich zu ähnlichen Leistungen am freien Markt wettbewerbsfähig sein, die Leistungserbringung muss professionell erfolgen und Termintreue und hohe Qualität müssen selbstverständlich sein.

24

Sollen Unternehmen übernommen werden oder eigene Unternehmensteile verkauft werden, hat das für die IT erhebliche Konsequenzen. In den entsprechenden Projekten des Unternehmens ist die Integration der IT des übernommenen Unternehmens in die eigene IT oder die Abtrennung der IT für das abgegebene Unternehmen aus der eigenen IT eine wichtige Aufgabe. Wird das übersehen, können **Unternehmensfusionen** oder **Unternehmensverkäufe** für die Beteiligten erheblich an Nutzen einbüßen oder im Extremfall sogar scheitern. Bei einer **Due-Diligence-Prüfung** muss die IT Gegenstand der Analyse und Bewertung sein.

25

b) Konsequentes IT-Controlling. Erhaltung und Verbesserung der **IT-Leistungsfähigkeit** erfordern ein konsequentes **IT-Controlling**[1] im Sinne einer aktiven Managementunterstützung. Das gilt sowohl für den laufenden IT-Betrieb als auch für das Projektgeschäft. Es geht um klare **Führungsprozesse mit Regelkreisen aus Planung, Umsetzung, Abweichungsanalysen und Korrekturmaßnahmen**. Sie ermöglichen eine **zielorientierte Führung**, die durch geeignete **Kennzahlensysteme**[2] wirksam unterstützt wird. Erfolgreiche Controllingsysteme sind (relativ) einfach strukturiert, werden von allen Beteiligten akzeptiert und von den Verantwortlichen konsequent und dauerhaft genutzt.

26

---

[1] Vgl. *Martin Kütz*, IT-Controlling für die Praxis (2. Auflage).
[2] Vgl. *Martin Kütz*, IT-Steuerung mit Kennzahlensystemen.

27 IT-Controlling darf nicht nur die **IT-Kosten** betrachten, sondern muss auch die **IT-Leistung** einbeziehen. Erst dann sind Aussagen zur **Wirtschaftlichkeit der IT** möglich. Die für IT-Dienste zuständige Organisationseinheit ist dabei für die **Bereitstellungswirtschaftlichkeit der IT** verantwortlich, der Fachbereich jeweils für die **Verwendungswirtschaftlichkeit der IT** in seinem Umfeld. Die Unternehmensleitung muss im Rahmen der IT-Governance für einen Ausgleich der beiden Wirtschaftlichkeitsformen sorgen, da eine Steigerung der einen Wirtschaftlichkeit zu einer Reduzierung der anderen Wirtschaftlichkeit führen kann.

28 Darüber hinaus muss das IT-Controlling vor dem Hintergrund der wertorientierten Unternehmensführung auch klären, welchen Kapitalbedarf die IT-Organisation hat und in welcher Weise sie aktiv zur Steigerung des Unternehmenswertes beiträgt (sog. **Wertbeitrag der IT**). Die Schwierigkeit entsprechender Analysen und Bewertungen besteht darin, dass der Nutzen der IT für das Unternehmen in der Regel nicht aus der IT selber entsteht, sondern aus der Kombination von IT und anderen Ressourcen des Unternehmens, z.B. der Integration von IT-Anwendungssystemen in die Geschäftsprozesse.

29 Zunehmende Bedeutung gewinnt das IT-Controlling von IT-Systemen, die Unternehmensgrenzen überschreiten. Hier besteht die zentrale Herausforderung darin, enstehende Aufwände und Nutzeffekte vollständig zu erfassen, sie aber auch verursachungsgerecht den beteiligten Unternehmen zuzuordnen. Dabei müssen die Controlling-Stellen oder -Experten der verschiedenen Unternehmen zusammenarbeiten und sich untereinander abstimmen.

30 **c) Optimierte IT-Fertigungstiefe.** Die Leistung der IT und die Durchdringung von Geschäftsprozessen mit IT nehmen kontinuierlich zu. Damit wächst auch die **Komplexität der IT**. Die Beherrschung dieser Komplexität ist eine zentrale Aufgabe des IT-Managements. Wesentliche Fragestellung dabei ist, welche IT-Dienste selber erstellt werden und welche von externen Dienstleistern zugekauft werden sollen. Bei der Frage des „**Make or Buy**" geht es einerseits darum, die vom Unternehmen benötigten IT-Dienste möglichst professionell zu erstellen, und andererseits darum, die Komplexität der IT beherrschbar zu halten.

31 Hohe Fertigungstiefen bergen die Gefahr, dass die abgegebenen IT-Leistungen nicht so professionell erzeugt werden, wie es sein könnte. Und dass die interne Komplexität der IT so stark zunimmt, dass sie von den Verantwortlichen nicht mehr beherrscht wird. Vor diesem Hintergrund neigen viele Unternehmen dazu, die Erzeugung von IT-Leistungen weitgehend an externe IT-Dienstleister zu übertragen (**Outsourcing**). Das wiederum birgt die Gefahr der Abhängigkeit von externen Partnern sowie hoher **Transaktionskosten**. Auch erfordert es ein professionelles Management der IT-Lieferanten und der Schnittstellen zu ihnen.

32 In jedem Fall muss es darum gehen, zwischen eigenerstellten und zugekauften IT-Leistungen eine **optimale Balance** zu finden. Dabei bewährt es sich, unspezifische Leistungen von professionellen Dienstleistern zu beziehen und sich mit den eigenen Ressourcen auf diejenigen IT-Leistungen zu konzentrieren, die **wettbewerbskritisch** sind und zu einer **optimalen Wertschöpfung** der eigenen Organisation beitragen.

33 Die optimale Verteilung zwischen Eigenleistung und Fremdleistung ändert sich ständig, nicht zuletzt aufgrund technologischer Entwicklungen und neuer Leistungsangebote am Markt. So hat z.B. die Entwicklung leistungsfähiger **Standardsoftwaresysteme** dazu geführt, dass die Softwareentwicklung (Programmierung) aus vielen Unternehmen praktisch verschwunden ist. Die unter dem Sammelbegriff des **Cloud Computings** zusammengefassten Technologien führen zu einer weiteren Standardisierung und Indus-

trialisierung von IT-Leistungen. Im Bereich der IT-Infrastruktur kann das zu einem weitgehenden Verschwinden von unternehmenseigenen Rechenzentren führen und im Bereich der IT-Anwendungen deuten sich neue Formen der Softwareversorgung an, die die inzwischen klassischen Formen der Standardsoftware in weiten Bereichen ablösen und verdrängen könnten. **Stets muss aber die IT aktiv geführt und gesteuert werden**. Es bedarf eines IT-Managements, das in unterschiedlichen Fertigungstiefen professionell arbeitet und die ständige **Fertigungstiefenoptimierung** als zentrale Aufgabe ansieht.

d) IT-Governance. Die große Bedeutung der IT für die Funktions- und Arbeitsfähigkeit von Unternehmen erfordert eine übergreifende Steuerung durch die Unternehmensleitung. In einer **unternehmensweiten Informationswirtschaft** muss aus den Geschäftsstrategien abgeleitet werden, welche Informationen wo und wann benötigt werden und welche IT-Systeme in welcher Form bereitzustellen und zu nutzen sind. In der IT-Governance geht es weniger um die Dienstleistung IT, sondern darum, wer im Unternehmen welche IT-Dienste nutzen und wer welche IT-Systeme bereitstellen und betreiben darf oder muss. Es geht um strategische Fragestellungen sowie die sich daraus ergebenden Ordnungen und Regelwerke. 34

Eine IT-Leitung mit Dienstleistungsfokus kann diese Fragen nicht mit der gebotenen Objektivität behandeln. Daher muss die IT-Governance entweder durch die Unternehmensleitung selber oder einen ihr direkt zugeordneten CIO (**Chief Information Officer**) wahrgenommen werden. Auch die Übernahme dieser Aufgaben durch ein geeignetes Gremium mit entsprechenden Entscheidungsbefugnissen (z.B. ein **zentraler IT-Ausschuss**) ist denkbar. 35

e) Restrukturierung und Neuaufbau einer IT. Die permanente Anpassung der IT an die Anforderungen des Unternehmens ist die „normale" Aufgabe der IT-Leitung. Von Zeit zu Zeit ist jedoch eine organische (Weiter-) Entwicklung nicht mehr möglich. Es sind wesentliche **Restrukturierungen der IT** oder sogar ein **vollständiger Neuaufbau** erforderlich. 36

Die Ursachen können in der IT selber liegen. So kann sich die IT durch schlechtes Management oder unzureichende IT-Governance so weit von ihren „Kunden" entfernt haben, dass die Zusammenführung von IT und Geschäft (Alignment) nur mit einem organisatorischen Kraftakt möglich ist. Dies führt oftmals zu einer Übertragung (Auslagerung, **Outsourcing**) der IT an einen externen Dienstleister. Das kann entweder auf Dauer angelegt sein oder „nur" vorübergehend erfolgen, bis eine neue, leistungsfähige IT aufgebaut worden ist. Möglicherweise kann das Unternehmen dabei von dem gewählten externen IT-Dienstleister unterstützt werden. 37

Die Notwendigkeit einer umfassenden Restrukturierung der IT kann sich aber auch aus einer **Restrukturierung im Umfeld** ergeben, z.B. einer gravierenden Umgestaltung des Unternehmens, einer neuen strategischen Ausrichtung des Unternehmens, der Übernahme von anderen Unternehmen, der Übernahme durch andere Unternehmen oder aber dem Verkauf von Unternehmensteilen. In allen Fällen muss sich die IT an ihren „neuen" Kunden ausrichten. Solche Restrukturierungen sind **Projektprogramme** mit verschiedenen Projekten und erheblichen Risiken. Sie müssen direkt von der Unternehmensleitung initiiert und gesteuert werden. Vor Allem müssen sie, da sie im laufenden Betrieb eines Unternehmens erfolgen, gut vorbereitet und geplant werden. Insbesondere müssen die Auswirkungen von Restrukturierungen des Unternehmens auf die IT von Anfang an bedacht werden. Die IT-Leitung muss frühzeitig einbezogen werden. Bei der Vorbereitung von Restrukturierungen ist IT ein unverzichtbarer Punkt auf der Agenda der Verantwortlichen. 38

§ 15 3. Teil. Sanierung der leistungswirtschaftlichen Bereiche

39 Da die Häufigkeit von Restrukturierungen in Unternehmen deutlich zugenommen hat und nichts darauf hindeutet, dass Dynamik und Intensität in diesem Umfeld wieder nachlassen werden, ist es eine zentrale Aufgabe für das (strategische) IT-Management, die IT so zu organisieren, dass sie restrukturierbar wird und bleibt. Die **Fähigkeit zur Restrukturierung** ist vor Allem die Fähigkeit zu schneller Umsetzung von gravierenden organisatorischen Änderungen.

40 Bei der Abgabe von Unternehmensteilen müssen die betroffenen Systeme bzw. Daten zügig herausgelöst und in die neue Umgebung übertragen werden können. Bei der Zusammenführung verschiedener Organisationen muss schnell entschieden werden, wie mit doppelten bzw. redundanten Systemen oder Daten verfahren wird. Es besteht die Gefahr, dass insbesondere in den mittleren Führungsebenen zu lange darüber diskutiert wird, welches die „besseren" Systeme sind. Das darf nicht passieren! Da es i.d.R. eine übernehmende und eine übernommene Organisation gibt und man davon ausgehen kann, dass die übernehmende Organisation Geschäft und Prozesse bestimmt, wird sie auch die IT-Systeme bestimmen (müssen). D.h.: Die übernommene Organisation wird – bis auf begründbare Ausnahmen – die Prozesse und damit auch die IT-Systeme der übernehmenden Organisation übernehmen (müssen).

3. Stoßrichtung Sanierung

41 **a) Umstrukturierung der Leistungen.** Muss ein Unternehmen saniert werden, sind alle für das wirtschaftliche Überleben nicht unbedingt notwendigen Aktivitäten einzustellen. Das bedeutet generell eine Reduktion bzw. Einstellung interner Leistungen. Für die IT kann es paradoxerweise eine **Ausweitung von Leistungen** nach sich ziehen, da sanierungsbedingte Aktivitäten in anderen Unternehmensbereichen durch IT unterstützt werden müssen.

42 Im Rahmen einer **Sanierung** ist zunächst eine kritische Analyse und daran anschließend eine Bewertung aller Leistungen und Aktivitäten der IT erforderlich (**Review** des IT-Servicekataloges). Daraus wird das Volumen der zu reduzierenden oder auch einzustellenden Leistungen abgeleitet, z.B. die Absenkung von Service Levels oder die Einstellung von Servicevarianten. Freiwerdende technische und personelle Kapazitäten müssen abgebaut oder auf akute Aufgabenstellungen umgeleitet werden.

43 Soweit mit **externen Partnern** zusammengearbeitet wird, muss mit ihnen die weitere Zusammenarbeit geklärt werden bzw. die Zusammenarbeit mit ihnen beendet werden. Bestehende Verträge müssen ggf. vorzeitig aufgelöst werden; das kann jedoch zu Schadensersatzforderungen oder Kompensationszahlungen führen. Andererseits ist die Einbeziehung des externen Partners in die Sanierungsarbeiten zu prüfen. Sie wird nicht immer möglich sein, stellt aber eine denkbare Option dar. Für die IT ist auch zu prüfen, ob sie im Rahmen einer Sanierung vollständig an einen externen IT-Dienstleister übertragen werden soll.

44 In einer Sanierung muss allerdings ein umfangreicher **Bedarf an situationsspezifischen Auswertungsanforderungen** abgedeckt werden. Dabei kann der Fall eintreten, dass diese Anforderungen mit den freien und freiwerdenden Kapazitäten nicht (mehr) abgedeckt werden können und sogar zusätzliche personelle oder technische Kapazitäten beschafft werden müssen. Dabei ist zu beachten, dass der sich aus der Sanierung ergebende Kapazitätsbedarf nur temporär benötigt wird und nach Abschluss der Aktivitäten umgehend freigegeben und zurückgebaut werden muss.

b) Revision des Projektplans. Projekte, die nicht für die Sanierung selber erforderlich sind, müssen eingestellt und abgebrochen werden. Die dadurch freiwerdenden Kapazitäten müssen abgebaut werden, es sei denn, sie werden für spezifische Sanierungsarbeiten benötigt. Möglicherweise ergibt sich aus der Sanierung heraus ein Bedarf an einzelnen neuen Projekten. Daher muss ein **sanierungsspezifischer Projektplan** erstellt werden, der den laufenden Projektplan ablöst und ersetzt. Dieser Sanierungsprojektplan ist mit der Unternehmensleitung abzustimmen. 45

c) Bildung von Task Forces. Im Rahmen einer Sanierung müssen akute Probleme gezielt und schnell angegangen werden. Hier hat sich die Bildung von **Task Forces** bewährt. Das sind (kleine) Projektteams oder projektähnliche Arbeitsgruppen, die konzentriert an der Lösung dringlicher Fragen arbeiten. Task Forces müssen als schlagkräftige Teams etabliert werden, die ohne Rücksicht auf Organisationszugehörigkeit und Hierarchieebene die für die Lösung eines Problems besten verfügbaren Mitarbeiter zusammenbringen. In vielen Fällen wird man gemischte Teams aus IT- und Fachbereichsmitarbeitern benötigen. Zur Projektarbeit vergleiche auch Rn. 69 bis Rn. 76. 46

II. Analyse der Kernprobleme in der IT

1. IT-Controlling

Um krisenhafte Entwicklungen in der IT zu vermeiden, rechtzeitig zu erkennen und dann zu bewerten, die entsprechenden Schlussfolgerungen abzuleiten und erforderliche Maßnahmen zu initiieren, bedarf es geeigneter Instrumente. Grundlagen sind ein konsequentes IT-Controlling und die permanente Synchronisation von IT und Geschäft (Business Alignment der IT). Unterstützt wird dies durch IT-Benchmarking und IT-Reviews, die periodisch, auf jeden Fall aber bei Bedarf durchgeführt werden. 47

Aufgabe der IT-Controller ist die aktive Unterstützung und Beratung des IT-Managements sowie der IT-Governance. Das IT-Controlling gibt dem IT-Management Werkzeuge und Systeme an die Hand, die bei der **Steuerung der IT** unterstützen. Außerdem stellt es die benötigten **entscheidungsrelevanten Informationen** zur Verfügung. Dabei bewegt sich IT-Controlling stets im **Regelkreis von Planung, Umsetzung, Abweichungsanalyse und Korrekturmaßnahmen**. Grundlage einer erfolgreichen IT-Steuerung ist stets die fundierte Planung, in der die Ziele und der Weg der Zielerreichung festgelegt werden. Um krisenhafte Entwicklungen zu vermeiden, müssen Abweichungen von der Planung frühzeitig erkannt und konsequent analysiert werden und dann zu gegensteuernden Maßnahmen führen. 48

Um zielorientiert steuern zu können, müssen die Ziele quantifiziert und der Grad der Zielerreichung messbar gemacht werden. Hier bieten **Kennzahlensysteme** (z.B. in Form der **Balanced Scorecard**) die geeignete methodische Unterstützung. Über **Kennzahlen**[3] lässt sich auch das „alignment" der IT zum Geschäft des Unternehmens herstellen, indem die Zielsetzungen der IT aus betriebswirtschaftlichen Zielgrößen und Sachverhalten abgeleitet werden. Für Zielbestimmung und Zielvereinbarung mit der IT ist die Unternehmensleitung in der Pflicht. 49

Im Rahmen seiner Managementunterstützung ist das IT-Controlling aktiv an der Entwicklung und Umsetzung der **internen Kontrollsysteme** für die IT beteiligt. Hier 50

---

[3] Vgl. *Martin Kütz*, Kennzahlen in der IT.

müssen die verschiedenen regulatorischen Vorgaben, z.T. auch branchen- und unternehmensspezifische Vorgaben beachtet werden. Zu einem leistungsfähigen IT-Controlling gehört unter dem Aspekt der Krisenvermeidung, -abwendung und -bewältigung auch ein wirksames **Risikomanagement**, das Risiken erkennt, analysiert und bewertet und dann Managemententscheidungen für den weiteren Umgang mit den Risiken herbeiführt.

2. Synchronisierung von Geschäft und IT

51   IT ist kein Selbstzweck. In einem Unternehmen muss sie das Geschäft unterstützen. Sie wirkt durch **Rationalisierung und Automatisierung in den Geschäftsprozessen**, macht Abläufe kostengünstiger und schneller. Sie unterstützt die Kommunikation innerhalb des Unternehmens und über die Grenzen des Unternehmens hinaus mit unterschiedlichen Geschäftspartnern. Da geschäftsrelevante Daten in IT-Systemen gespeichert und archiviert werden, ist IT das zentrale Dokumentationsmedium des Unternehmens und steht damit im Fokus sämtlicher Kontroll-, Überwachungs- und Prüfungsaktivitäten. Mit Hilfe von IT können zudem innovative Leistungen und Abläufe entwickelt und realisiert werden.

52   Um die Potenziale der IT für die Ziele eines Unternehmens nutzen zu können, muss die IT-Leitung wissen, was das Unternehmen plant und benötigt. Das IT-Management muss daher von der Unternehmensleitung einbezogen und gefordert werden. Dazu bedarf es geeigneter organisatorischer Strukturen. So sollte einerseits die IT-Leitung unmittelbaren Zugang zur Unternehmensleitung haben. Das kann durch entsprechende Unterstellungsverhältnisse (IT-Leitung berichtet an Vorstand oder Geschäftsführung) oder auch Gremienlösungen (z.B. übergreifender IT-Ausschuss) realisiert werden. Andererseits sollte die IT-Leitung aktiv in die strategische Unternehmensplanung einbezogen werden, damit rechtzeitig klar wird, welchen Beitrag jeweils die IT leisten kann und leisten muss. So kann sichergestellt werden, dass die IT Veränderungen fördert und nicht behindert oder gefährdet.

53   Von der IT-Leitung ist daher zu fordern, dass sie ein fundiertes Verständnis des Unternehmens, seiner strategischen Ziele, seines Geschäftes und seiner Geschäftsprozesse besitzt, um ein **kompetenter Gesprächspartner der Unternehmensleitung** zu sein. Außerdem muss die IT-Leitung in der Lage sein, Möglichkeiten, aber auch Grenzen und Rahmenbedingungen der IT so an die Unternehmensleitung zu kommunizieren, dass diese versteht, was IT leisten kann und was sie nicht leisten kann. Nur dann kann IT aktiv in die **Organisationsgestaltung** einbezogen werden.

3. IT-Benchmarking

54   **Benchmarking** ist ein Prozess, der periodisch oder kontinuierlich laufen sollte, Daten aus verschiedenen Organisationen erhebt und vergleicht, Unterschiede analysiert, **Verbesserungsmöglichkeiten** in den einzelnen Organisationen identifiziert und geeignete **Umsetzungsmaßnahmen** initiiert. Insofern ist auch ein Benchmarking der IT sinnvoll, um die Leistungsfähigkeit der eigenen IT gegen die IT anderer Organisationen zu prüfen. Die erforderlichen Daten (Benchmarks) lassen sich entweder von spezialisierten Informationsdienstleistern (z.B. Gartner Group, Compass, Maturity) kaufen oder können in Gruppen von interessierten Unternehmen selber erhoben werden. Der erstgenannte Ansatz ist relativ teuer, denn die Lieferanten der Benchmarks betreiben ein kommerzielles Geschäft, und ist für kleinere Unternehmen i.d.R. wirtschaftlich nicht darstellbar. Der

zweite Ansatz hat den Nachteil, dass die erhobenen Daten ggf. nicht repräsentativ sind. Er bietet aber den großen Vorteil, dass die beteiligten Unternehmen offen über festgestellte Unterschiede diskutieren können. Eine offene Diskussion über spezifische Sachverhalte hilft in der Praxis vielfach weiter als die Information, dass man in einer anonymen Gruppe von Unternehmen (sog. „peer group") eine bestimmte Position einnimmt.

Bedauerlicherweise gibt es in der IT keine standardisierten Benchmarks (mit Ausnahme des rein technischen Umfeldes), so dass die Vergleichbarkeit erhobener Daten erst durch aufwändige Transformationen hergestellt werden muss. Beim Einstieg in ein IT-Benchmarking verursacht diese Abstimmung in den beteiligten Unternehmen einen erheblichen Aufwand. Hat man jedoch diese Einstiegshürde überwunden, kann Benchmarking seine Wirkung entfalten. Es muss jedoch als dauerhafte Aktivität und mit dem Ziel angelegt sein, Verbesserungsmöglichkeiten zu erkennen und dann die eigene Organisation entsprechend zu verändern (**Change Management**). 55

4. IT-Review

Hat man einen Restrukturierungs- oder Sanierungsbedarf in der IT erkannt, so muss er 56
in einem **IT-Review** durch eine umfassende **Bestandsaufnahme** spezifiziert werden. Dabei hat es sich bewährt, die IT zunächst bezüglich der Steuerungsfelder **Services und Kunden, Prozesse und Strukturorganisation, Systeme und Architekturen, Projekte und Innovationen** zu betrachten und dies dann durch die Betrachtung der übergreifenden Bereiche **Finanzen, Mitarbeiter, Lieferanten und GRC** (Governance – Risk – Compliance) zu ergänzen (s. Abb. 1). Zur Untersuchung der vorgenannten Steuerungsfelder kann man auf entsprechende Rahmenwerke in der IT zurückgreifen oder in anderen Bereichen bewährte Strukturen und Ansätze auf die IT übertragen. Im Kontext von Restrukturierung/Sanierung ist hier besonders auf **COBIT** (Control Objectives for Information and related Technologies) hinzuweisen, das von namhaften Prüfungsgesellschaften intensiv genutzt wird (s. Abb. 2). Zur Analyse von Leistungsstrukturen und Systemlandschaften kann man ggf. auf branchenspezifische Modelle zurückgreifen, die die Orientierung erleichtern. Natürlich müssen im Rahmen eines IT-Reviews auch die Ziele der IT und die Ausrichtung der IT am Geschäft des Unternehmens kritisch betrachtet werden; das geschieht im Steuerungsfeld GRC.

Der Bestandsaufnahme und der Dokumentation der Ergebnisse folgen die Analyse 57
von Schwachstellen und die Spezifizierung von Handlungsbedarf. Den Abschluss bildet eine **kritische Bewertung**. Bei dieser Bewertung müssen sowohl IT- und Fachseite als auch Unternehmensleitung aktiv mitwirken. Aus der gemeinsamen Bewertung von Dringlichkeit, Nutzen, Aufwand und Ressourcenbedarf ergeben sich **Prioritäten**, die zu einer abgestimmten und von allen Beteiligten und Betroffenen akzeptierten Reihenfolge- und Durchführungsplanung führen. Die definierten Maßnahmen sind dann konsequent umzusetzen; die Umsetzung muss durch ein straffes Management sichergestellt und durch ein wirksames Controlling begleitet werden.

IT-Reviews sollten nicht nur bei erkennbaren oder akuten Schieflagen, sondern regel- 58
mäßig, in bestimmten Abständen und „prophylaktisch" durchgeführt werden. So lassen sich gravierende Schieflagen der IT i.d.R. vermeiden und der für korrigierende Maßnahmen erforderliche Aufwand bleibt überschaubar.

Finanzen	Governance / Risk / Compliance
o Kostenstrukturen und Budgets (CAPEX, OPEX) o Kapitalbedarf / Anlagen / Abschreibungen o Kosten- und Leistungsrechnung o IT-Leistungsverrechnung / Kostenträgerrechnung o Wirtschaftlichkeit und Wertbeitrag	o IT-Strategie / Regelwerke o Gremien und Entscheidungen o IT-Management und IT-Controlling o Notfallvorsorge / Continuity Management o IT-Sicherheit / Risikomanagement o Datenschutz o Relevante Gesetze und Vorschriften
Services und Kunden	**Prozesse und Strukturorganisation**	**Systeme und Architekturen**	**Projekte und Innovationen**
o Arbeitsplatzausstattung o Geschäftsspezifische Anwendungen o Übergreifende Anwendungen o Beratung o Schulung / Training	o Modellierung und Dokumentation o Verantwortung o Führung und Monitoring o Schnittstellen o Kontinuierliche Verbesserung	o Individualsysteme / Standardsysteme o Kommunikation und Datenübertragung o Datenspeicherung / Archivierung o Betrieb	o Initiierung o Priorisierung o Durchführung o Abschluss o Evaluierung o Anforderungen o Qualität
Mitarbeiter	**Lieferanten**
o Qualifikation und Skill-Profile o Soziale Kompetenzen o Aus- und Weiterbildung o Recruiting o Karriereplanung und Talentmanagement o Flexibilität und Familienfreundlichkeit o Motivation und Mitarbeiterzufriedenheit	o Lieferantenportfolio / Sourcing o Bedarfsmanagement und Ausschreibungen o Rahmenverträge und Vertragsmanagement o Qualitätsmanagement und Leistungskontrolle o Schnittstellen und Ansprechpartner o Outsourcing und Insourcing

Abb. 1: Themenbereiche eines IT-Reviews

§ 15 Beiträge zur Restrukturierung/Sanierung – EDV

Evaluieren, Vorgeben und Überwachen

EDM01: Sicherstellen des Einrichtung und Pflege des Governance-Rahmenwerks	EDM02: Sicherstellen der Lieferung von Wertbeiträgen	EDM03: Sicherstellen der Risikooptimierung	EDM04: Sicherstellen der Ressourcenoptimierung	EDM05: Sicherstellen der Transparenz gegenüber Anspruchsgruppen

Anpassen, Planen und Organisieren

APO01: Management des IT-Management-Rahmenwerks	APO02: Managen der Strategie	APO03: Managen der Unternehmensarchitektur	APO04: Managen von Innovationen	APO05: Managen des Portfolios	APO06: Managen von Budget und Kosten	APO07: Managen des Personals
APO08: Managen von Beziehungen	APO09: Managen von Servicevereinbarungen	APO10: Managen von Lieferanten	APO11: Managen der Qualität	APO12: Managen von Risiko	APO13: Managen der Sicherheit	

Aufbauen, Beschaffen und Implementieren

BAI01: Managen von Programmen und Projekten	BAI02: Managen der Definition von Anforderungen	BAI03: Managen von Lösungsidentifizierung und Lösungsbau	BAI04: Managen von Verfügbarkeit und Kapazität	BAI05: Managen von Ermöglichung organisatorischer Veränderungen
BAI06: Managen von Änderungen	BAI07: Managen der Abnahme und Überführung von Änderungen	BAI08: Managen von Wissen	BAI09: Managen von Betriebsmitteln	BAI10: Managen der Konfiguration

Bereitstellen, Betreiben und Unterstützen

DSS01: Managen des Betriebes	DSS02: Managen von Serviceanfragen und Störungen	DSS03: Managen von Problemen	DSS04: Managen der Kontinuität	DSS05: Managen von Sicherheitsservices	DSS06: Managen von Geschäftsprozesskontrollen

Überwachen, Evaluieren und Beurteilen

MEA01: Überwachen, Evaluieren und Beurteilen von Leistung und Konformität	MEA02: Überwachen, Evaluieren und Beurteilen des internen Kontrollsystems	MEA03: Überwachen, Evaluieren und Beurteilen der Compliance mit externen Anforderungen

Abb. 2: IT-Prozesse nach COBIT 5[4]

---

[4] Vgl. *Schmied*, COBIT 5 und ITIL v3 Edition 2011 im gemeinsamen Einsatz in Unternehmen, in *Lindinger/Bartsch* (Hrsg.): IT-Servicemanagement – Praxishandbuch für Compliance und Wirtschaftlichkeit in der IT (10. Aktualisierung Februar 2013), Kapitel 01250.

§ 15 3. Teil. Sanierung der leistungswirtschaftlichen Bereiche

III. Maßnahmen zur Restrukturierung/Sanierung in der IT

1. Verbesserung der Schnittstellen zum betrieblichen Umfeld

59 Im Folgenden werden spezifische Maßnahmen diskutiert, die bei Restrukturierungen/ Sanierungen in der IT erfahrungsgemäß zu positiven Ergebnissen führen. Dabei stehen die Schnittstellen der IT zu Fachbereichen und Unternehmensleitung, also die Einbindung der IT in die Unternehmensorganisation, die interne Organisation des IT-Bereiches mit Aufbau- und Ablauforganisation einschließlich der ständigen Fertigungstiefenoptimierung sowie ein systematisches IT-Controlling mit dem Fokus auf Leistungs- und Kostentransparenz im Vordergrund. Im Falle einer drohenden Insolvenz des Unternehmens gibt es eine Reihe von Besonderheiten, die separat diskutiert werden.

60 Zunächst muss die erforderliche **Kommunikation zwischen Fachbereichen (IT-Kunden) und IT** – wiederhergestellt und sichergestellt werden. Die erforderlichen Maßnahmen sollten von einer Task Force aus IT- und Fachbereichsexperten auf der Grundlage eines zuvor durchgeführten IT-Reviews erarbeitet werden. Es wird darum gehen, **Defizite in der laufenden Leistungserbringung und in den laufenden Projekten** zu beseitigen und **offene Anforderungen hinsichtlich Leistungserbringung und Projekten** zu erfassen. Im Falle einer Sanierung des Unternehmens müssen die nicht zwingend erforderlichen IT-Dienste eingestellt, die Qualität der erbrachten IT-Dienste auf das erforderliche Maß reduziert und nicht unbedingt notwendige Projekte eingestellt werden. Die Arbeitsergebnisse der Task Force müssen von der Unternehmensleitung verabschiedet werden.

61 Darüber hinaus muss die laufende Kommunikation zwischen IT und Fachbereichen geregelt werden. Hier haben sich folgende Ansätze in der Praxis bewährt. In den Fachbereichen sollte es kompetente Ansprechpartner für die IT geben (üblicherweise als **IT-Koordinatoren** oder auch „Business Information Manager" bezeichnet). Diese Mitarbeiter konsolidieren die Bedürfnisse und Anforderungen ihres Bereiches und vertreten sie gegenüber der IT. Sie müssen die Befugnisse haben, Fragen des laufenden Betriebes und kleinere Änderungen direkt mit der IT klären und auch entscheiden zu können. Umgekehrt sollte es in der IT für jeden (internen) Kunden einen definierten Ansprechpartner geben (üblicherweise als **Fachkoordinator** oder „Account Manager" bezeichnet), der alle Aktivitäten der IT für „seinen" Kunden koordiniert und steuert.

62 Es hat sich bewährt, in der IT eine zentrale Stelle als „single point of contact" (SPOC) einzurichten (sog. **Help Desk** oder **Service Desk**), die alle Anfragen der Fachbereichsmitarbeiter entgegennimmt, dokumentiert und die weitere Bearbeitung in der IT initiiert, wenn man dem anfragenden Mitarbeiter nicht sofort helfen kann. Bei diesen Anfragen handelt es sich einerseits um **Störungsmeldungen (incidents)**, mit denen Benutzer mitteilen, dass eine IT-Leistung nicht so erbracht wird, wie sie es erwarten oder wie es mit der IT vereinbart worden ist. Andererseits handelt es sich um **Leistungsanfragen (service requests)**, mit denen ein definierter IT-Service ausgelöst wird oder ein IT-Service angefordert wird, der (noch) nicht im Servicekatalog der IT enthalten ist. Aus der zentralen Erfassung von Störungsmeldungen und Dienstleistungsanfragen lassen sich wichtige Erkenntnisse über **Leistungsschwächen der IT und Leistungsbedarf der Fachbereiche** erkennen. Ein IT Service Desk ist wesentliches Element des **Servicemanagements einer IT-Organisation** (vgl. IT Infrastructure Library (ITIL)).

63 Über die laufende Kommunikation hinaus sollte es ein Gremium geben, das die Aktivitäten der IT wie ein Beirat oder Aufsichtsrat begleitet, überwacht und steuert. Ein sol-

cher **IT-Ausschuss** oder **IT-Lenkungsausschuss** ist die geeignete Plattform für die Diskussion und Fortschreibung der IT-Strategie, Weiterentwicklung des Serviceportfolios der IT und Fortschreibung des Projektportfolios. Der IT-Ausschuss wird von einer repräsentativen Auswahl von Fachbereichsleitungen gebildet, natürlich müssen auch Unternehmensleitung und IT-Leitung vertreten sein. Er kann entweder selber Entscheidungsbefugnisse oder ein Vorschlagsrecht gegenüber der Unternehmensleitung haben und muss bei sämtlichen wichtigen IT-Entscheidungen (z.B. Investitionsmaßnahmen) gehört werden.

Auch die Kommunikation zwischen Unternehmensleitung und IT-Leitung muss organisiert werden. Aufgrund der Bedeutung der IT als „**Nervensystem**" des Unternehmens muss sie – auch wenn sie kostenmäßig einen eher kleineren Bereich darstellt – ein **Thema der obersten Leitung** sein. Bei der Ressortbildung auf Vorstands- oder Geschäftsführungsebene sollte IT explizit genannt sein. Traditionell ist die IT dem Finanzbereich zugeordnet und die IT-Leitung berichtet an den CFO, aber das ist kritisch zu hinterfragen. Es erscheint sinnvoller, die IT nicht einem unterstützenden Bereich, sondern demjenigen Vorstands- oder Geschäftsführungsressort im Bereich der **Kernprozesse** zuzuordnen, für das sie strategisch die größte Bedeutung hat (z.B. Produktion, Logistik oder Vertrieb). Dieses Ressort der obersten Leitung übernimmt dann die **übergreifende IT-Steuerung**, also die Koordination des gesamten IT-Leistungsangebotes **(IT-Supply-Management)** und der gesamten Nachfrage nach IT-Leistungen **(IT-Demand-Management)**, die **Leitung des IT-Ausschusses** sowie die Aufgaben der **IT-Governance**, wenn nicht ein dedizierter Chief Information Officer nachgeordnet wird. Die IT-Leitung als Vertreter des IT-Supply-Managements berichtet dann an diese Ressortleitung. 64

Die Zuordnung der IT zu einem Vorstands- oder Geschäftsführungsressort ist ein wichtiges Gestaltungselement für die Kommunikation zwischen Unternehmens- und IT-Leitung. Damit diese Kommunikation nicht auf die rein operative Ebene (Tagesgeschäft) zurückfällt, muss eine **regelmäßige Abstimmung zwischen Geschäfts- und IT-Strategie** erfolgen. Einerseits, um die Zielsetzungen der IT aus den Zielen des Unternehmens abzuleiten, andererseits, um festzustellen, ob und wo sich aus der IT Impulse für die geschäftliche Entwicklung ableiten lassen (Rolle der IT als „business enabler"). Hier sollte es mindestens einmal jährlich, eher zweimal jährlich **gemeinsame Arbeitsveranstaltungen** (z.B. ganztägige Workshops oder Klausurtagungen) geben, die sich ausschließlich mit diesen Themen befassen. Die Ergebnisse fließen in die Zielvereinbarungen mit der IT-Leitung ein. Teilnehmer dieser Veranstaltungen sind die **Mitglieder des IT-Ausschusses**, evtl. weitere **Mitglieder der Unternehmensleitung** und die **Leitung der strategischen Unternehmensplanung**. 65

2. Servicemanagement

Die **IT ist eine Querschnittfunktion** und bewegt sich kostenrechnerisch üblicherweise auf der Ebene der Hilfskostenstellen. Für die Fachbereiche sind IT-Kosten – wenn sie verrechnet werden – **Sekundärkosten**. Daher muss die IT klar machen können, dass die durch sie verursachten Kosten sinnvoll sind und die (internen) Kunden dafür adäquate Leistungen erhalten. Sie muss dokumentieren, welche Leistungen sie für das Unternehmen erbringt, und diese Leistungen müssen so beschrieben sein, dass die Fachbereiche verstehen, welche Leistungen sie von der IT bekommen und in welcher Menge. **Die IT-Leistungen müssen einen Bezug zu den Aufgaben der Fachbereiche haben** und dürfen nicht in für die Fachbereiche unverständlichen technischen Einheiten spezifiziert werden. 66

67 Für die Dokumentation der IT-Leistungen haben sich **Servicekataloge** und für die Dokumentation der einzelnen Leistungen **Servicevereinbarungen**[5] (**Service Level Agreement** (SLA)) bewährt. Service Level Agreements sind allerdings nicht, wie es der Name vermuten lässt, bilaterale Vereinbarungen der IT mit jedem einzelnen Fachbereich des Unternehmens, sondern standardisierte und unternehmensweit gültige (verbindliche) Leistungsbeschreibungen, die **zwischen der IT und der Unternehmensleitung vereinbart** werden.

68 Auf der Basis von Service Level Agreements kann im Rahmen von Restrukturierungen/Sanierungen gezielt darüber gesprochen werden, welche Leistungen ggf. komplett eingestellt werden sollen und für welche Leistungen die Leistungsparameter (Service Levels) herabgesetzt werden können, um die IT-Kosten zu senken. Ebenso kann man aber auch gezielt über eine situationsspezifische Erweiterung des Leistungsspektrums der IT diskutieren. Dabei kann es sich sowohl um quantitative oder qualitative Erweiterungen bestehender Leistungen als auch um vollständig neue IT-Leistungen handeln.

3. Projektmanagement

69 Projektmanagement ist für die IT von essentieller Bedeutung, nicht nur, weil erhebliche Anteile des IT-Aufwandes für die Schaffung neuer Systeme oder die Weiterentwicklung bestehender Systeme benötigt werden, sondern vor allem, weil in der Projektarbeit von heute die IT-Systeme für morgen realisiert werden.

70 Bei akutem Restrukturierungs- bzw. Sanierungsbedarf müssen alle laufenden Projekte kritisch geprüft und bewertet werden. Nicht (mehr) benötigte Projekte müssen abgebrochen werden, um die dort gebundenen Ressourcen freizusetzen oder auf andere wichtige Aktivitäten umzuleiten. Aus der akuten Situation heraus kann es auch erforderlich sein, völlig neue Projekte zu initiieren.

71 Die Projektarbeit muss einer hohen **Disziplin** unterworfen werden. Projekte (zur Definition vgl. DIN 69901) müssen formell beantragt werden (**Projektantrag**, Business Case) und im Rahmen dieser Beantragung müssen sie einerseits den benötigten **Kapitalbedarf** und andererseits die **Rentabilität des Kapitaleinsatzes** belegen. Projekte, die den Anforderungen des Unternehmens (Mindestverzinsung des einzusetzenden Kapitals) nicht genügen, können nicht durchgeführt werden. Da i.d.R. mehr Projekte angeregt werden als das Unternehmen zu leisten vermag, können auch nur die rentabelsten Projekte realisiert werden. Um das sicherzustellen, bedarf es eines Projekt-Portfoliomanagements, das alle beantragten Projekte nach einem einheitlichen Verfahren bewertet und priorisiert.

72 In der Praxis besteht vielfach die Meinung, IT-Projekte könne man nicht der üblichen Rentabilitätsbetrachtung mit den Werkzeugen der Investitionsrechnung unterziehen, da die Nutzeffekte dieser Projekte nicht finanziell bewertbar seien. Diese Schwierigkeit gibt es in der Tat, aber das ist kein IT-spezifisches Problem. Immer muss das Management vor dem Hintergrund beschränkter Ressourcen entscheiden, welche der beantragten Projekte durchgeführt werden. Die Entscheidungstheorie stellt seit Langem entsprechende Werkzeuge zur Verfügung. Die Entscheidungen über Annahme oder Ablehnung von IT-Projekten kann z.B. dem weiter vorne genannten IT-Ausschuss (vgl. Rn. 63) übertragen werden, der aus den beantragten Projekten ein abgestimmtes IT-Projektportfolio ableitet und der Unternehmensleitung als „Paket" zur abschließenden Entscheidung vorlegt.

---

[5] Vgl. *Robert Scholderer*, Management von Service-Level-Agreements.

Ist ein IT-Projekt zur Umsetzung angenommen, so muss es durch einen qualifizierten **Projektleiter** geführt und mit geeigneten Mitarbeitern aus IT und Fachbereich besetzt werden. Die Projektorganisation muss arbeitsfähig sein und den Fachbereich aktiv mit einbeziehen. **Der Projektleiter muss die erforderlichen Kompetenzen übertragen bekommen** (insbesondere die Verfügungsgewalt und Verantwortung für das Projektbudget) und die übergeordnete Steuerung des Projektes muss bei einem entscheidungsfähigen **Lenkungsausschuss liegen**. Arbeitsfähigkeit der Projekte und Entscheidungsfähigkeit der Lenkungsausschüsse bedeutet insbesondere, dass man die „richtigen" Mitarbeiter und nicht möglichst viele Mitarbeiter involviert. Gerade große und langlaufende Projekte haben oftmals einen erheblichen Sanierungsbedarf – nämlich die Reduktion der Projektorganisation auf das wirklich Notwendige. Projekte haben immer wieder die Tendenz, sich (personell) aufzublähen. Dem muss konsequent entgegengearbeitet werden. 73

Während der Durchführung eines IT-Projektes ist ein **konsequentes Projektcontrolling** erforderlich, das Ressourcenverbrauch, Termine und Leistungserbringung synchron verfolgt. Subjektive Einschätzungen der Projektleiter („alles im grünen Bereich") sind als Steuerungsgrundlage nicht tauglich. Eine Projektsteuerung muss durch **geeignete Kennzahlen** unterstützt werden. Der Projektstatus muss regelmäßig im Lenkungsausschuss berichtet werden. Dort muss auch immer wieder die Frage beantwortet werden, ob ein laufendes Projekt weitergeführt oder abgebrochen werden soll. Es ist oftmals sinnvoller (und wirtschaftlicher), ein Projekt abzubrechen – und ggf. neu aufzusetzen – als es nach dem Motto „Augen zu und durch" weiterzuführen. 74

Viel zu wenig beachtet wird das Phänomen, dass IT-Projekte während ihres Verlaufs oftmals **erheblichen inhaltlichen Änderungen** unterworfen sind (sog. **„moving targets"**). Diese Veränderungen in Projekten bedürfen eines sauberen **Change Managements**, das **alle Änderungsanforderungen** dokumentiert und sie nur dann in das Projekt übernimmt, wenn sich dadurch die Rentabilität des Projektes verbessert. 75

Neben dem Einzelprojektcontrolling ist ein **Multiprojektcontrolling** erforderlich. Zum einen, weil es zwischen unterschiedlichen Projekten fachliche Abhängigkeiten gibt (Projekt B kann erst starten oder weiterarbeiten, wenn bestimmte Ergebnisse aus Projekt A vorliegen). Zum anderen, weil unterschiedliche Projekte über die (zeitlich versetzte) Nutzung gleicher Ressourcen (z.B. Mitarbeiter, Testsysteme) vielfältig miteinander vernetzt sind. Störungen in einem Projekt können so als Dominoeffekte zu Störungen in vielen anderen Projekten führen. 76

4. Optimierung der Fertigungstiefe

Bei jeder Neuausrichtung der IT ist zu klären, welche Leistungen zukünftig selber erbracht und welche Leistungen von externen Dienstleistern zugekauft werden sollen. Die Verantwortlichen müssen fragen, was strategisch sinnvoll und wirtschaftlich vertretbar ist. Ob externer Leistungsbezug günstiger ist, als eine Leistung selber zu erstellen, muss in jedem Einzelfall sorgfältig geprüft werden. Eine Reduktion der Fertigungstiefe führt, wirtschaftlich betrachtet, zu einer Erhöhung von Transaktionskosten und müsste durch entsprechend niedrige Bezugspreise kompensiert werden können. Aufgrund der technischen Entwicklung und vor dem Hintergrund der Globalisierung ergeben sich ständig neue Formen und Möglichkeiten, benötigte IT-Leistungen von externen Partnern zu beziehen (z.B. Cloud Computing). **Die Optimierung der IT-Fertigungstiefe ist eine permanente Aufgabe** der IT-Leitung, aber auch die Unternehmensleitung ist hier gefordert, um die strategischen Auswirkungen auf das Unternehmen zu bewerten. 77

78 Für eine Restrukturierung/Sanierung der IT kommen einige grundsätzliche Strategien in Frage. Ein wichtiger Ansatz ist die **Straffung und Konsolidierung des Lieferantenportfolios** in der IT. Das bedeutet einerseits die Konzentration auf wenige Lieferanten, um Komplexität zu reduzieren und durch Bündelung von Abnahmemengen günstigere Preiskonditionen auszuhandeln. Damit einher geht oftmals auch eine Reduktion der Leistungsabnahme insgesamt – insbesondere im Beratungsumfeld. Man stellt immer wieder fest, dass externe Berater langjährig in einer Kundenorganisation tätig sind, dort aber nicht gezielt einzelne Beratungsaufträge bearbeiten, sondern im Dauereinsatz operative Aufgaben übernehmen. Festangestellte Mitarbeiter wären hier wirtschaftlicher.

79 Ein anderer Ansatz ist es, sich von einer IT zu trennen, die nicht mehr aus eigener Kraft saniert werden kann, und diese IT an einen externen Dienstleister zu übertragen (**Outsourcing**). Ein solcher Schritt führt i.d.R. zu einer dauerhaften Trennung von einer eigenen IT, kann aber auch den Freiraum schaffen, eine eigene IT-Organisation von Grund auf neu zu entwickeln.

80 Unternehmen müssen sich darüber im Klaren sein, dass nicht nur die eigene IT einer kompetenten Führung bedarf, sondern bei Reduktion der IT-Fertigungstiefe **die externen Dienstleister qualifiziert gesteuert werden müssen**. Dazu bedarf es in der IT-Leitung entsprechender Qualifikationen. Wird die IT vollständig an externe Dienstleister ausgelagert, benötigt das Unternehmen gleichwohl eine eigene IT-Organisation (sog. „retained organisation"), um nämlich die externe IT im Sinne des Unternehmens zu steuern.

5. Anpassung der IT-Organisation an die Unternehmensstrukturen

81 **Aufbau- und Ablauforganisation der IT** müssen so gestaltet werden, dass einerseits die verschiedenen Fachbereiche des Unternehmens auf ihren Bedarf zugeschnittene IT-Leistungen erhalten, andererseits aber die Leistungserstellung der IT im Sinne der Bereitstellungswirtschaftlichkeit optimiert wird. Bewährt hat sich, dass **geschäftsorientierte Anwendungssysteme** an Geschäftssparten und Geschäftsprozessen ausgerichtet werden, Infrastrukturleistungen (z.B. Rechenzentrum, Desktop-Service) und **übergreifende Anwendungssysteme** (z.B. Finanzwesen, Personalwesen) einheitlich für das gesamte Unternehmen angeboten werden. In welchem Maße nicht nur übergreifende, sondern auch geschäftsnahe Anwendungssysteme eher einheitlich aufgebaut oder eher spezifisch an Geschäftssparten oder Geschäftsprozessen ausgerichtet werden, hängt nicht zuletzt von Strategie und Organisationskultur des Unternehmens ab. In Unternehmensgruppen bzw. Konzernen kann es je nach Führungsphilosophie unterschiedliche Ausprägungen der IT-Landschaften geben. In einem Mischkonzern oder einer Finanzholding werden die IT-Landschaften der Beteiligungsunternehmen deutlich voneinander abgegrenzt sein und z.T. sogar eine eigene IT-Infrastruktur (Rechenzentren, Netzwerke) haben. In einer Management-Holding macht es hingegen Sinn, dass es eine übergreifende IT-Architektur gibt, weil die oberste Leitung durch übergreifende, einheitliche Prozesse Synergien schaffen und nutzen will.

82 In der IT selber hat es sich bewährt, **Infrastrukturen und Basissupport zentral zu betreiben**. Im Bereich der Anwendungssysteme wird man sich nach Kunden (-gruppen) oder Systemgruppen aufstellen. Für die Systeme gibt es **verantwortliche Systembetreuer bzw. Produkt- oder Servicemanager**. Außerdem sollte die IT ihre **Kundenbetreuung institutionalisieren** und jedem Fachbnereich einen verantwortlichen Ansprechpartner zuordnen. In großen Unternehmen sind das spezifische IT-Mitarbeiter, in

kleineren Organisationen werden die Aufgaben des Servicemanagements und Kundenmanagements von identischen Personen wahrgenommen. Diese Mitarbeiter müssen sich allerdings darüber im Klaren sein, dass sie unterschiedliche Rollen wahrnehmen und es zwischen diesen Rollen auch Konflikte geben wird. Werden große Anteile der IT-Leistung von externen Partnern bezogen, so sollten für die Kooperation mit diesen Lieferanten ebenfalls verantwortliche Mitarbeiter **(Lieferantenmanager)** etabliert werden.

Es ist zu empfehlen, die **IT als interne Dienstleistungseinheit** aufzustellen. Sie muss dann ihre Leistungen definieren (vgl. Rn. 67) und die Leistungsabgabe mengenmäßig und nach Leistungsempfängern erfassen. Sie sollte auch in der Lage sein, die abgegebene Leistung finanziell zu bewerten. Dazu bedarf es einer entsprechenden **Kostenträgerrechnung**, die die Stückkosten der abgegebenen Leistungen ermittelt. Damit kann sich die IT dem Leistungsvergleich mit externen Dienstleistern stellen **(Benchmarking)**. Wenn sie eine Leistungseinheit teurer produziert als ein IT-Dienstleister am freien Markt, dann muss sie zeigen, dass die Leistung umfangreicher oder wertvoller ist als das Vergleichsangebot vom Markt. Anderenfalls muss sie – bei gleicher Leistung – in der Lage sein, kostengünstiger zu produzieren als externe Dienstleister. 83

Ob man eine **IT-Organisation als Profit Center** betreibt oder sie sogar in eine eigenständige Dienstleistungsgesellschaft **(Systemhaus-Konzept)** auslagert, kann nur im Einzelfall entschieden werden. Ob man IT-Leistungen verrechnet, kann ebenfalls nur vor dem Hintergrund der spezifischen Unternehmenssituation qualifiziert entschieden werden. Für kleinere Unternehmen ist die Systemhaus-Idee i.d.R. nicht empfehlenswert. 84

6. IT-Controlling

Die zielorientierte Steuerung der IT erfordert ein **professionelles IT-Controlling**, um Abweichungen und Auffälligkeiten in der IT frühzeitig zu erkennen. IT-Controlling muss **Kosten- und Leistungstransparenz** herstellen, damit IT-Leitung und Unternehmensleitung Leistungsfähigkeit und Wirtschaftlichkeit der IT steigern können. 85

Grundlage jedes IT-Controllings ist die **vollständige Erfassung von Kapazitäten und Ressourcenverbräuchen** sowie der daraus resultierenden Kosten. Das setzt entsprechende Aufzeichnungen voraus. Bei technischen Kapazitäten und Verbräuchen ist das i.d.R. ohne Probleme möglich, da die jeweiligen Komponenten entsprechende Aufzeichnungs- und Protokollierungsfunktionalitäten besitzen. Im Bereich des Personals muss eine **Zeitaufschreibung der Mitarbeiter** erfolgen. Sie erfordert die Zustimmung der Mitbestimmungsorgane (Betriebsrat, Personalrat). Für die Zeitaufschreibungen müssen zwei Grundsätze beachtet werden. Erstens geht Vollständigkeit vor Detaillierung. Und zweitens müssen die betroffenen Mitarbeiter Sinn und Zweck solcher Aufzeichnungen verstehen. 86

Würde sich das IT-Controlling auf Kostentransparenz beschränken, so bliebe es auf einem Auge blind. Ebenso muss **Leistungstransparenz** geschaffen werden. Die IT muss zeigen, wer wieviel von welcher Leistung erhält. Dazu muss die **abgegebene Leistungsmenge** erfasst und jede Leistungseinheit dem abnehmenden Kunden zugeordnet werden können. 87

Ein ausgebautes IT-Controlling betrachtet nicht nur die IT-Organisation als Ganzes, sondern unterschiedliche Steuerungsobjekte, insbesondere Projekte, Systeme, Prozesse und Services, deren jeweilige Gesamtheit (Portfolios) sowie u.a. Ressourcen und GRC (vgl. Abb. 3). Wird die IT-Organisation als eigenständige rechtliche Einheit betrieben, geht das IT-Controlling in das Controlling des entsprechenden IT-Unternehmens auf. 88

§ 15   3. Teil. Sanierung der leistungswirtschaftlichen Bereiche

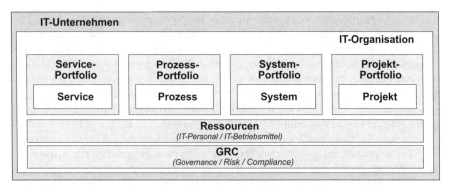

Abb. 3: Wesentliche Steuerungsobjekte in der IT

89   Eine wichtige Rolle in einem zeitgemäßen IT-Controlling spielen **Kennzahlen** (KPIs; Key Performance Indicators) und **Kennzahlensysteme** (Scorecards). Ein Kennzahlensystem ist eine Gruppe von Kennzahlen, die in ihrer Gesamtheit den geplanten oder tatsächlichen Zustand eines Steuerungsobjektes wiedergeben. Die Kennzahlen sind gewissermaßen die „Koordinaten" des Steuerungsobjektes. Eine Steuerung über Kennzahlen hat mehrere Vorteile: Ziele und Grad der Zielerreichung werden quantifiziert, ebenso die Abweichungen des Istzustandes vom Sollzustand. Die Verantwortlichen diskutieren über Fakten, nicht über Vermutungen und subjektive Einschätzungen. Das führt zu klaren Begriffen, präzisen **Zielvereinbarungen**, gezielter Analyse und Diskussion und einer besseren Kommunikation im Management. Entscheidungen sind besser begründet und die Leistung der IT wird gezielt definiert und verbessert.

90   Sollten – trotz eines gut funktionierenden IT-Controllings – Schieflagen erkannt oder vermutet werden, sollten in dem jeweiligen Problembereich gezielt **IT-Reviews** durchgeführt werden. Dazu sollten auch geeignete Experten außerhalb der IT hinzugezogen werden. Das können Mitarbeiter aus anderen Unternehmensbereichen sein (z.B. Revision, Zentralcontrolling, Qualitätsmanagement), aber auch spezialisierte externe Berater.

7. Besonderheiten im Sanierungsfall

91   **a) Sanierungsbedingter Leistungsabbau.** Im Falle einer Sanierung des Unternehmens muss auch die IT in alle Maßnahmen einbezogen werden. Dabei müssen vor allem Kosten reduziert und Liquidität freigesetzt werden. Andererseits ist gerade die IT in einer Sanierung hinsichtlich ihrer Leistungsfähigkeit und Flexibilität mehr gefordert als in „normalen" Zeiten (s. Abb. 4).

92   Zunächst müssen alle Systeme und Aktivitäten kritisch geprüft werden. Nicht benötigte Systeme müssen stillgelegt, laufende Projekte und Entwicklungsarbeiten eingestellt werden. Auch die allgemeine Infrastruktur (z.B. Bürofläche) ist einzubeziehen. Für die benötigten Systeme und Projekte muss geprüft werden, ob eine Reduktion des Leistungsumfanges (quantitativ und qualitativ) möglich ist und insbesondere Ersatzmaßnahmen (Modernisierung von Hardware, Aktualisierung von Software) zunächst unterbleiben könnten. Die entsprechenden **Lizenz-, Miet-, Dienstleistungs- und Werkverträge** müssen gekündigt, ausgesetzt oder an die reduzierte Leistungsabnahme angepasst werden. Das erfordert gezielte Verhandlungen mit den betroffenen Geschäftspartnern. Für bestehende Verträge sollten vor einer außerordentlichen Kündigung unter Hinweis auf die schwierige Situation eine **Vertragsunterbrechung**, verlängerte **Zahlungsziele** oder

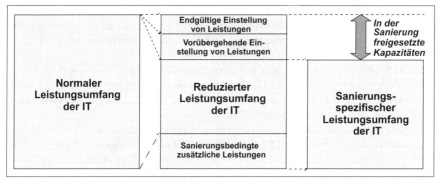

Abb. 4: Veränderung des IT-Leistungsumfangs im Rahmen einer Sanierung

eine Umstellung der **Zahlungsmodalitäten** (z.B. monatliche statt jährliche Zahlung bei Dienstleistungsverträgen) verhandelt werden.

Bei **Einsatz von externem Personal** ist zu beachten, dass die freiwerdenden Kapazitäten vom Dienstleister nicht ohne weiteres anderweitig vergeben werden können. Möglicherweise sind spezielle Übergangsregelungen auszuhandeln. Freiwerdende Kapazitäten können aber auch für sanierungsspezifische Arbeiten benötigt werden. In einem solchen Fall muss mit dem Geschäftspartner über eine entsprechende Anpassung und Änderung des bestehenden Vertrages verhandelt werden. Auch sollte über eine **Anpassung von Konditionen** (Reduktion von Tages- oder Stundensätzen) verhandelt werden.

Die **Entlassung eigener Mitarbeiter** ist eine „ultima ratio", aber in Sanierungssituationen nicht immer vermeidbar. Neben den sozialen Aspekten muss die IT darauf achten, dass kein übermäßiger **Know-how-Abfluss** stattfindet, der die Krise weiter verschärft. Natürlich muss man auch mit den Mitarbeitern über eine (vorübergehende) **Anpassung der Gehälter und Nebenleistungen** (z.B. Firmenfahrzeuge) sprechen.

Bei den IT-Anlagen sollte für gekaufte Systeme eine **Sale-and-Lease-back-Überprüfung** stattfinden. Dies kommt jedoch nur für hochwertige Geräte in Frage. Umgekehrt ist bei gemieteten Geräten zu prüfen, ob durch eine Vertragsauflösung und Kauf der Geräte zum Restwert positive Liquiditätseffekte möglich sind.

Auch eine **Auslagerung der kompletten IT an einen externen Dienstleister** sollte geprüft werden. Niedrigere Stückkosten des IT-Dienstleisters können zu spürbaren Entlastungen führen. Durch nachfolgende Kapazitätsanpassungen sollten sich weitere günstige Kosteneffekte ergeben. Möglicherweise kann der Dienstleister durch kalkulatorische Verlagerung von Teilen seiner Forderungen kurzfristig liquiditätsentlastend wirken. Ob ein Outsourcing-Dienstleister an einer solchen Situation interessiert ist, bleibt im Einzelfall zu prüfen. Gegen eine IT-Auslagerung spricht allerdings der erhebliche Migrationsaufwand und der damit einhergehende zusätzliche Liquiditätsbedarf.

b) **Sanierungsbedingte Leistungserweiterung.** Voraussichtlich muss die IT im Sanierungsfall höhere Leistungen erbringen als im normalen Betrieb, z.B. durch **Sonderauswertungen und -verarbeitungen**. Dafür wird maschinelle und personelle Kapazität benötigt. Wenn die laufende Entwicklungsarbeit eingestellt oder reduziert worden ist und die laufende IT-Produktion auf das absolut Notwendige reduziert wurde, können die freigesetzten Kapazitäten hier eingebracht werden. Wenn es darüber hinaus weiteren Bedarf gibt, sollte vor der Beauftragung Externer geprüft werden, in welchem Umfang

§ 15 3. Teil. Sanierung der leistungswirtschaftlichen Bereiche

Mitarbeiter aus Fachbereichen, die durch Ausbildung oder eigene Praxis eine gewisse IT-Kenntnis haben, einbezogen werden können. In gemischten Teams aus erfahrenen IT-Spezialisten und diesen Fachbereichsmitarbeitern kann in der konkreten Arbeit das noch fehlende Wissen übertragen werden.

98 In der Sanierung kann man nicht von einer geregelten Projektarbeit ausgehen. Daher sollten Task Forces aus Fach- und IT-Mitarbeitern die anstehenden Aufgaben eigenverantwortlich planen und koordinieren. Die IT-Leitung muss den entsprechenden, übergreifenden Kapazitätsausgleich sicherstellen.

99 Natürlich darf in der akuten Sanierungsarbeit nicht die Vorsorge für die Zeit danach vergessen werden. Hier hat die IT-Leitung die Aufgabe, eine geeignete IT-Organisation für das neue und veränderte Umfeld nach der Sanierung und die **Rückkehr zu einer kontinuierlichen, regelmäßigen IT-Arbeit** vorzubereiten.

100 **c) Besonderheiten im Insolvenzfall.** Wird ein Unternehmen insolvent, so verschärfen sich die Anforderungen an die IT. Weitere Sonderaufgaben ergeben sich nun aus den verschiedenen **insolvenzrechtlichen Informationsanforderungen**. Dazu zählen z.B. vollständige und detaillierte Übersichten sämtlicher Verbindlichkeiten mit ihren jeweiligen Gläubigern, um durch das Amtsgericht die Gläubigerversammlung vorzubereiten, und analog entsprechende Übersichten sämtlicher Forderungen des Unternehmens zur Bestimmung der Masse. Hier ist eine enge Zusammenarbeit der IT mit dem Rechnungswesen gefordert. Vgl. hierzu auch § 21. Außerdem muss sichergestellt werden, dass die durchzuführenden Arbeiten nicht durch den Entzug von Nutzungsrechten für IT-Anlagen und IT-Programme behindert werden.

IV. Zwischenfazit

101 Durch ihre Bedeutung für die wirtschaftlichen Aktivitäten eines Unternehmens ist die IT von Krisen des Unternehmens und den sich daraus ergebenden Restrukturierungen oder Sanierungen massiv betroffen und muss aktiv an der Krisenbewältigung mitwirken. Viele IT-Bereiche befinden sich unabhängig davon in der Krise und müssen restrukturiert werden.

102 Kurzfristig muss die IT sich insbesondere in den Bereichen der Serviceerbringung und Anwendungsentwicklung an die aktuelle Situation anpassen. Längerfristig muss sie vor allem ihre Kooperation mit den Fachbereichen und der Unternehmensleitung verbessern. Sie muss ihre Bereichsstrategie mit der Geschäftsstrategie synchronisieren und sich organisatorisch an die Geschäftsstrukturen anpassen.

4. Teil
Sanierung der finanzwirtschaftlichen Bereiche

§ 16 Finanzwirtschaftliche Aspekte bei Fortführung von Krisenunternehmen

Übersicht

	Rn.
I. Einleitung	1–4
II. Eigenkapitalmaßnahmen in der Sanierung	5–29
1. Einzelfirmen und Personengesellschaften	5–7
2. Kapitalgesellschaften	8–15
a) Sanierung durch Kapitalveränderungen	8–13
b) Sanierung durch Nebenleistungen	14, 15
3. Innengesellschaften	16–29
a) Stille Gesellschaft	16–28
b) Unterbeteiligung	28
III. Gesellschafterleistungen über die Einlage hinaus	30–43
1. Allgemeines	30
2. Forderungsverzicht, Rangrücktritt u.ä. Leistungen	31–39
a) Forderungsverzicht	31–34
b) Rangrücktritt	35
c) Weitere ähnliche Sanierungsmaßnahmen	36–39
3. Eigenkapitalersatz	40–43
a) Eigenkapitalersetzende Darlehen	40–42
b) Nutzungsüberlassungen	43
IV. Fremdkapitalmaßnahmen	44–49
1. Außergerichtlicher Vergleich und Insolvenzplan als Verfahren	44
2. Einzelne Maßnahmen innerhalb der Verfahren	45–49
a) Stundung	45
b) Verzicht auf Zinszahlung und Forderungsverzicht	46, 47
c) Debt-Equity-Swap	48
d) Sonstige Maßnahmen	49
V. Auf das Aktivvermögen bezogene finanzielle Sanierungsmaßnahmen	50–54
1. Bedeutung des Aktivvermögens in der Krise	50, 51
2. Anlagevermögen	52, 53
3. Umlaufvermögen	54
VI. Staatliche Förderungsmöglichkeiten	55–67
1. Einleitung	55, 56
2. Beratungen	57–59
3. Investitionshilfen und Beteiligungen	60, 61
4. Darlehen	62–64
5. Bürgschaften	65–67

§ 16　4. Teil. Sanierung der finanzwirtschaftlichen Bereiche

I. Einleitung

1　Bevor die komplexen, aber häufig unumgänglichen gesellschaftsrechtlichen Sanierungsmaßnahmen dargestellt werden, zeigen wir auf, welche **Gestaltungsmöglichkeiten** das Unternehmen zur Abwendung der Finanz- und Liquiditätskrise hat, die regelmäßig der strategischen und leistungswirtschaftlichen Krise folgt.

2　Die im Folgenden aufgezeigten Maßnahmen hängen von den **finanziellen Reserven des Krisenunternehmens** oder seiner **Gesellschafter** ab. Regelmäßig wird auch die **Mitwirkung der Gläubiger** erforderlich sein, deren Vertrauen in eine erfolgreiche Sanierung/Restrukturierung des Unternehmens mit einem überzeugenden Konzept gewonnen werden muss.

3　Zunächst werden die **Eigenkapitalmaßnahmen** bei Personen- und Kapitalgesellschaften erläutert. Danach sind im Besonderen die sog. Innengesellschaften (stille Gesellschaft, Unterbeteiligung) zu betrachten, die auch in der Krise Vorteile aufweisen können. Private-Equity-Gesellschaften, die in Deutschland auch im Sanierungsbereich eine immer größere Rolle spielen, sind in § 21 dargestellt.

4　Neben den Eigenkapitalmaßnahmen kann der **Gesellschafter über seine Einlage hinaus** das Krisenunternehmen stützen. Die diesbezüglich zur Verfügung stehenden einzelnen Maßnahmen sowie die Instrumente der **Gläubiger** zur finanziellen Sanierung werden im weiteren Verlauf dieses Kapitels beschrieben und näher erläutert. Den Abschluss bilden die auf das **Aktivvermögen** bezogenen Sanierungsmaßnahmen sowie **staatliche Förderungsmöglichkeiten**.

II. Eigenkapitalmaßnahmen in der Sanierung

1. Einzelfirmen und Personengesellschaften

5　Der **Kapitalschutz** ist bei Einzelfirmen überhaupt nicht (volle Haftung) und bei den Personengesellschaften nicht so ausgeprägt wie bei den Kapitalgesellschaften. Sanierungsmaßnahmen sind somit bei den Einzelfirmen und Personengesellschaften grundsätzlich einfacher zu handhaben.[1] Führen die **Altgesellschafter** das Krisenunternehmen fort, können weitere Bar- oder Sacheinlagen vereinbart werden. **Einlagen** sind Beiträge, die **zur Mehrung der Haftungsmasse** in das Gesellschaftsvermögen zu leisten sind.[2] Um Kosten und Steuern zu sparen (z.B. bei Grundstücken), werden **Einlagen dem Werte** nach eingebracht, die im Innenverhältnis Teil des Gesellschaftsvermögens werden. Im Außenverhältnis ändert sich die Eigentümerstruktur nicht.[3] **Einlagefähig** sind Nutzungen, Rechte und auch Know-how als immaterielles Recht. Einlagen sind bei Personengesellschaften nicht zwingend notwendig. Es können auch Gebrauchsüberlassungen[4] usw. vereinbart sein, die in Krisenzeiten unter Marktpreisniveau oder zum Nulltarif vom Unternehmen genutzt werden.

6　Umstritten ist die Frage, inwieweit der **Gesellschafter verpflichtet** werden kann, **Sanierungsbeiträge** über seine Einlage hinaus zu leisten. Die Gesellschafter haben nur

---
[1] Vgl. im Allgemeinen zu den folgenden Anmerkungen, Schmidt, Gesellschaftsrecht, S. 1355 ff., 1529 ff. Im Folgenden werden ausschließlich Personengesellschaften betrachtet.
[2] Vgl. Schmidt, Gesellschaftsrecht, S. 572.
[3] Hier sind nur Nutzungsüberlassungen angesprochen.
[4] Vgl. vorhergehende Fußnote.

dann die versprochenen Beiträge zu erhöhen und Nachschüsse zu leisten, wenn dies vertraglich vereinbart ist. Der Gesellschafter darf wegen seiner Treuepflicht eine sinnvolle und mehrheitlich angestrebte Sanierung eigennützig nicht verhindern.[5] Insbesondere die Aufnahme neuer Gesellschafter sollte in diesen Fällen nicht behindert werden. Eine Nachschusspflicht ist im Sanierungsfall zu verneinen, eine Zustimmungspflicht kann im Einzelfall vorliegen. Erst im Falle der Beendigung der Gesellschaft ist ein unbeschränkt haftender Gesellschafter verpflichtet, nach § 735 Satz 1 BGB den negativen Kapitalanteil gegenüber seinen Mitgesellschaftern auszugleichen.

Durch die weiteren Einlagen von Einzelkaufleuten und **unbeschränkt haftenden Gesellschaftern** ergeben sich aus **steuerlicher Sicht** keine wesentlichen Auswirkungen. Zu bedenken sind jedoch bei Personengesellschaften die Änderungen bei der steuerlichen Bewertung von Sacheinlagen. Sacheinlagen sind grundsätzlich mit dem Teilwert zu bewerten (§ 6 Abs. 1 Nr. 5 EStG). Wirtschaftsgüter, die innerhalb der letzten drei Jahre vor der Zuführung angeschafft oder hergestellt werden, sowie Beteiligungen gemäß § 17 Abs. 1 EStG sind jedoch mit den Anschaffungs- und Herstellungskosten anzusetzen. Zur Bewertung eines unentgeltlich übertragenen Betriebs, Teilbetriebs oder Mitunternehmeranteils sowie zur unentgeltlichen Übertragung einzelner Wirtschaftsgüter ist auf die in letzter Zeit mehrfach geänderten Vorschriften der §§ 6 Abs. 3 bis 6 EStG zu verweisen. Der **Kommanditist** und ähnlich gestellte Gesellschafter erhalten **durch Nachschüsse weiteres Verlustabzugspotenzial** i.S.v. § 15a EStG für zukünftige, nach der Einlage entstandene Verluste, während aufgrund der genannten steuergesetzlichen Grundlage die bis zur (nachträglichen) Einlage entstandenen und bis dahin nicht durch Einlagen gedeckten Verluste eingeschränkt als sog. verrechenbare Verluste mit zukünftigen Gewinnen verrechnet und erst dann steuerwirksam genutzt werden können.[6] Der Kommanditist kann folglich durch einen Nachschuss aus dem verrechenbaren Verlust nicht einen abzugsfähigen erzeugen. Die in diesem Kapitel beschriebenen Regeln gelten grundsätzlich auch für die GmbH & Co. KG.

2. Kapitalgesellschaften

a) Sanierung durch Kapitalveränderungen. Das **Eigenkapital** stellt grundsätzlich die Haftungsmasse der Gläubiger dar und wird daher gesetzlich **besonders geschützt**. Während der Kapital- bzw. Gläubigerschutz bei den Kapitalgesellschaften die Rückgewähr von Einlagen verbietet,[7] kann das Eigenkapital in der Krise unter bestimmten Voraussetzungen herab-, aber auch heraufgesetzt werden. Die **Wirksamkeit** und damit auch die Bilanzierung der meisten Kapitalveränderungen hängt von der **Handelsregistereintragung** ab. Hiervon gibt es Ausnahmen, die es ermöglichen, dass derartige Sachverhalte (z.B. **vereinfachte Kapitalherabsetzung**) auf vor ihrer Eintragung festgestellte Bilanzen rückwirken, was in Sanierungsphasen große Bedeutung erlangen kann. Insbesondere mit der Möglichkeit der Rückbeziehung dient die **vereinfachte Kapitalherabsetzung** als Buchsanierung durch Ausgleich von Bilanzverlusten[8] i.V.m. einer Kapitalerhöhung gegen Bareinlage **als Vorstufe zu einer Gesamtsanierung** von notleidenden Kapitalgesellschaften. Eine **sanierende Kapitalherabsetzung** mit anschließender Kapitalerhöhung gegen Bareinlage beseitigt nicht nur die aufgelaufenen Verluste, die zur **Unter-**

---

[5] Vgl. *Schmidt,* Gesellschaftsrecht, S. 134 m.w.N.
[6] Zur detaillierten Darstellung vgl. Schmidt EStG/*Wacker,* § 15a, Rn. 30 ff.
[7] Vgl. § 57 AktG; § 30 GmbHG.
[8] Vgl. § 229 Abs. 2 AktG, § 58a Abs. 1 GmbHG.

§ 16 4. Teil. Sanierung der finanzwirtschaftlichen Bereiche

bilanz[9] bzw. **Überschuldung**[10] geführt haben, sondern schafft neue Liquidität und im günstigen Fall Kreditwürdigkeit, um den Sanierungsprozess zu finanzieren. Auch lassen sich nach dem **Kapitalschnitt** neue Gesellschafter besser finden, wenn die Bilanz um die Verluste bereinigt ist, die durch die Altgesellschafter verursacht worden sind.[11] Zu der im Schrifttum als „sanierende Kapitalherabsetzung" bezeichneten Kapitalveränderung, die eigentlich wegen der anschließenden Einlage eine **sanierende Kapitalveränderung** darstellt, Folgendes:

9 Wenn Unterbilanzen durch Kapitalherabsetzung beseitigt werden, liegt eine **buchmäßige Sanierung** des Kapitals vor. Das Kapital wird nominell herabgesetzt. Dabei gelangen aber keine Mittel zur Verteilung an die Gesellschafter zurück, was bei einer ordentlichen (effektiven) Kapitalherabsetzung der Fall sein kann. Die **ordentliche Kapitalherabsetzung** ist zuvor bei Sanierungen ebenfalls denkbar, jedoch wegen des Zeitdrucks (hoher Zeitaufwand) und des geldaufwendigen Gläubigerschutzes praktisch **kaum durchführbar**.[12] Die vereinfachte Kapitalherabsetzung dient vor allem der Sanierung notleidender Kapitalgesellschaften, ist für diesen Zweck bezogen auf den Gläubigerschutz praktikabel ausgestaltet[13] und steht i.d.R. im Zusammenhang mit einer gleichzeitig beschlossenen Kapitalerhöhung.[14] Ist der Verlust gewollt oder ungewollt z.B. durch Rückstellungsbildung zu hoch geraten, sind die **Differenzbeträge den Rücklagen zuzuführen** und dort mindestens fünf Jahre gebunden.[15] Die **Gläubiger** sind darüber hinaus dadurch **geschützt**, dass vor einer sanierenden Kapitalherabsetzung sämtliche über 10 % des nach Herabsetzung verbleibenden Grund-/Stammkapitals hinausgehenden Rücklagen (bzw. Gewinnvortrag) vorweg aufgelöst sein müssen.[16] Diese Sanierungsmaßnahme darf nur dann ausgeführt werden, wenn nicht weiteres Eigenkapital (Rücklagen) die Verluste reduzieren kann. Diese Zwecksetzung dient auch dem **Minderheitenschutz**, nämlich dem Schutz der Gesellschafter, die bei einer qualifizierten Mehrheit von ³/₄ der abgegebenen Stimmen kein Veto zu den hierfür notwendigen Beschlüssen wirksam einlegen können. Der Minderheitenschutz darf jedoch nicht dazu führen, dass Sanierungen unberechtigt von Minderheiten, aber auch von anderen einzelnen Gesellschaftern vereitelt werden. Da dem Zweck der Kapitalmaßnahme entscheidende Bedeutung zukommt, ist bei der vereinfachten Kapitalherabsetzung bei einer AG der Grund für die Maßnahme zwingend in dem Beschluss der Gesellschafterversammlung anzugeben.[17] Bei der GmbH kann das freiwillig erfolgen.[18]

10 Um diese Sanierungsmaßnahme **maximal** einzusetzen, kann das Grund-/Stammkapital **bis auf null herabgesetzt** werden.[19] Reicht die vereinfachte Kapitalherabsetzung zur finanziellen Sanierung aus und ist damit der bilanzielle Verlust beseitigt, sind die

---

[9] Eine Unterbilanz liegt vor, wenn in der Bilanz das Reinvermögen der Gesellschaft das Grund-/Stammkapital nicht mehr deckt; vgl. Baumbach/Hueck/*Fastrich*, § 30, Rn. 19.

[10] Überschuldung ist von der Unterbilanz zu trennen und liegt vor, wenn das Aktivvermögen zu Liquidationswerten die Schulden der Gesellschaft nicht deckt; vgl. ebenda, Rn. 20.

[11] Vgl. zu den nachfolgenden Ausführungen *Maser/Sommer*, GmbHR 1996, 22 ff.; *Krumbholz*, Unternehmenssanierung, Rn. 15.

[12] Vgl. *Maser/Sommer* GmbHR 1996, 29.

[13] §§ 230, 232, 233 ff. AktG; §§ 58b, c GmbHG.

[14] Vgl. Baumbach/Hueck/*Zöllner*, § 58a, Rn. 4.

[15] Vgl. § 58c GmbHG, § 232 AktG.

[16] § 229 Abs. 2 AktG; § 58a Abs. 2 GmbHG. Stille Reserven sind davon nicht betroffen.

[17] § 229 Abs. 1 Satz 2 AktG.

[18] Eine dem § 229 Abs. 1 AktG entsprechende Verpflichtung gibt es in § 58a GmbHG nicht.

[19] Vgl. § 228 AktG, § 58a Abs. 4 GmbHG.

neuen Geschäftsanteile „makellos" und deshalb leichter an Dritte zu veräußern.[20] Die sich an die Kapitalherabsetzung notwendigerweise anschließende **Kapitalerhöhung** ist **bar** zu leisten und muss das **Mindestkapital** der jeweiligen Rechtsform **wiederherstellen**. **Sacheinlagen** werden von der h.M. für Kapitalerhöhungen u.a. wegen Anfechtungsrisiken **abgelehnt**.[21] Sie führen nicht nur zu Bewertungsproblemen (z.B. bei Know-how, Gläubigerforderung als Sacheinlage), sondern sind bei den regelmäßig in der Krise auftretenden Liquiditätsproblemen **nicht zielführend**. Nur die Bareinlage („fresh money") schafft in der Krise, insbesondere bei den Außenstehenden, glaubwürdige Argumente für den Erfolg der Sanierung.

Auch im **Insolvenz(plan)verfahren** kann diese Sanierungsmaßnahme sinnvoll sein. **11** Nach der InsO kann die vereinfachte Kapitalherabsetzung während eines Insolvenzverfahrens beschlossen oder zum Bestandteil eines (Fortführungs-)Insolvenzplans gemacht werden.[22] Wird das Kapital herabgesetzt, weil Verluste damit ausgeglichen werden sollen, sind die Gläubiger nicht benachteiligt.[23] Daher ist eine hiermit verbundene Kapitalerhöhung im Insolvenzverfahren nicht zwingend. Werden Barmittel durch die Kapitalerhöhung zugeführt, fallen diese Mittel nach Insolvenzrecht in die Insolvenzmasse nach § 35 InsO, was die Sanierungschancen eventuell beeinträchtigt.[24] Daher ist bei der sanierenden Kapitalveränderung gleichzeitig mit den Altgläubigern ein Forderungsverzicht im Planverfahren zu vereinbaren, damit die zugeführten Barmittel nicht allein den Altgläubigern zufließen.[25]

Aus **ertragsteuerlicher Sicht** führen die Kapitalerhöhungen zu nachträglichen An- **12** schaffungskosten bei der Beteiligung. Die Gesellschafter haben **in Einlagenhöhe Anschaffungskosten**, wenn die Beteiligung Betriebsvermögen ist oder der Regelung des § 17 EStG unterliegt. Für unter 1 v. H. **Beteiligte** liegt kein einkommensteuerrelevanter Vorgang vor, wenn die Anteile Privatvermögen sind. Für **Kapitalgesellschaften** als Gesellschafter der Sanierungsgesellschaft liegen Anschaffungskosten vor. Kehrt die Gesellschaft bei der sanierenden Kapitalherabsetzung keine Mittel an die Gesellschafter aus, liegen beim Gesellschafter keine steuerpflichtigen Einkünfte vor. Der aus der Kapitalherabsetzung resultierende Buchgewinn unterliegt auch nicht der Körperschaftsteuer. Wird die **Beteiligung an dem Krisenunternehmen im Betriebsvermögen** gehalten, ist eine Teilwertabschreibung zu prüfen.[26] Auch die **anschließende Kapitalerhöhung** beeinflusst als gesellschaftsrechtlicher Vorgang das zu versteuernde Einkommen der Krisengesellschaft nicht. Sanierungsbeiträge (und -erlöse) sind **steuerneutral**, soweit sie auf das Kapital (Einlagen, Ausschüttungen usw.) bezogen sind. Die sanierende Kapitalherabsetzung kann auch mit **Spaltungen** nach dem UmwG kombiniert[27] werden.

Neben der sanierenden Kapitalherabsetzung kann es in Krisenzeiten auch ausreichend **13** sein, das **Kapital ohne vorherigen Kapitalschnitt** durch Gesellschaftereinlagen **zu erhöhen**. Für die Krisengesellschaft hat die Vermögensmehrung **keine einkommen-**

---

[20] Vgl. *Maser/Sommer* GmbHR 1996, 29.
[21] Vgl. Baumbach/Hueck/*Zöllner*, § 58a, Rn. 34 zur Anfechtung.
[22] Vgl. ebenda, *Schlitt* NZG 1998, 755 f.
[23] Vgl. *Hirte*, Kölner Schrift zur Insolvenzordnung, S. 928 f.; *Uhlenbruck* GmbHR 1995, 81 und 85 f.
[24] Vgl. *Hirte*, Kölner Schrift zur Insolvenzordnung, S. 929, dort Fußnote 155.
[25] Vgl. ebenda, *Schlitt* NZG 1998, 755 f.
[26] Diese darf vorgenommen werden, wenn der innere Wert der Beteiligung unter den Buchwert sinkt. Vgl. im Einzelnen Schmidt EStG/*Kulosa*, § 6, Rn. 282 ff. Ein erfolgversprechender Sanierungsplan widerspricht einer Wertberichtigung.
[27] Vgl. *Naraschewski* GmbHR 1995, 697 ff.

steuerliche Auswirkung, denn die auf gesellschaftsrechtlicher Basis bewirkte Kapitalerhöhung führt weder zu Ausschüttungspotenzial noch zu zuversteuerndem Einkommen.[28] Aus Sicht der Gesellschafter entstehen mit der zusätzlichen Einlage einkommensteuerrelevante (Beteiligung im Betriebsvermögen oder i.S.d. § 17 EStG) Anschaffungskosten. Gesellschafter, die zu weniger als 1 v. H. beteiligt sind und ihre Beteiligung im Privatvermögen halten, können die zusätzliche Einlage nicht steuerlich nutzen.[29] Zu **Kapitalgesellschaften** siehe Rn. 8. Als weitere Möglichkeit, Stamm-/Grundkapital zu erhöhen, ist die **Kapitalerhöhung aus Eigenmitteln**, den offenen (Gewinn-/Kapital-)Rücklagen zu nennen. In Krisenzeiten anfallende Verlustvorträge bzw. Bilanzverluste mindern allerdings insoweit die Rücklagenumwandlung, die daher nicht weiter erläutert wird. Damit verbleiben die oben zuerst genannten Sanierungsmaßnahmen – auch in dieser Reihenfolge – als zielführend in der Krise, um Überschuldung, Unterbilanz und eine damit oft einhergehende Kreditunwürdigkeit und die dann sich einstellende Sanierungsunfähigkeit zu vermeiden. Chancen und Risiken dieser Sanierungsmaßnahme stellen sich für Kapitalgesellschaften einkommensteuerneutral dar.

14 b) **Sanierung durch Nebenleistungen.** Zur Sanierung eines Krisenunternehmens können mit den Gesellschaftern Vereinbarungen über Nebenleistungen getroffen werden. Im Folgenden werden die Besonderheiten von Nebenleistungen dargestellt, wenn sie von Gesellschaftern einer **Kapitalgesellschaft** erbracht werden. Die dargestellten Besonderheiten gelten grundsätzlich **entsprechend** auch für **Personengesellschaften**.

15 Zu den möglichen **Nebenleistungen** gehören z.B.: Forderungsverzicht, Darlehen, Bürgschaften und andere Sicherheitsleistungen sowie (verbilligte) Nutzungen. Im Gegensatz zur AG können die Gesellschafter einer GmbH über das feste Kapital hinaus z.B. durch **Nachschüsse** zusätzliches Eigenkapital bilden. Als Finanzierungsinstrument ist diese Gesellschafterleistung praktisch unbedeutend und wird nicht weiter vertieft.[30] Der Gesellschafter kann **Sanierungszuschüsse** an die Krisengesellschaft leisten. Diese Leistungen stellen keine „anderen Zuzahlungen" in das Eigenkapital dar, sondern gleichen als **außerordentlicher Ertrag** Verluste bzw. Jahresfehlbeträge aus.[31] Wird die Beteiligung beim Gesellschafter im Betriebsvermögen gehalten oder hat eine Privatperson eine Beteiligung, die unter § 17 EStG fällt, dann stellen Nachschüsse als verdeckte Einlage grundsätzlich nachträgliche Anschaffungskosten dar.[32] Deckt der Wert der Beteiligung die erhöhten Anschaffungskosten dauerhaft nicht, liegt in Höhe der Differenz betrieblicher Aufwand – ggf. nicht abzugsfähig nach § 3c EStG – vor. Nebenleistungspflichten von Gesellschaftern spielen nur bei der GmbH eine Rolle. Entweder liegen sie bereits in der Satzung fest oder es wird eine Satzungsänderung und danach ein Gesellschafterbeschluss herbeigeführt.

---

[28] Vgl. *Crezelius*, Die GmbH in Krise, Sanierung und Insolvenz, Rn. 2.366 ff. In den seltenen Fällen eines vereinbarten Agios (Über-pari-Emission) gilt das grundsätzlich ebenso. Das Aufgeld ist in die Kapitalrücklage einzustellen und ist in Verlustsituationen nur bei Vorliegen der gesetzlich geregelten Voraussetzungen verfügbar.
[29] Vgl. *Crezelius*, Die GmbH in Krise, Sanierung und Insolvenz, Rn. 2.371 der hier auch das Problem der Anteilsverwässerung bei Kapitalerhöhungen aus Bareinlagen für einbringungsgeborene Anteile an einer GmbH schildert. Ergebnis: Stille Reserven gehen auf neue Anteile über, soweit vorhanden.
[30] Vgl. Baumbach/Hueck/*Fastrich*, § 26, Rn. 1.
[31] Vgl. BeBiKo/*Förschle/Hoffmann*, § 272, Rn. 195.
[32] Vgl. Schmidt EStG/*Weber-Grellet*, § 17, Rn. 164.

3. Innengesellschaften

a) Stille Gesellschaft

aa) Allgemeine Regelungen. Die stille Gesellschaft findet in Literatur und Praxis immer häufiger Beachtung und kann auch zur Sanierung, insbesondere **in Kombination mit anderen hier dargestellten Maßnahmen**, eingesetzt werden.[33] Dieser Typus basiert auf einem **Schuldverhältnis** zwischen dem Stillen und der Gesellschaft. Es können bedingt durch die Vertragsfreiheit der Gesellschafterstellung ähnliche Rechtsverhältnisse vereinbart sein. **Vorteile** hat die stille Gesellschaft, wenn der Sanierungsbeitragsgeber nach außen nicht erscheinen will. Auch die **steuerrechtlichen Gestaltungen** können Sanierungszwecke begünstigen.

Die stille Gesellschaft wird im **HGB nicht definiert**, das Gesetz regelt nur einzelne Merkmale und Rechtsfolgen.[34] Da sie aber **alle Merkmale der BGB-Gesellschaft** aufweist, ist sie stets eine Gesellschaft im Rechtssinne.[35] Die stille Gesellschaft kann als **Innengesellschaft** aber keine Trägerin von Rechten und Pflichten sein, kein Gesellschaftsvermögen bilden und wird nicht im Handelsregister eingetragen. Mangels Eintragung wird das Verhältnis nicht offenkundig. Den Finanzämtern ist das Verhältnis zwar offen zu legen, diese sind aber an das Steuergeheimnis gebunden.[36] Eingetragen wird bzw. ist nur der Kaufmann, der das Unternehmen betreibt, an dem sich der Stille beteiligt. Partner für den Stillen sind Einzelfirmen, Personenhandels- und Kapitalgesellschaften. Für die Person des stillen Gesellschafters werden keine besonderen Eigenschaften verlangt. Grundsätzlich ist die stille Gesellschaft zweigliedrig und besteht aus dem Inhaber des Handelsgeschäfts (Kaufmann) sowie dem Stillen. Es können auch **mehrfache** stille Beteiligungen vereinbart werden, die jeweils gesondert zu würdigen sind. Es ist nicht ausgeschlossen, dass der Stille über dieses Verhältnis hinaus Gesellschafter des Handelsgeschäftes (GmbH, KG usw.) ist.

Der **Gesellschaftsvertrag** der stillen Gesellschaft kann grundsätzlich **formfrei** geschlossen werden.[37] Die Beteiligten begründen damit ein Schuldverhältnis, das die Verpflichtung zur Einlage eines Vermögenswertes, dessen Rückgewähr bei Auflösung der Gesellschaft und eine Gewinnbeteiligung zum Gegenstand hat. In der **Regel** ist der Stille in Höhe seiner Einlage **auch am Verlust beteiligt** und die durch Verluste geminderte Einlage ist mit hiernach anfallenden Gewinnen wieder aufzufüllen. Die aufgezählten Merkmale entsprechen dem gesetzlichen[38] bzw. schuldrechtlichen Konzept, sind **dispositives Recht**, daher gestaltungsfrei und abdingbar. Obwohl gesetzlich nicht vorgesehen, kann dem Stillen sogar eine Geschäftsführung eingeräumt werden. **Unverzichtbar** ist allerdings die **Gewinnbeteiligung**. Wird die Einlage fest verzinst, liegt ein Darlehen und keine stille Beteiligung vor.[39] Die Gewinnbeteiligung muss eine Beteiligung am Bilanzgewinn des Unternehmens sein, kann sich aber auf einen Unternehmensteil (z.B. Filiale) beschränken.

Aufgrund der Vertragsfreiheit und den Vorzügen der stillen Gesellschaft, wie Anonymität der Partnerschaft, Beteiligung am Gewinn bei begrenztem Haftungsrisiko und

---

[33] Vgl. u.a. *Schmidt,* Gesellschaftsrecht, S. 1845 ff.
[34] §§ 230 ff. HGB.
[35] Daher finden auch die Regelungen §§ 705 ff. BGB Anwendung.
[36] § 30 AO.
[37] Ausnahmsweise ist notarielle Beurkundung erforderlich, wenn der Stille ein Grundstück oder Geschäftsanteile an einer GmbH einlegen soll.
[38] §§ 230 ff. HGB.
[39] Vgl. *Schwaiger,* Beck'sches Handbuch der GmbH, Rn. 172.

§ 16 4. Teil. Sanierung der finanzwirtschaftlichen Bereiche

möglicherweise vereinbarter unbegrenzter Einflussnahme, haben sich **zahlreiche Typen** entwickelt, von denen die zwei Grundtypen (typisch, atypisch) und ein Sondertypus (GmbH & Still) kurz skizziert werden. Die Qualifizierung der Grundtypen spielt in der steuerlichen Wertung eine wesentliche Rolle.

20 bb) **Typisch stille Gesellschaft.** Bei der typisch stillen Gesellschaft erhält der Stille **keine Rechte, die wesentlich über die gesetzlichen Regeln hinausgehen**. Der stille Gesellschafter stellt dem Handelsgeschäft, hier dem Krisenunternehmen Mittel zur Verfügung, um z.B. notwendige Sanierungsmaßnahmen durchführen zu können. Als „Gegenleistung" nimmt der Stille am Gewinn bzw. Verlust des Krisenunternehmens teil. Seine Einlage stellt handelsrechtlich Fremdkapital und nicht Eigenkapital dar.[40]

21 cc) **Atypisch stille Gesellschaft.** Von diesem Normalfall ausgehend hat sich als zweiter Grundtypus die atypisch stille Gesellschaft in der Praxis entwickelt. Die Merkmale für diesen Typus sind die **Beteiligung am Unternehmensvermögen**, d.h. inkl. stiller Reserven, Firmenwert, sowie über das Gesetz hinausgehenden Einflussmöglichkeiten.[41] Der stille Gesellschafter ist in dieser Konstellation **dem Kommanditisten** bzw. im steuerlichen Sinne dem Mitunternehmer **angenähert**.

22 dd) **GmbH & Still.** Der Sondertypus typisch oder atypisch ausgerichtet wird letztlich durch die **GmbH als Inhaber des Handelsgeschäfts** (GmbH & Still) gekennzeichnet. Auf diese Weise will man ähnlich der GmbH & Co. KG steuerliche Vorteile der Personengesellschaft, nämlich Gewinnminderung bei der GmbH durch die Gewinnansprüche der mitunternehmerisch besteuerten Personengesellschafter, mit gesellschaftsrechtlichen Vorteilen der GmbH (Ausschluss der persönlichen Haftung) verbinden.[42]

23 ee) **Steuerrechtliche Konsequenzen.** Für die verschiedenen Arten von stillen Gesellschaften sind folgende steuerliche Konsequenzen zu beachten. Grundsätzlich liegt bei einer **typisch** stillen Gesellschaft ein **qualifiziertes Kreditverhältnis** vor, welches entweder bei Verlusten zu Werbungskosten oder bei Gewinnen zu Einkünften aus Kapitalvermögen des Stillen (im Privatvermögen) führt.[43] Letztere führen zu gewerblichen Einkünften, wenn die stille Beteiligung zu einem Betriebsvermögen gehört.[44] Kann der stille Gesellschafter **Unternehmerinitiative** entfalten und trägt er ein entsprechendes **Unternehmerrisiko** mit Chancen, Risiken und Beteiligung an Vermögenszuwachs, liegt eine atypisch stille Gesellschaft vor und bei dem Stillen entstehen positive oder negative **Einkünfte aus Gewerbebetrieb**.[45] Aus dieser grundsätzlichen Einordnung ergeben sich folgende steuerliche Konsequenzen für die beiden Grundtypen.

24 Bei der **typisch stillen Gesellschaft** werden **schuldrechtliche Verträge** zwischen dem Stillen und dem Unternehmen steuerlich **anerkannt**. Aus Arbeits-, Pacht-, Miet- und Darlehensverträgen mit dem Unternehmen entstehender Aufwand stellt ergebnismindernde Betriebsausgaben dar.[46] Pensionszusagen an den Stillen führen zu einem Hinausschieben der Steuer auf lange Frist. Die in der Sanierungsphase entstehenden Verluste nutzt der Beteiligte bei entsprechender Vereinbarung[47] **bis zur Höhe seiner Einlage**

---

[40] Vgl. ebenda, Rn. 169.
[41] Vgl. ebenda, Rn. 175.
[42] Vgl. *Binz/Sorg*, § 24, Rn. 16 ff.
[43] Vgl. ebenda, Rn. 19.
[44] § 20 Abs. 8 EStG.
[45] § 15 Abs. 1 Satz 1 Nr. 2 EStG. Vgl. *Schwaiger*, Beck'sches Handbuch der GmbH, Rn. 184.
[46] Auf der anderen Seite liegen beim Stillen Kapitaleinkünfte usw. vor.
[47] Bei den hier besprochenen Fällen gehen wir nicht von einer Nachschusspflicht des Stillen aus.

als Werbungskosten im Rahmen seiner Steuererklärung. Das Krisenunternehmen kann diesen Verlust steuerlich nicht geltend machen. Es liegen in Höhe der „Verlustübernahme" des Stillen für die Gesellschaft Erträge vor. Entsprechend hierzu verringert sich die Verpflichtung, die Einlage zurückzuzahlen.

Ist ein **negatives Kapitalkonto nicht vereinbart**, hat das Unternehmen diese Verluste allein zu tragen. Wird dem stillen Gesellschafter ein **negatives Kapitalkonto** aufgrund Vertrag **zugewiesen**, entsteht zunächst eine Forderung gegenüber dem Stillen und in diesem Umfang kein anfallender Verlust. Die Entstehung des negativen Kontos ist für das Krisenunternehmen wie die Einlagenminderung bei Verlusten in diesem Fall ergebnisneutral, was sich insbesondere in der Außenwirkung (Öffentlichkeit, Gläubiger usw.) positiv darstellen lässt. **Nach erfolgreicher Sanierung entstehende Gewinne** gleichen das negative Konto wieder aus und füllen die Einlage auf. Um dieses Ergebnis zu erreichen, mindern diese Zuweisungen als Betriebsausgaben den Gewinn der Krisengesellschaft. Ohne zugewiesenes negatives Konto ist ebenfalls die Einlage des Stillen zunächst wieder aufzufüllen, bevor Gewinne zuweisbar sind.[48]

Die **Ertragsbesteuerung** beim Stillen hängt davon ab, ob die Beteiligung Privat- oder Betriebsvermögen darstellt. Wie o.g. sind die Verluste der Sanierungsphase für den Stillen Werbungskosten, wenn die Bestimmungen es vorsehen. Wird der stille Gesellschafter vertraglich über die Einlage hinaus an den Verlusten beteiligt, dürfen die Beträge weder mit anderen positiven Einkünften ausgeglichen, noch nach § 10d EStG abgezogen werden.[49] Der Stille kann später anfallende Gewinne mit diesen Beträgen kompensieren (sog. **verrechenbare Verluste**). Bei **Privatvermögen** ist das Wiederauffüllen der Einlage als Einkünfte aus Kapitalvermögen einkommensteuerrelevant, obwohl der Stille auf das wieder entstehende Guthaben (Einlage) keinen Zugriff hat. Auch Einlagenminderungen durch Entnahmen, d.h. Einlagenrückgewähr, sind dem Stillen als positive Kapitaleinkünfte zuzurechnen, falls sich hierdurch ein negatives Konto ergibt bzw. sich erhöht. Wird die Beteiligung des Stillen nach erfolgreicher Sanierung an einen Dritten veräußert, ergeben sich keine ertragsteuerlichen Auswirkungen.[50] Scheitert die Sanierung, ergeben sich ebenfalls keine steuerlichen Folgen (keine weiteren Werbungskosten aus dem Verlust der Einlage). Gehört die stille Beteiligung zum **Betriebsvermögen**, liegen gewerbliche Einkünfte vor und die Beteiligung ist mit ihren Anschaffungskosten in Höhe der Einlage zu aktivieren. Ein niedrigerer Teilwert kann bei einem erfolgversprechenden Sanierungsplan nicht begründet werden. Jedoch darf die Beteiligung ergebnismindernd ausgebucht werden, wenn die Sanierung endgültig gescheitert ist.

Die **atypisch stille Beteiligung** ist einer KG nahe verwandt.[51] Folglich werden die **Einkünfte** des Stillen **als gewerbliche**, wie beim Kommanditisten, qualifiziert. Das gilt unabhängig davon, ob Gewinne ausgeschüttet werden oder nicht. Sämtliche Schuldverhältnisse zwischen Stillem und dem Unternehmen fallen in den gewerblichen Bereich. Erhaltener Arbeitslohn usw. darf das Ergebnis der Gesellschaft nicht mindern.[52] Im Jahr der Entstehung angefallene Verluste mindern ebenso wie bei der typisch stillen Gesellschaft – hier allerdings als Betriebsausgaben – weitere positive Einkünfte des Stillen. Die Verluste werden rück- oder vorgetragen. Die **Verluste sind auf die Einlagenhöhe begrenzt** wie bei der typisch stillen Beteiligung, und darüber hinausgehende Verluste

---

[48] § 232 II 2, 2. HS. HGB.
[49] Vgl. *Schwaiger*, Beck'sches Handbuch der GmbH, Rn. 186.
[50] Ausnahme: Spekulationsgeschäft (bei Sanierungen eher selten, weil sie regelmäßig länger als ein Jahr laufen, vgl. § 23 Abs. 1 Nr. 2 EStG) und Verkauf an Geschäftsinhaber, vgl. *Schoor*, S. 107.
[51] Vgl. *Binz/Sorg*, § 24, Rn. 28.
[52] Vgl. *Schwaiger*, Beck'sches Handbuch der GmbH, Rn. 187.

können nur mit zukünftigen Gewinnen verrechnet werden. Analog zur Besteuerung von Personenhandelsgesellschaften werden Wirtschaftsgüter, die der Stille dem Unternehmen zur Verfügung stellt, dem **Sonderbetriebsvermögen** des Stillen zugerechnet.[53] Die Wirtschaftsgüter sind damit steuerverstrickt und mögliche stille Reserven bei Verkauf, Entnahme bzw. Umwidmung der Nutzung zu versteuern. Wird die atypisch stille Beteiligung gewinnrealisierend verkauft oder aufgegeben, können Begünstigungen im Einzelfall gewährt werden.[54]

28 **ff) Würdigung im Sanierungsfall.** Bezüglich der **Sanierungsverluste** ergeben sich kaum Unterschiede bei den beiden Grundtypen der typisch und atypisch stillen Gesellschaft, weil die Verluste auf die Höhe der Einlage gedeckelt sind. Mitarbeiter, Sanierer u.v.a. können mit beiden Grundtypen das **Sanierungsrisiko steuerlich nutzen**. Auch kann dies für den Sondertypus GmbH & Still besonders genutzt werden, wenn die an der GmbH Beteiligten eine Kapitalbeteiligung von unter 1 % halten und die Sanierung durch Einlagen stützen wollen. Denn liegt die Beteiligung im Privatvermögen, entfallen steuerliche Vorteile für den nachschießenden Gesellschafter der GmbH, die mit dem Werbungskostenabzug als stiller Gesellschafter erreicht werden können. **Nach erfolgreicher Sanierung** erscheint die typisch stille Gesellschaft vorteilhafter, weil schuldrechtliche Verträge zwischen Gesellschaft und Stillen steuerlich anerkannt werden und daraus resultierender Aufwand für z.B. die GmbH das positive Ergebnis auch den Gewerbeertrag[55] mindern, stille Reserven nicht steuerverstrickt sind und es kein Sonderbetriebsvermögen des Stillen gibt.[56] Andererseits ist man bei der typisch stillen Gesellschaft nicht an den stillen Reserven beteiligt, was für Stille, die nicht gleichzeitig Gesellschafter des Krisenunternehmens sind (wie externe Sanierer usw.), nachteilig sein kann, wenn durch die erfolgreiche Sanierung erheblicher Vermögenszuwachs (Firmenwert u.a.) entsteht. Das Problem kann gelöst werden, indem den Gesellschaftern der GmbH eine typisch und den nicht an der GmbH beteiligten Personen eine atypisch stille Gesellschafterposition eingeräumt wird.

29 **b) Unterbeteiligung.** Die Unterbeteiligung ist der **stillen Gesellschaft ähnlich** und stellt letztlich eine **stille Beteiligung** an einem Gesellschaftsanteil dar.[57] Es liegt ebenso eine Innengesellschaft vor, die kein Gesellschaftsvermögen bilden kann. Der Hauptbeteiligte, der die Beteiligung (Aktie, GmbH-Anteil usw.), an der die Unterbeteiligung begründet werden soll, hält, schließt mit dem Unterbeteiligten einen Gesellschaftsvertrag, um gemeinsam die (Haupt-)Beteiligung zu nutzen. Wie bei der stillen Gesellschaft muss der Unterbeteiligte eine Einlage leisten und am Gewinn des Hauptbeteiligten beteiligt sein. Zu unterscheiden ist wiederum zwischen einer typischen und einer atypischen Unterbeteiligung, die wie die Grundtypen der stillen Gesellschaft unterschiedliche Merkmale aufweisen und steuerlich nach den dort angegebenen Regeln einzuordnen sind. Vgl. daher die unter Rn. 16 ff. dargestellte **analog anzuwendende Systematik zur stillen Gesellschaft**.

---

[53] Vgl. ebenda, Rn. 188.
[54] Vgl. §§ 16 Abs. 4, 34 EStG bei Vorliegen entsprechender Voraussetzungen.
[55] Vgl. zu den Ausnahmen durch Hinzurechnungen *Schoor*, S. 121.
[56] Vgl. *Schwaiger*, Beck'sches Handbuch der GmbH Rn. 195.
[57] Vgl. Schmidt EStG/*Wacker*, § 15, Rn. 367.

III. Gesellschafterleistungen über die Einlage hinaus

1. Allgemeines

Sonstige Gesellschafterleistungen sind insbesondere vor dem Hintergrund der durch 30
MoMiG eingeführten Regelungen zum Eigenkapitalersatzrecht und deren Auswirkungen für die Sanierungspraxis zu betrachten.[58] Dass die Folgen aus der Begebung von Krediten an die Krisengesellschaft durch die Gesellschafter nunmehr in der Insolvenzordnung (§ 39 InsO) geregelt ist und dort die Begriffe Krise und Eigenkapitalersatz gestrichen worden sind, bedeutet nicht, dass diese nunmehr keine außerinsolvenzliche Bedeutung haben werden. Die insolvenzrechtlichen Regelungen haben nunmehr bei derartigen Gesellschafterleistungen in der Krise und Sanierung eine Vorwirkung.[59] Mit den in § 24 näher beschriebenen Regeln sind jedwede Finanzierungsleistung der Gesellschafter in dem Bewusstsein auszureichen, dass alle Gesellschafterkredite in der Krise in der Insolvenz nachrangig sind und bspw. eine Besicherung insolvenzfest sicher erst nach zehn Jahren ist.[60] Auch die Tatsache, dass eine Gesellschafterleistung ein Jahr vor der Insolvenz anfechtungsfrei zurückgewährt oder eine Kreditsicherheit anfechtungsfrei verwertet werden kann, ist angesichts der fehlenden Planbarkeit von Unternehmensprozessen in der Krise keine empfehlenswerte Strategie.[61] Daher sind bei der Sanierung zur Vermeidung der Insolvenz nachfolgende Erläuterungen von Interesse, wobei diese sich zunächst auf Kapitalgesellschaften, insbesondere auf die GmbH beziehen, und die relevanten Auswirkungen auf andere Rechtsformen erwähnt werden. Auf die eigentlich erste Sanierungsmaßnahme in der Krise, nämlich die Forderungsstundung, wird an dieser Stelle nicht eingegangen, weil sie für die Gesellschafter nicht nur selbstverständlich sein sollte, sondern zugleich die Schwächste ist und eher in Zusammenhang mit Fremdgläubigern sinnvoll sein kann.[62]

2. Forderungsverzicht, Rangrücktritt u.ä. Leistungen

a) **Forderungsverzicht.** Mit einem Forderungsverzicht eines Gesellschafters **reduziert** 31
sich oder **verhindert** man eine **Überschuldung** und/oder eine **Unterbilanz** der Krisengesellschaft. Ob die Forderung aus einer Darlehenshingabe oder einem Leistungsaustausch herrührt, ist hier nicht entscheidend. Mit einem **gegenseitigen Vertrag** kann die Forderung erlassen werden.[63] Möglich ist auch ein Forderungsverzicht mit **Besserungsschein** oder ein schuldrechtlich vereinbarter **Rangrücktritt**, vgl. unten.

Der **unbedingte Forderungsverzicht/-erlass** ist unproblematisch, wenn die An- 32
sprüche zum Erlasszeitpunkt werthaltig sind. Die Vermögensmehrung ist durch das Gesellschaftsverhältnis begründet und handelsrechtlich als Kapitalrücklage[64] bzw. steuerlich als nicht steuerbare verdeckte Einlage[65] zu werten.

---

[58] Vgl. den kurzen Überblick in *Schmidt*, Die GmbH in Krise, Sanierung und Insolvenz, Rn. 2.78 ff.
[59] Vgl. *Schmidt*, Die GmbH in Krise, Sanierung und Insolvenz, Rn. 2.88.
[60] Vgl. ebenda, Rn. 2.90.
[61] Vgl. ebenda, Rn. 2.93.
[62] Vgl. *Uhlenbruck*, Die GmbH in Krise, Sanierung und Insolvenz, Rn. 2.214.
[63] § 397 BGB.
[64] § 272 Abs. 2 Nr. 4 HGB.
[65] § 8 Abs. 1 KStG i.V.m. § 4 Abs. 1 EStG.

33 Die **Werthaltigkeit** von Forderungen ist in der Krise eines Unternehmens normalerweise **nicht mehr gegeben**. Handelsrechtlich kann **nur eine vollwertige Forderung eingelegt** werden.[66] Der **Differenzbetrag** ist bei der Krisengesellschaft als **außerordentlicher Ertrag** auszuweisen. Das Steuerrecht folgt diesem Ergebnis und behandelt nur den werthaltigen Teil der Forderung als erfolgsneutrale Einlage.[67] **Bilanziert** der Gesellschafter Beteiligung und Forderung, ist die Forderung auszubuchen und die Beteiligung in Höhe des werthaltigen Teils aufzustocken, so dass der Differenzbetrag zur nominellen Forderungshöhe das Betriebsergebnis belastet. Erhält der Gesellschafter später hierauf Auszahlungen, sind diese zunächst mit dem aufgestockten Teil der Beteiligung zu verrechnen und darüber hinaus als Gewinnausschüttungen zu behandeln.

34 Der **Erlass von Forderungen** ist ein in der Krise **bewährtes Instrument**. In der Praxis wird der Forderungserlass häufig mit einer **bedingten Besserungsvereinbarung** verbunden.[68] In diesem Fall verzichtet der Gläubiger bis zum Eintritt der Bedingung auf die Geltendmachung der Forderung. Endet die Krise oder bessert sich die Unternehmenssituation so, dass wieder Gewinne entstehen, kann dies den Eintritt der Bedingung bedeuten und die Forderung lebt dann vereinbarungsgemäß wieder auf.[69] **Bis die Krise überwunden** und die Besserung eingetreten ist, entsteht handelsrechtlich **Eigenkapital** der Gesellschaft entsprechend der Behandlung eines unbedingten Forderungserlasses.[70] U. E. gilt auch hier nur die werthaltige Forderung mit Wirkung des Erlassvertrages als eingelegt.[71] Im **Zeitpunkt des Bedingungseintritts** wandelt sich das Eigenkapital ggf. je nach Bedingungseintritt anteilig **wieder** in **Fremdkapital** um. Die Konsequenzen sind hier ähnlich wie zum unbedingten Forderungserlass. In Höhe des tatsächlichen Wertes der eingelegten Forderung wird ergebnisneutral mit der Beteiligung verrechnet und der darüber hinausgehende Betrag im Zeitpunkt der Einnahme als Ertrag verbucht. Wie eingangs erwähnt, gilt das nur, soweit diese Maßnahmen gesellschaftsrechtlich veranlasst sind. Die Auswirkungen derartiger Sanierungsmaßnahmen unter Beteiligung Dritter werden weiter unten erläutert (Rn. 47). Vgl. zu den steuerlichen Auswirkungen § 35 Rn. 103 ff. und 118 ff.

35 b) Rangrücktritt. Der Gesellschafter kann zur Vermeidung einer Überschuldung mit seiner Forderung im Rang hinter die Gläubiger zurücktreten (**Rangrücktritt**). Damit gewährt der Gesellschafter dem Krisenunternehmen dauerhaft oder in Abhängigkeit von künftigen Gewinnen/Liquidationserlösen eine Einrede aus dieser besonderen Vereinbarung gegen seine Forderung. Während der Forderungserlass mit Besserungsabrede eher z.B. im Insolvenzplanverfahren vereinbart werden wird oder steuerliche Probleme verursacht,[72] soll mit dem Rangrücktritt eine Eröffnung des Insolvenzverfahrens verhindert werden. Die **Verbindlichkeit** bleibt mit dem Rangrücktritt bei der Gesellschaft zwar bestehen, wird jedoch **für den insolvenzrechtlichen Überschuldungsstatus nicht als Fremdkapital eingestuft**.[73] Vgl. zur **steuerlichen Behandlung** § 35 Rn. 97 ff.

---

[66] Vgl. Baumbach/Hueck/*Fastrich*, § 9, Rn. 5
[67] Vgl. § 35 Rn. 103 ff.
[68] Vgl. Baumbach/Hueck/*Fastrich*, § 29, Rn. 88 m.w.N in Fn.165.
[69] Vgl. *Uhlenbruck*, Die GmbH in Krise, Sanierung und Insolvenz, Rn. 2.216.
[70] Vgl. *Crezelius*, Die GmbH in Krise, Sanierung und Insolvenz, Rn. 2.440.
[71] Vgl. etwa Lutter/Hommelhoff GmbHG Kommentar/*Lutter/Bayer*, § 56, Rn. 4 ff.
[72] Vgl. *Crezelius*, Die GmbH in Krise, Sanierung und Insolvenz, Rn. 2.448.
[73] Vgl. § 19 Abs. 2 Satz 2 InsO.

c) Weitere ähnliche Sanierungsmaßnahmen. Als weitere unterstützende Maßnahme 36 kann der Gesellschafter eine **Schuld** des Krisenunternehmens einfach **übernehmen**,[74] was grundsätzlich ebenfalls zu nachträglichen Anschaffungskosten im Rahmen seiner Beteiligung führt. Beim Krisenunternehmen wirkt die Schuldübernahme ergebniserhöhend. In der **Person des Schuldners** findet ein **Wechsel** statt.

Davon zu unterscheiden ist der **Schuldbeitritt** bzw. die **Schuldmitübernahme**, bei 37 der der Übernehmende neben den Schuldner tritt und beide als Gesamtschuldner[75] verpflichtet sind. Daneben können die Gesellschafter oder Dritte eine **Bürgschaft**[76] für das Krisenunternehmen übernehmen. Bei der Bürgschaft sind der Bürge und der Schuldner nicht Gesamtschuldner, sondern jeweils aus einem eigenen Rechtsverhältnis zur Leistung verpflichtet, wenn die Anspruchsvoraussetzungen vorliegen. Bevor der Bürge in Anspruch genommen werden kann, muss zuvor ein erfolgloser Vollstreckungsversuch gegen den Schuldner erfolgt sein.[77] Bei der sog. **selbstschuldnerischen Bürgschaft** entfällt diese Voraussetzung, denn der Bürge hat in diesem Fall auf die „Einrede oder Vorausklage" verzichtet.[78]

Im Hinblick auf den **Überschuldungsstatus** bleiben Bürgschaft und Schuldbeitritt 38 folgenlos, denn nur der vollständige Wechsel in der Person des Schuldners führt zu einer Ergebniserhöhung.

Auch für **Personengesellschaften** in der Rechtsform einer GmbH & Co. KG sind 39 obige Maßnahmen denkbar, haben aber bei den übrigen Personengesellschaften aufgrund der persönlichen Haftung der Gesellschafter eine geringe Bedeutung. Vgl. zur **steuerlichen Würdigung** der hier aufgeführten Sanierungsmaßnahmen § 35 Rn. 123 ff.

3. Eigenkapitalersatz

a) Eigenkapitalersetzende Darlehen. Dem Unternehmer ist grundsätzlich die Ent- 40 scheidung überlassen, in welchem Maße die Unternehmensfinanzierung durch Eigen- oder Fremdkapital gesichert wird. In der **Krise** sind bei **Kapitalgesellschaften** und der (kapitalistischen) GmbH & Co. KG **Kapitalisierungsregeln** und **Insolvenzantragspflichten** zu beachten, welche die eingangs erwähnte Finanzierungsflexibilität einschränken können. Erhält das Unternehmen in der Krise **von den Banken keine Kredite** und/oder **droht die Überschuldung**, dann führt ein ordentlicher Kaufmann bzw. Gesellschafter das notwendige Eigenkapital zu. Da gerade bei Kapitalgesellschaften Kapitalerhöhungen formgebunden und aufwendig sind, bedarf es u.a. bei einer strafrechtlich bewährten[79] Insolvenzantragspflicht von binnen drei Wochen einer raschen Unterstützung. Der Gesellschafter gewährt der Krisengesellschaft deshalb zur kurzfristigen Problemlösung Fremdmittel, sog. **Gesellschafterdarlehen** oder **Sanierungskredite**, die im Falle der Insolvenz mit haftendem Kapital gleichzusetzen sind. Um diesen Kredit zweckentsprechend an die Gesellschaft zu binden und ggf. eine Überschuldungssituation abzuwenden, erklärt der Gesellschafter sinnvollerweise und klarstellend den **Rangrücktritt**, wie oben beschrieben. In gleicher Weise verfährt man, wenn ein Kredit vor der Krise gegeben worden ist, der sich dann zum Sanierungskredit wandelt und mit Rangrücktritt

---

[74] §§ 414 ff. BGB (Schuldübernahme).
[75] §§ 421 ff. BGB.
[76] §§ 765 ff. BGB.
[77] § 771 BGB. Dem Vollkaufmann steht, wenn die Bürgschaft für ihn ein Handelsgeschäft ist, die Einrede der Vorausklage nicht zu, § 349 HGB.
[78] § 773 I Nr. 1 BGB.
[79] § 84 i.V.m. § 64 I GmbHG.

stehen gelassen wird.[80] Die gleichen Folgen wie bei den einzelvertraglich bestimmten Lösungen ergeben sich bei Kapitalgesellschaften und der GmbH & Co. in nachfolgend dargestellten Fällen auch kraft zwingenden Rechts.

41 **Verhindert der Gesellschafter** einer GmbH, der Kommanditist einer GmbH & Co. oder der unternehmerisch beteiligte Aktionär einer AG **durch Darlehenshingabe den Zusammenbruch** des Unternehmens, dann entspricht es der aktuellen Gesetzeslage, **wenn** der **Gesellschafterkredit als Haftkapital qualifiziert** wird.[81] Die vor MoMiG in 2008 geltenden Regeln für Kapitalgesellschaften sind vollumfänglich auf die Insolvenzordnung transferiert worden.[82] Im **Insolvenzplanverfahren** gelten die Forderungen nachrangiger Insolvenzgläubiger als erlassen.[83]

42 Das **Kleinanteils- und Sanierungsprivileg** nach § 39 Abs. 5 und Abs. 4 Satz 2 InsO schränkt den Anwendungsbereich der gesetzlichen Regeln zum Eigenkapitalersatz für **nicht geschäftsführende Gesellschafter**, die an der GmbH (& Co KG) mit **10 % oder weniger** am Stammkapital beteiligt sind, ein. Die Regeln werden ebenso nicht angewendet, wenn ein Darlehensgeber – betrifft bestehende und neu gewährte Kredite – in der **Krise** der Gesellschaft zum Zwecke ihrer Überwindung **Geschäftsanteile** erwirbt. Zu Recht bevorteilt werden die Gesellschafter, welche keine unternehmerische Verantwortung für die entstandene Krise tragen. Ebenso trägt der nicht geschäftsführende Kleingesellschafter in der Regel keine Finanzierungsverantwortung. Die Kleinanteils- und Sanierungsprivilegien schaffen allerdings Zurechnungsprobleme und Fragen, welche erst in der Gerichtspraxis beantwortet werden können. Z. B. ist unklar, wenn Dritte (Quasigesellschafter) als Treugeber, atypisch stille Gesellschafter usw., Darlehen gewähren oder eine koordinierte Kreditvergabe durch mehrere Kleingesellschafter stattfindet, deren Anteile zusammen mehr als 10 % ausmachen.[84]

43 **b) Nutzungsüberlassungen.** Wenn Gesellschafter ihrem Unternehmen Wirtschaftsgüter überlassen, ist nunmehr das Risiko einer entgeltlichen Überlassung für den Unternehmer überschaubar geworden.[85] Das Risiko betrifft nur die weiter entgeltlich erfolgende Nutzungsüberlassung. Nur wenn keine Zahlungen bis ein Jahr vor der Insolvenz erfolgt sind, kann der Insolvenzverwalter dies für ein Jahr nach der Insolvenzeröffnung gegen den Unternehmer geltend machen. Damit ist auf pünktliche Zahlungen zu achten, damit die Ansprüche nicht unter § 39 Abs. 1 Nr. 5 InsO fallen. Zahlungen dürfen auch verlangt werden, wenn dies zur Zahlungsunfähigkeit führt. Denn der Gesellschafter kann diese auch aus der Insolvenzmasse verlangen.[86] Wie der Unternehmer mit dieser seit MoMiG geltenden Regelung umgeht, wird die Praxis zeigen.

IV. Fremdkapitalmaßnahmen

1. Außergerichtlicher Vergleich und Insolvenzplan als Verfahren

44 Zahlreiche bisher besprochene Sanierungsmaßnahmen der Gesellschafter, wie bspw. Forderungsverzicht, Stundung (Moratorium) usw., können auch **Gläubiger** durchführen. Es

---

[80] Vgl. *Schulze-Osterloh* EWiR 1996, 459.
[81] Vgl. § 39 Abs. 1 Nr. 5 InsO.
[82] Vgl. *Wittig*, Die GmbH in Krise, Sanierung und Insolvenz, Rn. 2.273.
[83] § 225 I InsO.
[84] Vgl. *Schmidt* GmbHR 1999, 1269 ff.
[85] Vgl. *Schmidt*, Die GmbH in Krise, Sanierung und Insolvenz, Rn. 2.109.
[86] Vgl. ebenda.

werden **vor dem Insolvenzverfahren** entsprechende Vereinbarungen geschlossen, um das Unternehmen bei der Sanierung zu unterstützen. Gelingt das mit dem wesentlichen Kreis der Gläubiger, spricht man von einem **außergerichtlichen Vergleich**. Sanierungsmaßnahmen der Gläubiger können aber **auch im Insolvenzverfahren** innerhalb des Sanierungsplans integriert werden. Ohne die im Folgenden aufgezeigten Instrumente ist eine mit der Unternehmenskrise meist verbundene Liquiditätskrise nicht zu überwinden. Eine erfolgreiche Restrukturierung bzw. Sanierung setzt voraus, dass Banken und Lieferanten, aber auch Mitarbeiter und Finanzämter **an einem Strang** ziehen, was in der Praxis aufgrund divergierender Interessen nicht immer realisierbar ist. Ein außergerichtlicher Vergleich ist dabei stets eine sinnvolle Möglichkeit zur Sanierung, zumal die Kosten des Insolvenzverfahrens (z.B. Insolvenzverwalter) entfallen, die negative Publizität des Verfahrens vermieden und die hier noch nicht so weit fortgeschrittene Krise eher überwunden werden kann. Bei **rechtzeitig erkannter Krise** kann das Krisenunternehmen jedoch **auch** das **Planverfahren** gezielt **einleiten** und mit einem vorgefertigten Insolvenzplan (**prepackaged plan**) eine Sanierung **herbeiführen**. Vgl. hierzu z.B. den Beitrag von *Uhlenbruck* oder den ausführlichen Beitrag von *Eidenmüller*.[87, 88] Zu den direkten staatlichen Zuwendungen in Sanierungsfällen vgl. Rn. 55 ff. Die spezifische Sichtweise der Banken ist in § 2 erläutert. Nachfolgende Darstellungen gelten grundsätzlich **für alle Gläubiger**.

2. Einzelne Maßnahmen innerhalb der Verfahren

a) Stundung. Kurzfristig liquiditätsschonend wirkt der geringste Beitrag, der einem 45 Gläubiger zur Überwindung der Unternehmenskrise abverlangt werden kann, nämlich die **Stundung** von Gläubigerforderungen und ggf. darauf zu entrichtender Zinsen. Die Maßnahme wird auch Fälligkeits- bzw. Zahlungsaufschub oder **Moratorium** genannt.[89] Es besteht keine Gläubigerpflicht, derartige und weitergehende (s.u.) Sanierungsmaßnahmen zu leisten. Eine Stundung kommt – wie viele andere Einzelmaßnahmen – **nur im Zusammenhang mit anderen Maßnahmen in Betracht**. Denn so wie der „Einsatz" der Gläubiger gering ist, reicht der Sanierungsbeitrag allenfalls zur **Überbrückung von Liquiditätsschwierigkeiten** oder einer momentanen Zahlungsunfähigkeit, jedoch **nicht** zur nachhaltigen Beseitigung einer Überschuldung bzw. der Verlustsituation.[90] In ähnlicher Weise funktioniert die Schuldumwandlung (**Novation**). Aus einem Lieferantenkredit kann ein mittel-/langfristiges Darlehen entstehen, oder die Parteien wandeln eine Warenverbindlichkeit in eine **Wechselschuld** um, die mehrfach prolongiert werden kann. In beiden Fällen **verlängert sich das Zahlungsziel**.

b) Verzicht auf Zinszahlung und Forderungsverzicht. Als nächste in der Maßnah- 46 menintensität höhere Stufe folgt zunächst der **Verzicht auf Zinszahlungen**. Der Verzicht auf Verzugs- oder Darlehenszinsen verbessert sofort die Liquidität, stärkt die Ergebnissituation und verhindert damit u.U. eine künftige Überschuldung.[91] Diese Sanierungsmaßnahme **schafft notwendige Zeit**, um weitere Handlungen zur Verbesserung der Unternehmenssituation – insbesondere ein Sanierungskonzept – zu prüfen, und ge-

---

[87] Vgl. *Eidenmüller*, S. 51 ff. und 264 ff.
[88] Vgl. *Uhlenbruck*, Die GmbH in Krise, Sanierung und Insolvenz, Rn. 2.2 ff. zu Chancen und Gefahren des außergerichtlichen Vergleichs.
[89] Vgl. ebenda, Rn. 2.211 ff.
[90] Vgl. ebenda Rn. 2.214.
[91] Vgl. ebenda, 2.212 und *Hess/Fechner/Freund/Körner*, S. 257.

hört damit wie die Stundung zu den **praxiserprobten Sofortmaßnahmen**. Für den Gläubiger entsteht auf der anderen Seite durch den Zinsverzicht eine ergebniswirksame Belastung. Um den Zinsverzicht durchzusetzen, können im Gegenzug **Anreize** gegeben werden. Hierzu eignet sich ein **partiarisches Darlehen**. Das Schuldverhältnis wird so umgewandelt, dass der Gläubiger Zinszahlungen in Abhängigkeit von späteren Gewinnen erhält. Das Zinsniveau legt man höher als das übliche Maß, um einen Anreiz gemäß vorliegender Chance-Risiko-Struktur zu gewähren.[92]

47   Sind die Gläubiger zu einer wirksamen finanziellen Sanierung bereit, die auch eine bilanzielle Überschuldung beseitigt, dann **verzichten** sie **auf Forderungen**. Hierzu motiviert sind insbesondere die Gläubiger, die an weiteren Geschäftsbeziehungen interessiert sind oder deren Forderung mangels adäquater Sicherheit gegenüber dem Krisenunternehmen nicht mehr werthaltig ist. Häufig wird der **Forderungsverzicht an eine Besserungsabrede** gekoppelt. Voraussetzung für den Forderungsverzicht ist ein Erlassvertrag,[93] der formfrei geschlossen werden kann und der den Willen zum Verzicht eindeutig erkennen lassen muss. Für die Praxis ist trotz der Formfreiheit die **schriftliche Abfassung** des Vertrages zu empfehlen, um den Willen zum Verzicht zweifelsfrei nach außen, zum Beispiel für das Finanzamt dokumentieren zu können. Der so wirksam geschlossene Vertrag **entlastet die Passivseite der Bilanz und den Überschuldungsstatus**, weil die Verbindlichkeit nun wegfällt. In Höhe des entfallenden Betrages entsteht für das **Krisenunternehmen** ein auch steuerlich relevanter **außerordentlicher Sanierungsgewinn** und für den **Gläubiger** durch die Ausbuchung der Forderung, falls sie nicht vorher bereits wertberichtigt wurde, eine **ergebniswirksame Belastung**. Mit dem Forderungsverzicht wird in der gebotenen Kürze der Zeit die ggf. vorhandene Überschuldung reduziert bzw. beseitigt, die Finanzierungskosten gesenkt und die Ertragskraft verbessert.[94] Lediglich die **Liquiditätssituation** wird aufgrund der **nur buchmäßigen Auswirkung** direkt **nicht positiv beeinflusst**, was wiederum die Notwendigkeit unterschiedlicher, mehrdimensional wirkender finanzieller Sanierungsmaßnahmen unterstreicht. Falls durch Forderungsverzichte **Sanierungsgewinne** entstehen, können diese im Einzelfall durch Steuerstundung und/oder Steuererlass durch die Finanzbehörde privilegiert werden, vgl. hierzu die **steuerliche Würdigung** in § 35 Rn. 65 f.

48   **c) Debt-Equity-Swap.** Ebenfalls eine attraktive Sanierungsmaßnahme mit einem Insolvenzplan ist der sog. **Debt-Equity-Swap (DES)**, bei dem schuldrechtliche Ansprüche von Gläubigern in gesellschaftsrechtliche umgewandelt werden. Es werden vielleicht nicht unbedingt Banken zu Unternehmern in Krisenfällen mutieren, aber zum Einstieg für Investoren ist dieser Schritt sicher zielführend. Die in § 225a InsO aufgeführte Maßnahme wird wie oben beschrieben auch durch eine vereinfachte Kapitalherabsetzung und eine anschließende (Sach-) Kapitalerhöhung umgesetzt, wobei die damit vor ESUG bestehenden Risiken, z.B. aus der Differenzhaftung etc. entschärft sind.[95] Während ein DES im Rahmen einer Insolvenz sinnvoll sein kann, erscheint diese Maßnahme außerhalb des gesetzlichen Schutzes durch die InsO problematischer.[96] Der DES ist nicht nur für Kapitalgesellschaften, sondern auch für Personengesellschaften in der Insolvenz vereinbar. Allerdings kann die Differenzhaftung hier nur in Höhe des tatsächlichen Wertes der Forderung den neuen Kommanditisten von seiner Außenhaftung be-

---

[92] Vgl. *Wittig*, Die GmbH in Krise, Sanierung und Insolvenz, Rn. 2.250.
[93] § 397 BGB.
[94] Vgl. *Wittig*, Die GmbH in Krise, Sanierung und Insolvenz, Rn. 2.257.
[95] Vgl. Braun/*Braun/Frank*, § 225a InsO, Rn. 9 ff.
[96] Vgl. *Krumholz*, Unternehmenssanierung, Rn. 27 ff.

freien.⁹⁷ Durch die von der Haftsumme ggf. abweichende Höhe der Pflichteinlage, die üblicherweise die Beteiligungsrechte bestimmt, kann somit das Risiko des Neukommanditisten optimiert werden.⁹⁸ Für beide Rechtsformgruppen gilt, das der DES nicht zu einer Kündigung im Rahmen einer „Change-of-Control"-Klausel führen darf.⁹⁹ Vgl. zur **steuerlichen Würdigung** § 35 Rn. 129 f.

d) Sonstige Maßnahmen. Weitere Chancen zur Finanzierung von Sanierungen durch Fremdkapitalaufnahme ergeben sich für Kapitalgesellschaften durch Begebung von **Genussrechten** oder (für AG) von **Wandelschuldverschreibungen** und **Optionsanleihen**. Den theoretisch guten Finanzierungsmöglichkeiten kommt aber **praktisch keine Bedeutung** zu.¹⁰⁰ Allerdings wäre hier eine Weiterentwicklung denkbar, wenn die Pflichten der Emittenten entsprechend dem geregelten Kapitalmarkt für Sanierungen modifiziert werden. Ein qualitativ angemessenes Sanierungskonzept wäre eine Mindestforderung für eine **„Sanierungsbörse"**.

49

V. Auf das Aktivvermögen bezogene finanzielle Sanierungsmaßnahmen

1. Bedeutung des Aktivvermögens in der Krise

Je nach **Stadium der Unternehmenskrise** besteht oder entsteht eine Liquiditätskrise. Der strategische und operative bzw. leistungswirtschaftliche Sanierungspfad ist insbesondere in der akuten Krise auf Liquiditätsengpässe abzustimmen. Natürlich ist das bei einem vollständigen **Sanierungskonzept in seiner ganzheitlichen Ausrichtung** der Fall. Jedoch beeinflussen die strategischen, leistungswirtschaftlichen Sanierungsziele zeitlich und sachlich in unterschiedlicher Weise die einzelnen Positionen des Aktivvermögens. Eine erfolgversprechende Neuausrichtung eines Krisenunternehmens, bei der z.B. eine von mehreren Sparten nicht mehr fortgeführt wird, kann bedeuten, dass der Sparte zuzurechnende Produktionsstätten, Vorräte und auch Forderungen **nicht mehr betriebsnotwendig** sind und als assets verkauft werden können. Diese Maßnahmen gewährleisten vielleicht bereits einen Teil der **Sanierungsfinanzierung**. Es können aber auch von der Sanierungsstrategie losgelöste, in jedem Fall sinnvolle, weil liquiditätsschöpfende Aktivitäten durchgeführt werden, die insbesondere Bestandteil eines kurzfristigen Cash-/Liquiditätsmanagements sind, wie Forderungsverkäufe, Stundungen usw.

50

Es geht hier im Folgenden um die Frage, inwieweit das **Aktivvermögen** geeignet ist, einen **finanziellen Sanierungsbeitrag** darzustellen. Das kann dazu führen, dass im Rahmen der Gesamtkonzeption fortführungsfähige Unternehmensteile zur Sanierungsfinanzierung veräußert werden müssen. Eine Entscheidung, die eher gegen Ende des Planungsprozesses zu treffen ist. Die **Liquiditätsplanung** hat in der Praxis **so manche Sanierungsstrategie in Frage gestellt**. Hier kommt es aber nicht auf den Abstimmungsprozess zwischen Strategie und Finanzierungspotenzial an, sondern auf die Möglichkeit, aus einzelnen Aktiva **kurzfristige** Finanzierungsbeiträge – sog. Sofortmaßnahmen – abzuleiten. Generell sind vorab **zwei Aussagen** zu treffen. Bei dem Verkauf von assets bestehen in der Krise oftmals **Verfügungsbeschränkungen**, Sicherungsübereig-

51

---
⁹⁷ Vgl. Braun/*Braun/Frank,* § 225a InsO, Rn. 21.
⁹⁸ Vgl. ebenda, Rn. 22.
⁹⁹ Vgl. NWB Kommentar zum Insolvenzrecht/*Priebe,* § 225a, Rn. 36.
¹⁰⁰ Vgl. *Böckenförde,* S. 192 f.

nungen usw. Sind die frei verfügbaren Aktiva veräußerbar, realisieren sich spätestens dann durch einen unter dem Buchwert liegenden Verkaufserlös weitere Verluste. Ein Phänomen, welches durch das vorher durchgeführte **window-dressing**, d.h. unterlassene Wertberichtigungen von unverkäuflichen Vorräten usw., ausgelöst wird und die Folge von „Ergebniskorrekturen" zur Vertuschung der Krisensituation in Vorjahren ist. Auf der anderen Seite werden Umschichtungen des Aktivvermögens (Veräußerung von Vermögensteilen)[101] immer sinnvoll sein, um Liquidität zu erhalten und die Überschuldung zu mindern, wenn durch das Anschaffungskostenprinzip vorhandene stille Reserven aufgelöst werden. Je mehr Zeit hierfür besteht, umso positiver ist der Einfluss auf den Veräußerungspreis.

2. Anlagevermögen

52 Im Bereich des **Anlagevermögens** trennt das Sanierungskonzept die Sanierungs- bzw. weiterhin betriebsnotwendigen Wirtschaftsgüter von den übrigen zur Veräußerung bestimmten Vermögenswerten. Zu den betriebsnotwendigen Wirtschaftsgütern gehören bislang langfristig genutzte **immaterielle Werte** wie Lizenzen, Patente, eingetragene Warenzeichen, sonstiges Know-how u.a., die nur nach kritischer Würdigung verkauft werden dürfen, weil ein Entzug dieser Rechte die zukünftige Geschäftsentwicklung nicht gefährden darf. Aussagen über **Preisbildungen** am Markt sind **nur für den Einzelfall** möglich, was grundsätzlich immer gilt. Nur die **Bewertung immaterieller Rechte** ist **problematisch**. Tendenziell können bei den immateriellen Rechtsgütern eher stille Reserven realisiert werden als dass Verluste eintreten.

53 Inwieweit **Grundstücke und Gebäude** – inklusive stiller Reserven – angemessene Werte darstellen, hängt von Lage, Zuschnitt für den bisherigen Nutzer, Zustand, Altlasten und damit von der allgemeinen Fungibilität ab. In der Regel führen diese **Desinvestitionen** zu wesentlichen **Mittelzuführungen**, was beim Verkauf von maschinellen Anlagen eher selten der Fall sein wird. Hier hängt der Erlös von der Existenz bzw. dem Preisniveau auf dem Gebrauchtwarenmarkt ab. Oft sind die Anlagen verschlissen oder es liegt ein **Reparaturstau** vor und es ist lediglich eine **Schrottverwertung** angezeigt. Insbesondere bei Branchenkrisen steht der Gebrauch- und Gütermarkt unter Preisdruck. Ebenso hinderlich für eine positive Preisbildung ist die nach außen erkennbare Notlage. Interessanter können dann wieder die **Unternehmensbeteiligungen** sein, die z.B. bei der Sanierungsstrategie „Besinnung auf Kernkompetenzen" in der jeweiligen Branche bspw. einen Käufer zu angemessenen Preisen finden. Unternehmensbereiche können als assets oder nach Spaltung im Wege der Beteiligungsveräußerung liquidiert werden. Für sanierungsnotwendige Anlagengegenstände kann über das **Sale-and-lease-back**-Verfahren nachgedacht werden.[102] Der Leasinggeber stellt die gleichen Anforderungen an die Bonität wie ein Kreditinstitut, es sei denn, als Leasinggeber fungiert z.B. ein Tochterunternehmen. Folglich kommt dieses Verfahren in der Krise selten und wenn dann als Finanzierungsleasing zum Zuge. Oder es sind ergebnisbelastende hohe Leasingraten und ein niedriger Verkaufspreis Verhandlungsgegenstand. Letztlich beeinflusst neben dem – möglichst rechtzeitigen – Zeitpunkt der Krisenerkennung auch die jeweils notwendige Veräußerungsgeschwindigkeit die Preisbildung. Liegt ein überzeugendes Restrukturierungskonzept vor und stehen kurzfristige Mittel zur Finanzierung für das Krisenunternehmen bereit, darf der Sanierungsbeteiligte durch die Verflüssigung

---

[101] Vgl. *Fechner*, 160.
[102] Vgl. *Krumbholz*, Unternehmenssanierung, Rn. 91 ff. auch zu den steuerlichen Effekten.

von Anlagevermögen über einen angemessenen Zeitraum entsprechend höhere Erlöse erwarten.[103]

3. Umlaufvermögen

Beim **Umlaufvermögen** gilt es ähnliche Probleme zu berücksichtigen. Fehlende Gängigkeit von Halb- und Fertigfabrikaten spiegeln hier die Krise wider. Gerade **Vorräte** sind in schlechten Unternehmenszeiten überbewertet und mit weiteren Verkaufsverlusten bei geringen Liquiditätszuflüssen ist zu rechnen. Allerdings kommt dem Materialbereich insgesamt eine nicht unerhebliche Bedeutung zu, da **Einsparungspotenziale** von bis zu 30 % der Bestände ohne Liefereinbußen oder höhere Kosten realisierbar sind und den Sanierungserfolg stützen.[104] **Forderungen** stehen bei der Schöpfung von Liquiditätsreserven stets im Mittelpunkt. Auch hier lassen sich durch strengeres **Mahnwesen** und verbesserte Debitorenorganisation Ergebnisverbesserungen erzielen. Das Mahnwesen funktioniert als Teil des Rechnungswesens in Krisenzeiten regelmäßig schlecht, was sich bei ersten Analysen durch nicht abgeschriebene dubiose Ansprüche zeigt. Überlegenswert ist die Beauftragung eines Inkassobüros zur Eintreibung der Forderungen, deren Kosten in Höhe eines Grundbetrages und einer Provision noch überschaubar sind.[105] Ebenso können Forderungen an sog. Factoring-Gesellschaften verkauft werden. **Factoring** ist grundsätzlich vorteilhaft, weil im Zeitpunkt der Übernahme sofort Liquidität fließt und meist auch Verwaltungsleistungen der Debitorenbuchhaltung übernommen und somit eingespart werden können. Dabei ist zu berücksichtigen, dass neben den laufenden Kosten für die Bevorschussung der Forderung zu üblichen Bankzinsen und der Servicegebühren (bis zu 4 % bei Übernahme Ausfallrisiko) lediglich 80–90 % der übertragenen Forderungen gutgeschrieben werden. Der Rest verbleibt auf einem Sperrkonto für Rechnungskürzungen u.ä.[106]

VI. Staatliche Förderungsmöglichkeiten[107]

1. Einleitung

Staatliche Förderungsmöglichkeiten gibt es für die **Beratung** von Unternehmen, als **Investitionshilfe**, **Beteiligungen** am Gesellschaftskapital, als **Darlehen** oder **Bürgschaft**. Es gibt aber **kein standardisiertes Programm** oder zumindest erprobtes Verfahren, das von Insolvenz bedrohten Unternehmen schnelle staatliche Finanzierungshilfen ermöglicht. Die ERP-Vergabebedingungen der Kreditanstalt für Wiederaufbau (KfW) und die Richtlinien der Länder für die Gewährung von Bürgschaften schließen Leistungen zur finanziellen Sanierung sogar explizit aus. Die Vergabebedingungen der so genannten **GA-Mittel** (Gesetz über die Gemeinschaftsaufgabe Verbesserung der regionalen Wirtschaftsstruktur) sehen die Förderung der gewerblichen Wirtschaft bei Errichtung, Ausbau, Umstellung oder grundlegender Rationalisierung von Gewerbebetrieben jedoch ausdrücklich vor, sofern zu erwarten ist, dass sich die Unternehmen nach der

---
[103] Vgl. *Fechner*, 160 ff., mit einem Rechenbeispiel.
[104] Vgl. *Böckenförde*, S. 141 und *Fechner*, 162.
[105] Vgl. *Böckenförde*, S. 144.
[106] Vgl. *Krumbholz*, Unternehmenssanierung, Rn. 98.
[107] Vgl. die Grundlagenwerke von *Bruch-Krumbein/Hochmuth/Ziegler*, *Häussler* und *Eberstein*, Handbuch der regionalen Wirtschaftsförderung, Köln ab 1971 (Loseblattsammlung).

§ 16   4. Teil. Sanierung der finanzwirtschaftlichen Bereiche

Hilfe im Wettbewerb behaupten können. Fördergebiet für die GA-Mittel sind aber nur die neuen Bundesländer, und bestimmte regionale Schwerpunkte in den alten Bundesländern weite Teile Schleswig-Holsteins, Niedersachsen und Bremen bzw. die ehemaligen Zonenrandgebiete. Sofern im Folgenden Programme nur regionale Bedeutung haben, wird gesondert darauf hingewiesen. Spezielle Förderprogramme, wie z.B. Export- oder Innovationsförderung, greifen für alle Unternehmen, spielen aber für die Sanierung von Unternehmen keine besondere Rolle. In den letzten Jahren sind sämtliche Programme mit den Normen der **Europäischen Union** (EU) harmonisiert worden. Das allgemeine Beihilfeverbot nach Art. 107 AEUV und seine spezifischen Ausnahmeregelungen sind zu beachten.[108]

56   **Detaillierte Informationen und Anträge** für die einzelnen Programme können bei Kreditinstituten, Wirtschaftsministerien und Förderinstituten der Länder, Kreditanstalt für Wiederaufbau (KfW), Bürgschaftsbanken der Länder, Beteiligungsgesellschaften der Länder, Handwerkskammern und Verbänden angefordert werden. Wer antragsberechtigt ist und wo Anträge gestellt werden, ist in jedem Programm einzeln geregelt. Ob Länder-, Bundes- oder eventuell EU-Mittel in Betracht kommen, kann nur eine auf das einzelne Unternehmen abgestellte Recherche feststellen.

2. Beratungen

57   **Beratungen** können über alle wirtschaftlichen, technischen, finanziellen und organisatorischen Probleme der Unternehmensführung für kleine und mittlere Unternehmen und die Anpassung an neue Wettbewerbsbedingungen (allgemeine Beratungen) sowie Umweltschutz- und Energieeinsparberatungen gefördert werden. Zu der Beratung zählt auch die Umsetzung in die betriebliche Praxis (z.B. in Form von Verhandlungen mit Dritten, Training von Firmenangehörigen), sofern die Umsetzung nicht überwiegt. Nicht gefördert werden Rechts-, Steuer- und Versicherungsberatungen. **Antragsberechtigt** sind rechtlich selbständige Unternehmen der gewerblichen Wirtschaft unter Einschluss der freien Berufe ab einem Jahr nach Gründung, die ihren Sitz in der Bundesrepublik Deutschland und im Geschäftsjahr vor Beginn der Beratung bestimmte Grenzen (250 Mitarbeiter, Umsatz 50 Mio. €, Bilanzsumme 43 Mio. €) im Jahr nicht überschritten haben.

58   Die **Zuschusshöhe** der durch den Europäischen Sozialfonds (ESF) der EU und Bundesministerium für Wirtschaft und Technologie finanzierten Unterstützungen beträgt 50 % (alte Bundesländer/Berlin; 75 % neue Bundesländer und Reg.bez. Lüneburg) der in Rechnung gestellten Beratungskosten, höchstens jedoch 1.500 EUR. Zur Zeit werden je Unternehmen für mehrere Beratungen bis zu maximal 3.000 EUR bezuschusst. Die Zuschüsse werden vom Bundesamt für Wirtschaft und Aufsichtskontrolle (BAFA) bewilligt. Einzelne Länder wie z.B. Brandenburg und Hessen unterstützen Beratungen zudem durch länderspezifische Programme.

59   Nach den guten Erfahrungen in den neuen Bundesländern nach der Wende ab 1990 bietet die Kreditanstalt für Wiederaufbau (KfW) für in der Krise sich befindende Unternehmen so genannte **runde Tische** an, die letztlich auch eine Beratungsförderung für Krisenunternehmen darstellt und zurzeit 1.600 EUR beträgt.

---

[108] Vgl. *Koch*, Unternehmenssanierung, Rn. 103 ff. mit einer ausführlichen Beschreibung der europarechtlichen Normen.

3. Investitionshilfen und Beteiligungen

Gibt es tragfähige, durch ein Sanierungskonzept nachgewiesene Fortführungsmöglich- **60**
keiten für das Krisenunternehmen und hat das betroffene Unternehmen auch noch Zeit
für die z.T. lange laufenden Bewilligungsverfahren und gibt es schon einen oder mehrere
neue Investoren, stehen eine Reihe recht interessanter Fördermöglichkeiten zur Verfügung. So etwa die Förderung im Rahmen der **Gemeinschaftsaufgabe „Verbesserung der regionalen Wirtschaftsstruktur" (GRW)**, die in der Regel in Form von nicht rückzahlbaren Zuschüssen erfolgt. GA-Mittel schließen als förderfähige Investitionen den Erwerb einer stillgelegten oder von der Stilllegung bedrohten Betriebsstätte ein. Bei kleinen und mittleren Unternehmen (KMU) können auch nicht-investive Maßnahmen wie etwa Schulungen und Forschung und Entwicklung unterstützt werden. Die Investitionszuschüsse betragen in den neuen Bundesländern bis 30%, bei KMU u.U. bis 50% der förderfähigen Investitionen. In den GRW-Fördergebieten der alten Bundesländer beträgt der **Höchstsatz** bis zu 35%. In den einzelnen Bundesländern richten sich die Höchstsätze nach regionalen Schwerpunkten. Bei Sanierungen können diese **Zuschüsse** sofort erfolgswirksam vereinnahmt werden, sie wirken damit direkt auf das Eigenkapital. Zulagen nach dem InvZulG sind steuerfrei, die Anschaffungs- oder Herstellungskosten werden nicht gekürzt.

Ganz anders wirken die **Hybridfinanzierungsmittel**, die zwar Haftungskapital sind, **61**
aber am Ende der fest vereinbarten Laufzeit zurückgezahlt werden müssen. Wegen ihrer in der Regel festen, nicht gewinnabhängigen Verzinsung stellen sie unter going-concern-Bedingungen für das Unternehmen langfristiges Fremdkapital dar. Dennoch können sie ein wichtiger Baustein bei der Unternehmensfinanzierung sein, wenn Gesellschafterkapital nicht in ausreichendem Maße vorhanden ist oder der Gesellschafterkreis nicht ausgeweitet werden kann oder soll. Das **ERP-Beteiligungsprogramm** bietet Unternehmen der gewerblichen Wirtschaft die Erweiterung der Eigenkapitalbasis oder die Konsolidierung der Finanzverhältnisse durch Beteiligungen, die durch öffentliche Zuwendungen gefördert werden. Diese Beteiligungen werden von privaten **Kapitalbeteiligungsgesellschaften** gewährt, die sich ihrerseits durch Mittel aus dem ERP-Sondervermögen refinanzieren oder durch Rückgarantien zu Lasten des Bundeshaushalts sichern. Unternehmen bis zu EUR 50 (in Ausnahmefällen 75) Mio. Umsatz können damit Umstellungen bei Strukturwandel oder Rationalisierungen refinanzieren. Die Kapitalbeteiligungsgesellschaft soll keinen Einfluss auf die laufende Geschäftsführung nehmen, kann aber im Beteiligungsvertrag festlegen, dass sie wesentlichen Betriebsänderungen zustimmen muss. Der Höchstbetrag der Beteiligung soll EUR 1,25 Mio. (in Ausnahmefällen 2,5) und die Dauer von 10 Jahren (12,5 Jahre neue Bundesländer) nicht übersteigen. Die Rückzahlung erfolgt endfällig oder in Raten.

4. Darlehen

Steht **genug Haftungskapital** für die Restrukturierung respektive Neugründung des **62**
Unternehmens zur Verfügung, können durch öffentlich geförderte Darlehen z.B. aus dem ERP-Programm der KfW-Darlehen mit niedrigem Zinssatz und tilgungsfreien Jahren zur Verfügung gestellt werden. Da aber die **Allgemeinen Bedingungen für die Vergabe von ERP-Mitteln** die Förderung von Sanierungsfällen ausschließen, ist besonderer Wert auf das Unternehmenskonzept zu legen. Der Beteiligungserwerb, Kooperationen oder die Neugründung haben es einfacher, diese Mittel in Anspruch zu nehmen, als Restrukturierungen bei gleichem Gesellschafterkreis. Damit Mittel in Auffang-

§ 16   4. Teil. Sanierung der finanzwirtschaftlichen Bereiche

lösungen fließen können, ist dementsprechend zu prüfen, ob ggf. eine Management- oder Mitarbeiterbeteiligung oder ein Management-buy-in möglich sind.

63   So kann der **ERP-Gründerkredit** für die Übernahme tätiger Beteiligungen und Folgeinvestitionen junger Unternehmen (bis 3 Jahre) herangezogen werden. Antragsberechtigt sind Privatpersonen sowie kleine und mittlere Unternehmen. Die maximale Darlehenshöhe beträgt EUR 10,0 Mio., bei Laufzeiten bis zu 20 Jahren (bei einer tilgungsfreien Zeit von bis zu drei Jahren) und einer festen Zinsvereinbarung. Die kumulative Anwendung anderer ERP-Hilfen und Förderprogramme ist zulässig. Der Verwendungszweck kann neben Investitionen, Betriebsmittelverwendung auch Festigungsmaßnahmen bei Unternehmen sein.

64   Die **KfW** hat ein umfangreiches Programm im Angebot, was im Internet unter www.kfw.de abgerufen werden kann. Allerdings stellt sich das oben in der Einleitung erwähnte Problem, dass bei Sanierungsfällen und Unternehmen in schwierigen Situationen das jeweilige Programm aus EU-rechtlichen Gründen nicht angewendet werden darf.

5. Bürgschaften

65   Steht **genug Haftungskapital** zur Verfügung und sind Kreditinstitute generell bereit, auch im Eigenobligo zu finanzieren, ist aber dennoch die Sicherheitensituation des Unternehmens unzureichend, kann u.U. das **Kreditsicherungsprogramm** der öffentlichen Hand herangezogen werden. Auch wenn Kredite generell nicht zur finanziellen Sanierung eines Unternehmens verbürgt werden sollen, so bestimmt doch das vorgelegte Unternehmenskonzept über Gewährung oder Ablehnung einer Bürgschaft.

66   Betriebe des privaten gewerblichen Mittelstandes können grundsätzlich über ihre Hausbank bei speziellen **Bürgschaftsbanken** der Länder Bürgschaften beantragen. Die Bürgschaften decken 80 % eines möglichen Ausfalls ab.[109] Für die restlichen 20 % haftet der Kreditnehmer selber. Die Bürgschaftsbanken erheben ein Bürgschaftsentgelt. Bürgschaftsbanken gewähren jedoch keine Bürgschaften für Kredite zur Finanzierung von Sanierungsprojekten. In diesen Fällen helfen aber Bundes- oder Landesbürgschaften (Ausfallbürgschaft).

67   **Kombinierte Bundes/Landesbürgschaften** kommen in Betracht, wenn der Bürgschaftsbedarf über € 10,0 Mio. liegt. Neben einem tragfähigen Unternehmenskonzept muss bei allen Bürgschaften noch die volkswirtschaftliche Vorteilhaftigkeit des Vorhabens in der Regel durch ein Sanierungsgutachten nachgewiesen werden. Anträge werden an die pwc, Düsseldorf, gestellt.

---

[109] Vgl. auch *Koch*, Unternehmenssanierung, Rn. 123.

§ 17 Gesellschaftsrechtliche Aspekte bei Fortführung von Krisenunternehmen

Übersicht

	Rn.
I. Einführung	1
II. Fortführungsgesellschaften	2–24
1. Allgemeines	2–4
2. Sanierungsgesellschaften	5–13
3. Betriebsübernahmegesellschaften	14–19
4. Auffanggesellschaften	20–24
III. Gestaltungsmöglichkeiten für Sanierungsgesellschaften nach Umwandlungsrecht	25–75
1. Allgemeines	25–34
2. Verschmelzung	35–46
a) Grundzüge	35–42
b) Problematik der Sanierungsfusion	43–46
3. Die Spaltung	47–64
a) Grundzüge	47–56
b) Haftungssystematik	57–60
c) Problematik der Sanierungsspaltung	61–64
4. Formwechsel	65–75
a) Grundzüge und Haftungssystematik	65–70
b) Problematik der Sanierungsumwandlung	71–73
5. Sanierungsumwandlungen im Insolvenzverfahren	74, 75
IV. Steuerliche Überlegungen zur Fortführung von Krisenunternehmen	76–153
1. Allgemeines	76, 77
2. Sanierende Umwandlungen	78–153
a) Sanierungsumwandlungen von Kapitalgesellschaften	78–119
b) Sanierende Umwandlungen von Personen- auf Kapitalgesellschaften	120–137
c) Wege aus der Kapitalgesellschaft im Sanierungsfall	138–153

I. Einführung

Krisenunternehmen haben größere Chancen, eine auskömmliche Unternehmensposition zu erreichen, wenn rechtzeitig Krisensymptome erkannt und Gegenmaßnahmen eingeleitet werden. Eine Unternehmensrestrukturierung aus eigener Kraft und unterstützt durch geeignete finanzwirtschaftliche Maßnahmen erscheint in diesen Fällen eher möglich. Je weiter die Krise fortgeschritten ist, umso eher sind im Sanierungsfall Finanzmittel („**fresh money**") zuzuführen. Die Finanzierung, häufig durch neue Gesellschafter in Form von Eigenkapital, beeinflusst nicht nur die Bilanzrelationen und den Zinsaufwand positiv, sondern schafft durch das unternehmerische Neuengagement Vertrauen bei allen weiteren Beteiligten. Erst wenn Überschuldung bzw. Zahlungsunfähigkeit beseitigt sind, kann das Krisenunternehmen sinnvoll weitergeführt werden. 1

Häufig werden bei Sanierungsfällen nicht nur Geschäftsführer, sondern auch Gesellschafter ausgetauscht. Welche gesellschaftsrechtlichen Konstruktionen sind vorteilhaft, wenn eine Unternehmenssanierung mit Gesellschafterwechseln einhergeht? Die vielfältigen und sehr komplexen Antworten berühren **betriebswirtschaftliche, rechtliche** und **steuerrechtliche** Gebiete. Allerdings sollte es den Beteiligten bewusst sein, dass die betriebswirtschaftlichen Fragestellungen meistens die vorrangig zu beantwortenden Fragen sind. Die außerhalb von Umwandlungen entstehenden Fragestellungen werden in § 35 dargestellt.

Um Grundaussagen zu diesem Teil der Sanierungsentscheidungen zu treffen, werden zunächst die Grundtypen vorgestellt, die für eine – wie auch immer ausgestaltete – Unternehmensfortführung zweckmäßig sind. Es handelt sich hier um die von *Groß*[1] in seinem Grundlagenwerk dargestellten und dort definierten **Fortführungsgesellschaften**. Danach werden die Möglichkeiten dargestellt, die das Umwandlungsrecht für Unternehmenssanierungen bietet. Ein weiterer Abschnitt befasst sich mit den steuerrechtlichen Folgen, die bei einer „sanierenden Umwandlung" nach dem Umwandlungssteuergesetz zu beachten sind. Wenn auch der Übersichtlichkeit halber die genannten Bereiche getrennt behandelt werden, verlaufen die Entscheidungsprozesse im Rahmen der **gesellschaftsrechtlichen Neuordnung** interdependent. Die hieraus entwickelten Lösungen können in ein außergerichtliches oder ein insolvenzrechtliches Verfahren eingebunden werden. Eine Entscheidung hierzu kann nur im Einzelfall getroffen werden.

II. Fortführungsgesellschaften

1. Allgemeines

2   Abgeleitet von dem gleichnamigen und in der einschlägigen Literatur verwendeten Oberbegriff sind „Fortführungsgesellschaften" dazu geeignet, notleidende (Teil-)Betriebe und insolvente **Unternehmen** aus der Krise heraus und **erfolgreich fortzuführen**.[2] In Abgrenzung zur Liquidation oder Zerschlagung von Unternehmen bzw. Unternehmensteilen setzen Fortführungsgesellschaften sanierungsfähige und sanierungswürdige (Teil-)Betriebe voraus.

3   *Groß* unterscheidet bei den Fortführungsgesellschaften grundsätzlich drei Unterfälle, nämlich je nach Zweck die **Sanierungs-**, die **Betriebsübernahme-** und die **Auffanggesellschaft**.[3] Die Sanierungsgesellschaft bezweckt die Fortführung des Krisenunternehmens mit der Hilfe von zusätzlichen Kapitalbeteiligungen und bleibt für die Regulierung der Altverbindlichkeiten zuständig und verantwortlich. Im Gegensatz hierzu übernimmt die Betriebsübernahmegesellschaft diese Verantwortlichkeiten nicht. Mithin erwirbt ein (anderes) Unternehmen bei der sog. übertragenden Sanierung einzelne funktionsfähige Unternehmensteile oder das ganze Unternehmen (Betrieb) von der notleidenden bzw. insolventen Gesellschaft (Rechtsträger).[4] Die Betriebsübernahmegesellschaft saniert den Betrieb bzw. das Unternehmen oder führt die strategischen und leistungswirtschaftlichen Sanierungsmaßnahmen fort. Eine Sanierung des notleidenden Rechtsträgers im finanzwirtschaftlichen Sinne ist nicht vorgesehen. Bei der Auffanggesellschaft handelt es sich um einen Zwischentyp zu den beiden erstgenannten Grundtypen.

---

[1] Vgl. *Groß*, Sanierung, S. 131 ff.
[2] ebenda, S. 132 m.w.N.
[3] Vgl. *Groß*, Sanierung, S. 135.
[4] Vgl. *Limmer*, Kölner Schrift zur Insolvenzordnung, S. 836 ff.

§ 17 Gesellschaftsrechtliche Aspekte bei Fortführung von Krisenunternehmen §17

Das Krisenunternehmen wird pachtweise oder treuhänderisch im eigenen Namen fortgeführt.[5] Bei dieser Alternative wird in erster Linie Zeit gewonnen, um zu prüfen, ob die Sanierung durch eine Sanierungsgesellschaft oder eine Betriebsübernahmegesellschaft durchgeführt werden soll. Unter Berücksichtigung der zuletzt genannten Optionen erhält man folgendes Schema zu den verschiedenen Typen der Fortführungsgesellschaft nach *Groß*.[6]

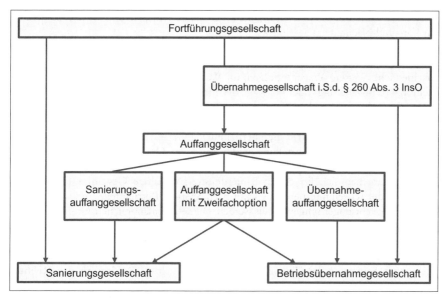

Abb. 1: Fortführungsgesellschaften

Die InsO definiert die Auffang- und die Betriebsübernahmegesellschaften bzw. den Erwerber eines insolventen Unternehmens als **Übernahmegesellschaften**.[7]

2. Sanierungsgesellschaften

Neue Gesellschafter bringen dem Krisenunternehmen durch Kapitaleinsatz und/oder persönliches Engagement wesentliche Impulse für die Sanierung. Für die **Beteiligung weiterer Gesellschafter** werden in der Praxis häufig neue Gesellschaften gegründet, dies ist aber nicht zwingend notwendig. Es können z.B. Gesellschaftsanteile der Altgesellschafter ganz oder teilweise von interessierten Personen und Gesellschaften übernommen werden. Das „fresh money" stellen die neuen Gesellschafter dann durch Gesellschafterdarlehen und/oder im Wege der **Kapitalerhöhung** zur Verfügung. **Weitere Alternativen**, um Engagement Dritter zu ermöglichen, sind die Bildung von stillen Gesellschaften, Unterbeteiligungen und die Vereinbarung von Genussrechten. Die letztgenannten Möglichkeiten können durch entsprechende vertragliche Regelungen dazu führen, dass die zugeführten Finanzmittel als Haft- bzw. Eigenkapital einzustufen sind, obwohl keine ori-

---

[5] Vgl. *Pfitzer*, WP-Handbuch II, Abschnitt L, Rn. 537 ff.
[6] Vgl. *Groß*, Sanierung, S. 135.
[7] § 260 Abs. 3 InsO.

ginäre Gesellschafterstellung begründet wird.[8] Die aufgezeigten Beispiele gehören zum **Grundtypus der Sanierungsgesellschaft**[9] und sind durch Wahrung der Identität mit dem ursprünglichen Unternehmensträger gekennzeichnet. Die Haftung für Altschulden besteht daher fort.

6 Grundsätzlich können alle Alternativen, die das Engagement Dritter ermöglichen, mit einer **formwechselnden Umwandlung** vorbereitet und verbunden werden. Als formwechselnde Umwandlungen kommen Wege von der Kapitalgesellschaft in die Personengesellschaft – und umgekehrt – in Betracht. Vgl. hierzu Rn. 65 ff. und die dort aufgeführten Vor- und Nachteile.

7 Das Vermögen des Krisenunternehmens kann auch auf andere bestehende oder neue Rechtsträger überführt werden. Die Übertragung kann auf mehreren (zivilrechtlich unterschiedliche Weisen) Wegen erfolgen: Im Wege eines **share deal**, der Gesamtrechtsnachfolge (Umwandlung) oder im Wege der Einzelrechtsnachfolge (**asset deal**).

8 Der share deal belässt dem Krisenunternehmen seine Rechtsidentität. Neue Gesellschafter übernehmen Anteile bisheriger Gesellschafter oder neue Gesellschaftsanteile. Bei der Gesamtrechtsnachfolge tritt die übernehmende Gesellschaft im Wege der Umwandlung vollständig in die Rechtsstellung des überlassenden Unternehmens ein. Zugeführtes Eigenkapital haftet für die Altverbindlichkeiten wie beim share deal. Mit dem Umwandlungsrecht ergeben sich für diesen Sanierungsweg vielfältige Gestaltungsformen. Das Vermögen des Krisenunternehmens kann nach Sparten, Betriebsteilen oder vollständig auf andere Rechtsträger umgewandelt werden. Die sehr umfangreichen Alternativen sind in Rn. 26 ff. aufgezeigt und deren steuerliche Folgen in Rn. 78 f. Aber auch der Erwerb von wesentlichen Aktiva (asset deal) kann empfehlenswert sein.

9 Die dargestellten Sanierungswege beinhalten regelmäßig neben der leistungswirtschaftlichen Sanierung des (Teil-)Betriebes letztlich auch die **Sanierung des Rechtsträgers**,[10] d.h. der Abbau der Überschuldung und die Wiederherstellung der Zahlungsfähigkeit, was als teure Alternative nach h.M. eingeschätzt wird.[11] Die Gläubiger erhalten bei einem (außergerichtlichen) Vergleich einen Teil der Forderungen beglichen und verzichten auf den restlichen Betrag. Nach der InsO kann im gestaltenden Teil des Insolvenzplans ebenfalls die Befriedigung der Gläubiger in Höhe einer Quote und eine Restschuldbefreiung des Schuldners geregelt sein, was für die Sanierung des Unternehmensträgers förderlich ist.[12] Der Sanierung des Rechtsträgers steht die Tatsache nach der aktuellen InsO nicht mehr entgegen, dass die Gesellschafter des Krisenunternehmens nicht Beteiligte des Planverfahrens sind.[13] Die Gesellschafter können nun gezwungen werden, Geschäftsanteile an Dritte abzutreten vgl. § 24. Die InsO wahrt den **Gleichrang** von Liquidation, Sanierung des Schuldners neben dem Institut der übertragenden Sanierung.[14]

10 Die Gesellschafter haben bei einer **Kapitalerhöhung** das Recht, junge Gesellschaftsanteile in einem Umfang zu erhalten, der ihrer bisherigen Beteiligung am Kapital der

---

[8] Die Ausgestaltung ist für die Kapitalgeber aus steuerlicher und risikoorientierter Sicht ggf. interessant.
[9] Vgl. *Groß*, Sanierung, S. 255 ff.
[10] Das gilt ebenso für die Vermögensübertragung im Wege der Gesamtrechtsnachfolge. Hier kann im Wege der Verschmelzung eines ertragsstarken Unternehmens mit einem Krisenunternehmen eine Sanierung herbeigeführt werden, mit oder ohne Vergleich mit den Gläubigern.
[11] Vgl. *Schulz/Bert/Lessing*, S. 18.
[12] Vgl. *Maus*, Kölner Schrift zur Insolvenzordnung, S. 938.
[13] Vgl. § 156 II InsO.
[14] Vgl. *Bork*, S. 3.

Gesellschaft prozentual entspricht. Für die Aktionäre einer AG ist das ausdrücklich in § 186 AktG geregelt. Im GmbHG findet sich keine ausdrückliche Regelung. Die h.M. wendet § 186 AktG auf die GmbH analog an, und es kommt so auch für die Gesellschafter einer GmbH zu einem gesetzlichen Bezugsrecht.[15]

Dieses **Bezugsrecht** kann im Sanierungsfall bei einer GmbH ausgeschlossen sein, wenn ein entsprechender rechtfertigender Grund vorliegt, d.h. eine Sanierung auf anderem Wege (Grundsatz der Erforderlichkeit) nicht erreicht werden kann.[16] In Sanierungsfällen ist der mit dem Bezugsrechtsausschluss verbundene Nachteil für die Gesellschafter in der Regel nicht außer Verhältnis zu dem für die Gesellschafter erstrebten Vorteil einer Sanierung (Grundsatz der Verhältnismäßigkeit).[17]

Der **Bezugsrechtsausschluss** ist im Falle von Sonderleistungen über den Wert der Anteile hinaus begründet. Die Sonderleistungen können verlorene Zuschüsse, Bürgschaften und andere Leistungen sein. Die vorhandenen Gesellschafter haben bei einem Bezugsrechtsausschluss nicht das Recht, sich der Neuaufnahme von „Sanierungshelfern" in die Gesellschaft zu widersetzen, sofern sie eine gleichwertige Sanierung nicht finanzieren können. Vor den Möglichkeiten, die ein Reduzieren des Finanzaufwands aus Vergleich oder Planverfahren bezwecken, ist die Vermögensübertragung auf eine neue Gesellschaft im Wege der Einzelrechtsnachfolge zu prüfen.

Bei der **Einzelrechtsnachfolge** erwirbt die Sanierungsgesellschaft mit „alten" und/ oder „neuen" Gesellschaftern die einzelnen wesentlichen Aktiva und Passiva des Krisenunternehmens (asset-deal). Im Unterschied zur Betriebsübernahmegesellschaft wird hier im Grunde das gesamte Unternehmen übernommen, ohne dass eine rechtliche Identität zwischen Krisenunternehmen und Sanierungsgesellschaft besteht.[18] Dennoch bestehen u.a. durch Betriebsfortführung, Nutzung von charakteristischen Bestandteilen der Firmenbezeichnung usw. erhebliche **Risiken**, die auch bei der „übertragenden Sanierung" eine große Rolle spielen. Hier seien bereits erwähnt: Haftung für unbekannte Verbindlichkeiten, Steuerschulden,[19] rückständige Arbeitnehmeransprüche[20] sowie solche aus der Firmenfortführung.[21] Aufgrund des in der Krise meist unzuverlässig funktionierenden Rechnungswesens bestehen für die Sanierungsgesellschaft in Bezug auf die vollständige Erfassung der Verbindlichkeiten des Krisenunternehmens durch gesetzliche oder freiwillige Schuldübernahmen nicht abschätzbare Risiken.

Gefahren drohen dem Erwerber von assets aus einem Krisenunternehmen insbesondere dann, wenn er diese assets noch vor Beginn des Insolvenzverfahrens von dem Unternehmen kauft. Zum einen kann der Insolvenzverwalter bei noch nicht vollständig erfüllten Verträgen nach Eröffnung des Verfahrens die Erfüllung ablehnen. Zum anderen kann das Geschäft der Insolvenzanfechtung unterliegen, z.B. wenn eine inkongruente Deckung vereinbart wurde.[22] Auch die strafrechtlichen Folgen für die Sanierungsgesellschaft sind zu beachten, die bei nicht angemessenen Gegenleistungen als Beiseiteschaffen von Vermögen drohen.[23]

---

[15] Vgl. Baumbach/Hueck/*Zöllner*/*Fastrich*, § 55, Rn. 13
[16] Vgl. LG Heidelberg AG 89, 447.
[17] Vgl. Baumbach/Hueck/*Zöllner*/*Fastrich*, § 55, Rn. 15.
[18] Vgl. *Pfitzer* in WP-Handbuch Band II, Abschnitt L, Rn. 514 f.
[19] § 75 AO.
[20] § 613a BGB.
[21] § 25 HGB.
[22] §§ 129, 130 ff. InsO.
[23] Vgl. § 283 StGB.

3. Betriebsübernahmegesellschaften

14 Während der Vermögensübergang durch Einzelrechtsnachfolge als letztes Beispiel der Sanierungsgesellschaft sämtliche wesentlichen Aktiva und Passiva umfasst, übernimmt eine Betriebsübernahmegesellschaft Sparten, Teil- oder Gesamtbetriebe (ebenfalls Einzelrechtsnachfolge) ohne Schulden, was eine Trennung von Aktiva und Passiva des Krisenunternehmens bedeutet.[24] Die Initiatoren wollen möglichst **funktionsfähige Unternehmensteile** herauslösen, ggf. leistungswirtschaftlich sanieren, um sie unter minimalem Finanzaufwand fortzuführen. Neben dem Streben, für finanzielle Altlasten des Krisenunternehmens keine Verantwortung zu übernehmen, liegen bei dieser Art der Unternehmensfortführung die Vorteile im psychologischen Bereich. Neue Gesellschafter können die Geschäftsführung meist freier als bei der Sanierungsgesellschaft bestimmen. Rücksichten auf Alteigentümer müssen nicht unbedingt genommen werden, und die Chancen, das Unternehmen, d.h. die Missstände, den Schlendrian, das schlechte Betriebsklima „umzudrehen", stehen in der Regel besser.[25] Um die Risiken der Vermögensübernahme darzulegen, ist zu unterscheiden, wann das Vermögen auf die Betriebsübernahmegesellschaft übergegangen ist, nämlich vor oder nach Antragstellung zum Insolvenzverfahren.

15 Für eine Fortführungsgesellschaft, die im Wege der übertragenden Sanierung[26] entsteht, dürfte das Hauptproblem zunächst die **Verfügungsbeschränkung** über die einzelnen Vermögensgegenstände sein. In Zeiten der Krise werden Betriebsgrundstücke mit Grundpfandrechten teilweise über Verkehrswerte hinaus belastet sein. Andere (bewegliche) Vermögensgegenstände werden sicherungsübereignet sein oder mit (gesetzlichen) Pfandrechten belastet oder unter Eigentumsvorbehalt stehen. Folglich kommt es auf das Verhandlungsgeschick der Betriebsübernehmer an, damit wesentliche Betriebsgrundlagen für die Fortführungsgesellschaft uneingeschränkt genutzt werden können.[27] Oft nutzen die Inhaber gesicherter Rechtspositionen diese Situationen aus mit entsprechenden Folgekosten, oder die Mitwirkung wird verweigert und das Sanierungskonzept wird mit diesem Verhalten gefährdet.[28] Andererseits sind zahlreiche Wirtschaftsgüter vertretbar und ersetzbar, wie das Vorratsvermögen und das bewegliche Anlagevermögen, oder werden gemietet, so dass die Vertragsparteien einer Vertragsfortführung zustimmen müssen. Der Einzelfall und somit die Art des Geschäftsbetriebs (Dienstleistungs- bzw. Industrieunternehmen) bestimmt den Umfang dieser Probleme.

16 Die **übertragende Sanierung** gilt zwar in der Praxis als ein wesentliches Instrument der Sanierung von Unternehmen (Unternehmensteilen), jedoch wird die Bildung von Betriebsübernahmegesellschaften außerhalb des Insolvenzverfahrens in der Literatur kritisiert und es bestehen auch hier Haftungsrisiken und strafrechtliche Gefahren. Die Kritik – teilweise als unpopulär und sanierungsfeindlich eingestuft – ergibt sich aus dem Verhalten von Anteilseignern, Geschäftsführung, Arbeitnehmerschaft und Großgläubigern, die bei der übertragenden Sanierung zu Lasten der übrigen Gläubiger „... an einem Strang zu ziehen pflegen", wie es *Karsten Schmidt* als Hauptkritiker ausdrückt.[29] Die Gläubiger können benachteiligt werden, wenn der Ertragswert des Betriebes ohne Schuldenlast in

---

[24] Vgl. *Groß*, Sanierung, S. 399 f.
[25] Vgl. ebenda, S. 402 f.
[26] Der Begriff wurde von *Karsten Schmidt* geprägt und von der h.M. übernommen. Vgl. *Schmidt* ZIP 1980, 329 ff.
[27] Vgl. *Pfitzer* in WP-Handbuch Band II, Abschnitt L, Rn. 521 f.
[28] Vgl. ebenda.
[29] Vgl. *Schmidt*, Die GmbH in Krise, Sanierung und Insolvenz, Rn. 2.133.

der Betriebsübernahmegesellschaft realisiert wird.[30] So sind die Initiatoren regelmäßig bemüht, die Haftungsrisiken aus der Fortführung des Betriebes zu minimieren. Die Insolvenzrechtsordnung fördert diese Ziele, da die Haftung des Vermögensübernehmers nach § 419 BGB seit 1999 entfallen ist oder unter dem Schutz des Gesetzes Kündigungen grundsätzlich einfacher (§ 113 InsO) zu handhaben sind. Die Haftung aus der Firmenfortführung nach Handelsrecht (§ 25 HGB) lässt sich bereits nach geltendem Recht durch entsprechende Handelsregistereintragung vermeiden. Hier ist größte Sorgfalt anzuwenden, weil nach der Rechtsprechung eine bloße Firmenähnlichkeit oder die Verwendung eines identifizierenden Produkt-Logos die Haftung aus § 25 HGB begründet.[31] Für Betriebsübernahmegesellschaften mit Markenprodukten ist das eine ernst zu nehmende Gefahr, zumindest außerhalb des Insolvenzverfahrens. Des Weiteren besteht die Haftung des Betriebsübernehmers für Steuerschulden (§ 75 AO), die ebenfalls im Wege der Verhandlung (teilweise) mit dem Finanzamt oder durch geeignete Gestaltungen – z.B. Verkauf in Etappen, Zurückbehalten wesentlicher Betriebsgrundlagen[32] – reduziert bzw. vermieden werden kann. Anders zu beurteilen sind die Risiken aus den mit dem Krisenunternehmen abgeschlossenen Arbeitsverhältnissen. Den Übergang der Arbeitsverhältnisse auf den Betriebsübernehmer wird es auch zukünftig geben (§ 613a BGB). Dieses größte Sanierungshindernis bleibt damit nach der Insolvenzrechtsreform in allen Fällen bestehen und es verbleibt der warnende Hinweis vor strafrechtlichen Sanktionen bei unseriösen Sanierungen durch Betriebsübernahmegesellschaften, wenn das Krisenunternehmen geplant in die Insolvenz gesteuert wird.[33] Ist das Insolvenzverfahren eröffnet, können die mit der übertragenden Sanierung verbundenen Rechtsgeschäfte grundsätzlich angefochten werden.[34] Vgl. auch die Erläuterungen zu § 24 Rn. 100 ff.

Die **im Insolvenzverfahren beschlossene übertragende Sanierung** weist dagegen aber weniger Probleme auf. Die §§ 25 HGB und 75 AO kommen beim Erwerb aus der Masse nicht zum Zuge. § 613a BGB bleibt dagegen anwendbar. Auch die o.g. Kritik der Literatur ist hier nicht einschlägig, weil der Verwalter ohne die Anhörung der Gläubigerversammlung den (Teil-)Betrieb nicht veräußern darf. Insbesondere wenn die übertragende Sanierung in ein Planverfahren eingebunden ist, sind nach Auffassung des Gesetzgebers Missbräuche weitgehend ausgeschlossen.[35] Ob das Vermögen besser – bezogen auf Verkaufspreise – mit der Regelinsolvenz oder im vermeintlich aufwendigeren Planverfahren übertragen wird, zeigt sich dann in der Praxis. Erwähnt sei, dass übertragende Sanierungen nach InsO auch durch Umwandlungsvorgänge unterstützt werden können, z.B. durch Ausgliederungen. Vgl. zu den Risiken auch § 24 Rn. 90 ff.

Unter **steuerlichen Gesichtspunkten** ergeben sich Probleme. Während die Sanierungsgesellschaften Verlustvorträge unter eingeschränkten Bedingungen (vgl. Rn. 77.) nutzen können, sind Betriebsübernahmegesellschaften nicht privilegiert. **Verluste** kann nur der in Anspruch nehmen, der sie verursacht hat. Das gilt in erster Linie für die Kapitalgesellschaften, deren restliches Betriebsvermögen abgewickelt wird, nachdem z.B. sanierungsfähige Betriebsteile übertragen worden sind. Mit der Auflösung der Kapitalgesellschaft können während der Liquidation ggf. unter Ausnutzung realisierter stiller Reserven die Verlustvorträge ausgenutzt werden. Das Gleiche gilt bei Personengesellschaften für verrechenbare Verluste der Kommanditisten und der atypisch stillen Gesell-

---

[30] Vgl. ebenda.
[31] Vgl. BGH NJW 1992, 911.
[32] Vgl. *Groß*, Sanierung, S. 425.
[33] Vgl. *Pfitzer* in WP-Handbuch Band II, Abschnitt L, Rn. 522 und 529.
[34] §§ 129 ff. InsO.
[35] Vgl. BR-Drucks. 1/92, S. 94.

schafter, die über das Kapitalkonto des Gesellschafters hinausgehen und nur mit Gewinnen während der Liquidation verrechnet werden können.[36] Nach dem Ende der Liquidation können diese Verlustvorträge nicht mehr verrechnet werden. Nur die persönlich haftenden Gesellschafter behalten die Möglichkeit, Verluste im Rahmen der persönlichen Steuererklärung vorzutragen.

19 Steuerliche Nachteile können entstehen, wenn Betriebe zum Nulltarif auf eine Betriebsübernahmegesellschaft übergehen. Abgesehen von strafrechtlichen Risiken, wenn Vermögen unter Wert verkauft wird, entstehen hier mangels Abschreibungspotenzial möglicherweise hohe Ertragsteuer- und Liquiditätsbelastungen, die eine Sanierung verhindern können. Auf die Grunderwerbsteuer sei hingewiesen, die bei einem Grundstückserwerb entsteht, wenn das Vermögen auf einen anderen Rechtsträger (Kapitalgesellschaft) übertragen wird. Bei Personengesellschaften, bei denen mehr als 95 % der Anteilseigner nicht aus Altgesellschaftern bestehen, gilt das ebenfalls. Sind die Bedingungen des § 5 Abs. 3 GrEStG erfüllt, lässt sich bei einem Gesellschafterwechsel unter bestimmten Bedingungen die Steuerbelastung vermeiden.

Die **Begrenzungen der Haftung** wirken sich also auch im steuerlichen Bereich begrenzend aus. Steuerlich begünstigte Alternativen setzen im Umkehrschluss voraus, dass das unternehmerische Risiko von den Alteigentümern weiter mitgetragen wird, entweder durch Gesamtrechtsnachfolge oder bei der übertragenden Sanierung durch eine mitunternehmerische Stellung.

4. Auffanggesellschaften

20 Kann über die Art der Fortführung eines Krisenunternehmens erst nach weiteren aufwendigen Recherchen und/oder Durchführung von Sanierungsmaßnahmen entschieden werden, gewährt die Fortführungsalternative „Auffanggesellschaft" entsprechende Zeit. Denn es ist zu überlegen, ob z.B. nach durchgeführter Sanierung das Krisenunternehmen den Betrieb weiterführt (Sanierungs-Auffanggesellschaft) oder die Auffanggesellschaft den Betrieb erwirbt (Übernahme-Auffanggesellschaft).[37] Die Auffanggesellschaft ist dann mit einer **Zweifachoption** ausgestattet. Der Weg der Auffanggesellschaft kann bei ihrer Konstituierung bereits festgelegt sein. Die Auffanggesellschaft übernimmt weder Verpflichtungen des Krisenunternehmens wie die Sanierungsgesellschaft, noch Kaufpreisverpflichtungen aus dem Erwerb von Betriebsvermögen, wie die Betriebsübernahmegesellschaft. Dieser Grundtypus führt das Unternehmen lediglich fort und weist aber gegenüber den anderen ein geringeres Finanzvolumen auf.

21 Kennzeichnend für die Typen der Auffanggesellschaft ist neben dem **Zweck** die **begrenzte Lebensdauer**. So geht konsequenterweise das Eigentum an den Vermögensgegenständen des krisenbedrohten Unternehmens nicht auf die Auffanggesellschaft über, sondern der Betrieb wird von der Auffanggesellschaft pachtweise oder treuhänderisch fortgeführt.[38] Dabei werden gewisse oder sämtliche Funktionen auch im Interesse der Gläubiger des Krisenunternehmens übernommen. Nachteilig ist beim Betriebsübergang die Verpflichtung aus § 613a BGB. Die Fortführungsgesellschaft tritt in die Rechte und Pflichten aus den Arbeitsverhältnissen des Krisenunternehmens ein.[39]

---

[36] § 15a EStG.
[37] Vgl. *Groß*, Sanierung, S. 440 ff.
[38] Vgl. *Pfitzer* in WP-Handbuch Band II, Abschnitt L, Rn. 537 ff.
[39] Vgl. ebenda, Rn. 541 und 544.

Wird der Weg der Sanierungs-Auffanggesellschaft gewählt, sichern sich ihre Gesellschafter die Option, später (oder sofort) an dem Krisenunternehmen beteiligt zu werden, indem bestehende Geschäftsanteile übernommen oder das Recht eingeräumt wird, an einer Kapitalerhöhung teilzunehmen. Bei der Betriebsübernahme-Auffanggesellschaft besteht die Option, den Betrieb zu einem vereinbarten Zeitpunkt zu erwerben. Beide Typen der Auffanggesellschaft führen die Geschäfte im eigenen Namen fort, jedoch handelt die Sanierungs-Auffanggesellschaft im fremden Namen und die Betriebsübernahme-Auffanggesellschaft im eigenen Namen. In beiden Fällen sind neben dem Grundvertrag mit dem Krisenunternehmen, eventuell vertreten durch den Insolvenzverwalter, weitere Abreden mit Gläubigern notwendig, die dingliche Rechte am Betriebsvermögen besitzen.[40]

Insgesamt bestehen aus steuerlicher Sicht die gleichen Feststellungen (z.B. zu den Verlustvorträgen) wie die zur Sanierungsgesellschaft. Bei Einzelunternehmen hat der Inhaber ein Wahlrecht, die Verpachtung als Betriebsaufgabe mit Auflösung aller stillen Reserven oder als Betriebsfortführung zu Buchwerten zu behandeln. Zu erwähnen ist, dass die Betriebsverpachtung keine Betriebsaufspaltung im einkommensteuerlichen Sinne auslöst, da es in dem hier beschriebenen Fall an der erforderlichen personellen Verflechtung fehlt. Der oder die Inhaber sollen ja gerade nicht ihren Willen in der Auffanggesellschaft durchsetzen können, was eine Voraussetzung für dieses Rechtsinstitut ist.[41]

Die Auffanggesellschaften tragen zwar ein gegenüber den anderen Grundtypen geringeres Risiko, jedoch kann das auch als geringeres Engagement ausgelegt werden. Dieser Umstand wirkt sich auf die übrigen Beteiligten (Arbeitnehmer, Lieferanten) verunsichernd aus, weil ein Rückzug der Initiatoren zu befürchten ist, wenn Sanierungserfolge sich nicht, wie geplant, einstellen. Ziel der Auffanggesellschaft muss es sein, ihre Lebensdauer auch vor diesem Hintergrund zu optimieren.

III. Gestaltungsmöglichkeiten für Sanierungsgesellschaften nach Umwandlungsrecht

1. Allgemeines

Umstrukturierungen von Unternehmen sind durch das Umwandlungsgesetz einfach handhabbar. Umwandlungen können bei Krisenunternehmen **außergerichtliche Vergleiche** vorbereiten oder auch Lösungen innerhalb des **Insolvenzplanverfahrens** unterstützen. Dabei kann es der Erhaltung eines sanierungsbedürftigen Unternehmens dienen, indem es einem größeren Konzern einverleibt wird. Andererseits kann ein derartiges Unternehmen saniert werden, indem einzelne Produktsparten auf selbständige Gesellschaften abgespalten werden, um sodann die verbleibenden Bereiche isoliert zu liquidieren oder die Anteile einem anderen Übernehmer anzubieten.

Die Umwandlungen ermöglichen Umstrukturierungen in rechtspraktisch vereinfachter Form, da als Technik die Universalsukzession **(Gesamtrechtsnachfolge)** zugrunde liegt. Aufwendige Einzelübertragungen entfallen hierdurch. Überwiegend werden Sanierungsgesellschaften direkt die Möglichkeiten des Umwandlungsrechts nutzen wollen. Es sind aber alternativ auch Betriebsübernahmen im Wege der Einzelrechtsnachfolge denkbar und umgekehrt. Aus den Umwandlungen ergeben sich zahlreiche steuerliche Folgen.

---

[40] Vgl. ebenda, Rn. 539 ff. und 543.
[41] Vgl. ebenda, Rn. 545 ff.

§ 17   4. Teil. Sanierung der finanzwirtschaftlichen Bereiche

Dabei spielt die **Nutzung von Verlustvorträgen** bedauerlicherweise keine so große Rolle mehr (vgl. Rn. 128 und 142 ff.).

27   Das im Jahre 1994 beschlossene Umwandlungsgesetz[42] (UmwG) hat Umstrukturierungen von Unternehmen, nämlich Zusammenschluss, Teilung, Vermögensübertragung und Wechsel der Rechtsreform systematisiert und weiterentwickelt. Damit können aus betriebswirtschaftlicher Sicht notwendige Umstrukturierungen oder die Aufteilung von Unternehmen auf einzelne Gesellschaftergruppen oder Familienstämme (Dekonzentrationsmaßnahmen) leichter durchgeführt werden. Gegenteilige Maßnahmen (Zusammenschluss von Unternehmen) sind ebenso denkbar, ohne ggf. steuerliche Vorteile (Verlustvorträge) zu verlieren.

28   Das UmwG regelt mit der **Verschmelzung**, der **Spaltung** und dem **Formwechsel** wirtschaftlich und rechtlich unterschiedliche Organisationsmaßnahmen. Gemeinsam ist diesen Maßnahmen, dass dem Unternehmensträger aus gesellschaftsrechtlichen und/oder betriebswirtschaftlichen Gründen eine andere Struktur des Unternehmens geboten erscheint.

29   Dabei werden bei der Verschmelzung und Spaltung das Unternehmensvermögen und das Personal ganz oder teilweise einem anderen als dem bisherigen Rechtsträger zugeordnet, wobei die neue Zuordnung des Vermögens ausschließlich im Wege der Gesamtrechtsnachfolge oder Teilgesamtrechtsnachfolge erfolgt. In den Fällen des Formwechsels findet zivilrechtlich keine Vermögensübertragung statt, sondern der Rechtsträger weist eine andere Rechtsform als bisher auf (identitätswahrende Neuordnung). Die Aufzählung des UmwG (Verschmelzung, Spaltung, Formwechsel) ist – bis auf die hier weniger relevante Vermögensübertragung – abschließend (Typenzwang).

30   Im UmwG wird ausführlich die Verschmelzung geregelt. Für die anderen Umwandlungsarten wird auf diese Regelungen verwiesen, soweit nicht ausdrücklich etwas anderes vorgesehen ist. Andere Umwandlungsvorgänge sind nur aufgrund einer anderweitigen gesetzlichen Regelung zugelassen.

31   Mögliche Subjekte einer Verschmelzung sind jedenfalls Rechtsträger mit Sitz im Inland[43]. Im Zuge der Umsetzung der EU-Verschmelzungsrichtlinie[44] sind die §§ 122a–122l in das UmwG eingefügt worden; diese ermöglichen grenzüberschreitende Verschmelzungen.

32   Bei allen Umwandlungsvorgängen gestaltet sich der **verfahrensmäßige Ablauf** im Wesentlichen in drei Hauptschritten:

(1) Als rechtsgeschäftliche Grundlage für die Übertragung des Vermögens ist zunächst von den beteiligten Rechtsträgern ein **Vertrag** abzuschließen. Wenn bei einer Spaltung erst neue Rechtsträger entstehen sollen, tritt an die Stelle des Vertrages ein Spaltungsplan als einseitiges Rechtsgeschäft.[45] Beim Formwechsel, wo es ebenfalls an einem Vertragspartner fehlt, übernimmt der Entwurf des Umwandlungsbeschlusses diese vorbereitende Funktion.[46] Für diese Rechtsakte wird jeweils ein bestimmter Mindestinhalt vorgeschrieben.[47]

(2) Die Anteilsinhaber der beteiligten Rechtsträger sind grundsätzlich durch einen besonderen **Bericht** über die Einzelheiten der geplanten Umwandlung zu unterrich-

---

[42] Vgl. Gesetz zur Bereinigung des Umwandlungsrechts vom 28.10.1994 in BGBl. 1994, S. 3210.
[43] § 1 Abs. 2 UmwG.
[44] EU-Verschmelzungsrichtlinie 2005/56/EG.
[45] § 136 UmwG.
[46] § 192 Abs. 1 Satz 3 UmwG.
[47] §§ 5 Abs. 1, 126 Abs. 1, 194 Abs. 1 UmwG.

ten.[48] Dem Schutz ihrer Interessen dient ferner die – generell oder unter bestimmten Voraussetzungen – vorgeschriebene Prüfung durch unabhängige Sachverständige.[49] Auf der Grundlage der erhaltenen Informationen beschließen die Anteilsinhaber über die Umwandlung, in der Regel mit der für Satzungsänderungen vorgeschriebenen Mehrheit. Für den Beschluss ist die notarielle Beurkundung vorgeschrieben.

(3) Die Umwandlung wird mit ihrer **Eintragung im Handelsregister** wirksam (konstitutive Wirkung). Insbesondere wird der Vermögensübergang bzw. beim Formwechsel das Fortbestehen in der neuen Rechtsform erst durch die Eintragung im zuständigen Register herbeigeführt. Für die Anteilsinhaber, die Inhaber von Sonderrechten und die Gläubiger der beteiligten Rechtsträger sind jeweils besondere Schutzmechanismen, insbesondere auch Schadensersatz- und Haftungsvorschriften, vorgesehen.

Wie bisher ist eine Reorganisation oder Umstrukturierung von Unternehmen auch außerhalb des Umwandlungsrechtes möglich. Das ist, wie die Ausführungen zur Betriebsübernahmegesellschaft zeigen, in der Regel problematisch, weil Vermögensübertragungen grundsätzlich nur im Wege der Einzelrechtsnachfolge erfolgen können. Des Weiteren muss ggf. der bisherige Rechtsträger, falls diesem nach der Umwandlung keine wirtschaftliche Funktion mehr zukommt, liquidiert werden, während umgekehrt ggf. der neue Rechtsträger erst nach den für seine Rechtsform geltenden gesetzlichen Vorschriften gegründet werden muss. Welcher Weg im Hinblick auf Kosten, Risiko usw. der beste ist, hängt vom Einzelfall ab. 33

Nach den einschlägigen Vorschriften werden die Rechtsträger (AG, GmbH, KG usw.) mit Eröffnung des Insolvenzverfahrens aufgelöst. Die Insolvenzverfahren sollen jedoch andererseits gerade Unternehmensfortführungen ermöglichen. Wenn das Insolvenzverfahren z.B. auf Antrag des Schuldners eingestellt oder nach Bestätigung eines Insolvenzplans (bzw. Sanierungsplans) aufgehoben wird, kann der aufgelöste Rechtsträger an einer Umwandlung beteiligt sein.[50] 34

2. Verschmelzung

a) Grundzüge. Bei der Verschmelzung geht das Vermögen eines oder mehrerer übertragender Rechtsträger im Wege der Gesamtrechtsnachfolge auf einen anderen Rechtsträger über. Die übertragenden Unternehmen werden aufgelöst und erlöschen mit der Eintragung der Verschmelzung in das Handelsregister, so dass sie nicht separat abzuwickeln sind. Als Gegenleistung für die Vermögensübertragung erhalten die Gesellschafter der übertragenden Rechtsträger Mitgliedschaftsrechte an dem übernehmenden bzw. neuen Rechtsträger. 35

Die Verschmelzung bei einer Sanierung – wie auch sonst – kann so erfolgen, dass ein sanierungsbedürftiges Unternehmen von einem anderen bestehenden, gesunden Unternehmen oder umgekehrt aufgenommen wird (**Verschmelzung zur Aufnahme**) oder beide Unternehmen auf eine neue Gesellschaft verschmolzen werden (**Verschmelzung durch Neugründung**). 36

Beispiel **Verschmelzung durch Aufnahme**[51]: Die Hammer + Bolzen oHG wird auf die bereits bestehende Maschinenbau GmbH verschmolzen, wobei die GmbH ihr Kapital erhöht. Die neuen Anteile an der GmbH stehen Hammer und Bolzen zu.

---

[48] §§ 8, 127, 162, 192 UmwG.
[49] §§ 9–12 i.V.m. §§ 60, 125 UmwG.
[50] § 3 Abs. 3 UmwG. Vgl. Schmitt/Hörtnagl/Stratz/*Stratz*, § 3 UmwG, Rn. 46 ff.
[51] § 2 Nr. 1 UmwG.

§ 17　　　　4. Teil. Sanierung der finanzwirtschaftlichen Bereiche

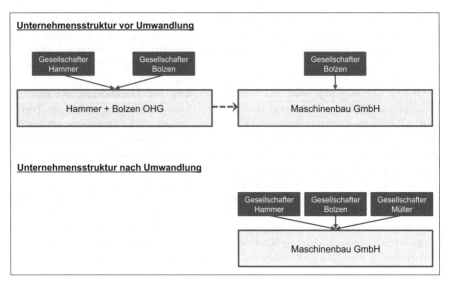

Abb. 2: Verschmelzung zur Aufnahme

Beispiel **Verschmelzung durch Neugründung**[52]: Die A und B OHG und die CD-KG werden zur A-GmbH verschmolzen. Die Gesellschaftsrechte an der durch die Verschmelzung neu gegründeten GmbH erhalten A, B, C und D.

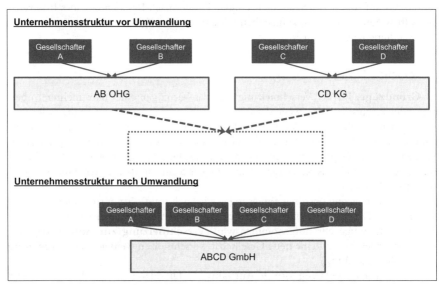

Abb. 3: Verschmelzung zur Neugründung

37　Der Kreis der verschmelzungsfähigen Rechtsträger ergibt sich aus § 3 UmwG. Es können Rechtsträger unterschiedlicher Rechtsform gleichzeitig beteiligt sein, und zwar als übertragende, als übernehmende bzw. als neue Rechtsträger z.B. Personenhandelsgesell-

---

[52] § 2 Nr. 2 UmwG.

§ 17 Gesellschaftsrechtliche Aspekte bei Fortführung von Krisenunternehmen § 17

schaften, Kapitalgesellschaften, eingetragene Genossenschaften. Eine natürliche Person kann nur als übernehmender Rechtsträger beteiligt sein, indem sie als Alleingesellschafterin das Vermögen einer Kapitalgesellschaft übernimmt.[53] Als übertragender Rechtsträger ist die natürliche Person dagegen nach dem UmwG nicht denkbar.

Zu den wesentlichen Erfordernissen bei der Verschmelzung gehört zunächst ein notariell beurkundeter Verschmelzungsvertrag, der von den Vertretungsorganen (Vorstand/Geschäftsführer) abgeschlossen wird und einen bestimmten Mindestinhalt aufweisen muss (Namen der Rechtsträger, Umtauschverhältnis usw.).[54] Bei der **Verschmelzung durch Neugründung** muss der Verschmelzungsvertrag den Gesellschaftsvertrag (das Statut) des neuen Rechtsträgers enthalten. Die übertragenden Rechtsträger gelten als Gründer, wobei eine Mindestgründerzahl nicht erforderlich ist.[55] 38

Die Vertretungsorgane erstellen einen schriftlichen Verschmelzungsbericht[56], der die Gründe der Verschmelzung und insbesondere das Umtauschverhältnis der Anteile beschreibt. Verzichten alle Anteilseigner oder wird eine 100%ige Tochter auf die Mutter verschmolzen, kann der Verschmelzungsbericht entfallen. Die Verzichtserklärungen bedürfen ebenfalls der notariellen Form.[57] 39

Der **Verschmelzungsvertrag** unterliegt grundsätzlich einer Prüfung durch einen Verschmelzungsprüfer.[58] Darauf kann ggf. verzichtet werden. Für die jeweilige Rechtsform weist das UmwG besondere Vorschriften auf.[59] Der Verschmelzungsvertrag wird nur durch einen Verschmelzungsbeschluss wirksam.[60] Dieser Beschluss ist von den Anteilseignern der beteiligten Rechtsträger in einer Versammlung zu fassen. Die Verschmelzung ist in das für die beteiligten Rechtsträger maßgebende Register (Handelsregister/Genossenschaftsregister) einzutragen. Erst mit der Eintragung in das Register des übernehmenden/neuen Rechtsträgers geht das Vermögen einschließlich der Verbindlichkeiten über; damit sind die übertragenden Rechtsträger erloschen. Die Gesellschafter des übertragenden Rechtsträgers erhalten Anteilsrechte am übernehmenden/neuen Rechtsträger. Die Eintragung heilt Formmängel bei der Beurkundung. 40

Der Anmeldung zum Register der übertragenden Rechtsträger ist eine **Schlussbilanz** beizufügen. Diese darf auf einen höchstens acht Monate vor der Anmeldung liegenden Verschmelzungsstichtag aufgestellt worden sein (**Rückwirkungszeitraum**). Die Regelung der Achtmonatsfrist ermöglicht es, für alle beteiligten Rechtsträger im Normalfall die reguläre Jahresbilanz als Schlussbilanz zu verwenden. In der Handelsbilanz des übernehmenden/neuen Rechtsträgers besteht für die Bewertung der übernommenen Vermögensgegenstände ein Wahlrecht zum Ansatz mit den tatsächlichen Anschaffungskosten oder mit den in der Schlussbilanz des übertragenden Rechtsträgers angesetzten Buchwerten.[61] 41

Gläubiger der an der Verschmelzung beteiligten Rechtsträger haben ein Recht auf Sicherheitsleistung, soweit sie eine Gefährdung ihrer Forderungen glaubhaft machen und sie noch keine Befriedigung verlangen können.[62] Ansprüche auf Sicherheitsleistungen 42

---

[53] § 3 Abs. 2 Nr. 2 UmwG.
[54] Vgl. § 5 UmwG.
[55] §§ 37, 36 Abs. 2 S. 2, 3 UmwG.
[56] § 8 UmwG.
[57] § 8 Abs. 3 S. 2 UmwG.
[58] §§ 9 bis 12 UmwG.
[59] §§ 44, 48, 60 UmwG.
[60] § 13 UmwG.
[61] § 24 UmwG.
[62] § 22 Abs. 1 Satz 2 UmwG.

§ 17   4. Teil. Sanierung der finanzwirtschaftlichen Bereiche

sind ausgeschlossen, wenn Gläubiger im Fall der Insolvenz ein Recht auf vorzugsweise Befriedigung aus einer Deckungsmasse haben.[63] Das ist bei Rentenansprüchen z.B., die durch den Pensionssicherungsverein in der Insolvenz gesichert sind, der Fall. Darüber hinaus besteht Schutz durch Schadensersatzhaftung der Organe und der Verschmelzungsprüfer.[64] Bei **Sanierungsfusionen** werden insbesondere Gläubiger des „gesunden" übernehmenden Rechtsträgers an diesem Regelungszusammenhang interessiert sein.

43 b) **Problematik der Sanierungsfusion.** Bei der Verschmelzung zur Aufnahme sind durch Kapitalerhöhung neue Geschäftsanteile bei der Übernehmerin zu schaffen, die den Gesellschaftern der übertragenden Gesellschaft zu gewähren sind.[65] Der **Gläubigerschutz** bzw. der Zweck des Kapitalschutzes bei der Kapitalerhöhung gebietet es grundsätzlich, eine Aufstockung mindestens in Höhe des Kapitals der Überträgerin vorzunehmen,[66] was bei überschuldeten Gesellschaften in der Rechtsform der Kapitalgesellschaft regelmäßig zu Schwierigkeiten führt.

44 Die **Kapitalerhöhung** bei der Verschmelzung ist stets eine **Sacheinlage** (Übertragung des Vermögens gegen Anteilsrechte).[67] Der Vermögenswert der Überträgerin muss den Kapitalerhöhungsbetrag decken, mithin muss die Sacheinlage werthaltig sein.[68] Die Werthaltigkeit hängt von den tatsächlichen Verkehrs- bzw. Zeit-Werten ab, d.h. inkl. stille Reserven. Eine Unterbilanz wird in der Regel durch stille Reserven abgedeckt werden können. Krisenunternehmen weisen häufig auch einen negativen Verkehrswert bzw. ein negatives Vermögen auf, so dass in insolvenzrechtlichem Sinne eine Überschuldung vorliegt. In diesen Fällen ist eine Verschmelzung ohne weitere Maßnahmen nicht möglich.[69] Es stellt sich die Frage, welche Lösungen es gibt, die eine Sanierungsfusion gleichwohl erlauben.

45 Zunächst können die Gesellschafter des Krisenunternehmens eine **Einlage** oder einen Zuschuss leisten, damit eine Verschmelzung auf eine gesunde Kapitalgesellschaft durchführbar ist. Denkbar ist auch der **Forderungsverzicht** von Gesellschaftern und Nicht-Gesellschaftern bzw. ein Zuschuss der übernehmenden Gesellschaft vor Umwandlung. Das ursprüngliche Stamm-/Grundkapital der Überträgerin braucht durch die Einzahlung nicht wiederhergestellt zu werden.[70] Der Vermögenswert begrenzt bei der übertragenden Gesellschaft – ggf. zuzüglich weiterer Einzahlungen – die vornehmbare Kapitalerhöhung der Übernehmerin. Das Vorgehen führt zu dem Ergebnis, dass in derartigen Fällen die Gesellschafter des Krisenunternehmens relativ geringe Gesellschaftsanteile an der „neuen" (Sanierungs-)Gesellschaft erhalten, was aber wirtschaftlich gerechtfertigt ist. Diese Schwierigkeiten können auch nicht durch eine Verschmelzung in die „andere Richtung", nämlich von der gesunden auf das Krisenunternehmen, umgangen werden. Die nicht hinreichende Werthaltigkeit der Krisengesellschaft führt hier zu **Unterpari-Emissionen**, die bei Kapitalgesellschaften grundsätzlich nicht erlaubt sind.[71]

---

[63] § 22 Abs. 2 UmwG.
[64] §§ 25, 26, 27; 11 UmwG.
[65] Von dieser Regel ist mit bzw. trotz §§ 54, 55, 68, 69 UmwG auszugehen, wobei die Vorschriften auch Ausnahmen nennen, wie die Verschmelzung von Tochter- auf Mutterunternehmen. Vgl. hierzu die Begründung zum Regierungsentwurf BT 12/6699, S. 79 ff.
[66] Vgl. Regierungsbegründung zu §§ 54, 68 UmwG.
[67] Vgl. *Schmitt/Hülsmann* BB 2000, 1568.
[68] Vgl. Schmitt/Hörtnagl/Stratz/*Stratz*, § 55 UmwG, Rn. 14.
[69] Vgl. *Limmer*, Kölner Schrift zur Insolvenzordnung, S. 870 f.
[70] Vgl. ebenda, S. 871.
[71] Vgl. Schmitt/Hörtnagl/Stratz/*Stratz*, § 55 UmwG, Rn. 20 ff. (mit Beispiel).

Beispiel:
Der Wert der Erfolgs-GmbH beträgt 150.000 € bei einem Stammkapital von 100.000 €
Die Krisen-GmbH weist ein Stammkapital von 400.000 € bei einem tatsächlichen Vermögenswert von 50.000 € auf. Nimmt das Krisenunternehmen die Erfolgsgesellschaft auf, ist das Stammkapital der Krisen-GmbH wie folgt zu erhöhen

$$\text{Kapitalerhöhung} = 400.000\ \text{€} \times \frac{150.000\ \text{€}}{50.000\ \text{€}} = 1.200.000\ \text{€}$$

Der Kapitalerhöhung von 1.200.000 € steht ein Vermögenszuwachs von nur 150.000 € entgegen (Unterpari-Emission).

Liegt eine tatsächliche, insolvenzrechtliche Überschuldung bei der Krisengesellschaft vor, sind Kapitalmaßnahmen bei dem zu sanierenden Unternehmen notwendig, um eine Verschmelzung erfolgreich umsetzen zu können. Wenn das Krisenunternehmen auf ein gesundes Unternehmen übertragen wird, stellt sich allerdings die Frage, ob der Kapitalschutz nicht aus der Sicht der Zielgesellschaft interpretiert werden kann. Im Regelfall weist das Krisenunternehmen ein negatives Vermögen auf. Wenn ein Investor das zu sanierende Unternehmen mit seiner eigenen (Zielgesellschaft) verschmelzen will, um es fortzuführen, wird er im Zweifel den Gesellschaftern des Krisenunternehmens keine oder nur in minimaler Höhe Anteile an der Zielgesellschaft gewähren. Für derartige Fälle sollte eine Verschmelzung möglich sein, wenn nach der Umwandlung der Kapitalschutz durch die stillen Reserven der Zielgesellschaft gesichert und das negative Vermögen des Krisenunternehmens überkompensiert ist. Sonst verbleibt nur die Möglichkeit, eine 100 %ige Beteiligung an der Krisengesellschaft durch die Zielgesellschaft übernehmen zu lassen. In diesem Fall ist eine Kapitalerhöhung nicht vorgeschrieben.[72] Der Investor bzw. die Zielgesellschaft erwirbt die Anteile an der Sanierungsgesellschaft vollständig zum Erinnerungswert, um anschließend die Umwandlung ohne Kapitalerhöhung durchzuführen.

Für **Personenhandelsgesellschaften** gelten die Grundsätze des Kapitalschutzes analog, soweit die Gesellschafter beschränkt haften (KG, GmbH & Co. KG).

3. Die Spaltung

a) **Grundzüge.** Die Regelung der Spaltung stellt das Gegenstück zur Verschmelzung dar. Während sich bei der Verschmelzung Unternehmen konzentrieren, führt die Spaltung zur Trennung bisheriger Einheitsunternehmen. Mit der Spaltung können vielfältige unternehmerische Ziele und Sanierungsziele umgesetzt werden, z.B.
- Schaffung kleinerer Einheiten, z.B. Tochterunternehmen
- Vorbereitung der Veräußerung von Unternehmensteilen
- Isolierung von Haftungsrisiken durch neue Produkte
- Auseinandersetzung unter Mitinhabern bzw. Trennung von Familienstämmen,

die vorher nur kostenintensiv auf Umwegen erreicht wurden. Auch vor bzw. außerhalb des UmwG kann Gesellschaftsvermögen im Wege der Einzelrechtsnachfolge durch Neugründung oder Kapitalerhöhung mit anschließender Sacheinlage aufgeteilt werden. Bei Spaltungen sind diese einzelnen Übertragungsakte durch das Institut der Teilgesamtrechtsnachfolge nicht mehr notwendig.

Gemeinsam ist beiden Instituten (Verschmelzung und Spaltung) der Übergang von Aktiva und Passiva als (Teil-)Gesamtheit der übertragenden Rechtsträger auf die über-

---

[72] § 54, § 68 UmwG.

nehmenden/neuen Rechtsträger. Wie bei der Verschmelzung erhalten die bisherigen Gesellschafter als Gegenleistung für die Vermögensübertragung Anteile an dem übernehmenden Rechtsträger. Die Spaltung kann sich auf **drei Arten** vollziehen, die ihrerseits wieder in jeweils zwei Unterarten möglich sind:

49 (1) Aufspaltung

Bei der Aufspaltung wird der übertragende Rechtsträger aufgelöst und erlischt.[73] Es kann zur „Aufnahme" oder zur „Neugründung" aufgespalten werden. Bei der Aufspaltung zur Aufnahme wird das Vermögen auf einen bereits bestehenden, übernehmenden Rechtsträger übertragen. Im anderen Fall (Aufspaltung zur Neugründung) geht das Vermögen auf einen neugegründeten Rechtsträger über. Die hier beschriebenen Möglichkeiten können auch kombiniert werden.[74]

Vgl. folgendes Beispiel: Die Z GmbH wird in der Weise gespalten, dass der Teilbetrieb 1 (TB1) auf die bestehende A AG und der verlustbehaftete Teilbetrieb 2 (TB2) auf die neu gegründete BC-GmbH (oder oHG) übertragen wird.[75]

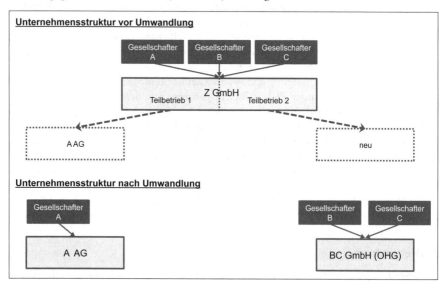

Abb. 4: Beispiel zur Aufspaltung

50 (2) Abspaltung

Bei der Abspaltung bleibt der übertragende Rechtsträger bestehen und es wird nur ein Teil des bisherigen Vermögens auf den übernehmenden bzw. neuen Rechtsträger übertragen (sog. Teilgesamtrechtsnachfolge). Im Rahmen der Vermögensübertragung erhalten die Anteilseigner des übertragenden Rechtsträgers Anteile am übernehmenden/neuen Rechtsträger. Es ist wieder zu unterscheiden in Abspaltung zur Aufnahme bzw. Abspaltung zur Neugründung.

Vgl. zum letzteren Fall die nachfolgende Darstellung (TB = Teilbetrieb).

---

[73] §§ 123 Abs. 1, 131 Abs. 1 Nr. 2 UmwG.
[74] § 123 Abs. 4 UmwG.
[75] Grundsätzlich müssen keine Teilbetriebe vorliegen. Es können auch „wahllose" Vermögensgegenstände übertragen werden. Im Umwandlungssteuerrecht sind Teilbetriebe Voraussetzung für steuerneutrale Übertragungen.

§ 17 Gesellschaftsrechtliche Aspekte bei Fortführung von Krisenunternehmen   § 17

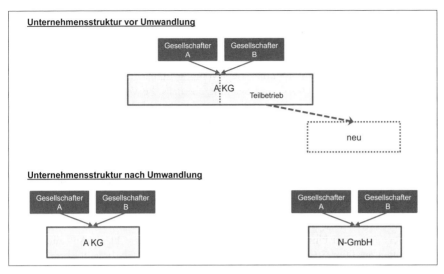

Abb. 5: Beispiel zur Abspaltung von Teilbetrieben

(3) Ausgliederung   51

Bei der Ausgliederung bleibt der übertragende Rechtsträger – wie bei der Abspaltung – bestehen. Im Unterschied zur Abspaltung werden die Gesellschaftsrechte am übernehmenden bzw. neuen Rechtsträger aber nicht den Anteilseignern des übertragenden Rechtsträgers, sondern der (den) übertragenden Gesellschaft(en) gewährt. Es werden somit Konzernverhältnisse begründet. Auch hier kann wieder „zur Aufnahme" oder „zur Neugründung" oder in Kombination beider Möglichkeiten ausgegliedert werden.

Vgl. zum letzteren Fall das folgende Beispiel: Gesellschafter der 5M GmbH sind Döring und Jung. Die 5M GmbH gliedert Teilbetrieb Plasttechnik in eine neu gegründete 5M AG aus. Aus Anlass der Vermögensübertragungen erhält die 5M GmbH Aktien der neuen 5M AG.

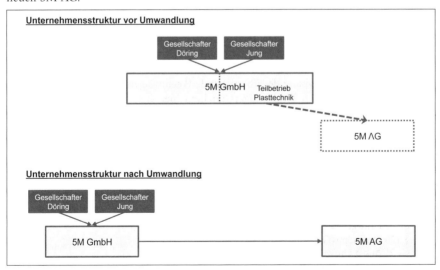

Abb. 6: Beispiel zur Ausgliederung

§ 17   4. Teil. Sanierung der finanzwirtschaftlichen Bereiche

52 Grundsätzlich kommen für die Spaltung dieselben Rechtsträger wie für die Verschmelzung in Betracht, also alle Kapitalgesellschaften und die Personenhandelsgesellschaften. Zusätzlich kann der Einzelkaufmann bei der Ausgliederung übertragender Rechtsträger sein.[76]

53 Auf die Spaltung von Unternehmensträgern sind grundsätzlich entsprechend der Verwandtschaft von Verschmelzung und Spaltung ebenfalls die Vorschriften über die Verschmelzung anwendbar.[77] Die Vorschriften zur Spaltung enthalten daher nur **besondere Regelungen**, soweit die Spaltung sich von der Verschmelzung unterscheidet. Als wesentliches Erfordernis setzt die Spaltung einen wirksam beschlossenen und notariell beurkundeten Spaltungs- und Übernahmevertrag voraus, der auch z.B. eine Grundstücksübertragung nach § 313 BGB umfassen kann. Der notwendige Inhalt entspricht weitgehend dem Inhalt des Verschmelzungsvertrages. Bedeutend bei der Teilung ist aus Zuordnungsgründen[78] die genaue Bezeichnung und Aufteilung der aktiven Vermögensgegenstände und der Schulden im Spaltungsvertrag. Werden gleichwohl Gegenstände vergessen, ist der Vertrag nicht nichtig.[79]

54 Im Gegensatz zum UmwG macht das Umwandlungssteuerrecht die Anwendung der Vorschriften des UmwStG davon abhängig, dass **Teilbetriebe** übertragen werden.[80] Damit soll verhindert werden, dass die Spaltung zur Veräußerung von Einzelgegenständen missbraucht wird.

55 Nach den Vorschriften des UmwG enthält der Spaltungsvertrag die Aufteilung der Anteile an den übernehmenden Rechtsträgern auf die Anteilseigner und den Aufteilungsmaßstab. Die Aufteilung der Anteile kann verhältniswahrend als auch nicht verhältniswahrend durchgeführt werden, was insbesondere bei einer Auf- oder Abspaltung zur Trennung von Gesellschafterstämmen interessant sein kann. Allerdings müssen bei der nicht verhältniswahrenden Spaltung alle Anteilsinhaber des übertragenden Rechtsträgers zustimmen.[81] Des Weiteren sind erforderlich ein **Spaltungsbericht** und die **Spaltungsprüfung**, die allerdings nicht bei der Ausgliederung stattfinden muss. Die Prüfung ist auch dann erforderlich, wenn sich alle Anteile des übertragenden Rechtsträgers in der Hand eines übernehmenden Rechtsträgers befinden, weil es bei Auf- und Abspaltung immer zu einem Anteilstausch kommt.

56 Erst mit der **Eintragung** in das (Handels-)**Register** wird die Spaltung wirksam. Das Vermögen geht entsprechend dem Spaltungsvertrag auf die übernehmenden Rechtsträger als Gesamtheit (Gesamt- oder Teilgesamtrechtsnachfolge) über. Der übertragende Rechtsträger erlischt bei der Aufspaltung und die Anteilsinhaber des übertragenden Rechtsträgers werden Anteilsinhaber des übernehmenden Rechtsträgers. Im Gegensatz hierzu geht bei der Abspaltung der übertragende Rechtsträger nicht unter. Die Anteilsinhaber des übertragenden Rechtsträgers erfahren hier eine Minderung ihrer Gesellschaftsrechte. Sie werden aber Anteilsinhaber des übernehmenden Rechtsträgers. Bei der Ausgliederung erhält der übertragende Rechtsträger für das ausgegliederte Vermögen Anteilsrechte an dem aufnehmenden Rechtsträger. Die Anteilsrechte der Gesellschafter der übertragenden Kapitalgesellschaft ändern sich strukturell nicht. Der Anmeldung zur Eintragung ist wie bei der Verschmelzung eine Schlussbilanz beizufügen, die nicht älter als acht Monate sein darf.

---

[76] § 152 UmwG.
[77] § 125 UmwG.
[78] § 126 Nr. 9 UmwG.
[79] § 131 Abs. 3 UmwG.
[80] §§ 15, 20 Abs. 1 UmwStG.
[81] § 128 UmwG.

b) Haftungssystematik. Die Haftungsfolgen der Spaltung knüpfen grundsätzlich an 57
die **gesamtschuldnerische Haftung** aller an der Umwandlung beteiligten Rechtsträger an.[82] Nach *K. Schmidt* ist das **Haftungssystem** der Spaltung nicht leicht verständlich.[83] Die Regeln sind folgende:[84]

Primärschuldner ist derjenige Rechtsträger, dem eine Verbindlichkeit im Spaltungsvertrag oder -plan zugewiesen ist. Sofern ein übertragender Rechtsträger fortbesteht (Abspaltung oder Ausgliederung), haftet er für seine Altverbindlichkeiten weiter, und zwar unabhängig davon, ob die Verbindlichkeit einem übernehmenden oder neu entstehenden Rechtsträger zugewiesen worden ist. Unabhängig von diesen Grundsätzen haften die an der Spaltung beteiligten Rechtsträger für die vor dem Wirksamwerden der Spaltung begründeten Verbindlichkeiten als Gesamtschuldner, allerdings nur bis zum Ablauf der fünfjährigen Nachhaftungsfrist. Die Reihenfolge ist wichtig, weil der Primärschuldner die Verpflichtung bilanzieren muss, soweit die übrigen Gemeinschuldner nicht in Anspruch genommen worden sind.[85] Des Weiteren haften im Innenverhältnis die übrigen Schuldner nur, wenn die Verbindlichkeit binnen fünf Jahren gerichtlich geltend gemacht oder schriftlich anerkannt worden ist.[86]

Als weitere Besonderheit ist zu erwähnen, dass bei der Spaltung die Haftung des Unternehmenserwerbers nach den §§ 25, 26 und 28 HGB durch die Umwandlung unberührt bleibt.[87] **Anspruchskonkurrenzen** können entstehen. Demnach können Aktiva und Passiva nicht willkürlich voneinander getrennt werden.[88] Das Prinzip veranschaulicht *K. Schmidt* an Beispielen.[89]

- Beispielhaft geht es um eine GmbH, die z.B. Asbestprodukte herstellt oder eine chemische Reinigung betreibt. Stellen wir uns vor, diese Gesellschaft werde aufgespalten, indem ihr Unternehmen auf die A-GmbH & Co., das Grundeigentum dagegen auf die B-GmbH überführt wird. Hier muss die A-GmbH & Co. nach § 28 HGB auch mit ihren künftigen Gewinnen zwingend für die alten Unternehmensschulden haften, und zwar als Primärschuldnerin, also ohne die fünfjährige Enthaftung nach § 133 III UmwG.
- Nicht anzuerkennen ist deshalb auch eine Unternehmenssanierung derart, dass eine sanierungsbedürftige Gesellschaft dergestalt aufgespalten wird, dass die Aktiven der A-GmbH und die Passiven der dann in Insolvenz fallenden P-GmbH zugewiesen werden. Wenn dann die A noch fünf Jahre lang die Altschulden bedient, könnte sie danach auf die insolvente P verweisen. Einem solchen absurden Vorgang nur mit der Anfechtung im Insolvenzverfahren zu begegnen (§§ 129 ff. InsO), wäre verfehlt. Eine solche Sanierung zu Lasten Dritter ist vielmehr auch unternehmensrechtlich unhaltbar.

Da der Wortlaut des § 25 HGB (im Gegensatz zu § 28 HGB) die **Firmenfortführung** 59
voraussetzt, nahm die h.M. entgegen dem letzten Beispiel an, dass die Primärhaftung des Unternehmenserwerbers durch geschickte Firmenwahl vermieden werden könnte. Bis zur Vorauflage dieses Handbuches erschien dies noch als ein gangbarer Weg. Zwischenzeitlich hat der BGH in zwei Entscheidungen[90] seine Rechtsprechung zu § 25 HGB

---

[82] § 133 UmwG.
[83] Vgl. *Schmidt*, Gesellschaftsrecht, S. 400.
[84] Vgl. *Schmidt* ZGR 1993, 385 ff.
[85] Vgl. Schmitt/Hörtnagl/Stratz/*Hörtnagl*, § 133 UmwG, Rn. 40.
[86] Vgl. *Schmidt*, Gesellschaftsrecht, S. 401.
[87] § 133 Abs. 1, 2 UmwG.
[88] Vgl. *Schmidt*, Gesellschaftsrecht, S. 402, mit Hinweis auf andere Meinungen in Fn. 133.
[89] Vgl. ebenda, S. 407 f. *Schmidt* wendet die Vorschriften über die OHG/KG hinaus an.
[90] Vgl. Urteil vom 16.9.2009, Az. VIII ZR 321/08, WM 2009, 2285; Beschluss vom 7.12.2009, Az. II ZR 229/08, WM 2010, 82.

bestätigt. Auch Teilerwerbe von Handelsgeschäften oder zwischenzeitliche Umfirmierungen verhindern nicht, dass der Erwerber für Altverbindlichkeiten des Veräußerers haftet. Es reicht hierfür aus, dass lediglich der Kern des betriebenen Geschäfts oder der Kern der bisherigen Firma weitergeführt werden. Um jedoch die **Haftung für Altverbindlichkeiten** bei Firmenfortführung zu begrenzen, können alle Altgläubiger über einen zwischen dem Veräußerer und dem Erwerber vereinbarten **Haftungsausschluss** informiert werden. Gemäß § 25 Abs. 2 HGB sollte der im Rahmen eines Unternehmenskaufvertrages vereinbarte Haftungsausschluss für Altverbindlichkeiten im Handelsregister eingetragen werden; dies sollte unverzüglich nach Geschäftsübernahme geschehen, damit der Haftungsausschluss Wirkung gegenüber Dritten entfaltet.

60 § 25 Abs. 2 HGB spricht dabei nur von einer Eintragung „im Handelsregister". Der Gesetzgeber ging dabei davon aus, dass bei Fortführung eines Handelsgeschäfts nur ein Registerblatt unter gleicher HRA- oder HRB-Nummer betroffen ist, wie etwa bei der Unternehmensverpachtung oder bei Übertragung des Geschäfts eines Einzelkaufmannes auf eine offene Handelsgesellschaft. Ist die Ausgangslage aber ein Asset-Deal zwischen zwei Gesellschaften, so empfiehlt sich die Eintragung des Haftungsausschlusses gemäß § 25 Abs. 2 HGB im Handelsregister zu beiden Geschäftszeichen, dem des Veräußerers und dem des Erwerbers.

Haftungsbegrenzung für die gesamtschuldnerisch begründeten Verbindlichkeiten bedeutet das mit den hier dargestellten Regeln nicht. Sind in einem Betrieb vor der Spaltung Schadensersatzansprüche oder Produkt- und Umweltschäden begründet worden, unterliegen die hieraus entstehenden (teilweise sehr hohen) Verbindlichkeiten in unbegrenzter Höhe den Haftungsregeln. Risikobegrenzende Maßnahmen sind bei Gesamtlösungen einer Sanierung im Wege der Spaltung vorzunehmen.

61 c) Problematik der Sanierungsspaltung. Da die Vorschriften zur Spaltung im Wesentlichen denen zur Verschmelzung folgen, bestehen ähnliche Probleme **wie bei der Sanierungsfusion**.[91] Auch bei der Spaltung zur Aufnahme und zur Neugründung handelt es sich um eine Sacheinlage, mit der Einlage von Vermögenswerten der Überträgerin gegen Gewährung von Gesellschaftsanteilen und -rechten. Die Sanierungsspaltung ist ebenfalls mit einer Kapitalerhöhung verbunden, so dass auch hier bei Kapitalgesellschaften als Übernehmerin die Frage der Werthaltigkeit der Sacheinlage zu beantworten gilt. Sind also die tatsächlichen Werte des übertragenen Vermögens (Verkehrswerte Aktiva abzügl. Passiva) niedriger als das erhöhte Nominalkapital bzw. das Kapital der neugegründeten Zielgesellschaft, liegt eine unzulässige Unterpari-Emission vor.[92] Überschuldete „Betriebseinheiten", (Teil-)Betriebe, dürfen grundsätzlich nicht umgewandelt werden.

62 Gleichwohl kann ein Krisenunternehmen bei einer tatsächlichen Unterbilanz zur Neugründung aufgespalten werden, wenn das festgesetzte Kapital der (Ziel- bzw.) Sanierungsgesellschaft dem tatsächlichen Wert entspricht. Gerade durch diese Gestaltung wird die Unterbilanz-Situation der Krisengesellschaft beendet,[93] da die Kapitalerhaltungsgrundsätze nicht mehr anwendbar sind.

Beispiel:
Eine Krisen-GmbH mit 200.000 € Stammkapital besteht aus den zwei Betriebsteilen Maschinenbau (MB) und Anlagenbau (AB). Ein Sanierungsplan sieht die Spaltung des

---

[91] § 125 UmwG verweist auf die Vorschriften zur Verschmelzung, hier: §§ 53 ff. (GmbH), §§ 66 ff. (AG) UmwG.
[92] Vgl. Schmitt/Hörtnagl/Stratz/*Hörtnagl*, § 125 UmwG, Rn. 1 ff.; Schmitt/Hörtnagl/Stratz/ *Hörtnagl*, § 123 UmwG, Rn. 3 ff.; Schmitt/Hörtnagl/Stratz/*Hörtnagl*, § 126 UmwG, Rn. 29 f.
[93] Vgl Schmitt/Hörtnagl/Stratz/*Hörtnagl*, § 126 UmwG, Rn. 31.

defizitären Bereichs MB vom nahezu ergebnisneutralen Bereich AB vor. Der tatsächliche Wert der Krisen-GmbH beläuft sich auf 150.000 €. Die tatsächliche Unterbilanz von 50.000 € wird vom Bereich MB verursacht. Die Fortführung der Bereiche erfolgt in zwei neugegründeten GmbHs. Die AB führt den tatsächlichen Vermögenswert des Betriebsteils AB fort (Stammkapital z.B. 75.000 €). Die MB-GmbH kann mit 50.000 € gegründet werden. Eine Unterbilanz liegt nicht mehr vor, da der Überträger mit der Umwandlung erlischt. Es sind die zu beachtenden Untergrenzen bei der Bestimmung des Nennkapitals (hier § 5 GmbHG) beachtet worden.

Wird auf **Personengesellschaften** auf- oder abgespalten, bestehen aufgrund der persönlichen Haftung der Gesellschafter keine der o.g. Probleme. Das gilt für den unbeschränkt haftenden Gesellschafter ebenso wie für den beschränkt haftenden Kommanditisten. Für den Kommanditisten beschränkt sich die Haftung auf die im Handelsregister eingetragene frei wählbare Haftungssumme.[94] Reicht das übertragene Vermögen zur Deckung seiner Hafteinlage nicht aus, haftet er in Höhe des Differenzbetrages persönlich.[95] Eine ähnliche **Differenzhaftung** für Gesellschafter einer Kapitalgesellschaft kann begründet sein, wenn die Unterpari-Emission den Beteiligten, insbesondere dem Registerrichter bei der Eintragung unentdeckt geblieben ist.[96] 63

Besonderes Augenmerk im Rahmen der Kapitalerhaltung ist auf die **abspaltende** Gesellschaft zu richten, die nicht das gesamte Vermögen überträgt. Auch das Kapital der übertragenden Gesellschaft unterliegt den geschilderten Grundsätzen. Das UmwG schafft Erklärungspflichten für die Organe einer übertragenden Gesellschaft anlässlich der Anmeldung der Abspaltung bzw. der Ausgliederung.[97] Die strafbewehrten Vorschriften sichern den Kapitalschutz.[98] Die **Mindestvoraussetzungen** für die Neugründung einer Kapitalgesellschaft (Mindestkapital usw.) müssen nach der Abspaltung für die Übertragerin erfüllt sein.[99] Reicht das verbleibende Vermögen zu Buchwerten nicht mehr aus, um das eingetragene Kapital abzudecken, ist eine Kapitalherabsetzung vor der Spaltung bis zur Untergrenze erforderlich, die in der vereinfachten Form durchgeführt werden kann.[100] Bei der Ausgliederung kann eine Unterbilanz dagegen nicht entstehen, da die ausgliedernde Gesellschaft für das hingegebene Vermögen im Austausch Anteile erhält (Aktivtausch).[101] 64

4. Formwechsel

a) Grundzüge und Haftungssystematik. Alle Fallgestaltungen (Umwandlungen), bei denen sich **lediglich die Rechtsform** ändert, werden einheitlich als Formwechsel nach §§ 190 ff. erfasst. Dabei geht das Gesetz davon aus, dass zwischen altem und neuem Rechtsträger eine personelle und wirtschaftliche Identität besteht, weil dieselben Gesellschafter hinter der fraglichen Gesellschaft vor und nach dem Formwechsel stehen und der Vermögensbestand vollständig gleich bleibt. 65

Bei Sanierungsgesellschaften liegt demgegenüber die Prämisse zugrunde, dass eine Sanierung nur mit neuen Gesellschaftern und neuem Kapital gelingen wird. Der Form- 66

---

[94] § 172 HGB.
[95] § 171 Abs. 1 HGB.
[96] Vgl. *Fastrich* in Baumbach/Hueck, §5,1 Rn. 35.
[97] §§ 140, 146 UmwG.
[98] § 313 Abs. 2 UmwG.
[99] Vgl. Schmitt/Hörtnagl/Stratz/*Hörtnagl*, § 126 UmwG, Rn. 29.
[100] § 139 UmwG.
[101] Zu den wenigen Ausnahmen hierzu vgl. *Naraschewski* GmbHR 1995, 697 ff.

§ 17   4. Teil. Sanierung der finanzwirtschaftlichen Bereiche

wechsel wird dennoch für Fortführungsmöglichkeiten relevant, wenn Neugesellschafter das Engagement bei einer OHG von einer Haftungsbegrenzung abhängig machen bzw. nicht Mitunternehmer werden wollen. Diese Ziele werden nur erreicht durch Umwandlung in eine KG, GmbH oder GmbH & Co. KG.

67 Die Rechtsträger für einen Formwechsel (Handelsgesellschaften) sind in § 191 UmwG genannt.

68 Die Geschäftsführung hat, um die wesentlichen Erfordernisse beim Formwechsel darzustellen, einen schriftlichen **Umwandlungsbericht** zu erstellen und diesem eine Vermögensaufstellung beizufügen. In der **Vermögensaufstellung** sind die Vermögensgegenstände und Verbindlichkeiten mit den „wirklichen Werten" anzusetzen. Diese Vermögensaufstellung tritt an die Stelle der bisherigen Umwandlungsbilanz. Die Aufstellung einer Handelsbilanz anlässlich des Formwechsels ist demnach nicht erforderlich. Etwas anderes gilt allerdings für steuerliche Zwecke.[102] Der Umwandlungsbericht ist nicht erforderlich, wenn alle Anteilsinhaber durch notariell beurkundete Erklärung darauf verzichten oder nur ein Anteilseigner beteiligt ist.[103]

69 Beim Formwechsel ist ein notariell beurkundeter **Umwandlungsbeschluss** der Anteilseigner erforderlich.[104] Mit der Eintragung besteht der alte Rechtsträger nunmehr in der neuen Rechtsform weiter.[105] Es bedarf keiner Vermögensübertragung. Die bisherigen Anteilseigner bleiben Anteilseigner des neuen Rechtsträgers. Der Formwechsel ist zur Eintragung anzumelden.[106] Beizufügen sind der Umwandlungsbeschluss, der Umwandlungsbericht einschließlich Vermögensaufstellung.

70 Unter **Gläubigergesichtspunkten** ist zu erwähnen: Die Haftungsmasse bleibt bei der formwechselnden Umwandlung identisch. Ebenso bestehen die Ansprüche gegen den in seiner Rechtsform veränderten Rechtsträger fort. Jedoch ändert sich die Haftungsverfassung. Bei Umwandlungen **von der Personengesellschaft** in die Kapitalgesellschaft haften die Gesellschafter für **Altverbindlichkeiten** weiter persönlich.[107] Jedoch ist die Haftung begrenzt auf fünf Jahre nach der Umwandlung, was insbesondere Konsequenzen für Dauerschuldverhältnisse hat. So haftet der Komplementär einer KG demnach für eine durch die Gesellschaft zugesagte Angestelltenpension mit Beginn des sechsten Jahres nach dem wirksamen Formwechsel der KG in eine GmbH auch dann nicht persönlich, wenn er Geschäftsführer der GmbH wird.[108] Auch beim Wechsel **von der Kapitalgesellschaft** in eine Personengesellschaft entfällt die im AktG und GmbHG vorgesehene Vermögenssicherung. Die nach der Umwandlung einsetzende persönliche Haftung gewährt nicht in allen Fällen einen gleichwertigen Schutz[109] und hängt von der Bonität der Gesellschafter ab. Gläubiger, deren Forderungen nachweislich gefährdet sind, können eine Sicherheitsleistung verlangen.[110]

71 **b) Problematik der Sanierungsumwandlung.**
Wird eine Personengesellschaft in der Krise im Rahmen einer Sanierung bzw. Restrukturierung in eine Kapitalgesellschaft umgewandelt, bestehen ggf. ähnliche wie oben geschilderte Probleme der Kapitalaufbringung. Das UmwG schützt das Kapital, indem die

---

[102] § 14 und § 25 UmwStG.
[103] § 192 Abs. 3 UmwG.
[104] Die Modalitäten zur Beschlussfassung regeln u.a. §§ 217, 233, 240 UmwG.
[105] § 202 Abs. 1 Nr. 1 UmwG.
[106] § 198 UmwG.
[107] § 224 UmwG.
[108] Vgl. *Schmidt,* Gesellschaftsrecht, S. 383.
[109] Vgl. ebenda, S. 380.
[110] §§ 204, 22 UmwG; vgl. zum Kapitalschutz § 220 UmwG.

§ 17 Gesellschaftsrechtliche Aspekte bei Fortführung von Krisenunternehmen **§ 17**

Deckung des Stamm-/Grundkapitals einer Kapitalgesellschaft durch das Vermögen der Überträgerin vorgeschrieben ist.[111] Des Weiteren sind die für die neue Rechtsform (Zielrechtsform) geltenden Gründungsvorschriften anzuwenden.[112] Im Ergebnis liegt – konsequenterweise – bei dem identitätswahrenden Formwechsel eine Sachgründung vor.[113] Die bisher dargestellten Probleme betreffen den Formwechsel in analoger Weise: Damit darf eine überschuldete Personengesellschaft nicht in eine Kapitalgesellschaft umgewandelt werden. Das **Mindestkapital** bei der AG und bei der GmbH muss durch das Vermögen der Überträgerin abgedeckt sein. Sanierungsumwandlungen von der Personen- auf die Kapitalgesellschaft sind in derartigen Fällen durch Gesellschafterzuschüsse usw. vorzubereiten.

Beim Formwechsel **von der Kapitalgesellschaft** auf eine Personenhandelsgesellschaft gelten für die persönlich haftenden Gesellschafter keine derartigen Kapitalaufbringungsgrundsätze (Gesellschafter einer oHG, Komplementäre einer KG). Der Sachgründung verwandte Grundgedanken gelten jedoch für einen Kommanditisten, der in seiner Haftung beschränkt ist. Der Kommanditist haftet den Gläubigern der Gesellschaft bis zur Höhe der in das Handelsregister eingetragenen Haftsumme (Hafteinlage) unmittelbar.[114] Die Haftung ist ausgeschlossen, soweit diese Haftsumme geleistet ist.[115] Der Gesellschafter hat eine Leistung auf die Einlageschuld zu erbringen und muss für eine objektive Wertdeckung Sorge tragen.[116] Falls durch die beim Formwechsel vorliegende Sacheinlage die Haftsumme werthaltig nicht abgedeckt wird, ist die Umwandlung dennoch möglich und es besteht zwischen eingelegtem Vermögenswert und der Haftsumme eine Differenzhaftung des Kommanditisten.[117] Die Gläubiger sind nach dem Formwechsel nicht schlechter gestellt. **72**

Beim Formwechsel **von Kapitalgesellschaften** (GmbH zu AG und umgekehrt) sind die bisher angeführten Grundsätze zur Kapitalerhaltung wieder zu beachten. Demnach können materiell überschuldete Kapitalgesellschaften nicht formwechselnd umgewandelt werden. Ebenso muss das Kapital bei einer Unterbilanz durch entsprechende stille Reserven abgedeckt sein. Ggf. sind vor der Umwandlung finanzielle Sanierungsmaßnahmen durchzuführen. Die sanierende Kapitalherabsetzung mit anschließender Kapitalerhöhung stellt eine mögliche Maßnahme dar, die entweder vor oder mit der Umwandlung vorzunehmen ist. Die Mindestbeträge des Kapitals der jeweiligen Zielrechtsform sind einzuhalten. **73**

5. Sanierungsumwandlungen im Insolvenzverfahren

Im Insolvenzverfahren führt die Eröffnung des Verfahrens zur Auflösung von Kapital- und Personenhandelsgesellschaften.[118] Wenn die Fortsetzung der Gesellschaften beschlossen werden kann, können diese aufgelösten Gesellschaften als übertragende Rechtsträger bei Sanierungsumwandlungen beteiligt sein.[119] Jedoch bestimmt das Gesellschafts- **74**

---

[111] § 220 UmwG.
[112] § 197 UmwG.
[113] Vgl. *Limmer*, Kölner Schrift zur Insolvenzordnung, S. 870 m.w.N.
[114] Zur Terminologie *Schmidt*, Gesellschaftsrecht, S. 1555.
[115] § 171 Abs. 1 HGB. Von dieser Haftsumme (Außenverhältnis) zu unterscheiden ist die Pflichteinlage, mit der sich der Gesellschafter im Innenverhältnis verpflichtet. Beide Einlagen brauchen in der Höhe nicht übereinzustimmen. Für die Haftung ist die Hafteinlage maßgeblich.
[116] Vgl. *Schmidt*, Gesellschaftsrecht, S. 1565.
[117] Vgl. ebenda, S. 1561 und § 172 Abs. 4 HGB.
[118] § 60 Abs. 1 GmbHG, § 264 Abs. 1 AktG, § 131 HGB.
[119] §§ 3 Abs. 3, 124 Abs. 3, 191 Abs. 3 UmwG.

recht, dass mit der Verteilung des Vermögens noch nicht begonnen wurde.[120] Während des Insolvenzverfahrens sind Umwandlungen allerdings nicht möglich. Zunächst ist das insolvenzrechtliche Verfahren auf Antrag des Schuldners zu beenden oder das Verfahren wird nach Bestätigung eines Insolvenzplans, der den Fortbestand der Gesellschaft vorsieht, aufgehoben.[121]

75 Gerade mit dem Instrument des **Insolvenzplans** sollen Umstrukturierungsmaßnahmen auch in gesellschaftsrechtlicher Sicht ermöglicht werden. Im darstellenden Teil sind Sanierungsumwandlungen mit einzubeziehen und den Beteiligten hierzu entsprechende Informationen zu geben. Jedoch kann die Umwandlung grundsätzlich nur mit Zustimmung der Gesellschafter erfolgen. Die gesellschaftsrechtlichen Verhältnisse des Krisenunternehmens können nach § 225a InsO im Insolvenzplan neu geordnet werden. Denn nach § 225a Absatz 3 InsO ist jede gesellschaftsrechtliche zulässige Regelung möglich.[122] Der Insolvenzplan enthält dann den Entwurf über einen Umwandlungsvertrag. Wenn das Insolvenzverfahren hiernach aufgehoben worden ist, ist die Umwandlungsfähigkeit gegeben. Die Organe können die Umwandlungsverträge abschließen und zur Handelsregistereintragung anmelden.[123] Bei personalistischen Gesellschaften ist ein Rücktritt auf die Treuepflicht der Gesellschafter an derartigen Sanierungsmaßnahmen mitzuwirken, nicht mehr notwendig.

IV. Steuerliche Überlegungen zur Fortführung von Krisenunternehmen

1. Allgemeines

76 Wie die gesellschaftsrechtlichen Grundkonzeptionen gehören auch steuerliche Überlegungen zu einer gesamtheitlichen Sanierung. Zu fragen ist, wie die regelmäßig in der Krise auflaufenden Verluste steuerlich ggf. noch weiter genutzt werden können, wenn neue Gesellschafter für das Krisenunternehmen gewonnen oder Umwandlungen durchzuführen sind. Des Weiteren müssen die Beteiligten entscheiden, ob bei den gesellschaftsrechtlichen Umstrukturierungen die Rechtsform der Unternehmen beibehalten oder verändert wird. Beeinflusst wird diese Entscheidung neben zivilrechtlichen Aspekten, z.B. der Haftungsbegrenzung, im Wesentlichen von dem für das Unternehmen einschlägigen **Steuersystem**.

77 Da die Verluste nur derjenige geltend machen darf, der sie erlitten hat, können **Verluste bei** Betriebsübernahmen bzw. **asset deals nicht übertragen werden**. Bei keiner Lösung im Wege der Einzelrechtsnachfolge können Verluste übertragen und steuerlich genutzt werden. Gerade die Steueränderungen der letzten Jahre beschweren Sanierungsgesellschaften und auch Umwandlungen bei der Nutzung von Verlustvorträgen[124] in nahezu allen Fällen. Inwieweit hier auch steuerliche Sanierungsmaßnahmen und -privilegien wirksam bzw. praktikabel sind, wird an späterer Stelle (§ 35 dieses Handbuches) aufgezeigt werden. Die nachfolgenden Abschnitte stellen notwendige Überlegungen im Rahmen von sanierenden Umwandlungen aus steuerrechtlicher Sicht dar.

---

[120] Vgl. *Limmer*, Kölner Schrift zur Insolvenzordnung, S. 894.
[121] § 274 Abs. 2 AktG, § 60 Abs. 1 GmbHG.
[122] Vgl. K. Schmidt/Spliedt § 225a, Rn. 45
[123] Vgl. *Limmer*, Kölner Schrift zur Insolvenzordnung, S. 895 ff.
[124] Vgl. § 8c KStG; § 12 Abs. 3, 2. HS i.V.m. § 4 Abs. 2 S. 2 UmwStG.

2. Sanierende Umwandlungen

a) Sanierungsumwandlungen von Kapitalgesellschaften 78
aa) Sanierungsfusion. (1) Umwandlungssteuerliche Grundzüge ohne Beteiligungsverflechtungen. Im Umwandlungssteuerrecht gilt der Grundsatz der steuerlichen Rückwirkung des Vermögensübergangs auf den Stichtag der Bilanz, die diesem Vermögensübergang zugrunde liegt.[125] Diese Regelung lehnt sich somit eng an die gesellschaftsrechtlichen Vorschriften an.[126] So ist bei einer Verschmelzung, aber auch bei anderen Umwandlungen die achtmonatige Frist des Umwandlungsrechtes auch steuerlich zu beachten. Die **Rückwirkung** gilt bei der Verschmelzung für die Einkommensbesteuerung und die Gewerbesteuer, aber nicht für die Umsatzsteuer.[127]

Die steuerlichen Folgen einer Verschmelzung von einer Körperschaft auf eine andere 79 regeln die §§ 11 bis 13 UmwStG, ergänzt durch § 29 KStG. Das UmwStG bestimmt, dass die genannten Vorschriften nur bei Verschmelzungen mit Gesamtrechtsnachfolge nach dem UmwG anwendbar sind, also nicht bei Liquidationen und Einzelrechtsübertragungen.[128]

Die übertragende Körperschaft muss bei einer Verschmelzung eine handelsrechtliche 80 **Schlussbilanz** erstellen. Für diese Schlussbilanz gelten die Vorschriften über die Jahresbilanz; somit besteht nach einschlägigen handelsrechtlichen Grundsätzen keine Möglichkeit, über die Buchwerte hinaus aufzustocken.[129] Anderes gilt für die Steuerbilanz. Hier hat die übertragende Körperschaft in ihrer Schlussbilanz die übergehenden Wirtschaftsgüter – unter Aufgabe des Maßgeblichkeitsgrundsatzes – mit dem gemeinen Wert (früher: Teilwert) anzusetzen.[130] Auf Antrag ist aber steuerlich auch der Buch- oder Zwischenwert möglich (einheitliches Wahlrecht).[131] Das Antragsrecht besteht allein für den übertragenden Rechtsträger. Der **Antrag auf Buchwertfortführung** oder Ansatz eines Zwischenwertes ist spätestens bis zur erstmaligen Abgabe der steuerlichen Schlussbilanz bei dem für die Besteuerung der übertragenden Gesellschaft zuständigen Finanzamt zu stellen.[132]

Mit den höheren steuerlichen Werten bis zum gemeinen Wert können laufende Ver- 81 luste bzw. Verlustvorträge der Übertragerin mit einem somit entstehenden Übertragungsgewinn verrechnet werden. Da die **Verluste verschmelzungsbedingt nicht mehr** übertragbar sind, kann es u.U. zum Streit über höhere Wertansätze bei einer Sanierungsfusion kommen. Es sei angemerkt, dass ein entstehender Übertragungsgewinn nach den allgemeinen Regeln des KStG der Körperschaftsteuer unterliegt und auch für die Gewerbesteuer[133] zugrunde zu legen ist.

Das Wahlrecht zur **Buchwertfortführung** besteht nicht, wenn die spätere Besteue- 82 rung der stillen Reserven bei der übernehmenden Körperschaft nicht sichergestellt ist[134]

---

[125] § 2 UmwStG.
[126] § 17 Abs. 2 S. 4 UmwG.
[127] Vgl. *Schwedhelm*, Rn. 1103. Vgl. auch § 19 Abs. 1 UmwStG für die Gewerbesteuer und zur Umsatzsteuer im Überblick bei Umwandlungen siehe Widmann/Mayer Umwandlungsrecht Kommentar/*Knoll,* Anhang 11.
[128] § 1 Abs. 1 UmwStG.
[129] Vgl. Schmitt/Hörtnagl/Stratz/*Hörtnagl*, § 17 UmwG, Rn. 25.
[130] § 11 Abs. 1 S. 1 UmwStG.
[131] § 11 Abs. 2 UmwStG.
[132] § 11 Abs. 3 i.V.m. § 3 Abs. 2 S. 2 UmwStG.
[133] § 19 Abs. 1 UmwStG.
[134] § 11 Abs. 2 S. 1 Nr. 1 und 2 UmwStG.

§ 17 4. Teil. Sanierung der finanzwirtschaftlichen Bereiche

oder eine Gegenleistung gewährt wird, die nicht in Gesellschaftsrechten besteht[135]. In diesem Falle sind die übergegangenen WG mit der Gegenleistung oder ohne Gegenleistung mit dem gemeinen Wert anzusetzen.

83 Werden Gegenleistungen gewährt, können Buchwerte fortgeführt werden, soweit die übernehmende an der übertragenden Kapitalgesellschaft beteiligt ist und die Gesellschafter der übertragenden Kapitalgesellschaft ausschließlich Geschäftsanteile der übernehmenden Körperschaft erhalten.[136] Dies gilt unabhängig davon, ob die Anteile durch Kapitalerhöhung entstanden sind oder aus dem Vermögen der übertragenden oder übernehmenden Gesellschaft stammen.[137] Wenn den Gesellschaftern der übertragenden Kapitalgesellschaft neben Gesellschaftsanteilen bare Zuzahlungen oder sonstige Geld- bzw. Sachleistungen gewährt werden, sind die Wirtschaftsgüter anteilig mit dem Wert der Gegenleistung anzusetzen.[138]

84 Die **übernehmende Kapitalgesellschaft** hat die Wirtschaftsgüter mit den Werten aus der Schlussbilanz der übertragenden Körperschaft anzusetzen (Bilanzverknüpfung).[139] Die übernehmende Körperschaft tritt bezüglich der Absetzungen für Abnutzungen (AfA), Sonderabschreibungen usw. in die Rechtsstellung der übertragenden Körperschaft ein.[140] Bei der Verschmelzung liegt, bedingt durch die Gesamtrechtsnachfolge, **keine Anschaffung**[141] vor. Daraus folgt, dass Investitionszulagen oder andere an eine Anschaffung anknüpfende Vergünstigungen, z.B. Sonderabschreibungen, Abschreibungen von GWG, nicht mehr gewährt werden. Die für die Erhaltung der Investitionszulage bspw. notwendigen Besitzzeiten der übertragenden Körperschaft werden allerdings angerechnet. Damit wird nicht nur beim Buchwertansatz, sondern auch bei einem höheren Ansatz sichergestellt, dass insbesondere die Fristen nach § 6b EStG und bei anderen steuerlichen Vergünstigungen (z.B. nach Fördergebietsgesetz) durch die Verschmelzung nicht unterbrochen werden.

85 Unabhängig von dem Wertansatz bei der übertragenden Kapitalgesellschaft hat die Verschmelzung bei der übernehmenden Kapitalgesellschaft grundsätzlich keine steuerlichen Auswirkungen. Die Gesellschafter der übertragenden Körperschaft erhalten Anteile, z.B. aus der Kapitalerhöhung bei der übernehmenden Gesellschaft, was einen einkommensteuerneutralen Vorgang darstellt. Übersteigt der zu bilanzierende Wert der übernommenen Wirtschaftsgüter den Nennbetrag der neuen Anteile, ist der Differenzbetrag bei der Gesellschaft als steuerfreier Agiogewinn auszuweisen. Liegt der Nennwert der Anteile hingegen über dem Ansatz des Vermögens, ist ein steuerlicher Ausgleichsposten anzusetzen, der vom Kapital abzusetzen ist und nicht abschreibungsfähig ist.[142]

86 **(2) Berücksichtigung von Beteiligungsverflechtungen.** Nur wenn die übernehmende bereits an der übertragenden Kapitalgesellschaft beteiligt ist, kann ein buchmäßiger Übernahmegewinn oder -verlust entstehen, wenn die zu übernehmenden Bilanzwerte der übertragenden Gesellschaft den Buchwert der Anteile über- oder unterschreiten. Der hieraus resultierende Gewinn oder Verlust bleibt außer Ansatz und ist außerhalb

---

[135] § 11 Abs. 2 S. 1 Nr. 3 UmwStG.
[136] § 11 Abs. 2 S. 1 Nr. 3 UmwStG.
[137] Vgl. *Schwedhelm*, Rn. 1121.
[138] Vgl. ebenda, Rn. 1121; Haritz/Menner/*Bärwaldt* UmwStG Kommentar, § 11, Rn. 60 f.
[139] § 12 Abs. 1 UmwStG.
[140] § 12 Abs. 3 UmwStG.
[141] Vgl. Haritz/Menner/*Bohnhardt* UmwStG Kommentar, § 4, Rn. 140.
[142] Vgl. Schmitt/Hörtnagl/Stratz/*Schmitt*, § 12 UmwStG, Rn. 34; Haritz/Menner/*Wisniewski* UmwStG Kommentar, § 12, Rn. 43.

der Bilanz in der Steuererklärung zu berücksichtigen, d.h. abzuziehen bzw. hinzuzurechnen.[143] Damit ist ein Übernahmeverlust weder abzugs- noch rücktragsfähig.[144]

Natürlich kann versucht werden, die Übernahmeverluste steuerlich zu realisieren, indem man z.B. die Buchwerte in der Schlussbilanz der übertragenden Körperschaft (bis zu den gemeinen Werten) aufstockt. Der dann entstehende Übertragungsgewinn ist mit Verlusten der Körperschaft – meist des Krisenunternehmens – verrechenbar oder zu versteuern. Das Abschreibungsvolumen bei der übernehmenden Kapitalgesellschaft erhöht sich und mindert entsprechend das Jahresergebnis in der Folgezeit. Dieses Vorgehen ist zwar regelmäßig nicht immer so günstig wie die – nunmehr ausgeschaltete – Möglichkeit, die Verlustvorträge übertragen zu können, da z.B. aufgedeckte stille Reserven in Grundstücken/Beteiligungen im Anlagevermögen nicht abgeschrieben werden können; es ist jedoch gegenwärtig die verbliebene Möglichkeit, Verlustvorträge durch Verrechnung noch nutzbar zu machen.

87

Weitere Alternativen außerhalb des Umwandlungsrechts sind begrenzt. Um „**Verlustpotenziale zu realisieren**", ist der Verkauf im Wege eines „asset deals" an die Übernehmerin, sog. Kombinations- bzw. Liquidationsmodell, früher in Erwägung gezogen worden. Nach dem Verkauf der Wirtschaftsgüter können ebenfalls bestehende Verluste bei der zu sanierenden Überträgerin ausgeschöpft und ggf. darüber hinaus entstehende Gewinne ausgeschüttet werden. Letzteres führt bei der Übernehmerin zu ausschüttungsbedingten Teilwertabschreibungen und insgesamt – wie oben – zu höherem Abschreibungsvolumen. Den Umwandlungsmodellen ist grundsätzlich der Vorzug zu geben, zumal in vielen Fällen Grunderwerbsteuer beim asset deal anfallen kann.[145] Die Grunderwerbsteuer ist jedoch regelmäßig auch sonst im Auge zu behalten.

88

Folgende Besonderheit ist noch zu beachten: Hält die übernehmende Körperschaft Anteile an der übertragenden Körperschaft, entsteht ein steuerpflichtiger Beteiligungskorrekturgewinn, wenn die tatsächlichen Anschaffungskosten der Anteile deren Buchwert übersteigen.[146] Zweck der Vorschrift ist es, frühere Teilwertabschreibungen oder die Übertragung von in den untergehenden Anteilen ruhenden stille Reserven[147] rückgängig zu machen.[148] Obergrenze der Zuschreibung ist der gemeine Wert der Anteile. Der Beteiligungskorrekturgewinn darf nicht mit Übernahmeverlusten saldiert werden.[149] Da die (im Zweifel) übertragende Krisengesellschaft Wertaufholungen[150] bei der Übernehmerin zulässt, wird es regelmäßig zu einem Korrekturgewinn kommen.

89

(3) **Nutzung von Verlusten bei der Sanierungsfusion.** Der entscheidende Vorteil bei Verschmelzungen nach dem UmwStG vor den Änderungen durch das SEStEG bestand darin, dass Verlustvorträge der übertragenden Kapitalgesellschaft nicht untergingen. Es war daher nicht erforderlich, bei der übertragenden Gesellschaft in der Schlussbilanz stille Reserven nur deshalb aufzudecken, weil andernfalls die Verlustvorträge dem Krisenunternehmen verloren gegangen wären. Die jetzt geltende umwandlungssteuerrecht-

90

---

[143] Schmitt/Hörtnagl/Stratz/*Schmitt*, § 12 UmwStG, Rn. 41.
[144] Vgl. *Schwedhelm*, Rn. 1134.
[145] Zur Grunderwerbsteuer im Überblick bei Umwandlungen siehe auch Widmann/Mayer Umwandlungsrecht Kommentar – *Pahlke*, Anhang 12.
[146] § 12 Abs. 2 S. 1 i.V.m. § 4 Abs. 1, S. 2 UmwStG; Schmitt/Hörtnagl/Stratz/*Schmitt*, § 12 UmwStG, Rn. 39.
[147] Z. B. nach § 6b EStG.
[148] Vgl. Schmitt/Hörtnagl/Stratz/*Schmitt,* § 12 UmwStG, Rn. 39.
[149] Vgl. ebenda.
[150] § 6 Abs. 1 Nr. 1 Satz 4 EStG.

liche Regelung, die den Wegfall der Verlustvorträge vorsieht,[151] führt – bei der Verschmelzung von einer sanierungsbedürftigen auf eine gesunde Gesellschaft – zu einer schärferen Verlustschädlichkeitsregelung als die quotalen Verlustuntergangsregelungen des Körperschaftsteuerrechtes.[152]

91 **(4) Betrachtung der Gesellschafter.** Halten die Anteilseigner die Anteile im **Betriebsvermögen**, so kommt es – entsprechend dem durchgängigen Konzept des UmwStG nach SEStEG – grundsätzlich zu einer Gewinnrealisierung, da die Anteile an der übertragenden Körperschaft als zum gemeinen Wert veräußert und die Anteile an der übernehmende Gesellschaft als zum gemeinen Wert angeschafft gelten.[153] Der vor SEStEG geltende Grundsatz des Ansatzes mit dem Buchwert bzw. den ursprünglichen Anschaffungskosten ist aufgegeben worden. Rechtstechnisch fingiert das Gesetz somit die Veräußerung der Alt-Anteile im Tausch gegen den Erwerb der Anteile an der übernehmenden Körperschaft. Abweichend davon sind auf Antrag die Anteile an der übernehmenden Körperschaft mit dem Buchwert der Anteile an der übertragenden Körperschaft anzusetzen, wenn insbesondere die spätere Besteuerung der stillen Reserven bei der übernehmenden Körperschaft nicht sichergestellt ist.[154]

92 Der Buchwertansatz kommt nur für solche Anteile in Betracht, die sich in einem Betriebsvermögen befinden. Das UmwStG stellt klar, dass an die Stelle des Buchwertes die Anschaffungskosten treten, wenn die Anteile an der übertragenden Körperschaft **nicht zu einem Betriebsvermögen** gehören. Dies ist vor allem bedeutsam für die steuerverhafteten wesentlichen Beteiligungen (Anteil mindestens 1 %).[155] Die neuen Anteile gelten weiterhin als wesentliche Beteiligung, selbst wenn nach der Verschmelzung nicht mehr eine Beteiligung von mehr als 1 % vorliegt.[156] Bei einbringungsgeborenen Anteilen treten die erworbenen Anteile ebenfalls an die Stelle der untergehenden Anteile.[157] Die neuen Anteile bleiben einbringungsgeboren und sind dann als verschmelzungsgeboren zu bezeichnen. Wenn erst mit der Umwandlung eine wesentliche Beteiligung entsteht, vermeidet der Ansatz zum gemeinen Wert die Besteuerung der stillen Reserven, die sich bis dahin gebildet haben.[158]

93 Bei Anteilen im Privatvermögen von < 1 % wurde die Besteuerung ausgelöst, wenn die Anteile innerhalb der Einjahresfrist als veräußert galten.[159] Diese Regelung ist letztmals auf Veräußerungsgeschäfte anzuwenden, bei denen die Anteile vor dem 1.1.2009 erworben worden sind.[160] Dementsprechend kann eine Verschmelzung diese Besteuerung nur bis Ende 2008 auslösen. Der Erwerb von Anteilen < 1 % im Privatvermögen in bzw. ab 2009 und ein späterer Austausch dieser Anteile zum gemeinen Wert in Anteile an der übernehmenden Körperschaft führt immer zur Abgeltungsteuer.[161]

---

[151] § 12 Abs. 3 UmwStG i.V.m. § 4 Abs. 2 S. 2 UmwStG.
[152] § 8c KStG.
[153] § 13 Abs. 1 UmwStG.
[154] § 13 Abs. 2 S. 1 UmwStG.
[155] § 17 EStG.
[156] § 13 Abs. 2 S. 2 UmwStG; BMF- Schreiben vom 11.11.2011 – IV C 2 – S 1978-b/08/10001, Rn. 13.11; *Schwedhelm*, Rn. 1161.
[157] § 13 Abs. 2 S. 2 UmwStG; BMF- Schreiben vom 11.11.2011 – IV C 2 – S 1978-b/08/10001, Rn. 13.11; *Schwedhelm*, Rn. 1161.1.
[158] § 13 Abs. 2 S. 3 UmwStG.
[159] § 22 Nr. 2 EStG i.V.m. § 23 Abs. 1 S. 1 Nr. 2 EStG.
[160] § 52a Abs. 11 S. 4 EStG.
[161] § 20 Abs. 2 Nr. 1 EStG i.V.m. § 52a Abs. 10 S. 1 EStG.

94 Erhalten bei einer Sanierungsfusion neue Gesellschafter (alte/neue) Anteile – z.B. bei einem MBO –, sind die Anschaffungskosten der im Privatbereich gehaltenen Anteile steuerlich grundsätzlich nicht nutzbar. Das gilt auch, wenn die Anteile Betriebsvermögen darstellen; denn die Anschaffungskosten enthalten in der Regel unter Kaufleuten den Wert des Krisenunternehmens, so dass Wertberichtigungen nicht möglich sind. Auf die mit den neuen Gesellschaftern einhergehende Gefahr eines steuerlich nicht mehr zu nutzenden Verlustes wird hingewiesen.

95 **(5) Weitere steuerliche Folgen.** In Bezug auf den Bestand des steuerlichen Einlagenkontos[162] sehen die Regelungen des Körperschaftsteuergesetzes[163] vor, den Betrag getrennt auszuweisen und gesondert festzustellen, der dem Nennkapital durch Umwandlung von Gewinnrücklagen zugeführt worden ist.[164]

Weiter ist darauf hinzuweisen, dass die Regelungen des UmwStG bei Verschmelzungen auch bezüglich der Verlustvorträge **auf die Gewerbesteuer durchschlagen**.[165]

96 Bei einem Forderungsverzicht (mit Besserungsschein) gilt: Verzichtet ein nicht beteiligter Dritter (z.B. Bank) auf eine Forderung gegenüber der übertragenden Gesellschaft (Sanierungsmaßnahme), dann ist die Schuld in der Schlussbilanz ertragswirksam auszubuchen.[166] Im Wege der Gesamtrechtsnachfolge geht die Verpflichtung aus dem Forderungsverzicht mit Besserungsschein auf die Übernehmerin über.[167] Erzielt die übernehmende Gesellschaft einen Gewinn, ist mit der Besserungsabrede (auf den Gewinn) die Verbindlichkeit erfolgswirksam wieder einzubuchen.[168]

97 Verzichtet ein Gesellschafter mit Besserungsabrede, liegt in Höhe der werthaltigen Forderung bei der Übertragerin eine Einlage vor.[169] Folglich entsteht bei Aufleben und Rückzahlung der Verbindlichkeit in der Gewinnsituation bei der Übernehmerin eine steuerneutrale Einlagenrückgewähr.

Umsatzsteuer fällt bei Verschmelzungen nicht an.[170] Grunderwerbsteuer kann anfallen, wenn bei der Umwandlung Grundvermögen übertragen wird.[171]

98 **bb) Sanierende Spaltung bei Kapitalgesellschaften.** Die Spaltung ist der Umkehrfall zur Verschmelzung. Liegen bei einem Krisenunternehmen in bestimmter Weise abgrenzbare Geschäftsbereiche bzw. aus steuerlicher Sicht **Teilbetriebe** vor, dann können Restrukturierungen durch Spaltung erleichtert durchgeführt werden.

99 Die Spaltung von einer Körperschaft auf eine oder mehrere Körperschaften wird steuerneutral durch das UmwStG ermöglicht.[172] Für die Aufspaltung zur Aufnahme und zur Neugründung gibt es steuerrechtlich keine Unterschiede. Besonderheiten der Abspaltung werden erwähnt. Die **steuerliche Rückwirkung** entsprechend dem Handelsrecht (Acht-Monats-Frist) gilt auch für Spaltungen.

---

[162] § 27 KStG.
[163] § 28 KStG.
[164] Vgl. im Einzelnen Schmitt/Hörtnagl/Stratz/*Schmitt*, § 12 UmwStG, Rn. 95 ff. m.w.N.
[165] § 19 Abs. 1 und 2 UmwStG.
[166] Vgl. Schmitt/Hörtnagl/Stratz/*Schmitt*, § 3 UmwStG, Rn. 124.
[167] Vgl. ebenda.
[168] Vgl. ebenda.
[169] Vgl. ebenda.
[170] § 1 Abs. 1a UStG.
[171] § 1 Abs. 3 GrEStG sowie im Überblick zur Grunderwerbsteuer bei Umwandlungen siehe auch Widmann/Mayer/*Pahlke* Umwandlungsrecht Kommentar, Anhang 12.
[172] § 15 UmwStG für Aufspaltung und Abspaltung sowie §§ 20–23 UmwStG für Ausgliederung.

§ 17   4. Teil. Sanierung der finanzwirtschaftlichen Bereiche

100   Verschmelzung und Spaltung werden zwar als Gegenstücke dargestellt, jedoch ist beiden eine Vermögensübertragung zwischen verschiedenen Rechtsträgern gemeinsam.[173] Daher verwundert es aus steuerlicher Sicht nicht, dass bei Spaltungen von Kapitalgesellschaften die für die Verschmelzung geltenden Vorschriften grundsätzlich entsprechend anzuwenden sind.[174] Folglich kann die zu spaltende Kapitalgesellschaft **durch Buchwertansatz einen** Übertragungsgewinn vermeiden, wenn die stillen Reserven in den übertragenen Wirtschaftsgütern bei den übernehmenden Körperschaften versteuert werden und außer Gesellschaftsrechten keine Gegenleistung gewährt wird. Die übernehmenden Kapitalgesellschaften führen die Schlussbilanzwerte fort und treten hinsichtlich der Abschreibungen etc. an die Stelle der sich spaltenden Kapitalgesellschaft. Ein Übernahmegewinn wird dann – wie bei der Verschmelzung – nicht besteuert.

101   Für die **Gesellschafter** der sich spaltenden Kapitalgesellschaft gelten **dieselben Regeln wie bei der Verschmelzung**.[175] Da danach die Vorschriften wie bei der Verschmelzung entsprechend anzuwenden sind, wird wegen der weiteren Auswirkungen der Spaltung auf die Besteuerung der Gesellschafter der übertragenden Körperschaft auf die Ausführungen zur Verschmelzung verwiesen.

102   Eine **steuerneutrale** Auf- und Abspaltung kommt nur dann in Betracht, wenn bei der übertragenden Körperschaft mindestens zwei Teilbetriebe vorhanden sind.[176] In allen Übertragungslinien müssen Teilbetriebe übergehen oder zurückbleiben. Gegenüber den Regelungen vor Geltung des SEStEG hat sich die Rechtsfolgenregelung jedoch insoweit geändert, als bei fehlender Teilbetriebsübertragung nur das Wertansatzwahlrecht zu einem niedrigeren Ansatz als dem gemeinen Wert ausgeschlossen wird und nicht mehr die Anwendbarkeit der umwandlungssteuerrechtlichen Regelungen generell.[177] Dies wirkt sich auch auf die Gesellschafterebene aus, wonach dann nur eine Anschaffung zum gemeinen Wert entsprechend möglich ist.

103   Unterschiedliche Ansichten bestehen darüber, ob neben einem Teilbetrieb auch andere Wirtschaftsgüter übertragen werden oder bei der übertragenden Körperschaft zurückbleiben dürfen.[178] Zur Rechtslage vor Geltung des SEStEG vertritt die Finanzverwaltung die Auffassung, dass sowohl das verbleibende als auch das übertragene Vermögen nur aus einem Teilbetrieb bestehen durfte (sogenanntes doppeltes Teilbetriebserfordernis; Ausschließlichkeitserfordernis).[179] Wenn im Vermögen der übertragenden Körperschaft Wirtschaftsgüter enthalten waren, die keinem Teilbetrieb zugeordnet werden konnten, war danach die Teilbetriebsvoraussetzung nicht erfüllt. Dies soll auch im neuen Recht gelten,[180] was auch die Auffassung der Finanzverwaltung ist.[181] Nach anderer Auffassung können jedoch neben einem Teilbetrieb auch andere Wirtschaftsgüter bei der übertragenden Körperschaft verbleiben oder auf eine übernehmende Körperschaft übergehen.[182] Die pragmatische Lösung wird darin zu sehen sein, dass, wenn Teilbetriebe über-

---

[173] Zur Systematik der Umwandlungsarten – mit und ohne Vermögensübertragung – siehe auch *Klein/Müller/Lieber*, Rn. 133.
[174] § 15 Abs. 1 S. 1 UmwStG.
[175] § 15 Abs. 1 S. 1 UmwStG i.V.m. § 13 UmwStG.
[176] § 15 Abs. 1 S. 2 UmwStG.
[177] Vgl. Schmitt/Hörtnagl/Stratz/*Hörtnagl*, 15 UmwStG, Rn. 108.
[178] Zum Streitstand vgl. ebenda, Rn. 62 ff.; *Schumacher/Neumann*, DStR 2008, 325 ff.
[179] Vgl. BMF-Schreiben vom 25.3.1998 – IV B 7 – S 1978 – 21/98/IV B 2 – S 1909 – 33/98, Rn. 15.02 und 15.
[180] Vgl. *Schumacher/Neumann* DStR 2008, 325, 326.
[181] Vgl. BMF-Schreiben vom 25.3.1998 – IV B 7 – S 1978 – 21/98/IV B 2 – S 1909 – 33/98, Rn. 15.02.
[182] Vgl. *Schumacher/Neumann* DStR 2008, 325 ff.

tragen und zurückbehalten werden, die neutralen Wirtschaftsgüter und Schulden den übertragenen oder zurückbleibenden echten oder fiktiven Teilbetrieben zugeordnet werden.[183]

Im UmwStG findet sich **keine Definition des Begriffs „Teilbetrieb"**. Die Finanzverwaltung vertrat bisher die Auffassung, die Voraussetzungen eines Teilbetriebs seien nach den von der Rechtsprechung und ihr entwickelten Grundsätzen zu § 16 EStG zu beurteilen. Danach definiert sich der Teilbetrieb als „ein mit einer gewissen Selbständigkeit ausgestatteter, organisch geschlossener Teil des Gesamtbetriebs, der für sich betrachtet alle Merkmale eines Betriebes i.S. des EStG erfüllt und für sich lebensfähig ist".[184]

104

Der rein national definierte Begriff des Teilbetriebes wird von der Finanzverwaltung jedoch nur noch bis zum 31.12.2011 für Inlandsumwandlungen angewendet. Dies sind Fälle, in denen der Umwandlungsbeschluss bis zum 31.12.2011 erfolgt ist.

Im aktuellen **Umwandlungssteuererlass 2011** hat die Finanzverwaltung den Begriff Teilbetrieb sowohl national als auch europarechtlich definiert.[185] Danach ist ein Teilbetrieb die Gesamtheit der in einem Unternehmensteil einer Gesellschaft vorhandenen aktiven und passiven Wirtschaftsgüter, die in organisatorischer Hinsicht einen selbstständigen Betrieb, d.h. eine aus eigenen Mitteln funktionsfähige Einheit darstellen.[186] Zu einem Teilbetrieb gehören alle funktional wesentlichen Betriebsgrundlagen sowie die diesem Teilbetrieb nach wirtschaftlichen Zusammenhängen zuordnenbaren Wirtschaftsgüter. Die Voraussetzungen eines Teilbetriebs sind nach Maßgabe der einschlägigen Rechtsprechung unter Zugrundelegung der funktionalen Betrachtungsweise aus der Perspektive des übertragenden Rechtsträgers zu beurteilen.[187]

105

Die Vorgehensweise der Verwaltung wird kritisch gesehen und dürfte streitanfällig sein.

Die Finanzverwaltung leitet ihre Ansicht aus der Fusionsrichtlinie[188] ab, da es nach dem Willen des Gesetzgebers so sein sollte, dass mit den Neuregelungen des SEStEG auch diese Richtlinie – bzw. deren vorangegangene Fassungen – umgesetzt werden sollte.[189]

Es darf allerdings bezweifelt werden, ob der Gesetzgeber tatsächlich auch für Inlandsfälle die Anwendung des europäischen Teilbetriebsbegriffes anordnen wollte.[190]

Ein „Teilbetrieb" ist nach der europarechtlichen Definition die Gesamtheit der in einem Unternehmensteil einer Gesellschaft vorhandenen aktiven und passiven Wirtschaftsgüter, die in organisatorischer Hinsicht einen selbständigen Betrieb, d.h. eine aus eigenen Mitteln funktionsfähige Einheit, darstellen.[191] Der EuGH stellt dabei in einem

106

---

[183] Vgl. Schmitt/Hörtnagl/Stratz/*Hörtnagl*, § 15 UmwStG, Rn. 65.
[184] R 16 Abs. 3 EStR; BFH BStBl. II 2011, 467 ff.; BFH BStBl. II 2007, 772 ff.
[185] Vgl. BMF-Schreiben vom 25.3.1998 – IV B 7 – S 1978 – 21/98/IV B 2 – S 1909 – 33/98, Rn. 15.01 ff.
[186] Vgl. BMF-Schreiben vom 25.3.1998 – IV B 7 – S 1978 – 21/98/IV B 2 – S 1909 – 33/98, Rn. 15.02 mit Verweis auf Art. 2, lit. j, RL 2009/133/EG (Fusionsrichtlinie).
[187] Vgl. EuGH BB 2002, 321 ff.; BFH BStBl. II 2011, 467 ff.
[188] Vgl. Richtlinie 2009/133/EG vom 19.10.2009 über das gemeinsame Steuersystem für Fusionen, Spaltungen, Abspaltungen, die Einbringung von Unternehmensteilen und den Austausch von Anteilen, die Gesellschaften verschiedener Mitgliedstaaten betreffen, sowie für die Verlegung des Sitzes einer Europäischen Gesellschaft oder einer Europäischen Genossenschaft von einem Mitgliedstaat in einen anderen Mitgliedstaat (Fusionsrichtlinie), Amtsblatt der EU Nr. L 310/34 vom 25.11.2009.
[189] Vgl. BT-Drucks. 16/2710, S. 25 f.
[190] Vgl. Schmitt/Hörtnagl/Stratz/*Hörtnagl*, § 15 UmwStG, Rn. 56 m.w.N.
[191] Vgl. Art. 2, lit. j, RL 2009/133/EG.

ersten Schritt auf eine funktionelle Sicht ab.[192] Die übertragenen aktiven Wirtschaftsgüter müssen **als selbständiges Unternehmen funktionsfähig** sein, ohne dass es hierfür zusätzlicher Investitionen oder Einbringungen bedarf. In einem zweiten Schritt wird auf die finanzielle Sicht abgestellt. Der Teilbetrieb muss aus eigenen Mitteln lebensfähig sein. Dies soll dann nicht der Fall sein, wenn die Einkünfte der übernehmenden Gesellschaft im Verhältnis zu den Zinsen und Tilgungsraten der aufgenommenen Schulden unzureichend erscheinen. Dem EuGH-Urteil ist auch zu entnehmen, dass Verbindlichkeiten zu dem Teilbetrieb gehören und daher auch mitübertragen werden müssen, wenn diese in einem eindeutigen Verwendungszusammenhang zu aktiven Wirtschaftsgütern des Teilbetriebs stehen.

107 Nach dieser Teilbetriebsdefinition ist es entscheidend, dass alle aktiven und passiven Wirtschaftsgüter übertragen werden, die erforderlich sind, damit der Teilbetrieb aus eigenen Mitteln funktionsfähig ist. Dabei kann die Funktionsfähigkeit nur im Hinblick auf die bestimmte Funktion beurteilt werden, der die aktiven Wirtschaftsgüter bereits vor der Übertragung gedient haben.[193] Denn andernfalls könnten die Voraussetzungen für die selbständige Funktionsfähigkeit beliebig beeinflusst werden.

108 Der europarechtliche Teilbetriebsbegriff ist gegenüber dem deutschen Teilbetriebsbegriff insbesondere im Hinblick auf die Finanzierungsseite enger, da passive Wirtschaftsgüter keine wesentlichen Betriebsgrundlagen nach dem deutschen Teilbetriebs darstellen und damit nicht dessen notwendiger Bestandteil sind. Der europarechtliche Teilbetriebsbegriff erscheint auch enger hinsichtlich der zu übertragenden aktiven Wirtschaftsgüter, soweit wohl alle funktionalen Betriebsgrundlagen und nicht bloß die funktional wesentlichen Betriebsgrundlagen übertragen werden müssen. Ob Letzteres eine praktische Relevanz hat, wird sich zeigen. Für den EuGH ist im Ergebnis eine Gesamtbetrachtung entscheidend: Danach müssen die zu übertragenden Wirtschaftsgüter in der Summe als selbständiges Unternehmen funktionsfähig sein.

109 Erweiterungen zeigen sich beim europäischen Teilbetriebsbegriff hinsichtlich z.B. der Merkmale räumliche Trennung vom Hauptbetrieb, gesonderte Buchführung, eigenes Personal und eigene Verwaltung, eigener Kundenstamm, eigener Einkauf, die keine Rolle spielen sollen. Schließlich kennt der europarechtliche Teilbetriebsbegriff auch nicht die „quantitative" Betrachtungsweise für die Frage der Wesentlichkeit.

110 Der Teilbetriebsbegriff der Fusionsrichtlinie ist damit teils enger, teils weiter als der nationale Begriff. Es lässt sich die pragmatische Auffassung vertreten, dass die Definition der Fusionsrichtlinie zur Anwendung kommt, soweit sie zu Gunsten des Steuerpflichtigen weiter ist als die nationale Definition, dass dies aber nicht zu Lasten des Steuerpflichtigen gilt, soweit die nationale Definition günstiger ist.[194]

111 Die Teilbetriebsvoraussetzungen müssen **zum steuerlichen Übertragungsstichtag** vorliegen.[195] Nach der früheren Auffassung mussten die Teilbetriebsvoraussetzungen spätestens zum Zeitpunkt der Fassung des Spaltungsbeschlusses vorliegen.[196] Ein sog. Teilbetrieb im Aufbau stellt für die Finanzverwaltung keinen Teilbetrieb mehr dar.[197] Vermutlich wird diese Frage zukünftig noch die Rechtsprechung beschäftigen. Es darf bezweifelt werden, ob die Auffassung der Finanzverwaltung vom UmwStG gedeckt wird. Die

---

[192] Vgl. EuGH BB 2002, 321 ff.
[193] Vgl. Dötsch/Pung/Möhlenbrock/*Patt* Kommentar UmwStG, § 20, Rn. 92.
[194] Vgl. *Graw* DB 2013, 1012 f.; Haritz/Menner/*Menner* UmwStG Kommentar, § 20, Rn. 100.
[195] Vgl. BMF- Schreiben vom 11.11.2011 – IV C 2 – S 1978-b/08/10001, Rn. 15.03.
[196] Vgl. BMF-Schreiben vom 25.3.1998 – IV B 7 – S 1978 – 21/98/IV B 2 – S 1909 – 33/98, Rn. 15.10.
[197] Vgl. BMF- Schreiben vom 11.11.2011 – IV C 2 – S 1978-b/08/10001, Rn. 15.03.

Rückwirkungsfiktion[198] gilt nur für die Zuordnung von Einkommen und Vermögen. Daher ist es fraglich, ob sich daraus Hinweise für die zeitlichen Anforderungen an das Vorliegen eines Teilbetriebs ergeben. Ebenso wenig kann man aus der Fusionsrichtlinie den steuerlichen Zeitpunkt für das Vorliegen der Teilbetriebsqualifikation ableiten. Aus dieser gegenwärtigen Ungewissheit ergeben sich deutliche Erschwernisse für die Praxis. Sollen Umstrukturierungen ohne das Risiko eines Steuerprozesses mit ungewissem Ausgang durchgeführt werden, müssten diese solange hinausgeschoben werden, bis die steuerlichen Teilbetriebsvoraussetzungen geschaffen worden sind. Die Finanzverwaltung selbst dürfte sich mit einer Vielzahl von Anträgen auf Erteilung einer verbindlichen Auskunft konfrontiert sehen. Daher ergeben sich Bedenken sowohl aus der Sicht eines übermäßigen Eingriffs in die Privatautonomie als auch aufgrund von verwaltungsökonomischen Überlegungen.

112 Ein **Mitunternehmeranteil**[199] bzw. ein Teil eines Mitunternehmeranteils[200] wird dem Teilbetrieb gleichgestellt. Der Mitunternehmeranteil muss zum steuerlichen Übertragungsstichtag vorgelegen haben. Wichtig ist in diesem Zusammenhang das Sonderbetriebsvermögen. Gehören Wirtschaftsgüter des **Sonderbetriebsvermögens** zu den funktional wesentlichen Betriebsgrundlagen, müssen diese zwingend mitübertragen werden. Das gilt sowohl für das Sonderbetriebsvermögen I (unstreitig) als auch für das Sonderbetriebsvermögen II (streitig[201]). Ob bei der Übertragung eines Teils des Mitunternehmeranteils eine quotenidentische Übertragung des Sonderbetriebsvermögens notwendig ist, ist sehr umstritten.[202] Würde man diese Frage bejahen, müssten Grundstücke des Sonderbetriebsvermögens dementsprechend in Teileigentum aufgeteilt werden. Wenn sich das im Einzelfall nicht durchführen ließe, wäre mindestens ein Miteigentumsanteil, der dem Bruchteil des übertragenen Personengesellschaftsanteils entspräche, erforderlich.

113 Einen fiktiven Teilbetrieb bildet weiterhin die **Beteiligung an einer** inländischen oder einer nach dem Typenvergleich entsprechenden ausländischen **Kapitalgesellschaft**, soweit die Beteiligung das gesamte Nennkapital umfasst.[203] Durch den Gesetzeswortlaut „gesamtes Nennkapital" steht fest, dass die Beteiligung im Zuge der Spaltung in voller Höhe auf den Übernehmer übergehen muss. Allerdings muss die 100%-Beteiligung zum steuerlichen Übertragungsstichtag nach Verwaltungsauffassung vorgelegen haben.[204]

114 Wesentliche Betriebsgrundlagen sind zwingend einem Teilbetrieb zuzuordnen und im Rahmen einer Spaltung zu übertragen. Wirtschaftsgüter, die nicht zu den wesentlichen Betriebsgrundlagen gehören, müssen nicht dem Teilbetrieb zugeordnet werden, zu dem sie funktional gehören, sondern können grundsätzlich jedem der Teilbetriebe zur Kapitalverstärkung zugeordnet werden[205] und werden als „neutrale Wirtschaftsgüter" bezeichnet.

115 Beachtung verdienen weiter die umwandlungsteuerlichen **Missbrauchsregelungen**.[206] Die Missbrauchsregelungen betreffen ausdrücklich nur Mitunternehmeranteile

---

[198] § 2 UmwStG.
[199] § 15 Abs. 1 S. 3 UmwStG.
[200] Vgl. BMF- Schreiben vom 11.11.2011 – IV C 2 – S 1978-b/08/10001, Rn. 15.04.
[201] Vgl. Schmitt/Hörtnagl/Stratz/*Hörtnagl*, § 15 UmwStG, Rn. 92 m.w.N.
[202] Bejahend: Dötsch/Pung/Möhlenbrock/*Dötsch*/*Pung* Kommentar UmwStG, § 15, Rn. 73; *Rogall* DB 2006, 66, 67; verneinend: Widmann/Mayer/*Schießl* Umwandlungsrecht Kommentar, § 15 UmwStG, Rn. 67; Schmitt/Hörtnagl/Stratz/*Hörtnagl*, § 15 UmwStG, Rn. 94.
[203] § 15 Abs. 1 S. 3 UmwStG.
[204] Vgl. BMF- Schreiben vom 11.11.2011 – IV C 2 – S 1978-b/08/10001, Rn. 15.05.
[205] Vgl. ebenda, Rn. 15.09.
[206] § 15 Abs. 2 UmwStG.

§ 17   4. Teil. Sanierung der finanzwirtschaftlichen Bereiche

und 100 %-Beteiligungen an Kapitalgesellschaften. Es handelt sich um typisierende Missbrauchsregelungen, die keinen Gegenbeweis zulassen: Ist der Tatbestand erfüllt, wird der Missbrauch unwiderleglich vermutet.[207] Dies verstößt in den Fällen, in denen die Fusionsrichtlinie anwendbar ist, gegen Gemeinschaftsrecht.[208] Nach der Rechtsprechung des EuGH[209] muss gegen Missbrauchsregeln der Gegenbeweis möglich sein. Dies bzw. die Berufung auf die Richtlinie muss auch in reinen Inlandsfällen möglich sein.[210]

116   Im Hintergrund stehen folgende Überlegungen: Das Teilbetriebserfordernis könnte umgangen werden, indem einzelne Wirtschaftsgüter (keine Teilbetriebe) in Personengesellschaften oder Kapitalgesellschaften eingebracht werden und anschließend der Mitunternehmeranteil an der Personengesellschaft oder die Beteiligung an der Kapitalgesellschaft im Rahmen einer Spaltung als Teilbetrieb behandelt wird. Um dies zu verhindern, wird die Umwandlung insoweit nicht begünstigt, wenn Mitunternehmeranteile oder 100 %ige Beteiligungen durch Spaltung übertragen werden (oder bei der übertragenden Gesellschaft allein zurückbleiben), die innerhalb von drei Jahren vor dem Übertragungsstichtag erworben wurden.[211] Das Bewertungswahlrecht entfällt und die stillen Reserven sind in diesen Fällen aufzudecken.

117   Die **erfolgsneutrale Spaltung soll die Umstrukturierung** von Unternehmen **ohne steuerliche Behinderung ermöglichen**. Auf der anderen Seite soll es dabei bleiben, dass auch die Veräußerung von Teilbetrieben weiter besteuert wird. Demnach sind Spaltungen dann nicht erfolgsneutral, wenn durch die Spaltung die Veräußerung an außenstehende Personen vollzogen wird oder die Spaltung eine solche Veräußerung vorbereitet wird.[212]

118   Damit wird verhindert, dass Betriebe (Teilbetriebe) zunächst erfolgsneutral gespalten werden und die erworbenen Anteile anschließend steuerfrei veräußert werden. Von diesen Bedingungen geht das Gesetz aus, wenn innerhalb von fünf Jahren nach dem steuerlichen Übertragungsstichtag Anteile veräußert werden und diese mehr als 20 % der vor der Spaltung bestehenden Anteile ausmachen oder wenn bei der Trennung von Gesellschafterstämmen die Beteiligung nicht mindestens fünf Jahre vor dem steuerlichen Übertragungsstichtag bestanden hat.[213]

119   Das Schicksal des Übergangs eines **Verlust-, eines Zins- bzw. eines EBITDA-Vortrags** ist von der Spaltungsart abhängig. So erlischt – wie bei der Verschmelzung – bei einer Aufspaltung der gesamte Verlust-, Zins- bzw. EBITDA-Vortrag der übertragenden Körperschaft. **Nur in Fällen der Abspaltung** bleibt bei den übertragenden Gesellschaften im Rahmen ihres verhältnismäßigen Fortbestands auf Basis gemeiner Werte ein Verlust-, Zins- bzw. EBITDA-Vortrag bestehen.[214] Für die **Gewerbesteuer** gilt dies entsprechend.[215]

Zu den **sonstigen Steuern** (Umsatzsteuer) gelten die Regelungen zur Verschmelzung sinngemäß. Zu dem bei Sanierungen häufig vorkommenden Forderungsverzicht (mit Besserungsschein) vgl. § 35 Rn. 118 ff.

---

207   BFH BStBl. II 2006, 391.
208   Vgl. Schmitt/Hörtnagl/Stratz/*Hörtnagl*, § 15 UmwStG, Rn. 243.
209   EuGH Slg. 1997, I-4161, Rn. 41 und 44.
210   Vgl. *Klein/Müller/Lieber*, Rn. 1428.
211   § 15 Abs. 2 S. 1 UmwStG.
212   § 15 Abs. 2 S. 2, 3 UmwStG.
213   § 15 Abs. 2 S. 4, 5 UmwStG.
214   § 15 Abs. 3 UmwStG
215   § 19 Abs. 2 UmwStG i.V.m. § 15 Abs. 3 UmwStG bzgl. eines vortragsfähigen Fehlbetrags gemäß § 10a GewStG.

b) Sanierende Umwandlungen von Personen- auf Kapitalgesellschaften

aa) Grundzüge. Viele Sanierungshelfer engagieren sich nur, wenn der Kapitaleinsatz begrenzt und das Risiko damit kalkulierbar ist. Oder es besteht bereits eine Kapitalgesellschaft, die das Krisenunternehmen dann aufnehmen will.

§ 20 Abs. 1 S. 1 UmwStG regelt die **Einbringung** eines Betriebes, Teilbetriebes oder Mitunternehmeranteils in eine Kapitalgesellschaft gegen Gewährung von Gesellschaftsrechten (Sacheinlage). Gegenstand der Sacheinlage kann auch eine (atypisch) stille Beteiligung[216] oder Unterbeteiligung[217] sein, wenn die Mitunternehmerstellung besteht.

Die strukturellen Änderungen durch das SEStEG lassen sich wie folgt zusammenfassen: In §§ 20 ff. UmwStG in der Fassung nach SEStEG sind die Einbringungen in Körperschaften europäisiert worden, indem das frühere Erfordernis der unbeschränkten Steuerpflicht für die übernehmende Gesellschaft entfiel. Es ist die Möglichkeit geschaffen worden, **auch Sacheinlagen** als Einzahlungen auf den Geschäftsanteil zuzulassen. Die Einbringung von Betriebsvermögen[218] und der Anteilstausch[219] werden im Unterschied zum vorherigen Recht nunmehr getrennt geregelt.

Die Personengesellschaft kann zivilrechtlich durch Formwechsel, Verschmelzung und Spaltung (einschließlich Ausgliederung) auf eine Kapitalgesellschaft umgewandelt werden. Obwohl keine Vermögensübertragung stattfindet, ist der Formwechsel von der Personenhandelsgesellschaft in die Kapitalgesellschaft ebenfalls unter den hier besprochenen Vorschriften zu erfassen.[220] Außerhalb der durch Gesamtrechtsnachfolge gekennzeichneten Möglichkeiten umfasst die Regelung auch die Einbringung durch **Einzelrechtsübertragung** in eine Kapitalgesellschaft im Wege der Sacheinlage. Allerdings sind hier stille Reserven aufzulösen bzw. gemeine Werte anzusetzen.

Die Gesellschafter der Personengesellschaft oder der Einzelunternehmer sind die Einbringenden, die im Rahmen der Umwandlung neue Anteile erhalten.[221]

Gliedert die Personengesellschaft Vermögen aus, dann erhält sie selbst die Anteilsrechte an der aufnehmenden Kapitalgesellschaft. In allen übrigen Fällen der Spaltung sind Einbringende die Mitunternehmer der Personengesellschaft. Das UmwStG setzt bei der Ausgliederung ebenfalls voraus, dass das ausgegliederte Vermögen aus einem (Teil-)Betrieb, Mitunternehmeranteil oder Anteilen an einer Kapitalgesellschaft besteht.

Im Zusammenhang mit der Einbringung eines Betriebs, eines Teilbetriebs[222] oder eines Mitunternehmeranteils in eine Körperschaft gilt nach SEStEG **grundsätzlich** bei der übernehmenden Gesellschaft der Wertansatz mit dem **gemeinen Wert**.[223] Weiter besteht jedoch das **Wahlrecht zur Buchwertfortführung** bzw. zum Ansatz eines **Zwischenwertes**[224], wenn die zuvor genannten betrieblichen Einheiten mit ihren wesentlichen Betriebsgrundlagen bei der Umwandlung übertragen werden. Werden wesentliche Wirtschaftsgüter zurückbehalten, stehen die umwandlungssteuerrechtlichen Erfordernisse der Buchwertfortführung bzw. zum Ansatz eines Zwischenwertes entgegen. Behält der Mitunternehmer beispielsweise im Sonderbetriebsvermögen bilanzierte wesentliche Betriebsgrundlagen zurück und stellt diese langfristig der aufnehmenden Kapitalgesellschaft

---

[216] Vgl. Schmitt/Hörtnagl/Stratz/*Schmitt*, § 20 UmwStG, Rn. 158.
[217] Vgl. ebenda, Rn. 161.
[218] § 20 UmwStG.
[219] Jetzt § 21 UmwStG n.F., früher § 20 Abs. 1 S. 2 UmwStG a.F.
[220] § 25 UmwStG i.V.m. §§ 20–23 UmwStG.
[221] § 20 Abs. 1 UmwStG.
[222] Vgl. zu dem Begriff Teilbetrieb oben 2.a)bb)
[223] § 20 Abs. 2 S. 1 UmwStG.
[224] § 20 Abs. 2 S. 2 UmwStG.

zur Verfügung, war nach Meinung des BFH zur Rechtslage vor SEStEG die erforderliche betriebliche Einheit nicht gegeben.[225] Nach anderer Auffassung sollte gerade die langfristige Nutzungsüberlassung sinn- und zweckentsprechend sein.[226] Der Streitstand betrifft die Frage, dass die Einbringung durch die Übertragung derjenigen Wirtschaftsgüter erfolgt, die eine wesentliche Betriebsgrundlage darstellen, wobei dies in der Regel durch die Übertragung des zivilrechtlichen Eigentums erfolgt. Umstritten ist dabei die Frage, ob die Übertragung des wirtschaftlichen Eigentums genügt. Aus dem Wortlaut lässt sich eine solche Einschränkung nicht entnehmen. Daher würde es reichen, wenn – wie vor SEStEG – die Übertragung des wirtschaftlichen Eigentums erfolgt.[227] Es genügt auf jeden Fall nicht, der Kapitalgesellschaft die Wirtschaftsgüter, die eine wesentliche Betriebsgrundlage darstellen, nur zur Nutzung zu überlassen.[228] Um der Gefahr zu entgehen, sollten die Wirtschaftsgüter des Sonderbetriebsvermögens vor der Umwandlung in die Personengesellschaft eingelegt werden.

126 Ergibt sich aus der Differenz zwischen dem Wertansatz des eingebrachten Vermögens in der Steuerbilanz der Kapitalgesellschaft und dem steuerlichen Buchwert des Einbringenden als natürliche Person ein **Einbringungsgewinn als Veräußerungsgewinn**, ist nach § 20 Abs. 4 UmwStG auf den Gewinn im einkommensteuerlichen Sinne der ermäßigte Steuersatz[229] anzuwenden (= 56% des durchschnittlichen Steuersatzes). Die **Tarifbegünstigungen**[230] werden nur bei Ansatz des gemeinen Wertes gewährt. Der Einbringungsgewinn unterliegt grundsätzlich nicht der Gewerbesteuer.[231]

127 Einbringender ist jeder einzelne Gesellschafter bzw. ein Einzelunternehmer, der hinsichtlich der Voraussetzungen bei der Umwandlung gesondert zu betrachten ist. Kein Wahlrecht, sondern Pflicht zum Ansatz des gemeinen Wertes besteht, wenn bei einem Einbringenden bspw. das Besteuerungsrecht der Bundesrepublik aus der Veräußerung der Beteiligung ausgeschlossen ist.[232]

128 **bb) Verlustübernahme und weitere Folgen für die übernehmende Kapitalgesellschaft.** Verluste kann nur derjenige geltend machen, der sie erlitten hat.[233] Das sind bei der krisenbehafteten Personengesellschaft die **Gesellschafter** bzw. der **Einzelunternehmer**. Die **Verluste können nicht auf die Kapitalgesellschaft übertragen werden**. Damit werden die Übertragenden bestrebt sein, Werte über den Buchwert hinaus bei der Zielkapitalgesellschaft bzw. in der Einbringungsbilanz anzusetzen, um die Verluste auszunutzen. Auch **Verlustvorträge der Kommanditisten**[234] bzw. **verrechenbare Verlustvorträge (EStG/GewStG) gehen bei Buchwertfortführung nicht auf die Kapitalgesellschaft über**.[235] Im Übrigen verbleibt es bei den Gesellschaftern, Verluste in ihrer persönlichen Steuererklärung vor- oder (wohl seltener) zurückzutragen, soweit

---

[225] Vgl. BMF-Schreiben vom 25.3.1998 – IV B 7 – S 1978 – 21/98/IV B 2 – S 1909 – 33/98, Rn. 20.08 und 20.09; siehe auch BFH, BStBl II 1996, 342 ff. (ständ. Rspr.).
[226] Vgl. Sagasser/Bula/Brünger, Umwandlungen, *Schlösser*, § 11 Rn. 489.
[227] Vgl. BMF- Schreiben vom 11.11.2011 – IV C 2 – S 1978-b/08/10001, Rn. 01.43; Schmitt/Hörtnagl/Stratz/*Schmitt*, § 20 UmwStG, Rn. 21 und 201.
[228] Vgl. BMF- Schreiben vom 11.11.2011 – IV C 2 – S 1978-b/08/10001, Rn. 20.06 Satz 3; BFH BStBl. II 2011, S. 467 ff. gegen FG Sachsen EFG 2009, 65; a.A. *Kutt/Pitzal* DStR 2009, 1243.
[229] § 34 Abs. 3 EStG.
[230] §§ 16 Abs. 4, 17 Abs. 3 EStG.
[231] Vgl. Widmann/Mayer/*Widmann* Umwandlungsrecht Kommentar, § 20 UmwStG, Rn. 1139.
[232] § 20 Abs. 2 UmwStG.
[233] Vgl. Schmidt/*Heinicke* EStG, § 10d, Rn. 12.
[234] § 15a EStG.
[235] Vgl. Schmidt/*Wacker* EStG, § 15a, Rn. 1366.

§ 17 Gesellschaftsrechtliche Aspekte bei Fortführung von Krisenunternehmen § 17

die gesetzlichen Möglichkeiten dies erlauben. Ein Einbringungsverlust kann nur in seltenen Fällen entstehen[236] und reduziert (bzw. erhöht) den laufenden Gewinn (bzw. Verlust). Bei der Bewertung des eingebrachten Vermögens sind Aktiva und Passiva auszugleichen, wenn die übertragenen Passiva im Wert die Aktiva übersteigen.[237] Das steuerliche Mindestkapital beträgt Null.

Für die entstehende bzw. aufnehmende Kapitalgesellschaft hat der Umwandlungsvorgang keine unmittelbaren ertragsteuerlichen Auswirkungen.[238] Die Aufnahmebilanz ist die Eröffnungsbilanz. Erst mit dem Umwandlungsstichtag beginnt die steuerliche Existenz der Übernehmerin. Mittelbare Besteuerungsfolgen ergeben sich durch die Bewertung des eingebrachten Vermögens. Bewertet die Kapitalgesellschaft das eingebrachte Betriebsvermögen zu Buchwerten, so tritt sie hinsichtlich der AfA, erhöhten Absetzungen, Sonderabschreibungen, Inanspruchnahme von Bewertungsfreiheiten oder eines Bewertungsabschlages, gewinnmindernder Rücklagen usw. in die Rechtsstellung der Personengesellschaft bzw. des Einzelunternehmens ein.[239] Soweit die Besitzzeit eines Wirtschaftsgutes (z.B. bei § 6b EStG) von Bedeutung ist, wird auch die Zugehörigkeit beim einbringenden Unternehmen berücksichtigt.[240]

129

Beim **Ansatz von Zwischenwerten** sowie bei einem Ansatz zum **gemeinen Wert** entfällt nach dem Wortlaut der Regelung die Anrechnung der Besitzzeit.[241] Anders ist es bei der AfA, erhöhten Absetzungen, Sonderabschreibungen, Inanspruchnahme von Bewertungsfreiheiten. Hier tritt die Übernehmerin die Rechtsnachfolge an.[242] Soweit gemeine Werte angesetzt werden, gilt das nur bei der Gesamtrechtsnachfolge. In diesem Fall ist eine Korrektur der AfA-Bemessungsgrundlage erforderlich. Der höhere Aufwand mindert das laufende zukünftige Ergebnis der Übernehmerin.

130

Unabhängig vom Wertansatz des eingebrachten Vermögens bei der aufnehmenden Kapitalgesellschaft wird die Verbleibensfrist im **Investitionszulagenrecht** durch die Einbringung nicht berührt. Durch eine Einbringung wird folglich keine Verpflichtung zur Rückzahlung einer Investitionszulage begründet.

131

cc) Anschaffungskosten, steuerlicher Übertragungsstichtag und Rückwirkung. Die Anschaffungskosten für die Gesellschaftsanteile sind identisch mit dem Veräußerungspreis für das eingebrachte Vermögen, definiert durch den Wert, mit dem die Kapitalgesellschaft das Betriebsvermögen ansetzt.

132

Als **steuerlicher Übertragungsstichtag** ist der Bilanzstichtag anzusehen, für den die Schlussbilanz des übertragenden Unternehmens aufgestellt worden ist.[243] Dabei darf dieser Bilanzstichtag höchstens acht Monate vor der Anmeldung zum Handelsregister liegen (**Rückwirkung**).

133

Das gilt sowohl für die Sacheinlage durch Verschmelzung als auch für Sacheinlagen, die im Wege der Aufspaltung, Abspaltung oder Ausgliederung vollzogen werden,[244] sowie für andere Fälle der Einbringung eines Betriebs oder Teilbetriebs in eine Kapitalge-

134

---

[236] Vgl. zu den Ausnahmen Schmitt/Hörtnagl/Stratz/*Schmitt*, § 20 UmwStG, Rn. 413 ff.
[237] Bei diesem Ausgleich dürfen die gemeinen Werte nicht überstiegen werden.
[238] § 23 UmwStG.
[239] § 23 Abs. 1 i.V.m. § 12 Abs. 3 UmwStG.
[240] § 23 Abs. 1 i.V.m. § 4 Abs. 2 S. 3 UmwStG.
[241] Kein Verweis von § 23 Abs. 2 (gemeiner Wert) und Abs. 3 (Zwischenwert) auf § 4 Abs. 2 UmwStG.
[242] § 22 Abs. 2 bzw. § 22 Abs. 3, 2. HS. i.V.m. § 12 Abs. 3 UmwStG.
[243] § 20 Abs. 6 UmwStG.
[244] § 20 Abs. 6 S. 1 und 2 UmwStG.

sellschaft gegen Gewährung neuer Anteile.²⁴⁵ Diese Regelung ist ebenso anzuwenden für Personengesellschaften, die im Wege des Formwechsels in eine Kapitalgesellschaft umgewandelt werden.²⁴⁶ Anders als im Handelsrecht werden diese Fälle steuerrechtlich nicht als identitätswahrende Umwandlung beurteilt. Denn für die beiden Rechtsformen werden unterschiedliche systematische Grundsätze im Steuerrecht angewendet. Dementsprechend muss die formwechselnde Personengesellschaft anders als im Handelsrecht auf den Übertragungsstichtag eine Steuerbilanz aufstellen. Das Gleiche gilt beim Formwechsel.²⁴⁷

135 **Rückbeziehung** bedeutet: Mit Wirkung ab dem Stichtag der Umwandlungsbilanz werden alle Geschäftsvorfälle nach Körperschaftsteuerrecht statt wie vorher nach Einkommensteuerrecht besteuert. Das Einkommen und das Vermögen des Einbringenden und der Übernehmerin ist auf Antrag so zu ermitteln, als ob das eingebrachte Vermögen mit Ablauf des Übertragungsstichtags auf die Übernehmerin übergegangen wäre.²⁴⁸ Zwischen Übertragungsstichtag und Umwandlungsbeschluss vorgenommene Entnahmen und Einlagen sind hiervon ausgenommen. Entnahmen sind in dieser Zeit nicht als verdeckte Gewinnausschüttung (vGA) zu behandeln. Vielmehr vermindert der Buchwert der Entnahme die Anschaffungskosten der Gesellschaftsrechte. Einlagen dagegen sind den Anschaffungskosten für die Gesellschaftsrechte mit ihrem Wert (Teilwert) hinzuzurechnen.²⁴⁹

136 Der Grundsatz der steuerlichen Rückwirkung bewirkt nicht, dass schuldrechtliche Vereinbarungen einer Personengesellschaft mit ihren Gesellschaftern (Pacht-, Dienst-, Miet- oder Darlehensverträge), die erst nach dem Stichtag der Umwandlungsbilanz abgeschlossen werden, rückwirkend anerkannt werden.²⁵⁰ Dem steht das allgemein geltende Rückwirkungsverbot entgegen. Ab wann derartige Verträge der Besteuerung zugrunde gelegt werden können, ist nach den allgemeinen Grundsätzen zu entscheiden. Vereinbarungen sind somit erst ab dem Vertragsabschluss zu berücksichtigen. Sind z.B. Vergütungen der Gesellschaft an einen Mitunternehmer bislang dem Gewinnanteil des Gesellschafters hinzugerechnet worden,²⁵¹ führt die steuerliche Rückbeziehung der Einbringung dazu, dass dies bereits im Rückwirkungszeitraum für die Vergütungen der Gesellschaft nicht mehr gilt. Die Vergütungen sind Betriebsausgaben der übernehmenden Gesellschaft, soweit sie als angemessenes Entgelt für die Leistungen des Gesellschafters anzusehen sind; Leistungen der Gesellschaft, die über ein angemessenes Entgelt hinausgehen, sind Entnahmen.²⁵²

137 **dd) Sonstige Steuern.** Zu den sonstigen Steuern ist festzustellen: Ein **vortragsfähiger Gewerbeverlust**²⁵³ **geht nicht auf die Kapitalgesellschaft über.**²⁵⁴ Die Einbringung unterliegt nicht der Umsatzsteuer.²⁵⁵ Sind in der Vermögensübersicht Grundstücke enthalten, fällt Grunderwerbsteuer beim Formwechsel nicht an.²⁵⁶

---

245 § 20 Abs. 6 S. 3 UmwStG.
246 § 25 UmwStG.
247 Vgl. Schmitt/Hörtnagl/Stratz/*Schmitt*, § 25 UmwStG, Rn. 6.
248 § 20 Abs. 5 UmwStG.
249 § 20 Abs. 5 UmwStG.
250 Vgl. Schmitt/Hörtnagl/Stratz/*Schmitt*, § 20 UmwStG, Rn. 240.
251 § 15 Absatz 1 Satz 1 Nr. 2 EStG.
252 § 20 Absatz 5 Satz 3 UmwStG; Vgl. dazu auch BMF- Schreiben vom 11.11.2011 – IV C 2 – S 1978-b/08/10001, Rn. 20.16 Satz 3.
253 § 10a GewStG.
254 § 23 Abs. 5 UmwStG.
255 § 1 Abs. 1a UStG (Geschäftsveräußerung im Ganzen).
256 Vgl. koordinierter Ländererlass des Finanzministeriums Baden-Württemberg v. 19.12.1997, DStR 1998, 82.

§ 17 Gesellschaftsrechtliche Aspekte bei Fortführung von Krisenunternehmen

c) Wege aus der Kapitalgesellschaft im Sanierungsfall
aa) Einleitung. Ob bei oft unsicherem Sanierungsverlauf die Personengesellschaft die geeignete Rechtsform sein kann, ist im Hinblick auf die Haftung im Einzelfall zu entscheiden. Um **Risiken für Neugesellschafter zu begrenzen**, empfiehlt sich z.B. die GmbH & Co. KG. Eine weitere Erörterung soll hier nicht geführt werden, zumal in der Krise die Kreditgeber sich meist an die Gesellschafter persönlich (mit Bürgschaften) halten wollen, unabhängig von der haftungsbegrenzenden Rechtsform. Um diese oder andere Umwandlungen aus der Kapitalgesellschaft für Krisenunternehmen zu würdigen, sind zunächst die Grundzüge dieser Umwandlungsart zu behandeln, die auch bei der Umwandlung auf den Einzelunternehmer zutreffend sind.

138

Die hier anzuwendenden Vorschriften des UmwStG[257] umfassen

139

- den Formwechsel, der steuerrechtlich wie eine Vermögensübertragung auf die Personengesellschaft behandelt (§ 1 Abs. 3, § 14) wird,
- die Verschmelzung (zur Aufnahme oder Neugründung), einschließlich der Verschmelzung auf eine natürliche Person als Alleingesellschafter und
- die Spaltung (Auf- und Abspaltung) einer Kapitalgesellschaft.

Dagegen ist das UmwStG nicht anzuwenden, wenn eine Kapitalgesellschaft im Wege der Liquidation und Neugründung durch Einzelrechtsübertragung in eine Personengesellschaft eingebracht wird.

bb) Wertansätze beim Vermögensübergang. Auch beim Vermögensübergang[258] auf eine Personengesellschaft können auf Antrag die Wirtschaftsgüter in der Übertragungsbilanz der Körperschaft mit dem **Buchwert**[259] oder einem **höheren Wert**[260] angesetzt werden. Im Grundsatz ist der **gemeine Wert** anzusetzen.[261]

140

Aus steuersystematischen Gründen ist die Aufstellung von **Umwandlungsbilanzen** unumgänglich. Dies gilt auch für den Formwechsel, obwohl dieser handelsrechtlich eine identitätswahrende Umwandlung darstellt und daher eine Umwandlungsbilanz nach Handelsrecht nicht aufzustellen ist.[262] Das Steuerrecht beurteilt jedoch Kapital- und Personengesellschaften systematisch unterschiedlich und ordnet beim Formwechsel sowohl für die übertragende Kapitalgesellschaft die Aufstellung einer Übertragungsbilanz als auch für die übernehmende Personengesellschaft die Aufstellung einer Eröffnungsbilanz an. Als Übertragungsbilanz kann im Falle der **Buchwertfortführung** die Schlussbilanz zugrunde gelegt werden, die – den Grundsätzen der steuerlichen Gewinnermittlung folgend – zum Übertragungsstichtag aufzustellen ist. Die Buchwertverknüpfung ist dabei u.a. nur zulässig, wenn die Besteuerung der stillen Reserven sichergestellt ist. Da im Rahmen der Buchwertfortführung kein Übertragungsgewinn entsteht, mindern bei der Übertragerin entstehende Umwandlungskosten den Jahresüberschuss unmittelbar (z.B. Notargebühren für Verschmelzungsbeschluss).

141

Anstelle der Buchwerte können in der steuerlichen Schlussbilanz der übertragenden Körperschaft **höhere Werte** angesetzt werden. Dann entsteht ein Übertragungsgewinn. Die gemeinen Werte dürfen jedoch nicht überschritten werden. Der höhere Ansatz kann interessant sein, **um Verlustvorträge** der Übertragerin mit dem Übertragungsgewinn **zu verrechnen**. Denn ein verbleibender nicht ausgeglichener körperschaft- und gewer-

142

---

[257] §§ 3, 14, 26 UmwStG.
[258] §§ 3–9 UmwStG.
[259] § 3 Abs. 2 UmwStG.
[260] § 3 Abs. 2 UmwStG.
[261] § 3 Abs. 1 UmwStG.
[262] Vgl. Schmitt/Hörtnagl/Stratz/*Schmitt*, § 25 UmwStG, Rn. 6.

besteuerlicher **Verlust** kann bei der Umwandlung von Kapital- in Personengesellschaften **nicht übertragen** werden.[263] Der Verlust würde sonst doppelt erfasst, da er den Wert der übergehenden Wirtschaftsgüter beeinflusst hat und den Übernahmegewinn mindert bzw. den Übernahmeverlust erhöht.

143 Liegen in der Übertragungsbilanz die Wertansätze der Wirtschaftsgüter über den Buchwerten, ist der **Übertragungsgewinn** körperschaft- und gewerbesteuerpflichtig.[264] Wird ein Übertragungsgewinn mit dem Ziel der Verlustverrechnung herbeigeführt, ergibt sich regelmäßig im Ergebnis keine Belastung mit Körperschaftsteuer. Ob die Aufdeckung der stillen Reserven mit der damit verbundenen Nutzung von Verlusten vorteilhaft ist, bleibt gegenüber den Folgen bei der Übernehmerin abzuwägen. Positiv wirken die höheren Wertansätze bei der übernehmenden Gesellschaft durch höheres Abschreibungsvolumen usw. Negativ ist ein möglicherweise entstehender Übernahmegewinn zu werten. Es empfiehlt sich eine vergleichende Rechnung, die mit den langfristigen Effekten (AfA) auch Zinseinflüsse zu berücksichtigen hat.

144 Das Wahlrecht zwischen Buchwert und gemeinem Wert besteht nur für den Fall, dass die übernommenen Wirtschaftsgüter Betriebsvermögen werden.[265] Gehen die Wirtschaftsgüter etwa auf eine vermögensverwaltende, nicht gewerblich geprägte Personengesellschaft über oder werden sie von einer natürlichen Person in deren Privatvermögen übernommen, sind die Wirtschaftsgüter in der Schlussbilanz der Überträgerin mit ihrem gemeinen Wert anzusetzen, um die Besteuerung der stillen Reserven sicherzustellen.[266] Die infolge eines solchen Vermögensübergangs entstehenden Einkünfte sind bei den Gesellschaftern der übernehmenden nicht gewerblich tätigen Personengesellschaft bzw. bei der übernehmenden natürlichen Person zu ermitteln.[267]

145 Die übernehmende Personengesellschaft ist an die Wertansätze der Übertragungsbilanz gebunden und hat die Wirtschaftsgüter in ihrer Eröffnungsbilanz mit den entsprechenden Werten anzusetzen (**Buchwertverknüpfung**[268]). Die Übernehmerin tritt in die Rechtsstellung der übertragenden Körperschaft ein.[269] Demzufolge sind die Abschreibungen (AfA, Sonderabschreibungen, erhöhte Absetzungen) auf der Basis der Bemessungsgrundlage der Rechtsvorgängerin methodisch wie bisher vorzunehmen. Allerdings erhöht sich die Bemessungsgrundlage um Aufwendungen, die aus Anlass der Umwandlung entstehen und den fraglichen Wirtschaftsgütern zuzurechnen sind. Das gilt insbesondere für die GrESt. Auch hinsichtlich der Inanspruchnahme der sog. Bewertungsfreiheit (z.B. GwG-Abschreibung) sowie bei unversteuerten Rücklagen[270] usw. sind die Werte fortzuführen. Ist die Dauer der Zugehörigkeit eines Wirtschaftsguts zum Betriebsvermögen steuerlich bedeutend, sind die Zugehörigkeitszeiten zum Betriebsvermögen der Überträgerin auf die Zeiten der Übernehmerin anzurechnen.[271]

146 Überträgt die Körperschaft ihr Betriebsvermögen mit **Zwischen- oder gemeinen Werten**, sind die Abschreibungen von den höheren Bemessungsgrundlagen vorzuneh-

---

[263] § 4 Abs. 2 S. 2 und § 9 UmwStG.
[264] Vgl. Schmitt/Hörtnagl/Stratz/*Schmitt*, § 3 UmwStG, Rn. 147.
[265] Vgl. Schmitt/Hörtnagl/Stratz/*Schmitt*, § 3 UmwStG, Rn. 75; Vgl. dazu auch BMF- Schreiben vom 11.11.2011 – IV C 2 – S 1978-b/08/10001, Rn. 03.11, 03.16.
[266] Vgl. Haritz/Menner/*Brinkhaus* UmwStG Kommentar, § 3, Rn. 43; Schmitt/Hörtnagl/Stratz/*Schmitt*, § 3 UmwStG, Rn. 141.
[267] § 8 UmwStG.
[268] § 4 Abs. 1 UmwStG.
[269] § 4 Abs. 2 UmwStG.
[270] Vgl. Schmitt/Hörtnagl/Stratz/*Schmitt*, § 3 UmwStG, Rn. 134.
[271] § 6b EStG, § 2 FörderG.

men und die Abschreibungsmethoden entsprechend beizubehalten.[272] Da Umwandlungen als **Gesamtrechtsnachfolge** konzipiert sind, liegt in den Fällen der Einbringung zu, gemeinen Wert keine Anschaffung auf Seiten der Übernehmerin vor. Dementsprechend erfolgt aber eine Besitzzeitanrechnung im Hinblick auf § 6b EStG und eine Fortführung von Rücklagen. Andererseits ergibt sich daraus aber auch, dass die mit einer Anschaffung verbundenen Vergünstigungen (Investitionszulage oder Sonderabschreibungen) nicht in Anspruch genommen werden dürfen.[273]

cc) **Übernahmeergebnis.** Infolge des Vermögensübergangs resultiert in Höhe der Differenz zwischen dem Wert, mit dem die übernommenen Wirtschaftsgüter in der Eröffnungsbilanz anzusetzen sind und dem Buchwert der Anteile an der übertragenden Kapitalgesellschaft ein positives (oder negatives) Übernahmeergebnis.[274] Bei Krisengesellschaften wird durch anfallende **Verluste** die Körperschaftsteuer gemindert sein bzw. ganz entfallen. 147

Ergibt sich hiernach ein Übernahmegewinn, ist dieser zu versteuern. Der Übernahmegewinn unterliegt nicht der Gewerbesteuer[275] und entsteht mit Ablauf des steuerlichen Übertragungsstichtages. 148

Beteiligen sich neue Gesellschafter z.B. zusammengeschlossen zu einer Personengesellschaft an der Sanierung einer Kapitalgesellschaft,[276] können sie die Anschaffungskosten der Anteile steuerlich nicht nutzen. Ist der Kaufpreis ausgewogen – wie unter Kaufleuten eigentlich üblich –, besteht zunächst kein Wertberichtigungsbedarf der Beteiligung, wenn sie im Betriebsvermögen der Gesellschafter gehalten wird. Ein möglicherweise hieraus entstehender Aufwand bei z.B. einer gescheiterten Sanierung ist nach § 3c EStG bzw. bei Kapitalgesellschaften überhaupt nicht anzusetzen. Sind die Anteile Privatvermögen, gibt es erst recht keine steuerliche Berücksichtigung des Anschaffungsaufwands. 149

Der Kaufpreis bestimmt sich aus den mitübertragenen stillen Reserven inkl. Firmenwert und ist meist höher als das Buchkapital. In der Regel werden **Krisenunternehmen zum Erinnerungswert** erworben und weisen ein negatives Buchkapital auf, was zum gleichen Ergebnis führt. Damit entsteht bei Ansatz von Buchwerten in der Eröffnungsbilanz der Personengesellschaft ein Übernahmeverlust, wenn die Körperschaft nach dem Anteilskauf auf die Personengesellschaft verschmolzen wird. Ein auf der Ebene der Gesellschafter zu ermittelnder Übernahmeverlust fällt an, wenn die übertragenen Wirtschaftsgüter unterbewertet sind, der Wert der Anteile überbewertet ist, überhöhte Zahlungen an ausscheidende Gesellschafter geleistet werden und – wie oben angedeutet – wenn nach Anteilskauf und Bezahlung der stillen Reserven verschmolzen wird. 150

Nach dem UmwStG werden zwar die Übernahmegewinne besteuert, was einer Liquidation der Kapitalgesellschaft gleichkommt. Der Übernahmeverlust wirkt sich jedoch nicht aus, soweit er auf eine Körperschaft als Mitunternehmerin der Personengesellschaft entfällt.[277] Im Ergebnis muss ein Steuerpflichtiger später, wenn er die Mitunternehmeranteile veräußert, die in der Personengesellschaft liegenden stillen Reserven versteuern, obwohl diese aus wirtschaftlicher Sicht bei Kauf der Anteile an der Körperschaft entgelt-

---

[272] § 4 Abs. 3 UmwStG.
[273] Vgl. Haritz/Menner UmwStG Kommentar/*Bohnhardt*, § 4, Rn. 140.
[274] § 4 Abs. 4 S. 1 UmwStG.
[275] § 18 Abs. 2 UmwStG.
[276] Das gleiche gilt, wenn Anteile im Betriebsvermögen einer Einzelfirma gehalten werden oder wesentliche Anteile (ab 1%) nach § 17 EStG oder einbringungsgeborene Anteile nach § 21 UmwStG vorliegen.
[277] § 4 Abs. 4 und Abs. 6 UmwStG.

lich erworben worden sind.[278] In der Praxis bedeutet der Übernahmeverlustfall ein grundsätzliches Umwandlungsverbot. Wege aus der Kapitalgesellschaft sind bei Sanierungen quasi nur außerhalb von Umwandlungen sinnvoll möglich.

151 **dd) Steuerliche Rückwirkung.** Das Registergericht darf Verschmelzungen und Spaltungen nur eintragen, wenn die der Anmeldung beigefügte Bilanz der übertragenden Kapitalgesellschaft auf einen Stichtag aufgestellt worden ist, der höchstens acht Monate vor der Anmeldung liegt. Dieser handelsrechtlichen Regelung folgt das Steuerrecht unmittelbar. Die Bilanzen können auch für einen Stichtag aufgestellt werden, der (höchstens) acht Monate vor der Anmeldung des Formwechsels zur Eintragung in das Handelsregister liegen darf. Der so bestimmte Stichtag ist der steuerliche Übertragungszeitpunkt.

152 Dementsprechend sind das Einkommen und Vermögen der Überträgerin sowie der Übernehmerin auf den steuerlichen Übertragungszeitpunkt zu ermitteln. Dabei ist so zu verfahren, als ob das Vermögen mit Ablauf des Tages der steuerlichen Übertragung übergegangen und die übertragende Körperschaft aufgelöst worden wäre, was auch für die Gewerbesteuer gilt. Mit Ablauf des Übertragungszeitpunkts ist die Kapitalgesellschaft nicht mehr Subjekt der Körperschaft- und der Gewerbesteuer. Ihre Steuerpflicht ist in diesem Zeitpunkt erloschen.

153 Die Rückwirkung gilt auch für Gewinnausschüttungen der übertragenden Kapitalgesellschaft. Deshalb dürfen Gewinnausschüttungen, die nach dem steuerlichen Übertragungsstichtag beschlossen worden sind, in der steuerlichen Übertragungsbilanz nicht passiviert werden. Bei den Gesellschaftern der Übernehmerin sind Ausschüttungen als Entnahmen zu behandeln. Gewinnausschüttungen aber, die vor dem Übertragungsstichtag beschlossen wurden und erst danach zur Auszahlung gelangt sind, müssen in der Übertragungsbilanz als Verbindlichkeiten ausgewiesen werden.

---

[278] Vgl. Schmitt/Hörtnagl/Stratz/*Schmitt*, § 4 UmwStG, Rn. 120.

§ 18 Bilanzielle Restrukturierung und Financial Covenants

Übersicht

	Rn.
I. Problemstellung und Zielsetzung	1–10
II. Rechtliche Rahmenbindungen der bilanziellen Restrukturierung	11–18
1. Bilanzielle Anzeigepflichten	11–13
2. Unterkapitalisierung und Kapitalerhaltung	14, 15
3. Überschuldung gemäß § 19 InsO	16–18
III. Kapitalstrukturpolitik in der Krise	19–25
IV. Instrumente der bilanziellen Restrukturierung	26–70
1. Überblick	26–28
2. Kapitalherabsetzung und -erhöhung	29–44
a) Zielsetzung und Funktionsweise	29–35
b) Rechtliche Anforderungen und Risiken	36–43
c) Eignung zur bilanziellen Restrukturierung	44
3. Debt-Equity-Swap	45–54
a) Zielsetzung und Funktionsweise	45–48
b) Rechtliche Anforderungen und Risiken	49–53
c) Eignung zur bilanziellen Restrukturierung	54
4. Stille Gesellschaft	55–62
a) Zielsetzung und Funktionsweise	55–57
b) Rechtliche Anforderungen und Risiken	58–61
c) Eignung zur bilanziellen Restrukturierung	62
5. Anleihen	63–70
a) Zielsetzung und Funktionsweise	63, 64
b) Rechtliche Anforderungen und Risiken	65–69
c) Eignung zur bilanziellen Restrukturierung	70
V. Financial Covenants als Gläubigerschutzinstrument	71–94
1. Begriffliche Abgrenzung und Ausprägungsformen	71–79
2. Sanktionsmechanismen und Gegenmaßnahmen bei Covenant-Brüchen	80–83
3. Zielsetzung der Covenants: Frühwarnsystem und Präventive Risikobeschränkung	84–88
4. Einflussnahme auf die Geschäftsführung	89–91
5. Exkurs: Ergebnisse der Financial-Covenant-Studie von Roland Berger Strategy Consultants	92–94
a) Teilnehmer und Schwerpunkte der Studie	92, 93
b) Kernergebnisse der Studie	94
VI. Fazit	95–98

I. Problemstellung und Zielsetzung

Eine finanzielle Restrukturierung erfolgt nicht für sich allein. Sie ist zwangsläufig Bestandteil eines ganzheitlichen Restrukturierungsansatzes, der sich gem. der in § 4 dieses Handbuchs benannten Grundsätze grob in drei integrative Bereiche untergliedern lässt: 1
- Die **operative Restrukturierung** determiniert den notwendigen Ergebnis- und Liquiditätsverbesserungsbedarf und zeigt die Eckpfeiler der Restrukturierung sowie

ihre voraussichtlichen Restrukturierungsbeiträge in Bezug auf Ergebnis und Kapital auf.
- Die **strategische Restrukturierung** stellt auf die strukturelle und prozessuale Organisation der Geschäftsfelder sowie die strategische Positionierung des Gesamtunternehmens zur nachhaltigen Wiederherstellung der Wettbewerbsfähigkeit ab.
- Die **finanzielle Restrukturierung** befasst sich insbesondere mit der Sicherstellung der benötigten (Eigen- und Fremd-)Kapitalbasis sowie ggf. mit der Finanzierung des Restrukturierungskonzepts.

2   Oft kommt die finanzielle Restrukturierung durch einmalige Maßnahmen zustande, aber insgesamt sollten die finanziellen Beiträge so bemessen sein, dass die finanzielle Krise damit überwunden wird. In den meisten Fällen ist eine einzelne Maßnahme nicht hinreichend oder in dem Maße realisierbar, dass sie allein die Krise bewältigen könnte. Vielmehr ist eine Kombination von Maßnahmen erforderlich, die nur in der Summe das Ziel erreichen und deshalb auch aufeinander abzustimmen sind. Die Gläubiger als die Hauptbeteiligten der finanziellen Restrukturierung werden ihren Beitrag in erster Linie darin sehen, Erleichterungen bei den bestehenden Verbindlichkeiten zu gewähren.

3   Als Mittel zur finanziellen Restrukturierung für bereits bestehende Verbindlichkeiten kommen vor allem die folgenden Maßnahmen in Betracht: (1) Stundung (von Zinsen und/oder Kapital), (2) (Teil-) Verzicht, (3) Zinsverzicht/Ermäßigung des Zinssatzes, (4) Nachrangvereinbarung, (5) Umwandlung in Genussrechte, in Eigenkapitalanteile oder in wandelbare nachrangige Kredite. Darüberhinaus sind die Einbringung von „frischem Kapital", sowohl als Darlehen als auch als Einlage in die Kapitalrücklage denkbar. Diese Kapitalmaßnahmen sind in verschiedenen Ausprägungsformen in der betrieblichen Praxis zu finden. Eine bilanzielle Restrukturierung über den Kapitalschnitt, einen Debt-Equity-Swap oder ähnliches sind letztlich als hybride Gestaltungsmöglichkeiten anzusehen und runden das Spektrum der Optionen ab.

4   Die Restrukturierung[1] der Passivseite einer Unternehmensbilanz (bilanzielle Restrukturierung) ist unmittelbar mit den eigentlichen Kernaufgaben der Unternehmensfinanzierung verbunden.[2] Zum einen versucht die bilanzielle Restrukturierung das finanzielle Gleichgewicht in der Kapitalstruktur einer Gesellschaft wieder herzustellen bzw. zu ermöglichen, zum anderen beabsichtigt sie, zunächst im Rahmen der realisierbaren Möglichkeiten der Restrukturierungssituation der angeschlagenen Gesellschaft den erforderlichen Kapitalbedarf zu möglichst niedrigen Kosten zu decken. Dies erfordert den **situationsgerechten Einsatz der möglichen Instrumente** zur Unternehmensfinanzierung, die Bestimmung der passenden Risikostruktur und die Einbindung der stabilen Kapitalgeber in den jeweiligen Finanzierungsfazilitäten. Somit stehen alle Maßnahmen und Implikationen bei einer bilanziellen Restrukturierung im Fokus, die neben der Sicherung der kurzfristigen Zahlungsfähigkeit vor allem die Deckung des mittel- bis langfristigen Kapitalbedarfs eines Unternehmens ermöglichen.

5   Der ökonomische Gestaltungsspielraum der bilanziellen Restrukturierung spiegelt sich im rechtlichen Tatbestand der **Überschuldung** wider. Die Überschuldung ist im § 19 der Insolvenzordnung (InsO) geregelt und induziert, dass ein Insolvenzantrag zu stellen ist, sobald die Verbindlichkeiten der Gesellschaft nicht mehr mit dem Vermögen

---

[1] Die Restrukturierung im Ganzen beabsichtigt die Heilung einer Unternehmenskrise, die unterschiedliche Ausprägungsdimensionen erfahren kann. Sie stellt einen Extremfall in der Unternehmensentwicklung dar und ist dadurch gekennzeichnet, dass sich „*die Erfolgspotenziale, das Reinvermögen und/oder die Liquidität des Unternehmens so ungünstig entwickelt haben, dass seine Existenz akut bedroht ist*" (*Pfitzer*, 325).

[2] Vgl. *Knecht/Heinz*.

gedeckt werden können bzw. sofern das Eintreten der Tatbestandsmerkmale durch eine geeignete Finanzierungsstruktur nicht mehr verhindert werden kann. Aus der Insolvenzordnung ergibt sich damit in der Krisensituation das rechtliche Handlungserfordernis einer finanziellen Restrukturierung, sofern Sanierungsfähigkeit und Sanierungswürdigkeit vorliegen[3]. Kurzfristige Zielsetzung ist dabei die Abwendung eines drohenden bzw. bereits eingetretenen Insolvenzverfahrens. Längerfristig ist eine gesicherte Finanzierung zur Umsetzung weiterer strategischer und operativer Restrukturierungsmaßnahmen sowie zur Attraktivitätssteigerung für Kapitalgeber anzustreben.

Eine tragfähige Krisenfinanzierung und somit bilanzielle Restrukturierung ist nur im **Zusammenspiel aller Beteiligten** unter Einsatz geeigneter Instrumente zu erreichen. Gerade für die Kapitalgeber stellt die Unternehmenskrise meist eine besondere Herausforderung dar, da die einzusetzenden Finanzierungsinstrumente oft kurzfristig und lediglich reaktiv sowie durch spezielle rechtliche Vorschriften reglementiert sind;[4] sie unterscheiden sich damit erheblich von den Finanzierungsinstrumenten eines „gesunden" Unternehmens. Deshalb erfordert die Krisenfinanzierung eine besonders umfassende Einbindung aller beteiligten Kapitalgeber unter Berücksichtigung ihrer jeweiligen Stellung zum Unternehmen, den Sicherheiten und den sich daraus ableitenden Handlungsspielräumen und Interessen. 6

Zur Ermöglichung einer bilanziellen Restrukturierung sind neben der Auswahl der Finanzierungspartner vor allem auch die **Interessenslagen der beteiligten Kapitalgeber** zu berücksichtigen. Damit die bilanzielle Restrukturierung möglich wird, sind in erster Linie die Zustimmung und das Engagement der bestehenden Gesellschafter und aktuellen Gläubiger von Bedeutung. Bilden sie keine Finanzierungsfunktion ab, so besteht ferner die Möglichkeit, die spezialisierte institutionelle Investorengruppe, die sich gerade auf die Asset-Klasse „Distressed" fokussiert, einzubinden und die bilanzielle Restrukturierung zu ermöglichen.[5] Diese verschiedenen Kapitalgebergruppen hegen unterschiedliche Interessen, die sich grundsätzlich über die Eigen- oder Fremdkapitalposition im Engagement klassifizieren lassen: Während Fremdkapitalgeber gerade im Insolvenzfall Ihre Forderungen gegen das Unternehmen mit Priorität geltend machen können, ist die Eigenkapitalposition entwertet. Auf Seiten der Fremdkapitalgeber bestehen unterschiedliche Besicherungsgrade der Forderungen, aus denen sich wiederum Werte ergeben können; im Eigenkapital liegen meist keine Sicherheiten vor. Ferner sollte zwischen bestehenden und neuen Kapitalgebern differenziert werden, da der Einstieg von Neuinvestoren im Krisenfall in der Regel eine Verschiebung im Interessen- und Risikoprofil der Kapitalgeber mit sich bringt und dies erhebliche Implikationen für die bilanzielle und gesamthafte Restrukturierung ergibt. 7

Zur Sicherstellung der Einhaltung der Voraussetzungen der verschiedenen Maßnahmen der finanziellen Restrukturierung gilt es den Plan zu überwachen. Letztlich wird die nachhaltige Wirkung der Beiträge über das Zusammenwirken mit den anderen Bestandteilen des Restrukturierungsplan und der Umsetzung durch das Unternehmen sichtbar. Dazu werden nicht selten sogenannte „Covenants", umfangreiche Informations-, Kontroll- und Mitspracherechte, eingeräumt. Diese Kontroll- und Mitsprache- 8

---

[3] Zur Bestimmung der Sanierungsfähigkeit wird geprüft, ob das Unternehmen nach geplanten Sanierungsmaßnahmen in der Lage ist, nachhaltige Überschüsse zu erreichen (Vgl. *Maus*). Es erfolgt in der Regel ein Vergleich des Fortführungswertes des Unternehmens mit seinem Liquidationswert. Sanierungswürdigkeit ist gegeben, wenn Gesellschafter und Gläubiger ihr Interesse an der Unternehmensfortführung dokumentieren (Vgl. *Picot/Aleth*).

[4] Vgl. *Knecht/Heinz*.

[5] Vgl. *Knecht/Schoon*.

rechte führen, zumal wenn sie mit Pfandrechten an den Beteiligungen verbunden sind, zu der Gefahr, dass die Stellung der so ausgestatteten Gläubiger als derjenigen eines Gesellschafters ähnlich angesehen wird. Daraus ergibt sich für den Fall des Scheiterns der Restrukturierung das Risiko, dass die von ihnen gewährten Kredite als eigenkapitalersetzende Gesellschafterdarlehen umqualifiziert werden. Im Ergebnis hätten sie sich dann anders an der Restrukturierung beteiligt, als sie es gewollt hatten. Da (Financial) Covenants als gläubigerschützendes Instrumentarium einer Kreditrestriktion entgegenwirken können, ist davon auszugehen, dass sich ihr Einsatz zu einem elementaren Eckpfeiler der Fremdfinanzierung derer Unternehmen entwickeln wird, die einer Finanzmittelknappheit gegenüberstehen und somit einer finanziellen Restrukturierung bedürfen.

9   Der vorliegende Beitrag zielt mit der bilanziellen Restrukturierung auf den Teil der **Unternehmensfinanzierung in der betrieblichen Krise**, der sowohl die Aufrechterhaltung des finanziellen Gleichgewichts, die Abwendung *der Überschuldung nach § 19 InsO* als auch die kostenoptimierte Kapitalausstattung fokussiert. Dabei werden explizit erläutert, (1) auf welcher Basis eine bilanzielle Restrukturierung vorzunehmen ist, (2) mit welchen Instrumenten, Funktionen und rechtlichen Rahmenbedingungen dies bewerkstelligt werden kann und (3) welche Implikationen sich aus der spezifischen Krisenfinanzierung für die beteiligten Kapitalgeber ergeben. Dabei wird auf den Einsatz von Convenants, deren begriffliche Abgrenzung und Einsatzbereiche eingegangen um einen Steuerungsmechanismus in der finanziellen Restrukturierung zu begründen.

10 Der Beitrag ist dazu folgendermaßen **strukturiert**: Im Kapitel II stehen die rechtlichen und regulierenden Rahmenbedingungen der bilanziellen Restrukturierung im Fokus. Auf dieser Basis thematisiert Kapitel III die ökonomischen Zusammenhänge der Kapitalstrukturpolitik und die resultierenden Herausforderungen der betrieblichen Krise. In diesem Spannungsfeld werden im Kapitel IV die Instrumente der bilanziellen Restrukturierung samt ihrer Funktionsweise sowie handels- und gesellschaftsrechtlicher Aspekte diskutiert. Mit Kapitel V wird auf die Bestandteile der (Financial) Covenants sowie deren Ausprägungsformen und Einsatzzwecke im Rahmen der finanziellen Restrukturierung eingegangen. Kapitel VI schließt den Beitrag mit einem kurzen Fazit.

II. Rechtliche Rahmenbindungen der bilanziellen Restrukturierung

1. Handelsrechtliche Anzeigepflichten

11 Die **professionelle Steuerung betrieblicher Risiken** und somit auch der bilanziellen Unternehmensentwicklung ist – zumindest seit Einführung des KonTraG – für die Geschäftsführer und Vorstände deutscher Kapitalgesellschaften verpflichtend.[6] Gemäß §§ 264, 269 HGB erfordert dies eine grundsätzliche Verpflichtung zur fortlaufenden Überwachung der wirtschaftlichen Lage der Gesellschaft und deren adäquate Darstellung samt Information der Gesellschafter bzw. Kapitalgeber.

12 Ist eine **bilanzielle Überschuldung** der Gesellschaft möglich, so hat die Unternehmensführung sowohl eine Jahres- als auch eine stichtagsorientierte Überschuldungsbilanz aufzustellen und fortzuschreiben. Dies ist spätestens ab dem Zeitpunkt des Ausweises eines nicht durch Eigenkapital gedeckten Fehlbetrages nach § 268 III HGB erforderlich. Für den Geschäftsführer der GmbH besteht ab diesem Zeitpunkt nach § 30 GmbHG ein Auszahlungsverbot an die Gesellschafter, um das zur Erhaltung des Stammkapitals erfor-

---

[6] Vgl. *Hommel/Knecht/Wohlenberg*.

derliche Gesellschaftsvermögen zu sichern. Dies umfasst sowohl die direkten Mittelabflüsse aus dem Gesellschaftsvermögen als auch die Kreditvergabe an Geschäftsführer gemäß § 43a GmbHG. Hat die Kapitalgesellschaft darüber hinaus einen Verlust der Hälfte des Stammkapitals aufzuweisen, so wird vom Management gefordert, die bilanzielle Situation in einer Zwischenbilanz, die auch im laufenden Jahr erstellt wird, zu ermitteln. Gemäß § 49 III GmbHG hat die Geschäftsführung beim Verlust des halben Stammkapitals die unmittelbare Anzeige- und Einberufungspflicht einer Gesellschafterversammlung (für AG entsprechend nach § 92 I AktG). Erfolgt diese nicht, so zieht dies unmittelbar strafrechtliche Konsequenzen für das Management nach sich (§ 84 I Nr. 1 GmbHG, § 401 AktG).

Gegenüber den Vertragspartnern besteht keine allgemeine Aufklärungspflicht bezüglich einer betrieblichen Krise bzw. einer bilanziell angespannten Situation.[7] Gerade vor dem Hintergrund der traditionell niedrigen **Eigenkapitalausstattung** deutscher Unternehmen ist der Eintritt einer Überschuldung vorstellbar, obwohl die wesentlichen Verbindlichkeiten bedient werden können. Trotz der fehlenden Anzeigepflicht besteht im Außenverhältnis wohl meist die Erwartung, dass sich Vertragspartner über die wirtschaftliche Situation bei belastbaren Geschäftsbeziehungen in Kenntnis setzen.

13

2. Unterkapitalisierung und Kapitalerhaltung

Auch wenn die Finanzierung einer Gesellschaft – soweit die gesetzlichen Mindestkapitalvorschriften gemäß § 5 I GmbHG bzw. § 7 AktG berücksichtigt sind – keinen rechtlichen Vorschriften unterliegt, so löst die Unterkapitalisierung einer Kapitalgesellschaft sowohl Haftungsrisiken als auch Handlungspflichten aus. Dabei ist zwischen der materiellen und der nominellen **Unterkapitalisierung** zu differenzieren:

14

- Materielle Unterkapitalisierung: Die materielle Unterkapitalisierung zeigt an, dass das Eigenkapital der Gesellschaft nicht ausreichend ist und der mittel- bzw. langfristige Finanzmittelbedarf nicht durch Kredite externer Dritter gedeckt werden kann, sofern die aktuelle Struktur des Geschäftsbetriebs aufrechterhalten werden soll. Gesellschafter trifft hierbei auch im Insolvenzfall kaum eine Haftung (Fälle vorsätzlichen Missbrauchs ausgeklammert).
- Nominelle Unterkapitalisierung: Die nominelle Unterkapitalisierung zeigt an, dass der Kapitalbedarf der Gesellschaft zur Aufrechterhaltung der Geschäftstätigkeit nicht durch Eigenkapital gewährleistet werden kann, sehr wohl hingegen durch Fremdkapital. Dabei wird explizit auf die Gewährung von Gesellschafterdarlehen abgestellt. Somit wird die angeschlagene Gesellschaft zahlungsfähig gehalten und Gläubiger des Unternehmens laufen Gefahr, dass durch die verschleppte Unternehmenskrise das haftende Kapital fortlaufend aufgezehrt wird. Im Insolvenzfall der Gesellschaft können dadurch erhebliche Forderungsausfälle entstehen; daher ist es nicht verwunderlich, dass diese Gläubiger Schutz über die gesetzlichen Grundlagen und Vorschriften zur Kapitalerhaltung suchen. Bis November 2008 waren hierfür die Eigenkapitalersatzvorschriften im GmbH-Gesetz vorgesehen[8]. Seit November 2008 gilt das MoMiG (Gesetz zur

---

[7] Vgl. *Picot/Aleth*.
[8] So konnte ein Gesellschafterdarlehen nach § 32a I GmbHG nicht rückgeführt werden, wenn das Darlehen erst zu einem Zeitpunkt der Gesellschaft gewährt wurde, in dem ordentliche Kaufleute aufgrund Unterkapitalisierung Eigenkapital zugeführt hätten. Gleiches galt für Bürgschaften etc. zur Kreditabsicherung lt. Generalklausel § 32a III GmbHG. Im Insolvenzfall war dieses ein sog. eigenkapitalersetzende Darlehen des Gesellschafters mit einem Rangrücktritt am Darlehensanspruch versehen; in der Konsequenz erhielt der Gesellschafter im Verwertungsfall meist keine

Modernisierung des GmbH-Rechts) und dieses hat das wichtige Eigenkapitalersatzrecht aus dem GmbHG entfernt, völlig neu geregelt und in modifizierter Form in das Insolvenzrecht überführt. Die Begrifflichkeit des „Kapital ersetzenden Darlehens" ist nicht gängig und die einschlägigen Vorschriften (§ 32a GmbHG, § 172 HGB) sind durch das MoMiG aufgehoben worden. Letztlich wird nun auch in der Krisensituation das Eigenkapital als Eigenkapital behandelt und das Fremdkapital als Fremdkapital. Somit können auch Darlehen in der Krise zurückgeführt werden. Allerdings sind die Rückführungen von Darlehen innerhalb des letzten Jahres vor Insolvenzanmeldung anfechtbar gemäß § 135 InsO; bei vorsätzlicher Gläubigerbenachteiligung verlängert sich die Frist auf zehn Jahre gemäß § 133 InsO. Darlehen die durch den Gesellschafter gewährt wurden werden im Falle einer Insolvenz der Gesellschaft als sog. „nachrangige Forderungen" (§ 39 Abs. 1 Nr. 5 InsO) gewertet und somit erfolgt eine Befriedigung erst wenn die übrigen Gläubiger bedient wurden und dann noch Masse verfügbar ist. Dieses Vorgehen gilt für alle juristischen Personen analog; auch für die OHG bzw. die GmbH & Co. KG, sofern nach §§ 129a, 172a HGB keine persönlich haftenden Personen existieren.

15 Bilanziell gesehen liegt die Unterbilanz vor, wenn das zu Buchwerten bewertete Reinvermögen einer Kapitalgesellschaft das gezeichnete Kapital der Gesellschaft nicht mehr deckt. Sie ergibt sich, sobald das **Gesellschaftsvermögen** – reduziert um die Rückstellungen und Verbindlichkeiten – kleiner ist als das ausgewiesene gezeichnete Kapital. Der bilanzielle Ausweis erfolgt dann als (negatives) Eigenkapital der Kapitalgesellschaft auf der Aktivseite der Bilanz. Wird die Unterbilanz festgestellt, so erlässt § 30 I GmbHG eine Auszahlungssperre der Kapitalgesellschaft an die Gesellschafter, um das notwendige Stammkapital zu erhalten. Wurden dennoch Auszahlungen vorgenommen, so sind diese gemäß § 31 I GmbHG an das Unternehmen zurück zu leisten; der Rückzahlungsanspruch erstreckt sich dabei nach § 31 V GmbHG rückwirkend auf einen Zeitraum von 5 Jahren ab dem Zeitpunkt der Auszahlung. Analog beurteilt der Gesetzgeber die Rückführung eines aktiven Gesellschafterdarlehens bei bestehender Unterbilanz.

3. Überschuldung gemäß § 19 InsO

16 Der § 19 InsO normiert den Überschuldungstatbestand **als Eröffnungsgrund eines Insolvenzverfahrens** und stellt damit eine wesentliche rechtliche Leitplanke der Kapitalstrukturpolitik in der Krise dar. Regelungsinhalte sind die (1) Eingrenzung des Anwendungsbereichs, die (2) Legaldefinition der Überschuldung sowie das (3) Verfahren der Überschuldungsprüfung:
- Anwendungsbereich: Der Anwendungsbereich des § 19 InsO umfasst juristische Personen sowie Gesellschaften ohne Rechtspersönlichkeit, bei denen keiner der persönlich haftenden Gesellschafter eine natürliche Person ist. Damit stehen Kapitalgesellschaften im Fokus, bei denen ein präventiver Gläubigerschutz gesichert werden soll.[9] Entsprechend sind neben dem Krisenunternehmen auch Gläubiger berechtigt, einen Insolvenzantrag wegen Überschuldung zu stellen. Wie erläutert, ist die Geschäftsleitung eines Unternehmens zur Einleitung einer Überschuldungsprüfung verpflichtet,

---

Quote aus der Insolvenzmasse. Nach § 32a GmbHG wurde ein Gesellschafterdarlehen als Eigenkapitalersatz gewertet, wenn das Unternehmen zum Zeitpunkt der verbindlichen Kreditzusage nicht mehr in der Lage gewesen war ein Darlehen eines externen Dritten zu marktkonformen Bedingungen zu erhalten, also das **Kriterium der Kreditunwürdigkeit** erfüllt hatte (Vgl. *Knecht/ Heinz*).

[9] Vgl. *Schmidt/Uhlenbruck*, Rn. 810.

wenn die Hälfte des Stammkapitals aufgezehrt ist (§ 49 Abs. 3 GmbHG) oder wenn ein Fehlbetrag im Jahresabschluss vom Eigenkapital nicht mehr gedeckt ist (§ 268 Abs. 3 HGB).
- Legaldefinition: Überschuldung liegt nach § 19 Abs. 2 InsO dann vor, *„wenn das Vermögen des Schuldners die bestehenden Verbindlichkeiten nicht mehr deckt"*. Dabei ist die insolvenzrechtliche Überschuldung von einer handelsrechtlichen Unterbilanz sowie von dem Begriff der Unterkapitalisierung aufgrund unterschiedlicher Bewertungsmethoden abzugrenzen, da das im Rahmen einer Sonderbilanz, der so genannten Überschuldungsbilanz, zu ermittelnde Vermögen einen wahren – d.h. den Gläubigern tatsächlich zur Verfügung stehenden – Wert darstellen soll.[10] Die handelsrechtliche Bilanz dient vor diesem Hintergrund trotz vielfältiger Überschneidungen lediglich als „Mengengerüst" der Überschuldungsbilanz.[11]
- Ermittlungsverfahren: Die Feststellung eines möglichen Überschuldungstatbestands folgt einem zweistufigen Verfahrens: Auf der ersten Stufe wird eine Fortführungsprognose nach objektiven Maßstäben erstellt. Geprüft wird zum einen die Fortführungsabsicht der Unternehmenseigentümer bzw. im Falle einer übertragenden Sanierung von einem Dritten (Sanierungswürdigkeit).[12] Zum anderen ist in einem Fortführungskonzept anhand detaillierter Liquiditäts- und Ertragsplanungen eine zukünftige Zahlungsfähigkeit nachzuweisen (Sanierungsfähigkeit).[13] Der relevante Prognosezeitraum umfasst das laufende sowie das folgende Geschäftsjahr.[14] Liegt die Wahrscheinlichkeit einer erfolgreichen Fortführung unter 50 %, ist auf der zweiten Stufe eine Überschuldungsbilanz auf Basis von Liquidationswerten abzuleiten. Sofern die in der Überschuldungsbilanz bewerteten Vermögensgegenstände nicht ausreichend zur Deckung der Verbindlichkeiten (Schulden) sind, ist innerhalb einer dreiwöchigen Frist ein Insolvenzantrag zu stellen (§ 64 GmbHG, § 92 AktG bzw. § 130 HGB). Bei einer positiven Fortführungsprognose liegt eine Überschuldung nicht vor.[15]

Somit ergeben sich aus dem § 19 InsO folgende wesentliche **Implikationen für die Kapitalstrukturpolitik in der Krise** zur Abwendung eines Insolvenzverfahrens:
1. Die Stärkung des bilanziellen Eigenkapitals (erhöhte Eigenkapitalquote) ist Zielgröße sämtlicher Kapitalstrukturmaßnahmen. Dies betrifft unmittelbar das Vermeiden einer bilanziellen Überschuldung und der damit einhergehenden Verpflichtung zur Einleitung einer insolvenzrechtlichen Überschuldungsprüfung. Im Falle einer unvermeidlichen Überschuldungsprüfung trägt die Sanierung des Eigenkapitals zur Erhöhung der Schuldendeckungsfähigkeit in der Überschuldungsbilanz bei.
2. Die Sanierung des Eigenkapitals ist in ein Gesamtrestrukturierungskonzept einzubetten, das zur Erreichung einer positiven Fortführungsprognose dient. Bei der Konzepterstellung ist zudem eine enge Einbindung der Gläubiger mit ihren jeweiligen Interessen erforderlich, um diese zum Verzicht auf ihr Insolvenzantragsrecht zu bewegen.

Daher sind bei der bilanziellen Restrukturierung – auch unter Beachtung der rechtlichen Rahmenbedingungen – stets Instrumente mit **zügiger Wirksamkeit** auszuwählen. Nur so kann einerseits kurzfristig eine Überschuldungsprüfung bzw. ein Insolvenzantrag binnen drei Wochen nach bereits festgestellter Überschuldung verhindert werden.

---

[10] Vgl. *Rowedder/Schmidt-Leithoff*, § 63 Rn. 9.
[11] *Müller/Haas*, 1802.
[12] Vgl. *Picot/Aleth*, 251 ff.
[13] Vgl. *Drukarczyk/Schüler*, Rn. 53.
[14] Vgl. *Luttermann/Vahlenkamp*, 1629 ff.
[15] Vgl. zu weiteren Ausführungen der insolvenzrechtlichen Überschuldung insbesondere § 25 dieses Handbuchs.

§ 18 4. Teil. Sanierung der finanzwirtschaftlichen Bereiche

Andererseits ist anzuführen, dass das in der Überschuldungsprüfung zu erstellende Fortführungskonzept nur einen kurzen Prognosezeitraum (max. 24–36 Monate) umfasst, innerhalb dessen die angestrebten Maßnahmen umsetzbar sein müssen.

III. Kapitalstrukturpolitik in der Krise

19 Basierend auf den rechtlichen Rahmenbedingungen setzt die Kapitalstrukturpolitik zur bilanziellen Restrukturierung auf einem reduzierten Instrumentarien-Set sowie einer veränderten Risiko-Rendite-Struktur der einzelnen Kapitalgeber auf, was die **formale Konstitution der Kapitalstrukturpolitik in der Krise** verdeutlicht.

20 Geleitet von der Handlungsmaxime der – in mit Renditeerwartungen diskontierten prognostizierten Zahlungsströmen gemessenen – Wertsteigerung des Unternehmens geht es der Kapitalstrukturpolitik im Kern um die Herstellung einer **kostenoptimalen Aufteilung zwischen Eigen- und Fremdkapital** als Finanzierungsquellen. Dabei bestimmen sich die Kosten der Finanzierungsquellen bei Annahme eines perfekten Kapitalmarkts aus der geforderten Rendite der jeweiligen Kapitalgeber, die sich nach dem mit dem Engagement verbundenen (nicht diversifizierbaren) Risiko bemisst.[16] Aufgrund von vertraglich fixierten Zahlungsströmen liegen die Renditeforderungen der Fremdkapitalgeber unterhalb derer der Eigenkapitalgeber, die lediglich Residualansprüche an das Unternehmen haben. Die Risikobewertung der Investoren stützt sich neben einer Analyse der Zukunftsperspektiven maßgeblich auf die Kapitalstruktur selbst. – Je höher der Verschuldungsgrad, desto höher die geforderte Rendite, da mit dem Verschuldungsgrad das Insolvenzrisiko steigt.[17] Entscheidungen im Rahmen der Kapitalstrukturpolitik stellen somit ein – im Rahmen gesetzlicher Vorschriften weitgehend freies – Optimierungskalkül dar, das die zur Verfügung stehenden Finanzierungsquellen unter Berücksichtigung der jeweiligen Unternehmenssituation kombiniert.

21 Diesen Grundannahmen folgend sind verschiedene Theorien zur Bestimmung **optimaler Finanzierungsentscheidungen** entwickelt worden: MODIGLIANI/MILLER haben nachgewiesen, dass die Kapitalstruktur eines Unternehmens für dessen Wert irrelevant ist, da eine Steigerung des Anteils von billigem Fremdkapital durch eine Erhöhung der Renditeforderungen der Eigenkapitalgeber exakt kompensiert wird.[18] Dieser Nachweis ist jedoch an zahlreiche realitätsferne Annahmen gebunden, wie bspw. die Nichtexistenz von Steuern. Bei Berücksichtigung von Steuern konnten MODIGLIANI/MILLER ferner zeigen, dass eine Erhöhung des Verschuldungsgrades wertsteigernd wirkt, da die Zinsen für Fremdkapital steuerlich absetzbar sind und die Finanzierung so stärker verbilligt wird als die Renditeforderungen der Eigenkapitalgeber durch das erhöhte Risiko ansteigen.[19] Die strikte Anwendung dieser Erkenntnis würde eine vollständige Fremdfinanzierung optimal erscheinen lassen. Es ist allerdings ersichtlich, dass eine vollständige Fremdfinanzierung nicht zielführend ist, da so das Insolvenzrisiko unverhältnismäßig stark ansteigen würde. Dies berücksichtigend formuliert die sog. Trade-off-Theorie, dass für jedes Unternehmen ein optimaler Verschuldungsgrad bestimmbar ist, der die Kostenvorteile des Fremdkapitals und das mit dem Verschuldungsgrad ansteigende Insolvenzrisiko ausgleicht (vgl. Abbildung 1).

---

[16] Vgl. *Copeland/Weston/Shastri*, 371.
[17] Vgl. *Jensen/Meckling*, 336 f.
[18] Vgl. *Modigliani/Miller*.
[19] Vgl. *Modigliani/Miller*.

§ 18 Bilanzielle Restrukturierung und Financial Covenants § 18

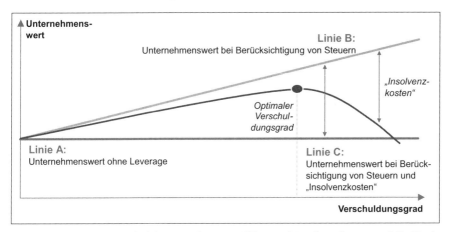

Abb. 1: Einfluss von Verschuldungsgrad, Steuereffekte und Insolvenzkosten auf die Kapitalstruktur (Quelle: in Anlehnung an *Modigliani/Miller*)

Darüber hinaus existieren zahlreiche **weitere Ansätze**, die die Optimierung der Kapitalstruktur beispielsweise an Transaktionskosten verschiedener Finanzierungsquellen, Informationsasymmetrien und Signalwirkungen sowie Verhaltenshypothesen über verschiedene Marktteilnehmer ausrichten[20]. 22

In der Konsequenz hängt die **Finanzierungsbereitschaft** bei Einhaltung der gesetzlichen Mindestvorschriften somit vom Insolvenzrisiko des Unternehmens, das die einzelnen Kapitalgeber akzeptieren wollen, sowie von den zukünftig zu erwartenden Zahlungsströmen ab. Bei drohender bzw. eingetretener Überschuldung hingegen unterliegt die Finanzierungsfreiheit zahlreichen Einschränkungen, die aus gesetzlichen Handlungserfordernissen sowie einer reduzierten Finanzierungsbereitschaft potenzieller Kapitalgeber resultieren. 23

Allgemein ist eine **Erhöhung der Eigenkapitalquote** als Zielgröße der Kapitalstrukturpolitik in der Krise und bei drohender Insolvenz zwingend vorgegeben und eine weitere Aufnahme von Fremdkapital damit de facto nachrangig. Allerdings besteht gerade bei drohender bzw. eingetretener Insolvenz aufgrund des Residualanspruches ein besonders hohes Risiko für Eigenkapitalgeber, das sich in gleichermaßen hohen Renditeerwartungen niederschlägt. Die Gewinnung neuer Eigenkapitalgeber gestaltet sich damit schwierig und setzt positive Prognosen über die zukünftige Unternehmensentwicklung voraus. Existierende Investoren – sowohl auf Eigen- als auch auf Fremdkapitalseite – nehmen angesichts einer Unternehmenskrise auf Basis der geänderten Risikolage eine Neubewertung ihres Engagements vor.[21] Diese Neubewertung führt zu einer Entscheidung darüber, ob die Liquidation oder aber die Fortführung des Unternehmens den Wert des jeweiligen Engagements maximiert. Je nach Stellung einzelner Investoren, z.B. in Bezug auf Besicherungen oder Rangvereinbarungen, kann diese Bewertung unterschiedlich ausfallen und so zu divergierenden Interessen der verschiedenen Investoren führen. Problematisch ist insbesondere die Stellung der Gläubiger, da diese im Falle der Unternehmensfortführung trotz erhöhten Risikos nur bis zur Höhe der vertraglich fixierten Zahlungsströme an einer möglichst erfolgreichen Restrukturierung partizipieren. Da Finanzierungsmaßnahmen zur Unternehmensfortführung in der Krise jedoch viel- 24

---

[20] Eine Übersicht zu den verschiedenen Ansätzen verdeutlichen *Copeland/Weston/Shastri*, 557 ff.
[21] Vgl. *Bulow/Shoven*.

fach an die Mitwirkung der bestehenden Investoren gebunden sind, sollte die Krisenfinanzierung weitgehend im Konsens mit allen Beteiligten erfolgen.

25 Die zentrale **Herausforderung** der Kapitalstrukturpolitik in der Krise liegt in der Bewältigung des Konflikts zwischen einem erhöhten Eigenkapitalbedarf auf der einen Seite und nur eingeschränkt zur Verfügung stehenden Kapitalquellen auf der anderen Seite. Erschwerend tritt hinzu, dass im Rahmen der Krisenfinanzierung ein Ausgleich gefunden werden sollte zwischen verschiedenen Kapitalgebern, die aufgrund unterschiedlicher Stellungen in ihrer Finanzierungsbeziehung zum Krisenunternehmen potenziell divergierende Interessen verfolgen. Die eingesetzten Instrumente der bilanziellen Restrukturierung sollten dies entsprechend reflektieren.

IV. Instrumente der bilanziellen Restrukturierung

1. Überblick

26 Das Spektrum der möglichen Instrumente einer bilanziellen Restrukturierung umfasst zunächst alle Finanzierungsmöglichkeiten, die **eigen- und/oder fremdkapitalbasierte Instrumente** zur Kapitalstruktursteuerung darstellen. Neben der Kapitalart lassen sich die Instrumente ferner nach den jeweils adressierten Kapitalgebern, dem Umfang rechtlicher Anforderungen und Risiken sowie den Implikationen für Kapitalgeber und Gesellschaft unterscheiden.

27 Die wesentlichen Eckpunkte des **Kontinuums der Instrumente** bilden reine eigen- bzw. fremdkapitalbasierte Instrumente zur Kapitalstruktursteuerung. Eigenkapitalbasierte Instrumente verändern unmittelbar die Struktur und/oder die Höhe des bilanziellen Eigenkapitals und richten sich direkt an bestehende bzw. potenzielle Gesellschafter des Unternehmens. Fremdkapitalbasierte Instrumente hingegen zielen zunächst auf eine Veränderung der Fremdkapitalstruktur und/oder der Fremdkapitalhöhe und richten sich an die Gläubiger des Unternehmens. Mischformen, die sowohl Eigen- als auch Fremdkapitalkomponenten berücksichtigen, bilden sich durch sog. Mezzanine-Instrumente ab. Abhängig von den Merkmalen aus Ausprägungsformen enthalten diese unterschiedliche Eigen- und Fremdkapitalanteile, die je nach Ausgestaltung als Eigen- oder Fremdkapital aus rechtlicher bzw. ökonomischer Sicht gewertet werden können.

28 Die Auswahl des passenden Instruments zur bilanziellen Restrukturierung hängt von der spezifischen **Einzelfallsituation** und den verfügbaren Anwendungsmöglichkeiten ab. Ist es möglich aus dem Kontinuum der Instrumente zu wählen, so ist zu berücksichtigen, dass die Implikationen für Kapitalgeber und Gesellschaft in Abhängigkeit des Finanzierungsinstruments sowohl aus rechtlicher als auch aus ökonomischer Sicht zu differenzieren sind. Daher wird im Folgenden mit der (1) Kapitalherabsetzung und -erhöhung ein eigenkapitalbasiertes Instrument erläutert, mit dem (2) Debt-Equity-Swap ein stärker fremdkapitalbasiertes Instrument, mit der (3) stillen Gesellschaft ein gängiges Mezzanine-Instrument und mit den (4) Anleihen eine kapitalmarktorientiertes Instrument. Diese Instrumente stellen eine Auswahl der möglichen Instrumente zur bilanziellen Restrukturierung dar und erheben keinen Anspruch auf Vollständigkeit.

2. Kapitalherabsetzung und -erhöhung

29 **a) Zielsetzung und Funktionsweise.** Befindet sich ein Unternehmen in einer Krisensituation, kann eine vereinfachte Kapitalherabsetzung mit anschließender Kapitaler-

höhung kombiniert werden, was als sog. Kapitalschnitt bezeichnet wird.[22] Der Kapitalschnitt zielt als Instrument zur bilanziellen Restrukturierung auf die Zufuhr von Eigenkapital durch neue Investoren. Die der Kapitalerhöhung vorausgehende Kapitalherabsetzung dient der **Attraktivitätssteigerung** des Unternehmens für potenzielle Neuinvestoren, da das erhöhte Risiko in der Krise die Finanzierungsbereitschaft der Kapitalgeber meist erheblich reduziert (eine konzeptionelle Begründung liefert auch Kapitel 3).[23]

Die vereinfachte bzw. nominelle Kapitalherabsetzung, die nur als Sanierungsmaßnahme bei Krisenunternehmen zulässig ist, beinhaltet eine Anpassung des Grund-/Stammkapitals einer Kapitalgesellschaft an das Reinvermögen als Reaktion auf entstandene Bilanzverlust.[24] Dabei findet lediglich eine **Umgliederung** vom Grund-/Stammkapital in verschiedene Rücklageposten innerhalb des bilanziellen Eigenkapitals unter Beibehaltung des Vermögensstatus des Unternehmens statt. So wird ein Zugriff auf zuvor nicht zugängliche Eigenkapitalbestandteile zur Verlustdeckung ermöglicht. Eine Auszahlung an die Gesellschafter erfolgt jedoch nicht, so dass die Haftungsmasse für die Gläubiger zunächst nicht gefährdet wird. Daneben kann durch die Reduzierung des Grund-/Stammkapitals eine bestehende Unterbilanz beseitigt werden – dies wird wegen des ausbleibenden Kapitalzuflusses oft auch als „Buchsanierung" bezeichnet.[25] Abbildung 2 verdeutlicht das Vorgehen der vereinfachten Kapitalherabsetzung schematisch.

Bilanz	vor **KAPITALHERABSETZUNG**			nach **KAPITALHERABSETZUNG**		
	Aktiva		Passiva	Aktiva		Passiva
	Vermögen	5.000	Gezeichnetes Kapital 1.000	Vermögen	5.000	Gezeichnetes Kapital 500
			Verlustvortrag 500			
			Verbindlichkeiten 4.500			Verbindlichkeiten 4.500
	∑	5.000	∑ 5.000	∑	5.000	∑ 5.000
	Eigenkapitalquote: 10%			**Eigenkapitalquote: 10%**		

Abb. 2: Kapitalherabsetzung als Facette des Kapitalschnitts

In der Ausgangsbilanz vor der Kapitalherabsetzung beträgt das Reinvermögen EUR 500 (= Vermögen EUR 5.000 – Verbindlichkeiten EUR 4.500). Es besteht eine **Unterbilanz**, da das gezeichnete Kapital in Höhe von EUR 1.000 nicht mehr gedeckt ist. Nach einer vereinfachten Kapitalherabsetzung um EUR 500, die das gezeichnete Kapital exakt um den Verlustvortrag korrigiert, ist die Unterbilanz bei unverändertem Reinvermögen

---

[22] Der Kapitalschnitt markiert eine Sonderform der finanziellen Sanierung von Unternehmen im Bereich der eigenkapitalbasierten Instrumente. Die verschiedenen Formen der Kapitalherabsetzung und -erhöhung können davon differenziert berücksichtigt werden. Vgl. *Reger*, 2006.
[23] Es besteht jedoch keine grundsätzliche Verpflichtung, vor einer Kapitalerhöhung zunächst eine vereinfachte Kapitalherabsetzung vorzunehmen. Die Ausnahme markieren gemäß § 9 AktG Aktiengesellschaften, deren aktueller Aktienkurs unter den Nennwert gefallen ist. Bedingt durch das Verbot von Aktienemissionen unter pari erfordert eine Kapitalerhöhung in diesem Kontext eine vorherige Kapitalherabsetzung, die den Nennwert der Aktien auf ihren aktuellen Kurs reduziert.
[24] Vgl. *Schmidt*, § 29 III Nr. 5; *Henn*, § 37 Rn. 1302.
[25] *Kropff/Semler*, § 229 Rn. 5; *Winnefeld*, N Rn. 660.

buchmäßig beseitigt. Die Eigenkapitalquote bleibt auch nach der vereinfachten Kapitalherabsetzung bei 10 %.

32 Die mit dieser Kapitalherabsetzung einhergehende Attraktivitätssteigerung für potenzielle Neuinvestoren resultiert zum einen aus der Lockerung von gesetzlichen **Ausschüttungssperren**, die in Prozentwerten bezogen auf das gezeichnete Kapital definiert sind. Damit wird eine schnellere Ausschüttung möglicher zukünftiger Gewinne bewirkt. Zum anderen führt die Kapitalherabsetzung zu einer relativen Anteilsreduzierung der Altgesellschafter bei einem Einstieg von Neuinvestoren, so dass neue Investors mit ihrem Kapitaleinsatz nach einer durchgeführten vereinfachten Kapitalherabsetzung größere Einflussmöglichkeiten auf das Unternehmen erhalten.

33 Der zur Beseitigung einer etwaigen insolvenzrechtlichen Überschuldung notwendige **Eigenkapitalzufluss** durch Neuinvestoren wird im Anschluss an die vereinfachte Kapitalherabsetzung durch eine Kapitalerhöhung in Form der Ausgabe neuer Gesellschaftsanteile realisiert. Abbildung 3 illustriert die bilanziellen Auswirkungen.

	nach KAPITALHERABSETZUNG			nach KAPITALERHÖHUNG		
Bilanz	Aktiva		Passiva	Aktiva		Passiva
	Vermögen	5.000	Gezeichnetes Kapital 500	Vermögen	6.000	Gezeichnetes Kapital 1.500
			Verbindlichkeiten 4.500			Verbindlichkeiten 4.500
	∑	5.000	∑ 5.000	∑	6.000	∑ 6.000
	Eigenkapitalquote: 10%			**Eigenkapitalquote: 25%**		

Abb. 3: Kapitalerhöhung als Facette des Kapitalschnitts

34 Eine Erhöhung des gezeichneten Kapitals um EUR 1.000 erhöht zugleich das Reinvermögen und damit die **Schuldendeckungsfähigkeit** in der Überschuldungsbilanz. Bei unveränderten Verbindlichkeiten führt die Kapitalerhöhung zu einer Verbesserung der Eigenkapitalquote, die nun bei 25 % liegt. Mit einem Investment von EUR 1.000 erhält ein Neuinvestor in diesem Beispiel 67 % der Unternehmensanteile, während er ohne die vereinfachte Kapitalherabsetzung mit dem gleichen Kapitaleinsatz lediglich 50 % erworben hätte.

35 Gemäß §§ 234 ff. AktG besteht die Möglichkeit, dem beschriebenen Kapitalschnitt **bilanzielle Rückwirkung** beizumessen, sofern dieser aus Barmitteln erfolgt. Dabei wird der letzte Jahresabschluss so aufgestellt, als ob der Kapitalschnitt zum Abschlussstichtag bereits erfolgt wäre, so dass die entstandenen Verluste buchungstechnisch bereinigt sind. In der Praxis ist dafür allerdings notwendig, dass der betreffende Jahresabschluss auf der Hauptversammlung – ohne eine vorherige Feststellung durch den Aufsichtsrat (§ 172 AktG) – per Beschluss verabschiedet wird. Eine Kapitalerhöhung aus Barmitteln ist somit Voraussetzung der Nutzung sämtlicher Gestaltungsmöglichkeiten des Kapitalschnitts als Sanierungsinstrument.[26]

36 b) Rechtliche Anforderungen und Risiken. Bei Kapitalherabsetzungen sind diverse **Gläubigerschutzvorschriften** zu beachten, da die Haftungsmasse des Unternehmens

---

[26] Vgl. *Knecht/Heinz*, S. 26.

gegenüber Gläubigern durch die Umgliederung von Kapital unter Umständen in nichtzugriffsbeschränkte Eigenkapitalpositionen reduziert wird. Für die vereinfachte Kapitalherabsetzung als Sanierungsmaßnahme gelten allerdings im Vergleich zur effektiven, mit einer tatsächlichen Auszahlung verbundenen Kapitalherabsetzung gelockerte Gläubigerschutzvorschriften. Statt der Zusicherung von Sicherheitsleistungen an Gläubiger müssen Anforderungen erfüllt werden, die den Einsatz der Kapitalherabsetzung als Sanierungsmaßnahme sicherstellen. Somit ist eine vereinfachte Kapitalherabsetzung nur zulässig, wenn

(1) der Nachweis einer Unternehmenskrise gelingt, der sich gemäß § 229 Abs. 2 AktG aus der Verringerung des frei verfügbaren Eigenkapitals ergibt,
(2) die Gesellschaft keinen Gewinnvortrag ausweisen kann und die satzungsmäßigen und anderen Gewinnrücklagen vollständig aufgelöst sind,
(3) die gesetzliche Rücklage und die Kapitalrücklage insoweit aufgelöst sind, dass sie in Summe 10 % des nach der geplanten Kapitalherabsetzung und vor der geplanten Kapitalerhöhung vorhandenen Grund-/Stammkapitals nicht übersteigen.

Damit ist die vollständige Auflösung sämtlicher frei verfügbaren Eigenkapitalbestandteile 37 rechtliche Voraussetzung einer vereinfachten Kapitalherabsetzung. Die bei Erfüllung der genannten Voraussetzungen alleinig zulässigen und in einem Hauptversammlungsbeschluss zu dokumentierenden **Zwecke einer vereinfachten Kapitalherabsetzung** sind der Ausgleich von Wertminderungen und die Deckung von sonstigen Verlusten sowie die Einstellung von Beträgen in die Kapitalrücklage. Der Hauptversammlungsbeschluss hat die Kapitalherabsetzung in vereinfachter Form sowie den genauen Herabsetzungsbetrag und die Art der Kapitalherabsetzung (z.B. Aktienzusammenlegung) zu benennen. Zusätzlich ist die Angabe der mit der Kapitalherabsetzung verfolgten Zwecke erforderlich und ggf. die Aufteilung des Herabsetzungsbetrags. Der anschließende Beschluss über die Kapitalerhöhung hat den Betrag der Kapitalerhöhung sowie die Anzahl neu ausgegebenen Anteile und deren Ausgabekurs zu beinhalten. Ferner ist zu beachten, dass die beschriebenen Kapitalmaßnahmen in der Regel auch eine Satzungsänderung erforderlich machen, da Höhe und Aufteilung des Grund-/Stammkapitals dort geregelt sind. Eine Ausnahme gilt dann, wenn sich Kapitalherabsetzung und Kapitalerhöhung betragsmäßig exakt entsprechen.

Hinsichtlich der Bestimmung von Wertminderungen und sonstigen Verlusten als ers- 38 ter zulässiger Zweck einer vereinfachten Kapitalherabsetzung bestehen **Ermessensspielräume**, da Wertminderungen noch nicht realisiert sein müssen.[27] Eine begründete Verlusterwartung ist als Grundlage einer vereinfachten Kapitalherabsetzung ausreichend.[28] In jedem Fall stellt eine erwartete Unterbilanz einen zulässigen Grund für eine vereinfachte Kapitalherabsetzung dar. In einer gelockerten Auslegung ermöglicht § 229 Abs. 2 S. 1 AktG auch die Einbeziehung der gesetzlichen Reserven (in Höhe von 10 % des dann verminderten Grund-/Stammkapitals) zur Bestimmung der Eigenkapitaldeckung. Dem Unternehmen bleibt es in der Krisensituation damit freigestellt, ob es seine gesetzlichen Reserven auflöst oder aber eine vereinfachte Kapitalherabsetzung durchführt. Mit Blick auf den Gläubigerschutz sieht § 232 AktG vor, bei einer nicht (vollständig) eingetretenen Verlustprognose einen Betrag in Höhe des nicht realisierten Verlustes in die – den Gläubigern nach § 150 Abs. 3 und 4 AktG als Haftungsmasse zur Verfügung stehende – Kapitalrücklage einzustellen. Für den Fall einer fehlerhaften Verlustprognose ist der Beschluss über die Kapitalherabsetzung rechtswidrig und kann durch die Gläubi-

---

[27] Vgl. *Hüffner*, § 229 Rn. 8.
[28] Zu den Erwartungen an eine begründete Verlusterwartung vgl. *Kropff/Semler*, § 229 Rn. 22.

§ 18   4. Teil. Sanierung der finanzwirtschaftlichen Bereiche

ger angefochten werden. Die Einstellung von Beträgen in die Kapitalrücklage als zweiter zulässiger Zweck einer vereinfachten Kapitalherabsetzung ist nach § 231 S. 1 AktG nur möglich, wenn nach der Kapitalumgliederung die Summe aus Kapitalrücklage und gesetzlicher Rücklage 10 % des dann verminderten Grund-/Stammkapitals nicht übersteigt.

39   In der Krisensituation kann sich eine Konstellation ergeben, in der eine geplante Kapitalherabsetzung zum Unterschreiten des gesetzlich vorgeschriebenen **Mindestkapitals** führt (§ 5 GmbHG, § 7 AktG). Um auch in dieser Situation einen Kapitalschnitt zu ermöglichen, erklärt § 228 AktG eine vereinfachte Kapitalherabsetzung unter das gesetzlichen Mindestkapital für zulässig, wenn parallel dazu eine Kapitalerhöhung aus Barmitteln beschlossen wird, die der Höhe nach das Mindestkapital wieder auffüllt. Im Extremfall ist sogar eine Kapitalherabsetzung auf Null möglich, sofern den Altanteilseignern im Rahmen der anschließenden Kapitalerhöhung das Wiedererlangen ihrer Anteile garantiert wird.

40   Sofern dem Kapitalschnitt **bilanzielle Rückwirkung** beigemessen werden soll, ist mit der Kapitalerhöhung aus Barmitteln eine weitere gesetzliche Auflage nach § 235 Abs. 1 S. 2 AktG zu erfüllen. Dieses Erfordernis gilt gleichfalls für Kapitalerhöhungen, die einer Kapitalherabsetzung unter das gesetzliche Mindestkapital folgen. Die Forderung nach einer Kapitalerhöhung aus Barmitteln begründet sich durch eine unsichere Werthaltigkeit von Sacheinlagen in der Krisensituation. Dies betrifft insbesondere das Einbringen von – angesichts der Krise meist mit ihrem Nominalwert überbewerteten – Forderungen als Sacheinlage. Darüber hinaus fordern §§ 234 f. AktG, dass zum Zeitpunkt der Beschlussfassung über eine Kapitalerhöhung alle neuen Aktien bereits gezeichnet sein müssen. Zudem hat ein Viertel des zu erhöhenden Kapitals einschließlich möglicher Ausgabeaufschläge bereits eingezahlt zu sein.

41   Da die mit einem Kapitalschnitt verbundenen Maßnahmen zum Teil wesentliche Eingriffe in Aktionärsrechte bedeuten, können einzelne Maßnahmen einer **gerichtlichen Kontrolle** bezüglich Zweck, Geeignetheit, Erforderlichkeit und Verhältnismäßigkeit unterliegen. Im Rahmen einer Kapitalerhöhung steht Altaktionären gemäß § 186 Abs. 1 S. 1 AktG grundsätzlich das Recht auf Zuteilung von Aktien zur Wahrung ihres bisherigen Anteils an der Gesellschaft zu. Dieses Bezugsrecht stellt sich als problematisch dar, wenn der Kapitalschnitt zur Gewinnung eines Neuinvestors durchgeführt werden soll. Denn der Stimmrechtsanteil des Neuinvestors ist so abhängig von der Ausübung der Bezugsrechte der Altaktionäre. In dieser Situation bietet sich ein sog. Bezugsrechtsausschluss an, der mit einer ¾-Mehrheit der Hauptversammlung zu beschließen ist (§ 186 Abs. 4 AktG). Zusätzlich muss der Vorstand der Gesellschaft im Vorfeld der Hauptversammlung schriftlich über die Gründe für den geplanten Bezugsrechtsausschluss Bericht erstatten.

42   Die Zulässigkeitsvoraussetzungen einer vereinfachten Kapitalherabsetzung bewirken, dass dieses Instrument ausschließlich für Sanierungszwecke eingesetzt wird. Folglich untersagt § 230 S. 1 AktG eine **Ausschüttung** der durch die Kapitalherabsetzung freiwerdenden Mittel an die Aktionäre. Diese Mittel dürfen nur für die im Beschluss über die Kapitalherabsetzung aufgeführten Zwecke verwendet werden (§ 230 S. 2 und 3 AktG). Daneben dürfen Gewinne – nach Abbau eventueller Verlustvorträge – erst dann wieder ausgeschüttet werden, wenn die gesetzliche und die Kapitalrücklage 10 % des reduzierten Grund-/Stammkapitals erreicht haben und in Summe bei mindestens 5.000 EUR liegen (§ 233 Abs. 1 AktG). Ferner ist eine Gewinnausschüttung nach § 233 Abs. 2 AktG auf 4 % des jeweils aktuellen Grund-/Stammkapitals (einschließlich einer Kapitalerhöhung) in den zwei Jahren nach dem Beschluss über die Kapitalherabsetzung limitiert. Allerdings

gilt dies nur so lange, bis die Gläubiger befriedigt oder aber Sicherheiten geleistet werden. Aufgrund der beschriebenen Ausschüttungssperren bietet sich in der Praxis eine vereinfachte Kapitalherabsetzung an, die das Grundkapital stärker als nötig zur Beseitigung einer Unterbilanz reduziert, um so nach einer erfolgreichen Restrukturierung schneller wieder Gewinne an die Anteilseigner ausschütten zu können.

Die **Wirksamkeit** einer Kapitalherabsetzung wird mit dem Zeitpunkt des Eintrags 43 über den dazu gefassten Hauptversammlungsbeschluss im Handelsregister erreicht (§ 224 AktG). Nach § 227 AktG erfordert auch die Durchführung der Kapitalherabsetzung einen Handelsregistereintrag. Die Kapitalerhöhung hingegen wird erst mit Eintragung ihrer Durchführung wirksam (§ 189 AktG). Generell ist die Durchführung der Kapitalerhöhung spätestens drei Monate nach der Beschlussfassung über Kapitalherabsetzung und -erhöhung im Handelsregister einzutragen. Für den Fall einer Kapitalherabsetzung unter das gesetzliche Mindestkapital muss die Durchführung einer zwingenden anschließenden Kapitalerhöhung jedoch bereits innerhalb von sechs Wochen nach der Beschlussfassung ins Handelsregister eingetragen werden. Wird eine bilanzielle Rückwirkung angestrebt, müssen – wie bereits dargestellt – zum Zeitpunkt der Beschlussfassung ein Viertel des gezeichneten Kapitals sowie der volle Ausgabeaufschlag eingezahlt sein. Dem steht entgegen, dass ein Bezugsrecht für Altaktionäre, sofern nicht ausgeschlossen, eine zweiwöchige Zeichnungsfrist nach der Beschlussfassung vorsieht. In einem solchen Fall muss ein Kreditinstitut die Aktien vor der Hauptversammlung zeichnen und anschließend den Altaktionären zum Bezug anbieten. Die notwendige Vorauszahlung für eine bilanzielle Rückwirkung hat zugleich schuldbefreiende Wirkung im Sinne des Insolvenzrechts. Dabei bezieht sich die schuldbefreiende Wirkung nicht nur auf die zu leistende Mindestvorauszahlung, sondern erstreckt sich über die Gesamteinlage eines Investors, so dass einer drohenden Überschuldung frühzeitig entgegen gewirkt werden kann.

c) **Eignung zur bilanziellen Restrukturierung.**[29] Durch die Möglichkeit der bilan- 44 ziellen Rückwirkung erweist sich der Kapitalschnitt als **kurzfristig** wirksames Instrument zur Reduzierung bzw. vollständigen Beseitigung einer bilanziellen Überschuldung. Die Finanzierungsbereitschaft potenzieller Kapitalgeber kann durch die abgesenkten Ausschüttungsgrenzen in Folge der vereinfachten Kapitalherabsetzung sowie durch die Aussicht auf den Erwerb eines realistischen Unternehmensanteils erhöht werden. Wesentliche Hürde in der Praxis ist der faktische Anteilsverlust der Altgesellschafter. Angesichts einer Unternehmenskrise ist jedoch davon auszugehen, dass die Altgesellschafter von der Notwendigkeit einer Kapitalzufuhr durch Neuinvestoren im Rahmen eines Restrukturierungskonzepts überzeugt werden können. Widerstände auf Seiten der Gläubiger sind weitgehend ausgeschlossen, da sich ihre Position mit dem Kapitalschnitt verbessert. Zudem dient der Einstieg eines Neuinvestors und die damit dokumentierten Erwartungen an eine positive zukünftige Unternehmensentwicklung als positives Signal für andere Stakeholder in der Unternehmenskrise.

3. Debt-Equity-Swap

a) **Zielsetzung und Funktionsweise.** Entsprungen aus dem angloamerikanischen 45 Rechtsraum gewinnt der sog. Debt for Equity Swap auch in Europa zunehmende Bedeutung als Instrument zur bilanziellen Restrukturierung. Im Fokus des Debt for Equity Swap steht somit nicht die Zuführung „frischen Kapitals" sondern die **Umwandlung** von bestehendem Fremdkapital in bilanzielles und rechtliches Eigenkapital. Ein Gläubi-

---

[29] Vgl. zur bilanziellen Restrukturierung auch § 16 dieses Handbuchs.

ger bringt auf diesem Wege seine Forderung gegen das Krisenunternehmen im Wege einer Kapitalerhöhung aus Sacheinlagen ganz oder teilweise als Eigenkapital ein.[30] Die eingebrachte Forderung erlischt durch Konfusion. Damit wird die Eigenkapitalquote erhöht, so dass eine eventuelle Überschuldung beseitigt oder gemindert werden kann. Zugleich sinken die Finanzierungskosten des Krisenunternehmens durch die Reduzierung des zinstragenden Fremdkapitals, so dass die zukünftige Ertragskraft gestärkt wird. Es erfolgt jedoch kein Liquiditätszufluss. Der Debt-Equity-Swap ist bilanztechnisch betrachtet zunächst ein reiner Passivtausch.

46 Durch den Erwerb von Eigenkapitalanteilen erhält der ehemalige Gläubiger die Option, an einer möglichen positiven Entwicklung des Unternehmens nach erfolgreicher Restrukturierung vollständig zu partizipieren. Dies stellt eine erhebliche Attraktivitätssteigerung für Gläubiger dar, deren **Sanierungsgewinn** im Falle einer erfolgreichen Restrukturierung ohne Eigenkapitalbeteiligung trotz erheblicher Risiken auf die Höhe ihrer Forderung gegen das Unternehmen einschließlich Zinszahlungen begrenzt wäre.

47 Im Einzelfall sind bei einer Debt-Equity-Transaktion die Art des umgewandelten Fremdkapitals sowie das Umtauschverhältnis von Fremd- zu Eigenkapital zu differenzieren. Aus Sicht der Gläubiger weist das Fremdkapital auf der Passivseite unterschiedliche **Sicherungsgrade** mit Blick auf die Werthaltigkeit der Forderungen gegen das Krisenunternehmen im Insolvenzfall auf (vgl. Abbildung 4). Das sog. „Senior Debt" umfasst dabei einen Bereich der vollständig besichert ist und damit auch Falle einer Insolvenz voll werthaltig bleibt, das sog. „Secured Senior Debt". Der andere Bereich des Senior Debt umfasst eine weitgehende, aber nicht vollständige Wertabsicherung der Forderung im Insolvenzfall und wird oft als „Unsecured Senior Debt" bezeichnet. Insgesmat ist „Senior Debt" in der Insolvenz regelmäßig werthaltiger als das sog. „Junior Debt" bzw. Equity, welches nur mit nachrangiger Befriedigung aus der Insolvenzmasse ausgestattet ist.

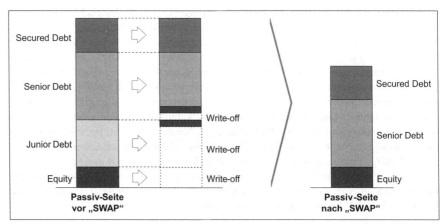

Abb. 4: Bilanzielle Restrukturierung durch den Debt-Equity-Swap (schematisch)

48 Es ist nachzuvollziehen, dass ein Debt-Equity-Swap für Gläubiger umso sinnvoller ist, je weniger werthaltig ihre Forderung in einer möglichen Insolvenz ist. Für Gläubiger mit vollständig besicherten Forderungen ist das hohe Risiko einer Eigenkapitalbeteiligung nicht verhältnismäßig. Daher werden im Rahmen eines Debt-Equity-Swaps überwiegend nachrangige Forderungen als Eigenkapital eingebracht. Das **Umtauschverhältnis**

---

[30] Vgl. *Hass/Schreiber/Tschauner.*

der jeweiligen Forderungen in Eigenkapitalanteile muss sich am tatsächlichen Wert der eingebrachten Forderung orientieren. Deshalb können nicht vollständig besicherte Forderungen nur mit Abschlägen von ihrem Nominalwert als Eigenkapital eingebracht werden, wobei „Junior Debt" die höchsten Abschläge zu verzeichnen hat. So kann ein Debt-Equity-Swap auch zu einer Bilanzverkürzung führen. Insgesamt ist festzustellen, dass bei einem Debt-Equity-Swap in der Regel nachrangige Gläubiger ihre Forderungen als Eigenkapital einbringen und dafür ein reduziertes Umtauschverhältnis in Kauf nehmen müssen. Dafür profitieren sie als Anteilseigner im Falle einer erfolgreichen Restrukturierung in vollem Maße von zukünftigen Gewinnen des Unternehmens.

Durch die erworbene Stellung als Anteilseigner kann sich der ehemalige Gläubiger zudem **Einfluss** auf die Unternehmenssteuerung in der Krise sichern; der relative Anteil der Altgesellschafter wird durch die Transaktion reduziert. Vor diesem Hintergrund nutzen oft auch auf Krisenunternehmen spezialisierte Investoren den Debt-Equity-Swap als Einstieg in Krisenunternehmen, indem sie unsichere Forderungen aufkaufen und im Anschluss in Eigenkapital umwandeln.

b) Rechtliche Anforderungen und Risiken. Aus rechtlicher Perspektive stellt der Debt-Equity-Swap eine **Kapitalerhöhung aus Sacheinlagen** nach § 183 AktG dar.[31] Damit sind umfangreiche Formerfordernisse und Haftungsrisiken verbunden. 49

Formell erfordert die Durchführung eines Debt-Equity-Swap einen Kapitalerhöhungsbeschluss der Hauptversammlung mit einer Mehrheit von 75 % (§ 182 Abs. 1 AktG). Notwendige Inhalte des Beschlusses über einen Debt-Equity-Swap sind der Gegenstand der Sacheinlage – hier also die einzubringende Forderung –, die Nennung der (juristischen) Person von der die Einlage erworben wird sowie der Betrag der geplanten Kapitalerhöhung. Der Kapitalerhöhungsbeschluss ist nach § 184 Abs. 1 AktG eintragungspflichtig im Handelsregister und ab der Eintragung bindend. Allerdings wird die geplante Kapitalerhöhung erst zum Zeitpunkt des Eintrags ihrer Durchführung im Handelsregister wirksam (§ 189 AktG). 50

Um zu gewährleisten, dass die Forderung eines Gläubigers im angestrebten Umfang als Eigenkapitalanteil eingebracht werden kann, müssen die den Alt-Aktionären bei einer Kapitalerhöhung zustehenden **Bezugsrechte** gemäß § 186 Abs. 3 AktG ausgeschlossen werden. Ein diesbezüglicher Beschluss bedarf einer Mehrheit von 75 % in der Hauptversammlung. Nach § 186 Abs. 4 AktG hat der Vorstand dazu eine sachliche Begründung der Notwendigkeit des Bezugsrechtsausschlusses vorzulegen. Maßstäbe einer gerichtlichen Kontrolle dieser Notwendigkeit sind der Zweck, die Geeignetheit, die Erforderlichkeit sowie die Verhältnismäßigkeit eines Bezugsrechtsausschlusses. 51

Ein signifikantes Haftungsrisiko im Falle der Einbringung einer Sacheinlage als Eigenkapital ergibt sich aus der sog. **Differenzhaftung**. Hintergrund ist, dass im Kapitalgesellschaftsrecht eine verlässliche Wertermittlung für Kapitaleinlagen gefordert wird, um die Haftungsmasse für die Gläubiger abzusichern. Wenn der tatsächliche Wert einer eingebrachten Forderung ihren Nominalwert unterschreitet, besteht in Höhe der Differenz eine Nachschusspflicht (§ 9 GmbHG, § 46 AktG). Gerade im Falle einer Unternehmenskrise entsteht eine Werthaltigkeitsproblematik, „da die eingebrachte Forderung krisenbedingt regelmäßig nicht mehr fällig, liquide und vollwertig ist".[32] Daher hat die Bewertung einer im Rahmen eines Debt-Equity-Swap einzubringenden Forderung mit Blick auf die aktuelle Situation der Gesellschaft zu erfolgen. Solange keine Überschuldung gemäß § 19 InsO vorliegt gelten Forderungen in der Rechtsprechung als vollwer- 52

---

[31] Vgl. *Lutter/Hommelhoff*, § 56 Rn. 9.
[32] *Hass/Schreiber/Tschauner*, 846.

§ 18 4. Teil. Sanierung der finanzwirtschaftlichen Bereiche

tig. Im Überschuldungsfalle dagegen ist die Forderung mit Abschlägen zu bewerten. Für den konkreten Bewertungsmaßstab ist entscheidend, ob eine Liquidation oder aber eine Fortführung des Unternehmens wahrscheinlich ist. Sofern ausreichend besichert, kann eine Forderung jedoch auch bei Überschuldung der Gesellschaft vollwertig sein. Als Sonderfall ist zu beachten, dass Forderungen, deren Erfüllung das Grund-/Stammkapital der Gesellschaft reduzieren würden, nicht als Sacheinlage eingebracht werden können.

53 Ein weiteres Haftungsrisiko ergibt sich aus den Vorschriften zur **Kapital- und Anteilserhaltung**. Auch wenn es in Bezug auf § 225a Abs. 2 InsO, der die Zulässigkeit der Umwandlung von Gläubigerforderungen in Anteils- oder Mitgliedschaftsrechte an Schuldnern ausdrücklich vorsieht, an einer Vorgängerregelung fehlt, so war der Debt Equity Swap auch vor Einführung dieser Klausel als Sanierungsmittel bekannt und einsatzfähig[33]. Das ESUG hat jedoch mit der Aufnahme der Anteils- und Mitgliedschaftsrechte zunächst einmal zwei wesentliche Risiken des Debt Equity Swap als Sanierungsinstrument im bisher geltenden Recht beseitigt. Dies ist einerseits die Blockademacht des Altgesellschafters durch deren Einbeziehung als Gläubigergruppe, die dem Obstruktionsverbot des § 245 InsO unterliegt und andererseits durch die Möglichkeit des Bezugsrechtsausschlusses nach § 225a InsO. Vor MoMiG waren eigenkapitalersetzende Forderungen im Sinne der §§ 32a, b GmbHG (bis einschließlich 31.10.2008) nicht einlagefähig. Ob dies unter Geltung des MoMiG (seit 1.11.2008) anders zu beurteilen ist, weil der Gesetzgeber auf das Tatbestandsmerkmals des „Eigenkapitalersatzes" verzichtet hat und an dessen Stelle § 39 Abs. 1 Nr. 5, § 135 InsO getreten sind, ist umstritten[34]. Tatsächlich dürften rechtliche Gründe der grundsätzlichen Einlagefähigkeit einer nach alter Lesart eigenkapitalersetzenden Forderung eines Gesellschafter gegen die Gesellschaft nicht (mehr) entgegenstehen. Jedoch ist zu bedenken, dass eine Beteiligung auch der Alt-Gesellschafter an der einer Kapitalherabsetzung nachfolgenden Kapitalerhöhung im Rahmen eines Verfahrens nach § 225a Abs 2 InsO zu einem insolvenzrechtlichen Wertungswiderspruch führen würde. Während nämlich Drittgläubiger ihre Forderungen zum Nennwert umwandeln können und hierfür Gesellschaftsanteile erhalten, könnten die Alt-Gesellschafter mit ihren im Sinne des § 39 Abs. 1 Nr. 5 InsO nachrangigen Forderungen im Rahmen des Debt Equity Swap nicht gleichrangig behandelt werden. Im Rahmen eines insolvenzrechtlichen Planverfahrens sollte die Beteiligung der Alt-Gesellschafter daher ausgeschlossen bleiben.

54 **c) Eignung zur bilanziellen Restrukturierung.** Mit einem Debt-Equity-Swap kann eine bilanzielle Überschuldung kurzfristig effektiv reduziert bzw. vollständig beseitigt werden. Insbesondere für nachrangige Gläubiger stellt der Debt-Equity-Swap ein attraktives Finanzierungsinstrument in der Krise dar, weil sie so als Kompensation für das eingegangene Risiko an zukünftigen Unternehmensgewinnen im Falle einer erfolgreichen Restrukturierung **partizipieren**. Andernfalls wären nachrangige Gläubiger unter Umständen für ein Restrukturierungskonzept nicht zu gewinnen. Für die Altgesellschafter entspricht der Debt-Equity-Swap einem faktischen Anteilsverlust, sofern diese dem Instrument zur bilanziellen Restrukturierung zustimmen. Es ist daher nicht verwunderlich, dass gerade diese Interessensgruppe hier teilweise nicht ökonomische Verhaltensrationale bei der Anwendung dieses Instruments zeigt. Für das betroffene Unternehmen hingegen ermöglicht dieses Instrument zur bilanziellen Restrukturierung unter Umständen eine weitere positive Entwicklung, die von einem Debt-Equity-Swap für andere Stakeholder geliefert werden, denn die Gläubiger zeigen mit ihrer Forderungsumwandlung ihr Ver-

---

[33] *Schmidt*, Rn. 372 ff.
[34] *Hueck/Fastrich*, Rn. 28.

trauen in die Sanierungsfähigkeit des Unternehmens. Vgl. zum Debt-Equity-Swap auch § 16, zur steuerlichen Behandlung § 35 in diesem Handbuch.

4. Stille Gesellschaft

a) Zielsetzung und Funktionsweise. Das Instrument der stillen Gesellschaft ermöglicht dem Krisenunternehmen eine Kapitalzufuhr durch Neuinvestoren, bei der die rechtliche Stellung der Kapitalgeber zum Unternehmen flexibel ausgestaltet werden kann.[35] Durch die individuelle **Kombination von eigen- sowie fremdkapitalähnlichen Merkmalen** im Rahmen der stillen Beteiligung kann die Finanzierungsbereitschaft von potenziellen Kapitalgebern im Krisenfall erhöht werden. Als Grundtypen sind die (fremdkapitalähnliche) typische und (eigenkapitalähnliche) atypische stille Beteiligung zu unterscheiden. 55

Die in ihrer Laufzeit begrenzte und jederzeit kündbare **typische stille Beteiligung** sieht neben einer festverzinslichen Vergütungskomponente eine Gewinnbeteiligung des Kapitalgebers vor. Die Beteiligung an Verlusten kann im Rahmen der Vertragsgestaltung vollständig oder teilweise ausgeschlossen werden. Bei Nichtausschluss der Verlustbeteiligung besteht allerdings keine Nachschusspflicht über die geleistete Einlage hinaus. Zusätzlich ist eine stille Beteiligung mit rudimentären Kontrollrechten ausgestattet – darüber hinaus gehende Kontroll- und auch Mitwirkungsrechte können im Beteiligungsvertrag individuell festgelegt werden. Sofern nicht anders vereinbart, kann der stille Gesellschafter im Insolvenzfall seine Einlageforderung als Gläubiger geltend machen. Im Sanierungsfall wird jedoch in der Regel eine sog. Sanierungsabrede im Beteiligungsvertrag getroffen, die die Nachrangigkeit der Einlageforderung im Insolvenzfall festlegt und so ein typisches Eigenkapitalmerkmal darstellt. In Kombination mit dem Nichtausschluss einer Verlustbeteiligung erhält die typische stille Beteiligung damit in der insolvenzrechtlichen Überschuldungsbilanz eine Verlustdeckungsfunktion. Im Rahmen der strukturellen Bilanzanalyse ist eine mit Rangrücktritt versehene typische stille Beteiligung daher zu 50 % dem bilanziellen Eigenkapital zuzurechnen. 56

Die **atypische stille Beteiligung** unterscheidet sich von der typischen vor allem dadurch, dass der Kapitalgeber sowohl Mitunternehmerrisiko als auch -initiative trägt. Das Mitunternehmerrisiko drückt sich in einer zwingenden Beteiligung an laufenden Gewinnen und Verlusten sowie den stillen Reserven des Unternehmens aus. Die Mitunternehmerinitiative besteht bereits dann, wenn dem stillen Gesellschafter die mit einem Kommanditisten einer KG vergleichbaren Kontrollrechte zustehen. Im Beteiligungsvertrag können auch weitergehende Kontroll- und Mitwirkungsrechte bin hin zu Geschäftsführungsbefugnissen vereinbart werden. Eine atypische Beteiligung hat im Regelfall eine längere Laufzeit und kann nicht kurzfristig gekündigt werden. In Verbindung mit der nicht ausschliessbaren Verlustbeteiligung hat die atypische Beteiligung damit unabhängig von weiteren vertraglichen Ausgestaltungen Eigenkapitalcharakter und wird in der Handelsbilanz als eigenkapitalähnlicher Sonderposten nach dem Eigenkapital ausgewiesen. 57

b) Rechtliche Anforderungen und Risiken. Die stille Gesellschaft ist als Beteiligungsform in den §§ 230–236 HGB geregelt. Trotz dieser Regelungen bestehen vielfältige **Gestaltungsspielräume** durch individuelle Absprachen im Gesellschaftsvertrag. Die Anerkennung als stille Gesellschaft generell sowie die rechtliche Einordnung der Kapitaleinlage als bilanzielles Eigenkapital im speziellen verlangen jedoch insbesondere die Nachrangigkeit im Insolvenzfalle und eine Gewinn- sowie Verlustbeteiligung. 58

---

[35] Vgl. *von Tippelskirch*.

59 Formal ist die stille Gesellschaft eine Personengesellschaft. Da der stille Gesellschafter gemäß § 230 Abs. 2 HGB nach außen nicht in Erscheinung tritt, handelt es sich zugleich um eine sog. Innengesellschaft. Die Kapitaleinlage der Innengesellschaft geht in das Vermögen des Geschäftsinhabers über (§ 230 Abs. 1 HGB) und stellt im Regelfall kein haftendes Kapital dar, da die Einlage im Insolvenzfall nach § 236 Abs. 1 HGB als **Insolvenzforderung** geltend gemacht werden kann. Für (teilweise) Zurechnung der stillen Beteiligung zum bilanziellen Eigenkapital muss daher im Gesellschaftsvertrag eine Nachrangigkeit der Kapitaleinlage für den Insolvenzfall vereinbart werden.

60 § 231 Abs. 2 HGB schreibt für den stillen Gesellschafter eine zwingende **Gewinnbeteiligung** vor. Wird eine Gewinnbeteiligung im Gesellschaftsvertrag ausgeschlossen, verneint die Rechtsprechung das Vorliegen einer stillen Gesellschaft. Eine Verlustbeteiligung hingegen kann nach § 231 Abs. 2 HGB vollständig ausgeschlossen werden. Im Sanierungskontext ist jedoch zu beachten, dass eine Verlustbeteiligung zwingende Voraussetzung für die Anerkennung der stillen Beteiligung als bilanzielles Eigenkapital ist. Bei der atypischen stillen Gesellschaft ist die Verlustbeteiligung regelmäßig der Fall (Mitunternehmerrisiko), bei der typischen stillen Gesellschaft ist diese in den Gesellschaftsvertrag aufzunehmen. Auch bei Verlustbeteiligung beschränkt sich die Verpflichtung des stillen Gesellschafters allerdings auf die Höhe seiner geleisteten Einlage, bereits erhaltene Gewinne müssen im Verlustfall nicht zurückgezahlt werden (§ 232 Abs. 2 HGB).

61 Gemäß § 233 HGB stehen dem stillen Gesellschafter grundsätzlich die einem Kommanditisten (§ 166 HGB) entsprechenden **Kontrollrechte** zu. Dazu gehören insbesondere die Einsicht in den Jahresabschluss zur Bestimmung des Gewinnanteils sowie ein darüber hinaus gehendes Auskunftsrecht, sofern dies zur Ausübung der Gesellschafterrechte erforderlich ist. Weitere Vereinbarungen im Gesellschaftsvertrag über Kontroll- und Mitwirkungsrechte sind zulässig. Nach aktueller Rechtsprechung genügen jedoch bereits die Informationsrechte eines Kommanditisten zur Feststellung der Mitunternehmerinitiative im Rahmen einer atypischen stillen Beteiligung. In der Regel werden gerade bei der atypischen stillen Gesellschaft weitergehende Mitwirkungsrechte für den stillen Gesellschafter vereinbart, wie z.B. Widerspruchsrechte bei wesentlichen Änderungen in der Geschäftsausrichtung, Weisungsrechte gegenüber den Geschäftsführern bis hin zu unmittelbaren Geschäftsführungsbefugnissen.

62 c) Eignung zur bilanziellen Restrukturierung. Aufgrund ihrer rechtlichen Einordnung als **bilanzielles Eigenkapital** ist die atypische stille Gesellschaft uneingeschränkt geeignet zur Behebung einer Überschuldung. Durch die dargestellten Vereinbarungen im Gesellschaftsvertrag, vor allem über die Verlustbeteiligung, kann auch die stille Gesellschaft wirksam zur Stärkung des bilanziellen Eigenkapitals eingesetzt werden. Dabei ermöglicht eine stille Beteiligung in der Sanierungssituation eine individuelle Ausgestaltung des Chancen-Risiko-Profils für den jeweiligen Kapitalgeber, speziell mit Blick auf die Verteilung von fixen und variablen Vergütungskomponenten. Unter zusätzlicher Beachtung des auf die Höhe der Einlage begrenzten Verlustes kann mit einer stillen Beteiligung die Finanzierungsbereitschaft potenzieller Kapitalgeber in der Krise deutlich gesteigert werden. Widerstände auf Seiten der Gläubiger sind ausgeschlossen, da sich ihre Position durch die stille Beteiligung verbessert. Weil zudem keine Anteilsverschiebungen stattfinden und die Intensität der Einflussnahme der stillen Gesellschafter auf die Geschäftsführung frei gestaltbar ist, erscheint das Konfliktpotenzial mit den Altgesellschaftern stark reduziert. Auch bei der stillen Beteiligung entstehen durch den Einstieg eines Neuinvestors positive Signale für andere Stakeholder in der Unternehmenskrise.

5. Anleihen

a) Zielsetzung und Funktionsweise. In der definitorischen Abgrenzung werden „Anleihen" als verzinsliche Schuldverschreibungen verstanden, die am Kapitalmarkt platziert werden[36]. Es sind Wertpapiere die in Serie und zu gleichen Bedingungen ausgegeben werden. Dabei verspricht der Schuldner den Kapitalgebern die Rückzahlung und Verzinsung einer bestimmten Geldsumme zu bereits ex ante definierten Bedingungen. Dieses Finanzierungsinstrument kann somit als langfristiges Darlehen auf einheitlicher Grundlage betrachtet werden, das in Teilbeträgen ausgegeben wird. Basierend auf den Anleihebedingungen, die die Leistungspflicht des Emittenten festlegen, tritt ein Unternehmen als Anleihenehmer in Vertrags- und Rechtsbeziehung mit einer Vielzahl von Kapitalgebern. Die verschiedenen Forderungsrechte sind hinsichtlich ihres Bestandes und ihrer Ausübung zuerst einmal voneinander unabhängig und können so jeweils für sich allein, ohne Mitwirkung der übrigen Gläubiger, geltend gemacht werden. Lediglich dort wo das Gesetz oder die Anleihebedingungen eine andere Regelung vorsehen, wird die individuelle Rechtsausübung durch kollektives Handeln überlagert.

63

Die zunehmende Bedeutung der Anleihen als Instrument zur Kapitalbeschaffung und somit auch zur finanziellen Restrukturierung von privaten Unternehmen aller Art hat in der jüngsten Vergangenheit zu verschiedener Anleihetypen mit entsprechend mannigfaltigen Anleihemodalitäten geführt. Im Folgenden werden wesentliche Typen und Merkmale aus Unternehmenssicht vorgestellt[37].

64

- **Inhaber- und Namensschuldverschreibungen:** Die Forderung des Anleihegläubigers wird in der Praxis stets in einem Wertpapier verbrieft. In Abhängigkeit der Verbriefungsform wird zwischen Inhaber- und Namensschuldverschreibungen unterschieden. Die Inhaberschuldverschreibungen sind in den §§ 793 ff. BGB gesetzlich geregelt und stellen im Anleihemarkt den Regelfall dar. Damit ist die Möglichkeit der einfachen Übertragung sichergestellt. Für Namensschuldverschreibungen gibt es – anders als für die Ausgabe von Namensaktion – in Deutschland keine systematische gesetzlich Regelung.

- **Emissions- und Angebotsprogramme:** Emissions- und Angebotsprogramme sind Rahmenvertragswerke für die Begebung von Schuldverschreibungen verschiedenster Ausstattung in Form der Privatplatzierung oder auch des öffentlichen Angebots. Das im Zuge der Umsetzung der EU-Prospektrichtlinie16 erlassene Wertpapierprospektgesetz (WpPG) führte zum 1.7.2005 den Begriff des Angebotsprogramms ausdrücklich auch in das deutsche Recht ein: Unter einem Angebotsprogramm versteht man gemäß § 2 Nr. 5 WpPG einen Plan, der es ermöglicht, Nichtdividendenwerte ähnlicher Art oder Gattung sowie Optionsscheine jeder Art dauernd oder wiederholt während eines bestimmten Emissionszeitraums zu begeben. Die Abgrenzung umfasst sowohl typische Anleihen als auch derivative Wertpapiere jeglicher Art, d.h. Optionsscheine, Zertifikate sowie sonstige strukturierte Produkte. Für diese Arten von Wertpapieren ist es dem Emittenten gestattet, einen sog. Basisprospekt im Sinne des § 6 WpPG zu erstellen. Ein Basisprospekt zeichnet sich dadurch aus, dass er die endgültigen Bedingungen des Angebots nicht enthält. Die Emissionsprogramme deutscher Unternehmen oder Unternehmensgruppen unterliegen in der Regel deutschem oder – abhängig vom jeweiligen Platzierungsmarkt – englischem oder NewYorker Recht.

---

[36] *Claussen*, 2008.
[37] *Achleitner*, 2002; *Bosch-Groß*, 2004.

Emissionsbedingungen nach deutschem Recht sind oft in deutscher und englischer Sprache verfasst, wobei die deutsche Fassung rechtsverbindlich ist.

- **Hybridanleihen:** Auch deutsche Emittenten greifen auf innovative Finanzierungsinstrumente zurück, bei denen die Grenze zwischen der Finanzierung mit Eigenkapital und mit Fremdkapital verwischt. Ein solches Finanzierungsinstrument sind Hybridanleihen, die aufgrund der meist sehr langen Laufzeit (oder auch keines Fälligkeitsdatum) auch als ewige Anleihen bzw. auf Grund der meist enthaltenen Nachrangklausel als Nachranganleihen bezeichnet werden. Hybridanleihen weisen somit Eigenkapitalcharakter auf. Die Kündigung durch den Emittenten zu einem vorher festgelegten Termin kann jedoch vereinbart werden[38]. Die vereinbarten Kuponzahlungen können unter bestimmten Bedingungen ausgesetzt bzw. verschoben werden. Dien Anlegern wird zumeist durch einen Zinsaufschlag von bis zu 2 % oder mehr gegenüber herkömmlichen Unternehmensanleihen ein Ausgleich für das erhöhte Risiko gewährt.
- **Rating – Investment Grade Anleihen vs. High Yield Bonds:** Mit der Einführung von Ratings für Anleihen kann eine Abgrenzung zwischen dem „Investment Grade"-Segment und dem „High Yield" (bzw. „Noninvestment Grade")-Segment des Anleihemarktes vollzogen werden. Bei einem Anleiherating handelt es sich um eine Bewertung der Fähigkeit des Emittenten, die mit einer bestimmten Anleihe verbundenen Verpflichtungen zu Zins- und Tilgungszahlungen vollständig und rechtzeitig zu erfüllen. Hochzinsanleihen oder auch High Yield Bonds bzw. High-Yield-Anleihen sich durch eine hohe Renditeerwartung bei einem hohen Investmentrisiko gekennzeichnet, das sich in einem entsprechenden Rating niederschlägt. Diese Anleiheform hat ihren Ursprung in den USA und tritt seit Ende der neunziger Jahre an den europäischen Anleihemärkten vermehrt auf. Die bonitätsmäßige Einstufung eines Emittenten erfolgt durch Ratingagenturen, von denen Moody's und Standard&Poor's die größte internationale Anerkennung besitzen. Das Rating wird anhand einer Skala unterschiedlicher Bonitätsstufen dargestellt. Die Schwelle zur Investment-Grade-Anleihe liegt im Kontext der langfristigen Fremdfinanzierung (long-term rating) bei einer Bewertung nicht schlechter als Baa3 (Moodys) bzw. BBB- (S&P).
- **Zinsen:** Die festverzinslichen Anleihen (*straight bonds, fixed rate bonds*) sind die traditionellste und häufigste Form, in der Schuldverschreibungen auf Kapitalmärkten begeben werden. Die charakteristischen Merkmale dieses Anleihetyps sind der für die gesamte Laufzeit feste Nominalzinssatz (Kuponrate), die fixierte maximale Laufzeit sowie die Rückzahlung des Anleihebetrags in Höhe des Nominalwertes. Festverzinsliche Anleihen geben dem Emittenten und dem Anleger eine klare Kalkulationsbasis für Zinsaufwand bzw. Zinsertrag. Sie sind aber aus Sicht des Anlegers mit einem Zinsänderungsrisiko behaftet, wenn der Marktzins fällt oder steigt und als unmittelbare Folge davon die Kurse der Anleihen steigen oder fallen. Die Festsetzung des während der gesamten Laufzeit gleich bleibenden, festen Zinssatzes erfolgt in Anlehnung an die zum Emissionszeitpunkt aktuelle Kapitalmarktrendite. Die Zinszahlungen an den Gläubiger erfolgen üblicherweise einmal jährlich oder halbjährlich. Als wichtige Alternative zu den klassischen festverzinslichen Anleihen werden vor allem in den USA und am Euroanleihemarkt variabel verzinsliche Anleihen (*floating rate notes*) emittiert. Variabel verzinsliche Anleihen sind dadurch charakterisiert, dass der Zinssatz nicht für die gesamte Laufzeit der Anleihen festgelegt ist, sondern in regelmäßigen Abständen von drei oder sechs Monaten an die jeweiligen Marktkonditionen angepasst wird. Nach deutschem Recht bestehen gegen variabel verzinsliche Anleihen keine Bedenken, weil

---

[38] *Thomas*, ZHR 2007; *Müller-Eising/Bode*, BKR 2006.

der Zinssatz bestimmbar bleibt. Aus Sicht des Emittenten sind derartige Anleihen gerade in Zeiten einer Hochzinsphase einer Festzinsanleihe vorzuziehen. Gemäß den Anleihebedingungen wird in der Regel vor Beginn der nächst folgenden Zinsperiode der anwendbare Zinssatz festgelegt. In der Regel berechnet sich der Zinssatz aus einem Zuschlag (spread) zu einem Referenzzinssatz, in Ausnahmefällen aus einem Abschlag oder der Übernahme des Referenzzinssatzes.

- **Laufzeit und ordentliches Kündigungsrecht:** Die Laufzeiten der einzelnen Anleihetypen variieren sehr stark. Anleihen mit sehr kurzen Laufzeiten (bis zu einem Jahr) werden auch Commercial Paper genannt. Sie sind praktisch ausschließlich für institutionelle Anleger gedacht[39]. Die Laufzeiten der festverzinslichen Anleihen bewegen sich üblicherweise zwischen fünf und zehn Jahren, teilweise lassen sich aber auch längere Fälligkeiten bis zu 30 Jahre verzeichnen. Die Laufzeit von variabel verzinslichen Anleihen beträgt normalerweise zwischen fünf und sieben Jahre, bei erstklassigen Emittenten darüber hinaus. Die Laufzeit von High-Yield-Anleihen beträgt mindestens fünf, in der Regel aber sieben bis zehn Jahre. Nullkupon-Anleihen weisen in der Regel eine lange Laufzeit zwischen fünf und 20 Jahren auf. Wesentliches Merkmal von Hybridanleihen dagegen ist die unbegrenzte oder jedenfalls sehr lange Laufzeit. Es gibt üblicherweise keinen bestimmten Fälligkeitstermin und die Hybridanleihe ist grundsätzlich nur im Falle der Liquidation oder der Insolvenz des emittierenden Unternehmens rückzahlbar oder kündbar. Eine mögliche Sonderausstattung in Bezug auf die Laufzeit ist des Festlegung eines ordentlichen Kündigungsrechts für den Emittenten. Ordentliche Kündigungsrechte, die eine Kündigung ohne das Vorliegen eines Grundes erlauben, bedürfen der ausdrücklichen Vereinbarung on den Emissionsbedingungen. Umstritten ist, inwieweit § 489 BGB auf Schuldverschreibungen anwendbar ist. Die h.M. lehnt dies ab, da Schuldverschreibungen regelmäßig ein abstraktes Schuldversprechen und nicht eine Darlehensforderung verkörpern. Gegen ein einseitiges ordentliches Kündigungsrecht zugunsten des Emittenten werden teilweise Bedenken unter dem Gesichtspunkt der Vereinbarkeit mit dem Recht der ABG vorgebracht.
- **Rückzahlung:** Als Rückzahlungsmode kommen die Rückzahlung der Schuldverschreibung in einem einzigen Betrag, in gleichen Raten über die Laufzeit, in Form von Annuitäten (mit variierenden Zins- und Tilgungsanteil) oder mittels eines Tilgungsfonds in Betracht. Werden Anleihen nicht am Ende der Laufzeit, sondern entsprechend einem bereits zum Emissionszeitpunkt festgelegten fixen Tilgungsplan zurückgezahlt, so kann z.B. vorgesehen werden, dass die in Serien zerlegt Anleihe nach einer vertraglich festgelegten tilgungsfreien Zeit in einer durch Los bestimmten Reihenfolge zurückbezahlt wird.

b) Rechtliche Anforderungen und Risiken. Das auf eine Anleihe anwendbare Recht richtet sich üblicherweise nach der in den Anleihebedingungen enthaltenen Rechtswahlklauseln[40]. Das Zustandekommen und die Wirksamkeit einer Rechtswahlklausel richten sich nach dem vereinbarten Recht. Grundsätzlich kann jede beliebige Rechtsordnung gewählt werden. Während die Anleihebedingungen von DM-Auslandsanleihen bis 1992 auf Wunsch der Bundesbank oftmals die Anwendbarkeit deutschen Rechts vorsahen, wurde seitdem verstärkt die Anwendbarkeit des Rechts desjenigen Staates, in dem der Emittent seine Niederlassung hat, vereinbart. Die Anleihebedingungen von High-Yield-Emissionen, die von deutschen Emittenten begeben oder garantiert wurden unterliegen üblicherweise New Yorker Recht. Dies entspricht den Anlegererwartungen und erleich-

---

[39] *Lenenbach.*
[40] *Hartwig-Jacob.*

tert die internationale Platzierbarkeit. Das deutsche internationale Privatrecht (Art. 11 Abs. 1 EGBGB) schreibt für eine vertragliche Rechtswahl keine besondere Form vor[41].

66 Das Rechtsverhältnis zwischen Anleiheemittent und Anleger wird maßgeblich durch die Verwendung der in den Anleihebedingungen enthaltenen Vertragsklauseln bestimmt. Die Rechtsprechung nimmt an, dass die Anleihebedingungen im Verhältnis zwischen dem Emittenten und den Anlegern einer Kontrolle nach dem Recht der AGB gem. §§ 305 ff. BGB unterliegen. Zweifel an der Einstufung von Anleihebedingungen als AGB könnten insbesondere deshalb bestehen, weil in Abhängigkeit von der Emissionstechnik die Definitionsmerkmale von AGB nicht ohne weiteres festzustellen sind. Dies gilt insbesondere für Fremdemissionen, bei denen die Anleihebedingungen mit einem Bankenkonsortium ausgehandelt und die Wertpapiere von diesem fest übernommen werden. Bei der Ausgabe von Anleihen im Rahmen einer Fremdemission stehen die Anleger während des Emissionsvorgang in keiner unmittelbaren vertraglichen Beziehung zum Emittenten. Eine solche entsteht erst, wenn der Anleger das Eigentum an den Anleihen erwirbt. Ferner ist fraglich, ob die Definitionsmerkmals der Vorformulierung für eine Vielzahl von Verträgen, des einseitigen Stellens und des fehlenden Aushandelns der Anleihebedingungen erfüllt werden.

67 Allerdings wird man für einige AGB-spezifische Vorschriften, die nicht mit der Ausgestaltung von Schuldverschreibungen vereinbar sind, Ausnahmen von der Anwendbarkeit der §§ 305 ff. BGB zulassen müssen, z.B. im Bereich der Einbeziehung der AGB gegenüber den Anlegern nach § 305 Abs. 2 BGB. Wendet man diese Bestimmung wörtlich an, wäre häufig ungewiss, ob die Anleihebedingungen Bestandteil des Vertrags geworden sind. Aufgrund der Besonderheiten von Kapitalmarktpapieren verzichtet die herrschende Meinung auf eine Einbeziehung nach § 305 Abs. 2 BGB oder stellt für die Einbeziehung auf das Verhältnis zwischen dem Emittenten und den Konsortialbanken im Rahmen der Erstbegebung der Anleihe ab. Nunmehr hat auch der BGH entscheiden, dass Anleihebedingungen von Inhaberschuldverschreibungen nicht in den Anwendungsbereich des § 305 Abs. 2 BGB fallen. Der BGH begründet dies mit einer funktionalen Reduktion unter Berufung auf den Willen des Gesetzgebers den Rechtsverkehr durch § 2 AGBG nicht unnötig zu behindern und dem Konzept eines fungiblen Wertpapierhandels[42].

68 In der heutigen Praxis wird üblicherweise in den Anleihebedingungen ein Gerichtsstand für alle aus oder im Zusammenhang mit der Anleihe entstehenden Rechtsstreitigkeiten vertraglich festgelegt. Die Wirksamkeit einer Gerichtsstandsvereinbarung richtet sich nach dem – entsprechend den Kollisionsnormen des angerufenen Gerichts anwendbaren – (vereinbarten) Recht. Teilweise wird eine Unwirksamkeit gem. § 307 BGB angenommen, wenn der gewählte Gerichtsstand keinen Bezug z.B. zu dem Sitz des Emittenten oder des Garanten sowie dem Ort, an dem sich die als Sicherheit gegebenen Gegenstände befinden, aufweist.

69 Allgemein gilt, dass je besser die Bonität und das Rating des Emittenten sind, desto weniger Bedarf für die Besicherung der Anleihe besteht. Anleihen, in denen Banken und international tätige Großunternehmen als Schuldner auftreten, werden daher in der Regel ungesichert begeben. Für andere Emittenten, insbesondere im High Yield-Segment, wird die Sicherung der auszugebenden Anleihe als faktische Voraussetzung für den Zutritt zu den internationalen Kapitalmärkten angesehen. In der Praxis der internationalen Anleihen lässt sich zum einen die Verwendung der traditionellen Sicherungsinstrumente der Personal- und Realsicherheiten und zum anderen – insbesondere bei High-Yield-

---

[41] *Siebel.*
[42] BGH v. 28.6.2005 – XI ZR 363/04.

Anleihen – die Einbeziehung von weiteren Klauseln und Abreden mit Sicherungsunktion, insbesondere sog. Zusicherungen (bond covenants), feststellen. Darunter wird die Verpflichtung des Emittenten oder eines Dritten verstanden, für die Dauer der Anleihe einen bestimmten Zustand aufrechtzuerhalten oder ein bestimmtes Verhalten zu unterlassen. Eine Verletzung der Zusicherungen durch den Emittenten begründet ein außerordentliches Kündigungsrecht der Anleihegläubiger.

c) Eignung zur bilanziellen Restrukturierung. Technisch betrachtet sind Anleihen 70 kein uneingeschränkt wertstiftendes Instrument zur bilanziellen Restrukturierung. Über die Anleihen können dem Unternehmen, auch in der Krisen- bzw Sanierungssituation, weitere Liquidität verschafft werden und eine Anpassung der Kapitalstruktur erwirkt werden. Dabei ist anzumerken, dass diese Anpassung ggfs. lediglich vorübergehender Natur sein kann und eine Restrukturierung der Gesellschaft mit Berücksichtigung von Finanziers erfolgen muss, die nicht zwingend die gleiche Risiko-Rendite-Perspektive wie die Organträger der Gesellschaft haben. Die Praxis zeigt aktuell allerdings einen vermehrten Einsatz von Anleihen in der Unternehmensfinanzierung, auch im sog. deutschen Mittelstand. Aufgrund der Tatsache das Anleihegläubiger oft institutionelle Investoren sind unterliegen diese meist keinen regulatorischen Auflagen wie klassische Geschäftsbanken und können so auch einen kurzfristigen Beitrag zur Restrukturierung leisten. Für das Unternehmen wird so neben der Liquiditätsaufnahme auch die Aussteuerung von möglicherweise existierenden Financial Covenants möglich. Für die bilanzielle Restrukturierung ist allerdings kritisch anzumerken, das die Ausgestaltung der Anleihe und deren Publikationspflichten besondere Herausforderungen für die Gesellschaft mit sich bringen wie auch die Handhabung der entsprechenden Besicherung. Im Falle einer möglichen gerichtlichen Restrukturierung wird eine spezifische Gläubigergruppe begründet, die in der Regel eine strikte Kapitalmarktorientierung hat.

V. Financial Covenants als Gläubigerschutzinstrument

1. Begriffliche Abgrenzung und Ausprägungsformen

Aus Sicht der Gesellschafter, vor allem wenn sich um Private Equity Unternehmen handelt, sind Kennzahlen von essentieller Bedeutung, deren Einhaltung im Rahmen von den im Rahmen der Unternehmensfinanzierung beteiligten Fremdkapitalgebern als sogenannte (Financial) Covenants eingefordert werden. Dabei versteht man unter Covenants hier Zusatzvereinbarungen zwischen Fremdkapitalgebern und dem Unternehmen bei der Kreditvergabe, die den Zweck erfüllen sollen, die Kreditwürdigkeit des Unternehmens zu unterstützen. Dabei verpflichten sich die Kreditnehmer über die Laufzeit des Kredits zur Einhaltung vertraglich definierter Kennzahlen, den sogenannten Covenants, hinsichtlich der Vermögens- und Ertragslage, wobei sie auf Basis der Gewinn-und-Verlust-Rechnung sowie der Bilanz des Schuldnerunternehmens ermittelt werden.[43] Im Schrifttum und in der Praxis hat sich eine Einteilung in **positive (affirmative)** und **negative Covenants** durchgesetzt:[44]

Positive Covenants beschreiben Handlungen, die der Kreditnehmer vorzunehmen 72 hat. Dazu gehören beispielsweise die

---

[43] Vgl. *Hoffmann* S. 414.
[44] Vgl. *Thießen* S. 144.

§ 18 4. Teil. Sanierung der finanzwirtschaftlichen Bereiche

- **Informationspflichten** im Hinblick auf finanzielle Kennzahlen sowie geschäftsrelevante Ereignisse
- Festlegung der für die Unternehmenspublizität maßgeblichen **Rechnungslegungsstandards**
- Abschlüsse der für die Unternehmenstätigkeit notwendigen **Versicherungen**

73 Die aus den positiven Covenants resultierende Informationspflicht geht in der Regel über die gesetzliche Publizitätspflicht hinaus. Hierbei handelt es sich neben den periodischen Rechnungslegungsinformationen um **Ad-hoc-Anfragen** des Kreditgebers sowie die Übermittlung von (internen) **Business-Plänen**, **Prognosen** sowie anstehenden **Geschäftsentscheidungen**.

Im Gegensatz zu den positiven Covenants, die vorschreiben, welche Handlungen der Kreditnehmer zur Bedienung des Kapitaldienstes zu vollbringen hat, beziehen sich **negative Covenants** auf Maßnahmen, die der Kreditnehmer nicht ohne die Zustimmung des Kreditgebers ausführen darf. Zum typischen Katalog von Handlungen, die Gegenstand von negativen Covenants sind, gehören:

- Gesellschafterwechsel
- Ausschüttungen von Gesellschaftsvermögen (in Form von Dividenden oder Aktienrückkäufen)
- Unternehmensakquisitionen bzw. Verkäufe von Unternehmensvermögen
- Investitionen in (neue, meist riskantere) Geschäftsbereiche
- Aufnahmen neuer, insb. vorrangiger Kreditverbindlichkeiten
- Übernahmen von Bürgschaften, Garantien oder ähnlichen Verpflichtungen zugunsten Dritter
- Zurverfügungstellung von (jetzigen oder zukünftigen) Vermögensgegenständen als Sicherheiten für andere Gläubiger (negative pledge)

74 Aus oben stehender Auflistung wird ersichtlich, dass negative Covenants weit in die unternehmerische **Handlungsbefugnis** reichen können. Im Folgenden ist zu klären, welche **Implikationen** daraus für die **Restrukturierung** von Unternehmen resultieren. Zuvor ist gesondert auf **Financial Covenants** einzugehen, die im Rahmen der Unternehmensfinanzierung die **bedeutendste Untergruppe** von Covenants bilden.

75 **Financial Covenants**, welche sich auch als **Kapitalstrukturauflagen** umschreiben lassen, beziehen sich auf die **finanzielle Situation** des Kreditnehmers und verpflichten diesen, bestimmte Kennzahlen zum **Eigenkapital**, zur **Verschuldung**, zum **Ertrag** oder zur **Liquidität** einzuhalten.[45] Sie stellen somit Mindestanforderungen an die Vermögens-, Finanz- und Ertragslage dar und werden mit exakten Grenzwerten in den Kreditverträgen ausformuliert. Diese Grenzen werden sowohl in **absoluter** Form als auch als **Verhältnisangaben** festgesetzt.

76 Als die in der Kreditpraxis am häufigsten verwendete Klausel zur **Eigenkapitalausstattung** verlangt das *net worth requirement*, dass das Eigenkapital des Kreditnehmers einen bestimmten, in absoluten Zahlen festgelegten Betrag nicht unterschreitet.[46] Dabei wird häufig vorgesehen, dass der vereinbarte Mindestbetrag während der Kreditlaufzeit kontinuierlich ansteigt (*step-up provision*). Somit wird sichergestellt, dass die im Unternehmen erzielten Gewinne zur Eigenfinanzierung verwendet und nicht in ihrer Gesamtheit an die Anteilseigner ausgeschüttet werden.

77 Financial Covenants regeln zudem insbesondere die (maximale) Höhe der **Verschuldung** des Kreditnehmers. Die Regelung erfolgt meist in Form der Festlegung des Ver-

---

[45] Vgl. *Malitz*.
[46] Vgl. *Private Placement Enhancement Project*, 55 f.

schuldungsgrads (*leverage/gearing ratio*). Dabei darf die Summe der Verbindlichkeiten im Verhältnis zum Eigenkapital eine vereinbarte Obergrenze nicht übersteigen.[47] Die absolute Obergrenze für die (zugelassene) Verschuldung ist demzufolge abhängig von der Eigenkapitalausstattung des Schuldnerunternehmens: Mit zunehmendem Eigenkapital – z.B. infolge eines Gewinnvortrags oder einer Kapitalerhöhung – ist dem Kreditnehmer eine proportional entsprechende Ausweitung der Verschuldung gestattet, wohingegen umgekehrt eine geschmälerte Eigenkapitalbasis – z.B. infolge von Verlusten – eine Rückführung der Verschuldung erforderlich macht.

Während bei den Eigenkapital- und Verschuldungsklauseln die Fähigkeit zur endfälligen Rückzahlung des gesamten Kreditvolumens im Vordergrund steht, dienen auf den **Ertrag** abstellende Klauseln als Maßstab dafür, ob der Kreditnehmer den periodisch wiederkehrenden Kapitaldienst erbringen kann.[48] In der Praxis finden sich diesbezüglich insbesondere folgende Kennzahlen:[49]

- Debt Service Cover Ratio (Schuldendienstdeckungsgrad), als Verhältnis von dem Schuldendienst zur Verfügung stehenden Cashflow zum periodenrelevanten Schuldendienst (Zins + Tilgung)
- Leverage Ratio (Nettoverschuldungsgrad), als Verhältnis von Net debt zu EBITDA
- EBITDA Interest Cover (Zinsdeckungsgrad), als Verhältnis von EBITDA zu Zinsaufwand

Beispiele von praxisrelevanten Financials Covenants

Englische Bezeichnung	Deutsche Bezeichnung	Definition		Bedeutung in der Praxis
Debt Service Cover Ratio (DSCR) auch Fixed Charge Cover oder Cashflow Cover	Schuldendienst-deckungsgrad	DSCR =	Für Schuldendienst verfügbarer Cashflow / Schuldentilgung und Zinszahlungen	Sehr hoch
Leverage Ratio	Nettoverschul-dungsgrad	Leverage Ratio =	Net debt / EBITDA	Sehr hoch
EBITDA Interest Cover	Zinsdeckungs-grad	EBITDA Interest Cover =	EBITDA / Zinsaufwand	Hoch
Capex Limit	Investitionslimit	Absolute kumulierte Obergrenze		Mittel

Abb. 5: Beispiel von praxisrelevanten Financial Covenants (Quelle: *Blatz/Haghani/Schönfeld*, 8)

Da neben der Eigenkapitalausstattung, der Verschuldung und dem Ertrag auch die **Liquidität** des Schuldnerunternehmens das Kreditausfallrisiko determiniert, sehen Financial Covenants in einigen Fällen die Einhaltung bestimmter Liquiditätsanforderungen vor.[50] Liquiditätsklauseln (*current ratios*) sollen sicherstellen, dass während der Kreditlaufzeit beim Kreditnehmer die kurzfristig realisierbaren Mittel um ein festgelegtes Maß die (kurzfristigen) Verbindlichkeiten übersteigen.

---

[47] Vgl. *Malitz*.
[48] Vgl. *Private Placement Enhancement Project*, 15 f.
[49] Vgl. *Blatz/Haghani/Schönfeld*, 8–10.
[50] Vgl. *Wittig*, Rn. 161, 171.

2. Sanktionsmechanismen und Gegenmaßnahmen bei Covenant-Brüchen

80 Im Fall der **Verletzung** von Financial Covenants existieren eine Reihe von möglichen **Sanktionsmechanismen**:[51] Das schwerwiegendste Drohinstrument des Kreditgebers im Fall der Nichteinhaltung von Financial Covenants ist die **Kündigung** des Kreditvertrags. Bei Erstverletzung wird jedoch von diesem Kündigungsrecht in der Praxis selten Gebrauch gemacht. Vielmehr kommt es in den meisten Fällen zu einer **Nachverhandlung** des Kreditvertrags. In kritischeren Fällen flankieren Banken bereits die Nachverhandlung durch ein **Einfrieren der Kreditlinien**, um ihre Verhandlungsposition zu stärken.

81 Der Verzicht auf das Kündigungsrecht wird als ein sog. *Waiver* bezeichnet. Der *Waiver* kann bei unkritischen Nichteinhaltungen der Financial Covenants ohne weitere Maßnahmen erteilt oder durch eine oder mehrere der folgenden Maßnahmen begleitet werden:[52] Die Erteilung des Waivers kann eine Bearbeitungsgebühr – eine sog. *Waiver Fee* – nach sich ziehen. Ein mögliches Ergebnis der Nachverhandlung können zudem heilende **Gegenmaßnahmen** sein, beispielsweise die **Veräußerung** von (nicht betriebsnotwendigem) **Vermögen** oder die Zuführung von **zusätzlichem Eigenkapital**. Durch solche Maßnahmen werden unter Umständen die nicht erfüllten Financial Covenants ex-post geheilt.

82 Häufig kommt es darüber hinaus zu einer **Anpassung der Kreditkonditionen** gemäß einem gegebenenfalls bereits im Vertrag festgelegten *Margin Ratchet* oder *Pricing Grid*. Die Bonitätsverschlechterung des Unternehmens, die sich in der verschlechterten Finanzkennzahl widergespiegelt, führt anhand des *Margin Ratchet* zu einer **Erhöhung** der Kreditmarge und somit des **Zinssatzes**.

83 Falls sich die Verschlechterung der Finanzkennzahlen des Unternehmens als nachhaltig herausstellt, sind die **Financial Covenants** im Regelfall **anzupassen**. Je stärker die Anpassung aufgrund der Verschlechterung der Finanzkennzahlen ausfällt, umso höher werden die Kreditmargen ausfallen. Darüber hinaus kann die Gläubigerbank die Bestellung zusätzlicher **Sicherheiten** sowie eine **Sperre** für **Ausschüttungen** und/oder (nachrangige) **Darlehen** fordern.[53]

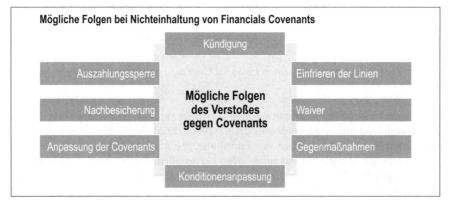

Abb. 6: Mögliche Folgen bei Nichteinhaltung von Financial Covenants (Quelle: *Blatz/Haghani/Schönfeld*, 16)

---

[51] Vgl. *Blatz/Haghani/Schönfeld*, 15 f.
[52] Vgl. *Paris,* 17–8.
[53] Vgl. *Blatz/Haghani/Schönfeld*, 16.

3. Zielsetzung der Covenants: Frühwarnsystem und Präventive Risikobeschränkung

Je nach dem, in welcher Phase der Unternehmenskrise (**strategische Krise**, **Ergebniskrise**, **Liquiditätskrise**) die Restrukturierung ansetzt, kann der Einsatz von Financial Covenants unterschiedliche Zwecke verfolgen: Das Stadium einer **strategischen Krise**, welches durch eine Verschlechterung der eigenen Position im Markt geprägt ist, erfordert ein geeignetes **Früherkennungsinstrument**, das in der Lage ist, bereits „schwache" Signale einer sich anbahnenden Krise aus meist noch positiven Ergebnissen im operativen Tagesgeschäft herauszufiltern.[54] 84

Financial Covenants stellen insofern Indikatoren zur Früherkennung von Krisen dar, als eine verschlechterte Lage des Unternehmens frühzeitig daran zu diagnostizieren ist, dass einzelne Financial Covenants zunehmend schwerer eingehalten werden können. Wichtig dabei ist, dass bei Abschluss des Kreditvertrags dem Kreditnehmer **Informationspflichten** auferlegt werden, um diesen zu einer zeitnahen Vorlage aussagekräftiger betriebswirtschaftlicher Informationen zu veranlassen. Der Kreditgeber sollte dazu in der Lage sein, die vorgelegten Informationen zum Zweck der **Risikofrüherkennung auszuwerten**, was wiederum ein tief gehendes **Verständnis der Branche** des Schuldunternehmens voraussetzt. Deutet die Auswertung auf eine strategische Krise des Unternehmens hin, kann der Kreditgeber mittels einer **risikoadjustierten Konditionenanpassung** den Kreditnehmer zum Einlenken bewegen. 85

Wird die strategische Krise nicht überwunden, tritt das Unternehmen nach einem gewissen Zeitraum fehlender Gegenmaßnahmen in die Phase der **Ergebniskrise** ein.[55] Diese ist durch die **Verfehlung von Gewinn- und Rentabilitätszielen** gekennzeichnet, was einen steigenden Handlungsdruck mit einem im Gegenzug abnehmenden Handlungsspielraum seitens des Managements zur Folge hat.[56] 86

Eine Ergebniskrise schlägt unmittelbar auf die **Kreditausfallwahrscheinlichkeit** durch: die **Verluste** vermindern das den Gläubigern als **Haftungsmasse** zur Verfügung stehende Eigenkapital; mit schwindenden Eigenmitteln steigt darüber hinaus seitens der Gesellschafter die Bereitschaft zu riskanteren Geschäftsstrategien (**Risikoanreizproblem**), was die Gläubigerposition weiter verschlechtert.[57] 87

Anders als andere Gläubigerschutzmechanismen sind Financial Covenants für ein restrukturierungsbasiertes Eingreifen in der Ergebniskrise **besonders geeignet**; denn der Kreditgeber kann unter Androhung einer Kreditkonditionenanpassung das Schuldnerunternehmen zur Ergreifung von Maßnahmen zwingen, die in der Regel das Krisenunternehmen der Überwindung der Ergebniskrise näher bringen: Covenants in Bezug auf die Eigenkapitalhöhe und den Verschuldungsgrad haben zur Folge, dass das Schuldnerunternehmen (beispielsweise mittels einer **Kapitalerhöhung**) die (angeschlagene) Eigenkapitalausstattung verbessern und die (zu hohe) Verschuldung zurückfahren muss. Zudem hat der Kreditnehmer angesichts auf den Ertrag abstellender Covenants mittels **Kostensenkungen** und **Ertragssteigerungen** die Rentabilität seines (operativen) Geschäfts zu verbessern. Schließlich kann der Kreditgeber durch den Einsatz negativer Covenants verhindern, dass der Kreditnehmer mittels **riskanter Geschäftsstrategien** der Ergebniskrise zu entkommen versucht (*gambling for resurrection*). 88

---

[54] Vgl. *Haghani*, 47.
[55] Vgl. *Kraus/Haghani*, 16 f.
[56] Vgl. *Blatz/Haghani*, 3.
[57] Vgl. *Holzamer*, 124–128.

4. Einflussnahme auf die Geschäftsführung

89 Hat die Ergebniskrise das Eigenkapital und die liquiden Mittel des Unternehmens nahezu vollkommen aufgezehrt, befindet sich das Unternehmen in der **Liquiditätskrise**.[58] Da das Schuldnerunternehmen in der Regel nicht mehr in der Lage ist, die Krise aus eigener Kraft zu bewältigen, bieten Financial Covenants den Gläubigern die Möglichkeit, infolge eines **Covenant-Bruchs** aktiv in die Führung des zu restrukturierenden Unternehmens einzugreifen. Hängt das Überleben des Schuldnerunternehmens maßgeblich von der Finanzierung durch den Kreditgeber ab, kann dieser unter Androhung der Kündigung des Kreditverhältnisses umfangreiche **Mitwirkungsrechte** bis hin zur **faktischen Übernahme der Unternehmensführung** erlangen.

90 Allerdings sind der Wirkung von Financial Covenants in der dringendsten Phase der Restrukturierung in zweierlei Hinsicht **enge Grenzen** gesetzt:
Der im gesellschaftsrechtswissenschaftlichen Schrifttum sowie in der Rechtsprechung auftauchende Begriff der „**faktischen Geschäftsführung**" stützt sich auf den Tatbestand, dass der faktische Geschäftsführer gegenüber dem formellen Geschäftsführer eine überragende Stellung einnimmt.[59] Solange vonseiten der Rechtsprechung und des Gesetzgebers nicht eindeutig geregelt ist, inwiefern die Einflussnahme auf die Geschäftsführung infolge eines Covenant-Bruchs in eine faktische Geschäftsführung mündet, sollte der Kreditgeber bei Ausübung der Mitwirkungsrechte ein gewisses Maß an **Zurückhaltung** üben, um insbesondere im Insolvenzfall nicht den gleichen Pflichten wie ein faktischer Geschäftsführer unterworfen zu werden.

91 Abgesehen von juristischen Restriktionen unterliegt der Einsatz von Financial Covenants in der Liquiditätskrise auch dahingehend einer Einschränkung, als dieser zwar das Abrutschen in eine Liquiditätskrise verhindern, jedoch nicht den Weg aus ihr heraus ebnen kann. Was ein in der Liquiditätskrise befindliches, zu restrukturierendes Unternehmen benötigt, sind **finanzielle und unternehmerische Spielräume**, die gerade von Financial Covenants nur in sehr begrenztem Umfang gewährleistet werden. Demzufolge sollten Financial Covenants in der Liquiditätskrise eher auf **gläubigerschädigendes Verhalten** abstellen, als den leistungs- und finanzwirtschaftlichen Spielraum des Schuldnerunternehmens so eng zu schnallen, dass ein erfolgreicher **Tournaround** kaum mehr möglich ist.

5. Exkurs: Ergebnisse der Financial-Covenant-Studie von Roland Berger Strategy Consultants

92 **a) Teilnehmer und Schwerpunkte der Studie.** Um die Bedeutung von Financial Covenants in der Bankenpraxis genauer zu erfassen, hat ROLAND BERGER STRATEGY CONSULTANTS ca. **100 Vertreter** von mehr als **20 deutschen Kreditinstituten** – darunter alle vier deutschen **Großbanken** sowie die größten Banken aus dem **öffentlichen** und **genossenschaftlichen Bankensektor** zum Thema Financial Covenants befragt.[60]

---

[58] Vgl. *Blatz/Haghani*, 4.
[59] Vgl. BGH 3 StR 101/00, 10.5.2000.
[60] Vgl. *Haghani/Holzamer/Voll*.

§ 18 Bilanzielle Restrukturierung und Financial Covenants § 18

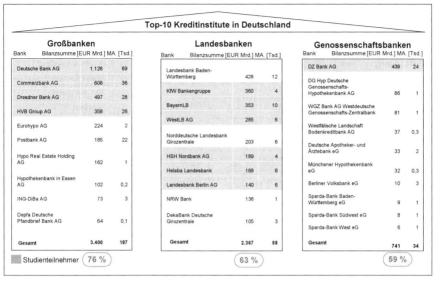

Abb. 7: Abdeckung der deutschen Bankenlandschaft durch die Financial-Covenant-Studie (Quelle: *Roland Berger*, die Bank, 2007)

Thematische Schwerpunkte der Studie waren u.a.: 93
- die **Bedeutung** und **Arten** von Financial Covenants bei der Kreditfinanzierung zum **aktuellen** Zeitpunkt und in der **Zukunft**
- die Auswirkung von Financial Covenants auf den **strategischen Handlungsspielraum** und die **(Finanzierungs-)Kosten** des Schuldnerunternehmens
- die Rolle von **externen Beratern** bei der Covenant-**Implementierung** sowie bei Covenant-**Verstößen**

b) Kernergebnisse der Studie. Im Vorfeld der Studienveröffentlichung lassen sich 94
folgende Ergebnisse festhalten:
- Financial Covenants wird von 31 % aller befragten Banken eine **sehr hohe**, von 56 % eine **hohe** und 13 % eine geringe **Bedeutung** beigemessen.
- Es ist ein allgemeiner Trend zu **strikteren** Financial Covenants, insbesondere bei **LBO-Transaktionen** und **KMUs** zu beobachten.
- Als bedeutendste Arten von Financial Covenants werden **EBITDA Interest Cover**, **Debt Service Cover Ratio** und **Leverage Ratio** genannt.

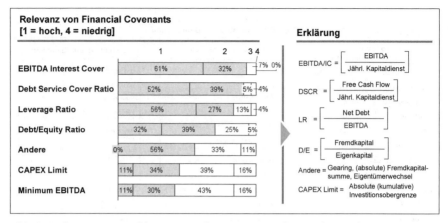

Abb. 8: Relevanz ausgewählter Financial Covenants in der Kreditvergabepraxis (Quelle: *Roland Berger*)

- Financial Covenants finden insbesondere bei **nachrangigen Kreditverträgen** Anwendung.

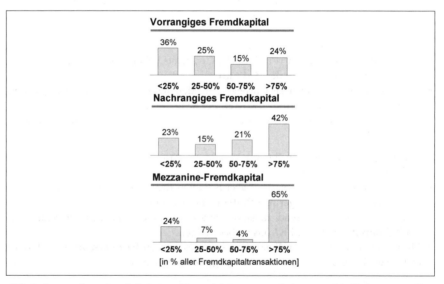

Abb. 9: Anwendungshäufigkeit von Financial Covenants bei unterschiedlichen Fremdkapitaltransaktionen (Quelle: *Roland Berger*)

- Als die drei wichtigsten Eigenschaften von Financial Covenants werden genannt: **Funktionalität** (37%) (d.h. genaue Abbildung der finanziellen Situation des Schuldnerunternehmens), **Praktikabilität** (28%) (d.h. unkomplizierte Berechnung) sowie **Robustheit** (26%) (d.h. Unanfälligkeit gegenüber Manipulationen).
- Kreditinstitute führen größtenteils (66%) eine **schuldnerspezifische Anpassung** von Financial Covenants durch, wobei das zugrunde liegende **Finanzierungsinstrument**, das **Geschäftsmodell** und die **Branche** des Kreditnehmers die größte Rolle spielen.

- Die Überwachung von Financial Covenants findet in aller Regel auf **vierteljährlicher** Basis statt.
- Eine **Einschränkung** des **strategischen Handlungsspielraums** des Schuldnerunternehmens geht nach überwiegender Meinung der befragten Banken von Financial Covenants **nicht** aus.
- **Unternehmensberater** stellen sowohl bei der **Aufsetzung** von Kreditverträgen (37 %) als auch bei der Aufsetzung von **Maßnahmen bei Covenant-Brüchen** (50 %) die **größte Gruppe externer Berater** (neben Wirtschaftsprüfern, Rechtsanwälten und Steuerberatern) dar.
- Covenant-Brüche führen größtenteils zu einer **Zinserhöhung** sowie zu einer Einschaltung von **Unternehmensberatern**.

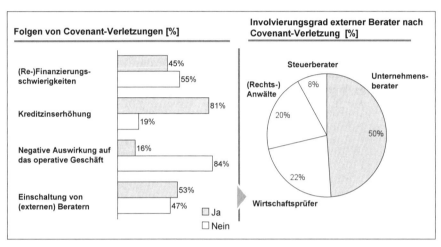

Abb. 10: Konsequenzen von Covenant-Verletzungen und anschließender Involvierungsgrad externer Berater (Quelle: *Roland Berger*)

VI. Fazit

Die **Wiederherstellung des finanziellen Gleichgewichts** und die Abwendung einer bilanziellen Überschuldung können durch die gezielte und gestaltende Anwendung der verschiedenen Möglichkeiten der bilanziellen Restrukturierung sichergestellt werden. So ist es möglich die bilanzielle Basis des Eigenkapitals durch die Zufuhr von weiterem Kapital zu stärken, dies gelingt allerdings auch bis zu einem gewissen Grad durch „Buchungsarithmetik" ohne Kapitalzufuhr. Gleichzeitig kann durch diese Instrumente eine ökonomisch optimale Wahrung der Interessen aller beteiligten Kapitalgeber ermöglicht werden, natürlich unter der Maßgabe einer umfangreichen und ganzheitlichen Unternehmensrestrukturierung.

Es soll dabei auch nicht unerwähnt bleiben, dass die Anwendung der Möglichkeiten einer bilanziellen Restrukturierung von zahlreichen rechtlichen Herausforderungen und ökonomischen Risiken begleitet wird. Dies umfasst gesellschafts- und insolvenzrechtliche Statuten, die eingehalten werden sollten – sowohl durch die Gesellschafter und Kapitalgeber als auch durch die Geschäftsführung – wie auch strafrechtliche Implikationen. Durch die bedingt insolvenznahe Anwendung dieser Instrumente und Möglichkeiten der bilanziellen Restrukturierung ist das ökonomische Risiko des „Scheiterns" unter Umständen erhöht und die Grenzen zwischen „noch legal" und „nicht mehr ganz legal" verschwimmen vermeintlich. Es ist daher stets ein klares und nachvollziehbares Vorgehen basierend auf einem abgestimmten **Konzept** zu empfehlen.

97 Um gerade den finanzierenden Banken ein Instrument zur Überwachung und Einhaltung des vereinbarten Konzeptes an die Hand zu geben, empfiehlt sich die Einarbeitung von Covenants als gläubigerschützendes Instrument. Dies ermöglicht allen Parteien eine zweckadäquate Einbringung und Beteiligung an der Restrukturierung sowie einen erhöhten Anreiz für die Gesellschaft zur Planerreichung.

98 Abschließend sollte hier nicht unerwähnt bleiben, dass die bilanzielle Restrukturierung per se keine operative Wertschöpfung erzeugt. Nicht selten nutzen gerade risikofreudige Finanzinvestoren die verschiedenen Ansätze der bilanziellen Restrukturierung, um eine Distress-Transaktion zu ermöglichen und gleichzeitig ihren spezifischen Transaktionswert zu optimieren, ohne dabei auch nur die Implikationen einer ganzheitlichen, auf den Möglichkeiten der Gesellschaft basierenden Restrukturierung ins Kalkül zu ziehen. Wird hingegen die bilanzielle Restrukturierung als integrativer Bestandteil einer **ganzheitlichen Unternehmenssanierung** berücksichtigt, so wird die Effektivität und Effizienz dieser Art der Sanierungsfinanzierung erst evident.

5. Teil
Sonderthemen

§ 19 Distressed Investments

Übersicht

	Rn.
I. „Distressed" als Asset-Klasse und Investitionsform	1–29
1. Grundlagen	1–7
2. Konzeptionelle Fundierung	8–13
3. Begriffliche Abgrenzung	14–22
4. Historische Entwicklung	23–29
II. Risikoklassifizierung als Grundlage der Investorenentscheidung	30–63
1. Perspektiven auf die Risikoklasse Distressed Assets	30–32
2. Bestimmung des Investitionsverlustrisikos	33–44
a) Ansatz von Rating-Agenturen	33–35
b) Expected Loss	36–38
c) Scoring-Modelle	39–44
3. Investitionsbewertung von Distressed Assets	45–63
a) Multiple-Verfahren	45–49
b) Discounted-Cashflow (DCF)-Verfahren – Bedetung des Financial Distress	50, 51
c) Anpassung des Standard-DCF-Ansatzes an Distressed Assets	52–60
d) Investitionsbewertung bei Unternehmensliquidation	61
e) Probleme der Bewertungsverfahren	62, 62
III. Formen des Distressed Investings	64–122
1. Distressed Debt	64–84
a) Charakteristika und Abgrenzung	64–70
b) Beweggründe für Banken, Distressed Debt zu veräußern	71–79
c) Beweggründe für Investoren, Distressed Debt zu erwerben	80–84
2. Rangklassen von Fremdkapital	85–90
a) Senior und Junior Debt	85, 86
b) Second Lien	87
c) High Yield	88
d) Mezzanine	89, 90
3. Distressed Equity	91–102
a) Charakteristika und Abgrenzung	91–97
b) Differenzierung zu Private Equity	98–102
4. Hybride Finanzierungsformen – Distressed Mezzanine	103–119
a) Allgemein	103–106
b) Ausgewählte Formen: Stille Gesellschaft, Nachrangdarlehen und Genussrecht	107–111
c) Besonderheiten zum Zeitpunkt des Distress	112–119
5. Workout-Strategien der finanzierenden Kreditinstitute	120–122
IV. Erwerbs- und Investitionsprozess von Distressed Assets	123–162
1. Investitionsprozess im Überblick	123–142
a) Bestimmung der Investitionsstrategie	123–126
b) Kapitalsuche	127

	Rn.
c) Investitionssuche und -auswahl	128–130
d) Due Diligence	131–136
e) Strukturierung und Realisierung der Investition	137–139
f) Controlling, Sanierung und Exit	140–142
2. Aktives vs. passives Management	143–147
3. Single-Name-Transaktionen vs. Portfoliokäufe	148–151
4. Korrelation mit anderen Anlagemöglichkeiten	152, 153
5. Exit-Strategien	154–162
V. Derivative Finanzierungstitel und deren Platzierungsmärkte von Distressed Assets	163–203
1. Allgemein	163, 164
2. Grundzüge der Verbriefung	165–171
3. Collateralized Debt Obligation	172–175
4. Collateralized Loan Obligation	176–203
a) Typisierung von Collateralized Loan Obligations	176–178
b) Analyse eines Kreditportfolios	179–183
c) Modifizierung der Standardanalyse im Rahmen von Distressed CLO	184–185
d) Strukturelle Besonderheiten	186–188
e) Sicherung der Liquidität	189–193
f) Rolle des Bankgeheimnisses	194–203

I. „Distressed" als Asset-Klasse und Investitionsform

1. Grundlagen

1 Wird ein Vermögensgegenstand als „Distressed" bezeichnet, ist zu unterstellen, dass die besondere und meist außergewöhnliche Situation der Krise vorliegt. Die Krisensituation ist ein Ergebnis einer Negativentwicklung des Vermögensgegenstandes, der entsteht, wenn Widersprüche zwischen tradierten Wissensbeständen und außergewöhnlichen Ereignissen auftreten, die als Störung des Systems wahrgenommen werden.

2 Die Asset-Klasse „Distressed" umfasst dabei prinzipiell alle im Sinne der Betriebswirtschaftslehre definierten Vermögensgegenstände bzw. Sachanlagevermögen, die eigenständig marktfähig handelbar bzw. bepreisbar sind. Dazu zählen unter anderem Immobilienvermögen, Wertpapiere bzw. mögliche Derivate oder eben auch rechtlich selbstständige, erwerbswirtschaftlich orientierte Unternehmen jeglichen Geschäftszwecks. Im Folgenden konzentriert sich der vorliegende Beitrag im Wesentlichen auf eben diese Asset-Klasse. Aufgrund der unterschiedlichen Mechanismen zur Steuerung der Krisensituation der verschiedenen Anlagegüter wird diese Konzentration hier vorgenommen und soll keine Wertung zwischen den Asset-Klassen darstellen.

3 Die grundsätzliche Frage, warum die Krisensituation eines Vermögensgegenstandes eine attraktive Geschäftsoption darstellen kann, ist sicherlich sehr berechtigt und vielleicht nicht auf den ersten Blick evident. Es ist gerade mehr als eine Dekade vergangen, als die rechtlichen Rahmenbedingungen für die Krisensituation eines Unternehmens in Deutschland im Wesentlichen den „Konkurs" bzw. die „Zerschlagung" als Lösungsoption vorgesehen haben. Erst mit Einführung der Insolvenzordnung im Jahr 1999 und vor allem mit Gesetz zur weiteren Erleichterung der Sanierung von Unternehmen (ESUG) im Jahr 2012 ist die Weiterführung bzw. Restrukturierung der angeschlagenen Gesellschaft in den Fokus gerückt. Für die Kapitalgeber hat sich diese Option auch erst in der jüngsten Vergangenheit erschlossen. Vor allem Kreditinstitute haben meist eine strenge

Reduzierung des Kreditrisikos bzw. des offenen, teilweise ungedeckten Kreditbetrags im Fokus. Die Bedenken, dass die angeschlagene Gesellschaft unter Umständen nicht mehr in der Lage ist, den Kapitaldienst zu leisten, und einen entsprechenden Wertberichtungsbedarf in der Bankenwelt auslösen könnte, ist oft als Risiko ohne Chance gesehen. Erst mit verstärkter Nutzung des Kapitalmarktes im Rahmen der Unternehmensfinanzierung in Deutschland haben sich Kapitalgeber eingefunden, die die Krisensituation als Investitionschance definiert haben und nicht als reine Risikoreduzierung. Mit der Möglichkeit der erhöhten Volatilität, im Investitionsobjekt umzugehen und diese entsprechend adäquat zu bepreisen, entsteht die Quotierung eines Investitionsvorhabens, das einerseits besondere Fertigkeiten und Fähigkeiten in der finanziellen bzw. operativen Wertentwicklung benötigt, andererseits aber auch eine attraktive Investitionsklasse, die mit einem veränderten Risiko-Rendite-Profil für Investoren und die angeschlagenen Unternehmen eine positive Lösungsoption ermöglicht.

Die bewusste Investition in angeschlagene Unternehmen kann durch die Übernahme verschiedener Finanzierungsoptionen einer Gesellschaft erfolgen, die jeweils spezifisch ausgestaltet sein können. Prinzipiell bedeutet dies, dass hier die Eigenkapitalanteile, die Fremdkapitaltitel sowie auch hybride Finanzierungsinstrumente zu berücksichtigen sind: 4

- Der Erwerb einer Eigenkapitalposition im Distressed-Szenario, dem **Distressed Equity**, entspricht mechanisch prinzipiell einem klassischen Anteilskauf bzw. einer -übernahme unter spezifischen Rahmenbedingungen. Der Erwerber wird somit zum Gesellschafter. Oft ist der Kaufpreis für den Eigenkapitalanteil sehr niedrig aufgrund der besonderen Distressed-Situation. Zur Stabilisierung bzw. zur nachhaltigen Entwicklung bedarf es dafür meist erheblicher Investitionen in das Umlaufvermögen bzw. in die Sanierungsfinanzierung. Distressed Equity markiert dennoch eine spezifische Asset-Klasse in Deutschland, die vor allem im angelsächsischen Raum kaum Relevanz hat. Ursache dafür sind die rechtlichen Rahmenbedingungen und die Ausgestaltungsmöglichkeiten der gültigen Insolvenzordnung.
- Befindet sich die Gesellschaft in der Krise, besteht auch die Möglichkeit, Fremdkapitalanteile des Unternehmens von den bisher engagierten Banken zu erwerben und zu übernehmen. Diese Investition in das Fremdkapital markiert eine Ausprägung des **Distressed Debt**. Dabei kann der Erwerber als Gläubiger der Gesellschaft fungieren und aktiv an der Sanierung mitwirken. Der Erwerb des Fremdkapitaltitels erfolgt meist unter dem ursprünglichen Ausgabewert des Kredites und weist somit prinzipiell Wertaufholungspotenzial auf. Daneben ist hier auch die Refinanzierung des Engagements am Kapitalmarkt bzw. die Syndizierung der Kredite zu erwähnen. Kreditderivate auf die angeschlagenen Vermögensgegenstände stellen eine andere Ausprägungsform des Distressed Debt dar, die teilweise nicht zwingende Sofortauswirkungen auf das angeschlagene Unternehmen haben, aber eine Risikodiversifizierung erlauben und Renditeoption markieren.

In welchem Umfang eine Wertgenerierung bzw. eine Renditeerzielung mit der Investitionsklasse „Distressed" möglich ist, hängt auf der operativen Ebene, also auf der Ebene des angeschlagenen Unternehmens, von der Entwicklung der strategischen Optionen sowie der Berücksichtigung der rechtlichen Rahmenbedingungen ab. Ob das Geschäftsmodell des Distressed Investments strategisch mehrwertschaffend ist, sollte auf Basis einer fundierten Industrieanalyse bestimmt und quantifiziert werden. Dabei gilt es zu ermitteln, welche Alleinstellungsmerkmale bzw. Wettbewerbsvorteile erreicht werden können und ebenso welches finanzielle Ergebnis erzielbar ist. Von ebenbürtiger Bedeutung für die Distressed-Situation sind allerdings die insolvenzauslösenden Tatbestände der Zahlungsunfähigkeit bzw. der Überschuldung. Über eine zahlungsorientierte Cashflow- 5

Rechnung und eine detaillierte Erfassung des finanzwirtschaftlichen Rechenwerks gilt es, die außergerichtliche Gesundung des Patienten zu steuern bzw. eventuell auch gezielt – sofern dies im Rahmen der Berechenbarkeit der juristischen Gerichtsbarkeit möglich ist – die Möglichkeiten der gerichtlichen Restrukturierung zu nutzen. Auf der derivativen Ebene werden die Optionen der Wertschaffung für den Distressed-Investor im Wesentlichen über den Kapitalmarkt geliefert. Über die Steuerung der Risiko-Rendite-Optionen sowie der entsprechenden – teilweise auch gegenläufigen – Finanzierungstitel entsteht die Möglichkeit, Potenzial zu realisieren.

6   Es könnte der Eindruck entstehen, dass die Teilnahme an der Asset-Klasse „Distressed" zwingend die gezielte Neuinvestition in diese Anlagegüter erfordert. Dies ist ausdrücklich nicht der Fall. Auch Kapitalgeber, die zum Zeitpunkt des stabilen Zustands des Unternehmens sich dort beteiligt haben und nun durch die Negativentwicklung integriert sind, sind von den Auswirkungen der Distressed Investments betroffen. Dies bedeutet, dass die vorliegenden Ausführungen sowohl für Gesellschafter, Organträger und Banken genauso Bedeutung haben wie auch für institutionelle und private Investoren oder Berater.

7   Durch die zunehmende Etablierung dieser Asset-Klasse in Deutschland werden sowohl Perspektiven auf die Restrukturierung und Sanierung der angeschlagenen Gesellschaften verändert als auch die bislang genutzten Instrumente und Verhaltensweisen hinterfragt und teilweise angepasst. Exemplarisch dafür ist es, die aktive, bankeninduzierte Sanierung einer Gesellschaft anzuführen, die traditionell nahezu spieltheoretisch gelöst wurde. Die Übernahme der Poolführerschaft oder auch die Sanierungsbeiträge der einzelnen Banken waren meist prognostizierbar. Die angestrebte Zielsetzung und die Umsetzung der Sanierungsmaßnahmen für alle Beteiligten waren weit gehend evident. Durch das Eintreten neuer „Spieler" in diese Runden wurden Problemlösungen und Zielsetzungen verschoben und neue Sanierungsinstrumente eingeführt. Aufgrund der nun geringen Vorhersehbarkeit der Risikosteuerung haben auch die Kreditinstitute die Option der aktiven Teilnahme am Distressed-Investment-Geschäft aktiv genutzt und zunächst vermehrt vom Kreditverkauf Gebrauch gemacht. In welchem Umfang nun das Investitionsrational den Risikoreduzierungsgrundsatz bei allen Kapitalgebern ablöst, bleibt abzuwarten und bedarf sicherlich der genauen Analyse der konzeptionellen Grundlagen zu dieser Asset-Klasse.

2. Konzeptionelle Fundierung

8   Auch Distressed Investments finden ihre konzeptionellen Grundlagen in der Finanzökonomie. Dabei ist der Investition – unabhängig davon, ob diese in „guten" oder in „schlechten" Zeiten der Gesellschaft vorgenommen wurde – inhärent, dass auf der Basis einer Entscheidungsgrundlage eine Kapitalallokation mit einer unsicheren, meist mehrperiodigen Rückzahlung bzw. Renditeerzielung vorgenommen wurde. Der Investitionszweck, die berücksichtigten Sicherheiten oder die Entscheidungsbasis treten dabei unter anderem als wichtige Fassetten auf, ändern aber nichts am eigentlichen Charakteristikum der Investition. Diesen Grundgedanken kennzeichnet bereits KEYNES, der die mit einer Investition verbundenen Risiko-Rendite-Strukturen anspricht, die letztlich auch dem Distressed Investment innewohnen: *„Most, probably, of our decisions to do something positive, the full consequences of which will be drawn out over many days to come, can only be taken as a result of animal spirits – of a spontaneous urge to action rather than inaction, and not as the outcome of a weighted average of qualitative benefits multiplied by quantitative probabilities."*[1]

---

[1] Vgl. *Keynes.*

§ 19 Distressed Investments

Gerade für Distressed Investments kennzeichnend ist die Tatsache, dass (1) der Planungshorizont nicht der Nutzungsdauer des Investitionsobjektes entspricht und dass (2) die Handlungsalternativen mit ihren wirtschaftlichen Konsequenzen nicht im Zeitpunkt der Investitionsentscheidung bekannt sind. Somit wird explizit die Berücksichtigung von Unsicherheits- und Risikoüberlegungen erforderlich, damit die Entscheidungsträger eine Vorteilhaftigkeitsaussage formulieren können. Der Berücksichtigung der dritten Dimension – der Unsicherheit – kommt somit explizite Relevanz zu.

9

Die Berücksichtigung der Unsicherheit in der Kapitalwertberechnung von Investitionsprojekten weist in der einschlägigen Literatur umfangreiche Ausführungen auf.[2] Methodisch gesehen werden hier sowohl die verschiedenen Bewertungsverfahren der Ertragswertbestimmung bemüht als auch erste Ansätze der Optionspreisbestimmung ausgeführt. Aufgrund der Charakteristika der Distressed Investments weisen diese genannten Investitionsbewertungsansätze entweder eine fehlende Praxisnähe zur Anwendung auf oder sind nicht hinreichend in der Lage, die Spezifika des Investitionsobjektes abzubilden.[3] Dies umfasst sowohl die Herausforderungen der operativen Unternehmensrestrukturierung als auch deren derivative Aspekte über Kapitalmarktprodukte.

10

Zur Charakterisierung der Investitionsobjekte im Distress gilt es, konzeptionell auf die Alternativen der Erfassung des spezifischen Investitionsrisikos und somit der Unsicherheit einzugehen:

11

- **Korrektur des Kalkulationszinsfußes:** Gegenüber Investitionen in Anlagevermögen mit (relativ) stabilen Cashflows und im Wesentlichen prognostizierbaren Umfeldparametern lässt sich die Unsicherheit beispielsweise über einen Risikoaufschlag im Kalkulationszinsfuß erfassen. Konzeptionell wird der Risikozuschlag so definiert, dass er linear mit der Zunahme des Risikos des Investitionsobjektes verläuft. Aus der Kapitalwertgleichung ist so unmittelbar die Vorteilhaftigkeit abzulesen. Gerade für Distressed Investments ist es wichtig, zu verstehen, dass die Höhe des Risikozuschlags über den Kapitalwert und die Projektvorteilhaftigkeit entschieden wird. Diese überaus risikobehafteten und volatilen Investitionsmöglichkeiten können in der Folge nur einen nicht negativen Kapitalwert erringen und als vorteilhaft gelten, wenn auch noch entsprechende positive Cashflows definiert werden können. Nur so kann der Risikozuschlag überkompensiert werden.

  Die akademische Forschung kommentiert dieses Zuschlagsverfahren allerdings negativ, da diese Form des Risikoaufschlags zu einem Zinseszinseffekt führt, wodurch die Risikogewichtung in späteren Investitionsperioden steigt. In der Konsequenz werden vor allem längerfristige Investitionsobjekte stärker belastet als entsprechende kurzfristige, handelsartige Investitionen. Ferner wird bemängelt, dass gerade die Ermittlung des risikoadjustierten Kalkulationszinsfußes willkürlich und objektbezogen erscheint und somit meist ein systematischer Fehler zugrunde liegt.

- **Korrektur der Einzahlungsüberschüsse:** Die Berücksichtigung der Unsicherheit im Distressed Investment über die konservative Adjustierung der möglichen Einzahlungsüberschüsse stellt eine unmittelbar an den Markt bzw. an das Investitionsobjekt geknüpfte Vorgehensweise dar. Aus der fundierten Ableitung der Marktpositionierung sowie der Marktentwicklung des Unternehmens lassen sich die möglichen Einzahlungsüberschüsse ermitteln. Basierend auf der fundierten Industrieanalyse sind die objektspezifischen Parameter zu berücksichtigen, also die mit den vorliegenden Kompetenzen und finanziellen Lasten erzielbaren Einzahlungsüberschüsse. Dies erfordert

---

[2] Vgl. bspw. *Ross/Westerfield/Jaffe*.
[3] Vgl. *Knecht/Dickopf*.

neben der Kenntnisse der Spezifika des Distressed Investments auch die zukünftig zu steuernden operativen und finanziellen Herausforderungen.

Kritik erfährt dieses Vorgehen letztlich durch die inhärente Subjektivität. Es zeigt sich, dass die Abschläge umso höher gebildet werden, je risikoaverser der Entscheider ist.

- **Korrektur der Nutzungsdauer**: Die Berücksichtigung der Unsicherheit kann ferner über die Anpassung der Nutzungsdauer eines Investitionsobjektes vorgenommen werden. Konzeptionell wird eine umso kürzere Nutzungsdauer unterstellt, je höher die Unsicherheit ist. Ceteris paribus sinkt der Kapitalwert mit steigender Reduktion der Nutzungsdauer.

Gerade für Distressed Investments hat diese Korrektur verschiedene Fassetten, die der Asset-Klasse nicht gerecht werden und als Kritikpunkte zu vermerken sind. Ob die Unsicherheit im Zeitablauf sinkt bzw. ob die Nutzungsdauer direkten Einfluss auf die Unsicherheit hat, erfordert eine detaillierte Analyse der Unsicherheit verursachenden Variablen. Ein pauschales Vorgehen ist hier nicht zielführend. Ferner wird der Entscheidungsträger nicht veranlasst, den Cashflows des Investitionsobjektes die Unsicherheit auslösenden Faktoren sowie deren Implikationen in Form von Risikozuschlägen bzw. -abschlägen hinzuzurechnen.

12 Insgesamt zeigt die Asset-Klasse „Distressed" für den Investor eine Entscheidung unter Unsicherheit, die insbesondere die Herausforderung birgt, neben der Wahl der hinreichenden Bewertungsmethodik auch die Spezifika des nicht homogenen Investitionsgutes zu berücksichtigen. Dabei sind vor allem die unsicheren und volatilen Cashflows der Unternehmen zu betonen, deren Ursachen strategischer, operativer, struktureller oder finanzieller Natur sein können. Da gerade die Distressed Investments – nicht selten aufgrund der Nähe zu den Insolvenztatbeständen – eine schnelle und nachhaltige Entscheidung erfordern, wird dem Investor methodische und prozessuale Kompetenz in der Vorteilhaftigkeitsbeurteilung abgefordert.

13 Daneben bieten Distressed Investments auch die Möglichkeit, über kapitalmarktbasierte Derivate entsprechende Rendite abzubilden. Diese Ausprägung findet sich im Wesentlichen für das Distressed-Debt-Geschäft, indem Derivate auf die Distressed-Situation begeben und gehandelt werden. Dabei wird hier unter einem derivativen Finanzinstrument ein Vertrag zwischen Marktteilnehmern verstanden, der sich auf ein Ereignis bzw. die Entwicklung des zugrunde liegenden Investitionsobjektes bezieht und dabei einen Handel über eine Spotmarkt-Transaktion oder ein Termingeschäft ermöglicht. Die möglichen Produkte, deren Bepreisung und Renditeermittlung markieren einen vollständig separaten Ansatz der Finanzierungsökonomie und folgen eigenen Regeln, die hier in der Kürze des Beitrags nicht weiter ausgeführt werden sollen.

3. Begriffliche Abgrenzung

14 Das Thema Distressed Assets respektive Distressed Investing erfreut seit geraumer Zeit auch die Aufmerksamkeit der deutschsprachigen Wirtschaftspresse. Die Heterogenität der inhaltlichen Ausführungen, die übrigens auch in den verschiedenen Gesprächen mit Interessierten und Praktikern festzustellen ist, verdeutlicht, dass ein einheitliches begriffliches Verständnis nicht etabliert ist. Die Analyse der einschlägigen Fachliteratur zeigt ebenso, dass eine klare begriffliche Abgrenzung fehlt. Insbesondere vor dem Hintergrund, dass sich auch in der Fachliteratur noch keine einheitliche und gleichermaßen anerkannte Definition herausbilden konnte, stellt die Abgrenzung von verwendeten Fachtermini allerdings eine besondere Herausforderung dar. Aus diesem Grund werden drei

mögliche inhaltliche Präzisierungen aufgezeigt, bevor eine Definition gewählt wird, die im Rahmen dieses Beitrags Anwendung finden soll.

- So verstehen AICHHOLZER/PETZEL unter dem Distressed Investment typische Insolvenzfälle, bei denen es zu einer außergerichtlichen Restrukturierung kommt, innerhalb derer verschiedene Anspruchsparteien des Unternehmens Zugeständnisse tätigen müssen. Daneben werden auch solche Unternehmen erfasst, die nachhaltig schlechte Ergebnisse liefern, sich jedoch noch nicht in einer Insolvenz befinden. Die Ergebnisproblematik ist allerdings wieder ohne Restrukturierung nicht abzuwenden.[4]
- Demgegenüber sehen GILSON/KOSE/LANG in ihrer Abgrenzung von „Distressed" eine Situation, innerhalb derer betroffene Unternehmen die Bedingungen ihrer Fremdverbindlichkeitsverträge neu verhandeln müssen, um einen Ausfall derselben zu verhindern. Ein solcher Ausfall wird laut der Autoren typischerweise dadurch verhindert, indem die Fremdkapitalgläubiger das von ihnen begebene Kapital in Anteile des Unternehmens wandeln.[5] Dieses Vorgehen entspricht dem Debt to Equity Swap, der in diesem Beitrag noch eine detaillierte Darstellung findet.
- Eine dritte, nicht unwesentliche Fassette liefern ALBRECHT/FÜGER/DANNEBERG, die vor allem die Eigenkapitalposition im Distress in den Vordergrund stellen. Diese subsumieren in ihrer Abgrenzung von Distressed Investments vor allem Turnaround-Private-Equity-Investitionen. Dabei steht das Engagement in Unternehmen, die im operativen Geschäft Probleme aufweisen, aber im Kern gesund sind, d.h., die über nachhaltige Wettbewerbsvorteile, über eine gute Marktpositionierung usw. verfügen, im Fokus. Zudem müssen diese Unternehmen in einer Branche aktiv sein, von der angenommen wird, dass diese zukunftsträchtig ist. Eine Investition wird unter diesen Umständen getätigt, wenn der Investor die Krisenursachen im operativen Geschäft klar erkennen kann und davon ausgeht, dass diese durch sein Engagement/seine Wertschöpfungsstrategie zu beheben sind.[6]

15 Allein diese, im wesentlichen Kern auf die angeschlagenen Vermögensgegenstände bezogene Begriffsabgrenzung zeigt, welche Vielzahl von Fassetten hier Berücksichtigung finden können. Integriert man ferner die Kapitalmarktperspektive, sollte auch die Abgrenzung von ALTMAN nicht unberücksichtigt bleiben, der diese definiert als: *„Distressed securities can be defined narrowly as those publicly held and traded debt and equity securities of firms that have defaulted on their debt obligations and/or have filed for protection under chapter 11 the U.S. Bankruptcy Code. A more comprehensive definition would include those publicly held debt securities selling at sufficiently discounted prices so as to be yielding, should they not default, a significant premium over comparable duration of U.S. Treasury bonds."*[7]

16 Für den vorliegenden Beitrag wird vor diesem Hintergrund bewusst eine breite begriffliche Abgrenzung für Distressed Investments gewählt, um eine möglichst ganzheitliche Betrachtung der Thematik „Distressed" zu erlauben. Folglich sollen die oben gegebenen Definitionen in ihrer Gänze hier zugrunde gelegt werden. Betrachtet werden folglich Situationen, in denen Unternehmen bereits insolvent bzw. in einer nachhaltigen Krise sind. Ausgehend hiervon werden im Folgenden verschiedene Aspekte (gängige Formen, typischer Investitions- bzw. Transaktionsprozess, Finanzierungstitel usw.) beleuchtet.

17 Somit werden unter **Distressed Investments** im Allgemeinen Investitionen in Eigen- oder Fremdkapital von Unternehmen verstanden, die mit finanziellen, operativen,

---

[4] Vgl. *Aichholzer/Petzel*.
[5] Vgl. *Gilson/Lang/Kose* S. 315–353.
[6] Vgl. *Albrecht/Füger/Danneberg* S. 779–805.
[7] Vgl. *Altman*, 1999.

§ 19

strukturellen oder nachhaltig existenzgefährdenden strategischen Schwierigkeiten konfrontiert sind. Solche Unternehmen können sich in einer Liquiditätskrise, einer Restrukturierung bzw. Sanierung innerhalb oder außerhalb eines Insolvenzverfahrens oder in Liquidation befinden. Generell bezeichnet man Wertpapiere eines krisenbehafteten Unternehmens als Distressed Securities. Als Synonym für Distressed Investing werden häufig auch die Begriffe Bankruptcy Investing, Turnaround Investing oder Workout Investing genutzt, wobei jeweils strikt zu differenzieren ist, welche Absicht mit dem jeweiligen Investment – aktive Sanierung des Underlyings oder reiner Handel von derivativen Finanztiteln – verbunden ist. Das Turnaround Investing impliziert dabei meist eine Investition in eine Eigenkapitalposition. Erfolgt die ursprüngliche Investition in Fremdkapital, wird häufig von Distressed Debt Investing oder Vulture Investing gesprochen. Die verschiedenen Ausprägungsformen von Distressed Investments werden in Abbildung 1 klassifiziert.

BEZEICHNUNG	ANLAGEKLASSE	
	Eigenkapital	Fremdkapital
Bezeichnungen im Allgemeinen	• Distressed Investing • Bankruptcy Investing	• Distressed Investing • Bankruptcy Investing
Bezeichnungen im Speziellen	• Turnaround Investing • Workout Investing	• Distressed Debt Investing • Vulture Investing

Abb. 1: Klassifizierung von Distressed Investments

18   Eine besondere Betonung soll die begriffliche Abgrenzung von **Distressed Debt** erfahren, da gerade hier sowohl rechtliche, ökonomische als auch kulturelle Randbereiche berührt werden und die Unternehmenssanierung nachhaltig in Deutschland verändert wurde.

19   Die begriffliche Abgrenzung von notleidenden Darlehen bzw. Krediten ist im deutschen und internationalen Sprachgebrauch nicht eindeutig abgegrenzt. Differenzierungen finden sich vor allem in den rechtlichen, steuerlichen, bilanziellen und aufsichtsrechtlichen Ausführungen. Dabei weisen die meisten Definitionen die Gemeinsamkeit auf, dass ein Schuldner mit einer Teilleistung oder mit seinen gesamten Verpflichtungen im Verzug ist. Im Fall von Bankkrediten wurde der Kredit bereits gekündigt oder es liegen Kündigungsgründe vor. Offen bleibt dabei, wie lange bzw. wie oft ein Schuldner seinen Verpflichtungen nicht nachgekommen ist. Des Weiteren gelten Verbindlichkeiten als Distressed Debt, bei denen der Schuldner Insolvenz angemeldet hat.

20   Die Beurteilung des Distress für Kapitalmarktpapiere basiert auf der aus dem US-amerikanischem Umfeld abgeleiteten Definition, dass Wertpapiere dann als Distressed anzusehen sind, wenn sie mit einem Risikoaufschlag von 1000 Basispunkten oder mehr gegenüber entsprechenden Staatsanleihen gehandelt werden. Für Deutschland erscheint dies aus zwei Gründen nicht für die Anwendung praktikabel:
• Zum einen ist das Verständnis so geprägt durch die Struktur des dortigen Marktes für Unternehmenskredite, der eine höhere Sekundärmarktliquidität und einen aktiven Sekundärmarkthandel aufweist.
• Zum anderen hat sich historisch gezeigt, dass Risikoaufschläge sehr volatil sein können und die tatsächliche Grenze zunehmend weniger als 1.000 Basispunkte beträgt.

21   Für Kapitalmarkttitel ist ferner auch die durch Rating-Agenturen vorgenommene Einstufung von Wertpapieren bestimmter Unternehmen als „speculative grade" (Rating von BB oder niedriger) meist nur bedingt hilfreich. Die Rating-Änderungen hinken meist

den Kreditentwicklungen hinterher und darüber hinaus hat in Deutschland der allergrößte Teil der notleidenden Unternehmen keine Wertpapiere mit Rating, sondern ist klassisch über Bankkredite finanziert.

Eine besondere Diskussion löst auch die Differenzierung von **Sub-Performing Loans (SPL)** bzw. **Non-Performing Loans (NPL)** aus. Beide Begrifflichkeiten sind dem Distressed Debt zuzuordnen und beziehen sich ausschließlich auf Fremdkapitaltitel. Wird in der öffentlichen Diskussion von notleidenden Krediten gesprochen, können hier sowohl SPL als auch NPL gemeint sein, eine genauere Differenzierung wäre meist hilfreich. Hier werden Verbindlichkeiten als Sub-Performing bezeichnet, falls mit der vollständigen Tilgung bzw. Zahlung von Zinsen und Provisionen nicht mehr gerechnet werden kann und der zugrunde liegende Vertrag darüber hinaus (noch) nicht gekündigt ist. Dem gegenüber wird eine Verbindlichkeit als Non-Performing bezeichnet, wenn ebenfalls mit der vollständigen Tilgung bzw. Zahlung von Provisionen und Zinsen nicht mehr gerechnet werden kann und der Vertrag ferner bereits gekündigt ist. Das klassische NPL-Servicing fokussiert nach dieser Abgrenzung im Wesentlichen auf die Abwicklung gekündigter Kreditengagements.

4. Historische Entwicklung

Distressed Assets gibt es bereits seit geraumer Zeit. Sie sind also keine Innovation, die der Markt als Reaktion auf das Spiel von Angebot und Nachfrage hervorgebracht hat. Neu ist allerdings der Handel bzw. die gezielte Investition in diese Anlageklasse. Dies gilt für Distressed Equity wie auch für Distressed Debt, wobei sich Zweiteres durch eine größere öffentliche Aufmerksamkeit auszeichnet. Aus diesem Grund fokussiert der historische Abriss auf diesen Marktteil.

Wie eine nicht zu verkennende Zahl anderer Trends im Bereich der Finanzmärkte liegt auch der Ursprung des Marktes für Distressed Assets in den USA, die bis heute die Rolle des Trendsetters beibehalten haben. Mit der Jahrtausendwende entstand erstmals ein entsprechender Markt in Europa. Typischerweise kam es zu den ersten Transaktionen in einer der größten Finanzmetropolen weltweit – in London. Kurz darauf kommt es zu Distressed-Asset- bzw. vor allem Distressed-Debt-Transaktionen auch in anderen Ländern Europas. In den folgenden Jahren bilden sich vergleichbare Märkte vor allem in Deutschland, Frankreich, Italien, Tschechien, Polen und weiteren osteuropäischen Staaten.[8] Diesem Marktsegment kommt seitdem eine steigende Beachtung zu. Dies geht einher mit einem steigenden Marktvolumen.

Auslöser für die Nutzung des Kreditportfoliohandels als Instrument der aktiven Risiko- und Kapitalsteuerung ist häufig der Handel mit notleidenden Krediten. Dieser gewinnt insbesondere immer dann an Bedeutung, wenn die Banken überdurchschnittlich viele Problemkredite in den Büchern haben. Beispiele dafür sind die US-amerikanische „savings&loan"-Krise in den 80er-Jahren, die 90er-Jahre in Japan nach dem Platzen der Immobilienblase, die asiatische und die russische Finanzkrise 1997 bzw. 1998. Auch in Deutschland war die Verschlechterung der Qualität der Kreditportfolios im Zuge der ostdeutschen Immobilienkrise sowie des Endes des New Economy Booms ein wichtiger Treiber der Marktentwicklung. Im Fokus dieser Studie stehen daher die Charakteristika des Verkaufs notleidender Kredite.

Von Bedeutung ist, dass der Handel mit Problemkrediten in den meisten Fällen von Experten getätigt wird. Folglich handeln fast ausschließlich Experten miteinander. Ein

---

[8] Vgl. *Fuller*.

§ 19   5. Teil. Sonderthemen

großer Anteil des gehandelten Volumens entfällt auf Bankdarlehen. Aufgrund der geänderten Rahmenbedingungen für Banken (beispielsweise Basel II) ist der Verkauf von Problemkrediten heute wesentlich stärker im Interesse der Banken als früher.

27 Aus Investorensicht ist festzustellen, dass diese regelmäßig auch dann noch finanzielle Mittel zur Verfügung stellen, wenn anderen Investoren nicht mehr bereit sind, ihr bestehendes Engagement auszuweiten oder ein neues einzugehen. Da mit einer Investition in ein Distressed Asset ein höheres Risiko einhergeht als bei anderen Investition, sind auch die Renditeanforderungen höher. In Abhängigkeit von der jeweiligen Klassifikation des Investors sind auch die Renditeziele zu differenzieren. Im deutschen Markt haben sich dabei vor allem drei Klassen von Investoren herausgebildet:

- **Unfreiwillige Investoren:** Aufgrund der Bonitätsverschlechterung eines Schuldners sind sie gezwungenermaßen zu Distressed-Investoren geworden. Dazu zählen vor allem (a) Banken, die Kredite an Unternehmen ausreichen, sowie (b) institutionelle Investoren, die in High-Yield-Anleihen oder in die Finanzierung von Firmenübernahmen (Leveraged Buyouts) investieren.
- **Trader:** Über einen opportunistischen Ansatz investieren diese insbesondere in Darlehen oder Anleihen notleidender Unternehmen. Dabei nimmt diese Investorengruppe nur passiv an den Restrukturierungsmaßnahmen des Underlyings teil und strebt keine Kontrolle des Schuldners an. Typisch für diese Trader ist ein relativ kurzer Investitionshorizont von sechs bis maximal zwölf Monaten.
- **Asset-Manager:** Diese Investoren streben eine aktive Begleitung des notleidenden Unternehmens im Rahmen einer Restrukturierung oder eines Workouts an. Nicht selten ist ihnen dabei auch die Erlangung von Kontrolle wichtig, sodass diese Investorengruppe aktiv große Positionen von Forderungen aufbaut, um Sanierungsmaßnahmen in ihrem Sinne beeinflussen zu können. Oft mit der Kernkompetenz zur finanziellen Restrukturierung ausgestattet versuchen sie, die Renditeoptimierung zu bewerkstelligen.

28 Die folgende Abbildung 2 zeigt einen zusammenfassenden Überblick über die einzelnen Investorengruppen und ihre charakteristischen Eigenschaften:

MERKMALE	ART DES INVESTORS		
	Unfreiwillige Investoren	**Trader**	**Asset-Manager**
Investitionsziel	• Wiedererlangung des Nominalwertes der Forderung bzw. möglichst geringer Verlust der Forderung	• Generierung einer attraktiven Rendite durch Kaufen und Halten von Verbindlichkeiten, die einen attraktiven Relative Value innerhalb der Kapitalstruktur des notleidenden Unternehmens bieten	• Generierung einer attraktiven Rendite durch aktiven Einfluss auf den Restrukturierungsprozess durch Aufkaufen großer Verbindlichkeitenpakete bzw. Investitionen ins Eigenkapital
Anlageklasse	• Fremdkapital	• Fremdkapital	• Fremd- und Eigenkapital
Investitionsstrategie	• n/a	• Passiv	• Aktiv
Zeithorizont	• Kurzfristig (1–2 Jahre)	• Kurzfristig (6 Monate–1 Jahr)	• Mittel- bis langfristig (2–5 J.)
Einfluss auf das Management des Schuldners	• Mittel	• Niedrig	• Hoch
Typische Marktteilnehmer	• Banken • Collateralized Debt/Loan Obligation Vehikel (CDOs/CLOs)	• Hedge Fonds/Vulture Fonds • Spezialisierte Abteilungen von Investmentbanken	• Private Equity Fonds (Opportunity Funds, Turaround Fonds) • Spezialisierte Abteilungen von Investmentbanken

Abb. 2: Klassifizierung von Distressed-Investoren

Mit Blick auf die zukünftige Entwicklung des Marktes für Distressed Assets in Deutschland ist festzustellen, dass davon auszugehen ist, dass dieser Markt bestehen bleibt und weiterhin an Bedeutung gewinnen wird. Folglich ist eine Auseinandersetzung mit diesem Thema von Interesse, da mit steigender Transaktionshäufigkeit die Wahrscheinlichkeit zunimmt, dass jeder einzelne auf eine bestimmte Art und Weise mit diesem Thema in Berührung kommen wird. 29

II. Risikoklassifizierung als Grundlage der Investorenentscheidung

1. Perspektiven auf die Risikoklasse Distressed Assets

Eigentlich könnte man unterstellen, es gibt hinreichend betriebswirtschaftliche Verfahren und Methoden, um eine Investorenentscheidung ökonomisch abzuleiten. Die einschlägige Literatur bietet dazu Verfahren unter Sicherheit bzw. unter Unsicherheit an. Ebenso wird thematisiert, welche Auswirkungen bzw. welche Vor- und Nachteile die einzelnen Ansätze haben und welche Belastbarkeit diese für den Investor letztlich liefern. 30

Für die Bestimmung einer Risikoklasse eines Distressed Assets ist neben den verschiedenen Verfahren und Methoden der Investitionsrechnung vor allem auch die Perspektive des Investors zu berücksichtigen. Dabei lassen sich – historisch gewachsen – prinzipiell zwei Sichtweisen einnehmen: 31

- **Perspektive Risikoreduzierung:** Sofern der Investor mit der Maßgabe in das Engagement startet, sein gebundenes Risiko zu reduzieren, kann er zwar auch aktiv an der Restrukturierung des Underlyings teilnehmen, nimmt aber generell eine sehr risikoaverse Haltung ein und sieht im Wesentlichen in der Krise keine Chance.

    Dies ist klassischerweise die Ausgangssituation von Workout-Abteilungen in Banken. Sobald diese ein Engagement aus dem Firmenkundenbereich des Hauses übergeben bekommen, steht zunächst die Ermittlung des offenen, ungedeckten Risikos und anderer möglicherweise bankschädigenden Maßnahmen im Fokus. Die Entscheidung, welche Art der Restrukturierung bzw. welche Handlungsoption die Workout-Abteilung für das einzelne Engagement nutzt, hängt wesentlich von den Risikoparametern und deren Reduzierungswahrscheinlichkeit ab.

- **Perspektive Kapitalinvestition:** Sofern der Investor mit der Maßgabe in das Engagement startet, aktiv in die volatilen Cashflows des Einzelengagements zu investieren und jegliche Form der Kapitalbeteiligung zu akzeptieren nimmt er prinzipiell eine risikofreudige Haltung ein – wenngleich diese ebenso über die Maßnahmen bzw. die Potenziale des Engagements relativiert werden. Die Krise des Underlyings wird hier prinzipiell als Chance gesehen.

    Diese Ausgangssituation finden im Regelfall Distressed-Investoren vor. Über die möglichen Methoden zur Bewertung von Equity- und Debt-Positionen ermitteln diese sowohl den sinnvollen Preis für ihr Investment als auch das Verkaufsszenario und ihre Rendite.

Durch diese unterschiedlichen, teilweise diametral differenzierten Perspektiven auf das gleiche Investitionsobjekt ergeben sich logischerweise sowohl unterschiedliche Chancen und Risiken als auch die unterschiedliche Nutzung der rechtlichen Möglichkeiten. Die Ermittlung der Risikoklasse eines Equity- bzw. Debt-Engagements steht im Folgenden im Fokus. 32

2. Bestimmung des Investitionsverlustrisikos

33 **a) Ansatz von Rating-Agenturen.** Rating-Agenturen spielen eine essenzielle Rolle im Kreditgeschäft, da sie mithilfe spezieller Modelle die Kreditwürdigkeit eines Schuldners oder Issuers bestimmter Produkte bestimmen. Die Modelle variieren hierbei zwischen den verschiedenen Anbietern von Ratings, bieten gleichwohl aber den Vorteil einer objektivierten Herangehensweise. Typischerweise werden in die Analyse die Bilanz, die Gewinn-und-Verlust-Rechnung sowie Managementdaten des zu ratenden Unternehmens einbezogen. Zusätzlich werden diese Daten durch makroökonomische und branchenspezifische Informationen ergänzt, um ein umfassendes Bild zu erlauben. Wichtig ist, dass bei der Bestimmung des Ausfallrisikos ein kompletter Kreditzyklus betrachtet wird.

34 Basierend auf dieser Analyse wird das Unternehmen in eine bestimmte Rating-Klasse einsortiert. Die Rating-Klassen ergeben sich durch Clusterung der Unternehmen mit ähnlichen Charakteristiken und geben Aufschluss darüber, wie wahrscheinlich ein Ausfall eines bestimmten Unternehmens ist. Darüber hinaus lassen sich auch die Wahrscheinlichkeiten dafür berechnen, dass sich das Rating eines Unternehmens einer bestimmten Rating-Klasse verbessert oder verschlechtert.

35 Aufgrund der Individualität wie auch der Komplexität werden die Modelle nicht weiter detailliert. Festzustellen bleibt, dass Ratings in der Praxis eine steigende Bedeutung aufweisen, sich insbesondere in Deutschland aber noch nicht flächendeckend durchgesetzt haben. Im Folgenden wird eine Skizzierung verschiedener in der Praxis genutzter Modelle – Expected Loss und Scoring-Modelle – zur Bewertung des Kreditrisikos vorgenommen.

36 **b) Expected Loss.** Eine der gebräuchlichsten Formen zur Bestimmung des Kreditrisikos stellt der Expected Loss – der erwartete Verlust (auch Standardrisikokosten genannt) in Bezug auf ein bestimmtes Kreditengagement – dar. Dieser ergibt sich aus dem Produkt der Probability of Default (PD), also dem Ausfallrisiko, dem Exposure at Default (EAD), der erwarteten Höhe der Forderung zum Zeitpunkt des Ausfalls und dem Loss Given Default (LGD), der Verlustquote bei Ausfall:

$$EL = PD \cdot EAD \cdot LGD$$

37 Die Ausfallwahrscheinlichkeit gibt an, wie wahrscheinlich ein Verlust ist. Der EAD – auch Risikoäquivalenzbetrag genannt – bezeichnet den erwarteten ausstehenden Forderungsbetrag zum Zeitpunkt eines Defaults. Hierunter ist der Betrag zu verstehen, der im Fall einer Insolvenz des Schuldners potenziell ausfallgefährdet ist. Bei einem Unternehmenskredit verkörpert der EAD den Kreditbetrag wie auch potenzielle weitere Zusagen, die der Kreditgeber eingegangen ist.

38 Die Verlustquote drückt den Teil der Forderungen aus, der im Verzugsfall verloren ist. Mathematisch betrachtet stellt der LGD den Erwartungswert der Ausfallhöhe dar – also die prozentuale Ausfallhöhe eines Kredits zum Zeitpunkt des Defaults. Der Loss Given Default unterliegt verschiedenen Einflussfaktoren. Hervorzuheben sind:
- Art und Umfang der Besicherung: Mit steigendem Besicherungsgrad bzw. steigender Werthaltigkeit der Sicherung nimmt der LGD ab.
- Kapitalstruktur des Schuldnerunternehmens: Betrachtet wird die (relative) Rangstellung und der absolute Verschuldungsgrad.
- Rangstellung der Forderung: Wesentlichen Einfluss hat die Tatsache, ob der Titel vor- oder nachrangig im Insolvenzfall bedient wird. Vorrangige Kredite weisen einen niedrigeren LGD auf als nachrangige.

c) Scoring-Modelle. Häufig finden sich in der Praxis so genannte Scoring-Modelle. Basierend auf einer statistischen Analyse (Diskriminanzanalyse) von aufgefallenen und nicht ausgefallenen Kreditnehmern wird ein Kreditrisiko-Score berechnet. Zur Berechnung dieses Scores werden verschiedene Attribute betrachtet, die sich zum Zeitpunkt der Kreditvergabe beobachten lassen: 39

$$Kreditrisiko - Score = \sum \beta_i x_i$$

β_i stellt den Gewichtungsfaktor für die betrachteten Attribute (Kreditqualitätsindikatoren) x_i dar. Die Gewichte werden entweder durch statistische Analysen oder durch subjektive Einschätzungen bestimmt. Hierbei ist die statistische Analyse zu präferieren. Nur in Fällen, in denen dies nicht möglich ist, sollte auf eine subjektive (Experten-)Einschätzung zurückgegriffen werden.

Mithilfe der Diskriminanzanalyse wird ein Kreditrisiko-Score ermittelt, der als Hurdle-Rate zu verstehen ist. Dies bedeutet, dass ein Unternehmen dann als kreditwürdig eingestuft wird, wenn es einen individuellen Score besitzt, der größer ist als der Score, der basierend auf dem Sample von ausgefallenen und nicht ausgefallenen Kreditnehmern ermittelt wurde. 40

Eines der bekanntesten Scoring-Modelle ist das Z-Score-Modell von ALTMAN, der als einer der ersten ein multivariates Modell aufsetzte, mit dem er die Insolvenzwahrscheinlichkeit von Unternehmen bestimmte. Das Modell hat die folgende Spezifizierung: 41

$$Z = 1{,}2 x_1 + 1{,}4 x_2 + 3{,}3 x_3 + 0{,}6 x_4 + 0{,}5 x_5$$

x_1 = (Current Assets -Current Liabilities)/Total Assets,
x_2 = Retained Earnings/Totals Assets,
x_3 = Earnings before Interest and Taxes/Total Assets,
x_4 = Market Value of Preferred and Common Equity (Number of Shares × Price of Stock)/Total Liabilities,
x_5 = Sales/Total Assets.

Einschränkend ist darauf hinzuweisen, dass das Modell nur für US-amerikanische Unternehmen des Bereichs Manufacturing anzuwenden ist, da das Grundsample der insolventen und nicht insolventen Unternehmen nur aus solchen Unternehmen bestand. Aus dieser Analyse folgte, dass jedes Unternehmen, das einen Score von weniger als 1,8 aufweist, einen potenziellen Kandidaten für eine Insolvenz darstellt. Hierbei gilt die Beziehung, dass die Insolvenzwahrscheinlichkeit mit sinkendem Z-Score wächst. Historisch betrachtet zeigte sich, dass das Modell in der Lage war, insolvente Unternehmen in 90 % der Fälle korrekt zu identifizieren. 42

Nach der ersten Implementierung in den 1960er-Jahren wurde das Modell an sich ergebende Änderungen der Rechnungslegungsvorschriften angepasst und weitere (ähnliche) Modelle entwickelt. Entsprechend wurden auch Modelle für die Berechnung des Kreditrisikos entwickelt. 43

Die Literatur zeigt, dass es Vertreter wie auch Gegner dieses Ansatzes gibt. Festzuhalten bleibt, dass ein Scoring-Modell einen vergleichsweise einfachen Ansatz bietet, um die Ausfallwahrscheinlichkeit eines Unternehmens bzw. eines Kredits zu ermitteln. Fraglich bleibt jedoch, ob man aufgrund einer kleinen Anzahl an Einflussfaktoren tatsächlich ein ausreichend hohes Maß an Sicherheit im Rahmen der Vorhersage gewinnt. 44

3. Investitionsbewertung von Distressed Assets

45 **a) Multiple-Verfahren.** Der folgende Abschnitt skizziert ausgewählte, in der Praxis angewendete Bewertungsverfahren. Hierbei wird speziell auf den Fall des Distress eingegangen, innerhalb dessen regelmäßig Anpassungen vorgenommen werden müssen.

46 Aufgrund ihrer besonderen wirtschaftlichen Situation sind die Möglichkeiten, einen Unternehmenswert durch relative Bewertungsmethoden zu errechnen, bei Krisenunternehmen oft eingeschränkt. Eine Bewertung durch Multiples ist ein im Grunde einfacher Prozess. Nachdem eine Gruppe von „vergleichbaren" Unternehmen identifiziert wurde, wird deren Preis durch den Multiple standardisiert. Abschließend vergleicht man die Leistung der zu bewertenden Gesellschaft mit dem Multiple und errechnet daraus den Unternehmenswert. Einige Multiples lassen sich für Krisenunternehmen jedoch nicht berechnen. Sind Price Earnings- oder Price to Book Value Multiples negative, kann noch auf EBITDA-, bzw. als letzte Möglichkeit auf Umsatz-Multiples zurückgegriffen werden. Bei Bewertungen von Krisenunternehmen sind diese im Vergleich zu Bewertungen von gesunden Unternehmen überdurchschnittlich häufig anzutreffen.

47 Um ein Krisenunternehmen mittels eines Multiple-Ansatzes zu bewerten, bedarf es zunächst der Identifikation geeigneter Vergleichsunternehmen. Wenn die Zielsetzung also darin besteht, ein notleidendes Pharmaunternehmen zu bewerten, ist ein Vergleich mit anderen Pharmaunternehmen in der Krise und den Preisen, die für diese gezahlt wurden, ein guter Ansatz. Eine der Schwierigkeiten liegt jedoch darin, dass ein verlässliches Ergebnis nur dann errechnet werden kann, wenn vorher genügend vergleichbare Unternehmen gefunden wurden. Um diesen Schwachpunkt zu reduzieren, kann beispielsweise die feste Bindung der Vergleichsunternehmen an eine Branche reduziert werden. Somit erhöht sich zwar die Größe der Vergleichsgruppe, allerdings werden Risikoprofile unterschiedlicher Branchen gemischt (unter Umständen auch Extreme wie beispielsweise Biotechnologie und Bekleidungsindustrie). Auch die digitale Einordnung als gesundes oder notleidendes Unternehmen ist problembehaftet, schließlich gibt es nicht nur eine Krise mit korrespondierenden wirtschaftlichen Problemen, sondern eine Vielzahl unterschiedlicher Stadien und Symptome, die einen „Vergleich" der Krisenunternehmen stark verkomplizieren.

48 Lassen sich nicht genügend passende Unternehmen zum Vergleich identifizieren, kann auch eine Anpassung des Multiples erfolgen. Dazu werden Umsatz- oder Rendite-Multiples verschiedener Rating-Klassen untersucht. Ziel ist es, zu differenzieren, welchen Abschlag der Markt den Unternehmen hinsichtlich ihrer „Distress-Klasse" subtrahiert. Auch hier ist eine Untersuchung innerhalb einer Industrie wünschenswert, sollte die Fallzahl jedoch zu gering sein, können mehrere Branchen zusammengefasst werden.

49 Befinden sich fast ausschließlich gesunde Firmen in der Branche des Zielunternehmens und ist die Zusammenfassung mehrerer Industrien nicht sinnvoll, bleibt als letzte Möglichkeit die explizite Betrachtung des Krisenwertes, wie nachfolgend für den DCF-Ansatz beschrieben wird. Dazu wird via Multiple-Berechnung ein Unternehmenswert für die Fortführung und einer für den Liquidationsfall berechnet und anschließend mit den Wahrscheinlichkeiten des Eintretens der jeweiligen Fälle gewichtet und addiert.

50 **b) Discounted-Cashflow (DCF)-Verfahren – Bedetung des Financial Distress.** Financial Distress verursacht direkte Kosten. Wenn es einer Unternehmung nicht mehr möglich ist, ihren finanziellen Verpflichtungen nachzukommen, werden oft nicht zum operativen Geschäft benötigte Vermögensgegenstände liquidiert. In der Regel wird die Unternehmung nicht mehr die Ausdauer besitzen, den bestmöglichen Preis zu verhandeln, sondern stattdessen an einem kurzfristigen Liquiditätszufluss interessiert sein, auch wenn der Verkauf zu einem suboptimalen Preis geschieht. Die dadurch und durch Berater, Anwälte etc. entstehenden Mittelabflüsse werden als direkte Kosten den so genannten Liquidationskosten zugerechnet.

Die gesamten Kosten, die im Rahmen einer finanziellen Notlage entstehen können, **51** reichen weit über das hinaus, was man den direkten Kosten zurechnet, und beinhalten auch indirekte Kosten. Allein die Vermutung einer wirtschaftlich schwierigen Situation kann einem Unternehmensimage schweren Schaden zufügen. Als Konsequenz wird die Gesellschaft eventuell Kunden (und damit Umsätze) verlieren, durch abwandernde Mitarbeiter einen Wissensverlust erleiden und schlechtere Zahlungsbedingungen von ihren nun vorsichtig gewordenen Lieferanten tragen müssen. Diese indirekten Kosten und das für die Firma neu entstandene Umfeld können erheblich dazu beitragen, die zuvor eventuell nur vermutete Unternehmenskrise Wirklichkeit werden zu lassen. Studien amerikanischer Wissenschaftler haben gezeigt, dass diese Kosten auf bis zu 25 % des Firmenwertes ansteigen können.[9] Vor diesem Hintergrund stellt sich nicht die Frage, ob, sondern lediglich wie man die Berechnung des Firmenwerts bei der Bewertung eines Krisenunternehmens anpassen muss.

c) Anpassung des Standard-DCF-Ansatzes an Distressed Assets. Der Standardansatz **52** der Discounted-Cashflow-Bewertung geht von einer Fortführung des Unternehmens und einer im Grunde unendlichen Lebensdauer aus. Zunächst werden für eine bestimmte Zeitspanne Cashflows prognostiziert und ein Terminal Value errechnet, der den Wert der Unternehmung zu diesem Zeitpunkt angibt. Abschließend wird jeder dieser Summanden mit einer Zinsrate diskontiert, die das Risiko der Mittelzuflüsse beschreibt. Dieser Ansatz zeichnet sich unter anderem durch große Flexibilität aus und lässt beispielsweise eine Modellierung der einzelnen Cashflows über die Zeit zu. Spätestens bei der Berechnung des Terminal Values aber geht man meist von einem nie endenden Wachstum aus. Auch wenn die Berechnung über Multiples erfolgt, werden diese meist durch Vergleiche mit wirtschaftlich gesunden Unternehmen gewonnen. Beide Alternativen erweisen sich zumindest in ihren Standardformen als nicht geeignet, um ein Krisenunternehmen zu bewerten.

Simulationen bieten die Möglichkeit, Financial Distress explizit in der Bewertung zu **53** berücksichtigen. Während in einem Standardbewertungsansatz jede Variable einmalig geschätzt wird (Umsatz, Wachstumsrate etc.), hat jede dieser Variablen in der Realität eine Verteilung möglicher Werte, die in einem Erwartungswert zusammengefasst werden. Eine Simulation versucht, die Informationen dieser Verteilung zu nutzen, anstatt nur auf den Erwartungswert zu zielen. Bevor die Simulation beginnen kann, müssen zunächst die Umstände bestimmt werden, unter denen von einer Fortführung, respektive von einer Liquidation des Unternehmens ausgegangen werden kann (Verlust über die nächsten vier Jahre, Anteil des Buchwerts, zu dem ein Unternehmen seine Vermögensgegenstände verkauft etc.). Diese Werte sind nicht nur abhängig von der jeweiligen Unternehmung, ihrer Größe und Gesundheit, sondern auch vom jeweiligen Marktumfeld und der Gesamtsituation der Wirtschaft.

Der Ablauf einer Simulation wird im Folgenden idealtypisch in einem Prozess aus **54** sieben Schritten dargestellt. In einem ersten Schritt werden die Variablen determiniert, für die im Rahmen der Simulation Verteilungen benutzt werden sollen. Obwohl jede Bewertungsvariable durch Unsicherheit belastet ist und theoretisch durch eine Vertei-

---

[9] *Andrade/Kaplan*, S. 1443–1493.

lung ersetzt werden kann, sollten im Sinne der Übersichtlichkeit und Komplexitätsreduktion nur für die zentralen Variablen (Umsatzwachstum, Umsatzrendite etc.) Verteilungen gebildet werden. Die Wahl der spezifischen Art der Verteilung stellt den zweiten Schritt dar. Ob eine diskrete oder eine stetige Verteilung zu wählen ist, hängt vom Wertebereich der Variablen ab (da beispielsweise der Umsatz nicht negativ werden kann, kann eine Normalverteilung hier ausgeschlossen werden). Die „perfekte Verteilung", die die Variable lückenlos beschreibt, wird man in der Regel nicht finden. Zielsetzung muss es daher sein, die beste Verteilung zu finden. Der Verlauf der Variablen über die vergangenen Jahre kann hier meist Hilfestellung leisten. Steht die gewählte Verteilung fest, müssen im Anschluss die entsprechenden Parameter gewählt werden. Dies wird abhängig von der Verteilung meist verschiedene Parameter umfassen (Mittelwert, Varianz, Minimum, Maximum etc.). In einem vierten Schritt wird ein Wert aus der Verteilung gezogen und der Variablen zugeordnet. Darauf basierend können die Cashflows bestimmt werden. Abhängig von den vor der Simulation definierten Werten wird das Unternehmen jetzt als „Fortführung" nach den Standards der DCF-Methode oder – falls die Kriterien nicht erfüllt werden – als Krisenunternehmen bewertet. Die Schritte vier und fünf werden mehrmals wiederholt, bis eine genügend große Anzahl an Simulationen vorliegt. Wann die Zahl der Ziehungen ausreichend ist, hängt von der Zahl der Variablen und damit von der Komplexität des Modells ab. Im siebten und letzten Schritt des Verfahrens wird der Firmenwert als Durchschnitt über alle Simulationen errechnet.

55 Der beschränkende Faktor bei der Durchführung einer Simulation sind die benötigten Informationen. Oft ist es nicht einfach, zum einen die passende Verteilung für die Variablen zu finden, zum anderen die Parameter für die Verteilung adäquat zu wählen. Im Fall von nicht sorgfältig erhobenen oder auf Zufallsergebnissen beruhenden Eingaben führt die Simulation nicht zu einem gehaltvollen Ergebnis.

56 Um die Effekte einer Krise in die DCF-Bewertung einfließen zu lassen, ist zunächst die **Free Cashflows Adjustierung** vorzunehmen, um die Wahrscheinlichkeit der Insolvenz mit einzubeziehen. In einem vollumfänglichen Ansatz werden alle Szenarien angefangen vom negativsten bis hin zum positivsten erdacht, Wahrscheinlichkeiten zu jedem Szenario und den entstehenden Cashflows zugeordnet und somit der Cashflow für das jeweilige Jahr ermittelt. Eine Anpassung muss auf Jahresbasis durchgeführt werden, da sowohl die Wahrscheinlichkeiten als auch die Cashflows sich sehr wahrscheinlich über die Zeit ändern werden. Eine Möglichkeit der Vereinfachung – auf Kosten der Genauigkeit – besteht darin, nur zwei Szenarien zu bilden: Fortführung (Gesundung des Unternehmens) und Liquidation (Verkauf aller Vermögensgegenstände). Auch bei dem Zwei-Szenarien-Ansatz muss eine jährliche Anpassung der Wahrscheinlichkeiten erfolgen. Der Firmenwert errechnet sich als über die Zeit summierter und diskontierter, mit den Wahrscheinlichkeiten der Szenarien gewichteter Wert.

57 Die Ermittlung der Diskontrate über die Regression eines Betas (Eigenkapitalkosten) und die Preise für die vom Unternehmen ausgegebenen Anleihen (Fremdkapitalkosten) bildet bei Krisenunternehmen meist keine realistische Basis zur Abzinsung. Das Beta wird zumeist über die Regression von Preisen über einen längeren Zeitraum (beispielsweise fünf Jahre) ermittelt. Tritt die Krise in einer kürzeren Zeitperiode auf, reflektiert das Beta einen zu niedrigen Risikostatus für das Unternehmen.

58 Zur Ermittlung adäquater Eigenkapitalkosten kann entweder ein adjustiertes Beta errechnet oder ein separater „Distress-Faktor" einbezogen werden. Anstatt das Beta über eine Regression zu ermitteln und damit die zuvor beschriebenen Nachteile in Kauf zu nehmen, kann das Beta als Produkt der gewichteten Durchschnitte der Betas der Geschäftsbereiche (ohne den Einbezug von Fremdkapital), in denen das Unternehmen ope-

riert („bottom-up unlevered beta"), dem korrespondierenden Verhältnis von Fremdkapital zu Eigenkapital und der Steuerrate errechnet werden. Da die meisten Krisenunternehmen eine hohe FK/EK-Quote aufweisen werden, ergibt sich dadurch meist ein höheres Beta als durch die reine Regression. Ist die Gewinnsituation zudem so angespannt, dass das Unternehmen nicht in der Lage ist, durch das Fremdkapital einen Steuervorteil zu erzielen, kann durch die analoge Anpassung nochmals ein höheres Beta erzielt werden. Die erwähnte Anpassung der Eigenkapitalkosten über einen Distress-Faktor erfolgt als Erhöhung des Marktrisikos im CAPM. Auch damit kann das Eigenkapital für Krisenunternehmen zu einem höheren Preis in die Bewertung einfließen als für ein gesundes Unternehmen.

Um die Kapitalkosten abschließend herzuleiten, muss das Verhältnis von EK zu FK festgelegt werden. Der Standardansatz – die Nutzung einer Ziel-EK-FK-Quote – ist für Unternehmen, am Rande einer Überschuldung operieren, oft nur wenig realistisch. Stattdessen sollte für das erste Jahr das tatsächliche Verhältnis von Eigen- zu Fremdkapital und für die Folgejahre jeweils eine Anpassung entsprechend den Erwartungen erfolgen.

Auch dieser Ansatz findet seine Grenzen in den einfließenden Parametern. Oft ist es schwierig, die Wahrscheinlichkeiten für eine Liquidation oder Fortführung zu schätzen, und bereits kleine Unterschiede in den Wahrscheinlichkeiten können zu großen Wertänderungen führen. Weiterhin müssen Prämissen der Fortführung und der Liquidation in einem Modell zusammengeführt werden. Dies wird ebenfalls durch die Einführung von Wahrscheinlichkeiten versucht darzustellen, allerdings ist es aufgrund von mitunter verschiedenen Annahmen über die Entwicklung des Unternehmensumfeldes etc. pro Szenario oft nur schwer möglich.

Die Wahrscheinlichkeit des Eintretens einer Krise lässt sich mithilfe von statistischen Verfahren prognostizieren. Bereits 1968 hat ALTMAN mit der Entwicklung des Z-Score, einem auf Kennzahlen basierenden Indikator, über eine Diskriminanzanalyse ein Werkzeug entwickelt, das in der Lage sein sollte, die Insolvenz einer Unternehmung zu prognostizieren.[10] Altman hat damit den Grundstein für eine Reihe von Methoden, Werkzeugen und Indikatoren gelegt, die aufbauend auf unterschiedlichen Parametern und zugrunde liegenden Methoden dasselbe Ziel verfolgen. Alternativ zu den statistischen Verfahren kann die Insolvenzwahrscheinlichkeit auch mittels der Ratings und Preise für Anleihen errechnet werden.[11]

d) Investitionsbewertung bei Unternehmensliquidation. Bei der Wertbestimmung im Rahmen einer Liquidation sind Verfahren, die auf historische und/oder prognostizierte Cashflows basieren und den Wert des Unternehmens aus zukünftigen Erträgen ableiten, nur eingeschränkt nutzbar. Die folgende Auflistung zeigt Abwandlungen bereits vorgestellter Verfahren bzw. Alternativen zur Berechnung des Liquidationswertes einer Gesellschaft.

1. Errechnung des Firmenwerts mithilfe einer der Standardmethoden (beispielsweise DCF) für den Fall der Fortführung. Weiterhin geht man davon aus, dass das Unternehmen im extremen Krisenfall nur einen Teil dieses Wertes realisieren kann (beispielsweise 60%). Ergibt die DCF für den Fortführungsfall einen Wert von 20 Mio. EUR, ergibt sich nach dieser Methode ein Liquidationswert von 12 Mio. EUR.
2. Kalkulation eines Firmenwerts basierend auf den Cashflows, die mit bereits vorhandenen Investments generiert werden können. Diese Methode geht davon aus, dass ein potenzieller Käufer nicht für etwaige Investitionen in das Krisenunternehmen zahlen

---

[10] Vgl. *Altman*.
[11] Vgl. siehe auch *Altman/Kishore*.

wird. Vereinfachend und in der Praxis oft angewendet, wird eine ewige Rente auf die aus den bestehenden Vermögensgegenständen fließenden Cashflows gerechnet. Dabei wird kein weiteres Wachstum unterstellt.
3. Berechnung des Liquidationswerts als Summe der Erlöse aus der Veräußerung der Vermögensgegenstände abzüglich der zu zahlenden Schulden. Die Wertigkeit der einzelnen Vermögensgegenstände wird dabei vom Absatzmarkt bestimmt. Handelt es sich um Massenartikel, für die ein Markt besteht, sind sowohl die Wertbestimmung als auch der Absatz meist unkritisch. Je spezifischer die Art des Vermögensgegenstandes, desto schwieriger der Verkauf. So ist es denkbar, dass zwar intakte, aber in ihrer Funktion sehr spezifische Maschinen lediglich mit ihrem Schrottwert angesetzt werden können. Die durch die Verkäufe erzielten Gewinne sind um persönliche bzw. betriebliche Steuern zu mindern. Ebenfalls berücksichtigt werden müssen Kosten für die Veräußerung, Herauslösung, Abbruch etc. Je nach Struktur des Unternehmens (Mitarbeiterzahl etc.) können Aufwendungen im Rahmen des Sozialplans erhebliche Kostenblöcke darstellen, die ebenfalls aus den Liquidationswerten bedient werden müssen. Zieht sich die Liquidation voraussichtlich über mehrere Perioden, sind die jeweiligen Liquidationsüberschüsse auf den Bewertungsstichtag zu diskontieren.
4. Schätzung eines Anteils des Buchwerts der Vermögensgegenstände: Ähnlich zu der zuvor vorgestellten Methode, allerdings pragmatischer. Bei diesem Ansatz wird aufgrund der Erfahrungen aus ähnlichen Fällen (Branche, Größe etc.) ein Prozentanteil der Buchwerte als Liquidationswert angenommen. Geld und geldähnliche Anlagen werden dabei gesondert behandelt. Besondere Beachtung sollte den Bilanzpositionen gelten, in denen sich stille Reserven bilden können. Hier sind unter Umständen signifikante Werte versteckt, die aus den reinen Buchwerten oft nicht erkannt werden.

62 **e) Probleme der Bewertungsverfahren.** Aufgrund der Spezifika des Underlyings werden die klassischen Investitionsrechenverfahren ausgehebelt und sind entsprechend durch die Abschätzung der Einzelfallherausforderungen zu ergänzen. Die akademische Forschung hat hier bereits erste Ansätze – auch über die Modellierung von Realoptionen – definiert, deren Praxistauglichkeit allerdings weiter zu prüfen ist. Insgesamt stehen hier sowohl die Quantifizierung der mit dem Underlying verbundenen Risiken als auch die Anpassung der praxistauglichen Verfahren im Vordergrund.

63 Um ein einheitliches Risikomaß für den Entscheider zu finden, sind die Ergebnisse aus der Risikobemessung der Kreditinstitute und der Investitionsbewertung zu synchronisieren. Dazu erfordert es ein tiefes Verständnis der Perspektiven aller Beteiligten sowie auch der individuellen Risikopräferenzen.

III. Formen des Distressed Investings

1. Distressed Debt

64 **a) Charakteristika und Abgrenzung.** Kapitalgeber können prinzipiell über die verschiedenen Finanzierungsinstrumente, die mit dem Investitionsobjekt in Verbindung stehen bzw. die zweckorientiert zur Unternehmensfinanzierung genutzt werden können, ein Distressed Investment vornehmen. Dabei lassen sich ganz allgemein die Finanzierungsformen Distressed Debt, Distressed Equity und hybride Finanzierungsformen wie beispielsweise Mezzanine – auch für die Krisensituation – differenzieren. Die Ausprägungsformen und Spezifika dieser einzelnen Formen stehen im Folgenden im Fokus.

Zum verbesserten Verständnis der Struktur und Funktionsweise wird jeweils die Position eines Investors eingenommen, der beabsichtigt, durch die gezielte und bewusste Investition in den krisenbehafteten Vermögensgegenstand eine Investitionsrendite zu erzielen. 65

Das Fremdkapital, das Unternehmen von Banken aufnehmen hat im Rahmen der Unternehmensfinanzierung in Deutschland einen besonderen Stellenwert. So weist die Kapitalstruktur deutscher Unternehmen im Schnitt mehr als 50% Bank-Fremdkapital auf. Im Vergleich mit der EU (39%) bzw. den USA (23%) wird die Bedeutung unterstrichen. Daher legt der vorliegende Beitrag ein großes Gewicht auf die Analyse der Fremdkapitalposition, den so genannten Debt bzw. Distressed Debt. 66

Zudem werden auch Kredite erfasst, bei denen eine hohe Ausfallwahrscheinlichkeit vorliegt (und diese sich bereits in der Verwertungsphase befinden), die aber vom Schuldner derzeit noch bedient werden. Der Terminus Distressed Debt erfasst zudem alle Forderungen wie beispielsweise Unternehmenskredite, Kundenforderungen, Lieferantenforderungen, Leasingfinanzierungen, Handelsfinanzierungen, Beteiligungen und Immobilien. 67

In Bezug auf Distressed Debt wird die Kategorisierung typischerweise an die Rating-Stufen verschiedener Rating-Agenturen angelehnt. Die Praxis orientiert sich hierbei zumeist an den verbreiteten zehnstufigen Rating-Verfahren der Rating-Agenturen *Standard & Poor's* (S&P) und *Moody's Investors Service* (Moody's). Wählt man diesen Ansatz als Klassifizierungshilfe, sind alle Forderungen des Speculative Grade als distressed zu klassifizieren. Anzumerken ist allerdings, dass dies nur eine Orientierungshilfe darstellen kann und keine absolute Klassifizierungsmethodik. Dies lässt sich an folgendem Beispiel illustrieren: Anleihen, die aufgrund eines technischen Default (D), der schlechtesten Bonitätsstufe, geraten sind, werden nichtsdestotrotz zum Nominalwert gehandelt. 68

Erweitert wird das Fassettenreichtum des Distressed Debt durch eine Untersuchung der KPMG unter den deutschen Universalbanken. Im Fokus war hier die Fragestellung, ab wann Kredite als distressed klassifiziert werden. Im Ergebnis kommt die Studie zu dem Schluss, dass Kredite meist dann als distressed angesehen werden, wenn diese 69
1. ein Rating mit einer hohen Ausfallwahrscheinlichkeit aufweisen,
2. eine drohende Zahlungsunfähigkeit erkennbar ist oder
3. der Kreditnehmer sich in Liquiditätsschwierigkeiten befindet.

Die Uneinheitlichkeit der Definitionen führt hier dazu, dass im Rahmen dieser Arbeit Begriffe wie Non-Performing Loans (NPL), Risikoengagements, Bad Loans, Watch-List-Kandidaten, Problemkredite, notleidende Kredite und andere synonym zu Distressed Debt verwendet werden. 70

b) Beweggründe für Banken, Distressed Debt zu veräußern. Damit für Kapitalgeber eine Möglichkeit zur Investition in Distressed Debt besteht, bedarf es im Fall von Unternehmenskrediten im Wesentlichen zuerst der Entscheidung einer engagierten Bank, ihren Fremdkapitalanteil zum Verkauf anzubieten bzw. einem Kaufangebot eines Investors zu folgen. Der Kreditverkauf stellt eine der möglichen Optionen einer Bank dar, auf die veränderten Rahmenbedingungen durch die Krisensituation des Kunden zu reagieren. Dabei ist grundsätzlich die Entscheidung zu treffen, ob die Bank die Kredite in der eigenen Bilanz weiterführen möchte und ob die Abwicklung bzw. Sanierung vom Kreditinstitut selbst betreut werden soll oder nicht. 71

	INTERNES workout	EXTERNES workout
Kredite bleiben in Bilanz	Abwicklung durch eigene Workout-Abteilung	Outsourcing des Service
Kredite verlassen Bilanz	Verkauf und Weiterbetreuung der Engagements auf Basis eines Service-Agreements	Verkauf und Übernahme des Service durch einen externen Dienstleister

Abb. 3: Handlungsoptionen einer Bank

72 Abbildung 3 stellt die Handlungsoptionen der Bank im Rahmen von Problemkrediten dar. Folglich kann die Bank die Kredite in den eigenen Büchern behalten und auch das Workout übernehmen (Sanierung bzw. Abwicklung). Dies entspricht der traditionellen Vorgehensweise, innerhalb derer Banken spezialisierte Restrukturierungseinheiten aufbauen, die sich ausschließlich mit dem Workout befassen. Hierbei sind die Mindestanforderungen an das Risikomanagement (MARisk) zu beachten, die eine aufwändige Betreuung von Problemkrediten verlangen. Aus diesem Grund kann es sinnvoll sein, die Kredite in der eigenen Bilanz zu behalten, den Workout-Prozess allerdings an einen spezialisierten Dienstleister zu übergeben. Wie in diesem Abschnitt gezeigt wird, ist dies auch im Rahmen der Kernkompetenzthematik relevant. Im dritten Fall verkauft die Bank die notleidenden Kreditengagements und geht ein Service Agreement ein, innerhalb dessen vereinbart wird, dass das Workout beim Kreditinstitut verbleibt. Diese Option stellt in der Praxis allerdings zumeist eine rein theoretische Handlungsalternative dar, da Banken notleidende Kredite unter anderem deshalb verkaufen, weil sie keine Kernkompetenz für das Workout haben. Letztlich kann die Bank die Problemengagements auch verkaufen bzw. verbriefen. Hierbei wird das Servicing regelmäßig durch einen spezialisierten Dienstleister übernommen.

73 Die Motive, sich von Problemkrediten zu trennen, sind zahlreich. Bei Non-Perfoming Loans besteht für Banken das Risiko, dass der Restwert der Forderungen nicht mehr zu realisieren ist. Folglich besteht für die Bank bei jedem notleidenden Kredit die Gefahr, dass dieser letztlich eine Verlustquelle darstellt. Fällt eine zu große Zahl ausgereichter Kredite aus, besteht für das Kreditinstitut die Gefahr, dass es selbst in eine finanzielle Notlage gerät. Folglich stellen Problemkredite Risikoaktiva dar, die ein nicht unerhebliches Risiko für Kreditinstitute bergen können. Entsprechend können Verbriefungen für ein aktives Bilanzstrukturmanagement genutzt werden, da die Verkaufserlöse gezielt genutzt werden können, um durch gezielte Reinvestitionen die Struktur der Aktiva zu ändern. Dieses Schicksal ereilten beispielsweise die *Schmidt Bank* wie auch die *Gontard & Metallbank*. Grundsätzlich lohnt sich der Verkauf bzw. die Verbriefung eines Kreditportfolios, wenn die Erlöse aus dieser Transaktion höher sind als der Barwert der diskontierten erwarteten Nettozuflüsse aus dem Portfolio. Die Nettozuflüsse ergeben sich aus der Differenz zwischen erwarteten Zins- und Tilgungszahlungen und den Kapitalkosten, den Investitionen in Sicherheiten, den Kosten der Abwicklung und der Zwangsvollstreckung. Hierbei spielen die Kosten des Workout für Banken eine erhebliche Rolle, weshalb dies in Abschnitt 3.6 separat diskutiert wird. Somit liegt der Verkaufs- bzw. Verbriefungsent-

scheidung prinzipiell das gleiche Kalkül zugrunde wie bei Verkäufen von Portfolios vertragskonform bedienter Kredite.

Trennen sich Banken hingegen von notleidenden Engagements, fließt ihnen nicht nur unmittelbar Liquidität zu, sondern es kann für sie auch steuerliche Vorteile in Form von Abschreibungen haben. Neben diesem Effekt sind vor allem deutsche Kreditinstitute gezwungen, ihre Rentabilität zu steigern und das internationale Niveau zu erreichen. Diese Steigerung ist dann gegeben, wenn bei gegebenen Kosten die Erlöse gesteigert werden oder bei gegebenen Erlösen die Kosten reduziert werden können. Hierbei stellt die Ressourcenbindung ein besonders großes Hindernis dar. Problemkredite binden einerseits Eigenkapital aufgrund der gesetzlich vorgeschriebenen und durch Basel II verschärften Eigenkapitalunterlegung, andererseits aber auch personale und finanzielle Kapazitäten, die anderweitig effizienter eingesetzt werden könnten. Insbesondere die Verwaltung und Bearbeitung von Distressed Debt ist sehr zeitaufwändig, langwierig und nicht selten komplex. Daneben ist zu konstatieren, dass Banken regelmäßig auch die Kompetenz fehlt, um eine Sanierung erfolgreich durchzuführen. Entsprechend offeriert die Verbriefung dieser Problemengagements Kreditinstituten die Möglichkeit, sich stärker auf ihre Kernkompetenzen zu fokussieren. Der Handlungsbedarf wird zudem durch die Mindestanforderungen an das Kreditgeschäft der Kreditinstitute (MaK) und durch die Basler Eigenkapitalvereinbarung (Basel II) erhöht. Beide haben zum Ziel, die Stabilität des Bankensystems zu erhöhen. **74**

Nach Basel I waren alle Kredite mit 8% Eigenkapital durch die Banken zu unterlegen, unabhängig von den individuellen Kreditrisiken der Schuldner. Basel II (erste Säule) fordert hier eine Unterlegung, die sich am Risikoprofil des Schuldners orientiert. Hieraus leitet sich unmittelbar ein weiterer Grund ab, der für die Verbriefung von notleidenden Krediten spricht. Da diese nach Basel II mit mehr Eigenkapital unterlegt werden müssen, ist es für Banken entsprechend teurer, derartige Engagements auszureichen. Daneben finden sich durch die zweite und dritte Säule der Basler Eigenkapitalvereinbarung weitere Anforderungen, die aufseiten der Kreditinstitute zu steigenden Kosten führen. Initiiert durch Basel II erhöht sich nämlich bei Problemkrediten nicht nur das regulatorische Eigenkapital, sondern als Folge des gestiegenen Anforderungsprofils an das Risikomanagement auch die Bindung personeller Kapazitäten. Auch die MaK steigern die Bindung personeller Kapazität aufgrund der Vorgaben hinsichtlich der qualitativen Standards für die Organisation des Kreditgeschäfts. Im Wesentlichen beinhalten diese generelle Anforderungen an die Kreditrisikostrategie, die Geschäftsprozesse wie auch an die Identifizierung, Steuerung und Überwachung der mit dem Geschäft verbundenen Risiken. Die Anforderungen für Problemkredite sind hierbei besonders hoch. In den Organisationsrichtlinien ist von den Banken darzulegen, welche Kriterien erfüllt sein müssen, damit ein Kredit gesondert beobachtet wird (so genannte Intensivbetreuung). Tritt der Fall der Intensivbetreuung ein, ist weiter zu entscheiden, ob eine Überführung des Engagements an die Abwicklungs- oder Sanierungsabteilung notwendig ist. Somit steigt der Personalbedarf und erhöht damit den Druck auf Banken, alternative Gestaltungen (beispielsweise die Verbriefung) mit Blick auf kritische Forderungen zu finden. **75**

Ein weiterer starker Anreiz, Distressed Debt zu verbriefen, begründet sich in der Tatsache, dass Banken nur unter der Gefahr des Reputationsschadens hart bei Problemkrediten durchgreifen können. Diesem Risiko kann sich die Bank entsprechend mithilfe einer Verbriefung entledigen. Auch die dritte Säule von Basel II, die Kreditinstitute dazu verpflichtet, Informationen zum Eigenkapital, den Anwendungsbereichen des Kapitals und den damit verbundenen Risikopositionen offenzulegen, könnte Banken dazu veranlassen, sich ihrer riskanten Forderungen zu entledigen. **76**

77 Im Hinblick auf die Reputation von Kreditinstituten ist jedoch auch hervorzuheben, dass Verbriefungen negativ auf die Reputation der veräußernden Bank wirken können. So kann die Veräußerung in der Öffentlichkeit und hierbei speziell von den Bankkunden als Vertrauensbruch bewertet werden. Besonders negativ wird hierbei der Verkauf der Engagements an einen Investor gesehen, der mit der Abwicklung der Darlehen beginnt und die Sicherheiten verwertet. Nicht selten gehen derartige Investoren (der Vorwurf in der breiten Öffentlichkeit richtet sich hierbei insbesondere gegen angelsächsische Investoren) schärfer vor als das Kreditinstitut selbst und achten weniger auf die Interessen der einzelnen Kreditnehmer. Bei dieser Diskussion werden jedoch die diversen volkswirtschaftlichen Vorteile übersehen, die eine solche Transaktion bringen kann. Auch eine Differenzierung zwischen verschiedenen Typen von Kreditnehmern wird nicht vorgenommen. Bei Unternehmenskrediten handelt es sich beispielsweise um Vollkaufleute, bei denen anzunehmen ist, dass sie den Rechtscharakter wie auch potenzielle Konsequenzen eines Darlehensvertrages einschätzen können. Folglich müssen diese mit einer Abtretung der Forderung gegen sie an andere Gläubiger rechnen, wenn es zu Zahlungsrückständen kommt. Auch wenn Kredite an private Haushalte hier keinen Fokus darstellen, ist anzumerken, dass diese meist nur dann verkauft werden, wenn die Schuldner ihren vertraglichen Verpflichtungen über einen längeren Zeitraum nicht nachgekommen sind. Zudem sollte bei der Diskussion über die Kreditverbriefung nicht vernachlässigt werden, dass Kreditgeber auch bei notleidenden Krediten ein großes Interesse an einer gütlichen Einigung haben.

78 Während der Forderungsverkauf an einen Investor wie auch die Verbriefung zu den aus Sicht der Kreditinstitute gewünschten Erleichterungen führen kann, wohnen dem Instrument der Verbriefung spezifische Vorteile inne, die der Forderungsverkauf nicht offeriert. Die Verbriefung erlaubt es, eine größere Gruppe von Investoren zu erreichen, und ermöglicht es Banken, folglich größere Portfolios im Rahmen einer Transaktion zu veräußern. Die Möglichkeiten mit Blick auf die Strukturierung der Verbriefung erlauben es zudem, den Bedürfnissen unterschiedlicher Investorengruppen gerecht zu werden.

79 Hervorzuheben ist weiter, dass die Verbriefung gerade auch für kleinere bzw. regional tätige Banken von hohem Interesse ist, da diese hierdurch geografische Klumpenrisiken, die ihre Kreditportfolios typischerweise aufzeigen, reduzieren können. Gleichermaßen kann mit dem Instrument der Verbriefung auch die Konzentration auf wenige Branchen oder Kundengruppen und folglich die Abhängigkeit von der Entwicklung dieser reduziert werden.

80 **c) Beweggründe für Investoren, Distressed Debt zu erwerben.** Die grundlegende Motivation eines jeden risikobewussten und gezielten Distressed-Debt-Erwerbers ist die Realisierung einer überdurchschnittlichen Investorenrendite, die risikoadjustiert ist. Darauf aufbauend lassen sich folgende Motive der Erwerber angeschlagener Vermögensgegenstände kategorisieren (vgl. Abb. 4).

81 Der Kauf eines Portfolios notleidender Kredite ist aus Sicht des Investors dann wertschöpfend, wenn der diskontierte Barwert der erwarteten Nettoabwicklungserlöse über dem Preis des Portfolios liegt. Die Differenz zwischen dem Verkaufspreis der Bank und dem Wert, den der Investor dem Portfolio zuweist, kann durch zwei Ursachen erklärt werden. Entweder geht der Investor davon aus, dass er auf kurze Sicht das Portfolio effizienter managen bzw. abwickeln kann als die Bank, die das Portfolio zum Verkauf anbietet, oder die Vorstellungen hinsichtlich der mittel- und langfristigen Wertentwicklung des Portfolios divergieren.

§ 19 Distressed Investments

	KURZFRISTIG	**LANGFRISTIG**
Kredite bleiben in Bilanz des Investors	Kurzfristige Abwicklung	Mittel- bis langfristige Abwicklung, z.B. im Zuge steigender Immobilienpreise
Kredite verlassen Bilanz des Investors	Weiterverkauf	Verkauf mit gestiegenem Wert

Abb. 4: Handlungsoptionen eines Distressed Investors

Die Perspektive des Investors kann hierbei kurz- wie auch langfristig sein. Investoren lassen sich auch danach unterscheiden, ob sie planen, die Kredite abzuwickeln oder diese weiterzugeben. Hieraus ergeben sich die eingangs aufgezeigten Handlungsalternativen. Zu beachten ist an dieser Stelle, dass jeder Investor die Kredite mit ihren Fälligkeiten übernimmt. Bei den hier betrachteten notleidenden Krediten ist regelmäßig davon auszugehen, dass diese bereits fällig gestellt wurden bzw. relativ problemlos fällig gestellt werden können. 82

Behält der Investor die Kredite auf seinen Büchern, kann eine kurzfristige oder eine langfristige Abwicklung angestrebt werden. Bei der kurzfristigen Abwicklung versuchen die Investoren, die Kredite effizienter zu managen als die verkaufenden Banken. Dieser Ansatz dominiert derzeit den deutschen Markt für Distressed Debt. Der Effizienzvorsprung liegt oft in der anfänglichen Bewertung der Kreditengagements durch die Investoren, die hierzu spezielle IT-Systeme zur Anwendung bringen. Hierbei wird versucht, die zukünftigen Zahlungsströme aus dem Portfolio so exakt wie möglich vorherzusagen, um auf dieser Grundlage eine Kaufentscheidung zu treffen. Dies verdeutlicht, dass Investoren in Barwerten denken. (Kredite werden danach bewertet, welchen Barwertbeitrag diese bei sofortiger Abwicklung oder einvernehmlicher Lösung mit dem Kreditnehmer zum gesamten Beitrag des Portfolios leisten.) Konträr hierzu denken Banken oftmals in Nominalwerten ihrer Aktiva. Diese abweichende Herangehensweise erklärt sich durch die historische Entwicklung wie auch durch die anzuwendenden. Des Weiteren sind Banken in einem höheren Maße daran interessiert die Geschäftsbeziehung zum säumigen Kreditschuldner aufrechtzuerhalten, um weiterhin Cross-Selling-Potenziale zu heben. Investoren hingegen nutzen die Chance, Skaleneffekte zu realisieren. Hat der Investor einen längeren Investitionshorizont, spekuliert er regelmäßig auf Wertsteigerungen bei den Sicherheiten, mit denen die Kredite besichert sind. Dieses Kalkül liegt besonders bei Investitionen in notleidende Hypothekendarlehen vor, da bei diesen der Wert positiv mit den Immobilienpreisen korreliert. 83

Kauft ein Investor notleidende Kredite, ohne diese selbst abwickeln zu wollen, verbleibt die Möglichkeit, diese kurz-, mittel- oder langfristig weiterzugeben. Die kurzfristige Weitergabe kann beispielsweise durch die Verbriefung realisiert werden. Die mittel- bis langfristige Weitergabe setzt einen liquiden Sekundärmarkt für derartige Transaktionen voraus. Dies ist derzeit nicht der Fall, allerdings ist zu vermuten, dass sich ein solcher Markt in Zukunft ergibt. 84

2. Rangklassen von Fremdkapital

85 **a) Senior und Junior Debt.** Gerade bei Distressed Investments ist es für den Erwerber von zentraler Bedeutung, welchen Einfluss er mit seinem Fremdkapitalanteil im Rahmen der Risiko-Rendite-Strukturierung des Engagements einnehmen kann. Es ist daher von Relevanz, welche verschiedenen Rangklassen von Fremdkapital existieren und welche Möglichkeiten und Risiken damit verbunden sind. Aus diesem Grund werden im Folgenden die wichtigsten Klassen kurz vorgestellt, um ein einheitliches Verständnis zu sichern. Dies erscheint zudem angebracht, da die diversen Rangklassen in der Praxis an Bedeutung gewinnen.

86 Bei Senior und Junior Debt handelt es sich um Fremdkapital, das von einem Gläubiger zur Verfügung gestellt wird. Aufgrund der restriktiven Covenants, die typisch sind für diese Rangklasse, wie auch der hohen Besicherung, die sich Kreditgeber gewähren lassen, entstehen bei Nutzung für die Gesellschaft die geringsten Kosten verglichen mit den übrigen Finanzierungsmöglichkeiten. Charakteristisch für Deutschland ist, dass diese Titel typischerweise nicht am Markt geratet sind. Senior und Junior Debt bilden im Rahmen von LBO-Transaktionen den größten Anteil an der Finanzierung. Die Laufzeit beträgt hierbei zwischen sieben und neun Jahren, bei klassischen Unternehmensfinanzierungen kann diese aber auch länger bzw. kürzer ausfallen. Eine vorzeitige Rückzahlung ist normalerweise zum Parwert möglich.

87 **b) Second Lien.** Die zweite Rangklasse bildet der Second Lien, der sich im Rahmen strukturierter Finanzierungen herausgebildet hat. Die Rangklasse ähnelt der Debt-Klasse aufgrund der senioren Ausgestaltung, offeriert hierbei allerdings günstigere Konditionen aus Sicht des Unternehmens als ein nachrangiger Kredit. Insbesondere bei strukturierten Finanzierungen wie LBOs bildet der Second Lien normalerweise keine eigene Rangklasse im eigentlichen Sinn, sondern wird benutzt, um die Senior-Debt-Tranche zu erweitern. Hierbei findet sich in der Praxis eine Laufzeit, die etwas länger ist als bei der Debt-Tranche (ca. 9,5 Jahre). Auch hier ist eine vorzeitige Tilgung möglich, wobei diese zum Ende hin aus Sicht des Unternehmens günstiger wird.

88 **c) High Yield.** Bei der Rangklasse High Yield handelt es sich um festverzinsliche Wertpapiere, die typischerweise an institutionelle Investoren begeben werden und über einen längeren Anlagehorizont verfügen. Diese Rangklasse ist regelmäßig nicht besichert und kann einen senioren oder nachrangigen Rang annehmen. Während sie mit variablen Zinssätzen anzutreffen sind, verwendet die Praxis – insbesondere bei LBOs – meist fixe Zinssätze. Im komparativen Vergleich zu den anderen Rangklassen ist signifikant, dass High Yields öffentlich gehandelt werden und entsprechend stringenten Publikationspflichten unterliegen. Im Regelfall sind High Yields nicht in den ersten drei bis fünf Jahren vorzeitig abzulösen und danach nur unter Zahlung eines Premiums. Die Laufzeit im Rahmen von LBO-Finanzierungen beträgt durchschnittlich zehn Jahre.

89 **d) Mezzanine.** Mezzanine stellen ein intermediäres Finanzierungsprodukt zwischen Eigenkapital und Fremdkapital dar. Grundsätzlich stellen Mezzanine aus bilanzierungsrechtlicher Sicht Fremdkapital dar. Aufgrund der mit dieser Rangklasse verbundenen Flexibilität kann jedoch eine Ausgestaltung gewählt werden, die eher Eigenkapital ähnelt. Aus diesem Grund ist neben der bilanzrechtlichen Einordnung auch die wirtschaftliche Charakterisierung zu beachten. Werden bestimmte Charakteristika gewählt, werden Mezzanine zwar aus bilanzieller Sicht als Fremdkapital, aus wirtschaftlicher Sicht allerdings als Eigenkapital angesehen. Hervorzuheben ist die Bedeutung von Mezzanine ins-

besondere im Hinblick auf Basel II, da diese Rangklasse dazu verwendet werden kann, die Eigenkapitalquote des kreditnehmenden Unternehmens zu verbessern, was letztlich zu geringeren Finanzierungskosten führt. Durch die Änderungen aufgrund von Basel II ist dies auch im Interesse der Banken, da diese für ausgegebene Kredite entsprechend des damit verbundenen Risikos Eigenkapital hinterlegen müssen. Somit ist die Vergabe von Krediten, mit denen ein höheres Risiko (beispielsweise geringere Eigenkapitalquote des kreditnehmenden Unternehmens) einhergeht, für Kreditinstitute teurer.

Mezzanine werden im Rahmen strukturierter Finanzierungen beispielsweise bei 90 LBO-Transaktionen genutzt und bieten hierbei eine Alternative zur Rangklasse High Yield. Wie auch die anderen Klassen können Mezzanine vorzeitig zurückgezahlt werden, wobei allerdings ein Premium hierfür zu zahlen ist. Hierbei beträgt die Laufzeit ca. zehn Jahre. In Abhängigkeit von der Verwendung kann es nötig sein, dass Covenants oder Warrants vom Unternehmen begeben werden.

3. Distressed Equity

a) Charakteristika und Abgrenzung. Angeschlagene Vermögensgegenstände können 91 auch über den Erwerb einer Eigenkapitalposition erstanden werden und somit die Möglichkeit zur Wertgenerierung liefern. Die Eigenkapitalposition der angeschlagenen Gesellschaft wird hier als Distressed Equity aufgefasst, wie bereits in Abschnitt 1.3 angedeutet.

Ist die grundsätzliche Frage, ob sich ein Investor an einem krisenbehafteten Unterneh- 92 men beteiligen will, positiv beantwortet, ist die Frage zu thematisieren, in welcher Form die Beteiligung erfolgen soll und wie diese mit der Sanierungsplanung verzahnt werden kann. Im Bereich von Distressed Equity sind vornehmlich drei Einstiegsvarianten zu nennen:
1. Der Anteilserwerb, auch Share Deal genannt,
2. der Erwerb einzelner Betriebe (Asset Deal) und
3. die Beteiligungsmöglichkeit in Form von Forderungsankäufen.

Im Fall der Beteiligung zum Zeitpunkt des Distress ist zudem zu unterscheiden, ob die 93 Beteiligung und die anschließende Sanierung mit den Mitteln des Insolvenzrechts („*in-court restructuring*") vorgenommen werden oder ob ein außergerichtlicher Weg („*out-of-court restructuring*") gewählt wird.

Bei Wahl des außergerichtlichen Weges, der zeitlich vor dem Insolvenzantrag liegt, 94 steht zunächst der Kauf der Gesellschaft von den derzeitigen Gesellschaftern im Vordergrund. Hierbei ist es von entscheidender Bedeutung, dass diese Transaktion in Abstimmung mit den Gläubigern der Gesellschaft stattfindet, da deren Unterstützung im Rahmen der folgenden Restrukturierung benötigt wird. Neben dieser friedlichen Form des Erwerbs, kann auch ein Erwerb gegen den Willen der derzeitigen Gesellschafter erfolgen, sofern die Gesellschaftsanteile an einen Gläubiger verpfändet wurden (Pfandverwertung im Rahmen einer öffentlichen Versteigerung, §§ 1273 Abs. 2 und 1235 BGB).

Die Kernfrage, die vor Erwerb eines Rechtsträgers bei jeder Distressed-Equity-Trans- 95 aktion zu klären ist, ist, ob der Sanierungsplan erfolgreich umgesetzt werden kann, da nur dann die Investition für den Investor sinnstiftend ist. Entsprechend ist die Sanierungsfähigkeit des Zielunternehmens für Distressed-Equity-Investoren von fundamentaler Bedeutung.

Hierbei ist hervorzuheben, dass sich Investoren langfristig an einem Unternehmen 96 beteiligen können oder nur ein kurzfristiges Engagement eingehen können. Wird letztere Variante gewählt, ist hervorzuheben, dass verschiedene Potenziale innerhalb eines Investitionszeitraumes von typischerweise fünf bis sieben Jahren realisiert (typische Dauer einer Private-Equity-Investition in Distressed Equity) werden müssen, um das Unternehmen aus der Krise zu führen und eine entsprechende Rendite zu erzielen. Hierzu müssen umfangreiche und nachhaltige Restrukturierungsmaßnahmen wie beispielsweise Kostensenkungen, Personalanpassungen, Desinvestitionen, Strategieanpassungen usw. eingeleitet und umgesetzt werden. Um einen reibungslosen Ablauf zu gewährleisten, ist es notwendig, dass der Investor über eine entsprechende Position verfügt, dass er solche Maßnahmen anstoßen kann. Hierbei spielt die Kontrollübernahme entsprechend eine besondere Rolle, da diese eine vergleichsweise reibungslose Umsetzung des Sanierungskonzepts wie auch der damit verbundenen Implementierung einer Investitionsstrategie und diverser Wertsteigerungsmaßnahmen erlaubt. Somit findet sich in der Praxis oftmals die Konstellation einer faktischen Mehrheitsübernahme anstelle einer Minderheitenbeteiligung. Ist die Sanierung des Zielunternehmens nicht erfolgreich oder wird diese nicht versucht, stellt die Zerschlagung die letzte Alternative dar. Da im Rahmen einer Zerschlagung erhebliche Werte vernichtet werden (diese resultieren aus der Differenz zwischen dem realisierten Liquidationswert und dem Vermögenswert im Fortführungsfall), ist eine erfolgreiche Restrukturierung von besonderem Interesse für einen Distressed-Equity-Investor.

97   Theoretisch betrachtet stellt auch die Neuaufnahme von Eigenkapital zum Zeitpunkt des Financial Distress ein geeignetes Finanzierungsinstrument dar. In der Praxis finden sich jedoch kaum Anwendungsbeispiele im europäischen Raum, da es zum so genannten Debt Overhang kommen kann. Bei einer zusätzlichen Finanzierung mit Eigenkapital zum Krisenzeitpunkt kommen diese neuen Finanzierungsmittel insbesondere den Gläubigern zugute. Dies liegt daran, dass bei einer Verschlechterung der wirtschaftlichen Lage der Gesellschaft der Liquidationswert mit hoher Wahrscheinlichkeit den Wert der finanziellen Verbindlichkeiten unterschreitet. Da das Eigenkapital einen Residualcharakter aufweist, kommt es zu einer Risikoreduktion zugunsten des vorhandenen Fremdkapitals. Dieser Risikotransfer verdeutlicht, dass der Gläubigerschutz in diesem Moment einen höheren Stellenwert besitzt als der Fortbestand der Unternehmung, da in dieser Situation nicht selten die Zerschlagung als letztes Mittel verbleibt. Die hierbei zu beobachtende Wertvernichtung war einer der Gründe, weshalb der Gesetzgeber das Insolvenzrecht (Insolvenzordnung) im Jahr 1999 angepasst und hier zwei neue Möglichkeiten zur Fortführung des Unternehmens in der Krise geschaffen hat – das Insolvenzverfahren und die Eigenverwaltung.

98   **b) Differenzierung zu Private Equity.** Private Equity ist ein Begriff, der trotz seiner häufigen Verwendung in Literatur wie Presse keine einheitliche Definition für sich beanspruchen kann. Weder gesetzlich noch in der Betriebswirtschaftslehre findet sich eine klare Definition. Zu subsumieren sind alle Unternehmensfinanzierungsformen, bei denen Beteiligungskapital genutzt wird und dieses Unternehmen nicht öffentlich wie beispielsweise über die Börse, sondern privat zur Verfügung gestellt wird. Welche Charakteristika in den Vordergrund rücken, hängt hierbei vom Begriffsverständnis des jeweiligen Autors ab.

99   Im Rahmen dieses Abschnitts sollen im Einklang mit ALBRECHT/FÜGER/DANNENBERG[12] folgende Aspekte besonders berücksichtigt werden:
 • Erwerbsgegenstand sind Mehr- oder Minderheitsbeteiligungen an Unternehmen, die nicht an einer Börse gelistet sind, oder aber Übernahmen von börsennotierten Unternehmen.

---

[12] Vgl. *Albrecht/Füger/Danneberg*, S. 779–805.

§ 19 Distressed Investments

- Es handelt sich um etablierte Unternehmen, die zumeist in traditionellen Branchen und über mehrere Jahre hinweg aktiv sind.
- Ziel der Investition ist es, eine positive Rendite auf das eingesetzte Kapital zu erwirtschaften, die den Mindesterwartungen der Investoren entspricht.

Verschiedene Formen von PE-Investitionen lassen sich voneinander abgrenzen. An dieser Stelle werden so genannte Turnaround Private Equity Funds betrachtet, die im „later stage"-Zyklus des Unternehmenslebenszyklus investieren und auf eine zukünftige Steigerung des Eigenkapitalwertes durch aktive Wertschöpfung zielen. Primäre Strategien sind hierbei die Schuldenreduktion und die Margenverbesserung durch operative Maßnahmen[13] – mit detaillierten Ausführungen zu verschiedenen Investitionsstrategien). Festzuhalten ist demnach, dass es sich hierbei um spezialisierte Investoren handelt, die mit einem hohen Grad an Branchen- und Unternehmenskenntnis auf operative Veränderungen anstoßen. Distressed Equity stellt somit einen Teil- bzw. Nischenmarkt von Private Equity dar.

Bevor eine Investition durchgeführt wird, muss die Due Diligence erfolgreich abgeschlossen werden. Diese wird in Abschnitt 4.1.4 vorgestellt. Deshalb soll an dieser Stelle nur auf die operative Due Diligence eingegangen werden, da diese im Rahmen ausschließlicher finanzieller Beteiligungen ohne operatives Engagement des Investors von geringer Bedeutung ist oder gar nicht durchgeführt wird. Ziel dieser Untersuchung ist es weniger, festzustellen, ob die vom Unternehmen zu erwartende Performance auch mit hoher Wahrscheinlichkeit eintritt, sondern eher zu prüfen, ob eine nachhaltige Kursänderung, die zu einer gesteigerten Performance führt, möglich ist. Denn nur im Fall einer nachhaltigen Änderung kann eine ausreichend hohe Wertschöpfung generiert werden, die den Renditeanforderungen der Investoren entspricht. Ergebnis der Due Diligence ist entsprechend ein Maßnahmenkatalog, der kurzfristig die Liquiditätssituation des Krisenunternehmens verbessert und langfristig die notwendigen Wertsteigerungen ermöglicht. Dieser Katalog stellt somit das Know-how derartiger Investoren dar. Da die Maßnahmen stark von der individuellen Situation des Unternehmens wie auch des Branchenumfelds abhängen, wird auf eine weitere Detaillierung verzichtet (Albrecht/Füger/Danneberg[14] stellen exemplarisch verschiedene Probleme dar, die in Deutschland Praxisrelevanz haben).

Somit ist neben dem Thema Distressed Debt auch das Thema Distressed Equity von Bedeutung. Es ist anzunehmen, dass das Transaktionsvolumen zukünftig noch steigen wird.

4. Hybride Finanzierungsformen – Distressed Mezzanine

a) Allgemein. Auch bzw. gerade die hybriden Finanzierungsformen liefern eine besondere Herausforderung für Investoren im Financial Distress der Gesellschaft. Mezzanine-Finanzierungen stellen bereits im etablierten und nachhaltig gesunden Zustand einer Gesellschaft eine Finanzierungsform dar, die mit erheblichen Auflagen und Ausgestaltungsschwierigkeiten behaftet ist und nicht selten von Führungskräften bzw. Finanziers nicht zielgerichtet gesteuert werden kann. Berücksichtigt man nun diese hybriden Finanzierungsformen und insbesondere das Mezzanine in der Distress-Situation, gilt es, diese detailliert darzustellen und die entsprechenden Implikationen – auch situationsspezifisch – anzuführen. Die Thematisierung der hybriden bzw. mezzaninen Finanzierung in

---

[13] Vgl. *Albrecht/Füger/Danneberg*, S. 779–805.
[14] Vgl. *Albrecht/Füger/Danneberg*, S. 779–805.

der Distress-Situation prägt damit auch den Begriff Distressed Mezzanine, der als Konstrukt so bisher keinen Einzug in die begriffliche Abgrenzung gefunden hat.

104 Mezzanine-Kapital, das sich aus dem Italienischen ableitet und dort ein Zwischengeschoss eines Gebäudes bezeichnet, subsumiert im Rahmen von Finanzierungen – in Anlehnung an den Wortursprung – Produkte, die sich zwischen reinem Fremd- und Eigenkapital bewegen. Bisher hat sich weder in der Ökonomie noch in der Rechtswissenschaft eine einheitliche, klare Definition herausgebildet, was Mezzanine-Kapital genau ist. Diese Finanzierungsinstrumente dienen der Erreichung einer breiteren Refinanzierungsgrundlage und der Verringerung von Markineffizienzen bei kapitalsuchenden und -überlassenden Unternehmen. Dabei beschreibt Mezzanine im weiteren Sinne keine spezifische Kapitalform, sondern ist ein Überbegriff für jede Form, die hinsichtlich des Risikos zwischen Fremdkapital im engeren Sinne (Senior Debt) und Eigenkapital im engeren Sinne (Common Stocks) einzuordnen ist. Mezzanine kann folglich als Hybridkapital – also rechtlich betrachtet Fremdkapital, wirtschaftlich betrachtet Eigenkapital – vorkommen.

105 Eine Einordnung verschiedener Mezzanine-Produkte in ein Rendite-Risiko-Modell findet sich in Abbildung 5:

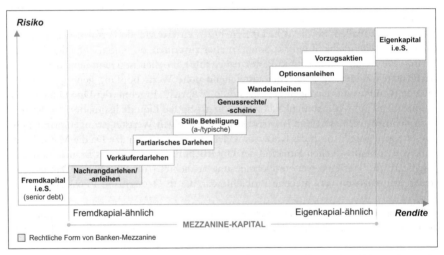

Abb. 5: Einordnung der hybriden Finanzierungsformen – insbesondere Mezzanine – in das Risiko-Rendite-Profil (Quelle: in Anlehnung an Rudolpf (2004), S. 13)

106 Es wird ersichtlich, dass Fremdkapital im engeren Sinne das geringste und klassisches Eigenkapital als Gegenpol das höchste Rendite-Risiko-Verhältnis vorweist. Mezzanine-Kapital wird aufgrund seiner Hybrideigenschaft zwischen diesen beiden klassischen Formen eingeordnet.

107 **b) Ausgewählte Formen: Stille Gesellschaft, Nachrangdarlehen und Genussrecht.** Im Folgenden werden ausgewählte Mezzanine-Formen dargestellt. Hierbei sei darauf hingewiesen, dass keine abschließende Darstellung der Instrumente gegeben werden kann. Vielmehr dienen die Ausführungen dazu, um auf etwaige Besonderheiten zum Zeitpunkt des Distress hinzuweisen.

108 • Die **atypisch stille Gesellschaft** ist letztlich auch eine stille Gesellschaft entsprechend § 230 HGB. Sie differenziert sich allerdings gegenüber der typisch stillen Ge-

sellschaft durch die steuerliche Mitunternehmerschaft des stillen Gesellschafters. Entsprechend trägt der Mezzanine-Investor Mitunternehmerrisiko wie auch Mitunternehmerinitiative.

Mitunternehmerrisiko erfordert typischerweise die Teilnahme an Gewinn und Verlust der Gesellschaft wie auch eine Beteiligung an den stillen Reserven und dem Geschäfts- oder Firmenwert. Eine Mitunternehmerinitiative ist bereits anzunehmen, wenn der stille Gesellschafter über die typischen Kontrollrechte eines Kommanditisten in einer KG verfügt (§ 166 HGB). Einflussmöglichkeiten können darüber hinaus die Vereinbarung von Zustimmungsvorbehalten und Widerspruchsrechten sein. Gleiches gilt für etwaig niedergelegte Weisungsrechte gegenüber der Geschäftsführung.

Eine kurzfristige Kündigung der atypisch stillen Gesellschaft ist nicht möglich, da sie regelmäßig für einen längerfristigen Zeitraum vereinbart wurde. Ziel dieser Langfristigkeit ist die Sicherstellung der Unternehmenskontinuität. Liegt eine stille Beteiligung vor, ist diese als Sonderposten „eigenkapitalähnlicher Sonderposten" unter dem Eigenkapital in der Bilanz auszuweisen.

- Die **typisch stille Gesellschaft** ist in §§ 230 ff. HGB kodifiziert und stark gesellschaftsrechtlich geprägt. Bei einer derartigen gesellschaftsrechtlichen Gestaltungsform nimmt der stille Gesellschafter an den Gewinnen des Unternehmens teil. Eine Beteiligung am Verlust kann ganz oder teilweise ausgeschlossen werden (§ 231 Abs. 2 HGB). Wird eine Verlustbeteiligung vereinbart, ist diese allerdings auf die Einlage des stillen Gesellschafters beschränkt (§ 232 Abs. 2 HGB). Kommt es zu einer Insolvenz des Unternehmens, an dem sich der stille Gesellschafter beteiligt hat, kann selbiger seine Einlageforderung als Insolvenzgläubiger geltend machen, sofern die Einlage nicht durch angefallene Verluste aufgezehrt wurde (§ 236 Abs. 1 HGB).

Die stille Gesellschaft stellt eine Personengesellschaft in Form einer eingliedrigen Innengesellschaft dar. Entsprechend kann die stille Gesellschaft weder Trägerin von Rechten und Pflichten noch Gesellschaftsvermögen auf sich vereinigen. Die Vermögenseinlage der stillen Gesellschaft geht in das Vermögen des Geschäftsinhabers über. Wie skizziert kann die Einlage wie ein Darlehen als Insolvenzforderung im Fall einer Insolvenz behandelt werden. Dies ist nur dann ausgeschlossen, wenn explizite Vereinbarungen (beispielsweise Nachrangabreden) getroffen wurden oder wenn die Einlage als Eigenkapitalersatz qualifiziert wurde. In diesem Fall kommt es zu einer Umqualifizierung der Einlage zu Haftkapital.

Abgrenzend zum Nachrangdarlehen ist festzustellen, dass die stille Gesellschaft mit bestimmten Kontrollrechten ausgestattet ist (§ 233 HGB i.V.m. § 716 BGB). Regelmäßig werden darüber hinaus weitere Mitwirkungs- und Kontrollrechte vereinbart. Folglich ist die Beziehung zwischen stillem Gesellschafter und dem Unternehmen meist enger als bei Nachrangdarlehen.

Neben einer fixen Vergütung kann eine gewinnabhängige Vergütung für den stillen Gesellschafter vereinbart werden. Wird eine gewinnabhängige Vergütung vollständig ausgeschlossen, liegt meist auch keine stille Gesellschaft vor. Wurde ausschließlich oder zumindest additiv eine gewinnabhängige Vergütung vereinbart, können sich hieraus Abgrenzungsschwierigkeiten ergeben, die durch die Auslegung des Willens aller Vertragsparteien zu lösen sind.

Eine eigenständige Rechnungslegung der stillen Gesellschaft nach außen ist nicht notwendig. Intern ist dies allerdings regelmäßig notwendig. Der Ausweis der stillen Gesellschaft hängt von der gewählten Gestaltung ab. Fehlt es an einer Verlustteilnahme, wird die Auffassung vertreten, dass ein Bilanzausweis unter den „sonstigen Verbindlichkeiten" vorzunehmen ist. Wurde allerdings eine Nachrangigkeit und eine gewinn-

§ 19

abhängige Vergütung vereinbart, wird argumentiert, dass wesentliche Eigenkapitalkriterien erfüllt sind und ein Ausweis entsprechend gesondert als „Kapital des stillen Gesellschafters" zu erfolgen hat. Der gleiche Ansatz ist auch bei einer vereinbarten Gewinnbeteiligung zu wählen, da die Beteiligung in diesem Fall eine Verlustdeckungsfunktion innehat.

Bei der strukturellen Bilanzanalyse werden typischerweise 50 % der Beteiligung als wirtschaftliches Eigenkapital qualifiziert, sofern ein Rangrücktritt vereinbart wurde. Eine Erfassung unter den Verbindlichkeiten erfolgt grundsätzlich erst bei einer Restlaufzeit von unter einem Jahr.

110 • **Mittel- bis langfristige Nachrangdarlehen** sind dem klassischen Fremdkapital generell sehr ähnlich. Die Laufzeiten von mittel- bis langfristigen Nachrangdarlehen betragen fünf bis zehn Jahre. In der Praxis werden diese meist als Junior oder Subordinated Debt bezeichnet (vgl. Abschnitt 3.2). Der Hauptunterschied zwischen diesen beiden Finanzierungsformen liegt darin, dass nachrangige Darlehen im Insolvenzfall erst nach Befriedigung aller Ansprüche von Gläubigern mit reinem Fremdkapital bedient werden. Inhalt und Reichweite des Nachrangs können grundsätzlich von den beteiligten Parteien frei vereinbart werden. Dieses erhöhte Risiko des Kapitalgebers wird ihm mit einem, im Vergleich zum Fremdkapital im engeren Sinne, erhöhten Zinssatz vergütet. Der Zinssatz besteht dabei regelmäßig aus einer fixen Nominalverzinsung und einer gewinnabhängigen Verzinsung. In der Praxis werden zudem oftmals so genannte Equity Kicker in Form von Besserungsscheinen oder Wandel- und Bezugsrechten vereinbart. Die Aufwendungen für das Unternehmen, basierend auf dieser vertraglichen Ausgestaltung, liegen entsprechend zwischen denen für direktem Eigenkapital und langfristigem Fremdkapital. Hieraus folgt, dass Nachranganleihen verbriefte Nachrangdarlehen darstellen, die als handelbare Finanzinstrumente am Kapitalmarkt fungieren und Kreditinstituten häufig als Refinanzierungsquelle dienen.

Die herrschende Meinung schließt, dass Nachrangdarlehen in der Handels- wie auch in der Steuerbilanz passivierungspflichtig sind, da sie zivilrechtlich fortbestehen und sich nur die Fälligkeit der Schuld ändert. Kommt es zum Fall der Überschuldung und folglich zur Erstellung einer Überschuldungsbilanz, kann die Passivierung dieser Schuld unter Umständen unterbleiben.

Nachrangdarlehen werden aus dem Cashflow, der nach Rückzahlung der vorrangigen Darlehen verbleibt, zurückgezahlt. Diese Instrumente sind aus Sicht vorrangig gesicherter Kreditgeber folglich als eigenkapitalähnlich zu qualifizieren, da sie zur Bedienung ihrer Forderungen verwendet werden können.

Innerhalb von Unternehmenskrisen werden Nachrangdarlehen regelmäßig von vorhandenen Gesellschaftern zur Verfügung gestellt, um eine Überschuldung bzw. eine (drohende) Zahlungsunfähigkeit zu verhindern. Die Möglichkeit, eine Nachrangabrede nachträglich zu vereinbaren, offeriert Gesellschaftern die Möglichkeit, ihre Bereitschaft, das Unternehmen auch in der Krise zu begleiten, signalisieren zu können. Insbesondere in Zeiten einer Unternehmenskrise kann dies ein sehr positives Signal für andere Stakeholder darstellen.

111 • **Genussscheine** sind flexibel gestaltbare Wertpapiere, die einen zeitlich beschränkten Anspruch der Inhaber auf schuldrechtlicher Basis darstellen und je nach Ausgestaltung eher als eigen- oder fremdkapitalnah aufzufassen sind. Während diese Rechte an einigen Stellen innerhalb des AktG (§§ 160 Abs. 1 Nr. 6 und 211 Abs. 3 und 4 wie auch 347a) zu finden sind, liegt eine exakte Kodifizierung nicht vor. Die überwiegende Meinung innerhalb der Literatur geht davon aus, dass Genussrechte auch bei der GmbH und bei Personengesellschaften zulässig sind.

Genussrechte verfügen über einen schuldrechtlichen Charakter. Entsprechend gewähren sie keine mitgliedschaftlichen Verwaltungsrechte. Die Vereinbarung bestimmter Kontroll- und Informationsrechte ist allerdings denkbar.

Während Genussscheine schuldrechtliche Gläubigerrechte darstellen und Fremdkapitalcharakter haben, kann ein Ausweis in der Handelsbilanz als Sonderposten des Eigenkapitals erfolgen, sofern bestimmte Bedingungen kumulativ erfüllt sind:
1. Der Rückzahlungsanspruch kann erst geltend gemacht werden, wenn alle anderen Gläubiger, derer Engagements nicht den Kriterien des Eigenkapitalausweises genügen, befriedigt wurden.
2. Es wurde eine erfolgsabhängige Vergütung vereinbart und das zur Verfügung gestellte Kapital nimmt zur vollen Höhe an einem möglichen Verlust teil.
3. Die Überlassung wurde längerfristig vereinbart und eine Rückzahlung innerhalb dieses Zeitraums ist ausgeschlossen.

Neben der Sach- und Bareinlage können auch gegen die Gesellschaft gerichtete Forderungen (beispielsweise Erfindungen usw.) als Genussrecht qualifiziert werden. Die Rückzahlung von Genussrechten ist prinzipiell frei vereinbar. Zu berücksichtigen sind jedoch vereinbarte Nachrangabreden, die im Krisenfall zur Anwendung zu bringen sind.

Zumeist ist mit einem verbrieften Genussrecht eine Basisverzinsung vereinbart, zu der zusätzlich eine variable Vergütung entsprechend dem Unternehmenserfolg hinzukommt. Hier ist auch durchaus die Einbeziehung des Genussscheininhabers im Fall des Unternehmensverlusts möglich.

c) Besonderheiten zum Zeitpunkt des Distress. Grundsätzlich ist eine Investition mit Mezzanine-Produkten in Unternehmen zum Zeitpunkt einer Unternehmenskrise denkbar. Diese Unternehmen sehen sich der Aufgabe gegenüber, neue Finanzierungsquellen aufzutun, um ihren Kapitalbedarf zu decken. Traditionelle Finanzierungsmöglichkeiten stehen oftmals zu diesem Zeitpunkt nicht mehr in ausreichendem Maße zur Verfügung. Der exakte Bedarf ist vom Unternehmen im Rahmen des Sanierungskonzepts festzustellen. Kapitalbedarf entsteht beispielsweise durch Sanierungskosten oder Schließungskosten bei der Schließung bestimmter Standorte. Diesen Kapital suchenden Unternehmen stehen auf der anderen Seite Investoren gegenüber, die zum Krisenzeitpunkt bereit sind, in Mezzanine zu investieren. Dies sind üblicherweise bisherige Gesellschafter und Gläubigerbanken, die allerdings nur selten derartige Investitionen vornehmen. Neuerlich treten hier auch institutionelle Investorengruppen (z.B. Private-Equity-Gesellschaften) als Investoren auf. 112

Die Gründe, weshalb Investoren zum Zeitpunkt des Distress mithilfe von Mezzanine in Krisenunternehmen investieren, beginnen bei der Werterhaltung des bereits getätigten Investments, gehen über die bilanzielle Sanierung und enden bei der Erwartung, an einer prognostizierten Wertsteigerung teilzunehmen. Hierbei ist jedoch auf die einzelnen Produkte einzugehen, da sich beispielsweise verschiedene Aussagen in Abhängigkeit von den Einflussnahmemöglichkeiten auf das operative Geschäft ergeben. 113

So ist z.B. in Hinsicht auf Banken-Mezzanine festzustellen, dass dieses unter der heutigen Ausgestaltung kein probates Mittel zur Unternehmensfinanzierung darstellt, wenn sich das Mezzanine suchende Unternehmen in einer nachhaltigen Krise befindet. Die verschiedenen am Markt verfügbaren Programme zielen allesamt nicht auf derartige Unternehmen. Zielunternehmen sind vielmehr Wachstumsunternehmen oder beispielsweise Unternehmen mit einer „schwachen" Eigenkapitalbasis. Investoren nutzen Banken-Mezzanine-Programme derzeit nicht, um mit diesen in notleidende Unternehmen zu investieren. 114

§ 19 5. Teil. Sonderthemen

115 Nachrangdarlehen dahingegen werden zum Krisenzeitpunkt typischerweise von bisherigen Gesellschaftern genutzt, um eine (drohende) Zahlungsunfähigkeit zu verhindern. Für das Unternehmen stellt dies oft eine der letzten Möglichkeiten dar, an „frisches" Kapital zu kommen. Der Investor nimmt diese Investition dann vor, wenn er davon ausgeht, dass das Unternehmen die Krise bewältigen kann. Die Investition dient damit nicht selten der Werterhaltung bereits getätigter Investitionen (und damit der Möglichkeit, von zukünftigen Wertsteigerungen zu profitieren), kann aber auch genutzt werden, um den Einfluss zu erhöhen. Entsprechend ist oftmals festzustellen, dass die Investoren über moderate Renditevorstellungen verfügen.

116 Genussrechte stehen prinzipiell allen interessierten Investoren offen. Die vorgestellten Anforderungen (nachrangiger Rückzahlungsanspruch, längerfristige Überlassung etc.) führen hierbei jedoch dazu, dass ein Investment zum Krisenzeitpunkt vergleichsweise unattraktiv ist. Folglich ist diese Investitionsmöglichkeit für neue Investoren nur bedingt interessant. Aus Sicht des Unternehmens ist festzustellen, dass die Nutzung von Genussrechten aufgrund zweier Aspekte weniger interessant ist. Zum einen benötigt die Strukturierung einer derartigen Transaktion meist zu viel Zeit, zum anderen kann mit diesem Instrument, sofern dieses im Austausch von unbesicherten Krediten ausgegeben wird, eine (drohende) Zahlungsunfähigkeit nicht beseitigt werden, da langfristig nur Tilgungs- und Zinsersparnisse liquiditätswirksam sind.

117 Die stille Gesellschaft bietet – ähnlich wie das Nachrangdarlehen – die Möglichkeit sich im Rahmen einer Unternehmenskrise (wie auch außerhalb einer solchen) an einem Unternehmen zu beteiligen. Da die Einlage im Falle einer Unternehmensinsolvenz wie ein Darlehen als Insolvenzforderung geltend gemacht werden kann, ist diese Investitionsmöglichkeit nicht nur für bisherige Gesellschafter, sondern auch für neue Investoren interessant. Die Funktion von Haftkapital kommt nur dann zum Tragen, wenn spezielle Vereinbarungen, wie beispielsweise eine Nachrangabrede, getroffen wurden. Kritisch anzumerken ist, dass eine stille Beteiligung oftmals nur dann sanierungsgeeignet ist, wenn durch eine Sanierungsabrede eine nachrangige Rückzahlung vereinbart wurde. Ein Investor, der diese Investitionsmöglichkeit wahrnimmt, um in ein notleidendes Unternehmen zu investieren, fordert eine entsprechend hohe Rendite, um sich für die Übernahme des nicht unerheblichen Risikos entschädigen zu lassen. Nichtsdestotrotz kann dies für ein Krisenunternehmen interessant sein, da es hierdurch die Möglichkeit erhält benötigte finanzielle Mittel zu erhalten, die es im Rahmen des operativen Geschäfts bzw. der Sanierung benötigt.

118 Die atypisch stille Gesellschaft letztlich kann zur Finanzierung in einer Unternehmenskrise genutzt werden. Sie ist grundsätzlich sanierungsgeeignet. Der Investor trägt – wie gezeigt – im Rahmen der atypischen stillen Gesellschaft Mitunternehmerrisiko und Mitunternehmerinitiative. Entsprechend ist seine Risikoposition, die er sich vergüten lassen wird, zu bewerten. Diese Investitionsmöglichkeit erinnert somit an Distressed Equity. Für das Unternehmen offeriert diese Gestaltung wiederum die Möglichkeit benötigte Finanzierungsquellen aufzutun. Neben den hierdurch entstehenden Kosten ist bei dieser Gestaltungsform in Anlehnung an die bereits getätigten Ausführungen zudem zu bedenken, dass der atypisch stille Gesellschafter bestimmte Kontrollrechte auf sich vereinigt. Dies kann für das Unternehmen bestimmte Konsequenzen bedeuten, die zu bedenken sind.

119 Abschließend ist festzuhalten, dass Mezzanine durchaus Investitionsmöglichkeiten im Rahmen eines Distress darstellen. Aufgrund ihrer Besonderheiten sind sie oftmals aber nur für eine begrenzte Zahl an Investoren interessant. Die Ausführungen zeigen, dass diese Instrumente sich insbesondere im Rahmen der Sanierungsfinanzierung anbieten.

5. Workout-Strategien der finanzierenden Kreditinstitute

Damit diese Vielzahl an fassettenreichen Formen des Distressed Investing zum Einsatz 120 bzw. zur vollständigen Relevanz gelangt, ist zunächst die Position des traditionellen Fremdkapitalgebers, der deutschen Banken, zu thematisieren.

So sind die kreditgewährenden Banken im Fall eines finanziell krisenbehafteten Firmen- 121 kunden mit einer strategischen Entscheidungssituation konfrontiert, die durch das bankinterne Risikomanagement herbeigeführt wird. Sobald ein Firmenkunde sein Kreditengagement unterzeichnet, wird es bankintern über ein so genanntes Kredit-Rating beobachtet und gesteuert. Ein solches Kredit-Rating basiert typischerweise auf der Bonität des Kunden, seines Zahlungsverhaltens und anderen Krisenindikationen. Kommt es zu einer signifikanten und nachhaltigen Verschlechterung des Ratings des Kreditnehmers, wird das Engagement über einen mehr oder wendiger ausgefeilten Prozess an das hausinterne Workout Management übergeben. Beim Workout Management handelt es sich um einzelne Mitarbeiter respektive eine Abteilung in der Bank, die sich speziell mit Problemkrediten und deren Restrukturierung bzw. Abwicklung auseinandersetzt. Dort ist dann zunächst zu entscheiden, wie das Kreditinstitut mit dem Engagement weiter vorgehen möchte.

Zur Abschätzung der Rückführung der Kreditverbindlichkeiten wird im Rahmen des 122 Workout Managements von Banken – nicht selten auch von Gesellschaftern – die Anfertigung so genannter Sanierungsgutachten empfohlen, auf deren Basis die einzelnen Parteien gebeten werden, Sanierungsbeiträge zu leisten. Das Rational für die Leistung solcher Beträge auf der Seite der Kreditinstitute ist die Hoffnung, durch diese Unterstützung den Rückführungsanteil zu erhöhen. In welchem Umfang dieses Vorgehen den so genannten Sunk Cost zuzuordnen ist, erfordert eine separate Analyse. Im Idealfall kann das sanierte Unternehmen einen Großteil der Kredite (unter Umständen das gesamte Kreditvolumen) zurückführen und ist als Kunde für die Bank nicht verloren. Hierin besteht ein weiterer Anreiz für Banken, da, falls das Unternehmen überlebt, davon auszugehen ist, dass es auch zukünftig Kapital benötigt. Entsprechend ist mit einem Folgegeschäft zu rechnen. Im Zusammenhang mit der Unternehmenssanierung sind drei traditionelle und eine neuere Strategie zu erläutern: Stillhalten, außergerichtliche Sanierung, Kündigung und Liquidation sowie der Verkauf (vgl. Abb. 6):

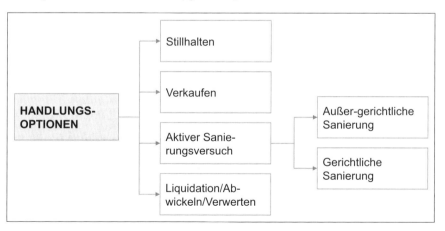

Abb. 6: Strategische Handlungsoptionen für das Kredit-Workout deutscher Banken[15]

---
[15] Vgl. *Knecht/Quitzau.*

§ 19   5. Teil. Sonderthemen

- Die erste mögliche Strategie ist das **Stillhalten**. Hierunter versteht man, dass das Kreditinstitut die „Ruhe" bewahrt und nicht unmittelbar versucht, die eigene Position zu optimieren. Regelmäßig kommt dieses Verhalten für die Bank allerdings nur in Betracht, wenn das Verlustrisiko aufgrund der erhaltenen Sicherheiten keinen Grund zur unmittelbaren Besorgnis liefert, d.h., wenn die Bank selbst bei Zerschlagung des Kreditnehmers eine vollständige oder ausreichend hohe Deckung ihrer Ansprüche als gesichert sieht.
- Stimmt das Kreditinstitut einer außergerichtlichen Sanierung, der zweiten möglichen Strategie, zu, liegt dieser Entscheidung oftmals das Ziel zugrunde, das eigene Risiko zu reduzieren. Die **aktive Restrukturierung bzw. Sanierung** des Krisenunternehmens dient der Wertaufholung des Kreditnehmers. Primäres Ziel einer solchen Sanierung ist die Rückgewinnung der operativen Leistungsfähigkeit des Unternehmens. Um dieses Ziel zu erreichen, ist es notwendig, dass verschiedene involvierte Parteien – also insbesondere auch die Kreditinstitute – Zugeständnisse in Form von Sanierungsbeiträgen tätigen. Die Banken leisten in den meisten Fällen finanzielle Beiträge oder unterstützen eine kommunikative Kommunikation.[16] Banken ziehen diese Option regelmäßig dann in Betracht, wenn die Sanierungswürdigkeit und die Sanierungsfähigkeit des Kreditnehmers gegeben ist.
- Sind die beiden bisher beschriebenen Strategien nicht adäquat, verbleibt dem Kreditinstitut im Rahmen der traditionellen Strategien noch eine dritte Variante, die als **Kündigung und Liquidation** bezeichnet wird. Hierbei kündigt die Bank im Rahmen der aus dem Kreditvertrag hervorgehenden Möglichkeiten den Kredit und beendet damit die Kreditbeziehung. Diese Variante wird beispielsweise dann gewählt, wenn es zu einer weiteren Verschlechterung der wirtschaftlichen Situation des Kredit nehmenden Unternehmens kommt. Bei Verfolgung dieser Strategie muss die Bank meist den gesamten Restbuchwert wertbereinigen, da der Kredit vollständig ausfällt.
- In jüngerer Zeit hat sich für Kreditinstitute eine weitere Strategie ergeben, die diese verfolgen können – der **Kreditverkauf**. Diese Option wurde bis vor Kurzem kaum genutzt, erfreut sich aber seit 2002 mit dem Erscheinen der ersten ausländischen (insbesondere amerikanischen) Finanzinvestoren zunehmender Beliebtheit. Erst seitdem hat sich in Deutschland ein Markt für leistungsgestörte Kredite entwickelt. Im Rahmen dieser Strategie beendet die Bank mit hoher Wahrscheinlichkeit die Geschäftsbeziehung mit dem Krisenunternehmen, hat aber den Vorteil mithilfe des Verkaufs zumindest einen Teil der offenen Forderung zu erwirken. Die bisher beschriebenen traditionellen Ansätze für Kreditinstitute basierten auf dem Entscheidungskalkül, ob das Krisenunternehmen sanierungswürdig und -fähig ist. Die vierte Strategie betrachtet ebenfalls diese Überlegung, inkludiert jedoch auch bankpolitische und marktspezifische Überlegungen.[17]

IV. Erwerbs- und Investitionsprozess von Distressed Assets

1. Investitionsprozess im Überblick

123 **a) Bestimmung der Investitionsstrategie.** In diesem Kapitel wird der Prozess einer Investition bzw. Transaktion vorgestellt, um hierdurch das Verständnis für das eigentliche Ge-

---

[16] Vgl. *Blatz/Knecht*, S. 36–38.
[17] Vgl. *Blatz/Knecht*, S. 36–38.

schehen zu schärfen. Ziel ist es hierbei nicht, die verschiedenen Stufen bis ins letzte Detail zu erläutern, sondern es soll ein allgemeiner Überblick gegeben werden, der an den Stellen vertieft wird, an denen es für den Zweck des Distressed Investments hilfreich erscheint.

Der Investitionsprozess in ein Distressed Asset, der nun im Wesentlichen aus der Perspektive einer Distressed-Debt-Investition erläutert wird, hat verschiedene Prozessphasen und Spezifika, die hier im Fokus stehen. Dabei ist zu betonen, dass der beschriebene Verlauf sich an einer aktiven Investitionsstrategie orientiert, die entsprechend mehr Gewicht auf das Controlling und die Sanierung legt, als es bei einer passiven Strategie der Fall ist. Die genauere Differenzierung der strategischen Verhaltensweisen erfolgt im Laufe dieses Kapitels. 124

Der Investitionsprozess lässt sich in einzelne Phasen unterteilen. Die einschlägige Literatur hält dafür eine Vielzahl von Prozessmodellen bereit, die von zwei bis zwölf Differenzierungsphasen unterscheiden. Ausgerichtet an den wesentlichen Meilensteinen und Wertschöpfungsstufen wird der Investitionsprozess in ein Distressed Asset hier anhand von sechs Phasenabschnitten gezeigt (vgl. Abb. 7): 125

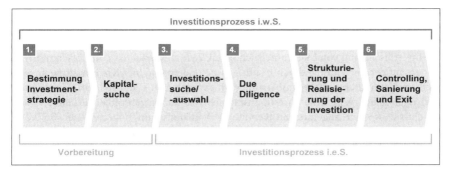

Abb. 7: Wertschöpfungsstufen einer Distressed-Asset-Investition

Die erste Phase bildet die Bestimmung der Investitionsstrategie. Diese bildet den grundlegenden Baustein einer jeden Distressed Investition. In Abhängigkeit der hier definierten Ziele bestimmen sich beispielsweise der Anlagezeitraum, das Risiko, die benötigten Kapazitäten sowie das erforderte Know-how. Darüber hinaus bestimmt der Investor, ob er eine aktive oder passive Strategie hinsichtlich seines Investments anstrebt. Hierbei spielen vor allem auch finanzielle Anforderungen eine wichtige Rolle. So ist es mit steigender Unternehmensgröße schwieriger, mit dem Investment eine Position zu erreichen, um bestimmte Entscheidungen blocken zu können. Die Erzielung einer solchen Position ist allerdings insbesondere für eine aktive Strategie notwendig, um ausreichend Einfluss zu erhalten. Folglich werden aktive Strategien zumeist bei kleineren Unternehmen angestrebt und passive Strategien bei Großunternehmen.[18] Neben der strategischen Komponente ist hervorzuheben, dass der Investor selbst bestimmte Anforderungen erfüllen sollte. Hier sind das gute Verständnis von Rechtsbereichen, Rechnungslegung und Bewertung wie auch eine gute Branchenkenntnis zu nennen.[19] Diese Anforderungen nehmen in ihrem Umfang entsprechend zu, wenn eine intensivere Betreuung des Investments – beispielsweise eine spätere vollständige Übernahme oder die operative Begleitung der Sanierung – angestrebt wird.[20] 126

---

[18] Vgl. *Richter.*
[19] Vgl. *Liebler/ Schiereck/ Schmid.*
[20] Vgl. *Richter.*

§ 19

127 **b) Kapitalsuche.** Der Markt für derartige Investitionen ist geprägt durch hohe Volumina, die regelmäßig mehrere Millionen Euro betragen. Folglich haben sich Fondstrukturen durchgesetzt, die es erlauben, finanzielle Mittel mehrerer Investoren zu bündeln, um hierdurch die notwendigen Volumina stemmen zu können. Diese Herangehensweise impliziert, dass Distressed-Investoren in einem ersten Schritt diese Fonds auflegen und anschließend die finanziellen Beiträge verschiedener Investoren einsammeln müssen. Hierzu wird bei vermögenden Privatpersonen, Pensionskassen und anderen Investmentfonds für den aufgelegten Fonds geworben.[21] Aufgrund dieser notwendigen werbenden Tätigkeit lässt sich feststellen, dass es Gesellschaften, die auf eine erfolgreiche Historie ihrer Investitionen zurückblicken können, leichter haben als solche, die über keine solche Historie verfügen. Hierbei werden zumeist mehrere Milliarden Euro an Fondsvolumen gebündelt. Exemplarisch sei an dieser Stelle das Volumen der 200 größten amerikanischen Distressed-Investoren genannt, die 2004 über ein Fondsvolumen von insgesamt 5,2 Milliarden USD allein für Distressed-Debt-Investitionen verfügten, was 12 % des von ihnen verwalteten Vermögens entspricht.

128 **c) Investitionssuche und -auswahl.** Verfügt der Investor über ausreichend Kapital – war die Kapitalsuche erfolgreich –, sind adäquate Investitionsmöglichkeiten zu identifizieren. Die Angebotsbreite, die hierbei zur Verfügung steht, basiert auf der eigenen Suche des Investors anhand von Marktuntersuchungen, Zeitungsberichten und Börseninformationen, auf der Vermittlung durch Dritte – insbesondere sind hier Kreditinstitute, Investmentbanken und Unternehmensberatungen hervorzuheben – und auf dem Werben vom Verkäufer selbst. Wird eine Investitionsmöglichkeit für nutzenstiftend erachtet – verspricht sie also eine angemessene Rendite im Verhältnis zum eingegangenen Risiko –, folgt die Due Diligence unmittelbar, sofern die Investitionsmöglichkeit durch Vermittler oder Verkäufer selbst an den Investor herangetragen wurde.[22] Wurde die Investition durch eigene Bemühungen des Investors aufgetan, folgt noch eine vertiefte Analyse dieser Option, um das eigene Informationsniveau zu erhöhen. Dies begründet sich in der Tatsache, dass derartige Investitionsmöglichkeiten beispielsweise aufgrund eines Zeitungsberichts identifiziert wurden, was impliziert, dass noch nicht ausreichend Informationen ausgewertet wurden, die das Fortschreiten mit der Phase der Due Diligence rechtfertigen würden. Dieser Prozess ist unter dem Terminus Screening bekannt. Zu der eigenen Recherche, die hierbei deutlich detaillierter wird, werden weitere Indikatoren betrachtet: die Finanzdaten, der Marktpreis und das Rating des Unternehmens.[23,24]

129 Im Rahmen der Analyse der Finanzdaten der Unternehmen, die als potenzielle Investition infrage kommen, werden vor allem quantitative und qualitative Ansätze zur Krisendiagnose genutzt. Mit dieser Herangehensweise kann der Investor sich einen Wettbewerbsvorteil erarbeiten, da er hierbei auf sein internes Wissen zurückgreift und nicht wie beim Marktpreis oder Rating der Einschätzung Dritter, die auch jeder anderen interessierten Partei zugänglich ist, vertraut. Ein weiterer wichtiger Indikator hinsichtlich einer Investition ist der Marktpreis, bei dem eine Bewertung durch andere Käufer und Verkäufer vorgenommen wird. Anwendung kann diese Methodik dabei nur finden, wenn die benötigten Daten vorhanden, von ausreichender Qualität wie auch Verlässlichkeit sind.

---

[21] Vgl. *Kraft*.
[22] Vgl. *Richter*.
[23] Vgl. *Richter*.
[24] Da die Arbeit ihren inhaltlichen Schwerpunkt auf den deutschen Markt legt, soll auf die Betrachtung der Struktur der Verbindlichkeiten der Unternehmen, die beispielsweise im Chapter 11-Verfahren von besonderer Bedeutung ist, verzichtet werden.

Viele Distressed-Debt-Transaktionen werden direkt zwischen Händlern getätigt, weshalb der bestimmte Marktpreis, der sich an der Börse ergibt, nicht dem tatsächlichen Wert gleichen muss.[25] Vermutet der Investor, dass ein solcher Unterschied vorliegt, muss selbiger zusätzliche Analysen durchführen, um seine Vermutung belegen zu können.

Abschließend ist auf einen weiteren externen Faktor einzugehen, der gerade in Deutschland in den letzten Jahren stark an Bedeutung gewonnen hat. Es handelt sich hierbei um das Rating. Im Rahmen eines Ratings wird die Situation bzw. die Ausfallwahrscheinlichkeit eines Schuldners bestimmt. Es ist zudem möglich, anhand der verschiedenen Rating-Klassen die Wahrscheinlichkeit einer Rating-Verschlechterung zu bestimmen. Für Investoren sind hierbei vor allem Ratings von Drittunternehmen wie beispielsweise Standard & Poor's und Moody's von Interesse, die einen hohen Grad an Unabhängigkeit und Expertise für sich in Anspruch nehmen. Zudem erlangen diese Rating-Agenturen im Rahmen ihrer Tätigkeit Zugang zu nicht öffentlichen Informationen und können diese in ihre Bewertung einfließen lassen. Dies steigert die Qualität der Analyse aus Sicht des Investors erheblich. 130

d) Due Diligence. Der Begriff Due Diligence stammt aus dem US-amerikanischen Kapital- und Anlegerschutzrecht und beschreibt eine sorgfältige Prüfung aller relevanten Informationen und Tatsachen im Rahmen einer Transaktion.[26] Dieses Vorgehen erinnert folglich an den Sorgfältigkeitsmaßstab des § 276 BGB. 131

Der Prozess der Due Diligence hat den Sinn, vorhandene Informationsasymmetrien zu beseitigen oder zumindest weitestgehend zu reduzieren. Hierzu werden Informationen beschafft, aufbereitet und anschließend analysiert. Diese Aktivitäten dienen dazu, immanent betriebswirtschaftliche wie auch rechtliche Chancen und Risiken zu erkennen. Ziel ist es, das Informationsniveau während der Planungs- und Entscheidungsphase einer Transaktion zu erhöhen und hierdurch fundierte Entscheidungen zu ermöglichen. Hierdurch wird gleichzeitig das Risiko aufseiten des Investors reduziert. 132

Um die notwendigen Informationen zu erhalten, arbeiten Investor und Verkäufer entweder direkt zusammen oder der Investor bedient sich ausschließlich externer, oft öffentlicher, Ressourcen. In dieser Tatsache begründet sich auch ein wesentlicher Unterschied zu Private-Equity-Transaktionen. Bei diesen wird der Schuldner in den meisten Fällen mit eingebunden. Bei einer Distressed-Debt-Investition ist dies nicht der Fall. Werden Kredite von Banken abgekauft, ist der besonderen rechtlichen Konstellation des Bankgeheimnisses mit Blick auf nicht öffentliche Informationen der Schuldner Rechnung zu tragen. Zur Lösung dieses Problems bedient sich die Praxis der Vertraulichkeitserklärungen, aus denen sich für den Investor allerdings Handelsrestriktionen ableiten lassen können.[27] 133

Die Due Diligence ist nach Aufwand mit nicht unerheblichen Kosten verbunden. Aus diesem Grund empfiehlt es sich, vor Beginn eine Kosten-Nutzen-Analyse anzufertigen, um das Level zu bestimmen, das einen ausreichenden Nutzen bei akzeptierbaren Kosten für den Investor erlaubt. Hierbei ist es offensichtlich, dass die Intensität einer Due Diligence mit zunehmendem Risiko aufseiten des Investors ansteigt. Es ist Aufgabe des Investors, das Optimum von zusätzlichem Aufwand und dem daraus generierten Mehrwert zu bestimmen. 134

Je nach Schwerpunkt der Untersuchung finden sich verschiedene Bezeichnungen für die Due Diligence. Werden z.B. die rechtlichen Aspekte besonders ausführlich beleuch- 135

---

[25] Vgl. *Richter*.
[26] Vgl. *Richter*.
[27] Vgl. *Moyer*.

tet, spricht man von einer Legal Due Diligence. Stehen die finanzwirtschaftlichen Daten im Vordergrund, wird das Vorgehen meist als Financial Due Diligence bezeichnet. Abgrenzen lässt sich an dieser Stelle auch die Commercial Due Diligence, bei der der Schwerpunkt auf der Analyse des Marktes, der Branche und der Unternehmensstrategie liegt. In Abhängigkeit des Schwerpunkts der Untersuchung lassen sich weitere Formen bilden, auf die an dieser Stelle allerdings nicht eingegangen werden soll. Die obigen Beispiele dienen der Verdeutlichung, dass diverse Interessenschwerpunkte diesen Prozess prägen können.

136   Die Due Diligence bildet hierbei die Grundlage für die Ableitung eines Kaufpreises aus Sicht des Käufers/Investors.

137   **e) Strukturierung und Realisierung der Investition.** Nachdem bereits für die Due Diligence eine gewisse Vorstellung der Strukturierung und Realisierung der Investition nötig war, um die Intensität derselben bestimmen zu können, werden nun die Investitionshöhe und die Rangklasse festgelegt. Diese hängen hierbei von den Zielvorstellungen der Investoren ab. Wird ein passives Investment gewünscht, empfiehlt sich die Wahl einer höheren Rangklasse, bei der der Investor davon überzeugt ist, dass diese unterbewertet ist. Mit der höheren Rangklasse ist parallel auch eine bessere Sicherheitsposition verbunden. Ist der Investor an einer aktiven Strategie, unter Umständen sogar an der vollständigen Übernahme des Unternehmens, interessiert, impliziert dies eine Investition in eine niedrigere Rangklasse. Hierbei kommen all diejenigen Rangklassen infrage, die später mithilfe von Eigenkapital bedient werden. Nach Bestimmung einer Rangklasse muss die Höhe des zu erwerbenden Fremdkapitalanteils festgelegt werden. Speziell bei einer aktiven Strategie, die es dem Investor erlauben soll, Kontrolle auszuüben, ist darauf zu achten, dass der Einfluss bereits während der außergerichtlichen Sanierung sichergestellt ist.

138   Aufgrund der rechtlichen Risiken, die der Transaktion immanent sind, sind auch diese im Rahmen der Strukturierung zu erfassen. So ermöglicht die Gründung einer Zwischengesellschaft (SPV – Special Purpose Vehicle) es, sich aus rechtlicher Sicht abzusichern und gleichzeitig die Problematik von Free Ridern zu reduzieren. Unabhängig von den rechtlichen Aspekten ist stets zu prüfen, inwieweit die gewünschten Rangklassen akquirierbar sind. Nur wenn die bisherigen Eigentümer der gewünschten Rangklassen einem Verkauf gegenüber positiv eingestellt sind, kann der Investor mit kooperativem Verhalten und schließlich mit einer unproblematischen Abwicklung rechnen. Darüber hinaus müssen oftmals Intermediäre – insbesondere Händler – in die Transaktion eingebunden werden, die die eigentliche Abwicklung der Transaktion in diesem Stadium übernehmen.

139   Abschließend ist hervorzuheben, dass der Investor bereits in diesem Stadium Überlegungen anstellen muss, wie ein möglicher Exit von seiner Seite aussehen kann. Es ist zu empfehlen, wenn bereits potenzielle Interessenten bekannt sind, da dies Sicherheit schafft, dass ein getätigtes Investment zum geplanten Zeitpunkt mit hoher Sicherheit beendet werden kann. In diesem Fall gilt allgemein, dass ein Exit umso leichter ist, je liquider der Markt ist bzw. je mehr das Unternehmen strategische Vorteile für Wettbewerber ausweist.

140   **f) Controlling, Sanierung und Exit.** Die bisherigen Ausführungen dieses Abschnitts haben gezeigt, dass die Investition in Distressed Assets typischerweise zeitlich begrenzt ist. Folglich kommt dem Exit eine besondere Bedeutung zu. Wann es zum Exit kommt, hängt von der Unternehmenssituation und der Verbindlichkeit ab. Dem Investor stehen hierbei prinzipiell die folgenden Exit-Möglichkeiten zur Verfügung: (1) Liquidation, (2) Ausbuchung der Forderung, (3) Debt Equity Swap, (4) Weiterverkauf der Forderung, (5) Teilverzicht mit Restschuldzahlung, (6) Vollständige Rückzahlung der Forderung.

Die hier aufgeführten Varianten können sowohl innerhalb der Insolvenz als auch im außergerichtlichen Kontext zur Anwendung kommen. Diese Exit-Varianten bedürfen nicht der operativen Restrukturierung. Im Rahmen des Teilverzichts mit Restschuldzahlung und des Debt Equity Swap kommt es jedoch zu einer bilanziellen Restrukturierung.[28] Wird ein Debt Equity Swap durchgeführt, ist in Bezug auf den Exit zu bedenken, dass die erhaltenen Eigenkapitalanteile verkauft werden müssen – es sich also nicht mehr um Fremdkapital wie zu Beginn der Transaktion handelt. Während Forderungen nicht selten an Finanzinvestoren verkauft werden, sind es bei Eigenkapitalanteilen zumeist strategische Investoren. Wählt der Investor die Liquidation, die Ausbuchung oder den Teilverzicht, bezeichnet man dieses Vorgehen als Abwicklung. Die verbleibende Möglichkeit der vollständigen Rückzahlung der Forderung stellt keine Exit-Option im originären Sinne dar. Sie ist vielmehr Resultat einer erfolgreich durchgeführten Sanierung bzw. Restrukturierung des Unternehmens und je nach Strategie des Investors nur bedingt beeinflussbar. 141

Die hier vorgenommene Vorstellung einer Distressed-Debt-Investition erhebt nicht den Anspruch auf Vollständigkeit. Dieses Ziel kann in dieser Kürze auch nicht erreicht werden. Jede einzelne Stufe wurde nur in groben Zügen besprochen. Der Abschnitt setzte sich jedoch auch nicht zum Ziel, eine vollständige Beschreibung zu liefern. Vielmehr sollten die wesentlichen Schritte aufgezeigt werden, die im Rahmen einer solchen Transaktion beachtet werden müssen, um das grundsätzliche Verständnis solcher Transaktionen zu schärfen. Vor dem steigenden Transaktionsvolumen in Deutschland ist dies von fundamentaler Bedeutung, da die Thematik der Distressed Assets zunehmend für jeden einzelnen Wirtschaftsteilnehmer spürbar wird. 142

2. Aktives vs. passives Management

Das Investment in Distressed Assets ist hinsichtlich der Aktivität des Erwerbers abzugrenzen, da die Interaktionen innerhalb der Beteiligungszeit hiervon abhängig und entsprechend unterschiedlich sind. Zu beachten ist, dass jede Investition individuellen Charakteristiken folgt und es folglich nicht die „Standardvorgehensweise" oder die „Standardbeteiligungsform" gibt. 143

Unter einem aktiven Investment versteht man, dass ein Investor beispielsweise eine Forderung erwirbt und anschließend eine aktive Rolle im Restrukturierungsprozess übernimmt. Ziel einer solchen aktiven Beteiligung ist es, den Wert des gekauften Assets durch ein persönliches Engagement zu erhöhen. Abzugrenzen ist dieses Verhalten von einem passiven Investment, bei dem beispielsweise ebenfalls durch den Investor eine Forderung erworben wird, selbiger allerdings darauf verzichtet, aktiv Einfluss auf den Restrukturierungsprozess zu nehmen. Der Investor hält in diesem Szenario die Beteiligung, bis eine Wertsteigerung (z.B. durch ein Ereignis, auf das der Investor allerdings keinen Einfluss hat) eintritt (Buy and hold). 144

Grundsätzlich zielt ein Investor, der eine aktive Strategie verfolgt, darauf ab, die Kontrolle über das Unternehmen zu erlangen. Hierzu kauft er regelmäßig die Bankverbindlichkeiten des Zielunternehmens auf und wandelt diese teilweise mithilfe des Debt for Equity Swaps in Eigenkapital zulasten der Alteigentümer. In der Praxis ist festzustellen, dass besonders häufig unbesicherte, nachrangige Kreditforderungen umgewandelt werden, während besicherte, erstrangige Darlehen bestehen bleiben. Um im Rahmen der Restrukturierung eine entscheidungsrelevante Rolle einzunehmen, müssen solche Inves- 145

---

[28] Vgl. *Richter.*

toren einen erheblichen Anteil der Kreditforderungen des Zielunternehmens ankaufen. Die Rendite, die die Investoren durch diese Transaktion erwirtschaften, hat dabei zwei Treiber. Zum einen spielt hier die Rückführung der verbliebenen Darlehen eine wesentliche Rolle, zum anderen generieren sie die Rendite aus dem Verkauf der Anteile, die sie aus dem Debt for Equity Swap erworben haben. Die typische Investitionsdauer umfasst hierbei drei bis fünf Jahre verbunden mit einer höheren Renditeerwartung als bei anderen Distressed-Strategien. Die hier beschriebene Investition in die Fremdkapitalstruktur offeriert den Vorteil der Risikoreduzierung bei paralleler Erhaltung fast unveränderter Chancenpotenziale. Ist es nicht Ziel des Investors, die Kontrolle am Zielunternehmen zu erlangen, sondern ausschließlich an der Wertsteigerung durch eine aktive Teilnahme am Sanierungsprozess zu partizipieren, spricht man von einer nicht kontrollorientierten Investmentstrategie.

146 Wie eingangs erläutert handelt es sich bei passiven Strategien typischerweise um Kaufen-und-Halten-Strategien. Bei diesen zielen Investoren darauf ab, bestehende Marktineffizienzen bzw. Fehlbewertungen in der Kapitalstruktur der Zielunternehmen aufzuspüren und von bestimmten Ereignissen zu profitieren. Passive Strategien lassen sich in solche mit kurzfristigem und solche mit langfristigem Charakter unterscheiden. Von immenser Bedeutung ist, dass passive Investoren sich im Klaren darüber sein müssen, dass die Entwicklung ihres Investments von den Interessen anderer (aktiver) Stakeholder und deren Entscheidungen im Restrukturierungsprozess abhängt. Hieraus ergibt sich, dass darauf geachtet werden muss, in welche Fremdkapitalklasse investiert wird, da bei Investitionen in Verbindlichkeiten niedriger Rangordnung das Risiko eines Totalverlusts besteht. Drei Strategien lassen sich hierbei unterscheiden:
- Beim wertorientierten Ansatz versucht der Investor, Fehlbewertungen einer Anlageklasse mit Bezug zu ihrem inneren Wert zu identifizieren.
- Bei einer ereignisorientierten Strategie gehen die Investoren davon aus, dass der Wert der Investition steigt, wenn ein bestimmtes Ereignis eintritt (beispielsweise Einstieg anderer Investoren etc.). Dieser Ansatz zeichnet sich durch sein hohes Risiko aus, da der Investor auf die erwarteten Ereignisse typischerweise keinen oder nur geringen Einfluss nehmen kann.
- Als dritte Möglichkeit kann ein passiver Investor eine Kapitalstruktur-Arbitrage verfolgen. Hierbei versucht der Investor, relative Fehlbewertungen innerhalb von zwei verschiedenen Anlageklassen der Kapitalstruktur eines Unternehmens auszunutzen.

147 An dieser Stelle ist auch das Investitionsvolumen zu beachten, da es mit zunehmender Investitionsgröße für den Investor schwerer wird, ein ausreichend großes Investment zu tätigen, das es ihm erlaubt, eine aktive Strategie zu verfolgen. In der Praxis ist deshalb zu beobachten, dass aktive Strategien verhältnismäßig häufiger bei kleinen Investitionen anzutreffen sind, wohingegen passive Strategien bei größeren Investments gewählt werden.

3. Single-Name-Transaktionen vs. Portfoliokäufe

148 Aus Sicht von Distressed-Investoren ist zu unterscheiden, ob es sich bei dem Investitionsobjekt um ein Single Name oder ein Portfolio handelt.

149 Unter Single Name werden die Investitionsmöglichkeiten subsumiert, bei denen in nur ein Investitionsobjekt – beispielsweise ein krisenbehaftetes Unternehmen – investiert wird. Hervorzuheben ist, dass Investoren ein solches Investment (z.B. den Krediterwerb) regelmäßig mit dem Ziel der Sanierung dieses Fremdkapitalanteils bei gleichzeitiger Ablösung der verkaufenden Bank anstreben. Der Investor nimmt am Bankenpool, sofern dieser vorhanden ist, teil und hat begrenzte Steuerungsmöglichkeiten im Rahmen der

Sanierung des Unternehmens, von dem ein Fremdkapitalanteil erworben wurde.[29] Der Investor ist zudem verpflichtet, einen Sanierungsbeitrag im Zusammenhang mit dem ausgearbeiteten Sanierungskonzept zu leisten.

Neben der Möglichkeit des Erwerbs nur eines Fremdkapitalanteils im Sinne der oben skizzierten Single-Name-Transaktion kann ein Investor auch alle Bankkredite erwerben und die Kreditsanierung vorantreiben. Vorteilhaft sind hierbei die automatische Lösung der sonst bestehenden Poolproblematik und die Möglichkeit der aktiven Steuerung des Sanierungsprozesses. Kritisch zu würdigen ist die Gefahr der rechtlichen Haftungsrisiken aufgrund der Einflussnahme auf das Unternehmen bzw. das Sanierungskonzept. 150

In einem Portfolio hingegen befinden sich mehrere Investitionsmöglichkeiten, in die allerdings nicht einzeln, sondern nur im Rahmen des aufgelegten Portfolios investiert werden kann. Ein Beispiel hierfür stellen die von Banken angebotenen Portfolios dar. Bei diesen bündeln Banken diverse Sub- oder Non-Performing-Kredite mit dem Ziel, diese zu veräußern und sich auf diesem Wege des Ausfallrisikos des Schuldners zu entledigen. Der Verkauf eines solchen Kreditportfolios erlaubt es Banken folglich, ihre Kreditengagements und -risiken zu handeln.[30] Das steigende Transaktionsvolumen dieser Portfolios erklärt sich – zumindest teilweise – in den geänderten Rahmenbedingungen mit der Einführung von Basel II. Seit Einführung müssen Kreditinstitute die Kreditrisiken risikoadjustiert mit Eigenkapital hinterlegen. Folglich ist für Kredite mit einem schlechteren Rating mehr Eigenkapital zu hinterlegen. Für die Bank entstehen entsprechend höhere Kosten, weshalb ein Verkauf gerade dieser Kredite an Attraktivität gewinnt. Der Erwerb eines solchen Portfolios bedeutet für den Erwerber im Normalfall, dass keine aktive Steuerungsmöglichkeit besteht. Eine Studie von Roland Berger Strategy Consultants zeigt hierbei auf, dass Banken in Deutschland zu 70% rein als Verkäufer am Markt agieren, d.h., Distressed Debt verkaufen, dieses aber selbst nicht am Markt erwerben.[31] 151

4. Korrelation mit anderen Anlagemöglichkeiten

Bereits 1952 publizierte HARRY MARKOWITZ seine Theorie zur Portfoliowahl.[32] Seitdem bilden diese Überlegungen die Grundgedanken der Portfoliotheorie, die es zum Ziel hat, Handlungsempfehlungen zur bestmöglichen Kombination von Anlagealternativen zur Bildung eines optimalen Portfolios zu geben. Dieses optimale Portfolio ist abhängig von den Präferenzen des Investors in Bezug auf das Risiko, das er mit seiner Investition eingehen möchte, und der erwünschten Rendite. Hierbei ist zu beachten, dass eine steigende Rendite mit einem steigenden Risiko einhergeht. Folglich zielt die Portfoliotheorie darauf ab, bei gegebenem Risiko den höchstmöglichen Ertrag und bei gegebenem Ertrag das niedrigstmögliche Risiko zu finden. Hierbei spielt die Erkenntnis der *Naive Diversification* eine wesentliche Rolle. Diese besagt, dass mit steigender Zahl von Anlagemöglichkeiten das firmenspezifische Risiko immer weiter an Bedeutung verliert, bis schließlich bei ausreichender Diversifikation nur noch das systematische Risiko von Bedeutung ist. Der Anlagediversifikationseffekt ist hierbei umso größer, je geringer die Korrelation zwischen den Anlagemöglichkeiten ist – im Sonderfall der Korrelation von eins kommt es nicht zu einer Verminderung des Risikos, da die betrachteten Anlagealternativen identisch auf exogene Veränderungen reagieren. Folglich kann ein Investor das Risiko seines Portfolios durch Diversifikation senken. 152

---

[29] Vgl. *Blatz/Knecht* S. 36–38.
[30] Vgl. *Blatz/Knecht*, S. 36–38.
[31] Vgl. *Roland Berger*.
[32] Vgl. *Markowitz*, S. 77–91.

153 Die Einbeziehung von Distressed Assets offeriert dem Investor folglich eine weitere Möglichkeit, sich zu diversifizieren und somit das firmenspezifische Risiko innerhalb seines Portfolios zu senken, sofern die ausgewählten Distressed Assets eine Korrelation mit den bereits im Portfolio enthaltenen Assets kleiner eins aufweisen. Dies zeigt, dass die Investition in diese Anlagemöglichkeiten gerade auch für bereits diversifizierte Investoren sinnvoll ist, da eine weitere Risikoreduzierung ermöglicht wird.

5. Exit-Strategien

154 Bereits im Rahmen der Prozessabschnitte einer Distressed-Asset-Transaktion ist auf den Exit hingewiesen worden und die verschiedenen Exit-Optionen im Rahmen des Investitionsprozesses sind aufgezeigt worden. In diesem Abschnitt soll auf zwei Exit-Möglichkeiten detaillierter eingegangen werden, die in der Praxis von großer Bedeutung sind. Dies ist zum einen der **Anteilsverkauf**, zum anderen die **Rekapitalisierung**. Auf die Detaillierung etwaiger kartellrechtlicher Aspekte wird verzichtet.

155 Ein Investor kann sich aus einem vorgenommenen Investment beispielsweise dadurch zurückziehen, indem er seine Anteile verkauft. Hierbei sind zwei Varianten zu unterscheiden, die in der Praxis beide in Abhängigkeit der vorliegenden Situation genutzt werden.

156 Die erste Variante stellt hierbei der so genannte Share Deal dar. Bei diesem verkauft der Investor seine Anteile an dem Zielunternehmen an einen Transaktionspartner und generiert dadurch einen entsprechenden Liquidationszufluss. Idealerweise liegt der Verkaufspreis über dem Kaufpreis und der Investor erzielt im Rahmen dieser Transaktion einen Gewinn, der zu einer aus Sicht des Investors angemessenen Rendite führt – ist dies nicht der Fall, ist davon auszugehen, dass der Investor keinen Share Deal vornehmen wird. Diese Rendite muss den Investor dafür entschädigen, dass er eine vergleichsweise risikobehaftete Investition vorgenommen hat. Hervorzuheben ist hierbei, dass der Käufer in die Rechtsstellung des Investors tritt – er tritt in die Rechte und Pflichten des Investors. Zugrunde liegende Unternehmenswerte wie auch beispielsweise die Mitarbeiter des Zielunternehmens gehen hierbei elektrisch automatisch auf den Käufer über. Ein Mitarbeiter kann der Transaktion folglich nicht widersprechen, wenn er mit dem Einstieg des Käufers nicht zufrieden ist. Abschließend ist positiv festzustellen, dass der Veräußerungsgewinn in vielen Jurisdiktionen steuerlich begünstigt wird.

157 Die zweite Variante stellt der so genannte Asset Deal dar. Hierbei erwirbt der Käufer jeden Vermögensgegenstand (Asset) vom bisherigen Eigentümer, dem Investor, einzeln im Rahmen der Singularsukzession. Die Übertragung der Vermögensgegenstände erfolgt zu einem Stichtag durch Einigung und Übergabe. Im Rahmen des Asset Deal tritt der Käufer nicht in die Rechte und Pflichten des Investors ein. Dieser Vorteil wird aber von dem unter Umständen massiven Nachteil kontrastiert, dass Mitarbeiter der Übertragung zustimmen müssen und nicht – wie im Fall des Share Deals – elektrisch automatisch übergehen. Der Verkäufer erzielt entsprechend einen Liquidationszufluss, der idealerweise zu einem Gewinn (Verkaufspreis > Kaufpreis) und folglich auch zu einer Rendite führt, die den Vorstellungen des Investors entspricht. Ist die Generierung einer adäquaten Rendite nicht möglich, ist anzunehmen, dass der Investor einen Anteilsverkauf nicht vornehmen wird.

158 Welche Verkaufsstrategie die Transaktionspartner wählen, hängt von der individuellen Situation ab und soll folglich an dieser Stelle nicht weiter vertieft werden.

159 Eine weitere Exit-Strategie offeriert die **Rekapitalisierung**. Hierunter ist die Reorganisation der Passivseite zu verstehen, die vom Investor initiiert wird. Zuerst wird eine

Evaluierung der aktuellen Fremdkapitalbelastung des Zielunternehmens vorgenommen und geprüft, ob weiteres Fremdkapital aufgenommen werden kann. Wird diese Prüfung positiv abgeschlossen, sodass eine zusätzliche Fremdkapitalaufnahme möglich ist, wird dieser Prozess weiter verfolgt. Nach Bewilligung weiterer Fremdkapitalmittel durch die Kreditinstitute werden die hieraus generierten liquiden Mittel dazu genutzt, dem Investor, der diesen Prozess angestoßen hat, eine Dividende zu bezahlen.

Für den Investor birgt dies den Vorteil, dass er einen intertemporären Liquidationszufluss realisiert und damit zumindest einen Teil seines ursprünglichen Investments zurückerhält. Zudem verändert sich seine Beteiligungsposition (vorausgesetzt, er hatte sich am Eigenkapital der Gesellschaft beteiligt) nicht, da keine anderen Shareholder hinzutreten. Folglich ist er weiterhin und im gleichen Verhältnis an dem Zielunternehmen beteiligt. Dies verdeutlicht, dass die Strategie letztlich keinen (rechtlichen) Exit des Investors darstellt. Der Exit ist vielmehr aus finanzieller Sicht zu sehen, da der Investor sein eingesetztes Kapital oder einen Teil desselben zurückerhält. 160

Das Unternehmen hat nach dieser Transaktion mehr Fremdkapital in der Bilanz als vorher und muss die hiermit verbundenen Zinszahlungen wie auch die notwendigen Tilgungen aus dem Cashflow aufbringen. Dies verdeutlicht, dass das Unternehmen nach der Rekapitalisierung ein höheres Risiko trägt als vorher. 161

Um einen möglichen Missbrauch zu limitieren, unterliegt diese Exit-Strategie präzisen rechtlichen Regelungen. Diese erlauben es beispielsweise einem Insolvenzverwalter, den Investor in die Haftung zu nehmen, falls dieser eine derartige Rekapitalisierung vorgenommen hat und das Unternehmen im Nachgang insolvent wird. Eine solche Transaktion ist für einen Investor also nur in dem Rahmen sinnvoll, in dem er mit ausreichender Sicherheit davon ausgehen kann, dass das Zielunternehmen die gestiegene Belastung tragen kann. 162

V. Derivative Finanzierungstitel und deren Platzierungsmärkte von Distressed Assets

1. Allgemein

Bisher wurden Distressed Assets aus einem neutralen oder aus dem Blickwinkel eines Investors in diese Asset-Klasse betrachtet. In diesem Kapitel wird der Fokus auf die Möglichkeiten der Inhaber, beispielsweise potenzieller Verkäufer, gelegt und aufgezeigt, welche Möglichkeiten für diese bestehen. Wie bereits bei der Schematisierung des Investitionszyklus, wird dieses Kapitel auf notleidende Kredite fokussieren. Diese Entscheidung begründet sich in der Tatsache, dass sich der deutsche Distressed-Debt-Markt in neuerer Zeit stark entwickelt hat. 163

Nach einer einleitenden Skizzierung der Grundzüge einer strukturierten Finanzierung werden die in der Praxis häufig genutzten Varianten vorgestellt. Hierdurch wird das notwendige Fundament zum Verständnis der im Anschluss erläuterten Collarteralized Debt bzw. Collateralized Loan Obligation wie auch des Credit Default Swap gelegt. 164

2. Grundzüge der Verbriefung

Der Begriff Verbriefung erfasst generell die Bindung von Rechten an Urkunden, die über einen Wertpapiercharakter verfügen. Um den Mechanismus der Verbriefung exemplarisch zu verdeutlichen, wird an dieser Stelle auf Asset Backed Securities, eine spezielle 165

Form der Verbriefung, eingegangen. Es handelt sich bei diesen um ein Instrument, mit dessen Hilfe Forderungen isoliert und bei Bedarf gebündelt werden und Wertpapiere entstehen, die durch diese Forderungen besichert werden.

166 Mit Blick auf Asset Backed Securities sind zwei Formen zu unterscheiden. Der True Sale und die synthetische Verbriefung. Beim True Sale werden Forderungen gepoolt und an eine Zweckgesellschaft, ein so genanntes Special Purpose Vehicle, verkauft. Dieser Verkauf ist insolvenzfest auszugestalten, d.h., auch bei Insolvenz des Verkäufers kann kein Gläubiger desselben auf den verkauften Forderungspool zugreifen. Die Zweckgesellschaft begibt ihrerseits Wertpapiere am Kapitalmarkt, um den Forderungskauf zu refinanzieren. Die aus den Wertpapieren entstehenden Ansprüche werden mithilfe der Cashflows bedient, die sich aus der Vereinnahmung von Zins- und Tilgungszahlungen der zugrunde liegenden Forderungen ergeben. Bei der synthetischen Verbriefung hingegen wird ausschließlich das mit bestimmten Forderungen verbundene Risiko verbrieft – es kommt nicht zu einem Verkauf der Forderungen.

167 Signifikant für Asset-Backed-Security-Transaktionen ist, dass die Wertpapiere am Kapitalmarkt in unterschiedlichen Tranchen platziert werden, die einer bestimmten Rangordnung unterliegen. Bildlich lässt sich dieses Prinzip mithilfe eines Wasserfalls verdeutlichen, bei dem die am meisten untergeordnete Tranche die anfallenden Verluste trägt. Erst wenn die Ausfälle die Zahlungsansprüche der untersten Tranchen übersteigen, ist die nächstniedrigere Tranche betroffen. Die niedrigste Tranche bildet normalerweise die so genannten Equity- oder auch Firt-Loss-Tranche. Dieses Prinzip ermöglicht es dem SPV, einige Wertpapiere mit einem sehr guten Rating zu begeben.[33]

168 Bisher wurden nur der Originator (Verkäufer), das SPV und die Investoren, die die Wertpapiere erwerben, angesprochen. Selbstverständlich sind weitere wichtige Parteien wie z.B. der Servicer, der Arrangeur usw. an der Transaktion beteiligt. Auf die Charakterisierung der Funktionen dieser Parteien soll verzichtet werden, da dies für eine grundlegende Skizzierung einer Verbriefung nicht notwendig erscheint. Vielmehr kommt es auf das Verständnis der Verbriefungsstruktur an, da dieses elementar für das weitere Verständnis dieses Abschnitts ist.

169 Der Abschnitt hat mit der Skizzierung einer True Sale Asset-Back-Security-Transaktion bereits darauf hingewiesen, dass im Rahmen der Wertpapiervergabe normalerweise verschiedene Tranchen begeben werden. Dies ist sinnvoll, da mit jeder Tranche andere Rechte und Pflichten verbunden sind, die insbesondere im Rahmen von Investitionen in Distressed Assets von Bedeutung sind. Zu unterscheiden sind Senior-, Subordinated- und Equity-Tranchen. Die Senior-Tranche zeichnet sich durch ein sehr gutes Rating, eine geringe Ausfallwahrscheinlichkeit und eine hohe Bonität aus. Dieses verhältnismäßig geringe Risiko führt jedoch auch zu einer relativ geringen Verzinsung. Die Subordinated-Tranche grenzt sich durch ihr höheres Risiko und ihr mittleres Rating von der Senior-Tranche ab. Entsprechend ist diese Tranche höher verzinst. Typischerweise werden diese Anleihen mit einem gewissen Aufschlag auf langfristige Anleihen verzinst. Wird die Tranche erst dann bedient, wenn die Ansprüche der Senior- und Subordinated-Tranche (Zins- und Tilgungsanspruch) abgegolten sind, handelt es sich um die so genannte Equity-Tranche. Dies zeigt, dass die Equity-Tranche das höchste Risiko trägt, und impliziert gleichzeitig, dass diese Tranche die höchste Verzinsung (oftmals ca. 25 %) aufweist.

170 Da dieser Abschnitt bisher auf den True Sale fokussierte, ist abschließend auf die synthetische Verbriefung einzugehen, da auch diese hohe Praxisrelevanz besitzt. Hierbei veräußert der Originator das Kreditrisiko an ein SPV unter Zuhilfenahme eines Credit

---

[33] Vgl. *Heidorn/König.*

Default Swaps. Die Zweckgesellschaft verkauft Credit-linked Notes (CLN) an Investoren, wobei die Einkünfte aus diesem Verkauf in Anleihen höchster Bonität investiert werden, die zur Besicherung der CLN dienen. Die sich ergebende Differenz zwischen den Zinseinkünften aus den Anleihen und den Zinsausgaben, die den CLN-Investoren zufließen, wird über die Einnahmen aus dem Swap-Vertrag generiert. Abgrenzend mit Blick auf den True Sale ist festzustellen, dass der Investor bei der synthetischen Verbriefung nicht nur das Risiko des Referenzportfolios, sondern auch das Risiko der Sicherheiten trägt. Für die Akzeptanz dieser Risikoposition erhält der Investor Zinszahlungen und nach Ablauf des Vertrags seinen investierten Betrag abzüglich möglicher Zahlungen für Verluste.[34]

Nutzt der Originator kein SPV zur Verbriefung, bilden Originator und Emittent eine Einheit. In diesem Fall verbrieft der Originator einen bestimmten Teil seines Kreditpools mithilfe von CLNs, der verbleibende Teil wird über einen CDS übertragen, der typischerweise mit einer OECD-Bank eingegangen wird. Ein bestimmter Teil der Anleihen ist folglich annähernd risikolos. **171**

3. Collateralized Debt Obligation

Bei Collateralized Debt Obligations (CDOs) handelt es sich um forderungsrechtlich besicherte Wertpapiere, bei denen Unternehmensanleihen wie auch Unternehmenskredite die typischen Transaktionsformen darstellen. Nichtsdestoweniger können auch ABS-Forderungen, Kreditderivate und andere Forderungen einem CDO zugrunde liegen. Den Schwerpunkt in der Praxis bilden jedoch die beiden Erstgenannten. **172**

CDOs lassen sich weiter in Collateralized Bond Obligations (CBOs) und Collateralized Loan Obligations (CLOs) untergliedern. CLOs zeichnen sich dadurch aus, dass ihnen Unternehmensanleihen zugrunde liegen, während bei CLOs die Sicherheiten in Form von Unternehmenskrediten gewährt werden. **173**

Eine CDO grenzt sich durch die geringe Zahl an Schuldnern von einem ABS im engeren Sinne ab. Ein CDO betrifft regelmäßig 25 bis 250 Schuldner, während es bei ABS-Transaktion im Vergleich 5000 und mehr Schuldner sind. Folglich kommt dem einzelnen Forderungsausfall bei einer CDO eine höhere Bedeutung zu. Ein weiterer Unterschied liegt in der Tatsache, dass einem CDO heterogenere Forderungen zugrunde liegen und diese im Fall einer CLO zudem illiquider sind als bei einer ABS-Transaktion.[35] **174**

Nach dieser grundsätzlichen Betrachtung, was unter einer Collateralized Debt Obligation zu verstehen ist, und der Feststellung, dass sich diese weiter unterteilen lässt, wird diese Erkenntnis genutzt, um im nächsten Abschnitt die Collateralized Loan Obligations zu betrachten. Diese sind von besonderem Interesse, da bei diesen Unternehmenskredite als Sicherheiten dienen. **175**

4. Collateralized Loan Obligation

a) Typisierung von Collateralized Loan Obligations. Im Rahmen der Klassifizierung von CLOs sind die Cashflow CLO und die Market Value CLO zu unterscheiden. Eine CLO wird als Cashflow CLO bezeichnet, wenn sie so ausgestaltet ist, dass die Zinszahlungen und Tilgungen der Anleihen aus den Zinseinkünften und dem Prinzipal der **176**

---

[34] Deloitte & Touche.
[35] Vgl. Deutsche Bank.

zugrunde liegenden Kredite finanziert werden können. Somit ist primäre Aufgabe das Management der Kreditqualität.[36] Eine Market Value CLO liegt vor, wenn die Verbindlichkeiten durch den Handel und den Verkauf der unterliegenden Kredite beglichen werden.[37] Des Weiteren lassen sich die beiden Formen anhand des Overcollateralization Ratios unterscheiden. Während die Forderungen bei einer Market Value CLO zum Marktwert angesetzt werden, werden diese bei einer Cashflow CLO zum Parwert mit den Verbindlichkeiten ins Verhältnis gesetzt. Komparativ ist festzustellen, dass die Cashflow CLOs den größten Teil des Marktes ausmachen.

177 Neben der definitorischen Unterteilung in Cashflow und Market Value lassen sich derartige Transaktionen auch nach der dahinterstehenden Motivation differenzieren. Bei dieser Betrachtungsweise sind Arbitrage und Balance Sheet zu unterscheiden. Eine Arbitrage CLO liegt vor, wenn die Motivation darin besteht, einen Gewinn auch der Differenz zwischen den Zinssätzen der Anleihen und Kredite zu generieren. Es sollen folglich Zinseinnahmen erzielt werden, die höher sind als die Zinszahlungen, die an die Halter der Anleihen zu leisten sind.[38] Zielt die CLO darauf ab, das Kreditvolumen in der Bilanz zu reduzieren, spricht man von einer Balance Sheet CLO. Diese erfreuen sich besonderen Interesses von Finanzinstituten wie Banken und Versicherungen, die hierdurch ihre Eigenkapitalanforderungen zu reduzieren versuchen.[39]

178 Nach der Typisierung von Collateralized Loan Obligations fokussieren die Ausführungen der folgenden Abschnitte auf Cashflow CLOs, da diese die wichtigste Form am Markt bilden. Hinzu kommt, dass insbesondere bei notleidenden Krediten eine adäquate Marktbewertung in den meisten Fällen schwierig ist.

179 **b) Analyse eines Kreditportfolios.** Bei der Kreditanalyse der Portfolios spielen die Cash Inflows eine wichtige Rolle, da diese Liquiditätszuflüsse darstellen. Diese sind abhängig von den Kreditvolumina, den Laufzeiten, den Tilgungsplänen sowie der Höhe der Zinszahlungen. Selbige müssen nicht fix sein. Sind diese beispielsweise an den LIBOR gebunden – eine typische Konstellation in der Praxis –, sind die Zinszahlungen variabel. Bei der Berechnung der zukünftigen Cash Inflows ist zudem das Ausfallrisiko der einzelnen Kredite zu berücksichtigen. Dieses hängt zum einen von der Ausfallwahrscheinlichkeit, zum anderen von der Schwere des Ausfalls ab.

180 Die Bestimmung der Ausfallwahrscheinlichkeit erfolgt über die Bonität des Schuldners und die Laufzeit des Kreditarrangements. Mit Bezug zur Laufzeit lässt sich allgemein feststellen, dass die Ausfallwahrscheinlichkeit positiv mit der Laufzeit eines Kredits korreliert ist. Hinsichtlich der Ausfallwahrscheinlichkeit ist darüber hinaus auch der Tilgungsplan zu berücksichtigen. Sieht dieser zwischenzeitliche Rückzahlungen vor, reduziert dies die Ausfallwahrscheinlichkeit aus Sicht des Gläubigers. Ein Kredit, der Rückzahlungen vorsieht, ist dementsprechend risikoärmer als ein Kredit, der solche Zahlungen nicht beinhaltet, da die durchschnittliche Laufzeit – die so genannte Duration – kürzer ist.[40]

181 Die zweite Komponente ist die Schwere des Ausfalls, die über die Diskontierung der zukünftigen Zahlungsströme oder über den Marktwert im Fall eines Ausfalls bestimmt werden kann. Alternativ ist es auch möglich, nicht die Schwere des Ausfalls, sondern die Rückgewinnungsquote zu betrachten. Für beide gilt, dass sie normalerweise als Prozentsatz des Parwertes angegeben werden. Für die Rückgewinnungsquote ist zu konstatieren,

---

[36] Vgl. Barclays.
[37] Vgl. Barclays.
[38] Vgl. *Kohler*.
[39] Vgl. *Goodman/Fabozzi*, S. 22–30.
[40] Vgl. Standard & Poor's.

dass diese von einer Reihe an Variablen abhängt. Hier sind zu nennen: (1) Seniorität des Darlehens in der Kapitalstruktur, (2) der Sicherungsbestand des Darlehens, (3) die Industrie, (4) der Zeitpunkt, wann das Darlehen ausfällt, (5) das geltende Recht.

Der Aspekt des geltenden Rechts ist hierbei zu beachten, da dieses determiniert, wie **182** schnell und welchen Betrag der Gläubiger bei Ausfall handeln darf. Weitere Einflussfaktoren sollen im Rahmen dieser Betrachtung nicht skizziert werden, es ist allerdings offensichtlich, dass weitere Faktoren wie beispielsweise die Erfahrung der Bank sich auf die Rückgewinnungsquote auswirken. Eine Annäherung für die Rückgewinnungsquoten bieten die großen Rating-Agenturen, die mithilfe empirischer Auswertungen entsprechende Schätzwerte ermittelt haben.[41]

Bisher wurde das Ausfallrisiko respektive die Einflussfaktoren auf selbiges mit Blick auf **183** einzelne Kredite betrachtet. Neben dieser individuellen Betrachtung muss auch das Ausfallrisiko des gesamten Forderungspools bestimmt werden. Dieses hängt ab von der Korrelation der einzelnen Kredite untereinander. Der Korrelationskoeffizient kann zwischen minus eins und eins schwanken. Eine positive Korrelation zeigt an, dass die Kredite tendenziell gleichzeitig ausfallen. Besteht zwischen zwei Krediten hingegen eine negative Korrelation, fallen die Kredite in der Regel nicht gleichzeitig aus. Befinden sich beispielsweise zwei Kredite mit einer negativen Korrelation in einem Portfolio, verfügt dieses über einen natürlichen „Hedge". Durch diesen ist das Ausfallrisiko des Pools geringer als die Summe der individuellen Ausfallrisiken. In Bezug auf ein Portfolio ist deshalb stets zu prüfen, welche Charakteristika die einzelnen Titel aufweisen. Primär wird hierbei auf die Anzahl der Schuldner, das Rating der Schuldner und die Industriekonzentration geachtet. Die Industrie bzw. Branche ist von Interesse, da empirisch belegt ist, dass Unternehmen der gleichen Branche ähnlich auf exogene Einflüsse reagieren. Dies impliziert, dass zwischen ihnen eine hohe Korrelation besteht.[42]

c) Modifizierung der Standardanalyse im Rahmen von Distressed CLO. Die **184** Analyse, die im vorigen Abschnitt erläutert wurde, nahm an, dass aus einem Kreditportfolio ein Teil der Kredite notleidend wird und ein Teil dergleichen sich wiederum erholt. Der sich hieraus ergebende erwartete Verlust wird folglich einerseits auf Basis der Wahrscheinlichkeit eines Ausfalls und der Zeit bis zu dessen Eintritt, andererseits auf Grundlage der Wahrscheinlichkeit einer Erholung und deren voraussichtlicher Dauer berechnet. Handelt es sich allerdings um eine Distressed Collateralized Loan Obligation, ist zumindest für einen Teil des Portfolios eine derartige Berechnung nicht notwendig, da einige Kredite bereits ausgefallen sind. Für die verbleibenden Kredite ist die Ausfallwahrscheinlichkeit vergleichsweise hoch, da die Kredite bereits als distressed bekannt sind. Hieraus ergibt sich, dass der Schwerpunkt der Analyse nicht auf der Bestimmung der Wahrscheinlichkeit eines Ausfalls liegen kann, sondern vielmehr auf der Bestimmung der Höhe des erwarteten Erholungswertes. Für diese Bestimmung ist der Rang des Kredites von Bedeutung, da die Wahrscheinlichkeit, einen Großteil des Kredits zurückzuerhalten, besonders hoch ist, wenn das untersuchte Kreditarrangement besichert sowie vorrangig und der Anteil an nachrangigen Krediten entsprechend hoch ist. Empirisch zeigt sich, dass die Erholungsrate mit der Besicherung und Seniorität positiv korreliert. Hierbei wird auch ersichtlich, dass die Volatilität der Erholungswerte sehr hoch ist, was zum einen an den unterschiedlichen Sicherheiten, zum anderen an den großen Differenzen in Bezug auf die Liquidationswerte liegt.[43] Die Erholungswerte hängen zudem von den bege-

---

[41] Vgl. Deutsche Bank.
[42] Vgl. Standard & Poor's.
[43] Vgl. Moody's Investors Service, 2001.

benen Sicherheiten ab. So ist festzustellen, dass Kredite, die mit liquiden Bilanzpositionen (beispielsweise kurzfristige Forderungen, Bargeld usw.) besichert werden, einen höheren erwarteten Erholungswert aufweisen als diejenigen, die mit illiquiden (beispielsweise Aktien von Tochtergesellschaften) Bilanzpositionen besichert sind.[44]

185 Die Praxis bedient sich bei der Determinierung der Erholungsraten der Möglichkeit, auf historische Werte zurückzugreifen und diese an die aktuellen Gegebenheiten anzupassen. Bei dieser Anpassung wird geprüft, in welcher Phase des Distressed-Zyklus sich die untersuchten Kredite befinden. Befindet sich das entsprechende Unternehmen bereits einige Zeit in der Insolvenz, sind genauere Schätzungen über den verbleibenden Firmenwert vorhanden, was die Analyse einfacher bzw. robuster macht. Der längere Zeitraum führt in aller Regel auch dazu, dass die Unstimmigkeiten zwischen den verschiedenen Gläubigern zum überwiegenden Teil geklärt wurden. Ist dies der Fall, kann auch der aktuelle Marktpreis als hilfreicher und adäquater Richtwert für den Erholungswert dienen. Sofern sich das Unternehmen in einem frühen Stadium des Distressed-Zyklus befindet, ist der Marktpreis nicht als hilfreicher Richtwert anzusehen. Zur Determinierung des Erholungswertes können zudem die üblichen Methoden der Unternehmensbewertung (Discounted-Cashflow-Methode, Multiplikatoren und Liquidationsmethode) herangezogen werden.

186 d) **Strukturelle Besonderheiten.** Grundsätzlich ähnelt die Struktur einer Distressed Collateralized Loan Obligation der einer Performing CLO. Es ist jedoch zu beachten, dass bei der Modellierung der Cashflows einer Distressed CLO die prognostizierten Ausfallzeitpunkte von denen einer Performing CLO abweichen. Des Weiteren wird ein längerer Erholungszeitraum angenommen und der Strukturierung sind mehr Grenzen gesetzt als im Vergleich zu einer Performing CLO.

187 Es wird angenommen, dass der Großteil der Ausfälle in den ersten Jahren vorkommt, da die nicht ausgefallenen Kredite bei Abschluss einer Distressed CLO notleidend sind.[45] Zudem sind andere Annahmen in Bezug auf die Erholung der Kredite zu treffen, da andere Voraussetzungen vorliegen. Bei Performing CLOs werden notleidende bzw. ausgefallene Kredite regelmäßig zügig verkauft, weshalb es zu einer vergleichsweise schnellen Erholung kommt. Im Rahmen einer Distressed CLO liegt der Sinn aber gerade darin, die Kredite während der Insolvenz zu halten und von den Fähigkeiten des Collateral Managers zu profitieren, der in der Zwischenzeit den Wert derselben zu maximieren versucht. Dieses unterschiedliche Verständnis impliziert einen längeren Zeitraum bis zur Erholung verglichen mit Performing CLOs.[46]

188 Hinsichtlich der Verteilung der Cash Inflows ist festzustellen, dass sich im Bereich der Performing CLOs verschiedene Modelle (pay fast/pay slow, pro rata usw.) anbieten. Diese Flexibilität ist bei Distressed CLOs nicht im gleichen Umfang gegeben. Bedingt durch die unsicheren Zahlungseingänge und insbesondere mit sinkender Diversifikation ist beispielsweise eine Pro-rata-Struktur weniger geeignet, da diese dazu führt, dass die begebenen Senior-Tranchen einem zu hohen Risiko ausgesetzt würden. Mit diesem Beispiel wird unmittelbar ersichtlich, dass eine geringere Flexibilität mit Blick auf mögliche Modelle der Cash Inflows anzutreffen ist.

189 e) **Sicherung der Liquidität.** Die besondere Herausforderung bei einer Distressed CLO liegt in der Tatsache, dass sich die Cash Inflows nicht mit abschließender Sicherheit

---

[44] Vgl. Moody's Investor Service, 2001.
[45] Vgl. Standard & Poor's, 2001.
[46] Vgl. Moody's Investor Service, 2001.

voraussagen lassen. Aus diesem Grund lässt sich eine Übereinstimmung zwischen den zu leistenden Zahlungen (Cash Outflows) nur über Liquiditätsfazilitäten erreichen.

Umfasst das Portfolio verbriefte Kredite, die den Schuldner aufgrund ihrer vertraglichen Dispositionen dazu berechtigen, weitere Kredite zu ziehen, folgt hieraus ebenfalls ein erhöhter Liquiditätsbedarf. Diese Thematik ist insbesondere bei Distressed CLOs von hoher Relevanz, da ein Schuldner typischerweise in einer finanziell angespannten Situation dazu neigt, seine Kreditlinien bis zu deren Maximum auszunutzen, um hierdurch fehlende Liquidität zu generieren. 190

Es ist zudem hervorzuheben, dass eine ausreichende Ausstattung der Schuldner mit liquiden Mitteln auch im Interesse des SPV ist. Ziel ist es, dem Schuldner einen ausreichenden finanziellen Spielraum zu ermöglichen, der es erlaubt, das operative Geschäft während der Restrukturierung zu sichern, und somit dazu beiträgt, dass das Unternehmen wieder gesundet. Entsprechend werden dem Schuldner bewusst finanzielle Mittel zur Verfügung gestellt. Dieser Ansatz wird als Debtor in Possession bezeichnet und zeichnet sich dadurch aus, dass selbige vor allen anderen Forderungen zurückgezahlt wird. 191

Mit Blick auf das Management einer Distressed CLO ist zu konstatieren, dass dieses zeitintensiver und kostspieliger ist als das Management einer Performing CLO. Folglich übersteigen die Honorare im Rahmen einer Distressed CLO die einer Performing CLO.[47] Weitere Kosten können entstehen, wenn der Collateral Manager externen Rat sucht bzw. suchen muss. Nichtsdestotrotz ist es unabdingbar, dass ihm diese Möglichkeit offensteht, damit seine Entscheidungen fundiert sind.[48] 192

Um die Liquidität zu sichern, werden in der Praxis beispielsweise Honorare und Ausgaben größtenteils auf das Ende der Transaktion, also auf einen Zeitpunkt, zu dem ein Großteil der Kredite bereits verwertet wurde, verlagert. Eine weitere Option bietet sich in der Begabe von Zero Bonds. Diese erlauben es, intertemporäre Zinszahlungen auf die letzte Periode zu verlagern, da eines ihrer Charakteristika die (kumulierte) Zinszahlung in der letzten Periode darstellt.[49] Letztlich besteht auch die Möglichkeit, einige Investment-Grade-Titel in das Portfolio aufzunehmen, die im Fall eines Liquiditätsengpasses veräußert werden können, um hierdurch neue Liquidität freizusetzen. 193

f) **Rolle des Bankgeheimnisses.** Unter dem Bankgeheimnis versteht man, dass Banken die Verpflichtung haben, in Bezug auf die ihnen zugänglichen Informationen aus der Kundenbeziehung Stillschweigen zu bewahren. Während diese Pflicht der Banken in anderen Staaten gesetzlich geregelt ist, fehlt es an einer entsprechenden Regelung in Deutschland. Somit existiert auch kein Schutz durch das deutsche Strafrecht. Das Bankgeheimnis ergibt sich aus einer Nebenpflicht der rechtsgeschäftlichen Beziehung zwischen Kunde und Bank, die durch Nr. 2 Abs. 1 AGB-Banken konkretisiert wird.[50] Dieser besagt: „Die Bank ist zur Verschwiegenheit über alle kundenbezogenen Tatsachen und Wertungen verpflichtet, von denen sie Kenntnis erlangt (Bankgeheimnis). Informationen über den Kunden darf die Bank nur weitergeben, wenn gesetzliche Bestimmungen dies gebieten oder der Kunde eingewilligt hat, dass die Bank zur Erteilung einer Bankauskunft befugt ist." Mittlerweile ist allerdings auch in Deutschland das Bankgeheimnis im Rahmen des Gewohnheitsrechts geschützt.[51] 194

---

[47] Vgl. Moody's Investor Service, 2001.
[48] Vgl. Standard & Poor's, 2001.
[49] Vgl. *Hull*.
[50] Vgl. *Anders*, S. 7–20.
[51] Vgl. *Cahn*.

§ 19 5. Teil. Sonderthemen

195 Aus einer Verletzung des Bankgeheimnisses ergibt sich ein potenzieller Schadenersatzanspruch zugunsten des Geschädigten – des Kunden. Das Interesse der Bank ist es folglich, einen solchen Anspruch zu verhindern, weshalb sie Informationen über Kunden nur mit deren ausdrücklichem Einverständnis weitergeben wird oder falls dies gesetzliche Bestimmungen gebieten.[52] Die Ausführungen zeigen, dass das Bankgeheimnis die Interessen der Kunden schützt. Die Kehrseite ist jedoch, dass hierdurch die effiziente Gestaltung der Geschäftstätigkeit der Bank behindert wird.[53]

196 Das Bankgeheimnis stellt also einerseits eine Verkomplizierung der Geschäftsprozesse für die Bank dar, andererseits ist fraglich, wie die Entscheidung des Oberlandesgerichts Frankfurt am Main vom 24.5.2004 in Hinsicht auf die Abtretung von Forderungen zu werten ist – konkret wurde hier die Frage diskutiert, inwieweit das Bankgeheimnis ein Hindernis für die Abtretung von Forderungen darstellt.[54] Basierend auf der Tatsache, dass die Übertragung der Kredite auf die Zweckgesellschaft fundamental für die anschließende Verbriefung ist, soll der genannte Fall detaillierter beleuchtet werden. Im Anschluss wird erörtert, welche Implikationen dies für Distressed CLOs hat bzw. haben könnte.

197 Die Richter schlossen, dass aus dem Bankgeheimnis ein stillschweigendes Abtretungsverbot nach § 399 BGB abzuleiten sei. Die Bank dürfe entsprechend des Bankgeheimnisses nicht die für die Transaktion benötigten Informationen über den Schuldner weitergeben, wozu sie allerdings entsprechend § 402 BGB verpflichtet wäre, wenn sie sich dazu entscheidet, derartige Forderungen an einen anderen Gläubiger zu veräußern.[55]

198 Gegen diese Einschätzung wendete sich das Urteil im Fall LG Frankfurt, Az: 2-21 O 96/02. In diesem Verfahren hatte der Insolvenzverwalter Klage gegen die Schuldner erhoben und die Rückzahlung bestimmter Kredite gefordert. Die Richter urteilten, dass zwar das Bankgeheimnis verletzt worden, der Forderungsabtritt aber dennoch gültig sei. Dieses Urteil fand Unterstützung in einem weiteren Verfahren, in dem die Richter den Forderungsabtritt ebenfalls für rechtmäßig erachteten.[56]

199 Hervorzuheben ist, dass die beiden jüngeren Urteile den Forderungsabtritt für rechtmäßig erklärten. Dies kann jedoch nicht darüber hinwegtäuschen, dass keine höchstrichterliche Entscheidung vorliegt. Zudem verdeutlicht der aufgezeigte Verlauf, dass nicht mit Sicherheit darauf geschlossen werden kann, dass ein ähnlicher Fall mit ausreichender Wahrscheinlichkeit so entschieden wird wie die beiden zuletzt genannten Fälle. Es muss also weiter abgewartet werden, wie ähnlich gelagerte Fälle in Zukunft entschieden werden und ob die Richter einen Forderungsabtritt für rechtmäßig erachten oder der Ansicht folgen, dass das Bankgeheimnis ein stillschweigendes Abtretungsverbot gemäß § 399 BGB nach sich zieht und somit ein Forderungsabtritt nicht rechtmäßig erfolgen kann.

200 Positiv zu bewerten ist allerdings, dass zwar in Bezug auf Darlehen an Privatpersonen Uneinigkeit dahingehend, ob es ein Abtretungsverbot gibt, besteht, dies aber bei Unternehmenskrediten nicht der Fall ist. Bei Unternehmenskrediten, die im Rahmen einer Collateralized Loan Obligation verbrieft werden, kommt § 354a HGB zur Anwendung. Dieser definiert, dass, wenn zwei Kaufleute gemäß § 1 HGB eine Handelsbeziehung eingehen, ein Abtretungsverbot unwirksam ist.[57] Somit ist die Problematik eines potenziellen Abtretungsverbots im Bereich der Unternehmenskredite ausreichend geregelt.

---

[52] Vgl. *Aldenhoff/Kalisch*, S. 875–905.
[53] Vgl. *Cahn*.
[54] Vgl. *Aldenhoff/Kalisch*, S. 875–905.
[55] Vgl. *Cahn*.
[56] Vgl. LG Koblenz, Az 3 O 496/03.
[57] Vgl. *Aldenhoff/Kalisch*, S. 875–905.

§ 19 Distressed Investments

Es wäre allerdings nicht ausreichend, die Betrachtung an dieser Stelle zu beenden, da nicht nur ein potenzielles Abtretungsverbot problematische Implikationen für eine Verbriefung wie beispielsweise eine CLO haben kann. Durch das Bankgeheimnis können andere Handlungseinschränkungen entstehen, die bei Nichteinhaltung ebenfalls Schadenersatzansprüche nach sich ziehen können. In Hinsicht auf CLOs, die letztlich ABS-Transaktionen darstellen, ist das Rundschreiben 4/97 der Bundesanstalt für Finanzdienstleistungsaufsicht zu bedenken. Es definiert in Ziffer III die Datenweitergabe ohne Einwilligung des Schuldners dann für zulässig, sofern die Daten in verschlüsselter Form weitergegeben werden. Alternativ kann auch ein Datentreuhänder eingesetzt werden, der sich zur Verschwiegenheit erklärt. Diese Position wird z.B. von Rating-Agenturen, aber auch von Wirtschaftsprüfern eingenommen.

Kommt es zu einer Datenweitergabe, die das Bankgeheimnis verletzt, entscheidet die Abwägung der Interessen der Beteiligten, ob diese zu rechtfertigen ist.[58] Bei Wahrung des Bankgeheimnisses und in dem Fall, dass der Schuldner den Vertrag nicht erfüllt, da er insbesondere seiner Primärpflicht der Zahlungsverpflichtung nicht nachkommt, ist eine ordnungsgemäße Forderungsverwertung unter Umständen nicht möglich. Die Literatur schließt in einem solchen Fall, dass die Datenfreigabe zulässig ist.[59]

Abschließend bleibt festzuhalten, dass die Einhaltung des Bankgeheimnisses bei einer Distressed CLO folglich nur den Teil des Portfolios betrifft, dessen Ausfall droht, aber noch nicht tatsächlich erfolgt ist.

---

[58] Vgl. *Anders*, S. 7–20.
[59] Vgl. *Theewen*, S. 105–114.

§ 20 Interim: Management in der Krise und die Rolle des Chief Restructuring Officers (CRO)

Übersicht

	Rn.
I. Die Rolle des Managements bei der Krisenerkennung und -bewältigung	1–10
1. Die Verantwortung des Managements	1–5
2. Der Einsatz von Beratern zur Unterstützung des Managements	6
3. Die Verstärkung des Managements durch Krisenmanager	7–10
II. Festlegung der durchzuführenden Sanierungsmassnahmen	11–27
1. Erarbeitung des Sanierungsplans durch den Krisenmanager	11, 12
2. Die Umsetzung vorgegebener Sanierungskonzepte durch einen Interim-Manager	13–15
3. Entscheidungsregeln für die Auswahl des passenden Dienstleisters	16–27
III. Auswahl und Einsatz von Interim Managern	28–30
1. Bedarfsfälle und Dienstleistungsangebot	28
2. Rollenverteilung: Klient, Interim-Manager, Interim-Management Unternehmen	29, 30
IV. Ablauf eines Interim-Projekts	31–51
1. Projektphasen	31–40
a) Untersuchung der Aufgabenstellung und Erstellen eines Anforderungsprofils	31
b) Abstimmung des Anforderungsprofils mit dem Auftraggeber	32
c) Suche nach geeigneten Interim-Managern	33–35
d) Durchführung von Auswahlgesprächen und Auswahlkriterien	36, 37
e) Einholung ausführlicher Referenzen	38
f) Abstimmen von Auswahlgesprächen mit dem Auftraggeber	39
g) Erarbeitung eines Vertrages über Management- und Beratungsleistungen	40
2. Organisatorische und operative Einbindung des Interim-Managers im Unternehmen	41–45a
3. Betreuung und Kontrolle der Sanierungsmaßnahmen	46–49
a) Betreuung in der Einarbeitungsphase	46, 47
b) Betreuung und Überwachung des Managers während der Umsetzung	48, 49
4. Projektabschluss und Überleitung der Sanierungsverantwortung an das permanente Management	50, 51

I. Die Rolle des Managements bei der Krisenerkennung und -bewältigung

1. Die Verantwortung des Managements

1 Die **Geschäftsführung**/der **Vorstand** hat das Unternehmen nach Recht, Gesetz und Unternehmensstatuten sowie gemäß **Unternehmensstrategie** und **-zielsetzung** zu führen. Dabei tragen die Manager Verantwortung gegenüber **Shareholdern** (Aktionäre,

Gesellschafter, Inhaber) und **Stakeholdern** (Mitarbeiter, Gläubiger sowie tangierte öffentliche und gesellschaftliche Gruppen und Instanzen).

Die profitable Weiterentwicklung oder zumindest Sicherung des **Unternehmens** ist dabei von zentraler Bedeutung. Eine der wichtigsten operativen Aufgaben des Managements konzentriert sich demzufolge auf die jederzeitige und uneingeschränkte Sicherstellung der **Handlungs-** und **Zahlungsfähigkeit.** In der **Unternehmensstrategie** sowie in Langfristplanungen und Jahresbudgets werden dazu **Cashflow**- und Ergebnisziele, **Kreditlinien** und deren Ausschöpfung, die Inanspruchnahme von Kapitalmarktinstrumenten sowie die entsprechenden Bilanzrelationen vorgegeben. Professionell operierende Unternehmen planen zusätzlich ihre extern bewertete **Bonität** zur Optimierung von **Kreditbeschaffung** und -konditionen, börsennotierte Unternehmen den Aktienkurs zur Optimierung des Eigenkapitaleinsatzes und zur Vermeidung einer feindlichen Übernahme.

Krisen können die Umsetzung dieser Ziele beeinträchtigen oder unmöglich machen. Aufgabe des Managements ist daher auch, alle externen wie internen potenziell krisenerzeugenden Parameter laufend hinsichtlich einer möglichen **Krisengenese** im Auge zu behalten, unternehmerische **Risiken** sorgfältig zu bewerten, in wirtschaftlich vertretbarer Weise Sicherheitspolster vorzuhalten und organisatorische Vorkehrungen für den Krisenfall zu treffen.

Im Krisenfall wird das Management versuchen, die entstandenen Probleme schnellstmöglich und unter Minimierung von negativen Folgen für **Unternehmenswert** und **Bonität** zu bewältigen. Falls dies nicht möglich sein sollte, muss das Management trotzdem seine **Handlungsfreiheit** bewahren und die im Rahmen der **Insolvenzgesetzgebung** vorgeschriebenen **Fristen** und **Anmeldepflichten** einhalten. Vorab und auch parallel dazu muss laufend versucht werden, zusätzliches, die Handlungsmöglichkeiten steigerndes Kapital zu mobilisieren, den Aktionsrahmen des Managements möglicherweise beeinträchtigendes oder gar feindliches Kapital fernzuhalten sowie negative Begleiterscheinungen der Krise zu minimieren.

Ein kompetentes Management, das auch schwierige Situationen beherrscht und in der Lage ist, einen Grundstock von **Vertrauen** bei Gesellschaftern, Aufsichtsorganen, Mitarbeitern und Gläubigern aufrechtzuerhalten, kann also durchaus in jeder Phase der Krise handlungsfähig bleiben. Es wird sich lediglich gefallen lassen müssen, dass es in der Krise noch mehr als sonst hinsichtlich Geschäftspolitik, Entscheidungsprozessen, Bewertung unternehmerischer Risiken, Vorsorgemaßnahmen, Erkennen krisenauslösender Faktoren, Reaktionsgeschwindigkeit, Transparenz des Rechnungswesens, Qualität der **Führung** und Fähigkeit zum **Krisenmanagement** auf dem Prüfstand steht.

2. Der Einsatz von Beratern zur Unterstützung des Managements

Krisen bieten häufig einen Anlass zur Heranziehung von Beratern. Dabei werden überwiegend **Wirtschaftsprüfer, Rechtsanwälte, M&A-/Finanzierungs-Spezialisten** sowie **Unternehmensberater** eingeschaltet. Gemeinsam ist diesen Dienstleistern, dass sie das Management hinsichtlich der Analyse der **Krisenursachen** oder bei der Entwicklung von **Sanierungskonzepten** unterstützen. Ihre Aufgabe besteht also zunächst darin, vergangenheits-, gegenwarts- oder zukunftsorientierte **Erkenntnisprobleme** zu lösen. Mit Hilfe der von den Beratern generierten und zusammengestellten Fakten kann das Management die eigene Handlungsfähigkeit verbessern und zielorientierter gestalten. Im Rahmen der **Situationsanalyse** entsteht auch gleichzeitig **Transparenz** über den Beitrag des Managements zur Krisenentstehung. Je nach Schwere der aufgedeckten Defizite wird man in dieser Situation möglicherweise versuchen, zunächst mit den bestehenden Managern, die mit dem Unternehmen vertraut und in ihre Aufgaben eingearbeitet sind, die Krise zu meistern. „Don't change horses in the middle of the stream" heißt das dazu passende amerikanische Sprichwort. Eine wichtige Rolle spielen dabei auch die Kosten für eine Veränderung des Managements, da sowohl die **Freisetzung** vertraglich gebundener wie auch die Gewinnung neuer Manager speziell im Krisenfall mit erheblichen zusätzlichen Kosten und Zeitverlust verbunden sein kann.

3. Die Verstärkung des Managements durch Krisenmanager

7   In nicht seltenen Fällen führt der Prozess der Erkenntnisgewinnung aber auch dazu, dass das restliche **Vertrauen** in das vorhandene Management erlischt und der Ruf nach neuer Führung laut wird. Dies gilt insbesondere dann, wenn intern oder extern einzuleitende **Sanierungs**- oder **Krisenbewältigung**smaßnahmen nicht, nur unzureichend oder gar zu spät umgesetzt werden. Häufig stellt sich in dieser Situation auch heraus, dass in der Geschäftsführung zu sehr auf Tradition und überholte Erfolgskonzepte ausgerichtete Manager oder gar „Schönwetterkapitäne" agieren, deren **Managementrezepte** zur **Krisenbewältigung** nicht taugen. In diesem Fall stehen Gesellschafter oder Aufsichtsorgane vor einem gewaltigen **Umsetzungsproblem**.

8   Gleichzeitig ist es in dieser Phase jedoch sehr schwierig, geeignete und umsetzungsstarke Manager von außen zu gewinnen. In einer Krisensituation ist das Unternehmen sogar für durchaus wechselwillige Manager aus anderen Firmen nicht attraktiv. Die unsicheren zeitlichen und finanziellen Perspektiven des Krisenunternehmens und die Größe der zu bewältigenden Sanierungsaufgaben schrecken manchen Interessenten ab oder führen zu unangemessen hohen Anforderungen an die **Vergütung**. Dazu kommt der hohe **Zeitdruck**, der keine langen **Such**- und **Einarbeitungsphasen** gestattet. Schließlich stehen die für die **Personalentscheidung** zuständigen Gremien auch in einem sehr hohen Risiko: Wenn der zur Sanierung von außen hereingeholte Manager nicht sehr schnell und deutlich „einschlägt", wird wichtiges Vertrauenspotenzial bei Gläubigern und Mitarbeitern verspielt und es geht wertvolle Zeit verloren. Ein einziger **Besetzungsfehlschlag** in einer Krisensituation kann bereits die Krisenbewältigung vereiteln.

9   Reine Berater, egal von welcher fachlichen Ausrichtung, können derartige Umsetzungsprobleme eher nicht lösen, da sie qua Aufgabenverständnis und auch gemäß ihrem Erfahrungshintergrund eben auf die Beratung und nicht auf die Umsetzung spezialisiert sind. In diese Lücke hinein hat sich eine spezielle Dienstleistung entwickelt, das **Interim Management**. Diese auf die **Suche**, **Auswahl und Betreuung** von **Krisen- oder Sanierungsmanagern** ausgerichtete **Dienstleistung** hat sich seit etwa 1990 auf dem Weg über Großbritannien und die Niederlande auch in Deutschland etabliert.[1] Ihre Akteure bestehen einerseits aus erfahrenen **Linienmanagern**, die Krisen erfolgreich bewältigen können, und andererseits aus **Interim-Management-Anbietern**, die für einen gegebenen und von ihnen analysierten Bedarf die geeigneten Krisenmanager suchen, sie beim Klienten einbinden und während des Einsatzes betreuen. Die Interim-Manager übernehmen vor Ort Linienaufgaben, häufig in organschaftlicher Verantwortung. Sie leiten das in der Krise befindliche Unternehmen als „erster Mann" oder füllen wichtige, für den Erfolg von **Turnaround-Maßnahmen** kritische Funktionen wie Finanzen und Controlling aus.

10 Eine Auswertung von 84 Interim-Projekten eines reinen Interim-Unternehmens zeigt, dass rund 80 % der durchgeführten Projekte die operative oder finanzielle Gesamtleitung der Klienten zum Inhalt hatten. In diesen Fällen waren die Interim Manager als **Sanierer** oder **Chief Restructuring Officer** tätig.

---

[1] Vgl. *Kaufmann/Memminger* (Interim).

§ 20 Interim: Management in der Krise

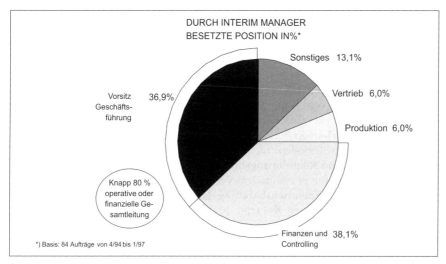

Abb. 1: Einsatzfelder von Interim-Managern[2]

II. Festlegung der durchzuführenden Sanierungsmassnahmen

1. Erarbeitung des Sanierungsplans durch den Krisenmanager

Vor Beginn eines Interim-Projekts existiert manchmal bereits eine von den finanzierenden Banken angeforderte Liquiditätsvorschau oder ein vom Unternehmen bzw. von externen Beratern erstellter **Sanierungsplan**. In vielen Fällen, insbesondere bei kurzfristig oder unvorhersehbar eingetretenen Krisen muss jedoch ein solcher erst einmal und so schnell wie möglich erarbeitet werden. 11

In vielen Krisensituationen besteht primär kein allzu großes Erkenntnisproblem, da die üblichen, häufig vorkommenden **Krisenursachen** vorliegen.[3] Ein erfahrener Manager, der sich analytisch, sachlich und ohne Scheu vor Tabus mit diesen Ursachen auseinander setzt, kann innerhalb von wenigen Tagen zusammen mit den Führungskräften sowie gegebenenfalls mit Unterstützung des Wirtschaftsprüfers, Steuerberaters oder Rechtsanwalts eine quantitative **Bestandsaufnahme** darstellen oder auf den neuesten Stand bringen. Aus dieser ergeben sich auch ohne größeren konzeptionellen Aufwand die kurzfristig durchzuführenden Maßnahmen.[4] Schwieriger ist die Erkenntnisgewinnung allerdings in den Fällen, in denen in komplexe, nicht auf den ersten Blick durchschaubzw. bewertbare Investmentvehikel investiert wurde, bei Investitionsvorhaben, die entgegen aller Erwartung noch nicht die erwarteten Rückflüsse generieren, bei Zahlungsverweigerungen von Schuldnern aufgrund nicht vorhergesehener Mängelrügen oder beim plötzlichen Ausfall von Kunden, Vertriebskanälen oder -regionen. Weiterhin ist die **Erkenntnisgewinnung** natürlich immer dann schwierig, wenn das bisherige Management die korrekte Abbildung der Unternehmensprozesse und -situation im Zahlenwerk vernachlässigt oder gar verschleiert hat. 12

---

[2] Interne Arbeitsunterlage der Mülder & Partner Interim Management GmbH aus einer Analyse von Projekten der Jahre 1994 bis 1997.
[3] Vgl. hierzu die grundlegenden Ausführungen in § 4 dieses Handbuchs.
[4] Vgl. hierzu ausführlich die §§ 7–15 dieses Handbuchs.

2. Die Umsetzung vorgegebener Sanierungskonzepte durch einen Interim-Manager

13 Leichter hat es der Interim-Manager natürlich dann, wenn bereits ein fundiertes **Sanierungskonzept** vorliegt. Er kann sich dann noch stärker und vor allem früher auf die eigentlichen Umsetzungsmaßnahmen konzentrieren. Ein guter Manager wird jedoch jedes Sanierungskonzept – sei es mit größter Akribie und Kenntnis der Ausgangssituation erarbeitet oder von der renommiertesten Unternehmensberatung erstellt – zunächst einmal auf seine **Umsetzbarkeit** überprüfen. Er muss es nicht nur überprüfen, hinterfragen und im Detail verstehen, sondern auch „verinnerlichen", d.h., es sich hinsichtlich Zielsetzung, Prioritäten und **Realisierungshorizont** ohne Abstriche zu Eigen machen.

14 In dieser Situation kann es von großem Vorteil sein, wenn bereits eine qualitativ hochwertig arbeitende **Unternehmensberatungsgesellschaft** im Unternehmen tätig war oder ist. Positiv ist, dass deren Konzepte häufig wesentlich besser analytisch fundiert, konzeptionell durchdacht sowie mit klareren Prioritäten versehen sind als interne Unterlagen aus krisengeschüttelten Unternehmen. Gerade das typische deutsche **Mittelstandsunternehmen** mit seiner knappen **Personaldecke** in der Verwaltung, seiner Fixierung auf den **Inhaber**, seiner häufig mehr auf **Verschleierung** der Erfolgszahlen als auf **Transparenz** ausgerichteten **Unternehmenskultur**, seiner meist zu starken Ausrichtung auf **Steuervermeidung** als auf **Chancenwahrnehmung** und seiner überwiegend geringen Durchdringung mit Strategen weist häufig keine quantitativ oder qualitativ ausreichenden internen Ressourcen für die Erstellung derartiger Pläne auf.

15 Aufpassen muss der Interim-Manager jedoch auch bei sehr sorgfältig durchdachten Sanierungskonzepten hinsichtlich der Zeitvorgaben und der geplanten Umsätze. Selbst der beste Berater unterschätzt gelegentlich die für die Umsetzung schwieriger Sanierungsmaßnahmen erforderlichen tatsächlichen Zeiträume. Auch hinsichtlich des Umsatzes wird der erfahrene Sanierer darauf achten, dass er nicht durch zu hohe Umsatzvorgaben in die Lage gerät, „seinen eigenen Plänen hinterherlaufen zu müssen", Ergebnisziele nicht zu erreichen und zu Projektbeginn an **Glaubwürdigkeit** einzubüßen. Er wird sich im Zweifel eher bei den internen Sanierungsmaßnahmen anspruchsvolle Ziele setzen und dafür beim Umsatz sehr zurückhaltend planen. Sanierungskonzepte, die überwiegend auf zusätzlichen Umsatzsteigerungen beruhen, sind erfahrungsgemäß selten erfolgreich.

3. Entscheidungsregeln für die Auswahl des passenden Dienstleisters

16 Falls in einer Krisensituation ein externer Dienstleister eingesetzt werden soll, stehen Geschäftsführung oder Aufsichtsgremien vor der Frage, ob ein eher erkenntnisorientierter Berater oder ein eher umsetzungsorientierter Interim-Manager eingesetzt werden soll.[5] Die Entscheidung hängt, wie bereits ausgeführt, primär von der Gewichtung zwischen den Polen Erkenntnis- oder Umsetzungsproblem ab.

17 Darüber hinaus ist ganz entscheidend, wie viel **Reaktionszeit** noch zur Verfügung steht. Für ein analytisch fundiertes Beratungsprojekt muss einschließlich der Umsetzung ein Zeitraum von drei bis sechs Monaten angesetzt werden. Steht dieser Zeitraum nicht zur Verfügung, bietet sich das umsetzungsorientiertere Interim Management an. Ähnliches gilt für den **Handlungsdruck**. Je höher dieser ist, je schneller die Lage des Unter-

---

[5] Vgl. *Kaufmann/Memminger* (FAZ).

nehmens ein Handeln oder Eingreifen erfordert, desto eher ist es geboten, ohne Umwege direkt einen Sanierungsmanager zu verpflichten.

Entscheidend ist vor allem die Qualität des im Krisenunternehmen vorhandenen Managements. Ist dieses trotz der eingetretenen Krise den Anforderungen gewachsen, bietet sich der Einsatz von Beratern zur Unterstützung an. Falls die **Durchgriffs bzw. Umsetzungsstärke des Managements** verbesserungsbedürftig ist, kann sie durch den Einsatz von Interim-Managern für klar umrissene **Sanierungsaufgaben** angereichert oder das Management gar ausgetauscht werden. Dies gilt insbesondere dann, wenn frühere Sanierungsmaßnahmen „aus dem Zeitplan gelaufen" oder faktisch bereits gescheitert sind.

Interim-Management bietet den Vorteil der schnelleren Umsetzung, stößt aber möglicherweise auf größere Widerstände im Unternehmen. In diesen Fällen muss sich insbesondere ein den Einsatz von Interim Management befürwortender Fremdkapitalgeber bei Gesellschaften mit beschränkter Haftung sehr vorsichtig bewegen, damit er nicht in den Anschein einer **faktischen Geschäftsführung** gerät.[6] Wenn beispielsweise eine Bank von der **Sanierungswürdigkeit** und **-fähigkeit** eines Kreditnehmers überzeugt ist, wird sie jedoch in Zusammenarbeit mit einem erfahrenen und umsichtigen **Interim-Management-Spezialisten** Wege finden, zaudernde oder defensive Geschäftsführer bzw. Aufsichtsgremien zur Kooperation zu motivieren.

Die Vor- und Nachteile aus der Sicht eines überschuldeten Unternehmens sind in Krisensituationen häufig spiegelbildlich zur Sicht der finanzierenden Banken: Beim Einsatz von Interim Managern kann speziell bei stark inhabergeprägten Familienunternehmen Besorgnis hinsichtlich einer Verringerung der Einflussmöglichkeiten der Eigentümer, des Eingriffs in Kompetenzen oder gar in Richtung von Veränderungen auch gegen den Willen der Beteiligten auftreten. Diese Sorgen sind nicht unbegründet, da ein erfahrener Krisenmanager im Extremfall auch die Interessen von Geschäftsführern oder Gesellschaftern auf das Gelingen der **Sanierung** anpassen und sich nicht selten sogar gegen diese durchsetzen muss. Durchsetzen muss er sich bezüglich der von ihm als richtig und notwendig erkannten Maßnahmen vor allem in der firmeninternen Diskussion und in der täglichen Zusammenarbeit. Falls keine Kooperation oder gemeinsam speziell mit den Gesellschaftern getragene Maßnahmen durchführbar sind, kann dies zum Rücktritt des Interim- Managers von seiner Aufgabe und zum Scheitern der Sanierung führen.

Häufig klappt jedoch die Zusammenarbeit mit dem **Sanierungsmanager** nach einigen Tagen der Einarbeitung gut, weil ein umsetzungsorientierter und krisenerfahrener Manager als **„Praktiker"** schnellere Akzeptanz findet als mancher eher konzeptionell oder theoretisch ausgerichtete Berater.

Es bleibt an der Stelle die Frage, ob eventuell persönlich bekannte selbständige Berater oder Manager mit dem Nimbus des „Einzelkämpfers" beauftragt werden sollen oder professionelle Beratungs- oder Interim-Management-Firmen.

Die **Einzelberater**, von denen es alleine in Deutschland einige Tausend mit unterschiedlichster Ausrichtung gibt, muss sich jeder potenzielle Auftraggeber dahingehend ansehen, ob sie eher analytisch oder eher umsetzend und operativ ausgerichtet sind. Mit der Anbindung an eine einzelne Person geht der Auftraggeber ein höheres **Qualitäts- und Ausfallrisiko** ein. Wenn die Eignung des Einzelberaters für die gegebene Aufgabe nicht passt, wenn sich die Gewichtung der Erkenntnisgewinnungs- zu den Umsetzungsaufgaben im Projektablauf verschieben, sollte, kann sich die **Auswahlentscheidung** für einen Einzelberater als problematisch erweisen.

---

[6] Vgl. § 32a GmbH-Gesetz.

Die meisten Einzelberater bieten ihre Leistungen in einem Schnittfeld zwischen der reinen Unternehmens- und der reinen Personalberatung an.

23 Insbesondere Banken gehen mit der Empfehlung von Einzelberatern ein höheres Risiko hinsichtlich einer **faktischen Geschäftsführung** ein. Dies gilt besonders dann, wenn der Einzelberater in Unkenntnis der rechtlichen Fußangeln beim Krisenunternehmen als Beauftragter oder gar **Vollstrecker** der Bank auftritt und seine Autorität zu deutlich vom Durchsetzungspotenzial einer Bank ableitet. Äußerst problematisch ist, wenn ein einzelner Manager/Berater über längere Zeit exklusiv oder überwiegend mit einer einzigen Bank zusammenarbeitet oder von dieser den überwiegenden Teil seines Einkommens bezieht.[7]

24 Risikoloser und vor allem höhere Qualität, Stabilität und Ausfallsicherheit versprechend ist in jedem Fall die Einschaltung professioneller **Dienstleister**.[8] Im Krisenfall kann der Auftraggeber – Geschäftsführung, Gesellschafter, Aufsichts- oder Beiräte oder **Initiator** eines Projekts – Banken, Rechtsanwälte oder Wirtschaftsprüfer je nach Problemstellung auf ein auf Krisenberatung spezialisiertes Beratungsunternehmen, ein Beratungsunternehmen, deren Führungskräfte sowohl als Berater als auch als Manager agieren können oder ein in der **Suche, Auswahl oder Vermittlung** von **Interim-Managern** tätiges Unternehmen zurückgreifen.

25 Da Dienstleistungen bei Vorhandensein entsprechend qualifizierten Personals meist schnell an die konkrete Bedarfssituation angepaßt werden können, sind die Grenzen zwischen den drei Beratungsformen fließend. Der potenzielle Auftraggeber muß sich jedoch in jedem Fall darüber Klarheit verschaffen, ob er eher Beratungsleistungen oder operative, auf das Tagesgeschäft ausgerichtete Umsetzungsunterstützung einkaufen möchte. Falls er diese Auswahlentscheidung nicht eindeutig und zielsicher treffen kann, liegt die Beauftragung eines für beide Sanierungsstrategien qualifizierten Anbieters nahe.

26 Die auf Interim-Management spezialisierten Firmen sind häufig Tochtergesellschaften von Personalberatern. Bei ihnen überwiegt der Personalberatungscharakter der Arbeit, d.h. die breite Suche, die kompetente Auswahl und der zielgerichtete Einsatz von Managern, die nach einer vorgegebenen Spezifikation hinsichtlich **Branchen-, Management- und Sanierungserfahrung** für den Einzelfall ausgesucht werden. Einige dieser Firmen haben einzelne Berater fest angestellt, die parallel zum Beginn der Linienarbeit des Interim-Managers eine **Bestandsaufnahme** durchführen können.

27 Die von den Interim-Management-Anbietern eingesetzten Manager sind entweder Spezialisten für krisenentscheidenden Funktionen oder General Manager mit sehr breiter Erfahrung bis in die höchsten Managementebenen von Großunternehmen, die gezielt für die operative Leitung von kriselnden Unternehmen oder für sehr komplexe, hoch angesiedelte Restrukturierungsaufgaben einsetzbar sind.[9]

III. Auswahl und Einsatz von Interim Managern

1. Bedarfsfälle und Dienstleistungsangebot

28 Der Kern der Tätigkeit eines Interim-Management-Unternehmens ist es, die von potenziellen Auftraggebern nachgefragten Aufgaben zu durchleuchten, zu hinterfragen und

---

[7] Vgl. zur Stellung der Banken in der Krise § 3.
[8] Vgl. *Kaufmann*, 1 ff.
[9] Vgl. o.V. (Interim Manager), 98 ff.

§ 20 Interim: Management in der Krise

daraus die Anforderungen an den „idealen" Interim-Manager zu definieren. Die typischen Einsatzfälle reichen von der kurzfristigen **Besetzung von Vakanzen** bis zur **Neuausrichtung** von Unternehmen.

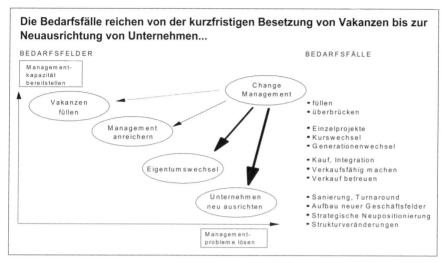

Abb. 2: Anwendungsfälle für Interim-Management

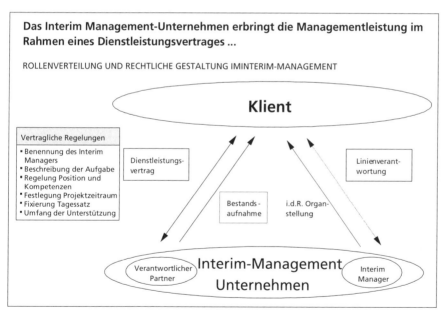

Abb. 3: Rollenverteilung und rechtliche Gestaltung im Interim-Management[10]

---

[10] Interne Arbeitsunterlagen der Mülder & Partner Interim Management GmbH.

2. Rollenverteilung: Klient, Interim-Manager, Interim-Management Unternehmen

29 Zur Durchführung eines Interim-Management-Projekts wird in der Regel ein **Dienstleistungsvertrag** zwischen Interim-Management-Gesellschaft und Klient geschlossen. In diesem Vertrag werden die durchzuführende Aufgabe und die gegenseitigen Rechte und Pflichten festgeschrieben. Der Interim-Manager tritt im Unternehmen im Namen des Interim-Unternehmens auf und steht in keinem direkten Vertragsverhältnis zum Klienten. Falls er im Management des Klienten eine Aufgabe mit Organstellung übernimmt, herrscht zwischen beiden Seiten eine Rechtsbeziehung aus der **Organstellung**. Die Beziehung zwischen Interim-Unternehmen und Manager ist während der gesamten Laufzeit durch einen **projektbegleitenden Vertrag** geregelt.

30 Der entscheidende Faktor für den Erfolg eines Interim-Projekts ist der vor Ort tätige Interim-Manager. Damit der im Hinblick auf fachliche Eignung, berufliche Erfahrung und auch persönliche Affinität zum Auftraggeber am besten passende und den größten **Veränderungserfolg** versprechende Manager für eine Interim-Aufgabe gefunden werden kann, ist ein im Folgenden beschriebener **Such- und Auswahlprozess** erforderlich.

IV. Ablauf eines Interim-Projekts

1. Projektphasen

31 a) **Untersuchung der Aufgabenstellung und Erstellen eines Anforderungsprofils.** Die Untersuchung der von einem Interim-Manager umzusetzenden **Aufgabenstellung** erfolgt idealerweise vor Ort bei dem Klienten. Dies gibt dem Berater des Interim-Unternehmens die Möglichkeit, die handelnden Personen – Auftraggeber, zukünftige Kollegen des Interim-Managers auf der gleichen Ebene sowie, falls bereits zu diesem Zeitpunkt möglich, die zukünftigen wichtigsten Mitarbeiter – kennen zu lernen und die „Chemie" des Umfelds zu erfassen. Darüber hinaus ergibt sich in der Regel Gelegenheit, Produktion, Werksanlagen und sonstige physische **Infrastruktur** des Auftraggebers kennen zu lernen.

32 b) **Abstimmung des Anforderungsprofils mit dem Auftraggeber.** Das **Anforderungsprofil** wird schriftlich erstellt und mit dem Auftraggeber abgestimmt. Dabei fließen die Erfahrungen des Interim-Unternehmens hinsichtlich der Verfügbarkeit von Interim-Managern für die beschriebene Aufgabe und im Hinblick auf die zur Bewältigung der Aufgabe einzuschlagenden Vorgehensweisen und Maßnahmen ein.

33 c) **Suche nach geeigneten Interim-Managern.** Die Suche erfolgt auf Basis des bei dem Interim-Management Unternehmen über viele Jahre aufgebauten Datenpotenzials über diejenigen Manager, die für Interim-Management Interesse zeigen. Besonderes Augenmerk liegt auf den Managern, die bereits in der Vergangenheit Projekte erfolgreich durchgeführt haben und längere Zeit als Interim-Manager tätig waren.

34 Auch in sehr schwierigen und hochspezialisierten Suchen, teilweise auch in „engen Märkten" mit nur wenigen **Know-how-Trägern**, sind professionelle Interim-Unternehmen in der Lage, einen geeigneten und an der Übernahme einer Position auf zeitlich befristeter Basis interessierten Manager zu finden.

35 Da eine derart spezialisierte Suche häufig auch die Untersuchung des Arbeitsmarktes auf verfügbare Manager, die noch nicht mit dem Interim-Unternehmen in Kontakt ste-

hen, beinhaltet, sind die erfolgreichen Interim-Management-Anbieter in Deutschland überwiegend Tochtergesellschaften großer **Executive Search**- bzw. **Personalberatungsgesellschaften**.

d) Durchführung von Auswahlgesprächen und Auswahlkriterien. Sofern die aus der Suche resultierenden Personen noch nicht persönlich oder aus gemeinsamer Projektarbeit bekannt sind, werden Einzelinterviews durchgeführt.

Im Auswahlgespräch wird besonders die Eignung zum Interim-Manager überprüft. Im Vordergrund stehen dabei Fragen zur personenbezogenen **Bedürfnisstruktur** (Möchte er etwas „sein" oder etwas „bewegen?"), zur **Veränderungsorientierung**, zur geistigen und persönlichen Unabhängigkeit und zur persönlichen Stabilität.

Wichtigstes Kriterium für die erfolgreiche Bewältigung eines Interim-Management-Projektes ist die **„Überqualifikation"** für die jeweilige Aufgabe. Das bedeutet, dass der Interim-Manager ähnliche Fälle bei größer dimensionierten Unternehmen bereits mehrmals erfolgreich gelöst hat. Die übliche Einarbeitungszeit verkürzt sich dadurch deutlich. Dies ist von besonderer Bedeutung, da der akute Handlungszwang in Krisenfällen keine längere **Einarbeitungszeit** zulässt. Nach maximal einer Woche muss der Interim-Manager in groben Zügen Klarheit über die Situation haben und erste Entscheidungen fällen.

e) Einholung ausführlicher Referenzen. Für die in die engere Wahl kommenden Manager werden nach einheitlichen Kriterien aufgebaute und für den Quervergleich geeignete **Profile** erstellt. Parallel dazu werden die wichtigsten Stellen des Lebenslaufs, diejenigen Phasen, in denen der Manager am meisten bewegt oder verändert hat, durch **Referenzgespräche** überprüft.

Abb. 4: Auswahlkriterien für Interim-Manager[11]

f) Abstimmen von Auswahlgesprächen mit dem Auftraggeber. Der Auftraggeber erhält die schriftlichen **Manager-Profile**. Auf deren Basis werden Auswahlinterviews mit dem Auftraggeber organisiert. Der Berater moderiert diese Gespräche, fertigt

---

[11] Interne Arbeitsunterlage der Mülder & Partner Interim-Management GmbH.

Gesprächsprotokolle an und berät den Auftraggeber anschließend bezüglich der Auswahl des Managers, der Strukturierung von Aufgabe und eigentlichem Interim-Management-Projekt sowie hinsichtlich der Vertragsgestaltung.

40 **g) Erarbeitung eines Vertrages über Management- und Beratungsleistungen.** Nach der Auswahl eines Managers für ein definiertes Projekt erstellt das Interim-Unternehmen einen Vorschlag für einen Vertrag, der den Einsatz des Interim- Managers im Unternehmen des Auftraggebers regelt. In diesem Vertrag wird die Aufgabenstellung dokumentiert und die Funktion, Rolle, Einpassung in die Organisation und die **Berichtswege** des Interim-Managers festgeschrieben.

2. Organisatorische und operative Einbindung des Interim-Managers im Unternehmen

41 Der besondere Schwerpunkt beim Einsatz eines Interim-Managers liegt, wie bereits erwähnt, in der **Umsetzung**. Der Interim-Manager wird in die täglichen **operativen Entscheidungen** im Unternehmen eingebunden mit vorher definierten **Kompetenzen** und **Verantwortlichkeiten** in einer **Führungsrolle** als Vorstand, Geschäftsführer, Handlungsbevollmächtigter oder Leiter von Einzelprojekten.

42 Ein häufiges Problem stellt besonders bei inhabergeführten mittelständischen Unternehmen die Beziehung und **Aufgabenverteilung** des Interim-Managers zu dem **Geschäftsführenden Gesellschafter** dar. Gerade in der Anfangsphase ist damit zu rechnen, dass der Geschäftsführer oder Geschäftsführende Gesellschafter sich entweder aus Machtstreben oder aus alter Gewohnheit nicht an die Neudefinition seiner Kompetenzen hält und sich in verschiedenster Art und Weise in die Zuständigkeiten des Interim-Managers einmischt. Diese Machtspiele können schon zu Beginn eines Projektes den zukünftigen Erfolg gefährden, indem wichtige Entscheidungen durch das Veto eines Geschäftsführers blockiert werden.

43 Ein weiteres nicht zu unterschätzendes Problem ist der **Loyalitätskonflikt**, in den die Mitarbeiter durch diesen **Machtkampf** gestürzt werden. Da der Interim-Manager nur für einen befristeten Zeitraum im Unternehmen verbleibt, wird es im Normalfall keiner der Mitarbeiter wagen, sich gegen den Willen des alten Geschäftsführers auf die Seite des Interim-Managers zu schlagen. Die dadurch fehlende Unterstützung in breiten Teilen des Unternehmens würde den **Sanierungserfolg** ernsthaft gefährden.

44 Um dieses in einer Krise häufig vorkommende **Führungsvakuum** durch gegenseitige **Blockade** nicht noch zusätzlich zu vergrößern und in möglichst kurzer Zeit wieder reaktionsfähig zu werden, ist es also von entscheidender Bedeutung, die **Rollenverteilung** von Beginn an klar zu kommunizieren und auf strenge Einhaltung zu drängen. Dabei sind abhängig vom Einzelfall unterschiedliche Verteilungen möglich.

45 Eine Möglichkeit der Aufteilung besteht in einer Trennung nach jeweiligen Aufgabengebieten. Die Stärken des alten Geschäftsführers liegen häufig in einer exzellenten Kenntnis der Produkte sowie einer langjährigen Beziehung zu den wichtigsten Kunden. Sind die Aufgaben des Interim-Managers stärker auf die Überprüfung organisatorischer Abläufe oder Anpassung der **Kostenstruktur** gerichtet, ergibt sich die Verteilung fast schon von allein. Während der alte Geschäftsführer mit ganzer Kraft versuchen soll, die gerade in Krisenzeiten so wichtigen Kundenkontakte zu stabilisieren und Vertrauen bei den Lieferanten zu schaffen, kann sich der Interim-Manager auf die Erledigung der internen Themen konzentrieren. Im Hinblick auf die Konditionengestaltung neuer Aufträge muß er sich jedoch ein Kontroll- und Widerspruchsrecht vorbehalten, damit die

Sanierung nicht durch nicht kostendeckende oder den Finanzierungsrahmen übersteigende Vertragsabschlüsse unterlaufen wird.

In den letzten Jahren ist für die Tätigkeit des Interim Managers die Bezeichnung **Chief Restructuring Officer (CRO)** immer populärer geworden, da sie sich an den angloamerikanischen Sprachgebrauch des „C-Levels" für die Funktionen auf der obersten Managementebene eines Unternehmens (CEO, CFO, COO, CIO etc.) anlehnt. Diese Bezeichnung, so schön wie sie klingt, kann aber den Begriff des Interim Managers nicht eindeutig ersetzten, weil die Funktion des CROs sowohl von einem internen, permanent im Unternehmen angestellten Mitarbeiter auf Projektbasis als auch von einem von außen kommenden nur für den definierten Zeitraum im Unternehmen tätigen Fachmann ausgefüllt werden kann. Weiterhin könnte die Rolle eines CRO von einem temporär mit der Leitung eines Teams auf Basis einer funktionalen oder „dotted-line" Führungsverantwortung ausgefüllt werden, während das Wesen des Interim Managements sehr viel deutlicher im Linienmanagement mit klarer operativer oder „straight-line" Führungsverantwortung liegt.

45a

3. Betreuung und Kontrolle der Sanierungsmaßnahmen

a) Betreuung in der Einarbeitungsphase. Erfahrene Interim-Manager können relativ schnell definieren, welche krisenverursachenden Produkte, Werke, Strukturen oder Prozesse verändert und welche **Sanierungsmaßnahmen** ergriffen werden müssen. Gleichzeitig sind sie zu Beginn mit einer Fülle von Aufgaben belastet, wie z.B. dem täglichen Kontakt mit den operativen Entscheidungsträgern und Abläufen, intensiven Gesprächen mit den Mitarbeitern der ersten und zweiten Führungsebenen sowie ausführlichen Informations- und Abstimmungsgesprächen mit dem Betriebsrat über die aktuelle Situation und die weitere Vorgehensweise. Parallel dazu ist der Interim-Manager gefordert, die Kommunikation mit Kunden, Lieferanten und Kreditgebern aufrecht zu erhalten, um verloren gegangenes Vertrauen wiederaufzubauen.

46

In dieser Situation kann es für den Interim-Manager aus zeitlichen Gründen schwer werden, zusätzlich eine Reihe von sehr komplexen Aufgaben zur Erstellung eines **Sanierungskonzeptes** zu übernehmen. Interim-Management-Unternehmen halten deshalb häufig auf Sanierungsfälle spezialisierte Berater vor, die bei Bedarf eingesetzt werden können, um die Interim-Manager bei der Zahlengenerierung und -kontrolle zu unterstützen und eventuell bereits bestehende Konzepte in die konkrete Umsetzung zu bringen. Dadurch wird im Bedarfsfall gewährleistet, dass sich der Interim-Manager auf die effektive **Durchsetzung** der **Veränderungsmaßnahmen** im Tagesgeschäft konzentrieren kann.

47

b) Betreuung und Überwachung des Managers während der Umsetzung. Der Berater, der den Such- und Auswahlprozess betreut hat, leitet in der Regel ebenfalls die Bestandsaufnahme und betreut das Interim-Management-Projekt während seiner gesamten Laufzeit. Dabei steht er dem Auftraggeber und Klienten für alle mit dem Projekt zusammenhängenden Fragestellungen zur Verfügung. Dies schließt die Teilnahme an wichtigen **Projektsitzungen**, **Fortschrittskontrollen** und **Lenkungsausschusssitzungen** ein. Der Interim-Manager berichtet dem projektbetreuenden Berater mindestens einmal monatlich schriftlich über den **Projektfortschritt**.

48

Interim-Manager, die bis zur Erledigung einer bestimmten Aufgabe von außen in ein Unternehmen geholt werden, besitzen gegenüber fest angestellten oder lange im Unternehmen verwurzelten Managern eine Reihe von Vorteilen. Da ein Interim- Manager

49

keine „Vergangenheit" im Unternehmen besitzt, kann er sämtliche Entscheidungen pragmatisch und objektiv fällen, ohne dabei primär und allzusehr Rücksicht auf **frühere Entscheidungen, gewachsene Strukturen** oder alte „**Seilschaften**" nehmen zu müssen. Des Weiteren hat er auch nicht den Zwang, Zugeständnisse bei den erforderlichen Sanierungsmaßnahmen im Hinblick auf eine möglicherweise anstehende Verlängerung seines nächsten Dienstvertrages zu machen, wie es häufig bei fest angestellten Managern der Fall ist. Er hat darüber hinaus auch ganz andere Möglichkeiten, **unpopuläre Maßnahmen** in einem Umfeld durchzusetzen, in dem die alte Geschäftsführung naturgemäß sehr stark verwurzelt ist. Seit langem erforderliche **Personalanpassungsmaßnahmen** scheitern beispielsweise häufig an dem angeblichen **Gesichtsverlust** des Gesellschafters in der Region oder an jahrelang persönlich gewachsenen Beziehungen. Die häufig angetroffene Situation, dass sich im Gesellschafterkreis von Personengesellschaften verschiedene **Familienstämme** gegenseitig blockieren und neutralisieren, kann ebenso durch einen externen und unvoreingenommenen Manager, der das **Vertrauen** aller Beteiligten gleichermaßen besitzt oder sich erarbeitet, vermieden werden.

4. Projektabschluss und Überleitung der Sanierungsverantwortung an das permanente Management

50 Der dauerhafte Erfolg sollte durch eine systematische Übergabe der Verantwortung und gegebenenfalls weitere Begleitung im Aufsichts- oder Beirat sichergestellt werden. Die Übergabe an das alte oder neue permanente Management erfolgt, sobald die eigentliche Restrukturierungsaufgabe gelöst ist.

51 Parallel zur letzten Phase der Sanierung rückt die systematische Vorbereitung der Dauerlösung und die Erarbeitung einer langfristig tragbaren Strategie immer stärker in den Vordergrund. Der Interim-Manager bereitet die Übergabe der Managementverantwortung dabei stufenweise vor. Häufiger Bestandteil einer Übergabe ist ein schriftlicher **Abschlussbericht** als **Erfolgsnachweis** der geleisteten Arbeit und Basis für die **Weiterführung** durch das neue oder alte Management.

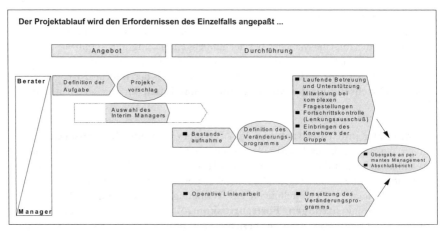

Abb. 5: Schematische Darstellung des Projektablaufs[12]

---

[12] Interne Arbeitsunterlage der Mülder & Partner Interim-Management GmbH.

§ 21 Private Equity in der Restrukturierung

Übersicht

	Rn.
I. Einführung	1–14
II. Entscheidungsgrundlage	15, 16
III. Sourcing	17–19
IV. Due Dilligence	20–28
V. Restrukturierungskonzept und Kaufpreisangebot	29–31
VI. Umsetzungsphase	32, 33
VII. Exitvorbereitung und -sicherung	34–43
VIII. Zusammenfassung	44, 45

I. Einführung

Private Equity steht nun schon seit einigen Jahren Unternehmen in der Krise (Sanierungsfälle) als Finanzierungsinstrument in Deutschland zur Verfügung[1]. Diese Finanzierungsform hat keine einheitliche Definition. Vielmehr ist das Private Equity eine Sammelbezeichnung für alle Formen der Unternehmensfinanzierung mit Eigenkapital, das Unternehmen über nicht öffentlich zugängliche Kapitalmärkte, wie z.B. Börsen, zur Verfügung gestellt wird. Damit ersetzen Private Equity Transaktionen für Mittelständler oft nicht vorhandene oder schwer zugängliche Kapitalmarktfinanzierungen. Hierbei ist es unerheblich, ob es sich um private oder öffentlich an einem Kapitalmarkt notierte Unternehmen handelt, da sich Private Equity Investoren zunehmend auch an börsennotierten Gesellschaften beteiligen oder diese gar übernehmen. **1**

Das den Unternehmen zur Verfügung gestellte Eigenkapital wird je nach Ausprägung des Finanzierungsgebers für einen begrenzten Zeitraum von typischerweise bis zu sieben Jahren investiert. **2**

Der Schwerpunkt des Private Equity liegt bei Eigenkapitalfinanzierungen von wirtschaftlich gesunden Groß- und Mittelständischen Unternehmen in Form von Wachstumsfinanzierungen und Management-Buy-Outs. Dagegen wird die Eigenkapitalfinanzierung von Unternehmensgründungen (start-ups) oder Kleinunternehmen typischerweise unter dem Begriff des „Venture Capital" subsummiert. Damit handelt es sich beim Venture Capital um auf eine Unternehmensphase spezialisierte Form des Private Equity. **3**

Laut dem BVK Bundesverband Deutscher Kapitalbeteiligungsgesellschaften[2] wurden im Jahre 2012 von rund 190 in Deutschland registrierten Beteiligungsgesellschaften Eigenkapital-Investitionen in Höhe von € 5,1 Mrd. in 1291 Unternehmen getätigt. Das **4**

---

[1] Mit der CMP Capital Management Partners GmbH, Berlin wurde im November 2000 die erste Fonds-basierte Private Equity Gesellschaft für Restrukturierungsfälle in Deutschland gegründet.

[2] BVK Statistik 2012. Der BVK erfasst die Aktivitäten von rund 190 in Deutschland tätigen Beteiligungsgesellschaften auf Einzeltransaktionsmeldung und berücksichtigt ausschließlich deren Eigenkapital- und eigenkapitalähnlichen Investitionen. Unberücksichtigt bleiben alle Mittel Dritter und Fremdkapitalfinanzierungen.

§ 21   5. Teil. Sonderthemen

Gesamtportfolio mit Private Equity finanzierten Unternehmen stieg damit auf € 42 Mrd. in 5810 Unternehmen. Bei den Investitionen dominieren Buy-Out-Finanzierungen mit 78 % und Wachstumsfinanzierungen mit 12 %, gefolgt von Start-up/Venture Capital Finanzierungen mit 9 %. Investitionen in Turnarounds oder Krisenunternehmen gibt der BVK mit € 8 Mio. bei 9 Unternehmen an. In der BVK Statistik wird dieser Bereich mit 1 % geführt. Nach eigenen Schätzungen des Autors werden tatsächlich im Turnaround-Bereich Eigenkapital-Investitionen in Höhe von etwa € 100 Mio. bis € 200 Mio. in 10 bis 20 Krisenunternehmen pro Jahr getätigt und damit ein Marktanteil von etwa 2 % bis 4 % erreicht.

5   Die Branchen mit den höchsten Investitionen waren Konsumgüter/Handel mit 28 % gefolgt von Industriegütern mit 25 %, Life Sciences mit 18 % und der Kommunikations- und IT Branche mit 14 %. An der Spitze der Bundesländer mit den höchsten Investitionen stehen Bayern mit 19 %, Nordrhein-Westfalen mit 18 % und Baden-Württemberg mit 17 %.

6   Private Equity ist in Deutschland ein Thema des Mittelstandes. 94 % der Beteiligungsgesellschaften investierten in mittelständische Unternehmen mit Umsätzen von bis € 100 Mio. 87 % der Beteiligungsgesellschaften setzen ihren Fokus auf Transaktionsvolumen von bis zu € 50 Mio[3].

7   Die Gründe für die Aufnahme von Beteiligungskapital in ein Unternehmen sind vielfältig. Vorherrschend ist nach wie vor die Motivation, zukünftiges Wachstum zu finanzieren. Auch die Regelung eines Gesellschafterwechsels bzw. der Nachfolge ist ein Grund, Finanzinvestoren anzusprechen. Dennoch stagnieren die klassischen Beteiligungsphasen „Buy-Out-", und „Wachstums"-Finanzierungen auf hohem Niveau. Zunehmend gefragt sind Minderheitsbeteiligungen sowie Frühphasen- und auch Turnaround-Finanzierungen.

8   Gerade hier, bei Unternehmen in der Krise, haben sich mittlerweile Beteiligungsgesellschaften organisiert, die sich insbesondere oder auch ausschließlich auf diese besondere Situation und Unternehmensphase der Rekapitalisierung und Restrukturierung spezialisieren. Mit den sich auf diesen Investitionsfokus ausgerichteten Beteiligungsgesellschaften wie Adcuram, CMP Capital Management-Partners, Orlando und Perusa stehen mehrere namhafte und durch Fondstrukturen etablierte, kapitalkräftige Investoren dem Markt zur Verfügung.

9   Auch wenn sich die Zahl der in diesem Segment tätigen Investoren in Deutschland in den vergangenen Jahren konstant vergrößert hat, bleibt diese Finanzierungsform aufgrund ihrer hohen Komplexität, des notwendigen Wissens und Erfahrung über Restrukturierung und Unternehmensführung von Unternehmen in der Krise und ihres außerordentlich hohen Ausfallrisikos eine Nische.

10 Über die Anforderungen an den Auswahlprozess und die Rolle der Eigenkapitalgeber in der Restrukturierung soll der folgende Text Aufschluss geben.

11 Grundsätzlich sollte man davon ausgehen, dass Investoren, die sich auf der Suche nach attraktiven Anlageobjekten für ihr Kapital befinden, kein Eigenkapital in Unternehmen investieren, die sich in der Krise befinden. Sie sind in der Regel nicht mit dem Unternehmen und seinen externen Rahmenbedingungen vertraut und kennen oftmals nicht die Industrie, in der sich das Unternehmen bewegt. Dennoch kann es Situationen und Ausnahmen geben, in denen die Bereitstellung von neuem Eigenkapital eine attraktive und sinnvolle Investition darstellen kann: Soweit sich das Unternehmen durch ein singuläres und einzugrenzendes Ereignis, durch eine finanzielle Fehlinvestition oder auch

---

[3] Rödl & Partner, Die deutsche Beteiligungsbranche 2012.

durch deutliche Inkompetenzen des Managements in die Krise hineinbewegt hat, kann die Investition von neuem Eigenkapital zur Überwindung der Krise führen.

Beteiligungskapital wird in solchen Situationen jedoch nicht ohne neue Managementkapazitäten zur Verfügung gestellt. Es ist üblich, dass der Investor gemeinsam mit seinem Kapital eigenes Management und/oder auch Berater in das Unternehmen entsendet, um die erforderlichen Restrukturierungsmaßnahmen umzusetzen. Auch vor dem Hintergrund, Mitarbeitern des Unternehmens deutlich zu signalisieren, dass mit einer neuen Führung auch neue Wege eingeschlagen werden, ist dies unabdingbar. 12

Restrukturierungsfälle lassen sich hierbei grundsätzlich in zwei Formen unterscheiden, wobei in der Praxis natürlich Vermischungen dieser beiden Formen auftreten. Der erste und attraktivste Krisenfall für den Investor ist der, der sich mit Kapital beheben lässt, also ein Unternehmen mit einem operativen gesunden Geschäft und einer schlechten Bilanz. Sei es ausgelöst durch eine große Fehlinvestition und den damit einhergehenden hohen Fremdkapitalverbindlichkeiten oder anderen singulären Markt, Produkt oder Wettbewerbsaspekten. Diese Krisenfälle können mit neuem Eigenkapital schnell und leicht gelöst werden. Die Aufgabe des Investors beschränkt sich auf die Rekapitalisierung und gegebenenfalls Reduzierung von Verbindlichkeiten sowie die Fortführung des operativen Geschäftes. So wünschenswert diese Fälle auch sind, so selten sind diese in der Praxis anzutreffen, so dass hierauf keine Geschäftsstrategie hin aufgebaut werden kann. 13

Der andere Fall sind Krisenunternehmen mit einem langjährigen Missmanagement, verursacht durch Inkompetenz oder vielfach verspätet erfolgten Generationswechsel. Eine einfache Kapitalzuführung ist hier nicht ausreichend, um das Unternehmen aus der Krise herauszuführen. Die Restrukturierungsansätze müssen mit der Fortführung der in der Vergangenheit gelebten Unternehmensführung brechen. Das Risiko einer erfolglosen Restrukturierung ist sehr hoch, was sich wiederum auch in der Unternehmensbewertung widerspiegeln muss. Bewertungsansätze wie der Zerschlagungswert sind hier die gängigen Maßstäbe. Forderungsverzichte der Fremdkapitalgläubiger oder der Forderungserwerb unterhalb des Nominalwertes sind zusammen mit einem negativen oder zu vernachlässigendem Kaufpreis für das verbliebene Eigenkapital das gängige Vorgehen in der Praxis für hier tätige Investoren. In der Regel muss das alte Management ergänzt oder auch ganz ausgetauscht werden. Hier spielt die Erfahrung und Kompetenz des Restrukturierungsinvestors eine große Rolle, diese Funktion mit eigener Mannschaft für den Zeitraum der Restrukturierung gewährleisten und erfolgreich umsetzen zu können. 14

II. Entscheidungsgrundlage

Es spricht alles dafür, dass dieses Vorgehen durch einen industriellen („strategischen") Investor viel besser gewährleistet werden kann als durch einen Finanzinvestor. In der Praxis ist dem aber nicht so. Reduzieren die Vorteile des strategischen Investors in Bezug auf seine Marktkompetenz diesen zunächst auf sein eigenes ndustrielles Umfeld und Branche, schließen die ihm zur Verfügung stehenden Kapazitäten für Restrukturierungsfälle sowie das Risiko und die Sorge um eine „Fehlinvestition" und ein „infizieren" seines gesunden Geschäftes ein Vorgehen in der Regel vollständig aus. Es sind die Ausnahmefälle, in denen sich strategische Investoren in diesem Umfeld betätigen und sich nicht auf die Fortführung und den Ausbau ihres gesunden Geschäftes konzentrieren. 15

Gleiches gilt für die klassischen Finanzinvestoren, die sich ausschließlich auf gesunde und liquiditätsstarke Unternehmen konzentrieren. Die Investitionen in diesem Segment werden heute typischerweise nur noch mit 40–50 % fremdfinanziert. In den Jahren vor 16 der Wirtschaftskrise 2008/09 waren deutlich höhere Fremdkapitalquoten im Markt anzutreffen. Durch eine Vielzahl von Insolvenzen aufgrund der hohen Verschuldung hat sich hier aktuell eine deutlich Verhaltensänderung bei den finanzierenden Kreditinstituten ergeben. Akquisitionsfinanzierungen durch Banken werden nur zurückhaltend und – aus der Perspektive der Vorkrisenjahre – zu sehr konservativen Konditionen vergeben. Denn das im Rahmen der Investition erworbene Unternehmen hat in der Folgezeit aus dem eigenen Cash Flow den Zins- und Tilgungsdienst für das den Grossteil des Kaufpreises ausmachenden Fremdkapitals zu finanzieren. Ist dies optimal strukturiert, so dass operative Investitionen sowie das Umlaufvermögen ohne weitere Schuldenaufnahmen finanziert werden können, erhöht dieser Finanzierungsmechanismus die Rendite auf das eingesetzte Kapital zum Verkaufszeitpunkt des Investors in außerordentlicher Weise. An diesem Beispiel wird ein wesentlicher Unterschied zum klassischen Private Equity im „gesunden" Umfeld deutlich: Der Eigenkapital-Investor im Restrukturierungsumfeld hat dem Unternehmen Liquidität für operative Finanzierungszwänge zuzuführen und ist oftmals darauf angewiesen in Verhandlungen mit Fremdkapitalgebern und anderen Gläubigern deren Forderungen durch Verzichte zu reduzieren. Eine Fremdfinanzierung seiner eigenen Investition ist in der Regel ausgeschlossen, da kein Bankinstitut in diesem Geschäftsumfeld freiwillig Kapital zur Verfügung stellt.

III. Sourcing

17 Die Kunst und Erfordernis des Finanzinvestors ist daher aus einer möglichst großen Auswahl an Krisenunternehmen das Unternehmen herauszufinden, dass vermutlich das erfolgversprechendste Chancen-Risiko-Profil aufweist. In der Praxis sind Relationen von 1 zu 50 oder auch 1 zu 100 nicht unüblich. D.h. es werden bis zu 100 Unternehmen analysiert, bis es zu einer subjektiv geeigneten Investition kommt. Hierbei ist zu berücksichtigen, dass es mittlerweile eine Vielzahl von *so genannten* Restrukturierungsinvestoren gibt, die sich gegenseitig Wettbewerb um möglicherweise attraktive Übernahmen streitig machen.

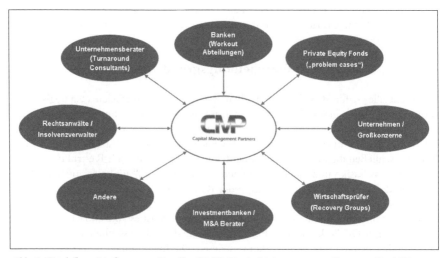

Abb. 1: Deal flow Lieferanten. Quelle: CMP Capital Management Partners GmbH

§ 21 Private Equity in der Restrukturierung § 21

Um den Zugang zu einer möglichst großen Anzahl an potentiellen Investitionsmöglichkeiten (*deal flow*) zu bekommen, bedarf es eines umfassenden Netzwerkes in einer Branche mit unterschiedlichsten Berufsbildern, die alle mit Restrukturierungsunternehmen zu tun haben. Risiko- und work-out Abteilungen von Banken sowie Insolvenzberater sind hier ebenso wie Restrukturierungsberater, Corporate Finance und M&A-Boutiquen zu nennen. Wirtschaftsprüfungsgesellschaften, Steuerberater und Anwälte sind ebenfalls wichtige Informationsträger über Krisenunternehmen. 18

Industriekonzerne und auch große Private Equity Häuser verfügen in ihrem Besitzstand immer über Unternehmensteile, die nicht mehr zum Kernfokus gehören und verkauft werden sollen. Sei es, weil es sich um schlecht entwickelnde Geschäfte oder auch lange vernachlässigte Geschäftsbereiche handelt. Der Verkauf und die Weitergabe an einen auf Restrukturierungen spezialisierten Investor kann in solchen Situationen für beide Seiten von großem Vorteil sein. 19

IV. Due Diligence

Unterscheidet sich das Vorgehen beim akquirieren von potentiellen Investitionsfällen noch nicht besonders von dem klassischen Private Equity Geschäft bei gesunden Unternehmen, ist dies bei der Beteiligungsprüfung („*due diligence*") auf jeden Fall gegeben. 20

Kann im klassischen Private Equity Geschäft noch auf Verkaufs-Memoranden vertraut werden, die historische Entwicklungsverläufe aufzeigen und über Jahre ertragsstarke Bilanzen widerspiegeln, ist dies im Restrukturierungsgeschäft deutlich schwerer. Auch hier existiert der Trend, Krisenunternehmen in Auktionsverfahren möglichst verkaufspreisoptimierend an einen neuen Eigenkapitalgeber zu vermitteln. Bewertungen und Unternehmenseinschätzungen sollen ohne Kenntnis des Unternehmens auf Basis eines Verkaufs-Memorandums abgegeben werden. So verständlich dies aus der Sicht des Verkäufers sein kann, so unverständlich wird dies für den potentiellen Erwerber. Unternehmen, die kurz vor der Insolvenz stehen, werden im Rahmen eines solchen Verkaufsprozesses zu „hidden champions" hoch stilisiert. Spätestens im Jahr nach dem Verkauf kennen alle geplanten Ertragskennziffern nur noch eine Richtung – die nach oben. Die wahren Risiken und Probleme des Geschäftes, der Zustand der Wertschöpfungsprozesse im Unternehmen werden nicht genannt. Der in den Verkaufsprozess eingeschaltete Intermediär versteht oft das zugrunde liegende Geschäft nicht und ist durch den Verkäufer bzw. das Management des Unternehmens nur unzureichend informiert, wenn der Verkäufer überhaupt über die Ursache seiner eigenen Probleme im Bilde ist. 21

Aus diesem Grunde nehmen erfahrende Restrukturierungsinvestoren oft nicht an Auktionsverfahren teil und bestehen auf Beteiligungsprüfungen vor Ort im Unternehmen, um substanzielle Einschätzungen und Bewertungen vornehmen zu können. Allein die Frage, auf welchen Mitarbeiterstamm der neue Investor nach Beteiligungsnahme überhaupt aufsetzen kann, ist in Krisenunternehmen eine existenzielle Frage. Kann der Investor bei gesunden Unternehmen von einer „marktüblichen" Fluktuation ausgehen, ist bei Krisenunternehmen zu unterstellen, dass die qualifizierten und erfahrenden Mitarbeiter vielleicht schon seit geraumer Zeit nicht mehr im Unternehmen sind bzw. sich in der Bewerbungsphase befinden. Dies kann ausschließlich vor Ort im Rahmen einer Beteiligungsprüfung überprüft werden bzw. durch den persönlichen Kontakt Vertrauen für den Verbleib im Unternehmen etabliert werden. Dabei wird die Prüfung mit zunehmender Beteiligungswahrscheinlichkeit umfassender und detaillierter. Das klassische Vorgehen illustriert das nachfolgende Schaubild und stellt einen typischen due dilligence Prozess dar: 22

§ 21

5. Teil. Sonderthemen

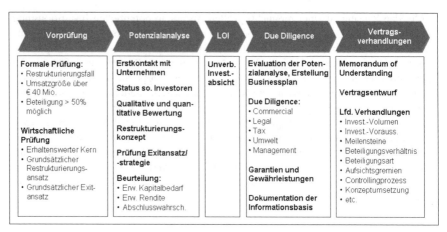

Abb. 2: Due Dilligence Prozess. Quelle: CMP Capital Management Partners GmbH

23 Dabei dienen die Vorprüfung und Potentialanalyse dazu, einen ersten intensiven Eindruck über das Unternehmen zu gewinnen und müssen aus vorgenannten Gründen vor Ort beim Unternehmen durchgeführt werden. Die wesentlichen zu erarbeitenden Punkte sind:
- Erstellung eines Geschäftsplanes auf Basis eigener erarbeiteter Annahmen
- Was sind die Ursachen für die Krise?
- Gibt es noch einen gesunden „Kern" im Unternehmen auf dem aufgesetzt werden kann?
- Welche Restrukturierungs- und Rekapitalisierungsmaßnahmen könnten herangezogen werden, um die Krise abzuwenden?
- Können diese Maßnahmen im Rahmen einer Restrukturierung erfolgreich umgesetzt werden?
- Wie verhalten sich die Kunden und Zulieferer des Unternehmens nach einer Übernahme?
- Wohin entwickelt sich der Markt und die Wettbewerber?
- Kann unter diesen vorgenannten Parametern eine ertragreiche Investition vorgenommen werden und diese nach einem überschaubaren Zeitraum auch wieder liquidiert werden?
- Sind die Gesellschafter und alle anderen Stakeholder bereit, ihren Beitrag unter der unternehmerischen Führung des neuen Investors zu leisten?

24 Der Auswahlprozess unterscheidet sich weiterhin in der Qualität und Quantität der zur Verfügung stehenden Unternehmen. Handelt es sich bei gesunden Unternehmen um Fragen der Strategie und nachhaltigen Geschäftsentwicklung steht bei Krisenunternehmen immer die Frage nach dem Überleben und der Erfolgswahrscheinlichkeit der anzuwendenden Restrukturierungsmaßnahmen im Vordergrund. Daher umfasst die Beteiligungsprüfung von Krisenunternehmen nicht nur die klassischen Felder der due diligence sondern ebenfalls die Aufgabe, ein Restrukturierungskonzept mit den zugrunde liegenden Maßnahmen zu erarbeiten.

25 Der Auswahlprozess ist zeitaufwendig, komplex und rigoros. Nicht selten führt der Abbruch der Gespräche durch den potentiellen Investor zur Beantragung der Insolvenz durch das Management des Krisenunternehmens.

26 Können Vorprüfung und Potentialanalyse zu einen positiven Ergebnis geführt werden, hält der Investor in einem „Indikativen Angebot" die Eckpunkte seiner Prämissen für

eine Investition fest. Üblicherweise wird von den Gesellschaftern oder dem Management des Krisenunternehmens die schriftliche Akzeptanz dieser Eckpunkte erwartet. Auf dieser Basis wird dann der Investor seine due diligence ausweiten, detaillieren und externe Sachverständige für die Überprüfung relevanter Fragestellungen hinzuziehen.

Die Beteiligungsprüfung an Krisenunternehmen beinhaltet die gleichen Standardbereiche wie bei gesunden Unternehmen wie Markt, Recht und Finanzen. Doch sind dies eher die Bereiche, die nicht die Antwort auf die fundamentale Frage liefern, wie und durch welche Maßnahmen das Unternehmen vor der nahenden Insolvenz gerettet werden kann. Greifen diese Maßnahmen, bevor das Unternehmen keine ausreichende Liquidität oder Eigenkapital mehr hat? Beteiligen sich Stakeholder wie Zulieferer, Kunden, Management und Mitarbeiter, Gewerkschaften und Kreditinstitute an einer Restrukturierung mit eigenen Beiträgen? Welche Maßnahmen müssen vor einer Übernahme und dem Einstieg des Investors vertraglich vereinbart worden sein? 27

Diese im Vorfeld zu schließenden Vereinbarungen sind existentiell für den Investor, da nach seinem Kapitalbeitrag keiner der Stakeholder mehr bereit sein wird, eigene schmerzliche Beiträge zu liefern. Sind z.B. Beiträge von Mitarbeitern in Form von Arbeitszeiterhöhungen oder Lohnanpassungen zu liefern oder Zugeständnisse von Gläubigern bezüglich ihrer Forderungen unabdingbar für eine Restrukturierung, können diese nur im Vorfeld einer Beteiligungsnahme im Rahmen von Verhandlungen in ausreichendem Maße erzielt und vereinbart werden. Dieses Einbinden von allen wesentlichen Stakeholdern erfordert eine Beteiligungsprüfung vor Ort und auf Augenhöhe mit allen Beteiligten. Ein gemeinsames Verständnis für die Zukunft ist unabdingbar und auch nur in persönlichen Gesprächen vermittel- und erzielbar. Das wichtigste, was in diesem Prozess erreicht werden muss – eine gemeinsame Vertrauensbasis zu schaffen –, muss durch die vor Ort in Zukunft handelnden Personen geschaffen werden. Ein durch einen Berater durchgeführter Auktionsprozess mit „dataroom" und Unkenntnis der tatsächlichen Situation vor Ort macht diesen für die Fortführung und Restrukturierung des Unternehmens notwendigen Prozesses unmöglich. 28

V. Restrukturierungskonzept und Kaufpreisangebot

Weiterhin ist die Frage zu klären, wer das Unternehmen nach Übernahme durch den Investor führen wird. Sind Teile des alten Managementteams dazu fähig? Haben Sie das Vertrauen des neuen Investors? Kann der neue Investor Mitarbeiter oder erfahrene Manager aus seinem Netzwerk aufbieten? Finden diese das Vertrauen der Mitarbeiter, Kunden und Zulieferer? Die Ergänzung oder das Ersetzen des alten Managements ist praktisch immer notwendig, um der Belegschaft und allen anderen Stakeholdern aufzuzeigen, dass mit der Vergangenheit gebrochen wird und ein neuer Weg in eine bessere wirtschaftliche Zukunft eingeschlagen worden ist. Dabei ist Entscheidung und Auswahl der neuen Führung eine der kritischsten Fragestellungen und ohne Kenntnis der Rahmenbedingungen nicht erfüllbar. 29

Die Ergebnisse auf alle diese vorgenannten Fragestellungen fließen in ein Gesamtkonzept (Restrukturierungskonzept), das der Investor auf Basis seiner eigenen Erfahrung und unter Unterstützung externer Sachverständiger und unter Berücksichtigung des bestehenden Managements erstellen muss. Dieses bildet final seine Grundlage für ein konkretes schriftliches Angebot an die Gesellschafter des Krisenunternehmens, in dem rechtsverbindlich die Investition und Kaufabsicht dargelegt wird und im Einzelnen die Voraussetzungen für den Abschluss eines Kaufvertrages geregelt werden. 30

§ 21

31 Dieses bindende Kaufangebot bildet auch die Grundlage für die sich anschließenden Vertragsverhandlungen. Wesentliche Punkte sind:
- Bewertung des Unternehmens und Feststellung des Kaufpreises
- Definition der Beteiligungsstruktur sowie des zu investierenden Kapitalbetrages
- Darlegung des Restrukturierungskonzeptes
- Stimmrechte, Informations- und Kontrollinstrumente
- Gegebenenfalls Vereinbarung von Besserungsscheinen und Earn-out Komponenten

VI. Umsetzungsphase

32 Unmittelbar nach erfolgtem Vertragsabschluß beginnt die Umsetzung des Restrukturierungskonzeptes. Oftmals steht die Liquiditätssicherung an erster Stelle. Jegliche Zahlungsausgänge und einzugehenden Verpflichtungen werden üblicherweise bei einer Vertrauensperson konzentriert. Das im Vorfeld erarbeitete Maßnahmenpaket zur Restrukturierung wird nun Punkt für Punkt umgesetzt. Die erforderlichen Controlling- und Berichterstattungsinstrumente werden etabliert. Operative Sofortmaßnahmen werden eingeleitet und in den kommenden Wochen das gesamte Unternehmen sukzessive in die Restrukturierung eingebunden. Hierfür werden interne Verantwortungsbereiche definiert und zugewiesen, Projektgruppen und -leiter etabliert und eine meist wöchentliche Berichterstattung über den Fortschritt und Stand der gesetzten Ziele an ein „Steering Committee" eingerichtet. Dort laufen die Fäden der Restrukturierungsmaßnahmen zusammen und werden die wesentlichen Entscheidungen der Restrukturierung vorgenommen.

33 In den ganzen Prozess ist der neue Investor mit seiner Entscheidungskompetenz eingebunden. Er übernimmt in den wesentlichen Fragestellungen die operative Verantwortung. Insbesondere bei Entscheidungen, die der Überwindung von internen Widerständen gelten oder externe risikobehaftete Entscheidungen bezüglich Kunden und Zulieferer betreffend, ist er über den Zeitraum der Restrukturierung unabdingbar.

VII. Exitvorbereitung und -sicherung

34 Nach Abschluss der Restrukturierungsphase und Überwindung existentieller Krisenherde sollte das Unternehmen in eine Phase der kontinuierlichen Entwicklung und Optimierung der Unternehmensprozesse eintreten. Es gilt die in der Restrukturierung angelegten Weichenstellungen auszubauen und sich den Stakeholdern gegenüber als ein die Krise hinter sich lassendes Unternehmen zu präsentieren. In dieser Phase führt der auf Restrukturierungen fokussierte Investor sein operatives Engagement deutlich zurück und begleitet das Unternehmen durch eine Kontrollfunktion im Bei- oder Aufsichtsrat. In dieser Phase werden dann je nach Ausprägung des Investors und wirtschaftlicher Entwicklung der Gesellschaft Exit-Konzeptionen erarbeitet.

35 Hierzu gehören betriebswirtschaftliche Aspekte wie z.B. die Frage, Verkauf des Gesamtunternehmens (share deal/asset deal) oder der Verkauf von Teilen des Unternehmens. Zu letzterem sind ggf. vorbereitende Maßnahmen zu ergreifen. Unternehmensteile haben keine Historie, lediglich eine Kostenrechnung. Die due diligence in so einem Fall ist ebenfalls problematisch. Daher werden hier **gesellschaftsrechtliche Reorganisationen**, z.B. Spaltungen oder Einbringungen von Unternehmensteilen in Neugesellschaften, vorgeschaltet, um den Verkaufsprozess auf diesem Wege zu optimieren. Gerade in der Umsetzungsphase sind derartige Maßnahmen vorzubereiten. Eine gezielte und opti-

§ 21 Private Equity in der Restrukturierung § 21

mierte Vorbereitung beinhaltet auch die Sicherung des Engagements. Der Gesetzgeber hat zur Förderung von Krisenengagements Anreize und Vorteile geschaffen, die angesichts des hohen Grundrisikos angemessen sind. Hier hat es insbesondere auf das **Sanierungsprivileg** bezogen seit 2010 Änderungen ergeben. Bislang waren nach § 32 Abs. 3 GmbHG in der Krise hingegebene Darlehen aus Sicht des Investors und Neugesellschafters begünstigt. Diese Darlehen unterlagen nicht den Regeln zum Kapitalersatz.

Durch das Gesetz zur Modernisierung des GmbH-Rechts und Bekämpfung von Missbräuchen (MoMiG) wurde die Rechtsfigur des eigenkapitalersetzenden Darlehens § 32 Abs. 3 im GmbH-Recht aufgegeben und inhaltlich im Insolvenzrecht sowie im Anfechtungsgesetz neu geordnet. Nach § 39 Abs. 1 Nr. 5 InsO treten grundsätzlich alle Forderungen auf Rückgewähr eines Gesellschafterdarlehens oder wirtschaftlich gleichgestellter Leistungen im Rang hinter allen anderen Forderungen zurück. Hiervon ausgenommen sind nunmehr nach § 39 Abs. 4 Satz 2 InsO Forderungen aus bestehenden oder neu gewährten Darlehen eines Gläubigers, der bei drohender oder eingetretener Zahlungsunfähigkeit der Gesellschaft oder bei deren Überschuldung Anteile zum Zwecke der Sanierung erwirbt. 36

Bei dem Sanierungsprivileg handelt es sich um eine Ausnahme von dem Grundsatz, dass Forderungen aus Gesellschafterdarlehen und gleichgestellten Rechtshandlungen in der Insolvenz als nachrangige Insolvenzforderungen behandelt werden. Das Sanierungsprivileg gilt, wenn im Zeitpunkt der (drohenden) Zahlungsunfähigkeit oder Überschuldung Anteile des Schuldners erworben werden. Dieses Kriterium ist erfüllt, wenn Anteile durch die Übernahme eines vorhandenen Anteils eines Altgesellschafters erworben werden oder ein originärer Erwerb neuer Anteile im Wege der Kapitalerhöhung stattfindet. Die Höhe der erworbenen Anteile ist nicht maßgeblich, ebenso wenig, ob durch die Anteilsübernahme der Gesellschaft neues Kapital zufließt. Zwingende Voraussetzung ist jedoch, dass der Anteilserwerb zum Zwecke der Sanierung erfolgt. 37

Privilegiert sind die Forderungen, die bei drohender Zahlungsunfähigkeit oder im Stadium der Überschuldung der Gesellschaft entstehen, unabhängig davon, ob die Leistung vor oder nach dem Anteilserwerb erfolgt ist. Beim Fehlschlagen der Sanierungsbemühungen handelt es sich dann im nachfolgenden Insolvenzverfahren um normale Insolvenzforderungen nach § 38 InsO. Wird ein Darlehen erst nach Eröffnung des Insolvenzverfahrens gewährt, handelt es sich um eine reguläre Masseverbindlichkeit der Gesellschaft, § 55 Abs. 1 InsO. 38

Das Sanierungsprivileg soll als Sonderregelung Anreize bieten, Gesellschaften Sanierungskapital zur Verfügung zu stellen und sich an Sanierungen zu beteiligen. Dieser Zweck würde unterlaufen, wenn der in Krisensituationen Sanierungskapital gebende Gesellschafter genau wie die anderen Gesellschafter mit seiner Forderung in einem sich möglicherweise anschließenden Insolvenzverfahren mit seiner Forderung im Rang hinter alle anderen Gläubiger zurücktreten müsste und damit faktisch leer ausginge. 39

Durch den Wegfall der Rechtsfigur des eigenkapitalersetzenden Darlehens im GmbH-Recht entfallen Überschneidungen zwischen Gesellschafts- und Insolvenzrecht. Das früher bestehende Merkmal der „Krise der Gesellschaft" gibt es nicht mehr. Jetzt sind alle Gesellschafterdarlehen im Insolvenzfall nachrangig, was für die Praxis eine erhebliche Vereinfachung bedeutet. Darüber hinaus gilt diese Regelung nun auch nicht mehr nur ausdrücklich für die GmbH, sondern rechtsformübergreifend für alle Gesellschaftsformen ohne eine natürliche Person als persönlich haftenden Gesellschafter. 40

Nicht gesetzlich geregelt ist, unter welchen Voraussetzungen eine solche Entsprechung vorliegt. Allerdings ist davon auszugehen, dass bestehende Gesellschafterleistungen im Fall der Insolvenz nachrangig sein werden. Nur im Rahmen der zuvor beschriebenen 41

Brandes 451

§ 21   5. Teil. Sonderthemen

Ausnahme des Anteilserwerbs und der Zurverfügungstellung von Sanierungskapital entfällt der Nachrang von Gesellschafterforderungen. Ungeachtet der Neuregelungen wird das neue Recht jedoch in einer Vielzahl von Fällen zu den gleichen Rechtsfolgen führen wie bisher.

42   Ebenfalls bedeutend zur Exitvorbereitung ist die **Kapitalsanierung**. Gerade aus Sicht der potentiellen Erwerber kann dies eine wichtige Rolle spielen. In dem in § 41 dieses Handbuchs dargestellten Praxisfall wird aufgezeigt, wie notwendig derartige Maßnahmen sind, wenn vor Verkauf der Gesellschaft dem Private Equity – Unternehmen als Anteilseigner aus dem sanierten Unternehmen die „Früchte" des Erfolges zukommen sollen. Denn Barentnahmen sind bei einer Unterbilanz ggf. anfechtbar.

43   Für den Investor stellt sich immer die Frage, zu welchem Zeitpunkt unter Berücksichtigung der prognostizierten wirtschaftlichen Entwicklung er im Rahmen eines Verkaufs seiner Anteile sein Investment optimieren kann. Je dynamischer und substantieller der Ausblick ist, desto mehr wird der Investor geneigt sein, an der Gesellschaft weiter festzuhalten. Im Einzelfall mag es aber auch Gründe geben, ein sich positiv entwickelndes Unternehmen schon nach einigen wenigen Jahren wieder zu verkaufen.

VIII. Zusammenfassung

44   Einen Überblick über die Vielfalt der erforderlichen Tätigkeiten nach der Sanierung gibt folgendes Schaubild:

Abb. 3: Restrukturierungs- und Exitprozess. Quelle: CMP Capital Management Partners GmbH

45   Der Kauf und das Investieren in Krisenunternehmen stellt einen komplexen Prozess dar, der neben dem Einbinden aller Stakeholder im Vorfeld der Beteiligungsnahme auch die intensive operative Tätigkeit des Investors im Rahmen der Restrukturierung vor Ort im Unternehmen erfordert und sich damit deutlich vom klassischen Private Equity Prozess unterscheidet. Die Anforderungen an das Geschäft in diesem Umfeld sind erheblich, wie auch die damit einzugehenden Risiken und die Möglichkeit des Totalverlustes des eingesetzten Eigenkapitals. Dies wird auch in Zukunft dazu führen, dass diese Form des Investierens immer eine kleine Nische des Private Equity bleiben wird.

§ 22 Mergers & Acquisitions bei Krisenunternehmen (Distressed M&A)

Übersicht

	Rn.
I. Einführung	1, 2
II. Distressed Mergers & Acquisitions (M&A)	3–9
1. Definition Mergers & Acquisitions	3
2. Definition Distressed M&A	4, 5
3. Abgrenzung	6–9
III. Transaktionsstrukturen	10–17
1. Allgemein	10
2. Share Deal	11
3. Asset Deal	12
4. Exkurs: Debt-Equity-Swap	13, 14
IV. Unternehmenskrisen	15–17
V. Exkurs: Grundzüge des transaktionsrelevanten Insolvenzrechtes	18–39
1. Verfahrensarten	18–24
2. Insolvenz in Eigenverwaltung	25–30
3. Gläubigerausschuss	31
4. Zeitpunkt der Transaktion im Krisenverlauf	32–38
5. Aus- und Absonderungsrechte im Insolvenzverfahren	39
VI. Beteiligte Parteien	40–51
1. Potenzielle Käufer	40–43
2. Potenzielle Verkäufer	44–51
VII. Transaktionsprozess	52–72
1. Verkäuferperspektive (Sell Side)	52–61
a) Transaktionsmotive des Verkäufers	52, 53
b) Ablauf des Verkaufsprozesses	54–61
2. Käuferperspektive (Buy Side)	62–72
a) Transaktionsmotive des Käufers	62–66
b) Ablauf Transaktionsprozess	67–72
VIII. Bewertung von Krisenunternehmen	73–94
1. Besonderheiten der Bewertung von Unternehmen in der Krise	73–77
2. Methoden der Unternehmensbewertung	78–94
a) Überblick	78
b) Substanzorientierte Verfahren	79–82
c) Ergebnisorientierte Verfahren	83–86
d) Kombinierte Verfahren	87–90
e) Marktwertorientierte Verfahren	91
f) Würdigung der Bewertungsmethoden	92–94
IX. Besonderheiten im Rahmen der Vertragsverhandlungen	94–109
1. Gestaltung des Kaufvertrags	95–99
2. Übernahmekonditionen	100–109
X. Steuerliche Rahmenbedingungen bei Distressed M&A	110, 111
XI. Kritische Erfolgsfaktoren von Distressed M&A-Transaktionen	112–138
1. Geschwindigkeit vs. Diskretion	112–117
2. Frühzeitiges Erkennen von Dealbreakern	118–131
a) Anpassung der Personalkapazitäten	118–122
b) Wertvorstellungen und Kaufpreisverhandlungen	123–129

	Rn.
c) Garantien, Gewährleistungen und Freistellungen	130
d) Pensionszusagen	131
3. Transaktionssicherheit vs. Kaufpreishöhe	132
4. Sanierungs- bzw. Insolvenz-Know-how	133–136
5. Strategisches Verständnis	137
6. Minimierung operativer Störfaktoren	138
XII. Zusammenfassung	139

I. Einführung

1 Bei Krisenunternehmen sinken die Handlungsoptionen mit Voranschreiten der Krise immer schneller und der Unternehmenswert sinkt entsprechend. Wenn eine Unternehmensrestrukturierung nicht mehr aus eigener Kraft gelingt, die Insolvenz kein entferntes Drohszenario mehr ist und die Alt-Gesellschafter keine Beiträge mehr leisten können oder wollen, sind von externen Kapitalgebern Finanzmittel („fresh money") zuzuführen. Oftmals setzen Gläubiger einen Treuhänder ein, der die Position der Gesellschafter übernimmt und einen Notverkauf anstoßen soll. Leidet das Unternehmen aber unter massiven Liquiditätsengpässen oder ist es zu hoch verschuldet, kann der Weg zum Insolvenzgericht die letzte Rettung sein und einen Verkauf sogar erleichtern. In jedem Fall sind die Anforderungen an Käufer sowie Verkäufer im Rahmen eines sog. **Distressed M&A-Prozesses** vor allem vor dem Hintergrund des **großen Zeitdrucks** hoch.

2 Der nachfolgende Beitrag stellt die Unterschiede von M&A-Transaktionen in Unternehmenskrisen im Vergleich zu Transaktionen von gesunden Unternehmen dar. Neben einer Vorstellung der Grundtypen möglicher Transaktionsstrukturen und der Skizzierung möglicher Transaktionsmotive auf Käufer- wie auf Verkäuferseite werden auch die Besonderheiten des Transaktionsprozesses im Krisenumfeld untersucht. Vor dem Hintergrund, dass die meisten bekannt gewordenen Distressed M&A-Transaktionen im Rahmen eines Insolvenzverfahrens umgesetzt wurden, skizziert der Beitrag wesentliche Grundzüge des transaktionsrelevanten Insolvenzrechtes – auch unter Berücksichtigung von Neuerungen nach Einführung des ESUG[1]. Schließlich werden die spezifischen und situationsabhängigen Fragestellungen für Käufer und Verkäufer, wie die Unternehmensbewertung, Kaufpreisbestimmung und Vertragsverhandlungen erläutert, bevor eine Darstellung kritischer Erfolgsfaktoren und typischer Problemfelder erfolgt.

II. Distressed Mergers & Acquisitions (M&A)

1. Definition Mergers & Acquisitions

3 Der angelsächsische Begriff **Mergers and Acquisitions (M&A)** beschreibt eine Fusion zweier Unternehmen zu einer rechtlichen und wirtschaftlichen Einheit (Merger) bzw. einen Erwerb von Unternehmensteilen oder ganzen Unternehmen (Acquisition). Während bei einem Merger die Aktiva der beteiligten Unternehmen zusammengelegt wer-

---

[1] Das Gesetz zur weiteren Erleichterung der Sanierung von Unternehmen (ESUG) ist eine Reform des deutschen Insolvenzrechts und soll dazu dienen, die wirtschaftlichen Rahmenbedingungen für die Sanierung notleidender Unternehmen durch einen stärkeren Einfluss der Gläubiger zu verbessern. Das Gesetz trat zum 1. März 2012 in Kraft.

den und entweder als eigenständige Organisationseinheit innerhalb eines Verbundes fortbestehen oder in einer neu geschaffenen Einheit aufgehen können, erfolgt bei einer Akquisition in der Regel die Eingliederung des Zielunternehmens (engl.: Target) in das Käuferunternehmen. Im Folgenden wird M&A bei Unternehmen außerhalb Krisensituationen aus Abgrenzungsgründen als **konventionelles M&A** bezeichnet.

2. Definition Distressed M&A

In der Theorie ist der Terminus **Distressed M&A** bis heute nicht einheitlich und exakt definiert. Weigert führt in diesem Zusammenhang beispielsweise Mehrheitsübernahmen von Unternehmen an, die sich in einer nachhaltigen Ergebniskrise, Liquiditätskrise oder der Insolvenz befinden.[2] In diesem Zusammenhang nennt er Fusionen unter Beteiligung eines Unternehmens in einer Krisenphase. In der Praxis spielt der Begriffsteil Mergers in der Krise jedoch eine stark untergeordnete Rolle. Der Begriff Distressed M&A wird bei Transaktionen herangezogen, bei denen der Verkauf eines gesamten Unternehmens über die Anteile (Share Deal) oder der Vermögensgegenstände des Unternehmens (Asset Deal) vor dem Hintergrund einer Krisensituation zu verstehen ist. Dabei kann das Krisenstadium sowohl vorinsolvenzlich als auch in der Insolvenz sein. Nachdem vorinsolvenzliche Distressed M&A-Transaktionen für die potenziellen Erwerber mit deutlich höheren Unsicherheiten verbunden sind als in der Insolvenz, werden Distressed M&A-Transaktionen nach Einschätzung der Autoren allerdings besonders häufig in der Insolvenz umgesetzt.

Im Vordergrund steht bei Distressed M&A, dass die Bedingungen, unter denen eine solche Transaktion stattfindet, prinzipiell die Unternehmensveräußerung in erheblichem Maße erschweren und daher eine besondere, der Situation angepasste Herangehensweise erfordern.

3. Abgrenzung

Aufgrund fehlender einheitlicher Definitionen ist eine allgemeingültige Abgrenzung zwischen Distressed M&A und konventionellem M&A schwierig darzustellen. In der Praxis bestehen jedoch aufgrund abweichender Rahmenbedingungen erhebliche Unterschiede. Die wichtigsten Unterschiede sind in der **Transaktionsstruktur**, der verfügbaren Zeit, den Bewertungsansätzen und den involvierten Parteien zu sehen.[3]

Transaktionen „gesunder" Unternehmen basieren in den meisten Fällen auf eindeutig definierbaren Assets und finden regelmäßig im Rahmen eines Share Deals statt. Bei notleidenden Unternehmen hingegen können je nach Ausgangslage sowohl Share Deals als auch Asset Deals von Vorteil sein. Bezogen auf den zur Verfügung stehenden Zeitraum kann man bei konventionellen Verkaufsprozessen prinzipiell von einer Spanne von vier bis zwölf Monaten bis zum erfolgreichen Abschluss ausgehen. Aufgrund der oftmals angespannten Liquiditätslage sowie defizitären Ausgangsszenarien ist das **Zeitfenster** bei Distressed M&A signifikant kürzer. Häufig hat die Umsetzung von Distressed M&A-Transaktionen bereits nach sechs bis zwölf Wochen zu erfolgen.

Die **Bewertung** spielt eine herausragende Rolle beim Unternehmenskauf. Ist ein notleidendes Unternehmen in diesen Prozess involviert, fließen Sanierungsrisiken zwangsläufig in die Bewertung ein. So unterscheidet sich der Transaktionsprozess eines

---

[2] Vgl. *Weigert*, 27.
[3] Vgl. *Boot/Graw*, 176.

Krisenunternehmens vor allem durch die unzureichende Planbarkeit der zukünftigen Geschäftsentwicklung. Kann man bei gesunden Unternehmen häufig auf ein professionelles Controlling mit hoher Prognosequalität zurückgreifen, ist die Krise aufgrund der meist eintretenden Abwärtsspirale von Umsatz und Ergebnis durch ein hohes Maß an Unsicherheit gekennzeichnet.[4] Im Gegensatz zu konventionellen Übernahmen, bei denen die Bewertung (zumindest zum Teil) auf Basis zukünftiger Perspektiven erfolgt, werden bei Distressed M&A oftmals definierbare Assets als Bewertungsbasis herangezogen.

9   Wesentliche **Parameter**, wie z.B. der Zeitpunkt der Verkaufsinitialisierung oder die quantitativen und qualitativen Konditionen des Unternehmensverkaufs, unterscheiden sich in der Regel ebenfalls erheblich von der konventionellen M&A-Vorgehensweise, da sie regelmäßig stark von Gläubigern bzw. ggf. von Insolvenzverwaltern beeinflusst werden.

III. Transaktionsstrukturen

1. Allgemein

10 Bei einer Distressed M&A-Transaktion unterscheidet man generell zwischen der Übertragung von **Geschäftsanteilen (Share Deal)** oder einzelnen **Vermögensgegenständen (Asset Deal)** des Zielunternehmens. Die Wahl der Transaktionsstruktur hat für die beteiligten Stakeholder, so vor allem den Gesellschaftern, dem Management, den Gläubigern sowie insbesondere dem potenziellen Käufer erhebliche Implikationen.

Aber auch der darauf ausgerichtete Investorenprozess differenziert maßgeblich mit Blick auf die dargestellten Transaktionsoptionen. Zudem ist das Vorgehen stark einzelfallabhängig, die Prozess-Phasen laufen insbesondere nicht stringent sequentiell ab.[5] Die Krisensituation des Unternehmens führt darüber hinaus dazu, dass der Investoren aufgrund unvorhergesehener Ereignisse (beispielsweise vertragskonforme Kündigungen von Aufträgen) oftmals rekonfiguriert werden muss.

2. Share Deal

11 Beim Share Deal erfolgt die Übertragung des Eigentums am Rechtsträger durch einen **Rechtskauf** nach § 453 BGB. Mit dem Begriff kann auch die teilweise Übernahme von Anteilen an einer Gesellschaft bezeichnet werden. Ein Share Deal ist vor allem durch den **Erhalt des Rechtsträgers** samt Namensrechten und damit verbundenen Rechten, wie z.B. Lizenzen, Patente oder Genehmigungen, charakterisiert. Bestehende Verträge und Geschäftsbeziehungen werden in der Regel ebenso fortgesetzt wie Verbindlichkeiten und Haftungsregelungen. Grundsätzlich verändert sich bei der betroffenen Gesellschaft lediglich die Gesellschafterstruktur. Es ist zu betonen, dass ein Share Deal zu geringerer Verunsicherung bei Geschäftspartnern führt. Eine Selektion interessanterer Geschäftsteile, das sog. Cherry-Picking, ist grundsätzlich nicht möglich. Der Käufer hat eine aufwendige Prüfung (Due Diligence) sowie eine längere Prozessdauer einzuplanen, da sowohl Aktiva, Passiva als auch sämtliche am Rechtsträger hängende Risiken beleuchtet werden müssen. Verkäufer bevorzugen oftmals einen Share Deal gegenüber einem Asset Deal, u.a. weil der Veräußerungsgewinn aus einem Share Deal in vielen Jurisdiktionen

---

[4] Vgl. *Fröhlich/Bächstädt*, Unternehmensverkauf zur Ausfallminderung, 173 ff.
[5] Vgl. *Ek/von Hoyenberg*, 15.

steuerlich begünstigt wird.⁶ Im Falle von Distressed M&A-Transaktionen im Rahmen von **Insolvenzplanverfahren** wird ergänzend zum Share Deal häufig „frisches Geld von Dritten" über die Aufnahme von neuen Gesellschaftern verbunden mit einer Kapitalerhöhung eingeworben.

3. Asset Deal

Bei einem Asset Deal erfolgt ausschließlich die Übernahme betriebsnotwendiger Vermögensgegenstände. Dabei ist insbesondere das Prinzip der Trennung von Aktiva und Passiva charakteristisch. Denn im Gegensatz zum Share Deal werden weder Verbindlichkeiten noch Verpflichtungen übertragen. Bildlich gesehen wird die Bilanz des insolventen Unternehmens in der Mitte geteilt. Auch der Erhalt der o.g. Rechte wird nicht zwangsläufig vorausgesetzt. Somit erfolgt ein Neustart ohne Altlasten. Einzige Ausnahme sind die Arbeitsverhältnisse, die bei einem Betriebsübergang gem. § 613a BGB auf den Erwerber übergehen. Die Nutzung von Verlustvorträgen durch den Erwerber ist nicht möglich. Generell ist der Asset Deal durch eine wesentlich schnellere Umsetzbarkeit gekennzeichnet. Wird der Asset Deal zur Übertragung eines Unternehmens oder eines Betriebsteils auf einen bereits bestehenden oder neu gegründeten Rechtsträger genutzt, um es von der ursprünglich in die Krise bzw. Insolvenz geratenen wirtschaftlichen Einheit abzukoppeln, spricht man von der **übertragenden Sanierung**.⁷ Vgl. im Übrigen § 23 dieses Handbuchs zu den rechtlichen Risiken der beiden Transaktionsvarianten.

12

4. Exkurs: Debt-Equity-Swap

Der Debt-Equity-Swap (DES) hat als bilanzielle Sanierungsmaßnahme bei einer erdrückenden Verschuldungsquote seit Einführung des ESUG als Instrument der Unternehmenssanierung an Bedeutung gewonnen. Bekannte Praxisbeispiele in Deutschland, wie die Insolvenzverfahren Centrotherm und Pfleiderer, sind allerdings noch selten.

13

Im Rahmen des DES wird durch eine gezielte **Transformation von Forderungen in Anteilsrechte** die Verschuldung reduziert, Eigenkapital gestärkt und somit Finanzierungskosten gesenkt.⁸ Die Umwandlung kann auf zwei Arten erfolgen. Es besteht die Möglichkeit einer **Sachkapitalerhöhung**, bei der zunächst das Kapital der Gesellschaft auf den tatsächlich noch vorhandenen Betrag des Eigenkapitals herabgesetzt wird, um anschließend eine effektive Kapitalerhöhung durchzuführen.⁹ Auch kann ein **Share Deal** initiiert werden, bei dem die Alt-Gesellschafter Anteile auf die Forderungsinhaber übertragen. Diese verzichten im Gegenzug auf ihre Forderungen. Beide Maßnahmen bedurften bislang der **Zustimmung bzw. Mitwirkung der Alt-Gesellschafter**. Mit Einführung des ESUG ist dies im Rahmen eines Insolvenzverfahrens jedoch nicht mehr erforderlich.

14

Neben steuerlichen Hürden und dem Einfluss der Alt-Gesellschafter ergab sich bei der Implementierung eines Debt-Equity-Swaps in der Vergangenheit vor allem ein gravierendes Problem: Bei der Sachkapitalerhöhung bestand die latente Gefahr der Unterbilanzhaftung wegen mangelnder Werthaltigkeit der eingebrachten Forderungen.¹⁰ Falls sich herausstellte, dass die eingebrachte Forderung überbewertet war, drohte dem Inves-

---

⁶ Vgl. *Beisel/Klump*, 326 ff.
⁷ Vgl. *Schmidt/Uhlenbruck*, 204 ff.
⁸ Vgl. *Crone/Werner*, 196.
⁹ Vgl. *Crone/Werner*, 197.
¹⁰ Vgl. § 16, Rn. 48.

tor eine Nachschusspflicht. Dies hat der Gesetzgeber mit Einführung des ESUG nach § 254 InsO für im Rahmen eines Insolvenzplans vorgenommene Forderungsumwandlungen mittlerweile ausgeschlossen.[11] Aktuell ist in der Praxis der anzusetzende Einbringungswert der entsprechenden Forderungen stark umstritten. Hier steht der Nominalwert dem Zeitwert gegenüber, welcher sich an der zu erwartenden Insolvenzquote orientieren kann.

Ein weiteres Risiko besteht hinsichtlich verbleibender Darlehensteile bzw. später neu gewährter Darlehen. Dies gilt insbesondere für eine spätere Insolvenzanfechtung. Um zu verhindern, dass durch eine entsprechende Subordinierung ein Sanierungshindernis aufgerichtet wird, hat der Gesetzgeber zumindest ein **Sanierungsprivileg** in § 39 Abs. 4 InsO geschaffen.[12] Dieses reicht allerdings nur bis zur „nachhaltigen Sanierung" des Schuldnerunternehmens. Gegen das Risiko des Erwerbers, neben dem Veräußerer eine gesamtschuldnerische Haftung für rückständige Leistungen zu erleiden, schützt also auch das ESUG nicht. Vgl. zum DES auch § 23 dieses Handbuchs.

IV. Unternehmenskrisen

15   Der Eintritt eines Krisenzustandes ist zweifelsohne als Prozess zu verstehen, den ein Unternehmen bedingt durch interne sowie externe Fehlentwicklungen durchläuft. In der ökonomischen Literatur gibt es eine Vielzahl von Modellen, die diesen prozessualen Charakter beschreibend darstellen.[13]

16   Trifft der Krisenzustand ein, stellt sich unmittelbar die Frage, ob die Rückkehr zur Profitabilität und die kurzfristige Sicherung der Liquidität wieder hergestellt werden können. Ist dies der Fall, müssen **Sanierungsfähigkeit** und die **Finanzierbarkeit** etwaiger Restrukturierungsmaßnahmen geprüft werden. Falls dies durch eigene Mittel bzw. durch zusätzliche Liquidität bisheriger oder neuer Investoren möglich ist, erfolgt häufig die Erstellung eines Sanierungskonzeptes. Sofortmaßnahmen („Stop the bleeding"), die insbesondere auf die Liquiditätssicherung fokussieren, stellen den ersten Schritt des Sanierungskonzeptes dar.[14] Auf Basis von Markt- und Wettbewerbsanalysen wird der Status quo des Unternehmens evaluiert und durch eine konsequente Finanzanalyse sowie einer Analyse der leistungswirtschaftlichen Bereiche komplettiert. Ziel ist es, sowohl die neue strategische Grundausrichtung als auch die zukünftige Wettbewerbsstrategie des Krisenunternehmens zu erarbeiten. Daraus resultiert ein **integriertes Geschäfts- und Finanzplanungsmodell**. Als Ergebnis, unter Berücksichtigung aller erkannten und relevanten Rahmenbedingungen einschließlich der vorgesehenen Sanierungsmaßnahmen, wird ein sog. **Base Case**, also ein Szenario der höchstwahrscheinlichen Unternehmensentwicklung, entwickelt.

17   Stellt sich die Projektion dieses Base Case als nachhaltig negativ dar, sind meist sämtliche Sanierungsambitionen zum Scheitern verurteilt. Die Rettung des Unternehmens kann folglich nur noch durch den ausreichenden **Zufluss von „fresh money"** bzw. den Verkauf an externe Investoren im Rahmen von Distressed M&A erreicht werden – ansonsten droht die Liquidation.

---

[11] Vgl. *Eidenmüller*, 17.
[12] Vgl. Ebenda.
[13] Vgl. *Crone/Werner*, 3.
[14] Vgl. *Jobsky* in Buth/Hermanns, 553 sowie → § 4.

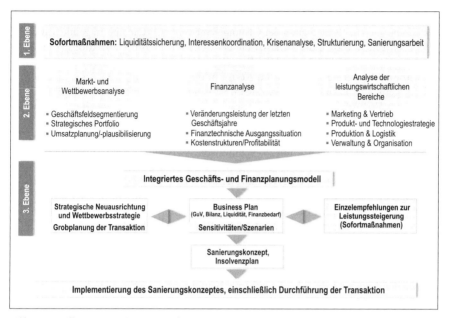

Abb. 1: Erstellung eines Sanierungskonzepts

V. Exkurs: Grundzüge des transaktionsrelevanten Insolvenzrechtes

1. Verfahrensarten

Nachfolgende Kurzskizze der insolvenzrechtlichen Spezifika dient lediglich der Einbettung von Distressed M&A in den rechtlichen Gesamtzusammenhang mit Blick auf den Investorenprozess. Für detaillierte Ausführungen wird auf den relevanten Beitrag in diesem Handbuch verwiesen.

Das Insolvenzrecht unterscheidet grundsätzlich **zwei Verfahrensarten**: das Regelverfahren und das Insolvenzplanverfahren. Das Regelverfahren sieht die übertragende Sanierung und die Liquidation vor. Die Liquidation wird im Folgenden nicht beleuchtet, da keine Fortführung des Unternehmens verfolgt wird.[15]

Die **übertragende Sanierung** ist auch nach Einführung des ESUG das gängigste Instrument zur Sanierung in der Insolvenz bzw. zur Gestaltung von Fortführungslösungen. Streng genommen handelt es sich bei der übertragenden Sanierung um eine Form der Verwertung. Im Wege der übertragenden Sanierung wird der Geschäftsbetrieb des insolventen Unternehmens, also die betriebsnotwendigen materiellen und immateriellen Vermögenswerte (engl.: Assets) an einen neuen Rechtsträger verkauft und übertragen. Es handelt sich somit – wie bereits vorn ausgeführt – um einen Asset Deal. Der insolvente Rechtsträger und damit auch die weniger interessanten, nicht betriebsnotwendigen Assets sowie die Verbindlichkeiten verbleiben beim Verkäufer, sprich: bei der Insolvenzverwaltung. Die nicht betriebsnotwendigen Assets können separat verwertet werden. Der

---

[15] Vgl. *von Leoprechting (Hrsg.)/Fröhlich/Sittel*, 228 ff.

§ 22

von einem Erwerber entrichtete Kaufpreis wird zur Deckung der Kosten des Insolvenzverfahrens und zur Befriedigung der Gläubiger verwendet.[16] Die übertragende Sanierung stellt nach Erkenntnissen der Verfasser die bei weitem häufigste Transaktionsart im Rahmen von Distressed M&A dar. Die Transaktionskomplexität bei einem Asset Deal ist verhältnismäßig gering, da es sich im Kern um die Übertragung von Assets und Mitarbeitern gem. § 613a BGB handelt. Zudem verhandelt der Käufer in der Regel lediglich mit einem Verkäufer, dem Insolvenzverwalter, über das Vermögen der insolventen Gesellschaft.

20   Seit 1999 wurde in der Insolvenzordnung gem. § 1 InsO das **Insolvenzplanverfahren** gleichwertig zur Verwertung aufgenommen. Im Rahmen des Insolvenzplanverfahrens können gem. § 217 InsO **Regelungen zur Befriedigung der Gläubiger abweichend von denen des Regelverfahrens** vereinbart werden. Nach dem Willen des Gesetzgebers soll durch Verhandlung zwischen Schuldner und Gläubigergesamtheit die aus Sicht aller Beteiligten bestmögliche Befriedigung vereinbart werden. Der Insolvenzplan ist also eine Art Vergleich zwischen den Parteien. Der Rechtsträger bleibt erhalten. Vor dem Hintergrund der Gleichstellung des Plans mit den beiden Verwertungsformen, darf dieser jedoch nicht isoliert, sondern muss immer im Vergleich zur übertragenden Sanierung und zur Liquidation geprüft werden.[17]

21   Um die Annahme des Plans durch die Gläubigerversammlung und das Gericht zu gewährleisten, ist regelmäßig der Zufluss von frischem Geld notwendig.[18] Dies kann z.B. durch die Alt-Gesellschafter oder den Verkauf von nicht betriebsnotwendigen Assets geschehen. Häufig ist es aber sinnvoll einen externen Investor in das Unternehmen zu holen. Im Rahmen einer entsprechenden Distressed M&A-Transaktion im Planverfahren erwirbt ein Investor in der Regel Geschäftsanteile im Wege eines Share Deals und führt zusätzlich regelmäßig „fresh money" zu.

22   Die Ausprägungen dieser Verfahrensart sind zahlreich und die Komplexität des Transaktionsprozesses ist für alle Beteiligten deutlich höher als bei einer übertragenden Sanierung. Zum einen stellt sich die Frage nach dem **Zeitpunkt der Planerstellung.** Soll der Plan vor Stellung des Insolvenzantrages erstellt und mit den Gläubigern abgestimmt werden (sog. **Pre-packaged-Plan**) oder wird der Plan erst im (vorläufigen) Verfahren verhandelt? Zum anderen stellt sich die Frage des **Zeitpunkts des Erwerbs der Geschäftsanteile** durch einen Investor. Erwirbt der Investor die Anteile vor dem Insolvenzantrag unter der Bedingung, dass ein Insolvenzplan nach seinen Vorstellungen von den Gläubigern angenommen wird? Oder steigt der Investor ein, wenn der Plan bereits ausgehandelt oder sogar angenommen wurde? Schließlich stellt sich noch die Frage der **Einflussnahme eines potenziellen Investors auf einen Plan.** Wird der Investor aufgefordert seine grundlegenden Vorstellungen für den Plan zu äußern oder wird ihm ein fertig ausverhandelter Plan vorgelegt? Oder präsentiert man dem Investor vorabgestimmte Leitplanken, welche durch ihn dann endverhandelt werden können?

23   Wesentlicher Treiber der Komplexität ist die **Anzahl der beteiligten Verhandlungsparteien.** So verhandelt ein Erwerber u.U. nicht nur mit dem Insolvenzverwalter, sondern auch noch mit den unterschiedlichen Gläubigern über deren Verzichtsbereitschaft – was ggf. aufgrund mehrerer Iterationen sehr zeitaufwendig sein kann. Zudem wird die Komplexität durch eine – entsprechend dem Erhalt des Rechtsträgers – deutlich umfangreicher zu gestaltende Prüfung des Käufers (Due Diligence) gesteigert, da sämt-

---

[16] Vgl. § 24, Rn. 74 und → § 29.
[17] Vgl. *Fröhlich/Bächstädt*, Erfolgsaussichten eines Insolvenzplans in Eigenverwaltung, 986.
[18] Vgl. *Fröhlich/Bächstädt*, Mit Plan zum nachhaltigen Turnaround, 9.

liche am Rechtsträger hängenden potenziellen Verpflichtungen und Risiken eruiert werden sollten. Gleichzeitig ist der verfügbare Zeitraum aber nicht automatisch länger als beim Asset Deal.

Kritisch für den Erfolg ist es, einen **Investorenprozess frühzeitig,** d.h. unmittelbar nach Insolvenzantragstellung, aufzusetzen und dem Investor gewisse **Rahmenbedingungen zur Planerstellung** vorzugeben. Im Idealfall haben der Schuldner, die Gläubiger und der Investor den Plan in Eckpunkten bereits vor Stellung des Insolvenzantrages abgestimmt. Eine professionelle Vorbereitung und Begleitung sowie maximale Geschwindigkeit sind in jedem Fall essenziell.

2. Insolvenz in Eigenverwaltung

Die Insolvenzordnung stellt mit der **Eigenverwaltung** gem. §§ 270–285 InsO eine Verfahrensabwicklungsart zur Verfügung, die dem insolventen Unternehmen ermöglicht, die **Insolvenzmasse selbst zu verwalten und über sie zu verfügen.** Dem eigenverwaltenden Management wird vom Insolvenzgericht ein **Sachwalter** an die Seite gestellt, um den ordnungsgemäßen Verfahrensverlauf sicherzustellen und die wirtschaftliche Lage des Unternehmens zu überwachen. Grobe Verstöße in der Verfahrensgestaltung werden den Gläubigern und dem Gericht sofort angezeigt. Zudem hat der Sachwalter seine Zustimmung zur Aufnahme von Verbindlichkeiten zu geben, die nicht zum gewöhnlichen Geschäftsbetrieb gehören. Vgl. hierzu ausführlich § 28 dieses Handbuchs.

Intuitiv wird ein eigenverwaltetes Unternehmen häufig Lösungen anstreben, welche die Alt-Gesellschafter bevorteilen.[19] Lange hatte die Eigenverwaltung deshalb mit dem Vorurteil zu kämpfen, dass der **„Bock zum Gärtner"** gemacht wird und wurde somit von Gläubigern, Insolvenzverwaltern und Gerichten kaum akzeptiert, so dass sie selten zur Anwendung kam. Der Gesetzgeber hat mit Einführung des ESUG die Voraussetzungen für die Anordnung der Eigenverwaltung nunmehr jedoch deutlich gelockert.

Praktische Erfahrungen der Verfasser zeigen, dass sich – bei lauteren Schuldnern – die Rahmenbedingungen für einen Investorenprozess im Rahmen einer Eigenverwaltung nur geringfügig ändern. In Einzelfällen sind die Anforderungen an den Prozess aufgrund einer nochmals knapper bemessenen Zeitschiene für die Umsetzung einer Investorenlösung allerdings höher als im Rahmen einer klassischen Insolvenzverwaltung. Das Zusammenspiel des eigenverwaltenden Managements mit Gläubigern und Sachwaltung stellt sich durchaus als komplex heraus. Hinsichtlich der Verfahrensart und Transaktionsform ist festzustellen, dass bei angeordneter Eigenverwaltung zunächst oftmals die Maßgabe besteht, das Unternehmen im Rahmen des Insolvenzplanes – ggf. unter Einbeziehung einer teilweisen Geschäftsanteilsveräußerung – zu sanieren. Nicht immer wird dabei der Investorenprozess – wie vom Gesetzgeber indirekt gefordert – ergebnisoffen im Hinblick auf die Gestaltung der Verfahrensart und im Hinblick auf die Einbeziehung des Alt-Gesellschafters geführt. Mit zunehmender Erfahrung im Rahmen der neuen Möglichkeiten des ESUG findet eine **ergebnisoffene Gestaltung des Investorenprozesses** aber in jüngerer Zeit – insbesondere bei insolvenzrechtlich professionell beratenen Schuldnerunternehmen – häufiger Berücksichtigung.

In Einzelfällen mag es sinnvoll sein, die nicht notwendige Veröffentlichung von vorläufigen Eigenverwaltungsverfahren zu nutzen, um einen Investorenprozess „im Stillen" gestalten zu können und insbesondere um etwaige negative Auswirkungen der Insol-

---

[19] Vgl. *Fröhlich/Bächstädt,* Erfolgsaussichten eines Insolvenzplans in Eigenverwaltung, 986.

venzbekanntmachung auf den Geschäftsbetrieb zu vermeiden. Aufgrund des regelmäßig im Schuldnerunternehmen aber selbst kaum vermeidbaren Bekanntwerdens der Insolvenzantragstellung, so bspw. im Rahmen der Beantragung des Insolvenzausfallgeldes, sind solche Überlegungen in der Regel nur für wenig Mitarbeiterintensive Holding-Strukturen realisierbar. Für den Fall eines „**stillen**" **Investorenprozesses** im Rahmen eines Eigenverwaltungsverfahrens sind die Anforderungen und Vorgehensweisen vergleichbar mit der Konstellation eines vorinsolvenzlichen Distressed M&A-Prozesses.

29 Mit Einführung des ESUG wurde eine weitere Form der vorläufigen Eigenverwaltung, das sog. **Schutzschirmverfahren gem. § 270b InsO,** zur Verfügung gestellt. Das Krisenunternehmen erhält in Eigenverwaltung die Möglichkeit unter Aufsicht eines vorläufigen Sachwalters einen Insolvenzplan zur Eigensanierung zu erstellen. Für einen Zeitraum von bis zu drei Monaten wird das Unternehmen vor Vollstreckungsmaßnahmen geschützt (Schutzschirm); spätestens dann ist der abgestimmte Plan bei Gericht einzureichen. Die Bewilligung eines solchen Schutzschirmverfahrens durch das Gericht setzt voraus, dass das Unternehmen mit dem Insolvenzantrag eine **Bescheinigung** einer in Insolvenzsachen erfahrenen Person vorlegt. Diese Bescheinigung bestätigt, dass **drohende Zahlungsunfähigkeit oder Überschuldung**, aber keine Zahlungsunfähigkeit vorliegt.[20] Zudem darf die angestrebte **Sanierung nicht offensichtlich aussichtslos** sein. Die Einzelheiten der Bescheinigungserstellung sind unter Insolvenzexperten teilweise sehr umstritten.[21]

Das Schutzschirmverfahren stellt sich aus Perspektive des Krisenunternehmens als ein noch leistungsfähigeres Sanierungsinstrument als ein klassisches Eigenverwaltungsverfahren gem. 270a InsO dar – auch wenn der eigentliche Nutzen dieses Verfahrens insbesondere auf der kommunikativen Außendarstellung beruht. Ist die Hürde der nur „drohenden Zahlungsunfähigkeit" genommen, kann in der Regel der eingeschlagene Sanierungsweg unbehelligt weiterverfolgt werden.[22] Hinsichtlich Nutzen und Vorteilhaftigkeit eines Schutzschirmverfahrens nach § 270b InsO gegenüber einem „klassischen" Eigenverwaltungsverfahren nach § 270a InsO bestehen in der Fachwelt unterschiedliche Auffassungen.

30 Aus dem Schutzschirmverfahren ergibt sich oftmals eine **Verschärfung der Anforderungen an den M&A-Prozess** im Vergleich zur „klassischen" Eigenverwaltung. So besteht ein noch **höherer Zeitdruck**, da der finale Insolvenzplan, welcher üblicherweise schon den neuen Investor und seinen Beitrag berücksichtigt, nach spätestens drei Monaten bei Gericht einzureichen ist.

3. Gläubigerausschuss

31 Durch das ESUG wurde die Einrichtung eines die Gläubiger repräsentativ vertretenden **vorläufigen Gläubigerausschusses** in Verfahren von Schuldnerunternehmen, die definierte Größenkriterien erfüllen, eingeführt. Dem vorläufigen und möglicherweise abweichend besetzten endgültigen Gläubigerausschuss kommt in der Steuerung des Insolvenzverfahrens, insbesondere auch im Hinblick auf die Gestaltung der Verfahrensart sowie der Anordnung einer Eigenverwaltung, zentrale Bedeutung zu. Zu beobachten ist, dass in der Praxis der Ausschuss in Eigenverwaltungsverfahren ergänzend zu dem Sachwalter eine maßgebliche Kontrollfunktion wahrnimmt. Dementsprechend ist auch die

---

[20] Vgl. *Fröhlich/Ringelspacher/Röver*, 268 ff.
[21] Vgl. *Fröhlich/Ringelspacher/Röver*, 268 ff. sowie → § 27.
[22] Vgl. *Fröhlich/Bächstädt*, 8 Monate ESUG, 2044.

4. Zeitpunkt der Transaktion im Krisenverlauf

Je nach Zeitpunkt der Transaktion, d.h. vor **Stellung des Insolvenzantrags (Phase 1)**, im **vorläufigen Verfahren (Phase 2)** oder im **eröffneten Verfahren (Phase 3)** vor bzw. nach dem Berichtstermin, sind seitens der beteiligten Parteien unterschiedliche prozessuale Aspekte, Risiken und im besonderen Maße **Verwertungs- und Verfügungsbefugnisse** zu beachten.

Beim **Erwerb in Phase 1** kann der Gesellschafter bzw. das Management als Verkäufer noch regelmäßig frei über die Geschäftsanteile bzw. über die Assets des Unternehmens verfügen. Der Erwerb in diesem Krisenstadium ist jedoch in erheblichem Umfang mit Unwägbarkeiten und potenziellen insolvenzrechtlichen Risiken für die Transaktionssicherheit belastet.[23] Die gravierendsten potenziellen Folgen in Bezug auf einen Kauf in dieser Phase sind dem Risiko inhärent, dass der Verkäufer nach Vertragsabschluss über die Transaktion selbst Insolvenz, sog. **Anschlussinsolvenz**, beantragt. Mit Eröffnung dieses Insolvenzverfahrens können einerseits sämtliche Forderungen gegen den insolventen Rechtsträger nur noch zur Insolvenztabelle angemeldet und damit – anstatt mit ihrem vollen Wert – in der Regel nur teilweise erfüllt werden. Dies gilt in besonderem Maße für Gewährleistungsansprüche, welche nur in sehr eingeschränktem Maße durchgesetzt werden können. Zum anderen hat der Insolvenzverwalter ein **Erfüllungswahlrecht gem. § 103 InsO** sofern der gegenseitige Vertrag im Zeitpunkt der Verfahrenseröffnung von keiner Partei vollständig erfüllt wurde. Lehnt der Insolvenzverwalter die Erfüllung gem. § 103 Abs. 2 InsO ab, ist der Anspruch des Käufers aus der Nichterfüllung des Vertrages lediglich eine Insolvenzforderung.[24] Kein Erfüllungswahlrecht steht dem Insolvenzverwalter zu, sobald eine der Vertragsparteien ihre Leistung voll erbracht hat. Hier wird die Transaktionssicherheit für den Käufer allerdings dadurch gefährdet, dass der Insolvenzverwalter den **Vertrag gem. § 130 ff. InsO anfechten** kann.

Zum einen kann das Rechtsgeschäft **gem. § 132 InsO angefochten** werden, wenn es in den letzten drei Monaten vor dem Insolvenzantrag oder später vorgenommen wurde, zu diesem Zeitpunkt bereits Zahlungsunfähigkeit des Schuldners vorlag, der Käufer davon wissen musste (Due Diligence) und eine unmittelbare Gläubigerbenachteiligung vorliegt. Für die Beurteilung der unmittelbaren Gläubigerbenachteiligung ist die wirtschaftliche Beurteilung der Gleichwertigkeit der Gegenleistungen anzustellen.[25]

Zum anderen besteht ein **Anfechtungstatbestand gem. § 133 InsO** wenn der Insolvenzverwalter den Nachweis erbringt, dass durch ein Rechtsgeschäft innerhalb der letzten 10 Jahre vor dem Insolvenzantrag eine vorsätzliche Gläubigerbenachteiligung erfolgte und der Käufer hiervon Kenntnis hatte. Die Kenntnis des Käufers wird vermutet, wenn er die drohende Zahlungsunfähigkeit, z.B. aus der Due Diligence, und die Gläubigerbenachteiligung kannte.[26]

Die **Rechtsfolge der erfolgreichen Anfechtung** liegt in der Rückgewähr des Unternehmens zur Insolvenzmasse gem. § 143 Abs. 1 S. 1 InsO. Im Gegenzug wird der

---

[23] Vgl. *von Leoprechting (Hrsg.)/Rust/Henning*, 125.
[24] Vgl. *von Leoprechting (Hrsg.)/Rust/Henning*, 136 ff.
[25] Vgl. *Tschauner/Zirngibl*, Präsentation der *Hogan Lovells Vortragsreihe M&A Contract Drafting*.
[26] Vgl. *von Leoprechting (Hrsg.)/Rust/Henning*, 138 ff.

Kaufpreis aus der Insolvenzmasse als Masseforderung gem. § 144 Abs. 2 S. 1 InsO erstattet, soweit die Masse im Zeitpunkt der Rückerstattung noch um den Kaufpreis bereichert ist. Andernfalls ist die Forderung gem. § 144 Abs. 2 S. 2 InsO lediglich als Insolvenzforderung zu bewerten.[27] Die **Anfechtungssicherheit** kann deutlich erhöht werden, indem ein Bargeschäft, d.h. Zug um Zug, getätigt wird.[28]

37 In **Phase 2** liegt die Verfügungsbefugnis im Regelfall beim Schuldner mit Zustimmungsvorbehalt des vorläufigen Insolvenzverwalters oder im Rahmen der vorläufigen Eigenverwaltung bei der Geschäftsführung. Hinsichtlich der Transaktionssicherheit bestehen im vorläufigen Verfahren die gleichen Risiken wie bei einer Transaktion in Phase 1. Unabhängig von diesen Risiken kann den Käufer bei einem Asset Deal in Phase 2 die Haftung für sämtliche Verbindlichkeiten sowie für die Betriebssteuern des Verkäufers gem. § 25 Abs. 1 HGB und § 75 Abs. 1 AO treffen. Aus Sicht der Verfasser hat eine Transaktion im vorläufigen Verfahren praktisch aufgrund der zahlreichen Risiken keine Relevanz und wird aus diesem Grund hier nicht weiter beleuchtet. Üblich in der Praxis ist die weitestgehende Durchführung des Verkaufsprozesses inklusive der Ausverhandlung der Verträge. Diese werden dann in Phase 3 unterschrieben.

38 Beim **Erwerb in Phase 3** liegt die Verwertungs- und Verfügungsbefugnis bei der Insolvenzverwaltung bzw. bei angeordneter Eigenverwaltung beim Schuldner. Die Rechtshandlung unterliegt allerdings einem **Zustimmungsvorbehalt der Gläubiger**, welcher im Berichtstermin zugestimmt werden kann. **Vor und nach der ersten Gläubigerversammlung** ist die **Zustimmung des Gläubigerausschusses** gem. § 158 Abs. 1 InsO bzw. § 160 Abs. 2 Nr. 1 InsO erforderlich. Hinsichtlich der Transaktionssicherheit bestehen für den Käufer in Phase 3 die geringsten Risiken, da die Forderungen des Käufers Masseverbindlichkeiten sind und keine Anfechtungsrisiken bestehen. Der Erwerber sollte allerdings berücksichtigen, dass der Insolvenzverwalter in der Regel keine Garantien, Gewährleistungen und Freistellungen abgibt und somit sein besonderes Augenmerk auf die Due Diligence legen. Die Haltung des Insolvenzverwalters ist nachvollziehbar, da dieser das Unternehmen selbst erst seit wenigen Wochen kennt und unter Umständen persönlich haftet. Weitere rechtliche Ausführungen zu den Transaktionsmöglichkeiten können in § 23 dieses Handbuchs nachgelesen werden.

5. Aus- und Absonderungsrechte im Insolvenzverfahren

39 Wesentlichen Einfluss auf den Transaktionsprozess üben **die besicherten Gläubiger** aus. Von praktischer Relevanz für den M&A-Prozess sind hier insbesondere die aussonderungsberechtigten (§ 47 InsO) und die absonderungsberechtigten (§ 49 ff. InsO) Gläubiger, welche Sicherungsrechte an Gegenständen haben, die zur Fortführung des Unternehmens von erheblicher Bedeutung sind. Mit Aussonderungsrechten belegte Gegenstände können nicht im Rahmen eines Asset Deals übernommen werden. Der Käufer, der das Aussonderungsgut weiter nutzen möchte, sollte – nach Zustimmung und in enger Abstimmung mit der Insolvenzverwaltung/Eigenverwaltung – auf die entsprechenden Gläubiger (häufig Leasinggeber) zugehen und eine Einigung über die weitere Nutzung des Gutes anstreben.

Eine Schlüsselrolle für den Transaktionserfolg im Rahmen eines Asset Deals kommt regelmäßig den Gläubigern mit Absonderungsrechten zu. Verhandlungen mit diesen Gläubigern (z.B. **Grundschulden, Pfandrechte**) sollten in der Regel durch die Insol-

---

[27] Vgl. *Tschauner/Zirngibl*.
[28] Vgl. *Bitter/Rauhut*, 21.

venzverwaltung/Eigenverwaltung in enger Abstimmung mit dem Investor vorgenommen werden, so dass ein „lastenfreier" Erwerb der benötigten Vermögensgegenstände sichergestellt ist. Die Steuerung der Gespräche des Investors mit den absonderungsberechtigten Gläubigern entscheidet oftmals über die Chancen der Unternehmensveräußerung.

Im Rahmen eines Insolvenzplanverfahrens sind diese Gläubigergruppen maßgeblicher Gegenstand der Verhandlungen zur Erzielung des mittels Insolvenzplan angestrebten „Vergleichs".

VI. Beteiligte Parteien

1. Potenzielle Käufer

Potenzielle Käufer eines Krisenunternehmens können sowohl strategische Investoren als auch Finanzinvestoren sein. Gelegentlich – aber eher bei kleineren Unternehmen – kommen auch Privatpersonen, wie z.B. das Management des Unternehmens, als Investoren in Betracht. Auch erwerben in Einzelfällen die Alt-Gesellschafter in der Insolvenz „ihr" Unternehmen erneut.

Strategische Investoren kommen meist aus dem Marktumfeld des Zielunternehmens. Es kann sich dabei einerseits um
- direkte Wettbewerber mit vergleichbaren Produkten und identischen Absatzmärkten,
- Unternehmen mit komplementären Produkten/Leistungen/Technologien für vergleichbare Anwendungsbereiche/Zielkundengruppen und gleichen Absatzmärkten sowie
- Unternehmen mit vergleichbaren Produkten/Leistungen/Technologien auf unterschiedlichen Absatzmärkten

handeln. Vermehrt kommen in den vergangenen Jahren auch ausländische Unternehmen, insbesondere aus China und Indien, in Betracht, die sich stark für den Erwerb deutscher Unternehmen, insbesondere auch in Krisensituationen, interessieren.[29] Eine entsprechende grenzüberschreitende Transaktion mit einem ausländischen Investor wird **Cross-Border-Transaction** bezeichnet.

Finanzinvestoren hingegen verfolgen mit dem Erwerb eines Unternehmens das Ziel, eine möglichst hohe Gesamtrendite zu erwirtschaften, die sich aus den Erträgen im Beteiligungszeitraum und dem späteren Verkaufserlös ergibt. Die Rendite ist dabei naturgemäß umso höher, je günstiger das Unternehmen erworben wurde. Seit einigen Jahren agieren vermehrt Finanzinvestoren im Markt, die auf Sanierungsfälle spezialisiert sind und dafür notwendiges Sanierungs-Know-how und Managementressourcen vorhalten. Auch auf den Erwerb von Krisenunternehmen, die mittels Insolvenzplanverfahren saniert werden sollen bzw. worden sind, hat sich in der Zwischenzeit eine kleine Anzahl an Finanzinvestoren spezialisiert. Vgl. zum Thema Private Equity in der Krise die Ausführungen in § 21 dieses Handbuchs.

Nachfolgende Übersicht stellt Vor- und Nachteile eines Verkaufs an strategische sowie Finanzinvestoren dar:

---

[29] Vgl. *Fröhlich/Wierz*, S. 6–7.

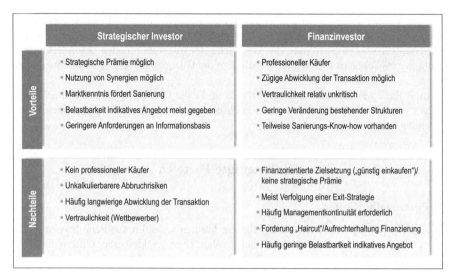

Abb. 2: Vor- und Nachteile aus Sicht von Investoren

2. Potenzielle Verkäufer

44 Der **Verkäufer im Rahmen einer Distressed M&A-Transaktion** wird durch die jeweilige Phase der Unternehmenskrise und der damit verbundenen Ausprägung der Verfügungs- und Verwertungsbefugnis determiniert. Dies sind entweder die Gesellschafter, das Management oder die Insolvenzverwaltung. I.d.R. ist auch die Einbeziehung der Gläubiger, insbesondere der aus- und absonderungsberechtigten Gläubiger, geboten.

45 In der **vorinsolvenzlichen Krisen-Phase** liegt es bei den **Gesellschaftern und/oder dem Management** im Rahmen ihrer verbliebenen Handlungsfreiheit das Unternehmen durch eine M&A-Transaktion in wirtschaftlich geordnete Verhältnisse zurückzuführen, sofern die eigenen finanziellen Mittel nicht mehr ausreichen bzw. keine weitere Bereitschaft zur Zuführung weiterer Mittel besteht. In der Krise können je nach Ausgangslage sowohl der Verkauf von Geschäftsanteilen (Share Deal) durch die Gesellschafter als auch der Asset Deal durch die Gesellschaft, vertreten durch das Management, sinnträchtig sein.

46 Im Rahmen des Share Deals kann einerseits durch Schaffung neuer Geschäftsanteile im Rahmen einer Kapitalerhöhung ein externer Investor eine Minderheits- oder Mehrheitsbeteiligung übernehmen und damit Liquidität zugeführt und Eigenkapital aufgestockt werden. Diese Variante wird insbesondere von eigentümergeführten Mittelstandsunternehmern präferiert. Andererseits besteht aber auch die Möglichkeit sich im Rahmen eines vollständigen Verkaufs von sämtlichen bestehenden Gesellschaftsanteilen zu trennen. Dies ist insbesondere der Fall bei Finanzinvestoren oder Unternehmensgruppen, welche ihr Engagement durch den Verkauf oder durch den Spin-Off/Carveout von krisenbehafteten Gruppenunternehmen bzw. Unternehmensteilen beenden wollen.

47 Im Rahmen eines Asset Deals kann einerseits der Geschäftsbetrieb mit den betriebsnotwendigen Assets veräußert werden, so dass der Rechtsträger durch den Mittelzufluß saniert werden kann. Der alte Rechtsträger bleibt dann zunächst fortbestehen. Andererseits können auch nicht betriebsnotwendige Assets oder auch Randgeschäftsbereiche im

Rahmen eines Asset Deals veräußert werden, so dass der Kern-Geschäftsbetrieb im Rahmen des alten Rechtsträgers saniert werden kann.

Im **eröffneten Insolvenzverfahren** kann der **Insolvenzverwalter** im Rahmen einer M&A-Transaktion die Vermögensgegenstände der insolventen Gesellschaft teilweise oder vollständig im Rahmen einer übertragenden Sanierung verwerten. Im Rahmen eines Insolvenzplanverfahrens kann der Insolvenzverwalter auch Geschäftsanteile an einen externen Investor veräußern. Die Zustimmung der (Alt-)Gesellschafter zu Kapitalmaßnahmen sind seit Einführung des ESUG nicht mehr erforderlich und ein damit verbundenes Blockadepotenzial nicht mehr vorhanden. 48

Abweichend von der vorinsolvenzlichen Situation, in der der Gesellschafter noch immer als Verkäufer agiert, geht die faktische Verwertungs- und Verfügungsvollmacht im Rahmen einer **Eigenverwaltung** in einem Insolvenzverfahren auf das Management über. Die Zustimmungen des Sachwalters und der weiteren Gremien sind für die Umsetzung einer Transaktion in einem Eigenverwaltungsverfahren zwar obligatorisch. Gleichwohl ist das Management der maßgebliche Akteur in dem Investorenprozess, der als Verkäufer des Schuldnerunternehmens bzw. der Assets auftritt. 49

Im Insolvenzverfahren ist generell die **Zustimmung zum Verkauf durch die Gläubiger** erforderlich. Vor dem Berichtstermin im Rahmen des eröffneten Insolvenzverfahrens ist die Zustimmung des Gläubigerausschusses gem. § 158 Abs. 1 InsO erforderlich. Im Berichtstermin kann die Zustimmung durch die Gläubigerversammlung erfolgen. Nach dem Berichtstermin ist die Zustimmung des Gläubigerausschusses gem. § 160 Abs. 2 InsO erforderlich. 50

Durch die gemäß ESUG verpflichtende Einrichtung eines **Gläubigerausschusses** bereits im Insolvenzantragsverfahren für Schuldnerunternehmen ab einer bestimmten Größenordnung, nimmt auch dieser Ausschuss erheblichen Einfluss auf den Investorenprozess in einem Insolvenzverfahren. 51

VII. Transaktionsprozess

1. Verkäuferperspektive (Sell Side)

a) **Transaktionsmotive des Verkäufers.** Die Durchführung einer Distressed M&A-Transaktion seitens des Verkäufers ist regelmäßig **extrinsisch motiviert**. So wird der Verkäufer entweder von seinen Gläubigern oder aufgrund der von ihm erkannten Fehlentwicklung des Geschäftsverlaufs dazu bewegt, sich von dem Krisenunternehmen oder Teilen davon zu trennen, weil die Fortführung einen zu hohen Kapitalbedarf bedingt oder aufgrund eines massiven Wertverzehrs eine Trennung von unrentablen Unternehmensteilen geboten ist. Zur Überlebens- und Liquiditätssicherung kann auch ein „Verkauf von Tafelsilber", nicht zwingend betriebsnotwendiger Vermögensgegenstände, im Rahmen eines Asset Deals angebracht sein. Schließlich kann die strategische Entscheidung der Re-Fokussierung auf das Kerngeschäft sowie die Kernkompetenzen eine erfolgversprechende Lösungsoption bieten, das Unternehmen wieder in ruhigeres Fahrwasser zu führen. 52

In einer Insolvenzsituation sind aufgrund der hohen Anzahl der Beteiligten auf der Verkäuferseite oftmals **differenzierte Zielsetzungen** zu berücksichtigen. Das Motiv-Tableau der „Mit-Entscheider" spreizt sich insbesondere in Eigenverwaltungs-Verfahren weit. Ausgewählte Ziele von Verfahrensbeteiligten sind: Existenzsicherungsabsichten des Gesellschafters, Arbeitsplatzerhalt des Managements, Arbeitsplatzsicherung für eine ma- 53 ximale Anzahl an Arbeitnehmern, Kaufpreismaximierung für besicherte Wirtschaftsgüter, Aufrechterhaltung von Geschäftsbeziehungen auf Kunden- und Lieferantenseite, Haftungsvermeidung, soziale Erwägungen, Fortführungsdogma, Reputationserwägungen, etc.

54 **b) Ablauf des Verkaufsprozesses.** Grundsätzlich ist der Verkaufsprozess immer an die Besonderheiten des Krisenunternehmens und die entsprechenden Rahmenbedingungen anzupassen. Der idealtypische, auch als **„strukturierter Prozess"** bezeichnete Verkaufsprozess eines Krisenunternehmens lässt sich grundsätzlich in **vier Phasen** unterteilen.

55 Die 1. Phase umfasst im Kern die **Analyse, die Informationsaufbereitung und die Unternehmensbewertung**. Die Suche nach geeigneten Investoren setzt eine genaue Kenntnis des Unternehmens voraus. Eine gezielte und präzise Ansprache der Investoren ist eine wesentliche Voraussetzung dafür, das Interesse für einen Eintritt in den Verkaufsprozess zu wecken. Besondere Bedeutung kommt hierbei einer übersichtlichen Darstellung des Geschäftsmodelles in einem sog. **Information Memorandum** oder Unternehmensexposé zu, um es potenziellen Investoren transparent darzustellen. Das Memorandum enthält alle wesentlichen Informationen über das Unternehmen, sein Leistungsspektrum, seine Marktaussichten, seinen Finanzstatus sowie wesentliche vertragliche Verpflichtungen. Darüber hinaus wird in dieser Phase auf Basis unterschiedlicher, wissenschaftlich anerkannter Bewertungsmethoden eine Vorstellung über einen möglichen Kaufpreis entwickelt.

56 In der 2. Phase erfolgen **die Identifikation und die Ansprache potenzieller Investoren**. In dieser Phase wird zunächst eine grobe Selektion potenzieller Investoren unter Berücksichtigung von Erfolgswahrscheinlichkeit und Plausibilität für einen Einstieg vorgenommen (Long List). In einem zweiten Schritt wird die getroffene Selektion verfeinert und eine Priorisierung der möglichen Interessenten vorgenommen. Diese getroffene Feinauswahl stellt die sog. Short List dar. Ein kritischer Erfolgsfaktor ist hier der optimale Umfang der anzusprechenden potenziellen Erwerber. Ein unreflektiertes Streuen der Ansprache kann erhebliche Effizienz- und ggf. auch Vertraulichkeitsdefizite mit sich bringen. Eine zu eingeschränkte Ansprache kann dazu führen, dass der nicht sofort evidente, optimale Investor nichts von der Investitionsopportunität erfährt. Schließlich werden in dieser Phase erste Gespräche mit interessierten, potenziellen Investoren geführt. Diesen wird nach Unterzeichnung einer Vertraulichkeitserklärung der Name des Unternehmens offengelegt und das Information Memorandum übermittelt. Anschließend werden diese Interessenten zu einem bestimmten Termin aufgefordert, ein **unverbindliches Angebot** für die Übernahme des Geschäftsbetriebs und/oder Geschäftsbereichen zu unterbreiten. Dieses enthält neben der Kaufpreishöhe auch Rahmendaten über die Übernahme. Auf Basis dieser indikativen Angebote erfolgt eine **Eingrenzung des Bieterkreises**.

57 Die 3. Phase ist geprägt von **Managementpräsentationen** und der **Due Diligence**. In dieser Phase erhalten die Interessenten im Rahmen von Managementpräsentationen die Gelegenheit, Management und/oder Gesellschaftern konkrete Fragen zur Unternehmensentwicklung, Marktstellung, Bilanz und Planung zu stellen. Gleichzeitig wird der sogenannte Datenraum erstellt. Der Datenraum enthält die für die Due Diligence der Interessenten notwendigen Zahlen und Informationen. Dies kann in physischer Form oder als virtueller, elektronischer Datenraum erfolgen. Nach der Due Diligence haben die verblieben Interessenten verbindliche Angebote mit konkreten Übernahmekonzepten und Preisen vorzulegen.

In der 4. Phase führt die erfolgreiche **Vertragsverhandlung zur Vertragsunter-** 58
zeichnung. In dieser letzten Phase werden auf Basis der vorliegenden Angebote, die Vertragsverhandlungen geführt. Diese endet nach Einigung über einen Vertragsentwurf mit der Unterzeichnung und ggf. notarieller Beurkundung. Nachfolgende Abbildung stellt den idealtypischen Verkaufsprozess überblicksartig dar:

Phasenmodell eines Unternehemensverkaufs in der Krise			
Analyse, Informations- aufbereitung & Bewertung	Identifikation/Ansprache potenzielle Investoren	Managementpräsentation & Due Diligence	Vertragsverhandlung & -unterzeichnung
• Sammlung essentieller Daten • Fundierte Unternehmensanalyse • Marktrecherche • Erstellung Unternehmensexposé • Erstellung Unternehmensbewertung	• Identifikation möglicher Investoren (Long List) • Vornahme Priorisierung/ Eingrenzung (Short List) • Ansprache • Einholung Vertraulichkeitserklärung • Bereitstellung Unternehmensexposé • Einholung indikative Angebote	• Durchführung Managementpräsentationen • Aufbereitung ergänzender Informationen • Einrichtung (virtueller) Datenraum • Koordinierung Due Diligence-Aktivitäten • Q&A-Sessions • Einholung verbindlicher Angebote	• Begleitung Vertragsverhandlung • Koordination rechtliche/ steuerliche Berater • Koodination Vertragsentwurf • Vertragsabschluss (Signing)

Abb. 3: Unternehmensverkauf in der Krise

In existenzbedrohenden Krisensituationen sowie in Insolvenzverfahren ist der Ablauf des 59 Investorenprozesses den Rahmenbedingungen anzupassen. Oftmals zwingt die Insolvenzsituation zu einer weitestgehend möglichen parallelen Bearbeitung der dargestellten Phasen, um dem regelmäßig gebotenen Zeitdruck gerecht werden zu können. Eine sequenzielle Bearbeitung der Prozessschritte ist oftmals nicht möglich.

Auch wird in der Regel eine selektive Interessentenansprache nicht zielführend sein. Einerseits ist die Investitionsopportunität im Markt durch die Insolvenzbekanntmachung allseits bekannt, so dass durch eine **breite Marktansprache** in der Regel keine negative Öffentlichkeitswirksamkeit verursacht wird. Im Gegenteil: Das Aufsetzen eines breiten Investorenprozesses signalisiert den relevanten Stakeholdern, so insbesondere Kunden, Lieferanten und Arbeitnehmern, dass eine Fortführungslösung aktiv erarbeitet wird. Andererseits kann nur durch eine breite Ansprache aller potenziellen Interessenten sichergestellt werden, dass in dem knappen zur Verfügung stehenden Zeitrahmen mit hoher Wahrscheinlichkeit die maßgeblichen Interessenten kontaktiert wurden, so dass dem originären Ziel eines Insolvenzverfahrens, der Maximierung der zur Ausschüttung an die Gläubiger erwirtschafteten Mittel, Rechnung getragen werden kann. Darüber hinaus ist regelmäßig eine nachträgliche Ansprache potenzieller Investoren – nach einer möglicherweise gescheiterten Erst-Ansprache-Runde – aus Zeitgründen nicht mehr möglich.

In Einzelfällen ist auch in Insolvenzverfahren eine selektive Interessentenansprache 60 geboten. So in dem Fall, wenn die Insolvenzantragstellung nicht öffentlich gemacht werden soll. In solchen Eigenverwaltungsverfahren kann es sinnvoll sein, eine sehr fokussierte Ansprache von Interessenten mit einem spezifischen Profil vorzunehmen. Grundsätzlich kann es auch sinnvoll sein, auch in bereits am Markt bekannten Eigenverwaltungsverfahren einen streng gesteuerten Prozess mit einer **selektiven Interessentenansprache** aufzusetzen, um den Interessen des eigenverwalteten Unternehmens gerecht zu werden.

§ 22   5. Teil. Sonderthemen

Allerdings sind den im Insolvenzverfahren beteiligten Stakeholdern die Konsequenzen einer limitierten Interessentenansprache aufzuzeigen.

61   Die besondere Berücksichtigung von potenziellen Investoren mit komplementären Geschäftsmodellen wird von den Verfassern als **„Gestaltender Investorenprozess"** bezeichnet. Ziel ist die Realisierung einer „Strategischen Prämie" durch Einbeziehung von Interessenten in den Prozess, die entweder mit komplementären Produkten/Leistungen/Technologien für vergleichbare Anwendungsbereiche/Zielkundengruppen auf identischen Absatzmärkten tätig sind oder aber die mit vergleichbaren Produkten/Leistungen/Technologien auf unterschiedlichen Absatzmärkten tätig sind.

Die Umsetzung von Transaktionen mit dieser Art von Investoren führt regelmäßig dazu, dass die Realisierung von Kostensynergien in den Hintergrund tritt und gleichzeitig strategische Potenziale gehoben werden können.

2. Käuferperspektive (Buy Side)

62   a) **Transaktionsmotive des Käufers.** Die häufigsten **Transaktionsmotive von strategischen Investoren** sind die Realisierung von Synergien, Sicherung eigener Absatzwege oder Beschaffungsquellen, Zukauf von Märkten oder Marktpositionen, Erwerb von Know-how, Marken und Technologien. **Finanzinvestoren**, die keine relevante strategische Beteiligung im Portfolio besitzen, hingegen verfolgen das ausschließliche Ziel, eine möglichst hohe Gesamtrendite mit dem Unternehmen zu erwirtschaften.

63   So wird der **direkte Wettbewerber** aus der Region des Krisenunternehmens nach einem Erwerb regelmäßig versuchen über die Realisierung von Synergien bspw. über die Zusammenlegung von Verwaltungs- und Unterstützungsfunktionen, schnell wieder zur Profitabilität zu gelangen. Asiatische Investoren beabsichtigen häufig entweder Technologien und Know-how zu transferieren oder sich einen Marktzugang in Deutschland oder Europa zu verschaffen. Letzteres Motiv wurde in der jüngeren Vergangenheit häufig bei chinesischen Investoren aus der Automobilzulieferindustrie beobachtet, die über eine entsprechende Akquisition direkten Zugang zu ihren deutschen Kunden, den Automobilproduzenten, erwerben.

64   Die Motivlage hat eine direkte Auswirkung auf die **Lösungsqualität der Transaktion**. Je komplementärer ein Investor (räumlich oder aufgrund des Geschäftsmodells) aufgestellt ist, desto größer ist in der Regel der Lösungsumfang, da weniger Redundanzen und somit geringere Kosten-Synergiepotenziale bestehen. Auf der anderen Seite kann der direkte Wettbewerber mit großer Kongruenz zum Krisenunternehmen regelmäßig am schnellsten agieren, da er wesentliche Informationen bereits kennt und die Attraktivität des Targets umgehend einzuschätzen weiß.

65   Opportunistisch und wenig kreativ aufgesetzte Investorenprozesse führen daher oftmals zu einer vermeintlich unkomplizierten Transaktion mit Interessenten, die sich beispielsweise aus Kenntnis der Insolvenzsituation aktiv beim Verkäufer melden. Transaktionen mit komplementär aufgestellten Interessenten, die auf Basis eines entsprechenden Research und Marktverständnisses identifiziert und angesprochen werden, sind regelmäßig deutlich komplexer und aufwändiger zu gestalten, gleichzeitig aber auch deutlich erfolgsträchtiger im Hinblick auf die Qualität der generierten Lösung.

66   Es ist in jedem Fall essenziell, die Motive zu kennen und bei der Investorenauswahl und den Verhandlungen zu berücksichtigen.

67   b) **Ablauf Transaktionsprozess.** Grundsätzlich zu unterscheiden ist zwischen einer pro-aktiven Vorgehensweise, in dem ein **gezielter Suchprozess** für die Identifikation

eines Zielunternehmens aufgesetzt wird und einer re-aktiven Vorgehensweise, in dem auf eine direkte Ansprache durch den Verkäufer eines Krisenunternehmens hin die vorgestellte Investitionsopportunität geprüft wird. Im Rahmen einer re-aktiven Vorgehensweise wird der Erwerbsinteressent regelmäßig einen strukturierten Investorenprozess durch den Verkäufer gestaltet vorfinden, so dass oftmals eine Wettbewerbssituation zu anderen Bietern besteht. Entsprechend straffer ist auch die Vorgehensweise durch den Erwerbsinteressenten zu gestalten. Auch beim **Transaktionsprozess auf Käuferseite** ist auf die Spezifika des Unternehmens bzw. dessen Rahmenbedingungen einzugehen. Der idealtypische pro-aktive Suchprozess für den Erwerb eines Krisenunternehmens lässt sich allerdings grundsätzlich auch in vier Phasen unterteilen.

In der 1. Phase erfolgt die **Erarbeitung der Akquisitionsstrategie**. Die Strategie umfasst die Ziele des Erwerbers unter Berücksichtigung des Marktumfeldes und der M&A-Dynamik der Branche. So erfolgt zunächst die Analyse der Markt- und Wettbewerbssituation in den relevanten Bereichen sowie der jeweiligen Marktkräfte (SWOT-Analyse etc.). Danach werden die strategischen bzw. unternehmerischen Ziele (etwa bezüglich Produkten und Kunden), die mit der Akquisition verfolgt werden und die Kriterien, welche ein potenzielles Zielunternehmen erfüllen sollte, erarbeitet. Schließlich wird der relevante Markt nach Transaktionen in der jüngeren Vergangenheit untersucht. Basierend auf dieser Strategie werden die Prozessziele abgeleitet und ein passendes **Akquisitionsprofil** erstellt. 68

In der 2. Phase erfolgen die **Identifikation und Bewertung potenzieller Zielunternehmen** anhand des Akquisitionsprofils. Auf Basis der erarbeiteten Akquisitionskriterien wird die Recherche und Auflistung von Unternehmen für den definierten geografischen Raum (sog. Long List) vorgenommen. In einem zweiten Schritt wird die getroffene Selektion verfeinert und die möglichen Zielunternehmen (sog. Short List) priorisiert. Nun werden öffentlich verfügbare Unternehmensinformationen gesammelt und eine Beurteilung der grundsätzlichen Eignung der Unternehmen anhand der Akquisitionskriterien vorgenommen. Schließlich wird ein Katalog des ergänzenden Informationsbedarfs zu jedem Unternehmen erstellt, der vom potenziellen Veräußerer bereitgestellt werden muss, um die Aufnahme von konkreten Verhandlungen zu ermöglichen. 69

In der 3. Phase werden die **Ansprache und Prüfung der potenziellen Zielunternehmen** durchgeführt. Entsprechend der Priorisierung werden die Gesellschafter der Unternehmen der Short List angesprochen, um deren grundsätzliche Veräußerungsbereitschaft abzufragen. Dies erfolgt idealerweise ohne dabei zunächst den Namen des potenziellen Erwerbers aufzudecken. Bei bestehender Verkaufsbereitschaft erfolgt die Offenlegung des Interessenten und – nach Unterzeichnung einer gegenseitigen Vertraulichkeitsvereinbarung – die Anforderung der ergänzenden Informationen über das Zielunternehmen. Auf Basis der Analysen werden erste Sondierungsgespräche mit dem Management bzw. den Gesellschaftern des Zielunternehmens wahrgenommen. An dieser Stelle erfolgt eine Grundsatzentscheidung, ob die Gespräche und Prüfungen fortgeführt werden sollen. Sofern diese positiv beschieden wurde, wird ein sog. Term Sheet mit den Eckwerten zu einer geplanten Transaktion erstellt. Dieses Term Sheet ist Bestandteil eines indikativen Angebotes, welches dem potenziellen Verkäufer unterbreitet wird. Der potenzielle Erwerber sollte ab diesem Zeitpunkt bemüht sein, eine Exklusivität mit dem potenziellen Verkäufer über die Verhandlungen zu vereinbaren. Bei einem Erwerb aus der Insolvenz wird es dem Verkäufer allerdings in der Regel nicht möglich sein, diese Exklusivität zu gewähren. 70

Sofern die Ernsthaftigkeit der Veräußerungsabsicht positiv zu beurteilen ist, werden das Management und/oder die Gesellschafter aufgefordert eine **Managementpräsenta-** 71 tion zu halten und weitere detaillierte Informationen über das Unternehmen für eine **Due Diligence** bereitzustellen. Geprüft werden hier insbesondere die Vermögens-, Finanz- und Ertragslage, steuerliche Risiken, vertragliche Bindungen, arbeitsrechtliche Themen, Haftungsrisiken einschließlich Nutzbarkeit „geistigen Eigentums" (z.B. gewerbliche Schutzrechte), die Marktposition, Produkte einschließlich Vertriebs- und Entwicklungsmöglichkeiten sowie die Umweltrelevanz. In dieser Phase sollte sich der Interessent in jedem Fall durch entsprechend professionelle Berater unterstützen lassen, welche als Ergebnis einen ausführlichen Due Diligence-Bericht erstellen. Diese Ergebnisse werden sodann mit den Akquisitionskriterien abgeglichen. Dieser Vergleich hat direkten Einfluss auf die Unternehmensbewertung sowie den Inhalt des Kaufvertrags. Schließlich erfolgt auf Basis der gewonnenen Erkenntnisse und Informationen die Bewertung des Zielunternehmens und die daraus abgeleitete Erstellung und Unterbreitung eines verbindlichen Angebotes.

72 In der 4. Phase werden die **Vertragsverhandlungen** geführt, welche im Erfolgsfall zu einem **Abschluss der Transaktionen** führen. Die Verhandlungen werden durch eine Aufgliederung der Verhandlungsmarge in Muss- und Sollkriterien vorbereitet. Das Verhandlungsteam ist in dieser Phase in jedem Fall durch erfahrenere Spezialisten für M&A-Transaktionen sowie Vertrags- und ggf. Steuer-, Arbeits- bzw. Insolvenzrecht zu ergänzen. Haben sich die Parteien auf die Inhalte des Vertrages geeinigt, kann der Vertrag abgeschlossen werden. Regelmäßig fällt der Tag des Vertragsschlusses (Signing) nicht mit dem Tag des Vollzugs der Transaktion (Closing) zusammen sondern folgt in der Regel dem Signing mit einer unterschiedlich großen zeitlichen Verzögerung. Hierfür regelmäßig verantwortliche Umstände sind bspw. ausstehende Handelsregisteranmeldungen, Kartellgenehmigungen, die Heilung von in der Due Diligence erkannten Mängeln und Gremienvorbehalte.

VIII. Bewertung von Krisenunternehmen

1. Besonderheiten der Bewertung von Unternehmen in der Krise

73 Bei der Bewertung von Krisenunternehmen sind einige ausschlaggebende Faktoren zu berücksichtigen, die eine kritische **Auseinandersetzung mit klassischen Bewertungsmethoden** voraussetzen. Insbesondere **krisenspezifische Risikofaktoren** stehen dabei im Vordergrund. So ist von Beginn an die latente Unsicherheit des Fortbestands notleidender Unternehmen zu erwähnen. Der Ausgang der Sanierung hängt sowohl von den **Fähigkeiten** des Managements als auch vom Verhalten der Gläubiger, ggf. der Insolvenzverwaltung, dem Gericht und anderer Beteiligter am Sanierungsprozess ab.[30] Diese Unsicherheit erschwert die Aufgabe per se, einen adäquaten Unternehmenswert zu ermitteln. Darüber hinaus steigen die **Kosten einer Krise** oftmals überproportional im Laufe der Krise an und stellen so eine weitere Unsicherheitsursache dar. Ein weiteres Problem sind häufig **massive Informationsasymmetrien** zwischen Verkäufer und Käufer. Diese werden bei Krisenunternehmen oftmals dadurch hervorgerufen und verstärkt, dass die Datenlage und Dokumentation (z.B. von wertvollem Know-how und etwaigen Problembereichen) nicht ausreichend und sogar für die aktuelle Lage mitverantwortlich sind. Dieses teils immense Ungleichgewicht an Informationen kann in der

---

[30] Vgl. *Mitter*, 151.

Praxis zu Preisen, die weit entfernt von jeglicher Bewertung sind, oder gar einem gänzlichen Marktversagen führen, so dass gar keine Transaktion stattfindet.[31]

Neben den o.g. Risikofaktoren spielen vor allem **Bewertungsanlässe** für die Bewertung von Krisenunternehmen eine wichtige Rolle. So stehen entscheidungsrelevante Stakeholder prinzipiell vor der Wahl zwischen **Liquidation, Fortführung oder In- bzw. Devestition**. Für alle drei genannten Optionen bleibt der Unternehmenswert das entscheidende Auswahlkriterium.[32] Problematisch ist in diesem Zusammenhang, dass Eigentümer notleidender Unternehmen regelmäßig massiv an Entscheidungsgewalt verlieren und Gläubiger ihren entsprechenden Einfluss geltend machen. Ist der Liquidationswert beispielsweise höher als der Fortführungswert, werden die Gläubiger in der Regel eine Schließung des Betriebs fordern – losgelöst von den Konsequenzen für die Eigentümer. Dies birgt enormes Potenzial für Zielkonflikte innerhalb der Stakeholder Struktur. Die unterschiedlichen Zielsetzungen haben eine unmittelbare Implikation auf die Unternehmensbewertung. Die **Strategie der Eigentümer** wird darauf hinzielen den Unternehmenswert möglichst hoch anzusetzen, um zumindest eine Restchance auf Werterholung ihrer Anteile zu wahren. Die **Interessen des Management** sind differenzierter zu betrachten. Die Geschäftsleitung handelt einerseits in erster Linie im Auftrag der Eigenkapitalgeber und ist häufig direkt (z.B. Aktien, Optionen, Pensionszusagen, Boni) am Unternehmenserfolg beteiligt. Dies könnte die Vermutung nahelegen, dass das Management im Interesse der Anteileigner handelt. Andererseits sollte es aufgrund von Haftungsbestimmungen in ihrem Interesse sein, die Eigentümer zu einer Insolvenzanmeldung zu überzeugen.[33]

In Insolvenzverfahren ist die Interessenslage noch vielschichtiger, sind doch die Ziele einer Vielzahl von Handlungsbeteiligten zu berücksichtigen.

Als eine der wichtigsten Gläubigergruppen scheuen **Banken** manchmal die hohen Kosten und das Risiko von Sanierungen und bevorzugen die Liquidation – nicht zuletzt dank der Bonitätsrestriktionen nach Basel II/III. Wichtige **Lieferanten** hingegen sind oftmals am Fortbestand von Krisenunternehmen interessiert. Zwar können sie die Liquiditätslage durch Warenbesicherung (Eigentumsvorbehalt) und Vorauszahlungen entscheidend beeinflussen, doch häufig besteht ein Interesse am Fortbestand des Unternehmens, da sie korrespondierende Umsatzausfälle nicht ohne Weiteres kompensieren können.[34]

Die betriebswirtschaftliche Theorie versucht aufgrund dieser zahlreichen Problemfelder fortwährend immer neue Verfahren und Methoden der Unternehmensbewertung zu entwickeln, um bestehende Schwächen zu beheben. In der Praxis hat sich aber bis heute noch kein Verfahren nachhaltig etablieren können, das regelmäßig akzeptierte Lösungen liefern kann.

2. Methoden der Unternehmensbewertung

a) **Überblick.** Die gängigsten wissenschaftlich anerkannten Unternehmensbewertungsmethoden sind die Substanzwertverfahren, ergebnisorientierte Verfahren, kombinierte Verfahren und Marktwertverfahren. Die nachfolgenden Ausführungen über den Unternehmenswert beziehen sich jeweils auf den Wert des Eigenkapitals.

---

[31] Vgl. *Akerlof*, 489.
[32] Vgl. *Lange*, 50.
[33] Vgl. *Lange*, 61.
[34] Vgl. *Hochberg/Post*, 363.

§ 22   5. Teil. Sonderthemen

Abb. 4: Unternehmensbewetung

79 **b) Substanzorientierte Verfahren.** Die Grundlage für substanzorientierte Verfahren bildet die **Einzelbewertung von Aktiv- und Passivpositionen zu Marktpreisen**. Es wird also nicht das ganze Unternehmen bewertet, sondern vielmehr einzelne bilanzielle Positionen, die folglich addiert werden.[35] Grundsätzlich unterscheidet man bei substanzorientierten Verfahren zwischen Reproduktions- und Liquidationswert. Wird von der Fortführung des Unternehmens ausgegangen, erfolgt die Bewertung eines Unternehmens nach dem **Reproduktionswert unter der Going-Concern-Prämisse** und somit zu Wiederbeschaffungskosten. Umfasst die Bewertung nur die marktgängigen materiellen Objekte, wie z.B. Maschinen, Gebäude oder Büroeinrichtung, so ist der Substanzwert mit dem Teilreproduktionswert gleichzusetzen.[36] Nicht betriebsnotwendiges Vermögen wird zu Liquidationspreisen bewertet.[37] Werden immaterielle Werte, wie der Geschäfts- oder Firmenwert, der Kundenstamm bzw. die Qualität des Managements oder der Belegschaft darüber hinaus berücksichtigt, erhält man den Vollreproduktionswert.[38] Der **Vollreproduktionswert** bildet eine Art **Wertobergrenze in der Bewertung von Krisenunternehmen**, da ein potenzieller Käufer zu diesem Preis ein identisches Unternehmen aufbauen könnte.[39]

Reproduktionswert des betrieblichen Vermögens
+ Liquidationswert des nicht betrieblichen Vermögens
− Schulden bei Fortführung des Unternehmens
= Substanzwert auf Basis von Reproduktionswerten

80 Im Gegensatz zur Substanzwertermittlung auf Basis von Reproduktionswerten geht man bei dem **Liquidationswert** nicht von einer Fortführung des Unternehmens aus.[40] Die Going-Concern-Prämisse ist somit hinfällig und wird durch die **Annahme der Auflösung des Unternehmens** ersetzt. Der Liquidationswert ergibt sich somit aus den Ver-

---

[35] Vgl. *Moxter*, 41.
[36] Vgl. *Moxter*, 42–44.
[37] Vgl. *Hochberg/Post*, 363.
[38] Vgl. *Moxter*, 54.
[39] Vgl. *Spielberger*, 154.
[40] Vgl. *Moxter*, 41.

kaufserlösen des gesamten betrieblichen Vermögens abzüglich sämtlicher Verbindlichkeiten und Zerschlagungskosten.

> Liquidationswert des gesamten betrieblichen Vermögens
> – Bei Unternehmensauflösung zu bedeckende Verbindlichkeiten
> – Zerschlagungskosten
> = Substanzwert auf Basis von Liquidationswerten

Der Liquidationswert hängt entscheidend von den **Faktoren der Zerschlagung** ab.[41] So ist die **Zerschlagungsintensität** als Maß zu sehen, inwiefern die Summe einzelner Unternehmensteile ungeteilt veräußert werden kann. Die **Zerschlagungsgeschwindigkeit** repräsentiert die Zeitspanne, die zur Liquidation angesetzt wird. Die **Zerschlagungskosten** hingegen sind z.B. Abbruch- oder Montagekosten. Analog zum Substanzwert auf Basis des Vollreproduktionsansatzes als Indikation für die Wertobergrenze wird der Liquidationswert bei Krisenunternehmen **häufig als Preisuntergrenze** gesehen.[42] 81

Im Rahmen von Insolvenzverfahren werden von der Verwaltung regelmäßig Gutachter damit beauftragt, Going-Concern- sowie Liquidationswerte für die materiellen Vermögensgegenstände zu ermitteln, um eine Entscheidungsgrundlage zu haben. Beide substanzorientierten Verfahren sind allerdings Einzelbewertungsverfahren, wobei die ermittelten Werte bezogen auf einen Zeitpunkt statischer Natur sind. Sie berücksichtigen keine zukünftigen Erfolge bzw. Erfolgspotenziale des Unternehmens. 82

c) **Ergebnisorientierte Verfahren.** Ein Nachteil, unter den sämtliche substanzorientierte Verfahren leiden, ist in der Vernachlässigung **aktueller und zukünftiger Erfolgspotenziale** zu sehen. Diesen Faktor beziehen ergebnisorientierte Verfahren explizit mit ein. Man unterscheidet prinzipiell zwischen dem Ertragswertverfahren und der Discounted-Cashflow-Methode. Die Grundidee des **Ertragswertverfahrens** beruht darauf, dass der Unternehmenswert ein Spiegelbild der zukünftigen Ertragskraft ist. Dabei erfolgt eine Diskontierung der prognostizierten und ausschüttungsfähigen Jahresüberschüsse auf den Betrachtungszeitraum t_0. Meistens wird ein Zwei-Phasen-Modell herangezogen. Während in der ersten Phase in der Regel Überschüsse über einen Zeitraum von drei bis fünf Jahren detailliert geplant werden, werden in der zweiten Phase lediglich pauschale Wachstumsannahmen der Überschüsse (ewige Rente) implementiert.[43] 83

$$UW_E = \sum_{t=1}^{n} \frac{E_t}{(1+r_{EK})^t} + \frac{E}{r_{EK-g}} \cdot \frac{1}{(1+r_{EK})^n}$$

Obwohl das **Ertragswertverfahren** den Zukunftsbezug herstellt, geht diese Berücksichtigung mit einigen **komplexen Problemen** einher. Denn wie bereits zuvor beschrieben, stellen **Risikofaktoren und Unsicherheiten** eine immense Herausforderung bei der Bewertung von Krisenunternehmen dar – insbesondere bei der Finanzplanung. Zwar kann diesen Faktoren der Krise durch einen Risikoaufschlag beim Diskontierungsfaktor teilweise Rechnung getragen werden. Werden aber negative Ertragsüberschüsse mit einem hohen Faktor diskontiert, führt dies zu überhöhten Ergebnissen.[44] Vor allem auf- 84

---

[41] Vgl. *Mandl/Rabel*, 47.
[42] Vgl. *Gross*, 222.
[43] Vgl. *Exler*, 100.
[44] Vgl. *Spielberger*, 155.

grund dieses Effekts wird die Verwendung des Ertragswertverfahrens oftmals kritisch gesehen.

85 Im Gegensatz zum Ertragswertverfahren ziehen **Discounted-Cashflow-Modelle** freie Cashflows (FCF) und gewichtete durchschnittliche Kapitalkosten (WACC) heran, die mit Hilfe des sog. Capital Asset Pricing Modells (CAPM) geschätzt werden. Der Unternehmenswert (berechnet sich somit als Barwert der zukünftigen FCFs aus der Detailplanungsphase und der ewigen Rente abzüglich des Marktwerts des Fremdkapitals.

$$UW_{WACC} = \sum_{t=1}^{n} \frac{FCF_t}{(1+WACC)^t} + \frac{FCF}{WACC-g} \cdot \frac{1}{(1+WACC)^n} - FK$$

86 Zu betonen ist auch hier die differenzierte Handhabung zwischen gesunden und notleidenende Unternehmen. Denn während Erstere bei konstanten Verschuldungsgrad mit einem konstanten Kapitalisierungszinssatz diskontiert werden, unterliegt ein Krisenunternehmen während des Turnarounds zwei Phasen mit unterschiedlichen Risikoprofilen.[45] Jobsky betont, dass sich DCF-Methoden insbesondere für die Wertermittlung für Krisenunternehmen anbieten.[46] Denn einerseits ist der Cashflow nicht manipulierbar und als Bezugsgröße in einem Sanierungsprozess von Vorteil, da er angibt, ob genügend Liquidität für einen Turn-Around zur Verfügung steht. Auf der anderen Seite kann mit der Diskontierung durch den WACC eine adäquatere Berücksichtigung von Sanierungsrisiken sichergestellt werden. Nachteil der DCF-Methode ist die Abhängigkeit und hohe Sensitivität von den einzusetzenden Fundamentaldaten und deren Zukunftsprognosen, welche bei vielen Krisenunternehmen häufig kaum mehr seriös zu schätzen sind. Dennoch ist diese Methode die am häufigsten angewandte Bewertungsmethode von professionellen Investoren, wie Investmentbanken und Finanzinvestoren.

87 **d) Kombinierte Verfahren.** Im Kontext kombinierter Verfahren kommen vor allem drei Verfahren bei der Unternehmensbewertung in der Krise zur Anwendung. Das **Mittelwertverfahren** stellt eine Kombination aus Ertragswert- und Substanzwertverfahren dar. Beim Mittelwertverfahren gilt die Voraussetzung, dass der Ertragswert mindestens den Wert des Substanzwertes haben soll. Dies ist darin begründet, dass die Substanz nur dann werthaltig ist, wenn sie einen entsprechenden Ertrag erbringen kann. Ist diese Werthaltigkeit nicht gegeben, so wird lediglich der niedrigere Ertragswert für die Bewertung herangezogen.[47] Während das einfache Mittelwertverfahren lediglich das arithmetische Mittel der beiden Größen bildet (Berliner Verfahren), werden beim modifizierten Mittelwertverfahren (Schweizer Verfahren) der Ertragswert zu zwei Drittel und der Substanzwert zu einem Drittel angesetzt.[48] Vor allem für Unternehmen mit einem hohen Anteil an immateriellem Vermögen kann dies relevant sein, da ihr Ertragswert deutlich über dem Substanzwert liegt. Eine Ausnahme stellt das **Stuttgarter Verfahren** hingegen in der Praxis dar, bei dem der Ertragswert lediglich zu einem Drittel und der Substanzwert zu zwei Drittel gewichtet werden. Es findet Anwendung, wenn der Unternehmenswert nicht aus einem Verkauf heraus ermittelt werden kann und somit geschätzt werden muss.[49]

---

[45] Vgl. *Weigert*, 109.
[46] Vgl. *Jobsky* in Buth/Hermanns, 560.
[47] Vgl. *Born*, 26.
[48] Vgl. *Born*, 28.
[49] Vgl. *Born*, 30.

Bei der Methode der **Mindergewinn-Kapitalisierung** erfolgt die Ermittlung des 88 Unternehmenswertes auf Basis des Substanzwertes abzüglich der Mindergewinne. Dabei ist der Mindergewinn der Barwert der Unterdeckung der marktkonformen Kapitalverzinsung durch den Unternehmensgewinn. Verluste und Gewinne werden hierbei durch unterschiedliche Zinssätze bewertet.[50]

Analog zur Methode der Mindergewinn-Kapitalisierung basiert die Methode des **Risikoabschlags auf dem Substanzwert**. Allerdings wird explizit die prozentuale Wahrscheinlichkeit eines möglichen Turn-Arounds evaluiert, der in Form eines Risikofaktors zusätzlich vom Substanzwert abgezogen wird.[51] 89

Kombinierte Verfahren wurden aufgrund der stark abweichenden Ergebnisse bei isolierter Anwendung von substanzwertorientierten und ergebnisorientierten Verfahren entwickelt. Sie sind gewissermaßen Ausfluss des Misstrauens der Anwender bzgl. der einzelnen Methoden und der Schätzung zukünftiger Parameter. Einen Königsweg stellen sie allerdings in keinster Weise dar, weil es bspw. für die Wahl der Gewichtungsfaktoren kaum überzeugende Begründungen gibt und sich eine gewisse Beliebigkeit aufdrängt. 90

e) **Marktwertorientierte Verfahren.** Marktwertorientierte Verfahren berechnen den Unternehmenswert auf Basis von **Multiplikatoren** und beruhen stark auf einer Vergleichsbetrachtung mit anderen Unternehmen. Dabei werden als **Bezugsgröße vorwiegend öffentliche Transaktionspreise und Erfolgskennzahlen**, wie z.B. Umsatz, EBIT oder EBITDA, herangezogen. Marktorientierte Verfahren ermitteln also keineswegs den fundamentalen Wert eines Unternehmens, sondern dieser wird induktiv abgeleitet. Dabei hilft die Verwendung von Zu- und Abschlägen auf die ermittelten Multiplikatoren bei der Angleichung von Bewertungssituationen.[52] So kann der Umsatz-Multiple – insbesondere aufgrund der Anwendbarkeit trotz negativer Ergebnisse – prädestiniert für die Bewertung von Krisenunternehmen sein. Allerdings wird gleichzeitig auf die problematische Vergleichbarkeit des Umsatzes zwischen Bewertungs- und Vergleichsunternehmen verwiesen. Außerdem ist zu beobachten, dass sich bei Krisenunternehmen der EBITDA-Multiple als vorteilhaft erweisen kann, wenn das EBIT bereits ein negatives Vorzeichen besitzt. Der zentrale Nachteil bei der Bewertung von Krisenunternehmen mittels Multiplikatoren ist, dass die Vergleichsunternehmen keine Krisenunternehmen sind. In der Praxis wird versucht, dieses Problem durch einen pauschalen Risikoabschlag vom Multiplikator zu bereinigen. 91

f) **Würdigung der Bewertungsmethoden.** Es ist nach Ansicht der Verfasser nicht möglich, einen exakten Unternehmenswert für Krisenunternehmen zu ermitteln. Die Anwendung mehrerer wissenschaftlich anerkannter Methoden und deren Gegenüberstellung können lediglich fundierte und intersubjektiv nachvollziehbare Entscheidungsgrundlagen liefern und somit – nach entsprechend begründbaren Auf- bzw. Abschlägen – Basis für Preisverhandlungen sein. Die in die Bewertungsmodelle einfließenden Parameter sind mit aller Sorgfalt zu wählen und die resultierende Unternehmensbewertung immer kritisch zu würdigen. 92

Die Grundproblematik für die Bewertung von Krisenunternehmen stellt die mangelhafte Planbarkeit der zukünftigen Geschäftstätigkeit dar, da ein Durchbrechen der Abwärtsspirale von sinkenden Umsätzen oftmals nicht seriös zu prognostizieren ist. Und 93

---

[50] Vgl. *Jobsky* in Buth/Hermanns, 560.
[51] Vgl. *Ebenda*.
[52] Vgl. *Weigert,* 115.

Bewertungsmodelle, die auf historischen Daten oder Substanzwerten beruhen, scheinen kaum geeignet die Zukunftspotenziale eines Unternehmens adäquat abbilden zu können. Diese Problematik verstärkt sich in Insolvenzverfahren weiter, da deren Auswirkungen auf die Geschäftsentwicklung in der Regel nicht exakt planbar sind. Der Planungshorizont von im Insolvenzverfahren fortgeführten Unternehmen beträgt oftmals lediglich 3 Monate.

94 Insbesondere in öffentlich bekannten Insolvenzverfahren hat es sich daher als Standard herausgebildet, dass der Wert des Unternehmens nur durch ein direktes Feedback vom Markt ermittelt werden kann. Durch die Möglichkeit einer umfassenden Ansprache aller möglicherweise interessierten Investoren, ergibt sich eine Markt-Preisbildung durch die Einholung entsprechender Angebote auf indikativer Basis. Das Feedback vom Markt sowie das Vorliegen entsprechender Angebote ermöglicht regelmäßig eine realistische Werteinschätzung für das Schuldnerunternehmen. Diese Vorgehensweise ist grundsätzlich kompatibel mit der Zielsetzung eines Insolvenzverfahrens, eine Masse-maximale Lösung durch die Gestaltung einer Investorenlösung generieren zu müssen. Nicht zuletzt der Verband Insolvenzverwalter Deutschlands (VID) fordert in seinen „Grundsätzen ordnungsgemäßer Insolvenzverwaltung (GOIs)" das Aufsetzen eines strukturierten Investorenprozesses in Unternehmensverfahren einer entsprechenden Größenordnung, um die Realisierung einer Masse-maximalen Lösung gewährleisten zu können.

IX. Besonderheiten im Rahmen der Vertragsverhandlungen

1. Gestaltung des Kaufvertrags

95 Bei der Gestaltung von Kaufverträgen in Unternehmenskrisen (und insbesondere in der Insolvenz) sollte grundsätzlich beachtet werden, den **Kaufvertrag so einfach** und die **Kaufpreisfixierung so eindeutig wie möglich** zu gestalten.[53]

96 Um die wesentlichen Formalvorschriften bei der Gestaltung von Kaufverträgen berücksichtigen zu können, sind zunächst nochmal kurz die hauptsächlichen **strukturellen Unterschiede von Asset Deal und Share Deal** zu beleuchten.

Der Vertragstyp beim Asset Deal ist ein **Rechts- und Sachkauf**, da Einzelwirtschaftsgüter (bewegliche Güter, Immobilien und Rechte) erworben werden. Die Selektion von begehrten bzw. das Zurücklassen von uninteressanten Vermögensgegenständen (sog. **Cherry-Picking**) ist hier möglich. Verträge können allerdings nur mit Zustimmung des Vertragspartners übernommen werden. Verkäufer ist beim Asset Deal die Gesellschaft. Der Käufer kann das Unternehmen ohne Haftung für Altverbindlichkeiten erwerben bzw. der Käufer haftet grundsätzlich nur für ausdrücklich übernommene Verbindlichkeiten.

Beim Share Deal hingegen verkauft der Gesellschafter die Gesellschaftsanteile (Rechte) im Rahmen eines **Rechtskaufs**. Vertragsverhältnisse mit Dritten bleiben grds. von der Transaktion unberührt, es sei denn es wurden sog. Change-of-control-Bestimmungen getroffen.

97 Bei der Vertragsgestaltung sind folgende Unterschiede zwischen Asset Deal und Share Deal zu beachten:[54]

---

[53] Vgl. *Kampshoff*, Präsentation zum Vortrag beim Private Equity Forum NRW 2010.
[54] Vgl. *Zirngibl*, Präsentation der *Hogan Lovells Vortragsreihe M&A Contract Drafting*.

	Asset Deal	**Share Deal**
Kaufgegenstand	▪ Sachenrechtlicher Bestimmtheitsgrundsatz erfordert Auflistung aller Kaufgegenstände ▪ Catch-all-Klauseln zur Sicherstellung, dass auch eine Verpflichtung zur Übertragung besteht, wenn einzelne Güter nicht aufgelistet wurden	▪ Bestimmung der veräußerten Gesellschaftsanteile ▪ Beschreibung des Rechts
Übertragung	▪ Mobilien: Einigung und Übergabe ▪ Immobilien: Auflassung und Eintragung ▪ Rechte: Abtretung	▪ Abtretung
Verträge	▪ Regelung zu Vertragsübernahme	▪ Kein Regelungsbedarf
Verbindlichkeiten	▪ Regelung zu Haftungsabgrenzung	▪ Kein Regelungsbedarf

Abb. 5: Transaktionsarten

Bei den übrigen Bestimmungen (z.B. Kaufpreis, Kaufpreisanpassung, Vollzugsbedingungen und Vollzug, Garantien und Rechtsfolgen) ergeben sich keine wesentlichen Besonderheiten.[55]

Die Erfordernis einer **notariellen Beurkundung** hängt beim Asset Deal von den zu übertragenden Kaufgegenständen ab. Diese ist insbesondere bei der Übertragung von Grundstücken gem. § 311b BGB, von Erbbaurechten gem. § 11 ErbRVO sowie der Übertragung des gesamten Vermögens gem. § 311b BGB notwendig. Beim Share Deal bedarf die Übertragung von GmbH-Geschäftsanteilen der notariellen Beurkundung, die Übertragung von Aktien und Anteilen an Personengesellschaften muss nicht beurkundet werden. Bei ausländischen Beteiligungen sind die dort geltenden Vorschriften einzuhalten; eine notarielle Beurkundung ist jedenfalls nicht schädlich.

2. Übernahmekonditionen

Die **Höhe des Kaufpreises** richtet sich in der Regel im Wesentlichen nach dem durch ein Bewertungsverfahren ermittelten (oder einfach nach dem angenommenen) Unternehmenswert korrigiert um die Ergebnisse der Due Diligence. Sollte der Unternehmenswert vom Eintritt unbestimmter zukünftiger Ereignisse abhängen oder Parameter für die maßgebliche Bewertungsmethode unklar sein, lassen sich u.U. auch zukunftsbezogene Kaufpreisanpassungen (sog. **Earn-out-Regelung**) vertraglich vereinbaren, die an den Eintritt bestimmter Ereignisse gekoppelt sind. Als Parameter für diese Ereignisse bieten sich unter anderem finanzielle Kennzahlen (z.B. Umsatz oder EBITDA) oder das Erreichen bestimmter Ziele (z.B. Anzahl Kunden) an.

Im Rahmen eines Asset Deals ist seitens des Käufers eine genaue **Allokation des Kaufpreises** auf die einzelnen Leistungen des Verkäufers erforderlich. Zum einen dient die Zuordnung den steuerlichen Interessen des Käufers, wonach ein großer Teil des Kaufpreises auf kurzfristig **abschreibungsfähige Wirtschaftsgüter** entfallen sollte. Zum anderen dient die Allokation den Gläubigern, die dadurch erfahren, welcher Wert dem für sie relevanten Sicherungsgut beigemessen wird.

---

[55] Vgl. *Ebenda.*

§ 22

102 Im Rahmen der Übernahme aus der Insolvenz im Wege einer übertragenden Sanierung sind einige Besonderheiten hinsichtlich der Übernahmekonditionen zu beachten. So werden **Forderungen häufig nicht verkauft**, da der Forderungseinzug eine der Kernkompetenzen der Insolvenzverwalter ist.

103 Weiterhin ist zu beachten, dass **Vorräte**, die in der Zeit vor dem Insolvenzantrag erworben wurden, oftmals nur mit erheblichen Abschlägen veräussert werden können; Vorräte, die im Rahmen des Insolvenzverfahrens angeschafft oder erarbeitet wurden, sind allerdings **zu Anschaffungs- bzw. Herstellungskosten** zu veräussern.

104 Die Zahlung eines **Goodwill** u.a. für Know-how, Kunden- und Lieferantenbeziehungen sowie Marktzugang und -positionierung wird seitens der Verwaltung meist hoch geschätzt, da diese Kaufpreiskomponente der freien Masse und damit den unbesicherten Gläubigern zufließt.

105 Schließlich ist in der Insolvenz zu berücksichtigen, dass o.g. **Earn-out-Regelungen** von Gläubigern bzw. der Verwaltung nur in Ausnahmefällen akzeptiert werden, weil dadurch weiterhin erhebliche Imponderabilien für die Befriedigung bestehen.

106 Vor dem Hintergrund der voranschreitenden Unternehmenskrise und der damit verbundenen angespannten Liquiditäts- bzw. Eigenkapitalsituation ist die **Kaufpreisfälligkeit** möglichst zeitnah nach der vertraglichen Einigung zu terminieren. Soll die Erfüllung besonders abgesichert werden, ist eine zusätzliche Sicherheitenstellung für die Zahlungspflicht, z.B. eine Bürgschaft, angezeigt. In Betracht kommt auch die Abwicklung der Transaktion über ein Treuhandkonto.

107 Weiterhin im Kaufvertrag zu regeln sind der **Zeitpunkt des Gefahrübergangs** und die **Wirksamkeitsbedingungen (Closing Conditions)** für den Vertrag. Die Vertragsunterzeichnung begründet eine **schuldrechtliche Verpflichtung**. Die **Verpflichtung zum dinglichen Vollzug** wird jedoch erst begründet, wenn die Closing Conditions erfüllt sind. Beispiele sind die Einholung der Zustimmung wichtiger Vertragspartner bzw. der Gläubiger, ausstehende behördliche Genehmigungen, die Kaufpreiszahlung, die Restrukturierung des Zielunternehmens, die Behebung von im Rahmen der Due Diligence entdeckten Mängel oder die Aufhebung bestimmter Vertragsverhältnisse.

108 Garantien und Freistellungen sind im konventionellen M&A fester Bestandteil eines Kaufvertrages. **Garantien** sind sinnvoll, wenn ein Sachverhalt unklar ist und bei Eintritt des Sachverhalts ein Schaden droht.[56] Garantien können bspw. für die Richtigkeit der Finanzdaten oder die Vollständigkeit der vorgelegten Informationen abgegeben werden. **Freistellungen** sind aufzunehmen, wenn der Schadenseintritt feststeht jedoch die Höhe des potenziellen Schadens unklar ist.[57] Beispiele für Freistellungen sind Steuerfreistellungen, Freistellungen von etwaigen Strafzahlungen oder Freistellungen im Falle von Umweltbelastungen. Im Rahmen einer Transaktion aus der Insolvenz wird die Verwaltung üblicherweise bemüht sein, keine Garantien und Freistellungen zu vereinbaren, welche über die Verfügungsbefugnis und Lastenfreiheit hinausgehen. Darüber hinaus schließt der Verwalter seine persönliche Haftung aus.

109 Abschließend sind in einem Kaufvertrag im Rahmen eines Insolvenzverfahrens üblicherweise **Unterstützungsleistungen für die Insolvenzverwaltung bei der Restabwicklung** aufzunehmen, so die Weiterführung der Buchhaltung, Nutzung der Büroräume, Informationsbeschaffung, Forderungseinzug etc.

---

[56] Vgl. *Ebenda*.
[57] Vgl. *Ebenda*.

X. Steuerliche Rahmenbedingungen bei Distressed M&A

Die optimale Strukturierung der Transaktion unter steuerlichen Gesichtspunkten bietet die Möglichkeit die zukünftige Steuerlast des Erwerbers zu reduzieren. Im Rahmen eines **Asset Deals** allokiert der Erwerber den Kaufpreis auf die übernommenen Vermögensgegenstände (Buchwertaufstockung) und erzielt dadurch die steuerlich wirksame **Abschreibung des Kaufpreises**. Der hierbei nicht verteilte Kaufpreisrest ist als Geschäfts- und Firmenwert (Goodwill) anzusetzen. Übernommene Schulden erhöhen entsprechend die Anschaffungskosten. Beim Asset Deal kann letztlich der gesamte Kaufpreis gewinnmindernd abgeschrieben werden.[58]

Ob und inwieweit ein **Kauf von Geschäftsanteilen** für den Erwerber wegen eines steuerlichen Verlustvortrags der Zielgesellschaft attraktiv sein kann, ist genauestens zu prüfen. So können bspw. bei einer Veräußerung von Anteilen an einer Personengesellschaft (OHG, KG, GbR) Verlustvorträge generell nicht genutzt werden.[59] Ein Verlustvortrag bei der erworbenen Körperschaft kann gem. § 8c KStG beim Erwerb von über 50 % der Anteile einer Kapitalgesellschaft vollständig innerhalb von fünf Jahren erlöschen. Bei einem Erwerb von mehr als 20 % (bis 50 %) innerhalb eines Zeitraums von fünf Jahren erlischt der Verlustvortrag ggf. anteilig.[60]

Forderungsverzichte zur Sanierung des Zielunternehmens im Rahmen eines Share Deals können zu steuerpflichtigen Gewinnen führen. Eine steuerliche Prüfung, ob ggf. ein Erlass in Betracht kommt, ist vorzunehmen.

Für eine detaillierte Betrachtung der steuerlichen Rahmenbedingungen bei Distressed M&A wird auf den detaillierten Fachbeitrag in diesem Handbuch verwiesen.

XI. Kritische Erfolgsfaktoren von Distressed M&A-Transaktionen

1. Geschwindigkeit vs. Diskretion

Die erfolgreiche Umsetzung eines Transaktionsprozesses in der Krise setzt die Berücksichtigung einiger kritischer Erfolgsfaktoren voraus. Grundsätzlich ist es sinnvoll Experten für den Prozess hinzuzuziehen, die hinreichend Erfahrung im Umgang mit Krisenunternehmen haben und die erforderlichen Ressourcen bereitstellen können.[61]

Um der sich in der Krise beschleunigenden Abwärtsspirale von Umsatz und Ergebnis zu begegnen, ist **höchste Geschwindigkeit** geboten. Das Verständnis für die zeitliche Dringlichkeit lässt die professionellen Beteiligten mit dem notwendigen Pragmatismus agieren. So ist es für den erfolgreichen Verkauf nicht unbedingt notwendig, einen „Hochglanzprospekt" über das Unternehmen zu erstellen. Ein verkürztes Information Memorandum mit einer aussagefähigen Darstellung der Situation, die zügige Bereitstellung der entscheidungsrelevanten Daten sowie die enge Steuerung der Interessenten leisten einen deutlich besseren Beitrag. Für eine Due Diligence in üblicher Form bleibt aufgrund des massiven Zeitdrucks kaum Zeit, obwohl ein sorgfältiges Vorgehen mit angemessenen Prüfungshandlungen notwendig ist. Der Käufer sollte sich bei seinen Prü-

---

[58] Vgl. *Weigl*, 11 ff.
[59] Vgl. *Crone/Werner*, 215.
[60] Vgl. *Weigl*, 25 ff.
[61] Vgl. *Fröhlich/Bächstädt*, Unternehmensverkauf zur Ausfallvermeidung, 175 ff.

fungshandlungen im Rahmen der Due Diligence mit Priorität darauf fokussieren die Gründe, die zur Krisensituation geführt haben, exakt herauszuarbeiten. Parallel dazu ist vom Käufer (idealerweise in Zusammenarbeit mit dem Verkäufer) unter Berücksichtigung der eigenen Kompetenzen ein Sanierungskonzept zu entwickeln, um die Grundsatzentscheidung über die Sinnhaftigkeit eines Engagements bei dem Krisenunternehmen herbeizuführen. Die weiteren Prüfungshandlungen sind sorgfältig zu priorisieren und zügig nacheinander durchzuführen.

114   Eine **gleichzeitige Bearbeitung** mehrerer Prozess-Schritte beschleunigt den Ablauf erheblich, so ist bspsw. die Ansprache von Interessenten und das Führen erster Management-Gespräche bevor das Information-Memorandum versendet wird oftmals obligatorisch. In konventionellen M&A-Prozessen werden diese Schritte sequenziell abzuarbeitender

115   Ein weiterer, zwingend zu beachtender Erfolgsfaktor ist die **Vertraulichkeit**, die gerade bei angeschlagenen Unternehmen gewahrt bleiben muss. Haben erst einmal Kunden und Mitarbeiter Kenntnis von der Schieflage des Unternehmens erlangt, dauert es häufig nicht lange bis diese sich nach einem neuen Lieferanten bzw. Arbeitgeber umsehen und somit die Lage des Unternehmens noch verschlechtern. **Diskretion steht jedoch im Zielkonflikt zur notwendigen Geschwindigkeit.** Ein professionelles Management des Verkaufsprozesses vermag hier die notwendige Balance zu finden. So ist vor allem in ausserinsolvenzlich geführten Distressed M&A-Prozessen der angesprochene Adressatenkreis sinnvoll zu limitieren. Hier ist eine exzellente Recherche erforderlich, um trotz starker Fokussierung, die richtigen Kandidaten umfassend anzusprechen. Die Informationen und in manchen Fällen auch die Identität des Unternehmens sind erst nach Unterzeichnung einer entsprechenden Vertraulichkeitserklärung offenzulegen und die Ernsthaftigkeit der Bieter frühzeitig einzuschätzen. Schließlich sollten sensible Informationen nur sukzessive preisgegeben werden.

116   Der aufgezeigte Zielkonflikt ist im Rahmen der übertragenden Sanierung im Rahmen der Insolvenz am geringsten, da sich der Prüfungsaufwand auf das Geschäftsmodell, Assets und arbeitsrechtliche Maßnahmen fokussiert und die Tatsache, dass das Unternehmen insolvent ist, öffentlich bekannt ist. Der Konflikt verstärkt sich aber bereits beim Erwerb im Rahmen eines Insolvenzplanverfahrens, da der Prüfungsaufwand auch die Passivseite und etwaige Risiken, die am Rechtsträger hängen, abdecken muss.

117   Ein klassischer Zeitfresser in Insolvenzverfahren ist insbesondere die Verwendung sehr restriktiver, strafbewehrter Vertraulichkeitserklärungen. Finanzinvestoren lehnen solche Erklärungen oftmals kategorisch ab. Dabei ist gerade diese Interessentengruppe im Hinblick auf die Wahrung von Vertraulichkeit eher unproblematisch. Die Verhandlung entsprechender Erklärungen mit strategischen Investoren kostet oftmals unnötig Zeit.

Den Vertraulichkeits-Notwendigkeiten gilt es zwar einerseits auch in Insolvenzsituationen Rechnung zu tragen, andererseits ist gerade in zeitkritischen Investorenprozessen für Krisenunternehmen die zeitnahe Bereitstellung von Informationen unumgänglich. Sinnträchtig ist daher in jedem Falle eine enge Steuerung der Interessenten mit einer ggf. selektiven Informationsweitergabe an möglicherweise „kritische" Interessenten. Nur durch die enge Begleitung der Interessenten kann die Gefahr eines Informationsmissbrauchs reduziert werden. Besteht keine Möglichkeiten die Interessenten eng zu begleiten, um die Intention der Kandidaten jederzeit im Blick zu haben, kann eine entsprechend restriktive Vertraulichkeitserklärung notwendig sein.

2. Frühzeitiges Erkennen von Dealbreakern

a) Anpassung der Personalkapazitäten. Häufig stellt die **Anpassung der Personal-** 118
kapazitäten eine der essentiellen Bedingungen des Käufers an eine Transaktion, da ohne die notwendige Reduktion die Sanierung nicht erzielt werden kann. Somit sind beim Transaktionsprozess in der Regel auch arbeitsrechtliche Aspekte zu beachten. Essentiell ist für den Erwerber in jedem Fall, frühzeitig einen versierten arbeitsrechtlichen Berater herbeizuziehen.

Vor Verfahrenseröffnung übernimmt ein Käufer im Wege eines Share Deals sämtli- 119
che Beschäftigte. Bei einem Asset Deal vor Eröffnung gehen alle in Zusammenhang mit den erworbenen Assets stehenden Beschäftigungsverhältnisse gem. § 613a BGB im Rahmen eines Betriebsübergangs auf den Erwerber über. Dieser tritt in **sämtliche Rechte und Pflichten aus den Arbeitsverhältnissen** gegenüber Beschäftigten und Sozialversicherungsträgern ein. Der Erwerber haftet auch für entsprechende Altverbindlichkeiten (insbes. Pensionsverbindlichkeiten).

Nach Verfahrenseröffnung gilt der **Betriebsübergang gem. § 613a BGB** grund- 120
sätzlich uneingeschränkt. So ist insbesondere eine im Hinblick auf die geplante Unternehmensveräußerung erklärte Kündigung unwirksam.[62] Lediglich für vor Verfahrenseröffnung begründete Verbindlichkeiten (z.B. Versorgungsanwartschaften) haftet der Erwerber nicht, da keine Besserstellung der Arbeitnehmer gegenüber „normalen" Gläubigern erfolgen soll.[63]

Die Insolvenzordnung ermöglicht dem Insolvenzverwalter allerdings aufgrund einiger 121
Spezialregelungen, wie bspw. der **Verkürzung von Kündigungsfristen** auf maximal drei Monate, der Vereinfachung der **betriebsbedingten Kündigung** „nach Erwerberkonzept" und der **Kündigung von Betriebsvereinbarungen**, eine Umsetzung des Sanierungskonzeptes wesentlich zu unterstützen. Das Fortführungs-Konzept umfasst eine idealisierte Personalstruktur und -kapazität (Soll-Organisation), die der Erwerber zum Zeitpunkt der Übernahme vorfinden möchte. Auf Basis dieses konkretisierten, detaillierten und gut begründeten sog. **Erwerberkonzepts**, aus welchem hervorgeht, dass für bestimmte Beschäftigte kein Bedarf besteht, können vom Insolvenzverwalter betriebsbedingte Kündigungen ausgesprochen werden.[64] Zahlreiche Tücken liegen bei der Umsetzung im Detail und die Verhandlungen mit der Belegschaft gestalten sich oftmals langwierig. Diese sollten daher möglichst frühzeitig und professionell begleitet initiiert werden.

Wenn man das Risiko von Kündigungsschutzklagen minimieren möchte, empfiehlt 122
sich die Einbindung einer **Transfer- bzw. Beschäftigungs- und Qualifizierungs-Gesellschaft (BQG)**. Hierbei werden die Arbeitnehmer auf freiwilliger Basis in ein befristetes Arbeitsverhältnis mit der BQG unter Aufhebung ihres Arbeitsverhältnisses mit der insolventen Gesellschaft überführt.[65] Um den freiwilligen Wechsel zu unterstützen, sind die befristeten Arbeitsverträge attraktiv auszugestalten (z.B. Eintrittsprämie, Fortbildungsmaßnahmen, Vergütungshöhe, Dauer der Transfergesellschaft). Wird die Transaktion nach der Überführung der Beschäftigten umgesetzt, erfolgt ein Betriebsübergang ohne Arbeitnehmer. Der Käufer kann ab diesem Zeitpunkt ausgesuchten Mitarbeitern in der BQG ein Angebot für einen Arbeitsvertrag unterbreiten und sich seine „Olympia-

---

[62] Vgl. *Bitter/Rauhut*, 13 ff.
[63] Vgl. *Tschauner/Zirngibl*
[64] Vgl. *Ebenda*
[65] Vgl. *Bitter/Rauhut*, 13 ff.

mannschaft" zusammenstellen.⁶⁶ Voraussetzung dafür ist jedoch, dass im Vorfeld keinem Mitarbeiter ein Arbeitsvertrag in Aussicht gestellt wurde und diese damit ein risikobehaftetes Geschäft freiwillig eingehen. Vgl. zu weiteren Themen des Arbeitsrechts in der Krise § 12 und § 30 dieses Handbuchs.

123 **b) Wertvorstellungen und Kaufpreisverhandlungen.** Ein Kaufvertrag kommt erst dann zustande, wenn sich Käufer und Verkäufer über den Preis des Unternehmens einig sind. Der Preis entspricht in der Regel nicht dem objektivierten Wert des Unternehmens, der im Rahmen einer Unternehmensbewertung ermittelt wurde. Die **Unternehmensbewertung** bzw. die daraus abgeleiteten **Kaufpreiserwartungen** von Verkäufer und Käufer klaffen bei Transaktionen von Krisenunternehmen regelmäßig weit auseinander. Die Verhandlungspartner verfolgen bzgl. des Kaufpreises diametral entgegengesetzte Ziele. Damit ist das Risiko einer **unüberbrückbaren Erwartungslücke**, dem gewichtigsten Dealbreaker, bereits beschrieben und es ist erforderlich die Brücke zwischen den Preisvorstellungen von Käufer und Verkäufer zu schlagen.⁶⁷

124 Der Verkäufer sollte zunächst das Vertrauen des Käufers dadurch gewinnen, dass eine intersubjektiv nachvollziehbare Darstellung von Unternehmens-Vergangenheit, -Gegenwart und -Zukunft zur Verfügung gestellt wird. So ist eine transparente Beschreibung der **historischen Gründe für die Krise** und deren Verlauf essentiell. Aus dieser Historie und der akkuraten Darstellung des **aktuellen Geschäftsverlaufs** sollte eine **glaubhafte Planung** für die nächsten 12 Monate oder idealerweise länger abgeleitet werden. Die Glaubhaftigkeit wird dadurch unterstützt, dass die zugrundliegenden Planungsprämissen plausibel dargelegt werden und euphorische Annahmen, die nicht im Einklang mit der vergangenen Geschäftsentwicklung stehen, sog. **Hockey-Stick-Planung**, vermieden werden. Jede grundlegende positive Trendänderung der Planung muss durch einen geeigneten Maßnahmenkatalog begründet werden. Idealerweise mündet dieser Maßnahmenkatalog in einem umfassenden Sanierungskonzept. Schließlich ist bei den Verhandlungen der individuelle „**strategische Fit**" und die daraus resultierenden positiven Effekte und Synergien für den potenziellen Erwerber anzuführen.

125 Der potenzielle Erwerber sollte im Gegenzug sachlich und in strukturierter Form die **Argumente zusammenstellen**, die die potenziellen zukünftigen Aufwendungen und Risiken eines Erwerbs betonen. Hierbei ist insbesondere auf die Integrations- und Restrukturierungsaufwendungen zu verweisen. Darüber hinaus sind die gering verfügbare Zeit für die Durchführung von Due Diligence-Handlungen und die daraus erwachsenden Imponderabilien anzuführen. Diese Argumentation führt in der Regel dazu, dass der angebotene Kaufpreis von hohen Risikoabschlägen geprägt ist.

126 Die Verkäuferseite sollte nun im Rahmen einer **Vergleichsrechnung** das wirtschaftliche Ergebnis des Kaufpreisangebotes der Liquidation gegenüberstellen. Der Liquidationswert, d.h. der Wert bei Zerschlagung des Unternehmens, ist faktisch als Untergrenze anzusehen.

127 Der konsensual verhandelte, über dem Liquidationswert liegende Kaufpreis fußt dann idealerweise auf einer **Einzelbewertung der zu übernehmenden Assets** und wird auf Basis bestehender **Synergiepotenziale, stiller Reserven, den Planungsprämissen**, etwaigen sonstiger Risiken sowie den Aufwendungen für Personalmaßnahmen und Restrukturierung hergeleitet. Es empfiehlt sich stets, die Ergebnisse anhand der Anwendung mehrerer Bewertungsmethoden zu plausibilisieren.

---

⁶⁶ Vgl. *Ebenda*.
⁶⁷ Vgl. *Fröhlich/Bächstädt*, Unternehmensverkauf zur Ausfallvermeidung, 175 ff.

Viele potenzielle Erwerber werden von den niedrigen Kaufpreisen angezogen, die in Krisensituationen erzielbar scheinen. Andererseits hat der Käufer meist auch ein **strategisches Rational** für eine Akquisition, die ihn motiviert eine sog. **strategische Prämie** zu bezahlen. Zusätzlich wirken auch Potenziale aus einer **erfolgreichen Restrukturierung** positiv auf die Zahlungsbereitschaft. Dem Verkäufer hingegen geht es in erster Linie darum einen angemessenen Kaufpreis zu erzielen, um seine Gläubiger zu befriedigen bzw. die Liquidität und die Eigenkapitalbasis zu stärken.

128

Professionelle Verhandlungspartner haben ein gutes **Verständnis der Ausgangssituation und der Erwägungen der Gegenpartei**. Darüber hinaus beherrschen sie die unterschiedlichen wissenschaftlich anerkannten Bewertungsmethoden, kennen ihre Grenzen und stellen deren Ergebnisse gegenüber. Wichtig dabei ist zu verstehen, dass der Substanzwert lediglich den Wert der Vermögensgegenstände wiederspiegelt, die für sich alleine gesehen noch kein funktionierendes Unternehmen darstellen. Der Ertragswert stellt hingegen den Unternehmenswert zukunftsorientiert auf Vergangenheitsbasis dar. Lösungen dieser Diskrepanz können z.B. über Kaufpreise mit variablen Kaufpreiskomponenten überbrückt werden, so Earn-Out-Klauseln.[68] Beide Parteien können hier ihre individuellen Ziele erreichen, wenn einerseits die Preisvorstellungen des Verkäufers realistisch sind und andererseits dem Käufer der „strategischen Fit" und die Potenziale eines Erwerbs bewusst gemacht wurden.

129

c) Garantien, Gewährleistungen und Freistellungen. Neben dem Risiko unüberbrückbarer Differenzen bei den Kaufpreisvorstellungen stellen die Vorstellungen des Käufers bzgl. vom Verkäufer zu stellender Garantien, Gewährleistungen und Freistellungen einen weiteren wesentlichen potenziellen Dealbreaker dar. Das Universum an Gewährleistungen und Garantien ist in der fortgeschrittenen Unternehmenskrise nicht weniger umfangreich als bei gesunden Unternehmen. Bei Transaktionen mit gesunden Unternehmen besteht in der Regel eine gewisse **abgesicherte Ausgewogenheit von Kaufpreis und Garantien**. Aus Sicht des Erwerbers ist die Absicherung dieser Garantien, welche z.B. durch einen Einbehalt des Kaufpreises bzw. ein Verkäuferdarlehen gewährleistet werden kann, essentiell. Diese Balance geht im Rahmen von Distressed M&A-Transaktionen schnell verloren. So versuchen Insolvenzverwalter aus nachvollziehbaren Motiven (z.B. zu geringe eigene Kenntnis über das Unternehmen, Vermeidung persönlicher Haftung etc.), die Vereinbarung von Garantien, Gewährleistungen und Freistellungen weitestgehend zu vermeiden. Im Gegenzug sind dafür regelmäßig **Zugeständnisse bei den Kaufpreisverhandlungen** einzuplanen.

130

d) Pensionszusagen. Häufig stellen bei größeren, etablierten Unternehmen die Pensionszusagen den wesentlichen Teil der Passivseite der Unternehmensbilanz dar. Diese Unternehmen haben ihren Geschäftsführern und leitenden Mitarbeitern Vorsorgezusagen für den Ruhestand, für den Fall der Berufsunfähigkeit oder für die Hinterbliebenen gegeben. Diese Zusagen erweisen sich jedoch bei Unternehmensverkäufen vor dem Insolvenzantrag oft als nahezu unüberwindliches Hemmnis, weil potenzielle Käufer vor dem finanziellen Risiko zurückschrecken, da die Zusagen oft unzureichend finanziert sind. Der Verkäufer muss sich mit Lösungsmöglichkeiten, wie der Auslagerung bestehender Pensionsverpflichtungen in eine Unterstützungskasse oder dem Aufbau eines neuen betrieblichen Versorgungswerks bei einem externen Träger, befassen, um ggf. bestehende Pensionszusagen aus der Bilanz des Unternehmens zu entfernen. Im Rahmen der Insolvenz tritt per Gesetz der Pensions-Sicherungs-Verein aG (PSVaG) an die Stelle des Ar-

131

---

[68] Vgl. *Ebenda.*

3. Transaktionssicherheit vs. Kaufpreishöhe

132 Immer wieder führt die falsche Einschätzung der Verhandlungsmacht und der entsprechenden noch zu erzielenden Potenziale im fortschreitenden Transaktionsprozess zu unbefriedigenden Ergebnissen. So kann es ggf. erfolgsversprechender sein, ein geringeres Angebot eines finanzstarken Investors kurzfristig anzunehmen als abzuwarten bis ein anderer Investor mit einem attraktiveren Kaufpreisangebot, seine Finanzierung gesichert hat. Neben dem Risiko, dass der Käufer keine Finanzierung erhält, können sich auch andere Rahmenbedingungen im Zeitverlauf schnell negativ verändern (z.B. bestehende Interessenten springen ab, der Markt bricht ein). Auch kann es schädlich sein, ein von Verkäuferseite grundsätzlich annehmbares Angebot auf Basis eines anderen – mit Imponderablien behafteten – Angebotes nach oben zu verhandeln. Das Risiko eines Prozessabbruchs durch einen Bieter steigt von Iteration zu Iteration signifikant. Die Abwägung zwischen Transaktionssicherheit und Lösungsergebnis ist von den Beteiligten sensibel zu prüfen und erfordert viel Verhandlungsgeschick.

4. Sanierungs- bzw. Insolvenz-Know-how

133 Weiterhin ist es für die beteiligten Parteien wichtig, das notwendige Sanierungs-Knowhow vorzuhalten. So ist es neben der **Beurteilung der vorhandenen Sanierungspotenziale** in den Verhandlungen ebenso wichtig tiefgreifende Kenntnis im **Insolvenzrecht und Arbeitsrecht** sowie über die Gläubigerrechte zu haben. Ein Hinzuziehen entsprechender professioneller Fachberater ist meist unerlässlich. Zusätzlich ist die Erfahrung im Umgang mit institutionellen Gläubigern, wie Banken- und Gläubigerpools, förderlich zur Unterstützung der Prozessgeschwindigkeit.

134 **Die Eigenverwaltungsverfahren sowie die Insolvenzplanverfahren** nehmen aufgrund der ESUG-Änderungen aktuell deutlich zu. Ein Investorenprozess zur Gestaltung einer Lösung unter diesen Rahmenbedingungen muss die jeweiligen Besonderheiten streng berücksichtigen. Ein Investor für die Umsetzung eines Insolvenzplanverfahrens ist zunächst pro-aktiv an diese Investitionsoption heranzuführen. Historisch wurde der Erwerb aus einer Insolvenz im Rahmen eines Asset Deals als wesentlicher Vorteil gesehen, so dass nunmehr die Nutzenvorteile der Gestaltung einer Unternehmenstransaktion im Rahmen eines Planverfahrens dem Investor transparent zu machen sind. Das Planverfahren ist Investoren als „Investitionsvehikel" noch weitestgehend unbekannt, so dass diesbezüglich **Aufklärungsarbeit** zu leisten ist.

135 Um den Besonderheiten des Insolvenzrechts gerecht zu werden, ist regelmäßig ein **„dual-track" Investorenprozess** mit den Investitionsoptionen einer übertragenden Sanierung sowie einem Anteilserwerb im Rahmen eines Insolvenzplanverfahrens gleichgewichtig nebeneinander zu stellen. Der Investor hat letztlich die Entscheidung über den jeweils präferierten Weg der Investition in das Schuldnerunternehmen zu fällen.

136 Insbesondere im Rahmen eines Eigenverwaltungsverfahrens kommt dem **Erwartungsmanagement** gegenüber der Vielzahl von Stakeholdern eine besondere Bedeutung zu. Neben den „unmittelbaren" Verkäufern, so Management, Gesellschafter, Sachwalter und Eigenverwalter, sind weiterhin die Interessen der Mitglieder des Gläubigerausschusses sowie in einigen Fällen auch noch die Interessen maßgeblicher Kunden oder Lieferanten zu berücksichtigen. Durch die teilweise **konfliktären Zielsetzungen** der

beteiligten Stakeholder ist die Zielausrichtung für die Gestaltung des Investorenprozesses oftmals nicht eineindeutig bestimmbar. Die Kenntnis der Befindlichkeiten und offenen oder auch versteckten Interessenslagen der jeweiligen Stakeholder ist entscheidend, um eine konsensfähige Investorenlösung gestalten zu können.

5. Strategisches Verständnis

Um zu erkennen, ob das zu verkaufende Unternehmen den Transaktionsmotiven des Interessenten entspricht, bedarf es eines ausgeprägten strategischen Verständnisses. Dieses beinhaltet das Geschick im **Umgang mit unterschiedlichsten Geschäftsmodellen**, die Kenntnis der jeweiligen Marktmechanik sowie ein Denken in Wertschöpfungsstrukturen der jeweils betroffenen Industrie. Nur diese Fähigkeit ermöglicht eine „passgenaue" Ansprache von potenziellen Interessenten mit einem optimalen „**strategischen Fit**", der wiederum die Zahlung einer „**strategischen Prämie**" rechtfertigt. Die besondere Berücksichtigung von entsprechend komplementär aufgestellten Interessentengruppen, die einen besonders hohen Nutzen aus der angestrebten Transaktion ziehen können, wird von den Verfassern auch als „**Gestaltender Investorenprozess**" bezeichnet. 137

6. Minimierung operativer Störfaktoren

Schließlich ist es erfolgskritisch, dass der laufende Verkaufsprozess die **operativen Geschäfte** des Krisenunternehmens **nicht beeinträchtigt**. Dies in erster Linie vor dem Hintergrund, dass sich das Management der Krisenbewältigung widmen muss. Zusätzlich muss vermieden werden, dass die Mitarbeiter und weitere Stakeholder verunsichert werden. 138

XII. Zusammenfassung

Die Rahmenbedingungen einer Distressed M&A-Transaktion unterscheiden sich signifikant von einem konventionellen M&A-Prozess. Neben einem oftmals deutlich höheren Komplexitätsgrad ist gleichzeitig eine erheblich höhere Geschwindigkeit erforderlich, da ein typischer Krisenverlauf stark akzeleriert und der Unternehmenswert proportional verfällt. Neben der Verfolgung der Transaktions-Prozessschritte, welche individuell an die besonderen Erfordernisse des jeweiligen Unternehmens anzupassen sind, ist es regelmäßig erforderlich ein belastbares Sanierungskonzept zu erarbeiten. Dieses bietet u.a. wesentliche Argumentationshilfen für die Kaufpreisverhandlung und erforderliche Sanierungsmaßnahmen. Im Rahmen des Prozesses ist es neben der richtigen Methodik sowie dem erforderlichen strategischen Verständnis erfolgskritisch mit adäquater Lautlosigkeit vorzugehen und unaufgeregt die virulenten Dealbreaker zu adressieren, um die Transaktionssicherheit zu maximieren und den Erfolg herbeizuführen. 139

§ 23 M&A in der Krise – Rechtliche Aspekte

Übersicht

	Rn.
I. Überblick	1–8
II. Rechtliche Aspekte bei der Wahl der Transaktionsstruktur in der Krise	9–17
1. Anteilserwerb	9, 10
2. Erwerb des Betriebsvermögens	11–13
3. Kapital- und Umwandlungsmaßnahmen	14–17
III. Anteilserwerb in der Krise	18–43
1. Vorteile des Anteilserwerbs	18–21
a) Vertragsgestaltung	18
b) Grundsätzlich keine Zustimmungserfordernisse	19–21
2. Haftungsrisiken des Erwerbers beim Anteilserwerb	22–43
a) Haftung für rückständige Einlagen	22–28
b) Haftung für Verbindlichkeiten der Zielgesellschaft	29–43
IV. Asseterwerb in der Krise	44–73
1. Allgemeine Haftungsrisiken beim Asseterwerb	44–48
a) Firmen- und Geschäftsübernahme, § 25 Abs. 1 HGB	44–46
b) Haftung für Betriebssteuern, § 75 AO	47
c) Betriebsübergang, § 613a BGB	48
2. Besondere Haftungsrisiken beim Asseterwerb in der Krise	49–58
a) Eintritt der Insolvenzreife durch Erfüllung des Asseterwerbs	49
b) Wahlrecht des Insolvenzverwalters, § 103 InsO	50
c) Insolvenzanfechtung, §§ 129 ff. InsO	51–58
3. Der Asseterwerb nach Eröffnung des Insolvenzverfahrens: Die übertragende Sanierung	59–73
a) Vorteile	59–66
b) Nachteile	67–73
V. Auswirkungen des ESUG auf die M&A-Praxis	74–97
1. Eigenverwaltung und Schutzschirmverfahren, § 270b InsO	74–78
2. Insolvenzplanverfahren	79–97
a) Allgemeines	79, 80
b) Änderungen durch das ESUG	81, 82
c) Debt-Equity-Swap	83–93
d) Anteilserwerb in der Insolvenz	94, 95
e) Obstruktionsverbot	96
f) Fazit	97

I. Überblick

1 M&A-Transaktionen in der Krise eines Zielunternehmens erfordern, besonderes Augenmerk auf die rechtlichen Fallstricke zu legen, die zusätzlich zu den allgemeinen rechtlichen Aspekten im Rahmen von M&A-Transaktionen zu beachten sind. In der Krise einer Gesellschaft ist insbesondere auf Themen wie Kapitalerhaltung und Gläubigerschutz zu achten. Die wesentlichen rechtlichen Umstände sollen nachfolgend am Beispiel einer GmbH dargestellt werden, weil die GmbH als typische Rechtsform des Mittelstands in der Praxis ganz überwiegend die Rechtsform ist, mit der der Rechtsanwender es zu tun hat, wenn er bei M&A-Transaktionen im deutschen Mittelstand berät.

Eine Frage schwebt über allem: Was ist rechtlich unter dem Begriff der „Krise" zu verstehen? Wann ist die GmbH rechtlich in der „Krise"?

Der Begriff der „Krise" im rechtlichen Sinn wird anders und enger als im betriebswirtschaftlichen Sinn definiert, wo unter Krise eine Entwicklung verstanden wird, durch die wesentliche Ziele und Werte des Unternehmens unmittelbar bedroht sind und in der damit der Fortbestand des Unternehmens substanziell gefährdet oder sogar unmöglich gemacht wird.[1] Rechtlich ist zu unterscheiden zwischen dem vor dem sog. „MoMiG", also der Reform des GmbH-Rechts im November 2008[2], relevanten Krisenbegriff des *Bundesgerichtshofes* (*BGH*) im Zusammenhang mit dem Eigenkapitalersatzrecht und dem seit dem MoMiG immer mehr in den Vordergrund getretenen Begriff der „Krise" im insolvenzrechtlichen Sinn.

Der vor Inkrafttreten des MoMiG relevante Krisenbegriff wurde wie folgt bestimmt: Nach der Rechtsprechung des *BGH* lag eine Krise der Gesellschaft vor, wenn die Gesellschaft von dritter Seite einen zur Fortführung ihres Unternehmens erforderlichen Kredit zu marktüblichen Bedingungen nicht mehr erhielt und sie deshalb ohne eine Gesellschafterleistung liquidiert werden musste.[3]

Seit dem MoMiG ist dieses Kriterium rechtlich unerheblich geworden. Nunmehr unterliegen alle Gesellschafterleistungen einheitlich dem Insolvenzrecht, womit allein der sogenannte insolvenzrechtliche Krisenbegriff maßgeblich ist.

Als Krise im Sinne des Insolvenzrechts sind diejenigen Umstände und Tatbestände zu verstehen, an welche das Insolvenzrecht anknüpft. Das sind die drei Insolvenzantragsgründe der Zahlungsunfähigkeit (§ 17 Abs. 2 InsO), der Überschuldung (§ 19 Abs. 2 InsO) und der drohenden Zahlungsunfähigkeit (§ 18 Abs. 2 InsO).

An den Eintritt eines Insolvenzantragsgrundes, insbesondere an den Eintritt der Überschuldung oder Zahlungsunfähigkeit (auch „Insolvenzreife" genannt[4]), knüpft das Gesetz strenge Rechtsfolgen an, wie insbesondere die strafbewehrte Insolvenzantragspflicht (§ 15a InsO) und das Zahlungsverbot. Letzteres ist für die GmbH in § 64 GmbHG normiert, parallele Vorschriften gibt es für die Aktiengesellschaft in § 92 Abs. 2 AktG und für die GmbH & Co. KG, in § 130a HGB in Verbindung mit § 177a S. 1 HGB.

Wie nachfolgend zu zeigen sein wird, ist der Eintritt der Insolvenz auch bei M&A-Transaktionen der entscheidende Zeitpunkt. Hierzu werden zunächst die besonderen Risiken bei M&A-Transaktionen in der Krise vor Eröffnung eines Insolvenzverfahrens beschrieben. Sodann werden die Besonderheiten dargestellt, die aus der Eröffnung des Insolvenzverfahrens folgen und hier insbesondere die sog. „übertragende Sanierung".

---

[1] Vgl: *Steffan* in Oppenländer/Trölitzsch, GmbH-Geschäftsführung, 2. Aufl. (2011), § 37 Rdnr. 3; *Bork* ZIP 2011, 101.
[2] Gesetz zur Modernisierung des GmbH-Rechts und zur Bekämpfung von Missbräuchen (MoMiG) vom 23. Oktober 2008, BGBl. I S. 2026.
[3] BGH DStR 1999, 1622, 1623 m.w.N.
[4] Vgl. *Nerlich* in Michalski, GmbHG, 2. Aufl. (2010), § 64 Rdnr. 22.

II. Rechtliche Aspekte bei der Wahl der Transaktionsstruktur in der Krise

1. Anteilserwerb

9   Vor der Eröffnung des Insolvenzverfahrens stehen den Parteien eines M&A-Prozesses im Grundsatz sämtliche Transaktionsstrukturen zur Verfügung, die auch bei dem Verkauf einer nicht in der Krise befindlichen Gesellschaft möglich sind.

10   Beim Anteilserwerb werden Anteile an der Zielgesellschaft übertragen und mit ihr der Haftungsschild der GmbH. Aus diesem und verschiedenen anderen Gründen, auf die nachfolgend unter III.1 eingegangen wird, kann der Erwerb der Anteile für den Käufer grundsätzlich eine vorzugswürdige Transaktionsstruktur darstellen, auch wenn es beim Anteilserwerb spezifische Haftungsrisiken für den Erwerber gibt, auf die unter III.2 eingegangen wird, und die bei der Wahl der Transaktionsstruktur mitberücksichtigt werden müssen.

2. Erwerb des Betriebsvermögens

11   Wenn und soweit statt der Geschäftsanteile an der Zielgesellschaft deren Betriebsvermögen im Wege eines sogenannten Asseterwerbs übernommen werden, bestehen folgende rechtliche Besonderheiten: Anders als beim Anteilserwerb übernimmt der Käufer nicht das Unternehmen in „Bausch und Bogen", sondern nur ausgewählte Aktiva, Passiva und sonstige Rechtsbeziehungen des Zielunternehmens. Daraus folgt, dass der Käufer diejenigen Assets, aber beispielsweise auch Verträge und Verbindlichkeiten, die er nicht erwerben möchte, auch nicht übernehmen muss. Er kann sich quasi die „Rosinen" der Zielgesellschaft herauspicken. Anders als beim Anteilserwerb besteht beim Assetkauf somit keine Gefahr unerkannte oder unerwünschte Verbindlichkeiten mitzuerwerben.

12   Dennoch ist der Erwerb im Wege des Asseterwerbs in der Krise der Zielgesellschaft mit erheblichen rechtlichen Risiken behaftet. Zunächst existieren auch in der Krise grundsätzlich die allgemeinen rechtliche Risiken aus dem Gesichtspunkt der Haftung des Erwerbers bei Firmen- und Geschäftsübernahme nach § 25 Abs. 1 HGB, der Haftung für Betriebssteuern nach § 75 AO und der Haftung für Verbindlichkeiten aus Arbeitsverhältnissen wegen Betriebsübergangs nach § 613a BGB. Besonderheiten bestehen diesbezüglich bis zur Eröffnung eines Insolvenzverfahrens nicht (vgl. näher zur Rechtslage hiernach, also zur sog. „sanierenden Übertragung" unter IV.3.

13   Darüber hinaus kommen in der Krise der Zielgesellschaft aber noch weitere, krisenspezifische zivilrechtliche Risiken auf den Erwerber zu (ausführlich unter IV.2). An dieser Stelle sei insbesondere auf das Wahlrecht des Insolvenzverwalters nach § 103 InsO und Anfechtungsrisiken hingewiesen.

3. Kapital- und Umwandlungsmaßnahmen

14   Der Erwerb einer Zielgesellschaft kann auch über eine oder mehrere Kapitalerhöhungen erfolgen, bei denen der Erwerber zur Übernahme von Geschäftsanteilen an der Zielgesellschaft zugelassen wird.

15   Grundsätzlich kann der Erwerb eines Unternehmens in der Krise auch mit Hilfe von Umwandlungsmaßnahmen erfolgen. In Betracht kommen hier vor allem die Verschmelzung, die Spaltung und eventuell auch der Formwechsel.

§ 23 M&A in der Krise – Rechtliche Aspekte **§ 23**

Auf diese speziellen Fallgestaltungen soll im Rahmen dieses Beitrages nicht näher eingegangen werden, da dies den Rahmen der vorliegenden Darstellung überschreiten würde.[5] 16

Die Transaktionsstruktur für einen Unternehmenskauf ist häufig steuerlich und bilanziell determiniert. Aber auch (haftungs-)rechtliche Aspekte spielen eine wichtige Rolle. Diese sollen nachfolgend en détail in der vorstehend skizzierten Reihenfolge und mit der angedeuteten Schwerpunktsetzung beschrieben werden, wobei zum Schluss auch auf die wesentlichen Neuerungen durch das ESUG[6] eingegangen werden soll. 17

III. Anteilserwerb in der Krise

1. Vorteile des Anteilserwerbs

a) Vertragsgestaltung. Die Vorteile des Anteilserwerbs sind, kurz gesagt, die einfachere Vertragsgestaltung, der Wegfall von Zustimmungserfordernissen und der Haftungsschild der Zielgesellschaft. Hierzu im Einzelnen: 18

Bei einem Asseterwerb ist im Grundsatz jedes einzeln zu übertragende Vermögensgut spezifisch zu erfassen und aufzulisten. Zu übertragende körperliche Sachen müssen hinreichend bestimmt sein, Forderungen und Rechte müssen bestimmt oder zumindest bestimmbar bezeichnet werden, was nicht selten zu erheblichen praktischen Schwierigkeiten bei der Vorbereitung von Kauf- und Übertragungsverträgen führen kann (näher hierzu nachfolgend unter IV.3.b)aa). Anders beim Anteilserwerb: Hier lassen sich die zu veräußernden Geschäftsanteile in aller Regel knapp, übersichtlich und rechtssicher definieren.

b) Grundsätzlich keine Zustimmungserfordernisse. Ein weiterer maßgeblicher Vorteil gegenüber dem Asseterwerb ist, dass das Unternehmen als Ganzes übertragen wird und zwar im Prinzip, ohne dass die Zustimmung von Vertragspartnern und Gläubigern eingeholt werden muss. Einer solchen Zustimmung bedarf es nicht, da die Zielgesellschaft beim Anteilserwerb nicht Subjekt sondern Objekt der Transaktion ist. Es erfolgt eine komplette Übertragung der Unternehmenshülle, die sämtliche Aktiva und Passiva sowie unverändert bestehende Verträge der Zielgesellschaft beinhaltet. Die bestehenden Rechtsbeziehungen der Zielgesellschaft bleiben von der Anteilsübertragung grundsätzlich unberührt. Die Zielgesellschaft bleibt auch nach der Übertragung stets in der gleichen Rechtsstellung hinsichtlich ihrer Verträge, Ansprüche und Verbindlichkeiten wie vor der Übertragung. Vertragspartner, Sicherungsnehmer, Gläubiger und Schuldner bleiben die gleichen. 19

Beim Asseterwerb ist es hingegen grundsätzlich erforderlich, jeden einzelnen Vertragspartner und jeden einzelnen Gläubiger ebenso wie Inhaber von Sicherungsrechten (häufig: Sicherungsübereignungen an finanzierende Banken) oder sonstige Inhaber von Rechten an den Assets (wie zum Beispiel: Lieferanten, die unter Eigentumsvorbehalt geliefert haben) gesondert anzusprechen und um Zustimmung zur Übertragung des betreffenden Vertrages oder der betreffenden Verbindlichkeit zu bitten. Dies erfordert, je nach Zahl und Art der Vertragspartner und Gläubiger, unter Umständen einen enormen Aufwand. Hier bietet sich der Anteilserwerb als einfache Alternative an. 20

---

[5] Vgl. eingehend hierzu etwa *Heckschen* in Reul/Heckschen/Wienberg, Insolvenzrecht in der Gestaltungspraxis, Kap. N 4. und 5. (S. 391 ff.).
[6] Gesetz zur weiteren Erleichterung der Sanierung von Unternehmen (ESUG) vom 7. Dezember 2011, BGBl. I S. 2582.

21 Eine Besonderheit ergibt sich allerdings bei sog. „change-of-control"-Klauseln. Das sind Klauseln, die – vereinfachend gesprochen – für den Fall des Wechsels in der Gesellschafterstruktur der Zielgesellschaft besondere Rechtsfolgen vorsehen – in der Regel ein Sonderkündigungsrecht des Vertragspartners. Solche Klauseln können in jeder Art von Vertrag enthalten sein. Typisch sind sie etwa in Kunden- und Lieferantenverträgen, aber sie können und werden zum Teil auch in Mietverträgen vereinbart. Was ein relevanter Wechsel der Gesellschafterstruktur ist, ist jeweils durch Vertragsauslegung der jeweiligen Klausel zu ermitteln. Typisierende Aussagen verbieten sich hier, auch wenn festgestellt werden kann, dass „Schwelle" solcher Regelungen oft die Veräußerung von mehr als 50 % der Geschäftsanteile an der Zielgesellschaft ist. Daraus folgt, dass im Vorfeld eines Anteilserwerbs zur Vermeidung unliebsamer Überraschungen in jedem Fall zu prüfen ist, welche Verträge der Zielgesellschaft solche „change-of-control"-Klauseln enthalten und ob diese durch die beabsichtigte Transaktion ausgelöst werden. Sofern diese Verträge identifiziert sind, ist dann zu prüfen, ob man die betreffenden Vertragspartner im Vorfeld der Transaktion zu einem Verzicht auf ihr Sonderkündigungsrecht bewegen kann.

2. Haftungsrisiken des Erwerbers beim Anteilserwerb

22 **a) Haftung für rückständige Einlagen.** Der Anteilserwerb hat jedoch nicht nur Vorteile, mit ihm sind auch besondere Haftungsrisiken verbunden. Hierauf soll nachfolgend näher eingegangen werden: Zunächst kommt eine Haftung des Erwerbers für rückständige Einlagen in Betracht. In bestimmten Fällen ist sogar eine Haftung des Erwerbers für die Verbindlichkeiten der Zielgesellschaft selbst möglich.

23 Der Erwerber eines Geschäftsanteils haftet für alle Einlagen, die auf diesen Geschäftsanteil zu erbringen waren und sind. Anspruchsgrundlage dieses Anspruchs der Gesellschaft gegen den Gesellschafter ist nach ganz überwiegend vertretener Ansicht der Übernahmevertrag[7], mittels dessen der Geschäftsanteil ursprünglich übernommen worden ist, oder – wie zum Teil abweichend hiervon angenommen wird – § 14 S. 1 GmbHG[8]. Praktische Bedeutung hat die rechtliche Einordnung kaum. Unstreitig hat eine rückständige Einlage zu leisten, wer einen Geschäftsanteil übernimmt.

24 Die Einlagenhaftung trifft jedenfalls nicht nur den, der originär einen Geschäftsanteil von der Gesellschaft bei der Gründung oder im Zuge einer Kapitalerhöhung erwirbt. Die Haftung trifft auch unstreitig den Erwerber eines Geschäftsanteils, und zwar gesamtschuldnerisch neben dem Veräußerer nach § 16 Abs. 2 GmbHG.

25 Die Einlageverpflichtung besteht, soweit eine geschuldete Einlage nicht erbracht worden ist. In Fällen der Bareinlage kommt es darauf an, dass die Barzahlung erfolgt und nicht wieder an den Einleger zurückgeflossen ist.[9] Dabei kann sich eine Einlageverpflichtung auch aus den Fallgestaltungen des sog. „Hin- und Herzahlens" und der sog. „verdeckten Sacheinlage" ergeben, § 19 Abs. 4 und 5 GmbHG.

26 Soweit der Veräußerer seine Einlagen nicht erbracht hat oder ihm diese nachträglich zurückgewährt worden sind, haftet auch der Erwerber hierfür, und zwar im Außenverhältnis in voller Höhe und gleichrangig mit dem Veräußerer.[10] Soweit der Erwerber von der Gesellschaft in Anspruch genommen wird oder bereits genommen worden ist, hat er

---

[7] *Wilhelmi* in Beck'scher Online-Kommentar GmbHG, Hrsg: *Ziemons/Jaeger*, Stand: 1.12.2012, Edition: 13, § 14 Rdnr. 2; *Hueck/Fastrich* in Baumbach/Hueck, GmbH-Gesetz, 19. Aufl. (2010), § 14 Rdnr. 2; *Altmeppen* in Roth/Altmeppen, GmbHG, 7. Aufl. (2012), § 14 Rdnr. 3.
[8] *Reichert/Weller* in MünchKomm-GmbHG, 1. Aufl. (2010), § 14 Rdnr. 4.
[9] BGH NZG 2005, 180, 181; BGH NJW 2003, 825, 825.
[10] *Heidinger* in MünchKomm-GmbHG, (o. Fußn. 8), § 16 Rdnr. 164.

Rückgriffsansprüche gegen den Veräußerer, und zwar zunächst gem. § 426 Abs. 1 und 2 BGB aus der Gesamtschuld[11] und darüber hinaus häufig auch aus dem Kaufvertrag. Denn in der Regel wird ein Veräußerer garantieren, dass eine Haftung für rückständige Einlagen nicht besteht. Allerdings kann der Erwerber diesen Rückgriffsanspruch gegen den Veräußerer wegen einer Garantieverletzung dem Einlagenanspruch der Gesellschaft nicht entgegenhalten. Darüber hinaus ist der Rückgriffsanspruch gegen den Verkäufer in solchen Fällen wirtschaftlich nur insoweit für den Erwerber werthaltig, solange und sofern der Veräußerer solvent und liquide ist. Fällt der Erwerber mit seinem Rückgriffsanspruch gegen den Veräußerer aus, haftet er nicht nur rechtlich, sondern auch wirtschaftlich voll für die rückständigen Einlagen auf die Geschäftsanteile.

Der Erwerber tut daher gut daran, die Durchsetzbarkeit solcher Ansprüche zu sichern, sei es durch ein Treuhandkonto, auf dem ein Teil des Kaufpreises eine gewisse Zeit hinterlegt wird, oder durch eine Bankbürgschaft oder die Garantie einer Obergesellschaft des Verkäufers, an deren Bonität keine Zweifel bestehen. Alternativ ist auch der Abschluss einer sog. „Buy-Side Warranty-&-Indemnity-Insurance" möglich. Hierbei handelt es sich um eine Versicherung, die der Käufer im Falle von Garantieverletzungen unabhängig von der Solvenz des Verkäufers direkt in Anspruch nehmen kann. 27

Den Erwerber trifft beim Anteilserwerb jedoch nicht nur eine Haftung für rückständige Einlagen auf die erworbenen Geschäftsanteile. Vielmehr läuft er sogar Gefahr, für rückständige Einlagen zu haften, die auf andere, nicht von ihm erworbene Geschäftsanteile zu erbringen waren. Nach § 24 GmbHG besteht nämlich eine Ausfallhaftung aller übrigen Gesellschafter für rückständige Einlagen, die von einem einzelnen Gesellschafter nicht zu erlangen sind. Diese Ausfallhaftung trifft auch denjenigen, der durch den Erwerb eines Geschäftsanteils nachträglich erst Gesellschafter der Gesellschaft wird. Das ist ein Risiko, das der Erwerber in der Regel nicht auf den Veräußerer wird überwälzen können. Dies wäre zwar schuldrechtlich möglich, allerdings wird der Verkäufer hierzu in der Regel nicht bereit sein, da er soweit für tatsächliche Umstände garantieren würde, die sich seiner Sphäre und damit seiner Kenntnis entziehen. Der Erwerber wird daher häufig auf seine eigene Due Diligence-Prüfung angewiesen sein. 28

b) Haftung für Verbindlichkeiten der Zielgesellschaft. Unter bestimmten Umständen haften Gesellschafter auch für originäre Verbindlichkeiten der Zielgesellschaft. Im Fokus der aktuellen Rechtsprechung stehen hier zwei Rechtsinstitute: Zum einen die Haftung wegen „unterbliebener wirtschaftlicher Neugründung", die einmal begründet auch auf den Erwerber von Geschäftsanteilen übergehen kann. Und zum anderen gibt es die Haftung aus einem sog. „existenzvernichtenden Eingriff", die einem Erwerber bei einem Anteilserwerb Grenzen bei der Restrukturierung setzt. Hierzu nachfolgend im Einzelnen: 29

aa) Unterbliebene Offenlegung der wirtschaftlichen Neugründung. Nach der ständigen Rechtsprechung des *BGH* haftet der Gesellschafter grundsätzlich für eine Unterbilanz, wenn eine so genannte Vorrats- oder Mantelgesellschaft „in Betrieb genommen" wird und diese „Inbetriebnahme" nicht rechtzeitig offengelegt wurde. Die „Inbetriebnahme" bezeichnet man als wirtschaftliche Neugründung.[12] Bis vor wenigen Jahren wurde sogar von der obergerichtlichen Rechtsprechung angenommen, dass bei unterbliebener Offenlegung einer wirtschaftlichen Neugründung eine zeitlich unbeschränkte 30

---

[11] *Heidinger* in MünchKomm-GmbHG, (o. Fußn. 8), § 16 Rdnr. 164.
[12] BGH NZG 2012, 539; BGH NZG 2011, 1066; BGH NZG 2008, 147; BGH NZG 2003, 972 m.w.N.

Haftung des Gesellschafters für sämtliche Verbindlichkeiten der Gesellschaft nach deren wirtschaftlicher Neugründung eintritt.[13] Von Teilen der Kommentarliteratur wurde hingegen sehr pointiert Kritik gegen die Annahme jeglicher Haftung in der vorgenannten Konstellation vorgebracht.[14] Diese wurde in der Sache sogar vom *Kammergericht* geteilt.[15] Die Kritik gegen jegliche Haftung wegen unterbliebener Offenlegung der wirtschaftlichen Neugründung hat der *BGH* jüngst erst grundsätzlich zurückgewiesen. Der *BGH* hat an seiner Rechtsprechung festgehalten, wenngleich er auch einer zeitlich unbeschränkten Haftung mit klaren Worten entgegengetreten ist und daher den Haftungsumfang erheblich eingeschränkt hat.[16] Hierzu im Einzelnen:

31 Eine „wirtschaftliche Neugründung" setzt voraus, dass eine ursprünglich zu einem anderen Zweck (und sei es der Verwaltung eigenen Vermögens) gegründete Gesellschaft unter Änderung ihres Gesellschaftszwecks „in Betrieb genommen" wird.[17] Damit einher geht oft auch eine Änderung der Firma, des Sitzes, der Gesellschafter und der Geschäftsführung. Dies ist aber nicht notwendig.

32 Zum Schutz der Gläubiger dieser Gesellschaft wendet der *BGH* auf diese Fälle der wirtschaftlichen Neugründung die Gründungsvorschriften entsprechend an, insbesondere die sog „Differenzhaftung".[18] Danach haften die Gesellschafter für eine bei „Gründung" bestehende Unterbilanz (= Differenz) zwischen der statuarischen Stammkapitalziffer und dem Wert des tatsächlichen Vermögens der Gesellschaft, wenn nicht die wirtschaftliche Neugründung vor Inbetriebnahme gegenüber dem Registergericht offengelegt wurde und der Geschäftsführer Versicherungen entsprechend § 8 Abs. 2 GmbHG abgegeben hat.

33 Sofern eine wirtschaftliche Neugründung stattgefunden hat, also beispielsweise eine Mantelgesellschaft reaktiviert oder eine Vorratsgesellschaft in Betrieb genommen wurde, ohne dass dies dem Registergericht gegenüber offengelegt wurde, besteht die Gefahr einer Haftung des Gesellschafters für die Verbindlichkeiten der Gesellschaft. Zu beachten ist, dass die Haftung für die „Differenz" bei negativem Vermögen nicht auf die Stammkapitalziffer begrenzt ist. Dies gewinnt in der Insolvenz der Gesellschaft besondere Bedeutung.

34 Der entscheidende Zeitpunkt für die Berechnung der Differenz ist der Tag der Anmeldung der Satzungsänderungen zum Registergericht oder, falls dies unterbleibt, der Tag, an dem die Aufnahme der wirtschaftlichen Neugründung nach außen in Erscheinung tritt.[19]

35 Dass damit im entscheidenden Zeitpunkt überhaupt keine Unterbilanz vorlag, hat abweichend von den allgemeinen Beweisregeln in Fällen unterbliebener Offenlegung einer wirtschaftlichen Neugründung der in Anspruch genommene Gesellschafter darzulegen und zu beweisen.[20] Damit setzt der *BGH* gleich zwei Anreize, die wirtschaftliche Neugründung möglichst frühzeitig offenzulegen: Zum einen begrenzt der Zeitpunkt der Offenlegung die Zeitspanne der Haftung und zum anderen verhindert die Offenlegung, dass der Gesellschafter die Darlegungs- und Beweislast zu tragen hat. Daher ist in der Praxis unbedingt ratsam, in allen Fällen einer möglichen wirtschaftlichen Neugründung

---

[13] OLG München GWR 2010, 164.
[14] K. Schmidt NJW 2004, 1345; Altmeppen DB 2003, 2050; Heidenhain NZG 2003, 1051.
[15] KG NZG 2010, 387.
[16] BGH NZG 2012, 539, 539 ff.
[17] BGH NZG 2012, 539, 539.
[18] BGH NZG 2011, 1066.
[19] BGH NZG 2012, 539.
[20] BGH NZG 2012, 539, 544.

diese zusammen mit den Versicherungen analog § 8 Abs. 2 GmbH so früh wie möglich gegenüber dem Registergericht anzuzeigen.

Für den Erwerber von Anteilen an einer Zielgesellschaft ist besonders zu beachten: 36
Die Haftung wegen wirtschaftlicher Neugründung geht auf den Erwerber der Geschäftsanteile über. Dies hat der *BGH* jüngst nochmals ausdrücklich bestätigt.[21] Der Erwerber wird sich insoweit also durch entsprechende Garantien vom Verkäufer im Kaufvertrag und besonderes Augenmerk bei der Due Diligence-Prüfung absichern müssen.

bb) Existenzvernichtender Eingriff 37
(1) Allgemeines. Haftungsbegründend ist nach der neueren Rechtsprechung ein missbräuchlicher und zur Insolvenz der GmbH führender oder diese vertiefender kompensationsloser Eingriff in das Gesellschaftsvermögen, das der Zweckbindung zur vorrangigen Befriedigung der Gesellschaftsgläubiger zu dienen bestimmt war.[22] Es handelt sich um eine Haftung, die verhaltensbezogen ist und somit nicht als Folge eines Anteilsübergangs automatisch auf den Erwerber übergeht. Gleichwohl ist das Haftungsinstitut für den Erwerber beim Anteilserwerb von wesentlicher Bedeutung, denn es begrenzt seine Möglichkeiten zur Restrukturierung der Zielgesellschaft im Anschluss an den Erwerb. Sofern es der Erwerber nur oder maßgeblich auf die Assets der Zielgesellschaft abgesehen hat, und von vornherein eine Trennung von Passiva und Aktiva beabsichtigt, ist der Asseterwerb die zu bevorzugende Transaktionsstruktur, da ein solches Vorgehen im Nachgang zu einem Anteilserwerb zu einer Haftung des erwerbenden Gesellschafters wegen existenzvernichtenden Eingriffs führen kann. Hierzu im Einzelnen:

(2) Anspruchsgrundlage. Anspruchsgrundlage für die Haftung aus existenzvernich- 38
tendem Eingriff ist seit der TRIHOTEL-Entscheidung des *BGH* § 826 BGB, also eine vorsätzliche sittenwidrige Schädigung (des Gesellschaftsvermögens).[23]

(3) Voraussetzungen. Der Anspruch setzt folgendes voraus: 39
Schuldner eines Anspruchs aus existenzvernichtendem Eingriff kann nicht nur jeder Gesellschafter sein, sondern auch Personen, die tatsächlich maßgeblichen Einfluss auf die Gesellschaft haben.[24] Nach diesem Grundsatz kommen als Schuldner des Anspruchs aus existenzvernichtendem Eingriff insbesondere auch mittelbare Gesellschafter (Gesellschafter-Gesellschafter) und „faktische" Gesellschafter in Betracht. In der zitierten *BGH*-Entscheidung war Haftungsschuldner ein alleiniger Geschäftsführer und späterer Prokurist mit Generalvollmacht, der durch die gewählten rechtlichen Konstruktionen die Geschicke der Gesellschaft maßgeblich bestimmen konnte.[25] Eine solche Haftung kommt auch in der Person des Alleingesellschafters in Betracht – insbesondere fehlt es dann nicht etwa am Schaden, weil Alleingesellschafter und die Gesellschaft rechtlich selbständige Rechtssubjekte sind, so dass der Vorteil des Alleingesellschafters nicht den Schaden der Gesellschaft aufwiegt.[26]

Die zentrale Tatbestandsvoraussetzung ist ein kompensationsloser, durch missbräuch- 40
lichen Eingriff verursachter Entzug von Gesellschaftsvermögen. Missbräuchlich ist der

---

[21] BGH NZG 2012, 539, 539 ff.
[22] BGH NZG 2007, 667, 668 (TRIHOTEL) mit Verweis auf BGH NZG 2005, 177 (Autovertragshändler).
[23] BGH NZG 2007, 667, 667 ff. (TRIHOTEL).
[24] BGH NZG 2007, 667 (TRIHOTEL) mit Verweis auf BGH NZG 2005, 177 (Autovertragshändler).
[25] BGH NZG 2007, 667, 672 (TRIHOTEL).
[26] BGH NJW 2009, 2127 (Sanitary); BGH NZG 2007, 667 (TRIHOTEL), so auch schon für die Unterbilanzhaftung: BGH NJW-RR 2006, 254.

Eingriff, wenn der Gesellschaft planmäßig Vermögen entzogen wird, das nach der Zweckbindung im GmbH-Recht primär der Befriedigung der Gesellschaftsgläubiger dienen soll, jedenfalls dann, wenn dies zum unmittelbaren Vorteil des Gesellschafters oder eines Dritten geschieht.[27]

41 Die Haftung setzt als deliktische Haftung nach § 826 BGB Vorsatz voraus. Dieser Vorsatz muss sich auf die tatsächlichen Umstände beziehen, die die Sittenwidrigkeit begründen.

42 Die Sittenwidrigkeit ist nach der Rechtsprechung des *BGH* in der „Selbstbedienung" des Gesellschafters vor den Gläubigern der Gesellschaft zu sehen, die die Insolvenz verursacht oder vertieft.[28] Ein Bewusstsein der Sittenwidrigkeit beim Haftenden ist nicht erforderlich.

43 **(4) Rechtsfolge.** Der Gesellschafter schuldet der Gesellschaft infolge eines existenzvernichtenden Eingriffs Schadensersatz. Seit der TRIHOTEL-Entscheidung des *BGH* vom 16.7.2007[29] ist diese Haftung als Innenhaftung ausgestaltet. Das bedeutet, dass einzelne Gläubiger der Gesellschaft keinen direkten Zugriff auf die Gesellschafter nehmen können. Sie können sich Ansprüche der Gesellschaft gegen Gesellschafter jedoch außerhalb eines Insolvenzverfahrens pfänden und überweisen lassen, wenn sie einen Vollstreckungstitel gegen die Gesellschaft erstritten haben.[30] So weit wird es aber häufig nicht mehr kommen, weil die Gesellschaft in der Zwischenzeit regelmäßig bereits insolvent sein wird. Im Falle der Insolvenz können die Gläubiger auf Ansprüche der Gesellschaft und damit auch auf den Anspruch aus existenzvernichtendem Eingriff gegen den Gesellschafter nicht mehr zugreifen. Der Anspruch wird dann für die Gesellschaft durch den Insolvenzverwalter geltend gemacht. Inhaltlich geht der Anspruch auf Ausgleich des Vermögens, dessen Entziehung zur Existenzvernichtung der Gesellschaft geführt hat.

IV. Asseterwerb in der Krise

44 Der Erwerb von Vermögensgegenständen, Verträgen und Verbindlichkeiten eines Unternehmens im Wege der Einzelrechtsübertragung beinhaltet eine Reihe allgemeiner und besonderer krisenspezifischer Haftungsrisiken, die nachfolgend näher beleuchtet werden:

1. Allgemeine Haftungsrisiken beim Asseterwerb

45 Die allgemeinen Haftungsrisiken, die unabhängig von einer Krise bestehen, gliedern sich in:
- die Haftung des Erwerbers für Verbindlichkeiten der Gesellschaft, aus der die Assets wegen einer Firmen- und Geschäftsübernahme heraus erworben werden,
- die Haftung des Betriebsübernehmers für bestimmte Steuern und
- die Haftung im Zusammenhang mit dem arbeitsrechtlichen Betriebsübergang.

46 Die Haftungsnorm des § 419 BGB a.F., die weitergehend sogar die Haftung des Erwerbers im Falle der Übernahme des gesamten Gesellschaftsvermögens vorsah, wurde ersatzlos aufgehoben und gilt nicht mehr. Zu den Haftungstatbeständen im Einzelnen:

---

[27] BGH NZG 2007, 667.
[28] BGH NZG 2007, 667.
[29] BGH NZG 2007, 667.
[30] BGH NZG 2007, 667 (TRIHOTEL), so auch schon für die Unterbilanzhaftung: BGH NJW-RR 2006, 254.

a) Firmen- und Geschäftsübernahme, § 25 Abs. 1 HGB. Der Erwerber eines Handelsgeschäfts haftet kraft Gesetzes für die im Betrieb begründeten Verbindlichkeiten des veräußernden Inhabers, wenn er die erworbene Firma – also den Namen des Handelsgeschäfts im Rechtsverkehr – und das erworbene Geschäft fortführt. Grundlage für diese Haftung ist § 25 Abs. 1 HGB. Über diese Norm, ihren Sinn und Zweck, die rechtspolitische Rechtfertigung sowie über deren Reformbedarf wurde und wird in der Literatur viel diskutiert.[31] Trotz der angesprochenen Vielzahl der hierzu vertretenen theoretischen Ansätze hat die Rechtsprechung für die Praxis feste Leitlinien herausgearbeitet, an denen sich ein Erwerber orientieren kann, und die die Norm durchaus „handhabbar" machen. Diese Leitlinien lassen sich wie folgt zusammenfassen:

Zunächst muss der rechtsgeschäftliche Erwerb eines Handelsgeschäfts vorliegen. Unter einem „Handelsgeschäft" ist ein kaufmännisches Handelsgewerbe zu verstehen (§§ 1 ff. HGB), das unter einer Firma im Sinne von § 17 HGB geführt wird.[32] Erfasst werden damit also insbesondere Unternehmen, die in der Rechtsform einer oHG, KG, GmbH oder AG geführt werden (§ 6 HGB).

Zentrale Voraussetzung des § 25 Abs. 1 HGB ist nach der Rechtsprechung die Fortführung von Geschäft und Firma.[33]

Eine Firmenfortführung liegt nach der Rechtsprechung vor, wenn der Rechtsverkehr – trotz geringfügiger Änderungen – die nach dem Erwerb tatsächlich verwendete Firma noch mit der alten Firma identifiziert.[34] Konkret bedeutet dies folgendes: Rechtsformzusätze bleiben bei der Betrachtung der alten und der neuen Firma in aller Regel unbeachtlich, da sie nicht prägend sind. Erwirbt der Käufer etwa von einer KG ihr Geschäft und führt dieses mit der bisherigen Firma in der Rechtsform einer Kapitalgesellschaft und unter Zusatz des Kürzels „GmbH" statt „KG" fort, geht die Rechtsprechung von einer Firmenfortführung im Sinne des § 25 Abs. 1 HGB aus.[35] Das Gleiche gilt auch für kleinere Änderungen oder Hinzufügungen, denn nach der Rechtsprechung hat es der Erwerber in der Hand, sich durch eine vollständige Änderung der Firma auf die rechtlich sichere Seite zu begeben. Soweit sich der Erwerber aber entscheidet, sich an die alte Firma „anzuhängen"[36], muss er hierfür mit einer Haftung nach § 25 Abs. 1 HGB „bezahlen". Abgestellt wird immer auf die tatsächlich verwendete Firmenbezeichnung. Deshalb kommt es auf die Frage, ob die Firma – so oder überhaupt – in das Handelsregister eingetragen war, nicht an.

Der Erwerber kann die Haftung nach § 25 Abs. 1 HGB jedoch durch eine Vereinbarung mit dem Veräußerer ausschließen. Diese Vereinbarung muss jedoch, um Dritten gegenüber wirksam zu sein, in das Handelsregister eingetragen und bekanntgemacht oder von dem Erwerber oder dem Veräußerer dem Dritten mitgeteilt werden. Hierbei ist insbesondere auf die zeitliche Komponente zu achten: Die Vereinbarung mit dem Veräußerer muss spätestens im Moment der dinglichen Übertragung des Handelsgeschäfts geschlossen sein,[37] und die Anmeldung der Eintragung und Bekanntmachung im Handelsregister muss unverzüglich nach Geschäftsübernahme erfolgen. Es genügt allerdings, wenn die Eintragung und Bekanntmachung selbst dann in angemessener Zeit er-

---

[31] Eine Übersicht hierzu findet sich von: *Thiessen* in MünchKomm-HGB, 3. Auflage (2010), § 25 Rdnr. 11 ff.
[32] BGH NJW 1992, 112.
[33] BGH NJW 1982, 1647, 1648.
[34] BGH NJW 1992, 112.
[35] Vgl. BGH NJW 1992, 112, 112 m.w.N.
[36] BGH NJW 1992, 112.
[37] *Thiessen* in MünchKomm-HGB, (o. Fußn. 31), § 25 Rdnr. 93.

folgt.[38] Eine solche Eintragung ist bereits zulässig, wenn eine Haftung des Erwerbers auch nur ernsthaft in Betracht kommt.[39] Sie ist daher aus Gründen der Vorsorge zu empfehlen, auch wenn Ungewissheit über das Vorliegen der Voraussetzungen des § 25 HGB besteht.

47 **b) Haftung für Betriebssteuern, § 75 AO.** Die Norm des § 25 HGB wird im Hinblick auf bestimmte Steuerverbindlichkeiten durch § 75 AO ergänzt. Diese Vorschrift ordnet grundsätzlich die Haftung des Erwerbers eines Unternehmens für Steuern an, bei denen sich die Steuerpflicht auf den Betrieb des Unternehmens gründet. Grundvoraussetzung für die Haftung nach § 75 AO ist der Erwerb des Unternehmens „im Ganzen". Hierunter versteht der *BFH* den *„Übergang des gesamten lebenden Unternehmens, d.h. der durch das Unternehmen repräsentierten organischen Zusammenfassung von Einrichtungen und dauernden Maßnahmen, die dem Unternehmen dienen oder zumindest seine wesentlichen Grundlagen ausmachen, so dass der Erwerber das Unternehmen ohne nennenswerte finanzielle Aufwendungen fortführen kann".*[40] Die Haftung beschränkt sich jedoch – anders als bei § 25 Abs. 1 HGB – auf das übernommene Vermögen.[41] Andererseits kann die Haftung nicht durch Vereinbarung mit dem Veräußerer und Eintragung in das Handelsregister oder Mitteilung an die Finanzbehörden ausgeschlossen werden. Kraft ausdrücklicher gesetzlicher Anordnung, haftet der Erwerber nicht bei einem Erwerb aus der Insolvenzmasse oder im Zwangsvollstreckungsverfahren (§ 75 Abs. 2 AO).

48 **c) Betriebsübergang, § 613a BGB.** Nach § 613a BGB tritt der Erwerber eines Betriebs oder eines Betriebsteils in die Rechte und Pflichten aus den im Zeitpunkt des Übergangs bestehenden Arbeitsverhältnissen ein. Daraus ergibt sich eine Haftung des Erwerbers vor allem für ausstehenden Arbeitslohn, aber auch für sonstige rückständige Leistungen gegenüber Arbeitnehmern. Die Norm soll hier lediglich in wenigen Grundzügen dargestellt werden:

Der Erwerber oder der Veräußerer haben die betroffenen Arbeitnehmer von dem Betriebsübergang nach § 613a Abs. 5 zu informieren. Die Arbeitnehmer können dann innerhalb einer Frist von einem Monat nach Zugang des Unterrichtungsschreibens dem Übergang ihres Arbeitsverhältnisses auf den Erwerber widersprechen. Soweit sie dies tun, bleiben sie bei dem Veräußerer angestellt, mit der Gefahr, dass dieser ihnen betriebsbedingt kündigt.[42] Wichtig ist es, dass das Unterrichtungsschreiben entsprechend der nicht ganz einfachen gesetzlichen Vorgaben abgefasst ist. Mängel des Unterrichtungsschreibens führen nämlich grundsätzlich dazu, dass die Monatsfrist nicht zu laufen beginnt.[43] In solchen Fällen hat der Arbeitnehmer dann, soweit er nicht auf sein Widerspruchsrecht verzichtet oder eine fehlerfreie Belehrung nachgeholt wird, die Möglichkeit sein Widerspruchsrecht bis zur Grenze der Verwirkung auszuüben.[44] Diese Grenze kann nach Ansicht des *BAG* nur im Einzelfall bestimmt werden und es gilt keine generelle Höchstfrist von z.B. sechs Monaten.[45] Vielmehr kommt es nicht alleine auf die Frage an, wie viel Zeit vergangen ist (*Zeitmoment*), sondern auch und entscheidend darauf, ob der Arbeit-

---

[38] BayObLG NJW-RR 2003, 757, 758.
[39] *Thiessen* in MünchKomm-HGB, (o. Fußn. 32), § 25 Rdnr. 95 m.w.N aus der obergerichtlichen Rechtsprechung.
[40] BFH DStR 1993, 1256.
[41] *Rüsken* in Klein, Abgabenordnung, 11. Auflage (2012), § 75 Rdnr. 41.
[42] *Müller-Glöge* in MünchKomm-BGB, 6. Auflage (2012), § 613a Rdnr. 124.
[43] *Müller-Glöge* in MünchKomm-BGB, (o. Fußn. 42), § 613a Rdnr. 114.
[44] *Müller-Glöge* in MünchKomm-BGB, (o. Fußn. 42), § 613a Rdnr. 121.
[45] BAG NZA 2010, 393 ff.

nehmer im konkreten Einzelfall so handelte, dass der Arbeitgeber darauf vertrauen durfte, der Arbeitnehmer werde sein Widerspruchsrecht nicht mehr ausüben (*Umstandsmoment*).[46]

Die Anwendbarkeit des § 613a BGB kann durch Einsatz einer Transfergesellschaft, häufig auch Beschäftigungs- und Qualifizierungs-Gesellschaft (kurz: BQG) genannt, vermieden werden.[47] Hierbei wird der Arbeitnehmer durch dreiseitigen Vertrag zwischen ihm, seinem Arbeitgeber und der BQG vom Arbeitgeber auf die BQG „übergeleitet". Der Erwerber wiederum kann dann in einem nächsten Schritt von der BQG diejenigen Arbeitnehmer übernehmen (wiederum nur mit deren Zustimmung), die er in dem vom dem früheren Arbeitgeber zwischenzeitlich erworbenen Betrieb beschäftigen möchte. Hintergrund dessen ist, dass arbeitsrechtliche Restrukturierungsmaßnahmen wie Massenentlassungen häufig nicht kurzfristig durchsetzbar sind und die Bereitschaft der Arbeitnehmer zum Abschluss von Aufhebungsverträgen ohne Perspektive oft nicht gegeben ist. Hier setzt die BQG an, die dem Arbeitnehmer immerhin eine befristete Weiterbeschäftigungsmöglichkeit bietet und ihn in diesem Zeitraum für eine Anschlussbeschäftigung fortbilden kann. Außerdem besteht natürlich für einige Arbeitnehmer die Hoffnung in den zu sanierenden oder sanierten Betrieb zurückzukehren. Das *BAG* hat die Zulässigkeit solcher BQG-Modelle entgegen kritischen Stimmen, die hierin eine Umgehung von § 613a BGB angenommen haben, grundsätzlich bejaht,[48] allerdings auch an bestimmte Voraussetzungen geknüpft. So darf der Arbeitnehmer nicht mit dem sicheren Versprechen oder der verbindlichen Aussicht, vom Erwerber von der BQG sogleich wieder übernommen zu werden, in die BQG übergeleitet werden: Nur, wenn der Arbeitnehmer beim Übergang in die BQG im Ungewissen ist, ob er vom Erwerber wiederum übernommen wird, sich der Wechsel für ihn also als „Risikogeschäft" darstellt und sich der Erwerber dann in einem zweiten Schritt für die Übernahme des Arbeitnehmers entscheidet, sieht das BAG keine Umgehung von § 613a BGB.[49] Dies birgt Risiken für den Arbeitnehmer und für den Erwerber: Ersterer kann sich über sein Schicksal nicht sicher sein und letzterer kann sich nicht darauf verlassen, diejenigen Arbeitnehmer zu bekommen, die er gerne übernehmen würde. Gleichwohl kann die BQG – richtig gestaltet – in der Sanierungspraxis ein hilfreiches Instrument sein.

Vor Eröffnung des Insolvenzverfahrens findet § 613a BGB uneingeschränkt Anwendung.[50] Zur Rechtslage danach siehe unter 3.a)aa).

2. Besondere Haftungsrisiken beim Asseterwerb in der Krise

a) Eintritt der Insolvenzreife durch Erfüllung des Asseterwerbs. Krisenspezifische Risiken bestehen, wenn über das Vermögen des Veräußerers nach Abschluss eines Asseterwerbs ein Insolvenzverfahren eröffnet wird. 49

Allgemein sollte vermieden werden, dass der Veräußerer durch die Erfüllung (Übertragung der Assets auf den Erwerber) insolvenzreif wird. Insolvenzreife aufgrund eines Asset-Verkaufs ist gegeben, wenn die Erfüllung des Asseterwerbs zur Überschuldung oder Zahlungsunfähigkeit der Gesellschaft führt. Eine solche Folge kann insbesondere eintreten, wenn zwischen Leistung und Gegenleistung ein erhebliches Missverhältnis besteht.

---

[46] BAG NZA 2010, 393 ff.
[47] Ausführlich hierzu: *Gaul/Otto* NZA 2004, 1301; aus der jüngsten Rechtsprechung vgl. BAG NZA 2013, 203 und BAG NZA 2012, 152.
[48] BAG NZA 2013, 203.
[49] BAG NZA 2013, 203.
[50] BAG NZA 2007, 335.

50 b) Wahlrecht des Insolvenzverwalters, § 103 InsO. Wird das Insolvenzverfahren über das Vermögen des Veräußerers eröffnet und ist der Asseterwerb noch nicht durch Übertragung der Assets auf den Erwerber und Zahlung des Kaufpreises erfüllt, hat der Insolvenzverwalter ein Wahlrecht nach § 103 InsO:

Er kann sich für die Erfüllung entscheiden, dann wird der Asseterwerb – wie vereinbart – vollzogen. In diesem Fall realisiert sich das krisenspezifische Risiko der Nichterfüllung für den Erwerber nicht.

Dem Insolvenzverwalter steht es allerdings auch frei, die Nichterfüllung des Asseterwerbs zu wählen. In diesem Fall scheitert der Vollzug des Asseterwerbs. Der Insolvenzverwalter ist zur Erfüllung des Kaufvertrages nicht mehr verpflichtet und der Käufer hat alle bei ihm bis dahin aufgelaufenen Transaktionskosten, wie insbesondere Beraterkosten für eine Due Diligence und die Kosten der Ausarbeitung der Vertragsdokumente und deren Verhandlung und des Abschlusses des Kaufvertrages (wie etwa Notarkosten), allein zu tragen. Es handelt sich um vergebliche Aufwendungen, die im Einzelfall wirtschaftlich erheblich sein können. Noch schlimmer wird die Lage für den Erwerber, soweit er den Kaufpreis zu einem Großteil bereits vorgeleistet hat, bevor der Asseterwerb insgesamt vollständig erfüllt ist. Wenn in einem solchen Fall die ausstehende Restleistung einen höheren Wert als der ausstehende Restkaufpreis hat, kann der Insolvenzverwalter die Nichterfüllung des Vertrages wählen: Tut er dies, so kann der Käufer die Übertragung der Assets nicht mehr verlangen und den Anspruch auf Rückzahlung des bereits geleisteten Kaufpreises nur als Insolvenzgläubiger geltend machen. Er erhält darauf somit nur noch die Quote, was regelmäßig einen erheblichen Ausfall mit sich bringen wird. Faktisch muss die Vorleistung dadurch schlimmstenfalls erneut erbracht werden. Für bereits erbrachte teilbare Leistungen trifft § 105 InsO eine Sonderregelung.

Dem Käufer ist daher unbedingt zu raten, beim Asseterwerb keine Vorleistungen zu erbringen und die Transaktion so zu gestalten, dass der Zeitraum zwischen dem Abschluss des Kaufvertrages (*Signing*) und dessen dinglichen Vollzug (*Closing*) möglichst kurz gehalten wird. Je länger die Periode zwischen Signing und Closing wird, desto länger schwebt das Risiko des Insolvenzverfahrens und der damit verbundenen Möglichkeit der Wahl des Insolvenzverwalters, den Vertrag nicht zu erfüllen, über dem Erwerber. Kritisch ist es auch, wenn von den zahlreichen Übertragungsakten, die bei einem Asseterwerb erforderlich sind, einzelne – bekannt oder unerkannt – quasi „hängen bleiben" wie etwa bei der Übertragung von Grundstücken, deren grundbuchlicher Vollzug durchaus einen Zeitraum von mehreren Wochen oder gar Monaten in Anspruch nehmen kann. Gleiches kann aber auch bei der Übertragung von Vermögensgegenständen gelten, die der Veräußerer nur unter Eigentumsvorbehalt erworben hat, sofern der Veräußerer noch nicht seine Kaufpreisverpflichtung gegenüber dem Vorbehaltsverkäufer vollständig erfüllt hat.

Problematisch ist in diesem Zusammenhang auch die Absicherung eventueller Garantieansprüche des Käufers durch ein Treuhandkonto. Denn solange auch nur ein Teil des Kaufpreises auf dem Treuhandkonto hinterlegt wird, ist keine vollständige Erfüllung der Käuferpflichten eingetreten, so dass dem Insolvenzverwalter bis zur Auskehrung des hinterlegten Kaufpreises das Recht zur Wahl der Nichterfüllung nach § 103 InsO zusteht, sofern auch noch Restpflichten des Verkäufers unerfüllt sind.[51] Der Käufer sollte hier auf andere Sicherheiten ausweichen, namentlich eine vom Verkäufer beizubringende selbst-

---

[51] *Wössner/Hansen* in Der Unternehmenskauf in Krise und Insolvenz, 2012, II,4.d, Rdnr. 64.

schuldnerische Bankbürgschaft oder auch die Absicherung durch eine Warranty-&-Indemnity-Versicherung.[52]

c) Insolvenzanfechtung, §§ 129 ff. InsO 51
aa) Zeitlicher Anwendungsbereich. § 129 Abs. 1 InsO bestimmt: *„Rechtshandlungen, die vor der Eröffnung des Insolvenzverfahrens vorgenommen worden sind und die Insolvenzgläubiger benachteiligen, kann der Insolvenzverwalter nach Maßgabe der §§ 130 bis 146 [InsO, Einfügung der Verf.] anfechten."* Folge der Anfechtung ist, dass die vom insolvent gewordenen Veräußerer erworbenen Assets an diesen zurückzugewähren sind.

Während das Wahlrecht des Insolvenzverwalters nach § 103 InsO ein rechtliches Risiko ist, das sich nach Vollzug des Kaufvertrages erledigt, muss der Erwerber über den Weg der Insolvenzanfechtung noch erheblich länger mit einer möglichen zivilrechtlichen Inanspruchnahme durch den Insolvenzverwalter rechnen. Die Fristen für eine Anfechtung, die vom Insolvenzverwalter gegenüber dem Erwerber zu erklären ist, variieren je nach Anfechtungstatbestand und können etwa im Fall der vorsätzlichen Benachteiligung der Insolvenzgläubiger bis zu zehn Jahre betragen, § 133 Abs. 1 InsO.

bb) Voraussetzungen der Insolvenzanfechtung. Grundvoraussetzung aller Anfech- 52
tungstatbestände ist die Gläubigerbenachteiligung. Diese ist gegeben, wenn *„die Befriedigung der Insolvenzgläubiger verkürzt (vermindert), vereitelt, erschwert, gefährdet oder verzögert wird"*.[53] Soweit und sofern also für die erworbenen Assets ein angemessener Kaufpreis gezahlt wurde und dieser Erlös den Insolvenzgläubigern gleichmäßig zu Gute kommt oder gekommen ist, scheidet eine Gläubigerbenachteiligung aus.[54] Die Beweislast für das Vorliegen der Voraussetzungen einer Insolvenzanfechtung trägt nach allgemeinen Grundsätzen der Insolvenzverwalter.

Der Erwerber kann sich gegen eine Insolvenzanfechtung absichern, indem er die An- 53
gemessenheit des Kaufpreises dokumentiert, zum Beispiel durch ein Wertgutachten eines Wirtschaftsprüfers.[55] Eine solche Bewertung durch einen Dritten ist grundsätzlich zu empfehlen, um bei einer späteren Insolvenz die Angemessenheit des Kaufpreises nachweisen zu können.

Um zu verhindern, dass es zu einer Bevorzugung der Bank, die das Konto des Verkäu- 54
fers führt, als deren Gläubigerin kommt, sollte der Kaufpreis nicht auf ein laufendes Bankkonto der Gläubigerbank gezahlt werden. Aber Achtung: Auch eine Zahlung auf ein separates Bankkonto genügt nicht, wenn die Verkäuferin weitere Konten bei der Bank hat, die im Soll geführt werden. Denn die Banken behalten sich im Regelfall in ihren AGB ein Pfandrecht für alle bei ihnen geführten Konten vor. Es bleibt daher nur die Möglichkeit, auf ein Konto eines Geldinstituts zu zahlen, bei dem die Verkäuferin keine weiteren Bankkonten führt, und welches selbst nicht im Soll geführt sein darf.[56]

Sofern die vorgenannte Grundvoraussetzung der Gläubigerbenachteiligung gegeben 55
ist, weil etwa ein unangemessen niedriger Kaufpreis für die Assets gezahlt wurde oder

---

[52] Vgl. hierzu und zu alternativen Gestaltungsmöglichkeiten *Meyding/Grau* NZG 2011, 41 ff.; *Wössner/Hansen* in Der Unternehmenskauf in Krise und Insolvenz, (o. Fußn. 51), II, 4.d, Rdnr. 65.
[53] *Hirte* in Uhlenbruck, Insolvenzordnung, 13. Auflage (2010), § 129 Rdnr. 91.
[54] Vgl. etwa *Hirte* in Uhlenbruck, (o. Fußn. 53), § 129 Rdnr. 118, der auch auf die *„Angemessenheit der Gegenleistung"* abstellt.
[55] *Schluck-Amend/Krispenz* in Der Unternehmenskauf in Krise und Insolvenz, (o. Fußn. 51), VIII.4, Rdnr. 24.
[56] So auch: *Schluck-Amend/Krispenz* in Der Unternehmenskauf in Krise und Insolvenz, (o. Fußn. 51), VIII.4, Rdnr. 24.

einzelne Insolvenzgläubiger bevorzugt befriedigt werden, besteht die Gefahr einer Insolvenzanfechtung.

56 Auf die einzelnen Insolvenzanfechtungsgründe soll hier nicht näher eingegangen werden. Sie sind an anderer Stelle dieses Buches im Einzelnen dargestellt (Vgl. § 32 dieses Handbuchs.

57 **cc) Rechtsfolgen der Insolvenzanfechtung.** Eine erfolgreiche Insolvenzanfechtung des Insolvenzverwalters bewirkt, dass die erworbenen Assets der Insolvenzmasse zurück zu gewähren sind, § 143 InsO.

58 Im Gegenzug erhält der Erwerber infolge der Anfechtung lediglich einen schuldrechtlichen Anspruch auf Rückzahlung des Kaufpreises gegen die insolvente Verkäuferin, den der Erwerber aber meist nur als Insolvenzgläubiger geltend machen kann, § 144 Abs. 2 InsO. Der Käufer erhält also auf seinen Rückzahlungsanspruch in der Regel nur die Quote im Insolvenzverfahren. Er trägt daher ein erhebliches Ausfallrisiko.

3. Der Asseterwerb nach Eröffnung des Insolvenzverfahrens: Die übertragende Sanierung

59 **a) Vorteile**
aa) Haftungsprivilegien betreffend allgemeiner Risiken. Die vorstehend unter 1. und 2. dieses Abschnitts skizzierten Haftungsrisiken entfallen weitgehend in der Insolvenz der Zielgesellschaft. Dies macht den Asseterwerb nach Eröffnung des Insolvenzverfahrens, die sog. übertragende Sanierung, so interessant.

60 Zunächst haftet der Erwerber bei der übertragenden Sanierung nicht aus dem Gesichtspunkt der Firmen- und Geschäftsfortführung nach § 25 HGB und auch nicht für Betriebssteuern nach § 75 AO. Die Begründung hierfür ist im Falle des § 25 HGB (Haftung für Firmen- und Geschäftsfortführung) nicht so eindeutig wie im Falle des § 75 AO (Haftung für Betriebssteuern), wo die Haftungsbefreiung in Abs. 2 ausdrücklich gesetzlich geregelt ist. Nach der Rechtsprechung des *BGH* liegt der Grund für die Befreiung von der Haftung nach § 25 HGB in dem Umstand, dass die Anwendung von § 25 HGB mit dem Sinn und Zweck des Insolvenzverfahrens, eine bestmögliche Verwertung der Insolvenzmasse zur gleichmäßigen Befriedigung aller Gläubiger zu erreichen, nicht vereinbar ist.[57] Denn diejenigen Gläubiger, die über § 25 HGB eine Befriedigung ihrer Insolvenzforderungen durch den Erwerber durchsetzen könnten, würden gegenüber den übrigen Insolvenzgläubigern privilegiert werden. Würden alle Gläubiger den Erwerber in die Haftung nehmen können, wäre eine übertragende Sanierung unmöglich, da der wesentliche Gedanke der übertragenden Sanierung – die Trennung von Aktiva und Passiva – nicht zu erreichen wäre. Da dies nicht gewollt ist, wendet die Rechtsprechung des *BGH* und des *BAG* § 25 HGB auf die übertragende Sanierung im eröffneten Insolvenzverfahren nicht an.[58] Da im Gesetzeswortlaut des § 25 HGB jedoch eigentlich keine ausdrückliche Ausnahmeregelung enthalten ist, ist der Wortlaut einschränkend auszulegen.[59] Der Anwendungsbereich der Norm wird eingeschränkt, da der Sinn und Zweck der Regelung dies erfordert. Diese Ausnahme gilt jedoch nur im eröffneten Insolvenzverfahren; bei dem Erwerb von einer überschuldeten, insolvenzreifen

---

[57] Grundlegend: BGH NJW 1988, 1912.
[58] St. Rspr. des BGH seit NJW 1988, 1912; vgl. aus der Rechtsprechung des *BAG* zuletzt: NZA 2007, 335.
[59] Vgl. *Karsten Schmidt*, HandelsR, 5. Aufl. (1999), § 8 I 1a, 3.

§ 23 M&A in der Krise – Rechtliche Aspekte

Gesellschaft findet § 25 HGB hingegen ebenso Anwendung[60] wie bei dem Erwerb vom vorläufigen Insolvenzverwalter[61] oder nach Ablehnung einer Verfahrenseröffnung mangels Masse.

Auch die Haftung nach der Regelung zum Betriebsübergang nach § 613a BGB wird im Fall der übertragenden Sanierung wesentlich modifiziert.[62] Zwar war zunächst generell zweifelhaft, ob die Norm in der Insolvenz überhaupt Anwendung findet, jedoch hat die Rechtsprechung dies erst für die Konkursordnung (KO) und später auch unter Geltung der InsO bejaht[63] und der Gesetzgeber dies schließlich in § 128 InsO bestätigt, der von einer Anwendbarkeit des § 613a BGB in der Insolvenz ausgeht. **61**

Anders als bei § 25 HGB wird auch nicht der Anwendungsbereich des § 613a BGB generell zurückgenommen. Es werden jedoch die Rechtsfolgen des § 613a BGB im Falle einer übertragenden Sanierung wesentlich modifiziert: Nicht alle Arbeitnehmerverbindlichkeiten gehen auf den Erwerber über. Der Erwerber eines Betriebsteils tritt zwar kraft Gesetzes in die Arbeitsverhältnisse mit den Arbeitnehmern des Betriebs ein, haftet aber – und das ist die Besonderheit in der Insolvenz – nicht für Verbindlichkeiten gegenüber den übergegangenen Arbeitnehmern, soweit diese Verbindlichkeiten vor der Eröffnung des Insolvenzverfahrens entstanden sind.[64] Diese Alt-Verbindlichkeiten der übergegangenen Arbeitnehmer verbleiben vielmehr bei der Verkäuferin. Die Begründung ist die gleiche wie zur Auslegung des § 25 HGB. Daher gilt die genannte Einschränkung auch nicht für sog. Masseverbindlichkeiten (vgl. § 55 InsO), also nicht für Verbindlichkeiten, die der Insolvenzverwalter zu Lasten der Masse begründet hat, diese gehen vielmehr unter den sonstigen Voraussetzungen des § 613a BGB auf den Erwerber über.[65] **62**

bb) Keine Übernahme von Verbindlichkeiten. Da beim Asseterwerb der Erwerber von vornherein die zu übernehmenden Rechte und Pflichten auswählen kann, wird er oftmals keine Verbindlichkeiten übernehmen wollen. Nach Eröffnung des Insolvenzverfahrens, also bei der sanierenden Übertragung, ist die Übernahme einzelner Verbindlichkeiten nicht nur nicht gewünscht, sondern darüber hinaus rechtlich in der Regel unzulässig. Die Übernahme einzelner Verbindlichkeiten würde im Falle ihrer Erfüllung zu einer Privilegierung einzelner Gläubiger führen und somit das Ziel des Insolvenzverfahrens verhindern, eine möglichst gleichmäßige Befriedigung aller Gläubiger zu erreichen. **63**

Dieser Grundsatz des Insolvenzrechts ist für den Erwerber positiv, da er einzelne Assets erwerben kann ohne gleichzeitig Verbindlichkeiten übernehmen zu müssen. Eine Ausnahme gilt lediglich für Vermögensgegenstände, an denen ein dingliches Recht eines Dritten besteht.[66] **64**

cc) Keine Anfechtungsrisiken, keine Gefahr der Wahl der Nichterfüllung. Ein weiterer Vorteil ist schließlich, dass beim Erwerb nach dem eröffneten Insolvenzverfahren weder Anfechtungsrisiken bestehen noch die Gefahr, dass der Insolvenzverwalter nach § 103 InsO die Nichterfüllung wählen könnte: Wie schon der Wortlaut des § 129 deutlich macht („*Rechtshandlungen, die vor der Eröffnung des Insolvenzverfahrens vorgenommen worden sind …*"), unterliegt die übertragende Sanierung als Rechtsgeschäft, das nach Er- **65**

---

[60] BGH NJW 2006, 1001; BGH NJW 1992, 911.
[61] So BGH NJW 1988, 1912 unter Geltung der KO.
[62] St. Rspr. vgl. etwa BAG NZA 2004, 654 und BAG NZA 2007, 335 jeweils m.w.N.
[63] Für die KO: BAG NJW 1980, 1124; für die InsO: BAG NZA 2003, 318 m.w.N.
[64] BAG NZA 2007, 335.
[65] BAG NZA 2004, 654.
[66] Hierzu: *Wössner/Hansen* in Der Unternehmenskauf in Krise und Insolvenz, (o. Fußn. 51), II,4.b,ee. Rdnr. 32.

öffnung der Insolvenz vorgenommen wird, nicht der Anfechtung nach den §§ 129 ff. InsO. § 103 InsO, wonach der Insolvenzverwalter bei einem noch nicht vollständig erfüllten gegenseitigen Vertrag die Nichterfüllung wählen kann, findet ebenfalls keine Anwendung auf die übertragende Sanierung.

66 **dd) Zustimmungserfordernis der Gesellschafterversammlung entfällt.** Nach der Regelung des § 179a AktG, die auch entsprechend für Gesellschaften anderer Rechtsformen als der Aktiengesellschaft Anwendung findet, muss die Gesellschafterversammlung der Übertragung des ganzen Gesellschaftsvermögens grundsätzlich im Vorhinein zustimmen. Dieses allgemein geltende Erfordernis der Zustimmung der Gesellschafterversammlung wird jedoch in der Insolvenz durch die §§ 69, 160 InsO ersetzt (hierzu mehr nachfolgend unter b)bb)).

67 **b) Nachteile**
aa) Bestimmtheitsgrundsatz (Bestimmtheit und Bestimmbarkeit). Der Asseterwerb aus der Insolvenz hat auch einige insolvenzspezifische Nachteile. Hervorzuheben sind zum einen der Bestimmtheitsgrundsatz und zum anderen das Erfordernis der Zustimmung der Gläubiger.

68 Der Bestimmtheitsgrundsatz ist streng genommen kein spezifisch insolvenzrechtliches Thema, denn dieser ist bei jedem Asseterwerb zu beachten. Dennoch gewinnt das Erfordernis, den Kaufgegenstand – jedenfalls hinsichtlich der dinglichen Übereignung – hinreichend bestimmt zu bezeichnen in der Insolvenz besondere Bedeutung: Für den Insolvenzverwalter wird es in der Praxis häufig schwierig sein, in kürzester Zeit aus eigener Anschauung erschöpfende Klarheit darüber zu bekommen, welche Vermögensgegenstände vorhanden sind und in wessen Eigentum diese Vermögensgegenstände stehen.

69 Insbesondere bei beweglichen Gegenständen des Umlaufvermögens, wie etwa Rohstoffen, Betriebsstoffen, Vorräten und fertigen Waren, ist auf die Bestimmtheit des Kaufgegenstandes besonderes Augenmerk zu legen. Konkret müssen alle beweglichen Sachen im Kaufvertrag im Einzelnen so beschrieben sein, dass sie von einem Dritten, der den Kaufvertrag kennt, anhand *„einfacher äußerlicher Merkmale unschwer erkannt und von anderen Sachen unterschieden werden können"*[67] und zwar ohne dass es weiterer *„Nachfrage(n) oder Erläuterunge(n)"* Dritter bedarf[68]. Typischerweise führt dies dazu, dass dem Kaufvertrag zur Bestimmung des Kaufgegenstandes umfangreiche Listen beigefügt werden, auf denen das Umlaufvermögen möglichst genau im Einzelnen beschrieben ist. Diese Listen müssen allerdings bei Vertragsschluss selbst vorliegen, oder spätestens zu dem Zeitpunkt, in dem das Eigentum übergehen soll.[69] Soll das Eigentum mit Vertragsschluss übergehen, ist die Nachreichung von Listen nicht ausreichend, die Übertragung ist dann unwirksam.[70] Die gelegentlich in der Praxis anzufindende Formulierung *„soweit sie nicht im Eigentum Dritter stehen"* genügt nach der Rechtsprechung nicht. Da dies zur Unwirksamkeit der Übertragung führen kann, sollten solche und ähnliche Formulierungen vermieden werden, denn der *BGH* geht davon aus, dass keine hinreichende Bestimmtheit gegeben ist, wenn außerhalb des Vertrages liegende Umstände herangezogen werden müssen, um den Kaufgegenstand von anderen Sachen zu unterscheiden.[71]

---

[67] *Bassenge* in Palandt, BGB, 72. Auflage (2013), § 930 Rdnr. 2; aus der Rspr: BGH NJW-RR 1994, 1537.
[68] BGH NJW 1995, 2348, 2350.
[69] *Bassenge* in Palandt, BGB, 72. Auflage (2013), § 930 Rdnr. 2.
[70] BGH NJW 1995, 2348, 2350.
[71] BGH NJW 1995, 2348; so auch: *Wössner/Hansen* in Der Unternehmenskauf in Krise und Insolvenz, (o. Fußn. 51), II,2.b, bb, Rdnr. 22.

Möglich und in der Praxis verbreitet sind allerdings auch bezüglich Sachgesamtheiten wie etwa Lager oder Ladengeschäften die Bestimmung anhand von Sammelbezeichnungen. Dies ist etwa dann der Fall, wenn alle in einem bestimmten Raum befindlichen Gegenstände übertragen werden sollen, oder etwa alle in einem bestimmten Raum befindlichen Gegenstände einer bestimmten Art oder Gattung wie beispielsweise alle Reifen, die sich in einem bestimmten Lager befinden, oder etwa alle mit einem schwarzen Kreuz markierten Waren in einem bestimmten Ladengeschäft. Nicht hinreichend bestimmt sind jedoch reine Wert- oder Mengenabgaben oder die oben schon beschriebene Abgrenzung nach rechtlichen Kriterien. **70**

Etwas lockerer sind die Anforderungen bei zu übertragenden Forderungen oder sonstigen Rechten: Diese müssen entweder bestimmt sein oder, da auch künftige Forderungen oder sonstige Rechte abgetreten werden können, zumindest bestimmbar sein.[72] Hier genügt es, wenn die betreffenden Forderungen oder Rechte so beschrieben werden, wie dies zu ihrer Identifizierung erforderlich und ausreichend ist.[73] Außerhalb des Kaufvertrages liegende Umstände können herangezogen werden. So ist es insbesondere unschädlich, wenn für die Identifizierung einer Forderung Nachfragen oder Erläuterungen eingeholt werden müssen, solange generell deren Identifizierung möglich ist. Ein weiterer Unterschied besteht zur Übertragung von körperlichen Sachen: Anders als bei der nur mengenmäßig beschränkten Teilübertragung von körperlichen Sachen ist die Abtretung einer nur der Höhe nach bezeichneten Forderung ohne weiteres möglich. Unwirksam ist also die Übertragung von „1000 Litern" Heizöl, wenn diese in einem Tank gelagert sind, in dem mehr als 1000 Liter Heizöl enthalten sind. Hier müssten zunächst die zu übertragende Teilmenge körperlich getrennt werden, also zum Beispiel in einen separaten Tank umgefüllt werden. Die Abtretung einer Teilforderung durch betragsmäßige Bestimmung ist hingegen wirksam. **71**

Im Ergebnis sollte aus Erwerbersicht daher besonderes Augenmerk auf diesen Punkt gelegt werden, da nur in das Eigentum des Erwerbers übergeht, was im Kaufvertrag hinreichend bestimmt ist. **72**

bb) Zustimmungserfordernis des Gläubigerausschusses, §§ 69, 160 InsO. In der Insolvenz wird das Erfordernis der Zustimmung der Gesellschafterversammlung ersetzt durch die Zustimmung des Gläubigerausschusses, oder, falls ein solcher nicht bestellt ist, durch Zustimmung der Gläubigerversammlung, §§ 69, 160 InsO.[74] Dies ist nur konsequent: Wenn man mit der Regierungsbegründung zum ESUG davon ausgeht, dass die Anteile mit der Insolvenz regelmäßig wertlos sind,[75] ist es auch gerechtfertigt, dass die Entscheidungsbefugnis über die Veräußerung des Unternehmens als Ganzes von der Gesellschafterversammlung (entsprechend § 179a AktG) auf die Gläubiger (§§ 69, 160 InsO) übergeht. **73**

---

[72] *Grüneberg* in Palandt, BGB, 72. Auflage (2013), § 398 Rdnr. 14; grundlegend: BGHZ 7, 365, 367.
[73] *Roth* in MünchKomm-BGB, 6. Auflage (2012), § 398 Rdnr. 67.
[74] *Stein* in MünchKomm-AktG, 3. Auflage (2011), § 179a Rdnr. 13.
[75] Regierungsbegründung zum ESUG, BT-Drs. 17/5712, S. 32; so auch *Cahn/Simon/Theisemann* DB 2012, 501.

§ 23 5. Teil. Sonderthemen

V. Auswirkungen des ESUG auf die M&A-Praxis

1. Eigenverwaltung und Schutzschirmverfahren, § 270b InsO

74 Mit Wirkung zum 1. März 2012 ist das sog. ESUG[76] in Kraft getreten. Es gilt für alle Insolvenzverfahren, bei denen der Eröffnungsantrag am 1. März 2012 oder danach gestellt wurde, Art. 103g EGInsO. Ziel des ESUG ist es, die Sanierung von Unternehmen zu erleichtern. Dazu wurden bestimmte Instrumente der InsO (die Verwalterauswahl, das Insolvenzplanverfahren und die Eigenverwaltung) verbessert. Ferner wurde mit § 270b InsO das sog. Schutzschirmverfahren eingeführt. Das ESUG ist somit kein eigenes Gesetz, sondern ergänzt und modifiziert die bestehenden Regelungen der InsO.

75 Für die M&A-Praxis am bedeutendsten sind hiervon die Themenkomplexe Schutzschirmverfahren und Insolvenzplanverfahren, denn hierdurch werden dem Insolvenzverwalter neben dem Instrument der sanierenden Übertragung, das bislang für die Übertragung eines Unternehmens als Ganzem aus der Insolvenz praktisch allein vorherrscht, völlig neue Möglichkeiten eröffnet. Durch die Einbeziehung der Anteilsrechte in das Insolvenzplanverfahren können nun weitergehende Regelungen getroffen werden: So ist jetzt auch der Weg eines Anteilserwerbs in (und aus) der Insolvenz eröffnet, § 225a Abs. 3 InsO. Kapitalmaßnahmen und Umwandlungsmaßnahmen, wie etwa Verschmelzungen können nun ebenfalls Gegenstand eines Insolvenzplans werden. Gleiches gilt auch für den leitbildhaft im neu eingeführten § 225a InsO beschriebenen sog. „Debt-Equity-Swap", also der Wandlung von Forderungen in Anteilsrechte. Auf die zahlreichen neuen Spielräume für den Ersteller eines Insolvenzplans und die daraus folgenden Auswirkungen auf die M&A-Praxis soll nachfolgend näher eingegangen werden.

76 Das Schutzschirmverfahren ist im Zusammenhang mit der sogenannten Eigenverwaltung nach § 270 InsO zu sehen. Diese kann das Insolvenzgericht anordnen anstatt einen Insolvenzverwalter zu bestellen. Der Insolvenzschuldner ist in solchen Fällen nach § 270 InsO unter der Aufsicht eines sog. Sachwalters weiter berechtigt, die Insolvenzmasse selbst zu verwalten und hierüber zu verfügen. Der Insolvenzschuldner erhält so geschützt vor dem Zugriff seiner Gläubiger (daher „Schutzschirm") die Möglichkeit zur Restrukturierung in Eigenregie, ohne dass ein fremder Dritter zum Insolvenzverwalter bestellt wird und somit der Insolvenzschuldner außen vor ist. Den Anteilseignern des Insolvenzschuldners wird so der Anreiz geboten, durch einen Insolvenzplan, den sie wesentlich mitgestalten können, einen besseren Ausweg aus der Krise der Gesellschaft zu finden als bei einem üblichen Insolvenzverfahren, bei dem die Anteile der Anteilseigner in aller Regel wertlos sind.

77 Das Schutzschirmverfahren ist ein durch das ESUG in die InsO neu eingeführtes Instrument. Wohl auch deshalb hat es von allen Neuerungen des ESUG die bislang größte Aufmerksamkeit erfahren. Es ist an anderer Stelle dieses Buches näher beschrieben. Das Schutzschirmverfahren ist im Zusammenhang mit dem Insolvenzplanverfahren zu sehen, da ein Schutzschirm dem Zweck dienen soll, ein Insolvenzplanverfahren vorzubereiten. In der M&A-Praxis kann ein Schutzschirm eine interessante Möglichkeit sein, mit einem potenziellen Erwerber und Investor einen Insolvenzplan auszuarbeiten und so frühzeitig ein Sanierungskonzept umzusetzen.

78 Die vom Gesetzgeber gehegte Intention, dass das Schutzschirmverfahren dazu führen werde, dass Sanierungen künftig möglichst häufiger und unter Vermeidung eines Rege-

---

[76] S. o. Rn. 23.

linsolvenzverfahrens im Vorfeld einer Insolvenz greifen sollen, bietet potentiellen Erwerbern neuen Spielraum: Früher hatte der Erwerber in insolvenznahen Transaktionen vor Eröffnung des Insolvenzverfahrens nur die Wahl: Zum einen konnte er den risikoreichen Weg des Asseterwerbs in der Krise gehen und zum anderen den Weg des Anteilserwerbs in der Krise verfolgen, bei der Erwerber die Krise gleich miterwirbt. Hierbei drohte stets der Totalverlust des Investments durch einen Insolvenzantrag der Geschäftsführung des Zielunternehmens. Alternativ konnte der Erwerber auch die Insolvenz abwarten in der Hoffnung bei der anschließenden sanierenden Übertragung zum Zuge zu kommen. Doch hatte er auf den Zeitpunkt der Insolvenzantragstellung in aller Regel keinen Einfluss und wurde damit häufig in eine passive Rolle verdrängt. Seit dem ESUG kann nun aber schon früher gehandelt werden: Der Erwerber kann zusammen mit dem Rechtsträger bereits frühzeitig ein Sanierungskonzept erarbeiten, das dann durch ein Insolvenzplanverfahren umgesetzt werden kann, bei dem der Erwerber die Haftungsrisiken vermeidet, die er sonst bei einem Asseterwerb in der Krise in Kauf nehmen müsste.

2. Insolvenzplanverfahren

a) Allgemeines. Der Insolvenzplan ist gesetzlich in §§ 217 ff. InsO geregelt. Mit der Änderung des Zwecks des Insolvenzverfahrens von der reinen Abwicklung hin zur Sanierung des Insolvenzschuldners hat das Instrument des Insolvenzplans an Bedeutung stetig zugenommen. **79**

Durch den Insolvenzplan können die Beteiligten die Sanierung des Insolvenzschuldners abweichend von den Regelungen der InsO gestalten, § 217 S. 1 InsO. Seine Einzelheiten sind ebenfalls an anderer Stelle dieses Buches näher beschrieben. Aus Sicht der M&A-Praxis bedeutend ist, dass durch das ESUG nunmehr auch die Anteilsrechte am insolventen Rechtsträger selbst Gegenstand des Insolvenzplans sein können. Bis zum Inkrafttreten des ESUG waren der Insolvenzverwalter und die Gläubiger des Insolvenzschuldners auf die Mitwirkung der Gesellschafter nach allgemeinen gesellschaftsrechtlichen Grundsätzen angewiesen. Die Anteilsrechte am insolventen Rechtsträger waren hingegen nicht Gegenstand des Insolvenzverfahrens. Dadurch konnten die Gesellschafter wirtschaftlich sinnvolle Sanierungsmaßnahmen aus sachfremden Erwägungen blockieren, soweit diese ihre Mitwirkung erforderten. Dies geschah in der Praxis nicht selten. Es ist daher wirtschaftlich zweckmäßig gewesen, diese Anteilsrechte mittelbar zum Gegenstand des Insolvenzverfahrens zu machen. Was genau hieraus für die M&A-Praxis folgt, soll nachfolgend beschrieben werden. **80**

b) Änderungen durch das ESUG. Vor Inkrafttreten der ESUG existierte eine strikte Trennung zwischen Gesellschaftsrecht und Insolvenzrecht. Letzteres betraf allein die Gläubigerrechte und Rechtspositionen des Schuldners selbst, wohingegen in die Rechte der Gesellschafter durch das Insolvenzverfahren nicht eingegriffen werden durfte. Sämtliche gesellschaftsrechtlich erforderlichen Maßnahmen der Sanierung unterlagen allgemeinen Regeln, somit bedurften Kapitalmaßnahmen einer Dreiviertelmehrheit und die Fortführung der Gesellschaft in der Insolvenz bedurfte einer ausdrücklichen Zustimmung der Gesellschafterversammlung, da die Gesellschaft mit der Insolvenz zunächst aufgelöst wurde, § 60 Abs. 1 Nr. 4 GmbHG. All dies barg Blockadepotential, da hierdurch ein Anreiz für Gesellschafter bestand, sich ihre Zustimmung „abkaufen" zu lassen, also einer Sanierung nur unter Vorzeichen zuzustimmen, die sie so besser stellten als sie bei einer Abwicklung der Gesellschaft im Regelinsolvenzverfahren gestanden hätten. **81**

82   Dies wurde durch das ESUG geändert. Nun besteht die Möglichkeit, durch den Insolvenzplan in die Anteilsrechte selbst einzugreifen und diese zu verändern, § 225a InsO. Die Trennung zwischen Gesellschafts- und Insolvenzrecht wurde damit aufgehoben. Generell gesprochen, kann im Insolvenzplan nun jede gesellschaftsrechtlich zulässige Maßnahme getroffen werden, § 225a Abs. 3 InsO, und zwar auch gegen den Willen des einzelnen Gesellschafters, in dessen Rechte eingegriffen wird, und unter den Voraussetzungen des § 245 InsO (hierzu nachfolgend unter e)) auch gegen den Willen einer Gruppe der Gesellschafter. Dies erweitert die M&A-Möglichkeiten in der Praxis signifikant. Während bis zum Inkrafttreten des ESUG der Asseterwerb, also die sanierende Übertragung, das alleinige Mittel der Wahl bei M&A-Transaktionen aus der Insolvenz heraus war, steht den Parteien nun auch und gerade in der Insolvenz die volle Bandbreite gesellschaftsrechtlicher Möglichkeiten zur Verfügung, und das weitgehend unter Ausschaltung des bisherigen Blockadepotenzials opponierender Gesellschafter. Insbesondere Umwandlungsmaßnahmen mit dem Vorteil der (partiellen) Gesamtrechtsnachfolge, also der Möglichkeit zur Übertragung sämtlicher oder eines bestimmten Teils der Rechtspositionen des insolventen Rechtsträgers, rücken dadurch näher in den Fokus.[77] Zu den möglichen, aufgewerteten M&A-Maßnahmen in der Insolvenz zählen aber auch Kapitalmaßnahmen, wobei eine besonders hervorgehobene Stellung im Gesetz durch ausdrückliche Erwähnung der sog. „Debt-Equity-Swap" einnimmt. Diesen sieht die Regierungsbegründung zum ESUG als *„zentrales Mittel für ein attraktives Sanierungsverfahren"*.[78]

83   **c) Debt-Equity-Swap**
     aa) Begriff und Wirkung. Beim Debt-Equity-Swap wandelt ein Gläubiger der Gesellschaft Forderungen gegen diese in Gesellschaftsanteile. Der Debt-Equity-Swap ist deswegen ein beliebtes und häufig geeignetes Sanierungsinstrument, da hierdurch die Überschuldung der Gesellschaft aufgrund des Wegfalls von Verbindlichkeiten, die bei der Überschuldungsprüfung berücksichtigt werden müssten, beseitigt werden kann. Durch den Wegfall von Tilgungs- und Zinszahlungsverpflichtungen kann so auch eine Zahlungsunfähigkeit überwunden werden.

84   Man kann unterscheiden zwischen dem sog. echten Debt-Equity-Swap und dem sog. unechten Debt-Equity-Swap.[79] Während beim echten Debt Equity Swap die „Wandlung" von Fremd- zu Eigenkapital im Wege einer Sachkapitalerhöhung erfolgt, spricht man von einem unechten Debt-Equity-Swap, wenn auf die Gläubiger bestehende Anteile im Wege eines Anteilserwerbs übertragen werden und diese aufschiebend bedingt auf die Übertragung auf Ihre Forderungen gegen die Insolvenzschuldnerin verzichten. Da von Sonderkonstellationen abgesehen[80] in der M&A-Praxis der echte Debt-Equity-Swap, also der Weg über die Sachkapitalerhöhung im Fokus steht, soll nachfolgend auch nur dieser näher beleuchtet werden. Soweit somit nachfolgend vom „Debt-Equity-Swap" gesprochen wird, ist damit der echte Debt-Equity-Swap gemeint, soweit nicht ausdrücklich Besonderheiten des „unechten Debt-Equity-Swaps" beleuchtet werden sollen.

---

[77] Vgl. zu den Vorteilen der Ausgliederung gegenüber dem Asseterwerb: *Kahlert/Gehrke* DStR 2013, 975 ff.
[78] Regierungsbegründung zum ESUG, BT-Drs. 17/5712, S. 31.
[79] Vgl. *Wieneke/Hoffmann* ZIP 2013, 697 ff.
[80] So etwa wenn die Insolvenzschuldnerin eine börsennotierte AG ist, und die Börsennotierung beibehalten werden soll. Vgl. hierzu ausführlich: *Wieneke/Hoffmann* ZIP 2013, 697 ff.

bb) Rechtstechnische Ausgestaltung.

Rechtstechnisch kann ein Debt-Equity-Swap auf zwei Wegen geschehen: Es besteht die Möglichkeit, dass der Gläubiger seine Forderung an die Gesellschaft abtritt. Dann erlischt die Forderung im Wege der sog. Konfusion, da die Gesellschaft Schuldner und Gläubiger in einer Person wird. Dies ist der in der M&A-Praxis häufig gewählte Weg. Eine alternative zivilrechtliche Gestaltungsmöglichkeit ist der Erlassvertrag zwischen dem Gläubiger und der Gesellschaft. Gegenleistung wird in beiden Fällen die Gewährung von Anteilen an der Gesellschaft im Rahmen einer Kapitalerhöhung bei dieser sein. 85

Einer solchen Kapitalerhöhung, in deren Rahmen die Forderung eingebracht/erlassen wird, ist in diesen Fällen in aller Regel eine Kapitalherabsetzung zur Kompensation der bisherigen Verluste vorgeschaltet. Man nennt diese Kombination von Kapitalherabsetzung und Kapitalerhöhung auch „Kapitalschnitt".[81] Der Kapitalschnitt kann, muss aber nicht, je nach Ausgestaltung zu einem (endgültigen) Wegfall der Börsennotierung einer AG führen (sog. „Cold Delisting").[82] Die einzubringende/zu erlassende Forderung ist in aller Regel rechtlich als Sacheinlage zu qualifizieren[83] – mit allen hieraus folgenden Konsequenzen etwa im Hinblick auf Fragen der Bewertung und Kapitalaufbringung, auf die nachfolgend noch näher eingegangen wird. 86

Durch den Insolvenzplan kann der erforderliche Gesellschafterbeschluss für die Kapitalmaßnahmen ersetzt werden, § 225a Abs. 2 Satz 2 InsO.[84] Eine gesonderte notarielle Beurkundung des Kapitalerhöhungsbeschlusses ist nicht erforderlich, da die Form durch die gerichtliche Bestätigung gewahrt wird, § 254a Abs. 2 InsO. Dadurch und durch das sog. „Obstruktionsverbot" (hierzu siehe nachfolgend unter e)) ist den Gesellschaftern das Blockadepotenzial genommen, das vor Inkrafttreten des ESUG wirtschaftlich sinnvollen Transaktionen häufig aus sachfremden Erwägungen entgegenstand. In der M&A-Praxis führt dies zu einer deutlichen Aufwertung dieses Sanierungsinstruments. 87

Die betreffende Kapitalmaßnahme wird gleichwohl erst dann wirksam, wenn sie in das Handelsregister eingetragen wird. Hierzu ist eine in beglaubigter Form einzureichende Handelsregisteranmeldung erforderlich, die der Insolvenzverwalter nach Bestätigung des Insolvenzplans vornehmen kann, § 254a Abs. 2 S. 3 InsO. 88

cc) Forderungseinbringung zum Nennwert oder zum Verkehrswert?

Eine bislang ungeklärte Streitfrage ist, ob die Forderung, die Gegenstand des Debt-Equity-Swap ist, zum Nennwert oder zum Verkehrswert eingebracht werden kann. Beim echten Debt-Equity-Swap erfolgt die Wandlung der Forderung(en) im Wege einer Sachkapitalerhöhung. Daher sind grundsätzlich die Regeln über die Kapitalaufbringung anwendbar: Die Sacheinlage darf grundsätzlich nicht überbewertet werden. In der Praxis führte dies zu der stets sehr schwierigen Frage der Bewertung von Forderungen in der Insolvenz. 89

Der Verkehrswert der einzubringenden Forderung wird in der Insolvenz der Gesellschaft niedriger anzusetzen sein als der Nennwert, denn ansonsten müsste man eine Realisierungsquote des betreffenden Gläubigers mit 100 % ansetzen. Eine solche Quote ist in der Insolvenz nicht realistisch, jedenfalls dann nicht, wenn man mit der überwiegenden Ansicht nicht auf den Fortführungswert[85] (den Wert der Forderung nach erfolgrei- 90

---

[81] Vgl. hierzu eingehend unter Berücksichtigung gesellschaftsrechtlicher, börsenzulassungsrechtlicher und kapitalmarktrechtlicher Konsequenzen *Reger/Stenzel* NZG 2009, 1210 ff.
[82] Vgl. hierzu *Reger/Stenzel* NZG 2009, 1210 ff. und aus der jüngsten Praxis: *Wieneke/Hoffmann* ZIP 2013, 697 ff.
[83] *Simon/Merkelbach* NZG 2012, 121, 123; so auch *Cahn/Simon/Theiselmann* DB 2010, 1629 ff.
[84] *Lutter/Bayer* in Lutter/Hommelhoff, GmbH-Gesetz, 18. Auflage (2012), § 56 Rdnr. 13.
[85] *Cahn/Simon/Theiselmann* DB 2012, 501, 501 ff.

cher Sanierung) sondern auf den Zerschlagungswert (den Wert der Forderung im Zeitpunkt der Insolvenz) abstellt[86].

91 Der Gesetzgeber hat zwar mit § 254 Abs. 4 InsO versucht, hier Abhilfe zu schaffen, indem er die Differenzhaftung der durch einen Insolvenzplan wandelnden Gläubiger im Rahmen eines Debt-Equity-Swaps ausgeschlossen hat. Allerdings sind hiermit allein noch nicht alle rechtlichen Unsicherheiten beseitigt, denn zum einen lässt die Regierungsbegründung zum ESUG in bestimmten Fällen auf eine mögliche Haftung des Insolvenzverwalters (aus § 60 InsO) in Fällen der Überbewertung schließen[87] und zum anderen bietet eine bewusste Überbewertung den übrigen Verfahrensbeteiligten Störpotenzial im Rahmen der gerichtlichen Überprüfung des Insolvenzplans[88]. Zum Teil wird sogar gegen den ausdrücklichen Wortlaut des § 254 Abs. 4 InsO eine Haftung der einbringenden Gläubiger bejaht, so etwa unter den Voraussetzungen des § 826 BGB also bei vorsätzlicher sittenwidriger Schädigung.[89] Diese Probleme stellen sich nicht im Rahmen eines „unechten Debt-Equity-Swaps": Da es beim „unechten Debt-Equity-Swap" nicht zu einer Sachkapitalerhöhung kommt, sondern zu einer Kombination aus der Übertragung bereits ausgegebener Anteile und einem Forderungsverzicht, stellt sich dabei das Problem der Bewertung aus rechtlicher Sicht nicht.

92 **dd) Bezugsrecht der Alt-Gesellschafter.** Wie aufgezeigt handelt es sich beim (echten) Debt-Equity-Swap um eine Kapitalerhöhung gegen Sacheinlage. Bei dieser steht den Alt-Gesellschaftern wie bei jeder Kapitalerhöhung nach allgemeinen Grundsätzen prinzipiel ein anteiliges Bezugsrecht zu.

93 Allerdings ist die Möglichkeit anerkannt, das Bezugsrecht in bestimmten Fällen auszuschließen. Dies bedarf allerdings einer Prüfung der sachlichen Rechtfertigung.[90] Bei einer Sachkapitalerhöhung besteht diese bereits, wenn die Gesellschaft ein besonderes Interesse an der Sacheinlage hat. Dies wird bei einer Sanierung regelmäßig der Fall sein, wenn die Einbringung der Forderung Teil eines schlüssigen Sanierungskonzeptes ist. In der Praxis sind aber auch Bezugsrechtsausschlüsse mit dem Argument gerechtfertigt worden, dass der Erwerber nur zum Einstieg in das Unternehmen bereit war, wenn er 100 % der Anteile erhalten würde.[91]

94 **d) Anteilserwerb in der Insolvenz.** Das ESUG hat aber auch die Möglichkeiten eines Anteilserwerbs aus der Insolvenz heraus gestärkt. Statt der vor dem ESUG in der Praxis ganz überwiegend vorherrschenden sanierenden Übertragung, also dem Asseterwerb aus der Insolvenz heraus, können die Parteien nun alternativ über den Anteilserwerb als Teil des Insolvenzplans nachdenken. Ein Anteilserwerb aus der Insolvenz ist nun auch gegen den Willen der Anteilsinhaber möglich, jedenfalls dann, wenn dieser Anteilserwerb unmittelbar Gegenstand eines Insolvenzplans ist und das Obstruktionsverbot eingreift, was allerdings häufig der Fall sein dürfte (hierzu siehe nachfolgend unter e)).

---

[86] *Lutter/Bayer* in Lutter/Hommelhoff, GmbH-Gesetz, (o. Fußn. 84), § 56 Rdnr. 13a, 9; *Simon/Merkelbach* NZG 2012, 121, 123; *Haas* NZG 2012, 961.

[87] BT-Drs. 17/5712, S. 36; skeptisch jedoch insoweit: *Spliedt* GmbHR 2012, 462 und *Kanzler/Mader* GmbHR 2012, 992.

[88] *Spliedt* GmbHR 2012, 462, 466; *Wälzholz* in Kallmeyer u.a., GmbH-Handbuch, 14. Abschnitt Die GmbH in der Insolvenz, Rdn. 4276; *Kanzler/Mader* GmbHR 2012, 992.

[89] *Kanzler/Mader* GmbHR 2012, 992.

[90] BGH NJW 1978, 1316 (Kali & Salz); vgl. auch Ziemons in Beck'scher Online-Kommentar GmbHG, (o. Fußn. 7), § 55 Rdnr. 82.

[91] *Pleister* GWR 2013, 220.

Ein Anteilserwerb in der Insolvenz macht wirtschaftlich nur dann Sinn, wenn im Rahmen des Insolvenzplans der insolvente Rechtsträger von seinen Schulden soweit befreit wird, dass die Überschuldung beseitigt wird. Hierzu kann im Insolvenzplan ein Erlass der Gläubiger auf einen Teil ihrer Forderungen vorgesehen werden. Dies wird auch als sog. unechter Debt-Equity-Swap bezeichnet und kann in gewissen Konstellationen rechtlich einen Vorteil haben, etwa bei börsennotierten Gesellschaften oder etwa im Rahmen der Kapitalaufbringung.[92]

e) Obstruktionsverbot. Die Rechte der Alt-Gesellschafter werden durch das grundsätzliche Erfordernis ihrer Zustimmung zum Insolvenzplan gewahrt, § 222 Abs. 1 Nr. 4 InsO. Allerdings genügt die Zustimmung der Mehrheit, gerechnet nach ihrer Beteiligung, § 244 Abs. 3 InsO. Es bedarf also nicht der Zustimmung aller Anteilsinhaber. Außerdem wurde durch das ESUG ein sog. „Obstruktionsverbot" eingeführt, § 245 InsO. Danach wird – soweit eine Mehrheit der Anteilsinhaber für den Insolvenzplan nicht zustande kommt – deren Zustimmung unter den Voraussetzungen des § 245 Abs. 1 InsO fingiert. Danach kommt es im Wesentlichen darauf an, dass kein Gläubiger mehr erhält, als er ohne eine Insolvenz des Schuldners beanspruchen könnte und kein Anteilsinhaber schlechter gestellt wird, als er ohne einen Plan stünde. Da die Anteile der Gesellschafter im Insolvenzfall der Gesellschaft ohne Insolvenzplanverfahren regelmäßig wertlos sind, kann eine Schlechterstellung auch bei vollständigem Entzug der Gesellschafterstellung kaum angenommen werden. Dies macht den Debt-Equity-Swap in der M&A-Praxis reizvoll. Ob er sich als Sanierungsinstrument durchsetzt, wird sich jedoch erst in den nächsten Jahren zeigen.

f) Fazit. Durch das ESUG ist damit zu rechnen, dass dem Anteilserwerb aus der Insolvenz, der Umwandlung aus der Insolvenz und dem (echten) Debt-Equity-Swap in der Insolvenz mehr und mehr Bedeutung zukommen werden. Dies wird natürlich zu Lasten der sanierenden Übertragung gehen. Allerdings ist derzeit nicht davon auszugehen, dass durch das ESUG die sanierende Übertragung ihre vorherrschende Stellung in der M&A-Praxis bei Transaktionen aus der Insolvenz verlieren wird. Die neuen Möglichkeiten sollten jedoch bei jeder Transaktion aus der Insolvenz mitbedacht und geprüft werden, und sei es nur als mögliches Alternativszenario.

---

[92] Eingehend hierzu *Wieneke/Hoffmann* ZIP 2013, 697 ff.

6. Teil
Möglichkeiten der Sanierung nach der Insolvenzordnung

§ 24 Grundlagen der Insolvenzordnung

Übersicht

	Rn.
I. Einleitung	1–5
II. Rechtsentwicklung	6–14c
1. Die Insolvenzrechtsreform 2001	6–13
2. Spätere Reformen	14
3. Dreistufiges Insolvenzrechtsreformvorhaben	14a–14c
a) Erste Stufe der Insolvenzrechtsreform: ESUG	14a
b) Zweite Stufe der Insolvenzrechtsreform: Reform des Verbraucherinsolvenzrechts	14b
c) Dritte Stufe der Insolvenzrechtsreform: Konzerninsolvenzrecht	14c
III. Überblick über das gerichtliche Insolvenzverfahren	15–87a
1. Allgemeines zum Verfahrensablauf	15–17
2. Eröffnung des Insolvenzverfahrens	18–28
a) Eröffnungsantrag	18, 19
b) Vorläufiges Insolvenzverfahren	20–23
c) Abweisung mangels Masse	24
d) Eröffnungsgründe	25–27
e) Eröffnungsbeschluss	28, 29
3. Verfahrensbeteiligte und Organe im Insolvenzverfahren	30–54a
a) Schuldner	30
b) Insolvenzgericht	31
c) Insolvenzverwalter	32–42
d) Gläubiger	43–49
e) Gläubigerausschuss/Gläubigerversammlung	50–54a
4. Verfahrensablauf	55–72
a) Verwaltung und Verwertung der Insolvenzmasse	55–58
b) Forderungsfeststellung und Forderungsbefriedigung	59–61
c) Wahlrecht des Insolvenzverwalters	62, 63
d) Insolvenzanfechtung	64–72
5. Übertragende Sanierung	73, 74
6. Die Eigenverwaltung	75–77b
7. Gesetzliche Restschuldbefreiung	78–87a
IV. Der Insolvenzplan als „zentrales Sanierungsinstrument"	88–111
1. Einführung	88–91
2. Gliederung eines Insolvenzplans	92–99
a) Darstellender Teil (§ 220 InsO)	92, 93
b) Gestaltender Teil (§ 221 InsO)	94–98
c) Anlagen (§§ 229, 230 InsO)	99
3. Insolvenzplanverfahren (§§ 217 ff. InsO)	100–108
4. Wirkungen und Überwachung des Insolvenzplans	109–111
V. Europäisches Insolvenzrecht	112–119
1. EuInsVO	112
2. Drittstaatenfälle	113

§ 24 6. Teil. Möglichkeiten der Sanierung nach der Insolvenzordnung

	Rn.
3. Insolvenz einer Scheinauslandsgesellschaft	114
VI. Krisenbewältigung außerhalb des Insolvenzverfahrens	115
VII. Zusammenfassung und Ausblick	116–119

I. Einleitung

1 Die negative Entwicklung bei den registrierten Unternehmensinsolvenzen in der Bundesrepublik Deutschland scheint gestoppt. Seit Inkrafttreten der Insolvenzordnung am 1.1.1999 stieg die Zahl der Unternehmensinsolvenzen kontinuierlich, die höchsten Steigerungsraten verzeichneten 2001 und 2002 mit 14,3 Prozent und 16,4 Prozent. Seitdem besteht ein zyklisch bedingter Abwärtstrend: 2003 betrug das Wachstum nur noch 4,6 Prozent, bevor die Zahl 2004 nahezu unverändert blieb und 2005 um 6,0 Prozent sank. Dies entsprach einer Gesamtzahl von 86 843. Die Gesamtzahl aller Insolvenzen wächst unverändert: Nach einem dramatischen Anstieg im Jahr 2002 um 71,2 Prozent lagen die Steigerungsraten in den Jahren von 2003 bis 2005 insgesamt zwischen 15 und 20 Prozent. Grund sind die Verbraucherinsolvenzen, ihre Zahl stieg auch 2005 um 40,3 Prozent. Damit machen Unternehmensinsolvenzen nur noch ungefähr ein Drittel aller Insolvenzen aus, während in den Jahren vor Einführung der Insolvenzordnung Anteile an der Gesamtzahl von bis zu 80 Prozent bestanden. Die Gründe für die Entwicklung der Insolvenzzahlen unterscheiden sich: Im Verbraucherinsolvenzverfahren ermöglicht § 4a InsO die Stundung der Verfahrenskosten und senkt damit die Zahl der Verfahren, die mangels Masse abgelehnt werden. In den Jahren ab 2010 bis heute konnte jedoch auch auf dem Gebiet der Verbraucherinsolvenzen ein Rückgang verzeichnet werden. Die Entwicklung der Unternehmensinsolvenzen wird in den letzten Jahren hauptsächlich durch die wirtschaftlichen Rahmenbedingungen bestimmt. Die Erholung in den darauffolgenden Jahren war der Grund für das zwischenzeitliche Absinken der Insolvenzzahl. Entwarnung kann aber nicht gegeben werden: Trotz der weiterhin kontinuierlich sinkenden Zahlen von Unternehmensinsolvenzen könnte ein konjunktureller Abschwung für weitere dramatische Steigerungen der Insolvenzzahlen sorgen.

2 Ein Blick auf die **statistischen Jahreszahlen**[1] ermöglicht eine differenziertere Betrachtung und Bewertung der gegenwärtigen Insolvenzsituation: Insgesamt sind dem Statistischen Bundesamt in Wiesbaden bis Ende 2012 für das gesamte Bundesgebiet 150 298 Insolvenzen gemeldet worden, wobei 28 297 auf Unternehmen, 97 608 auf Verbraucherinsolvenzverfahren und ca. 24 000 auf die übrigen Schuldner (z.B. Nachlässe) entfielen. Gegenüber dem Vorjahr ist dies eine Abnahme von insgesamt 5,7 % Prozent. Von den Anträgen auf Eröffnung des Insolvenzverfahrens führten 137 653 zu einem Eröffnungsbeschluss, während von den übrigen Anträgen auf Verfahrenseröffnung 10 826 mangels Masse abschlägig beschieden wurden. In ca. 1800 weiteren Fällen ist ein gerichtlich vermittelter Schuldenbereinigungsplan angenommen worden. Dies bestätigt die Feststellung beider Vorauflagen dieses Handbuchs: Die Insolvenzordnung hat eines ihrer Ziele erreicht, die Zahl der massearmen Verfahren hat sich verringert. Wurden 1998 noch 72 Prozent aller Verfahren mangels Masse nicht eröffnet, so sank diese Zahl 2011 auf unter 7,5 Prozent. 2012 hat sich dieser Trend fortgesetzt: Die Zahl der Unternehmens-

---

[1] Quelle: Statistisches Bundesamt,; abrufbar unter https://www.destatis.de/DE/Publikationen/Thematisch/UnternehmenHandwerk/Insolvenzen/Insolvenzen2020410121124.pdf?__blob=publicationFile.

§ 24 Grundlagen der Insolvenzordnung

insolvenzen ist um weitere 6,0 Prozent im Vergleich zum Vorjahr gesunken. Auch die Zahl der Privatinsolvenzen sank um 5,5 Prozent im Vergleich zu 2001. Somit wurde zum dritten Mal seit Einführung der Insolvenzordnung ein Rückgang der Verbraucherinsolvenzen im Vergleich zum Vorjahr festgestellt.[2]

Besonders insolvenzanfällig sind weiterhin Unternehmen in der Rechtsform einer Gesellschaft mit beschränkter Haftung mit 11 940 Insolvenzen, was einer Abnahme gegenüber dem Vorjahr um 1,8 Prozent entspricht. Eine etwas höhere Abnahme verzeichnen die Personengesellschaften mit 3,6 Prozent auf 2058 Fälle im Vergleich zu 2011. Die Zahl der Insolvenzen von Einzelunternehmen stieg dagegen leicht um 2,9 Prozent auf 13 118. Aktiengesellschaften machen mit 243 Fällen einen absolut gesehen kleinen Anteil an der Statistik aus. Am deutlichsten ist der Rückgang der Insolvenzen jedoch bei den Private Company Limited by Shares (Ltd): Die Vorjahreszahl betrug 464, 2012 verzeichnet damit einen Rückgang um ca. 21 % Prozent.

Eine Antwort auf die Frage nach den **Ursachen** der Insolvenzen können die Insolvenzstatistiken nicht geben. Die Gründe für die Entwicklung der Insolvenzzahlen sind vielfältig. Die Dot-Com-Blase ist geplatzt, die Terroranschläge des 11. September 2001, die Zurückhaltung der Konsumenten nach der Euroeinführung und der Globalisierungsdruck auf mittelständische Unternehmen trugen zu einer schweren Wirtschaftskrise bei. Die jüngste Zeit zeigt eine wirtschaftliche Erholung, die Zahl der Unternehmensinsolvenzen sinkt langsam auf das Niveau vor der Rezession. Sicher ist, dass in wirtschaftlich schwierigen Zeiten eine gesunde Eigenkapitalbasis die Grundlage für das Durchstehen von Krisen bzw. das Vermeiden der Insolvenz ist. Der Mittelstand ist aber „notorisch" unterkapitalisiert. Die Unternehmen haben häufig die letzten Kapitalreserven aufgebraucht und sehen sich dann, wenn der Nachfinanzierungsbedarf existent wird, mit dem Problem konfrontiert, dass flexible Instrumente für die Eigenkapitalfinanzierung in nicht ausreichendem Maße vorhanden sind. Fremdmittel lassen sich nach Basel II nur schwer generieren. Das bedeutet zugleich, dass der Turnaround bzw. die Krisenbewältigung nur mit ganz eindeutigen betriebswirtschaftlichen Konzepten, professioneller Hilfe von anerkannten Krisenexperten und der stark zunehmenden Risikokapitalfinanzierung realistisch ist. Dieser Prozess erfasst nahezu alle Branchen und führt zu einem tiefgreifenden Strukturwandel des Mittelstandes.

Ist die akute, durch Zahlungsstockungen gekennzeichnete Unternehmenskrise erst eingetreten, liegen die größten Schwierigkeiten für den Unternehmer, für den beratenden Rechtsanwalt, für den Wirtschaftsprüfer etc. in aller Regel darin, sich einen zuverlässigen Überblick über die tatsächlichen finanziellen Verhältnisse des Unternehmens und über das Unternehmensumfeld (Kunden, Lieferanten, Banken) zu verschaffen.[3] In solchen Situationen ist es unerlässlich, unter großem Zeitdruck einen zutreffenden Status zu erarbeiten und festzustellen, ob die Bewertung des Unternehmens nach wie vor unter Fortführungsgesichtspunkten erfolgen kann. Ist das nicht mehr der Fall, sind Liquidationswerte im Rahmen der zu erstellenden Vermögensübersicht in Ansatz zu bringen. Eine Vielzahl von Bewertungsfragen erschweren die Beurteilung, ob eine Überschuldung im Sinne von § 19 InsO vorliegt. Unternehmen sollten sich daher in einer Krisensituation von Insolvenzspezialisten beraten lassen. Sie können insbesondere diese Bewertungsfragen richtig und auf die Situation angepasst beurteilen. Denn zu beachten sind zahlreiche Bewertungsschwierigkeiten: Dazu zählt schon die Prognose, ob das Unterneh-

---

[2] https://www.destatis.de/DE/ZahlenFakten/GesamtwirtschaftUmwelt/UnternehmenHandwerk/Insolvenzen/Aktuell.html.
[3] *K. Schmidt / Uhlenbruck / Wellensiek*, Die GmbH in Krise, Sanierung und Insolvenz, Rn. 195 ff.

men überhaupt noch nach längeren Zahlungsstockungen von ihren Lieferanten Ware erhält, ohne Vorauskasse leisten zu müssen. Es gibt auch nach neuem Recht immer noch genügend Fälle, in denen Löhne und Gehälter bereits seit längerer Zeit rückständig sind und Lieferanten infolge des langen Zahlungsverzuges bereits bei den Kunden ihre Eigentumsvorbehaltsrechte reklamiert haben. Die Kunden stellen in einer solchen Situation ihrerseits den Warenbezug vom krisenbefangenen Unternehmen ein, und Neuaufträge bleiben „abrupt" aus. Häufig tritt zur Überschuldung auch noch die Feststellung der Zahlungsunfähigkeit. In beiden Fällen ist bei Kapitalgesellschaften eine unverzügliche, spätestens aber nach drei Wochen ab Kenntnis dieser Tatsachen einsetzende Handlungsfrist zur Stellung eines Insolvenzantrages gegeben. Im Folgenden wird über die Rechtsentwicklung berichtet, um dann das gerichtliche Insolvenzverfahren ausführlich zu beschreiben. Ausführungen zu den unter Abschnitt III.3 aufgeführten Neuerungen wie dem Schutzschirmverfahren beinhalten die §§ 26 bis 28 dieses Handbuchs.

II. Rechtsentwicklung

1. Die Insolvenzrechtsreform 2001

6   Die Konkursordnung (KO) war bekanntlich bereits seit ihrem Inkrafttreten im Jahre 1877 starker Kritik ausgesetzt. Besonders deutlich wurden ihre Mängel während der großen Rezession in der Bundesrepublik Deutschland in Folge der weltweiten Ölkrise in den 70er Jahren. Die Auswirkungen der Wirtschaftskrise führten etwa ab 1973 zu der ersten großen Insolvenzwelle in der Bundesrepublik. Aus dieser Zeit stammt die Bezeichnung „Konkurs des Konkurses" für das alte Insolvenzrecht.[4] Etwa 75 Prozent aller Konkursanträge wurden mangels Masse abgewiesen, in den verbleibenden Verfahren, die zur Eröffnung gelangten, erzielten nicht bevorrechtigte Gläubiger statistisch nur eine Befriedigungsquote von etwa 5 Prozent. Dies veranlasste Kritiker seit langem, die Reformbedürftigkeit geltend zu machen. Zu den Gründen der für das Insolvenzverfahren schon fast charakteristischen Massearmut gehörten insbesondere die ständig erweiterte Rechtsprechung zum Arbeitnehmerschutz und die Fortentwicklungen im Bereich der Mobiliarsicherheiten. Auch das Vergleichsverfahren nach der Vergleichsordnung (VerglO) hatte seinerzeit infolge der hohen Zulässigkeitsvoraussetzungen (gesetzliche Mindestquoten von 35 Prozent bzw. 40 Prozent) eine statistisch geringe Bedeutung. Zu Recht wurde darauf hingewiesen, dass bei solchen Vergleichsverfahren, bei denen sich nach Vergleichseröffnung bzw. -bestätigung eine weitere Erhöhung der Schuldenmasse abzeichnete, diese nur noch durchgeführt werden konnten, weil zum einen eine „stark ordnende Verwalterhand" den Weg wies und zum anderen weitere außergerichtliche Vergleichsmaßnahmen bestimmter Großgläubiger die Erfüllung des Vergleichs ermöglichten. Nur in etwa 0,45 Prozent aller Insolvenzverfahren wurden am Ende gerichtliche Vergleiche bestätigt. Die Funktion von Vergleich und Zwangsvergleich (Abwendung der Zwangsverwertung des Vermögens unter gerichtlicher Aufsicht) konnte also (statistisch) nicht mehr erfüllt werden. Primäres Ziel der Reform war daher die Schaffung einer Systematik, die die Insolvenzvermeidung in den Vordergrund stellte und zu diesem Zweck einen Schwerpunkt auf die Einführung von Sanierungsinstrumenten legte. Mit der neuen Insolvenzordnung (InsO)[5] sollten daher die bestehenden Mängel des früher gel-

---

[4] *Kilger* KTS 1975, 142.
[5] Gesetz v. 5.10.1994 (BGBl. I S. 2866).

tenden Rechts beseitigt und den Beteiligten ein funktionsfähiger rechtlicher Rahmen für die Sanierung notleidender Unternehmen zur Verfügung gestellt werden.

Erklärtes Ziel des Gesetzgebers war es, die Sanierungschancen insolventer Unternehmen zu steigern. Dazu ist eine **möglichst frühzeitige Verfahrenseröffnung** essentiell. Die InsO führte als neuen Eröffnungsgrund die drohende Zahlungsunfähigkeit ein, der dem Eröffnungsgrund der Zahlungsunfähigkeit vorgelagert ist. Sofern der Schuldner die Voraussetzungen **drohender Zahlungsunfähigkeit** als gegeben ansieht, ist er zum Eigenantrag berechtigt, nicht jedoch verpflichtet. Das bedeutet zweierlei: Besteht keine Antragspflicht, so führt die Nichtantragstellung bei drohender Zahlungsunfähigkeit weder zu straf- noch zu zivilrechtlichen Sanktionen. Zudem liegen die Voraussetzungen für die Eröffnung des Insolvenzverfahrens nicht vor, wenn nach nach einem Gläubigerantrag lediglich die drohende Zahlungsunfähigkeit des Schuldners festgestellt wird. Die Chancen für eine außergerichtliche Sanierung sollen durch die Einführung des neuen Eröffnungsgrundes und die mit ihm erhoffte Vorverlagerung des Eröffnungszeitpunktes jedoch nicht verringert werden. Nach dem Gesetzeswortlaut und der Zielsetzung der Norm handelt es sich lediglich um einen zusätzlichen Eröffnungsgrund. Eine rechtzeitige Verfahrenseröffnung soll auch durch die Antragsmöglichkeit des Schuldners auf **Eigenverwaltung** bewirkt werden (§ 270 InsO). In der Praxis hatte sich die Möglichkeit der Eigenverwaltung des Schuldnerunternehmens durchgesetzt, wenn es nach Ansicht des Gerichts sanierungsfähig ist und mit der Bewilligung der Eigenverwaltung keine zusätzlichen Gläubigerschäden zu befürchten sind. Regelmäßig sollte dann aber im Schuldnerunternehmen ein sanierungserfahrener Experte als Organ des Schuldnerunternehmens bestellt werden, auch um das durchzuführende Insolvenzverfahren gemeinsam mit einem Verwalter abzuwickeln. Von einigen Großverfahren abgesehen war die Bedeutung der Eigenverwaltung in der Insolvenzpraxis allerdings recht eingeschränkt. Die Eigenverwaltung wurde deshalb durch das ESUG gestärkt.

Das zweite Mittel zur Steigerung der Sanierungschancen besteht in einer Anreicherung der Masse, denn das alte Konkursrecht war an dem Umstand gescheitert, dass etwa Dreiviertel der Verfahren mangels einer die Verfahrenskosten deckenden Vermögensmasse von vornherein nicht zur Eröffnung gelangten. Die wenigen verbliebenen Verfahren, in denen das Gericht das Verfahren eröffnet hatte, waren bzw. wurden nach kurzer Zeit regelmäßig massearm und mussten dann gemäß § 204 KO wieder eingestellt werden. Nach der InsO kann ein Insolvenzverfahren eröffnet werden, wenn die Gerichtskosten und die Vergütung des Insolvenzverwalters sowie der Mitglieder des Gläubigerausschusses als **sog. Verfahrenskosten gedeckt** sind (§§ 26 Abs. 1 S. 1, 54, 209 InsO). Unberücksichtigt bleiben dagegen die Ansprüche aus fortgeführten Arbeits- oder Mietverhältnissen. Reicht das Vermögen zur Befriedigung dieser Masseschulden nicht aus, so erhalten die Gläubiger einen Quotenanspruch auf ihre Masseansprüche. Eine Abweisung mangels Masse erfolgt deshalb aber nicht mehr. Durch die **Verschärfung des Anfechtungsrechts** nach der InsO wurde dem Insolvenzverwalter ein wirksameres Instrumentarium zur Korrektur gläubigerschädigender Handlungen des Schuldners im Krisenstadium in die Hand gegeben.[6] Dem Ziel der Masseanreicherung dienen insbesondere Fristenverlängerungen und die Verbesserung der Beweissituation zugunsten des Insolvenzverwalters. Je nach Sachlage kann das neue Anfechtungsrecht auch bei völlig masselosen Insolvenzen dazu beitragen, dass einzelne Gläubiger durch die Stellung einer Ver-

---

[6] Die InsO erweiterte den Zeitraum der Anfechtung auf fünf Jahre, erstreckte den subjektiven Tatbestand auf grobe Fahrlässigkeit und stärkte Vermutungsregeln für das Vorliegen des subjektiven Tatbestands.

fahrenskostengarantie die Voraussetzungen für eine Verfahrenseröffnung schaffen, um anfechtbare Handlungen korrigieren zu lassen.

9   Die **Neuregelungen der Masseverbindlichkeiten** sollen zu einer Masseanreicherung führen. Die Rangfolge der Masseverbindlichkeiten gemäß § 60 KO bereitete bis zur Klärung der Rechtslage durch den Bundesgerichtshof (BGH) erhebliche Schwierigkeiten. Hinsichtlich der in § 60 KO vorgesehenen Verteilungsreihenfolge hatte der BGH entgegen vielfachem Widerspruch der Praxis entschieden, dass auch die Neumasseschulden der Verteilung nach § 60 KO unterliegen.[7] Bei den sog. Neumasseschulden handelte es sich um nach Feststellung der Masseunzulänglichkeit begründete Masseverbindlichkeiten. Lediglich für den Bereich der Verwaltervergütung und -auslagen ab dem Zeitpunkt der Feststellung der Masseunzulänglichkeit stand nach einer Entscheidung des Bundesverfassungsgerichts fest, dass diese in voller Höhe zu befriedigen waren.[8] Die InsO regelt die Reihenfolge der Befriedigung der Massegläubiger neu und sieht ausdrücklich vor, dass zunächst die Verfahrenskosten zu berichten sind, dann die Masseverbindlichkeiten, die nach der Anzeige der Masseunzulänglichkeit begründet worden sind, folgen und erst dann die übrigen Masseverbindlichkeiten Berücksichtigung finden (§ 209 InsO).

10 Auch werden die **gesicherten Gläubiger** stärker in das Insolvenzverfahren eingebunden. Um Sanierungschancen zu erhalten, soll die Insolvenzmasse bis zum Berichtstermin zusammengehalten werden. Befinden sich „in der Masse" sicherungsübereignete Gegenstände, so hat zunächst der Verwalter das Recht zur Verwertung dieser Gegenstände (§ 166 InsO). Dem dient auch das neue Einzugs- und Verwertungsverbot für Sicherungsgläubiger im vorläufigen Insolvenzverfahren nach § 21 Abs. 2 Satz 1 Nr. 5 InsO nF. Eine Verwertung gleich nach Eröffnung des Verfahrens, muss der Verwalter nicht mehr vornehmen. Dem betroffenen Gläubiger stehen in dieser Phase Informationsrechte bezüglich der sicherungsübereigneten Gegenstände zu (§ 167 InsO). Für den Zeitraum der Nutzung des Sicherungsgegenstandes durch die Masse besteht ein Anspruch des Gläubigers auf Ersatz des Wertverlustes infolge der Nutzung, der aus der Masse zu bedienen ist (§ 172 InsO).

11 Die Befriedigung kann durch Verwertung des Schuldnervermögens und Erlösverteilung an die Gläubiger nach den gesetzlichen Regelungen erfolgen oder durch davon abweichende, in einem **Insolvenzplan** getroffene Regelungen, wobei die InsO die Verwertung mittels Insolvenzplan als gleichwertige Möglichkeit erachtet. Der Insolvenzplan kann z.B. die Sanierung des schuldnerischen Unternehmens vorsehen, die entsprechend dem Zweck der InsO dann in Betracht kommt, wenn eine Verwertung aufgrund eines Insolvenzplans die für die Gläubiger vorteilhaftere Alternative darstellt. Der Verwalter bzw. der Schuldner, denen das alleinige Planvorlagerecht zusteht, haben zu prüfen, ob im Falle der Fortführung des Unternehmens höhere verteilungsfähige Erlöse zu erzielen sind als im Falle der Liquidation. Die Entscheidung über die „bessere" Alternative (Fortführung oder Liquidation) treffen allerdings die Gläubiger. In der Praxis hat sich aber im Vergleich zum früheren Konkursrecht nichts geändert. Die Gläubiger verlassen sich im Regelfall auch weiterhin auf den Vorschlag des Insolvenzverwalters.

12 Bereits nach altem Recht war der Einfluss der Gläubiger auf den Verfahrensablauf beachtlich. So konnten die Gläubiger grundsätzlich statt des vom Gericht ernannten Konkursverwalters einen anderen Konkursverwalter gemäß § 80 KO wählen und über die Fortführung oder Schließung des Geschäftsbetriebs des Gemeinschuldners gemäß § 132

---

[7] BGH Urteil v. 15.2.1984 – VIII ZR 213/82, BGHZ 90, 145.
[8] BVerfG Beschluss v. 30.3.1993 – 1 BvR 1045/89, 1 BvR 1381/90, 1 BvL 11/90, ZIP 1993, 838 ff.

§ 24 Grundlagen der Insolvenzordnung   § 24

Abs. 1 KO beschließen. Die InsO bewirkt eine weitere **Stärkung der Gläubigerautonomie.** Neben der Entscheidung über die Stilllegung oder vorläufige Fortführung des schuldnerischen Unternehmens durch die Gläubigerversammlung auf der Grundlage des Verwalterberichts im Berichtstermin, vgl. § 157 InsO, kann die Gläubigerversammlung den Verwalter mit der Erarbeitung eines Insolvenzplans beauftragen (§ 218 Abs. 2 InsO). Die Gläubigerversammlung wird daher Wert darauf legen, dass der Verwalter, dem ein solcher Planerstellungsauftrag erteilt wird, über die entsprechende Kompetenz und Kapazität in persönlicher und personeller Hinsicht verfügt, um dem Planaufstellungsauftrag gerecht zu werden.

Ein weiterer Schwerpunkt der Insolvenzrechtsreform war die **Schaffung eines einheitlichen Insolvenzverfahrens.** Nach altem Recht fanden in den alten Bundesländern die Bestimmungen der KO und der VerglO, in den neuen Bundesländern die Bestimmungen der Gesamtvollstreckungsordnung Anwendung. Durch die InsO wurde ein einheitliches Insolvenzverfahren geschaffen, das die Unterscheidung in Konkursverfahren nach der KO und Vergleichsverfahren nach der VerglO ersetzt (in den neuen Bundesländern bestand mit der Gesamtvollstreckungsordnung bereits ein solches einheitliches Verfahren). Von Einheitlichkeit des Verfahrens kann auch insofern gesprochen werden, als das Universalinsolvenzverfahren allen Schuldnern ohne Rücksicht auf ihre wirtschaftliche Tätigkeit zur Verfügung steht. Ein Sonderrecht, z.B. für den unternehmerisch tätigen Schuldner, existiert nicht mit der Folge, dass das Insolvenzverfahren auch auf Arbeitnehmer und Verbraucher Anwendung findet, wobei allerdings wegen der Besonderheiten für letztere Schuldnergruppe spezielle Regelungen im 9. Teil der InsO getroffen worden sind.

13

2. Spätere Reformen

Nach der Einführung der InsO ergingen **wesentliche Änderungen** am 1.12.2001 mit der Einführung der Stundungsregelungen in §§ 4a ff. InsO; die gleiche Reform brachte die Einführung des Restschuldbefreiungsverfahrens.[9] Die Neuregelung des Internationalen Insolvenzrechts erfolgte am 14.3.2003,[10] das Gesetz zur Umsetzung der EG-Richtlinie über Finanzsicherheiten erging am 5.4.2004.[11] Mit dem Gesetz zur Vereinfachung des Insolvenzverfahrens vom 13.4.2007 erfolgten weitere Modifikationen.[12] Hier standen Neuerungen im Vordergrund, die die Geltendmachung von Sicherungsrechten im vorläufigen Insolvenzverfahren erschweren, und damit eine faktische Zerschlagung des schuldnerischen Unternehmens vor Verfahrenseröffnung verhindern. Die Veräußerung des schuldnerischen Unternehmens kann nun unmittelbar nach Verfahrenseröffnung erfolgen. Auch Gesetzesänderungen außerhalb der Insolvenzordnung haben einen starken Einfluss auf das Insolvenzverfahren. Große Bedeutung gerade für das Insolvenzrecht hatte vor allen Dingen die GmbH-Reform.

14

3. Dreistufiges Insolvenzrechtsreformvorhaben

a) Erste Stufe der Insolvenzrechtsreform: ESUG. Jüngste Änderungen im Insolvenzrecht selbst vollziehen sich auf drei Stufen. Den Anfang hierbei bildet das „Gesetz zur weiteren Erleichterung der Sanierung von Unternehmen", kurz ESUG. Das ESUG

14a

---

[9] 12 BGBl. I S. 2710.
[10] 12 BGBl. S. 345.
[11] BGBl. I S. 502.
[12] BGBl. I S. 509.

§ 24   6. Teil. Möglichkeiten der Sanierung nach der Insolvenzordnung

wurde am 13. Dezember 2011 verkündet und die darin enthaltenen Änderungen zur InsO sind am 1. März 2012 in Kraft getreten. Ziel des Gesetzes ist es, eine Verbesserung von Sanierungschancen zu erreichen, sodass Schuldner und Gläubiger in die Auswahl der maßgeblichen Akteure einbezogen werden und alle Beteiligten eine größere Planungssicherheit hinsichtlich des Ablaufs des Verfahrens erhalten. Dabei soll die Fortführung von sanierungsfähigen Unternehmen erleichtert und der Erhalt von Arbeitsplätzen ermöglicht werden.[13] Erreicht werden soll dies unter anderem durch ein Vorschlagsrecht der Gläubiger bei der Verwalterwahl (§§ 56 ff. InsO) aber auch durch die frühzeitige Einbindung der Gläubiger durch einen vorläufigen Gläubigerausschuss (§ 22a InsO). Eine der wichtigsten Änderungen des ESUG neben der Neugestaltung von Anteilsrechten im Insolvenzplanverfahren (§§ 217–269 InsO) ist die Stärkung der Eigenverwaltung in den §§ 270–285 InsO.

14b   **b) Zweite Stufe der Insolvenzrechtsreform: Reform des Verbraucherinsolvenzrechts.** Innerhalb der zweiten Stufe der Reform geht es vorrangig um die Novellierung des Restschuldbefreiungsverfahrens. Ziel des Gesetzgebers mit dem „Entwurf zur Verkürzung des Restschuldbefreiungsverfahrens und Stärkung der Gläubigerrechte und zur Insolvenzfähigkeit von Lizenzen" ist es, die schon seit Einführung des Restschuldbefreiungsverfahrens im Jahr 1999 umstrittene Dauer der Wohlverhaltensphase bei der Verbraucherinsolvenz zu verkürzen. So möchte der Gesetzgeber dem Schuldner ermöglichen, das Restschuldbefreiungsverfahren vorzeitig nach drei bzw. fünf Jahren zu beenden, wenn dieser bis dahin eine Mindestbefriedigungsquote erfüllen bzw. zumindest die Kosten des Verfahrens tragen kann. Damit wird ein sog. Anreizsystem geschaffen, welches dem Schuldner den Anstoß geben soll, durch schnelle Begleichung der ausstehenden Forderungen den eigenen wirtschaftlichen Neuanfang vorzuziehen. Daneben soll im Verbraucherinsolvenzrecht die Stärkung außergerichtlicher Einigungsversuche erreicht werden sowie durch die Möglichkeit eines Insolvenzplanverfahrens auch in Verbraucherinsolvenzen die Einigungschancen zwischen Gläubiger und Schuldner verbessert werden.[14] Am 16. Mai 2013 wurde der Gesetzesentwurf in Ausschussfassung vom Bundestag angenommen.[15] Das Gesetz soll im Wesentlichen am 1. Juli 2014 in Kraft treten.[16]

14c   **c) Dritte Stufe der Insolvenzrechtsreform: Konzerninsolvenzrecht.** Nach der Stärkung der Gläubigerrechte in Stufe eins und zwei soll in der dritten Phase das Konzerninsolvenzrecht überarbeitet werden. Ziel des Diskussionsentwurfs des BMJ für ein „Gesetz zur Erleichterung der Bewältigung von Konzerninsolvenzen" ist vor allen Dingen, die bei Konzerninsolvenzen anfallenden Einzelverfahren aufeinander abzustimmen. Eine Konsolidierung soll aber nicht stattfinden. Stattdessen knüpft der Diskussionsentwurf an die Praxis unter dem geltenden Recht an und schafft bisher noch nicht bestehende Rechtsgrundlagen. Gerichtsstandsregelungen sollen derart gestaltet werden, dass möglichst die gesamte Anzahl an Verfahren an einem Gerichtsstandort behandelt werden kann bzw. die Möglichkeit der Verweisung hierher besteht. Zudem sollen die Gerichte nach dem Diskussionsentwurf denselben Insolvenzverwalter für alle Einzelverfahren der Gruppe bestimmen dürfen. Neu ist außerdem der Versuch ein bisher noch nicht gegebe-

---

[13] Siehe auch: http://www.bmj.de/SharedDocs/Downloads/DE/pdfs/RegE_ESUG_23022011.pdf;jsessionid=1175AD0BB6E66F41C2FAFEDDD6355515.1_cid324?__blob=publicationFile.
[14] Vgl: http://www.bmj.de/SharedDocs/Downloads/DE/pdfs/Stn_BReg_Gesetzes%20zur_Verkuerzung%20des_Restschuldbefreiungsverfahrens_und_zur_Staerkung_der_Glaeuubigerrechte.pdf;jsessionid=758ADA9E475CB4F91263C804F81A946B.1_cid289?__blob=publicationFile.
[15] Vgl. http://www.bundestag.de/dokumente/tagesordnungen/details.jsp?wp=17&number=240.
[16] BT-Drucks. 17/13535.

nes Koordinationsverfahren zu entwickeln, welches zu einer besseren Harmonisierung der Einzelverfahren bei gleichzeitiger Beibehaltung der Selbstständigkeit der Insolvenzverfahren führen soll. Hierbei wird vorgeschlagen, aus den bestellten Insolvenzverwaltern einen sogenannten Koordinationsverwalter zu bestellen, dessen Aufgabe die Ausarbeitung von Vorschlägen für eine koordinierte Zusammenarbeit und Verwaltung ist.[17] Der Diskussionsentwurf ist insgesamt von vielen fakultativen Regelungen geprägt, um möglichst flexibel auf die Vielfalt von Konzernstrukturen adäquat eingehen zu können.

III. Überblick über das gerichtliche Insolvenzverfahren

1. Allgemeines zum Verfahrensablauf

Das Insolvenzverfahren ist ein Antragsverfahren, das Insolvenzgericht wird nur auf Antrag eines Gläubigers oder des Schuldners selbst tätig (§ 13 Abs. 1 InsO). Der Antrag leitet das **Eröffnungsverfahren** ein. Im Eröffnungsverfahren prüft das Insolvenzgericht, ob ein zulässiger Antrag gestellt worden ist, ob ein Eröffnungsgrund besteht und ob das Vermögen des Schuldners ausreicht, um zumindest die Kosten des Insolvenzverfahrens, bestehend aus Gerichtskosten und den Vergünstigungen und Auslagen des vorläufigen Insolvenzverwalters, des Insolvenzverwalters und der Mitglieder des Gläubigerausschusses, zu decken. Im Stadium vor Verfahrenseröffnung hat das Gericht darüber zu befinden, ob zur Verhütung nachteiliger Veränderungen der Vermögenslage des Schuldners Sicherungsmaßnahmen anzuordnen sind (§ 21 Abs. 1 InsO). Das Gericht kann insbesondere einen vorläufigen Insolvenzverwalter zur Sicherung und Erhaltung des Vermögens des Schuldners bestellen. Darüber hinaus kann es dem Schuldner ein allgemeines Verfügungsverbot auferlegen. In diesem Fall hat der vorläufige Insolvenzverwalter, auf den die Verwaltungs- und Verfügungsbefugnis über das Vermögen des Schuldners übergeht, das Unternehmen bis zur Entscheidung über die Eröffnung des Insolvenzverfahrens vorläufig weiterzuführen. Das Gericht kann aber auch andere oder weitere Sicherungsmaßnahmen anordnen (§ 21 Abs. 2 InsO).

Liegen die Eröffnungsvoraussetzungen vor und sind zumindest die Kosten des Insolvenzverfahrens gedeckt, wird das eigentliche Insolvenzverfahren durch den **Eröffnungsbeschluss** eingeleitet (§ 27 InsO). Mit der Eröffnung des Verfahrens ernennt das Gericht einen Insolvenzverwalter und bestimmt den Berichtstermin, in dem der Insolvenzverwalter über die wirtschaftliche Lage und ihre Ursachen berichtet. Gleichzeitig wird ein Prüfungstermin für die angemeldeten Forderungen der Gläubiger festgesetzt (§ 29 InsO). Sind die Voraussetzungen für die Eröffnung des Verfahrens nicht gegeben, wird der Antrag auf Eröffnung mangels Masse abgewiesen (§ 26 InsO). Durch die Eröffnung des Insolvenzverfahrens geht das Verwaltungs- und Verfügungsrecht über das zur Insolvenzmasse gehörende Vermögen grds. vom Schuldner auf den Insolvenzverwalter über (§ 80 Abs. 1 InsO). Der Verwalter hat das gesamte zur Insolvenzmasse gehörende Vermögen in Besitz zu nehmen und zu verwalten (§ 148 Abs. 1 InsO). Dazu ist von ihm ein Verzeichnis der einzelnen Gegenstände der Insolvenzmasse und aller ihm bekannten Gläubiger aufzustellen (§§ 151 f. InsO). Er entscheidet auch über die Fortsetzung oder Beendigung schwebender Prozesse (§§ 85 f. InsO) und noch nicht vollständig erfüllter gegenseitiger Verträge (§ 103 InsO) und prüft, ob er Gegenstände, die in anfechtbarer Weise aus dem

---

[17] http://www.bmj.de/SharedDocs/Downloads/DE/pdfs/Diskussionsentwurf_Gesetz_zur_Erleichterung_der_Bewaeltigung_von_Konzerninsolvenzen.pdf?__blob=publicationFile.

Schuldnervermögen entfernt worden sind, im Wege der Insolvenzanfechtung in die Masse zurückholen kann (§§ 129 ff. InsO). Über die Frage, ob das Unternehmen des Schuldners liquidiert oder saniert werden soll, entscheidet im Berichtstermin die Gläubigerversammlung (§ 157 InsO). Sie legt die Verwertungsform fest. Der Insolvenzverwalter ist an den Inhalt der Entscheidung der Gläubigerversammlung gebunden und hat nach dem **Berichtstermin** das zur Insolvenzmasse gehörende Vermögen zu verwerten (§ 159 InsO).[18] Wurde z.B. die Liquidation beschlossen, so schließt sich unmittelbar an diese Entscheidung die Verwertung des Schuldnervermögens durch die Einziehung der Forderungen und Veräußerung der übrigen Vermögensgegenstände an. Das gilt nach der InsO in Abweichung zum früheren Recht nach der KO auch für solche beweglichen Gegenstände, an denen der Verwalter Besitz hat und an denen ein Absonderungsrecht besteht (§ 166 Abs. 1 InsO). Um mehr Verteilungsgerechtigkeit herzustellen, sind die Konkursvorrechte des § 61 Abs. 1 KO und vergleichbare Vorrechte in anderen gesetzlichen Vorschriften ersatzlos weggefallen. Wird dagegen die Sanierung angestrebt, die nach der InsO der Zerschlagungsliquidation gleichgestellt ist, kommen als Sanierungsmöglichkeiten die übertragende Sanierung, also die Übertragung des Unternehmens auf einen anderen Rechtsträger, und die Reorganisation in Frage, also die Fortführung des Unternehmens durch den Insolvenzverwalter oder den Schuldner. Welcher Sanierungsweg gewählt wird, entscheidet die Gläubigerversammlung, die den Verwalter gegebenenfalls beauftragen kann, einen Insolvenzplan mit den von ihr vorgegebenen Zielen zu erarbeiten (§ 218 Abs. 2 InsO). Um als Insolvenzgläubiger bei der Verteilung des Erlösbetrages mit einer Forderung berücksichtigt zu werden, muss die Forderung zur Eintragung in die vom Insolvenzverwalter geführte Tabelle angemeldet, eingetragen und dann ihrem Betrag und Rang nach festgestellt worden sein (§§ 174 ff. InsO). Eine Forderung gilt dann als festgestellt, wenn der Forderung im **Prüfungstermin** weder vom Insolvenzverwalter noch von einem Insolvenzgläubiger widersprochen worden ist. Die Eintragung in die Tabelle wirkt für die festgestellten Forderungen wie ein rechtskräftiges Urteil (§ 178 Abs. 3 InsO). Ist eine Forderung bestritten worden, muss außerhalb des Insolvenzverfahrens um die Aufnahme der streitigen Forderung in die Tabelle prozessiert werden (§§ 179 ff. InsO).

17 Nach der Erlösverteilung wird der **Schlusstermin** abgehalten und die Aufhebung des Insolvenzverfahrens vom Insolvenzgericht beschlossen (§§ 196 ff. InsO). Die Aufhebung des Verfahrens bewirkt, dass die Forderungen der Gläubiger in Höhe der ausgezahlten Quote erlöschen. Die restlichen Forderungen gegen den Schuldner können dagegen unbeschränkt geltend gemacht werden (§ 201 InsO). Ist der Schuldner eine natürliche Person, kann er sich durch eine vom Gericht im Schlusstermin bewilligte Restschuldbefreiung von seinen nicht erfüllten Verbindlichkeiten nach Ablauf einer sechsjährigen „Wohlverhaltensperiode" befreien (§§ 286 ff. InsO). Der Antrag auf Restschuldbefreiung ist spätestens zwei Wochen nach dem Hinweis auf die Möglichkeit der Restschuldbefreiung durch das Insolvenzgericht zu stellen (§ 287 Abs. 1 S. 2 i.V.m. § 20 Abs. 2 InsO).

---

[18] Seit der Insolvenzrechtsreform 2007 kann der Insolvenzverwalter auch vor dem Berichtstermin mit Zustimmung des vorläufigen Gläubigerausschusses nicht nur stilllegen, sondern auch veräußern, vgl. § 158 InsO nF.

2. Eröffnung des Insolvenzverfahrens

a) Eröffnungsantrag. Das Insolvenzverfahren ist wie erwähnt ein **Antragsverfahren**.[19] Antragsbefugt ist jeder Gläubiger neben dem Schuldner (§ 13 InsO). Stellt ein Gläubiger den Antrag, ist er nur zulässig, wenn der Gläubiger ein rechtliches Interesse an der Eröffnung des Verfahrens nachweist (§ 14 Abs. 1 InsO). Daraus folgt, dass der Gläubiger im Falle der Verfahrenseröffnung an dem Insolvenzverfahren beteiligt sein muss, was beispielsweise für einen Aussonderungsberechtigten gemäß § 47 InsO nicht zutrifft. Denn jener kann seine Rechte innerhalb wie außerhalb des Verfahrens in gleicher Weise geltend machen. Bei juristischen Personen und Gesellschaften ohne Rechtspersönlichkeit ist zur Antragstellung für den Schuldner jedes Mitglied des Vertretungsorgans, bzw. jeder persönlich haftende Gesellschafter, sowie, wenn die Gesellschaft bereits liquidiert wird, jeder Abwickler berechtigt (§ 15 Abs. 1 InsO). Ist die Gesellschaft führungslos, so gibt § 15 InsO nF den Gesellschaftern ein Antragsrecht. 18

Wie im alten Konkursrecht sind die Vorschriften über die Gewährung von **Prozesskostenhilfe** bei Zivilprozessen auch im Insolvenzverfahren entsprechend anwendbar (vgl. §§ 114 ff. ZPO).[20] Zu unterscheiden ist jedoch zwischen der Antragstellung eines Gläubigers und der Antragstellung des Schuldners (sog. Eigenantrag). Für den Schuldner scheidet die Bewilligung von Verfahrenskostenhilfe aus. Zum einen hat das Insolvenzgericht dem Antrag des Schuldners schon von Amts wegen nachzugehen, so dass es für die Bewilligung von Verfahrenskostenhilfe an dem erforderlichen Rechtsschutzinteresse fehlt. Zum anderen spricht gegen die entsprechende Anwendbarkeit der Regelungen über die Gewährung von Prozesskostenhilfe für den Schuldner die Besonderheit des Insolvenzverfahrens gegenüber anderen Gerichtsverfahren, für die die Prozesskostenhilfe vorgesehen ist. Denn ein Insolvenzverfahren, das insbesondere der Feststellung des Schuldnervermögens, der Anmeldung und Prüfung der gegen den Schuldner gerichteten Forderungen und der gleichmäßigen Verteilung des vorhandenen Vermögens an die Gläubiger dient, kann diesen Aufgaben als Ordnungsverfahren, wenn keine Masse vorhanden ist, nicht gerecht werden. Bei Masselosigkeit steht von Anfang an fest, dass es zu einer Verteilung und wenigstens teilweisen Befriedigung der Gläubiger nicht kommen kann. Für den antragstellenden Gläubiger gilt, dass sich die Bewilligung der Verfahrenskostenhilfe nur auf die einstweilige Befreiung von der Zahlung von Gerichtsgebühren oder Auslagen- und Ermittlungsvorschüssen und nicht auch auf die Befreiung von Massekostenvorschüssen erstrecken kann. Wegen der Komplexität des neuen Insolvenzverfahrens kommt für den Schuldner die Gewährung von **Beratungshilfe** nach dem Beratungshilfe-Gesetz vom 18.6.1980 (BGBl. I 1980, 689) in Betracht.[21] 19

b) Vorläufiges Insolvenzverfahren. Die Anordnung von Sicherungsmaßnahmen dient der Sicherung des Vermögens des Schuldners für den Zeitraum zwischen Antragstellung und Verfahrenseröffnung, in dem sich entscheidet, ob die Voraussetzungen der Verfahrenseröffnung vorliegen. In aller Regel wird ein vorläufiger Insolvenzverwalter bestellt. Bei der Regelung der Rechte und Pflichten des vorläufigen Insolvenzverwalters wird danach unterschieden, ob dem Schuldner ein allgemeines Verfügungsverbot auferlegt 20

---

[19] Vgl. zum Eröffnungsverfahren nach der InsO K. *Schmidt/Uhlenbruck/Wellensiek,* Die GmbH in der Krise, Sanierung und Insolvenz, Rn. 521 ff.
[20] Zivilprozessordnung (ZPO) vom 30.1.1877, Neubek. der ZPO in der Fassung vom 12.9.1950 (BGBl. S. 533).
[21] BGH Beschluss v. 14.7.2005 – IX ZB 224/04, DZWIR 2005, 521 m. Anm. *Gundlach/Frenzel*; BGH Beschl. v. 27.7.2006 – IX ZB 204/04, ZIP 2006, 1957.

worden ist oder ob dies nicht der Fall ist. Ergeht nach § 22 Abs. 1 InsO gegenüber dem Schuldner ein allgemeines Verfügungsverbot, erhält der vorläufige Insolvenzverwalter die volle Verwaltungs- und Verfügungsbefugnis über das Vermögen des Schuldners (sog. starker vorläufiger Insolvenzverwalter). Unterbleibt die Auferlegung eines allgemeinen Verfügungsverbots gegenüber dem Schuldner, so hat das Gericht die Pflichten des dann als „schwach" bezeichneten Verwalters im Einzelnen genau zu regeln (§ 22 Abs. 2 InsO). Die Pflichten dürfen nicht über die eines vorläufigen Insolvenzverwalters mit Verfügungsbefugnis hinausgehen. In der Praxis bestellt das Insolvenzgericht meistens einen schwachen Insolvenzverwalter mit Zustimmungsvorbehalt. Bis zur Entscheidung über die Eröffnung des Insolvenzverfahrens hat der vorläufige Insolvenzverwalter das Vermögen zu sichern und zu erhalten und dazu das Unternehmen des Schuldners fortzuführen, sofern nicht das Insolvenzgericht einer Stilllegung zustimmt.[22] Gegen die Sicherungsgläubiger kann nun bereits schon im vorläufigen Verfahren ein Einzugs- und Verwertungsverbot ergehen. Damit soll die faktische Zerschlagung des schuldnerischen Unternehmens im vorläufigen Insolvenzverfahren verhindert werden, vgl. § 21 Abs. 2 Nr. 5 InsO. Das Insolvenzgericht kann und wird in der Regel den vorläufigen Insolvenzverwalter zusätzlich beauftragen, um das Vorliegen eines Eröffnungsgrundes und die Sanierungschancen des Unternehmens prüfen zu lassen. Im Zuge dieser Prüfung sollte der vorläufige Insolvenzverwalter auch darüber entscheiden, ob die Ausarbeitung eines Insolvenzplans bereits zu diesem Zeitpunkt sinnvoll erscheint oder ob abgewartet werden kann, bis ihn die Gläubiger im Berichtstermin beauftragen, einen Plan vorzulegen.

21   Das **Insolvenzgeld** dient der Entlastung von Lohn- und Gehaltszahlungen, und damit der frühzeitigen Sicherung oder auch der Beschaffung von Liquidität.[23] Das Insolvenzgeld wird von der Bundesagentur für Arbeit für Lohnrückstände der letzten drei Monate vor Eröffnung des Insolvenzverfahrens, also auch für den Zeitraum des vorläufigen Verfahrens, gezahlt (§§ 165, 168 SGB III). Die Lohnforderungen der Arbeitnehmer gehen gemäß § 169 SGB III auf die Agentur über, welche die Forderungen als Insolvenzgläubigerin (vgl. § 55 Abs. 3 InsO) geltend machen kann. Die Auszahlung erfolgt jedoch erst nach dem Beschluss des Insolvenzgerichts über die Eröffnung des Insolvenzverfahrens.

22   Die Sanierung eines Unternehmens wird regelmäßig dadurch erschwert, dass Arbeitnehmer das Unternehmen schon im vorläufigen Verfahren verlassen. Die **Vorfinanzierung des Insolvenzgeldes** kann die Sicherstellung der Zahlung von Löhnen und Gehältern schon im vorläufigen Verfahren gewährleisten und damit Arbeitnehmer beim Unternehmen halten. Erforderlich ist eine positive Fortführungsprognose, also die erkannte Möglichkeit zur Fortführung und/oder Sanierung des Unternehmens. Im Rahmen der Vorfinanzierung regelt § 170 SGB III Verfügungen über das Arbeitsentgelt. Der erhaltene Kaufpreis wird zur Zahlung der Löhne verwendet. Damit bleiben die Arbeitnehmer dem Unternehmen vorerst erhalten, und zudem ist das Unternehmen im vorläufigen Verfahren von den laufenden Lohnkosten entlastet.[24] Die Vorfinanzierung von Insolvenzgeld setzt aber regelmäßig die Darlegung entsprechender Sanierungsperspektiven

---

[22] *K. Schmidt/Uhlenbruck/Wellensiek*, Die GmbH in Krise, Sanierung und Insolvenz, 1996, Rn. 551 ff.

[23] Die Regelung über das Konkursausfallgeld ist zunächst durch Art. 93 des Einführungsgesetzes zur Insolvenzordnung v. 5.10.1994 (BGBl. I S. 2866) an das neue Insolvenzrecht angepasst worden, vgl. §§ 141a ff. Arbeitsförderungsgesetz (AFG) v. 25.6.1969 (BGBl. I S. 582). Vgl. zur Einführung des Insolvenzgeldes das Arbeitsförderungs-Reformgesetzes vom 20.3.1997 (AFRG), abgedruckt in: ZIP 1997, 563 ff., jetzt im Sozialgesetzbuch (§§ 183 ff. SGB III BGBl. 1997 I S. 641) geregelt.

[24] *Wellensiek* NZI 2005, 603, 604 f.

§ 24 Grundlagen der Insolvenzordnung   § 24

und Möglichkeiten durch den vorläufigen Insolvenzverwalter gegenüber der Agentur für Arbeit voraus. Ferner ist auch hier das Zusammenwirken der Geschäftsführung mit dem vorläufigen Insolvenzverwalter erforderlich, denn für die Durchführung der Insolvenzgeldfinanzierung müssen die betroffenen Arbeitnehmer aufgeklärt und entsprechende Lohnbuchhaltungsunterlagen eingesehen werden.

Der deutsche Gesetzgeber unterliegt bei der Regelung des Insolvenzgeldes der Richt- 23
linie zur Angleichung der Rechtsvorschriften der Mitgliedstaaten über den Schutz der Arbeitnehmer bei Zahlungsunfähigkeit des Arbeitgebers (80/987/EWG).[25] Nach Urteilen des EuGH kamen Zweifel an der Vereinbarkeit des deutschen Rechts mit der Richtlinie auf: Die Richtlinie setzte den Begriff des Eintritts der Zahlungsunfähigkeit des Arbeitgebers mit der Antragstellung gleich, das deutsche Recht geht vom Zeitpunkt der Verfahrenseröffnung aus.[26] Ein Urteil aus dem Jahr 2003 bestätigte schließlich die Unvereinbarkeit des deutschen Rechts mit der Richtlinie, doch war die Richtlinie zwischenzeitlich geändert worden, alle Urteile beziehen sich auf die alte Fassung.[27] Die Änderung der Richtlinie erweiterte die Gestaltungsmöglichkeiten der Mitgliedstaaten, so dass an der Vereinbarkeit des deutschen Rechts mit der neuen Fassung keine Zweifel mehr bestehen.[28] Damit ist die deutsche Praxis der Vorfinanzierung, die den Zeitraum der Antragsstellung bis zur Eröffnungsentscheidung umfasst, weiterhin zulässig.[29]

c) Abweisung mangels Masse. Das Insolvenzgericht weist den Antrag auf Eröffnung 24
des Insolvenzverfahrens ab, wenn das Vermögen des Schuldners voraussichtlich nicht ausreichen wird, um die Kosten des Verfahrens zu decken (§ 26 Abs. 1 S. 1 InsO). Die Abweisung unterbleibt, wenn ein ausreichender Vorschuss geleistet wird (§ 26 Abs. 1 S. 2 InsO). Beachtenswert ist auch die Haftung der Organe für die durch den Insolvenzantrag begründeten Massekosten (§ 26 Abs. 3 InsO). Die Abweisung mangels Masse wird gemäß § 26 Abs. 2 InsO in ein vom Gericht geführtes **Schuldnerverzeichnis** („schwarze Liste") eingetragen und gemäß § 31 Nr. 2 InsO dem Handels-, Genossenschafts- oder Vereinsregister mitgeteilt, wenn der Schuldner dort als juristische Person oder Gesellschaft ohne Rechtspersönlichkeit verzeichnet ist.

d) Eröffnungsgründe. Die Eröffnung des Insolvenzverfahrens setzt voraus, dass ein 25
Eröffnungsgrund im Zeitpunkt der Verfahrenseröffnung gegeben ist.[30] Eröffnungsgründe sind die Zahlungsunfähigkeit und/oder die Überschuldung. Seit Inkrafttreten der InsO besteht mit der drohenden Zahlungsunfähigkeit ein dritter Eröffnungsgrund. **Zahlungsunfähigkeit** liegt als allgemeiner Eröffnungsgrund vor, wenn der Schuldner nicht in der Lage ist, seine fälligen Zahlungsverpflichtungen zu erfüllen. Sie ist in der Regel anzunehmen, wenn der Schuldner seine Zahlungen eingestellt hat, § 17 InsO. Nach der Rechtsprechung bedeutete Zahlungsunfähigkeit, dass auf dem Mangel an Zahlungsmitteln beruhende voraussichtlich dauerhafte Unvermögen des Schuldners, seine sofort zu erfüllenden Geldschulden noch im Wesentlichen zu berichtigen.[31] Eine nur vorübergehende

---

[25] Richtlinie vom 20.10.1980, ABl. L 283, 23.
[26] EuGH, Urteil v. 10.7.1997 – Rs C-375/95, ZIP 1997, 1658; EuGH, Urt. v. 10.7.1997 – Rs C 94/95, ZIP 1997, 1663.
[27] EuGH, Urteil v. 15.5.2003 – Rs C-160/01 („Mau"), ZIP 2003, 1000; Richtlinie 2002/74/EG des Europäischen Parlaments und des Rates vom 23.9.2002, AblEG v. 8.10.2002 Nr. L 270/10.
[28] *H.-D. Braun/Wierzioch* ZIP 2003, 2001, 2005; *Peters-Lange* ZIP 2003, 1877, 1879.
[29] *Pape* ZInsO 2002, 1171 f.
[30] Zu den Anforderungen an die Glaubhaftmachung des Insolvenzgrunds BGH, Beschluss v. 12.12.2002 – IX ZB 426/02, NZI 2003, 147.
[31] BGH, Urteil v. 11.10.1961 – VIII ZR 113/60, NJW 1962, 102.

§ 24 6. Teil. Möglichkeiten der Sanierung nach der Insolvenzordnung

Zahlungsstockung begründete noch keine Zahlungsunfähigkeit. Die Abgrenzung zwischen Zahlungsunfähigkeit und lediglich vorübergehender Zahlungsstockung ist schwierig und sehr umstritten.[32] Der BGH grenzt danach ab, ob die Zahlung innerhalb eines Zeitraums erfolgen kann, die eine kreditwürdige Person benötigt, um sich „das Geld zu leihen". Dabei geht der BGH von einem Zeitraum von zwei bis drei Wochen aus und orientiert sich dabei an der Insolvenzantragspflicht aus § 64 GmbHG a.F. (bzw. § 15a InsO nF). Zusätzlich soll die erforderliche Liquiditätslücke, die innerhalb der nächsten zwei bis drei Wochen nicht geschlossen werden kann, mindestens 10 Prozent der fälligen Gesamtverbindlichkeiten betragen.[33] Die Praxis behilft sich bei der Feststellung der Zahlungsunfähigkeit mit Indizien wie der Zahlungseinstellung oder Betriebsschließungen.

26 Bei einer juristischen Person und Gesellschaften ohne Rechtspersönlichkeit, bei denen keine natürliche Person persönlich haftet, ist auch die **Überschuldung** Eröffnungsgrund für ein Insolvenzverfahren. Die Überschuldung tritt bei juristischen Personen wegen der Haftungsbeschränkung auf das Gesellschaftsvermögen und der damit verbundenen Forderungsgefährdung als zusätzlicher Eröffnungsgrund neben den der Zahlungsunfähigkeit. Überschuldung liegt vor, wenn das Vermögen des Schuldners die bestehenden Verbindlichkeiten nicht mehr deckt, § 19 Abs. 2 InsO. Die Überschuldung wird in zwei Schritten festgestellt: Zunächst ist eine Fortführungsprognose anzustellen, die maßgeblich auf der zukünftigen Entwicklung der Zahlungsfähigkeit basiert. Ergibt die Prognose, dass die Fortführung des Unternehmens überwiegend wahrscheinlich ist, ist das Vermögen zu Fortführungswerten den Verbindlichkeiten der Gesellschaft gegenüberzustellen. Fällt die Fortführungsprognose negativ aus, ist das Gesellschaftsvermögen dagegen durch Zerschlagungs- und Liquidationswerte zu bestimmen.[34] Seit der GmbH-Reform sind Verbindlichkeiten aus Gesellschafterdarlehen in der Überschuldungsbilanz nicht mehr zu passivieren – eine Folge ihrer generell nachrangigen Befriedigung, vgl. §§ 19 Abs. 2, 39 Abs. 1 Nr. 5 InsO nF. Vor Inkrafttreten der InsO im Jahr 1999 schloss eine positive Fortführungsprognose die Überschuldung noch von vornherein aus.[35] Die praktischen Schwierigkeiten, die mit prognostischen Betrachtungen verbunden sind, kann auch das neue Insolvenzrecht nicht lösen. Denn die erforderliche Einzelfallprüfung zur Feststellung der Überschuldung vermag die gesetzliche Regelung nicht zu leisten.

27 Die InsO enthält den zusätzlichen Eröffnungsgrund der **drohenden Zahlungsunfähigkeit** (§ 18 InsO). Drohende Zahlungsunfähigkeit führt jedoch nur dann zur Eröffnung des Insolvenzverfahrens, wenn der Schuldner den Antrag stellt. Dem Schuldner wird dadurch ermöglicht, der Zerschlagung von Vermögenswerten durch Einzelzwangsvollstreckung der Gläubiger schon in der Anfangsphase der Finanzierungskrise des Unternehmens zu begegnen und ein Sanierungskonzept vorzulegen. Ein Antragsrecht für Gläubiger ist nicht vorgesehen, weil verhindert werden soll, dass Gläubiger den Eröffnungsgrund als Druckmittel für verfahrensfremde Zwecke einsetzen und dadurch außergerichtliche Sanierungsversuche beeinträchtigen könnten. Dem Schuldner wird die Option eingeräumt, bereits vor Eintritt der Zahlungsunfähigkeit und/oder der Überschuldung, eine Sanierung des Unternehmens mittels gerichtlichem Verfahren zu versuchen. Der Schuldner droht zahlungsunfähig zu werden, wenn er voraussichtlich nicht in der Lage sein wird, die bestehenden Zahlungspflichten zum Zeitpunkt der Fälligkeit zu

---

[32] *Braun/Kind* InsO, § 17 Rn. 7 ff.
[33] BGH, Urteil v. 24.5.2005 – IX ZR 123/04, DZWIR 2006, 25.
[34] Ausführlich *Harz/Baumgartner/Conrad* ZInsO 2005, 1304, 1308 ff.
[35] BGH, Urteil v. 13.7.1992 – II ZR 269/91, BGHZ 119, 201, 214. Der BGH hat diesen Maßstab für das neue Recht nun ausdrücklich aufgegeben, vgl. Urteil v. 5.2.2007 – II ZR 234/05, BGH ZIP 2007, 676.

erfüllen (§ 18 Abs. 2 InsO). Für diesen **Prognosezeitraum** müssen die vorhandene Liquidität und die Erlöse, die voraussichtlich bis zum spätesten Zeitpunkt der Fälligkeit anfallen, den Verbindlichkeiten gegenübergestellt werden, die bereits fällig sind oder bis zu diesem Zeitpunkt voraussichtlich fällig werden.[36] Vom Wortlaut des § 18 InsO nicht erfasst sind künftig sicher entstehende und fällig werdende und somit ebenfalls die Liquidität beeinflussende Zahlungspflichten. Denn § 18 InsO spricht von „bestehenden Zahlungspflichten". Andererseits wird jedoch für die Liquiditätsbeurteilung eines Unternehmens nicht nur die Zahlungsfähigkeit in einem bestimmten Zeitpunkt zugrunde gelegt, sondern muss über einen gewissen Zeitraum betrachtet werden. Die **Feststellung der drohenden Zahlungsunfähigkeit** setzt die Aufstellung eines Liquiditätsplans voraus.[37] Neben den zu erwartenden Einnahmen sind hierbei auch die zukünftigen, noch nicht begründeten, aber sicher zu erwartenden Zahlungspflichten mit zu berücksichtigen. Bilanzielle Rückstellungen können in diesen Finanzplan nicht einbezogen werden, da es sich hierbei noch um ungewisse Verbindlichkeiten handelt.[38] Nach der Begründung des RegE bedeutet **„voraussichtlich"**, dass der Eintritt der Zahlungsunfähigkeit wahrscheinlicher sein muss als deren Vermeidung.[39] Dabei handelt es sich um eine einfache Wahrscheinlichkeit, d.h. die Eintrittswahrscheinlichkeit muss größer als 50 Prozent sein. Sobald dies der Fall ist, sei die Befriedigung der Gläubiger so stark gefährdet, dass die Eröffnung des Insolvenzverfahrens gerechtfertigt ist. Der Beurteilungszeitraum wird bei langfristigen Verbindlichkeiten allerdings sehr groß, so dass eine Prognose immer unsicherer wird. Ist der Schuldner eine **juristische Person,** muss der Antrag, um Missbrauch des neuen Insolvenzgrundes zu verhindern, von allen Mitgliedern des Vertretungsorgans gestellt werden. Etwas anderes gilt nur, wenn der oder die Antragsteller zur Vertretung der juristischen Person allein berechtigt sind (§ 18 Abs. 3 InsO). Probleme dürften also auch auf die Geschäftsführer zukommen, wenn sie sich bezüglich der Einleitung des Insolvenzverfahrens aus Gründen drohender Zahlungsunfähigkeit mit ihren Gesellschaftern uneinig sind. Denn sollte das eingeleitete Insolvenzverfahren nicht zur Sanierung, sondern zur Zerschlagung und Abwicklung des Unternehmens führen, droht der Vorwurf der Gesellschafter, allein der Insolvenzantrag habe zur Zerschlagung geführt.

e) Eröffnungsbeschluss. Sieht das Insolvenzgericht die Voraussetzungen für die Verfahrenseröffnung als gegeben an, so erlässt es einen **Eröffnungsbeschluss** (§ 27 InsO). Er enthält eine Beschreibung des Schuldners, Name und Anschrift des Insolvenzverwalters und die Stunde der Verfahrenseröffnung, § 27 Abs. 2 InsO. Des Weiteren werden die Drittschuldner im Eröffnungsbeschluss aufgefordert, nicht mehr an diesen, sondern an den Verwalter zu leisten (§ 28 Abs. 3 InsO). Die Gläubiger werden im Eröffnungsbeschluss aufgefordert, ihre Forderungen innerhalb einer bestimmten Frist beim Insolvenzverwalter anzumelden (§ 28 Abs. 1 InsO). Die Anmeldung der Forderungen erfolgt beim Insolvenzverwalter und nicht mehr, wie ehemals in den alten Bundesländern, beim Konkursgericht. Außerdem sind die Gläubiger aufzufordern, dem Verwalter unverzüglich mitzuteilen, welche Sicherungsrechte sie an den Vermögensgegenständen des Schuldners in Anspruch nehmen (§ 28 Abs. 2 InsO). Im Eröffnungsbeschluss bestimmt das Gericht den Berichtstermin und den Prüfungstermin, § 29 InsO. Der Eröffnungsbeschluss wird bekannt gemacht. Die §§ 31, 32 InsO sehen die Mitteilung an das Registergericht zum Zwecke der Eintragung in öffentliche Register wie das Handelsregister und das Grund-

---

[36] *Uhlenbruck,* InsO, § 18 Rn. 3 ff.
[37] *Burger/Schellberg* BB 1995, 261.
[38] *Uhlenbruck,* KTS 1994, 169.
[39] Begr. zu § 22 RegE (= § 18 InsO)(BR-Drucks. 1/92).

§ 24 6. Teil. Möglichkeiten der Sanierung nach der Insolvenzordnung

buch vor. Nach § 9 InsO erfolgen öffentliche Bekanntmachungen im Insolvenzverfahren nunmehr über das Internet.

29 Bestimmungen über die **Wirkungen der Eröffnung des Verfahrens** finden sich in den §§ 80 ff. InsO. Zwecks Sicherung des den Gläubigern als Haftungsmasse zugewiesenen Schuldnervermögens verliert der Schuldner gemäß § 80 Abs. 1 InsO mit der Eröffnung des Verfahrens die Befugnis, sein zur Insolvenzmasse gehörendes Vermögen zu verwalten und darüber zu verfügen. Verfügungen des Schuldners nach der Verfahrenseröffnung sind gemäß § 81 Abs. 1 InsO grundsätzlich unwirksam. Dem insolvenzrechtlichen Prinzip der gleichmäßigen Befriedigung aller Gläubiger dient auch das Verbot der Einzelzwangsvollstreckung gemäß § 89 InsO. Danach finden Arreste und Zwangsvollstreckungen zugunsten einzelner Gläubiger weder in das zur Insolvenzmasse gehörige Vermögen noch in das sonstige Vermögen des Schuldners statt. Die Insolvenzgläubiger können ihre Forderungen nur noch nach den Vorschriften über das Insolvenzverfahren verfolgen (§ 87 InsO). Eine wichtige Abweichung vom früheren Insolvenzrecht liegt in der Regelung hinsichtlich Vollstreckungen vor Verfahrenseröffnung (§ 88 InsO). Danach werden die Sicherheiten mit Verfahrenseröffnung von Gesetzes wegen unwirksam, die nicht früher als einen Monat vor Antrag auf Verfahrenseröffnung durch Zwangsvollstreckung erlangt worden sind. Allerdings ist zu beachten, dass für den Fall der Zahlung auf erfolgte Vollstreckungsmaßnahmen überwiegend die Anfechtungsregeln anzuwenden sind. Mit dem Vollstreckungsverbot korrespondiert ein Aufrechnungsverbot (§ 96 InsO). Zusätzlich ist zu beachten, dass das Recht, persönlich haftende Gesellschafter für die Schulden der Gesellschaft in Anspruch zu nehmen, im Insolvenzverfahren nur noch vom Verwalter ausgeübt werden darf, vgl. § 93 InsO. Auch die Auskunftspflicht und die sonstigen Anforderungen an die Mitwirkung des Schuldners im Verfahren sind detaillierter als vor Erlass der InsO geregelt (§ 97 InsO). So hat der Schuldner neben seiner allgemeinen Offenbarungspflicht dem Verwalter auch Tatsachen mitzuteilen, die geeignet sind, die eigene Strafverfolgung herbeizuführen. Die so erlangten Informationen dürfen aber ohne Einverständnis des Schuldners nur im Insolvenzverfahren verwendet werden.

3. Verfahrensbeteiligte und Organe im Insolvenzverfahren

30 **a) Schuldner.** Ein Insolvenzverfahren kann sowohl über das Vermögen jeder **natürlichen Person** als auch über das Vermögen jeder **juristischen Person** eröffnet werden (§ 11 Abs. 1 InsO). Laut § 11 Abs. 2 Nr. 1 InsO kann auch ein Insolvenzverfahren über weitere Gesellschaften ohne Rechtspersönlichkeit mit gesamthänderisch gebundenem Vermögen wie die Gesellschaft des Bürgerlichen Rechts (GbR), die OHG, die KG, die Partnerschaftsgesellschaft, die Partnerreederei und die Europäische Wirtschaftliche Interessenvereinigung (EWIV) eröffnet werden. Ausländische Gesellschaften sind insolvenzfähig. § 11 InsO erstreckt die Insolvenzfähigkeit auf die nicht rechtsfähigen Rechtsfiguren des Nachlasses und des ehelichen Gesamtgutes. Die Rechtsprechung hat diesen Gedanken auf die Bruchteilsgesellschaft ausgedehnt.[40] Objekt des Insolvenzverfahrens ist grundsätzlich das ganze Vermögen des Schuldners. D.h., dass auch bei einer unternehmerisch tätigen natürlichen Person nicht zwischen Privatvermögen und dem Unternehmen unterschieden wird.

31 **b) Insolvenzgericht.** Dem Gericht obliegt die **prozessuale Durchführung des Insolvenzverfahrens** und die Überwachung des Insolvenzverwalters (§§ 58, 76, 27 ff.

---

[40] AG Göttingen Beschluss v. 8.10.2000 – 74 IN 131/00, ZInsO 2001, 45; aA *Braun/Kind,* InsO, § 11 Rn. 14.

§ 24 Grundlagen der Insolvenzordnung   § 24

InsO). Eine Leitungsbefugnis steht ihm nicht zu. Für die prozessuale Steuerung des Verfahrens und die zu treffenden Entscheidungen ist das Gericht jedoch auf Informationen über den wirtschaftlichen Verlauf des Verfahrens angewiesen, weshalb eine informatorische Zusammenarbeit zwischen Verwalter und Gericht vorteilhaft ist und durch die vom Verwalter nach dem Berichts- und Prüfungstermin regelmäßig eingereichten Sachstandsberichte gewährleistet wird. Sachlich ausschließlich zuständig für das Insolvenzverfahren ist gemäß § 2 Abs. 1 InsO das Amtsgericht. Nach § 3 Abs. 1 S. 1 InsO kommt es für die Frage der örtlichen Zuständigkeit auf den allgemeinen Gerichtsstand des Schuldners an.[41] Dieser liegt gemäß §§ 15–19 ZPO und §§ 7–11 BGB bei natürlichen Personen am Wohn-, bei juristischen Personen am Satzungssitz. Liegt der Mittelpunkt einer selbständigen wirtschaftlichen Tätigkeit des Schuldners jedoch an einem anderen Ort als dem des allgemeinen Gerichtsstands, so ist das Insolvenzgericht zuständig, in dessen Bezirk dieser Ort liegt (§ 3 Abs. 1 S. 2 InsO). Die Gesetzesformulierung „Mittelpunkt seiner selbständigen wirtschaftlichen Tätigkeit" entspricht der früheren Rechtsprechung zur Frage, wie der für die örtliche Zuständigkeit maßgebliche Ort der gewerblichen Niederlassungen bei mehreren Orten gewerblicher Niederlassung des Schuldners mit daraus resultierenden unterschiedlichen örtlichen Zuständigkeiten zu bestimmen ist. Mit Inkrafttreten der InsO ist in jedem Landgerichtsbezirk nur noch ein Amtsgericht für die Insolvenzverfahren zuständig (§ 2 Abs. 1 InsO).[42]

c) **Insolvenzverwalter.** Die **Bestellung** des Insolvenzverwalters war in der Vergangenheit Gegenstand zahlreicher gerichtlicher Auseinandersetzungen, die zu Entscheidungen des BVerfG geführt haben.[43] Gemäß § 56 Abs. 1 InsO bestellt das Insolvenzgericht eine für den jeweiligen Einzelfall geeignete, insbesondere geschäftskundige und von den Gläubigern und dem Schuldner unabhängige natürliche Person. Aus Art. 3 Abs. 1 GG resultiert ein Anspruch eines Kandidaten auf ermessensfehlerfreie Entscheidung über die Bestellung. Primärrechtsschutz ist ausgeschlossen, ein Kandidat kann bei einer rechtswidrigen Nichtberücksichtigung Schadensersatzansprüche geltend machen. Eine ermessensfehlerfreie Auswahlentscheidung verlangt das Führen von Vorauswahllisten, die regelmäßig überarbeitet werden. Generell geeignete Insolvenzverwalter haben einen Anspruch auf Aufnahme in die Vorauswahlliste. Die InsO-Reform inkorporiert diese Rechtsprechung in den Gesetzestext. Eine weitere Änderung bringt das ESUG mit sich. Hierdurch wurde zur Stärkung der Gläubigerrechte § 56a InsO neu eingeführt. Dieser regelt die Gläubigerbeteiligung bei der Verwalterbestellung und legt fest, dass dem vorläufigen Gläubigerausschuss vor der Bestellung des Verwalters die Gelegenheit zu geben ist, sich zu den Anforderungen, die an den Verwalter gestellt werden sollen sowie zur Person des Verwalters zu äußern. Das Gericht darf von dem Vorschlag nur abweichen, wenn der vorgeschlagene Verwalter für die Übernahme des Amtes nicht geeignet ist. Sollte von einer Anhörung mit Rücksicht auf eine nachteilige Veränderung der Vermögenslage des Schuldners abgesehen worden sein, ermöglicht der Gesetzgeber dem vorläufigen Gläubigerausschuss im Rahmen seiner ersten Sitzung die Wahl einer anderen Person als Insolvenzverwalter. Diese Wahl muss gemäß § 56a Abs. 3 InsO einstimmig erfolgen. Die im vorläufigen Gläubigerausschuss festgelegten Anforderungen an die Person des Insolvenz-

32

---

[41] Trotz des ausschließlichen Gerichtsstands sind Gerichtsstandvereinbarungen bei unklaren Sachverhalten sinnvoll, oder wenn mit Zuständigkeitsrügen nicht zu rechnen ist, vgl. *Braun/Kießner*, InsO, § 3 Rn. 15 ff.
[42] Zur Zuständigkeitsverteilung zwischen Richter und Rechtspfleger vgl. § 18 RPflG.
[43] BVerfG Beschluss v. 3.8.2004 – 1 BvR 135/00, ZIP 2004, 1649; Beschluss v. 23.5.2006 – 1 BvR 2530/04, NZI 2006, 453.

verwalters sind dabei vom Gericht bei der Prüfung zu Grunde zu legen (§ 56a Abs. 2 InsO). In der Literatur facettenreich diskutiert wird, ob durch die Einführung des § 56a InsO neben den augenscheinlichen Vorteilen der verstärkten Gläubigerbeteiligung nicht gleichzeitig auch die Gefahr besteht, die Unabhängigkeit der Verfahrensbeteiligten nachhaltig zu beeinträchtigen. Gerade der Insolvenzverwalter muss losgelöst von jeglichen Gläubigerinteressen handeln können.[44] Die InsO verzichtet auf die im Verlaufe des Reformvorhabens erwogene Möglichkeit, auch juristische Personen mit dem Amt des Insolvenzverwalters zu betrauen. In der Praxis ist es weiterhin üblich, wie bereits früher der Sequester regelmäßig zum Konkursverwalter bestellt wurde, auch jetzt mit Verfahrenseröffnung den vorläufigen Insolvenzverwalter zum endgültigen Verwalter zu bestellen. Diese Thematik der juristischen Person als Insolvenzverwalter kann jedoch nicht als unabänderlich angesehen werden. Grund hierfür sind die Harmonisierungsbestrebungen innerhalb der Europäischen Union auch im Bereich des Insolvenzrechts. In einigen Mitgliedstaaten, so beispielsweise in Spanien, können neben natürlichen Personen auch juristische Personen als Insolvenzverwalter bestellt werden. Sollte sich diese Regelung auf europäischer Ebene durchsetzen, bleibt abzuwarten, ob in Zukunft auch in Deutschland juristische Personen im Zuge der europäischen Rechtsvereinheitlichung als Insolvenzverwalter tätig werden dürfen.

33 Die InsO weist dem Insolvenzverwalter eine Vielzahl von **Aufgaben und Pflichten** im Insolvenzverfahren zu.[45] Dazu zählen Pflichten nach der Amtsübernahme, insolvenzspezifische Aufgaben im Zusammenhang mit der Verfahrensabwicklung und Aufgaben in der Endphase des Insolvenzverfahrens. Soweit der Insolvenzverwalter die Rechte und Pflichten des Schuldners ausübt, geht darüber hinaus die Unternehmer- und Arbeitgeberstellung vom Schuldner auf den Insolvenzverwalter über. Den Insolvenzverwalter treffen somit grundsätzlich alle Pflichten des Arbeitgebers, die aufgrund von Arbeits- und Tarifverträgen sowie Betriebsverfassungsrecht vor Verfahrenseröffnung dem Schuldner oblagen. Auch die handels- und steuerrechtlichen Pflichten in Bezug auf die Insolvenzmasse hat der Insolvenzverwalter zu erfüllen (§ 155 InsO).[46] Schließlich muss der Insolvenzverwalter bei Unternehmensinsolvenzen den Emittenten bei der Erfüllung kapitalmarktrechtlicher Pflichten unterstützen und insbesondere zu diesem Zweck, Mittel aus der Insolvenzmasse zur Verfügung stellen, vgl. § 11 WpHG nF. Nachdem das BVerwG eine Veröffentlichungspflicht des Insolvenzverwalters abgelehnt hatte,[47] kam es hier durch das TUG vom 5.1.2007 zu einer gesetzgeberischen Korrektur.

34 Nach der Amtsübernahme hat der Insolvenzverwalter die Massegegenstände in Besitz zu nehmen und zu verwalten (§ 148 Abs. 1 InsO). Der Insolvenzverwalter hat die Pflicht, die Masse zu sichern und anzureichern. Hierzu gehört auch die Pflicht, Einzugsermächtigungen der Banken zu widerrufen.[48] Dem Verfahrensziel der Gläubigerbefriedigung durch Unternehmensfortführung wurde dadurch Rechnung getragen, dass die nach Konkursrecht bestandene Pflicht zur sofortigen Verwertung entfallen ist. Soweit nicht die Sanierung des notleidenden Unternehmens beschlossen wird, besteht daher die **Verwertungspflicht** nunmehr erst nach dem Berichtstermin (§ 159 InsO). Weitere Pflichten bestehen hinsichtlich der Aufstellung einer Vermögensübersicht, die vor allem den Insol-

---

[44] Siehe u.a.: *Gruber* NJW 2013, 584 ff.; *Frind* ZInsO 2013, 59 ff.; *Römermann*, ZInsO 2013, 218 ff.
[45] Vgl. zur Stellung des Insolvenzverwalters nach der Insolvenzordnung *Hess/Weis* InVO 1997, 3 ff.
[46] S. *Wellensiek* in Kölner Schrift zur InsO, 1997, S. 312 ff.
[47] BVerwG Urteil v. 13.4.2005 – BVerwG 6 C 4.04, ZIP 2005, 1145.
[48] BGH Urteil vom 4.11.2004 – IX ZR 22/03, DZWIR 2005, 80 = ZIP 2004, 2442.

venzgläubigern eine Beurteilung der Vermögenslage des Schuldners im Zeitpunkt der Verfahrenseröffnung ermöglichen soll (§ 153 InsO), der Erstellung eines Verzeichnisses der Massegegenstände (§ 151 InsO) und der Erstellung eines Gläubigerverzeichnisses (§ 152 InsO). In das Gläubigerverzeichnis sind im Gegensatz zur Forderungstabelle auch absonderungsberechtigte Gläubiger ohne persönliche Forderungen gegen den Schuldner, Insolvenzgläubiger quasi die ihre Forderungen (noch) nicht angemeldet haben und die geschätzte Höhe künftiger Masseverbindlichkeiten aufzunehmen. Die **Durchführung der Zustellungen** kann das Insolvenzgericht auf den Insolvenzverwalter übertragen (§ 8 Abs. 3 InsO), dem jetzt auch das **Führen der Forderungstabelle** bis zum Prüfungstermin obliegt, die funktionell der Konkurstabelle nach der KO entspricht (§ 175 Abs. 1 InsO).

Nach der Eröffnung des Insolvenzverfahrens hat der Insolvenzverwalter grundsätzlich ein **Wahlrecht** bei gegenseitigen Verträgen, die von keiner Partei vollständig erfüllt sind, ob er Erfüllung verlangt oder deren Erfüllung ablehnt, wobei er die Entscheidung unverzüglich zu treffen hat (§ 103 InsO). Die Vorschrift will es einerseits dem Insolvenzverwalter ermöglichen, für die Masse vorteilhafte Verträge im Interesse der Gläubigergesamtheit zu erfüllen, andererseits will sie den Vertragspartner davor schützen, seine Leistung erbringen zu müssen, bzgl. der Gegenleistung aber auf die Quote verwiesen zu werden.[49] Verlangt nämlich der Verwalter die Erfüllung des Vertrages, sind die Ansprüche des Vertragspartners nicht nur einfache Insolvenzforderungen mit der Folge, dass sie nur mit der Quote bedient würden, sondern Masseansprüche (§ 55 Abs. 1 Nr. 2 InsO). Für einige besonders wichtige Vertragstypen besteht ein Wahlrecht nach der InsO allerdings nicht. Zu diesen gehören unter bestimmten Voraussetzungen Fixgeschäfte und Finanztermingeschäfte, Grundstücksgeschäfte, bei denen für den Erwerber eine Vormerkung eingetragen ist sowie Aufträge, Geschäftsbesorgungsverträge und Vollmachten, für die in den §§ 104 ff. InsO Sonderregelungen bestehen. Gleiches galt bis zur Insolvenzrechtsreform 2007 für Miet- und Pachtverträge über unbewegliche Sachen, doch sieht § 109 Abs. 1 Satz 1 InsO nF nunmehr ein Kündigungsrecht des Insolvenzverwalters innerhalb einer dreimonatigen Frist vor.

Im **Berichtstermin** hat der Insolvenzverwalter der Gläubigerversammlung über die wirtschaftliche Lage des Schuldners und die Ursachen der Insolvenz zu berichten und darzulegen, ob betriebswirtschaftlich begründete Aussichten bestehen für eine Erhaltung des Schuldnerunternehmens im Ganzen oder in Teilen; und ob anstelle der Verfahrensabwicklung nach den gesetzlichen Regeln die Verwertung des schuldnerischen Unternehmens im Rahmen eines Insolvenzplans unter dem Gesichtspunkt der bestmöglichen Gläubigerbefriedigung für sinnvoll gehalten wird (§ 156 InsO). Dieser Termin ist nun noch wichtiger, als es der Termin der Gläubigerversammlung vor Erlass der InsO war. Der Verwalter wird hier über die bereits gewonnenen Erkenntnisse im Schuldnerunternehmen berichten. Auf dieser Grundlage sind die Fortführungs- und Sanierungsmöglichkeiten zu prüfen und den Gläubigern darzustellen.

Während der Insolvenzabwicklung bestehen nach § 58 InsO **Auskunfts- und Berichtspflichten** des Insolvenzverwalters gegenüber dem Insolvenzgericht, unter dessen Aufsicht der Insolvenzverwalter steht. Ferner hat er mögliche Anfechtungstatbestände zu prüfen, um gegebenenfalls die Anfechtung zu erklären. Eine zentrale Rolle kommt dem Insolvenzverwalter bei der Ausarbeitung und Vorlage eines Insolvenzplans zu. Zur Ausarbeitung kann er auch von der Gläubigerversammlung, die auch das Ziel vorgeben kann, im Berichtstermin beauftragt werden (§ 157 S. 2 InsO).

---

[49] *Uhlenbruck/Berscheid,* InsO, § 103 Rn. 1.

§ 24 6. Teil. Möglichkeiten der Sanierung nach der Insolvenzordnung

38   Wenn weder eine vorläufige Betriebsfortführung beschlossen noch eine Entscheidung für einen Insolvenzplan getroffen wurde, hat der Verwalter in der Endphase des Insolvenzverfahrens die Aufgabe, die Insolvenzmasse durch **Verwertung in Geld** umzusetzen, um dann die Verteilung des Verwertungserlöses unverzüglich vornehmen zu können (§ 187 InsO). Die Schlussverteilung darf nur mit Zustimmung des Insolvenzgerichts vorgenommen werden (§ 196 Abs. 2 InsO).

39   Die Bestandteile der **Schlussrechnungslegung** entsprechen denjenigen im Konkursverfahren; neben der Aufstellung einer Einnahmen-/Ausgabenrechnung muss ein genauer Bericht über die Verwaltung und Verwertung der Masse enthalten sein, der auch die Geschäftsführung des Insolvenzverwalters und die in diesem Zusammenhang getroffenen Maßnahmen schildert. Die Schlussrechnung wird vom Insolvenzgericht als Aufsichtsorgan geprüft, das gegebenenfalls einen Sachverständigen hinzuzieht.

40   Der **Vergütungsanspruch** des Insolvenzverwalters ergibt sich aus § 63 InsO. Die Höhe der Vergütung und die Auslagenerstattung sind in der Insolvenzrechtlichen Vergütungsverordnung (InsVV) geregelt. Infolge des einheitlichen Insolvenzverfahrens ist die bisherige Unterscheidung zwischen der Vergütung des Konkursverwalters und der des Vergleichsverwalters entfallen. Bei einem Vergleich des früher als Normalvergütung anzunehmenden vierfachen Satzes des Staffelbetrags mit der in der InsVV vorgesehenen Regelvergütung zeigt sich, dass der neue Tarif deutlich unterhalb der früheren Normalvergütung liegt. Grundlage für die Berechnung der Verwaltervergütung ist die sog. Teilungsmasse, die sich aus dem Aktivvermögen des Schuldners am Ende des Verfahrens ergibt, wobei der Wert der Forderungen aussonderungs- und absonderungsberechtigter Gläubiger davon abzusetzen ist. Bei einer Teilungsmasse von beispielsweise 10.000 DM errechnete sich früher eine Normalvergütung von 6.000 DM, während der jetzige Tarif bei 5.000 EUR Masse 2.000 EUR beträgt; und bei einer Teilungsmasse von 1.000.000 DM beträgt der ehemalige Tarif 89.200 DM, der aktuelle bei 500.000 EUR Masse 38.263,78 EUR.[50] Diese Beispiele verdeutlichen die in der InsVV angelegte ständig zunehmende Tarifminderung, die bereits bei geringwertigen Teilungsmassen durchschnittlich 20 Prozent und bei größeren Teilungsmassen aufgrund der drastisch verschärften Degression zwischen 60 und 70 Prozent beträgt.[51] Gerade unter Berücksichtigung der neuen Aufgaben des Insolvenzverwalters (z.B. Tabellenführung, Zustellung) und dem häufig großen Haftungsrisiko, bestehen Bedenken, dass die Vergütung noch als der Schwierigkeit und des Umfangs der Tätigkeit eines Insolvenzverwalters entsprechend betrachtet werden kann (das Gleiche gilt auch für die Vergütung des vorläufigen Insolvenzverwalters). Allerdings sieht auch die InsVV vor, dass zum Ausgleich ein Zuschlag zur Regelvergütung gewährt werden kann. Mit der Zuschlagsmöglichkeit wird der Entwicklung Rechnung getragen, dass das Vermögen des insolventen Unternehmens häufig in großem Umfang mit Sicherheiten belastet ist. Dies führt zu einer zunehmenden Schmälerung der für die Verwaltervergütung ausschlaggebenden Teilungsmasse, obwohl die Prüfung der Sicherheiten für den Verwalter mit erheblichem Aufwand verbunden ist. Eine Begrenzung der Vergütung bei sehr großen Teilungsmassen erscheint dagegen gerechtfertigt. Bei der Umsatzsteuer wird nun der volle und nicht wie bisher der halbe Satz vergütet.

41   Die **Haftung des Insolvenzverwalters** orientiert sich im Wesentlichen an der Rechtsprechung des Bundesgerichtshofs zum Konkursrecht. Der Verwalter hat grundsätzlich für jedes Verschulden seiner ihm nach der InsO obliegenden Pflichten einzustehen (§ 60 Abs. 1 InsO). Als Sorgfaltsmaßstab ist auf die Sorgfalt eines gewissenhaften

---

[50] *Uhlenbruck*, InsO, § 63 Rn. 25.
[51] *Eickmann* in Arbeitskreis, S. 368 (mit anschaulichen Schaubildern).

§ 24 Grundlagen der Insolvenzordnung

und ordentlichen Insolvenzverwalters abzustellen. Die Wahl der Formulierung verdeutlicht die Annäherung der insolvenzrechtlichen Haftungsmaßstäbe an die der kaufmännischen, was seinen Grund darin hat, dass der Insolvenzverwalter regelmäßig mit kaufmännischen Aufgaben betraut ist. Denn auch die Sorgfaltsmaßstäbe des Kaufmanns nach dem HGB[52] bemessen sich an der Sorgfalt eines „ordentlichen" Kaufmanns. Andererseits verdeutlicht die Gesetzesformulierung aber auch, dass die Haftungsmaßstäbe des Handelsrechts nicht ohne weiteres auf den Insolvenzverwalter direkt übertragen werden können. Die Haftung des Verwalters ist eine spezifische auf die Besonderheiten in der Insolvenz und der sich hieraus für ihn ergebenden Aufgaben zugeschnittene Haftung.[53] Im Gegensatz zur Insolvenzordnung enthielt die KO noch keine ausdrückliche Verjährungsvorschrift für die gegen den Verwalter gerichteten Schadenersatzansprüche. Es war jedoch anerkannt, dass es sich bei der Haftungsvorschrift des § 82 KO um eine deliktische Haftung handelte, so dass die dreijährige Verjährungsvorschrift des § 852 BGB angewendet wurde. Der § 62 InsO sieht nunmehr ausdrücklich eine **Verjährung** von drei Jahren nach Kenntnis vom Schadensfall, spätestens jedoch ab der Verfahrensbeendigung vor.

In § 61 InsO ist die Haftung des Insolvenzverwalters für den Fall der **Nichterfüllung** **42** **von Masseverbindlichkeiten** geregelt. Eine Verpflichtung zum Schadensersatz besteht nicht, wenn er bei der Begründung der Verbindlichkeiten nicht erkennen konnte, dass die Masse voraussichtlich zur Erfüllung nicht ausreichen würde. Der Anspruch ist auf das negative Interesse gerichtet.[54] Die Beweislast dafür trifft den Insolvenzverwalter nunmehr selbst, was eine nicht zu unterschätzende Verschärfung der gesetzlichen Verwalterhaftung bedeutet.

d) Gläubiger. Insolvenzgläubiger sind gemäß § 38 InsO die persönlichen Gläubiger, die **43** einen zur Zeit der Eröffnung des Insolvenzverfahrens begründeten Vermögensanspruch gegen den Schuldner haben. Nach § 39 InsO gibt es auch sog. nachrangige Insolvenzgläubiger. Soweit die Insolvenzgläubiger in voller Höhe befriedigt worden sind, können z.B. Zins- und Kostenforderungen, die den Insolvenzgläubigern während des Verfahrens entstanden sind, geltend gemacht werden. Die Vorschrift hat keine große praktische Bedeutung, da die Anwendung der Norm eben die statistisch höchst seltene vollständige Befriedigung aller Insolvenzgläubiger und einen verbleibenden Überschuss voraussetzt, der zur Ausschüttung gelangen könnte.

Wer **Massegläubiger** ist, bestimmt sich nach § 55 InsO. Masseverbindlichkeiten sind **44** stets vorweg zu berichten (§ 53 InsO). Reicht die Insolvenzmasse nicht einmal für die Massegläubiger, so werden ihre Ansprüche nach der Rangfolge des § 209 InsO berichtigt. Die Unterteilung der Masseverbindlichkeiten in Masseschulden und Massekosten wurde aufgegeben. Die InsO unterscheidet nur noch zwischen den Kosten des Insolvenzverfahrens, vgl. § 54 InsO, und den sonstigen Masseverbindlichkeiten, vgl. § 55 InsO. Zu den sonstigen Masseverbindlichkeiten zählen z.B. Ansprüche, die durch Handlungen des Insolvenzverwalters oder in anderer Weise durch die Verwaltung, Verwertung und Verteilung der Insolvenzmasse begründet worden sind und Sozialplanansprüche der Arbeitnehmer (§ 123 Abs. 2 S. 1 InsO). Die früheren **allgemeinen Konkursvorrechte** der §§ 59 Abs. 1 Nr. 3, 61 KO wurden abgeschafft.

---

[52] Handelsgesetzbuch v. 10.5.1897 (RGBl. S. 219) (BGBl. 4100-1).
[53] Vgl. auch *Wellensiek* in Kölner Schrift zur InsO, S. 319 f.
[54] BGH Urteil v. 6.5.2004 – IX ZR 48/03, NZI 2004, 435 m. Bspr. *Bank/Weinbeer* NZI 2005, 478.

§ 24 6. Teil. Möglichkeiten der Sanierung nach der Insolvenzordnung

45 Gegenstände, an denen ein **Aussonderungsrecht** besteht, können vom Berechtigten herausverlangt werden (§ 47 InsO).[55] Das Aussonderungsrecht ist nach bürgerlichem Recht, im Bestreitensfalle in einem normalen Zivilprozess, außerhalb des Insolvenzverfahrens gegen den Insolvenzverwalter durchzusetzen. Eine Regelung darüber, wer im Einzelnen zur Aussonderung berechtigt ist, fehlt. Der § 47 InsO besagt nur, dass derjenige, der aufgrund eines dinglichen oder persönlichen Rechts geltend machen kann, dass ein Gegenstand nicht zur Insolvenzmasse gehört, kein Insolvenzgläubiger ist. Gegenstände gehören beispielsweise dann nicht zur Insolvenzmasse, wenn sie im Eigentum Dritter stehen. Beim Eigentumsvorbehalt kann der Verkäufer in der Insolvenz des Käufers aussondern, falls der Insolvenzverwalter den Kaufvertrag nicht erfüllen will. Sicherungseigentum begründet dagegen nur ein Absonderungsrecht (§ 51 Nr. 1 InsO). Unter die zur Aussonderung berechtigenden persönlichen Ansprüche fallen z.B. der Rückgabeanspruch des Vermieters nach § 546 BGB, des Verpächters §§ 581 Abs. 2, 596 BGB oder des Verleihers gemäß § 604 Abs. 1 BGB. Sie betreffen Gegenstände, die nicht zur Masse gehören.

46 Die InsO belässt es bei dem Grundsatz, dass Gläubiger, denen Rechte an Grundstücken und anderen unbeweglichen Gegenständen zustehen, auch nach der Eröffnung des Insolvenzverfahrens berechtigt sind, Befriedigung durch Zwangsversteigerung oder -verwaltung zu suchen (§ 49 InsO). Auch das Recht zur **Absonderung** der Pfandgläubiger ist erhalten geblieben, vgl. § 50 InsO, während der früher nur gewohnheitsrechtlich anerkannte Grundsatz, dass Gläubiger, denen eine bewegliche Sache oder ein Recht zur Sicherung eines Anspruchs übertragen worden ist, die Stellung eines absonderungsberechtigten Gläubigers haben, nunmehr positiv in § 51 InsO geregelt ist. Innerhalb des Zeitraums zwischen Verfahrenseröffnung und dem Berichtstermin kann der Insolvenzverwalter das Vermögen des Schuldners zusammenhalten, um mögliche Sanierungschancen zu wahren und die Veräußerungen des gesamten Unternehmens oder von Unternehmensteilen zu erleichtern. Das Schuldnervermögen soll als **verwertbare Einheit** erhalten bleiben. So kann der Verwalter gegen die Verwertung unbeweglicher Sachen durch den Absonderungsberechtigten bis zum Berichtstermin ein Verwertungsmoratorium durch einstweilige Einstellung der Zwangsversteigerung gemäß § 30d Abs. 1 Nr. 1 ZVG erwirken. Zur Verwertung beweglicher Sachen ist er erst nach dem Berichtstermin verpflichtet (§ 159 InsO). Nach der InsO sind die **Mobiliarsicherheiten** in die Gesamtverwertung des Unternehmens einbezogen, der Verwertungserlös jedoch ausgekehrt (§ 170 InsO).[56] Das Nutzungsrecht geht auf den Insolvenzverwalter über, vgl. § 172 InsO, der den durch die Nutzung entstehenden Wertverlust durch laufende Zahlungen an den Gläubiger auszugleichen hat. Wird der Gegenstand nach dem Berichtstermin nicht verwertet, sind dem Gläubiger vom Berichtstermin an laufend die geschuldeten Zinsen aus der Insolvenzmasse zu zahlen (§ 169 InsO).

47 Da die Sicherungsgegenstände, an denen Absonderungsrechte bestehen, zur Insolvenzmasse gezogen werden können, werden die gesicherten Gläubiger zum Ausgleich in das Verfahren einbezogen und erhalten in der Gläubigerversammlung **Stimmrecht** (§ 76 Abs. 2 InsO). Das Stimmrecht besteht im Gegensatz zur früheren Rechtslage bei angemeldeten und nicht bestrittenen Forderungen nicht nur für die Ausfallforderungen, sondern für die gesamten Forderungen eines absonderungsberechtigten Gläubigers (§ 77

---

[55] Zum Aussonderungsrecht des Treugebers BGH Urteil v. 24.6.2003 – IX ZR 75/01, BGHZ 155, 228.
[56] Zur Situation von Gläubigerbanken in der Unternehmenskrise unter Berücksichtigung der Insolvenzordnung *Ebbing* KTS 1996, 327.

§ 24 Grundlagen der Insolvenzordnung § 24

Abs. 3 InsO). Die Berechnung des Stimmrechts absonderungsberechtigter Gläubiger hängt davon ab, ob sich die Forderung gegen einen Dritten richtet oder ob der Schuldner dem absonderungsberechtigten Gläubiger persönlich haftet (§ 76 Abs. 2, 2. HS InsO). Im ersten Fall bestimmt sich der Wert des Stimmrechts nach dem Wert des Absonderungsrechts. Dieser bemisst sich danach, in welcher Höhe sich der Gläubiger aus dem Sicherungsgegenstand befriedigen kann. Notfalls ist der Wert der Forderung vom Gericht zu schätzen (§ 77 Abs. 3 Nr. 2 InsO). Haftet der Schuldner dem Gläubiger persönlich, ist das Stimmrecht nach der Höhe der Forderung zu bewerten. Werden die Forderungen absonderungsberechtigter Gläubiger bestritten, wird das Stimmrecht durch die Einigung zwischen dem Insolvenzverwalter und den in der Gläubigerversammlung erschienenen stimmberechtigten Gläubigern festgelegt. Kommt es nicht zu einer Einigung, entscheidet das Insolvenzgericht (§ 77 Abs. 2 InsO).

Gläubiger mit Grundpfandrechten an Immobilien des Schuldners können auch weiterhin während des Insolvenzverfahrens die Zwangsversteigerung des belasteten Grundstücks betreiben, wenn sie einen Vollstreckungstitel haben. Das **Verwertungsrecht** an beweglichen Sachen hingegen, an denen ein Absonderungsrecht besteht (sicherungsübereignete Sachen und Sachen, an denen ein verlängerter oder erweiterter Eigentumsvorbehalt besteht, sowie gepfändete Sachen, vgl. §§ 50, 51 InsO), steht nach der Eröffnung des Insolvenzverfahrens nach § 166 Abs. 1 InsO dem Insolvenzverwalter zu, wenn er die Sache in seinem Besitz hat. Dadurch wird die Verwertung wirtschaftlicher Einheiten, an deren Einzelgegenständen unterschiedliche Gläubiger Absonderungsrechte haben, zum Wohle aller Gläubiger erleichtert.[57] Auch Forderungen, die der Schuldner zur Sicherung eines Anspruchs abgetreten hat, darf der Verwalter einziehen oder in anderer Weise verwerten (§ 166 Abs. 2 InsO). 48

Die absonderungsberechtigten Gläubiger mit Rechten an beweglichen Sachen oder Forderungen werden auch zur **Kostentragung** für die Feststellung und für die Verwertung herangezogen (§ 171 InsO). Dieser Kostenbeitrag wird neben dem Verwertungsrecht des Insolvenzverwalters als der schwerwiegendste Eingriff in die Mobiliarsicherheiten angesehen.[58] Zu den Feststellungskosten zählen die Kosten der tatsächlichen Feststellung des Gegenstands und der Prüfung der Rechtsverhältnisse an diesem. Für die **Höhe des Kostenbeitrags** gilt jeweils der Grundsatz, dass dem Gläubiger nur die tatsächlich entstandenen Kosten auferlegt werden sollen. Zur Vereinfachung können die Kosten für die Feststellung der Forderung pauschal in Höhe von 4 Prozent und die Kosten für die Verwertung pauschal in Höhe von 5 Prozent des Verwertungserlöses angesetzt werden. Überlässt der Verwalter die Verwertung dem Gläubiger, so hat dieser aus dem von ihm erzielten Verwertungserlös einen Betrag in Höhe der Kosten der Feststellung vorweg an die Masse abzuführen (§ 170 Abs. 2 InsO). Die Erstattung der Verwertungskosten an die Masse entfällt in diesem Fall, weil der Gläubiger diese selbst trägt. Um unergiebige Streitigkeiten um geringfügige Beträge zu vermeiden, setzt die Berücksichtigung der tatsächlich entstandenen Kosten für die Verwertung voraus, dass diese erheblich niedriger oder erheblich höher sind als die Pauschale. Eine solche erhebliche Abweichung ist nach Ansicht des Gesetzgebers jedenfalls dann gegeben, wenn die tatsächlich entstandenen und erforderlichen Verwertungskosten statt 5 Prozent nur 2,5 Prozent oder 10 Prozent ausmachen.[59] Führt die Verwertung zu einer Belastung der Masse mit der **Umsatzsteuer,** was bei der Veräußerung zur Sicherheit übereigneter Sachen nach dem 49

---

[57] Vgl. *Braun/Gerbers,* InsO, § 166 Rn. 1 ff.
[58] *Obermüller* WM 1994, 1869, 1874.
[59] Vgl. Begründung RegE zu § 196 EInsO.

Umsatzsteuerrecht regelmäßig der Fall ist, wird der Umsatzsteuerbetrag den Gläubigern ebenfalls in Rechnung gestellt. Dabei macht es keinen Unterschied, ob der Verwalter die Verwertung dem Gläubiger überlässt oder selbst vornimmt. Denn bei der Verwertung des Sicherungsgutes durch den Gläubiger wird nach der Rechtsprechung des Bundesfinanzhofs neben dem Umsatz zwischen Gläubiger und Erwerber auch ein steuerbarer Umsatz zwischen Insolvenzverwalter und Gläubiger angenommen (sog. Doppelumsatz).[60]

50 e) **Gläubigerausschuss/Gläubigerversammlung.** Das Insolvenzgericht kann vor der ersten Gläubigerversammlung gemäß § 67 Abs. 1 InsO einen vorläufigen **Gläubigerausschuss** einsetzen. Bei der Zusammensetzung des durch das Insolvenzgericht eingesetzten Gläubigerausschusses müssen die Interessen aller beteiligten Gläubiger angemessen berücksichtigt werden. Daher sollen die Insolvenzgläubiger mit den höchsten Forderungen, die Kleingläubiger und seit Geltung der InsO auch die absonderungsberechtigten Gläubiger vertreten sein (§ 67 Abs. 2 InsO). Ansonsten beschließt die Gläubigerversammlung, ob ein Gläubigerausschuss eingesetzt und wie er besetzt werden soll, bzw. ob der durch das Gericht bereits eingesetzte Gläubigerausschuss beibehalten werden soll (§ 68 InsO). Die Berechtigung über die Einsetzung/Beibehaltung und Zusammensetzung des Gläubigerausschusses zu bestimmen, ist Ausdruck der Gläubigerautonomie im Insolvenzverfahren. Der Gläubigerausschuss ist der „Aufsichtsrat" der Insolvenz und als Organ der Gläubigergemeinschaft dem Gemeinschaftsinteresse verpflichtet. Der Ausschuss untersteht nicht der Aufsicht des Insolvenzgerichts und kann sich je nach Struktur der Gläubigergemeinschaft z.B. aus Vertretern der Arbeitnehmer, Lieferanten, Banken und Versicherungsgesellschaften sowie des Pensions-Sicherungs-Vereins etc. zusammensetzen. Die Vertreter dieser Gruppen brauchen selbst nicht Gläubiger zu sein, so dass externer Sachverstand eingebracht werden kann. Als verglichen mit der Gläubigerversammlung wesentlich kleineres Gremium ist der Gläubigerausschuss besser geeignet, den Anforderungen eines effektiven Insolvenzverfahrens zu entsprechen. Die Aufgaben jedes Mitglieds des Ausschusses liegen gemäß § 69 S. 1 InsO in der Überwachung und Unterstützung der Geschäftsführung des Insolvenzverwalters. Die Mitglieder haften allen Beteiligten nach § 71 InsO. Ihr Vergütungs- und Auslagenerstattungsanspruch folgt aus § 73 InsO in Verbindung mit der Insolvenzvergütungsverordnung (InsVV).

51 Die **Gläubigerversammlung** ist die Interessengemeinschaft der Gläubiger mit zum Teil widerstreitenden Interessen. Sie wird gemäß § 74 InsO durch das Insolvenzgericht einberufen und untersteht der Leitung des Insolvenzgerichts, § 76 Abs. 1 InsO.[61] Nach § 74 Abs. 1 S. 2 InsO sind alle absonderungsberechtigten Gläubiger zur Teilnahme an der Versammlung berechtigt. Die Gläubigerversammlung fasst ihre Beschlüsse grundsätzlich mit einfacher Mehrheit, wobei sich die Mehrheit nicht nach der Zahl der abstimmenden Gläubiger, sondern nach der Summe der Forderungsbeträge der abstimmenden Gläubiger richtet (Summenmehrheit § 76 Abs. 2 InsO). Die Abstimmung nach der Summenmehrheit verhilft den einzelnen Großgläubigern zu erheblichem Einfluss und Gewicht, insbesondere auch wegen § 52 InsO. Für einen gewissen Ausgleich zugunsten der Kleingläubiger sorgt die Möglichkeit der Überprüfung der Beschlüsse durch das Insolvenzgericht (§ 78 InsO). Danach ist ein Beschluss der Gläubigerversammlung aufzuheben, wenn

---

[60] BFH Urteil v. 20.7.1978 – V R 2/75, BFHE 126, 84 = BStGBl. II 1978, 684; BFH Urteil v. 4.6.1987 – V R 57/79, ZIP 1987, 1134.
[61] Der Antrag auf Einberufung der Gläubigerversammlung kann von nicht nachrangigen Insolvenzgläubigern auch dann gestellt werden, wenn ihre Forderungen bestritten sind, vgl. BGH Beschluss v. 14.10.2004 – IX ZB 114/04, NZI 2005, 31.

§ 24 Grundlagen der Insolvenzordnung § 24

er dem gemeinsamen Interesse der Insolvenzgläubiger an der bestmöglichen Gläubigerbefriedigung widerspricht.

Für die Frage, wer stimmberechtigt ist, muss zwischen **angemeldeten und nicht bestrittenen** und **angemeldeten und bestrittenen Forderungen** unterschieden werden. Forderungen, die angemeldet und weder vom Insolvenzverwalter noch von einem stimmberechtigten Gläubiger bestritten worden sind, gewähren gemäß § 77 Abs. 1 InsO ein Stimmrecht. Das Stimmrecht für streitige Forderungen wird gemäß § 77 Abs. 2 S. 1 InsO durch Einigung zwischen dem Insolvenzverwalter und den in der Gläubigerversammlung erschienenen stimmberechtigten Gläubigern festgelegt. Kommt es zu keiner Einigung, entscheidet das Gericht. 52

Gläubigerversammlungen werden abgehalten zum **Berichtstermin,** in dem über den Fortgang des Verfahrens und die konkrete Verwertungsform beschlossen wird, zum **Prüfungstermin,** in dem die angemeldeten Forderungen der Insolvenzgläubiger erörtert werden und zum **Schlusstermin,** der der Erörterung der Schlussrechnung des Insolvenzverwalters, der Erhebung von Einwendungen gegen das Schlussverzeichnis und der Entscheidung der Gläubiger über die nicht verwertbaren Gegenstände der Insolvenzmasse dient. Entscheiden sich die Gläubiger für die Durchführung eines Insolvenzplanverfahrens (§§ 217 ff. InsO), wird zusätzlich ein **Erörterungs- und Abstimmungstermin** bestimmt, in dem die Gläubiger über die Annahme des Insolvenzplans entscheiden. 53

Die **Stärkung der Gläubigerautonomie** durch die InsO wird in der Erweiterung der Kompetenzen der Gläubigerversammlung sichtbar. Die Gläubigerversammlung entscheidet im Berichtstermin vor allem darüber, ob das Unternehmen des Schuldners stillgelegt oder zeitweise fortgeführt werden soll, um es zu sanieren oder zu veräußern (§ 157 S. 1 InsO). Außerdem kann die Gläubigerversammlung den Insolvenzverwalter mit der Ausarbeitung eines Insolvenzplans beauftragen (§ 157 S. 2 InsO). Besonders wichtige Entscheidungen des Insolvenzverwalters, z.B. die Veräußerung eines ganzen Betriebsteils, bedürfen gemäß §§ 158 ff. InsO der Zustimmung des Gläubigerausschusses, soweit kein Gläubigerausschuss bestellt ist, der Zustimmung der Gläubigerversammlung. 54

Eine weitere tiefgreifende Stärkung der Gläubigerrechte erfolgte im Rahmen des ESUG durch die **frühzeitigere Einbindung der Gläubiger** durch einen vorläufigen Gläubigerausschuss. Vor dem ESUG wurden Gläubiger gemäß § 67 InsO erst im eröffneten Verfahren beteiligt. Der neu eingeführte § 22a InsO legt nun fest, dass ein vorläufiger Gläubigerausschuss nach § 21 Abs. 2 Nummer 1a InsO dann für das Gericht verpflichtend einzusetzen ist, wenn der Schuldner im vorangegangenen Geschäftsjahr mindestens zwei der drei in § 22a Abs. 1 InsO genannten Merkmale erfüllt. Sobald der Schuldner mindestens 4.840.000 Euro Bilanzsumme nach Abzug eines auf der Aktivseite ausgewiesenen Fehlbetrags im Sinne des § 268 Abs. 3 HGB und/oder mindestens 9.680.000 Euro Umsatzerlöse in den zwölf Monaten vor dem Stichtag vorweist und/ oder im Jahresdurchschnitt mindestens fünfzig Arbeitnehmer beschäftigt, muss das Insolvenzgericht einen vorläufigen Gläubigerausschuss bestellen **(Pflichtausschuss)**. Weiterhin kann auf Antrag des Schuldners, des vorläufigen Insolvenzverwalters oder eines Gläubigers ein vorläufiger Gläubigerausschuss durch das Gericht eingesetzt werden, wenn Personen benannt werden, die als dessen Mitglieder in Betracht kommen und dem Antrag Einverständniserklärungen der benannten Personen beigefügt werden, § 22a Abs. 2 InsO **(Antragsausschuss)**. § 22a Abs. 3 InsO bestimmt für beide Varianten eine Ausnahme. So ist kein vorläufiger Gläubigerausschuss einzusetzen, wenn der Geschäftsbetrieb des Schuldners eingestellt ist, die Einsetzung des vorläufigen Gläubigerausschusses im Hinblick auf die zu erwartende Insolvenzmasse unverhältnismäßig ist oder die mit der Einsetzung verbundene Verzögerung zu einer nachteiligen Veränderung der Vermögens- 54a lage des Schuldners führt. Zur Benennung von Personen, die als Mitglieder in Betracht kommen, kann das Gericht sowohl den Schuldner als auch den vorläufigen Insolvenzverwalter gemäß § 22a Abs. 4 InsO auffordern. Die Aufgaben des vorläufigen Gläubigerausschusses, neben der Möglichkeit bei der Verwalterauswahl mitzuwirken, ergeben sich aus § 21 Abs. 2 Nummer 1a InsO und sind mit denen des Gläubigerausschusses identisch. Es gelten die § 67 Abs. 2 und §§ 69–73 InsO entsprechend. So müssen die Mitglieder des vorläufigen Gläubigerausschusses unter anderem den (vorläufigen) Insolvenzverwalter bei seiner Geschäftsführung unterstützen und überwachen. Die Regelung des § 22a InsO ist nicht unumstritten. Wie bei Verwalterauswahl durch die Gläubiger werden auch hier Manipulationsmöglichkeiten eröffnet, wenn Schuldner und Gläubiger, aber auch der vorläufige Insolvenzverwalter die Auswahl der Mitglieder des vorläufigen Gläubigerausschusses beeinflussen können.[62] Ebenfalls thematisiert wird die Frage des Rechtsschutzes bei der Ablehnung der Einsetzung eines vorläufigen Gläubigerausschusses durch das Gericht. Auf den ersten Blick scheinen Rechtsmittel hier nicht zur Verfügung zu stehen, da § 6 Abs. 1 InsO festlegt, dass Entscheidungen des Insolvenzgerichts nur in den Fällen einem Rechtsmittel unterliegen, in denen die InsO die sofortige Beschwerde vorsieht. Dies ist in § 22a InsO nicht der Fall. Fraglich ist, ob diese Regelung gegen das Grundgesetz verstößt und inwiefern möglicherweise doch Rechtsmittel gegen die Entscheidung des Gerichts eingelegt werden können.[63]

4. Verfahrensablauf

55 **a) Verwaltung und Verwertung der Insolvenzmasse.** Nach Verfahrenseröffnung hat der Insolvenzverwalter nach § 148 Abs. 1 InsO die gesamte Insolvenzmasse in Besitz und **Verwaltung** zu nehmen. Die Herausgabe von Sachen, die sich im Schuldnergewahrsam befinden, kann der Insolvenzverwalter mittels einer vollstreckbaren Ausfertigung des Eröffnungsbeschlusses im Wege der Zwangsvollstreckung durchsetzen (§ 148 Abs. 2 InsO).

56 Die **Verwertung** der zur Insolvenzmasse gehörenden Gegenstände dient der Beschaffung von liquiden Mitteln, die zur Befriedigung an die Gläubiger verteilt werden sollen (vgl. § 187 Abs. 2 InsO für die Abschlagsverteilung). Eine bestimmte Verwertungsart ist grundsätzlich nicht vorgeschrieben. Der Insolvenzverwalter ist aber verpflichtet, die einzelnen Vermögensgegenstände so teuer wie möglich, zumindest zu marktgerechten Preisen zu verwerten und bei besonders bedeutsamen Verwertungsentscheidungen, wie z.B. einer geplanten Unternehmensveräußerung, die Zustimmung des Gläubigerausschusses einzuholen (§ 160 Abs. 2 Nr. 1 InsO). Bei der Verwertung von beweglichen Sachen und Rechten steht dem Insolvenzverwalter seit Inkrafttreten der InsO auch der freihändige Verkauf offen.

57 Zur **Verwertung der Insolvenzmasse nach den gesetzlichen Regeln der InsO** durch den Insolvenzverwalter kommt es, wenn sich die Gläubigerversammlung für die Liquidation des Unternehmens entschieden hat oder ein Insolvenzplan vor dessen Ausführung mangels Alternativen scheitert. Da die Verwertungsberechtigung der absonderungsberechtigten Gläubiger gerade im Hinblick auf das Sicherungseigentum als unzweckmäßig und für eine mögliche Betriebsfortführung als hinderlich empfunden wurde, bricht die InsO mit dem Grundsatz der Selbstverwertung durch die absonde-

---

[62] Vgl. *Römermann* NJW 2012, 645, 647.
[63] Hierzu *Römermann/Praß* ZInsO 2012, 1923 ff.; *Horstkotte* ZInsO 2012, 1930 ff.

rungsberechtigten Gläubiger[64] (vgl. im Einzelnen zur Rechtslage bei der Verwertung von Absonderungsgegenständen die Ausführungen bei Aus- und Absonderungsberechtigte).

Eine **Stilllegung** des Schuldnerunternehmens und Verwertung der Massegegenstände des Schuldners vor dem Berichtstermin ist durch den Insolvenzverwalter nur möglich, wenn er die Zustimmung des Gläubigerausschusses erhält, sofern ein solcher bestellt ist. Vor der Beschlussfassung des Ausschusses, bzw. wenn ein solcher nicht besteht, vor der Stilllegung, hat der Verwalter den Schuldner entsprechend zu unterrichten. Das Insolvenzgericht wird auf Antrag des Schuldners und nach Verwalteranhörung eine Stilllegung untersagen, wenn die Stilllegung ohne eine erhebliche Verminderung der Vermögensmasse bis zum Berichtstermin aufgeschoben werden kann (§ 158 InsO). Seit der Insolvenzrechtsreform 2007 kann der Insolvenzverwalter gemäß § 158 InsO nF das schuldnerische Unternehmen mit Zustimmung des vorläufigen Gläubigerausschusses auch vor dem Berichtstermin veräußern. 58

b) Forderungsfeststellung und Forderungsbefriedigung. Die Feststellung der „offenen" Forderungen im Insolvenzverfahren ist in erster Linie Sache der Gläubiger, die nur dann bei der Erlösverteilung berücksichtigt werden, wenn sie ihre Forderungen zur Eintragung in eine Tabelle anmelden. Das **Forderungsfeststellungsverfahren** verschafft dadurch zugleich einen Überblick über die Verbindlichkeiten des Insolvenzschuldners. Die Insolvenzgläubiger haben ihre Forderungen schriftlich beim Insolvenzverwalter anzumelden (§ 174 InsO). **Eine Forderung gilt als festgestellt,** soweit gegen sie im Prüfungstermin oder im schriftlichen Verfahren ein Widerspruch weder vom Insolvenzverwalter noch von einem Insolvenzgläubiger erhoben worden ist oder soweit ein erhobener Widerspruch beseitigt wurde (§§ 177, 178 InsO). Die Eintragung in die Tabelle wirkt für die festgestellte Forderung ihrem Betrag und ihrem Rang nach wie ein rechtskräftiges Urteil gegenüber dem Insolvenzverwalter und allen Insolvenzgläubigern (§ 178 Abs. 3 InsO). Ist eine Forderung streitig, ist auf ihre Feststellung im ordentlichen Verfahren zu klagen (§ 180 Abs. 1 InsO). 59

Für die **Anmeldung nachrangiger Insolvenzforderungen** ist zu beachten, dass eine Anmeldung nur erfolgen soll, wenn das Gericht hierzu besonders aufgefordert hat (vgl. § 174 Abs. 3 InsO). Für nachrangige Gläubiger gilt jedoch auch unter dem Regime der InsO, dass sie nur in den seltenen Fällen mit einer Befriedigung rechnen können. Solche Fälle sind denkbar, wenn ein entsprechend großer Überschuss für die Masse erwirtschaftet werden kann oder ein Insolvenzplan auch Zahlungen an nachrangige Gläubiger vorsieht. Liegen solche Ausnahmefälle nicht vor, besteht kein Grund, das Verfahren mit der Prüfung dieser Forderungen zu belasten. Wird zur Anmeldung der nachrangigen Forderungen durch das Gericht aufgefordert, so hat die Prüfung in einem besonderen Prüftermin zu erfolgen (§ 177 Abs. 2 InsO). 60

Sofern hinreichende Barmittel in der Insolvenzmasse vorhanden sind, nimmt der Insolvenzverwalter auf der Grundlage des Verteilungsverzeichnisses die **Verteilung** an die Insolvenzgläubiger vor (§§ 187 ff. InsO). Möglich sind auch Abschlagsverteilungen. Die Schlussverteilung, die nur mit Zustimmung des Insolvenzgerichts vorgenommen werden darf, erfolgt, sobald die Verwertung der Insolvenzmasse beendet ist (§ 196 InsO). Bei der Verteilung werden die Insolvenzgläubiger alle gleich behandelt und nach dem Verhältnis der Forderungsbeträge berücksichtigt. Sie bekommen einen Prozentsatz des ihnen zustehenden Betrages, die „Quote", ausgezahlt. Die Gleichbehandlung findet nur in der Be- 61

---

[64] Vgl. zu den Auswirkungen der Insolvenzrechtsreform auf die Sicherheitenverwertung *Obermüller* WM 1994, 1869, 1872; *Klasmeyer/Elsner/Ringstmeier* in Arbeitskreis, S. 837 ff.

handlung der Gläubiger nachrangiger Forderungen ihre Ausnahme, als sie erst nach den Insolvenzgläubigern und dann in der in § 39 InsO aufgeführten Reihenfolge zu befriedigen sind.

62 **c) Wahlrecht des Insolvenzverwalters.** Das **Wahlrecht** des Insolvenzverwalters stellt ein wichtiges Instrument zur Mehrung der Insolvenzmasse dar. Er kann die Erfüllung gegenseitiger, im Zeitpunkt der Verfahrenseröffnung von keiner Partei nicht oder nicht vollständig erfüllter Verträge verweigern und wird dies regelmäßig dann tun, wenn die Vertragsdurchführung für die Insolvenzmasse nachteilig ist. Aber auch der Gläubiger wird geschützt, denn er muss nicht an die Insolvenzmasse leisten, obwohl seine Gegenforderung nur in Höhe der Quote der Insolvenzforderung befriedigt wird. Voraussetzung ist, dass keine der Vertragsparteien ihre Vertragsverpflichtung erfüllt hat – ein Umstand, der sich vor allem beim Kauf von Vorbehaltseigentum als problematisch erweist.[65]

63 Die InsO sieht für zahlreiche Vertragstypen **Sonderregelungen** vor:[66] So würde ein Wahlrecht des Vertreters bei Fix- und Finanztermingeschäften zu übermäßiger Unsicherheit führen. § 104 InsO sieht daher vor, dass von vornherein nur der Nichterfüllungsanspruch geltend gemacht werden kann. Die rasche Fixierung der Rechtslage soll es dem Vertragspartner ermöglichen, Deckungsgeschäfte zu tätigen. Die Vormerkung steht dem Erwerb des gesicherten dinglichen Rechts gleich, so dass hier nicht mehr von einem nicht erfüllten Vertrag die Rede sein kann – ein Wahlrecht des Insolvenzverwalters besteht dann für den Fall, dass der Gläubiger Vormerkungsberechtigter ist, nicht mehr, vgl. § 106 InsO. Beim Eigentumsvorbehalt gilt ähnliches: Hat der Schuldner die Ware unter Eigentumsvorbehalt verkauft, besteht kein Wahlrecht des Insolvenzverwalters nach § 103 InsO. Hat dagegen der Schuldner Vorbehaltseigentum erlangt, so besteht das Wahlrecht – allerdings mit der Maßgabe, dass der Insolvenzverwalter die Ausübung des Wahlrechts regelmäßig erst nach dem Berichtstermin erklären muss, vgl. § 107 Abs. 2 InsO. Miet- und Pachtverträge über unbewegliche Sachen sind dem Wahlrecht des Insolvenzverwalters entzogen, vgl. § 108 InsO. Stattdessen besteht hier ein Kündigungsrecht des Insolvenzverwalters, wenn der Schuldner Mieter oder Pächter war. Es gilt die gesetzliche Kündigungsfrist, auf vertragliche Absprachen kommt es nicht an, vgl. § 109 InsO. Seit der Insolvenzrechtsreform 2007 gibt es zudem eine Kündigungshöchstfrist von drei Monaten. Das Kündigungsrecht des Vermieters richtet sich in diesem Fall allein nach §§ 568 ff., 573 ff. BGB. Hatte der Schuldner die Miet- und Pachtsache noch nicht in Besitz genommen, so besteht für den Gläubiger nicht die Gefahr vorleisten zu müssen, obwohl die Gegenleistung in einer bloßen Insolvenzforderung besteht. Hier macht § 109 Abs. 2 InsO eine Ausnahme vom Kündigungsrecht und greift stattdessen wieder auf das Wahlrecht aus § 103 InsO zurück.

64 **d) Insolvenzanfechtung.** Zur Insolvenzmasse zählt das gesamte Vermögen, welches dem Schuldner zur Zeit der Verfahrenseröffnung gehört, und das er während des Verfahrens erlangt (sog. Neuvermögen), vgl. § 35 InsO. Das **Insolvenzanfechtungsrecht** ermöglicht dem Insolvenzverwalter davon abweichend unter bestimmten Voraussetzungen auf Gegenstände zurückzugreifen, die der Schuldner vor der Eröffnung des Insolvenzverfahrens veräußert hat.[67] Anfechtungsgegenstand sind alle **Rechtshandlungen und Unterlassungen** vor Eröffnung des Verfahrens, die die Gläubigergesamtheit im Insolvenz-

---

[65] Vgl. hierzu *Braun/Kroth*, InsO, § 103 Rn. 32 ff.
[66] Zur Auswirkung der Insolvenz eines Gesellschafters auf Gesellschaftsverträge vgl. § 728 BGB und § 131 HGB.
[67] Ausführlich zum Kapitalersatz und zur Insolvenzanfechtung § 32.

§ 24 Grundlagen der Insolvenzordnung　　　　　　　　　　　　　§ 24

verfahren benachteiligen, § 129 InsO. Dazu zählen auch Handlungen des vorläufigen Insolvenzverwalters jedenfalls dann, wenn er nicht mit einer allgemeinen Verwaltungs- und Verfügungsbefugnis ausgestattet ist und wenn die Rechtshandlung keine Masseverbindlichkeit auslöst.[68] Der Insolvenzverwalter kann Rechtshandlungen, die vor Eröffnung des Insolvenzverfahrens vorgenommen worden sind und die Insolvenzgläubiger benachteiligen, mit dem Ziel anfechten, dass die durch die anfechtbare Handlung aus dem Vermögen des Schuldners veräußerten, weggegebenen oder aufgegebenen Gegenstände, zur Insolvenzmasse zurückgewährt werden müssen (§§ 129, 143 InsO).[69] Eine **Gläubigerbenachteiligung** ist anzunehmen, wenn das zur Befriedigung der Gläubiger bestimmte Vermögen wirtschaftlich verkürzt wird. Eine solche Beeinträchtigung liegt vor, wenn die Befriedigung vermindert, vereitelt, erschwert oder verzögert wird. Eine mittelbare Gläubigerbenachteiligung reicht aus.[70] Die weiteren Voraussetzungen ergeben sich aus den einzelnen Anfechtungstatbeständen (§§ 130 ff. InsO). Nach diesen sind Vermögenswerte betroffen, die aus dem Schuldnervermögen in zeitlicher Nähe zur Verfahrenseröffnung oder unter anderen Umständen ausgeschieden sind, die es gerechtfertigt erscheinen lassen, die Gegenstände haftungsrechtlich den Gläubigern als Gesamtheit zur Befriedigung zuzuweisen. Keine Benachteiligung in diesem Sinne ist bei Bargeschäften anzunehmen, wenn der Schuldner für seine Leistung unmittelbar eine gleichwertige Gegenleistung erhält und kein Fall vorsätzlicher Benachteiligung gegeben ist (§§ 142, 133 InsO). Anfechtungsberechtigter ist der Insolvenzverwalter, im Verfahren der Eigenverwaltung der Sachwalter, § 280 InsO. Der vorläufige Insolvenzverwalter hat kein Anfechtungsrecht. Anfechtungsgegner ist der Insolvenzgläubiger gemäß § 38 InsO.

Der **Anfechtungszeitraum** ist bei den einzelnen Anfechtungstatbeständen vom Anfechtungsgrund (Schutzwürdigkeit des Empfängers) abhängig und liegt zwischen einem Monat und zehn Jahren vor Antragstellung. Die subjektiven Voraussetzungen knüpfen an die Kenntnis der Zahlungsunfähigkeit und/oder die Kenntnis vom Eröffnungsantrag (§§ 130, 131 Abs. 1 Nr. 2, 132 InsO) oder an die Kenntnis von der Benachteiligung (§§ 131 Abs. 1 Nr. 3, 133 InsO) an. Der § 140 InsO legt den Zeitpunkt der anfechtbaren Rechtshandlung fest und ist damit für die Berechnung des Anfechtungszeitraums maßgeblich: Eine Rechtshandlung gilt als in dem Zeitpunkt vorgenommen, in dem ihre rechtliche Wirkung eintritt. Damit übernimmt der Gesetzgeber die vorherige ständige Rechtsprechung des BGH. Die maßgebliche Rechtshandlung ist die, mit der der Anfechtungsgegner eine gesicherte Rechtsposition erhält, die dann die Gläubigerbenachteiligung darstellt. Bei einem Lebensversicherungsvertrag ist dies der Versicherungsfall, nicht die Zahlung von Versicherungsprämien oder die Bestimmung als Versicherungsbegünstigter.[71]

65

Das Anfechtungsrecht in der Insolvenz hat entscheidenden Einfluss auf die Sicherungspraxis der Gläubiger. Eine Entscheidung des BGH hat den Nutzen sog. **Sicherheitenpools** stark eingeschränkt.[72] Bei einem Sicherheitenpool gewähren mehrere Banken dem Schuldner Darlehen, Sicherungen werden aber allein einer einzigen am Pool beteiligten Bank, im Regelfall der Poolführerin, bestellt. Diese hält die Sicherheiten treuhänderisch für die anderen am Pool beteiligten Banken. Nach dem Urteil des BGH resultiert

66

---

[68] BGH Urteil v. 9.12.2004 – IX ZR 108/04, DZWIR 2005, 151.
[69] Vgl. zur Insolvenzanfechtung *Holzer* WiB 1997, 729 ff.; *Ehricke* KTS 1997, 209 ff.
[70] BGH Urteil v. 27.5.2003 – IX ZR 169/02, ZIP 2003, 1506, 1508; BGH Urteil v. 13.5.2004 – IX ZR 190/03, ZIP 2004, 1512, 1513; BGH Urteil v. 11.3.2004 – IX ZR 160/02, ZIP 2004, 1060.
[71] BGH Urteil v. 23.10.2003 – IX ZR 252/01, ZIP 2003, 2307, 2308.
[72] BGH Urteil v. 2.6.2005 – IX ZR 181/03, DZWIR 2006, 29.

aus der Treuhand kein dingliches Recht der beteiligten Banken. Eine weitere Überweisung der abgetretenen Forderung von der Poolführerin zur Gläubigerin unterliegt damit der Insolvenzanfechtung. Offen ist, ob aufgrund dieser Rechtsprechung das Aussonderungsrecht der Poolführerin auf die Höhe ihrer eigenen Forderung begrenzt ist. Dies wäre das Ende der Sicherheitenpools.[73] Damit könnte das Urteil für eine Anreicherung von Insolvenzmassen sorgen. Die Kehrseite besteht aber in einer Verteuerung der Aufnahme von Fremdkapital. Für eine weitere Schwächung des Sicherungsmittels der **Globalzession** sorgten Urteile der OLGs Karlsruhe und Dresden. Danach sind Forderungen aus einer Globalzession, die innerhalb der letzten drei Monate vor Verfahrenseröffnung entstehen, als inkongruente Leistungen nach § 131 InsO anfechtbar. Denn das Kreditinstitut hatte vor Entstehung der Forderung noch keinen hinreichend bestimmten, zur Kongruenz führenden Anspruch auf Abtretung.[74]

67 Der Insolvenzverwalter kann Rechtshandlungen des Schuldners innerhalb eines Monats vor Insolvenzantragsstellung anfechten, wenn es sich um eine **inkongruente Deckung** handelt, § 131 Abs. 1 Nr. 1 InsO. Dazu muss der Schuldner dem Gläubiger eine Sicherung oder Befriedigung gewährt haben, die der Gläubiger nicht beanspruchen konnte. Inkongruente Deckung ist u.a. gegeben, wenn ein Gläubiger sich in der Krise von dem späteren Schuldner einen Vorschuss auf eine nicht fällige Forderung geben lässt,[75] oder wenn der spätere Schuldner seinem Gläubiger kurz vor Zahlungseinstellung statt der geschuldeten Zahlung eine Forderung gegen einen Dritten abtritt,[76] oder bei Erlangung eines Pfändungspfandrechts in der Krise im Wege der Zwangsvollstreckung statt Barzahlung.[77] Eine inkongruente Leistung liegt auch vor, wenn der Schuldner zahlt, um einen Insolvenzantrag oder die Zwangsvollstreckung abzuwenden.[78] Das gleiche Recht steht dem Insolvenzverwalter bei einer inkongruenten Deckung von Forderungen zu, wenn die Rechtshandlung innerhalb von drei Monaten vor Stellung des Insolvenzantrags stattfand und der Schuldner zu diesem Zeitpunkt schon zahlungsunfähig war oder der Gläubiger wusste, dass die Handlung die übrigen Gläubiger benachteiligt, § 131 Abs. 1 Nr. 2 und 3 InsO. Rechtshandlungen, mit denen einzelne Gläubiger ihnen zustehende Leistungen erlangen **(kongruente Deckung)**, kann der Insolvenzverwalter anfechten, wenn sie ebenfalls drei Monate vor Eröffnung des Insolvenzverfahrens stattgefunden haben. Voraussetzung ist zusätzlich, dass der Gläubiger die Zahlungsunfähigkeit des Schuldners kannte, § 130 Abs. 1 Nr. 1 InsO. In beiden Fällen steht die grob fahrlässige Unkenntnis der Zahlungsunfähigkeit des Schuldners ihrer Kenntnis gleich, §§ 130 Abs. 2, 131 Abs. 2 InsO. Die Kenntnis der Zahlungsunfähigkeit wird vermutet, wenn nahestehende Personen die Leistung empfangen haben, §§ 130 Abs. 3, 131 Abs. 2 S. 2 InsO.

68 Die Dreimonatsfrist gilt auch bei der **Anfechtung unmittelbar benachteiligender Rechtshandlungen,** wenn der Gläubiger die Zahlungsunfähigkeit des Schuldners kannte, § 132 Abs. 1 InsO. Im Fall einer **vorsätzlichen Gläubigerbenachteiligung** beträgt der Zeitraum, in dem die anfechtbare Rechtshandlung vorgenommen werden kann, gemäß § 133 Abs. 1 S. 1 InsO zehn Jahre. Eine Besonderheit besteht hier darin, dass allein Rechtshandlungen des Schuldners angefochten werden können. Zu Recht gewährt die Rechtsprechung Beweiserleichterungen für den Vorsatz des Schuldners: Ein

---

[73] *Bitter*, Richter rütteln an Kreditsicherheiten, FAZ vom 15.11.2006.
[74] OLG Karlsruhe Urteil v. 8.4.2005 – 14 U 200/03, ZIP 2005, 1248; OLG Dresden Urteil v. 13.10.2005 – 13 U 2364/04, ZIP 2005, 2167.
[75] BGH Urteil v. 15.11.1960 – V ZR 35/59, DB 1961, 64f.
[76] OLG Schleswig Urteil v. 24.11.1981 – 3 U 43/81, ZIP 1982, 82.
[77] BGH Urteil v. 27.11.1974 – VIII ZR/73, WM 1975, 6.
[78] BGH Urteil v. 18.12.2003 – IX ZR 199/02, BGHZ 157, 242.

starkes Beweiszeichen für Vorsatz besteht, wenn es sich um eine inkongruente Leistung handelte oder es zu einem unlauteren Zusammenwirken zwischen Schuldner und Anfechtungsgegner gekommen ist. Vorsatz des Schuldners wird vermutet, wenn der Anfechtungsgegner die drohende Zahlungsunfähigkeit und die gläubigerbenachteiligende Wirkung der Handlung des Schuldners kannte, vgl. § 133 Abs. 1 Satz 2 InsO.[79]

Der Insolvenzverwalter kann die Rückzahlung **kapitalersetzender Darlehen** anfechten, wenn die Rückzahlung ein Jahr vor der Stellung des Insolvenzantrags erfolgte, § 135 InsO. Im Zuge der **GmbH-Reform** hat sich das Recht der Gesellschafterdarlehen drastisch geändert. Das Eigenkapitalersatzrecht wurde bis dahin in den §§ 30 ff. GmbHG geregelt. Hieraus ergab sich auch die Beurteilung des Vorliegens einer Krise (§ 32a GmbHG). Durch das **Gesetz zur Modernisierung des GmbH-Rechts und zur Bekämpfung von Missbräuchen (MoMiG)** sind die Regelungen zur Gläubigerhaftung und zu Gesellschafterdarlehen nun in §§ 39 Abs. 1 Nr. 5, 44a InsO verankert. Gesellschafterdarlehen und ihnen gleichgestellte Forderungen werden gemäß § 39 Abs. 1 Nr. 5 InsO nachrangig befriedigt. Gleichgestellte Forderungen sind Darlehen, die Dritte der Gesellschaft gewähren und für die ein Gesellschafter der Schuldnerin eine Sicherung bestellt oder sich verbürgt.[80] Wird ein Darlehen nach § 39 Abs. 1 Nr. 5 InsO zurückgezahlt, so ist die Rückzahlung nach § 135 InsO durch den Insolvenzverwalter anfechtbar. Die Nachrangigkeit gilt nicht im Falle des § 39 Abs. 4 und 5 InsO. Während § 39 Abs. 4 S. 1 und Abs. 5 InsO die Nachrangigkeit abhängig von der Gesellschaftsstruktur[81] und der Beteiligugnshöhe[82] ausschließen, enthält § 39 Abs. 4 S. 2 InsO ein Sanierungsprivileg[83]. § 44a InsO regelt die Befriedigung des Drittdarlehensgebers mit Gesellschaftersicherheit. Nach § 44a InsO erhält der Drittdarlehensgeber-Gläubiger aus der Insolvenzmasse nur den Ausfall, d.h. den Differenzbetrag zwischen dem Darlehen und dem dem Betrag, den der Dritte nicht durch in Anspruchnahme des sichernden Gesellschafters erhält bzw. voraussichtlich erhalten wird.[84] Nach h.M. darf der Dritte sogar nur den erwarteten Ausfall anmelden.[85] Bei der Forderungsanmeldung sollte deshalb von dem Dritten eine Erklärung über die Höhe des (voraussichtlichen) Ausfalls abgeben werden.

Unentgeltliche Leistungen, die bis zu vier Jahre vor Stellung des Insolvenzantrages vorgenommen wurden, können angefochten werden. Auf subjektive Merkmale des Empfängers kommt es nicht an. Die Herausgabe von Sicherungsgut an **Absonderungsberechtigte** durch den Schuldner oder die Vollstreckung von Herausgabeansprüchen des Sicherungsnehmers in der kritischen Zeit vor Verfahrenseröffnung kann nicht angefochten werden, soweit der Schuldner nicht vorsätzlich handelte. Unberechtigte Vorteile gegenüber anderen absonderungsberechtigten Gläubigern, aber auch gegenüber den Insolvenzgläubigern können daher durch den Insolvenzverwalter nicht mehr korrigiert werden. Wegen der fehlenden Anfechtungsmöglichkeit ist zu befürchten, dass eine Fortführung und Sanierung des Unternehmens erschwert wird.

Das Anfechtungsrecht ist kein Gestaltungsrecht. Der Anfechtungsanspruch besteht bei Vorliegen seiner Voraussetzungen mit Eröffnung des Insolvenzverfahrens. Zur Geltendmachung des zur Insolvenzmasse gehörenden Rückübertragungsanspruchs reicht damit, im Gegensatz zur zivilrechtlichen Anfechtung, die Abgabe einer formlosen Anfechtungs-

---

[79] Umfassend zu den subjektiven Anforderungen von § 133 InsO *Bork* ZIP 2004, 1684.
[80] *Uhlenbruck/Hirte,* InsO, § 44a, Rn. 1.
[81] *Uhlenbruck/Hirte,* InsO, § 39, Rn. 58 ff.
[82] *Uhlenbruck/Hirte,* InsO, § 39, Rn. 72 ff.
[83] *Uhlenbruck/Hirte,* InsO, § 39, Rn. 63 ff.
[84] *Uhlenbruck/Hirte,* InsO, § 44a, Rn. 1, 5.
[85] *Uhlenbruck/Hirte,* InsO, § 44a, Rn. 5 m.w.N.

§ 24   6. Teil. Möglichkeiten der Sanierung nach der Insolvenzordnung

erklärung nicht aus. Zur Wahrung der Dreijahresfrist muss eine **Anfechtungsklage** erhoben werden. Bei grenzüberschreitenden Sachverhalten ist die internationale Zuständigkeit strittig, da sie weder in der EuInsVO noch in der EuGVO ausdrücklich geregelt ist. Einige folgern daraus, die Frage unterläge ausschließlich nationalem Recht.[86] Der Bundesgerichtshof hat ein Urteil des OLG Frankfurt am Main, nach dem die internationale Zuständigkeit für Anfechtungsklagen Gegenstand der EuGVO sei,[87] aufgehoben; der Senat ist der Auffassung, die Frage unterliege der EuInsVO, und hat sie dem EuGH vorgelegt.[88] Gewährt der Anfechtungsgegner die angefochtene Leistung zurück, so lebt die Forderung des Anfechtungsgegners gemäß § 144 Abs. 1 InsO (und gegebenenfalls deren Sicherung) rückwirkend kraft Gesetzes wieder auf. Eine Gegenleistung ist, soweit sie in der Insolvenzmasse noch unterscheidbar vorhanden oder die Masse um ihren Wert bereichert ist, gemäß § 144 Abs. 2 InsO aus der Insolvenzmasse zu erstatten. Ist die Gegenleistung ohne Bewirkung einer noch andauernden Bereicherung der Insolvenzmasse in derselben untergegangen, kann der Anspruch auf Wertersatz gemäß § 144 Abs. 2 S. 2 InsO nur als einfache Insolvenzforderung geltend gemacht werden. Vermögensgegenstände können auch dann im Wege der Anfechtung zurückerlangt werden, wenn das schuldnerische Unternehmen nach Maßgabe eines Insolvenzplans erhalten werden soll. Mit dem einheitlichen Insolvenzanfechtungsrecht soll damit dem Prinzip der Gleichbehandlung der Gläubiger vom Beginn der Krise an auch bei der Sanierung des Schuldnerunternehmens Rechnung getragen werden. Auch in diesem Fall dient das Anfechtungsrecht dem Verfahrensziel der gemeinschaftlichen Befriedigung aller Gläubiger. Denn von Fortführung des Unternehmens mittels der anfechtbar veräußerten, weggegebenen oder aufgegebenen Gegenstände profitiert zunächst nicht der Schuldner. Aus den erzielten Fortführungserlösen werden die Gläubiger befriedigt.

72 Ergänzt wird das Anfechtungsrecht durch die sog. **Vollstreckungsrückschlagsperre** (§ 88 InsO). Danach sind die Sicherungen an dem zur Insolvenzmasse gehörenden Vermögen des Schuldners, die ein Insolvenzgläubiger im letzten Monat vor dem Antrag auf Eröffnung des Insolvenzverfahrens, also für den Zeitraum, in dem das Anfechtungsrecht nicht eingreift, erlangt hat, mit Eröffnung des Verfahrens unwirksam. Das Gleiche gilt auch für nach diesem Antrag durch Zwangsvollstreckung erlangte Sicherheiten.

5. Übertragende Sanierung

73 Bei Unternehmensinsolvenzen bietet es sich regelmäßig an, das Unternehmen des Schuldners als Ganzes zu verkaufen. Darin liegen zahlreiche Vorteile: Der unternehmensimmanente Mehrwert bleibt erhalten und kann auf den Käufer übertragen werden – das bringt zugunsten der Gläubiger einen höheren Veräußerungserlös und damit eine höhere Quote. Darüber hinaus kann so eine Zerschlagung eines going concern verhindert werden – Arbeitsplätze bleiben erhalten, lokale Wirtschaftsstrukturen werden geschont. Der Begriff der **übertragenden Sanierung** ist der Insolvenzordnung selbst fremd – er wurde Anfang der achtziger Jahre von *Karsten Schmidt* geprägt.[89] Der Begriff beschreibt die Gesamtheit aller Maßnahmen, die geeignet und erforderlich sind, ein Unternehmen aus einer Situation herauszuführen, in der sein Bestand gefährdet ist.[90]

---

[86] Kritisch *Thole* ZIP 2006, 1383.
[87] OLG Frankfurt Urteil v. 26.1.2006 – 15 U 200/05, ZIP 2006, 769.
[88] Pressemitteilung Nr. 84/2007 des BGH vom 21.6.2007.
[89] *K. Schmidt* ZIP 1980, 328, 336 ff.
[90] *Hagebusch/Oberle* NZI 2006, 618, 619.

§ 24 Grundlagen der Insolvenzordnung § 24

Die Sicherung des Weiterbestehens des Unternehmens wird gewährleistet, indem das 74
Unternehmen vom Unternehmensträger getrennt wird – und damit vor allem von dessen Verbindlichkeiten. Das Mittel dazu ist der **Asset-Deal:** Das Unternehmen wird durch die Veräußerung der für seine Fortführung notwendigen Gegenstände auf einen neuen Rechtsträger übertragen; die Passiva verbleiben beim alten Unternehmensträger, die Aktiva gehen auf den neuen Unternehmensträger über. Die Veräußerung des Unternehmens stellt eine Verwertung des schuldnerischen Vermögens dar und ist damit vom Zweck des Insolvenzverfahrens (§ 1 InsO) gedeckt. Der erzielte Verwertungserlös des Vermögens sowie eingezogene Beträge werden zur Befriedigung der Gläubiger verwendet. Sie bestimmen über die Veräußerung des Unternehmens. Nach alter Rechtslage geschah dies im Berichtstermin. Seit 2007 kann das Unternehmen auch nur mit Zustimmung des vorläufigen Gläubigerausschusses übertragen werden, vgl. § 157 InsO. Auch nach der Einführung des Insolvenzplanverfahrens bleibt die übertragende Sanierung das in der Praxis beliebteste Sanierungsmittel.[91] Trotz dieser unbestreitbaren Vorteile kann die übertragende Sanierung bei einer ungenügenden Durchführung zu Problemen führen. Sie macht nur Sinn, wo eine Aussicht auf eine langfristige wirtschaftliche Gesundung des Unternehmens besteht. Dabei handelt es sich um volkswirtschaftlich wichtige Ausnahmen,[92] eine „Sanierung um jeden Preis" ist keineswegs wünschenswert. Sanierungsfähig sind nur Unternehmen, die nach entsprechenden Sanierungsmaßnahmen einen Gewinn erwirtschaften können.[93]

6. Die Eigenverwaltung[94]

Die **Verwaltungs- und Verfügungsbefugnis** liegt grundsätzlich beim Insolvenzver- 75
walter, denn der Gesetzgeber geht davon aus, dass Personen oder Körperschaften, die den Eintritt der Insolvenz nicht vermeiden konnten, regelmäßig nicht geeignet sind, die Insolvenzmasse entsprechend der Zielsetzung des § 1 InsO bestmöglich zu verwerten. Andererseits, so argumentiert der Gesetzgeber, haben Erfahrungen aus dem früheren Vergleichsverfahren gezeigt, dass es auch Konstellationen gibt, in denen es sinnvoll sein kann, dem Schuldner bzw. dessen Organen die Verfügungsbefugnis zu belassen, denn die Übernahme der Geschäftsführung durch den Verwalter erfordert häufig eine aufwendige Einarbeitung, für die wertvolle Zeit verstreicht und die Verwaltung der Insolvenzmasse durch einen Insolvenzverwalter im Einzelfall zu hohe Kosten zu Lasten der Masse verursachen könne.

Die InsO sieht die Möglichkeit vor, dass bei Eröffnung des Verfahrens auf die Bestel- 76
lung eines Insolvenzverwalters verzichtet wird (§ 270 ff. InsO). Der Schuldner behält in diesem Fall grundsätzlich die Verfügungsbefugnis über sein Vermögen. Das eigenverwaltete Insolvenzverfahren wird jedoch von einem **Sachwalter** begleitet, § 270c Satz 1 InsO. Für diesen sowie für den vorläufigen Sachwalter gelten die §§ 274 f.[95] Diese verweisen unter anderem auf die §§ 56–60 InsO und stellen so die Gläubigerbeteiligung innerhalb der Eigenverwaltung sicher. Die Befugnisse des Sachwalters beschränken sich auf reine Überwachungstätigkeit. So hat er die wirtschaftliche Lage des Schuldners zu

---

[91] *Wellensiek* NZI 2005, 603.
[92] *Rattunde* ZIP 2003, 2103, 2104.
[93] *Wellensiek* NZI 2002, 233, 234.
[94] Ausführlich → § 28.
[95] Für den im vorläufigen Eigenverwaltungs- und im Schutzschirmverfahren bestellten vorläufigen Sachwalter gelten die §§ 274, 275 InsO entsprechend (gem. § 270a Abs. 1 S. 2 InsO bzw. § 270b Abs. 2 S. 1 InsO i.V.m. § 270a Abs. 1 S. 2 InsO).

§ 24   6. Teil. Möglichkeiten der Sanierung nach der Insolvenzordnung

überprüfen und die Ausgaben für die Lebensführung des Schuldners zu überwachen. Bei Geschäften, die nicht zum gewöhnlichen Geschäftsbetrieb des Schuldners gehören, verlangt § 275 InsO vom Schuldner die Einbeziehung des Sachwalters. Die fehlende Zustimmung und der Widerspruch nach § 275 Abs. 1 InsO hindern die Wirksamkeit des Rechtsgeschäfts aber nicht. Auf Antrag der Gläubigerversammlung kann das Gericht jedoch anordnen, dass bestimmte Geschäfte nur mit Zustimmung des Sachwalters wirksam sind (§ 277 InsO). Diesen Antrag kann auch ein absonderungsberechtigter Gläubiger oder ein Insolvenzgläubiger stellen, wenn die Anordnung unaufschiebbar erforderlich ist, um Nachteile für die Gläubiger zu vermeiden. Nach der neuen Vergütungsordnung bemisst sich die Tätigkeit des Sachwalters zwar in Anlehnung an die Grundsätze der Vergütung im Insolvenzverfahren, fällt jedoch wegen des geringeren Aufwandes im Ergebnis wesentlich niedriger aus als die eines Insolvenzverwalters.

77   Früher sah § 270 Abs. 2 InsO a.F. vor, dass die vom Schuldner zu beantragende Eigenverwaltung vom Gericht nur angeordnet werden sollte, wenn nach den Umständen zu erwarten war, dass die Anordnung nicht zu einer **Verzögerung des Verfahrens** oder zu sonstigen Nachteilen für die Gläubiger führen würde. Für den Fall, dass ein Gläubiger den Eröffnungsantrag gestellt hatte, war der Schuldner zusätzlich auf die **Zustimmung** dieses Gläubigers angewiesen. Wegen dieser hohen Anforderungen wurde die Eigenverwaltung letztlich nur in Ausnahmefällen angeordnet.

77a   Diese **Voraussetzung ist durch das ESUG weggefallen**. Heute setzt die Anordnung lediglich voraus, dass keine Umstände bekannt sein dürfen, die erwarten lassen, dass die Anordnung zu Nachteilen für die Gläubiger führen wird, § 270 Abs. 2 Nr. 2 InsO. Dabei ist dem vorläufigen Gläubigerausschuss Gelegenheit zur Äußerung zu geben, solange dies nicht eine nachteilige Veränderung der Vermögenslage des Schuldners befürchten lässt. Unterstützt dieser den Antrag einstimmig, gilt die Anordnung gemäß § 270 Abs. 3 Satz 2 InsO nicht als nachteilig für den Gläubiger. Sollte dennoch eine Ablehnung des Gerichts erfolgen, muss diese schriftlich begründet werden. Der neu eingeführte § 270a Abs. 1 InsO bestimmt weiterhin, dass das Gericht bereits im Eröffnungsverfahren von der Auferlegung eines allgemeinen Verfügungsverbotes absehen soll, wenn dessen Antrag auf Eigenverwaltung nicht offensichtlich aussichtslos erscheint (Nr. 1). Gleiches gilt hinsichtlich der Anordnung, dass alle Verfügungen des Schuldners nur mit Zustimmung eines vorläufigen Insolvenzverwalters wirksam sind (Nr. 2). Sollte der Schuldner den Eröffnungsantrag bei drohender Zahlungsunfähigkeit gestellt und die Eigenverwaltung beantragt haben und sieht das Gericht die Voraussetzungen hierfür als nicht gegeben an, hat es seine Bedenken dem Schuldner mitzuteilen und diesem Gelegenheit zu geben, den Eröffnungsantrag vor der Entscheidung über die Eröffnung zurückzunehmen, § 270a Abs. 2 InsO. Durch diese Neuregelung wird dem Schuldner ermöglicht, bereits im Eröffnungsverfahren unter der Aufsicht lediglich eines vorläufigen Sachwalters die Kontrolle in seinem Unternehmen zu behalten. Allerdings ist § 270a Abs. 1 S. 1 InsO eine Soll-Vorschrift. Dem Gericht steht deshalb im Eröffnungsverfahren der gesamte Katalog der vorläufigen Maßnahmen nach § 21 InsO zur Verfügung.[96] Diskutiert wird, ob der vorläufig eigenverwaltende Schuldner gem. § 21 Abs. 1 InsO zur **Begründung von Masseverbindlichkeiten** ermächtigt werden kann. § 270a InsO selbst, anders als § 270b Abs. 3 S. 1 InsO für das Schutzschirmverfahren, sagt hierzu nichts. Auch die Rechtsprechung ist sich diesbezüglich nicht einig. Das AG Fulda sprach sich bereits im März 2012 gegen die Möglichkeit der Begründung von Masseverbindlichkei-

---

[96] Im Gegensatz zum Schutzschirmverfahren, nach dem die vorläufigen Maßnahmen nach § 21 Abs. 1 Nr. 1. und Nr. 2 InsO ausgeschlossen sind.

ten im vorläufigen Eigenverwaltungsverfahren aus. Eine Rechtsgrundlage, die beantragte Befugnis auszusprechen bestünde nicht. Da die Anordnung, Massverbindlichkeiten begründen zu dürfen, die Masse direkt und unmittelbar schmälert, ist eine klare gesetzliche Eingriffsmöglichkeit erforderlich. §§ 21, 22, 55 Abs. 2 InsO, die für den vorläufigen Insolvenzverwalter gelten, könnten hier nicht herangezogen werden.[97] Dieser Meinung wurde unter anderem vom AG München und dem AG Köln widersprochen.[98] Für den Schuldner könne im Rahmen einer Einzelermächtigung die Erlaubnis zur Begründung von Masseverbindlichkeiten erteilt werden. Beide AG ziehen hierbei § 270b Abs. 3 InsO heran. Das AG München führt aus, dass man mit der Annahme, dass mangels ausdrücklicher Regelung die Eingehung von Masseverbindlichkeiten bei § 270a InsO nicht möglich sei, im Widerspruch zum Willen des Gesetzgebers stünde, der die Eigenverwaltung auch dort stärken wollte, wo ein Schutzschirmverfahren gemäß § 270b InsO nicht in Frage käme. Mit der Klärung der Frage musste sich im Folgenden der BGH befassen. In seiner Entscheidung vom 7.2.2013[99] sprach dieser sich zwar nicht ausdrücklich für oder gegen die Möglichkeit der Masseschuldbegründung durch den Schuldner aus, durch seinen Beschluss wurden jedoch die vorinstanzlich vorangegangenen Beschlüsse des AG Fulda und des LG Fulda rechtskräftig, die sich gegen die Masseschuldbegründung ausgesprochen hatten.

Ebenfalls neu ist die Eigenverwaltung unter dem sogenannten **Schutzschirmverfahren** nach § 270b InsO.[100] Ist die Eigenverwaltung beantragt und eine Sanierung nicht offensichtlich aussichtslos, bestimmt das Insolvenzgericht auf Antrag des Schuldners eine Frist von maximal drei Monaten zur Vorlage eines Insolvenzplans. Dem Antrag ist eine mit Gründen versehene Bescheinigung eines in Insolvenzsachen erfahrenen Steuerberaters, Wirtschaftsprüfers oder Rechtsanwalts oder einer Person mit vergleichbarer Qualifikation vorzulegen, aus der sich ergibt, dass drohende Zahlungsunfähigkeit oder Überschuldung, aber keine Zahlungsunfähigkeit vorliegt und die angestrebte Sanierung nicht offensichtlich aussichtslos ist.[101] Gemäß § 270b Abs. 2 InsO ist bei positiver Beschlussfassung ein vorläufiger Sachwalter zu bestellen. Wichtig ist, dass der vorläufige Sachwalter nicht mit dem Aussteller der benötigten Bescheinigung personenidentisch ist. Innerhalb des Schutzschirmverfahrens kann der Schuldner bei Gericht beantragen, Masseverbindlichkeiten begründen zu dürfen, § 270b Abs. 3. § 270b Abs. 4 InsO regelt die Modalitäten der Aufhebung der Anordnung nach Abs. 1. Vorzeitig zu beenden ist das Schutzschirmverfahren, wenn die angestrebte Sanierung offensichtlich aussichtslos geworden ist oder der vorläufige Gläubigerausschuss die Aufhebung beantragt (Nr. 1 und Nr. 2). Beantragt ein absonderungsberechtigter Gläubiger oder Insolvenzgläubiger die Aufhebung und werden Umstände bekannt, die bei Anordnung Nachteile für Gläubiger befürchten lassen, wird diese ebenfalls angeordnet (Nr. 3).

77b

7. Gesetzliche Restschuldbefreiung

Schuldner, die trotz redlichen Bemühens wirtschaftlich gescheitert sind, sollen durch die Bestimmungen der InsO die Möglichkeit erhalten, im Rahmen eines besonderen Insolvenzverfahrens, das auf die individuellen Gegebenheiten der „Privatinsolvenz" Rück-

78

---

[97] AG Fulda Beschluss v- 28.3.2012 – 91 IN 9/12.
[98] AG München Beschluss v. 27.6.2012 – 1506 IN 1851/12; AG Köln Beschluss v. 26.3.2013 – 73 IN 125/12.
[99] BGH, Beschluss v. 7.2.2013 – IX ZB 43/12.
[100] Ausführlich → § 26.
[101] Ausführlich → § 27.

sicht nimmt, nach Bedienung eines Teils der Verbindlichkeiten **Restschuldbefreiung** zu erhalten (§ 286 InsO). Bevor dem Schuldner jedoch die Möglichkeit eingeräumt wird, Restschuldbefreiung zu erlangen, muss über sein Vermögen ein Insolvenzverfahren durchgeführt worden sein.

79 Auch bei sog. **Unternehmensinsolvenzen** kann sich das Verfahren zur Erlangung der Restschuldbefreiung anschließen, wenn eine natürliche Person Unternehmensträger ist. Das Verfahren über die Restschuldbefreiung hat also nicht nur in sog. Verbraucherinsolvenzverfahren Bedeutung. Auch dem infolge der persönlichen Haftungsinanspruchnahme insolvent gewordene Komplementär einer Kommanditgesellschaft steht das Restschuldbefreiungsinstrumentarium zur Verfügung.[102]

80 Die Durchführung des Verfahrens zur Restschuldbefreiung setzt einen Antrag des Schuldners voraus, der bereits mit dem Antrag auf Eröffnung des Insolvenzverfahrens verbunden werden soll, spätestens aber zwei Wochen nach dem Hinweis des Insolvenzgerichts auf die Möglichkeit der Restschuldbefreiung gemäß § 20 Abs. 2 InsO gestellt worden sein muss (§ 287 Abs. 1 InsO). Ihm ist die Erklärung beizufügen, dass der Schuldner alle pfändbaren Bezüge für die Zeit von sechs Jahren nach der Eröffnung des Insolvenzverfahrens an einen vom Gericht zu bestellenden Treuhänder abtritt (§ 287 Abs. 2 InsO). Liegen bereits vorrangige Lohnzessionen vor, so schmälern diese den Wert der Abtretung. Gemäß § 114 Abs. 1 InsO gilt daher, dass die vorrangige Abtretung oder Verpfändung zugunsten eines einzelnen Gläubigers nur zwei Jahre ab dem Monatsende des Insolvenzantrags wirkt.

81 Ab dem **Zeitpunkt der Eröffnung des Insolvenzverfahrens** kann der Schuldner keine neuen Lohn-/Gehaltsabtretungen mehr vornehmen. Andere Sicherheiten als Abtretungen aus Arbeitsbezügen werden aber nicht berührt, so dass Kreditinstitute beispielsweise ihre Rechte aus Sicherungsübereignungen oder Grundpfandrechten in vollem Umfang wahrnehmen können. Zwangsvollstreckungen sind auch durch Masse- bzw. Neugläubiger möglich. Im Gegensatz dazu ist den Insolvenzgläubigern eine Vollstreckung während der Laufzeit der Abtretungserklärung verwehrt (§ 294 Abs. 1 InsO). Vermögensgegenstände, die vor der Verfahrenseröffnung nicht gepfändet oder sicherungsübereignet worden sind, können durch den Antrag auf Restschuldbefreiung dem Zugriff der Gläubiger nicht entzogen werden, da die Erteilung der Restschuldbefreiung voraussetzt, dass das vorhandene verfügbare Vermögen verwertet worden ist.

82 Der Schuldner muss für eine Eröffnung des Restschuldbefreiungsverfahrens „**Würdigkeitsvoraussetzungen**" erfüllen (§ 290 InsO). Das Gericht versagt die Restschuldbefreiung auf Antrag eines Insolvenzgläubigers, wenn bestimmte Voraussetzungen vorliegen, die eine Restschuldbefreiung für die Gläubiger unzumutbar erscheinen lassen. Zu einer Versagung führen z.B. das Vorliegen von Insolvenzstraftaten beim Schuldner und die Verletzung wesentlicher Informationspflichten im Rahmen des Insolvenzverfahrens.[103] Dabei kommt es nicht darauf an, ob die Täuschung gläubigerbeeinträchtigende Wirkung hatte.[104] Ein weiterer Versagungsgrund liegt vor, wenn innerhalb der letzten zehn Jahre vor dem nunmehr gestellten Antrag bereits schon einmal der Antrag auf Restschuldbefreiung gestellt worden ist.

83 Hat das Gericht den Antrag des Schuldners auf Restschuldbefreiung nicht versagt, bestimmt es gleichzeitig mit der Ankündigung der Restschuldbefreiung den **Treuhän-**

---

[102] Vgl. zur Restschuldbefreiung persönlich haftender Unternehmer *Landfermann* BB 1995, 1649, 1656.
[103] BGH Beschluss v. 9.12.2004 – IX ZB 132/04, NZI 2005, 233.
[104] BGH Beschluss v. 23.7.2004 – IX ZB 174/03, NZI 2004, 633.

der, dem die Einziehung der durch den Schuldner abgetretenen pfändungsfreien Beträge obliegt (§ 291 InsO). Der Treuhänder hat die eingenommenen Gelder getrennt von seinem Vermögen zu halten und eine jährliche Verteilung an die Gläubiger aufgrund des Schlussverzeichnisses vorzunehmen, sofern die nach § 4a InsO gestundeten Verfahrenskosten abzüglich der Kosten für die Beiordnung eines Rechtsanwalts berichtigt sind (§ 292 Abs. 1 S. 2 InsO). Diese Gläubiger verlieren durch die Stundung ihrer Forderungen nicht die rechtliche Qualität als bevorrechtigte Massegläubiger gemäß § 53 InsO und müssen daher auch vor den Insolvenzgläubigern im Restschuldbefreiungsverfahren Berücksichtigung finden.[105] Nach Ablauf von vier Jahren hat der Treuhänder an den Schuldner von den eingezogenen Beträgen schließlich 10 Prozent und nach fünf Jahren 15 Prozent abzuführen, um ihm den wirtschaftlichen „Wiedereinstieg" zu ermöglichen (§ 292 Abs. 1 S. 4 InsO). Die Auszahlung des Selbstbehaltes soll auch bei noch ausstehenden gestundeten Verfahrenskosten erfolgen, aber nur bis zur Höhe des nach § 115 Abs. 1 ZPO zu errechnenden Betrages (§ 292 Abs. 1 S. 5 InsO), um deren Motivationswirkung auf den Schuldner für das Durchstehen der Wohlverhaltensperiode aufrechtzuerhalten.[106] Bei Beendigung seines Amtes hat der Treuhänder dem Insolvenzgericht Rechnung zu legen (§ 292 Abs. 3 S. 1 InsO). Für die Ausübung eines solchen Treuhänderamtes kommen Rechtsanwälte, Wirtschaftsprüfer und Steuerberater in Betracht, da ihnen ein für die Bewältigung des Restschuldbefreiungsverfahrens geeigneter Apparat, gerade im Hinblick auf den Stab qualifizierter Mitarbeiter und vorhandene EDV-Ausstattung, zur Verfügung steht.

Während der **Wohlverhaltensperiode von sechs Jahren** treffen den Schuldner eine **84** Reihe von gesetzlich geregelten Obliegenheiten (§ 295 InsO), deren Überwachung dem Treuhänder übertragen werden kann. Der Schuldner muss eine angemessene Erwerbstätigkeit ausüben, bzw. sich um eine solche bemühen, den hälftigen Wert ererbten Vermögens an den Treuhänder abführen, jeden Wohnsitz- oder Arbeitsplatzwechsel dem Treuhänder mitteilen und dem Treuhänder auf Verlangen Auskunft über seine Tätigkeit geben. Der Schuldner darf darüber hinaus keinem Insolvenzgläubiger Sondervorteile zukommen lassen.

Sofern der Schuldner in der sechsjährigen Wohlverhaltensperiode nicht gegen seine **85** Obliegenheiten verstoßen und keine Insolvenzstraftaten begangen hat, spricht das Gericht die Restschuldbefreiung aus, die andernfalls versagt wird (§ 300 InsO). Die **Kosten der Treuhand** hat der Schuldner zu tragen.

Der Treuhänder hat einen **Anspruch auf Vergütung und Auslagenerstattung** **86** (§ 293 InsO). Zu berücksichtigen ist dabei der Zeitaufwand und der Tätigkeitsumfang. Bezahlt wird die Vergütung aus den Beträgen, die aufgrund der Abtretungserklärung des Schuldners beim Treuhänder eingehen. Ist dem Treuhänder zugleich die Überwachung der Obliegenheiten des Schuldners übertragen worden, so wird ein entsprechender Zuschlag zur Regelvergütung durch die Gläubiger erforderlich sein. Die Vergütung wird in Anlehnung an die Vergütungsgrundsätze für den Insolvenzverwalter durch das Insolvenzgericht festgesetzt. Decken die an den Treuhänder abgeführten Beträge für das vorangegangene Jahr der Tätigkeit die Mindestvergütung nicht und wird der fehlende Betrag nicht nach schriftlicher Mahnung und Fristsetzung eingezahlt, versagt das Insolvenzgericht auf Antrag des Treuhänders zwar die Restschuldbefreiung (§ 298 Abs. 1 S. 1 InsO), die Deckung der Mindestvergütung des Treuhänders wird jedoch dadurch nicht gesichert. Dieses Szenario dürfte jedoch im Hinblick auf die mit dem InsOÄndG 2001 ein-

---

[105] Vgl. Begr. RegE BR-Drucks. 14/10 S. 60.
[106] Vgl. *Braun/Buck,* InsO, § 292 Rn. 18 ff.

§ 24   6. Teil. Möglichkeiten der Sanierung nach der Insolvenzordnung

geführte Möglichkeit der Stundung der Verfahrenskosten gemäß den §§ 4a ff. InsO kaum noch praktische Relevanz besitzen (§ 298 Abs. 1 S. 2 InsO). Durch dieses Instrumentarium hat sich auch die früher umstrittene Frage nach der Zulässigkeit der Prozesskostenhilfe für den vermögenslosen Schuldner bzw. der Vorlage eines sog. Null-Plans erledigt, bei dem von vornherein feststand, dass der nach den Vorschriften über das Verbraucherinsolvenzverfahren vorzulegende Schuldenbereinigungsplan keine Zahlungen an die Gläubiger vorsah.[107]

87   Bei dem **Verbraucherinsolvenzverfahren** handelt es sich um ein Verfahren, das natürlichen Personen als stark vereinfachtes Verfahren offensteht, die keine oder nur eine geringfügige selbständige wirtschaftliche Tätigkeit ausüben (Kleingewerbetreibende, selbständige Handwerker, Einzelhändler etc.). Das InsOÄndG 2001 hat vor allem hinsichtlich dieses Personenkreises in § 304 InsO zwei Änderungen vorgenommen. Zum einen fällt die Gruppe der gegenwärtig noch selbständig wirtschaftlich Tätigen insgesamt aus dem Anwendungsbereich dieses Verfahrens heraus, zum anderen werden konkrete Kriterien zur Bestimmung der Geringfügigkeit der selbständigen wirtschaftlichen Tätigkeit aufgestellt. Es ist als dreistufiges Verfahren konzipiert und bezweckt einerseits eine höhere Befriedigungschance für die Gläubiger, andererseits eine Entlastung der Gerichte. Im Mittelpunkt steht die außergerichtliche Einigung zwischen Schuldner und Gläubigern über die Schuldenbereinigung auf der Grundlage eines sog. Schuldenbereinigungsplans, den der Schuldner mit dem Antrag auf Eröffnung des Insolvenzverfahrens dem Insolvenzgericht vorzulegen hat (§§ 305–310 InsO). Kommt zwischen Schuldner und Gläubigern keine Einigung zustande, kann innerhalb von maximal sechs Monaten das gerichtliche Schuldenbereinigungsverfahren durch den Schuldner oder durch einen der Gläubiger eingeleitet werden. In diesem Verfahren wird über die Möglichkeit der gerichtlichen Ersetzung der Zustimmung zum Schuldenbereinigungsplan entschieden. Während des Verfahrens ruht das Verfahren über den Antrag auf Eröffnung des Insolvenzverfahrens. Erst wenn auch das gerichtliche Schuldenbereinigungsverfahren scheitert, wird das Verfahren über den Eröffnungsantrag von Amts wegen wieder aufgenommen. Liegen die Eröffnungsvoraussetzungen vor, schließt sich ein abgekürztes und vereinfachtes Insolvenzverfahren an (§§ 311 ff. InsO).

87a   **Neuerungen** innerhalb des Restschuldbefreiungsverfahrens sowie dem Verbraucherinsolvenzverfahren standen **im Rahmen der zweiten Stufe der Insolvenzrechtsreform** an. Zum einen wird das Restschuldbefreiungsverfahren gekürzt, zum anderen wird im Verbraucherinsolvenzrecht der außergerichtlicher Einigungsversuch gestärkt.[108] Konkreter heißt das u.a., dass § 300 InsO a.F. durch §§ 300, 300a InsO n.F. ersetzt wird. Diese führen ein neues System der Restschuldbefreiung ein und ermöglichen eine Entscheidung hierüber bereits nach drei Jahren, sollte dem Insolvenzverwalter oder Treuhänder innerhalb dieses Zeitraums ein Betrag zugeflossen sein, der eine Befriedigung der Forderungen der Insolvenzgläubiger in Höhe von mindestens 35 Prozent ermöglicht, § 300 Abs. 1 Nr. 2 InsO n.F. Ebenfalls neu ist die Restschuldbefreiung nach fünf Jahren, § 300 Abs 1 Nr. 3 InsO n.F. unter der Voraussetzung, dass der Schuldner die Kosten des Verfahrens berichtigt hat. Der Stärkung der Gläubigerrechte tragen die neuen Regelungen in der Hinsicht Rechnung, dass sie Gläubigern erlaubt, die einfachere Versagung der Restschuldbefreiung zu beantragen. Diese können gemäß § 290 Abs. 2 InsO n. F. bis zum Schlusstermin oder bis zur Entscheidung nach § 211 Abs. 1 InsO schriftlich Antrag auf Versagung stellen. Bisher konnte dieser Antrag nach § 290 Abs. 1 InsO a.F.

---

[107] Vgl. auch *Thomas* in Kölner Schrift zur Insolvenzordnung, S. 1212.
[108] BT-Drucks. 17/13535.

durch den Gläubiger im Schlusstermin beantragt werden. Eine weitere, weitreichende Änderung ist die **Möglichkeit des Insolvenzplanverfahrens** auch bei Verbraucherinsolvenzen. Dieser Weg stand bisher nicht zur Verfügung. Durch den geplanten Wegfall des § 312 Abs. 2 InsO a.F. könnten nun die §§ 217 ff. InsO angewendet werden. Gemäß § 227 Abs. 1 InsO besteht für den Schuldner die Möglichkeit, auch in Verbraucherinsolvenzverfahren durch einen individuellen Plan von seinen restlichen Verbindlichkeiten frei zu werden, wenn er sich mit der im Insolvenzplan vorgesehenen Befriedigung der Insolvenzgläubiger gegenüber diesen befreit.

IV. Der Insolvenzplan als „zentrales Sanierungsinstrument"

1. Einführung

Mit der Einheitlichkeit des Insolvenzverfahrens ist neben der Haftungsverwirklichung 88 durch die Liquidation des gemeinschuldnerischen Vermögens die Sanierung des schuldnerischen Unternehmensträgers als gleichrangiges Verfahrensziel statuiert. Die Gläubigerversammlung kann den Insolvenzverwalter beauftragen, einen Insolvenzplan zur Sanierung des Unternehmens auszuarbeiten.[109] Eine wesentliche Neuerung ist aber vor allem darin zu sehen, dass dem Schuldner im Rahmen des Insolvenzplanverfahrens verfahrensrechtliche Befugnisse zur Entschuldung eingeräumt werden, die weitreichender sind als die im ehemaligen Vergleichsrecht geregelten Möglichkeiten. Das Insolvenzplanverfahren bietet flexible Sanierungsmöglichkeiten, die im früheren Vergleichsrecht nur in Kombination von gerichtlichem mit zusätzlichem außergerichtlichem Vergleich möglich und dementsprechend aufwendig waren. Mit dem Planverfahren wurde erstmals im deutschen Insolvenzrecht ein Verfahren zur planmäßigen Reorganisation des notleidenden Unternehmens selbst, neben den bislang bekannten Verwertungsarten der Liquidation und übertragenden Sanierung, zur Verfügung gestellt. Vorbildfunktion für das Planreorganisationsverfahren hatte dabei das US-Konkursverfahren, das geschichtlich bedingt Plan- und Reorganisationsansätze enthält.[110] Nach US-amerikanischem Recht werden Reorganisations-/Planverfahren auf der Grundlage des Chapter 11 Bankruptcy Code (BC) durchgeführt. Einige Elemente dieser Verfahren, wie z.B. das System des Plans, das Prinzip der Gruppenbildung nach Gläubigerinteressen sowie die Überwindung eines negativen Gruppenvetos (Obstruktionsverbot) durch Gerichtsentscheidung, wurden in das deutsche Insolvenzplanverfahren übernommen. Es gibt aber auch wesentliche Unterschiede. Im Gegensatz zum amerikanischen Chapter-11-Verfahren als eigenständiger Verfahrensart ist das Planverfahren der Insolvenzordnung nur eine Verwertungsform unter anderen. Ein Unterschied zum Chapter-11-BC-Plan besteht darüber hinaus insoweit, als der Reorganisationsplan nach amerikanischem Recht ausschließlich die Sanierung bezweckt, während der Insolvenzplan neben der Sanierung auch die Liquidation oder übertragende Sanierung ermöglicht. Ein weiterer Unterschied liegt schließlich noch in der Ausgestaltung der Verfahren: Während das amerikanische Reorganisationsverfahren ein verwalterloses Verfahren ist, sieht das Insolvenzverfahren grundsätzlich die Mitwirkung eines Verwalters vor. Gerichtliche Kontrollen sind im Insolvenzverfahren ebenfalls vorgesehen, wenn auch nicht in vergleichbarer Dichte, wie dies im amerikanischen

---

[109] Zur Rechtsnatur *Leipold* KTS 2006, 109.
[110] Vgl. zu den rechtsgeschichtlichen Hintergründen *Uhlenbruck/Lüer*, InsO[12], vor §§ 217–269 Rn. 13 ff.

Recht der Fall ist.[111] Es ist festzustellen, dass das Planverfahren nur langsam an Bedeutung gewonnen hat, was aber wahrscheinlich noch an seiner relativen Neuartigkeit im Gefüge des deutschen Insolvenzrechts liegen mag. In den Krisenjahren 2009 und 2010 gab es kaum Rechtsprechung zum Insolvenzplanverfahren.[112] Der Insolvenzverwalter hat die Möglichkeit einer Sanierung bereits zu Beginn seiner Tätigkeit zu prüfen (§ 22 Abs. 1 S. 2 Nr. 3 InsO). Bis spätestens zum Berichtstermin muss er eine Entscheidung darüber getroffen haben, ob begründete Aussichten bestehen, das Unternehmen des Schuldners im Ganzen oder in Teilen zu erhalten, um den Gläubigern bei positiver Einschätzung der Fortführungsmöglichkeiten einen Sanierungsweg mittels Insolvenzplan aufzeigen zu können. Bei der Beurteilung der Frage, ob ein Insolvenzplan aufzustellen ist, kommt es vergleichbar der früheren Lage bei Unternehmensfortführungen in der Insolvenz auch weiterhin darauf an, die Ursachen der Krise schnell zu erfassen und auf der Grundlage einer präzisen Ist-Analyse ein realistisches Sanierungskonzept zu erarbeiten.

89 Ziel der Einführung des Insolvenzplans war es, die Chancen einer erfolgreichen Sanierung im gerichtlichen Insolvenzverfahren zu verbessern. Die Regelungen des Insolvenzplans in den §§ 217 ff. InsO stellen dafür den rechtlichen Rahmen zur Verfügung. Absonderungsberechtigte Gläubiger und Insolvenzgläubiger sollen die Verwertung der Insolvenzmasse und deren Verteilung sowie die Haftung des Schuldners nach der Beendigung des Insolvenzverfahrens abweichend von den gesetzlichen Vorschriften regeln können. Das verhilft den Gläubigern zu einer größeren Autonomie im Insolvenzverfahren mit dem Ziel, die vermögensrechtliche Stellung der Beteiligten zu verbessern. Nach der Vorstellung des Gesetzgebers werden die Beteiligten insbesondere dann abweichende Regelungen treffen, wenn der Erhalt des notleidenden Unternehmens angestrebt wird. Leitbild bei der Abfassung der Bestimmungen über den Insolvenzplan war danach das im Rahmen eines gerichtlichen Verfahrens sanierte Unternehmen (Insolvenzplan als Sanierungsplan). Das Insolvenzplanverfahren ist aber dennoch nicht als ausschließliche Entscheidungs- und Abstimmungsgrundlage bei bestehender Aussicht auf eine erfolgreiche Sanierung des Unternehmens des insolventen Schuldners gedacht. Der Plan kann entsprechend dem Gesetzeszweck, der Erreichung einer bestmöglichen Verwertung des schuldnerischen Vermögens, auch die Liquidation des schuldnerischen Unternehmens im Wege einer Teil- oder Gesamtbetriebseinstellung mit auslaufender Produktion oder sofortigem Produktionsstopp und nachfolgender Abwicklung vorsehen (Insolvenzplan als Liquidationsplan). Vereinbarungsfähig ist also jede Form der Verwertung durch Liquidation, übertragende Sanierung oder Sanierung des alten Rechtsträgers. Einen Typenzwang bei der Verwertung gibt es nicht. Insoweit besteht kein Unterschied zum typischen Inhalt eines früheren Vergleichs (Fortführungs- bzw. Liquidationsvergleichs). Durch Mehrheitsentscheidungen können auch die Rechte der gesicherten Gläubiger (Banken, Lieferanten) gekürzt werden.

89a Durch das ESUG kam es auch im Insolvenzplanverfahren zu zahlreichen Änderungen. Neben der Einbeziehung der Anteilsinhaber in das Insolvenzplanverfahren, legt § 225a Abs. 2 InsO fest, dass Forderungen von Gläubigern in Anteils- und Mitgliedschaftsrechte am Schuldner umgewandelt werden können. Dies kann beispielsweise im Rahmen eines sogenannte Debt-Equity-Swap erfolgen, § 225a Abs. 2 Satz 3 InsO. Der Debt-Equity-Swap kann durch die Leistungen von Sacheinlagen, aber auch durch den Ausschluss von Bezugsrechten oder die Zahlung von Abfindungen an ausscheidende Anteilsinhaber realisert werden.

---

[111] Vgl. zu den Einzelheiten *Uhlenbruck/Lüer*, InsO, vor §§ 217–269 Rn. 30 ff.
[112] *Priebe* ZInsO 2011, 467, 471.

Bei den Plänen, die eine Sanierung vorsehen, kann die Wiederherstellung der Ertragskraft des schuldnerischen Unternehmens, z.B. durch Unternehmensfortführung oder durch die sog. **übertragende Sanierung,** erreicht werden.[113] Übertragende Sanierung bedeutet, dass das schuldnerische Unternehmen in Form des Asset-Deals auf einen Dritten, z.B. auf eine Auffanggesellschaft, übertragen wird (siehe oben Rn. 73, 74). Die Gläubiger werden dann entweder aus dem Verkaufserlös oder aus den künftigen Überschüssen des auf den Dritten übertragenen Unternehmens befriedigt. Die übertragene Sanierung kommt aber auch im Regelinsolvenzverfahren in Betracht. Dann läuft die Veräußerung von Betrieben in Teilen oder im Ganzen unter den Regelverweis der InsO, d.h. dass der Insolvenzverwalter nach Eröffnung des Insolvenzverfahrens die vom Investor zu übernehmenden Vermögensgegenstände regelmäßig im Wege des Asset-Deal mittels Kaufvertrags unter der aufschiebenden Bedingung der Zustimmung der jeweiligen Gläubigergremien übernimmt. Hier ist möglicherweise § 162 InsO zu beachten: Halten Personen, die dem Schuldner nahestehen, über 20 Prozent der Anteile am erwerbenden Unternehmensträger, bedarf die Transaktion der Zustimmung der Gläubigerversammlung. Nicht übernomme Vermögensgegenstände wurden separat verwaltet. Außerhalb eines Insolvenzverfahrens sollte § 25 HGB abbedungen werden, eine Haftung des Erwerbers für die Altverbindlichkeiten wird sonst einen Verkauf des Unternehmens verhindern. Bei einer übertragenden Sanierung in der Insolvenz ist § 25 HGB nicht anwendbar.[114]

90

Wenn im Rahmen eines Insolvenzplanverfahrens der Erhalt des Schuldners durch Sanierung angestrebt wird, steht das **Restschuldbefreiungsverfahren der InsO** zur Entschuldung grundsätzlich nicht zur Verfügung, da das Restschuldbefreiungsverfahren nach § 286 InsO natürlichen Personen vorbehalten ist. Dem § 286 InsO liegt der Gedanke zugrunde, dass juristische Personen und Personenhandelsgesellschaften regelmäßig mit dem Abschluss ihres Insolvenzverfahrens aufgrund ihrer Liquidation gelöscht werden und somit gegen sie insolvenzrechtliche Nachforderungen nicht geltend gemacht werden können. Die Entschuldungsfrage kann jedoch durch entsprechende Regelungen im Insolvenzplan gelöst werden, da die InsO den Geltungsbereich des Verfahrensziels der Entschuldung nicht auf natürliche Personen beschränkt (§ 1 S. 2 InsO). Die Entschuldungs- und Sanierungsfunktion des Insolvenzplans ist jedoch immer vor dem Hintergrund der Haftungsverwirklichung als Primäraufgabe des Insolvenzrechts zu sehen. Der Erfolg eines zum Zwecke der Unternehmensfortführung aufgestellten Insolvenzplans hängt in erster Linie von der Praxisnähe der geplanten rechtlichen und betriebswirtschaftlichen „Neu"-Gestaltungsmaßnahmen ab. Nicht der Insolvenzplan als solcher, sondern vielmehr die zielgerichtete Durchsetzung der individuellen und auf die Sachlage abgestimmten Konzepte und deren Durchführung können diesen Beitrag im gerichtlichen Sanierungsverfahren leisten.

91

2. Gliederung eines Insolvenzplans

a) Darstellender Teil (§ 220 InsO). Nach der InsO besteht der Insolvenzplan aus zwei Teilen: dem darstellenden und dem gestaltenden Teil. Im darstellenden Teil werden die geplanten wirtschaftlichen Maßnahmen beschrieben. Im gestaltenden Teil werden die Vereinbarungen der Beteiligten über die Abwicklung des Verfahrens und die Modalitä-

92

---

[113] *Wellensiek/Oberle*, Die Sanierung, in Münchner Kommentar des Gesellschaftsrechts, S. 1105; *Wellensiek* NZI 2002, 233.
[114] *Müller-Feldhammer* ZIP 2003, 2186, 2188.

§ 24   6. Teil. Möglichkeiten der Sanierung nach der Insolvenzordnung

ten der Vermögensverwertung sowie die eigentliche „Umgestaltung" des Unternehmens in rechtlicher und operativer Hinsicht aufgenommen.

93   Bei den Ausführungen des Planerstellers im Rahmen des **darstellenden Teils** ist zum einen darzulegen, welche Maßnahmen nach Eröffnung des Insolvenzverfahrens getroffen worden sind oder noch getroffen werden sollen, um eine Grundlage für die geplante Gestaltung der Rechte der Beteiligten zu schaffen. Zum anderen hat der Plan alle sonstigen Angaben zu enthalten, die für die Entscheidung der Gläubiger über die Zustimmung zum Plan und für dessen gerichtliche Bestätigung erheblich sind. Der Gläubiger ist in die Lage zu versetzen im Wesentlichen durch Lektüre der Darstellungen zu einer Entscheidung über seine Zustimmung zum Planvorschlag gelangen zu können. Der Gesetzgeber hat auf eine detaillierte Aufzählung der Anforderungen an den darstellenden Teil verzichtet, da der Planvorlegende von sich aus daran interessiert ist, den Gläubigern die erforderlichen Informationen zur Verfügung zu stellen. Da der Plan aufgrund der spezifischen, jeweils nur den Einzelfall betreffenden, Informationen individuell erstellt werden muss, verbietet sich geradezu das Erstellen von Schemata für den Mindestinhalt des deskriptiven Teils.

94   **b) Gestaltender Teil (§ 221 InsO).** Da der Insolvenzplan in die Rechtsstellung des Schuldners, der absonderungsberechtigten Gläubiger und der Insolvenzgläubiger eingreifen kann (§ 217 InsO), wird im **gestaltenden Teil** festgelegt, ob und wie die Rechtsstellung der Beteiligten durch den Plan geändert werden soll. In die Rechte absonderungsberechtigter Gläubiger konnte vor Inkrafttreten der InsO weder durch Mehrheitsentscheidung in einem Vergleichsverfahren noch im Konkursverfahren (Gesamtvollstreckungsverfahren) eingegriffen werden. Auch jetzt besteht ein Interesse seitens eines absonderungsberechtigten Gläubigers an der Teilnahme an einem Insolvenzplanverfahren nur, wenn er nicht mit voller Befriedigung durch die Verwertung der Sicherheit rechnen kann. In einem solchen Fall kann die Fortführung des schuldnerischen Unternehmens eine Erhöhung des Verwertungserlöses versprechen. Wird eine Kürzung oder andere Beeinträchtigung der Rechte absonderungsberechtigter Gläubiger durch Mehrheitsentscheidungen angestrebt, ist zu beachten, dass der dem Plan Widersprechende nicht schlechter gestellt werden darf, als er ohne Plan stünde.

95   Als **rechtsgestaltende Maßnahmen schuldrechtlicher Natur** kommen z.B. die Stundung eines Teils der gesicherten Forderungen, der Verzicht, Rangrücktritte, die Kapitalzufuhr durch die Gesellschafter und Patronatserklärungen in Betracht. Als weitere Gestaltungsmöglichkeiten bieten sich z.B. die Kürzung der Forderungen nachrangiger Gläubiger gemäß § 224 InsO an.

96   Mit einem Insolvenzplan können aber auch **Änderungen der sachenrechtlichen Verhältnisse** vereinbart werden. Diese können durch Begründung, Änderung, Übertragung oder Aufhebung von Rechten an Gegenständen erfolgen. Die Beteiligten haben die Möglichkeit, die dazu erforderlichen Willenserklärungen in den gestaltenden Teil des Plans aufzunehmen (§ 228 InsO). Die rechtskräftige Bestätigung des Plans hat dann die Wirkung, dass die Erklärungen als abgegeben gelten (§ 254 InsO). In Betracht kommt beispielsweise der Verzicht auf ein Pfandrecht (§ 1255 BGB) oder die Einigung über die Übereignung einer beweglichen Sache (§ 929 BGB) oder eines Grundstücks (§ 873 BGB). Neben der Neubestimmung der Rechte absonderungsberechtigter Gläubiger ist beispielsweise denkbar, den Insolvenzgläubigern als Gegenleistung für eine Kürzung ihrer Forderungen, dingliche Rechtspositionen durch Bestellung von Sicherheiten einzuräumen.

97   Eine bestimmte **Art der Gliederung** ist vom Gesetzgeber nicht vorgesehen worden, so dass wie im Darstellenden Teil weitgehende Darstellungsfreiheit besteht. Ganz wurde

auf gesetzliche Vorgaben für die Darlegung trotz der freien rechtlichen Gestaltungsmöglichkeit aber nicht verzichtet (§§ 221 ff. InsO).

Bei der Festlegung der Rechte der Beteiligten sind entsprechend ihrer jeweiligen Rechtsstellung **Gläubigergruppen** zu bilden (§ 222 InsO), deren stimmberechtigte Gläubiger dann gesondert gruppenweise über den Insolvenzplan abstimmen. Jeder Beteiligte hat Anspruch darauf, mit den anderen Beteiligten seiner Gruppe gleichbehandelt zu werden. Die InsO hat damit den Gleichbehandlungsgrundsatz des alten Vergleichsrechts übernommen (§ 226 InsO). Eine unterschiedliche Behandlung der Gruppenmitglieder ist nur mit Zustimmung der betroffenen Beteiligten zulässig. Der Plan muss solche Gruppen bilden, und zwar mindestens je eine für die absonderungsberechtigten Gläubiger, falls in deren Rechte eingegriffen werden soll, für die einfachen Insolvenzgläubiger und für die nachrangigen Insolvenzgläubiger, falls deren Forderungen nicht ohnehin als erlassen gelten sollen. Die Arbeitnehmer sollen eine besondere Gruppe bilden, sofern sie mit nicht unerheblichen Forderungen als Insolvenzgläubiger beteiligt sind, was insbesondere dann der Fall sein kann, wenn Forderungen bestehen, die nicht durch das Insolvenzgeld gedeckt sind. Bei sachgerechter Differenzierung können weitere Gruppen gebildet werden, etwa Untergruppen für Grundpfandrechtsinhaber und sonstige Sicherungsnehmer oder für Groß- und Kleingläubiger. Um den Verdacht von Manipulationen zwecks Mehrheitsbeschaffung gar nicht erst aufkommen zu lassen, sind die Kriterien für die Abgrenzung im Plan anzugeben. 98

c) Anlagen (§§ 229, 230 InsO). Im Falle eines Insolvenzplans zur Sanierung des schuldnerischen Unternehmens sieht die InsO vor, dass dem Sanierungsplan eine Vermögensübersicht, ein Ergebnisplan und ein Finanzplan zur künftigen Unternehmensentwicklung beizufügen sind. Die Gläubiger haben an diesen Unterlagen ein besonderes Interesse, da sich aus ihnen die künftige wirtschaftliche Entwicklung des Unternehmens ableiten lässt. Bei der **Vermögensübersicht** handelt es sich um einen Planstatus, aus dem sich ergibt, welche Vermögenswerte welchen Verbindlichkeiten im Falle der Planbestätigung gegenüberstehen. Zwingend für die Beurteilung des Plankonzepts ist auch die Darstellung, welche Kosten, den zu erwartenden Erlösen im Rahmen der Planerfüllung gegenüberstehen. Im **Ergebnisplan** ist also die vorgesehene Planerfüllung darzustellen. Für den **Finanzplan** ist eine Liquiditätsübersicht für den Zeitraum der vorgesehenen Planerfüllung zu erstellen, um sicherzustellen, dass für die Planerfüllung ein ausreichender Cash-flow zur Verfügung steht. Als weitere Anlage zum Insolvenzplan gilt im Falle eines Sanierungsplans, die **Zustimmung des Schuldners,** dass er zur Fortführung des Unternehmens auf der Grundlage des Plans bereit ist. Im Falle einer Gesellschaft ohne Rechtspersönlichkeit bzw. einer KGaA sind entsprechende **Erklärungen der persönlich haftenden Gesellschafter** vorzulegen. Bei Planvorlage durch den Schuldner selbst sind diese Erklärungen entbehrlich. Soweit der Plan vorsieht, dass Anteils- oder Mitgliedschaftsrechte durch die Gläubiger übernommen werden sollen, so sind die entsprechenden **Einverständniserklärungen der betroffenen Gläubiger** ebenfalls beizufügen. Haben sich schließlich Dritte für den Fall der Planbestätigung verpflichtet, Leistungen zu erbringen (z.B. Erfüllungsbürgschaften und Garantien), so sind die entsprechenden **Erklärungen der Dritten** ebenfalls beizufügen. 99

3. Insolvenzplanverfahren (§§ 217 ff. InsO)[115]

100 Ausgearbeitet und dem Insolvenzgericht vorgelegt werden kann ein Insolvenzplan nur vom Schuldner und/oder vom Insolvenzverwalter, wobei die Vorlage durch den Schuldner bereits mit dem Antrag auf Eröffnung des Insolvenzverfahrens verbunden werden kann, sog. **Planvorlagerecht**. Das Insolvenzgericht kann sich vor Verfahrenseröffnung mit dem vorgelegten Plan auseinandersetzen und entsprechende Sicherungsmaßnahmen anordnen.

101 Darüber, ab welchem Zeitpunkt der **Insolvenzverwalter** dem Gericht einen Insolvenzplan vorlegen kann, trifft die InsO keine Aussage. § 157 S. 2 InsO enthält nur die Regelung, dass die Gläubigerversammlung den Insolvenzverwalter (erstmals) im Berichtstermin mit der Ausarbeitung eines Plans beauftragen kann. Wäre dieser Regelung die Bedeutung beizumessen, dass der Insolvenzverwalter vor dem Berichtstermin kein Vorlagerecht hätte, würde das zur Folge haben, dass wertvolle Zeit für die rechtzeitige Einleitung von Sanierungsmaßnahmen verlorenginge. Denn bereits im Berichtstermin kann über die Annahme eines Plans entschieden werden. Das Planvorlagerecht des Insolvenzverwalters kann nur dann wirkungsvoll sein, wenn der Verwalter den Auftrag zur Planerstellung, abweichend von § 157 InsO, bereits vor dem Berichtstermin erhalten hat, bzw. bereits selbst tätig werden kann und den ausgearbeiteten Plan dem Gericht vorlegen darf.

102 Die Ausarbeitung und Vorlage eines Plans durch den **vorläufigen Insolvenzverwalter** kann sogar schon im Eröffnungsverfahren geboten sein, weil häufig nur eine frühzeitige Berücksichtigung des Plans durch das Gericht verhindern kann, dass durch den Zeitablauf die Realisierungschancen eines tragfähigen Plans stetig abnehmen. Allerdings ist in diesem Verfahrensstadium ebenso wie bei einer Planvorlage durch den Schuldner zu berücksichtigen, dass das Insolvenzgericht nur Maßnahmen zur Sicherung des schuldnerischen Vermögens anordnen kann.

103 Das **Insolvenzgericht** führt eine Vorprüfung des Insolvenzplans durch (§ 231 InsO). Der eingereichte Plan wird von Amts wegen zurückgewiesen, wenn die Formvorschriften über das Vorlagerecht und den Inhalt des Plans missachtet oder die im Plan vorgesehene Gruppenbildung nicht nach sachgerechten Kriterien vorgenommen worden sind. Eine Zurückweisung von Amts wegen wird jedoch nur bei unbehebbaren Mängeln der Vorlage in Betracht kommen. Ein Insolvenzplan wird ferner zurückgewiesen, wenn der Plan offensichtlich keine Aussicht auf Annahme durch die Gläubiger oder auf Bestätigung durch das Gericht hat. Ansonsten leitet das Gericht den Plan zur Stellungnahme dem Gläubigerausschuss (§ 232 InsO), dem Betriebsrat und dem Sprecherausschuss der leitenden Angestellten und, sofern der Verwalter den Plan vorgelegt hat, dem Schuldner zu.

104 Erst nach Eingang der entsprechenden Stellungnahmen wird ein in der Regel gemeinsamer **Erörterungs-** und **Abstimmungstermin** anberaumt, in dem der Insolvenzplan und das Stimmrecht der Gläubiger erörtert werden und über den Plan abgestimmt wird (§ 235 InsO). Der Plan ist zugleich mit allen Anlagen und Stellungnahmen in der Geschäftsstelle des Gerichts zur Einsicht der Beteiligten niederzulegen. Eine Übersendung des Plans an sämtliche Beteiligte ist wegen des hiermit verbundenen Aufwands nicht vorgesehen, kann jedoch im Einzelfall erfolgen. Zur Terminvorbereitung werden in praxi Kurzfassungen mit dem wesentlichen Inhalt des Plans für die Entscheidungsfin-

---

[115] Weitere Ausführungen zu diesem Thema, insbesondere auch betriebswirtschaftliche Hinweise enthält → § 29.

dung der Gläubiger wichtig und zugleich ausreichend sein. Falls erforderlich, kann das Gericht auch einen gesonderten Termin zur Abstimmung über den Insolvenzplan bestimmen, was jedoch zu einer zusätzlichen Verfahrensverzögerung führt. Für den Fall, dass die Durchführung eines vorgelegten Plans durch die Fortsetzung der Verwertung und Verteilung der Insolvenzmasse gefährdet würde, kann der Schuldner und der Insolvenzverwalter die Aussetzung der Verwertung und Verteilung durch das Gericht beantragen (§ 233 InsO). Die zusätzliche Anberaumung eines Abstimmungstermins bietet jedoch Vorteile. So kann der Zeitraum zwischen Erörterungs- und Abstimmungstermin dazu dienen, notwendige Gläubigermehrheiten zu einer Zustimmung zu bewegen. Die Chancen in einem zusätzlich anberaumten Abstimmungstermin eine Zustimmung zum Plan zu erreichen, steigen insbesondere deshalb, weil in einem gesonderten Abstimmungstermin die Zustimmungen zum Plan auch schriftlich erfolgen können (§ 242 InsO). Auf der anderen Seite gilt es zu beachten, dass eine zügige Herbeiführung der Gläubigerentscheidung ausschlaggebend für die Sanierungsbemühungen ist. Dem sich durch die Öffentlichkeit des Insolvenzverfahrens zusätzlich einstellenden Vertrauensverlust kann nur durch eine zügige Gläubigerentscheidung entgegengewirkt werden. Daher gilt es für die an der Vorbereitung befassten Beteiligten eine rasche Entscheidungsfindung bei den Gläubigern für eine frühe Abstimmung vorzubereiten. Die Erörterung und Abstimmung in einem gemeinsamen Termin erlangt daher insbesondere in Kleininsolvenzen und in solchen Verfahren, in denen der Verwalter mit der Erstellung des Plans frühzeitig begonnen hat, an Bedeutung.

Der Insolvenzplan ist angenommen, wenn jede der im gestaltenden Teil gebildeten Gruppen zustimmt und in jeder Gruppe jeweils die **Kopf- und Summenmehrheit** erreicht ist (§§ 243, 244 InsO). Es ist also die Zustimmung jeder Gläubigergruppe erforderlich. Die Mehrheit aller stimmberechtigten Gläubiger ist nicht ausreichend. Summenmehrheit bedeutet, dass die Forderungen der zustimmenden Gläubiger mehr als die Hälfte der Forderungen aller abstimmenden Gruppenmitglieder ausmachen. Bei der Berechnung der Mehrheiten ist zu beachten, dass auf die abstimmenden Gläubiger abgestellt wird. Beteiligen sich Gläubiger nicht an der Abstimmung, so bleiben sie, auch wenn sie anwesend sind, außer Betracht. Wer stimmberechtigter Gläubiger ist, richtet sich grundsätzlich nach dem Stimmrecht in der Gläubigerversammlung. Gläubiger, deren angemeldete Forderungen unbestritten geblieben sind, gelten als stimmberechtigt. Gläubiger bestrittener Forderungen sind stimmberechtigt, soweit eine Einigung über das Stimmrecht erzielt worden ist. Ist eine Einigung nicht zustande gekommen, entscheidet das Insolvenzgericht. 105

Da alle Gruppen zustimmen müssen, besteht die Gefahr, dass einzelne Gruppen versuchen könnten, einen Plan zu verhindern, obwohl er wirtschaftlich sinnvoll ist. In der Verweigerung der Zustimmung kann in einem solchen Fall ein Missbrauch des Zustimmungserfordernisses liegen. In solchen Fällen kann die Zustimmung einer Gruppe über das Rechtsinstitut des **Obstruktionsverbots** fingiert werden, dessen Ziel es ist, missbräuchliche Verweigerungen der Zustimmung zum Plan zu verhindern. Danach gilt die Zustimmung einer Abstimmungsgruppe als erteilt, wenn die Gläubiger der betreffenden Gruppe durch den Plan nicht schlechter gestellt werden, als sie ohne den Plan stünden (Werterhaltungsprinzip), und wenn diese Gläubiger angemessen am Erlös teilhaben sollen (Gleichbehandlungsgrundsatz). Wann eine „angemessene Beteiligung" am Sanierungserlös vorliegt, wird in § 245 Abs. 2 InsO durch drei negativ formulierte Merkmale legal definiert. Erstens darf nach dem Plan kein anderer Gläubiger eine über seinen nominalen Anspruch hinausgehende Befriedigung erfahren. Zweitens darf weder ein Gläubiger, der ohne einen Plan mit Nachrang gegenüber den Gläubigern der Gruppe zu be- 106 friedigen wäre, noch der Schuldner oder eine an ihm beteiligte Person einen wirtschaftlichen Wert erhalten. Das bedeutet also für die nicht zustimmende Gläubigergruppe, dass sie es nicht hinnehmen muss, dass der Plan ihre Rechte beeinträchtigt, während andere Beteiligte, die ohne einen Plan nachrangig zu den Gläubigern dieser Gruppe zu befriedigen wären, einen wirtschaftlichen Wert erhalten. Schließlich darf kein Gläubiger, der ohne einen Plan gleichrangig mit den Gläubigern der Gruppe zu befriedigen wäre, besser gestellt werden als die nicht zustimmenden Gläubiger. Die Zustimmungsfiktion als Rechtsfolge des Obstruktionsverbots setzt schließlich noch voraus, dass die Mehrzahl der Gruppen dem Plan tatsächlich zugestimmt hat. Über die Frage, ob die Zustimmung als erteilt gilt, wird im Rahmen der Bestätigung des Plans durch das Insolvenzgericht entschieden. Durch die Neuformulierung des § 245 InsO im Rahmen des ESUG wurde der alte Absatz 2 durch die neuen Absätze 2 und 3 ersetzt. § 245 Abs. 3 InsO erweitert den Anwendungsbereich auf **Anteilsinhaber**, die gemäß des ebenfalls neu eingefügten § 222 Abs. 1 Satz 1 Nr 4 InsO seit 1. März 2012 als eigene Gruppe innerhalb des Insolvenzplanverfahrens einbezogen werden können. So soll einmal mehr dem Gläubigerschutz Rechnung getragen werden. Ratsam innerhalb eines Insolvenzplanverfahrens ist, durch sog. salvatorische Klauseln sicherzustellen, dass eine Auffangposition geschaffen wird, sollte das Gericht die im Plan vorgesehenen Leistungen für die widersprechende Gruppe für nicht ausreichend halten.[116]

107 Nach der Annahme des Insolvenzplans durch die Gläubiger sowie der Anteilsinhaber (§§ 246, 246a InsO) und der Zustimmung des Schuldners (§ 247 InsO) bedarf der Plan der **Bestätigung durch das Insolvenzgericht** (§ 248 InsO). Vor der gerichtlichen Entscheidung über die Planbestätigung sind gem. § 248 Abs. 2 InsO noch der Insolvenzverwalter, der Gläubigerausschluss, wenn ein solcher bestellt ist, und der Schuldner anzuhören. Der Bestätigungsbeschluss ist jedoch auf Antrag eines Gläubigers, oder, wenn der Schuldner keine natürliche Person ist, einer am Schuldner beteiligten Person zu versagen, wenn der Antragsteller dem Plan spätestens im Abstimmungstermin widersprochen hat und durch den Plan voraussichtlich schlechter gestellt wird, als er ohne ihn stünde (§ 251 InsO). Dieser besondere **Minderheitenschutz** soll verhindern, dass ein Gläubiger weniger bekommt, als er nach den gesetzlichen Vorschriften bekommen hätte. Wird die Bestätigung rechtskräftig, so hebt das Insolvenzgericht das Insolvenzverfahrens durch Beschluss auf (§ 258 InsO).

108 Auch bei einem **masseunzulänglichen Verfahren** kommt ein Insolvenzplan in Betracht.[117] Zwar spricht der Wortlaut des Gesetzes gegen die Zulässigkeit, da der Insolvenzplan der Befriedigung der absonderungsberechtigten Gläubiger und der Insolvenzgläubiger dienen soll (§ 217 InsO) und unstreitige Masseforderungen zu berichtigen sind (§ 258 Abs. 2 InsO). Hierin liegt aber keine gesetzgeberische Entscheidung gegen die Zulässigkeit des Insolvenzplans im Fall der Masseunzulänglichkeit. Eine analoge Anwendung ist aufgrund der vergleichbaren Interessenlage (Insolvenz in der Insolvenz) geboten. Voraussetzung ist die Beteiligung der Massegläubiger am Insolvenzplanverfahren, denn eine Beeinträchtigung der Masseschulden ohne ein Stimmrecht der Massegläubiger wäre mit dem Anspruch auf rechtliches Gehör der Massegläubiger (Art. 14 Abs. 1, 19 Abs. 4 GG) nicht zu vereinbaren.

---

[116] Vgl. *Braun* InsO, § 245 Rn. 23.
[117] MüKoInsO-*Eidenmüller*, § 217 Rn. 81; aA *Uhlenbruck/Lüer,* InsO, § 217 Rn. 14; wohl auch LG Dresden Beschluss v. 15.7.2005 – 5 T 830/02, ZIP 2005, 1607.

4. Wirkungen und Überwachung des Insolvenzplans

Die im Plan vorgesehenen Rechtsfolgen treten mit **Rechtskraft des gerichtlichen Bestätigungsbeschlusses** ein (§ 254 InsO). Die Wirkungen des Plans sind für alle Beteiligten verbindlich. Die zur Änderung sachenrechtlicher Verhältnisse notwendigen Willenserklärungen gelten, wenn sie in den Plan aufgenommen worden sind, als formwirksam abgegeben (§ 228 InsO). Gerät der Schuldner aber mit der Erfüllung des Plans im Hinblick auf Forderungen von Insolvenzgläubigern, die gestundet oder teilweise erlassen worden sind, erheblich in Rückstand, so wird die Stundung oder der Erlass trotz der Rechtskraft für die betroffenen Gläubiger kraft Gesetzes hinfällig (§ 255 InsO). Kommt der Schuldner seinen Pflichten aus dem Plan nicht nach, können die Insolvenzgläubiger, deren Forderungen festgestellt und nicht im Prüfungstermin bestritten worden sind, aus dem rechtskräftig bestätigten Insolvenzplan in Verbindung mit der Eintragung in die Tabelle wie aus einem vollstreckbaren Urteil die Zwangsvollstreckung gegen den Schuldner betreiben (§ 257 InsO). Befriedigt der Schuldner die Insolvenzgläubiger dagegen wie im Plan vorgesehen, wird er, wenn der Plan nichts anderes bestimmt, von seinen restlichen Verbindlichkeiten gegenüber diesen Gläubigern befreit (§ 227 InsO). 109

Um die Einhaltung der im Plan festgelegten Vorgehensweise nach Beendigung des Insolvenzverfahrens sicherstellen zu können, kann der Plan vorsehen, dass die Erfüllung des Plans überwacht wird (§ 260 InsO). Bei größeren Insolvenzen ist die Überwachung der Insolvenzplanerfüllung die Regel. Nach § 261 InsO ist die **Überwachung** Aufgabe des Insolvenzverwalters. Eine Planüberwachung ist insbesondere bei einer geplanten Betriebsfortführung von Interesse, weil in diesem Fall Verwertungserlöse erwirtschaftet werden müssen, die an die Gläubiger auszuschütten sind. Wird auf der Grundlage des Insolvenzplans eine übertragende Sanierung durchgeführt, kann sich die Überwachung auch auf das nach Verfahrenseröffnung zum Zwecke der Unternehmensfortführung gegründete Unternehmen erstrecken (§ 260 Abs. 3 InsO). Sollte sich bereits während der Zeit der Überwachung herausstellen, dass Ansprüche deren Erfüllung überwacht wird, nicht erfüllt werden oder nicht erfüllt werden können, kann bei Vorliegen eines Eröffnungsgrundes erneut ein Insolvenzverfahren nötig werden. Damit die Gläubiger die Möglichkeit haben, die Eröffnung rechtzeitig beantragen zu können, hat der Insolvenzverwalter ein solches Scheitern der Erfüllung des Plans unverzüglich dem Gläubigerausschuss bzw. den einzelnen Gläubiger und dem Insolvenzgericht anzuzeigen. 110

Um die Sanierungschancen im Wege des Planverfahrens zu erhöhen, kann der Insolvenzplan vorsehen, dass die Insolvenzgläubiger mit Forderungen gegenüber Kreditgebern im Falle eines möglicherweise nötigen zweiten Insolvenzverfahrens nachrangig sind, die diese während der Zeit der Überwachung innerhalb des durch den Plan festgelegten Kreditrahmens gewähren (§ 264 InsO). Der Kreditgeber genießt im zweiten Insolvenzverfahren dann nicht nur Vorrang vor den Gläubigern des ersten Verfahrens, sondern auch vor allen anderen vertraglichen Gläubigern, deren Ansprüche während der Überwachungszeit begründet wurden, falls das zweite Insolvenzverfahren vor Aufhebung der Überwachung eröffnet wird (§ 266 InsO). 111

§ 24 6. Teil. Möglichkeiten der Sanierung nach der Insolvenzordnung

V. Europäisches Insolvenzrecht[118]

1. EuInsVO

112 Am 31.5.2002 trat die Europäische Insolvenzverordnung (EuInsVO) in Kraft.[119] Sie regelt die internationale Zuständigkeit der Insolvenzgerichte der Mitgliedstaaten (Art. 3 EuInsVO) und sieht eine Anerkennung von Insolvenzverfahren in anderen Mitgliedstaaten vor (Art. 16 ff. EuInsVO). Im Falle der Eröffnung eines Insolvenzverfahrens im Ausland kann im Inland ein Sekundärverfahren eröffnet werden, wenn sich dort eine Niederlassung des Schuldners befindet. Der EuGH legt den zuständigkeitseröffnenden Begriff des Mittelpunkts der wesentlichen Interessen des Schuldners objektiv aus. Bei Gesellschaften gilt eine Vermutung zugunsten des Satzungssitzes, die nicht schon dadurch widerlegt ist, dass der Schuldner einer einheitlichen Konzernführung im Ausland unterlag. Die Verfahrenseröffnung im Ausland ist anzuerkennen, ohne dass die internationale Zuständigkeit erneut überprüft werden darf.[120] Nach Verfahrenseröffnung kann sich der Schuldner dem Verfahren nicht mehr durch eine Verlegung des Mittelpunktes seiner wesentlichen Interessen entziehen.[121] Die Rechtsprechung des EuGH schiebt dem zwischenzeitlichen Trend, deutsche Unternehmen mit einem Insolvenzverfahren in England zu sanieren, einen Riegel vor.[122]

112a Artikel 46 EuInsVO bestimmt, dass die Kommission dem Europäischen Parlament, dem Rat sowie dem Wirtschafts- und Sozialausschuss bis zum 1. Juni 2012 einen Bericht über die Anwendung der Verordnung vorzulegen hat. Derzeit wird ein entsprechender Vorschlag für eine Verordnung des Europäischen Parlaments und des Rates zur Änderung EuInsVO verhandelt (COM(2012)744 final). Dieser Vorschlag sieht unter anderem eine Erweiterung des Anwendungsbereichs der Verordnung vor. Hier sollen insbesondere vorinsolvenzliche Verfahren und sogenannte Hybridverfahren mit unter die Verordnung gezogen werden.[123] Weiterhin sieht der Kommissionsvorschlag eine Anpassung des Konzerninsolvenzrechts vor. Unter dem Kapitel „Insolvenz von Mitgliedern einer Unternehmensgruppe" sollen die Art. 42 a–d EuInsVO-E eingefügt werden. Diese regeln die Zusammenarbeit und Kommunikation der in den einzelnen Verfahren bestellten Verwalter. Zusätzlich sind kontrovers diskutierte Änderungen zum Mittelpunkt der hauptsächlichen Interessen des Schuldners, dem sogenannten COMI (Center of Main Interest) vorgesehen. Hierbei geht es jedoch nicht um die gesamte Struktur des Art. 3 EuInsVO, sondern vielmehr um eine sprachliche Anpassung an die Rechtsprechung des EuGH.[124] Weiterhin sollen Art. 3a und b EuInsVO-E eingefügt werden, die die Zuständigkeit regeln und das Prüfungsverfahren von Amts wegen betreffen. Wichtig in dieser Hinsicht ist, dass dem Schuldner nun die Möglichkeit gegeben wird, Rechtsmittel gegen die Entscheidung einzulegen (Art. 3b Abs. 3 EuInsVO-E).[125]

---

[118] Vgl. ausführlich zum internationalen Insolvenzrecht *Pannen/Riedemann* in § 31 in diesem Handbuch.
[119] Ausführlich zum internationalen Insolvenzrecht *Runkel* § 6c.
[120] EuGH Urteil v. 2.5.2006 – RS C-341/04 („Eurofood"), IPrax 2007, 120 m. Anm. *Hess/Laukemann/Seagon*.
[121] EuGH Urteil v. 17.1.2006 – RS C-1/04 („Susanne Staubitz-Schreiber"), ZIP 2006, 188.
[122] EuGH Urteil v. 2.5.2006 – RS C-341/04 („Eurofood"), IPrax 2007 m. Anm. *Hess/Laukemann/Seagon*; High Court of Justice London („Brochier I"), NZI 2007, 187.
[123] Vgl. http://ec.europa.eu/justice/civil/files/evaluation_insolvency_en.pdf.
[124] Vgl. http://ec.europa.eu/justice/civil/files/evaluation_insolvency_en.pdf.
[125] Vgl. COM(2012) 744 final.

2. Drittstaatenfälle

Die EuInsVO erfasst nur Insolvenzen von Schuldnern mit einem Mittelpunkt der wesentlichen Interessen innerhalb der Europäischen Gemeinschaft. In allen anderen Fällen richtet sich die internationale Zuständigkeit nach nationalem Recht, Staatsverträge sind vorrangig zu beachten. Die Insolvenzordnung regelt die internationale Zuständigkeit der Insolvenzgerichte nicht explizit, sie ergibt sich aus der örtlichen Zuständigkeit gemäß § 3 InsO: Das Verfahren kann in Deutschland eröffnet werden, wenn der allgemeine Gerichtsstand des Schuldners (§§ 13, 17 ZPO: Wohnsitz oder Gesellschaftssitz) im Inland belegen ist.[126] Zusätzlich sind bei einer Niederlassung bzw. bloßer Vermögensbelegenheit in Deutschland Sekundär- und Partikularverfahren möglich, §§ 354, 356 InsO. Auch bei einem Hauptverfahren, bei dem sich Vermögensgegenstände des Schuldners in einem Drittstaat befinden, gehören diese zur Masse (Universalitätsprinzip). Der Insolvenzverwalter ist verpflichtet, das Auslandsvermögen zur Masse zu ziehen. Lässt dies der Belegenheitsstaat aufgrund völkerrechtlicher Bedenken nicht zu, ist der Gemeinschuldner verpflichtet, dem Insolvenzverwalter eine Vollmacht auszustellen, die ihn zur Verfügung über die Vermögensgegenstände ermächtigt.[127]

113

3. Insolvenz einer Scheinauslandsgesellschaft

Die Rechtsprechung des EuGH zur EG-vertraglichen Niederlassungsfreiheit hat ausländischen Gesellschaften die Verlegung des Verwaltungssitzes nach Deutschland ermöglicht.[128] Insbesondere die englische Limited erfreut sich besonderer Beliebtheit. Sie zeichnet sich durch fehlendes gesetzliches Mindestkapital aus, das macht sie besonders insolvenzanfällig. Deutsche Gerichte sind für die Durchführung des Insolvenzverfahrens international zuständig, wenn der Mittelpunkt der wesentlichen Interessen in Deutschland liegt, Art. 3 EuInsVO. Dies kann zu einem Auseinanderfallen von anwendbarem Gesellschafts- und Insolvenzrecht führen. Die Anwendung vieler Gläubigerschutzinstrumente des deutschen Rechts, wie der Existenzvernichtungshaftung oder der Insolvenzantragspflicht der Geschäftsführer auf ausländische Gesellschaften, sind nicht abschließend geklärt.[129] Der Gesetzgeber der GmbH-Reform geht davon aus, dass die Gläubigerschutzinstrumente insolvenzrechtlich zu qualifizieren sind. Die Anwendbarkeit auf im EG-Ausland gegründeten Gesellschaften vor dem Hintergrund der Niederlassungsfreiheit ist aber offen.[130]

114

VI. Krisenbewältigung außerhalb des Insolvenzverfahrens

Die **Krisenbewältigung im Vorfeld der Insolvenz** erlangt immer stärkere praktische Bedeutung. Eine möglichst frühzeitige Krisenbewältigung steigert die Sanierungschancen. Professionelle Großgläubiger, insbesondere Banken, sind über die Finanzsituation

115

---

[126] *Uhlenbruck,* InsO, § 3 Rn. 20. Zur Gesetzesreform *Liersch* NZI 2003, 302.
[127] BGH Beschluss v. 18.9.2003 – IX ZB 75/03, NZI 2004, 21.
[128] EuGH Urteil v. 9.3.1999 – RS C-212/97 („Centros"), NJW 1999, 2027; EuGH Urteil v. 5.11.2002 – RS C-208/00 („Überseering"), NJW 2002, 3614; EuGH Urteil v. 30.9.2003 – RS C-167/01 („Inspire Art"), NJW 2003, 3331.
[129] LG Kiel Urteil v. 20.4.2006 – 10 S 44/05, ZIP 2006, 1248 m. Anm. *Just*; *Goette* KTS 2006, 217; *ders.* ZInsO 2005, 1; *Berner/Klöhn* ZIP 2007, 106; *Haas* ZIP 2006, 1373.
[130] RegE MoMiG, S. 107 f.

des Schuldners regelmäßig gut informiert, vgl. auch § 18 KWG.[131] Eine außergerichtliche Krisenbewältigung unter Einschaltung professioneller Insolvenzexperten kann Kosten sparen. Insolvenzvermeidungsstrategien bedürfen regelmäßig der Zufuhr frischen Kapitals sowie eines konstruktiven Dialogs zwischen Schuldner und Gläubigern. Es bestehen allerdings einige insolvenzrechtliche Haftungsrisiken, die beachtet werden müssen. Maßnahmen zur Vermeidung einer Überschuldung sind das Stehenlassen fälliger Darlehen, bilanzielle Umstrukturierungen, wie die Ausgabe von Genussrechten, Rangrücktritte bei Darlehen und der Umwandlung von Forderungen in Eigenkapital (Debt-Equity-Swap). Schließlich ist es häufig erforderlich, dem Schuldner neue Kredite zu gewähren. Genussrechte und Rangrücktritte bergen das Risiko, dass die Forderungen bei einem Scheitern der Sanierung nur noch als nachrangige Insolvenzforderungen geltend gemacht werden können. Lässt ein Gläubiger ein Darlehen trotz Fälligkeit stehen, konnte dies dazu führen, dass das Darlehen als eigenkapitalersetzend qualifiziert wurde – dem entspräche nach heutigem Recht eine Qualifizierung als Gesellschafterdarlehen. Auch dies führt zu einer nur nachrangigen Befriedigung des Gläubigers. Bei einem Debt-Equity-Swap wird der Gläubiger zum Eigentümer und trägt damit das volle wirtschaftliche Risiko einer Sanierung. Neue Kredite bergen ganz eigene Risiken für die Gläubiger: Sanierungskredite bergen nur das wirtschaftliche Ausfallrisiko. Dient ein neuer Kredit aber allein der Verzögerung der Insolvenz und sichert sich der Gläubiger in der Zwischenzeit Sonderivorteile, so kann dies eine Insolvenzverschleppung darstellen. Der Gläubiger muss in diesem Fall für den Quotenschaden der übrigen Gläubiger aufkommen. Bei einer faktischen Geschäftsführung durch die Gläubiger übernehmen sie die Pflichten der Unternehmensleitung des Schuldners. Es droht dann eine Strafbarkeit wegen unzureichender Buchführung (§ 283 StGB), Nichtabführung von Sozialbeiträgen (§ 266a StGB) und Insolvenzverschleppung (§§ 64, 84 GmbHG a.F., § 15a InsO). Der § 91 Abs. 1 AktG konkretisieren die Pflicht des Vorstands in einer AG, durch Controlling die Finanzlage der Gesellschaft stets akkurat zu erfassen. Die Norm ist im GmbH-Recht analog anwendbar, spielt in der Insolvenzpraxis aber bislang keine wichtige Rolle.

VII. Zusammenfassung und Ausblick

116 Am 1.1.1999 trat die Insolvenzordnung in Kraft. Bereits damals hat die Anzahl der eröffneten Insolvenzverfahren unerwartete Höhen erreicht. Auch danach nahmen die Insolvenzzahlen weiter zu. Seine Bewährungsprobe hat das neue Insolvenzrecht inzwischen bestanden. Die Insolvenzordnung trägt insbesondere mit den flexiblen Gestaltungsmöglichkeiten des Insolvenzplanes den Erwartungen Rechnung. Typische Praxisbeispiele, in denen Insolvenzpläne ihre besondere Berechtigung haben, sind beispielsweise die einvernehmlichen Sanierungsmaßnahmen mit den Gesellschaftern des Unternehmens. Der Insolvenzplan bietet in vereinfachter Form allerdings auch eine interessante Gestaltungsvariante bei Insolvenzen natürlicher Personen, wo zügige Verfahrensabschlüsse gegebenenfalls sogar unter Vermeidung einer sich anschließenden Restschuldbefreiungsperiode Motivation für den kooperierenden Schuldner sind. Die übertragende Sanierung als wesentliches Sanierungsinstrument im Regelinsolvenzverfahren hat allerdings ihre Berechtigung behalten. Nach wie vor zieht der weitaus größte Teil von Investoren es vor, weit-

---

[131] Zur Erkennbarkeit einer Unternehmenskrise für die Gläubiger, *Holzer* NZI 2005, 308; ausführlich *K. Schmidt/Uhlenbruck/Wellensiek,* Die GmbH in Krise, Sanierung und Insolvenz, 1996, Rn. 195 ff.

gehend „altlastenfrei" zu erwerben, um aus einer unbelasteten Auffanggesellschaft heraus den Geschäftsbetrieb fortzuführen bzw. wieder aufzubauen. Den vielfältigen, arbeitsrechtlichen Gestaltungsbedürfnissen trägt die Insolvenzordnung zumindest partiell mit den Bestimmungen der §§ 113 ff. InsO Rechnung. Häufig sind Sanierungen jedoch ohne den gezielten und flexiblen Einsatz von Beschäftigungs- und Qualifizierungsgesellschaften nach wie vor nicht möglich.

116a Durch die dreistufige Reform des Insolvenzrechts wurden und werden weitreichende Veränderungen vorgenommen. Auf erster Stufe sind bereits zahlreiche Neuregelungen hinsichtlich der Erleichterung der Sanierung von Unternehmen eingeführt worden. Insbesondere wurde hierbei Wert auf die verstärkte Einbeziehung der Gläubiger in das Insolvenzverfahren gelegt. Es bleibt abzuwarten, wie sich das neu eingefügte Schutzschirmverfahren und das erleichterte (vorläufige) Eigenverwaltungsverfahren in die Insolvenzlandschaft einfügen werden. Bisher kann festgehalten werden, dass die Praxis vor einige Umsetzungsprobleme gestellt wird, wie das Beispiel der Begründung von Masseunzulänglichkeit durch den Schuldner im vorläufigen Eigenverwaltungsverfahren nach § 270a InsO zeigt.[132]

117 Der Trend, Insolvenzverwalter aus spezialisierten Insolvenzrechtskanzleien mit einer auf die Bearbeitung größer dimensionierter Fälle zu bestellen, hat weiter zugenommen. Besonders bei Unternehmensfortführungen bedarf es entsprechender Erfahrung und des eingespielten Zusammenwirkens von Insolvenzverwaltern einerseits sowie spezialisierten Unternehmensberatern, Wirtschaftsprüfern, Steuerberatern und Rechtsanwälten andererseits, die es gewohnt sind, in kurzer Zeit zielgerichtet gestaltend in Unternehmensprozesse Eingriff zu nehmen. Dem zunehmenden Trend grenzüberschreitender Insolvenzen trägt die Europäische Verordnung über das einheitliche Insolvenzverfahren Rechnung. Auch hier ist zur Bewältigung der grenzüberschreitenden Insolvenzen die Anbindung an international tätige Wirtschaftsprüferorganisationen zweckmäßig und sinnvoll. Die nachhaltig hohen Insolvenzzahlen in der Bundesrepublik, aber auch im europäischen Ausland, werden zu einer weiter zunehmenden Institutionalisierung von „Insolvenzverwaltergesellschaften" führen, die sich interdisziplinär auf die Bewältigung von Unternehmenskrisen, die Sanierung und die Insolvenz spezialisiert haben.

118 Auch wenn das Insolvenzrecht besonders das Ziel einer Sanierung im Auge hatte, darf nicht übersehen werden, dass die insolventen Unternehmen allein durch gesetzliche Neuregelungen nicht als solches „gesünder" werden. So führt beispielsweise der Insolvenzantragstatbestand der drohenden Zahlungsunfähigkeit nicht automatisch dazu, dass Gesellschaftsorgane der krisenbefangenen Unternehmung früher als bisher, gewissermaßen gerade mit dem Ziel der Sanierung, einen Insolvenzantrag stellen. Es bleibt der Konflikt zwischen dem Sanierungsauftrag, der dem Geschäftsführer oder Vorstand der Kapitalgesellschaft einerseits aufgegeben ist und auf der anderen Seite die Abwägung von Chancen, Risiken bzw. Verpflichtungen zur Stellung eines Insolvenzantrages. Zu beachten bleibt immer, dass die durch einen Insolvenzantrag ausgelösten negativen Folgen, wie zum Beispiel Kunden- und Lieferantenreaktionen, Verunsicherung bei Kreditgebern und sonstigen Beteiligten etc. hervorrufen, die kontraproduktiv und schädlich für eine Gesundung sein können, mit der Konsequenz des vollständigen „Aus" für die Gesellschaft. Dies liegt auch daran, dass der Gesetzgeber sich nicht dazu durchringen konnte, Sanierungsinstrumente wie sie in der Insolvenzordnung verankert sind und nicht primär der Abwicklung dienen, außerhalb der Insolvenzordnung zu verankern. Der Unterschied zwischen einem Regelinsolvenzverfahren, das zur Unternehmenszerschlagung und Li-

---

[132] Vgl. oben Rdnr. 77, sowie auch *Nöll* ZInsO 2013, 745 ff.

quidation führt und einem geordneten Verfahren, in dem die Unternehmenssanierung bewerkstelligt werden soll, sind für den Außenstehenden (wie zum Beispiel, Kunden, Lieferanten, Mitarbeiter etc.) schwer zu erkennen. Ob Schutzschirmverfahren und vereinfachte (vorläufige) Eigenverwaltung hier eine echte Veränderung bringen können, bleibt abzuwarten. Dennoch kann bereits jetzt festgehalten werden, dass beide Möglichkeiten nur dann erfolgreich sein können, wenn sie von hochqualifizierten und langjährigen Experten begleitet werden.

119 Trotz aller in die Insolvenzordnung aufgenommenen Sanierungsinstrumente ist die geordnete Abwicklung eines Insolvenzverfahrens durch Verwertung der Vermögensgegenstände des Schuldnerunternehmens weiterhin die Regel geblieben. Der Umgang mit der InsO ist zur Routine geworden, und die neuen Verfahrensabläufe sind in praxi weniger bürokratisch als vorher angenommen. Das Gesetz hat mit seinem einheitlichen Ansatz viele Probleme der Vergangenheit, wie die rechtliche Stellung des vorläufigen Insolvenzverwalters oder die schwierige Einordnung der Forderungen in die einzelnen Rangklassen, obsolet gemacht. Allerdings hat sich die Vorhersage hinsichtlich der Mehrbelastung der Verwalter und seiner Mitarbeiter gerade auch wegen des neu eingeführten Verbraucherinsolvenzverfahrens bewahrheitet.

§ 25 Insolvenzantragsgründe

Übersicht
                                                                    Rn.
I. Abgrenzungen 1–8
II. Zahlungsunfähigkeit 9–39
   1. Beurteilung eingetretener Zahlungsunfähigkeit 9–23
   2. Finanzstatus 24–27
   3. Finanzplan 28–31
   4. Weitere betriebswirtschaftliche Interpretationen 32–35
   5. Besonderheiten im Konzern 36–39
III. Drohende Zahlungsunfähigkeit 40
IV. Überschuldung 41–60
   1. Überschuldungsbegriff und Überschuldungsprüfung 41–44
   2. Fortbestehensprognose 44–52
      a) Unternehmenskonzept und Finanzplanung 44–49
      b) Ableitung der Fortbestehensprognose 50–52
   3. Überschuldungsstatus 53–57
      a) Grundsatz 53, 54
      b) Ansatz und Bewertung bei negativer Fortbestehensprognose .. 55
   4. Beurteilung der Existenz einer Überschuldung 56–58

I. Abgrenzungen

Die **Zahlungsunfähigkeit** ist allgemeiner **Eröffnungsgrund** für das Insolvenzverfahren nach § 17 Abs. 1 InsO. Spätestens mit der Stellung des Insolvenzantrages kann mit hoher Wahrscheinlichkeit davon ausgegangen werden, dass die Gläubigerforderungen nicht mehr bedient werden können. **1**

Ein Schuldner ist nach § 17 Abs. 2 InsO **zahlungsunfähig, wenn er nicht in der Lage ist, seine fälligen Zahlungsverpflichtungen zu erfüllen.** Zahlungsunfähigkeit ist damit das auf dem Mangel an Zahlungsmitteln beruhende Unvermögen des Schuldners, seine fälligen Zahlungsverpflichtungen zu begleichen.[1] Nach der Rechtsprechung des BGH liegt Zahlungsunfähigkeit und nicht nur bloße Zahlungsstockung i.d.R. dann vor, wenn der Schuldner nicht in der Lage ist, seine fälligen Zahlungsverpflichtungen innerhalb eines absehbaren Zeitraums zu begleichen. Hierfür hält der BGH einen Zeitraum von drei Wochen regelmäßig für ausreichend.[2] **2**

Auch dann, wenn der Schuldner nicht in der Lage ist, sich innerhalb von drei Wochen die zur Begleichung der fälligen Zahlungsverpflichtungen erforderlichen finanziellen Mittel zu beschaffen, liegt in begründeten **Ausnahmefällen** noch nicht zwangsläufig Zahlungsunfähigkeit vor.[3] Wenn es dem Schuldner gelingt, geringfügige Liquiditätslücken in absehbarer Zeit zu beseitigen, liegt weiterhin bloße Zahlungsstockung vor.[4] **3**

---

[1] Vgl. IDW PS 800, Rn. 7.
[2] BGH DB 2005, 1787 ff. unter II.3.b.bb; BGH NJW 2006, S. 3553 f.
[3] Vgl. IDW PS 800, Rn. 9.
[4] BGH DB 2005, 1787 unter II. 3.b.

§ 25   6. Teil. Möglichkeiten der Sanierung nach der Insolvenzordnung

4   Beträgt die **Deckungslücke** am Ende des Zeitraums, den der BGH für die Feststellung der Zahlungsstockung zubilligt, **10 % der fälligen Gesamtverbindlichkeiten oder mehr**, ist nach der Rechtsprechung des BGH regelmäßig von Zahlungsunfähigkeit auszugehen. Diese Regel ist nicht anzuwenden, wenn mit an Sicherheit grenzender Wahrscheinlichkeit zu erwarten ist, dass die Liquiditätslücke demnächst vollständig geschlossen wird und den Gläubigern ein Zuwarten nach den besonderen Umständen des Einzelfalls zumutbar ist.[5] Obwohl der BGH zur Deckungslücke von 10 % Interpretationen zugelassen hat, ist ein Unternehmen mit einer dauerhaften Unterdeckung im Interesse des Verkehrsschutzes nicht erhaltenswürdig.[6]

5   Um die Zahlungsunfähigkeit **festzustellen, ist eine Planung notwendig**, in der zu berücksichtigen ist, mit welcher Sicherheit die Entwicklung des Unternehmens eingeschätzt werden kann und ob sich z.B. erwartete positive Entwicklungen der Liquiditätslage aus bereits rechtsverbindlich abgeschlossenen Vereinbarungen oder aus bloßen Aussichten und Geschäftschancen ergeben. Je höher eine anfängliche Unterdeckung ist, umso größere Gewissheit ist für den Eintritt und zeitlichen Verlauf der Besserung der Liquiditätslage zu fordern.[7]

6   Nach § 17 Abs. 2 Satz 2 InsO ist Zahlungsunfähigkeit i.d.R. anzunehmen, wenn der Schuldner seine Zahlungen eingestellt hat. **Zahlungseinstellung** liegt vor, wenn der Schuldner wegen eines Mangels an Zahlungsmitteln aufhört, seine fälligen Verbindlichkeiten zu erfüllen, und dies für die beteiligten Verkehrskreise hinreichend erkennbar geworden ist.[8]

7   Dagegen liegt **drohende Zahlungsunfähigkeit** nach § 18 Abs. 2 InsO dann vor, wenn zwar aktuell keine Deckungslücke besteht, der Schuldner jedoch voraussichtlich zukünftig nicht in der Lage sein wird, seine bestehenden Zahlungsverpflichtungen im Zeitpunkt der Fälligkeit zu erfüllen. Anders als bei dem allgemeinen Eröffnungsgrund der Zahlungsunfähigkeit löst das Vorliegen drohender Zahlungsunfähigkeit keine Insolvenzantragspflicht aus und kann darüber hinaus nur vom Schuldner selbst geltend gemacht werden.[9] Bei der Beurteilung der Existenz drohender Zahlungsunfähigkeit werden im noch zu erstellenden Prognosebericht neben den in diesem Zeitraum zufließenden Einnahmen auch die noch nicht fälligen, aber bereits absehbaren Verpflichtungen des Schuldners berücksichtigt. In der Regel wird dabei auf eine mittelfristige Betrachtung abgestellt, die einen Zeitraum von zwei Jahren nicht übersteigen sollte.[10]

8   Es werden im Folgenden allgemeine Regeln zu den dort aufgeführten Begrifflichkeiten dargestellt, die sich im Grunde an denen des Prüfungsstandard 800 (IDW PS 800) und den diesen später ersetzenden [E] S 11 „Anforderungen an die Feststellung der Insolvenzreife" orientieren, die für Wirtschaftsprüfer maßgeblich sind und die Grundsätze der BGH-Rechtsprechung beachten.[11] Hiernach sollen eben diese Kriterien des BGH insbesondere bei der Zahlungsunfähigkeit durch weitere betriebswirtschaftliche Konkretisierungen in der Praxis ergänzt werden. Hauptaugenmerk liegt in diesem Kapitel auf

---

[5] Vgl. IDW PS 800, Rn. 10.
[6] Vgl. [IDW ES 11, Rn. 16 und] Karsten Schmidt § 17 Rn. 30.
[7] Vgl. ebenda, Rn. 12.
[8] BGH ZIP 2001, 1155.
[9] Vgl. Kübler/Prütting/Bork/*Pape* Kommentar zur Insolvenzordnung, § 18, Rn. 1 ff.
[10] Vgl. ebenda, Rn. 5 f.
[11] Das IDW überarbeitet zur Zeit den PS 800 und wird diesen in einen S 11 „Anforderungen an die Feststellung der Insolvenzreife" integrieren, der auch den FAR 1/1996 „Empfehlungen zur Überschuldungsprüfung bei Unternehmen" enthält. Die Überarbeitung ist zum Zeitpunkt der Drucklegung des Handbuchs noch nicht veröffentlicht worden.

der Zahlungsunfähigkeit. Mit dem ESUG wird die Bedeutung der drohenden Zahlungsunfähigkeit (III.) höher werden. Die aktuellen gesetzlichen Änderungen lassen dagegen den Insolvenzeröffnungsgrund Überschuldung (IV.) nur noch zu, wenn die Fortführungsprognose negativ ist.

II. Zahlungsunfähigkeit

1. Beurteilung eingetretener Zahlungsunfähigkeit

Mit der Neuregelung der Zahlungsunfähigkeit in § 17 InsO ab dem 1.1.1999 in Verbindung mit der Regierungsbegründung in BT-Drucks. 12/2443, S. 114, hat der Gesetzgeber den Begriff der Zahlungsunfähigkeit gegenüber dem bisherigen Konkursrecht verschärft.[12]

Der Schuldner ist nach § 17 Abs. 2 S. 1 InsO zahlungsunfähig, wenn er zur Erfüllungen seiner fälligen Zahlungsverpflichtungen nicht in der Lage ist. Die Bestimmung dieses Merkmals war in Literatur und Rechtsprechung umstritten. Diesbezüglich hat der BGH in einer Grundsatzentscheidung vom 24. Mai 2005[13] weitgehend Klärung geschaffen.[14]

Danach gilt die im vorangehenden Abschnitt dargestellte Regel, dass die **Zahlungsunfähigkeit** erst dann gegeben ist, wenn die **Liquiditätsunterdeckung größer als 10 %** ist. Spiegelbildlich ist **Zahlungsfähigkeit** (noch) gegeben, wenn diese **Liquiditätsunterdeckung grds. die 10 %-Grenze nicht erreicht**.[15]

Diese Annahme, die noch um die **Zeitkomponente** zu vervollständigen sein wird, stellt eine **widerlegbare Vermutung**[16] dar. Der bestehende Grundfall wird somit jeweils um einen **Ausnahmetatbestand** ergänzt. Die Liquiditätsunterdeckung, wenn sie gleich bzw. größer als 10 % ist, führt ausnahmsweise dann nicht zur Zahlungsunfähigkeit, wenn der Liquiditätsengpass in einer überschaubaren Zeit[17] beseitigt werden kann und nach einer Gesamtwürdigung der Umstände dem Gläubiger das Warten zuzumuten ist. Andererseits kann auch bei einer Liquiditätsunterdeckung innerhalb der 10 %-Grenze nicht erreicht, ausnahmsweise trotzdem Zahlungsunfähigkeit gegeben sein, wenn das Ansteigen dieser Unterdeckung über den Grenzwert zu erwarten ist oder absehbar die fälligen Schulden von Unternehmen dauerhaft nicht gezahlt werden können. Damit hat der BGH die beiden Grundfälle Zahlungsfähigkeit und Zahlungsunfähigkeit zutreffend geregelt, dabei jedoch Ausnahmetatbestände zugelassen.[18]

Welcher Planungshorizont unter einem „überschaubaren" Zeitraum zu verstehen ist, ist durch den BGH nicht weiter konkretisiert worden. In der Praxis orientiert man sich daher an den Äußerungen des ehemaligen Vorsitzenden des IX. Senats. Demzufolge kann angenommen werden, dass als Ausnahmefälle Verzögerungen von bis zu drei Monaten in Erwägung zu ziehen sind. Über einen Zeitraum von sechs Monaten hinausgehende Verzögerungen seien generell indiskutabel.[19] Daraus wird abgeleitet, dass als

---

[12] Vgl. MüKoInsO/*Eilenberger*, § 17, Rn. 5.
[13] Vgl. BGH DB 2005, 1787 ff.
[14] Vgl. MüKoInsO/*Eilenberger*, § 17, Rn. 7 f.
[15] Vgl. *Plagens/Wilkes* ZInsO 2010, 2110.
[16] Vgl. IDW PS 800, Rn. 18.
[17] BGH DB 2005, 1787 unter II. 4.b.
[18] Vgl. MüKoInsO/*Eilenberger*, § 17, Rn. 18.
[19] Vgl. *Fischer* ZGR 2006, 403 u. 408.

§ 25   6. Teil. Möglichkeiten der Sanierung nach der Insolvenzordnung

„überschaubarer" Zeitraum eine Spanne von bis zu drei Monaten und unter Umständen auch bis zu sechs Monaten gelten kann.[20]

14 Das Vorliegen sowie das Zusammenspiel von Zahlungsfähigkeit, Zahlungsunfähigkeit sowie drohender Zahlungsunfähigkeit unter Einbezug höchstrichterlicher Rechtsprechung stellt sich damit zusammenfassend wie folgt dar:

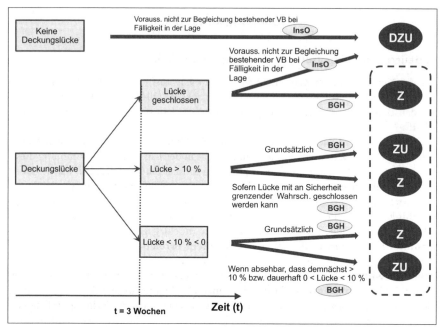

Abb. 1: Tatbestandsmerkmale und Zusammenwirken von Zahlungsfähigkeit (Z), Zahlungsunfähigkeit (ZU) sowie drohender Zahlungsunfähigkeit (DZU), VB = Verbindlichkeiten[21]

15 Abgeleitet aus der BGH-Rechtsprechung und auch gemäß den Interpretation des IDW PS 800 sind zur Beurteilung der Zahlungsunfähigkeit von Unternehmen **drei Arbeitsschritte** notwendig:

16 In einem *ersten Arbeitsschritt ist* die statische Liquidität als Ausgangspunkt aufgrund der *Ist-Zahlen* der Finanzbuchhaltung und sonstiger Datenerhebung des Unternehmens zu ermitteln (Liquiditäts- bzw. Finanzstatus). Bereits hier kann man zu einem vorläufigen **Ergebnis (I)** kommen, wobei diese statische Liquiditätskennziffer eine Liquiditätslücke, die gleich oder größer als 10 % ist oder die kleiner als 10 % ist oder einen Liquiditätsüberschuss[22] aufweist. Diese statische Liquiditätskennziffer kann jedoch u.U. nur eine erste Indikation sein.[23]

17 Im **weiteren** *zweiten Arbeitsschritt* ist eine statisch ermittelte Liquiditätslücke durch eine **Planungsrechnung dynamisch fortzuentwickeln.** Hierbei werden im Regelfall *Planzahlen* zugrunde gelegt, die auf Schätzungen der zukünftig zu erwartenden Zah-

---

[20] Vgl. IDW PS 800, Rn. 26 u. 43.
[21] Eigen Darstellung.
[22] Vgl. BGHZ 163, 134, 137 im ZIP 2005, 1427.
[23] Vgl. *Plagens/Wilkes* ZInsO 2010, 2111 f.

lungsströme beruhen. Erst nach Auswertung der dynamischen zeitraumbezogenen Liquiditätsermittlung **(Ergebnis II)** kann eine Einschätzung zur Zahlungsunfähigkeit vorgenommen werden. Als Ergebnis ist denkbar, dass die Liquiditätslücke gleich oder größer als 10 % ist oder dass sich eine Liquiditätslücke ergibt, die kleiner als 10 % oder positiv ist.[24]

Im *dritten Arbeitsschritt* sind dann mögliche **Ausnahmen** gemäß der Rechtsprechung des BGH v. 24.5.2005 zu prüfen, die die bereits festgestellte Vermutung des Ergebnisses II widerlegen können.[25]

Sofern im Ergebnis II die **Liquiditätslücke kleiner als 10 % oder positiv** sein sollte, kann in eindeutigen Fällen von **Zahlungsfähigkeit** ausgegangen werden. **Eindeutige Fälle** liegen im Regelfall vor, wenn das Unternehmen (Schuldner) noch über eine ausreichende Eigenkapitalquote verfügt, wobei auf branchenorientierte Kennzahlen zurückgegriffen werden sollte.[26] Nach allgemeiner Ansicht dürfen darüber hinaus in den letzten 3 Jahren und aktuell im laufenden Jahr keine Verluste erwirtschaftet werden und keine außergewöhnlichen Ereignisse den Fortbestand des Unternehmens unmöglich machen oder infrage stellen (z.B. Wegfall einer Betriebserlaubnis).[27]

Ist jedoch zu diesem Zeitpunkt **bereits erkennbar**, dass sich die Liquidität in absehbarer Zeit verschlechtern wird bzw. der **Niedergang** des Unternehmens sich möglicherweise weiter abzeichnet, muss eine über den Dreiwochenzeitraum hinausgehende **Fortbestehensprognose** getroffen werden. Auf dieser Basis ist dann entweder das ursprüngliche positive Urteil zu bestätigen oder zu der Erkenntnis zu kommen, dass letztendlich trotz der zuerst positiven Einschätzung die Unternehmensentwicklung insgesamt, nämlich im Ergebnis III, als negativ anzusehen ist.[28]

Sofern die **Liquiditätslücke im Ergebnis II gleich bzw. größer als 10 %** ist, liegt grds. **Zahlungsunfähigkeit** vor. Im Regelfall wird es sich hierbei um **eindeutige Fälle** handeln, in denen die Liquiditätslücke 20 %, 30 % oder mehr beträgt und deshalb oft weitere Untersuchungen wirtschaftlich nicht sinnvoll sind.[29]

Aber auch diese **Vermutung kann widerlegt werden**, wenn z.B. mit an Sicherheit grenzender Wahrscheinlichkeit eine Liquiditätslücke innerhalb der oben quantifizierten überschaubaren Zeitspanne durch Zahlungseingang eines wichtigen Kunden geschlossen wird. Auch hier ist eine entsprechende Liquiditätsprognose für den kritischen und weiter oben definierten Zeitraum zu erstellen, um die widerlegbare Vermutung der Zahlungsunfähigkeit aufgrund der ersten Einschätzung zu dokumentieren. Sollte diese Liquiditätsprognose dann positiv sein, ist die ursprünglich angenommene Zahlungsunfähigkeit widerlegt worden. Kommt die Fortbestehensprognose jedoch erneut zu einer negativen Bewertung, wird die anfängliche Vermutung der Zahlungsunfähigkeit im Ergebnis bestätigt.[30]

Die wesentlichen Elemente bei der Feststellung der Zahlungsfähigkeit haben gem. BGH-Rechtsprechung eine **zeitliche** und **quantitative Komponente**,[31] so dass man

---

[24] Vgl. ebenda.
[25] Vgl. ebenda, 2111 f.
[26] *Plagens/Wilkes* gehen von einer Eigenkapitalquote von 20–30 % der Bilanzsumme aus obwohl in Branchen wie z.B. der Bauindustrie auch wesentlich geringere Quoten vertretbar sind. Vgl. *Plagens/Wilkes* ZinsO 2010, 2112.
[27] Vgl. ebenda.
[28] Vgl. ebenda.
[29] Vgl. ebenda.
[30] Vgl. ebenda.
[31] Vgl. BGHZ 163, 134, 137 in ZIP 2005, 1427.

auch von einer „dynamischen Kombinationslösung" spricht.[32] Nach Auffassung von *Karsten Schmidt* sind die Merkmale Dauer und Wesentlichkeit restriktiv im Sinne des Gesetzes auszulegen.[33] Es stellt sich zunächst die Frage, was im Sinne der Regierungsbegründung eine **ganz geringe Liquiditätslücke** sein sollte und somit binnen drei Wochen[34] nicht alle fälligen Verbindlichkeiten erfüllt werden können. Wenn ein Unternehmen nur 90 % der Verbindlichkeiten bedienen kann, kann Zahlungsunfähigkeit vorliegen.[35] Diese Quote hält Karsten Schmidt für zu nachgiebig und hoch und fordert eine **Richtsumme** von 5 %.[36] Fraglich bleibt hierbei, obwohl die Wesentlichkeit von BGH postuliert wird, warum gerade 5 % Verbindlichkeit offen bleiben sollen. Eine im Sinne des Gesetzes vorzunehmende enge Auslegung bedeutet, dass sämtliche Verbindlichkeiten zu bedienen sind und nicht nur 95 %.[37] In jedem Fall ist der hier vorgestellten Meinung in Bezug auf die zeitliche Komponente zuzustimmen, dass mit der nach § 15a InsO eingeräumten Drei-Wochen-Frist nach Eintritt der Zahlungsunfähigkeit ein weiterer Drei-Wochen-Zeitraum im Anschluss daran sich ausschließt.[38] Verbleibt die Frage, welchen Einfluss der sog. **Bugwelleneffekt** auf die Feststellung der Zahlungsfähigkeit hat. Bedingt durch die quantitative und zeitliche Komponente können Bugwellen entstehen, weil der BGH die beim Finanzstatus aufzuzeigenden am Stichtag verfügbaren Finanzmittel um die binnen drei Wochen flüssig zu machenden Mittel mit berücksichtigt, aber lediglich die zu diesem Stichtag fälligen Verbindlichkeiten gegenüberstellt; nur diese und nicht die später fällig werdenden.[39] Dies wird geduldet, obwohl die im Prognosezeitraum fällig werdenden Verbindlichkeiten durchaus den Ausgleich der am Prüfungszeitpunkt fälligen gefährden können.[40] Ist dies der Fall liegt am Stichtag bereits Zahlungsunfähigkeit vor. Diese Bedenken kann man absolut teilen. Es ist sicher zu stellen, dass im Prognosezeitraum nicht nur die Einnahmen höher sind als die Auszahlungen und somit die ggf. vorhandene Deckungslücke sich schließt. Auch nach dem Beurteilungszeitpunkt verursachte Zahlungsströme sind dann zu berücksichtigen, wenn die sich hieraus ergebenden Konsequenzen die Beantwortung der Frage nach der Zahlungsunfähigkeit beeinflussen. Gerade eine strenge Auslegung der Gesetze kann dann tatsächlich zu einer zeitlichen Verschiebung der Antragstellung nach hinten und nicht zu einer Vorverlagerung führen. So bleibt es dem (gutachterlichen) Betrachter vorbehalten, bei der Erstellung des Finanzstatus und -plan mit Augenmaß das Prüfungsergebnis unter Verwertung sämtlicher verfügbarer Informationen zu erarbeiten. Die dynamische Kombinationslösung wird aus praktizierbaren Gründen vorzugswürdig sein.

2. Finanzstatus

24 Bei der Prüfung der Zahlungsunfähigkeit i.S.d. § 17 Abs. InsO sind im Finanzstatus sämtliche fälligen Zahlungsverpflichtungen zu berücksichtigen.[41] Dabei kann Fälligkeit sowohl aufgrund gesetzlicher Regelungen als auch aufgrund einer Vereinbarung (bspw.

---

[32] Vgl. FK/*Schmerbach* Rn. 28.
[33] Vgl. *Karsten Schmidt* § 17 Rn. 17.
[34] Vgl. ebenda Rn. 22.
[35] Vgl. KPB/*Pape* Rn. 12 ff.
[36] Vgl. *Karsten Schmidt* § 17 Rn. 23 und 30.
[37] Vgl. BGH DB 2005, 1787 unter II.3.a.
[38] Vgl. ebenda Rn. 26 und 30.
[39] Vgl. *Bruns* in EWiR 2005, 767 f. als einer von vielen.
[40] Vgl. *Karsten Schmidt* § 17 Rn. 29.
[41] Vgl. *Karsten Schmidt* § 17 Rn. 9.

Bedingung, Befristung, Fixgeschäft, Kasse gegen Faktura, Zahlung gegen Dokumente, Verfallklauseln) oder ausnahmsweise aufgrund einseitiger Parteierklärung (z.B. durch ausdrückliche Fälligstellung oder durch Kündigung eines Darlehens mit der Folge einer unmittelbaren Fälligkeit) eintreten. Sofern eine rechtsgeschäftliche Bestimmung bezüglich der Fälligkeit nicht vorliegt oder sich diese nicht aus den Umständen ergibt, liegt gem. § 271 Abs. 1 BGB **sofortige Fälligkeit** vor. So gelten etwa nicht ausdrücklich genehmigte Überziehungen bei Kontokorrentkrediten nach Maßgabe der Allgemeinen Geschäftsbedingungen der Banken bzw. Sparkassen als fällig, selbst wenn das Kreditinstitut diese Inanspruchnahmen stillschweigend duldet. Dagegen sind zur Feststellung der Zahlungsfähigkeit Kontokorrentkredite innerhalb der vereinbarten und ungekündigten Linien trotz ihrer Fälligkeit im Finanzstatus nicht anzusetzen. Aus Annuitätendarlehen sind nur die nach dem Kreditvertrag fälligen Raten zu berücksichtigen. Die Fälligkeit von Verbindlichkeiten aus Lieferungen und Leistungen tritt sofort oder bei Vereinbarung eines Zahlungsziels mit dessen Ablauf ein. Gestundete Verbindlichkeiten entstehen durch Branchenübung, Handelsbrauch sowie konkludentes Handeln und werden im Finanzstatus nicht erfasst. Die Stundungsvereinbarung ist immer dann als wirksam anzusehen, wenn der Gläubiger in eine spätere oder nachrangige Befriedigung seiner Forderung eingewilligt hat bzw. sich die Einwilligung aus den gesamten Umständen im Rahmen einer geduldeten Überziehung von Zahlungszielen ergibt.[42] Der Nachweis, dass eine Forderung nicht fällig ist, obliegt in jedem Fall dem Schuldner.[43]

Verbindlichkeiten, die aufgrund gesetzlicher Vorschriften nicht erfüllt werden dürfen, 25 zum Beispiel wegen des Rückzahlungsverbots des zur Erhaltung des Stammkapitals erforderlichen Vermögens (§§ 30 ff. GmbHG) oder des Rückgewährverbots von Einlagen (§ 57 AktG), sind im Finanzstatus erst mit Wegfall des Auszahlungsverbotes als fällig zu erfassen.[44]

Den **fälligen Verbindlichkeiten** sind im Finanzstatus die **gegenwärtig verfügba-** 26 **ren Finanzmittel** gegenüberzustellen. Hierzu zählen Barmittel, Bankguthaben, Schecks in der Kasse und freie, d.h. vertraglich vereinbarte und ungekündigte Kreditlinien. Kurzfristig verfügbare Finanzmittel (z.B. erwartete Zahlungszuflüsse aus Kundenforderungen) sind nicht im Finanzstatus, sondern in der Finanzplanung zu berücksichtigen.[45]

Die Beurteilung, ob Zahlungsunfähigkeit vorliegt, **erfolgt auf der Grundlage eines** 27 **Finanzstatus und eines darauf aufbauenden Finanzplans**. Weist der Finanzstatus aus, dass der Schuldner seine fälligen Zahlungsverpflichtungen erfüllen kann, ist keine Zahlungsunfähigkeit gegeben. Die Erstellung eines Finanzplans ist in diesem Fall nicht erforderlich.[46] Im **Finanzstatus** werden die verfügbaren liquiden Finanzmittel des Unternehmens sowie dessen fällige Verbindlichkeiten **inventarmäßig** erfasst und gegenübergestellt. Ein solcher **Status ist aus dem Rechnungswesen abzuleiten**.[47]

3. Finanzplan

Ergibt sich aus dem Finanzstatus eine **Liquiditätslücke**, ist ausgehend von der Stichtags- 28 liquidität im Beurteilungszeitpunkt zur weiteren Beurteilung, ob Zahlungsunfähigkeit vorliegt, die finanzielle Entwicklung des Schuldnerunternehmens für einen **Planungs-**

---

[42] Vgl. *Karsten Schmidt*, § 17 Rn. 11.
[43] Vgl. IDW IPS 800, Rn. 30 ff.; BGH ZIP 2007, 1666.
[44] Vgl. ebenda, Rn. 35.
[45] Vgl. ebenda, Rn. 36 f.
[46] Vgl. IDW PS 800, Rn. 17.
[47] Vgl. ebenda, Rn. 20.

zeitraum in einem Finanzplan darzustellen.⁴⁸ Der Finanzplan ist ausreichend zu detaillieren und auf Basis einer nach betriebswirtschaftlichen Grundsätzen durchzuführenden und dokumentierten integrierten Unternehmensplanung (Erfolgs-, Vermögens-, und Liquiditätsplanung) **fortzuentwickeln.**

29 Darin sind die zahlungswirksamen Konsequenzen der künftigen Geschäftstätigkeit zu erfassen. Auf der Grundlage der Unternehmensplanung wird in diesem Rahmen idealerweise dargestellt, wie die Planansätze aus den Teilplanungen des Unternehmens über die Ergebnisplanung in die Finanzplanung münden.⁴⁹

30 Ein **Finanzplan** kann nach der **direkten** Methode oder im Wege der **indirekten** oder mit **anderen, betriebswirtschaftlich anerkannten Methoden** erstellt werden. Dabei sind eingeleitete oder beabsichtigte **Maßnahmen zur Sicherung des finanziellen Gleichgewichtes**, wie z.B. Gesellschafterdarlehen, Zuzahlungen in das Eigenkapital, Kapitalerhöhungen, usw. mit ihren erwarteten Auswirkungen in die Finanzplanung **einzubeziehen**, wenn diese Maßnahmen hinreichend konkretisiert sind und deren Umsetzung hinreichend sicher erwartet werden kann. Der erforderliche Detaillierungsgrad des Finanzplans (quartals-, monats- oder wochenweise Zahlungen) wird durch die Größe der bestehenden Liquiditätslücke, die Länge des Planungszeitraums sowie die Besonderheiten des Einzelfalls (Branche, Geschäftstätigkeit etc.) bestimmt.⁵⁰

31 Auf Grundlage der **Annahmen über die weitere Geschäftstätigkeit** sind in den Finanzplan alle Posten einzustellen, die unter Berücksichtigung der jeweiligen Fälligkeiten im Planungszeitraum zu Zahlungsmittelzuflüssen oder Zahlungsmittelabflüssen führen. Bei den **Mittelzuflüssen** sind die Zuflüsse aus den geplanten Umsatzgeschäften ebenso zu berücksichtigen wie sonstige einzahlungswirksame Vorgänge. Hierzu zählen auch Maßnahmen der Kapitalbeschaffung durch Fremdkapitalaufnahme (Kreditaufnahmen) oder durch Zuführungen der Gesellschafter (Gesellschafterdarlehen, Kapitalerhöhungen, usw.). In beiden Fällen muss jedoch die erforderliche Sicherheit für die Realisierung solcher Maßnahmen im Planungszeitraum bestehen. Dies gilt auch für weitere Finanzierungsmöglichkeiten wie Sale-and-Lease-Back-Geschäfte, Factoring oder den Verkauf von Teilen des nicht betriebsnotwendigen Sachanlage- und Finanzanlagevermögens. Im Planungszeitraum sind die **Mittelabflüsse** aus bereits bestehenden wie auch aus neu begründeten Verpflichtungen zu berücksichtigen.⁵¹

4. Weitere betriebswirtschaftliche Interpretationen

32 In der Betriebswirtschaft werden **Liquiditätskennziffern** verwendet, um die finanzielle Situation eines Unternehmens zu beurteilen.⁵² Dabei werden **stichtagbezogen** die Zahlungsmittel bzw. kurzfristig liquidierbaren Vermögenswerte den fälligen Schulden gegenübergestellt, um einen „**Deckungsgrad**" zu errechnen. Die **statischen** Liquiditätskennziffern spielen in der betrieblichen Praxis heute nur noch eine **untergeordnete Rolle**, da ihre Aussagekraft begrenzt ist. Gegenübergestellt werden bestimmte Aktivposten der Bilanz (Zahlungsmittel, fällige Forderungen, Umlaufvermögen etc.) im Verhältnis zu den kurzfristig fälligen Verbindlichkeiten. Dadurch wird eine *zeitpunktbezogene* Liqui-

---

⁴⁸ Vgl. ebenda, Rn. 42 f. Es wird auf einen Planungshorizont von drei Wochen und ggf. weiteren drei bis sechs Monaten abgestellt. Vgl. dazu IDW PS 800, Rn. 43.
⁴⁹ Vgl. auch IDW S 6, S. 56 ff.
⁵⁰ Vgl. IDW PS 800, Rn. 21 ff.
⁵¹ Vgl. ebenda Rn. 42 bis 45.
⁵² Vgl. *Perridon/Steiner/Rathgeber*, Kapitel E und F.

dität ermittelt – eine „Schwachstelle".[53] Die **tatsächlichen Verhältnisse** im Vorfeld und nach der Ermittlung können sich bereits **entscheidungserheblich verändert** haben, sowohl zugunsten als auch zuungunsten der bisherigen Ergebnisse. Vor diesem Hintergrund ist eine statische Liquiditätskennziffer, wie der Finanzstatus auch, allenfalls als eine **erste Indikation** anzusehen. Wenn andere Berechnungsmethoden zu aufwendig oder aufgrund einer **mangelhaften Datenlage** nicht mehr erhebbar sind, kann hiervon ausnahmsweise abgewichen werden. Es gibt keine seriösen wissenschaftlichen Untersuchungen, die eine sichere Korrelation zwischen Liquiditätskennziffern und der Zahlungsunfähigkeit i.S.d. § 17 InsO bzw. der BGH-Rechtsprechung v. 24.5.2005 herstellen.[54]

Dynamische Finanzpläne weisen derartige Nachteile dann nicht auf, wenn sie als integrierte dynamische Finanzpläne aufgebaut sind. Hier werden auch die **Bestandsveränderungen** beim Working Capital, bspw. durch den Abbau von Forderungen und Vorräten bzw. der Ausweitung von kurzfristigen Verbindlichkeiten (Liquiditätserhöhung) oder Aufbau von Vorräten und Forderungen bzw. Abbau von Verbindlichkeiten (Liquiditätsverminderung) berücksichtigt.[55] Der sogenannte **vollständige Finanzplan**[56] deckt auch die im Rahmen der dynamischen Bilanztheorie entwickelten Ansätze ab. 33

Bei der integrierten Planung werden die Ergebnisse der Gewinn- und Verlustrechnung, die Zahlungsströme und die übrigen Bestandskonten der Finanzbuchhaltung berücksichtigt, um eine endgültige Aussage zur Zahlungsfähigkeit treffen zu können. Eine integrierte Planungsrechnung besteht insbesondere aus folgenden **Elementen**:[57] 34
- Ausgangsstatus/Ausgangsbilanz (Liquiditätsstatus)
- Plan-GuV
- Planbilanz
- Liquiditätsplan/Plan-Kapitalflussrechnung

Wird zu konservativ geplant, kann sich in einem problematischen Fall rasch eine weitere Liquiditätsunterdeckung auftun, die zum endgültigen „Aus" der Unternehmung führen kann. Plant man zu optimistisch, besteht das Risiko, der Insolvenzverschleppung Vorschub zu leisten.[58] Um diesen Risiken zu begegnen werden bei der integrierten Planungsrechnung **Sensitivitätsanalysen** durchgeführt. Ausgehend von einem Anfangs- oder Basisszenario können verschiedene Varianten und Erwartungen dargestellt werden (best-case, worst-case, zero-case etc.), um damit den Entscheidungsspielraum der Geschäftsleitung, der Organe, oder bei anderen Sachverhalten darzulegen. So kann die Geschäftsleitung bzw. die Organe versuchen, eine sich abzeichnende Liquiditätsunterdeckung durch besseres Debitorenmanagement, Stundungsvereinbarungen mit Gläubigern, Liquidierung nicht benötigten Betriebsvermögens, Erlangung von Überbrückungskrediten, Nachschüssen der Gesellschafter oder Stellung weiterer Sicherheiten durch die Eigentümer etc., prospektiv und dann auch tatsächlich zu beseitigen.[59] 35

---

[53] Vgl. *Plagens/Wilkes* ZInsO 2010, 2117 f.
[54] Vgl. ebenda, S. 2118.
[55] Vgl. ebenda, S. 2120.
[56] Vgl. dazu *Grob* WISU 1984, 16 ff.
[57] So auch IDW PS 800, Rn. 21.
[58] Vgl. *Plagens/Wilkes* ZInsO 2010, 2119.
[59] Vgl. ebenda, S. 2120 f.

5. Besonderheiten im Konzern

36 Gerade bei größeren Unternehmenseinheiten (**Konzern- oder Holdingstrukturen**) ist auf die integrierte Finanzplanung zurückzugreifen,[60] weil nur so die komplexen Strukturen eines Verbundes von mehreren abhängigen Unternehmen finanzwirtschaftlich richtig abgebildet werden können.

37 Bei einer ex-ante-Betrachtung wird mit statischen Liquiditätskennziffern im Regelfall nicht sinnvoll gearbeitet werden können, da diese nur einen Zeitpunkt, aber keinen Zeitraum darstellen und daher für die Ermittlung einer prospektiven Zahlungsunfähigkeit i.S.d. § 17 InsO nicht geeignet sind. Für eine prospektive Betrachtung kann nur die einfache bzw. die integrierte Planungsrechnung zur Ermittlung der Zahlungsunfähigkeit in Frage kommen.[61]

38 Nimmt das Unternehmen an einem **Cash-Pooling-System** innerhalb von Konzernstrukturen teil, ist danach zu unterscheiden, ob es sich um die den Cash-Pool führende Gesellschaft oder um eine dem Cash-Pool angeschlossene Gesellschaft handelt. Bei der den Cash-Pool führenden Gesellschaft bestimmt sich die Liquiditätslage auch unter Berücksichtigung ihrer fälligen Forderungen und Verbindlichkeiten gegenüber den dem Cash-Pooling-System angeschlossenen Gesellschaften. Künftige Einzahlungen und Auszahlungen der dem Cash-Pooling-System angeschlossenen Gesellschaften sind in den Finanzplan einzustellen, wenn sie mit der erforderlichen Sicherheit erwartet werden können.[62]

39 Zur Feststellung verfügbarer Liquiditätsreserven aus dem Cash-Pooling-System kommt der **Konzern-Liquiditätsplanung**, aus der sich die Liquiditätsströme innerhalb der Konzerngesellschaften und damit die im Konzern insgesamt verfügbare Liquidität ableitet, eine besondere Bedeutung zu.

III. Drohende Zahlungsunfähigkeit

40 Nach § 18 InsO droht ein Schuldner zahlungsunfähig zu werden, wenn er voraussichtlich nicht in der Lage sein wird, bestehende Zahlungspflichten bei Fälligkeit zu bedienen. Damit steht bei dieser Regelung eine wie immer geartete Liquiditätsprognose noch mehr als bei § 17 InsO im Fokus. Im Grunde wird der in § 17 InsO definierte Tatbestand der Zahlungsunfähigkeit in die Zukunft verlegt.[63] Bei der Ermittlung der drohenden Zahlungsfähigkeit ist im **Prüfungszeitpunkt** auf **bestehende** bzw. **bereits begründeten Verbindlichkeiten** abzuzielen, deren Rechtsgrund damit bereits besteht,[64] wobei künftige Leistungen aus Dauerschuldverhältnissen zu berücksichtigen sind.[65] Demnach sollen, auch wenn es hierzu andere Meinungen gibt,[66] während des **Prognosezeitraums** entstehende Verbindlichkeiten für Steuern, Lieferungen & Leistungen usw. zunächst nicht zu berücksichtigen sein.[67] Mithin begrenzt die **Fälligkeitserwartung** der begründeten Verbindlichkeiten den Prognosezeitraum ebenso wie die **Prognosefähig-**

---

[60] Vgl. ebenda, S. 2121.
[61] Vgl. ebenda, S. 2122.
[62] Vgl. IDW PS 800, Rn. 38 und 40.
[63] Vgl. *Karsten Schmidt/Uhlenbruck*, Rn. 5.46.
[64] Vgl. Vgl. OLG Hamm ZinsO 2010, 1006.
[65] Vgl. *Karsten Schmidt*, § 18 Rn. 14.
[66] Vgl. *Karsten Schmidt/Uhlenbruck*, Rn. 5.42.
[67] Vgl. *Karsten Schmidt*, § 18 Rn. 16.

keit.⁶⁸ Demnach fällt ein Schuldner zum Prüfungszeitpunkt bedingt durch die Fälligkeit bestehender Verbindlichkeiten im Prognosezeitraum voraussichtlich in den Zustand der Zahlungsunfähigkeit.⁶⁹ Voraussichtlich bedeutet überwiegend wahrscheinlich, größer 50%.⁷⁰ Anhand von Liquiditätsplänen ist die Prognose zu erstellen (Finanzplan),⁷¹ wobei es sich hier **nicht** um eine **Fortbestehensprognose** i.S.d. § 19 InsO handelt, weil lediglich bestehende Verbindlichkeiten zum Fälligkeitspunkt auszugleichen sind und es nicht grundsätzlich um die Überlebensfähigkeit eines Unternehmens geht.⁷² Allerdings bedeutet die drohende und sich in der Zukunft manifestierende Zahlungsunfähigkeit, dass keine positive Fortbestehensprognose vorliegen kann. In diesen Fällen ist eine Überschuldungsprüfung (vgl. Rn. 41 ff.) durchzuführen.

Die im Prognosezeitraum zu betrachtende Liquidität hat sämtliche Zu- und Abflüsse von Mitteln und damit auch nach dem Prüfungszeitpunkt entstehende, fällige Verpflichtungen zu berücksichtigen.⁷³ Der Prognosezeitraum ist im Einzelfall zu bestimmen und hängt von der bestehenden Verbindlichkeit bzw. deren Fälligkeit⁷⁴ sowie von der Prognosefähigkeit ab.⁷⁵ In jedem Fall steigt mit der Prognosedauer die Schwierigkeit, ein Wahrscheinlichkeitsurteil von über 50% zu erzielen.⁷⁶ Der Prognosezeitraum kann daher nur kurzfristig bis Ende des Geschäftsjahres oder bis zu einem Jahr sein.

IV. Überschuldung

1. Überschuldungsbegriff und Überschuldungsprüfung

Neben der bereits angesprochenen Zahlungsunfähigkeit ist bei einer juristischen Person nach § 19 Abs. 1 InsO auch die Überschuldung Eröffnungsgrund für das Insolvenzverfahren. Der Tatbestand der Überschuldung tritt ein, wenn das Vermögen des Schuldners die bestehenden Verbindlichkeiten nicht mehr deckt (§ 19 Abs. 2 InsO). 41

Durch das Gesetz zur Umsetzung eines Maßnahmenpakets zur Stabilisierung des Finanzmarktes (Finanzmarktstabilisierungsgesetz) vom 17.10.2008 ist der in § 19 Abs. 2 InsO geregelte Überschuldungsbegriff neu gefasst worden. Aktuell kann eine Überschuldung nur bei negativer Fortbestehensprognose vorliegen. 42

Ob eine Überschuldung vorliegt, ist anhand einer Überschuldungsbilanz zu überprüfen. Dabei handelt es sich um einen, von handels- und steuerrechtlichen Bewertungsregeln losgelösten Vermögens- und Schuldenstatus, der alle Vermögenswerte und Verbindlichkeiten des Unternehmens enthält.⁷⁷ Von besonderer Bedeutung ist, dass Ansatz und Bewertung im Überschuldungsstatus von den Überlebenschancen des Unternehmens abhängen. Daher empfiehlt es sich, den Überschuldungstatbestand in einem zweistufigen Verfahren zu prüfen. In einem ersten Schritt werden die Überlebensaussichten mittels einer Fortbestehensprognose überprüft. Anschließend wird ein stichtagsbezogener Über- 43

---

⁶⁸ Vgl. ebenda.
⁶⁹ Vgl. ebenda Rn. 19.
⁷⁰ Vgl. *Burger/Schellberg* BB 1995, 265.
⁷¹ Vgl. PS800, Rn. 49 ff.
⁷² Vgl. *Karsten Schmidt*, § 18 Rn. 22.
⁷³ Vgl. ebenda Rn. 26.
⁷⁴ Vgl. PS 800, Rn. 16.
⁷⁵ Vgl. *Karsten Schmidt*, § 18 Rn. 27.
⁷⁶ Vgl. ebenda Rn. 21.
⁷⁷ Vgl. *Kerz* DStR 2012, 207.

schuldungsstatus aufgestellt, bei dem sich Ansatz und Bewertung der einzelnen Vermögensgegenstände und Schulden nach den aus der Fortbestehensprognose gewonnenen Erkenntnissen ableiten.[78]

2. Fortbestehensprognose

44 **a) Unternehmenskonzept und Finanzplanung.** Durch die Fortbestehensprognose soll beurteil werden, ob eine überwiegende Wahrscheinlichkeit für die Fortführung des Unternehmens besteht.[79] Eine Fortführung der Gesellschaft erscheint dann als gegeben, wenn sie zur Befriedigung der Gläubigeransprüche besser geeignet ist, als eine sofortige Liquidation.[80] Davon kann ausgegangen werden, wenn mittelfristig Einnahmeüberschüsse erzielt werden. Demnach handelt es sich bei der Fortbestehensprognose um eine Prognose mittelfristiger Zahlungsfähigkeit.[81]

45 Ausgangsbasis für die Erstellung einer Fortbestehensprognose ist ein Unternehmenskonzept. Dieses beinhaltet die verbale und inhaltliche Umschreibung der Ziele, Strategien und der geplanten Handlungsabläufe und kann sowohl auf eine Unternehmensfortführung als auf eine Verwertung des Gesellschaftsvermögens ausgerichtet sein. Um als geeignete Grundlage für eine Fortbestehensprognose fungieren zu können, muss das Unternehmenskonzept schlüssig, fundiert und mit den dem Unternehmen zu Verfügung stehenden Ressourcen realisierbar sein.[82]

46 Das Konzept wird anschließend über eine Ergebnisplanung quantifiziert und in einen Finanzplan übergeleitet, anhand dessen ein Urteil über die Zahlungsfähigkeit der Gesellschaft im Prognosezeitraum getroffen werden soll.[83] Damit ist der Finanzplan das zentrale Element, auf dessen Grundlage die Belastbarkeit des Fortführungs- oder Verwertungskonzepts anhand der erwarteten Zahlungsströme belegt wird. Die Komplexität des Schuldnerunternehmens sowie der Grad der Krise und die aktuelle bzw. erwartete Liquiditätslage bestimmen den erforderlichen Detaillierungsgrad der Planung (z.B. monatlich bzw. wöchentlich), der einzelfallbezogen festzulegen ist.[84] Aus Gründen der Praktikabilität muss die Prüfung der Fortführungsfähigkeit eines Unternehmens zeitlich begrenzt werden. Je länger der zu beurteilende Zeitraum determiniert wird, desto größer werden die Gestaltungsspielräume des Managements bzw. der Eigentümer des Schuldnerunternehmens und desto aufwendiger wird eine Nachprüfung durch Dritte. Der grundsätzlich mit dem Stichtag des Überschuldungsstatus beginnende Prognosezeitraum sollte daher zwei Jahre nicht überschreiten.[85] Dabei wird i.d.R. auf das laufende Geschäftsjahr sowie das Folgejahr abgestellt.[86] Unternehmens- bzw. branchenspezifische Charakteristika (z.B. lange Produktionszyklen) können aber auch längere Prognosezeiträume rechtfertigen. Eine zu beurteilende Ermittlungsperiode, die über eine Dauer von weniger als 12 Mona-

---

[78] Vgl. IDW FAR 1/1996, S. 19; *Kühne*, Rn. 227.
[79] Vgl. *Nickert*, Überschuldungs- und Zahlungsunfähigkeitsprüfung im Insolvenzrecht, Rn. 278.
[80] Vgl. MüKoInsO/*Drukarczyk*, Rn. 53.
[81] Vgl. HKlusO/*Kirchhof*, § 19, Rn. 12; *Schmidt/Uhlenbruck*, in *Schmidt/Uhlenbruck*, Die GmbH in Krise, Sanierung und Insolvenz, Rn. 5.124.
[82] Vgl. IDW FAR 1/1996, S. 20.
[83] Vgl. ebenda, S. 21; *Nickert,* Überschuldungs- und Zahlungsunfähigkeitsprüfung im Insolvenzrecht, Rn. 280.
[84] Vgl. IDW FAR 1/1996, S. 21; *Nickert*, Überschuldungs- und Zahlungsunfähigkeitsprüfung im Insolvenzrecht, Rn. 284.
[85] Vgl. MüKoInsO/*Drukarczyk*, Rn. 56.
[86] Vgl IDW FAR 1/1996, S. 21.

ten angesetzt ist, erscheint aufgrund des kurzen Zeitraums als Basis für eine Fortführungsprognose als unzureichend.[87]

Die im Zuge der Prognose zugrunde gelegten Rahmenbedingungen sind aus den tatsächlichen Verhältnissen zum Stichtag abzuleiten und plausibel fortzuentwickeln. Maßnahmen zur Sanierung, wie z.B. die Mobilisierung von stillen Reserven, sind mit Blick auf die Finanzlage des Unternehmens in die Planungen mit einzubeziehen, wenn davon ausgegangen werden kann, dass deren Auswirkungen mit überwiegender Wahrscheinlichkeit eintreten werden. Hängen Sanierungselemente von unternehmensexternen Entscheidungen ab (z.B. Forderungsverzichte), sind diese nur bei hinreichend gesicherter Realisierung in der Finanzplanung abzubilden.[88] 47

Die Finanzpläne bzw. Liquiditätspläne sind nach h.M. um Plan-Bilanzen und Plan-Gewinn- und Verlustrechnungen zu erweitern, da ansonsten gesellschaftsrechtliche Vorschriften oder Steuerzahlungen/-erstattungen, die sich regelmäßig auf Basis des Zahlenwerks von Bilanz und Gewinn- und Verlustrechnung ergeben, nicht ohne weiteres erfasst werden könnten.[89] 48

Die in der Finanzplanung umgesetzte **Zahlungsfähigkeitsprognose** darf nicht einwertig sein, da sonst die bestehenden Unsicherheiten nicht berücksichtigt und die durch den Gesetzeswortlaut geforderte überwiegende Wahrscheinlichkeit nicht überprüft werden könnten. Im Rahmen einer Mehrwertigkeit sind daher grundsätzliche verschiedene Szenarien zu erfassen, die sich nach den evtl. eintretenden Umweltzuständen richten.[90] Diese Szenarien, die die Fortentwicklung der Gesellschaft zustandsabhängig abbilden, sind dann nach der Wahrscheinlichkeit ihres Eintritts zu werten. Der Entwicklungspfad mit der größten Eintrittswahrscheinlichkeit dient als Grundlage für die Finanzplanung.[91] Da in der Praxis insbesondere kleinere Unternehmen über keine detaillierte bzw. zustandsabhängige Finanzplanung verfügen, wird i.d.R. mit einwertigen Finanzplanungen gearbeitet, deren Realisierung mit überwiegender Wahrscheinlichkeit erwartet werden kann.[92] Bei mittleren und großen Unternehmen sowie Konzernen wird davon ausgegangen, dass derartige Planungen durch die Geschäftsführung initiiert werden. Insbesondere in Krisenzeiten ist ein derartiges Vorgehen angezeigt. 49

b) Ableitung der Fortbestehensprognose. Die Fortbestehensprognose stellt das Urteil bezüglich der Überlebensfähigkeit des Unternehmens bzw. dessen Verwertungsaussichten innerhalb eines eingegrenzten, zukünftigen Zeitraums dar und wird aus dem Unternehmenskonzept und der daraus entwickelten Finanzplanung abgeleitet.[93] 50

Von einer positiven Fortbestehensprognose kann ausgegangen werden, wenn die Fortführungsfähigkeit des Unternehmens gegeben ist. Diese kann angenommen werden, wenn sich durch die Finanzplanung ergibt, dass die Erhaltung bzw. Wiedererlangung des finanziellen Gleichgewichts der Gesellschaft innerhalb des abgesteckten Prognosezeitraums plausibel erscheint. Eine positive Fortbestehensprognose kann auch bei in der Pla- 51

---

[87] Vgl. ebenda; MüKoInsO/*Drukarczyk*, Rn. 56.
[88] Vgl IDW FAR 1/1996, S. 21.
[89] Vgl. MüKoInsO/*Drukarczyk*, Rn. 54; *Nickert*, Überschuldungs- und Zahlungsunfähigkeitsprüfung im Insolvenzrecht, Rn. 327.
[90] Vgl. MüKoInsO/*Drukarczyk*, Rn. 55 und 58; *Spliedt*, Anwaltshandbuch Insolvenzrecht, Rn. 87 f.
[91] Vgl. *Nickert*, Überschuldungs- und Zahlungsunfähigkeitsprüfung im Insolvenzrecht, Rn. 328; MüKoInsO/*Drukarczyk*, Rn. 66 ff.
[92] Vgl. MüKoInsO/*Drukarczyk*, Rn. 78.
[93] Vgl. IDW FAR 1/1996, S. 22.

§ 25 6. Teil. Möglichkeiten der Sanierung nach der Insolvenzordnung

nung angenommener Teilliquidation von nicht betriebsnotwendigen Vermögensgegenständen getroffen werden.[94]

52   Ergibt sich dagegen aus der Finanzplanung eine finanzielle Unterdeckung im Beurteilungszeitraum und somit eine drohende Zahlungsunfähigkeit (vgl. Rn. 40), ist hieraus eine negative Fortbestehensprognose abzuleiten. Da nicht von einer Fortführungsfähigkeit des Unternehmens ausgegangen werden kann, ist zur Vermeidung eines Insolvenzverfahrens die Umsetzbarkeit eines Liquidationskonzeptes zu untersuchen. In der Finanzplanung sind dabei die Effekte der angenommenen Verwertungsintensität sowie der Verwertungsgeschwindigkeit zu quantifizieren.[95]

3. Überschuldungsstatus

53   **a) Grundsatz.** Durch die stichtagsbezogene Gegenüberstellung des Vermögens und der Schulden des Unternehmens (Überschuldungsstatus) wird das Vorliegen bzw. Nichtvorliegen einer Überschuldung beurteilt, sofern eine negative Fortbestehensprognose vorliegt. Ansatz- und Bewertungsgrundsätze sind dabei losgelöst von handelsrechtlichen Bewertungsvorschriften und -grundsätzen (Vorsichts-, Realisations-, Anschaffungskosten- sowie Imparitätsprinzip) am Zweck der Überschuldungsprüfung auszurichten.[96] Die Ansatzfähigkeit richtet sich dabei nach der Verwertbarkeit der Vermögensgegenstände und Schulden, mit Hinblick auf die Wahrung des Gläubigerschutzes.[97]

54   Ausgangspunkt für die Erstellung des Überschuldungsstatus ist nach h.M. die Handelsbilanz.[98] Diese ist so zu modifizieren, dass auch außerbilanzielle Vermögenswerte und Schulden, die zum Stichtag auf vertraglicher oder tatsächlicher Basis bestehen, erfasst werden (z.B. Effekte aus der Vermarktung von unfertigen und fertigen Erzeugnissen oder Kosten eines beabsichtigten Sozialplans).[99] Aktivierbar sind im Konzernverbund daher auch Darlehensrückzahlungsansprüche aus einem Cash-Pooling.[100] Die Bewertung erfolgt zu Zeitwerten, wobei diese als Veräußerungswerte anzuwenden sind. Dabei dürfen unter Beachtung des Stichtagsprinzips nur die zum Stichtag bereits bestehenden stillen Reserven und Lasten aufgedeckt werden.[101] Durch die Entfristung des im Rahmen des Finanzmarktstabilisierungsgesetzes neu gefassten Überschuldungsbegriffs kann eine Überschuldung aktuell nur bei einer negativen Fortbestehensprognose vorliegen.

55   **b) Ansatz und Bewertung bei negativer Fortbestehensprognose.** Ergibt sich aus dem Finanzplan, dass eine Fortführung des Unternehmens nicht überwiegend wahrscheinlich ist, sind Vermögenswerte und Schulden im Überschuldungsstatus unter der Prämisse der Liquidation anzusetzen und zu bewerten.[102] Dabei sind nur diejenigen Vermögensgegenstände zu aktivieren, bei denen von einer konkreten Verwertbarkeit ausgegangen werden kann.[103] Der Liquidationswert entspricht dann dem Veräußerungswert der Vermögenswerte abzüglich der im Rahmen der Verwertung entstehenden Kosten

---

[94] Vgl. ebenda.
[95] Vgl. ebenda.
[96] Vgl. ebenda; MüKoInsO/*Drukarczyk*, Rn. 87.
[97] Vgl. IDW FAR 1/1996, S. 22.
[98] Vgl. ebenda; MüKoInsO/*Drukarczyk*, Rn. 87.
[99] Vgl. IDW FAR 1/1996, S. 23.
[100] Vgl. *Schmidt/Uhlenbruck* in *Schmidt/Uhlenbruck*, Die GmbH in Krise, Sanierung und Insolvenz, Rn. 5.154.
[101] Vgl. IDW FAR 1/1996, S. 23.
[102] Vgl. MüKoInsO/*Drukarczyk*, Rn. 91, IDW FAR 1/1996, S. 24.
[103] Vgl. MüKoInsO/*Drukarczyk*, Rn. 92 ff.

sowie steuerlicher Lasten.[104] Geschwindigkeit und Intensität der Abwicklung ergeben sich durch die der Verwertungsprognose zugrunde liegenden Verwertungsstrategie.[105] Grundsätzlich ist dabei von einer planmäßigen Veräußerung der Vermögensgegenstände ohne speziellen Zeitdruck auszugehen. Dies gilt allerdings nicht, wenn aus dem Finanzplan ablesbar ist, dass es ohne Einbezug von im Rahmen der Liquidation realisierbaren Veräußerungserlösen in naher Zukunft zu anhaltenden Liquiditätsengpässen kommt.[106] Hinsichtlich der Veräußerungsintensität ist i.d.R. von der Einzelveräußerung auszugehen, es sei denn, es liegen fassbare Anhaltspunkte für Teilbetriebsveräußerungen vor.[107] Ausgangspunkt für die Ermittlung von Liquidationswerten sind jeweils die auf Basis von Unternehmenskonzept und Finanzplan abgeleiteten wahrscheinlichsten Verwertungsmöglichkeiten.[108]

4. Beurteilung der Existenz einer Überschuldung

Das Vorliegen von Überschuldung ist abschließend auf Grundlage des Überschuldungsstatus zu beurteilen.[109] Ist die Summe der Vermögenswerte abzüglich der Summe der Schulden im Überschuldungsstatus negativ, ist gem. § 19 Abs. 2 S. 1 InsO der Tatbestand der Überschuldung erfüllt.[110] **56**

Bei positivem Nettovermögen aber negativer Fortbestehensprognose ist drohende Überschuldung gegeben. Zwar stellt diese keinen gesetzlich normierten Insolvenztatbestand dar, allerdings signalisiert die negative Fortbestehensprognose eine drohende Aufzehrung des am Stichtag bestehenden Reinvermögens und/oder Zahlungsunfähigkeit.[111] **57**

Ergibt sich aus der abschließenden Beurteilung, dass Überschuldung bzw. drohende Überschuldung vorliegt, ist es empfehlenswert, diese Ergebnisse und die dahinter stehenden Prüfungsschritte umfangreichen Plausibilitätsprüfungen zu unterziehen. Im Fall der Überschuldung erscheint es allein aufgrund deren Bedeutung als insolvenzbegründendes Kriterium sinnvoll, das endgültige Urteil entsprechend abzusichern. Bei drohender Überschuldung sollten zudem Sensitivitätsanalysen hinsichtlich der zugrunde liegenden Annahmen durchgeführt werden und die einzelnen Komponenten der Überschuldungsprüfung im Bezug auf die zukünftige Entwicklung einer steten Aktualisierung und Überprüfung unterzogen werden.[112] **58**

---

[104] Vgl. *Kühne*, Überschuldungs- und Zahlungsunfähigkeitsprüfung im Insolvenzrecht, Rn. 246 ff.; IDW FAR 1/1996, S. 24.
[105] Vgl. IDW FAR 1/1996, S. 24.
[106] Vgl. HKlusO/*Kirchhof*, Rn. 15.
[107] Vgl. *Spliedt*, Anwaltshandbuch Insolvenzrecht, Rn. 75; MüKoInsO/*Drukarczyk*, Rn. 91; *Schmidt*, Die GmbH in Krise, Sanierung und Insolvenz, Rn. 5.75.
[108] Vgl. IDW FAR 1/1996, S. 24.
[109] Vgl. ebenda; Heidelberger Kommentar zur Insolvenzordnung/*Kirchhof*, § 19, Rn. 17.
[110] Vgl. IDW FAR 1/1996, S. 24.
[111] Vgl. IDW FAR 1/1996, S. 25.
[112] Vgl. ebenda.

§ 26 Das Schutzschirmverfahren

Übersicht

	Rn.
I. Einleitung	1, 2
II. Voraussetzungen für die Anordnung des Schutzschirmverfahrens	3–10
1. Anträge des Schuldners	3, 4
2. Eröffnungsgrund	5
3. Keine offensichtliche Aussichtslosigkeit der Sanierung	6
4. Sanierungsbescheinigung	7, 8
5. Voraussetzungen der Eigenverwaltung	9, 10
III. Anordnungsbeschluss und Rechtsfolgen	11–24
1. Beschluss über die Vorlage eines Insolvenzplans	11, 12
2. Der vorläufige Sachwalter	13–18
a) Die Bestellung	13–16
b) Die Funktion	17, 18
3. Anordnung vorläufiger Manahmen	19
4. Kompetenz zur Begründung von Masseverbindlichkeiten	20–24
a) Gesetzliche Grundlagen	20
b) Die Stellung des vorläufigen Sachwalters	21, 22
c) Haftung	23
d) Fazit	24
IV. Beendigung des Schutzschirmverfahrens und ihre Folgen	25–36
1. Fortführung des Eröffnungsverfahrens nach Aufhebung des Schutzschirms	25
2. Beendigung durch Fristablauf	26
3. Beendigung durch Aufhebung nach Abs. 4	27–36
a) Allgemein	27, 28
b) Nicht: Zahlungsunfähigkeit nach Anordnung des Schutzschirmverfahrens	29, 30
c) Aussichtslosigkeit der angestrebten Sanierung nach Nr. 1	31, 32
d) Antrag des vorläufigen Gläubigerausschusses	33, 34
e) Antrag eines absonderungsberechtigten Gläubigers oder Insolvenzgläubigers	35
f) Rechtsmittel	36

I. Einleitung

1 Das Eröffnungsverfahren nach § 270b InsO soll dem Schuldner ermöglichen „unter der Sicherheit eines ‚Schutzschirms' und in Eigenverwaltung einen Sanierungsplan zu erarbeiten"[1]. Das § 270b – Verfahren wird deshalb allgemein als Schutzschirmverfahren bezeichnet. Das Schutzschirmverfahren soll die bisherige Praxis der sehr späten Antragstellungen verändern: Bisher versuchten Schuldner, die Antragstellung bis hin zur Insolvenzverschleppung zu vermeiden. Grund hierfür ist das **Stigma der Insolvenz**: Insolvenz bedeutet in vielen Köpfen immer noch Kontrollverlust und Liquidation. Spätestens mit Eröffnung des Verfahrens – teilweise bereits im Eröffnungsverfahren (§ 21 Abs. 2

---

[1] Gesetzesentwurf der Bundesregierung als BT-Drs. 17/5712 vom 4.5.2011, S. 19.

Nr. 1, 2, 1. HS InsO) – geht die Verwaltungs- und Verfügungsbefugnis auf den Insolvenzverwalter über (§ 80 Abs. 1 InsO). Wird „nur" ein vorläufiger schwacher Insolvenzverwalter bestellt, so wird meist ein Zustimmungsvorbehalt angeordnet (§ 21 Abs. 2 Nr. 1, 2, 2. HS InsO). Für das Schuldnerunternehmen bedeutete der Eröffnungsantrag mithin in der ganz überwiegenden Zahl der Fälle einen Kontrollverlust für das bisherige Management.[2] Erschwerend kommt hinzu, dass der Schuldner kaum Möglichkeiten hatte, auf die Person des Insolvenzverwalters Einfluss zu nehmen.[3] Bereits der Vorschlag einer konkreten Person war geeignet, Zweifel an der Unabhängigkeit dieser Person zu begründen.[4] Dabei müssen Schuldner und Verwalter eng zusammenarbeiten, soll eine Sanierung gelingen.[5] Zudem wird im Nichtjuristenkreis Insolvenz oftmals mit bevorstehender Liquidation gleichgesetzt. Die Liquidation ist ein harter Schlag für jedes Schuldnerunternehmen, ganz besonders für inhabergeführte Einzelunternehmen oder Familienbetriebe. Die Angst vor Kontrollverlust und Liquidation führt dazu, dass der Schuldner die in der Insolvenz liegenden Chancen für eine nachhaltige Unternehmenssanierung nicht sieht und den Antrag möglichst vermeiden will – oftmals durch bloße Schaffung von Liquidität. Eine Ausreizung von Kreditlinien, Stundungs-, und Stillhaltevereinbarungen führen jedoch nicht aus der Krise, wenn die Krisenursache – wie in dem Gros der Fälle – im Missmanagement liegt. Holt sich das Management keine Sanierungsberater mit ins Boot, so sind die außergerichtlichen Sanierungsbemühungen i.d.R. zum Scheitern verurteilt. Zusätzlich führten sie meist zum Verbrauch verbleibender Reserven, so dass im anschließenden Insolvenzverfahren kaum noch Chancen für eine Sanierung bestanden.

Mit dem Schutzschirmverfahren will der Gesetzgeber **Anreize für eine frühzeitige Eigenantragsstellung** schaffen und so die Sanierungschancen trotz – oder sogar durch – Insolvenz verbessern. Die Stärkung der Eigenverwaltung durch Einführung des Schutzschirmverfahrens trägt dem gesetzgeberischen Ziel, die Sanierung insolvenzbedrohter Unternehmen zu erleichtern, ganz besonders Rechnung.[6] Auf diese Weise soll das Stigma der Insolvenz aufgeweicht, Kontrolle erhalten bleiben und Insolvenz nicht mehr mit der Liquidation gleichgesetzt werden. Dem liegt der Gedanke zugrunde, dass die Sanierung eines fortführungsfähigen Unternehmens dessen Liquidation vorzuziehen ist. Durch die Sanierung bleiben Arbeitsplätze, Kunden- und Lieferantenbeziehungen erhalten. Außerdem wirft das Unternehmen Erträge ab, wodurch eine Gläubigerbefriedigung i.d.R. höher ausfällt als bei einer Liquidation. Nach dem § 270b-Verfahren hat der Schuldner nunmehr die Möglichkeit, maßgeblich an der Sanierung beteiligt zu sein. Unter dem Schutzschirm verfügt und verwaltet er selbst. Hierdurch bleibt für die Unternehmenssanierung und -weiterführung essentielles know how im Unternehmen erhalten. Für alle anfallenden Tätigkeiten steht dem Schuldner ein vorläufiger Sachwalter zur Seite. Unter dem Schutzschirm kann der Schuldner sodann innerhalb von maximal drei Monaten einen Sanierungsplan erarbeiten, ohne befürchten zu müssen, in dieser Zeit mit Einzelvollstreckungen oder sonstigen sanierungsfeindlichen Maßnahmen konfrontiert zu werden.[7] Nachteilige Veränderungen der Vermögenslage können durch vorläufige Sicherungsmaßnahmen nach § 21 Abs. Abs. 1, Abs. 2 Nr. 1a, 3 bis 5 InsO vermieden werden. Zudem ist durch die Masseverbindlichkeitenbegründungskompetenz des Schuldners ge-

---

[2] Ähnlich *Nöll* ZInsO 2013, 745; *Foltis* in FK-InsO, § 270a, Rn. 1.
[3] Vgl. *Wimmer* jurisPR-InsR 05/2011, Anm. 1.
[4] Vgl. Gesetzesentwurf der Bundesregierung als BT-Drs. 17/5712 vom 4.5.2011, S. 26.
[5] Vgl. *Nöll* ZInsO 2013, 745.
[6] Vgl. Gesetzesentwurf der Bundesregierung als BT-Drs. 17/5712 vom 4.5.2011.
[7] Vgl. Gesetzesentwurf der Bundesregierung als BT-Drs. 17/5712 vom 4.5.2011, S. 40. angeordnet werden.

währleistet, dass Beziehungen zu Lieferanten, Banken und sonstigen Gläubigern aufrechterhalten bleiben können. Das Schutzschirmverfahren weicht mithin in vielen Punkten vom klassischen Regelinsolvenzverfahren ab. Als „vorbereitendes" Verfahren unter Schirmherrschaft des Schuldners haftet dem Schutzschirmverfahren gerade nicht mehr das Stigma der Insolvenz an.[8] Hierdurch wird ein Anreiz geschaffen, bereits „fünf vor zwölf" einen Eigenantrag zu stellen. Dies ist einerseits eine Chance, da Stakeholder bei Anordnung eines Schutzschirmverfahrens noch offen für Sanierungsmaßnahmen sein werden; andererseits können drei Monate weiter andauernde Misswirtschaft das Unternehmen mehr in die als aus der Krise führen. Entsprechend hoch sind und müssen die Anforderungen an die Anordnung des Schutzschirmverfahrens und entsprechend niedrig die Anforderungen an seine Aufhebung sein.

II. Voraussetzungen für die Anordnung des Schutzschirmverfahrens

1. Anträge des Schuldners

3   Die Voraussetzungen für die Anordnung des Schutzschirmverfahrens sind in § 270b Abs. 1 InsO geregelt.

4   Das Schutzschirmverfahren ist ein Verfahren der Eigenverwaltung und als solches ein Insolvenzverfahren. Mithin besteht ebenfalls ein Antragserfordernis.[9] Für den **Eröffnungsantrag** gelten §§ 13 bis 15a InsO. Neben dem Eröffnungsantrag müssen zudem der Antrag auf **Eigenverwaltung** und der Antrag auf Bestimmung einer **Frist zur Vorlage des Insolvenzplans**[10] vom Schuldner gestellt werden.[11]

2. Eröffnungsgrund

5   Ein Schutzschirmverfahren ist – im Gegensatz zur Eigenverwaltung und vorläufigen Eigenverwaltung – nur bei **drohender Zahlungsunfähigkeit** und **Überschuldung**[12] möglich. Besteht nicht einmal drohende Zahlungsunfähigkeit, so ist das Schutzschirmverfahren unzulässig.[13] Der Gesetzgeber wollte gerade **kein Vorinsolvenzverfahren** einführen,[14] wie bereits in anderen europäischen Staaten praktiziert.[15] Bei Zahlungsunfähigkeit kommt zwar die Anordnung der Eigenverwaltung, nicht aber ein Schutzschirmverfahren in Frage. Die Privilegien des Schutzschirmverfahrens kommen mithin nur den Schuldnern zugute, die frühzeitig, i.e. vor Zahlungsunfähigkeit, den Insolvenzantrag stel-

---

[8] Vgl. *Vallender* GmbHR 2012, 450; *Schelo* ZIP 2012, 712, 715.
[9] Vgl. *Riggert* in Braun, InsO, § 270b, Rn. 4.
[10] Auch „Antrag auf Anordnung des Schutzschirmverfahrens" bzw. „Antrag auf Anordnung des § 270b-Verfahrens", vgl. *Riggert* in Braun, InsO, § 270b, Rn. 4.
[11] Vgl. *Hirte* ZInsO 2011, 401; *Fiebig* in HH-InsO, § 270b, Rn. 2.
[12] Vgl. zum Überschuldungsbegriff ausführlich *Pott* NZI 2012, 4 ff. → § 25.
[13] Vgl. *Pape* in Kübler et al., InsO, § 270b, Rn. 29.
[14] Kritisch und eine Vorverlagerung befürwortend *Hirte* ZInsO 2011, 401, 402.
[15] Vgl. die Auflistung von Vorinsolvenz- und Hybridverfahren bei *Hess/et al.*, Evaluation Reg. 1346/2000/EC, S. 14 ff. sowie den Vorschlag der Europäischen Kommission, diese Verfahren in Zukunft auch in den Anwendungsbereich der EuInsVO einzubeziehen, *Commission*, Proposal, S. 5 f., 19. Kritisch *Wimmer* jurisPR-InsR 13/2012, Anm. 1. Zu der Klassifizierung des Schutzschirmverfahrens im Rahmen der EuInsVO und hieraus resultierenden Problemen *Piekenbrock* NZI 2012, 905, 908 ff.; *Thole*, ZGR 2013, 109, 156 ff.

len.¹⁶ Ob ein qualifizierter Eröffnungsgrund aber noch keine Zahlungsunfähigkeit vorliegt, kann das Gericht anhand der vom Schuldner vorzulegenden **Sanierungsbescheinigung** ermitteln.¹⁷

3. Keine offensichtliche Aussichtslosigkeit der Sanierung

Die Sanierung darf nicht offensichtlich aussichtslos sein, § 270b Abs. 1 S. 1 InsO. An den Prüfungsmaßstab sind keine zu hohen Anforderungen zu stellen. Der Wortlaut sowie Sinn und Zweck des Schutzschirmverfahrens als vorbereitendes Sanierungsverfahren, in dem der konkrete, der Sanierung dienende Insolvenzplan erst erstellt wird, machen deutlich, dass sich die Überprüfung lediglich auf sich aufdrängende Zweifel an der Sanierungsfähigkeit bezieht.¹⁸ Solche Zweifel bestünden beispielsweise dann, wenn aus dem Antrag ersichtlich wird, dass sich der Schuldner bislang kaum Gedanken über die Sanierung und ein zumindest grobes Sanierungskonzept gemacht hat.¹⁹ Ausgangspunkt für die Überprüfung der offensichtlichen Aussichtslosigkeit ist – wie schon beim Eröffnungsgrund – die Sanierungsbescheinigung.²⁰

6

4. Sanierungsbescheinigung

Die Sanierungsbescheinigung²¹ ist gem. § 270b Abs. 1 S. 3 InsO den Anträgen beizufügen. Die Bescheinigung kann von einem Steuerberater, Wirtschaftsprüfer oder Rechtsanwalt mit **einschlägiger Berufserfahrung** ausgestellt werden. Zudem von Personen mit vergleichbaren Qualifikationen. Hierunter fallen zum einen Personen mit vergleichbaren Befugnissen wie die genannten Personen. Der Gesetzentwurf nennt hier Steuerbevollmächtigte und vereidigte Buchprüfer.²² Vor allem aber soll die Formulierung auch Personen anderer vergleichbarer Berufsgruppen anderer **Mitgliedstaaten der EU** einbeziehen.²³ Selbstverständlich müssen diese Personen ebenfalls über die entsprechende insolvenzrechtliche Erfahrung verfügen. **Inhaltlich** bestätigt die Sanierungsbescheinigung, dass drohende Zahlungsunfähigkeit und/oder Überschuldung, aber keine Zahlungsunfähigkeit vorliegt und dass die Sanierung nicht offensichtlich aussichtslos ist.

7

---

[16] *Nöll* ZInsO 2013, 745, 750 sieht in den im Schutzschirmverfahren gewährten Vorteile eine „Belohnung für ein als vorbildhaft empfundenes Vorverhalten". Hierdurch sollen Anreize zur frühzeitigen Stellung des Insolvenzantrags gesetzt werden, Gesetzesentwurf der Bundesregierung als BT-Drs. 17/5712 vom 4.5.2011, S. 40.
[17] Vgl. *Wimmer* jurisPR-InsR 05/2011, Anm. 1. Gesetzesentwurf der Bundesregierung als BT-Drs. 17/5712 vom 4.5.2011, S. 40; *Pape* in Kübler/et al., InsO, § 270b, Rn. 41.
[18] Vgl. *Fiebig* in HH-InsO, § 270b, Rn. 5; *Foltis* in FK-InsO, § 270b, Rn. 19.
[19] Vgl. *Pape* in Kübler/et al., InsO, § 270b, Rn. 34.
[20] Vgl. *Wimmer* jurisPR-InsR 05/2011, Anm. 1. Gesetzesentwurf der Bundesregierung als BT-Drs. 17/5712 vom 4.5.2011, S. 40; *Pape* in Kübler/et al., InsO, § 270b, Rn. 35.
[21] Ausführlich zu den notwendigen Inhalten der Sanierungsbescheinigung im Hinblick auf das Nichtvorliegen der offensichtlichen Aussichtslosigkeit → § 27. Vgl. zudem *Zipperer/Vallender* NZI 2012, 729 ff.; *Pape* in Kübler/et al., InsO, § 270b, Rn. 45 ff.; *Richter/Pluta* BB 2012, 1591 ff.; *Knief* DB 2012, 2353, 2355 ff. Zu den Anforderungen an die als Bescheiniger tätig werdenden Steuerberater *Kettelborn* BB 2012, 1579, 1580 f.
[22] Vgl. Gesetzesentwurf der Bundesregierung als BT-Drs. 17/5712 vom 4.5.2011, S. 40.
[23] Vgl. Gesetzesentwurf der Bundesregierung als BT-Drs. 17/5712 vom 4.5.2011, S. 40; *Hirte* ZInsO 2011, 401, 403; *Pape* in Kübler/et al., InsO, § 270b, Rn. 34; *Gutmann/Laubereau* ZInsO 2012, 1861, 1867.

8 Betrachtet man die **Auswirkungen der Sanierungsbescheinigung**, so ist diese mit dem Gutachten in den Regelinsolvenzfällen vergleichbar.[24] Die Sanierungsbescheinigung soll eine zusätzliche, zeitaufwendige Prüfung des Gerichts obsolet werden lassen. Mithin ist die Sanierungsbescheinigung für die Prüfung der Voraussetzungen für das Schutzschirmverfahren und somit letztendlich auch für dessen Anordnung wesentlich. Entsprechend wichtig ist die Objektivität von Bescheiniger und Bescheinigung. Im Gegensatz zum Gutachter wird der Sanierungsbescheiniger vom Schuldner vor dem Eröffnungsantrag beauftragt. Das Gutachten wird hingegen von einem vom Gericht bestellten Sachverständigen erstellt, mit dessen Arbeitsweise das Gericht meist bereits vertraut ist. Überdies kann es bei dem von ihm selbst bestellten Sachverständigen von vornherein auf dessen Unabhängigkeit achten. Beim Sanierungsbescheiniger ist das Gericht hingegen im Zweifelsfall weder mit der Verbindung zwischen Bescheingier und Schuldner noch mit der Arbeitsweise des Bescheinigers vertraut. Die Auswahl des Bescheinigers durch den Schuldner bringt mithin die **Gefahr einer zu positiven Sanierungsbescheinigung** mit sich. Deshalb ist es unumgänglich, an die Person des Bescheinigers und die Bescheinigung selbst, hohe Anforderungen zu stellen.[25] Das Gericht muss beides kritisch überprüfen.[26]

5. Voraussetzungen der Eigenverwaltung

9 Es stellt sich die Frage, ob neben den in § 270b InsO aufgeführten Anordnungsvoraussetzungen zusätzlich die Anordnungsvoraussetzungen der (vorläufigen) Eigenverwaltung vorliegen müssen. Unstreitig müssen die Voraussetzungen des § 270 InsO[27] gegeben sein.[28] Für das Schutzschirmverfahren muss mithin ebenfalls ein **Schuldnerantrag** vorliegen. Zudem dürfen keine Umstände bekannt sein, die erwarten lassen, dass die Anordnung zu **Nachteilen für die Gläubiger** führen wird. Außerdem ist der **vorläufige Gläubigerausschuss** zu beteiligen. Zudem gilt die **schriftliche Begründungspflicht** bei Ablehnung des Antrags.[29]

10 Teilweise wird zudem angenommen, auch die **Voraussetzungen des § 270a InsO** müssten für die Anordnung des Schutzschirmverfahrens vorliegen.[30] Aus dem Gesetzestext und seiner Begründung ergibt sich nicht eindeutig, wie das Verhältnis von Schutzschirmverfahren und vorläufiger Eigenverwaltung ausgestaltet sein soll.[31] **Im Ergebnis sprechen jedoch systematische Gründe sowie Sinn und Zweck der Norm gegen eine entsprechende Anwendung.** Beide Verfahren sind Eröffnungsverfahren. Wegen des speziellen Charakters des Schutzschirmverfahrens als Sanierungs-Eröffnungsverfahrens und der hiermit verbundenen Privilegien für den Schuldner und den erhöhten Eröffnungsvoraussetzungen, ist jedenfalls davon auszugehen, dass die Regelungen des

---

[24] Ähnlich *Foerste* ZZP 2012, 265, 281.
[25] Ausführlich → § 27.
[26] Ähnlich *Pape* in Kübler/et al., InsO, § 270b, Rn. 23. Nach *Buchalik* ZInsO 2012, 349, 352 f. soll das Gericht trotz Sanierungsbescheinigung noch die Möglichkeit haben, einen Sachverständigen mit einem Gutachten zu beauftragen. Ebenso *Vallender* GmbHR 2012, 450, 452 f.
[27] Zu den Voraussetzungen vgl. ausführlich → § 28.
[28] Vgl. *Vallender* GmbHR 2012, 450, 452.
[29] Beim Schutzschirmverfahren besteht zudem eine Begründungspflicht, wenn das Gericht dem vom Schuldner vorgeschlagenen vorläufigen Sachwalter nicht bestellt, § 270b Abs. 2 S. 2 a.E. InsO.
[30] Vgl. *Ringstmeier* in Ahrens/et al. InsO, § 270b Rn. 16; *Riggert* in Braun, InsO, § 270b, Rn. 8; *Pape* in Kübler/et al., InsO, § 270b, Rn. 37.
[31] Vgl. *Riggert* in Braun, InsO, § 270b, Rn. 8.

§ 270b InsO nicht auf § 270a InsO anwendbar sind. Umgekehrt stellt sich hingegen die Frage, ob in § 270a InsO ein minus oder ein aliud zu § 270b InsO zu sehen ist. In ersterem Fall, wäre § 270a InsO auch auf § 270b InsO anwendbar, es sei denn, § 270b InsO enthält speziellere Vorschriften. In letzterem Fall käme lediglich eine analoge Anwendung in Frage, sofern Regelungslücken bestehen. Systematik und Telos sprechen für ein aliud und gegen eine analoge Anwendung. Wäre der Gesetzgeber davon ausgegangen, die Regelungen des § 270a InsO müssten auch für § 270b InsO gelten, so hätte er die Verweisung in § 270b Abs. 2 S. 1 InsO auf § 270a Abs. 1 InsO nicht anordnen müssen. Wäre § 270a InsO als allgemeinere Vorschrift anwendbar gewesen, so hätte er in diesem Fall ohnehin Gültigkeit besessen, da § 270b InsO keine eigene Bestimmung für den Sachwalter enthält. Wenn der Gesetzgeber nun aber speziell für die Regelung des Sachwalters auf § 270a InsO verweist, so liegt es nahe, anzunehmen, dass die anderen Regelungen des § 270a InsO, auf die nicht verwiesen wird, keine Anwendung finden sollen. Hierfür besteht im Übrigen auch kein Bedürfnis. Insbesondere kann der Argumentation nicht gefolgt werden, die Anwendung des § 270a InsO ergebe sich bereits aus dem Bedürfnis zu prüfen, ob die Anordnung zu Nachteilen der Gläubiger führt.[32] Eine mögliche Nachteiligkeit für Gläubiger wird bereits durch § 270 InsO geprüft. Für eine Anwendung des § 270a InsO wird angeführt, ohne die Anwendung des § 270a InsO könne im § 270b Verfahren kein vorläufiger Sachwalter bestellt werden.[33] Dem ist nicht zu folgen: § 270b InsO ordnet selbst die Bestellung eines vorläufigen Sachwalters an. Zudem ist die Bestellung eines vorläufigen Insolvenzverwalters sowie die Anordnung eines allgemeinen Verfügungsverbots oder Zustimmungsvorbehalts nach § 270a Abs. 1 S. 1 Nr. 1, Nr. 2 InsO nicht statthaft: Für die (analoge) Anwendung der Soll-Vorschrift des § 270a Abs. 1 S. 1 InsO besteht mithin kein Bedarf.

Fraglich ist nunmehr nur noch, was für § 270a Abs. 2 InsO gilt. Nach § 270a Abs. 2 InsO wird dem Schuldner die Gelegenheit gegeben, seinen Insolvenzantrag bei drohender Zahlungsunfähigkeit zurückzunehmen, sollte der Eigenverwaltungsantrag abgelehnt werden. Allerdings besteht auch für die analoge Anwendung des § 270a Abs. 2 InsO kein Bedarf. Er ist bei Ablehnung des Schutzschirmverfahrens ohnehin zu prüfen: Wird der Antrag auf Gewährung einer Frist zur Vorlage eines Insolvenzplans abgelehnt oder wird das Schutzschirmverfahren nach Anordnung beendet, so muss das Gericht dennoch prüfen, ob in diesem Fall ein Verfahren nach § 270a InsO in Frage kommt.[34] Bei dieser Prüfung muss das Gericht dann auch § 270a Abs. 2 InsO – sofern einschlägig – anwenden. Der Schuldner wird mithin auch ohne analoge Anwendung des § 270a InsO im Falle drohender Zahlungsunfähigkeit die Regelverfahrenseröffnung verhindern können. Mithin müssen für die Anordnung des § 270b-Verfahrens die Voraussetzungen des § 270 InsO, nicht aber die Voraussetzungen des § 270a InsO vorliegen.[35] § 270a InsO wird geprüft, wenn das § 270b-Verfahren abgelehnt wird. Einer Heranziehung des § 270a Abs. 1 InsO über die in § 270b Abs. 2 S. 1 InsO angeordneten Verweisung hinaus bedarf es hingegen nicht.

---

[32] Vgl. *Ringstmeier* in Ahrens/et al. InsO, § 270b Rn. 16; *Pape* in Kübler/et al., InsO, § 270b, Rn. 37.
[33] Vgl. *Riggert* in Braun, InsO, § 270b, Rn. 8.
[34] Siehe hierzu unten Rn. 26.
[35] So wohl auch *Schelo* ZIP 2012, 712, 715.

III. Anordnungsbeschluss und Rechtsfolgen

1. Beschluss über die Vorlage eines Insolvenzplans

11 Liegen die Voraussetzungen für die Anordnung des Schutzschirmverfahrens vor, muss das Insolvenzgericht das Schutzschirmverfahren durch Beschluss anordnen.[36] Liegen die Voraussetzungen des Schutzschirmverfahrens nicht vor, so weist das Insolvenzgericht den Antrag auf Anordnung des Schutzschirmverfahrens ab.[37] Gegen den Beschluss ist die Möglichkeit der sofortigen Beschwerde nicht vorgesehen. Mithin stehen gem. § 6 Abs. 1 InsO gegen den Beschluss keine Rechtsmittel zur Verfügung. Sind lediglich die Unterlagen unvollständig oder lückenhaft, so setzt das Insolvenzgericht eine kurze, angemessene Frist zur Komplettierung des Antrags.[38]

12 Mit der Anordnung des Schutzschirmverfahrens beschließt das Gericht die Frist zur Vorlage des Insolvenzplans. Die Frist darf maximal drei Monate betragen. Diese zeitliche Grenze ist eine nicht verlängerbare Höchstfrist.[39] Ordnet das Gericht eine kürzere Frist an, so ist diese bis auf die dreimonatige Höchstfrist verlängerbar.[40]

2. Der vorläufige Sachwalter

13 **a) Die Bestellung.** Gem. § 270b Abs. 2 InsO muss das Gericht einen vorläufigen Sachwalter bestellen. Die Anforderungen an die Bestellung[41] sowie die Kompetenzen entsprechen denen des vorläufigen Sachwalters im **§ 270a-Verfahren**.[42] Da der vorläufige Sachwalter „anstelle des vorläufigen Insolvenzverwalters" bestellt wird, stellt sich die Frage, ob der Beschluss gem. § 23 InsO analog öffentlich bekannt zu machen ist. Da die **Bekanntmachung** im Falle des § 23 InsO dazu dient, dem Rechtsverkehr die (bedingte) Verfügungsbeschränkung des Schuldners mitzuteilen, der Schuldner aber in den § 270a- und § 270b-Verfahren verfügungsbefugt bleibt, besteht keine vergleichbare Rechtslage und somit auch kein Bedürfnis nach einer öffentlichen Bekanntmachung.[43]

14 Zusätzlich zu § 270a Abs. 1 S. 2 InsO gelten für das Schutzschirmverfahren einige Besonderheiten. So ist der Schuldner bei der Auswahl des vorläufigen Sachwalters im Schutzschirmverfahren insofern privilegiert, als er einen vorläufigen Sachwalter vorschlagen darf.[44] An den **Vorschlag des Schuldners** ist das Gericht gem. § 270b Abs. 2 S. 2 InsO gebunden. Es darf nur von ihm abweichen, wenn die vorgeschlagene Person offensichtlich nicht für die Übernahme des Amtes geeignet ist. Hierbei ist gem. §§ 270b Abs. 2

---

[36] Gebundene Entscheidung, vgl. *Pape* in Kübler/et al., InsO, § 270b, Rn. 58.
[37] Vgl. *Pape* in Kübler/et al., InsO, § 270b, Rn. 59.
[38] Vgl. *Vallender* GmbHR 2012, 450, 451; *Pape* in Kübler/et al., InsO, § 270b, Rn. 59.
[39] Vgl. *Vallender* GmbHR 2012, 450, 452.
[40] Vgl. *Foltis* in HH-InsO, Rn. 26.
[41] Da der vorläufige Sachwalters „anstelle des vorläufigen Insolvenzverwalters" bestellt wird, stellt sich die Frage, ob der Beschluss gem. § 23 InsO analog bekannt zu machen ist.
[42] Vgl. *Pape* in Kübler/et al., InsO, § 270b, Rn. 61. Dies ergibt sich ausdrücklich aus der Verweisung des § 270b Abs. 2 S. 1 InsO auf § 270a Abs. 1 InsO Vgl. zur Bestellung des vorl. Sachwalters ausführlich → § 28.
[43] Ebenso bereits *Keller* ZIP 2012, 1895, 1901; *Cranshaw* jurisPR-InsR 3/2013 Anm.3. Die Bekanntmachung in das pflichtgemäße Ermessen des Insolvenzgerichts stellend AG Göttingen, Beschl. v. 12.11.2012 – 74 IN 160/12.
[44] Vgl. *Schelo* ZIP 2012, 712, 713.

§ 26 Das Schutzschirmverfahren   § 26

S. 1, § 270a Abs. 1 S. 2, § 274 Abs. 1 InsO der Maßstab des § 56 InsO anzulegen.[45] Lehnt das Gericht die vorgeschlagene Person ab, so muss es die Entscheidung begründen, § 270b Abs. 2 S. 2 a.E. InsO.

Allerdings hat der Rechtsausschuss den möglichen Kreis der auswähl- und bestellbaren Personen insofern eingeschränkt, als der **Aussteller der Sanierungsbescheinigung nicht bestellt werden darf**.[46] Dieser Ausschluss gilt sowohl für den Bescheiniger selbst als auch für andere Personen aus derselben Kanzlei, derselben Wirtschaftsprüfungsgesellschaft sowie vergleichbaren Einheiten.[47] Grund für den Ausschluss des Bescheinigers ist, dass der Sachwalter – ebenso wie der Insolvenzverwalter – **unabhängig** sein muss.[48] Der Bescheiniger beschäftigt sich bereits vor Antragstellung ausgiebig mit dem Schuldnerunternehmen. Er stellt dem Schuldner die Sanierungsbescheinigung aus, die ihm das Schutzschirmverfahren erst ermöglicht. Der Bescheiniger arbeitet hierdurch bereits vor Anordnung des Schutzschirmverfahrens mit und im Auftrag des Schuldners und ist deshalb bereits sehr mit dem Schuldnerunternehmen vertraut. Würde der Bescheiniger auch Sachwalter werden, wäre zu bezweifeln, ob er die Funktion objektiv erfüllen kann. Zum einen könnte er sich aufgrund des Bescheinigungsauftrags gegenüber dem Schuldner verpflichtet fühlen. Zum anderen müsste er ggf. eigene Fehleinschätzungen eingestehen. Würde zum Beispiel die Sanierung aussichtslos werden, so müsste der Sachwalter dies anzeigen. Hatte er selbst aber die Sanierungsbescheinigung ausgestellt, so würde er mit der Anzeige verlautbaren, dass sich seine Prognose nicht bewahrheitet hat. Die notwendige Unabhängigkeit wäre mithin bei Personenidentität aus diversen Gründen nicht gewährleistet.[49]

15

Gem. § 274 Abs. 1 InsO findet § 56a InsO auf die Bestellung des vorläufigen Sachwalters ebenfalls Anwendung. Mithin stellt sich die Frage, in welchem Verhältnis das **Vorschlagsrecht des vorläufigen Gläubigerausschusses** und das **Vorschlagsrecht des Schuldners** stehen. Sofern bereits ein vorläufiger Gläubigerausschuss besteht, wäre dieser gem. §§ 270b Abs. 2 S. 1, § 270a Abs. 1 S. 2, § 274 Abs. 1 InsO i.V.m. § 56a InsO analog bei der Bestellung des Sachwalters zu beteiligen und das Gericht an einen einstimmigen Vorschlag gebunden. Zudem müsste sich das Gericht aber nach § 270b Abs. 2 S. 2 InsO an den Vorschlag des Schuldners halten. Mithin könnte die Pattsituation eintreten, in der das Gericht sowohl den Vorschlag des Schuldners als auch den Vorschlag des vorläufigen Gläubigerausschusses beachten muss. Die Frage ist mithin, welcher Norm der Vorrang zu gewähren ist. § 270b InsO enthält Spezialvorschriften für das Schutzschirmverfahren. Sofern sie mit anderen Vorschriften kollidieren, gilt § 270b InsO als lex specialis. Daher kommt ein Vorschlagsrecht des vorläufigen Gläubigerausschusses nur dann in Betracht, wenn der vom Schuldner vorgeschlagene Sachwalter ungeeignet ist, kein weiterer Sachwalter vorgeschlagen wurde oder der Schuldner gar keinen Vorschlag für einen Sachwalter gemacht hat.[50] Ansonsten bindet der Vorschlag des Schuldners aufgrund der lex-specialis Eigenschaft des § 270b Abs. 2 S. 2 InsO das Gericht vorrangig.

16

---

[45] Vgl. *Pape* in Kübler/et al., InsO, § 270b, Rn. 64,
[46] Vgl. *Knief* DB 2012, 2353, 2355.
[47] Vgl. *Pape* in Kübler/et al., InsO, § 270b, Rn. 63.
[48] Vgl. Beschlussempfehlung und Bericht des Rechtsausschusses (6. Ausschuss) als BT-Drs. 17/7511, S. 37. *Vallender* GmbHR 2012, 450, 452.
[49] Vgl. Gesetzesentwurf der Bundesregierung als BT-Drs. 17/5712 vom 4.5.2011, S. 40. Vgl. *Foltis* in FK-InsO, § 270b, Rn. 32.
[50] So wohl auch *Vallender* GmbHR 2012, 450, 453.

17 **b) Die Funktion.** Der vorläufige Sachwalter übt gem. § 274 InsO, § 22 Abs. 3 InsO analog[51] eine **Prüfungs- und Überwachungsfunktion** aus. Der Sachwalter hat also „vorrangig die wirtschaftliche Lage des Schuldners zu prüfen und die Geschäftsführung sowie die Ausgaben für die Lebensführung des Schuldners zu überwachen".[52] Daneben hat er **Mitwirkungskompetenzen.** Diese beschränken sich allerdings auf die enumerativ aufgezählten Sachverhalte des § 275 InsO.[53] Geht der Schuldner Verbindlichkeiten ein, die nicht zum gewöhnlichen Geschäftsbetrieb gehören, so ist die Zustimmung des vorläufigen Sachwalters gem. § 275 Abs. 1 S. 1 InsO erforderlich. Zudem kann er nach § 275 Abs. 1 S. 2 InsO der Eingehung von Verbindlichkeiten, die zum gewöhnlichen Geschäftsbetrieb gehören, widersprechen. Nach § 275 Abs. 2 InsO analog kann der vorläufige Sachwalter die Kassenführung übernehmen.

18 Die Durchsetzung des § 275 InsO wirkt auf den ersten Blick eher schwierig. Im Gegensatz zum Zustimmungsvorbehalt des vorläufigen Insolvenzverwalters nach § 21 Abs. 2 S. 1 Nr. 2, 2. HS InsO sowie des im Einzelfall anzuordnenden Zustimmungsvorbehalt des § 277 InsO hindern weder die verweigerte Zustimmung gem. § 275 Abs. 1 S. 1 InsO noch der Widerspruch des vorläufigen Sachwalters gem. § 275 Abs. 1 S. 2 InsO das Wirksamwerden der Verfügung.[54] Außerdem wird der Sachwalter durch § 275 Abs. 2 InsO nicht zum Leistenden oder Leistungsempfänger.[55] Zudem ist § 275 Abs. 1 S. 1 InsO als Soll-Vorschrift ausgestaltet. Somit erscheinen die Mitwirkungsrechte zahnlos. Eine genauere Betrachtung zeigt allerdings das Gegenteil. Beachtet der Schuldner den Zustimmungsvorbehalt und Widerspruch nicht, so kann dies im Zweifelsfall die Aufhebung des Schutzschirmverfahrens nach sich ziehen: Gem. § 274 Abs. 3 InsO analog ist der vorläufige Sachwalter verpflichtet, dem Insolvenzgericht und dem vorläufigen Gläubigerausschuss Umstände anzuzeigen, die zu Nachteilen der Gläubiger führen können. Ohne eine durchführbare Kontrolle des eigenverwaltenden Schuldners durch den Sachwalter kann nicht sichergestellt werden, dass der Schuldner bei seinen Handlungen die Gläubigerbefriedigung berücksichtigt. Mithin zeigt der Sachwalter die Nichteinbeziehung dem Insolvenzgericht und dem vorläufigen Gläubigerausschuss gem. § 274 Abs. 3 InsO analog an.[56] Der vorläufige Gläubigerausschuss ist mit der Kompetenz ausgestattet, die Aufhebung des Schutzschirmverfahrens zu verlangen, § 270b Abs. 4 Nr. 2 InsO. Der Schuldner wird deshalb in der Regel tunlichst darauf achten, die Mitwirkungsrechte des vorläufigen Sachwalters gem. § 275 InsO analog zu respektieren.

3. Anordnung vorläufiger Maßnahmen

19 Nach § 270b Abs. 2 S. 3 InsO kann das Insolvenzgericht vorläufige Sicherungsmaßnahmen nach § 21 Abs. 1, Abs. 2 Nr. 1a, 3 bis 5 InsO anordnen, wobei der Vollstreckungsschutz nach § 21 Abs. 2 Nr. 3 InsO angeordnet werden muss, wenn der Schuldner dies beantragt. Zudem ist davon auszugehen, dass der vorläufige Gläubigerausschuss trotz der „kann"-Regelung des § 270b Abs. 2 S. 3 InsO eingesetzt werden muss, sofern die Bestellung nach § 22a InsO obligatorisch ist. Vorläufige Maßnahmen nach § 21 Abs. 2 Nr. 1

---

[51] Gem. § 270b Abs. 2 S. 1 InsO richtet sich die Bestellung des vorläufigen Sachwalters nach § 270a Abs. 1 InsO. Dieser ordnet die entsprechende Anwendung der §§ 274, 275 InsO an.
[52] Vgl. Beschlussempfehlung und Bericht des Rechtsausschusses (6. Ausschuss) als BT-Drs. 17/7511, S. 37.
[53] Vgl. zu den Kompetenzen des (vorläufigen) Sachwalters ausführlich → § 28.
[54] Vgl. *Foltis* in FK-InsO, § 275 Rn. 15; *Pape* in Kübler/et al., InsO, § 270b, Rn. 80.
[55] Vgl. *Fiebig* in HH-InsO, § 275 Rn. 5.
[56] Vgl. *Foltis* in FK-InsO, § 275 Rn. 11.

und Nr. 2 InsO dürfen hingegen nicht angeordnet werden.[57] Im Gegensatz zur vorläufigen Eigenverwaltung kommt die Einsetzung eines vorläufigen Insolvenzverwalters mit Verwaltungs- und Verfügungsbefugnis bzw. mit Zustimmungsvorbehalt beim Schutzschirmverfahren nicht in Frage.[58]

4. Kompetenz zur Begründung von Masseverbindlichkeiten

a) Gesetzliche Grundlagen. Die Kompetenz, Masseverbindlichkeiten zu begründen, wurde dem Gesetzesentwurf erst durch die **Beschlussempfehlung des Rechtsausschusses** hinzugefügt.[59] Sie trägt den besonderen Umständen der vorbereitenden Sanierung in der Insolvenz Rechnung. „Gerade in der kritischen Phase des Eröffnungsverfahrens ist es besonders geboten, das Vertrauen der Geschäftspartner zu gewinnen, deren Mitwirkung für eine Betriebsfortführung unerlässlich ist. […] Der Ausschuss sieht es deshalb als notwendig an, den Schuldner in dieser besonders kritischen Phase der Unternehmenssanierung dadurch zu unterstützen, dass ihm die Möglichkeit eröffnet wird, über eine Anordnung des Gerichts quasi in die Rechtsstellung eines starken vorläufigen Insolvenzverwalters einzurücken".[60] Dies bedeutet auch die Möglichkeit, Masseverbindlichkeiten zu begründen. Die entsprechende Befugnis ist nach § 270b Abs. 3 InsO einzuräumen, wenn die Voraussetzungen des Schutzschirmverfahrens vorliegen und der Schuldner die Masseverbindlichkeitenbegründungskompetenz entweder als Einzel- oder als Globalermächtigung beantragt,[61] § 270b Abs. 3 S. 2 InsO i.V.m. § 55 Abs. 2 InsO analog.[62] Die Entscheidung des Gerichts ist mithin nach dem Wortlaut der Norm gebunden.[63] Sofern der Schuldner Verbindlichkeiten eingeht, die nicht von der Ermächtigung umfasst sind, so begründet er Insolvenzforderungen nach § 38 InsO.[64] 20

b) Die Stellung des vorläufigen Sachwalters. Der vorläufige Sachwalter ist hingegen in **keinem denkbaren Fall zur Begründung von Masseverbindlichkeiten befugt**.[65] Dies ergibt sich sowohl aus der Funktion des vorläufigen Sachwalters[66] als auch aus der Gesetzessystematik: Eigenverwaltung bedeutet Verwaltung – und somit auch die Begründung von Verbindlichkeiten – durch den Schuldner.[67] Der vorläufige Sachwalter überprüft und überwacht. Hierdurch hat auch das ESUG nichts geändert: Nach ESUG sollte der vorläufige Sachwalter nicht mit mehr Kompetenzen ausgestattet sein als der Sachwalter.[68] Dass der Sachwalter nicht mit einer Massebegründungskompetenz ausge- 21

---

[57] Vgl. *Buchalik* ZInsO 2012, 349, 354.
[58] Bei der Eigenverwaltung im Eröffnungsverfahren sind Anordnungen nach § 21 Abs. 2 Nr. 1 und Nr. 2 InsO aufgrund der Soll-Regelung in § 270a Abs. 1 InsO hingegen nicht ausgeschlossen.
[59] Vgl. Beschlussempfehlung und Bericht des Rechtsausschusses (6. Ausschuss) als BT-Drs. 17/7511, S. 20.
[60] Beschlussempfehlung und Bericht des Rechtsausschusses (6. Ausschuss) als BT-Drs. 17/7511, S. 37. Vgl. ebenfalls *Riggert* in *Braun*, InsO, § 270b, Rn. 13; *Pape* in Kübler/et al., InsO, § 270b, Rn. 73.
[61] Vgl. *Buchalik* ZInsO 2012, 349, 354; *Pape* in Kübler/et al., InsO, § 270b, Rn. 75; *Geißler* ZinsO 2013, 531, 535.
[62] Zur Frage der ebenfalls entsprechenden Anwendung des § 55 Abs. 3 InsO zutreffend *Geißler* ZinsO 2013, 531, 536 f.
[63] Vgl. *Vallender* GmbHR 2012, 450, 453.
[64] Vgl. *Geißler* ZinsO 2013, 531, 536.
[65] Ebenso *Pape* in Kübler/et al., InsO, § 270b, Rn. 76.
[66] Siehe hierzu bereits oben Rn. 18 f.
[67] Vgl. *Becker/et al.* KSI 2012, 245, 248.
[68] Vgl. Beschlussempfehlung und Bericht des Rechtsausschusses (6. Ausschuss) als BT-Drs. 17/7511, S. 37.

stattet ist, ergibt sich aus der Haftungsfrage. § 61 InsO regelt die **Haftung des Insolvenzverwalters für die Nichterfüllung von Masseverbindlichkeiten.** Gem. § 274 Abs. 1 InsO haftet der Sachwalter zwar nach § 60 InsO, aber nicht nach § 61 InsO. Für den vorläufigen Sachwalter im Schutzschirmverfahren gelten die Normen entsprechend.[69] Dies ist ein fast schon zwingendes Indiz dafür, dass der Gesetzgeber den Sachwalter ohnehin nicht die Kompetenz zur Begründung von Masseverbindlichkeiten zugestehen wollte. Mithin darf davon ausgegangen werden, dass nicht nur der Sachwalter sondern auch der vorläufige Sachwalter in keinem Fall – weder in der Eigenverwaltung noch in der vorläufigen Eigenverwaltung noch im Schutzschirmverfahren – die Kompetenz zur Begründung von Masseverbindlichkeiten erhalten sollte.

22 Im Rahmen der Kompetenz zur Begründung von Masseverbindlichkeiten ist die Frage mithin nicht, ob der Sachwalter selbst (Masse-)Verbindlichkeiten begründen darf – dies ist bereits deshalb ausgeschlossen, weil der Schuldner und nicht der vorläufige Sachwalter verwaltend tätig wird[70] – sondern allenfalls, ob der Schuldner für die Begründung von Masseverbindlichkeiten der **Zustimmung des vorläufigen Sachwalters** bedarf. Wie bereits oben aufgezeigt, ist die Zustimmung erforderlich, wenn der Schuldner Verbindlichkeiten eingeht, die nicht zum gewöhnlichen Geschäftsbetrieb gehören. Hier ist die Zustimmung unabhängig davon erforderlich, ob durch das Rechtsgeschäft eine Masse- oder Insolvenzforderung begründet wird. § 270b Abs. 3 InsO enthält kein gesondertes Zustimmungserfordernis. Dies wurde vom Gesetzgeber – bzw. bei der Gesetzesvorbereitung im Falle des § 270 Abs. 3 InsO durch den Rechtsausschuss – bewusst nicht eingefügt. Der Rechtsausschuss hat sich in der Begründung zu § 270b Abs. 3 InsO ausdrücklich mit dem Zustimmungsvorbehalt beschäftigt und gerade nicht angemerkt, dass er grundsätzlich für die Begründung von Masseverbindlichkeiten gelten solle. So heißt es in dem Bericht des Rechtsausschusses: „Will der Schuldner Verbindlichkeiten begründen, die nicht zum gewöhnlichen Geschäftsbetrieb gehören, so sollte er diese auch im Eröffnungsverfahren nur mit Zustimmung des Sachwalters eingehen. Mit dem neuen Absatz 3 wird es bei Vorliegen eines Schuldnerantrags dem Gericht ermöglicht, die Verfügungsbefugnis ausschließlich beim Schuldner zu konzentrieren und den **vorläufigen Sachwalter lediglich auf einer Überwachungsfunktion zu begrenzen**".[71] Der Rechtsausschuss machte die Zustimmungspflicht mithin vom Inhalt des Rechtsgeschäfts abhängig und nicht davon, ob hierdurch eine Insolvenz- oder eine Masseforderung begründet wird. Tritt der Fall ein, dass der vorläufige Sachwalter der Begründung einer Verbindlichkeit zustimmt, die zugleich eine Masseverbindlichkeit ist, so haftet er jedoch grds. nicht, da die Zustimmung nach § 275 Abs. 1 S. 1 InsO keine Wirksamkeitsvoraussetzung ist. Etwas anderes würde bei § 277 InsO gelten, bei dem die Zustimmung des Sachwalters die Wirksamkeit bedingt. Allerdings verweist § 270a InsO hinsichtlich der Kompetenzen und Bestellung des Sachwalters lediglich auf §§ 274, 275 InsO nicht auf § 277 InsO, weshalb er für das Schutzschirmverfahren gem. § 270b Abs. 2 S. 2 InsO ebenfalls nicht gilt.

23 **c) Haftung.** Werden während des Schutzschirmverfahrens Masseverbindlichkeiten begründet, so haftet hierfür lediglich der Schuldner.[72] Hingegen haftet den Massegläubi-

---

[69] Die Anordnung erfolgt über § 270b Abs. 2 S. 1, § 270a Abs. 1 S. 2 InsO.
[70] Vgl. Beschlussempfehlung und Bericht des Rechtsausschusses (6. Ausschuss) als BT-Drs. 17/7511, S. 37.
[71] Beschlussempfehlung und Bericht des Rechtsausschusses (6. Ausschuss) als BT-Drs. 17/7511, S. 37.
[72] Vgl. *Vallender* GmbHR 2012, 450, 454.

gern im Regel-Eröffnungsverfahren zusätzlich der vorläufige Insolvenzverwalter gem. § 21 Abs. 2 Nr. 1, § 61 InsO. Sollte es zu einer Insolvenz in der Insolvenz kommen, sind die Massegläubiger im Schutzschirmverfahren schlechter gestellt als im Regel-Eröffnungsverfahren.

d) Fazit. Es lässt sich festhalten, dass der Schuldner aufgrund der Besonderheiten des Schutzschirmverfahrens Masseverbindlichkeiten begründen kann. Hierzu ist die Zustimmung des vorläufigen Sachwalters nicht erforderlich.[73] Dieser bedarf es allein dann, wenn das Rechtsgeschäft nicht in den gewöhnlichen Geschäftsbetrieb fällt. Dieses Zustimmungserfordernis besteht unabhängig davon, ob das Rechtsgeschäft eine Masse- oder Insolvenzforderung begründet und ist zudem keine Wirksamkeitsvoraussetzung. 24

IV. Beendigung des Schutzschirmverfahrens und ihre Folgen

1. Fortführung des Eröffnungsverfahrens nach Aufhebung des Schutzschirms

Gem. § 270b Abs. 4 S. 3 InsO endet das Schutzschirmverfahren entweder durch Fristablauf oder durch Aufhebung der Anordnung. In beiden Fällen „entscheidet das Gericht über die Eröffnung des Insolvenzverfahrens". Diese Formulierung ist an sich misslich, da sie fälschlicherweise vermuten lässt, dass eine Weiterführung des Eröffnungsverfahrens nicht möglich ist.[74] Die Gesetzesbegründung wirkt hier allerdings klarstellend. Nach Aufhebung des Schutzschirmverfahrens kann das Gericht das „Eröffnungsverfahren nach den allgemeinen Vorschriften der §§ 21 bis 25 InsO sowie des § 270a InsO-E fortführen"[75]. Der Richter entscheidet nach Einzelfall. Hierbei sind keine Verfahrenswege oder Abschlüsse per se ausgeschlossen. Vielmehr stehen ihm „wieder alle im Eröffnungsverfahren bestehenden Optionen zur Verfügung"[76]. Möglichkeiten sind mithin die Weiterführung des Eröffnungsverfahrens im Wege der vorläufigen Eigenverwaltung oder im Wege des „Regel"- Vorverfahrens, die Ablehnung der Eröffnung mangels Masse oder die Eröffnung des Verfahrens als Eigenverwaltungs- oder Regelverfahren. Soll das Eröffnungsverfahren fortgeführt oder das Verfahren eröffnet werden, muss das Gericht aufgrund des Antrags des Schuldners auf Eigenverwaltung zunächst prüfen, ob die (vorläufige) Eigenverwaltung in Betracht kommt[77] und sie anordnen, sofern die Voraussetzungen der § 270a, § 270 InsO bzw. des § 270 InsO vorliegen.[78] 25

---

[73] Etwas anderes gilt nur dann, wenn das Gericht einen Einzelzustimmungsvorbehalt gem. § 270b Abs. 2 S. 3, § 21 Abs. 1 InsO – in Abgrenzung zu einem allgemeinen, im Schutzschirmverfahren unzulässigen Zustimmungsvorbehalt nach § 21 Abs. 2 Nr. 2 – erlässt, vgl. *Pape* in Kübler/et al., InsO, § 270b, Rn. 81.
[74] Vgl. *Hölzle* ESUG, S. Rn. 81; *Foltis* in FK-InsO, § 270b, Rn. 58. A.A. *Pape* in Kübler/et al., InsO, § 270a, Rn. 45.
[75] Gesetzesentwurf der Bundesregierung als BT-Drs. 17/5712 vom 4.5.2011, S. 41.
[76] Gesetzesentwurf der Bundesregierung als BT-Drs. 17/5712 vom 4.5.2011, S. 41; *Foltis* in FK-InsO, § 270b, Rn. 58.
[77] Vgl. *Pape* in Kübler/et al., InsO, § 270b, Rn. 93.
[78] Vgl. *Pape* in Kübler/et al., InsO, § 270b, Rn. 93 f.

2. Beendigung durch Fristablauf

26 Das Schutzschirmverfahren wird durch Fristablauf beendet, wenn es die maximale Verfahrensdauer von drei Monaten erreicht. Wurde eine kürzere Frist zur Vorlage des Insolvenzplans bestimmt, so kann die Frist auf die Höchstfrist verlängert werden, so dass der Ablauf der ursprünglichen kürzeren Frist nicht das Ende des Schutzschirmverfahrens bewirkt.[79] Ist das Schutzschirmverfahren wegen des Ablaufs der Drei-Monatsfrist beendet, liegt es aufgrund der Insolvenzgeldregelung nahe, das Verfahren zu eröffnen.[80] War das Schutzschirmverfahren erfolgreich, so erscheint die Eröffnung des Verfahrens im Wege der Eigenverwaltung wahrscheinlich. Die Weiterführung des Eröffnungsverfahrens wird hingegen die absolute Ausnahme bilden. Hiervon ging wohl auch der Gesetzgeber aus, der die Möglichkeit der Weiterführung des Eröffnungsverfahrens für den Fall der Aufhebung, nicht aber für den Fall des Fristablaufs beschreibt.[81]

3. Beendigung durch Aufhebung nach Abs. 4

27 **a) Allgemein.** Die Aufhebungsmöglichkeiten des Abs. 4 verfolgen das Ziel, die Weiterführung nicht erfolgreicher Sanierungsbemühungen, die zudem die Vernichtung letzter Liquidität mit sich bringen können, zu verhindern.[82] Das Gericht hebt das Schutzschirmverfahren aufgrund eines der in § 270b Abs. 4 S. 1 InsO genannten Gründe auf. Die Aufzählung ist abschließend, die Aufhebungsanordnung eine **gebundene Entscheidung**.[83] Insbesondere sind die in § 272 InsO genannten Aufhebungsgründe der Eigenverwaltung nicht analog anwendbar. Mithin ist das Verfahren aufzuheben, wenn die angestrebte Sanierung aussichtslos geworden ist (Nr. 1), der vorläufige Gläubigerausschuss die Aufhebung beantragt (Nr. 2) oder ein absonderungsberechtigter Gläubiger oder ein Insolvenzgläubiger die Aufhebung beantragt und Umstände bekannt werden, die erwarten lassen, dass die Anordnung zu Nachteilen für die Gläubiger führen wird (Nr. 3). Der Antrag nach Nr. 3 ist nur zulässig, wenn kein vorläufiger Gläubigerausschuss bestellt ist und die Umstände vom Antragsteller glaubhaft gemacht werden. Nach § 270b Abs. 3 S. 1 Nr. 1 InsO-E sollte das Schutzschirmverfahren ebenfalls bei Eintritt der Zahlungsunfähigkeit aufgehoben werden. In seiner Beschlussempfehlung hatte der Rechtsausschuss von diesem Aufhebungsgrund abgeraten. Der Vorschlag wurde in Abweichung des ursprünglichen Gesetzesentwurfs übernommen, so dass der Eintritt der Zahlungsunfähigkeit keinen Aufhebungsgrund mehr darstellt.[84] Informiert der vorläufige Sachwalter das Gericht über den Eintritt der Zahlungsunfähigkeit nach § 270b Abs. 4 S. 2 InsO, so sollte das Gericht eine Aufhebung des Schutzschirmverfahrens nach § 270b Abs. 4 S. 1 Nr. 1 InsO nicht allein auf diesem Umstand stützen.

28 Wird das Schutzschirmverfahren aufgehoben, so erscheint die Weiterführung des Eröffnungsverfahrens oder die Verfahrenseröffnung im Wege der Eigenverwaltung sehr unwahrscheinlich, da die Aufhebung in den meisten Fällen zum Gläubigerschutz und der

---

[79] Vgl. *Vallender* GmbHR 2012, 450, 454.
[80] So ebenfalls *Pape* in Kübler/et al., InsO, § 270b, Rn. 93.
[81] Vgl. Gesetzesentwurf der Bundesregierung als BT-Drs. 17/5712 vom 4.5.2011, S. 41.
[82] Vgl. Gesetzesentwurf der Bundesregierung als BT-Drs. 17/5712 vom 4.5.2011, S. 41.
[83] Vgl. Gesetzesentwurf der Bundesregierung als BT-Drs. 17/5712 vom 4.5.2011, S. 41. Beschlussempfehlung und Bericht des Rechtsausschusses (6. Ausschuss) als BT-Drs. 17/7511, S. 37; *Pape* in Kübler/et al., InsO, § 270b, Rn. 82.
[84] Siehe unten Rn. 30.

§ 26 Das Schutzschirmverfahren § 26

Verhinderung von Nachteilen geschieht.[85] Dies gilt insbesondere für die Aufhebung gem. Nr. 1 oder Nr. 3. In diesem Fall ist die Sanierung durch den eigenverwaltenden Schuldner aussichtslos oder/und es bestehen konkrete Nachteile. In diesem Fall wird der Schuldner kaum die Hürde des § 270 Abs. 2 Nr. 2 InsO nehmen können. Wurde das Schutzschirmverfahren hingegen nach Nr. 2 aufgehoben, so müssen keine Gründe für den Aufhebungsantrag angegeben werden. Soll die Eigenverwaltung vermieden werden, müssten betroffene Gläubiger konkrete, zu Nachteilen für die Gläubiger führende Umstände nachweisen.

b) Nicht: Zahlungsunfähigkeit nach Anordnung des Schutzschirmverfahrens. 29
Der Gesetzesentwurf sah ursprünglich vor, dass der Eintritt von Zahlungsunfähigkeit nach Anordnung des Schutzschirmverfahrens dessen Aufhebung zur Folge hat, § 270b Abs. 3 Nr. 1 InsO-E. Grund hierfür war die Annahme, dass ein Schuldner für die Sanierung auf Vereinbarungen mit Hauptgläubigern, insbesondere Banken und Lieferanten, angewiesen sei. Seien diese bereits im Vorfeld des Insolvenzverfahren nicht bereit, Absprachen zu treffen, die eine sofortige Fälligstellung von Forderungen und somit die Herbeiführung der Zahlungsunfähigkeit verhindern, so sei das „schuldnerische Unternehmen für eine Sanierung nach § 270b InsO nicht geeignet"[86].

Der Rechtsausschuss sprach sich in seiner Beschlussempfehlung allerdings gegen 30 § 270b Abs. 3 Nr. 1 InsO-E aus.[87] Die Regelung ermögliche es einzelnen Großgläubigern ein im Interesse des Schuldners und der restlichen Gläubigern liegendes Schutzschirmverfahren durch die Fälligstellung seiner Forderungen einseitig zu verhindern. Deshalb bedeute der Eintritt der Zahlungsunfähigkeit nicht zwangsläufig die Ungeeignetheit des § 270b-Verfahrens für die Sanierung des Unternehmens. Eine Aufhebung sei deshalb nur dann gerechtfertigt, wenn gewährleistet ist, dass sie entweder nicht nur im Interesse einzelner Gläubiger liege oder einzelne oder mehrere Gläubiger konkrete Nachteile zu befürchten haben. Hierdurch seien auch die Gläubiger hinreichend geschützt. Zum einen werde das Schutzschirmverfahren durch das Gericht überwacht und vom Sachwalter begleitet. Zum anderen können die Gläubiger das Schutzschirmverfahren über den vorläufigen Gläubigerausschuss beenden. Eine Aufhebung im Falle der Zahlungsunfähigkeit würde das Schutzschirmverfahren stark schwächen, unvorhersehbar machen und dem Willen einzelner Gläubiger unterstellen.[88] Über der Sanierungsplanung würde mithin permanent das Damoklesschwert der Forderungsfälligstellung schweben. Der Bundestag schloss sich deshalb in zustimmender Weise der Empfehlung des Rechtsausschusses an und strich den Eintritt der Zahlungsunfähigkeit als zwingenden Aufhebungsgrund, vgl. § 270b Abs. 4 InsO.[89]

c) Aussichtslosigkeit der angestrebten Sanierung nach Nr. 1. Nach § 270b Abs. 4 31 S. 1 Nr. 1 InsO ist das Schutzschirmverfahren aufzuheben, wenn die angestrebte Sanierung aussichtslos geworden ist. Der Gesetzgeber hat zwei Fälle genannt, in denen hiervon auszugehen ist. Zum einen wenn dem Schuldner die für die Sanierung ausreichende Liquidität nicht mehr zur Verfügung steht. Dies sei beispielsweise dann der Fall, wenn die „Bank, mit der der Schuldner über eine weitere Finanzierung verhandelt hat, die Ver-

---

[85] Vgl. *Pape* in Kübler/et al., InsO, § 270b, Rn. 94.
[86] Gesetzesentwurf der Bundesregierung als BT-Drs. 17/5712 vom 4.5.2011, S. 40.
[87] Vgl. Beschlussempfehlung und Bericht des Rechtsausschusses (6. Ausschuss) als BT-Drs. 17/7511, S. 20.
[88] Vgl. Beschlussempfehlung und Bericht des Rechtsausschusses (6. Ausschuss) als BT-Drs. 17/7511, S. 37.
[89] Ebenso *Pape* in Kübler/et al., InsO, § 270b, Rn. 31.

handlungen endgültig abbricht und damit für ihn keine Möglichkeit mehr besteht, an neues Kapital zu gelangen"[90]. Zum anderen wenn es „zum Schutz der Gläubiger geboten ist, die Sanierungsvorbereitungen abzubrechen"[91]. Wann dies der Fall ist, erläutert der Gesetzgeber allerdings nicht. Er geht stattdessen davon aus, dass der vorläufige Gläubigerausschuss die Gläubigerinteressen im Auge behalten und deshalb selbst nach Nr. 2 die Aufhebung des Schutzschirmverfahrens beantragen wird, sofern der Schutz der Gläubiger dies gebietet. An den Antrag des Gläubigerausschusses ist das Gericht gebunden.

32 Für die Aufhebung nach Nr. 1 bedarf es im Gegensatz zu den Nrn. 2 und 3 keines Antrags. Das Gericht wird von Amts wegen tätig. Da das Gericht sich im Insolvenzverfahren für die Beurteilung wirtschaftlicher Fragen – wie der der Sanierungsfähigkeit des Unternehmens – auf Gutachten stützt, wird es praktisch nur dann zu einer Aufhebung nach Nr. 1 kommen, wenn das Gericht aufgrund der Berichte des vorläufigen Sachwalters oder sonstiger Dritter von Veränderungen der Lage des Schuldners Kenntnis erlangt.[92] Bis dahin wird es aufgrund der Bescheinigung davon ausgehen, dass die angestrebte Sanierung aussichtsreich ist.

33 **d) Antrag des vorläufigen Gläubigerausschusses.** Beantragt der vorläufige Gläubigerausschuss die Aufhebung des Schutzschirmverfahrens, so muss das Gericht dem Antrag folgen. Weiterer Voraussetzungen wie das Vorliegen gläubigerbenachteiligender Umstände bedarf es nicht. Der vorläufige Gläubigerausschuss kann das Schutzschirmverfahren mithin grundlos beenden.[93] Will der vorläufige Gläubigerausschuss vermeiden, dass das Eröffnungsverfahren im Wege der vorläufigen Eigenverwaltung weitergeführt wird bzw. mit Eröffnung die Eigenverwaltung angeordnet wird, sollte er bereits mit dem Aufhebungsantrag seine Gründe darlegen, insbesondere wenn sich aus ihnen ergibt, dass die Maßnahmen des eigenverwaltenden Schuldners Gläubiger konkret benachteiligen. Die Aufhebungsmöglichkeit nach § 270b Abs. 4 S. 1 Nr. 2 InsO schafft mithin ein Gegengewicht[94] zu den Privilegien und weiten Freiräumen, die der Schuldner im Schutzschirmverfahren genießt – beginnend bei der Auswahl des Sanierungsbescheinigers und des Sachwalters über die Möglichkeit, Masseverbindlichkeiten zu begründen, bis hin zu dem langen zeitlichen Rahmen, während dessen der Schuldner unter dem Schutzschirm die Sanierung vorbereiten kann.

34 Indem der vorläufige Gläubigerausschuss die Aufhebung des Schutzschirmverfahrens jederzeit herbeiführen kann, wird Kontrolle und Druck ausgeübt, so dass der Schuldner in der Schutzschirmphase Gläubigerinteressen berücksichtigt und gehindert wird, letzte liquide Mittel zu verbrauchen.[95] Die Aufhebungsmöglichkeit zwingt den eigenverwaltenden Schuldner zu einer engen Zusammenarbeit und Kooperation mit den Gläubigern bzw. dem vorläufigen Gläubigerausschuss. Die Mitglieder des vorläufigen Gläubigerausschusses sind meist die Gläubiger – oder stehen zumindest für die Gläubiger – deren Beiträge maßgeblich für den Sanierungserfolg sind. Eine transparente und unterstützende Zusammenarbeit zwischen eigenverwaltendem Schuldner und vorläufigem Gläubigerausschuss ist mithin essentiell für den Sanierungserfolg. Durch die schnelle und hürdenlose Aufhebungsmöglichkeit des § 270b Abs. 4 S. 1 Nr. 2 InsO wird gewährleistet, dass diese Zusammenarbeit stattfindet und der vorläufige Gläubigerausschuss im steten Aus-

---

[90] Gesetzesentwurf der Bundesregierung als BT-Drs. 17/5712 vom 4.5.2011, S. 41.
[91] Gesetzesentwurf der Bundesregierung als BT-Drs. 17/5712 vom 4.5.2011, S. 41.
[92] Ähnlich *Pape* in Kübler/et al., InsO, § 270b, Rn. 85.
[93] Vgl. *Pape* in Kübler/et al., InsO, § 270b, Rn. 87.
[94] Vgl. *Buchalik* ZInsO 2012, 349, 356
[95] Vgl. Gesetzesentwurf der Bundesregierung als BT-Drs. 17/5712 vom 4.5.2011, S. 41.

tausch mit dem Schuldner und ggf. auch vorläufigem Sachwalter steht. Mithin ist es für die Gläubiger umso wichtiger, einen vorläufigen Gläubigerausschuss einzusetzen und für den Schuldner, bei der Personenauswahl gem. § 22a InsO mitzuwirken.[96]

e) Antrag eines absonderungsberechtigten Gläubigers oder Insolvenzgläubigers. Nach § 270b Abs. 4 S. 1 Nr. 3 InsO muss das Schutzschirmverfahren aufgehoben werden, wenn ein absonderungsberechtigter Gläubiger oder ein Insolvenzgläubiger die Aufhebung beantragt und Umstände bekannt werden, die erwarten lassen, dass die Anordnung zu Nachteilen für die Gläubiger führen wird. Der Antrag ist nur zulässig, wenn kein vorläufiger Gläubigerausschuss bestellt ist und die Umstände vom Antragsteller glaubhaft gemacht werden. Nr. 3 stellt das Ergebnis eines Interessenausgleichs von Schuldner- und Gläubigerinteressen dar. Hinsichtlich der Berücksichtigung von Gläubigerinteressen enthält Nr. 3 zwei wertende Aussagen: Erstens werden Gläubigerinteressen durch einen vorläufigen Gläubigerausschuss insofern hinreichend geschützt, als es einer Geltendmachung von Interessen durch einzelne Gläubiger nicht mehr bedarf. Zweitens müssen Gläubigerinteressen aber auch in dem Fall gewahrt werden, in dem es keinen vorläufigen Gläubigerausschuss gibt. In diesem Fall reicht aber nicht – wie im Falle der Nr. 2 – der bloße Aufhebungsantrag; vielmehr muss auch glaubhaft gemacht werden, dass tatsächlich mit Nachteilen für die Gläubiger zu rechnen ist. Wann dies der Fall ist, beurteilt sich nach denselben Maßstäben wie § 270 Abs. 2 Nr. 2 InsO.[97] Durch diese Einschränkung berücksichtigt das Gericht das Interesse des Schuldners, ungestört die Sanierung zu planen. Es wäre für einen effektiven Sanierungsprozess schädlich, wenn einzelne Gläubiger ohne Darlegung von Gründen das im Schutzschirmverfahren laufende Sanierungsvorhaben torpedieren könnten.[98] Insofern trägt Nr. 3 auch den Schuldnerinteressen Rechnung, nicht befürchten zu müssen, von einzelnen Gläubigern ohne konkrete, in aller Regel von dem Schuldner absehbare Umstände an der Weiterführung des Schutzschirmverfahrens gehindert zu werden.

f) Rechtsmittel. § 270b Abs. 4 InsO ordnet die Möglichkeit der sofortigen Beschwerde gegen den Aufhebungsbeschluss nicht an. Mithin stehen gem. § 6 Abs. 1 InsO keine Rechtsmittel zur Verfügung.[99]

---

[96] Vgl. *Pape* in Kübler/et al., InsO, § 270b, Rn. 88.
[97] Vgl. *Pape* in Kübler/et al., InsO, § 270b, Rn. 89. Zu den Voraussetzungen des § 270 Abs. 2 Nr. 2 InsO → § 28.
[98] Vgl. *Pape* in Kübler/et al., InsO, § 270b, Rn. 90.
[99] Vgl. *Willemsen/Rechel*, ESUG, S. 303, Rn. 47.

§ 27 Die Bescheinigung zum Schutzschirmverfahren

Übersicht

	Rn.
I. Einleitung	1–3
II. Inhalt und Normzweck	4, 5
III. Bestandteile des IDW ES 9	6–24
1. Person des Ausstellers	6–9
a) Rechtsgrundlagen	6
b) IDW ES 9 und Kritik	7–9
2. Vorliegen von Insolvenzgründen	10–14
a) Rechtsgrundlagen	10, 11
b) IDW ES 9 und Kritik	12–14
3. Offensichtliche Aussichtslosigkeit	15–24
a) Rechtsgrundlage	15
b) IDW ES 9 und Kritik	16–24
IV. Rechtsmissbrauch und Haftung	25–27
1. Gefälligkeitsbescheinigungen	25, 26
2. Haftung in besonderen Fällen	27

I. Einleitung

1 Mit dem am 1. März 2012 in Kraft getretenen Gesetz zur weiteren Erleichterung der Sanierung von Unternehmen (ESUG)[1] fördert der Gesetzgeber in einer umfangreichen Reform eine rechtzeitige Insolvenzantragstellung. Die Ausweitung des Gläubigereinflusses (§§ 21, 22a InsO) sowie der Ausbau des Insolvenzplanverfahrens (§§ 217, 225a InsO) stellen Maßnahmen dar, welche Unternehmenssanierungen erleichtern und deren Chancen verbessern sollen.[2] Das ESUG zielt darüber hinaus auf eine Stärkung der Eigenverwaltung ab, die in der Praxis bisher kaum angewendet worden ist und ebenso den Schuldner dazu bewegen sollen, einen Eröffnungsantrag frühzeitig zu stellen.[3] Um dieses Ziel zu erreichen wurde nicht nur § 270a InsO ausgebaut, sondern als weiterer Anreiz für eine rechtzeitige Sanierung darüber hinaus das sog. Schutzschirmverfahren (§ 270b ff. InsO) neu in die Insolvenzordnung implementiert. Experten zu Folge ist die Anzahl der Verfahren in Eigenverwaltung durch das ESUG bereits im ersten Jahr nach dessen Inkrafttreten deutlich gesteigert worden.[4]

2 Die Einführung dieses neuartigen Verfahrens nach § 270b InsO ist auf das Versagen der Insolvenzordnung, im Sinne eines Sanierungsgesetzes zu fungieren, zurück zuführen.[5] Der ursprüngliche Schaffungszweck eines einheitliches Verfahren in den Bereichen Liquidation, Reorganisation und Sanierung ist verfehlt worden. Dies zeigt sich daran, dass in der Praxis Insolvenzanträge i.d.R. erst dann gestellt werden, wenn es für Sanierungs-

---

[1] Vgl. BGBl. 2011, Teil 1 Nr. 64, S. 2582 ff.
[2] Vgl. BT-Drucks. 17/5712, S. 17 ff.; *Weiland* DB 2011, S. 1.
[3] Vgl. BT-Drucks. 17/5712, S. 17 u. 19; *Buchalik et al.* SteuerConsultant 6/2012, 17 f.
[4] Vgl. *Buchalik* DIAI Sonderausgabe Newsletter 2013, 2.
[5] Vgl. Kübler/Prütting/Bork/*Pape*, Kommentar zur Insolvenzordnung, § 270b, Rn. 1.

versuche bereits zu spät ist.⁶ Insbesondere seitdem zunehmend auch in Deutschland ansässige Unternehmen die Auswirkungen der Wirtschafts- und Finanzkrise in 2008 zu spüren bekommen haben, hat sich die mangelnde Funktionsfähigkeit des deutschen Sanierungsrecht als Problem dargestellt. Dies hat zu einem Wiederaufkeimen der Diskussion über die Schaffung eines wirksames Sanierungsverfahren in der Krise geführt. Als vorläufiges Resultat der in diesem Rahmen entstandenen Empfehlungen und Lösungsvorschläge ist die Einführung des § 270b InsO zu sehen.⁷

In diesem Verfahren zur Vorbereitung einer Sanierung wird dem Schuldner unter bestimmten Voraussetzungen die Möglichkeit eingeräumt, in Eigenverwaltung das Unternehmen mit Hilfe eines Insolvenzplans zu sanieren.⁸ Dabei verlangt der Gesetzgeber eine **Bescheinigung**, die dem Antragsteller die zur Eröffnung des Schutzschirmverfahrens notwendigen Bedingungen nachweist.⁹ Die Erfordernis einer solchen, qualifizierten Bescheinigung verlagert grundsätzlich die Prüfung des Vorliegens der Zugangsvoraussetzungen zum Schutzschirmverfahren von den Gerichten auf den Bescheinigenden. Dadurch soll eine zügige Antragsprüfung durch die zuständigen Richter ohne das Hinzuziehen von weiteren Sachverständigen gewährleistet werden.¹⁰ Spezielle Anforderungen an diese Bescheinigung sollen in diesem Beitrag dargestellt und gewürdigt werden. Das Institut der Wirtschaftsprüfer hat in dem Entwurf eines IDW Standards „Bescheinigung nach § 270b InsO (IDW ES 9)"¹¹ Anforderungen, Umfang der Aufgaben und Inhalt der Bescheinigung zur Diskussion vorgestellt. Seit seiner Veröffentlichung in der Fachwelt ist dieser Entwurf vielfach kritisiert worden.¹²

II. Inhalt und Normzweck

Eine wesentliche Neuerung stellt die Implementierung des sog. Schutzschirmverfahrens dar.¹³ Mit der Aufnahme des Verfahrens zur Vorbereitung einer Sanierung (§ 270b InsO) in die Insolvenzordnung sollen zusätzliche Anreize für den Schuldner gesetzt werden, eine Sanierung unter dem besonderen Schutz des Verfahrens frühzeitig einzuleiten. Insofern soll damit dem in der Praxis vorherrschende Trend der verspäteten Insolvenzantragstellung, der aufgrund der im Zeitablauf abnehmenden Liquidität mit nur geringen Sanierungsaussichten für die Unternehmen einhergeht, Einhalt geboten werden.¹⁴ Wesentliche Zugangsvoraussetzungen zu diesem Verfahren hat der Gesetzgeber im ersten Absatz der Vorschrift konkretisiert:

„*Hat der Schuldner den Eröffnungsantrag bei drohender Zahlungsunfähigkeit oder Überschuldung gestellt und die Eigenverwaltung beantragt und ist die angestrebte Sanierung nicht offensichtlich aussichtslos, so bestimmt das Insolvenzgericht auf Antrag des Schuldners eine Frist zur Vorlage eines Insolvenzplans. Die Frist darf höchstens drei Monate betragen. Der Schuldner hat mit dem Antrag eine mit Gründen versehene Bescheinigung eines in Insolvenzsachen erfahrenen Steuerbera-*

---

⁶ Vgl. ebenda, Rn. 2.
⁷ Vgl. ebenda, Rn. 4 f.
⁸ Vgl BT-Drucks. 17/5712, S. 40; *Zipperer/Vallender* NZI 2012, 729; *Hirte* DB 2011, 695.
⁹ Vgl. § 270b Abs. 1 S. 3 InsO.
¹⁰ Vgl. Kübler/Prütting/Bork/*Pape*, Kommentar zur Insolvenzordnung, § 270b, Rn. 41.
¹¹ Vgl. IDW ES 9, Rn. 1 ff.
¹² Vgl. etwa *Frind* ZInsO 2012, 540 ff.; *Kraus/Lenger/Radner* ZInsO 2012, 587 ff.
¹³ Vgl. hierzu weiterführend § 25 dieses Handbuchs.
¹⁴ Vgl. Kübler/Prütting/Bork/*Pape*, Kommentar zur Insolvenzordnung, § 270b, Rn. 13; BT-Drucks. 17/5712, S. 19.

ters, *Wirtschaftsprüfers oder Rechtsanwalts oder einer Person mit vergleichbarer Qualifikation vorzulegen, aus der sich ergibt x, dass drohende Zahlungsunfähigkeit oder Überschuldung, aber keine Zahlungsunfähigkeit vorliegt und die angestrebte Sanierung nicht offensichtlich aussichtslos ist.*"[15]

5   Der Schuldner hat dem Insolvenzgericht eine drohende Zahlungsunfähigkeit oder Überschuldung und eine nicht offensichtliche Aussichtslosigkeit der angestrebten Sanierung nachweisen. Liegt keine Zahlungsunfähigkeit vor, kann der Schuldner auf Antrag und ohne Kontrollverlust innerhalt einer Frist von maximal drei Monaten unter der Aufsicht eines Sachverwalters einen Insolvenzplan selbst erstellen und darüber hinaus weitere Schutzmaßnahmen in Anspruch nehmen.[16] Zu den Schutzmaßnahmen gehören Vollstreckungsschutz und die Begründung von Masseverbindlichkeiten. Dass die Zugangsbedingungen für dieses Verfahren als erfüllt gelten, ist in geeigneter Weise durch das Attest eines in Insolvenzsachen erfahrenen Steuerberaters, Wirtschaftsprüfers oder Rechtsanwalts oder einer Person mit vergleichbarer Qualifikation in Form einer sog. Bescheinigung darzulegen.[17] Die Anforderungen an den Inhalt einer Bescheinigung sind im Gesetzestext nicht spezifiziert worden. Somit liegt deren Festlegung im Ermessen des Ausstellers. Möglichen Nachbesserungsauflagen durch das Insolvenzgericht bei mangelhafter Bescheinigung ist zu begegnen, um dem damit einhergehenden Zeitverlust für die Sanierung des schuldnerischen Unternehmens bzw. einer Zurückweisung des gesamten Antrags nach § 270b InsO zu entgehen.[18] Hierzu sind einheitliche Regeln zu den Anforderungen an die Bescheinigung und deren Aussteller zwingend erforderlich. Der vorgenannte IDW Standard (im Entwurf) (E) 59 soll in diesem Umfeld tätige Wirtschaftsprüfer bei der Ausstellung einer Bescheinigung nach § 270b InsO unterstützen und nimmt daher zum Umfang der durchzuführenden Tätigkeiten und zum Inhalt der Bescheinigung Stellung.[19] Eine Vorlage für eine solche Bescheinigung, deren Aufbau sich an der Gesamtstruktur des Standards orientiert, nämlich[20]
- Auftragsbeschreibung,
- Abgrenzung der Verantwortlichkeiten der gesetzlichen Vertreter und des Wirtschaftsprüfers,
- Grundlage für die Beurteilung des Vorliegens von Insolvenzgründen,
- Grundlage für die Beurteilung, dass die angestrebte Sanierung nicht offensichtlich aussichtslos ist,
- Schlussfolgerung,
- Abschließende Hinweise,

rundet den IDW ES 9 ab.

III. Bestandteile des IDW ES 9

1. Person des Ausstellers

6   **a) Rechtsgrundlagen.** Nach dem Wortlaut des § 270b Abs. 1 S. 3 InsO hat ein in Insolvenzsachen erfahrener Steuerberater, Wirtschaftsprüfer oder Rechtsanwalt oder eine

---

[15] § 270b Abs. 1 InsO.
[16] Vgl. *Hermanns* ZInsO 2012, 2266.
[17] Vgl. *Richter/Pluta* BB 2012, 1591; *Kerz* DStR 2012, 204 f.; BT-Drucks. 17/5712, S. 19; *Riggert*, Rn. 1 f.
[18] Vgl. *Kraus/Lenger/Radner* ZInsO 2012, 587.
[19] Vgl. IDW ES 9, S. Rn. 1 ff.
[20] Vgl. IDW ES 9, S. 7 ff.

§ 27 Die Bescheinigung zum Schutzschirmverfahren § 27

Person mit vergleichbarer Qualifikation das Vorliegen der gesetzlich erforderlichen Antragsvoraussetzungen zu bescheinigen. Dabei steht nicht die jeweilige Ausbildungsstufe, sondern vielmehr das Vorhandensein persönlicher Fähigkeiten des Ausstellers im Vordergrund. Damit können auch Personen bescheinigen, die nicht den im Gesetz genannten Berufsgruppen angehören, jedoch über eine dazu notwendige Befähigung verfügen.[21] Der Aussteller der Bescheinigung gem. § 270b Abs. 2 S. 1 InsO kann aber nicht gleichzeitig als vorläufiger Sachverwalter bestellt werden. Sachverwalter und Aussteller dürfen nicht zum selben Kanzleiverbund gehören, um eine angemessene tatsächliche und rechtliche Unabhängigkeit zu wahren.[22] Zu den persönlichen Anforderungen ist die Bescheinigung in fachlicher Hinsicht durch in Insolvenzsachen erfahrene Personen mit hinreichende Sanierungskompetenz zu erstellen. Die in § 270b Abs. 1 S. 3 InsO geforderten Insolvenzgründe und Sanierungschancen kann nur ein erfahrener Sanierer angemessen beurteilen. In zeitlicher Dimension weist § 270b Abs. 1 S. 3 InsO auf eine Mehrzahl insolvenzbezogener Fälle und damit auf die Erfordernis wiederholter Erfahrungen hin. Eine berufliche Erfahrung von vier Jahren als flexibler Richtwert wird von profunder Stelle für angemessen gehalten und darf z.B. bei international agierenden Konzernen mit komplexer Struktur nicht unterschritten werden. Für kleinere bzw. weniger komplexe Unternehmen soll ein kürzerer Erfahrungshorizont genügen.[23]

b) IDW ES 9 und Kritik. Der IDW ES 9 beschreibt das Anforderungsprofil des bescheinigenden Wirtschaftsprüfers und nimmt zu persönlichen Voraussetzungen und fachlichen Anforderungen Stellung. Die bloße Berufsträgerschaft reicht nicht aus und man sollte über mehrjährige Erfahrung mit deutschen Insolvenz- oder Sanierungsfällen verfügen.[24] Die Erfahrung wird unterstellt, wenn der Gutachter bereits als Insolvenzverwalter tätig gewesen ist oder Berufserfahrung in der Sanierungsberatung nachweisen kann bzw. bei Begutachtungen und Erstellungen von Sanierungskonzepten mitgewirkt hat.[25] 7

Ein Hinweis auf die **Unabhängigkeit** des bescheinigenden Wirtschaftsprüfers und zur Personen- und Kanzleiverschiedenheit zum vorläufigen Sachverwalter mag fehlen,[26] aber der Wirtschaftsprüfer hat bei der Ausübung des Wirtschaftsprüfer-Berufes und bei Anwendung von IDW Standards die allgemeinen und grundsätzlichen Vorschriften des Gesetzes über eine Berufsordnung der Wirtschaftsprüfer (WPO) zu beachten. Die allgemeinen Berufspflichten stellen die Unabhängigkeit von Wirtschaftsprüfern bei der Annahme derartiger Aufträge sicher.[27] Der Wirtschaftsprüfer hat seinen Beruf „unabhängig, gewissenhaft, verschwiegen und eigenverantwortlich"[28] auszuüben und sich bei Abschlussprüfungen und Gutachten „unparteiisch"[29] zu verhalten.[30] Ein Hinweis auf diese Regelungen zur Unabhängigkeit erscheint nicht nur sinnvoll, sondern geboten, 8

---

[21] Vgl. *Hermanns*, ZInsO 2012, 2266; *Zipperer/Vallender* NZI 2012, 730; *Nerlich/Römermann/Riggert*, § 270b, Rn. 8 f.; *Kraus/Lenger/Radner* ZInsO 2012, 587; BT-Drucks. 17/5712, S. 40; *Gutmann/Laubereau* ZInsO 2012, 1867.
[22] Vgl. BT-Drucks. 17/7511, S. 37; *Buchalik/Kraus* KSI 2012, 61; *Frind* ZInsO 2012, 540; *Buchalik/Kraus/Lenger/Vogel*, SteuerConsultant 6/2012, 19; *Pape* NWB 2012, 2086.
[23] Vgl. *Zipperer/Vallender* NZI 2012, 731.
[24] Vgl. IDW ES 9, Rn. 4 ff.
[25] Vgl. ebenda, Rn. 5.
[26] Vgl. *Frind* ZInsO 2012, 540.
[27] Vgl. § 43 Abs. 1 WPO.
[28] § 43 Abs. 1 S. 1 WPO.
[29] § 43 Abs. 1 S. 2 WPO.
[30] Vgl. *Hermanns* ZInsO 2012, 2267.

§ 27 6. Teil. Möglichkeiten der Sanierung nach der Insolvenzordnung

weil Stellungnahmen des IDW auch auf Berufszweige ausstrahlen, die z. Z. nicht einer Berufskammer zugehörig sind.

9 Darüber hinaus bleibt festzuhalten, dass die Unabhängigkeit des Bescheinigers unter den deutschen Insolvenzrichtern sehr heterogen gesehen wird. Insbesondere über die zur Funktion als Aussteller noch tolerierbare Nähe zum Schuldner werden unterschiedliche Ansichten vertreten. Hinzu kommt, dass das erforderliche Maß an Unabhängigkeit immer auf den jeweiligen Einzelfall bezogen festzulegen ist. Aus diesem Grund erübrigt sich der Versuch, diesbezüglich einen einheitlichen Maßstab in den Standard implementieren zu wollen. Vielmehr sollte der Bescheinigende dem Gericht dazu eine belastbare Entscheidungsgrundlage[31] liefern, indem er etwa detailliert seine Beziehungen zum bzw. Tätigkeiten für den Schuldner darstellt. Als problematisch i.S.e. zu engen Bindung des Bescheinigenden an den Schuldner können diejenigen Fälle angesehen werden, bei denen dessen früherer Berater als Aussteller der Bescheinigung auftritt.[32] Auf der anderen Seite bedeutet die Nähe eines Fachexperten durch beratende oder prüfende Begleitung nicht unbedingt einen Ausschluss der Unabhängigkeit. In jedem Fall sollte die Unabhängigkeit im Vorfeld mit dem zuständigen Gericht bzw. Richter abgestimmt werden, damit diese gesetzlich normierte Voraussetzung für das Schutzschirmverfahren als Verweigerungskriterium von vornherein ausscheidet und vermieden werden kann, dass die Bescheinigung im Rahmen eines Sachverständigengutachtens durch das Insolvenzgericht einer langwierigen Überprüfung unterzogen wird.

2. Vorliegen von Insolvenzgründen

10 **a) Rechtsgrundlagen.** Mit der Bescheinigung wird die **Zahlungsfähigkeit** des Schuldnerunternehmens und die **drohende Zahlungsunfähigkeit** oder **Überschuldung** gleichzeitig festgestellt.[33] Zahlungsunfähigkeit ist gegeben, wenn den fälligen Zahlungspflichten nicht mehr nachgekommen werden kann und der Schuldner keine Zahlungen mehr tätigt.[34] Der BGH hat am 24. Mai 2005 bestimmt, dass der Schuldner dann nicht mehr in der Lage ist, die fälligen Zahlungsverpflichtungen zu erfüllen, wenn eine nicht zu beseitigende Liquiditätslücke in Höhe von mehr als 10 % der fälligen Gesamtverpflichtungen vorliegt, sofern „nicht ausnahmsweise mit an Sicherheit grenzender Wahrscheinlichkeit zu erwarten ist, dass die Liquiditätslücke demnächst vollständig oder fast vollständig beseitigt wird und den Gläubigern ein Zuwarten nach den besonderen Umständen des Einzelfalls zuzumuten ist."[35] Drohende Zahlungsunfähigkeit ist demgegenüber gegeben, wenn der Schuldner voraussichtlich nicht dazu fähig sein wird, seine bestehenden Zahlungspflichten bei Fälligkeit zu erfüllen.[36] Voraussichtlich bedeutet dabei eine überwiegende Eintrittswahrscheinlichkeit, aber auch eine gewisse Zeitperiode für die Betrachtung im Rahmen der Begutachtung.[37] Die Rechtsprechung legt konkrete Prognosezeiträume nicht fest. In der Praxis ist es üblich, auf das laufende und das kom-

---

[31] Vgl. dazu auch Kübler/Prütting/Bork/*Pape*, Kommentar zur Insolvenzordnung, § 270b, Rn. 48.
[32] Vgl. *Pape* ZInsO 2013 2082.
[33] Vgl. *Kerz* DStR 2012, 205; *Buchalik/Kraus* KSI 2012, 62; *Gutmann/Laubereau* ZInsO 2012, 1869.
[34] Vgl. § 17 Abs. 2 InsO.
[35] Vgl. BGH vom 24.5.2005 – IX ZR 123/04, BGHZ 2005, 136, S. 136; *Buchalik/Kraus* KSI 2012, 62.
[36] Vgl. § 18 Abs. 2 InsO.
[37] Vgl. *Hermanns* ZInsO 2012, 2267.

mende Geschäftsjahr des Schuldners abzustellen.[38] Längere Betrachtungsperioden sind bei Unternehmen mit langfristigen Produktionszyklen denkbar. Die drohende Zahlungsunfähigkeit bzw. die Zahlungsunfähigkeit ist nach h.M. mit einer Finanz- und Liquidationsplanung, die auf dem Finanzstatus des Schuldnerunternehmens aufbaut, nachzuweisen.[39]

Der Tatbestand der Überschuldung i.S.d. InsO liegt dann vor, wenn das Vermögen des Schuldners zur Deckung der bestehenden Verbindlichkeiten nicht mehr ausreicht, was durch die Aufstellung eines auf Liquidationswerten basierenden Vermögensstatus darzulegen ist.[40] Da eine Überschuldung bei positiver Fortbestehensprognose *de lege lata*[41] nicht existiert, kann eine Prüfung bei positiver Fortführungsprognose des Unternehmens entfallen.[42] Liegt eine drohende Zahlungsunfähigkeit vor, ist keine positive Fortbestehensprognose gegeben und die und die Überschuldung zu prüfen. Vgl. hierzu insbesondere § 25 Rn. 40 im Detail und die Folgenden Rn. 11

b) IDW ES 9 und Kritik. Der IDW ES 9 definiert drohende Zahlungsunfähigkeit, Zahlungsunfähigkeit und Überschuldung anhand der gesetzlichen Normierungen und weist auf die Finanzplanung des Schuldners über die künftige Liquiditätsentwicklung hin. Die Überschuldung nach § 19 InsO ist bei einer negativen Fortbestehensprognose dementsprechend auf Grundlage eines Überschuldungsstatus zu Liquidationswerten festzustellen. Bei erfolgsversprechender Fortführung ist ein Überschuldungsstatus nicht aufzustellen.[43] 12

In der Literatur werden diese Inhalte des IDW ES 9 z.T. kritisiert, nämlich eine intransparente Definition der drohenden Zahlungsunfähigkeit, das Auslassen von Angaben bezüglich des zeitlichen Planungshorizont sowie das Fehlen der Definition einer belastbaren Fortbestehensprognose.[44] Die in der Bescheinigung enthaltenen Feststellungen sollen von den Gerichten hinsichtlich ihrer Richtigkeit nicht überprüfbar sein.[45] Allerdings werden die im IDW ES 9 angeführten Verweise zu bereits bestehenden Prüfungsstandards bzw. Stellungnahmen nicht angemessen gewürdigt. Zur Beurteilung drohender Zahlungsunfähigkeit und Zahlungsunfähigkeit verweist der IDW ES 9 auf den IDW Prüfungsstandard „Beurteilung eingetretener oder drohender Zahlungsunfähigkeit bei Unternehmen (IDW PS 800)".[46] Dieser Standard erläutert ausführlich die Vorgehensweise zur Feststellung der drohenden Zahlungsunfähigkeit bzw. Zahlungsunfähigkeit unter Berücksichtigung der aktuellen Gesetzeslage sowie der neueren, höchstrichterlichen Rechtsprechung.[47] Zur Überschuldungsprüfung, weist der IDW ES 9 auf die IDW Stellungnahme des Fachausschusses Recht 1/1996 hin, die ebenfalls dezidierte Informatio- 13

---

[38] Vgl. *Kerz* DStR 2012, 206; *Buchalik/Kraus* KSI 2012, 62; IDW PS 800, Rn. 51.
[39] Vgl. *Buchalik/Kraus/Lenger/Vogel* SteuerConsultant 6/2012, 19; *Kerz* S. 206; *Buchalik/Kraus* KSI 2012, 63.
[40] § 19 Abs. 2 InsO.
[41] Mit der Entfristung des im Rahmen des Finanzmarktstabilisierungsgesetzes modifizierten Überschuldungsbegriffs über den 1. Januar 2014 hinaus ist eine Überschuldung auch in Zukunft nur bei einer negativen Fortbestehensprognose möglich.
[42] Vgl. *Zipperer/Vallender* NZI 2012, 732; *Buchalik/Kraus/Lenger/Vogel* SteuerConsultant 6/2012, 19. Zur grundlegenden Auseinandersetzung mit dem Thema Insolvenzgründe vgl. auch § 25 dieses Handbuches.
[43] Vgl. IDW ES 9, Rn. 8 ff.
[44] Vgl. *Hermanns* ZInsO 2012, 2268.
[45] Vgl. dazu insbesondere *Frind* ZInsO 2012, 541; *Kraus/Lenger/Radner* ZInsO 2012, 588.
[46] Vgl. IDW ES 9, Rn. 10.
[47] Vgl. IDW PS 800, Rn. 1 ff.

nen zur Erlangung des notwendigen Prüfungsergebnisses enthält.[48] Die Fortbestehensprognose wird in einem eigenen Kapitel ausführlich definiert und deren sachgerechte Ableitung dargestellt.[49] Die Insolvenzgerichte können bei sachgerechter Erstellung der Bescheinigung die Ergebnisse nachprüfen. Auch der Verweis auf Prüfungsstandards in der dem IDW ES 9 angefügten Musterbescheinigung ist mit der Handhabung in Gesetzgebung und Rechtsprechung, die aus Praktikabilitätsgründen seit jeher Querverweise auf bestehende Rechtsnormen setzt, nicht zu bemängeln.[50]

14 Allerdings erscheint es notwendig, die entsprechenden Verlautbarungen entweder angemessen darzustellen oder diese öffentlich zugänglich zu machen.

3. Offensichtliche Aussichtslosigkeit

15 **a) Rechtsgrundlage.** Mit der Bescheinigung nach § 270b InsO ist zu bestätigen, dass eine angestrebte Sanierung nicht offensichtlich **aussichtslos** ist.[51] Nicht aussichtslos erscheint ein Sanierungsvorhaben immer dann, wenn sich keine Anhaltspunkte für seine Erfolglosigkeit finden. Die Aussichtslosigkeit muss offensichtlich sein und dem Aussteller der Bescheinigung bei der Analyse des Schuldnerunternehmens quasi ins Auge springen.[52] Aus gutem Grund sieht der Gesetzgeber aus Zeit- und Kostenaspekten und um das Schutzschirmverfahren nicht zu erschweren, davon ab, für eine Bescheinigung die Erstellung eines ausführlichen Sanierungsgutachtens zu verlangen.[53] Grundlage für die Beurteilung ist eine belastbare Unternehmensplanung, mit der offensichtliche Aussichtslosigkeit ausgeschlossen werden soll. Die Erstellung eines Sanierungskonzeptes etwa an den Kernbestandteilen des IDW Standard „Anforderung an die Erstellung von Sanierungskonzepten (IDW S 6)" auszurichten erscheint sinnvoll.[54] Die Fundierungstiefe einer Bescheinigung wird kontrovers diskutiert. Gefordert werden einerseits bloße Plausibilitätskontrollen,[55] während andererseits verkürzte und begründete Sanierungsgutachten oder gar umfangreiche integrierte Sanierungsplanungen über mehrere Jahre verlangt werden.[56]

16 **b) IDW ES 9 und Kritik.** Der IDW ES 9 stuft ein Sanierungsvorhaben als offensichtlich aussichtslos ein, wenn Sanierungsbemühungen mit an Sicherheit grenzender Wahrscheinlichkeit keinen Erfolg haben.[57] Der bescheinigende Wirtschaftsprüfer hat dabei keine umfassende Beurteilung vorzunehmen, um zu dieser Erkenntnis zu gelangen.[58] Der IDW ES 9 stellt klar, dass die Anforderungen an die durchzuführenden Tätigkeiten des ausstellenden Wirtschaftsprüfers deutlich hinter die Maßstäbe einer Gutachtenerstellung nach IDW S 6 zurücktreten.[59] Allerdings muss sich der Gutachter auf Basis von Jahresabschlüssen und ggf. Prüfungsberichten ein Verständnis von Geschäftsprozessen der Gesellschaft, Produkten und Absatzwegen sowie dem Verlauf der zurückliegenden Ge-

---

[48] Vgl. IDW ES 9, Rn. 12. Vgl. hierzu auch § 24 dieses Handbuches.
[49] Vgl. IDW FAR 1/1996, S. 17 ff. u. 20 ff.
[50] Vgl. *Hermanns* ZInsO 2012, 2268.
[51] Vgl. Nerlich/Römermann/*Riggert*, § 270b, Rn. 10.
[52] Vgl. *Kerz* DStR 2012, 207; *Zipperer/Vallender* NZI 2012, 732.
[53] Vgl. BT-Drucks. 17/5712, S. 40.
[54] Vgl. *Kerz* DStR 2012, 207 f.; *Buchalik/Kraus/Lenger/Vogel* SteuerConsultant 6/2012, 19.
[55] Vgl. dazu *Desch* BB 2011, 841.
[56] Vgl. etwa *Kraus/Lenger/Radner* ZInsO 2012, 589; *Zipperer/Vallender* NZI 2012, 733.
[57] Vgl. IDW ES 9, Rn. 14.
[58] Vgl. *Hermanns* ZInsO 2012, 2269.
[59] Vgl. IDW ES 9, Rn. 14.

§ 27 Die Bescheinigung zum Schutzschirmverfahren

schäftsentwicklung erarbeiten.[60] Die gesetzlichen Vertreter des Schuldnerunternehmens sind bei der Analyse zu befragen. Die Schlüssigkeit eines vom Schuldner vorgelegten Grobkonzepts ist abzuschätzen, um über die angestrebte Sanierung zu einem Urteil zu gelangen.[61] Abschließend wird darauf hingewiesen, dass im Rahmen der Anfertigung einer Bescheinigung eine Gläubigerbefragung nicht erforderlich sei, da ein Insolvenzplan den Gläubigern erst im Rahmen des Schutzschirmverfahrens vorzulegen ist. Da im Zeitpunkt der Bescheinigungserstellung ein Plan noch nicht existiert, steht den Gläubigern keine geeignete Entscheidungsgrundlage bezüglich einer Zustimmung oder Ablehnung über das Sanierungsvorhaben zur Verfügung.[62]

Kritische Literaturstimmen bemängeln die Aussage im IDW ES 9, dass der Schuldner 17 für die Erstellung eines **Grobkonzepts** der Sanierung und eines Finanzstatus/-plans verantwortlich ist.[63] Es ist der Eindruck entstanden, der bescheinigende Wirtschaftsprüfer prüfe das Zahlenmaterial nicht auf Konsistenz bzw. sehe es nur oberflächlich durch, was die Aussagekraft der Bescheinigung schwächt.[64]

Die Verantwortlichkeiten sind zwingend abzugrenzen. Insolvenzgerichte sollen den 18 Inhalt der Bescheinigung nicht von weiteren Sachverständigen überprüfen lassen müssen. Um dies zu erreichen, ist die Unabhängigkeit des Ausstellers zu wahren. Der Berufsstand der Wirtschaftsprüfer verbietet ausdrücklich, einen Sachverhalt zu bewerten, an dessen Entstehung er selbst unmittelbar beteiligt gewesen ist.[65] Selbstprüfungsverbote sichern die Unbefangenheit und die Unabhängigkeit des beauftragten Berufsträgers, so dass ein Insolvenzrichter sicherer auf die Inhalte der Bescheinigung vertrauen kann. Insofern ist der Hinweis auf das Nichtmitwirken des Bescheinigenden bei der Erstellung des Grobkonzepts bzw. des Finanzstatus/-plans sinnvoll. Planung, Grobkonzept usw. sind nicht überschlägig oder kursorisch zu prüfen.[66] Die berufsrechtlich vorgeschriebene, verantwortungsvolle Vollziehung des Auftrags verlangt eine eigene und eigenständige Beurteilung der Informationen im Rahmen der inhaltlichen Prüfung der zur Verfügung gestellten Unterlagen. Der Prüfer hat über seine Prüfungsergebnisse angemessen zu berichten.[67] Auch wenn dies in der Musterbescheinigung des IDW nicht explizit aufgeführt wird, unterliegt der Wirtschaftsprüfer im Rahmen der Erstellung einer Bescheinigung nach § 270b InsO einer Dokumentationspflicht.[68] Um diese Anforderungen zu erfüllen, ist ein Bericht (z.B. analog zu IDW S 6) in die Bescheinigung zu integrieren. Nur so sind Untersuchungsergebnisse für Dritte nachprüfbar.[69]

Entgegen aller Kritik reicht zur Erfüllung der gesetzlichen Anforderungen die in IDW 19 ES 9 festgehaltene bloße Schlüssigkeitsbeurteilung des Grobkonzepts bei deutlich unter den im IDW S 6 verankerten Anforderungen aus. Hierzu ist eine für die nächsten drei Jahre erstellte Sanierungsplanung sinnvoll, um die Sanierungschancen angemessen darzustellen.[70] Dies ist insbesondere zielführend, um eine nachhaltige Sanierung abzubilden, wobei nicht alle Jahre auf monatlicher Basis geplant werden müssen. Die Forderung nach

---

[60] Vgl. ebenda, Rn. 15.
[61] Vgl. ebenda, Rn. 16 f.
[62] Vgl. ebenda, Rn. 19.
[63] Vgl. dazu etwa *Kraus/Lenger/Radner* ZInsO 2012, 587; *Frind* ZInsO 2012, 541.
[64] Vgl. insbes. *Kraus/Lenger/Radner* ZInsO 2012, 587; *Frind* ZInsO 2012, 541.
[65] Vgl. § 21 Abs. 2 BS WP/vBP i.V.m. § 23a BS WP/vBP; *Richter/Pluta* BB 2012, 1595.
[66] Vgl. *Hermanns* ZInsO 2012, 2269.
[67] Vgl. § 11 Abs. 1 u. § 24b Abs. 3 BS WP/vBP; § 43 Abs. 1 WPO.
[68] Vgl. IDW ES 9, Rn. 20 ff.
[69] Vgl. *Hermanns* ZInsO 2012, 2269.
[70] Vgl. *Kraus/Lenger/Radner* ZInsO 2012, 589.

mehrere Jahre umfassenden Planungen kann allerdings in begründeten Ausnahmefällen nicht sinnvoll sein; Planungssoftware ist am Markt hinreichend verfügbar. Inhaltliche Fragen sind bedeutender, insbesondere zur Definition des Grobkonzepts im IDW ES 9. Dies obwohl Sanierungsexperten seit langer Zeit den Unterschied zwischen einem Grobkonzept und einem Detailkonzept herausgearbeitet haben.[71] Ein Grobkonzept sollte sich an den zentralen Bestandteilen des IDW S 6 orientieren, weist jedoch regelmäßig nicht dieselbe Substanziierung auf, wie sie für Gutachten nach dem IDW S 6 verlangt wird.[72]

20   Die Mindestanforderung an das zu beurteilende Grobkonzept im IDW Entwurfsstandard zu konkretisieren ist, sicherlich zweckdienlich. Neben den Basisinformationen zur Analyse der strategischen, leistungswirtschaftlichen und finanzwirtschaftlichen Entwicklung sowie der Krisenursachen kommen erste Aussagen zu den Krisenstadien ebenso dazu wie ein erstes Leitbild mit dem Geschäftsmodell des sanierten Unternehmens. Ein grober Sanierungsplan und Sanierungsmaßnahmen runden dies inhaltlich ab. Dabei ist stets eine angemessene, fallbezogene Tiefe der vorzunehmenden Analysen und Bewertungen sowie eine lückenlose Begründung vorzunehmen. Denn aktuelle Erhebungen unter der deutschen Insolvenzrichterschaft belegen, dass die Mehrzahl der Richter zu einer Überprüfung der Bescheinigung durch einen Sachverständigen neigt, wenn das Insolvenzgericht Zweifel an deren Richtigkeit hegt. Dies ist insbesondere dann der Fall, wenn die vorgelegte Bescheinigung im Wesentlichen auf einer Wiederholung der Schuldnerangaben beruht, ohne dass dabei eine fundierte Begründung der nicht offensichtlichen Aussichtslosigkeit der angestrebten Sanierung vorgenommen wird. Die Einholung eines Sachverständigengutachtens würde aber aufgrund ihrer erheblichen (mehrmonatigen) zeitlichen Dauer den im Rahmen eines Schutzschirmverfahrens eigentlich angestrebten Zeitgewinn einer dreimonatigen Schutzfrist pulverisieren und somit wesentliche Vorteile des Verfahrens zunichte machen, weshalb die Vorlage einer offensichtlich ungeeigneten Bescheinigung unbedingt zu vermeiden ist.[73]

21   Das durch den Schuldner vorgelegte Grobkonzept sollte insbesondere auch im Hinblick auf seine Umsetzbarkeit hin überprüft werden.[74] Unter Umständen kann es angebracht sein, eventuell zur Verfügung stehende Alternativen zum Schutzschirmverfahren (z.B. Asset Deals) vergleichend in Erwägung zu ziehen und etwa Veräußerungsgrenzen grob zu quantifizieren. Vgl. zu weiteren Abgrenzungen izum Begriff Grobkonzept § 6 Rn. 57 ff.

22   Ein weiterer Kritikpunkt betrifft die Aussage des IDW ES 9, dass eine Befragung der Gläubiger im Zeitpunkt der Bescheinigungserstellung nicht erforderlich sei.[75] **Gläubigerbefragungen** könnten unumgänglich sein, wenn im Vorfeld Anzeichen für Gläubigerwiderstände gegen eine Eigenverwaltung bestehen und diese mit an Sicherheit grenzender Wahrscheinlichkeit so groß sind, dass sie den Antrag auf Eigenverwaltung scheitern lassen würden. Damit kann eine angestrebte Sanierung mit Unterstützung der Geschäftsleitung bereits vor Beginn der Bescheinigungserstellung aussichtslos sein.[76]

23   Die Gläubiger können eine Eigenverwaltung ablehnen, indem der vorläufige Gläubigerausschuss gemäß § 270b Abs. 4 Nr. 2 InsO einen Antrag auf Aufhebung des Schutzschirmverfahrens stellt.[77] Das Gesetz sieht bereits vorher eine Anordnung nach § 270b

---

[71] Vgl. *Kraus/Gless*, HB Restrukturierung/Sanierung/Insolvenz, Rn. 29 ff.
[72] Vgl. auch *Kerz* DStR 2012, 207 f.
[73] Vgl. *Pape* ZInsO 2013, 2081.
[74] Vgl. Kübler/Prütting/Bork/*Pape* Kommentar zur Insolvenzordnung, § 270b, Rn. 50.
[75] Vgl. IDW ES 9, Rn. 19.
[76] Vgl. *Kerz* DStR 2012, 207; *Kraus/Lenger/Radner* ZInsO 2012, 589.
[77] Vgl. dazu auch *Zipperer/Vallender* NZI 2012, 734; *Wroblewski* AuR 2012, 302.

§ 27 Die Bescheinigung zum Schutzschirmverfahren

Abs. 1 InsO vor. Folglich hat das Insolvenzgericht die Zugangsvoraussetzungen zu diesem Zeitpunkt schon längst positiv beurteilt. Die Gläubiger haben auf Basis einer im Rahmen der Beantragung des Schutzschirmverfahrens vorgelegten Bescheinigung die Möglichkeit, die Erfolgsaussichten der Sanierung nach den Vorschriften des § 270b InsO zu prüfen. Ob im Vorfeld Anzeichen bestehen, dass in einem zukünftigen, vorläufigen Gläubigerausschuss die Stellung eines Antrags auf Aufhebung des Schutzschirmverfahrens nach § 270b Abs. 4 Nr. 2 InsO wahrscheinlich ist, kann nicht zweifelsfrei ermittelt werden. Ablehnungstendenzen *ex ante* könnten nur erkannt werden, wenn im vorläufigen Gläubigerausschuss, der nach § 72 InsO seine Beschlüsse per Mehrheitsentscheid der anwesenden Mitglieder validiert,[78] ein Meinungsbild aller voraussichtlichen Mitglieder eingeholt wird. Da diese in der Regel die jeweiligen Gläubigergruppen (z.B. absonderungsberechtigte Gläubiger, Hauptgläubiger und Kleingläubiger) repräsentieren und der Auswahlprozess seitens der Insolvenzgerichte nicht immer sicher gestaltet werden kann, ist eine zuverlässige Prognose über Ablehnungstendenzen nicht möglich. Der Kritik kann insoweit nicht gefolgt werden.

24 Die eigentliche Problematik von zeitlich vorgelagerten Gläubigerbefragungen ergibt sich aus der großen Gefahr, dass wesentliche Gläubiger ihre Forderungen bei Bekanntwerden des Antragswunsches auf Selbstverwaltung fällig stellen und somit ein zusätzlicher und ggf. existenzvernichtender Liquiditätsbedarf entsteht.[79] Die im Vorfeld durchzuführende Prüfung der Zahlungsfähigkeit, die regelmäßig auf die bisher üblichen Zahlungsziele aufzubauen ist, hat dann keine Planungsgrundlage mehr. Stellen die Gläubiger ihre Außenstände fällig, wird in den meisten Fällen Zahlungsunfähigkeit gegeben sein.[80] Damit ist eine wesentliche Zugangsvoraussetzung des Schutzschirmverfahrens nicht mehr gegeben und eine Eigenverwaltung nach § 270b InsO nicht mehr möglich. Es ist sicherlich im Sinne des Schuldners, wenn im Vorfeld ein Konsens zur Sanierung mit den Hauptgläubigern erzielt wird, um eine solche Situation zu vermeiden. Der Gesetzgeber hat beim Schutzschirmverfahrens vorrangig diejenigen Schuldner im Blick, die sich in Übereinkunft mit ihren maßgeblichen Gläubigern in Eigenverwaltung sanieren wollen.[81] Die Zustimmung der für die Sanierung wesentlichen Gläubiger müssen aber durch den Schuldner selbst beigesteuert werden. Eine vorherige Konsultation der Gläubiger durch den Aussteller der Bescheinigung ist vom Gesetzgeber nicht gefordert und kann nicht sinnvoll sein. Wenn der Bescheinigende einen Gläubiger befragt, der zuvor durch den Schuldner nicht in die Pläne einer angestrebten Sanierung unter dem Schutzschirm eingebunden worden ist, erfährt vielleicht ein sanierungsunwilliger Gläubiger durch den Gutachter von den bevorstehenden Sanierungsbemühungen nach § 270b InsO und stellt dann einen Insolvenzantrag, was die Einleitung eines Schutzschirmverfahrens unmöglich machen kann.[82] Damit wird das Ziel des Gesetzgebers verfehlt, das Vertrauen der Schuldner in das Insolvenzverfahren zu stärken und eine frühzeitige Sanierung zu fördern.[83] Deswegen ist es Aufgabe des Bescheinigenden, sich auf die Überprüfung und Beurteilung der Angaben des Schuldners zu beschränken. Eine Gläubigerkonsultation durch den Bescheinigenden muss die Ausnahme bleiben, darf nur in Übereinstimmung mit dem Schuldner und bei bereits eingebundenen Gläubigern ge-

---

[78] Vgl. Nerlich/Römermann/*Delhaes* § 67, Rn. 5; *Wroblewski* AuR 2012, 189.
[79] Vgl. BT-Drucks. 17/5712, S. 40.
[80] Vgl. *Hermanns* ZInsO 2012, 2270.
[81] Vgl. ebenda.
[82] Vgl. § 13 Abs. 1 InsO.
[83] Vgl. BT-Drucks. 17/5712, S. 40.

schehen. Bei Auffälligkeiten ist allerdings die Geschäftsführung zu befragen oder sogar aufzufordern, Sachverhalte zu bestätigen oder durch Gläubiger bestätigen zu lassen.[84]

Damit jedoch überhaupt eine Beantragung des Schutzschirmverfahrens nach § 270b InsO erfolgen kann, ist das Geschäftsmodell des Schuldners zwingend hinsichtlich seiner Insolvenzfähigkeit zu überprüfen. Denn wenn das Unternehmen mit seinem bestehenden Geschäftsmodell in Insolvenzsituationen am Markt nicht bestehen kann, eine Fortführung also nicht möglich ist, wird eine insolvenzplanbasierte Sanierung i.d.R. hinfällig sein bzw. kann sogar sanierungsfeindlich wirken. Daher ist zunächst sicherzustellen, dass das Geschäftsmodell des Unternehmens insolvenzfähig ist. Dies kann immer dann angenommen werden, wenn die Marktfähigkeit des Geschäftsmodells durch den krisenbedingten Vertrauensverlust in die Solvenz des Unternehmens nicht beeinträchtigt wird. Dazu ist die geschäftsmodellspezifische Marktfähigkeit hinsichtlich ihrer Anfälligkeit für sich aus der Insolvenzsituation ergebende tatsächliche (z.B. Reputations- und Absatzverluste, Imageschäden etc.) sowie rechtliche Beeinträchtigungen zu analysieren (z.B. Subsidiärhaftung des Personalentleihers gem. § 28e Abs. 2 S. 1 SBG IV).[85]

IV. Rechtsmissbrauch und Haftung

1. Gefälligkeitsbescheinigungen

25 Mit der Eigenverwaltung unter dem Schutzschirm des § 270b InsO geht eine hohe **Missbrauchsgefahr** einher, die auf die Bescheinigung als Zugangsmittel zu diesem Verfahren ausstrahlt. Um in den Genuss der Vorteile des § 270b InsO[86] zu kommen sind vorsätzlich unrichtig bescheinigte Tatsachen denkbar. Die Anordnungsvoraussetzungen der Eigenverwaltung sind daher zu hinterfragen.[87] Eine wichtige Rolle spielt die Unabhängigkeit des Ausstellers vom Auftraggeber. Ob allein die Tätigkeit im Rahmen der Bescheinigungserstellung zu einem gewissen Näheverhältnis zwischen Schuldner und Bescheinigendem führt, kann dahingestellt bleiben. Wenn der Aussteller bereits vor Krisenbeginn für den Schuldner beratend tätig gewesen ist, die sich abzeichnende Krise dennoch nicht erkannt bzw. keine Gegenmaßnahmen empfohlen hat, kann die Unabhängigkeit des Gutachters gefährdet sein.[88] Das Unabhängigkeitsniveau des Bescheinigenden muss von Seiten der Gerichte detailliert geprüft werden. Dabei gilt es jedoch zu beachten, dass dauerhafte Mandatsbeziehungen die Aussagekraft der Bescheinigung grundsätzlich nicht mindern.[89] Für den Berufsstand der Wirtschaftsprüfer sei an dieser Stelle ausdrücklich auf § 43 Abs. 1 WPO verwiesen, der dem Berufsträger eine unabhängige Berufsausübung zwingend vorschreibt.[90] Wird die Bescheinigung von einem Wirtschaftsprüfer ausgestellt, kann daher eine Unabhängigkeitsprüfung durch den Insolvenz-

---

[84] Vgl. *Hermanns* ZInsO 2012, 2270.
[85] Vgl. *Siemon* ZInsO 2012, S. 1048 f.
[86] Etwa das Recht zur Begründung von Masseverbindlichkeiten (§ 270b Abs. 3 InsO) oder die einstweilige Einstellung von Zwangsvollstreckungsmaßnahmen gegen den Schuldner (§ 270b Abs. 2 S. 3 InsO).
[87] Vgl. *Zipperer/Vallender* NZI 2012, 734; *Kraus/Lenger/Radner* ZInsO 2012 S. 589; *Kerz* DStR 2012, 208.
[88] Vgl. *Hermanns* ZInsO 2012, 2271.
[89] Vgl. *Zipperer/Vallender* NZI 2012, 731.
[90] Vgl. dazu auch Abschnitt III.1.b.

richter in der o.g. Tiefe grundsätzlich entfallen.[91] Bei einer fehlenden Unabhängigkeit hat ein Wirtschaftsprüfer den Auftrag abzulehnen.

Haftungsrisiken ist der Bescheinigende stets ausgesetzt. Fehler sind insbesondere bei 26 der Feststellung der Zahlungsfähigkeit möglich, weil sich hier schwierige Fachfragen stellen. Aber auch das Nachprüfen der einzelnen Arbeitsschritte bei der Erstellung der Bescheinigung bergen Gefahren, die nicht zu unterschätzen sind. Zwar wird das Risiko dadurch gesenkt, dass sich auch der Sachverwalter mit seinen Prüfungs- und Meldepflichten von der inhaltliche Qualität der Bescheinigung überzeugen wird. Eine Bescheinigungsausstellung ohne eine detaillierte Überprüfung auf deren inhaltliche Richtigkeit stellt für den Beauftragten allerdings immer ein Haftungswagnis dar.[92]

2. Haftung in besonderen Fällen

Wie ist zu Verfahren, wenn während bzw. nach der Prüfung einer positiven Bescheini- 27 gung durch die Gerichte wesentliche Gläubiger ihre Forderungen fällig stellen bzw. Kreditlinien kündigen und dadurch Zahlungsunfähigkeit beim Schuldner eintritt? Wenn dies erst nach erfolgter Genehmigung des Schutzschirmverfahrens seitens der Gerichte geschieht, resultiert daraus keine Aufhebung der Eigenverwaltung nach § 270b InsO. Eine nachträglich eingetretene Zahlungsunfähigkeit stellt kein Aufhebungskriterium dar,[93] und ist insofern für den Aussteller haftungsrechtlich unproblematisch. Anders ist es, wenn zwischen Abgabe der Bescheinigung und Prüfung durch das Gericht Zahlungsunfähigkeit eintritt. Dann kann dem Aussteller vorgehalten werden, die Prüfung von drohender Zahlungsunfähigkeit bzw. Zahlungsfähigkeit fehlerhaft durchgeführt zu haben, was für den Bescheinigenden nun wegen falschen Urteils ein Haftungsrisiko darstellt.[94] Der Bescheinigende kann nicht dafür garantieren, dass es im Zeitpunkt der Antragstellung nicht zu Kündigungen von Kreditlinien bzw. Fälligstellung von Forderungen kommt. Er hat auf die Einhaltung der üblichen bzw. mit den Gläubigern vereinbarten Zahlungsziele und die Angaben des Schuldners zu vertrauen und sich auf seine darauf aufbauende Beurteilung an den Daten zu stützen. Der Aussteller kann nicht im Nachhinein für unvorhersehbare Ereignisse verantwortlich gemacht werden. Um dieser Haftungsproblematik zu begegnen, sollte der Bescheinigende bei nachträglich eintretenden und nicht vorhersehbaren Ereignissen, die bei Bekanntsein im Erstellungszeitraum zu einem negativen Bescheinigungsergebnis führen würden, seine Bescheinigung zurückziehen.[95] Im Rahmen der Jahresabschlussprüfung bestehen ähnliche Regelungen, die bei neuen Tatsachen das Zurückziehen eines Bestätigungsvermerks (Testat) ermöglichen und bei Bescheinigungen analog angewendet werden sollten.[96]

---

[91] Vgl. *Hermanns* ZInsO 2012, 2271.
[92] Vgl. *Buchalik/Kraus* KSI 2012, 66; *Zipperer/Vallender* NZI 2012, 734.
[93] Vgl. *Wroblewski* AuR 2012, 302; § 270b Abs. 4 InsO.
[94] Vgl. *Gutmann/Laubereau* ZInsO 2012, 1871.
[95] Vgl. *Hermanns* ZInsO 2012, 2271.
[96] Vgl. IDW PS 400, Rn. 104 ff. und 111 ff.; *Hermanns* ZInsO 2012, 2271.

§ 28 Die Eigenverwaltung[1]

Übersicht

	Rn.
I. Einleitung	1
1. Die wichtigsten Elemente der Eigenverwaltung auf einen Blick	1, 2
2. Gemeinsamkeiten und Unterschiede	3–8
II. Vorteile und Eignungsvoraussetzungen	9
1. Vorteile	10
a) Signal an den Markt	10–13
b) Zeitersparnis	14, 15
c) Verfahrenskosten	16, 17
d) Weiterführung ohne Genehmigungshindernisse	18
e) Aufrechterhaltung Leitungsstrukturen	19
2. Eignungsvoraussetzungen	20–26
III. Gesetzliche Voraussetzungen	27
1. Formale Anforderungen	27
a) Zuständigkeit des Gerichts	27
b) Antrag des Schuldners	28–41
2. Materielle Anforderungen	42–48
3. Aufhebung der Eigenverwaltung	48a
a) Formelle Voraussetzungen	48a
b) Materielle Voraussetzungen	49–59
IV. Das Eröffnungsverfahren	60
1. Allgemein	60–62
2. Gesetzliche Voraussetzungen	63–65
V. Beteiligte im Eigenverwaltungsverfahren	66
1. Sachwalter	66
a) Eignung und Unabhängigkeit des Sachwalters	66–78
b) Aufgaben und Befugnisse im Eröffnungsverfahren	79, 80
c) Aufgaben und Befugnisse im eröffneten Verfahren	81–83
d) Mitwirkungspflichten/-rechte des Sachwalters	84–92
2. Aufgaben und Befugnisse des Gläubigerausschusses	93
a) Eröffnungsverfahren	93–100
b) Eröffnetes Verfahren	101–105
3. Aufgaben und Befugnisse der Gläubigerversammlung	106, 107
4. Aufgaben und Befugnisse des Schuldners	108
a) Eröffnungsverfahren	108–123
b) Eröffnetes Verfahren	124–128
5. Organe des Schuldners	129
a) Eröffnungsverfahren	129
b) Eröffnetes Verfahren	130–132
VI. Weitere derzeit aktuelle Fragen zur Eigenverwaltung	133
1. Vergütung des Sachwalters	133–142
2. Haftung in der Eigenverwaltung	143–148
3. Steuerschulden im Eröffnungsverfahren	149–151
4. Steuerzahlungspflicht von gesetzlichen Vertreten	152–156

---

[1] Der Verfasser dankt Herrn *Florian Pfoser* für die Unterstützung bei der Erstellung dieses Beitrags.

… § 28 Die Eigenverwaltung

I. Einleitung

1. Die wichtigsten Elemente der Eigenverwaltung auf einen Blick

Das Wesensmerkmal der Eigenverwaltung und zugleich der entscheidendste Unterschied zur Fremdverwaltung ist der Verbleib der Verwaltungs- und Verfügungsbefugnis beim eigenverwaltenden Schuldner, § 270 Abs. 1 InsO. Das Insolvenzgericht bestellt bei Verfahrenseröffnung anstelle eines Insolvenzverwalters einen sog. Sachwalter, § 270c S. 1 InsO. Trotz dieser gravierenden Abweichungen zur Fremdverwaltung darf die Eigenverwaltung nicht als eine eigenständige Verfahrensart verstanden werden.[2] Es handelt sich um eine Art „Modifikation", die in Abweichung zum Regelverfahren dem Schuldner die Verwaltungs- und Verfügungsbefugnis zuordnet.[3] Mit dem Gesetz zur weiteren Erleichterung der Sanierung von Unternehmen (ESUG)[4] hat der Gesetzgeber die Eigenverwaltung grundlegend reformiert. Dabei verfolgte er vor allem das Ziel, den Zugang zur Eigenverwaltung zu erleichtern und so den Anreiz für eine rechtzeitige Insolvenzantragstellung zu erhöhen, um die Sanierungschancen zu verbessern.[5] Die Eigenverwaltung ist (im Regelfall) anzuordnen, wenn ein Antrag des Schulndners vorliegt und keine Umstände bekannt sind, die Nachteile für die Gläubiger erwarten lassen, § 270 Abs. 2 InsO. Bislang war die Eigenverwaltung nur (Ausnahmefall) dann anzuordnen, wenn neben dem Antrag des Schuldners[6] nach den Umständen zu erwarten war, dass die Anordnung nicht zu einer Verzögerung des Verfahrens oder zu sonstigen Nachteilen für die Gläubiger führen würde, § 270 Abs. 2 Nr. 3 InsO a.F.

Grundsätzlich nicht in Betracht kommt die Eigenverwaltung allerdings in Fällen eines Verbraucherinsolvenzverfahrens und sonstiger Kleinverfahren des neunten Teils der Insolvenzordnung, § 312 Abs. 2 InsO.[7]

2. Gemeinsamkeiten und Unterschiede

Vor der Beantragung einer Eigenverwaltung sollten sich Unternehmer und deren Berater über den Nutzen einer Eigenverwaltung im konkreten Einzelfall klar sein. Steht die Eignung dieses Instruments von Anfang an in Frage, ist von einem Antrag auf Eigenverwaltung abzuraten. Um zu einer zutreffenden Einschätzung zu gelangen, ist es hilfreich, sich zunächst die wesentlichen Gemeinsamkeiten und Unterschiede zwischen Eigen- und Fremdverwaltung bewusst zu machen.

Letztlich handelt es sich bei der Eigenverwaltung trotz aller Unterschiede um eine Variante des Regelverfahrens. Gemeinsam ist Eigenverwaltung und Fremdverwaltung der insolvenzrechtliche Grundsatz der Gläubigergleichbehandlung.

---

[2] BGH NZI 2007, 238; BGH NZI 2007, 240; *Neußner* in HRI, § 5 Rn. 2.
[3] *Fiebig* in HambKommInsO, § 270 Rn. 1; *Undritz* in K. Schmidt, § 270 Rn. 1.
[4] In Kraft getreten am 1.3.2012. Unter Ausnahme der Artikel 4 und 5 sowie 7 und 8 ESUG, die erst am 1.1.2013 in Kraft traten (vgl. Art. 10 ESUG, BGBl. 2011, Teil I Nr. 64, S. 2582 (2591)).
[5] BT-Drucks. 17/7512, S. 1, 2, 19.
[6] Die Besonderheiten im Falle eines von einem Gläubiger gestellten Insolvenzantrages (§ 270 Abs. 2 Nr. 2 InsO a.F.) sollen hier nicht weiter Beachtung finden.
[7] Mit in Kraft treten des Gesetzes zur Verkürzung des Restschuldbefreiungsverfahrens und zur Stärkung der Gläubigerrechte (im Wesentlichen) am 1.7.2014 vgl. Art. 9 S. 1 dieses Gesetzes, ergibt sich dies aus § 270 Abs. 1 S. 3 InsO n.F. (BGBl. 2013 Teil I Nr. 38, S. 2379 (2380, 2385)).

§ 28 6. Teil. Möglichkeiten der Sanierung nach der Insolvenzordnung

5   Im Unterschied zur Fremdverwaltung nimmt allerdings gerade kein „externer" Insolvenzverwalter die geschäftsleitenden Aufgaben wahr. Der Schuldner bleibt befugt („Geschäftsbereich Eigenverwaltung"), das Unternehmen zu verwalten. Er steht dabei aber unter der Aufsicht des Sachwalters, § 270 Abs. 1 S. 1 InsO. Dennoch tritt er nicht an die Stelle des Insolvenzverwalters. Die Verwaltungs- und Verfügungsbefugnis obliegt dem Schuldner nicht mehr aufgrund eigener Privatautonomie, sondern als Amtswalter im Rahmen der ihm gemäß §§ 270 ff. InsO verbleibenden Befugnisse.[8] Folglich stellt die Anordnung der Eigenverwaltung einen geringeren Eingriff in die Rechte des Schuldners dar.

6   Grundsätzlich finden die allgemeinen Vorschriften weiterhin Anwendung, solange die §§ 270–285 InsO für das Eigenverwaltungsverfahren keine Modifikationen vorsehen. Insbesondere bleiben die Regelungen hinsichtlich der Erfüllung von Rechtsgeschäften und der Mitwirkung des Betriebsrats (§§ 103–128 InsO) sowie die Geltendmachung von Haftungsansprüchen (§§ 92 u. 93 InsO) und die Anfechtung von Rechtshandlungen des Schuldners (§§ 129–147 InsO) weiterhin anwendbar, werden aber an die Besonderheiten der Eigenverwaltung angepasst, §§ 279, 280 InsO. So obliegt es ausschließlich dem Sachwalter die Haftung nach §§ 92, 93 InsO geltend zu machen und Rechtshandlungen nach den §§ 129–147 InsO anzufechten, § 280 InsO. Die Rechte nach §§ 103–128 InsO nimmt in der Eigenverwaltung der Schuldner wahr. Dies „soll" im Einvernehmen mit dem Sachwalter geschehen, § 279 S. 2 InsO. Handelt der Schuldner nicht im Einvernehmen mit dem Sachwalter berührt dies im Außenverhältnis die Rechtswirksamkeit nicht. Etwas anderes gilt nach dem ausdrücklichen Willen des Gesetzgebers bei der Kündigung von Betriebsvereinbarungen (§ 120 InsO), der Beantragung einer Zustimmung des Amtsgerichts zur Durchführung einer Betriebsänderung (§ 122 InsO) sowie der gerichtlichen Feststellung der wirksamen Kündigung bestimmter Arbeitsverhältnisse (§ 126 InsO). Hier ist eine Zustimmung des Sachwalters auch im Außenverhältnis Wirksamkeitsvoraussetzung, § 279 S. 3 InsO.[9]

7   Zusammenfassend ist festzuhalten, dass der Schuldner Aufgaben wahrnimmt, die im Rahmen eines „normalen" Insolvenzverfahrens dem (vorläufigen) Insolvenzverwalter zugeordnet würden. Damit stellt sich die Frage nach der insolvenzrechtlichen Expertise innerhalb der Geschäftsleitung des Schuldners, um die über das Unternehmen hereinbrechende Flut an insolvenzspezifischen Aufgaben erfüllen zu können. Die Geschäftsleitung sollte die Eigenverwaltung jedenfalls nicht mit der Erwartungshaltung anstreben, der Sachwalter werde die üblichen Aufgabenstellungen eines (vorläufigen) Insolvenzverwalters schon „miterledigen". In jedem Fall sollte sich das Management bei der Entscheidungsfindung, ob sich eine Eigenverwaltung als Sanierungsinstrument im konkreten Fall eignet, insolvenzrechtlich beraten lassen. Die insolvenzrechtlichen Prozesse müssen mit der notwendigen Geschwindigkeit umgesetzt werden können. In der Praxis hat es sich bewährt, im Idealfall schon im Rahmen der Vorbereitung einer Eigenverwaltung einen sogenannten Chief Insolvency Officer (CIO) einzusetzen. Dieser implementiert nach Insolvenzantragstellung die notwendigen insolvenzrechtlichen Strukturen und Aufgaben als „interner Insolvenzverwalter" des Unternehmens. Dabei empfiehlt es sich, ihn als

---

[8] Die dogmatische Einordnung ist umstritten, hat aber praktisch kaum Auswirkungen und soll daher hier nicht weiter vertieft werden. Vgl. bejahend *Undritz* in K. Schmidt, § 270 Rn. 16; *Wittig/Tetzlaff* in MünchKommInsO, § 270 Rn. 69. *Haas/Kahlert* in Gottwald Insolvenzrechts – Handbuch, § 89 Rn. 2; *Häsemeyer*, Rn. 8.13; ähnlich auch *Fiebig* in HambKommInsO, § 270 Rn. 33 mit weiteren Nachweisen; ablehnend dagegen BGH Beschl. v. 7.12.2006 – V ZB 93/06, NZI 2007, S. 188 (189); *Huhn*, Rn. 603; *Landfermann* in HK, § 270 Rn. 27, 28.

[9] Vgl. auch *Fiebig* in HambKommInsO, § 279 Rn. 2, 3; *Riggert* in Braun, § 279 Rn. 2, 3.

Organ der Geschäftsleitung zu bestellen („Geschäftsbereich Eigenverwaltung"), ihm Vertretungsmacht einzuräumen und in der Geschäftsordnung die Aufgabenbereiche und Prozesse der Geschäftsleitung praxistauglich zu regeln.

Die insolvenzrechtlichen Fragestellungen reichen von der zutreffenden Information 8 der Stakeholder, über Fragen der Insolvenzgeldvorfinanzierung und arbeitsrechtlicher Besonderheiten im Insolvenzverfahren, Verhandlungen mit Lieferanten und Kunden, der Prüfung von Aus- und Absonderungsrechten bis hin zu einer insolvenzspezifischen Liquiditätsplanung, Massekredit- und Avalverhandlungen mit Banken, der gemeinsamen Implementierung des Zustimmungsprozesses mit dem Sachwalter und der Umsetzung der angestrebten Sanierungsmaßnahmen.

II. Vorteile und Eignungsvoraussetzungen

Die nachfolgenden Ausführungen sollen eine Art Leitfaden darstellen, um in der Praxis 9 Vorteile und Eignung einer Eigenverwaltung im konkreten Fall besser bewerten zu können.

1. Vorteile

a) Signal an den Markt. Der Antrag auf Eigenverwaltung kann an den Markt das po- 10 sitive Signal senden, dass eine „Eigensanierung" beabsichtigt ist, bei der das Management eine Restrukturierung des Unternehmens in eigener Verantwortung anstrebt.[10] Darüber hinaus demonstriert die Geschäftsleitung ihren Glauben an eine erfolgreiche Sanierung des Unternehmens. Hierbei ist es von Vorteil, wenn das Management über die notwendige Expertise verfügt, um das Sanierungskonzept glaubhaft umzusetzen. Dies gilt vor allem für die Besetzung der Geschäftsbereiche Restrukturierung (CRO – Chief Restructuring Officer) und Eigenverwaltung (CIO).

Der Antrag auf Eigenverwaltung sollte auch ein Zeichen für die konsensuale Einbin- 11 dung der Gläubiger setzen. Diese Wirkung entfaltet der Antrag auf Eigenverwaltung besonders dann, wenn der Gläubigerausschuss den Antrag einstimmig unterstützt, da in diesem Fall die Eigenverwaltung als nicht nachteilig für die Gläubiger gilt, § 270 Abs. 3 S. 2 InsO. Eine umfassende Befürwortung der Eigenverwaltung durch die Gläubiger ist auch bei einer nachträglichen Anordnung infolge eines Antrages durch die Gläubigerversammlung (§ 271 InsO) bzw. der absonderungsberechtigten Gläubiger oder der Insolvenzgläubiger (§ 272 Abs. 1 Nr. 1, Nr. 2 InsO) von Bedeutung. Gleiches gilt bei der beabsichtigten Umsetzung komplexer Sanierungs- und Restrukturierungskonzepte unter Einbeziehung der Gläubiger im Rahmen eines Insolvenzplans.[11]

Positiv belegt ist auch der Erhalt bewährter Teile des Managements. Die Eigenverwal- 12 tung erleichtert es Leistungsträger „an Bord" zu halten. Sie bezieht in besonderem Maße Branchenkenntnisse und die unternehmerische Erfahrung des bisherigen Managements ein, was die Erfahrungen bei den ersten großen Eigenverwaltungsverfahren in der Bundesrepublik (KirchMedia GmbH & Co KGaA, KirchBeteiligungs GmbH & Co. KG und der Babcock Borsig AG) bestätigt haben.[12]

---

[10] *Görg/Stockhausen* FS Metzeler, S. 110.
[11] → § 29.
[12] Eine ausführliche Fallstudie großer Eigenverwaltungsverfahren findet sich bei *Körner*, S. 200–306.

13 Bei international tätigen Unternehmen kommt hinzu, dass ausländische Gläubiger und Lieferanten das Verfahren der Eigenverwaltung positiv mit dem ihnen bekannten US-amerikanischen Chapter 11 Verfahren verbinden. Die Nachricht, zu einer Eigenverwaltung als einer eigenverantwortlichen Sanierung zugelassen worden zu sein, fördert die Unterstützungsbereitschaft ausländischer Gläubiger wie Geschäftspartner.[13] Grund ist die Nähe der Eigenverwaltung zur bekannten US-amerikanischen Rechtsfigur des „debtor in possession".[14]

14 b) Zeitersparnis. Der Geschwindigkeit mit der Entscheidungen getroffen werden, kommt in der Krise regelmäßig besondere Bedeutung zu. Um nach Insolvenzantragstellung schnell handlungsfähig zu sein, sind bereits im Vorfeld die Kompetenzen und Aufgaben der Beteiligten trennscharf festzulegen und insbesondere die Strukturen und die Prozesse des „Geschäftsbereichs Eigenverwaltung" zu definieren.

15 Ein zeitlicher Vorteil kann sich bei der Vorbereitung der Eigenverwaltung aus der Möglichkeit eines sogenannten „prepackaged plan"[15] ergeben. Von einem solchen spricht man, wenn der ausgearbeitete Insolvenzplan mit Stellung des Insolvenzeröffnungsantrages vorgelegt werden kann.[16] Im Idealfall hat das Management den „prepackaged plan" zum Zeitpunkt der Antragstellung bereits mit den maßgeblichen Gläubigern abgestimmt und verhandelt. Ohne hier auf die Details der Insolvenzplangestaltung einzugehen,[17] ist festzuhalten, dass die Verbindung von Eigenverwaltung und „prepackaged plan" – auch als Alternative zu einer Insolvenzplanvorbereitung im Rahmen eines sog. „Schutzschirmverfahrens" nach § 270b InsO[18] – im Fall einer rechtzeitigen Insolvenzantragstellung zu einer deutlichen Steigerung der Sanierungschancen führen kann.[19] Den Gläubigern kann möglichst frühzeitig sowie aus einer aktiven Position heraus einen konsensfähigen Vorschlag zum Erhalt des Rechtsträgers und zur leistungswirtschaftlichen und bilanziellen Sanierung des Unternehmens unterbreiten zu können.

16 c) Verfahrenskosten. Einen weiteren Vorteil stellen die im Vergleich zur Fremdverwaltung geringeren Verfahrenskosten der Eigenverwaltung dar. Diese können insbesondere infolge der geringeren Vergütung des Sachwalters im Vergleich zum Insolvenzverwalter erreicht werden.[20] So beträgt die Vergütung des Sachwalters gem. § 12 Abs. 1 InsVV 60% der regulären Insolvenzverwaltervergütung. Die Einbindung der vorhanden Geschäftsleitung kann je nach konkreter Situation und Komplexität der geschäftlichen Beziehungen ebenfalls zu Einsparungen beitragen.[21] Ein Kostenvorteil ergibt sich bei der Eigenverwaltung ferner für absonderungsberechtigte Gläubiger aufgrund der Regelung des § 282 Abs. 1 S. 2 u. 3 InsO.[22] Danach werden für die Feststellung der zu verwertenden Vermögensgegenstände, an denen Absonderungsrechte bestehen, sowie für die Feststellung dieser Rechte keine Kosten erhoben. Demgegenüber beziffern sich die Feststellungskosten im Regelverfahren gemäß § 171 Abs. 1 InsO pauschal mit 4% des Bruttoer-

---

[13] *Körner*, NZI 2007, 270 (273).
[14] *Körner*, NZI 2007, 270 (273).
[15] → § 29.
[16] *Buchalik*, NZI 2000, S. 294 (296).
[17] Siehe ausführlich in diesem Handbuch § 29.
[18] → §§ 26, 27.
[19] *Steffan* in Oppenländer/Trölitzsch, § 38, Rn. 135.
[20] *Hörmann/Sußner* in Cranshaw/Paulus/Michel, Vor § 270 Rn. 2.
[21] *Görg/Stockhausen* FS Metzeler, S. 109.
[22] *Buchalik*, NZI 2000, S. 294 (297).

löses (d.h. vom Verwertungserlös inkl. Mehrwertsteuer)[23] und sind nach § 170 Abs. 1 S. 1 InsO vom Verwertungserlös abzuziehen. Bei der Verwertung sind gemäß § 282 Abs. 1 S. 3 InsO nur die tatsächlich entstandenen und für die Verwertung erforderlichen Kosten sowie die Umsatzsteuer anzusetzen, eine Verwertungskostenpauschale wie bei § 171 Abs. 2 S. 1 InsO ist nicht vorgesehen.

Nicht vernachlässigt werden dürfen aber die Kosten, die durch die Umsetzung der Eigenverwaltung entstehen. Zu nennen sind hier insbesondere Kosten, die aus der Beratung bzw. Ergänzung (CRO bzw. CIO) des Managements (besondere Vergütung) resultieren. Aus Praxisgesichtspunkten sollte das „Konzept Eigenverwaltung" deswegen gerade auch gegenüber den Gläubigern belegen können, dass die Kosten der Sanierung im Wege der Eigenverwaltung nicht die alternativen Verfahrenskosten einer Fremdverwaltung übersteigen. In der Praxis sind unterschiedliche Vergütungsmodelle für den „Geschäftsbereich Eigenverwaltung" denkbar, die sich an dieser Frage orientieren und die in der Gesamtschau der Kosten für Sachwalter und Management im Unternehmen eine ausgewogene Vergütungsstruktur ermöglichen. Das Argument eines Kostennachteils im Vergleich zur Fremdverwaltung kann so bereits bei der Konzeption einer Eigenverwaltung entkräftet werden. 17

d) **Weiterführung ohne Genehmigungshindernisse.** Ein weiterer Vorteil der Eigenverwaltung kann sich ergeben, wenn die Ausübung der Tätigkeit an bestimmte Qualifikationen geknüpft wird. So kommt es in bestimmten Fällen zu einer Kollision mit dem jeweiligen Berufsrecht, die eine Weiterführung des Geschäftsbetriebes unter Leitung eines Insolvenzverwalters ausschließen kann.[24] Der Betrieb einer Apotheke bedarf etwa einer besonderen Erlaubnis. Dem Insolvenzverwalter als fachfremden Inhaber der Verwaltungs- und Verfügungsbefugnis wird die erforderliche Erlaubnis in den allermeisten Fällen fehlen.[25] Dieses Hindernis kann umgangen werden, wenn der Betrieb verpachtet oder die Eigenverwaltung angeordnet wird.[26] 18

e) **Aufrechterhaltung Leitungsstrukturen.** Weitere Vorteile ergeben sich bei Insolvenzverfahren von Konzerngesellschaften. Gerade bei einer Kombination von Eigenverwaltung und Insolvenzplanverfahren auf Ebene der Muttergesellschaft und bei Tochter- und Enkelgesellschaften sind Leitungsstrukturen deutlich besser zu erhalten und komplexe Geschäftsfortführungen leichter umzusetzen.[27] Gleiches gilt für gesellschaftsrechtliche Sanierungsmaßnahmen im Konzern, wenn etwa bei einer angestrebten Konzentration auf das Kerngeschäft Anwachsungen, Ausgliederungen, Beteiligungsverkäufe oder die Integration operativer Geschäftsfelder in den bestehenden Leitungsverhältnissen umgesetzt werden sollen. 19

2. Eignungsvoraussetzungen

In der Praxis zeigt sich, dass nicht jedes Insolvenzverfahren für die Durchführung einer Eigenverwaltung geeignet ist und dass die Eignung von verschiedenen Faktoren abhängt. 20

---

[23] *Büchler* in HambKommInsO, § 171 Rn. 3; *Dithmar/Schneider* in Braun, § 171 Rn. 8.
[24] Vgl. *Landfermann* in HK, Vor §§ 270 ff. Rn. 8.
[25] *Bähr/Landry* in Mohrbutter/Ringsmeier, § 15 Rn. 6.
[26] *Hirte* in Uhlenbruck, § 35 Rn. 296; OVG Berlin, Beschl. v. 18.6.2002 – OVG 5 S 14.02, ZVI 2004, 620.
[27] *Körner*, NZI 2007, S. 270 (273); Ausführlich zum Fall Babcock Borsig *Piepenburg*, NZI 2004, S. 231–238 (speziell S. 234).

§ 28   6. Teil. Möglichkeiten der Sanierung nach der Insolvenzordnung

Dennoch ist die Eigenverwaltung keine Verfahrensvariante für „Ausnahmefälle".[28] Seit der ESUG-Reform ist dies mit dem Willen des Gesetzgebers, die Eigenverwaltung in ihrer praktischen Bedeutung zu fördern,[29] nicht mehr in Einklang zu bringen.[30]

21   Allgemein ist zu empfehlen, die Eignung der Eigenverwaltung in jedem Einzelfall frühzeitig zu klären. Um in der Krise nicht von einer Insolvenzantragspflicht überrascht zu werden, sollte das Unternehmen – soweit die Geschäftsleitung von der grundsätzlichen Eignung der Eigenverwaltung überzeugt ist – mit seinen Beratern ein Insolvenzverfahren in Eigenverwaltung zumindest als Alternativszenario vorbereiten. Als wichtige Indizien für eine (potentiell) erfolgreiche Eigenverwaltung sind insbesondere die folgenden Faktoren zu beachten:

22   Ein Eigenverwaltungsverfahren bietet sich zunächst in Fallkonstellationen an, in denen sog. exogene Ursachen für die Krise des Unternehmens verantwortlich sind.[31] Hierzu zählen beispielsweise Forderungsausfälle, auf die ein an sich ertragsfähiges Unternehmen keinen Einfluss hat.[32]

23   Entscheidend für die Eignung sind nach den bisherigen Praxiserfahrungen allerdings die endogenen Faktoren. Oft hängt die Befürwortung der Eigenverwaltung durch die Gläubiger von einer positiven Bewertung dieser endogenen Umstände ab. Ausschlaggebend sind etwa die Zuverlässigkeit und Kompetenz des schuldnerischen Unternehmens und vor allem das Vertrauen der Gläubiger in das Management.[33] Eine geordnete Organisation und insbesondere eine transparente und funktionierende Buchhaltung ist notwendig, um die erforderlichen insolvenzrechtlichen Prozesse implementieren zu können. Die Geschäftsführung sollte zu einer ordnungsgemäßen Erfüllung ihrer Organpflichten in der Lage sein. Nur dann lässt sich ein stimmiges Unternehmens- und Sanierungskonzept im Zeitpunkt der Antragstellung belegen, um etwa unmittelbar nach Antragstellung in Massekreditverhandlungen mit den beteiligten Banken einzutreten. Eine gewisse kritische Mindestgröße des Unternehmens zur Umsetzung der notwendigen insolvenzrechtlichen Prozesse erscheint ebenfalls förderlich.

24   Als vorteilhaft hat sich in der Praxis zudem die rechtzeitige Insolvenzantragstellung erwiesen. Insbesondere eine noch nicht eingetretene Zahlungsunfähigkeit – wenngleich dies nur das sog. „Schutzschirmverfahren" nach § 270b Abs. 1 S. 3 InsO voraussetzt – spricht per se für eine geordnete Vorbereitung des „Sanierungskonzepts Eigenverwaltung" und kann zum Erhalt des Vertrauens der Gläubiger in das Unternehmen beitragen.

25   Daneben ist das Verständnis und die Unterstützung der Eigenverwaltung durch das Management selbst unverzichtbar. Dieses muss etwa bereit sein, im Rahmen der Implementierung der Eigenverwaltung eigene Kompetenzen an einen CIO oder CRO abzugeben.

26   Ferner ist grundsätzlich anzustreben, dass die Eigenverwaltung die Akzeptanz der Gläubiger findet. Deswegen sollte die Beantragung der Eigenverwaltung und deren Konzept in der Praxis zumindest mit potentiellen vorläufigen Gläubigerausschussmitgliedern vor Antragstellung abgestimmt werden. Hierbei sollte das „Konzept Eigenverwaltung" klar belegen können, dass die beabsichtigte Sanierung in der Insolvenz eine bestmögliche

---

[28] Vgl. *Landfermann* in HK, Vor §§ 270 ff. Rn. 7; Haarmeyer/Wutzke/Förster, Kap. 9 Rn. 13.
[29] BT-Drucks. 17/5712, S. 1.
[30] I.E. *Fiebig* in HambKommInsO, § 270 Rn. 2 m.w.N.
[31] *Frege/Keller/Riedel*, Rn. 2020.
[32] *Viniol* in Beck/Depré, § 44 Rn. 67; *Landfermann* in HK, Vor §§ 270 ff. Rn. 8; *Schneider/Höpfner*, BB 2012, S. 87 (88).
[33] *Frege/Keller/Riedel*, Rn. 2020.

§ 28 Die Eigenverwaltung

Gläubigerbefriedigung im Sinne des § 1 InsO verfolgt. In diesem Mehrwert liegt regelmäßig der Schlüssel, um die Akzeptanz und die Unterstützung der Gläubigergemeinschaft zu gewinnen.

III. Gesetzliche Voraussetzungen

1. Formale Anforderungen

a) Zuständigkeit des Gerichts. Die Eigenverwaltung wird durch richterlichen Beschluss angeordnet, § 270 Abs. 1 S. 1 InsO. Nach § 270 Abs. 1 S. 2 InsO entspricht dieser Beschluss in Form und Wirksamkeit dem Eröffnungsbeschluss für das Insolvenzverfahren. Der Beschluss über die Anordnung der Eigenverwaltung ergeht grundsätzlich zusammen mit dem Insolvenzeröffnungsbeschluss und der Bestellung des Sachwalters. Ein gesonderter Beschluss kann nur bei Abweisung der Eigenverwaltung erfolgen.[34] Mangels anderweitiger Regelung ist grundsätzlich das Amtsgericht in dessen Bezirk der Schuldner seinen allgemeinen Gerichtsstand hat als Insolvenzgericht sachlich und örtlich zuständig, §§ 270 Abs. 1 S. 2, 2 Abs. 1, 3 Abs. 1 InsO. Funktionell zuständig ist der Richter. Dieser ist gem. § 18 Abs. 1 Nr. 1 RPflG für die Entscheidung über den Insolvenzantrag sowie die Ernennung des Insolvenzverwalters zuständig. Bei der Benennung des Sachwalters und der Anordnung der Eigenverwaltung gilt dies ebenfalls aufgrund des Sachzusammenhangs.[35]

b) Antrag des Schuldners

aa) Anforderungen an den Antrag. Nach § 270 Abs. 2 Nr. 1 InsO erfordert die Anordnung der Eigenverwaltung zunächst einen Antrag des Schuldners. Zudem dürfen keine Umstände bekannt sein, die erwarten lassen, dass die Anordnung zu Nachteilen für die Gläubiger führen wird, § 270 Abs. 2 Nr. 2 InsO.

Der Antrag auf Anordnung der Eigenverwaltung erfolgt in der Regel zusammen mit dem Antrag auf Insolvenzeröffnung.[36] Ist eine gleichzeitige Antragstellung nicht erfolgt, kann der Antrag auf Eigenverwaltung nur bis zum Eintritt der Rechtskraft des Eröffnungsbeschlusses erfolgen. Andernfalls wäre eine gleichzeitige Anordnung durch das Insolvenzgericht – wie es § 270 Abs. 1 S. 1 InsO verlangt – nicht möglich.[37] In der Praxis empfiehlt es sich, mit dem Antrag auf Eröffnung des Insolvenzverfahrens den Antrag auf Anordnung der Eigenverwaltung zu verbinden.

Wurde gegen den Eröffnungsbeschluss Rechtsmittel eingelegt, kann ein Antrag auf Eigenverwaltung gleichwohl nicht nachgeschoben werden. Weder ist das Landgericht für die Prüfung des § 270 Abs. 2 InsO zuständig noch sieht das Gesetz eine eigenständige Entscheidung über den Antrag auf Eigenverwaltung in einem separaten Beschluss vor.[38] Die Eigenverwaltung kann dann nur noch von den Gläubigern gem. § 271 InsO im Rahmen einer Gläubigerversammlung beantragt werden. Dies stellt den einzigen Fall dar, in dem das Gericht auch nach dem Beschluss über die Insolvenzeröffnung noch über die Eigenverwaltung beschließen kann.[39]

---

[34] *Foltis* in FK, § 270 Rn. 20.
[35] *Hörmann/Sußner* in Cranshaw/Paulus/Michel, § 270 Rn. 21.
[36] *Fiebig* in HambKommInsO, § 270 Rn. 13.
[37] *Foltis* in FK, § 270 Rn. 41; *Haas/Kahlert* in Gottwald Insolvenzrechts – Handbuch, § 87 Rn. 4.
[38] *Haas/Kahlert* in Gottwald Insolvenzrechts – Handbuch, § 87 Rn. 4.
[39] *Hörmann/Sußner* in Cranshaw/Paulus/Michel § 270 Rn. 20.

§ 28 6. Teil. Möglichkeiten der Sanierung nach der Insolvenzordnung

31 Neu regelt das ESUG zudem die Anforderungen an die erforderliche Mehrheit einer nachträglichen Beantragung der Eigenverwaltung durch die Gläubigerversammlung. Ausreichend ist nun nicht mehr allein eine Summenmehrheit gemäß § 76 Abs. 2 InsO. Es bedarf zudem der Kopfmehrheit der abgegebenen Stimmen, § 271 S. 1 InsO.

32 Anders als in der Fremdverwaltung sind bei einem Antrag auf Eigenverwaltung die Angaben nach § 13 Abs. 1 S. 4 InsO zwingend erforderlich, § 13 Abs. 1 S. 6 Nr. 1 InsO.

33 Als Prozesshandlung kann der Antrag auf Eigenverwaltung bis zur Rechtskraft des anordnenden Beschlusses zurückgenommen werden.[40] Eine Bedingung oder Befristung ist dagegen ebenso unzulässig wie eine spätere Anfechtung wegen eines Willensmangels (§ 119 ff. BGB).[41] Erwähnenswert ist in diesem Zusammenhang noch, dass auch der Insolvenzeröffnungsantrag aus demselben Grund (Prozesshandlung) nicht von der Anordnung einer Eigenverwaltung abhängig gemacht werden kann.[42]

34 Der Antrag kann formlos sowohl schriftlich als auch mündlich zu Protokoll der Geschäftsstelle erklärt werden.[43] Eine ausdrückliche Nennung der Eigenverwaltung ist nicht erforderlich, es genügt, wenn der Schuldner seinen Willen zur Eigenverwaltung deutlich macht.[44] Für die Praxis versteht es sich von selbst, dass der Antrag auf Anordnung der Eigenverwaltung schon mit Blick auf die Abstimmung mit dem Insolvenzgericht ausdrücklich und vor allem zielgerichtet formuliert werden muss.

35 Beachtenswert ist, dass ein schlüssiger Vortrag des Schuldners bezüglich eines Fehlens etwaiger Nachteile für die Gläubiger im Sinne des § 270 Abs. 2 Nr. 2 InsO nicht erforderlich ist. Anders als noch vor den Änderungen durch das ESUG dürfen Unklarheiten über mögliche Nachteile nicht mehr zu Lasten des Schuldners gehen.[45] Zuvor oblag diesem noch die Darlegungslast, dass keine Nachteile zu erwarten sind.[46]

36 Hat der Schuldner den Antrag bei drohender Zahlungsunfähigkeit (§ 18 InsO) gestellt und sieht das Gericht die Voraussetzungen für die Anordnung der Eigenverwaltung als nicht gegeben an, muss es seine Bedenken mitteilen, § 270a Abs. 2 InsO. Es besteht dann die Gelegenheit, den Insolvenzeröffnungsantrag noch vor der Entscheidung über die Eröffnung des Insolvenzverfahrens zurückzunehmen. Der Schuldner läuft nicht mehr Gefahr, dass das Gericht die Eigenverwaltung ablehnt und er seine Verwaltungs- und Verfügungsbefugnis infolge der Insolvenzeröffnung (§ 80 InsO) verliert.[47] Allerdings sollte der Schuldner in dieser Konstellation vorsorglich ergänzend beantragen, dass das Gericht etwaige Bedenken vor Beschlussfassung und Veröffentlichung mitteilt, um den Antrag noch kurzfristig zurücknehmen und ein öffentliches Bekanntwerden rechtzeitig verhindern zu können.[48]

37 **bb) Antragsberechtigung.** Zur Frage der Antragsberechtigung enthalten die §§ 270–285 InsO keine Regelung. Insofern finden gemäß § 270 Abs. 1 S. 2 InsO die allgemeinen Regelungen Anwendung. Für juristische Personen gilt dies nicht ohne Weiteres, da sich die Beantragung der Eigenverwaltung nach Sinn und Zweck deutlich von der Beantragung der Insolvenzeröffnung an sich unterscheidet (vgl. bspw. § 15a InsO). Aus diesem

---

[40] *Foltis* in FK, § 270 Rn. 43.
[41] *Schmahl/Vuia* in MünchKommInsO, § 13 Rn. 72 ff.
[42] *Haas/Kahlert* in Gottwald Insolvenzrechts – Handbuch, § 87 Rn. 3; a.A. *Kruse*, S. 174 ff.
[43] *Hess* In Hess, § 270 Rn. 74.
[44] *Riggert* in Nerlich/Römermann, § 270 Rn. 19; *Wittig/Tetzlaff* in MünchKommInsO, § 270 Rn. 12.
[45] *Foltis* in FK, § 270 Rn. 37 u. 35.
[46] Vgl. *Wittig/Tetzlaff* in MünchKommInsO, § 270 Rn. 12.
[47] Vgl. BT-Drucks. 17/5712, S. 39, 40.
[48] *Riggert* in Braun, § 270a Rn. 8.

Grund ist streitig, wer zur Stellung eines Antrags auf Durchführung des Eigenverwaltungsverfahrens berechtigt sein soll.[49]

Eine Auffassung wendet § 15 InsO (analog) an.[50] Danach ist bei juristischen Personen **38** jeder Gläubiger, jedes Mitglied des Vertretungsorgans, bei Gesellschaften ohne Rechtspersönlichkeit und Kommanditgesellschaften auf Aktien jeder persönlich haftende Gesellschafter und im Falle einer Auflösung der Gesellschaft der Abwickler den Eigenverwaltungsantrag grundsätzlich zur Stellung des Insolvenzantrages berechtigt. Im Falle der Eigenverwaltung, die ausschließlich vom Schuldner beantragt werden kann, wäre bei einer analogen Anwendung jedes Mitglied des Vertretungsorgans bzw. jeder persönlich haftende Gesellschafter zur Antragstellung berechtigt.

Demgegenüber geht eine Auffassung in der Literatur davon aus, dass ein Antrag **39** auf Durchführung eines Eigenverwaltungsverfahrens nur von sämtlichen vertretungsberechtigten Organen bzw. persönlich haftenden Gesellschaftern gestellt werden kann.[51]

Die wohl derzeit am stärksten vertretene Auffassung stellt allein auf die gesellschafts- **40** rechtlichen Vertretungsbefugnisse ab.[52]

Da in der Praxis regelmäßig der Antrag auf Insolvenzeröffnung mit dem Antrag auf **41** Eigenverwaltung verbunden wird, empfiehlt es sich, schon um die Unterstützung der Eigenverwaltung durch die gesamte Geschäftsleitung zu dokumentieren, beide Anträge – die oftmals in einem Schreiben zusammengefasst sind – durch alle vertretungsberechtigten Organe unterzeichnen zu lassen.

2. Materielle Anforderungen

Neben dem Antrag durch den Schuldner setzt eine Anordnung der Eigenverwaltung in **42** materieller Hinsicht voraus, dass keine Umstände bekannt sind, die Nachteile für die Gläubiger infolge der Anordnung der Eigenverwaltung erwarten lassen, § 270 Abs. 2 InsO.

Auch nach der Reform durch das ESUG ist eine Prognoseentscheidung des Gerichts **43** auf Indizienbasis erforderlich.[53] Die rechtliche Situation vor dem ESUG hat sich entscheidend dadurch verändert, dass für eine Ablehnung der Eigenverwaltung nunmehr konkrete nachteilige Umstände bekannt sein müssen. Der Gesetzgeber kehrt das Regel-Ausnahme-Verhältnis um.[54] Anders als noch vor den Änderungen durch das ESUG ist die Eigenverwaltung im Zweifel anzuordnen. Unklarheiten gehen nicht mehr zu Lasten des Schuldners.[55] Das Gericht ist weder berechtigt noch verpflichtet nachteilige Umstände zu ermitteln.[56] Sind ihm keine negativen Umstände bekannt, muss es die Eigenverwaltung anordnen.

Als nachteilig sind vor allem Umstände anzusehen, die die bestmögliche Gläubigerbe- **44** friedigung im Sinne des § 1 S. 1 InsO gefährden. Allerdings beschränken sich „Nachteile für die Gläubiger" nicht auf die Quotenerwartung. Der Nachteilsbegriff ist vielmehr

---

[49] Ausführlich hierzu *Haas/Kahlert* in Gottwald Insolvenzrechts – Handbuch, § 87 Rn. 7 ff.
[50] *Hess* in Hess, § 270 Rn. 72; *Riggert* in Nerlich/Römermann § 270 Rn. 19.
[51] *Undritz* in K. Schmidt, § 270 Rn. 6; *Uhlenbruck* in Uhlenbruck, § 270 Rn. 18.
[52] *Haas/Kahlert* in Gottwald Insolvenzrechts – Handbuch, § 87 Rn. 9; *Landfermann* in HK, § 270 Rn. 9; *Neußner* in HRI, § 5 Rn. 97.
[53] *Foltis* in FK, § 270 Rn. 56; ausführlich insbesondere zu den Indizien *Fiebig* in HambKommInsO, § 270 Rn. 19a ff.
[54] *Hölzle*, ZIP 2012, S. 158 (159).
[55] BT-Drucks. 17/5712, S. 38; *Fiebig* in HambKommInsO, § 270 Rn. 19a.
[56] *Riggert* in Nerlich/Römermann, § 270 Rn. 20.

weit auszulegen. Er soll das Vertrauen der Gläubigergemeinschaft in das Sanierungsinstrument Eigenverwaltung stärken.[57] Umfasst sind sämtliche Umstände, die Gläubiger gegenüber einem Regelinsolvenzverfahren schlechter stellen.[58] Hierunter können neben einer mangelnden Kooperation oder dem Verstoß gegen Regelungen der Insolvenzordnung auch die Beeinträchtigung der Sanierungschancen durch die Anordnung der Eigenverwaltung an sich fallen. Dies ist denkbar, falls maßgebliche Geschäftspartner oder Kreditgeber eine weitere Zusammenarbeit für den Fall der Anordnung der Eigenverwaltung ausschließen.

45 Mit Einführung des ESUG wird die Verzögerung des Verfahrens zwar nicht mehr ausdrücklich als Ablehnungsgrund im Rahmen des § 270 Abs. 2 Nr. 2 InsO angeführt. Die Änderungen des § 270 Abs. 2 Nr. 2 InsO sollen jedoch lediglich die geänderte Zweifelsregelung darlegen, ohne auf Einzelbeispiele einzugehen. Die Verfahrensverzögerung gilt daher weiterhin als Nachteil im Sinne des § 270 Abs. 2 Nr. 2 InsO.[59]

46 Unter Umständen kann eine Ablehnung durch das Gerichts auch nur aufgrund einer konkreten Gefahr von Nachteilen für die Gläubiger erfolgen. So sah sich das AG Potsdam aufgrund einer Missachtung von Informationspflichten durch den Schuldner zur Ablehnung der Eigenverwaltung veranlasst.[60] Nach Auffassung des AG Potsdam ist eine Ablehnung auch bei einem Fehlen „direkter Nachteile" möglich, wenn ausreichend Umstände vorliegen die „indirekte Nachteile" für die Gläubiger befürchten lassen und diese derartig gewichtig sind, dass eine Anordnung der Eigenverwaltung im Interesse der Insolvenzgläubiger zu unterbleiben hat.[61]

47 Nach einer Entscheidung des AG Köln können Nachteile vorliegen, wenn die Gläubiger glaubhaft darlegen, weshalb sie der Geschäftsleitung der Schuldnerin kein Vertrauen mehr entgegen bringen und nicht zu erwarten ist, dass die Schuldnerin im Interesse der Gläubiger wirken werde.[62]

48 Trotz Umkehr des Regel-Ausnahme-Verhältnisses erleichtert es die Abstimmung mit dem Insolvenzgericht in der ESUG-Praxis, wenn der mit dem Konzept der Eigenverwaltung verbundene Mehrwert für die Gläubiger aufgezeigt werden kann. Idealerweise ist schon im Vorfeld der Antragstellung der Konsens mit Gläubigervertretern oder potentiellen vorläufigen Gläubigerausschussmitgliedern dokumentierbar. Besondere Bedeutung für die Praxis kommt dabei § 270 Abs. 3 InsO zu. Danach ist dem Gläubigerausschuss grundsätzlich Gelegenheit zur Äußerung zu geben. Unterstützt der Gläubigerausschuss die Anordnung der Eigenverwaltung einstimmig, so gilt die Anordnung als nicht nachteilig gemäß § 270 Abs. 3 S. 2 InsO.

---

[57] *Hölzle*, ZIP 2012, S. 158 (160).
[58] *Riggert* in Braun, § 270 Rn. 4 unter Verweis auf LG Cottbus, Beschl. v. 17.7.2001 – 7 T 421/00, ZIP 2001, 2188 f.
[59] *Riggert* in Braun, § 270 Rn. 4.
[60] AG Potsdam, Beschl. v. 13.12.2012 – 35 IN 748/12, ZIP 2013, S. 181 (183); zustimmend *Rendels/S. Körner*, EWIR 2013, 157 (158).
[61] In der Begründung des AG Potsdam heißt es: „Richtig ist, dass allein aus diesem Verhalten noch kein Nachteil entstanden ist. Jedoch ist zu berücksichtigen, dass ein Verfahren in der Eigenverwaltung nur dann ordnungsgemäß durchgeführt werden kann, wenn die entsprechende Eigenverwalterin auch bereit ist, die Ihr nach dem Gesetz obliegenden Pflichten zu erfüllen." (AG Potsdam, Beschl. v. 13.12.2012 – 35 IN 748/12; ZIP 2013, S. 181 (184)). Unerheblich soll es auch sein, ob der vorläufige Gläubigerausschuss oder der vorläufige Sachwalter ebenfalls ihre Informationspflichten gegenüber dem Gericht verletzt haben. Die Wertung des § 270 InsO ist von solchen Umständen unabhängig (AG Potsdam, Beschl. v. 13.12.2012 – 35 IN 748/12, ZIP 2013, S. 181 (184)).
[62] AG Köln, Beschl. v. 1.6.2012 – 73 IN 125/12, ZInsO 2013, 353 (354).

3. Aufhebung der Eigenverwaltung

a) Formelle Voraussetzungen. Die Aufhebung der Eigenverwaltung erfolgt durch förmlichen Beschluss des Insolvenzgerichts.[63] Sachlich und örtlich zuständig ist das Amtsgericht in dessen Bezirk der Schuldner seinen allgemeinen Gerichtsstand hat, §§ 272 Abs. 1, 270 Abs. 1 S. 2, 2 Abs. 1, 3 Abs. 1 InsO. Den Aufhebungsbeschluss erlässt nicht der Richter, sondern der funktionell zuständige Rechtspfleger (§§ 18 Abs. 1, 3 Nr. 2 Buchst. e) RPflG), sofern sich der Richter die Entscheidung nicht ausdrücklich vorbehalten hat (§ 18 Abs. 2 RPflG).[64] Konsequenz einer solchen Aufhebung wird in der Regel eine Weiterführung des Insolvenzverfahrens in Fremdverwaltung sein. Das Gericht hat daher zusammen mit dem Aufhebungsbeschluss auch über die Bestellung eines Insolvenzverwalters zu beschließen. Zuständig ist auch hier der Rechtspfleger.[65] Zwar obliegt die Bestellung des Insolvenzverwalters grundsätzlich dem Richter, da der Rechtspfleger aber gem. §§ 18 Abs. 1, 3 Nr. 2 Buchst. e) RPflG bereits für die Aufhebung zuständig ist, hätte dies eine Spaltung der funktionellen Zuständigkeit zur Folge. Der Aufhebungsbeschluss des Gerichts ist gemäß § 273 öffentlich bekanntzumachen.

b) Materielle Voraussetzungen
aa) Gläubigerversammlung. Eine Aufhebung der Eigenverwaltung kann nach § 272 Abs. 1 Nr. 1–3 InsO nur auf Antrag der Gläubigerversammlung, bestimmter Gläubiger oder des Schuldners erfolgen. Liegen die genannten Voraussetzungen vor, muss das Gericht die Aufhebung anordnen. Ein Ermessensspielraum steht ihm nicht zu.[66]

Die Gläubigerversammlung kann ohne Angabe von Gründen eine Aufhebung der Eigenverwaltung beantragen, § 272 Abs. 1 Nr. 1 InsO. Dafür muss in der Gläubigerversammlung eine Mehrheit nach der Summe der Forderungsbeträge (§ 76 Abs. 2 InsO) und zusätzlich nach der Anzahl der abgegebenen Stimmen (sog. Summen- und Kopfmehrheit) erreicht werden. Die Vorschrift soll, in Parallele zur Wahl eines anderen Insolvenzverwalters in der Fremdverwaltung (§ 57 InsO) die Gefahr einer Beherrschung der Eigenverwaltung durch wenige Großgläubiger oder durch eine geschickt agierende Kleingläubigergruppe vermindern.[67] Eine Gläubigerversammlung, die über die Abwahl des Sachwalters beschließen soll, kann noch vor dem Berichts- und Prüfungstermin stattfinden.[68]

In Fällen, in denen Anleihegläubiger beteiligt sind, ist trotz dieser Voraussetzung eine Konzentration der entsprechenden Mehrheiten bei einer Person beziehungsweise einer homogen handelnden Gläubigergruppe denkbar.[69] Anleihegläubigern obliegt es, zur Wahrnehmung ihrer Interessen im Insolvenzverfahren einen gemeinsamen Vertreter

---
[63] *Foltis* in FK, § 272 Rn. 7.
[64] *Hess* in Hess, § 272 Rn. 5.
[65] *Uhlenbruck* in Uhlenbruck, § 272 Rn. 8; ebenso *Riggert* in Nerlich/Römermann, § 272 Rn. 5; *Flöther* in HRI, § 16 Rn. 21.
[66] *Flöther* in HRI, § 16 Rn. 2; *Hörmann/Sußner* in Cranshaw/Paulus/Michel, § 272 Rn. 12.
[67] BT-Drucks. 17/5712, S. 41.
[68] LG Stendal, Beschl. v. 22.10.2012 – 25 T 184/12, ZIP 2012, S. 2168 ff.; a.A. AG Stendal (Vorinstanz), Beschl. v. 1.10.2012 – 7 IN 164/12, ZIP 2012, S. 2030.
[69] Soweit es in diesen Konstellationen auch um die Abwahl eines Sachwalters gehen wird (§ 57 InsO), lassen sich – da auch in diesem Fall eine Kombination aus Summen und Kopfmehrheit vom Gesetzgeber vorgesehen ist – die Fragen ohne weiteres auf den Fall einer Aufhebung der Anordnung der Eigenverwaltung durch Antrag der Gläubigerversammlung (§ 272 Abs. 1 Nr. 1 InsO) übertragen.

§ 28 6. Teil. Möglichkeiten der Sanierung nach der Insolvenzordnung

durch Mehrheitsbeschluss zu bestellen (§ 19 Abs. 2 SchVG). Dieser ist allein berechtigt und verpflichtet, die Rechte dieser Gläubiger im Insolvenzverfahren geltend zu machen. Ein gemeinsamer Vertreter kann als allein Berechtigter zur Wahrnehmung der Rechte und Pflichten der Anleihegläubiger (z.B. § 19 Abs. 3 SchVG) die Summenmehrheit innehaben und gleichzeitig über einen beträchtlichen Anteil an der notwendigen Kopfmehrheit verfügen. In diesen Fällen kann die Beendigung der Eigenverwaltung und die Abwahl des Sachwalters entscheidend von diesem Vertreter abhängen. Gerade bei breiter gestreuten Anleihen ist es denkbar, dass sich auch die Kopfmehrheit in der Person des gemeinsamen Vertreters vereint und dies das gesetzgeberische Ziel, den bestimmenden Einfluss einer Gläubigergruppe zu verhindern, konterkariert.[70]

52 Die Beschlüsse der Gläubigerversammlung richten sich in der Eigenverwaltung grundsätzlich nach den allgemeinen Vorschriften der §§ 76 ff. InsO. Problematisch ist, ob ein Beschluss der Gläubigerversammlung aufgehoben werden kann, falls dieser den Interessen der Gläubigergemeinschaft widerspricht (§ 78 InsO) oder ob sich dies im speziellen Fall der Eigenverwaltung verbietet. Nach Auffassung des BGH findet § 78 InsO im Rahmen der Aufhebung des Eigenverwaltungsverfahrens keine Anwendung.[71] So ist nach Auffassung des BGH das Interesse an der Eigenverwaltung insbesondere aufgrund der geringeren Kosten für die Masse kein von § 78 InsO geschütztes Interesse, denn dies setze einen Widerspruch zu den gemeinsamen Interessen der Insolvenzgläubiger voraus. Darüber hinaus kann § 78 InsO schon aufgrund des gesetzgeberischen Willens hier keine Anwendung finden. So ist es mit der Stärkung der Gläubigerautonomie letztlich nicht vereinbar, wenn die freie Entscheidung der Gläubigerversammlung einer nachträglichen Überprüfung des Gerichts unterzogen würde.[72] Die Gläubiger selbst sollten am Ende entscheiden, was für sie nachteilig ist.

53 **bb) Bestimmte Gläubiger.** Neben der Gläubigerversammlung sind auch einzelne Gläubiger dazu berechtigt, die Aufhebung des Verfahrens zu beantragen, § 272 Abs. 1 Nr. 2 InsO. Der Antrag ist von einem absonderungsberechtigten Gläubiger oder einem Insolvenzgläubiger schriftlich oder zu Protokoll der Geschäftsstelle zu stellen.[73] Die Antragsberechtigung nachrangiger Gläubiger wird teilweise mangels Rechtsschutzbedürfnisses abgelehnt.[74] Allerdings nimmt der Gesetzeswortlaut nachrangige Gläubiger nicht ausdrücklich aus. In anderen Fällen wie §§ 78 Abs. 1, 174 Abs. 3, 187 Abs. 2 S. 2 InsO wird eine unterschiedliche Behandlung nachrangiger Gläubiger ausdrücklich angeordnet. Deswegen sind auch nachrangige Gläubiger zum antragsberechtigten Personenkreis des

---

[70] *Pleister*, GWR 2013, S. 220 (220).

[71] Der BGH argumentiert entgegen anders lautender Auffassungen in der Literatur: „Sinn und Zweck der gesetzlichen Regelung (Eigenverwaltung Anm. der Red.) widerspräche es, wenn das Insolvenzgericht auf Antrag eines überstimmten Gläubigers im Rahmen des § 272 InsO ermittelt und prüfen müsste (§ 5 InsO), ob der nicht zu begründende Beschluss der Gläubigerversammlung, die Aufhebung der Eigenverwaltung zu beantragen, mit dem gemeinsamen Interesse der Insolvenzgläubiger im Einklang steht. Die Gläubigerversammlung würde dadurch nachträglich gezwungen, ihre Entscheidung gegenüber dem Insolvenzgericht zu rechtfertigen, obwohl nach der Konzeption des Gesetzgebers sie und nicht das Insolvenzgericht letztverbindlich über die Anordnung der Eigenverwaltung entscheiden kann. Die beabsichtigte Stärkung der Gläubigerautonomie würde in ihr Gegenteil verkehrt, wenn § 78 Abs. 1 InsO zur Anwendung käme." (BGH Beschl. v. 21.7.2011 – IX ZB 64/10, ZIP 2011 S. 1622–1626 (1623,1624) mit Anm. *Flöther/Gelbrich*).

[72] BGH Beschl. v. 21.7.2011 – IX ZB 64/10, ZIP 2011, 1622 (1623); *Wittig/Tetzlaff* in Münch-KommInsO, § 272 Rn. 9 m.w.N.

[73] *Flöther* in HRI, § 16 Rn. 9.

[74] *Haas/Kahlert* in Gottwald Insolvenzrechts – Handbuch, § 88 Rn. 4 m.w.N.

§ 28 Die Eigenverwaltung

§ 272 Abs. 1 Nr. 2 InsO zu zählen.[75] Auch unter dem Aspekt des Rechtsschutzbedürfnisses ist es nicht auszuschließen, dass im Rahmen einer Eigenverwaltung nachteilige Befriedigungsaussichten nachrangiger Gläubiger erkennbar werden. Allerdings entfällt die Zulässigkeit eines solchen Antrages, wenn bereits feststeht (Regelfall), dass auf die nachrangigen gläubiger keine Quote entfallen wird.[76]

Für die Praxis ist ferner von Bedeutung, ob die Antragsmöglichkeit der Gläubiger durch die Rechte der Gläubigerversammlung beschränkt wird. Diskutiert wird insbesondere, ob die Gläubiger nur zur Antragstellung berechtigt sein sollen, wenn eine Gläubigerversammlung nicht rechtzeitig einberufen werden kann und ob auch während einer Gläubigerversammlung ein Antrag eines einzelnen Gläubigers zulässig ist. **54**

Im Hinblick auf eine Antragstellung eines Gläubigers außerhalb der Gläubigerversammlung wird vertreten, dass die Gesetzessystematik eine zurückhaltende Anwendung der Antragsberechtigung einzelner Gläubiger gemäß § 272 Abs. 1 Nr. 2 InsO gebietet. Deswegen soll der Antrag eines einzelnen Gläubigers nur zulässig sein, wenn sich aus diesem ergibt, dass der Beschluss einer ggf. kurzfristig einberufenen Gläubigerversammlung nicht abgewartet werden kann.[77] Der Gesetzeswortlaut bestätigt diese Systematik allerdings nicht. Auch in der Gesetzesbegründung, die von einem Nebeneinander der Nr. 1 u. Nr. 2 ausgeht,[78] findet erstgenannte Auffassung keinen Rückhalt. Überzeugender erscheint es die Gläubigerrechte nach § 272 Abs. 1 Nr. 2 InsO nicht einzuschränken und den Antrag eines einzelnen Gläubigers auch dann für zulässig zu erachten, wenn eine Gläubigerversammlung kurzfristig einberufen werden könnte.[79] **55**

Teile der Literatur lehnen zudem einen Gläubigerantrag während der Gläubigerversammlung als unzulässig ab, da die Gläubiger ohnehin eine Antragstellung durch die Gläubigerversammlung beantragen könnten und insofern ein gesonderter Einzelantrag während der Gläubigerversammlung zwecklos wäre.[80] Allerdings erscheint auch dies nicht mit dem Willen des Gesetzgebers vereinbar. § 272 Abs. 1 Nr. 2 InsO räumt jedem Einzelgläubiger „unabhängig vom Zusammentritt der Gläubigerversammlung" die Möglichkeit ein, die Aufhebung der Anordnung der Eigenverwaltung zu beantragen.[81] Der Antrag eines einzelnen Gläubigers auf Aufhebung der Eigenverwaltung muss auch während der Gläubigerversammlung zulässig und möglich sein.[82] Die Antragsbefugnis auf die Abstimmung in einer Gläubigerversammlung zu beschränken, ist für das Rechtschutzbedürfnis des einzelnen Gläubigers nicht ausreichend. Dies gilt insbesondere dann, wenn die Gläubigerversammlung zu Lasten des jeweiligen Einzelgläubigers gegen einen Antrag auf Aufhebung der Eigenverwaltung entscheiden sollte. **56**

Ferner stellt sich die Frage, inwieweit ein Gläubigerantrag gemäß § 272 Abs. 1 Nr. 2 InsO auch dann noch zulässig ist, wenn die Eigenverwaltung nachträglich infolge eines Antrages der Gläubigerversammlung gemäß § 271 S. 1 InsO angeordnet wurde. Da § 272 Abs. 1 Nr. 2 InsO ausdrücklich den Wegfall der Voraussetzungen nach § 270 Abs. 2 Nr. 2 **57**

---

[75] *Hörmann/Sußner* in Cranshaw/Paulus/Michel, § 272 Rn. 5; a.A. *Landfermann* in HK, § 272 Rn. 5 (Antragsrecht besteht nur, wenn nachrangige Gläubiger ihre Forderungen angemeldet haben); *Uhlenbruck* in Uhlenbruck, § 272 Rn. 4 (schließt Antragsrecht der nachrangigen Gläubiger ganz aus.) m.w.N.
[76] *Hörmann/Sußner* in Cranshaw/Paulus/Michel, § 272 Rn. 5.
[77] *Foltis* in FK, § 272 Rn. 14.
[78] BT.-Drucks. 17/5712, S. 42.
[79] *Undritz* in K. Schmidt, § 272 Rn. 4; *Lanfermann* in HK, § 272 Rn. 8.
[80] *Foltis* in FK, § 272 Rn. 14 m.w.N.
[81] BT.-Drucks. 12/2443, S. 224.
[82] Ebenso *Uhlenbruck* in Uhlenbruck § 272 Rn. 4

§ 28 6. Teil. Möglichkeiten der Sanierung nach der Insolvenzordnung

InsO verlangt, die nachträgliche Anordnung gemäß § 271 S. 1 InsO allerdings gerade nicht auf § 270 Abs. 2 Nr. 2 InsO abstellt, ist hier die Zulässigkeit eines Gläubigerantrags gemäß § 272 Abs. 1 Nr. 2 InsO umstritten. Überzeugend ist es, den Aufhebungsantrag eines einzelnen Gläubigers (§ 272 Abs. 1 Nr. 2 InsO) auch in diesen Fällen zuzulassen.[83] In jedem Fall besteht ein Interesse der Gläubiger, bei drohenden Nachteilen korrigierend eingreifen zu können und zwar unabhängig davon, ob dies schon bei Anordnung der Eigenverwaltung vorausgesetzt wurde oder nicht.[84] Dem steht auch nicht entgegen, dass der Gesetzgeber mit Änderung des § 272 Abs. 1 Nr. 2 InsO eine höhere Hürde für die Aufhebung der Eigenverwaltung vorsieht.[85] So wird in der Gesetzesbegründung allein der Wegfall der Anordnungsvoraussetzungen des § 270 Abs. 2 Nr. 2 InsO (drohende Nachteile für die Gläubiger) vorausgesetzt. Der Gesetzgeber verlangt demgegenüber nicht, dass eine Anordnung gemäß § 270 Abs. 2 Nr. 2 InsO erfolgt. Genauso wenig schließt er eine Anwendung in den Fällen einer nachträglichen Anordnung aufgrund eines Antrages der Gläubigerversammlung aus.[86]

58 Neben der Stellung eines Antrages auf Aufhebung der Eigenverwaltung müssen Umstände bekannt sein, die zu Nachteilen für Gläubiger führen. Weiter müssen dem Antragsteller erhebliche Nachteile drohen. Diese Anforderung hat der Gesetzgeber des ESUG zusätzlich eingeführt. Bis dahin genügte lediglich der Wegfall der Voraussetzungen des § 270 Abs. 2 Nr. 3 InsO a.F. (heute § 270 Abs. 2 Nr. 2 InsO). Ein reines Für-möglich-halten genügt dem nicht. Es müssen konkrete Anhaltspunkte dafür vorliegen, dass dem Antragsteller erhebliche Nachteile drohen.[87] Die Grenze der Geringfügigkeit muss eindeutig überschritten und die Eigenverwaltung bzw. der Eigenverwalter kausal hinsichtlich der drohenden Nachteile für den antragstellenden Gläubiger sein.[88] Gemäß § 272 Abs. 2 S. 1 InsO sind die Voraussetzungen des § 272 Abs. 1 Nr. 2 InsO glaubhaft zu machen.[89] Vor der Entscheidung über den Antrag ist der Schuldner zu hören, die Aufhebung ist öffentlich bekanntzumachen, § 272 Abs. 2 S. 2 u. § 273 InsO.

59 cc) **Schuldner.** Als dritte Möglichkeit sieht das Gesetz eine Aufhebung infolge eines Antrages des Schuldners vor, § 272 Abs. 1 Nr. 3 InsO. Stellt er einen Antrag auf Aufhebung der Eigenverwaltung, wird diese ohne weitere Prüfung des Gerichts angeordnet.[90] Bei juristischen Personen und Gesellschaften ohne Rechtspersönlichkeit sind nur die vertretungsbefugten Organe entsprechend ihrer Vertretungsmacht zur Antragstellung be-

---

[83] *Landfermann* in HK, § 272 Rn. 6; *Riggert* in Braun, § 272 Rn. 3; *Undritz* in K. Schmidt, § 272 Rn. 5. Nach der Gegenauffassung ist eine Anwendung des § 272 Abs. 1 Nr. 2 InsO im Falle einer nachträglichen Anordnung gem. § 271 InsO abzulehnen, da mit der Verschärfung der Anforderungen an die Aufhebung gem. § 272 Abs. 1 Nr. 1 InsO eine Normzweckänderung des § 272 Abs. 1 Nr. 2 verbunden sei, die eine Anwendung auf den Anordnungsfall nach § 271 InsO verbiete. So sei durch die Verschärfung der Antragsanforderungen für die Aufhebung eine höhere Planungssicherheit bei der Eigenverwaltung gewollt. Einer solchen Planungssicherheit stehe es aber gerade entgegen, wenn § 272 Abs. 1 Nr. 2 InsO auch auf die Fälle des § 271 InsO angewendet werden könnte (vgl. *Foltis* in FK, § 272, Rn. 17a).
[84] I.E. *Riggert* in Nerlich/Römermann, § 272 Rn. 3; *Uhlenbruck* in Uhlenbruck, § 272 Rn. 4.
[85] BT-Drucks. 17/5172, S. 42.
[86] BT-Drucks. 17/5172, S. 42.
[87] *Flöther* in HRI, § 16 Rn. 10.
[88] *Riggert* in Braun, § 272 Rn. 2.
[89] Nach Rspr. des LG Potsdam gilt: „Das einfache Aufstellen von – wenn auch nachvollziehbaren – Behauptungen bzw. der bloße Hinweis auf eine mögliche Verfahrensverzögerung reicht hierfür nicht aus." (LG Potsdam, Beschl. v. 16.5.2001 – 5 T 239/00, ZIP 2001 S. 1689–1690 (1690)).
[90] BGH Beschl. v. 11.1.2007 – IX ZB 10/05, NZI 2007, S. 240 (241).

§ 28 Die Eigenverwaltung § 28

fugt.[91] Die Gesellschafter können hingegen einen Antrag auf Aufhebung nur mittelbar über das antragsberechtige Organ stellen. Weigert sich dieses, bleibt den Gesellschaftern lediglich die Auswechslung des Organs durch eine andere, dem Willen der Gesellschafter folgeleistende Person.[92] Eine wirksame Abberufung ist dabei nur mit Zustimmung des Sachwalters nach § 276a S. 2 InsO möglich. An eine Aufforderung der Gesellschafter ist das Organ nach der Regelung des § 276a S. 1 InsO nicht gebunden.[93]

IV. Das Eröffnungsverfahren

1. Allgemein

Im Folgenden sollen die Besonderheiten der Eigenverwaltung im Eröffnungsverfahren 60 näher beleuchtet werden. Mit dem ESUG regelte der Gesetzgeber durch den neu eingefügten § 270a InsO erstmals wie zu verfahren ist, wenn der Schuldner einen Antrag auf Eigenverwaltung stellt und das in der Regel gleichzeitig beantragte Insolvenzverfahren noch nicht eröffnet wurde.

Das Eröffnungsverfahren nach § 270a InsO zeichnet sich in erster Linie dadurch aus, 61 dass das Gericht auf die Anordnung eines Verfügungsverbotes oder eines Zustimmungsvorbehaltes verzichten soll, § 270a Abs. 1 S. 1 Nr. 1, 2 InsO. Anstelle eines vorläufigen Insolvenzverwalters wird ein vorläufiger Sachwalter bestellt. Die Befugnisse des vorläufigen Sachwalters entsprechen in weiten Teilen den Befugnissen des Sachwalters im eröffneten Verfahren, § 270a Abs. 1 S. 2 InsO. Die Gläubiger werden durch die Bestellung eines vorläufigen Gläubigerausschusses entsprechend §§ 270a Abs. 1 S. 2, 274, 56a InsO an der Auswahl des vorläufigen Sachwalters beteiligt.

Seit der Reform durch das ESUG kann im Eröffnungsverfahren alternativ zu § 270a 62 InsO auch die Durchführung eines sog. Schutzschirmverfahrens beantragt werden (§ 270b Abs. 1 S. 1 InsO),[94] um in Eigenverwaltung einen Sanierungsplan zu erstellen, der nach Eröffnung durch einen Insolvenzplan umgesetzt wird.[95]

2. Gesetzliche Voraussetzungen

Nach den anwendbaren allgemeinen Regelungen ist das Amtsgericht in dessen Bezirk 63 der Schuldner seinen allgemeinen Gerichtsstand hat als Insolvenzgericht sachlich und örtlich zuständig, §§ 270 Abs. 1 S. 2, 2 Abs. 1, 3 Abs. 1 InsO. Funktionell zuständig ist der Richter gemäß § 18 Abs. 1 Nr. 1 RPflG bis zur Entscheidung über den Eröffnungsantrag.

Ein Eröffnungsverfahren i.S.d. § 270a InsO ist nur zulässig, wenn ein Antrag auf 64 Durchführung eines Eigenverwaltungsverfahrens gestellt wurde [96] und die (spätere) Anordnung der Eigenverwaltung an sich nicht offensichtlich aussichtslos ist, § 270a Abs. 1 S. 1 InsO. Dies wäre insbesondere dann der Fall, wenn Umstände vorliegen, die bei einer Anordnung der Eigenverwaltung Nachteile für die Gläubiger erwarten lassen. Der Begriff „offensichtlich" orientiert sich an § 231 InsO und ist als eine Reduzierung der ge-

---

[91] *Fiebig* in HambKommInsO, § 272 Rn. 9; *Flöther* in HRI, § 16 Rn. 18; ausführlich *Foltis* in FK, § 272 Rn. 19.
[92] *Fiebig* in HambKomm InsO, § 272 Rn. 9.
[93] *Flöther* in HRI, § 16 Rn. 19.
[94] → § 26.
[95] BT-Drucks. 17/5712, S. 40; ausführlich *Desch*, BB 2011, S. 841 ff.
[96] Vgl. hierzu ausführlich Kapitel C I 2.

richtlichen Kontrollbefugnisse auf eine reine Evidenzkontrolle zu verstehen.[97] So ergibt sich bereits aus einem Vergleich des Wortlauts des § 270a Abs. 1 S. 1 InsO mit § 270 Abs. 2 Nr. 2 InsO, dass der Gesetzgeber in § 270a InsO den gerichtlichen Kontrollumfang beschränken wollte. Es handelt sich um eine gerichtliche Prognoseentscheidung, die sich auf die Anforderungen des § 270 Abs. 2 Nr. 2 InsO bezieht.

65 Liegen die oben genannten Voraussetzungen vor, soll das Gericht neben der Bestellung eines vorläufigen Sachwalters von Verfügungsverboten oder der Anordnung eines Zustimmungsvorbehalts des vorläufigen Sachwalters absehen. Dies ändert nichts daran, dass das Gericht in der Lage bleibt, Sicherungsmaßnahmen nach § 21 InsO anzuordnen. So handelt es sich nach dem Gesetzeswortlaut bei § 270a Abs. 1 InsO gerade um keine zwingende Vorschrift („soll") und auch die Gesetzesbegründung spricht nur davon, dass „in der Regel" ein Verlust der Verfügungsbefugnis des Schuldners im Eröffnungsverfahren vermieden werden soll.[98]

V. Beteiligte im Eigenverwaltungsverfahren

1. Sachwalter

66 **a) Eignung und Unabhängigkeit des Sachwalters.** Die nachfolgenden Ausführungen setzen sich mit der Stellung der Beteiligten im Eröffnungsverfahren nach § 270a InsO sowie dem eröffneten Eigenverwaltungsverfahren auseinander.

67 Das Gericht darf von einem einstimmigen Vorschlag des vorläufigen Gläubigerausschusses nur abweichen, wenn der (vorläufige) Sachwalter ungeeignet ist, §§ 270a Abs. 1 S. 2, 274 Abs. 1, 56a Abs. 2 S. 1 InsO. Geeignetheit setzt dabei insbesondere voraus, dass der (vorläufige) Sachwalter geschäftskundig und von den Gläubigern wie dem Schuldner unabhängig ist, §§ 270a Abs. 1 S. 2, 274 Abs. 1, 56 Abs. 1 S. 1 InsO.

68 In der Praxis ist vor allem das Erfordernis der Unabhängigkeit problematisch, da der Gesetzgeber von einer klaren Definition absah. Das ESUG grenzt das Tatbestandsmerkmal der Unabhängigkeit lediglich ein, indem es negativ festlegt, was nicht zum Verlust der Unabhängigkeit des (vorläufigen) Sachwalters führen soll. Danach scheidet die Unabhängigkeit nicht bereits dann aus, wenn der (vorläufige) Sachwalter vom Schuldner bzw. Gläubiger vorgeschlagen worden ist oder den Schuldner vor Eröffnungsantrag in allgemeiner Form beraten hat, Art. 1 Nr. 9 ESUG.[99]

69 Der Gesetzgeber tritt damit ausdrücklich der früheren Praxis einiger Gerichte entgegen, die einen Verwalter bereits deswegen als abhängig und damit nicht geeignet erachteten, weil dieser von dem Schuldner bzw. den Gläubigern vorgeschlagen wurde.[100]

70 Ähnlich deutlich wird der Gesetzgeber im Zusammenhang mit einer vorinsolvenzlichen Beratung. So soll nicht jede Art von Kontakt vor dem Eröffnungsantrag zu einer Abhängigkeit führen. Holt der Schuldner vor Stellung des Insolvenzantrages allgemeine Informationen über den Gang eines Insolvenzverfahrens, über dessen Auswirkungen auf die Befugnisse des Schuldners und über die Möglichkeiten der Sanierung im Insolvenzverfahren ein, ist der Berater nicht schon deshalb als Sachwalter ungeeignet.[101] Ist die

---

[97] *Riggert* in Braun, § 270a, Rn. 2.
[98] BT-Drucks. 17/5712, S. 39.
[99] BGBl. 2011, Teil 1 Nr. 64, S. 2582 (2583).
[100] BT-Drucks. 17/5712, S. 26.
[101] BT-Drucks. 17/5712, S. 26.

allgemeine Beratung unbedenklich, bedeutet dies im Umkehrschluss, dass sich jegliche konkrete Beratung unter dem Gesichtspunkt der Unabhängig verbietet.[102] Zu den Abgrenzungsmerkmalen schweigt das Gesetz. In der Literatur wird vorgeschlagen danach zu unterscheiden, ob Fragen zum betreffenden Sachverhalt oder zur Rechtslage beantwortet werden.[103] Besonders verlässlich erscheint dieses Vorgehen allerdings nicht. Hinzukommt, dass bei einem allzu weiten Verständnis nahezu jede Beratung als konkret anzusehen ist, da es für den Auftraggeber kaum von Nutzen sein kann, sich ohne jeglichen Bezug zur eigenen Situation beraten zu lassen.[104]

Die Unabhängigkeit des Sachwalters steht in Frage, sofern dieser im Vorfeld der Insolvenz mit der Erstellung eines Insolvenzplans betraut war. Noch der Gesetzesentwurf zum ESUG sah vor, dass die Ausarbeitung eines Insolvenzplans keine Abhängigkeit begründen könne, § 56 Abs. 1 S. 3 Nr. 3 RegE zum ESUG.[105] Aus Sorge vor erheblichen Interessenkonflikten bei vorbefassten Insolvenzverwalter oder Sachwalter, insbesondere im Hinblick auf die Vertuschung von Beratungsfehlern bei der Erstellung eines Insolvenzplans und einer Anfechtbarkeit eigener Beraterhonorare, hat der Rechtsausschuss diese Regelung wieder gestrichen, um auch den Anschein einer Parteilichkeit zu vermeiden.[106] Dies schließt allerdings nicht gänzlich die Bestellung des Planerstellers zum Insolvenzverwalter oder Sachwalter aus, eine stärkere Planbarkeit des Insolvenzplanverfahrens bleibt dem Gesetzeswortlaut nach weiterhin „realisierbar": Voraussetzung ist ein einstimmiger Beschluss des vorläufigen Gläubigerausschusses. Auch in anderen Fällen ist es grundsätzlich möglich, dass der Planersteller „unter dem Gesichtspunkt der Eignung" vom Gericht zum Insolvenzverwalter bestellt wird.[107] 71

Welche konkreten Konsequenzen sich hieraus für die Praxis ableiten lassen ist noch offen. In der Literatur wird die Begründung des Rechtsausschusses („Einflussnahme des Gläubigerausschusses" und „Bestellung trotz Planerstellung in anderen Fällen") dahingehend interpretiert, dass die tatbestandliche Voraussetzung der Unabhängigkeit zur Disposition der Gläubiger stehe und die Unabhängigkeit kein Merkmal der objektiven Eignung des vorgeschlagenen Verwalters sei.[108] Diese Wertung stößt auf Kritik, da der Rechtsausschuss trotz seiner angesprochenen Ausführungen zum Gläubigerausschuss und „anderer Fälle" der Bestellung eines Planerstellers zum Insolvenzverwalter gleichzeitig die „Notwendigkeit bei einem vom vorläufigen Gläubigerausschuss vorgeschlagenen Insolvenzverwalter besonders eingehend dessen Unabhängigkeit zu prüfen", hervorhebt.[109] Insofern verbiete sich eine Interpretation des Rechtsausschusses, die Unabhängigkeit stehe zur Disposition der Gläubiger.[110] Vielmehr gelte auch bei einem einstimmigen Gläubigerbeschluss das Gebot zur Prüfung der Unabhängigkeit; setze sich dieser darüber hinweg, sei das Gericht an diesen Beschluss nicht gebunden.[111] Indem der Rechtsausschuss ausdrücklich die Notwendigkeit einer eingehenden Unabhängigkeits- 72

---

[102] *Siemon*, ZInsO 2012, S. 364 (366).
[103] *Siemon*, ZInsO 2012, S. 364 (366).
[104] Vgl. *Römermann/Praß*, ZInsO 2011, 1576 (1577).
[105] BT-Drucks. 17/5712, S. 26.
[106] Vgl. BT-Drucks. 17/7511, S. 2, 34.
[107] Vgl. BT-Drucks. 17/7511, S. 2, 34.
[108] *A. Schmidt/Hölzle*, ZIP 2012, S. 2238 (2242).
[109] Vgl. BT-Drucks. 17/7511, S. 2, 35.
[110] Ausführlich *Vallender/Zipperer*, ZIP 2013, S. 149 (150); i.E. ebenso *Frind*, ZInsO 2013, S. 59 (61).
[111] Gegen jegliche Bindung des Gerichts bei der Frage der Unabhängigkeit vgl. *Siemon*, ZInsO 2012, S. 364 (365).

§ 28 6. Teil. Möglichkeiten der Sanierung nach der Insolvenzordnung

prüfung betont, unterstreiche er diese bei der Bestellung des Insolvenzverwalters geltende Grenze.[112]

73 Neben der Frage, welche Schlussfolgerungen sich aus der Begründung des Rechtsausschusses ziehen lassen, sehen einige Autoren die Streichung des § 56 Abs. 1 S. 3 Nr. 3 RegE zum ESUG als Beleg dafür, die Unabhängigkeit des Insolvenzverwalters im Falle einer vorausgehenden Beteiligung (gleich welcher Art) an der Planerstellung zu verneinen[113] bzw. nur in einem Ausnahmefall anzunehmen.[114] Etwas anderes soll nach Teilen der Lit. nur gelten, wenn ein einstimmiger Beschluss des Gläubigerausschusses vorliegt.[115]

74 Für die Praxis bleibt abzuwarten, wie sich die Gerichte in Zukunft mit dieser Frage auseinandersetzen werden. Für eine restriktive Haltung sprechen die ersten Entscheidungen nach der ESUG Reform wie die des AG Stendal.

75 Das Gericht verneinte in einer Entscheidung die Unabhängigkeit eines vom vorläufigen Gläubigerausschuss vorgeschlagenen Sachwalters, da dieser bereits mehrfach gemeinsam mit dem Geschäftsführer der Schuldnerin Unternehmenssanierungen durchgeführt hatte. Unerheblich war für das AG Stendal dabei, dass eine Geschäftsverbindung bereits seit längerem nicht mehr bestand.[116]

76 In einer weiteren Entscheidung betont das AG Stendal, dass die Bindung eines Massedarlehens an die Bestellung des vorläufigen Sachwalters zum endgültigen Sachwalter mit der Unabhängigkeit des Sachwalters nicht vereinbar sei.[117]

77 Soll daher ein im Vorfeld der Insolvenz erstellter Plan auch im Insolvenzverfahren vom Planersteller als Insolvenzverwalter umgesetzt werden oder war der Insolvenzverwalter oder Sachwalter im Vorfeld beratend tätig, empfiehlt es sich in jedem Fall mit dem zuständigen Insolvenzgericht in Kontakt zu treten, um dessen Rechtsauffassung zu eruieren.

78 Im Falle einer Ablehnung des Sachwalters durch das Gericht steht es dem Gläubigerausschuss offen, die Einberufung einer Gläubigerversammlung mit dem einzigen Tagesordnungspunkt – Wahl des Sachwalters – zu beantragen, § 75 Abs. 1 Nr. 2 i.V.m. § 57 InsO. Antragsberechtigt ist nur der Gläubigerausschuss als Organ, nicht hingegen seine einzelnen Mitglieder.[118] Die Gläubigerversammlung kann auch schon vor dem Berichts- und Prüfungstermin erfolgen.[119] Allerdings kann auch hier das Gericht den Vorschlag

---

[112] Zum Gesamten vgl. *Vallender/Zipperer*, ZIP 2013, S. 149 (152).
[113] *Siemon*, ZInsO 2012, S. 364 (367); *Willemsen/Rechel*, BB 2012, S. 203 (204); *Obermüller*, ZInsO 2012, S. 18 (24); Kritisch hierzu *Vallender/Zipperer*, ZIP 2013, S. 149 (151); *A. Schmidt/Hölzle*, ZIP 2012, S. 2238 (2242).
[114] *Frind*, ZInsO 2013, S. 59 (61).
[115] *Willemsen/Rechel*, BB 2012, S. 203 (204); ablehnend dagegen Siemon, ZInsO 2012, S. 364 (367).
[116] Im Einzelnen führte das AG Stendal aus: „Daran (an der Unabhängigkeit des vorgeschlagenen Sachwalters vom Schuldner Anm. d. Red.) hat das Gericht hier erhebliche und begründete Zweifel. Der Vorgeschlagenen hat [...] in der Vorzeit mit dem Geschäftsführer V. der Schuldnerin in mehreren Verfahren gemeinsam Unternehmenssanierungen durchgeführt. [...] Daneben sollen diese Geschäftsverbindungen nach seinen Angaben zwar seit Längerem beendet sein. Daran hat das Gericht allerdings schon deshalb erhebliche Zweifel, weil der Geschäftsführer V. erst unmittelbar vor der hier streitgegenständlichen Insolvenzantragstellung [...] zum Sanierungsberater und Geschäftsführer der Schuldnerin bestellt wurde. [...] Diese Tatsache begründet für das Gericht den maßgeblichen Anschein einer weiter bestehenden Verbindung zwischen diesen Personen und steht der Unabhängigkeit des Vorgeschlagenen entscheidungserheblich entgegen." (AG Stendal, Beschl. V. 31.8.2012 – 7 IN 164/12; ZIP 2012 S. 1875–1876).
[117] AG Stendal, Beschl. v. 1.10.2012 – 7 IN 164/12, ZIP 2012, S. 2030 (2031).
[118] AG Stendal, Beschl. v. 1.10.2012 – 7 IN 164/12, ZIP 2012, S. 2030.
[119] Vgl. LG Stendal, Beschl. v. 22.10.2012 – 25 T 184/12, ZIP 2012, 2168 f.; a.A. AG Stendal, Beschl. v. 1.10.2012 – 7 IN 164/12, ZIP 2012, S. 2030.

unter Verweis auf die fehlende Eignung verweigern, § 57 S. 3 InsO.[120] Im Gegensatz zur Ablehnung bei einstimmigem Vorschlag des Gläubigerausschusses[121] ist eine Beschwerde gegen die Ablehnung der Wahl der Gläubigerversammlung rechtsmittelfähig, § 57 S. 4 i.V.m. § 6 Abs. 1 S. 1 InsO.

b) Aufgaben und Befugnisse im Eröffnungsverfahren. Die Aufgaben und Befugnisse des vorläufigen Sachwalters richten sich im Eröffnungsverfahren nach §§ 274, 275 InsO (§ 270a Abs. 1 S. 2 InsO). Er ist einem Sachwalter im eröffneten Insolvenzverfahren gleichgestellt.[122] Allein die Unterrichtungspflicht gegenüber den Insolvenzgläubigern, die Forderungen angemeldet haben (§ 274 Abs. 3 S. 2 InsO) ist an die Besonderheiten des Eröffnungsverfahrens anzupassen und lediglich als Informationspflicht gegenüber den Gläubigern, die dem vorläufigen Sachwalter bereits bekannt sind anzusehen.[123] Entscheidender Unterschied im Vergleich zum eröffneten Verfahren ist allerdings, dass bestimmte Rechtsgeschäfte des Schuldners nicht unter einen Zustimmungsvorbehalt des Sachwalter gestellt werden können. Da § 270a Abs. 1 S. 2 InsO gerade nicht auf § 277 InsO verweist, ist diese Norm im Eröffnungsverfahren nicht anwendbar.[124]

Gleiches gilt hinsichtlich § 276a InsO der eine Abberufung und Neubestellung von Mitgliedern der Geschäftsleitung nur mit Zustimmung des Sachwalters für wirksam erklärt. Ebenso wie im Fall des § 277 InsO verweist § 270a Abs. 1 S. 2 InsO gerade nicht auf § 276a InsO, weswegen dieser im Eröffnungsverfahren keine Anwendung findet.[125]

c) Aufgaben und Befugnisse im eröffneten Verfahren
aa) Rechte und Pflichten des Sachwalters. Eröffnet das Gericht das Insolvenzverfahren und ordnet es die Eigenverwaltung an, hat es zugleich anstelle eines Insolvenzverwalters einen Sachwalter zu bestellen, § 270c InsO. Grundsätzlich gelten gem. § 274 Abs. 1 InsO für die Bestellung, die Haftung und die Vergütung des Sachwalters die gleichen Bestimmungen wie für den Insolvenzverwalter; zu nennen sind die §§ 27 Abs. 2 Nr. 5, 54 Nr. 2 sowie die §§ 56–60, 62–65 InsO. Der Sachwalter unterliegt grds. keiner Schadensersatzpflicht bei Nichterfüllung von Masseverbindlichkeiten gemäß § 61 InsO. Anderes gilt, falls der Sachwalter bei angeordnetem Zustimmungsvorbehalts der Begründung von Masseverbindlichkeiten zustimmt. In diesem Fall haftet er wie ein Insolvenzverwalter entsprechend, §§ 277 Abs. 1 S. 3, 61 InsO.

Der Sachwalter unterliegt der Aufsicht des Insolvenzgerichts. Dieses kann jederzeit einzelne Auskünfte oder einen Bericht über den Sachstand und die Geschäftsführung verlangen oder ihn durch Zwangsgeld zur Pflichterfüllung anhalten.[126] Die Rechte und Pflichten des Sachwalters ergeben sich aus einer Gesamtschau der §§ 270–285 InsO. Hervorzuheben sind hier in erster Linie seine Aufsichts- und Überwachungspflichten, §§ 270 Abs. 1, 274 InsO. Stellt der Sachwalter Umstände fest, die zu einem Nachteil für die Gläubiger führen werden, muss er dies dem Insolvenzgericht und dem Gläubigerausschuss oder (ist dieser nicht bestellt) den Gläubigern, die Forderungen angemeldet haben und den absonderungsberechtigten Gläubigern mitteilen. Es bedarf konkreter Umstände, die bei Fortsetzung der Eigenverwaltung drohende Schäden für die Gläubiger befürchten

---

[120] Vgl. AG Stendal, Beschl. v. 1.10.2012 – 7 IN 164/12, ZIP 2012, S. 2030 (2031).
[121] *Frind* in HambKommInsO, § 56a Rn. 35; *Graeber* in MünchKommInsO, § 56a Rn. 79.
[122] BT-Drucks. 17/5712, S. 39.
[123] BT-Drucks. 17/5712, S. 39.
[124] *Riggert* in Nerlich/Römermann, § 270a, Rn. 15.
[125] *Pape* in K/P/B, § 276a, Rn. 6; *Foltis* in FK, § 276a, Rn. 4 m.w.N.
[126] *Foltis* in FK, § 274 Rn. 12.

§ 28   6. Teil. Möglichkeiten der Sanierung nach der Insolvenzordnung

lassen.[127] Relevant sind in diesem Zusammenhang vor allem Umstände, die für den Fortbestand der Verwaltungs- und Verfügungsbefugnis des Schuldners von Bedeutung sind bzw. eine Beschränkung seiner Befugnisse entsprechend § 277 InsO nach sich ziehen können.[128] Daneben ist er für die Entgegennahme der Forderungsanmeldungen zuständig, § 270c S. 2 InsO. Die §§ 174 ff. InsO gelten entsprechend, insofern ist auch die Forderungstabelle vom Sachwalter zu führen.[129] Die Verteilung obliegt dagegen dem Schuldner, § 283 Abs. 2 InsO. Der Sachwalter allein ist berechtigt und verpflichtet, einen Haftungsanspruch nach §§ 92, 93 InsO für die Insolvenzmasse geltend machen. Gleiches gilt hinsichtlich einer Anfechtung nach §§ 129–147 InsO. Weiter zu beachten sind insbesondere: Mitwirkungspflichten (§ 275 InsO), Zustimmungspflichten (§§ 277 Abs. 1 S. 1[130], 279 S. 3 InsO), Gegenseitige Verträge (§ 279 S. 2 InsO), Bestreiten von Forderungen (§ 283 InsO), Ausarbeitung eines Insolvenzplans bei Beauftragung durch die Gläubigerversammlung (§ 284 Abs. 1 S. 1 InsO), Verwertung von Sicherungsgut (§ 282 Abs. 2) und die Anzeige der Masseunzulänglichkeit (§ 285 InsO).

83   **bb) Aufsichts- Überwachungs- und Prüfpflichten.** Im Vordergrund der Tätigkeit des Sachwalters stehen, wie bereits § 270 Abs. 1 S. 1 InsO nahelegt, die Aufsichts- bzw. Überwachungspflichten. Nicht minder bedeutend sind die, an unterschiedlichen Stellen im Gesetz geregelten Prüfungspflichten des Sachwalters. Um diese Rechte durchzusetzen kann der Sachwalter die Geschäftsräume des Unternehmens betreten und dort Nachforschungen anstellen. Das schuldnerische Unternehmen hat ihm Einsicht in seine Bücher und Geschäftspapiere zu gestatten. Die Überwachung des Schuldners hat während des gesamten Verfahrens zu erfolgen. Treten Umstände ein, die Nachteile für die Gläubiger bei Weiterführung der Eigenverwaltung erwarten lassen, muss der Sachwalter dem Gläubigerausschuss bzw. (sollte ein solcher nicht bestehen) den Gläubigern die Forderungen angemeldet haben wie den absonderungsberechtigten Gläubiger und dem Insolvenzgericht Mitteilung machen, § 274 Abs. 3. Hinzu kommt die Überwachung der Planerfüllung für den Fall, dass es sich um ein Insolvenzplanverfahren handelt, § 284 Abs. 2 InsO. Mit der Überwachung durch den Sachwalter geht eine Prüfpflicht einher. Besonders hervorgehoben wird durch das Gesetz die Prüfung der wirtschaftlichen Lage, § 274 Abs. 2 S. 1 InsO. Diese besteht ebenso wie die Überwachungspflicht während der gesamten Dauer des Verfahrens. Eine einmalige Prüfung kann demnach nicht ausreichen. Da der Sachwalter dazu verpflichtet ist, das Insolvenzgericht über etwaige Masseunzulänglichkeit zu unterrichten, muss er auch jederzeit über die Vermögensverhältnisse informiert sein.[131] Ferner hat er das Verzeichnis der Massegegenstände, das Gläubigerverzeichnis und die Vermögensübersicht zu prüfen und evtl. schriftlich Einwände dagegen zu erklären, § 281 Abs. 1 S. 2 InsO.

d) Mitwirkungspflichten/-rechte des Sachwalters

84   **aa) Allgemein.** Der Einfluss des Sachwalters auf die Tätigkeit des eigenverwaltenden Schuldners darf nicht unterschätzt werden. Gerade durch das Zustimmungs- bzw. das

---

[127] *Landfermann* in HK, § 274 Rn. 10.
[128] *Riggert* in Braun, § 274 Rn. 11; Beispiele hierzu insbesondere bei *Fiebig* in HambKommInsO, § 274 Rn. 9.
[129] *Fiebig* in HambKommInsO, § 270c Rn. 4.
[130] Da eine Zustimmungspflicht von der Beantragung durch einen der Berechtigten gem. § 277 Abs. 2 InsO und der Anordnung durch das Gericht abhängt, handelt es sich hier um keine originären Aufgaben des Sachwalters und soll insofern erst im Rahmen der Aufgaben des Schuldners Beachtung finden.
[131] Vgl. ausführlich *Hörmann/Sußner* in Cranshaw/Paulus/Michel, § 274 Rn. 10 ff.

§ 28 Die Eigenverwaltung § 28

Widerspruchsrecht des Sachwalters (§ 275 Abs. 1 S. 1 bzw. S. 2 InsO) erlangt dieser Einfluss. Zustimmungs- und Widerspruchsrecht sind zwei eigenständige Rechte des Sachwalters, die sich in ihren tatbestandlichen Voraussetzungen unterscheiden. Gemeinsam ist diesen Rechten, dass sie keine Außenwirkung entfalten.[132] Entscheidend ist allerdings, dass ein Verstoß des Schuldners gegen das Zustimmungs- bzw. Mitwirkungsrecht des Sachwalters die Anzeigepflicht nach § 274 Abs. 3 InsO auslöst. Dem Schuldner droht in der Folge eine Aufhebung der Eigenverwaltung durch Antrag der Gläubigerversammlung gemäß § 272 Abs. 1 Nr. 1 InsO oder eines Gläubigers gemäß § 272 Abs. 1 Nr. 2 InsO.[133]

- Gewöhnliche bzw. Ungewöhnliche Verpflichtungen 85
Zunächst sind die Geschäfte zu bestimmen, die dem Geschäftsbetrieb zuzurechnen sind. Diese sind von denjenigen Geschäften abzugrenzen, die nicht den Geschäftsbetrieb betreffen und keiner Mitwirkung des Sachwalters bedürfen. Als Auslegungshilfe sind die Grundsätze für die Bestimmung von Handelsgeschäften gemäß § 343 HGB heranzuziehen. Entscheidend ist, ob es sich um Fälle handelt, die dem Interesse des Geschäftsbetriebes, der Erhaltung der Substanz und der Erzielung von Gewinnen dienen.[134]

Von Bedeutung für die Mitwirkungspflichten und -rechte des Sachwalters ist weiterhin die Unterscheidung zwischen Verbindlichkeiten die zum gewöhnlichen Geschäftsbetrieb gehören und außergewöhnlichen Verbindlichkeiten. Handelt es sich um Verpflichtungen des gewöhnlichen Geschäftsbetriebes bedarf der Schuldner für die Vornahme grundsätzlich keiner Zustimmung durch den Sachwalter. Der Sachwalter kann hier allenfalls von sich aus widersprechen, § 275 Abs. 1 S. 2 InsO. Problematisch kann die Unterscheidung zwischen gewöhnlichen und ungewöhnlichen Geschäften sein, da es an einer klaren gesetzlichen Definition fehlt. Vorteilhaft erscheint es, sich an den Grundsätzen des § 116 HGB zu orientieren.[135] Demnach ist entscheidend, welche Geschäfte nach dem gewöhnlichen Betrieb des Handelsgewerbes erwartet werden können. Ausschlagebende Kriterien sind dabei in erster Linie: Gegenstand, Umfang, Bedingungen oder Dauer des Geschäfts.[136] In der Regel wird man davon ausgehen können, dass es sich bei Geschäften, die sich auf eine Veräußerung oder Belastung von Grundstücken, die Aufnahme von Darlehen und die Erklärung von Verzichten beziehen, um ungewöhnliche Geschäfte handelt.[137] Dagegen gehören zum gewöhnlichen Betrieb in der Regel alle Tagesgeschäfte die der Substanzerhaltung und Gewinnerzielung dienen.[138]

In der Praxis empfiehlt es sich, mit der Einleitung des Eröffnungsverfahrens zwischen eigenverwaltendem Schuldner und dem Sachwalter in einer Geschäftsordnung einen Katalog zustimmungsbedürftiger Verbindlichkeiten des Geschäftsbetriebes festzulegen. In diesem Zusammenhang können in der Praxis etwa dem Volumen nach definierte Kundenverträge, Verträge mit Lieferanten, arbeitnehmerbezogene Ausgaben und Dauerschuldverhältnisse als nicht zustimmungsbedürftig eingestuft werden. Zustimmungsbedürftigen Verbindlichkeiten außerhalb des gewöhnlichen Geschäftsbe-

---

[132] AG Duisburg, Beschl. v. 1.9.2002 – 62 IN 167/02, NZI 2002, 556 (558).
[133] *Fiebig* in HambKommInsO, § 276 Rn. 4.
[134] *Foltis* in FK, § 275 Rn. 7; *Klaus J. Hopt* in Baumbach/Hopt, § 343 Rn. 3; m.w.N.
[135] *Pape* in K/P/B, § 275, Rn. 10.
[136] *Klaus J. Hopt* in Baumbach/Hopt, § 116, Rn. 1, 2.
[137] *Riggert* in Nerlich/Römermann, § 275 Rn. 3.
[138] *Pape* in K/P/B, § 275 Rn. 9.

triebes unterfallen dagegen etwa Investitionen, die eine gewisse Höhe übersteigen, Konzernverrechnungen, außergewöhnliche Projekte, Avalkreditverträge, Massekreditverträge bzw. Sicherheitenverträge, die Vorfinanzierung von Insolvenzgeld, der Abschluss von Haftpflichtversicherungen, Verkäufe von Beteiligungen, gesellschaftsrechtliche Maßnahmen oder weitere Finanzierungsmaßnahmen.

Die klare Definition zustimmungsbedürftiger Geschäfte und das damit verbundene „4-Augen-Prinzip" tragen dazu bei, das Vertrauen der Gläubiger in die Eigenverwaltung zu stärken. Das gilt gerade dann, wenn der Schuldner die Zustimmung des Gläubigerausschusses zu besonders bedeutsamen Rechtshandlungen im Sinne der § 276 S. 1 InsO einzuholen hat und für die Gläubiger deutlich wird, dass sich Schuldner und Sachwalter die Zustimmungsfähigkeit – etwa bei komplexen Sanierungsmaßnahmen – gemeinsam erarbeitet haben.

86 • Budgetaufsicht

Der Sachwalter kann verlangen, dass alle eingehenden Gelder nur von ihm entgegengenommen und Zahlungen nur von ihm vorgenommen werden dürfen (§ 275 Abs. 2 InsO). Dies ändert nichts an der Befugnis des Schuldners zur Eingehung von Verbindlichkeiten. Zwar soll dem Sachwalter die Wahrnehmung seiner Aufsichts- und Überwachungsaufgaben durch Zuweisung der Kassenführung erleichtert werden. In der Praxis sollte im Einzelfall aber abgewogen werden, ob es bei umfangreichen Zahlungsvorgängen nicht sinnvoller ist, die Überwachungsfunktion beispielsweise durch Einsichtsrechte auf Konten umzusetzen, als sämtliche Zahlungen über Konten des Sachwalters ausführen zu lassen.

87 **bb) Einvernehmen und Zustimmungspflichten nach § 279 InsO.** Bei gegenseitigen Verträgen i.S.d. § 279 InsO sind zwei Fallgruppen zu unterscheiden. Die Rechte nach §§ 103–128 InsO (Erfüllung von Rechtsgeschäften und Mitwirkung des Betriebsrates) soll der Schuldner im Einvernehmen mit dem Sachwalter ausüben, § 279 S. 2 InsO. Dagegen können die Kündigung einer Betriebsvereinbarung (§ 120 InsO), die Rechte bei der Durchführung einer Betriebsvereinbarung (§ 122 InsO) und die arbeitsgerichtliche Feststellung eines dringenden betrieblichen Erfordernisses sowie der sozialen Rechtfertigung einer Kündigung von Arbeitsverhältnissen (126 InsO) nur wirksam mit Zustimmung des Sachwalters erfolgen bzw. vorgenommen werden, § 279 S. 3 InsO.

88 Ein Verstoß gegen § 279 S. 2 InsO entfaltet keine Wirkung gegenüber Dritten. Als mögliche Reaktion bzw. Sanktion auf einen Verstoß durch den Schuldner kommt aber eine Anzeige durch den Sachwalter gemäß § 274 Abs. 3 InsO in Betracht. Der Schuldner läuft damit auch hier bei einem Verstoß Gefahr, dass die Gläubigerversammlung oder bestimmte einzelne Gläubiger die Aufhebung der Eigenverwaltung (§ 272 Abs. 1 Nr. 1 u. 2 InsO) oder die Zustimmungsbedürftigkeit (§ 277 Abs. 1 u. 3 InsO) beantragen.[139]

89 Dagegen erachtet der Gesetzgeber die Kündigung von Betriebsvereinbarungen (§ 120 InsO), die Durchführung von Betriebsänderungen (§ 122 InsO) und den Kündigungsschutz (§ 126 InsO) für besonders wichtig, weshalb er zusätzlich eine Zustimmung des Sachwalters verlangt (§ 279 S. 3 InsO). Im Gegensatz zum Einvernehmensvorbehalt des § 279 S. 2 InsO entfaltet der Zustimmungsvorbehalt des § 279 S. 3 InsO Drittwirkung. Ein Verstoß führt zu absoluter Unwirksamkeit. Da die Zustimmung in den Fällen der §§ 122, 126 InsO bis zur gerichtlichen Entscheidung nachgeholt werden kann, liegt bis zur gerichtlichen Entscheidung eine schwebende absolute Unwirksamkeit vor.[140]

---

[139] *Riggert* in Braun, § 279 Rn. 2.
[140] *Uhlenbruck* in Uhlenbruck, § 279 Rn. 4.

cc) Einvernehmen bei der Verwertung von Sicherungsgut.
Nach § 282 Abs. 2 90
InsO soll der Schuldner sein Verwertungsrecht im Einvernehmen mit dem Sachwalter ausüben. Nach dem Wortlaut des § 282 InsO handelt es sich ebenfalls um eine Sollvorschrift, ein Verstoß beeinträchtigt die Wirksamkeit der Handlung nicht.[141] Allerdings kann ein solcher Verstoß im Rahmen des § 274 Abs. 3 InsO angezeigt werden und auch zur Aufhebung der Eigenverwaltung infolge eines Antrages der Gläubigerversammlung oder bestimmter einzelner Gläubiger (§ 272 Abs. 1 Nr. 1 u. 2 InsO) führen.

dd) Beratung und Überwachung beim Insolvenzplan.
Soll ein Insolvenzplan er- 91
stellt werden bzw. liegt ein solcher bereits vor, ergeben sich daraus ebenfalls Befugnisse des Sachwalters. Zunächst kann der Sachwalter selbst von der Gläubigerversammlung zur Erstellung beauftragt werden, § 284 Abs. 1 S. 1 InsO. Wird hingegen der Schuldner von der Gläubigerversammlung zur Ausarbeitung beauftragt, so soll der Sachwalter gemäß § 284 Abs. 1 S. 2 InsO an der Erstellung des Insolvenzplans beratend mitwirken. Die Überwachung der Planerfüllung ist dagegen stets Aufgabe des Sachwalters, § 284 Abs. 2 InsO. Der Sachwalter ist aber nur zur Überwachung berufen, sofern im gestaltenden Teil des Plans gem. § 260 InsO eine Überwachung der Planerfüllung nach Beendigung des Insolvenzverfahrens vorgesehen ist. Eine generelle Pflicht zur Überwachung folgt aus § 284 Abs. 2 InsO nicht. Ansonsten gelten die allgemeinen Regeln zur Planüberwachung.[142]

ee) Zustimmung bei der Abberufung und Neubestellung von Mitgliedern der 92 Geschäftsleitung.
Der Sachwalter erhält in begrenztem Umfang auch Einfluss auf die Abberufung und Neubestellung von Mitgliedern der Geschäftsleitung durch die jeweiligen Aufsichtsgremien. Der im Zuge des ESUG neu eingeführte § 276a InsO setzt hierfür im eröffneten Verfahren die Zustimmung des Sachwalters voraus, § 276a S. 2 InsO. Fehlt die Zustimmung des Sachwalters, ist eine Abberufung und Neubestellung nicht wirksam. Gleichwohl ist der Sachwalter bei nicht nachteiligen oder neutralen Geschäften gemäß § 276a S. 3 InsO zur Zustimmung verpflichtet. Verstößt der Sachwalter hiergegen, kann die Zustimmung gerichtlich geltend gemacht werden.

2. Aufgaben und Befugnisse des Gläubigerausschusses

a) Eröffnungsverfahren
aa) Voraussetzungen für die Einsetzung eines Gläubigerausschusses.
Im Eröff- 93
nungsverfahren werden in der Regel die entscheidenden Weichenstellungen für das spätere eröffnete Verfahren gestellt. Umso wichtiger ist es in der Praxis für die Gläubiger, bereits in dieser Phase Einfluss auszuüben. So ist die Eigenverwaltung bei einstimmiger Unterstützung durch den Gläubigerausschuss als nicht nachteilig i.S.d. § 270 Abs. 2 Nr. 2 InsO anzusehen (§ 270 Abs. 3 S. 2 InsO) und muss bei Vorliegen eines Schuldnerantrages vom Gericht angeordnet werden. Soweit nicht offensichtlich Nachteile für die Vermögenslage drohen, ist der Gläubigerausschuss vor der Entscheidung des Gerichts zu hören, § 270 Abs. 3 S. 1 InsO.

Mit dem ESUG hat der Gesetzgeber klargestellt, unter welchen Bedingungen das 94
Gericht einen vorläufiger Gläubigerausschuss[143] (§ 21 Abs. 2 Nr. 1a InsO) einzusetzen

---

[141] *Bierbach* in HRI, § 10 Rn. 127 m.w.N.
[142] *Piepenburg/Minuth* in HRI, § 11 Rn. 93, 94.
[143] Hinsichtlich der Zusammensetzung des Gläubigerausschusses siehe insbesondere: *Ehlers*, BB 2013, S. 259 ff.; *Frind*, BB 2013, S. 265 ff.

hat (§ 22a Abs. 1 InsO) bzw. lediglich dazu angehalten ist einen solchen einzusetzen (§ 22a Abs. 2 InsO) und wann es einen solchen gerade nicht einsetzen darf (§ 22a Abs. 3 InsO).

95 Nach § 22a Abs. 1 InsO ist das Insolvenzgericht zur Einsetzung eines vorläufigen Gläubigerausschusses verpflichtet, wenn mindestens zwei der in § 22a Abs. 1 Nr. 1–3 InsO genannten Merkmale[144] erfüllt sind. Sind die Voraussetzungen des § 22a Abs. 1 InsO nicht erfüllt, soll das Gericht einen fakultativen vorläufigen Gläubigerausschuss einsetzen, wenn dies vom Schuldner oder von einem Gläubiger beantragt wird, Personen benannt werden, die als Mitglieder in Betracht kommen und dem Antrag deren Einverständniserklärungen beigefügt werden. Auch wenn die Anforderungen des § 22a Abs. 1 InsO nicht erfüllt sind, bietet sich somit für Gläubiger die Chance, sich über einen fakultativen Gläubigerausschuss in das vorläufige Eigenverwaltungsverfahren für die Gläubigergesamtheit einzubringen.

96 Dagegen darf das Gericht grundsätzlich keinen Gläubigerausschuss einsetzen, wenn der Geschäftsbetrieb eingestellt ist, die Einsetzung des vorläufigen Gläubigerausschusses im Hinblick auf die zu erwartende Insolvenzmasse unverhältnismäßig ist oder die mit der Einsetzung verbundene Verzögerung zu einer nachteiligen Veränderung der Vermögenslage des Schuldners führt, § 22a Abs. 3 InsO.

97 Dem Insolvenzgericht steht es als Sicherungsmaßnahme nach § 21 InsO grundsätzlich frei, die Bestellung eines vorläufigen Gläubigerausschusses anzuordnen. Das LG Kleve entschied, dass nur das „Ob" der Bestellung eines vorläufigen Gläubigerausschusses vom Beschwerderecht des Schuldners erfasst werde. Dagegen kann sich der Schuldner nicht gegen die Auswahl der Mitglieder des Gläubigerausschusses oder die Aufnahme weiterer Mitglieder wenden.[145] Die ESUG-Praxis hat bereits gezeigt, dass Insolvenzgerichte mit dieser Auswahlentscheidung wesentlich auf die beantragte Eigenverwaltung und über die Zusammensetzung des vorläufigen Gläubigerausschusses auch auf die Auswahl des vorläufigen Sachwalters einwirken können.

98 **bb) Einfluss auf die Auswahl des vorläufigen Sachwalters.** An der Auswahl des Sachwalters ist auch der vorläufige Gläubigerausschuss maßgeblich beteiligt (§ 56a InsO).[146] Das Insolvenzgericht darf einen Sachwalter bei einstimmigem Vorschlag des Gläubigerausschusses nur ablehnen, wenn dieser ungeeignet ist, §§ 270a S. 2, 274 Abs. 1, 56a Abs. 2 S. 1 InsO.[147] Die Eignung bestimmt sich nach den Vorgaben des § 56 Abs. 1 S. 1 InsO.[148] Mit der Voraussetzung der Einstimmigkeit will der Gesetzgeber einen zu großen Einfluss von Großgläubigern verhindern. Das Gericht bleibt auch bei einem einstimmigen Beschluss verpflichtet, die Eignung des vorgeschlagenen vorläufigen Sachwalters zu prüfen, § 56a Abs. 2 InsO. Dem Gläubigerausschuss ist Gelegenheit zu geben, sich zu den Anforderungen, die an den vorläufigen Sachwalter zu stellen sind und zur Person des Sachwalters zu äußern. Das Gericht darf hiervon nur abweichen, wenn dies offensichtlich zu einer nachteiligen Veränderung der Vermögenslage führen würde, § 56a Abs. 1 InsO. In diesem Fall ist der vorläufige Gläubigerausschuss in seiner ersten Sitzung

---

[144] Mindestens 4.840.000 Euro Bilanzsumme nach Abzug eines auf der Aktivseite ausgewiesenen Fehlbetrags im Sinne des § 268 Abs. 3 HGB; mindestens 9 680 000 Euro Umsatzerlös in den zwölf Monaten vor dem Abschlussstichtag; im Jahresdurchschnitt mindestens fünfzig Arbeitnehmer.
[145] Vgl. hierzu ausführlich LG Kleve, Beschl. v. 4.4.2013 – 4 T 32/13, ZIP 2013, S. 992 ff.
[146] *Mönning* in Nerlich/Römermann, § 21 Rn. 137, 138.
[147] Vgl. *Ehlers*, BB 2013, S. 259 (261).
[148] *Blümle* in Braun, § 56a Rn. 9.

§ 28 Die Eigenverwaltung   § 28

berechtigt, eine andere Person zum vorläufigen Sachwalter zu bestellen. Dies setzt Einstimmigkeit voraus, § 56a Abs. 3 InsO.

Darüber hinaus steht es dem vorläufigen Gläubigerausschuss zu, Bücher und Geschäftspapiere einzusehen sowie Geldverkehr und -bestand zu prüfen, §§ 21 Abs. 2 Nr. 1a, 69 InsO. Im Schutzschirmverfahren kommt hinzu, dass der Gläubigerausschuss mit einfacher Mehrheit eine Aufhebung dieses Verfahrens beantragen kann, § 270b Abs. 4 S. 1 Nr. 2 InsO. 99

Es bedarf im vorläufigen Eigenverwaltungsverfahren jedoch keiner Zustimmung des Gläubigerausschusses bei Rechtshandlungen von besonderer Bedeutung für das Insolvenzverfahren, § 276 InsO. § 270a Abs. 1 S. 2 InsO nimmt gerade nicht auf § 276 InsO Bezug. In der Praxis ist es jedoch üblich, in solchen Fällen auch schon im vorläufigen Eigenverwaltungsverfahren die Zustimmung des vorläufigen Gläubigerausschusses einzuholen. 100

b) Eröffnetes Verfahren

aa) Voraussetzungen für die Einsetzung eines Gläubigerausschusses. Das Insolvenzgericht kann auch erst im eröffneten Verfahren einen Gläubigerausschuss einsetzen. Im Gegensatz zum Eröffnungsverfahren richtet sich die Einsetzung allerdings nicht mehr nach § 21 Abs. 2 Nr. 1a InsO. Da es nun nicht mehr um eine Sicherungsmaßnahme des Gerichts geht, ist für die Einsetzung des Gläubigerausschusses auf § 67 InsO abzustellen. Mangels anderweitiger Regelungen in den §§ 270–285 InsO finden die Vorschriften der §§ 67 ff. zur Einsetzung, Mitgliederwahl und Aufgabenverteilung Anwendung, § 270 Abs. 1 S. 2 InsO.[149] 101

bb) Reduzierte Möglichkeit der Einflussnahme im eröffneten Insolvenzverfahren. Mit Anordnung der Eigenverwaltung bei Eröffnung des Insolvenzverfahrens reduziert sich der Einfluss des Gläubigerausschusses. Insbesondere hat er keinen Einfluss auf eine nachträgliche Anordnung oder Aufhebung der Eigenverwaltung, da dies allein Aufgabe der Gläubigerversammlung ist, §§ 271 bzw. 272 Abs. 1 Nr. 1 InsO. Dem Gläubigerausschuss verbleibt das Recht, einen Antrag auf Einberufung der Gläubigerversammlung zu stellen, damit diese eine Entscheidung trifft, § 75 Abs. 1 Nr. 2 InsO. Auch kann der Gläubigerausschuss den bestellten Sachwalter nicht abwählen, da hierfür allein die Gläubigerversammlung zuständig ist, §§ 274 Abs. 1, 57 InsO. Er kann allenfalls nach §§ 274 Abs. 1, 59 InsO beantragen, den Sachwalter aus wichtigem Grund zu entlassen.[150] 102

Auch wenn der Einfluss des Gläubigerausschusses im eröffneten Insolvenzverfahren sinkt, wirkt sein Einfluss aus dem Eröffnungsverfahren weiter. So ist das Gericht auch bei der Bestellung des Sachwalters an einen einstimmigen Vorschlag des vorläufigen Gläubigerausschusses gebunden, §§ 274 Abs. 1, 56a Abs. 2 S. 1 InsO. Es kann davon abweichen, wenn die Person für das Amt ungeeignet ist, muss die Gründe aber im Eröffnungsbeschluss benennen, § 27 Abs. 2 Nr. 5 InsO. 103

Wie im Eröffnungsverfahren kann der Gläubigerausschuss auch im eröffneten Verfahren über § 69 InsO Einfluss auf die Geschicke des Unternehmens nehmen. Allerdings bestehen aufgrund der Eigenheiten der Eigenverwaltung Besonderheiten.[151] Kernaufgabe des Gläubigerausschusses ist nach dieser Regelung die Unterstützung und Überwachung des Insolvenzverwalters. Es handelt sich letztlich um eine Zweckmäßigkeitsprü- 104

---

[149] Zur Zusammensetzung des Gläubigerausschusses siehe insbesondere: *Ehlers*, BB 2013, S. 259 ff.; *Frind*, BB 2013, S. 265 ff.
[150] Vgl. *Ehlers*, BB 2013, S. 259 (262).
[151] *Hörmann/Sußner* in Cranshaw/Paulus/Michel, § 276 Rn. 6, 7.

fung, die in erster Linie wirtschaftliche Entscheidungen betrifft. Dagegen obliegt die Rechtsaufsicht dem Gericht, 58 Abs. 1 InsO.[152] Da es in der Eigenverwaltung gerade keinen Insolvenzverwalter gibt, ist § 69 InsO so zu lesen, dass sich die Unterstützungs- und Überwachungsfunktion des Gläubigerausschusses sowohl auf den eigenverwaltenden Schuldner als auch auf den Sachwalter bezieht.[153]

105 **cc) Zustimmungsvorbehalt des Gläubigerausschusses, § 276 InsO.** Im Gegensatz zum Eröffnungsverfahren findet im eröffneten Verfahren der Zustimmungsvorbehalt des Gläubigerausschusses (§ 276 InsO) Anwendung. Der Schuldner ist verpflichtet, für Rechtshandlungen, die für das Insolvenzverfahren von besonderer Bedeutung sind, die Zustimmung des Gläubigerausschusses einzuholen, § 276 S. 1 InsO. Ist ein Gläubigerausschuss nicht bestellt, muss die Zustimmung der Gläubigerversammlung eingeholt werden, §§ 276 S. 2 InsO. Bei der Frage, welche Rechtshandlungen vom Zustimmungserfordernis erfasst sind, bietet § 276 S. 2 InsO eine Orientierungshilfe. Die Norm verweist bezüglich bedeutsamer Rechtshandlungen auf § 160 Abs. 2 InsO. Allerdings handelt es sich bei § 160 Abs. 2 InsO um keinen abschließenden Katalog („insbesondere"). Somit stellt sich die Frage, wie die bedeutsamen Rechtshandlungen nach § 276 InsO von den (für den Geschäftsbetrieb) ungewöhnlichen Rechtshandlungen (§ 275 InsO) abzugrenzen sind. Es geht letztlich um die Frage der Kompetenzabgrenzung zwischen Sachwalter und Gläubigerausschuss.[154] Handelt es sich gleichzeitig um eine ungewöhnliche Verbindlichkeit und eine bedeutende Rechtshandlung, muss die Zustimmung sowohl des Sachwalters als auch des Gläubigerausschusses eingeholt werden, §§ 275, 276 InsO.[155] Eine ungewöhnliche Verbindlichkeit stellt nicht zwingend eine für das Verfahren bedeutende Rechtshandlung dar. Umgekehrt muss es sich auch bei einer für das Verfahren bedeutenden Rechtshandlung nicht zugleich um eine ungewöhnliche Verbindlichkeit handeln. Allerdings kann eine besonders bedeutsame Rechtshandlung etwa bei ungewöhnlich hohen Investitionen in den Schuldnerbetrieb oder langfristig bindenden Verträgen gegeben sein. Letztlich handelt es sich um eine Frage des Einzelfalls und ist nach Art, Umfang sowie den Besonderheiten des jeweiligen Schuldnerunternehmens zu beantworten.[156] In der Praxis holt der Schuldner die Zustimmungen regelmäßig im Rahmen von Gläubigerausschusssitzungen oder entsprechenden Umlaufverfahren ein. Holt der Schuldner eine erforderliche Zustimmung nicht ein, hat dies gemäß §§ 276 S. 2, 164 InsO bei einer Eigenverwaltung keine Auswirkung auf die Wirksamkeit der Handlung im Außenverhältnis.[157] Allerdings kann der Gläubigerausschuss auch hier bei Fehlverhalten einen Antrag auf Einberufung der Gläubigerversammlung (§ 75 Abs. 1 Nr. 2 InsO) mit dem Ziel einer Aufhebung der Eigenverwaltung stellen.

3. Aufgaben und Befugnisse der Gläubigerversammlung

106 Bei den Aufgaben und Befugnissen der Gläubigerversammlung stehen in erster Linie die nachträgliche Anordnung (§ 271 InsO) und die Aufhebung der Eigenverwaltung (§ 272

---

[152] *Ampferl* in HRI, § 13 Rn. 2.
[153] *Ampferl* in HRI, § 13 Rn. 5; nicht so weitgehend („Schwerpunkt muss auf der Unterstützung und Kontrolle des Schuldners liegen") *Hörmann/Sußner* in Cranshaw/Paulus/Michel, § 276 Rn. 6, 7.
[154] *Riggert* in Braun, § 276 Rn. 3.
[155] *Fiebig* in HambKommInsO, § 276 Rn. 3.
[156] *Uhlenbruck* in Uhlenbruck, § 276 Rn. 2 m.w.N.
[157] Vgl. grundlegend für den Fall eines Insolvenzverwalters *Ries* in HK, § 164 Rn. 1.

§ 28 Die Eigenverwaltung

InsO) im Vordergrund.[158] Ebenso ist die Bedeutung der Gläubigerversammlung im Hinblick auf die Bestellung des Sachwalters zu beachten. Die endgültige Entscheidung über die Person des Sachwalters trifft die Gläubigerversammlung im eröffneten Verfahren.[159] Die Möglichkeit zur Wahl eines anderen Sachwalters richtet sich, mangels anderweitiger Regelungen in den §§ 270–285 InsO, nach den allgemeinen Vorschriften, §§ 270 Abs. 1 S. 2, 57 InsO. Allerdings muss auch hier die Person geeignet sein, § 57 S. 3 InsO. Es gelten obige Ausführungen zur Unabhängigkeit des Sachwalters.[160]

An dieser Stelle soll lediglich noch auf die Beauftragung des Sachwalters oder Schuldners zur Ausarbeitung eines Insolvenzplans hingewiesen werden. Hinsichtlich des Plans gelten die allgemeinen Regel der §§ 217–269 InsO. Das Recht des Schuldners den Plan zu erstellen (§ 218 Abs. 1 S. 1 InsO) wird durch § 284 InsO nicht beeinträchtigt.[161] Nach h.M. ist ohne einen Auftrag der Gläubigerversammlung der Sachwalter nicht berechtigt, einen Plan vorzulegen.[162] Bedeutung erlangt dieses Auftragsrecht vor allem, da die Gläubigerversammlung das Planziel vorgeben oder das Ziel eines prepackaged plan bestätigen bzw. verwerfen kann.[163] Hat die Gläubigerversammlung den Sachwalter mit der Planerstellung beauftragt, so entfällt dadurch nicht das Recht des Schuldners zur Planerstellung. Konkurrierende Insolvenzpläne sind denkbar. In der Praxis sollte eine solche Konstellation vermieden werden, da dies die Komplexität für Insolvenzgericht wie Gläubiger deutlich erhöht und neben der absehbaren Verunsicherung auch die Umsetzung und Durchführung des Insolvenzplanverfahrens verzögert.[164]

4. Aufgaben und Befugnisse des Schuldners

a) Eröffnungsverfahren

aa) Bestmögliche Gläubigerbefriedigung. Im Eröffnungsverfahren soll das Gericht auf die Anordnung eines Verfügungsverbotes oder Zustimmungsvorbehalts verzichten (§ 270a Abs. 1 InsO), bleibt aber weiterhin in der Lage, Sicherungsmaßnahmen nach § 21 InsO zu erlassen. Die Fragen, die sich im Zusammenhang mit der Anordnung von Sicherungsmaßnahmen durch das Gericht (§ 21 InsO) ergeben, wurden bereits in den vorangegangenen Ausführungen behandelt und sollen deswegen hier nicht nochmals Erwähnung finden.[165]

Da die Insolvenzordnung als Ziel die bestmögliche Gläubigerbefriedigung verfolgt und die Anordnung der Eigenverwaltung (gleiches gilt im Eröffnungsverfahren der Eigenverwaltung § 270a Abs. 1 S. 1 sowie § 270b Abs. 1 S. 1 i.V.m. § 270 Abs. 2 Nr. 2 InsO) nur erfolgen kann, wenn keine Nachteile für die Gläubiger drohen, muss der eigenverwaltende Schuldner sein Handeln an den Interessen der Gläubiger und gerade nicht (mehr) an den Interessen der Gesellschafter ausrichten.

Das Hauptaugenmerk gilt hierbei der Vorbereitung des Sanierungsprozesses. Auch im Rahmen einer Eigenverwaltung nach § 270a InsO kommen als klassische Sanierungsvarianten die übertragende Sanierung, bei der Vermögenswerte auf eine Nachfolgegesellschaft

---

[158] Vgl. Rn. 28 ff. und 49 ff.
[159] *Piepenburg/Minuth* in HRI, § 11 Rn. 16.
[160] Vgl. Rn. 66 ff.
[161] *Landfermann* in HK, § 284 Rn. 3; *Foltis* in FK, § 284 Rn. 9 m.w.N.
[162] *Foltis* in FK, § 284 Rn. 9; *Fiebig/Streck* in HambKommInsO, § 284 Rn. 2; *Uhlenbruck* in Uhlenbruck, § 284 Rn. 3 m.w.N.
[163] *Foltis* in FK, § 284 Rn. 9.
[164] *Wittig/Tetzlaff* in MünchKommInsO, § 284 Rn. 11.
[165] Ausführlich unter Rn. 60 ff.

übertragen werden, oder eine Sanierung des Rechtsträgers im Rahmen eines Insolvenzplanverfahrens[166] in Betracht. Nach der ESUG-Reform können im Insolvenzplanverfahren nach § 225a InsO insbesondere auch bei einem angestrebten Erhalt des Rechtsträgers weitgehend alle zulässigen gesellschaftsrechtlichen Maßnahmen umgesetzt werden.

111   Beide Wege der Gläubigerbefriedigung sind nach der hier vertretenen Auffassung im Rahmen der Eigenverwaltung nach § 270a InsO auf Eignung und Mehrwert zu überprüfen. Bei der – in der Praxis regelmäßig mit dem (vorläufigen) Gläubigerausschuss abzustimmenden – Entscheidungsfindung kann es auch im Rahmen der Eigenverwaltung denkbar und geboten sein, die Befriedigungsaussichten im Rahmen eines M&A-Prozesses über ein sog. Dual-Track-Verfahren zu überprüfen, bei dem Investoren die Gelegenheit erhalten sich für die aus ihrer Sicht geeignete Sanierungsvariante (sog. Asset Deal vs. Erhalt des Rechtsträgers) zu entscheiden. Die im Ergebnis präferierte Sanierungsalternative sollte dabei stets ihren Gläubigermehrwert (Quotenerwartung) belegen können.

112   **bb) Begründung von Masseverbindlichkeiten.** Inwieweit eine Begründung von Masseverbindlichkeiten im Eröffnungsverfahren überhaupt möglich ist und ob der Schuldner hierzu von dem Insolvenzgericht ermächtigt werden kann, ist umstritten. Der Begründung von Masseverbindlichkeiten kommt in der Insolvenzpraxis eine maßgebliche Bedeutung zu. Sie beugt aus Sicht der Lieferanten – für den Fall, dass sie bei Insolvenzeröffnung noch keine Gegenleistung erhalten haben – dem Risiko vor, auf den Rang von Insolvenzforderungen nach § 38 InsO verwiesen zu werden und mit ihren Forderungen (teilweise) auszufallen.[167]

113   Seit der Einführung des ESUG beschäftigte die Gerichte vor allem, ob der eigenverwaltende Schuldner oder der vorläufige Sachwalter im Eröffnungsverfahren nach § 270a InsO Masseverbindlichkeiten begründen kann oder eine Begründung von Masseverbindlichkeiten im Eröffnungsverfahren i.S.d. § 270a InsO gänzlich ausgeschlossen ist.[168] Die z.T. äußerst unterschiedlichen Ansichten der verschiedenen Gerichte führen in der Praxis zu erheblicher Rechtsunsicherheit.

114   Nach Auffassung des AG Hamburg ist im Eröffnungsverfahren nach § 270a InsO allein der vorläufige Sachwalter zur Begründung von Masseverbindlichkeiten in der Lage. Letztlich soll dies aus der Formulierung „anstelle des vorläufigen Insolvenzverwalters wird [...] ein vorläufiger Sachwalter bestellt" (§ 270a Abs. 1 S. 2 InsO) folgen. Dies erlaube es, dass das Gericht den vorläufigen Sachwalter wie einen vorläufigen Insolvenzverwalter behandeln könne und ihn dementsprechend zur Begründung von Masseverbindlichkeiten ermächtigen dürfe (§ 22 Abs. 2 InsO). Diese Auffassung ist in Literatur und Rechtsprechung auf Kritik gestoßen. Der Verweis auf §§ 274, 275 InsO stellt klar, dass dem vorläufigen Sachwalter nicht mehr Befugnisse zukommen sollen als dem Sachwalter im eröffneten Verfahren bei angeordneter Eigenverwaltung. Da der Sachwalter hier aber ebenfalls nicht in der Lage ist Masseverbindlichkeiten zu begründen, ist es auszuschließen, dass seine Befugnisse im Eröffnungsverfahren weiter gefasst

---

[166] Vgl. in diesem Handbuch § 29.
[167] *M. Hofmann* in HRI, § 6 Rn. 125 ff.
[168] Vgl. AG Köln, Beschl. v. 26.3.2012 – 73 IN 125/12, NZI 2012, 375; AG München, Beschl. v. 27.6.2012 – 1506 IN 1851/12, ZIP 2012, S. 1470 ff.; LG Duisburg, Beschl. v. 29.11.2012 – 7 T 185/12, NZI 2013, 91 ff. (ermächtigt werden kann danach nur der Schuldner); AG Hamburg, Beschl. v. 4.4.2012 – 67g IN 74/12, ZIP 2012, 787 ff. (ermächtigt werden kann danach nur der vorläufige Sachwalter); AG Fulda, Beschl. v. 28.3.2012 – 91 IN 9/12, ZIP 2012, 1471 ff. (weder Schuldner noch vorläufiger Sachwalter sind in der Lage Masseverbindlichkeiten zu begründen); AG Montabaur, Beschl. v. 27.12.2012 – 14 IN 282/12, NZI 2013, S. 350 ff. (Ermächtigung des Schuldners ohne gerichtlichen Beschluss).

werden.¹⁶⁹ Diese Annahme würde auch grundsätzlich der Rolle des Sachwalters im Eröffnungsverfahren widersprechen. So hat er infolge der Verweisung des § 270a Abs. 1 S. 2 InsO auf die Überwachungs- und Zustimmungsbefugnisse des §§ 274, 275 InsO lediglich eine Kontrollfunktion. Es fehlt gerade die Verfügungsbefugnis.¹⁷⁰ Zudem würde dem Schuldner im Verhältnis zu seinen Geschäftspartnern gerade die für die „Eigensanierung" prägende wesentliche insolvenzrechtliche Verfügungsberechtigung genommen.

Nach Auffassung des AG Montabauer bedarf es keiner gesetzlichen Ermächtigungsgrundlage, da der Schuldner ohnehin zur Begründung von Masseverbindlichkeiten berechtigt sei. Die Nichterwähnung der Begründung von Masseverbindlichkeiten in § 270a InsO und die gleichzeitig ausdrückliche Reglung in § 270b Abs. 3 InsO sei vielmehr dahingehend zu verstehen, dass der Schuldner in der Eigenverwaltung selbst Masseverbindlichkeiten begründen kann.¹⁷¹

Am überzeugendsten erscheinen die Ansichten des AG München, AG Köln und des LG Duisburg, die wenn auch mit unterschiedlichen Begründungen davon ausgehen, dass das jeweilige Insolvenzgericht in der Lage ist, den Schuldner zur Begründung von Masseverbindlichkeiten zu ermächtigen.¹⁷² Das AG Köln sieht keinerlei Veranlassung den eigenverwaltenden Schuldner im Eröffnungsverfahren mit oder ohne Antrag auf Durchführung eines Schutzschirmverfahrens unterschiedlich zu behandeln. Dies müsse gleichermaßen auch für die Ermächtigung zur Begründung von Masseverbindlichkeiten nur für einen bestimmten Forderungskreis gelten.¹⁷³ Nach Ansicht des AG München sei aus § 270b InsO nicht der Rückschluss erlaubt, dass eine Einzelermächtigung zur Eingehung von Masseverbindlichkeiten ausscheiden müsse. Auch wenn der § 270a InsO anders als § 270b Abs. 3 InsO keine ausdrückliche Regelung zur Begründung von Masseverbindlichkeiten besitzt, könne dies nicht bedeuten, dass der Gesetzgeber eine Begründung des eigenverwaltenden Schuldners im vorläufigen Verfahren ausschließen wolle.¹⁷⁴ Das LG Duisburg schließt sich der Auffassung des AG München an und weist ausdrücklich daraufhin, dass sich aufgrund der besonderen Stellung des eigenverwaltenden Schuldners im Schutzschirmverfahren nach § 270b InsO kein Rückschlüsse auf die Befugnisse des eigenverwaltenden Schuldners im Eröffnungsverfahren i.S.d. § 270a InsO erlaubt seien.¹⁷⁵

Beachtenswert für die Praxis ist auch, dass alle drei Gerichte die Möglichkeit der Anordnung eines Zustimmungsvorbehalts für die Begründung von Masseverbindlichkeiten anerkennen.¹⁷⁶ Wie dieser allerdings genau ausgestaltet sein muss, war bislang noch nicht Gegenstand einer gerichtlichen Entscheidung.¹⁷⁷ Möglich erscheinen hier insbesondere:

---

¹⁶⁹ LG Duisburg, Beschl. v. 29.11.2012 – 7 T 185/12, NZI 2013, 91 (92); *M. Hofmann* in HRI, § 6 Rn. 101.
¹⁷⁰ AG München, Beschl. v. 27.6.2012 – 1506 IN 1851/12, ZIP 2012, S. 1470 (1470); *M. Hofmann* in HRI, § 6 Rn. 100; AG Fulda, Beschl. v. 28.3.2012 – 91 IN 9/12, ZIP 2012, 1471 (1475).
¹⁷¹ AG Montabaur, Beschl. v. 27.12.2012 – 14 IN 282/12, NZI 2013, S. 350 ff.
¹⁷² Vgl. AG Köln, Beschl. v. 26.3.2012 – 73 IN 125/12, NZI 2012, 375; AG München, Beschl. v. 27.6.2012 – 1506 IN 1851/12, ZIP 2012, S. 1470 ff.; LG Duisburg, *Beschl.* v. 29.11.2012 – 7 T 185/12, NZI 2013, 91 ff.
¹⁷³ Vgl. AG Köln, Beschl. v. 26.3.2012 – 73 IN 125/12, NZI 2012, 375.
¹⁷⁴ AG München, Beschl. v. 27.6.2012 – 1506 IN 1851/12, ZIP 2012, S. 1470 (1470).
¹⁷⁵ LG Duisburg, Beschl. v. 29.11.2012 – 7 T 185/12, NZI 2013, 91 (92).
¹⁷⁶ Vgl. AG Köln, Beschl. 26.3.2012 – 73 IN 125/12, NZI 2012, 375; AG München, Beschl. v. 27.6.2012 – 1506 IN 1851/12, ZIP 2012, S. 1470 (1471); LG Duisburg, Beschl. v. 29.11.2012 – 7 T 185/12, NZI 2013, 91 (92).
¹⁷⁷ Das LG Duisburg nannte alle drei diskutierten Rechtsgrundlagen, ließ eine Entscheidung aber ausdrücklich offen, da sie im konkreten Fall nicht erforderlich war. LG Duisburg, *Beschl.* v. 29.11.2012 – 7 T 185/12, NZI 2013, 91 (92).

die Heranziehung der allgemeinen Regeln §§ 270 Abs. 1 S. 2, 21 Abs. 1 InsO[178], die analoge Anwendung des § 277 Abs. 1 InsO[179] oder das Abstellen auf §§ 270a Abs. 1 S. 2, 275 Abs. 1 S. 1 InsO gestützt wird.[180]

118 Der BGH trug in seiner Entscheidung vom 7.2.2013[181] nicht zur Beseitigung dieser Unsicherheiten bei. Insbesondere kann dieser Entscheidung keine Positionierung gegen die Begründung von Masseverbindlichkeiten durch den Schuldner entnommen werden.[182] Für die Praxis bedeutet dies, dass weiterhin keine verlässlichen Aussagen getroffen werden können. Deswegen ist es in der Praxis anzuraten, zeitnah mit dem zuständigen Insolvenzgericht dessen rechtliche Einschätzung zu klären.[183]

119 **cc) Sonstige Betriebsfortführung in der (vorläufigen) Eigenverwaltung.** Die Eigenverwaltung belässt dem Schuldner nicht nur die Verwaltungs- und Verfügungsbefugnis, sondern überträgt ihm auch einige spezielle Aufgaben (§§ 270 ff. InsO), die von ihm wahrzunehmen sind und deren Einhaltung der (vorläufige) Sachwalter überwacht, §§ 270 Abs. 1 S. 1 u. 274 Abs. 2 InsO. Zu den Aufgaben des eigenverwaltenden Schuldners gehören neben denjenigen, die ausdrücklich im Gesetz genannte werden (§§ 270 ff. InsO)[184] auch eine Vielzahl nicht ausdrücklich geregelter Aufgaben.[185]

120 Verwiesen sei auf die bereits dargestellte Aufsichts- und Überwachungsfunktion des Sachwalter wie auch auf die notwendige Implementierung des Zustimmungsverfahrens als „Schnittstelle" zwischen Sachwalter und Schuldner.[186] Die effiziente Umsetzung des Zustimmungsverfahrens kann im Vergleich zur Fremdverwaltung zu dem zusätzlichen Mehrwert führen, dass sich Sachwaltung und Eigenverwaltung aus Sicht der Gläubiger in einer Art „Vier-Augenprinzip" gemeinsam den Konsens zu zustimmungsbedürftigen Maßnahmen der Sanierung erarbeiten.

121 Neben der Einrichtung der notwendigen Kommunikationsprozesse zwischen Schuldner, Sachwalter, Gläubigerausschussmitgliedern wie sonstigen Gläubigern und dem Insolvenzgericht, kommt der transparenten Information der Kunden, Lieferanten und Arbeitnehmer wesentliche Bedeutung zu, um diese mit den geänderten Vorzeichen des Insolvenzverfahrens vertraut zu machen und deren Vertrauen zu gewinnen. Mit Blick auf die Arbeitnehmer steht dabei nach Antragstellung die unverzügliche Umsetzung der Insolvenzgeldvorfinanzierung gemäß § 170 Abs. 4 SGB III [187] im Vordergrund („die Löhne sind gesichert").

122 Der eigenverwaltende Schuldner muss eine insolvenzspezifische Corporate Governance entwickeln und mittels einer an die Besonderheiten des Insolvenzverfahrens angepassten Liquiditätsplanung sicherstellen, dass Verbindlichkeiten im Fälligkeitszeitpunkt bedient und insolvenzzweckwidrige Zahlungen auf Alt-Verbindlichkeiten nicht geleistet werden. Nach Ermittlung des Liquiditätsbedarfs unter Insolvenzgesichtspunkten, der beispielsweise keine Alt-Verbindlichkeiten, aber einen erhöhten Bedarf an Vorkassezahlun-

---

[178] AG München, Beschl. v. 27.6.2012 – 1506 IN 1851/12, ZIP 2012, S. 1470 (1471).
[179] *M. Hofmann*, EWiR 2012, 359 (360).
[180] Vgl. AG Köln 26.3.2012 – 73 IN 125/12, NZI 2012, 375; kritisch hierzu *Undritz*, BB 2012, S. 1551 (1555).
[181] BGH Beschl. v. 7.2.2013 – IX ZB 43/12, NZI 2013, S. 342 ff.
[182] *Weissinger*, NZI 2013, S. 342 (344); *Buchalik/Kraus*, ZInsO 2013, S. 815 (816).
[183] *Weissinger*, NZI 2013, S. 342 (344).
[184] Werden im nachfolgenden noch dargestellt.
[185] Vgl. ausführlich speziell zum Eröffnungsverfahren der Eigenverwaltung *M. Hofmann* in HRI, § 6 Rn. 111 ff.
[186] Rn. 66 ff.
[187] Vgl. *M. Hofmann* in HRI, § 6 Rn. 145 ff.

gen zu berücksichtigen hat, sind mit Kunden und Finanzierungsgläubigern Fortführungs-, Massekredit- und Avalkreditverträge zu verhandeln, die es ermöglichen, den Finanzierungsbedarf für die angestrebte Sanierung in der Insolvenz zu decken. All dies ist zu dokumentieren und dem Sachwalter, der die wirtschaftliche Lage zu überprüfen hat (§ 274 InsO), mitzuteilen.

Zudem übt der Schuldner das Wahlrecht aus, um sich von für das Unternehmen wirtschaftlich nachteiligen Verträgen zu lösen, § 103 InsO. Neben der Beendigung ungünstiger Miet- und Dauerschuldverhältnisse kommen auch die insolvenzarbeitsrechtlichen Besonderheiten zum Tragen, die etwa ein begrenztes Sozialplanvolumen (§ 123 InsO) oder Erleichterungen bei der Sozialauswahl vorsehen (§ 125 InsO). Neben Aufgaben, die im Zusammenhang mit der Fortführung des Betriebes stehen, wie etwa der Sicherstellung des betrieblichen Versicherungsschutzes, einer Inventarisierung, der Prüfung von Aus- und Absonderungsrechten, sind die Maßnahmen der Fortführungsfinanzierung umzusetzen. 123

b) Eröffnetes Verfahren

aa) Allgemein. § 270 Abs. 1 InsO definiert als zentrale Norm im eröffneten Insolvenzverfahren die Aufgaben und Befugnisse des Schuldners. Trotz seiner Verwaltungs- und Verfügungsbefugnis und obwohl der Schuldner weiterhin für die Geschäftsleitung verantwortlich bleibt, ist er den allgemeinen Grundsätzen der Insolvenzordnung (vgl. § 1 InsO) unterworfen und muss seine Befugnisse dem Interesse der Gläubigergesamtheit entsprechend ausüben bzw. eigene Interessen zurückstellen.[188] Dies ist nicht die einzige Beschränkung der Verwaltungs- und Verfügungsbefugnis des Schuldners. Der genaue Umfang seiner Befugnisse ergibt sich aus einer Abgrenzung zu den gesetzlich geregelten Aufgaben und Befugnissen des Sachwalters, des Gläubigerausschusses sowie der Gläubigerversammlung. Insofern sei auf die vorangestellten Aufgaben und Befugnisse des Sachwalters, des Gläubigerausschusses und der Gläubigerversammlung verwiesen. 124

Dem Schuldner obliegen insbesondere die Fortführung des operativen Geschäfts im Rahmen seiner Verwaltungs- und Verfügungsbefugnis (§ 270 Abs. 1 S. 1 InsO – mit den beschriebenen Einschränkungen nach §§ 275, 276, 277 InsO, die Entnahme von Mitteln zur Lebensführung (§ 278 InsO), die Erfüllung gegenseitiger Verträge und die Zusammenarbeit mit dem Betriebsrat (§ 279 InsO) mit den Einschränkungen des § 279 S. 1 und S. 2, die Erstellung der Verzeichnisse und Übersichten für die Gläubiger (§ 281 InsO), die Verwertung von Sicherungsgut (§ 282 InsO), das Bestreiten von angemeldeten Forderungen (§ 283 InsO) und die Erarbeitung eines Insolvenzplans im Falle einer Beauftragung durch die Gläubigerversammlung (§ 284 InsO). 125

bb) Anordnung der Zustimmungsbedürftigkeit (§ 277 InsO). Im Gegensatz zu den oben bereits beschriebenen Regelungen der §§ 275, 276 InsO wirkt die Anordnung eines Zustimmungserfordernisses des Sachwalters gemäß § 277 InsO für bestimmte Rechtsgeschäfte auch gegenüber Dritten.[189] Mit Anordnung durch das Insolvenzgericht ist der Zustimmungsvorbehalt für den Rechtsverkehr wirksam. Eine rückwirkende Anordnung ist nicht möglich.[190] Sachlich und örtlich zuständig ist das Insolvenzgericht in dessen Bezirk der Schuldner seinen allgemeinen Gerichtsstand hat, §§ 270 Abs. 1 S. 2, 2 Abs. 1, 3 Abs. 1 InsO). Die Entscheidung trifft der Rechtspfleger solange sich der Richter nicht die Entscheidung vorbehalten hat, § 18 Abs. 1, 2 RPflG. Voraussetzung für die An- 126

---

[188] *Haas/Kahlert* in Gottwald Insolvenzrechts – Handbuch, § 89 Rn. 1.
[189] *Riggert* in Braun, § 277 Rn. 1.
[190] *Fiebig* in HambKommInsO, § 277 Rn. 10.

ordnung ist entweder ein Antrag der Gläubigerversammlung (§ 277 Abs. 1 InsO) oder der Antrag eines absonderungsberechtigten Gläubigers oder Insolvenzgläubigers, wenn dies unaufschiebbar erforderlich ist, um Nachteile für die Gläubiger zu vermeiden, § 277 Abs. 2 InsO.

127 Der Gläubigerversammlung steht die Ausgestaltung des Zustimmungsvorbehalts grundsätzlich frei. Eine Grenze ergibt sich allerdings aus dem Sinn und Zweck der Eigenverwaltung selbst. Würden alle Rechtsgeschäfte oder zumindest der wesentliche Teil unter Zustimmungsvorbehalt gestellt, wäre die Verwaltungs- und Verfügungsbefugnis des Schuldners gemäß § 270 Abs. 1 InsO entwertet. Der Schuldner müsste stets die Zustimmung des Sachwalters einholen. Dies wiegt doppelt schwer, da dieser Vorbehalt Drittwirkung entfaltet. Eine solche Folge war vom Gesetzgeber nicht angedacht und kann dem Gesetzeswortlaut nicht entnommen werden.[191]

128 Das AG Duisburg hat die Frage aufgeworfen, ob nicht auch das Gericht ohne vorherigen Antrag der Gläubigerversammlung oder einzelne Gläubiger gemäß §§ 277 Abs. 1 u. 2 InsO in Analogie zu § 21 Abs. 2 Nr. 2 InsO einen Zustimmungsvorbehalt anordnen darf.[192] Die Literatur hält dem entgegen, dass es für eine Analogie bereits an einer planwidrigen Regelungslücke fehle. So handelt es sich bei § 277 Abs. 1 u. 2 InsO um ein „in sich stimmiges, lückenlos abschließendes Regelungssystem". Die durch das AG Duisburg vorausgesetzte planmäßige Regelungslücke besteht nicht,[193] da die Gesetzesbegründungen in diesem Bereich eindeutig sind. Der Gesetzgeber geht grundsätzlich von dem Erfordernis eines Antrages der Gläubigerversammlung aus. In Eilfällen soll es auch einzelnen Gläubigern möglich sein, einen Antrag zu stellen. Eine weitere Möglichkeit sieht das Gesetz nicht vor.

5. Organe des Schuldners

129 **a) Eröffnungsverfahren.** Wie bereits oben dargestellt, ergeben sich im Hinblick auf die Mitwirkung der Überwachungsorgane (§ 276a InsO) im Eröffnungsverfahren nach § 270a InsO keine Besonderheiten gegenüber der Fremdverwaltung, da § 276a InsO hier keine Anwendung findet.[194]

130 **b) Eröffnetes Verfahren.** Bleibt der Schuldner verwaltungs- und verfügungsbefugt, stellt sich die Frage, welchen Einfluss Aufsichtsrat, Gläubigerversammlung oder die entsprechenden Gremien noch auf die handelnden Organe des Schuldners haben. Der Gesetzgeber wollte mit Einführung des § 276a InsO diese bislang ungeklärte Frage des Verhältnisses der Eigenverwaltung zu den gesellschaftsrechtlichen Bindungen der Geschäftsleitung klären.[195] Er löst diese Frage zu Lasten der Aufsichtsgremien und schließt jeglichen Einfluss auf die Geschäftsführung des Schuldners in der Eigenverwaltung aus,

---

[191] *Riggert* in Braun, § 277 Rn. 4 ; *Foltis* in FK, § 277 Rn. 5 m.w.N; a.A. *Fiebig* in HambKomm InsO, § 277 Rn. 5.

[192] Das AG begründet seine Entscheidung lediglich wie folgt: „Damit wird die Bindung der Schuldnerin an die Mitwirkung des Sachwalters wie sie § 275 Abs. 1 InsO für das Innenverhältnis vorsieht [...] in Analogie zur Regelung des § 21 Abs. 2 Nr. 2 InsO schon im Zeitpunkt der Eröffnung auf das Außenverhältnis ausgedehnt. [...] Die Ausweitung [...] ist geboten, um das Vertrauen der Gläubiger und des Gerichts in die Rechtmäßigkeit der Verfahrensabwicklung zu stärken." AG Duisburg, Beschl. v. 1.9.2002 – 62 IN 167/02; ZIP 2002 S. 1636–1641 (1641).

[193] *Kluth*, ZInsO 2002, S. 1001 (1003); *Uhlenbruck* in Uhlenbruck, § 277 Rn. 3; *Riggert* in Braun, § 277 Rn. 2. m.w.N; a.A. *Foltis* in FK, § 277 Rn. 2; *Gundlach/Müller*, ZInsO 2010, S. 2181–2182.

[194] Vgl. Abschnitt V.1.a.

[195] BT-Drucks. 17/5712, S. 42.

§ 276a S. 1 InsO. Dabei geht es ihm ausweislich der Gesetzesbegründung um einen Gleichlauf mit der Fremdverwaltung. So sollen die Überwachungsorgane bei der Eigenverwaltung keine weitergehenden Einflussmöglichkeiten auf die Geschäftsführung haben, als dies bei der Bestellung eines Insolvenzverwalters der Fall wäre. Die Überwachung erfolgt durch Sachwalter, Gläubigerausschuss und Gläubigerversammlung. Einer zusätzlichen Überwachung durch die Aufsichtsgremien bedarf es nicht – zumal zusätzliche Einwirkungsmöglichkeiten im Sanierungsprozess eher blockierend wirken als wirklich zu nützen.[196]

Als eines der ersten Gerichte hatte sich das AG Montabaur in seiner Entscheidung vom 19.6.2012 der Problematik der Ablehnung eines Antrages auf Einberufung einer Hauptversammlung durch einen Mehrheitsaktionär u.a. mit dem TOP „Wahlen zum Aufsichtsrat" zu befassen. Der Vorstand lehnte eine Hauptversammlung unter Berufung auf § 276a InsO ab. Das Amtsgericht stimmte dem Vorstand zu, da infolge des § 276a InsO der Hauptversammlung die entsprechenden Kompetenzen fehlen.[197] Dieser Beschluss wurde in der Literatur kritisiert, da das AG die Grenzen der Einflussnahmebeschränkung des § 276a InsO überdehne.[198] Der Gesetzgeber wollte lediglich dafür sorgen, dass die Überwachungsorgane in der Eigenverwaltung keine weitergehenden Einflussnahmemöglichkeiten erlangen als in der Fremdverwaltung.[199] Eine generelle Beschränkung der Organkompetenzen ist dem nicht zu entnehmen.[200]

131

Es stellt sich die Frage, wie zwischen Organkompetenzen, die von § 276a InsO eingeschränkt und solchen, die nicht beeinflusst werden, zu unterscheiden ist. Das Gesetz schweigt hierzu. Unter Berücksichtigung des Willens des Gesetzgebers, der einen Gleichlauf mit der Fremdverwaltung vor Augen hatte, bietet sich als Orientierungshilfe die Möglichkeit der Einflussnahme in der Fremdverwaltung an. Entscheidend ist damit, ob das jeweilige Aufsichtsgremium im Falle einer Fremdverwaltung handeln dürfte oder nicht.[201] Zu dieser Frage wird bei der Fremdverwaltung grundsätzlich zwischen dem Verdrängungsbereich und dem Schuldnerbereich unterschieden[202] Dabei unterfällt dem Verdrängungsbereich die Verwaltung und Verwertung der Insolvenzmasse. Mangels Verwaltungs- und Verfügungsbefugnis (§ 80 InsO) fehlt es hier auch an einer Zuständigkeit der Überwachungsgremien. Diese Aufgabe nehmen Gläubigerversammlung, Gläubige-

132

---

[196] BT-Drucks. 17/5712, S. 42.
[197] Das AG führt hierzu aus: „ [...] Der Gegenstand, der in der vom Antragsteller begehrten Hauptversammlung behandelt werden soll, fällt jedoch – zumindest derzeit wegen der Vorschrift des § 276a InsO – nicht in die Zuständigkeit der Hauptversammlung nach § 119 AktG. [...] Die neue Vorschrift des § 276a S. 1 InsO bestimmt, dass im Falle der Schuldner eine juristische Person ist, weder der Aufsichtsrat noch die Gesellschafterversammlung einen Einfluss auf die Geschäftsführung des Schuldners haben. [...]. Somit steht hier dem antragstellenden Mehrheitsaktionär ein Recht auf Ermächtigung zur Einberufung der Hauptversammlung nicht zu. Die Hauptversammlung könnte wegen der Vorschrift des § 276a InsO nämlich weder wirksame Entscheidungen betreffend das weitere Insolvenzverfahren, noch betreffend das Vermögen der Gesellschaft noch über die Neuwahl des Aufsichtsrates treffen. Insoweit bedarf es daher auch nicht der Abhaltung einer Hauptversammlung, da diese den Charakter einer reinen Informationsbeschaffung hätte." (AG Montabaur, Beschl. v. 19.6.2012 – HRB 20744; DZWIR 2013, S. 294–295).
[198] *Scheibner*, DZWIR 2013, S. 279 (280); kritisch auch Ströhmann/Längsfeld, NZI 2013, S. 271 (275 ff.).
[199] BT-Drucks. 17/5712, S. 42.
[200] *Scheibner*, DZWIR 2013, S. 279 (280).
[201] *Klöhn*, NZG 2013, 81 (84).
[202] Die Frage nach der Existenz eines Überschneidungsbereiches hat für vorliegende Problematik allenfalls zweitrangige Bedeutung und soll hier nicht weiter dargestellt werden, vgl. *Klöhn* NZG 2013, 81 f.

§ 28   6. Teil. Möglichkeiten der Sanierung nach der Insolvenzordnung

rausschuss und Insolvenzgericht wahr. Dagegen erfasst der Schuldnerbereich all diejenigen Rechte und Pflichten, die der Gesellschaft trotz Insolvenz verbleiben. Insofern muss es hier auch grundsätzlich bei der Zuständigkeit der jeweiligen Aufsichtsgremien verbleiben.[203] Konkret handelt es sich um diejenigen Fälle, die keine nachteiligen Wirkungen auf die Insolvenzmasse entfalten können. Hierzu zählen die Ausübung der Rechte und Pflichten, die dem Schuldner vom Insolvenzgericht zugewiesen wurden, die Verwaltung insolvenzfreien Vermögens oder eine Änderung der Satzung bzw. des Gesellschaftsvertrages und nicht zuletzt die Erfüllung von Mitteilungspflichten (§§ 21 ff. WpHG).[204]

VI. Weitere derzeit aktuelle Fragen zur Eigenverwaltung

1. Vergütung des Sachwalters

133   Der Gesetzgeber hat in Bezug auf die Eigenverwaltung bisher lediglich die Vergütung des Sachwalters geregelt. Nach § 12 Abs. 1 InsVV erhält der Sachwalter in der Regel 60 % der für den Insolvenzverwalter bestimmten Vergütung. Die Berechnung orientiert sich aufgrund der Verweisung des § 10 InsVV ebenfalls nach § 1 InsVV. Die Berechnungsgrundlage bildet demnach die Insolvenzmasse bei Beendigung des Verfahrens bzw. dem Schätzwert der Masse zur Zeit der Beendigung im Falle einer Aufhebung des Verfahrens bei Bestätigung des Insolvenzplans oder vorzeitigen Beendigung durch Einstellung. Die konkrete Bestimmung der Insolvenzmasse richtet sich grundsätzlich nach § 1 Abs. 2 InsVV. § 1 Abs. 2 Nr. 1 InsVV findet keine Anwendung, da keine Feststellungskosten zur Masse anfallen (vgl. § 282 Abs. 1 S. 2 InsO);[205] Verwertungskosten und Umsatzsteuerbeträge die entsprechend § 282 Abs. 1 S. 3 InsO anfallen, werden hinzugerechnet.[206]

134   Gemäß § 12 Abs. 2 InsVV ist die Vergütung des Sachwalters zu erhöhen, wenn dem Sachwalter die Zustimmung zu bestimmten Rechtsgeschäften aufgrund gerichtlicher Anordnung (§ 277 InsO) oblag. Dies setzt voraus, dass sich der Zustimmungsvorbehalt unmittelbar auf die Arbeitsleistung des Sachwalters ausgewirkt hat.[207]

135   § 12 Abs. 2 InsVV ist nicht abschließend („insbesondere"). Über § 10 InsVV sind in der Eigenverwaltung ebenfalls die Vorschriften für Zu- und Abschläge gemäß § 3 InsVV zu berücksichtigen.

136   Zuschläge zur Regelvergütung kann der Sachwalter demnach verlangen, wenn das Verfahren ein Normalverfahren qualitativ oder quantitativ übersteigt.[208] Das konkrete Verfahren muss bezüglich des Umfang der Tätigkeit, der Mitwirkungspflichten oder des Haftungsrisikos den eines normalen Eigenverwaltungsverfahrens übersteigen.[209] Als Beispiele lassen sich hier insbesondere die Übernahme der Kassenführung (§ 275 Abs. 2 InsO) und die Ausarbeitung eines Insolvenzplans[210] (§ 284 Abs. 1, Abs. 2 InsO) aufzählen.[211]

---

[203] *Klöhn*, NZG 2013, 81 (81, 82).
[204] *Klöhn*, NZG 2013, 81 (84) m.w.N.
[205] *Lorenz* in FK, Anh.V § 12 InsVV Rn. 6; *Stephan* in MünchKommInsO, § 12 InsVV Rn. 7.
[206] *Lorenz* in FK, Anh.V § 12 InsVV Rn. 6.
[207] *Stephan* in MünchKommInsO, § 12 InsVV Rn. 8.
[208] *Stephan* in MünchKommInsO, § 12 InsVV Rn. 9.
[209] *Lorenz* in FK, Anh.V § 12 InsVV Rn. 10.
[210] Kein Zuschlag ist für die Überwachung der Planerfüllung angebracht. Die Vergütung richtet sich hier nach § 6 Abs. 2 InsVV. *Stephan* in MünchKommInsO, § 12 InsVV Rn. 10.
[211] Ausführlich mit weiteren Beispielen vgl. *Keller* in HK § 12 InsVV Rn. 4; *Lorenz* in FK, Anh.V § 12 InsVV Rn. 10; *Stephan* in MünchKommInsO, § 12 InsVV Rn. 9 ff.

Eine Kürzung der Vergütung ist spiegelbildlich zu den Erhöhungstatbeständen vorzunehmen, wenn der Aufwand des Sachwalters geringer als in einem Normalverfahren ausfällt.[212]

137

Wie die Vergütung des vorläufigen Sachwalters ausgestaltet ist, lässt sich dem Gesetz dagegen nicht ohne weiteres entnehmen. §§ 270a, 270b InsO bestimmen lediglich, dass dem vorläufigen Verwalter eine Vergütung nach den allgemeinen Vorschriften zusteht (§§ 270b Abs. 2 S. 1, 270a Abs. 1 S. 2, 274 Abs. 1, 63 Abs. 1 S. 1 InsO). Die InsVV als diejenige Verordnung, die die Vergütung und Erstattung von Auslagen regeln soll (§ 65 InsO), enthält aber keine Vorschrift zur Vergütung oder Auslagenerstattung des vorläufigen Sachwalters. Wie hier verfahren werden soll, ist umstritten.

138

Das AG Köln vertritt die Auffassung, dass es bis zu einer Klarstellung des Gesetzgebers sachgerecht sei, „über die Verweisungskette der §§ 274 Abs. 1, 63, 65 InsO i.V.m. § 12 InsVV analog" die Vergütung des Sachwalters (60 % der Regelvergütung eines Insolvenzverwalters – § 12 Abs. 1 InsVV) heranzuziehen und in Anlehnung an § 63 Abs. 3 dem vorläufigen Sachwalter 25 % dieser Vergütung zuzusprechen.[213] Diese Auffassung unterschätzt den sich in der Praxis ergebenden Aufwand des Sachwalters im vorläufigen Eigenverwaltungsverfahren, wie er insbesondere aus den bereits beschriebenen komplexen Zustimmungsprozessen resultieren kann. Abgesehen davon reduziert sich auch das Haftungsrisiko des vorläufigen Sachwalters gegenüber einer Fremdverwaltung nicht wesentlich, weshalb eine umfangreiche Reduzierung der Vergütung als nicht angemessen erscheint.

139

Das AG Göttingen erachtet indes eine Reduzierung der Vergütung des vorläufigen Sachwalters in Analogie zu § 63 Abs. 3 InsO für nicht angebracht und verweist auf eine analoge Anwendung des § 12 InsVV. Damit stehe auch dem vorläufigen Sachwalter eine Vergütung von 60 % der Regelvergütung des Insolvenzverwalters zu. Unterschiede in den Tätigkeitsanforderungen sind allein über Zu- und Abschläge gem. §§ 10, 3 InsVV auszugleichen.[214]

140

Daneben wird vertreten, dass sich die Vergütung des vorläufigen Sachwalters allein an der Vergütung des vorläufigen Insolvenzverwalters (§§ 270a Abs. 1 S. 2, 274 Abs. 1, 63 Abs. 3 InsO) orientiert. Dabei wird als Bezugsgröße nicht die Vergütung des Sachwalters nach § 12 InsVV herangezogen, sondern die Vergütung des Insolvenzverwalters nach § 2 InsVV. Der vorläufige Sachwalter erhalte demnach 25 % der Regelvergütung des Insolvenzverwalters.[215]

141

Wie sich die Gerichte in Zukunft entscheiden werden bzw. ob der Gesetzgeber eine ausdrückliche Regelung nachholen wird, ist offen. Deshalb empfiehlt sich in der Praxis eine frühzeitige Abstimmung mit dem zuständigen Insolvenzgericht.

142

2. Haftung in der Eigenverwaltung

Eine weitere derzeit intensiv diskutierte Frage betrifft die Haftung der Beteiligten in der Eigenverwaltung. Lediglich die Haftung des Sachwalters wurde mittels Verweisung

143

---

[212] Vgl. *Keller* in HK § 12 InsVV Rn. 5.
[213] AG Köln, Beschl. v. 13.11.2012 – 71 IN 109/12, NZI 2013, S. 97; Hier wird noch auf § 11 InsVV a.F. abgestellt. Mit Kraft treten des Art. 1 Nr. 11 u. 12 des Gesetzes zur Verkürzung des Restschuldbefreiungsverfahrens und zur Stärkung der Gläubigerrechte am 16.7.2013 vgl. Art. 9 S. 2 dieses Gesetzes, wurde die 25 %-ige Regelvergütung des vorläufigen Insolvenzverwalters in § 63 Abs. 3 InsO verlagert.
[214] AG Göttingen, Beschl. v. 28.11.2012 – 74 IN 160/12, BeckRS 2012, 24941.
[215] *M. Hofmann* in HRI, § 6 Rn. 81; *Foltis* in FK, § 270a Rn. 32.

§ 28 6. Teil. Möglichkeiten der Sanierung nach der Insolvenzordnung

(§ 274 Abs. 1 und § 277 Abs. 1 S. 3 InsO) auf §§ 60, 61 InsO geregelt. Demnach haftet der Sachwalter wie ein Insolvenzverwalter bei schuldhafter Verletzung seiner gesetzlichen Pflichten (§§ 274 Abs. 1, 60 Abs. 1 InsO) und für Masseverbindlichkeiten die infolge seiner Zustimmung begründet und anschließend nicht beglichen werden, § 277 Abs. 1 S. 3 i.V.m. 61 InsO. Eine Haftung des Sachwalters erscheint auch in Analogie zu § 61 InsO bzgl. derjenigen Fälle möglich, in denen der Sachwalter im Rahmen der ihm zur selbständigen Wahrnehmung zugewiesenen Aufgaben Masseverbindlichkeiten begründet (Bsp.: Insolvenzanfechtungsprozess).[216]

144   Bei der Haftung des Sachwalters sind aber hinsichtlich des Verschuldens (§ 60 Abs. 1 S. 1 InsO) wie einer Enthaftung (§ 61 S. 2 InsO) die Besonderheiten der Eigenverwaltung zu berücksichtigen.[217]

145   Für die Haftung des vorläufigen Sachwalters ist aufgrund der gesetzlichen Verweisung (§§ 270a Abs. 1 S. 2, 270b Abs. 2 S. 1, 274 Abs. 1 InsO) ebenfalls grundsätzlich nur § 60 InsO beachtlich. § 61 InsO wird in diesem Zusammenhang nicht erwähnt. Inwieweit es dennoch wie bei dem (endgültigen) Sachwalter zu einer Haftung aufgrund der Nichterfüllung von Masseverbindlichkeiten kommen kann, hängt letztlich auch von der Frage ab, ob man eine analoge Anwendung des § 277 InsO im Rahmen der vorläufigen Eigenverwaltung bejaht.[218] Wendet man § 277 InsO analog bei der vorläufigen Eigenverwaltung an, führt dies zu einer Haftung nach § 61 InsO.[219] Gleichwohl spricht der Gesetzeswortlaut gegen eine solche Haftung. So verweisen die §§ 270a Abs. 1 S. 2 und 270b Abs. 2 S. 1 InsO gerade nicht auf § 277 InsO. Insofern erscheint es sehr fraglich, ob die Gerichte eine Haftung des vorläufigen Sachwalters nach § 61 InsO (analog) bejahen werden.

146   Mit Blick auf die Haftung des eigenverwaltenden Schuldners stellt sich zunächst die Frage, inwieweit es für die Praxis überhaupt eine Haftung des ohnehin insolventen Schuldners von Bedeutung sein kann. So steht als Haftungsmasse nur die Insolvenzmasse zur Verfügung. Eine Umqualifizierung der Haftungsansprüche in Masseschulden erscheint sowohl mit Blick auf gemeinsame Schäden als auch hinsichtlich individueller Schäden fraglich.[220] Gleichwohl erlangt die Frage nach der Haftung des Schuldners unter dem Aspekt des § 201 InsO eine gewisse Bedeutung.[221] In der Literatur wird deswegen auch eine Haftung des eigenverwaltenden Schuldners nach §§ 60, 61 InsO (analog) befürwortet.[222] Inwieweit sich tatsächlich die Haftung des Schuldners nach §§ 60, 61 InsO (analog) durchsetzen kann bleibt abzuwarten, da auch die Befürworter dogmatische Friktionen erkennen.[223] Im Gegensatz zu §§ 60, 61 InsO (analog) ist eine Haftung nach den allgemeinen deliktsrechtlichen Grundlagen, insbesondere §§ 823, 826 BGB ohne weiteres möglich. Für aus- und absonderungsberechtigte Gläubiger kommt ein Haftungsanspruch in Betracht, wenn durch das Verschulden des Schuldners ein absolutes Recht § 823 Abs. 1 BGB verletzt wird. Die übrigen Insolvenzgläubiger können nur dann einen Haftungsanspruch geltend machen, wenn eine drittschützende Norm durch den Schuldner verletzt wird (§ 823 Abs. 2 BGB) oder der Schuldner vorsätzlich und sittenwidrig

---

[216] *Undritz* in K. Schmidt, § 274 Rn. 6; *Landfermann* in HK, § 274 Rn. 5.
[217] Ausführlich hierzu *Undritz* in K. Schmidt, § 274 Rn. 5, 6.
[218] Bejahend *M. Hofmann* in HRI, § 6 Rn. 91; verneinend dagegen *Undritz* in K. Schmidt, § 270a Rn. 4.
[219] *M. Hofmann* in HRI, § 6 Rn. 78.
[220] *Flöther* in HRI, § 17 Rn. 1, 2.
[221] *Thole/Brünkmans*, ZIP 20132, S. 1097 (1102).
[222] *Thole/Brünkmans*, ZIP 20132, S. 1097 (1103); a.A. *M. Hofmann* in HRI, § 17 Rn. 3 ff.
[223] *Thole/Brünkmans*, ZIP 20132, S. 1097 (1102).

handelt (§ 826 BGB). Ob diese Fälle in der Praxis von Bedeutung sein werden, erscheint fraglich.[224]

Im Hinblick auf die Haftung der Organe des eigenverwaltenden Schuldners stellt sich ebenfalls die Frage inwieweit auf §§ 60, 61 InsO bzw. auf allgemeine deliktsrechtliche Ansprüche zurückgegriffen werden kann. Auch hiergegen werden dogmatische Bedenken (§§ 60, 61 InsO) bzw. der fragwürdige praktische Nutzen angeführt.[225] Daneben wird ein Rückgriff auf die gesellschaftsrechtlichen Haftungsansprüche (§ 43 Abs. 2 GmbHG, § 93 Abs. 2 AktG sowie aus § 64 GmbHG, § 92 Abs. 2, § 93 Abs. 2, 3 Nr. 6 AktG) diskutiert. Problematisch erscheint ein solche Haftung vor allem aus zwei Gründen. Einerseits handelt es sich bei den gesellschaftsrechtlichen Haftungstatbeständen um reine Binnenhaftungstatbestände. Eine Außenhaftung gegenüber Dritten ist nicht vorgesehen.[226] Insofern ist es den Gläubigern nicht möglich direkt gegen die Organe vorzugehen. Darüber hinaus stellt sich grundsätzlich die Frage, inwieweit § 64 GmbHG, § 92 Abs. 2, § 93 Abs. 2, 3 Nr. 6 AktG in der Eigenverwaltung überhaupt anwendbar sein können. In der Diskussion wird zwischen Eröffnungsverfahren[227] und eröffnetem Insolvenzverfahren unterschieden.[228] 147

Eine verlässliche Aussage für die Praxis ist auf Grundlage der obigen Ausführungen nicht möglich. Insofern ist den Beteiligten zu empfehlen, sich möglichst vor Beantragung eines Eigenverwaltungsverfahrens mit möglichen Haftungsrisiken auseinanderzusetzen. Die Organe des eigenverwaltenden Schuldners sollten sich im Rahmen einer Beratung über diese Risiken aufklären lassen. 148

3. Steuerschulden im Eröffnungsverfahren

Nach § 55 Abs. 4 InsO gelten Steuerverbindlichkeiten, die von einem vorläufigen Insolvenzverwalter oder vom Schuldner mit Zustimmung des vorläufigen Insolvenzverwalters begründet worden sind als Masseverbindlichkeiten. Ziel dieser Regelung ist es, Nachteile zu Lasten der Steuerverwaltung in Form weiterer Steuerrückstände durch die Umsatztätigkeit eines schwachen vorläufigen Insolvenzverwalters im Eröffnungsverfahren zu vermeiden. Seinem Wortlaut nach erfasst § 55 Abs. 4 InsO die §§ 270a, 270b InsO nicht. 149

Der Bundesrat hatte in seiner Stellungnahme zum ESUG-Entwurf in diesem Zusammenhang ausdrücklich angemerkt, dass bei einer Stärkung der Eigenverwaltung in Folge des ESUG die Gefahr einer Verfehlung der eigentlichen Zielsetzung des § 55 Abs. 4 InsO bestehe. Aus diesem Grund hat er für eine Erweiterung des § 55 Abs. 4 InsO auf die Fälle des § 270a, 270b InsO im Zuge des ESUG plädiert.[229] In der Gegenäußerung der Bundesregierung zum Vorschlag des Bundesrates wurde insbesondere darauf verwiesen, dass in der Folge § 55 Abs. 4 InsO auch auf die Fälle eines völlig autonom handelnden Schuldners ohne Mitwirkung des Sachwalters ausgedehnt würde und dies mit der gesetz- 150

---

[224] Zum gesamten *Flöther* in HRI, § 17 Rn. 11 ff.
[225] Ausführlich *Thole/Brünkmans,* ZIP 2013, S. 1097 (1101 ff.).
[226] *Flöther* in HRI, § 17 Rn. 21; *Thole/Brünkmans,* ZIP 2013, S. 1097 (1101).
[227] zur Anwendbarkeit des § 64 GmbHG in den Fällen des § 270a, 270b InsO *Schmidt/Poertzgen*, NZI 2013, S. 369 (375, 376); *Thole/Brünkmans,* ZIP 2013, S. 1097 (1100, 1101); Für eine Anpassung des § 64 GmbHG in den Fällen des Schutzschirmverfahrens *Siemon/Klein*, ZInsO 2012, 2009 (2018).
[228] Eine Anwendung im eröffneten Verfahren ablehnend *Thole/Brünkmans,* ZIP 2013, S. 1097 (1100).
[229] BT-Drucks. 17/5712, S. 52.

§ 28   6. Teil. Möglichkeiten der Sanierung nach der Insolvenzordnung

geberischen Systematik des § 55 Abs. 4 InsO nicht vereinbar sei.[230] Der Vorschlag fand in der Folge keinen Eingang ins Gesetz. Aus diesen Umständen lässt sich ableiten, dass der Wortlaut des § 55 Abs. 4 InsO bei der Beantwortung der Frage zugrunde zu legen ist und keine Regelungslücke des Gesetzgebers vorliegt. Dies führt dazu, dass in der vorläufigen Eigenverwaltung Steuerverbindlichkeiten grundsätzlich keine Masseverbindlichkeiten darstellen.[231]

151 Möglich bleibt eine Begründung von Masseverbindlichkeiten im Rahmen des Schutzschirmverfahrens, sofern das Gericht auf entsprechenden Antrag des Schuldners diesen zur Begründung von Masseverbindlichkeiten berechtigt §§ 270b Abs. 3, 55 Abs. 2 InsO.[232]

4. Steuerzahlungspflicht von gesetzlichen Vertreten

152 Eine weitere Frage ist, inwieweit im Eröffnungsverfahren der Eigenverwaltung (§§ 270a bzw. 270b InsO) die gesetzlichen Vertreter juristischer Personen sowie die Geschäftsführer von nicht rechtsfähigen Personenvereinigungen und Vermögensmassen zur Erfüllung der steuerlichen Pflichten angehalten sind (§ 34 Abs. 1 S. 1 AO) beziehungsweise für die Nichterfüllung der Verpflichtungen nach § 69 AO persönlich haften.

153 Hauptziel des Eröffnungsverfahrens ist vor allem, das vorhandene Vermögen im Interesse der Gläubiger zu sichern. Dies gilt auch im Rahmen der vorläufigen Eigenverwaltung (§ 270a Abs. 1 u. § 270b Abs. 2 i.V.m. 270a Abs. 1 InsO). Der vorläufige Sachwalter hat dies zu überwachen und bei Nichtbeachtung durch den Schuldner dem vorläufigen Gläubigerausschuss sowie dem Insolvenzgericht Meldung zu machen, 270a Abs. 1 bzw. 270b Abs. 2, 270a Abs. 1 i.V.m. § 274 Abs. 2, 3 InsO.

154 Da die Begleichung von Steuerschulden eine Schmälerung der Masse zur Folge hat und insofern den Interessen der (übrigen) Gläubiger entgegensteht, stehen die Pflicht zur Begleichung der Steuerverbindlichen sowie zur Sicherung der Masse im direkten Gegensatz.[233] Noch vor der ESUG-Reform hat der BFH festgestellt, dass allein der Antrag auf Eröffnung des Insolvenzverfahrens einen GmbH-Geschäftsführer nicht von seiner Pflicht zur Abführung der einbehaltenen Lohnsteuer entbindet, solange noch liquide Mittel vorhanden sind und er seine Verfügungsbefugnis noch nicht durch die Einsetzung eines vorläufigen (starken) Insolvenzverwalters verloren hat.[234] Lohnsteuer ist daher in dem Umfang abzuführen, indem auch die Löhne bezahlt wurden. Hinsichtlich der Umsatzsteuer gilt, dass diese in dem Verhältnis abzuführen ist, in dem weitere Verbindlichkeiten beglichen wurden.

155 Inwiefern dies auch für den Schuldner im Eröffnungsverfahren der Eigenverwaltung gilt oder ob hier – gerade auch mit Blick auf die bewusste Nichterstreckung des § 55 Abs. 4 auf die Fälle der Eigenverwaltung – ein Vorrang der Massesicherungspflicht gegenüber der Steuerzahlungspflicht besteht, ist fraglich.[235] Es ist jedoch davon auszugehen, dass die Finanzrechtsprechung an ihrer bisherigen Ansicht festhält und weiterhin eine persönliche Haftung des Geschäftsführers des Schuldners für pflichtwidrig nicht abgeführte Unternehmenssteuern nach §§ 34, 69 AO annimmt, solange dem Geschäftsführer

---

[230] BT-Drucks.17/5712, S. 68.
[231] Vgl. *Kahlert* in HRI, § 57 Rn. 22 ff.
[232] Vgl. *Kahlert* in HRI, § 57 Rn. 24.
[233] Vgl. zur gesamten Problematik ausführlich *Kahlert*, ZIP 2012, 2089.
[234] BFH, Urt. v. 23.9.2008 – VII R 27/07, ZIP 2009, S. 122 ff.
[235] Bejahend *Kahlert*, ZIP 2012, S. 2089 (2090, 2091).

nicht die Verfügungsbefugnis entzogen ist, beziehungsweise solange nicht das Insolvenzverfahren eröffnet ist.

Da noch keine gesicherte Rechtsprechung existiert, erscheint eine Nichtzahlung von **156** Steuern nur im Rahmen einer zuvor eingeholten (kostenpflichtigen) verbindlichen Auskunft nach § 89 AO ratsam. Diese verbindliche Auskunft wird in der Regel aber nicht rechtzeitig oder mit einem verwertbaren Ergebnis ergehen. Aus diesem Grund kann sich im Einzelfall – in Abstimmung mit dem Insolvenzgericht – eine fristgerechte Zahlung der Steuerverbindlichkeiten anbieten. Gleichzeitig ist zu erwägen, den Empfänger von der Stellung des Insolvenzeröffnungsantrags vor fristgerechter Steuerzahlung in Kenntnis zu setzen und somit die Steuerzahlung anfechtbar zu gestalten.[236]

---

[236] *Kahlert*, ZIP 2012, S. 2089 (2092); *Kahlert* in HRI, § 57 Rn. 10.

§ 29 Insolvenzplanverfahren

Übersicht

	Rn.
I. Einführung	1–4
II. Aufbau und Zielsetzung des Insolvenzplans	5–12
III. Darstellender Teil	13–63
1. Wesentliche Unternehmensdaten	13–18
2. Ursachen der Insolvenz	19–22
3. Wirtschaftliche Verhältnisse und Verfahrensablauf	23–37
a) Entwicklung der Vermögens- und Ertragslage	23, 24
b) Festlegung der Gläubigergruppen	25–35
c) Arbeitnehmer	36–39
4. Leitbild des sanierten Unternehmens	40–42
5. Notwendige Maßnahmen für die Realisierung des Insolvenzplans	43–57
a) Allgemein	43, 44
b) Leistungswirtschaftliche Maßnahmen	45–52
c) Finanzwirtschaftliche Maßnahmen	53–57
6. Vermögensübersicht, Ergebnis- und Finanzplan (§ 229 InsO)	58–60
7. Angemessenheit des Insolvenzplans	61–65
IV. Gestaltender Teil	66–104
1. Gestaltung der Insolvenzquote	66–78
2. Planbedingungen	79–88
3. Steuerrechtliche Implikationen	89–93
a) Allgemein	89, 90
b) Forderungsverzicht	91–93
c) Kapitalerhöhung	94–97
4. Sonstige Regelungen	98–105
V. Geheimhaltungserfordernisse und Auswirkung auf den Insolvenzplan	105

I. Einführung

1 Als Kernstück des neuen Insolvenzrechts wurde im Jahr 1999 durch die Verabschiedung der InsO das Insolvenzplanverfahren eingeführt. Es ersetzt den Zwangsvergleich nach der KO und die Vergleichsverfahren nach der VerglO und der GesO.[1] Im Kern orientiert sich das Planverfahren am Chapter 11 Verfahren des US-Amerikanischen Bankrupty Code.[2]

2 Der Gesetzgeber erhoffte sich durch die Einführung des Planverfahrens die Gläubigerautonomie zu stärken und die Verfahren flexibel und wirtschaftlich effektiv abzuwickeln.[3] Den Beteiligten soll nach dem Willen des Gesetzgebers ein Rechtsrahmen für die einvernehmliche Bewältigung der Insolvenz im Wege von Verhandlungen und Privatautono-

---

[1] Vgl. BT-Drucks. 12/2443, S. 194.
[2] Vgl. *Smid/Rattunde*, Insolvenzplan, Rn. 551 ff.; *Thies* in Hamburger Kommentar-InsO, 3. Auflage, Vorb. §§ 217 ff.
[3] Vgl. BT-Drucks. 12/7302, S. 181.

men ermöglicht werden.[4] Das Gericht sollte demnach lediglich die Grundregeln des Planverfahrens überwachen und durch gerichtliche Bestätigung Rechtssicherheit schaffen.

Bei der Einführung der Insolvenzordnung wurde das Planverfahren noch als Kernstück des neuen Insolvenzrechts angesehen.[5] In der Praxis hat sich jedoch gezeigt, dass nur in wenigen Verfahren ein Insolvenzplanverfahren erfolgreich vorgelegt und durchgeführt wurde. Mögliche Gründe hierfür sind vielschichtig. Sie liegen sowohl in den umfangreichen Planungs- und Vorbereitungsarbeiten und der Unsicherheiten, die mit dem Abstimmungsprozess sowie möglichen Störpotentialen zusammenhängen. Zum anderen war das unmittelbar an die Konkursordnung anknüpfende Insolvenzrecht doch noch eher ein rein gläubigerorientiertes Zwangsvollstreckungsrecht und hatte wenig Akzeptanz für Restrukturierungspläne zum Erhalt des Rechtsträgers.

Durch die Einführung des ESUG zum 1.3.2012 versuchte der Gesetzgeber die vermeintlichen Schwächen des Planverfahrens zu beseitigen. Kernpunkte des ESUG sind zum Einen die Stärkung der Gläubigerautonomie durch die Einflussmöglichkeit auf die Verwalterauswahl sowie eine deutliche Stärkung der Eigenverwaltung. Des Weiteren wurde ein Schutzschirmverfahren als der eines Chapter 11 am nächsten kommenden Sanierungsform eingeführt, die durch ein Benennungsrecht des Sachwalters durch das schuldnerische Unternehmen selbst maximale Planungssicherheit suggerieren soll. Auf diese Weise sollen keine Hemmungen für insolvenzantragstellende Unternehmen mehr vorhanden sein, frühzeitig in Deutschland Insolvenzanträge zu stellen und somit eine verspätete Antragstellung oder ein Forumshopping ins Ausland zu verhindern. Zahlreiche sinnvolle Änderungen in den Regularien zum Insolvenzplan selbst, allen voran die Eingriffsmöglichkeiten in das Gesellschaftsrecht und die Stellung der Altgesellschafter sowie das Verhindern unnötiger Beschwerdeverfahren, sollen den Insolvenzplan alltagstauglicher und attraktiver machen.

II. Aufbau und Zielsetzung des Insolvenzplans

Ein Insolvenzplan besteht zwingend aus einem darstellenden und einem gestaltenden Teil (§ 219 InsO). Um den Beteiligten den benötigten wirtschaftlichen Freiraum zu gewähren, hat sich der Gesetzgeber in den §§ 217 ff. InsO darauf beschränkt, nur die Rahmenbedingungen festzulegen. Diese Rahmenbedingungen wurden durch die Einführung des ESUG jedoch erheblich erweitert. Insbesondere durch die eröffnete Möglichkeit der Fremd- in Eigenkapitalumwandlung soll das Planverfahren als Sanierungsinstrument in der Praxis öfter und wirksamer angewendet werden.

Im darstellenden Teil sollen das Gericht und die Beteiligten über die Ziele des Planverfahrens informiert werden. Gleichzeitig wird dargelegt, welche Maßnahmen getroffen werden sollen, um sicher zu stellen, dass die mit der Planerfüllung einhergehende Befriedigung höher ist als dies bei der Regelinsolvenz der Fall wäre und die Gläubiger daher nicht schlechter gestellt werden.

Der gestaltende Teil (§ 221 InsO) legt die Änderungen der Rechtsstellung der Beteiligten fest und damit den vollstreckbaren Inhalt des Plans. Eine weitere Gliederung des Plans fordert das Gesetz nicht. Es empfiehlt sich, sich an dem Gliederungsvorschlag des IDW S 2 zu orientieren.[6] Diese Grundgliederung wird von der Praxis regelmäßig ver-

---

[4] Vgl. BT-Drucks. 12/2443, S. 90.
[5] Vgl. *Maus*, in Kölner Schrift zur InsO, 2. Auflage, S. 931 Rn. 2.
[6] Vgl. IDW S 2, WpG 2000, 285 ff.

wendet und eröffnet somit bei den insolvenzrechtsbewanderten Adressaten des Plans einen Wiedererkennungswert, wodurch eine erhöhte Chance auf Akzeptanz des Plans gegeben ist.

8   Inhaltlich müssen nur die Maßnahmen beschrieben werden, die noch erforderlich sind und getroffen werden müssen, um die Grundlagen für die geplante Gestaltung der Rechte der Beteiligten zu schaffen. Darüber hinaus müssen im darstellenden Teil alle Umstände aufgezeigt und erläutert werden, die für die Entscheidungsfindung der einzelnen Beteiligten maßgeblich sind. Dies hat seit dem 1.3.2012 zur Folge, dass auch für die Gesellschafter entsprechende Ausführungen getroffen werden müssen, sofern auf das Stammkapital nach § 225a Abs. 2 InsO Einfluss genommen wird.

9   Der Inhalt des darstellenden Teils richtet sich nach dem Ziel des Planverfahrens. Dabei kann das Planverfahren auf die Liquidierung, Übertragung oder Sanierung des Unternehmens gerichtet sein. Besondere Anforderungen werden an den darstellenden Teil dann gestellt, wenn das schuldnerische Unternehmen durch das Planverfahren saniert werden soll, denn dort ist die *Darstellung der Sanierungsfähigkeit das Kernstück des darstellenden Teils.*[7]

10 Im darstellenden Teil sind auch Ausführungen zu den einzelnen Gruppen und deren Zusammensetzung zu machen. Daneben müssen nach §§ 245 Abs. 1 S. 2, 247 Abs. 2 S. 1, 251 S. 2 InsO im Rahmen der Abstimmung bzw. der Ersetzung einer fehlenden Zustimmung durch das Gericht die für einen Vergleich der prognostizierten Planwirkung notwendigen betriebswirtschaftlichen Berechnungen beiliegen, welche auch für die Auswirkung und Abwicklung des Verfahrens in der Regelinsolvenz notwendig wären. Nur dann verfügen die Gläubiger und auch das Gericht über die ausreichenden Informationen, um abzuschätzen, ob die Auswirkungen des vorgelegten Insolvenzplans für sie günstiger sind als die Abwicklung nach dem Regelinsolvenzverfahren.

11 Im gestaltenden Teil wird festgelegt, wie die Rechtsstellung der Schuldnerin, ihrer Gläubiger, ihrer Gesellschafter und den sonstigen Beteiligten durch den Insolvenzplan geändert wird. Dabei ist eine Schlechterstellung der Gläubiger im Vergleich zum Regelinsolvenzverfahren unzulässig. Das wirtschaftliche Konzept des Insolvenzplans und darauf aufbauend die Gestaltung der Insolvenzquote für die einzelnen Gläubigergruppen stellt daher einen Kernbereich des gestaltenden Teils dar.

12 Schließlich sind am Ende des gestaltenden Teils Bedingungen und Fristen für die Sicherstellung eines plangemäßen Ablaufes und Regelungen zur Planüberwachung festzulegen.

III. Darstellender Teil

1. Wesentliche Unternehmensdaten

13 Zu Beginn des darstellenden Teils werden regelmäßig die wesentlichen Unternehmensdaten genannt. Den Beteiligten soll dadurch die Möglichkeit gegeben werden, sich mit dem schuldnerischen Unternehmen vertraut zu machen.

14 Zunächst sollten Ausführungen zu den wesentlichen Entwicklungsstufen der Schuldnerin seit ihrer Gründung gemacht werden. Darauf aufbauend wird die Organisationsstruktur der Schuldnerin dargestellt. Dazu gehört u.a. die Beschreibung der verschiedenen Unternehmensstandorte und der dort betriebenen Geschäftsaktivitäten.

---

[7] Vgl. *Pape/Uhlenbruck/Voigt-Salus*, Insolvenzrecht, 2. Auflage, Kap. 38 Rn. 15.

Handelt es sich um eine Konzerninsolvenz, sind die bestehenden Beteiligungsverhältnisse 15
mit den anderen Konzerngesellschaften zu benennen. Gleichzeitig sind die rechtlichen
und wirtschaftlichen Verknüpfungen sowie die gegenseitigen Abhängigkeitsverhältnisse
aufzuzeigen. Diese können in Form von Beherrschungs- und Ergebnisabführungsverträgen, Cash-Poolverträgen, Haftungsverhältnissen oder anderweitigen konzerninternen
Vertragsverhältnissen bestehen.

Weitergehend sollten die wesentlichen Aspekte des Geschäftsumfeldes erläutert werden. 16
Hierunter können Ausführungen zu den Beschaffungs- und Absatzmärkten, zu Produktsortimenten, zu Produktionsabläufen, Vertriebskanälen oder anderen wesentlichen
unternehmensspezifischen Daten erfolgen.

Die Darstellung der gesellschaftsrechtlichen Verhältnisse umfasst im Wesentlichen die 17
historische Entwicklung des Unternehmens, der Kapitalverhältnisse, der Gesellschafterstruktur und der Unternehmensführung. Die benötigten Daten werden überwiegend
den Handelsregisterakten oder den vorgelegten Jahresabschlüssen entnommen.

Befinden sich weitere Konzerngesellschaften in einem Insolvenzverfahren, sind die 18
einzelnen Verfahrensstadien zu schildern und die geplante Abwicklung, insbesondere
auch deren Auswirkung auf das Planverfahren der Schuldnerin. Dabei ist zu beachten,
dass das deutsche Insolvenzrecht derzeit noch kein Konzerninsolvenz kennt sondern insolvenzrechtlich jede einzelne Gesellschaft betrachtet wird. Im Plan sind daher die Auswirkungen zu schildern, die neben den organisatorischen (z.B. Stabstellenorganisationen), die finanzwirtschaftlichen (z.B. Cash-Pool) wie auch die leistungswirtschaftlichen
(z.B. vertikale Wertschöpfung im Konzern) behandeln muss.

2. Ursachen der Insolvenz

Die Erfolgschancen eines Insolvenzplanes als Restrukturierungsplan lassen sich nur sinn- 19
voll beurteilen, wenn man sich intensiv mit den Insolvenzursachen auseinandersetzt. Das
restrukturierte Unternehmen, welches als Zielprodukt eines jeden Insolvenzplanes gelten
sollte, kann nur funktionieren, wenn die Insolvenzursachen nachhaltig beseitigt sind.

Zur effektiven Analyse der Ursachen sollte auf interdisziplinäre Teams zurückgegriffen 20
werden. In Anlehnung an die im Sanierungsbereich festgelegten Krisenursachen wird bei
der Insolvenzursachenermittlung unter endogenen und exogenen Ursachen unterschieden.

Endogene Ursachen sind solche, die in dem jeweiligen Unternehmen selbst entstanden 21
sind oder von Anfang an vorhanden waren. Sie können regelmäßig als Insolvenzursache
ausgemacht werden.[8] Dies liegt allein schon daran, dass die oftmals zeitlich vorgelagerte
Krisenursache, die Strategiekrise endogener Natur ist. Falsche Markt- und Produktentscheidungen sind in der Regel offensichtlichen Ertragskrisen vorgelagert und werden
oftmals fälschlicherweise als vermeintliche exogene Faktoren „Marktrückgang", „Änderung des Kundenverhaltens" klassifiziert. Die Insolvenzursache des Ausfalles des größten
Kunden ist ein endogenes (zu hohe Kundenabhängigkeit) und nur ein vermeintlich exogenes Ereignis.[9] Fehler in der Unternehmensführung wirken sich häufig auch auf die
interne Organisationsstruktur des Unternehmens aus (z.B. Vernachlässigung des Rechnungswesens oder das Fehlen von Frühwarnsystemen).[10] Auch die falsche Finanzierungsstruktur ist in der Regel ein durch die Unternehmensführung verursachtes Problem.

---

[8] Vgl. *Steffan* in Oppenländer/Trölitzsch, GmbH-Geschäftsführung, 2. Auflage, § 37 Rn. 24.
[9] Vgl. zu den Krisenursachen im Übrigen § 4 in diesem Handbuch.
[10] Vgl. *Holzer* NZI 2005, 308; 310.

§ 29 6. Teil. Möglichkeiten der Sanierung nach der Insolvenzordnung

22 Unter exogenen Insolvenzursachen sind von außen her einwirkende Einflüsse zu verstehen. Sie können vom Unternehmen nicht unmittelbar beeinflusst werden. Es kann lediglich – im Rahmen des Möglichen – reagiert werden. Die klassischen exogenen Ursachen sind Veränderung des Kaufverhaltens der Endkunden, technologische Weiterentwicklung, sinkende Kaufkraft, Zahlungsverzug der Kunden, Unterbrechung der Versorgung mit Rohstoffen durch Streiks in anderen Betrieben oder im Transportgewerbe.[11] Auch zählen staatliche und überstaatliche Strukturkrisen, Finanzmarktkrisen, konjunkturelle Veränderungen, Belastungen aus dem Bereich der Tarif- und der Sozialpolitik, die Rahmenbedingungen in der Form von Genehmigungs- und Zulassungsverfahren, Umweltschutzauflagen sowie allgemein die Steuer- und Abgabenbelastung zu den exogenen Krisen.[12]

3. Wirtschaftliche Verhältnisse und Verfahrensablauf

23 a) **Entwicklung der Vermögens- und Ertragslage.** Bei der Darstellung der **Vermögenslage** wird eine zeitnah erstellte Bilanz der Schuldnerin zugrunde gelegt. Sofern es sich um eine Konzerninsolvenz handelt, ist die Bilanzdarstellung der Schuldnerin um die Vermögenswerte und Schuldpositionen der Tochterunternehmen zu ergänzen. Den Buchwerten der Vermögenspositionen und Schulden werden sinnvollerweise die Fortführungs- und Zerschlagungswerte gegenübergestellt. Die Zeitwerte im Fortführungs- oder Liquidationsfall werden aus Sachverständigengutachten abgeleitet oder vom Insolvenzplanersteller in Zusammenarbeit mit der Geschäftsleitung und Beratern des Schuldners bestmöglich geschätzt. Sie dienen den Gläubigergruppen bei der Abschätzung der finanziellen Konsequenzen aus einer Fortführung einerseits oder einer Zerschlagung des Schuldnerunternehmens andererseits. Aus diesem Grund ist die bestmögliche Wertermittlung und eine weitestgehend ermessensfreie Ermittlung Kennzeichen seriöser Insolvenzpläne.

24 Eine detaillierte Analyse aller Ertrags- und Aufwandspositionen über die vergangenen Jahre ist nicht gefordert. Vielmehr sind die wesentlichen Ursachen für die Negativentwicklung des Schuldnerunternehmens zu beschreiben und festzustellen, inwieweit diese Ursachen aktuell noch bestehen oder bereits beseitigt wurden. Die zwischenzeitliche Beseitigung von Krisenursachen kann sich dadurch ergeben, dass die Geschäftsführung bereits vor der Insolvenz bestimmte Sanierungsmaßnahmen umgesetzt hat. Beispiele hierfür sind Verkäufe nicht betriebsnotwendigen Vermögens oder eingeleitete Kosten- und Standortoptimierungen.

25 b) **Festlegung der Gläubigergruppen.** Die Gruppenbildung ist wesentlicher Inhalt des Insolvenzplans. Sie ist von zentraler Bedeutung, da in Gruppen abgestimmt wird. In Abweichung zur Gläubigerversammlung und der dort für eine Beschlussannahme notwendigen Summenmehrheit (§ 76 Abs. 2 InsO) erfolgt bei Planabstimmungen eine Gruppenabstimmung (§ 243 InsO). Die Gruppenbildung hat zunächst Auswirkungen im gestaltenden Teil des Insolvenzplans. Der Gesetzgeber sieht nach § 222 InsO nur die Gruppe der Insolvenzgläubiger zwingend für die Abstimmung über den Insolvenzplan vor. Dabei ist zu beachten, dass Gläubiger mit unterschiedlicher Rechtsstellung in verschiedene Gruppen einzuteilen sind. Sind Gläubiger mit gleichen Rechten vorhanden,

---

[11] Vgl. ebenda; *Steffan* in Oppenländer/Trölitzsch, GmbH-Geschäftsführung, 2. Auflage, § 37 Rn. 35 f.
[12] *Mönning* in Nerlich/Römermann, InsO, 2011, § 22 Rn. 70.

können unterschiedliche Gruppen dann gebildet werden, wenn unterschiedliche *wirtschaftliche Interessen* gegeben sind.[13]

Grundsätzlich ist gemäß § 222 Abs. 1 InsO zwischen folgenden Gläubigergruppen zu unterscheiden: 26
- die Gruppe der absonderungsberechtigten Gläubiger (Nr. 1)
- die Gruppe der nicht nachrangigen Gläubiger (Nr. 2)
- die Gruppe der nachrangigen Gläubiger, soweit deren Forderungen nicht nach § 225 erlassen werden sollen (Nr. 3)
- die Gruppe der Anteilseigner, wenn deren Anteils- und Mitgliedschaftsrechte in den Plan einbezogen werden (Nr. 4)

Ferner sieht § 222 Abs. 3 InsO die Bildung einer gesonderten Arbeitnehmer-Gruppe 27 vor, wenn diese als Insolvenzgläubiger nicht unerhebliche Forderungen haben. Im Insolvenzplan sind die Kriterien für die konkrete Gruppenbildung zu erläutern.

Die Gruppe der absonderungsberechtigten Gläubiger umfasst gesicherte Gläubiger, 28 wie beispielsweise Kreditinstitute und Vermieter. Diese haben üblicherweise Sicherheiten in Form von Grundschulden, Sicherungsrechten am Anlagen-, Vorrats- und Forderungsbestand oder verpfändete Bankguthaben, aus deren Verwertungserlöse sie Befriedigung verlangen können.

Die Gruppe der nicht nachrangigen Gläubiger gemäß § 38 InsO ist zwingend zu bil- 29 den. Nach dem Wortlaut des § 222 Abs. 1 Nr. 2 InsO muss für diese Gläubiger auch dann eine Gruppe gebildet werden, wenn der Insolvenzplan in deren Rechte nicht eingreift.

Die Gruppe der nachrangigen Gläubiger im Sinne des § 39 InsO bilden regelmäßig 30 Gesellschafter und verbundene Unternehmen mit unmittelbaren und mittelbaren Darlehensforderungen gegen den Schuldner (§ 39 Abs. 1 Nr. 5 InsO). Sofern der Insolvenzplan eine Fortführung der Gesellschaft vorsieht ist im Insolvenzplan eine Gruppe der Anteilseigner zu bilden.

Eine gesonderte Gruppe der Arbeitnehmer wird in der Praxis oftmals nicht gebildet. 31 Hintergrund dafür ist, dass die Arbeitnehmer hinsichtlich rückständiger Lohn- und Gehaltsansprüche nicht Insolvenzgläubiger sind, da diese Ansprüche durch das Insolvenzgeld gedeckt sind und die Forderungen durch die Auszahlung des Insolvenzgeldes auf die Bundesagentur für Arbeit übergehen. Die Bundesagentur erhält diesbezüglich keine Arbeitnehmerstellung.[14] Sofern die Arbeitnehmer keine, über die durch das Insolvenzgeld abgedeckten Lohn- und Gehaltsansprüche hinausgehenden, erheblichen Forderungen gegen das Schuldnerunternehmen haben, besteht somit keine Pflicht zur gesonderten Gruppenbildung.

Für aussonderungsberechtigte Gläubiger im Sinne des § 47 InsO, die ein dingliches 32 oder persönliches Recht geltend machen können, ist keine gesetzliche Gruppenbildung vorgesehen. Grund hierfür ist, dass deren Sicherungsgut nicht in die Insolvenzmasse fällt und sie daher nicht zu Insolvenzgläubigern werden. Die wichtigsten aussonderungsberechtigten Gläubiger stellen in der Praxis regelmäßig Lieferanten mit Eigentumsvorbehalten dar. Die Lieferanten bilden regelmäßig einen Lieferantenpool unter der Führung eines Poolverwalters.

Bei der Darstellung der Gläubigergruppen und deren Ab- und Aussonderungsrechten 33 spielen auch Konkurrenzverhältnisse von Kreditsicherheiten zwischen den Gruppen eine wichtige Rolle. Im Insolvenzplan ist darzulegen, welchen Sanierungsbeitrag die Gläubigergruppen erbringen sollen. Die Sanierungsbeiträge werden sich regelmäßig an der Si-

---
[13] Vgl. *Gogger*, Insolvenzgläubiger-Handbuch, 3. Auflage, § 2 Rn. 494.
[14] Vgl. stellvertretend *Uhlenbruck/Lüer*, InsO, 13,. Auflage 2010, § 222, Rn. 25.

cherheitenposition der Gläubigergruppen bemessen. Der Sanierungsbeitrag kann neben einem teilweisen Forderungs- oder Sicherheitenverzicht auch in der Nicht-Geltendmachung von Ab- oder Aussonderungsrechten bestehen, da andernfalls die Fortführung des Schuldnerunternehmens gefährdet sein könnte.

34 Die Neustrukturierung der Kreditverhältnisse (incl. Sicherheiten und Haftungsverhältnisse) ist regelmäßig ein zentraler Bestandteil für die bilanzielle und finanzwirtschaftliche Sanierung des Schuldners.

35 Neben Kreditinstituten sind oftmals Leasinggesellschaften und Factoringunternehmen weitere, wichtige Finanzierungspartner des Schuldners. Hier gilt es, bestehende Tilgungspläne sowie erforderliche Factoringvolumen unter Berücksichtigung der geänderten Rahmenbedingungen und der Sicherheitssituation so zu definieren, dass eine Fortführung des Schuldnerunternehmens ermöglicht wird.

36 **c) Arbeitnehmer.** Die Arbeitnehmer sind von einer Insolvenz und einem Insolvenzplanverfahren regelmäßig am unmittelbarsten betroffen. Neben dem drohenden Verlust des Arbeitsplatzes haben sie auch finanzielle Einschnitte hinzunehmen (z.B. Verzicht auf Gratifikationen, Arbeitszeiterhöhung etc.). Im darstellenden Teil ist daher ein besonderes Augenmerk auf die Mitarbeiter zu legen, unabhängig von der Frage, ob diese eine gesonderte Gläubigergruppe bilden.

37 Zunächst ist der Ist-Zustand zu benennen, gegliedert nach Anzahl und Altersstruktur des Managements und der Mitarbeiter. Beim Management sollten die Zuständigkeiten und die Bindung an das schuldnerische Unternehmen aufgezeigt werden.[15] Bestehen Sonderzahlungsvereinbarungen, sind diese i.d.R. offen zu legen. Sind Verfehlungen in der Vergangenheit erkennbar, sollten diese dargestellt werden.

38 Bei der Darstellung der Mitarbeiterstruktur empfiehlt es sich, nach Angestellten, Arbeitnehmern und Auszubildenden zu unterscheiden. Es sollte eine Aufteilung nach den einzelnen Zweigniederlassungen, Betriebsstätten und Fertigungsbereichen erfolgen. Sofern Arbeitnehmervertretungen (z.B. Betriebsrat, Gesamtbetriebsrat etc.), Tarifvertragsbindungen oder sonstige arbeitnehmerspezifische Sachverhalte bestehen, sind diese aufzuzeigen. Besteht eine betriebliche Altersversorgung, sind die Anzahl der betroffenen Mitarbeiter, der Umfang der finanziellen Verpflichtung, die Beitragspflicht und die Auswirkung auf den Pensionssicherungsverein (PSVaG) zu benennen.

39 Hat eine Insolvenzgeldvorfinanzierung stattgefunden, sollte dies unter Nennung des finanzierenden Kreditinstitutes und der Summe der Gesamtvorfinanzierung erfolgen. Auch sind Sonderzahlungen über die Bemessungsgrundlage zu benennen. Weitere arbeitsrechtliche Informationen sind in § 30 dieses Handbuchs aufgeführt.

4. Leitbild des sanierten Unternehmens

40 Das Leitbild des sanierten Unternehmens umschreibt die Konturen eines Unternehmens, das in wirtschaftlicher Hinsicht mindestens eine nachhaltige durchschnittliche branchenübliche Umsatzrendite und Eigenkapitalquote aufweist. Es erschöpft sich nicht in der der Beschreibung der gegenwärtigen Verhältnisse, sondern zeichnet ein Bild eines zukünftigen Unternehmens, das wieder attraktiv für Eigen- und Fremdkapitalgeber geworden ist.[16] Das Leitbild soll ein realisierbares, zukunftsfähiges Geschäftsmodell beschreiben. Als Eckdaten sind dabei insbesondere die wesentlichen, verbleibenden Geschäftsfelder des Unternehmens zu benennen, die langfristigen Zielvorstellungen und Grundstrategien,

---

[15] Vgl. darüber hinaus *Frank*, in Anwaltshandbuch, InsO, Hrsg. Runkel, 2. Auflage, § 13 Rn. 83.
[16] Vgl. IDW S 6, Rn. 88.

die angestrebte Wettbewerbsposition sowie die Wertvorstellungen und Verhaltensregeln, die in ihrer Gesamtheit die Unternehmenskultur bilden.

Die Beschreibung der zukünftigen Unternehmensstruktur umfasst insbesondere die Bereiche Produktion und Beschaffung (Standorte, Kapazitäten, Technologie, Lieferbeziehungen), Mitarbeiter (verschlankte Belegschaft, Qualifikationen, Führungsstruktur), Forschung und Entwicklung (Innovationsfähigkeit, Kernkompetenzen, Patente, Vermarktungsprozess), Marketing und Vertrieb (Preispolitik, Kundenservice, Design, Werbung) oder Finanzen (Kapitalstruktur, Liquiditätsbedarf, Zugang zu Finanzierungsquellen). 41

Je abhängiger die Gläubigerbefriedigung von zukünftigen Auszahlungen des sanierten Unternehmens ist, desto wichtiger ist die Auseinandersetzung mit dem Leitbild des sanierten Unternehmens. In der Praxis werden derzeit oftmals noch Sofortzahlungen (zum Beispiel über eine Kapitalerhöhung) an die Gläubiger vereinbart, da dies die Akzeptanz des Insolvenzplanes deutlich erhöht. Gläubiger mit dinglichen Sicherheiten bestehen in der Regel auch auf eine sehr zeitnahe Rückführung ihrer Forderungen, da sie die Alternative einer Zerschlagung und/oder eines Asset Deals immer kalkulatorisch in Abwägung ziehen. Vgl. zum Leitbild des sanierten Unternehmens auch § 5 in diesem Handbuch. 42

5. Notwendige Maßnahmen für die Realisierung des Insolvenzplans

a) Allgemein. Vor dem Hintergrund der für die Insolvenz maßgebenden Krisenursachen werden im darstellenden Teil die seit dem Insolvenzantrag unter Ausnutzung von Verfahrensprivilegien bereits durchgeführten oder zumindest eingeleiteten Restrukturierungsmaßnahmen beschrieben. Weiterhin sind die Maßnahmen zu erläutern, die in der Folge noch ergriffen werden müssen, um den angestrebten Plan, eine Sanierung, Übertragung oder geordnete Abwicklung des Insolvenzschuldners erfolgreich durchführen zu können, zu erreichen. Die Ausführungen sollten alle wirtschaftlichen und rechtlichen Grundlagen enthalten, die für die Entscheidung der Gläubiger über die Zustimmung zum Insolvenzplan erheblich sind. 43

Die Sanierungsmaßnahmen lassen sich im Wesentlichen in leistungswirtschaftliche und finanzwirtschaftliche Maßnahmen unterscheiden. 44

b) Leistungswirtschaftliche Maßnahmen. Leistungswirtschaftliche Sanierungsmaßnahmen setzen an den Prozessabläufen entlang der operativen Wertschöpfungskette im Unternehmen an. Klassische Funktionsbereiche stellen Forschung und Entwicklung, Einkauf und Beschaffung, Produktion und Logistik, Vertrieb und Marketing sowie Finanzen und Controlling, Personalwirtschaft und IT dar. Eine ausführliche Darstellung der Themen enthalten die §§ 7 bis 15 in diesem Handbuch. 45

Die nachhaltige operative Sanierung eines Unternehmens beschränkt sich nicht primär auf die Restrukturierung der Passivseite und ist eine komplexe Aufgabe, die alle Unternehmensaktivitäten und -funktionen einbeziehen muss.[17] Bei der Planung und Umsetzung leistungswirtschaftlicher Sanierungsmaßnahmen ist darauf zu achten, dass diese mit dem Leitbild des sanierten Unternehmens inhaltlich abgestimmt sind.[18] Zielsetzung ist die Herbeiführung des Turnarounds. 46

Die grundsätzlichen Stellschrauben zur Überwindung der Erfolgs- und Liquiditätskrise liegen in der Steigerung der Umsatzerlöse und/oder der Verbesserung der Kosten- 47

---

[17] Vgl. *Crone/Werner*, Modernes Sanierungsmanagement, 2. Auflage 2010, S. 123.
[18] Vgl. Mindestanforderungen an Sanierungskonzepte – MaS, ISU – Institut für die Standardisierung von Unternehmenssanierungen, 2. Auflage 2012, S. 101.

§ 29   6. Teil. Möglichkeiten der Sanierung nach der Insolvenzordnung

struktur zu sehen. Die Gewichtung fällt dabei abhängig vom betreffenden Funktionsbereich unterschiedlich aus. Nachfolgend werden exemplarische Maßnahmen innerhalb der grundsätzlichen Funktionsbereiche eines Unternehmens beschrieben.

48 • **Verwaltung**
Im Bereich der Verwaltung wird die Gewichtung der Maßnahmen in der Regel an einer schlanken Kostenstruktur ausgerichtet sein. Weniger verwaltungskopflastige Organisationen ermöglichen daneben ein schnelleres Durch- und Umsetzen von Maßnahmen und schaffen Handlungsspielräume. Neben der Erhaltung der für den operativen Betrieb notwendigen Verwaltungseinrichtungen können insbesondere auch in diesem Bereich Kosteneinsparungen durch Outsourcing z.B. an Shared Service Center realisiert werden. Konkret kann hierbei an die Vergabe der Lohnbuchhaltung, des Bilanz-, Finanz- und Rechnungswesens, des Kreditoren- und Debitorenmanagements oder auch an die Einrichtung eines externen Helpdesks oder der Serveradministration und -wartung im Bereich der IT gedacht werden. Dabei gilt es abzuwägen, inwieweit betriebsinternes Know-How, verbunden mit dem Risiko eines Qualitätsverlusts, nach außen vergeben werden soll und wie die Kontrolle und der Zugriff auf den betreffenden Dienstleister ausgestaltet werden kann.

49 • **Personal**
Werden im Zusammenhang mit der Sanierung Personalanpassungen vorgenommen, sind diese zu benennen. Vereinbarte Sozialpläne und Interessensausgleiche sind zu erwähnen, deren wirtschaftliches Ergebnis und Auswirkung sind darzustellen sowie deren Zustandekommen. Die verwendeten Auswahlkriterien sind offen zu legen. Als Plananlage sind die Sozialpläne und Interessensausgleiche nur dann anzufügen, wenn sie anonymisiert werden. Sie beinhalten personenbezogene Daten und dürfen daher nicht ohne die Zustimmung der Betroffenen nach außen gegeben werden.

Werden Beschäftigungs- und Qualifizierungsgesellschaften eingesetzt, sind entsprechende Ausführungen zu machen. Es sind die Dauer der Beschäftigungs- und Qualifizierungsmaßnahmen sowie die gegenwärtige und zukünftige finanzielle Belastung der Schuldnerin darzustellen. Zur Wahrung der Transparenz ist aufzuzeigen, wer Gesellschafter der Beschäftigungs- und Qualifizierungsgesellschaften ist und welche Leistungen von der Bundesagentur für Arbeit übernommen werden. Vgl. dazu auch die §§ 12 und 13 in diesem Handbuch.

50 • **Produktion**
Zielsetzung ist eine Fertigung, die Produkte zu wettbewerbsfähigen Kosten und Qualitäten hervorbringt.[19] Die Gewichtung der Maßnahmen kann hier unterschiedlich auf die Stellschrauben Umsatzerlöse und Kostenstruktur verlagert sein. Neben den kostengetriebenen Fragen wo und wie produziert werden soll, kann hier auch die nicht ausschließlich kostenindizierte Frage gestellt werden, was künftig produziert werden soll und was nicht mehr. Die moderne Kosten- Leistungsrechnung stellt hierzu mit dem Target-Costing ein Instrument zur Verfügung, das ausgehend von den durch Marktforschung herausgefilterten Kundenbedürfnissen und dem erzielbaren Preis für ein Produkt, die daraus resultierenden Zielkosten definiert.

Die Maßnahmen können in diesem Funktionsbereich auch massiv ausfallen, indem z.B. einzelne defizitäre Fertigungsstätten im Rahmen einer Re- oder Neustrukturierung stillgelegt werden müssen, um dadurch die anderen Unternehmensbereiche zu erhalten. Vgl. dazu auch § 10 in diesem Handbuch.

---

[19] Vgl. Mindestanforderungen an Sanierungskonzepte – MaS, 2. Auflage 2012, S. 102.

- **Einkauf** 51

Der Einkauf hat im Zusammenspiel mit der Logistik dafür zu sorgen, dass die richtigen Waren/Rohstoffe in der richtigen Menge, zur richtigen Zeit, in der richtigen Qualität, zum günstigsten Preis und am richtigen Ort zur Verfügung stehen.[20] Im produzierenden Gewerbe spielen die Materialkosten und damit der Einkauf eine entscheidende Rolle für den Gesamterfolg des Unternehmens.

Ein wesentlicher Kernpunkt für die Fortführung des Schuldnerunternehmens ist die Sicherstellung der Lieferbereitschaft. Dazu kann es erforderlich sein, dass die wichtigsten Lieferanten eine bestimmte Quote ihrer Forderungen sofort abgelöst bekommen und im Gegenzug auf ihre verbleibenden Forderungen verzichten oder diese zumindest längerfristig stunden. Hierdurch wird nicht nur ein unmittelbarer Sanierungsbeitrag für den Schuldner geleistet, sondern es werden auch wieder Spielräume bei den bestehenden Kreditlimits der Lieferanten geschaffen. Die Einbeziehung vorhandener Kreditversicherer in den Insolvenzplan ist in diesem Zusammenhang essentiell. Deren Sanierungsbeitrag kann in einer Aufrechterhaltung der bestehenden Kreditlimits trotz verschlechterter Bonität des Schuldners bestehen, ohne dass hierfür umfangreiche zusätzliche Sicherheiten oder Bürgschaften bereit gestellt werden müssen.

Weitere Sanierungsmaßnahmen in diesem Bereich werden vor allem darauf gerichtet sein, die Materialaufwandsquote bei gleichzeitiger Sicherstellung eines geforderten Qualitätsstandards zu senken bzw. auf konstantem Niveau zu halten.[21]

Eine Senkung der Bezugspreise ist z.B. durch das Aufsetzen von Rahmenverträgen denkbar. Zur Stärkung der Einkaufsmacht werden häufig auch Kooperationen in Form von Einkaufsverbänden oder -genossenschaften eingegangen.

Durch die Bündelung von Einkaufsvolumina können Skaleneffekte beim Lieferanten geschaffen werden (bessere Maschinen- und Betriebsmittelauslastung, bessere Einkaufspreise, etc.), wodurch wiederum selbst günstigere Preise erzielt werden können. Die Kehrseite ist, dass der Grad der Abhängigkeit von einzelnen Lieferanten steigt. Vgl. dazu auch § 11 in diesem Handbuch.

- **Vertrieb** 52

Der Bereich Vertrieb im Zusammenspiel mit dem Marketing ist in der Sanierung von zentraler Bedeutung, da keine Sanierung ohne eine Stärkung der Kunden- und Marktorientierung und einer Verbesserung des Marktauftritts Erfolg hat.[22] Die Zwickmühle in der sich der Vertrieb in der Krise befindet ist, dass er, möglichst unter Verursachung geringerer Kosten, die Vertriebsleistung und damit den Umsatz steigern soll, wobei das Kundenvertrauen bzw. die -bindung bei Krisenunternehmen bereits häufig gelitten haben.

Die Steigerung der Umsätze sollte dabei stets mit Blick auf die bei den Kunden erzielbaren Preise und die erwirtschafteten Deckungsbeiträge erfolgen. Eine in der Praxis, insbesondere bei in der Krise befindlichen Unternehmen, zu beobachtende Umsatzgetriebenheit, in Gestalt eines Annehmens von Aufträgen um jeden Preis, ohne nachhaltiges Wachstum und die spätere Möglichkeit der Durchsetzung von Preiserhöhungen, verschärft die Krise unweigerlich. Ein wichtiger Aspekt hierbei ist neben einem operativen Controlling auch eine entsprechend eingerichtete Kosten-Leistungsrechnung auf Segment- oder Produktebene.

---

[20] Vgl. ebenda.
[21] Vgl. *Crone/Werner*, Modernes Sanierungsmanagement, 2. Auflage 2010, S. 126.
[22] Vgl. ebenda.

§ 29   6. Teil. Möglichkeiten der Sanierung nach der Insolvenzordnung

Ohne das Mitwirken der Kunden kann eine Sanierung nicht gelingen, weshalb spätestens in der Krise eine proaktive Kommunikation gegenüber den Kunden betrieben werden muss, um Vertrauen und Perspektiven für die weitere Geschäftsgrundlage zu schaffen.

Ein wichtiger Beitrag der Kunden zur Sanierung, auf den der Vertrieb durch entsprechende Maßnahmen mit hinwirken muss, ist die Verbesserung der Liquidität, d.h. die Optimierung des Working Capitals, z.b. durch die Verkürzung von Zahlungszielen, die Vereinbarung von Anzahlungen bzw. Vorauskasse, flankiert durch eine beschleunigte Fakturierung und ein konsequentes Mahnwesen. Dadurch wird das Unternehmen unabhängiger von Lieferantenkrediten bzw. kann diese schneller bedienen, was wiederum den Effekt hat, dass die für den operativen Betrieb überlebensnotwendige Lieferbereitschaft und -treue gesichert werden kann. Im Optimalfall kann ein Finanzierungseffekt generiert werden, indem die Kundenziele kürzer ausfallen als die auf Lieferantenseite, was aber abhängig von der Geschäftstätigkeit und z.B. bei großen Handelsunternehmen der Fall ist.

Je größer die kurzfristige Abhängigkeit der einzelnen Kunden von dem Krisenunternehmen, desto höher wird die Bereitschaft sein, einen Sanierungsbeitrag zu leisten. Des Weiteren wird hiervon der Grad des Sanierungsbeitrags abhängen. Liquiditätsverschaffende Maßnahmen, wie die Verkürzung von Zahlungszielen, die Leistung von Anzahlungen oder liquiditätsentlastende Maßnahmen wie Materialbeistellungen oder die Übernahme von Drittverbindlichkeiten von Lieferanten im Zusammenhang mit erteilten Aufträgen sind quasi kostenneutral für den Kunden. Preiserhöhungen oder der Verzicht auf vereinbarte Rabatte wirken sich beim Kunden allerdings auch ergebniswirksam aus und werden sich daher entsprechend schwieriger durchsetzen lassen. Vgl. dazu auch § 9 in diesem Handbuch.

53   **c) Finanzwirtschaftliche Maßnahmen.** Finanzwirtschaftliche Sanierungsmaßnahmen haben in erster Linie die Liquiditätssicherung als Grundlage für die Fortführung der Unternehmenstätigkeit zum Ziel. Im Kern geht es hier um die Restrukturierung der Passivseite, um kurz- und mittelfristig Handlungsspielräume für leistungswirtschaftliche Maßnahmen und damit für die nachhaltige Sanierung des Schuldnerunternehmens zu schaffen.

54   Dringlichstes Gebot im Rahmen von Sofortmaßnahmen ist die Verhinderung der Zahlungsunfähigkeit. Mit Blick auf die Passivseite der Bilanz gilt es also in einem ersten Schritt, die Möglichkeiten einer Eigen- und/oder Fremdfinanzierung zur Liquiditätsbeschaffung auszuloten. In beiden Fällen verbleibt in der Liquiditätskrise nur die Außenfinanzierung als kurzfristige Option, da der Innenfinanzierungsspielraum aus dem operativen Cashflow in der Situation des Schuldnerunternehmens regelmäßig nicht ausreichen wird. In einem zweiten Schritt geht es dann im Rahmen bilanzieller Maßnahmen um den Aufbau einer für eine nachhaltige Finanzierung geforderten Eigenkapitalquote. Vgl. im Übrigen detailliert § 16 in diesem Handbuch.

55   • **Sanierungseffekte aus dem Insolvenzrecht**

Das Insolvenzrecht sieht Regelungen vor, welche die Liquidität des Schuldnerunternehmens kurzfristig entlasten und eine Unternehmensfortführung durch den Insolvenzverwalter bis zur Realisierung einer längerfristigen Lösung, wie z.B. die Umsetzung eines beschlossenen Insolvenzplanes, sicher stellen sollen.

Für die reibungslose Fortführung des Geschäftsbetriebs benötigt das Schuldnerunternehmen mangels verfügbarer Liquidität regelmäßig einen Massekredit. Zur Sicherung des Kredites sind Vermögenswerte, die nach Insolvenzantragstellung neu geschaffen werden verwendbar. Aufgrund oftmals bestehender Konkurrenzverhältnisse mit Absonderungsansprüchen von Lieferanten kann es sinnvoll sein, diese in Form eines zu bildenden Lieferantenpools in die Kreditvereinbarung mit den zu finanzierenden Banken einzubinden und im Rahmen der Vereinbarung eine Aufteilung der Sicherheiten zwischen den Gläubigern festzulegen.

Das Insolvenzgeld stellt ein weiteres, sehr wichtiges Instrument dar, um dem Insolvenzverwalter die erforderliche Zeit für einen Überblick über den genauen Finanzstatus, die tatsächlichen Vermögens- und Schuldverhältnisse sowie über die in Betracht kommenden Realoptionen zu ermöglichen. Durch das Insolvenzgeld wird das Schuldnerunternehmen von Lohn- und Gehaltszahlungen entlastet. Das Insolvenzgeld wird maximal für die letzten drei Monate vor Eröffnung des Insolvenzverfahrens von der Bundesagentur für Arbeit gezahlt (§§ 183 ff. SGB III) und regelmäßig von einer Bank oder einem Bankenkonsortium vorfinanziert.

Beim Bestehen von Betriebsrentensystemen spielt der Pensionssicherungsverein Versicherungsverein auf Gegenseitigkeit (PSVaG) eine wichtige Rolle. Der PSVaG übernimmt die Finanzierung der laufenden Renten und unverfallbaren Rentenanwartschaften nach Insolvenzeröffnung (§§ 7 ff. BetrAVG). Ein Insolvenzplan soll jedoch vorsehen, dass bei einer nachhaltigen Besserung der wirtschaftlichen Lage des Arbeitgebers die vom PSVaG zu erbringenden Leistungen ganz oder zum Teil vom Arbeitgeber oder sonstigen Versorgungsträger wieder übernommen werden (§ 7 Abs. 4 S. 5 BetrAVG). Bestimmt der Insolvenzplan, dass der Arbeitgeber einen Teil der betrieblichen Altersversorgungsleistungen selbst zu erbringen hat, mindert sich die Leistungspflicht des PSVaG entsprechend (§ 7 Abs. 4 S. 2 BetrAVG).

- **Eigenkapitalerhöhung** 56

Eine Erhöhung des Eigenkapitals kann direkt durch Zufuhr von Eigenmitteln oder indirekt durch den entlastenden Abbau von Verbindlichkeiten erfolgen. Primäre Adressaten sowohl bei den direkten als auch bei den indirekten Maßnahmen werden in der Regel die bisherigen Gesellschafter und Eigner sein, gefolgt von Investoren Gläubigern oder auch dem Management im Rahmen eines management buy-outs.

Direkte Sanierungsmaßnahmen im Rahmen der Außenfinanzierung durch die Gesellschafter sind abhängig von den Ihnen verbliebenen, finanziellen Handlungsspielräumen und je nach gesellschaftsrechtlicher Gestaltung von deren Bereitschaft, weiterhin Kapital und Liquidität in das Unternehmen einzubringen. Fallen die Signale seitens der bisherigen Gesellschafter negativ aus, gilt es, Investoren anzusprechen.

Besonders in umstrukturierungs- bzw. sanierungsgeprägten Situationen dominieren zunehmend Finanzierungen mit Eigenkapitalcharakter.[23] Dieses Mischkapital wird häufig auch als Mezzanine- oder Hybridkapital bezeichnet. Hierunter fallen z.B. Wandelschuldverschreibungen oder Genussrechte.

Indirekte Sanierungsmaßnahmen ohne direkte Liquiditätszuführung zielen auf die Verhinderung bzw. die Beseitigung einer Überschuldung. Bei Gesellschafterdarlehen handelt es sich dabei nach der neuen Rechtsfassung um Fremdkapital und nicht mehr um eigenkapitalersetzende Darlehen. In der Insolvenz werden die bisherigen Gesellschafter nach § 39 InsO unter Berücksichtigung von Ausnahmen als Rangniedrigste eingestuft. Damit bedarf es durch die Gesellschafter faktisch keines Verzichts mehr, da diese Verbindlichkeiten in der Regel nicht mehr aus der Masse bedient werden können.

---

[23] Vgl. *Crone/Werner,* Handbuch modernes Sanierungsmanagement, 2007, S. 141.

§ 29   6. Teil. Möglichkeiten der Sanierung nach der Insolvenzordnung

Gläubiger tragen durch Forderungsverzichte (mit oder ohne Besserungsschein) indirekt zur Erhöhung des Eigenkapitals und zur Entlastung der Liquiditätssituation bei.
§ 225a InsO in der Fassung des ESUG sieht nunmehr auch die Umwandlung von Fremdkapital in Eigenkapital (Debt-Equity-Swap) als Sanierungsmaßnahme vor. Bei dieser Sanierungsmaßnahme besteht für die Gläubiger die Möglichkeit auf zukünftige Mitbestimmung sowie die Aussicht, im Gegensatz zu Fremdkapitalgebern, an einer zukünftigen Wertsteigerung des sanierten Unternehmens zu partizipieren.

57 • **Fremdkapitalerhöhung**
Bei der Außenfinanzierung durch Fremdkapitalerhöhung ist die Kreditwürdigkeit oder Bonität von maßgebender Bedeutung. Die Bonität wiederum wird durch ein Rating des Unternehmens bestimmt. In dieses fließen neben harten, quantitativen Faktoren (EK-Quote, Ergebniszahlen, operativer Cashflow, etc.) auch weiche, qualitative Faktoren und damit u.a. eine Beurteilung der Produkte, der Marktstellung und des Managements und somit nicht zuletzt auch das Vertrauen in die leistungswirtschaftliche Sanierungsfähigkeit eines Unternehmens mit ein.

Klassischerweise erfolgt die Fremdfinanzierung bei in der Krise befindlichen Unternehmen durch Banken, die, wenn sie bereits Gläubiger des Unternehmens sind, zudem ein gesteigertes Interesse am Fortbestehen des Unternehmens haben. Unternehmensanleihen dürften aufgrund der gegebenen Krisensituation ausscheiden.

Für die Prolongation von Kreditlinien oder die Vergabe von Darlehen sind Sicherheiten notwendig. Dabei gilt es zu klären, welche unternehmenseigenen Vermögensgegenstände zur Sicherungsgewährung noch verfügbar sind. Vermögenswerte, die bereits als Sicherheit begeben sind, scheiden aus.

Sofern unternehmenseigene Sicherheiten fehlen oder nicht ausreichen, sind wiederum die Möglichkeiten und die Bereitschaft der bisherigen Gesellschafter, durch Bürgschaften oder durch die Abgabe von harten Patronatserklärungen einzuspringen, abzuklären. Sollte dies nicht darstellbar sein, ist zu prüfen ob ggf. die öffentliche Hand als Kredit- oder Bürgschaftsgeber in Frage kommt.

6. Vermögensübersicht, Ergebnis- und Finanzplan (§ 229 InsO)

58 Der darstellende Teil des Insolvenzplans muss neben den angeführten Sanierungsmaßnahmen alle sonstigen Angaben zu den Grundlagen und den Auswirkungen des Plans enthalten, die für die Entscheidung der Gläubiger über die Zustimmung zum Plan und für dessen gerichtliche Bestätigung erheblich sind. Die quantitativen Grundlagen, die dem Insolvenzplan als Anlagen beizufügen sind, bilden dabei die nach § 229 InsO geforderte Vermögensübersicht (Bilanz), der Ergebnisplan (GuV) und der Finanzplan (Kapitalflussrechnung).

59 In der Vermögensübersicht sind die Vermögensgegenstände und Verbindlichkeiten, die sich bei einem Wirksamwerden des Insolvenzplanes gegenüber stehen würden, aufzuführen. Ergänzend ist darzustellen, welche Erträge und Aufwendungen für den Zeitraum, in dem die Gläubiger befriedigt werden sollen, zu erwarten sind und durch welche Abfolge von Einnahmen und Ausgaben die Zahlungsfähigkeit des Unternehmens in diesem Zeitraum gewährleistet werden soll.

60 Die Vermögensübersicht sowie der Ergebnis- und Finanzplan bilden in die Zukunft gerichtet zusammen eine in sich verzahnte, integrierte Unternehmensplanung, wie sie auch im IDW ES 6 n.F. für Sanierungskonzepte gefordert wird. Ausgehend von betrieblichen Teilplänen in Gestalt einer Absatz- Investitions- oder Personalkostenplanung wird dabei eine Plan-Gewinn-und-Verlustrechnung und darauf aufbauend ein Finanzplan

(Kapitalflussrechnung) und eine Plan-Bilanz entwickelt.[24] Ausgangspunkt ist im Fall eines Insolvenzplanverfahrens der Zeitpunkt des Wirksamwerdens des Insolvenzplans.

7. Angemessenheit des Insolvenzplans

Im Insolvenzplan muss dargelegt werden, dass die Insolvenzgläubiger im Falle der Umsetzung des Insolvenzplans und der Fortführung der Gesellschaft eine höhere Befriedigung ihrer Ansprüche realisieren können als bei einer Zerschlagung. Daher ist regelmäßig eine Gegenüberstellung der Befriedigungsquoten der ungesicherten Gläubiger (einschließlich Bundesagentur für Arbeit und ggf. PSVaG) unter den Prämissen Unternehmensfortführung (Planerfüllung) und Zerschlagung erforderlich. 61

Zu diesem Zweck wird ein Vermögensstatus entwickelt und auf den Zeitpunkt der planmäßigen Beendigung des Insolvenzverfahrens fortgeschrieben. Im Falle der Unternehmensfortführung setzt dies die rechtskräftige Feststellung des Insolvenzplans gem. § 248 InsO voraus. Bei der Zerschlagungsalternative wird das Insolvenzverfahren nach vollständiger Verwertung der Vermögensgegenstände abgeschlossen. 62

Ausgehend vom aktuellen Vermögensstatus werden die Planergebnisse (Unternehmensfortführung) bzw. die Liquidationserlöse (Zerschlagung) prognostiziert. Diesen werden jeweils die Kosten des Insolvenzverfahrens gem. § 54 InsO (Gerichtskosten und Verwaltervergütung) sowie die sonstigen Masseverbindlichkeiten gem. § 55 InsO (Fortführungskosten, Umsatzsteuer, Sozialplankosten u.a.) gegenübergestellt. 63

Im Rahmen eines Vorteilhaftigkeitsvergleichs werden schließlich die Befriedigungsquoten für die einzelnen Gläubigergruppen gegenüber gestellt. Zusätzlich werden weitere Faktoren, wie der Erhalt von Arbeitsplätzen und zukünftige Wachstumschancen bei Unternehmensfortführung einbezogen. 64

Ein Insolvenzplan wird in den meisten Fällen nur dann durchsetzbar sein, wenn unter Berücksichtigung der angeführten Faktoren aufgezeigt werden kann, dass die Unternehmensfortführung unter Planerfüllung für die einzelnen Insolvenzgläubiger wirtschaftlich vorteilhafter ist als die Liquidation. 65

IV. Gestaltender Teil

1. Gestaltung der Insolvenzquote

Im gestaltenden Teil des Insolvenzplans wird festgelegt, wie die Rechtsstellung der Beteiligten durch den Plan geändert werden soll (§ 221 InsO). Ziel ist dabei, sämtliche Verbindlichkeiten des Schuldnerunternehmens, die bis zur Antragstellung entstanden sind, durch Zahlung einer Quote und Teilerlass unter Verzicht auf die Geltendmachung etwaiger Forderungen und sonstiger Rechte zu erledigen. 66

Im Insolvenzrecht gilt der Grundsatz der gleichmäßigen Befriedigung sämtlicher Gläubiger („par conditio creditorum").[25] Dieser Grundsatz wird durch die Regelung des § 226 InsO modifiziert. Demnach wird der Gleichbehandlungsgrundsatz auf Gläubiger innerhalb einer Gruppe eingeschränkt. Dieser Grundsatz wird flankiert durch das Schlechterstellungsverbot in § 245 Abs. 1 InsO (Obstruktionsverbot) und § 251 InsO (Minderheitenschutz). Durch diese Regelungen wird im Ergebnis sicher gestellt, dass 67

---

[24] Vgl. *Crone/Werner*, Modernes Sanierungsmanagement, 2. Aufl., 2010, S. 69.
[25] Vgl. stellvertend *Lüer* in Uhlenbruck, InsO, § 226 Rn. 1

§ 29 6. Teil. Möglichkeiten der Sanierung nach der Insolvenzordnung

durch den Insolvenzplan kein Gläubiger schlechter gestellt wird, als er in einem Regelinsolvenzverfahren stünde.

68 In einem Insolvenzplan können auf der Grundlage des § 217 InsO alle Regelungen getroffen werden, die auf dem Gebiet des Privatrechts rechtsgeschäftlich vereinbart werden können und zulässig sind.[26]

69 In der Praxis beschränken sich Insolvenzpläne üblicherweise auf eine Unternehmensfortführung im Wege der Eigensanierung, auf eine übertragende Sanierung oder in selteneren Fällen auf vom Regelinsolvenzverfahren abweichende Schuldenregulierungen und Zerschlagungen.

70 Nach der Herkunft der Mittel, aus denen die im Insolvenzplan festgelegten Quotenzahlungen stammen, kann zwischen Cash-Out-Plänen und Earn-Out-Plänen unterschieden werden.

71 Bei Cash-Out-Plänen wird bei der Quotenermittlung ausschließlich auf Vermögenswerte zurückgegriffen, die bei Erstellung des Insolvenzplans bereits vorhanden waren. Diese können im Unternehmen selbst in Form nicht betriebsnotwendiger, zu liquidierender Güter vorliegen oder auch erst durch den Verkauf des Schuldnerunternehmens im Rahmen einer übertragenden Sanierung generiert werden.

72 Earn-Out-Pläne sind dadurch gekennzeichnet, dass die Vermögenswerte zur Bestreitung der Quotenzahlungen erst während des Insolvenzverfahrens oder danach im Rahmen der Unternehmensfortführung geschaffen werden. Zur Absicherung der Gläubiger dient hierbei die in § 260 InsO kodifizierte Planüberwachung.

73 In der Praxis treten oftmals Mischformen dieser beiden Gestaltungsformen auf. So werden die Gläubiger trotz einer grundsätzlichen Earn-Out-Regelung auf eine zusätzliche Auskehrung von Vermögenswerten drängen, die nicht zwingend für die Unternehmensfortführung benötigt werden.

74 Um die Gläubiger an einer wirtschaftlichen Erholung der Schuldnerin zu beteiligen und die Liquidität in der Sanierungsphase zu schonen, werden in Insolvenzplänen statt der zeitnahen Auskehrung liquider Mittel Gestaltungsmittel wie Besserungsscheine oder Leistungen an Quote statt genutzt.

75 Bei Besserungsscheinen verzichten die Gläubiger auf Forderungen unter der auflösenden Bedingung der wirtschaftlichen Erholung der Schuldnerin oder dem Eintritt eines bestimmten Ereignisses.

76 Wann von einer wirtschaftlichen Erholung und somit von einem Aufleben von Forderungen auszugehen ist, sollte in dem Insolvenzplan anhand von Zielgrößen und möglichst eindeutigen Definitionen festgelegt werden.

77 Oftmals lässt sich die Vermögenssituation der Schuldnerin im Zeitpunkt den Planerstellung noch nicht abschließend abschätzen, da die Durchsetzung insolvenzrechtlicher Anfechtungsansprüche unklar ist oder angängige Rechtsstreitigkeiten mit Arbeitnehmer, Kunden oder Lieferanten bestehen. In solchen Fällen kann es eine Möglichkeit sein, den Gläubigern bei positivem Ausgang der noch offen Rechtsstreitigkeiten über einen entsprechenden Besserungsschein eine Partizipation an zusätzlichen finanziellen Mitteln in Aussicht zu stellen.

78 Eine weitere Gestaltungsmöglichkeit in Insolvenzplänen stellt die Gewährung von Leistungen anstatt einer Quotenzahlung dar. Dabei kann es sich um dingliche Rechte an materiellen oder immateriellen Vermögenswerten handeln oder auch um schuldrechtliche Leistungen, wie z.B. die Gewährung von Optionsrechten. Eine Schwierigkeit bei derartigen Gestaltungsvarianten kann in der Bestimmung des Gegenwertes dieser Leis-

---

[26] Vgl. *Flessner* in HKInsO, Vor § 217 ff. Rn. 8, § 217 Rn. 17.

tungen liegen. Sofern kein objektiver Marktwert besteht, wird man in vielen Fällen auf neutrale Wertgutachten durch Sachverständige zurückgreifen.

2. Planbedingungen

Nicht selten wird im Rahmen des Insolvenzplans ein Bedürfnis dafür bestehen, das Wirksamwerden von Rechtsänderungen im gestaltenden Teil davon abhängig zu machen, dass bestimmte Leistungen erbracht werden oder andere Maßnahmen umgesetzt werden.[27] Sind im Insolvenzplan solche Bedingungen vorgesehen, so darf der Plan nur bestätigt werden, wenn diese auch erfüllt sind (§ 249 S. 1 InsO). 79

Die Aufnahme von Planbedingungen ist in der Praxis ein wichtiges Gestaltungsinstrument, um bei gegenseitigen Abhängigkeiten sog. Zug-um-Zug Abwicklungen durchführen zu können. 80

Im Plan kann jede Regelung getroffen werden, die gesellschaftsrechtlich zulässig ist, insbesondere die Fortsetzung einer aufgelösten Gesellschaft oder die Übertragung von Anteils- oder Mitgliedschaftsrechten. 81

Eine typische Planbedingung liegt in der Bestellung neuer Sicherheiten durch den Schuldner oder Dritte, insbesondere dann, wenn ein Gläubiger seinerseits ein betriebsnotwendiges Sicherungsgut freigibt und die neue Sicherheit als Ersatz hierfür dienen soll. 82

Der Insolvenzplan kann auch unter die Bedingung einer zusätzlichen Kreditgewährung gestellt werden. Da die für die Sanierung erforderliche Liquidität von Seiten der Gesellschafter regelmäßig nicht zu erwarten ist, ist das Schuldnerunternehmen auf Kredite von dritter Seite angewiesen. 83

Im gestaltenden Teil des Plans kann vorgesehen werden, dass die Insolvenzgläubiger nachrangig sind gegenüber Gläubigern, deren Forderungen in der Planerfüllungsphase entstanden sind. Zu beachten ist, dass die Gläubiger mit ihren Neukrediten nur dann vorrangig gegenüber den Insolvenzgläubigern sind, wenn eine schriftliche Vereinbarung mit dem Insolvenzverwalter vorliegt, in der geregelt ist, dass der Kredit innerhalb des Kreditrahmens liegt, den der Verwalter festzulegen hat und der den Wert der Vermögensgegenstände gemäß Planvermögensübersicht in Summe nicht übersteigen darf (vgl. § 264 InsO). 84

Darüber hinaus ist jede weitere, hinreichend bestimmte Leistung im Sinn des § 249 InsO als Planbedingung denkbar. 85

Als andere Maßnahmen im Sinne des § 249 InsO sind z.B. die Gründung einer Auffanggesellschaft der gesellschaftsrechtliche Maßnahmen denkbar. 86

Durch die Gründung einer Auffanggesellschaft soll das Schuldnerunternehmen im Wege der übertragenden Sanierung fortgeführt werden.[28] Durch diese an den Forderungsverzicht der Gläubiger geknüpfte Bedingung soll sichergestellt werden, dass die Schuldnerin als Vertragspartnerin im Geschäftsverkehr erhalten bleibt. 87

Die gesellschaftsrechtlichen Maßnahmen sind in § 225a InsO geregelt. Danach kann im gestaltenden Teil des Plans vorgesehen werden, dass Forderungen von Gläubigern in Anteils- oder Mitgliedschaftsrechte am Schuldner umgewandelt werden. Insbesondere kann der Plan eine Kapitalherabsetzung oder -erhöhung, die Leistung von Sacheinlagen, den Ausschluss von Bezugsrechten oder die Zahlung von Abfindungen an ausscheidende Anteilsinhaber vorsehen. 88

---

[27] Vgl. RegE InsO, BT-Drucks. 12/2443, S. 211.
[28] Vgl. *Sinz* in MüKoInsO, § 249 Rn. 16.

3. Steuerrechtliche Implikationen

89 **a) Allgemein.** Aus den geplanten Sanierungsmaßnahmen ergeben sich oftmals steuerliche Implikationen, die zwingend zu beachten sind, um den Sanierungserfolg des Insolvenzplans nicht zu gefährden.

90 Die beiden wesentlichen Erscheinungsformen steuerrelevanter Sanierungsmaßnahmen, der Gläubigerverzicht und die Kapitalerhöhung, werden im Folgenden dargestellt.

91 **b) Forderungsverzicht.** Bei einem Forderungsverzicht (mit oder ohne Besserungsschein) müssen die Forderungen ertragswirksam aus der Bilanz ausgebucht werden. Dadurch entsteht ein sog. Sanierungsgewinn, der zu einer Steuerbelastung beim Unternehmen führen kann. Diese Folge tritt regelmäßig dann ein, wenn das Unternehmen zwar ausreichende Verlustvorträge besitzt, der Sanierungsgewinn jedoch € 1 Mio. übersteigt und somit die Regelungen der Mindestbesteuerung nach § 10d Abs. 2 EStG zur Anwendung kommen. Danach unterliegen 40 % des € 1 Mio. übersteigenden Gewinnes der Besteuerung.

92 Zur Vermeidung der ertragsteuerlichen Konsequenzen von Forderungsverzichten in der Sanierungsphase hat die Finanzverwaltung den sog. Sanierungserlass herausgegeben.[29] Der Sanierungserlass ist praktisch an die Stelle des § 3 Nr. 66 EStG a.F. getreten, der durch das Gesetz zur Fortsetzung der Unternehmenssteuerreform vom 29.10.1997 abgeschafft wurde. Gemäß BMF-Schreiben vom 22.12.2009 (BStBl. 2010 I, S. 18) findet der Sanierungserlass explizit auch für Gewinne aus einem Planinsolvenzverfahren Anwendung. Der Sanierungserlass legt fest, dass ein Sanierungsgewinn steuerbegünstigt ist, sofern eine Sanierungsbedürftigkeit und Sanierungsfähigkeit des Unternehmens gegeben sind und der Schuldenerlass für die Sanierung geeignet ist. Bei einem Sanierungsplan wird davon ausgegangen, dass diese Voraussetzungen erfüllt sind.[30] Die Steuerbegünstigung kann in Form eines Steuererlasses aus Billigkeitsgründen (§ 227 AO) oder in Form einer Steuerstundung (§ 222 AO) erfolgen. Der BFH hat zwischenzeitlich entschieden, dass der Sanierungserlass nicht gegen die Gesetzmäßigkeit der Verwaltung verstößt.[31]

93 Der Sanierungserlass regelt jedoch nur das Stundungs- und Erlassverfahren hinsichtlich der Einkommen- und Körperschaftsteuer, nicht aber für die Gewerbesteuer. Hier entscheidet die zuständige Gemeinde durch Billigkeitsmaßnahme. Es ist somit empfehlenswert, im Vorfeld eines geplanten Forderungsverzichtes die Einschätzung der Gemeinde im Wege einer verbindlichen Auskunft einzuholen. Das Steuerrecht kennt jedoch kein Sanierungsprivileg im Bereich der Umsatzsteuer. Sofern ein Gläubigerverzicht Forderungen betrifft, die Umsatzsteuer enthalten, löst dies eine Vorsteuer-Rückzahlungsverpflichtung beim Insolvenzschuldner aus (§ 17 Abs. 1 UStG). Diese Zahlungsverpflichtung ist im Insolvenzplan entsprechend zu berücksichtigen. Weitere Hinweise zum Sanierungserlass finden sich in § 35 in diesem Handbuch.

94 **c) Kapitalerhöhung.** Bei einer Kapitalerhöhung werden dem Krisenunternehmen frische Mittel in Form von Bar- oder Sacheinlagen zugeführt.

95 Aus steuerlicher Sicht ist in diesem Zusammenhang § 8c KStG zu beachten. Danach können steuerliche Verlustvorträge bei Anteilserwerben ganz oder teilweise untergehen. Gleiches gilt für Kapitalerhöhungen, soweit sie zu einer Veränderung der Beteiligungsquoten am Kapital der Gesellschaft führen. Beträgt die Veränderung der Beteiligungs-

---

[29] Vgl. Sanierungserlass v. 27.3.2003, BStBl. 2007 I, S. 240.
[30] Vgl. ebenda, Rn. 4.
[31] BFH v. 14.7.2010, BStBl. II 2010, S. 916.

quoten nach Kapitalerhöhung mehr als 25 %, gehen die Verlustvorträge quotal unter; bei mehr als 50 % gehen die bestehenden Verlustvorträge vollständig unter. Diese Regelung findet gem. § 10a S. 10 GewStG auch für die Gewerbesteuer Anwendung.

Zu beachten ist die Vorschrift des § 8c KStG auch beim sog. Debt-Equity-Swap. Dabei beteiligt sich ein Gläubiger zum Zwecke der Sanierung an der Gesellschaft und bringt als Gegenleistung seine Forderung gegen die Gesellschaft ein. Sollte es in diesem Zusammenhang zu Veränderungen bei den Beteiligungsquoten von mehr als 25 % kommen, droht auch hier ein (anteiliger) Verlustuntergang. 96

Der Gesetzgeber hat zwar durch § 8c Abs. 1a KStG eine sog. Sanierungsklausel geschaffen, die bei einem Beteiligungserwerb zum Zwecke der Sanierung regelt, dass die steuerlichen Verlustvorträge erhalten bleiben. Die EU-Kommission hat jedoch mit Beschluss vom 26.1.2011 die Sanierungsklausel rückwirkend für mit dem EU-Beihilferecht unvereinbar erklärt und Deutschland angewiesen, die seit Einführung der Regelung in 2008 gewährten Steuervergünstigungen zurückzufordern.[32] 97

4. Sonstige Regelungen

Mit der Rechtskraft der Bestätigung des Insolvenzplans treten die im gestaltenden Teil festgelegten Wirkungen für und gegen alle Beteiligten ein. Das Insolvenzgericht beschließt daraufhin die Aufhebung des Insolvenzverfahrens. 98

Durch das ESUG wurde ein Vollstreckungsschutz in § 259a InsO sowie flankierend hierzu in § 259b InsO eine neue Verjährungsvorschrift eingeführt. 99

Der Vollstreckungsschutz soll verhindern, dass mögliche Gläubiger, die mit Forderungen, die nicht bis zum Abstimmungstermin zur Tabelle angemeldet wurden, durch Zwangsvollstreckungen die Durchführung des Insolvenzplans gefährden. Zuständig hierfür ist das Insolvenzgericht. Aus der Gesetzesbegründung lässt sich entnehmen, dass der Vollstreckungsschutz nur dann zu gewähren ist, wenn die nachträglich geltend gemachten Forderungen beträchtlich sind und die begründete Aussicht besteht, dass die Forderungen aus den künftigen Erträgen beglichen werden können.[33] 100

Die Verjährungsvorschrift in § 259b InsO enthält eine besondere Verjährungsfrist für nachträglich angemeldete Forderungen von einem Jahr ab Rechtskraft des Bestätigungsbeschlusses. 101

Im gestaltenden Teil des Insolvenzplans kann gem. § 260 Abs. 1 InsO vorgesehen werden, dass die Erfüllung des Plans überwacht wird. Die Überwachung dient dem Gläubigerschutz und soll sicherstellen, dass die den Gläubigern im gestaltenden Teil eingeräumten Rechte und Ansprüche vollständig erfüllt werden. 102

In der Praxis erfolgt die Überwachung regelmäßig durch den bisherigen Sachwalter oder Insolvenzverwalter. Dies entspricht auch der Vorstellung des Gesetzgebers in § 261 Abs. 1 InsO. Eine Übertragung der Aufgabe auf andere, geeignete Personen wird jedoch als zulässig erachtet.[34] 103

Die Überwachung beginnt mit dem Tag des Wirksamwerdens des Plans und wird durch Beschluss des Insolvenzgerichts aufgehoben. Der Aufhebungsbeschluss setzt voraus, dass die Ansprüche der Insolvenzgläubiger gem. Plan vollständig erfüllt sind oder seit Aufhebung des Insolvenzverfahrens drei Jahre verstrichen sind und kein Antrag auf ein neues Insolvenzverfahren vorliegt. 104

---

[32] Vgl. EU-Kommission, Pressemitteilung vom 26.1.2011, IP/11/65.
[33] BT-Drucks. 17/5712, S. 37.
[34] Vgl. *Thies* in HambKommInso, § 261 Rn. 5.

V. Geheimhaltungserfordernisse und Auswirkung auf den Insolvenzplan

105 Der Planersteller wird sich regelmäßig damit auseinandersetzen müssen, welche Informationen er im Plan offenlegen darf und welche der Öffentlichkeit nicht bekannt gemacht werden dürfen oder sollen. Sei es aufgrund vertraglicher Geheimhaltungserklärungen oder aufgrund strategischer Interessen. Zwar ist das Insolvenzverfahren nicht öffentlich, doch kann insbesondere bei Großverfahren mit mehreren tausend Gläubigern in der Praxis nicht davon ausgegangen werden, dass über den Planinhalt nur die verfahrensrechtlich Beteiligten Kenntnis erlangen. Um den Beteiligten dennoch die Möglichkeit zu geben, auch gesellschaftsinterne Sachverhalte zur Kenntnis zu nehmen, kann es im Einzelfall sachgerecht sein, im darstellenden Teil des Plans nur rudimentäre Ausführungen zu machen und die wesentlichen Passagen zur Einsicht auf der Geschäftsstelle des Insolvenzgerichtes auszulegen. Dass den Betroffenen dann möglicherweise zustehende Einsichtsrecht kann folglich durch das Insolvenzgericht kontrolliert werden – wobei hinsichtlich der Einsichtsgewährung enge Maßstäbe anzulegen sind.[35]

---

[35] Vgl. *Lüer* in Uhlenbruck, InsO, 13. Auflage, § 234 Rn. 4; *Breuer* in MuKoInsO, 2. Auflage, § 234 Rn. 6; *Braun* in Nerlich/Römermann, InsO, 2011, § 234 Rn. 12.

§ 30 Arbeitsrechtliche Aspekte der Insolvenz

Übersicht

	Rn.
I. Allgemeines	1, 2
II. Arbeitnehmeransprüche in der Insolvenz	3–12
III. Kündigungsschutz in der Insolvenz	13–19
IV. Betriebsänderungen in der Insolvenz	20–23
V. Betriebsübergang in der Insolvenz	24–33

I. Allgemeines

Neben dem Schutz der Gläubiger besteht die grundsätzliche Intention der InsO vorrangig in der Sanierung der von der Insolvenz betroffenen Unternehmen. Zur Umsetzung in der Praxis hat sich das sog. Insolvenzarbeitsrecht bewährt. Mit Blick auf das Gesetz zur Erleichterung der Unternehmenssanierung (ESUG) ändert sich daran nichts. 1

Sowohl die allgemeinen arbeitsrechtlichen Bestimmungen und Grundsätze als auch die individualvertraglichen Vereinbarungen gelten im Insolvenzverfahren fort, sofern sich nicht aus der InsO etwas Abweichendes ergibt. Insbesondere die Vorschriften der §§ 113, 120–128 InsO modifizieren das allgemeine Arbeitsrecht jedoch dahingehend, dass die Schutzposition des Arbeitnehmers zugunsten des Interesses der Gläubiger an einer wirtschaftlich effektiven Durchführung des Insolvenzverfahrens herabgesetzt wird.

Die arbeitsrechtlichen Bestimmungen in der InsO finden erst Anwendung ab Eröffnung des Insolvenzverfahrens. Im vorläufigen Insolvenzverfahren sind die arbeitsrechtlichen Erleichterungen noch nicht gegeben. Die Insolvenzeröffnung führt zu einer Kompetenzverlagerung hinsichtlich der Ausübung von Arbeitgeberfunktionen auf den Insolvenzverwalter. Sämtliche Rechte und Pflichten aus dem Arbeitsverhältnis gehen auf ihn über; dies gilt ausnahmsweise auch schon im Antragsverfahren, falls ein sog. starker vorläufiger Verwalter bestellt ist. 2

Wenngleich wichtige Vorschriften, wie das Kündigungsschutzgesetz oder das Betriebsverfassungsgesetz vom Insolvenzverwalter weiterhin beachtet werden müssen, erleichtern die arbeitsrechtlichen Vorschriften der InsO den fast immer unumgänglichen Personalabbau und verbessern damit die Sanierungschancen. Hinzu kommt, dass die Befriedigung von Arbeitnehmeransprüchen auf Gehalt, Sozial- und sonstigen Leistungen einer spezifischen insolvenzrechtlichen Verteilungsordnung unterliegt. Trotz Anwendung des § 613a BGB ist die Haftung des Erwerbers auf Ansprüche von Arbeitnehmern begrenzt, die nach dem Betriebsübergang entstanden sind. Dies folgt aus dem Prinzip der Gleichbehandlung der Gläubiger, erleichtert aber vor allem die Sanierung.

II. Arbeitnehmeransprüche in der Insolvenz

Bei den Vergütungsansprüchen ist grundsätzlich zu differenzieren zwischen Ansprüchen, die sich auf die Zeit vor Eröffnung beziehen sowie solchen, die nach Eröffnung entstehen und Masseverbindlichkeiten im Sinne von § 55 Abs. 1 Nr. 2 InsO darstellen. 3

§ 30 6. Teil. Möglichkeiten der Sanierung nach der Insolvenzordnung

Vergütungsansprüche für die Zeit vor Eröffnung sind Insolvenzforderungen im Sinne des § 38 InsO, soweit sie nicht Insolvenzgeld gesichert sind.

Das Insolvenzgeld sowie dessen Vorfinanzierung leisten einen nicht zu unterschätzenden Beitrag im Rahmen der Sanierung. Regelmäßig ist nur auf diese Weise die Arbeitsleistung der Arbeitnehmer sicherzustellen und eine Fortführung des insolventen Unternehmens durch den (vorläufigen) Insolvenzverwalter überhaupt zu gewährleisten.

4   Geschützt werden Arbeitnehmer bei einer Insolvenz des Arbeitgebers durch ihren Anspruch auf Insolvenzgeld nach § 165 SGB III gegenüber der Bundesagentur für Arbeit. Bei Vorliegen eines der dort genannten Insolvenzereignisses (Eröffnung des Verfahrens, Abweisung mangels Masse, Beendigung der Betriebstätigkeit) haben die Arbeitnehmer einen Anspruch auf Insolvenzgeld als Ersatz für rückständiges Arbeitsentgelt der letzten drei Monate vor dem Ereignis.

Nach der Rspr. des BSG tritt ein neues Insolvenzereignis nicht ein, solange die auf einem bestimmten Insolvenzereignis beruhende Zahlungsunfähigkeit des Arbeitgebers andauert. Allein aus der Bestätigung des der Aufhebung des *Insolvenzverfahrens folgt nicht, dass Zahlungsfähigkeit wieder hergestellt und der zunächst eingetretene Insolvenzfall beseitigt wäre.*[1]

Maßgeblich für den Insolvenzgeldanspruch sind die erarbeiteten Entgeltansprüche des Arbeitnehmers in den drei Monaten vor dem Insolvenzereignis, unabhängig von ihrer Fälligkeit. Das Arbeitsentgelt umfasst alle Ansprüche mit Entgeltcharakter, die der Arbeitnehmer als Gegenwert für seine geleistete Arbeit erhält. Sonderzahlungen werden bei der Berechnung des Insolvenzgeldes nur berücksichtigt, soweit der sie auslösende Stichtag in den Insolvenzgeldzeitraum fällt.[2] Unter Umständen kommt nur eine anteilige Berücksichtigung in Betracht, sofern die Zahlungen dem Insolvenzgeldzeitraum zugerechnet werden können. Es muss sich dann um eine zusätzliche Vergütung für die im Bezugsjahr geleistete Arbeit handeln.

Insolvenzgeld wird von der Bundesagentur in Höhe des Nettoarbeitsentgelts gezahlt. Es deckt allerdings nur einen Teil des offenen Nettogehalts ab, wenn das Bruttomonatseinkommen über der Beitragsbemessungsgrenze liegt, § 167 Abs. 1 SGB III.

5   Keinen Anspruch auf Insolvenzgeld haben mangels Arbeitnehmereigenschaft Vorstandsmitglieder einer AG[3] und Geschäftsführer von GmbHs und GmbH & Co. KGs, sofern sie maßgebende Einflussmöglichkeit auf die Gesellschaft haben.[4]

6   Da der Insolvenzgeldanspruch erst ab Eintritt des Insolvenzereignisses geltend gemacht werden kann, eröffnet § 170 Abs. 4 SGB III die Möglichkeit zur kollektiven Vorfinanzierung des Arbeitsentgeltes. Diese bedarf der Zustimmung der Agentur für Arbeit. Sie wird über ein Kreditinstitut abgewickelt, welches die Arbeitsentgeltansprüche der Mitarbeiter kauft bzw. sich abtreten lässt. In Absprache mit dem vorläufigen Verwalter wird der Antrag zur Vorfinanzierung bei der Agentur für Arbeit eingebracht. Die Zustimmung der Arbeitsagentur ist geknüpft an die positive Prognose zum Erhalt eines erheblichen Teils der Arbeitsplätze.

Für das mit ESUG neu eingeführte Schutzschirmverfahren nach § 270b InsO, sieht Absatz 3 dieser Vorschrift die Zulässigkeit einer Einzelermächtigung des Schuldners selbst zur Begründung von Masseverbindlichkeiten und damit zur Kreditaufnahme im

---

[1] BSG v. 6.12.2012 – B 11 AL 11/11 R, ZIP 2013, 795.
[2] BSG ZIP 2005, 133; BSG MDR 1988, 260.
[3] BSG ZIP 1987, 924; Runkel/*Irschlinger* § 11 Rn. 391.
[4] BSG BB 1984, 1049; vgl. aber auch BSG v. 4.7.2007 – B 11a. AL 5/06 R.

Rahmen der Insolvenzgeldvorfinanzierung vor, da der Schuldner die Verwaltungs- und Verfügungsbefugnis im Verfahren nach § 270b InsO selbst besitzt.

Ist der Insolvenzantrag hingegen verbunden mit einem Antrag auf Anordnung der Eigenverwaltung gemäß § 270a InsO, war von den Gerichten uneinheitlich behandelt und damit unklar, ob in Analogie zu § 270b Abs. 3 InsO die Möglichkeit besteht, den Schuldner zur Begründung von Masseverbindlichkeiten zu ermächtigen. Die mit Spannung erwartete Entscheidung des BGH vom 7.2.2013, hat in der Sache allerdings keine Klärung gebracht. Im Ergebnis ist der schon im Vorfeld ergangenen Entscheidung des LG Duisburg vom 29.11.2012 insoweit zuzustimmen. Das Erfordernis zur Begründung von Masseverbindlichkeiten ist auch im vorläufigen Eigenverwaltungsverfahren nach § 270a InsO zur Fortführung des Geschäftsbetriebes unabdingbar notwendig und unterscheidet sich hierin nicht vom Verfahren nach § 270b InsO. Im Eigenverwaltungsverfahren nach § 270a InsO ist diese Ermächtigung auch dem Schuldner und nicht dem vorläufigen Sachwalter zu erteilen, da ebenfalls ersterem durch eine vorläufige Eigenverwaltung die privatautonome Verwaltungs- und Verfügungsbefugnis übertragen wurde.

Lohnansprüche, die sich auf Zeiträume vor Eröffnung des Insolvenzverfahrens beziehen und die nicht durch Insolvenzgeld gesichert sind, werden als einfache Insolvenzforderungen i.S.d. § 38 InsO behandelt. Zu den Insolvenzforderungen zählen auch Abfindungsansprüche, und zwar unabhängig von ihrem Fälligkeitszeitpunkt, sofern der Anspruch auf einer Vereinbarung vor Insolvenzeröffnung gründet.[5] Entsprechendes gilt für Forderungen aus Sozialplänen, die vor Eröffnung des Insolvenzverfahrens aufgestellt wurden.[6] Diese Sozialpläne bleiben auch nach Eröffnung des Verfahrens uneingeschränkt in Kraft, es sei denn, dass sie unter den Voraussetzungen des § 124 InsO wirksam widerrufen wurden.

7

Bei einer verfrühten Beendigung des Arbeitsverhältnisses im Rahmen des § 113 InsO steht dem Arbeitnehmer ein Schadensersatzanspruch als Insolvenzforderung zu (§ 113 Satz 3 InsO). Bei vereinbarter Unkündbarkeit ist der Schadensersatzanspruch als Verfrühungsschaden auf die ohne die vereinbarte Unkündbarkeit maßgeblich längste ordentliche Kündigungsfrist beschränkt.[7]

8

Der Umfang des Anspruches ist auf die Höhe des Verdienstausfalls begrenzt, der durch die Verkürzung der sonst anwendbaren Kündigungsfrist im Insolvenzfall entsteht. Im Wege der Vorteilsausgleichung muss sich der Gekündigte das anrechnen lassen, was er in einem neuen Anstellungsverhältnis erwirbt oder zu erwerben böswillig unterlässt; anrechenbar sind auch bezogene Sozialleistungen (u.a. Arbeitslosengeld[8]). Andere Nachteile wegen der Kündigung in der Insolvenz sind nicht ersetzbar, insbesondere nicht der Nachteil durch den eventuell früher endenden Bezugszeitraum für Arbeitslosengeld I.

Vergütungsansprüche der Arbeitnehmer, die aus der uneingeschränkten Fortführung der Arbeitsverhältnisse nach Eröffnung des Insolvenzverfahrens resultieren (§ 108 Abs. 1 InsO), begründen Masseverbindlichkeiten gemäß § 55 Abs. 1 Nr. 2 InsO.

9

Zu den Masseverbindlichkeiten zählen auch nach Insolvenzeröffnung vereinbarte Abfindungsansprüche sowie Forderungen aus einem nach Verfahrenseröffnung aufgestellten Sozialplan. Entsprechendes gilt bei Ansprüchen aus Sozialplänen, die von einem sog. starken vorläufigen Insolvenzverwalter aufgestellt wurden. Eine Begrenzung des Sozialplanvolumens folgt aus den abstrakten Grenzen des § 123 InsO.

---

[5] BAG ZIP 2006, 1962; vgl. auch *Schmidt/Lambertz* ZInsO 2007, 800.
[6] BAG ZIP 1999, 540.
[7] BAG v. 16.5.2007 – 8 AZR 772/06; a.A OLG Düsseldorf v. 23.2.2007 – I 16 U 158/05.
[8] Vgl. ZIP 2007, 1829.

§ 30 6. Teil. Möglichkeiten der Sanierung nach der Insolvenzordnung

10 Leistungsansprüche der Arbeitnehmer aufgrund von Betriebsvereinbarungen, die die Insolvenzmasse belasten, wie Gratifikationen, Weihnachtsgeld oder Urlaubsgeld, können im Rahmen des § 120 InsO vorzeitig gekündigt werden. Während aus freiwilligen Betriebsvereinbarungen nach Ablauf der Kündigungsfrist keine Ansprüche mehr hergeleitet werden können, unterliegen erzwingbare Betriebsvereinbarungen einer Nachwirkung gemäß § 77 Abs. 6 BetrVG. Bis eine neue Vereinbarung zwischen Verwalter und Betriebsrat getroffen ist, können die Mitarbeiter grundsätzlich weiter Ansprüche daraus herleiten.

11 Wird vom Insolvenzverwalter beim Insolvenzgericht gemäß § 208 InsO die Masseunzulänglichkeit angezeigt und das Arbeitsverhältnis, dessen Gegenleistung der Insolvenzverwalter nicht in Anspruch nimmt, gekündigt, so handelt es sich bei den Entgeltansprüchen des Arbeitnehmers bis zur Beendigung des Arbeitsverhältnisses um eine sog. Altmasseverbindlichkeit nach § 209 Abs. 1 Nr. 3 InsO.[9]
Eine vorrangig zu begleichende sog. Neumasseverbindlichkeit i.S.d. § 209 Abs. 2 Nr. 2 InsO entsteht jedoch für Ansprüche aus dem Arbeitsverhältnis für den Zeitraum nach dem fiktiven Ablauf der ersten möglichen Kündigungsfrist nach Anzeige der Masseunzulänglichkeit.[10] Auch die Inanspruchnahme der Arbeitsleistung nach der Masseunzulänglichkeitsanzeige führt zu einer Neumasseverbindlichkeit gemäß § 209 Abs. 2 Nr. 3 i.V.m. Abs. 1 Nr. 2 InsO.

12 Bei der **Altersteilzeit** in Form des sog. Blockmodells ist der Zeitpunkt der Arbeitsleistung für die Einordnung des Anspruchs als Insolvenzforderung oder Masseforderung entscheidend. Vereinbarungsgemäß vor Insolvenzeröffnung erbrachte Arbeitsleistungen führen trotz Fälligkeit des Gehalts in der späteren Freistellungsphase zu Insolvenzforderungen, während nach Eröffnung des Insolvenzverfahrens erbrachte Arbeitsleistungen Masseforderungen begründen.[11] Für Gehaltsansprüche in der Freistellungsphase ist zu deren Einordnung als Insolvenz- oder Masseforderung entscheidend, wann die spiegelbildlich dazu geleistete Arbeit erbracht wurde. Eine Insolvenzforderung begründen Gehaltsansprüche in der Freistellungsphase, deren Arbeitsleistung bereits vor Verfahrenseröffnung erbracht wurde, während nach Verfahrenseröffnung erbrachte Arbeitsleistungen auch für die Gehaltsansprüche der Freistellungsphase Masseforderungen sind.[12]
Um das vom Arbeitnehmer in der Arbeitsphase erarbeitete Wertguthaben gegen den Insolvenzfall abzusichern, sieht § 8a ATZG für ab dem 1.7.2004 abgeschlossene Altersteilzeitverträge eine vom Arbeitgeber nachzuweisende Sicherung vor. Bis zu dieser gesetzlichen Verpflichtung der Sicherung des Wertguthabens vor Zahlungsunfähigkeit war der Insolvenzschutz über § 7d SGB IV a.F. lediglich als eine Obliegenheit des Arbeitgebers ausgestaltet. Auch wenn keine Vorkehrungen zur Absicherung getroffen wurden, musste der Arbeitgeber keinen Schadensersatz leisten.[13]
Der Insolvenzverwalter rückt zwar mit der Eröffnung grundsätzlich in die Arbeitgeberstellung der nach § 108 Abs. 1 InsO fortbestehenden Arbeitsverhältnisse ein, jedoch ist er dadurch selbst nicht verpflichtet, das Wertguthaben gemäß § 8a Abs1 S. 1 AltTZG gegen das Risiko „seiner" Zahlungsunfähigkeit abzusichern.[14]
Sind Lohnzahlungen im Vorfeld der Insolvenzantragstellung erfolgt, können diese der insolvenzrechtlichen Anfechtung nach §§ 129 ff. InsO unterliegen.

---

[9] Vgl. BAG v. 4.6.2006 – 10 AZR 586/02.
[10] Vgl. BAG DZWIR 2005, 106; MünchKommInsO-*Hefermehl* § 209 Rn. 32.
[11] BAG ZIP 2005, 457.
[12] BAG v. 19.10.2004 – 9 AZR 647/03.
[13] BAG v. 21.11.2006 – 9 AZR 206/06; vgl. zu anderer Fallgestaltung BAG ZIP 2007, 1334.
[14] BAG v. 15.1.2013; ZinsO 2013, 680.

§ 30 Arbeitsrechtliche Aspekte der Insolvenz § 30

Insoweit bestimmt insbesondere § 130 Abs. 1 Nr. 1 InsO, dass eine Rechtshandlung, durch die ein Insolvenzgläubiger eine Befriedigung erlangt hat, anfechtbar ist, wenn sie in den letzten drei Monaten vor dem Antrag auf Eröffnung des Insolvenzverfahrens vorgenommen worden ist, der Schuldner zur Zeit der Handlung zahlungsunfähig war und der Gläubiger die Zahlungsunfähigkeit zu dieser Zeit kannte. Gemäß § 130 Abs. 2 InsO steht der Kenntnis der Zahlungsunfähigkeit die Kenntnis von Umständen gleich, die zwingend auf die Zahlungsunfähigkeit schließen lassen.

Soweit die Lohnzahlungen die Vergütung der in den vorangegangenen drei Monaten erbrachten Arbeitsleistungen betreffen, unterliegen diese als Bargeschäft gemäß § 142 InsO allerdings regelmäßig nicht der Anfechtung nach § 130 Abs. 1 InsO, da der erforderliche enge zeitliche Zusammenhang mit der Gegenleistung besteht.[15] In Betracht kommt in diesem Fall lediglich eine Anfechtung nach § 133 Abs. 1 InsO. Für die hier erforderliche Kenntnis des Arbeitnehmers von einer Zahlungsunfähigkeit des Arbeitgebers reicht es allerdings nicht aus, dass der Arbeitnehmer Kenntnis von der zeitlichen Dauer und der Höhe der eigenen Gehaltsrückstände sowie von dem Umstand hat, dass der Arbeitgeber gegenüber einem Großteil der Arbeitnehmer seit mehreren Monaten mit Lohnzahlungen in Rückstand geraten ist.[16]

Durch eine Entscheidung des gemeinsamen Senats der Obersten Gerichtshöfe des Bundes[17] ist im Übrigen zwischenzeitlich geklärt, dass derartige Rechtsstreitigkeiten über die Anfechtung von Lohnzahlungen vor die Gerichte für Arbeitssachen und nicht die vor die ordentlichen Gerichten gehören.

III. Kündigungsschutz in der Insolvenz

Im Insolvenzverfahren lässt sich das Bestreben des Insolvenzverwalters zur Sanierung 13
oder Übertragung eines Unternehmens selten ohne eine Reduzierung des Personalbestandes erreichen. Die Insolvenz als solche kann nicht als Kündigungsgrund zur Beendigung von Arbeitverhältnissen herangezogen werden.

Die Vorschrift des § 113 InsO enthält sowohl ein gesetzliches Kündigungsrecht als auch eine Regelung zur Kündigungsfrist.[18] Abweichend von gesetzlichen oder individuell vereinbarten Kündigungsfristen bestimmt die Vorschrift eine Frist von drei Monaten, um einen schnelleren Personalabbau zu erreichen. Mit dieser dreimonatigen Höchstfrist können neben befristeten Arbeitsverträgen auch Arbeitsverträge gekündigt werden, in denen individual- oder tarifvertraglich die Unkündbarkeit vereinbart wurde. Erfasst werden von der Vorschrift sämtliche Arbeitsverhältnisse, insbesondere auch Anstellungsverhältnisse von Organen und befristete Arbeitsverhältnisse. Der gesetzliche Sonderkündigungsschutz wie z.B. für Schwerbehinderte, Auszubildende, Betriebsratsmitglieder oder Eltern in Elternzeit bleibt dagegen von der Vorschrift grundsätzlich unberührt.[19] Anwendung findet § 113 InsO auch auf Änderungskündigungen.

Das Kündigungsrecht steht allein dem Insolvenzverwalter im eröffneten Verfahren zu. 14
Der vorläufige Verwalter hat nur dann vor Verfahrenseröffnung eine Kündigungsbefug-

---

[15] BAG v. 6.10.2011 – 6 AZR 262/19; NZI 2011, 981; der BGH sieht einen unmittelbaren zeitlichen Zusammenhang nur bei einer zeitlichen Differenz bis zu 30 Tagen zwischen Leistung und Gegenleistung – so BGH v. 13.4.2006 – IX ZR 158/05; NZI 2006, 469.
[16] BAG v. 6.10.2011 – 6 AZR 262/19; NZI 2011, 981.
[17] GmS-OGB 27.9.2010; NZA 2011, 534.
[18] *Picot/Schnitker*, Teil VII Rn. 5.
[19] BAG ZIP 2006, 918; Braun/*Wolf* § 113, Rn. 22 f.

§ 30   6. Teil. Möglichkeiten der Sanierung nach der Insolvenzordnung

nis, wenn er nach § 22 Abs. 1 InsO die Verfügungsbefugnis übertragen bekommen hat.[20] Dem vorläufigen Insolvenzverwalter stehen die arbeitsrechtlichen Erleichterungen der InsO, insbesondere des § 113 InsO nicht zur Verfügung.[21]

Mit Eröffnung des Insolvenzverfahrens empfiehlt es sich unter Umständen für den Verwalter, bereits gekündigte Arbeitsverhältnisse „nachzukündigen", um die verkürzte Kündigungsfrist von 3 Monaten auszulösen. Auch können dadurch Unsicherheiten hinsichtlich der Wirksamkeit der Erstkündigung beseitigt werden. Aufgrund der geänderten Sachlage durch die Insolvenzeröffnung liegt in der erneuten Kündigung keine unzulässige Wiederholungskündigung.

15 Die Vorschrift des § 113 InsO verdrängt nicht den allgemeinen Kündigungsschutz nach Maßgabe des § 1 KSchG. Trifft der Insolvenzverwalter organisatorische Maßnahmen, infolge derer die Beschäftigungsmöglichkeit für Mitarbeiter entfällt, sind die Kündigungen der Betroffenen durch dringende betriebliche Gründe i.S.d. § 1 KSchG bedingt. Jede betriebsbedingte Kündigung unterliegt im Rahmen des Insolvenzverfahrens grundsätzlich einer Sozialauswahl nach § 1 Abs. 3 KSchG. Danach ist eine betriebsbedingte Kündigung bei Wegfall des Arbeitsplatzes nur gerechtfertigt, wenn der Insolvenzverwalter bei der Auswahl der zu kündigenden Arbeitnehmer die sozialen Kriterien des § 1 Abs. 3 Satz 1 KSchG ausreichend berücksichtigt hat.

Die Sozialauswahl muss sich unter den vergleichbaren Arbeitnehmern auf den gesamten Betrieb erstrecken und ist nicht nur auf einen Teil des Betriebes beschränkt.[22] Arbeitnehmer können gemäß § 1 Abs. 3 Satz 2 KSchG von der Sozialauswahl ausgenommen werden, deren Weiterbeschäftigung wegen ihrer Kenntnisse, Fähigkeiten und Leistungen oder zur Sicherung einer ausgewogenen Personalstruktur im berechtigten Interesse des Betriebes liegt, sog. Leistungsträger.

16 Im Gegensatz zu einer bloßen Personalreduzierung ist ein betriebsbedingter Kündigungsgrund ohne Zweifel anzunehmen, wenn infolge einer Stilllegung des Betriebes durch den Insolvenzverwalter sämtliche Arbeitsplätze wegfallen. Einer Sozialauswahl bedarf es bei einer Betriebsstilllegung nur dann, wenn die Stilllegung in mehreren Etappen erfolgt[23] und nicht alle Arbeitnehmer zum selben Zeitpunkt entlassen werden. Der Insolvenzverwalter kann bereits betriebsbedingt kündigen, wenn der Entschluss zu einer Betriebsstilllegung feststeht und konkrete Formen angenommen hat.

17 Befindet sich ein Arbeitnehmer bei vereinbarter Altersteilzeit in der Freistellungsphase (passive Altersteilzeit), so ist eine betriebsbedingte Kündigung durch den Insolvenzverwalter nach Ansicht des Bundesarbeitsgerichts nicht möglich, da der Weiterbeschäftigung keine dringenden betrieblichen Erfordernisse entgegenstehen.[24] In der Arbeitsphase dagegen (aktive Altersteilzeit) können der Weiterbeschäftigung ebenso wie bei anderen Arbeitnehmern dringende betriebliche Erfordernisse entgegenstehen, die eine betriebsbedingte Kündigung ermöglichen.[25]

18 Kommt es infolge einer Betriebsstilllegung zu Entlassungen von Arbeitnehmern, so hat der Insolvenzverwalter bei der örtlichen Arbeitsagentur unter den Voraussetzungen der §§ 17, 18 KSchG die Massenentlassung anzuzeigen. Für die Entlassungen i.S.v. § 17 Abs. 1 Satz 1 KSchG kommt es nach geänderter Rechtsprechung allein auf das Datum

---

[20] BAG ZIP 2006, 585 (Anm.: die Kündigung des vorläufigen Verwalters scheitert grds. nicht daran, dass an der Zustimmung des Insolvenzgerichts zur Stilllegung fehlt).
[21] BAG ZIP 2005, 1289; Runkel/*Irschlinger* § 11 Rn. 256.
[22] BAG ZIP 2005, 412.
[23] BAG v. 16.9.1982, AP Nr. 4 zu § 22 KO.
[24] BAG v. 5.12.2002 – 2 AZR 571/01; BAG ZIP 2003,1169.
[25] BAG v. 16.6.2005 – 6 AZR 476/04, ZIP 2005, 1842; hierzu auch *Oetker* EWiR 2006, 217.

des Zugangs der Kündigungserklärung an und nicht mehr auf den Zeitpunkt der Beendigung des Arbeitsverhältnisses an.[26] Bei der Massenentlassungsanzeige gibt es viele formale Erfordernisse, deren Nichtbeachtung auch durch Bescheide der Arbeitsverwaltung nicht geheilt werden (BAG 28.6.12 – 6AZR 680/10, NZA 2012,1029); vgl. auch eine Reihe von jüngeren Entscheidungen des 6. Senats des BAG zu den Pflichten und Hürden, beispielsweise beim Konsultationsverfahren (vgl. dazu BAG 20.9.2012 und BAG 13.12.2012).

Nicht unter den allgemeinen Kündigungsschutz nach Maßgabe des § 1 KSchG fällt **19** die Möglichkeit der „insolvenzspezifischen" Freistellung eines Arbeitnehmers von der Erbringung seiner Arbeitsleistung.[27] Mangels Beendigung des Arbeitsverhältnisses bedarf es zur Freistellung keiner Sozialauswahl; die Ausübung des Freistellungsrechts durch denn Verwalter unterliegt allerdings den Grenzen des billigen Ermessens. Durch die Freistellung entfällt zwar der Beschäftigungsanspruch des Mitarbeiters, der Vergütungsanspruch bleibt hingegen bestehen. Nachteilige Auswirkungen hat die Freistellung für den Arbeitnehmer im Fall der Masseunzulänglichkeitsanzeige durch den Verwalter, da der Vergütungsanspruch als übrige Masseverbindlichkeit gemäß § 209 Abs. 1 Nr. 3 InsO dem Entgeltanspruch der nicht freigestellten Arbeitnehmer im Range nachgeht. Es besteht keine insolvenzspezifische Pflicht des Verwalters, Arbeitnehmer zu einem bestimmten Zeitpunkt von der Arbeitspflicht freizustellen, um den Bezug von Arbeitslosengeld zu ermöglichen. Sie kann allenfalls dann bestehen, wenn durch die Beschäftigung der Arbeitnehmer keinerlei Wertschöpfung zu Gunsten der Insolvenzmasse eintritt, die Beschäftigung aber zu einer nicht unerheblichen Minderung der Masse führt und eine künftige Wertschätzung auch nicht zu erwarten ist. Sind die Tatbestände der §§ 61 und 60 InsO nicht erfüllt, kommt eine persönliche Haftung des Insolvenzverwalters nur in Ausnahmefällen in Betracht, etwa dann, wenn er eigene vertragliche Pflichten übernimmt oder in besonderem Maße persönlich Vertrauen in Anspruch nimmt.[28]

IV. Betriebsänderungen in der Insolvenz

Die Stilllegung von Betriebsteilen, grundlegende Änderungen der Betriebsorganisation **20** oder die Entlassung von Arbeitnehmern spielen gerade in Insolvenzverfahren eine bedeutende Rolle. Infolge dessen geht häufig die erforderliche Personalreduzierung mit einer Betriebsänderung i.S.d. §§ 111 ff. BetrVG einher.

Bei dem Vorhandensein eines Betriebsrates hat auch der Insolvenzverwalter im Rahmen einer betrieblichen Veränderung die Bestimmungen der §§ 111 bis 113 BetrVG zu beachten. Liegen die gesetzlichen Voraussetzungen einer Betriebsänderung vor, so hat der Insolvenzverwalter einen Interessenausgleich zu versuchen und einen Sozialplan aufzustellen. Erforderlich ist dann zunächst wie bei jeder Betriebsänderung die rechtzeitige und umfassende Unterrichtung des Betriebsrates über die geplante Maßnahme. Ob der Beginn einer solchen Betriebsänderung schon mit der unwiderruflichen Freistellung aller Mitarbeiter anzunehmen ist, so das LAG Berlin Brandenburg in einer Entscheidung vom 2.3.2012[29], muss mit Rücksicht auf die Insolvenzpraxis kritisch hinterfragt werden.

---

[26] EuGH v. 27.1.2005 – Rs C 188/03; BAG v. 23.3.2006 – 2 AZR 343/05.
[27] LAG Hamm ZInsO 2002, 45.
[28] BAG v. 15.11.2012, ZIP 2013, 638.
[29] Vgl. ZIP 2012, 1429.

§ 30 6. Teil. Möglichkeiten der Sanierung nach der Insolvenzordnung

21   Bei einem zwischen dem Insolvenzverwalter und dem Betriebsrat geschlossenen Interessenausgleich nach § 125 InsO, der die zu kündigenden Arbeitnehmer namentlich bezeichnet, wird abweichend von § 1 KSchG vermutet, dass die Kündigung aus betriebsbedingten Gründen erfolgte und eine anderweitige Beschäftigungsmöglichkeit fehlt. Es handelt sich dabei um eine gesetzliche Vermutung im Sinne des § 292 Satz 1 ZPO. In einem Kündigungsschutzprozess muss der Arbeitnehmer durch substantiierten Tatsachenvortrag diese Vermutung widerlegen.

22   Neben der Umkehr der Beweislast führt der namentliche Interessenausgleich nach § 125 Abs. 1 Nr. 2 InsO zu einer eingeschränkten gerichtlichen Kontrolle der Sozialauswahl. Die soziale Auswahl kann nur hinsichtlich der drei Auswahlkriterien Betriebszugehörigkeit, Lebensalter und Unterhaltsverpflichtungen gerichtlich überprüft werden. Und auch diesbezüglich beschränkt sich die gerichtliche Kontrolle auf grobe Fehlerhaftigkeit der Sozialauswahl. Als grob fehlerhaft wird eine Sozialauswahl dann anzusehen sein, wenn die Gewichtung der drei Kriterien jegliche Ausgewogenheit vermissen lässt.

Eine Betriebsänderung kann nach § 125 Abs. 1 Nr. 2 InsO auch zur Erhaltung oder Schaffung einer ausgewogenen Personalstruktur genutzt werden. Um die Sanierungschancen oder Veräußerungsmöglichkeiten des Unternehmens zu erhöhen, ist es oft unerlässlich, das Personal hinsichtlich der Alters- oder Qualifikationsstruktur an die neuen Gegebenheiten anzupassen. Dabei verstößt die Bildung von Altersgruppen nicht gegen das unionsrechtliche Verbot der Altersdiskriminierung (BAG 15.12.2011, ZIP 2012, 1623). Die Berücksichtigung von Fehlzeiten zur Schaffung einer ausgewogenen Personalstruktur wird vereinzelt diskutiert, muss aber den Anforderungen der Rspr. an eine personenbedingte Kündigung gerecht werden.

Die Vorschrift des § 125 InsO dient der Sicherstellung einer zügigen Durchführung der geplanten Betriebsänderung ohne dem Arbeitnehmer den Kündigungsschutz gegen eine ungerechtfertigte Kündigung zu nehmen. Die Zweckmäßigkeit und die Bedeutung der Regelung zeigt sich inzwischen an dem fast inhaltsgleichen § 1 Abs. 5 KSchG.

23   Ist es trotz umfassender und rechtzeitiger Unterrichtung des Betriebsrates über die geplante Betriebsänderung nach § 111 BetrVG nicht zu einem namentlichen Interessenausgleich gekommen oder existiert kein Betriebsrat, so kann der Verwalter über § 126 InsO ein Beschlussverfahren zum Kündigungsschutz einleiten. Das Gericht überprüft die Kündigungen auf ihre dringenden betrieblichen Erfordernisse und ihre soziale Rechtfertigung anhand der Grundsätze des § 1 KSchG. Der Durchführung des Beschlussverfahrens nach § 126 InsO kommt in der Praxis nach wie vor so gut wie keine Bedeutung zu.

V. Betriebsübergang in der Insolvenz

24   Als weit verbreitetes Sanierungsmittel in der Praxis ist für den Insolvenzverwalter die Veräußerung des Betriebes denknotwendig und unverzichtbar. Sofern damit ein Betriebsübergang i.S.d. § 613a BGB verbunden ist, hat der Verwalter diese Vorschrift auch uneingeschränkt im Insolvenzverfahren zu beachten, wie sich aus § 128 InsO ergibt. § 613a BGB findet auch in der Insolvenz Anwendung[30], obgleich dies vom europäischen Recht nicht gefordert wird![31]

25   Ein Betriebsübergang liegt vor, wenn ein neuer Rechtsträger die wirtschaftliche Einheit unter Wahrung von deren Identität fortführt. Eine eigenwirtschaftliche Nutzung der

---

[30] BAG BB 2003, 423.
[31] Vgl. EuGH v. 7.2.1985 – C 135 /83.

überlassenen sächlichen Betriebsmittel wird nicht mehr verlangt.[32] Der Übergang eines selbständigen Betriebsteiles genügt. Legt man den Begriff richtlinienkonform aus, so umfasst der Betriebsübergang auch Vorgänge, bei denen eine ihre Identität wahrende wirtschaftliche Einheit im Sinne einer organisatorischen Zusammenfassung von Ressourcen zur Verfolgung einer wirtschaftlichen Haupt- oder Nebentätigkeit übergeht. Bei einer wesentlichen Änderung der Organisation, Struktur oder des Konzepts durch den Erwerber ist ein Betriebsübergang zu verneinen.[33]

Über § 613a BGB wird erreicht, dass der Erwerber bei einem Betriebsübergang durch Rechtsgeschäft in die Rechte und Pflichten der im Zeitpunkt des Übergangs bestehenden Arbeitsverhältnisse eintritt. Dies gilt sowohl für Rechte und Pflichten, die auf individualvertraglicher Grundlage beruhen als auch für solche auf kollektivrechtlicher Grundlage (§ 613a Abs. 1 Satz 2 bis 4).

Anders als bei einem Betriebsübergang außerhalb der Insolvenz sind allerdings Ansprüche von Mitarbeitern, die vor Eröffnung des Insolvenzverfahrens begründet wurden, von dem Übergang auf den Erwerber ausgeschlossen.[34]

Erhebliche Bedeutung gewinnt diese Haftungsbeschränkung im Rahmen der betrieblichen Altersversorgung. Dazu gehören insbesondere auch bereits vor Insolvenzeröffnung erworbene Anwartschaften auf betriebliche Altersversorgung. Der Betriebserwerber hat im Eintritt des Versorgungsfalles nur für den Teil des Versorgungsanspruchs aufzukommen, der auf den Beschäftigungszeiten nach dem Betriebsübergang beruht.[35] Der Teil der Versorgungsansprüche, der durch Beschäftigungszeiten vor Eröffnung des Insolvenzverfahrens erdient wurde, wird im Eintritt des Versorgungsfalles durch den Pensionssicherungsfonds erfüllt.

Der PSV tritt bei unverfallbaren Anwartschaften auf betriebliche Altersversorgung im Sinne des § 1 BetrAVG im Sicherungsfall in die Verträge ein, § 7 BetrAVG. Auch gegenüber im Zeitpunkt des Betriebsübergangs bereits in Rente befindlichen Arbeitnehmern übernimmt der PSV in der Höhe begrenzt die laufenden Versorgungsbezüge.[36]

Gemäß § 613a Abs. 4 Satz 1 BGB sind Kündigungen des Insolvenzverwalters wegen eines Betriebsüberganges unwirksam, wenn darin der alleinige Grund zu sehen ist.[37] Eine Personalreduzierung lässt sich jedoch gleichwohl erreichen, wenn das Konzept eines Erwerbers von weniger Personal ausgeht und daher Kündigungen durch den Insolvenzverwalter notwendig sind, um einen Verkauf zu ermöglichen.[38] Diese Kündigungen erfolgen nicht wegen des Betriebsübergangs, sondern aufgrund der notwendigen Sanierung des Betriebes. Nicht selten ist es bei einer Betriebsveräußerung zwingende Voraussetzung, dass der Betrieb den Erfordernissen des Erwerbers angepasst wird, mithin ein Teil der Arbeitsplätze wegfällt. In Kündigungen auf Basis eines Erwerberkonzepts ist keine unzulässige Umgehung des § 613a BGB zu sehen. Andernfalls wäre der Insolvenzverwalter regelmäßig gezwungen, an sich konkurrenzfähige Betriebe zu zerschlagen. Der Verlust aller Arbeitsplätze wäre die Folge.

---

[32] BAG ZIP 2006, 1268; im Anschluss an EuGH v. 15.12.2005 – Rs C-232, 233/04 = ZIP 2006, 95.
[33] BAG ZIP 2006, 1545.
[34] BAG ZIP 2003, 222; *Picot/Schnitker*, Teil VII Rn. 52 f.
[35] *Henckel* ZIP 1980, 2.
[36] *Willemsen/Hohenstatt/Schweibert/Seibt*, Kap. J, Rn. 338.
[37] BAG ZIP 2003, 1671.
[38] BAG v. 20.9.2006 – 6 AZR 249/05; hierzu auch *Grimm/Michaelis* EWiR 2007, 363; BAG ZIP 2003, 1671.

§ 30 6. Teil. Möglichkeiten der Sanierung nach der Insolvenzordnung

Eine Umgehung des § 613a BGB sieht die Rechtsprechung jedoch in der Veranlassung von Arbeitnehmern zum Abschluss von Aufhebungsverträgen oder Eigenkündigungen mit der konkreten Aussicht, zu neuen Vertragsbedingungen von dem Betriebserwerber übernommen zu werden.[39]

29   Ein weiteres Instrument zur Erleichterung des Personalabbaus in der Insolvenz ist die Errichtung einer Beschäftigungs- und Qualifizierungsgesellschaft (BQG). Dabei werden die Arbeitnehmer in die Gesellschaft aufgenommen, indem sie nach Abschluss eines Aufhebungsvertrages mit dem Insolvenzverwalter ein neues befristetes Arbeitsverhältnis begründen. Die BQG qualifiziert die Arbeitnehmer für den allgemeinen Arbeitsmarkt und verhindert Arbeitslosigkeit. Während des Arbeitsverhältnisses mit der BQG erhalten die Arbeitnehmer von der Agentur für Arbeit Transferkurzarbeitergeld. Auch wenn ein Betriebserwerber vorhanden ist, der die BQG finanziert und nach Auslaufen der befristeten Verträge mit den von ihm benötigten Arbeitnehmern neue Arbeitsverträge zu geänderten Konditionen schließt, liegt keine unzulässige Umgehung des § 613a BGB vor.[40] Dem Arbeitnehmer darf jedoch nicht schon bei Vertragsauflösung und Übergang in die BQG konkret in Aussicht gestellt werden, vom Betriebserwerber später übernommen zu werden.[41]

30   Über § 128 Abs. 2 InsO wird erweiternd im Rahmen eines namentlichen Interessenausgleichs vermutet, dass die Kündigung eines Arbeitnehmers nicht wegen des Betriebsübergangs erfolgte. Diese gesetzliche Vermutung hat der Arbeitnehmer im Kündigungsschutzprozess zusätzlich neben der Vermutung der sozialen Rechtfertigung der Kündigung zu widerlegen.

31   Über § 128 Abs. 1 InsO kommen einem Erwerber die Wirkungen der §§ 125 bis 127 InsO zugute, sofern der Insolvenzverwalter vor dem Betriebsübergang einen namentlichen Interessenausgleich erzielt hat oder eine gerichtliche Feststellung nach § 126 InsO erreichte. Neben einer geplanten Betriebsänderung i.S.d. § 111 BetrVG ist Voraussetzung, dass die Betriebsveräußerung den Maßnahmen des Insolvenzverwalters bereits inhaltlich zugrunde gelegt wird. Ansonsten besteht die Gefahr, dass aufgrund des Betriebsüberganges eine wesentliche Änderung der Sachlage angenommen wird, und die angestrebten Wirkungen der §§ 125 bis 127 InsO entfallen. Der Erwerber erreicht durch § 128 InsO Planungssicherheit. Die Betriebsänderung kann durchgeführt werden.

32   Der Arbeitnehmer kann dem Übergang seines Arbeitsverhältnisses auf den Betriebserwerber nach § 613a Abs. 6 BGB widersprechen. Damit er von seinem Widerspruchsrecht Gebrauch machen kann, ist er vor dem Betriebsübergang umfassend von dessen Einzelheiten zu unterrichten, § 613a Abs. 5 BGB.

An die Informationspflicht des Veräußerers bzw. des Erwerbers werden von der Rechtsprechung hohe Anforderungen gestellt.[42] So ist der Arbeitnehmer insbesondere über die sozialen und wirtschaftlichen Folgen des Betriebsübergangs und über die wirtschaftliche Situation der neuen Firma zu unterrichten. Die Unterrichtungspflicht umfasst auch etwaige Ansprüche aus einem Sozialplan.[43] Die Verletzung der Unterrichtungspflicht führt dazu, dass die Widerspruchsfrist von einem Monat (§ 613a Abs. 6 BGB) nicht zu

---

[39] BAG ZIP 2006, 148.
[40] Vgl. BAG NZA 2006, 145; BAG v. 22.11.2005 – 1 AZR 458/04; hierzu auch *Grimm/Brock* EWiR 2006, 327.
[41] BAG ZIP 2006,148; interessant hierzu auch BAG 25.10.2012, NZI 2013, 313.
[42] LAG Düsseldorf ZIP 2005, 1752; hierzu auch *Lelley* EWiR 2006, 395; LAG München v. 12.5.2005 – 2 Sa 1098/04; hierzu auch *Schreiner* EWiR 2006, 423.
[43] BAG ZIP 2006, 2143.

laufen beginnt.⁴⁴ Im Rahmen der Insolvenz wird der Widerspruch des Arbeitnehmers eine seltene Ausnahme sein, da ein Verbleib beim Insolvenzverwalter mangels Perspektive nicht von Dauer, mithin nachteilig wäre.

Nicht selten in der Praxis anzutreffen sind die „Stilllegung eines Betriebes" und ein sich anschließender Betriebsübergang. Begrifflich schließen sich Stilllegung und Betriebsübergang aus. Will der Insolvenzverwalter einen Betrieb stilllegen, so kann er betriebsbedingt kündigen, wenn er zumindest den Stilllegungsbeschluss gefasst und zur Umsetzung bereits konkrete Maßnahmen getroffen hat. **33**

Kündigt der Verwalter, nachdem der Betriebsübergang in greifbare Nähe gerückt war, erfolgt die Kündigung in der Regel unter Verstoß gegen § 613a Abs. 4 BGB wegen des Betriebsübergangs. Kommt es außerdem vor Ablauf der Kündigungsfrist zu einer Betriebsübernahme, so spricht eine tatsächliche Vermutung gegen die endgültige Stilllegungsabsicht.

Allerdings scheitert die Rechtswirksamkeit der Kündigung nicht an § 613a Abs. 4 BGB, wenn der Verwalter nach Ausspruch der Kündigungen wider Erwarten noch einen Erwerber findet.

Wird der Betrieb entgegen der ursprünglichen Planung fortgeführt oder übertragen, so hat der Arbeitnehmer einen Wiedereinstellungsanspruch, wenn der Arbeitgeber mit Rücksicht auf die Wirksamkeit der Kündigung noch keine Disposition getroffen hat und ihm die unveränderte Fortsetzung des Arbeitsverhältnisses zumutbar ist.⁴⁵ Im Insolvenzverfahren wird der Wiedereinstellungsanspruch grundsätzlich abgelehnt.⁴⁶ Dies gilt jedenfalls für die Zeit nach Ablauf der Kündigungsfrist.⁴⁷ Begründet wird dies mit dem Ziel der Insolvenzordnung, nämlich der Sanierungserleichterung. Ob dies auch für den Fall gilt, dass sich die Prognose noch während des Laufs der Kündigungsfrist als falsch erweist, ist – soweit ersichtlich – noch immer nicht Gegenstand höchstrichterlicher Rechtsprechung gewesen, kann aber mit Rücksicht auf die Ziele der InsO nicht anders beurteilt werden.

---

[44] BAG ZIP 2006, 2050.
[45] BAG NJW 1997, 2257.
[46] BAG ZIP 2004, 1610; BAG ZIP 1999, 320.
[47] BAG ZIP 2004, 1610.

§ 31 Internationales Insolvenzrecht

Übersicht

	Rn.
I. Einleitung	1, 2
II. Rechtsquellen des internationalen Insolvenzrechts	3–7
1. Europäische Insolvenzverordnung	4
2. §§ 335 ff. InsO	5
3. UNCITRAL-Modellbestimmungen	6
4. Bilaterale Abkommen	7
III. EuInsVO	8–40
1. Überblick über die EuInsVO	8–12
a) Allgemeines	8
b) Grundprinzipien der EuInsVO	9–12
2. Anwendungsbereiche	13–16
a) Zeitlicher Anwendungsbereich	13
b) Territorialer Anwendungsbereich	14
c) Sachlicher Anwendungsbereich	15, 16
3. Internationale Zuständigkeit	17–26
a) Hauptinsolvenzverfahren	17–21
b) Territorialinsolvenzverfahren	22–25
c) Zuständigkeit für Annexverfahren	26
d) Verlegung des COMI	27
4. Anwendbares Recht	28–30
a) Grundsatz der *lex fori concursus*	28
b) Beispielkatalog des Art. 4 Abs. 2 EuInsVO	29
c) Ausnahmekatalog der Art. 5–15 EuInsVO	30
5. Anerkennung und Vollstreckung ausländischer Insolvenzverfahren	31–36
a) Grundsatz der automatischen Anerkennung	31, 32
b) Prioritätsprinzip	33
c) Ausnahmen	34–36
6. Befugnisse des Insolvenzverwalters in anderen Mitgliedstaaten	37, 38
7. Kooperations- und Informationsvorschriften	39–41
IV. Deutsches internationales Insolvenzrecht, §§ 335 ff. InsO	42–51
1. Anerkennung von ausländischen Insolvenzverfahren	42–44
2. Anwendbares Recht	45–48
3. Territorialinsolvenzverfahren	49–51
a) Partikularinsolvenzverfahren	50
b) Sekundärinsolvenzverfahren	51

I. Einleitung

1 Das internationale Insolvenzrecht kommt zur Anwendung, wenn Rechtsfragen in einem Insolvenzverfahren mit Auslandsberührung auftreten. Problemlagen können vor allem entstehen, wenn im Ausland (bzw. Inland) ein Insolvenzverfahren eröffnet wurde, sich Vermögen im Inland (bzw. Ausland) befindet oder wenn gleichzeitig mehrere Insolvenzverfahren in unterschiedlichen Staaten durchgeführt werden. Mehr als zehn Jahre nach Inkrafttreten der Europäischen Insolvenzverordnung ist das internationale Insolvenzrecht aktueller denn je. Die Vorarbeiten der Verordnung, die das internationale Insolvenzrecht innerhalb der EU regelt, haben auch weltweit eine ungeheure Dynamik in Gang gesetzt, die sich insbesondere in der Verbreitung der Modellbestimmungen der UNCITRAL widerspiegelt. Innerhalb der EU haben mehrere Mitgliedstaaten, darunter Deutschland mit den §§ 335 InsO, ihr autonomes internationales Insolvenzrecht umfassender geregelt.

Nach Darstellung der wichtigsten Rechtsquellen des internationalen Insolvenzrechts bieten die nachfolgenden Ausführungen einen Überblick über die – aus deutscher Sicht – wichtigsten Regelungen der Europäischen Insolvenzverordnung und des deutschen autonomen internationalen Insolvenzrechts. 2

II. Rechtsquellen des internationalen Insolvenzrechts

Im Falle eines Insolvenzverfahrens mit Auslandsbezug ist zunächst zu bestimmen, welche Rechtsquelle zur Anwendung kommt. In Betracht kommen hauptsächliche folgende Regelungswerke. 3

1. Europäische Insolvenzverordnung

Die Verordnung (EG) Nr. 1346/2000 des Rates über Insolvenzverfahren (EuInsVO) wurde am 29.5.2000 verabschiedet[1] und ist gemäß Art. 47 EuInsVO am 31.5.2002 in Kraft getreten. Es ist stets zu berücksichtigen, dass die EuInsVO als europäisches Recht innerhalb der EU dem deutschen autonomen internationalen Insolvenzrecht (§§ 335 ff. InsO) vorgeht und dieses verdrängt. Zu beachten sind ferner die deutschen Ausführungsbestimmungen in Art. 102 EGInsO. 4

2. §§ 335 ff. InsO

In Deutschland ist das autonome internationale Insolvenzrecht in den §§ 335 ff. InsO geregelt.[2] Diese Vorschriften wurden durch das Gesetz zur Neuregelung des Internationalen Insolvenzrechts vom 14.3.2003[3] neu gefasst und treten an die Stelle des bisherigen Art. 102 EGInsO a.F. Die §§ 335 ff. InsO finden vor allem im Verhältnis zu Nicht-EU-Staaten Anwendung. Sie sind jedoch auch dann heranzuziehen, wenn die EuInsVO oder die Ausführungsbestimmungen keine Sondervorschriften enthalten[4] und wenn die Regelungslücke nur auf nationaler Ebene kompensiert werden kann. Wenn hingegen die fehlende Regelung in allen Mitgliedstaaten identisch sein muss, greifen nationale Vorschriften nicht ein. 5

---

[1] Inhaltlich ist die Verordnung mit dem einige Jahre zuvor gescheiterten Europäischen Übereinkommen über Insolvenzverfahren (EuInsÜ) im Wesentlichen identisch. Vgl. die umfassende Kommentierung *Pannen*, EuInsVO (2007).
[2] Vgl. hierzu *Liersch* NZI 2003, 302 ff.; BK-InsO/*Pannen*, §§ 335 ff.
[3] BGBl. I S. 345.
[4] Begründung des Entwurfs eines Gesetzes zur Neuregelung des Internationalen Insolvenzrechts, BT-Drucks. 15/16, S. 12; *Pannen/Riedemann* NZI 2004, 301; BK-InsO/*Pannen*, Vorbemerkung zu Art. 102 EGInsO Rn. 8.

3. UNCITRAL-Modellbestimmungen

6 Die UNCITRAL-Modellbestimmungen[5] sind am 15.12.1997 von der UN-Vollversammlung auf Vorschlag der UNCITRAL-Kommission gebilligt worden.[6] Ziele der Modellbestimmungen sind die Anerkennung ausländischer Insolvenzverfahren, die justizielle Zusammenarbeit zu verbessern und den Gerichtszugang für ausländische Insolvenzverwalter zu erleichtern.[7] Hierbei handelt es sich jedoch nicht um ein weltweit einheitliches Übereinkommen.[8] Die Modellbestimmungen sollen vielmehr als eine Vorlage für eine mögliche Anpassung auf die besonderen Bedürfnisse und Rechtskultur der einzelnen Staaten dienen.[9]

Die UNCITRAL-Modellbestimmungen sind in zahlreichen Ländern mehr oder weniger wortgleich umgesetzt worden, so z.B. in Eritrea, Südafrika (2000)[10], Japan (2000)[11], Mexiko (2000)[12], Polen (2003)[13], Rumänien (2003)[14], Montenegro (2002)[15], Serbien (2004), Kolumbien (2006), Großbritannien (2006)[16], die Britischen Virgin Islands (2003)[17], die Britischen Überseegegenden und Nordirland (2006), die Vereinigten Staaten (2005)[18], Neuseeland (2006), Südkorea (2006), Slowenien (2007), Australien (2008), Kanada (2009)[19], Mauritius (2009) und Griechenland (2010).[20]

4. Bilaterale Abkommen

7 Zu beachten seit dem Inkrafttreten der EuInsVO sind nur noch die partikularrechtlichen Verträgen mit der Schweiz.[21]

---

[5] Abgedruckt in ZIP 1997, 2224 ff.
[6] *Runkel/Pannen*, AHB-Insolvenzrecht (2005) § 16 Rn. 58 ff. und 537 ff.; *Wimmer* ZIP 1997, 2220.
[7] *Wimmer* ZIP 1997, 2220, 2220.
[8] *Wimmer* ZIP 1997, 2220, 2221.
[9] *Runkel/Pannen*, AHB-Insolvenzrecht (2005) § 16 Rn. 58.
[10] Cross-Border Insolvency Act, 42 (2000). Art. 34 (S. Afr.). A/CN.9/580 Nr. 4.
[11] Law relating to Recognition and Assistance for Foreign Insolvency Proceedings (Law No. 129 of 2000). A/CN.9/580 Nr. 3.
[12] Ley de Concursos Mercantiles, D.O. 12 de Mayo de 2000 (Mex). A/CN.9/580 Nr. 1.
[13] Law on Insolvency and Restructuring of 28 February 2003. A/CN.9/580 Nr. 6.
[14] Law No 637 of 7 December 2002 on Regulating Private International Law Relations in the Field of Insolvency. A/CN.9/580 Nr. 5.
[15] Law on Business Organization Insolvency, February 2002. A/CN.9/580 Nr. 2.
[16] Insolvency Act 2000. A/CN.9/580 Nr. 8. Das Vereinigte Königreich hat Befugnisnormen erlassen, die die Umsetzung des Modellgesetzes durch Verordnung erlauben. A/CN.9/580 Nr. 2.
[17] Insolvency Act 2003.
[18] Chapter 15 des US Bankruptcy Code. Für eine ausführliche Kommentierung dieser Umsetzung, siehe *Pannen/Hollander/Graham* EuInsVO UNCITRAL.
[19] Vgl. *Pannen/Hollander/Graham*, EuInsVO UNCITRAL Rn. 4 Fn. 23 mit weiteren Verweisen; *Duursma-Kepplinger/Duursma/Chalupsky*, EuInsVO, 1. Abschnitt, Teil 2 Rn. 8.
[20] http://www.uncitral.org/english/status, mehr Information über den Stand der rechtlichen Umsetzungen des Modellgesetzes in verschiedenen Staaten kann in der Erklärung des Sekretariats zum Insolvenzrecht gefunden werden, UNCITRAL, 38. Session, Wien 4–15 Juli 2005, UN Doc A/CN.9/580 n 2 (2005); siehe auch: *Pannen/Pannen/Riedemann*, EuInsVO Einleitung Rn. 21; *Pannen/Hollander/Graham*, EuInsVO UNCITRAL Rn. 4; *Duursma-Kepplinger/Duursma/Chalupsky*, EuInsVO, 1. Abschnitt, Teil 2 Rn. 8.
[21] *Blaschzok* ZIP 1983, 141. Für einen aktuellen deutsch-schweizerischen Fall, siehe OLG Karlsruhe, Beschluss vom 15.8.2012, BeckRS 2012, 18691.

III. EuInsVO

1. Überblick über die EuInsVO

a) Allgemeines. Die EuInsVO regelt grundsätzlich die internationale Zuständigkeit zur Eröffnung von Insolvenzverfahren, die gegenseitige Anerkennung von Entscheidungen, die Befugnisse des Insolvenzverwalters in anderen Mitgliedstaaten sowie das Verhältnis der verschiedenen Insolvenzverfahren zu einander. Sie enthält jedoch keine materiellrechtlichen Regelungen, sondern Kollisionsnormen, die auf das anwendbare Insolvenzrecht verweisen.

b) Grundprinzipien der EuInsVO
aa) Grundsatz des gegenseitigen Vertrauens. Die EuInsVO beruht auf dem Grundsatz des gegenseitigen Vertrauens, obwohl dieser nur beiläufig in Erwägungsgrund 22 erwähnt wird.[22] Ausfluss des gegenseitigen Vertrauens sind insbesondere die automatische Anerkennung (EU-)ausländischer Entscheidung sowie das Prioritätsprinzip. Der Grundsatz des gegenseitigen Vertrauens ist bei der Auslegung der EuInsVO stets zu berücksichtigen.

bb) Modifizierte Universalität. Die EuInsVO geht von dem Grundsatz „gemäßigter" bzw „modifizierter" Universalität aus.[23] Sie geht zwar von einer universellen Wirkung des (Haupt-)Insolvenzverfahrens aus, ermöglicht aber, um den nationalen Unterschieden Rechnung zu tragen, die Eröffnung von territorial begrenzten Insolvenzverfahren in den Mitgliedstaaten, in welchen eine Niederlassung des Schuldners belegen ist.

Die EuInsVO lässt demnach neben dem Hauptinsolvenzverfahren weitere, territorial begrenzte Insolvenzverfahren zu, die sogenannten Territorialinsolvenzverfahren, die je nachdem, ob ein Hauptinsolvenzverfahren bereits in einem Mitgliedstaat eröffnet wurde, als Sekundärinsolvenzverfahren oder als Partikularinsolvenzverfahren eröffnet werden können, wenn der Schuldner in einem anderen Staat eine Niederlassung hat.[24]

Die internationale Zuständigkeit bestimmt ferner das anwendbare Recht. Grundsätzlich ist das Insolvenzrecht desjenigen Mitgliedstaates anwendbar, in welchem das Insolvenzverfahren eröffnet wurde, so genannte *lex fori concursus*.

---

[22] *Paulus*, Komm EuInsVO Einl Rn. 19; *Smid*, Komm EuInsVO Vor Art. 1 Rn. 14.
[23] BK-InsO/*Pannen*, Präambel EuInsVO Rn. 4; *Smid*, Europäisches Internationales Insolvenzrecht, S. 5; *Wessels*, International Insolvency Law (2006) Rn. 10456, der es auch als „*combined model*" bezeichnet.
[24] Der Begriff der Niederlassung ist in Art. 2 lit. h EuInsVO definiert. Das Niederlassungserfordernis war während der Beratungen der EuInsÜ umstritten. Ein Teil der Mitgliedstaaten hatte sich dafür eingesetzt, territoriale Insolvenzverfahren bereits beim Vorliegen von Vermögenswerten in dem betreffenden Staat zuzulassen, *Wimmer*, ZIP 1998, 982 (985); *Taupitz* ZZP 111 (1998), 315 (337 f.). Bei einer unbeschränkten Zulassung des allgemeinen Vermögensgerichtsstandes wurde die Gefahr gesehen, dass das Insolvenzverfahren „zerfasert". Ist der Gegenstand des Inlandsvermögens lediglich eine Forderung, so könnte das Partikularinsolvenzverfahren bereits dann durchgeführt werden, wenn ein Drittschuldner seinen Sitz oder Wohnsitz im Inland hat, da eine Forderung als am Sitz oder Wohnsitz des Schuldners als belegen gilt, *Wimmer* ZIP 1998, 982 (985). Eine Alternative war die Überlegung, ein besonderes Interesse der Gläubiger an der Eröffnung eines Sekundärinsolvenzverfahrens vorauszusetzen. Die Gesetzgeber der EuInsVO sind darauf nicht eingegangen (*Liersch*, Sicherungsrechte im internationalen Insolvenzrecht, S. 52). Zum Begriff der Niederlassung, siehe auch *Pannen/Riedemann*, EuInsVO Art. 2 Rn. 45 ff. Zum Begriff der Niederlassung, siehe allgemein *Albers*, Die Begriffe der Niederlassung und der Hauptniederlassung im Internationalen Privat- und Zivilverfahrensrecht (2010).

12 cc) Automatische Anerkennung. Als Konsequenz des Grundsatzes des gegenseitigen Vertrauens wird ein in einem Mitgliedstaat eröffnetes Insolvenzverfahren gemäß Art. 16 EuInsVO in allen anderen Mitgliedstaaten automatisch anerkannt.[25] Es findet somit keine *Révision au fond* statt.

2. Anwendungsbereiche

13 a) Zeitlicher Anwendungsbereich. Die EuInsVO ist gemäß Art. 43 EuInsVO nur auf solche Insolvenzverfahren anzuwenden, die nach ihrem Inkrafttreten, d.h. nach dem 31.5.2002, eröffnet worden sind. In den zehn Mitgliedstaaten, die am 1.5.2004 der Europäischen Union beigetreten sind, gelten gemäß Art. 2 der Beitrittsakte[26] ab dem Tag des Beitritts die vor dem Beitritt erlassenen Rechtsakte der Organe und der Europäischen Zentralbank, und somit die EuInsVO, verbindlich. Für die am 1.1.2007 hinzugekommenen Mitgliedstaaten Bulgarien und Rumänien gelten nach Art. 2 des Beitrittsprotokolls[27] ab dem Tag des Beitritts die vor dem Beitritt erlassenen Rechtsakte der Organe der Europäischen Union und somit auch die EuInsVO.

14 b) Territorialer Anwendungsbereich. Die EuInsVO erfasst allein grenzüberschreitende Insolvenzverfahren innerhalb des Binnenmarktes mit Ausnahme Dänemarks. Besteht lediglich ein Auslandsbezug zu einem Drittstaat, greift die EuInsVO nicht ein[28]. Aus Gründen der Rechtssicherheit ist eine Ausdehnung des territorialen Anwendungsbereichs der EuInsVO auf Nichtmitgliedstaaten zu verneinen.

15 c) Sachlicher Anwendungsbereich. Der sachliche Anwendungsbereich der EuInsVO umfasst alle Gesamtverfahren, welche die Insolvenz des Schuldners voraussetzen, den vollständigen oder teilweisen Vermögensbeschlag gegen den Schuldner sowie die Bestellung eines Verwalters zur Folge haben, Art. 1 Abs. 1 EuInsVO. Die EuInsVO gilt gemäß Art. 1 Abs. 2 EuInsVO jedoch nicht für Insolvenzverfahren über das Vermögen von Versicherungsunternehmen, Kreditinstituten und Wertpapierfirmen, die Dienstleistungen erbringen, welche die Haltung von Geldern oder Wertpapieren Dritter umfasst sowie für Organismen für gemeinsame Anlagen. Unter letzteren Begriff fallen vor allem Investmentfonds.[29] In den Erwägungsgründen wird zu diesen Bereichsausnahmen ausgeführt, dass die genannten Unternehmen „von dieser Verordnung nicht erfasst werden (sollten), da für sie besondere Vorschriften gelten und die nationalen Aufsichtsbehörden teilweise sehr weitgehende Eingriffsbefugnisse haben".[30]

16 Hinzuweisen ist auf die Richtlinie 2001/24/EG vom 4.4.2001 über die Sanierung und Liquidation von Kreditinstituten (ABl. EG L 125/15) und die Richtlinie 2001/17/

---

[25] *Runkel/Pannen*, AHB-Insolvenzrecht (2005) § 16 Rn. 44; *Wessels*, International Insolvency Law (2006) Rn. 10467.

[26] Akte über die Bedingungen des Beitritts der Tschechischen Republik, der Republik Estland, der Republik Zypern, der Republik Lettland, der Republik Litauen, der Republik Ungarn, der Republik Malta, der Republik Polen, der Republik Slowenien und der Slowakischen Republik und die Anpassungen der die Europäische Union begründenden Verträge, Abl. v. 23.9.2003.

[27] Protokoll über die Bedingungen und Einzelheiten der Aufnahmen der Republik Bulgarien und Rumäniens in die Europäische Union, Abl. v. 21.6.2005, L 157/29.

[28] *Leible/Staudinger* KTS 2000, 533 (538); *Huber*, ZZP 114 (2001), 133 (137); *Pannen/Pannen*, EuInsVO Art. 3 Rn. 120; *Pannen/Riedemann*, NZI 2004, 646, 651 a.A. Schlussanträge der GA Sharpston NZ, 2013, 947.

[29] *Eidenmüller*, IPRax 2001, 2 (4) Fn. 18.

[30] Satz 4 des 9. Erwägungsgrundes der EuInsVO.

EG vom 19.3.2001 über die Sanierung und Liquidation von Versicherungsunternehmen (ABl. EG L 110/28).[31]

3. Internationale Zuständigkeit

a) **Hauptinsolvenzverfahren.** Für die Eröffnung eines Hauptinsolvenzverfahrens ist nach Art. 3 Abs. 1 Satz 1 EuInsVO grundsätzlich dasjenige Gericht zuständig, in dessen Bereich der Schuldner den Mittelpunkt seiner hauptsächlichen Interessen (= „centre of main interests" = COMI) hat.[32] 17

Der Begriff „Mittelpunkt der hauptsächlichen Interessen" beschreibt den Ort, an dem der Schuldner üblicherweise – und damit für Dritte erkennbar – der Verwaltung seiner Interessen[33] nachgeht. Dabei will das Wort „Interessen" nicht nur handelsgewerbliche oder berufliche Tätigkeiten erfassen. Auch die Betätigung von Privatpersonen fällt in den Anwendungsbereich.[34] 18

Der Interessenschwerpunkt natürlicher Personen, soweit sie nach der *lex fori concursus* insolvenzfähig sind, wird grundsätzlich entweder anhand des Wohnsitzes[35] oder anhand des Ortes des gewöhnlichen Aufenthaltes[36] zu ermitteln sein. Bei Kaufleuten, Einzelunternehmen und Freiberuflern richtet sich der Mittelpunkt der hauptsächlichen Interessen in Anlehnung an Art. 4 EVÜ bzw. Art. 28 EGBGB nach dem Ort der Niederlassung, der Kanzlei bzw. der beruflichen Tätigkeit.[37] 19

Bei Gesellschaften und juristischen Personen hingegen gilt nach Art. 3 Abs. 1 Satz 2 EuInsVO die widerlegbare Vermutung, dass sich der Mittelpunkt der hauptsächlichen Tätigkeit an dem Ort des satzungsmäßigen Sitzes befindet.[38] Nach der Entscheidung des EuGH in Sachen Eurofood/Parmalat kann diese Vermutung allerdings nur durch objektive und für Dritte feststellbare Elemente widerlegt werden.[39] Dies ist z.B. der Fall, wenn eine Gesellschaft im Staat ihres satzungsmäßigen Sitzes keiner Tätigkeit nachgeht. Die Tatsache, dass die wirtschaftlichen Entscheidungen einer Gesellschaft von ihrer Muttergesellschaft mit Sitz in einem anderen Mitgliedstaat kontrolliert werden oder kontrolliert 20

---

[31] Ausführlich hierzu *Pannen/Pannen*, EuInsVO Art. 1 Rn. 22 ff. mit den jeweiligen Umsetzungen in den mitgliedstaatlichen Rechtsordnungen; *Pannen*, Das europäische internationale Insolvenzrecht für Kreditinstitute, in Festschrift Lüer (2008); *Pannen*, Das europäische internationale Insolvenzrecht für Versicherungsunternehmen, in Festschrift Runkel (2009). Siehe auch *Wimmer* in Frankfurter Kommentar zur InsO, Anhang 1 Rn. 222 ff. und Rn. 233 ff.; *Wimmer* ZInsO 2002, 897 sowie BK-InsO/*Pannen*, Art. 1 Rn. 18 ff.

[32] Gegen die Anordnung des Insolvenzgerichts, ein Sachverständigengutachten darüber zu erheben, in welchem Staat sich der Mittelpunkt der hauptsächlichen Interessen des Schuldners befindet, ist nach Ansicht des BGH in der Regel die sofortige Beschwerde nicht statthaft, BGH, Urteil vom 19.7.2012, NZI 2012, 823.

[33] Erwägungsgrund Nr. 13 der EuInsVO; *Virgós/Schmit*, Erläuternder Bericht, 32 (60).

[34] *Virgós/Schmit*, Erläuternder Bericht, 32 (60).

[35] AG Celle ZInsO 2005, 895 = NZI 2005, 410; LG Wuppertal ZInsO 2002, 1099; *Moss/Fletcher/Isaacs*, The EC Regulation on Insolvency Proceedings, Rn. 8.41; *Balz* ZIP 1996, 948; *Wimmer* ZInsO 2001, 97 (99); *Smid*, Europäisches Insolvenzrecht, Kommentar, Art. 3 Rn. 15.

[36] So *Carstens*, Die internationale Zuständigkeit, S. 59; *Mankowski* NZI 2005, 368 ff.; *Wessels*, Current Topics of International Insolvency Law, S. 164; *Taupitz* ZZP 111 (1998), 315 (326 ff.); *Leible/Staudinger* KTS 2000, 533 (543); *Huber* ZZP 114 (2001), 133 (140); *Paulus* NZI 2001, 505 (509); *Duursma-Kepplinger/Duursma/Chalupsky*, EuInsVO, Art. 3 Rn. 20–22; HambKomm-*Undritz*, Art. 3 EuInsVO Rn. 8.

[37] *Kemper* ZIP 2001, 1609 (1612); *Taupitz* ZZP 111 (1998), 315 (327).

[38] Kritisch dazu: *Leible/Staudinger* KTS 2000, 533 (544).

[39] Siehe EuGH Eurofood/Parmalat, 2.5.2006 – Rs. C-341/04, ZInsO 2006, 484.

werden können, reicht nicht aus, um die Vermutung zu widerlegen.[40] Objektiv und für Dritte feststellbar sind ferner die Umstände, dass der Schuldnerin in einem anderen Mitgliedstaat als dem ihres satzungsmäßigen Sitzes Immobilien gehören, über die sie Mietverträge abgeschlossen hat, und dass sie in demselben Mitgliedstaat einen Vertrag mit einem Finanzinstitut abgeschlossen hat.[41]

21 Die EuInsVO enthält keine Vorschriften für Unternehmenszusammenschlüsse in der Form von Mutter- und Tochtergesellschaften.[42] Dies könnte sich jedoch aufgrund der aktuellen Reformbestrebungen demnächst ändern. In dem Vorschlag des Europäischen Parlaments und des Rates zur Änderung der EuInsVO vom 12.12.2012[43] wird unter Anderem eine Koordinierung von Insolvenzverfahren, an denen Mitglieder derselben Unternehmensgruppe beteiligt sind, sowie die Verpflichtung der an den einzelnen Hauptverfahren beteiligten Verwalter und Gerichte, miteinander zusammenzuarbeiten und zu kommunizieren, empfohlen. Die Verwalter sollen in solchen Verfahren darüber hinaus die Befugnis erhalten, eine Aussetzung der anderen Verfahren zu beantragen und einen Sanierungsplan für die Mitglieder der Unternehmensgruppe vorzuschlagen, gegen die ein Insolvenzverfahren eröffnet wurde.

22 **b) Territorialinsolvenzverfahren**
aa) Sekundärinsolvenzverfahren. Sekundärinsolvenzverfahren sind gemäß Art. 3 Abs. 3 Satz 1 EuInsVO die am Ort einer Niederlassung des Schuldners durchgeführten Insolvenzverfahren, die erst nach Eröffnung eines Hauptinsolvenzverfahrens am COMI des Schuldners eröffnet werden dürfen. Sie dürfen nicht die Sanierung, sondern müssen die Liquidation des Schuldnervermögens zum Ziel haben[44]. In der Konsequenz kann das Sekundärinsolvenzverfahren eine Sanierung vereiteln, indem es zur Zerschlagung der Vermögensmasse im Niederlassungsstaat führt, obwohl einige Vermögensgegenstände zur wirtschaftlichen Tätigkeit des Hauptgeschäfts gehören und für die Sanierung im Hauptinsolvenzverfahren erforderlich gewesen wären[45].

23 Aus diesem Grund sieht der Vorschlag zur Änderung der EuInsVO vom 12.12.2012 die Aufhebung des derzeitigen Erfordernisses vor, wonach Sekundärinsolvenzverfahren immer auf Liquidation gerichtet sein müssen.[46] Bei Eröffnung eines Sekundärinsolvenzverfahrens soll das Gericht aus allen Verfahren wählen können, die ihm das nationale Recht bietet, einschließlich Restrukturierungsverfahren. Mit dieser Änderung soll somit gewährleistet werden, dass die Eröffnung eines Sekundärinsolvenzverfahrens nicht schon per se der Sanierung oder Restrukturierung des Schuldnerunternehmens als Einheit entgegensteht.

---

[40] EuGH Eurofood/Parmalat, 2.5.2006 – Rs. C-341/04, ZInsO 2006, 484, Nr. 37.
[41] EuGH, 20.10.2011, C – 396/09, Interedil, EuZW 2011, 312 = NZI 2011, 990, Nr. 53. Siehe auch BGH, Beschluss vom 21.6.2012, NZI 2012, 725.
[42] *Virgós/Schmit*, Erläuternder Bericht, Rn. 76; *Ehricke* EWS 2002, 101.
[43] Vorschlag des Europäischen Parlaments und des Rates zur Änderung der Verordnung (EG) Nr. 1346/2000 des Rates über Insolvenzverfahren vom 12.12.2012, COM (2012) 744 final, S. 10.
[44] Es wird jedoch in der deutschen Literatur diskutiert, dass auch ein Sekundärinsolvenzverfahren als ein Reorganisationsverfahren durchgeführt werden kann, wobei man allerdings die Entscheidung hierüber nach Maßgabe des Art. 37 dem Hauptinsolvenzverwalter überlassen sollte, *Paulus* NZI 2001, 505 (515).
[45] *Lüke* ZZP 111 (1998), 275 (300).
[46] Vorschlag des Europäischen Parlaments und des Rates zur Änderung der Verordnung (EG) Nr. 1346/2000 des Rates über Insolvenzverfahren vom 12.12.2012, COM (2012) 744 final, S. 9.

bb) Partikularinsolvenzverfahren. Partikularinsolvenzverfahren sind gemäß Art. 3 **24**
Abs. 4 EuInsVO Territorialinsolvenzverfahren, die vor der Eröffnung eines Hauptinsolvenzverfahrens im Mitgliedstaat einer Niederlassung eröffnet werden können. Sie sind nur in zwei Fällen zulässig:
- falls im Staat des Interessenmittelpunktes aufgrund des dortigen Insolvenzrechts ein Verfahren nicht durchgeführt werden kann[47] (Art. 3 Abs. 4 lit. a EuInsVO);
- falls die Eröffnung von einem Gläubiger beantragt wird, der seinen Wohnsitz, gewöhnlichen Aufenthalt oder Sitz in dem Mitgliedstaat hat, in dem sich die Niederlassung seines Schuldners befindet, oder dessen Forderung auf einer sich aus dem Betrieb dieser Niederlassung ergebenen Verbindlichkeit beruht (Art. 3 Abs. 4 lit. b EuInsVO).

cc) Begriff der Niederlassung. Zuständigkeitskriterium für die Eröffnung von Territo- **25**
rialinsolvenzverfahren ist die Niederlassung. Dieser Begriff wird in Art. 2 lit. h EuInsVO als der Ort definiert, an dem der Schuldner einer nicht nur vorübergehenden wirtschaftlichen Aktivität nachgeht, für die der Einsatz von Personal und Vermögenswerten erforderlich ist. Hierzu sind ein bestimmter zeitlicher Moment sowie ein gewisser Organisationsgrad erforderlich.[48] Das Vermögen muss dabei nicht im Zusammenhang mit der wirtschaftlichen Aktivität der Niederlassung stehen[49]. Die Aktivitäten können kommerzieller, industrieller, freiberuflicher oder nicht-kommerzieller Natur sein,[50] müssen aber nicht unbedingt auf Gewinnzielung gerichtet sein.[51]

Der Begriff der Niederlassung wurde in der Entscheidung Interedil[52] des EuGH näher präzisiert. Nach Ansicht des EuGH ist dieser Begriff dahingehend auszulegen, dass er die Existenz einer auf die Ausübung einer wirtschaftlichen Tätigkeit ausgerichteten Struktur mit einem Mindestmaß an Organisation und einer gewissen Stabilität erfordert, wobei das bloße Vorhandensein einzelner Vermögenswerte oder von Bankkonten dieser Definition grundsätzlich nicht genügt.[53]

c) Zuständigkeit für Annexverfahren. Annexentscheidungen sind gemäß Art. 25 **26**
Abs. 1 Unterabs. 3 EuInsVO Entscheidungen, die unmittelbar aufgrund des Insolvenzverfahrens ergehen und in engem Zusammenhang damit stehen, auch wenn diese Entscheidungen von einem anderen Gericht getroffen werden. Hierbei handelt es sich insbesondere um Anfechtungsklagen,[54] Insolvenzrechtliche Klagen auf persönliche Haftung

---

[47] So z.B. wenn der in Frankreich ansässige Schuldner dort als Nichtkaufmann nicht insolvenzfähig ist.
[48] So zum Beispiel bei der Verwaltung einer Warenhausimmobilie, LG Hildesheim, Beschluss vom 18.10.2012, NZI 2013, 111.
[49] *Virgós/Schmit*, Erläuternder Bericht, 32 (59).
[50] *Virgós/Schmit*, Erläuternder Bericht, Rn. 71; *Carstens*, Die internationale Zuständigkeit, S. 74; *Smid*, Kommentar Internationales Insolvenzrecht, Art. 2 Rn. 22.
[51] *Carstens*, Die internationale Zuständigkeit, S. 77.
[52] EuGH, 20.10.2011, C – 396/09, Interedil, EuZW 2011, 312 = NZI 2011, 990.
[53] EuGH, 20.10.2011, C – 396/09, Interedil, EuZW 2011, 312 = NZI 2011, 990, Nr. 64. Siehe auch EuGH, 22.11.2012, C – 116/11, Bank Handlowy, NZI 2013, 106, wonach ein Sekundärinsolvenzverfahren im Staat der Niederlassung auch dann eröffnet werden kann, wenn das Hauptinsolvenzverfahren einem Schutzzweck dient. Auch in diesem Fall ist die Zahlungsunfähigkeit des Schuldners nicht zu prüfen.
[54] *Duursma-Kepplinger/Duursma/Chalupsky*, EuInsVO, Art. 25 Rn. 54; *Pannen/Riedemann*, EuInsVO Art. 25 Rn. 20; *Haubold*, IPRax 2002, 157 (163); *Paulus*, NZI 2001, 505 (512); *Paulus* Europäische Insolvenzverordnung, Art. 25 Rn. 8; *Carstens*, Die internationale Zuständigkeit, S. 110; *Nerlich/Römermann/Mincke*, Komm InsO Art. 25 EuInsVO Rn. 5.

der Geschäftsführer,[55] Klagen hinsichtlich des Rangs einer Forderung sowie um Klagen auf Haftung des Insolvenzverwalters.[56]

In der EuInsVO nicht geregelt ist die Frage, welches Gericht für diese Annexentscheidungen international zuständig ist. Nach der Entscheidung Deko Marty des EuGH[57] gilt die internationale Zuständigkeit gemäß Art. 3 EuInsVO auch für Annexentscheidungen im Sinne von Art. 25 Abs. 1 Unterabs. 2 EuInsVO. Die sachliche, örtliche und funktionale Zuständigkeit bestimmt sich wiederum nach dem Recht der Verfahrenseröffnung (*lex fori concursus*).[58] Im Falle der Abtretung einer Anfechtungsforderung durch den Insolvenzverwalter an einen Dritten ist hingegen die EuInsVO nach Ansicht des EuGH nicht anwendbar.[59] Vielmehr ist die EuGVVO heranzuziehen.[60]

27 **d) Verlegung des COMI.** In dem Fall, dass sich nach Antragstellung, aber vor Eröffnung des Insolvenzverfahrens die internationale Zuständigkeit ändert, wirkt nach Ansicht des EuGH die einmal begründete Zuständigkeit fort – sog. *perpetuatio fori*, da ein Zuständigkeitswechsel den Zielen der EuInsVO, insbesondere der Verhinderung des forum shopping, widerspräche[61]. Der Schuldner könne ansonsten dadurch, dass er in der Zeit zwischen Einreichung des Eröffnungsantrages und dem Erlass der Eröffnungsentscheidung den Mittelpunkt seiner hauptsächlichen Interessen in einen anderen Mitgliedstaat verlegt, den Gerichtsstand und das anwendbare Recht frei wählen.[62]

4. Anwendbares Recht

28 **a) Grundsatz der *lex fori concursus*.** Für ein Insolvenzverfahren und seine Wirkungen ist gemäß Art. 4 EuInsVO grundsätzlich das Recht des Eröffnungsstaates (*lex fori concursus*) anwendbar.[63] Auf ein Territorialinsolvenzverfahren (sowohl auf Sekundär- als auch

---

[55] *Paulus*, Europäische Insolvenzverordnung, Art. 25 Rn. 8. Siehe aber OLG Karlsruhe vom 22.12.2009, NZG 2010, 509.

[56] *Virgós/Schmit*, Erläuternder Bericht, Rn. 196; *Pannen/Riedemann*, EuInsVO Art. 25 Rn. 20; *Paulus*, Europäische Insolvenzverordnung, Art. 25 Rn. 5; MünchKomm InsO/*Reinhart*, Art. 25 EuInsVO Rn. 5; *Nerlich/Römermann/Mincke*, Komm InsO Art. 25 EuInsVO Rn. 5.

[57] Siehe EuGH, 12.2.2009, C 339/07, Deko Marty, NJW 2009, 2189 = NZI 2009, 199, sowie BGH, 19.5.2009, NZI 2009, 532. Siehe auch den Vorlagebeschluss an den EuGH des LG Essen vom 30.9.2010 und 25.11.20109, ZIP 2011, 875, in welchem gefragt wird, ob die Rechtsprechung Deko Marty auch dann gilt, wenn neben Anfechtungsansprüchen Ansprüche aus Kapitalerhaltungsregeln nach einer nationalen gesellschaftsrechtlichen Anspruchsgrundlage, die wirtschaftlich auf dasselbe oder ein quantitatives „Plus" gegenüber dem Insolvenzanfechtungsanspruch gerichtet und von der Eröffnung eines Insolvenzverfahrens unabhängig sind, geltend gemacht werden. Siehe auch den Vorlagebeschluss des Obersten Gerichtshofs Litauens (Lietuvos Aukščiausiasis Teismas) vom 4.4.2010, C – 213/10, hierzu *Riewe* NZI 2010, 806.

[58] Vgl. *Pannen/Pannen*, EuInsVO Art. 3 Rn. 115.

[59] EuGH, C-213/10, Jadecloud-Vilma, NZI 2012, 469.

[60] Diesbezüglich siehe Vorlagebeschluss des BGH vom 21.6.2012, BeckRS 2012, 15722, zur Frage, ob die Gerichte des Mitgliedstaats, in dessen Gebiet das Insolvenzverfahren über das Vermögen des Schuldners eröffnet worden ist, für eine Insolvenzanfechtungsklage gegen einen Anfechtungsgegner, der seinen Wohnsitz oder satzungsmäßigen Sitz nicht im Gebiet eines Mitgliedstaats hat, zuständig sind. sowie die Schlussanträge der GA *Sharpston* vom 10.9.2013, WZ, 2013, 947

[61] EuGH, C – 1/04, Susanne Staubitz-Schreiber, ZIP 2006, 188, Nr. 25.

[62] EuGH, C – 1/04, Susanne Staubitz-Schreiber, ZIP 2006, 188, Nr. 25.

[63] *Wimmer* ZInsO 2001, 97, 100; *Lehr* KTS 2000, 577, 579; HK-InsO/*Stephan*, Art. 4 EuInsVO Rn. 1; *Huber* ZZP (114) 2001, 133, 151; *Kemper* ZIP 2001, 1609, 1615; *Vallender* KTS 2005, 283, 290.

auf Partikularinsolvenzverfahren) ist das Recht des Mitgliedstaates anwendbar, in dem das Territorialinsolvenzverfahren eröffnet wurde, Art. 28 EuInsVO.

b) Beispielkatalog des Art. 4 Abs. 2 EuInsVO. Art. 4 Abs. 2 EuInsVO enthält einen 29 nicht abschließenden Katalog der Regelungsbereiche, auf die die *lex fori concursus* Anwendung findet.[64] Die *lex fori concursus* regelt, unter welchen Voraussetzungen das Insolvenzverfahren eröffnet wird, wie es durchzuführen und zu beenden ist. Sie regelt insbesondere:
- die Insolvenzfähigkeit;[65]
- die massefähigen Vermögenswerte;
- die Befugnisse des Schuldners und des Verwalters;
- die Insolvenzaufrechnung;
- die Auswirkungen auf laufende Verträge;
- die Auswirkungen auf Rechtsverfolgungsmaßnahmen;
- die Insolvenzforderungen und Masseverbindlichkeiten;
- die Anmeldung, Prüfung und Feststellung von Forderungen;
- die Erlösverteilung und die Rangfolge;
- die Beendigung des Verfahrens;
- die Gläubigerrechte nach Beendigung des Verfahrens;
- die Kosten des Verfahrens;
- die Insolvenzanfechtung.

c) Ausnahmekatalog der Art. 5–15 EuInsVO. Die Art. 5–15 EuInsVO enthalten 30 eine Reihe von Regelungsbereichen, bei denen vom Grundsatz der Anwendbarkeit der *lex fori concursus* abgewichen wird. Es handelt sich hierbei um folgende Bereiche:
- dingliche Rechte Dritter;
- Aufrechnung;
- Eigentumsvorbehalt;
- Vertrag über einen unbeweglichen Gegenstand;
- Zahlungssysteme und Finanzmärkte;
- Arbeitsverträge;
- eintragungspflichtige Rechte;
- Gemeinschaftspatente und -marken;
- Insolvenzanfechtung;[66]
- Schutz von Dritterwerbern;
- Wirkungen auf anhängige Rechtsstreitigkeiten.

5. Anerkennung und Vollstreckung ausländischer Insolvenzverfahren

a) Grundsatz der automatischen Anerkennung. Gemäß Art. 16 Abs. 1 und Art. 17 31 Abs. 1 EuInsVO erfolgt die Anerkennung einer Eröffnungsentscheidung automatisch. Hierbei kommt es nur auf die Wirksamkeit, nicht auf die formelle Rechtskraft der Eröffnungsentscheidung an (vgl. Art. 2 lit. f EuInsVO). Anerkannt werden nicht nur die Hauptinsolvenzverfahren, sondern auch die Territorialverfahren, die am Ort einer Niederlas-

---

[64] *Lehr* KTS 2000, 579.
[65] Zum Nachlassinsolvenzverfahren im Rahmen der EuInsVO, siehe AG Düsseldorf, Beschluss vom 19.6.2012, BeckRS 2012, 15330.
[66] Hierzu siehe OLG Stuttgart, 5 U 17/12, BeckRS 2012, 21817, hierzu *Riedemann* EWiR 2013, 109; sowie Cour de cassation vom 2.10.2012, BeckRS 2012, 22083.

§ 31 6. Teil. Möglichkeiten der Sanierung nach der Insolvenzordnung

sung des Schuldners eröffnet werden, wobei ihre Wirkungen gemäß Art. 3 Abs. 2 Satz 2 EuInsVO auf dem Gebiet des Eröffnungsstaats beschränkt sind.[67]

32 Im deutschen Recht ist in diesem Zusammenhang die Ausführungsbestimmung zur EuInsVO in Art. 102 § 3 EGInsO zu beachten[68]. Wenn das Gericht eines anderen Mitgliedstaats der EU ein Hauptinsolvenzverfahren eröffnet hat, so dürfen die deutschen Gerichte einem inländischen Antrag auf Eröffnung eines Hauptinsolvenzverfahrens[69] so lange nicht stattgeben, wie das ausländische Hauptinsolvenzverfahren anhängig ist (Art. 102 § 3 Abs. 1 Satz 1 EGInsO).

33 b) Prioritätsprinzip. Die EuInsVO enthält keine Bestimmungen für den Fall, dass mehrere Hauptinsolvenzverfahren über das Vermögen desselben Schuldners eröffnet werden und somit miteinander kollidieren (positiver Kompetenzkonflikt). Beanspruchen mehrere Staaten den COMI, ist nach herrschender Meinung dasjenige Verfahren als Hauptinsolvenzverfahren anzuerkennen, das als Erstes wirksam eröffnet wurde, Prioritätsprinzip.[70]

34 c) Ausnahmen. Die EuInsVO beruht auf dem Grundsatz des gegenseitigen Vertrauens, sodass die automatische Anerkennung nur in sehr eng gefassten Ausnahmen nicht gilt.

35 aa) Ordre public-Vorbehalt, Art. 26 EuInsVO. Ein Mitgliedstaat kann zunächst gemäß Art. 26 EuInsVO die Anerkennung oder Vollstreckung einer Entscheidung verweigern, wenn diese mit seinem ordre public nicht vereinbar ist. Der ordre public wird in der mitgliedstaatlichen Rechtsprechung sehr restriktiv ausgelegt und führte nach bisherigen Kenntnissen nur in wenigen Fällen zur Anerkennungsablehnung.[71]

36 bb) Art. 25 Abs. 3 EuInsVO. Ferner kann die Anerkennung nach Art. 25 Abs. 3 EuInsVO verweigert werden, wenn sie eine Einschränkung des Postgeheimnisses oder der persönlichen Freiheit zur Folge hätte,[72] wobei dies im freien Ermessen des jeweiligen Mitgliedstaates steht.[73]

---

[67] Ausnahme zu diesem Prinzip ist z.B. Art. 18 Abs. 2 Satz 1 EuInsVO, der vorsieht, dass der Sekundärinsolvenzverwalter in anderen Mitgliedstaaten gerichtlich und außergerichtlich den Rückzug von Gegenständen verlangen kann, die nach Eröffnung des Verfahrens in einen anderen Mitgliedstaat verbracht worden sind.

[68] *Pannen/Riedemann* NZI 2004, 301 (302).

[69] Eventuell ist eine Umdeutung als Antrag auf Eröffnung eines Sekundärinsolvenzverfahrens möglich. Zu dem umgekehrten Fall der Umdeutung eines Antrags auf Eröffnung eines Sekundärinsolvenzverfahrens in einen Antrag auf Eröffnung eines Hauptinsolvenzverfahrens, siehe AG Mönchengladbach (EMBIC) ZIP 2004, 1064 mit Anm. *Bähr/Riedemann*.

[70] *Eidenmüller* IPRax 2001, 2 (7) ; *Leible/Staudinger* KTS 2000, 533 (545); BK-InsO/*Pannen*, Art. 3 Rn. 13; *Bähr/Riedemann*, ZIP 2004, 1066 (1067); aA offenbar *Mankowski*, EWiR 2003, 767 (768). Die Frage der Geltung des Prioritätsprinzips auch im Anwendungsbereich der EuInsVO hat der Supreme Court Ireland „Eurofood/Parmalat", NZI 2004, 505, 510, dem EuGH zur Entscheidung vorgelegt. Kernfrage ist, ob die Zuständigkeit eines Gerichts nach Art. 3 EuInsVO (i.V.m. Art. 16) auch dann gegeben ist, wenn die Gesellschaft in dem Eröffnungsstaat weder ihren Satzungssitz hat noch der Verwaltung ihrer hauptsächlichen Interessen nachgeht; dazu EuGH C-341/04, ZInsO 2006, 485 f.; *Wessels*, Current Topics of International Insolvency Law, 176 f.; *Virgós/Garcimartín*, The EC Insolvency Regulation, S. 51.

[71] AG Nürnberg, Hans Brochier Holding Ltd, ZIP 2007, 81 mit Anm. *Kebekus*; LG Köln NZI 2011, 957, mit Anm. *Mankowski*; AG Göttingen NZI 2013, 206; BGH WM 2013, 45, hierzu *Rabe* GWR 2013, 63.

[72] Zum Verhältnis zwischen Art. 25 Abs. 3 und Art. 26 EuInsVO siehe *Pannen/Riedemann*, EuInsVO Art. 25 Rn. 49 ff. und Art. 26 Rn. 31 ff.

[73] *Carstens*, Die internationale Zuständigkeit im europäischen Insolvenzrecht, S. 94; *Pannen/Riedemann*, EuInsVO Art. 26 Rn. 2; *Paulus*, Europäische Insolvenzverordnung, Art. 26. Rn. 1.

6. Befugnisse des Insolvenzverwalters in anderen Mitgliedstaaten

Der Verwalter, der durch ein zuständiges Gericht für die Durchführung des Hauptinsolvenzverfahrens bestellt worden ist, darf nach Art. 18 Abs. 1 EuInsVO im Gebiet eines anderen Mitgliedstaates alle Befugnisse ausüben, die ihm nach der *lex fori concursus* zustehen.[74] Bei Ausübung seiner Befugnisse hat er dabei das jeweilige Ortsrecht zu beachten, Art. 18 Abs. 3 EuInsVO. Dies gilt insbesondere für die Art und Weise der Verwertung von Massegegenständen:[75] Während sich die Art der Verwertung nach der *lex fori concursus* richtet, erfolgt dagegen die Durchführung der Verwertung nach dem Recht des Staates, in dem die Vermögensgegenstände belegen sind (*lex rei sitae*).[76]

Bei den territorial beschränkten Insolvenzverfahren (Sekundär- und Partikularinsolvenzverfahren) hat der Insolvenzverwalter grundsätzlich keine Befugnisse in den anderen Mitgliedstaaten. Er kann lediglich nach Art. 18 Abs. 2 Satz 1 EuInsVO in jedem anderen Mitgliedstaat die Massezugehörigkeit von Gegenständen, die nach Verfahrenseröffnung aus dem Verfahrensstaat in einen anderen Mitgliedstaat gebracht worden sind, gerichtlich und außergerichtlich geltend machen, und nach Art. 18 Abs. 2 Satz 2 EuInsVO eine den Gläubigerinteressen dienende Anfechtungsklage erheben.

37

38

7. Kooperations- und Informationsvorschriften

Die EuInsVO enthält für den Fall der Eröffnung eines Haupt- und Territorialinsolvenzverfahrens eine Reihe von Kooperations- und Informationsvorschriften für die beteiligten Insolvenzverwalter (Art. 31 ff. EuInsVO).[77] Eine Koordinierung der beiden Verfahren wird vor allem durch eine Reihe von Einfluss- und Mitspracherechten des Hauptinsolvenzverwalters gesichert. So hat er folgende Befugnisse:
- Beantragung der Eröffnung eines Sekundärinsolvenzverfahrens, Art. 29 lit. a EuInsVO;
- Unterbreitung von Vorschlägen im Hinblick auf die Verwertung oder anderweitige Verwendung der Masse des Sekundärinsolvenzverfahrens, Art. 31 Abs. 3 EuInsVO;
- Vorschlag eines Sanierungsplans, Vergleichs oder einer ähnlichen Maßnahme im Sekundärinsolvenzverfahren, Art. 34 Abs. 1 EuInsVO;
- Beantragung der Aussetzung der Verwertung der Masse des Sekundärinsolvenzverfahrens, Art. 33 Abs. 1 EuInsVO.

39

Gemäß Art. 31 Abs. 1 EuInsVO haben sich ferner die Verwalter gegenseitig zu unterrichten und Informationen mitzuteilen, die für das jeweils andere Verfahren von Bedeutung sind. Insoweit haben sie insbesondere über folgende Verfahrenspunkte zu informieren:[78]
- über den Stand der Anmeldungen,
- die Prüfung der Forderungen sowie
- Maßnahmen zu Beendigung des Verfahrens.

40

Den Verwaltern (sowohl den Haupt- als auch den Sekundärinsolvenzverwaltern) steht zudem das Recht zu, die bei ihnen angemeldeten Forderungen im Namen der Gläubiger in dem jeweils anderen Insolvenzverfahren anzumelden (Art. 32 Abs. 2 EuInsVO[79]). Der

41

---

[74] *Pannen/Kühnle/Riedemann* NZI 2003, 72 (73).
[75] Vgl. dazu auch *Smid*, Internationales Insolvenzrecht, Kommentar, Art. 18 Rn. 10.
[76] *Smid*, Internationales Insolvenzrecht, Kommentar, Art. 18 Rn. 10.
[77] Vgl. auch *Ehricke* ZInsO 2004, 634 ff.; *Pannen/Riedemann*, EuInsVO Art. 31 Rn. 1 ff.
[78] Ausführlicher BK-InsO/*Pannen*, Art. 31 Rn. 8 f.
[79] Im deutschen autonomen internationalen Insolvenzrecht enthält § 341 Abs. 2 InsO eine entsprechende Vorschrift.

§ 31 6. Teil. Möglichkeiten der Sanierung nach der Insolvenzordnung

Gläubiger kann dieses jedoch ablehnen oder die Anmeldung zurücknehmen (Art. 32 Abs. 2 EuInsVO).

IV. Deutsches internationales Insolvenzrecht, §§ 335 ff. InsO

1. Anerkennung von ausländischen Insolvenzverfahren

42 Die Voraussetzungen der Anerkennung eines ausländischen (nichteuropäischen) Insolvenzverfahrens sind in den §§ 343 ff. InsO geregelt. Nach § 343 Abs. 1 Satz 1 InsO wird die Eröffnung eines ausländischen Insolvenzverfahren in Deutschland grundsätzlich anerkannt. Die Anerkennung erfolgt automatisch, also ohne ein besonderes Anerkennungsverfahren.[80] Insbesondere sind weder die Durchführung eines förmlichen Exequaturverfahrens noch ein eigener Anerkennungstitel erforderlich.

43 Die Eröffnung eines ausländischen Insolvenzverfahrens findet jedoch gemäß § 343 Abs. 1 Satz 1 InsO nicht statt, wenn

- die Gerichte des Staates der Verfahrenseröffnung nach deutschem Recht nicht zuständig sind, oder
- die Anerkennung zu einem Ergebnis führt, das mit wesentlichen Grundsätzen des deutschen Rechts offensichtlich unvereinbar ist (insbesondere, soweit es mit den Grundrechten unvereinbar ist.

44 Das deutsche Gericht hat das etwaige Vorliegen der Versagungsgründe von Amts wegen zu prüfen.[81] Für die Zuständigkeit des eröffnenden Gerichts gilt das „Spiegelbildprinzip":[82] Die internationale Zuständigkeit des Insolvenzeröffnungsstaats wird anerkannt, wenn bei hypothetischer Anwendung der deutschen Normen über die internationale Zuständigkeit ein Zuständigkeitsanknüpfungsmoment für den ausländischen Insolvenzeröffnungsstaat gegeben ist[83]. Dabei werden die Normen über die örtliche Zuständigkeit, d.h. § 3 InsO, herangezogen, um aus ihnen die Anknüpfungspunkte für die internationale Zuständigkeit herzuleiten[84].

2. Anwendbares Recht

45 Gemäß § 335 InsO unterliegen das Insolvenzverfahren und seine Wirkungen der *lex fori concursus*.[85] Nach der automatischen Anerkennung eines ausländischen Insolvenzverfahrens findet eine Wirkungserstreckung des ausländischen Verfahrens auf Deutschland statt. Ausnahmen zu diesem Grundsatz enthalten die §§ 336 bis 340 InsO.

---

[80] *Smid*, Internationales Insolvenzrecht, Kommentar, § 343 Rn. 2; *Liersch* NZI 2003, 302 (306).
[81] *Smid*, Internationales Insolvenzrecht, Kommentar, § 343 Rn. 4.
[82] Die Vorschriften der InsO über die örtliche Zuständigkeit sind doppelfunktional. Sie bestimmen auch den Umfang der internationalen Zuständigkeit der deutschen Insolvenzgerichte. Das deutsche autonome internationale Insolvenzrecht enthält keine Regelung der internationalen Zuständigkeit, vgl. *Liersch* NZI 2003, 302 (304).
[83] *Lüer*, Deutsches Internationales Insolvenzrecht nach der neuen Insolvenzordnung, in: Kölner Schrift zur Insolvenzordnung, 2. Auflage, 297 (303).
[84] *Lüer*, Deutsches Internationales Insolvenzrecht, in: Kölner Schrift 2. Auflage, 297 (303); Begründung des Entwurfs eines Gesetzes zur Neuregelung des Internationalen Insolvenzrechts, BT-Drucks. 15/16, S. 21.
[85] Es handelt sich also um eine mit Art. 4 EuInsVO vergleichbare Regelung. Der Beispielskatalog des Art. 4 EuInsVO kann als Interpretationshilfe für § 335 InsO genutzt werden. BK-InsO/ *Pannen*, § 335 Rn. 1.

Gemäß § 336 Satz 1 InsO gilt die *lex rei sitae* bei Verträgen, die ein dingliches Recht 46
an einem unbeweglichen Gegenstand oder ein Recht zur Nutzung eines unbeweglichen
Gegenstandes betreffen. Der Begriff des unbeweglichen Gegenstandes ist in § 49 InsO
legal definiert.[86]. Bei einem im Schiffsregister, Schiffsbauregister oder Register für
Pfandrechte an Luftfahrzeugen eingetragenen Gegenstand ist das Recht des Registerstaates gemäß § 336 Satz 2 InsO maßgebend.[87]

§ 337 InsO sieht darüber hinaus eine Sonderanknüpfung für Arbeitsverhältnisse vor. 47
Der Gesetzgeber hat den Weg über die Verweisung über das IPR entschieden, indem er
als anwendbares Recht das Recht bezeichnet, welches nach dem EGBGB für das Arbeitsverhältnis maßgebend ist.

§§ 338 (Aufrechnung) und 339 InsO (Insolvenzanfechtung) enthalten Ausnahmen 48
zum Grundsatz der *lex fori concursus*, die jeweils Art. 6 und 13 EuInsVO entsprechen.

3. Territorialinsolvenzverfahren

Im deutschen autonomen internationalen Insolvenzrecht können nach Maßgabe der 49
§§ 354 und 356 InsO Territorialinsolvenzverfahren eröffnet werden.

a) Partikularinsolvenzverfahren. Gemäß § 354 Abs. 1 InsO kann in Deutschland ein 50
Partikularinsolvenzverfahren eröffnet werden, wenn die Zuständigkeit eines deutschen
Gerichts zur Eröffnung eines Hauptinsolvenzverfahrens nicht gegeben ist, der Schuldner
jedoch im Inland eine Niederlassung oder sonstiges Vermögen hat. Sonstiges Vermögen
genügt zur Eröffnung eines Partikularinsolvenzverfahrens allerdings gemäß § 354 Abs. 2
InsO nur dann, wenn der antragstellende Gläubiger ein besonderes Interesse vorbringen
kann. Ein besonderes Interesse ist insbesondere dann gegeben, wenn die Befriedigungschancen des Gläubigers in einem ausländischen Verfahren deutlich schlechter sind als sie
in einem deutschen Partikularinsolvenzverfahren wären. Das besondere Interesse ist vom
Antragsteller nach § 354 Abs. 2 Satz 2 InsO glaubhaft zu machen.

b) Sekundärinsolvenzverfahren. Auch im deutschen autonomen internationalen In- 51
solvenzrecht kann gemäß § 356 Abs. 1 InsO nach Anerkennung eines ausländischen
(Haupt-)Insolvenzverfahrens ein Sekundärinsolvenzverfahren eröffnet werden, wenn einer Niederlassung oder sonstiges Vermögen im Inland belegen sind. Der ausländische
(Haupt-)Insolvenzverwalter ist nach § 356 Abs. 2 InsO ausdrücklich berechtigt, einen
entsprechenden Insolvenzantrag zu stellen. Folgerichtig (ein Insolvenzverfahren ist ja bereits eröffnet worden) wird das Sekundärinsolvenzverfahren eröffnet, ohne dass ein Eröffnungsgrund festgestellt werden muss.

---

[86] BK-InsO/*Pannen*, § 336 Rn. 11.
[87] Eine Anknüpfung an das Recht des Ortes der Belegenheit würde häufig zu einem Statutenwechsel führen.

§ 32 Anfechtung und Eigenkapitalersatz
– Von der Insolvenzantragspflicht über das Zahlungsverbot zur Haftung –[1]

Übersicht

	Rn.
I. Einleitung/Krise des Unternehmens und Organhaftung	1–5
II. Geschäftsleiterhaftung	6–49
1. Insolvenzantragspflicht und -verschleppungshaftung gemäß § 823 Abs. 2 BGB i.V.m. § 15a InsO	6–35
a) Feststellung der Insolvenzreife	12–27
b) Rechtsfolgen der Insolvenzantragspflicht, § 15a Abs. 1 S. 1 InsO	28–30
c) Haftung gegenüber Alt- und Neugläubigern	31–35
2. Zahlungsverbot nach Eintritt von Zahlungsunfähigkeit und Überschuldung, § 64 S. 1 GmbHG u.a.	36–47
a) Der Begriff der Zahlung	37–44
b) Ausnahmen vom Zahlungsverbot	45–47
3. Zahlungsverbot und Haftung bei Verursachung der Zahlungsunfähigkeit, § 64 S. 3 GmbHG u. §§ 92, 93 AktG	48, 49
III. Haftung aus Kapitalerhaltung	50–90
1. GmbH-Recht und Änderungen durch das MoMiG ab 1.11.2008	51–55
2. Kapitalerhaltungsvorschriften nach dem MoMiG	56–63
3. § 135 InsO: Gesellschafterdarlehen und Anfechtbarkeit der Rückführung	64–72
4. Die Abtretung des Gesellschafterdarlehens in der Insolvenz – Rang des Darlehens	73–83
a) Rangänderung durch Abtretung?	74–80
b) Bestimmung des Anfechtungsgegners	81, 82
c) Zwischenfazit	83
5. Rechtsfolgen der Anfechtung, § 143 InsO	84–90
IV. Sonstige Ersatzverpflichtungen	91–115
1. Allg.: Schadenersatzansprüche wegen *„sittenwidriger Schädigung"*, § 826 BGB	91
2. Verbot eines existenzvernichtenden Eingriffs als Fall des § 826 BGB	92–104
3. Schadenersatz aus unerlaubter Handlung, § 823 Abs. 2 i.V.m. §§ 266 Abs. 1, 283 Abs. 1 Nr. 1 StGB	105–107
4. Schadenersatzansprüche wegen Nichtabführung von Arbeitnehmerbeiträgen zur Sozialversicherung, § 266a StGB i.V.m. § 823 Abs. 2 BGB	108–115

---

[1] Dieser Beitrag gründet auf der Mitwirkung meines Kollegen Rechtsanwalt Peter Mazzotti, dem ich für seine Leistungen besonders danke.

§ 32 Anfechtung und Eigenkapitalersatz

I. Einleitung/Krise des Unternehmens und Organhaftung

Unternehmen führen heißt Chancen nutzen. Aber die Krise des Unternehmens schafft auch Risiken für Management einerseits und Gesellschafter bzw. Aktionäre andererseits. Angesichts immer detaillierterer Normierung jeglicher Ge- bzw. Verbote treten Haftungsfragen mehr denn je in den Vordergrund. Alle Organe sind mit latenten Haftungsrisiken belastet. Insbesondere Geschäftsführung bzw. Vorstand sind im Prinzip in jeder Sekunde ihrer Tätigkeit verpflichtet, das Unternehmen nicht nur strategisch und operativ optimal auszurichten, sondern auch im Hinblick auf Status, Liquidität und Fortführungsprognose zu analysieren und erforderlichenfalls aussichtsreiche Sanierungsmaßnahmen einzuleiten oder spezielle Geschäftschancen zu ergreifen.

Die gesetzlichen Normierungen hierzu finden sich u.a. in §§ 92, 93 AktG, 64 GmbHG, 130a HGB, 15a InsO; schon aus allgemeiner Lebenserfahrung ergibt sich, dass die Verantwortlichen einer Körperschaft oder Gesellschaft Vermögen nicht verschleudern dürfen und gerade in wirtschaftlich enger Lage am Besten keine Ausgaben mehr zulassen. Gerade Geschäftsführer und Vorstand dürfen Leistungen an Dritte nur und nur so weit bewirken, wie dadurch keine Interessen Dritter beeinträchtigt werden. Insbesondere darf im Fall der „Insolvenzreife" und bei Aussichtslosigkeit von Sanierungsbemühungen kein Vermögen der Gesellschaft entzogen werden; dieses ist vielmehr zu sichern. Zur Vermeidung eines (weiteren) Schadens für die Gläubigergesamtheit ist sodann ggf. Insolvenzantrag zu stellen.

In der Krise des Unternehmens gewinnen die „Kapitalerhaltungsvorschriften" an praktischer Bedeutung. Deren Intention ist es, das Stammkapital der GmbH bzw. das Grundkapital der AG mit einem der Sollziffer entsprechenden tatsächlichen Mindestvermögen als Haftungsgrundlage abzudecken. Dieses muss nach der Kapitalaufbringung auch erhalten bleiben. Die Folge ist, dass das Stammkapital bzw. das Grundkapital der AG auf der Passivseite geführt werden muss (§ 266 Abs. 3 A I HGB i.V.m. § 42 Abs. 1 GmbHG). Eine Gewinnverteilung ist nur zulässig, wenn die vorhandenen Vermögenswerte die Summe aus Stammkapital und Verbindlichkeiten übersteigen.[2]

Der erfolgreiche Unternehmer meistert die Krise, soweit die Idealvorstellung. Gelingt dieses nicht und führt die Krise zur Insolvenz des Unternehmens, werden u.a. anhand der Vorschriften zur Kapitalerhaltung, zur Insolvenzanfechtung, zum Schadenersatz und zur Existenzvernichtung die vorgelagerten Handlungen (und Unterlassungen) der Organe nachträglich auf den Prüfstand gestellt. Ist die Insolvenz einmal eingetreten, treten nicht nur die „Besserwisser" auf den Plan; auch der Insolvenzverwalter wird den Blick zurückrichten, somit Haftungsansprüche bzw. andere Regresse prüfen und ggf. verfolgen, um auf diesem Weg die Masse zu mehren. Parallel dazu werden Einzelgläubiger, die ihre Ansprüche gegenüber der insolventen Gesellschaft nicht mehr realisieren können, versuchen, Geschäftsführung und Vorstand unmittelbar in Anspruch zu nehmen. Auch insoweit verschärfen sich die Haftungsrisiken.

Beachtliche Änderungen der jetzigen Rechtslage ergeben sich durch das Gesetz zur Modernisierung des GmbH-Rechts und zur Bekämpfung von Missbräuchen (MoMiG). Durch die Reform sollen zum einen Missstände in der Krise und in der Insolvenz bekämpft werden und zum anderen soll auch die Wettbewerbsfähigkeit der deutschen GmbH im Vergleich zu anderen ausländischen Rechtsformen, insbesondere der britischen Private Limited Company, kurz Limited, erhöht werden. Das Gesetz trat zum

---

[2] *Hüffer*, Gesellschaftsrecht, 7. Auflage (2007), S. 318.

1.11.2008 in Kraft. Es hat das deutsche GmbH-Recht grundlegend reformiert. Ziele des Gesetzes sind vor allem:
- Beschleunigung und Vereinfachung von Unternehmensgründungen
- Erhöhung der Attraktivität der GmbH als Rechtsform
- Bekämpfung von Missbräuchen.

II. Geschäftsleiterhaftung

1. Insolvenzantragspflicht und -verschleppungshaftung gemäß § 823 Abs. 2 BGB i.V.m. § 15a InsO

6   Die Insolvenzverschleppungshaftung ist in § 15a InsO bzw. i.V.m. § 823 Abs. 2 BGB normiert. Sie knüpft an die gesetzliche Insolvenzantragspflicht an. Verletzt ein Geschäftsleiter seine Verpflichtung, ohne schuldhaftes Zögern, spätestens aber drei Wochen nach Eintritt der Zahlungsunfähigkeit oder Überschuldung, die Eröffnung des Insolvenzverfahrens zu beantragen, rückt er persönlich in die Gefahr einer Schadenersatzverpflichtung. Zudem begründet er seine Strafbarkeit gemäß § 15a Abs. 4 u. 5 InsO. Die Antragspflicht des § 15a Abs. 1 InsO gilt – rechtsformneutral – für juristische Personen und diesen vergleichbare Gesellschaften (vgl. § 15a Abs. 2 InsO). Die Vorschrift ersetzt nicht nur die bis zum Inkrafttreten des MoMiG, Gesetz zur Modernisierung des GmbH-Rechts und zur Bekämpfung von Missbräuchen vom 23.10.2008[3], mit Wirkung zum 1.11.2008 geltenden spezialgesetzlichen Regelungen in § 64 Abs. 1 GmbHG a.F., § 92 Abs. 2 AktG a.F., § 99 Abs. 1 GenG a.F., § 130a Abs. 1 HGB a.F.[4], sondern erweitert den Anwendungsbereich vor allem auf Auslandsgesellschaften.[5] Nicht von § 15a InsO erfasst ist der Verein, für den weiterhin § 42 Abs. 2 BGB als lex specialis gilt.

7   Die Insolvenzantragspflicht unterfällt damit nicht mehr dem Gesellschaftsstatut, sondern dem Insolvenzstatut.[6] Maßgeblich ist nach den betreffenden Kollisionsnormen das Recht des Staates, in dem das Insolvenzverfahren eröffnet wird (Art. 4 Abs. 1 Satz 1 EuInsVO bzw. § 335 InsO). Insoweit kommt es auf den Mittelpunkt der hauptsächlichen Interessen an (Art. 3 Abs. 1 Satz 1 EuInsVO), den sog. *„center of main interests"* (COMI). Wenn also z.B. eine Private Limited Company ihren effektiven Sitz in Deutschland hat, dann gilt § 15a InsO auch für deren Director. Dies kann insoweit zu Problemen führen, als bei der Limited aufgrund ihrer tendenziell geringen Kapitalausstattung schon bei geringfügigen Verbindlichkeiten die Passiva die Aktiva überwiegen und daher sehr schnell, ggf. schon bei der Eröffnung eines Geschäftskontos in Deutschland mit den daraus folgenden typischen Belastungen, die Insolvenzantragspflicht eintritt. Hierdurch werden die Gesellschafter in jedem Fall veranlasst, die Limited, die ihren COMI in Deutschland hat, entsprechend mit Kapital auszustatten. Das gilt insbesondere vor dem Hintergrund der Strafvorschrift des § 15a Abs. 4 InsO. Für Auslandsgesellschaften, bei denen auch der COMI im Ausland liegt, ist ein Partikularinsolvenzverfahren gemäß § 354 Abs. 1 InsO bezogen auf das inländische Vermögen zu beantragen.[7]

---

[3] BGBl. 2008, Teil 1, 2026, Art. 9 Abs. 3a).
[4] *Mönning* in Nerlich/Römermann, § 15a, Rn. 9.
[5] Gesetzesentwurf der Bundesregierung, Begründung zu Artikel 9, zu Absatz 1, S. 127; *Mönning* in Nerlich/Römermann, § 15a, Rn. 20–22.
[6] MünchKommBGB-*Kindler*, 4. Auflage 2006, IntGesR, RdNrn. 638, 701; *Renner*, Insolvenzverschleppungshaftung in internationalen Fällen (2007), S. 150.
[7] *Mönning* in Nerlich/Römermann, § 15a, Rn. 21.

§ 32 Anfechtung und Eigenkapitalersatz § 32

Antragspflichtig sind neben den ausdrücklich genannten Mitgliedern des Vertretungs- 8
organs oder der Abwickler auch nicht formell zur Geschäftsleitung berufene Personen.
Gem. § 15a Abs. 3 InsO werden für den Fall der Führungslosigkeit auch die Gesellschafter, bzw. bei der Führungslosigkeit einer Aktiengesellschaft oder einer Genossenschaft
auch jedes Mitglied eines Aufsichtsrates, verpflichtet, bei Vorliegen eines Insolvenzgrundes einen Insolvenzantrag zu stellen (sog. „Ausplünderungsfälle"). Damit soll ein Aus-
weichverhalten von Gesellschaftern (die nicht zugleich Geschäftsführer sind) in der Krise
der Gesellschaft erschwert werden. Die Insolvenzantragspflicht greift allerdings nicht ein,
wenn die Gesellschafter von dem Insolvenzgrund keine Kenntnis haben. Das dürfte allerdings höchst selten der Fall sein. Der, den es besonders angeht, ist gerade der Gesellschafter. Er wird in den allermeisten Fällen schon vom (Fremd-)Geschäftsführer informiert
worden sein. Im Zweifel hat er sich auch zu erkundigen, schon um seine steuerlichen
Ergebnisse zu erfragen. Sobald für die Gesellschaft wieder ein Geschäftsführer wirksam
bestellt worden ist, geht die Antragspflicht wieder auf diesen über.

Die ggf. betroffenen Gesellschafter oder Aufsichtsratsmitglieder trifft dabei infolge der 9
negativen Gesetzesformulierung die volle Beweislast. Dabei entfällt die Insolvenzantragspflicht bereits, wenn der Betroffene entweder von der Zahlungsunfähigkeit bzw. Überschuldung oder von der Führungslosigkeit keine Kenntnis hatte, allerdings folgt aus der
Kenntnis vom Insolvenzgrund idR auch die Kenntnis der Führungslosigkeit, denn wer
den Insolvenzgrund kennt, hat Anlass, Nachforschungen anzustellen und wird so regelmäßig auf die Führungslosigkeit stoßen. Kennenmüssen genügt nicht, wobei die Anforderungen an die positive Kenntnis nicht allzu hoch sind. Der Gesetzgeber wollte durch
die Regelung der führungslosen Gesellschaft die Rechtsprechung zum faktischen Geschäftsführer nicht berühren.[8]

Nach den Urteilen des Bundesgerichtshofes vom 27.6.2005 (II ZR 113/03)[9] und 10
11.7.2005 (II ZR 235/03)[10] kommt es für die Beurteilung der Frage, ob jemand faktisch
wie ein Organmitglied gehandelt und als Konsequenz seines Verhaltens sich wie ein nach
dem Gesetz bestelltes Organmitglied zu verantworten hat, auf das Gesamterscheinungs-
bild seines Auftretens an. Danach ist es allerdings nicht erforderlich, dass der Handelnde
die gesetzliche Geschäftsführung völlig verdrängt. Entscheidend ist vielmehr, dass der
Betreffende die Geschicke der Gesellschaft – über die interne Einwirkung auf die sat-
zungsmäßige Geschäftsführung hinaus – durch eigenes Handeln im Außenverhältnis, das
die Tätigkeit des rechtlichen Geschäftsführungsorgans nachhaltig prägt, maßgeblich in
die Hand genommen hat[11]. Auch der Bundesfinanzhof (BFH) stellt darauf ab, ob der
Betreffende, der eben nicht formell zum Organ bestellt wurde, mit dem Anspruch einer
Berechtigung nach außen hin auftritt[12]. Strafrechtlich gesehen ist gar nur eine überragende Stellung des faktischen Geschäftsführers Anknüpfungspunkt für strafrechtliche
Sanktionen[13].

Die Regelung stellt den Vorgängerregelungen entsprechend ein Schutzgesetz i.S.d. 11
§ 823 Abs. 2 BGB zugunsten der Gläubiger der Gesellschaft dar und begründet somit im
Fall der Verletzung einen verschuldensabhängigen Schadenersatzanspruch gegen das Ge-

---

[8] Gesetzesentwurf der Bundesregierung, Begründung zu Artikel 9, zu Absatz 3, S. 128.
[9] BGH ZIP 2005, 1414, 1415.
[10] BGH ZIP 2005, 1550, 1551.
[11] BGH ZIP 2005, 1550, 1551.
[12] BFH BStBl. 1989 II, 491; BFH/NV 1988; 275, 1990, 7; 1992, 76; 1993, 213; *Tipke/Kruse* (Fußn. 12), § 35 Rn. 2 m.w.N.
[13] BGHSt 31, 118.

d'Avoine 695

schäftsleitungsorgan. Dieses stand spätestens seit dem Urteil des BGH vom 16.12.1958 für die Vorgängerregelungen fest[14] und gilt ebenso für § 15a InsO.[15]

12 **a) Feststellung der Insolvenzreife.** § 15a InsO setzt voraus, dass die Insolvenzgründe Zahlungsunfähigkeit (§ 17 Abs. 1 S. 2 InsO) oder Überschuldung (§ 19 Abs. 2 InsO) vorliegen. Die drohende Zahlungsunfähigkeit (§ 18 Abs. 2 InsO) stellt gemäß § 18 Abs. 1 InsO zwar ebenfalls einen möglichen Eröffnungsgrund dar, führt aber nicht zu einer Antragspflicht. Vgl. hierzu weitere Hinweise zur Feststellung der Insolvenzreife in § 25 dieses Handbuchs.

13 **aa) Zahlungsunfähigkeit, § 17 Abs. 2 Satz 1 InsO.** Zahlungsunfähigkeit ist gemäß § 17 Abs. 2 S. 1 InsO gegeben, wenn der Schuldner die fälligen Zahlungspflichten nicht mehr erfüllen kann. Das ist der Fall, wenn eine innerhalb von drei Wochen nicht zu beseitigende Liquiditätslücke von zehn Prozent oder mehr besteht und nicht ausnahmsweise mit an Sicherheit grenzender Wahrscheinlichkeit zu erwarten ist, dass die Liquiditätslücke innerhalb von drei Wochen vollständig oder fast vollständig geschlossen wird und den Gläubigern ein weiteres Zuwarten nach den besonderen Umständen des Einzelfalls zuzumuten ist.[16] Zeitlich kürzere oder betragsmäßige geringere Liquiditätslücken sind bloße Zahlungsstockungen und insolvenzrechtlich irrelevant.[17]

14 Der Eintritt der Zahlungsunfähigkeit als Ausgangspunkt für die Berechnung des Umfanges der Verschleppungshaftung wird von den Schuldnern nicht zuletzt im Hinblick auf die strafrechtlichen Konsequenzen häufig nicht eingeräumt. Im Nachhinein ist zudem oftmals nicht eindeutig zu ermitteln, seit wann Zahlungsunfähigkeit vorliegt. Deshalb sieht § 17 Abs. 2 S. 2 InsO vor, dass Zahlungsunfähigkeit angenommen werden kann, wenn der Schuldner seine Zahlungen eingestellt hat. Es wird dabei auf dasjenige äußere Verhalten des Schuldners abgestellt, in dem sich typischerweise eine Zahlungsunfähigkeit ausdrückt. Es muss sich also mindestens für die beteiligten Verkehrskreise der berechtigte Eindruck aufdrängen, dass der Schuldner nicht in der Lage ist, seine fälligen Zahlungspflichten zu erfüllen.[18] Eigene Erklärungen des Schuldners, eine fällige Verbindlichkeit nicht begleichen zu können, deuten auf eine Zahlungseinstellung hin, auch wenn sie mit einer Stundungsbitte versehen sind.[19] Objektiv betrachtet reicht die tatsächliche Nichtzahlung bereits eines erheblichen Teils der Verbindlichkeiten für die Annahme der Zahlungseinstellung durch den Schuldner gem. § 17 Abs. 2 S. 2 InsO aus. Das gilt auch dann, wenn tatsächlich noch geleistete Zahlungen beträchtlich sind, aber im Verhältnis zu den fälligen Gesamtschulden nicht den wesentlichen Teil ausmachen.[20] Die einmal eingetretene Zahlungseinstellung kann nur dadurch beseitigt werden, dass der Schuldner seine Zahlungen allgemein und gegenüber allen Gläubigern wieder aufnimmt.[21]

15 Der den Antragsverpflichteten treffende Haftungstatbestand setzt hier im Grunde doppelt an: Vorgelagert ist die gesellschaftsrechtliche Pflicht, in allen Angelegenheiten der

---

[14] BGH Urteil v. 16.12.1958 – VI ZR 245/57, BGHZ 29, 100.
[15] BGH Urteil v. 15.3.2011 – II ZR 204/09, NJW 2011, 2427; *Strohn*, NZG 2011, 1161.
[16] BGH Urteil v. 9.10.2012 – II ZR 298/11 mit Verweis auf BGH NZI 2012, 567; NZI 2007, 579; NZI 2007, 517; NZI 2007, 36; NZI 2005, 547 m. Anm. *Thonfeld*; ZIP 2006, 2222.
[17] BGH NZI 2012, 413; NZI 2011, 589; NStZ 2007, 643; BGHZ 163, 134, 142; ZIP 2006, 2222, 2224; NZI 2005, 547.
[18] BGH Urteil v. 24.5.2005 – IX ZR 123/04, BGHZ 163, 134, 142 f. = ZIP 2005, 1426, 1429 = DB 2005, 1787 f.; BGH Urteil v. 12.10.2006 – IX ZR 228/03, ZIP 2006, 2222, 2224.
[19] BGH ZIP Jahrgang, wohl 2006, 2222, 2224; ZIP 2001, 2097.
[20] BGH NZI 2005, 547; ZIP 2003, 1666; ZIP 2006, 2222, 2224.
[21] BGH ZIP 2006, 2222, 2224; BGHZ 149, 100, 101.

Gesellschaft die Sorgfalt eines ordentlichen Geschäftsmannes anzuwenden (vgl. § 43 Abs. 1 GmbHG, § 93 Abs. 1 S. 1 AktG, 34 Abs. 1 S. 1 GenG). Daraus konkretisiert sich dann die insolvenzrechtliche Verpflichtung, im Falle des Eintritts der Insolvenzreife die richtigen Maßnahmen zur Liquidation des Unternehmens zu ergreifen.[22] Über allem steht die unbestrittene Forderung des Gesetzgebers, den Rechtsverkehr vor mittellosen Gesellschaften beschränkter Haftung zu schützen. Es handelt sich um ein typisches Anliegen des Gesellschafts- und Insolvenzrechts an sich. Dieses findet sich auch bei einem Blick in benachbarte Rechtsordnungen bestätigt. So sieht das englische Recht eine Haftung der Geschäftsleiter vor. Die Haftung ist allgemein für den Fall einer vorsätzlichen Gläubigerschädigung ausgestaltet (fraudulent trading, sec. 213 Insolvency Act 1986). Speziell wird die Haftung, wenn der Geschäftsleiter die Unabwendbarkeit des Insolvenzeintritts erkennt oder erkennen muss und in diesem Fall nicht alle Möglichkeiten und Chancen zur Vermeidung oder wenigstens Minimierung des Verlustes der Gläubiger nutzt (sog. wrongful trading, sec. 214 Insolvency Act). In der Konsequenz führen diese Regelungen dazu, dass der Geschäftsleiter unverzüglich handeln muss, sei es durch Einleitung erfolgversprechender Sanierungsmaßnahmen, sei es durch die Einleitung der Liquidation. Auch das französische Recht hält vergleichbare Regelungen bereit. Art. L 624-1 Satz 2 Code de Commerce normiert die Insolvenzantragspflicht und sieht hierfür eine 15-Tages-Frist vor. Art. L 624-3 regelt die Haftung. Voraussetzung für die Haftung ist erstens das Vorliegen eines Geschäftsführungsfehlers, zweitens die Überschuldung der Gesellschaft (insuffisance de gestion) und schließlich drittens die Mitursächlichkeit des Fehlers für die Überschuldung. Im Klagewege kann sodann die Auffüllung der Insolvenzmasse verlangt werden (action en complement du passif). Die Haftung des (verklagten) Organs der Gesellschaft steht dann im Ermessen des Gerichts.

bb) Überschuldung, § 19 InsO. Als Antwort auf die weltweite Finanzmarktkrise und **16** mit Blick auf die exportlastige und deshalb stark kreditgestützte deutsche Wirtschaft hat der Gesetzgeber die Legaldefinition des Begriffs der insolvenzrechtlichen Überschuldung in § 19 Abs. 2 InsO mit Art. 5 FMStG[23] mit Wirkung zum 18.10.2008 geändert. Überschuldung liegt danach vor, „wenn das Vermögen des Schuldners die bestehenden Verbindlichkeiten nicht mehr deckt, es sei denn, die Fortführung des Unternehmens ist nach den Umständen überwiegend wahrscheinlich." Bei dieser Legaldefinition handelte es sich zunächst um eine Übergangsfassung, die mit Wirkung ab dem 1.11.2011 wieder durch die bis zur Änderung geltende Fassung abgelöst werden sollte.[24] Die Laufzeit der Regelung wurde zwischenzeitlich zunächst bis zum 31.12.2013 verlängert[25] und schließlich entfristet[26]. Mit der vorerwähnten geltenden Regelung kehrt der Gesetzgeber zu dem vor Inkrafttreten der Insolvenzordnung in der Rechtsprechung entwickelten sog. „modifiziert zweistufigen Überschuldungsbegriff" zurück, wie er bereits unter der Konkursordnung galt.[27] Dies führt in der Konsequenz dazu, dass der Tatbestand der Überschuldung im Sinne des § 19 Abs. 2 InsO nur erfüllt ist, wenn neben der rechnerischen

---

[22] *Röhrig*, Insolvenzrechtliche Aspekte im Gesellschaftsrecht, ZIP 2005, 505, 507.
[23] Gesetz zur Umsetzung eines Maßnahmenpakets zur Stabilisierung des Finanzmarktes (Finanzmarktstabilisierungsgesetz – FMStG) v. 17.10.2008, BGBl. 2008, Teil I, S. 1982, 1989.
[24] Art. 6 Abs. 3 FMStG v. 17.10.2008, BGBl. 2008, Teil I, S. 1982, 1989.
[25] Art. 1 Abs. 2 S. 2 Gesetz zur Erleichterung der Sanierung von Unternehmen v. 24.9.2009, BGBl. 2009, Teil 1, S. 3151.
[26] Art. 18 des Gesetzes zur Einführung einer Rechtsbehelfsbelehrung im Zivilprozess und zur Änderung anderer Vorschriften v. 5.12.2012, BGBl. 2012, Teil 1, S. 2418, 2424.
[27] GesBegr. BT-Dr 16/10600, S. 13.

Überschuldung zu Liquidationswerten keine positive Fortführungsprognose gegeben ist.[28]

17 Der gewissenhafte Kaufmann hat praktisch in jeder Sekunde eine – nach Handels- und Steuerrecht zu erstellende – (Einheits-)Bilanz neu aufzustellen; im Zweifel hat er sich gewahr über den jeweils aktuellen „Status" zu sein. Diese ist für die Feststellung der insolvenzrechtlichen Überschuldung für sich betrachtet jedoch ungeeignet.[29] Stellt der Geschäftsleiter eine bilanzielle Überschuldung fest, muss ihn dies veranlassen, die insolvenzrechtliche Überschuldungsprüfung vorzunehmen.[30]

18 **(1) Rechnerische Überschuldung.** In einem ersten Schritt ist eine insolvenzrechtliche Überschuldungsbilanz aufzustellen.[31] Dazu ist das bis dato zu Buchwerten angesetzte Vermögen neu zu bewerten. Dabei sind weder voraussichtliche Notverkaufserlöse (Zerschlagungswerte) noch going-concern-Werte oder Wiederbeschaffungswerte anzusetzen.[32] Der Ansatz hat vielmehr mit den Werten zu erfolgen, die im Fall einer ohne Zwang durchgeführten Liquidation zu erzielen wären (Liquidationswerte).[33] Soweit nicht ausnahmsweise eine konkrete Aussicht besteht, das Unternehmen als Ganzes zu veräußern oder im Wege der übertragenden Sanierung zu liquidieren, gilt dabei der Grundsatz der Einzelbewertung.[34] Daneben gelten aber weder der Grundsatz der Bilanzkontinuität noch das Anschaffungs- und Imparitätsprinzip oder das Verbot des Ausweises stiller Reserven.[35] Stille Reserven sind vielmehr zu diesem Zweck aufzudecken. Auch der immaterielle Vermögenswert (auch der selbst geschaffene, nicht nur der derivative) ist vollständig zu aktivieren, so er unter dem Gebot kaufmännischer Vorsicht realisierbar ist, mithin eine konkrete Veräußerungsmöglichkeit besteht.[36]

19 Zu § 19 Abs. 2 InsO a.F. galt eine Ausnahme von der Passivierungspflicht für Gesellschafterdarlehen oder vergleichbare Verbindlichkeiten, soweit die Gläubiger einen „qualifizierten Rangrücktritt" erklärt hatten. Ein einfacher Rangrücktritt reichte hingegen nicht aus. Es war vielmehr eine Erklärung erforderlich, wonach der Gläubiger hinsichtlich der Ansprüche gegen die Gesellschaft den Rücktritt gegenüber allen anderen Gläubigern der Gesellschaft, auch hinter die gemäß § 39 Abs. 1 Nrn. 1–5 InsO im Fall der Insolvenzeröffnung nachrangigen Verbindlichkeiten, erklärt, solange die Krise der Gesellschaft besteht.[37] Die Forderungen mussten also im Rang derart zurückstehen, dass sie erst nach Befriedigung aller anderen aktuellen und künftigen Haupt- und Nebenforderungen bedient werden sollen. Sie mussten folglich nahezu wie satzungsmäßiges Eigenkapital behandelt, besser gesagt heruntergestuft werden, so dass sie nur zugleich mit den Einlagerückgewähransprüchen der Mitgesellschafter Berücksichtigung finden.[38] Faktisch bedeutet damit der Rangrücktritt eine Abqualifizierung der Ansprüche aus Gesellschafterdarlehen auf die Stufe des § 199 S. 2 InsO. Das war wichtig, weil nur der „besonders

---

[28] *Braun*, § 19 Rn. 8; BGH, Urteil v. 13.7.1992 – II ZR 269/91.
[29] BGHZ 146, 264; ZInsO 2005, 486; ZIP 2001, 242; NJW 1994, 1477, 1479; *Uhlenbruck*, InsO, § 19 Rn. 10.
[30] BGH NZI 2001, 300; NJW 2001, 1136; NJW 2001, 1280; ZInsO 2007, 1349; ZIP 2008, 267.
[31] BGH ZIP 2001, 242; BGHZ 125, 141, 146; *Uhlenbruck*, InsO, § 19 Rn. 12.
[32] *Uhlenbruck*, InsO, § 19 Rn. 15 u. 18.
[33] *Uhlenbruck*, InsO, § 19 Rn. 15.
[34] *Uhlenbruck*, InsO, § 19 Rn. 18.
[35] *Uhlenbruck*, InsO, § 19 Rn. 10.
[36] BGH Urteil v. 13.7.1992 – II ZR 269/91, 1992, 2891; *Mönning* in Nerlich/Römermann, InsO, § 19 Rn. 15; *Braun*, InsO, § 19 Rn. 18 mit Darstellung des Streitstandes.
[37] Zum qualifizierten Rangrücktritt vgl. *Löwisch*, Eigenkapitalersatzrecht (2007), Rn. 111.
[38] BGH Urteil v. 8.1.2001 – II ZR 88/99, BGHZ 146, 264 = NJW 2001, 1280.

§ 32 Anfechtung und Eigenkapitalersatz § 32

qualifizierte Rangrücktritt" dem Gesellschafter die Sicherheit gibt, die eigenen Darlehen auch tatsächlich im Status bzw. der Überschuldungsbilanz „gedanklich ausbuchen" und damit vernachlässigen zu können. Dieses kann mitunter den Ausschlag zwischen Überschuldung und Nicht-Überschuldung i.S.d. § 19 Abs. 1 InsO geben.

Mit Gesetz zur Modernisierung des GmbH-Rechts und zur Bekämpfung von Missbräuchen (MoMiG) vom 23.10.2008[39] hat der Gesetzgeber mit Wirkung zum 1.11.2008 durch Einfügung des § 39 Abs. 1 Nr. 5 i.V.m. Abs. 4 u. 5 InsO angeordnet, dass Gesellschafterdarlehen und vergleichbare Forderungen per se nachrangig gegenüber den Insolvenzforderungen im Rang des § 38 und § 39 Abs. 1 Nrn. 1–4 sind. Mit Art. 4 des Finanzmarktstabilisierungsergänzungsgesetzes vom 7.4.2009 wurde § 19 Abs. 2 InsO dergestalt ergänzt, dass „Forderungen auf Rückgewähr von Gesellschafterdarlehen oder aus Rechtshandlungen, die einem solchen Darlehen wirtschaftlich entsprechen, für die gemäß § 39 Abs. 2 zwischen Gläubiger und Schuldner der Nachrang im Insolvenzverfahren hinter den in § 39 Abs. 1 Nr. 1 bis 5 bezeichneten Forderungen vereinbart worden ist," im Überschuldungsstatus nicht zu passivieren sind. 20

In der Begründung des Referentenentwurfes heißt es dazu lapidar: „Es gibt nach dem neuen Konzept keine kapitalsetzenden Gesellschafterdarlehen mehr".[40] Die Verfasser bekennen sich zu einem Systemwechsel im Gesellschaftsrecht. Zur Vermeidung der in Lebenssachverhalten unvermeidbaren Abgrenzungsschwierigkeiten sollen die Regeln des Eigenkapitalersatzes künftig typisiert bzw. schematisiert werden. Auf diesem Weg soll eine größere Rechtsklarheit erreicht werden. Dass die Regeln im Übrigen dann auch einfacher zu handhaben sind, versteht sich von selbst. Eine wichtige Rolle spielte bei der Reform auch der Wettbewerb der Gesellschaftsrechte in Europa. Gerade das Eigenkapitalersatzrecht wurde als Sonderweg des deutschen Rechts als „Klotz am Bein" empfunden.[41] 21

Die Neuregelung ist klar und eindeutig, Gesellschafterdarlehen sind eben nachrangig. Für Gesellschafterdarlehen bzw. diesen wirtschaftlich entsprechende Verbindlichkeiten ist die Vereinbarung eines qualifizierten Rangrücktritts daher im Hinblick auf die rechnerische Überschuldungsprüfung obsolet.[42] 22

Ebenfalls nicht in den Überschuldungsstatus aufzunehmen sind Bilanzpositionen, die erst mit Eröffnung eines Insolvenzverfahrens entstünden, also z.B. insolvenzrechtliche Sonderaktiva (z.B. Anfechtungsansprüche) und die (voraussichtlichen) Kosten eines Insolvenzverfahrens.[43] 23

Ergibt sich im Überschuldungsstatus keine rechnerische Überschuldung, ist die bilanzielle Überschuldung insolvenzrechtlich irrelevant. Es besteht demnach keine Insolvenzantragspflicht und kein Ansatzpunkt für eine Insolvenzverschleppungshaftung im Hinblick auf eine etwaige Überschuldung. Führt der Ansatz von Liquidationswerten dagegen zu einer rechnerischen Überschuldung, ist in einem zweiten Schritt eine Fortführungsprognose aufzustellen. 24

---

[39] BGBl. 2008, Teil 1, 2026, Art. 9 Abs. 3a).
[40] Referentenentwurf-MoMiG v. 29.5.2006, Seite 83, ebenso die Begründung zur Änderung des § 30 GmbHG (Seite 55) sowie zur Aufhebung der §§ 32 a, b GmbHG (Seite 56).
[41] *Knof*, Modernisierung des GmbH-Rechts an der Schnittstelle zum Insolvenzrecht – Zukunft des Eigenkapitalersatzrechts, ZInsO 2007, 125, 126.
[42] *Braun* InsO, § 19 Rn. 14; *Knof*, a.a.O., 127 m.w.N. vgl. zur Bedeutung für Fortführungsprognose *Leithaus/Schaefer* NZI 2010, 844 ff.
[43] *Uhlenbruck*, InsO, § 19 Rn. 16.

25 (2) Fortführungsprognose. Eine nach Liquidationswerten rechnerische Überschuldung ist dann insolvenzrechtlich unbeachtlich, wenn die Fortführungsprognose positiv ausfällt. Für eine günstige Fortführungsprognose im Rahmen des § 19 InsO bedarf es subjektiv des Fortführungswillens des Schuldners bzw. seiner Organe und objektiv der Überlebensfähigkeit des Unternehmens.[44]

26 Der BGH urteilte zum modifiziert zweistufigen Überschuldungsbegriff unter der Konkursordnung in der Dornier-Entscheidung, dass die objektive Überlebensfähigkeit gegeben ist, wenn die Finanzkraft der Gesellschaft nach überwiegender Wahrscheinlichkeit mittelfristig zur Fortführung des Unternehmens ausreicht.[45] Diese Rechtsprechung hat er schließlich bestätigt.[46] Die obergerichtliche Rechtsprechung entschied entsprechend.[47] Fraglich war danach lediglich noch, was unter dem betriebswirtschaftlich nicht feststehenden Begriff der „Finanzkraft" zu verstehen ist. In einem engen Begriffsverständnis umfasst der Begriff allein die Selbstfinanzierungskraft des Unternehmens, mithin die aus Gewinnen (Ertragsfähigkeit). In einem weiteren Sinne verstanden umfasst die „Finanzkraft" jedoch schlicht die finanziellen Mittel bzw. Möglichkeiten einer Unternehmung, unabhängig von ihrer Herkunft, also auch Fremdmittel.[48] Anhaltspunkte für eine Beschränkung des Begriffes auf Eigenmittel sind den Entscheidungen des BGH nicht zu entnehmen. Insbesondere in der Begründung der Dornier-Entscheidung stellt der BGH allein darauf ab, dass das betriebene Projekt „durchfinanziert" ist.[49] Vor diesem Hintergrund hat die bereits vor Inkrafttreten der InsO ganz herrschende Literatur den BGH dahingehend verstanden, dass für die Fortführungsprognose ausschließlich auf den Erhalt der Zahlungsfähigkeit, und nicht etwa auf den der Ertragsfähigkeit, im Prognosezeitraum abzustellen ist.[50] Von einzelnen abweichenden Stimmen abgesehen haben Literatur[51] und Rechtsprechung[52] nach Einführung der Insolvenzordnung im Rahmen des § 19 Abs. InsO a.F. an der Fortführungsprognose als reiner Zahlungs(un)fähigkeitsprognose festgehalten. Auch nach der Rückkehr zum schon unter der Konkursordnung geltenden Überschuldungsbegriff hält die herrschende Literatur an diesem Verständnis der Fortführungsprognose fest.[53] Allerdings werden Forderungen nach einer ertragsorientierten Prognose laut[54], denen Praktiker jedoch in Anbetracht der über Jahrzehnte gefestigten BGH-Rechtsprechung keine Bedeutung beizumessen brauchen. Schließlich sieht auch der IDW S6 in der aktuellen Fassung v. 20.8.2009 zur Geltung des FMStG lediglich eine Zahlungsfähigkeitsprognose vor.[55]

27 In zeitlicher Hinsicht ist für eine positive Fortführungsprognose erforderlich, dass die Gesellschaft regelmäßig, jedenfalls im laufenden und dem nächsten Geschäftsjahr, voraussichtlich nicht zahlungsunfähig wird.[56] Der Prognosezeitraum kann bei Vorliegen branchen- und unternehmensspezifischer Besonderheiten ausgedehnt werden, sofern sich die

---

[44] BGH Beschl. v. 9.10.2006 – II ZR 303/05.
[45] BGH Urteil v. 13.7.1992 – II ZR 269/91.
[46] BGH Urteil v. 20.3.1995 – II ZR 205/94.
[47] OLG Hamm NJW-RR 1993, 1445; OLG Düsseldorf NJW-RR 1996, 1443 u. 1998, 1256; OLG Köln NZG 2001, 411.
[48] Vgl. *Frystatzki* NZI 2011, 173, 175 f.
[49] BGH Urteil v. 13.7.1992 – II ZR 269/91.
[50] *Frystatzki*, a.a.O., m. N. o. m. Nachweisen in Fn. 23–25.
[51] *Frystatzki*, a.a.O., m. N. o. m. Nachweisen für beide Auffassungen in Fn. 34–36.
[52] *Frystatzki*, a.a.O., m. N. o. m. Nachweisen in Fn. 37.
[53] *Frystatzki*, a.a.O., m. N. o. m. Nachweisen in Fn. 43.
[54] *Frystatzki*, a.a.O., m. N. o. m. Nachweisen in Fn. 44.
[55] IDW S6, 3.6.2, Rn. 78.
[56] KG Urteil v. 1.11.2005 – 7 U 49/05; OLG Naumburg Urteil v. 20.8.2003 – 5 U 67/03.

Zahlungsströme plausibel prognostizieren lassen.[57] Die Prognose ist auf der Grundlage eines für Dritte nachvollziehbaren Ertrags- und Finanzplans zu erstellen.[58]

Fällt die Fortführungsprognose positiv aus, liegt keine Überschuldung im Sinne des § 19 Abs. 2 InsO vor. Fällt sie negativ aus, das heißt, droht die Zahlungsunfähigkeit im Prognosezeitraum oder liegt sie am Stichtag bereits vor, läuft die Insolvenzantragsfrist des § 15a Abs. 1 S. 1 InsO.

b) Rechtsfolgen der Insolvenzantragspflicht, § 15a Abs. 1 S. 1 InsO. Der Zeitpunkt der Insolvenzreife des Unternehmens markiert für die Geschäftsführung und den Vorstand der Kapitalgesellschaft einen Wendepunkt. Ab diesem Zeitpunkt sind sie verpflichtet, unverzüglich, spätestens aber innerhalb von drei Wochen, Insolvenzantrag zu stellen, § 15a Abs. 1 S. 1 InsO. Sollte es sich abzeichnen, dass die Insolvenzreife eingetreten und definitiv nicht zu beseitigen ist, kann und darf die Frist nicht – straffrei – ausgenutzt werden. 28

Streitig ist, wann die Drei-Wochen-Frist genau beginnt und folglich abläuft. In Betracht kommen der Eintritt der Insolvenzreife, die Kenntnis oder die – böswillige – Unkenntnis von der Insolvenzreife oder deren Erkennbarkeit.[59] Im Interesse einer risikominimierenden Beratung ist jedoch nur auf das objektive Moment, somit den Eintritt der Insolvenzreife ex-ante abzustellen. Die Drei-Wochen-Frist ist jedenfalls eine Maximalfrist. Sie auszunutzen, bedarf besonderer Begründung. Eine tragfähige Begründung mögen ernsthafte Sanierungschancen sein. Ist allerdings schon vor Ablauf der Frist von drei Wochen klar, dass eine Sanierung vermutlich nicht zum durchschlagenden Erfolg führen wird, sind entsprechende Bemühungen abzubrechen. Ein weiteres Zögern bedarf besonderer Begründung. Im Zweifel ist der Insolvenzantrag zu stellen.[60] 29

Ab Eintritt der Insolvenzreife stehen Geschäftsführung bzw. Vorstand in einem Spannungsverhältnis. Der Außenhaftung gegenüber den Gläubigern steht die Verantwortlichkeit gegenüber den Gesellschaftern bzw. Aktionären gegenüber. Insoweit besteht weiteres Haftungspotential. Eine vorzeitige Insolvenzantragstellung trotz noch nicht abschließend gewürdigter, zumindest plausibler Restrukturierungskonzept, dürfte die Sanierungsverpflichtung verletzen. Jedenfalls solange aus vernünftigen Erwägungen noch zugewartet werden kann, ist aus Sicht der Beteiligten ein Insolvenzantrag vorschnell, zumal er der Gesellschaft die Handlungsmöglichkeiten praktisch aus der Hand nimmt. In jedem Fall empfiehlt es sich, in Spannungsfällen zwischen Sanierungs- und Insolvenzantragspflicht die Potentiale auszuloten. Keinesfalls ist auf Druck von Interessengruppen (Banken, Arbeitnehmer bzw. deren Vertretungen) Aktionismus angesagt. Die Entscheidung zur Liquidation hat gravierende Konsequenzen und bedarf daher fundierter Prüfung. Eine Abwägung der jeweiligen Interessen und eine Abschätzung des Für und Wider unter Berücksichtigung aller tatsächlichen und rechtlichen Umstände ist im Einzelfall äußerst schwierig; die kurzfristige Entscheidung des Geschäftsleiters in die eine oder andere Richtung ist allerdings unerlässlich. 30

c) Haftung gegenüber Alt- und Neugläubigern. Hinsichtlich der potentiellen Ersatzberechtigten ist zwischen Alt- und Neugläubigern zu unterscheiden.[61] Dies folgt aus einer konsequenten Anwendung der Differenzhypothese. Der Schaden ist eine unfreiwil- 31

---

[57] *Müller* in MüKoGmbHG, 1. Aufl. 2011, § 64 Rn. 25 mwN.
[58] BGH Beschl. v. 9.10.2006 – II ZR 303/05; OLG Schleswig Urteil v. 11.2.2010 – 5 U 60/09.
[59] Vgl. Nachweise bei *Hefermehl/Spindler* MüKoAktG, 2. Aufl. § 92, Rn. 29.
[60] *Roth/Altmeppen* a.a.O. § 64 Rdnr. 18; *Habersack* in Großkommentar zum AktG, a.a.O., § 92 Rdnr. 66.
[61] *Plathner/Sajogo*, Aktuelle Rechtsprechung zur Insolvenzverschleppung, ZInsO 2012, 2236.

lige Einbuße an Rechten und Rechtsgütern. Art und Umfang ergeben sich aus einer Betrachtung zweier Güterlagen, nämlich einerseits der tatsächlich durch das Ereignis geschaffenen und andererseits der unter Ausschaltung dieses Ereignisses gedachten.

32 Altgläubiger, die bereits zum Zeitpunkt der Insolvenzantragspflicht Gläubiger waren, haben Anspruch auf Ersatz des sog. Quotenschadens. Das ist der Schaden, der dadurch entsteht, dass die Forderung wegen Masseschmälerung entwertet wird.[62] Dem Altgläubiger wird wegen des verspäteten Antrags im Insolvenzverfahren eine geringere Insolvenzquote zugeteilt. Diesen Anspruch können Altgläubiger nicht einzeln bzw. individuell verfolgen, vielmehr ist er von dem Insolvenzverwalter zur Masse zu ziehen.

33 Auch die Neugläubiger konnten nach früher herrschender Meinung nur den Quotenschaden ersetzt verlangen. Das ist inzwischen anders: Nach der Entscheidung des Bundesgerichtshofs vom 6.6.1994[63] stehen die sog. Neugläubiger heute besser. Gläubiger, deren Forderungen erst nach dem Zeitpunkt der Insolvenzantragspflicht entstanden sind, können den vollen Ersatz des „Vertrauensschadens" verlangen. Sie erhalten also eine volle Kompensation des Schadens, der ihnen dadurch entstanden ist, dass sie in Rechtsbeziehungen mit einem insolventen Unternehmen getreten sind. Dabei kann der Neugläubiger ausnahmsweise auch den entgangenen Gewinn geltend machen, wenn er diesen ohne das Geschäft mit der Insolvenzschuldnerin anderweitig hätte erzielen können, diese Chance jedoch wegen des Vertragsschlusses mit der Schuldnerin nicht mehr wahrnehmen konnte.[64] Als individuell zu berechnender Einzelschaden jedes einzelnen Neugläubigers kann dieser Schaden von dem geschädigten Gläubiger außerhalb des Insolvenzverfahrens geltend gemacht werden, somit selbst und allein gegenüber Geschäftsführung und Vorstand.

34 In der Literatur ist diese Rechtsprechung inzwischen akzeptiert, sie zieht die Konsequenz daraus, dass der Schaden eines gutgläubigen Neugläubigers nicht darin besteht, dass er bei rechtzeitiger Stellung des Insolvenzantrages eine höhere Quote erhalten hätte. Vielmehr besteht der Schaden darin, dass er bei rechtzeitiger Antragstellung von vornherein gar nicht mehr Gläubiger der Gesellschaft geworden wäre, die sich ja nun in der Insolvenz befindet. Der auf das sog. „negative Interesse" gerichtete Ersatzanspruch des Neugläubigers umfasst also bei vertraglichen Beziehungen in jedem Fall den Ersatz der Vorleistungen, die er im Vertrauen auf den Fortbestand der Gesellschaft erbracht hatte. Zudem erhält er die Aufwendungen (Anschaffungs- oder Herstellungskosten) erstattet, die er zur Erbringung seiner Leistungen aufgewandt hatte. Abzuziehen ist allerdings eine etwaige Quote, die der Gläubiger auf den Erfüllungsanspruch im Insolvenzverfahren erhält. Anderenfalls wäre der Gläubiger bereichert.

35 Noch nicht abschließend geklärt ist die Reichweite des o.g. Neugläubigerschutzes. Sicher gilt der Neugläubigerschutz gegenüber Vertragspartnern, somit für Ansprüche aus vertraglichen Schuldverhältnissen. Bei gesetzlichen Ansprüchen versteht sich das nicht von selbst. Schließlich gibt es eine Reihe paralleler Haftungsvorschriften, beispielsweise aus §§ 823 Abs. 2 BGB, 263 Abs. 1 StGB (Eingehungsbetrug). Die vorsätzliche Schädigung führt gem. § 826 BGB ebenfalls zu einer vollen Kompensation des Schadens. Die Gefahr einer weiter ausufernden Haftung ist damit gegeben.[65] Der BGH brauchte sich mit dieser Frage bislang nicht abschließend zu beschäftigen.[66] Haftungen drohen in je-

---

[62] *Plathner/Sajogo*, a.a.O., ZInsO 2012, 2236.
[63] BGH Urteil v. 6.6.1994 – II ZR 292/91, BGHZ 126, 181 = ZIP 1994, 1103.
[64] BGH Urteil v. 27.4.2009 – II ZR 253/07, NZG 2009, 750.
[65] Vgl. Scholz/*K. Schmidt*, § 64 Rdnr. 13, 64 ff.; *K. Schmidt*, ZIP 2003, 1715, Anm. zu BGH Urteil v. 7.7.2003 – II ZR 241/02, ZIP 2003, 1713.
[66] Vgl. BGH Urteil v. 7.7.2003 – II ZR 241/02, ZIP 2003, 1713, 1714; BGH Urteil v. 8.3.1999 – II ZR 159/98, ZIP 1999, 967.

§ 32 Anfechtung und Eigenkapitalersatz § 32

dem Falle aus mehrfacher Richtung. Die Vereitelung der Sanierung streitet gegen die verzögerte Insolvenzantragstellung. Handlung bzw. Unterlassung wird von den unterschiedlichen Beteiligten auch unterschiedlich bewertet. Angesichts der Reichweite der Delikts- oder Gefährdungshaftung besteht keine Veranlassung, Gläubiger gesetzlicher Ansprüche aus dem Schutzbereich der Haftung als „Neugläubiger" auszunehmen. Die Gefahren für den Rechtsverkehr werden durch die vorhandene Systematik mehrfach gesichert.

2. Zahlungsverbot nach Eintritt von Zahlungsunfähigkeit und Überschuldung, § 64 S. 1 GmbHG u.a.

Die Insolvenzverschleppungshaftung des § 823 Abs. 2 i.V.m. § 15a InsO findet ihre Ergänzung in den spezialgesetzlichen Zahlungsverboten der § 64 S. 1 GmbHG, §§ 92 Abs. 2 S. 1, 93 Abs. 3 Nr. 6 AktG, §§ 99 S. 1, §§ 34 Abs. 3 Nr. 4 GenG und § 130a Abs. 1 S. 1 HGB. Nach diesen Vorschriften sind die Geschäftsleiter der Gesellschaft im Innenverhältnis[67] zum Ersatz von Zahlungen verpflichtet, die unter ihrer Verantwortung[68] nach Eintritt der Zahlungsunfähigkeit (§ 17 InsO) oder Überschuldung (§ 19 InsO) geleistet werden. Ebenso wie bei den Anfechtungstatbeständen der InsO zielen diese Vorschriften auf den Masseschutz hin. Masseverkürzungen sollen verhindert werden. Verletzt der Geschäftsführer seine Verpflichtung, die Masse zu sichern, hat er zur Befriedigung aller Gläubiger das Gesellschaftsvermögen (wieder) herzustellen bzw. aufzufüllen.[69] Zielsetzung ist und bleibt allein, die verteilungsfähige Masse einer insolvenzreifen GmbH zusammenzuhalten und damit die Gläubigergesamtheit zu schützen, somit die künftigen Insolvenzgläubiger zu protegieren.[70] Auch wenn die Literatur den Ansprüchen aus § 64 S. 1 GmbHG bzw. der Parallelvorschriften vielfach den Charakter eines Schadensersatzanspruchs beimisst,[71] handelt es sich nicht um einen originären Schadensersatzanspruch. Es ist vielmehr ein Anspruch eigener Art,[72] der Anfechtung ähnlich, deckt diese aber nicht. Der Anspruch ist mit dem nach § 823 Abs. 2 BGB i.V.m. § 15a InsO in zentralen Punkten nicht deckungsgleich. Anders als der Insolvenzverschleppungstatbestand, der zu einer deliktsrechtlichen Schadensersatzhaftung führt, setzt der Tatbestand des § 64 S. 1 GmbHG keine Verletzung der Insolvenzantragspflicht voraus. Das Verbot der Leistung von Zahlungen gilt auch und gerade innerhalb der Drei-Wochen-Frist des § 15a Abs. 1 S. 1 InsO.[73] Der Anspruch aus § 64 S. 1 GmbHG setzt – ebenso wie die Anfechtungsvorschriften der §§ 129 ff. InsO – grundsätzlich die Eröffnung eines Insolvenzverfahrens voraus. Aktiv legitimiert ist der Insolvenzverwalter, der den Anspruch auf Auffüllung der verteilungsfähigen Masse reklamieren muss. Allein bei masselosen Verfahren sollen einzelne Gläubiger den Anspruch geltend machen können, wohl aus pragmatischen Gründen.[74]

36

---

[67] *Henssler/Strohn*, Gesellschaftsrecht, Band 62 der Reihe „Beck'sche Kurzkommentare", § 64 Rn. 3.
[68] BGH Urteil v. 16.3.2009 – II ZR 32/08, NZG 2009, 582.
[69] *Röhrig*, Insolvenzrechtliche Aspekte im Gesellschaftsrecht, ZIP 2005, 505, 509.
[70] BGH Urteil v. 16.3.2009 – II ZR 280/07, NZG 2009, 550; BGH Urteil v. 11.9.2000 – II ZR 370/99, ZIP 2000, 1896, 1897; BGH Urteil v. 29.11.1999 – II ZR 273/98, ZIP 2004, 184, 185; Strohn, a.a.O., NZG 2011, 1161.
[71] Vgl. *Scholz/K.Schmidt*, GmbHG, 9. Auflage (2002), § 64 Rdnr. 35; *Roth/Altmeppen*, a.a.O., § 64 Rdnr. 55; Rowedder/Schmidt-Leithoff, GmbHG, 4. Auflage (2002), § 64 Rdnr. 26 u.a.
[72] BGH Urteil v. 18.3.1974 – II ZR 2/72, NJW 1974, 1088 ff.; BGH Urteil v. 8.1.2001 – II ZR 88/99, BGHZ 146, 264, 278 = ZIP 2001, 235, 239.
[73] BGH Urteil v. 16.3.2009 – II ZR 280/07, NZG 2009, 550; Strohn, a.a.O., NZG 2011, 1161.
[74] BGH Urteil v. 11.9.2000 – II ZR 370/99, ZIP 2000, 1896, 1897.

§ 32　　　6. Teil. Möglichkeiten der Sanierung nach der Insolvenzordnung

37 a) Der Begriff der Zahlung
aa) Allgemein. Der Begriff der Zahlung ist entsprechend dem Normzweck, die verteilungsfähige Masse der insolvenzreifen GmbH im Interesse der Gläubigergesamtheit zusammenzuhalten, weit auszulegen.[75] Deshalb heißt Zahlung im Sinne des § 64 S. 1 GmbHG jedenfalls jede Geldleistung, gleichgültig, ob es sich um einen Transfer von Bar- oder Buchgeld handelt. Zahlung i.S.v. § 64 S. 1 GmbHG ist, wie der BGH entschied,[76] auch die von dem Geschäftsführer der GmbH veranlasste Einziehung eines Kundenschecks auf dem im Debet stehenden Bankkonto der Gesellschaft, weil die Bank infolge der sofortigen Verrechnung der Gutschrift zu Lasten der übrigen Gläubiger eine ihr insolvenzrechtlich nicht zustehende Vorwegbefriedigung erhält. Dagegen fallen Zahlungen an bevorrechtigte Gläubiger, die im Insolvenzverfahren in gleicher Höhe zu leisten wären, oder wertausgleichende Zahlungen, die der Ablösung eines Aus- oder Absonderungsrechts gelten, aus demselben Grund nicht unter § 64 S. 1 GmbHG.[77] Die Parallele zum Insolvenzanfechtungsrecht, §§ 129 ff. InsO, wird auch in diesem Punkt deutlich.[78] Sie findet ihre Fortsetzung darin, dass sowohl die Rechtsprechung zu § 64 S. 1 GmbHG als auch diejenige zu § 129 InsO den jeweiligen Tatbestand auch dann als erfüllt ansieht, wenn der Schuldner Mittel, die ihm zweckgebunden zur Befriedigung eines (nicht bevorrechtigten) Gläubigers überlassen werden, tatsächlich zu diesem Zweck verwendet, weil er damit dem dadurch begünstigten Gläubiger zu einer gegen den Zweck des Insolvenzverfahrens verstoßenden Vorwegbefriedigung verhilft.[79]

38 bb) Einzelfragen zur „Zahlung"
(1) Behandlung von Gegenleistungen. Eine Gegenleistung, die in das Gesellschaftsvermögen gelangt und dort voll erhalten geblieben ist, soll nach überwiegender Meinung[80] grundsätzlich in Abzug zu bringen sein. Der BGH hat dies aufgegriffen, will dies jedoch „allenfalls dann" erwägen, wenn mit den vom Geschäftsführer bewirkten Zahlungen ein Gegenwert in das Gesellschaftsvermögen gelangt und dort verblieben ist, weil dann der Sache nach lediglich ein Aktiventausch vorliegt.[81]

39 Klar ist, dass dies nicht für die Fälle gelten kann, in denen der Gläubiger vorgeleistet hat und der Geschäftsführer seine noch offene, in der Insolvenz nicht bevorrechtigte Gegenforderung noch nach Eintritt der Insolvenzreife erfüllt. Zwar wirkt sich der Geschäftsvorfall bilanztechnisch nicht aus. Denn der Abgang aus dem Gesellschaftsvermögen wird kompensiert durch den Fortfall eines Passivpostens. In der Sache handelt es sich aber um die Vorwegbefriedigung eines (nicht bevorrechtigten) Gesellschaftsgläubigers.

---

[75] BGH Urteil v. 16.3.2009 – II ZR 32/08, NZG 2009, 582; NZG 2000, 370; NJW 1994, 2220.
[76] BGH Urteil v. 29.11.1999, II ZR 273/98, BGHZ 143, 184 = ZIP 2000, 184; s. auch BGH ZIP 2001, 1896.
[77] BGH Urteil v. 2.4.1998 – IX ZR 232/96, BGHZ 146, 264, 275 = ZIP 2001, 235, 239.
[78] Vgl. insofern zu §§ 129 ff. InsO BGH ZIP 1991, 1014, 1017 und BGH, Urteil v. 2.4.1998 – IX ZR 232/96, ZIP 1998, 830, 834 m.w.N.; *Uhlenbruck/Hirte*, 12. Auflage (2002), § 120 Rdnr. 105; HKInsO – *Kreft*, 4. Auflage (2006), § 129 Rdnr. 55.
[79] Vgl. BGH Urteil v. 31.3.2003 – II ZR 150/02, ZIP 2003, 1005 zu § 64 Abs. 2 GmbHG und BGH, Urteil v. 7.2.2002 – IX ZR 115/99, ZIP 2002, 489 = NJW 2002, 1574 zu § 10 Abs. 1 GesO, § 29 KO, § 129 InsO.
[80] BGH Beschluss v. 18.3.1974 – II ZB 3/74, NJW 1974, 1088, 1098; Scholz/*K.Schmidt*, § 64 Rdnr. 34; Hachenburg/*Ulmer*, Band III, 8. Auflage (1997), § 64 Rdnr. entfällt; weitere Nachw. bei Baumbach-Hueck/*Schulze-Osterloh*, GmbHG, 18. Auflage (2006), § 64 Rdnr. 76.
[81] BGH Urteil v. 18.10.2010 – II ZR 151/09, NZG 2010, 1393; BGH NZG 2003, 582 m.w.N.; ablehnend Baumbach-Hueck/*Schulze-Osterloh*, a.a.O., § 64 Rdnr. 76.

Genau dieses soll aber durch das Zahlungsverbot des § 64 Abs. 2 GmbHG gerade verhindert werden.[82]

Es bleiben damit diejenigen Fälle, in denen der Vermögensabfluss bei der Gesellschaft **40** unmittelbar einem damit zusammenhängenden Vermögenszufluss gegenüber steht. Praktisch relevant ist im Wesentlichen nur die in das Gesellschaftsvermögen fließende Gegenleistung aus einem nach Eintritt der Insolvenzreife getätigten Austauschgeschäft. Zweifelhaft ist dabei aber bereits wieder, ob dies auch in den Fällen einer Vorleistung des Gläubigers gelten kann, weil dann die Erbringung der Gegenleistung (Zahlung) durch die Gesellschaft Züge einer gegen § 64 S. 1 GmbHG verstoßenden Vorwegbefriedigung eines Gläubigers annimmt. Unabdingbar ist in jedem Falle, dass sich die Gegenleistung, deren Anrechnung die Rechtsfolge aus § 64 S. 1 GmbHG ausschließen soll, bei Insolvenzverfahrenseröffnung noch im Vermögen der Gesellschaft befindet. Entferntere, durch Zahlungen aus dem Gesellschaftsvermögen erzielte Vorteile haben von vornherein außer Betracht zu bleiben.

Das Gesellschaftsrecht läuft auch an dieser Stelle mit dem Insolvenzrecht synchron, **41** jedenfalls bei der Berücksichtigung von Vorteilen im Rahmen der §§ 129 ff. InsO.[83] Saldiert werden kann aber nur der unmittelbar mit der betreffenden Zahlung zusammenhängende Vermögenszufluss. Nur mittelbar mit ihr zusammenhängende Vorteile für das Gesellschaftsvermögen können ausschließlich im Rahmen von § 64 S. 2 GmbHG und den entsprechenden Parallelvorschriften berücksichtigt werden. Insbesondere kommt auch ein Gesamtvergleich der Vermögenslage der Gesellschaft bei Eintritt der Insolvenzreife und bei Eröffnung des Insolvenzverfahrens anders als bei der Haftung wegen Insolvenzverschleppung (§ 823 Abs. 2 BGB i.V.m. § 15a Abs. 1 S. 1 GmbHG) im Rahmen des § 64 S. 1 GmbHG nicht in Betracht.

(2) Sonstige Leistungen als „Zahlungen" i.S.v. § 64 S. 1 GmbHG. Stimmen in **42** der Literatur fordern, dass die Eingehung neuer Verbindlichkeiten schlechthin oder jedenfalls ohne gleichwertige Gegenansprüche als Zahlung i.S.v. § 64 S. 1 GmbHG gewertet wird.[84] Diesen folgt die Rechtsprechung nicht. Denn eine solche Erstreckung bedeutet das – bereits abgelehnte – Modell einer allgemeinen Schadenersatzhaftung des Geschäftsführers auf den Saldo in der kritischen Zeit verursachter Masseschmälerung.[85] Nach inzwischen im Schrifttum überwiegender Meinung[86] sollen unter den Begriff der „Zahlung" i.S.v. § 64 S. 1 GmbHG nicht nur reine Geldzahlungen, sondern auch alle sonstigen masseschmälernden, weil unkompensierten Leistungen aus dem Gesellschaftsvermögen fallen. Die Rechtsprechung des BGH hat zu dieser Frage noch nicht endgültig Stellung bezogen[87], dürfte dieses weite Verständnis jedoch stützen.[88]

(3) Anmeldung der Forderung durch den leistenden Geschäftsführer. Die **43** Zweckbestimmung des § 64 S. 1 GmbHG ist eindeutig; der Geschäftsführer soll die

---

[82] *Roth/Altmeppen*, a.a.O., § 64 Rdnr. 58; *Strohn*, a.a.O., NZG 2011, 1161.
[83] Zu den Ähnlichkeiten, aber auch Unterschieden im Einzelnen s. *Haas*, Der Erstattungsanspruch nach § 64 Abs. 2 GmbHG, NZG 2004, 737, 741 ff.
[84] Vgl. etwa *Scholz/K.Schmidt*, a.a.O., § 64 Rdnr. 23 m.w.N.
[85] Wie hier BGH, Urteil v. 30.3.1998 – II ZR 146/96, BGHZ 138, 211, 217 = ZIP 1998, 776, 778.
[86] So etwa *Strohn*, a.a.O., NZI 2011, 1161; *Hachenburg/Ulmer*, § 64 Rdnr. 40; *Scholz/K.Schmidt*, § 64 Rdnr. 23; *Baumbach-Hueck/Schulze-Osterloh*, § 64 Rdnr. 71, alle mit umfangr. w.N.
[87] Vgl. BGH Urteil v. 6.6.1994 – II ZR 292/91, BGHZ 126, 181, 194 = ZIP 1994, 1103, 1108; *Strohn*, a.a.O NZG 2011, 1161.
[88] BGH Urteil v. 16.3.2009 – II ZR 32/08, NZG 2009, 82.

§ 32 6. Teil. Möglichkeiten der Sanierung nach der Insolvenzordnung

Masse wieder auffüllen, die er verbotswidrig geschmälert hatte. Er ist nicht berechtigt, die Insolvenzquote, die auf den verbotswidrig begünstigten Gläubiger entfallen wäre, abzuziehen. Andererseits ist aber eine ungerechtfertigte Bereicherung der Masse zu vermeiden. Deswegen darf der Geschäftsführer, der ungekürzt eine Zahlung an die Masse erstattet hat, die Forderung des verbotswidrig begünstigten Gläubigers nach Rang und Höhe, die sie in dessen Händen gehabt hätte, im Insolvenzverfahren verfolgen, also zur Tabelle anmelden.[89] Der Vergleich mit der für Anfechtungsgegner geltenden Parallelregelung in § 144 Abs. 1 InsO drängt sich auf. Zu einer Bereicherung der Masse würde es auch dann kommen, wenn der Insolvenzverwalter die Ansprüche gegen den Geschäftsführer aus § 64 S. 1 GmbHG und die auf dasselbe Ziel gerichteten Anfechtungsrechte aus §§ 129 ff. InsO gegenüber dem Zahlungsempfänger nebeneinander verfolgen könnte. Er muss sich deshalb entscheiden, welchen der beiden Wege zur Auffüllung der Masse er gehen will. Bei dieser Entscheidung hat sich der Insolvenzverwalter allein vom Interesse der Masse leiten zu lassen.[90] Insbesondere kann der Verwalter auch noch nach Verjährung des Anfechtungsanspruchs nach § 146 InsO den Geschäftsführer nach § 64 S. 1 GmbHG in Anspruch nehmen.[91]

44 Die Überlegungen des Insolvenzverwalters werden maßgeblich davon bestimmt sein, dass wegen des Charakters des § 64 S. 2 GmbHG als Ausnahmeregelung zu Satz 1 die allgemeinen Verhaltenspflichten eines Geschäftsführers nicht als Maßstab ausreichen, um die im konkreten Fall notwendige Sorgfalt eines ordentlichen Geschäftsmannes zu bestimmen. Maßstab kann vielmehr allein das in § 1 InsO formulierte Ziel des Insolvenzverfahrens sein, die verteilungsfähige Vermögensmasse einer insolvenzreifen GmbH im Interesse der Gesamtheit ihrer Gläubiger zu erhalten und Nachteile von ihr abzuwenden. Unter dieser Maßgabe können durchaus zweifelhafte Verfügungen am Ende einer Prüfung standhalten. Wegen des Ausnahmecharakters des § 64 S. 2 GmbHG können durchaus auch eine einzelne gläubigerbevorzugende Zahlungen zulässig, vielleicht sogar geboten sein, um Nachteile für die Gesellschaft abzuwenden, die schwerer wiegen. Das gilt gerade und vor allem auch mit Blick auf die Notwendigkeit der Fortführung des Geschäftsbetriebes. Vorgelagert sind damit Maßnahmen, die der Erhaltung einer ernstlichen Sanierungsmöglichkeit und damit der Weiterführung des Geschäftsbetriebes der Gesellschaft dienen.[92]

45 **b) Ausnahmen vom Zahlungsverbot.** Zweck der Zahlungsverbote gem. § 64 S. 1 GmbHG und der spezialgesetzlichen Parallelvorschriften ist die Bewahrung der späteren Insolvenzmasse, die der Gläubigergesamtheit ungeschmälert erhalten bleiben soll.[93] Andererseits gilt das Zahlungsverbot nicht für Leistungen, die mit der Sorgfalt eines ordentlichen und gewissenhaften Geschäftsführers bzw. Vorstandes vereinbar sind. Innerhalb der Drei-Wochen-Frist dürfen somit zum Zwecke der Sanierung des Unternehmens oder zur Vermeidung einer unwirtschaftlichen sofortigen Betriebsstilllegung sehr wohl Leistungen und vor allen Dingen Zahlungen erfolgen, beispielsweise zur Abwicklung vorteilhafter Geschäfte. Auch gegenseitige Austauschverträge sind neutral. Insgesamt sind Zahlungen des Geschäftsführers nach Insolvenzreife dann mit der Sorgfalt eines ordentli-

---

[89] BGH Urteil v. 8.1.2001 – II ZR 88/99, BGHZ 146, 264, 278 f. = ZIP 2001, 235, 239.
[90] S. dazu BGH Urteil v. 18.12.1995 – II ZR 277/94, BGHZ 131, 325 = ZIP 1996, 420; dazu *Schulze-Osterloh*, EWiR 1996, 459.
[91] BGH NZG 2003, 582; BGHZ 131, 325; *Strohn*, a.a.O., NZG 2011, 1161.
[92] S. dazu näher *Haas*, NZG 2004, 737, 742 m. umfangr. Nachw. zum Meinungsstand.
[93] BGH Urteil v. 8.1.2001 – II ZR 88/99, NZG 2001, 361; *Strohn*, a.a.O., NZG 2011, 1161.

chen Geschäftsmanns vereinbar, wenn durch sie größere Nachteile für die Insolvenzmasse abgewendet werden sollten.[94]

Problematisch war in der Vergangenheit die Behandlung von Pflichtenkollisionen der Geschäftsleiter. Diese standen vor dem Dilemma, sich bei – nach § 64 S. 1 GmbHG pflichtgemäßer – Nichtabführung der Arbeitnehmeranteile zur Sozialversicherung nach § 266a StGB strafbar zu machen und in Bezug auf Lohn- und Umsatzsteuer einer Bußgeldandrohung aus § 26b UStG, § 380 AO, § 41a EStG sowie der persönlichen Haftung gemäß §§ 69, 34 AO ausgesetzt zu sein. Nach früherer Rechtsprechung des BGH war es im Sinne des § 64 Abs. 2 S. 1 GmbHG a.F. unstatthaft, Zahlungen an die Sozialversicherungsträger in der Drucksituation oder nach Eintritt der Krise des Unternehmens zu tätigen.[95] Auch an das Finanzamt durfte zur Begleichung von Steuerschulden des Unternehmens keine Zahlung mehr bewirkt werden, wenn das Unternehmen in der Krise steckt. Die finanzgerichtliche Rechtsprechung sieht diesen Punkt zum Teil differenziert. Demnach geht die öffentlich rechtliche Verpflichtung zur Zahlung von Steuern dem Zahlungsverboten gem. § 64 GmbHG usw. selbst dann vor, wenn Geschäftsführung und Vorstand dadurch ihre Pflichten gegenüber dem Unternehmen verletzen.[96] Das Zahlungsverbot i.S.d. vorzitierten Vorschriften ist zumindest nicht deckungsgleich mit der steuerlichen Verpflichtung der Organe bzw. ihrer Vertreter. In jedem Fall ist der Pflichtenkreis ambivalent.[97]

46

BGH und BFH haben diese Konflikte dergestalt gelöst, dass Zahlungen zur Vermeidung strafrechtlicher Verfolgung oder haftungsrechtlicher Inanspruchnahme, insbesondere also Zahlungen der Arbeitnehmeranteile zur Sozialversicherung sowie nach Ablauf der Insolvenzantragsfrist der Lohn- und Umsatzsteuerzahlungen, als mit der Sorgfalt eines ordentlichen und gewissenhaften Geschäftsleiters vereinbar anzusehen sind.[98]

47

3. Zahlungsverbot und Haftung bei Verursachung der Zahlungsunfähigkeit, § 64 S. 3 GmbHG u. §§ 92, 93 AktG

Gem. § 64 S. 3 GmbHG bzw. §§ 92 Abs. 2 S. 3, 93 Abs. 1 S. 1 u. Abs. 3 Nr. 6 AktG ist der Geschäftsführer bzw. der Vorstand auch zum Ersatz von Zahlungen verpflichtet, die er an Gesellschafter bzw. Aktionäre geleistet hat, soweit diese zur Zahlungsunfähigkeit der Gesellschaft führen mussten, es sei denn, dies war auch bei Beachtung der Sorgfalt eines ordentlichen Geschäftsmannes nicht erkennbar. Diese Norm stellt eine Ergänzung der bisherigen Mechanismen dar, welche die Gesellschaftsgläubiger gegen Vermögensverschiebungen zwischen Gesellschaft und Gesellschaftern schützen. Hierdurch wird über die Regelung des § 30 Abs. 1 GmbHG hinaus auch das Vermögen geschützt, das nicht zur Erhaltung des Stammkapitals erforderlich ist. Der Gesetzgeber wollte hier einen Gegenpol zur Absenkung des Mindestkapitals schaffen. Die Norm richtet sich gegen den Abzug von Vermögenswerten, welche die Gesellschaft bei objektiver Betrachtung zur Erfüllung ihrer Verbindlichkeiten benötigt. Es handelt sich der Sache nach um einen Teilaspekt der Existenzvernichtungshaftung. Jedoch soll durch die Reform an dieser Stelle keineswegs eine abschließende Regelung der Existenzvernichtungshaftung getroffen

48

---

[94] BGHZ 146, 264, 274 ff. = ZIP 2001, 235, 238 m.w.N.; BGH ZIP 2008, 72 f.
[95] BGH Urteil v. 30.7.2003 – 5 StR 221/03, BB 2004, 348, 349.
[96] BFH Urteil v. 20.4.1993 – VII R 67/92, BFH-NV 1994, 142, 144.
[97] Vgl. *Weber/Brügel*, Die Haftung der Managements in der Unternehmenskrise: Insolvenz, Kapitalerhaltung und der existenzvernichtende Eingriff, DB 2004, 1923, 1924.
[98] BGH NZG 2007, 545; NZG 2008, 628; BFH NZG 2007, 953; BFH/NV 2007, 2059 = BeckRS 2007, 25012151.

werden. Das ergibt sich schon daraus, dass hier – anders als bei der typischen Existenzvernichtungshaftung – nicht bei dem Gesellschafter, sondern bei dem Geschäftsführer als deren Auslöser oder Gehilfen angesetzt wird. Mit dieser Vorschrift soll der Gefahr vorgebeugt werden, dass bei sich abzeichnender Zahlungsunfähigkeit von den Gesellschaftern Mittel entnommen werden. Der Begriff der Zahlung ist dabei nicht auf reine Geldleistungen beschränkt, sondern erfasst auch sonstige vergleichbare Leistungen zu Lasten des Gesellschaftsvermögens, durch die der Gesellschaft im Ergebnis notwendige Liquidität entzogen wird.[99] Faktisch führt dies zu einer die Anfechtungstatbestände ergänzenden Haftung wegen Insolvenzverursachung.[100]

49 Voraussetzung für die Haftung gem. § 64 S. 3 GmbHG ist eine Kausalität zwischen der Zahlung und dem Eintritt der Zahlungsunfähigkeit. Die Zahlungsunfähigkeit wird durch eine Zahlung an den Gesellschafter nicht i. S. des § 64 S. 3 GmbHG verursacht, wenn die Gesellschaft bereits zahlungsunfähig ist.[101] An dem Kausalzusammenhang fehlt es ferner etwa, wenn der Gesellschaft durch eine Gegenleistung des Gesellschafters im Ergebnis in gleichem Maße wieder liquide Vermögenswerte zugeführt werden. Die Zahlung muss unmittelbar – also ohne das Hinzutreten weiterer Kausalbeiträge – zur Zahlungsunfähigkeit führen.[102] Es muss sich im Moment der Zahlung zumindest klar abzeichnen, dass die Gesellschaft unter normalem Verlauf der Dinge ihre Verbindlichkeiten nicht mehr wird erfüllen können. Durch die Formulierung „führen musste" wird unmissverständlich klar gemacht, dass nicht jede Leistung gemeint ist, die erst nach Hinzutreten weiterer im Moment der Zahlung noch nicht feststehender Umstände zur Zahlungsunfähigkeit führt. Die Ersatzpflicht besteht nur in dem Umfang („soweit"), wie der Gesellschaft tatsächlich liquide Vermögenswerte entzogen werden und nicht z.B. durch eine Gegenleistung ausgeglichen worden sind.[103]

III. Haftung aus Kapitalerhaltung

50 Der Gesellschafter ist bestimmungsgemäß Unternehmer. Er trägt einerseits die Finanzierungsverantwortung; andererseits partizipiert er via Beteiligungsquote am wirtschaftlichen Erfolg. Aber Gesellschafter können auch nach Erbringung ihrer Einlage u.U. in Anspruch genommen werden. Das Haftungsprivileg des Gesellschafters einer GmbH oder einer AG steht den Kapitalerhaltungsvorschriften gegenüber.[104] Hier wird lediglich das Recht der GmbH beleuchtet. Jedenfalls sollen die Kapitalerhaltungsvorschriften einen Abzug der als Stamm- oder Grundkapital garantierten Vermögensmasse verhindern, zumindest, soweit dieses außerhalb einer ordnungsgemäßen Liquidation erfolgt. Der Gläubigerschutz zwingt die geschäftsführenden Organe dazu, diese Regelungen zu beachten. Ihre Missachtung begründet mitunter die persönliche Haftung.

---

[99] Gesetzesentwurf der Bundesregierung, Begründung zu Nummer 43, Änderung von § 64, S. 106.
[100] *Strohn*, a.a.O., NZG 2011, 1161.
[101] BGH Urteil v. 9.10.2012 – II ZR 298/11, NZG 2012, 1379.
[102] Gesetzesentwurf der Bundesregierung, Begründung zu Nummer 43, Änderung von § 64, Änderung des bisherigen Absatzes 2, S. 105; *Seibert*, Änderungen des Regierung gegenüber dem Referentenentwurf, DB 2007, 234, 235.
[103] Gesetzesentwurf der Bundesregierung, Begründung zu Nummer 43, Änderung von § 64, Änderungen des bisherigen Absatzes 2, S. 107.
[104] Zur Anwendung der Regeln des Eigenkapitalersatzrechts auf die gesetzestypische Kommanditgesellschaft vgl. *von der Linden*, Eigenkapitalersatzrecht in der gesetzestypischen KG, DZWiR 2007, 5, 9 ff.

§ 32 Anfechtung und Eigenkapitalersatz **§ 32**

1. GmbH-Recht und Änderungen durch das MoMiG ab 1.11.2008

Maßgebend für § 30 Abs. 1 GmbHG sind zwei Parameter. Das eine ist das Gesellschaftsvermögen, das andere das Stammkapital. Das Stammkapital beträgt nach der Geltung des aktuellen GmbHG € 25.000,00 (§ 5 Abs. 1 GmbHG). Der Entwurf des MoMiG sah ursprünglich vor, dass das Stammkapital auf € 10.000,00 herabgesetzt wird (§ 5 Abs. 1 GmbHG-E). Der Grund hierfür lag in dem „*internationalen Wettbewerb der Gesellschaftsformen*".[105] So kennt das englische Gesellschaftsrecht für die Private Limited Company weder ein Mindestkapital noch eine Pflicht zur Leistung von Mindesteinzahlungen. Dazu kam es aber nicht; das Mindest-Stammkapital der GmbH ist nunmehr € 25.000,00. 51

Die „Kapitalgesellschaft light" ist seit dem 1.1.2008 die „*Unternehmergesellschaft*", eine sog. Subspezies der GmbH.[106] Gem. § 5a Abs. 1 GmbHG muss das Mindeststammkapital des § 5 Abs. 1 GmbHG nicht eingehalten werden. Solange die Gesellschaft kein eingetragenes Mindeststammkapital nach § 5 Abs. 1 GmbHG hat, gilt die Verpflichtung zur Bildung der gesetzlichen Rücklage nach § 5a Abs. 3 GmbHG. Diese Rechtsformvariante muss in ihrer Firma den Zusatz „Unternehmergesellschaft (haftungsbeschränkt)" oder die Abkürzung „UG (haftungsbeschränkt)"[107] tragen (§ 5a Abs. 1 GmbHG). 52

Bei Inkrafttreten des GmbH-Gesetzes lag die Mindeststammkapitalziffer noch bei 20.000,00 Reichsmark. Seitdem wurde der Schutz des Rechtsverkehrs durch Anhebung ausgebaut. Das MoMiG reduziert die Regel wieder. Einerseits werden die Regelungen nicht mehr reformspezifisch in GmbH-Gesetz und in Verweisungsregelungen für Kapitalgesellschaften & Co.-Personengesellschaften (§§ 129a, 172a HGB) platziert. Sie umfassen alle Gesellschaften, bei denen kein persönlich haftender Gesellschafter eine natürliche Person ist und bei denen auch keine natürliche Person als Gesellschafter haftet. Auf der Rechtsfolgenseite besteht die Neuerung darin, dass diese Darlehen generell nachrangig und im Fall ihrer Rückzahlung strengen Insolvenzanfechtungsregeln unterworfen sind (§ 135 InsO). Andererseits hat das MoMiG die Anwendung der „*Rechtsprechungsregeln*" auf kapitalsetzende Leistungen außer Kraft gesetzt.[108] 53

Das aus der Rechtsprechung und den sog. „*Novellenregeln*" gebildete Eigenkapitalersatzrecht (bis zur Umsetzung des MoMiG) ist angesichts seines Umfanges an dieser Stelle nicht vollständig abzubilden. Grundlegend ist, dass der Eigenkapitalersatz zunächst als richterrechtliche Regel von der Rechtsprechung des BGH in Analogie zu §§ 30, 31 GmbHG entwickelt wurde. Inzwischen wird die Begründung in der Verantwortung der Gesellschafter für die Folgen der von Ihnen gewählten (Krisen-)Finanzierung der Gesellschaft zu sehen sein. Wenn der Gesellschafter die aus eigener Kraft erkennbar nicht mehr lebensfähige Gesellschaft nicht – wie in dieser Situation geboten – liquidiert, aber auch nicht durch Nachschuss von Eigenkapital saniert, sondern durch als Fremdkapital deklarierte – und damit unter Ausnutzung eines Insiderwissens schlimmstenfalls jederzeit wie- 54

---

[105] Vgl. hierzu *Hüffer*, Gesellschaftsrecht, 7. Auflage (2007), S. 326 f.
[106] *Freitag/Riemenschneider*, Die Unternehmergesellschaft – „GmbH light" als Konkurrenz für die Limited?, ZIP 2007, 1485.
[107] Kritisch zur Bezeichnung *Wilhelm*, „Unternehmergesellschaft (haftungsbeschränkt)" – Der neue § 5a GmbHG in dem RegE zum MoMiG, DB 2007, 1510, 1511, weil die UG und die GmbH strukturgleich seien und sich nur bezüglich der Höhe des Mindestkapitals unterscheiden und dennoch völlig unterschiedlich seien.
[108] Vgl. *K. Schmidt*, Eigenkapitalersatz, oder: Gesetzesrecht Versus Rechtsprechungsrecht, ZIP 2006, 1925, 1927 ff.; *Triebel/Otte*, Reform des GmbH-Rechts: MoMiG, ZIP 2006, 1321 ff.; *Seibert*, GmbH-Reform: Der Referentenentwurf eines Gesetzes zur Modernisierung des GmbH-Rechts und zur Bekämpfung von Missbräuchen – MoMiG, ZIP 2006, 1157 ff.

§ 32 6. Teil. Möglichkeiten der Sanierung nach der Insolvenzordnung

der abziehbare – Finanzierungshilfen weiterhin am Leben erhält, so kommt er in Haftungsgefahr. Er muss im Zweifel hinnehmen, dass die Rechtsordnung diese Mittel, soweit sie zum Ausgleich einer fortbestehenden Bilanz der Gesellschaft benötigt werden, zugunsten der Gesellschaftergläubiger wie Eigenkapital behandelt. Eigenkapital ist somit das Kapital, das die Gesellschaft in dieser Situation zur Fortführung ihres Betriebes und zur Vermeidung der Liquidation gebraucht hätte. Ein verantwortungsvoll handelnder, somit ordentlicher Kaufmann i.S.d. § 32a Abs. 1 GmbHG hätte das Kapital auch zur Verfügung gestellt, und zwar zu Haftungszwecken.

55 Anders verhält es sich mit den sog. Novellendarlehen gem. §§ 32a, 32b GmbHG. Sie sind ausschließlich im Insolvenzverfahren von Bedeutung. Solche Darlehen liegen im Nachrang des § 39 Abs. 1 Nr. 5 InsO. Sie werden nur auf besondere Anforderung des Gerichts bedient, wenn zuvor alle anderen (einfachen) Insolvenzgläubiger in der Insolvenz vollständig befriedigt wurden. Das ist in der Praxis höchst selten der Fall.

2. Kapitalerhaltungsvorschriften nach dem MoMiG

56 Vor In-Kraft-Treten kam es bei der Frage der Klassifizierung von Darlehen auf (Rückgewähr von) Gesellschafterdarlehen „in der Krise" bzw. auf Leistungen auf Forderungen aus Rechtshandlungen, die einem Gesellschafterdarlehen wirtschaftlich entsprechen, an. Seit der Einführung des MoMiG ist es einfacher, d.h., auch in der Krise sollen Gesellschafterdarlehen keine verbotene Stammkapitalrückzahlung sein. Alle Gesellschafterdarlehen unterliegen dann ausschließlich den insolvenzrechtlichen Vorschriften (§ 39 Abs. 4 und 5 InsO). Es findet damit eine gesetzliche Rückstufung statt, auf einen – bis dahin möglichen – freiwillig erklärten Nachrang kommt es nicht mehr an.[109] Der Eigenkapitalersatz ist in der Insolvenz also als (letzte) nachrangige Forderung zu behandeln. Nicht mehr die „Krise", sondern die „Insolvenz" ist nun Dreh- und Angelpunkt.[110]

57 Noch erfolgte Leistungen auf Eigenkapitalersatz sind ggf. nach § 135 InsO anfechtbar. Die Rückzahlung eines Gesellschafterdarlehens kann nicht mehr unter Berufung auf eine analoge Anwendung des § 30 GmbHG verweigert werden. Das MoMiG bewirkt mit der Reform des Eigenkapitalersatzrechtes nicht nur eine Neuordnung der gesellschafts- und insolvenzrechtlichen Lage, sondern löst auch darüber hinaus reichende Fernwirkungen aus, beispielsweise im Hinblick auf die Annahme nachträglicher Anschaffungskosten bei dem Ausfall von Gesellschafterdarlehen.[111]

58 Seit Inkrafttreten des Gesetzes zur Modernisierung des GmbH-Rechts zum 1.11.2008 und zur Bekämpfung von Missbräuchen (MoMiG) vom 23. Oktober 2008 sind das deutsche GmbH-Recht und die Insolvenzordnung grundlegend reformiert.[112] Die Finanzierungsverantwortung des Gesellschafters ist seitdem u.a. in § 39 Abs. 1 Nr. 5 InsO verdeutlicht. Denn dieser ordnet für Gesellschaften, die weder eine natürliche Person noch eine Gesellschaft als persönlich haftenden Gesellschafter haben, bei der ein persönlich haftender Gesellschafter eine natürliche Person ist, eine Rangfolge an:

---

[109] *Krolop,* Vom Eigenkapitalersatz zu einem insolvenzrechtlichen Haftkapitalerhaltungsrecht?, ZIP 2007, 1738 ff.
[110] *Noack,* Der Regierungsentwurf des MoMiG – Die Reform des GmbH-Rechts geht in die Endrunde, DB 2007, 1395, 1398.
[111] *Waclawik,* Fernwirkungen des MoMiG auf den Umfang nachträglicher Anschaffungskosten, ZIP 2007, 1838 ff.
[112] Gesetz zur Modernisierung des GmbH-Rechts und zur Bekämpfung von Missbräuchen v. 23.10.2008, MoMiG, BGBl. I S. 2026.

§ 32 Anfechtung und Eigenkapitalersatz   § 32

1. die seit der Eröffnung des Insolvenzverfahrens laufenden Zinsen und Säumniszuschläge auf Forderungen der Insolvenzgläubiger;
2. die Kosten, die den einzelnen Insolvenzgläubigern durch ihre Teilnahme am Verfahren erwachsen;
3. Geldstrafen, Geldbußen, Ordnungsgelder und Zwangsgelder sowie solche Nebenfolgen einer Straftat oder Ordnungswidrigkeit, die zu einer Geldzahlung verpflichten;
4. Forderungen auf eine unentgeltliche Leistung des Schuldners;
5. nach Maßgabe der Absätze 4 und 5 Forderungen auf Rückgewähr eines Gesellschafterdarlehens oder Forderungen aus Rechtshandlungen, die einem solchen Darlehen wirtschaftlich entsprechen.

Ausgenommen von dem gesetzlich angeordneten Nachrang von Gesellschafterdarlehen sind die sog. „Sanierungsdarlehen". Nach § 39 Abs. 4 InsO führt ein mit Sanierungsabsicht gewährtes und auch objektiv für die Sanierung geeignetes Darlehen bis zur nachhaltigen Sanierung nicht zum Nachrang nach Absatz 1 Nr. 5, wenn ein Gläubiger bei drohender oder eingetretener Zahlungsunfähigkeit der Gesellschaft oder bei Überschuldung Anteile zum Zweck ihrer Sanierung erwirbt. 59

Der Kleingesellschafter wird hingegen wie ein „fremder Dritter" betrachtet; er kann somit „einfache Darlehen" gewähren, die nicht als Gesellschafterdarlehen verhaftet sind. Denn § 39 Abs. 1 Nr. 5 gilt nach § 39 Absatz 5 nicht für den nicht geschäftsführenden Gesellschafter einer Gesellschaft im Sinne des Absatzes 4 Satz 1, der mit 10 Prozent oder weniger am Haftkapital beteiligt ist. 60

Der Gesetzgeber hat durch den Verzicht auf die Rechtsprechungsregeln zu eigenkapitalersetzenden Darlehen und dem gleichzeitigen Ausbau der Novellen-Regelungen eine erhebliche Vereinfachung erreicht. Durch die Verlagerung der Regelungen zu den Gesellschafterdarlehen in das Insolvenzrecht sind die Regelungs-Redundanzen zwischen dem GmbH-Recht und dem Insolvenzrecht vermindert. Unverkennbar steht das Kapitalersatzrecht dem Insolvenzrecht näher als dem gesellschaftsrechtlichen Kapitalerhaltungsrecht.[113] Das GmbH-Recht, das sich an die mittelständische Wirtschaft richten soll, ist griffiger und auch dem Nicht-Juristen klarer. Grundgedanke der Regelung ist, dass die Organe und Gesellschafter der gesunden GmbH einen einfachen und klaren Rechtsrahmen vorfinden, sehr wohl Darlehen gewähren und rückführen können und Rückzahlungen auf Gesellschafterdarlehen überhaupt erst ein Jahr vor und in der Insolvenz der Gesellschaft kritisch werden.[114] 61

Für das Recht der Aktiengesellschaft hatte der BGH entschieden, dass die Grundsätze des Eigenkapitalersatzes auf Finanzierungshilfen eines Aktionärs in der Regel nur dann sinngemäß anzuwenden seien, wenn der Aktionär mehr als 25 % der Aktien der Gesellschaft halte oder – bei geringerer, aber nicht unbeträchtlicher Beteiligung – verbunden mit weiteren Umständen über gesellschaftsrechtlich fundierte Einflussmöglichkeiten in der Gesellschaft verfüge, die einer Sperrminorität vergleichbar sind. Ein Vorstands- oder Aufsichtsratsamt genüge dafür nicht.[115] Zutreffend löste der Gesetzgeber die Differenzierung zwischen der GmbH und der AG an dieser Stelle auf. Infolge der Aufgabe des Wortes „Krise" greift das Sanierungsprivileg künftig ab dem Zeitpunkt der drohenden oder eingetretenen Zahlungsunfähigkeit bzw. der Überschuldung der Gesellschaft und bleibt bis zur nachhaltigen Sanierung bestehen. Nach der Gesamtkonzeption des Mo- 62

---

[113] *Haas*, Das neue Kapitalersatzrecht nach dem RegE-MoMiG, ZIP 2007, 617.
[114] Gesetzesentwurf der Bundesregierung, Begründung, Seite 96.
[115] BGH Urteil v. 26. März 1984 – II ZR 171/83, BGHZ 90, 381 ff.; BGH Urteil v. 9.5.2005, II ZR 66/03, DB 2005, 1848.

§ 32   6. Teil. Möglichkeiten der Sanierung nach der Insolvenzordnung

MiG kommt es für den persönlichen Anwendungsbereich allein darauf an, ob der Gesellschafter in dem maßgebenden Zeitraum die Kleinbeteiligungsschwelle irgendwann einmal überschritten hat.[116]

63   Gem. § 44a InsO-E kann in dem Insolvenzverfahren über das Vermögen einer Gesellschaft ein Gläubiger nach Maßgabe des § 39 Abs. 1 Nr. 5 InsO-E für eine Forderung auf Rückgewähr eines Darlehens oder für eine gleichgestellte Forderung, für die ein Gesellschafter eine Sicherheit bestellt oder für die er sich verbürgt hat, nur anteilsmäßige Befriedigung aus der Insolvenzmasse verlangen, soweit er bei der Inanspruchnahme der Sicherheit oder des Bürgen ausgefallen ist. Mit dieser Norm wird der gegenwärtige § 32a Abs. 2 GmbHG in angepasster Form in das Insolvenzrecht übernommen.

3. § 135 InsO: Gesellschafterdarlehen und Anfechtbarkeit der Rückführung

64   Das Gesetz zur Modernisierung des GmbH-Rechts zum 1.11.2008 und zur Bekämpfung von Missbräuchen (MoMiG) ordnet bei Verstößen gegen die Vorschriften der Kapitalerhaltung eine Rückerstattungspflicht an. Wenn der Gesellschafter seiner Finanzierungsverantwortung nicht genügt und etwa binnen Jahresfrist sein Darlehen zurückführt, begründet dieses einen Anfechtungsanspruch nach § 135 InsO (Gesellschafterdarlehen). Denn anfechtbar ist eine Rechtshandlung, die für die Forderung eines Gesellschafters auf Rückgewähr eines Darlehens im Sinne des § 39 Abs. 1 Nr. 5 oder für eine gleichgestellte Forderung
1. Sicherung gewährt hat, wenn die Handlung in den letzten zehn Jahren vor dem Antrag auf Eröffnung des Insolvenzverfahrens oder nach diesem Antrag vorgenommen worden ist, oder
2. Befriedigung gewährt hat, wenn die Handlung im letzten Jahr vor dem Eröffnungsantrag oder nach diesem Antrag vorgenommen worden ist.

65   Der Gesetzgeber operiert seit dem 1.11.2008 mit der *„Fristenlösung"* und verweist im Fall der Insolvenz Gesellschafterdarlehen grds. in den Nachrang, gibt also einfachen Forderungen anderer Gläubiger, die nicht Gesellschafter sind, den Vorrang.

66   Die Voraussetzungen des ehemaligen „Eigenkapitalersatzes" sind durch die Novellierung der Vorschriften durch das MoMiG[117] ersatzlos gestrichen worden. Nunmehr sind sämtliche Darlehen erfasst, die der Gesellschaft durch einen Gesellschafter zur Verfügung gestellt werden (Fristenlösung).

67   Nach Abs. 2 ist auch eine Rechtshandlung anfechtbar, mit der eine Gesellschaft einem Dritten für eine Forderung auf Rückgewähr eines Darlehens innerhalb der in Absatz 1 Nr. 2 genannten Fristen Befriedigung gewährt hat, wenn ein Gesellschafter für die Forderung eine Sicherheit bestellt hatte oder als Bürge haftete; dies gilt sinngemäß für Leistungen auf Forderungen, die einem Darlehen wirtschaftlich entsprechen. Praktisch wird das in den Fällen relevant, in denen die Bank eine Gesellschaftersicherheit, etwa eine Bürgschaft oder Grundschuld auf privatem Grund hatte, und von der Gesellschaft eine Befriedigung ihrer betrieblichen Darlehen erfahren hat. Die „Verschonung" der Gesellschaftersicherheit kann der Verwalter zum Anlass nehmen, die Rückführung des Darlehens bei der Bank anzufechten und die Rückzahlung der Valuta an die Masse zu verlangen.

---

[116] *Haas*, Das neue Kapitalersatzrecht nach dem RegE-MoMiG, ZIP 2007, 617, 620.

[117] Gesetz zur Modernisierung des GmbH-Rechts und zur Bekämpfung von Missbräuchen v. 23.10.2008.

Im Fall der Überlassung von Gegenständen (Mobilien oder Immobilien) zum Ge- 68
brauch durch die Gesellschaft zwingt § 135 Abs. 3 InsO den Gesellschafter weiter zur
Überlassung derselben an die Masse. Praktisches Beispiel ist die Vermietung des Betriebs-
gebäudes durch den Gesellschafter als Eigentümer an die (später insolvente) Gesellschaft.
Nach Abs. 3 heißt es: „Wurde dem Schuldner von einem Gesellschafter ein Gegenstand
zum Gebrauch oder zur Ausübung überlassen, so kann der Aussonderungsanspruch während der Dauer des Insolvenzverfahrens, höchstens aber für eine Zeit von einem Jahr ab
der Eröffnung des Insolvenzverfahrens nicht geltend gemacht werden, wenn der Gegenstand für die Fortführung des Unternehmens des Schuldners von erheblicher Bedeutung
ist. Für den Gebrauch oder die Ausübung des Gegenstandes gebührt dem Gesellschafter
ein Ausgleich; bei der Berechnung ist der Durchschnitt der im letzten Jahr vor Verfahrenseröffnung geleisteten Vergütung in Ansatz zu bringen, bei kürzerer Dauer der Überlassung ist der Durchschnitt während dieses Zeitraums maßgebend." Der Gesellschafter
muss faktisch ein Jahr zuwarten und kann nicht die Herausgabe des Gegenstands verlangen. Er erhält allerdings eine Nutzungsentschädigung, somit einen Mietersatz. Die Miete
kann aber von der historischen Miete abweichen. Es gilt nicht die ehemals vereinbarte
Miete, sondern die effektiv gezahlte Miete. Sollte der Gesellschafter somit in der Vergangenheit einen Sanierungsbeitrag durch reduzierte Miete geleistet haben, muss er die verminderten Beträge auch weiter gegen sich gelten lassen.

Nach den durch das MoMiG vollzogenen Änderungen des Kapitalersatzrechts ist die 69
Anwendung des § 39 Abs. 1 Nr. 5 InsO lediglich an die tatbestandliche Voraussetzung
geknüpft, dass es sich bei der Insolvenzforderung um einen Anspruch auf Rückzahlung
eines Gesellschafterdarlehens oder um eine Rechtshandlung, die einem solchen wirtschaftlich entspricht, handelt. Sodann entscheidet die Frist von einem Jahr, ob Darlehen
gemäß § 488 BGB anfechtungsfrei bedient bzw. zurückgeführt werden können oder
nicht.

Sinn und Zweck des § 39 Abs. 1 Nr. 5 INSO wird auch durch einen Blick in die Ge- 70
setzesmaterialien nicht klarer, denn dort findet sich lediglich die Feststellung, dass Darlehen nachrangig sein sollen, wie es den internationalen Regelungsmustern entspreche.
Zudem werde die Regelung für die Praxis einfacher.[118] Sicher ist die heutige Fristenlösung klarer und einfacher als das vormalige Kapitalersatzrecht.

Jedenfalls haftet der Gesellschafter nur mit dem der Gesellschaft zur Verfügung gestell- 71
ten Eigenkapital. Die alten Regeln zum Kapitalersatz trugen diesem Umstand Rechnung, indem sie auch nur kapitalersetzende Darlehen in den Anwendungsbereich mit
einbezogen. Da der zwingende Kapitalersatz mit Einführung des MoMiG aber entfallen
ist, müsste diese Begründung auch für nicht kapitalersetzende Darlehen tragfähig sein.
Dies ist sie aber gerade nicht. Denn dass die beschränkte Haftung dazu zwingt, wirtschaftlich sinnvolle Darlehen des Gesellschafters, die potentiell zudem auch anderen
Gläubigern zu Gute kommen, in der Insolvenz nur nachrangig zu befriedigen, ist nicht
ersichtlich. Der Gesellschafter nutzt in diesem Fall auch die Haftungsbeschränkung nicht
aus, er missbraucht sie nicht. Er würde daher in Bezug auf die Haftungsbeschränkung
schlechter gestellt, obwohl die Darlehensgewährung diese nicht einmal im Randbereich
tangiert.

Die Bedeutung dieser Vorschrift bzw. des § 139 Abs. 1 Nr. 2 InsO hat nach Inkrafttre- 72
ten des Gesetzes zur Modernisierung des GmbH-Rechts zur Bekämpfung von Missbräuchen – MoMiG – an Bedeutung gewonnen. Denn neben der Vereinfachung und Überführung der Novellenregeln in das Insolvenzrecht wurden die Rechtsprechungsregeln

---

[118] BT-Drucks. 16/6140, S. 56.

ganz abgeschafft. Gesellschafterdarlehen während des Lebens der gesunden GmbH werden behandelt und rückgezahlt wie alle anderen Darlehen auch. Am Ende, somit in der Insolvenz der Gesellschaft, greift dann aber das neue Recht, somit der Rücktritt des Gesellschafters mit seinen Ansprüchen in den Rang des § 39 Abs. 1 Nr. 5 InsO. Den Weg, den das MoMiG beschreitet, hat der Bundesgerichtshof im Prinzip bereits skizziert. Mit Urteil vom 30.1.2006 spricht der BGH von einer Fortsetzung des Eigenkapitalersatzcharakters.[119] Der Gesellschafter kann sich im letzten Jahr vor Insolvenzantrag nicht auf einen evtl. Wegfall der Durchsetzungssperre bei Leistung der Gesellschaft auf ein Gesellschafterdarlehen berufen, wenn dieses Darlehen zuvor einmal kapitalersetzenden Charakter hatte. Vor dem Hintergrund dieser Entscheidung können die Regelungen des MoMiG und vor allen Dingen der umfassende Nachrang eines Gesellschafterdarlehens nicht als durchgreifende Verschlechterung der Situation des Darlehen gewährenden Gesellschafters gesehen werden.

4. Die Abtretung des Gesellschafterdarlehens in der Insolvenz – Rang des Darlehens

73 Der Gesellschafter, welcher der insolventen Gesellschaft ein Darlehen gewährt hat, rangiert in der Insolvenz über das Vermögen der Gesellschaft mit seinem Rückzahlungs- und Restzinsanspruch im Nachrang des § 39 Abs. 1 Nr. 5 InsO. Das ist Ausdruck der Finanzierungsfolgenverantwortung auch nach Inkrafttreten des Gesetzes zur Modernisierung des GmbH-Rechts und zur Bekämpfung von Missbräuchen (MoMiG).[120] In der Regel kann er nicht mit der Befriedigung seines Rückzahlungs- und Restzinsanspruchs rechnen. Das ändert sich erst dann, wenn – wie selten – eine Quote auf einfache Forderungen und andere vorrangige Gläubigeransprüche von 100 % gezahlt wird. Den Fall gibt es in der Praxis fast nicht. Somit stellt sich für den Gesellschafter die Frage, ob er seinen Anspruch an einen Dritten abtreten kann, der sogleich die Darlehensforderung zur Tabelle anmeldet, um den Rückzahlungsanspruch nun im gleichen Rang des § 38 InsO wie die übrigen Gläubiger geltend zu machen.

74 **a) Rangänderung durch Abtretung?** Grundsätzlich bewirkt die Abtretung eines Anspruchs nicht eine Änderung seiner Rechtsqualität. Der Gesellschafter kann nicht etwa durch eine „*modifizierte Abtretung*" den Anspruch auf Rückzahlung des Darlehens gegen die Gesellschaft so an einen Dritten abtreten, dass diesem die Nachrangigkeit des § 39 Abs. 1 Nr. 5 InsO nicht entgegengehalten werden könnte. Dieses folgt aus §§ 398 ff. BGB, wenngleich die Vorschriften in der geschilderten Konstellation durchaus zu kontroversen Rechtsansichten führen können.

75 Zu einer Konstellation wie der vorliegenden nimmt das OLG Stuttgart mit Urteil vom 8.2.2012 Stellung:[121]

„Dem Zessionar eines Anspruchs auf Rückzahlung eines Gesellschafterdarlehens kann die Qualifikation des Darlehens als Gesellschafterdarlehen und die damit verbundene Nachrangigkeit nach § 39 Abs. 1 Nr. 5 InsO jedenfalls dann nach § 404 BGB entgegengehalten werden, wenn die Abtretung innerhalb der Jahresfrist des § 135 Abs. 1 Nr. 2 InsO, mithin innerhalb eines Jahres vor dem Antrag auf Eröffnung des Insolvenzverfahrens erfolgte."

---

[119] BGH Urteil v. 30.1.2006 – II ZR 357/03, ZIP 2006, 466 = NZG 2006, 263.
[120] BGH Urteil v. 21.2.2013 – IX ZR 32/12, BeckRS 2013, 04502, NZI 2013, 222 ff.
[121] OLG Stuttgart Urteil v. 8.2.2012 – 14 U 27/11, NZI 2012, 324 f.

§ 32 Anfechtung und Eigenkapitalersatz   § 32

Wenngleich der BGH mit Urteil vom 21.2.2013 die Entscheidung aufgehoben hat, sind 76
OLG und BGH überein, dass auch ein Darlehen eines Dritten als Gesellschafterdarlehen
zu bewerten ist, wenn der Dritte bei wirtschaftlicher Betrachtung einem Gesellschafter
gleichsteht.[122] Bereits nach den ehemaligen Regeln zum Eigenkapitalersatz galt, dass die
Qualifikation eines Gesellschafterdarlehens als eigenkapitalersetzend nicht durch die Abtretung verloren geht. Die aktuelle Rechtsprechung bestätigt den Verbleib des Nachrangs
auch nach Abtretung. Mit anderen Worten, das Nachrangrisiko muss der Zessionar mangels der Möglichkeit eines gutgläubigen Erwerbs gegen sich gelten lassen.[123] Der Insolvenzverwalter kann daher den nachrangigen Charakter eines Darlehens auch nach Abtretung der Rückzahlungsforderung des Gesellschafters dem Zessionar nach **§ 404 BGB**
entgegengehalten.[124] Gleiches gilt auch für die Qualifikation eines Darlehens als Gesellschafterdarlehen zumindest dann, wenn die Abtretung innerhalb der Jahresfrist des § 135
Abs. 1 Nr. 2 InsO erfolgte. Denn die Qualifikation als Gesellschafterdarlehen haftet der
Forderung selbst an und ist nicht an die Person des Abtretenden gebunden. Der Rückzahlungsanspruch ist von vornherein für den Fall der Insolvenz nur beschränkt durchsetzbar.[125, 126]

Der Meinung in der Literatur[127], welche die Verstrickung nur auf den Gesellschafter 77
persönlich beziehen will, folgen OLG und BGH nicht. Denn nähme man eine solche
Wirkung an, so könnte dem Zessionar nicht die Eigenschaft des Darlehens als Gesellschafterdarlehen entgegengehalten werden. Zwar räumten die Befürworter dieser Ansicht der Gesellschaft einen Freistellungs- bzw. einen Erstattungsanspruch gegen den Gesellschafter ein, um eine Kompensation herbeizuführen; jedoch lasse sich für einen
solchen Anspruch zum einen keine gesetzliche Grundlage finden, zum anderen sei dieser
je nach Zahlungsfähigkeit des Gesellschafters auch nicht werthaltig.

Damit greift § 404 BGB weit. Der Schuldner kann dem neuen Gläubiger die Einwen- 78
dungen entgegensetzen, die zur Zeit der Abtretung der Forderung gegen den bisherigen
Gläubiger begründet waren. Der BGH und das OLG Stuttgart wenden § 404 BGB auf
die Nachrangigkeit des § 39 Abs. 1 Nr. 5 InsO an und zeigt, dass es diese als Einwendung
oder zumindest wie eine solche behandeln will. Konsequenterweise bleibt der Nachrang
bestehen.[128, 129]

§ 404 BGB erhält Einwendungen auch gegenüber dem Zessionar. Dieses entspricht 79
auch der Intention des Gesetzgebers, bei der Einbeziehung Dritter die zum Kapitalersatzrecht entwickelten Rechtsgrundsätze anzuwenden.[130] Wenn der Schuldner alle Einwendungen auch dem neuen Gläubiger entgegensetzen kann, so gilt das auch in Abtretungsfällen. Anderenfalls liefen die Nachrangregelung des § 39 Abs. 1 Nr. 5 InsO
weitgehend leer.

Eine Ausnahme von diesem Grundsatz scheint nur dann vertretbar, wenn die Abtre- 80
tung des Rückzahlungsanspruchs außerhalb der Jahresfrist des § 135 Abs. Nr. 2 InsO er-

---

[122] BGH, Urteil v. 21.2.2013 – IX ZR 32/12, BeckRS 2013, 04502, NZI 2013, 222 ff.
[123] BGH Urteil v. 21.2.2013 – IX ZR 32/12, BeckRS 2013, 04502, NZI 2013, 222 ff.
[124] OLG Stuttgart a.a.O., Rn. 37, m.w.N. zur Rechtsprechung.
[125] OLG Stuttgart Urteil v. 8.2.2012 – 14 U 27/11, NZI 2012, 324 f.
[126] BGH Urteil v. 21.2.2013 – IX ZR 32/12, BeckRS 2013, 04502, NZI 2013, 222 ff.
[127] Etwa *Schröder*, Die Reform des Eigenkapitalersatzrechts durch das MoMiG, Rn. 253.
[128] OLG Stuttgart Urteil v. 8.2.2012 – 14 U 27/11, NZI 2012, 324 f.
[129] BGH Urteil v. 21.2.2013 – IX ZR 32/12, BeckRS 2013, 04502, NZI 2013, 222 ff.
[130] BGH Urteil v. 21.2.2013 – IX ZR 32/12, BeckRS 2013, 04502, NZI 2013, 222 ff. mit Verweis auf BT-Drucks. 16/6140 S. 56.

§ 32 6. Teil. Möglichkeiten der Sanierung nach der Insolvenzordnung

folgt.[131] Denn nach Verstreichen der Jahresfrist kann der Insolvenzverwalter die Rückzahlung des Gesellschafterdarlehens nicht mehr anfechten; der Gesellschafter hat sich praktisch *„über die Zeit gerettet"*. Nichts anderes kann dann aber für die Abtretung der Forderung gelten. Wenn die Gesellschaft sogar schon (außerhalb des Jahreszeitraums) die Rückzahlung des Darlehens an den Gesellschafter anfechtungsfest vornehmen darf, so ist nicht einzusehen, warum einem dritten Erwerber die Qualifikation des Darlehens als Gesellschafterdarlehen sollte entgegengehalten werden können.

81 **b) Bestimmung des Anfechtungsgegners.** Die Anfechtung der Rückzahlung eines Gesellschafterdarlehens richtet sich nach § 135 Abs. 1 Nr. 2 InsO. Demnach ist eine Rechtshandlung anfechtbar, die für die Forderung eines Gesellschafters auf Rückgewähr eines Darlehens im Sinne des § 39 Abs. 1 Nr. 5 InsO oder für eine gleichgestellte Forderung Befriedigung gewährt hat, wenn die Handlung im letzten Jahr vor dem Eröffnungsantrag oder nach diesem Antrag vorgenommen worden ist. Erfolgt die Rückzahlung des Gesellschafterdarlehens also binnen Jahresfrist vor Stellung des Eröffnungsantrags, ist diese grundsätzlich anfechtbar.

82 Anders als das OLG[132] erstreckt der BGH den Kreis der Anfechtungsgegner auf den Zessionar und den Gesellschafter bzw. Zedenten.[133] Das OLG Stuttgart meinte noch, die Anfechtung könne nur gegenüber dem Dritten, somit dem Erwerber und nicht gegenüber dem Gesellschafter erklärt werden. Denn anfechtbare Rechtshandlung sei nur die Rückzahlung des Darlehens an den Zessionar.[134] Nur dieser habe überhaupt eine Leistung aus dem Vermögen des Schuldners empfangen. Der durch den Zedenten erlangte Betrag hingegen stamme nicht aus der Masse, sondern aus dem Vermögen des Zessionars. Dementsprechend bestimme § 143 Abs. 1 S. 1 InsO auch, dass das an die Insolvenzmasse zurück zu gewähren sei, was durch die anfechtbare Handlung aus dem Vermögen des Schuldners veräußert, weggegeben oder aufgegeben wurde. Demgegenüber erstreckt der BGH mit Urteil vom 21.2.2013 den Kreis der Anfechtungsgegner auf den Zessionar und den Gesellschafter bzw. Zedenten. Nach Tilgung einer abgetretenen Forderung aus einem Gesellschafterdarlehen von der Gesellschaft durch Zahlung an den Zessionar kann diese Befriedigung auch gegenüber dem Gesellschafter angefochten werden.[135] Der BGH schließt sich einem Teil der Literatur an, welche mit der ursprünglichen Finanzierungsverantwortung und dem Verbot von Umgehungstatbeständen argumentiert.[136] Im Rahmen des § 135 Abs. 1 Nr. 2 InsO sei eine wirtschaftliche Betrachtungsweise anzustellen.[137] Die Drittzahlung sei als Leistung an den Gesellschafter zu behandeln. Entscheidend sei, dass die Zahlung, auch wenn sie äußerlich an einen Dritten erfolgt, in diesen Gestaltungen auf die der Durchsetzung seiner eigenen wirtschaftlichen Interessen gerichtete Willensentschließung des Gesellschafters zurückgehe; darum sei sie auch als solche zu werten.[138] Konsequenterweise ist es dem Gesellschafter versagt, durch den Verkauf eines Gesellschafterdarlehens das Anfechtungsrisiko auf die Gläubiger abzuwälzen.[139] Daher befürworten BGH und herrschende Meinung eine gesamtschuldnerische Haftung von Gesellschafter und Zahlungsempfänger, wenn der Gesellschafter durch die Abtretung der Darlehensforde-

---

[131] BGH Urteil v. 21.2.2013 – IX ZR 32/12, BeckRS 2013, 04502, NZI 2013, 222 ff.
[132] OLG Stuttgart Urteil v. 8.2.2012 – 14 U 27/11, NZI 2012, 324 f.
[133] BGH Urteil v. 21.2.2013 – IX ZR 32/12, BeckRS 2013, 04502, NZI 2013, 222 ff.
[134] OLG Stuttgart Urteil v. 8.2.2012 – 14 U 27/11, NZI 2012, 324 f.
[135] BGH Urteil v. 21.2.2013 – IX ZR 32/12, BeckRS 2013, 04502, NZI 2013, 222 ff.
[136] BGH Urteil v. 21.2.2013 – IX ZR 32/12, BeckRS 2013, 04502, NZI 2013, 222 ff.
[137] BGH Urteil v. 21.2.2013 – IX ZR 32/12, BeckRS 2013, 04502, NZI 2013, 222 ff.
[138] BGH Urteil v. 21.2.2013 – IX ZR 32/12, BeckRS 2013, 04502, NZI 2013, 222 ff.
[139] BGH Urteil v. 21.2.2013 – IX ZR 32/12, BeckRS 2013, 04502, NZI 2013, 222 ff.

rung die Zahlung an den Zessionar als seine Geheißperson veranlasst hat.[140] Jede andere Betrachtung würde in der Tat § 135 Abs. 1 Nr. 2 InsO aufweichen oder unterlaufen.

c) Zwischenfazit. Im Ergebnis ergibt sich daher folgendes Bild: 83
- Ein Gesellschafterdarlehen ist jedes Darlehen, das ein Gesellschafter seiner Gesellschaft gewährt.
- Der Anspruch auf Rückzahlung des Gesellschafterdarlehens ist in der Insolvenz über das Vermögen der Gesellschaft nur nachrangig zu befriedigen, § 39 Abs. 1 Nr. 5 InsO.
- Die Abtretung des Rückzahlungsanspruches durch den Gesellschafter an einen Dritten lässt den Rang des Darlehens unberührt; die Zession führt somit nicht etwa zu einem „Hochschleusen" des nachrangigen Anspruchs. Der Insolvenzverwalter kann den Nachrang aufgrund des § 404 BGB auch gegenüber dem Zessionar geltend machen.
- Die Rangwahrung gilt nur dann nicht, wenn die Abtretung des Anspruchs außerhalb der Jahresfrist des § 135 InsO erfolgt ist.
- Wird das Darlehen binnen Jahresfrist vor Antragstellung zurückgezahlt, entsteht ein Anfechtungsrecht des Insolvenzverwalters.
- Richtiger Anfechtungsgegner ist neben dem Zessionar auch der Zedent. Sie haften als Gesamtschuldner.

5. Rechtsfolgen der Anfechtung, § 143 InsO

Die Vornahme einer anfechtbaren Rechtshandlung führt zur haftungsrechtlichen Un- 84 wirksamkeit. Die Wiederherstellung des ursprünglichen Zustandes erfolgt dadurch, dass ein Rückgewähranspruch besteht, dessen Ziel es ist, die durch die fragliche Rechtshandlung herbeigeführte Gläubigerbenachteiligung zu neutralisieren. Anders als nach dem Rückgewähranspruch gem. § 31 Abs. 1 GmbHG entsteht der Anspruch erst mit Insolvenzverfahrenseröffnung.

Der Anspruch auf Rückgewähr ist ein schuldrechtlicher, der auf Ausgleich des den 85 Gläubigern entstandenen Nachteils gerichtet ist. Die Insolvenzmasse ist in die Lage zu versetzen, in der sie sich befunden hätte, wenn die anfechtbare Handlung unterblieben wäre. Zurückzugeben ist das, was durch die anfechtbare Handlung aus dem Vermögen des Schuldners weggegeben worden ist und nicht das, was der Anfechtungsgegner erlangt hat. Die allgemeinen Regeln des Schuldrechts sind anwendbar.[141] Aus § 143 Abs. 1 Satz 2 InsO folgt über die Anwendbarkeit der Regeln über die ungerechtfertigte Bereicherung, dass der Schuldner Wertersatz zu leisten hat, wenn er die Rückerstattung nicht „in Natur" vornehmen kann.

Der Anspruch auf Rückgabe der Sache wandelt sich erst dann in einen Wertersatzan- 86 spruch, wenn – wie in den Fällen des § 130 Abs. 1 GmbHG – eine Rückgabe der Sache nicht möglich ist, § 143 Abs. 1 Satz 2 InsO. Daneben greift die Haftung des Anfechtungsgegners nach § 819 Abs. 1, § 818 Abs. 4, §§ 292, 989, 990 BGB. Das gilt, wenn den Anfechtungsgegner im Hinblick auf die Unmöglichkeit der Herausgabe ein Verschulden trifft.

Ist die Bereicherung weggefallen, haftet der Anfechtungsgegner nicht mehr, weder auf 87 Wert-, noch auf Schaden- oder Nutzungsersatz. Diese Privilegierung greift allerdings nur dann Platz, wenn der Empfänger der Leistung weiß oder wissen musste, dass die Leistung die Gläubiger benachteiligt. Umstritten ist, ob die Schwelle des „Wissenmüssens" schon

---
[140] BGH Urteil v. 21.2.2013 – IX ZR 32/12, BeckRS 2013, 04502, NZI 2013, 222 ff.
[141] Kübler/Prütting/*Paulus*, InsO, Band II, Losebl. (Stand Juli 2007), § 143, Rn. 10.

§ 32   6. Teil. Möglichkeiten der Sanierung nach der Insolvenzordnung

bei einfacher oder erst bei grober Fahrlässigkeit überschritten ist.[142] Wenn man bedenkt, dass der GmbH-Gesellschafter im Verhältnis zu seiner Gesellschaft quasi allwissend ist, zumindest aber allwissend werden kann, § 51a GmbHG, muss die Schwelle zum „*Wissenmüssen*" niedrig liegen. Insoweit zeigt sich die Parallele zwischen dem anfechtungsrechtlichen und dem gesellschaftsrechtlichen Erstattungsanspruch.

88   Wenn der Insolvenzverwalter eine Rechtshandlung anficht, bedeutet dies, dass er sich auf einen Anfechtungsgrund beruft. Es wird gerade kein Gestaltungsrecht ausgeübt. Das hat aber auch zur Folge, dass die Anfechtung auch an Bedingungen geknüpft werden kann.[143]

89   Befindet sich der anfechtbar weggegebene Gegenstand noch im Besitz des Insolvenzverwalters, genügt es, dass sich der Verwalter auf die haftungsrechtliche Unwirksamkeit beruft und damit den Zugriff des Anfechtungsgegners einredeweise abwehrt.[144]

90   In der Praxis erweist sich häufig als problematisch, dass der Insolvenzverwalter keine Kenntnisse von der anfechtbaren Handlung hat und diese auch nicht ohne Weiteres erlangen kann. Damit stellt sich die Frage, auf welchem Wege er entsprechende Auskünfte erlangen kann, um überhaupt in die Lage versetzt zu werden, Prüfungen vorzunehmen. Primär muss sich der Insolvenzverwalter an den Geschäftsleiter wenden. Daneben stehen ihm die anderen Organe sowie die einzelnen Gesellschafter bzw. die Aktionäre als Auskunftspersonen zur Verfügung. Allerdings befreien diese Auskunftsansprüche den Insolvenzverwalter nicht von der Obliegenheit, überhaupt konkrete Sachverhalte bzw. Konstellationen anzusprechen, zu denen er Auskünfte verlangt. Fragen „ins Blaue hinein" werden nicht zum Erfolg führen; der Adressat wird leicht die Erklärung abgeben können, dass ihm „*nichts Auffälliges*" bekannt sei. Somit ist präzises Aktenstudium und fundierte Recherche in Geschäftsunterlagen Grundvoraussetzung für ein erfolgreiches Vorgehen.

IV. Sonstige Ersatzverpflichtungen

1. Allg.: Schadenersatzansprüche wegen „*sittenwidriger Schädigung*", § 826 BGB

91   Die grundsätzliche Schadenersatzverpflichtung wegen „*sittenwidriger vorsätzlicher Schädigung*" ist in § 826 BGB verankert und begründet eine unbedingte Außenhaftung gegenüber den Gesellschaftsgläubigern, unabhängig von dem Vorliegen sonstiger Ansprüche aus dem Gesellschafts- und/oder Deliktsrecht. Ein Rückgriff auf § 826 BGB kommt nach herrschender Meinung immer dann in Betracht, wenn die der Gläubigergesamtheit zugefügten Nachteile nicht hinreichend durch die Anfechtungsvorschriften der §§ 129 ff. InsO erfasst werden.[145] Darunter fallen insbesondere Fallkonstellationen, in denen Um-

---

[142] Uhlenbruck/*Hirte*, a.a.O., 12. Aufl. 2002, § 143, Rdnr. 51; MünchKommInsO-*Kirchhoff*, a.a.O., 2002, § 143, Rdnr. 10; Kübler/Prütting/*Paulus*, InsO, 2. Auflage, (2005), § 143, Rdnr. 39, 31; Roth/Altmeppen, a.a.O., § 31, Rdnr. 16.
[143] Kübler/Prütting/*Paulus*, InsO, Band II, Losebl. (Stand Juli 2007), § 143, Rn. 1 f.
[144] Kübler/Prütting/*Paulus*, InsO, Band II, Losebl. (Stand Juli 2007), § 143, Rn. 3.
[145] RG Urteil v. 19.9.1910 – VI 403/09, RGZ 74, 224, 225; BGH Urteil v. 13.7.1995 – IX ZR 81/94, BGHZ 130, 314, 330 f. = ZIP 1995, 1364, 1369; BGH Urteil v. 25.6.2001 – II ZR 38/99, BGHZ 148, 167, 173 = ZIP 2001, 1458, 1460; BGH Urteil v. 2.7.1958 – V ZR 192/57, WM 1958, 1278 f.; BGH Urteil v. 16.2.1972 VIII ZR 189/70, NJW 1972, 719, 721; BGH Urteil v. 12.2.1996 – II ZR 279/94, ZIP 1996, 637 = NJW 1996, 1283; BGH Urteil v. 4.7.2000 – VI ZR 1927/99, ZIP 2000, 1539 = NJW 2000, 3138, 3139.

stände vorliegen, die eine Sittenwidrigkeit begründen, somit über eine bloße Vermögensverschiebung hinausgehen. Eine sittenwidrige Schädigung kann zudem vorliegen, wenn der Schuldner mit dem Leistungsempfänger kollusiv zusammenwirkt, um sein wesentliches Vermögen dem Zugriff der Gläubiger zu entziehen.[146] *„Sittenwidrig"* ist es u.a., wenn ein Dritter – ganz oder fast vollständig – das gesamte Vermögen des Schuldners ausplündert.[147] Schließlich fallen hierunter auch Handlungen, mit denen das Vermögen des Schuldners zulasten der Gläubiger quasi verschleudert wird.[148] Einzelheiten sind anhand des konkreten Lebenssachverhaltes zu analysieren. Im Zweifel entscheidet somit das Gericht im konkreten Streitfall unter Abwägung aller Facetten des zu beurteilenden Falls.

2. Verbot eines existenzvernichtenden Eingriffs als Fall des § 826 BGB

Die wohl bedeutendste Fallgruppe des § 826 BGB stellt die durch den BGH entwickelte Rechtsfigur des *„existenzvernichtenden Eingriffes"* dar. Dieses Institut geht auf die „Bremer Vulkan"-Entscheidung des BGH aus dem Jahr 2001 zurück.[149] Damit hatte der BGH die im Rahmen des Konzernrechts entwickelte Rechtsfigur des qualifiziert faktischen Konzerns aufgegeben und durch die des existenzvernichtenden Eingriffs ersetzt. Er konstruierte auf diesem Weg eine zunächst unbeschränkte Außenhaftung der Gesellschafter für Verbindlichkeiten der Gesellschaft und schloss damit eine planwidrige Regelungslücke im Gläubigerschutz mit Hilfe einer genuin gesellschaftsrechtlichen Haftungskonstruktion.[150]

92

Im Laufe der Zeit hat der BGH den existenzvernichtenden Eingriff mehrmals auf andere Rechtsgrundlagen gestützt. So folgerte er die Haftung im „Bremer Vulkan"-Urteil noch aus einer Schutzgesetzverletzung im Sinne des § 823 Abs. 2 BGB i.V.m. § 266 StGB.

93

In der später ergangenen „KBV"-Entscheidung sah der BGH die Rechtsgrundlage in dem Missbrauch der Haftungsbeschränkung der GmbH.[151] Grundlegende, unausgesprochene Voraussetzung des Kapitalgesellschaftsrechts sei es, dass das Vermögen, das die Gesellschaft benötige, um ihre Gläubiger zu befriedigen, ihr verbleiben müsse und somit der Disposition der Gesellschafter entzogen sei. Für die Inanspruchnahme des Haftungsprivilegs sei es daher unabdingbar, dass das Vermögen der Gesellschaft strikt von dem ihrer Gesellschafter getrennt bleibe und bis zu ihrer vollständigen Liquidation nur zweckgebunden zur Befriedigung der Gläubiger eingesetzt werde. Entziehe der Gesellschafter der GmbH die notwendigen Mittel und setze sich so über die Zweckbindung hinweg, nutze er die Rechtsform der GmbH missbräuchlich und könne sich in der Folge nicht auf das Haftungsprivileg berufen. Dies gelte nur dann nicht, wenn eine vollständige Rückführung der entzogenen Mittel bereits über die §§ 30, 31 GmbHG erreicht werden könne.

94

---

[146] BGH Urteil v. 12.2.1996 – II ZR 178/99, ZIP 1996, 637 = NJW 1996, 1283; BGH Urteil v. 13.7.1995 – IX ZR 81/94, BGHZ 130, 314, 330 f. = ZIP 1995, 1364, 1369.
[147] RG Urteil v. 24.6.1911 – VI 525/10, RGZ 77, 201, 208; BGH Urteil v. 2.11.1955 – IV ZR 103/55, NJW 1956, 417, 418; BGH Urteil v. 15.6.1962 – VI ZR 268/61, WM 1962, 962, 965.
[148] BGH Urteil v. 12.2.1996 – II ZR 279/94, ZIP 1996, 637 = NJW 1996, 1283: „Verschleuderung des Gesellschaftsvermögens".
[149] BGH Urteil v. 17.9.2001 – II ZR 178/99, BGHZ 149, 10 ff., = DB 2001, 2548 (Bremer Vulkan).
[150] *Haas*, Kapitalerhaltung, Insolvenzanfechtung, Schadensersatz und Existenzvernichtung, ZIP 2006, 1373, 1381.
[151] BGH Urteil v. 24.6.2002 – II ZR 300/00 = NJW 2002, 3024 (KBV).

§ 32 6. Teil. Möglichkeiten der Sanierung nach der Insolvenzordnung

Unabhängig von der geänderten Rechtsgrundlage verblieb es jedoch bei einer Außenhaftung der Gesellschafter.

95 Die Begründung der „Existenzvernichtungshaftung" zielt somit auf die kapitalistisch organisierte Einheit. Wenn die Kapitalgesellschaft als rechtliche Kunstfigur mit eigener Rechtspersönlichkeit ihre Mitglieder vor einer persönlichen Haftung für ihre ausgeübte Geschäftstätigkeit schützen soll, indem sie die Funktion des Haftungsträgers anstelle ihrer Mitglieder übernimmt, so muss ihr dazu benötigtes Vermögen bis zu ihrer ordnungsgemäßen Liquidation von dem Vermögen ihrer Mitglieder strikt getrennt bleiben. Der Gesellschafter, welcher der Kapitalgesellschaft benötigtes Kapital entzieht, handelt unredlich. Er missbraucht die grundlegenden Regeln, die für die Rechtsfigur der beschränkt auf ihr Vermögen haftenden Kapitalgesellschaft gelten. Im Grundsatz verhält er sich nicht anders als der Gesellschafter einer Personengesellschaft. Letzterer muss aber wegen seiner ohnehin bestehenden vollen persönlichen Haftung jederzeit für die schuldende Gesellschaft einstehen, kann allerdings auch deren Vermögen sich jederzeit wieder einverleiben. Die Haftung ist im Ergebnis permanent und allgegenwärtig.

96 In der Trihotel-Entscheidung vom 16. Juli 2007[152] entwickelte der BGH die Haftungsrechtsprechung weiter. Dabei gab der BGH das bisherige Konzept einer eigenständigen Haftungsfigur auf. Er knüpfte nunmehr die Existenzvernichtungshaftung nicht mehr an den Missbrauch der Rechtsform, sondern an die missbräuchliche Schädigung des im Gläubigerinteresse zweckgebundenen Gesellschaftsvermögens und ordnete die Haftung allein in *„§ 826 BGB als eine besondere Fallgruppe der sittenwidrigen vorsätzlichen Schädigung"* ein. Der BGH stellte seinerzeit klar, dass der missbräuchliche Eingriff in das Gesellschaftsvermögen unter Verstoß gegen die Verpflichtung zur Respektierung seiner Zweckbindung zur vorrangigen Gläubigerbefriedigung schon begrifflich und auch funktionell keinen Missbrauch der Rechtsform darstelle, der als solcher an den Fehlgebrauch der Rechtsform selbst anknüpfe und nur bei ihrer Schaffung oder beim Gebrauchmachen von ihr, also beim Abschluss von Geschäften denkbar sei.[153] Nach dem neuen Haftungskonzept besteht zwischen den Ansprüchen aus § 826 BGB und §§ 30, 31 GmbHG Anspruchskonkurrenz. Auch insoweit wird dem Interesse der Gläubiger nach einem umfassenden Schutz in Krise und Insolvenz der Kapitalgesellschaft umfassend Rechnung getragen. Die Folge dieses Rechtsprechungswandels ist eine größere Freiheit der Gesellschafter. Sie werden nun doppelt abgeschirmt, und zwar zum einen nach innen gegenüber dem Insolvenzverwalter durch die hohen Hürden des § 826 BGB und nach außen gegenüber Drittzugriffen der Gesellschaftsgläubiger, da es sich nach der Konzeption des BGH um eine reine Innenhaftung der Gesellschafter gegenüber der Gesellschaft handelt.[154]

97 Der objektive Tatbestand des existenzvernichtenden Eingriffs setzt in seiner aktuellen Form einen sittenwidrigen kompensationslosen Eingriff in das Gesellschaftsvermögen voraus, der im Ergebnis zur Insolvenz führt.[155] Ein solcher Eingriff dient gezielt dazu, der Gesellschaft Vermögen zu betriebsfremden Zwecken zu entziehen. Reine Managementfehler reichen daher nicht.[156] Geschützt wird nicht nur das bilanzielle Vermögen, sondern auch dasjenige, was die Gesellschaft benötigt, um erfolgreich am Wirtschaftsleben teilzunehmen.[157] An einem Eingriff fehlt es indes bei materieller Unterkapitalisierung,

---

152 BGH Urteil v. 16.7.2007 – II ZR 3/04, DB 2007, 1802.
153 A.a.O.
154 *Weller*, Die Neuausrichtung der Existenzvernichtungshaftung durch den BGH und ihre Implikationen für die Praxis, ZIP 2007, 1681.
155 BGH Urteil v. 16. Juli 2007 – II ZR 3/04, DB 2007, 1802.
156 *Roth/Altmeppen*, GmbHG, 7. Auflage 2012, Rn. 80.
157 *Roth/Altmeppen*, GmbHG, 7. Auflage 2012, Rn. 81 mit Auflistung einzelner Fallgruppen.

§ 32 Anfechtung und Eigenkapitalersatz §32

also in den Fällen, in denen der Gesellschafter es unterlässt, die Gesellschaft hinreichend mit finanziellen Mitteln auszustatten. Zwar hatte das OLG Düsseldorf[158] noch die Haftung wegen existenzvernichtenden „Eingriffs" erweitert und geurteilt, dass die Durchgriffshaftung auch zur Anwendung komme, wenn der Gesellschaft von vornherein die Fähigkeit vorenthalten werde, die vorhersehbaren Risiken ihres Geschäftsbetriebs zu bestehen und ihren Verbindlichkeiten nachzukommen. Jedoch hob der BGH dieses Urteil auf.[159] Denn die fehlende Kapitalausstattung stehe einem Eingriff in das Gesellschaftsvermögen nicht gleich. Zudem finde sich diesbezüglich im Gesellschaftsrecht keine Regelungslücke, so dass für eine Rechtsfortbildung kein Raum bestehe.

Durch die Einordnung der Haftung aus existenzvernichtendem Eingriff in das Deliktsrecht muss neben den oben genannten Voraussetzungen nunmehr auch das Tatbestandsmerkmal der Sittenwidrigkeit vorliegen. Hierzu genügt nicht lediglich die Feststellung, der Eingriff habe die Insolvenz verursacht. Vielmehr ist ein Eingriff festzustellen, der gegen das Anstandsgefühl aller billig und gerecht Denkenden verstößt. Dies ist nach ständiger Rechtsprechung immer dann der Fall, wenn ein planmäßiger Entzug von Gesellschaftsvermögen im Sinne der Verringerung der Zugriffsmasse zu Lasten der Gläubiger und zum eigenen Vorteil des Gesellschafters vorliegt („Selbstbedienungsaspekt").[160] Verboten ist somit die insolvenzverursachende oder -vertiefende „Selbstbedienung" des Gesellschafters vor den Gläubigern der Gesellschaft. Die Sittenwidrigkeit kann sich auch aus äußeren Umständen ergeben, namentlich indem der Insolvenzverwalter einen systematischen Vermögenstransfer von der Gesellschafts- in die Gesellschaftersphäre aufzeigt, wodurch der Selbstbedienungsaspekt indiziert wird.[161] 98

Subjektiv setzt eine solche Haftung voraus, dass dem Gesellschafter bewusst ist, dass durch von ihm selbst oder mit seiner Zustimmung veranlasste Maßnahmen das Gesellschaftsvermögen sittenwidrig geschädigt wird. Ein Bewusstsein über die Sittenwidrigkeit ist nicht erforderlich. Auswirkung hat die Neuanknüpfung der Existenzvernichtungshaftung an den Tatbestand des § 826 BGB in diesem Zusammenhang insbesondere in Bezug auf die Cash-Pool-Systeme und Leveraged Buy-Outs. Am Vorsatz wird die Haftung in diesen Fällen scheitern, solange die Beteiligten die Insolvenz nicht als Folge des jeweiligen Vermögenstransfers voraussehen und billigend in Kauf nehmen.[162] 99

Der zu ersetzende Schaden ist auf der Basis der Differenzhypothese insbesondere in den entzogenen Vermögenspositionen zu sehen, sowie in insolvenzbedingten Zerschlagungsverlusten und dem entgangenen Gewinn der Gesellschaft. Darüber hinaus werden auch die Kosten des vorläufigen Insolvenzverfahrens und des Insolvenzverfahrens erfasst, soweit die Gesellschaft ohne den schädigenden Eingriff nicht insolvenzreif geworden wäre. Der Anspruch ist in der Höhe auf die Summe begrenzt, die notwendig ist, um die gerade durch die den existenzvernichtenden Eingriff geschmälerte Schuldendeckungsfähigkeit der Gesellschaft wieder herzustellen.[163] 100

---

[158] OLG Düsseldorf Urteil v. 26.10.2006 – I-6 U 248/05, NZG 2007, 388, ablehnend *Schaefer*, Durchgriffshaftung wegen allgemeiner Unterkapitalisierung?, NZG 2007, 377, 378 unter Hinweis auf das Fehlen eines vergleichbaren Handlungsunrechts, praktische Schwierigkeiten bei der nachträglichen gerichtlichen Überprüfung und die fehlende Schutzbedürftigkeit der Gläubiger.
[159] BGH Urteil v. 28.4.2008 – II ZR 264/06 = NJW 2008, 2437 (GAMMA).
[160] *Roth/Altmeppen*, GmbHG, 7. Auflage 2012, Rn. 87.
[161] *Weller*, Die Neuausrichtung der Existenzvernichtungshaftung durch den BGH, ZIP 2007, 1681, 1684 f.
[162] *Weller*, ZIP 2007, 1681, 1686.
[163] *Weller*, ZIP 2007, 1681, 1686.

101 Haftungsadressaten sind nunmehr neben den Gesellschaftern auch alle Nicht-Gesellschafter, die als Teilnehmer erfasst werden, wobei der Sache nach insbesondere der bzw. die Geschäftsführer in Betracht kommt bzw. kommen.[164]

102 Aus der Sicht des Insolvenzverwalters ergibt sich aufgrund der neuen BGH-Rechtsprechung eine wesentliche Änderung. Der Insolvenzverwalter geht allein vor und reklamiert die (reine) Innenhaftung der Gesellschafter gegenüber der Gesellschaft. D.h., es handelt sich um einen Anspruch der schuldnerischen Gesellschaft, der entsprechend im Insolvenzstatus zu aktivieren und dann auch gegenüber den Gesellschaftern zu verfolgen ist.

103 Die einzelnen Tatbestandsvoraussetzungen der Existenzvernichtungshaftung zeigen, dass diese eine Existenzberechtigung neben dem insolvenzrechtlichen Instrumentarium der Anfechtung wegen Gläubigerbenachteiligung hat. Denn letztere kann nicht alle Situationen einer Gläubigerbenachteiligung befriedigend lösen. Die Existenzvernichtungshaftung steht daher neben den Anfechtungsvorschriften und der deliktsrechtlichen Verantwortlichkeit des Anfechtungsgegners [existenzvernichtender Eingriff ist jetzt Fallgruppe des § 826 und somit selbst Deliktsrecht]. Zum Schutz der Gläubigergesamtheit besteht eine Mehrschichtigkeit der Ansprüche. Demzufolge sperren Anfechtungsvorschriften eine weitergehende Haftung des Anfechtungsgegners nach § 826 BGB nicht. Vielmehr hat § 826 BGB eine ergänzende Funktion gegenüber den Anfechtungsansprüchen.[165]

104 Die Regel des existenzvernichtenden Eingriffs greift weit. Sie sanktioniert nicht etwa nur ein Fehlverhalten von Geschäftsführern und Gesellschaftern im Vorfeld der Insolvenz. Es geht allein darum, den Gesellschafter auch über § 30 GmbHG hinaus zu verpflichten, der Gesellschaft nicht zugunsten seines Privatvermögens oder anderweitiger wirtschaftlicher Unternehmungen Mittel zu entziehen, die sie aus der objektivierten Sicht eines ordentlichen Geschäftsmannes im Entnahmezeitpunkt in absehbarer Zeit zur Bedienung ihrer Verbindlichkeiten benötigen wird. Im Ergebnis wird Gesellschaftsvermögen, soweit es zur Gläubigerbefriedigung benötigt wird, vor Zugriffen der Gesellschafter geschützt. Die Erstattungsverpflichtung ist damit ein Reflex des Gebots der Rücksichtnahme auf die Interessen der Kapitalgesellschaft und geht insoweit über die Systematik der §§ 30, 31 GmbHG hinaus.

3. Schadenersatz aus unerlaubter Handlung, § 823 Abs. 2 i.V.m. §§ 266 Abs. 1, 283 Abs. 1 Nr. 1 StGB

105 § 826 kann im Konkurrenzverhältnis zu den Erstattungsansprüchen nach § 31 Abs. 1 GmbHG stehen. Das gilt auch für Schadensersatzansprüche der Gesellschaft aus § 823 Abs. 2 BGB i.V.m. § 266 Abs. 1 StGB. Der Geschäftsführer kann somit durch Verletzung seiner Vermögensbetreuungspflichten gegenüber der Gesellschaft den Tatbestand der Untreue verwirklichen, wenn er das zur Erhaltung des Stammkapitals erforderliche Vermögen beeinträchtigt.[166] Die Vermögensbetreuungspflichten gelten nicht nur für den als Organ bestellten und im Handelsregister eingetragenen Geschäftsführer; auch der *„faktische Geschäftsführer"* ist an diesen Regeln zu messen.[167] Gleiches gilt, wenn ein Gesellschafter quasi in die Rolle des Geschäftsführers schlüpft, somit faktisch aktiv wird und in

---

[164] *Weller*, ZIP 2007, 1681, 1687.
[165] *Staudinger/Oechsler*, BGB, (2003), § 826, Rn. 336 ff.
[166] BGH Urteil v. 29.5.1987 – 3 StR 242/86, BGHSt 34, 379, 387; BGH, Urteil v. 10.7.1996 – 3 StR 50/96, NJW 1997, 66, 68 f.; BGH, Urteil v. 20.7.1999 – 1 StR 668/98, NZG 2000, 307, 308.
[167] Zum strafrechtlichen Begriff des „faktischen Geschäftsführers" BGHSt 21, 101, 103.

§ 32 Anfechtung und Eigenkapitalersatz   § 32

dieser faktischen Rolle der Gesellschaft jenseits der Stammkapitalgrenze für den Fortbestand notwendige Betriebsmittel[168] oder Liquidität[169] entzieht. Das gleiche Risiko besteht für den handelnden Gesellschafter bei sonstigen Maßnahmen, wenn er die für die Existenz der Gesellschaft wesentlichen Interessen gefährdet.[170]

Der zweite Zivilsenat des Bundesgerichtshofs transportiert die strafrechtlichen Grundsätze zur Vermögensbetreuungspflicht über die Deliktsvorschrift des § 823 Abs. 2 BGB in das Gesellschaftsrecht. Danach haftet der Geschäftsführer, auch der faktische, gegenüber der Gesellschaft über die Normen der § 823 Abs. 2 BGB i.V.m. § 266 Abs. 1 StGB, wenn er der Gesellschaft das zur Erhaltung des Stammkapitals erforderliche Vermögen entzieht.[171] Das gleiche gilt, wenn der (faktische) Geschäftsführer Entnahmen tätigt, die letztlich die Insolvenz verursachen, unabhängig davon, ob daneben noch Kapitalerhaltungsansprüche bestehen. 106

Als weiteres Schutzgesetz kommt § 283 Abs. 1 Nr. 1 StGB in Betracht. Unter den Tatbestand fällt das Veruntreuen von Gesellschaftsgeld durch den Geschäftsführer einer GmbH, der sämtliche Gesellschaftsanteile besitzt, wenn er für die Gesellschaft und (wenigstens auch) in deren Interesse tätig wird.[172] Auch insoweit ist der faktische Geschäftsführer betroffen. 107

4. Schadenersatzansprüche wegen Nichtabführung von Arbeitnehmerbeiträgen zur Sozialversicherung, § 266a StGB i.V.m. § 823 Abs. 2 BGB

§ 226a StGB hat in der Sanierungs- und Insolvenzpraxis wegen der daraus resultierenden Geschäftsführerhaftung gegenüber den Sozialversicherungsträgern besondere Bedeutung. Das Nichtabführen von Arbeitnehmerbeiträgen (Arbeitgeberbeiträge sind nur unter den zusätzlichen Voraussetzungen des Absatz 2 erfasst) zur Sozialversicherung ist nach § 266a StGB strafbar. Die Norm ist Schutzgesetz im Sinne des § 823 Abs. 2 BGB.[173] Somit haftet das Organ, der Geschäftsführer oder Vorstand, wenn er Arbeitnehmerbeiträge dem Sozialversicherungsträger vorenthält. Nach § 266a Abs. 1 StGB gilt dieses sogar dann, wenn die Löhne und Gehälter nicht gezahlt werden, die Gesellschaft somit insgesamt keine Leistungen oder Nebenleistungen mehr auf die Arbeitnehmeransprüche erbringt. Denn der Anspruch auf die sozialversicherungsrechtlichen Nebenleistungen entsteht auch ohne Abfluss des Entgelts. 108

Nach § 64 Satz 1 GmbHG sind die Geschäftsführer der Gesellschaft zum Ersatz von Zahlungen verpflichtet, die nach dem Eintritt der Zahlungsunfähigkeit der Gesellschaft oder Feststellung der Überschuldung geleistet werden. Nach Satz 2 gilt die Ersatzpflicht nicht, wenn die Zahlung mit der Sorgfalt eines ordentlichen Geschäftsmanns vereinbar ist, vgl. auch § 92 Abs. 2 Satz 1 u. 2 AktG. Die parallelen Vorschriften des GmbHG und des AktG scheinen die Geschäftsleitung also von den maßgeblichen Zeitpunkten an zur Unterlassung von Zahlungen zu verpflichten. Damit zeigt sich ein Widerspruch zu den 109

---

[168] BGH Urteil v. 24.8.1988 – 3 StR 232/88, NJW 1989, 112, 113; BGH NJW 1997, 66, 68 f.
[169] BGH Urteil v. 13.5.2004 – 5 StR 73/03, ZIP 2004, 1200 = NJW 2004, 2248, 2253; BGH Urteil v. 24.8.1988 – 3 StR 50/96, NJW 1989, 112.
[170] BGH Urteil v. 13.5.2004 – 5 StR 73/03, ZIP 2004, 1200 = NJW 2004, 2248, 2253; BGH Urteil v. 20.7.1999 – 1 StR 668/98, NZG 2000, 307, 308; BGH, Urteil v. 24.8.1988 – 3 StR 232/88, NJW 1989, 112, 113; BGH Urteil v. 10.7.1996 – 3 StR 50/96, NJW 1997, 66, 69.
[171] BGH Urteil v. 17.9.2001 – II ZR 178/99, ZIP 2001, 1874, 1876 ff.; BGH Urteil v. 25.2.2002 – II ZR 196/00, BGHZ 150, 61, 63, 68 = ZIP 2002, 848, 849, 850 ff.
[172] BGH Urteil v. 14.12.1999 – 5 StR 520/99, NStZ 2000, 206 f.
[173] St. Rechtsprechung, vgl. etwa BGHZ 134, 304, 307 = ZIP 1997, 412, 413.

§ 32 6. Teil. Möglichkeiten der Sanierung nach der Insolvenzordnung

sozialversicherungsrechtlichen Pflichten §§ 266a, 14 StGB i.V.m., § 823 Abs. 2 BGB. Gleiches gilt für die Steuerhaftungsnormen §§ 34, 69 AO, die allerdings kein strafbares Verhalten voraussetzen. § 266a StGB, § 823 Abs. 2 BGB gelten weiter, wenn die Gesellschaft trotz Zahlungsunfähigkeit oder Überschuldung die Arbeitsverhältnisse fortgeführt, also die Belegschaft weiter beschäftigt. Aus der Strafnorm des § 266a StGB wird in einem solchen Fall eine Haftung der Geschäftsleiter gegenüber den Sozialkassen wegen Verletzung eines Schutzgesetzes nach § 823 Abs. 2 BGB.

110   Das Organ der Gesellschaft befindet sich damit in einer *„Pflichtenkollision"*, praktisch einer *„Zwickmühle"*. Die Strafnorm des § 226a StGB verpflichtet es zur Zahlung, § 64 Satz 1 GmbHG bzw. § 92 Abs. 2 Satz 1 AktG untersagt aber Verfügungen. Diese Pflichtenkollision wurde vom II. Zivilsenat zunächst zu Gunsten der gesellschaftsrechtlichen Unterlassungspflicht entschieden.[174] Der Normbefehl zur Sicherung der Insolvenzmasse sei vorrangig vor den Pflichten zur Abgabe von Steuern und Sozialversicherungsbeiträgen. Diese dienten nur einzelnen Gläubigern, die nach der Neufassung durch die InsO nicht mehr bevorrechtigt seien. Der II. Zivilsenat folgerte daraus, dass den Geschäftsführer, der die Abführung von Sozialversicherungsbeiträgen unterlässt, kein deliktisches Verschulden i.S.d. § 266a StGB, § 823 Abs. 2 BGB treffe.[175]

111   Das ist überholt, der 5. Strafsenat des BGH sah das anders.[176] Er ordnete die Pflichten genau umgekehrt und folgerte aus der Strafbarkeit einen Vorrang der sozialversicherungsrechtlichen Abführungspflicht. Zwar greife die Strafdrohung noch nicht während der Drei-Wochen-Frist der § 92 Abs. 2 AktG a.F., § 64 Abs. 1 GmbHG a.F. (nunmehr § 15a Abs. 1 Satz 1 InsO) ein.[177] Von der Zeit des Verstoßes gegen die Pflicht, die Eröffnung des Insolvenzverfahrens zu beantragen, mit Ablauf der Drei-Wochen-Frist an gerate die Geschäftsführung aber bei Nichtabführung der Beiträge in die Strafbarkeit. Folglich standen Geschäftsführer und Vorstand von jenem Zeitpunkt an genau zwischen der gesellschaftsrechtlichen Haftung bei Abführung einerseits und der Strafdrohung bei Nichtabführung der Beiträge in die Sozialversicherung andererseits; ein Dilemma, welches unlösbar schien.

112   In Ansehung des vorstehend skizzierten Problems ist der II. Senat des BGH mit Urteil vom 14.5.2007 umgeschwenkt.[178] Der im entschiedenen Fall beklagte Vorstand einer AG hatte Lohnsteuerzahlungen und Arbeitnehmeranteil zur Sozialversicherung in Höhe von rund € 83.000,00 veranlasst und zwei Wochen später die Eröffnung des Insolvenzverfahrens beantragt. Der Insolvenzverwalter verlangte Ersatz der Zahlungen in die Masse. OLG und BGH wiesen indes die Klage ab. Mit besagtem Urteil entschied der BGH die Pflichtenkollision zu Gunsten der Pflichten zur Abführung der öffentlichen Steuern und Abgaben. Wegen dieser Pflichten sei die Zahlung des Vorstands mit der Sorgfalt eines ordentlichen und gewissenhaften Geschäftsleiter zu vereinbaren gewesen, § 92 Abs. 3 Satz 2 AktG a.F.

113   Außerdem verneint der BGH einen Schuldvorwurf: Im entschiedenen Fall schied eine Haftung des beklagten Vorstands auch deshalb aus, weil er eine – möglicherweise bestehende – Insolvenzantragspflicht nicht schuldhaft verletzt habe. Er habe zuvor den Rat eines Experten (Wirtschaftsprüfers) eingeholt. Auf dessen Votum, dass trotz rechnerischer Überschuldung keine Insolvenzreife bestünde, hätte der Vorstand vertrauen dürfen.[179]

---

[174] BGHZ 148, 264 = ZIP 2001, 235.
[175] BGHZ 148, 264, 275 = ZIP 2001, 235, 238.
[176] BGH ZIP 2003, 2213.
[177] BGH ZIP 2005, 1678.
[178] BGH ZIP 2007, 1265.
[179] BGH ZIP 2007, 1265.

Auch wenn die Rechtslage zu Gunsten des Geschäftsführers/Vorstands geklärt zu sein 114
scheint, ist das Organ keinesfalls von einer Haftung freigestellt. So hat der BGH zuletzt
mit Beschluss vom 18.1.2010[180] entschieden, dass sich das Organ der Gesellschaft nicht
auf eine Pflichtenkollision berufen könne, wenn es die Arbeitnehmerbeiträge nicht abführe, gleichzeitig aber Zahlungen an Insolvenzgläubiger leiste, die nicht mit der Sorgfalt
eines ordentlichen Geschäftsmanns vereinbar sind. In dem entschiedenen Fall, hatte der
Gesellschafter der Krankenkasse/dem Sozialversicherungsträger die Beiträge vorenthalten, aber die Nettolöhne weiterhin an die Arbeitnehmer ausgezahlt.

Die Wendung der Rechtsprechung scheint praktischen Erwägungen gefolgt zu sein. 115
Damit wird jedoch das bisherige Verständnis des § 64 Satz 2 GmbHG zumindest relativiert. Die Vorschrift wird nicht mehr konsequent als *„Massesicherungsbestimmung"* verstanden; der Geschäftsleiter hat sich nunmehr neben der Massesicherung, als Ausnahme
davon, auch auf die Erfüllung der öffentlich-rechtlichen Abführungspflichten einzustellen. Dieses mag als *„Privilegierung der öffentlich-rechtlichen Gläubiger"* – wie in der Konkursordnung – gewertet werden. Diese war aber an und für sich durch die Insolvenzordnung
abgeschafft.[181] Inzwischen gilt die Gleichbehandlung der Gläubiger im Verfahren. Im
Ergebnis ist die Rechtslage seit dem erwähnten Urteil des BGH vom 14.5.2007 klarer
und der Normbefehl für Geschäftsführer und Vorstand verständiger. Das zumindest ist zu
begrüßen, auch für die Beratungspraxis.

---

[180] BGH Beschluss v. 18.1.2010 – II ZA 4/09.
[181] S. *Goette*, Anm. zu BGH DStR 2007, 1174 (= ZIP 2007, 1265), 1176 f.

§ 33 Sicherungsrechte in der Insolvenz

Übersicht

	Rn.
I. Einführung	1–10
1. Wirksamkeit und Insolvenzfestigkeit des Sicherungsrechts	1, 2
2. Insolvenzrechtliche Einordnung der Sicherungsrechte	3
3. Die Bedeutung der Sicherungsrechte für eine Sanierung mittels Insolvenzverfahren	4–6
4. Die Sicherungsrechte und die Insolvenzrechtsreform	7–9
5. Rechtsentwicklung seit Inkrafttreten der InsO	10
II. Aussonderung	11–42
1. Allgemeines	11
2. Rechtsstellung aussonderungsberechtigter Gläubiger	12–42
a) Aussonderungsgegenstand	13
b) Dingliche Aussonderungsrechte	14–29
c) Persönliche Aussonderungsrechte	30–30b
d) Realisierung der Aussonderungsrechte	31–40d
e) Ersatzaussonderung	41, 42
III. Absonderungsfragen	43–128a
1. Allgemeines	43
2. Absonderungsrechte (§§ 49 ff. InsO)	44–66
a) Immobiliarsicherheiten	45—47
b) Mobiliarpfandrechte	48–52
c) Besitzlose Mobiliarsicherheiten	53–66
3. Realisierung der Absonderungsrechte vor und während der Krise	67–128a
a) Vor und während der Krise	67–70a
b) Im vorläufigen Insolvenzverfahren	71–75
c) Im eröffneten Insolvenzverfahren	76–000
d) Die Ersatzabsonderung	121–124
e) Die Ausfallhaftung	125–128a
IV. Sicherheitenpool	129–134
1. Allgemeines und wirtschaftlicher Hintergrund der Poolbildung	129–129d
2. Sicherheitenpool der Banken	130
3. Lieferantenpool	131–131b
4. (Insolvenz-) Rechtlicher Hintergrund der Poolbildung	132–133a
5. Rechtliche Ausgestaltung	134
V. Personalsicherheiten	135–150
1. Allgemeines	135
2. Realisierung im Insolvenzverfahren	136
a) Bürgschaft	137–140
b) Schuldbeitritt	141
c) Garantien	142
d) Patronatserklärung	143–150

… § 33 Sicherungsrechte in der Insolvenz

I. Einführung

1. Wirksamkeit und Insolvenzfestigkeit des Sicherungsrechts

Die Auseinandersetzung mit der Rechtsstellung gesicherter Gläubiger im Insolvenzverfahren muss stets im Zivilrecht ihren Ausgangspunkt finden. Dort sind die jeweiligen Sicherungsrechte zum einen und die Voraussetzungen zur wirksamen Begründung solcher Rechte zum anderen gesetzlich normiert. Nur wenn der jeweilige Sicherungsvertrag den gesetzlichen Voraussetzungen entspricht, kann von der Wirksamkeit des Sicherungsrechts ausgegangen und nach der Rechtsstellung des Gläubigers in der Insolvenz des Sicherungsgebers gefragt werden. Insoweit ist eine zivilrechtliche Beurteilung unerlässlich. Denn nur zivilrechtlich wirksame Sicherheiten eröffnen den Anwendungsbereich der nachstehend zu erörternden §§ 47 f., 49 ff. InsO. 1

Mit der Feststellung der zivilrechtlichen Wirksamkeit ist es jedoch nicht getan. Die Geltendmachung von Sicherungsrechten im Insolvenzverfahren setzt weiter deren Insolvenzfestigkeit voraus. Hierfür darf das Sicherungsrecht weder anfechtbar (§§ 129 ff., 143 Abs. 1 InsO) noch insolvenzrechtlich unwirksam (§ 88 InsO) sein. Indizien für entsprechenden Beratungsbedarf sind die zeitliche Nähe zum Insolvenzantrag und die Vereinbarung nachträglicher Sicherheiten. Nur wenn sowohl die Insolvenzfestigkeit als auch die Anfechtbarkeit bejaht werden kann, bedarf es einer Auseinandersetzung mit der insolvenzrechtlichen Einordnung des jeweiligen Sicherungsrechts. 2

2. Insolvenzrechtliche Einordnung der Sicherungsrechte

Für die Beurteilung der Rechtsstellung des gesicherten Gläubigers in der Insolvenz des Sicherungsgebers muss zunächst zwischen Sicherheiten des schuldnerischen Sicherungsgebers selbst und Sicherheiten Dritter unterschieden werden. Bei letzteren handelt es sich um solche Sicherheiten, bei denen das Sicherungsrecht an einem Vermögen eingeräumt worden ist, das nicht insolvenzbefangen ist. Dies trifft auf sämtliche – nicht vom Insolvenzschuldner gewährte – Personalsicherheiten, wie z.B. Bürgschaften, Garantien oder Patronatserklärungen zu (nachstehend unter Rn. 136 ff.). Hinsichtlich der am Schuldnervermögen, d.h. am Vermögen des insolventen Sicherungsgebers, eingeräumten Sicherheiten unterscheidet die Insolvenzordnung zwischen solchen, die zur Aussonderung (nachstehend Rn. 11 ff.) und solchen, die zur Absonderung (siehe hierzu Rn. 44 ff.) berechtigen. Regelungen zur Aussonderung finden sich in den §§ 47, 48 InsO und zur Absonderung in den §§ 49–52 InsO. 3

3. Die Bedeutung der Sicherungsrechte für eine Sanierung mittels Insolvenzverfahren

Beschäftigt man sich mit der Insolvenzordnung unter Sanierungsgesichtspunkten, so ist eine Auseinandersetzung mit Sicherungsrechten respektive der Rechtsstellung gesicherter Gläubiger unerlässlich. Mit Rücksicht darauf, dass bei einem insolvenzreifen Unternehmen das Eigenkapital regelmäßig aufgezehrt sein dürfte, beruht die Kapitalausstattung entweder auf an anderer Stelle zu erörternden (eigenkapitalersetzenden) Gesellschafterdarlehen (vgl. hierzu § 16 Rn. 40 ff.) oder den hier interessierendem Fremdkapital, das nur gegen die Einräumung werthaltiger Sicherheiten gewährt wird. 4

§ 33 6. Teil. Möglichkeiten der Sanierung nach der Insolvenzordnung

Es ist daher keine Seltenheit, dass der vorläufige Insolvenzverwalter – vorbehaltlich der Überprüfung der Wirksamkeit und Insolvenzfestigkeit entsprechender Sicherheiten – im schuldnerischen Unternehmen nur solche Vermögenswerte vorfindet, die mit Sicherungs- oder Drittrechten belastet sind: Das bewegliche Anlagevermögen sowie das Vorratsvermögen sind Gegenstand einer Raumsicherungsübereignung zugunsten der Hausbank. Der Forderungsbestand ist im Wege einer Globalzession sicherungszediert und das Betriebsgrundstück ist wertübersteigend belastet mit einer Grundschuld. Die freie Insolvenzmasse beschränkt sich in einem solchen Fall neben insolvenzspezifischen Ansprüchen (§§ 129 ff. InsO, § 826 BGB, §§ 43 Abs. 1, 64 Abs. 1 und 2 GmbHG) im Wesentlichen auf die Kostenbeiträge gemäß §§ 166, 170 InsO sowie die durch die Betriebsfortführung während des (vorläufigen) Insolvenzverfahrens zu generierende Masse. Eine Betriebsfortführung ist jedoch ohne Mitwirkung der Sicherungsgläubiger kaum möglich.

5   Die Bedeutung der Sicherungsrechte für ein sanierendes Insolvenzverfahren zielt damit in erster Linie auf die Einbindung der gesicherten Gläubiger zum Zwecke der Betriebsfortführung. Diese Einbindung ist der Ausgangspunkt einer jeden erfolgreichen Sanierung:
- Nur wenn dem (vorläufigen) Insolvenzverwalter die Abstimmung mit den wichtigsten Sicherungsgläubigern gelingt, stellen diese die zur Betriebsfortführung notwendigen Mittel weiter zur Verfügung.[1]
- Nur in diesem Fall kann die wirtschaftliche Einheit als der eigentliche Wert eines jeden Unternehmens erhalten werden.
- Nur bei Erhalt der wirtschaftlichen Einheit kann der (vorläufige) Insolvenzverwalter den Betrieb einstweilen fortführen.
- Nur bei einstweiliger Betriebsfortführung kann die Grundlage einer nachhaltigen Sanierung – in welcher Form auch immer – bereitet werden.

6   Dass diese Bedingungsfolge dem gesetzgeberischen Leitbild entspricht, spiegelt sich in der den Sicherungsrechten bei der Einführung der Insolvenzordnung zugedachten Bedeutung im Allgemeinen (nachstehend Rn. 7 ff.) und der Verpflichtung des vorläufigen Insolvenzverwalters zur Betriebsfortführung gemäß § 22 Abs. 1 Nr. 2 InsO sowie der Neuregelung des § 21 Abs. 2 Nr. 5 InsO im Besonderen (nachstehend unter Rn. 32 ff. und Rn. 72 ff.) wider.

4. Die Sicherungsrechte und die Insolvenzrechtsreform

7   Die Stellung gesicherter Gläubiger hat sich durch Einführung der Insolvenzordnung erheblich geändert. Kritisiert wurde die Rechtslage unter Geltung der Konkursordnung unter drei maßgeblichen Gesichtspunkten:
- Belastung der Masse mit den durch die Feststellung, Erhaltung und Bearbeitung der Sicherungsrechte entstehenden Kosten („Exklusiv-Konkurs der Privilegierten") ohne jeden Kostenbeitrag des gesicherten Gläubigers.
- Möglichkeit der Eigenverwertung sorgte für unkoordinierten Zugriff und verhinderte sowohl die Sanierung und Fortführung als auch eine mögliche gewinnbringende Gesamtveräußerung des insolventen Unternehmens.

---

[1] Scheitert die Abstimmung bedarf es weitergehender Sicherungsmaßnahmen, vgl. BGH v. 8.3.2012 – IX ZR 78/11, ZIP 2012, 779. Vgl. hierzu auch *Schädlich/Stapper*, NZI 2012, 371. Ebenso nachstehend unter Rn. 32 ff. und Rn. 72 ff.)

§ 33 Sicherungsrechte in der Insolvenz § 33

Insbesondere durch den eigenhändigen Zugriff der Gläubiger auf die betriebsgebundenen Vermögensgegenstände drohte eine unkoordinierte und von Einzelinteressen geleitete Zerschlagung des Betriebsvermögens. Die Fortführung oder Veräußerung des schuldnerischen Unternehmens in seiner wirtschaftlichen Einheit durch den Insolvenzverwalter scheiterte regelmäßig mit der Entfernung wesentlicher Betriebsmittel durch den Einzelzugriff gesicherter Gläubiger. Nicht zuletzt aus der Gefahr einer persönlichen Haftung rückte für den (vorläufigen) Insolvenzverwalter die Zerschlagung in den Vorder- und die Sanierung in den Hintergrund der Abwicklungsstrategie. 8

Vor diesem Hintergrund machte sich der Gesetzgeber der Insolvenzordnung den Schutz vor der unkontrollierten Zerschlagung durch Einzelzugriffe zum Ziel.[2] Das Nutzungspotential der schuldnerfremden Sachen sollte zunächst der Masse zur vereinfachten Verwertungskoordinierung vorbehalten bleiben. Die wirtschaftlich sinnvollste und bestmögliche Verwertung des Schuldnervermögens wurde in der Einbeziehung der gesicherten Gläubiger in das Gesamtverfahren erkannt.[3] Das vornehmliche Reformbedürfnis betraf das Recht der Absonderungsrechte. So sieht § 52 InsO seit Einführung der Insolvenzordnung den ausnahmslosen Einbezug der absonderungsberechtigten Gläubiger in das Insolvenzverfahren vor, wenn der Schuldner diesen auch persönlich haftet.[4] Rechtstechnisch sollte – und wurde – dies durch eine Ausweitung der Verwertungsbefugnis des Insolvenzverwalters sichergestellt werden. Hinsichtlich der Lastenverteilung und der hiermit verbundenen Kostentragung wurden mit der Insolvenzordnung so genannte Kostenbeiträge für die Verwertung von mit Absonderungsrechten belasteten Gegenständen (Rn. 102 ff.) eingeführt. Die Ausgestaltung dieser gesetzlichen Rahmenbedingungen oblag und obliegt der Rechtsprechung, die in dieser Hinsicht mittlerweile als umfangreich bezeichnet werden darf und mithin dezidierte Vorgaben für Kreditgeber auf der einen und (vorläufige) Insolvenzverwalter auf der anderen Seite macht.[5] 9

5. Rechtsentwicklung seit Inkrafttreten der InsO

Auch nach Inkrafttreten der InsO hat es zahlreiche gesetzliche Neuerungen und Änderungen gegeben. Die erste wesentliche Änderung erfolgte durch das Gesetz zur Änderung der Insolvenzordnung und anderer Gesetze (InsOÄndG 2001).[6] Änderungen für gesicherte Gläubiger gingen mit diesem Gesetz kaum einher. Dies verhält sich anders beim Gesetz zur Vereinfachung des Insolvenzverfahrens 2007.[7] Neben Neuregelungen in den Bereichen der Auswahl des Insolvenzverwalters (§ 24 Rn. 32 ff.) und der Freigabe der Arbeitskraft des selbständigen Schuldners liegt ein Schwerpunkt dieses Gesetzes in der Stärkung der Sanierungs- und Ordnungsfunktion im Eröffnungsverfahren durch Einbeziehung aus- und absonderungsberechtigter Gläubiger.[8] Gemäß § 21 Abs. 2 Satz 1 Nr. 5 InsO kann mit Einführung dieser Bestimmung das das Insolvenzgericht für absonderungsberechtigte Gläubiger beweglicher Sachen und Forderungen eine Verwertungs- 10

---

[2] BT-Drucks. 12/2443, S. 2.
[3] BT-Drucks. 12/2443, S. 77, 79; Referentenentwurf, 2. Teil, S. 16.
[4] BT-Drucks. 12/2443, S. 126; Uhlenbruck/*Brinkmann*, InsO, 13. Aufl., 2010, § 52 Rn. 2; FK-*Imberger*, InsO, 7. Aufl., 2013, § 52 Rn. 1.
[5] Vgl. zu obergerichtlichen Rechtsprechung aus dem Jahre 2012 zur Position von Banken in der Insolvenz ihres Kunden *Obermüller* ZInsO 2013, 845 ff.
[6] Gesetz zur Änderung der Insolvenzordnung und anderer Gesetze (InsOÄndG 2001), BGBl. I S. 2710.
[7] Gesetz zur Vereinfachung des Insolvenzverfahrens 2007, BGBl. I S. 509.
[8] HambKomm-*Schmidt*, InsO, 4. Aufl., 2012, § 1 Rn. 7.

sperre anordnen. Entsprechend gesicherte Gläubiger können bei einer solchen Anordnung weder Herausgabe verlangen noch eine sicherungszedierte Forderung einziehen.[9] Diese gesetzliche Sicherungsmaßnahme gewinnt an Bedeutung, wenn die beschriebene Abstimmung zwischen vorläufigem Insolvenzverwalter über die Nutzung von Sicherungsgut scheitert. Die praktische Bedeutung der Vorschrift zeigt sich an der Anzahl ergangener höchstrichterlicher Entscheidungen.[10] Die Brisanz der Vorschrift bzw. die Reichweite des Eingriffs in die Rechte der Sicherungsgläubiger zeigt die Notwendigkeit einer gerichtlichen Klärung der Verfassungsmäßigkeit durch das BVerfG.[11]

Untersucht man die Rechtsentwicklung seit Inkrafttreten der Insolvenzordnung, so dürfte das am 1.3.2012 in Kraft getretene Gesetz zur weiteren Erleichterung der Sanierung von Unternehmen (ESUG) die größten Auswirkungen auf das Insolvenzrecht gehabt haben. Das Gesetz beinhaltet weitreichende Änderungen der Insolvenzordnung, um die Sanierung von Unternehmen zu erleichtern. Die bislang nur wenig zur Geltung gelangten Sanierungsinstrumente Eigenverwaltung und Insolvenzplan erfahren eine Aufwertung und werden durch neue Instrumentarien (z.B. Schutzschirmverfahren gemäß § 270b InsO) ergänzt. Über diesen für das Handbuch zentralen Fokus einer neuen Sanierungskultur hinaus versteht sich das ESUG als Gesetz zur Stärkung der Gläubigerrechte.[12] Die Stoßrichtung dieser verbesserten Rechtsposition betrifft Mitwirkungsrechte (u.a. Vorschlagsrecht, vorläufiger Gläubigerausschuss) und mithin das Verfahrensrecht und nicht eine materiell-rechtliche Besserstellung. Gleichwohl kann die Behandlung von Sicherungsrechten nicht losgelöst vom ESUG erfolgen. Hierfür sind die strukturellen Änderungen der Insolvenzordnung und die neben das vorrangige Ziel der bestmöglichen Gläubigerbefriedigung tretenden (Sanierungs-) Motive von zu großem Gewicht.

II. Aussonderung

1. Allgemeines

11 Nicht anders als die Einzelzwangsvollstreckung umfasst der Insolvenzbeschlag (§ 35 InsO) nur das schuldnerische Vermögen. Schuldnerfremde Sachen, deren Herausgabe nach den Bestimmungen des materiellen Rechts herausverlangt werden können, sind vom Insolvenzverwalter gemäß § 47 InsO auszusondern. Durch eine solche Aussonderung werden die bei Inbesitznahme naturgemäß noch im schuldnerischen Vermögen vorhandenen Fremdgegenstände und -rechte aus der Insolvenzmasse („Ist-Masse") herausgelöst und diese dadurch bereinigt („Soll-Masse").

2. Rechtsstellung aussonderungsberechtigter Gläubiger

12 Die Aussonderungsberechtigten sind keine Insolvenzgläubiger. Sie machen geltend, dass ein bestimmter Gegenstand bzw. ein bestimmtes Recht nicht zur Insolvenzmasse gehört und unterliegen dabei keinen insolvenzrechtlich bedingten Einschränkungen (§ 87 InsO). Die Parallele in der Einzelzwangsvollstreckung ist die Drittwiderspruchsklage

---

[9] Ausführlich hierzu *Kuder* ZIP 2007, 1690 ff.; *Kirchhof* ZInsO 2007, 227 (228 ff.).
[10] BGH v. 8.3.2012 – IX ZR 78/11, ZIP 2012, 779; BGH v. 3.12.2009 – IX ZR 7/09, ZInsO 2010, 136; BGH v. 4.2.2010 – IX ZR 32/09, ZInsO 2010, 714. Vgl. hierzu auch *Schädlich/Stapper* NZI 2012, 371.
[11] BVerfG v. 22.3.2012 – 1 BvR 3169/11, ZIP 2012, 1252 ff.
[12] *Kübler*, HRI, 2012, Vorwort, S. V.

§ 33 Sicherungsrechte in der Insolvenz § 33

nach § 771 ZPO. Wer im Einzelnen aussonderungsberechtigt ist, ergibt sich nicht aus den Vorschriften der InsO selbst, sondern nach den allgemeinen Gesetzen außerhalb der InsO. In § 47 InsO heißt es wörtlich: „*Wer aufgrund eines dinglichen oder persönlichen Rechts geltend machen kann, dass ein Gegenstand nicht zur Insolvenzmasse gehört …*".[13]

a) Aussonderungsgegenstand. Gegenstand eines Aussonderungsanspruchs können 13 bewegliche und unbewegliche Sachen oder dingliche und persönliche Rechte sowie Forderungen sein, soweit diese individuell bestimmbar sind. Handelt es sich um vertretbare oder verbrauchbare Sachen, sind diese dann hinreichend bestimmt, wenn sie sich unterscheidbar in der Masse befinden. Ist aufgrund vorangegangener Vermischung mit schuldnereigenen Gegenständen gemäß § 948 BGB die Unterscheidbarkeit des Aussonderungsobjekts nicht mehr gegeben, so erfolgt die Abwicklung nach § 84 InsO. An einem solchen Aussonderungsgegenstand muss dem Berechtigten ein Recht zustehen, das den Schuldner nach materiellem Recht zur Herausgabe verpflichtet. Hierbei kann es sich um ein dingliches (nachstehend Rn. 14 ff.) oder persönliches Recht (nachstehend Rn. 30 ff.) handeln.

b) Dingliche Aussonderungsrechte 14
aa) (Allein-)Eigentum. Zu den dinglichen Aussonderungsrechten gehört in erster Linie das (Allein-)Eigentum an beweglichen und unbeweglichen Sachen. Die Durchsetzung dieses Vindikationsanspruchs ist der Grundfall der Aussonderung.[14] Der aus dem Alleineigentum erwachsende dingliche Anspruch des Berechtigten auf Aussonderung richtet sich in der Regel auf die Herausgabe nach § 985 BGB, soweit der Schuldner jedenfalls unmittelbarer Besitzer in Form des Eigen- oder Fremdbesitzers ist und ihm kein Recht zum Besitz zusteht. Soweit der Insolvenzschuldner selbst die Stellung eines mittelbaren Besitzers innehat, richtet sich der Aussonderungsanspruch auf Abtretung des Herausgabeanspruchs gegenüber dem Besitzmittler.[15] Stehen dem dinglich Berechtigten zusätzlich schuldrechtliche Herausgabeansprüche zu (z.B. §§ 546 Abs. 1, 695 BGB), so kann er zwischen beiden Anspruchsgrundlagen wählen. Bei beweglichen Sachen, die sich im Zeitpunkt der Insolvenzeröffnung im Besitz des Insolvenzschuldners befinden, streitet zugunsten der Insolvenzmasse der § 1006 BGB, so dass zugunsten des besitzenden Schuldners dessen Eigentum vermutet wird.[16]

bb) Einfacher Eigentumsvorbehalt. Auch der Vorbehaltsverkäufer ist zur Aussonde- 15 rung berechtigt.[17] Hat sich der Verkäufer das Eigentum an einer Kaufsache vorbehalten, kann er im Falle der Insolvenz des Käufers die unter Eigentumsvorbehalt gelieferte Sache aussondern und nach § 47 InsO Herausgabe der Sache verlangen, soweit dem Insolvenzverwalter kein Recht zum Besitz zur Seite steht[18] und die Ausübungssperre des § 107 Abs. 2 InsO entweder nicht vorliegt oder nicht eingewandt wird. Zugunsten einer Betriebsfortführung berechtigt § 107 Abs. 2 Satz 1 InsO den Insolvenzverwalter, sich erst nach dem Berichtstermin zur Erfüllung des Kaufvertrages zu erklären. Hierdurch verbleibt der Nutzungswert der unter Vorbehalt erworbenen Sache zunächst bei der Insolvenzmasse. Der Aussonderungsberechtigte kann sein Aussonderungsrecht faktisch bis zu drei Monate nicht ausüben.[19]

---

[13] KPB-*Prütting*, InsO, § 47 Rn. 6.
[14] Uhlenbruck/*Brinkmann*, InsO, 13. Aufl. 2010, § 47 Rn. 9.
[15] KPB-*Prütting*, InsO, § 47 Rn. 16.
[16] Uhlenbruck/*Brinkmann*, InsO, 13. Aufl., 2010, § 47 Rn. 115.
[17] MünchKommInsO-*Ganter*, 3. Aufl., 2013, § 47 Rn. 62.
[18] HambKomm-*Büchler*, InsO, 4. Aufl., 2012, § 47 Rn. 11 ff.
[19] Uhlenbruck/*Brinkmann*, InsO, 13. Aufl., 2010, § 47 Rn. ?.

§ 33 6. Teil. Möglichkeiten der Sanierung nach der Insolvenzordnung

15a Die Geltendmachung von Aussonderungsrechten aufgrund des einfachen Eigentumsvorbehalts zeigt in besonderer Weise den eingangs beschriebenen zivilrechtlichen Schwerpunkt bei der Sicherheitenverwertung. Nur bei wirksamer Vereinbarung eines Eigentumsvorbehalts ist der Lieferant dinglich gesichert und mithin zur Aussonderung berechtigt. Da der Eigentumsvorbehalt auch wirksam durch AGB vereinbart werden kann[20] und vereinbart wird, bedarf es einer Wirksamkeitsprüfung gemäß § 305 ff. BGB. Hieran scheitert in der Praxis regelmäßig die effektive Durchsetzung von Sicherungsrechten: Die Existenz einer so genannten Abwehrklausel in den AGB des Käufers allein vermag den einfachen Eigentumsvorbehalt nicht auszuschließen, sehr wohl jedoch etwaige Verlängerungsformen.[21] Der bloße Vorbehalt auf der Rechnung ist nach unbedingter Übereignung jedenfalls wirkungslos.[22] Ob bei langjähriger Geschäftsbeziehung und positiver Kenntnis des Käufers des Eigentumsvorbehalts aus früheren Rechnungen ein solcher wirksam vereinbart ist, darf ungeachtet der positiven Rechtsprechung[23] jedenfalls aus Darlegungs- und Beweisgründen als riskant bewertet werden.

15b Der einfache Eigentumsvorbehalt erlischt durch Verbindung, Vermischung, Verarbeitung oder durch erlaubte Weiterveräußerung des Vorbehaltskäufers mit unbedingter Veräußerung an den Zweitkäufer.[24] Es erlischt weiterhin bei gutgläubigem Erwerb (§§ 932, 933, 934 BGB) durch Zahlung des Kaufpreises und damit den Eintritt der vereinbarten Bedingung (§ 449 Abs. 1 BGB).[25] Ist der Kaufpreis bezahlt und wird der Vorbehaltsverkäufer als Bürge für den (Lieferanten-) Kredit in Anspruch genommen – mit dem der Kaufpreis finanziert wurde – so lebt der Eigentumsvorbehalt nach einem zur so genannten Zentralregulierung ergangenen Urteil des OLG Köln nicht wieder auf.[26]

16 Für den Fall der Insolvenzeröffnung über das Vermögen des Vorbehaltsverkäufers regelt die InsO in § 107 Abs. 1 InsO die Insolvenzfestigkeit des Anwartschaftsrechts des Vorbehaltskäufers, soweit diesem bereits vor der Eröffnung des Insolvenzverfahrens der Besitz an der Vorbehaltsware übertragen worden ist.[27] Damit kann der Verwalter des Vorbehaltsverkäufers nicht mehr die weitere Erfüllung des mit dem Vorbehaltskäufer geschlossenen Vertrags ablehnen und die Vorbehaltsware herausverlangen. Soweit dem Vorbehaltskäufer vor Verfahrenseröffnung der Besitz noch nicht übertragen wurde, ist ihm der Weg über § 107 Abs. 1 InsO zum Vollrecht an der Vorbehaltsware versperrt.

17 Die Verlängerungs- und Erweiterungsformen des Eigentumsvorbehalts berechtigen hingegen nicht zur Aussonderung.[28] Weder der erweiterte noch der verlängerte Eigentumsvorbehalt begründen für den Vorbehaltseigentümer die Rechtsstellung eines Aussonderungsberechtigten.[29] Strukturell kommt diesen Eigentumsvorbehaltsformen in erster Linie Pfandfunktion zu, womit diese eher dem Sicherungseigentum gleichzustellen sind und daher nur zur abgesonderten Befriedigung berechtigten (Rn. 43 ff.).[30] Anders

---

[20] Palandt/*Grünberg*, BGB, 72. Aufl. 2013, § 307 Rn. 85 f.).
[21] Palandt/*Weidenkaff*, BGB, 72. Auflage, 2013, § 449 Rn. 5.
[22] HambKomm-*Büchler*, InsO, 4. Aufl., 2013, § 47 Rn. 11.
[23] OLG Stuttgart v. 15.7.2010 – 10 U 147/07, ZInsO 2011, 232, 235; BGH v. 1.6.2005 – VIII ZR 256/04, WM 2005, 1892, 1893 f.; HambKomm-*Büchler*, 4. Aufl., 2013, § 47 Rn. 11.
[24] HambKom-*Büchler*, 4. Aufl., 2013, § 47 Rn. 11.
[25] Graf-Schlicker-*Bremen* 3. Aufl., 2012, § 47 Rn. 12.
[26] OLG Köln v. 8.4.2011 – 2 U 137/10, ZIP 2011, 2019 ff.
[27] MünchKommInsO-*Ganter*, 3. Aufl., 2013, § 47 Rn. 76 ff.; Uhlenbruck/*Brinkmann*, InsO, 13. Aufl., 2010, § 47 Rn. 18.
[28] HambKomm-Büchler, InsO, 4. Aufl., 2012, § 47 Rn. 11 m.w.N.
[29] Uhlenbruck/*Brinkmann*, InsO, 13. Aufl., 2010, § 47 Rn. 21, 23; MünchKommInsO-*Ganter*, 3. Aufl., 2013, § 47 Rn. 94.
[30] BGH v. 27.3.2008 – IX ZR 220/05, ZIP 2008, 842.

§ 33 Sicherungsrechte in der Insolvenz § 33

verhält es sich mit dem weitergeleiteten Eigentumsvorbehalt. Dieser liegt vor, wenn der Käufer beim Weiterverkauf offen legt, dass er selbst nur unter Eigentumsvorbehalt erworben hat und daher lediglich Anwartschaftsberechtigter geworden ist, als der er nun auch sein Anwartschaftsrecht weiterveräußert. Gleiches gilt für den so genannten nachgeschalteten Eigentumsvorbehalts, der gegeben ist, wenn der Eigentumsvorbehaltskäufer seinerseits gegenüber seinen Lieferanten nur unter Eigentumsvorbehalt verfügen darf.[31] In beiden Verträgen werden selbständige Eigentumsvorbehalte vereinbart. Im Unterschied zum weitergeleiteten Eigentumsvorbehalt ist der Erstkäufer nicht dazu genötigt, seine Lieferantenbeziehung und damit seine Stellung als Anwartschaftsberechtigter offen zu legen. Der Zweitkäufer erwirbt in diesem Fall ein selbständiges Anwartschaftsrecht. Es handelt sich daher um zwei nacheinandergeschaltete Eigentumsvorbehalte, wobei der Verkäufer zunächst Vorbehaltseigentümer bleibt.

cc) Sonstige dingliche Rechte. Sonstige dingliche Rechte können ebenfalls einen 18 Anspruch auf Aussonderung begründen,[32] wenn das geltend gemachte dingliche Recht selbst den Gegenstand der Aussonderung bildet und nicht die Sache oder das Recht, auf dem das dingliche Recht lastet. In Betracht kommen hier der Nießbrauch (§§ 1030 ff. BGB), das Erbbaurecht (§§ 1012 ff. BGB), Grunddienstbarkeiten (§§ 1018 ff. BGB) sowie beschränkt persönliche Dienstbarkeiten (§§ 1090 ff. BGB). Des Weiteren gehören auch die Grundpfandrechte sowie die Pfandrechte an beweglichen Sachen und Rechten zu den dinglichen Rechten, die ein Aussonderungsrecht begründen können. Insoweit gilt es nur zu beachten, dass sich die Aussonderung auf Herausgabe des Rechts selbst richtet, d.h. das Ziel der Aussonderung kann in allen diesen Fällen nur die Geltendmachung gerade des Inhalts sein, den das jeweilige dingliche Recht gewährt.[33] Demgemäß ist beim Nießbrauch und beim Erbbaurecht nicht die Sache oder das Recht, an dem der Nießbrauch besteht und nicht das Grundstück auf dem das Erbbaurecht lastet, Gegenstand der Aussonderung, sondern der Nießbrauch und das Erbbaurecht selbst.

Der Besitz wird ebenfalls wie ein dingliches Recht behandelt, soweit sich aus ihm 19 Herausgabeansprüche ergeben, so dass auch dem Besitz Aussonderungskraft zuzuschreiben ist. Der frühere Besitzer kann daher im Wege der Aussonderung die Wiedereinräumung des Besitzes nach § 861 BGB bzw. Herausgabe nach § 1007 BGB sowie die Beseitigung einer Besitzstörung nach § 862 Abs. 1 BGB verlangen.[34]

Auch Schutzrechte, Urheber- und Persönlichkeitsrechte können Aussonderungsrechte 20 begründen. In der Insolvenz über das Vermögen des unberechtigten Inhabers kann beispielsweise der Erfinder des Patents den Anspruch auf Abtretung des Rechts auf Erteilung des Patents, auf Übertragung des erteilten Patents sowie Übertragung bereits erteilter Lizenzen aussondern.[35] Ausgesondert werden können ferner Gebrauchsmuster (§ 11 GebrMG), Marken (vgl. §§ 14 Abs. 1, 15 Abs. 1 MarkenG), das Urheberpersönlichkeitsrecht und die Urheberverwertungsrechte (§§ 12, 14 UrhG) sowie das Recht am eigenen Bild (§ 22 UrhG).[36] Aussonderungsfähig ist auch eine Internet-Domain, wenn sie namens- oder markenrechtlich geschützt ist.[37]

---

31 KPB-*Prütting*, InsO, § 51 Rn. 17.
32 Vgl. hierzu näher Uhlenbruck/*Brinkmann*, InsO, 13. Aufl., 2010, § 47 Rn. 66.
33 KPB-*Prütting*, InsO, § 47 Rn. 42.
34 Uhlenbruck/*Brinkmann*, InsO, 13. Aufl., 2010, § 47 Rn. 65; MünchKommInsO-*Ganter*, 3. Aufl., 2013, § 47 Rn. 326.
35 Uhlenbruck/*Brinkmann*, InsO, 13. Aufl., 2010, § 47 Rn. 67; *Bausch* NZI 2005, 289 ff.
36 KPB-*Prütting*, InsO, § 47 Rn. 72.
37 Jaeger/*Henckel*, InsO, 2004, § 47 Rn. 107.

20a Ebenso aussonderungsfähig sind persönliche Kundendaten, die Kunden über die Homepage eines Unternehmens eingegeben haben, um sich für den Bezug eines elektronischen Newsletters dieses Unternehmens an- oder abzumelden. So muss in der Insolvenz des technischen Dienstleisters, der den Versand des Newsletters abgewickelt hatte, der Insolvenzverwalter die persönlichen Kundendaten an das Unternehmen nach Maßgabe des Geschäftsbesorgungsvertrages gemäß §§ 668 Alt. 1, 675 BGB i.V.m. § 47 InsO aussondern und herausgeben.[38]

21 Aussonderungskraft können weiter unwiderrufliche Bezugsrechte an Ansprüchen aus Lebensversicherungsverträgen begründen. Solche Ansprüche sind bei entsprechender Bezugsberechtigung nicht Bestandteil der Insolvenzmasse (§ 35 InsO). Zwar erwirbt gemäß § 159 Abs. 2 und Abs. 3 VVG der Bezugsberechtigte im Zweifel den Anspruch auf die Versicherungsleistung erst mit Eintritt des Versicherungsfalls, jedoch stellt § 13 Nr. 2 ALB 2008 klar, dass Bezugsberechtigte Ansprüche unwiderruflich (siehe Abs. 3) und damit sofort erwerben können sollen.[39] Entscheidend ist hierbei die Ausgestaltung des Bezugsrechts am Versicherungsvertrag und nicht der mögliche Anspruch auf Altersversorgung aus dem Arbeitsverhältnbis.[40] Ist das Bezugsrecht hiernach widerruflich, kann der Insolvenzverwalter das Bezugsrecht unverzüglich widerrufen, den Versicherungsvertrag kündigen und den Rückkaufswert zur Insolvenzmasse einziehen.[41]

22 dd) Treuhandverhältnisse. Bei der Aussonderungskraft von Ansprüchen aus Treuhandverhältnissen ist zwischen uneigennütziger und fremdnütziger Treuhand zu unterscheiden. Bei der uneigennützigen Treuhand oder auch Verwaltungstreuhand dient die Treuhand ausschließlich dem Interesse des Treugebers, der sein Recht zur Verwahrung, Verwaltung oder Durchsetzung aufgrund des Treuhandvertrags auf den Treuhänder übertragen hat. Der Treugeber bleibt wirtschaftlich Berechtigter des Treugutes und konsequenterweise auch zu dessen Aussonderung berechtigt, wenn über das Vermögen des Treuhänders ein Insolvenzverfahren eröffnet wird. Umgekehrt gehört in der Insolvenz des Treugebers das Treugut zur Insolvenzmasse und der Insolvenzverwalter des Treugebers kann vom Treuhänder Herausgabe verlangen.

23 Bei der eigennützigen Treuhand liegt die Treuhand vorwiegend im Interesse des Treuhänders. Er bezweckt mit der Treuhand regelmäßig die Absicherung einer Forderung gegenüber dem Treugeber (so genannte Sicherungstreuhand). Auch hier gehört das Treugut bei Insolvenz des Treugebers in die Insolvenzmasse. Jedoch steht diesem ein Absonderungsrecht gemäß § 51 Abs. 1 Nr. 1 InsO zu.[42] Fällt hingegen der Treuhänder in Insolvenz, so kann der Treugeber das Treugut aussondern, soweit er die im Rahmen des Treuhandverhältnisses abgesicherte Forderung des Treuhänders befriedigt oder diese nicht valutiert ist.[43]

23a Rein schuldrechtliche Vereinbarung, nach Maßgabe derer der bisherige Eigentümer sein Eigentum nunmehr im Interesse eines anderen („Treugebers") verwaltet, begründet für diesen kein Aussonderungsrecht in der Insolvenz des Treuhänders.[44] Es fehlt die

---

[38] OLG Düsseldorf v. 27.9.2012 – 1-6 U 241/11, ZInsO 2013, 260 ff. m. kritischer Anmerkung *Egerlandt,* EWiR 2013, S. 53 f.
[39] OLG Frankfurt v. 10.5.2006 – 23 U 113/05, ZInsO 2006, 997; Prölss/Martin/*Schneider,* VVG, 28. Aufl., 2010, § 159 Rn. 10 ff. (widerruflich oder unwiderruflich).
[40] HambKomm-*Büchler,* 4. Aufl., 2012, § 47 Rn. 62b.
[41] BGH v. 1.12.2011 – IX ZR 79/11, NZI 2012, 76.
[42] Uhlenbruck/*Brinkmann,* InsO, 13. Aufl., 2010, § 47 Rn. 37.
[43] Uhlenbruck/*Brinkmann,* InsO, 13. Aufl., 2010, § 47 Rn. 36.
[44] BGH v. 24.6.2003 – IC Z 75/01, ZIP 2003, 1613, 1614 f.

§ 33 Sicherungsrechte in der Insolvenz § 33

Übertragung eines Rechts an dem Gegenstand („vollzogene dingliche Komponente") als Grundlage der Aussonderung.[45]

Mischformen sind so genannte doppelseitige Treuhandverhältnisse, bei denen der Treuhänder für mehrer Treugeber tätig wird. Eine solche Gestaltung wird in der Praxis insbesondere bei der Verwaltung und Verwertung von Sicherheiten gewählt, da der Treuhänder die Sicherheit sowohl für den Schuldner bzw. Sicherungsgeber als auch den Gläubiger bzw. Sicherungsnehmer verwaltet. In der Insolvenz des Sicherungsgebers erlischt der Verwaltungstreuhandauftrag. Das Treugut ist an den Insolvenzverwalter des Schuldners bzw. Sicherungsgebers für die Zwecke herauszugeben. Die Sicherungsnehmer können hiernach abgesonderte Befriedigung beanspruchen.[46] **23b**

ee) Leasing. Bei Leasingverträgen ist zwischen Finanzierungs- und Operatingleasing zu unterscheiden. Bei letzterem Vertragstyp handelt es sich um einen normalen Miet- bzw. Pachtvertrag über bewegliche Sachen. In der Insolvenz des Leasingnehmers gilt mangels Sonderregelung das Wahlrecht nach § 103 InsO. Lehnt der Insolvenzverwalter die Erfüllung ab, erlischt das Besitzrecht des Leasingnehmers und der Leasinggeber kann nach § 47 InsO aussondern.[47] **24**

Das Finanzierungsleasing enthält hingegen sowohl kauf- als auch mietvertragliche Elemente. Die Rechtsprechung wendet auf das Finanzierungsleasing die mietvertraglichen Regelungen entsprechend an und gelangt in der Insolvenz des Leasingnehmers bei beweglichem Leasinggut nicht zur Anwendung des § 108 Abs. 1 InsO, sondern unterstellt solche Leasingverträge über bewegliche Sachen allgemein dem Wahlrecht des Verwalters nach § 103 InsO.[48] Weiter sind die Kündigungsmöglichkeiten des Leasinggebers entsprechend § 112 InsO bereits ab Insolvenzantragstellung eingeschränkt. Lehnt der Insolvenzverwalter die Erfüllung ab, ist er aufgrund der Eigentümerstellung des Leasinggebers zur Rückgabe des Leasinggegenstandes verpflichtet. Im Falle der Insolvenz des Leasinggebers besteht der Leasingvertrag ebenfalls entgegen der bisherigen Rechtslage nicht ohne weiteres fort. Auch hier steht dem Insolvenzverwalter über das Vermögen des Leasinggebers ein Wahlrecht nach § 103 InsO zu. Lehnt er die Erfüllung ab, kann er das Leasinggut nach erfolgter Vertragsbeendigung herausverlangen. Wählt der Insolvenzverwalter hingegen Erfüllung, kann er dem Herausgabeverlangen ein Recht zum Besitz entgegenhalten, sofern der Leasingvertrag nicht bereits vor Insolvenzeröffnung vom Leasinggeber gekündigt wurde. **25**

Ist im Insolvenzeröffnungsverfahren die Aussonderungssperre gemäß § 21 Abs. 2 Nr. 5 InsO angeordnet, hat dies zur Folge, dass entsprechend § 169 Satz 2 InsO für die ersten 3 Monate nach der Anordnung kein Nutzungsentgelt – also keine Leasinggebühr – zu entrichten, sondern lediglich ein etwaiger Wertverlust auszugleichen ist.[49] Eine mit dem fortbestehenden Nutzungsrecht des Insolvenzverwalters verbundene Wertminderung muss der Leasinggeber als Aussonderungsberechtigter nicht entschädigungslos hinnehmen. Eine ersatzfähige Wertminderung ist daher bereits mit einer üblichen – vertrags- **25a**

---

[45] Graf-Schlicker/*Bremen*, InsO, 3. Aufl., 2012, § 47 Rn. 17.
[46] HambKomm-*Büchler*, InsO, 4. Aufl. 2012, § 47 Rn. 37. Dort auch ausführlich zur Rechtslage in der Insolvenz des Treuhänders.
[47] Uhlenbruck/*Brinkmann*, InsO, 13. Aufl., 2010, § 47 Rn. 90.
[48] MünchKommInsO-*Ganter*, 3. Aufl., 2013, § 47 Rn. 228; Uhlenbruck/*Brinkmann*, InsO, 13. Aufl., 2010, § 47 Rn. 90.
[49] BGH v- 8.3.2012 – IX ZR 78/11, ZInsO 2012, 701; OLG Braunschweig v. 31.3.2011 – 1 U 33/10, ZInsO 2011, 1895 ff.

§ 33   6. Teil. Möglichkeiten der Sanierung nach der Insolvenzordnung

gemäßen – Nutzung verbunden. Ebenso gewährt der Wertersatzanspruch nach dieser Norm auch einen Ausgleich für eine Beschädigung oder Zerstörung der Sache.[50]

26 Für das Immobilienleasing muss unterschieden werden, ob das Leasinggut dem Leasingnehmer im Zeitpunkt der Insolvenzeröffnung bereits überlassen war, oder ob es sich noch im Besitz des Leasinggebers befindet. Ist letzteres der Fall, können sowohl der Leasinggeber als auch der Insolvenzverwalter entsprechend § 109 Abs. 2 Satz 1 InsO vom Vertrag zurücktreten.[51] Ist das Leasinggut indes bereits dem Leasingnehmer überlassen, besteht der Leasingvertrag unberührt von der Verfahrenseröffnung fort. Es gilt insoweit der besondere Schutz des § 108 InsO.[52] An die Stelle des Wahlrechts tritt die Kündigungsmöglichkeit des § 109 Abs. 1 InsO.

27 **ff) Factoring.** Beim Factoring gilt es zu unterscheiden, ob der Factor das Risiko der Zahlungsunfähigkeit des Debitors (Delkredere) übernimmt oder nicht. Übernimmt er es, wird von echtem, andernfalls von unechtem Factoring gesprochen.[53] Die Insolvenzordnung sieht für beide Rechtsinstitute keine speziellen Regelungen vor. Die Einordnung des Factorings in das Insolvenzvertragsrecht der §§ 103 ff. InsO entscheidet sich daher mit dessen zivilrechtlicher Qualifikation. Der Factoringvertrag wird allgemein als ein gemischttypischer Vertrag mit Elementen einer Geschäftsbesorgung angesehen. Nach den § 116 InsO i.V.m. § 115 InsO enden Geschäftsbesorgungsverträge, in denen der Schuldner der Berechtigte ist, mit Eröffnung des Insolvenzverfahrens. Die Insolvenz des Anschlusskunden führt daher zum Erlöschen des Factoringvertrags.[54] Dabei hat die Beendigung eines unechten Factoringvertrags keinen Einfluss auf die Delkrederehaftung, da diese nicht auf dem Factoringvertrag beruht, sondern Inhalt des Factoring-Kausalgeschäfts ist.[55]

28 Das der Factoringzession zugrunde liegende Kausalgeschäft ist zum Zeitpunkt der Verfahrenseröffnung sowohl beim echten als auch beim unechten Factoring bereits beiderseits vollständig erfüllt. Für eine Anwendung des § 103 Abs. 1 InsO bleibt kein Raum. Forderungen, die dem Factor vor der Verfahrenseröffnung auf der Basis echten Factorings abgetreten wurden und für die seitens des Factors dem Anschlusskunden im Gegenzug bereits eine vorbehaltlose Gutschrift erteilt wurde, kann der Factor im Falle einer Insolvenz des Anschlusskunden aufgrund seiner Stellung als Vollrechtsinhaber nach § 47 InsO aussondern.[56] Im Rahmen des unechten Factorings wird dem Factor nur ein Absonderungsrecht zugebilligt.[57] Ist das der Forderungszession zugrunde liegende Deckungsgeschäft indes nicht vollständig erfüllt zum Zeitpunkt der Verfahrenseröffnung, so erlöschen die beiderseitigen Erfüllungsansprüche, wodurch mittelbar auch die abgeleiteten Ansprüche aus der Abtretung untergehen. Selbst die Erfüllung durch den Insolvenzverwalter kann hieran nichts ändern, da hier das Erwerbsverbot des § 91 InsO greift.

29 In der Insolvenz des Factors erlischt der Factoringvertrag anders als bei der Insolvenz des Anschlusskunden nicht, da die §§ 115, 116 InsO nur auf die Insolvenz des Auftraggebers bzw. des Berechtigten Anwendung finden. Dem Verwalter steht daher hinsichtlich

---

[50] BGH v. 9.3.2012 – 78/11, ZInsO 2012, 701 f.
[51] Uhlenbruck/*Brinkmann*, InsO, 13. Aufl., 2010, § 47 Rn. 91.
[52] MünchKommInsO-*Ganter*, 3. Aufl., 2013, § 47 Rn. 236.
[53] Palandt/*Grüneberg*, BGB, 72. Aufl., 2013, § 398 Rn. 38 f.
[54] MünchKommInsO-*Ganter*, 3. Aufl., 2013, § 47 Rn. 262.
[55] *Kuhn/Uhlenbruck*, KO, § 23 Rn. 20b.
[56] FK-*Imberger*, InsO, 7. Aufl., 2013, § 47 Rn. 35; MünchKommInsO-*Ganter*, 3. Aufl., 2013, § 47 Rn. 265.
[57] Uhlenbruck/*Brinkmann*, InsO, 13. Aufl., 2010, § 47 Rn. 94.

des Factoringvertrags das Wahlrecht nach § 103 InsO zu.[58] Lehnt der Verwalter die Erfüllung ab, ist der Schadensersatzanspruch des Anschlusskunden als einfache Insolvenzforderung anzusehen. Bezüglich der einzelnen Factoringgeschäfte kommt es zunächst darauf an, ob diese bereits voll abgewickelt sind. Ist dies der Fall, berührt der Eintritt der Insolvenz das einzelne Factoringgeschäft im Rahmen echten Factorings nicht mehr. Hingegen kann der Anschlusskunde im Rahmen des unechten Factorings gegen Rückzahlung des bereits für die abgetretene Forderung erhaltenen Vorschusses an die Insolvenzmasse die abgetretene Forderung in der Factorinsolvenz aussondern.[59] Ist das einzelne Factoringgeschäft noch nicht voll abgewickelt, kann der Verwalter die Forderungen, die dem Factor bereits abgetreten und von diesem auch bezahlt wurden, zur Masse einziehen. Beim unechten Factoring kann der Anschlusskunde den Insolvenzverwalter hingegen mit der Aussonderung an der Einziehung hindern bzw. die sodann durch den Verwalter eingezogene Forderung ersatzaussondern.[60]

c) Persönliche Aussonderungsrechte. Persönliche, d.h. schuldrechtliche Ansprüche 30 haben nur dann Aussonderungskraft, wenn sie auf Herausgabe eines schuldnerfremden Gegenstandes gerichtet sind. Dies trifft auf die Herausgabeansprüche des Vermieters (§ 546 Abs. 1 BGB),[61] Verpächters (§ 596 Abs. 1 BGB), Verleihers (§ 604 Abs. 1 BGB), Auftraggebers (bezüglich überlassener Gegenstände (§ 667 BGB), Hinterlegers (§ 695 BGB)[62] und Kommissionärs (§ 392 Abs. 2 HGB) zu.

So kann beispielsweise der Vermieter nach Beendigung des Mietverhältnisses in der 30a Insolvenz des Mieters seinen Rückgabeanspruch als Aussonderungsrecht geltend machen.[63] Er richtet sich indes nur dann gegen den Insolvenzverwalter, wenn dieser den Mietgegenstand in Besiz genommen oder daran für die Masse ein Recht beansprucht. Ein – über den Herausgabeanspruch nach § 985 Abs. 1 BGB hinausgehender – Räumungsanspruch ist Insolvenzforderung; gleiches gilt für bis zur Insolvenzeröffnung entstandenen Räumungskosten.

Ansprüche, die nur auf Verschaffung – und nicht auf Herausgabe – des Aussonderungsgutes gerichtet sind, begründen hingegen kein Aussonderungsrecht.[64] Zu denken ist hier insbesondere an Ansprüche auf Erfüllung schuldrechtlicher Verträge und bereicherungsrechtliche Ansprüche.

d) Realisierung der Aussonderungsrechte. Mit der Geltendmachung eines Aussonderungsrechts behauptet ein Dritter, dass ein bestimmter Gegenstand nicht Bestandteil der Insolvenzmasse und daher auszusondern ist. Ein wesentliches Element bei der Beratung gesicherter Gläubiger ist der Zeitpunkt der Geltendmachung bzw. Durchsetzung des Aussonderungsanspruchs. Während vor und während der Krise des (künftigen) Insolvenzschuldners noch kaum insolvenzrechtliche Beschränkungen bestehen, kann eine Beratung im (vorläufigen) Insolvenzverfahren (vgl. nachstehend unter Rn. 32 ff. und Rn. 36 ff.) auf solche Beschränkungen nicht verzichten. Vor und während der Krise (zu den verschiedenen Krisenarten vgl. § 4 dieses Handbuchs) sollte allenfalls über die späte-

---

[58] MünchKommInsO-*Ganter*, 3. Aufl., 2013, § 47 Rn. 274 m.w.N.
[59] MünchKommInsO-*Ganter*, 3. Aufl., 2013, § 47 Rn. 275.
[60] MünchKommInsO-*Ganter*, 3. Aufl., 2013, § 47 Rn. 277.
[61] BGH v. 5.7.2001 – IX ZR 327/99, NJW 2001, 2986 (2968).
[62] Vgl. auch *Gundlach/Frenzel/Schmidt*, DZWIR 2001, 95 (96 f.); FK-*Imberger*, InsO, 7. Aufl., 2013, § 47 Rn. 67.
[63] BGH v. 7.7.2010 – XII ZR 158/09, ZIP 2010, 2410.
[64] Uhlenbruck/*Brinkmann*, InsO, 13. Aufl., 2010, § 47 Rn. 75; *Gundlach/Frenzel/Schmidt* DZWIR 2001, 95 (97).

ren Wirkungen der Kündigungssperre des § 112 InsO oder die Insolvenzfestigkeit unter dem Gesichtspunkt der Insolvenzanfechtung nachgedacht werden. So sollte bei der Beratung von Vermietern, Verpächtern oder Leasinggebern im Falle des Zahlungsverzuges bereits in der Krise eine Kündigung erwogen werden. Gemäß § 112 InsO darf eine Kündigung nach dem Insolvenzantrag weder wegen eines Zahlungsverzuges aus der Zeit vor dem Antrag noch wegen der Verschlechterung der Vermögensverhältnisse ausgesprochen werden. Eine Rückwirkung besteht jedoch nicht. Bereits vor dem Eröffnungsantrag erklärte Kündigungen bleiben wirksam.[65]

32 **aa) Im vorläufigen Insolvenzverfahren.** Dem vorläufigen Insolvenzverwalter obliegt neben der Pflicht zur Sicherung und Erhaltung der Insolvenzmasse insbesondere die Pflicht zur Betriebsfortführung. Diese gesetzliche Verpflichtung kollidiert mit dem Interesse gesicherter Gläubiger, ihr Sicherungsgut frühstmöglich aus dem Vermögensverbund des Schuldners herauszulösen. Das Gesetz entscheidet diese Konfliktsituation zugunsten der Sicherung des Massebestandes und befreit den in Besitz nehmenden Insolvenzverwalter (§ 148 InsO) davon, sich im Einzelnen um die jeweiligen Eigentumsverhältnisse zu kümmern und weist die Klärung der Eigentumsverhältnisse dem endgültigen Insolvenzverwalter zu.[66] Für diese gesetzgeberische Entscheidung streitet überdies die Eigentumsvermutung des § 1006 Abs. 1 BGB.

33 Für Gegenstände, die unter Eigentumsvorbehalt geliefert wurden, lässt sich dieses Ergebnis weiterhin absichern durch die Vorschrift des § 107 Abs. 2 InsO, wonach sich der Insolvenzverwalter erst nach dem Berichtstermin über die Ausübung seines Wahlrechts gemäß § 103 Abs. 1 InsO erklären muss. Bis dahin kann der (vorläufige) Insolvenzverwalter dem Aussonderungsanspruch entgegen halten, mit dem Eintritt in den Vertrag das Recht zum Besitz (§ 986 Abs. 1 BGB) erhalten zu können. Für den Vorbehaltslieferanten ergibt sich daher für den Antragszeitraum eine schwebende Rechtslage. Eine Ausnahme besteht nur gemäß § 107 Abs. 2 Satz 2 InsO, wenn eine erhebliche Wertminderung aufgrund des Zeitablaufs bis zum Berichtstermin zu erwarten ist. In allen anderen Fällen kann der (vorläufige) Insolvenzverwalter den Vorbehaltslieferanten gegenüber die Herausgabe der zur Unternehmensfortführung erforderlichen Gegenstände verweigern.

34 Aus den gleichen Beweggründen – Sicherungszweck, Eigentumsvermutung und Erhalt der wirtschaftlichen Einheit – wird der vorläufige Insolvenzverwalter regelmäßig auch andere Aussonderungsgegenstände als Vorbehaltsware nicht herausgeben, sondern im Rahmen der Betriebsfortführung nutzen. Gegenstände, die er für die weitere Geschäfts- bzw. Unternehmensfortführung nicht benötigt und daher als entbehrlich ansieht, können indes ausgesondert werden.

35 Dieser für die kurzfristige Betriebsfortführung und damit auch für die langfristige Sanierung bedeutsame Erhalt der wirtschaftlichen Einheit im vorläufigen Insolvenzverfahren hat Unterstützung durch den Gesetzgeber erfahren. Mit Inkrafttreten des Gesetzes zur Vereinfachung des Insolvenzverfahrens am 1.7.2007 kann das Gericht für Gegenstände, die im eröffneten Verfahren auszusondern wären oder einem Verwertungsrecht nach § 166 InsO unterliegen, gemäß § 21 Abs. 2 Nr. 5 InsO eine Verwertungssperre anordnen und den Einsatz dieser Vermögenswerte zur Fortführung des Unternehmens gestatten. Voraussetzung hierfür ist, dass das Aussonderungsgut für die Fortführung von erheblicher Bedeutung ist. Die Anordnung kann mithin nicht bei eingestellten Betrieben

---

[65] FK-*Wegener*, InsO, 7. Aufl., 2013, § 112 Rn. 2; Uhlenbruck/*Wegener*, InsO, 13. Aufl., 2010, § 112 Rn. 7 f.
[66] Vgl. Uhlenbruck/*Vallender*, InsO, 13. Aufl., 2010, § 22 Rn. 18, 39.

§ 33 Sicherungsrechte in der Insolvenz   § 33

getroffen werden.⁶⁷ Die Darlegungs- und Beweislast obliegt dem Sachverständigen bzw. vorläufigen Insolvenzverwalter. Er wird entsprechende Darlegungen gegenüber dem Gericht machen müssen. Das Gericht muss sodann Feststellungen treffen, welches Aus- und Absonderungsgut für die Betriebsfortführung eingesetzt werden soll und ob dieses für die Betriebsfortführung von erheblicher Bedeutung ist. Eine Begründung im Anordnungsbeschluss ist nicht erforderlich.⁶⁸

Diese Neuregelung entspricht der in der Praxis üblichen Einbeziehung der aussonderungsberechtigten Gläubiger.⁶⁹ Die gesetzliche Klarstellung zum einen und die Möglichkeit, zum anderen obstruktiven Aussonderungsberechtigten mit einer entsprechenden Anregung bei Gericht begegnen zu können, ist aus Sicht der Insolvenzverwaltung zu begrüßen. Die Praxis der letzten 6 Jahre und die in dieser Zeit zu § 21 Abs. 2 Nr. 5 InsO ergangene Rechtsprechung zeigen die Bedeutung der Vorschrift im Allgemeinen und deren Brisanz aufgrund der erheblichen Einschränkung des Eigentumsrechts im Besonderen. Letzteres zeigt die Notwendigkeit einer gerichtlichen Klärung der Verfassungsmäßigkeit durch das BVerfG.⁷⁰   35a

Für Aussonderungsberechtigte muss hiernach eine Verwertungssperre auch im vorläufigen Insolvenzverfahren mit Rücksicht auf die vorrangige Betriebsfortführungspflicht des vorläufigen Insolvenzverwalters (§ 22 Abs. 1 Satz 2 Nr. 2 InsO) konstatiert werden. Erkannte man nach Einführung der Vorschrift für (Sicherungs-) Gläubiger allein in der Möglichkeit, darzulegen, dass der betreffende Gegenstand nicht von erheblicher Bedeutung zur Betriebsfortführung ist,⁷¹ eine Verteidigungslinie, kann aus der Rechtsprechung der vergangenen Jahre sowohl aus dem inhaltlichen Bestimmtheitserfordernis (Rn. 35c) als auch aus den Rechtsfolgen im Übrigen (u.a. Wertersatzanspruch, vgl. (Rn. 35d) Honig für eine effektive Sicherheitenverwertung sowohl unter dem Gesichtspunkt des Herausgabeverlangens als auch der wirtschaftlichen Kompensation gesogen werden.   35b

Die Anordnung eines Verwertungs- und Einziehungsverbotes nach § 21 Abs. 2 Nr. 5 InsO darf nicht pauschal erfolgen, insbesondere nicht durch bloße Wiederholung des Gesetzestextes, sondern bedarf einer individualisierenden Anordnung für bestimmte Gläubiger und Gegenstände, wobei bestimmt Arten von Gläubigern und Gegenständen ggf. zusammenfassend bezeichnet werden können.⁷² Wird ein Beschluss diesen Anforderungen nicht gerecht, so ist er wegen mangelnder Bestimmtheit unwirksam. Die gesetzlichen Ausgleichsansprüche entstehen indes gleichwohl, weil ein betroffener Gläubiger im Fall der unwirksamen Anordnung von Sicherungsmaßnahmen nicht schlechter stehen darf als bei Wirksamkeit des Beschlusses.⁷³   35c

Ordnet das Gericht nach § 21 Abs. 2 Nr. 5 InsO als Sicherungsmaßnahme an, dass ein der Aussonderung unterliegender Gegenstand von dem Berechtigten nicht herausverlangt werden darf, steht dem Aussonderungsberechtigten gegen den vorläufigen Insolvenzverwalter wegen eines durch Nutzung oder Beschädigung eingetretenen Wertverlusts ein Ersatzanspruch zu. Nach Verfahrenseröffnung gilt der Anspruch als Masseverbindlichkeit.⁷⁴ Das Gesetz sieht mithin einen wirtschaftlichen Ausgleich durch Zinsen   35d

---

67 HambKomm-*Schröder*, 4. Aufl., 2012, § 21 Rn. 69a.
68 BGH v. 3.12.2009– IX ZR 7/09, ZInsO 2010, 136 ff.
69 *Kuder* ZIP 2007, 1690 (1694 ff.).
70 BVerfG v. 22.3.2012 – 1 BvR 3169/11, ZIP 2012, 1252 ff.
71 *Kirchhof* ZInsO 2007, 227 (229 ff.).
72 BGH v. 3.12.2009 – IX ZR 7/09, ZInsO 2010, 136 ff.
73 BGH v. 3.12.2009 – IX ZR 7/09, ZInsO 2010, 136 ff.
74 BGH v. 8.3.2012 – IX ZR 78/11, ZIP 2012, 779. Vgl. hierzu auch *Schädlich/Stapper* NZI 2012, 371.

bzw. Nutzungsentgelt (§ 21 Abs. 2 Nr. 5 Satz 1 Hs. 2 i.V.m. § 169 Satz 2 und 3 InsO) sowie Wertersatz vor (§ 21 Abs. 2 Nr. 5 Satz 2 InsO).
- Nach Maßgabe der §§ 21 Abs. 2 Nr. 5 Satz 1 Hs. 2 i.V.m. 169 Satz 2 und 3 InsO kann der Gläubiger bei Absonderungsgut die geschuldeten Zinsen und Aussonderungsgut das laufende Nutzungsentgelt verlangen. Dieser Ausgleichsanspruch besteht jedoch erst 3 Monate nach gerichtlicher Anordnung der Nutzungsbefugnis.[75] Die Höhe der Nutzungsvereinbarung orientiert sich entweder am vertraglich vereinbarten Nutzungsentgelt (z.B. Leasing, Miete) oder an der Verkehrsüblichkeit.
- Weiterhin ist Wertersatz zu leisten für einen etwaigen Wertverlust, der durch die Benutzung der Sache eintritt. Die Darlegungs- und Beweislast trägt auch in dieser Hinsicht der Sicherungsgläubiger. Der Wertverlust wird bestimmt durch den Vergleich des Werts des Gegenstandes zu Beginn und am Ende der Nutzung.[76]
- Die beiden Ansprüche bestehen nebeneinander. Kein Wertersatzanspruch entsteht, wenn und soweit der Wertverlust bereits Kalkulationsgrundlage bei der Berechnung des Nutzungsentgeltes war und durch dieses damit bereits ausgeglichen wird. Ein Wertersatzanspruch kommt damit vor allem für die ersten 3 Monate nach Anordnung in Betracht, da in dieser Zeit noch kein Zinsanspruch besteht.[77]

36 **bb) Im eröffneten Insolvenzverfahren**
aaa) Rechtsstellung des Aussonderungsberechtigten. Gemäß § 47 InsO können Aussonderungsberechtigte ihre Rechte nach den allgemeinen Regeln – außerhalb des Insolvenzverfahrens – durchsetzen. Sie sind gerade keine Insolvenzgläubiger (§ 38 InsO), deren Befriedigung nach Maßgabe der §§ 49 ff., 87, 174 ff. InsO zu erfolgen hat.[78] Die Rechtsverfolgung findet außerhalb und neben dem Insolvenzverfahren statt. Der Aussonderungsberechtigte kann daher, ohne den insolvenzspezifischen Beschränkungen nach § 87 InsO zu unterliegen, außerhalb des Insolvenzverfahrens sein Recht durchsetzen.

37 Er kann daher in dem Fall, in dem der Insolvenzverwalter die Herausgabe des Gegenstandes an ihn verweigert, Herausgabeklage gegen den Insolvenzverwalter erheben und aus einem Herausgabetitel die Zwangsvollstreckung nach den §§ 883 ff. ZPO betreiben.[79] Soweit es sich bei dem auszusondernden Gegenstand um eine unbewegliche Sache handelt, kommt ein Grundbuchberichtigungsanspruch gemäß § 894 ZPO gegenüber dem Verwalter in Betracht bzw. der Anspruch auf Löschung des Insolvenzvermerks (§ 32 InsO).[80] Schließlich genügt zur Geltendmachung des Anspruchs auch die Klage auf Feststellung des geltend gemachten dinglichen oder persönlichen Rechts.[81] Beansprucht der Insolvenzverwalter ein angeblich der Masse zustehendes Eingriffsrecht, kann sich der Aussonderungsberechtigte auch auf einen Unterlassungsanspruch gemäß §§ 12, 1004 BGB gegenüber der Insolvenzmasse stützen, soweit dieser auf einem absoluten Recht beruht.[82]

---

[75] BGH v. 3.12.2009 – IX ZR 7/09, ZInsO 2010, 136 ff.
[76] OLG Braunschweig v. 31.3.2011 – 1 U 33/10, ZInsO 2011, 1895 (1899).
[77] HambKomm-*Schröder*, 4. Aufl., 2012, § 21 Rn. 69e.
[78] Vgl. hierzu FK-*Imberger*, InsO, 7. Aufl., 2013, § 47 Rn. 4; Uhlenbruck/*Brinkmann*, InsO, 13. Aufl., 2010, § 47 Rn. 2.
[79] MünchKommInsO-*Ganter*, InsO, 3. Aufl., 2013, § 47 Rn. 479 f.
[80] Uhlenbruck/*Brinkmann*, InsO, 13. Aufl., 2010, § 47 Rn. 111.
[81] *Kilger/Karsten Schmidt*, Insolvenzgesetze, § 43 KO Anm. 15.
[82] Nerlich/Römermann/*Andres*, InsO, § 47 Rn. 51; *Kilger/Karsten Schmidt*, Insolvenzgesetze, § 43 KO Anm. 6.

Für die gerichtliche Geltendmachung des Aussonderungsanspruchs ist im Streitfall der 38
Rechtsweg zu den ordentlichen Gerichten gegeben, da sich der Anspruch auf Aussonderung nach den Gesetzen außerhalb des Insolvenzverfahrens bestimmt und die Geltendmachung der Aussonderung sich außerhalb des Insolvenzverfahrens vollzieht.[83] Im Verfahren vor den ordentlichen Gerichten ist zum einen der allgemeine Gerichtsstand gemäß der §§ 12 ff. ZPO maßgeblich. Aufgrund des § 19a ZPO bestimmt sich der allgemeine Gerichtsstand des Insolvenzverwalters für die Insolvenzmasse betreffende Klagen nach dem Sitz des Insolvenzgerichts, wobei sich dessen örtliche Zuständigkeit ihrerseits nach dem allgemeinen Gerichtsstand des Insolvenzschuldners bzw. dem Ort seiner selbständigen wirtschaftlichen Tätigkeit bestimmt (§ 3 InsO). Es handelt sich hierbei aber nicht um einen ausschließlichen Gerichtsstand.[84] Als besondere Gerichtsstände für die Aussonderungsklage kommen daher daneben auch der dingliche Gerichtsstand (§ 24 ZPO) sowie der Gerichtsstand des Erfüllungsortes (§ 29 ZPO) in Betracht.[85] Der Aussonderungsanspruch kann auch Handelssache im Sinne von § 95 Nr. 1 GVG sein.

Ferner kann der Aussonderungsanspruch auch im Wege des vorläufigen Rechtsschutzes gesichert werden, beispielsweise dadurch, dass der Erlass einer einstweiligen Verfügung nach § 935 ZPO beantragt wird, mit dem Ziel, dem Verwalter die Verwertung des Aussonderungsgutes zu untersagen.[86] 39

bbb) Durchsetzung des Aussonderungsanspruchs. Möchte der Aussonderungsberechtigte die Herausgabe des befangenen Sicherungsgegenstandes erreichen, muss er sein Recht unmittelbar gegenüber dem Insolvenzverwalter anzeigen und seine Berechtigung glaubhaft machen. Den Insolvenzverwalter trifft keine allgemeine Verpflichtung, von sich aus Fremdrechte zu ermitteln und an die Aussonderungsberechtigten heranzutreten.[87] In der Regel nimmt der Insolvenzverwalter nach der Eröffnung des Verfahrens gemäß § 148 InsO das Schuldnervermögen unmittelbar in Besitz.[88] Er ist nicht verpflichtet, Aussonderungsberechtigten Zutritt zu den Geschäftsräumen des Schuldners zu gewähren, damit diese das Aussonderungsgut besichtigen, aussuchen und inventarisieren können.[89] Der Verwalter hat gegenüber dem Aussonderungsberechtigten die spezifische Verpflichtung, das geltend gemachte Aussonderungsrecht auf seinen Gehalt und seinen rechtlichen Bestand hin zu überprüfen. Er hat sodann darüber zu entscheiden, ob, in welchem Umfang und mit welchen Maßgaben die Aussonderung zu erfolgen hat.[90] Der Verwalter ist dem Aussonderungsberechtigten zur Auskunft über den Verbleib, etwaige Verarbeitungen etc. der mit Fremdrechten belegten Gegenstände verpflichtet.[91] Der Umfang der Auskunftspflicht ist jedoch durch das Kriterium der Zumutbarkeit beschränkt. 40

Die Kosten der Aussonderung – Verwahrung, Ermittlung und Feststellung des Aussonderungsgutes sowie die Erteilung von Auskünften – entstehen, fallen der Insolvenzmasse zur Last. Ebenso ist der Insolvenzverwalter verpflichtet, das Aussonderungsgut gegen Zerstörung oder Beschädigung bis zur Abholung zu schützen. 40a

---

[83] Uhlenbruck/*Brinkmann,* InsO, 13. Aufl., 2010, § 47 Rn. 108; vgl. auch BayObLG v. 17.1.2003 – 1 Z AR 162/02, ZIP 2003, 541.
[84] BayObLG v. 17.1.2003 – 1 Z AR 162/02, ZIP 2003, 541.
[85] Uhlenbruck/*Brinkmann,* InsO, 13. Aufl., 2010, § 47 Rn. 108.
[86] Nerlich/Römermann/*Andres,* InsO, § 47 Rn. 64.
[87] Gundlach/Frenzel/Schmidt NZI 2001, 350 (354).
[88] Gundlach/Frenzel/Schmidt NZI 2001, 350 (352); *Gundlach/Frenzel/Schmidt* DZWIR 2001, 95 (96).
[89] LG Düsseldorf v. 27.4.1964 – 11b T 6/64, KTS 1964, 246.
[90] Uhlenbruck/*Brinkmann,* InsO, 13. Aufl., 2010, § 47 Rn. 99.
[91] Nerlich/Römermann/*Andres,* InsO, § 47 Rn. 67.

§ 33 6. Teil. Möglichkeiten der Sanierung nach der Insolvenzordnung

40b Weiterhin ist der Insolvenzverwalter verpflichtet, den Aussonderungsgegenstand zur Abholung bereitzustellen. Die Bereitstsellungspflicht umfasst ggf. den Ausbau des Aussonderungsgutes.[92] Zur Versendung des Gegenstandes ist der Insolvenzverwalter indes nicht verpflichtet.[93]

40c Praktisch schwierig ist die Situation, wenn der Insolvenzverwalter auf seine Aufforderung zur Abholung keine Reaktion erhält. Insbesondere dann, wenn der Insolvenzverwalter über keine hinreichende Lagerfläche verfügt oder die Betriebsräumlichkeiten aufgibt, ist es ihm nicht zumutbar, kostenpflichtige Lagerfläche anzumieten. Unter Zumutbarkeitsgesichtspunkten erscheint kein anderes Ergebnis begründbar, als dem Insolvenzverwalter das Recht einzuräumen, die Gegenstände unter Hinweis auf potentielle Drittrechte in den Räumlichkeiten zurückzulassen.[94]

41 e) *Ersatzaussonderung.* Die Aussonderungsbefugnis geht unter, sobald sich der belastete Gegenstand nicht mehr in der Insolvenzmasse befindet.[95] Da das Recht auf die Gegenleistung bzw. diese selbst schuldrechtlich der Insolvenzmasse zusteht, würde sich die unberechtigte Verfügung zugunsten der Insolvenzgläubiger auswirken. Da aber die Insolvenzmasse durch eine unberechtigte Verfügung nicht besser gestellt werden darf, verleiht § 48 InsO für den Fall, dass ein Gegenstand, dessen Aussonderung von einem Dritten hätte verlangt werden können, vor Eröffnung des Insolvenzverfahrens durch den Insolvenzschuldner oder danach durch den Insolvenzverwalter unberechtigt veräußert wird, dem schuldrechtlichen Erstattungsanspruch Aussonderungskraft. Kurz: das Aussonderungsrecht setzt sich gemäß § 48 InsO ersatzweise an der erhaltenen Gegenleistung bzw. dem Anspruch auf diese fort.

42 Demnach kann der Berechtigte die vertragliche Gegenleistung kraft Gesetzes aussondern, wenn ein individuell bestimmter Gegenstand vom Schuldner oder dem Insolvenzverwalter unberechtigt entgeltlich veräußert wurde, der andernfalls aufgrund eines bestehenden Aussonderungsrechts hätte ausgesondert werden können. Voraussetzung ist, dass der Veräußerung eine rechtsgeschäftliche Einigung zugrundeliegt, die nicht notwendigerweise wirksam sein muss.[96] Veräußerungen sind daher neben dem Forderungseinzug, die Einzahlung fremder Gelder auf ein Bankkonto oder Eigentumsverlust durch Verbindung, Vermengung oder Vermischung, soweit diese Vorgänge in Ausführung eines Vertrages erfolgen. Liegen die Voraussetzungen des § 48 InsO vor, so kann der Ersatzaussonderungsberechtigte solange die Gegenleistung noch aussteht, von dem Insolvenzverwalter die Abtretung des Gegenleistungsanspruchs und die Herausgabe der Gegenleistung verlangen, wenn diese bereits zur Insolvenzmasse erbracht wurde und noch individualisierbar in dieser Masse vorhanden ist.

III. Absonderungsfragen

1. Allgemeines

43 Anders als die Aussonderung ist die Abwicklung der Absonderungsrechte Bestandteil des Insolvenzverfahrens und in dessen Rahmen vorzunehmen. Es wird gerade keine Heraus-

---

[92] LG Bonn v. 21.12.2006 – 6 S 264/06, NZI 2007, 728 f.
[93] HambKomm-*Schröder*, 4. Aufl., 2012, § 47 Rn. 71; Uhlenbruck/*Brinkmann*, InsO, 13. Aufl., 2010, § 47 Rn. 101.
[94] HambKomm-*Schröder*, 4. Aufl., 2012, § 47 Rn. 72.
[95] BGH v. 24.6.2003 – IX ZR 120/02, NZI 2003, 549 (550); *Ganter* NZI 2005, 1 (2).
[96] So die h.M., vgl. HambKomm-*Büchler*, InsO, 4. Aufl., 2012, § 48 Rn. 9.

§ 33 Sicherungsrechte in der Insolvenz §33

gabe eines Sicherungsgutes beansprucht, sondern die vorzugsweise Befriedigung aus dem Verwertungserlös des weiterhin zur Insolvenzmasse gehörigen Gegenstands. Der Verwertungserlös steht in Höhe der durch das Absonderungsrecht gesicherten Forderung dem Absonderungsberechtigten zu.

2. Absonderungsrechte (§§ 49 ff. InsO)

Der Kreis der Absonderungsberechtigten ist in den §§ 49–51 InsO abschließend geregelt. Die zur Absonderung berechtigenden Rechte sind außerhalb der InsO geregelt. Es ist danach zu unterscheiden, ob sich das jeweilige Recht auf unbewegliche Gegenstände (Rn. 45 ff.) bezieht oder ob es sich um Pfandrechte (§ 50 InsO, vgl. Rn. 48 ff.) oder ihnen gleichgestellte Rechte an beweglichem Vermögen (§ 51 InsO, vgl. Rn. 53 ff.) handelt, zu dem das Gesetz sowohl bewegliche Sachen als auch Forderungen zählt.

a) Immobiliarsicherheiten. Nach § 49 InsO sind Gläubiger, denen ein Recht auf Befriedigung aus Gegenständen zusteht, die der Zwangsvollstreckung in das unbewegliche Vermögen unterliegen, nach Maßgabe des Gesetzes über die Zwangsversteigerung und die Zwangsverwaltung zur abgesonderten Befriedigung berechtigt (§§ 49, 165 InsO, § 10 ZVG). Hierzu gehören vor allem Hypotheken, Grund- und Rentenschulden und Reallasten. Gegenstand von solchen Absonderungsrechten können Grundstücke (§ 864 Abs. 1 ZPO) und grundstücksgleiche Rechte (§§ 864, 870 ZPO) sein. Zu Letzteren zählen vornehmlich das Erbbaurecht, Wohnungs- und Teileigentum sowie Bergwerkseigentum.[97] Betroffen sind ebenso Miteigentumsanteile an Grundstücken und grundstücksgleichen Rechten zugunsten der Gläubiger, denen nur ein Recht an einem einzelnen Miteigentumsanteil zukommt (§ 864 Abs. 2 ZPO).[98]

Der Umfang des Absonderungsrechts bestimmt sich nach dem Inhalt des Sicherungsrechts. Die Zwangsvollstreckung in das unbewegliche Vermögen umfasst alle Gegenstände, auf die sich bei den genannten Grundstücksrechten und grundstücksgleichen Rechten auch ein eingetragenes Pfandrecht erstreckt (§ 865 Abs. 1 ZPO). Dabei ist die Unterscheidung zwischen der Art der Vermögensverwertung, d.h. Zwangsversteigerung oder Zwangsverwaltung für den betreibenden Gläubiger von erheblichem Interesse, da der Umfang der Beschlagnahme nicht in beiden Fällen der Gleiche ist. Der hypothekarische Haftungsverband im Rahmen der Zwangsversteigerung gemäß der §§ 865 Abs. 1 ZPO, 20 Abs. 2 ZVG, 1120 ff. BGB umfasst auch die von dem Grundstück getrennten Erzeugnisse und einfachen Bestandteile sowie das Zubehör einschließlich der Anwartschaftsrechte am Zubehör, soweit es Eigentum des Grundstückeigners ist. Der Haftungsverband umfasst hingegen nicht die Miet- und Pachtzinsforderungen sowie wiederkehrende Leistungen aus dem Grundstück und Versicherungsansprüche (§§ 1123, 1126, 1127 BGB, 21 ZVG).

Dies ermöglicht allein eine Zwangsverwaltung, deren Beschlagnahmewirkung sich gemäß § 148 Abs. 1 Satz 1 ZVG gerade auf letztere Vermögenswerte erstreckt.[99] In dieser Befriedigung des betreibenden Gläubigers aus den Erträgen des Grundstücks liegt gerade der wirtschaftliche Zweck der Zwangsverwaltung. Miet- oder Pachterträge sind aber auch schon vor Anordnung der Zwangsverwaltung von der Absonderungskraft des Grundpfandrechts erfasst. Die Absonderungskraft einer Grundschuld setzt sich stets fort

---
[97] MünchKommInsO-*Ganter*, 23. Aufl., 2013, § 49 Rn. 6; FK-*Imberger*, InsO, 7. Aufl., 2013, § 49 Rn. 5 f.
[98] Uhlenbruck/*Brinkmann*, InsO, 13. Aufl., 2010, § 49 Rn. 23.
[99] MünchKommInsO-*Ganter*, 3. Aufl., 2013, § 49 Rn. 84 ff.

an den entsprechenden Erträgen und entsteht damit auch dann, wenn noch keine Zwangsverwaltung angeordnet ist.[100] Damit gibt die Grundpfandhaftung auch schon vor der Beschlagnahme einen hinreichenden Rechtsgrund, um die Mieten zu vereinnahmen.[101] Der Grundpfandgläubiger ist zu diesem Zeitpunkt lediglich nicht geschützt vor Verfügungen des Eigentümers oder der Vollstreckungsgläubiger. Diesen Schutz erfährt der Grundpfandgläubiger erst mit der Beschlagnahme.[102]

48 **b) Mobiliarpfandrechte.** In § 50 InsO werden die Pfandrechte an Gegenständen als klassische Absonderungsrechte an beweglichen Vermögensgegenständen genannt. Gemeint sind Pfandrechte sowohl rechtsgeschäftlicher (§§ 1204 ff., 1273 ff. BGB, vgl. Rn. 49) als auch gesetzlicher Natur (z.B. §§ 562, 581 Abs. 2, 592, 647 BGB, 397, 441 HGB, vgl. Rn. 50).

49 **aa) Rechtsgeschäftliche Pfandrechte.** Das rechtsgeschäftliche Pfandrecht (§§ 1204 ff. BGB) gewährt seinem Inhaber in der Insolvenz des Pfandrechtsschuldners ein Recht auf abgesonderte Befriedigung aus dem Pfandgut wegen der Pfandforderung in der geänderten Reihenfolge Hauptforderung, Zinsen und Kosten. Ein solches Pfandrecht kann sowohl an einem beweglichen Gegenstand als auch an übertragbaren Rechten und Forderungen bestellt werden (§§ 1204 ff., 1273 ff., 1279 ff. BGB).[103] Absonderungskraft können die entsprechenden Pfandrechte jedoch nur dann begründen, wenn sie wirksam und insolvenzfest entstanden sind. Die Insolvenzfestigkeit setzt neben einer möglichen Anfechtbarkeit insbesondere voraus, dass das Pfandrecht – wie auch bei sonstigen Absonderungsrechten – grundsätzlich vor Eröffnung des Verfahrens bestehen und erworben sein muss.[104] Daher kann beispielsweise an künftigen Forderungen des Schuldners gegen Dritte – jedenfalls grundsätzlich – wegen § 92 Abs. 1 InsO kein Pfandrecht erworben werden, wenn die Forderungen erst nach Eröffnung entstehen.[105] Die zivilrechtliche Wirksamkeit und die Insolvenzfestigkeit sind mithin unerlässlicher Gegenstand der Beratung absonderungsberechtigter Gläubiger.

50 **bb) Gesetzliche Pfandrechte.** Gesetzliche Pfandrechte entstehen kraft gesetzlicher Sondervorschriften aufgrund eines besonderen Rechtsverhältnisses zugunsten des Gläubigers an Sachen und Rechten zur Sicherung seiner Forderung. Ein gesetzliches Pfandrecht entsteht z.B. zugunsten des Hinterlegers am hinterlegten Gut bzw. der Rückerstattungsforderung (§ 233 BGB), des Vermieters oder Verpächters an eingebrachten Sachen des Mieters bzw. Pächters, soweit diese pfändbar sind (§§ 562, 581 Abs. 2 BGB), des Landverpächters an eingebrachten Sachen und Früchten (§ 592 BGB) sowie des Unternehmers an hergestellten oder ausgebesserten beweglichen Sachen (§ 647 BGB).[106] Darüber hinaus sind gesetzliche Pfandrechte im HGB vorgesehen, wie z.B. das gesetzliche Pfandrecht zugunsten des Kommissionärs am Kommissionsgut (§ 397 HGB), des Fracht-

---

[100] Karsten Schmidt/*Thole,* InsO, 18. Aufl., 2013, § 49 Rn. 14.
[101] BGH v. 9.11.2006 – IX ZR 133/05, NZI 2006, 457 ff. Der BGH lehnte in dieser Entscheidung die Anfechtbarkeit der im Voraus an einen Grundpfandgläubiger abgetretenen Mieten ab, da es wegen des ohnehin bestehenden Absonderungsrechts an einer Gläubigerbenachteiligung fehle. Ebenso BGH v. 9.11.2006 – IX ZR 133/05, NZI 2007, 98 (99).
[102] BGH v. 11.5.2006 – IX ZR 247/03, NZI 2006, 457 ff. Vgl. hierzu die Auseinandersetzung von *Ganter* ZInsO 2007, 841 (848 f.).
[103] MünchKommInsO-*Ganter,* 3. Aufl., 2013, § 50 Rn. 6.
[104] Karsten Schmidt/*Thole,* InsO, 18. Aufl., 2013, § 50 Rn. 2.
[105] So BGH v.14.1.2010 – IX ZR 78/09, NJW-RR 2010, 924 (926 ff.).
[106] Uhlenbruck/*Brinkmann,* InsO, 13. Aufl., 2010, § 50 Rn. 12.

§ 33 Sicherungsrechte in der Insolvenz   § 33

führers am Frachtgut (§ 441 HGB), Spediteurs am Speditionsgut (§ 464 HGB) sowie des Lagerhalter am Lagergut (§ 475b HGB).[107]

Voraussetzung für das wirksame Entstehen des Absonderungsrechts ist allerdings auch **51** hier, dass das Pfandrecht bereits vor der Eröffnung des Insolvenzverfahrens entstanden sein muss, denn auch insoweit ist § 91 InsO einschlägig.[108] Im Insolvenzeröffnungsverfahren gilt § 91 InsO wohlgemerkt nicht.[109] Ist das Pfandrecht wirksam entstanden, begründet es für den Fall der Insolvenzeröffnung über das Vermögen des Schuldners nach § 50 Abs. 1 Alt. 3 InsO ein Absonderungsrecht zugunsten des Pfandgläubigers. Gemäß § 170 Abs. 1 Satz 2 InsO ist der Pfandgläubiger vorweg aus dem Erlös zu befriedigen.

Das Pfandrecht des Vermieters bzw. Verpächters dient neben der Sicherung bereits **52** entstandener Forderungen aus dem Miet- bzw. Pachtverhältnis[110] auch der Sicherung der Rückstände aus der Zeit des vorläufigen Insolvenzverfahrens.[111] Zu beachten ist jedoch die Einschränkung des § 50 Abs. 2 InsO. Hiernach ist die Absonderungsberechtigung auf die Rückstände im letzten Jahr vor Eröffnung beschränkt. Auch der Entschädigungsanspruch nach § 109 Abs. 1 Satz 3 InsO kann nicht dem Absonderungsrecht zugeordnet werden.[112]

c) Besitzlose Mobiliarsicherheiten. Die bedeutsamste Gruppe der Absonderungs- **53** rechte stellen die den Pfandrechten in § 51 InsO gleichgestellten sonstigen Absonderungsrechte dar. Die in Nr. 1 dieser Bestimmung aufgeführten Absonderungsrechte dürften die größte praktische Bedeutung haben. Zu diesen gehören neben der Sicherungübereignung (Rn. 54) und -zession die Verlängerungs- und Erweiterungsformen des Eigentumsvorbehalts (Rn. 57 ff.).

aa) Sicherungsübereignung. Bei einer Sicherungsübereignung übereignet der Siche- **54** rungsgeber dem Sicherungsnehmer eine Sache zur Absicherung einer Forderung. Die Übergabe erfolgt durch Einräumung mittelbaren Besitzes an den Sicherungsnehmer (§ 930 BGB). Der Sicherungsnehmer wird dadurch Vollrechtsinhaber, seine rechtlichen Befugnisse sind jedoch durch die Sicherungsabrede beschränkt. Aus dieser ergibt sich die treuhänderische Bindung des Sicherungsnehmers im Innenverhältnis zum Sicherungsgeber. Wird über das Vermögen des Sicherungsgebers das Insolvenzverfahren eröffnet, so tritt der vertragliche Sicherungsfall ein und das Sicherungseigentum erweist sich wirtschaftlich als besitzloses Pfandrecht. Daher wird dem Sicherungsnehmer trotz seiner formalen Eigentümerstellung nur ein Ab- und nicht etwa ein Aussonderungsrecht zuerkannt.[113] Der absonderungsberechtigte Gläubiger ist daher nicht berechtigt, den Gegenstand von dem Insolvenzverwalter herauszuverlangen. Dem Verwalter steht gemäß § 166 Abs. 1 InsO das alleinige Recht zur Verwertung des Sicherungsguts zu. Der Sicherungseigentümer kann lediglich abgesonderte Befriedigung aus dem Verwertungserlös des Sicherungsgutes beanspruchen. In der Insolvenz des Sicherungsnehmers kann der Sicherungsgeber indes das Sicherungsgut aussondern.[114]

---

[107] FK-*Imberger*, InsO, 7. Aufl., 2013, § 50 Rn. 76 ff.
[108] BGH v. 14.1.2010 – IX ZR 78/09, NJW-RR 2010, 924 (926 ff.) m.w.N.; HK-*Lohmann*, InsO, 6. Aufl. 2011, § 50 Rn. 10.
[109] Karsten Schmidt/*Thole*, InsO, 18. Aufl., 2013, § 50 Rn. 2.
[110] Vgl. hierzu eingehend Uhlenbruck/*Brinkmann*, InsO, 13. Aufl., 2010, § 50 Rn. 15 ff.; *Tetzlaff* NZI 2006, 87 (89 ff.).
[111] BGH v. 14.12.2006 – IX ZR 102/03, ZIP 2007, 191 m. Anm. *Gundlach/Frenzel* EWiR 2007, 185 f.
[112] Karsten Schmidt/*Thole*, InsO, 18. Aufl., 2013, § 50 Rn. 15.
[113] MünchKommInsO-*Ganter*, 3. Aufl. 2013, § 51 Rn. 4.
[114] Uhlenbruck/*Brinkmann*, InsO, 13. Aufl., 2010, § 51 Rn. 2.

55 bb) Sicherungszession. Bei der Sicherungszession wird zur Sicherung einer Forderung ein Recht sicherungshalber abgetreten. Zumeist handelt es sich um ein Recht an einer Forderung, die der Sicherungsnehmer im Sicherungsfall sodann gegenüber dem Drittschuldner realisieren kann. Die Sicherungszession erfolgt nach § 398 BGB, verbunden mit der schuldrechtlichen Sicherungsabrede. In der Praxis häufig ist die Ausgestaltung der Sicherungszession als so genannte Globalzession, bei der sich der Sicherungsgläubiger bereits zukünftige Forderungen abtreten lässt. Auch hier gilt wie bei den Pfandrechten, dass bei Abtretung einer künftigen Forderung ein Absonderungsrecht dann nicht entstehen kann, wenn die Forderung erst nach Verfahrenseröffnung entsteht.[115] Ein weiterer Anwendungsfall ist die im Rahmen eines verlängerten Eigentumsvorbehalts erklärte Vorausabtretung (Rn. 57 ff.).

56 Wie auch die Sicherungsübereignung wird die Sicherungszession gemäß § 51 Nr. 1 InsO wie ein rechtsgeschäftliches Pfandrecht behandelt. Dem Sicherungszessionar steht damit zwar kein Recht auf Abtretung der Forderung zur Einziehung zu, jedoch kann er vorzugsweise Befriedigung aus der sicherungshalber abgetretenen Forderung verlangen.[116]

57 **cc) Verlängerter und erweiterter Eigentumsvorbehalt.** Ebenfalls Absonderungskraft (§ 51 Abs, 1 Nr. 1 InsO) haben die Verlängerungsformen des Eigentumsvorbehalts.[117] Ist die ursprüngliche Kaufpreisforderung indes noch offen und der (insolvente) Käufer noch im Besitz der unverarbeiteten Sache, ist der Verkäufer aufgrund des einfachen Eigentumsvorbehalts zur Aussonderung berechtigt.

58 Beim verlängerten Eigentumsvorbehalt vereinbaren Verkäufer und (insolventer) Käufer für den Fall des Erlöschens des Vorbehaltseigentums (z.B. durch Verbindung, Vermischung oder gestattete Weiterveräußerung) die Sicherung des Anspruchs durch die neue Sache bzw. die daraus entstehende Forderung anstelle des bedingt verkauften Gegenstands. Ermöglicht wird dies regelmäßig durch eine so genannte Verarbeitungsklausel. Als Eigentümer der neu hergestellten Sache kann der Verkäufer nur absondern, da eine solche Verarbeitungsklausel nur Sicherungsfunktion hat.

59 Der erweiterte Eigentumsvorbehalt dehnt den Eigentumsvorbehalt über die Bedingung der Kaufpreiszahlung hinaus auf anderweitige Kaufverträge und Forderungen aus. Das vorbehaltene Eigentum geht nicht bereits mit Bezahlung des auf die Sache bezogenen Kaufpreises, sondern erst nach Begleichung weiterer Verbindlichkeiten auf den Käufer über (Saldo- oder Kontokorrentvorbehalt).[118] Hat der Käufer im Insolvenzfall die Kaufpreisforderung noch nicht vollständig beglichen, so liegt noch der Fall des einfachen Eigentumsvorbehalts vor (s.o. Rn. 15 f.). Ist hingegen die ursprüngliche Kaufpreisforderung bereits erloschen und die Bedingung nur deshalb noch nicht eingetreten, weil noch weitere offene Forderungen nicht getilgt wurden, so dient der Kaufgegenstand nur noch als Sicherungsgegenstand und dem Verkäufer steht nur noch ein Absonderungsrecht zu.[119]

59a In der Praxis kollidieren regelmäßig erweiterter Eigentumsvorbehalt und Globalzession. Nach der in dieser Hinsicht maßgeblichen Vertragsbruchtheorie ist die Globalzession nichtig (§ 138 Abs. 1 BGB), soweit sie auch Forderungen umfasst, die der Schuldner

---

[115] Karsten Schmidt/*Thole,* InsO, 18. Aufl., 2013, § 51 Rn. 12.
[116] MünchKommInsO-*Ganter,* 3. Aufl., 2013, § 51 Rn. 9.
[117] Uhlenbruck/*Brinkmann,* InsO, 13. Aufl., 2010, § 47 Rn. 21, § 51 Rn. 18 f.
[118] Palandt/*Weidenkaff,* BGB, 72. Aufl., 2013, § 449 Rn. 19; Uhlenbruck/*Brinkmann,* InsO, 13. Aufl., 2010, § 51 Rn. 18 f.
[119] Drees/*J. Schmidt* in Runkel, Anwaltshandbuch, § 7 Rn. 179e.

§ 33 Sicherungsrechte in der Insolvenz   § 33

wegen des erweiterten Eigentumsvorbehalts mit den Vorausabtretungsklauseln an den Warenkreditgeber bzw.-lieferanten abzutreten hat.[120] Ermöglicht eine so genannte dingliche Teilverzichtsklausel die Nichtigkeit, kann der Kreditgläubiger in der Insolvenz des Käufers aus der Globalzession für die der Abtretung unterliegenden Forderungen Absonderung beanspruchen.[121]

dd) Pfändungspfandrecht, Zwangssicherungshypothek und Vorpfändung. Das 60
Pfändungspfandrecht entsteht gemäß § 804 ZPO durch Pfändung aus zivilrechtlichen oder öffentlich-rechtlichen vollstreckbaren Titeln (§§ 808 ff., 828 ff. ZPO). Es ist gemäß § 804 Abs. 2 ZPO dem rechtsgeschäftlichen Pfandrecht gleichgestellt und begründet ebenfalls nach § 50 Abs. 1 Nr. 1 InsO ein Absonderungsrecht, vorausgesetzt das Pfändungspfandrecht ist durch eine Vollstreckungsmaßnahme vor Verfahrenseröffnung und damit nicht unter Verstoß gegen § 89 Abs. 1 InsO entstanden[122] und auch nicht aus sonstigen Gründen unwirksam.[123] Hierfür muss sowohl der Pfändungsbeschluss als auch die Titelzustellung vor dem Veräußerungsverbot bewirkt worden sein.[124] Zusätzlich darf diese im Wege der Zwangsvollstreckung erlangte Sicherheit nicht innerhalb des letzten Monats vor dem Insolvenzantrag und damit unter Verstoß gegen die Rückschlagsperre des § 88 InsO erlangt sein.[125] Bei der Pfändung künftiger Forderungen entsteht das Pfändungspfandrecht erst mit Entstehung der Forderung.[126]

Eine zur Absonderung berechtigende Zwangssicherungshypothek entsteht spätestens 61
mit Grundbucheintragung. Das LG Bonn lässt sogar den Eingang eines beanstandungsfreien Eintragungsantrags beim Grundbuchamt genügen.[127]

Der Vorpfändung nach § 845 ZPO allein kommt keine Absonderungskraft zu.[128] 62
Auch anfechtungsrechtlich kommt es auf die Hauptpfändung an. Wird die Vorpfändung früher als drei Monate vor dem Insolvenzantrag ausgebracht, fällt die Hauptpfändung aber in den von § 131 InsO erfassten Bereich, richtet sich die Anfechtung insgesamt nach § 131 InsO.[129]

ee) Zurückbehaltungsrechte. Gesetzliche Zurückbehaltungsrechte aufgrund nützli- 63
cher Verwendungen begründen ein Absonderungsrecht nach § 51 Nr. 2 InsO. Zur Absonderung berechtigt ist der Inhaber des Zurückbehaltungsrechts. Vorausgesetzt das Zurückbehaltungsrecht bezieht sich auf eine bewegliche Sache[130] und der Berechtigte hat den Besitz an der zurückbehaltenen Sache vor der Verfahrenseröffnung erlangt.[131]

---

[120] Ständige Rechtsprechung. Zuletzt: BGH v. 30.9.2004 – IX ZR 89/02, ZIP 2005, 1192 (1193 f.).
[121] Karsten Schmidt/*Thole,* InsO, 18. Aufl., 2013, § 51 Rn. 23.
[122] MünchKommInsO-*Ganter,* 3. Aufl., 2013, § 50 Rn. 66.
[123] So kann das Pfändungspfandrecht bei unzulässiger Überpfändung – wenn auch nur teilweise – unwirksam sein, vgl. BGH v. 24.3.2011 – IX ZB 217/08, NZI 2011, 365 ff.
[124] Uhlenbruck/*Brinkmann,* InsO, 13. Aufl., 2010, § 50 Rn. 42.
[125] LG Leipzig v. 15.12.2004 – 1 S 5075/04, ZInsO 2005, 833. Vgl. weiter *Thietz-Bartram/Spilger* ZInsO 2005, 858.
[126] BGH v. 12.4.2005 – VII R 7/03, ZInsO 2005, 888 (889 f.).
[127] LG Bonn v. 2.12.2003 – 4 T 519/03, ZIP 2004, 1374 (1375).
[128] FK-*Imberger,* InsO, 7. Aufl. 2013, § 50 Rn. 35.
[129] BGH v. 23.3.2006 – IX ZR 116/03, ZInsO 2006, 553 (554).
[130] Dass Verwendungen auf ein Grundstück nicht zur abgesonderten Befriedigung nach § 51 Nr. 2 InsO berechtigen, hat der V. Zivilsenat des BGH in Übereinstimmung mit dem IX. Senat inzwischen mehrfach klargestellt. Vgl. hierzu BGH v. 23.5.2003 – V ZR 279/02, ZIP 2003, 1406 m. Anm. *Beutler* EWiR 2004, 351 f.; BGH v. 7.3.2002 – IX ZR 457/99, ZIP 2002, 858.
[131] HK-*Lohmann,* InsO, 6. Aufl., 2011, § 51 Rn. 47.

64 Ein zur Absonderung berechtigendes Zurückbehaltungsrecht nach § 51 Nr. 2 InsO ist auch dann anzunehmen, wenn das Zurückbehaltungsrecht gerade darauf beruht, dass der Gläubiger Verwendungen zugunsten der Sache vorgenommen hat und diese Verwendungen oder die aus ihnen resultierenden Forderungen den noch vorhandenen Vorteil nicht übersteigen. Die einzelnen Verwendungsansprüche sind im BGB ausdrücklich normiert (insb. gemäß der §§ 994 ff. i.V.m. 1000 BGB).[132]

65 Steht einem Gläubiger im Zeitpunkt der Verfahrenseröffnung ein Zurückbehaltungsrecht gemäß den Regelungen der §§ 369–372 HGB wegen fälliger Forderungen aus einem beiderseitigen Handelsgeschäft zu, so kann dieser nach § 51 Nr. 3 InsO Absonderung entsprechend einem Pfandgläubiger geltend machen.

66 Das Zurückbehaltungsrecht aus § 273 BGB hat indes keine Absonderungswirkung. Es ist ein Zwangsmittel zur Durchsetzung einer persönlichen Forderung. Würde es zur Absonderung berechtigen, käme dies einem Verstoß gegen den Grundsatz der gleichmäßigen Befriedigung der Gläubiger gleich.[133] Dies gilt ebenso für ein ein vertraglich vereinbartes Zurückbehaltungsrecht.[134]

3. Realisierung der Absonderungsrechte vor und während der Krise

67 **a) Vor und während der Krise.** Vor und während der Krise greifen noch keine insolvenzspezifischen Regelungen ein. Der Gläubiger bleibt dazu berechtigt, bei Eintritt des Sicherungsfalls die Sicherheit selbst zu verwerten. Die Art und Weise der Verwertung richtet sich nach den gesetzlichen Bestimmungen bzw. den Sicherheitenverträgen. Befindet sich das Sicherungsgut im Besitz des Sicherungsgebers, so kann der Sicherungsnehmer von diesem die Herausgabe verlangen.[135]

68 Im Einzelfall bietet sich auch eine Verwertungsvereinbarung zwischen den Parteien an, wonach die Verwertung – etwa wegen besserer Branchenkenntnis – dem Sicherungsgeber überlassen bleibt,[136] ohne hierdurch im Fall der Insolvenz das Absonderungsrecht zu verlieren.

69 Sämtliche Verwertungsalternativen im Vorfeld einer Insolvenz haben den Vorzug, dass ein Abzug der Kostenbeiträge gemäß § 171 InsO (siehe hierzu unten Rn. 102 ff.) vermieden werden kann. Hierfür genügt auch schon die bloße Besitzverschaffung durch den Sicherungsnehmer. Denn hat der spätere Insolvenzverwalter keinen Besitz, so steht ihm kein Verwertungsrecht (§ 166 Abs. 1 InsO) und abhängig hiervon kein Kostenbeitrag (§ 171 InsO) zu. Ist der Sicherungsnehmer erst einmal in den Besitz gelangt, so kann er die Verwertung auch bei späterer Insolvenz uneingeschränkt fortsetzen. Eine Rückgabepflicht an den Verwalter besteht nicht.[137] Lediglich das Risiko der Insolvenzanfechtung belastet die Rechtsposition des Sicherungsgläubigers.

70 Weiter vermeiden Sicherungsnehmer auch die Belastung mit der Umsatzsteuer, zu deren Abzug der Insolvenzverwalter berechtigt wäre.[138] Mithin stellt sich derjenige Sicherungsnehmer finanziell am besten, der das Sicherungsgut bereits vor Eröffnung des

---

[132] *Drees/J. Schmidt* in Runkel, Anwaltshandbuch, § 7 Rn. 193.
[133] BGH v. 23.5.2003 – V ZR 279/02, ZIP 2003, 1406.
[134] Uhlenbruck/*Brinkmann*, InsO, 13. Aufl., 2010, § 51 Rn. 34; FK-*Imberger*, InsO, 7. Aufl., 2013, § 51 Rn. 91.
[135] *Drees/J. Schmidt* in Runkel, Anwaltshandbuch, § 7 Rn. 203 ff.
[136] *Obermüller*, Insolvenzrecht in der Bankpraxis, 7. Aufl. 2007, Rn. 6.233 ff.
[137] Uhlenbruck/*Brinkmann* InsO, 13. Aufl., 2010, § 166 Rn. 7.
[138] Vgl. hierzu LG Stuttgart v. 24.2.2004 – 7 O 502/03, ZIP 2004, 1117 f.

§ 33 Sicherungsrechte in der Insolvenz § 33

Verfahrens an sich gezogen hat.[139] Diese Konstellation bietet den absonderungsbefugten Gläubigern geradezu den Anreiz, selbige zur Vermeidung und Umgehung der nachteiligen und einschränkenden Wirkungen der §§ 166 ff. InsO auszunutzen und vor Eröffnung des Verfahrens – und sei es noch im Antragsstadium – Zugriff auf den Sicherungsgegenstand zu nehmen.

Von dieser Frage der Durchsetzung des Sicherungsrechts vor einem Insolvenzereignis zu unterscheiden ist die Frage nach der Bindungswirkung des späteren Insolvenzverwalters an eine vor Eröffnung des Insolvenzverfahrens zwischen dem Schuldner und einem Grundpfandgläubiger getroffene vollstreckungsbeschränkende Vereinbarung. Eine solche Bindungswirkung besteht nach jüngerer Rechtsprechung des BGH nicht.[140] Insoweit kann die beschriebene Besserstellung nur dann erreicht werden, wenn der Gläubiger von seinen sich aus dem Sicherungsrecht ergebenden Rechten Gebrauch macht, was letzlich auf die Kündigung des zugrunde liegenden Rechtsgeschäfts und die Durchsetzung des Sicherungsrechts hinausläuft und damit einer Sanierung der wirtschaftlichen Einheit unter Einsatz des Sicherungsguts und damit mutmaßlich den Interessen beider Parteien zuwiderläuft. 70a

b) Im vorläufigen Insolvenzverfahren. Im Insolvenzantragsverfahren bestimmt sich die Realisierung der Absonderungsrechte danach, ob und welche vorläufigen Sicherungsmaßnahmen angeordnet worden sind (§ 21 InsO). Verzichtet das Insolvenzgerichts auf solche Maßnahmen und bestellt es lediglich einen Sachverständigen, können Gläubiger ihre Sicherheiten nach Maßgabe der Sicherheitenverträge verwerten. 71

Regelmäßig bestellt das Gericht – bei gleichzeitiger Untersagung bzw. Einstellung von Zwangsvollstreckungsmaßnahmen (§ 21 Abs. 2 Nr. 2 und 3 InsO) – einen so genannten vorläufigen Insolvenzverwalter mit Zustimmungsvorbehalt. Rechtshandlungen des Schuldners bleiben hiernach weiter möglich, bedürfen jedoch der Zustimmung. Die Rechtsstellung absonderungsberechtigter Gläubiger bei Anordnung eines allgemeinen Verfügungsverbots soll nachstehend dargestellt werden. 72

aa) Immobilarsicherheiten. Die Verwertung von Grundpfandrechten wird durch die Anordnung vorläufiger Sicherungsmaßnahmen nicht berührt. Sieht man von der Einschränkung des § 88 InsO ab, spielt es für die Wirksamkeit einer Beschlagnahme keine Rolle, ob ein Antragsverfahren anhängig ist und Sicherungsmaßnahmen angeordnet sind. Insbesondere das Zwangsvollstreckungsverbot nach § 21 Abs. 2 Nr. 3 InsO steht einer Realisierung des Absonderungsrechts nicht entgegen, da diese Bestimmung nur das Mobiliarvermögen betrifft. Möglich ist allein der Antrag auf einstweilige Einstellung des Zwangsversteigerungsverfahrens nach § 30d Abs. 4 ZVG[141] und das eigenständige Verwertungsrecht des Insolvenzverwalters, nicht jedoch des hier in Rede stehenden vorläufigen Insolvenzverwalters (§ 165 InsO). 73

bb) Mobiliarsicherheiten. Gläubiger solcher Sicherheiten sind hingegen unmittelbar von dem angeordneten Zwangsvollstreckungsverbot erfasst. Auch wenn der Schuldner verwaltungs- und verfügungsbefugt bleibt, ist dieser nicht mehr zur selbständigen Herausgabe von Sicherungsgut berechtigt.[142] Erforderlich ist die Zustimmung des vorläufigen Verwalters. Sind Gegenstände zur Betriebsfortführung erforderlich, wird der vorläufige Insolvenzverwalter diese Zustimmung nicht erklären (dürfen). Gleiches gilt bei noch 74

---

[139] *Gundlach/Frenzel/Schmidt* NZI 2002, 530.
[140] BGH v. 13.1.2011 – IX ZR 53/09, NZI 2011, 138 ff.
[141] *Uhlenbruck/Brinkmann*, InsO, 13. Aufl., 2010, § 165 Rn. 18; *Tetzlaff*, ZInsO 2004, 521.
[142] *Obermüller*, Insolvenzrecht in der Bankpraxis, 7. Aufl. 2007, Rn. 6.412.

§ 33 6. Teil. Möglichkeiten der Sanierung nach der Insolvenzordnung

ungeklärter Sach- oder Rechtslage.[143] Künftig werden vorläufige Insolvenzverwalter von der Möglichkeit der Anordnung eines Verwertungsstopps gemäß § 21 Abs. 2 Nr. 5 InsO Gebrauch machen können. Eine solche Anordnung wird die Verfahrensabwicklung erleichtern, indem eine gerichtliche Anordnung die Abwehr möglicher Herausgabeansprüche entbehrlich macht.[144]

74a Auf diese Weise werden die Betriebsmittel, die für die Fortführung des Unternehmens von Bedeutung sind, entsprechend der Gesetzesintention in dem technisch-organisatorischen Verbund des insolventen Schuldnerunternehmens belassen, was die Möglichkeit einer Sanierung oder späteren Gesamtveräußerung erhöht.[145] Konkret erstreckt sich die Anordnungsbefugnis insbesondere auf Gegenstände des betrieblichen Anlagevermögens, Umlaufvermögen und zwar sowohl auf Vorräte, Halbfertig- und Fertigerzeugnisse, als auch auf Forderungen für den notwendigen Einzug.[146] Es ist streitig, ob hinsichtlich der Vorräte, Halbfertig- und Fertigerzeugnisse nur die Nutzung gestattet werden kann oder aber die Nutzungsbefugnis auch die Verarbeitung, Veräußerung und den Verbrauch entsprechend belasteter Vorbehaltsware erfasst.[147] Letzteres erscheint mit Rücksicht auf die Stoßrichtung des Gesetzes („zur Betriebsfortführung erforderlich") jedenfalls dann richtig, wenn das Sicherungsrecht wegen des Erwerbs eines Surrogats nicht beeinträchtigt wird.[148] So kann das Gericht im Fall des verlängerten Eigentumsvorbehalts den vorläufigen Insolvenzverwalter sowohl zur Veräußerung des Vermögensgegenstandes als auch zur Einziehung der durch den Verkauf begründeten Forderung ermächtigen. Diese Übertragung der Einziehungsermächtigung ist jedoch nur solange möglich, wie die Zession durch den absonderungsberechtigten Gläubiger gegenüber dem Drittschuldner nicht bereits offen gelegt ist. Denn mir der Offenlegung entfällt das Einziehungsrecht des Insolvenzverwalters (166 Abs. 2 InsO) und dies ist auch im Eröffnungsverfahren maßgeblich.[149]

74b Diese Besonderheit darf nicht darüber hinwegtäuschen, dass vorläufigen Insolvenzverwalter im Grundsatz die Vornahme von Verwertungsmaßnahmen nicht gestattet ist.[150] Die in § 22 Abs. 1 Satz 2 Nr. 2 InsO geregelte Fortführungspflicht des vorläufigen Insolvenzverwalters steht daher in einem gewissen Spannungsverhältnis zur Sicherungs- und Erhaltungspflicht nach § 22 Abs. 1 Satz 2 Nr. 1 InsO. Daher muss dem vorläufigen Insolvenzverwalter über die ihm auferlegte Sicherungs- und Erhaltungspflicht hinaus das Recht zuerkannt werden, mit dem Sicherungsgut – insbesondere dem Vorratsvermögen – zu arbeiten. Dabei wird es im Rahmen der Betriebsfortführung zwangsläufig zu Verwertungshandlungen an dem Umlaufvermögen kommen.[151]

75 **cc) Besonderheiten bei Anordnung eines allgemeinen Verfügungsbefugnis.** Das Gericht wird ein allgemeines Verfügungsverbot lediglich ausnahmsweise anordnen. In

---

[143] OLG Celle v. 11.12.2002 – 2 W 91/02, ZIP 2003, 87, 88 f.
[144] HambKomm-*Schröder*, InsO, 4. Aufl., 2012, § 21 Rn. 60a ff.; Karsten Schmidt/*Hölzle*, InsO, 18. Aufl., 2013, § 21 Rn. 74 ff.; Ausführlich *Kuder* ZIP 2007, 1690 ff.
[145] Drees/*J.Schmidt* in Runkel, Anwaltshandbuch, § 7 Rn. 225.
[146] Karsten Schmidt/*Hölzle*, InsO, 18. Aufl., 2013, § 21 Rn. 75.
[147] Statt vieler HambKomm-*Schröder*, InsO, 4. Aufl., 2012, § 21 Rn. 69d.
[148] *Kuder* ZIP 2007, 1690 (1694 f.); *Ganter* NZI 2007, 549 (551); HK-*Kirchhof*, InsO, 4. Aufl., 2011, § 21 Rn. 30; Karsten Schmidt/*Hölzle*, InsO, 18. Aufl., 2013, § 21 Rn. 75 f.
[149] AG Hamburg v. 2.5.2011 – 67g IN 62/11, NZI 2011, 407 f.; Karsten Schmidt/*Hölzle*, InsO, 18. Aufl. 2013, § 21 Rn. 76.
[150] BGH v. 22.2.2007 – IX ZR 2/06, NZI 2007, 338 m. Anm. *Gundlach/Frenzels* NZI 2007, 340.
[151] BGH v. 14.12.2000 – IX ZB 105/00, ZIP 2001, 296 (299); MünchKommInsO-*Haarmeyer*, 3. Aufl., 2013, § 22 Rn. 77.

diesem Fall ist der so genannte „starke" vorläufige Insolvenzverwalter verwaltungs- und verfügungsgefugt. Mit Anordnung nimmt er das Vermögen des Schuldners in Besitz, und zwar einschließlich aller mit Absonderungsrechten belasteter Gegenstände.[152] Dem Schuldner ist hierdurch eine selbständige Herausgabe sicherungsübereigneter Gegenstände nicht mehr möglich. Reine Verwertungshandlungen sind indes auch dem starken vorläufigen Insolvenzverwalter nur ausnahmsweise (z.B. bei dringendem Verwertungsbedarf oder Notverkäufen aus kurzfristigem Liquiditätsbedarf heraus, etc.[153]) gestattet.

c) Im eröffneten Insolvenzverfahren 76
aa) Stellung des Absonderungsberechtigten (§ 52 InsO). Mit Eröffnung des Insolvenzverfahrens erschwert sich die Verwertungssituation für den gesicherten Gläubiger. Insolvenzverwalter sind nicht verpflichtet, die Interessen der Absonderungsberechtigten wahrzunehmen. Sie müssen lediglich die ihnen bekannten Absonderungsrechte bei der Verwertung der Masse beachten. Bei der Ausgestaltung des Verwertungsverfahrens hat der Gesetzgeber die Einbeziehung der gesicherten Gläubiger in das Gesamtverfahren für die wirtschaftlich sinnvollste Abwicklung erachtet. Gesetzlich verankert ist der ausnahmslose Einbezug der absonderungsberechtigten Gläubiger in das Insolvenzverfahren in § 52 InsO.[154] Hiernach ist die persönliche Forderung bei der Verteilung nur im Umfang des bei der Befriedigung aus dem Sicherungsgut erlittenen Ausfalls zu berücksichtigen (siehe hierzu Rn. 120 ff.). Mit der Einbeziehung gehen gegenüber der KO erweiterte Auskunfts- und Mitspracherecht einher.

Besteht keine persönliche Forderung gegen den Insolvenzschuldner, wird der Absonderungsberechtigte nur aus dem Verwertungserlös befriedigt. § 52 InsO ist mithin nicht anwendbar. 76a

Die Vorschrift ist weiterhin auch dann nicht anwendbar, wenn das Absonderungsgut wegen Unpfändbarkeit massefrei ist.[155] In dieser Hinsicht bedarf es indes einer kritischen Prüfung der Frage, inwieweit sich der Schuldner durch die Belastung des Vermögensgegenstandes des Pfändungsschutzes begeben hat. 76b

Wird das Absonderungsgut nach Insolvenzeröffnung vom Insolvenzverwalter gemäß § 170 Abs. 2 InsO freigegeben, bleibt § 52 InsO anwendbar, so dass die Forderung weiterhin nur in Höhe des Ausfalls am Insolvenzverfahren teilnimmt.[156] 76c

Das Ausfallprinzip des § 52 InsO gilt dann nicht, wenn das Absonderungsgut im Eigentum eines Dritten steht. In diesem Fall nimmt der Gläubiger nicht nur in der Höhe seines Ausfalls am Insolvenzverfahren teil, sondern in der vollen Höhe seiner persönlichen (Insolenz-) Forderung. Ist der Drittsicherungsgeber zugleich persönlicher Mitschuldner, gilt das Doppelberücksichtigungsprinzip des § 43 InsO (vgl. hierzu unten Rn. 137). 76d

bb) Verwertung der mit Absonderungsrechten belasteten Gegenstände. Die InsO differenziert nach Art des Sicherungsgegenstandes. Im Wesentlichen gibt es die bereits dargestellten drei Gruppen, für die jeweils verschiedene Verwertungsregelungen gelten: 77
- Immobiliarrechte (§ 49 InsO, vgl. Rn. 78 ff.);
- Mobiliarpfandrechte (§ 50 InsO, vgl. Rn. 83 ff.) und
- besitzlose Mobiliarpfandrechte (§ 51, vgl. Rn. 85 ff.).

---

[152] MünchKommInsO-*Haarmeyer*, 3. Aufl., 2013, § 22 Rn. 37.
[153] OLG Köln v. 29.1.2000 – 11 W 81/99, ZInsO 2000, 296.
[154] *Drees/J.Schmidt* in Runkel, Anwaltshandbuch, § 7 Rn. 232.
[155] HambKomm-*Schröder*, InsO, 4. Aufl., 2012, § 52 Rn. 2.
[156] HambKomm-*Schröder*, InsO, 4. Aufl., 2012, § 52 Rn. 3 unter Verweis auf die maßgebliche Rechtsprechung des BGH v. 2.4.2009 – IX ZR 23/08, ZInsO 2009, 825 ff.

§ 33 6. Teil. Möglichkeiten der Sanierung nach der Insolvenzordnung

78 **aaa) Verwertung von Immobiliarsicherheiten.** Die Verwertung von Immobiliarsicherheiten ist in den §§ 49, 165 InsO geregelt. Hiernach sind in der Insolvenz des Grundstückseigentümers sowohl der absonderungsberechtigte Grundpfandgläubiger als auch der Insolvenzverwalter (§ 165 InsO, §§ 172 ff. ZVG) zur Betreibung der Verwertung berechtigt. Ein Verwertungsverbot besteht durch die Insolvenzeröffnung nicht. Beide können die Verwertung der belasteten Immobilie entweder durch Betreibung des Zwangsversteigerungs- (Rn. 79 ff.) oder Zwangsverwaltungsverfahrens (Rn. 82 ff.) einleiten.

Im Vergleich zur Konkursordnung ist das Verwertungsrecht des Sicherungsnehmers beschränkt worden: Zum einen sind die Möglichkeiten zur einstweiligen Einstellung der Zwangsversteigerung bzw. Zwangsverwaltung durch §§ 30d, 153b ZVG erleichtert worden. Zum anderen wurden auch die Grundpfandrechtsgläubiger mit obligatorischen Kostenbeiträgen (Rn. 103) belegt. Soweit sich der Immobiliarhaftungsverband gemäß § 1120 BGB auf Erzeugnisse und Bestandteile sowie Zubehörgegenstände erstreckt, gelten für deren Verwertung ebenfalls die Vorschriften über die Verwertung von Immobilien. § 166 InsO findet keine Anwendung.

79 **(1) Zwangsversteigerungsverfahren.** Anders als beim Mobiliarvermögen sind Grundpfandgläubiger nach Verfahrenseröffnung nicht an einer Verwertung gehindert. Dem (vorläufigen) Insolvenzverwalter bleibt allein die Möglichkeit eines Einstellungsantrages gemäß § 30d Abs. 1, 4 ZVG. Die Einstellungsmöglichkeiten wurden im Vergleich zu den früher maßgeblichen Bestimmungen der §§ 30c ZVG a.F. i.V.m. § 775 Nr. 2 ZPO durch § 30d ZVG erleichtert. Das Insolvenzgericht ordnet die einstweilige Einstellung der Zwangsvollstreckung z.B. an, wenn der Berichtstermin noch bevorsteht, das Grundstück zur Fortführung des Unternehmens oder für die Vorbereitung einer Betriebsveräußerung benötigt wird, die Versteigerung die Durchführung eines vorgelegten Insolvenzplans gefährden oder in sonstiger Weise eine angemessene Verwertung der Insolvenzmasse durch die Versteigerung wesentlich erschwert würde.[157]

80 Mit Rücksicht auf die hiermit verbundene Einschränkung kann die Anordnung nach § 30e Abs. 1 ZVG nur unter der Auflage erfolgen, dass dem betreibenden Gläubiger für die Zeit nach dem Berichtstermin laufend die aufgrund des Rechtsverhältnisses geschuldeten oder gesetzlichen (§ 288 BGB, § 352 HGB) Zinsen gezahlt werden.[158]

81 Nutzt der Verwalter das Grundstück weiterhin für die Insolvenzmasse, so wird auf Antrag des betreibenden Gläubigers nach § 30e Abs. 2 ZVG ein Nachteilsausgleichsanspruch gegenüber der Insolvenzmasse angeordnet.[159]

82 **(2) Zwangsverwaltungsverfahren.** Auch für die Zwangsverwaltung nach den §§ 146 ff. ZVG besteht die Möglichkeit der einstweiligen Einstellung im Hinblick auf ein laufendes Insolvenzverfahren. § 153b Abs. 1 ZVG eröffnet die Möglichkeit, das Zwangsverwaltungsverfahren insoweit einstellen zu lassen, als eine wirtschaftlich sinnvolle Nutzung der Masse seitens des Insolvenzverwalters durch die weitere Zwangsverwaltung ernsthaft behindert oder erheblich erschwert würde.[160] Die Anforderungen an die einstweilige Einstellung der Zwangsversteigerung sind mithin die gleichen wie bei der Zwangsversteigerung.[161] Hierdurch soll auch im Fall der Zwangsverwaltung eine Fortführung des schuldnerischen Betriebs ermöglicht und eine vom Grundpfandgläubi-

---

[157] Vgl. hierzu näher Karsten Schmidt/*Sinz*, InsO, 18. Aufl., 2013, § 165 Rn. 46; Uhlenbruck/*Brinkmann*, InsO, 13. Aufl., 2010, § 165 Rn. 19a.
[158] Vgl. Begr. BT-Drucks. 12/2443, S. 176 f.; *Tetzlaff* ZInsO 2004, 521 f. m.w.N.
[159] Uhlenbruck/*Brinkmann*, InsO, 13. Aufl., 2010, § 165 Rn. 19b.
[160] *Tetzlaff* ZInsO 2004, 521 (527).
[161] Karsten Schmidt/*Sinz*, InsO, 18. Aufl., 2013, § 165 Rn. 47.

§ 33 Sicherungsrechte in der Insolvenz **§ 33**

ger mittelbar initiierte Betriebsstillegung verhindert werden. Auch hier sieht das Gesetz eine Entschädigungspflicht der Insolvenzmasse vor (§ 153b Abs. 2 ZVG).[162]

bbb) Verwertung von Mobiliarpfandrechten 83
(1) Mobiliarpfandrechte an Sachen. Die Insolvenzordnung geht im Grundsatz vom Verwertungsrecht des Insolvenzverwalters nach Maßgabe der §§ 166 ff. InsO aus.

Eine Ausnahme hiervon besteht für die Verwertung von Sachen, die mit Mobili- 83a arpfandrechten belastet sind. In diesen Fällen bleibt der besitzende Pfandgläubiger auch nach Verfahrenseröffnung zur Verwertung berechtigt.[163] 166 Abs. 1 InsO kann schon deshalb nicht greifen, da die Begründung des Vertragspfandrechts in der Regel einen Besitzwechsel erfordert.[164] Es gilt damit § 173 InsO, wonach allein der Absonderungsgläubiger zur Verwertung berechtigt bleibt.[165] Die Rechtsprechung lässt es indes zu, dass der Insolvenzverwalter vom Absonderungsberechtigten zur Verwertung des ge- bzw. verpfändeten Sicherungsguts ermächtigt wird.[166]

Vor Eintritt der Pfandreife darf der Insolvenzverwalter verpfändete Forderungen auch 83b ohne eine solche Ermächtigung einziehen. Mit Rücksicht auf das Absonderungsrecht muss er den Erlös indes hinterlegen bis zur Fälligkeit der gesicherten Forderungen, ohne indes bei Auskehr gemäß der §§ 170 ff. InsO Kostenbeiträge einbehalten zu dürfen, da sich das Verwertungsrecht nicht aus § 166 Abs. 2 InsO ergibt. Da hierdurch ein wirtschaftlicher Anreiz an der Einziehung entsprechender Forderungen nicht besteht, schließen Insolvenzverwalter entweder Verwertungsvereinbarungen in Anlehnung an §§ 166 Abs. 2, 170 ff. InsO oder aber geben – gegen Zahlung eines Ablösebetrages – die Forderung aus dem Insolvenzbeschlag frei.[167]

(2) Mobiliarpfandrechte an Forderungen und sonstigen Rechten. Nicht viel an- 84 ders verhält es sich mit Mobiliarpfandrechten an Forderungen und sonstigen Rechten. Sind solche verpfändet, so können die hieraus berechtigten Gläubiger selbst verwerten.[168] Dies ergibt sich aus der Entstehungsgeschichte der Mobiliarpfandrechte und dem Gesetzeswortlaut des § 166 Abs. 2 InsO.[169] Insbesondere liegt keine planwidrige Regelungslücke vor, die eine analoge Anwendung des § 166 Abs. 2 InsO eröffnen könnte.[170]

Die Möglichkeit einer Ermächtigung durch den Absonderungsberechtigten und die 84a Rechtslage für die Einziehung einer Forderung vor Pfandreife deckt sich mit der Behandlung von Mobidliarpfandrechten an Sachen (vgl. Rn. 83a und b).

ccc) Verwertung besitzloser Mobiliarsicherheiten an Sachen 85
(1) Verwertungsrecht und Allgemeines. Anders als unter der KO findet die Verwertung besitzloser Mobiliarsicherheiten seit Einführung der InsO im Rahmen des Insolvenzverfahrens statt. Nach § 166 Abs. 1 InsO steht das ausschließliche Verwertungsrecht allein dem Insolvenzverwalter zu. Im Gegensatz zu den bereits dargestellten Immobiliarsicherheiten (§§ 49, 165 InsO) schließt das Verwertungsrecht nach § 166 InsO die Ver-

---

[162] Uhlenbruck/*Brinkmann,* InsO, 13. Aufl., 2010, § 165 Rn. 23.
[163] Uhlenbruck/*Brinkmann,* InsO, 13. Aufl., 2010, § 173 Rn. 1.
[164] MünchKommBGB-*Damrau,* 6. Aufl., 2013, § 1205 Rn. 8 ff.
[165] Uhlenbruck/*Brinkmann,* InsO, 13. Aufl., 2010, § 173 Rn. 1.
[166] BGH v. 27.3.2008 – IX ZR 65/66, ZInsO 2008, 557 ff.
[167] HambKomm-*Büchler,* InsO, 4. Aufl., 2012, § 166 Rn. 16a.
[168] BT-Drucks. 12/2443, S. 178 f.; BT-Drucks. 12/7302, S. 176; BGH v. 15.5.2003 – IX ZR 218/02, ZIP 2003, 1256 bestätigt durch BGH v. 25.9.2003 – IX ZR 213/03, NZI 2004, 29 ff. Zuvor bereits BGH v. 11.7.2002 – IX ZR 262/01, WM 2002, 1797 (1798 f.).
[169] BGH v. 25.9.2003 – IX ZR 213/03, NZI 2004, 29 ff.
[170] BGH v. 15.5.2003 – IX ZR 218/02, ZIP 2003, 1256 ff.

wertung durch den Absonderungsberechtigten gänzlich aus. Es ist allein der Insolvenzverwalter, der bewegliche Sachen, an denen ein Absonderungsrecht besteht, freihändig oder zwangsweise verwerten kann, wenn er den Gegenstand selbst im Besitz hat.[171] Hauptanwendungsfälle des § 166 Abs. 1 InsO sind das Sicherungseigentum oder etwa die mit einem Vermieterpfandrecht belasteten Gegenstände.[172] Dieses alleinige Verwertungsrecht des Insolvenzverwalters dient in erster Linie dem Erhalt der wirtschaftlichen (Betriebs-) Einheit anstelle unkoordinierter Einzelzugriffe.

86 Befindet sich die absonderungsbelastete Mobilie nicht im Besitz des Insolvenzverwalters, ist ausnahmsweise der Gläubiger gemäß § 173 Abs. 1 InsO zur Verwertung befugt.

86a Ausschlaggebendes Moment für das Verwertungsrecht des Insolvenzverwalters ist mithin sein Besitz am Sicherungsgegenstand zum Zeitpunkt der Verfahrenseröffnung. Ausreichend ist damit die Besitzerlangung im Antragsverfahren in seiner Eigenschaft als vorläufiger Verwalter bei gleichzeitiger Anordnung eines Veräußerungsverbots.[173] Mit dem freiwilligen Besitzverlust entfällt das Verwertungsrecht des Insolvenzverwalters. Hat umgekehrt der Schuldner den Besitz vor Insolvenzeröffnung unfreiwillig verloren, kann der Insolvenzverwalter Besitzschutzansprüche gemäß §§ 858, 861 BGB verfolgen.[174] Ebenso kann sich der Insolvenzverwalter mit Hilfe der Insolvenzanfechtung (§§ 129 ff. InsO) Besitz und damit das Verwertungsrecht verschaffen.[175]

86b Befindet sich der betreffende Gegenstand bei Verfahrenseröffnung im Besitz eines Dritten, der sein Besitzrecht vom Schuldner ableitet, z.B. bei einem seitens des Schuldners bezahlten Lagerhalter oder zur Reparatur bei einem Werkunternehmer, so ist auch der mittelbare Besitz des Schuldners ausreichend.[176] Der BGH stellt über die Fälle des unmittelbaren Besitzes eines Lagerhalters oder eines Werkunternehmers ganz allgemein darauf ab, ob der Schuldner die betreffenden Gegenstände aus betrieblichen Gründen überlassen hat und sieht hiervon insbesondere Weitervermietung und die Überlassung im Rahmen eines Leasingvertrages erfasst. Dies gilt auch für mehrstufigen mittelbaren Besitz.[177]

87 **(2) Verwertungsverfahren.** Als Ausgleich für dieses weitgehende Verwertungsrecht sehen die §§ 167 ff. InsO ein auf die Einbindung des Absonderungsberechtigten zugeschnittenes Verwertungsverfahren vor. Zunächst normiert § 167 InsO einen Auskunftsanspruch gegenüber dem Insolvenzverwalter. Dieser Anspruch korrespondiert unmittelbar mit den Regelungen der §§ 168, 169 InsO,[178] die dem Absonderungsberechtigten
- Gelegenheit zum Nachweis günstigerer Verwertungsalternativen (Rn. 88 f.),
- die Möglichkeit des Eintritts in geplante Verwertungsgeschäfte des Verwalters (Rn. 89 ff.) sowie
- Schutz vor Verzögerungen der Verwertung gewähren (Rn. 93 ff.).

---

[171] *Gundlach/Frenzel/Schmidt,* NZI 2001, 119 (120).
[172] Zur Bedeutung des Vermieterpfandrechts in der Betriebsfortführung *Zipperer* NZI 2005, 538 ff.
[173] Uhlenbruck/*Brinkmann,* InsO, 13. Aufl., 2010, § 166 Rn. 4 ff.
[174] HambKomm-*Büchler,* InsO, 4. Aufl., 2012, § 166 Rn. 5.
[175] Uhlenbruck/*Brinkmann,* InsO, 13. Aufl., 2010, § 166 Rn. 7.
[176] BGH v. 16.2.2006 – IX ZR 26/05, ZIP 2006, 814 (816) m. Anm. *Gundlach/Frenzel* BGH-Report 2006, 818 sowie Anm. v. *N.Schmidt/Schirmeister* EWiR 2006, 471 f.; BGH v. 16.11.2006 – IX ZR 135/05, ZInsO 2006, 1320, 1321; m. zust. Anm. *Bork* EWiR 2007, 119 f.; LG Stuttgart v. 12.4.2005 – 2 C 34/05, ZIP 2005, 1523 f.; differenzierend *Gaedertz* ZInsO 2000 256 (263).
[177] BGH v. 16.11.2006 – IX ZR 135/05, ZInsO 2006, 1320 f.
[178] BT-Drucks. 12/2443, S. 179; Referentenentwurf, 3. Teil, S. 207.

§ 33 Sicherungsrechte in der Insolvenz § 33

Der Auskunftsanspruch soll die Wahrnehmung dieser Rechte möglich machen. Dem 88
Insolvenzverwalter steht es hierbei frei, nach § 167 Abs. 1 Satz 2 InsO die Gläubiger darauf zu verweisen, sich selbst vom Zustand der Sache zu überzeugen. Die Kosten hierbei gehen zu Lasten der Masse.[179] Inhaltlich erstreckt sich diese Unterrichtungspflicht auf den Zustand der Sache, d.h. deren qualitative und quantitative Beschaffenheit. Im Fall der Raumsicherungsübereignung bedingt dies aufgrund des wechselnden Bestandes eine (zusätzliche) Auskunftserteilung zum Stichtag der Verfahrenseröffnung und eine Unterrichtung über eine(n) etwaige Verarbeitung, Vermengung, Vermischung, Verbindung oder Verbrauch. Der Insolvenzverwalter ist indes nicht verpflichtet, von ihm in Auftrag gegebene Wertgutachten an den Absonderungsberechtigten herauszugeben oder über deren Inhalt zu unterrichten. Für die Erfüllung der Auskunftspflicht kann der Insolvenzverwalter vielmehr auf die von ihm erstellten Verzeichnisse und die Buchhaltung des Schuldners zurückgreifen.[180]

Neben diesen Auskunftsanspruch tritt die Mitteilungspflicht des Insolvenzverwalters 89
nach § 168 InsO. Hiernach muss der Verwalter dem absonderungsberechtigten Gläubiger vor der Verwertung die Gelegenheit zum Nachweis einer günstigeren Verwertungsgelegenheit einräumen.[181]

Als günstigere Verwertungsmöglichkeit kommt auch der Selbsteintritt des Sicherungs- 90
nehmers nach § 168 Abs. 3 Satz 1 InsO durch Übernahme des belasteten Gegenstandes zu den vorgesehenen Bedingungen in Betracht.[182] Der Selbsteintritt stellt vornehmlich dann eine günstigere Verwertungsmöglichkeit dar, wenn er mit der Ersparnis von Verwertungskosten gemäß § 168 Abs. 3 Satz 2 InsO einhergeht.[183]

Bei Nichtwahrnehmung der nachgewiesenen günstigeren Verwertungsmöglichkeit 91
muss der Insolvenzverwalter den Gläubiger aber so stellen, als ob die Verwertung zu diesen Bedingungen erfolgt wäre (§ 168 Abs. 2 InsO.).[184] D.h., er muss ihm den Erlös auszahlen, den der Gläubiger bei der Realisierung der für ihn günstigeren Verwertungsoption hätte beanspruchen können. Die Beweislast dafür, dass die vom Gläubiger angezeigte Verwertungsmöglichkeit tatsächlich bestand und zu einer günstigeren Verwertung geführt hätte, trägt der Gläubiger.[185]

Unterlässt der Insolvenzverwalter schuldhaft die Mitteilung der Veräußerungsabsicht, 92
so entsteht eine persönliche Schadensersatzpflicht nach § 60 InsO. Die Verwertung bleibt jedoch wirksam; auch die Ansprüche gemäß §§ 170, 171 InsO entstehen rechtswirksam.

Eine solche Schadensersatzpflicht droht auch dann, wenn der Insolvenzverwalter eine 92a
bessere Verwertungsmöglichkeit ungenutzt lässt, die ihm zwar erst nach Ablauf der Wochenfrist, aber noch vor Vollzug der beabsichtigen Verwertungsmaßnahme bekannt wird.[186]

Anders ist zu urteilen, wenn der Absonderungsberechtigte auf die Einbindung des 92b
Insolvenzverwalters hin auf eine bessere Verwertungsmöglichkeit hingewiesen hat, dem Insolvenzverwalter aber eine wiederum bessere Verwertungsmöglichkeit bekannt wird.

---

[179] FK-*Wegener*, InsO, 7. Aufl., 2013, § 167 Rn. 8.
[180] Karsten Schmidt/*Sinz*, InsO, 18. Aufl., 2013, § 167 Rn. 2.
[181] HK-*Landfermann*, InsO, 6. Aufl., 2011, § 168 Rn. 3.
[182] Vgl. hierzu näher Uhlenbruck/*Brinkmann*, InsO, 13. Aufl.,2010, § 168 Rn. 10.
[183] *Klasmeyer/Elsner/Ringstmeier*, Kölner Schrift zur InsO, S. 1083 ff. Rn. 27.
[184] BT-Drucks. 12/2443, S. 179; Uhlenbruck/*Brinkmann*, InsO, 13. Aufl., 2010, § 168 Rn. 15; vgl. auch *Haas/Scholl* NZI 2002, 642, 647.
[185] MünchKommInsO-*Lwowski*, 2. Aufl., 2008, § 168 Rn. 32; Uhlenbruck/*Brinkmann*, InsO, 13. Aufl., 2010, § 168 Rn. 13.
[186] Karsten Schmidt/*Sinz*, InsO, 18. Aufl., 2013, § 168 Rn. 6.

Dann nämlich – so der BGH[187] – bestehe keine Pflicht zur neuerlichen Einbindung gemäß § 168 Abs. 1 InsO. Dies gelt auch für due Selbstübernahme gemäß § 168 Abs. 3 Satz 1 InsO. Denn der Hinweis des Gläubigers verpflichte den Verwalter nicht, das Angebot anzunehmen, sondern soll nur verhindern, dass der Gläubiger nicht schlechter gestellt werde als bei Annahme des Angebots.

93 Der Absicherung der privilegierten Rechtsstellung des Absonderungsberechtigten dient weiterhin der Zinsanspruch des Gläubigers gemäß § 169 InsO, mit dem gerade im Fall der Betriebsfortführung Verwertungsverzögerungen kompensiert werden sollen.[188] Das Gesetz gesteht dem gesicherten Gläubiger zu, vom Berichtstermin an laufend die geschuldeten Zinsen für die vorenthaltene Liquidität bis zum Verwertungszeitpunkt beanspruchen zu können.[189]

94 Ist der Gläubiger schon vor der Verfahrenseröffnung durch Sicherungsmaßnahmen (z.B. gemäß § 21 Abs. 1 und 2 Nr. 3 InsO) an der Verwertung gehindert worden, so tritt an die Stelle des Berichtstermins der Zeitpunkt, in dem nach Anordnung der Sicherungsmaßnahme drei Monate verstrichen sind (§ 169 Satz 2 InsO).

94a Die zeitliche Begrenzung des Zinsanspruchs – ab dem Berichtstermin bzw. 3 Monate nach Anordnung der Sicherungsmaßnahme – führt dazu, dass der Gläubiger für längstens 3 Monate hinnehmen muss, den Absonderungsgegenstand der Insolvenzmasse zur Nutzung zu überlassen, ohne – vom Wertersatz gemäß § 21 Abs. 2 Nr. 5 InsO einmal abgesehen – eine Gegenleistung zu erhalten.[190] Dies ist als Ausprägung des Gläubigergleichbehandlungsgrundsatzes gerechtfertigt, weil der Absonderungsberechtigte insoweit mit den ungesicherten Insolvenzgläubigern eine Verlustgemeinschaft bildet und für die Regelung des § 21 Abs. 2 Nr. 5 InsO als verfassungsgemäß konstatiert.[191]

95 Für die Höhe der geschuldeten Zinssatzes kommt es nicht darauf an, ob sich der Schuldner im Zeitpunkt der Insolvenzeröffnung bereits in Verzug befand oder nicht. Waren vertraglich ausnahmsweise keine Zinsen als Hauptleistung geschuldet (§ 488 Abs. 1 Satz 2 BGB) oder lag der vereinbarte Zinssatz unter 4 %, ist entsprechend des gesetzlichen Zinssatzes gemäß § 247 BGB eine Verzinsung von 4 % anzunehmen.[192]

96 Nach § 169 Satz 3 InsO scheidet ein Zinsanspruch des Gläubigers aus, wenn dieser mit einer Befriedigung aus dem Verwertungserlös nicht rechnen kann, d.h. keine reale Befriedigungschance besteht. Das bedeutet, dass letztlich nicht der gesicherte Kapitalbetrag Grundlage der Verzinsung ist, sondern der Wert der Sicherheit und damit der zu erwartende Verwertungserlös.[193] Daher schließt der BGH eine Zinszahlungspflicht ganz allgemein dann aus, wenn die verzögerte Verwertung nicht auf insolvenzspezifischen Gründen beruht, sondern sich die Gründe unmittelbar aus der Beschaffenheit des Sicherungsguts selbst ergeben.[194] Indiziert werden solche Gründe, wenn auch dem Gläubiger eine Verwertung überhaupt nicht oder auch nicht früher möglich gewesen wäre. In Gegenüberstellung hierzu liegen insolvenzspezifische Verzögerungsründe beispielsweise vor,

---

[187] BGH v. 22.4.2010 – IX ZR 208/08, NZI 2010, 525; OLG Karlsruhe v. 9.10.2008 – 9 U 147/08, NZI 2008, 747.
[188] BGH v. 16.2.2006 – IX ZR 26/05, ZInsO 2006, 433 (434 f.). Vgl. hierzu *Ganter* ZInsO 2007, 841 (848).
[189] BT-Drucks. 12/2443, S. 180, 177.
[190] BGH v. 3.12.200 – IX ZR 7/09, NZI 2010, 95 f.
[191] BVerfG v. 22.3.2012 – 1 BvR 3169/11, NZI 2012, 617 ff.
[192] BGH v. 16.2.2006 – IX ZR 26/05, ZInsO 2006, 433 (436 ff.); *Drees/J.Schmidt* in Runkel, Anwaltshandbuch, § 7 Rn. 301.
[193] BGH v. 20.2.2003 – IX ZR 81/02, ZInsO 2003, 318 (322).
[194] BGH v. 16.2.2006 – IX ZR 26/05, ZInsO 2006, 433 (434 ff.).

§ 33 Sicherungsrechte in der Insolvenz

wenn der Insolvenzverwalter wegen Überlastung untätig bleibt oder aber von einer Verwertung zunächst absieht, um den Betrieb fortzuführen oder eine Gesamtverwertung als Paketverkauf anstrebt.[195] In diesen Fällen ist der Zinsanspruch nicht ausgeschlossen.

Neben diese Verzinsungspflicht tritt mit dem Nachteilsausgleichsanspruch (§ 172 InsO) ein weiterer Ausgleich für den Absonderungsberechtigten. Bei Fortführung des schuldnerischen Betriebs ist der Verwalter darauf angewiesen, auch die mit Absonderungsrechten belasteten Gegenstände weiter für das Unternehmen zu nutzen und von einer Verwertung absehen, soweit die Sicherung dadurch nicht beeinträchtigt wird (§ 172 Abs. 1 und 2 InsO). Diesem Ausgleich dienen laufende Ausgleichszahlungen für die durch die Nutzung, Verarbeitung, Vermischung oder Verbindung entstehenden Wertverluste.[196] Die Vorschrift ist struktur- und wesensidentisch mit § 21 Abs. 2 Nr. 5 InsO. Diese im Insolvenzeröffnungsverfahren geltende Vorschrift ist hinsichtlich ihrer Rechtsfolgen in Anlehnung an § 172 InsO gestaltet worden. 97

Der Ausgleichsanspruch ist vorab aus der Masse zu begleichen und stellt mithin eine Masseverbindlichkeit dar.[197] Die Höhe der Ausgleichsverpflichtung orientiert sich an dem eingetretenen Wertverlust, wobei Ausgangspunkt der Verkehrswert des Gegenstands zum Zeitpunkt der Verfahrenseröffnung ist.[198] Maßgeblich ist mithin die Beeinträchtigung der Sicherheit des Absonderungsberechtigten. Für die Höhe des Wertverlustes ist der Absonderungsberechtigte beweisbelastet. Um dieser nachzukommen, ist eine Schätzung des Absonderungsguts zum Beginn und zum Ende des Nutzungszeitraums erfoderlich. 97a

Fehlt es an einer Nutzung, ist ein Wertverlust nicht über § 172 InsO auszugleichen. Ebenso scheiden entsprechende Ansprüche aus (§ 172 Abs. 1 Satz 2 InsO) aus, wenn es an einer – vom gesicherten Gläubiger zu beweisende – Wertminderung fehlt bzw. eine solche nur geringfügig ist (s. zuvor Rn. 97a). Denn es handelt sich nicht um eine Nutzungsentschädigung, so dass nur tatsächliche Wertminderungen maßgebend sind und nicht etwa die Nutzungsvorteile für die Masse oder entgangene Nutzungsmöglichkeiten des Absonderungsberechtigten. 97b

Die Zahlungsverpflichtung beginnt mit Aufnahme der Nutzung nach Insolvenzeröffnung.[199] Bei der Sicherung von Drittverbindlichkeiten beginnt die Zahlungsverpflichtung erst mit Eintritt der Verwertungsreife. Die Zahlungsverpflichtung endet mit Einstellung der Nutzung, vollständigem Wertverlust, Befriedigung der gesicherten Forderung des Absonderungsberechtigten, Wegfall des Verwertungsrechts und Verwertung des Absonderungsuts.[200] In der Literatur werden für die Dauer der Zahlungsverpflichtung monatliche Zahlungen gefordert.[201] Sowohl die Notwendigkeit einer rechtlichen Grundlage hierfür als auch ein praktisches Bedürfnis[202] lassen an dieser Stelle eine Verwertungsvereinbarung sinnvoll erscheinen. 97c

---

[195] Karsten Schmidt/*Sinz,* InsO, 18. Aufl., 2013, § 169 Rn. 6 f. Streitig ist das Vorliegen einer zum Ausschluss nach § 169 Satz 1 InsO berechtigenden insolvenzspezifischen Verzögerung bei einer Aussetzung gemäß § 233 InsO. Verneinend: Uhlenbruck/*Brinkmann,* InsO, 13. Aufl., 2010, § 169 Rn. 8; Karsten Schmidt/*Sinz,* InsO, 18. Aufl., 2013, § 169 Rn. 7; bejahend: HK-*Landfermann,* InsO, 4. Aufl., § 169 Rn. 10.
[196] Karsten Schmidt-/*Sinz,* InsO, 18. Aufl., 2013, § 172 Rn. 1.
[197] BGH v. 8.3.2012 – IX ZR 78/11, ZIP 2012, 779 ff.; Uhlenbruck/*Brinkmann,* InsO, 13. Aufl., 2010, § 172 Rn. 5; *Sinz/Hiebert* ZInsO 2011, 798 (799) m.w.N.
[198] Uhlenbruck/*Brinkmann,* InsO, 13. Aufl., 2010, § 172 Rn. 4, 7.
[199] BGH v. 11.12.2008 – IX ZR 194/07, ZInsO 2009, 143 ff.
[200] HambKomm-*Büchler,* InsO, 4. Aufl., 2012, § 172 Rn. 4.
[201] MünchKommInsO–*Lwowski/Tetzlaff,* InsO, 23. Aufl., 201208, § 172 Rn. 23.
[202] HambKomm-*Büchler,* InsO, 4. Aufl., 2012, § 172 Rn. 5.

§ 33 6. Teil. Möglichkeiten der Sanierung nach der Insolvenzordnung

97d Die Ausgleichszahlungen stellen als echte Schadensersatzzahlungen keinen steuerbaren Leistungsaustausch dar uns sind daher nicht umsatzsteuerpflichtig.[203]

97e Nach § 172 Abs. 2 InsO darf der Insolvenzverwalter eine bewegliche Sache im Sinne des § 172 Abs. 1 InsO verbinden, vermischen und verarbeiten, soweit dadurch die Sicherheit nicht beeinträchtigt wird. Die Voraussetzungen und Rechtsfolgen eines solchen gesetzlichen Eigentumserwerbs werden außerhalb der InsO (§§ 946 ff. BGB) geregelt und durch § 172 Abs. 1 InsO nicht modifiziert. Der Regelungsgegenstand dieser Norm reduziert sich auf die Frage, wann es dem Insolvenzverwalter erlaubt ist Sicherungsgut in der beschriebenen Weise zu „verwenden", nämlich dann, wenn die Sicherung des Absonderungsberechtigten nicht beeinträchtigt wird. Dies ist der Fall, wenn
- das Sicherungsgut die Hauptsache im Sinne der §§ 946 ff. InsO bleibt,
- anteiliges Eigentum des Sicherungsgläubigers begründet wird oder
- lediglich eine geringwertige Verarbeitung vorliegt.[204]

98 **(3) Verwertung durch den Gläubiger.** Befindet sich die Sache nicht im Besitz des Insolvenzverwalters, ist der Gläubiger zur Verwertung berechtigt (§ 173 InsO). Die Art der Verwertung steht ihm frei. Als Sicherungsrecht erfasst von dieser Vorschrift sind vertragliche und gesetzliche Pfandrechte an einer beweglichen Sache (§§ 647, 704 BGB; §§ 410, 421, 440, 523 HGB), vertragliche Pfandrechte an einer Forderung, vor Verfahrenseröffnung entstandene Zurückbehaltungsrechte (§ 1000 BGB), kaufmännische Zurückbehaltungsrechte (§ 369 HGB) sowie gepfändete Forderungen und Rechte.[205]

98a Um zeitliche Verzögerungen zu vermeiden, kann das Insolvenzgericht dem Gläubiger auf Antrag des Insolvenzverwalters eine Frist für die Verwertung setzen (§ 173 Abs. 2 InsO).[206] Sollte der Gläubiger die Verwertung innerhalb dieser Frist nicht bewirken, fällt das Verwertungsrecht nach § 173 Abs. 2 Satz 2 InsO dem Insolvenzverwalter zu.

98b Verspricht umgekehrt eine freihändige Verwertung einen höheren Erlös als eine Versteigerung, kann der Absonderungsberechtigte vom (vorläufigen) Insolvenzverwalter verlangen, dieser Art der Verwertung zuzustimmen. Verweigert der Schuldner seine Zustimmung, trifft den vorläufigen Insolvenzverwalter sogar die Pflicht, den Verkauf mit Hilfe einer Einzelermächtigung durchzusetzen, sofern der freihändige Verkauf (i) eine besonders günstige Verwertungsalternative ist und (ii) als solche nach Verfahrenseröffnung nicht mehr zur Verfügung steht.[207]

99 **ddd) Verwertung von Forderungen.** Die Verwertung sicherungszedierter Forderungen ist der Verwertung sicherungsübereigneter Sachen (oben Rn. 85 ff.) ähnlich geregelt. Der Verwalter darf eine Forderung, die der Schuldner dem Gläubiger zur Sicherung eines Anspruchs abgetreten hat, einziehen oder in sonstiger Weise[208] und damit auch durch Forderungsverkauf[209] verwerten (§ 166 Abs. 2 InsO).

99a Dieses Einziehungsrecht besteht unabhängig davon, ob die Abtretung dem Drittschuldner angezeigt worden ist oder nicht.[210] Dies gilt auch dann, wenn sich die Siche-

---
[203] OFD Frankfurt v. 15.5.2007 – S7100 A – 2/85 – S711, ZInsO 2007, 1039 (1040).
[204] Karsten Schmidt/*Sinz*, InsO, 18. Aufl., 2013, § 172 Rn. 14.
[205] Karsten Schmidt/*Sinz*, InsO, 18. Aufl., 2013, § 173 Rn. 4.
[206] FK-*Wegener*, InsO, 7. Aufl., 2013, § 173 Rn. 5.
[207] BGH v. 5.5.2011 – IX ZR 144/10 – NZI 2011, 602 ff.
[208] BGH v. 17.11.2005 – IX ZR 174/04, ZInsO 2006, 34 f.; BGH v. 11.7.2002 – IX ZR 262/01, WM 2002, 1797 (1798 f.).
[209] BGH v. 18.10.2012 – IX ZR 10/10, ZIP 2013, 35 ff.; BGH v. 29.9.2011 – IX ZR 74/09, NZI 2011, 855.
[210] So auch BGH v. 11.7.2002 – IX ZR 262/01, WM 2002, 1797 (1798 f.). Grundlegend hierzu *Kirchhof* ZInsO 2003, 149 (155 ff.).

§ 33 Sicherungsrechte in der Insolvenz § 33

rungszession im Zeitpunkt der Verfahrenseröffnung bereits im Verwertungsstadium befindet. Auch hier darf der gesicherte Gläubiger die Verwertung nicht fortsetzen.[211] Die Übertragung des Verwertungsrechts auf den Insolvenzverwalter schließt mit Verfahrenseröffnung notwendigerweise die eigene Verwertung durch die Sicherungszessionarin aus.[212] Der Insolvenzverwalter bleibt weiterhin auch dann zur Verwertung berechtigt, wenn der Absonderungsberechtigte die Forderung an den Drittschuldner abtritt und dieser bösgläubig war. In diesem Fall bleibt die Forderung und damit das Verwertungsrecht bestehen, trotz der mit der Abtretung einher gehenden Konfusion.[213] Andernfalls könnte das gesetzliche Verwertungsrecht des Insolvenzverwalters durch Abtretung umgangen werden.[214]

Beim Einzug von Altforderungen durch den Insolvenzverwalter begründet die Entgeltvereinbarung für eine vor Insolvenzeröffnung ausgeführte Lieferung oder Leistung nach Ansicht des BFH nicht nur bei der Ist-, sondern auch bei der Soll-Bersteuerung eine Masseverbindlichkeit im Sinne von § 55 Abs. 1 Nr. 1 InsO.[215] **99b**

Für die Soll-Besteuerung ergibt sich das für den BFH aus § 17 UStG. Durch die Eröffnung des Insolvenzverfahrens komme es zu einer Aufspaltung des Unternehmens in mehrere Unternehmensteile, insbesondere existiere ein vorinsolvenzrechtlicher Unternehmensteil. Aufgrund der Verfahrenseröffnung sei der leistende Unternehme rechtlich gehindert, Entgeltforderungen rechtswirksam in seinem insolvenzrechtlichen Unternehmensteil selbst zu vereinnahmen, weil diese mit schuldbefreiender Wirkung nur noch an den Insolvenzverwalter leisten könnten. Die der Umsatzsteuer unterliegende Entgeltforderung werde daher spätestens mit Verfahrenseröffnung unbeschadet einer mögliche Insolvenzquote uneinbringlich. Bei einer nachträglichen Zahlung auf das uneinbringliche gewordene Entgelt müsse der Umsatzsteuerbetrag nach § 17 Abs. 2 Nr. 1 UStG erneut berichtigt werden.[216]

Für den Fall der Abtretung trifft den Abtretungsempfänger die Haftung aus § 13c UStG, wenn die festgesetzte und fällige Umsatzsteuer bis zum Ablauf des Fälligkeitsstichtages vom leistenden Insolvenzschuldner nicht entrichtet worden ist, der Abtretungsempfänger aber den Erlös aus der zedierten Forderung vereinnahmt hat. Anders verhält es sich beim Forderungsverkauf, z.B. in den Fällen des so genannten echten Factorings. Vereinnahmt der leistende Unternehmer (Insolvenzschuldner) für den Verkauf der Forderung eine Gegenleistung in Geld erhält, gilt die Forderung nicht als durch den Abtretungsempfänger vereinnahmt. Denn in diesem Fall erhält der Insolvenzschuldner die erforderliche Liquidität zur Entrichtung der anteiligen Umsatzsteuer, wodurch kein Unterschied zur Einziehung der Forderung besteht.[217] **99c**

Entsprechend dem oben Gesagten steht dem Sicherungszessionar im Rahmen der Forderungsverwertung durch den Insolvenzverwalter ein Auskunftsanspruch nach § 167 **100**

---

[211] *Obermüller*, Insolvenzrecht in der Bankpraxis, 7. Aufl. 2007, Rn. 6.324. a.A. *Mitlehner* ZIP 2001, 679 f.
[212] BGH v. 16.11.2006 – IX ZR 135/05, ZInsO 2006, 1320 m. Anm. *Gundlach/Frenzel* NZI 2007, 96 und *Bork*, EWiR 2007, 119; BGH v. 17.11.2005 – IX ZR 174/04, ZIP 2006, 91 (92 f.); OLG Dresden v. 10.8.2006 – 13 U 926/06, ZInsO 2006, 1168, 1169 f.).
[213] BGH v. 23.4.2009 – IX ZR 65/08, NJW 2009, 2304 f.
[214] Karsten Schmidt/*Sinz,* InsO, 18. Aufl., 2013, § 166 Rn. 20.
[215] BFH v. 24.11.2011 – V R 13/11, ZIP 2011, 2481 ff.; BFH v. 9.12.2010 – U R 22/10, NZI 2011, 336 ff.; BFH v. 29.1.2009 – V R 64/07, ZIP 2009, 977.
[216] Statt vieler: *Kahlert* DStR 2011, 921 ff.
[217] Karsten Schmidt/*Sinz,* InsO, 18. Aufl., 2013, § 166 Rn. 29 m.w.N., u.a. auf *Schmittmann* ZIP 2011, 1125 (1129).

§ 33 6. Teil. Möglichkeiten der Sanierung nach der Insolvenzordnung

Abs. 2 InsO (siehe oben Rn. 88 ff.) zu. Die Auskunftspflicht setzt ein formloses Verlangen des Absonderungsberechtigten voraus. Er muss sein Absonderungsrecht und den belasteten Gegenstand konkret bezeichnen.[218] Über den Absonderungsgegenstand hinaus besteht indes kein Informationsanspruch. § 167 InsO dient ausschließlich dazu, dem Gläubiger die Vorbereitung seiner Ansprüche nach §§ 168 ff. InsO zu ermöglichen. Insoweit kann kein Anspruch zum Verfahrensstand oder konkurrierenden Sicherungsrechten beansprucht werden.[219] Anstelle der Auskunftserteilung räumt Satz 2 dem Insolvenzverwalter das Recht ein, den Gläubiger Einblick in die Bücher und Geschäftspapiere des Schuldners nehmen zu lassen.[220] Weiterhin schuldet der Insolvenzverwalter gemäß § 169 InsO Zinszahlungen bei verzögerter Verwertung der sicherungszedierten Forderungen.[221]

101 **eee) Verwertung von Rechten und sonstigen Vermögenswerten.** Die InsO enthält keine Regelung, wem die Verwertungsbefugnis hinsichtlich sonstiger der Zwangsvollstreckung unterliegender Rechte zukommt, wenn diese mit Absonderungsrechten belastet sind. Unter den Begriff der sonstigen Rechte fallen zum Beispiel Erbteile, Immaterialgüterrechte, Mitgliedschaftsrechte, Geschäftsanteile, Marken, Patente, Urheberrechte oder etwa Computerprogramme.[222]

101a Die Regelung des § 166 Abs. 2 InsO ist unmittelbar nur auf sicherungszedierte Forderungen anwendbar. Ausgehend hiervon vertreten Teile der Literatur, dass das Verwertungsrecht den gesicherten Gläubigern selbst und nicht dem Insolvenzverwalter zustehe.[223] Der Wortlaut und die Gesetzeshistorie bestätigen diese Lesart. Aus diesem Grund sei die von der mittlerweile wohl herrschenden Meinung[224] angenommene Analogie nicht zu rechtfertigen. Rechtsprechung existiert – soweit ersichtlich – nicht.

101b Unter Aufgabe der in der Vorauflage vertretenen Kritik an der Analogie zu § 166 Abs. 2 InsO wird nunmehr eine solche für zutreffend erachtet. Wesentlicher Beweggrund ist das Bestreben des Gesetzgebers bei der Einführung der InsO zum einen und bei späteren Änderungen zum anderen (§ 21 Abs. 2 Nr. 5 InsO), das Auseinanderreißen des schuldnerischen Vermögens zu verhindern und die wirtschaftliche Einheit – soweit möglich und sanierungsfähig bzw. -würdig – zu erhalten. Dies ist indes nur dann möglich, wenn zumindest diejenigen Rechte, die wegen ihrer Zugehörigkeit zur technisch-organisatorischen Einheit gehören und zur Fortführung erforderlich sind, dem Verwertungsrecht des Sicherungsgläubigers entzogen werden.[225] In diesen Fällen ist § 166 Abs. 2 InsO aufgrund seiner Teleologie über den Wortlaut hinaus auf sonstige Rechte anzuwenden.

102 **cc) Kosten der Absonderung und Erlösverteilung**
aaa) Allgemeines. Ein wesentliches Ziel der Insolvenzrechtsreform war die Heranziehung der gesicherten Gläubiger zur Kostentragung. Aus diesem Grund ordnen die §§ 170, 171 InsO eine obligatorische Kostenbeteiligung bestimmter Absonderungsberechtigter an. § 170 InsO differenziert zwischen Feststellungs- (§§ 170 Abs. 1, 171 Abs. 1

---

[218] Uhlenbruck/*Brinkmann*, InsO, 13. Aufl., 2010, § 167 Rn. 2.
[219] BGH v. 16.9.2010 – IX ZR 56/07, ZInsO 2010, 2234.
[220] FK-*Wegener*, InsO, 7. Aufl., 2013, § 167 Rn. 6.
[221] BGH v. 20.2.2003 – IX ZR 81/02, ZInsO 2003, 318 (321); Uhlenbruck/*Brinkmann*, InsO, 13. Aufl., 2010, § 169 Rn. 1.
[222] Drees/*J.Schmidt* in Runkel, Anwaltshandbuch,§ 7 Rn. 315.
[223] *Obermüller*, Insolvenzrecht in der Bankpraxis, 7. Aufl. 2007, Rn. 6.347. Weitere Nachweise und Überblick zum Meinungsstand bei Karsten Schmidt/*Sinz*, InsO, 18. Aufl., 2013, § 166 Rn. 33.
[224] HambKomm-*Büchler*, InsO, 4. Aufl., 2012, § 166 Rn. 20; Karsten Schmidt/*Sinz*, InsO, 18. Aufl., 2013, § 166 Rn. 36; *Marotzke* ZZP 1996, 449 f.
[225] Karsten Schmidt/*Sinz*, InsO, 18. Aufl., 2013, § 166 Rn. 36.

§ 33 Sicherungsrechte in der Insolvenz § 33

InsO) und Verwertungskosten (§§ 170 Abs. 1, 171 Abs. 2 InsO). Für die Höhe sieht § 171 InsO aus Gründen der Praktikabilität Pauschalsätze vor (siehe hierzu unten Rn. 102 ff.). Diese Kostenbeiträge sind dem Verwertungserlös gemäß § 170 Abs. 1 Satz 1 InsO vorab zu entnehmen. Hiernach entsteht der unverzüglich zu befriedigende Anspruch auf Erlösauskehr, § 170 Abs. 1 Satz 2 InsO.[226] Dieser Anspruch verjährt wie ein dinglicher Herausgabeanspruch gemäß § 197 Abs. 1 Nr. 1 BGB in dreißig Jahren.[227] Die Einzelheiten sollen für das jeweilige Sicherungsrecht isoliert dargestellt werden.

bbb) Immobiliarsicherheiten 103
(1) Feststellungs- und Verwertungskosten. Bei Grundpfandgläubigern hat der Gesetzgeber auf die Einführung gesetzlicher Kostenbeiträge verzichtet. Ausgehend vom Verwertungsrecht des Insolvenzverwalters trotz der Existenz von Absonderungsrechten (§ 165 InsO) gelten die allgemeinen Bestimmung des ZVG: Nach § 109 ZVG sind die Kosten des Zwangsversteigerungsverfahrens dem Verwertungserlös vorweg zu entnehmen. Bei Durchführung einer Zwangsverwaltung werden die Verfahrens- und Verwaltungskosten aus den Nutzungen gemäß § 155 Abs. 1 ZVG vorab bestritten. Auch die Kosten der Verwertung der gemäß § 1120 BGB mithaftenden beweglichen Gegenstände sind gemäß §§ 109, 155 ZVG dem erzielten Erlös vorab zu entnehmen. Allein bei der Verwertung von Zubehör erhält die Insolvenzmasse einen Feststellungskostenbeitrag von 4 % des in der Zwangsversteigerung für das Zubehör erzielten Erlöses gemäß § 10 Abs. 1 Nr. 1a ZVG.[228]

Neben der zwangsweisen Verwertung massezugehörigen Grundbesitzes ist eine freihändige Veräußerung durch den Insolvenzverwalter möglich (§§ 159, 160 InsO).[229] Für Grundpfandgläubiger hat diese Möglichkeit den Vorteil einer zeitnahen und weniger kostenintensiven Verwertung. Einzuplanen ist indes ein Kostenbeitrag für die freie Insolvenzmasse. Zwar sieht das Gesetz einen solchen nicht vor, jedoch sind Insolvenzverwalter mit Rücksicht auf die mit einer solchen Veräußerung verbundenen Haftungsrisiken sowie den nicht unerheblichen Aufwand, nur bei Vereinbarung eines solchen Betrages für die freie Masse zu einer solchen Veräußerung bereit. Die Höhe einer solchen Massebeteiligung steht und fällt mit dem Verhandlungsgeschick der Beteiligten. Üblich sind Beträge in einer Größenordnung von 5–0 %. 104

Zur Regelung dieser Fragen – insbesondere zu der Bereitschaft des Absonderungsgläubigers, gegen Erlösbeteiligung die dingliche Rechtsposition aufzugeben – und zur Vorbereitung der Verwertung schließen Insolvenzverwalter und Absonderungsgläubiger regelmäßig eine Verwertungsvereinbarung. In dieser sind insbesondere Abweichungen von den gesetzlich nur eingeschränkt vorgesehenen Massekostenbeiträgen möglich. Ist abweichend von diesem praktischen Regelfall des lastenfreien Erwerbs eine Übernahme der dinglichen Lasten durch den Erwerber gewollt, so schuldet dieser der Insolvenzmasse lediglich den Übererlös, d.h. die Differenz zwischen dem Kaufpreis und der Gesamtbelastung.[230] Der mit dem Absonderungsberechtigten vereinbare Massekostenbeitrag wird dann entweder als weiterer Kaufpreisbestandteil aus dem Erlös oder durch den Absonderungsberechtigten bezahlt. 104a

Unter Berücksichtigung dieser Verhandlungssituation wurde in der Literatur – soweit ersichtlich – weit überwiegend angenommen, dass der Insolvenzverwalter nicht ver- 104b

---

[226] *Schmidt* ZInsO 2005, 422 (423 f.).
[227] *Schmidt* ZInsO 2005, 422 ff.
[228] Uhlenbruck/*Brinkmann*, InsO, 13. Aufl., 2010, § 165 Rn. 15.
[229] BFH v. 18.8.2005 – V R 31/04, ZIP 2005, 2119 (2120).
[230] BGH v. 18.2.2010 – IX ZR 101/09, NZI 2010, 482 ff.

pflichtet sei, die freihändige Verwertung vorzunehmen.[231] Insbesondere eben dann nicht, wenn der geforderte Massekostenbeitrag von den Absonderungsberechtigten nicht akzeptiert werde. Diese Aussage ist durch die Rechtsprechung des BGH jedenfalls dann zu korrigieren, wenn voraussichtlich keine auch nur annähernd vergleichbar lukrative Veräußerungsmöglichkeit mehr zu erwarten sei. Dann könne der (vorläufige) Insolvenzverwalter nach § 1246 Abs. 1 BGB verpflichtet sein, absonderungsberechtigte Insolvenzgläubiger bei der Verwertung zu unterstützen. In dem entschiedenen Fall bestand diese Unterstützung in der Vornahme der freihändigen Veräußerung auf der Grundlage einer Einzelermächtigung im Insolvenzeröffnungsverfahren. Ungeachtet der Reichweite dieser Aussage kann diese nicht so verstanden werden, dass der Insolvenzverwalter auch ohne Massekostenbeitrag zu einer freihändigen Veräußerung verpflichtet ist. Dies wäre unvereinbar mit den Interessen der Gläubigergesamtheit (§ 1 Satz 1 InsO).

105 Gelingt dem Insolvenzverwalter sowohl die Veräußerung als auch die Vereinbarung eines Kostenbeitrages, so ist letzterer – jedenfalls nach der Ansicht des BFH[232] – umsatzsteuerpflichtig, da eine Leistung des Insolvenzverwalters in Form einer Geschäftsbesorgung vorliegt. Dass das Grundstück für Rechnung der Masse an einen Dritten veräußert wird, ändert nichts an der Steuerpflicht. Das Gleiche gilt im Fall der Zwangsverwaltung. Hier unterliegen die der Masse verbleibenden Beiträge der Umsatzsteuer.[233]

106 **(2) Umsatzsteuer.** Die Zwangsversteigerung bleibt auch unter Geltung der InsO ein steuerbarer Umsatz des Insolvenzschuldners an den Ersteher des Grundstücks. Der Grundstücksumsatz unterliegt der Grunderwerbsteuer (§ 1 Abs. 1 Nr. 4 GrEStG) und ist damit grundsätzlich umsatzsteuerfrei (§ 4 Nr. 9a UStG).[234]

106a Ein umsatzsteuerrechtlich relevanter Liefervorgang kann sich aber dann ergeben, wenn der Insolvenzverwalter für eine Umsatzsteuer nach § 9 UStG optiert oder aber im Falle der Steuerbefreiung nach § 4 Nr. 9a UStG aus der etwa erforderlichen Vorsteuerrückforderung nach § 15a Abs. 1 und 4 UStG.[235] Durch Einführung des § 13b Abs. 1 Satz 1 Nr. 3 und Abs. 2 UStG ist der Erwerber Umsatzsteuerschuldner.[236]

106b Wird Grundstückszubehör mitversteigert greift der Befreiungstatbestand des § 4 Nr. 9a UStG für diese Zubehörstücke nicht. Ob der Insolvenzverwalter die Umsatzsteuer vom Erlös des Absonderungsberechtigten abziehen kann oder diese vielmehr zu Lasten der Masse geht,[237] hängt davon ab, ob er oder der Grundpfandgläubiger die Zwangsversteigerung beantragt hat. Bei einem Antrag des Verwalters hat der Gläubiger die Umsatzsteuer entsprechend § 171 Abs. 2 Satz 3 InsO zu tragen.[238] Gibt der Insolvenzverwalter das Grundstück aus der Insolvenzmasse frei und veräußert der Schuldner das Grundstück, greift ebenso § 13b Abs. 1 Satz 1 Nr. 3 und Abs. 2 UStG.[239]

---

[231] HambKomm-*Büchler*, InsO, 4. Aufl., 2012, § 165 Rn. 13b; MünchKommInsO-*Lwowski/Tetzlaff*, InsO, 32. Aufl., 201208, § 165 Rn. 179.
[232] BFH v. 28.7.2011 – V R 28/09, ZIP 2011, 1923 ff.; BFH v. 18.8.2005 – 1 K 2949/92, ZIP 2005, 2119.
[233] BFH v. 28.7.2011 – V R 28/09, ZIP 2011, 1923 ff.
[234] Uhlenbruck/*Brinkmann*, InsO, 13. Aufl., 2010, § 171 Rn. 11.
[235] *Drees/J.Schmidt* in Runkel, Anwaltshandbuch, § 7 Rn. 331a.
[236] Uhlenbruck/*Brinkmann*, InsO, 13. Aufl., 2010, § 171 Rn. 12.
[237] Vgl. hierzu HambKomm-*Büchler*, InsO, 4. Aufl., 2012, § 165 Rn. 39. Nach h.M. besteht ein solcher Anspruch nicht.
[238] Karsten Schmidt/*Sinz*, InsO, 18. Aufl., 2013, § 165 Rn. 40.
[239] BFH v. 16.8.2001 – VR 59/99, ZInsO 2002, 222; kritisch MünchKommInsO-*Lwowski/Tetzlaff*, 2. Aufl., 2008, § 165 Rn. 212a aber nichts mehr von UStG!; *Onusseit* ZIP 2002, 1344.

ccc) Mobiliarpfandrechte. Wie ausgeführt (Rn. 83 f.) bleiben entsprechend gesicherte 107
Pfandgläubiger auch nach Verfahrenseröffnung zur Verwertung berechtigt (§§ 166 i.V.m.
173 InsO).[240] Dementsprechend sieht das Gesetz keinen Ersatz von Feststellungs- und
Verwertungskosten vor.[241] Da die mit Besitzpfandrechten belasteten Gegenstände zur
Insolvenzmasse gehören, begründet deren Verwertung eine Masseverbindlichkeit gemäß
§ 55 Abs. 1 Nr. 1 InsO.[242] Eine Kostenerstattungsverpflichtung des Absonderungsberechtigten besteht jedoch nicht.[243] Auch eine analoge Anwendung der §§ 170, 171 InsO
scheidet angesichts des eindeutigen Gesetzeswortlauts und der klaren Gesetzessystematik
aus.[244]

ddd) Besitzlose Mobiliarsicherheiten an Sachen. Bei den besitzlosen Mobiliarsicherheiten an Sachen (vgl. Rn. 53 ff.) erfolgt die Verwertung der absonderungsbelasteten 108
Gegenstände gemäß § 166 Abs. 1 InsO durch den Insolvenzverwalter. Damit gelten hier
die §§ 170, 171 InsO. Grundsätzlich sind sowohl die Feststellungs- als auch die Verwertungskosten konkret zu ermitteln und nur in Höhe der tatsächlich entstandenen Kosten
ersatzfähig. Aus Gründen der Praktikabilität sieht § 171 InsO jedoch Pauschalbeträge
vor, deren Ansatz in der Praxis den Regelfall darstellt.

(1) Feststellungskosten. Die Feststellungskosten im Sinne des § 171 Abs. 1 InsO um- 109
fassen die Kosten der tatsächlichen Ermittlung und Trennung des belasteten Gegenstandes sowie der Überprüfung der Rechtsverhältnisse an diesem.[245] Bei der Bemessung hat
der Gesetzgeber 4 % des Bruttoverwertungserlöses für angemessen erachtet.[246] Dieser
Pauschalbetrag ist dem Verwertungserlös durch den Verwalter vor dessen Auskehrung an
den Gläubiger nach § 170 Abs. 1 InsO zu entnehmen. Eine Anpassung bei Mehr- oder
Minderaufwand findet – anders als bei den Verwertungskosten – nicht statt.[247]

Die Feststellungskosten sind auch dann der Masse zu erstatten, wenn der Sicherungs- 109a
gegenstand dem Gläubiger zur Verwertung überlassen wird (§ 170 Abs. 2 InsO), der
Gläubiger von seinem Eintrittsrecht nach § 168 Abs. 3 InsO Gebrauch macht[248] oder der
Gläubiger nach Verfahrenseröffnung und damit unter Verstoß gegen das Verwertungsrecht des Insolvenverwalters eigenmächtig verwertet.[249]

Die Feststellungskostenpauschale selbst ist nicht umsatzsteuerbar. Ihr liegt keine Leis- 109b
tung des Insolvenzverwalters i.S.v. § 1 Abs. 1 Nr. 1 UStG zugrunde. Sie beruht vielmehr
auf der gesetzlichen Anordnung der Kostentragung.[250] Diese vom BFH[251] angenommenen Grundsätze sind – anders als für die Vewertungskosten – auch nach der jüngeren
Rechtsprechung des V. Senats des BFH vom 28.7.2011 noch maßgeblich.[252]

Hat der gesicherte Gläubiger allerdings die Sache bereits vor Verfahrenseröffnung 110
zwecks Verwertung in Besitz genommen, so ist der Kostentatbestand des § 170 Abs. 1

---

[240] *Drees/J. Schmidt* in Runkel, Anwaltshandbuch § 7 Rn. 339.
[241] Vgl. auch Uhlenbruck/*Brinkmann*, InsO, 13. Aufl., 2010, § 170 Rn. 1, § 171 Rn. 3.
[242] Uhlenbruck/*Brinkmann*, InsO, 13. Aufl., 2010, § 171 Rn. ?.
[243] *Welzel* ZIP 1998, 1823 (1825).
[244] *De Weerth* BB 1999, 821 (825).
[245] Uhlenbruck/*Brinkmann*, InsO, 13. Aufl., 2010, § 171 Rn. 2.
[246] Karsten Schmidt/*Sinz*, InsO, 18. Aufl., 2013, § 171 Rn. 5; Uhlenbruck/*Brinkmann*, 13. Aufl.,
2010, § 171 Rn. 3; a.A. *de Weerth* ZInsO 2007, 70 ff.
[247] BGH v. 11.7.2002 – IX ZR 262/01, ZInsO 2002, 826 ff.
[248] KPB-*Flötherer*, InsO, § 168 Rn. 15.
[249] BGH v. 16.11.2006 – IX ZR 135/05, NJW-RR 2007, 490 ff.
[250] BFH v. 18.8.2005 – V R 31/04, ZInsO 2005, 1214 ff.
[251] BFH v. 18.8.2005 – V R 31/0, ZInsO 2005, 1214 ff.
[252] BGH v. 28.7.2011 – V R 28/09, ZInsO 2011, 1903 ff.

InsO mangels Verwertungsrechts nicht ausgelöst. Insolvenzverwalter sind gleichwohl bemüht, die Zahlung der Feststellungskostenpauschale zu verlangen, da sie diese durch treuwidriges Verhalten des Absonderungsberechtigten als vereitelt ansehen.[253] Die überwiegende Rechtsprechung erkennt einen Anspruch der Insolvenzmasse jedoch weder für die Feststellungs-[254] noch die Verwertungskosten[255] an. Die in der Literatur geforderte Differenzierung zwischen den einzelnen Pauschalen[256] dürfte kaum vertretbar sein, auch wenn diesen Stimmen zuzugeben ist, dass der Verwalter in diesen Fällen in gleicher Weise zur rechtlichen Prüfung und Feststellung von Drittrechten verpflichtet bleibt. Auch – oder besser: gerade – eine Verwertung in der vorläufigen Insolvenz verlangt eine Überprüfung der Insolvenzfestigkeit.[257] Daher mag die Entscheidung des BGH nicht recht einzuleuchten. Eine Rechtsprechungsänderung ist jedoch nicht zu erwarten.

111 **(2) Verwertungskosten.** Neben den Feststellungskosten entstehen regelmäßig Verwertungskosten. Diese setzen sich im Wesentlichen aus den Kosten der Vorbereitung und Durchführung der Verwertung zusammen. Auch bei dieser Kostenart sieht das Gesetz eine als widerlegbare Vermutung ausgestaltete Kostenpauschale in Höhe von 5 % des Bruttoverwertungserlöses vor (§ 171 Abs. 2 Satz 1),[258] soweit die tatsächlich entstandenen Kosten nicht erheblich niedriger oder erheblich höher liegen. Für erheblich im Sinne des § 171 Abs. 2 Satz 2 InsO wird man eine Abweichung jedenfalls dann ansehen, wenn die tatsächlich entstandenen und erforderlichen Verwertungskosten die Hälfte oder das Doppelte des festgesetzten Vomhundertsatzes betragen.[259] Nicht möglich ist die Kombination der Kostenpauschale und der tatsächlich entstandenen Kosten (keine „Mischkalkulation").[260]

112 Wie auch bei den Besitzpfandrechten hat der verwertende Gläubiger keine Verwertungskosten an die Masse zu erbringen, wenn der Insolvenzverwalter dem Gläubiger die Verwertung überlassen hat.[261] Anders verhält es sich, wenn der gesicherte Gläubiger den Sicherungsgegenstand im Wege des Selbsteintritts nach § 168 Abs. 3 InsO übernommen hat. In diesem Fall schuldet der Gläubiger die Verwertungskosten uneingeschränkt, da der Selbsteintritt durch den absonderungsberechtigten Gläubiger als Verwertung durch den Insolvenzverwalter angesehen wird.[262]

113 **(3) Umsatzsteuer.** Nach ständiger Rechtsprechung des BGH[263] sowie des BFH[264] stellt sich die Verwertung von Sicherungsgut im eröffneten Verfahren als umsatzsteuerpflichtiger Vorgang nach § 3 Abs. 1 UStG dar. Die umsatzsteuerrechtliche Beurteilung der Verwertung beweglichen Sicherungsguts orientiert sich daran, ob die Verwertung durch den Insolvenzverwalter oder den Sicherungsnehmer selbst erfolgt.

---

[253] Vgl. BGH v. 23.9.2004 – IX ZR 25/03, ZIP 2005, 40 (41 f.) = DZWIR 2005, 123 ff.
[254] BGH v. 20.11.2003 – IX ZR 259/02, ZIP 2004, 42 in Bestätigung der Vorinstanz, OLG Frankfurt v. 17.10.2002, ZIP 2002, 2140 m. zust. Anm. *Gerhardt* EWiR 2003, 27 (28).
[255] BGH v. 23.9.2004 – IX ZR 25/03, ZIP 2005, 40 ff. = DZWIR 2005, 124 ff.
[256] *Gundlach/Schmidt*, EWiR 2004, 123 (124).
[257] *Drees/J.Schmidt* in Runkel, Anwaltshandbuch, § 7 Rn. 349g.
[258] KPB-*Flötherer*, InsO, § 171 Rn. 6.
[259] FK-*Wegener*, InsO, 7. Aufl., 2013, §§ 170, 171 Rn. 6a.
[260] BGH v. 22.2.2007 – IX ZR 112/06, ZInsO 2007, 374 f.
[261] HK-*Landfermann*, InsO, 6. Aufl., 2011, § 170 Rn. 17.
[262] BGH v. 3.11.2005 – IX ZR 181/04, ZInsO 2005, 1270.
[263] BGH v. 22.3.1972 – VIII ZR 119/70, BGHZ 58, 292 (294 f.).
[264] BFH v. 6.6.1991 – V R 70/89, ZIP 1991, 1293.

§ 33 Sicherungsrechte in der Insolvenz **§ 33**

Bei einer Verwertung durch den Insolvenzverwalter gehen Rechtsprechung,[265] Finanzverwaltung[266] und Literatur[267] davon aus, dass eine umsatzsteuerpflichtige Lieferung zwischen dem Verwalter und dem Erwerber vorliegt. Fraglich war lange Zeit, ob bei einer solchen Verwertung der Insolvenzverwalter zugleich auch eine Leistung an den Sicherungsgeber erbringt. Diese Frage ist durch die Entscheidung des BFH vom 18.8.2005 geklärt:[268] Der Insolvenzverwalter verwertet und entnimmt die Kostenbeiträge dem Verwertungserlös aufgrund der ihm durch § 170 InsO eingeräumten gesetzlichen Befugnis. Er handelt damit weder im Auftrag des absonderungsberechtigten Gläubigers noch erhält er von diesem seine Kosten ersetzt, so dass keine Leistung an den absonderungsberechtigten Gläubiger gegen Entgelt vorliegt,[269] sondern lediglich ein so genannter „Einfachumsatz". Das Gleiche gilt in den Fällen des § 168 Abs. 3 und § 173 Abs. 2 InsO, da ebenfalls eine Vewertung durch den Insolvenzverwalter vorliegt. Nach Maßgabe dieses Kriterium ist auch dann von einem „Einfachumsatz" die Rede, wenn im Insolvenzeröffnungsverfahren der starke vorläufige Insolvenzverwalter oder der schwache vorläufige Insolvenzverwalter auf der Grundlage einer Einzelermächtigung verwertet.[270] **114**

Die Verwertung des Sicherungsguts durch den Sicherungsnehmer (§ 170 Abs. 2 InsO) hingegen begründet zwei steuerpflichtige Vorgänge im Sinne des Umsatzsteuerrechts (so genannter „Doppelumsatz"). Da nach ständiger Rechtsprechung des BFH[271] der Sicherungsgeber dem Sicherungsnehmer die Sache noch nicht bereits mit der Sicherungsübereignung im umsatzsteuerrechtlichen Sinne liefert, sondern erst, wenn er diesem die Verfügungsmacht bei Herausgabe des Sicherungsguts zur Verwertung verschafft, liegen in dem Fall der Verwertung durch den Sicherungsnehmer sowohl zwischen Schuldner und Sicherungsnehmer (die Überlassung des Sicherungsguts an diesen zum Zwecke der Verwertung) als auch zwischen Sicherungsnehmer und Erwerber (Verwertungshandlung in Form der Veräußerung des Sicherungsguts durch den absonderungsberechtigten Gläubiger) zwei selbständige steuerbare Vorgänge im Sinne des Umsatzsteuergesetzes vor.[272] Dies gilt unabhängig davon, ob der Sicherungsnehmer das Sicherungsgut dadurch verwertet, dass er es selbst veräußert oder dadurch, dass der Sicherungsgeber es im Auftrag und für Rechnung des Sicherungsnehmers veräußert.[273] **115**

Sowohl bei dieser Verwertung durch den absonderungsberechtigten Gläubiger (§ 170 Abs. 2 InsO) als auch bei der Verwertung durch den Insolvenzverwalter (§ 166 InsO) wird die Masse folglich mit der Umsatzsteuerschuld als Masseverbindlichkeit (§ 55 Abs. 1 Nr. 1 InsO) belastet. Verwertet der Insolvenzverwalter, so hat er die Umsatzsteuer dem Erlös zu entnehmen (§§ 170 Abs. 1 Satz 1, 171 Abs. 2 Satz 3 InsO) und nach Abzug der Kostenbeiträge den Nettoerlös auszukehren. Verwertet der absonderungsberechtigte Gläubiger, hat dieser die Umsatzsteuer an die Masse abzuführen (§§ 170 Abs. 2, 171 Abs. 2 Satz 3 InsO).[274] Die Regelung des § 171 Abs. 2 Satz 3 InsO stellt mithin sicher, **116**

---

[265] BFH v. 20.7.1978 – V R 2/75, BStBl. II 1978, 684; BGH v. 12.5.1980 – VIII ZR 167/79, BGHZ 77, 139.
[266] Abschn. 2 Abs. 4 Satz 1 UStR.
[267] Uhlenbruck/*Brinkmann,* InsO, 13. Aufl., 2010, § 171 Rn. 6.
[268] BFH v. 18.8.2005 – V R 31/04, ZIP 2005, 2119 ff. Zuvor bereits BFH v. 10.2.2005 – V R 31/04, DZWIR 2005, 247.
[269] BFH v. 10.2.2005 – V R 31/04, DZWIR 2005, 247 m. Anm. *Heublein,* EWiR 2005, 513.
[270] OFD Frankfurt v. 25.5.2007 – S 7100 A- 2/85- St 11, ZInsO 2007, 1039 ff.
[271] BFH v. 16.4.1997 – XI R 87/96, BB 1997, 1674; BFH v. 12.5.1993 – XI R 49/90, ZIP 1993, 1247.
[272] *Drees/J. Schmidt* in Runkel, Anwaltshandbuch, § 7 Rn. 352.
[273] BFH v. 23.7.2009 – V R 27/07, ZIP 2009, 22854 ff.
[274] HambKomm-*Büchler,* InsO, 4. Aufl., 2012, § 171 Rn. 11 f.

§ 33 6. Teil. Möglichkeiten der Sanierung nach der Insolvenzordnung

dass die Masse nicht mit Umsatzsteuer als Masseschuld belastet wird.[275] Der Sicherheitengläubiger hat insoweit eine Kürzung des Verwertungserlöses hinzunehmen.[276]

116a Verwertet der Sicherungsnehmer kraft eigenen Rechts nach § 173 Abs. 1 InsO, so entsteht ebenso ein Doppelumsatz. In entsprechender Anwendung des § 13b Abs. 1 Nr. 2 UStG, §§ 170, 171 Abs. 2 Satz 3 InsO) ist der Masse die Umsatzsteuer zu erstatten.[277]

116b Übernimmt der Absonderungsberechtigte das Sicherungsgut, erfolgt mithin die Verwertung im Wege des Selbsteintritts nach § 168 Abs. 3 InsO, so liegt – wie beschrieben (Rn. 114) – umsatzsteuerlich eine Lieferung vor („Einzelumsatz"); mit der Konsequenz, dass der Gläubiger auch in diesem Fall der Selbstübernahme der Masse die Umsatzsteuer zu erstatten hat.[278]

117 Von besonderer praktischer Bedeutung für die Beratung des gesicherten Gläubigers ist die steuerliche Situation bei Verwertungsmaßnahmen in der vorläufigen Insolvenz. Nach den USt-Richtlinien und der bisherigen Auffassung der Finanzverwaltung sollte eine solche Veräußerung zu einem Doppelumsatz führen.[279] Dies hat sich mit den Urteilen des BFH vom 6.10.2005[280] und vom 30.3.2006[281] grundlegend geändert. Der BFH verneint in diesen Urteilen einen Doppelumsatz und gelangt für den Fall, dass außerhalb eines eröffneten Insolvenzverfahrens ein sicherungsübereigneter Gegenstand vom Sicherungsgeber in Abstimmung mit dem Sicherungsnehmer veräußert wird und dieser den Veräußerungserlös erhält bei Lieferung an den Erwerber zeitgleich

- zu einer Lieferung vom Sicherungsgeber an den Sicherungsnehmer,
- einer Lieferung vom Sicherungsnehmer zurück an den Sicherungsgeber und
- vom Sicherungsgeber an den Erwerber

und geht damit von einem Dreifachumsatz aus.[282]

118 Um die hiermit verbundene Steuerschuld des Absonderungsberechtigten bei Verwertung von Sicherungsgut durch den Schuldner im vorläufigen Insolvenzverfahren zu vermeiden, haben Sicherungsgläubiger mitunter versucht, das Sicherungsgut vor Eröffnung des Insolvenzverfahrens in Besitz zu nehmen, jedoch erst nach Eröffnung zu verwerten. Für die Masse ist diese Vorgehensweise besonders misslich, da der Verpflichtung zur Entrichtung der Umsatzsteuer (§ 55 Abs 1 Nr. 1 Alt. 2 InsO) weder ein Erstattungsanspruch noch eine sonstige Gegenleistung gegenüberstand. Hiergegen haben sich Insolvenzverwalter konsequenterweise gewehrt und vom BGH mit seiner Entscheidung vom 29.3.2007 Recht bekommen.[283] Die Regelung des § 170 Abs. 2 InsO sei zwar nicht unmittelbar, aber analog anwendbar und begründe einen Erstattungsanspruch des Insolvenzverwalters.[284]

118a Von der Umsatzsteuerpflicht der Verwertung durch den Sicherungsnehmer, den Sicherungsgeber oder den Insolvenzverwalter ist die Umsatzsteuerpflicht der Kostenbeiträge zu unterscheiden. Für die Feststellungskosten ist dies – wie ausgeführt (Rn. 109b) – zu verneinen. In der Vorauflage galt dies auch noch für die Verwertungskosten, jeden-

---

[275] BGH v. 22.2.2007 – IX ZR 112/06, NZI 2007, 523 ff.
[276] Karsten Schmidt/*Sinz*, InsO, 18. Aufl., 2013, § 171 Rn. 20.
[277] BGH v. 29.3.2007 – IX ZR 27/06, ZIP 2007, 1126.
[278] HambKomm-*Büchler*, InsO, 4. Aufl., 2012, § 171 Rn. 27.
[279] *De Weerth* ZInsO 2006, 653.
[280] BFH v. 6.10.2005 – V R 20/04, DB 2006, 140.
[281] BFH v. 30.3.2006 – V R 9/03, ZInsO 2006, 651 ff. m. zust. Anm. *de Weerth* ZInsO 2006, 653 ff.
[282] *Drees/J.Schmidt* in Runkel, Anwaltshandbuch, § 7 Rn. 359a.
[283] BGH v. 29.3.2007 – IX ZR 27/06, ZInsO 2007, 605 (607 f.). Zur Vorinstanz vgl. OLG Düsseldorf v. 13.1.2006 – I-16 U 49/05, ZInsO 2006, 154 m. Anm. *Rie,* ZInsO 2006, 154 (162).
[284] Vgl. statt vieler: HK-*Landfermann*, InsO, 6. Aufl., 2011, § 171 Rn. 15; *Ganter/Brünink* NZI 2006, 257 (260).

§ 33 Sicherungsrechte in der Insolvenz § 33

falls soweit Mobiliarsicherheiten betroffen waren. Die Begründung war jeweils identisch: Den Kostenbeiträgen liege keine Leistung des Insolvenzverwalters im Sinne des § 1 Abs. 1 Nr. 1 UStG zugrunde, sondern die gesetzliche Kostentragungsregel, die den Beitrag des Gläubigers festlegt.[285]

Für die Verwertungskosten ist diese Begründung durch das Urteil des V. Senats des BFH vom 28.7.2011 hinfällig.[286] Unter Aufgabe der erwähnten früheren Rechtsprechung – Urteil des V. Senats vom 18.8.2005 – sieht der BFH nunmehr in der Verwertung des Absonderungsgutes durch den Insolvenzverwalter eine umsatzsteuerpflichtige Leistung an den Sicherungsgläubiger. Dieser hat die Umsatzsteuer zusätzlich neben der Pauschale an die Masse gegen eine enstprechende Rechnung mit Umsatzsteuerausweis zu entrichten. Das Gleiche gilt bei der Vereinbarung einer höheren als der gesetzlichen Pauschale. Ungeachtet der nachvollziehbaren Kritik im Schrifttum[287] an dieser Rechtsprechung – unter Hinweis auf die Qualifizierung der Kostenbeiträge als gesetzlich vorgesehenen (schlichten) Abzugsposten bei der Berechnung des auszukehrenden Eröses – wird sich die Praxis mit dieser unmissverständlichen Aussage auseinandersetzen und abfinden müssen.

118b

Insoweit gleicht die umsatzsteuerliche Behandlung der Verwertungskosten im Zusammenhang mit der Verwertung von Mobiliarsicherheiten der bereits schon länger existenten Judikatur des BFH zur Umsatzsteuerpflichtigkeit von Kostenbeiträgen im Rahmen von Vereinbarungen zur Verwertung von Grundstücken[288] (siehe hierzu Rn. 105 ff.).

118c

eee) Besitzlose Mobiliarsicherheiten an Forderungen und sonstigen Rechten. Die Befugnis des Insolvenzverwalters, mit Absonderungsrechten belastete Forderungen und Rechte zu verwerten, ergibt sich aus § 166 Abs. 2 InsO.[289] Abhängig von diesem Verwertungsrecht bestehen zugunsten der Insolvenzmasse Kostenerstattungsansprüche gemäß § 171 Abs. 1 Satz 1 InsO. Wie auch bei den Mobiliarpfandrechten an Sachen ist zwischen den Feststellungs- und Verwertungskosten zu unterscheiden. Die obigen Ausführungen beanspruchen daher auch Geltung für die Kostenbeiträge für die Verwertung einer sicherungszedierten Forderung.[290]

119

Für die Verwertung sonstiger Rechte steht und fällt die Berechtigung, Kostenbeiträge ansetzen zu dürfen mit der Verwertungsberechtigung. Steht sie – wie in der Vorauflage angenommen – dem Absonderungsberechtigten zu, so fällt kein Kostenbeitrag an, da § 171 InsO mangels Verwertungsrechts des Insolvenzverwalters nicht anwendbar ist.[291] Befürwortet man indes eine Analogie zu § 166 Abs. 2 InsO und gesteht dem Insolvenzverwalter auch bei besitzlosen Mobiliarsicherheiten an sonstigen Rechten ein Verwertungsrecht zu, können folgerichtig auch Kostenbeiträge beansprucht werden. Wesentlicher Beweggrund für eine solche Analogie ist das Bestreben des Gesetzgebers bei der

120

---

[285] Karsten Schmidt/*Sinz*, InsO, 18. Aufl., 2013, § 171 Rn. 30 unter Hinweis auf BFH v. 18.8.2005 – V R 31/04, ZInsO 2005, 1214 ff.
[286] BFH v. 28.7.2011 – V R 28/09, ZInsO 2011, 1902 ff.
[287] Karsten Schmidt/*Sinz*, IinsO, 18. Aufl., 2013, § 171 Rn. 30 m. zahlr. w. Nachweisen und überzeugender Kritik an der Entscheidung des BFH v. 28.7.2011 – V R 28/09.
[288] BFH v. 28.7.2011 – V R 28/09, ZInsO 2011, 1902 ff.
[289] BGH v. 11.7.2002 – IX ZR 262/01, WM 2002, 1797 (1800); BGH v. 20.2.2003 – IX ZR 81/02, ZInsO 2003, 318 (319).
[290] BGH v. 20.2.2003 – IX ZR 81/02, ZIP 2003, 632 ff. = ZInsO 2003, 318 ff. m. Anm. *Schumacher*, EWiR 2003, 424.
[291] *Obermüller*, Insolvenzrecht in der Bankpraxis, 7. Aufl. 2007, Rn. 6.347 a.A. *Marotzke* ZZP 1996, 429 (455). Weitere Nachweise und Überblick zum Meinungsstand bei Karsten Schmidt/*Sinz*, InsO, 18. Aufl., 2013, § 166 Rn. 33.

§ 33   6. Teil. Möglichkeiten der Sanierung nach der Insolvenzordnung

Einführung der InsO zum einen und bei späteren Änderungen zum anderen (§ 21 Abs. 2 Nr. 5 InsO), das Auseinanderreißen des schuldnerischen Vermögens zu verhindern und die wirtschaftliche Einheit – soweit möglich und sanierungsfähig bzw. -würdig – zu erhalten. Dies ist indes nur dann möglich, wenn zumindest diejenigen Rechte, die wegen ihrer Zugehörigkeit zur technisch-organisatorischen Einheit gehören und zur Fortführung erforderlich sind, dem Verwertungsrecht des Sicherungsgläubigers entzogen werden.[292] Aus diesem Grund wird unter Aufgabe der in der Vorauflage vertretenen Ansicht in diesen Fällen § 166 Abs. 2 InsO und konsequenterweise auch § 171 InsO analog angewandt.

121   Eine Erstattung des der Masse entstehenden Umsatzsteuerbetrags steht und fällt mit der insolvenzrechtlichen Qualität der Umsatzsteuerforderung. Können solche nur als Insolvenzforderung beansprucht werden, liegt hierin keine Belastung der Masse i.S.v. § 171 Abs. 2 Satz 3 InsO.[293] Für den Absonderungsberechtigten sieht § 13c Abs. 1 UStG eine Haftung vor für die Abführung der in der eingezogenen Forderung entgaltenen Umsatzsteuer.[294] Anders ist zu urteilen, wenn diese Umsatzsteuerbeiträge als Masseschuld zu entrichten ist. Dann hat sie der Absonderungsgläubiger die Umsatzsteuerbeträge der Masse zu erstattet.

120a   Wann jedoch Umsatzsteuerbeiträge als Masseschuld zu entrichten sind, hat sich in den beiden vergangenen Jahren grundlegend geändert. Verantwortlich hierfür sind die bereits im Insolvenzeröffnungsverfahren beschriebene Gesetzesänderung (§ 55 Abs. 4 InsO) sowie die Rechtsprechung des BFH[295] sowie die zur Umsetzung dieser verfassten BMF-Schreiben.[296]

120b   Zieht der Insolvenzverwalter nach Verfahrenseröffnung begründete (Neu-) Forderungen ein, so werden zwar die Umsatzsteuerbeiträge als Masseschuld entrichtet, indes sind Drittrechte aufgrund des § 91 InsO nicht denkbar; mit der Konsequenz, dass die Forderungen zur freien Masse beansprucht werden können und insoweit keine Umsatzsteuererstattung durch einen Drittberechtigten erfolgt.

120c   Zieht der Insolvenzverwalter sicherungszedierte Altforderungen – d.h. vor Insolvenzantragstellung begründete Forderungen – nach Verfahrenseröffnung ein, schuldet er die in den vereinnahmten Entgelten enthaltene Umsatzsteuer sowohl im Fall der Ist- als auch bei Soll-Versteuerung als Masseschuld gemäß § 55 Abs. 1 Nr. 1 InsO. Dies ist das Resultat der – auf nach dem 31.12.2011 eröffnete Insolvenzverfahren anwendbare – Rechtsprechung des BFH vom 22.10.2009[297] und 9.12.2010.[298]

120c   Diese geänderte Rechtsprechung zur Massequalität der eingezogenen Umsatzsteuerforderung wird Auswirkungen auf die Haftung nach § 13c UStG haben müssen. Richtig erscheint, dass der Insolvenzverwalter die vereinnahmte Umsatzsteuer nach § 171 Abs. 2 Satz 3 InsO aufgrund der „Belastung der Masse" einbehält, da andernfalls der Zessionar nach § 13c UStG haften müsste.[299]

---

[292] Karsten Schmidt/*Sinz*, InsO, 18. Aufl., 2013, § 166 Rn. 36.
[293] BGH v. 22.2.2007 – IX ZR 112/06, NZI 2007, 523 ff.
[294] K. Schmidt/*Sinz*, InsO, 18. Aufl., 2013, § 171 Rn. 22. Grundsätzliches hierzu bei *de Weerth* ZInsO 2004, 190.
[295] BFH v. 22.10.2009 – V R 14/08, ZInsO 2010, 487 (488).
[296] BMF Schreiben v. 17.1.2012 – IV A 3 – S 0550/10/10020-05, BStBl. 2012, S. 120 ff. = ZInsO 2012, 213 ff.
[297] BFH v. 22.10.2009 – V R 22/10, ZInsO 2010, 487 (488).
[298] BFH v. 9.12.2010 – V R 22/10, ZInsO 2011, 823 (824).
[299] *Birk* ZInsO 2011, 1149 (1150).

§ 33 Sicherungsrechte in der Insolvenz   § 33

120e Verwertet der Gläubiger, so wird auch dann keine Umsatzsteuerabführungspflicht gemäß §§ 170, 171 InsO ausgelöst, da diese nur bei der Verwertung von Sicherungsgut eingreift, das der Verwalter auch selbst hätte verwerten dürfen.[300]

121 **d) Die Ersatzabsonderung.** Die Ersatzabsonderung ist in der InsO nicht ausdrücklich geregelt. Jedoch ist sie für den Fall, dass ein Gegenstand, der mit einem Absonderungsrecht belastet ist, unberechtigt veräußert, allgemein anerkannt. Rechtliche Grundlage ist eine entsprechende Anwendung des § 48 InsO.[301] Hiernach entsteht ein Ersatzabsonderungsrecht des Sicherungsnehmers, wenn der Insolvenzschuldner vor Verfahrenseröffnung[302] oder der (vorläufige) Insolvenzverwalter ein mit einem Absonderungsrecht belasteten Gegenstand unberechtigt[303] veräußert. Die Ersatzabsonderung erfasst dann die Abtretung des Gegenleistungsanspruchs aus der Weiterveräußerung, allerdings beschränkt durch den Wert der gesicherten Forderung.[304]

121a Zentrale Tatbestandsvoraussetzung ist das Vorliegen einer Veräußerung. Dieser Begriff ist weit zu verstehen und bestimmt sich nach der Art des Gegenstandes, der mit einem Absonderungsrecht belastet ist. Erfasst sind insbesondere Übereignung und Zession. Dem geichzustellen ist der Forderungseinzug. Die Veräußerung muss rechtsgeschäftlich geschehen, darunter fallen auch Rechtsverluste durch Verbindung oder Vermischung, wenn dies in Erfüllung einer Vertragspflicht geschieht.[305] Nicht erfasst sind mithin die bloße Verarbeitung im schuldnerischen Unternehmen,[306] die boße Nutzung[307] sowie die Beschädigung oder Zerstörung des Absonderungsguts.[308] Liegt eine solche Veräußerung vor, so muss das Absonderungsrecht gerade durch die Veräußerung vereitelt werden. Hieran fehlt es, wenn sich das Absonderungsrecht kraft Surrogation fortsetzt.

122 Weiter muss die Veräußerung unberechtigt sein. Hieran fehlt es, wenn die Veräußerung von einer Verwertungsvereinbarung oder gesetzlichen Verwertungsrechten gedeckt ist. In diesen Fällen entstehen keine Ersatzabsonderungsrechte, da sich das Absonderungsrecht am Erlös fortsetzt und dieser dann gemäß den § 165 InsO i.V.m §§ 10 ff. ZVG bzw. §§ 170, 171 InsO ausgekehrt wird.

122a Ebenfalls liegt eine berechtigte Veräußerung vor, wenn sie noch durch Ermächtigungen gedeckt ist, die der Absonderungsberechtigte dem Schuldner erteilt hat. Hauptanwendungsbereiche sind hier Weiterveräußerungsermächtigungen am Absonderungsgut (z.B. erweiterter Eigentumsvorbehalt, verlängerter Eigentumsvorbehalt nach Verarbeitung und Sicherungsübereignung), Einziehungsermächtigungen bei abgetretenen Forderungen (verlängerter Eigentumsvorbehalt mit Vorausabtretungsklausel) sowie Sicherungszessionen.[309]

---

[300] *Obermüller*, Insolvenzrecht in der Bankpraxis, 7. Aufl. 2007, Rn. 6.350.
[301] Zuletzt BGH v. 8.3.2007 –IX ZR 127/05, ZIP 2007, 924 (925). Statt vieler: HK-*Lohmann*, InsO, 6. Aufl., 2011, § 48 Rn. 17 ff.
[302] BGH v. 19.1.2006 – 19.1.2006 – IX ZR 154/06, ZInsO 2006, 493 (494).
[303] BGH v. 6.4.2006 – IX ZR 185/04, ZInsO 2006, 544 (545); BGH v. 19.1.2006 – 19.1.2006 – IX ZR 154/06, ZInsO 2006, 493 (495); BGH v. 25.3.1999 – IX ZR 223/07, ZIP 1999, 621 (623); BGH v. 17.6.2004 – IX ZR 124/03, ZIP 2004, 1509 (1510); BGH v. 4.12.2003 – IX ZR 222/02, ZIP 2004, 326 (328) m. Anm. *Pape* EWiR 2004, 349.
[304] K. Schmidt/*Thole*, InsO, 18. Aufl., 2013, § 48 Rn. 25.
[305] *Drees/J.Schmidt* in Runkel, Anwaltshandbuch, § 7 Rn. 372a.
[306] HambKomm-*Büchler*, InsO, 4 Aufl., 2012, § 48 Rn. 8.
[307] BGH v. 13.7.2006 – IX ZR 57/05, ZInsO 2006, 938.
[308] HambKomm-*Büchler*, InsO, 4. Aufl., 2012, § 48 Rn. 8.
[309] BGH v. 19.1.2006– IX ZR 154/06, ZInsO 2006, 493 (495) und *Drees/J.Schmidt* in Runkel, Anwaltshandbuch, § 7 Rn. 372d.

122b Weiterhin liegt kein Fall der Ersatzabsonderung vor, wenn der vorläufige Insolvenzverwalter auf Grund einer richterlichen Einzelermächtigung eine zur Sicherheit abgetretene Forderung eingezogen hat. In diesem Fall ist jedoch der Insolvenzverwalter zur abgesonderten Befriedigung des Sicherungsnehmers aus dem Erlös analog § 170 Abs. 1 Satz 2 InsO verpflichtet.[310] Kostenbeiträge darf der vorläufige Insolvenzverwalter indes nicht einbehalten. Eine analoge Anwendung des § 170 Abs. 1 Satz 1 InsO kommt nicht in Betracht.[311]

123 Liegen die Voraussetzung der analogen Anwendung des § 48 InsO vor, so gilt das Augenmerk den Rechtsfolgen: Der absonderungsberechtigte Gläubiger kann Auskehr des Erlöses verlangen und zwar – in Abgrenzung zu der Analogie nach § 170 Abs. 1 Satz 2 InsO – ohne dass der Insolvenzverwalter gemäß §§ 170, 171 InsO zum Abzug von Kostenbeiträgen berechtigt ist. Ergänzend können zugunsten des Absonderungsberechtigten Masseverbindlichkeiten aus § 55 Abs. 1 Nr. 1 und 3 InsO oder Haftungsansprüche gegen den (vorläufigen) Insolvenzverwalter gemäß § 60 InsO entstehen.[312]

124 Über die tatbestandlichen Voraussetzungen hinaus muss die Gegenleistung entweder noch ausstehen oder noch unterscheidbar in der Masse vorhanden sein. Unterscheidbar ist die Gegenleistung immer bei einer Sachleistung. Bei Geldleistungen sieht es schwieriger aus. Kommt es zu einer Gutschrift auf dem Konto, so bleibt das gutgeschriebene Geld unterscheidbar, solange es durch Buchungen belegt und der positive Kontensaldo nicht durch Abbuchungen unter den Betrag der beanspruchten Leistung abgesunken ist. Wird das Konto zur Zeit der Gutschrift im Soll geführt, so wird die Gegenleistung in dieser Höhe zur Schuldentilgung verbraucht mit der Folge, dass insoweit eine gegenständlich fassbare Gegenleistung nicht mehr vorhanden ist.[313]

125 e) Die Ausfallhaftung
aa) Allgemeines – Verhältnis von schuldrechtlicher und dinglicher Haftung.
Die Rechtsstellung des Absonderungsberechtigten ist eine dingliche Rechtsposition. Regelmäßig – aber nicht zwingend – geht sie einher mit einer persönlichen Forderung. Für dieses Zusammentreffen von schuldrechtlicher Verpflichtung und dinglicher Haftung bedarf es einer Abstimmung. Diese geschieht auf der Grundlage von § 52 InsO.[314] Voraussetzung ist jedoch, dass das Absonderungsgut bei Insolvenzeröffnung Teil der Insolvenzmasse ist. Insoweit findet § 52 InsO keine Anwendung, wenn das Absonderungsgut wegen Unpfändbarkeit massefrei ist oder wenn das Absonderungsgut erst nach Insolvenzeröffnung in die Masse fällt.[315] Die Regelung des § 52 InsO bleibt indes anwendbar, wenn der Insolvenzverwalter nach Verfahrenseröffnung das Absonderungsgut aus dem Insolvenzbeschlag freigibt. Auch in diesem Fall nimmt die persönliche Forderung am Insolvenzverfahren nur in Höhe des erlittenen Ausfalls teil.[316]

126 Dieser Regelung liegt das so genannte Ausfallprinzip zugrunde, wonach der belastete Massegegenstand für das an ihm bestehende Absonderungsrecht unabhängig von einer gleichzeitigen persönlichen Schuld des Insolvenzschuldners haftet. Der absonderungsberechtigte Gläubiger kann frei wählen, welche Rechtsstellung er geltend machen und ob er

---

[310] BGH v. 21.1.2010 – IX ZR 65/09, ZIP 2010, 739 ff.
[311] BGH v. 21.1.2010 – IX ZR 65/09, ZIP 2010, 739 (741 f.).
[312] *Drees/J.Schmidt* in Runkel, Anwaltshandbuch, § 7 Rn. 372i.
[313] BGH v. 19.1.2006 – IX ZR 154/06, ZInsO 2006, 493 (494); *Drees/J.Schmidt* in Runkel, Anwaltshandbuch, § 7 Rn. 374.
[314] HK-*Lohmann*, InsO, 6. Aufl., 2011, § 52 Rn. 2 ff.
[315] HambKomm-*Büchler,* InsO, 4. Aufl., 2012, § 52 Rn. 3.
[316] BGH v. 2.4.2009 – IX ZB 182/08, ZInsO 2009, 825 ff.

allein aus seinem Absonderungsrecht oder der persönlichen Forderung vorgehen möchte.[317] Beruft er sich auf beide Rechtspositionen, kann er sich zunächst aus den dinglichen Sicherheiten weitestmöglich befriedigen und im Anschluss daran auf den ausgefallenen Teil der Forderung die Insolvenzquote beanspruchen.[318] Die persönliche Forderung wird in diesem Fall zunächst in voller Höhe für den Ausfall zur Tabelle angemeldet. Bevor es zur Verteilung kommt, muss der absonderungsberechtigte Gläubiger innerhalb der Frist des § 189 Abs. 1 InsO den tatsächlichen Ausfall nachweisen. Unterlässt er den gebotenen Nachweis, muss er auf sein Absonderungsrecht verzichten (§ 190 Abs. 1 Satz 1 InsO). Liegt das Verwertungsrecht beim Insolvenzverwalter selbst, stellt dieser den Ausfall selbst fest.[319]

Soweit der Gläubiger lediglich die persönliche Forderung geltend macht, kann er diese in voller Höhe zur Tabelle anmelden, wo sie vorbehaltlos festgestellt wird, unabhängig von dem gleichzeitigen Bestehen eines möglichen Absonderungsrechts.[320] Die volle Verteilungsquote auf die geltend gemachte Forderung erhält er aber nur, wenn er auf die Geltendmachung seines Absonderungsrechts verzichtet. In der Regel dürfte ein derartiger Verzicht wirtschaftlich nicht ratsam sein, weil der Gläubiger damit auf die Befriedigung aus dem Verwertungserlös des belasteten Gegenstands verzichtet und regelmäßig einen wesentlich höheren Ausfall hinzunehmen haben wird. Lediglich dann, wenn die Verwertung wirtschaftlich nicht sinnvoll erscheint und der Gläubiger nur bei einem Verzicht seinen Ausfall innerhalb der Ausschlussfrist der §§ 190 Abs. 1 Satz 1, 189 Abs. 1 InsO nachweisen und sodann auch an der Schlussverteilung teilnehmen kann, ist ein solches Vorgehen ratsam.[321] **127**

Eine Vereinbarung, in der sich der Gläubiger verpflichtet, das Absonderungsrecht nicht geltend zumachen, steht einem solchen Verzicht jedenfalls nicht im Grundsatz gleich. Eine Gleichstellung ist nur dann begründbar, wenn sich eine solche Vereinbarung an den Maßstäben messen läßt, die auch für den Verzicht gelten, nämlich, dass dieser auch nach dem Verfahren bindend bleibt.[322] Ist mithin eine solche Vereinbarung zwischen Schuldner und absonderungsberechtigtem Gläubiger mit einer unwiderruflichen Bindung über das Verfahren hinaus ausgestaltet, kann man eine solche Abrede dem Verzicht gleichstellen. Insoweit genügt über die ausdrückliche Verzichtserklärung hinaus auch sonst jede Erklärung, die verhindert, dass das Absonderungsgut verwertet und die gesicherte Insolvenzforderung trotzdem in voller Höhe bei der Verteilung der Masse berücksichtigt wird.[323] **127a**

Der Gläubiger kann sich andererseits aber auch nur aus den dinglichen Sicherheiten befriedigen und die Geltendmachung der persönlichen Haftung nicht ausüben. **127b**

bb) Nachweis des Ausfalls. Wie dargelegt besteht die Berechtigung zur Teilnahme an der Abschlussverteilung (§ 196 InsO) nur bei Verzicht auf die abgesonderte Befriedigung oder dem Nachweis des Ausfalls (§§ 190 Abs. 1, 189 Abs. 1 InsO). Regelmäßig dient die reale Verwertung oder der erfolglose Versuch als geeigneter Nachweis.[324] Die Nachweis- **128**

---

[317] MünchKommInsO-*Ganter*, InsO, 3. Aufl., 2013, § 52 Rn. 14 ff.
[318] HK-*Lohmann*, InsO, 6. Aufl., 2011, § 52 Rn. 2.
[319] *Drees/J. Schmidt* in Runkel, Anwaltshandbuch, § 7 Rn. 387.
[320] BGH v. 6.4.2006 – IX ZR 185/04, ZIP 2006, 1109 (1010); Uhlenbruck/*Brinkmann*, InsO, 13. Aufl., 2010, § 52 Rn. 2.
[321] *Drees/J. Schmidt* in Runkel, Anwaltshandbuch, § 7 Rn. 392.
[322] Karsten Schmidt/*Sinz*, InsO, 18. Aufl., 2013, § 52 Rn. 10.
[323] BGH v. 2.12.2010 – IX ZB 61/09, ZIP 2011, 180 ff.
[324] Uhlenbruck/*Brinkmann*, InsO, 13. Aufl., 2010, § 52 Rn. 18.

§ 33   6. Teil. Möglichkeiten der Sanierung nach der Insolvenzordnung

pflicht entfällt, wenn der Insolvenzverwalter die Verwertung des Absonderungsguts selbst betreibt (§ 190 Abs. 3 Satz 1 InsO).

128a   Der Verwertungserlös wird in der Reihenfolge des § 367 Abs. 1 BGB auf Kosten, Zinsen und Hauptforderung angerechnet. Damit werden vorrangig auch die nachrangigen Insolvenzforderungen nach § 39 Abs. 1 Nr. 1 InsO – Zinsen nach Verfahrenseröffnung – berücksichtigt.[325] Die (bislang) herrschende Meinung lässt hingegen die nach Eröffnung anfallenden Zinsen wegen der Nachrangqualität der Ansprüche aus § 39 Abs. 1 Nr. 1 InsO bei der Berechnung des Ausfalls unberücksichtigt, solange die Absonderungsverwertung diese nicht abdeckt.[326]

IV. Sicherheitenpool

1. Allgemeines und wirtschaftlicher Hintergrund der Poolbildung

129   Der Begriff des Sicherheitenpools lässt verschiedene Interpretationsmöglichkeiten zu. Die Insolvenz- und Kreditpraxis spricht üblicherweise dann von einem Sicherheitenpool, wenn mehrere Gläubiger die Aussonderung und/oder Absonderung Ihrer Mobiliarsicherheiten gemeinsam wahrnehmen.[327] Gleichbedeutend werden die Begriffe Sicherheitenverwertungsverträge und Sicherheitenpoolverträge verwandt.[328]

Grundformen derartiger Sicherheitenpools sind Lieferantenpools zwischen Warenkreditgläubigern und Bankenpools zwischen Geldkreditgläubigern. In der Praxis treten auch Mischformen dieser beiden Gruppen auf.[329]

Der wirtschaftliche Hintergrund entsprechender Poolbildungen dürfte stets derselbe sein: Aus- und Absonderungsberechtigte stehen häufig vor der Schwierigkeit, dem Insolvenzverwalter gegenüber ihre Rechte nachzuweisen. Um diesen Schwierigkeiten tatsächlicher und rechtlicher Art bei der Abgrenzung der verschiedenen Sicherheiten zu beggnen und die Durchsetzung und Verwertung der Sicherheiten zu vereinfachen, schließen sich die gesicherten Gläubiger zu einem so genannten Sicherheitenpool zusammen und bringen in diesen ihre Sicherheiten ein.[330] Als Vorteile der Poolbildung werden üblicherweise genannt:

- Zusätzlicher und effizienterer Informationsaustausch mit (vorläufigem) Insolvenzverwalter,
- Möglichkeit der Krisenfrüherkennung,
- Institutionalisierte Kommunikation erhöht Sanierungschancen,
- Kostenreduzierung bei der Feststellung und Durchsetzung von Sicherungsrechten und
- Verlagerung der Auseinandersetzung konkurrierender Sicherheitenrechte auf einen späteren Zeitpunkt.

129a   Über diese Vorteile hinaus muss mit Inkrafttreten des Gesetzes zur weiteren Erleichterung der Sanierung von Unternehmen (ESUG[331]) die Koordination der Lieferanten zur Ermöglichung einer Repräsentanz im (vorläufigen) Gläubigerausschuss benannt werden.

---

[325] BGH v. 17.2.2011 – IX ZR 83/10, ZInsO 2011, 630 ff.
[326] Uhlenbruck/*Brinkmann,* InsO, 13. Aufl., 2010, § 52 Rn. 8; a.A. unter Berufung auf den BGH (s. zuvor) Karsten Schmidt/*Thole,* InsO, 18. Aufl., 2013, § 52 Rn. 12.
[327] *Gottwald,* Insolvenzrechtshandbuch, 2. Aufl. 2006, § 44 Rn. 1.
[328] BGH v. 3.11.1988 – IX ZR 213/87, ZIP 1988, 1534.
[329] HambKomm-*Büchler,* InsO, 4. Aufl., 2012, § 51 Rn. 56.
[330] *Drees/J.Schmidt* in Runkel, Anwaltshandbuch, § 7 Rn. 415.
[331] Gesetz vom 7.12.2011, BGBl. I, S. 2582.

§ 33 Sicherungsrechte in der Insolvenz   § 33

Gemäß §§ 21 Abs. 2 Ziff. 1a, 22a, 69 ff. InsO sollen im vorläufigen wie auch im endgültigen Gläubigerausschuss absonderungsberechtigte Gläubiger vertreten sein.

Unabhängig davon, dass es sich hierbei um eine so genannte „Soll Bestimmung" handelt, gehören Absonderungsberechtigte zu den zentralen Ansprechpartnern im Zusammenhang mit der Implementierung eines (vorläufigen) Gläubigerausschusses. Unter diese Gläubigergruppe fallen sowohl Gledkredit- als auch Warenkreditgläubiger und damit Lieferanten. Die Erfahrung zeigt, dass jedenfalls bei 5-köpfigen Ausschüssen sowohl der Lieferanten- als auch der Kreditfinanziererkreis durch ein geeignetes Mitglied vertreten ist. **129b**

Die Identifikation eines einzelnen Absonderungsberechtigten– der auch nach den Maßstäben des Gerichts der richtige Absonderungsberechtigte – aus dem Kreis der Lieferanten ist erheblichen praktischen Schwierigkeiten ausgesetzt. So greift beispielsweise der (zunächst richtige) Blick auf die Forderungshöhe zu kurz. Ebenso müssen die – zukünftige – strategische Bedeutung des Lieferanten und das Bewusstsein für die Verantwortung im (vorläufigen) Gläubigerausschuss ausgeprägt sein. Daneben tritt die praktische Schwierigkeit der Erreichbarkeit des richtigen Ansprechpartners, dessen praktische Erfahrung bei Ausschusstätigkeiten und zweifelsohne die Bereitschaft zur Mitwirkung. **129c**

Vor diesem Hintergrund gilt regelmäßig der Blick den Warenkreditversicherern. Die Auswahl eines einzelnen greift indes regelmäßig auch zu kurz, sofern die Identifizierung des „richtigen" Warenkreditversicherers überhaupt gelingt. Die praktische Erfahrung zeigt, dass diese Schwierigkeiten dann überwunden werden können, wenn eine Poolverwaltung im zeitlichen Zusammenhang mit der Antragsvorbereitung installiert wird. Auf diese Weise sind regelmäßig die Professionalität und Koordination in Richtung der Warenkreditversicherung sichergestellt. Umgekehrt muss über die Mitwirkung im Ausschuss hinaus die Poolverwaltung – mit den damit verbundenen Kosten – als geeignetes Instrument für den konkreten Sanierungsfall erachtet werden. Unter Transparenz-, Vertrauens- und letztlich auch Kompetenzgesichtspunkten dürfte die Installation eines Sicherheitenpools aus Anlass der Ansprache von potentiellen Ausschussmitgliedern empfehlenswert sein. **129d**

2. Sicherheitenpool der Banken

Die Ausgestaltung so genannter Bankenpools unterscheidet sehr stark nach Anlass der Poolbildung. So kann die Poolbildung keinesfalls auf Insolvenzsachverhalte beschränkt werden. Als Beispiel sei die kreditbegleitende – und damit krisenunabhängige – Poolbildung erwähnt, zu der es üblicherweise bei außergewöhnlich hohen Kreditengagements durch mehrere Banken (Konsortialkredit) kommt. Abzugrenzen ist ein solcher Bankenpool vom bloßen Bassinvertrag, bei dem den einzelnen Banken gerade keine eigenen Sicherheitenrechte eingeräumt werden, sondern ein Treuhänder für das Unternehmen – im Einverständnis mit den beteiligten Banken – von vornherein sämtliche Sicherheiten verwaltet. Als klassischer Sicherheitenpool von Banken dürfte letztlich ein solcher bezeichnet werden, der erst bei Eintritt der Krise des Unternehmens implementiert wird. **130**

3. Lieferantenpool

Ein Lieferantenpool wird oftmals auch mit Sicherheitenpool der Sicherungsgläubiger bezeichnet. Ein solcher Pool entstand regelmäßig unmittelbar nach Insolvenzantragstellung und dürfte künftig aus den beschriebenen Gründen (Rn. 129a ff.) im Zusammenhang mit den Gesetzesänderungen durch das ESUG wesentlicher Bestandteil einer pro- **131**

Schmidt   773

fessionellen Antragsvorbereitung sein. In den Reihen der Warenkreditgläubiger ist die Institution des Sicherheitenpools seit Beginn der 70-er Jahre ein vertrautes Instrumentarium zur gemeinsamen Interessenwahrnehmung und optimierten Sicherheitenverwertung.

131a Die inzwischen eingetretene Verbreitung liegt unter anderem daran, dass auch (vorläufige) Insolvenzverwalter ein erhebliches Interesse an der Einrichtung solcher Pools haben. So bündeln sie die Kommunikation auf einen wirtschaftlich kompetenten Poolführer und müssen nicht mit jedem Lieferanten gesondert verhandeln. Auf diese Weise wird das laufende Insolvenzverfahren nicht mit der notwendigen Abgrenzung der kollidierenden Sicherheiten belastet.[332] Künftig wird die Repräsentanz der Lieferanten im vorläufigen Gläubigerausschuss ein weiteres Motiv für die Installation eines Lieferantenpools und damit zu einer weitergehenden Verbreitung führen.

131b Auch wenn sowohl Aus- als auch Absonderungsrechte Gegenstand von Sicherheitenpools sein können, bündeln in der Praxis regelmäßig nur Absonderungsberechtigte (z.B. kraft Sicherungseigentums oder verlängerten Eigentumsvorbehalts) einen Pool.[333] Ein Sicherheitenpool, der auch Aussonderungsberechtigte miteinbezieht ist indes unüblich, da Insolvenzverwalter regelmäßig schon deshalb der Aussonderung widersprechen, weil sie hinsichtlich der Absonderungsrechte Kostenbeiträge erwarten.[334] Gleichwohl muss auch insoweit eine Marktveränderung ausgemacht werden, wonach verstärkt auch (oder nur) einfache Eigentumsvorbehaltsrechte und damit Aussonderungsrechte zum Gegenstand von Poolvereinbarung gemacht worden sind.

4. (Insolvenz-) Rechtlicher Hintergrund der Poolbildung

132 In rechtlicher Hinsicht ist eine erleichterte Beweisführung das Hauptmotiv für die Poolbildung. Wie eingangs beschrieben, sollen die Beweisschwierigkeiten überwunden werden, die auftreten, wenn die beteiligten Gläubiger ihre Rechte an diesen Gegenständen einzeln gegenüber dem Insolvenzverwalter geltend machen würden. Einem einzelnen Eigentumsvorbehaltslieferanten wird es kaum möglich sein, nachzuweisen, zu welchem Anteil sich die von ihm ausgelieferten Waren noch im Warenbestand des Schuldners befinden. Auch Lieferanten mit verlängertem Eigentumsvorbehalt und Vorausabtretungs- oder Verarbeitungsklausel werden entsprechende Nachweise nur schwer gelingen.[335] Sind die Anteile der einzelnen Mitglieder an den Gegenständen nicht bestimmbar, müssen sämtliche Gläubiger dem Pool beitreten. Lediglich dann kann dem Pool die angestrebte Beweiserleichterung beigemessen werden.[336]

133 Der Pool kann jedoch nicht mehr Rechte haben als seine Mitglieder. Durch den bloßen Beitritt zu einem Sicherheitenpool können ungesicherte Gläubiger keine dinglichen Rechte an den gepoolten Sicherheiten erwerben. Absonderungsrechte sind daher auch nur insoweit an einem Verwertungserlös zu beteiligen, als sie wirksam sind und ihnen gesicherte Forderungen zugrunde liegen.[337] Werden solche Wirksamkeitsprüfungen nicht sorgfältig vorgenommen, verhilft die Poolbildung solchen Gläubigern zur Durch-

---

[332] Drees/J.Schmidt in Runkel, Anwaltshandbuch, § 7 Rn. 415b.
[333] Leiner ZInsO 2006, 460 ff.
[334] HambKomm-*Büchler*, InsO, 4. Aufl., 2012, § 51 Rn. 58.
[335] Drees/J.Schmidt in Runkel, Anwaltshandbuch, § 7 Rn. 417.
[336] HambKomm-*Büchler*, InsO, 4. Aufl., 2012, § 51 Rn. 57a.
[337] BGH v. 2.6.2005 – IX ZR 181/03, ZIP 2005, 1651 (1652 f.) m. Bspr. *Leiner* ZInsO 2006, 460 ff.; OLG Köln v. 24.1.2007 – 2 U 50/05, ZIP 2007, 391.

§ 33 Sicherungsrechte in der Insolvenz § 33

setzung ihrer vermeintlichen Sicherungsrechte, sofern nicht ohnehin der Sicherheitenpoolvertrag nach den §§ 129 ff. InsO anfechtbar ist.[338]

Die Einbeziehung weiterer (Sicherungs-) Gläubiger in eine entsprechende Poolvereinbarung ist daher nur dann zulässig, soweit diese Gläubiger außerhalb der Krise oder gegen gleichwertige Darlehensvalutierung erfolgt.[339] 133a

5. Rechtliche Ausgestaltung

Der Pool stellt sich in der Regel als Gesellschaft bürgerlichen Rechts dar. Der hierfür erforderliche gemeinsame Zweck ist die Durchsetzung der jeweiligen Sicherheitenrechte. Im Außenverhältnis tritt für den Pool ein Poolführer auf.[340] Zentraler Regelungsgegenstand eines jeden Poolvertrages ist ein Verteilungsschlüssel. Dementsprechend wird regelmäßig vereinbart, dass jeder (Lieferant), der dem Pool beitritt, eine bestimmte Quote erhält, ohne auf die Problematik des Einzelnachweises verwiesen zu werden. Ausschlaggebend für die Höhe der Quote der einzelnen Poolmitglieder werden in der Regel die einzelnen Anteile der Poolmitglieder an den eingebrachten Sicherheiten bzw. das Werteverhältnis der eingebrachten Sicherheiten der einzelnen Mitglieder zueinander sein.[341] 134

V. Personalsicherheiten

1. Allgemeines

Neben die beschriebenen Sachsicherheiten treten die so genannten Personalsicherheiten. Zu diesen gehören insbesondere Bürgschaften, Schuldmitübernahmen, Garantien oder auch Patronatserklärungen. Anders als bei den Sachsicherheiten haftet nicht ein bestimmter Gegenstand für die Befriedigung des gesicherten Gläubigers, sondern das Vermögen einer anderen Rechtsperson. Vor und während der finanziellen Krise des Hauptschuldners kann der Gläubiger den Dritten entsprechend der allgemeinen Haftungsvoraussetzungen aus der Personalsicherheit in Anspruch nehmen.[342] Es gelten die allgemeinen gesetzlichen Regelungen (§§ 765 ff. 773 Abs. 1 Nr. 1 BGB, § 349 HGB) sowie der zugrunde liegende Sicherheitenvertrag. Auch im vorläufigen Insolvenzverfahren über das Vermögen des Hauptschuldners ergeben sich für die Realisierung der Personalsicherheit eines Dritten keine Besonderheiten. Handelt es sich bei diesen Sicherheiten um Gesellschaftersicherheiten, so muss stets eine Eigenkapitalersatzhaftung bedacht werden. Eine Insolvenzanfechtung dürfte – mit Ausnahme des § 135 InsO – regelmäßig am fehlenden Masseabfluss scheitern, da bei Inanspruchnahme Dritter stets ein anderes Vermögen betroffen ist. Anders zu urteilen ist lediglich dann, wenn durch die Zahlung des Dritten dieser von einer Verbindlichkeit gegenüber dem Schuldner befreit worden ist. Dann liegt regelmäßig durch den Verlust dieser massezugehörigen Forderung eine Verkürzung des schuldnerischen Vermögens und damit eine Gläubigerbenachteiligung vor. 135

---

[338] BGH v. 2.6.2005 – IX ZR 181/03, NJW-RR 2005, 1636 (1637) sowie Karsten Schmidt/*Thole*, InsO, 18. Aufl., 2013, § 51 Rn. 27.
[339] BGH v. 21.2.2008 – IX ZR 255/06, ZInsO 2008, 317 ff.
[340] HambKomm-*Büchler*, InsO, 4. Aufl., 2012, § 51 Rn. 57.
[341] *Drees/J.Schmidt* in Runkel, Anwaltshandbuch, § 7 Rn. 418.
[342] *Drees/J.Schmidt* in Runkel, Anwaltshandbuch, § 7 Rn. 420.

2. Realisierung im Insolvenzverfahren

136 Im Vergleich zu den Sachsicherheiten bestehen bei der Realisierung von Personalsicherheiten Dritter auch nach Eröffnung des Insolvenzverfahren über das Vermögen des Hauptschuldners nur geringfügige insolvenzrechtliche Einschränkungen. Entsprechend gesicherte Gläubiger können daher weitgehend unbehelligt auf das Vermögen des Dritten zugreifen, soweit nicht auch dieser insolvent wird.[343] Dies gilt sowohl für die Regelinsolvenz als auch ein Insolvenzplanverfahren. Mit Rücksicht darauf, dass letzterer privatautonomen Regelungen zugänglich ist, nicht jedoch zu Lasten Dritter, ordnet § 254 Abs. 2 Satz 1 InsO ausdrücklich an, dass (u.a.) die Rechte der Insolvenzgläubiger gegen Mitschuldner und Bürgen des Schuldners durch den Insolvenzplan nicht berührt werden.

137 a) Bürgschaft. Dem Gläubiger steht es in der Insolvenz des Hauptschuldners frei, seine persönliche Forderung als Insolvenzgläubiger entsprechend der allgemeinen insolvenzrechtlichen Regelungen im Insolvenzverfahren durch Anmeldung zur Insolvenztabelle gemäß §§ 38, 87, 174 ff. InsO geltend zu machen. Dass der durch eine Bürgschaft gesicherte Gläubiger parallel hierzu den Bürgen in voller Höhe in Anspruch nehmen kann, beruht auf einer analogen Anwendung des § 43 InsO auf die Bürgschaft.[344]

Nach dem dort geregelten Doppelberücksichtigungsprinzip[345] kann ein Gläubiger, dem mehrere Personen für dieselbe Leistung auf das ganze haften, im Insolvenzverfahren gegen jeden Schuldner bis zu seiner vollen Befriedigung den ganzen Betrag geltend machen, den er zur Zeit der Verfahrenseröffnung zu fordern hatte. Der Gläubiger kann daher die Insolvenzquote für die gesamte Hauptverbindlichkeit beanspruchen und trotzdem den Bürgen in Anspruch nehmen, solange die Befriedigungsquote den Gesamtbetrag der Hauptverbindlichkeit nicht überschreitet.[346] Diese Teilnahme mit dem vollen Berücksichtigungsbetrag hat ferner auch verfahrensrechtliche Wirkung, so dass der entsprechend (dritt-) besicherte Gläubiger bis zur vollständigen Befriedigung ein Stimmrecht in der Höhe seiner vollen Forderung hat.[347] Die Anwendung der Regelung beschränkt sich – entgegen dem Wortlaut – nicht auf die Insolvenz beider Mithaftenden.

Anders stellt sich die Verwertungssituation bei einer so genannten Ausfallbürgschaft dar. Hier kann der Gläubiger in der Insolvenz des Hauptschuldners nicht parallel den Ausfallbürgen in Anspruch nehmen, da sich erst nach Abschluss des Insolvenzverfahrens über das Vermögen des Hauptschuldners beurteilen lässt, ob und in welcher Höhe er ausgefallen ist.[348]

138 Im Übrigen ist die Inanspruchnahme des Bürgen davon abhängig, dass die allgemeinen Anspruchsbedingungen erfüllt sind, sprich die verbürgte Forderung muss fällig und der Gläubiger darf durch den Schuldner noch nicht befriedigt worden sein. Die Fälligkeit der Hauptforderung kann durch Ablauf der vereinbarten Frist, durch Kündigung seitens der Bank oder des Kreditnehmers sowie kraft Gesetzes[349] durch die Eröffnung des Insolvenzverfahrens (§ 41 InsO) eintreten. Liegen die Voraussetzungen einer Inanspruchnahme des Bürgen vor, steht es dem Gläubiger frei, den Bürgen auf Zahlung in Anspruch

---

[343] Auf diese Insolvenz des Sicherungsgebers, d.h. des Bürgen bzw. Garanten oder Patrons soll nicht weiter eingegangen werden.
[344] HK-*Eickmann*, InsO, 6. Aufl., 2011, § 43 Rn. 4.
[345] *Schmidt/Bitter* ZIP 2000, 1077 (1079 ff.).
[346] *Drees/J.Schmidt* in Runkel, Anwaltshandbuch, § 7 Rn. 430.
[347] BGH v. 11.12.2008 – IX ZR 156/07, ZIP 2009, 243 (244).
[348] MünchKommInsO–*Bitter*, InsO, 3. Aufl., 2013, § 43 Rn. 9.
[349] Für diese Frage ist zwischen Tilgungs- und Kontokorrentkredit zu unterscheiden. Vgl. hierzu *Obermüller*, NZI 2001, 225 (226).

§ 33 Sicherungsrechte in der Insolvenz　　　　　　　　　　　　　　§ 33

zu nehmen, ohne vorher gegen den Hauptschuldner gerichtlich vorzugehen oder etwa den Ausgang des Insolvenzverfahrens abzuwarten. Dies entspricht dem Leitbild des § 773 Abs. 1 Nr. 3 BGB.

Erbringt der Bürge seinerseits Zahlungen, so kommt es für die Wirkung seiner Zahlung entscheidend darauf an, ob er seine Leistung vor oder nach Eröffnung des Insolvenzverfahrens über das Vermögen des Hauptschuldners erbringt. Durch vorinsolvenzliche Zahlungen gehen die verbürgte Forderung sowie die für sie bestellten akzessorischen Sicherheiten kraft Gesetzes auf den Bürgen über (§§ 774, 401 BGB).[350] In dem späteren Insolvenzverfahren steht es dem Bürgen sodann frei, die auf ihn übergegangene Forderung des Gläubigers gegen den Hauptschuldner unbeschränkt geltend zu machen und entsprechend zur Tabelle anzumelden.[351] Bei Teilzahlungen des Bürgen, können sowohl der Gläubiger (unter Anrechnung der erhaltenen Teilleistung) als auch der Bürge an dem Insolvenzverfahren teilnehmen.[352] **139**

Leistet der Bürge nach Verfahrenseröffnung Zahlungen, so hindern diese den Gläubiger gemäß § 43 InsO nicht daran, seine Forderung in Höhe ihres Standes bei Verfahrenseröffnung anzumelden und auch in dieser Höhe seiner Forderung an dem Verfahren teilzunehmen. Eine Quotenkürzung tritt erst dann ein, wenn die Quote zusammen mit den Teilzahlungen des Bürgen den Gesamtbetrag seiner Forderung übersteigt. Der Bürge selbst kann seine Regressansprüche, die ihm wegen einer teilweisen Leistung nach Eröffnung des Insolvenzverfahrens erwachsen (§ 774 Abs. 1 BGB), bis zur vollständigen Befriedigung des Gläubigers nicht anmelden. Dies ergibt sich aus dem Verbot der Doppelanmeldung gemäß § 44 InsO.[353] Bei vollständiger Befriedigung des Gläubigers durch den Bürgen nach Verfahrenseröffnung gilt dieses Verbot nicht und der regressberechtigte Bürge kann die auf ihn übergegangenen Forderungen zur Insolvenztabelle anmelden. Gegen eine bereits festgestellte Forderung muss der Insolvenzverwalter nach § 767 ZPO im Wege der Vollstreckungsgegenklage vorgehen.[354] Etwaige Überzahlungen sind vom Insolvenzverwalter nach Bereicherungsrecht zurückzufordern.[355] **140**

b) Schuldbeitritt. Im Unterschied zur Bürgschaft haftet der Dritte nicht lediglich akzessorisch für eine fremde Verbindlichkeit, sondern für eine eigene – durch den Schuldbeitritt begründete – Verbindlichkeit, die sich gemäß den §§ 422 f. BGB eigenständig entwickeln kann. Damit liegt ein Fall der vertraglich begründeten Gesamtschuldnerschaft vor, auf die die Vorschriften der §§ 43, 44 InsO unmittelbar Anwendung finden. Der Gläubiger kann also in der Insolvenz des Hauptschuldners seine Forderung uneingeschränkt im Insolvenzverfahren geltend machen, ohne wegen der Mithaft seines anderen Schuldners eine Minderung seiner Insolvenzforderung hinnehmen zu müssen.[356] Für Zahlungen des Mitverpflichteten vor und nach Verfahrenseröffnung gilt das zuvor Gesagte (Rn. 139 f.). Wie auch der Bürge erwirbt der Mithaftende – nach Maßgabe des gesamtschuldnerischen Innenverhältnisses – durch solche Zahlungen einen aufschiebend bedingten (Rückgriffs-)Anspruch gegen den insolventen Hauptschuldner, für den das Verbot der Doppelanmeldung nach § 44 InsO gilt. **141**

---

[350] Karsten Schmidt/*Thonfeld*, InsO, 18. Aufl., 2013, § 43 Rn. 12.
[351] *Drees/J. Schmidt* in Runkel, Anwaltshandbuch, § 7 Rn. 441.
[352] OLG Jena v. 25.8.2011 – 1 WF 246/11, ZInsO 2011, 1856.
[353] *Obermüller* NZI 2001, 225 (226).
[354] BGH v. 11.12.2008 – IX ZR 156/07, ZIP 2009, 243 (244).
[355] Karsten Schmidt/*Thonfeld*, InsO, 18. Aufl., 2013, § 43 Rn. 13.
[356] FK-*Bornemann*, InsO, 7. Aufl. 2013, § 43 Rn. 2; MünchKommInsO-*Bitter*, InsO, 3. Aufl., 2013, § 43 Rn. 36.

142 c) Garantien. Im Rahmen einer Garantieerklärung verpflichtet sich der Garant gegenüber dem Gläubiger, für einen bestimmten wirtschaftlichen Erfolg oder das Risiko eines zukünftig eintretenden Schadens einzustehen. In den Rechtsfolgen hat der Garantievertrag mit dem Schuldbeitritt im Unterschied zur Bürgschaft gemein, dass eine selbständige Verbindlichkeit begründet wird, die vom weiteren Schicksal der Forderung gegen den Hauptschuldner unabhängig ist. Bei einer so genannten Garantie auf erstes Anfordern, ist der Gläubiger dem Garanten gegenüber im Falle der Inanspruchnahme nicht zu einem Nachweis der Fälligkeit der Hauptforderung verpflichtet. Der Garant ist grundsätzlich auf Verlangen zur Zahlung an den Gläubiger verpflichtet, ohne geltend machen zu können, die Forderung sei im Valutaverhältnis nicht entstanden, nicht fällig oder erloschen.[357] Aus insolvenzrechtlicher Sicht unterscheidet sich die Mithaft eines Garanten in der Insolvenz des Hauptschuldners nicht von der für die Bürgschaft bzw. den Schuldbeitritt beschriebenen Rechtslage (Rn. 137 ff. und 141 ff.). Auch auf die Garantie finden die §§ 43, 44 InsO Anwendung.[358]

143 d) Patronatserklärung. Ein weiteres persönliches Sicherungs- aber auch Finanzierungsinstrument ist die Patronatserklärung.[359] Insbesondere (Konzernmutter-) Gesellschaften können durch Abgabe einer solchen Erlärung Verbindlichkeiten einer Tochtergesellschaft auf andere Weise als durch die beschriebenen Sicherheiten absichern.

144 aa) Harte und weiche Patronatserklärung. Rechtsprechung[360] und Literatur[361] unterscheiden zwischen so genannten harten und weichen Patronatserklärungen. Letztere beinhalten – je nach inhaltlicher Ausgestaltung – allenfalls eine mehr oder weniger solide Vertrauenshaftung.[362] Der Rechtsbindungswille einer harten Patronatserklärung erscheint im Gegensatz hierzu klar. Sie beinhaltet nach gefestigter Auffassung eine vertraglich übernommene garantieähnliche Ausstattungsverpflichtung.[363] Erfüllungstauglich ist jede Maßnahme, die insbesondere zu einer Liquiditäts- und/oder Bonitätssicherung des Begünstigten führt. Hierzu gehören nicht nur liquide Mittel wie Geldzufluss etwa durch Darlehen, sondern auch durch Kapitalerhöhungen mit Einlagen und Anlagegegenstände sowie durch Überlassung von Produktionsgütern und Lizenzen oder aber durch Bereitstellung von Kreditsicherheiten.[364] Da lediglich aus harten Patronatserklärungen entsprechende Ausstattungsverpflichtungen sicher hergeleitet werden können, stellen nur diese geeignete Sicherungsmittel dar; auf weiche Patronatserklärungen soll daher im folgenden nicht weiter eingegangen werden.

145 Der typische Wortlaut[365] einer harten Patronatserklärung lautet: *„Hiermit verpflichtet sich die ... als Mehrheitsgesellschafterin (zwecks Abwendung der Überschuldung der ...) dafür zu sorgen, dass diese Gesellschaft so geleitet und finanziell gestellt wird, dass sie (stets) in der Lage ist, ihre gegenwärtigen und zukünftigen Verbindlichkeiten zu erfüllen. Auf einen Rückgriff nach Inanspruchnahme durch diese Gesellschaft wird verzichtet."*

---

[357] *Drees/J.Schmidt* in Runkel, Anwaltshandbuch, § 7 Rn.479.
[358] HambKomm-*Lüdtke*,4. Aufl., 2012, § 43 Rn. 10 f.
[359] *Obermüller*, Insolvenzrecht in der Bankpraxis, 7. Aufl. 2007, Rn. 6.590.
[360] BGH v. 8.5.2003 – IX ZR 334/01, ZIP 2003, 1097 (1099) m. zahlr. w.N.
[361] *Kiethe* ZIP 2005, 646 (647).
[362] *Küpper/Heinze* ZInsO 2006, 913 ff.; *Kiethe* ZIP 2005, 646 (647).
[363] *Rosenburg/Kruse* BB 2003, 641 ff.
[364] *Drees/J.Schmidt* in Runkel, Anwaltshandbuch, § 7 Rn. 485.
[365] So lautete die Patronatserklärung, wie sie der Entscheidung des OLG München v. 22.7.2004 – 19 U 1867/04, ZIP 2004, 2102 zugrunde lag. Vom BGH zurückgewiesen durch Urteil v. 8.5.2006 – II ZR 94/05, BB 2006, 1467 ff.; hierzu siehe nachstehend.

bb) Konzerninterne und konzernexterne Patronatserklärung. Patronatserklärungen müssen weiter nach dem Erklärungsempfänger unterschieden werden. Denkbar ist die Abgabe der Erklärung gegenüber der auszustattenden (Tochter-)Gesellschaft („konzerninterne Patronatserklärung") zum einen und dem Gläubiger gegenüber („konzernexterne Patronatserklärung") zum anderen. **146**

Bei einer konzernexternen Patronatserklärung handelt es sich um eine einseitige vertragliche Verpflichtung der Patronin, ohne dass ein Vertrag zu Gunsten des Schuldners im Sinne des § 328 Abs. 1 BGB vorliegt. Im Sinne dieser Ausstattungsverpflichtung kann der Schuldner frei über den Einsatz der genannten Maßnahmen entscheiden. Anders als bei den zuvor dargestellten Personalsicherheiten besteht grundsätzlich keine unmittelbare Verpflichtung zur Zahlung an den Gläubiger.[366] Dies ändert sich jedoch mit der Insolvenz der begünstigten Gesellschaft. Dann besteht Einigkeit darüber, dass sich der Anspruch in einen unmittelbaren Zahlungsanspruch des begünstigten Gläubigers umwandelt.[367] **147**

Konzerninterne Patronatserklärungen kommen regelmäßig dann zum Einsatz, wenn die (Tochter-)Gesellschaft in der Krise ist und die Geschäftsführung sich gegen die Inanspruchnahme wegen drohender Insolvenzverschleppung schützen möchte.[368] Für sich genommen begründen solche Verpflichtungen keine Rechte des Gläubigers, sie stellen lediglich ein aufschiebend bedingtes Darlehensversprechen dar.[369] Der Geschäftsführung ist hiermit aber nur geholfen, wenn sie sich fortwährend davon vergewissert, ob die Patronin auch tatsächlich in der Lage ist, die bestehende oder mögliche Überschuldung zu beseitigen und die zugesagten Finanzmittel auch einfordert. In der Insolvenz der begünstigten Gesellschaft haftet die Patronin dieser bzw. deren Insolvenzverwalter gegenüber unmittelbar. Haftungsbegründend ist die – spätestens mit Insolvenzeröffnung – verletzte Ausstattungsverpflichtung. Die Patronin hat den Zustand herzustellen, der bei ordnungsgemäßer Erfüllung ihrer Ausstattungsverpflichtung bestünde, d.h. der Schuldnerin die finanziellen Mittel zur Verfügung stellen, die sie benötigt, um ihren finanziellen Verpflichtungen gegenüber Dritten zu erfüllen, das Insolvenzverfahren zu beenden und den Geschäftsbetrieb fortzusetzen.[370] Geltend zu machen ist dieser massezugehörige Anspruch vom Insolvenzverwalter. **148**

cc) Untergang der Ausstattungsverpflichtung mit Insolvenz der begünstigten Tochtergesellschaft – Urteil des OLG Celle vom 28.6.2000.[371] Diese Sicherungsfunktion der Patronatserklärung durch die Begründung eines Ausstattungsanspruchs entweder des Insolvenzverwalters oder des Gläubigers selbst ist durch ein Urteil des OLG Celle vom 28.6.2000 gefährdet.[372] Das Gericht konterkariert die bei Insolvenz der (Tochter-)Gesellschaft von der herrschenden Meinung befürwortete Umwandlung der Ausstattungsverpflichtung in unmittelbare Zahlungsverpflichtungen, indem es wörtlich ausführt:[373] *„Ein gegebenenfalls zu bejahender Ausstattungsanspruch der Gesellschaft wandelt sich in einem solchen Fall insbesondere nicht in eine Verpflichtung des Erklärenden um, die im Vollstre-* **149**

---

[366] MünchKommBGB-*Habersack*, 5. Aufl., 2009, vor § 765 Rn. 50; BGH v. 30.1.1992 – IX ZR 112/91, ZIP 1992, 338 (340).
[367] BGH v. 8.5.2003 – IX ZR 334/01, ZIP 2003, 1097 (1099); BGH v. 30.1.1992 – IX ZR 112/91, ZIP 1992, 338 (340); *Kiethe* ZIP 2005, 646 (649).
[368] *Küpper/Heinze*, ZInsO 2006, 913 (914 f.).
[369] *Kiethe* ZIP 2005, 646 (649 f.).
[370] *Drees/J.Schmidt* in Runkel, Anwaltshandbuch, § 7 Rn. 486b.
[371] OLG Celle v. 28.6.2000 – 9 U 54/00, NdsRpfl 2000, 309 (310).
[372] OLG Celle v. 28.6.2000 – 9 U 54/00, NdsRpfl 2000, 309 (310).
[373] *Drees/J.Schmidt* in Runkel, Anwaltshandbuch, § 7 Rn. 486c.

ckungsverfahren befindliche Gesellschaft mit Mitteln zur Befriedigung der Vollstrekungsgläubiger auszustatten"[374] Komme es trotz Abgabe einer solchen Patronatserklärung zu einem Insolvenzantrag, könne der verfolgte Unterstützungszweck entfallen sein.

Wörtlich heißt es in der Entscheidung: *„Der Sinn der von der Beklagten abgegebenen Erklärung kann bei verständiger Würdigung des Erklärungsinhaltes, §§ 133, 157 BGB, nur darin gesehen werden, die Gesellschaft lebensfähig zu erhalten, mithin den Eintritt des Vermögensverfalls und die Eröffnung eines Konkurses oder Gesamtvollstreckungsverfahrens zu verhinden. Wenn aus welchen Gründen auch immer dieser mit der Erklärung verbundene Zweck nicht erreicht werden kann oder mit der Eröffnung des Gesamtvollstreckungsverfahrens wie hier vereitelt worden ist, besteht eine den Beklagten treffende Verpflichtung zur weiteren Stützung der Gesellschaft nicht mehr."*

150 Rechtsprechung[375] und Literatur[376] sind sich darüber einig, dass dieses Urteil in der Sache nicht zu überzeugen vermag. Sollte der Ausstattungsanspruch mit der Insolvenz der unterstützten Gesellschaft untergehen, widerspreche dies dem Wesen der Patronatserklärung als Sicherungsmittel, gerade im Fall der Insolvenz des Sicherungsnehmers seine Wirkung zu entfalten.[377] Der Sicherungszweck einer Patronatserklärung gebiete den Fortbestand der Ausstattungsverpflichtung in der Insolvenz bzw deren Umwandlung in einen Schadensersatzanspruch – entweder des Insolvenzverwalters (konzerninterne Patronatserklärung) oder des jeweiligen Gläubigers (konzernexterne Patronatserklärung) – wegen Nichterfüllung.

Wegen der Abweichung zu der Entscheidung des OLG Celle hatte das OLG München die Revision zugelassen, obwohl die Divergenz nicht die Entscheidung tragende Gründe betraf. In der Zwischenzeit ist die Revision zurückgenommen worden. Die Literatur hat damit vergeblich auf eine Klarstellung durch den BGH gehofft,[378] der auch in der als SPORTGATE bekannt gewordenen Entscheidung vom 8.5.2006 die Gelegeneheit verpasst hat, diese für die Beratungspraxis bedeutsame Frage zu klären.[379] Dabei hätte der BGH lediglich den für schuldrechtliche Verlustdeckungszusagen bejahten Fortbestand in der Insolvenz der (Tochter-)Gesellschaft auf Patronatserklärungen ausweiten müssen. Dies hat er jedoch nicht getan.[380] Teile der Literatur versuchen nun aus der Vergleichbarkeit von schuldrechtlichen Verlustdeckungszusagen auch für harte Patronatserklärungen den Fortbestand der Ausstattungsverpflichtung in der Insolvenz zu bejahen.[381] Dies mag ein fruchtbarer Erklärungsansatz sein, der jedoch nichts an der Zurückhaltung ändern wird, die Patronatserklärung als Sicherungsinstrument zu empfehlen.[382]

---

[374] OLG Celle v. 28.6.2000 – 9 U 54/00, NdsRpfl 2000, 309 (310).
[375] OLG München v. 22.7.2004 – 19 U 1867/04, ZIP 2004, 2102.
[376] *Tetzlaff* EWiR 2005, 31 (32); *Küpper/Heinze* ZInsO 2006, 913 (914 f.); *Kiethe* ZIP 2005, 646 (650); *Paul* ZInsO 2004, 1327 (1328 f.); *Wolf* ZIP 2006, 1885 (1891).
[377] OLG München v. 22.7.2004 – 19 U 1867/04, ZIP 2004, 2102.
[378] *Tetzlaff* EWiR 2005, 31 (32).
[379] BGH v. 8.5.2006 – II ZR 94/05, ZIP 2006, 1199 (Boris Becker/Sportgate) m. ausführl. Bspr. von *Wolf* ZIP 2006, 1885 ff.
[380] *Drees/J.Schmidt* in Runkel, Anwaltshandbuch, § 7 Rn. 486 f.
[381] *Wolf,* ZIP 2006, 1885 ff.
[382] *Drees/J.Schmidt* in Runkel, Anwaltshandbuch, § 7 Rn. 486 f.

7. Teil
Rechnungslegung und Steuern

§ 34 Rechnungslegung in der Insolvenz

Übersicht

	Rn.
I. Einleitung	1–5
II. Handelsrechtliche Rechnungslegung in der Insolvenz	6–12
III. Rechnungslegung nach der InsO	13–19
IV. Der Insolvenzplan als Bestandteil der insolvenzrechtlichen Rechnungslegung	20

I. Einleitung

Die InsO enthält nur eine einzige Norm[1] zu den handels- und steuerrechtlichen Rechnungslegungspflichten während eines Insolvenzverfahrens. Gleichwohl existieren zahlreiche einzelne Vorschriften, die den Insolvenzverwalter zum Nachweis seiner Tätigkeit zur Erstellung bestimmter insolvenzrechtlicher Rechenwerke zwingt.[2] Aufgrund der spärlichen gesetzlichen Regelungen bleibt der Literatur und Rechtsprechung die Aufgabe, Rechnungslegungsgrundsätze für den Insolvenzfall zu entwickeln. Dementsprechend wird die Rechnungslegung in der Insolvenz in der Literatur und Rechtsprechung seit längerer Zeit kontrovers diskutiert, weil die nachgesetzlichen Vorgaben zu führenden Rechenwerken sich überschneiden und der damit verbundene Aufwand nicht durch den damit verbundenen Nutzen abgedeckt ist.[3] Die Rechnungslegung lässt sich wie folgt strukturieren:

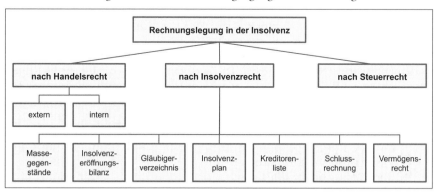

Abb. 1: Rechnungslegung in der Insolvenz

---

[1] § 155 InsO.
[2] §§ 66, 151 ff., 217 ff. InsO.
[3] Vgl. grundlegend *Kunz/Mundt* DStR 1997, 620 ff.; *Pelka/Niemann*; *Scherrer/Heni*; *Budde/Förschle/Winkeljohann*.

2 Die Rechnungslegungspflichten bestehen nach Eröffnung des Insolvenzverfahrens fort.[4] Diese Pflichten gelten für Kapital- und Personengesellschaften gleichermaßen und unabhängig davon, ob der Betrieb fortgeführt oder stillgelegt werden soll. Für Personengesellschaften erlischt die Verpflichtung, Bücher zu führen und Jahresabschlüsse zu erstellen, wenn im Rahmen der Abwicklung durch die schrumpfenden Aktivitäten des Unternehmens ein vollkaufmännischer Geschäftsbetrieb nicht mehr erforderlich ist. Der so definierte Minderkaufmann ist per Gesetz nicht buchführungspflichtig.[5] Dagegen sind Kapitalgesellschaften als Formkaufleute stets zur Buchführung verpflichtet.[6] In Bezug auf die Insolvenzmasse ist die Rechnungslegungspflicht vom Insolvenzverwalter zu erfüllen. In der Literatur wird darüber hinaus diskutiert, ob von der Rechnungslegungspflicht in Ausnahmefällen abgewichen werden kann, weil massearme Insolvenzverfahren durch die Buchführungs- und Bilanzierungspflicht übermäßig mit Kosten belastet werden. Wird das Unternehmen durch Beschluss der Gläubigerversammlung stillgelegt und ergeben sich aus der unterlassenen Buchführung und den nicht aufgestellten Jahresabschlüssen keine Auswirkungen auf die Gläubigerforderungen und keinerlei Erkenntniswert für das Insolvenzverfahren, kann die Pflichterfüllung in diesen Fällen nicht zweckmäßig sein.[7] U. E. spricht für eine allgemeine Rechnungslegungspflicht, dass der Insolvenzverwalter sich aus Haftungsgründen selbst zu kontrollieren hat.[8] Auch wenn das Verfahren massearm ist und der Kostenaufwand nicht vertretbar erscheint, bleibt der Insolvenzverwalter zur handelsrechtlichen Buchführung verpflichtet. Haftungsgrenzen sind nach wie vor dort, wo der Insolvenzverwalter die Mängel der Buchhaltung weder kennen, noch beheben konnte.[9]

3 Eine „interne" Pflicht zur Rechnungslegung analog der Liquidationsrechnungslegung[10] wird ebenfalls kontrovers diskutiert. Die Folgen der Analogie aus Erstellung von Schluss- und Insolvenzeröffnungsbilanzen bezeichnen *Kunz/Mundt* als insolvenzzweckwidrig.[11] Die Insolvenzeröffnung führt nicht automatisch zur Geschäftseinstellung und wie bei der Liquidation damit zum Ende der werbenden Gesellschaft. Zunächst ist von einer positiven Fortführungsprognose auszugehen.[12] Erst im Berichtstermin oder mit Zustimmung der Gläubigerversammlung auch vorher wird über die Stilllegung der Gesellschaft beschlossen.[13] Nach der Begründung des Regierungsentwurfes zur InsO (RegE) gelten die Fristen zur Jahresabschlusserstellung um die Zeit bis zum Prüfungstermin im Insolvenzverfahren als verlängert und die interne insolvenzrechtliche Rechnungslegung (Erstellen von Vermögensübersichten usw.) hat bis dahin Vorrang vor der handels- und steuerrechtlichen Rechnungslegung.[14]

4 Erst auf den Tag des Stilllegungsbeschlusses sollte u. E. eine Schluss- und eine Insolvenzeröffnungsbilanz aufgestellt werden. Bei (auch zeitweiliger) Fortführung des Krisenunternehmens entfällt nach Auffassung von *Kunz/Mundt* die Aufstellung dieser Sonderbilanzen, da das Geschäftsjahr weiterhin beibehalten werden kann und auch die Bilanzie-

---

[4] Vgl. § 155 Abs. 1 InsO.
[5] §§ 1, 2, 4 Abs. 1 i.V.m. § 238 HGB.
[6] §§ 6 Abs. 2 HGB i.V.m. § 238 HGB.
[7] Vgl. *Kunz/Mundt* DStR 1997, 671, m.w.N.
[8] § 60 Abs. 1 InsO.
[9] Vgl. *Pelka/Niemann,* Rn. 20.
[10] § 270 AktG, § 71 GmbHG.
[11] Vgl. *Kunz/Mundt* DStr 1997, 671.
[12] Vgl. § 22 Abs. 1 Satz 2 Nr. 2 InsO.
[13] § 157, § 158 Abs. 1 InsO.
[14] Vgl. RegE in *Balz/Landfermann,* 263.

rungsgrundsätze (wie going-concern) fortgelten.[15] Die Schlussbilanz der werbenden Gesellschaft ist u. E. stets bei Unternehmensfortführung entbehrlich. Jedoch sollte auf einen Zwischenabschluss nach wie vor mit der h.M. nicht verzichtet werden, zumal weite Teile der Arbeiten nach der InsO, vgl. Abb. 1, stets durchgeführt werden müssen. Mit der eigentlichen internen, insolvenzrechtlichen Rechnungslegung erfüllt der Insolvenzverwalter seine Pflichten gegenüber den Gläubigern und dem Gericht. Bei Eröffnung des Insolvenzverfahrens sind die Massegegenstände und die Gläubiger zu verzeichnen; darauf aufbauend ist eine Vermögensübersicht zu erstellen.[16] Das Gläubigerverzeichnis enthält eine Aufteilung zu den Absonderungsberechtigten und den nachrangigen Gläubigern.[17] Bei den Massegegenständen sind Einzelveräußerungs- und (ggf.) Fortführungswerte anzugeben. Der Insolvenzverwalter hat auf Anforderung Zwischenrechnungen und Sachstandsberichte zur Geschäftsführung zu erstellen oder andere einzelne Auskünfte zu geben.[18] Zum Verfahrensende ist gegenüber der Gläubigerversammlung Rechnung zu legen, was ebenfalls nur mit der speziellen insolvenzrechtlichen Rechnungslegung geleistet werden kann.

Verbleibt an dieser Stelle auf die Buchführungspflichten nach Steuerrecht hinzuweisen. Den Besonderheiten des Steuerrechtes in der Insolvenz und den daraus folgenden Konsequenzen ist ein besonderer Abschnitt in diesem Kapitel gewidmet.[19] Es folgen im Überblick die anzuwendenden wesentlichen Normen für das Handelsrecht in der Insolvenz und die insolvenzrechtlichen Rechenwerke vor dem Hintergrund der Fortführung der Gesellschaft. Zu der Regeldarstellung bei Zerschlagung als weitere Alternative sei auf die eingangs erwähnte Literatur verwiesen. 5

II. Handelsrechtliche Rechnungslegung in der Insolvenz

Unabhängig von der Diskussion, ob Liquidations- oder Zwischenbilanzen zu erstellen sind, ergeben sich bei fortlaufender Rechnungslegungspflicht im Laufe des Insolvenzverfahrens Fragen, inwieweit in den Jahresabschlüssen von den herkömmlichen Grundsätzen zu Bilanzansatzbewertung und -gliederung abgewichen werden kann oder muss, wobei die wichtigsten Regeln zu besprechen sind. 6

Im Prinzip kann im eröffneten Insolvenzverfahren auf die Grundsätze ordnungsmäßiger Buchführung (GoB) zurückgegriffen werden. Für die laufenden Jahresabschlüsse bis zum positiven Ende des Insolvenzverfahrens durch Verabschiedung eines Insolvenzplans gilt weiterhin das Stichtagsprinzip,[20] so dass auf Basis der Inventur ein Jahresabschluss zu erstellen ist. Von besonderer Bedeutung ist die Beachtung des Prinzips der Vollständigkeit,[21] da die Bücher der Krisenunternehmen häufig nicht entsprechend fortgeführt werden bzw. vorher Mängel aufgewiesen haben. Folglich sollte z.B. zur Risikominimierung trotz Anlagenkartei im Anlagevermögen auf eine körperliche Bestandsaufnahme nicht verzichtet werden, zumal im Laufe des Insolvenzverfahrens häufig Posten des Anlagevermö- 7

---

[15] *Kunz/Mundt* leiten dies aus der Entwicklung der einschlägigen §§ des AktG her, vgl. *Kunz/Mundt* DStR 1997, 665 f. und 671.
[16] §§ 151–153 InsO.
[17] Vgl. *Pelka/Niemann,* Rn. 25.
[18] §§ 66 Abs. 3, 69, 79 InsO.
[19] Vgl. § 7b dieses Handbuches, insbesondere Rn. 76, 84.
[20] § 242 Abs. 1 und 2 HGB.
[21] § 246 Abs. 1 HGB.

gens en bloc veräußert werden,²² wenn z.B. nicht fortführungsfähige Betriebsteile verwertet werden. Die Handelsbilanz enthält auch sämtliche Positionen der angemeldeten Forderungen unabhängig vom Ansatz und die nicht angemeldeten, die nach Verfahrensende noch geltend gemacht werden können. Teilweise sind für letztere auch Rückstellungen zu bilden.²³ Weiterhin gelten von den allgemeinen Grundsätzen der Grundsatz der Bilanzidentität, das Prinzip der Einzelbewertung und die Bewertungsstetigkeit.²⁴ Im Rahmen des Grundsatzes der Bewertungsstetigkeit ist zu beachten, dass Vermögensgegenstände der nicht mehr fortgeführten Betriebsteile mit Zerschlagungswerten zu bewerten sind.²⁵ Die Bilanzgliederung ändert sich insoweit nicht. Auch die übrigen GoB, insbesondere das Going-Concern-Prinzip, gelten bei Weiterführung des Betriebes fort.

8   Die allgemeinen handelsrechtlichen Ansatzvorschriften bleiben in der Insolvenz anwendbar. Die dem Geschäftsbetrieb weiterhin dauernd dienenden Vermögensgegenstände gehören zum Anlagevermögen, Vorräte zum Umlaufvermögen usw. Bilanzierungsge- bzw. -verbote und -wahlrechte sind zu beachten.²⁶ Zum Stichtag verursachte Kosten der Insolvenz sind zurückzustellen. Hierzu gehören Sozialplanaufwendungen für ausscheidende Mitarbeiter, wenn entsprechende Beschlüsse getroffen sind und die Unterrichtung des Betriebsrates bevorsteht.²⁷ Bei den Steuerverbindlichkeiten ist zu prüfen, ob in Vorjahren durch window-dressing zu günstige Ergebnisse ausgewiesen worden sind, indem z.B. bestimmte Risiken des Unternehmens nicht als Rückstellung oder Wertberichtigung berücksichtigt sind. Mit Änderungen der Vorjahresbilanzen sind bzw. können unter bestimmter Voraussetzung die Steuerschulden gesenkt werden.²⁸

9   Die handelsrechtlichen Bewertungsvorschriften gelten ebenfalls fort. Besonderheiten ergeben sich aus anstehenden Veräußerungen von Anlagegegenständen, die nach dem strengen Niederstwertprinzip zu Veräußerungswerten zu bewerten sind.²⁹ Die kurz skizzierten Regeln gelten für Kapital- und für Personengesellschaften gleichermaßen. Bei den Kapitalgesellschaften finden darüber hinaus die bekannten handelsrechtlichen Spezialvorschriften Anwendung.³⁰ Bei Einzelunternehmen und Personengesellschaften sollte erwähnt werden, dass bei geplanten Teilbetriebsveräußerungen der einkommensteuerlich relevante Gewinn erst im Zuge des tatsächlichen Abverkaufs realisiert wird.³¹

10 Die Gliederungsvorschriften beeinflussen je nach Rechtsform und Größenkategorie die Bilanz sowie die Gewinn- und Verlustrechnung (GuV).³² Erweiterte Gliederungen sind ggf. sinnvoll. So könnten z.B. in der GuV die Ergebnisse des fortgeführten Betriebes von den abzuwickelnden Teilen getrennt dargestellt oder Abwicklungsaufwand/-erlös angemessen untergliedert ausgewiesen werden.³³

---

²² Vgl. Pelka/Niemann, Rn. 128.
²³ Vgl. ebenda.
²⁴ § 252 Nr. 1, 3 und 6 HGB.
²⁵ Vgl. Adler/Düring/Schmaltz, § 247, Rn. 117 ff.
²⁶ Z. B. § 248 Abs. 2 (Kein Ausweis originärer immaterieller Werte), § 250 (Rechnungsabgrenzung) HGB u.a.
²⁷ Vgl. Pelka/Niemann, Rn. 146.
²⁸ Vgl. ebenda, Rn. 149.
²⁹ Vgl. ebenda, Rn. 151.
³⁰ §§ 264 ff. HGB. Natürlich gibt es weitere Regelungen zu unterschiedlichen Branchen (Versicherungen usw.) im HGB, PublG usw., die ebenfalls zu beachten sind.
³¹ Vgl. Onusseit/Kunz, S. 76 m.w.N.
³² Z. B. § 267 i.V.m. §§ 265 f. HGB für Kapitalgesellschaften und Personengesellschaften i.S.d. § 264a HGB (KapCo-Gesellschaften). Die Gliederungsvorschriften wirken über die GoB entsprechend auch auf die übrigen Personengesellschaften. Vgl. auch § 247 Abs. 1 HGB.
³³ Vgl. Budde/Förschle/Winkeljohann, Rn. R 255 ff.

Lagebericht und Anhang behalten ebenfalls ihre Funktion.[34] Dem Anhang kommt 11
durch die Insolvenzeröffnung und deren Folgen für den Jahresabschluss bei ggf. geänderter Bilanzierungsmethode besondere Bedeutung zu. Die Prüfungs- und die Offenlegungspflicht bleiben bestehen, können durch das Insolvenzgericht aber abbedungen werden. Das Registergericht kann die Gesellschaft von der Abschlussprüfung befreien[35], was nur für Zeiträume ab Beginn der Liquidation sinnvoll erscheint.[36] Das Landgericht Hagen hat bei Masseunzulänglichkeit kein Ordnungsgeld gegen den Insolvenzverwalter wegen unterbliebener Offenlegung des Jahresabschlusses festgelegt.[37]

Grundsätzlich wirken sich die Folgen aus der handelsrechtlichen Rechnungslegung auf die Steuerbilanz aus. Fragen zur Verlustverwertung, -vortrag, -rücktrag, Umwandlungen usw. werden an anderer Stelle erläutert bzw. die spezifische Bedeutung des Steuerrechts in der Insolvenz weiter unten beschrieben. Der Pflicht zur Buchführung und zur Jahresabschlusserstellung wird man sich nur in wenigen Fällen entziehen können. Das gilt unbedingt im Falle der Unternehmensfortführung, aber auch bei einer mehrperiodigen Abwicklung.

III. Rechnungslegung nach der InsO

Mit der eigentlichen internen Rechnungslegung weist der Insolvenzverwalter seine Tä- 12
tigkeit gegenüber Gläubigern und Gericht nach. Wesentlicher Bestandteil dabei ist zunächst die Vermögensübersicht.[38] Kriterien für Inhalt und Gestaltung der Übersicht sind zweckentsprechend abzuleiten, damit die notwendigen Entscheidungen während des Verfahrens sachgerecht getroffen werden können. Als wesentliches Ziel steht im Vordergrund, ob für die Beteiligten die Unternehmensfortführung oder eine Stilllegung empfehlenswert ist. Aber auch andere Informationen werden benötigt, wie die Kosten des Verfahrens.[39] Zu jedem Zeitpunkt muss der Verwalter über die Vermögensentwicklung und andere Sachverhalte im Bilde sein. Die Vermögensübersicht unterstützt die Erreichung der insolvenzrechtlichen Ziele und unterscheidet sich daher von den handelsrechtlichen Bilanzen.[40]

Die aus den GoB abzuleitenden allgemeinen Regeln sind zweckentsprechend einzu- 13
setzen. Mithin ist die Vermögensübersicht richtig, willkürfrei, vollständig, klar und wahr aufzustellen. Die Grundsätze der Stetigkeit und der Einzelbewertung gelten analog. Den allgemeinen Grundsätzen sind aber insolvenzrechtlich orientierte Grenzen auferlegt. So sind bei jedem Wert Fortführungs- und Zerschlagungswerte anzugeben. Um dem Grundsatz der Richtigkeit/Willkürfreiheit gerecht zu werden, sind die Prognoseverfahren zur Wertermittlung sorgfältig auszuwählen. Da der Verfahrensbeteiligte stets zeitnahe Informationen benötigt, ist das Vollständigkeitsprinzip gegenüber dem Grundsatz der Wesentlichkeit und der Wirtschaftlichkeit abzuwägen. Das Vorsichtsprinzip wird durch den Grundsatz der neutralen Wertermittlung ersetzt, um zu zutreffenden Wertvorstellungen im Rahmen der Entscheidungsfindung zu gelangen.[41] Die Einzelbewertung findet

---

[34] § 284 f., § 289 HGB.
[35] Vgl. §§ 270 abs. 3 AktG und 71 Abs. 3 GmbHG analog.
[36] OLG München DB 2005, 2013.
[37] LG Hagen ZIP 2007, 1766.
[38] § 153 Abs. 1 InsO.
[39] §§ 54, 55 InsO.
[40] Vgl. *Pelka/Niemann*, S. 126 f. zu Zwecken der Vermögensübersicht.
[41] Vgl. ebenda, S. 138.

dort ihre Grenze, wo bestimmte Vermögensgegenstände optimal en bloc veräußerbar sind.

14   Um die insolvenzrechtlichen Anforderungen zu erfüllen, ist die Vermögensübersicht wie folgt vertikal und horizontal aufzugliedern:[42]

Vermögensübersicht nach der Insolvenzverordnung
der Firma ...   per

A. Aktiva

Titel	Buch-wert*	Wert bei Ansatz von			Freie Masse bei Ansatz von	
		Veräuße-rungs-wert	Fort-füh-rungs-wert	Abson-derungs-rechte, Aufrech-nung	Veräuße-rungs-wert	Fort-füh-rungs-wert
	€	€	€	€	€	€

I. **Anlagevermögen:**
1. Grundvermögen in ..., eingetragen im Grundbuch von ... Nr. ... Flurst.Nr. ..., ... qm
2. Geschäftsausstattung einschließlich Fuhrpark (Fahrzeuge) und Büroeinrichtung
3. Beteiligung an Firma
II. **Umlaufvermögen:**
1. Vorräte:
  a) Roh-, Hilfs- und Betriebsstoffe
  b) Fertig- und Halbfertigprodukte
2. Forderungen aus Lieferungen und Leistungen
3. Kassenbestand
4. Postscheckguthaben
5. Bankguthaben:
6. Forderungen an verbundene Unternehmen
7. Sonstige Vermögenswerte
8. Noch offene Einlageverpflichtung
III. **Überschuldung:**
Summe der Aktiven						

*) Angaben nicht zwingend, nur zu Abstimmungszwecken

---

[42] Vgl. ebenda, S. 140.

Vermögensübersicht nach der (Vertikalgliederung Passivseite)

B. Passiva

Gläubiger, Name, Anschrift	Buchwert	Wert bei Ansatz von		Gläubiger mit Aus- oder Absonderungsrechten	Gläubiger ohne Vorrechte
		Veräußerungswert	Fortführungswert		
	€	€	€	€	€
I. Masseverbindlichkeiten					
II. Insolvenzgläubiger					
1. Banken					
2. Lieferanten					
3. Verbundene Unternehmen					
4. Sonstige					
5. Gläubiger hinsichtlich besonderer Vertragsverhältnisse					
III. Nachrangige Gläubiger					
1. Rang					
2. Rang					
3. Rang					
4. Rang					
5. Rang					

Die vertikale Gliederung der Aktivseite nach ihrem Liquiditätsgrad entspricht im Wesentlichen dem handelsrechtlichen Bilanzschema und gibt damit eine Aussage darüber, in welcher zeitlichen Abfolge bei negativer Entscheidung über Fortführung die Vermögensgegenstände veräußert werden können. Die auszusondernden Vermögensgegenstände sind, wie die zurechenbaren Verbindlichkeiten, nicht enthalten. Weiter ist für die horizontale Gliederung die Aufrechnungslage und der Umfang der Absonderungsrechte bzw. die dazugehörigen Schulden nach der InsO von Bedeutung. Auch die Rangklassen der Gläubiger spiegeln sich in der Horizontalgliederung wider.[43] Die Positionen auf der Passivseite sind zu Buchwerten anzugeben. Auf der Aktivseite sind Veräußerungs- und Fortführungswerte nebeneinander aufzulisten.

Gerade Letzteres entscheidet mit über das Ergebnis im Berichtstermin und stellt die Praxis vor Probleme. Mit dem Veräußerungs- bzw. Zerschlagungswert stellt sich das Prognoseproblem, weil bekanntlich allein die jeweilige Zerschlagungsgeschwindigkeit zu unterschiedlichen Erlöswerten führen kann. Die Veräußerung von Betriebsteilen bzw. des Gesamtbetriebes führt u.U. zu höheren Werten als bei Einzelverkauf, was in der Vermögensübersicht oder an gesonderter Stelle zu erläutern ist. Bei Fortführungswerten ergeben sich ebenfalls Prognoseprobleme sowie die Frage der Zuordnung. Denn letztlich leitet sich der Wert aus der Summe der Verwertungserlöse abzüglich damit verbundener Ausgaben (Cashflow) ab. Der Überschuss ist den zu bilanzierenden Wirtschaftsgütern zuzuordnen. U. E. können Fortführungswerte zunächst nur Buchwerte sein, die auch handelsrechtlich unter der Going-Concern-Prämisse anzusetzen sind. Darüber hinaus

---

[43] §§ 153 Abs. 1 Satz 2 i.V.m. 152 Abs. 2 Satz 1, 39, 327 InsO.

§ 34
7. Teil. Rechnungslegung und Steuern

sind die Kosten der Insolvenz – z.B. in einem gesonderten Posten – abzuziehen und der „Überschuss" (bzw. Fortführungsmehrwert) in einer Gesamtposition auf der Aktivseite darzustellen, um die freie Masse zu ermitteln.[44]

17 Die Buchwerte sind hinlänglich bekannt und die stillen Reserven durch die Veräußerungswerte auch bzw. können durch einen erfahrenen Verwerter geschätzt werden. Bei der Fortführungsentscheidung wollen die Beteiligten wissen, wie hoch der Sanierungsbeitrag ist oder wie hoch der Forderungsverzicht, das Massevolumen u.a. sowie die Aussicht auf weitere Gläubigerbefriedigung durch das sanierte Unternehmen sind. Die Antworten können sinnvollerweise nur durch einen Sanierungsplan bzw. dessen einzelne Bestandteile (Finanzplan usw.) gegeben werden. Definiert man den Fortführungswert z.B. als den Ertragswert des sanierten Krisenunternehmens (Sanierungsendwert), so sollte dieser Sanierungsendwert höher als der Zerschlagungswert sein, um eine Fortführung zu rechtfertigen.[45] Im umgekehrten Fall ist das Krisenunternehmen abzuwickeln. Eine Aufteilung des Fortführungs- bzw. Sanierungsendwertes auf die einzelnen Aktivpositionen erscheint u.E. nicht notwendig, obwohl es so im Gesetz vorgesehen wird. Für die Ermittlung des Ertragswertes des sanierten Unternehmens wird auf die Grundsätze zur Unternehmensbewertung,[46] aber auch auf die hier dargestellten Ausführungen zur Erstellung und Prüfung von Sanierungskonzepten im Teil 2 des Handbuches verwiesen.

18 Der Veräußerungswert der einzelnen Aktiva hängt zunächst von der Möglichkeit ab, Sachgesamtheiten, Betriebsteile usw. zu veräußern, die dann gesondert auszuweisen und ebenfalls zum Ertrags- bzw. erzielbaren Verkaufswert zu bewerten sind. Bei den im Übrigen einzeln zu bewertenden Aktivposten können Bewertungsprobleme vorliegen. Z.B. sind immaterielle Wirtschaftsgüter schwer ver- und bewertbar, wenn die betriebliche Bindung nicht zu lösen ist. Grundvermögenswerte ermitteln sich dagegen auch ohne Angebot, ggf. mit gutachterlicher Unterstützung einfacher. Stets, wenn ein Markt für die einzelnen Güter, wie bei technischen Anlagen, Vorräten und Forderungen, vorhanden ist, lässt sich unter der besonderen Unternehmenssituation mit Zu-/Abschlägen ein wahrscheinlicher Veräußerungswert bestimmen. Bei nicht börsennotierten Finanzanlagen erscheint dies schwieriger und nur im Schätzwege möglich. Nicht alle Vermögenswerte sind bei der Insolvenzeröffnung in der Buchhaltung enthalten. Schadensersatzansprüche gegenüber Geschäftsführern, Haftungsansprüche gegen beschränkt haftende Gesellschafter und Rückgewähransprüche aus Anfechtungstatbeständen etc. sind zu prüfen und entsprechend in die Vermögensübersicht einzustellen. Die Wertermittlung der Passiva wird von den rechtlichen Gegebenheiten bestimmt. Im Vordergrund stehen hier Fragen zur meist eindeutigen Höhe, zur insolvenzrechtlichen Durchsetzbarkeit (z.B. kapitalersetzendes Darlehen) und zum Verhältnis der Schulden zueinander (Rangklassen). Insbesondere die Folgekosten der Insolvenzeröffnung (Massekosten, -verbindlichkeiten) können nur bei detaillierter Planung des Verfahrensablaufs prognostiziert werden.

19 Die zum Stichtag der Insolvenzeröffnung aufzustellende Vermögensübersicht basiert im Grunde auf dem ebenfalls dann zu erstellenden Verzeichnis der Massegegenstände und der Gläubiger,[47] die z.B. Mengenangaben, genaue Bezeichnung u.a. hier nicht weiter erläuterte Informationen enthalten. Bei länger andauernden Insolvenzverfahren wird die Vermögensübersicht zu bestimmten Zeitpunkten je nach Bedarf fortgeschrieben und eine Ergebnisrechnung für den Zeitraum erstellt, um z.B. zwischenzeitlich realisierte

---

[44] Vgl. auch *Pelka/Niemann,* Rn. 489.
[45] *Groß* nennt den durch Sanierungsmaßnahmen zusätzlich erzielbaren Unternehmenswert Sanierungsmehrwert; vgl. *Groß,* WPK-Sonderheft 12/1997, 79.
[46] Vgl. z.B. IDW S 1, Rn. 1 ff.
[47] §§ 151, 152 InsO.

§ 34 Rechnungslegung in der Insolvenz   § 34

Verwertungserlöse und bezahlte Masseverbindlichkeiten zu zeigen. Derartige Zwischenübersichten folgen den gleichen o.g. Regeln. Bevor der Insolvenzplan aus abschlusstechnischer Sicht betrachtet wird, sei noch auf die Schlussrechnung hingewiesen, die über die gesamte Tätigkeit des Insolvenzverwalters Aufschluss gibt und das Ende des Verfahrens und der damit verbundenen insolvenzrechtlichen Rechnungslegung markiert. In der Schlussrechnung fasst der Insolvenzverwalter mittels einer Überschussrechnung, fakultativ mit Schlussübersicht, die Ergebnisse seiner Geschäftsführung zusammen und berichtet z.B., welche Prozesse und Rechtsgeschäfte abgewickelt, welche Aussonderungsrechte festgestellt und bedient sowie welche Gegenstände freigegeben wurden. Der Schlussrechnung sind entsprechende Nachweise (Bankbelege usw.) beizufügen. Eine Schlussbilanz ist zwar nicht verpflichtend, wird aber wie die Ausnutzung der doppelten Buchführung im Gegensatz zur in praxi oft gebräuchlichen pagatorischen Rechnung empfohlen.

IV. Der Insolvenzplan als Bestandteil der insolvenzrechtlichen Rechnungslegung

Der Insolvenzplan stellt mit seinen drei wichtigen Bestandteilen Bilanz-, Erfolgs- und   20
Finanzplan (Teilpläne) auf grundlegende betriebswirtschaftliche Erkenntnisse ab. Jedes Managementsystem sollte neben einem Regelwerk zur Führung, Organisation und Information über Planungs- und Kontrollsysteme verfügen. Gerade zur erfolgreichen Krisenbewältigung gehört ein zahlengestütztes Sanierungscontrolling. Die genannten Teilpläne gehören unabdingbar zur Gesamtplanung des Krisenunternehmens und dokumentieren im Zeitablauf den Erfüllungsgrad der mit den Beteiligten verabschiedeten Insolvenzziele. Das gilt unabhängig davon, ob die Planerfüllung überwacht wird oder nicht.[48] Fehlende Planerfüllung führt dann zum Wiederaufleben der gestundeten und/oder zeitweise erlassenen Forderungen.[49] Insoweit kann das (Sanierungs-)Controlling mit Hilfe von Planbilanzen usw. bei Planabweichungen rechtzeitige Informationen, auch dem ggf. mit der Überwachung beauftragten Insolvenzverwalter zur Verfügung stellen.[50]

Die Grundregeln der Planrechnungen sind bereits weiter oben mit den entsprechenden Problemen im 2. Teil des Handbuches geschildert. Die Grundsätze der Prognose-Rechnungslegung orientierten sich an den handelsrechtlichen Normen. Dabei ist eine strikte Einhaltung dieser Normen nicht geboten. Stille Reserven sind auch hier nur bei Abverkauf auszuweisen. Das Anschaffungskostenprinzip ist weiter anzuwenden, natürlich unter Berücksichtigung zukünftiger Preisentwicklungen. Wertberichtigungen auf die mit dem Umsatzplan verknüpften Lieferforderungen sind zu berücksichtigen sowie Risiken aus Gewährleistungsansprüchen in den Rückstellungen zu zeigen, um nur die wichtigsten Grundregeln zu erwähnen.[51]

---

[48] Es kann die Überwachung der Planerfüllung vereinbart werden, §§ 260 ff. InsO.
[49] § 255 Abs. 1 InsO.
[50] Vgl. die Anzeigepflicht nach § 262 InsO.
[51] Vgl. hierzu auch *Braun/Uhlenbruck*.

§ 35 Sanierungssteuerrecht

Übersicht

	Rn.
I. Grundlagen des Sanierungssteuerrechts	1–96
1. Ausgangssituation	1–5
2. Allgemeine Steuernormen mit Relevanz für Sanierungen	6–64
a) Allgemeines	6
b) Gesellschafterfinanzierung	7–9
c) Verlustvorträge	10–59
d) Zinsschranke (§ 4h EStG, § 8a KStG)	60–64
3. Sanierungserlass	65–96
II. Steuerliche Behandlung von Restrukturierungsmaßnahmen	97–154
1. Rangrücktritt	97–102
2. Forderungsverzicht ohne Besserungsabrede	103–117
3. Forderungsverzicht mit Besserungsabrede	118–122
4. Schuldbeitritt	123, 124
5. Befreiende Schuldübernahme	125–128
6. Debt-Equity-Swap	129–135
7. Hybride Finanzierungen	137–154
a) Typische Stille Beteiligung	141–143
b) Atypische stille Beteiligung	144, 145
c) Debt-Mezzanine-Swap	146–149
d) Debt-Asset-Swap	150
e) Reverse Debt-Equity-Swap	151–154

I. Grundlagen des Sanierungssteuerrechts

1. Ausgangssituation

1 Die folgenden Ausführungen legen im Rahmen dieses Handbuches ein besonderes Augenmerk auf die steuerliche Relevanz von Sanierungsmaßnahmen, die der Bewältigung einer Unternehmenskrise dienen. Hierbei geht es insbesondere um Sanierungsmaßnahmen, die vor einer Insolvenz durchgeführt werden können, um diese Bedrohung möglichst von dem Unternehmen abzuwenden. Es steht das Interesse des Krisenunternehmens im Fokus, dass die steuerlichen Folgewirkungen in der konkreten Unternehmenssituation dem **Leistungsfähigkeitsprinzip** entsprechen und der Sanierungserfolg nicht zusätzlich durch Steuerzahlungsverpflichtungen belastet wird.

2 **Sanierungsmaßnahmen** sollen in erster Linie die **Liquiditätssituation** eines krisenbedrohten Unternehmens **verbessern**. Solche Maßnahmen können sowohl von den Gesellschaftern als auch von Banken und anderen Gläubigern sowie Investoren eingeleitet werden. Beispielsweise kommen in Betracht:
- Liquiditätszufuhr durch Gesellschafterdarlehen und/oder (private) Zuschüsse,
- Beteiligung neuer Gesellschafter (im Besonderen: Debt-Equity-Swap),
- Rangrücktritte,
- Forderungsverzichte (mit oder ohne Besserungsschein),
- Schuldbeitritte und -übernahmen,
- Bürgschaften.

§ 35 Sanierungssteuerrecht **§ 35**

Im Mittelpunkt dieser in § 16 beschriebenen Maßnahmen steht die Rettung des Unternehmens. Die Krisenbewältigung kann dabei häufig nur „zweigleisig" erreicht werden, und zwar einerseits durch „frisches" Kapital und andererseits durch bilanziell entlastende Maßnahmen, wie insbesondere Forderungsverzichte. **3**

Die steuerliche Optimierung derartiger Maßnahmen ist dabei mindestens genauso wünschenswert wie der Fortbestand des Unternehmens selbst. Leider hat der deutsche Steuergesetzgeber dem Sanierungspraktiker bisher **kein systematisches Sanierungssteuerrecht** an die Hand gegeben. Jedes Krisenunternehmen bleibt und wird als „normaler" Steuerpflichtiger behandelt und ist somit den auch sonst anwendbaren steuerlichen Vorschriften unterworfen. In begrenzten Ausnahmefällen können unter bestimmten Voraussetzungen allerdings ggf. Billigkeitslösungen angewendet werden (Sanierungserlass). **4**

Zu bedenken ist außerdem, dass sämtliche **Restrukturierungsmaßnahmen** im Rahmen eines Sanierungsprojektes meist **unter hohem Zeitdruck** bewältigt werden müssen. Dieser Umstand einerseits sowie die allfälligen Zeitverzögerungen bis zu einer späteren Betriebsprüfung andererseits, in welcher dann erst die Restrukturierungsmaßnahmen steuerlich seitens der Finanzverwaltung unter die Lupe genommen werden, sind zusätzliche Schwierigkeiten, mit welchen die Sanierungspraxis umzugehen hat, bevor tatsächlich Gewissheit bezüglich der sicheren steuerlichen Gestaltung von Sanierungsprozessen bestehen wird. **5**

2. Allgemeine Steuernormen mit Relevanz für Sanierungen

a) Allgemeines. Unter den auch sonst anwendbaren steuerlichen Vorschriften, die jeweils eine besondere Bedeutung in einer Sanierungssituation erlangen können, sind vor allem diejenigen Regelungen zu nennen, die Finanzierungsmaßnahmen der Gesellschafter tangieren,[1] die die Verlustverrechnung beschränken bzw. zeitlich strecken **(Mindestbesteuerung)**[2] oder die für den teilweisen oder gänzlichen Wegfall von Verlustvorträgen sorgen, wenn Investoren in die Gesellschaft eintreten.[3] Darüber hinaus können die Regelungen zur sogenannten **Zinsschranke**[4] infolge ggf. hoher Darlehensfinanzierungen in der Krisensituation unerwünschte Steuerlasten verursachen. Es handelt sich hierbei sämtlich um solche Regelungen, die originär keinen unmittelbaren Bezug zu einer Sanierungssituation haben. **6**

b) Gesellschafterfinanzierung. Die Finanzierung eines Unternehmens durch die Gesellschafter hat in Sanierungsfällen hohe Relevanz, da die Liquidität rasch und unkompliziert zugunsten der Gesellschaft beschafft werden kann. Als Sanierungshindernis kann es sich bei **Kapitalgesellschaften** jedoch erweisen, dass etwaige Gewinnminderungen aus Gesellschafterfinanzierungen infolge der **Neuregelung ab dem Veranlagungszeitraum 2008** nicht mehr abzugsfähig sind, wenn diese von einem wesentlich beteiligten Gesellschafter (Anteil mehr als 25 %) gewährt worden sind.[5] Dies gilt nur dann nicht, wenn der Gesellschafter nachweisen kann, dass ein fremder Dritter ebenso gehandelt hätte.[6] Diese Rechtsfolgen gelten auch bei Finanzierungen durch Personen, die dem Gesellschafter nahe stehen. **7**

---

[1] § 8b Abs. 3 S. 4 KStG.
[2] § 10d Abs. 2 EStG.
[3] § 8c KStG.
[4] § 4h EStG, § 8a KStG.
[5] § 8b Abs. 3 S. 4 KStG.
[6] § 8b Abs. 3 S. 6 KStG.

§ 35   7. Teil. Rechnungslegung und Steuern

8   Bis zum Veranlagungszeitraum 2007 waren dagegen nur solche substanzbezogenen Gewinnminderungen sanktioniert, die im Zusammenhang mit den Anteilen selbst gestanden haben.

9   Bei **Personengesellschaften** werden Wertverluste grundsätzlich anerkannt, sofern sie auf betrieblichen Gründen basieren, die bei einer Sanierung des Unternehmens regelmäßig gegeben sein werden.

10 **c) Verlustvorträge**
    aa) Allgemeines. Das **Steuerentlastungspotenzial** von Verlustvorträgen hat nicht nur während einer Sanierung liquiditätsschonende Bedeutung, da in dem Umfang der möglichen Verlustverrechnung durch die Minderung der Bemessungsgrößen Steuern vermieden werden können. Die allgemein anwendbaren Regelungen enthalten einerseits Normen, die mit dem Stichwort Mindestbesteuerung beschrieben werden sowie andererseits Normen, die den Wegfall von Verlustvorträgen zur Folge haben.

11 **bb) Mindestbesteuerung.** § 10d EStG ist die zentrale Vorschrift, die im Einkommensteuerrecht den **Verlustabzug** und den **Verlustrücktrag** sowie **-vortrag** regelt. Verluste, die in dem laufenden Veranlagungszeitraum nicht ausgeglichen werden können, werden grundsätzlich zunächst in den unmittelbar vorangegangenen Veranlagungszeitraum zurückgetragen (**Verlustrücktrag**).[7] Dieser Verlustrücktrag kann jedoch auf Antrag beschränkt bzw. gar nicht durchgeführt werden.[8] Sämtliche Verluste werden dann in die folgenden Veranlagungszeiträume vorgetragen (**Verlustvortrag**).[9]

12 Ungünstig können sich insbesondere in Sanierungsfällen die Regelungen zur sogenannten Mindestbesteuerung auswirken.[10] Seit dem Veranlagungszeitraum 2004 werden in einem ersten Schritt vorgetragene Verluste nur bis zu einem Gesamtbetrag der Einkünfte von 1 Mio. € abgezogen. Darüber hinaus bestehende Verluste werden nur bis zu 60 % des 1 Mio. € übersteigenden Gesamtbetrags der Einkünfte abgezogen.[11]

13 Dieses **Mindestbesteuerungskonzept** gilt für die Einkommensteuer und ist ebenso aufgrund der Verweisungsregelung auch für die Körperschaftsteuer anzuwenden.[12] Das Gewerbesteuerrecht verfügt über eine gleichlautende eigene Regelung.[13]

14 Die praktische Folge dieses Mindestbesteuerungskonzeptes ist, dass Unternehmen krisenbedingte Verluste möglicherweise nicht voll ausnutzen können. Trotz einer geminderten Leistungsfähigkeit kann es daher zu Steuerlasten kommen. Damit hat der **Fiskus über diese (Mindest-)Steuerzahlungen Zugriff auf die Liquidität** eines Unternehmens, welche in der krisenhaften Situation des Unternehmens dringend für die Wiederherstellung der operativen Leistungsfähigkeit benötigt wird.

15 Die **Auswirkungen** dieser Verlustverrechnungsbeschränkungen auf die Steuerbelastung von natürlichen Personen und Kapitalgesellschaften stellen sich bei näherer Betrachtung allerdings durchaus differenziert dar. Bedingt durch Progressionseffekte bei der Einkommensteuer erweist sich die Neuregelung bei natürlichen Personen ggf. als vorteilhaft.[14] Für **Kapitalgesellschaften** ist diese Regelung in jedem Fall nachteilig, da keine Progressionseffekte bestehen. Die Verlustverrechnungsbeschränkungen können sich ab-

---

[7] § 10d Abs. 1 S. 2 EStG.
[8] § 10d Abs. 1 S. 5 EStG.
[9] § 10d Abs. 2 EStG.
[10] § 10d Abs. 2 EStG.
[11] § 10d Abs. 2 S. 1 EStG.
[12] § 8 Abs. 1 S. 1 KStG.
[13] § 10a GewStG.
[14] Vgl. hierzu die Ausführungen von *Djanani/Brähler/Lösel*, NWB Beilage 1/2003, 3 ff., 9.

hängig von der Höhe der Gewinne bei Sanierungsgewinnen und auch im Jahr des Turn arounds bei wieder erstmalig entstehenden operativen Gewinnen ungünstig auswirken. Das folgende Beispiel soll die Berechnungstechnik veranschaulichen: Verfügt ein Unternehmen per 31. Dezember 2012 über einen Verlustvortrag von rund 2 Mio. € und erwirtschaftet es im Jahr 2013 einen Gewinn von 1,4 Mio. €, dann entsteht nach den Grundsätzen der Mindestbesteuerung ein zu versteuerndes Ergebnis von 0,16 Mio. €; der Verlustvortrag bleibt in Höhe von 0,76 Mio. € bestehen.

Der Gesetzgeber hatte bei der Einführung der Mindestbesteuerung die Absicht, eine **Streckung der Verlustvorträge** zu erreichen. Die Vorschrift dient ausweislich der Gesetzesbegründung dem fiskalischen Zweck der Verstetigung des Steueraufkommens.[15] Dagegen ist ins Feld zu führen, dass die Mindestbesteuerung zur Besteuerung von Scheingewinnen führt,[16] denn das Unternehmen verfügt über steuerliche Verluste und versteuert zum gegenwärtigen Zeitpunkt „Gewinne", die operativ nicht erzielt worden sind.[17] **16**

Gegen dieses Konzept bestehen somit vor dem Hintergrund des objektiven Nettoprinzipes erhebliche verfassungsrechtliche Bedenken. Diese betreffen in dem hier gegebenen Zusammenhang insbesondere Liquidations- bzw. Insolvenzfälle, bei denen die aus der Mindestbesteuerung resultierenden Effekte definitiv werden können. Nach dem gegenwärtigen Stand der Rechtsprechung des BFH ist hinsichtlich der Verfassungsmäßigkeit darauf abzustellen, ob Verluste endgültig verloren gehen **(sogenannter Definitiveffekt)**.[18] Danach bestehen grundsätzlich keine verfassungsrechtlichen Bedenken gegen die Grundkonzeption der Mindestbesteuerung als solche. Diese ist somit auch in einer Sanierungsituation anzuwenden. Dies gilt vorbehaltlich der Billigkeitsregelungen des Sanierungserlasses, dessen Regelungskonzept unter Punkt I.3. erläutert wird. **17**

Solange eine zeitliche Streckung der Verlustvorträge in spätere Veranlagungszeiträume möglich ist, verlagert sich der Verlustausgleich in eben diese späteren Veranlagungszeiträume. Der BFH hat dazu weiter ausgeführt, dass es genüge, „wenn die Verluste überhaupt, sei es auch in einem anderen Veranlagungszeitraum, steuerlich berücksichtigt werden". Erst und nur dann, wenn ein sogenannter Definitiveffekt eintritt, d.h. die Verlustverrechnung in späteren Veranlagungszeiträumen ausgeschlossen ist, bestehen ernstliche Zweifel daran, ob dies verfassungsrechtlichen Anforderungen genügt. Allerdings hat dem Gericht eine derartige Definitivsituation bisher noch nicht vorgelegen. **18**

Für den Fall, dass noch kein verfassungswidriger Definitiveffekt zu konstatieren ist, ergibt sich dann bei Kapitalgesellschaften in der Liquidation oder Insolvenz die Frage, wie für die Berechnung des Verlustabzuges in einem mehrjährigen Besteuerungszeitraum[19] der Sockelbetrag von 1 Mio. € abzuziehen ist. Beispielsweise wird vorgeschlagen den Sockelbetrag mit der Anzahl der betroffenen Jahre zu multiplizieren, über die sich der Besteuerungszeitraum der Liquidation/Insolvenz erstreckt.[20] Der **BFH** vertritt hierzu die u.E. sehr formale Ansicht, dass in der Liquidation/Insolvenz sowohl der Zeitraum der Gewinnermittlung als auch der Veranlagungszeitraum (= der Besteuerungszeit- **19**

---

[15] BT-Drucks. 15/1518, S. 13: „Der Grund für die Beschränkung ist in dem gewaltigen Verlustvortragspotenzial der Unternehmen zu sehen, das diese vor sich herschieben. Um das Steueraufkommen für die öffentlichen Haushalte kalkulierbarer zu machen, ist es geboten, den Verlustvortrag zu strecken. Nur so ist auf Dauer eine Verstetigung der Staatseinnahmen gewährleistet."
[16] *Fischer*, FR 2007, 281, 282.
[17] *Fischer* FR 2007, 281, 282.
[18] Vgl. BFH DStR 2010, 2179.
[19] Vgl. § 11 Abs. 1 S. 2 KStG.
[20] Vgl. *Schmid*, Fachberater für Sanierung und Insolvenzverwaltung, Rn. 1734.

§ 35

raum, der auch mehrere Jahre umfassen kann) modifiziert sind, weshalb der Sockelbetrag in dem einen (wenn auch ggf. mehrkalenderjährigen) Besteuerungs- (= Veranlagungs-) zeitraum nur einmal abgezogen werden kann.[21]

20 Im Bereich der **Mitunternehmerschaften** unterfallen auch die Verluste aus dem Bereich des Sonderbetriebsvermögens von Mitunternehmern den Grundsätzen der Mindesbesteuerung, da diese Verluste nicht von § 15a EStG erfasst werden. Andererseits können im Rahmen einer Unternehmenstransaktion, bei welcher ein Gesellschafter auch sein Sonderbetriebsvermögen aufgibt bzw. veräußert, hierbei entstehende Gewinne mit Verlustvorträgen nach § 10d EStG verrechnet werden.

21 cc) **Gewerbesteuerliche Verlustvorträge (§ 10a GewStG).** Die gewerbesteuerliche Verlustverrechnung regelt das GewStG separat mit einer **korrespondierenden Regelung** zur Mindestbesteuerung.[22] Danach kann der Gewerbeertrag ebenfalls zunächst bis zu einer Höhe von 1 Mio. € um die vortragsfähigen Gewerbeverluste gekürzt werden. Der 1 Mio. € übersteigende Gewerbeertrag ist darüber hinaus nur noch bis zu einer Höhe von 60 % der vortragsfähigen Gewerbeverluste kürzbar.[23] Die zuvor gestellte Frage, wie genau mit den Regelungen der Mindestbesteuerung in einem mehrjährigen Besteuerungszeitraum zu verfahren ist, stellt sich für die Gewerbesteuer in dieser Form nicht. Für gewerbesteuerliche Zwecke ist es ausdrücklich vorgesehen, dass bei einem in der **Abwicklung** befindlichen Unternehmen (Liquidation/Insolvenz) der Gewerbeertrag, der im Zeitraum der Abwicklung entstanden ist, **auf die Jahre des Abwicklungszeitraums zu verteilen** ist.[24] Damit würden jedenfalls für die Gewerbesteuer in jedem einzelnen Jahr, in dem ein Gewinn erzielt worden ist, der Sockelbetrag und der weitere quotale Abzug zum Ansatz kommen.

22 Für die gewerbesteuerliche Verlustverrechnung ist zudem die Unternehmeridentität und die Unternehmensidentität maßgebend. Unternehmensidentität bedeutet, dass der im Anrechnungsjahr bestehende Gewerbebetrieb derselbe sein muss, wie der Betrieb, der den Verlust erwirtschaftet hat.[25] Um die Verlustvorträge nutzen zu können, darf sich also zwischen deren Entstehung und Nutzung die gewerbliche Tätigkeit des Betriebs nicht verändern.

23 Unternehmeridentität bedeutet, dass der Unternehmer, der die Kürzung in Anspruch nimmt, gleichzeitig auch der Träger des Verlustes sein muss.[26] Dies hat bei Gesellschafter-/Anteilseignerwechseln den Wegfall von Verlustvorträgen zur Folge. Für gewerbesteuerliche Verlustvorträge bei Kapitalgesellschaften verweist das GewStG auf die Vorschrift des § 8c KStG, dessen Regelungskonzept unter I.2.c)dd) erläutert wird.

24 Bei **Personengesellschaften** sind die einzelnen Gesellschafter die Unternehmer in diesem Sinne,[27] so dass bei Mitunternehmerschaften der gewerbesteuerliche Verlustvortrag an die Person des Mitunternehmers gebunden ist.[28] Daraus ergibt sich ebenfalls die Folge, dass gewerbesteuerliche Verlustvorträge im Rahmen einer Transaktion bzw. Umstrukturierung quotal oder insgesamt beim Eintritt von Investoren untergehen können.

---

[21] Vgl. BFH GmbHR 2013, 489 ff., dort mit Urteilsanmerkungen von *Bergmann*, S. 492 ff.
[22] Vgl. § 10a S. 1 GewStG.
[23] Vgl. § 10a S. 2 GewStG.
[24] Vgl. § 16 GewStDV, R 7.1 Abs. 8 S. 1 GewStR 2009.
[25] Vgl. BFH BStBl. II 1985, 403; BFH BStBl. II 1994, 764; BFH BFH/NV 1991, 804.
[26] Glanegger/*Güroff* GewStG Kommentar, § 10a, Rn. 90; BFH BStBl. III 1958, 210.
[27] Vgl. § 10a S. 5 GewStG.
[28] Vgl. BFH BStBl. II 1990, 436.

dd) Verlustabzug bei Körperschaften (§ 8c KStG). Die restriktive Regelung zum 25
Verlustabzug bei Körperschaften ist durch das Unternehmenssteuerreformgesetz 2008[29]
in das Körperschaftsteuergesetz eingefügt worden und ersetzt die bisherige Mantelkaufregelung.[30] Die Vorschrift gilt erstmals für den Veranlagungszeitraum 2008.[31] Nach der
Übergangsvorschrift[32] waren bis zum 31. Dezember 2012 beide Vorschriften nebeneinander anwendbar.

Ausweislich der Gesetzesbegründung soll die Neuregelung zum Verlustabzug bei Körperschaften zu einer Vereinfachung der Verlustabzugsbeschränkung führen. Dies soll dadurch erreicht werden, dass auf die schwierige Voraussetzung der früheren Mantelkaufregelung hinsichtlich der „Zuführung von überwiegend neuem Betriebsvermögen" verzichtet wird und für die Verlustabzugsbeschränkung nur noch auf die unmittelbare und mittelbare Übertragung von Anteilen, Mitgliedschafts- und Stimmrechten abgestellt wird. Dem liegt der Gedanke zugrunde, dass sich die wirtschaftliche Identität einer Gesellschaft durch das wirtschaftliche Engagement eines anderen Anteilseigners bzw. Anteilseignerkreises ändert. Die in der früheren Zeit erwirtschafteten Verluste sollen nicht mehr nutzbar sein, soweit sie auf ein neues wirtschaftliches Engagement entfallen. Damit sind bereits die **Grundzüge** der Regelung skizziert. Im Einzelnen gilt folgendes:

Die Vorschrift unterscheidet **zwei Stufen** für die Beschränkung der Verlustnutzung. 27
In einer ersten Stufe gehen bei einem schädlichen Beteiligungserwerb innerhalb von fünf
Jahren von mittelbar oder unmittelbar mehr als 25 % (bis 50 %) der Beteiligung die Verluste und Verlustvorträge quotal verloren.[33] In der zweiten Stufe fallen die Verluste und Verlustvorträge vollständig weg, wenn innerhalb von fünf Jahren mittelbar oder unmittelbar mehr als 50 % der Beteiligung von einem neuen Erwerber bzw. Erwerberkreis erworben werden.[34] Von dem partiellen bzw. vollständigen Untergang sind neben den Verlustvorträgen auch Verluste des laufenden Geschäftsjahres bis zum Zeitpunkt des schädlichen Beteiligungserwerbs betroffen.[35]

Der Tatbestand des **schädlichen Beteiligungserwerbes** knüpft an die Übertragung 28
des gezeichneten Kapitals, der Mitgliedschaftsrechte, der Beteiligungsrechte oder der Stimmrechte an. Es genügen auch Veränderungen der Beteiligungsverhältnisse durch Kapitalerhöhungen. Zudem werden – als Ersatztatbestand – auch vergleichbare Sachverhalte erfasst. Dies ist ein unbestimmter Rechtsbegriff, der Kritik hervorgerufen hat. Der Tatbestand greift ein, wenn anstelle der rechtlichen Übertragung eines Anteils das wirtschaftliche Eigentum übergeht.[36] Damit wird ein weiter Anwendungsbereich der Verlustabzugsbeschränkung bewirkt. Als vergleichbare Sachverhalte werden vom BMF auch Genussscheine, Kapitalherabsetzungen, der Erwerb eigener Anteile, Umwandlungen, Einbringungen und Fusionen genannt.[37] Hierbei handelt es sich jedoch teilweise um Sachverhalte, die bereits dem regulären Tatbestand zuzuordnen sind.[38] Nicht zu den Beteiligungsrechten gehören die schuldrechtlichen Beziehungen, die den Gesellschaftern

---

[29] Vgl. URefG vom 14.8.2007, BGBl. I 2007, S. 1912 ff.
[30] Vgl. § 8 Abs. 4 KStG a.F.
[31] Vgl. § 34 Abs. 7b KStG.
[32] Vgl. § 34 Abs. 6 S. 3 KStG.
[33] Vgl. § 8c Abs. 1 S. 1 KStG.
[34] Vgl. § 8c Abs. 1 S. 2 KStG.
[35] Vgl. *Dötsch*/Pung/Möhlenbrock Kommentar KStG, § 8c, Rn. 22.
[36] Vgl. Erle/Sauter/*Brendt* Kommentar KStG, § 8c, Rn. 37.
[37] Vgl. BMF-Schreiben vom 4.7.2008 – IV C 7-S 2745 a/08/10001, BStBl. I 2008, S. 736, Rn. 7.
[38] Vgl. Erle/Sauter/*Brendt* Kommentar KStG, § 8c, Rn. 37.

keine Einkünfte aus Kapitalvermögen vermitteln, wie z.B. partiarische Darlehen, typische stille Beteiligungen, Genussrechte ohne Beteiligung am Gewinn und Liquidationserlös, Mezzanines Kapital etc.[39]

29 Der schädliche Beteiligungserwerb muss durch einen Erwerber erfolgen bzw. durch eine diesem nahe stehende Person. Ein Erwerber in diesem Sinne ist auch eine **Erwerbergruppe**, zu welcher sich mehrere Personen mit gleichgerichteten Interessen zusammenfinden (einheitlicher Erwerber).[40] Auch hieraus ergibt sich ein weiter Anwendungsbereich der Vorschrift.

30 In zeitlicher Hinsicht ist eine **Fünfjahresfrist** zu beachten. Diese beginnt mit dem ersten mittelbaren oder unmittelbaren Beteiligungserwerb bzw. einem vergleichbaren Vorgang.[41] Es handelt sich jeweils um Zeitjahre, die taggenau zu berechnen sind.

31 Im Zusammenhang mit den Regelungen zum schädlichen Beteiligungserwerb sind mehrere gerichtliche Rechtsbehelfe anhängig, die aus Sicht des steuerlichen Beraters einer genauen Beobachtung bedürfen. Steuerfestsetzungen sind daher unbedingt offenzuhalten. Dies betrifft zum einen die Frage der Verfassungswidrigkeit des Grundtatbestandes. Das FG Hamburg hat die Entscheidung des BVerfG darüber eingeholt, ob § 8c Abs. 1 Satz 1 KStG mit dem Grundgesetz vereinbar ist.[42] Im Hinblick auf dieses Normenkontrollverfahren hat der BFH ein Verfahren zur Beurteilung der **Verfassungsmäßigkeit** des § 8c Abs. 1 Satz 2 KStG bis zur Entscheidung durch das BVerfG ausgesetzt.[43] In der Vorinstanz zum BFH-Verfahren war das FG Sachsen zu der Auffassung gelangt, die Regelung des § 8c Abs. 1 Satz 2 KStG sei verfassungsgemäß.[44] Demgegenüber hat das FG Münster im Hinblick auf die Frage der Verfassungsmäßigkeit des § 8c Abs. 1 KStG Aussetzung der Vollziehung gewährt.[45] Hiergegen wurde beim BFH Beschwerde eingelegt.[46] An dieser Stelle ist für die praktische Arbeit zu empfehlen, **Steuerfestsetzungen** durch Rechtsbehelfe **offenzuhalten** und das Ruhen des Verfahrens zu beantragen.

32 Aufgrund des zuvor genannten Vorlagebeschlusses des FG Hamburg und dem beim BVerfG anhängigen Normenkontrollverfahren sollte jeder Verkäufer von Anteilen an Kapitalgesellschaften mit höheren Verlustvorträgen vorsorglich auf diese Situation reagieren und prüfen, ob in den Anteilskaufvertrag (Share Purchase Agreement) – soweit dies angesichts der Krisensituation wirtschaftlich möglich ist – eine **Kaufpreisanpassungsklausel** aufgenommen werden sollte.[47]

33 Hinsichtlich des unterjährigen Verlustausgleiches unterliegt bei einem schädlichen Beteiligungserwerb während des laufenden Wirtschaftsjahres nach Ansicht des BMF auch ein bis zu diesem Zeitpunkt erzielter Verlust der Verlustabzugsbeschränkung.[48] Ein bis zum Beteiligungserwerb erzielter Gewinn kann nicht mit noch nicht genutzten Verlusten verrechnet werden. Dagegen hat der BFH entschieden,[49] dass ein bis zum Zeitpunkt

---

[39] Vgl. *Dötsch*/Pung/Möhlenbrock Kommentar KStG, § 8c, Rn. 38.
[40] Vgl. § 8c Abs. 1 S. 3 KStG.
[41] Vgl. BMF-Schreiben vom 4.7.2008 – IV C 7-S 2745 a/08/10001, BStBl. I 2008, S. 736, Rn. 17.
[42] Vgl. FG Hamburg ZIP 2011, 1713. Das Verfahren vor dem BVerfG wird unter dem Az. 2 BvL 6/11 geführt.
[43] Vgl. BFH BFH/NV 2012, 605.
[44] Vgl. FG Sachsen DStRE 2011, 1320.
[45] Vgl. FG Münster DStR 2011, 1507.
[46] Az.: I B 150/11.
[47] Vgl. *Eisolt* NWB 2013, 1919 ff.
[48] Vgl. BMF-Schreiben vom 4.7.2008 – IV C 7-S 2745 a/08/10001, BStBl. I 2008, S. 736, Rn. 31.
[49] Vgl. BFH DStR 2012, 458.

des schädlichen Beteiligungserwerbs erzielter Gewinn mit dem bisher noch nicht genutzten Verlust verrechnet werden kann. Die Reaktion der Finanzverwaltung bleibt noch abzuwarten; ggf. sind Rechtsbehelfsverfahren zu empfehlen.

Die Rechtsfolgen eines schädlichen Beteiligungserwerbes lassen sich ggf. im Rahmen der Ausnahmeregelungen vermeiden bzw. abmildern. Hier sind zu nennen: die **Konzernklausel**[50], der **Verlusterhalt aufgrund stiller Reserven**[51] sowie die **Sanierungsklausel**.[52] 34

Ein schädlicher Beteiligungserwerb liegt gemäß der **Konzernklausel** nicht vor, soweit an dem übertragenden und an dem übernehmenden Rechtsträger dieselbe Person zu jeweils 100 % mittelbar oder unmittelbar beteiligt ist. Diese Konzernklausel ist zeitlich erst für Beteiligungserwerbe nach dem 31. Dezember 2009 anwendbar[53] und durch das Gesetz zur Beschleunigung des Wirtschaftswachstums (Wachstumsbeschleunigungsgesetz)[54] in das Körperschaftsteuergesetz eingefügt worden. Aufgrund der erforderlichen 100 %-Beteiligungen erweist sich die Konzernklausel aber als eine sehr enge Ausnahmeregelung. 35

Ebenfalls für Anteilserwerbe nach dem 31. Dezember 2009 besteht aufgrund des Wachstumsbeschleunigungsgesetzes[55] die Ausnahmeregelung, dass die Verluste insoweit nicht untergehen, als bei der Gesellschaft **stille Reserven** vorhanden sind. Hintergrund der Verlustverschonung in Höhe der stillen Reserven ist, dass der Erwerber künftige Steuerlasten in Form der Versteuerung der stillen Reserven übernimmt und damit korrespondierend auch künftige Steuervorteile in Form der Verlustvorträge erhalten soll.[56] Die Ermittlung der stillen Reserven erfolgte durch Gegenüberstellung des (anteiligen) steuerlichen Eigenkapitals der Körperschaft und des hierauf entfallenden gemeinen Werts der Anteile. 36

Das Jahressteuergesetz 2010[57] sieht diesbezüglich zwei Anpassungen der „Stille-Reserven-Regelung" vor. Die Änderungen sind ab dem Veranlagungszeitraum 2010 anzuwenden.[58] Danach werden zukünftig nicht mehr nur stille Reserven des „inländischen" Betriebsvermögens berücksichtigt, sondern lediglich die **„im Inland steuerpflichtigen" stillen Reserven** des Betriebsvermögens.[59] Damit bleiben ausländische Betriebsstätten und Beteiligungen, deren Veräußerungen steuerfrei wären,[60] bei der Ermittlung der stillen Reserven außer Betracht. 37

Weiter ist zu beachten, dass bei der Ermittlung der stillen Reserven nur das Betriebsvermögen angesetzt werden kann, das der Körperschaft ohne steuerliche Rückwirkung zuzurechnen ist, um eine künstliche Erhöhung der stillen Reserven durch Umwandlungsvorgänge zu vermeiden.[61] 38

Stille Reserven sind der Unterschiedsbetrag zwischen dem in der steuerlichen Gewinnermittlung ausgewiesenen Eigenkapital und dem **gemeinen Wert** der Anteile an der Körperschaft. Diese werden anteilig gemäß der übertragenen Beteiligungsquote be- 39

---

[50] Vgl. § 8c Abs. 1 S. 5 KStG.
[51] Vgl. § 8c Abs. 1 S. 6 KStG.
[52] Vgl. § 8c Abs. 1a KStG.
[53] Vgl. § 34 Abs. 7b KStG.
[54] Gesetz zur Beschleunigung des Wirtschaftswachstums (Wachstumsbeschleunigungsgesetz) vom 22.12.2009, BGBl. I 2009, S. 3950 ff.
[55] a.a.O.
[56] Vgl. *Engelberth* NWB 2012, 1692.
[57] Vgl. Jahressteuergesetz 2010 vom 8.12.2010, BGBl 2010 I, S. 1768.
[58] Vgl. §§ 34 Abs. 1, 34 Abs. 7b Satz 2 KStG.
[59] Vgl. § 8c Abs. 1 S. 7, 2. HS KStG.
[60] Vgl. § 8b Abs. 2 KStG.
[61] Erle/Sauter/*Brendt* Kommentar KStG, § 8c, Rn. 75.

§ 35 7. Teil. Rechnungslegung und Steuern

trachtet.[62] Als Eigenkapital in diesem Sinne ist die Summe aus Nennkapital, Kapital- und Gewinnrücklagen sowie Gewinn- und Verlustvortrag zum Zeitpunkt des schädlichen Beteiligungserwerbs zu verstehen.[63]

40 Der gemeine Wert der erworbenen Beteiligung bemisst sich nach dem **fremdüblichen Preis** der **Beteiligung** und ermittelt sich primär nach § 11 Abs. 2 BewG; mithin aus Verkäufen unter fremden Dritten innerhalb des letzten Jahres. Soweit solche nicht vorliegen, kann er anhand des Ertragswertverfahrens oder anhand eines anderen anerkannten, im gewöhnlichen Geschäftsverkehr gebräuchlichen Verfahrens, ermittelt werden.[64] Der gemeine Wert der erworbenen Anteile berücksichtigt somit auch zukünftige Chancen des Unternehmens und ist damit weiter gefasst.

41 Soweit das Eigenkapital der Körperschaft negativ ist, ergeben sich die stillen Reserven aus dem Unterschiedsbetrag zwischen dem in der steuerlichen Gewinnermittlung ausgewiesenen Eigenkapital und dem gemeinen Wert des Betriebsvermögens/der Wirtschaftsgüter der Körperschaft.[65] Im Falle von Verlustkörperschaften werden nur die tatsächlichen, im steuerlichen Betriebsvermögen befindlichen stillen Reserven berücksichtigt. Damit handelt es sich um eine engere, im Hinblick auf die wirtschaftliche Situation der Gesellschaft angepasste Regelung.[66] Bei sog. 1 Euro-Deals entspricht i.d.R. die stille Reserve bei negativem Buchkapital dem absoluten Betrag des Negativkapitals.

42 Im Rahmen des Bürgerentlastungsgesetz Krankenversicherung[67] wurde schließlich die **Sanierungsklausel**[68] in das Körperschaftsteuergesetz aufgenommen. Die Rechtsfolgen hinsichtlich des quotalen oder vollständigen Verlustwegfalles treten danach dann nicht ein, wenn der Beteiligungserwerb zum Zwecke der Sanierung erfolgt. Durch die Einführung dieser Sanierungsklausel erkennt der Gesetzgeber erstmals die krisenverschärfende Wirkung der Verlustabzugsbeschränkung an.[69] Anzuwenden war die Sanierungsklausel erstmals für den Veranlagungszeitraum 2008 und auf Anteilsübertragungen nach dem 31.12.2007.

43 Die Europäische Kommission hat die Sanierungsklausel jedoch rückwirkend mit dem EU-Beihilferecht für unvereinbar erklärt.[70] Die Kommission kam zu dem Ergebnis, dass die Sanierungsklausel nicht durch Europarecht gedeckt sei, da diese selektiv „Unternehmen in Schwierigkeiten" begünstige, und somit eine mit dem Binnenmarkt unvereinbare Maßnahme darstelle.

44 Die Bundesrepublik Deutschland war nun verpflichtet, alle notwendigen Maßnahmen zu ergreifen, um die nach Ansicht der Europäischen Kommission rechtswidrigen Beihilfen von den Empfängern zurückzufordern. Die Finanzverwaltung hat im Einzelnen wie folgt reagiert:[71]

- Steuerfestsetzungen sind ohne Anwendung der Sanierungsklausel durchzuführen. Dies gilt auch in den Fällen, in denen bereits eine positive verbindliche Auskunft erteilt wurde.

---

[62] Vgl. § 8c Abs. 1 S. 7 KStG.
[63] Vgl. *Dötsch*/Pung/Möhlenbrock Kommentar KStG, § 8c, Rn. 76 f.
[64] Vgl. *Dörr*, NWB 2010, 194.
[65] Vgl. § 8c Abs. 1 S. 8 KStG.
[66] Vgl. *Dötsch*/Pung/Möhlenbrock Kommentar KStG, § 8c, Rn. 76 i/1.
[67] Vgl. Gesetz zur verbesserten steuerlichen Berücksichtigung von Vorsorgeaufwendungen (Bürgerentlastungsgesetz Krankenversicherung) vom 16.7.2009, BGBl. I 2009, S. 1959.
[68] Vgl. § 8c Abs. 1a KStG.
[69] Vgl. *Eilers/Bühring*, Sanierungssteuerrecht, Rn. 2.63.
[70] Vgl. Beschluss der Kommision vom 26.1.2011, ABl 2011 Nr. L 235, S. 26.
[71] Vgl. *Engelberth*, NWB 2012, 1692.

- Bereits ergangene Steuerbescheide sind zu ändern.
- Gegen Steuerfestsetzungen zulässig eingelegte Rechtsbehelfe können bis zum Eintritt der Bestandskraft des Kommissionsbeschlusses ruhen.
- Es ist keine Aussetzung der Vollziehung zu gewähren.
- Rechtsbehelfe, die gegen eine Ablehnung der Aussetzung der Vollziehung eingelegt werden, sind unter Berufung auf den Beschluss der Europäischen Kommission als unbegründet zurückzuweisen.
- Verbindliche Auskünfte sind aufzuheben. Dies gilt unabhängig davon, ob der der Auskunft zugrunde gelegte Sachverhalt bereits verwirklicht wurde oder nicht.

Aus Sicht der Bundesregierung handelt es sich bei der Sanierungsklausel nicht um eine selektive staatliche Beihilferegelung. Sie hatte deswegen gegen die Entscheidung der Kommission eine Nichtigkeitsklage vor dem Gericht der Europäischen Union (kurz: EuG) erhoben.[72] Das Gericht der Europäischen Union hat diese Nichtigkeitsklage jedoch im Dezember 2012 abgewiesen.[73] Die Klage sei erst nach Ablauf der Klagefrist eingereicht worden und damit unzulässig. Diese Klageabweisung muss als ein sehr unglückliches Verfahrensergebnis bezeichnet werden.

Neben der abgewiesenen Klage der Bundesregierung sind ferner zahlreiche weitere Klagen verschiedener Unternehmen vor dem EuG anhängig, mit dem Antrag, die Entscheidung der Europäischen Kommission für nichtig zu erklären.[74] Die weitere Entwicklung bleibt daher hierzu abzuwarten.

Ungeachtet dessen ist durch das Beitreibungsrichtlinie-Umsetzungsgesetz[75] eine Suspendierung der Sanierungsklausel umgesetzt worden.[76] Damit ist die Sanierungsklausel vorerst „außer Dienst gestellt" worden, und zwar unter anderem bis zu dem Zeitpunkt, zu dem – vereinfacht gesagt – ein europäisches Gericht die Entscheidung der Europäischen Kommission für nichtig erklärt[77] oder die Europäische Kommission ihre Rechtsauffassung in der bisherigen Form nicht mehr aufrecht erhält.[78] In diesen Fällen findet die Sanierungsklausel wieder Anwendung, sofern die betroffenen Steuerfestsetzungen noch nicht bestandskräftig sind.[79] An dieser Stelle ist daher für die **praktische Arbeit** zu empfehlen, Steuerfestsetzungen, in denen die Anwendung der Sanierungsklausel unter Bezugnahme auf die Entscheidung der Europäischen Kommission verwehrt wird, durch Rechtsbehelfe offenzuhalten.

Angesichts des Umstandes, dass die Rechtsentwicklungen zur Sanierungsklausel noch im Fluss sind, werden die Details der **Sanierungsklausel** werden wie folgt dargestellt:
Für die Sanierungsbegünstigung müssen **drei Voraussetzungen** erfüllt werden:[80]
- Es werden Maßnahmen ergriffen, die darauf gerichtet sind, eine bestehende oder drohende Zahlungsunfähigkeit oder eine bestehende oder drohende Überschuldung zu verhindern oder zu beseitigen.

---

[72] Vgl. Az. des EuG: T 205/11.
[73] Vgl. EuG ISR 2013, 63.
[74] Vgl. T 585/11, T 586/11, T 610/11, T 612/11 bis T 614/11, T 619/11 bis T 621/11, T 626/11 bis T 629/11; vgl. hierzu die Übersicht bei *Engelberth* NWB 2012, S. 1692.
[75] Gesetz zur Umsetzung der Beitreibungsrichtlinie sowie zur Änderung steuerlicher Vorschriften (Beitreibungsrichtlinie-Umsetzungsgesetz – BeitrRLUmsG) vom 7.12.2011, BGBl. I S. 2592.
[76] Vgl. § 34 Abs. 7c KStG.
[77] Vgl. § 34 Abs. 7c Nr. 1 KStG.
[78] Vgl. § 34 Abs. 7c Nr. 2 KStG.
[79] Vgl. § 34 Abs. 7c S. 5 KStG.
[80] Vgl. § 8c Abs. 1a S. 2 KStG.

§ 35   7. Teil. Rechnungslegung und Steuern

- Die wesentlichen Betriebsstrukturen werden erhalten.
- Der Beteiligungserwerb erfolgt zum Zwecke der Sanierung (Sanierungsabsicht).

49 Der so beschriebene Tatbestand der Sanierung i.S.d. Sanierungsklausel ist hinsichtlich des zutreffenden Zeitpunktes der bestehenden oder **drohenden Zahlungsunfähigkeit** oder Überschuldung mit Unsicherheiten verbunden. Der Beteiligungserwerb soll genau im Zeitpunkt des Kriseneintrittes erfolgen, was aber oft schwer zu erkennen sein wird. Wenn der Beteiligungserwerb vor oder nach diesem Zeitpunkt erfolgen würde, läge in diesem Sinne kein Beteiligungserwerb zum Zwecke der Sanierung vor.[81] Die Konsequenz wäre, dass der Verlust bzw. Verlustvortrag unwiederbringlich verloren gehen würde. Allerdings tendiert die Finanzverwaltung dazu, jeden Sachverhalt im Einzelfall zu würdigen; dies wird gleichwohl in der Praxis zu Diskussionen mit der Finanzverwaltung führen.[82]

Die **Erhaltung der wesentlichen Betriebsstrukturen** setzt im Einzelnen folgendes voraus:[83]

- Vorliegen einer Betriebsvereinbarung mit Arbeitsplatzregelung;
- nicht zu starkes Abschmelzen der Lohnsumme; diese darf innerhalb von fünf Jahren 400 % der Ausgangslohnsumme nicht unterschreiten;
- wesentliche Betriebsvermögenszuführungen durch Einlagen usw. Hierbei kann es sich um offene oder verdeckte Einlagen in das Nennkapital oder das steuerliche Einlagekonto handeln. Die Einlagen müssen innerhalb eines Jahres nach Beteiligungserwerb erfolgen und sollten mind. 25 % der Aktiva betragen.

50 Vor dem Hintergrund dieser Regelungen kann es ratsam sein, bereits im Vorfeld des **Beteiligungserwerbs** folgende Um-/Neustrukturierungs-Maßnahmen zu prüfen und umzusetzen, sofern dies möglich und sinnvoll erscheint:
- Reduktion der Mindestlohnsumme durch Abschmelzen der Ausgangslohnsumme;
- ggf. bei kleineren Unternehmungen: Absenkung der Beschäftigtenzahl auf 10, damit die Prüfung der Mindestlohnsumme entfällt;
- Reduzierung des Mindestbetrags der erforderlichen Betriebsvermögenszuführungen, z.B. durch die Veräußerung von Anlagevermögen (ggf. mit Rückvermietung an die GmbH).[84]

51 Die Maßnahmen zur Erhaltung der wesentlichen Betriebsstrukturen müssen geeignet sein, die bestehende oder drohende Zahlungsunfähigkeit oder Überschuldung abzuwenden. Als Sanierungsmaßnahme kommt damit grundsätzlich jede Maßnahme in Betracht, die geeignet ist, die Körperschaft aus der Krise zu führen (z.B. Maßnahmen zur Kostenreduzierung, Umstrukturierung der geschäftlichen Tätigkeit sowie Erschließung von Finanzierungsquellen). Der Erfolg der Sanierung ist jedoch nicht zwingende Voraussetzung für die Anwendung der Sanierungsklausel.[85]

52 **ee) Personengesellschaften – Verluste bei beschränkter Haftung (§ 15a EStG).**
Im Rahmen der Nutzung von Verlustvorträgen bei Sanierungen sind bei Personengesellschaften die Vorschriften des Einkommensteuergesetzes zu beachten. Für Kommanditisten bzw. Unternehmer, deren Haftung mit denen eines Kommanditisten vergleichbar (beschränkt) ist, bestehen ebenfalls Verlustverrechnungsbeschränkungen.[86] Diese Regelung soll die **Besteuerung nach der Leistungsfähigkeit** gewährleisten. Verluste wer-

---

[81] Vgl. *Kamp*, S. 66; *Ziegenhagen/Thewes* BB 2009, 2117 f.
[82] Vgl. *Dötsch*/Pung/Möhlenbrock Kommentar KStG, § 8c, Rn. 114.
[83] Vgl. § 8c Abs. 1a S. 3 KStG.
[84] Vgl. *Fey/Neyer*, DB 2009, 1368.
[85] Erle/Sauter/*Brendt* Kommentar KStG, § 8c, Rn. 85.
[86] Vgl. § 15a EStG.

§ 35 Sanierungssteuerrecht § 35

den nur bis zur Höhe des eingesetzten Kapitals zugewiesen.[87] Die Regelung dient darüber hinaus der Vermeidung von Missbräuchen.

Die Vorschrift beschränkt die Verrechnung des einem Kommanditisten zuzurechnenden Verlustanteils auf die Höhe seines steuerlichen Kapitalkontos zzgl. einer möglichen erweiterten Haftungssumme über die Pflichteinlage hinaus. Im Ergebnis sind die dem Kommanditisten zugewiesenen Verluste nur mit dem eingesetzten (Haft)Kapital und den Gewinnen aus derselben Beteiligung verrechenbar. Die Vorschrift bindet die Verlustverrechnung sowohl an die Person des Kommanditisten als auch an die Beteiligung selbst. Eine Übertragung der Verluste **auf Dritte** im Rahmen einer Veräußerung bzw. Verrechnung mit anderen gewerblichen Einkünften ist **nicht möglich**. 53

Der Verlust der Kommanditgesellschaft in diesem Sinne errechnet sich durch den Betriebsvermögensvergleich sowie ggf. durchzuführender Wertekorrekturen bzw. Ergänzungen (z.B. Ergebnisse aus Anteilsveräußerung). Kernelement für die Verlustverrechnung des Kommanditisten ist damit grundsätzlich das **steuerliche Kapitalkonto** gemäß der steuerlichen Gesamthands- und einer etwaigen Ergänzungsbilanz. Das Sonderbilanzkapital wird bei dieser Verlustverrechnung nicht berücksichtigt.[88] 54

Soweit für den Kommanditisten in der Gesamthandsbilanz mehrere Kapitalkonten geführt werden, setzt sich das Kapitalkonto des Kommanditisten typischerweise aus dem festen Kapitalkonto (Pflichteinlage), dem möglichen Verlustvortragskonto, einem Rücklagenkonto und ggf. einem Darlehens- bzw. Privatkonto zusammen. Ein Rücklagenkonto bzw. das Darlehens- bzw. Privatkonto sind jedoch für die Zwecke Verlustverrechnung nur zu berücksichtigen, soweit diese als Eigenkapital zu qualifizieren sind. Maßgebliches Charakteristikum für die Eigenkapitalqualität ist, dass die einzelnen Kapitalkonten für eine Verrechnung mit einem bestehenden Verlustvortragskonto und mit Liquidationsergebnissen spätestens im Zeitpunkt des Ausscheidens bzw. der Beendigung der Gesellschaft zur Verfügung stehen. Dies muss sich aus dem Gesellschaftsvertrag ergeben.[89] 55

Soweit der im Geschäftsjahr entstandene Verlust nicht ausgeglichen bzw. abgezogen werden kann, steht dieser für die Verrechnung mit Gewinnen in nachfolgenden Wirtschaftsjahren zur Verfügung.[90] Es entstehen sogenannte **verrechenbare Verluste**. Diese Verluste sind an den entsprechenden Anteilseigner in der Höhe seiner Beteiligungsquote gebunden. Bei einer Veräußerung oder Umwandlung gehen diese Verluste unter, soweit sie nicht mit dem entstehenden „Veräußerungsgewinn" des Kommanditisten verrechnet werden können. Eine Auf- bzw. Abstockung der Beteiligung ist unschädlich, da der Gesellschafter nur einen Gesellschaftsanteil hat.[91] 56

Um **Missbräuche** bei der Verlustverrechnung durch Einlagen oder Erhöhungen der Haftsumme vor dem Bilanzstichtag mit anschließender Entnahme zu vermeiden, ist eine sogenannte Einlagenminderung geregelt worden.[92] Im Falle von Entnahmen, durch die ein negatives Kapitalkonto entsteht oder sich erhöht und soweit nicht auf Grund der Entnahme eine übersteigende Haftung, wie zuvor dargestellt, besteht oder entsteht, wird der Betrag dieser Einlagenminderung dem Kommanditisten fiktiv als Gewinn wieder hinzugerechnet.[93] Der verrechenbare Verlust wird durch das Finanzamt gesondert festgestellt.[94] 57

---

[87] BT-Drucks. 8/3648, S. 16.
[88] Vgl. Littmann/*Bitz*/Pust EStG Kommentar, § 15a, Rn. 12.
[89] Vgl. Littmann/*Bitz*/Pust EStG Kommentar, § 15a, Rn. 6.
[90] Vgl. § 15a Abs. 2 EStG.
[91] Vgl. BFH BStBl. II 1997, 535.
[92] Vgl. § 15a Abs. 3 EStG.
[93] Vgl. § 15a Abs. 3 S. 1 EStG.
[94] Vgl. § 15a Abs. 4 EStG.

Buth/Hermanns

58 Die Verlustverrechnungsbeschränkung betrifft auch verrechenbare Verlustes atypisch stiller Gesellschafter, atypisch stille Unterbeteiligungen oder beschränkt haftende Gesellschafter vergleichbarer ausländischer Personengesellschaften.

59 Beim **Ausscheiden eines Kommanditisten** aus der KG oder der Auflösung der KG bei negativen Kapitalkonten ist ein bestehender verrechenbarer Verlust des Kommanditisten mit seinem Veräußerungsgewinn ausgleichsfähig. Dies gilt auch in Umwandlungsfällen, da es sich hierbei um eine entgeltliche Veräußerung handelt.

60 **d) Zinsschranke (§ 4h EStG, § 8a KStG).** Durch die Regelungen der Zinsschranke[95] hat der Gesetzgeber die steuerliche Abziehbarkeit von Zinsaufwand für die Unternehmen spürbar eingeschränkt. Diese Vorschrift kann bei Krisenunternehmen, die häufig in hohem Maße fremdfinanziert sind und somit einen nennenswerten Zinsaufwand tragen, dazu führen, dass die Zinsaufwendungen nicht im vollen Umfang in dem Veranlagungszeitraum steuermindernd abgesetzt werden können, in dem diese angefallen sind, sondern erst zeitlich später. Die beschränkte Abziehbarkeit des Zinsaufwandes führt somit zu Steuerzahlungen, die für das Unternehmen eine zusätzliche Liquiditätsbelastung darstellen und dadurch eine erfolgreiche Sanierung behindern können. Trotz gesetzgeberischer Modifikationen angesichts der Finanzkrise kann die Zinsschranke in der konkreten krisenhaften Unternehmenssituation zu einer Besteuerung führen, die dem Leistungsfähigkeitsprinzip entgegen steht.

61 Nach der grundsätzlichen Zinsschrankenregelung sind die **Nettozinsaufwendungen** eines Wirtschaftsjahres (= der Überschuss des Zinsaufwandes über die Zinserträge) nur **bis zu 30 %** des maßgeblichen Gewinnes vor Zinsaufwendungen und Zinserträgen sowie regulären Abschreibungen (= steuerliches **EBITDA**) abziehbar. Die nicht abziehbaren Zinsaufwendungen und das EBITDA werden vorgetragen,[96] gehen jedoch bei einem Gesellschafterwechsel (ggf. quotal) unter.[97]

62 Die liquiditätsmäßige Doppelbelastung dieser Konstruktion liegt darin, dass einerseits die Zinsaufwendungen regelmäßig bereits die unternehmerische Liquidität belastet haben und andererseits hinsichtlich der in einem Veranlagungszeitraum für nicht abziehbar erklärten Zinsaufwendungen Steuerzahlungspflichten ausgelöst werden, denen keine wirtschaftliche Leistungsfähigkeit gegenübersteht.

63 Aufgrund der **Freigrenzenregelung** wirkt sich dies jedoch erst bei Unternehmen mit einem Nettozinsaufwand von über 3 Mio. € aus.[98] Dies dient der Verschonung kleinerer und mittlerer Unternehmen. Rechnerisch würde es sich danach z.B. ergeben, dass Finanzierungen bei einem unterstellten Zinssatz von 4,0 % bis zu einem Finanzierungsvolumen von 75 Mio. € zu steuerlich wirksamem Aufwand führen.

64 Darüber hinaus ist die Regelung nicht anzuwenden, wenn das Unternehmen nicht bzw. nur anteilmäßig zu einem **Konzern** gehört oder das Unternehmen zwar zu einem Konzern gehört, die Eigenkapitalquote aber max. 2 % schlechter als die des gesamten Konzerns ist.[99]

---

[95] § 4h EStG.
[96] § 4h Abs. 1 S. 3 (EBITDA-Vortrag nur in den folgenden 5 Wirtschaftsjahren) sowie S. 5 (Zinsvortrag).
[97] § 4h Abs. 5 EStG.
[98] § 4h Abs. 2 S. 1 Buchst. a) EStG.
[99] § 4h Abs. 2 S. 1 Buchst. b) und c) EStG.

3. Sanierungserlass

Überlegungen zum sanierungsbedingten Erlass von Steuerzahlungspflichten hatten bereits den RFH in den 20er Jahren des 20. Jahrhunderts beschäftigt.[100] Die Steuerrechtsgesetzgebung in der Bundesrepublik hat mit Wirkung ab dem Veranlagungszeitraum 1977 eine Regelung zur Steuerbefreiung von Sanierungsgewinnen in das Einkommensteuergesetz aufgenommen.[101] Nach dieser Regelung waren *„Erhöhungen des Betriebsvermögens, die dadurch entstehen, dass Schulden zum Zweck der Sanierung ganz oder teilweise erlassen werden"* steuerbefreit. Diese Regelung galt auch für die Körperschaftsteuer. Mit Wirkung für den Veranlagungszeitraum 1998 wurde diese Regelung jedoch durch den Gesetzgeber wieder aufgehoben.[102]

65

Nach der Aufhebung der Steuerbefreiungsvorschrift können **Sanierungsgewinne nur noch aus Billigkeitsgründen erlassen werden**.[103] Hierbei handelt es sich um Ermessensentscheidungen der Finanzverwaltung, für die persönliche und sachliche Billigkeitsgründe ausschlaggebend sind.

66

Die **persönliche Unbilligkeit** ist gegeben, wenn die Erhebung der Steuern die Existenz des Steuerpflichtigen bedrohen bzw. vernichten würde.[104] Der Definition der sachlichen Unbilligkeit liegt der Gedanke zugrunde, dass nach dem erklärten oder mutmaßlichen Willen des Gesetzgebers angenommen werden kann, das die im Billigkeitswege zu entscheidende Frage – wäre diese geregelt worden – entsprechend der beabsichtigten Billigkeitsmaßnahme entschieden worden wäre oder wenn angenommen werden kann, dass die Besteuerung den Wertungen des Gesetzes zuwiderläuft.[105]

67

Mit einem BMF-Schreiben aus dem Jahr 2003, dem sogenannten **„Sanierungserlass"**[106], hat die Finanzverwaltung zur Möglichkeit der Sanierung aus Billigkeitsgründen eingehend Stellung genommen. Mit diesem Erlass hat die Finanzverwaltung auf den bestehenden Zielkonflikt seit dem Inkrafttreten der Insolvenzordnung zum Jahresanfang 1999 reagiert, damit die auf einen Sanierungsgewinn zu zahlende Steuer nicht die Sanierung gefährdet oder eine weitere Sanierung erforderlich macht.[107]

68

Der Sanierungserlass regelt allgemeinverbindlich, unter welchen Voraussetzungen aufgrund von sachlicher Billigkeit die Einkommen bzw. Körperschaftsteuer (nicht jedoch die Gewerbesteuer![108]) auf einen Sanierungsgewinn mit dem Ziel des späteren Erlasses gestundet werden können.

69

Der Sanierungserlass versteht unter dem Begriff einer **Sanierung** *„… eine Maßnahme, die darauf gerichtet ist, ein Unternehmen oder einen Unternehmensträger (juristische oder natürliche Person) vor dem finanziellen Zusammenbruch zu bewahren und wieder ertragfähig zu machen (= unternehmensbezogene Sanierung). Das gilt auch für außergerichtliche Sanierungen, bei denen sich die Gesellschafterstruktur des in die Krise geratenen, zu sanierenden Unternehmens (Personengesellschaft oder Kapitalgesellschaft) ändert, bei anderen gesellschaftsrechtlichen Umstrukturierungen*

70

---

[100] RFH RStBl. 1927, 197.
[101] Vgl. § 3 Nr. 66 EStG a.F.
[102] Gesetz zur Fortsetzung der Unternehmenssteuerreform vom 29.10.1997, BGBl 1997 I, S. 2590.
[103] Vgl. §§ 163, 227 AO.
[104] Vgl. Pahlke/Koenig/*Fritsch* Kommentar Abgabenordnung, § 227, Rn. 34, m. N. aus der Rspr.
[105] *Kahlert/Rühland*, S. 6.
[106] Vgl. BMF-Schreiben vom 27.3.2003 – IV A 6-S 2140-08/03, BStBl. I 2003, S. 240 ff.
[107] Vgl. *Gragert* NWB 2013, 2141.
[108] Vgl. BMF-Schreiben vom 27.3.2003 – IV A 6-S 2140-08/03, BStBl. I 2003, S. 240 ff. VI.

im Rahmen der außergerichtlichen Sanierung von Kapitalgesellschaften sowie für Sanierungen im Rahmen eines Insolvenzverfahrens."[109]

„*Wird das Unternehmen nicht fortgeführt oder trotz der Sanierungsmaßnahme eingestellt, liegt eine Sanierung im Sinne dieser Regelung nur vor, wenn die Schulden aus betrieblichen Gründen (z.B. um einen Sozialplan zu Gunsten der Arbeitnehmer zu ermöglichen) erlassen werden. Keine begünstigte Sanierung ist gegeben, soweit die Schulden erlassen werden, um dem Steuerpflichtigen oder einem Beteiligten einen schuldenfreien Übergang in sein Privatleben oder den Aufbau einer anderen Existenzgrundlage zu ermöglichen. Im Fall der übertragenden Sanierung (vgl. BFH-Urteil vom 24.4.1986, BStBl 1986 II S. 672 = SIS 86 17 13) ist von einem betrieblichen Interesse auch auszugehen, soweit der Schuldenerlass erforderlich ist, um das Nachfolgeunternehmen (Auffanggesellschaft) von der Inanspruchnahme für Schulden des Vorgängerunternehmens freizustellen (z.B. wegen § 25 Abs. 1 HGB).*" *(vgl. Tz. 1 und 2 des Sanierungserlasses).* "[110]

71 Der Sanierungserlass zielt damit darauf ab, ein Unternehmen vor dem finanziellen Zusammenbruch zu bewahren und es wieder ertragsfähig zu machen. Voraussetzung für den Erlass eines Sanierungsgewinns ist demnach, dass es sich um eine unternehmensbezogene Sanierung handelt.

72 Der Sanierungserlass begünstigt danach neben **außergerichtlichen Umstrukturierungen** auch solche, die im Rahmen eines **Insolvenzverfahrens** erfolgen, soweit das Unternehmen nach erfolgreicher Sanierung gesundet und erstarkt in eine ertragreiche Zukunft startet. Sofern die eingeleiteten Sanierungsmaßnahmen scheitern und das betroffene Unternehmen aufgelöst wird, können **Sanierungsgewinne nur begünstigt** werden, soweit sie aus solchen Maßnahmen erwachsen, denen **betriebliche Beweggründe** zu Grunde liegen.

73 Dabei lehnt es die Finanzverwaltung ausdrücklich ab, den „*Steuerpflichtigen oder einem Beteiligten einen schuldenfreien Übergang in das Privatleben oder den Aufbau einer neuen Existenz zu ermöglichen*".[111] Ausgenommen hiervon sind bestimmte Fälle im Zusammenhang mit Insolvenzverfahren. Das BMF hat mit einem weiteren Schreiben ausdrücklich festgestellt, dass die Besteuerung von Sanierungsgewinnen i.R. d. Durchführung des Restschuldbefreiungsverfahrens (§§ 286 ff. InsO), des Verbraucherinsolvenzverfahrens (§§ 304 ff. InsO) oder des Planinsolvenzverfahrens (§§ 217 ff. InsO) begünstigt werden muss.[112]

74 Schwierigkeiten kann damit die Abgrenzung von **unternehmens- und unternehmerbezogenen Sanierungen** im Bereich von **Personengesellschaften** bereiten. Hier treffen die Folgen der eingeleiteten Sanierungsmaßnahmen regelmäßig auch die Ebene des Gesellschafters, da die Unternehmensgewinne erst auf Ebene des Gesellschafters der Einkommensteuer unterworfen werden. Sanierungsbegleitend kann es in diesem Zusammenhang beispielsweise dazu kommen, dass Gesellschafter aus der Personengesellschaft ausscheiden und ihre Anteile auf Mitgesellschafter oder neue Investoren übertragen. Solche Vorgänge dürften dem Sanierungsbegriff des BMF-Schreibens gerade nicht entgegenstehen, da gemäß der Rn. 1 des Sanierungserlasses explizit die Änderung der Gesellschafterstruktur einer Personengesellschaft der Fortführung des Unternehmens nicht entgegen steht.

75 Daneben können auch Sanierungsmaßnahmen anfallen, die neben der Ebene der Gesellschaft auch indirekt die des Gesellschafters betreffen. Vorstellbar ist in diesem Zusammenhang der Erlass von Schulden durch finanzierende Banken gegenüber der Gesell-

---

[109] BMF-Schreiben vom 27.3.2003 – IV A 6-S 2140-08/03, BStBl. I 2003, S. 240 ff., Rn. 1.
[110] BMF-Schreiben vom 27.3.2003 – IV A 6-S 2140-08/03, BStBl. I 2003, S. 240 ff., Rn. 2.
[111] Kahlert/Rühland, S. 8.
[112] Vgl. BMF-Schreiben vom 22.12.2009 – IV C 6-S 2140/07/10001-01, BStBl. I 2010, S. 18.

schaft aber auch von eigenen Refinanzierungsdarlehen der Gesellschafter, mit denen diese der Gesellschaft Finanzmittel als Gesellschafterdarlehen zur Verfügung gestellt haben.

Grundsätzlich dient die Maßnahme des **Schuldenerlasses** dazu die Unternehmung 76 wieder leistungsfähig zu machen und um eine Umsetzung der geplanten leistungsbezogenen Sanierungsmaßnahmen zu ermöglichen. Unterstützend können diese Maßnahmen auch im Rahmen der Suche nach Investoren wirken, die sich bereit erklären, zusätzlich zu dem Beitrag der Gläubiger weitere finanzielle Mittel in die Gesellschaft einzubringen. Ziel ist es, den Investitionsstau bei der Gesellschaft zu beseitigen, die Arbeitsplätze langfristig zu sichern und die Gesellschaft wieder ertragsstark zu machen. Ohne einen Schuldenerlass ist häufig kein Investor bereit, in die Gesellschaft zu investieren. Damit ist für diesen Fall eine Sanierungsmaßnahme in Form einer unternehmensbezogenen Sanierung gegeben.

Der **Erlass von Refinanzierungsdarlehen der Gesellschafter** müsste in bestimm- 77 ten Fällen ebenfalls einen Aspekt der unternehmensbezogenen Sanierungsmaßnahmen darstellen. Soweit die Refinanzierungsdarlehen (Eigenkapitalhilfen/ERP-Mittel) der Gesellschafter originär dem betrieblichen Zweck der Finanzierung des Unternehmens durch die Gesellschafter in Form eines weitergegebenen Gesellschafterdarlehens dienen, sind sie damit Bestandteil des Betriebsvermögens der Gesellschaft. Die Refinanzierungsdarlehen sind steuerlich dem Sonderbetriebsvermögen der Gesellschafter zuzuordnen. Damit gehören diese Darlehen zum steuerlichen Betriebsvermögen der Gesellschaft.[113]

Sofern solche Refinanzierungsdarlehen an die Gesellschaft weitergereicht worden sind 78 und schließlich im Interesse der Sanierung und des Fortbestandes der Gesellschaft gegenüber der Gesellschaft aus betrieblichen Gründen auf diese verzichtet wurde, ändert dies die Zuordnung zum steuerlichen Betriebsvermögen der Gesellschaft nicht. Insbesondere haben diese Refinanzierungsdarlehen damit keinen Bezug zu einer privaten Verwendung auf der Ebene der Gesellschafter. Sie dienen vollumfänglich dem betrieblichen Engagement, ggf. zu einem Teil der Finanzierung des Kommanditanteils an sich und zu einem weiteren Teil als Betriebskredit für die Gesellschaft. Soweit die Gesellschaft in einem hypothetischen Vergleichsfall die Kreditmittel ursprünglich selber aufgenommen hätte und die Gesellschafter sich entsprechend verbürgt hätten, würde ein Schuldenerlass durch die finanzierende Bank ebenfalls als unternehmensbezogene Sanierungsmaßnahme betrachtet werden. Es kann damit kein Unterschied bestehen, ob die Gesellschaft selber die Mittel aufnimmt oder ihr diese von ihren Gesellschaftern durchgereicht werden.

Der Erlass dieser sog. Refinanzierungsdarlehen durch die finanzierende Bank dient im 79 Gesamtzusammenhang der Sanierungsüberlegungen und -planungen ebenfalls der wirtschaftlichen Aufrichtung und Sanierung des Unternehmens an sich. Die nachfolgenden Gesellschafter sollen die Chance erhalten, mit einer finanzwirtschaftlich verbesserten Kapitalstruktur tätig zu werden. Es geht dabei auf keinen Fall vorrangig darum, den Gesellschaftern einen schuldenfreien Übergang in das Privatvermögen bzw. den Aufbau einer neuen Existenz zu sichern. Damit ist auch durch den Erlass von Refinanzierungsdarlehen seitens der finanzierenden Banken von einer unternehmensbezogenen Sanierung, die der Sanierung des ganzen Unternehmens dient, auszugehen.

---

[113] Siehe Richtlinie 4.2 Abs. S. 1 EStR, in welcher das steuerliche Betriebsvermögen einer Personengesellschaft wie folgt definiert wird: *„Das Betriebsvermögen … umfasst bei einer Personengesellschaft sowohl die Wirtschaftsgüter, die zum Gesamthandsvermögen der Mitunternehmer gehören, als auch diejenigen Wirtschaftsgüter, die einem, mehreren oder allen Mitunternehmern gehören (Sonderbetriebsvermögen)."*

§ 35 7. Teil. Rechnungslegung und Steuern

80 Für eine Anwendung der steuerbegünstigenden Regelungen des Sanierungserlasses muss darüber hinaus ein **Sanierungsgewinn** vorliegen:
„*Ein Sanierungsgewinn ist die Erhöhung des Betriebsvermögens, die dadurch entsteht, dass Schulden zum Zweck der Sanierung ganz oder teilweise erlassen werden. ... Voraussetzungen für die Annahme eines im Sinne dieses BMF-Schreibens begünstigten Sanierungsgewinns sind die Sanierungsbedürftigkeit und Sanierungsfähigkeit des Unternehmens, die Sanierungseignung des Schulderlasses und die Sanierungsabsicht der Gläubiger.*[114] *Sanierungskosten mindern nach Ansicht der Finanzverwaltung den Sanierungsgewinn.* "[115]

81 Durch Forderungsverzichte von Gläubigern kommt es grundsätzlich zu einer Erhöhung des Betriebsvermögens. Soweit sich durch den Verzicht ein Ertrag im Sonderbetriebsvermögen der Gesellschaft ergibt (z.B. im Falle des Verzichts auf Refinanzierungsdarlehen), erhöht sich ebenfalls das steuerliche Betriebsvermögen einer Personengesellschaft,[116] da dieses sich aus dem Gesamthands- und Sondervermögen zusammen setzt.

82 Darüber hinaus ist Voraussetzung eines sanierungsbegünstigten Gewinns, dass **Sanierungsbedürftigkeit und Sanierungsfähigkeit** des Unternehmens gegeben sind, dass weiter die **Sanierungseignung des Schulderlasses** vorliegt und schließlich die **Sanierungsabsicht** der Gläubiger gegeben ist.

83 Grundsätzlich ist vom Vorliegen dieser vier Voraussetzungen auszugehen, wenn ein Sanierungsplan vorliegt.[117] Für den Begriff des Sanierungsplanes in diesem Sinne gibt der Sanierungserlass jedoch keine eindeutige Definition vor. Es soll jedoch als ausreichend angesehen werden, wenn dargestellt wird, wie durch den vereinbarten Erlass die Ertragsfähigkeit des begünstigten Unternehmens wiederhergestellt werden kann.[118] Ein derartiges Konzept kann in Gestalt eines Insolvenzplanes zusammen mit dessen Würdigung durch ein Sanierungsgutachten vorliegen.

Detailliert lassen sich die einzelnen Voraussetzungen wie folgt darstellen:

„*Die* **Sanierungsbedürftigkeit** *liegt vor, wenn das Unternehmen in Folge von Zahlungsunfähigkeit von der Insolvenz bedroht ist*"[119]. Die OFD Hannover hat hierzu folgende Kriterien genannt[120]: „*Für die Frage, ob ein Unternehmen objektiv sanierungsbedürftig ist, sind*
- *die Ertragslage,*
- *die Höhe des Betriebsvermögens vor und nach der Sanierung,*
- *die Kapitalverzinsung durch die Erträge des Unternehmens,*
- *die Möglichkeiten zur Bezahlung von Steuern und sonstigen Schulden,*
- *die Gesamtleistungsfähigkeit des Unternehmens und*
- *mit Einschränkungen die Höhe des Privatvermögens maßgeblich*".

84 Für die in der Praxis wichtige Frage zur zeitlichen Anwendbarkeit des Sanierungserlasses soll an dieser Stelle noch einmal der typische Ablauf eines Sanierungsfalles ins Gedächtnis gerufen werden: Der betriebswirtschaftlichen Krise des Unternehmens folgt die Liquiditätskrise; diese führt regelmäßig zur Zahlungsunfähigkeit. Die **Anwendbarkeit des Sanierungserlasses** ist erst in einem **späten Stadium der Unternehmenskrise** grundsätzlich möglich, wenn sich die Unternehmenskrise bereits stark zugespitzt hat. Dies folgt aus der Anknüpfung an das Insolvenzrecht (drohende Zahlungsunfähigkeit/ Überschuldung). Dies kann insofern problematisch sein, als beim tatsächlichen Vorliegen

---

[114] BMF-Schreiben vom 27.3.2003 – IV A 6-S 2140-08/03, BStBl. I 2003, S. 240 ff., Rn. 3 und 4.
[115] Vgl. *Metzbach* DStR 2014, S. 172 (strittig).
[116] Siehe Richtlinie 4.2 Abs. 2 Satz 1 EStR.
[117] Vgl. BMF-Schreiben vom 27.3.2003 – IV A 6-S 2140-08/03, BStBl. I 2003, S. 240 ff., Rn. 4.
[118] Vgl. *Kahlert/Rühland*, S. 16 f.
[119] BFH BFH/NV 1987, 493.
[120] Vgl. OFD Hannover DStR 2009, 532.

§ 35 Sanierungssteuerrecht §35

der Zahlungsunfähigkeit unverzüglich ein Insolvenzantrag zu stellen ist[121] und mögliche Sanierungsmaßnahmen dann zu spät kämen.[122] Dann wäre die Anwendbarkeit des Sanierungserlasses deutlich eingeschränkt. Daher sollte auch die fehlende Liquidität eines Unternehmens als ausreichend angesehen werden, um die erforderliche Sanierungsbedürftigkeit als erfüllt anzusehen.

Die **Sanierungsfähigkeit** des Unternehmens bedeutet, dass das Unternehmen nach 85 der Sanierung wieder ertragsfähig werden kann. In diesem Zusammenhang steht auch die Sanierungseignung des Schuldenerlasses. Dazu formuliert die Verfügung der OFD Hannover wie folgt[123]: *„Für die Frage der Sanierungsfähigkeit des Unternehmens und der Sanierungseignung des Schulderlasses sind alle Umstände zu berücksichtigen, die die Ertragsaussichten des Unternehmens beeinflussen können, z.B.*
* *die Höhe der Verschuldung,*
* *die Höhe des Erlasses,*
* *die Gründe, die die Notlage bewirkt haben, und*
* *die allgemeinen Ertragsaussichten ...".*

Auch diese Kriterien lassen sich gut durch ein Sanierungsgutachten sowie einen Insol- 86 venzplan nachweisen. Ausschlaggebend ist, dass das Unternehmen nach erfolgter Sanierung als wieder ertragsfähig und damit eigenständig lebensfähig anzusehen sein wird.

Als problematisch kann es sich hier erweisen, dass das Kriterium der Sanierungsfähig- 87 keit eine positive Fortführungsprognose beinhaltet. Demgegenüber setzt der insolvenzrechtliche Tatbestand der Überschuldung gerade eine negative Fortführungsprognose voraus. Auch hierin kann eine Einschränkung der Anwendbarkeit des Sanierungserlasses liegen, wenn die positive Fortführungsprognose eine insolvenzrechtliche Überschuldung und damit die Anwendbarkeit des Sanierungserlasses ausschließen würde.

Die zuvor aufgezeigten tatbestandlichen Anwendungsunsicherheiten des Sanierungs- 88 erlasses hinsichtlich der Sanierungsbedürftigkeit und -fähigkeit ergeben sich zusammengefasst aus der unzureichend erfolgten Abstimmung zwischen Insolvenz- und Steuerrecht. Als Ausweg bietet es sich an, einen einheitlichen Krisenbegriff für die Anwendung steuerrechtlicher Sanierungsvorschriften zu formulieren, der den insolvenzrechtlichen Krisenvorschriften vorgelagert ist.[124] Die steuerlich privilegierungswürdige Sanierungssituation sollte bereits dann als gegeben angesehen werden, wenn die Kreditunwürdigkeit der Unternehmung besteht, d.h. wenn die Gesellschaft ihren Finanzmittelbedarf nicht mehr aus eigener Kraft – und hier insbesondere der Fremdkapitalbedarf nicht mehr zu marktüblichen Bedingungen – aufbringen kann.[125]

Die **Sanierungsabsicht** der Gläubiger ist gegeben, wenn die Gläubiger, die wesent- 89 liche Forderungen gegenüber der Gesellschaft haben, diese erlassen. Es ist nicht erforderlich, dass sämtliche Gläubiger des Unternehmens an der Sanierung beteiligt werden. Die Zusammenschau der geplanten Sanierungsmaßnahmen und der hieran beteiligten Personen/Gläubiger insgesamt ergibt das Vorliegen der Voraussetzung der Sanierungsabsicht.[126]

Die ertragsteuerliche Behandlung des Sanierungsgewinns stellt sich nach den Grund- 90 lagen des Sanierungserlasses wie folgt dar:

„Die Erhebung der Steuer auf einen nach Ausschöpfen der ertragsteuerrechtlichen Verlustverrechnungsmöglichkeiten verbleibenden Sanierungsgewinn bedeutet für den Steuerpflichtigen aus sach-

---

[121] §§ 15, 15a InsO.
[122] Siehe auch: *Eilers/Bühring*, Rn. 2.16.
[123] Vgl. OFD Hannover DStR 2009, 532.
[124] Vgl. *Eilers/Bühring*, Rn. 2.42.
[125] Vgl. *Eilers/Bühring*, Rn. 2.42.
[126] Vgl. *Eilers/Bühring*, Rn. 2.38; *Kahlert/Rühland*, S. 15 f.

§ 35   7. Teil. Rechnungslegung und Steuern

lichen Billigkeitsgründen eine erhebliche Härte. Die entsprechende Steuer ist daher auf Antrag des Steuerpflichtigen nach § 163 AO abweichend festzusetzen (Satz 3 ff.) und nach § 222 AO mit dem Ziel des späteren Erlasses (§ 227 AO) zunächst unter Widerrufsvorbehalt ab Fälligkeit zu stunden.[127] *Zu diesem Zweck sind die Besteuerungsgrundlagen in der Weise zu ermitteln, dass Verluste/negative Einkünfte unbeschadet von Ausgleichs- und Verrechnungsbeschränkungen (insbesondere nach § 2 Abs. 3, § 2a, § 2b, § 10d, § 15 Abs. 4, § 15a, § 23 Abs. 3 EStG) für die Anwendung dieses BMF-Schreibens im Steuerfestsetzungsverfahren bis zur Höhe des Sanierungsgewinns vorrangig mit dem Sanierungsgewinn verrechnet werden. Die Verluste/negativen Einkünfte sind insoweit aufgebraucht; sie gehen daher nicht in den nach § 10d Abs. 4 EStG festzustellenden verbleibenden Verlustvortrag oder den nach § 15a Abs. 4 und 5 EStG festzustellenden verrechenbaren Verlust ein."*[128]

91   Bei der ertragsteuerlichen Behandlung des Sanierungsgewinns ist grundsätzlich zwischen der **Einkommen-** und der **Gewerbesteuerbelastung** zu unterscheiden.

92   Der sich ergebende Sanierungsgewinn ist ertragsteuerlich **vorrangig mit Verlusten** des laufenden Geschäftsjahres sowie bestehenden Verlustvorträgen **zu verrechnen**. Die sog. Mindestbesteuerung begrenzt hierbei die Verlustverrechnung nicht. Danach ist die sich nach Verlustverrechnung ergebende Steuerbelastung im Hinblick auf die Einkommen- und die Körperschaftsteuer auf den Sanierungsgewinn zu stunden[129] und später ggf. zu erlassen.[130]

93   Mangels gesetzlicher Regelungen und der Abhängigkeit des Steuerpflichtigen von der **Ermessensentscheidung** seitens der Finanzverwaltung ist es an und für sich zu empfehlen, die begünstigte Behandlung des Sanierungsgewinns auf Basis des Sanierungserlasses durch eine **verbindliche Auskunft** der Finanzverwaltung bestätigen zu lassen. Problematisch dürfte hierbei allerdings der verfügbare Zeitrahmen sein, innerhalb dessen die verbindliche Auskunft eingeholt werden kann. Dabei ist einerseits darauf zu achten, dass der in der verbindlichen Auskunft zu würdigende Sachverhalt (= die Sanierungsmaßnahme/n) noch nicht verwirklicht sein darf. Andererseits kann dies durch die tatsächlichen Entwicklungen überholt werden und die drohende Zahlungsunfähigkeit bzw. Überschuldung des Unternehmens es erforderlich machen, dass die Sanierungsmaßnahmen umgehend umgesetzt werden. Insgesamt ist **in der Praxis** immer wieder zu beobachten, dass Berater sehr spät und/oder nicht qualifiziert genug mit den Finanzbehörden kommunizieren. Die richtige und zeitgerechte Ansprache der Finanzbehörden ist ein Schlüssel für den Sanierungserfolg im steuerlichen Sinne.

94   Hinsichtlich der **Gewerbesteuer** ist zu beachten, dass die steuerliche Behandlung und der mögliche Erlass der Gewerbesteuern im Sanierungserlass und sonstigen Verwaltungsvorschriften nicht erörtert wird.[131] Ob die Zuständigkeit für den Erlass der Gewerbesteuer auf einen Sanierungsgewinn bei der Gemeinde bzw. bei mehreren Betriebsstätten bei mehreren Gemeinden oder der Finanzverwaltung liegt, ist umstritten.[132] Der Erlass der Gewerbesteuer hängt ggf. von der finanziellen Lage der Gemeinde und je nach Umfang des Erlassantrages von der Ratsentscheidung ab; dies kann u.U. zu langwierigen Entscheidungsprozessen und unvorhersehbaren Ergebnissen führen.[133] Im Ergebnis ist jedoch zu konstatieren, dass der Erlass der Gewerbesteuer in den gemeindlichen Zustän-

---

[127] Vgl. Rn. 9 bis 11.
[128] BMF-Schreiben vom 27.3.2003 – IV A 6-S 2140-08/03, BStBl. I 2003, S. 240 ff., Rn. 8.
[129] § 222 AO.
[130] § 227 AO.
[131] Vgl. Abschnitt 3.
[132] Status-quo-Feststellung siehe *Ebbinghaus/Hinz* ZInsO 2013, 911.
[133] Vgl. ebenda.

§ 35 Sanierungssteuerrecht §35

digkeitsbereich gehört.[134] Die erforderliche Sanierung, die auch mit dem Erlass der Gewerbesteuer steht und fällt, kann u.U. erheblich gefährdet bzw. verlängert werden.

Hinsichtlich der Rechtmäßigkeit des Sanierungserlasses wird in der Fachliteratur seit Jahren eine kontroverse Diskussion geführt; ebenso wird über die Vereinbarkeit mit dem EU-Beihilferecht diskutiert.[135] Eine belastbare Entscheidung des BFH hierzu steht nach wie vor aus. Eine Entscheidung des FG Sachsen, welche die Rechtmäßigkeit des Sanierungserlasses in Zweifel zieht, ist über den entschiedenen Einzelfall hinaus nicht anwendbar.[136] In einem weiteren – rechtskräftig entschiedenen – Fall hat das FG Sachsen das BMF-Schreiben zum Sanierungserlass kurzum für nicht anwendbar erklärt, da es an einer gesetzlichen Grundlage fehle und Finanzgerichte nicht an BMF-Schreiben gebunden sind.[137] Es bleibt daher weiterhin abzuwarten, ob der BFH sich zu dieser Frage noch positionieren will. Die Finanzverwaltung geht – u.E. zu Recht – unverändert davon aus, dass der Sanierungserlass in §§ 163, 227 AO eine hinreichende gesetzliche Grundlage hat. 95

Hinsichtlich der auch diskutierten Vereinbarkeit des Sanierungserlasses mit dem EU-Beihilferecht besteht jedoch zwischenzeitlich Klarheit. Die Europäische Kommission hegt diesbezüglich keine Bedenken hegt. Im Rahmen einer Einzelfallprüfung hat die Kommission mitgeteilt, dass der Sanierungserlass beihilferechtlich nicht zu beanstanden ist. Leider ist diese „Entscheidung" nicht veröffentlicht.[138] 96

II. Steuerliche Behandlung von Restrukturierungsmaßnahmen

1. Rangrücktritt

Im Rahmen eines Rangrücktrittes tritt der **Gesellschafter** mit seiner Forderung im Rang hinter die anderen Gläubiger der Gesellschaft zurück, wobei auch rückständige Zinsen und künftige Zinsansprüche inbegriffen sein können.[139] Vgl. hierzu § 16 Rn. 35. 97

Durch die Regelungen des MoMiG[140] sind sämtliche **kapitalersetzenden Gesellschafterdarlehen** und gleichgestellte Forderungen gem. § 39 Abs. 1 Nr. 5 InsO als **nachrangig** zu behandeln. § 19 Abs. 2 S. 2 InsO nimmt hierauf Bezug und regelt, dass insoweit kein Verbindlichkeitsausweis im Überschuldungsstatus erfolgt. Daher ist grundsätzlich die früher erfolgte Unterscheidung zwischen einfachem und qualifiziertem Rangrücktritten nicht mehr notwendig.[141] 98

Unter Bilanzierungsgesichtspunkten hat der Rangrücktritt grundsätzlich auch keine Auswirkungen auf den Ausweis der Verbindlichkeit in der Steuerbilanz. Es erfolgt weiterhin der Ausweis als Fremdkapital; lediglich die Tilungsreihenfolge hat sich durch den Rangrücktritt geändert. 99

Für den Ansatz in der Steuerbilanz besteht mit Blick auf § 5 Abs. 2a EStG weiterhin die Gefahr einer gewinnerhöhenden Ausbuchung der Verbindlichkeit. Danach darf eine 100

---

[134] Vgl. ebenda.
[135] Vgl. *Gragert* NWB 2013, 2142.
[136] Vgl. ebenda.
[137] FG Sachsen, Urteil vom 4.4.2013, Az.: 6 K 211/09, GmbHR 2013, 666 ff.
[138] Vgl. ebenda, 2142.
[139] Vgl. Adler/Düring/Schmaltz, HGB Kommentar, § 246, Rn. 135.
[140] Gesetz zur Modernisierung des GmbH-Rechts und zur Vermeidung von Missbräuchen vom 23.10.2008, BGBl. I 2008, S. 2026 ff.
[141] Vgl. *Gras*, Münchner Anwaltshandbuch Insolvenz und Sanierung, § 6, Rn. 105; *Eilers/Bühring*, Rn. 3.59 ff.

Verbindlichkeit nicht bilanziert werden, wenn die Verbindlichkeit nur bei Entstehung künftiger Gewinne oder Einnahmen erfüllt werden kann. Aus diesem Grunde sollte in die Vereinbarung des Rangrücktritts weiterhin aufgenommen werden, dass eine Rückzahlung mindestens aus Liquidationserlösen oder aus sonstigem freien Vermögen erfolgen soll. In diesem Fall verbleibt es bei der Bilanzierung der Verbindlichkeit.[142]

101 Auf Seiten des **Darlehensgebers** sind im Rahmen eines Rangrücktrittes keine Besonderheiten zu beachten. Die Forderung ist grundsätzlich zu bilanzieren. Ein Rangrücktritt kann jedoch Argumente für eine dauerhafte Wertminderung der Forderung liefern, so dass in diesem Fall eine entsprechende Wertberichtigung der Forderung vorzunehmen ist. Hierbei ist für körperschaftsteuerpflichtige Gesellschafter § 8b Abs. 3 S. 4 KStG zu beachten (siehe oben I.2.b)). Für einkommensteuerpflichtige Gesellschafter, die die Forderung im Betriebsvermögen halten, ist der Aufwand aus der Wertberichtigung grundsätzlich steuermindernd zu berücksichtigen. Bei einer gesellschaftsrechtlich begründeten Darlehenshingabe wendet die Finanzverwaltung jedoch das Teileinkünfteverfahren an und berücksichtigt die Aufwendungen nur zu 60 %.[143]

2. Forderungsverzicht ohne Besserungsabrede

102 Der Verzicht eines Gesellschafters auf seine Forderung[144] führt zum Erlöschen der Verbindlichkeit und damit zu einer Vermögensmehrung auf der Seite der Gesellschaft. Dadurch wird die Bilanz des Unternehmens entlastet und dessen Überschuldungssituation verbessert[145], so dass eine insolvenzrechtliche Überschuldung verhindert werden kann. Dies kann eine schnelle und **effiziente Sanierungsmaßnahme** sein. Bei akuter Insolvenzgefahr können u.U. auch Drittgläubiger zum Verzicht auf ihre Darlehensforderungen bereit sein. Hinsichtlich der Rechtsfolgen ist stets zwischen diesen beiden Stakeholdergruppen zu unterscheiden.[146] Der Fokus liegt im Rahmen dieses Kapitels zunächst auf dem Forderungsverzicht durch Gesellschafter.

103 Die Regelungen zur Behandlung von Gesellschafterdarlehen wurden mit der Einführung des MoMiG aus dem Gesellschaftsrecht heraus in das Insolvenzrecht verlagert. Infolgedessen sind diese Regelungen nun rechtsformübergreifend anzuwenden. D.h. sie gelten für alle Gesellschaftsformen ohne natürliche Person als persönlich haftendem Gesellschafter.[147]

104 Handelsrechtlich kann der Forderungsverzicht als offene oder verdeckte **Einlage** erfolgen. Sofern der Forderungsverzicht der Erhöhung des Nennkapitals dienen soll, sind die Vorschriften der Kapitalerhöhung durch Sacheinlagen anzuwenden.[148] Sofern keine Erhöhung des Nennkapitals erwünscht ist, erfolgt eine Einstellung in die Kapitalrücklage.[149] Zu berücksichtigen ist weiter, dass eine offene Sacheinlage **nur in Höhe des werthaltigen Teils der Forderung** erfolgen kann.[150]

---

[142] Vgl. *Schmid*, Fachberater für Sanierung und Insolvenzverwaltung, Rn. 1789; *Herzig/Liekenbrock* Ubg 2011, 319 f. sowie § 16, Rn. 31 ff. in diesem Handbuch.

[143] Vgl. BMF-Schreiben vom 8.11.2010 – IV C 6 – S 2128/07/10001, BStBl I 2010, S. 1292, dort unter 2.

[144] Erlassvertrag gemäß § 397 BGB.

[145] Vgl. *Nerlich/Rohde*, Münchner Anwaltshandbuch Insolvenz und Sanierung, § 4, Rn. 252.

[146] Vgl. *Eilers/Bühring*, Rn. 3.3.

[147] Vgl. *Bornheimer*, Münchner Anwaltshandbuch Insolvenz und Sanierung, § 29, Rn. 44 ff.

[148] Vgl. § 19 Abs. 4 GmbHG.

[149] Vgl. § 272 Abs. 2 Nr. 4 HGB und *Schmid*, Fachberater für Sanierung und Insolvenzverwaltung, Rn. 1771.

[150] Vgl. Lutter/Hommelhoff/*Lutter/Bayer*, GmbHG Kommentar, § 56, Rn. 9.

Die **betriebliche Veranlassung** kommt in Betracht, wenn sich neben den Gesellschafter-Gläubigern auch andere Gläubiger zu einem Verzicht bereit erklären und sich damit an der Sanierungsmaßnahme beteiligen.[151] Die betriebliche Veranlassung kann jedoch auch dann vorliegen, wenn nur Gesellschafter-Gläubiger Forderungsverzichte erklären.[152] 105

Soweit der Verzicht durch das Gesellschaftsverhältnis veranlasst ist, liegt auf der Seite der Gesellschaft eine verdeckte Einlage in Höhe des werthaltigen Teils der Forderung (Teilwert) vor.[153] Dies bedeutet, dass eine Forderung, die voll werthaltig ist, mit ihrem Nennwert als verdeckte Einlage das Kapital in gleicher Höhe erhöht. Der Forderungsverzicht vollzieht sich damit vollständig **steuerneutral**. Bei Krisengesellschaften wird der Teilwert der Forderung den Nennwert in der Regel jedoch erheblich unterschreiten, u.U. sogar bis auf den Wert von Null Euro. Der **nicht werthaltige** Teil der Forderung führt dann als **laufender Ertrag** zu einem (Sanierungs-)Gewinn.[154] Zu dessen Behandlung siehe oben I.3. 106

In der Praxis dürfte die **Feststellung** des Teilwertes der Forderung regelmäßig ein nicht unerhebliches **Problem** darstellen, welches in der Folge zu Auseinandersetzungen mit der Finanzverwaltung führen kann. Der Teilwert der Forderung hängt von der Zahlungsfähigkeit und -willigkeit des Schuldners sowie der Verzinslichkeit der Forderung ab. Daraus lassen sich ca. die fiktiven Wiederbeschaffungskosten der Forderung ableiten. Für eine entsprechende Beweisvorsorge ist in der Praxis u.U. ein unabhängiges Gutachten unumgänglich. 107

Bei der **betrieblichen Veranlassung** des Forderungsverzichtes liegt keine verdeckte Einlage vor. Steuerrechtlich entsteht aus der Vermögensmehrung auf der Seite der Gesellschaft ein zu versteuernden Gewinn in Höhe der ursprünglich passivierten Forderung. Zu dessen Behandlung siehe ebenfalls oben I.3. 108

Auf der **Ebene des Gesellschafters** hängt die steuerliche Behandlung des Forderungsverzichtes davon ab, ob die Forderung im Privat- oder Betriebsvermögen gehalten wird. Bei einer Forderung im Privatvermögen des Gesellschafters ist weiter danach zu unterscheiden, ob der Gesellschafter eine wesentliche Beteiligung an der Gesellschaft hält, also in den letzten fünf Jahren zu mindestens 1 % am Vermögen der Gesellschaft beteiligt gewesen ist,[155] oder ob keine in diesem Sinne wesentliche Beteiligung vorliegt. 109

Der Forderungsverzicht bei **wesentlichen Beteiligungen** ist nach § 17 EStG zu beurteilen. Im Rahmen der Veräußerungsgewinnermittlung sind auch nachträgliche Anschaffungskosten zu berücksichtigen, die sich durch verdeckte Einlagen ergeben haben. Dies erscheint bei einer voll werthaltigen Forderung als unproblematisch. Im Krisenfall wird die Forderung demgegenüber nicht mehr voll werthaltig sein. Würde in diesem Fall der Teilwert zugrunde gelegt werden, ergäben sich u.U. sehr niedrige bzw. sogar Null Euro betragende nachträgliche Anschaffungskosten. Dann würde der Ausfall des Darlehens bei der Ermittlung des Verlustes vollständig unberücksichtigt bleiben. Die Finanzverwaltung wendet hierzu jedoch weiter die bisherigen Grundsätze für eigenkapitalersetzende Darlehen an,[156] so dass in den Kategorien der krisenbestimmten und Sanierungsdarlehen im Fall des Verzichtes bis zur Höhe des Nennbetrages der Forderung 110

---

[151] Vgl. *Eilers/Bühring*, Rn. 3.5.
[152] Vgl. ebenda mit Verweis auf Rn. 2.39.
[153] Vgl. BFH BStBl. II 1998, 307, ständige Rechtsprechung.
[154] Vgl. ebenda.
[155] Vgl. § 17 Abs. 1 S. 1 EStG.
[156] Vgl. BMF-Schreiben vom 21.10.2010, IV C 6 – S 2244/08/10001, BStBl I 2010, S. 832, dort unter 3.

nachträgliche Anschaffungskosten vorliegen, die für § 17 EStG berücksichtigt werden können. Auf die Beachtung des Teileinkünfteverfahrens wird hingewiesen. Die Höhe dieser Anschaffungskosten wird fallgruppenabhängig im Einzelnen wie folgt unterschieden: Bei den Krisendarlehen, die nach Eintritt der Krise gewährt werden, belaufen sich die Anschaffungskosten auf die Höhe des Darlehens-Nennwertes; gleiches gilt für die Finanzplandarlehen, die zur krisenunabhängigen Kapitalausstattung der Gesellschaft ausgereicht werden. Demgegenüber ergeben sich bei den in der Krise stehen gelassenes Darlehen Anschaffungskosten lediglich in Höhe des gemeinen Wertes, der sich in dem Zeitpunkt ergibt, in dem die Entscheidung gefallen ist, das Darlehen nicht abzuziehen. Danach kann man auf die Idee kommen, dass ein Gesellschafter ein stehengelassenes Darlehen in der Weise ablöst, dass er der Gesellschaft in der Krise ein neues (abziehbares) Darlehen gewährt. Dieser Überlegung hat die OFD Frankfurt jedoch jüngst einen Riegel vorgeschoben und dies als steuerlichen Gestaltungsmissbrauch angesehen.[157]

111 Wenn **keine wesentliche Beteiligung** vorliegt, gehören Gewinne und Verluste aus Darlehensgewährungen grundsätzlich zu den Einkünften aus Kapitalvermögen.[158] Hier stellt sich die Frage, in welchem Umfang der Forderungsverzicht tatsächlich steuerliche Berücksichtigung findet oder als Vorgang auf der privaten Vermögensebene unberücksichtigt bleibt. Die Finanzverwaltung steht auf dem Standpunkt, dass der Forderungsverzicht einen Veräußerungstatbestand bzw. einen gleichgestellten Tatbestand wie die verdeckte Einlage[159] nur insoweit erfüllt, wie die Forderung werthaltig gewesen ist.[160] Der Restbetrag soll bei dem verzichtenden Gesellschafter steuerlich nicht berücksichtigt werden. Diese Ansicht der Finanzverwaltung ist z.T. auf die Kritik namhafter Autoren gestoßen.[161]

112 Wenn die Forderung im **Betriebsvermögen** gehalten wird, ist die Darlehensforderung im Verzichtsfall zunächst steuerwirksam aus der Bilanz auszubuchen. Für den Fall, dass der Verzicht durch die Gesellschafterstellung veranlasst ist, führt der werthaltige Teil der Forderung zu Anschaffungskosten des Gesellschafters auf seine Beteiligung. Dies ist dann vollständig steuerneutral, wenn der Teilwert und der Nennwert der Forderung identisch sind. Soweit der Teilwert unter dem Nennwert liegt, ergibt sich für den Gesellschafter ein steuerlich relevanter Aufwand in Höhe des Differenzbetrages. Die Finanzverwaltung wendet diesbezüglich § 3c Abs. 2 EStG an, wenn das Darlehen nicht zu fremdüblichen Konditionen gewährt worden ist, da es dann zu verdeckten Gewinnausschüttungen kommen kann, die teilweise steuerfreie Beteiligungserträge darstellen.[162]

113 Für **körperschaftsteuerpflichtige Gesellschafter** ergeben sich die Rechtsfolgen aus § 8b KStG. Danach müssen Anteilseigner mit einer Beteiligung von mehr als 25 % den Aufwand aus der Ausbuchung der Forderung (nicht werthaltiger Teil) außerbilanziell ihrem steuerpflichtigen Ergebnis wieder hinzuzurechnen haben.[163] Eine Ausnahme hiervon ergibt sich nur, wenn der Gesellschafter nachweisen kann, dass ein fremder Dritter unter sonst gleichen Umständen ebenso gehandelt hätte. In einer Krise des Unterneh-

---

[157] OFD Frankfurt am Main, Verfügung vom 9.8.2013, S 2244 A – 61 – St 215.
[158] Vgl. § 20 EStG.
[159] Vgl. § 20 Abs. 2 S. 2 EStG.
[160] Vgl. BMF-Schreiben vom 22.12.2009, IV C 1 – S 2252/08/10004, BStBl I 2010, S. 94, dort Rn. 60 f.
[161] Vgl. *Niemeyer/Stock/Weber-Grellet*, DStR 2011, 445 ff.; Schmidt EStG-Kommentar, § 20, Rn. 148.
[162] Vgl. BMF-Schreiben vom 8.11.2010 – IV C 6 – S 2128/07/10001, BStBl I 2010, S. 1292, dort unter 2.
[163] Vgl. § 8b Abs. 3 S. 4 KStG.

mens wird dieser Nachweis jedoch in der Praxis selten gelingen. Wenn der Verzicht betrieblich veranlasst ist, ergeben sich keine Änderungen der Anschaffungskosten der Beteiligung.

Aufgrund der steuerlichen Folgen des Forderungsverzichtes können sich insbesondere 114
in Konzernen erhebliche steuerliche negative Doppelbelastungen durch die Besteuerung ergeben, sofern Darlehen durch den Konzern „gereicht" werden und einerseits bei der Gesellschaft steuerlich nicht abziehbar sind und beim Gesellschafter wegen § 8b KStG versteuert werden müssen.[164]

Der Verzicht beispielsweise durch Banken oder andere Gläubiger, die **keine Gesell-** 115
schafter sind, führt infolge der Ausbuchung der jeweiligen Verbindlichkeit in voller Höhe des Verzichtes zu handels- und steuerrechtlichem Ertrag bei der begünstigten Gesellschaft. Auf der Ebene der Bank bzw. des anderen Gläubigers entsteht ein voll abzugsfähiger Aufwand.

3. Forderungsverzicht mit Besserungsabrede

Bei einem Forderungsverzicht mit Besserungsabrede handelt es sich um einen Schuldenerlass, der unter der auflösenden Bedingung steht, dass sich die wirtschaftliche Situation des Unternehmens verbessert. Die **auflösende Bedingung** ist weder handels- noch steuerrechtlich zu berücksichtigen; die Verbindlichkeit ist in beiden Bilanzen auszubuchen. Die auflösende Bedingung tritt ein, wenn sich die **wirtschaftliche Situation** der Gesellschaft wieder **verbessert**, sich die Gesellschaft finanziell stabilisiert und die Krise überwunden hat. Dann lebt die Forderung wieder auf.[165] Die Gesellschaft hat die Verbindlichkeit wieder in die Bilanz einzubuchen. Wenn der Gläubiger selbst die Forderung in einem Betriebsvermögen hält, hat er sie ebenfalls spiegelbildlich wieder einzubuchen. Die Einzelheiten der Besserungsabrede können von den Parteien individuell ausgehandelt werden. Die Vereinbarung muss jedoch von vornherein eindeutig und klar formuliert sein. 116

Die steuerlichen Konsequenzen ergeben sich im Verzichtszeitpunkt so wie diese zuvor 117
dargestellt worden sind (siehe II.1.b)). Im Zeitpunkt des Besserungsfalles ist die Forderung (ggf. zzgl. Zinsen) sodann aufwandswirksam wieder zu aktivieren bzw. eine mögliche verdeckte Einlage erfolgsneutral rückgängig zu machen.[166]

In günstigen Konstellationen kann so ein Forderungsverzicht mit Besserungsabrede 118
dazu führen, dass der aus dem Forderungsverzicht resultierende Ertrag im Zeitpunkt der Krise mit laufenden Verlusten bzw. im Rahmen der **Mindestbesteuerung** mit bestehenden Verlustvorträgen verrechnet werden kann und im Besserungsfall die aufwandswirksame Aktivierung der Forderung zur Wiederherstellung des Verlustverrechnungspotenzials führt.[167]

Soweit die Gesellschafterforderung in einem Betriebsvermögen des Anteilseigners ge- 119
halten wird, führt der Eintritt des Besserungsfalles zu einer Anschaffungskostenminderung und zu einer ertragswirksamen Wiedereinbuchung, die aber unter analoger Anwendung des § 8b Abs. 3 S. 4 KStG steuerlich nicht zu berücksichtigen ist.[168]

---

[164] Vgl. *Letzgus* BB 2010, 92.
[165] Vgl. *Eilers/Bühring*, Rn. 3.29 ff.
[166] Vgl. BMF-Schreiben vom 2.12.2003 – IV A 2 – S 2743 – 5/03, BStBl. I 2003, S. 648.
[167] Vgl. *Schmid*, Fachberater für Sanierung und Insolvenzverwaltung, Rn. 1782.
[168] Vgl. *Crezelius*, Die GmbH in Krisc, Sanierung und Insolvenz, Rn. 2.452.

120 Problematisch ist in diesem Zusammenhang, dass die Finanzverwaltung § 8 Abs. 4 KStG a.F. auf solche Forderungsverzichte mit Besserungsabrede anwenden möchte,[169] um steuerliche Gestaltungen der Gesellschafter zu vermeiden. In letzter Zeit wurde der Forderungsverzichte mit Besserungsabrede häufig vor dem Verkauf von Gesellschaftsanteilen angewendet, um mit dem entstehenden Ertrag die Verrechnung von Verlusten zu ermöglichen und damit den beim Gesellschafterwechsel drohenden Verlustuntergang (§ 8c KStG n. F.) zu vermeiden. Bei Eintritt des Besserungsfalles konnte dann erneut Verlustverrechnungspotenzial bei den neuen Gesellschaftern mit der Einbuchung der Forderung wieder „aufgebaut" werden. Nach der herrschender Literaturmeinung kann dieser Auffassung der Finanzverwaltung jedoch nicht gefolgt werden, da diese weder durch das KStG noch durch § 42 AO gedeckt ist.[170]

4. Schuldbeitritt

121 Im Rahmen eines Schuldbeitritts verpflichtet sich ein Dritter (Zusatzschuldner), in der Regel der Gesellschafter, neben dem bisherigen Schuldner (Originärschuldner) für die Verbindlichkeit einzustehen. Hierdurch erfolgt kein Schuldnerwechsel, vielmehr entsteht eine Schuldnermehrheit, die als Gesamtschuldner haftet.[171]

122 Die Verbindlichkeit ist auf Ebene der Gesellschaft (Originärschuldner) ertragswirksam auszubuchen, wenn eine interne Erfüllungsübernahme des Dritten (Zusatzschuldner) vorliegt.[172] Hierdurch entsteht ein steuerpflichtiger Ertrag, auf welchen ggf. der Sanierungserlass angewendet werden kann. Siehe dazu oben I.3. Der Ausweis einer Freistellungsforderung gegenüber dem Zusatzschuldner erfolgt grundsätzlich nicht. Auf Ebene des Zusatzschuldners ist im Falle des Schuldbeitritts in Kombination mit der internen Erfüllungsübernahme die übernommene Verbindlichkeit sowohl handels- als auch steuerrechtlich zu passivieren.[173]

5. Befreiende Schuldübernahme

123 Im Rahmen der befreienden Schuldübernahme wird die Verbindlichkeit durch einen Dritten übernommen.[174] Hierfür ist jedoch die Zustimmung des Gläubigers erforderlich, wenn die Schuldübernahme zwischen dem alten und dem neuen Schuldner vereinbart wird.[175]

124 Mit der Schuldübernahme erlöschen die für die Forderung bestellten Bürgschaften und Pfandrechte.[176] Besteht eine Hypothek, wird der Gläubiger so gestellt, als habe er auf die Hypothek verzichtet.[177] Sollen die Sicherungsrechte bestehen bleiben, muss der Sicherungsgeber einwilligen.[178] Der Gläubiger wird im Regelfall der Schuldübernahme nur zustimmen, wenn der Sicherungsgeber gleichzeitig seine Einwilligung in das Fortbestehen der Sicherungsmittel erklärt hat.

---

[169] Vgl. BMF-Schreiben vom 2.12.2003 – IV A 2 – S 2743 – 5/03, BStBl. I 2003, S. 648.
[170] Vgl. dazu *Hoffmann* DStR 2004, 293 ff.; *Crezelius*, Die GmbH in Krise, Sanierung und Insolvenz, Rn. 2.453.
[171] Vgl. § 421 ff. BGB.
[172] Vgl. etwa BeBiKo/*Ellrott/Rhiel*, § 249, Rn. 220; *Wellisch/Bleckmann* DB 2006, 122.
[173] Vgl. *Prinz* FR 2011, 559.
[174] Vgl. §§ 414 ff. BGB.
[175] Vgl. § 415 Abs. 1 S. 1 BGB.
[176] Vgl. § 418 Abs. 1 S. 1 BGB.
[177] Vgl. § 418 Abs. 1 S. 2 BGB.
[178] Vgl. § 418 Abs. 1 S. 3 BGB.

§ 35 Sanierungssteuerrecht **§ 35**

Für die Darstellung der ertragsteuerlichen Konsequenzen ist wieder die Ebene der **125** Gesellschaft von der des Gesellschafters zu unterscheiden, der die Schuldübernahme erklärt. Auf der Ebene der Gesellschaft erlischt die Verbindlichkeit, wenn die zivilrechtlichen Voraussetzungen für den Schuldbeitritt vorliegen. Damit ist die Ausbuchung der Verbindlichkeit aus der Bilanz der Gesellschaft verbunden. Gleichzeitig ist ein Freistellungsanspruch gegenüber dem Gesellschafter ergebniserhöhend in der Bilanz zu aktivieren.[179] Ein solcher Freistellungsanspruch ist regelmäßig durch das Gesellschaftsverhältnis veranlasst. Infolgedessen kommt es zu einer verdeckten Einlage des Gesellschafters. Auf der Ebene des Gesellschafters vollzieht sich der Verbindlichkeitentransfer neutral. Der Gesellschafter hat die Verbindlichkeit zu passivieren. Die verdeckte Einlage führt zu einer Erhöhung des Beteiligungswertes.[180]

Vorausgesetzt ist, dass der Gesellschafter unter wirtschaftlichen Gesichtspunkten die **126** Last der Schuldübernahme tragen kann und bereits im Zeitpunkt der Schuldübernahme ein unbedingter Verzicht auf jedwede Regressansprüche gegenüber der Gesellschaft ausgesprochen wird.[181]

6. Debt-Equity-Swap

Die Umwandlung von Fremd- in Eigenkapital hat seit einigen Jahren als Sanierungsmaß- **127** nahme an Bedeutung gewonnen. Vgl. dazu auch § 16 Rn. 48 in diesem Handbuch. Bei einem Debt-Equity-Swap wird die **Forderung des Gläubigers zu Gunsten einer Beteiligung** an der Gesellschaft im Wege einer Sacheinlage in die Gesellschaft eingebracht.

Die Einlage der Forderung gegen Gewährung von Gesellschaftsrechten führt zu einem **128** **tauschähnlichen Vorgang**.[182] Die Anschaffungskosten des Investors werden durch den gemeinen Wert der eingebrachten Forderung beziffert. Hinsichtlich der Erfolgsneutralität des Vorganges kommt es darauf an, wie sich der Buchwert der Verbindlichkeit bei der Schuldnergesellschaft zum gemeinen Wert der Forderung verhält. Bei voller Werthaltigkeit führt der Debt-Equity-Swap zu einem erfolgsneutralen Passivtausch (Tausch von Fremdkapital gegen Eigenkapital).

Auf der **Ebene der Gesellschaft** ist die Verbindlichkeit auszubuchen. Soweit der **129** Nominalwert dem gemeinen Wert entspricht erfolgt der erfolgsneutrale Passivtausch. Dies wird in einem Krisenunternehmen allerdings unwahrscheinlich sein. Vielmehr wird der gemeine Wert regelmäßig unter dem Nominalwert liegen. Der **werthaltige Teil** der Forderung führt zu einer verdeckten Einlage und in Höhe des nicht werthaltigen Teils kommt es zu einem steuerpflichtigen Gewinn,[183] der unter die Regelung des Sanierungserlasses fallen kann (siehe oben I.3.). An dieser Stelle ist nochmals ausdrücklich auf die Verlustabzugsbeschränkung des § 8c KStG aufmerksam zu machen (siehe oben I.2.c) dd)), die ggf. verhindert, dass bestehende Verlustvorträge nutzbar bleiben, wenn im Zuge des Debt-Equity-Swaps ein Anteilseignerwechsel stattfindet, welcher die Beteiligungsgrenze von 25 % überschreiten würde.

Auf der **Ebene** des (neuen) **Gesellschafter** ergeben sich korrespondierend zu der **130** verdeckten Einlage in das Vermögen der Gesellschaft Anschaffungskosten auf die Beteili-

---

[179] Vgl. *Schmidt/Hageböke* DStR 2002, 2152.
[180] Vgl. *Düll/Fuhrmann/Eberhard*, DStR 2002, 1030; *Schmidt/Hageböke* DStR 2002, 2153.
[181] Vgl. *Eilers/Bühring*, Rn. 3.47.
[182] Vgl. § 6 Abs. 6 S. 1 EStG.
[183] Vgl. ebenda, Rn. 3.214.

gung.[184] Gleichzeitig geht die ursprüngliche Forderung unter, wodurch grundsätzlich steuerwirksamer Aufwand entsteht. Sofern die Forderung bereits vorher wegen dauerhafter Wertminderung auf den niedrigeren Teilwert abzuschreiben war, kann es auch zu einem Ertrag kommen, wenn der gemeine Wert den korrigierten Teilwert übersteigt. Hinsichtlich des entstandenen Aufwands ist § 8b Abs. 3 S. 4 ff. KStG zu beachten (siehe dazu bereits oben I.2.b)). Danach ist die Gewinnminderung steuerlich nicht zu berücksichtigen, wenn der Gesellschafter zu mehr als 25 % beteiligt ist oder war und der Fremdvergleich nicht greift. Da diese Vorschrift auch nahe stehende Personen erfasst, ist jeweils auch stets zu prüfen, in welchem Verhältnis die einzelnen Personen zueinander stehen.[185]

Es soll am Ende dieses Themenpunktes auch nicht der Hinweis unterlassen werden, dass ein Debt-Equity-Swap in Einzelfällen **Grunderwerbsteuer** auslösen kann, wenn inländische Grundstücke zum Vermögen der Krisengesellschaft gehören und die Veränderungen im Gesellschafterkreis zu Anteilsvereinigungen führen, die einem Grundstückserwerb fiktiv gleichgestellt sind.[186]

7. Hybride Finanzierungen

131   Hybride Finanzierungen dienen insbesondere der Stärkung des Eigenkapitals der Gesellschaft. Die Hybriden Finanzierungsinstrumente sind als eine **Mischung** aus Eigenkapital und Fremdkapital definiert. Dies bedeutet, dass sie sowohl Anteile an den stillen Reserven als auch z.B. einen Verbindlichkeitscharakter vermitteln.[187]

132   **Beispiele** für Hybride Finanzierungsinstrumente sind Genussrechtskapital, die atypische stille Beteiligung, Nachrangdarlehen sowie die typische stille Beteiligung.[188] Weiterhin können auch Instrumente, wie der Debt-Mezzanine-Swap, der Debt-Asset-Swap und der Reverse Debt-Equity-Swap hierzu gezählt werden.

133   **Ziel** des Hybriden Finanzinstruments ist es, den Ausweis in der Handelsbilanz als Eigenkapital und in der Steuerbilanz als Fremdkapital zu erreichen. Über eine solche Gestaltung ist es möglich, das Bilanzbild zu verbessern, steuerlich jedoch eine Ausschüttung aus dem Eigenkapital zu vermeiden, die keine Betriebsausgaben darstellen würden.[189]

134   Für die **Passivierung** eines Hybriden Finanzinstruments in der Handelsbilanz als Eigenkapital sind folgende Voraussetzungen zu beachten: Erfolgsabhängige Vergütung, volle Verlustteilnahme, Langfristigkeit (mind. fünf Jahre) sowie die Nachrangigkeit bei Insolvenz bzw. Liquidation.[190]

135   Der Investor erzielt Einnahmen aus Kapitalvermögen, die als Zinsen oder Ausschüttungen ausgestaltet sein können.

136   **a) Typische Stille Beteiligung.** Zu den hybriden Formen der Finanzierung gehört u.a. die stille Beteiligung nach § 230 ff. HBG.[191] Hierbei beteiligt sich der stille Gesellschafter mit einer Vermögenseinlage an dem Krisenunternehmen in Form eines schuldrechtlichen, dispositiven Vertragsverhältnisses.

---

[184] Vgl. *Diffring*, S. 121.
[185] Vgl. *Eilers/Bühring*, Rn. 3.219 f.
[186] § 1 Abs. 3 GrEStG.
[187] Vgl. etwa *Sigge*, S. 109; *Banik/Ogg/Pedergnana*, S. 10; *Bock*, S. 65; *Pape*, S. 35.
[188] Vgl. *Bock*, S. 66 f.
[189] Vgl. *Eilers/Bühring*, Rn. 3.113.
[190] Vgl. BMF-Schreiben vom 8.9.2006 – IV B 2 – S 2133 – 10/06, BStBl. I 2006, S. 497.
[191] Vgl. dazu auch § 16 Rn. 16 ff. in diesem Handbuch.

§ 35 Sanierungssteuerrecht   § 35

Die Beteiligung stellt Fremdkapital dar, dessen Bilanzierung grds. als Verbindlichkeit 137
erfolgt. Abweichend hiervon kann die stille Beteiligung aber auch so ausgestaltet werden,
dass sie als Eigenkapital zu bilanzieren ist. Hierzu muss das stille Kapital langfristig zur
Verfügung gestellt werden. Darüber hinaus muss die Forderung Nachrang-Charakter
aufweisen und eine Verlustbeteiligung implizieren.[192]

Die Zahlungen an den Kapitalgeber stellen sodann Zinsaufwand dar und sind steuer- 138
lich, unter Berücksichtigung der Vorschriften des § 4h EStG, als Betriebsausgabe zu behandeln.[193]

Gewerbesteuerlich sind die Vergütungen an stille Gesellschafter gem. § 8 Nr. 1c
GewStG hinzuzurechnen. Der stille Kapitalgeber erzielt mit seiner Vergütung Einnahmen
aus Kapitalvermögen i.S.d. § 20 Abs. 1 Nr. 4 EStG, die der Abgeltungssteuer unterliegen.
Ein Verlust ist bis zur Höhe der Einlage verrechenbar. Darüber hinausgehende Verluste
unterliegen den Abzugsbeschränkungen gem. § 20 Abs. 1 Nr. 4 S. 2 i.V.m. § 15a EStG.[194]

b) Atypische stille Beteiligung. Durch Vertrag kann abweichend von §§ 230 ff. HGB 139
vereinbart werden, dass der stille Gesellschafter weitere Rechte und Pflichten erhält, die
denen eines Gesellschafters einer OHG oder KG (Mitunternehmerinitiative und – risiko) ähnlich sind, wodurch es zur Entstehung einer atypisch stillen Beteiligung kommt.
Im Rahmen dessen ist ebenfalls die Beteiligung an den stillen Reserven und einem Geschäftswert des Krisenunternehmens vereinbar.[195]

Aufgrund der vorliegenden **Mitunternehmerinitiative** und des **-risikos** kommt 140
dem stillen Gesellschafter eine steuerlichen Behandlung im Sinne eines Mitunternehmers gem. § 15 Abs. 1 Nr. 2 EStG zu. In Folge dessen stellen die Vergütungen an den
stillen Beteiligten keine Zinsaufwendungen dar, sie haben als Gewinnbeteiligungen für
die Gesellschaft selbst Neutralitätscharakter. Gewerbesteuerlich sind die Vergütungen an
stille Gesellschafter gem. § 8 Nr. 1c GewStG hinzuzurechnen. Der atypisch stille Gesellschafter erzielt mit seiner Vergütung Einkünfte aus Gewerbebetrieb i.S.d. § 15 EStG.
Eine Verlustverrechnung kommt nur in den Grenzen des § 15a EStG in Betracht und
unterliegen darüber hinaus auf Ebene des Gesellschafters der Gewerbesteuer.[196]

c) Debt-Mezzanine-Swap. Bei einem Debt-Mezzanine-Swap werden für die einge- 141
legte Forderung an Stelle von Anteilen Genussrechte ausgegeben. Dies dient insbesondere dazu, um die Nachteile hinsichtlich der Bewertung eines Debt-Equity-Swap zu
vermeiden.[197]

„Genussrechte sind schuldrechtliche Ansprüche gegen das Unternehmen auf Teilhabe 142
am Gewinn oder Liquidationserlös, jedoch ohne dass der Inhaber des Genussrechts Gesellschafter wird."[198]

Der Debt-Mezzanine-Swap führt aufgrund seines hybriden Charakters sodann zu 143
einem Ausweis als Eigenkapital in der Handelsbilanz und als möglichem Fremdkapital in
der Steuerbilanz.[199] Voraussetzung für die Handelsbilanz ist hierbei die Nachrangigkeit

---

[192] Vgl. *Eilers/Bühring*, Rn. 3.105.
[193] Vgl. *Kußmaul*, S. 461. Zur steuerlichen Behandlung vgl. auch § 16, Rn. 23 ff. in diesem Handbuch.
[194] Vgl. ebenda, S. 461 f.
[195] Vgl. *Knobbe-Keuk*, S. 400 f.; Staub/Zutt, HGB Großkommentar, § 230, Rn. 4.
[196] Vgl. *Kußmaul*, S. 462 f. und 518; *Eilers/Bühring*, Rn. 3.107 ff. Zur steuerlichen Behandlung vgl. auch § 16, Rn. 23 ff. in diesem Handbuch.
[197] Vgl. *Lühn*, S. 38.
[198] *Eilers/Bühring*, Rn. 3.226.
[199] Vgl. *Lühn*, S. 38.

des Genussrechts, eine erfolgsabhängige Vergütung sowie die Verlustbeteiligung und die Langfristigkeit.[200] In der Steuerbilanz sind Genussrechte dann als Eigenkapital zu qualifizieren, wenn dadurch eine Beteiligung am Gewinn und Liquidationserlös des Unternehmens gewährt wird.[201]

144 Chancen ergeben sich bei dieser Form der Finanzierung daraus, dass die Risiken, die mit der Kapitalaufbringung in Zusammenhang stehen, vermieden werden. Nachteile ergeben sich aus der mangelnden Beteiligung als Gesellschafter, womit Rechte und Pflichten weitestgehend ausgeschlossen sind. Insbesondere besitzt der Genussrechtskapitalgeber keine Kontrollrechte.[202]

Der Debt-Mezzanine-Swap führt auf **Ebene des Krisenunternehmens** zu einem Passivtausch der Verbindlichkeiten. Vor dem Hintergrund des § 5 Abs. 2a EStG ist die Verbindlichkeit jedoch erfolgswirksam auszubuchen, sofern sie nur aus künftigen Einnahmen und Gewinnen zu tilgen ist, so dass sicherzustellen ist, dass auch eine Tilgung aus freiem Vermögen erfolgen kann. Die Vergütung für das Genussrecht kann unter Beachtung der Regelungen des § 4h EStG als Betriebsausgaben berücksichtigt werden. Ein schädlicher Beteiligungserwerb i.S.d. § 8c KStG liegt nach herrschender Meinung ebenfalls nicht vor.[203]

145 **d) Debt-Asset-Swap.** Bei einem Debt-Asset-Swap erwirbt der Investor Vermögensgegenstände des Unternehmens für den Verzicht auf seine Forderung.[204] Häufig werden so Beteiligungen, Immobilien aber auch jedwede anderen Vermögensgegenstände übertragen. Hierbei entsteht ein Gewinn, wenn der Wert der hingegebenen Vermögensgegenstände unter dem Nennwert der Forderung liegt, bzw. wenn die übertragenen Vermögensgegenstände stille Reserven enthalten. Auf diesen Gewinn kann ggf. der Sanierungserlass angewendet werden. Sofern in diesem Zusammenhang Beteiligungen an Kapitalgesellschaften übertragen werden, kommen die Regelungen in § 8b Abs. 2, 3 KStG zum Tragen. Ein Risiko ist in diesem Fall darin zu sehen, dass sich der Forderungsinhaber die werthaltigen Vermögensgegenstände „herauspickt" und damit dem krisengeplagten Unternehmen weitere Substanz entzieht.[205]

146 **e) Reverse Debt-Equity-Swap.** Bei einem Reverse Debt-Equity-Swap bringen in einem ersten Schritt die Gläubiger ihre Forderungen im Wege der Sacheinlage in eine Zweckgesellschaft gegen die Gewährung von Gesellschaftsrechten ein. In einem zweiten Schritt wird der Betrieb des Krisenunternehmens im Wege einer umwandlungsrechtlichen Ausgliederung[206] in die Zweckgesellschaft integriert.[207]

147 Dieses Vorgehen führt in Folge der Umwandlung zu einem Untergang der Forderungen und Verbindlichkeiten durch Konfusion. Auf Ebene des Krisenunternehmens ergibt sich somit kein Ertrag aus Forderungsverzichten, da diese bei Ausgliederung in die Zweckgesellschaft durch Konfusion untergehen. Sofern Forderungen und Verbindlichkeiten sich in ihrer Höhe nicht entsprechen (z.B. in Folge von Abwertungen) kann es hierbei jedoch zu einem Einbringungsgewinn kommen. Im Falle der Ausgliederung

---

[200] Vgl. IDW HFA 1/1994, Rn. 2.1.1.
[201] Vgl. *Rapp*, S. 12; § 8 Abs. 3 S. 2 Alt. 2 KStG.
[202] Vgl. *Eilers/Bühring*, Rn. 3.227.
[203] Vgl. ebenda, Rn. 3.232; *Diffring*, S. 105 f.
[204] Vgl. *Eilers/Bühring*, Rn. 3.228
[205] Vgl. ebenda, Rn. 3.233.
[206] Vgl. § 123 Abs. 3 Nr. 1 UmwG.
[207] Vgl. *Drouven/Nobiling* DB 2009, 1895.

eines gesamten Betriebs bzw. eines Teilbetriebes kann, um die steuerlichen Folgen abzufedern, eine über einen Drei-Jahres-Zeitraum aufzulösende Rücklage gebildet werden.[208]

Bei der Ausgliederung handelt es sich um einen tauschähnlichen Vorgang. Soweit der Betrieb zum gemeinen Wert in die Zweckgesellschaft eingebracht wird, entsteht ein Gewinn, der mit bestehenden Verlusten des Krisenunternehmens verrechnet werden kann. Das durch diesen Step-Up entstandene Abschreibungspotenzial führt in der Folgezeit zu einem geringeren Ergebnis und damit zu einer geringeren Steuerbelastung in der Sanierungsphase.[209] **148**

Die Ausgliederung kann hiervon abweichend jedoch auch steuerneutral über den Buchwertansatz vorgenommen werden.[210] Hierbei ist dann die siebenjährige Sperrfrist des § 22 UmwStG zu berücksichtigen, die bei einem frühzeitigen Verkauf, Kapitalveränderungen u.ä. zu einer rückwirkenden Versteuerung der stillen Reserven führen kann. **149**

---

[208] Vgl. § 23 Abs. 6 UmwStG i.V.m. § 6 Abs. 3 UmwStG; *Drouven/Nobiling* DB 2009, 1897 ff.
[209] Vgl. *Eilers/Bühring*, Rn. 3.234.
[210] Vgl. *Diffring*, S. 227.

§ 36 Steuern in der Insolvenz

Übersicht

	Rn.
I. Verhältnis von Insolvenz- und Steuerrecht	1–4
II. Rechtliche Stellung des Schuldners	5–21
1. Insolvenzfähigkeit/Schuldnereigenschaft	5, 6
2. Zivilrechtliche Stellung des Schuldners	7–10
3. Steuerrechtliche Stellung des Schuldners im materiellen Steuerrecht	11–21
a) Im eröffneten Insolvenzverfahren	11–17
b) Im Eröffnungsverfahren	18–20
c) Im Verfahren mit Eigenverwaltung	21
III. Rechtliche Stellung des Insolvenzverwalters	22–36
1. Zivilrechtliche Stellung des Insolvenzverwalters	22, 23
2. Steuerrechtliche Stellung des Insolvenzverwalters	24–36
a) Materielles Steuerrecht	24–27
b) Formelles Steuerrecht	28–36
IV. Rechtliche Stellung des vorläufigen Insolvenzverwalters	37–43
1. Zivilrechtliche Stellung des vorläufigen Insolvenzverwalters	37–39
2. Steuerrechtliche Stellung des vorläufigen Insolvenzverwalters	40–43
a) Materielles Steuerrecht	40, 41
b) Formelles Steuerrecht	42, 43
V. Rechtliche Stellung des Sachwalters bei Eigenverwaltung	44
VI. Behandlung der Steuerforderungen in der Insolvenz	45–56
1. Insolvenz- und Masseforderungen	45–53
2. Aufrechnung	54, 55
3. Anfechtung	56
VII. Besonderheiten einzelner Steuerarten in der Insolvenz	57–107
1. Einkommensteuer	57–76
a) Veranlagung in der Insolvenz	57–59
b) Aufteilung in die insolvenzrechtlichen Forderungskategorien	60–62
c) Behandlung stiller Reserven	63–66
d) Behandlung von Verlusten	67–72
e) Behandlung von Vorauszahlungen und anrechenbaren Steuerabzugsbeträgen	73–75
f) Besonderheiten bei Personengesellschaften	76
2. Lohnsteuer	77–83
a) Fallgruppen in der Insolvenz des Arbeitgebers	78
b) Aufteilung in die insolvenzrechtlichen Forderungskategorien	79–81
c) Lohnsteuer im Insolvenzeröffnungsverfahren	82, 83
3. Körperschaftsteuer	84–86
4. Gewerbesteuer	87–90
a) Erlöschen der Steuerpflicht	87, 88
b) Aufteilung in die insolvenzrechtlichen Forderungskategorien	89
c) Messbetrags-Berechnung	90
5. Umsatzsteuer	91–107
a) Bedeutung der Umsatzsteuer in der Insolvenz	91
b) Aufteilung in die insolvenzrechtlichen Forderungskategorien	92–94
c) Berichtigung der Bemessungsgrundlage nach § 17 II UStG	95–97
d) Berichtigung des Vorsteuerabzugs nach § 15a UStG	98–101

§ 36 Steuern in der Insolvenz **§ 36**

Rn.
    e) Verwertung von Sicherungsgut 102–105
    f) Freigabe von Sicherungsgut an den Schuldner 106, 107
  VIII. Steuerforderungen im Insolvenzplanverfahren 108–110
  IX. Steuerforderungen nach Aufhebung des Insolvenzverfahrens 111–115

I. Verhältnis von Insolvenz- und Steuerrecht

Das **Verhältnis zwischen Insolvenz- und Steuerrecht** ist nur unvollkommen geregelt. Die Insolvenzordnung hat lediglich einzelne Probleme wie beispielsweise die umsatzsteuerliche Behandlung von Absonderungsrechten (§§ 170, 171 InsO) geklärt. Es fehlen jedoch ausführliche Regeln darüber, wie sich die Eröffnung des Insolvenzverfahrens über das Vermögen eines Steuerpflichtigen auf die materielle Besteuerung und das Besteuerungsverfahren auswirkt.[1]   **1**

In der Literatur wurde im Anschluss an das Urteil des Reichsfinanzhofes aus dem Jahre 1926[2] zunächst folgender Grundsatz aufgestellt: „**Konkursrecht geht vor Steuerrecht**".[3] Zwischenzeitlich besteht Einigkeit darüber, dass diesem abstrakt formulierten Grundsatz nicht uneingeschränkt zugestimmt werden kann. Die materielle Besteuerung, d.h. die Entstehung und die Höhe des Steueranspruchs bleibt grundsätzlich dem Steuerrecht vorbehalten. Lediglich Form und Umfang der Durchsetzung des Steueranspruchs im Rahmen des Insolvenzverfahrens richtet sich nach dem Insolvenzrecht, um ein einheitliches Verfahren zur gleichmäßigen Befriedigung der Insolvenzgläubiger aus der Insolvenzmasse zu gewährleisten.   **2**

Auch der in § 251 II 1 AO verankerte Grundsatz, dass die Vorschriften der Insolvenzordnung unberührt bleiben, ist dahingehend zu verstehen, dass die Steuerforderungen nach den Vorschriften der Insolvenzordnung geltend zu machen sind. Die Bestimmungen des Insolvenzrechts verdrängen somit lediglich das Verwaltungsverfahrensrecht aus der Abgabenordnung.[4]   **3**

Aufgrund des in der Praxis bedeutsamen Verhältnisses der Rechtsgebiete zueinander hat sich der Begriff des Insolvenzsteuerrechts herausgebildet. Das **Insolvenzsteuerrecht** umfasst dabei   **4**
- die Geltendmachung und Durchsetzung der Steuerforderungen, die bis zur Eröffnung des Insolvenzverfahrens entstanden sind, sowie
- die Entstehung von Steuerforderungen und das Besteuerungsverfahren im eröffneten Insolvenzverfahren.[5]

II. Rechtliche Stellung des Schuldners

1. Insolvenzfähigkeit/Schuldnereigenschaft

Insolvenzfähig sind nach § 11 InsO jede natürliche und jede juristische Person, der nicht rechtsfähige Verein, die Offene Handelsgesellschaft, die Kommanditgesellschaft, die   **5**

---
[1] *Gottwald/Frotscher,* Insolvenzrechts-Handbuch, § 120 Rn. 1 f.
[2] RFH 25.10.1926, Az. Gr. S. 1/26, RFHE 19, S. 355.
[3] *Liebisch,* Vierteljahrsschrift für Steuer- und Finanzrecht 1929, S. 212.
[4] *Gottwald/Frotscher,* Insolvenzrechts-Handbuch, § 120 Rn. 8.
[5] *Braun/Uhlenbruck,* Unternehmensinsolvenz, S. 135.

§ 36   7. Teil. Rechnungslegung und Steuern

Partnerschaftsgesellschaft, die Gesellschaft bürgerlichen Rechts, die Partenreederei sowie die Europäische wirtschaftliche Interessenvertretung. Ferner ist die Eröffnung eines Insolvenzverfahrens nach Maßgabe der §§ 315–334 InsO über den Nachlass, das Gesamtgut einer fortgesetzten Gütergemeinschaft und über das gemeinschaftlich verwaltete Gesamtgut zulässig.[6]

6   Die Insolvenzfähigkeit endet, wenn das Vermögen vollständig verteilt ist. Somit kann das Insolvenzverfahren auch nach Auflösung einer juristischen Person oder einer Gesellschaft ohne Rechtspersönlichkeit eröffnet werden, sofern sie noch über eigenständiges Vermögen verfügt, § 11 III InsO.

2. Zivilrechtliche Stellung des Schuldners

7   Mit der Eröffnung des Insolvenzverfahrens verliert der Schuldner die **Verwaltungs- und Verfügungsbefugnis** über das zur Insolvenzmasse gehörende Vermögen, § 80 I InsO. Bei juristischen Personen und Personengesellschaften endet damit grundsätzlich auch die **Geschäftsführungs- und Vertretungsbefugnis** der vertretungsberechtigten Organe bzw. der geschäftsführenden Gesellschafter. Verfügt der Schuldner nach Verfahrenseröffnung über einen Gegenstand aus der Insolvenzmasse, ist dies nach § 81 InsO absolut unwirksam.[7]

8   Verwaltungs- und Verfügungsrecht gehen auf den Insolvenzverwalter über, § 80 I InsO. Der Zeitpunkt der Beschlagnahme des schuldnerischen Vermögens ergibt sich dabei stichpunktgenau aus dem Eröffnungsbeschluss, § 27 II Nr. 3 InsO.

9   Der Schuldner verliert weder **Rechts- noch Geschäftsfähigkeit**. Er bleibt **Eigentümer** der zur Insolvenzmasse gehörenden Vermögensgegenstände und Schuldner der gegen die Insolvenzmasse gerichteten Forderungen.[8] Die Insolvenzmasse umfasst nach § 35 I InsO grundsätzlich das gesamte Vermögen, das dem Schuldner zur Zeit der Eröffnung des Verfahrens gehörte und welches er während des Verfahrens erlangt.

10   Hinsichtlich des insolvenzfreien Vermögens, zu dem alle unpfändbaren Gegenstände nach § 36 InsO und alle vom Insolvenzverwalter aus der Masse frei gegebenen Vermögensgegenstände zählen, behält der Schuldner das Verwaltungs- und Verfügungsrecht.[9]

3. Steuerrechtliche Stellung des Schuldners im materiellen Steuerrecht

11   **a) Im eröffneten Insolvenzverfahren**
aa) materielles Steuerrecht. Der zivilrechtlichen Stellung des Schuldners als Rechtsträger der Insolvenzmasse folgt das Steuerrecht. Der Schuldner bleibt nicht nur zivilrechtlicher, sondern auch **wirtschaftlicher Eigentümer** der zur Masse gehörenden

---

[6] In der zweiten Auflage wurde aufgrund einer Entscheidung des AG Göttingen 18.10.2000 (Az. 74 IN 131/00, ZIP 2001, S. 580) auch die Bruchteilsgemeinschaft als insolvenzfähig eingestuft. Die Literatur ist jedoch anderer Ansicht: Bei einer Bruchteilsgemeinschaft handelt jeder Beteiligte nur für seinen eigenen rechtsgeschäftlichen Bereich und nur in Bezug auf sein eigenes Vermögen, zu dem auch der Anteil am Gegenstand der Bruchteilsgemeinschaft gehört. MünchKommInsO, *Ott/Vuia*, § 11 Rn. 63a.

[7] Der Schuldner kann auch nach erfolgter Insolvenzeröffnung – außerhalb des Verfahrens – weiterhin neue Rechtsgeschäfte tätigen. Den aus vom Schuldner abgeschlossenen Verpflichtungsgeschäften berechtigten neuen Gläubigern bleibt allerdings der Zugriff auf die Insolvenzmasse verwehrt. *Gundlach/Frenzel/Schmidt*, Blick ins Insolvenzrecht, DStR 2003, 1127.

[8] BFH 15.6.1999, Az. VII R 3/97, BStBl. II 2000, S. 46.

[9] Vgl. *Uhlenbruck/Hirte*, Kommentar InsO, § 35 Rn. 69 ff., § 80 Rn. 4.

§ 36 Steuern in der Insolvenz   § 36

Wirtschaftsgüter, die dem Schuldner nach § 39 I AO zugerechnet werden. Konsequenz daraus ist, dass der Schuldner für alle Steuerarten mit dem gesamten Vermögen einschließlich der Insolvenzmasse und der Handlungen des Insolvenzverwalters **Steuersubjekt** ist. Er bleibt Steuerpflichtiger nach § 33 AO und Steuerschuldner nach § 43 AO.[10]

Ertragsteuerliche Auswirkungen ergeben sich, soweit sich die steuerlichen Verhältnisse nach der Vertretungs- und Verfügungsmacht hinsichtlich bestimmter Massegegenstände richten. Als Konsequenz der Eröffnung des Insolvenzverfahrens endet beispielsweise regelmäßig eine Betriebsaufspaltung, da die persönliche Verflechtung wegfällt, wenn über das Betriebs- oder das Besitzunternehmen oder über beide Insolvenzverfahren eröffnet werden.[11]   12

War der Schuldner vor Eröffnung des Insolvenzverfahrens Unternehmer nach § 2 I 1 UStG, bleibt die **Unternehmereigenschaft** des Schuldners auch danach unverändert bestehen. Die Umsätze, die der Verwalter mit der Insolvenzmasse ausführt, sind daher umsatzsteuerpflichtig. Gemäß § 2 I 2 UStG umfasst das Unternehmen des insolventen Schuldners die gesamte gewerbliche oder berufliche Tätigkeit. Ein Leistungsaustausch zwischen dem insolvenzfreien Vermögen des Unternehmers und der Insolvenzmasse ist daher nicht steuerbar.[12]   13

War der Schuldner bis zur Eröffnung des Insolvenzverfahrens nicht unternehmerisch tätig, führen die Verwertungshandlungen des Insolvenzverwalters nicht zur Begründung einer Unternehmereigenschaft. Die Veräußerung des Vermögens ist in diesem Fall als letzter Akt der **privaten Betätigung** anzusehen.[13]   14

bb) formelles Steuerrecht. Auch im formellen Steuerrecht bleibt der Schuldner verpflichtet. Er ist weiterhin **Verfahrensbeteiligter** nach § 78 AO und besitzt die **Handlungsfähigkeit** nach § 79 AO.   15

Für den insolvenzfreien Bereich muss der insolvente Schuldner uneingeschränkt seinen steuerlichen Pflichten persönlich nachkommen und die Steuererklärungen selbst abgeben. Bezüglich der Insolvenzmasse ist hierfür der Insolvenzverwalter nach **§ 34 III AO** zuständig, soweit seine Verwaltung reicht. Dies bedeutet für den Schuldner, dass ihn hinsichtlich der Insolvenzmasse **Mitwirkungs- und Auskunftspflichten** nach den §§ 90, 93 AO treffen. Diese Pflichten reichen jedoch nur so weit, wie der Insolvenzverwalter dem Schuldner die Wahrnehmung der Pflichten ermöglicht; ihm insbesondere Bücher und Aufzeichnungen herausgibt, §§ 93 III 2, 97 AO. Gleiches gilt für Buchführungs- und Aufzeichnungspflichten nach den §§ 140 ff. AO sowie, mit einigen Ausnahmen, die Abgabepflicht der **Steuererklärungen** für die aus der Insolvenzmasse resultierenden Besteuerungsgrundlagen. **Bekanntgabeadressat** für die Insolvenzmasse betreffende Verwaltungsakte ist regelmäßig der Insolvenzverwalter.[14]   16

Das Steuerfestsetzungs- und das Rechtsbehelfsverfahren sowie der Lauf der Rechtsbehelfsfristen werden durch die Eröffnung des Insolvenzverfahrens **analog § 240 ZPO**   17

---

[10] *Boochs/Dauernheim*, Steuerrecht in der Insolvenz, Rn. 211; MünchKommInsO, *Kling/Schüppen/Ruh*, Insolvenzsteuerrecht, Rn. 30; *Pahlke/Koenig*, Kommentar AO, § 43 Rn. 2.
[11] BFH 6.3.1997, Az. XI R 2/96, BStBl. II 1997, S. 460.
[12] BFH 16.7.1987, Az. V R 80/82, BStBl. 1987 II, S. 691; UStAE Abschn. 2.1 VII; *Birk*, Umsatzsteuer im Insolvenzverfahren, ZInsO 2007, 743; BFH 24.9.1987, Az. V R 196/83, BStBl. 1987 II, S. 873.
[13] BFH 29.6.1987, Az. X R 23/82, BStBl. II 1987, S. 744.
[14] Vgl. Anwendungserlass zur Abgabenordnung (AEAO) 2.1.2008, Az. BMF IV A 4 – S 0062/07/0001, BStBl. I 2008, 26, Stand 31.1.2013, zu § 251 Abschn. 4.3.; vgl. *Klein/Rüsken*, Abgabenordnung Kommentar, § 197 Rn. 9a.

unterbrochen.[15] Für Klagefristen und Finanzgerichtsverfahren ergibt sich dieses aus § 155 FGO i.V.m. § 240 ZPO. Der Erlass von Bescheiden, die zu einem Erstattungsanspruch führen, oder von **Feststellungsbescheiden**, die das insolvenzfreie Vermögen des Schuldners betreffen oder auf deren Grundlage nicht unmittelbar Steueransprüche gegen die Insolvenzmasse festzusetzen sind, wie beispielsweise Bescheide zur einheitlichen und gesonderten Feststellung des Gewinns von Personengesellschaften, bleibt unberührt.[16] Anträgen auf **Aussetzung der Vollziehung** fehlt nach § 361 AO bzw. § 69 FGO das Rechtsschutzbedürfnis.

18 **b) Im Eröffnungsverfahren.** Die steuerliche Rechtsstellung des Schuldners im Eröffnungsverfahren bestimmt sich danach, ob das Insolvenzgericht einen **vorläufigen Verwalter** mit oder ohne **Verfügungsbefugnis** eingesetzt hat. Ferner wurden durch die Gesetzesreform zur weiteren Erleichterung von Unternehmenssanierungen (ESUG) vom 7. November 2011[17] die Möglichkeiten der Eigenverwaltung ausgeweitet. So kann dem Schuldner nach § 270a InsO auf Antrag bereits im Eröffnungsverfahren die vorläufige Eigenverwaltung erlaubt und durch das Gericht ein vorläufiger Sachwalter eingesetzt werden. Abschließend kann das Gericht auf Antrag des Schuldners das zusätzlich eingeführte Schutzschirmverfahren nach § 270b InsO im Eröffnungsverfahren anordnen.

19 Die Anordnung eines allgemeinen Verfügungsverbotes hat für den Schuldner im Wesentlichen die gleichen Folgen wie die Eröffnung des Regelinsolvenzverfahrens. Besteht kein allgemeines Verwaltungs- und Verfügungsverbot und hat das Insolvenzgericht auch sonst keine Beschränkungen angeordnet, bleibt der Schuldner grundsätzlich vollumfänglich zur Erfüllung der steuerlichen Pflichten verpflichtet. Dieses gilt zumindest, solange er über die Geschäftsunterlagen verfügt und Kenntnis über die Geschäftsvorfälle erhält.

20 Das Insolvenzgericht kann allerdings auch **einzelne Beschränkungen**, denen der Schuldner im Eröffnungsverfahren unterliegt, bestimmen, § 22 II InsO. Die dem Schuldner verbleibenden Rechte und Pflichten können daher nur unter Berücksichtigung des Einzelfalls bestimmt werden.

21 **c) Im Verfahren mit Eigenverwaltung.** Auf Antrag des Schuldners kann das Insolvenzgericht die Eigenverwaltung der Insolvenzmasse in dem Beschluss über die Eröffnung des Insolvenzverfahrens anordnen. Voraussetzung ist, dass keine Umstände bekannt sind, die erwarten lassen, dass die Anordnung zu Nachteilen für die Gläubiger führen wird. Das Gericht bestellt in diesem Fall keinen Insolvenzverwalter, sondern einen **Sachwalter (§§ 270 ff. InsO)**, der lediglich Kontroll- und Aufsichtspflichten ausübt. Der Schuldner kann bei der Eigenverwaltung also weiterhin selbst rechtsgeschäftlich mit Verfügungsbefugnis handeln und bleibt auch steuerlich Vertreter der Insolvenzmasse i.S.v. §§ 34, 35 AO. Verwaltungsakte sind daher weiterhin an den deklarationspflichtigen Insolvenzschuldner als Inhalts- und Bekanntgabeadressat zu senden.[18]

Seit in Kraft treten des § 270a InsO am 1. März 2012 in Folge der Gesetzesreform ESUG ist das Insolvenzgericht in der Lage, die Eigenverwaltung bereits im Eröffnungsverfahren anzuordnen. Das Gericht ist bei einem Antrag des Schuldners auf Anordnung der Eigenverwaltung gehalten, von der Auferlegung eines allgemeinen Verfügungsverbotes oder der Anordnung der Zustimmungspflichtigkeit aller Verfügungen durch den vorläufigen Insolvenzverwalter abzusehen, sofern der Antrag des Schuldners nicht offen-

---

[15] BFH 24.8.2004, Az. VIII R 14/02, BStBl. II 2005, S. 246; AEAO zu § 251 Abschn. 4.1.2.
[16] AEAO zu § 251 Abschn. 4.3.1.
[17] BGBl. 2011, Teil 1, Nr. 64, S. 2582.
[18] AEAO zu § 251 Abschn. 13.2 Abs. 3.

§ 36 Steuern in der Insolvenz   **§ 36**

sichtlich aussichtslos ist. Anstelle eines vorläufigen Insolvenzverwalters hat das Gericht, entsprechend dem Verfahren in der Eigenverwaltung nach § 270 InsO, einen vorläufigen Sachwalter zu bestellen. Dieser übt, wie bereits dargelegt, lediglich Kontroll- und Aufsichtspflichten aus. Folglich bleibt der Schuldner auch in der vorläufigen Eigenverwaltung steuerlicher Vertreter der Insolvenzmasse i.S.v. §§ 34, 35 AO, Deklarationspflichtiger sowie Inhalts- und Bekanntgabeadressat.

Alternativ zum Verfahren in der vorläufigen Eigenverwaltung besteht die Möglichkeit der Durchführung eines Schutzschirmverfahrens nach § 270b InsO. Hierbei handelt es sich nicht um ein Eröffnungsverfahren im klassischen Sinne, sondern um ein Verfahren sui generis. Dem Schuldner wird ermöglicht, die Sanierung seines Unternehmens unter dem Schutz der Insolvenzordnung durchzuführen. Stellt der Schuldner den Insolvenzantrag auf Grund drohender Zahlungsunfähigkeit oder Überschuldung und beantragt die Eigenverwaltung, bestimmt das Insolvenzgericht zunächst eine Frist von maximal 3 Monaten zur Vorlage eines Insolvenzplans zur Sanierung des Schuldners, sofern eine Sanierung nicht offensichtlich aussichtslos ist. Der Insolvenzplan hat dabei vorgeschriebene inhaltliche Angaben zu enthalten. In diesem Schutzschirmverfahren bestellt das Gericht, wie auch in der vorläufigen Eigenverwaltung, einen vorläufigen Sachwalter und ordnet auf Antrag des Schuldners an, dass dieser entsprechend § 55 II InsO Masseverbindlichkeiten begründet. Der Schuldner nimmt im Schutzschirmverfahren die gleiche steuerrechtliche Position wie bei der vorläufigen Eigenverwaltung ein.

III. Rechtliche Stellung des Insolvenzverwalters

1. Zivilrechtliche Stellung des Insolvenzverwalters

Das Insolvenzgericht bestimmt in dem Eröffnungsbeschluss den **Insolvenzverwalter**, 22 § 27 I InsO. Zu den wesentlichen Aufgaben des Insolvenzverwalters gehört die Verwertung des Schuldnervermögens, § 159 InsO. Auch in Bezug auf Gegenstände, an denen Sicherungsrechte zu Gunsten von Gläubigern bestehen, steht dem Insolvenzverwalter in vielen Fällen gemäß § 166 InsO das Verwertungsrecht zu.

Zur zivilrechtlichen Stellung des Insolvenzverwalters wurden bereits unter der Kon- 23 kursordnung verschiedene Theorien vertreten. Die Rechtsprechung[19] folgt dabei der **Amtstheorie**, wonach der Insolvenzverwalter im eigenen Namen und aus eigenem Recht, mit Wirkung für und gegen den Schuldner handelt. Seine Funktionen und Handlungskompetenzen sind auf die Insolvenzmasse beschränkt. Die Rechtsstellung des Insolvenzverwalters entspricht demnach der eines Konkursverwalters **„als Partei kraft Amtes"**.[20] Ein gesetzlicher Anhalt für diese Theorie findet sich in § 116 Satz 1 Nr. 1 ZPO.

2. Steuerrechtliche Stellung des Insolvenzverwalters

a) Materielles Steuerrecht. Der Insolvenzverwalter ist weder Steuerpflichtiger nach 24 § 33 AO noch Steuerschuldner nach § 43 AO. Ihm obliegt als **Verwalter fremden Vermögens nach § 34 III AO** die Wahrnehmung der steuerrechtlichen Pflichten des Schuldners, soweit seine Verwaltung reicht.

---

[19] BAG 21.9.2006, Az. 2 AZR 573/05, NJW 2007, S. 458.
[20] MünchKommInsO/*Ott/Vuia*, § 80 Rn. 26.

§ 36

25 Die **Vergütung** des Insolvenzverwalters führt bei ihm zu Einkünften aus selbständiger Arbeit nach § 18 EStG. Die Tätigkeit eines Insolvenzverwalters ist im Grunde auf **Vermögensverwaltung** i.S.d. § 18 I Nr. 3 EStG ausgerichtet. Der BFH hat dies in seinen Urteilen vom 15. Dezember 2010 und 26. Januar 2011 ausdrücklich für den Fall entschieden, dass der Insolvenzverwalter das jeweilige Insolvenzverfahren durch den „Stempel der Persönlichkeit" (seiner Persönlichkeit) prägt. Dazu zählt der BFH insbesondere die höchst persönliche Entscheidung über das „Ob" bestimmter, das Insolvenzverfahren beeinflussender Einzelakte.

Die im Anschluss an diese verfahrensbeeinflussenden Grundsatzentscheidungen vorzunehmenden kaufmännisch-technischen Umsetzungen in die Praxis (Entscheidung über das „Wie") kann – nach Auffassung des BFH – sodann auf Dritte (Mitarbeiter oder Dienstleister) übertragen werden.

Mit diesen Entscheidungen vom 15. Dezember 2010 und 26. Januar 2011 ändert der BFH seine Rechtsprechung (Aufgabe der sogenannten Vervielfältigungstheorie).[21]

26 Für den Fall, dass der Insolvenzverwalter die das Verfahren beeinflussenden und prägenden Entscheidungen des „Ob" von Einzelakten nicht höchstpersönlich trifft, dem Verfahren also nicht den „Stempel seiner Persönlichkeit" gibt, erscheint ein Umschlagen in gewerbliche Einkünfte gleichwohl noch denkbar. Tritt dieser Fall ein, ist bei Personengesellschaften die **Abfärberegelung** des § 15 III Nr. 1 EStG zu beachten. Übersteigt der Umfang der gewerblichen Tätigkeit im Verhältnis zu den anderen Tätigkeiten die Bagatellgrenze von 1,25 % des Gesamtumsatzes, kann dies zur steuerlichen Umqualifizierung der Einkünfte, die durch andere – nicht gewerbliche – Tätigkeiten erzielt werden, führen.[22] Übt der Insolvenzverwalter seine Tätigkeit in einer Sozietät aus, kann dies zur Gewerblichkeit der Gesamtbetätigung der Sozietät führen. Bei Einzelunternehmen ist der Gewinn ggf. im Schätzungswege in einen gewerblichen und einen freiberuflichen Teil aufzuteilen.

27 Der Insolvenzverwalter ist **Unternehmer** i.S.d. Umsatzsteuergesetzes. Er erbringt mit der Vermögensverwaltung eine steuerbare und in der Regel steuerpflichtige sonstige Leistung gegenüber dem Schuldner. Insofern ist der Insolvenzverwalter berechtigt, eine Rechnung mit gesondertem Steuerausweis zu erteilen. Wird die Leistung für das Unternehmen des Schuldners erbracht, ist dieses grundsätzlich bei Vorliegen der sonstigen Voraussetzungen des § 15 UStG zum Vorsteuerabzug berechtigt. Die Vorsteuer fließt der Masse zu.[23]

28 **b) Formelles Steuerrecht.** Anknüpfend an den Übergang des Verwaltungs- und Verfügungsrechts auf den Insolvenzverwalter bestimmt § 34 III AO, dass der Insolvenzverwalter als Vermögensverwalter die steuerlichen Pflichten des Schuldners in Bezug auf das von ihm verwaltete Vermögen in vollem Umfang zu erfüllen hat. Dies gilt insbesondere für die dem Schuldner obliegende Pflicht zur Abgabe der **Steuererklärungen** nach § 149 I AO i.V.m. den Einzelsteuergesetzen. Dazu gehören nicht nur die fälligen Steuererklärungen seit Verfahrenseröffnung, sondern auch Deklarationen, die vor Verfahrenseröffnung nicht abgegeben worden sind.[24] Abhängig von der Rechtsform des Schuldners handelt es sich insbesondere um Einkommen-, Körperschaft-, Gewerbe- und Umsatzsteuerdeklarationen.

---

[21] BFH 15.12.2010, Az. VIII R 50/09, DStR 2011, S. 563 und BFH 26.1.2011, Az. VIII R 3/10, BStBl II 2011, S. 498.
[22] FG Rheinland-Pfalz 21.6.2007, Az. 4 K 2063/05, EFG 2007, S. 1523; BFH 12.12.2001, Az. XI R 56/00, BStBl. 2002 II, S. 202.
[23] BFH 20.2.1986, Az. V R 16/81, BStBl. II 1986, S. 579; UStAE Abschn. 14.1 V 7.
[24] BFH 10.10.1951, Az. IV 144/51, BStBl. III 1951, S. 212.

§ 36 Steuern in der Insolvenz §36

Der Insolvenzverwalter kann sich diesen Erklärungspflichten nicht mit dem Argument 29 entziehen, die Kosten für die Erstellung der Steuererklärung könnten nicht aus der Insolvenzmasse gedeckt werden.[25] Nach Auffassung des BFH ist es einem Insolvenzverwalter zumutbar, die Steuererklärung des Schuldners zu erstellen, wenn sich die Buchführung in keinem schlechteren Zustand als sonst in Insolvenzfällen üblich befindet. Das gilt auch dann, wenn dies mit **umfangreichen Buchführungs- und Abschlussarbeiten** verbunden ist und die Kosten für die Beauftragung eines Steuerfachmanns aus der Insolvenzmasse nicht gedeckt werden können.

Handelt es sich bei dem Schuldner um eine **Personengesellschaft**, ist der Insolvenz- 30 verwalter nach Rechtsprechung des **BFH** jedoch nicht verpflichtet, die Erklärung zur gesonderten und einheitlichen Gewinnfeststellung nach den §§ 179 ff. AO abzugeben.[26] Da die Folgen der einheitlichen Gewinnfeststellung nicht den nach Insolvenzrecht abzuwickelnden Vermögensbereich der Personengesellschaft, sondern die Gesellschafter persönlich betreffen, sind anstatt des Insolvenzverwalters die Gesellschafter abgabepflichtig. Andererseits besteht jedoch eine Verpflichtung des Insolvenzverwalters zur Ermittlung des steuerlichen Gewinns einer Personengesellschaft aus den ihm vorliegenden Buchführungsunterlagen schon im Zusammenhang mit dessen Verpflichtung zur Abgabe der Gewerbesteuererklärung nach § 34 III AO. Der nach den §§ 4–7 EStG zu ermittelnde Gewinn bildet insoweit die Grundlage des nach § 7 GewStG festzusetzenden Gewerbeertrags.

Da der Insolvenzverwalter bei der Verwaltung der Masse die Stellung einnimmt, die 31 der Schuldner vor Eröffnung des Insolvenzverfahrens hatte, trifft ihn auch die Pflicht nach **§ 153 I AO**, eine unrichtige oder unvollständige Steuererklärung zu berichtigen.[27] Dies gilt auch dann, wenn die unrichtige Steuererklärung vor Eröffnung des Insolvenzverfahrens vom Schuldner abgegeben worden war. Kannte der Schuldner die Unrichtigkeit der Erklärung schon bei ihrer Abgabe, ist eine Berichtigungspflicht ausgeschlossen, da ein nachträgliches Erkennen der Fehlerhaftigkeit nicht vorliegt. Der Steuerpflichtige hat von vornherein vorsätzlich eine fehlerhafte Erklärung abgegeben und ggf. dadurch eine Steuerhinterziehung nach § 370 AO begangen.[28]

Neben den Pflichten zur Abgabe der Steuererklärungen sowie zur Abführung der 32 anfallenden Steuern hat der Insolvenzverwalter den spezialgesetzlichen Anordnungen, wie zum Beispiel den umsatzsteuerlichen Aufzeichnungspflichten, nachzukommen. Für **die handels- und steuerrechtliche Buchführungs- und Rechnungspflicht** ist dies in § 155 I 2 InsO ausdrücklich geregelt. Der Insolvenzverwalter hat dementsprechend nach den §§ 238 ff. HGB die Handelsbücher weiter zu führen und für den Schluss eines jeden Geschäftsjahres nach handelsrechtlichen Vorschriften einen Jahresabschluss aufzustellen, wenn das Insolvenzverfahren ein vollkaufmännisches Unternehmen betrifft.[29]

Erfüllt der Insolvenzverwalter die ihn treffenden steuerlichen Pflichten nicht, so kann 33 das Finanzamt gegen den Insolvenzverwalter persönlich **Zwangsmittel** nach den §§ 328 ff. AO oder **Verspätungszuschläge** nach § 152 AO festsetzen. Der Schuldner haftet hierfür nicht. Kommt der Insolvenzverwalter seiner Steuerentrichtungspflicht verspätet nach, entstehen nach § 240 AO kraft Gesetzes **Säumniszuschläge**. Säumniszuschläge sind nach § 55 I Nr. 1 InsO Masseverbindlichkeiten. Steht nicht ausreichend

---

[25] BFH 8.8.1995, Az. VII R 25/94, BFH/NV 1996, S. 13.
[26] BFH 23.8.1994, Az. VII R 143/92, BStBl. II 1995, S. 194.
[27] Vgl. AEAO zu § 251 Abschn. 4.2 Abs. 4.
[28] *Pahlke/Koenig/Cöster,* AO Kommentar, § 153 Rn. 19 f.
[29] MünchKommInsO/*Kling/Schüppen/Ruh,* Insolvenzsteuerrecht, Rn. 8a.

§ 36

34 liquide freie Masse zur Verfügung, besteht allerdings ein Anspruch auf Erlass der Säumniszuschläge zumindest bis zur Zinshöhe nach § 238 AO.[30]

34 Der Insolvenzverwalter unterliegt sowohl der **steuerrechtlichen Haftung nach § 69 AO** als auch der **insolvenzrechtlichen Haftung nach § 60 InsO**, wobei die Haftungstatbestände gleichberechtigt nebeneinander stehen und sich nicht gegenseitig ausschließen. Die Abgrenzung erfolgt primär danach, ob der Insolvenzverwalter eine steuerrechtliche oder eine insolvenzrechtliche Pflicht verletzt bzw. vernachlässigt hat.[31]

35 Steuerlich haftet der Insolvenzverwalter nach § 69 AO bei vorsätzlicher oder grob fahrlässiger Verletzung der ihm obliegenden Pflichten für Ansprüche aus dem Steuerschuldverhältnis. Der Haftungsschaden kann darin bestehen, dass Ansprüche aus dem Steuerschuldverhältnis nicht oder nicht rechtzeitig festgesetzt oder erfüllt werden. In diesen Fällen kann der Insolvenzverwalter mittels Haftungsbescheids nach § 191 I AO in Anspruch genommen werden. Im Fall der Masseinsuffizienz scheidet eine Haftung nach § 69 AO aus. Ferner haftet der Insolvenzverwalter nicht, wenn seitens der Finanzverwaltung eine Aufrechnungsmöglichkeit besteht.[32]

36 Nach § 60 I InsO haftet der Insolvenzverwalter allen Beteiligten gegenüber, wenn er schuldhaft die Pflichten verletzt, die ihm nach der Insolvenzordnung auferlegt werden. Vom Haftungsmaßstab umfasst ist dabei, im Gegensatz zur steuerlichen Haftung, auch leichte Fahrlässigkeit. Wird beispielsweise durch sein Verschulden eine Steuer zu hoch zur Tabelle anerkannt, eine Rückerstattung nicht zur Masse gezogen oder die Rechte der Beteiligten bei der Verteilung der Masse verletzt, kann der Schadensersatz durch Klage im ordentlichen Rechtsweg geltend gemacht werden. Nach der Rechtsprechung des BGH umfasst die Pflicht des Insolvenzverwalters auch, Steuererklärungen und Jahresabschlüsse zu erstellen, selbst wenn sie nur dazu dienen, dem Schuldner Steuervorteile zu verschaffen (zB Verlustvorträge bei Personengesellschaften).[33]

IV. Rechtliche Stellung des vorläufigen Insolvenzverwalters

1. Zivilrechtliche Stellung des vorläufigen Insolvenzverwalters

37 Auf der Grundlage eines zulässigen Insolvenzantrages beauftragt das Insolvenzgericht zunächst regelmäßig einen Gutachter mit der Prüfung, ob ein Insolvenzgrund vorliegt und die Kosten des Verfahrens voraussichtlich durch die vorhandene Masse gedeckt sind. Für die Zeit zwischen der Zulassung des Insolvenzantrags und der Entscheidung über die Eröffnung des Insolvenzverfahrens setzt das Insolvenzgericht je nach Einzelfall massesichernde Maßnahmen nach § 21 InsO fest, wodurch eine Schmälerung der Vermögensmasse durch den Schuldner vermieden werden soll. Meistens bestellt das Gericht einen **vorläufigen Insolvenzverwalter**, dessen Aufgaben und Befugnisse je nach dem Grad der Gefährdung der Haftungsmasse in einem Beschluss einzeln festgelegt werden.

38 Ordnet das Insolvenzgericht ein **allgemeines Verfügungsverbot** nach § 21 II Nr. 2 InsO an, geht die vollständige **Verwaltungs- und Verfügungsbefugnis** des insolventen Schuldners auf den vorläufigen Verwalter über, § 22 I InsO. Zivilrechtlich entspricht seine Rechtsstellung der des endgültigen Insolvenzverwalters im eröffneten Insolvenz-

---

[30] BFH 9.7.2003, Az. V R 57/02, BStBl. II 2003, S. 901.
[31] *Birk*, Umsatzsteuer im Insolvenzverfahren, ZInsO 2007, S. 743.
[32] *Krüger*, Insolvenzsteuerrecht Update 2013, ZInsO 2013, S. 580 zur Verrechnung von Erstattungsbeträgen aus der Umsatzsteuervoranmeldung.
[33] BGH 29.5.1979, Az. VI ZR 104/78, BGHZ 74, S. 316.

§ 36 Steuern in der Insolvenz § 36

verfahren. Die Bestellung eines sog. **„starken" vorläufigen Insolvenzverwalters** ist jedoch nicht der Regelfall.[34]

Durchgesetzt hat sich in der Praxis vielmehr die Einsetzung eines **„schwachen" vorläufigen Insolvenzverwalters** nach § 22 II InsO (kein Erlass eines allgemeinen Verfügungsverbotes). Dieser ist nicht über das Massevermögen verfügungsberechtigt, sondern nimmt lediglich eine Überwachungsfunktion ein.[35] In den meisten Fällen wird der Schuldner nur mit Zustimmung des Verwalters Verfügungen vornehmen dürfen.

Rechtsstreitigkeiten werden im Insolvenzeröffnungsverfahren nur dann unterbrochen, wenn die Verwaltungs- und Verfügungsbefugnis auf den vorläufigen Insolvenzverwalter übergeht, § 240 II ZPO. 39

2. Steuerrechtliche Stellung des vorläufigen Insolvenzverwalters

a) Materielles Steuerrecht. Im materiellen Steuerrecht hängt die Stellung des vorläufigen Insolvenzverwalters davon ab, ob er Vermögensverwalter i.S.d. **§ 34 III AO** ist. Wird der Schuldner von der Verwaltung und Verfügung des Massevermögens gänzlich ausgeschlossen, ist der starke vorläufige Insolvenzverwalter regelmäßig als Vermögensverwalter i.S. d. § 34 III AO einzuordnen. Dies gilt nicht für einen schwachen Insolvenzverwalter, auch wenn ihm einzelne Verfügungs- und Verwaltungsrechte übertragen wurden. Hier muss im Einzelfall anhand der Konkretisierung seiner Rechte ermittelt werden, ob er als Verfügungsberechtigter i.S.d. § 35 AO auftritt.[36] 40

Hinsichtlich des **Umsatzsteuergesetzes** ist der vorläufige Insolvenzverwalter Unternehmer, so dass er durch seine Tätigkeit eine regelmäßig steuerbare und steuerpflichtige sonstige Leistung zugunsten des Schuldners erbringt. 41

b) Formelles Steuerrecht. Der starke vorläufige Insolvenzverwalter hat als Vermögensverwalter i.S.d. § 34 III AO alle steuerlichen Pflichten des insolventen Schuldners hinsichtlich des zu verwaltenden Vermögens zu erfüllen. Dies gilt insbesondere für die **Buchführungspflicht** und die Verpflichtung zur Abgabe der **Steuererklärungen**. Es kann jedoch ermessensfehlerhaft sein, wenn die Finanzbehörde den vorläufigen Insolvenzverwalter in Anspruch nimmt und nicht bis zur Eröffnung des Insolvenzverfahrens wartet. Auf jeden Fall hat der starke vorläufige Insolvenzverwalter **Steueranmeldungen** abzugeben, bei denen der gesetzliche Abgabetermin in die Zeit seiner Verwaltung fällt, wie beispielsweise die monatlich abzugebenden Lohnsteuer- und Umsatzsteuer-Voranmeldungen.[37] 42

Die gleiche steuerliche Rechtsstellung nimmt der schwache vorläufige Insolvenzverwalter ein, wenn er nach **§ 35 AO** als **Verfügungsberechtigter** auftritt. Der vorläufige Insolvenzverwalter haftet im selben Umfang wie der endgültige Verwalter (§ 60 InsO, § 69 AO). Ist der vorläufige Insolvenzverwalter weder als Vermögensverwalter nach § 34 III AO noch als Verfügungsberechtigter nach § 35 AO einzuordnen, obliegen die gesamten steuerlichen Pflichten weiterhin dem insolventen, verfügungsberechtigten Schuldner. Hier haftet der vorläufige Insolvenzverwalter lediglich nach § 60 InsO.[38] 43

---

[34] BGH 18.7.2002, Az. IX ZR 195/01, NJW 2002, S. 3326; *Haarmeyer/Wutzke/Förster*, Handbuch der vorläufigen Insolvenzverwaltung, § 6 Rn. 18; Münchener Anwaltshandbuch Sanierung und Insolvenz, *Nerlich/Kreplin/Heye*, § 38, Rn. 20.
[35] *Boochs/Dauernheim*, Steuerrecht in der Insolvenz, Rn. 42 ff.
[36] BFH 30.12.2004, Az. VII B 145/04, BFH/NV 2005, S. 665.
[37] *Gottwald/Klopp/Kluth*, Insolvenzrechts-Handbuch, § 22 Rn. 91.
[38] FG Schleswig-Holstein 4.3.2004, Az. 2 V 362/03, EFG 2004, S. 1023.

§ 36　　　　　　　　　　　　　　　　　　7. Teil. Rechnungslegung und Steuern

V. Rechtliche Stellung des Sachwalters bei Eigenverwaltung

44　Der **Sachwalter** in der Eigenverwaltung ist, auch wenn gemäß § 277 I InsO ein Zustimmungsvorbehalt angeordnet wurde, weder Vermögensverwalter noch Verfügungsberechtigter. Selbst in dem Fall, dass sich der vorläufige Sachwalter gemäß § 275 II InsO die Kassenführung vorbehalten hat, ist keine andere Beurteilung zu treffen. Er handelt dann lediglich als gesetzlicher Vertreter i.S.v. § 35 AO des Schuldners. Der Sachwalter unterliegt dennoch der Haftung nach § 69 AO, da der Sachwalter die zivilrechtliche Verfügungsmacht im Außenverhältnis hält.[39]

VI. Behandlung der Steuerforderungen in der Insolvenz

1. Insolvenz- und Masseforderungen

45　Die Insolvenzgläubiger können ihre Forderungen nur nach den Vorschriften der Insolvenzordnung verfolgen, § 87 InsO. Daher ist die Einordnung von Steuerforderungen als Insolvenzforderung oder als Masseforderung von großer Bedeutung. Abzustellen ist bei der Unterscheidung ausschließlich auf **die insolvenzrechtliche Begründetheit der Ansprüche** im Zeitpunkt der Verfahrenseröffnung, § 38 InsO. „Anders sieht dies die Rechtsprechung in Fragen der Umsatzsteuer. Die Abgrenzung zwischen Masse- und Insolvenzverbindlichkeiten nach § 38 InsO bestimmt sich laut BFH danach, ob der steuerrechtliche Tatbestand, welcher zu dem Mehrwertsteuer-Anspruch führt, vor oder nach Insolvenzeröffnung vollständig verwirklicht ist.[40] Ob sich diese Rechtsprechung auch für das Einkommensteuerrecht durchsetzen wird, bleibt abzuwarten."

46　Insolvenzrechtlich begründet ist eine Steuerforderung immer dann, wenn der Rechtsgrund ihrer Entstehung im Augenblick der Eröffnung des Insolvenzverfahrens bereits gelegt war, d.h. der schuldrechtliche Tatbestand, der die Grundlage des Steueranspruchs bildet, zu diesem Zeitpunkt bereits vollständig abgeschlossen war.[41] Auf die steuerrechtliche Entstehung (§ 38 AO) oder die Fälligkeit (§ 220 AO) der Forderung kommt es insoweit nicht an (vgl. zur Fälligkeitsfiktion im Insolvenzverfahren § 41 I InsO).

47　Steuerforderungen, die nach § 38 InsO **zum Zeitpunkt der Eröffnung des Insolvenzverfahrens begründet** sind, zählen zu den **Insolvenzforderungen**. Sie sind nach § 174 I InsO schriftlich zur Insolvenztabelle anzumelden und werden – wenn überhaupt – nur anteilig im Rahmen der Abschlags- und Schlussverteilung nach den §§ 187 ff. InsO getilgt. Ist eine Steuerforderung auf der Grundlage eines vor Insolvenzeröffnung ergangenen Steuerbescheids angemeldet worden, so tritt der widerspruchsfreie Tabellenauszug an die Stelle dieses Steuerbescheids, d.h. er ersetzt diesen. Der Tabellenauszug ist damit Steuerbescheid mit der Wirkung eines rechtskräftigen Urteils.[42]

48　Steuerforderungen, die erst **nach der Eröffnung des Insolvenzverfahrens begründet** sind, sind als **Masseforderungen** zu behandeln, § 55 I Nr. 1 InsO. Sie werden

---

[39] *Krüger*, Insolvenzsteuerrecht Update 2013, ZInsO 2013, S. 579.
[40] BFH 8.3.2012, Az. V R 24/11, BStBl. II 2012, 466; 9.2.2011, Az. XI R 35/09, BStBl. II 2011, 1000; unter Aufgabe der bisherigen Rechtsprechung nun auch der VII. Senat vom 25.7.2012, Az. VII R 56/09, BFH/NV 2013, 413 und vom 25.7.2012, Az. VII R 29/11, BStBl. II 2013, 36.
[41] BFH 30.4.2007, Az. VII B 252/06, DStRE 2007, S. 1194 Rn. 5.
[42] Vgl. *Klein/Rüsken*, Abgabenordnung Kommentar, § 155 Rn. 23; *Boochs/Dauernheim*, Steuerrecht in der Insolvenz, Rn. 76.

vom Insolvenzverwalter unter den Voraussetzungen des § 53 InsO bereits **vorab** aus der Insolvenzmasse befriedigt.[43] Steuermasseforderungen werden durch Steuerbescheid gegenüber dem Insolvenzverwalter geltend gemacht, § 55 I InsO. Ist Bekanntgabeadressat der Schuldner, erlangt der Bescheid nach § 124 I AO keine Wirksamkeit.

Eine Ausnahme von dem Grundsatz, dass vor Eröffnung des Insolvenzverfahrens begründete Forderungen Insolvenzforderungen sind, besteht zunächst nach **§ 55 II InsO** für sämtliche Forderungen, die durch einen **starken vorläufigen Insolvenzverwalter** begründet werden. Da allerdings nur in Ausnahmefällen die Verfügungsbefugnis über das Vermögen des Schuldners auf den vorläufigen Insolvenzverwalter übertragen wird, kommt diese Regelung praktisch selten zur Anwendung. 49

Von größerer praktischer Bedeutung ist die im Jahr 2011 wirksam gewordene Einführung von § 55 IV InsO. Diese Regelung begünstigt die Finanzverwaltung, da sämtliche Steuerforderungen, die von einem vorläufigen Insolvenzverwalter oder vom Schuldner mit Zustimmung eines vorläufigen Insolvenzverwalters begründet worden sind, zu Masseverbindlichkeiten aufgewertet werden. Weitere Besonderheiten ergeben sich bei der Umsatzbesteuerung.[44] 50

Säumnis- und Verspätungszuschläge, die nach der Verfahrenseröffnung anfallen, können ebenso wie beispielsweise die Verfahrenskosten der Insolvenzgläubiger oder die rückständigen Buß- und Zwangsgeldansprüche lediglich als nachrangige Insolvenzforderungen (§ 39 InsO) geltend gemacht werden. Eine Quotenzahlung auf nachrangige Insolvenzforderungen erfolgt nur dann, wenn die Insolvenzmasse zur vollständigen Erfüllung aller nicht nachrangigen Insolvenzforderungen ausreicht. Die Anmeldung der nachrangigen Forderungen zur Insolvenztabelle ist nur zulässig, wenn das Insolvenzgericht hierzu gesondert aufgefordert hat, § 174 III InsO. 51

Steuererstattungsansprüche des Schuldners, die vor oder während des laufenden Insolvenzverfahrens entstehen, werden grundsätzlich der Insolvenzmasse zugerechnet.[45] 52

Führt der Unternehmer aufgrund einer neuen Erwerbstätigkeit Umsätze am Markt aus, gehören die Steuerbeträge nicht zu den Masseforderungen, soweit die Erwerbstätigkeit mit Hilfe von unpfändbaren Gegenständen ausgeführt wird. Nach Auffassung des **BFH** ist für die Zuordnung in die insolvenzrechtlichen Forderungskategorien maßgebend, ob die Steuerschulden aus einer insolvenzfreien Tätigkeit hervorgehen. Ob die Entgelte daraus in die Insolvenzmasse fallen, ist ohne Bedeutung.[46] 53

2. Aufrechnung

Für die Aufrechnung einer Steuerforderung gegen einen Erstattungsanspruch durch das Finanzamt als Steuergläubiger gelten **die allgemeinen Aufrechnungsregeln** der §§ 387 ff. BGB i.V.m. § 226 AO unter Berücksichtigung der insolvenzrechtlichen Besonderheiten nach den **§§ 94–96 InsO**. § 94 InsO bestimmt als Grundsatz, dass eine zur Zeit der Eröffnung des Insolvenzverfahrens eingetretene Aufrechnungslage (§ 95 I InsO) erhalten bleibt und die Aufrechnung somit auch noch im Verfahren gegenüber dem Insolvenzverwalter erklärt werden kann. Unzulässig ist die Aufrechnung allerdings unter den Voraussetzungen des § 96 InsO. Hierzu gehört insbesondere der Fall, dass die Aufrechnungslage durch eine anfechtbare Handlung hergestellt wurde, § 96 I Nr. 3 InsO. 54

---

[43] *Birk*, Umsatzsteuer im Insolvenzverfahren, ZInsO 2007, S. 743.
[44] Zu Einzelheiten wird auf Rn. 91 ff. verwiesen.
[45] *Uhlenbruck/Hirte*, Insolvenzordnung Kommentar, § 35 Rn. 181 ff.
[46] BFH 7.4.2005, Az. V R 5/04, BStBl. 2005 II, S. 848; *Radeisen*, Auswirkungen der Insolvenz auf die Umsatzsteuer, StW 2005, S. 658.

55 Sind die wechselseitigen Forderungen im Zeitpunkt der Verfahrenseröffnung schon begründet, jedoch noch bedingt oder ist die Forderung des Insolvenzgläubigers noch nicht fällig, so kann dieser aufrechnen, wenn nach Verfahrenseröffnung die Hindernisse wegfallen und sich die Forderungen dann in aufrechenbarer Weise gegenüberstehen. Die besondere Fälligkeitsfiktion des § 41 InsO ist hierbei nach § 95 I InsO nicht anzuwenden.

Nach früherer Rechtslage konnte das Finanzamt im Insolvenzverfahren auch mit Forderungen aufrechnen, die vor Verfahrenseröffnung entstanden waren, ohne dass es deren vorheriger Festsetzung, Feststellung oder Anmeldung zur Insolvenztabelle bedurfte.[47] Der BFH hat mit Urteil vom 25.7.2012 (**Änderung der Rechtsprechung**) dieser alten Rechtslage zur Aufrechnung im Insolvenzverfahren durch die Finanzbehörden die Grundlage entzogen. Nunmehr ist eine Aufrechnung nur dann zulässig, wenn bereits vor Eröffnung des Insolvenzverfahrens der Berichtigungstatbestand eingetreten ist.[48] Trotz dieser neuen Rechtsprechung ist die Finanzverwaltung in der Durchsetzung der Umsatzsteueransprüche in der zutreffenden Höhe begünstigt, da die Steuerberechnung nach §§ 16 ff. UStG nach der neueren Rechtsprechung des BFH keine Aufrechnung ist, so dass sie auch nicht den Beschränkungen der §§ 94 ff. InsO unterliegt.[49]

3. Anfechtung

56 Der Insolvenzverwalter ist nach den §§ 129 ff. InsO berechtigt, bestimmte Rechtshandlungen, die zu einer Gläubigerbenachteiligung geführt haben, im Wege der **Insolvenzanfechtung** rückgängig zu machen. Dies gilt grundsätzlich auch für gegenüber der Finanzverwaltung vorgenommene Rechtshandlungen. Es entsteht ein schuldrechtlicher Rückgewähranspruch auf Leistung an die Insolvenzmasse. Der Insolvenzverwalter kann diesen Anspruch durch Erhebung einer Leistungsklage geltend machen. Hat ein Dritter die Steuerforderung des Insolvenzschuldners erfüllt, ist die Anfechtung mangels Gläubigerbenachteiligung ausgeschlossen. Vollstreckungshandlungen eines Insolvenzgläubigers im letzten Monat vor dem Antrag auf Eröffnung des Insolvenzverfahrens werden nach § 88 InsO (Rückschlagsperre) und nicht über das Anfechtungsrecht unwirksam.[50]

VII. Besonderheiten einzelner Steuerarten in der Insolvenz

1. Einkommensteuer

57 **a) Veranlagung in der Insolvenz.** Die Eröffnung des Insolvenzverfahrens ändert nichts an der Stellung des Schuldners im materiellen Steuerrecht, d.h. der Schuldner wird unverändert mit seinem Einkommen zur **Einkommensteuer** veranlagt. Er bleibt weiterhin Steuersubjekt, da die Verwaltung und Verfügung durch den Insolvenzverwalter auf Rechnung des Schuldners durchgeführt wird. Der Ermittlungs-, Bemessungs- und Veranlagungszeitraum für die Einkommensteuer ist nach § 25 EStG unverändert das Kalenderjahr. Der Schuldner wird also mit den vor der Insolvenz, mit den vom Insolvenzver-

---

[47] BFH 4.5.2004, Az. VII R 45/03, BStBl. II 2004, S. 815; BFH 31.5.2005, Az. VII R 71/04, StE 2005, S. 2148.
[48] BFH 25.7.2012, Az. VII R 29/11, BStBl. II 2013, S. 36.
[49] BFH 24.11.2011, Az. V R 13/11, BStBl. II 2012, S. 298; BFH 25.7.2012, Az. VII R 44/10, BStBl. II 2013, S. 33.
[50] AEAO zu § 251 Abschn. 4.1.1. Abs. 3; *Gottwald/Gerhardt,* Insolvenzrechts-Handbuch, § 33 Rn. 29.

walter für ihn und den persönlich erzielten Einkünften einheitlich zur Einkommensteuer herangezogen.[51]

Zwecks Mitteilung der Besteuerungsgrundlagen an die Finanzverwaltung werden in der Praxis **zwei Steuererklärungen** abgegeben, eine durch den Schuldner und eine durch den Insolvenzverwalter. Die Steuererklärung des Schuldners umfasst die Einkünfte aus dem **insolvenzfreien Bereich**, d.h. regelmäßig die allgemeinen steuerrelevanten Angaben zu den Personen (Kinder etc.) sowie zu Sonderausgaben und außergewöhnlichen Belastungen. Die Steuererklärung des Insolvenzverwalters beinhaltet die Einkünfte, deren Besteuerungsgrundlagen in der Insolvenzmasse begründet sind, sowohl für den Zeitraum vor der Eröffnung des Insolvenzverfahrens, soweit die Erklärungen noch nicht erfasst sind, als auch für den Zeitraum nach Eröffnung des Verfahrens. Ein Zusammenwirken der beiden Beteiligten ist nicht notwendig, da die Steuer nicht selbst zu berechnen ist. Die Zusammenführung der Besteuerungsgrundlagen erfolgt im Rahmen der Veranlagung durch die Finanzverwaltung. 58

Die Ehegatten haben auch in der Insolvenz das Wahlrecht der Steuerklassen, welches nicht auf den Insolvenzverwalter übergeht, da es sich um ein höchstpersönliches Recht handelt.[52] Ferner wählen die Ehegatten, ob eine getrennte Veranlagung, eine Zusammenveranlagung oder eine besondere Veranlagung durchzuführen ist. Dieses **Wahlrecht** ist kein höchstpersönliches Recht,[53] sondern ein Recht mit vermögensrechtlichem Bezug ohne Einwirkung auf die Ehe. Als Verwaltungsrecht steht es für die Masse dem Insolvenzverwalter zu. Da die Art der Veranlagung aber auch Auswirkungen auf die Besteuerung etwaiger insolvenzfreier Einkünfte des Schuldners hat, kann auch dieser persönlich das Wahlrecht in Anspruch nehmen. Im Insolvenzverfahren über das Vermögen eines Ehegatten kann es daher nur dann zu einer Zusammenveranlagung kommen, wenn Insolvenzverwalter, Schuldner und Ehegatte **gemeinsam** die Zusammenveranlagung wählen. Nach Urteil des BGH besteht nunmehr ein Anspruch der Ehegatten gegenüber dem Insolvenzverwalter, einer gemeinsamen Veranlagung zuzustimmen.[54] 59

b) Aufteilung in die insolvenzrechtlichen Forderungskategorien. Die Einkommensteuer eines Veranlagungszeitraums ergibt sich aus den gesamten dem Schuldner zuzurechnenden Einkünften, ohne Rücksicht darauf, ob es sich um vor Eröffnung des Insolvenzverfahrens angefallene Einkünfte, Einkünfte des Ehegatten des Schuldners bei Zusammenveranlagung oder um Einkünfte aus der Insolvenzmasse handelt. 60

Wegen der **insolvenzrechtlichen Abgrenzung** von Insolvenz- und Masseverbindlichkeiten ist die Einkommensteuer nach der Rechtsprechung des **BFH** in **insolvenzrechtlichen Forderungskategorien** (Insolvenzforderung, Masseforderung oder insolvenzfreie Forderung) aufzuteilen.[55] Die Aufteilung hat nach der Maßgabe der Verhältnisse der Teileinkünfte der insolvenzrechtlichen Kategorien zueinander zu erfolgen, d.h. nach dem Verhältnis, in dem die einzelnen Einkommensteuerbeträge zueinander stehen würden, wenn jeweils für das Vermögen vor Eröffnung des Insolvenzverfahrens, für die Insolvenzmasse und das insolvenzfreie Vermögen des Schuldners eine (fiktive) Steuerberechnung durchgeführt werden würde.[56] Dabei sind Sonderausgaben, außergewöhnliche 61

---

[51] *Gottwald/Frotscher*, Insolvenzrechts-Handbuch, § 121 Rn. 2 ff.
[52] *Krüger*, Insolvenzsteuerrecht Update 2012, ZInsO 2012, S. 150.
[53] BFH 29.10.1963, Az. VI 266/61 U, BStBl III 1963, S. 597.
[54] BGH 18.11.2010, Az. IX ZR 240/07, ZInsO 2011, 47.
[55] BFH 11.11.1993, Az. XI R 73/92, ZIP 1994, S. 1286.
[56] BFH 29.3.1984, Az. IV R 271/83, BStBl. II 1984, S. 602; BFH 11.11.1993, Az. XI R 73/92, ZIP 1994, S. 1286.

§ 36   7. Teil. Rechnungslegung und Steuern

Belastungen und Freibeträge demjenigen Vermögensteil zuzuordnen, zu dem sie sachlich gehören, bzw. zeitanteilig aufzuteilen.

62   Nimmt der Insolvenzverwalter keine **Aufteilung** vor, so ist er gem. §§ 88, 90, 93 AO um Auskunft darüber zu ersuchen, wie sich die erklärten Einkünfte und die anderen erklärten Besteuerungsgrundlagen auf die Zeit vor Insolvenzeröffnung und die Zeit danach aufteilen. Kommt er dieser Aufforderung nicht nach, wird das Finanzamt die Aufteilung im Schätzungsweg anhand der vom Insolvenzverwalter abgegebenen Umsatzsteuervoranmeldung vornehmen.[57]

63   **c) Behandlung stiller Reserven.** Veräußert der Insolvenzverwalter Vermögensgegenstände aus der Insolvenzmasse (§ 159 InsO), können **steuerpflichtige Gewinne** durch Aufdeckung von **stillen Reserven** entstehen. Handels- und steuerrechtlich werden die stillen Reserven regelmäßig im Rahmen eines Veräußerungsvorganges als Veräußerungsgewinn in Höhe der Differenz zwischen Veräußerungserlös und Buchwert realisiert. In der Praxis treten stille Reserven häufig bei Grundstücken und Beteiligungen auf, weil im Laufe der Zeit erhebliche Wertsteigerungen gegenüber den ursprünglichen Anschaffungskosten eingetreten sind. Stille Reserven entstehen aber auch, wenn über die tatsächliche Wertminderung hinausgehende Abschreibungen (Sonderabschreibungen) vorgenommen werden.

64   Nach herrschender Meinung in der **Literatur**[58] bilden die stillen Reserven einen Teil der vor Eröffnung des Insolvenzverfahrens bestehenden Vermögensmasse. Es wird argumentiert, dass die Handlungen, durch die der Gewinn entsteht, zwar von dem Insolvenzverwalter vorgenommen werden, die stillen Reserven seien aber bereits in der Zeit vor Eröffnung des Insolvenzverfahrens angesammelt worden. Der Akt der Gewinnrealisierung sei lediglich für das steuerrechtliche Entstehen der Einkommensteuerforderung maßgebend. Im Insolvenzrecht sei jedoch entscheidend, ob die Vermögensmehrung einen sachlichen Bezug zu dem Vermögen vor oder nach Eröffnung des Insolvenzverfahrens aufweist. Soweit die stillen Reserven bei Eröffnung des Verfahrens bereits vorhanden waren, gehören diese Vermögensmehrungen bereits zum Schuldnervermögen. Die aus der Aufdeckung der stillen Reserven resultierende Steuerforderung stelle daher eine zur Tabelle anzumeldende **Insolvenzforderung** dar.

65   Entgegen der Auffassung in der Literatur ist die auf der Auflösung der stillen Reserven beruhende Einkommensteuer nach Rechtsprechung des **BFH** den **Masseforderungen** zuzurechnen.[59] Der BFH stellt auf die Verwertungshandlung des Insolvenzverwalters als gewinnrealisierende Handlung ab. Da dieser Zeitpunkt nach Eröffnung des Insolvenzverfahrens liegt, ist die darauf entfallende Einkommensteuer eine Masseforderung.

Bezüglich der Höhe der als Masseforderungen geltend zu machenden Einkommensteuern beschränkt der **BFH** den Steuergläubiger aber insoweit, als das Objekt der Besteuerung, der Verkaufserlös, zur Insolvenzmasse gelangt.[60] Dies ist von wesentlicher Bedeutung bei der Veräußerung von mit Aussonderungsrechten belasteten Wirtschaftsgütern.

Das FG Düsseldorf stellt sich mit seiner Entscheidung vom 19. August 2011 ausdrücklich gegen die BFH-Rechtsprechung. Nach Auffassung des FG stellt die aus der Verwertung eines mit einem Absonderungsrecht belasteten Grundstücks entstehende Einkommensteuerschuld **nicht nur insoweit** eine Masseverbindlichkeit dar, als der Erlös in die

---

[57] *Boochs/Dauernheim,* Steuerrecht in der Insolvenz, Rn. 136.
[58] MünchKommInsO, *Kling/Schüppen/Ruh,* Insolvenzsteuerrecht, Rn. 53.
[59] BFH 29.3.1984, Az. IV R 271/83, BStBl. II 1984, S. 602.
[60] BFH 29.3.1984, Az. IV R 271/83, BStBl. II 1984, S. 602.

§ 36 Steuern in der Insolvenz **§ 36**

Insolvenzmasse fließt, sondern stellt – ungeachtet einer bereits zeitlich vorgelagerten Entstehung von stillen Reserven – in vollem Umfang eine Massenverbindlichkeit dar. Als Folge dieser Rechtsprechung stünde dem Fiskus das Recht zu, die Masse zu schmälern, ohne dass die zugehörigen Erlöse der Masse zugeflossen sind.[61]

Bei Veräußerungsvorgängen durch den **vorläufigen Insolvenzverwalter** gelten die 66
Einkommensteuern nach Eröffnung des Insolvenzverfahrens nach § 55 IV InsO als Masseforderungen.

d) Behandlung von Verlusten. Vermögensminderungen (Verluste), die aus einem dem 67
Steuerpflichtigen zuzurechnenden Vermögen fließen, sind bei ihm auch dann steuerlich zu berücksichtigen, wenn dieses Vermögen Insolvenzvermögen ist. Es ist daher ebenfalls von Bedeutung, wann welche **Verluste** sich wie auswirken, da damit die Einkommensteuern unterschiedlicher insolvenzrechtlicher Forderungskategorien betroffen sein können.

Bei Verlusten kann unterschieden werden nach 68
- Verlustausgleich innerhalb der gleichen Einkunftsart (horizontaler Verlustausgleich),
- Verlustausgleich innerhalb der Einkunftsarten (vertikaler Verlustausgleich),
- Verlustausgleich zwischen Ehegatten bei Zusammenveranlagung und
- Verlustabzug bei Verlustrücktrag oder Verlustvortrag (§ 10d EStG).

Der horizontale und der vertikale Verlustausgleich werden steuertechnisch zwingend in 69
einem Veranlagungszeitraum vorgenommen. Der Verlustausgleich zwischen Ehegatten kann aufgrund der Zustimmungserfordernisse des Insolvenzverwalters im Sinne der Insolvenzmasse beeinflusst werden. Gleiches gilt für das Wahlrecht nach § 10d EStG bei **Verlustrücktrag**.

Die Frage dem Grunde nach, d.h. die Frage, ob Verluste überhaupt in die Einkom- 70
mensermittlung einbezogen werden können, wird weder von der Literatur noch von der Rechtsprechung bezweifelt. Wie und ggf. bis zu welcher Höhe die Verteilung auf die den insolvenzrechtlichen Forderungskategorien zugrunde liegenden „Einkunftsermittlungszeiträume" vorzunehmen ist, ist höchstrichterlich nicht entschieden.[62]

Werden hinsichtlich der Verluste die gleichen Kriterien angewendet, die der **BFH** 71
auch bei den Einkünften anlegt, sind Verluste, die sich bereits vor Insolvenzeröffnung realisiert haben, den Insolvenzforderungen zuzurechnen.[63] Da das FG Düsseldorf eine der BFH-Rechtsprechung entgegenstehende Zuordnung der Einkommensteuerschuld aus der Aufdeckung von vorinsolvenzlich entstandenen Reserven vornimmt, müsste sich insoweit auch eine abweichende Zuordnung von vorinsolvenzlichen Verlusten zur Insolvenzmasse ergeben.[64] Verluste aus der Zeit nach der Insolvenzeröffnung betreffen Masseforderungen. Zudem muss bei der Verteilung der Verluste nach Möglichkeit die „Vermögensgleichheit" Beachtung finden, wonach z.B. Verluste aus der Insolvenzmasse im Rücktragsjahr vornehmlich die Einkünfte aus der Insolvenzmasse, dann die Einkünfte vor Eröffnung des Insolvenzverfahrens und erst dann das insolvenzfreie Vermögen mindern. Andererseits mindern Verluste aus dem insolvenzfreien Vermögen auch zunächst die Einkünfte aus insolvenzfreiem Vermögen.[65]

---

[61] FG Düsseldorf 19.8.2011, Az. 11 K 4201/10E, EFG 2012, S. 544–547; FG Niedersachsen 19.1.2012 Az. 14 K 47/10, Revision eingelegt BFH Az. III R 16/12.
[62] Vgl. BFH 29.3.1984, IV R 271/83, BStBl. II 1984, S. 602.
[63] BFH 29.3.1984, IV R 271/83, BStBl. II 1984, S. 602; FG Düsseldorf 19.8.2011, Az. 11 K 4201/10 E, EFG 2012, S. 544–547.
[64] FG Düsseldorf 19.8.2011, 11 K 4201/10 E, EFG 2012, S. 544–547.
[65] *Gottwald/Frotscher*, Insolvenzrechts-Handbuch, § 122 Rn. 24.

72 In der Praxis wird aber der Verlustausgleich innerhalb der Einkünfte des Schuldners bereits dann Probleme aufwerfen, wenn dadurch eine Basis der Teileinkünfte der drei insolvenzrechtlichen Forderungskategorien (Masseforderung, Insolvenzforderung, insolvenzfreies Vermögen) negativ wird, da dann die Teileinkünfte nicht mehr zueinander ins Verhältnis gesetzt werden können.

73 **e) Behandlung von Vorauszahlungen und anrechenbaren Steuerabzugsbeträgen.** Einkommensteuervorauszahlungen und anrechenbare Steuerabzugsbeträge (zB Lohnsteuer, Kapitalertragsteuer, Zinsabschlagsteuer) sind nicht als Einkommensteuer selbst zu verstehen, sondern als eigenständige Forderungen des Steuergläubigers, die jedoch auf die mit Ablauf des Veranlagungszeitraums entstehende Einkommensteuer anrechenbar sind.

74 Der relevante Tatbestand für die Einordnung der Einkommensteuervorauszahlungen in die insolvenzrechtlichen Forderungskategorien wird in § 37 I EStG gesehen, in dem das Entstehen der Vorauszahlungen jeweils mit Beginn eines Kalendervierteljahres, in dem die Vorauszahlungen zu entrichten sind, geregelt ist. Entstandene Forderungen sind stets als begründet i.S.d. § 38 InsO anzusehen. Offene Einkommensteuervorauszahlungen, die im Zeitpunkt der Verfahrenseröffnung bereits entstanden waren, sind somit Insolvenzforderungen. Einkommensteuervorauszahlungen, die nach Verfahrenseröffnung entstehen, sind Masseverbindlichkeiten i.S.d. § 55 I Nr. 1 InsO.[66] Sind die Vorauszahlungen im Zeitpunkt der Eröffnung des Insolvenzverfahrens noch nicht fällig, so gelten sie nach § 41 I InsO als fällig.

75 Für die Verrechnung der Vorauszahlungen und der Steuerabzugsbeträge gilt § 96 InsO, d.h., geleistete Zahlungen vor Eröffnung des Verfahrens können nur mit Insolvenzforderungen, solche nach Eröffnung des Verfahrens nur mit Masseforderungen verrechnet werden. Danach sich ergebende Überzahlungen sind an die Masse auszukehren.[67]

76 **f) Besonderheiten bei Personengesellschaften.** Bei Personengesellschaften ergeben sich einige Besonderheiten, da diese insolvenzrechtlich zwar Schuldner, einkommensteuerrechtlich aber keine Subjekte der Besteuerung sind. Die auf der Ebene der Personengesellschaft entstandenen Gewinne und Verluste sind den Gesellschaftern beispielsweise **steuerlich direkt zuzurechnen**.

2. Lohnsteuer

77 Bei der Lohnsteuer handelt es sich um die aufgrund ihrer Erhebungsform durch Steuerabzug vom Arbeitslohn als Lohnsteuer bezeichnete Einkommensteuervorauszahlung des Arbeitnehmers, § 38 EStG. **Schuldner** der Lohnsteuer ist der Arbeitnehmer, nicht der Arbeitgeber. Im Verhältnis zum Arbeitgeber ist der Arbeitnehmer Gläubiger der Lohnsteuer, die insoweit einen Teil der Bruttolohnforderung darstellt.

78 **a) Fallgruppen in der Insolvenz des Arbeitgebers.** In der Insolvenz des Arbeitgebers sind regelmäßig folgende Fallgruppen denkbar:
- Bruttolöhne sind bei Eröffnung des Insolvenzverfahrens noch nicht ausgezahlt,
- Nettolöhne sind bei Eröffnung des Insolvenzverfahrens gezahlt, nicht aber die dazugehörige Lohnsteuer,
- Lohnforderungen sind nach Eröffnung des Insolvenzverfahrens entstanden,

---

[66] *Gottwald/Frotscher*, Insolvenzrechts-Handbuch, § 122 Rn. 32.
[67] *Boochs/Dauerneheim*, Steuerrecht in der Insolvenz, Rn. 138; BFH 9.11.1994, Az. I R 5/94, BStBl. II 1995, S. 255.

§ 36 Steuern in der Insolvenz   § 36

- Forderungsübergang aufgrund der Zahlung von Lohnersatzleistungen auf Sozialversicherungsträger, insbesondere auf die Bundesagentur für Arbeit (§ 115 I SGB X),
- Forderungsübergang aufgrund der Zahlung von Insolvenzausfallgeld auf die Bundesagentur für Arbeit (§ 187 SGB III).

b) Aufteilung in die insolvenzrechtlichen Forderungskategorien. Der Arbeitgeber hat die Lohnsteuer für Rechnung des Arbeitnehmers bei jeder Lohnzahlung vom Arbeitslohn nach **§ 38 III EStG** einzubehalten, nach § 41a EStG anzumelden und an das Finanzamt abzuführen. Dies gilt auch für die Zeit vor Eröffnung des Insolvenzverfahrens.[68] Erst wenn der Arbeitgeber bzw. der Insolvenzverwalter seine Dienstleistungspflicht auf Einbehaltung und Abführung der Lohnsteuer nicht erfüllt, entsteht ein Anspruch der Finanzbehörde gegen ihn auf Geldzahlung, § 42d EStG. Für die insolvenzrechtliche Einordnung dieses Haftungsanspruchs ist maßgebend, wer zu welchem Zeitpunkt den Haftungstatbestand verwirklicht hat.[69]

79

Die Lohnsteuer entsteht in dem Zeitpunkt, in dem der Arbeitslohn den Arbeitnehmern **zufließt**, §§ 38 II, 41a I EStG. Sie ist regelmäßig auch in diesem Zeitpunkt begründet, unabhängig davon, für welchen Zeitraum die Lohnzahlungen erfolgen. Die Einordnung der oben dargestellten Fallgestaltungen in die insolvenzrechtlichen Forderungskategorien ist entsprechend wie folgt vorzunehmen:

80

- Eine Insolvenzforderung des Arbeitnehmers liegt vor, wenn die Lohnforderung vor der Eröffnung des Insolvenzverfahrens begründet wurde,
- eine Masseforderung des Arbeitnehmers liegt vor, wenn die Lohnforderung nach der Eröffnung des Insolvenzverfahrens begründet wurde,
- eine Insolvenzforderung des Steuergläubigers aus der Haftungsnorm des § 42d EStG liegt vor, wenn die Lohnsteuer vor der Eröffnung des Insolvenzverfahrens nicht einbehalten und abgeführt wurde.[70]

Ein Forderungsübergang auf die Sozialversicherungsträger, insbesondere auf die Bundesagentur für Arbeit, ändert an der rechtlichen Qualität der Forderungen grundsätzlich nichts.

81

c) Lohnsteuer im Insolvenzeröffnungsverfahren. Den **starken vorläufigen Insolvenzverwalter** treffen die Mitwirkungspflichten auf Einbehaltung der Lohnsteuer vom Arbeitslohn, deren Anmeldung und Abführung gleichermaßen, § 34 III AO. Dies gilt jedoch nur für Lohnzahlungen, die während des Insolvenzeröffnungsverfahrens geleistet werden. Dabei ist es gleichgültig, für welchen Zeitraum die Löhne gezahlt werden. Bei Verletzung der Dienstleistungsverpflichtung haftet der vorläufige Insolvenzverwalter nach § 42d EStG i.V.m. § 69 AO persönlich.

82

Sind bei Lohnauszahlungen vor dem Insolvenzeröffnungsverfahren Lohnsteuern von dem Arbeitgeber nicht einbehalten und nicht an den Steuergläubiger abgeführt worden, ist insoweit in der Person des Arbeitgebers eine Haftungsschuld nach § 42d EStG entstanden, die vor der Eröffnung des Insolvenzverfahrens begründet ist und zu den Insolvenzforderungen gehört. Der vorläufige Insolvenzverwalter darf diese Verbindlichkeit nicht erfüllen, da er zur Begleichung von Insolvenzforderungen nicht berechtigt ist.[71]

83

---

[68] BFH 10.10.1951, Az. IV 144/51 U, BStBl. III 1951, S. 212; BFH 16.5.1975, Az. VI R 101/71, BStBl. II 1975, S. 621.
[69] *Gottwald/Frotscher,* Insolvenzrechts-Handbuch, § 123 Rn. 7.
[70] *Gottwald/Frotscher,* Insolvenzrechts-Handbuch, § 123 Rn. 8.
[71] *Gottwald/Frotscher,* Insolvenzrechts-Handbuch, § 123 Rn. 18.

§ 36 7. Teil. Rechnungslegung und Steuern

3. Körperschaftsteuer

84 **Kapitalgesellschaften** (GmbH, AG, KG a.A.) und die in § 1 KStG genannten Körperschaften, Personenvereinigungen und Vermögensmassen sind körperschaftsteuerpflichtig. Ihr Einkommen ermittelt sich gemäß § 8 I KStG hauptsächlich nach den Vorschriften des Einkommensteuergesetzes, sofern das Körperschaftsteuergesetz keine anders lautende Regelung enthält.

85 Mit der Eröffnung des Insolvenzverfahrens wird die Kapitalgesellschaft aufgelöst.[72] Steuerrechtlich wird sie solange als fortbestehend angesehen, als sie noch steuerrechtliche Pflichten zu erfüllen hat. Aus diesem Grunde endet die Körperschaftsteuerpflicht mit der Eröffnung des Insolvenzverfahrens nicht. Obwohl die Abwicklung einer Gesellschaft unterbleibt, sind dennoch nach **§ 11 VII KStG** die Vorschriften über die Liquidation sinngemäß anzuwenden. Die Körperschaftsteuerbefreiung einer Körperschaft, die nach ihrer Satzung steuerbegünstigte Zwecke verfolgt, endet allerdings, wenn die eigentliche steuerbegünstigte Tätigkeit eingestellt und über das Vermögen der Körperschaft das Insolvenzverfahren eröffnet wird.[73]

86 Grundsätzlich wird bei der Besteuerung von Körperschaften wie bei der Einkommensteuer ein Besteuerungszeitraum von einem Jahr zu Grunde gelegt. Für die Besteuerung der Liquidation einer aufgelösten Körperschaft gilt jedoch mit § 11 I KStG eine Sonderregelung. Danach wird das Wirtschaftsjahr als Besteuerungszeitraum von dem **Abwicklungszeitraum** abgelöst, wobei der Besteuerungszeitraum 3 Jahre nicht übersteigen soll. Dies gilt jedoch erst, wenn der Insolvenzverwalter die werbende Tätigkeit eingestellt hat.[74]

4. Gewerbesteuer

87 **a) Erlöschen der Steuerpflicht.** Grundsätzlich regelt § 4 II GewStDV, dass die Gewerbesteuerpflicht durch die Eröffnung des Insolvenzverfahrens über das Vermögen des Unternehmers nicht berührt wird. Bei Einzelgewerbetreibenden und Personengesellschaften erlischt die Gewerbesteuerpflicht mit der tatsächlichen Einstellung des Betriebes, d.h. der endgültigen Aufgabe der **werbenden Tätigkeit**. Solange der Insolvenzverwalter den Gewerbebetrieb noch weiterführt, indem er beispielsweise vorhandene Warenvorräte veräußert, ist die werbende Tätigkeit noch nicht eingestellt. Keine werbende Tätigkeit ist jedoch die Veräußerung des vorhandenen Anlagevermögens.

88 Bei Gesellschaften i.S.d. § 2 GewStG, d.h. insbesondere bei Kapitalgesellschaften, erlischt die Gewerbesteuerpflicht erst mit der endgültigen Beendigung jeglicher Tätigkeit, d.h., wenn das gesamte Vermögen der Gesellschaft verteilt ist. Das gilt allerdings nicht für Vermögen, das zurückbehalten wird, um die letzte Gewerbesteuerschuld zu bezahlen.

89 **b) Aufteilung in die insolvenzrechtlichen Forderungskategorien.** Die Gewerbesteuer ist auch nach Eröffnung des Insolvenzverfahrens nach den Vorschriften des Gewerbesteuergesetzes zu ermitteln. Ob die Entscheidung des FG Düsseldorf vom 19.8. 2011 zur Zuordnung von Einkommensteuer aus der Aufdeckung vorinsolvenzlich entstandener stiller Reserven vollständig auf die Gewerbesteuer durchschlägt, ist noch nicht höchstrichterlich geklärt.[75] Die bisherige Handhabung, wonach die Gewerbesteuer

---

[72] § 262 I Nr. 3 AktG, § 60 I Nr. 4 GmbHG, § 101 GenG.
[73] BFH 16.5.2007, Az. I R 14/06, DStR 2007, S. 1438.
[74] RFH 5.9.1939, Az. I 264/39, RFHE 47, S. 242.
[75] FG Düsseldorf 19.8.2011, Az. 11 K 4201/10E, EFG 2012, S. 544–547; FG Niedersachsen 19.1.2012, Az. 14 K 47/10, Revision eingelegt BFH Az. III R 16/12.

§ 36 Steuern in der Insolvenz § 36

ebenso wie die Einkommensteuer im Verhältnis der vor und nach Eröffnung des Insolvenzverfahrens erzielten Erträge aufzuteilen sei, erscheint insoweit fraglich.

c) **Messbetrags-Berechnung.** Nach der Rechtsprechung des BFH dürfen Steuerbescheide, in denen ausschließlich Besteuerungsgrundlagen ermittelt und festgestellt werden, die ihrerseits die Höhe von Steuerforderungen beeinflussen, die zur Insolvenztabelle anzumelden sind, nicht mehr erlassen werden.[76] Dies gilt auch für den Erlass von Gewerbesteuermessbescheiden (§ 184 AO) und Zerlegungsbescheiden (§ 188 AO). Stattdessen sind den betreffenden Städten und Gemeinden die Besteuerungsgrundlagen durch eine Messbetrags-Berechnung mitzuteilen. Auch die Gemeinde darf nach Insolvenzeröffnung keinen Gewerbesteuerbescheid erlassen. Stattdessen hat sie auf der Grundlage der Messbetrags-Berechnung eine Steuerberechnung vorzunehmen und auf dieser Basis die Gewerbesteuer zur Tabelle anzumelden. Die Übersendung der Messbetrags-Berechnung vom Finanzamt an die Gemeinde kann dann unterbleiben, wenn ein Messbetrag nach dem GewStG nicht festzusetzen ist. 90

5. Umsatzsteuer

a) **Bedeutung der Umsatzsteuer in der Insolvenz.** Der Umsatzsteuer kommt in den Insolvenzverfahren die größte wirtschaftliche Bedeutung zu, denn die Umsatzsteuer knüpft nach § 1 UStG ausschließlich an **Umsätze** an, ohne dass es hierbei auf Gewinn oder Verlust ankommt. 91

b) **Aufteilung in die insolvenzrechtlichen Forderungskategorien.** Grundsätzlich ist die Aufteilung in die insolvenzrechtlichen Forderungskategorien nicht so problematisch wie bei der Einkommensteuer, da die Umsatzsteuer durch die Anknüpfung der Besteuerungsgrundlage an den einzelnen Umsatz recht einfach einer Zuordnung zu den Zeiträumen vor und nach Eröffnung des Insolvenzverfahrens zugänglich ist. Der Besteuerungs- und Voranmeldungszeitraum dient lediglich der **steuertechnischen Erhebung** der Steuern, nicht jedoch deren Bemessung. 92

Es lässt sich daher festhalten, dass die Umsatzsteuern, die durch einen Umsatz vor der Eröffnung des Insolvenzverfahrens begründet wurden, grundsätzlich Insolvenzforderungen, ansonsten Masseforderungen darstellen. Eine Umsatzsteuerforderung ist insolvenzrechtlich dann begründet, wenn ihr steuerschuldrechtlicher Umsatzsteuertatbestand erfüllt wird, d.h. nach § 1 I Nr. 1 UStG, wenn Lieferungen oder sonstige Leistungen vom Unternehmer im Inland gegen Entgelt ausgeführt werden. Entsprechendes gilt auch für die Inanspruchnahme von Vorsteuerbeträgen.[77] Umsatzsteuern, die im Insolvenzeröffnungsverfahren begründet wurden, gelten nach § 55 IV InsO nach der Eröffnung des Insolvenzverfahrens als Masseverbindlichkeiten. 93

Umsatzsteuerbeträge, die aus den Handlungen des Insolvenzverwalters resultieren und nach § 55 InsO Masseverbindlichkeiten darstellen, müssen gesondert festgesetzt und gegenüber dem Insolvenzverwalter bekannt gegeben werden. Dies gilt insbesondere für die Verwertung von sicherungsübereigneten Gegenständen, Umsätze des Verwalters nach Eröffnung des Verfahrens sowie den Vorsteuerberichtigungsanspruch nach § 15a UStG. 94

c) **Berichtigung der Bemessungsgrundlage nach § 17 II UStG.** Hat sich die Bemessungsgrundlage für einen steuerpflichtigen Umsatz i.S.d. § 1 I Nr. 1 UStG geändert, 95

---

[76] BFH 2.7.1997, Az. I R 11/97, BStBl. II 1998, S. 428; vgl. auch AEAO zu § 251 Abschn. 4.3.1. Abs. 1 S. 1; BFH 8.3.2012, Az. V R 24/11, BStBl II 2012, S. 466.
[77] *Birk*, Umsatzsteuer im Insolvenzverfahren, ZInsO 2007, S. 743.

so hat der Unternehmer, der diesen Umsatz ausgeführt hat, den dafür geschuldeten Steuerbetrag zu berichtigen. Der Leistungsempfänger hat den in Anspruch genommenen **Vorsteuerabzug** entsprechend zu **berichtigen** (§ 17 I 1, 2 UStG).

96 Dieses gilt insbesondere dann, wenn das vereinbarte Entgelt für eine steuerpflichtige Lieferung, sonstige Leistung oder einen steuerpflichtigen innergemeinschaftlichen Erwerb uneinbringlich geworden ist, § 17 II Nr. 1 UStG.

97 Die Finanzverwaltung hat die BFH-Urteile vom 22. Oktober 2009[78] und 9. Dezember 2010[79] zum Anlass genommen, den Anwendungserlass zur Umsatzsteuer (UStAE) in Abschnitt 17.1 umfassend zu überarbeiten und zu ergänzen.[80]

Die Finanzverwaltung stellt in dem UStAE fest, dass mit der Eröffnung des Insolvenzverfahrens auch die Empfangszuständigkeit für die noch offenen Forderungen des Insolvenzschuldners auf den Insolvenzverwalter übergeht. Als Folge davon sei das bisher einheitliche Unternehmen des Insolvenzschuldners als in drei Teile aufgespaltet zu betrachten, zwischen denen keine umsatzsteuerlichen Berechtigungen und Verpflichtungen verrechnet werden können. Es handelt sich dabei um den vorinsolvenzlichen Unternehmensteil, die Insolvenzmasse sowie das vom Insolvenzverwalter freigegebene Vermögen. Als Folge davon werden Entgelte für von dem Insolvenzschuldner vor Eröffnung des Insolvenzverfahrens erbrachte Leistungen grundsätzlich spätestens mit Verfahrenseröffnung, sofern noch nicht vereinnahmt, uneinbringlich im vorinsolvenzrechtlichen Unternehmensteil gemäß § 17 II Nr. 1 S. 1 UStG (Uneinbringlichkeit aus Rechtsgründen). Der vom Insolvenzschuldner geschuldete Umsatzsteuerbetrag ist gem. § 17 II Nr. 1 S. 1 i.V.m. I S. 1 UStG zu berichtigen. Vereinnahmt der Insolvenzverwalter später besagte Forderungen vollständig oder teilweise, ist der Steuerbetrag insoweit entsprechend erneut zu berichtigen (§ 17 II Nr. 1 S. 2 UStG) und ist als sonstige Massenverbindlichkeit nach § 55 I Nr. 1 InsO zu entrichten[81]. Insoweit ist der Steueranspruch verwirklicht und abgeschlossen.

Wird zunächst ein starker vorläufiger Insolvenzverwalter bestellt, werden die noch nicht vereinnahmten Entgelte bereits mit seiner Bestellung uneinbringlich. Die Rechtsfolgen sind identisch. Es ist lediglich hinsichtlich der expliziten Rechtsnorm für die entstandene Masseverbindlichkeit zu differenzieren. Vereinnahmt nicht, wie oben, der Insolvenzverwalter, sondern der starke vorläufige Insolvenzverwalter die Entgelte, entsteht die Masseverbindlichkeit nach § 55 II InsO.[82]

Wurden vor Insolvenzeröffnung Lieferungen oder sonstige Leistungen an den späteren Insolvenzschuldner erbracht, so werden die daraus resultierenden Forderungen im Augenblick der Insolvenzeröffnung – unbeschadet einer möglichen Insolvenzquote – in voller Höhe uneinbringlich. Damit hat spätestens zu diesem Zeitpunkt der Leistungsempfänger (im vorinstanzlichen Unternehmensteil) den Vorsteuerabzug nach § 17 I UStG zu berichtigen. Bei Erfüllung der Verbindlichkeit durch den Insolvenzverwalter ist die Umsatzsteuer erneut zu berichtigen (§ 17 II Nr. 1 Satz 2 UStG).[83]

---

[78] BFH 22.10.2009, Az. V R 14/08 BStBl II 2011, S. 988.
[79] BFH 9.12.2010, Az. V R 22/10, BStBl II 2011, S. 996.
[80] Umsatzsteuer-Anwendungserlass (UStAE) 1.10.2010, Az. BMF IV D 3 – S 7015/10/10002; DOK 2010/0815152, BStBl. I 2010, S. 846, Stand 22.1.2013; BMF 9.12.2011, BStBl I 2011, S. 1273; BMF 12.4.2013, BStBl I 2013, S. 518.
[81] UStAE Abschn. 17.1 Abs. 11.
[82] UStAE Abschn. 17.1 Abs. 12.
[83] UStAE Abschn. 17.1 Abs. 16.

§ 36 Steuern in der Insolvenz § 36

d) Berichtigung des Vorsteuerabzugs nach § 15a UStG. Ein Rückgängigmachen 98
des Vorsteuerabzugs kann bei Insolvenz des Schuldners auch nach § 15 UStG notwendig
werden. Das ist der Fall, wenn ein in § 15a I–IV UStG genanntes Wirtschaftsgut (bspw.
Anlage- und Umlaufvermögen) ursprünglich dazu bestimmt war, für umsatzsteuerpflichtige Umsätze zu dienen und sich während eines bestimmten Zeitraums die Verhältnisse,
die für den ursprünglichen Vorsteuerabzug maßgebend waren, ändern. Für den verbleibenden Zeitraum hat eine Berichtigung der Vorsteuer stattzufinden. Dabei ist von den
gesamten Vorsteuerbeträgen auszugehen, die auf das Berichtigungsobjekt entfallen. Die
Berichtigung des Vorsteuerabzugs ist jeweils für den Voranmeldungszeitraum bzw. das
Kalenderjahr vorzunehmen, in dem sich die für den ursprünglichen Vorsteuerabzug
maßgebenden Verhältnisse geändert haben. Der Berichtigungszeitraum beträgt grundsätzlich 5 Jahre ab dem Beginn der tatsächlichen Verwendung, bei Grundstücken und
Gebäuden 10 Jahre. Für Wirtschaftsgüter mit einer kürzeren Verwendungsdauer, die sich
regelmäßig nach der betriebsgewöhnlichen Nutzungsdauer beurteilt, ist der entsprechend kürzere Berichtigungszeitraum anzusetzen, § 15 V 2 UStG.[84]

Allein die Eröffnung des Insolvenzverfahrens bewirkt keine automatische **Änderung** 99
der Nutzungsverhältnisse für ein erworbenes Wirtschaftsgut oder eine bezogene
Dienstleistung. Eine Änderung der Verhältnisse i.S.d. § 15a UStG kann nur aus einer
Handlung des Insolvenzverwalters oder des qualifizierten vorläufigen Insolvenzverwalters resultieren, der beispielsweise ein Wirtschaftsgut innerhalb des maßgeblichen Be-
richtigungszeitraumes veräußert oder bestimmte Rechtsverhältnisse anders als zum Zeitpunkt der Beurteilung des Vorsteuerabzugs fortsetzt. In diesen Fällen handelt es sich bei
der zu Lasten des Unternehmens zu berichtigenden Umsatzsteuer um eine Masseforderung.[85]

Eine Änderung der Verhältnisse ist z.B. dann zu bejahen, wenn der Insolvenzverwalter 100
innerhalb des Berichtigungszeitraums von 10 Jahren ein bisher steuerpflichtig verkauftes
und vermietetes Grundstück nach § 4 Nr. 9a UStG steuerfrei veräußert. Eine Änderung
der Verhältnisse i.S.d. § 15a UStG tritt aber noch nicht damit ein, dass der Unternehmer
bereits vor Eröffnung des Insolvenzverfahrens den Betrieb einstellt und das Betriebsgrundstück verlässt.[86]

Eine Vorsteuerberichtigung bleibt aus, wenn die auf die Anschaffungs- oder Herstel- 101
lungskosten eines Wirtschaftsguts entfallende Vorsteuer betragsmäßig unterhalb der in
§ 44 UStDV geregelten **Bagatellgrenzen** liegt.

e) Verwertung von Sicherungsgut. Hinsichtlich der umsatzsteuerlichen Annahme 102
und Einordnung von Leistungsbeziehungen im Zusammenhang mit der Verwertung von
Sicherungseigentum, hat sich durch das BFH-Urteil vom 28.7.2011 eine Änderung der
Rechtsprechung ergeben.[87]

Verwertet der **vorläufige Insolvenzverwalter** das Sicherungsgut im Insolvenzeröff- 103
nungsverfahren, ohne dass es zu einer Verschaffung der Verfügungsmacht an den Sicherungsnehmer kommt, so gilt die dabei anfallende Umsatzsteuer nach Eröffnung des Verfahrens nach § 55 II oder IV InsO als Masseverbindlichkeit

Nach der Eröffnung des Insolvenzverfahrens ist gemäß § 166 InsO der Insolvenzverwalter berechtigt, das Sicherungsgut zu verwerten. Die Verwertung durch den Insolven-

---

[84] BMF-Schreiben 6.12.2005, Az. IV A 5 – S 7316 – 25/05, DStR 2005, S. 2175.
[85] BFH 9.4.1987, Az. V R 23/80, BStBl. II 1987, S. 527; BFH 8.3.2012, Az. V R 24/11, BStBl. II 2012, S. 466; *Krüger*, Insolvenzsteuerrecht Update 2013, ZInsO 2013, S. 583.
[86] FG Köln 20.11.1990, Az. 12 K 3108/88, UR 1992, S. 309.
[87] BFH 28.7.2011, Az. V R 28/09, ZInsO 2011, S. 1904.

zverwalter ist der Regelfall.[88] Der Insolvenzverwalter veräußert das Sicherungsgut dabei **kraft eigener Befugnis** an den Erwerber. Es erfolgt nur eine Lieferung, nämlich die des Insolvenzschuldners an den Erwerber. Das ist die gegenwärtige Auffassung der Finanzverwaltung.[89] Dabei verbleibt ein der Umsatzsteuer entsprechender Teil des Erlöses bei der Masse. Der Sicherungsnehmer erhält den verbleibenden Verwertungserlös nach Abzug der nach § 171 InsO zu bemessenden Kosten. Bei der Verwertung des Sicherungsguts handelt es sich um eine steuerbare Leistung des Insolvenzverwalters zugunsten des Sicherungsgebers. Das Entgelt für die Geschäftsbesorgungsleistung soll in der Verwertungspauschale nach § 171 II InsO bestehen. Die Feststellungspauschale wird bislang nicht als umsatzsteuerpflichtig qualifiziert.[90] Demgegenüber werden die Verwertungskostenbeiträge zugunsten der Masse nach h.M. als gesetzlich geregelte Beiträge frei von USt angesehen.[91] Das Gleiche gilt für Vermögensgegenstände, an denen aufgrund eines verlängerten oder erweiterten Eigentumsvorbehaltes Absonderungsrechte bestehen.

104 Verwertet der Sicherungsnehmer selbst oder der Insolvenzverwalter im Auftrag und im Namen des Sicherungsnehmers, so ist ein Doppelumsatz gegeben, und zwar von dem Schuldner an den Sicherungsnehmer und von dem Sicherungsnehmer an den Abnehmer.[92] Der Sicherungsnehmer hat allerdings aus dem Verwertungserlös einen Betrag in Höhe der ggf. anfallenden Umsatzsteuer vorweg an die Masse gemäß § 170 II i.V.m. § 171 II 3 InsO abzuführen. Die Abführungspflicht besteht auch, wenn das gegebene Sicherungsgut bereits vor der Inbesitznahme durch den Insolvenzverwalter an den Sicherungsnehmer herausgegeben wurde. Dann ist der Gläubiger nach § 173 I InsO verwertungsbefugt. Im Augenblick der Verwertung entsteht ein **Doppelumsatz**, auf den nach übereinstimmender Rechtsprechung des BFH und des BGH die Regelungen des § 13b UStG nicht anzuwenden sind.[93]

105 Nach § 165 InsO kann der Insolvenzverwalter die Zwangsversteigerung eines Grundstücks betreiben. Umsatzsteuerlich stellt dieses eine unmittelbare Lieferung der Masse an den Erwerber dar, die nach § 4 Nr. 9a UStG steuerfrei ist. Der Insolvenzverwalter kann unter den Voraussetzungen des § 9 UStG auf die Umsatzsteuerbefreiung verzichten. Ist ihm jedoch bereits zu diesem Zeitpunkt bekannt, dass die anfallende Umsatzsteuerschuld nicht aus der Masse beglichen werden kann, haftet er für die Steuerbeträge persönlich.[94]

106 f) Freigabe von Sicherungsgut an den Schuldner. Bei der **Freigabe** im insolvenzrechtlichen Sinne handelt es sich um den Tatbestand der Rückgabe der Verwaltungs- und Verfügungsbefugnis an einem Massegegenstand durch den Insolvenzverwalter an den Schuldner. Die Freigabe ist mittels empfangsbedürftiger Willenserklärung vorzunehmen. Der freigegebene Gegenstand verliert die Eigenschaft als Massegegenstand und geht

---

[88] *Geurts,* Umsatzsteuerliche Aspekte bei Insolvenzverfahren nach dem 1.1.1999, DB 1999, S. 818.

[89] *Herget/Kreuzberg,* Umsatzsteuerliche Fallstricke bei der Verwertung von Kreditsicherheiten, NZI 2013, S. 118; UStAE Abschn. 1.2 Abs. 1.

[90] BFH 28.7.2011, Az. V R 28/09, ZInsO 2011, S. 1904; *Herget/Kreuzberg,* Umsatzsteuerliche Fallstricke bei der Verwertung von Kreditsicherheiten, NZI 2013, S. 118 (mit umfassender Zusammenstellung wesentlicher Fallkonstellationen).

[91] *Krüger,* Insolvenzsteuerrecht Update 2012, ZInsO 2012, S. 155.

[92] *Wäger,* Umsatzsteuer bei der Verwertung von Kreditsicherheiten und Krediten, WM 2012, S. 773 mit ausführlichem Beispiel in Fn. 46.

[93] *Sölch/Ringleb/Martin,* Umsatzsteuergesetz Kommentar, 68. Ergänzungslieferung September 2012, § 3 Rn. 104; *Wäger,* Umsatzsteuer bei der Verwertung von Kreditsicherheiten und Krediten, WM 2012, S. 773.

[94] FG Düsseldorf 30.11.2000, Az. 2 K 4312/99 H, ZInsO 2001, S. 426.

in das insolvenzfreie Vermögen über. Ein Verwertungserlös fließt nicht zu der Masse. Ob der Sachverhalt auf Grund einer fehlenden Lieferung als nicht steuerbar anzusehen ist, könnte auf Grund der Neuregelungen in Abschn. 17.1 UStAE fraglich sein. Für Umsatzsteuerzwecke unterscheidet die Finanzverwaltung die Unternehmensteile der Masse und das insolvenzfreie Vermögen des Schuldners obwohl der Schuldner unverändert Rechtsträger des Vermögens ist.

Um eine **modifizierte Freigabe** handelt es sich dann, wenn zwischen Insolvenzverwalter und Schuldner die Abrede getroffen wird, dass der Erlös aus der Verwertung durch den Schuldner an die Masse abzuführen ist. Der umsatzsteuerliche Status des Gegenstandes als zur Masse gehörenden Gegenstand wird nicht geändert. Die dadurch entstehende Umsatzsteuerforderung ist Masseverbindlichkeit nach § 55 I Nr. 1 InsO, da die Verwertung durch den Schuldner nach Insolvenzeröffnung dem Insolvenzverwalter zuzurechnen ist.[95] Im Sinne der BFH-Rechtsprechung liegt eine modifizierte Freigabe bereits dann vor, wenn der Erlös aus der Verwertung des Sicherungsgutes der Insolvenzmasse zugutekommt, sei es durch Mehrung der Aktivmasse oder Minderung der Passivmasse. Danach wird man von einer echten Freigabe nur noch in Ausnahmefällen ausgehen können.

107

VIII. Steuerforderungen im Insolvenzplanverfahren

Nach dem in § 217 InsO festgelegten Grundsatz des **Insolvenzplans** kann die Befriedigung der absonderungsberechtigten Gläubiger und der Insolvenzgläubiger, die Verwertung der Insolvenzmasse und deren Verteilung an die Beteiligten sowie die Verfahrensabwicklung und die Haftung des Schuldners nach Verfahrensbeendigung in einem Insolvenzplan abweichend von den allgemeinen Vorschriften der Insolvenzordnung geregelt werden. Massegläubiger nach § 53 InsO, deren Forderungen vorweg aus der Masse zu befriedigen sind, nehmen abgesehen von zwei Ausnahmen an der Insolvenzplanregelung nicht teil. Ausnahmen bilden hierbei das Bestehen eines Insolvenzsozialplans und die Anzeige der Masseunzulänglichkeit.[96] Das Insolvenzplanverfahren betrifft dementsprechend nur Steuerforderungen, wenn sie als Insolvenzforderungen einzuordnen sind.

108

Der Insolvenzplan kann in der Zielsetzung auf die Liquidation, Sanierung oder die Veräußerung des Unternehmens ausgerichtet sein. Er wird entweder vom Insolvenzverwalter, ggf. im Auftrag der Gläubigerversammlung, oder vom Schuldner eingebracht. Über die Wirksamkeit eines Insolvenzplans stimmen die Gläubiger in Gruppen ab, soweit ihnen nach § 77 InsO ein Stimmrecht im Verfahren eingeräumt ist, §§ 222, 235 ff. InsO.[97] Durch das in § 245 InsO geregelte Obstruktionsverbot soll das Scheitern eines wirtschaftlich sinnvollen Plans durch den Widerstand einzelner Gläubiger vermieden werden, indem die Minderheit der Gläubiger in den einzelnen Gruppen kein uneingeschränktes Vetorecht gegen einen für die Mehrheit der Gläubiger vorteilhaften Plan geltend machen kann.

109

Mit der Rechtskraft der Bestätigung des Insolvenzplans durch das Insolvenzgericht treten die Wirkungen für und gegen alle Beteiligten ein, § 254 I InsO. Der Teil der Steuerforderungen, der im Insolvenzplan erlassen wurde, bleibt als **Naturalobligation** stehen. Es handelt sich nicht um einen Erlass nach § 227 AO; diese unvollkommenen For-

110

---

[95] BFH 24.9.1987, Az. V R 196/83, BStBl. II 1987, S. 873.
[96] *Braun/Frank*, InsO Kommentar, § 217 Rn. 7 ff.
[97] AEAO zu § 251 Abschn. 11 Abs. 2.

derungen sind nicht erzwingbar (Vollstreckungsverbot, Aufrechnungsverbot), aber weiterhin erfüllbar.[98] Kommt es bei der Erfüllung des Plans zu einem erheblichen Rückstand, leben die unvollkommenen Forderungen nach § 255 InsO wieder auf, sofern keine anders lautenden Regelungen im Insolvenzplan getroffen wurden. Wird der bestätigte Plan rechtskräftig, beschließt das Insolvenzgericht die Aufhebung des Insolvenzverfahrens. Der Schuldner erhält das Recht zurück, frei über die Insolvenzmasse zu verfügen. Allerdings kann im Insolvenzplan vorgesehen werden, dass die Erfüllung des Plans durch den Insolvenzverwalter überwacht wird. Zu beachten ist, dass auch nach Abschluss eines Insolvenzplans die Ansprüche aus einer Haftung der Geschäftsführung oder des Vorstands gegenüber Dritten bestehen bleiben, da diese nicht vom Insolvenzplan umfasst werden.[99]

IX. Steuerforderungen nach Aufhebung des Insolvenzverfahrens

111   Das Insolvenzverfahren endet im Regelfall nach der Schlussverteilung (§ 196 InsO) mit dem Aufhebungsbeschluss des Insolvenzgerichts, § 200 InsO. Ab diesem Zeitpunkt erhält der Schuldner nach § 215 II InsO seine Verwaltungs- und Verfügungsbefugnis über die Insolvenzmasse zurück. Die nicht befriedigten Gläubiger können ihre Forderungen gegen den Schuldner unbeschränkt geltend machen, sofern der Schuldner weiter existiert (anders bei Löschung einer GmbH nach Verfahrensbeendigung) und ihm nicht Restschuldbefreiung gewährt worden ist, §§ 286, 294 I i.V.m. § 201 III InsO.[100]

112   Nicht im Insolvenzverfahren beglichene Steueransprüche sind im Verwaltungswege nach § 259 ff. AO beizutreiben, § 251 II 2 AO. Als **Vollstreckungstitel** dient der widerspruchsfreie **Tabellenauszug**, der wie ein rechtskräftiges Urteil wirkt, § 201 II InsO.[101] Dazu stellt das Finanzamt einen Antrag beim Insolvenzgericht auf Erteilung einer vollstreckbaren Ausfertigung des Tabellenauszuges (Tabellenauszug mit Vollstreckungsklausel gem. §§ 724, 725 ZPO). Vollstreckungstitel aus der Zeit vor der Eröffnung des Insolvenzverfahrens werden unwirksam, soweit der Tabelleneintrag reicht.

113   Wurde die Forderung jedoch von dem Schuldner bestritten, entfaltet die Tabelle nach Aufhebung des Insolvenzverfahrens keine Wirkung mehr. Das Finanzamt hat in diesem Fall die Möglichkeit, aus dem vor Insolvenzeröffnung ergangenen Steuerbescheid zu vollstrecken oder, soweit ein solcher noch nicht ergangen ist, innerhalb von 3 Monaten nach Beendigung des Insolvenzverfahrens (Hemmung der Festsetzungsfrist § 171 XIII AO) einen solchen Steuerbescheid als Vollstreckungsgrundlage zu erlassen.[102]

114   Mit Beendigung des Insolvenzverfahrens beginnt dann der Lauf einer neuen **Zahlungsverjährungsfrist von 5 Jahren**, § 228 AO.[103]

115   Nach den Regelungen der §§ 286 ff. InsO kann sich an das Insolvenzverfahren das Verfahren der **Restschuldbefreiung** anschließen, wenn der Schuldner eine natürliche Person ist und dies beim Insolvenzgericht beantragt. Der Schuldner hat während der **Wohlverhaltensperiode** von sechs Jahren ab Eröffnung des Insolvenzverfahrens insbe-

---

[98] AEAO zu § 251 Abschn. 11 Abs. 3 S. 3.
[99] FG Saarbrücken 23.11.2011, Az. 2 K 1683/09, ZIP 2012, S. 1191, Revision eingelegt; *Krüger*, Insolvenzsteuerrecht Update 2013, ZInsO 2013, S. 580.
[100] *Boochs/Dauernheim*, Steuerrecht in der Insolvenz, Rn. 223.
[101] BFH 20.7.2000, Az. VII B 12/00, BFH/NV 2001, S. 144.
[102] *Gottwald/Frotscher*, Insolvenzrechts-Handbuch, 4. Auflage, München 2010, § 126 Rn. 21.
[103] BFH 26.4.1988, Az. VII R 97/87, BStBl II 1988, S. 865; *Gottwald/Frotscher*, Insolvenzrechts-Handbuch, § 126 Rn. 21.

sondere den pfändbaren Teil seiner Bezüge sowie die Hälfte des durch Erbfall erlangten Vermögens an einen Treuhänder abzutreten bzw. herauszugeben, §§ 287 II, 295 I Nr. 2 InsO. Dieser kehrt das Erlangte jährlich nach der im Schlussverzeichnis festgelegten Quote an die Gläubiger aus, § 292 I 2 InsO. Außerdem darf der Schuldner in diesem Zeitraum keine gläubigerschädigenden Handlungen vornehmen und muss sich um eine angemessene Erwerbstätigkeit bemühen. Die Restschuldbefreiung wirkt nach § 301 I InsO gegen alle Insolvenzgläubiger. Auch das Finanzamt kann als Steuergläubiger die zugrundeliegenden Abgabenforderungen nicht mehr gegen den Schuldner geltend machen. Die restlichen, nicht erfüllten Forderungen werden bei der Erteilung der Restschuldbefreiung zu erfüllbaren, aber nicht erzwingbaren Forderungen, vgl. § 301 III InsO.[104]

---

[104] AEAO zu § 251 Abschn. 15.1. Abs. 4.

§ 37 Die Bescheinigung nach § 270b InsO am Beispiel der MOZART Intelligent Solutions GmbH

Übersicht

	Rn.
I. Einleitung	1
II. Die MOZART Intelligent Solutions GmbH	2–7
1. Unternehmensprofil	2
2. Entwicklung	3
3. Geschäftsmodell	4–7
III. Markt und Wettbewerb	8–12
IV. Wirtschaftliche Entwicklung	13–28
1. Ertragslage	13–19
2. Vermögenslage	20–24
3. Finanzlage	25–28
V. Krisenstadien und -ursachen	29, 30
VI. Beantragung des Schutzschirmverfahrens	31–73
1. Prüfung und Bescheinigung des Vorliegens der Antragsgründe	31–66
a) Person des Ausstellers	31
b) Vorliegen von Insolvenzgründen	32–42
c) Offensichtliche Aussichtslosigkeit	43–66
2. Würdigung der Arbeitsergebnisse und Bescheinigung der Eröffnungsvoraussetzungen nach § 270b InsO	67–73
3. Antragstellung	73

I. Einleitung

1 Das Schutzschirmverfahren nach § 270b InsO ist im Rahmen der ESUG-Reform (Gesetz zur Erleichterung der Sanierung von Unternehmen) neu in das Insolvenzrecht implementiert worden.[1] Die damit geschaffene Möglichkeit, einen Insolvenzplan in Eigenverwaltung unter Aufsicht eines Sachverwalters selbst zu erstellen, ist bereits von etlichen Unternehmen in Anspruch genommen worden.[2] Die Zugangsvoraussetzung für das Schutzschirmverfahren sind dem Insolvenzgericht dabei durch eine Bescheinigung nach § 270b Abs. 1 S. 3 InsO nachzuweisen.[3] Am Beispiel der MOZART Intelligent Solutions GmbH (MIS), die im Sommer 2012 ebenfalls eine Sanierung im Schutze der Eigenverwaltung nach § 270b InsO anstrebte, sollen die zur Ausstellung der entsprechenden Bescheinigung erforderlichen Schritte und Prozesse dargestellt werden.

---

[1] Vgl. etwa *Brinkmann* DB 2012, 1313.
[2] Vgl. dazu *Zipperer/Vallender* NZI 2012, 729; *Buchalik*, DIAI Sonderausgabe Newsletter 2013, 2.
[3] Vgl. hierzu → § 27.

II. Die MOZART Intelligent Solutions GmbH

1. Unternehmensprofil

Die MIS ist ein auf die Entwicklung und die Implementierung von branchenspezifischen 2
Lösungen auf SAP-Basis spezialisiertes Unternehmen, das auch als Anbieter individueller Anwendungen für den Handel und handelsnahe Branchen auftritt. Das Unternehmen ist vornehmlich auf dem deutschen Markt tätig und betreut kleinere und größere Mittelständler aus dem Filial- und E-Commerce-Umfeld.

2. Entwicklung

Die MIS wurde Anfang dieses Jahrtausends unter dem Dach eines großen Handelsunter- 3
nehmen gegründet und entwickelte dort weitreichende Kompetenzen im Bereich von IT-Dienstleistungen. Durch die Zahlungsunfähigkeit der Dachgesellschaft Mitte 2009 musste auch die MIS Insolvenz anmelden. Bereits im Dezember des selben Jahres gelang jedoch der Relaunch als inhabergeführter IT-Service- Anbieter. Seitdem ist das Unternehmen bestrebt, durch den Aufbau eines marktorientierten Produktportfolios sowie der Gründung weiterer Tochtergesellschaften die umsatzmäßige Abhängigkeit zu seiner ehemaligen Dachgesellschaft zu reduzieren und sich langfristig am Markt zu etablieren.

3. Geschäftsmodell

Die MIS organisiert ihre operative Tätigkeit in drei Geschäftsfeldern mit den Schwer- 4
punkten Warenwirtschaft (SAP-Retail), Filial-Warenwirtschaft und E-Commerce:

Geschäftsfeld 1	Geschäftsfeld 2	Geschäftsfeld 3
• Schwerpunkte: Warenwirtschaft (SAP Retail), Prozessberatung, Finanzwirtschaft/ERP, Business Intelligence • Leistungsspektrum: End-to-End-Dienstleistung von der Analyse und Beratung über Systemintegration und Customizing bis zur Maintenance im SAP-Umfeld • Key Figures: 135 Mitarbeiter/innen, Umsatz: 15 Mio. € (50 % vom Umsatz der Gruppe)	• Schwerpunkte: Filial-Warenwirtschaft, Unterstützung Verkaufsberatung, Kassenlösungen, EAI/EDI • Leistungsspektrum: End-to-End-Dienstleistung von der Prozessberatung bis zur Maintenance nach ITIL • Key Figures: 80 Mitarbeiter/innen, Umsatz: 8 Mio. € (27 % vom Umsatz der Gruppe)	• Schwerpunkte: E-Commerce, mobile Verkaufsunterstützung, mobile Lösungen für das Enterprise-Umfeld • Leistungsspektrum: Konzeption und Realisierung von B2C-Webshops und mobilen Anwendungen • Key Figures: 35 Mitarbeiter/innen, Umsatz: 1,8 Mio. Euro (6 % vom Umsatz der Gruppe)

Abb. 1: Organisationsstruktur

Der SAP Retail und die damit einhergehende Prozessberatung (Geschäftsfeld 1), die sich 5
auf ganzheitliche Beratungs- und Implementierungsleistungen sowie After-Sale-Service erstreckt, ist mit 15 Mio. EUR Umsatz und 125 Mitarbeitern der größte Geschäftsbereich der Gesellschaft. Daneben bietet das Unternehmen ebenfalls End-to-End Service auf dem Feld der Filial-Warenwirtschaft (Geschäftsfeld 2: 8 Mio. EUR Umsatz, 80 Mitarbeiter) und Konzeptions- und Umsetzungsleistungen im E-Commerce und der mobilen Verkaufsunterstützung an (Geschäftsfeld 3: 1,8 Mio. EUR Umsatz, 35 Mitarbeiter).

6 Das Angebot ist an der Wertschöpfung der Handelsunternehmen als Zielkunden ausgerichtet. Nachfolgend wird die typische Wertschöpfungskette im Handel dem Leistungsportfolio der MIS gegenübergestellt:

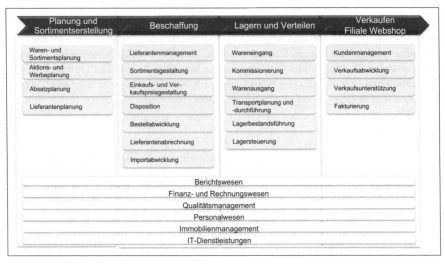

Abb. 2: Wertschöpfungsprozess im Handel

Abb. 3: Produktangebote der MIS

7 Die Bereitstellung von Service-Leistungen auf jeder Stufe des Retail-Wertschöpfungsprozess ermöglicht eine umfassendes und ganzheitliches End-to-End Angebot. Zudem können so die Schnittstellen erfasst und bei wertschöpfungsstufenübergreifenden Projekten aufeinander abgestimmt werden.

III. Markt und Wettbewerb

Der Markt für IT ist durch eine gute Entwicklung geprägt. Das starke Umsatzwachstum des Jahres 2011 (3,1 %) wird auch für 2012 erwartet. Insbesondere für das Software-Segment wird mit einem Marktwachstum von 4,4 % gerechnet. Auch im Bereich der IT-Dienstleistungen wird ein Zuwachs von 2,0 % prognostiziert. Aufgrund dieser Entwicklung kann von einem überdurchschnittlichen Wachstum der führenden mittelständischen IT- und Beratungsunternehmen ausgegangen werden.

Auf dem deutschen Markt für Informations- und Kommunikationstechnologien (ICT) ist die MIS ein Top 10 Anbieter:

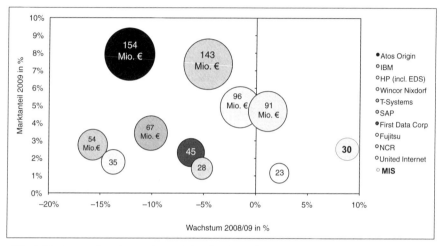

Abb. 4: Wachstum/Marktanteil-Portfolio des deutschen ICT-Markts

Die MIS ist der führende IT-Dienstleister am deutschen Markt, der End-to-End-Beratung, -Dienstleistung und Systemintegration und bietet damit IT-Lösungen für die gesamte Wertschöpfungskette des Handels an. Das Dienstleistungsspektrum ist genau auf die Anforderungen des Handels ausgelegt, was Implementierung und Support aus einer Hand möglich macht.

Darüber hinaus verfügt das Unternehmen über eines der größten handelserfahrenen IT-Beraterteams, das sich aus mehreren hochspezialisierten Fachteams zusammensetzt. Im SAP Bereich sind rund 160 Mitarbeiter für die Beratung und die Bereitstellung von Systemlösungen handelsspezifischer Prozesse im deutschen IT-Markt zuständig.

Die MIS ist in der Lage, neue Projekte schnell und mit genau auf die Anforderungen des Kunden abgestimmten Teams zu adressieren und erfolgreich umzusetzen. Durch eine Kombination von standardisierten und selbst entwickelten, kundenindividuellen Lösungen, kann sich die Gesellschaft Kosten- und Prozessvorteile erschließen. Im Bereich Mobile Payment hat sich die MIS eine Position als Innovationsführer erarbeitet.

§ 37   7. Teil. Rechnungslegung und Steuern

IV. Wirtschaftliche Entwicklung

1. Ertragslage

13   Die Ertragslage der Gesellschaft für die Jahre 2009 bis 2012 (1. Halbjahr) stellt sich wie folgt dar:

in TEUR	2009/10 (Rumpfgeschäftsjahr)		2010/11		2011/12 (bis zum 30.06.2012)	
Umsatzerlöse	21.579	100,0%	28.986	100,0%	19.746	100,0%
Bestandsveränderungen	0	0,0%	0	0,0%	0	0,0%
Aktivierte Eigenleistungen	0	0,0%	0	0,0%	0	0,0%
Betriebsleistung	**21.579**	**100,0%**	**28.986**	**100,0%**	**19.746**	**100,0%**
Materialaufwand	-1.521	-7,0%	-2.993	-10,3%	-2.268	-11,5%
Rohertrag	**20.058**	**93,0%**	**25.992**	**89,7%**	**17.478**	**88,5%**
Sonstige betriebliche Erträge	1.788	8,3%	997	3,4%	507	2,6%
Personalaufwand	-16.881	-78,2%	-18.651	-64,3%	-13.764	-69,7%
Sonstige betriebliche Aufwendungen	-2.879	-13,3%	-5.636	-19,4%	-5.273	-26,7%
EBITDA	**2.086**	**9,7%**	**2.703**	**9,3%**	**-1.053**	**-5,3%**
Abschreibungen	-160	-0,7%	-72	-0,2%	-70	-0,4%
Betriebsergebnis	**1.926**	**8,9%**	**2.631**	**9,1%**	**-1.123**	**-5,7%**
Finanzergebnis	-4	0,0%	-68	-0,2%	27	0,1%
Außerordentliches Ergebnis	0	0,0%	-30	-0,1%	0	0,0%
Ergebnis vor Steuern	**1.922**	**8,9%**	**2.534**	**8,7%**	**-1.096**	**-5,5%**
Steuern	-669	-3,1%	-838	-2,9%	0	0,0%
Überschuss	**1.253**	**5,8%**	**1.696**	**5,9%**	**-1.096**	**-5,6%**

Abb. 5: Gewinn- und Verlustrechnung

14   Nach einer zunächst positiven wirtschaftlichen Entwicklung der Gesellschaft in den Jahren nach dem Neustart in 2009, ist in der ersten Jahreshälfte 2012 ein deutlicher Absatzrückgang zu verzeichnen. Da das Geschäftsjahr 2009/2010 nur 10 Monate umfasste und im aktuellen Jahr 2011/2012 die Werte bis zum 30. Juni 2012 aufgeführt sind, ist eine Vergleichbarkeit der absoluten Zahlen der letzten drei Geschäftsjahre nur bedingt gegeben. Um aussagekräftigere Ergebnisse erzielen zu können, erfolgt die Analyse der Zahlen aus diesem Grund auf Basis der quotalen Entwicklung.

15   Das Rohergebnis ist im Zeitablauf rückläufig, da der relative Materialeinsatz in Form von bezogener Leistung (Subunternehmer) von 7,0% (2009/10) auf 11,5% (2011/12) zugenommen hat.

16   Die quotale Entwicklung des Personaleinsatzes – als der wesentliche Kostenblock – ist nach einem deutlichen Rückgang von 78,2% auf 64,3% in 2010/11 im aktuellen Geschäftsjahr aufgrund einer unterproportionalen Entwicklung der Betriebsleistung (Kostenremanenz) wieder ansteigend (69,7%).

17   Auch die Quote der sonstigen betrieblichen Aufwendungen ist von 13,3% im Geschäftsjahr 2009/10 auf 26,7% (2011/12) angewachsen und ist ein wesentlicher Faktor

§ 37 Die Bescheinigung nach § 270b InsO §37

dafür, dass die Umsatzrendite zum 30.6.2012 nach konstantem Verlauf in den Vorjahren negativ wird. Im Endeffekt resultiert daraus ein Jahresfehlbetrag im Geschäftsjahr 2011/12.

Eine Besonderheit stellt die extreme Umsatzabhängigkeit von der ehemaligen Dach- 18 gesellschaft dar:

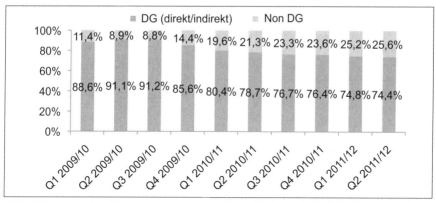

Abb. 6: Prozentualer Umsatz mit der ehemaligen Dachgesellschaft (DG) und anderen Kunden

Zwar konnte die MIS seit dem Spin-off zahlreiche neue Kunden gewinnen (in Summe 19 mehr als 30), was eine ausgezeichnete Leistung darstellt und damit die Abhängigkeit von der Dachgesellschaft kontinuierlich von Quartal zu Quartal reduziert. Allerdings ist deren Umsatzanteil am Gesamtumsatz mit knapp 75 % immer noch existenziell.

2. Vermögenslage

Die Vermögenslage der MIS stellt sich wie folgt dar: 20

Aktiva	2009/2010 Rumpfgeschäftsjahr	2010/2011	2011/2012 bis 30. Juni 2012
Immaterielle Vermögensgegenstände	256	250	220
Sachanlagen	99	176	150
Finanzanlagen	213	238	238
Anlagevermögen	**568**	**663**	**607**
Forderungen und sonstige Vermögensgegenstände	3.116	5.280	3.694
Flüssige Mittel	1.199	468	425
Umlaufvermögen	**4.315**	**5.748**	**4.119**
Rechnungsabgrenzungsposten	106	87	130
Bilanzsumme	**4.989**	**6.499**	**4.856**
Passiva			
Eigenkapital	616	2.311	1.215
Rückstellungen	2.685	2.999	2.878
Verbindlichkeiten	1.688	1.188	763
Rechnungsabgrenzungsposten	0	0	0
Bilanzsumme	**4.989**	**6.499**	**4.856**

Abb. 7: Bilanz

21 Das Vermögen der Gesellschaft liegt überwiegend in den Forderungen und sonstigen Vermögensgegenständen; das Anlagevermögen kann vernachlässigt werden.

22 Der Anteil des Umlaufvermögens an der Bilanzsumme zeigt ein einheitliches Bild und beträgt zum 30.6.2012 ca. 84,8 %, in 2010/11 dagegen 88,4 % und 2009/10 ca. 86,5 %.

23 Aufgrund der positiven Ergebnisse der ersten beiden Geschäftsjahre konnte die Eigenkapitalquote zunächst deutlich auf 35,6 % zum 30.9.2011 verbessert werden. Durch den bis zum 30.6.2012 erwirtschafteten Fehlbetrag ist jedoch wieder ein Rückgang auf 25 % zu verzeichnen.

24 Ansonsten besteht die Passivseite der Gesellschaft aus kurzfristigem Fremdkapital, dessen Anteil an der Bilanzsumme von 87,7 % in 2009/10 auf 64,4 % in 2010/11 sinkt, bevor zum 30.6.2012 ein Anstieg dieser Position auf insgesamt 75,0 % der Bilanzsumme zu beobachten ist.

3. Finanzlage

25 Die Finanzlage der Gesellschaft ergibt sich aus der nachfolgenden Darstellung:

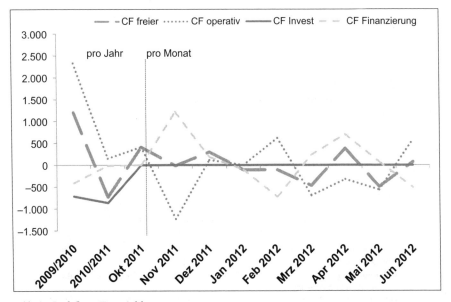

Abb. 8: Cashflow-Entwicklung

26 Im ersten Geschäftsjahr (2009/10) konnte ein freier Cashflow (nach Investitionen und Finanzierungen) von TEUR 1.199 erzielt werden, der fast dem handelsrechtlichen Jahresüberschuss (TEUR 1.253) entspricht.

27 Nachdem in den Geschäftsjahren 2009/10 sowie 2010/11 zunächst ein positiver operativer Cashflow erwirtschaftet werden konnte, ist 2011/2012 in den Monaten November, Januar, März, April und Mai ein negativer Cashflow zu Buche geschlagen.

28 Der Investitions-Cashflow beträgt seit Oktober 2011 nahezu Null, was bedeutet, dass der gesamte negative Cashflow aus der gewöhnlichen Geschäftstätigkeit durch den Finanzierungs-Cashflow ausgeglichen wird. Dabei gibt die Kreditlinie der Hausbank von 2,5 Mio. auch im Krisenjahr Sicherheit.

V. Krisenstadien und -ursachen

Für die Krisensituation der MIS maßgeblich verantwortlich ist die zu starke Abhängigkeit 29
von ihrem Hauptkunden. Bedingt durch dessen Entscheidung, zukünftig weniger Leistungen in Anspruch zu nehmen, wird die Gesellschaft in die strategische Falle gedrängt, weil es nicht gelungen ist, sich rechtzeitig vom Hauptkunden zu lösen. Zwar hält das Unternehmen ein wettbewerbsfähiges Produktsortiment und konnte seit der Loslösung von der Dachgesellschaft Anteile der Umsatzgenerierung sukzessive auf Neukunden verlagern, allerdings ist die Marktdurchdringung nicht in der Geschwindigkeit erfolgt, die notwendig gewesen wäre, um die sich aus der Krise des Hauptabnehmer ergebenden Absatzeinbrüche aufzufangen. Für die MIS als IT-Dienstleister mit hoher Wertschöpfungstiefe führt dies in der Folge bei dem zur Zeit realisierbaren und zukünftig auf niedrigerem Niveau umsetzbaren Leistungen dazu, dass das Personal und damit die „Produktion" nicht mehr ausgelastet werden kann. Der Verlauf der Krise der MIS ist nachfolgend dargestellt:

Abb. 9: Verprobung der Krisenstadien bei der MIS

Die MIS hat bereits alle Krisenstadien durchlaufen und beantragt daher zum 27. Juli 2012 30
die Eröffnung des Schutzschirmverfahrens. Die Erstellung der zur Eröffnung des Verfahrens zwingend erforderliche Bescheinigung nach § 270b InsO[4] wurde am 23. Juli 2012 in Auftrag gegeben.

VI. Beantragung des Schutzschirmverfahrens

1. Prüfung und Bescheinigung des Vorliegens der Antragsgründe

a) Person des Ausstellers. Die nach § 270b Abs. 1 S. 3 InsO geforderte Qualifikation 31
und Erfahrung in Insolvenzsachen sind der Bescheinigung einleitend vorangestellt wor-

---

[4] Vgl. zur Bescheinigung zum Schutzschirmverfahren auch in Bezug auf die nachfolgenden Abschnitte ausführlich § 27 dieses Handbuchs.

§ 37　　　　　　　　　　　　　　　　　7. Teil. Rechnungslegung und Steuern

den. Neben den Hinweisen auf im Rahmen der bisherigen praktischen Berufsausübung bereits erstellten und geprüften Sanierungskonzepten bzw. der Prüfung des Vorliegens von Insolvenzantragsgründen sind auch alle weiteren relevanten Tätigkeiten im Insolvenz- und Sanierungsbereich wie folgt angegeben worden:

Nachweis des Gutachters

Die Eignung zur Erstellung einer Bescheinigung nach § 270b Abs. 1 Satz 2 InsO weise ich wie folgt nach:

- Erstellung und Prüfung von über 150 Sanierungskonzepten nach FAR 1 / 91 und IDW S 6 in den Jahren 1992 bis 2012, davon in den letzten 12 Monaten für einen Folienhersteller (70 Mio. € Umsatz, 300 Mitarbeiter) und ein Unternehmen aus der Faltschachtelbranche (40 Mio. € Umsatz, 200 Mitarbeiter)

- gutachterliche Stellungnahmen zur Zahlungsfähigkeit im Sinne des IDW PS 800 zur Vorlage bei Gericht, davon 2010 zu einem Unternehmen der Abfallentsorgungsindustrie (> 2 Mrd. €, komplexe Konzernstruktur) und aktuell zu einem Unternehmen der Bauindustrie (450 Mio. €, Konzernstruktur)

- seit 2009 Mitgliedschaft im Fachausschuss Sanierung und Insolvenz beim IDW, der u. a. den IDW S 6 entwickelt hat

- zahlreiche Fachvorträge, davon 2012 zu den Themen Sanierungssteuerrecht, Schlussrechnungsprüfung und zur Bescheinigung nach § 270 InsO sowie fachlichen Veröffentlichungen im thematischen Bereich von Sanierungen

---

Abb. 10: Nachweis des Gutachters über insolvenzrechtliche Erfahrung

32　**b) Vorliegen von Insolvenzgründen.** Gem. § 270b Abs. I S. 3 InsO ist dem Insolvenzgericht mit der Bescheinigung das Vorliegen der für die Zulassung zum Schutzschirmverfahren qualifizierenden Insolvenzgründe nachzuweisen und zu begründen. Der Zugang zu dem Verfahren nach § 270b InsO steht denjenigen Schuldnern offen bei denen drohende Zahlungsunfähigkeit oder Überschuldung, aber keine Zahlungsunfähigkeit vorliegt.[5]

33　Grundsätzlich ist nach § 17 Abs. 2 InsO Zahlungsunfähigkeit gegeben, wenn der Schuldner nicht in der Lage ist, die fälligen Zahlungsverpflichtungen innerhalb eines Dreiwochenzeitraums zu erfüllen. Zahlungsunfähigkeit ist in der Regel dann anzunehmen, wenn das Unternehmen seine Zahlungen eingestellt hat, es also wegen Mangels an Zahlungsmitteln aufhört, seine fälligen Verbindlichkeiten zu erfüllen und dies für die Beteiligten (Gläubiger) hinreichend erkennbar geworden ist.

34　Nach § 18 InsO ist auch die drohende Zahlungsunfähigkeit ein Grund für die Insolvenzeröffnung. Sie begründet keine Antragspflicht, sondern gibt dem Schuldner das Recht, die Eröffnung des Insolvenzverfahrens einzuleiten. Eine drohende Zahlungsunfähigkeit liegt vor, wenn anhand der Finanzplanung des Schuldners zu erkennen ist, dass Zahlungsmittel nicht in ausreichender Höhe zur Verfügung stehen, um fällig werdende Zahlungsverpflichtungen zu erfüllen.

35　Die Beurteilung des Vorliegens von Zahlungsfähigkeit bei gleichzeitig drohender Zahlungsunfähigkeit erfolgte auf der Basis des IDW Prüfungsstandard „Beurteilung eingetretener oder drohender Zahlungsunfähigkeit bei Unternehmen (IDW PS 800)".[6] Demnach ist zunächst ein stichtagsbezogener Finanzstatus aufzustellen. Dieser weist bei der MIS zum 25. Juli 2012 das folgende Bild auf:

---

[5] Vgl. § 270b InsO; ausführlich etwa *Hermanns* ZInsO 2012, 2267.
[6] Vgl. IDW PS 800, Rn. 1 ff; sowie ausführlich zu den Insolvenzgründen und deren Beurteilung § 25 dieses Handbuchs.

§ 37 Die Bescheinigung nach § 270b InsO §37

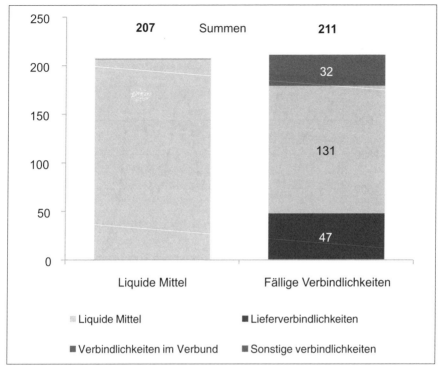

Abb. 11: Finanzstatus der MIS, Angaben in TEUR

Im Finanzstatus werden dem Bestand an liquiden Mittel (TEUR 207) die Bestände an 36
zum Stichtag 25. Juli 2012 fälligen Verbindlichkeiten (TEUR 211) gegenübergestellt. Die
fälligen Verbindlichkeiten wurden anhand der zur Verfügung gestellten Fälligkeitslisten
für den Kreditoren und Intercompany-Bereich ermittelt und mit den anstehenden Auszahlungen gemäß der aktuell vorliegenden Liquiditätsplanung abgestimmt.

Unter Berücksichtigung aller fälligen Verbindlichkeiten ergibt sich zum Stichtag 37
25. Juli 2012 eine minimale Liquiditätsunterdeckung von rd. TEUR 4, die durch weitere
Zahlungseingänge in den Folgetagen geschlossen werden kann.

Werden nur die fälligen Verbindlichkeiten gegenüber externen Dritten zugrunde ge- 38
legt (ohne Verbindlichkeiten im Verbund), ergibt sich ein stichtagsbezogener Liquiditätsüberschuss von TEUR 128.

Im Ergebnis ist daher festzustellen, dass die Gesellschaft mit ihren zum 25. Juli 2012 39
vorhandenen liquiden Mitteln die zum gleichen Stichtag fälligen Verbindlichkeiten bedienen kann, so dass zum Stichtag 25. Juli 2012 Zahlungsfähigkeit gegeben ist.

In einem zweiten Schritt ist nun zu prüfen, ob ebenfalls drohende Zahlungsunfähig- 40
keit vorliegt. Dazu ist eine auf den Finanzstatus aufbauende Zahlungsfähigkeitsprognose
abzuleiten. Diese stellt sich für die MIS wie folgt dar:

§ 37   7. Teil. Rechnungslegung und Steuern

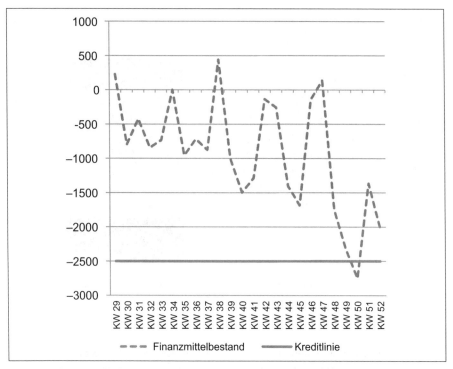

Abb. 12: Zahlungsfähigkeitsprognose für die MIS für 2012, Angaben in TEUR

41 Wie aus der Grafik ersichtlich ist, zeichnet sich in der 2. Jahreshälfte 2012 eine negative Liquiditätsentwicklung ab. Ursächlich dafür ist die in diesem Zeitraum zutreffender Weise unterstellte Verschlechterung der Geschäftsbeziehungen zum Hauptabnehmer. Die regelmäßigen Einzahlungen sind grundsätzlich geringer als die fälligen Auszahlungen und spätestens mit den in der 50. Kalenderwoche fälligen Auszahlungen der Boni und Sonderzahlungen an Mitarbeiter reicht auch die vollumfängliche Inanspruchnahme der Kreditlinie von TEUR 2.500 nicht mehr dazu aus, ein fristgerechtes Nachkommen der Zahlungsverpflichtungen zu ermöglichen. Darüber hinaus ist davon auszugehen, dass im Rahmen der Verhandlungen mit der Bank das Kreditlimit herabgesetzt wird und daher die Zahlungsunfähigkeit früher eintritt.

42 Im Ergebnis liegt damit zum 25. Juli 2012 Zahlungsfähigkeit bei gleichzeitig drohender Zahlungsunfähigkeit vor.[7]

43 **c) Offensichtliche Aussichtslosigkeit.** Zugangsvoraussetzung zum Schutzschirmverfahren ist weiterhin, dass die angestrebte Sanierung nicht offensichtlich aussichtslos ist.[8] Dies ist dem Insolvenzgericht ebenfalls durch die Bescheinigung nach § 270b Abs. 1 S. 3 InsO nachzuweisen. Grundlage für die Beurteilung der offensichtlichen Aussichtslosigkeit ist eine durch den Schuldner vorgelegte Unternehmensplanung in Form eines belastbaren Grobkonzepts, das anschließend durch den Aussteller der Bescheinigung fundiert zu prüfen ist.

---

[7] Eine Überschuldung ist nicht mehr zu prüfen, da diese lediglich als alternative Antragsvoraussetzung neben der drohenden Zahlungsunfähigkeit auftritt.
[8] Vgl. § 270b Abs. 1 S. 3 InsO.

§ 37 Die Bescheinigung nach § 270b InsO § 37

Das durch die MIS vorgelegte Grobkonzept fußt auf dem strategischen Leitbild des 44
Unternehmens. Dieses sieht vor, weitere strategische Partnerschaften bei neuen Kunden anzustreben, um sich damit zum maßgeblicher Treiber für eine erfolgreiche Projektumsetzung in den Geschäftsprozessen der Abnehmer zu entwickeln. Als Lösungsanbieter entwickelt die Gesellschaft qualitativ zuverlässige IT-Lösungen für Retail und für andere Bereiche, die nach den Bedürfnissen der Kunden zeitgerecht und maßgeschneidert geliefert werden. Um ihr strategisches Ziel zu erreichen, ist die für die MIS besondere Marktsituation mit einem dominanten Kunden zu berücksichtigen. Während der Neukundenmarkt weiter penetriert wird (Wachstumsstrategie), antizipiert das Unternehmen weitere Umsatzrückgänge in Bezug auf die Geschäftsbeziehung zum Hauptabnehmer und passt die Fixkosten an das niedrigere Leistungsvolumen an.

Unter Berücksichtigung ihres Leitbilds hat die MIS darüber hinaus bereits leitungs- 45
wirtschaftliche Maßnahmenpakete eingeleitet. Diese werden durch mehrere Sanierungseinzelmaßnahmen konkretisiert, die mit der strategische Ausrichtung des Unternehmens einhergehen:

Maßnahmenpaket	Sanierungsmaßnahmen	Effekt	Bewertung
• Reduktion der Personalstärke um 45 %	• Abbau von 10 Mitarbeitern in der Holding • Abbau von 8 Mitarbeitern in den Unterstützungsfunktionen • Reduktion der Geschäftsführer von 3 auf 2 • Abbau von 111 Mitarbeitern in den Servicebereichen • Teilweiser Gehaltsverzicht für 12 Monate bei den leitenden Mitarbeitern	• 7.000 TEUR	• Im Rahmen des Schutzschirmverfahrens realistisch, aber mit Einmalkosten verbunden (Lohnfortzahlungen 2,5 Mio. €, Abfindungskosten lt. Planung T€ 600)
• Reduktion der Raumkosten um 40 %	• Senkung der Mietfläche aufgrund gesenkter Mitarbeiterzahlen • Vor allem Reduktion der Mietfläche am Standort Essen	• 600 TEUR	• Kündigung des Mietvertrages umsetzbar
• Reduktion der Sachkosten	• Geringere Anzahl an Mitarbeitern führt zu geringeren Verbrauchskosten am Standort Essen • Vor allem Reduktion der Mietfläche am Standort Essen	• Ca. 40% der bisherigen Kosten	• Maßnahmen umsetzbar und plausibel

Abb. 13: Leistungswirtschaftliche Sanierungsmaßnahmen

Durch einen Personalabbau, der insgesamt 129 Mitarbeiter umfasst, sowie einen teilwei- 46
sen Gehaltsverzicht der leitenden Angestellten über 12 Monate und eine Reduktion der Geschäftsführung von drei auf zwei Mitglieder soll die Liquiditätslage der Gesellschaft stabilisiert werden. Damit einhergehend sollen darüber hinaus die Raumkosten sowie die standortbezogenen Sachkosten reduziert werden. Durch diese Maßnahmen wird die Kostenstruktur an die zurückgegangenen Umsatzerlöse angepasst und Rentabilität zurückgewonnen.

Wesentliche finanzwirtschaftliche Sanierungsmaßnahme der MIS stellt die Beantra- 47
gung des Schutzschirmverfahrens dar (siehe *Abb. 14*).

Durch das im Rahmen des Schutzschirmverfahren zufließende Insolvenzausfallgeld 48
kann der Personalabbau kostenoptimal erfolgen. Insgesamt rechnet die Gesellschaft mit einem Liquiditätszufluss i. H. v. 3,5 Mio. EUR, der dann vollumfänglich zur Finanzierung der weiteren Sanierungsmaßnahmen zur Verfügung stünde.

Maßnahmenpaket	Sanierungsmaßnahmen	Effekt

• Einleitung Schutzschirmverfahren	• Verfahren ermöglicht es, Vorteile der InsO frühzeitig zu nutzen. Die MIS nutzt somit eine neue, aber wirtschaftlich attraktive Handlungsoption, die sich finanzwirtschaftlich auswirkt
	• Schutzschrirmverfahren ermöglicht dem Unternehmen, die Fixkosten zu reduzieren, indem
	  – ... insbesondere die Mitarbeiter kostenoptimal abgebaut werden können,
	  – ... der Abbau letztlich durch das Insolvenzausfallgeld finanziert wird,
	  – ... weitere fixe Kosten, wie das Mietverhältnis, an die zukünftig niedrigere Leistung angepasst werden können.
	• Aufbau der Liquidität auf 3,8 Mio. € im Schutzschirmverfahren ...
	• .... zur Finanzierung der Sanierungsmaßnahmen
		• + 3,5 Mio. €

Abb. 14: Finanzwirtschaftliche Sanierungsmaßnahmen

49 Im Rahmen einer integrierten Unternehmensplanung sind die im Zuge der Maßnahmenumsetzung erwarteten Effekte sowohl bilanziell als auch in der Gewinn- und Verlustrechnung der MIS abgebildet worden. Die prognostizierte Ertragslage der Gesellschaft stellt sich bis einschließlich September 2012 nun wie folgt dar:

in TEUR	Jul 12		Aug 12		Sep 12	
Umsatzerlöse	1.957	100,0%	2.096	100,0%	1.750	100,0%
Bestandsveränderungen	0	0,0%	0	0,0%	0	0,0%
Aktivierte Eigenleistungen	0	0,0%	0	0,0%	0	0,0%
Betriebsleistung	**1.957**	**100,0%**	**2.096**	**100,0%**	**1.750**	**100,0%**
Materialaufwand	-103	-5,3%	-256	-12,2%	-190	-10,9%
Rohertrag	**1.854**	**94,7%**	**1.840**	**87,8%**	**1.560**	**89,1%**
Sonstige betriebliche Erträge	48	2,5%	56	2,7%	40	2,3%
Personalaufwand	-1.586	-81,0%	-1.568	-74,8%	-1.567	-89,5%
Sonstige betriebliche Aufwendungen	-3.514	179,6%	-534	-25,5%	-568	-32,5%
EBITDA	**-3.198**	**163,4%**	**-206**	**-9,8%**	**-535**	**-30,6%**
Abschreibungen	0	0,0%	-4	0,0%	-4	0,0%
Betriebsergebnis	**-3.198**	**163,4%**	**-210**	**-9,8%**	**-539**	**-30,6%**
Finanzergebnis	36	1,8%	0	0,0%	0	0,0%
Außerordentliches Ergebnis	0	0,0%	-100	-4,8%	-300	-17,1%
Ergebnis vor Steuern	**-3.162**	**161,6%**	**-310**	**-14,6%**	**-839**	**-47,7%**
Steuern	0	0,0%	0	0,0%	0	0,0%
Überschuss	**-3.162**	**-161,6%**	**-310**	**-14,6%**	**-835**	**-47,7%**

Abb. 15: Gewinn- und Verlustrechnung bis September 2012

§ 37 Die Bescheinigung nach § 270b InsO   §37

Als Folge auf die Bekanntgabe der Sanierungsbestrebungen wird zunächst mit Umsatz- 50
rückgängen gerechnet. Die Personalaufwendungen bleiben im Zeitraum Juli bis September noch auf konstantem Niveau (ca. TEUR 1.600), werden im Folgegeschäftsjahr aufgrund der dann greifenden Personalanpassungen sinken, so dass trotz rückläufiger Umsätze von einer sinkenden Personaleinsatzquote ausgegangen wird. Der sonstige betrieblicher Aufwand (sbA) wird durch Einmaleffekte (z.b. Abwertung Anlagevermögen, Abwertungen Forderungen Verbund etc.) insbesondere im Juli 2012 massiv ansteigen (auf Mio. 3,5 EUR), größtenteils jedoch bedingt durch nicht zahlungswirksame Sonderabschreibungen. Für August und September werden sbA in Höhe von TEUR 550 erwartet, laufende Abschreibung spielen nach den Sonderabschreibungen im Anlagevermögen keine Rolle mehr. Im a.o. Aufwand sind Sanierungskosten (z.B. Sachwalter, usw.) von TEUR 1.200 bis März 2013 eingeplant, die im August mit TEUR 100, im September mit TEUR 300 und nachfolgend monatlich mit TEUR 150 bzw. TEUR 125 angesetzt werden.

Im Ergebnis verbleiben durch die Sondereffekte der Sanierung und Restrukturierung 51
negative monatliche Ergebnisse im 4. Quartal 2011/12, wobei besonders der Monat Juli durch Einmaleffekte mit einem handelsrechtlichen Monatsfehlbetrag von Mio. 3,2 EUR auffällig ist.

Die langfristige Planung der Ertragslage stellt sich darauf aufbauend wie folgt dar: 52

in TEUR	2012/2013		2013/2014		2014/2015	
Umsatzerlöse	16.553	100,0%	17.380	100,0%	18.249	100,0%
Bestandsveränderungen	0	0,0%	0	0,0%	0	0,0%
Aktivierte Eigenleistungen	0	0,0%	0	0,0%	0	0,0%
Betriebsleistung	**16.553**	100,0%	**17.380**	100,0%	**18.249**	100,0%
Materialaufwand	-270	-1,6%	-600	-3,5%	-700	-3,8%
Rohertrag	**16.283**	98,4%	**16.780**	96,5%	**17.549**	96,2%
Sonstige betriebliche Erträge	480	2,9%	480	2,8%	480	2,6%
Personalaufwand	-11.546	-69,8%	-9.812	-56,5%	-10.132	-55,5%
Sonstige betriebliche Aufwendungen	-5.688	-34,4%	-5.805	-33,4%	-5.997	-32,9%
EBITDA	**-471**	**-2,8%**	**1.643**	**9,5%**	**1.900**	**10,4%**
Abschreibungen	-96	-0,6%	-96	-0,6%	-96	-0,5%
Betriebsergebnis	**-567**	**-3,4%**	**1.547**	**8,9%**	**1.804**	**9,9%**
Finanzergebnis	-8	0,0%	-12	-0,1%	-13	-0,1%
Außerordentliches Ergebnis	5.885	35,6%	0	0,0%	0	0,0%
Ergebnis vor Steuern	**5.310**	32,1%	**1.535**	8,8%	**1.791**	9,8%
Steuern	0	0,0%	-514	-3,0%	-600	-3,3%
Überschuss	**5.310**	**32,1%**	**1.021**	**5,9%**	**1.191**	**6,5%**

Abb. 16: Gewinn- und Verlustrechnung bis 2014/2015

Die bisherigen Umsatzrückgänge sollen ab dem Geschäftsjahr 2012 durch Neukunden- 53
Akquisitionen ausgeglichen werden, so dass nach Umsatzerlösen von TEUR 16.500 in 2012/2013 wieder eine Zunahme bis 2014/2015 auf TEUR 18.000 erwartet wird, was aufgrund der beachtlichen Neuakquiseerfolge in der Vergangenheit als ein realistisches Szenario angesehen werden kann. Für die an die zukünftig erzielbaren Umsatzerlöse an-

§ 37　　7. Teil. Rechnungslegung und Steuern

gepassten Personalkapazitäten (geschätzter Bedarf 130 MA) sind langfristig rund 10 Mio. EUR eingeplant.

54　Die sonstigen betrieblichen Aufwendungen pendeln sich nach den Planungen bei ca. 33 % der Betriebsleistung ein und liegen damit höher als in der Vergangenheit (2009/10: 14 %, 2010/2011: 20 %). Allerdings kann die Gesellschaft durch die Personalanpassungen Einsparungen im Bereich der Raumkosten von jährlich ca. TEUR 600 realisieren.

55　Im Geschäftsjahr 2012/2013 wird ein Sanierungsgewinn (Erträge aus der Auflösung von Verbindlichkeiten aus Rückzahlungsforderungen des Insolvenzgeldes, andere Erträge aus zuvor insolvenzbedingten Sonderabschreibungen) von Mio. 5,3 EUR erwartet, der nach Anwendung des Sanierungserlasses nicht zu versteuern sein wird.

56　Das (vor Sanierungsgewinn in 2012/2013) negative Betriebsergebnis wird – so geplant – für beide nachfolgenden Geschäftsjahre positiv ausfallen.

57　Auf dieser Basis entwickelt sich die Vermögenslage der Gesellschaft wie folgt:

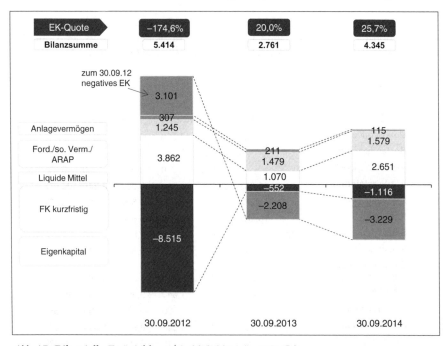

Abb. 17: Bilanzielle Entwicklung bis 30.9.2014 (in TEUR)

58　Die Sondereffekte aus Sanierung und Restrukturierung führen zum Stichtag 30.9.2012 bei einem negativen Eigenkapital i.H.v. TEUR 3.101 zu einer bilanziellen Überschuldung bei deutlich positiven Beständen an liquiden Mitteln.

59　Durch die Nichtzahlung der Gehaltszahlungen für Juli, August und September 2012 werden cash-wirksam ca. Mio. 4,7 EUR vereinnahmt, die aktivisch die liquiden Mittel und passivisch die sonstigen Verbindlichkeiten erhöhen und im Ergebnis zu einer Bilanzverlängerung führen.

60　Im nachfolgenden Geschäftsjahr 2012/2013 werden 90 % der passivierten Verbindlichkeiten aus Insolvenzgeldforderungen der Bundesagentur ertragswirksam (und damit Eigenkapitalerhöhend) aufgelöst; die liquiden Mittel auf der Aktivseite haben sich auf TEUR 1.070 verringert.

§ 37 Die Bescheinigung nach § 270b InsO　　　　　　　　　　　　　§ 37

In 2013/2014 wird – aufgrund des erzielten Jahresüberschusses von TEUR 1.020 – ein Eigenkapital von TEUR 3.229 ausgewiesen; die Rückstellungen steigen gegenüber dem Vorjahr aufgrund des Steueraufwandes von TEUR 514 auf TEUR 916; die Verbindlichkeiten entwickeln sich gemäß den Planzahlen unauffällig. 61

Aus der dargestellten Ertrags- und Vermögenslage lässt sich die Cashflow-Entwicklung der Gesellschaft wie folgt ableiten: 62

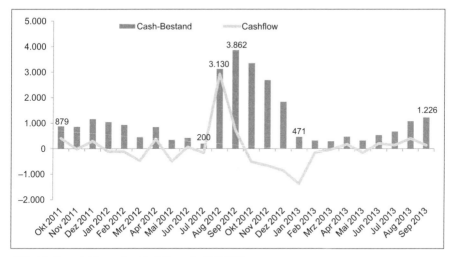

Abb. 18: Entwicklung des Cashflow (in TEUR)

Im Juli 2012 wird ein leicht negativer freier Cashflow (TEUR –158) erzielt, der dem Monats-EBITDA bereinigt um die Sonderabschreibungen im Anlagevermögen entspricht (TEUR –3.198 zzgl. TEUR 3.040). 63

Der starke Anstieg des Cashflow im Folgemonat resultiert aus der Vereinnahmung des Insolvenzgeldes in Form der Monatslöhne für Juli und August und führt zu einer Steigerung des Cash-Bestandes auf insgesamt TEUR 3.130. Im September erfolgt zusätzlich die Vereinnahmung der September-Löhne (ca. Mio. 1,6 EUR) der – den ansonsten negativen – freien Cash-Flow auf geplante TEUR 732 anhebt und ebenfalls für einen Liquiditätszuwachs sorgt. 64

Im weiteren Planungsverlauf[9] bis Januar 2013 ist zu erkennen, dass sich – bei rückläufigen Umsätzen – ein negativer Fixkostendegressionseffekt einstellt, der erst abgebaut wird, wenn ab Januar 2013 die Mitarbeiteranpassungen (nach Ablauf einer dreimonatigen Kündigungsfrist) erfolgen. Zusätzlich sind für Januar Kosten des Sozialplans (für Personalabbau) von TEUR 600 eingeplant, die in diesem Monat einen negativen Cash-Flow von fast TEUR 1.400 erzeugen. 65

Ab Februar bzw. März 2013 machen sich die Kosteneinsparungen und Kapazitätsanpassungen an die geänderte Auftragslage auch in den Zahlungsströmen bemerkbar, was sich in einem (bis auf den Mai 2013) stets leicht positiven Casflow bis zum Ende des Geschäftsjahres ausdrückt. 66

---

[9] Ab Oktober 2012 erfolgt die Berechnung der geplanten monatlichen Cash-Flows 2012/2013 in vereinfachter Form (EBITDA zzgl. außergewöhnliches Ergebnis) unter der Annahme, dass sämtliche im EBITDA enthaltenen Erträge und Aufwendungen zahlungswirksam sind.

2. Würdigung der Arbeitsergebnisse und Bescheinigung der Eröffnungsvoraussetzungen nach § 270b InsO

67 Auf der Grundlage des vorgelegten Finanzstatus und der Planungsunterlagen (Ertrags- und daraus abgeleitete Liquiditäts- und Vermögensplanung) sowie weiterer Nachweise, die den Eintritt künftiger Zahlungszuflüsse begründen, kann die Beurteilung des Vorliegens der Antragsvoraussetzungen nach § 270b InsO erfolgen.

68 Insbesondere die Beurteilung, ob die Sanierung nicht offensichtlich aussichtslos ist, wird auf der Basis der vorangehend geschilderten Tätigkeiten vorgenommen. Zusammenfassend hat sich der Bescheinigende ein Bild von der Geschäftstätigkeit der Gesellschaft, z.B. in Bezug auf ihre Leistungsprozesse, Produkte und Absatzwege, sowie vom Verlauf der zurückliegenden Geschäftsentwicklung, insb. durch Einblick in Jahresabschlüsse, Prüfungsberichte, Monatsberichterstattung etc., verschafft.

69 Darüber hinaus hat er sich von den gesetzlichen Vertretern darlegen lassen, warum es zu einer akuten Insolvenzbedrohung gekommen ist und aus welchen Gründen zuvor ergriffene umsteuernde Maßnahmen nicht erfolgreich waren.

70 Das Ziel der angestrebten Sanierung und die dafür wesentlichen Maßnahmen hat sich der Aussteller mittels eines von den gesetzlichen Vertretern vorgelegten Grobkonzepts darlegen lassen und diese Informationen kritisch gewürdigt. Hierbei wurde seitens der gesetzlichen Vertreter erklärt, dass derzeit keine Umstände bestehen, die die Fortführung der Geschäftstätigkeit ausschließen, dass ihnen keine Anzeichen dafür bekannt sind, dass die Sanierung offensichtlich aussichtslos ist und dass sie gewillt sind, die Gesellschaft zu sanieren.

71 Anschließend wurde das von den gesetzlichen Vertretern vorgelegte Grobkonzept auf seine grundsätzliche Schlüssigkeit hin gewürdigt und daraufhin beurteilt, ob offensichtliche Hinderungsgründe vorliegen, die der Umsetzung dieses Grobkonzepts entgegenstehen.

72 Auf Grundlage seiner durchgeführten Arbeiten kommt der Bescheinigende zu dem Ergebnis, dass nach den Planungen der Gesellschaft bis Ende des Jahres 2012 Zahlungsunfähigkeit droht. Der vorhandene und kurzfristig erzielbare Liquiditätsbestand begründet jedoch keine derzeit eingetretene Zahlungsunfähigkeit. Vor dem Hintergrund der Darlegungen der gesetzlichen Vertreter, der vorgelegten Unterlagen und der Untersuchungshandlungen ist der Aussteller zu der Schlussfolgerung gekommen, dass die angestrebte Sanierung nicht offensichtlich aussichtslos ist. In einer berufsüblichen Bescheinigung nach IDW ES 9 ist das Ergebnis der Prüfung dokumentiert worden. Vgl. hierzu auch § 27 Rn. 1.

3. Antragstellung

73 Bei MIS sind alle für die Antragstellung nach § 270b InsO erforderlichen Voraussetzungen erfüllt. Es liegt drohende Zahlungsunfähigkeit, aber keine Zahlungsunfähigkeit vor und die angestrebte Sanierung ist nicht offensichtlich aussichtslos. Diese Kriterien wurden durch einem in Insolvenzsachen erfahrenen Wirtschaftsprüfer bescheinigt. Unter Vorlage dieser Bescheinigung beantragt die MIS daher das Schutzschirmverfahren nach § 270b InsO zum 27. Juli 2012 beim zuständigen Insolvenzgericht. Nach Prüfung der Unterlagen durch den Insolvenzrichter wurde das Verfahren eröffnet.

§ 38 Kurzfall Schutzschirm

Übersicht

	Rn.
I. Sanierung im Schutzschirmverfahren	1–14
1. Hintergrund des Unternehmens	2
2. Dienstleistungsspektrum der IT-GmbH	3–5
3. Stärken und Schwächen der IT-GmbH	6–8
4. Unmittelbare Krisenursache: Umsatzrückgang bei hohen Fixkosten	9–14
II. Entscheidung für Schutzschirmverfahren	15–30
1. Zeitplan	16
2. Vorarbeiten zum Insolvenzantrag	17–19
3. Insolvenzantrag	20–22
4. Gläubigerausschuss	23–25
5. Konzernstruktur	26–28
6. Insolvenzgeld	29, 30
III. Sanierungskonzept	31–48
1. Vertriebsstrategie	32–36
2. Kostenreduktion	37–39
3. Personalkostenreduktion und Personalabbaukosten	40–44
4. Kostenreduktion	45
5. Zielstruktur	46–48
IV. Insolvenzplan	49–54
1. Haftungsvergleich Geschäftsführung	54
V. Verfahrenseröffnung	55–71
1. Verhandlung Personalabbau	55
2. Outplacement	57–61
3. Personalabbau Durchführung	62
4. Abstimmungstermin	63–65
5. Investorenprozess	66, 67
6. Sanierungsgewinn und Steuerbefreiung	68
7. Bestätigung des Insolvenzplanes und Verfahrensaufhebung	69–71
VI. Zusammenfassung	72, 73
VII. Schlussbemerkung	74

I. Sanierung im Schutzschirmverfahren

Der folgende Fall schildert die Sanierung des IT Dienstleistungsunternehmens IT-GmbH 1
im Rahmen eines Schutzschirmverfahrens. Beim Schutzschirmverfahren handelt es sich bekanntermaßen um eine durch das ESUG neu eingeführte Variante des Insolvenzverfahrens. Das Schutzschirmverfahren ist ein Insolvenzverfahren in Eigenverwaltung mit dem Ziel der Sanierung des Unternehmens im Insolvenzplanverfahren.

§ 38 7. Teil. Rechnungslegung und Steuern

1. Hintergrund des Unternehmens

2   Die IT-GmbH ist ein IT Dienstleistungsunternehmen, das ursprünglich eine interne Dienstleistungsabteilung eines Großkonzerns war. Das Unternehmen war in einer vorhergehenden Krise der ehemaligen Muttergesellschaft durch die beiden gleichberechtigten Hauptgesellschafter im Rahmen eines Management Buy Out erworben worden und wurde in den Geschäftsjahren vor der Insolvenz konsequent auf verstärkte Unabhängigkeit ausgerichtet. Im Rahmen dieser Neuausrichtung war es gelungen, rund 20 % des Umsatzes am Drittmarkt, d.h. außerhalb der ehemaligen Muttergesellschaft einzuwerben. Dennoch blieb mit rund 70 % die ehemalige Konzern-Muttergesellschaft der größte Einzelkunde. Das Geschäftsjahr des Unternehmens endet zum 30.9. jeden Jahres.

2. Dienstleistungsspektrum der IT-GmbH

Der Schwerpunkt der Aktivitäten liegt auf den Phasen „Build" und „Run".			
	Plan	Build	Run
Umsatz*	rd. 2,1 Mio. Euro	rd. 13,2 Mio. Euro	rd. 14,9 Mio. Euro
Services	▪ Analyse ▪ Beratung ▪ Konzept ▪ Systemauswahl	▪ Entwicklung ▪ Integration	▪ Schulung ▪ Migrationssupport ▪ Maintenance & Support ▪ Monitoring Service
Vertragsstruktur	Dientsverträge T&M/ Festpreis – Werkverträge Festpreis	Dientsverträge T&M/ Festpreis – Werkverträge Festpreis	DienstverträgeT&M/SLA- basierte Werkverträge

Abb. 1: Geschäftsfelder der IT-GmbH

3   Das Dienstleistungsangebot der IT-GmbH teilt sich inhaltlich in drei Hauptgebiete. Das Unternehmen bietet seinen Kunden im Bereich „Plan" die Unterstützung bei der Auswahl und Planung von IT-Prozessen im Handelsumfeld (Retail) an. Dies startet bei der Auswahl kleiner Applikation im Internet bzw. bei mobilen Anwendungen und geht bis zur Planung kompletter ERP-Systeme. Der „Build"-Bereich befasst sich mit der Umsetzung und Einführung dieser Softwareprodukte. Hierbei werden jedoch nicht nur eigene Konzepte umgesetzt, sondern auch Partner aus dem Beratungsbereich bei der Erfüllung von deren Aufträgen unterstützt. Der Bereich „Run" beschäftigt sich mit dem Aufrechterhalten des laufenden Betriebs komplexer Softwarelandschaften, sowohl für Kassensysteme (Java-Oberflächen der Touchscreen-Kassensysteme) als auch für ERP-Systeme, hier insbesondere SAP-Systeme.

4   Die Umsätze verteilten sich so, das „Plan" mit € 2,1 Mio. für ca. 7 % des Umsatzes stand, „Build" mit € 13,2 Mio. für ca. 44 % und „Run" mit € 14,9 Mio. für rund 49 %. Der Schwerpunkt des Geschäftes lag damit auf Gebieten, die dem Unternehmen aufgrund seiner Historie als Schwerpunkt mitgegeben worden waren. Der für die Auftragsakquisition interessante Bereich „Plan" war dagegen noch im Aufbau befindlich.

5   Im Rahmen des Schutzschirmverfahrens stellte sich dieser Umstand jedoch eher als günstig dar. Sowohl der Bereich „Build", vor allem aber der Bereich „Run" wurde auf-

wandbezogen abgerechnet (sogenannte Time & Material Aufträge, kurz T&M). Weiterhin bestanden ServiceLevelAgreements (SLA) mit wesentlichen Kunden, was im Kern Wartungsdienstleistungsverträge mit definiertem Inhalt sind. Zu den Kunden bestanden langjährige Beziehungen und solange die eingearbeiteten Mitarbeiter dem Kunden weiterhin zur Verfügung standen, war das Schutzschirmverfahren von vergleichsweise geringer Bedeutung für die Kundenbeziehung. Wäre die IT-GmbH stärker im Projektgeschäft aktiv gewesen, so wäre in der Phase des Schutzschirms die Auftragsneuvergabe deutlich erschwert gewesen. Dies insbesondere vor dem Hintergrund, dass es sich bei den wesentlichen Kunden um Großkonzerne handelt, die hierzu ein striktes Regelwerk haben.

3. Stärken und Schwächen der IT-GmbH

Abb. 2: SWOT der IT-GmbH

Die SWOT-Analyse der IT-GmbH ergab als wesentliche Stärke die Fähigkeit, für Kunden aus dem Bereich Retail die gesamte Software Architektur zu betreuen. Die Fähigkeit reichte von der Erstellung von Web- und Mobilanwendungen über die Betreuung der Kassensysteme, der Einführung und Wartung des ERP-Systems bis zur ITseitigen Betreuung der Logistiksysteme. Da das Unternehmen diese Bereiche integriert anbieten konnte, waren die Dienstleistungsangebote ebenfalls mit umfassendem Know-How versehen. So konnte die IT-GmbH z.B. bei der Erstellung mobiler Lösungen bereits die komplette Anbindung an das kundenseitige ERP-System mit anbieten. Dies ist im Markt ein Alleinstellungsmerkmal.

Wesentliche Schwäche war die nach wie vor zu hohe Abhängigkeit zum Hauptkunden, verbunden mit der geringen Kostenflexibilität aufgrund hoher Fixkosten. Außerhalb des Hauptkunden hatte die IT-GmbH auch keinen Ruf als Systemeinführer, d.h. in komplexen Projekten wurde sie im Wesentlichen als Unterstützer herangezogen.

Als Chance bestand der Wachstumsmarkt „Mobile Lösungen", für den man erkennbar gut aufgestellt war. Das wesentliche markttypische Risiko war die bekannte Personalknappheit im Bereich IT.

4. Unmittelbare Krisenursache: Umsatzrückgang bei hohen Fixkosten

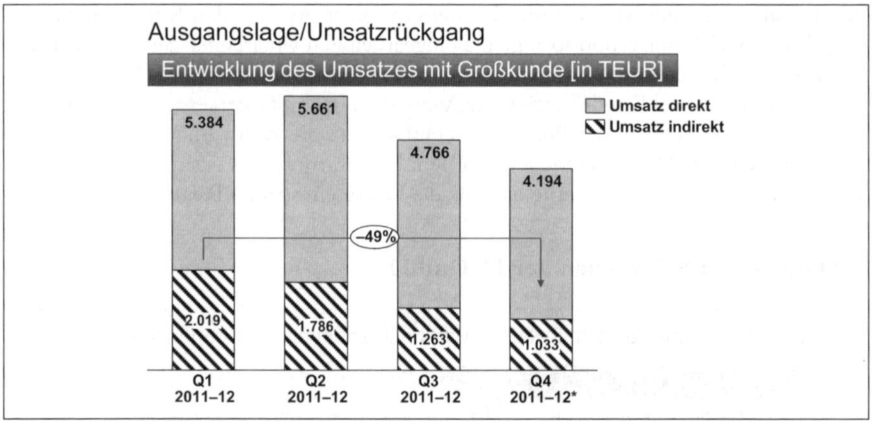

Abb. 3: Umsatzentwicklung mit Hauptkunde

9   Im Rahmen einer erneuten Unternehmenskrise der ehemaligen Muttergesellschaft kündigte diese an, kurzfristig die weitere Beauftragung dramatisch zu reduzieren. Die angekündigte Umsatzreduzierung belief sich auf rund 50%, so dass statt vorher rund € 5,6 Millionen pro Quartal in Zukunft ab Q 1 2012/2013 maximal € 2,4 Millionen pro Quartal mit abnehmender Tendenz erwartet werden konnten. Diese Umsatzreduzierung sollte sich vollziehen innerhalb eines Quartals. Der direkte Umsatz wurde an den Kunden fakturiert, bei indirekten Umsätzen war die IT-GmbH als Subunternehmer für die eigentlichen Auftragnehmer engagiert.

10 Als IT Dienstleistungsunternehmen war das Unternehmen durch einen sehr hohen Fixkostenanteil gekennzeichnet. 80% der Kostenstruktur bestanden aus nicht kurzfristig zu reduzierenden Positionen. Hierbei wiederum bildeten die Personalkosten mit 72% der Fixkosten den größten Block im weiten Abstand gefolgt von den Mietaufwendungen (hier unter Verwaltungskosten zusammengefasst).

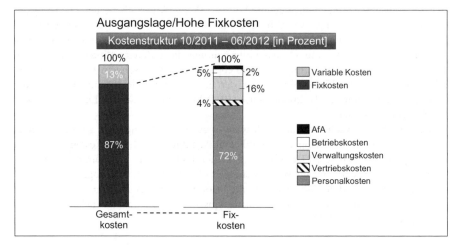

Abb. 4: Kostenstruktur

§ 38 Kurzfall Schutzschirm　　　　　　　　　　　　　　　　　§ 38

Schon eine überschlägige Prüfung dieser Sachlage ergibt, dass eine Anpassung des Unternehmens auf der Kostenseite nur durch einen signifikanten Personalabbau möglich ist. Ein solcher Personalabbau ist vergleichsweise teuer, insbesondere da aufgrund der Mitarbeiterstruktur mit langer Betriebszugehörigkeit hohe Abfindungen bzw. Sozialplankosten zu erwarten waren. Die realistisch zu erwartenden Kosten insbesondere aus Personalabbau und Anpassung des Mietverhältnisses waren durch das noch vergleichsweise junge Unternehmen nicht aus eigenen Reserven zu leisten. 11

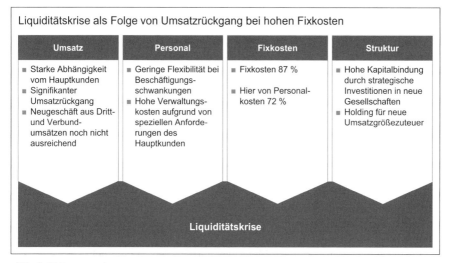

Abb. 5: Krisenursachen

Vor Einleitung des Schutzschirmverfahrens wurden kursorisch die wesentlichen wirtschaftlichen Umstände geprüft. Danach war die Ertragslage deutlich negativ aufgrund des signifikanten Umsatzeinbruchs. Der Umsatzeinbruch wurde verursacht durch die unvorhergesehene Auftragsreduktion des Hauptkunden. Hintergrund waren die erheblichen eigenen wirtschaftlichen Schwierigkeiten des Hauptkunden. Die hohen Fixkosten von 87 %, insbesondere die hohen Personalkosten von 72 % führten zu einer schlechten Flexibilität auf der Kostenseite. Eine Anpassung der Personalkosten war nur mit erheblichen Aufwendungen für Sozialplan und Auslauflöhne durchführbar. Hierfür fehlten der Gesellschaft die Reserven. Die in der Vergangenheit erzielten Gewinne waren unmittelbar in den Aufbau neuer Geschäftsfelder (Produktentwicklung im Mobile- und Automotive-Umfeld) investiert worden. Ein Return on Invest war hier jedoch erst in einigen Jahren zu erwarten. Einzig positiver Aspekt war die gut ausgestattet Holding, die mit einer starken Mannschaft den Prozess der Sanierung tatkräftig unterstützen konnte. Gleichzeitig war die Reduktion der Holding mit ihren Kosten tragischer Weise eine wesentliche Sanierungsmaßnahme. 12

§ 38 7. Teil. Rechnungslegung und Steuern

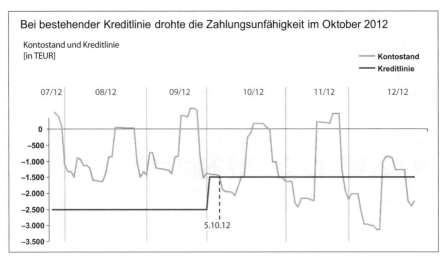

Abb. 6: Liquiditätsplanung vor Insolvenz

13 Die Liquiditätsplanung des Unternehmens wies unter Ausnutzung der Kreditline eine positive Liquidität bis Anfang Oktober aus. Für Oktober war mit der finanzierenden Bank eine Reduzierung der Linie um € 1 Mio. seit längerem vereinbart. Zusammen mit den stark reduzierten Umsätzen würde zu diesem Zeitpunkt die Illiquidität eintreten. Zum aktuellen Zeitpunkt Ende Juli wurde die Kontokorrentlinie nicht genutzt. Die Kontokorrentlinie war erst zur Zahlung der Juli-Gehälter erforderlich. Dies sollte die rechtzeitige Insolvenzantragstellung vermeiden.

14 Nach der Liquiditätsplanung des Unternehmens würde die Zahlungsunfähigkeit zwingend im Laufe des Jahres 2012 eintreten. Würde man nun zuwarten, bis diese Situation eingetreten ist, hätte man die Insolvenzmasse um die in Anspruch genomme Kreditlinie der Bank reduziert. Die Bank war über eine Globalzession vollständig abgesichert. Das heißt, bei einer Insolvenzantragstellung im August statt im Juli wäre die Insolvenzmasse zumindest um die ca. € 1,5 Mio. reduziert, die die Banklinie dann ausgeschöpft sein würde. Durch die Insolvenzantragstellung im Juli vor Auszahlung der Juligehälter konnte erreicht werden, dass die Forderungen des Unternehmens in Höhe von € 2,8 Mio. vollständig der freien Insolvenzmasse zugeschlagen werden konnten. Dies ist ein klarer rechnerischer Beleg für die Sinnhaftigkeit früher Insolvenzanträge, bevor Verluste die Reserven verbrauchen.

II. Entscheidung für Schutzschirmverfahren

15 Die Geschäftsführung entschied sich nach einem finalen Gespräch mit ihrem Großkunden dafür, schnellstmöglich die Vorbereitung eines Schutzschirmverfahrens einzuleiten. Ein erstes Gespräch mit dem Rechtsberater erfolgte noch am selben Abend, es wurde beschlossen für die betriebswirtschaftliche Begleitung der Sanierung im Insolvenzverfahren eine Unternehmensberatung einzuschalten. Am 20.7.2012 fand eine Vorbesprechung zur Planung des Verfahrens statt. In dieser Sitzung wurde festgelegt, dass noch im Laufe des Juli 2012 der Insolvenzantrag beim zuständigen Amtsgericht eingereicht werden sollte. Der insolvenzrechtliche Fachberater des Unternehmens sollte sich um die Vorbe-

reitung des Insolvenzantrages und um die Vorbesprechung mit dem zuständigen Gericht kümmern. Die Unternehmensberatung wurde beauftragt, im selben Zeitraum ein Sanierungskonzept als Grobkonzept zu erarbeiten und das Geschäftsmodell auf seine Insolvenztauglichkeit zu prüfen. Aufgrund der Anforderungen des § 270b InsO musste außerdem eine Bescheinigung über verpflichtenden Voraussetzungen des Schutzschirmes erstellt werden. Hierzu wurde ein in Sanierungsfragen erfahrener Wirtschaftsprüfer hinzugezogen.

1. Zeitplan

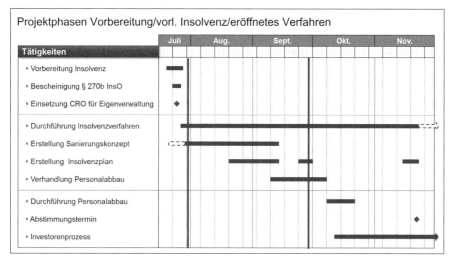

Abb. 7: Planung der Projektdurchführung

Allen Beteiligten war klar, dass es sich bei dem verabredeten Zeitplan um ein ambitioniertes Unterfangen handelte. Typischerweise würde alleine die Erstellung eines Grobkonzeptes mehrere Wochen in Anspruch nehmen. Aufgrund glücklicher Umstände in diesem speziellen Fall konnte dieser Zeitraum jedoch signifikant verkürzt werden. Das Unternehmen hatte im 1. Halbjahr 2012 einen Investorenprozess gestartet und war auf Grund der hierfür notwendigen Vorarbeiten für Marktstudien und sonstige Dokumentation gut vorbereitet. Weiterhin bestand ein gut aufgestelltes Finanzwesen, das schnell verlässliche Zahlen liefern konnte. Weiterhin war unmittelbar ersichtlich, dass das Sanierungskonzept aus im Wesentlichen zwei großen Maßnahmen bestand. Zum einen musste ein erheblicher Personalabbau durchgeführt werden, zum anderen waren die übrigen Fixkosten insbesondere der Mietvertrag auf die neue Unternehmensgröße anzupassen.

2. Vorarbeiten zum Insolvenzantrag

Um Doppelarbeiten zu vermeiden wurde zwischen den beteiligten Beratern eine klare Aufgabenteilung verabredet. Die Unternehmensberatung kümmerte sich um das Sanierungskonzept und um die Abstimmung mit dem Wirtschaftsprüfer zur Erstellung der Bescheinigung nach § 270b InsO. Der bescheinigende Wirtschaftsprüfer hat von dem Unternehmensberater mit Unterstützung der Geschäftsführung das Grobkonzept erhalten. Insbesondere die nach insolvenzrechtlichen Bedingungen erstellte Unternehmensplanung und Liquiditätsplanung wurde zunächst als grobe „top down" Variante der bestehenden Unternehmensplanung erstellt.

18 Der Insolvenzantrag wurde durch den Rechtsberater des Unternehmens für vier der Konzernunternehmen vorbereitet. Besonderes Augenmerk wurde dabei auf die Begründung der Voraussetzungen des Schutzschirmes gelegt.

19 Unmittelbar vor Stellung des Antrages auf Eröffnung eines Schutzschirmverfahrens wurde der Projektleiter des Sanierungsberaters als insolvenzerfahrener CRO in die Geschäftsführung berufen. Dies ist eine in Eigenverwaltungsverfahren übliche Maßnahme, um die fehlende Insolvenzerfahrung der Geschäftsführung auszugleichen.

3. Insolvenzantrag

20 Am 27.7.2012 konnte nach Auszahlung der Lohnnebenkosten aber vor Fälligkeit der Gehälter mit einem ausgeglichenen Banksaldo ein erfolgreicher Antrag auf Eröffnung eines Schutzschirmverfahrens gestellt werden. Dem Antrag wurde durch das Gericht stattgegeben. Als Sachwalter wurde ein bei dem Gericht üblicherweise auch in Regularverfahren bestellter und bundesweit anerkannter Insolvenzverwalter bestellt. Zur Auflage wurde gemacht, möglichst schnell die Voraussetzungen zur Einberufung eines Gläubigerausschusses zu schaffen. Dieser war aufgrund der Unternehmensgröße nach § 22a InsO ohnehin verpflichtend. Diese Auflagen wurden bis zum folgenden Dienstag erfüllt, so dass ein Gläubigerausschuss noch in der ersten Woche des Verfahrens bestellt werden konnte.

21 Mit dem Sachwalter wurde ein enger Zeitplan vereinbart. Hiernach waren bis zum 13.9.2012 das Sanierungskonzept und der weitestgehend fertige Entwurf des Insolvenzplanes vorzulegen. Weiterhin sollte der durchzuführende Personalabbau bis Ende September mit dem Betriebsrat verhandelt sein. Ziel war es, hier einen Sozialplan mit Interessenausgleich und Namensliste zu erstellen und durch beide Betriebsparteien zu unterschreiben. Die Kündigungen sollten vereinbarungsgemäß im Laufe des frühen Oktober ausgesprochen werden. Als frühestmöglichen Termin zur Abstimmung über den Insolvenzplan verständigten sich die Beteiligten auf die zweite Hälfte des November 2012.

22 In der ersten Woche des Insolvenzverfahrens wurde mit der Erstellung eines detaillierten Sanierungskonzept des begonnen.

4. Gläubigerausschuss

23 Bei der Servicegesellschaft handelte es sich um ein Unternehmen, das aufgrund der Vorgaben von § 22a InsO einen Gläubigerausschuss bilden musste. Bereits im Vorfeld der Insolvenzantragstellung wurden daher bei wesentlichen Gläubigern Einverständniserklärungen zum Beitritt in den Gläubigerausschuss eingeholt. Ziel bei der Gestaltung des Gläubigerausschusses war es, alle wesentlichen Gläubigergruppen vertreten zu haben. Hierzu gehörten zum einen die Arbeitnehmer, die durch den Betriebsratsvorsitzenden repräsentiert wurden, zum anderen die öffentliche Hand, die durch einen Vertreter der Agentur für Arbeit repräsentiert wurde. Als weitere Mitglieder wurden ein Leasingsgeber und ein ungesicherter Gläubiger benannt. Die hauptfinanzierende Bank hatte sich zwar bereit erklärt, konnte jedoch dem vorläufigen Gläubigerausschuss nicht beitreten, da sie keine Verbindlichkeiten gegenüber dem Unternehmen hatte. Andere institutionelle Gläubiger wie zum Beispiel der Vermieter (Immobilienfond einer großen Bank) konnten trotz Anfrage nicht für den Gläubigerausschuss gewonnen werden.

§ 38 Kurzfall Schutzschirm § 38

Der Gläubigerausschuss tagte in der zweiten Woche des Verfahrens in konstituierender 24
Sitzung und beschloss einstimmig die Fortsetzung des Schutzschirmverfahrens und erteilte dem Unternehmen den Auftrag, einen Insolvenzplan zu erarbeiten.

In der finalen Sitzung des vorläufigen Gläubigerausschusses Mitte September wurde 25
entschieden, dass der bis dahin erarbeitete Insolvenzplan den Gläubigern zur Abstimmung vorgelegt werden sollte. Insofern konnte der Sanierungsansatz aufrecht erhalten werden. Allerdings konnten sich die beteiligten Gläubigerausschußmitglieder nicht mehr auf eine einstimmige Bestätigung der Eigenverwaltung einigen. Insofern trugen die Misstrauensbekundungen des gerichtlichen Gutachters späte Früchte. Allerdings wurde von den Gläubigern einstimmig beschlossen, den Sachwalter zum Insolvenzverwalter zu bestimmen. Mit diesem Ergebnis konnte auch das Unternehmen gut leben, da sich der Insolvenzverwalter sehr professionell und sanierungsorientiert war.

5. Konzernstruktur

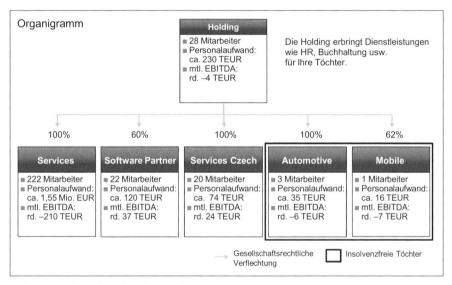

Abb. 8: Gesellschaftsrechtliche Struktur

Bei dem Unternehmen handelte es sich um einen mittelständischen Konzern. Es bestand 26
eine Holding, die wesentliche Verwaltungsaufgaben wie Buchhaltung, Personalabteilung, Marketing, zentrale Geschäftsführung usw. für die Gruppengesellschaften erbrachte. Die Holding beschäftigte rund 30 Mitarbeiter. Die Refinanzierung erfolgt aufgrund von Gruppendienstleistungsverträgen. Die Tochtergesellschaften erfüllten unterschiedliche Unternehmenszwecke. Die wesentliche Tochtergesellschaft mit rund 220 Mitarbeitern erbrachte den Hauptteil der IT Dienstleistungen. Es gab eine weitere Service Dienstleistungsgesellschaft mit Sitz in der tschechischen Republik als so genannter Nearshoring Standort, hier wurden rund 20 Mitarbeiter beschäftigt. Eine weitere Tochtergesellschaft stellte ein Joint Venture mit einem Versandhandelskonzern dar, auch hier wurden ca. 20 Mitarbeiter beschäftigt.

Die beiden letztgenannten Tochtergesellschaften hatten ihren Sitz jeweils nicht am 27
Standort der Holding. Hier wurde über die Anwendung des Rechtsgedanken des COMI

(Center Of Main economical Interest) ein einheitlicher Konzernstandort am Sitz der Holding geschaffen. Da hier alle Gesellschaften zentral gesteuert wurden, über eine gemeinsame Finanzierungsstruktur auch die Finanzmittel zentral verwaltet wurden und die Geschäftsführer teilweise personenidentisch waren, waren die Voraussetzungen für die Bejahung des COMI am Standort der Holding gegeben. Für die vier vorgenannten Gesellschaften wurde daher am selben Amtsgericht ein Insolvenzantrag gestellt.

28 Darüber hinaus gab es zwei weitere reine Vertriebsgesellschaften. Die eine Vertriebsgesellschaft bediente den Markt für mobile Lösungen wie Mobile Payment. Hier wurde ein Mitarbeiter beschäftigt. Die andere Vertriebsgesellschaft war für spezielle Anwendungen im Bereich Automotive Händler zuständig. Hier wurden drei Mitarbeiter beschäftigt. Für diese beiden Gesellschaften wurde kein Insolvenzantrag gestellt. Hier war aufgrund der sich auf niedrigem Niveau, aber positiv entwickelnden Umsätze kein Antragsgrund gegeben. Die Mitarbeiter waren die jeweils zuständigen Vertriebler, die IT-Dienstleistungen wurden durch die Servicegesellschaft erbracht.

6. Insolvenzgeld

29 Ein wesentlicher Aspekt jeden Insolvenzverfahrens ist das Insolvenzgeld. Unter Insolvenzgeld versteht man die Übernahme der Personalkosten durch die Agentur für Arbeit für maximal drei Monate vor Eröffnung eines Insolvenzverfahrens. Hier würde die Agentur für Arbeit daher die Monate Juli bis September an die Mitarbeiter auszahlen. Regelmäßig wird die Auszahlung des Insolvenzgeldes im Rahmen von Insolvenzverfahren vorfinanziert, da die endgültige Auszahlung durch die Agentur für Arbeit erst nach Eröffnung des Insolvenzverfahrens erfolgen kann. Hierzu wird ein Kredit bei einer Bank aufgenommen. Die Bank zahlt den Mitarbeitern gegen Abtretung ihrer Lohnansprüche den Nettolohn bis zur Beitragsbemessungsgrenze aus. Dieses Verfahren ist grundsätzlich in Insolvenzverfahren in Deutschland Standard und vielfach erprobt. Typischerweise erklärt die Agentur für Arbeit kurzfristig nach Antragstellung ihre generelle Bereitschaft zur Bezahlung des Insolvenzausfallgeldes. Entscheidende Voraussetzung hierfür ist eine realistische Fortführungsaussicht, die der Agentur nachgewiesen werden muss. Im vorliegenden Fall konnte dies durch Vorlage der Bescheinigung gemäß § 270b InsO erfolgen.

30 Um die Höhe der Auszahlung an die Mitarbeiter feststellen zu können, ist eine möglichst präzise Ermittlung der jeweiligen Gehaltsansprüche notwendig. Probleme treten hierbei typischerweise auf bei variablen Gehaltsbestandteilen wie Überstundenentgelt, Urlaubsgeld usw. Hier ist in enger Abstimmung mit der Agentur für Arbeit eine angemessene Lösung zu suchen. Wichtig ist insbesondere, dass derartige Themen nicht zu einer nachhaltigen Verzögerung der Auszahlung des Insolvenzgeldes führen. Verspätete Auszahlung des Insolvenzgeldes kann aufgrund der Wirkung bei den Mitarbeitern zu einem nachhaltigen Vertrauensverlust und damit zu einer Gefährdung des Sanierungsprozesses führen. Aufgrund von schon vor Stellung des Insolvenzantrages eingeleiteten Vorbereitungsmaßnahmen konnte hier eine Auszahlung des Insolvenzgeldes in der Woche nach Antragstellung erfolgen.

III. Sanierungskonzept

31 Das Sanierungskonzept für die Unternehmensgruppe wurde in Anlehnung an den IDW S6 Standard erstellt. Der Fokus lag hierbei auf der Prüfung des zukünftigen Umsatzpotenzials und der sich hieraus ergebenden notwendigen Personalanpassungsmaßnahmen.

§ 38 Kurzfall Schutzschirm

Hierzu wurde zum einen die Umsatzplanung des Unternehmens einer kritischen Prüfung unterzogen. Sämtliche Vertriebspotenziale, die vom Unternehmen in einer bewerteten und gewichteten Liste erfasst wurden, wurden mit den verantwortlichen Mitarbeitern geprüft. Hieraus ergab sich erwarteter Umsatz der mit realistischen Risikoabschlägen bewertet wurde.

1. Vertriebsstrategie

Abb. 9: Vertriebsstrategie

Im Rahmen der Vertriebsstrategie wurden drei wesentliche Felder identifiziert. Das Endkundengeschäft mit großen Retailkunden sollte weiter verstärkt werden. Hierfür sollte das Key Accounting konsequent ausgebaut werden um mehr Umsatz mit Bestandskunden zu generieren und die Neukundenakquisition zu verbessern. Hier lag bereits eine Kernkompetenz des Unternehmens, auf die weiter gesetzt wurde.

Deutliches Standbein des Vertriebs sollte darüber hinaus in Zukunft der Vertrieb über Partner sein. Hier wollte die IT-GmbH gemeinsam mit anderen großen IT-Dienstleistern an den Markt gehen. Die großen multinationalen IT-Dienstleister verstärken aktuell den Auftritt mit Partnern. Hierbei übernehmen die Großunternehmen den Auftrag als Generalunternehmer und fakturieren die Leistungen der Subunternehmer weiter. Dies hat im Vergleich zur Abwicklung ausschließlich mit eigenen Kräften den Vorteil einer deutlichen Reduzierung der Fixkosten. Für kleinere Anbieter wie die IT-GmbH bietet sich umgekehrt die Chance, gemeinsam mit großen Partnern Aufträge zu bearbeiten, für die ein kleines Unternehmen normalerweise nicht in Frage gekommen wäre.

Als dritten Bereich sollte der Vertrieb von Beratungsleistung über Portale verstärkt werden. Im IT-Bereich werden regelmäßig kleinere und mittlere Aufträge über Vermittlungsportale vergeben. Mit einer konsequenten Bearbeitung dieses Vertriebskanals sollte insbesondere in Zeiten von Unterauslastung im Projektgeschäft zusätzliche Aufträge eingeworben werden.

§ 38

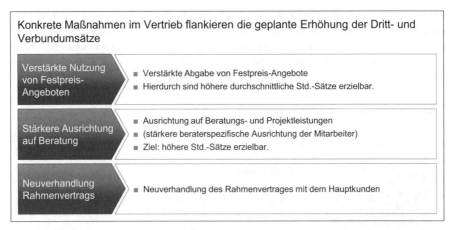

Abb. 10: Maßnahmenkonzept Vertrieb

35 Eine weitere Maßnahme in der Restrukturierung war die Ausrichtung des Vertriebes auf die Aufträge, die einen höheren durchschnittlichen Stundensatz erwarten ließen. Im IT-Markt sind die Stundensätze unter deutlichem Preisdruck insbesondere durch Konkurrenz aus Osteuropa und Indien. Dem sollte durch eine bessere Vorkalkulation vorgebeugt werden. Weiterhin sollte bei Aufgaben, die eine serielle Bearbeitung ermöglichen (App-Programmierung) auf Festpreisangebote umgestellt werden. Da diese Produkte weitgehend fertig waren und nur noch auf die speziellen Zwecke angepasst werden mussten, sollte auch hierdurch der durchschnittliche Stundensatz erhöht werden. Schließlich und endlich sollte der Rahmenvertrag mit dem Hauptkunden neu verhandelt werden. Wie bei Großaufträgen üblich, war man hier dem Kunden mit den Preisen entgegen gekommen. Da jetzt die Beauftragung deutlich reduziert worden war, waren diese Zugeständnisse nicht mehr angemessen.

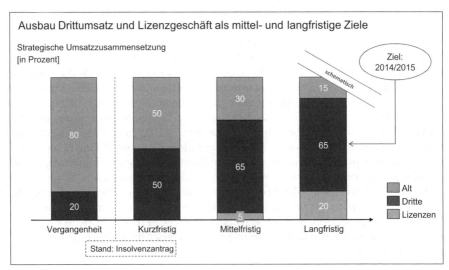

Abb. 11: Langfristige Zielstruktur

Das mittelfristige bis langfristige Ziel war, die nach wie vor deutlich zu hohe Abhängig- 36
keit vom Hauptkunden weiter zu reduzieren. Das Kurzfristziel einer 50/50 Verteilung
zwischen Hauptkunde und Dritten war durch die Auftragslage der nächsten Monate und
die angekündigte Umsatzentwicklung bereits sicher. Mittelfristig sollte der Umsatzzuwachs bei den Drittkunden zu einer weiteren Reduktion der Abhängigkeit führen.
Langfristig sollte beim Hauptkunden nur noch das an Aufgaben übernommen werden,
was beim Kunden aufgrund des speziellen Know-Hows der Mitarbeiter nicht substituierbar war. Weiteres Standbein sollte langfristig auch der Zuwachs der Einnahmen aus
Lizenzen z.B. für die Mobilen Lösungen sein. Erste Abschlüssen von Lizenzverträgen
waren erfolgt und der Abschluss wichtiger Lizenzverhandlungen stand unmittelbar bevor.

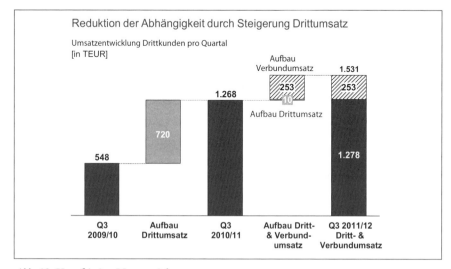

Abb. 12: Kurzfristige Umsatzziele

2. Kostenreduktion

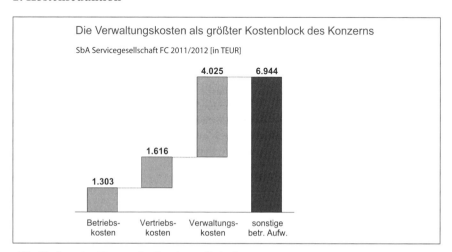

Abb. 13: Sonstige Kosten der Servicegesllschaft

37 Die Betriebskosten der Servicegesellschaft summierten sich auf insgesamt rund € 6,95 Mio. Größte einzelne Kostenposition war die Umlage für die Kosten der Holding. Hierfür alleine wendete die Servicegesellschaft rund € 4 Mio. auf. Die Kosten der Holding bestanden zum weit überwiegenden Teil aus den Personalkosten der Mitarbeiter und Geschäftsführer. Daneben gab es noch Ausgaben für eine sehr professionell aufgestellte Öffentlichkeitsarbeit. Die Kosten der Holding waren jedoch für die Services eine wenig transparente Belastung und wurden insbesondere vom Betriebsrat regelmäßig als verschwenderisch gebrandmarkt. Die teilweise angestellte Überlegung, schlicht die Zahlungen einzustellen war zwar naheliegend (die Zahlungen an die Holding überstiegen die Jahresverluste!), allerdings wären die Dienstleistungen der Holding am Markt nicht zu wesentlich günstigeren Konditionen zu beschaffen gewesen. Die eingeholten Vergleichsangebote stellten regelmäßig keine deutliche Verbesserung dar. Die Kostenverbesserung konnte auch hier nur durch den Verzicht auf Dienstleistungen erfolgen, die klassische Reduktion von Komfortzonen für die Mitarbeiter.

Abb. 14: Wirkung der Gründung der Holding

38 Die Holding selbst war erst nach dem Erwerb der Servicegesellschaft gegründet und mit Personal ausgestattet worden. Dabei wurden ursprünglich 27 Mitarbeiter der Servicegesellschaft in die Holding übernommen. Im Gegenzug stellte die Holding nun Rechnung an die Servicegesellschaft für die erbrachten Dienstleistungen in kostendeckender Höhe.

Bei den Betriebskosten dominierten die Mietaufwendungen mit rund € 1,2 Mio. die Kostenpositionen. Hierfür wurde im Laufe des Verfahrens eine signifikant kostengünstigere Lösung gefunden. Die Reisekosten mit ca. 560T€, der Schulungsaufwand mit rund 120T€ und die Telekom- und Infrastrukturkosten mit 190T€ stellen dagegen bereits nur noch kleinere Positionen dar.

39 Aus der Umsatzplanung wurde im Anschluss eine Personalbedarfsplanung entwickelt. Diese Personalbedarfsplanung stellte die Grundlage für die wesentliche Sanierungsmaßnahme Personalabbau dar. In einem weiteren Schritt wurden sämtliche sonstigen Vertragsverhältnisse auf die neue zu erwartende Umsatzgröße angepasst. Dies betraf insbesondere den Mietvertrag, aber auch sonstige Verträge wie Leasing von Geschäftsausstattung, Computern und Fahrzeugen und Telekommunikation.

3. Personalkostenreduktion und Personalabbaukosten

40 Der zu hohe Personalbestand war das kostenseitige Hauptproblem der IT-GmbH. Gleichzeitig war ein Personalabbau außerhalb der Insolvenz mit hohen Kosten verbunden. Bei einem Personalabbau von 94 Mitarbeitern in der Servicegesellschaft wäre unter

§ 38 Kurzfall Schutzschirm   § 38

normalen Umständen mit Abbaukosten von geschätzt € 3,4 Mio. zu rechnen. Als Berechnungsgrundlage würde hier die Annahme von 0,5 Monatsgehältern je Jahr der Betriebszugehörigkeit angenommen. Die Mitarbeiter hatten einen durchschnittliche Betriebszugehörigkeit von 13,7 Jahren, das Durchschnittsgehalt pro Monat lag bei 4 T€. Hinzu kamen noch die Kosten der Auslauflöhne bei laufender Unterauslastung. Aufgrund der durchschnittlichen Betriebszugehörigkeit war hier mit einem Kündigungsauslauf von im Schnitt fünf Monaten plus des Monats der Kündigung zu rechnen. Die Kosten des Personalabbaus waren vor der Insolvenz im Rahmen des Investorenprozesses der Ausstiegsgrund für die meisten potentiellen Investoren. Die Kosten überstiegen nach Ansicht der Investoren den Wert des Unternehmens.

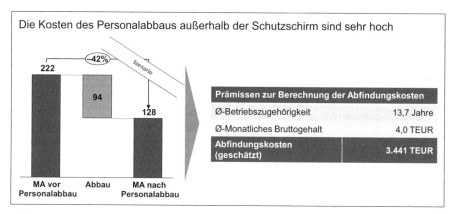

Abb. 15: Kostenvolumen Personalabbau ohne Schutzschirm

Die Personalbedarfsplanung aufgrund der Umsatzplanung ergab einen erheblichen Personalabbaubedarf. In der Holding wurden von 28 Mitarbeitern 18 abgebaut. In der Servicegesellschaft wurden von den 222 Mitarbeitern 94 abgebaut. 41

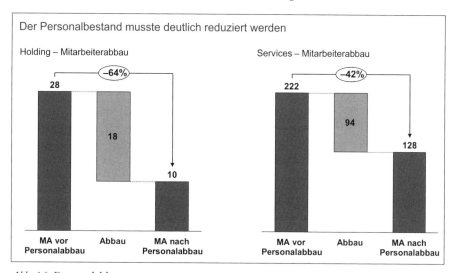

Abb. 16: Personalabbau

§ 38　　　　　　　　　　　　　　　　7. Teil. Rechnungslegung und Steuern

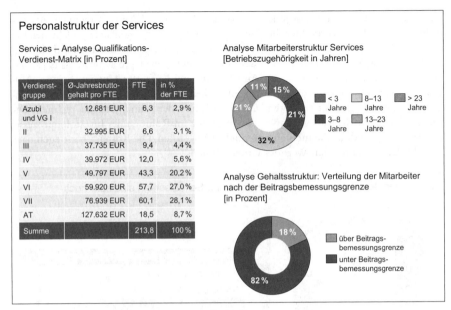

Abb. 17: Personalkennzahlen Servicegesellschaft

42　Die genaue Personalkostenanalyse belegt ein weiteres Problem der Sanierung. Bei den Mitarbeitern der IT-GmbH handelt es sich um hochqualifizierte und hochbezahlte Mitarbeiter. In einem Marktumfeld, das seit Jahren von Personalknappheit gekennzeichnet ist, war es von entscheidender Bedeutung, die wichtigsten Mitarbeiter halten zu können. Projektleiter im IT-Umfeld verantworten erhebliche Umsätze, die aufgrund ihrer speziellen Kenntnisse der Systeme des Kunden oft mit ihnen den Arbeitgeber wechseln. Dies musste hier verhindert werden, wenn die Sanierung gelingen sollte. Gleichzeitig musste der produktive Personalstamm um über 40 % reduziert werden.

43　Die Mitarbeiter des Unternehmens stellten gewissermaßen das Äquivalent zum Maschinenpark eines produzierenden Unternehmens dar mit dem wichtigen Unterschied, dass sich Maschinen nicht durch Headhunter abwerben lassen. Der respektvolle Umgang mit den Mitarbeitern, insbesondere mit denen, die nicht bleiben würden, war eine wesentliche Voraussetzung um überhaupt Leistungsträger zum Bleiben zu motivieren. Verschärft wurde die Situation dadurch, dass die Leistungsträger alle Gehälter oberhalb der Beitragsbemessungsgrenze verdienten und daher echte Verluste in der Insolvenz zu verzeichnen hatten.

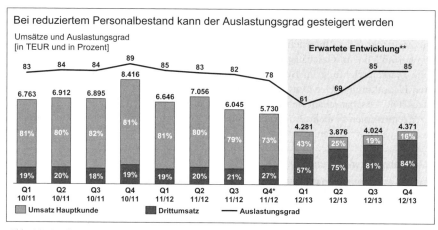

Abb. 18: Auslastungsentwicklung

Der Personalabbau würde Q2 2012/13 wirksam werden. Die Auslastungsquote würde **44** nach dem Personalabbau auf ein marktübliches Maß von 85% in Q3 2012/13 ansteigen. Mit dieser Größe hatte das Unternehmen in der Vergangenheit profitabel operiert.

4. Kostenreduktion

Abb. 19: Rasteranpassungen

Aufgrund des Rückgangs des Geschäftsvolumens konnten andere Kostenpositionen eben- **45** falls angepasst werden. Die Kostenumlage für die Holding sank durch die dortige Kostenreduktion von 300T€ monatlich auf 190T€ monatlich. Die Kosten für Fremdleistungen konnten kurzfristig deutlich reduziert werden, indem verstärkt eigene Kräfte für diese Aufgaben eingesetzt wurden. Hier wurde eine Reduktion von 2.800T€ auf 300T€ erreicht werden. Auch die Miete konnte wegen der Anpassung des Personals und der Änderung der Kundenstruktur (mehr auswärtige Einsätze) um 36% reduziert werden. Die sonstigen Kosten wurden ebenfalls an die neue Umsatzstruktur angepasst und um knapp 250T€ reduziert.

5. Zielstruktur

46 Die Zielstruktur des Unternehmens nach der Sanierung sieht einen nachhaltigen Umsatz von € 16,5 Mio. im Geschäftsjahr 2012/13 vor. Die Mitarbeiter werden verstärkt auf die neue Marktausrichtung im Beratungsgeschäft ausgerichtet, statt auf die Bedürfnisse des alten Hauptkunden. Der Umsatz mit dem Hauptkunden sinkt auf 26 % des Gesamtumsatzes. Die Geschäftschancen werden verstärkt in den mobilen Applikationen und den Lizenzeinnahmen gesucht. Außerdem sollte die Kompetenz im Beratungs- und Projektgeschäft gestärkt werden.

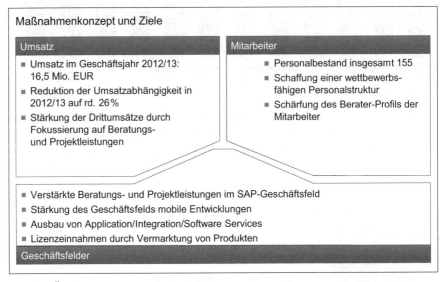

Abb. 20: Übersicht Restrukturierungsziele

47 Nach erfolgter Sanierung sollte die Gruppe noch aus rund 155 Mitarbeitern bestehen und einen nachhaltig profitablen Umsatz von rund € 16,5 Mio. erwirtschaften. Die in dieser Darstellung fehlenden Mitarbeiter waren in den beiden nicht insolventen Töchtern beschäftigt bzw. wurden als freie Mitarbeiter aus der tschechischen Gesellschaft übernommen.

48 Im Ergebnis wurde das Joint Venture aufgegeben, die dort beschäftigten Mitarbeiter wurden von dem Joint Venture Partner fast vollständig übernommen. Die tschechische Tochtergesellschaft wurde abgewickelt, ca. zehn Mitarbeiter wurden als freie Mitarbeiter weiterbeschäftigt. Die wesentlichen Sanierungsschritte erfolgten in der Servicegesellschaft und der Holding. In der Servicegesellschaft wurden von ursprünglich 222 Mitarbeitern 94 Personen abgebaut, in der Holding von knapp 28 rund 18. Insgesamt wurden die Personalkosten in der Gruppe um über 40 % reduziert.

IV. Insolvenzplan

49 Die Neuordnung der Unternehmensgruppe erfolgte im Rahmen von zwei miteinander verbundenen Insolvenzplänen. Über die Holding und über die Servicegesellschaft wurde jeweils ein Insolvenzplan erstellt. Aufgrund der einfachen Gläubigerstruktur wurde eine

§ 38 Kurzfall Schutzschirm §38

entsprechend einfache Gruppenstruktur mit drei Gläubigergruppen gewählt. Bei den drei Gruppen handelt es sich zum einen um die Arbeitnehmer, zum anderen um die öffentliche Hand und schließlich um die sonstigen ungesicherten und nicht nachrangigen Gläubiger.

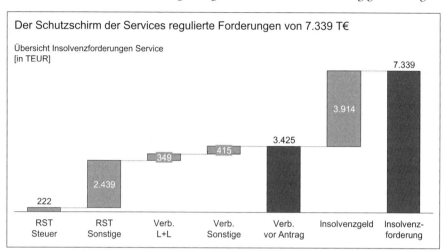

Abb. 21: Übersicht Insolvenzforderungen Services

In der Servicegesellschaft bestanden vor Insolvenzantragstellung Verbindlichkeiten von rund € 3,4 Mio. Durch das Insolvenzausfallgeld entstanden weitere Insolvenzverbindlichkeiten von € 3,9 Mio. In Summe waren durch das Insolvenzverfahren damit Verbindlichkeiten von € 7,3 Mio. zu regulieren. 50

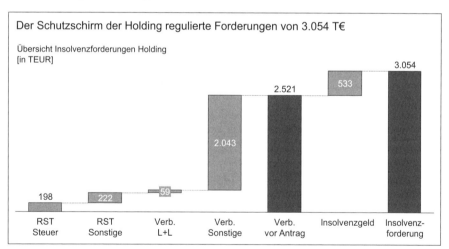

Abb. 22: Übersicht Insolvenzforderungen Holding

In der Holding bestanden vor Antragstellung Verbindlichkeiten von rund € 2,5 Mio. Durch das Insolvenzausfallgeld entstanden weitere Insolvenverbindlichkeiten von € 0,5 Mio. In Summe waren durch den Schutzschirm damit Verbindlichkeiten von € 3 Mio. zu regulieren. 51

§ 38

52 Aufgrund der hohen Kosten für Auslauflöhne und Personalabbau konnte den Gläubigern keine hohe Quote angeboten werden. Aufgrund der Gläubigerstruktur gab es im Verfahren nur ungesicherte Gläubiger. Die beteiligten Banken erlitten keinen Ausfall, da die Linien nicht genutzt wurden. Der Vermieter entnahm seinen Mietausfall der Kaution. Die ungesicherten Gläubiger verteilten sich auf drei Gruppen, die nach der Gleichartigkeit der wirtschaftlichen Verhältnisse gebildet wurden. Diese Gruppen waren die Mitarbeiter, die öffentliche Hand und die sonstigen Gläubiger. Allen Gruppen wurde als Quote 10 % angeboten. Der Verzicht der Gläubiger machte € 6,6 Mio. aus.

Übersicht Insolvenzquote Services [in TEUR]	Nominelle Verbindlichkeiten	Ab-/Aussonderung	Zwischensumme	Quote 10,0%	Summe	Verzichte
Banken	0 Nationalb. 0 Commerzb. **0**	0	0	0	0	0
Sonst. gesicherte Gläubiger	140 Vermieter	140	0	0	140	0
Ungesicherte Gläubiger	3.914 AA/SV/MA 349 Verb. LuL 415 Verb. v.U. 2.439 RST Sonstige 222 RST Steuer **7.339**	0	7.339	734	734	6.605
	7.479	**0**	**7.339**	**734**	**874**	**6.605**

Abb. 23: Darstellung von Forderungen und Verzichten

53 Die Quoten waren in beiden Verfahren jedoch unterschiedlich, aufgrund sich unterschiedlich darstellender Vermögensverhältnisse. Der wesentliche Unterschied waren die insolvenzspezifischen Haftungsansprüche gegen die Gesellschafter. Für die Gläubiger der Holding ergab sich daher eine Quote von 10 %.Die Quotenzahlung erfolgte in drei gleichen Raten drei Monate, sieben Monate und zwölf Monate nach Aufhebung des Insolvenzverfahrens. Die Insolvenzpläne wurden den Gläubigern sprechend der gesetzlichen Fristen nach Eröffnung des Insolvenzverfahrens vor Abstimmungstermin zugestellt.

1. Haftungsvergleich Geschäftsführung

54 Die Geschäftsführer der Holding hatten für den Bankkredit der Unternehmensgruppe in Höhe von rund € 2,6 Millionen persönlich jeweils zu 50 % gebürgt. Aufgrund der Entwicklung des Bankkredites im Jahr vor Antragstellung sahen sich die Geschäftsführer einer gesamtschuldnerischen Haftung in Höhe von rund € 1,2 Millionen ausgesetzt. Aufgrund der persönlichen Vermögenslage, die detailliert nachgewiesen wurde, konnte ein Vergleich zu einem deutlich niedrigeren Volumen mit einer Teilzahlungsregelung erzielt werden. Die Vergleichssumme erhöhte die Quote für die Gläubiger in der Holding signifikant.

V. Verfahrenseröffnung

Das Verfahren wurde am 1. Oktober 2012 durch das Gericht eröffnet, als Termin für den Bericht des Insolvenzverwalters wurde der 22. November 2012 bestimmt. Gleichzeitig sollte an diesem Termin auch über die Insolvenzpläne abgestimmt werden. Von der Bestellung eines Gläubigerausschusses im eröffneten Verfahren wurde abgesehen. 55

1. Verhandlung Personalabbau

Im Rahmen des Sanierungskonzeptes wurde ein erheblicher Personalabbaubedarf festgestellt. Insgesamt über alle Gesellschaften wurde der Personalbestand um rund 50% reduziert. Über den Personalabbau in der Servicegesellschaft wurde mit dem Betriebsrat ein Sozialplan mit Interessenausgleich und Namensliste verhandelt und abgeschlossen. Der Sozialplan hatte ein Volumen von rund € 600.000, hinzu kam ein Härtefond von € 100.000. Die Sozialauswahl wurde in mehreren längeren Verhandlungsrunden mit dem Betriebsrat so gestaltet, dass hierdurch eine ausgewogene Mitarbeiterstruktur beibehalten werden konnte. Hierzu wurde die Mitarbeiterschaft in Altersgruppe geteilt. Insbesondere für die Leistungsträger wurde eine Sondervereinbarung geschlossen, da ohne diese Mitarbeiter nach Ansicht beider Betriebsparteien die Weiterführung des Unternehmens außerordentlich schwierig sein würde. 56

2. Outplacement

Neben diesen klassischen Mitteln des Personalabbaus war mit dem Betriebsrat vereinbart, dass das Unternehmen seine Marktkontakte nutzen sollte, um im Rahmen eines Outplacements Angebote für freizustellen Mitarbeiter zu erzeugen. Da es sich bei den Mitarbeitern überwiegend um hoch qualifizierte Informatiker handelte, ist dies in erheblichem Umfang auch gelungen. Rund 50 Mitarbeiter haben noch im Rahmen des Kündigungsauslaufs neue Beschäftigungsverhältnisse angenommen. 57

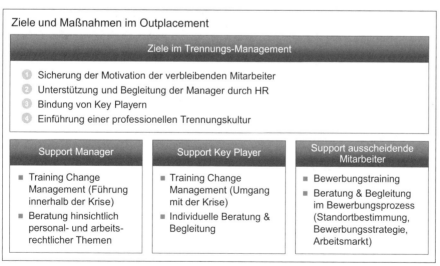

Abb. 24: Übersicht Outplacement

58 Das Outplacement verfolgte drei wesentliche Ziele. Zum einen sollte das Risiko von Kündigungsschutzklagen reduziert werden. Jeder Mitarbeiter mit einem neuen Arbeitsplatz kann keine Klage auf Weiterbeschäftigung erheben. Weiterhin würde dies die Kosten des Sozialplanes reduzieren, da nur Mitarbeiter ohne neuen Arbeitsplatz Anspruch auf die Regelungen des Sozialplanes hatten. Schließlich konnte durch die Auswahl der den potentiellen Arbeitgebern angebotenen Profile der ein oder andere Mitarbeiter, der unter normaler Sozialauswahl nicht kündbar gewesen wäre, vermittelt werden. Dies spielte in diesem Fall eine besondere Rolle, da es noch eine große Anzahl von Arbeitnehmern gab, die lieber weiterhin die Art von Arbeit erledigen wollten, die man als interne IT-Abteilung eines Großkonzerns ausübt. Mit klassischer Beratertätigkeit, also hohem Reiseaufwand ist diese Vorstellung nicht zu vereinbaren. Für diese Mitarbeiter waren die Angebote, die teilweise von vergleichbaren Großunternehmen abgegeben wurden, sehr attraktiv.

59 Die grundsätzlichen Ziele des Outplacements waren dieselben, wie in jeder solchen Maßnahme. Ein professionelles Trennungsmanagement erzeugt Vertrauen in die Professionalität des Arbeitgebers. Dies sollte sich insbesondere auch auf die Leistungsträger auswirken. Alle Mitarbeiter mit Personalverantwortung wurden darin geschult, wie sie mit der Situation der Kündigung umgehen sollten. Die Mitarbeiter wurden bei der Erstellung von Bewerbungen unterstützt. Dies war insbesondere aufgrund der langen Betriebszugehörigkeit vieler Mitarbeiter von großer Bedeutung, da hier kein echtes Verständnis für die eigene Situation am Arbeitsmarkt vorhanden war. Dies wurde mit den Mitarbeitern trainiert.

60 Darüber hinaus wurden die Kontakte des Managements zu anderen IT-Unternehmen genutzt, um durch die Übermittlung von anonymen Mitarbeiterprofilen für möglichst viele Mitarbeiter Angebote zu erzeugen. Mit dem Betriebsrat wurde hierzu eine Betriebsvereinbarung geschlossen. Durch diese Maßnahmen konnten für über 60 Mitarbeiter Vorstellungsgespräche vereinbart werden. Für rund 40 Mitarbeiter führte dies zu Angeboten, die von den meisten auch angenommen wurden.

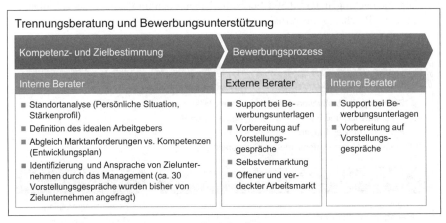

Abb. 25: Outplacement: Unterstützung für Mitarbeiter

61 Für die Holding konnte kein Sozialplan vereinbart werden, da die Holding keinen Betriebsrat hatte und auch nicht durch den Betriebsrat der IT Servicegesellschaft mit vertreten wurde. Hier wurden nach schlichter Sozialauswahl die Kündigungen ausgesprochen. Hier kam es in Folge zur höchsten Anzahl von Kündigungsschutzklagen.

3. Personalabbau Durchführung

In den ersten beiden Oktoberwochen wurde der Personalabbau mit dem Betriebsrat final verhandelt und der Sozialplan mit Interessenausgleich und Namensliste abgeschlossen. Die Kündigungen wurden ab dem 22. Oktober 2012 ausgesprochen. Ziel war hierbei, zum Zeitpunkt des Abstimmungstermins über den Insolvenzplan Klarheit über die Anzahl der Kündigungsschutzklagen zu erhalten. Insgesamt wurde in beiden Gesellschaften zusammen 47 Personen die Kündigung ausgesprochen, wovon 22 Personen eine Kündigungsschutzklage erhoben haben. Bis auf drei Verfahren endeten bis Aufhebung des Insolvenzverfahrens alle Klagen durch Vergleich. Die Höhe des Vergleichs bewegte sich ungefähr auf Höhe der Sozialplanforderung des jeweiligen Mitarbeiters. 62

4. Abstimmungstermin

Der Abstimmungstermin fand am 22. November statt. Im Abstimmungstermin stimmten die Gläubiger entsprechend ihrer angemeldeten Forderungen getrennt nach Unternehmen ab. Im Saal befand sich eine relativ große Teilnehmerschaft, was insbesondere auf die hohe Beteiligung der Mitarbeiter zurückzuführen war. 63

Beiden Insolvenzplänen stimmten alle Gruppen zu. Lediglich im Insolvenzplan der Servicegesellschaft gab es einige nicht zustimmende Gläubiger. Dabei handelte es sich um vier gekündigte Mitarbeiter, die jedoch im Volumen der Forderungen keine ausschlaggebende Bedeutung hatten. 64

Den Insolvenzplan über die Holding und die Servicegesellschaft war damit mit einer Zustimmungsquote von 100 % der Gruppen und rund 90 % der Gläubiger zugestimmt worden. Damit war das Sanierungskonzept für die Unternehmensgruppe im Wesentlichen erfolgreich umgesetzt. 65

5. Investorenprozess

Die Gesellschafter führten mit einem M&A-Berater parallel zum Sanierungsverfahren einen Investorenprozess durch. Ziel war es, eine stabile Situation für das Unternehmen zu erzeugen und zukünftige Wachstumschancen nutzen zu können. An dem Prozess nahmen ursprünglich 8 Interessenten teil, mit 2 Interessenten wurde ein Kaufvertrag verhandelt. Für alle Interessenten war der rechtssichere Personalabbau Voraussetzung für die Aufnahme von Verhandlungen. Einen asset deal lehnten alle Interessenten ab. Dies lag auch daran, dass man die wichtigen Mitarbeiter hier durch die in solchen Fällen üblichen Kunstgriffe wie Transfergesellschaft mit überwiegender Sicherheit verloren hätte. IT-Projektleiter, die ohne große Probleme zu hervorragenden Gehältern zum Wettbewerb wechseln können, sind solchen Konzepten schlicht nicht aufgeschlossen. 66

Der Verkauf kam Anfang Februar zustande. Der Käufer erwarb die Mehrheit der Anteile und zahlte dafür einen relevanten Anteil der Quote in die Insolvenzmasse zur Bedienung der Quotenzahlungen. 67

6. Sanierungsgewinn und Steuerbefreiung

Aufgrund steuerrechtlicher Regelungen ist der Verzicht von Gläubigern auch im Rahmen eines Insolvenzplanverfahrens grundsätzlich steuerbarer Gewinn für das insolvente Unternehmen. Damit ein solches Unternehmen nicht aufgrund der Zahllast für diesen Sanierungsgewinn unmittelbar im Anschluss wiederum Insolvenz anmelden muss, be- 68 steht die Möglichkeit sich von dieser Steuerzahlung befreien zu lassen. Hierzu müssen jedoch einige Voraussetzungen erfüllt sein. Im Wesentlichen handelt es sich dabei um drei Voraussetzungen, das Unternehmen muss sanierungsbedürftig sein, die Gläubiger müssen in Sanierungsabsicht handeln und der Verzicht muss sanierungsgeeignet sein. Im Falle eines Insolvenzplanes sind alle drei Voraussetzungen idealtypisch gegeben. Dennoch empfiehlt es sich, durch Einholung einer verbindlichen Auskunft bei den Finanzbehörden vor Bestätigung des Insolvenzplanes Rechtssicherheit zu erzeugen. Dies wurde auch in diesem Verfahren eingeleitet und erfolgreich zum Abschluss gebracht. Aufgrund der zwischenzeitlichen Weihnachtstage und der Einbeziehung sowohl der zuständigen OFD als auch des Landes Finanzministeriums dauerte der Erlass jedoch bis Anfang März des Folgejahres.

7. Bestätigung des Insolvenzplanes und Verfahrensaufhebung

69 Die Voraussetzung zur Aufhebung des Insolvenzverfahrens war neben der rechtskräftigen Bestätigung des Insolvenzplanes der Nachweis der Bedienung sämtlicher Masseverbindlichkeiten. Dieser Nachweis wurde hier durch die Beibringung eines entsprechenden Liquiditätsplanes geführt. Das Verfahren wurde am 30.4. 24:00 aufgehoben.

70 Mit Bestätigung des Insolvenzplanes werden die durch die Gläubiger ausgesprochenen Verzichte wirksam. In der Bilanz bildet sich dieser Vorgang so ab, dass die vor Verfahrenseröffnung entstandenen Verbindlichkeiten bis auf die Quote erfolgswirksam ausgebucht werden. Für die Servicegesellschaft bedeutete dies bei Insolvenzforderungen von insgesamt rund € 7,4 Mio. einen außerordentlichen Ertrag von € 6,6 Mio. Dieser Ertrag stärkt, vermindert um die im Laufe des Verfahrens noch angefallenen Verluste, das Eigenkapital der Gesellschaft.

71 Für die Holding bedeutet dies einen Sanierungsgewinn von € 2,5 bei einer Quote von 19 % auf Insolvenzforderungen von € 3 Mio.

VI. Zusammenfassung

72 Das Verfahren dauerte insgesamt von der Antragstellung bis zur Planannahme durch die Gläubiger knappe vier Monate. Die Mitarbeiterschaft in der Gruppe wurde von 300 Mitarbeiter auf 155 Mitarbeiter reduziert, was zu einer Reduktion der Personalkosten von ursprünglich rund € 22 Mio. auf € 12 Mio. führte. Die Kosten für den Sozialplan beliefen sich inklusive Sozialplan auf 700 T€, wovon aufgrund von erfolgreicher Vermittlung in andere Arbeitsverhältnisse nur 500 T€ ausgezahlt wurden. Der Mietaufwand konnte durch Umzug noch deutlich stärker als geplant reduziert werden, von € 1,3 Mio. p.a. auf € 0,3 Mio. p.a. Die Gläubiger verzichteten alleine in der Servicegesellschaft auf € 6,6 Mio., was das Eigenkapital der Gesellschaft deutlich stärkte. Hinzu kam ein Verzicht in der Holding von € 2,7 Mio.

73 Das Unternehmen wurde hierdurch auch für Investoren wieder interessant. Anfang Februar konnte der Investorenprozess mit signing zum Abschluss gebracht werden.

VII. Schlussbemerkung

74 Das Schutzschirmverfahren stellte für das Beispielunternehmen die einzige Chance auf Sanierung dar. Aufgrund der hohen Kosten einer außergerichtlichen Sanierung, die den

§ 38 Kurzfall Schutzschirm §38

Gewinn und Verlust	FC 10+2		Plan		Plan		Plan		Plan	
	2011 / 2012		2012 / 2013		2013 / 2014		2014 / 2015		2015 / 2016	
	T€	%	T€	%	T€	%	T€	%	T€	%
Umsatzerlöse	25.477	97,7	16.552	97,7	16.369	97,7	17.647	97,9	18.399	98,0
Erlösschmälerungen (Rabatte/Skonti)	0	0,0	0	0,0	0	0,0	0	0,0	0	0,0
Nettoumsatz	25.477	97,7	16.552	97,7	16.369	97,7	17.647	97,9	18.399	98,0
aktivierte Eigenleistungen	0	0,0	0	0,0	0	0,0	0	0,0	0	0,0
Bestandsveränderungen/sonstige betriebliche Erträge	599	2,3	384	2,3	384	2,3	384	2,1	384	2,0
Gesamtleistung	26.075	100,0	16.936	100,0	16.753	100,0	18.031	100,0	18.783	100,0
Materialaufwand	-2.807	-10,8	-270	-1,6	-600	-3,6	-700	-3,9	-800	-4,3
Rohertrag	23.268	89,2	16.666	98,4	16.153	96,4	17.331	96,1	17.983	95,7
Personalaufwand	-17.800	-68,3	-11.606	-68,5	-10.012	-59,8	-10.512	-58,3	-10.828	-57,6
Deckungsbeitrag I	5.468	21,0	5.060	29,9	6.142	36,7	6.819	37,8	7.155	38,1
Betriebsaufwand	-1.303	-5,0	-1.008	-6,0	-967	-5,8	-939	-5,2	-939	-5,0
Verwaltungsaufwand	-4.025	-15,4	-2.936	-17,3	-2.635	-15,7	-2.757	-15,3	-2.757	-14,7
Vertriebsaufwand	-1.616	-6,2	-1.264	-7,5	-1.492	-8,9	-1.601	-8,9	-1.601	-8,5
Teil-Betriebserg. vor Abschreibung (EBITDA)	-1.475	-5,7	-148	-0,9	1.048	6,3	1.521	8,4	1.858	9,9
Abschreibung	-2.480	-9,5	-110	-0,7	-145	-0,9	-148	-0,8	-188	-1,0
Teil-Betriebsergebnis (EBIT)	-3.955	-15,2	-258	-1,5	903	5,4	1.373	7,6	1.669	8,9
Finanzergebnis	30	0,1	8	0,0	12	0,1	13	0,1	13	0,1
dav: Zinsen	30	0,1	8	0,0	12	0,1	13	0,1	13	0,1
dav: Zins Bankkontokorrent nach Nutzung	0	0,0	0	0,0	0	0,0	0	0,0	0	0,0
Betriebsergebnis	-3.925	-15,1	-250	-1,5	915	5,5	1.386	7,7	1.682	9,0
Neutrale Kosten / neutrale Erlöse	-400	-1,5	5.205	30,7	0	0,0	0	0,0	0	0,0
Ergebnis vor Steuern	-4.325	-16,6	4.955	29,3	915	5,5	1.386	7,7	1.682	9,0
Ertragssteuern	0	0,0	0	0,0	-302	-1,8	-457	-2,5	-555	-3,0
Jahresergebnis	-4.326	-16,6	4.955	29,3	613	3,7	929	5,2	1.127	6,0

Abb. 26: Ergebnisplanung mit Insolvenzeffekten

§ 38 7. Teil. Rechnungslegung und Steuern

Wert des Unternehmens überstiegen und der geringen Reserven war diese Möglichkeit verbaut. Die schnelle Umsetzung und konsequente Durchführung des Personalabbaus, verbunden mit einem ebenso konsequent umgesetzten Outplacement führten zu einer schnellen operativen Sanierung. Die Sanierung war knapp vier Monate nach Einleitung des Verfahrens inhaltlich abgeschlossen. Die notwendige Einholung der Verbindlichen Auskünfte dauerte nochmals ca. drei Monate, ohne dass hierdurch ein wesentlicher Sanierungsfortschritt erzielt werden konnte. Dennoch war dieser Schritt, insbesondere vor dem Hintergrund der laufenden Investorenverhandlungen, zwingend notwendig, um Rechtssicherheit her zu stellen. Die beabsichtigte Angleichung von Insolvenzrecht und Steuerrecht hat also auch hier noch eine Aufgabe zu erledigen.

Bilanz der Servicegesellschaft

Endbilanz	FC 10+2 2011/2012 T€	%	Plan 2012/2013 T€	%	Plan 2013/2014 T€	%	Plan 2014/2015 T€	%	Plan 2015/2016 T€	%
A. Anlagevermögen										
Anlagevermögen	383	5,9	472	10,2	528	9,4	579	8,1	591	6,6
B. Umlaufvermögen										
Forderungen LuL	2.284	35,5	2.818	60,9	2.593	46,4	2.784	39,0	2.894	32,4
So Forderungen	427	6,6	427	9,2	427	7,6	427	6,0	427	4,8
Forderungen Vorsteuer	101	1,6	66	1,4	79	1,4	81	1,1	81	0,9
Bankkonto (Guthaben)	3.133	48,7	737	15,9	1.857	33,2	3.154	44,2	4.835	54,1
C. Aktive Rechnungsabgrenzung										
ARAP	109	1,7	109	2,3	109	1,9	109	1,5	109	1,2
Summe Aktiva	**6.436**	**100,0**	**4.629**	**100,0**	**5.592**	**100,0**	**7.135**	**100,0**	**8.938**	**100,0**
A. Eigenkapital										
Eigenkapital	-2.014	-31,3	2.941	63,5	3.554	63,6	4.482	62,8	5.610	62,8
Eigenkapital vor Ergebnisverwendung	2.311	35,9	2.311	49,9	2.311	41,3	2.311	32,4	2.311	25,9
Bilanzergebnis	-4.326	-67,2	629	13,6	1.242	22,2	2.171	30,4	3.298	36,9
B. Rückstellungen										
Rückstellungen	3.033	47,1	1.220	26,3	1.270	22,7	1.375	19,3	1.466	16,4
Steuerrückstellungen	0	0,0	0	0,0	302	5,4	759	10,6	1.315	14,7
C. Verbindlichkeiten										
Verbindlichkeiten LuL	444	6,9	60	1,3	92	1,6	92	1,3	92	1,0
So Verbindlichkeiten	4.652	72,3	197	4,2	206	3,7	217	3,0	223	2,5
Verbindlichkeiten Umsatzsteuer	322	5,0	212	4,6	169	3,0	209	2,9	233	2,6
Bankkonto (Inanspruchnahme)	0	0,0	0	0,0	0	0,0	0	0,0	0	0,0
D. Passive Rechnungsabgrenzung										
PRAP	0	0,0	0	0,0	0	0,0	0	0,0	0	0,0
Summe Passiva	**6.436**	**100,0**	**4.629**	**100,0**	**5.592**	**100,0**	**7.135**	**100,0**	**8.938**	**100,0**

Die Eigenkapitalquote steigt in 2012/2013 um ca. 95 % auf 64 %

Abb. 27: Bilanzplanung mit Ergebniseffekten

§ 39 Insolvenzplanverfahren Metall AG[1]

Übersicht

	Rn.
I. Vorbemerkung	1–18
1. Vorlauf zum Insolvenzantrag	2–5
2. Plan B	6–8
3. Bankenpool	9
4. Insolvenzantrag	10
5. Verfahrensablauf	11, 12
6. Vorläufiges Insolvenzverfahren	13–18
II. Insolvenzplan der Metall AG	19–177
1. Vorbemerkungen	19–23
2. Darstellender Teil	24–139
a) Ziele des Insolvenzplanes	24
b) Grundlagen des Insolvenzplanes	25–46
c) Wirtschaftlichen Verhältnisse	47–61
d) Leitbild des Insolvenzplanes	62–78
e) Risiken	79–82
f) Wirkungen des Insolvenzplans	83–103
g) Vergleich der Verwertungsalternativen: Abwicklung und Insolvenzplan	104–106
h) Alternativszenarien	107–131
i) Vergleichende Gegenüberstellung der Verwertungsalternativen	132–139
3. Gestaltender Teil	140–159
a) Gruppenbildung	141–147
b) Veränderung der Rechtsstellung der Gläubiger	148–155
c) Wirksamkeit/Inkrafttreten des Planes	156
d) Streitige Forderungen	157
e) Erfüllung des Plans	158
f) Erklärung der Schuldnerin	159
4. Weiterer Verfahrensgang	160–177
a) Abstimmung über den Insolvenzplan	160–168
b) Verbindliche Auskunft	169, 170
c) Aufhebung Insolvenzverfahren	171
d) Bilanzielle Effekte	172–175
e) Zusammenfassung Effekte	176, 177

I. Vorbemerkung

Bei dem vorliegenden Fallbeispiel handelt es sich um ein Insolvenzplanverfahren in Eigenverwaltung. Das Verfahren wurde noch nach altem Recht, d.h. vor Geltung des ESUG durchgeführt. Das Fallbeispiel soll einen normal komplexen Insolvenzplan darstellen. Die Besonderheiten eines Verfahrens unter Geltung des ESUG stellt das Fallbeispiel Schutzschirm bzw. Bescheinigung nach § 270b InsO dar.

1

---

[1] Der zugrundeliegende Insolvenzplan wurde verantwortlich gestaltet durch Rechtsanwalt Raik Müller als Planarchitekt. Der Autor war CRO für das Sanierungskonzept zuständig.

§ 39

1. Vorlauf zum Insolvenzantrag

2 Bei der Metall AG handelt es sich um ein mittelständisches metallverarbeitendes Unternehmen. Es beschäftigte rund 300 Mitarbeiter und hatte in der Vergangenheit bis zu € 50 Millionen Umsatz erwirtschaftet. Das Hauptgeschäft des Unternehmens wurde an einem Standort in Nürnberg durchgeführt. Das Unternehmen hatte jedoch auch noch einige Tochtergesellschaften im In- und Ausland, sowie unanständige Vertriebsniederlassungen in Deutschland.

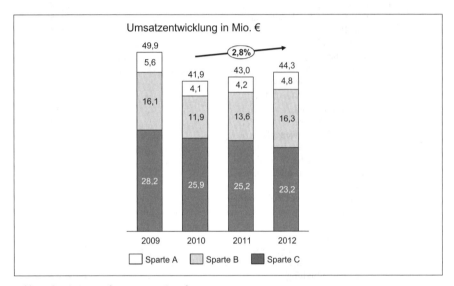

Abb. 1: Sanierungsplanung vor Insolvenz

3 Im Jahr 2009 hatte das Unternehmen einen Rekordumsatz von rund € 50 Mio. erwirtschaftet, dabei allerdings einen Verlust ausgewiesen. Für das Jahr 2010 wurde aufgrund der Planung von einem Umsatzrückgang von 20% auf knapp € 42 Mio. ausgegangen. Aufgrund konjunktureller Probleme und schlechter Entwicklung in den Abnehmerbranchen konnten in dem Jahr jedoch nur rund € 39 Mio. Umsatz erzielt werden. Die Kostenquoten, insbesondere die Personalkosten waren an diese Situation nicht angepasst. Weiterhin war es dem Unternehmen in den vorhergehenden Jahren nicht gelungen, Preissteigerungen im Rohstoffbereich an die Kunden weiterzugeben.

4 Die Metall AG war seit längerer Zeit immer wieder in einer wirtschaftlichen Krisensituation. Im Rahmen der unmittelbaren Krisenbewältigung war bereits ein Sanierungsgutachtens erstellt worden und eine laufende Sanierungsbegleitung im Gange. Der im Vorjahr eingeleiteten Sanierungsprozess sah eine mittelfristige Erholung der Umsätze vor. Weiterhin war geplant, durch einen Personalabbau von rund 10% die Personalkosten an die neue Umsatzgröße anzupassen. Auch bei den sonstigen Kosten war eine Anpassung auf die neue stabile Umsatzgröße geplant. Als stabiler Umsatz wurde im Rahmen der vorinsolvenzlichen Sanierung eine Größe von rund € 40 Mio. angenommen, was ca. 10% unterhalb des Durchschnitts der Vorjahre lag. Durch den Aktionärskreis war die Suche nach einem Eigenkapitalgeber angestoßen worden.

5 Zu Beginn des zweiten Quartals 2011 verschärfte sich die Unternehmenskrise aufgrund zu geringer Umsätze. So konnten im Mai die Löhne und Gehälter nur zu 50%

ausgezahlt werden. Die laufend durchgeführte und durch den Sanierungsberater begleitete Liquiditätsplanung wies dementsprechend kaum noch Freiräume aus.

2. Plan B

In dieser Situation entschied sich der Vorstand des Unternehmens dafür, als Plan B ein Insolvenzplanverfahren vorbereiten zu lassen. Hierzu wurde zunächst eine kurze Machbarkeitsstudie erstellt. Dabei wurde geprüft, ob im Rahmen eines solchen Verfahrens ausreichend Liquidität zur Fortführung des Geschäftsbetriebs vorhanden sein würde, welche Quoten unter groben Annahmen für die wichtigsten erkennbaren Gläubigergruppen entstehen könnten, und ob ein Personalabbau- und Kostenreduzierungskonzept im Rahmen des Insolvenzplanverfahrens umsetzbar wäre. Weiterhin wurden kursorisch die Haftungsrisiken der beteiligten Personen geprüft. 6

Die Machbarkeitsstudie ergab, dass der Durchführung eines Insolvenzplanverfahrens zur Sanierung des Unternehmens keine im Vorfeld erkennbaren wesentlichen Hinderungsgründe entgegenstünden. Als sich im weiteren Zeitablauf die Liquiditätslage weiter verschlechterte, entschieden Aufsichtsrat und Vorstand gemeinsam, dass für Ende Juni ein Insolvenzantrag gestellt werden sollte. Es handelte sich damit insgesamt zwar um eine gesteuert eingeleitete Planinsolvenz, jedoch war für ein vollständiges prepackaging des Insolvenzplans nicht ausreichend Zeit zur Verfügung. 7

Unmittelbar vor Antragstellung wurde ein Sanierungs- und insolvenzerfahrener Mitarbeiter des Sanierungsberaters zum CRO (ChiefRestructuringOfficer) und Vorstand ernannt. Entsprechend der vereinbarten Aufgabenzuweisung im Vorstand war der CRO für die Steuerung des Sanierungsprozesses und des Insolvenzverfahrens bei der Metall AG zuständig. Die Bestellung des CRO sollte insbesondere die Aussichten auf die gewünschte Eigenverwaltung stärken. 8

3. Bankenpool

Von entscheidender Bedeutung für den Erfolg des Verfahrens war die Zustimmung der finanzierenden Banken. Die Banken waren in diesem Fall in einem Pool organisiert, der zwei Tage vor Insolvenzantragstellung über Ziel und Inhalt des Insolvenzplanverfahrens informiert wurde. Der Bankenpool vertrat Forderungen € 5,6 Mio. und war hervorragend besichert. Vom Bankenpool konnte zu diesem Zeitpunkt lediglich die Aussage erreicht werden, einer sinnvollen Lösung nicht entgegen zu stehen. Hierzu gehörte auch die Bereitschaft, dass im Vorfeld praktizierte Factoring auch in Zukunft weiterzuführen. Dies war für die Unternehmensfinanzierung unerlässlich. 9

4. Insolvenzantrag

Der Insolvenzantrag wurde unmittelbar vor Fälligkeit der Lohnnebenkosten Ende Juni 2011 beim zuständigen Amtsgericht gestellt. Im Rahmen des Antrages wurde bereits darauf hingewiesen, dass im weiteren Verlauf des Verfahrens nach Eröffnung die Eigenverwaltung geplant war. Des weiteren wurde in Abstimmung mit dem zuständigen Insolvenzrichter ein fortführungserfahrener Insolvenzverwalter zum vorläufigen Insolvenzverwalter bestellt. Der vorläufige Insolvenzverwalter nahm seine Tätigkeit noch am selben Tag auf. In enger Zusammenarbeit mit den Sanierungsberatern wurde der weitere Verfahrensablauf geplant. 10

§ 39

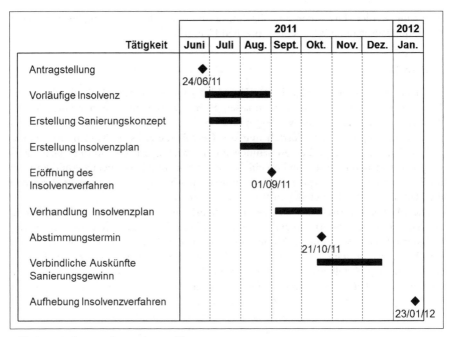

Abb. 2: Zeitplan Insolvenzplanverfahren

5. Verfahrensablauf

11 Wie in den allermeisten Insolvenzverfahren üblich, so wurde auch hier der Zeitraum der vorläufigen Insolvenz auf rund zwei Monate, also bis Ende August 2011 festgelegt. Hierdurch konnte der Insolvenzgeldzeitraum von drei Monaten vollständig genutzt werden, da ja die Löhne und Gehälter für Juli nicht ausgezahlt worden waren. Die Eröffnung sollte am 1.9.2011 erfolgen. Ziel war dann, die Abstimmung über den bis Ende August fertig zu stellenden Insolvenzplan so früh wie möglich durchzuführen. Der frühestmögliche Termin war in diesem Fall Ende Oktober. Zu diesem Zeitpunkt konnten die Forderungsanmeldungen der Gläubiger erfolgt sein und den Gläubigern der hierauf basierende Insolvenzplan zugestellt worden sein. Die Planbestätigung sollte sodann mit geringem zeitlichem Nachlauf nach Erteilung einer verbindlichen Auskunft über die Behandlung der Sanierungsgewinne erfolgen. Unmittelbar danach sollte dann die Aufhebung des Verfahrens stattfinden.

12 Die Aufgabenteilung im laufenden Insolvenzverfahren wurde zwischen vorläufigem Insolvenzverwalter und Sanierungsberater laufend eng abgestimmt. Zu diesem Zweck wurde mit dem Vorstand, dem vorläufigen Insolvenzverwalter und dem CRO ein wöchentlicher jour fix vereinbart. In diesem jour fix wurden alle relevanten Probleme offen angesprochen und gemeinsam an der Lösung gearbeitet.

6. Vorläufiges Insolvenzverfahren

13 Im Rahmen des vorläufigen Insolvenzverfahrens war zunächst die Aufrechterhaltung des Geschäftsbetriebes sicherzustellen. Hierzu wurde mit diversen Lieferanten Vereinbarungen über die Weiterbelieferung, Zahlungsziele und sonstige Lieferkonditionen getroffen.

§ 39 Insolvenzplanverfahren Metall AG   § 39

In den ersten beiden Tagen wurde eine vollständige Inventur des Umlaufvermögens durchgeführt. Nach Abschluss dieser Inventur und der Vereinbarungen mit den wesentlichsten Lieferanten konnte der Geschäftsbetrieb und insbesondere die Produktion unmittelbar wieder aufgenommen werden.

Die Vermeidung von Produktionsausfällen im Rahmen der vorläufigen Insolvenz stellt eines der wesentlichen Leistungskriterien und eine Hauptaufgabe des Sanierungsteams dar. Das Insolvenzgeld hat im Sanierungssinne nur dann eine Wirkung, wenn im Zeitraum der Insolvenzgeldgewährung auch produziert werden kann. Ohne entsprechenden Umsatz fließt dem zu sanieren Unternehmen keine Liquidität zu, und der Vorteil, für drei Monate ohne Personalkosten produzieren zu können, geht verloren. 14

Zeitgleich mit der Aufrechterhaltung des operativen Betriebes wurde das Sanierungskonzept auf die Umstände der Insolvenz angepasst. Hierbei wurde insbesondere die zukünftige Umsatzgröße kritisch beleuchtet und eine konservative Planung aufgestellt. Im Rahmen dieser konservativen Planung wurde von nur noch rund € 30 Mio. Jahresumsatz nach Abschluss der Sanierung ausgegangen. Auf diese neue Umsatzgröße wurden die anderen Planungsgrößen angepasst, insbesondere die Personalbedarfsplanung, aber auch Raumbedarfe und sämtliche sonstigen Kostenpositionen. Die Erstellung dieses neuen integrierten Sanierungskonzept des im Rahmen der Insolvenz wurde nach rund einem Monat abgeschlossen. 15

Unmittelbar nach Fertigstellung des Sanierungskonzeptes wurden die Verhandlungen mit dem Betriebsrat und der Gewerkschaft IG Metall aufgenommen. Ziel war es, den notwendigen Personalabbau in enger Abstimmung mit den Arbeitnehmervertretern durchzuführen. Der Personalabbau sollte im Rahmen eines Sozialplanes mit Interessenausgleich und einer von beiden Betriebsparteien unterschriebener Namensliste erfolgen. Dies hatte aus Sicht des Sanierungsteams den wesentlichen Zweck, die Rechtssicherheit des Personalabbaus zu erhöhen. Auf Initiative der Arbeitnehmervertreter kam es zur Einrichtung einer Transfergesellschaft. Ziel der Personalmaßnahme war es, die aktuelle Belegschaft des Unternehmens von rund 300 Mitarbeitern durch den Personalabbau auf 200 Mitarbeiter zu reduzieren. Dazu wurde zunächst vereinbart, alle befristeten Arbeitsverhältnisse auslaufen zu lassen. Nach Abzug der Altersteilzeitverträge mussten insgesamt 70 Mitarbeiter in die Transfergesellschaft übergehen. 16

Gleichzeitig musste zur Stabilisierung der Personalkostenquote für einen Zeitraum von 2012 bis 2013 ein Sanierungstarifvertrag unter Neuregelung von Weihnachts- und Urlaubsgeld und sonstigen Sonderzahlungen sowie dem Ausschluss von Tariferhöhungen verhandelt werden. Weiterhin musste die bereits vereinbarte Mehrarbeit von 2 Wochenstunden ohne Lohnausgleich (37 Stunden Woche) aufrechterhalten werden. Das gesamte Vertragswerk konnte innerhalb von rund fünf Wochen abschlussreif verhandelt werden, so dass unmittelbar nach Eröffnung des Insolvenzverfahrens mit den Personalabbaumaßnahmen, also Gründung der Transfergesellschaft, Abschluss der dreiseitigen Verträge und Kündigung der Mitarbeiter begonnen werden konnte. 17

Der Insolvenzplan sollte nach gemeinsamer Festlegung des Sanierungsteams und des vorläufigen Insolvenzverwalters in der Woche vor Eröffnung des Verfahrens weitestgehend fertig gestellt sein. Die einzigen offenen Punkte sollten diejenigen sein, die erst mit Verfahrenseröffnung fertig gestellt werden können, insbesondere die konkrete zahlenmäßige Erfassung der Gläubigerforderungen, mithin die Insolvenztabelle. Am 26. August 2011 konnte diese vorläufige Fassung des Insolvenzplanes den beteiligten Parteien zur ersten Prüfung vorgelegt werden. Der Inhalt wird im Folgenden leicht gekürzt wiedergegeben: 18

II. Insolvenzplan der Metall AG

1. Vorbemerkungen

19 Der Vorstand der Metall AG beantragte am 26.6.2011 beim zuständigen Amtsgericht die Eröffnung des Insolvenzverfahrens über das Vermögen der Gesellschaft.

20 Mit Beschluss vom gleichen Tag beauftragte das Insolvenzgericht den im selben Beschluss bestellten vorläufigen Insolvenzverwalter damit, ein schriftliches Gutachten über das Vorliegen von Insolvenzeröffnungsgründen und über die Aussichten für eine Fortführung des Unternehmens zu erstatten. Weiterhin sollte ermittelt werden, ob Sicherungsmaßnahmen zu treffen sind und eine verfahrenskostendeckende Masse vorliegt.

21 Am 25. August 2011 erstattete der vorläufige Insolvenzverwalter Bericht über seine Tätigkeit im Insolvenzantragsverfahren durch Vorlage seines Gutachtens. In diesem Gutachten wurde festgestellt, dass Zahlungsunfähigkeit und Überschuldung vorliegt und die Verfahrenskosten gedeckt sind. Es wurde empfohlen, dass Insolvenzverfahren zu eröffnen. Der vorläufige Insolvenzverwalter stellte weiter fest, dass Aussichten auf eine erfolgreiche Betriebsfortführung bestehen. Weiterhin stellte der vorläufige Insolvenzverwalter fest, dass aus seiner Sicht die Voraussetzungen der beantragten Eigenverwaltung vorliegen.

22 Das Insolvenzgericht folgte den Feststellungen des vorläufigen Insolvenzverwalters, und eröffnete mit Beschluss vom 1. September 2011 das Insolvenzverfahren und ordnete die Eigenverwaltung an. Der vorläufige Insolvenzverwalter wurde zum Sachwalter bestellt.

23 Die Metall AG als Schuldnerin reicht den vorliegenden Insolvenzplan in Abstimmung mit dem Sachwalter zur Prüfung, Erörterung und Abstimmung ein.

2. Darstellender Teil

24 **a) Ziele des Insolvenzplanes.** Der vorliegende Insolvenzplan stellt für die Gläubiger der Metall AG die beste Verwertungsalternative dar, da die Quotenerwartung im Falle der Abwicklung des Unternehmens für die Insolvenzgläubiger deutlich geringer wäre. Eine übertragende Sanierung des Unternehmens oder von Unternehmensteilen ist unsaniert nicht möglich. Durch den Forderungsverzicht der Gläubiger nach diesem Insolvenzplan kann das für die Region wesentliche Unternehmen erhalten werden.

25 **b) Grundlagen des Insolvenzplanes**
aa) Rechtliche Verhältnisse/Historische Entwicklung. Die Insolvenzschuldnerin wurde im Jahre 1951 als GmbH gegründet. Im Jahr 1987 wurde die Insolvenzschuldnerin in eine Aktiengesellschaft umgewandelt. Die Schuldnerin ist unter HRB 48932 in das Handelsregister der Stadt Nürnberg eingetragen. Der Vorstand besteht aus den Herren Meier, Müller und Schulz. Herr Schulz ist im Vorfeld der Insolvenz als Sanierungsvorstand bestellt worden.

26 Der Unternehmensgegenstand ist entsprechend dem Handelsregister die Entwicklung und Herstellung sowie der Vertrieb von Halbzeugen aus Feinblech, Ladeneinrichtungen und Betriebsausstattung. Weiterhin die Verwaltung und Führung von Beteiligungsgesellschaften, Verwaltung, Vermietung und Verpachtung von Gebäuden und Grundstücken Unternehmenszweck.

Das Geschäftsjahr ist das Kalenderjahr.

Die Mitglieder des Aufsichtsrates sind Herr Maier, Herr Mayer sowie Herr Müller-Lüdenscheid.

bb) Grundkapital und Aktien. Das Grundkapital der Aktiengesellschaft beträgt € 1 Mio. und ist in 1000 auf den Inhaber lautende Stückaktien eingeteilt. Eine Liste der Aktionäre ist als Anlage beigefügt.

27

cc) Beteiligungen der Schuldnerin. Die Insolvenzschuldnerin ist zu 100 % an der Metall Grundbesitz GmbH beteiligt. Die Beteiligung wird in der letzten Bilanz mit Euro 500.000 ausgewiesen.

28

Die Insolvenzschuldnerin ist weiterhin an der Metall Europa GmbH beteiligt, die ihrerseits weitere Beteiligung hält. Ein Unternehmensorganigramm ist als Anlage beigefügt. Mit beiden Tochtergesellschaften bestehen Ergebnisabführungsverträge. Nach dem Inhalt dieser Verträge müssen beide Beteiligungen jeweils ihren gesamten Gewinn an die Insolvenzschuldnerin abführen, diese ist umgekehrt verpflichtet, einen eventuellen Jahresverlust auszugleichen.

29

dd) Steuer
(1) Steuerliche Verhältnisse. Das Unternehmen wurde beim Finanzamt Nürnberg unter der Steuernummer 444/4444/4444 geführt. Ab Eröffnung des Insolvenzverfahrens wurde eine neue Steuernummer erteilt.

30

Bei der Insolvenzschuldnerin fand 2010 eine steuerliche Außenprüfung für Körperschaftsteuer, Gewerbesteuer und Umsatzsteuer statt. Geprüft wurden die Veranlagungszeiträume 2006–2008. Es ergaben sich keine Steuernachzahlungen. Weiterhin fand in 2009 eine Lohnsteueraußenprüfung für die Zeiträume 2005–2007 statt.

31

(2) Verlustabzugspotenzial. Ein steuerlicher Verlust für das Jahr 2010 ist noch nicht verbindlich durch das Finanzamt festgestellt.

32

Durch die von den Gläubigern im Rahmen des Insolvenzplanverfahrens abverlangten Verzichte wird ein erheblicher Sanierungsgewinn entstehen. Zu ertragsteuerrechtlichen Behandlung solcher Sanierungsgewinne hat das Bundesfinanzministerium in Abstimmung mit den Finanzbehörden der Länder in einem Schreiben vom 23.3.2003 Stellung genommen.

33

Nach diesem BMF Schreiben in Bezug auf die Behandlung von ertragsteuerlich relevantem Sanierungsgewinn sowie deren Stundung und Erlass aus sachlichen Billigkeitsgründen (§§ 163, 122,227 AO) ist eine Sanierung eine Maßnahme, die ein Unternehmen oder ein Unternehmensträger vor dem finanziellen Zusammenbruch bewahren und wieder ertragsfähig machen soll (unternehmensbezogene Sanierung). Dieses Schreiben ist auf eine Sanierung im Rahmen eines Insolvenzverfahrens anwendbar.

34

Da die Insolvenzordnung als wesentliches Ziel die bessere Abstimmung von Liquidation und Sanierungsverfahren, die Förderung der außergerichtlichen Sanierung und die Stärkung der Gläubigerautonomie zum Ziel hat, steht die Besteuerung von Sanierungsgewinnen nach Wegfall von § 3 Nr. 66 EStG mit den Sanierungszielen der Insolvenzordnung im Zielkonflikt.

35

Die Besteuerung von Sanierungsgewinn, der durch die Umsetzung eines Insolvenzplanverfahrens entsteht und auch nicht durch Verrechnung mit vorangegangenen Verlusten entfällt, bedeutet für den Steuerpflichtigen eine erhebliche Härte und ist nach sachlichen Billigkeitsgründen zu berücksichtigen. Die entsprechende Steuer ist auf Antrag des Steuerpflichtigen abweichen festzusetzen und mit dem Ziel des späteren Erlasses ab Fälligkeit zu stunden. Die Stundung steht bis zum endgültigen Entscheid unter Widerrufsvorbehalt.

36

Dennoch festzustellender Sanierungsgewinn ist daher zunächst mit den bislang entstandenen Verlustvorträgen zu verrechnen. Die Verlustvorträge sind hierdurch aufge-

37

§ 39
7. Teil. Rechnungslegung und Steuern

braucht. Sofern nach der Verlustverrechnung ein überschießender Sanierungsgewinn verbleibt, ist die Ertragssteuer auf diesen Sanierungsgewinn festzusetzen und mit dem Ziel des späteren Erlasses widerruflich zu stunden.

Anmerkung:
Die Behandlung des Sanierungsgewinnes kann je nach weiterem Vorgehen in der Sanierung von erheblicher Bedeutung sein. Erkennt die Finanzverwaltung die Einschlägigkeit des BMF Schreibens für die Sanierung im Rahmen des Insolvenzplanverfahrens nicht an, so droht eine Folgeinsolvenz aufgrund der festgesetzten Ertragsteuern. Eine derartige Unsicherheit ist den am Verfahren Beteiligten regelmäßig nicht zuzumuten. Insofern bietet sich an, hier zeitnah eine verbindliche Auskunft einzuholen. Dies ist umso dringlicher, wenn im Rahmen des Verfahrens ein Investor am Unternehmen beteiligt werden soll. Aufgrund des hier drohenden Wegfalls der Verlustvorträge steigt das finanzielle Risiko erheblich. Ein Investor ist typischerweise auch nicht bereit, vor Herstellung von Rechtssicherheit über die Besteuerung von Sanierungsgewinnen einzusteigen und Zahlungen auszulösen. Es empfiehlt sich, sich frühzeitig mit diesem Thema auseinander zusetzen.

38 **ee) Grundbesitz.** Grundbuch von Nürnberg Blatt 4444, Flur 44, diverse Flurstücke
Bei diesem Grundbesitz handelt es sich um das Betriebsgrundstück der Insolvenzschuldnerin. Das letzte Verkehrswertgutachten datiert auf das Jahr 2010. Aufgrund der dauerhaften Nutzung als Gewerbeimmobilie ist nach dem Gutachten von wertmindernden Altlasten auszugehen.

39 Das Grundstück ist belastet mit Grundschulden über 5.500.000 € zu Gunsten der Hypothekenbank.
Grundbuch von Nürnberg Blatt 5555, Flur 55, diverse Flurstücke
Von der weiteren Aufzählung wird abgesehen.

40 **ff) Wichtige Dauerschuldverhältnisse**
(1) Mietverhältnisse
- *Nürnberg Verwaltungsstandort*
Die Insolvenzschuldnerin hat einen gewerblichen Mietvertrag für Teile ihrer Hauptverwaltung abgeschlossen. Der Vertrag bezieht sich auf Büroraum im Industriegebiet Nürnberg Süd, Leopoldstraße 1, der monatliche Mietzins beträgt 10.000 €. Das Mietverhältnis wurde im Rahmen der Insolvenz außerordentlich gekündigt, der Standort wird mit dem Betriebsstandort zusammengelegt.
- *Köln, Niederlassung West*
Die Insolvenzschuldnerin betreibt in Köln die unselbständige Vertriebsniederlassung West. Die Räumlichkeiten befinden sich im Kranhaus 1, Im Zollhafen 18, 50678 Köln. Der monatliche Mietzins beträgt 3000 €, das Mietverhältnis wird ungekündigt weitergeführt.
- *Vermietung*
Die Insolvenzschuldnerin hat verschiedene Teile ihres Grundbesitzes vermietet oder verpachtet. Eine Übersicht über diese Rechtsverhältnisse ist als Anlage beigefügt.
- *Leasing*
Wesentliche Teile des Fahrzeugparks der Insolvenzschuldnerin sind geleast. Weiterhin sind wesentliche Maschinen im Produktionsbereich der Insolvenzschuldnerin geleast und die gesamte Serverinfrastruktur. Sämtliche Verträge werden fortgesetzt. Ein Verzeichnis der Leasingverträge ist beigefügt.

41 **(2) Arbeitsverhältnisse.** Die Arbeitsverhältnisse bei der Insolvenzschuldnerin ergeben sich aus der anonymisierten Personalübersicht, die dem Insolvenzplan als Anlage beigefügt ist.

42 Zum Stichtag 30.6.2011 beschäftigte die Insolvenzschuldnerin insgesamt 300 Mitarbeiter. Hierunter befinden sich 20 Mitarbeiter mit befristeten Arbeitsvertrag, darüber

hinaus 15 Auszubildende. Es wurden zehn Altersteilzeitverträge mit Arbeitnehmern geschlossen, von denen sich fünf in der Freistellungsphase befinden. Weitere zehn Mitarbeiter sind Dauer erkrankt. Nach Abzug aller befristeten Arbeitsverhältnisse und der Auszubildenden sowie der freigestellten Altersteilzeiter und Dauererkrankten verfügt die Insolvenzschuldnerin damit über eine Stammbelegschaft von 265 Mitarbeitern.

Für die Insolvenzschuldnerin gilt der Metalltarifvertrag. Die Insolvenzschuldnerin 43 schloss am 1.1.2010 einen Sanierungstarifvertrag zur Beschäftigungssicherung mit einer Laufzeit von zwei Jahren. Dieser Tarifvertrag sieht vor, dass die wöchentliche Arbeitszeit von 35 Stunden auf 37 Stunden ohne Lohnausgleich angehoben wird. Weiterhin verzichten die Mitarbeiter auf Urlaubsgeld und das 13. Monatsgehalt. Für die in der Vergangenheit erbrachten Sanierungsbeiträge der Mitarbeiter besteht ein Besserungsschein.

Zusätzlich zu diesen Maßnahmen wurde das hälftige Gehalt für den Monat Mai 2011 44 nicht ausgezahlt und gestundet.

(3) Bankkredite und Sicherheiten. Die Insolvenzschuldnerin unterhält vielfältige 45 Geschäftsbeziehungen zu Kreditinstituten, die Bank üblich gesichert sind. Eine Übersicht über die Kreditverhältnisse und Sicherheiten ist dem als Anlage beigefügten Bankenspiegel zu entnehmen.

(4) Versicherungen. Die laufenden Versicherungsverträge sind der beigefügten Anlage 46 zu entnehmen.

Anmerkung:
Der vorstehende Teil gibt im Sinne einer echten Bestandsaufnahme die rechtlich relevanten Verhältnisse eines insolventen Unternehmens wieder. Eine über die Darstellung des Ist-Zustandes hinausgehenden Zweck verfolgt die Darstellung nicht. Dennoch ist Sie zur vollständigen Information der Gläubiger in dieser Ausführlichkeit erforderlich.

c) Wirtschaftlichen Verhältnisse. Das Unternehmen wurde im Jahr 1951 gegründet 47 und war zum damaligen Zeitpunkt ein blechverarbeitendes Unternehmen. Im Zuge der wirtschaftlichen Entwicklung der Region entwickelte sich ein größeres mittelständisches Unternehmen, das auf die Herstellung von Feinblechprodukten als Zulieferer für andere Industrien, insbesondere als Einhausung im Bereich Maschinenbau und Elektroanlagenbau ausgerichtet war. Mit dem Aufschwung der entsprechenden Industrien im Umfeld um den Stammsitz expandierte auch die Insolvenzschuldnerin in den sechziger und siebziger Jahren stark und beschäftigte zu Spitzenzeiten 700 Mitarbeiter. Nach einer starken wirtschaftlichen Phase zu Beginn der Neunzigerjahre sah sich das Unternehmen ab Mitte der Neunzigerjahre einem starken Preisdruck aus dem osteuropäischen Ausland ausgesetzt. Seit diesem Zeitpunkt hat das Unternehmen kontinuierlich Umsatz und Mitarbeiter abgebaut.

Mitte der Achtzigerjahre begann das Unternehmen ein Geschäftsfeld für Laden- und 48 Betriebsausstattungen aufzubauen. Hierbei wurde aus der Kernkompetenz der Blechverarbeitung heraus in den damals wachsenden Markt der Ladeneinrichtung für den großen, filialisierenden Einzelhandel eingestiegen. Regionale Partner waren die hier ansässigen großen Handelsketten. Dieser Markt wird bedient mit Stahlregalen für Supermärkte und Drogerien, aber auch mit Theken und Vitrinensystem zur aufwändigen Präsentation von Frischware. Weiterhin stellt die Insolvenzschuldnerin mit hoher Sortimentstiefe Betriebsausstattungen her. Hierunter fallen Stahlschränke, Werkbänke, Materialschränke und Aufbewahrungssysteme.

aa) Vergangene wirtschaftliche Entwicklung. Die wirtschaftliche Entwicklung der 49 letzten Jahre ist negativ. Zwar konnte das Unternehmen im Jahr 2009 einen erheblichen

§ 39   7. Teil. Rechnungslegung und Steuern

Umsatzzuwachs ausweisen, machte hiermit jedoch Verlust. Dies lag zum einen an der mangelhaften Weitergabe von Materialpreissteigerung, zum anderen aber auch an den hohen Produktionskosten aufgrund eines alten und anfälligen Maschinenparks. Dies führte zu erheblichen Mehraufwendungen für Leiharbeit, Sonderfrachten und Sonderschichten.

50 In 2010 brach der Umsatz um 20 % ein, was durch die eingeleiteten Maßnahmen nicht vollständig aufgefangen werden konnte. Wesentliche Kostenquoten, insbesondere die Personalkostenquote stiegen signifikant. Dem Unternehmen fehlte darüber hinaus die wirtschaftliche Kraft, um den notwendigen Personalabbau im Rahmen eines Sozialplanes finanzieren zu können. Die Verluste stiegen in 2010 nochmals an.

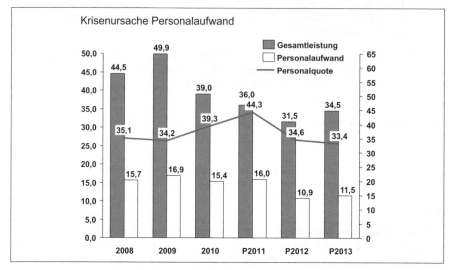

Abb. 3: Personalaufwand absolut und Quote

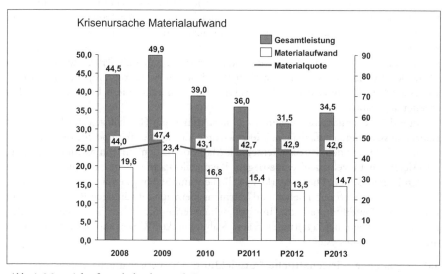

Abb. 4: Materialaufwand absolut und Quote

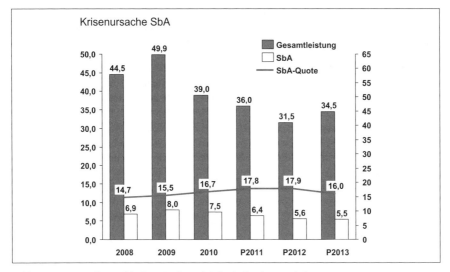

Abb. 5: Sonstiger betrieblicher Aufwand (SbA) absolut und Quote

bb) Krisenursachen. Die Insolvenzschuldnerin steht unter einem starken Kostendruck 51 in ihrem Stammgeschäft, der Feinblechverarbeitung. Osteuropäische Hersteller haben insbesondere den Massenmarkt mit günstigen Preisen zu vertretbaren Qualitäten für sich erschlossen. Für die Insolvenzschuldnerin blieben nur noch komplexe Spezialanfertigungen oder Kleinserien, die jedoch zunehmend nicht zu auskömmlichen Preisen am Markt zu platzieren waren.

Im Geschäftsbereich der Ladeneinrichtung steht die Insolvenzschuldnerin ebenfalls 52 unter einem erheblichen Kostendruck aus Osteuropa bzw. von Großserienfertigern. Höhere Preise sind auch hier nur für Spezialanfertigungen zu erreichen. Der Bereich der Betriebs- und Geschäftsausstattung ist von einer hohen Teilevielfalt gekennzeichnet.

Aus dem vorgenannten resultiert eine enorme Komplexität des Produktportfolios. Ein 53 derartig komplexes Produktportfolio lässt sich nur mit einem hierauf angepassten Maschinenpark, der auf hohe Flexibilität ausgerichtet ist und eine entsprechend ausgebildete Mitarbeiterschaft erfolgreich bewältigen.

Die Insolvenzschuldnerin hat die Umstellung auf eine höhere Fertigungsflexibilität 54 jedoch erst im letzten Jahr begonnen. Die Umstellung auf auftragsbezogene Fertigung auf der einen Seite und die Reduktion des Produktportfolios zur Reduktion der Komplexität auf der anderen Seite konnten bislang noch nicht die erwünschte Wirkung zeigen. Zwar sind insbesondere durch die Umstellung der Fertigung auf just-in-time Produktion erhebliche Produktivitätsfortschritte erzielt worden, jedoch konnte die Portfolioreduzierung aufgrund langfristiger Lieferverträge nicht schnell genug umgesetzt werden.

cc) Unternehmensstrategie. Eine konsequent verfolgte Unternehmensstrategie be- 55 stand bislang nicht. Das Unternehmen hat Marktchancen verfolgt, wo sich geboten haben, ohne Rücksicht auf eine langfristige Ausrichtung des Unternehmens. Folge hiervon ist eine hohe Komplexität des Produktportfolios.

Zwar gibt es grundsätzlich eine beschriebene Unternehmensstrategie, jedoch fehlt 56 eine konsequente und detaillierte Umsetzung der Strategie auf einzelne Handlungen und eine hierzu passende Umsetzungsplanung. Eine Priorisierung von Zielen und eine hierauf abgestimmte Marktbearbeitung findet daher nicht statt.

57 Weiterhin war die Insolvenzschuldnerin in der Vergangenheit nur unzureichend bereit, sich von unrentablen Produktbereichen, Marktsegmenten und Produktionsbereichen zu trennen.

58 dd) Markt und Wettbewerb. Nach Rekordaufträgen in 2008, die zu Rekordumsätzen für das Jahr 2009 geführt haben, führte die Finanz- und Wirtschaftskrise zu einem starken Rückgang der Neuaufträge ab Mitte 2009. Das Fehlen von Preisgleitklauseln in langfristigen Lieferverträgen führte zu erheblichen Verlusten aufgrund von deutlichen Steigerungen im eigenen Materialeinkauf. Die Materialquote der letzten Jahre ist signifikant gestiegen.

59 Aufgrund der konjunkturellen Entwicklung haben große Geschäftspartner, insbesondere der Einzelhandel, aber auch die Industrie ihre Investitionsprogramme zurückgefahren. Es besteht nach wie vor ein hoher Preisdruck von osteuropäischen Serienfertigern. Weiterhin haben wesentliche deutsche Wettbewerber ihre Produktion mittlerweile so weit flexibilisiert, dass auch im Sonderfertigungsbereich ein Preisdruck entstanden ist.

60 ee) Produktion. Die Produktion der Insolvenzschuldnerin war in der Vergangenheit eine wesentliche Schwachstelle des Unternehmens. Verspätete Auslieferungen führten zu teuren Sonderschichten. Eine mangelhafte Produktionsplanung und -steuerung führte zu deutlichen Problemen in der fristgerechten Bearbeitung der Aufträge und einer rechtzeitigen Auslieferung und Sonderfrachten. Dringend notwendige Produktivitätssteigerung durch die Einführung moderner Produktionssysteme und ein überalterter Maschinenpark sowie die nur unzureichende Nutzung von Outsourcing und Kooperationen führten zu signifikant zu hohen Produktionskosten. Hinzu kam die regelmäßig deutlich abnehmende Losgröße in der Produktion aufgrund des Wechsels von der Serienfertigung zur Sonderfertigung im Produktbereich.

61 ff) Finanzierung. Die Verbindlichkeiten gegenüber Lieferanten sind im unmittelbaren Vorfeld der Insolvenz deutlich angestiegen. Fällige Verbindlichkeiten von ca. € 4 Mio. konnten nicht fristgerecht bedient werden. Mit den Lieferanten wurden Stundungsvereinbarung und Ratenzahlungspläne geschlossen. Gleichteilig wurde das Unternehmen auf Vorkasse umgestellt, so dass eine Belieferung nur noch bei zeitgleicher Bezahlung von Rechnungen möglich ist. Die schon seit längerem andauere der Krisensituation hat die finanziellen Reserven des Unternehmens vollständig aufgebraucht. Weiterhin wurde das Vertrauen der Finanzierungspartner im Bankenbereich so stark in Mitleidenschaft gezogen, dass auch hier keine Finanzierungsbereitschaft mehr bestand.

Anmerkung:
Die Beschreibung der Krisenursachen ist in einem Sanierungsinsolvenzplan sinnvoll, da hier der zu beschreitende Lösungsweg aufgezeigt wird. In diesem Sinne muss ein solcher Insolvenzplan die Gläubiger auch von der Sanierungsfähigkeit des Unternehmens überzeugen. Der Weg aus der Krise wird in den folgenden Abschnitten beschrieben.

62 d) Leitbild des Insolvenzplanes. Der vorliegende Insolvenzplan ist ein Sanierungsplan, der die Fortführung des Unternehmens zum Ziel hat. Die Gläubiger werden aus den zukünftigen Erträgen des Unternehmens bedient.

63 aa) Rechtshandlungen des vorläufigen Insolvenzverwalters. Der Insolvenzverwalter hat zu Beginn seiner Tätigkeit eine Inventur durchgeführt. Weiterhin hat der vorläufige Insolvenzverwalter das Insolvenzgeld vorfinanziert.

64 Durch den vorläufigen Insolvenzverwalter wurde in Zusammenarbeit mit dem Sanierungsvorstand eine konsequente Liquiditätsplanung eingeführt. Die Kontenguthaben der zu Verfahrensbeginn eingefrorenen Unternehmenskonten wurden auf Insolvenzanderkonten überführt. Das Factoring wurde aufrechterhalten. Es wurde ein striktes Bestell- und Einkaufscontrolling eingerichtet und das Inkasso der Unternehmensforderungen laufend überwacht und beschleunigt.

bb) Maßnahmen zur Sanierung der Schuldnerin. Der vorliegende Insolvenzplan erfordert zwingend die Sanierung der Schuldnerin. 65

Zur betriebswirtschaftlichen Sanierung der Insolvenzschuldnerin werden Maßnahmen in allen Kernbereichen des Unternehmens umgesetzt. Hierbei wird spezifisch auf die oben beschriebenen Schwachstellen reagiert. Eine Vielzahl von Maßnahmen ist bereits eingeleitet. 66

cc) Unternehmensstrategie. Die Insolvenzschuldnerin wird in Zukunft konsequent als Lösungsanbieter ausgerichtet. Das Unternehmen wird die Bedürfnisse der Kunden in den drei Marktfeldern Feinblechbearbeitung, Ladeneinrichtung und Betriebseinrichtung innovativ bedienen. Hierzu setzt das Unternehmen Trends mit eigenen neuen Produkten, wird jedoch konsequent preisgünstige Produkte von Partnern einsetzen. Die Insolvenzschuldnerin wird sich von nicht profitablen Produktbereichen trennen und diese Bereiche an Partner outsourcen. 67

dd) Vertrieb. Der Vertrieb wird sich in Zukunft konsequent auf die aktive Bearbeitung von A und B Kunden konzentrieren. C Kunden werden in Zukunft nur noch über den Webshop bedient. 68

Die bislang getrennten Bereiche Ladeneinrichtung und Betriebseinrichtung werden im Innendienst zusammengefasst. Hierdurch soll weiterhin eine bessere Zusammenarbeit des Vertriebes mit der technischen Auftragsbearbeitung erreicht werden. Durch die Spezialisierung auf den Bereich Lösungen ist eine höhere technische Kompetenz für die Vertriebsmitarbeiter erforderlich. Diese wird durch den Zusammenschluss sichergestellt. 69

Der Vertrieb wird sich konsequent auf die Wachstumsfelder Freizeit und Non-Food-Retail ausrichten. Der Vertrieb für Feinblech wird verstärkt auf Key Accounting ausgerichtet 70

ee) Produktion. Die Produktion wird mit einem Mittelfristkonzept auf hochflexible Kleinserien und Spezialfertigung angepasst. Hierauf muss die Produktionsplanung und -steuerung ausgerichtet werden. Nach Umstellung kann durch einen nachhaltigen kontinuierlichen Verbesserungsprozess die unzureichende Liefertreue signifikant verbessert werden. Weiterhin sind hierdurch Effizienzvorteile zu erreichen. Von nicht mehr profitabel zu treibenden Produktionsbereichen wird sich das Unternehmen durch Outsourcing konsequent trennen. Dies betrifft zunächst den Bereich Regalfertigung und den Versand. 71

Zusammen mit den notwendigen Personalanpassungen aufgrund des Umsatzrückganges kann im Bereich Produktion eine Reduktion der Mitarbeiter von 220 auf 155 durchgeführt werden 72

ff) Einkauf. Im Einkauf wird ebenfalls der Arbeitsanfall durch Outsourcing reduziert. Die Beschaffung von C-Teilen wurde an einen Dienstleister ausgegliedert. Durch Bündelung von Lieferanten konnten günstigere Einkaufskonditionen erzielt werden, zeitgleich konnten die Zahlungskonditionen bei Lieferanten neu verhandelt werden. Die Einkaufsleitung soll von operativen Maßnahmen entlastet und zur strategischen Einkaufsleitung umfunktioniert werden. Die neuen Aufgaben zielen auf die verstärkte Nutzung von Rahmenverträgen ab. 73

74 gg) Organisation und Personal. Im Sanierungskonzept wurde ein auf die neue stabile Umsatzgröße angepasstes Personalkonzept erstellt. Hierbei werden zunächst Personalüberhänge durch die reduzierte Umsatzgröße abgebaut. Weiterhin werden durch die Zusammenlegung von Bereichen im Vertriebsinnendienst und durch das Outsourcing von Aufgaben weitere Personalreduktionen durchgeführt. Schließlich werden durch die Einführung von modernen Produktionssystem Effizienzsteigerungen erzielt, die zu weiteren Personalabbaumaßnahmen führen.

75 Der Personalabbau wird gemeinsam mit dem Betriebsrat in einen Sozialplan mit Interessenausgleich und Namensliste durchgeführt. Darüber hinaus wird mit den Tarifvertragsparteien ein Sanierungstarifvertrag erarbeitet, der Sanierungsbeiträge der verbleibenden Mitarbeiter vorsieht.

76 Nach Umsetzung des neuen Personalkonzepts wird für das kommende Betriebsjahr ein neues Prämienmodell erarbeitet, dass das Unternehmen konsequent auf Effizienzsteigerungen und Qualität ausrichten wird.

Anmerkung:
Die obige Darstellung muss den Gläubiger davon überzeugen, dass das Unternehmen in Zukunft nachhaltig positive Ergebnisse erwirtschaften kann. Aufgrund der Erfahrungen der Vergangenheit wird sich ein Gläubiger davon nur dann überzeugen lassen, wenn die Krisenursachen richtig und transparent erfasst wurden und die Lösungsansätze hierauf die richtigen Antworten geben. Im vorliegenden Fall war mit Erreichen einer deutlich besseren Liefertreue schon im laufenden Insolvenzverfahren ein wesentlicher Schritt hierhin getan.

77 hh) Integrierte Sanierungsplanung. Für die nächsten drei Jahre wurde eine integrierte Sanierungsplanung aufgestellt. Planungsprämissen sind zum einen die beschriebenen Sanierungsmaßnahmen und zum anderen die erwartete wirtschaftliche Entwicklung. Die detaillierten Planungprämissen sind als Anlage beigefügt. Hiernach ergibt sich folgende Ergebnisentwicklung:

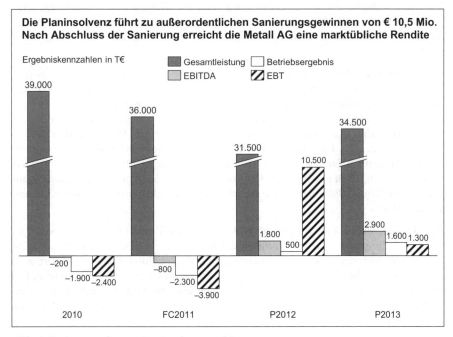

Abb. 6: Sanierungsplanung im Insolvenzverfahren

§ 39 Insolvenzplanverfahren Metall AG § 39

Hiernach ergeben sich folgende insolvenzplanbedingte Zahlungsverpflichtungen: 78

Mittelverwendung:
Insolvenzquote   1.330 T€
Absonderungsrechte   7.090 T€
Massekosten   650 T€
Summe   9.070 T€

Mittelherkunft:
Kontoguthaben bei Eröffnung   1.650 T€
Erträge bis Planerfüllung   2.100 T€
Neukredit   5.500 T€
Gesamtmittel   9.250 T€

Anmerkung:
Die hier erfolgte Aufzählung von Zahlungsverpflichtungen und Mittelherkunft ist in einer integrierten Sanierungsplanung mit detaillierten Annahmen zu hinterlegen. Die oben stehende Darstellung ist daher notwendigerweise stark verkürzt.

e) Risiken. Die vorliegende Planung steht unter dem typischen Prognoserisiko. Hierunter ist zu verstehen, dass die Erwartungen an Kunden, Lieferanten, Konjunkturentwicklung und den Markt eintreten. 79

Über dieses gewöhnliche Risiko hinausgehend sind folgende Themen anzusprechen: 80
- Insolvenzbedingter Kunden- oder Lieferantenverlust
- Weitere konjunkturelle Verschlechterung aufgrund der Wirtschaftskrise

Dem Abspringen wesentlicher Lieferanten wurde durch frühzeitiges Einbinden dieser 81 wichtigen Gläubigergruppe in das Insolvenzplanverfahren entgegengewirkt. Gleichfalls wurden die Hauptkunden schnell durch die entsprechenden Keyaccounter informiert und laufend betreut.

Auf das Risiko weiterer konjunktureller Verschlechterungen kann im Rahmen einer 82 Unternehmensplanung generell nur durch konservative Annahmen reagiert werden. Die vorliegende Sanierungsplanung ist dementsprechend konservativ aufgebaut.

f) Wirkungen des Insolvenzplans 83
aa) Gruppenbildung und Eingriff in die Rechte der Gläubiger. Im Folgenden werden die Grundsätze der Bildung von Gläubigergruppen dargelegt und die Eingriffe in deren Rechtsstellung je Gruppe aufgezeigt.

bb) Grundsätze der Bildung von Gläubigergruppen. Im Rahmen eines Insolvenzplanes sind die Gläubiger entsprechend ihrer jeweils unterschiedlichen Rechte in Gruppen ein zu sortieren. Die Grundsätze der Gruppenbildungen ergeben sich aus § 222 InsO.

Zwingend schreibt das Gesetz die Bildung folgender separater Gruppen vor: 84
- Absonderungsberechtigte Gläubiger, wenn durch den Plan in deren Rechte eingegriffen wird
- Nicht nachrangige Insolvenzgläubiger
- Nachrangige Insolvenzgläubiger, soweit deren Forderungen nicht nach § 225 InsO erlassen sein sollen
- Gesellschafter des schuldnerischen Unternehmens, wenn in deren Anteils- oder Mitgliedschaftsrechte durch den Plan eingegriffen wird (Diese Regelung ist neu durch das ESUG eingefügt)

§ 39   7. Teil. Rechnungslegung und Steuern

85   Gemäß § 222 Abs. 2 InsO können für Gläubiger mit gleicher Rechtstellung Gruppen gebildet werden, in denen Gläubiger mit gleichartigen wirtschaftlichen Interessen zusammengefasst werden, sofern sich diese sachgerecht voneinander abgrenzen lassen.

86   Gemäß § 222 Abs. 3 InsO soll eine Gruppe für Arbeitnehmer gebildet werden, wenn diese mit nicht unerheblichen Forderung am Verfahren beteiligt sind. Weiterhin kann für Kleingläubiger eine gesonderte Gruppe eingerichtet werden.

87   **cc) Beteiligte Gläubiger.** Im Insolvenzverfahren über das Vermögen der Metall AG haben die in der beigefügten Gläubigerliste ersichtlichen Gläubiger Forderungen angemeldet.

88   **dd) Gläubigergruppen und Abgrenzungsmerkmale.** Der vorliegende Insolvenzplan sieht unter Berücksichtigung der gesetzlichen Vorgaben und der unterschiedlichen Rechtsstellung der Gläubiger die Bildung von sieben Gläubigergruppen vor:
- Gläubiger mit Absonderungsrechten am betriebsnotwendigen Anlagevermögen
- Gläubiger mit sonstigen Absonderungsrechten
- Pensionssicherungsverein auf Gegenseitigkeit
- Arbeitnehmer
- Öffentliche Hand (Finanzamt, Krankenkassen, Agentur für Arbeit)
- Kleingläubiger
- sonstige ungesicherte und nicht nachrangige Insolvenzgläubiger

89   **Gruppe 1: Gläubiger mit Absonderungsrechten am Anlagevermögen.** Gruppe 1 beinhaltet Gläubiger, die zumindest auch am Anlagevermögen der Insolvenzschuldnerin besichert sind. In dieser Gruppe befinden sich damit insbesondere die beteiligten Kreditinstitute, die Rechte an den Grundstücken, an den Maschinen und den technischen Anlagen beanspruchen können. Diese Gegenstände werden zur Fortführung des Geschäftsbetriebes zwingend benötigt. Aufgrund ihrer umfänglichen Besicherung ist den Gläubigern dieser Gruppe weiterhin gemeinsam, dass sie im Falle der Liquidation keinen Ausfall erleiden würden.

90   Im Regelinsolvenzverfahren wäre der Insolvenzverwalter berechtigt, diese Gegenstände zu nutzen, müsste jedoch entsprechend §§ 169, 172 InsO Zinsen und Wertausgleich leisten. Verwertet der Insolvenzverwalter die Vermögensgegenstände, so hat er den Verwertungserlös unverzüglich gem. § 170 InsO herauszugeben.

91   Den Gläubigern dieser Gruppe ist vor diesem Hintergrund ein Zuwarten nicht zuzumuten. Die Gläubiger erhalten mithin eine Quote von 100 % auf Ihre Forderungen, verzichten jedoch auf Nebenforderungen. Die Quote wird nicht ausgezahlt, sondern gestundet und mit dem Anlagevermögen besichert.

92   **Gruppe 2: Gläubiger mit sonstigen Absonderungsrechten.** Gruppe 2 besteht aus Gläubigern, die anderweitige Absonderungsrechte geltend machen können. Im Wesentlichen handelt es sich hierbei um Gläubiger mit Sicherungsrechten am Umlaufvermögen. Den Kern dieser Gruppe machen Lieferanten mit verlängertem Eigentumsvorbehalt aus.

93   Im Regelinsolvenzverfahren wäre der Insolvenzverwalter zur Verwertung berechtigt gem. §§ 166, 170 InsO. Einer Auskehr des Verwertungserlöses würde im normalen Wege stattfinden.

94   Die Gläubiger der Gruppe 2 verzichten daher im Insolvenzplan auf ihr Recht zur abgesonderten Befriedigung sowie auf Verzögerungsansprüche. Die Gläubiger erhalten eine Quote von 90 % auf ihre gesicherten Forderungen. Die Quotenzahlung erfolgt in Raten nach Aufhebung des Insolvenzverfahrens.

Gruppe 3: PSVaG Pensionssicherungsverein auf Gegenseitigkeit. Die Gruppe 3 95
umfasst allein den Pensionssicherungsverein auf Gegenseitigkeit (PSV aG). Dessen Ansprüche sind gesichert, er ist daher abweichend von den übrigen Gläubigern der öffentlichen Hand zu berücksichtigen.

Der PSV aG erhält mit Aufhebung des Insolvenzverfahrens die ihm zustehenden An- 96
sprüche aus Versicherungen zur eigenständigen Verwertung. In Höhe der ungesicherten Forderungen nimmt der PSV aG als Gläubiger der Gruppe 7 am Verfahren teil.

Gruppe 4: Arbeitnehmer. In Gruppe 4 befinden sich sämtliche nicht nachrangigen 97
Ansprüche von Arbeitnehmern. Hierbei handelt es sich um Lohn und Gehaltsansprüche, soweit sie nicht an die Agentur für Arbeit abgetreten sind.

Die Gläubiger der Gruppe 4 erhalten eine Quote von 10% und verzichten im Übri- 98
gen auf ihre Forderung. Die Auszahlung der Quote erfolgt in einer Summe im Mai 2012.

Gruppe 5: Öffentliche Hand. Die Gruppe 5 besteht aus Gläubigern die bei weiter 99
Auslegung der öffentlichen Hand zuzuordnen sind. Insbesondere handelt es sich hierbei um die Bundesagentur für Arbeit, das Finanzamt Nürnberg, die Städte und Gemeinden mit Gewerbesteueransprüchen. Gemäß § 38 InsO sollen alle nicht nachrangigen Insolvenzgläubiger dieselbe Quote erhalten. Die Ansprüche der Mitglieder der Gruppe 5 sind nicht nachrangig.

Die Gläubiger der Gruppe 5 erhalten eine Quote von 10% und verzichten im Übri- 100
gen auf ihre Forderung. Die Auszahlung der Quote erfolgt in Raten ab Aufhebung des Verfahrens.

Gruppe 6: Kleingläubiger. Entsprechend § 222 Abs. 3 S. 2 InsO wird eine Kleingläu- 101
bigergruppe gebildet. Mitglieder dieser Gruppe haben Forderung von insgesamt weniger als 500 €. Bei Gläubigern mit weniger als 500 € Forderung stünde bei einer geplanten Befriedigungsquote von 10% der Bearbeitungsaufwand in keinem Verhältnis zur Quotenzahlung. Die Kleingläubiger werden daher abweichend von den sonstigen Insolvenzgläubigern vollständig befriedigt. Die Kleingläubiger halten die Zahlung auf ihre Forderung jedoch erst nach vollständiger Auszahlung der Quoten der übrigen Insolvenzgläubiger. Bis dahin ist die Forderung gestundet.

Gruppe 7: Sonstige ungesicherten nicht nachrangigen Gläubiger. In Gruppe 7 102
befinden sich alle Gläubiger, die keine Absonderungsrechte geltend machen können und nicht den Gruppen 3–6 zuzuordnen sind. Weiterhin sind absonderungsberechtigte mit ihrem Ausfall hier eingruppiert.

Die Gläubiger der Gruppe 7 erhalten eine Quote von 10% und verzichten im Übri- 103
gen auf ihre Forderung. Die Auszahlung der Quote erfolgt in Raten ab Aufhebung des Verfahrens.

Anmerkung:
Die Auszahlung der Quoten muß in die Liquiditätsplanung sorgfältig eingearbeitete werden. Der zusätzliche Liquiditätsbedarf aufgrund der Quotenzahlungen darf natürlich nicht zur Illiquidität führen. Der genaue Zeitpunkt der jeweiligen Quotenzahlungen ist idealerweise in die liquiditätsstarken Zeiten der saisonalen Entwicklung zu legen. Die Behandlung der Gruppe der Kleingläubiger mit 100% Quote ist nicht absoluter Konsens in Fachkreisen. Problematisch ist hierbei, dass es damit Gläubiger mit gleicher Rechtsstellung gibt, die mehr erhalten, als andere Gläubiger mit derselben Rechtsstellung. Die kann im Rahmen der Ersetzung der Zustimmung bei ablehnenden Gruppen zu Problemen führen. Im vorliegenden Fall war dies jedoch unproblematisch.

g) Vergleich der Verwertungsalternativen: Abwicklung und Insolvenzplan. Das 104
Leitbild des vorliegenden Insolvenzplans es ist die Erhaltung des Unternehmens. Hierbei

soll die grundsätzliche Ausrichtung des Unternehmens, sowie die im Unternehmen vorhandenen Kompetenzen und der Marktzugang erhalten werden. Die Sanierungsplanung des Unternehmens wurde durch eine in Sanierungsfällen erfahrene Wirtschaftsprüfungsgesellschaft geprüft. Es handelt sich um eine konservative Umsatzplanung mit realistischen Annahmen zur Umsetzung der Sanierungsmaßnahmen.

105 Von entscheidender Bedeutung ist die Einhaltung des vorgesehenen Zeitplanes. Kunden wie Lieferanten des Unternehmens benötigen Planungssicherheit für ihr zukünftiges Handeln. Bei einer schnellen Umsetzung des Insolvenzplanes und einer schnellen Aufhebung des Insolvenzverfahrens kann gewährleistet werden, dass die Kunden- und Lieferantenbeziehungen erhalten bleiben. Weiterhin ist dann auch davon auszugehen, dass die wesentlichen Mitarbeiter im Unternehmen verbleiben werden.

106 Es ist daher geplant, dass die Gläubigerversammlung schnellstmöglich über den vorliegenden Insolvenzplan entscheidet. Anschließend kann das Insolvenzverfahren zügig aufgehoben werden.

107 **h) Alternativszenarien.** Aktuell bestehen nur die Verwertungsalternativen der Liquidation und des Insolvenzplanes. Ein Angebot zur Übernahme des Unternehmens im Ganzen oder in Teilen im Rahmen eines asset deals liegt nicht vor.

108 **aa) Vermögensverwertung durch Abwicklung.** Im Falle einer Liquidation des Unternehmens ist davon auszugehen, dass erhebliche Vermögenswerte vernichtet werden. Nach dem vorliegenden gerichtlichen Gutachten über die Vermögenswerte der Schuldnerin liegen die Liquidationswerte signifikant unterhalb der Fortführungswerte.

109 **bb) Vermögensverwertung.** Nach dem gerichtlichen Verwertungsgutachten betragen die Liquidationswerte der freien, das heißt nicht mit Aus- und Absonderungsrechten belasteten Masse bei € 2,15 Mio.

110 **Grundstücke und Bauten.** Im Vermögen der Schuldnerin befinden sich verschiedene Grundstücke und Bauten. Diese Vermögensgegenstände haben aktuell einen Buchwert in Höhe von € 6,7 Mio. Im Rahmen einer Liquidation werden die Grundstücke nach Feststellung des Gutachters nicht mit dem Buchwert angesetzt werden können, der Gutachter geht vielmehr von einem Verwertungserlös von € 2,4 Mio. aus. Darüber hinaus sind die Vermögensgegenstände mit Grundschulden belastet. In Summe ist nur mit einem geringen Beitrag zur freien Masse in Höhe von 120.000 € zu rechnen.

111 **Sachanlagevermögen.** In der Bilanz werden Maschinen und technische Anlagen sowie sonstige Betriebs- und Geschäftsausstattung mit einem Wert von 700.000 € ausgewiesen. Die Gegenstände wurden im gerichtlichen Gutachten durch den Sachverständigen im Einzelnen bewertet. Der Sachverständige ermittelt einen Liquidationswert von € 2 Mio.

112 Die Gegenstände sind wertausschöpfend mit Aus- und Absonderungsrechten belastet. Im Einzelnen ist bewegliches Anlagevermögen im Wert von € 1 Mio. mit Absonderungsrechten belastet. Weiterhin bestehen sonstige Aus- und Absonderungsrechten Höhe von € 1 Mio. insbesondere zu Gunsten der Gläubiger der Gruppe 1.

113 Es ergibt sich ein Massebeitrag in Höhe der Herstellung von Verwertungspauschale aus der Verwertung der als Sicherheit dienenden Gegenstände in Höhe von 100.000 €.

Anmerkung:
Für die Bewertung von Sachanlagevermögen und Grundstücken beauftragt der vorläufige Insolvenzverwalter als gerichtlicher Gutachter regelmäßig Fachgutachter. Die Werte entsprechen daher typischerweise den Markteinschätzungen von Maschinenverwertern im Insolvenzbereich.

Finanzanlagen und insolvenzspezifische Ansprüche. In der Bilanz werden Beteiligung, Finanzanlagen und immaterielle Vermögensgegenstände mit einem Wert von € 2,6 Mio. ausgewiesen. Es handelt sich im Wesentlichen um die Tochtergesellschaften. Die Tochtergesellschaften vertreiben ausschließlich Produkte der Muttergesellschaft und sind ohne diese nicht lebensfähig. Insolvenzspezifische Anfechtungsansprüche sind nicht ersichtlich. Im Rahmen einer Liquidation sind aus der Abwicklung der Tochtergesellschaften keine Rückflüsse an die Mutter zu erwarten. Der Beitrag zur freien Masse beträgt daher 0 €. 114

Vorräte. In der Bilanz sind Roh-, Hilfs- und Betriebsstoffe im Buchwert von € 3,3 Mio. ausgewiesen. Der Gutachter schätzt die Liquidationswerte für diese Vermögensgegenstände auf 200.000 €. Aufgrund von Eigentumsvorbehaltsrechten und einem Raumsicherungsvertrag sind diese Gegenstände vollständig mit Aus- und Absonderungsrechten belastet. Der Beitrag zur freien Masse beträgt daher 20.000 € 115

Fertige und unfertige Erzeugnisse. In der Bilanz des Unternehmens befinden sich fertige und unfertige Erzeugnisse mit einem Buchwert von € 2,5 Mio. Der Gutachter ermittelt einen Liquidationswert für diese Gegenstände von 750.000 €. Hierauf sind außerdem Aus- und Absonderungsrechte in Höhe von 500.000 € zu berücksichtigen. Es verbleibt ein Beitrag zur freien Masse in Höhe von 250.000 €. 116

Forderungen. In der Bilanz des Unternehmens befinden sich Debitoren im Buchwert von € 2 Mio. Der Gutachter bewertet die Forderungen unter Berücksichtigung der Beitreibungswahrscheinlichkeit mit € 1,5 Mio. Aus- und Absonderungsrechte aus Globalzession und verlängertem Eigentumsvorbehalt sind zu berücksichtigen. Nach Berücksichtigung dieser Umstände verbleibt ein Beitrag zur freien Masse von 250.000 €. 117

Kontenguthaben, Kassenbestand. Auf den Konten des Unternehmens befinden sich zum Stichtag € 1,4 Mio. Fremde Rechte sind nicht zu berücksichtigen. Weiterhin besteht ein Kassenbestand von 500 €. 118

Sonstige Vermögenswerte. In der Bilanz des Unternehmens werden weiterhin sonstige Vermögensgegenstände in Höhe von 500.000 € ausgewiesen. Aufgrund bisheriger Erkenntnisse bewertete der gerichtliche Gutachter die Durchsetzbarkeit dieser Ansprüche mit 15.000 €. Diese Summe ist frei von Fremdrechten. 119

Zwischenergebnis freie Masse. Hiernach besteht eine freie Masse von insgesamt € 2,15 Mio. Diese steht jedoch nicht den Gläubigern ungeschmälert zur Verfügung. Vorab sind die Verfahrenskosten und die Masseverbindlichkeiten zu bedienen. 120

Verfahrenskosten. Die Kosten für die Durchführung des Insolvenzverfahrens betragen nach dem gerichtlichen Gutachten voraussichtlich 650.000 €. 121

Masseverbindlichkeiten. Von der freien Masse sind weiter abzuziehen die sonstigen Masseverbindlichkeiten gemäß § 55 InsO. 122

Masseverbindlichkeiten sind durch den Insolvenzverwalter im Rahmen der Fortführung begründete Verbindlichkeiten. Auch im Falle der Liquidation ist nicht damit zu rechnen, dass der Insolvenzverwalter den Geschäftsbetrieb unmittelbar einstellt. Vielmehr würde eine geordnete Ausproduktion angestrebt werden. 123

Auch im Rahmen einer Ausproduktion ist jedoch nicht damit zu rechnen, dass die hierdurch zu erlangenden Erträge die Kosten aufgrund von Kündigung, Auslauflöhnen, und Sozialplan vollständig bedienen können. Der gerichtliche Gutachter schätzt alleine das Sozialplanvolumen im Falle der vollständigen Abwicklung des Unternehmens auf 124

§ 39 7. Teil. Rechnungslegung und Steuern

€ 1,8 Mio. Der Sozialplan in der Insolvenz ist begrenzt auf 2,5 Monatsgehälter je Mitarbeiter und insgesamt ein Drittel der freien Masse. Selbst wenn hier nicht die volle Höhe des Sozialplanes zu Lasten der freien Masse zu berücksichtigen wäre, stellt dies eine erhebliche Massekostenposition dar.

125 Weiterhin sind Auslauflöhne von 3 Monaten zu berücksichtigen bei im Falle einer Ausproduktion deutlich sinkender Auslastung. Die Auslauflöhne müssen vollständig von der freien Masse getragen werden. Der Gutachter schätzt die Nettokosten einer Auslaufproduktion (Erträge abzüglich Auslaufkosten) auf € 1,7 Mio.

126 Der gerichtliche Gutachter schätzt daher die gesamten Masseverbindlichkeiten im Falle der Liquidation und Einstellung des Unternehmens auf € 3,5 Mio.

127 **cc) Zusammenfassung.** Es ergibt sich daher abschließend folgende Rechnung:
Im Liquidationsfall ergibt sich eine freie Masse in Höhe von € 2,15 Mio. Davon abzusetzen sind die Massekosten in Höhe von 650.000 € und Masseverbindlichkeiten in Höhe von € 3,5 Mio.

128 Es verbleibt daher keine freie Masse zur Verteilung an die Gläubiger. Vielmehr ist davon auszugehen, dass auch Masseverbindlichkeiten, insbesondere Personalverbindlichkeiten aus Auslauflöhnen und Sozialplan, nicht vollständig bedient werden können.

129 Hinzu kämen im Falle einer Liquidation schließungsbedingte Insolvenzforderung aus Schadenersatzansprüchen bei vorzeitiger Vertragsbeendigung bzw. nicht erfüllten Gewährleistungsansprüchen.

130 **dd) Verkauf des Unternehmens bzw. von Unternehmensteilen.** Der Verkauf des Unternehmens ist aufgrund der aktuellen Finanz- und Eurokrise nicht erfolgversprechend möglich. Gespräche mit verschiedenen strategischen Investoren ergaben, dass niemand bereit ist, das Unternehmen als Ganzes fortzuführen. Die Aufteilung in die drei strategischen Geschäftsfelder Feinblechbearbeitung, Ladenausstattung und Betriebsausstattung stellt sich in diesem Zusammenhang als problematisch dar. Sämtliche involvierten Wettbewerber bearbeiten nur einen der drei Teilbereiche. Im Falle der Veräußerung fände daher eine Zerschlagung des Unternehmens statt. Aufgrund der engen Verflechtung der Teilbereiche ist eine getrennte Veräußerung nicht Erfolg versprechend, derartige Angebote liegen nicht vor.

131 Sämtliche Angebote auf Übernahme von Teilbereichen sehen daher eine Betriebseinstellung für die anderen Teile des Gesamtunternehmens vor. Aufgrund der hiermit verbundenen Kosten für die Insolvenzmasse ist auch hieraus kein Beitrag für die freie Masse zu erwarten. Aufgrund der mit der Teilbetriebsschließung verbundenen erheblichen Risiken aus einem drohenden Betriebsübergang nach § 613a BGB sind die zu erwartenden Kaufpreise gering. Eine Teilveräußerung des Unternehmens ist daher wirtschaftlich nicht vertretbar.

Anmerkung:
Die Vergleichsrechnung arbeitet notwendigerweise mit einer Vielzahl von Annahmen. Dennoch ist das Ergebnis einer Masseunzulänglichkeit bei der Produktionseinstellung wahrscheinlich. Die Kosten der Betriebsschließung, insbesondere die Auslauflöhne sind in aller Regel deutlich höher, als die noch zu erzielenden Umsätze. Dies gilt umso mehr, als bei Ankündigung der Betriebseinstellung insbesondere Großkunden typischerweise schnell Aufträge reduzieren. Für die gelegentlich anzutreffende Situation, dass durch die Kunden noch Notlager angelegt werden, lag hier kein Anhaltspunkt vor. Die Produkte waren voll substituierbar.

132 **i) Vergleichende Gegenüberstellung der Verwertungsalternativen**
aa) Obstruktionsverbot. Kein Gläubiger darf durch einen Insolvenzplan schlechter gestellt werden, als er im Rahmen der Regelverwertung stünde. Der Nachweis wird durch die Gegenüberstellung der Verwertungsalternativen geführt. Nach dem vorge-

nannten sind hier zu vergleichen zum einen die Liquidation des Gesamtunternehmens und zum andern die Quote nach dem Insolvenzplanverfahren.

bb) Vergleichsrechnung. 133
Insolvenzplan. In der Vergleichsrechnung berücksichtigt sind angemeldete Insolvenzforderungen in Höhe von € 19,1 Mio und weiterhin Rückstellungen für noch nicht angemeldete ungesicherte Insolvenzforderung in Höhe von 500.000 €. Hiernach ergibt sich folgendes Bild:

Nach den oben dargestellten Kriterien verteilen sich die Insolvenzforderungen wie 134
folgt auf die einzelnen Gruppen:

Gruppe 1: 5.500 T€
Gruppe 2: 1.200 T€
Gruppe 3: 2.600 T€
Gruppe 4: 800 T€
Gruppe 5: 3.000 T€
Gruppe 6: 100 T€
Gruppe 7: 6.600 T€

Die Gläubiger der Gruppe 1 erhalten aufgrund ihrer umfassenden Besicherung eine 135
Quote von 100 %. Die Gläubiger der Gruppe 2 erhalten aufgrund ihrer ebenfalls umfassenden Besicherung eine Quote von 90 %. Die Differenz zwischen den Gläubigern der Gruppe 1 und der Gruppe 2 ergibt sich aus dem gesetzmäßig höheren Verwertungsbeitrag der Gläubiger der Gruppe 2.

Die Kleingläubiger erhalten eine Quote von 100 %.
Alle übrigen Gläubigergruppen erhalten eine Quote von 10 %

cc) Liquidation. Im Falle Liquidation ergibt sich wie ausgeführt eine freie Masse von € 136
2,15 Mio. Nach Befriedigung der Masseverbindlichkeiten beträgt die freie Masse 0 €.

Somit ergibt sich im Falle der Liquidation eine Quote von 0 % für die ungesicherten Gläubiger. Gläubiger mit Aussonderungs- und Absonderungsrechten sind außerhalb dieser Berechnung bereits aufgrund ihrer Sicherheiten befriedigt worden. Eine höher Quote als im Insolvenzplan ist jedoch auch hier nicht zu erwarten. Auch erfolgt typischerweise keine schnellere Auszahlung der Quote.

dd) Ergebnis. Bei Gegenüberstellung der Quotenerwartung zwischen dem vorliegen- 137
den Insolvenzplan und der Liquidationsrechnung des Gutachters ergibt sich, dass die einfachen Insolvenzgläubiger bei Umsetzung des Insolvenzplanes eine deutlich bessere Quotenerwartung haben.

Eine Liquidation der Insolvenzschuldnerin ist daher für die Gläubiger nicht sinnvoll. 138
Die Liquidation ist darüber hinaus auch aus übergeordneten wirtschaftlichen und beschäftigungspolitischen Gründen nicht sinnvoll. Im Falle der Liquidation fließen den Gläubigern geringere Beträge zu, als dies im Rahmen einer Fortführung im Insolvenzplan möglich ist. Mit relativ großer Wahrscheinlichkeit ist im Regelinsolvenzverfahren von Massearmut auszugehen. Im Falle der Fortführung im Insolvenzplanverfahren stellt die Insolvenzschuldnerin dagegen 200 Arbeitsplätze weiterhin zur Verfügung. Auch ist im Rahmen der Betriebsfortführung mit Steuerzahlung in ganz erheblicher Höhe aus Umsatzsteuer, Lohn- und Einkommensteuer zu rechnen.

Darüber hinaus würde eine Liquidation Schäden bei weiteren Gläubigern erzeugen, 139
die durch die Nichtfortsetzung von Dauerschuldverhältnissen entstehen.

Der Insolvenzplan stellt daher die bessere Verwertungsalternative dar.

§ 39 7. Teil. Rechnungslegung und Steuern

Die gesicherten Gläubiger erhalten eine Quote von 90 %–100 %
Die ungesicherten Gläubiger 10 % Quote

Planinsolvenz Metall AG in T€

	Nominelle Verb.	Ab-/ Aussond.	Quote (10 %)	Summe	Verzichte
Banken	5.500	5.500	0	5.500 (100 %)	0
Gesicherte Lieferanten LuL	1.200	1.080	0	1.080 (90 %)	120
PSV	2.600	390	260	650 (25 %)	1.950
Kleingläubiger	100	0	100	100 (100 %)	0
Ungesicherte Gläubiger	9.700	0	970	970 (10 %)	8.730
	19.100	6.970	1.330	8.300 (44 %)	10.800

Abb. 7: Insolvenzforderungen und Quote

3. Gestaltender Teil

140 **a) Gruppenbildung.** Es werden sieben Gruppen gebildet.

141 **Gruppe 1: Gläubiger mit Absonderungsrechten am Anlagevermögen.** Der Gruppe 1 gehören alle Gläubiger an, die abgesonderte Befriedigung aus den Gegenständen des Anlagevermögens verlangen können. Sie nehmen an dieser Gruppe in Höhe ihrer gesicherten Forderung teil. In Höhe ihrer ungesicherten Forderung gehören die Gläubiger mit ihrer nicht nachrangigen Insolvenzforderung zu Gruppe 7.

Die Gläubigergruppe 1 sind aus der anliegenden Aufstellung ersichtlich
(Anlage Gläubiger der Gruppe 1)

142 **Gruppe 2: Gläubiger mit sonstigen Absonderungsrechten.**
Zur Gruppe 2 gehören in Höhe ihrer gesicherten Forderung Gläubiger, die Absonderungsrechte am sonstigen Vermögen geltend machen können und nicht zu Gruppe 1 gehören. In Höhe ihrer ungesicherten, nicht nachrangigen Forderungen gehören diese Gläubiger zur Gruppe 7.
(Anlage Gläubiger der Gruppe 2)

143 **Gruppe 3: Pensionssicherungverein auf Gegenseitigkeit (PSV aG).**
Die Gruppe umfasst alleine den PSV aG dessen Ansprüche besichert sind.
(Anlage Gläubiger der Gruppe 3)

144 **Gruppe 4: Arbeitnehmer.**
Die Gruppe 4 beinhaltet alle Arbeitnehmer mit ihren Insolvenzforderungen.
(Anlage Gläubiger der Gruppe 4)

Gruppe 5: öffentliche Hand. Zur Gruppe 5 gehören die Insolvenzgläubiger, die im 145
weitesten Sinne der öffentlichen Hand zuzuordnen sind.
(Anlage Gläubiger der Gruppe 5)

Gruppe 6: Kleingläubiger. In Gruppe 6 befinden sich alle Gläubiger mit Forderungen 146
von unter 500 €.
(Anlage Gläubiger der Gruppe 6)

Gruppe 7: Sonstige ungesicherte, nicht nachrangigen Gläubiger. In Gruppe 7 147
sind alle Insolvenzgläubiger mit nicht nachrangigen Forderungen eingruppiert. Diese
Gläubiger haben keine Absonderungsrechte, bzw. nehmen an dieser Gruppe in Höhe
ihres Ausfalls auf die Absonderungsrechte teil.
(Anlage Gläubiger der Gruppe 7)

b) Veränderung der Rechtsstellung der Gläubiger 148

Gruppe 1. Gläubiger der Gruppe 1 erhalten eine Quote von 100 % auf ihre festgestell- 149
ten Insolvenzforderungen, soweit diese besichert sind. Soweit die Forderung nicht besichert ist, fällt der jeweilige Gläubiger aus. Gläubiger der Gruppe 1 nehmen in Höhe ihres
Ausfalls als nicht nachrangige Insolvenzgläubiger am Verfahren teil.
Die Quote ist in einem Betrag am 1.1.2012 fällig.

Gruppe 2. Die Gläubiger der Gruppe 2 erhalten eine Quote von 90 % auf den Betrag 150
ihrer festgestellten Insolvenzforderungen, soweit diese besichert sind.
Die Höhe der Insolvenzforderungen ergibt sich aus der Anlage Gläubiger der
Gruppe 2. Soweit die Gläubiger nicht gesichert sind, fallen sie aus. Mit ihrem Ausfall
nehmen die Gläubiger als nicht nachrangige Insolvenzgläubiger am Verfahren teil.

Gruppe 3. Der PSV aG erhält mit Aufhebung des Insolvenzverfahrens die Ansprüche 151
aus den Versicherungen zur eigenständigen Verwertung. Mit Höhe seiner ungesicherten
Forderungen nimmt der PSV aG als nicht nachrangiger Gläubiger am Verfahren teil.

Gruppe 4. Gläubiger der Gruppe 4 erhalten eine Quote von 10 % auf ihre festgestellten 152
Forderungen. Auf alle weiteren Forderungen und Nebenforderungen verzichten die
Gläubiger der Gruppe 4. Die Quote ist in Raten nach Aufhebung des Verfahrens fällig.

Gruppe 5. Gläubiger der Gruppe 5 erhalten eine Quote von 10 % auf ihre festgestellten 153
Forderungen. Auf alle weiteren Forderungen und Nebenforderungen verzichten die
Gläubiger der Gruppe 4. Die Quote ist in Raten nach Aufhebung des Verfahrens fällig.

Gruppe 6. Die Gläubiger der Gruppe 6 erhalten 100 % ihrer festgestellten Insolvenzfor- 154
derungen. Die Quote ist fällig nach Aufhebung des Insolvenzverfahrens und vorheriger
Bedienung aller anderen Quotenzahlungen.

Gruppe 7. Gläubiger der Gruppe 7 erhalten eine Quote von 10 % auf ihre festgestellten 155
Forderungen. Auf alle weiteren Forderungen und Nebenforderungen verzichten die
Gläubiger der Gruppe 4. Die Quote ist in Raten nach Aufhebung des Verfahrens fällig.

c) Wirksamkeit/Inkrafttreten des Planes. Der Plan tritt mit Rechtskraft der Planbe- 156
stätigung durch das Gericht in Kraft.

d) Streitige Forderungen. Teilweise oder vollständig bestrittten Forderungen werden 157
bei der Zahlung aufgrund dieses Planes nicht berücksichtigt. Ist über eine bestrittene
Forderung ein Feststellungsrechtsstreit erhoben, so wird in Höhe der maximal zu erwar-

tenden Quote eine Rückstellung gebildet. Die Rückstellung wird ausgezahlt, wenn über den Rechtsstreit abschließend zu Gunsten des Gläubigers entschieden worden ist.

158 **e) Erfüllung des Plans.** Mit der vollständigen Erfüllung des Planes treten alle Einschränkungen des Schuldners außer Kraft.

159 **f) Erklärung der Schuldnerin.** Die Schuldnerin ist mit den diesem Plan getroffenen Annahmen Regelung einverstanden.
Plananlagen

4. Weiterer Verfahrensgang

160 **a) Abstimmung über den Insolvenzplan.** Der Insolvenzplan wurde den Gläubigern am 21. Oktober 2011 zur Abstimmung vorgelegt. Bereits im Vorfeld war mit den wesentlichen Gläubigern die Zustimmung zum vorliegenden Insolvenzplan vereinbart worden. Aufgrund der Vereinbarungen mit den Mitarbeitern war klar, dass alle im Unternehmen verbleibenden Mitarbeiter für den Insolvenzplan stimmen würden. Es konnte auch mit überwiegender Wahrscheinlichkeit davon ausgegangen werden, dass die Gruppe der Kleingläubiger dem Plan zustimmen würde. Ebenfalls Einigkeit über die Zustimmung zum Insolvenzplan konnte mit dem Lieferantenpool erreicht werden. Der Lieferantenpool vertrat in diesem Verfahren einen wesentlichen Teil der Gläubiger der Gruppe 2. Aufgrund der Regelung des Insolvenzplans war darüber hinaus die Zustimmung der Gruppe 7, als sicher anzusehen. In Gruppe 7 dominierten die ebenfalls im Pool vertretenen ungesicherten Lieferanten.

161 Von ganz erheblicher Bedeutung war die Zustimmung der Gläubiger der Gruppe 1 zu den Regelungen des Insolvenzplanes. Im Kern bedeutete die vorliegende Regelung, dass die Kreditinstitute bei bestehender Sicherheitslage ihre Kredite prolongieren, da eine unmittelbare Auszahlung nicht möglich war. Die Absicherung der Kreditinstitute war durch die erstrangige Absicherung im Grundvermögen sowie die Übereignung des gesamten Sachanlagevermögens, soweit es im Eigentum der Insolvenzschuldnerin stand, der Globalzession und der Raumsicherungsübereignung unzweifelhaft sehr stark. Die Sicherheitsverträge waren darüber hinaus bereits vor Jahren abgeschlossen, so dass Anfechtungsmöglichkeiten aufgrund von kongruenter bzw. inkongruenter Deckung ausschieden. Für die beteiligten Kreditinstitute war daher das Ausfallrisiko vergleichsweise gering.

162 Aufgrund der langen Verlusthistorie des Unternehmens waren die Kreditinstitute jedoch wenig geneigt, einer Rückführung ihrer Kredite weiter zu zuwarten. Grundsätzlich sah man eine Rückführung der Kredite, möglicherweise auch zu weniger als 100%, als attraktiver an, als weiteres Zuwarten. Insofern war die Zustimmung der Kreditinstitute zum vorliegenden Insolvenzplan längere Zeit fraglich.

163 Den Ausschlag für eine Zustimmung gab schließlich, dass sich die Gesellschafter bereit erklärt hatten, einen neuen, finanzstarken Coinvestor zu finden. Die Suche nach diesem neuen Investor konnte noch vor dem Abstimmungstermin mit einem insoweit bindenden Vorvertrag zu einem vorläufigen Abschluss gebracht werden. Der neue Investor brachte durch seine Finanzstärke die notwendige Stabilität in die Unternehmensplanung und brachte das Vertrauen der Kreditinstitute in eine positive Unternehmensentwicklung zurück.

164 Somit war vor Abstimmung über den Insolvenzplan auch die Zustimmung der Gruppe 1 gesichert.

165 Die Verhandlung mit dem PSV aG dagegen liefen bis unmittelbar vor dem Abstimmungstermin. Erst durch letzte Zugeständnisse konnte der PSV aG überzeugt werden, dem vorliegenden Insolvenzplan zuzustimmen.

§ 39 Insolvenzplanverfahren Metall AG § 39

Die Gruppe der Gläubiger der öffentlichen Hand stimmte ebenfalls dem Insolvenzplan zu. Eine positive Indikation hierzu hatten die Vertreter im Vorfeld gegeben, ohne sich jedoch endgültig festzulegen. 166

Dem Insolvenzplan stimmten daher im Abstimmungstermin sämtliche Gruppen zu. 167

Öffentlich ablehnende Gläubiger kamen lediglich aus dem Lager der gekündigten Mitarbeiter. Ihre ablehnende Haltung machte insofern keinen Unterschied für die übrigen Gläubiger, da diese Ablehnung erkennbar emotional geleitet war. Die Zustimmungsquote der Forderung und der Köpfe lag bei über 90 %. 168

b) Verbindliche Auskunft. Im Nachgang zum Abstimmungstermin wurde bei den Finanzbehörden und den Städten und Gemeinden verbindliche Auskünfte über die Behandlung des Sanierungsgewinnes erfolgreich eingeholt. Diese verbindlichen Auskünfte bestätigten dem Unternehmen, dass es sich um einen Erlass von Forderungen mit dem Ziel der Sanierung des Unternehmensträgers handelte. Dies war vor dem Hintergrund des zeitgleich laufenden Investorenprozesses von erheblicher Bedeutung. Der positive Abschluss der Einholung der verbindlichen Auskünfte stellte eine Wirksamkeitsvoraussetzung des Investoreneinstiegs dar. Die Problematik wurde noch dadurch verschärft, dass das nicht unerhebliche Risiko bestand, dass durch den Einstieg des Investors aufgrund der steuerlichen Regelungen ein Wegfall der Verlustvorträge gem. § 8c KStG hätte eintreten können. Dies konnte durch entsprechend gestaltete Anträge auf verbindliche Auskunft, die positiv beschieden wurden, vermieden werden. 169

Als schwierig erwiesen sich hier die verbindlichen Auskünfte bei den für die Gewerbesteuer zuständigen Gemeinden. Da nicht alle Gemeinden gleichermaßen von dem Erhalt der Arbeitsplätze profitierten, war hier eine Gemeinde wenig geneigt, den Verzicht zu erklären. Die im Vorfeld erzielte Absprache mit dem Kämmerer und dem Bürgermeister wurde in einer kontroversen Ratssitzung nicht bestätigt. Erst mit viel Aufwand konnten die Ratsfraktionen davon überzeugt werden, dass es hier um eine Entscheidung über „Phantomgewinne" ging. Wenn die Zustimmung verweigert würde, würde es keine Insolvenzplan geben. Unabhängig davon, ob es dann überhaupt noch eine Sanierung geben könnte (was nach dem vorgesagten sehr fraglich war), würde dann jedenfalls kein Sanierungsgewinn entstehen. Es würde entweder zur Abwicklung kommen, oder zu einem asset deal, mithin auch einer Abwicklung des Rechtsträgers. 170

Das Insolvenzverfahren wurde daher erst nach Einholung dieser verbindlichen Auskünfte aufgehoben.

c) Aufhebung Insolvenzverfahren. Die Aufhebung erfolgte im Januar 2012. Mit der Planbestätigung wurden die Verzichte der Gläubiger wirksam. Die Verzichte von 10.680 T€ wurden in diesem Moment zu außerordentlichen Erträgen und verbesserten das Eigenkapital entsprechend. Die Kosten des Insolvenzverfahrens von 400T€, des Personalabbaus von 500T€ und sonstige Restrukturierungsaufwendungen fielen dagegen bereits in 2011 an und verschlechterten hier das Jahresergebnis deutlich. 171

Peeters

§ 39

Metall AG	2010 T€	2011 T€	2012 T€	P2013 T€
Gesamtleistung	39.000	36.000	31.500	34.500
Materialaufwand	−16.500	−15.500	−13.100	−14.800
Rohertrag	22.500	20.500	18.400	19.700
Personalaufwand	−16.500	−16.000	−11.300	−11.500
SbA	−7.100	−6.200	−5.800	−5.800
SbE	1.000	900	500	500
EBITDA	−100	−800	1.800	2.900
AfA	−1.000	−900	−800	−800
EBIT	−1.100	−1.700	1.000	2.100
Finanzergebnis	−800	−600	−500	−500
EGT	−1.900	−2.300	500	1.600
Neutrales Ergebnis	−500	−1.600	10.500	−300
EBT	−2.400	−3.900	11.000	1.300

Abb. 8: Gewinn- und Verlustrechnung 2010–2013

Metall AG	2010	2011	2012	P2013
A. Anlagevermögen				
Geb./Grdst	6.900	6.700	6.500	6.300
Sachanlagen	1.100	700	500	500
Finanzanlagen	2.600	2.600	2.600	2.600
B. Umlaufvermögen				
RHB	4.100	2.900	2.700	2.700
Fertigprodukte	3.000	2.500	2.500	2.500
Forderungen	1.350	2.000	1.800	2.600
Bank		1.400	300	1.000
C. ARAP	50	50	50	50
Summe Aktive	**19.100**	**18.850**	**16.950**	**18.250**
A. Eigenkapital	1.400	−1.900	9.000	10.300
B. Rückstellungen	5.500	0	0	0
C. Verbindlichkeiten				
Verbindlichkeiten LuL	6.700	750	910	2.450
Kontokorrent	1.900	1.900	1.900	1.900
Darlehen	3.600	3.600	3.600	3.600
Insolvenzverbindlichkeiten		10.200	1.200	
Insolvenzausfallgeld		3.400	340	
SozPlan		500		
Kosten InsO		400		
Summe Aktive	**19.100**	**18.850**	**16.950**	**18.250**

Abb. 9: Bilanzentwicklung 2010–2013

§ 39 Insolvenzplanverfahren Metall AG   § 39

d) Bilanzielle Effekte. Folgende Effekte ergaben sich im Rahmen der Insolvenz auf 172
Ebene der Bilanz:

Die Rückstellungen von 5.500 T€ und die Verbindlichkeiten aus Lieferung und Leis- 173
tung von 6.700 T€ wurden aus Darstellungsgründen in Insolvenzverbindlichkeiten um-
gebucht. Das Insolvenzausfallgeld von insgesamt 3.400 T€, das im Rahmen der vorläufigen Insolvenzverwaltung entstanden ist, wird ebenso wie die Aufwendungen für den
Sozialplan von 500 T€ und die Kosten des Verfahrens von 400T€ als separate Position
dargestellt.

Die Verbindlichkeiten aus Lieferung und Leistung, die in 2011 mit 750 T€ dargestellt 174
werden, sind ausschließlich im Laufe des Verfahrens neuentstandene Verbindlichkeiten.
Erkennbar ist hier, dass erst im Jahr 2013 wieder mit signifikanten Zahlungszielen gerechnet werden kann.

Die Insolvenzverbindlichkeiten sind im Abschluss 2012 um Verzichte der Gläubiger 175
reduziert dargestellt. Bei den Insolvenzverbindlichkeiten ist der bilanzielle Ansatz leicht
höher als die 10 % Quote der ungesicherten Gläubiger, da hier auch noch ein Teil der
Auszahlungen auf die Quote der Gläubiger der Gruppe 2 zu leisten war. Insgesamt waren
an die Gläubiger 1.080 T€ für die Gruppe 2 und 1.330 T€ für die Gruppen 3–7. Hiervon waren im Jahresabschluß 2012 verblieben 1.540 T€. Diese Auszahlungen sind plan-
gemäß bis Mitte 2013 erfolgt. Der gesamte Liquiditätsabfluß zur Bedienung der Insolvenzverbindlichkeiten lag damit bei 2.410 T€.

e) Zusammenfassung Effekte. Im Effekt ergibt sich bilanziell das Bild einer klassi- 176
schen Passivseitensanierung. Aus einem negativen Eigenkapital von rund −10 % in 2011
wird durch die Insolvenzeffekte ein positives Eigenkapital von 53 %. Einsprüche gegen
die Aufhebung bzw. den Insolvenzplan sind nicht bekannt geworden. Mittlerweile sind
die Insolvenzquoten vollständig bedient. Das Unternehmen ist auch aus der Planüberwachung ausgeschieden.

Durch eine starke Eigenkapitalquote verdient noch kein Unternehmen wieder Geld, 177
daher war der leistungswirtschaftliche Teil der Sanierung von zumindest so großer Bedeutung, wie die bilanzielle Seite. Durch den Personalabbau konnten die Kostenquoten
wieder in ein ausgewogenes Verhältnis gebracht werden. Aber erst die im Insolvenzverfahren begonnene und im Anschluss fortgesetzte Vereinfachung des Produktportfolios
und die Maßnahmen zur Flexibilisierung der Produktion konnte das Unternehmen in
Laufe der Zeit wieder zu einer marktüblichen Rendite zurückkehren.

§ 40 Kurzfall Insolvenzplan

Übersicht

	Rn.
I. Darstellender Teil	1–38
1. Unternehmensdaten	1–10
a) Unternehmensbeschreibung	1, 2
b) Krisenursachen und Krisensymptome	3–9
c) Darstellung Gewinn- und Verlustrechnung, Bilanz, Cashflow, Personal 2007 bis 2010	10
2. Lagebeurteilung des Unternehmens/Vision	11–13
3. Bereits getroffene Sanierungsmaßnahmen	14–19
a) Stilllegung und Abwicklung des Geschäftsbereichs Universal-Drehmaschinen	14, 15
b) Entlassung des bisherigen Geschäftsführers	16
c) Entlassung von Arbeitnehmern	17
d) Forderungsverzichte	18, 19
4. Noch zu ergreifende Sofortmaßnahmen	20–26
a) Veräußerung nicht betriebsnotwendiger Gebäude und Grundstücke	20
b) Zahlung von Insolvenzgeld	21
c) Erlass und Stundung von Steuerschulden	22
d) Gewinnung von neuen Gesellschaftern	23
e) Forderungsverzicht der Lieferanten	24
f) Weitere Finanzierungsmaßnahmen	25, 26
5. Leistungswirtschaftliches Sanierungskonzept	27–33
6. Planungsrechnungen	34
7. Vergleichsrechnungen	35–39
a) Befriedigung der Gläubiger ohne Insolvenzplan	35, 36
b) Befriedigung der Gläubiger mit Insolvenzplan	37–39
II. Gestaltender Teil (Bildung von Gruppen gemäß § 222 InsO)	40–43
III. Behandlung der während des Planverfahrens aufgenommenen Kredite	44
IV. Eigenverwaltung und Überwachung der Planerfüllung	45

Der nachfolgend geschilderte, fingierte und auf das Jahr 2010 ausgerichtete Fall bildet einen Insolvenzplan in Kurzfassung ab. Das Unternehmen legt einen vorbereiteten Insolvenzplan (pre-packaged plan) dem Gericht vor.

Insolvenzplan der Beluga GmbH, Großstraße 12 in 42110 Wuppertal

I. Darstellender Teil

1. Unternehmensdaten

1 **a) Unternehmensbeschreibung.** Die Beluga GmbH ist 1891 gegründet worden und im Handelsregister des Amtsgerichtes Wuppertal unter Abteilung B, Nr. 007 eingetragen. Gegenstand des Unternehmens ist die Herstellung und der Vertrieb von Drehmaschinen. Die GmbH hat zwei Gesellschafter, die jeweils hälftig am Stammkapital beteiligt sind.

Die Beluga gehört zu den weltweit führenden Herstellern von so genannten High- 2
tech-Mehrspindel-Drehautomaten. Seit den sechziger Jahren ist die Gesellschaft auf diesem Geschäftszweig spezialisiert. Aus der Insolvenz eines regional benachbarten Unternehmens hat Beluga 2007 die Universal-Drehmaschinen, die im Gegensatz zu den Mehrspindel-Drehautomaten mit einer Spindel arbeiten, zusätzlich als zweiten Geschäftsbetrieb übernommen.

b) Krisenursachen und Krisensymptome. Mit der Übernahme des zweiten Ge- 3
schäftsbereichs, einschließlich übernommenem Personal, weist die Beluga im Jahr ab 2007 ein deutliches Wachstum auf. Bedingt durch positive Brancheneinflüsse entsteht weitere Nachfrage nach den Produkten der Gesellschaft.

Nach einer stabilen, dem allgemeinen Konjunkturverlauf folgenden Entwicklung im 4
Werkzeugmaschinenbau deutet sich Ende 2008 der Abschwung an. Nachdem der Markt zuletzt über Jahre gewachsen war, bekommt die Branche im letzten Quartal 2008 die Auswirkungen der sich abzeichnenden globalen Finanz- und Wirtschaftskrise deutlich zu spüren. Erstmals seit Jahren sinkt die Nachfrage nach Werkzeugmaschinen, der Auftragseingang im ersten Halbjahr 2009 geht um 67 % zurück. Die anstehende Rezession erzeugt einen großen Preisdruck auf die Produkte der beiden Geschäftsbereiche. Zwar konnte das Unternehmen im Jahre 2008 noch einmal ein Umsatzhoch (vgl. Planrechnung weiter unten) erreichen, doch seit dem Jahr 2009 fällt der Umsatz von EUR 72,1 Mio. auf EUR 65,7 Mio. im Jahre 2010. Begleitet wird dieser Trend mit einem relativen Kostenanstieg in diesem Zeitraum. Bezogen auf die Betriebsleistung (= 100 %) haben sich von 2007 bis 2010 folgende Kostenarten erhöht: Materialaufwand von 53 % auf 56 % und Personalaufwand von 37 % auf 42 %.

Auch wenn der Anstieg zum Beispiel bei den Materialaufwendungen nur 3 %-Punk- 5
ten als vermeintlich niedrig erscheint, bedeuten die relativen Mehraufwendungen im operativen Bereich einen Ergebniseinbruch von Mio. EUR 1,3 in 2008 auf Mio. EUR – 5,5 in 2010. Die Geschäftsleitung hat in den letzten Jahren auf die Warnhinweise der leitenden Mitarbeiter nicht gehört. Wie eine Analyse der Deckungsbeiträge des Jahres 2007 durch eine Unternehmensberatungsgesellschaft aufzeigt, arbeiten die beiden Geschäftsbereiche Mehrspindel- und Universal-Drehmaschinen sehr unterschiedlich. Die Recherchen zeigen folgende Ergebnisse:

in Mio. EUR	GB Universal		GB Mehrspindel	
Betriebsleistung	46,0	100%	19,3	100%
Material	23,2	50%	11,4	58%
Deckungsbeitrag I	22,8	50%	7,9	42%
Abzgl. BereichsfixKosten				
• Personal	13,3	29%	8,5	44%
• Afa; s.b. Aufwand	2,0	4%	0,8	4%
Deckungsbeitrag II	7,5	13%	-1,4	-6%
Gesamtergebnis	6,1			
Übrige Fixkosten	5,8			
Summe	0,3			

Abb. 1: Deckungsbeitrag 2007, nach Geschäftsbereichen

§ 40   7. Teil. Rechnungslegung und Steuern

6   Der 2007 übernommene Geschäftsbereich Universal-Spindelmaschinen ist der kleinere
    von beiden. Neben den nicht unbedingt entscheidenden geringeren Umsätzen bzw. einer damit verbundenen niedrigeren Betriebsleistung weist der Deckungsbeitrag 1 des
    Geschäftsbereichs Universal 8 %-Punkte weniger auf als der Deckungsbeitrag 1 im Geschäftsbereich Mehrspindel-Drehmaschinen. Werden nun nach dem Deckungsbeitrag 1
    (Rohertrag) die Bereichsfixkosten abgezogen, erhält man für die Beurteilung der Krisensituation einen entscheidenden Hinweis. Die Personalkostenstruktur des Geschäftsbereich Universal ist gegenüber dem zweiten Geschäftsbereich benachteiligt. Mit 44 % liegt
    der Bereich über den Personalkosten des Geschäftsbereichs Mehrspindel, aber auch über
    dem festgestellten Branchenschnitt. Somit kann der Geschäftsbereich Universal keinen
    positiven Deckungsbeitrag erwirtschaften. Bezogen auf das Gesamtergebnis von rund
    EUR 0,3 Mio. ist festzustellen, dass der Geschäftsbereich Mehrspindel den Geschäftsbereich Universal alimentiert hat.
7   Analysen weisen nach, dass die verschlechterten Positionen durch zwei ineinander
    greifende Effekte verursacht werden: Preis- und Qualitätsdruck. Der Vertrieb ist, orientiert an Umsatzprovision, in den letzten drei Jahren nur unter Preisnachlässen in der Lage
    gewesen, Aufträge zu akquirieren. Die in 2008 aufgezeigten Relationen zum Deckungsbeitrag haben in 2010 noch Gültigkeit. Die Fehlerquote im Bereich Universal und der
    damit zusammenhängende Ausschuss bzw. die Notwendigkeit, fehlerhafte Produkte beim
    Kunden nachzubessern, bedingen die relativen, d.h. zur Betriebsleistung erhöhten Kostenanteile.
8   Diese Entwicklungen belasten nicht nur die Produktivität, sondern über das Betriebsergebnis auch die Liquidität. Bereits in 2007 ist die Verbindlichkeit gegenüber Kreditinstituten mit rund Mio. EUR 17 (45 % der Bilanzsumme) sehr hoch. Die Zinsen steigen in
    den Jahren 2007 und 2008 auf Mio. EUR 1,1. Die Lieferanten haben in den letzten
    Jahren dazu beigetragen, dass eine Finanzierung der Gesellschaft noch möglich gewesen
    ist. Mit rund 136 Tagen Lieferantenziel beanspruchen die Liefererverbindlichkeiten rund
    38 % der Bilanzsumme auf der Passivseite Ende 2010. Deutliche Signale anhand geeigneter Kennzahlen können zwar im Nachhinein erkannt werden, drängen sich im Betrachtungszeitraum jedoch nicht auf. Die Eigenkapitalquote ist bis 2008 noch 18 %, bis sie in
    2009 auf 15 % absinkt. Weil das Jahresergebnis bis 2008 noch positiv ist, ergeben sich zu
    diesem Zeitpunkt noch keine signifikanten Hinweise. Denn die schwachen Signale bei
    den Kennzahlen werden durch Windowdressing vermieden. Hierzu gehören Rückstellungsauflösungen im Jahr 2008, wobei Gründe für die Auflösung von Rückstellungen in
    dieser Höhe nicht gegeben waren und einen Effekt von Mio. EUR + 0,8 in 2008 ergaben. In 2007 werden in den sonstigen betrieblichen Erträgen Versicherungsentschädigungen von rund. Mio. EUR 1,0 ausgewiesen. Als die Banken in 2010 den Antrag auf
    eine weitere Erhöhung des Kreditrahmens (zurzeit Mio. EUR 18,5) ablehnen, leisten die
    Gesellschafter ein Darlehen in Höhe von Mio. EUR 2,2 in 2009, welches Anfang des
    Jahres 2010 um weitere Mio. EUR 2,0 aufgestockt wird. Als gesellschaftsrechtliche Maßnahme zur Verbesserung der Bilanzstruktur löst die Gesellschaft, ebenfalls im Jahr 2009,
    in einer außerordentlichen Gesellschafterversammlung die Gewinnrücklage in Höhe von
    Mio. EUR 3,0 auf. Damit wird aus dem Bilanzverlust von rund. Mio. EUR 1,2 ein Bilanzgewinn von rund Mio. EUR 1,8.
9   Während das Betriebsergebnis in 2009 bereits eine deutliche Indikation (Mio. EUR
    − 1,6) gibt, tritt mit dem Umsatzeinbruch in 2010 auch ein deutlich verschlechtertes
    Ergebnis ein. Betrachtet man den Nettocashflow als geeigneteren Frühindikator, so zeigt
    dieser bereits im Jahr 2008 einen negativen Trend an. Der Nettocashflow entwickelt sich
    von 2008 mit Mio. EUR − 0,5, über 2009 mit Mio. EUR − 2,6 und wächst schließlich

im Jahr 2010 auf Mio. EUR − 3,0 an. Die Geschäftsleitung erkennt zu spät die Notwendigkeit weitreichender Sanierungsmaßnahmen, um der Entwicklung entgegenzusteuern. Auf Druck einer Bank wird gegen Ende des Jahres 2010 ein Beratungsteam beauftragt, ein entsprechendes Sanierungskonzept zu erstellen, um die Sanierungsfähigkeit des Unternehmens einzuschätzen. Eine kurzfristige Liquiditätsrechnung zeigt die drohende Zahlungsunfähigkeit auf. In einer kurzfristig daraufhin einberufenen Sitzung der potenziellen wesentlichen Gläubiger wird das bis dahin erarbeitete Grobkonzept einer Unternehmenssanierung diskutiert. Die beauftragten Sanierungsexperten empfehlen, unter dem Schutz des Gesetzes ein Insolvenzplanverfahren anzustreben, um das Unternehmen als Rechtsträger und zahlreiche damit verbundene Vorteile zu erhalten. Die negativen Aspekte der Insolvenz (Image usw.) können durch ein zügig durchgeführtes Verfahren und eine offene Kommunikation eingegrenzt werden.

c) Darstellung Gewinn- und Verlustrechnung, Bilanz, Cashflow, Personal 2007 bis 2010 10

BELUGA	2007 Ist T€	%	2008 Ist T€	%	2009 Ist T€	%	2010 vorläufig T€	%
1. Umsatzerlöse	65.284	100	72.050	100	69.544	98	65.668	100
Inland	58.955	90	59.254	82	57.223	82	55.452	84
Ausland	6.329	10	12.796	18	12.321	18	10.216	16
2. Bestandsveränderungen FE und UE	0	0	200	0	1.657	2	1.056	2
3. Betriebsleistung	65.284	100	72.250	100	71.201	100	66.724	100
4. Sonstige Erträge	3.251	5	3.060	4	2.200	3	2.200	3
5. Gesamtleistung	68.535	105	75.310	104	73.401	103	68.924	103
6. Materialaufwand	-34.600	-53	-39.377	-55	-39.873	-56	-37.632	-56
davon für RHB u. bez. Waren	-31.336	-48	-35.764	-50	-36.313	-51	-34.296	-51
davon bezogene Leistungen	-3.264	-5	-3.613	-5	-3.560	-5	-3.336	-5
7. Personalaufwand	-24.155	-37	-25.363	-35	-26.631	-37	-27.963	-42
8. Abschreibungen	-2.990	-5	-3.150	-4	-2.950	-4	-2.850	-4
9. Sonstige betr. Aufw.	-5.500	-8	-6.180	-9	-5.596	-8	-6.005	-9
10. Betriebsergebnis	1.290	2	1.240	2	-1.649	-2	-5.526	-8
11. Sonstige Zinsen und ähnliche Erträge	0	0	5	0	40	0	0	0
12. Zinsen und ähnliche Aufwendungen	-705	-1	-1.090	-2	-1.112	-2	-1.125	-2
13. Außerordentlicher Aufwand	0	0	0	0	0	0	-1.500	-2
davon Wertberichtigungen	0	0	0	0	0	0	-1.500	-2
14. Ergebnis der gew. Geschäftstätigkeit	585	1	155	0	-2.721	-4	-8.151	-12
15. Steuern	-321	0	-86	0	86	0	0	0
16. Jahresergebnis	264	0	69	0	-2.635	-4	-8.151	-12

Abb. 2: Gewinn- und Verlustrechnung 2007–2010

§ 40

BELUGA	31.12.07 Ist		31.12.08 Ist		31.12.09 Ist		31.12.10 vorläufig	
	T€	%	T€	%	T€	%	T€	%
A. Anlagevermögen	10.400	27	9.350	24	9.300	24	8.050	22
B. Umlaufvermögen	28.500	73	29.100	76	29.840	76	28.600	78
I. Vorräte	15.200	39	15.700	41	17.000	43	16.000	44
- RHB-Stoffe	3.200	8	3.300	9	3.200	8	2.900	8
- Unfertige Erzeugnisse	8.000	21	8.200	21	8.000	20	7.800	21
- FE und Waren	4.000	10	4.200	11	5.800	15	6.800	19
- Wertberichtigungen	0	0	0	0	0	0	-1.500	-4
II. Forderungen	12.500	32	13.050	34	12.735	33	12.350	34
- aus Lieferungen und Leistungen	11.000	28	11.500	30	11.200	29	10.800	29
- sonstige Forderungen	0	0	0	0	85	0	0	0
- sonstige Vermögensgegenstände	1.500	4	1.550	4	1.450	4	1.550	4
III. Liquide Mittel	800	2	350	1	105	0	250	1
Summe Aktiva	38.900	100	38.450	100	39.140	100	36.650	100
A. Eigenkapital	7.014	18	7.083	18	4.448	11	-3.703	-10
I. Gezeichnetes Kapital	3.000	8	3.000	8	3.000	8	3.000	8
II. Kapitalrücklage	0	0	0	0	0	0	0	0
III. Gewinnrücklagen	3.750	10	3.750	10	750	2	750	2
IV. Jahresüberschuss/-fehlbetrag	264	1	69	0	-2.635	-7	-8.151	-22
V. Gewinn-/Verlustvortrag/RL-Änderung	0	0	264	0	3.333	0	698	2
B. Gesellschafterdarlehen	0	0	0	0	2.200	0	4.200	11
C. Rückstellungen	1.850	5	1.050	3	970	2	1.000	3
D. Verbindlichkeiten	30.036	77	30.317	79	31.522	81	35.153	96
I. ggü. Kreditinstituten (alt)	17.337	45	17.367	0	17.522	45	18.703	51
II. Rahmenkredit KI (neu)	0	0	0	0	0	0	0	0
III. aus Lieferungen und Leistungen	10.500	27	10.800	28	11.600	30	14.000	38
IV. sonstige	2.199	6	2.150	6	2.400	6	2.450	7
Summe Passiva	38.900	100	38.450	100	39.140	100	36.650	100

Abb. 3: Bilanzentwicklung 2007–2010

§ 40 Kurzfall Insolvenzplan

BELUGA	31.12.08 Ist T€	31.12.09 Ist T€	31.12.10 vorläufig T€
Anlagespiegel			
Anfangsbestand netto (01.01)	10.400	9.350	9.300
+ Investitionen	2.100	2.900	1.600
= Zwischensumme	12.500	12.250	10.900
- Abschreibungen AV	-3.150	-2.950	-2.850
- Außerplanmäßige/Sonder-Afa	0	0	0
= Endbestand (31.12)	9.350	9.300	8.050
Working Capital			
Umlaufvermögen o. liq. Mittel	28.750	29.735	28.350
- Verbindlichkeiten aus L+L	-10.800	-11.600	-14.000
- sonstige Verbindlichkeiten	-2.150	-2.400	-2.450
= Working Capital o. liq. Mittel	15.800	15.735	11.900
Netto Cash Flow			
Jahresüberschuss/-fehlbetrag	69	-2.635	-8.151
+ Abschreibungen	3.150	2.950	2.850
+ Δ Rückstellungen	-800	-80	30
- Δ Working Capital o. liq. Mittel	-799	65	3.835
- Investitionen	-2.100	-2.900	-1.600
= Netto Cash Flow	**-480**	**-2.600**	**-3.036**
Finanzmittelfonds			
Δ Kapital	0	0	0
Δ RL/Forderungsverzichte	0	0	0
Δ Gesellschafterdarlehen	0	2.200	2.000
Δ Vbkl. Kreditinstituten	30	155	1.181
Δ Liquide Mittel	450	245	-145
Kapitalflussrechnung IDW			
Laufende Geschäftstätigkeit	1.620	300	-1.436
+/- Investitionstätigkeit	-2.100	-2.900	-1.600
+/- Finanzierungstätigkeit	30	2.355	3.181
+/- Liquiditätsveränderung	-450	-245	145
Finanzmittel 1.1.	800	350	105
Finanzmittel 31.12.	350	105	250

Abb. 4: Cashflow 2007–2010

§ 40

Personalentwicklung BELUGA	2007 Ist		2008 Ist		2009 Ist		2010 vorläufig	
	Abs.	%	Abs.	%	Abs.	%	Abs.	%
Personalstand in VbE								
a) zum Stichtag 31.12								
FuE	20	3	20	3	20	3	20	3
Fertigung	580	88	590	87	585	87	585	87
Marketing & Vertrieb	20	3	22	3	22	3	22	3
Verwaltung	40	6	45	7	45	7	45	7
Qualitätsmanagement	0	0	0	0	0	0	0	0
Summe	**660**	100	**677**	100	**672**	100	**672**	100
davon Kurzarbeiter	0	0	0	0	0	0	0	0
davon Azubis	0	0	3	0	3	0	3	0
b) im Jahresdurchschnitt								
FuE	n.a.		20	3	20	3	20	3
Fertigung	n.a.		585	88	588	87	585	87
Marketing & Vertrieb	n.a.		21	3	22	3	22	3
Verwaltung	n.a.		43	6	45	7	45	7
Sonstige	n.a.		0	0	0	0	0	0
Summe	**660**		**668,5**	100	**674,5**	100	**672**	100
davon Kurzarbeiter	0		0	0	0	0	0	0
davon Azubis	0		2	0	3	0	3	0
Betriebsleistung je VbE	n.a.		107		106		99	
Veränderung ggü. Vorjahr	n.a.		n.a.		-1%		-6%	
Personalaufwand (TEUR)	**-24.155**		**-25.363**		**-26.631**		**-27.963**	
je VbE	37		38		39		42	
Veränderung ggü. Vorjahr			4%		4%		5%	

Abb. 5: Personalentwicklung 2007–2010

2. Lagebeurteilung des Unternehmens/Vision

11 Der Geschäftsbereich Universal-Drehmaschinen ist defizitär. Nach Einschätzung technischer Experten wird der Restrukturierungsaufwand für diesen Geschäftsbereich zu hoch sein. Wichtige Produktionsabläufe werden nicht beherrscht. Der Teilbetrieb ist mit einer Größe suboptimal im Vergleich zu den Wettbewerbern, die hier kritische Betriebsgröße ist deutlich unterschritten. Da auch die durchaus vorhandenen Synergien im Vertrieb die vorhandenen Nachteile nicht überkompensieren können, ist die Schließung des Teilbereichs angezeigt.

12 Nach der Restrukturierung wird das Unternehmen im traditionellen Bereich Mehrspindler produzieren. Hier haben die Mitarbeiter hinreichende Kernkompetenzen, wobei die dann verbleibenden Geschäftsprozesse aufgrund der anhaltend schwierigen Situation in der Branche zu optimieren sind. Die Mehrspindler haben aufgrund ihres hohen Durchsatzes dort Vorteile, wo die Flexibilität nicht vonnöten ist. Hierzu nachfolgende Abbildung 6.

13 Aufgrund der vorliegenden Marktrecherchen ist festzustellen, dass sich der Markt nach einem konjunkturellen Einbruch deutlich erholt hat. Insbesondere der nach sog. Nenndurchmesser einzuteilende Markt weist gute Möglichkeiten für die Gesellschaft in der

§ 40 Kurzfall Insolvenzplan   § 40

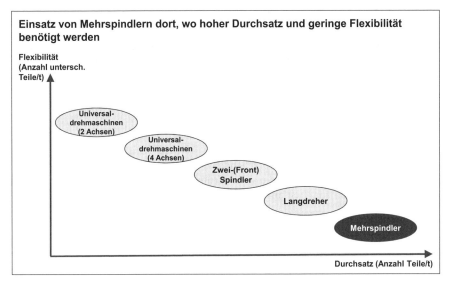

Abb. 6: Flexibilität und Durchsatz unterschiedlicher Drehmaschinen

Nische auf.[1] Wie die weiter unten abgebildete Abb. 7 belegt, zeigt der Durchmesserbereich zwischen 9 und 32 mm das größte Marktvolumen. Die Maschinen mit über 32 mm, welche Beluga herstellt, haben einen Marktanteil von rund 15 % erreicht. Die Großmaschine Magnum weist Alleinstellungsmerkmale auf. Die Ausweitung auf Durchmesserbereiche von unter 32 mm ist noch zu prüfen. Der Weltmarkt für Mehrspindler von über einer Milliarde weist entsprechende Möglichkeiten für Stabilisierung bzw. Wachstum des Geschäftsbereichs auf. Da sich die Wettbewerber ebenfalls stabil entwickelt haben, bestehen keine Bedenken, das Unternehmen mit der entsprechenden Maßgabe „Einstellung des Geschäftsbetriebs Universal-Drehmaschinen" fortzuführen. Hierzu sind neben der Schließung weitere Sanierungsmaßnahmen im Kernbereich durchzuführen, um dauerhaft belastbare Jahresüberschüsse zu erzielen. Die innerhalb des Sanierungskonzeptes bereits festgestellten und teilweise umgesetzten betriebswirtschaftlichen Verbesserungen werden im Folgenden aufgeführt.

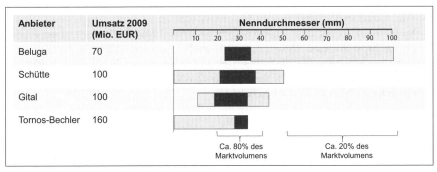

Abb. 7: Produktbereiche der Anbieter von Mehrspindeln

---

[1] Der Nenndurchmesser bezieht sich auf das Futter, welches in den Mehrspindler eingeführt wird. Das Futter besteht z.B. aus Eisen und ähnlichen Werkstoffen. Der Mehrspindler verarbeitet in mehreren Arbeitsgängen das Futter z.B. zu Schrauben, Muttern usw.

§ 40   7. Teil. Rechnungslegung und Steuern

3. Bereits getroffene Sanierungsmaßnahmen

14 **a) Stilllegung und Abwicklung des Geschäftsbereichs Universal-Drehmaschinen.** Weil keine positiven Fortführungsaussichten für diesen Bereich bestehen, wird hier die Produktion stillgelegt. Dies ist in der Gesellschafterversammlung vom 20. Dezember 2010 bereits beschlossen worden. Die bestehenden Aufträge sind zurzeit zu rund 85 % fertig produziert. Bereits bestehende Aufträge, mit denen noch nicht begonnen worden ist, sind vertraglich aufgelöst worden.

15 Die in diesem Zusammenhang freiwerdenden Aktiva werden, soweit dies möglich ist, im Geschäftsjahr 2011 veräußert. Freiwerdende Flächen können anderweitig genutzt bzw. vermietet oder auch nach entsprechenden Maßnahmen veräußert werden. Aus diesen Erlösen sollen unter anderem die absonderungsberechtigten Gläubiger und auch der anstehende Sozialplan zum Teil finanziert werden.

16 **b) Entlassung des bisherigen Geschäftsführers.** Der bisherige alleinige Gesellschafter-Geschäftsführer hat im Rahmen der Gespräche bekundet, einen Aufhebungsvertrag ohne Abfindung zu unterzeichnen. Der Geschäftsleitung wird vorgeworfen, Probleme des zu schließenden Geschäftsbereichs nicht erkannt und damit einhergehende negative Betriebsergebnisse durch bilanzpolitische Maßnahmen verschleiert zu haben. Auf das Gesellschafterdarlehen (50 % des Gesamtbetrags) verzichtet der Gesellschafter. Ein erfahrener Sanierungsmanager ist zum Geschäftsführer bestellt.

17 **c) Entlassung von Arbeitnehmern.** Mit der Stilllegung des Geschäftsbereichs Universal-Drehmaschinen wird gegenüber rd. 350 Mitarbeitern dieses Bereiches betriebsbedingt die Kündigung ausgesprochen. Der Betriebsrat ist bereits zu diesen Kündigungen gehört worden und es findet ein entsprechender Interessensausgleich statt. Soweit die vertraglich geregelten Kündigungsfristen es zugelassen haben, sind bereits Kündigungen erfolgt. In Zusammenarbeit mit dem Betriebsrat ist für die von der Entlassung betroffenen Arbeitnehmer ein Sozialplan erstellt worden, um die wirtschaftlichen Nachteile der ausscheidenden Mitarbeiter zu mildern. Der prognostizierte Aufwand hierfür beträgt Mio. EUR 2,4.

18 **d) Forderungsverzichte.** Der Gesellschafter-Geschäftsführer verzichtet auf das der Gesellschaft gewährte Darlehen in Höhe von Mio. EUR 2,2. Der nicht aktive Gesellschafter verzichtet ebenfalls auf das Darlehen in gleicher Höhe ohne Gegenleistung. Insgesamt verzichten die Gesellschafter also auf Mio. EUR 4,2.

19 Die Bank erklärt ebenfalls einen Forderungsverzicht (Mio. EUR 4,0). Dieser Forderungsverzicht ist mit einer Besserungsabrede ab 2013 gekoppelt, der für den Fall einer erfolgreichen Sanierung bei einem positiven Jahresüberschuss (ohne außerordentlichem Ergebnis) einen Betrag von 20 % des Ergebnisses der Bank zusichert. Die Besserungsabrede ist auf max. Mio. EUR 2,0 beschränkt.

4. Noch zu ergreifende Sofortmaßnahmen

20 **a) Veräußerung nicht betriebsnotwendiger Gebäude und Grundstücke.** Durch die Stilllegung des Geschäftsbereichs können nach Abzug von Bereitstellungskosten rd. Mio. EUR 3,5 erzielt werden. Nach Angaben eines externen Gutachters besteht die Möglichkeit, diese Grundfläche an einen Investor zu veräußern. Die Buchwerte zu den Immobilien betragen rd. Mio. EUR 0,5, so dass ein außerordentlicher Ertrag von Mio. EUR 3,0 in 2011 zu verbuchen sein wird.

b) Zahlung von Insolvenzgeld. Für die noch ausstehenden Lohn- und Gehaltszah- 21
lungen der Monate Dezember 2010 und ggf. Januar 2011 wird im Sammelverfahren für
alle Mitarbeiter die Zahlung von Insolvenzgeld beantragt.

c) Erlass und Stundung von Steuerschulden. Die in den sonstigen Verbindlichkei- 22
ten ausgewiesenen Steuerrückstände (Lohnsteuer und Umsatzsteuer) in Höhe von Mio.
EUR 1,0 sollen erlassen werden. Ein entsprechender Antrag an das Finanzamt wird voraussichtlich positiv beantwortet.

d) Gewinnung von neuen Gesellschaftern. Der geschäftsführende Gesellschafter hat 23
sich bereit erklärt, die Anteile an einen neuen Investor zu einem Änderungswert abzugeben. In Verbindung mit Fördermöglichkeiten durch öffentliche Hände (KfW usw.) wird
sich neben dem neuen Geschäftsführer eine Gruppe von weiteren leitenden Mitarbeitern
an dem Unternehmen beteiligen. Hierzu sollen Mio. EUR 2,0 in die Kapitalerhöhung
bzw. Zeichnung neuer Anteile eingezahlt werden.

e) Forderungsverzicht der Lieferanten. Der Beitrag der Lieferanten an der Fortfüh- 24
rung des Unternehmens soll rd. Mio. EUR 3,0 betragen. Mit ausgesuchten Lieferanten
ist bereits im Vorfeld verhandelt worden. Bei den meisten Lieferanten konnte eine Zustimmung zu einem Beitrag erwirkt werden. Betragsmäßig sind 70 % der geplanten
Summe vertraglich vereinbart. Die restlichen 30 % werden in den nächsten Tagen mit
positivem Abschluss verhandelt werden können.

f) Weitere Finanzierungsmaßnahmen. Der Restkredit mit der Altbank bzw. der da- 25
mit verbundene reduzierte Kreditrahmen bleibt weiterhin bestehen. Die Bank hat in
Gesprächen zugesichert, auf ihr Kündigungsrecht zu verzichten.

Um die Finanzierung weiter abzusichern, ist mit einer neuen Bank verhandelt worden. 26
Die neue Bank soll dem nach § 264 InsO darstellen. Das ab Januar neu angeschaffte Umlaufvermögen dient der neuen Bank als Sicherheit.

5. Leistungswirtschaftliches Sanierungskonzept

Orientiert an die weiter oben dargestellte Vision des sanierten Unternehmens Beluga 27
folgen die wesentlichen Prämissen und Maßnahmenpläne, die ihren Niederschlag in der
Sanierungsplanung finden.

Das Unternehmen wird durch das Planverfahren nicht an Reputation verlieren. Be- 28
dingt durch die aktive Kommunikation mit den Stakeholdern (Lieferanten, Kunden, Behörden, Banken) besteht eine hohe Wahrscheinlichkeit, dass ein Planverfahren erfolgreich durchführbar ist. Insbesondere haben namhafte Kunden das volle Vertrauen in die
Produkte der Beluga erklärt. Die geplante Produkterweiterung bei den Mehrspindlern
(< 32 mm) wird der Markt mit positivem Interesse entgegennehmen.

Um die Gesamtleistung zu steigern, kann durch die Integration der Angebotsbear- 29
beitung in das PPS-System deutlich erhöht werden. Begleitet durch entsprechende
Marketingmaßnahmen des Vertriebes auf der bald anstehenden Werkzeugmaschinen-
messe wird die Präsenz auf dem relevanten Markt deutlich aktiviert. Zusätzliche zwei
größere Neukunden lassen trotz des Umsatzschnittes (bedingt durch die Stilllegung des
zweiten Betriebsteils) die Umsatzerlöse in den nächsten Jahren um moderate 4–5 %
wachsen.

Um den Materialaufwand zu optimieren, werden Standardbauteile nicht mehr selbst 30
hergestellt, sondern von anderen, noch zu gewinnenden Lieferanten bezogen. Die damit
verbundene reduzierte Fertigungstiefe geht einher mit einem Anstieg der Zukäufe (be-

zogene Leistung). Mit dieser wesentlichen Maßnahme kann die Produktivität des Unternehmens verbessert werden. Entsprechende Kennzahlen stellt der Personalplan zur Verfügung. Der Materialaufwand insgesamt wird bedingt durch Umstellungen im Einkaufs- und Beschaffungsmanagement nicht überproportional ansteigen. Bezogen auf die Betriebsleistung werden rd. 8 %-Punkte (von 56 % in 2010 auf 48 % der Betriebsleistung) in 2013 reduziert werden. Die sonstigen betrieblichen Aufwendungen können nahezu proportional zur reduzierten Leistung gesenkt werden. Gemeinkostenremanenzen werden so weit wie möglich vermieden.

31 Das Betriebsergebnis wird durch die Sanierungsmaßnahmen im Jahr 2012 deutlich positiv werden. Die einsetzenden Sanierungserfolge in diesem Jahr führen auch Liquidität zu, die zur Bedienung der Bankkredite eingesetzt werden kann, um entsprechende Zinseffekte zu erzielen. Ab 2013 ist das Wiederaufleben des Besserungsscheins gegenüber der verzichtenden Bank in Höhe von 20 % auf das Jahresergebnis entsprechend zu berücksichtigen (vgl. außerordentlicher Aufwand/Sanierungsaufwand). Der Verlustvortrag von rd. Mio. EUR 11 aus 2010 wird bis 2013 voraussichtlich ausgenutzt sein. Erst ab 2014 sind Steuerzahlungen wieder fällig.

32 Die Restrukturierungsmaßnahmen führen unter anderem zu reduzierten Auftragsdurchlaufzeiten. Das PPS-System, welches zurzeit noch nicht vollständig ausgenutzt wird, ermöglicht derartige Verbesserungen binnen Jahresfrist. Damit können sich die Umschlagskennziffern entsprechend verbessern. Die notwendig gewordenen Wertberichtigungen im Bereich der Vorräte belasten bereits das Jahresergebnis 2010. Kalkulierbare Verwertungserlöse sind hierbei berücksichtigt.

33 Das Forderungsmanagement wird auf zwei Ebenen deutlich verbessert. Durch weitere Automatisierung der Prozesse in diesem Bereich kann das Kundenziel von rd. 60 Tagen auf 42 Tage in 2013 verbessert werden. Werden die Kunden in Gruppen unterteilt, so zeigt sich heute ein hoher Umsatzanteil gegenüber der Automobilindustrie (88 %). Eine breitere Streuung der Kundengruppen ist mit den Vertriebsmitarbeitern besprochen. Die teilweise bisher vernachlässigten Kunden, Wälzlagerhersteller und Armaturenindustrie, sollen zukünftig besser betreut werden, um schließlich auch eine risikominimierte Kundenstruktur zu erhalten. Die beschriebenen Maßnahmen beeinflussen in positiver Hinsicht auch den Netto-Cashflow. Unter Berücksichtigung der notwendig vorzunehmenden Investitionen (Produktivitätssteigerung) werden Finanzüberschüsse dazu verwendet, die Kreditverbindlichkeiten, den Rahmenkredit und die Verpflichtungen gegenüber den Lieferanten zurückzuführen. Bedingt durch das Zusammenwirken sämtlicher Sanierungsmaßnahmen kann das Unternehmen bis 2013 ein Eigenkapital von rd. 34 % der Bilanzsumme erreichen. Mit dieser Zielgröße und den verbesserten Kosten- und Leistungsstrukturen ist das Unternehmen nachhaltig abgesichert. Vgl. zu den hier dargestellten leistungswirtschaftlichen Sanierungsmaßnahmen das detaillierte Sanierungskonzept.

§ 40 Kurzfall Insolvenzplan

6. Planungsrechnungen

34

BELUGA	2010 vorläufig		2011 Plan		2012 Plan		2013 Plan	
	T€	%	T€	%	T€	%	T€	%
1. Umsatzerlöse	65.668	98	45.270	102	47.000	100	49.000	100
Inland	55.452	84	38.000	84	39.000	83	40.000	82
Ausland	10.216	16	7.270	16	8.000	17	9.000	18
2. Bestandsveränderungen FE und UE	1.056	2	-1.000	-2	0	0	0	0
3. Betriebsleistung	66.724	100	44.270	100	47.000	100	49.000	100
4. Sonstige Erträge	2.200	3	1.500	3	1.500	3	1.500	3
5. Gesamtleistung	68.924	103	45.770	103	48.500	103	50.500	103
6. Materialaufwand	-37.632	-56	-23.463	-53	-23.500	-50	-23.520	-48
davon für RHB u. bez. Waren	-34.296	-51	-20.807	-47	-20.210	-43	-19.600	-40
davon bezogene Leistungen	-3.336	-5	-2.656	-6	-3.290	-7	-3.920	-8
7. Personalaufwand	-27.963	-42	-17.250	-39	-16.250	-35	-16.738	-34
8. Abschreibungen	-2.850	-4	-2.400	-5	-2.500	-5	-2.600	-5
9. Sonstige betr. Aufw.	-6.005	-9	-4.500	-10	-4.000	-9	-4.200	-9
10. Betriebsergebnis	-5.526	-8	-1.843	-4	2.250	5	3.442	7
11. Sonstige Zinsen und ähnliche Erträge	0	0	0	0	0	0	0	0
12. Zinsen und ähnliche Aufwendungen	-1.125	-2	-1.046	-2	-850	-2	-800	-2
13. Außerordentlicher Ertrag	0	0	15.200	34	0	0	0	0
davon Forderungsverzicht	0	0	12.200	28	0	0	0	0
14. Außerordentlicher Aufwand	-1.500	-2	-5.625	-13	-300	-1	-529	-1
davon Wertberichtigungen	-1.500	-2	0	0	0	0	0	0
davon Sanierungaufwand	0		-5.625		-300		-529	
15. Ergebnis der gew. Geschäftstätigkeit	-8.151	-12	6.686	15	1.100	2	2.113	4
16. Steuern	0	0	0	0	0	0	0	0
17. Jahresergebnis	-8.151	-12	6.686	15	1.100	2	2.113	4

Abb. 8: Gewinn- und Verlustrechnung 2010–2013

§ 40

7. Teil. Rechnungslegung und Steuern

BELUGA	31.12.10 vorläufig		31.12.11 Plan		31.12.12 Plan		31.12.13 Plan	
	T€	%	T€	%	T€	%	T€	%
A. Anlagevermögen	8.050	22	6.950	27	6.950	28	6.950	29
B. Umlaufvermögen	28.600	78	18.500	73	17.750	72	17.100	71
I. Vorräte	16.000	44	10.100	40	10.400	42	10.100	42
- RHB-Stoffe	2.900	8	1.600	6	1.700	7	1.600	7
- Unfertige Erzeugnisse	7.800	21	4.200	17	4.300	17	4.200	17
- FE und Waren	6.800	19	4.300	17	4.400	18	4.300	18
- Wertberichtigungen	-1.500	-4	0	0	0	0	0	0
II. Forderungen	12.350	34	7.900	31	7.150	29	6.800	28
- aus Lieferungen und Leistungen	10.800	29	6.800	27	6.000	24	5.700	24
- sonstige Forderungen	0	0	0	0	0	0	0	0
- sonstige Vermögensgegenstände	1.550	4	1.100	4	1.150	5	1.100	5
III. Liquide Mittel	250	1	500	2	200	1	200	1
Summe Aktiva	36.650	100	25.450	100	24.700	100	24.050	100
A. Eigenkapital	-3.703	-10	4.983	20	6.083	25	8.196	34
I. Gezeichnetes Kapital	3.000	8	5.000	20	5.000	20	5.000	21
II. Kapitalrücklage	0	0	0	0	0	0	0	0
III. Gewinnrücklagen	750	2	750	3	750	3	750	3
IV. Jahresüberschuss/-fehlbetrag	-8.151	-22	6.686	26	1.100	4	2.113	9
V. Gewinn-/Verlustvortrag/RL-Änderung	698	2	-7.453		-767		333	1
B. Gesellschafterdarlehen	4.200	11	0		0		0	0
C. Rückstellungen	1.000	3	1.100	4	1.200	5	1.300	5
D. Verbindlichkeiten	35.153	96	19.367	76	17.417	71	14.554	61
I. ggü. Kreditinstituten (alt)	18.703	51	8.738		7.617	31	5.803	24
II. Rahmenkredit KI (neu)	0	0	729	3	2.500	10	2.000	8
III. aus Lieferungen und Leistungen	14.000	38	8.500	33	6.000	24	5.500	23
IV. sonstige	2.450	7	1.400	6	1.300	5	1.251	5
Summe Passiva	36.650	100	25.450	100	24.700	100	24.050	100

Abb. 9: Bilanzentwicklung 2010–2013

§ 40 Kurzfall Insolvenzplan

BELUGA	31.12.11 Plan T€	31.12.12 Plan T€	31.12.13 Plan T€
Anlagespiegel			
Anfangsbestand netto (01.01)	8.050	6.950	6.950
+ Investitionen	1.800	2.500	2.600
= Zwischensumme	9.350	9.450	9.550
- Abschreibungen AV	-2.400	-2.500	-2.600
- Außerplanmäßige/Sonder-Afa	0	0	0
= Endbestand (31.12)	6.950	6.950	6.950
Working Capital			
Umlaufvermögen o. liq. Mittel	18.000	17.550	16.900
- Verbindlichkeiten aus L+L	-8.500	-6.000	-5.500
- sonstige Verbindlichkeiten	-1.400	-1.300	-1.251
= Working Capital o. liq. Mittel	8.100	10.250	10.149
Netto Cash Flow			
Jahresüberschuss/-fehlbetrag	6.686	1.100	2.113
+ Abschreibungen	2.400	2.500	2.600
+ Δ Rückstellungen	100	100	100
- Δ Working Capital o. liq. Mittel	3.800	-2.150	101
- Investitionen	-1.800	-2.500	-2.600
+/- Sonstiges	-11.700	0	0
+ AV-Verkäufe (Buchwert)	500	0	0
- Δ Forderungsverzichte	-12.200	0	0
= Netto Cash Flow	-514	-950	2.314
Finanzmittelfonds			
Δ Kapital	2.000	0	0
Δ RL/Forderungsverzichte	12.200	0	0
Δ Gesellschafterdarlehen	-4.200	0	0
Δ Vbkl. Kreditinstituten	-9.236	650	-2.314
Δ Liquide Mittel	-250	300	0
Kapitalflussrechnung IDW			
Laufende Geschäftstätigkeit	1.286	1.550	4.914
+/- Investitionstätigkeit	-1.800	-2.500	-2.600
+/- Finanzierungstätigkeit	764	650	-2.314
+/- Liquiditätsveränderung	250	-300	0
Finanzmittel 1.1.	250	500	200
Finanzmittel 31.12.	500	200	200

Abb. 10: Cashflow 2010–2013

§ 40 7. Teil. Rechnungslegung und Steuern

Personalentwicklung BELUGA	2010 Ist		2011 Ist		2012 Ist		2013 Plan	
	Abs.	%	Abs.	%	Abs.	%	Abs.	%
Personalstand in VbE								
a) zum Stichtag 31.12								
FuE	20	3	20	5	20	5	20	5
Fertigung	585	87	370	88	330	87	325	87
Marketing & Vertrieb	22	3	8	2	8	2	8	2
Verwaltung	45	7	20	5	18	5	18	5
Qualitätsmanagement	0	0	2	0	2	1	2	1
Summe	672	100	420	100	378	100	373	100
davon Kurzarbeiter	0	0	0	0	0	0	0	0
davon Azubis	3	0	3	1	3	1	3	1
b) im Jahresdurchschnitt								
FuE	20		20	5	20	5	20	5
Fertigung	585		370	88	350	88	328	87
Marketing & Vertrieb	22		8	2	8	2	8	2
Verwaltung	45		20	5	19	5	18	5
Sonstige	0		2	0	2	1	2	1
Summe	672		420,0	100	399	100	375,5	100
davon Kurzarbeiter	0		0	0	0	0	0	0
davon Azubis	3		3	1	3	1	3	1
Betriebsleistung je VbE	100		105		118		131	
Veränderung ggü. Vorjahr	-6%		5%		12%		12%	
Personalaufwand (TEUR)	-27.963		-17.250		-16.250		-16.738	
je VbE	42		41		41		45	
Veränderung ggü. Vorjahr	5%		-1%		-1%		9%	

Abb. 11: Personalentwicklung 2010–2013

7. Vergleichsrechnungen

35 **a) Befriedigung der Gläubiger ohne Insolvenzplan.** Um die Basisdaten für die Vergleichsrechnung zu ermitteln, ist zum 1. Januar 2011 eine Stichtagsbilanz erstellt worden. Auf Basis des vorläufigen Jahresabschlusses 2010 ergeben sich unter den genannten Prämissen nachfolgende Werte:

§ 40 Kurzfall Insolvenzplan § 40

BELUGA	01.01.2011	
	Fortführung	Liquidation
	T€	T€
A. Anlagevermögen	8.050	4.000
B. Umlaufvermögen	28.600	18.820
I. Vorräte	16.000	8.000
- RHB-Stoffe	2.900	2.900
- Unfertige Erzeugnisse	7.800	7.800
- FE und Waren	6.800	6.800
- Wertberichtigungen	-1.500	-9.500
II. Forderungen	12.350	10.570
- aus Lieferungen und Leistungen	10.800	10.800
- Wertkorrekturen (10%)	0	-1.080
- sonstige Vermögensgegenstände	1.550	850
III. Liquide Mittel	250	250
Summe Aktiva	36.650	22.820
A. Fehlbetrag (Summe Aktiva - Verbindlichkeiten)	-1.503	-15.833
B. Gesellschafterdarlehen	0	0
C. Rückstellungen	0	0
D. Verbindlichkeiten	38.153	38.653
I. ggü. Kreditinstituten (alt)	18.703	18.703
davon Absonderungsrechte nach §§ 49-52 InsO	14.000	14.000
II. Geschäzte Masseverbindlichkeiten (§§ 52,55 InsO)	3.000	3.500
III. aus Lieferungen und Leistungen	14.000	14.000
IV. sonstige	2.450	2.450

Abb. 12: Vermögensübersicht zum 1. 1. 2011

Die Befriedigungsquote wird ermittelt auf Grundlage eines Verzeichnisses der Massegegenstände, welches vom Sanierungsteam erstellt worden ist. Die Fortführungswerte entsprechen grundsätzlich den fortgeführten Werten der Bilanz. Die Schließung des zweiten Geschäftsbereichs des Universal-Drehmaschinen ist hier bereits berücksichtigt. Neben den Fortführungswerten sind die Liquidationswerte anhand vorliegender Schätzungen eines beauftragten Auktionators aufgeführt. Einige Unsicherheitsfaktoren konnten in der kurzen Frist nicht ausgeschlossen bzw. validiert werden, somit bedarf es hier weiterer Recherchen bis zur Gläubigerversammlung. Die Masseverbindlichkeiten enthalten den Sozialplan, Verfahrenskosten, Gutachterkosten. Bei einer Zerschlagung des Unternehmens fallen weitere Verfahrens- und Gutachterkosten in Höhe von rund TEUR 500 an. Unter dieser Prämisse ergibt sich eine geschätzte Befriedigungsquote entsprechend nachfolgender Tabelle: 36

§ 40

Vergleichsrechnung BELUGA ohne Planverfahren (TEUR)	
Gesamtliquidationswert	22.8220
ab Masserverbindlichkeiten	- 3.500
ab absonderungsberechtigte Gläubieger	-14.000
Zur Befriedigung der restl. Gläubiger zur Verfügung stehende Betrag	5.320

Abb. 13: Vergleichsrechnung Beluga ohne Planverfahren

37 **b) Befriedigung der Gläubiger mit Insolvenzplan.** In die Rechte der absonderungsberechtigten Gläubiger greift das Planverfahren ein, weil das Kreditinstitut die Kreditverträge weiter fortführen soll und langfristig die Kundenbindung aufrechterhalten will. Ein entsprechender Schuldentilgungsplan liegt in Abhängigkeit vom Sanierungskonzept bzw. vom geleisteten Forderungsverzicht vor. Der Wert der Sicherheiten (Grundpfandrechte, Forderungsvertretungen usw.) ist unter Fortführungsgesichtspunkten deutlich höher einzuschätzen als im Liquidationsfall.

38 Die Insolvenzgläubiger sind im gestaltenden Teil in unterschiedliche Gruppen eingeteilt. Hier gehört zunächst die Bank mit ihrem ungesicherten Anteil, Lieferanten, Dienstleister, Finanzbehörde, Arbeitsamt und Krankenkassen sowie die Arbeitnehmer. Vgl. hierzu die Erläuterungen im gestaltenden Teil. Wie bereits erwähnt, verzichtet die Bank mit Mio. EUR 4,0. Die Lieferanten sind bereit, Mio. EUR 3,0 zu erlassen, während die Finanzbehörde auf Mio. EUR 1 verzichten will. Damit ist die durchschnittliche Befriedigungsquote mit 62 % deutlich höher gegenüber der Befriedigungsquote ohne Planverfahren.

39 Die nachrangigen Insolvenzgläubiger verzichten auf ihre Forderungen vollständig. Dies betrifft insbesondere die Gesellschafterforderungen.

Vergleichsrechnung BELUGA mit Planverfahren (TEUR)	
Verzicht der Insolvenzgläubiger	
• Bank	4.000
• Forderungen L+L	3.000
• sonstige Forderungen	1.000
	8.000
Forderungen Insolvenzgläubiger insgesamt	21.153
Geschätzte Befriedigungsquote	**62 %**

Abb. 14: Vergleichsrechnung Beluga mit Planverfahren

II. Gestaltender Teil (Bildung von Gruppen gemäß § 222 InsO)

Gläubiger mit gleicher Rechtsstellung und gleichartigen wirtschaftlichen Interessen werden nach § 222 InsO in einer Gruppe zusammengefasst. Die einzelnen Gruppen sind sachgerecht voneinander abzugrenzen. In Gruppe 1 befindet sich das Kreditinstitut mit der gesicherten Forderung. Mit dem ungesicherten Teil der Forderung ist die Bank an einer weiteren Stelle, nämlich in der Gruppe 2 eingeteilt. Die Lieferanten verfügen über Eigentumsvorbehalte/Absonderungsrechte. Mit den Hauptlieferanten besteht Einigkeit über Forderungsverzicht in Höhe von Mio. EUR 3,0. Alle übrigen Lieferanten werden voll befriedigt. Inwieweit diese Gruppe aus wirtschaftlichen Gründen noch zu trennen ist, kann erst in der Gläubigerversammlung entschieden werden. Daher werden Lieferanten in dieser Aufstellung in der Gruppe 3 zusammengefasst. Die ebenfalls voll zu befriedigenden Dienstleister (Lohn, Fertigung) werden in Gruppe 4 erfasst. Mit der in Gruppe 5 eingeordneten Finanzbehörde besteht eine Sondervereinbarung. Das Finanzamt verzichtet auf die Zahlung rückständiger Beträge in Höhe von Mio. EUR 1,0 und wird deswegen in der Gruppe 5 von den übrigen öffentlich-rechtlichen Institutionen abgegrenzt. Die Arbeitsämter und Krankenkassen befinden sich in Gruppe 6. Die Gruppe 7 enthält die Arbeitnehmer der Gesellschaft mit gestundeten Urlaubsgeldansprüchen aus dem Jahr 2010. 40

In der nachfolgenden Abbildung ist der derzeit verhandelte Vorschlag für die Befriedigung der nicht nachrangigen Insolvenzgläubiger gem. § 224 InsO enthalten: 41

Gruppen-Nr.	Gläubigergruppen	Forderungsbetrag (TEUR)	Forderungserlass (TEUR)	Stundung (TEUR)	Absonderungsrechte	Quote
	Nicht nachrangige Insolvenzgläubiger					
Gruppe 2	Bank	4.703	4.000	0	Keine	15%
Gruppe 3	Lieferanten	12.200	3.000	0	Eigentumsvorbehalt	75%
Gruppe 4	Dienstleister	1.800	0	0	Keine	100%
Gruppe 5	Finanzbehörde	1.000	1.000	0	Keine	0%
Gruppe 6	Arbeitsamt	300	0	0	Keine	100%
	Krankenkassen	900	0	0	Keine	100%
Gruppe 7	Arbeitnehmer	250	0	250	Keine	100%
Summe		21.153	8.000	250		

Abb. 15: Befriedigung der Forderungen nicht nachrangiger Insolvenzgläubiger

Im Rahmen der Gläubigerversammlung ist davon auszugehen, dass der mit diesem Lösungsvorschlag versehene Insolvenzplan angenommen wird. Gruppe 2 und 3 werden dem Insolvenzplan zustimmen. Die Finanzbehörde wird wahrscheinlich nicht in voller Höhe verzichten. Der Beitrag an das Finanzamt geht zu Lasten der Gruppen 4, 6 und 7. Um das Verfahren zu vereinfachen, werden die opponierenden Gruppen voll ggf. befriedigt. Damit sind sie zur Abstimmung über das Planverfahren nicht mehr zugelassen. 42

Die absonderungsberechtigte Bank wird die Kreditlinien weiter aufrechterhalten und erhält den Erlös aus dem Verkauf des Teilgrundstückes von Mio. EUR 3,5 abzüglich der Verfahrenskosten. 43

III. Behandlung der während des Planverfahrens aufgenommenen Kredite

44 Die aufgenommenen Kredite sollen von einer zweiten Bank ausgereicht werden. Gem. § 264 InsO werden die Kredite in der Weise privilegiert, dass sie für den Fall einer Anschlussinsolvenz während der Überwachung der Planerfüllung gegenüber allen anderen Insolvenzgläubigern vorrangig befriedigt werden.

IV. Eigenverwaltung und Überwachung der Planerfüllung

45 Gegen Ende des Jahres 2010 konnte ein sanierungserfahrener Manager für die vakant gewordene Geschäftsführerposition gefunden werden. Der Sanierungsmanager hat in der Vergangenheit zahlreiche Insolvenzen erfolgreich begleitet. Daher wird mit Einreichen des Planverfahrens auch Antrag auf Eigenverwaltung gestellt. Mit Annahme des Insolvenzplans wird außerdem vorgeschlagen, dass die Erfüllung des Plans gem. § 260 InsO überwacht wird. Somit ist im hohen Maße gewährleistet, dass die Ansprüche, die den Gläubigern nach dem gestaltenden Teil gegen den Schuldner zustehen, auch erfüllt werden. Die Anlagen zu dem Insolvenzplan können auf Wunsch zur Verfügung gestellt werden.

Wuppertal, den …
Beluga GmbH

§ 41 Sanierung der DEXTA-Gruppe in der Insolvenz: Ein Praxisbeispiel

Übersicht

	Rn.
I. Einführung und Überblick über das Verfahren und die Sanierung	1–8
II. Ausgangssituation des Unternehmens	9–22
1. Kernkompetenz und Basisdaten der DEXTA-Gruppe	9–13
2. Ertragswirtschaftliche und finanzwirtschaftliche Ausgangssituation	14–18
3. Strukturelle und strategische Ausgangssituation	19–22
III. Inhalte des Sanierungskonzeptes	23–44
1. Ertragswirtschaftliche Ansätze	28–37
2. Strategisch strukturelle Ansätze	38–40
3. Finanzwirtschaftliche Ansätze	41–44
IV. Operative Fortführung und Umsetzung von Sanierungsmaßnahmen	45–85
1. Erste Stabilisierung und Implementierung von Funktionen	45–49
2. Sicherung Lieferanten- und Kundenbeziehungen	50–57
3. Liquiditätsplanung und -management	58–64
4. Unternehmenssteuerung und Aufbau Controlling	65–76
5. Effizienzsteigerung und Qualitätssicherung in der Produktion	77–84
V. Entwicklung von Leistungskennziffern in der Sanierung	85–100
1. Veräußerungsprozess	90–93
2. Auswirkungen von Sanierung und Verkauf auf Befriedigungsquoten	94–98
3. Fazit	99, 100

I. Einführung und Überblick über das Verfahren und die Sanierung

Die vorliegende Fallstudie stellt die Sanierung eines Automobilzulieferers sowie dessen Veräußerung im Rahmen des Insolvenzverfahrens dar. Dabei wird der Fall insbesondere aus betriebswirtschaftlicher Perspektive dargestellt. Die Erläuterung der rechtlichen Aspekte und Hintergründe ist nicht Gegenstand des Berichtes. Gleichzeitig ist das Umfeld betriebswirtschaftlichen Handels in der Insolvenz an keinem anderen Punkt des Lebenszyklus eines Unternehmens stärker durch das rechtliche, kurzfristig wirkende Korsett bestimmt. Die Insolvenzordnung und die einzelnen Rechtsbeziehungen geben Zielsetzungen und Rahmenbedingungen für die Betriebswirtschaft vor. Die Darstellung dieses Handlungsrahmens wird natürlich angestrebt. Hinsichtlich der detaillierten juristischen Aspekte wird jedoch auf die zahlreich vorhandene Literatur verwiesen. 1

Der Fall wurde für diese Studie anonymisiert und die Zahlen geringfügig verändert, ebenso wurden die Jahreszahlen angepasst.

Diese Fallstudie soll zunächst einen Beitrag dazu leisten, die mangelnde Präsenz betriebswirtschaftlicher Literatur zur „Sanierung im Rahmen von Insolvenzverfahren" zu reduzieren. Des Weiteren zeigt der Fall eindrucksvoll, was unter dem Siegel des „i.I. – in Insolvenz" und den Rahmenbedingungen der Insolvenzordnung – hinsichtlich der Rettung von Unternehmen noch bzw. erst möglich ist. 2

§ 41 8. Teil. Praxisfälle für Sanierungskonzepte

3 Gegenstand der Fallstudie ist die Sanierung der DEXTA-Gruppe im Rahmen des Insolvenzverfahrens. Im Oktober 2011 meldete die DEXTA-Gruppe Insolvenz wegen Zahlungsunfähigkeit beim zuständigen Amtsgericht an. Zum vorläufigen Verwalter wurde ein sehr erfahrener Insolvenzverwalter bestellt, der bereits in vielen Fällen erfolgreich Sanierungen in der Insolvenz durchgeführt hat. Innerhalb von wenigen Tagen wurde ein Team aus Mitarbeitern der Insolvenz-Kanzlei und betriebswirtschaftlichen Beratern zunächst am Hauptsitz installiert, um unter anderem sofort

- die Kommunikation mit allen Interessengruppen aufzunehmen und das jeweilige weitere Vorgehen zu definieren,
- die notwendige Entscheidungsbasis bzgl. der Fortführung zu schaffen,
- erste Maßnahmen zur Aufrechterhaltung des Betriebes sicherzustellen,
- einen Liquiditätsstatus zu erstellen und die entsprechenden Ansätze zur Sicherung der Liquidität umzusetzen,
- zum Stichtag die jeweiligen Forderungen und Verbindlichkeiten – auf Basis des jeweiligen rechtlichen Status – zu ermitteln und abzugrenzen und
- die Masse sichernde und zu erhaltende Maßnahmen einzuleiten.

4 Aufgrund der spezifischen Gesellschafter- und Geschäftsführungsstruktur konnte nicht auf die bisherige Geschäftsführung gesetzt werden. Das bereits schon installierte Team aus Mitarbeitern der Insolvenz-Kanzlei und der Sanierungsberatung wurde zeitnah um einen Interimsmanager ergänzt, der die Geschäftsführungsfunktion gemeinsam mit einem bisherigen Führungskreismitglied übernahm. Insgesamt war somit ein interdisziplinär aufgestelltes, eng verzahntes Sanierungsteam implementiert.

5 Einen Überblick über die bei größeren Unternehmensinsolvenzen zu bearbeitenden Themenfelder stellt Abb. 1 dar. Im Fall der DEXTA-Gruppe war im Grundsatz die Erarbeitung und Bearbeitung sämtlicher Themen notwendig. Aufgrund von mangelnder Erfahrung und Kompetenz musste dies federführend durch das externe Team bearbeitet werden. Hätte man nicht in starker Intensität „die Zügel in die Hand genommen", gebe es das Unternehmen heute nicht mehr.

Abb. 1: Exemplarische Themen der Insolvenzverwaltung, insb. im Eröffnungsverfahren

6 Die Entscheidung über die Fortführung – zumindest bis zur Eröffnung des Insolvenzverfahrens – konnte kurzfristig getroffen werden, da u.a. durch das Insolvenzausfallgeld die Sicherung der Masse durch eine Fortführung gewährleistet war. In den ersten Wochen wurde neben den zahlreichen und vielfältigen operativen Notwendigkeiten ein Sanierungskonzept erarbeitet, welches Mitte November vorgestellt und vom Gläubigerausschuss befürwortet wurde.

Parallel zu der operativen Fortführung, der Bearbeitung der insolvenzrechtlich bedingten Aufgabenstellungen und den Arbeiten an einem Sanierungskonzept wurden die Vorbereitungen für eine nachhaltige Sanierung der DEXTA-Gruppe eingeleitet. Nach der Stabilisierung des Tagesgeschäftes, insbesondere der Wiedergewinnung des Vertrauens aller Stakeholder, wurden auf Basis des Grob-Sanierungskonzeptes erste Sanierungsmaßnahmen eingeleitet, die im Verlauf der Umsetzung sukzessive verfeinert und konkretisiert wurden. Der Erfolg aus beiden Themenblöcken – Stabilisierung operatives Geschäft und Umsetzung von ganzheitlich entwickelten Sanierungsmaßnahmen – führte bereits relativ schnell zu einer zunächst deutlichen Verbesserung der Ergebnissituation und nach einer weiteren kurzen Projektphase zu ausgeglichenen und positiven Monatsergebnissen. Vor diesem Hintergrund entspannte sich auch die Liquiditätssituation.

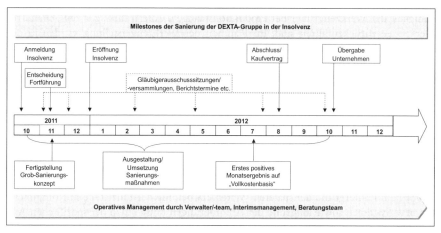

Abb. 2: Milestones der Sanierung der DEXTA-Gruppe in der Insolvenz

Der Fokus lag im Folgenden auf nachhaltigen vertrauensbildenden Maßnahmen zur Kundenbindung. Neben der Stabilisierung und Sanierung im Rahmen des Insolvenzverfahrens wurde deshalb die Suche nach Investoren – sowohl strategische Investoren als auch Finanzinvestoren – mit Hochdruck betrieben. Dieser Prozess konnte vor Ablauf eines Jahres erfolgreich abgeschlossen werden. Ein Jahr nach Anmeldung der Insolvenz war die DEXTA-Gruppe saniert, das Unternehmen wurde an einen strategischen Investor verkauft und übergeben. Es konnten 455 Arbeitsplätze (zzgl. Arbeitsplätze bei Zulieferern) erhalten werden. Es wurden Befriedigungsquoten für die besicherten Gläubiger erreicht, die deutlich über den fallspezifischen Alternativen aber auch externen Vergleichen lagen. Eine sehr erfolgreiche Sanierung in der Insolvenz.

II. Ausgangssituation des Unternehmens

1. Kernkompetenz und Basisdaten der DEXTA-Gruppe

Die DEXTA-Gruppe ist sowohl direkter Zulieferer für OEM der Automobilindustrie als auch für andere Tier One-Lieferanten bzw. Systemlieferanten. Die Kernkompetenz der

§ 41
8. Teil. Praxisfälle für Sanierungskonzepte

DEXTA-Gruppe ist die Herstellung von Komponenten und die Produktion von Baugruppen und Kleinserien für drei spezifische Anwendungen im Automobilbereich. Die Komponenten werden im Wesentlichen als Einzelteile produziert und dem Auftrag gebenden OEM oder Systemlieferanten direkt zur weiteren Verarbeitung zur Verfügung gestellt. Dabei kommen unterschiedliche Anlagen (Pressen, automatisierte Montagelinien, Laseranlagen etc.) zum Einsatz. Ein Investitionsstau bzw. ein unmittelbarer Bedarf für Neuinvestitionen bestand nicht. Eine weitere Kernkompetenz stellt dabei der Werkzeugbau dar. Von der Qualität und Verfügbarkeit des Werkzeuges hängt letztendlich die Qualität und Effizienz der Produktion ab. Fehlerhafte Produkte führen zu erhöhten Qualitätskosten (z.B. durch Prüfaufwand, Sonderfahrten) und zu erhöhten Produktionskosten (z.B. aufgrund der hohen Rüstkosten bzw. Stillstandszeiten). Um diesen hohen Qualitätsanspruch sicherzustellen, wurde die Entscheidung getroffen, den Werkzeugbau selbst zu betreiben. Im Vordergrund dieser Lösung steht die schnelle und aufgrund der eigenen Entwicklungs- und Erstellungskompetenz sach- und fachgerechte Reaktionsfähigkeit der Werkzeugbauer bei Produktionsmängeln, sofern diese z.B. auf abgenutzte Werkzeuge zurückzuführen sind. Im Rahmen der Werkzeugerstellung werden in der DEXTA-Gruppe modernste CNC-Hochgeschwindigkeitsfräsen eingesetzt. Die Werkzeuge werden im Grundsatz von den Kunden bezahlt und aufgrund des erlangten Eigentums besteht im Fall der Insolvenz ein Herausgabeanspruch.

10 Bei Bedarf erfolgt im Anschluss an die Produktion von Einzelteilen bzw. Komponenten zudem eine Weiterbehandlung, z.B. durch Verzinkung der produzierten Vorprodukte. In der Baugruppenfertigung werden Schweißbau- und Fügebaugruppen in automatisierten und manuellen Montagelinien hergestellt. In der Kleinserienfertigung erfolgt eine automatisierte und flexible Fertigung mit modernsten Laser-, Stanz- und Nibbelanlagen sowie Schweißrobotern. Hohe Präzision, Zuverlässigkeit und Verfügbarkeit zeichnen auch diese Produkte aus.

11 Vor dem Hintergrund der späteren Weiterverarbeitung der Einzelteile in Komponenten bzw. Systemen sowie aufgrund der Anforderungen hinsichtlich der spezifischen Anwendungen bestehen hohe Qualitätsanforderungen an die Vorprodukte bezogen auf Passgenauigkeit und Zuverlässigkeit. Qualitätsmängel in diesem spezifischen Produktsegment führen dazu, dass aufgrund der zum Teil komplexen Zusammenführung von diversen Einzelteilen ganze Komponenten/Systeme fehlerhaft sind und somit vollständig ausgetauscht werden müssen, da ein Herauslösen des fehlerhaften Teils zu diesem Zeitpunkt nicht mehr möglich ist. Im Extremfall kann ein fehlerhaftes Einzelteil ausschlaggebend für eine kostenintensive Rückrufaktion sein.

Geschäfts-bereich	Charakteristika	Geschäfts-bereich	Charakteristika
Komponente A	• Herstellung der Teile durch spezifisches Verfahren • Ausschließlich am Standort 1 • Komponenten werden auf Stufenpressen hergestellt	Baugruppen/ Kleinserien	• Schweißbau- und Fügebaugruppen • Automatisierte Montagelinie; ausschließl. Standort 2 • Automatisierte/ flexible Fertigung u.a. Laseranlagen • Schweißroboter, Einlegearbeitsgänge
Komponente B	• Produktion Komponente B in Standort 1 und Standort 2 • Presskraft Automaten bis zu 8.000 kN • Automatisierte Serienfertigung von Stahlteilen	Werkzeug-bau	• Werkzeuge für die Blechumformung (Stufen-, Folgeverbund-, Stanz- und Biegewerkzeuge) • CNC-Hochgeschwindigkeitsfräsen • CVD-Beschichtung und Vakuumwärmebehandlung

Abb. 3: Charakterisierung Geschäftsbereiche der DEXTA-Gruppe

12 Die DEXTA-Gruppe verfügte somit zum Zeitpunkt der Insolvenzanmeldung über drei Produktbereiche und einen eigenen Werkzeugbau (vier Geschäftsbereiche) und war darüber mit 90% des Umsatzes Zulieferer der Automobilindustrie. Insgesamt wurden in

2011 ca. 30 Kunden in der Automobilindustrie und dem Maschinenbau bedient. Mit 4 Kunden wurden über 80 % des Umsatzes generiert. Die Kundenbeziehungen sind typischerweise gegenseitig durch eine relativ hohe Bindung gekennzeichnet. Die Vertragslaufzeiten betrugen zwar i.d.R. nur ein Jahr, allerdings war die Wechselbereitschaft – sofern Leistung und Preis stimmten – relativ gering, da ein Wechsel mit Kosten und Qualitätsrisiken verbunden war. Das Wechselrisiko bestand allerdings regelmäßig bei Serien- oder Modellwechseln.

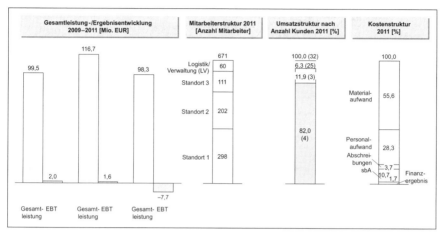

Abb. 4: Ist-Situation DEXTA-Gruppe Sanierung in der Insolvenz

Produziert wurde an 3 Standorten in Deutschland mit ca. 670 Mitarbeitern. Die Overheadfunktionen waren grundsätzlich am Hauptsitz konzentriert. Die Wertschöpfungstiefe, grundsätzlich gespiegelt durch die GuV- bzw. Kostenstruktur, kann als typisch für die Branche gewertet werden – zumindest bei Produktionsstandorten in Deutschland.

2. Ertragswirtschaftliche und finanzwirtschaftliche Ausgangssituation

Die Entwicklung der Gesamtleistung war geprägt durch einen Rückgang von 16 % (2011 vs. 2010) nachdem dieser von 2009 auf 2010 um 17 % (wesentlich beeinflusst durch eine Betriebsübernahme eines Kunden) gestiegen war. Der Rückgang im Jahr 2011 ist primär durch sinkende Nachfrage (Marktentwicklung) und durch Auslauf von Fahrzeugserien/-modellen ohne Generierung von Nachfolgegeschäft zu erklären. Die Personalkosten konnten hingegen 2011 um 3,2 Mio. € (ggü. 2010) gesenkt werden, allerdings war dies dennoch gleichzusetzen mit einem Anstieg der Personalkostenquote um 2,3 %. Um die Personalkostenquote von 2010 halten zu können, hätte eine weitere Reduktion um 1,6 Mio. €, also insgesamt von 4,8 Mio. € erfolgen müssen. In der Folge entstand ein Verlust von 7,7 Mio. € (HR 2011).

Hinter dieser Entwicklung stand u.a. eine signifikante Abweichung des Rohertrags von 12,7 Mio. €. Davon waren der Umsatzrückgang mit einem Margeneffekt von –8,3 Mio. € sowie nicht durchgereichte Materialpreiserhöhungen in Höhe von –4,4 Mio. € verantwortlich. Der starke Rückgang im Bereich Werkzeugbau ließ auf nachlassende Auftragseingänge für neue Serien/Modelle schließen und offenbarte damit ein strategisches und strukturelles Dilemma hinsichtlich der langfristigen Fortführung durch zu erwartenden nachhaltigen Umsatzrückgang.

§ 41   8. Teil. Praxisfälle für Sanierungskonzepte

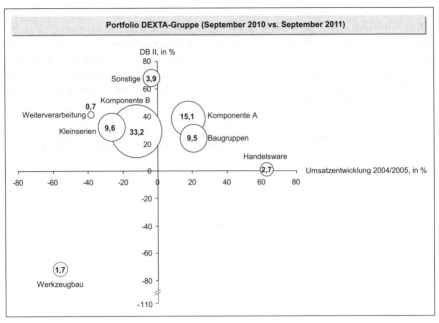

Abb. 5: Portfolio DEXTA-Gruppe kum. September 2010 vs. September 2011 [Mio. EUR]

16 Während insbesondere bei den wichtigen Ergebnisträgern Komponente B und Kleinserien Umsatzrückgänge zu verzeichnen waren, hat der Bereich Komponente A positiv zum Ergebnis beigetragen. Baugruppen und Handelsware konnten zwar eine positive Umsatzentwicklung verzeichnen, dies jedoch mit sehr schwachen Beiträgen hinsichtlich des Deckungsbeitrages II (Umsatz minus Materialaufwand minus Fremdleistungen (DB I/Rohertrag) minus variable Kosten (verrechnete Lohn- und Maschinenstunden)).

17 Die Eigenkapitalsituation zum Zeitpunkt der Insolvenzanmeldung war auf den ersten Blick unkritisch. Das buchmäßige Eigenkapital zum 31.12.2010 mit 22,1 Mio. € wurde durch die unterjährigen Verluste 2011 auf 17,0 Mio. € reduziert. Allerdings bestand zu diesem Zeitpunkt u.a. aufgrund der Unternehmenskrise ein hoher Abwertungsbedarf bei z.B. aktivierten Firmenwerten, Grundstücken/Gebäuden, Eigenleistungen aber auch im Vorratsvermögen und Forderungsbestand. Der Korrekturbedarf – so wurde im Restrukturierungskonzept angenommen – hätte die Aufzehrung des Eigenkapitals zur Folge gehabt.

18 Der negative operative Cash Flow des Jahres 2010 von –15,1 Mio. € (geprägt durch geringen Ergebnisbeitrag sowie Cash Flow aus Working-Capital –13,7 Mio. € und Investitionstätigkeit –5,7 Mio. €) konnte fast durch einen Cash Flow aus Finanzierung i.H.v. 13,8 Mio. € ausgeglichen werden (Netto-Cash Flow –1,3 Mio. €). Der Cash Flow aus operativen Verlusten betrug bis zum 30.9.11 ca. –5,2 Mio. €, konnte aber wesentlich durch einen Abbau des Working-Capital um 4,9 Mio. € aufgefangen werden. Der unterjährige Netto-Cash Flow bis zum 30.9.11 betrug –1,3 Mio. €. Der Liquiditätsabfluss im laufenden Geschäftsjahr führte – trotz des intensiven Liquiditätsmanagements – zur Illiquidität.

3. Strukturelle und strategische Ausgangssituation

Strukturelle Defizite folgten u.a. aus einer ineffizienten Aufgabenzuordnung/-teilung 19
zwischen den Standorten durch z.B. überschneidende Aktivitäten oder logistische Nachteile. Insbesondere war der Hauptsitz von logistischen Nachteilen betroffen, da das Rohmaterial im Grundsatz aus der Region bezogen wurde, in deren Nähe zumindest wesentliche Werke von Kunden waren. Dies, obwohl man in dieser Region über einen Standort verfügte, der somit logistisch wesentlich geeigneter war. Weiterhin gab es teilweise inkonsequente Zentralisierungen von Overheadfunktionen. Personelle Überkapazitäten im Produktionsbereich aufgrund mangelhafter Reaktion hinsichtlich des Umsatzrückgangs wurden bereits dargestellt.

Die strategische Situation war gekennzeichnet durch eine Sandwichposition zwischen 20
der Automobilindustrie und den Stahlproduzenten und hatte aufgrund unzureichender Gegenmaßnahmen die dramatische ertragswirtschaftliche Ausgangssituation zur Folge. Die signifikante Abhängigkeit von einzelnen sehr großen Kunden ist nicht unüblich und innerhalb des Geschäftsmodells gewollt, und zwar aus nachvollziehbaren Gründen. Mit der Konzentration der Kunden (z.T. auch Outsourcing) auf wenige Lieferanten gehen aus Sicht der Tier 1/2 Know how-Verluste und eine entsprechende gegenseitige Abhängigkeit einher. Auf Basis dieses Ansatzes hat sich auch die DEXTA-Gruppe auf wenige Produktsegmente und ausgewählte Key Accounts fokussiert.

Dem gegenüber stand eine in der Marktsituation relativ geringe und nicht nutzbare 21
Verhandlungsposition gegenüber den Stahllieferanten. Aufgrund der Stahlpreisentwicklung wurde dieses Problem eklatant, denn der Stahlpreis stieg von 266 € (durchschnittlich je mt) im Jahr 2008 auf 478 € (durchschnittlich Jan. – Sept. je mt) im Jahr 2011. Die gestiegenen Stahlpreise konnten insgesamt nicht umfänglich an die Kunden weitergegeben werden, vor allem nicht periodengerecht. Hinzu kommt ein besonderer, wenn auch nicht unüblicher Umstand. 50 % des Vormaterialeinkaufs wurde im Rahmen eines Vormaterial-Pooling direkt von den Tier 1 Kunden/OEM mit den Stahllieferanten verhandelt. Die Preisanpassungen der Produkte erfolgte selbst in diesen Fällen nicht in gleichem Umfang. Für die Zulieferer alltäglich sind neben der generellen Rohstoffpreisproblematik und dem hohen Preisdruck durch die Automobilindustrie, relativ hohe Kosten für Zertifizierungen und z.T. die Vorfinanzierung von Entwicklungskosten.

Die Rahmenbedingungen für die DEXTA-Gruppe waren somit im Jahr 2011 schwie- 22
rig. Ursächlich für die Unternehmenskrise war jedoch im Wesentlichen eine progressive Wachstumspolitik, bei der die Weiterentwicklung interner Strukturen und Prozesse vernachlässigt wurde. Infolgedessen resultierte hieraus der wesentliche Handlungsbedarf. Insbesondere fehlte es in jeglicher Hinsicht an einer hinreichenden Steuerung des Unternehmens und der notwendigen Basis.

III. Inhalte des Sanierungskonzeptes

Mit der Erarbeitung des Sanierungskonzeptes wurde notwendigerweise – aufgrund des 23
vielseitigen Entscheidungsbedarfes insb. im Hinblick auf die Fortführung in der Insolvenz – unmittelbar begonnen. Mitte November wurde das sog. Grobkonzept zur Restrukturierung der DEXTA-Gruppe vorgelegt, d.h. die Erstellung erfolgte innerhalb eines Zeitraumes von nur 5 Wochen.

Größte Problematik ist in den meisten Sanierungsfällen zunächst – wie auch in diesem 24
Fall – die Schaffung von betriebswirtschaftlicher Transparenz (vgl. hierzu Teil 4, Ab-

schnitt 4.4.). Die vorgefundene Datenbasis im Unternehmen ließ weder eine ertrags- noch eine finanzwirtschaftliche Steuerung zu und war soweit auch nicht für die Erarbeitung eines Sanierungskonzeptes hinreichend. Die Schaffung der Basis (z.B. durch den Aufbau einer Geschäftsbereichsrechnung und Deckungsbeitragsrechnung je Kunde, Verifizierung von Maschinenkostensätzen und Kostenschlüsseln) war insoweit ein Kraftakt. Dieser kann aufgrund des Zeitdrucks auch nur dem Zweck der Erstellung eines Sanierungskonzeptes dienen. Die konzeptionelle Entwicklung und Implementierung von nachhaltig funktionierenden Steuerungsinstrumenten ist damit noch nicht gegeben.

25   Auf Basis einer hinreichenden Transparenz wurde im nächsten Schritt eine Basisplanung erstellt, d.h. nach der HR 2011 ein Basisplan für das Jahr 2012 entwickelt. In dieser Businessplanung wird simuliert, welche Entwicklung das Unternehmen im Hinblick auf Umsatz, Kosten und letztlich Ergebnis nimmt, wenn keine Restrukturierungsmaßnahmen eingeleitet und das Unternehmen wie bislang fortgeführt werden würde. Im Fall DEXTA wurde auf Grundlage des Ist-Ergebnisses zum 30.09.11 und der Hochrechnung (HR) 2011 für das Jahr 2012 ein negatives EBT von 12,9 Mio. € prognostiziert (ohne Restrukturierung). Bei einer konservativen Zielrendite von 2% (entspricht Ziel-EBT von 1,6 Mio. €) ergab sich daraus die sog. Ergebnislücke von 14,5 Mio. €. Um diese potentielle Lücke zu schließen, mussten somit Restrukturierungsmaßnahmen entwickelt werden, mit denen mindestens ein Ergebniseffekt von 14,5 Mio. € erreicht wird.

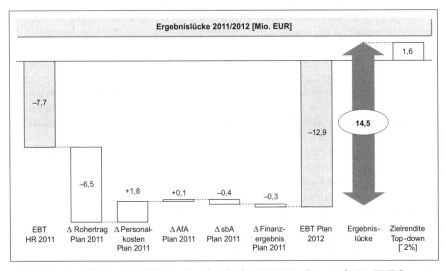

Abb. 6: Ergebnislücke 2011/2012 – Ergebnislücke DEXTA-Gruppe [Mio. EUR]

26   Der Rückgang des Rohertrags ist auf einen geplanten Umsatzeinbruch i.H.v. 13% zurückzuführen. Verbesserungen der Personalkosten sind auf vorinsolvenzlich – wenn auch unzureichende – eingeleitete Maßnahmen zurückzuführen.

27   Mit der Ermittlung des Ausmaßes der Unternehmenskrise geht natürlich die Identifizierung des Handlungsbedarfes einher. Grundsätzlich haben dabei die leistungswirtschaftliche Situation und der leistungswirtschaftliche Handlungsbedarf erste Priorität. Dies gilt bei Sanierungsfällen in der Insolvenz im Besonderen, da bzgl. der finanzwirtschaftlichen Sphäre die Vergangenheit zunächst zurückgelassen wird und Liquiditäts- und Masseentwicklung im Insolvenzverfahren zunächst in den Vordergrund treten.

§ 41 Sanierung der DEXTA-Gruppe in der Insolvenz §41

Abb. 7: Handlungsfelder der DEXTA-Gruppe

1. Ertragswirtschaftliche Ansätze

Das ertragswirtschaftliche Potential sollte maßgeblich durch folgende Ansätze gehoben 28 werden:

- Verbesserung der Ertragssituation durch Margenerhöhung im Rahmen von Kundenverhandlungen (selektive Preiserhöhungen)
- Anpassung des Personalbestands vor dem Hintergrund der veränderten Rahmenbedingungen
- Senkung der Qualitätskosten und des sbA zur Realisierung kurzfristiger Effekte

Im Rahmen der Transparenzschaffung wurden die Deckungsbeiträge für alle Produkte 29 und Kunden ermittelt. Die Ergebnisse zeigten aufgrund der oben beschriebenen Unternehmensentwicklung natürlich einen sehr signifikanten Handlungsbedarf, der insbeson-

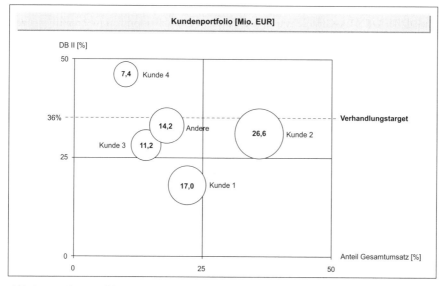

Abb. 8: Kundenportfolio „Umsatz/DB II" DEXTA-Gruppe 01-09/2011 [Mio. EUR]

dere auf DB II-Niveau auch für die wesentlichen Großkunden bestand. Das Ziel war die Erreichung eines DB-Niveaus i.H.v. 36% auf Kundenebene.

30 Die Verhandlungen zur Optimierung der DB wurden bereits während der Konzepterstellungsphase aufgenommen. Das Grobkonzept enthielt in der Planung einen geplanten Effekt von 6,6 Mio. €, bezogen auf den für 2012 geplanten Umsatz i.H.v. 85,4 Mio. € (ca. −13% zum Vorjahr). Dies entsprach einer durchschnittlich angestrebten Preiserhöhung von ca. 7,5%. Gegenstand der Preisverhandlungen waren produktbezogene Analysen und entsprechend notwendige unterschiedliche Preisanpassungen pro Produkt innerhalb der Serienfertigung. Des Weiteren wurden neue Preise für Ersatzteilbedarfe (Kleinstserien ausgelaufener Modelle) verhandelt. Maßgeblich für die erheblichen Kosten sind hier die Rüstzeit sowie gegebenenfalls die notwendige Überholung des Werkzeuges. Auch diese wurde im Folgenden den Kunden in Rechnung gestellt.

31 Im Rahmen der Konzepterstellung wurde das Mitarbeiterabbaupotential definiert. Dies geschah, je nach fallspezifischer Situation, durch eine Kombination unterschiedlicher Ansätze von z.B. Analyse der Entwicklung interner Kennziffern (Auslastungsgrade, Produktivitäten etc.), intensive Gespräche und Diskussionen mit den Bereichsverantwortlichen, externe Benchmarks, grobe Funktionsanalysen, Untersuchung der Rahmenbedingungen bzgl. IT-Unterstützung bis hin zur Erstellung optimierter Schichtpläne. Aufgrund des Zeitdrucks musste die Identifizierung der Potentiale schnell und pragmatisch sein. Für detaillierte Funktions- und Prozessanalysen – wie in reinen Organisationsprojekten in anderen Unternehmensphasen – ist der zeitliche Spielraum in Restrukturierungsprojekten deutlich zu kurz. Gleichzeitig darf nicht über- oder untersteuert werden. Deshalb ist auch dies ein Bereich, in dem Erfahrung ein maßgeblicher Erfolgsfaktor ist.

32 Die Mitarbeiterabbaupotentiale resultieren i.d.R. aus folgenden Maßnahmen:
- Anpassung – soweit möglich – der Mitarbeiterkapazitäten auf das Leistungs-/Umsatzniveau
- strukturelle Maßnahmen, z.B. Verlagerung, Schließung, Outsourcing
- klassische Effizienzsteigerung durch Optimierung von Prozessen, Verbesserung der Arbeitsbedingungen (z.B. IT-Systeme), Neuordnung der Aufgabenteilung, Optimierung Schichtpläne etc.

33 Im Fall der DEXTA-Gruppe war es ebenfalls eine Kombination von mehreren Ansätzen und Maßnahmen. Nach Berücksichtigung von Altersteilzeit, Dauerkrankheit, Erziehungsurlaub und Freistellung waren mit Stand Oktober 671 Mitarbeiter bei der DEXTA-Gruppe beschäftigt. Dabei waren 66% der Mitarbeiter (ohne Azubis) gewerblich. Von den Mitarbeitern im gewerblichen Bereich waren in 2011 bis zur Insolvenzanmeldung lediglich 55% der gemeldeten Lohnstunden produktiv, was im Wesentlichen auf erhebliche qualitative Probleme und nicht ausreichende Seriengrößen (teilweise bedingt durch erhebliche Ersatzteilbedarfe) zurückzuführen war.

34 Durch Abbau bestehender Überkapazitäten und Anpassung an zukünftige Gesamtleistung unter Einführung der 40h Woche (ohne Lohn- und Gehaltsausgleich) sowie sonstigen vielfältigen Effizienzsteigerungsmaßnahmen konnte ein Abbaupotential von ca. 133 Mitarbeiterkapazitäten identifiziert werden (Effizienzsteigerung). Durch strukturelle Maßnahmen wie die Verlagerung von Produktionsbereichen, Anpassung der Werkzeugbaukapazitäten, Anpassung der Querschnittsfunktionen durch Produktionsverlagerungen, Aufgabe eines Produktbereiches, Reintegration von Funktionen in die Standardarbeitsabläufe des Werkzeugbaus konnten 83 Mitarbeiterkapazitäten identifiziert werden.

35 Die Qualitätskosten lagen – wie bereits dargestellt mit durchschnittlich 3,5% (3,3 Mio. € p.a. 2011) deutlich über dem Branchendurchschnitt. Die Qualitätskosten unterteilten sich dabei in Nacharbeit/Sortierung (ca. 40%), Belastungsanzeigen (ca. 20%), Sonder-

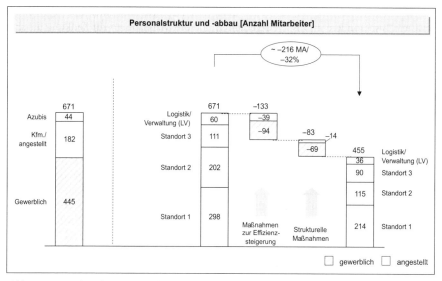

Abb. 9: Personalstruktur und -abbau DEXTA-Gruppe

fahrten (ca. 10%) und sonstige Kosten (30%). Zur nachhaltigen Senkung der Qualitätskosten wurden kurzfristig nachfolgende Maßnahmen detailliert und umgesetzt:
- Aufbau eines Kennzahlensystems mit individuellen Zielvorgaben
- Definition und Einforderung von Verantwortlichkeiten in der Organisation
- Einführung eines Systems zur einheitlichen Erfassung der QS-Kosten
- Fortsetzung der Integration der automatisierten Steuer- und Regelsysteme
- Anpassung der räumlichen Aufteilung (Produktionsverlagerung) an QS-Anforderungen

Insgesamt sollte dabei ein interdisziplinäres Vorgehen z.B. bei der operativen Qualitätssicherung (OPQS) oder problembezogenen Lösungsprozessen (PLP) durch Integration von Teilnehmern aus Produktion, Vertrieb und QS gewählt werden. Mit Senkung der Qualitätskosten sind direkte ertragswirtschaftliche Vorteile, aber auch indirekte Verbesserungen wie Lieferanten-Status und Umsatzvolumen erreichbar (geringerer Ausschuss und weniger N.I.O.-Chargen, geringere PPM-Quote, höhere Lieferantenqualität, Steigerung des Lieferantenstatus, Verringerung Produktionskosten, verbesserter Produkt-DB, Realisierung zusätzlicher Aufträge z.B. im Bidding-Verfahren). Auf Basis der Untersuchungen wurde eine mittelfristige Senkung der Qualitätskosten um 2%-Punkte (Effekt von rd. 1,8 Mio. € p.a.) als realisierbar erachtet. In der BP-Planung wurde allerdings konservativ verfahren und lediglich eine Reduktion um 0,0%-Punkte eingestellt.

Die Quote des sonstigen betrieblichen Aufwandes war in der jüngeren Vergangenheit leicht, aber kontinuierlich auf ein relativ hohes Niveau von ca. 12% (ca. 11,4 Mio. € p.a.) gestiegen. Bei den sowohl vom Umsatz abhängigen (Frachten, Leiharbeiter, teilweise Instandhaltung, Factoring) als auch vom Umsatz unabhängigen (Maschinenmiete /-leasing, Raum-/Flächenmiete, Telefon-/EDV-Struktur, Versicherungen, Kfz-Leasing, Instandhaltung und Unterhalt Fuhrpark) Kosten waren Miete und Leasing neben Versicherungen die größten Kostentreiber. Über 60% des gesamten sbA waren bereits nach 4 Wochen analysiert – teilweise bis auf Belegebene. Bis zur Fertigstellung des Grob-Konzeptes im November waren knapp 1,0 Mio. € Kostensenkungspotential p.a. im sonstigen betrieblichen Aufwand identifiziert, davon allerdings durch Sofortmaßnahmen über 0,5 Mio. € realisiert. Insbesondere im Insolvenzverfahren sind die Maßnahmen zur Senkung des sbA relativ schnell zu realisieren und dementsprechend wirksam. Wesentliche – nicht untypische – Maßnahmen waren Nachverhandlung und teilweise Beendigung des Factoring, Nachverhandlungen von Mieten und Frachten, Aufgabe von bzw. Veränderungen bei angemieteten Büroflächen und Kündigung von Fahrzeugen.

2. Strategisch strukturelle Ansätze

38 Im Mittelpunkt der strategisch strukturellen Maßnahmen steht die Verlagerung und räumliche Zusammenführung von Produktionsbereichen an einen logistisch geeigneteren Standort. Diese Verlagerung spart der DEXTA-Gruppe ohne einmalige gegenläufige Effekte pro Jahr ca. 2,9 Mio. €.

39 Der Netto-Full-Year-Effekt resultiert aus der Reduzierung von Frachtkosten sowie Personaleinsparungen durch die Verlagerung und Zusammenführung (32 Mitarbeiter in unterschiedlichen Bereichen; u.a. Produktion, Instandhaltung, QM, Logistik, Konstruktion). Zu berücksichtigen und zu finanzieren waren einmalige Kosten der Verlagerung i.H.v. ca. 0,8 Mio. € u.a. für bauliche Maßnahmen wie z.B. Fundamente, Vorfinanzierung durch Vorproduktion, Kosten Abbau/Transport/Aufbau und anteilige Sozialplanaufwendungen.

40 Nach Zustimmung des Gläubigerausschusses wurde mit den vorbereitenden Maßnahmen der Verlagerung (insb. Vorproduktion) im Januar 2012 begonnen. Abgeschlossen wurden diese Mitte 2012. Für einen anderen Produkt- bzw. Produktionsbereich, der unter Vollkosten negativ war, konnten keine Restrukturierungsansätze identifiziert werden. Dieser Umstand sowie die Tatsache, dass für die Verlagerung von Produktionsbereichen Flächenbedarf bestand, führte zu der Entscheidung eines Exit bzw. Ausgliederung des betroffenen Bereiches.

3. Finanzwirtschaftliche Ansätze

41 Hinsichtlich der finanzwirtschaftlichen Themen sind im Rahmen der Sanierung in der Insolvenz folgende drei Themenbereiche zu unterscheiden:
- Einführung einer Liquiditätsplanung und eines Liquiditätsmanagement auch vor dem Hintergrund der Masseentwicklung
- Erarbeitung von Ansätzen zur finanzwirtschaftlichen Sanierung des Rechtsträgers, also unter der Annahme eines Insolvenzplans und/oder Share Deals
- Modellierung einer potentiellen Finanzierungsstruktur im Rahmen eines Asset Deals und nach Übertragung auf eine sog. Newco (new company).

42 Während der erstgenannte Punkt eine operative Aufgabe – auch als maßgebliches unterstützendes Element für den Insolvenzverwalter und dessen Entscheidungen – darstellt (deswegen Darstellung in Teil 4), handelt es sich bei den letztgenannten um konzeptionelle Aufgabenstellungen, die auch im Grobkonzept Berücksichtigung finden können. Im Fall des Grob-Konzeptes der DEXTA-Gruppe wurde zunächst eine finanzwirtschaftliche Restrukturierung des Rechtsträgers simuliert, ohne bereits die Sinnhaftigkeit der Erstellung eines Insolvenzplans oder der Übertragung im Rahmen eines Share Deals final zu prüfen. Zweck war vielmehr ein realistisches Finanzierungsmodell zu simulieren, um dies über das Finanzergebnis in die Gesamtergebnisplanung einfließen zu lassen. Denn nur unter Berücksichtigung eines realistischen Finanzierungsmodells konnte die Sanierungsfähigkeit gesamtheitlich dargestellt und bewertet werden. Dabei war zu diesem

Zeitpunkt klar, dass auch andere Finanzierungsmodelle, insb. nach Übertragung im Rahmen eines Asset Deals denkbar, wenn nicht sogar realistisch waren. Im Rahmen des Verfahrens, insb. der Investorengespräche und -verhandlungen, wurde die Modellierung einer Finanzierung aus Sicht eines potentiellen Investors immer bedeutender, um hiermit Kaufpreisforderungen (Basis: Unternehmensbewertung auf Basis DCF-Methode) und -verhandlungen substantiell hinterlegen bzw. führen zu können.

Die Abbildung der monetären Effekte der dargestellten Maßnahmen in der Businessplanung spiegelt die sog. Ergebnisbrücke wieder. Aufsetzend auf der Ergebnislücke bzw. dem EBT 2012 ohne Restrukturierungsmaßnahmen (-12,9 Mio. €) folgt aus der Summe der Effekte (16,9 Mio. €) bereits für 2012 ein positives EBT von ca. 4 Mio. €.

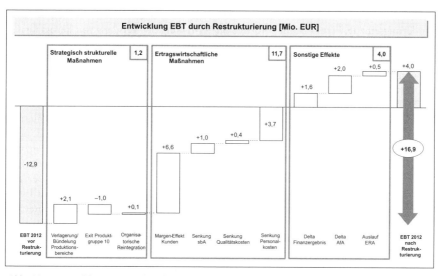

Abb. 10: Entwicklung EBT durch Restrukturierung [Mio. EUR]

Die Realisierung der Effekte bereits im Jahr 2012 (Insolvenzanmeldung 10/2011) stellt auch für sanierungserfahrene Manager und Berater einen ungewöhnlich schnellen Turnaround dar, der letztendlich auf die rechtlichen Rahmenbedingungen und den Handlungsdruck für alle Stakeholder im Insolvenzverfahren zurückzuführen ist. Die insolvenzspezifischen Rahmenbedingungen sollten und wurden im Fall der DEXTA-Gruppe genutzt.

IV. Operative Fortführung und Umsetzung von Sanierungsmaßnahmen

1. Erste Stabilisierung und Implementierung von Funktionen

Eine Sanierung des schuldnerischen Unternehmens setzt praktisch immer voraus, dass der Geschäftsbetrieb zunächst aufrecht erhalten bleibt. Hierzu bedarf es nicht nur der Entscheidung der Fortführung, sondern meistens einer Vielzahl zum Teil revolvierend zu wiederholender Maßnahmen. Hierzu gehört natürlich in erster Linie die Sicherstellung des Vertrauens der maßgeblichen Stakeholder. Umgehend wurde deshalb die direkte

Kommunikation (Anschreiben, persönliche Gespräche, Versammlungen etc.) mit Lieferanten, Kunden, Mitarbeitern, Banken, geschäftsführenden Gesellschaftern etc. aufgebaut.

46 Erste und wichtigste Maßnahme nach Anordnung der vorläufigen Insolvenz im produzierenden Umfeld ist die Sicherstellung der Fertigung. Häufig steht die Produktion still und muss dann sofort wieder angefahren werden, um das Vertrauen der Stakeholder zu generieren. Im Fall der DEXTA-Gruppe wurde sofort die Entscheidung getroffen, die Produktion fortzuführen.

47 Ein zweiter wichtiger Faktor der ersten Stunde ist die Sicherstellung des Zuflusses liquider Mittel (siehe 4.3). Im Falle DEXTA waren die Prozesse in der Debitorenbuchhaltung offensichtlich zum Erliegen gekommen. Forderungen wurden nicht aktiv eingezogen, es lag ein erheblicher Rückstau beim Buchen von Ausgangsrechnungen vor. Diese Situation wurde sofort behoben und das Unternehmen begann am ersten Tag mit dem Forderungseinzug. Ferner ist die sofortige Sicherstellung des Versands von Fertigfabrikaten an Kunden zentral. Im Falle der DEXTA-Gruppe ließ sich dieser Prozess verhältnismäßig leicht steuern, da in der Regel „ex works" geliefert wurde und so keinerlei Probleme mit Spediteuren, die in diesen Situationen häufig etwaige Pfandrechte geltend machen, entstanden waren.

48 Zur Sicherstellung des Vertrauens wurde kurzfristig insbesondere zu Lieferanten und Kunden Kontakt aufgenommen und über die Zielsetzung der Fortführung/Sanierung sowie über das weitere Vorgehen informiert. In Abhängigkeit von Bedeutung und spezifischen Aspekten der Kunden- und Leistungsbeziehung wurden durch den Insolvenzverwalter oder Vertreter aus dem Team – i.d.R. gemeinsam mit Mitarbeitern des Unternehmens – persönliche Gespräche geführt, deren Inhalte von der Information über den Verfahrensstand, Entscheidungen wie z.B. der Fortführung, Verfahrensweisen im Insolvenzverfahren (z.B. Zahlungsmodalitäten) bis hin zu operativen Themen reichten. In diesem Verfahren wurden dann auch relativ schnell Verhandlungen über Beiträge zur Sanierung (Preiserhöhungen auf Basis Deckungsbeitragsrechnungen und Volumensicherung) eingeleitet und geführt. Dies natürlich – nach dessen Fertigstellung im November – auch vor dem Hintergrund des Sanierungskonzeptes, um die Verhältnismäßigkeit aufzuzeigen und Vertrauen durch ein überzeugendes Konzept zu erzeugen.

49 Maßgeblich vertrauensbildende Maßnahmen für fast alle Stakeholder waren im Fall der DEXTA-Gruppe auch die Veränderungen in der Geschäftsführung und Schlüsselpositionen bzw. -funktionen, allem voran die schnelle Einbindung eines Interimsmanagers, der über hohe Kompetenz und Integrität sowie Sanierungserfahrung verfügt. Unmittelbar nach Anordnung der vorläufigen Insolvenz wurde außerdem der Kontakt zu Betriebsräten und Gewerkschaft seitens der Insolvenzverwaltung und der betriebswirtschaftlichen Beratung aufgebaut. Die frühe Einbindung der Arbeitnehmervertreter ist sehr wichtig. Vertrauen muss etabliert werden, um gemeinschaftlich die sich später aus dem Sanierungskonzept ergebenden Schritte, insbesondere unumgängliche betriebsbedingte Kündigungen und Arbeitnehmerverzichte umsetzen zu können. Auch die Politik wurde unmittelbar nach Beginn des Verfahrens angesprochen. Von Seiten der zuständigen Ministerien wurde Unterstützung angeboten, die aber aufgrund etwaiger rechtlicher Restriktionen nie umgesetzt werden konnte.

2. Sicherung Lieferanten- und Kundenbeziehungen

50 Die vollumfängliche weitere Belieferung im vorläufigen und später eröffneten Verfahren stand – wie üblich – ebenfalls sofort im Mittelpunkt. Auf Grundlage einer Inventur wurde ein Lieferantenpool gebildet, in dem zunächst der Umgang mit Entnahmen aus

den mit verlängertem und erweitertem Eigentumsvorbehalt stehenden Beständen an Roh-, Hilfs- und Betriebsstoffen sowie Halb- und Fertigprodukten geregelt wurde. Des Weiteren wurden u.a. ein Masseanteil und die unbestimmte Stundung von Rückzahlungen aus Verbräuchen ausgehandelt, vereinbart und im Lieferantenpoolvertrag dokumentiert. Nachdem auf Lieferantenseite unmittelbar nach Anordnung der vorläufigen Insolvenz die ursprünglichen Zahlungsziele durch Vereinbarungen wiederhergestellt worden waren, kam es zu Verhandlungen über weitere Sanierungsbeiträge.

Gegenüber den Kunden wurden zunächst die Fortführung und dementsprechend die Weiterbelieferung kommuniziert. Darüber hinaus war es wichtig, dass das Interimsmanagement sowie das Team des Insolvenzverwalters, inkl. des betriebswirtschaftlichen Sanierungsteams – in Abhängigkeit von der vereinbarten Rollenverteilung – dauerhafte Kommunikationslinien zu den Kunden – hier wiederum auch abhängig von Hierarchie und Funktion – aufbauen. Dadurch wird sichergestellt, dass keine operativen Themen „anbrennen", weil es Wechsel, Verunsicherung etc. in bisherigen Linienfunktionen gab, grundsätzliche Kritik bzgl. der Leistungsfähigkeit des Unternehmens richtig aufgenommen werden und die Basis für einen offenen, vertrauensvollen und konstruktiven Austausch über die gemeinsame Zukunft gelegt wird. **51**

Im Fall der DEXTA-Gruppe wurde innerhalb kurzer Zeit mit den maßgeblichen Kunden ein Kommunikationsniveau (bzgl. Häufigkeit, inhaltlicher Qualität, Reaktionsgeschwindigkeit, Verbindlichkeit) aufgebaut, wie es vor der Insolvenz nicht vorhanden war. Dies war – wenn auch nicht messbar – ein entscheidender Faktor für die erfolgreiche Umsetzung des Sanierungshebels „Margenverbesserung". Denn dieses Vertrauen war u.a. notwendig, um die Akzeptanz für die zum Teil offengelegten Produktkalkulationen sowie die Preisforderungen zu erreichen. **52**

Von besonderer Bedeutung für die Kunden ist in Krisensituationen die Sicherstellung der nachhaltigen Lieferfähigkeit. Nachdem die Vormateriallieferungen wieder angelaufen waren, mussten innerhalb der Produktionsplanung sowohl die kurzfristige Belieferung als auch langfristige Lieferplanungen neu erstellt werden. Im Rahmen der kurzfristigen Liefersituation lag – bedingt durch die nachhaltige Krise und entsprechende Vormaterialknappheit – ein erheblicher Rückstau an Aufträgen vor, der innerhalb kürzester Zeit abgearbeitet werden konnte. **53**

Langfristig wurde – in Zusammenarbeit mit den wichtigsten Kunden – eine auf Abrufplänen basierte Produktionsplanung erarbeitet, die gleichzeitig die Grundlage für das Sanierungskonzept bildete. Kundenseitig lagen Bedenken hinsichtlich des übermäßigen Abbaus produktiven Personals sowie der Verlust von Management Ressourcen durch die Insolvenz vor. Deshalb wurde die Planung, auch der personellen Ressourcen nach Sanierung, eng mit den Hauptkunden abgestimmt. Der Verlust von Mitarbeitern im mittleren Management konnte in Grenzen gehalten werden. Zusätzliches Vertrauen wurde vor allem durch das Hinzuziehen des Interimsmanagers und der operativen Ausrichtung des betriebswirtschaftlichen Beraters generiert. **54**

Im Ergebnis wurde der im Konzept angestrebte Margen-Effekt von 6,6 Mio. € zwar nicht voll erreicht, die durchgesetzten 4,7 Mio. € waren aber dennoch ein respektables Ergebnis. Dies vor allem, weil die Kunden nicht aufgrund der kurzfristigen Abhängigkeit „erpresst" wurden, sondern es sich hier jeweils um die Definition eines zukunftsorientierten gemeinsamen Weges handelte. Ausdruck dafür waren auch die Verlängerung von Laufzeiten für das Bestandsgeschäft, die Zusicherung von Mengengarantien sowie zusätzliche Beauftragungen, d.h. Neugeschäft, welches bereits innerhalb des ersten Halbjahres 2012 zu Werkzeugverlagerungen von Wettbewerbern zur DEXTA-Gruppe führte und somit auch bereits umsatzwirksam wurde. Somit sicherten die nicht preisspezifischen **55**

§ 41

Vereinbarungen mit den Kunden den Sanierungsprozess sowie die nachhaltige Fortführung ab und waren wiederum ein wichtiger Faktor bei den Verhandlungen mit den Investoren. Allerdings blieb eine Aufgabenstellung: Der nicht durchgesetzte Teil der geplanten und voll ergebniswirksamen Preiserhöhungen musste – wie zum Teil schon durch Neugeschäft erreicht – durch neu zu identifizierende Potentiale kompensiert werden.

56 Ansatzpunkte, die zwar identifiziert, aber im Konzept noch nicht quantifiziert wurden, waren z.B. Themen der Ersatzteilbereitstellung. In diesem Geschäftsmodell besteht seitens des Lieferanten – hier der DEXTA-Gruppe – die Verpflichtung für einen fest vereinbarten Zeitraum von 10 bis 20 Jahren, die Ersatzteilproduktion und -belieferung gegenüber der Automobilindustrie zu gewährleisten. Das hat zur Folge, dass für einen großen Kunden z.B. 4000 Werkzeuge vorgehalten werden mussten sowie – bei Bedarf – kleine, margenschwache und mit hohem Rüstaufwand verbundene Lose produziert werden müssen. Dies stellt hohe Belastungen für die Produktion, den Werkzeugbau und das Qualitätsmanagement dar. Aus diesem Grund wurden auch hier Lösungsansätze entwickelt, die die wirtschaftliche Tragfähigkeit für die DEXTA-Gruppe verbesserten.

57 Eine sehr enge Kommunikation mit den Kunden erforderte auch die im Konzept vorgesehene Produktionsverlagerung. Auch diese blieb nicht nur auf dem Papier stehen, sondern wurde im Rahmen der Fortführung und durch den Insolvenzverwalter getragenen und verantworteten Sanierung bereits im 1. HJ. 2012 umgesetzt. Bereits im Vorfeld fand ein enger Austausch mit den betroffenen Kunden statt, um z.B. die Details der Verlagerung und insbesondere Mengenbedarfe und Vorproduktion genau abzustimmen. Des Weiteren war Bestandteil des Verlagerungsplanes ein gemeinsam entwickelter Re-Qualifizierungsplan der u.a. die Anlagen, den Werkzeugbau und die Prüfmittel betraf. Im Rahmen der realen Verlagerung gab es über einen Zeitraum von ca. zwei Monaten jeden Morgen ein Meeting mit den betroffenen Kunden am aufnehmenden Standort der DEXTA-Gruppe, in dem tagesaktuelle Themen der Produktionsverlagerung besprochen wurden. Aufgrund der Bedeutung dieser Maßnahme und der potentiellen negativen Folgen für die Kundenbeziehungen wurde dieser Verlagerungsprozess bis hin zu den täglichen Abstimmungsmeetings durch das externe Sanierungsteam verantwortet.

3. Liquiditätsplanung und -management

58 Liquiditätsplanung und -steuerung ist auch außerhalb der Krise, respektive des Insolvenzverfahrens, komplex und erfordert von den Verantwortlichen ein hohes Maß an Sachverstand. In der Insolvenz wird die Komplexität darüber hinaus durch einen erheblichen Zeitdruck und in der Regel unübersichtliche Verhältnisse deutlich erhöht. Bei der DEXTA-Gruppe war zum Zeitpunkt des Insolvenzantrages noch keine adäquate Liquiditätsplanung implementiert und erschwerte die Aufgabe in dieser spezifischen Unternehmenssituation deutlich.

59 Neben der im Fluss befindlichen Haftungsproblematik des vorläufigen Insolvenzverwalters sprechen weitere gute Gründe für die Erstellung einer möglichst detaillierten Liquiditätsplanung im Rahmen des (vorläufigen) Insolvenzverfahrens (z.B. als Entscheidungsgrundlage für die Gewährung eines Massekredits durch eine Bank). Eine Sanierung des schuldnerischen Unternehmens setzt praktisch immer voraus, dass der Geschäftsbetrieb zunächst aufrecht erhalten bleibt. Bei Anordnung des vorläufigen Insolvenzverfahrens fehlt es jedoch regelmäßig an der zur Fortführung erforderlichen Liquidität. Auch bei der DEXTA-Gruppe waren die typischen Merkmale vorzufinden. Die Kredite der Hausbank sind gekündigt, die Lieferanten verweigern die Weiterbelieferung ohne vorherigen Ausgleich der Rückstände bzw. Vorkasse, die Arbeitnehmer drohen die Arbeit nie-

derzulegen, wenn die Zahlung des Arbeitsentgelts nicht sichergestellt ist. Entsprechend ihrer Fälligkeit lassen lediglich offene Forderungen gegen Kunden Liquiditätszuflüsse in der Zukunft erwarten. Aufgrund der schlechteren Zahlungsmoral ggü. Unternehmen in Insolvenz ist hierbei aus Vorsichtsgründen jedoch ein Forderungsabschlag im Rahmen der Liquiditätsplanung zu berücksichtigen.

Interne Ansprechpartner im Rahmen der Liquiditätsplanung waren 60
- der Bereich Controlling/Finanzbuchhaltung, u.a.
  – Durchsicht der OP-Debitoren zur Bestimmung werthaltiger Forderungen, Verifizierung im System hinterlegter Kundenzahlungsziele, Validierung Datenqualität von Systemabfragen, Pflege von Stammdaten
  – OP-Kreditoren zur Überprüfung, ob Rechnungseingänge für Leistungen, die den Zeitraum vor Insolvenz betreffen (Insolvenzforderungen), auch getrennt verbucht werden konnten
- der Bereich IT, z.B. für Datenabfragen und Export der Daten in Microsoft Excel
- der Bereich Personal (im eröffneten Verfahren) für monatlichen Lohnlauf, Ermittlung Gehaltszahlen, Lohnsteuer, Sozialversicherung
- der Bereich Vertrieb/Verkauf zur Besprechung/Validierung Umsätze als Basis für zukünftige Einzahlungen. Aufgrund der kurzfristigen Notwendigkeit einer ersten Liquiditätsindikation wurde dies im Fall der DEXTA-Gruppe durch den Businessplaner abgedeckt.

Zunächst erfolgte eine erste grobe Aufnahme von Prozessabläufen sowie Belegflüssen 61 (z.B. Aufdeckung von „schwarzen Schubladen"), um von Beginn an eine möglichst hohe Aktualität und Qualität des Buchungsstandes zu gewährleisten. Der Aufbau der Liquiditätsplanung erfolgte in zwei bis drei Wochen, die Erhöhung der Genauigkeit war jedoch ein fortlaufender Prozess. Das Liquiditätsmanagement erfolgte – selbstredend – fortwährend. Hierzu gehörten u.a.
- Verhandlung von Zahlungszielen (Kunden und Lieferanten)
- Abbau von Vorratsbeständen und Verringerung von Lagerreichweiten
- Verhandlung höherer Limite bei Schlüssellieferanten
- Einzug fälliger Forderungen, darüber hinaus systematisches Debitorenmanagement
- Verhandlung mit Leasinggebern.

Der Kontostand der operativen Geschäftskonten der DEXTA-Gruppe belief sich auf 62 weniger als 300 Tsd. €. Wichtige Kunden aus der Automobilzuliefererindustrie hatten in den Wochen vor Anmeldung zur Insolvenz aus Unsicherheit über die weiteren Entwicklungen Zahlungen zurückgehalten. Wesentliche Lieferanten (Stahllieferanten) hatten ihr Zahlungsziel auf wenige Tage verkürzt bzw. verlangten Vorkasse. Zur Sicherung der Liquidität und damit als Voraussetzung zur Fortführung des Geschäftsbetriebes wurde ein Massekredit von 1 Mio. € aufgenommen. Insgesamt war die Liquiditätsentwicklung der DEXTA-Gruppe im vorläufigen und eröffneten Insolvenzverfahren durch folgende Ereignisse gekennzeichnet:
- unmittelbare Aufnahme eines Massekredits i.H.v. 1 Mio. €
- Vorfinanzierung des Insolvenzausfallgeldes
- Abschluss eines Lieferanten-Pool-Vertrages, der nicht nur deutliche Quoten für die Masse vorsah, sondern auch eine Rückführung in Abhängigkeit der Liquiditätssituation
- zunächst positive Cash-Entwicklung im vorläufigen Verfahren, da nicht unter „Vollkosten" gearbeitet wurde
- Separierung von im vorläufigen Verfahren eingegangenen Masseverbindlichkeiten auf ein Treuhandkonto

- Ausstattung der BQG mit dem im Sozialplan/Interessenausgleich ausgehandelten Beträgen
- Rückführung Massekredit, möglich nachdem die Sanierungsmaßnahmen bereits Anfang des Jahres griffen und positive Monatsergebnisse/Cash Flows erwirtschaftet wurden
- Sonderauszahlung an Lieferanten, wie im Lieferanten-Pool-Vertrag vereinbart
- erfolgreicher Verkauf von nicht betriebsnotwendigen Assets
- „Glättung" der Anderkonto-Entwicklung durch Normalisierung der Zahlungsziele; entsprechende Veränderung OP-Kreditoren/-Debitoren

63 Neben den in der Insolvenz allgemeingültigen Bedingungen für Liquiditätsplanung/-management gab es im Fall der DEXTA-Gruppe die Besonderheit der Produktionsverlagerung bzw. – wie bereits dargestellt – der räumlichen Verlagerung wesentlicher Maschinen einer Produktionsstätte. Der Zeitbedarf für die Verlagerung, d.h. für Demontage, Transport, Vorbereitung der neuen Halle (Fundamente etc.), Aufbau und Wiederanlauf der Maschinen, betrug ca. 6 Monate. Die Verlagerung wurde gestaffelt, da eine parallele Verlagerung aller Maschinen eine viel zu hohe Kapitalbindung im Rahmen der Vorproduktion bedeutet hätte. Für die Zeit des Produktionsausfalls war eine Vorproduktion am alten Standort notwendig. Neben den direkten Kosten für die Verlagerung (Abbau durch Spezialunternehmen, Transport per Schwerlastkraftwagen etc.) musste der Effekt der Kapitalbindung ebenfalls in der Liquiditätsplanung Berücksichtigung finden.

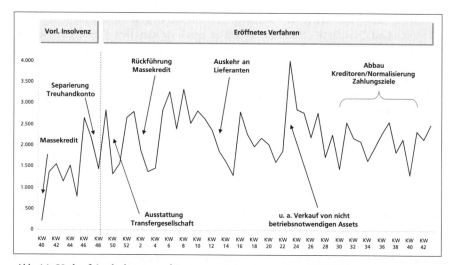

Abb. 11: Verlauf Anderkonto auf Basis von Kalenderwochen [TEUR]

64 Die Basis des Liquiditätsverlaufs ist natürlich maßgeblich durch die positive Geschäftsentwicklung (monatliche Ergebnis- und Cash Flow-Entwicklung) geprägt. Darüber hinaus ist diese – aus einer ex-post und top-down-Sicht scheinbar harmonisch verlaufende Liquiditätsentwicklung – das Produkt einer sehr intensiven Liquiditätsplanung und -steuerung. Das Ergebnis könnte dabei darüber hinwegtäuschen, dass diese Arbeit extrem zeitintensiv und auch – gerade in den ersten vier Monaten – sehr nervenaufreibend war bzw. immer wieder ist. Erfahrung ist auch hier ein maßgeblicher Erfolgsfaktor.

4. Unternehmenssteuerung und Aufbau Controlling

Im Zuge der Erstellung des Restrukturierungskonzeptes der DEXTA Gruppe und in der operativen Begleitung von verschiedenen Themenbereichen wurde ein wesentlicher Schwachpunkt der Unternehmensgruppe offensichtlich: Das Controlling.

Es lagen keinerlei prozessbezogene Daten im Unternehmen vor, so dass die betriebswirtschaftlichen Entscheidungen im Unternehmen ohne Basis – also im „Blindflug" – getroffen werden mussten.

Im Einzelnen waren Spartenergebnisse nicht miteinander vergleichbar bzw. spartenbezogene Deckungsbeitragsrechnungen der einzelnen Gesellschaften erst gar nicht vorhanden. Ergebnistransparente Informationen über Standorte, Produkte und Kunden lagen ebenfalls nicht vor. Gesteuert wurde die DEXTA-Gruppe stattdessen über Gewinn- und Verlustrechnungen der Einzelgesellschaften bzw. Produktionsstandorte, die von ihrer Struktur jedoch uneinheitlich gestaltet waren. Direkte Vergleiche waren somit ebenfalls nicht möglich. Bemerkenswert war dabei, dass unter anderem die erheblichen unterjährigen Rohertragsschwankungen nicht oder nicht in ausreichendem Maße durch die kaufmännische Leitung bzw. durch das Controlling erklärt bzw. hinterlegt werden konnten. Anscheinend hat man sich in der Vergangenheit nicht mit dieser elementaren Fragestellung bzw. Problematik auseinandergesetzt. Begründet wurden diese Abweichungen dann mit den pauschalen Aussagen „liegt wohl an dem Produktmix" oder „liegt wohl an periodenfremden Buchungen". Konkretisierungen bzw. Detaillierungen zur Bestätigung dieser Aussagen gab es jedoch nicht.

Da zu diesem Zeitpunkt des Projektes für die Erstellung eines stabilen und realistischen Business Plans die Sicherheit in dem Verständnis der Rohertragsentwicklung unabdingbar war, wurde seitens des Beraterteams selbst der Versuch unternommen, den Rohertrag zu plausibilisieren bzw. zu verifizieren. Dabei wurde jedoch das gesamte Ausmaß des desolaten Controllings ersichtlich. Das zur Verfügung stehende Controllinginstrumentarium ließ eine systemseitige Rohertragsanalyse nicht zu. Der Buchungsstoff war von der Qualität derart unzureichend, dass durch eigene Analysen mit Excel ebenfalls kein zufriedenstellendes Ergebnis zu erwarten war.

Letztendlich basierte die Unternehmenssteuerung offensichtlich ausschließlich auf Bauchentscheidungen. Aus diesem Grund wurde auch das Controlling interimistisch besetzt. Im Vordergrund standen dabei folgende Themen:

- Schaffung von Transparenz
  – Optimierung Prozess Monatsreporting (Reduzierung Komplexität und Berichte)
  – Ergebnisrechnungen der Dimensionen Kunde, Produkt, Standort
  – Steuerungsrelevante Kennzahlen
  – Sonderanalysen (z.B. Rohertrag, Qualitätskosten)
  – Verursachungsgerechte Zuordnung von Kosten (z.B. Zuordnung Anlagevermögen)
- Weiterentwicklung Controlling
  – Erste Ansätze zur Weiterentwicklung Deckungsbeitragsrechnung für Kunden, Artikel und Standorte (Strukturen, Verfahren)
  – Optimierung Berichtswesen (Reduzierung Berichte und Komplexitäten, Erhöhung Automatisierung durch verstärkte Nutzung Funktionalitäten von ProAlpha)
  – Erhöhung Effizienz Controllingprozesse und Controlling
  – Einheitliche Bewertungsgrundsätze (z.B. Bestände)
  – Einheitliche Kostenrechnung

Ein Grund für die Intransparenz der Zahlen lag auch in fehlerhaften/unsicheren kaufmännischen Geschäftsprozessen und in der unzureichenden Mitarbeiterqualifikation in

§ 41 8. Teil. Praxisfälle für Sanierungskonzepte

den prozessbeteiligten Verwaltungsbereichen. Kaufmännische Regelprozesse (z.B. im Rahmen der Abwicklung von Belastungsanzeigen) existierten nicht. Stellvertretend für die beunruhigende Intransparenz im Unternehmen seien hier die folgenden Beispiele kurz erwähnt:

- Ein großes Problem war die Behandlung von Belastungsanzeigen. Entspricht eine Lieferung nicht in allen Punkten (Menge, Artikel, Qualität, Preis, Termin) den Anforderungen des Bestellers, zeigt der Besteller dem Lieferanten nur eine Belastung an, die anschließend von einer der folgenden Rechnungen abgezogen wird. Derartige Belastungsanzeigen wurden in der DEXTA Gruppe zunächst und richtiger Weise bilanziell als zweifelhafte Forderungen verbucht und anschließend an die je nach Sachverhalt verantwortlichen Fachabteilungen zwecks Prüfung weitergeleitet. An dieser Stelle endete aber der Prozess in weiten Teilen. Es erfolgte keine Rückmeldung mehr von den Prüfenden an die kontierenden Fachabteilungen mit den Folgen, dass die offenen Posten aus Belastungsanzeigen (zweifelhafte Forderungen) i.H.v. 1,6 Mio. € unabhängig der Berechtigung nach wie vor ausgewiesen worden sind und das entsprechende Ergebnisrisiko aus möglichen Gutschriften von bis zu 1,6 Mio. € in der Ergebnisrechnung bisher nicht berücksichtigt worden ist. Es war zu diesem Zeitpunkt also völlig unklar, inwieweit dieser Sachverhalt bereits Berichtsperioden des laufenden Jahres betraf. Gleichzeitig bedeutet dieses Vorgehen aber auch ein in Richtung Kunden vollkommen inakzeptables Verhalten, da deren Reklamationen nicht bearbeitet worden sind.
- Die schlechte Buchungsqualität und fehlende Transparenz wird insbesondere auch am Beispiel der Rechnungskontrollen ersichtlich. Zu Beginn der Tätigkeitsaufnahme betrug der Stand von offenen bzw. nicht freigegebenen Rechnungen rd. 900 Tsd. €. Diese Kosten sind zwar vorerfasst worden, so dass sie in der Ergebnisrechnung zunächst berücksichtigt worden sind, jedoch fehlten die exakte Kontierung (Kostenart, Kosten- bzw. Ergebnisträger etc.) und die Prüfung der Korrektheit der Eingangsrechnung. Auch hier funktionierte mangels eindeutiger Verantwortung der Prozess nicht, was sich in Hinblick auf eine aussagefähige Prozesskostenrechnung natürlich fatal auswirkte.

71 Im Rahmen der interimistischen Übernahme der Controlling Funktion galt es also Transparenz zu schaffen und für das Management relevante Prozesse zu erfassen, um eine zahlengesteuerte operative Führung des Unternehmens erreichen zu können. Folgende Maßnahmen und Ergebnisse wurden zusammengefasst eingeleitet bzw. erreicht:
1. Implementierung Controlling als Führungsinstrument
2. Optimierung operatives Controlling
3. Optimierung Vertriebsunterstützung
4. Erstellung eines durchgängigen Controlling- und Steuerungskonzeptes
5. Optimierung Prozesse/Erhöhung Prozesssicherheit
6. Mitarbeiterführung im relevanten Bereich
7. Erarbeitung eines groben IT-Lastenheftes

72 Zunächst wurde ein monatliches Managementmeeting bestehend aus Geschäftsführer, Werkleitern, kaufmännischer Leitung, Vertriebsleitung sowie dem Interimscontroller fest implementiert. Zur entsprechenden Vorbereitung wurden die entsprechenden Monatsberichte und Auswertungen rechtzeitig im Vorfeld an die Teilnehmer versandt. Ab dem zweiten Managementmeeting mussten die Werkleiter der Geschäftsführung und dem Interimscontroller bereits Rede und Antwort zu den Ergebnissen ihres Verantwortungsbereiches stehen, Einzelmaßnahmen zur Verbesserung und/oder Optimierung der relevanten Prozesse wurden gemeinsam verabschiedet und Ziele auf Basis von relevanten

§ 41 Sanierung der DEXTA-Gruppe in der Insolvenz   §41

Kennzahlen definiert. Die Steuerung des Unternehmens basierte nun auf den aus den Prozessen resultierenden Zahlen, Daten und Fakten.

Da die Controllinginstrumente eine automatisierte Analyse nicht zuließen, wurde die 73 Rohertragsentwicklung in Excel manuell simuliert und anschließend bewertet. Später wurde diese Analyse erweitert in kunden- bzw. produktbezogene Deckungsbeitragsrechnungen. Analog bisheriger Ausführungen konnte eine solche Analyse auch zunächst nur manuell mit Excel simuliert werden. Aus der Kombination von Umsätzen (Menge und Wert je Artikel) und aus Kalkulationsstammdaten (Bewertungspreise je Artikel) und aus einer manuellen Zuordnung von Artikeln zu Kunden und Artikelgruppen konnten zumindest Deckungsbeiträge unter Einbeziehung von Materialkosten und Fremdleistungen sowie Produktionslöhnen und Maschinenkosten für die wichtigsten Produkt- und Kundengruppen ermittelt werden. Diese Analyse unterlag primär dem Ziel, produktbezogen Verlustbringer zu definieren und diese – meist in Zusammenarbeit mit dem entsprechenden Kunden – über Preis, Konstruktion oder ähnliches zu optimieren. Um die entsprechende, notwendige Transparenz zu generieren, wurde wie folgt vorgegangen:
- Bestimmung der tatsächlichen Rohertragsabweichungen
- Prüfung der geplanten/kalkulatorischen Rohertragsmargen durch Gegenüberstellung der rohertragsrelevanten Kosten mit den entsprechenden Bestandsbewertungen
- Prüfung der Gesamtmargen durch Gegenüberstellung der Herstellungseinzelkosten mit den jeweiligen Bestandsbewertungen
- Analyse des Produktmixes

Im Zuge der Optimierung des Controlling wurden sämtliche Berichtsstrukturen des in- 74 ternen monatlichen Regelreportings der Produktionsgesellschaften der DEXTA Gruppe auf ein einheitliches Niveau angepasst. Kosten- und Erlöspositionen wurden dabei bei Bedarf entsprechend der Verursachungsgerechtigkeit und der Transparenz innerhalb der Berichte umgegliedert. Dies führte zu einer absolut notwendigen kunden- bzw. marktsegmentbezogenen Sicht auf die Prozesse der DEXTA Gruppe, die standortorientierte Ausrichtung rückte in den Hintergrund.

Innerhalb der prozessualen Steuerung der Betriebe bestand eine erhebliche Diskre- 75 panz bei der Planung und tatsächlichen Auslastung einzelner Maschinen. Schon während der Planung wurden Kapazitäten von Maschinen um 100 % überplant (Soll-Kapazität 200 %), während vergleichbare Maschinen, auf denen die jeweiligen Werkzeuge ebenfalls hätten eingesetzt werden können, unterplant wurden (Soll-Kapazität 25 %). Die Folgen waren, dass außerhalb der üblichen Schichten weitere zuschlagspflichtige Sonderschichten gefahren werden mussten und teilweise erhebliche planerische Engpässe in einer eigentlich unterausgelasteten Produktion vorlagen. Eine Umstellung der Planungsparameter führte hier zu einer deutlichen Entspannung.

Parallel zu den operativen Maßnahmen wurde durch den Interimsmanager ein durch- 76 gängiges Controlling- und Steuerungskonzept erstellt, welches im weiteren Verlauf des Projektes in Teilbereichen sukzessive umgesetzt worden ist bzw. werden sollte und auch als grobes Lastenheft für die weitere Ausgestaltung der Unternehmens-IT zu verstehen war. Das Controlling- und Steuerungskonzept wurde dem späteren strategischen Erwerber vorgestellt und von diesem in weiten Teilen übernommen.

5. Effizienzsteigerung und Qualitätssicherung in der Produktion

Eine besondere Herausforderung im Fall DEXTA war die nachhaltige Verbesserung und 77 Sicherung der Produktqualität. Bedingt durch die vorinsolvenzliche Krisensituation hatte die Produkt- und Lieferqualität der DEXTA-Gruppe enorm gelitten. Einige Kunden

§ 41　　　　　　　　　　　　8. Teil. Praxisfälle für Sanierungskonzepte

hatten den Lieferanten bereits vor Insolvenz auf C-Status eingestuft. Dies ist in der Regel gleichbedeutend mit der Nicht-Berücksichtigung bei der Vergabe neuer Aufträge und einer möglichen Verlagerung der Produktion zu Wettbewerbern. Die Gründe für die Qualitätsmängel waren vielfältig, lagen jedoch maßgeblich an
- Unter- oder Überlieferungen
- Terminverzögerungen
- Toleranz-Über- oder Unterschreitungen (Maßhaltigkeit der Teile oder Produktgruppen)
- Fehlfunktionen von Baugruppen
- Fehletikettierungen

78　Im Vergleich zum Industriedurchschnitt wiesen die DEXTA-Bücher das dreifache Niveau auf. Zunächst wurde deshalb durch eine Vielzahl von Maßnahmen mittels Kundenteams an der Zuverlässigkeit der Lieferungen gearbeitet. So konnte das durchschnittliche ppm (defect parts per million) in kurzer Zeit erheblich reduziert werden. Um die Zahl und Häufigkeit der fehlerhaften Produkte zu reduzieren, bedarf es eines sehr eng gesteuerten Projektmanagements auf Einzelteilebene in enger Abstimmung mit den Kunden, da hier in der Regel konstruktive Veränderungen gepaart mit Veränderungen an den jeweiligen Werkzeugen durchgeführt werden müssen. Dieser Prozess ist also eher langfristig, wurde aber unmittelbar nach Beginn des Verfahrens gestartet.

79　Zur Effizienzsteigerung, insbesondere im Werkzeugbau und im Bereich der größeren Komponenten, wurde eine umfassende Verlagerung der Produktion vorgenommen, um einen Geschäftsbereich an nur einem Standort konzentrieren zu können. Insbesondere im Werkzeugbau, aber auch im Bereich der Maschinenbedienung sowie in der internen Logistik (Materialbeschickung, Lagermanagement) konnten auf diesem Wege personelle Ressourcen eingespart werden.

80　Innerhalb der DEXTA-Gruppe lag weiteres, erhebliches Potential zur Effizienzsteigerung vor. Der Maschinenpark, insbesondere für die Fertigung der Komponente A war veraltet und die Prozesse nur in sehr geringem Umfang automatisiert. Gleiches galt für große Teile der Baugruppenmontage, die von Wettbewerbern aber auch im eigenen Hause teilweise voll automatisiert gefahren wird. Eine Modernisierung des Maschinenparks in der Insolvenz war allerdings nicht möglich, da eine Finanzierung aus dem Cash Flow nicht darstellbar war.

81　Ferner war der arbeitsintensive Anteil im Bereich der Baugruppen nie verlagert worden, so dass auch dort ein erhebliches Potential in der Vorfertigung vorlag. Geplant wurde hier eine Verlagerung nach Osteuropa durch Outsourcing an einen Partner. Dies war aber erst für die Phase nach Betriebsübergang geplant worden, da die Partnersuche in der Insolvenz sich äußerst schwierig gestaltete.

82　Die umfangreiche und kapitalintensive Verlagerung stellte hohe Anforderungen an die Bereiche Logistik (Lageraufbau), Technik (Verlagerung und Anfahren der Maschinen), Qualitätsmanagement (erneute Qualifikation der verlagerten Produkte und Werkzeuge) und stellte den Betrieb in der Phase nach weitgehender Umsetzung des Sanierungskonzepts vor erneute Herausforderungen, da das Qualitätsniveau durch die Verlagerung zunächst wieder schwächer wurde. Dies lag vor allem in Lieferengpässen, erzeugt durch vorübergehende Ressourcenknappheit im Werkzeugbau und in einer verlangsamten Neu-Qualifizierung der verlagerten Produkte begründet.

83　Um eine zügige Normalisierung und kurzfristige Stabilisierung der Situation zu erreichen, wurde seitens des betriebswirtschaftlichen Beraters die Produktionsplanung umfassend neu gestaltet und die Schnittstellen zwischen Werkzeugbau, Arbeitsvorbereitung und Fertigung planerisch verknüpft. In der ersten Phase nach Verlagerung wurde eine wöchentlich rollierende Planung aufgesetzt, die dann sukzessiv um weitere Wochen erweitert wurde. Am Ende des Prozesses stand eine integrierte Produktionsplanung mit einem Horizont von 6 Wochen. Eine solche Planung muss sicherlich mit Blick auf die Teilevielfalt DV-seitig flankiert werden, die kurzfristige Stabilisierung ist jedoch auf manuellem Wege gelungen.

Insgesamt konnte somit ein Personalabbau im gewerblichen Bereich von ca. 36 % (163 Mitarbeiter) mit entsprechender Reduktion der Personalaufwandsquote zum 1.1.2012 erreicht werden. Dabei blieb z.B. noch unberücksichtigt, dass weitere Effizienzsteigerungspotentiale in der Produktion von bis zu 15 % möglich erschienen. So wurden die Maschinen insbesondere während der Mittagspause aus Sicherheits- bzw. Qualitätsgründen gestoppt, da das entsprechende Bedienungspersonal abwesend war. Die Maschinenlaufzeiten und die damit zusammenhängenden Ausbringungsmengen richteten sich nach den effektiven Arbeitszeiten der Produktion. Somit bestand eine Proportionalität zwischen Personalkosten und Maschinenlaufzeiten. In modernen Stanzen und Pressen sind jedoch Sicherungssysteme (Lichtschranken, Sensoren) eingebaut. Sofern die Ausbringung nur minimalste Abweichungen aufweist, wird die weitere Produktion automatisch gestoppt. Die Zuführung von Rohmaterial zu den Pressen/Stanzen erfolgte in diesem Fall über Coils, die nur in größeren zeitlichen Abständen ersetzt werden mussten. Wenn es gelingen würde, die Maschinen über die Pausenzeiten hinweg durchlaufen zu lassen, wobei eine Notbesetzung bei Störungen schnell eingreifen könnte, könnten die anteiligen Personalkosten an der Produktionsmenge um bis zu 15 % gesenkt werden (5 Std. Pause Woche/37,5 Wochenarbeitszeit). Gemeinsam mit der Geschäftsführung wurden die Werkleitungen durch das Controlling beauftragt, diesen Effizienzsteigerungsansatz zu prüfen und – wenn auch nur in Teilbereichen – umzusetzen.

V. Entwicklung von Leistungskennziffern in der Sanierung

Insgesamt haben die Restrukturierungsansätze bei der DEXTA-Gruppe gegriffen. Von einem deutlich negativen Ergebnis im Jahr 2011 i.H.v. –7,7 Mio. EUR konnte eine sukzessive Ergebnisverbesserung bis zur Übergabe erzielt werden. Insgesamt wurde in den ersten 10 Monaten des Restrukturierungsjahres ein EBITDA von insgesamt 4,7 Mio. EUR erwirtschaftet. Die Ergebnisschwankungen sind dabei im Wesentlichen auf die volatile Umsatzentwicklung, unter anderem bedingt durch eine umfangreiche Produktionsverlagerung und auch durch das „Sommerloch", zurückzuführen. Diese positive Ergebnisentwicklung basiert im Wesentlichen auf nachstehenden Sanierungshebeln:
• Preisnachverhandlungen mit Kunden
• Produktionsverlagerung zwischen den Standorten
• Erhöhung der Qualität und Reduzierung von Qualitätskosten
• Kapazitätsanpassungen in der Verwaltung und in der Produktion

Bereits im Januar/Februar 2012 wurden Preisnachverhandlungen mit Kunden geführt. Entsprechende positive Effekte wurden bereits ab März in einer Steigerung des Umsatzes/der Gesamtleistung bzw. des Rohertrages ersichtlich.

Ein wesentlicher Sanierungshebel bestand auch in der Produktionsverlagerung zwischen zwei Standorten. Hierdurch sollten insbesondere die Transportkosten von Vorprodukten zwischen den Standorten reduziert werden. Dieser Effekt wird insbesondere durch sinkende Betriebskosten und steigende Roherträge ab 09/12 ersichtlich. Während der Produktionsverlagerung konnte nur eingeschränkt produziert und verkauft werden. Dies zeigt sich insbesondere in den steigenden Personal- und Betriebskostenquoten für diesen Zeitraum.

§ 41 8. Teil. Praxisfälle für Sanierungskonzepte

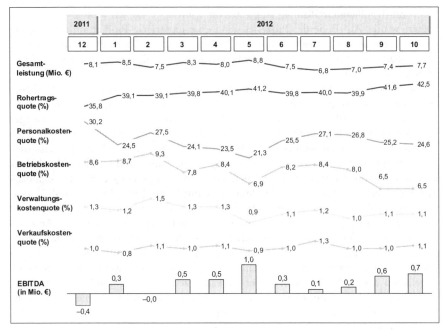

Abb. 12: Entwicklung Monatsergebnisse DEXTA-Gruppe; inkl. Gesamtleistung und Kostenquoten

88 Im weiteren Fokus der Sanierung stand die Erhöhung der Qualität und der damit einhergehenden Reduzierung der Qualitätskosten. Bereits Anfang 2012 wurden qualitätsverbessernde Maßnahmen eingeleitet. Diese bestanden sowohl in verstärkten Qualitätskontrollen innerhalb der eigenen Produktion bzw. der externen Dienstleister im Rahmen der Weiterverarbeitung als auch in den o.g. Produktionsverlagerungen. Diese Effekte griffen im Laufe des Jahres und zeigen sich sowohl in der positiven Entwicklung des Rohertrags als auch der Betriebskostenquote, da in beiden Kostenblöcken Qualitätskosten verbucht werden.

89 Ein weiterer Kostensenkungsansatz war die klassische Kapazitätsanpassung in der Verwaltung und in der Produktion. Die Maßnahmen wurden bereits in 12/11 konzipiert und umgesetzt. Die Effekte aus diesen Kapazitätsanpassungen griffen umgehend und konnten von 2,5 Mio. EUR (12/11) auf 1,8 Mio. EUR (10/12) deutlich reduziert werden. Dies zeigt sich auch in den rückläufigen Quoten von 30,2% (12/11) auf 21,3% (05/12). Die durch die Stanzenverlagerung rückläufige Gesamtleistung wirkt sich dabei in den Monaten 06-08/12 deutlich auf die Personalkostenquote aus (Anstieg auf max. 27,1%). Die Personalkosten blieben in dieser Zeit jedoch mit 1,8 Mio. EUR konstant.

1. Veräußerungsprozess

90 Die Rettung des Unternehmens durch die bisherigen Gesellschafter wurde zwar mehrfach im Verlauf des Verfahrens betrachtet, kam aber letztendlich nicht in Betracht. Die ersten vorbereitenden Maßnahmen zur Veräußerung der DEXTA-Gruppe wurden deshalb unmittelbar – d.h. bereits im November 2011 – eingeleitet. Insgesamt unterscheidet sich der M&A-Prozess hinsichtlich Vorgehensweise, Instrumentarien und Methoden

§ 41 Sanierung der DEXTA-Gruppe in der Insolvenz　　　　　　　　§ 41

nicht von Veräußerungen von Unternehmen, die nicht in einer Krisensituation sind. Aus diesem Grund wird dieser Prozess lediglich in der Abbildung 13 dargestellt und nicht detailliert beschrieben.

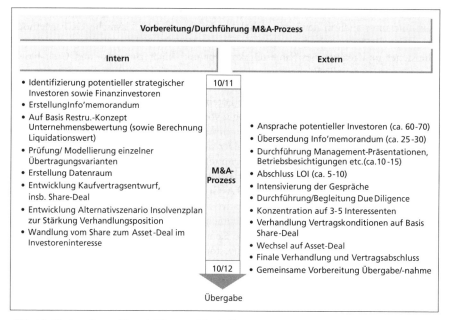

Abb. 13: Vorbereitung/Durchführung M&A-Prozess

Hervorgehoben werden sollen jedoch einige spezifische Aspekte. Zunächst ist der Zeitraum des Veräußerungsprozesses und der Fortführung zu reflektieren. Zwar sind Statistiken über diesen Aspekt nicht bekannt, allerdings wird behauptet, dass dieser Zeitraum – unter Berücksichtigung des Krisenausmaßes und entsprechenden Handlungsbedarfes – als relativ lang zu bewerten ist. Es sind zahlreiche andere Fälle bekannt, die im Rahmen eines Asset-deals – ohne Entwicklung eines Sanierungskonzeptes bzw. ohne eine derartige Umsetzung von Sanierungsmaßnahmen sowie einer hohen Intensität des Eingriffs in die operative Führung – weitaus schneller veräußert worden sind. Im Fall der DEXTA-Gruppe war dies weder möglich, noch wäre es sinnvoll gewesen. Die Fortführung und Sanierung war sinnvoll und notwendig, weil

- das Krisenausmaß die – zwar zahlreich vorhandenen – Interessenten verunsicherte
- ein grobes Sanierungskonzept die Sanierungsfähigkeit bestätigte und einen Weg aus der Krise aufzeigte, jedoch weitreichende Aufgaben im Rahmen der Umsetzung (inkl. Detaillierung von Ansätzen) verblieben, die entsprechende Managementkapazitäten und natürlich das entsprechende Know-how voraussetzten
- auch kundenseitig – trotz der grundsätzlichen kurz- bis mittelfristigen Abhängigkeiten – aufgrund von Insolvenz und der unzureichenden Leistungsfähigkeit der Unternehmensgruppe (z.B. Qualität) deutliche Instabilitäten vorhanden waren, die durch das Sanierungsmanagement zunächst wieder stabilisiert werden mussten
- eine zügige Veräußerung in dieser Situation – sofern überhaupt ein Investor final unterschrieben hätte – nur über einen drastischen Kaufpreisabschlag möglich gewesen wäre, der die Befriedigungsquoten maximal belastet hätte.

§ 41

92 Insbesondere der letztgenannte Punkt sollte bei der Veräußerung von Unternehmen aus der Insolvenz stärkere Beachtung finden. Vielfach ist zu beobachten, dass der Maßstab für die Entwicklung von Kaufpreisvorstellungen seitens der Insolvenzverwaltung der Zerschlagungs- bzw. Liquidationswert ist. Dieser stellt jedoch nur die absolut unterste Grenze der Bandbreite dar und sollte nicht Ausgangspunkt von Verhandlungen sein. Vielmehr kann und muss auch in der Krise – inkl. der Insolvenz – die klassische DCF-Methode Grundlage für die Unternehmensbewertung sein. Basis kann dann allerdings nur ein geschlossenes und realistisches Sanierungskonzept inkl. einer Business- und Cash-Flow-Planung sein, in der alle Restrukturierungsmaßnahmen (inkl. gegenläufiger Effekte) und -potentiale abgebildet und damit im Ergebnis und im Cash-Flow berücksichtigt sind. Nur auf dieser Basis kann das tatsächliche Potential und der tatsächliche Wert eines Unternehmens abgeleitet werden – unabhängig von der Insolvenz. Der auf Basis des Sanierungskonzeptes mit der DCF-Methode ermittelte Unternehmenswert stellt wiederum nur die obere Linie der Bandbreite dar. Der tatsächliche Unternehmenswert liegt also zwischen dem mit der DCF-Methode ermittelten Wert und dem Zerschlagungs- und Liquidationswert. Am Ende wird dieser natürlich über Angebot und Nachfrage bestimmt. Allerdings hat der Fall der DEXTA-Gruppe nicht nur gezeigt, dass es im Interesse der Massemaximierung keine Alternative zur Fortführung und Sanierung gab, sondern auch zum wiederholten Mal verdeutlicht, wie maßgeblich die konzeptionellen Grundlagen wie auch die starke operative Kenntnis von Unternehmen und Unternehmensumfeld für die Verhandlungen mit Investoren sind und entsprechend positiven Einfluss auf das Verhandlungsergebnis haben. Natürlich ist es – wie im Fall der DEXTA-Gruppe gegeben – eine komfortable Verhandlungsposition, wenn man die Sanierung soweit vorangetrieben hat, dass das Vertrauen aller Stakeholder wieder hergestellt ist und positive Ergebnisse erwirtschaftet werden. Es bestand kein unmittelbarer Zwang schnell um jeden Preis verkaufen zu müssen.

93 Das darf jedoch nicht darüber hinwegtäuschen, dass der Verkauf eines insolventen Unternehmens eine schwierige Aufgabe ist. Dies zeigt bedingt die in Abbildung 13 dargestellte Entwicklung der Anzahl der Interessenten im Verfahrensverlauf. Charakterisiert wird es aber weiterhin durch den Umstand, dass die Finanzinvestoren relativ schnell das Interesse verloren haben, weil die Managementsituation nur interimistisch bzw. durch externe Sanierungsberater vorübergehend gelöst war. Gerade Finanzinvestoren bewerten die Führungssituation aber sehr hoch, da über kein eigenes Management verfügt wird. Strategische Investoren verfügen über eigenes Management und auch über – je nachdem – ausgeprägtes Branchen-Know-how. Allerdings sind Kapazität und Erfahrung des Managements i.d.R. nicht für die Übernahme von Sanierungsfällen und deren Integration ausgelegt. Zu den Risiken, die der Fall bereits stand-alone trägt, kommen diese Probleme und resultierenden Risiken hinzu. Dies führt entsprechend zu relativ hohen Risikoabschlägen in den Angeboten der Investoren. Um hier entgegen zu wirken, muss man dem Investor – wie bereits dargelegt – nicht nur ein Konzept auf dem Papier vorlegen, sondern die Umsetzung bereits maximal vorangetrieben und die operative Situation intern und extern stabilisiert haben. Würde man dies unterlassen, würden zudem die Ergebnis- und Cash-Effekte nicht eintreten und die Gefahr in die Masseunzulänglichkeit oder zumindest schneller als notwendig in eine schlechte Verhandlungssituation zu gelangen, wäre nicht vermeidbar.

2. Auswirkungen von Sanierung und Verkauf auf Befriedigungsquoten

Gesetzlicher Auftrag und damit maßgebliches Ziel des Insolvenzverfahrens und der Sanierungsbemühungen ist die maximale Befriedigung der Gläubigerforderungen. Im vorliegenden Fall stand den Insolvenzforderungen i.H.v. 44,5 Mio. € nur ein Erlös im Fall der Liquidation von 10,3 Mio. € gegenüber. Minimale Basis zur Beurteilung der Leistung des Verwaltungs- und Sanierungsteams im Hinblick auf die Befriedigungsquote ist der Liquidationserlös und damit die für die einzelnen Gläubigergruppen resultierenden Quoten. Abgesehen von den positiven Effekten wie Arbeitsplatzerhalt, Erhalt von Lieferanten- und Kundenbeziehungen etc., die durch Sanierung und ggf. Verkauf erreicht werden, ist die Verbesserung der Quoten ein bzw. das entscheidende Erfolgskriterium.

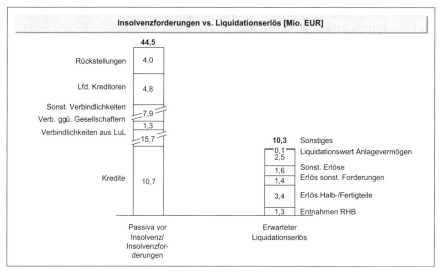

Abb. 14: Insolvenzforderungen vs. Liquidationserlös [Mio. EUR]

Innerhalb des Verfahrens sind drei Gläubigergruppen zur Befriedigung der Insolvenzverbindlichkeiten modelliert und als Grundlage für die Verhandlungen gebildet worden. Neben den gesicherten Gläubigern – den Banken und den Lieferanten – wurde für die ungesicherten Gläubiger eine Quote aus Liquidation oder Verkaufserlös des Unternehmens errechnet.

Im Fall der DEXTA-Gruppe lag die Quote für die Gläubigergruppe Banken aus dem Verkaufserlös bei 44 % der Gesamtforderungen, bei einer Liquidation hätte diese Quote lediglich 29 % betragen. Dabei ist zu berücksichtigen, dass der Liquidationsquote die Gutachterwerte für Grundstücke, Gebäude, Anlagen zugrunde liegen und deren Realisierung häufig – in der Liquidation – schwierig ist. D.h. die Quote von 29 % ist eher zu hoch als zu niedrig.

Auf Lieferantenseite lag die Quote bei 51 % aus dem Verkauf, eine Liquidation des Unternehmens hätte – sofern die Entscheidung erst im dritten Quartal 2012 getroffen worden wäre – 49 % gebracht. Dies ist maßgeblich darauf zurückzuführen, dass einem möglichen Liquidationszeitpunkt eine zwölfmonatige Fortführung des Unternehmens in der Insolvenz voranging. Durch die Gründung des Lieferantenpools hatte das Unternehmen auf die Sicherungsgegenstände Forderungen und Vorräte Zugriff; rechtstechnisch ist dadurch eine Masseverbindlichkeit begründet worden, die in ihrer Höhe ein direktes Resultat der Fortführung ist. Deshalb ist der Liquidationswert sehr nah an der Fortführungsquote. Diese repräsentiert lediglich die Bewertung der Forderungen und Vorräte des Erwerbers und kann nur marginal höher sein. Der Vergleich zwischen 51 % und 49 % – wie er dem Gläubigerausschuss und der Gläubigerversammlung nach einer langen Periode der Fortführung als zu dem Zeitpunkt aktuell gültigen Bewertungsmaßstab für das Kaufpreisangebot vorgelegt wurde – spiegelt nicht die tatsächliche Verbesserung der Lieferantenposition wider. Tatsächlich muss eine theoretische Liquidationsquote errechnet und als Vergleichsmaßstab dienen, die unterstellt, dass zum einen kein Lieferantenpool zustande gekommen wäre und zum anderen davon ausgeht, dass der Betrieb unmittelbar nach Eröffnung des Verfahrens stillgelegt worden wäre. Diese Simulation ergibt eine Befriedigungsquote für die Lieferanten im Fall der Liquidation von ca. 35 %. Sanierung und Verkauf haben für die Lieferanten somit eine Steigerung der Quote von 35 % auf 51 % zur Folge gehabt. Zudem wurde der Kunde erhalten.

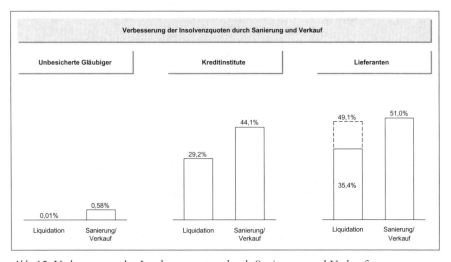

Abb. 15: Verbesserung der Insolvenzquoten durch Sanierung und Verkauf

98   In beiden Fällen ist die Quote der ungesicherten Gläubiger zu vernachlässigen. Während in der Liquidation quasi nichts verbleibt, beträgt die Quote nach Verkauf immerhin 1 %, also ein „Erinnerungswert". Ferner ist zu berücksichtigen, dass durch den Verkauf die freie Masse vor Ermittlung der Quote für ungesicherte Gläubiger zunächst einen Sozialplan im Rahmen der insolvenzrechtlichen Regelungen finanziert hat. Dies wäre im Liquidationsszenario nicht möglich gewesen. Umgekehrt hätten diese Kosten in Höhe von ca. 2 Mio. € – unter Annahme, dass Maximalgrenzen der InsO nicht überschritten worden wären – die Masse getroffen und damit die Quoten nochmals verschlechtert.

3. Fazit

99   Das Praxisbeispiel der Sanierung der DEXTA-Gruppe zeigt einen sehr positiven Fall, charakterisiert durch höhere Quoten für die Gläubiger, Erhalt von direkten 455 Arbeitsplätzen und Finanzierung von Qualifizierungsmaßnahmen für die ausscheidenden Mitarbeiter durch Fortführung, Sanierung und Verkauf. Natürlich gab es in diesem Fall Um-

stände wie z.B. die branchenspezifischen Kundenbeziehungen als auch bei einzelnen Maßnahmen die nötige Fortune. Gleichwohl lassen sich auch betriebswirtschaftliche Erfolgsfaktoren ableiten, die auf zukünftige Fälle übertragbar sind und deren Erfolgschancen zumindest deutlich erhöhen. Anzuführen sind nochmals
- konsequente Klärung der Managementsituation
- offene, direkte und enge Kommunikation mit allen Stakeholdern
- Einleitung/Umsetzung der Sanierungsmaßnahmen, als sei man der Gesellschafter
- Einsatz eines erfahrenen, interdisziplinären und eingespielten Teams
- hohes Anspruchsniveau bei jeder zu lösenden Aufgabenstellung.

Die Begründung für diese Faktoren soll hier nicht wiederholt werden, sondern folgt **100** direkt oder indirekt aus der vorangegangenen Falldarstellung. Abschließend muss jedoch nochmals herausgestellt werden, dass der Insolvenzverwalter der entscheidende Erfolgsfaktor gewesen ist. Denn ohne den konsequenten und mutigen Willen des Insolvenzverwalters wäre eine Sanierung und ein Verkauf zu diesen positiveren Konditionen nicht möglich gewesen.

§ 42 Restrukturierung durch Produktionsverlagerungen – Das Beispiel der SCX MEDIA GROUP

Übersicht

	Rn.
I. Warnende Beispiele	3–12
1. Schlampiges Projektmanagement und die Probleme vor Ort unterschätzt	5, 6
2. Zu viel auf einmal gewollt	7, 8
3. Erst reagiert als die finanzielle Substanz schon aufgezehrt war	9, 10
4. Erfolgreicher Aufbau und beim Management der neuen Struktur gescheitert	11, 12
II. Die Erfolgsstory der SCX Media Group	13–71
1. Nichts bleibt langfristig so wie es einmal war	16–18
2. Fundierte Vorarbeiten und verbindliche Verabschiedung des Konzeptes	19–39
a) Ringen um das verbindliche Committment der Gesellschafter	19–21
b) Start mit einer fundierten Kunden- und Wettbewerbsanalyse	22–24
c) Mittelstandsadäquate Konzepterarbeitung	25–39
3. Die operative Umsetzung fordert die Präsenz des Top Management	40–71
a) Professionelles Projektmanagement ist unabdingbar	40–45
b) Der internen Machtprobe nicht aus dem Weg gehen	46–49
c) Stehvermögen beweisen und die Kunden professionell managen	50–58
d) Die neue Struktur stabilisieren und die eigene Macht sichern	59–67
e) Früh an den nächsten strategischen Schritt denken	68–71
III. Die Lessons Learned	72, 73

1 Es klingt so verlockend, die Produktion ins Ausland verlagern und Kostenvorteile erschließen, außerdem neue Märkte und Kunden gewinnen und evtl. noch staatliche Fördermittel für die Finanzierung der Umstrukturierung und Expansion nutzen. Die Erfolgstories sind bekannt, verschwiegen werden die Misserfolge, die für den Unternehmer in ein persönliches und wirtschaftliches Debakel mündeten.

2 Prof. Dr. Simon ist als geschäftsführender CRO (Chief Restructuring Officer) in Restrukturierungsfällen im Mittelstand aktiv und ist Lehrbeauftragter im Fachbereich Wirtschaftsingenieurwesen der Hochschule des Niederrhein. Frau Iris Holtmann war Interimsmanagerin in Krisenunternehmen und führt mittlerweile mit Erfolg ihr eigenes mittelständisches Unternehmen.

I. Warnende Beispiele

3 Zeigen sich in einer Branche erste Verlagerungstendenzen oder wird sie durch kostengünstiger produzierende Wettbewerber aus dem Ausland angegriffen, ist der Aufbau eigener Kapazitäten im Ausland zur Nutzung von Kostenvorteilen und Erschließung weiterer Märkte nahezu unausweichlich. Der Verzicht auf Verlagerungen oder die zu späte Initiative können die Existenz bedrohende Wettbewerbsnachteile zur Folge haben. Andererseits sind

§ 42 Restrukturierung durch Produktionsverlagerungen §42

Produktionsverlagerungen sehr anspruchsvolle Projekte, die bei einem Scheitern ebenfalls existenzbedrohende Ausmaße annehmen können.

Aus Fehlern sollte man lernen, deshalb zunächst vier Beispiele für das Scheitern, bevor die Erfolgsstory der SCX Media Group (Name redaktionell geändert) vorgestellt wird. 4

1. Schlampiges Projektmanagement und die Probleme vor Ort unterschätzt

Angelockt durch attraktive Fördermittel baute eine ausländische Unternehmensgruppe 5 eine Produktion im Ausland, relativ weit von ihren Kernmärkten auf. Absicht war, ein veraltetes Werk im Inland zu schließen und sich moderne Produktionstechnologie mit diesen Fördermitteln zu erschließen. Die neue Produktion wurde mit erheblicher Verspätung aufgebaut, Produktivität und Produktqualität blieben hinter den Erwartungen zurück. Die daraus und infolge der Marktdistanz resultierenden Lieferprobleme verhinderten, dass der lokale Markt so erfolgreich wie geplant erschlossen werden konnte und das die Fertigung in dem veralteten Inlandswerk planmäßig abgebaut werden konnte. Hinzu kamen Probleme mit den natürlich demotivierten Arbeitnehmern in der auslaufenden Produktion. Die Finanzierung erfolgte durch Banken vor Ort, deren Gepflogenheiten und Manager dem Investor nicht vertraut waren. Als die Investitionskredite ausgeschöpft waren und die Kreditlinien zur Finanzierung der Investitionslücken zweckentfremdet wurden, standen kritische Gespräche mit den lokalen Banken an. Nur durch erhebliche Zuschüsse der Gesellschafter, die Ablösung der Banken vor Ort und den Einsatz mehrerer Interimsmanager konnte die akute Krise bewältigt werden. Das Ziel, den lokalen Markt zügig in großem Stil zu erschließen und das alte Werk vollständig zu schließen, musste vorerst aufgegeben werden, natürlich zu Lasten der Unternehmensrendite.

Maßgebliche Ursache der Probleme war zum einen die primär subventionsgetriebene, 6 ungünstige Standortwahl, eine Schwachstelle, die von den Wettbewerbern durch intelligente Preis- und Lieferterminkonzepte rigoros ausgenutzt wurde. Das Unternehmen hatte die Reaktion der Wettbewerber völlig unterschätzt. Unterschätzt wurden auch die Schwierigkeiten bei dem Versuch, an neuen Standorten moderne Technologie ohne erfahrene Arbeiterschaft aufzubauen. Hinzu kam ein unzureichendes Projektmanagement in der Aufbauphase der Produktion, es fehlte an einem Projektcontrolling (Termine und Budget), Risikoanalysen sowie einer klaren Projektorganisation, nicht zuletzt verursacht durch wiederholte und unabgestimmte Eingriffe des Mehrheitsgesellschafters, die das Management vor Ort gegenüber den lokalen Partnern eher demontierten als stützten.

2. Zu viel auf einmal gewollt

Das erfolgreiche mittelständische Unternehmen wurde von dem Nachfolger übernom- 7 men und teilweise über eine Investorengruppe finanziert. Es sollte gemäß einer ehrgeizigen Strategie mit dem Branchenführer gleichziehen. In kurzer Zeit wurden verschiedene Wettbewerber in Deutschland übernommen sowie eigene Gesellschaften in Westeuropa und MOE aufgebaut. Dies ließ sich in dem stark wachsenden Markt zunächst recht erfolgreich an. Als die ersten Probleme aufgrund von Reaktionen des lokalen Wettbewerbs, Missmanagement und abflachenden Wachstums auftraten, zeigte sich, dass bei Weitem die Managementkapazität in der deutschen Muttergesellschaft fehlte, um die Problemfälle in den Griff zu bekommen. Mehrere Standorte im Ausland mussten stillgelegt werden. Die ursprünglichen Investoren zogen sich enttäuscht zurück, das Unternehmen wurde von einem Wettbewerber kurzfristig übernommen.

8 Kern der Krise war, das zwar genügend finanzielles Potenzial verfügbar war, die Organisation und das Management aber von der überstürzten Expansion überfordert war, für deren Tempo es auch keine sachliche Notwendigkeit gab. Die Marktexpansion war konzeptionslos, es war leichtfertig in die bereits besetzten Märkte in Westeuropa zu expandieren, ebenso leichtfertig war es, sofort in Russland eigene Kapazitäten aufzubauen, ohne über genügend Erfahrungen zur Erschließung dieses Marktes zu verfügen. Gewinner war der Wettbewerber, der die Chance nutzte, den angefangenen Expansions- und Verlagerungsprozess in MOE mit Augenmaß und professionellem Management zur Stärkung seiner eigenen Strukturen fortzusetzen.

3. Erst reagiert als die finanzielle Substanz schon aufgezehrt war

9 Das ehemals sehr erfolgreiche, mittelständische Unternehmen stand nach Verlustjahren in Folge von Umsatzeinbrüchen und nur zögerlichen Kostenanpassungen noch am Anfang der Restrukturierung. Auf Drängen der Banken wurde die bisher von Familienmitgliedern besetzte Geschäftsführung durch eine CRO ergänzt. Zügig wurde ein Sanierungsgutachten erstellt und ein Bankenpool gebildet, um die weitere kurzfristige Finanzierung abzusichern. Schnell war klar, dass die Restrukturierung aufgrund nicht abbaufähiger Remanenzkosten nur über den Markt gelingen kann. Die Standardhausaufgaben der operativen Restrukturierung allein, wie Sortimentsbereinigungen, Prozessoptimierungen, klassische Kostensenkungen würden das Unternehmen langfristig nicht mehr retten. Die zügig eingeleitete Markt- und Wettbewerbsanalyse zeigte, dass die dringend benötigte Umsatzsteigerung mit leicht veränderten Produkten in den wachsenden MOE Ländern generiert werden könnte. Teile der Produktion aus Deutschland wären allerdings in diese Länder zu verlagern gewesen. Kostensenkungen durch die Verlagerung wären ein hilfreicher Nebeneffekt gewesen. Mit einem langjährigen Geschäftspartner aus MOE wurde die konkrete Umsetzung sondiert, davon ausgehend wurden Investitions- und Businesspläne erstellt und eine Risikobewertung vorgenommen. Ergebnis war leider, dass die finanziellen Mittel des Unternehmens und der Gesellschafter nicht mehr ausreichten, um dieses strategisch nachhaltige Sanierungskonzept umzusetzen. Die Banken lehnten weitere Mittel ab und drängten auf den Verkauf des Unternehmens. Zwar gelang es, das Unternehmen mit hohem Engagement wieder aus der Verlustzone zu führen, allerdings mit strategisch geringen Erfolgsaussichten und mäßigen Renditeerwartungen. Nach langwierigen Verhandlungen wurde das Unternehmen an einen Finanzinvestor verkauft, der auf eine Branchenkonsolidierung durch weitere Zukäufe mit entsprechenden Wertsteigerungspotenzialen zielte.

10 Die zu späte Reaktion und fehlende Weitsicht der Gesellschafter waren die wesentliche Krisenursache, maßgeblich begleitet durch den nicht konsequent umgesetzten Generationenwechsel in der Führung. Der dominierende Altgesellschafter zögerte seinen Rücktritt sehr lange hinaus. Für ihn war aufgrund sozialer Bindungen und der hohen Reputation in der Region die Verlagerung von Teilen der Produktion keine Option, ebenso wenig eine Branchenkonsolidierung durch die mögliche Kooperation mit ehemaligen Wettbewerbern. Der Sohn als Nachfolger besaß noch nicht die Erfahrung, um das Unternehmen alleine zu führen und das Vertrauen der Banken zurück zu gewinnen, wollte aber seinen Führungsanspruch geltend machen. Es war aus Sicht der finanzierenden Banken konsequent, auf die Ablösung der risikobehafteten Gesellschafterstruktur als substanzielle Krisenursache zu drängen und über den neuen Gesellschafter auch die erforderlichen Mittel für die strategische Restrukturierung einzuholen.

4. Erfolgreicher Aufbau und beim Management der neuen Struktur gescheitert

Der erfolgreiche Unternehmer hat in wenigen Jahren aus kleinen Anfängen einen internationalen Konzern mit dreistelligem Millionenumsatz aufgebaut. Der Zusammenbruch kam für Externe völlig überraschend, das Unternehmen war in kurzer Zeit insolvent, alle Rettungsversuche waren nicht erfolgreich. Was war passiert? Anlass der stürmischen Internationalisierung war ein Strukturwandel im deutschen Inlandsmarkt. Alle Wettbewerber waren von finanzstarken Konzernen übernommen worden, die einen aggressiven Preiswettbewerb eingegangen waren. Der Unternehmer nutzte seine überlegene Flexibilität und verlagerte in kurzer Zeit Produktion und Entwicklung nach MOE und erschloss sich zudem engagiert diese lokalen Märkte. Auslöser der Krise war eine massive Betrugsaffäre in einer Tochtergesellschaft, die die Liquidität verknappte. Zwei ausländische Mitgesellschafter erkannten die Chance und machten dem Unternehmer für ihre relativ autarken und großen Gesellschaften Übernahmeangebote. Als er ablehnte, verschlechterten sich die Zusammenarbeit und Ergebnisse dieser Gesellschaften erheblich. Die Banken verschärften durch restriktives Verhalten die Krise weiter. Als die Situation eskalierte, wurde der Unternehmer überzeugt, seine Anteile einem Treuhänder zu übertragen. In einem anspruchsvollen Planinsolvenzverfahren wurden überlebensfähige Teile des Unternehmens von einem Wettbewerber sowie den ausländischen Managern übernommen.

Hauptursache für den Einbruch war, dass der Unternehmer nicht mit dem Aufbau auch die notwendigen Managementstrukturen geschaffen hatte, um das neue Gebilde erfolgreich zu führen. Ein Beteiligungscontrolling und Cash Management fehlte völlig, ebenso ausreichende Managementkapazität zur Steuerung der neuen Gesellschaften. Formale Strukturen mit Standards und Regeln gab es nicht, stattdessen gab es ein schwer durchschaubares Geflecht persönlicher Absprachen, steuerrechtlich optimierter Verschachtelungen etc. Potenzielle Käufer/Investoren schreckten vor diesen undurchsichtigen Strukturen zurück und verhielten sich abwartend. Die Hausbanken besaßen nicht die nötige internationale Erfahrung, um diesen Prozess zu begleiten, das zeigte sich sehr schmerzhaft in der akuten Krise. Was der Unternehmer insbesondere versäumt hatte, war die Schaffung von Strukturen, die ihm die Ausübung von Macht in Streitfällen ermöglichten und das Ausscheren einzelner Gesellschaften behinderten. Er hatte seine Probleme offen kommuniziert und gleichzeitig zugelassen, dass sich einzelne Gesellschaften in Produktion, F&E und Einkauf soweit verselbständigen konnten, das die Mitgesellschafter vor Ort eine eigene destruktive Politik in der Krise betreiben konnten.

II. Die Erfolgsstory der SCX Media Group

Ohne eine konsequente Produktionsverlagerung und den damit verbundenen Ausbau von Märkten wäre die SCX Media Group (SXC) mittlerweile vom Markt verschwunden, weil sie nicht mehr wettbewerbsfähig war. Mit einem gut durchdachten Kraftakt gelang es, den Untergang zu vermeiden und ihre Wettbewerbsposition sogar auszubauen.

Allen oben aufgeführten Beispielen ist gemeinsam, dass die Verlagerung im Wesentlichen konzeptionslos, teilweise zudem primär produktionsorientiert und ohne Einbindung in eine Gesamtstrategie erfolgte. Teil der Erfolgsstory der SCX war, dass die Verlagerung konzeptionell sorgfältig vorbereitet wurde. Das kann sich auch ein Mittelständler leisten und ist angesichts der möglichen Risiken Pflicht.

15 Im Folgenden werden die Ausgangslage und wesentlichen Maßnahmen dieser Transformation aufgezeigt.

1. Nichts bleibt langfristig so wie es einmal war

16 Die SCX war im Ursprung eine relativ große Druckerei, die sich auf Dienstleistungen für öffentliche Auftraggeber sowie internationale Institutionen spezialisiert hat. Neben dem klassischen Druckgeschäft hat sie außerdem erfolgreich an verschiedenen Standorten vorgelagerte (Prepress) Datenerfassungs- und Datenkonvertierungsservices für Kunden aufgebaut sowie in einem weiteren Schritt damit verbundene IT Services, wie zum Beispiel kleinere Programmieraufträge sowie die Übernahme von Teilen der Inhouse IT im Bodyleasing etc. Die Ergebnissituation war lange Jahre sehr zufriedenstellend gewesen. Der Markt war attraktiv, da langfristig signifikante Wachstumsimpulse zu erwarten waren und die Wettbewerbssituation infolge der speziellen Anforderungen überschaubar war.

17 Die lange Zeit stabile Wettbewerbssituation wurde mit dem Eindringen internationaler Wettbewerber empfindlich gestört, die ihre Leistungen zu wesentlich niedrigeren Preisen offerierten. Das Management der SCX reagierte äußerst zögerlich, da es auf die räumliche Nähe, die hohe technische Kompetenz und langjährigen Beziehungen zu ihren Kunden vertraute und den Preiswettbewerb nur für vorübergehend hielt. Zudem hatte die SCX in der Vergangenheit zaghafte Tests einer Verlagerung von Produktionsteilen ins Ausland durchgeführt, die aber nicht erfolgversprechend verliefen.

18 Die Gesellschafter schätzen die Lage kritischer ein, da zusehends Aufträge an ausländische Wettbewerber verloren gingen und die Kunden offensichtlich den Preisvorteil höher schätzten als die Vorteile aus der räumlichen Nähe etc. Es bestand die Gefahr, dass bei den nächsten Ausschreibungen auch substanzielle Verträge verloren gingen und die SCX zu einem akuten Sanierungsfall wird. Die Gesellschafter handelten konsequent und ersetzten das alte Management.

2. Fundierte Vorarbeiten und verbindliche Verabschiedung des Konzeptes

19 **a) Ringen um das verbindliche Committment der Gesellschafter.** Die anstehenden Umstrukturierungen konnten nicht geheim gehalten werden und es war auch dem neuen Management aus Eigeninteresse wesentlich, frühzeitig alle maßgeblichen Stakeholder auf die anstehenden Veränderungen mit allen zu erwartenden Problemen vorzubereiten. Denn es war keineswegs selbstverständlich, dass die Gesellschafter dem neuen radikalen Konzept zustimmten, da erhebliche Konfrontationen mit Arbeitnehmervertretern zu erwarten waren und auch Traditionen verletzt wurden.

20 Ausgearbeitet wurde dieses Konzept – aus taktischen und fachlichen Gründen – mit Unterstützung renommierter Berater und teilweise auch schon mit den möglichen Partnerunternehmen für die Internationalisierung. Es wurde mehrfach den Gesellschaftern in Ausschusssitzungen zur Diskussion und Zustimmung präsentiert und im Wesentlichen auch Arbeitnehmervertretern sowie deren Berater zugänglich gemacht, um die Objektivität der notwendigen Maßnahmen zu dokumentieren.

21 Wichtig war in diesem Zusammenhang, dass auch die Mitglieder des internen Planungsteams das Vertrauen der Gesellschafter hatten. Dem Planungsteam wurde frühzeitig vermittelt, dass es auch für die anschließende Umsetzung verantwortlich sein würde.

b) Start mit einer fundierten Kunden- und Wettbewerbsanalyse. Das neue Management und Planungsteam konzentrierten sich zunächst einmal auf die Schaffung von Transparenz über die eigenen Kostenstrukturen und die Analyse des Marktes. Dafür wurden ausführliche Gespräche mit den Kunden geführt, um deren Präferenzen und Strategien für die Zukunft zu verstehen. Außerdem wurden möglichst viele Informationen über die neuen Wettbewerber recherchiert.

Die Kunden bestätigten, dass sie die Vorteile bzgl. Service und Lieferzeiten aus der bisherigen Zusammenarbeit zwar schätzten, dafür aber nicht bereit waren, auf die signifikanten Preissenkungen zu verzichten. Ohne Strukturanpassungen würde die SCX bei weiteren Ausschreibungen keine realistischen Chancen mehr haben. Die Vorstellung der SCX, sie sei technisch schwer austauschbar, war zudem eine Illusion. Ebenso die Hoffnung, diese Institutionen würden Arbeitsplätze innerhalb Europas sichern und generell Datenverarbeitungen außerhalb der politischen Grenzen nicht akzeptieren. Diese ehemals wirksamen Marktzugangsbeschränkungen existierten de facto nicht mehr.

Die Analysen über die Wettbewerber widerlegten insbesondere die ursprüngliche Annahme, dass es sich bei ihrer Preispolitik lediglich um offensive Markteintrittspreise handelt, die nicht langfristig durchzuhalten waren. Die Wettbewerber hatten offensichtlich aufgrund ihrer internationalen Struktur deutliche Kostenvorteile, die durch die SCX mit einer Produktion in Deutschland nicht erreichbar waren. Die Qualität der Wettbewerber war absolut ebenbürtig.

c) Mittelstandsadäquate Konzepterarbeitung. Es gibt genügend qualifizierte Literatur zur Strukturierung von Produktionsverlagerungen. Sie ist allerdings kaum auf den Bedarf von mittelständischen Unternehmen zugeschnitten, denen die personelle und finanzielle Substanz sowie das politische Potenzial großer Konzerne bei der Suche nach optimalen Standorten aus der Fülle denkbarer Optionen zur Gestaltung der künftigen „global footprint" fehlt. Zudem geht es im Mittelstand, wie obige Beispiele zeigen, unmittelbar um persönliche existenzielle Interessen der Gesellschafter. Die Option, einen „Fehlversuch durch Geld zu heilen" gibt es nicht. Auch fehlt die wirtschaftliche Bedeutung, um als relevanter Verhandlungspartner aus dem politischen Umfeld Nutzen zu ziehen. Insofern stand für die SCX ein pragmatisches und risikoscheues Vorgehen im realistischen Bewusstsein der eigenen Beschränkungen und Möglichkeiten an.

Aufgearbeitet wurden zunächst noch einmal die gescheiterten Internationalisierungsversuche der SCX, indem die ehemals vorgesehenen ausländischen Partner persönlich durch das neue Management der SCX angesprochen wurden. Es stellte sich heraus, dass die damals vereinbarten Testaufträge so durch das mittlere Management der SCX gestaltet waren, dass die Partner scheitern mussten.

Große Sorgfalt wurde sodann auf die Überarbeitung der Unternehmensstrategie (insbesondere Leistungsprogramm, Märkte, Kernkompetenzen, Standortstruktur) und der finanziellen Eckwerte (Renditen, Cash Flow, Wertsteigerung) gelegt, denn das neue Konzept sollte kein „Schnellschuss" sein, der nicht konsequent durchdacht war. Deshalb wurde nach entsprechender Vorarbeit intensiv mit den Gesellschaftern diskutiert, ob und wie dieses Geschäft in Zukunft weiter betrieben werden soll und was dies in letzter Konsequenz für die Strukturen auf allen Ebenen und die Gesellschafter selber bedeuten wird. Das Geschäftsmodell wurde grundlegend auf den Prüfstand gestellt und überarbeitet.

Ergebnis war die Grundsatzentscheidung, das ehemals deutsche Unternehmen analog zu den erfolgreichen Wettbewerbern zu einem international tätigen Anbieter weiter zu entwickeln. Geschäftsschwerpunkte sollten Mitteleuropa und die großen neuen osteuropäischen Beitrittsstaaten der EU sein. Auch sollte ein Brückenkopf für Geschäfte in Asien aufgebaut werden. Im Ausland sollte das Wachstum mit Hilfe lokaler Gesellschafter forciert werden, um die Expansion mit vertretbaren Mitteln zu finanzieren und lokale Expertise für den Aufbau des Geschäftes zu nutzen und zu binden. Der bloße Aufbau verlängerter Werkbänke war nicht das Ziel, es ging um Markterschließungen, natürlich kombiniert mit der Verbesserung der Wettbewerbsfähigkeit auf der Kostenseite. Die Wertschöpfungskette (Verkauf, Entwicklung, Produktion, Administration) sollte ganzheitlich reorganisiert werden, wobei die operativen Funktionen an dem jeweils aus betriebswirtschaftlicher Sicht und unter Risikoerwägungen günstigsten Standort wahrgenommen werden sollten. Wichtige Restriktion war die Wahrung der Einflusspotenziale der Spitzenorganisation in Deutschland. Es war nicht beabsichtigt, das Unternehmen zu verkaufen, wohl aber war zu einem späteren Zeitpunkt eine Fusion mit einem gut bekannten Wettbewerber denkbar.

29   Daran anschließend folgten in einem iterativen Prozess die konkrete Standortwahl im Ausland, die Ableitung der künftigen Strukturen sowie eine detaillierte Investitions- und Businessplanung. Qualitative Aspekte wurden in Scoringverfahren gewichtet und gegeneinander abgewogen. Dabei ging es aber nicht darum, zu quantifizieren, was nicht zu quantifizieren ist, sondern sich systematisch und sachlich mit allen wesentlichen Kriterien zu befassen und die Wirkungen von Chancen und Risiken zu simulieren.

Insgesamt gab es vier Schritte der Standortauswahl:
- Schritt 1 (Wahl des Ziellandes): Die Wahl des geeigneten Landes war ein sehr anspruchsvoller Schritt, da die SCX über keine ausgeprägten internationalen Erfahrungen verfügte und „follow the customer" als übliche Option nicht in Frage kam. Maßgebliche Kriterien für die „Sondierung des Neulandes" waren die Größe und Entwicklungspotenziale des Marktes, mögliche Zugangsbeschränkungen sowie die politische Stabilität und Reife der Infrastruktur. Das lokale Marktwachstum war ein besonders wichtiger Punkt, da die Markterschließung bei hohen Wachstumsraten wesentlich erleichtert ist („Wachstum heilt operative Fehler"). Unter pragmatischen Gesichtspunkten ging es um die Frage, wo überhaupt aussichtsreiche Chancen bestanden, seriöse Partner und Unterstützung für den langfristig erfolgreichen Aufbau eines lokalen Geschäftes zu finden. Die Partner und das Zielland mussten nicht zuletzt die Akzeptanz der etablierten SCX-Kunden finden. Analysiert wurde deshalb auch, in welchen Ländern sich bereits die eigenen Wettbewerber etabliert hatten, um erste Anhaltspunkte für mögliche Standorte („me too") zu identifizieren. Pionierleistungen waren ohnehin nicht beabsichtigt. Die Entscheidung fiel nach einigen Recherchen auf ein politisch relativ stabiles Wachstumsland in Asien. Dafür sprachen auch die sehr guten persönlichen Verbindungen zu einem britischen Partnerunternehmen, das in dem Land bereits seit Jahren mit inländischen Kooperationspartnern in einem ähnlichen Geschäft erfolgreich aktiv war, allerdings in eher kleinem Umfang. Die Partner suchten neue Wachstumspotenziale, so dass von grundsätzlich gleichgerichteten Interessen ausgegangen werden konnte. Wesentliche Störungen durch lokale Wettbewerber waren nicht zu erwarten. Über Bankenkontakte, Handelskammern, Referenzen, gegenseitige Besuche etc. wurden die Überlegungen weiter verifiziert. Es wurde entschieden, in diesem Land mit den erwähnten Kooperationspartnern zu starten und denkbare Standorte in MOE wegen des noch nicht vollzogenen Beitritts zur EU erst später anzugehen.
- Schritt 2 (Wertschöpfung im Zielland): Das Leistungsspektrum des neuen Standortes wurde sorgfältig definiert. Zu diesem Zweck wurden zunächst Experten des asiatischen Partners für einige Monate in der deutschen Organisation beschäftigt, die dann aus ihrer Sicht definierten, welche Prozessstufen sie in ihrem Land erfolgreich abarbei-

ten können. Dies wurde noch mal durch konstruktiv mitarbeitende Experten auf deutscher Seite verifiziert und sodann als Programm verabschiedet. Auf diese Weise wurde vermieden, dass seitens einiger Manager der SCX wieder mit taktischer Raffinesse Aufgaben definiert wurden, mit denen der neue Standort in jedem Fall scheitern musste. Andererseits sollte auch vermieden werden, dass sich der asiatische Partner durch allzu optimistische Einschätzung des eigenen Leistungsvermögens übernahm bzw. durch geschicktes Auswählen von Leistungen einen deutlichen Vorteil gegenüber der deutschen Struktur verschaffte. Dieser Prozess war relativ anspruchsvoll und benötigte einige Zeit. Zu bedenken war auch, dass der neue Standort eigenes lokales Geschäft entwickeln sollte und dafür eine Grundausstattung benötigte.

- Schritt 3 (Standorte im Zielland): Die Standortwahl im Zielland erfolgte gemeinsam mit dem Partner durch Besuche vor Ort und teilweise mit Unterstützung deutscher Institutionen im Land. Maßgebend für die Wahl der Region und konkreten Stadt waren in erster Linie die Funktionsfähigkeit der Infrastruktur, die Marktnähe und die nachhaltig günstige Kostenstruktur. Die Räumlichkeiten für den Start wurden pragmatisch nach Eignung und Verfügbarkeit ausgewählt, zunächst mit geringer Bindung über eine Mietlösung. Sie wurden von dem Partner zur Verfügung gestellt, der sich über die Kooperation vor allem zusätzliches Geschäftspotenzial und positive Referenzen erhoffte. Fördermittel, Steuervorteile etc. wurden erst nach Erfüllung dieser Basisanforderungen als Kriterien in die Überlegungen einbezogen.

- Schritt 4 (Strukturen und Verträge): Mühsam waren die Vertragsverhandlungen mit dem Partner. Auch wenn Verträge am Ende nicht so wirksam sind, wie die faktischen Gegebenheiten, so helfen die ausführlichen Gespräche über Interessen, Regelungen im Konfliktfall, Vereinbarungen über die Startstruktur (Vertrieb und Produktion, Marktschutz, Know How Transfer, Management, Preise etc.) und weitere Entwicklung bis hin zu dem Vorgehen bei einem möglichen Scheitern etc. maßgeblich, sich kennen zu lernen und vorab gemeinsame Klarheit über das Vorhaben zu gewinnen. Auch wurde der SCX mit zunehmendem Einblick in die Aufgabenstellung noch einmal klar, dass ein eigenständiges Vorgehen zum Scheitern verurteilt gewesen wäre. Hilfreich waren in dieser Phase Empfehlungen der Berater bzgl. geeigneter Experten für qualifizierte juristische Beratung in dem Zielland.

Besondere Bedeutung hatte für die SCX das „Financial Engineering" des Projektes. Der Aufbau und die Finanzierung einer eigenen Tochtergesellschaft kamen nicht in Frage. Das ließen die Landesgesetze nicht zu und die SCX verfügte auch nicht über das dafür erforderliche Potenzial (Management, lokales Know How, Finanzkraft). Die Überlegungen wurden schnell eingegrenzt auf die Ausgestaltung des Joint Venture als Beteiligung an dem bestehenden Unternehmen des Partners oder die Gründung eines gemeinsamen Unternehmens (special purpose unit) oder eine rein vertragliche Zusammenarbeit.

Man vereinbarte mit dem Partner, dass er ein eigenständiges Unternehmen für dieses Projekt gründete. In der Startphase wollte sich die SCX nur vertraglich als Kunde mit einer Umsatzzusage aus dem Bestandsgeschäft und mit dem Know How Transfer einbringen. Dies war eine Konzession an die Bedenken der Gesellschafter gegenüber den aus ihrer Sicht hohen finanziellen Risiken. Weiter wurde als Option für die SCX vereinbart, sich in einer späteren Phase ebenfalls an dem neuen Unternehmen zu einem vorab festgelegten Anteil und gemäß einer vereinbarten Kaufpreisformel zu beteiligen. Dies wollte die SCX klassisch über einen Investitionskredit finanzieren.

Die Finanzierung in der Startphase lag damit primär bei dem Geschäftspartner und wurde über den Leistungspreis durch die SCX mitgetragen. Die Verträge mit dem Joint Venture sahen Marktschutz für die SCX in ihrem Kernmarkt Europa vor, das Joint Ven-

§ 42   8. Teil. Praxisfälle für Sanierungskonzepte

ture war frei, eigene Kunden im Inland und anderen Ländern zu akquirieren und das gemeinsame Know How dafür einzusetzen. Dieses Konzept bot beiden Seiten genügend Anreize für den Einstieg in eine nachhaltige Zusammenarbeit.

33   Der Aufbau der technischen Infrastruktur des Joint Ventures sollte nur teilweise aus eigener Kraft erfolgen. Es wurde mit dem Partner ein international tätiges Unternehmen für den „turn key Aufbau" der technischen Infrastruktur (Hardware, Netzwerke etc.) vor Ort ausgewählt, die SCX sollte sich auf die Implementierung der eigen entwickelten Software, die Schulung der neuen Mitarbeiter und das Gesamtprojektmanagement konzentrieren. Diese Aufgaben waren herausfordernd genug. Insbesondere waren Terminverzögerungen und Qualitätsprobleme zu vermeiden, da parallel Teile der Produktion in Deutschland abzubauen waren. Zur Reduzierung der Komplexität in der Hochlaufphase war geplant, zunächst mit einem relativ einfachen Leistungspaket an dem neuen Standort zu starten und erst nach Stabilisierung der Produktion das nächste anspruchsvollere Leistungspaket zu verlagern. Dies sollte auch die Migration in Deutschland vereinfachen, da unterschiedliche Standorte betroffen waren und auch Vertragslaufzeiten mit Kunden zu berücksichtigen waren. Ziel war die zügige Umsetzung auf Basis einer realistischen Planung. Da an den deutschen Standorten mit Unruhe und zunehmenden Motivationsproblemen zu rechnen war, standen Komplexitätsreduzierung einerseits und Umsetzungsgeschwindigkeit andererseits im Konflikt. Insofern war klar, dass die Umsetzung unter hohem Druck erfolgen würde, der durch eine gute Personalarbeit (Kommunikation, Alternativarbeitsplätze für Leistungsträger etc.) der Führungskräfte in Deutschland aufzufangen war.

34   Begleitet wurde der Prozess durch die Investitionsrechnungen und umfassende Businessplanung des Controlling, um die materiellen Auswirkungen des Konzeptes und den Finanzierungsbedarf mit zunehmender Konkretisierung abzuschätzen und in die Gespräche einzubringen. Langwierige Diskussionen gab es zum Thema Remanenzkosten, die natürlich bei dem Rückbau der Strukturen in Deutschland entstanden. Die Remanenzkosten mussten in der Investitionsrechnung durch die positiven Effekte der neuen Struktur überkompensiert werden. Hilfreich war dabei, dass es sich nicht um eine defensive Verlagerung von Wertschöpfungsstufen bei konstantem Umsatz, sondern um ein seriös ausgearbeitetes Wachstumskonzept handelte. Dennoch aber stand letztendlich eine unternehmerische Entscheidung an, ob dieses Risiko einzugehen ist, oder nicht. Dies kann nicht der engen Sicht des Controlling überlassen bleiben.

35   Da nur wenig Hardware aus Deutschland auf das Joint Venture zu übertragen war und die deutsche Infrastruktur weitgehend abgeschrieben war, standen dem Projekt auch aus bilanztechnischer Sicht keine maßgeblichen Hürden im Weg.

36   Mit Blick auf die Restrukturierung der gesamten Wertschöpfungskette der SCX war die eingeleitete Internationalisierung wesentlich, aber nicht ausreichend, da sie nicht alle Schwachstellen beseitigte.

37   Das abschließende Konzept musste deshalb alle Stufen der Wertschöpfung umfassen, d.h. neben der Datenkonvertierung im „pre press process" auch den nachgelagerten Druckprozess. Es sah deshalb auch vor, die eigene ineffiziente Druckproduktion in Deutschland auf einen kleinen Subunternehmer in Kundennähe zu übertragen. Verkauf, IT Services und F&E (IT-Sonderentwicklungen) sollten in Deutschland ebenfalls in Kundennähe verbleiben, die personalintensive Datenkonvertierung sollte stufenweise bis auf bestimmte anspruchsvolle Reste vollständig auf den asiatischen Partner verlagert werden. Die von dem Kunden bereitgestellten Daten sollten dafür per Datenleitung über den deutschen Standort an den asiatischen Standort weitergeleitet, für die medienneutrale Ausgabe aufbereitet und wieder an die Zentrale in Deutschland zurückgeleitet wer-

§ 42 Restrukturierung durch Produktionsverlagerungen

den. Dort sollten die Fehlerklärung und das Einsteuern in das jeweilige Ausgabemedium (Papier, CD oder Webpage) erfolgen. In einer späteren Ausbaustufe sollte – soweit sinnvoll – die Weiterentwicklung der IT-Produktionsumgebung auf den Partner übertragen werden.

Insgesamt war das Konzept der SCX von einer relativ hohen Risikoaversion geprägt. Das Unternehmen akzeptierte seine Grenzen und kompensierte Schwächen durch geeignete Partner. Dies führte zwar möglicherweise zu höheren Umsetzungskosten, reduzierte aber vor allem die Risiken des Scheiterns deutlich. 38

Günstig für den Veränderungsprozess war, dass die Gefahr frühzeitig erkannt wurde und existenziell war. Ein bequemes Abwarten war deshalb nicht mehr opportun. Günstig war auch, dass der Markt grundsätzlich weiter wachsend war, so dass es gute Chancen gab, trotz Verlagerungen einen Teil der Arbeitsplätze in Deutschland zu erhalten, allerdings ausschließlich für hochwertige Aufgaben. 39

3. Die operative Umsetzung fordert die Präsenz des Top Management

a) Professionelles Projektmanagement ist unabdingbar. Für die Umsetzungsbegleitung wurde ein Lenkungskreis eingerichtet, der aus Gesellschaftervertretern, der Geschäftsführung sowie zeitweilig auch Vertretern des Partnerunternehmens und des Joint Venture besetzt war. Er wurde zu den wesentlichen Meilensteinen des Projektes einberufen und tagte vor Ort in den Räumen des Joint Venture. Der Projekterfolg war wichtiger als die mit den notwendigen Reisen verbundenen Kosten. 40

Weiter wurde ein stringentes Projektmanagement eingerichtet unter der Führung der neuen Leiterin des Geschäftsbereiches, in dem die Umstrukturierung durchzuführen war. 41

Unterstützt wurde sie von einem Projektteam aus erfahrenen Spezialisten. Das Kernteam war für das Projekt freigestellt und wurde fallweise durch weitere Spezialisten bei Bedarf ergänzt. Zu dem Kernteam gehörten ein Informatiker mit Managementqualitäten und internationaler Erfahrung, ein Controller sowie ein erfahrener Praktiker aus dem zu verlagernden Geschäftsfeld. Dieses Team hatte auch schon die Planungsarbeiten durchgeführt.

Alle Projektmitarbeiter hatten eine Zukunftsperspektive in der neuen Struktur sowie eine Erfolgsbeteiligung. 42

Am Zielstandort gab es ebenfalls einen inländischen Projektmanager, der mehrere Jahre in Europa gearbeitet hatte und beide Kulturen kannte. Er war der designierte Manager des aufzubauenden Joint Venture und hatte eine Option auf eine angemessene Beteiligung, so dass er ein hohes Interesse an dem Erfolg hatte. Nur am Rande sei erwähnt, dass in den Verträgen entsprechende Rückkaufrechte der Mehrheitsgesellschafter vorgesehen waren. 43

Die Strukturveränderungen wurden durch das Team detailliert geplant, d.h. es gab eine Darstellung der Ist- und Zielstruktur, der künftigen Kernmannschaft im Management, ein Target Costing sowie ein Projektcontrolling mit Ableitung des Liquiditätsbedarfes für die Transformation etc. Hinzu kam das technische Umsetzungskonzept mit definierten Teilaufgaben für die Projektverantwortlichen, Meilensteinen und Fortschrittskontrollen. 44

Regelmäßige formale Reports des Projektmanagement gingen an den Lenkungsausschuss, der bei Problemen über Telefonkonferenzen in die Kommunikation einbezogen wurde. 45

46 b) Der internen Machtprobe nicht aus dem Weg gehen. Das SCX war traditionell tarifgebunden mit einer starken Stellung der Arbeitnehmervertreter. Entgegen aller Logik ging es den Arbeitnehmervertretern offensichtlich nicht nur um die sozialverträgliche Umgestaltung des Unternehmens, sondern auch um Machtpositionen, da sich ihre Wählerschaft primär aus dem Bereich rekrutierte, der abzubauen war. Die Gespräche im Vorfeld waren entsprechend schwierig bis hin zu Versuchen der Arbeitnehmervertreter, Druck über die Öffentlichkeit, die Gesellschafter und über Streikdrohungen auszuüben.

47 Zusätzlich war die „Lehmschicht" des mittleren Management zu durchbrechen, das teilweise die Umstrukturierung aus Eigeninteresse sabotieren würde. Andererseits wurde gerade das Know How und die Loyalität von Managern dieser Ebene benötigt, um die Transformation erfolgreich zu bewältigen.

48 Dem neuen Management war deshalb daran gelegen, die unvermeidbare Positionsbestimmung nicht lange hinauszuzögern:

- Offizieller point of no return war „sofort". Es gab keine Diskussion der Gesellschafterentscheidung, allen Beteiligten wurde eindeutig vermittelt, dass es ausschließlich um die erfolgreiche Umsetzung geht. Ansonsten wäre die Ernsthaftigkeit der Umsetzung gefährdet gewesen
- Bestimmte mittlere Führungskräfte wurden freigestellt bzw. in Randbereiche versetzt, auch wenn dies Kosten verursachte und teilweise bis hoch auf die Gesellschafterebene auf Unverständnis stieß. Für weitere Führungskräfte wurden jüngere Stellvertreter ernannt, die mit der Umsetzung der Umstrukturierung beauftragt wurden. Alle Manager auf dieser Ebene erhielten eine Beschäftigungszusage und Erfolgsprämie, gekoppelt mit dem Unternehmensergebnis, nicht mehr dem Bereichsergebnis
- Die verlustträchtige Druckerei, die im Streikfall durch externe Partner als Backup relativ gut überbrückt werden konnte, wurde zügig stillgelegt, um früh in den Konfrontationsprozess einzutreten. Dieser Prozess war äußerst konfliktträchtig, danach aber war die Ernsthaftigkeit der Umstrukturierungen allen Beteiligten klar und die Kostenposition der SCX nachweislich in diesem Teilbereich verbessert. Eine Personalplanung sowie der Sozialplan regelten zudem auch künftige Personalabbaumaßnahmen
- Die Auftragsdisposition wurde über alle Standorte zentralisiert und unmittelbar der Bereichsleiterin unterstellt, um zu verhindern, das auf diesem Wege die inländische Produktion weiter bevorzugt würde und der Standort in Asien nur zögerlich mit Aufträgen eingedeckt würde. Die übergreifende Steuerung der gesamten Wertschöpfungskette sollte zudem Effizienzvorteile bringen

49 Im Nachhinein erwies sich diese frühzeitige Klärung der unausweichlichen Schritte und Konsequenz mit der sie auf allen Ebenen vollzogen wurde als einer der wesentlichen Erfolgsfaktoren, da die Umsetzung auch weiterhin von sachlichen Schwierigkeiten begleitet war, aber nicht mehr wesentlich von politischen Intrigen im Hintergrund überschattet wurde. Die zügige Umsetzung schuf schnell unumstößliche Tatsachen, die klare Kommunikation ließ keinen Raum für Gerüchte.

50 c) Stehvermögen beweisen und die Kunden professionell managen. Die Transformation war trotz aller Maßnahmen sehr schwierig, sie dauerte einschließlich der Planungen bis zum ersten Start fast ein Jahr und benötigte rund ein weiteres Jahr für notwendige Stabilisierungen und Optimierungen. Wesentliche Probleme in der Anfangsphase waren:
- Die hohe Fluktuation des Personals am Zielort
- Die zunehmende Frustration der eigenen Mitarbeiter in Deutschland
- Die beiderseitige Überschätzung der tatsächlichen Leistungsfähigkeit
- Die Umsetzung der „open book policy" in der asiatischen Kultur

§ 42 Restrukturierung durch Produktionsverlagerungen § 42

- Die faire Preisfindung mit dem Joint Venture in der Startphase und der nach gelagerten Betriebsphase, da die Anlaufverluste trotz aller Vorsicht höher waren als geplant.

Diese Probleme wurden im Wesentlichen durch regelmäßige Kommunikation und gezielte Nachverhandlungen auf Top Management Ebene mit den Partnern gelöst. Flexibilität und der Erfolgswille aller Beteiligten waren gegeben. Die Europäer mussten lernen, dass Verträge in Asien flexibel zu handhaben sind und Vertrauen zwischen den handelnden Personen die eigentliche Geschäftsbasis ist. Vorteilhaft war dabei die Unterstützung durch die erfahrenen britischen Geschäftspartner. 51

Die Fluktuation war in der Anfangsphase ein signifikantes Problem, da der Personalstamm des Joint Venture relativ gering war. Erst mit dem Wachstum des Personalbestandes durch größere Aufträge aus dem Inland und den USA entspannte sich die Lage. Dies erwies sich in der schwierigen Startphase als besonders hilfreich, da die SCX alleine nicht in der Lage war, das Joint Venture kurzfristig so mit Aufträgen auszulasten, dass schnell eine stabile Personalstruktur etabliert werden konnte und gleichzeitig noch ein geordneter Rückbau in Deutschland möglich gewesen wäre. 52

Gar kein Problem war die Qualität und Leistungs- sowie Lernbereitschaft des Personals des Joint Venture. Sie war deutlich höher als in Deutschland. Im Übrigen ein hilfreicher Lernprozess, da die deutsche Organisation auch an diesem Benchmark gemessen wurde. 53

Aus Vorsichtsgründen war geplant, trotz höherer Kosten die alte Produktion in Deutschland und neue Produktion in Asien für einen längeren Zeitraum in der Startphase parallel produzieren zu lassen, um in jedem Fall Qualitätsprobleme zu vermeiden. Der tatsächliche „go life" ohne diese Fallback Position war den Mitarbeitern beider Seiten nicht bekannt. Aufgrund der schnell erreichten stabilen Qualität, konnte diese Parallelproduktion früh eingestellt werden, was auch aufgrund der Motivationslage einiger Mitarbeiter in Deutschland ratsam war. Da der Abbau, aufgrund der noch guten Auftragslage in anderen Bereichen der SCX, durch das Angebot von Alternativarbeitsplätzen zumindest teilweise abgefedert werden konnte, war diese Situation relativ gut beherrschbar. 54

Als besonders hilfreich erwies es sich auch, die etablierten Kunden der SCX auf allen Ebenen regelmäßig über den Transformationsprozess zu informieren. Dies war schon allein aufgrund der beizubringenden Qualitäts- und Sicherheitsnachweise erforderlich. Es gab auch ansonsten keinen Grund für eine Geheimhaltung, denn die anzubietenden Preissenkungen waren unausweichlich. Gerüchte hätten die Vertrauensbasis gestört und den Kunden war durchaus daran gelegen, den langjährig zuverlässigen Lieferanten zu wettbewerbsfähigen Konditionen zu erhalten. 55

Ein unerwarteter Nebeneffekt mit großem Nutzen für einige Kunden in Europa war, dass sich durch die unterschiedlichen Zeitfenster in Europa und Asien die Lieferzeiten bei der Datenkonvertierung deutlich verkürzten. 56

Große Sorgfalt wurde auch in die Entwicklung des neuen Preismodells für die Kunden gelegt, denn es ist nicht sinnvoll, den gesamten Wettbewerbsvorteil aus den geänderten Kostenstrukturen an Kunden durchzureichen. Zum einen sollte es einen eigenen Vorteil für das Unternehmen aus den neuen Strukturen geben, zum anderen werden die Personalkosten an dem neuen Standort in Asien mit der Zeit steigen und das Unternehmen wäre in der Folge gezwungen, relativ früh bei Kunden wegen Preisanpassungen vorstellig zu werden. Dies hätte nicht zuletzt das Joint Venture belastet und „Wasser auf die Mühlen" der Verlagerungsgegner gebracht. 57

Wichtig war in diesem Zusammenhang die konsequente Führung des Verkaufs, um der Versuchung drastischer Preiszugeständnisse zu widerstehen, die – einmal ausgesprochen – irreversibel sind. Immerhin waren mit der neuen Struktur neben der angemesse- 58 nen Preisanpassung auch andere signifikante Vorteile für die Kunden entstanden, z.B. eine hervorragende Qualität, eine verbesserte Backup Situation durch die zusätzlichen Standorte, das vergrößerte Entwicklungspotenzial für IT-Projekte sowie die nachhaltige Professionalisierung ihres mittelständischen, flexiblen Dienstleisters.

59 **d) Die neue Struktur stabilisieren und die eigene Macht sichern.** Für die SCX ging es im ersten Schritt darum, zu überleben und sodann das Geschäft mit neuen wettbewerbsfähigen Strukturen weiter auszubauen.

60 Die Verlagerung des überwiegenden Teils der Datenerfassung und -konvertierung auf den einen neuen Standort war riskant, weil sie eine Abhängigkeit schuf. Andererseits sollte der neue Standort durch genügend Geschäftsvolumen zügig Break Even erreichen und es sollte auch in der Startphase der Internationalisierung eine allzu große Komplexität vermieden werden, die entstanden wäre, wenn man die Produktion auf mehrere ausländische Produktionsstandorte verteilt hätte. Für die Beherrschung dieser Komplexität war die SCX noch nicht gerüstet.

61 Die Abhängigkeit von dem Joint Venture in Asien wurde vom Management und Gesellschaftern kritisch gesehen. In diesem Punkt ging es aber zunächst opportunistisch um die kurzfristige Existenzsicherung, die im Übrigen den Partnern erfolgreich verschwiegen wurde. Geschäftspartner haben kein Interesse an potenziellen Verlierern im Wettbewerb.

62 Mit erfolgreicher Inbetriebnahme wurde der Lenkungskreis des Transformationsprojektes durch ein regelmäßig tagendes Management Board sowie operative Meetings der Fachkräfte der Partnerunternehmen ersetzt, um frühzeitig Probleme zu besprechen und die gute gemeinsame Vertrauensbasis zu erhalten. Der Erfolg rechtfertigte diese Kosten bei weitem.

63 Die SCX zog zudem früh die Option der Beteiligung an dem Joint Venture, um sich auch auf diesem Wege gegen eventuelle Störungen abzusichern.

64 Dennoch aber war sie darauf bedacht, ihre Position zusätzlich zu sichern. Das bedeutete insbesondere, dass sie alleine an ihre Kunden in Europa herantrat und direkte Kontakte – z.B. aufgrund von Audits – in beiden Richtungen zwischen Kunden und Joint Venture auf ein Minimum reduzierte. Ebenfalls hielt sie neben der eigenen F&E in Kundennähe eine eigene kleinere Datenkonvertierung für komplexe Fälle vor, um sich das eigene betriebliche Know How in enger Verbindung mit der F&E zu erhalten. Letztlich sind Verträge bei aller Partnerschaft nicht so wirksam zur Machtsicherung wie faktische Gegebenheiten. Dafür sollte auch in gewissem Umfang auf Kostensenkungspotenzial verzichtet werden.

65 Es war natürlich klar, dass die Partner in absehbarer Zeit in der Lage sein würden, die vorhandene IT-Produktionsumgebung selber nachzubauen, so dass es sinnvoll war, sie in die Optimierung dieser Struktur eng einzubinden. Optimierungen und Weiterentwicklungen mussten aber auch in enger Abstimmung mit den Kunden erfolgen, da sie in deren (Alt-) Systeme zu integrieren waren. Das ging nur mit einer erfahrenen eigenen Mannschaft der SCX, die regelmäßige Kontakte zu den Spezialisten auf Kundenseite pflegte. Deshalb wurden auch die IT Services mit hoher Integration in die Kundenorganisation nicht aufgegeben, obwohl sie wirtschaftlich zwar positive, aber doch eher mäßige Ergebnisse erzielten.

66 Aufgrund der Erfahrungen aus dem Aufbau des Joint Venture, ist in der SCX die Zuversicht in die eigenen Fähigkeiten zur Verlagerung von Kapazitäten gewachsen und es sind entsprechende Manager geformt worden. Im Zuge des Wachstums durch die EU-Erweiterung, wurde in einem nächsten Schritt auch innerhalb Europas in einem neuen Beitrittsstaat der EU ein weiterer Standort der SCX für eine Datenkonvertierung aufge-

baut. Zunächst in kleinem Umfang als Nukleus, der mit zunehmenden Wachstum ausgebaut wurde. Damit hatte sich die SCX den Vorteil geschaffen, im Notfall über Ausweichkapazitäten zu verfügen und auch ihr politisches Einflusspotenzial etwas zu erweitern.

Innerhalb ihrer eigenen Organisation war zur Absicherung der erreichten Erfolge vor allem die Personalentwicklung voran zu treiben. Allein schon die Entwicklung der Sprachkenntnisse des mittleren Managements und die Förderung der Bereitschaft, im Ausland aktiv zu werden, waren eine Herausforderung. Hinzu kamen die neuen Anforderungen an das Controlling und die Finanzierung der neuen internationalen Aktivitäten. 67

e) Früh an den nächsten strategischen Schritt denken. Die Verlagerungen der SCX waren zunächst geprägt von kostenorientiertem Existenzkampf. Dennoch wurde vermieden, ausschließlich „verlängerte Werkbänke" aufzubauen. Denn langfristig werden sich die komparativen Kostenvorteile der ausländischen Standorte gegenüber Deutschland angleichen, mit der Folge, dass die SCX ihren Kernmarkt Europa mit Strukturen bedienen würde, die ohne signifikanten Kostenvorteil weit von ihrem Heimatmarkt entfernt liegen. 68

Die SCX wäre bei der reinen Verfolgung von Kostenaspekten gezwungen, irgendwo in der Welt neue Standorte mit Kostenvorteilen aufzubauen und auf die alten Standorte zu verzichten, was für einen Unternehmer kein erstrebenswertes Ziel sein kann. Insofern ist es vernünftig, die jetzt noch neuen, später aber alten Produktionsstandorte auch als Nukleus für eine eigene Expansion in die lokalen Märkte weiter zu entwickeln. Schon in der frühen Phase der Planung muss deshalb die künftige Attraktivität als potenzieller Markt mit hoher Gewichtung berücksichtigt werden. 69

Es war konsequent, auch die Beteiligung an dem Joint Venture einzugehen, um auf diesem Wege an der Marktentwicklung außerhalb Europas teilzuhaben. In Europa sind weitere Anstrengungen zum Ausbau des Geschäftes an den neuen Standorten in MOE erforderlich. 70

Produktionsverlagerungen sind aus dieser Sicht nur ein erster Schritt einer durchdachten langfristigen Marktentwicklungsstrategie und sollten deshalb auch von Beginn an marktorientiert geplant werden. 71

III. Die Lessons Learned

Zehn Faustregeln für eine erfolgreiche Internationalisierung mit Hilfe von Produktionsverlagerungen im Mittelstand aus der Erfahrung der Verfasser: 72
- Erfolgreiche Verlagerungen setzen voraus, dass sich Top Management und Gesellschafter sichtbar für alle Beteiligten in allen Phasen der Verlagerung und Internationalisierung persönlich und verbindlich engagieren. Taktische Unverbindlichkeit zum Selbstschutz und angenehmes „laissez faire" sind nicht angebracht.
- Erfolgreiche Verlagerungen erfordern, dass Konflikte mit Arbeitnehmervertretern und ggf. auch Gesellschaftern offensiv auf Top Ebene angegangen werden, da sie ohnehin unvermeidbar und zwingend zu lösen sind. Je früher desto besser, weil das Unternehmen seinen finanziellen und personalpolitischen Handlungsspielraum für die Transformation bewahren muss.
- Erfolgreiche Verlagerungen erfolgen in enger Abstimmung mit bestehenden Kunden und primär nach marktorientierten Kriterien. Ausschließlich technisch oder kostengetriebene Verlagerungen sind langfristig nicht erfolgreich.

§ 42   8. Teil. Praxisfälle für Sanierungskonzepte

- Erfolgreiche Verlagerungen berücksichtigen insbesondere auch die möglichen Reaktionen von Wettbewerbern.
- Erfolgreiche Verlagerungen erfolgen frühzeitig, gestützt auf eine konsequente Hinterfragung des gesamten Geschäftsmodells und eine mit den Gesellschaftern vereinbarte ganzheitliche Strategie mit entsprechenden Meilensteinen. Zeitdruck und halbfertige Lösungsansätze sind ebenso wie Apathie Gift für den Erfolg.
- Erfolgreiche Verlagerungen erfolgen im realistischen Bewusstsein der personellen und finanziellen Fähigkeiten/Restriktionen des Management und des Unternehmens, sie sind tendenziell risikoscheu. Dazu gehört auch die realistische Einschätzung der für das Unternehmen beherrschbaren Komplexität in der Transformationsphase und späteren Steuerung der neuen Strukturen.
- Erfolgreiche Verlagerungen stützen sich auf eine Finanzierung der Internationalisierung, die auch bei möglichen Verzögerungen gesichert ist. Verlagerungen ohne finanzielle Absicherung sind fahrlässig.
- Erfolgreiche Verlagerungen können sich auf sorgfältig ausgewählte Partner stützen, verlieren aber nicht die eigene Machtsicherung im Konfliktfall aus dem Auge. Diese beruht vor allem auf faktischen Gegebenheiten.
- Erfolgreiche Verlagerungen stützen sich auf eine professionelle Projektorganisation, deren Mitglieder in der neuen Struktur eine attraktive Perspektive haben und am Erfolg der Restrukturierung partizipieren.
- Erfolgreiche Verlagerungen beinhalten auch, dass intern die Führungsstrukturen, Personalentwicklung und Auswahl der Geschäftspartner den neuen Anforderungen angepasst werden. „Nibelungentreue" zu Partnern, Strukturen und Mitarbeitern, die den neuen Anforderungen nicht genügen, ist existenzbedrohend.

73 Zusätzlich etwas Fortune ist zwar nicht planbar aber aus Sicht der Verfasser bestimmt ebenfalls hilfreich.

Stichwortverzeichnis

Die halbfetten Zahlen verweisen auf die Paragraphen, die mageren Zahlen auf die Randnummern

Absentismus **13**, 5
Absonderungsberechtigte Gläubiger **24**, 46 ff., 70; **26**, 35; **29**, 26, 28; **33**, 76 ff.; **39**, 89 ff.
Absonderungsrecht **22**, 39 ff.; **24**, 45 ff.; **33**, 44 ff., 67 ff., 121 ff.
Abstimmung **24**, 104 ff.; **29**, 25; **38**, 63 ff.; **39**, 160 ff.
Abwicklungszeitraum **35**, 21; **36**, 86
Aktivvermögen **16**, 4, 50 ff.
Alarmierungsplan **15**, 11
Altersteilzeit **12**, 32; **30**, 12, 17
Altkundenprogramme **19**, 82
Amtstheorie **36**, 23
Änderung der Nutzungsverhältnisse **36**, 99
Anerkennung **31**, 12, 31 ff., 42 ff.
Anfechtung **32**, 64 ff., 81 ff.; **36**, 56
Anfragen-, Angebots- und Auftragseingangsanalyse **9**, 68
Angebotsprogramm **18**, 64
Annexverfahren **31**, 26
Ansatz **4**, 14, 19, 40 ff.; **9**, 5 ff., 38; **19**, 52 ff.
Anspruchskonkurrenzen **17**, 58
Anteilserwerb **23**, 9 ff., 18 ff., 94 f.
Antrag Schuldner **26**, 3 f., 9; **28**, 28 ff., 59, 93
Antragsberechtigung **16**, 57; **28**, 37 ff.
Antragsverfahren **24**, 15, 18
anwendbares Recht **31**, 28 ff., 45 ff.
Arbeitgeberinsolvenz **36**, 78
Arbeitsbedingungen **13**, 12, 18
Arbeitsleistung **13**, 6 f.
Asset Management **15**, 10
Asset-Deal **17**, 12; **24**, 74
atypisch stille Beteiligung **16**, 27; **18**, 57; **35**, 139 f.
Aufbauorganisation **11**, 12
Auffanggesellschaft **17**, 3, 20 ff.
Aufhebung der Eigenverwaltung **28**, 48 ff.

Aufhebung des Insolvenzverfahrens **24**, 17; **36**, 111 ff.
Aufrechnung **36**, 54 f.
Aufsichts- und Überwachungspflichten **28**, 83
Ausfallhaftung **33**, 125 ff.
Ausfallrisiko **19**, 183; **20**, 22
Ausfallwahrscheinlichkeit **2**, 43, 89; **18**, 87
außergerichtlicher Vergleich **11**, 21; **16**, 44 ff.
Aussonderungsrecht **24**, 45; **33**, 11 ff.
Aussteller **27**, 6 ff.; **37**, 31
Ausstieg **3**, 38 ff.
autonomes internationales Insolvenzrecht **31**, 1

Backpropagation-Netz **2**, 32
Bankbürgschaft **23**, 27, 50
Bargeschäft **3**, 34; **24**, 64; **30**, 12
Basel II und III **2**, 86 ff.; **19**, 74 ff.
BCG-Matrix **5**, 55
befreiende Schuldübernahme **35**, 123 ff.
Befriedigungsquote **40**, 36; **41**, 94 ff.
Bekanntgabeadressat **36**, 16
Benchmarking **4**, 18; **5**, 33, 61 ff.; **9**, 34; **15**, 54 f.
Benutzer **15**, 4
Bereinigung des Produktportfolios **7**, 7
Bereitstellungswirtschaftlichkeit **15**, 27
Berichtigung der (Umsatzsteuer-)Bemessungsgrundlage **36**, 95 ff.
Berichtigung des Vorsteuerabzugs **36**, 98 ff.
Berichtigungspflicht **36**, 31, 98
Berichtstermin **22**, 50; **24**, 16, 36, 53, 74, 101
Berufsrechtliche Erlaubnis **28**, 18
Beschaffungslogistik **10**, 4

Stichwortverzeichnis

Beschäftigungsgesellschaft **12**, 47
Bescheinigung nach § 270b InsO **22**, 29; **26**, 15; **27**, 3 ff.
Besicherung **3**, 33 ff.; **19**, 38
Bestandsmanagement **10**, 18
Bestimmtheitsgrundsatz **23**, 67 ff.
Beteiligte Eigenverwaltung **28**, 66 ff.
Beteiligungsverflechtungen **17**, 86
Betriebliche Sozialarbeit **12**, 41
betriebsbedingte Kündigung **22**, 121; **30**, 15 ff.
Betriebssteuern **23**, 47
Betriebsübergang **22**, 119 f.; **23**, 48, 64 f.; **30**, 24 ff.
Betriebsübernahmegesellschaft **17**, 3 f., 14 ff.
Bewertung **19**, 45 ff.; **22**, 69 ff., 73 ff.; **25**, 55
Bewertungsvorschriften **25**, 53; **34**, 9
Bezugsrecht **17**, 10 f.; **18**, 51; **23**, 92 ff.; **33**, 21
Bilanzanalyse **2**, 14 ff., 62 ff.
Bilanzpolitik **2**, 77; **4**, 17; **6**, 17
bilaterale Abkommen **31**, 7
Bildung von Gruppen gemäß § 222 InsO **24**, 98; **29**, 25 ff.; **39**, 83 ff.; **40**, 40 ff.
Boni **9**, 57, 89
Bruttopersonalbedarf **12**, 20 ff.
Buchführungs- und Aufzeichnungspflichten **34**, 2; **36**, 32, 42
Buchhaltung **25**, 16, 34; **28**, 23
Buchwertfortführung **17**, 80 ff., 125, 141
Budgetaufsicht **28**, 86
Bürgschaften **16**, 37 f., 65 f.; **33**, 137 ff.
Business Alignment **15**, 7, 47
Businessplanung **4**, 13, 34 ff.; **41**, 25

Cash-Flow **37**, 64 f.; **41**, 92
Cashflow-Analyse **2**, 68 f.
Centre of Main Interests (COMI) **31**, 17 ff., 27
Change Management **4**, 44; **9**, 8; **15**, 55
change-of-control Klausel **23**, 21
Chapter-11-Verfahren **24**, 88
Chief Information Officer **15**, 35
Chief Insolvency Officer (CIO) **28**, 7

Chief Restrukturing Officer (CRO) **1**, 22 f.; **20**, 45a
COBIT **15**, 56
Continuity Management **15**, 11
Corporate Governance **2**, 100 ff., 122
– Kodex **2**, 101
Covenants **2**, 93 ff.; **18**, 8 ff., 71 ff.
CRM **9**, 16, 38

Darlehen **3**, 26 ff.; **16**, 40 ff., 62 ff.; **19**, 110
Datensicherheit **12**, 19
Debt-Asset-Swap **35**, 145
Debt-Equity-Swap **3**, 54 ff.; **6**, 65; **16**, 48; **18**, 45 ff.; **22**, 13 f.; **23**, 83 ff.; **35**, 127 ff., 146 ff.
Debt-Mezzanine-Swap **35**, 141 ff.
Debtor in Possession **19**, 191
Deckungslücke **25**, 4
Desinvestitionsstrategie **5**, 54 ff.
Desinvestments **10**, 20
Detailkonzept **4**, 14; **6**, 47
Differenzhaftung **18**, 53; **23**, 32
Discounted-Cashflow-Methode (DCF) **2**, 16; **19**, 50 ff.
Diskriminanzanalyse **2**, 20 ff.; **19**, 39 ff.
– univariate **2**, 21
– multivariate **2**, 22 ff.
Disposition **10**, 11
Distributionslogistik **10**, 4 f.
Doppelumsatz **33**, 117; **36**, 104
Dreistufige Insolvenzrechtsreform **24**, 14a ff.
Drittstaaten **24**, 113
drohende Zahlungsunfähigkeit **24**, 7, 27; **25**, 7, 40
Du Pont-Kennzahlensystem **2**, 15
Due-Diligence **19**, 131 ff.; **21**, 20 ff.; **22**, 57, 71
Durchlaufzeiten **10**, 6, 16
DVFA/SG-Methode **2**, 15

EBIT walk **5**, 31, 59
E-Commerce **9**, 40, 64; **15**, 15
E-Commerce Strategie **9**, 40, 64
Economic Value Added-Kennziffer (EVA) **2**, 16
Eigenkapitalersatz **16**, 30, 40 ff.; **32**, 56 ff.

Stichwortverzeichnis

Eigenkapitalersatzrecht 16, 42; 24, 69; 32, 54
Eigenkapitalmaßnahmen 16, 5 ff.
Eigenkapitalunterlegung 2, 95
eigennütziger Kredit 3, 31
Eigentümer 22, 74; 36, 9, 11
Eigentumsvorbehalt 33, 15 ff., 57 ff.
Eigenverwaltung 3, 56 ff.; 22, 25 ff., 49; 23, 74 ff.; 24, 75 ff.; 26, 3 ff., 9 f.; 28, 1 ff.; 36, 21, 44; 44, 45
Eignung 18, 44, 54, 62, 70; 28, 20 ff., 66
Einbringung 17, 121 ff.; 23, 89 ff.
Einkaufskooperationen 11, 18
Einkommensteuer 36, 57 ff.
Einkommensteuervorauszahlungen 36, 73 ff.
Einlagen 16, 5 ff.; 23, 22 ff.
Endogene Faktoren 2, 4; 28, 23; 29, 21 f.
Erfolgsfaktoren 1, 22 f.; 2, 77 ff.; 4, 53 ff.; 22, 112 ff.
Ergebnisrechnung 9, 75
Erklärungspflicht 6, 32; 17, 64
Erlassvertrag 16, 47; 23, 85
Erlöschen der Steuerpflicht 36, 87 f.
Eröffnetes Verfahren 28, 101 ff., 124 ff., 130 ff.
Eröffnungsbeschluss 24, 16, 28
Eröffnungsverfahren 28, 60 ff., 93 ff., 108 ff.; 36, 18 ff.
Ertragsteuerliche Auswirkungen 36, 12
Erwerb des Betriebsvermögens 23, 11 ff.
ESUG 3, 49 ff.; 12, 50; 23, 74 ff.; 24, 14a ff.
EuInsVO 24, 112 ff.; 31, 8 ff.
Europäische Währungsunion 1, 8, 12
eVertrieb 9, 40
existenzvernichtender Eingriff 23, 37 ff.
Exogene Faktoren 2, 4; 29, 22

Fachkoordinator 15, 61
faktische Geschäftsführung 18, 90; 32, 106 f.
faktischer Gesellschafter 23, 39
Fälligkeit 25, 24
finanzielle Restrukturierung 4, 12, 29

Finanzierung 1, 24 ff.; 5, 17, 31 ff.; 18, 21 ff., 118; 35, 7 ff., 131 ff.
Finanzierungsquelle 18, 20, 118
Finanzplan 25, 28 ff., 46 ff.; 29, 58 ff.
Finanzstatus 25, 24 ff.
Firmen- und Geschäftsfortführung 17, 59; 23, 46, 60
First-pass-yield 10, 9
Fluktuation 12, 31; 13, 4; 42, 52
Forderungseinbringung 23, 89 ff.
Forderungskategorien (insolvenzrechtlich) 36, 60 ff., 79 ff., 89 ff., 92
Förderungsmöglichkeiten 16, 55 ff.
Forderungsverkauf 33, 99
Forderungsverzicht 16, 31 ff., 47; 29, 91 ff.; 35, 102 ff.
Formwechsel 17, 65 ff.
Fortbestehensprognose 25, 44 ff., 55
Fortführungsgesellschaft 17, 2 ff.
Fortführungswert 34, 16 f.
Freigabe 36, 106 f.
Fremdkapitalmaßnahmen 16, 44 ff.
Fristablauf 3, 39; 26, 26
Frühwarnsysteme 2, 45 ff.; 18, 84 ff.
Führung 13
Führungskräftemodell 12, 5

Garantien 22, 108, 130; 33, 142
gegenseitiges Vertrauen 31, 9
Gerechtigkeit 13, 8
Gesamtschuldnerische Haftung 16, 37; 17, 57; 33, 141
Geschäftsbereich Eigenverwaltung 28, 5, 17
Geschäftsfähigkeit 36, 9
Geschäftsführermodell 12, 4
Geschäftsführungs- und Vertretungsbefugnis 36, 7
Gesellschafterdarlehen 16, 40; 24, 69; 32, 20 ff., 56 ff., 64 ff., 73 ff.
Gesellschafterfinanzierung 16, 1 ff., 30 ff.
Gewerbesteuer 35, 21 ff.; 36, 87 ff.
Gewöhnliche Verpflichtungen 28, 85
Gläubigerausschuss 22, 31; 23, 73; 24, 50; 28, 93 ff., 101 ff.; 38, 23 ff.
Gläubigerautonomie 24, 12, 54; 29, 4; 39, 35
Gläubigerbefragung 27, 22 ff.

Stichwortverzeichnis

Gläubigerbenachteiligung 23, 52; 24, 64, 68; **36**, 56
Gläubigerversammlung 24, 51 ff.; 28, 49 ff., 106 ff.
Globaler Einkauf 11, 17
Globalzession 24, 66; **33**, 55, 59a
GRC 15, 56, 88
Grobkonzept 4, 14; **6**, 43 ff.; **27**, 16 ff.
Grundsätze ordnungsgemäßer Buchführung **34**, 7
Grundsätze ordnungsmäßiger Datenverarbeitung **15**, 14

Haftung 3, 5 ff.; **6**, 70 ff.; **17**, 57 ff., 65 ff.; **23**, 22 ff., 45 ff.; **24**, 41 ff.; **27**, 25 ff.; **28**, 143 ff.; **32**, 15 ff.
Haftung für Betriebssteuern **23**, 47
Haftungsausschluss **17**, 59 ff.
Haftungsrisiko 18, 52 ff.; **23**, 22 ff., 45 ff.; **27**, 26 f.
Handelsgeschäft 16, 17; **17**, 59 f.; **23**, 46
Handelsrechtliche Rechnungslegung **34**, 6 ff.
Handlungsfähigkeit **36**, 15
Hauptinsolvenzverfahren **31**, 17 ff.
Hauptverfahren 24, 113; **31**, 21
Headhunting **9**, 63
Heimliche Spielregeln **12**, 39
Historische Umsatzanalyse **9**, 67
Hybride Finanzierung 16, 61; **19**, 103 ff.; **35**, 131 ff.

IDW S 6 **5**, 8 ff.
IDW S 6 **6**, 1 ff.
Incident **15**, 62
Ineffizienzen **4**, 6
Information Security Management **15**, 12
Informationsasymmetrie 2, 6 ff.; **22**, 73
Informationsrechte **24**, 10
Informationstechnologie **15**, 1
Informelle politische Prozesse **13**, 11
Innengesellschaft **16**, 16 ff.
Insolvenzanfechtung 23, 51 ff.; 24, 64 ff.; **36**, 56
Insolvenzantrag 25, 5; **32**, 6 ff.

Insolvenzantragspflicht 16, 40; **18**, 5, 16; **32**, 6 ff.
Insolvenzausfallgeld 36, 78; **37**, 48; **38**, 29 f.
Insolvenzfähigkeit **36**, 5 f.
Insolvenzforderung 21, 38; **22**, 33; 24, 60; **26**, 20; **28**, 112; **30**, 7 f., 12; 32, 69; **36**, 45 ff., 74 f., 80, 93
Insolvenzfreier Bereich **36**, 16, 58
Insolvenzgericht 24, 15 ff., 31; **28**, 27
Insolvenzgläubiger 24, 43; **36**, 45 ff.
Insolvenzgründe 25, 1 ff., 40 ff.; **27**, 10 ff.; **37**, 32 ff.
Insolvenzmasse 22, 25; **25**, 55 ff.
Insolvenzplan 6, 56; 24, 88 ff.; **29**, 5 ff.
– Anlagen **24**, 99
– Darstellender Teil 24, 92 f.; **29**, 13 ff.
– Gestaltender Teil 24, 94 ff.; **29**, 66 ff.
– als Sanierungsplan **24**, 89
Insolvenzplanverfahren 3, 53; 22, 20 ff.; **23**, 79 ff.; **24**, 100 ff.; **29**, 1 ff.
Insolvenzprognose **2**, 25, 28
Insolvenzreife 23, 49; **32**, 12 ff.
Insolvenzsteuerrecht **36**, 4
Insolvenzverschleppung 3, 28 f.; 24, 115; **32**, 6 ff.
Insolvenzverwalter 24, 32 ff., 62 ff.; 31, 37 f.; **36**, 22 ff.
Instandhaltung **10**, 16
Integration von Lieferanten **11**, 8
Interne Unternehmensanalyse **7**, 3
Interner Dienstleister **15**, 24
Internes Berichtssystem **7**, 9
Internes Kontrollsystem **15**, 14, 50
Internet **9**, 40
Investitionsabsicht **1**, 11
Investitionshilfen **16**, 60
Investitionsstopp 4, 42; **10**, 19
IT-Anwendungssystem **15**, 13 ff.
IT-Demand-Management **15**, 64
IT-Governance 15, 6, 8, 34 f., 64
IT-Infrastruktur **15**, 10 ff.
IT-Koordinator **15**, 61
IT-Lenkungsausschuss **15**, 63
IT-Review 15, 56 ff., 90
IT-Strategie 15, 22, 65
IT-Supply-Management **15**, 64

Jahresabschlussprüfung **6**, 63

Stichwortverzeichnis

Kapitaldienstfähigkeit 2, 67
Kapitalerhöhung 4, 58; 16, 8 ff.; 17, 10, 44 ff.; 18, 39 ff., 49 ff.; 29, 56 ff., 94 ff.
Kapitalgesellschaft 16, 8 ff.; 17, 71 ff., 78 ff., 98 ff., 120 ff.; 36, 84 ff.
Kapitalherabsetzung 16, 8 ff.; 18, 29 ff.
Kapitalmaßnahmen 16, 5 ff., 44 ff.
Kapitalschnitt 16, 8; 28, 29 ff.
Kennzahlensysteme 2, 14 f.
Key Account Management 9, 38 f.
Key Performance Indicator 8, 31; 15, 89
Kommunikation 4, 38 ff.; 9, 83 ff.; 11, 25; 12, 37; 13, 13 ff.
Kommunikationspolitik 9, 38 ff.; 13, 13 ff.
Konfusion 23, 85; 35, 147
Konjunkturentwicklung 1, 6 ff.
Konsignationslager 11, 24
Konzern 25, 36 ff.; 33, 146 ff.; 35, 35 ff.
Konzerninsolvenzrecht 24, 14c
Kooperation 8, 15 f.
Körperschaftsteuer 17, 135; 35, 113; 36, 84 ff.
Kostenreduzierung 11, 3
Kreativität 8, 18; 13, 7
Kreditkosten 2, 95 ff.
Kreditrationierungshypothese 2, 7
Kreditversicherer 2, 23; 33, 129d
Kreditwürdigkeitsprüfung 2, 57 ff.
Krise 23, 2 ff.
Krisenbewältigung 20, 7 ff.; 24, 115 ff.
Krisenfrühwarnsysteme 2, 14 ff.
– strategische 2, 45 ff.
– bilanzielle 2, 14 ff.
Krisenprozess 4, 8 ff.
Krisenstadien 6, 15 ff.; 27, 29 ff.
Krisensymptome 4, 4; 40, 3 ff.
Krisenursache 2, 4; 4, 4 ff.; 5, 5 ff.; 15, 1 ff.; 27, 29 ff.; 39, 51 ff.; 40, 4 ff.
Kunde 9, 82 ff.; 15, 1 ff.; 19, 52
Kundenbeziehung 9, 83 ff.
Kundengutschriften 9, 82
Kündigung 3, 38 ff.; 12, 33 ff., 45 ff.; 22, 121 ff.; 30, 13 ff.
Kurzarbeit 12, 84

Leerlauf 10, 16
Leistungsbeurteilung 12, 17 ff.

Leistungstransparenz 15, 87
Leistungswirtschaftlicher Restrukturierungsprozess 7, 2 ff.
Leitbild 6, 23 ff.; 39, 62 ff.
Leitbild des sanierten Unternehmens 5, 4 ff.; 6, 23 ff.; 29, 40 ff.
lex fori concursus 31, 28 ff.
Lieferantenkommunikation 11, 25
Lieferantenkredit 11, 23; 14, 16
Lieferantenoptimierung 11, 9
Lieferantenseitige Sanierungsbeiträge 11, 26
Liquidation 19, 61 ff.; 39, 108 ff., 136 ff.
Liquidationsrechnungslegung 34, 3
Liquidität 11, 20 ff.; 19, 89 ff.; 24, 27; 25, 16 ff.
Liquiditätssituation 1, 5; 35, 2
Liquiditätsunterdeckung 25, 11 f.
Logistikmanagement 10, 4
Lohnsteuer 28, 154; 36, 77 ff.
Lohnsteuerforderung 36, 79 ff.
Lohnsteuerschuldner 36, 77

Management 19, 143 ff.; 20, 1 ff., 83 ff.
Management Commitment 1, 22, 33
Managementqualifikation 2, 83 ff.
Marketingstrategie 9, 10 ff.
Markt- und Wettbewerbsanalyse 9, 31; 42, 22 ff.
Marktanteile 5, 45, 69
Marktorientierte, strategiekonforme Vertriebsstruktur 9, 9
Marktsegmentierung 5, 69; 9, 30
Marktwachstums-Marktanteils-Matrix 2, 52
Masseforderung 36, 45 ff.
Massegläubiger 24, 44
Massenentlassung 12, 45 ff.
Masseunzulänglichkeit 30, 11
Masseverbindlichkeiten 24, 9, 42, 44, 77a; 26, 20 ff.; 28, 112 ff.
Materialgruppen 11, 6 f.
Materialwirtschaft 10, 10
Materielle Anforderungen 28, 42 ff.
Messbetrags-Berechnung 36, 90
Methodik 1, 37 ff.; 5, 61 ff.
Mezzanine-Capital 19, 89 f., 103 ff.; 35, 141 ff.
Mindestgröße 28, 23

983

Stichwortverzeichnis

Missbrauchsgefahr 27, 25
Missbrauchsregelungen 17, 115
Mittelstandsanleihe 1, 25
Mitwirkungs- und Auskunftspflichten 36, 16
Mobiliarsicherheiten 33, 53 ff., 74 ff.
MoMiG 24, 69; 32, 56 ff., 64 ff.
Moral hazard 2, 7
Moratorium 16, 45
Motivation 12, 35
Multiprojektcontrolling 15, 76

Nachfragerückgang 4, 6
Nachrangige Insolvenzforderung 24, 60; 36, 51
Nachschuss 18, 52
Nachteile für Gläubiger 28, 58
Nachträgliche Antragstellung 28, 31
Naturalobligation 36, 110
Nennwert 23, 89 f.
Nettopersonalbedarf 12, 23
Neuausrichtung 4, 12, 20
Neukundengewinnungsprogramme 9, 82
Neuronale Netze-Verfahren 2, 29 ff.
Nichtabführung der Lohnsteuer 36, 80, 83
Nichterfüllung 23, 65; 24, 42
Niederlassung 31, 25
Non Performing Loans (NPL) 2, 92; 19, 22
Nutzungsüberlassung 16, 43

Obstruktionsverbot 23, 96; 24, 106
Operationalisierung 5, 29
Operative Ebene 5, 28
Operative Restrukturierung 4, 25; 18, 1
Ordnungs- und Systemprüfung 15, 14
ordre public-Vorbehalt 31, 35
Organe Schuldner 28, 129 ff.
Organisation 10, 7; 39, 74 ff.
Orientierungsfunktion 5, 30
Outsourcing 8, 15; 15, 5, 31

Partikularinsolvenzverfahren 31, 24, 50
Partizipation der Beschäftigten 13, 17

Peer-Group-Vergleich 12, 65
perpetuatio fori 31, 27
Personalakte 12, 12
Personalbedarfsplanung 12, 20 ff.
Personalbeschaffung 12, 24 f.
Personalbeurteilung 12, 17 f.
Personalcontrolling 12, 42 ff.
Personaldatenmanagement 12, 11 ff.
Personaleinsatzplanung 12, 26
Personalentwicklung 12, 27 ff.
Personalfreisetzung 12, 31 ff.
Personalführung 12, 36 ff.
Personalhandbuch 12, 14
Personalinformationssystem 12, 15 f.
Personalkartei 12, 13
Personalleitermodell 12, 5
Personengesellschaft 16, 5 ff.; 17, 63, 70, 140 ff.; 35, 52 ff., 74; 36, 76
Portfoliomanagement 15, 19
Portfoliosteuerung 2, 89 ff.
Potenzialbeurteilung 12, 17
Preiserhöhung 9, 82
Preispolitik 7, 4
Preissenkung 9, 82
Preisverhandlungen 11, 15; 22, 123 ff.
Prepackaged plan 22, 22; 28, 15
Pricing 2, 109; 9, 36
Prioritätsprinzip 31, 33
Probability of Default (PD) 19, 36
Produktionslogistik 10, 3
Produktionsplanung und -steuerung 10, 9
Produkt-Management 9, 39
Produktsortiment 9, 82
Projektcontrolling 15, 18, 74 ff.
Projektleistung 15, 17 f.
Projektorganisation 4, 41 ff.; 15, 73
Prozesshandlung 28, 33
Psychologischer Vertrag 13, 9

Qualitatives Leitbild 5, 20 ff.
Qualitätsmanagement 10, 17
Quantifizierung 5, 2, 20 ff.

Rabatte 9, 19, 41, 82
Rabattpolitik 9, 82
Rangrücktritt 16, 35; 32, 19; 35, 97 ff.
Rating 2, 86 ff.; 8, 64
− Agentur, 19, 33 ff.

– internes **2**, 87
– externes **2**, 87
Rating-Advisory 2, 99
Rechnungslegung nach der InsO
  34, 12 ff.
Rechnungslegungspflichten 34, 1 ff.
Rechtsformzusätze 23, 46
Rechtsquellen 31, 3 ff.
Rechtsstreitigkeiten 36, 39
Reform des GmbH-Rechts 21, 36;
  32, 51 ff.; **34**, 69
Regionen-Management 9, 39
Regressionsanalyse 2, 28
Releasefähigkeit 15, 13
Restrukturierungsmaßnahmen
  1, 18 ff.; **35**, 37 ff.
Restschuldbefreiung 24, 78 ff., 87a;
  36, 115
Reverse Debt-Equity-Swap 35, 146 ff.
Risikoabgeltungshypothese 2, 7
Risikogeschäft 23, 48
Risikomanagement 2, 90, 107; **15**, 11
Rückschlagsperre 24, 72; **36**, 56
Rückstellungen 24, 27
Rückwirkungszeitraum 17, 41
Rüstzeit 10, 16

Sacheinlage 16, 5, 7, 10; **17**, 44, 60,
  121 f.
Sachgesamtheiten 34, 18
sachliche Rechtfertigung 23, 93
Sachwalter 26, 13 ff., 21 ff.; **28**, 66 ff.,
  81 ff., 133 ff.; **36**, 44
sanierende Übertragung 23, 82, 97
Sanierung um jeden Preis 24, 74
Sanierungsbeitrag 7, 6; **16**, 51
Sanierungsbescheinigung 26, 7 f., 15
Sanierungserlass 35, 65 ff.
Sanierungsfähigkeit 3, 28; **35**, 85
Sanierungsfusion 17, 43 ff., 78 ff., 90
Sanierungsgesellschaft 17, 5 ff., 25 ff.
Sanierungsgutachten 3, 44 ff.
Sanierungskonzept 4, 11 ff.; **6**, 5 ff.;
  20, 13 ff.; **38**, 31 ff.
Sanierungskredit 3, 26 ff., 42 ff.
Sanierungsplan 6, 30 ff.; **20**, 11 ff.
Sanierungsprivileg 16, 42; **21**, 35 ff.
Sanierungsumwandlung 17, 71 ff.,
  74 ff., 78 ff.

Säumniszuschläge 36, 33
Schlussrechnung 24, 39; **34**, 19
Schuldbeitritt 16, 37 f.; **33**, 141;
  35, 121 f.
Schuldner 24, 30; **26**, 3 f.; **28**, 28 ff.,
  108 ff.; **36**, 5 ff.
Schuldnereigenschaft 36, 5 ff.
Schutzschirmverfahren 3, 59; **12**, 50;
  23, 74 ff.; **26**, 1 ff.; **27**, 1 ff.; **37**, 31 ff.
– Anordnungsvoraussetzungen **26**, 3 ff.
– Aufhebung **26**, 27 ff.
– Beendigung **26**, 25 ff.
– Eröffnungsgründe **26**, 5; **37**, 32 ff.
– Frist zur Vorlage eines Insolvenzplans
  26, 4
– Fristablauf **26**, 26
– Masseverbindlichkeitsbegründungs-
  kompetenz **26**, 20
– Nachteile für Gläubiger **26**, 9
– offensichtliche Aussichtslosigkeit **26**, 6;
  27, 15 ff.; **37**, 43 ff.
– vorläufige Maßnahmen **26**, 19
**Schwacher vorläufiger Insolvenz-
  verwalter 24**, 20; **36**, 38, 43
Sekundärinsolvenzverfahren 31, 22 ff.,
  51
Sekundärverfahren 24, 112
Service 15, 62, 66 ff.
Service Desk 15, 62
Service Level Agreement 15, 24
Service Request 15, 62
Servicekatalog 15, 67
Servicemanagement 15, 66 ff.
Serviceprodukte 9, 87
Sicherheitenpool 33, 129 ff.
Sicherungsgut 28, 90; **36**, 106 ff.
Sittenwidrigkeit 3, 5 ff.; **32**, 98 f.
Sofortmaßnahmen 4, 42; **12**, 45 f.;
  40, 20 ff.
Sonstige Masseverbindlichkeiten
  24, 44; **39**, 122
Sozialplan 12, 45 f.; **30**, 9; **38**, 56
Spaltung 17, 47 ff., 98 f.
Sparkassen-Finanzgruppe 2, 23
Stakeholder 4, 38 ff.; **6**, 15 ff.
**Starker vorläufiger Insolvenz-
  verwalter 36**, 38, 49, 82
Stehenlassen von Darlehen 24, 115
Steuerabzugsbeträge 36, 73 ff.

Stichwortverzeichnis

Steuerbescheid 36, 47
Steuererklärungen 36, 16, 28, 42, 58
Steuererstattungsanspruch 36, 52
Steuerfestsetzung 35, 31, 44; 36, 17
Steuerforderungen 36, 45 ff., 108 ff., 111 ff.
Steuerliche Rückwirkung 17, 151 ff.
Steuerschulden 28, 149 ff.; 40, 22
Steuersubjekt 36, 11, 57
Steuervoranmeldung 36, 62
Stigma der Insolvenz 26, 1
Stille Beteiligung 35, 136 ff.
Stille Gesellschaft 16, 16 ff.; 18, 55 ff.; 19, 107 ff.
Stille Reserven 36, 63 ff.
Stillhalten 3, 9 ff.; 19, 122
Stilllegung 24, 58; 30, 33; 40, 14 ff.
Strategie 2, 77 ff.; 3, 5 ff.; 5, 17
Strategische Ebene 5, 27
Strategische Gesamtausrichtung 7, 8
strategisches Marketing 9, 10 ff.
Stundungsvereinbarung 3, 19; 16, 45
Supply Chain Management 15, 15
Systemhaus-Konzept 15, 84
Szenario-Analyse 2, 49 f.

Tabellenauszug 36, 47, 112
Taktzeit 10, 16
Technische Stellhebel 11, 13
Tochtergesellschaft 33, 143, 149
Transaktionsstruktur 22, 10 ff.; 23, 9 ff.
Transfergesellschaft 22, 122
Transparenz 4, 14 ff.; 15, 85; 20, 6
Transparenz 41, 69
Transport 10, 11
Treuhand 23, 50; 24, 85; 33, 22 ff.
Treuhandkonto 22, 106; 23, 50

Überbrückungskredit 3, 21 ff.
Überexpansion 4, 6
Übernahmeergebnis 17, 147 ff.
Überschuldung 18, 16 ff.; 24, 26; 25, 41 ff.; 32, 16 ff.
Überschuldungsbilanz 18, 12, 16 f.; 25, 43; 32, 18
Überschuldungsprüfung 18, 16 ff.; 25, 41 ff.
Überschuldungsstatus 25, 53 ff.

Übertragende Sanierung 17, 16 ff.; 22, 19; 23, 59 ff.; 24, 73 ff.
Übertragungsgewinn 17, 81, 141 ff.
Umsatzoffensive 9, 82 ff.
Umsatzsteuer 33, 106 ff., 113 ff.; 36, 91 ff.
Umsetzungsmanagement 4, 41 ff.
Umstandsmoment 2, 48
Umwandlungsmaßnahmen 23, 14 ff.
Unabhängigkeit 27, 8 f., 25
Unabhängigkeit Sachwalter 28, 66 ff.
UNCITRAL-Modellbestimmungen 31, 6
uneigennütziger Kredit 3, 30
Ungewöhnliche Verpflichtungen 28, 85
Universalität 31, 10 f.
Unterbeteiligung 16, 29
Unterbilanz 6, 62; 16, 8
Unternehmensfortführung 6, 19 ff.
Unternehmensgruppe 24, 112a
Unternehmenskrise 2, 2 ff.; 4, 1 ff.; 22, 15 ff.
Unternehmensleistung 13, 4 f.
Unternehmensleitung 13, 10, 13 ff.
Unternehmensstrategie 2, 77 ff.
Unternehmereigenschaft 36, 13 f.
Unterpari-Emission 17, 45, 61, 63
Unterrichtspflicht 28, 79; 30, 32
Unterrichtungsschreiben 23, 48

Variabilisierung von Fixkosten 11, 10 f.
Veranlagungsart 36, 59
Veräußerungswert 34, 9, 17 f.
Verbraucherinsolvenzen 24, 1 f., 87a
Verbraucherinsolvenzrecht 24, 14b, 87a
verdeckte Sacheinlage 23, 25
Verfahrensbeteiligter 24, 30 ff.; 36, 15
Verfahrenskosten 28, 16 f.
Verfügungsbefugnis 33, 75
Verfügungsberechtigter 36, 43, 44
Verfügungsverbot 36, 19, 38
Vergleichsrechnung 22, 126
Vergütung 28, 133 ff.; 24, 40
Verhältnis Insolvenz- und Steuerrecht 36, 1 ff.
Verkäufer 22, 44 ff., 52 ff.

986

Stichwortverzeichnis

Verluste 35, 52 ff., 67 ff.
Verlustrücktrag 35, 11; 36, 68 f.
Verlustübernahme 17, 128 ff.
Verlustvortrag 35, 11
Vermögensübersicht 36, 68 f.; 28, 57 ff.
Vermögensverwalter 29, 58 ff.; 36, 40, 42
Verschmelzung 17, 28 ff., 35 ff.
Verschmelzung durch Neugründung 17, 38
Verschmelzung zur Aufnahme 17, 36
Verschmelzungsvertrag 17, 38 ff.
Verspätungszuschläge 36, 33, 51
Vertragsgestaltung 23, 18
Vertrauen 13, 10; 31, 9
Vertriebsanreizsysteme 9, 57
Vertriebs-Audit 9, 9, 22 ff., 92
Vertriebsaufbau 9, 60
Vertriebs-Aufbauorganisation 9, 34, 54
Vertriebsaußen- und Vertriebsinnendienst 9, 52 f.
Vertriebserfolgsanalyse 9, 76
Vertriebsergebnisrechnung 9, 75
Vertriebsfunktion 9, 18
Vertriebs-Healthcheck 9, 9
Vertriebsinformationssystem 9, 77 ff.
Vertriebs-Innendienst 9, 52 f.
Vertriebskanäle 9, 16, 36
Vertriebskostenrechnung 9, 72
Vertriebsleistung 9, 17, 20, 34
Vertriebsleitung 9, 28, 59, 63 ff.
Vertriebsnetz (national und international) 9, 54 f.
Vertriebsprogramme 9, 49
Vertriebsprozesse 9, 16, 42 ff.
Vertriebsressourcen 9, 17, 34
Vertriebsstruktur 9, 9
Vertriebsstrukturanalyse 9, 52 ff.
Verwaltungs- und Verfügungsbefugnis 24, 75; 28, 1, 124 f.; 36, 7, 38
Verwendungswirtschaftlichkeit 15, 27
Verwertung 24, 34, 38 f., 56 ff.; 28, 90; 33, 77 ff.; 36, 102 ff.
Verwirkung 23, 48
Verzicht auf Zinszahlung 16, 46 f.
Vollkonzept 6, 35, 36, 44, 59
Vollstreckungstitel 36, 112
Vorinsolvenzverfahren 26, 5

Vorläufiger Gläubigerausschuss 3, 50 ff.; 26, 9, 33 f.
Vorläufiger Insolvenzverwalter 36, 37 ff.
Vorläufiger Sachwalter 26, 13 ff.
– Bedürfnis der öffentlichen Bekanntmachung 26, 13
– Bestellung, 26, 13 ff.
– Haftung, 26, 21, 23
– Unabhängigkeit, 26, 15
Vorsteuerabzug 36, 98 ff.

Wahlrecht des Insolvenzverwalters 23, 50; 34, 62 f.
Warranty-&-Indemnity-Versicherung 23, 27
Wertbeitrag 15, 28
Wertgutachten 29, 78; 33, 88
Wertschöpfungsprozess 10, 1 ff.; 36, 6 f.
Wertstromanalyse 10, 13
Wettbewerbsfähigkeit 1, 6 ff., 13 ff., 18 ff.; 4, 11 ff., 20
Wettbewerbsposition 5, 44 ff.; 6, 24 f.
Wettbewerbsveränderungen 4, 6
Widerspruchsrecht 23, 48; 28, 84; 30, 32
wirtschaftliche Neugründung 23, 30 ff.
Wirtschaftlicher Eigentümer 36, 11
Wohlverhaltensperiode 24, 84; 36, 115
Working-Capital-Maßnahmen 1, 27

Zahlungseinstellung 25, 6; 32, 14
Zahlungskonditionen 9, 82
Zahlungsstockung 6, 20; 24, 5, 25
Zahlungsunfähigkeit 24, 7, 25, 27; 25, 1 ff., 9 ff.
Zahlungsverbot 32, 36 ff.
Zahlungsverjährung 36, 114
Zeitersparnis 28, 14 f.
Zeitmoment 23, 48
Zerschlagungswert 23, 90; 29, 23; 34, 16 f.
Zielrenditekennziffer 5, 28, 57 f.
Zielvorgabe 4, 19; 12, 17; 15, 22
Zielvorstellung 5, 9
Zinsschranke 35, 60 ff.
Zustimmungserfordernisse 23, 19 ff.; 26, 18; 28, 126

Stichwortverzeichnis

Zustimmungsvorbehalt 22, 38; **28,** 105, 126 ff.
Zwangsmittel 36, 33

Zwangsversteigerung/-verwaltung 33, 79 ff., 82 ff.
Zwei-Stufen-Modell 6, 40 ff.